I0048049

ENCYCLOPÉDIE

MÉTHODIQUE,

OU

PAR ORDRE DE MATIÈRES;

PAR UNE SOCIÉTÉ DE GENS DE LETTRES, DE SAVANS ET D'ARTISTES;

Précédée d'un Vocabulaire universel, *servant de Table pour tout l'Ouvrage, ornée des Portraits de MM.* DIDEROT *&* D'ALEMBERT, *premiers Éditeurs de l'*Encyclopédie.

ENCYCLOPÉDIE
MÉTHODIQUE.

FINANCES.

TOME SECOND.

A PARIS,

Chez PANCKOUKE, Libraire, hôtel de Thou, rue des Poitevins;

A LIÉGE,

Chez PLOMTEUX, Imprimeur des États.

M. DCC. LXXXV.

AVEC APPROBATION, ET PRIVILÈGE DU ROI.

EAUX DE MER. On ne sera pas étonné de trouver cet article dans un dictionnaire de finance, quand on saura que, pour l'intérêt du privilege exclusif de la vente du sel, le législateur a été obligé de défendre de puiser de l'eau à la mer. Telles sont les suites d'un impôt, vicieux par sa nature, que tout ce qui est ordonné pour le conserver & l'étendre, devient aussi contraire à l'exercice de la liberté, qu'aux conseils de la raison.

L'article LVII. du titre 14. de l'ordonnance des gabelles, du mois de mai 1680, a défendu de faire commerce, même d'employer à quelques salaisons que ce fût, non-seulement dans les villes, bourgs & paroisses mentionnés en ce titre, mais encore dans toute l'étendue du pays de gabelles, & des dépôts, des eaux de la mer, ou de celles des sources, puits & fontaines salées, à peine de mille livres d'amende contre chaque contrevenant, & de confiscation, tant des vaisseaux & instrumens propres à les puiser, que des chevaux ou voitures qui auroient servi à leur transport.

On trouve les motifs d'une partie de ces dispositions, dans l'art. XXVII. de l'ordonnance rendue sur le fait des gabelles, au mois de janvier 1639. Suivant cet article, quelques personnes alloient chercher de l'eau de mer, en formoient des magasins, & la vendoient aux gens du peuple, en les assurant qu'ils pouvoient s'en servir pour saler leurs potages. Cet usage portoit un grand préjudice aux droit de gabelles, & d'ailleurs occasionnoit très-souvent des maladies dangereuses. Le motif de la sûreté des peuples, autant que de la conservation des droits du roi, dicta donc cette disposition. Il fut fait défense à toutes personnes d'aller chercher de l'eau de mer, d'en vendre, d'en acheter, ou d'en user, à peine contre les vendeurs d'être punis comme faux-sauniers, & de cent livres d'amende tant contre ceux qui en auroient acheté que contre ceux qui en auroient fait usage.

Le même article enjoignit aux officiers des greniers, de faire faire perquisitions & recherches des contrevenans à ces défenses, & aux employés, d'arrêter ceux qui transporteroient de l'eau de mer avec des chevaux. Il ordonna enfin à l'égard de ceux qui en porteroient dans des vases de terre ou de bois, que ces vases seroient cassés; & que lorsqu'ils seroient de métal, ils seroient représentés aux officiers des greniers, pour en être par eux la confiscation prononcée, en sus des amendes que les contrevenans auroient encourus.

L'ordonnance de 1639 n'avoit rien statué sur l'usage & le commerce des eaux de puits, sources & fontaines salées; mais un arrêt du conseil du 6 novembre 1659, en ordonnant qu'elle seroit exécutée pour ce qui concernoit les eaux de mer, avoit formellement défendu à toutes personnes de vendre, acheter ou user des eaux provenant des puits, sources & fontaines salées; & pour éviter les inconvéniens auxquels ces puits, sources & fontaines pourroient donner lieu, il avoit ordonné qu'elles seroient démolies, ruinées ou bouchées en présence des officiers des greniers dans les ressorts desquels elles seroient situées, de manière que l'on ne pût se servir de leurs eaux, & autorisé lesdits officiers à procéder extraordinairement contre les seigneurs ou autres qui y apporteroient empêchemens, sauf à les rendre responsables de la perte & restitution des diminutions que lesdites eaux pourroient occasionner aux droits de gabelles.

L'article de l'ordonnance du mois de mai 1680, rapporté ci-devant, a été calqué sur ces réglemens; mais comme on avoit obmis d'autoriser de nouveau l'adjudicataire, ainsi qu'il l'avoit été en 1659, à faire tarir & combler les puits & fontaines salés, l'arrêt du conseil du 4 août 1699 y a suppléé, en permettant au fermier de faire, à ses frais, les ouvrages qu'il jugeroit à propos pour le submergement & dépérissement des fontaines salées, & de prendre à cet effet, en indemnisant les propriétaires, telles portions de terre ou de pré qui seroient nécessaires. Cet arrêt a en même tems fait défenses à toutes personnes, à peine de trois mille livres d'amende, de ruiner, changer ou altérer les travaux que le fermier auroit fait faire.

On voit par l'arrêt du conseil du 19 janvier 1706, qu'un grand nombre de vagabonds & faux-sauniers s'étoient attroupés, pour enlever & distribuer à force ouverte les eaux salées que fournissoit alors en abondance une fontaine située dans la paroisse de Saint-Voye près Vezelay.

Cet arrêt commit M. l'intendant de Paris pour procéder contre les auteurs de ces attroupemens, & un second arrêt du 26 du même mois, défendit à toutes personnes d'enlever des eaux de ladite fontaine, à peine de faux-saunage.

Suivant le préambule de la déclaration du 22 février 1724, la sévérité des peines prononcées par l'article LVII. du titre 14. de l'ordonnance du mois de mai 1680, contre les contrevenans à cet article, avoit produit un effet absolument contraire à celui qu'on s'en étoit promis; ce qui procédoit de ce que l'amende de mille livres excédoit si excessivement les facultés du plus grand nombre des habitans des paroisses situées à la proximité de la mer ou des sources salées, que le fermier qui auroit vainement tenté de la faire payer, ne cherchoit pas même à la faire prononcer.

Pour mettre un terme à cet inconvénient, &

ne plus laisser à ceux qui acheteroient, vendroient ou consommeroient des eaux de la mer ou des fontaines salées, l'espérance de voir leur contravention impunie, l'article II. de la déclaration dont il s'agit, a ordonné que ceux qui, nonobstant les défenses renouvellées par l'article I. seroient trouvés saisis, soit en campagne, soit à leur domicile, de quelques parties d'eaux de la mer ou des sources salées, enlevées sans la permission par écrit du fermier, seroient pour la première fois, condamnés à vingt livres d'amende pour un pot jusqu'à dix inclusivement, & à quarante livres, lorsque la quantité excéderoit dix pots; ce qui auroit lieu indépendamment de la confiscation des vaisseaux, chevaux, charrettes & ustensiles qui auroient servi à puiser ces eaux, à les transporter ou à les resserrer.

L'article III. a ajouté, qu'en cas de récidive les amendes ci-dessus seroient doublées; & que pour la troisieme fois l'amende seroit de cent livres, sans égard à la quantité des eaux saisies.

L'article IV. a ordonné que les amendes seroient prononcées contre chacun des contrevenans, & que les complices d'un même fait, seroient solidaires de toutes les amendes comprises en une même condamnation.

Enfin l'article V. a fait défenses aux Juges de modérer ces amendes, sous quelque prétexte que ce fût, à peine d'en répondre en leur nom, & d'interdiction, ou de plus grande peine s'il y avoit lieu.

C'est d'après ce dernier article, que l'arrêt du conseil du 18 juillet 1724, a cassé une sentence des officiers du grenier de Bayeux, qui avoient modéré l'amende encourue par Pierre Duchemin, au domicile duquel il avoit été saisi douze pots d'eau de mer.

Les articles CCXXV. & CCXXIII. des baux faits à Carlier & à Forceville en 1726 & en 1738, portent que tout usage des eaux de la mer, des sources, puits & fontaines salées, & des étangs ou aiguesseaux saunans, demeurera interdit dans l'étendue des gabelles, dépôts & pays de Quarbouillon, à peine de confiscation des vaisseaux, chevaux, harnois & instrumens qui auroient servi à les puiser ou voiturer, & des amendes prononcées par la déclaration du 22 Février 1724.

L'Article II. de ce Réglement a depuis été confirmé par l'arrêt du conseil du 21 février 1747, qui a cassé une sentence des officiers du grenier de Saint-Valery en Caux, en ce qu'elle avoit renvoyé des conclusions prises par le fermier contre le nommé Deschamps, au domicile duquel il avoit été saisi une cuvette de terre & un barril rempli d'eau de mer, sur le motif que cette eau n'étoit pas représentée.

Cet arrêt qui a condamné le nommé Deschamps en l'amende de quarante livres & aux dépens, a en outre ordonné, que les saisies d'eaux salées seroient, quant aux quantités, jugées sur les procès-verbaux des commis, en représentant seulement des échantillons desdites eaux, pour qu'en cas de contestation, la qualité pût en être vérifiée, & fait défenses à tous juges d'adopter une jurisprudence contraire.

Un autre arrêt du 26 décembre 1747, a cassé une seconde sentence des mêmes officiers, qui avoient renvoyé de la demande du fermier un habitant de Saint-Valery en Caux, chez qui il avoit été saisi huit pots d'eau de mer, sous le prétexte que la déclaration de 1724 ne pouvoit pas recevoir son exécution dans l'intérieur des villes de franchise. On remarque dans le vû de cet arrêt, qui a prononcé l'amende de vingt livres avec dépens, que le fermier a fondé sa demande en cassation sur les termes mêmes de l'article LVII. du tit. 14. de l'Ordonnance de 1680.

Cet article a, en effet, défendu l'usage des eaux de mer, non-seulement dans l'étendue des gabelles & dépôts, mais encore dans les différens lieux dénommés au titre dont il fait partie. Ce titre concerne particulièrement les villes de franchises; & cette circonstance établissoit d'une manière bien précise, que les officiers du grenier de Saint-Valery en Caux avoient fait erreur, lorsqu'ils avoient supposé que les réglemens qui avoient prohibé l'usage des eaux de mer, ne devoient pas recevoir leur exécution dans l'intérieur des villes de franchises.

La législation des petites gabelles ne contient pas, sur la prohibition du commerce & de l'usage des eaux salées, des dispositions moins positives que celles qui sont particulières aux grandes gabelles; & d'ailleurs l'article CCXXIII. du bail de Forceville, rappelle les défenses générales portées par la déclaration du 22 février 1724.

L'art. XXII. de l'édit du mois de février 1664, portant réglement général pour les gabelles de Provence & de Dauphiné, après avoir défendu d'user ou de donner aux bestiaux des eaux de mer, sources, puits, fontaines, étangs salés, & des sels fabriqués avec lesdites eaux, permet à l'adjudicataire des fermes, de les saisir, ainsi que les chevaux, harnois & voitures qui auroient servi à les transporter; de casser les vases de terre ou de bois, &c. comme on a vu ci-devant. Il l'autorise à faire détruire les fontaines salées, étangs ou aiguesseaux saunans, sans être tenu d'en indemniser les propriétaires. Enfin il a enjoint aux propriétaires des étangs salés, d'empêcher qu'il n'en fût emporté des eaux, à peine de tous dépens, dommages & intérêts, & de dix mille livres d'amende.

L'exécution de cet article a été maintenue, par un grand nombre d'arrêts de la cour des aides d'Aix.

La coûr des aides de Montpellier, par un arrêt de réglement du 20 novembre 1657, a fait défenses à toutes personnes d'user des eaux des fontaines, étangs & aiguesseaux salés, & des sels provenans, soit desdites eaux, soit des terres salées, sous les peines portées par les ordonnances; enjoint aux visiteurs & contrôleurs généraux des gabelles, ainsi que leurs lieutenans, d'informer contre les contrevenans, pour leur être leur procès fait & parfait ainsi qu'il appartiendra, & permet au fermier des gabelles de faire rompre les fontaines salées, submerger & dépérir les aiguesseaux, & saisir les terres salées, ensemble les chevaux, mulets & ustensiles qui auront servi à leur transport.

L'art. CXXXI. du bail de Forceville en 1738, autorise cet adjudicataire à faire détruire les fontaines salées, étangs & aiguesseaux saunans qui pouvoient se trouver dans l'étendue des gabelles du Lyonnois, Languedoc, Provence & Dauphiné, sans être tenu d'indemniser les propriétaires. Il lui a néanmoins imposé l'obligation de payer chaque année, sans aucune diminution sur le prix de son bail, une somme de quatre mille livres au comte de Tallard, en considération de la réunion de la fontaine salée de Tallard, à la ferme des gabelles, conformément à l'arrêt du conseil du 29 Mai 1631. Le fermier actuel paye des sommes assez considérables à quelques autres propriétaires de fontaines salées, qui se sont chargés de l'entretien des ouvrages faits pour en assurer le dépérissement. *Voyez* ci-devant ASSALIR.

ÉCHANTILLER, v. a. qui signifie la même chose qu'étalonner. C'est vérifier une mesure sur celle qui sert de regle, & qu'on appelle matrice, parce qu'elle est censée engendrer toutes les mesures qu'on lui compare.

L'article CLXX. & les suivans du bail de Forceville fait en 1738, reglent tout ce qui a rapport à la formalité d'échantiller les mesures servant au mesurage des sels dans l'étendue des petites gabelles. Le premier article porte que les mesures pour les emplacemens des sels dans les greniers & entrepôts des gabelles du Lyonnois & Dauphiné, seront échantillées en présence des visiteurs & autres officiers des gabelles à Lyon, sur les matrices de bronze qui seront déposées au greffe des gabelles.

Ce même article prescrit les mêmes formalités pour les chargemens de sels aux salins de Berre, d'Yeres, de Badon & Maries, & pour les emplacemens dans les greniers & entrepôts de Provence; elles doivent être remplies en présence des visiteurs des gabelles au Saint-Esprit.

Les visiteurs & autres officiers des gabelles à Montpellier, sont désignés pour faire l'échantil des mesures servant aux salins de Peccais, Peyriac & Sijean; & ceux de la jurisdiction des gabelles de Toulouse, pour procéder à cette opération, sur les mesures qui servent aux emplacemens dans les greniers & entrepôts du haut-Languedoc, Auvergne & Rouergue.

Les articles CLXXI. CLXXII. & CLXXIII. ordonnent que l'étalonnement des mesures sera fait par les officiers, en présence de l'adjudicataire des fermes ou de son commis, qui signera leur procès-verbal; & que pour empêcher la supposition de l'échantil, les armes du roi y seront apposées.

Qu'il sera payé pour les vacations des officiers, trois livres pour le minot, quarante sols pour le demi-minot, trente sols pour le quart de minot, & vingt sols pour l'octave ou huitieme; le tout pour être partagé entr'eux.

Que les mesures ainsi échantillées seront remises, sans frais, aux salins, dans les entrepôts, greniers & chambres, sans que les officiers puissent procéder à un nouvel échantil, à peine des dommages-intérêts de l'adjudicataire, & de dix mille livres d'amende.

EAU-DE-VIE. Liqueur extraite du vin, du cidre, de la bierre & des grains. Il n'en est question ici que par rapport aux droits considérables qu'elle paye, & aux formalités prescrites pour assurer leur paiement.

On prétend que ce n'est qu'au commencement du dix-septieme siécle que l'eau-de-vie est devenue une boisson, & que jusques-là elle n'avoit servi qu'à composer des remèdes. En effet, nuls réglemens n'en font mention pour l'assujettir à des droits. Ce n'est qu'en 1659 qu'on trouve les arrêts du conseil des 28 mai & 6 novembre, qui imposent les droits de quatrieme & de huitieme sur cette liqueur vendue en détail. Elle fut ensuite assujettie aux droits de gros & d'augmentation, par un autre arrêt du 25 décembre 1665; & enfin à celui de subvention à l'entrée des villes & à l'entrée du royaume, par l'ordonnance de 1680.

Différens réglemens, & notamment la déclaration du 24 janvier 1713, ont défendu, sous peine de trois mille livres d'amende & de confiscation, de fabriquer de l'eau de-vie avec de la mélasse, de la bierre, du grain, & en général avec toute autre matière que du vin. Mais ce n'est que dans les provinces où les aides ont cours, que cette prohibition peut être exactement maintenue, sauf les exceptions faites en faveur de quelques provinces. Par exemple, en Normandie & en Bretagne, à la réserve du diocèse de Nantes, il est permis de fabriquer des eaux-de-vie de cidre & de poiré; mais il est défendu d'en faire commerce hors de ces provinces. En Champagne, un usage ancien a toléré & établi la fabrication des eaux-de-vie avec du marc de raisin; c'est-à-dire, des raisins passés & foulés au pressoir pour en exprimer les sucs. En Bourgogne, de même qu'en Dauphiné, & dans quelques autres provinces, on fait des eaux-de-vie avec des lies de vin, mais elles y restent pour la consommation des habitans.

Les eaux-de-vie étant, ainsi qu'on l'a dit, sujettes à des droits considérables en pays d'aides, on a pris toutes les précautions possibles pour empêcher de les éluder, tant à la fabrication des eaux-de-vie, que lors de leur débit & de leur transport. En conséquence les bouilleurs, c'est-à-dire, ceux qui fabriquent des eaux-de-vie, sont assujettis, avant de mettre le feu sous la chaudière, à déclarer la quantité qu'ils prétendent fabriquer, & la qualité qu'ils entendent leur donner; car on distingue les eaux-de-vie simples des eaux-de-vie doubles ou rectifiées, & de l'esprit-de-vin. Ils sont tenus de déclarer aussi les vins & autres boissons qu'ils ont chez eux, & de souffrir qu'ils soient marqués & visités par les commis, à peine de cinq cens livres d'amende, qui ne peut être ni remise ni modérée par les juges; & ils ne peuvent disposer de la moindre partie d'eau-de-vie, sans qu'au préalable ils n'en aient fait déclaration. Tel est le précis des dispositions des réglemens des 9 décembre 1687, 26 janvier 1692, & 30 janvier 1717. *Voyez* ENTREPÔTS.

Dans quelques provinces, notamment dans les paroisses des généralités de Paris & de Soissons, qui sont situées dans les trois lieues limitrophes de la généralité d'Amiens, où les eaux-de-vie sont sujettes à un droit de quinze livres à l'arrivée, par barrique de vingt-sept veltes ou cent-huit pintes, il avoit été défendu à tout marchand détailleur d'eau-de vie, par l'arrêt du conseil du 30 octobre 1774, de tenir en magasin des eaux-de-vie en pipes, busses, muids, demi-muids, quarts de muids, & autres tonneaux; il leur étoit seulement permis de s'approvisionner en barrils de soixante pintes & au-dessous. Mais sur les représentations faites par les négocians en gros qui fournissent ces détailleurs, que la consommation de l'eau-de-vie pouvoit être gênée dans des paroisses considérables où l'approvisionnement fixé à soixante pintes pouvoit être insuffisant, l'arrêt du 4 mars 1775 l'étendit à une piéce de soixante à soixante-dix veltes ou deux cens quarante pintes. Cette faveur ne fut pas de longue durée. Un autre arrêt du 23 janvier 1782, rappellant les dispositions de celui du 30 octobre 1774, en a de nouveau ordonné l'exécution. Ses motifs ont été, que pendant l'année 1780 il avoit été consommé douze mille veltes d'eau de-vie dans les villages du Beauvoisis, dont il n'est pas possible, *porte cet arrêt*, que l'universalité des habitans en ait consommé la quarantieme partie; d'où il résulte que le surplus a été versé en fraude dans la généralité d'Amiens, où les droits sont beaucoup plus considérables que dans celles de Paris & Soissons. A cette restriction, l'arrêt ajoute la condition de n'avoir qu'un seul barril à la fois, & de n'en faire la revente qu'à pot & à pinte, ou autres moindres mesures, & seulement pour la consommation des lieux qu'habitent les débitans; à peine de confiscation de l'eau-de-vie, & de cinq cens livres d'amende.

Le transport des eaux-de-vie n'est pas assujetti à moins de formalités. La déclaration du 24 août 1728, & différens arrêts du conseil de 1740 & 1743, ont défendu d'enlever & conduire des eaux-de-vie, en barrils au-dessous de soixante pintes, sans avoir déclaré au Bureau du fermier le nom, la demeure & la qualité des vendeurs & des acheteurs, la quantité d'eau-de-vie vendue, le lieu de sa destination, & si c'est pour être vendue en détail, ou pour la consommation de l'acheteur.

D'autres réglemens enjoignent à ce dernier, & à toutes personnes indistinctement qui font venir de l'eau-de-vie, de déclarer au moment de son arrivée en pays d'aides, si elles entendent la vendre en gros ou en détail, ou l'employer à leur usage. A défaut de cette formalité, elles sont dans le cas d'être contraintes au paiement des droits de détail de l'eau-de-vie qu'elles ont reçue.

Ceux qui expédient l'eau-de-vie sont tenus, de leur côté, de faire leur soumission, & de donner caution solvable, de rapporter le certificat du commis du lieu pour lequel l'eau-de vie est destinée, portant qu'elle y a été déchargée véritablement, après avoir acquitté les droits d'entrée qui étoient dûs. Si l'eau-de-vie a dû passer en pays étranger, il faut rapporter la quittance des droits de sortie du dernier bureau de la frontière. Des eaux-de-vie enlevées sans remplir ces formalités, deviennent sujettes à confiscation avec cinq cens livre d'amende.

Jusqu'en 1746 il étoit dû cinquante quatre liv. par barrique de vingt-sept veltes d'eau-de-vie entrant dans la généralité d'Amiens, & pour les autres vaisseaux à proportion, soit que cette liqueur fût destinée pour des marchands revendeurs & autres personnes; & les marchands en gros étoient autorisés à prendre un crédit de deux mois pour le paiement de ces droits, en conformité des arrêts & lettres-patentes du 30 mai 1724. A l'époque de 1746 il s'éleva une contestation entre les marchands en gros, les détailleurs d'eau-de-vie, & le sous-fermier des aides, qui faisoit le commerce d'eau-de-vie. On reprochoit à ce dernier d'accorder la remise du droit annuel de neuf livres douze sols, aux détailleurs & débitans qui s'approvisionnoient à son magasin, & de vouloir envahir, par ce moyen le commerce exclusif de cette liqueur, au préjudice de plus de trois mille particuliers, dont le droit de cinquante-quatre livres étoit rigoureusement exigé. Cette contestation fut terminée par l'arrêt du conseil du 27 mai, qui, en maintenant le sous-fermier des aides des généralités d'Amiens & de Soissons dans la faculté de faire venir, vendre & débiter telle quantité d'eau-de-vie qu'il jugeoit à propos, lui fit défense de remettre le paiement du droit annuel aux détailleurs qui se fourniroient d'eaux-de-vie dans ses magasins & cantines, sous telles peines qu'il appartiendroit.

Un autre arrêt du 22 novembre 1777 a confirmé ces dispositions, en y ajoutant que le droit de cinquante-quatre livres seroit partagé en deux parties, l'une de trente-neuf livres, qui seroit payée par les détailleurs à mesure de leur consommation seulement, & l'autre de quinze livres, qui seroit acquitté par les marchands en gros & autres, dès l'arrivée des eaux-de-vie, sans pouvoir prétendre aucun crédit, nonobstant les lettres-patentes du 30 mai 1724. Il fut en même tems expédié des lettres-patentes, adressées à la cour des aides de Paris; & elles y furent enregistrées le 6 février 1778.

Nous ne devons pas omettre de dire que, suivant la déclaration du 9 décembre 1687, il est défendu de faire aucun mélange d'eau avec de l'eau-de-vie, à peine de mille livres d'amende pour la première fois, & du quadruple en cas de récidive. Cette déclaration ordonne aussi que le double des droits qui ont lieu sur les eaux-de-vie simples, sera levé sur les eaux-de-vie rectifiées, & le triple sur l'esprit-de-vin.

Ces dernières dispositions ont été confirmées par des lettres-patentes du 13 février 1782. Et pour constater les différentes qualités des eaux-de-vie, elles ont ordonné que la vérification en seroit faite dans tous les pays d'aides, par l'aréometre ou pese-liqueur, inventé par le sieur Cartier, & dont l'usage, d'après le rapport de l'académie des sciences, a précédemment été prescrit par les arrêt & lettres-patentes du 3 août 1771. Qu'en conséquence, l'eau-de-vie dans laquelle le pese-liqueur enfoncera jusqu'au vingt-deuxieme degré exclusivement, sera qualifiée eau-de-vie simple; celle où il s'enfoncera depuis & compris le vingt-deuxieme jusqu'au trente-quatrieme degré exclusivement, sera déclarée eau-de-vie double ou rectifiée; & celle où il s'enfoncera depuis & compris le trente-quatrieme degré & au-dessus, sera réputée esprit-de-vin. La cour des aides, par son enregistrement des lettres-patentes de 1782, a imposé la condition, que la vérification des eaux-de-vie, par l'aréometre, ne pourroit être faite par les commis, qu'après qu'elles auront été ramenées au dixieme degré au-dessus de la congelation du thermometre de Réaumur; circonstance dont ils seront tenus de faire une mention expresse dans leurs procès-verbaux.

Pour entendre cette clause, il convient de donner quelques notions de l'aréometre & de son action.

L'aréometre est un instrument en argent, d'une forme ronde de deux pouces de circonférence, allongée & terminée en pointe. Il est surmonté d'un tube cylindrique, formant une échelle dont les degrés sont en progression arithmétique.

Le propre de l'aréometre est de nager perpendiculairement dans les fluides, en s'y enfonçant plus ou moins suivant leur densité; de façon que le degré de cet enfoncement détermine la pesanteur spécifique des différentes liqueurs.

La graduation de l'aréometre comprend trente-trois degrés. Le premier, qui est le n°. 10, indique l'eau-de-vie pure; les autres sont pour le vin & les liqueurs spiritueuses.

Comme tous les corps sont soumis aux effets de l'air qui les environne, de même les liqueurs en reçoivent une impression sensible. Le froid, en les condensant, augmente leur pesanteur spécifique; la chaleur, au contraire, qui les raréfie, les rend plus légères. Il a donc fallu fixer le degré de température où elles doivent être ramenées lors de leur vérification, & c'est le dixieme degré au-dessus de la congelation du thermometre de Réaumur, comme le prescrit la cour des aides. Il en résulte qu'une eau-de-vie ordinaire vérifiée dans un air tempéré, & prise au dixieme degré, laissera enfoncer l'aréometre jusqu'au vingt-unieme degré; au lieu que si cette même eau-de-vie est frappée par le froid, & se trouve dans une température de glace, elle ne donnera à l'aréometre que vingt degrés; si elle est échauffée jusqu'au trentieme degré de chaleur, l'aréometre descendra à vingt-trois degrés.

Pour assurer d'autant mieux l'exécution des réglemens concernant les eaux-de-vie, on a établi à Paris un bureau chargé de toute la correspondance relative à cette liqueur, & dont les frais sont payés à moitié, par la ferme générale & par la régie générale. Tous les directeurs des provinces sont tenus d'envoyer, chaque mois, à ce bureau, un état des eaux-de-vie enlevées de leur département, pour une généralité étrangère à la leur; ce bureau en envoie l'extrait au directeur dans le département duquel se trouve le lieu de la destination, & il fait vérifier si réellement l'eau-de-vie y est arrivée. Dans le cas contraire, le directeur du lieu de l'enlévement est chargé de poursuivre le soumissionnaire ou la caution qui n'a point rapporté le certificat de déchargement de l'eau-de-vie au lieu déclaré, de la même manière qu'il en est usé pour les acquits à caution.

Il est une observation intéressante à faire sur le commerce des eaux-de-vie nationales, & sur les encouragemens qu'il attend du gouvernement; encouragemens sans lesquels il seroit bientôt anéanti.

On sait que plusieurs provinces du royaume, dont la plus grande partie du sol n'est propre qu'à la culture des vignes, sont forcées, par la qualité de leurs vins, à les convertir en eaux-de-vie.

Ce genre de culture & d'industrie a, comme on l'a vu, été de tout tems très-intéressant pour les revenus du roi, auquel il procure de bons produits. La qualité des eaux-de-vie de France les faisoit jouir de la préférence sur toutes celles de l'Europe, de façon que cette branche de commerce étoit regardée comme exclusive.

Dans cette confiance, & d'après l'inaction & l'indolence des Espagnols qui fabriquent aussi des eaux-de-vie, on n'a pas craint de charger les eaux-de-vie de droits très-considérables, tant à l'exportation que dans la consommation nationale. L'espece de dédain qu'on faisoit des eaux-de-vie étrangères, dont on redoutoit peu l'importation, les a préservé de droits, ou, du moins, elles n'ont été soumises qu'à des droits modiques.

Mais depuis environ huit à neuf ans, l'Espagne s'est éclairée sur ses intérêts. La fabrication des eaux-de-vie de Catalogne s'est perfectionnée; on a trouvé moyen de les dépouiller d'une grande partie de leur âpreté qui les rendoit désagréables, & elles sont entrées en concurrence avec les nôtres. Le gouvernement espagnol dans le même tems, pour encourager ce commerce, a supprimé tous les droits sur les eaux-de-vie exportées. Tous les marchés de l'Europe s'en fournissent, quoiqu'elles soient encore d'une qualité inférieure aux eaux-de-vie de France. Nos provinces septentrionales même, la Picardie & la Normandie, en reçoivent des approvisionnemens considérables, qui arrivent jusqu'à Paris; & cette préférence vient de ce que la qualité inférieure de ces eaux-de-vie est rachetée par la médiocrité de leur prix.

De-là s'ensuit la perte, dans le royaume, d'une grande partie des débouchés qu'y trouvoient nos propres eaux-de-vie. Les fermiers du fisc, au lieu d'éclairer l'administration sur les inconvéniens de cet état des choses, & de proposer le moyen de les faire cesser, en doublant ou triplant les droits d'entrée sur les eaux-de-vie étrangères, se sont contentés de percevoir les droits existans, & même ont souvent écarté par leurs raisonnemens, les demandes faites par le Languedoc d'une diminution de droits, tant sur l'exportation des eaux-de-vie de cette province, que sur leur introduction dans celles de Picardie, de Flandre & de Normandie.

Les Espagnols ont profité de cette faute pour étendre leur commerce jusques à Paris: il seroit inutile d'ajouter des réflexions à ces faits. Si l'on consulte les regiftres des douanes, on voit, d'une part, que les droits de sortie sur les eaux-de-vie dans l'étendue du tarif de 1664, ont diminué considérablement dans le cours du bail de David, par comparaison à celui d'Alaterre. Que cette diminution a été plus sensible encore sur les droits de la traite de Charente, perçus également sur les eaux-de-vie de Saintonge, dont la destination est, ou pour la consommation nationale ou pour le commerce étranger. C'est une preuve incontestable que les eaux-de-vie de Catalogne ont trouvé des débouchés considérables chez l'étranger, & même en France, dont le commerce en ce genre a reçu une atteinte sensible.

D'une autre part, ces mêmes registres justifient que les droits d'entrée sur les eaux-de-vie étrangères importées dans le royaume, se sont considérablement accrus. Dans le bail d'Alaterre, ils ne formoient, année commune, qu'un objet de quatorze à quinze mille livres en principal. Pour le bail de David, ils donnent un produit annuel d'environ soixante-dix mille livres.

On doit penser que si l'Espagne réussit à perfectionner encore les eaux-de-vie de Catalogne, & que les nôtres restent assujetties aux mêmes droits qui ont lieu actuellement, il faudra nécessairement en abandonner le commerce, quelque intéressant qu'il puisse devenir, par les nouveaux débouchés que lui offre le continent de l'Amérique. Alors le mal seroit infiniment plus difficile à réparer qu'il ne l'est aujourd'hui, où la qualité des eaux-de-vie de France balance encore le bon marché de celles d'Espagne, qui leur sont inférieures.

Pour mieux sentir la nécessité de faire un nouveau réglement sur ce commerce, & reconnoître les moyens d'y procéder, il convient de présenter le double tableau des droits perçus sur les eaux-de-vie de France & sur celles d'Espagne, soit pour la consommation nationale, soit pour la vente à l'étranger.

Les eaux-de-vie de Saintonge apportées en Normandie & en Picardie, acquittent d'abord à la sortie de cette première province, le droit de traite de Charente, fixé à onze livres par barrique de jauge ordinaire, ce qui revient, par muid de Paris, compris les dix sols pour livre, à vingt livres douze sols six deniers, ci . . . . *20 liv. 12 s. 6 d.*

A l'entrée de la Normandie & de la Picardie, les droits du tarif de 1664, revenans aussi par muid de Paris, avec les dix sols pour livre, à 2 7 6

23

Les eaux-de-vie de l'Angoumois étant forcées d'emprunter le territoire de la Saintonge pour les mêmes destinations, acquittent les mêmes droits. Il en est de même, à peu de chose près, des droits que payent aussi les eaux-de-vie de Guienne.

A l'égard des eaux de-vie étrangères importées en Normandie & en Picardie, elles ne sont sujettes qu'aux mêmes droits du tarif de 1664, & de plus, à ceux de jauge-courtage & de subvention par doublement. Ces différens droits réunis reviennent par muid de Paris, à treize liv. cinq sols, ci 13 5

Ainsi il résulte de cette comparaison, que les eaux-de-vie nationales payent à l'entrée, par muid, neuf livres quinze sols de plus que les eaux-de-vie étrangères. . . . 9 15

Celles-ci sont d'ailleurs d'un prix si modique, que les eaux-de-vie même du Blaisois & de la Touraine, qui n'ont aucuns droits à payer pour arriver à Paris, ne peuvent soutenir la concurrence de celles de Barcelonne.

Dans le commerce d'exportation, le préjudice pour les eaux-de-vie nationales n'est pas moindre. Celles de Saintonge & de l'Angoumois payent les droits de la traite de Charente, revenans à vingt liv. douze sols par muid. Celles de Guienne sont soumises à des droits presque équivalens. Les eaux-de-vie de la Catalogne ne doivent aucuns droits à leur exportation; c'est un avantage de vingt francs par muid; il suffit bien pour en compenser la qualité.

Ces observations conduisent à penser que la politique & la justice s'accordent ici, pour solliciter une loi propre à rassurer le commerce de nos eaux-de-vie, & à leur procurer une préférence aussi certaine chez l'étranger, que dans la consommation du royaume.

Il conviendroit dans cette vue, 1°. de fixer à douze livres par muid, mesure de Paris, le droit d'entrée sur les eaux-de-vie étrangères; droit qui deviendroit général & uniforme, sans préjudice de ceux de jauge & courtage, & de subvention par doublement, dans les circonstances où ils sont dûs.

2°. De réduire les droits de sortie des eaux-de-vie exportées par mer à l'étranger de quelque province que ce soit, à deux ou trois livres par muid même mesure; d'exempter ce droit des dix sols pour livre, & d'affranchir les eaux-de-vie de tous droits de circulation.

3°. De modérer de moitié les droits de la traite de Charente, de convoi, & autres droits de traite perçus sur les eaux-de-vie exportées de Saintonge, de Guienne, Languedoc & Provence, lorsqu'elles sont destinées pour la consommation nationale, sans toucher encore aux droits d'aides & autres droits étrangers à la partie des traites.

4°. De régler la perception de ces droits, non comme celle des droits d'aides, par les lettres-patentes du 13 février 1782, parce que le commerce ne cesse de faire des représentations contre cet arrangement; mais d'ordonner cette perception simple sur les eaux-de-vie simples jusqu'au vingt-deuxieme degré de l'aréometre; d'y ajouter moitié sur les eaux-de-vie qui seront du vingt-trois au vingt-huitieme degré; de la faire double sur celles qui seront du vingt-huit au trente quatrieme, & triple sur toutes celles qui excéderont le trente-quatrieme degré.

Tandis qu'on imprimoit cet article, une partie des vœux que nous faisions pour des changemens favorables dans les réglemens qui concernent le commerce des eaux-de-vie, vient d'être exaucée; mais, si on ose le dire, le bien n'est fait qu'à moitié.

Un arrêt du conseil du 21 juillet 1784, a établi une nouvelle législation à cet égard, & il ne manque peut-être à sa perfection, que d'avoir imposé un droit général & uniforme sur toutes les eaux-de-vie étrangères importées dans le royaume. On doit néanmoins espérer que l'affranchissement de droits accordé aux eaux-de-vie nationales à l'exportation, avec la facilité d'en fabriquer avec des matières jusqu'ici prohibées dans les pays d'aides, suffira pour étendre beaucoup le commerce extérieur de cette liqueur, si toutefois des eaux-de-vie de qualité médiocre ou mal fabriquées peuvent être exportées avec avantage, & obtenir la préférence sur les eaux-de-vie d'Espagne.

Laissons parler ici la nouvelle loi.

Le roi étant informé que les droits qui se perçoivent sur les eaux-de vie à la sortie du royaume, nuisent à leur exportation, & en rendent le commerce languissant dans les provinces dont il est la principale richesse, a cru devoir sacrifier à l'intérêt de ses peuples, une perception destructive de l'objet même sur lequel elle est assise. Sa majesté a considéré en même tems, que les anciennes défenses de distiller les liés & les baissières de vin, ainsi que les marcs de raisin, avoient eu pour principe, l'opinion où on étoit que l'usage des eaux-de-vie qui en proviendroient seroit préjudiciable au corps humain; mais que leur fabrication avoit depuis été permise, sans aucun inconvénient, dans plusieurs provinces; qu'il avoit même été constaté par les expériences des gens de l'art, qu'elles ne sont pas plus nuisibles à la santé que les autres eaux-de-vie de vin, & qu'elles sont d'ailleurs très-convenables à la fabrication des vernis. En conséquence, sa majesté a reconnu qu'il seroit aussi juste qu'utile, de rendre aux propriétaires, la liberté de mettre à profit toutes les productions de leurs vignes. Elle a de plus envisagé que les droits auxquels ce nouveau genre de distillation donneroit lieu, compenseroient en partie la diminution résultante de la suppression de tous droits de traites & de sortie sur les eaux-de-vie destinées à l'étranger. Par la réunion de ces dispositions, sa majesté remplit deux objets également dignes de ses soins, celui d'étendre les relations du commerce extérieur, & celui de multiplier les produits de l'agriculture dans son royaume. A quoi voulant pourvoir : ouï le rapport du sieur de Calonne, conseiller ordinaire au conseil royal, contrôleur général des finances ; sa majesté étant en son conseil, a ordonné & ordonne ce qui suit :

ARTICLE PREMIER.

Les eaux-de-vie & esprits-de-vin sortant du royaume pour l'étranger, ou pour les ports francs établis à l'instar de l'étranger effectif, seront, à l'avenir, exempts de tous les droits de traites qui ont eu lieu jusqu'à présent ; & il sera seulement perçu à leur sortie un droit uniforme de cinq sols par muid d'eau-de-vie de trente-six veltes, pour constater l'exportation, & servir à la formation des états de la balance du commerce.

II.

Le droit uniforme de cinq sols par muid d'eau-de-vie sortant du royaume, sera perçu double sur les eaux-de-vie doubles ou rectifiées, & triple sur les esprits-de-vin.

III.

Les eaux-de-vie & esprits-de-vin fabriqués dans les provinces où les aides ont cours, jouiront à leur expédition pour l'étranger & pour lesdits ports francs, de l'exemption des droits de jauge & courtage, en faisant, par les propriétaires, leur soumission dans les formes prescrites par les réglemens.

IV.

Les mêmes liqueurs, à la même destination, jouiront de la liberté du transit en exemption de tous droits locaux de traites, de ceux du tarif de 1664, & de ceux d'aides qui se perçoivent à l'entrée des provinces où les aides ont cours, en prenant au lieu du départ un acquit-à-caution énonciatif du degré de leur qualité d'eau-de-vie ou d'esprit-de-vin, dont il sera fait vérification & reconnoissance au dernier bureau de sortie, par les procédés ordinaires & prescrits, avant la décharge de l'acquit, & en faisant à l'entrée des provinces d'aides, la soumission ordonnée par l'article précédent.

V.

Lesdits eaux-de-vie & esprits-de-vin seront pareillement affranchis de tous les droits qui ont été jusqu'à présent perçus à leur sortie du royaume, au profit des seigneurs & particuliers, lesquels seront tenus de représenter, dans le cours de six mois, au sieur contrôleur général des finances, les titres en vertu desquels ils perçoivent lesdits droits, ensemble l'état du produit de ces droits depuis dix ans, pour être pourvu à l'indemnité qui leur sera dûe pour l'exemption desdits droits accordée aux eaux-de-vie & esprits-de-vin.

VI.

La même exemption aura lieu à l'égard des droits de sortie qui se perçoivent sur lesdites liqueurs, au profit d'aucunes des villes du royaume, telles que celles de Bayonne, de Bordeaux, de Châlons-sur-Saone, de Dax, de Saint-Malo, de Mézières, de Mont-de-Marsan, de Perpignan, ou autres, lesquelles seront pareillement tenues, dans le cours de trois mois seulement, de représenter pardevant les sieurs intendans & commissaires départis pour l'exécution des ordres du roi en leur province, les titres en vertu desquels elles perçoivent des droits sur la sortie des eaux-de-vie hors du royaume, ensemble l'état du produit desdits droits depuis dix années, & les observations des maires, échevins & autres officiers municipaux, sur les moyens d'économie, ou de remplacement, équivalens auxdits produits, pour être sur le tout, & d'après l'avis desdits sieurs intendans & commissaires départis, statué par sa majesté en son conseil, ainsi qu'il appartiendra.

VII.

Permet sa majesté dans toutes les provinces de son royaume, de distiller les lies & baissières de vin, ainsi que les marcs de raisin, à la charge des obligations, formalités & droits établis pour la fabrication & le commerce des eaux-de-vie ; dérogeant, quant à ce, aux dispositions de la déclaration du 24 janvier 1713 : n'entendant néanmoins que cette distillation puisse avoir lieu dans l'élection de Paris, ni dans les villes sujettes aux droits d'entrée, jusqu'à ce qu'il en ait été autrement ordonné. Et seront sur le présent arrêt, toutes lettres nécessaires expédiées. Fait au conseil d'état du roi, sa majesté y étant, tenu à Versailles le 21 juillet 1784.

Il convient, avant de terminer l'article des eaux-de-vie, de parler de celle de genièvre, qui est d'un usage général dans le nord de l'Europe, & dont il se fait une consommation très-considérable en Angleterre, en Hollande & dans l'Allemagne.

Cette eau-de-vie, appellée *genièvre* dans tous ces pays, se fabrique avec de la farine de seigle & un quart de farine de sucrion ou d'orge, qui a été semé avant l'hiver ; on les met en fermentation avec de l'eau, dans la proportion de cinq livres de liquide pour trois livres de farine ; ensuite on distille deux fois la liqueur ; dans laquelle on met environ cent livres de baies de genièvre macérer pendant vingt-quatre heures ; on distille le tout une troisieme fois, & il en résulte une liqueur spiritueuse inflammable, très-pénétrante, & impregnée de tous les principes du genièvre, & sur-tout de son huile, ce qui la rend à la fois d'un usage agréable aux habitans des contrées qui la consomment, & salutaire, à ce que prétendent les médecins, dans les climats froids, humides & marécageux.

Suivant

Suivant la déclaration du 24 janvier 1713, révoquée par l'arrêt de 1784, on ne pouvoit fabriquer & commercer en France que de l'eau-de-vie de vin. D'après cette prohibition, la permission demandée par plusieurs ports de Normandie & de Picardie, d'avoir des entrepôts d'eau-de-vie de genièvre, avoit fréquemment été rejettée. En vain objectoit-on que le peuple Anglois aime beaucoup cette liqueur, qui forme une branche considérable d'un commerce doublement clandestin, en ce qu'elle ouvre un débouché en même tems à nos eaux-de-vie de vin, qui sont prohibées dans la Grande-Bretagne, & qu'elle nous procure des laines, dont l'exportation est défendue sous peine de la vie. L'adjudicataire de la ferme étayoit ses objections contre le commerce des eaux-de-vie de genièvre, de la loi de 1713, & ajoutoit encore divers raisonnemens sur les dangers d'une exception.

Mais cette question ayant été examinée sous des rapports politiques, bien supérieurs aux petites vues de fiscalité, elle fut décidée en faveur de la ville de Boulogne le 5 juin 1778. *Voyez* les mots BOULOGNE & CALAIS, ces deux villes étant les seules qui aient obtenu la faculté de faire le commerce des eaux-de-vie de genièvre, à cause de leur proximité des côtes d'Angleterre, & de leur exemption de droits d'aides, d'après les arrêts du conseil des 12 août 1727. & 28 octobre suivant.

EAUX ET FORÊTS. Nom d'une jurisdiction qui connoît de tout ce qui concerne les eaux & les forêts des domaines du roi. Les eaux & forêts proprement dits, formant une branche de revenus d'autant plus productive qu'elle est mieux administrée, il ne peut qu'être intéressant de faire connoître les précautions qui ont été prises dans tous les tems pour sa conservation & pour la faire fructifier.

Nous ne pouvons donc rien faire de mieux que de donner ici tout ce qu'on trouve sur cet objet dans les mémoires concernant les impositions, imprimés il y a quelques années sous les ordres d'un intendant des finances, dont les eaux & forêts composoient le département.

Dans l'origine, les bois & forêts dépendans du domaine, n'étoient administrés que relativement à la conservation du gibier. Les premiers officiers dont il est fait mention dans les ordonnances, quant à cette partie, sont les forestiers, dont la première institution, ainsi que les fonctions qui leur étoient attribuées, avoient pour objet les chasses. On voit cependant par une ordonnance de Philippe-le-Hardi, de 1280, qu'ils étoient chargés de délivrer aux usagers, les bois nécessaires pour leur usage, dans les lieux les plus propres & les plus convenables pour l'aménagement des forêts.

Une ordonnance de Philippe-le-Bel, du mois d'août 1291, adressée aux maîtres des eaux & forêts, donne lieu de présumer que ces officiers furent établis sous ce prince : cette ordonnance contient un réglement sur le fait de la pêche dans toutes les rivières. Elle porte : » Sachez que par » notre grand-conseil & par nos Barons, nous » avons fait certaines ordonnances sur les pêche- » ries & sur la manière de pêcher en toutes ri- » vières, grandes ou petites, en la manière qui » s'ensuit. «

Cette ordonnance prescrit la dimension des filets, ceux qui doivent être regardés comme défendus, l'échantillon auquel le poisson peut être pêché ; ordonne que celui qui sera pris au-dessous de ces échantillons, sera confisqué & donné *pour Dieu*, c'est-à-dire, *aux pauvres* ; & que les engins & filets prohibés seront brûlés, & le délinquant condamné à une amende de soixante sols tournois.

Nous avons une ordonnance de Philippe-le-Bel de 1302, sur l'administration des bois, soit des bénéfices, depuis l'ouverture de la régale jusqu'à ce qu'elle soit fermée, soit des fiefs saisis pendant qu'ils sont sous la main du roi. L'objet de cette ordonnance est que, pendant ce tems, l'aménagement établi dans ces bois continue d'être observé, & qu'il ne s'y fasse aucune coupe par anticipation.

Dans les lettres de Louis-Hutin, du 22 juillet 1315, connues sous la dénomination de la *chartre aux Normands*, il est dit que les droits de tiers & danger ne seront pas levés sur le mort-bois, dont il rappelle les neuf espèces, qui sont le saulx, marsaux, épine, puisne, seur, aulne, genêt, genièvre & ronces ; ce sont les mêmes qui sont exprimées dans l'article V. du titre 23. de l'ordonnance de 1669.

On trouve dans l'ordonnance que Philippe-le-Long donna le 18 juillet 1318 sur l'administration, que les maîtres des eaux & forêts compteront en la chambre des comptes des émolumens de leurs offices, ainsi que les autres officiers ; que les ventes de bois seront faites aux enchères, à peine de nullité.

Ce prince donna à la fin de cette même année 1318, c'est à dire, le mardi devant Pâque, qui, suivant le nouveau style, seroit en 1319, un réglement pour l'administration de ses forêts & de ses étangs de Champagne ; il ne renfermoit que quelques dispositions. Mais le 2 juin suivant, il fit pour ses forêts une ordonnance générale, & beaucoup plus étendue.

Il commença par faire cesser un abus qui anéantissoit presqu'entièrement le produit des ventes. Cet abus consistoit dans les dons excessifs qui étoient faits, ou en argent, ou de bois en nature à prendre sur les ventes. Il déclara qu'il ne feroit plus de pareils dons, & que le prix des ventes tourneroit en totalité à son profit.

Cette ordonnance ne supprime cependant pas les dons de bois que le roi étoit dans l'usage de faire ; mais elle règle la forme dans laquelle ces dons seront faits, & la manière dont il sera pourvu à leur exécution.

Les maîtres des eaux & forêts doivent d'abord constater & reconnoître le canton de la forêt où la livraison sera moins dommageable au roi & aux marchands. Ils doivent dans ce canton faire faire *la livrée* d'une certaine quantité d'arpens, eu egard à l'état & à la possibilité des forêts. L'ordonnance dénomme même plusieurs forêts dans lesquelles ces livrées n'auront pas lieu, attendu leur peu d'étendue & leur mauvais état.

Les maîtres doivent avoir égard à la valeur différente des divers arpens ; faire arpenter le canton qu'ils auront assigné, & le délivrer par compte, par nombre & par pièce, aux verdiers & maîtres sergens, qui, chacun à leur égard, rendront au maître le compte le plus exact & le plus détaillé, des livraisons qu'ils auront faites, & les maîtres seront tenus de le porter en la chambre des comptes.

Comme les cantons assignés doivent être séparés du surplus de la forêt par des laies ou routes, les maîtres des eaux & forêts & les arpenteurs prenoient une partie de leurs gages sur ce que les maîtres pouvoient retirer du bois provenant de ces routes. L'ordonnance porte que ce bois sera vendu aux enchères ; que sur le montant de l'adjudication, le marchand paiera les gages du maître des eaux & forêts, de l'arpenteur, & les salaires des ouvriers qui auront été employés à faire ces routes, & que le surplus du prix sera remis aux baillis, sénéchaux ou receveurs, qui en compteront au profit du roi.

Les lettres de dons de bois à bâtir ou à brûler, doivent, aux termes de cette ordonnance, énoncer la qualité de bois qui sera délivrée. Les verdiers & maîtres sergens sont tenus de faire serment qu'ils ne souffriront pas que ceux qui auront de pareils dons, en disposent par vente, échange, ni pour d'autres usages, sous peine d'amende contre ces officiers, & même de privation de leur office. Les marchands doivent, de leur côté, faire serment de ne point acheter les bois ainsi donnés.

Les lettres de dons n'ont d'effet que pour un an ; elles doivent être adressées & vérifiées en la chambre des comptes, & ceux qui les ont obtenues, doivent y faire serment de faire couper, façonner & charger à leurs frais le bois donné, & de l'employer en totalité, sans fraude & sans en rien vendre, ni en faire aucune autre disposition, à la destination pour laquelle le don leur aura été fait. S'il l'est à quelque abbaye, chapitre, communauté de ville, église paroissiale, &c. les procureurs & syndics sont tenus de faire le même serment.

Il est dit que de toutes les ventes qui seront faites, les marchands paieront pour chaque quarante sols, une livre de cire pour les hôtels du roi & de la reine.

Toute vente de bois extraordinaire à deniers secs, est interdite.

L'entrée des bois taillis est interdite aux bestiaux, jusqu'à ce que les bois soient *défensables*, attendu, par cette ordonnance, qu'une bête qui ne vaudra pas soixante sous ou quatre livres, peut y faire dommage de cent livres ou de plus en une seule année.

Elle ordonne que les poissons des étangs du roi seront vendus. Cette vente ne devoit avoir lieu que lorsque les viviers du roi étoient remplis, ce qui fait connoître l'économie qui dirigeoit l'administration de ses domaines.

Au mois de juin 1326, Charles-le Bel fit un réglement sur le fait de la pêche, & pour la conservation du poisson dans les rivières, qui rappelle plusieurs dispositions contenues dans l'ordonnance de Philippe-le-Bel, dont on a rendu compte.

Ce réglement contient la dénomination des filets ou engins qui sont prohibés.

Il interdit toute pêche depuis la mi-mars jusqu'à la mi-mai, qui est le tems du frai du poisson.

Il est adressé aux maîtres des eaux & forêts, pour le faire exécuter, ou par eux, ou par ceux qu'ils commettront.

Une ordonnance de Philippe de Valois, du 11 juillet 1333, ôta aux maîtres des eaux & forêts l'inspection sur les rivières, & en donna la connoissance aux baillis & sénéchaux ; ils sont en même tems chargés du soin des étangs ; ils doivent vérifier la quantité d'étangs que le roi a dans chaque bailliage & sénéchaussée, celle d'arpens d'eau que chaque étang contient, & comment ils sont peuplés, & en instruire la chambre des comptes, afin que le roi puisse ordonner ce que bon lui semblera.

Ces dispositions furent changées par une ordonnance du même prince, du 29 mai 1346, qui regle & réforme l'administration des eaux & forêts.

Elle nomme des maîtres des eaux & forêts, & désigne les départemens dans lesquels ils doivent exercer leurs fonctions ; elle supprime tous les autres, ainsi que les gruyers : les maîtres des eaux & forêts qu'elle établit, sont au nombre de dix.

Deux d'entre eux, l'un nommé *Bertaud* & l'autre *Poillevilain*, sont chargés de fonctions particulières, relativement aux tables du roi, de la reine & des princes. *Bertaud* doit faire venir pour ces tables le poisson des étangs du domaine, vendre celui qu'il n'y auroit aucun profit à consommer pour cette destination, & en acheter du poisson de mer.

Tout l'argent provenant des forêts & des bois, doit être remis à *Poillevilain*, pour l'employer à l'achat des viandes & volailles, & autres objets qui lui sont commis.

Le tout doit être exécuté de la manière la plus profitable, par ordonnance des gens des comptes.

Il est enjoint aux maîtres des forêts, d'y faire de fréquentes visites; leurs gages sont fixés à dix sous par jour & cent livres par an; & leurs journées & leurs vacations lorsqu'ils iront pour le fait des eaux & forêts, à quarante sous par jour. *Le marc d'argent est évalué, sous ce règne, à six livres huit sols deux deniers six trente-deuxieme de denier.*

Il leur est défendu de prendre aucun autre droit ni profit, de recevoir robes & pensions de quelque personne que ce soit, de se charger d'aucune ferme.

Il est défendu aux verdiers, châtelains, ou maîtres-sergens, de faire aucune vente que du commandement des maîtres. Ils ne peuvent connoître des délits, que jusqu'à soixante sous. L'appel de leurs sentences doit être porté devant les maîtres, & l'on ne peut appeller que devant le roi, des sentences que rendront ces derniers.

Les parens des maîtres, les gentilshommes, les officiers du roi, les avocats, les ecclésiastiques, sont exclus des ventes.

Les verdiers, les châtelains & les maîtres-sergens, doivent rendre compte aux maîtres, de leur administration deux fois l'année; en Normandie, cinq semaines ou un mois avant Pâques, & cinq semaines ou un mois avant la Toussaint; & dans les autres pays, avant l'Ascension & avant la Toussaint.

Les maîtres des eaux & forêts doivent, dans les mêmes termes, faire passer les produits des revenus ordinaires des forêts, aux baillis, sénéchaux ou receveurs, pour qu'ils puissent les comprendre dans leurs comptes, & ils doivent être présens à la reddition de la partie des comptes qui concerne le fait des forêts, pour qu'on soit assuré de la remise exacte de la totalité des produits: ils doivent aussi rendre compte de ceux qui ne sont pas employés dans les comptes des baillis, sénéchaux ou receveurs.

Cette ordonnance ôte aux baillis & aux châtelains l'usage de la pêche, & tous les chauffages qui leur avoient été accordés; elle rend aux maîtres des eaux & forêts, la connoissance & l'administration des rivières; leur enjoint de faire empoissonner les étangs, & d'en prendre la dépense sur le produit des amendes; & en cas d'insuffisance, sur celui des ventes de bois. Elle les autorise à donner à ferme les petits étangs & les petits buissons, d'un revenu trop médiocre, & dont la garde est onéreuse, mais à condition que les baux seront faits en présence des baillis & des procureurs du roi.

Les pillages auxquels la France avoit été exposée dans les tems qui avoient précédé Charles V, & sous son règne, avoient occasionné la destruction preque totale des forêts, à la conservation desquelles les maîtres & enquêteurs des eaux & forêts n'avoient point d'ailleurs apporté l'attention nécessaire; ce fut ce qui engagea ce prince à établir plusieurs membres de son conseil, généraux réformateurs sur le fait des eaux & forêts; & sur le rapport qu'ils lui firent de l'état des choses & des moyens qu'ils avoient jugé les plus propres à rétablir l'ordre convenable dans cette administration, il donna en 1376 une ordonnance, contenant un réglement général, qui, en rappellant plusieurs des dispositions des réglemens précédens, en contient un grand nombre de nouvelles.

Cette ordonnance mérite d'autant plus d'être remarquée, qu'elle a servi de base & de fondement à la plus grande partie de celles qui ont été données dans la suite sur cette matière, & notamment à celle de 1515, dans laquelle la plupart des articles de celle de 1376 ont été insérés presque dans leur totalité.

On reconnoît aussi dans l'ordonnance de 1669, plusieurs de ces dispositions, & c'est ce qui nous engage, pour faire connoître dans sa source cette branche d'administration, à retracer avec des détails que nous avons jugé nécessaires, toute l'économie de cette loi.

Elle commence par restreindre & fixer le nombre des maîtres des eaux & forêts, qui, selon les apparences, avoit été considérablement accru; elle ordonne que dans le duché de Normandie, qu'elle dit être plus peuplé qu'aucune autre province du royaume, de forêts, bois & buissons, tant du domaine, que sujets au tiers & danger, il sera établi pour gouverner & visiter les eaux & forêts, deux maîtres instruits des coutumes & usages du pays, par lesquels les droits du prince & de ses sujets seront bien gardés.

Et que pour les autres provinces, il sera établi tel nombre de maîtres que le roi jugera à propos de fixer; & que, quant à présent, il en sera préposé un pour l'Orléanois, deux pour la Brie, la Champagne, l'Isle-de-France & la Picardie. Ils doivent avoir chacun, par an, quatre cens livres tournois pour tous gages & chevauchées ; & un chauffage en nature, dont la quotité est fixée par cette ordonnance ; ce chauffage doit leur être délivré par les marchands, auxquels, sur la quittance des maîtres, les vicomtes ou receveurs doivent en tenir compte sur le pied de la valeur des bois dans le tems de cette livraison.

Cette ordonnance impose aux maîtres l'obligation de faire chaque année, au moins deux visites générales des forêts, d'aller de garde en garde, en présence des baillis, prévôts, vicomtes des lieux ou leurs lieutenans, des verdiers, gruyers, maîtres-sergens & sergens ; de dresser à chaque visite procès-verbal de l'état de la forêt, pour en faire leur rapport où il appartiendra, notamment à la chambre des comptes.

Les verdier, gruyer, garde ou maître-sergent, doivent visiter, de quinzaine en quinzaine au moins, tous les gardes de la forêt dont ils sont chargés, examiner l'état & la conduite des sergens, reconnoître les délits qui auront été commis, & en faire, sans délai, leur rapport aux maîtres des eaux & forêts.

Ces différens officiers sont assujettis à donner chacun, en la chambre des comptes, une caution de cinq cens livres tournois.

Les différens officiers des eaux & forêts exerçoient une jurisdiction ambulatoire. Ils faisoient donner aux parties des assignations en général, pour comparoître devant eux dans les lieux où ils se trouveroient, sans en désigner aucun fixe ni certain : il leur est enjoint de tenir leur jurisdiction dans les lieux publics & notables, & dans lesquels les parties puissent trouver commodément les conseils dont elles peuvent avoir besoin.

Il leur est défendu de prendre connoissance d'aucune autre matière, que de celle concernant les eaux & forêts.

On étoit dans l'usage de faire dans les forêts, à volonté, des coupes multipliées, sans aucun ordre ni règle : l'ordonnance fait cesser cet abus. Elle prescrit de faire des ventes de vingt & trente arpens, tant pleins que vuides, sans accorder aux marchands aucun remplage ou remplacement.

Les maîtres des eaux & forêts doivent déterminer le canton où la vente sera assise, après en avoir conféré avec les officiers, en y appellant les sergens (qui sont aujourd'hui les gardes) les plus intelligens, & même des marchands, s'ils le jugent nécessaire. On doit donner six mois pour la coupe & vuidange, sans que les maîtres puissent accorder aucune prorogation de ce terme, qui ne peut être prorogé que par le roi ou la chambre des comptes. On donne trois années pour le paiement final des ventes ; les marchands sont tenus de fournir bonne & suffisante caution devant le vicomte ou receveur du lieu ; ils doivent être chargés par les clauses de l'adjudication, de faire clorre les ventes, afin de mettre la recrue à l'abri du dégât des bestiaux.

L'Ordonnance prescrit les formes dans lesquelles les ventes ordinaires, & celles qui se font comme menus marchés, doivent être ordonnées, publiées & adjugées.

On ne fera plus de vente extraordinaire à l'occasion des dons, ni de tout autre mandement ; le bois sera pris dans la vente ordinaire de la forêt sur laquelle le don aura été assigné, & sur le marchand auquel il en sera tenu compte, sur le premier terme de paiement & sur les suivans.

Il est défendu aux maîtres des eaux & forêts, de mettre à exécution aucun mandement ni lettres de don, terme, répit, prorogation ni autre grace, s'il ne leur appert qu'elles ont été vérifiées par la chambre des comptes.

On voit par cette ordonnance, que la réserve des baliveaux ou étalons pour le repeuplement des forêts, étoit depuis long-tems ordonnée ; mais souvent les maîtres des eaux & forêts, ou par négligence, ou par tout autre motif, omettoient, dans les clauses des adjudications, cette réserve ; & lorsqu'il falloit ensuite y revenir, le marchand faisoit payer à un prix très-considérable, les arbres dont on lui interdisoit la coupe. L'ordonnance fait cesser cet abus. Elle ordonne que la retenue de huit ou dix baliveaux par arpent, sera sous-entendue dans toutes les ventes, quand même elle ne seroit pas exprimée ; elle rend les maîtres solidairement responsables avec les marchands, des restitutions auxquelles donneroit lieu l'inexécution de cette réserve.

Il doit être délivré au marchand, à l'audience, ou aux assises, un marteau pour marquer le bois de sa vente : il doit faire serment de ne l'employer qu'à cet usage ; & s'il en marque d'autres bois, la vente est confisquée, & le marchand condamné en telle amende qui sera arbitrée par le maître des eaux & forêts. Le terme de la coupe & vuidange expiré, le marchand doit rapporter son marteau pour être brisé, de manière qu'il ne puisse plus en être fait aucun usage.

On a vu ce qui concerne le chauffage qui est attribué aux maîtres des eaux & forêts ; celui des autres officiers doit être fixé par les vicomtes ou receveurs, & pris sur le bois sec ou les remanens, coupeaux & branches, qui ne peuvent avoir d'autre destination.

Cette ordonnance règle en même tems ce qui concerne l'exercice des usages, tant en bois que pâturages, panages, & autres choses semblables. Les dispositions en sont rédigées, sous le point de vue que les usagers jouissent de leurs droits, & que les forêts du domaine ne soient plus expofées à être détruites par le mauvais usage qu'ils en feroient.

Les maîtres des eaux & forêts doivent se faire représenter les titres, constater la possession, la manière d'user, l'état de la forêt & sa possibilité : ceux qui ont abusé doivent être privés de leurs usages, & ceux qui ont usé avec modération, doivent être maintenus suivant la possibilité de la forêt; mais uniquement dans les cantons qui leur sont assignés par leurs titres & la possession.

Un usager qui aura été pourvu de l'office de sergent, ne doit point jouir de ses droits d'usage tant qu'il exercera son office.

Les usages sont annuels, temporels & momentanés; & l'ordonnance défend, sous prétexte de non jouissance, d'accorder aucune restitution par forme d'arrérages.

L'ordonnance veut que tout sergent soit établi & pourvû par lettres du roi, & ne laisse aux maîtres la liberté d'en établir qu'à tems & par provision, & pour cause évidente & suffisante. Elle détermine la part que les sergents auront dans la confiscation; les amendes doivent être au profit du roi; elle fait cesser l'abus dans lequel étoient les officiers, d'user de compositions pour les amendes & confiscations; elle ordonne qu'ils seront tenus d'entendre les parties, de juger suivant la nature du fait, de ne prendre pour le roi que ce qui lui appartient, de n'en faire ni dons, ni graces, & d'attendre les ordres du roi, auquel seul appartient *de faire du sien à sa volonté*.

On avoit coupé jusqu'alors, sans règle ni mesure, & à proportion des besoins, les bois nécessaires, soit pour les bâtimens de mer, soit pour les châteaux & édifices dépendans du domaine, ce qui avoit endommagé considérablement les forêts. L'ordonnance, dans la vue de remédier à ces abus, établit une police convenable pour la coupe & délivrance des bois qui doivent être employés à cette destination; elle défend à ceux qui sont chargés de la confection des ouvrages, de prendre aucun bois avant que le maître des œuvres, les vicomtes ou receveurs des lieux, ou leurs lieutenans, & les verdiers, gruyers, gardes ou maîtres-sergens aient été appellés.

Ils doivent tous de concert, déterminer la qualité & quantité de bois nécessaire, choisir l'emplacement de la coupe dans le lieu le moins dommageable, ainsi que les chênes & autres arbres suivant le besoin; ces arbres doivent être marqués du marteau des officiers, & prisés à leur juste valeur; c'est ensuite au vicomte ou receveur, ou au maître d'œuvre, à les faire couper & enlever, & le vicomte ou receveur doit donner sa reconnoissance des arbres ainsi marqués & enlevés, aux officiers ou au sergent dans la garde duquel ils auront été pris, pour servir à sa décharge lorsqu'on fera la visite de la forêt; le maître des œuvres doit aussi de son côté en délivrer son récépissé.

Il est dit que les dîmes en bois ne seront plus perçues en nature, mais payées en deniers sur le prix des ventes par le vicomte ou receveur, & dans les mêmes termes que ceux qui auront été réglés pour le paiement de la vente.

L'ordonnance fixe aussi les vacations, tant des officiers des eaux & forêts, que du vicomte ou receveur, pour leur assistance au bail ou adjudication de la glandée.

Elle impose aux maîtres des eaux & forêts l'obligation de se rendre, au moins une fois chaque année, à la chambre des comptes, soit pour ce qui les concerne, soit pour que la chambre puisse avoir leur rapport sur les comptes des vicomtes ou receveurs : ils sont tenus d'apporter leurs registres des ventes faites dans les forêts où ils sont établis, & des exploits & amendes, afin que tout puisse être connu.

Enfin cette ordonnance règle ce qui doit être observé, relativement aux bois sujets au tiers & danger; elle s'explique sur les droits de police & jurisdiction que les officiers du roi doivent exercer sur ces bois & sur les formes auxquelles les propriétaires sont assujettis en cas de vente, afin que le roi ne soit pas frustré de la portion qui doit lui revenir.

Cette ordonnance est adressée aux officiers de la chambre des comptes, pour l'enregistrer & tenir la main à son exécution, avec injonction aux généraux réformateurs sur le fait des eaux & forêts du royaume, de la faire garder & accomplir dans tout son contenu.

Sainction rapporte des lettres de Charles VI, du 13 juillet 1384, par lesquelles ce prince établit & institua Charles, sire de Châtillon, dans l'état de souverain & général-maître inquisiteur, ordeveur, dispositeur, & réformateur seul, & pour le tout, des eaux & forêts, isles, garennes, fleuves & leurs appartenances, avec puissance d'enquérir & réformer sur tous & chacun les officiers quelconques par-tout le royaume. Ses lettres de provisions furent adressées à la chambre des comptes, où il prêta serment le 15 du même mois de juillet.

Suivant Sainction, il eut pour successeur Guillaume, vicomte de Melun, comte de Tancarville; mais Rousseau, dans son recueil des édits & ordonnances, arrêts & réglemens des eaux & forêts, prétend que le comte de Tancarville fut le premier pourvu de cet office de souverain maître & réformateur des eaux & forêts vers l'an 1362, & que ce fut Charles, sire de Châtillon, qui lui succéda.

Sainction rapporte les dates des provisions de

tous ceux qui furent successivement revêtus de cette charge jusqu'en 1575, qu'Henri III. fit dans cette administration un nouvel arrangement, dont on aura lieu de rendre compte dans la suite.

Il paroît que le nombre, tant des maîtres que des autres officiers, s'étoit considérablement multiplié; c'est ce que fait connoître une ordonnance de Charles VI. du 1 mars 1388, contenant réformation sur l'administration du domaine.

Elle réduit à cinq qui y sont dénommés, les maîtres des eaux & forêts pour la partie du royaume appellée la *Languedoil*; elle les charge de s'informer, sans perte de tems, du nombre des autres officiers des eaux & forêts, de leur capacité & conduite, pour en faire leur rapport au conseil, & spécialement au vicomte de Melun, afin qu'il y soit pourvu ainsi qu'il appartiendra.

Nous avons sous la même date une ordonnance de ce prince, qui contient réglement sur les eaux & forêts. Cette ordonnance est presqu'entièrement conforme à celle de Charles V. de 1376; elle ne renferme que quelques dispositions nouvelles par rapport aux ventes, dans lesquelles elle admet les doublemens & les tiercemens, dont elle règle les formalités. Elle rappelle aussi les ordonnances précédentes sur le fait de la pêche, sur le tems pendant lequel elle doit être interdite; prescrit les dimensions dans ces différens tems de l'année, des filets dont on peut se servir, dénomme ceux qui sont prohibés, & enjoint aux officiers des eaux & forêts d'y tenir la main.

Cette ordonnance qui, relativement aux forêts, ne concerne que celles qui dépendoient du domaine, est, quant à la police pour la pêche, ainsi que les précédentes, générale pour tout le royaume. Son but est de prévenir le dépeuplement des fleuves, grandes & petites rivières, *attendu qu'il appartient au roi, de son droit royal, de curer & penser du bon état & profit commun de sondit royaume.*

Au mois de septembre 1412, Charles VI. fit un nouveau réglement sur les eaux & forêts; ce réglement qui est divisé en soixante-seize articles, est une compilation des dispositions contenues dans les ordonnances de 1376 & 1388. Il seroit inutile de se jetter dans le détail des changemens qui sont faits par ce réglement à quelques-unes de ces dispositions, ni de ce qu'il peut renfermer de nouveau. Il est adressé au comte de Tancarville, souverain maître & général réformateur des eaux & forêts, à la chambre des comptes, aux trésoriers & aux maîtres des eaux & forêts.

Suivant Rousseau, ce comte de Tancarville fut le second de ce nom pourvu de cet office de souverain & réformateur des eaux & forêts en 1395.

On ne croit pas nécessaire de s'étendre sur l'ordonnance de François I. du mois de mars 1515. Cette ordonnance ne fait que rappeller les dispositions de celles précédemmeut rendues, & sur-tout, ainsi que l'on en a déja prévenu, de l'ordonnance de Charles V, de 1376.

Plusieurs officiers des eaux & forêts, & notamment ceux de la forêt d'Orléans, permettoient aux marchands d'entrer dans les ventes, & de commencer leur exploitation avant que l'adjudicaton eût reçu sa perfection totale, par la clôture des enchères, tiercement & doublement. Cet abus donna lieu à une ordonnance du mois de mars 1516, qui ordonne que les ventes se feront dans trois différens jours, de huitaine en huitaine, devant les maîtres des eaux & forêts des lieux, ou leurs lieutenans, en présence du procureur du roi & du receveur ordinaire du domaine, avec défenses aux marchands d'entrer dans les ventes, jusqu'à ce que les enchères, tiercement & doublement soient entièrement faits & passés.

On a reconnu depuis, les inconvéniens qui résultoient de ces délais; les enchères, tiercement & doublement sont actuellement reçus le même jour. Les tiercement & doublement ne sont admis que dans les vingt-quatre heures de l'adjudication, & il suffit, aux termes de l'ordonnance de 1669, qu'il y ait une huitaine franche entre la dernière publication & l'adjudication.

Au mois de janvier 1518, François I. donna une nouvelle ordonnance, par laquelle il fixa le salaire des maîtres des eaux & forêts pour l'expédition des lettres de vente & délivrance, sur le pied de dix sous pour chaque vente; celui des gruyers, verdiers & maîtres-sergens, pour leur assistance & vacation au mesurage & martelage, à raison de huit sous, par chaque journée; celui des sergens ou gardes, à raison de trois sous seulement; celui du mesureur ou arpenteur, à raison de huit sous, & deux sous pareillement par journée à chacun des aides jusqu'au nombre de trois, qu'il est autorisé d'avoir avec lui pour ouvrir les routes, ou layer & porter la chaîne ou corde pour ce mesurage. Les salaires du greffier sont aussi fixés, à raison de cinq sols par chaque lettre de vente & délivrance.

Il est dit que les trésoriers, chacun en sa charge, en faisant les états des receveurs particuliers ou vicomtes, laisseront entre leurs mains les fonds nécessaires pour le paiement de ces salaires.

Il est défendu aux officiers de permettre dans les forêts aucun établissement de tuiliers, forgerons, potiers, verriers, ni aucun attelier de cerclicrs, tourneurs, sabotiers, ni de laisser extraire des terres, des mines, du bois, & faire des cendres.

L'Ordonnance interdit tous monopoles, intelligences, compagnies, associations secrettes, au moyen desquelles les ventes des forêts sont adjugées à vil prix; elle défend de détourner directement, ni indirectement ceux qui voudroient surenchérir, soit par des promesses de leur laisser partie des ventes, soit par des dons, conventions ou autrement: elle laisse cependant aux marchands la liberté de s'associer pour une vente jusqu'au nombre de trois ou quatre, à condition de se faire connoître & enregistrer au greffe, le second jour des enchères.

Elle enjoint aux officiers de tenir la main à ce qu'il ne soit fait aucun défrichement dans les forêts du domaine, ni dans celles dans lesquelles le roi a des droits de gruerie, tiers & danger, ou autres droits, & de poursuivre les contrevenans.

Elle rappelle les défenses faites par les ordonnances précédentes, de mettre ni tenir aucuns bestiaux dans les forêts, à peine d'amende & de confiscation. Elle laisse l'amende à l'arbitrage des officiers; cette amende a été fixée depuis par l'ordonnance de 1669.

Celle dont on rappelle les dispositions, ordonne de faire prendre & saisir les bestiaux trouvés en contravention, sans user de tolérance ni dissimulation par don, promesses, affection ni autrement, sous peine de privation de leur office, & même de punition corporelle.

Les bestiaux des usagers sont seuls exceptés dans les tems permis, selon la condition de l'usage, & dans les cantons défensables & qui leur sont destinés.

Cette ordonnance est la première qui ait déterminé des peines pécuniaires fixes & certaines pour les différens délits en matière de coupe de bois.

Elle entre, à cet égard, dans les plus grands détails; elle dénomme les différentes essences & qualités des arbres, & proportionne le taux de l'amende à leur valeur; elle en fixe le montant au pied le tour, pour les arbres dont la grosseur peut être reconnue, à la prendre un pied hors de terre; & pour le bois qui est mis en œuvre, & dont la grosseur ne peut être reconnue, à une somme qu'elle détermine par charetée ou voiture: elle prononce aussi des amendes pour les arbres coupés en cime, ébranchés & déshonorés.

Celles qu'elle inflige pour la coupe des arbres marqués par les officiers pour être réservés, tels que baliveaux, parois, arbres de lisières & pieds corniers sont infiniment plus fortes.

Elle distingue, dans tous ces cas, si les délits ont été commis par des personnes privées, c'est-à-dire, étrangères à la forêt, ou par des usagers, adjudicataires des ventes, ou officiers; &, en ce cas, elle double l'amende. Les usagers, en cas de récidive, sont privés de leurs usages, & les officiers destitués de leurs offices, & même punis par des peines corporelles.

Dans tous les cas où il écheoit de prononcer l'amende, les délinquans doivent être condamnés à pareille somme, pour restitution, dommages & intérêts.

Enfin, si les délits ont été commis la nuit, avec scie & feu, l'amende est du double.

L'ordonnance de 1669 a augmenté le taux des différentes amendes prononcées par celle du mois de janvier 1518, dans la proportion de l'augmentation qu'avoit reçue depuis cette époque la valeur des bois.

Dans les tems qui ont précédé cette ordonnance, & conformément aux dispositions de celles qui existoient alors, les officiers des eaux & forêts ne connoissoient que de ce qui concernoit les eaux & forêts du domaine, & des forêts dans lesquelles le roi a quelques droits, tels que ceux de tiers & danger, gruerie, grairies & ségrairie, justice, chasse, & autres droits.

François I, par l'article XXX. de cette ordonnance, considérant la ruine & dépopulation de ses forêts; & de toutes les autres forêts du royaume, au grand détriment de la chose publique & de ses sujets, déclara & ordonna que les princes, prélats, églises, seigneurs, nobles, vassaux, & autres ses sujets, *pourroient*, *si bon leur sembloit*, user, chacun en leur égard, dans leurs bois & forêts, des ordonnances & défenses portées par son ordonnance concernant la confiscation du bétail, adjudications & taxations d'amendes pour arbres, bois abattus & dérobés & défrichement, sans toutefois déroger aux usages & droits de ses sujets, si aucuns en avoient.

Il admoneste au surplus, par le même article, lesdits princes, prélats, églises, seigneurs, nobles, vassaux & autres ses sujets, de donner tel ordre & provision à l'entretenement de leurs bois & forêts, en ayant égard à ses ordonnances, que par leur faute & négligence il n'en advienne inconvénient à la chose publique & sujets de son royaume.

Cette ordonnance est adressée aux parlemens de Paris, Toulouse, Bordeaux, Rouen, Dijon, à la chambre des comptes & trésoriers à Paris, au grand maître enquêteur & général réformateur des eaux & forêts du royaume, aux baillis, sénéchaux, prévôts, maîtres des eaux & forêts, & à tous autres justiciers ou officiers, & leurs lieutenans.

Par un édit du mois de mai 1523, François I. créa un procureur du roi en titre d'office, dans les sièges des maîtrises qui existoient alors; & par un autre édit du mois de juin 1534, il créa, en qualité de père & de légitime administrateur & usufruitier des biens de son fils le dauphin, duc & seigneur propriétaire des pays & duché de Bretagne, un maître général réformateur des eaux & forêts dans ce duché, avec un lieutenant, un procureur du roi & un greffier, dont les appels ressortiroient au parlement de Bretagne.

Ce prince instruit que plusieurs prélats du royaume, indépendamment des ventes ordinaires & accoutumées dans les bois dépendans de leurs bénéfices, faisoient couper, & dégradoient les bois de haute-fûtaie qui faisoient partie du fonds, domaine & patrimoine des églises, sans cause, moyen, décret ni permission valable, ordonna, par une déclaration du 7 juin 1537, que les bénéficiers ne pourroient faire que les coupes ordinaires & accoutumées, ni user de leur bois que comme bons administrateurs, leur interdisant toute coupe extraordinaire; sauf, en cas de nécessité urgente, à se pourvoir pour obtenir, en connoissance de cause, la permission que les circonstances pourroient exiger.

Il existoit un siège général de la table de marbre du palais à Paris, dont il y a apparence que la création remonte à l'époque de celle de la charge de grand-maître & général réformateur.

Ce siège étoit celui de ce grand-maître; c'étoit lui qui nommoit les officiers qui rendoient la justice; leurs sentences étoient intitulées en son nom, comme elles le sont aujourd'hui au nom des grands-maîtres.

Par édit donné à Blois, au mois de novembre 1508, Louis XII. créa un siège de la table de marbre du palais à Rouen, avec pouvoir au grand-maître de commettre un lieutenant-général, tel que bon lui sembleroit.

Par édit du mois de décembre 1543, François I. ajouta au siège de la table de marbre du palais à Paris, qui n'étoit composé que d'un lieutenant-général, d'un lieutenant-particulier, d'un avocat, d'un procureur du roi & d'un greffier, six conseillers qu'il créa en titre d'office.

Le préambule de cet édit fait connoître que jusqu'à cette époque, les officiers des eaux & forêts n'avoient pris connoissance des bois des gens de main-morte & des particuliers, qu'en vertu de commissions données par le roi.

Par le premier article, François I. leur donna le pouvoir de connoître, sauf l'appel en la table de marbre, des matières d'eaux & forêts, des princes, prélats, nobles, communautés, & autres propriétaires des forêts ou rivières dans le royaume; c'est, pour-ainsi-dire, à cette époque, que l'on peut fixer l'établissement de la jurisdiction des eaux & forêts, qui, par des édits & des réglemens postérieurs, a été successivement étendue, en la distinguant de la jurisdiction ordinaire; mais qui n'a acquis une véritable consistance que par l'ordonnance de 1669.

Jusqu'en 1554, les offices des eaux & forêts avoient été exercés sur des commissions du roi ou du grand-maître; les anciennes ordonnances en défendoient la vente, & prescrivoient de ne les confier qu'à des sujets d'une capacité & d'une probité reconnues.

Henri II. donna au mois de février de cette année, un édit qui forme un réglement général pour les eaux & forêts.

Par l'article I. de cet édit, il créa en titre d'office tous ceux des eaux & forêts, révoqua & annulla toutes les commissions qui avoient pu être données à ce sujet.

Par l'article II. il établit *dans chacun des palais* des parlemens de Toulouse, Bordeaux, Dijon, Provence, Dauphiné & Bretagne, un siège du grand-maître & général réformateur des eaux & forêts, & en chacun, un lieutenant avec quatre conseillers, un Avocat, & un procureur du roi, un greffier, un receveur des amendes, & quatre huissiers.

Et au siège de la table de marbre de Rouen, créé, ainsi qu'on l'a dit, en 1508, quatre conseillers & quatre huissiers.

Cet article de l'édit porte que cette création est faite à l'instar de la table de marbre de Paris, » sans toutefois déroger aux droits, autorité & » prééminence du lieutenant-général du grand-» maître & général réformateur des eaux & forêts du royaume, qui a sa résidence en la ville » de Paris, exerçant la jurisdiction des eaux & » forêts audit siège de la table de marbre du palais » à Paris, & lequel lieutenant-général pourra aller » par tous lesdits parlemens de notredit royaume, » voir, visiter, réformer, en l'absence du grand-» maître des eaux & forêts y étant, ainsi qu'il » verra être faire, & que besoin en sera, & tenir » le siège en faisant lesdites visitations tant seulement, ainsi que font les maîtres des requêtes ez » bailliages & sénéchaussées du royaume, voulant qu'il ait l'autorité & prééminence ez sièges » de la table de marbre desdits parlemens, lui y » étant, tel qu'y avoit ou pourroit avoir ledit » grand-maître, s'il y étoit en personne. «

Par l'article IV. du même édit, Henri II. créa en tittre d'office, dans chaque bailliage, sénéchaussée & *jugerie* du royaume, en Bretagne dans chaque évêché, un maître particulier, un lieutenant, un avocat, un procureur du roi, & un greffier, & leur attribua des gages.

Il ne fut pas alors question de l'office de garde-marteau; les différens gruyers ou verdiers établis à la la garde des forêts, étoient dépositaires du marteau, & ils l'apportoient pour les opérations à faire dans les bois par les officiers des maîtrises.

Ce fut par une disposition de l'édit du mois de janvier 1583, qui forme un réglement particulier pour les eaux & forêts, qu'Henri III. créa en titre l'office de garde-marteau.

L'ordonnance de 1669, pour prévenir les abus, a ordonné que le marteau du roi, destiné à la marque des arbres de réserve, seroit déposé dans un coffre à trois clefs, dont le maître particulier, ou le lieutenant en son absence, en auroit une, le procureur du roi, une autre, & le garde-marteau, la troisieme; que le marteau n'en pourroit être tiré que de leur consentement commun, & que chaque jour il y seroit remis, lorsque l'opération pour laquelle il en avoit été tiré, auroit été faite.

Par un édit du mois de mars 1558, Henri II. établit des juges en dernier ressort à la table de marbre du palais à Paris.

Suivant cet édit, ces juges doivent être composés d'un président du parlement ou maître des requêtes, en appellant avec lui jusqu'au nombre de dix, pour le moins, tant des conseillers du parlement, que des lieutenans & conseillers de la table de marbre, à la charge toutefois que ceux du parlement qui seroient appellés, & se trouveroient au jugement du procès en dernier ressort, excéderoient en nombre double le nombre de ceux de la table de marbre.

L'enregistrement de cet édit éprouva les plus grandes difficultés au parlement: cette affaire demeura suspendue par la circonstance du décès d'Henri II. Le parlement ne vouloit se déterminer à enregistrer cet édit, qu'en y apposant des modifications. Il fit de premières remontrances, auxquelles Henri II. n'eut point d'égard; il en fit d'itératives, qui n'eurent pas un succès plus heureux.

Enfin, sous François II. l'édit fut enregistré le 26 juin 1559, avec les modifications suivantes.

1°. Que quand il seroit question du fonds & propriété des eaux & forêts, soit du roi, soit des prélats, princes, barons, gentilshommes, seigneurs & autres particuliers, la table de marbre ne jugeroit qu'à l'ordinaire, & sauf l'appel au parlement.

2°. Qu'il y auroit pareillement appel, quand il seroit question de réformation, abus, crimes & délits commis dans les bois, lorsqu'il y auroit jugement de mort naturelle ou civile.

3°. Qu'il y auroit toujours un président du parlement.

Pour terminer entièrement ce qui concerne les tables de marbre & les juges en dernier ressort, on observera que par un édit du mois de février 1704, toutes les tables de marbre & juges en dernier ressort, furent supprimés. Il fut créé en leur place, dans les parlemens de Paris, Toulouse, Rennes, Rouen, Dijon, Tournay, Bordeaux, Metz, Besançon, Grenoble, Aix, Pau, & conseil de Colmar, une chambre pour juger souverainement & en dernier ressort, toutes les instances & procès concernant les eaux & forêts.

Cet édit n'eut son exécution que dans quelques parlemens: celui du mois de mai 1704, rétablit la table de marbre de Paris, telle qu'elle existoit auparavant, & qu'elle subsiste encore aujourd'hui.

Par un édit du mois de juillet de la même année 1704, on créa une chambre des eaux & forêts au parlement de Besançon, à laquelle fut unie celle qui avoit été créée par l'édit du mois de février précédent.

Au mois de septembre, un édit érigea une quatrieme chambre au parlement de Flandre, & on y réunit celle des eaux & forêts.

Un édit du mois d'octobre suivant, unit au corps du parlement de Rennes, la chambre des eaux & forêts; on créa de nouveaux officiers dans ce parlement, & on attribua à la chambre des requêtes du palais, le jugement des affaires des eaux & forêts.

Un édit du même mois & de la même année, supprima la chambre créée près le parlement de Bordeaux, par l'édit du mois de février précédent, & réunit la jurisdiction de la table de marbre à la chambre des requêtes du palais; mais cet arrangement demeura sans exécution; la table de marbre fut rétablie par un édit du mois de juillet 1705, sur le même pied qu'elle existoit avant la suppression portée par l'édit du mois de février 1704.

Enfin, par un dernier édit du mois de janvier 1705, la chambre des eaux & forêts créée près le parlement de Toulouse a été unie à celle des requêtes du palais près cette cour.

Les tables de marbre n'ont éprouvé, depuis cette époque, aucun changement.

Dans les tables de marbre où il y a des juges en dernier ressort, les jugemens que rendent ces juges sont intitulés de la maniere suivante:

» Les juges ordonnés par le roi, pour juger en dernier ressort, & sans appel, les procès de réformation des eaux & forêts au siége de la table de marbre. «

Et lorsque les officiers de la table de marbre jugent à l'ordinaire, leurs sentences s'intitulent:

» Les grands-maîtres, enquêteurs, généraux réformateurs des eaux & forêts de France, &c. «

On a vu que sous François I, les réglemens qui étoient faits pour la police & la conservation des bois, ne concernoient encore que ceux dépendans du domaine. Ce prince en 1518, par l'ordonnance qu'il rendit au mois de janvier, permit aux princes, prélats, églises, nobles, & vassaux, d'user, si bon leur sembloit, relativement à leurs bois, des dispositions de cette ordonnance; mais sous le règne de Charles IX, les vues du gouvernement & de l'administration s'étendirent plus loin, & la législation commença à embrasser la totalité des bois du royaume.

Ce prince, par un édit du mois de septembre 1563, fit défenses à tous particuliers de faire couper des taillis avant l'âge de dix ans, à peine de confiscation de bois & d'amende arbitraire, & leur enjoignit d'y laisser le nombre de baliveaux prescrit par les précédentes ordonnances.

On voit par le préambule de cet édit, que l'usage qui avoit lieu auparavant, étoit de couper les bois à l'âge de six à sept ans; il est dit qu'en différant cette coupe de trois années, le chauffage en seroit beaucoup meilleur, & que la recrue en profiteroit infiniment mieux.

Il n'avoit été fait aucun réglement pour laisser recroître en futaie le bois de cette espèce qui avoit été abattu; il subsistoit réduit en nature de taillis, & demeuroit sur ce pied en coupes ordinaires, ce qui exposoit le royaume à être dépourvu entièrement de bois de construction.

Par un édit du mois d'octobre 1561, Charles IX. ordonna que la troisieme partie des bois taillis dépendans du domaine, ainsi que de ceux appartenans aux bénéficiers & communautés, tant ecclésiastiques que laïques, seroit réservée pour croître en futaie. Il fut dit, qu'immédiatement après la publication de l'édit, les bois seroient reconnus & arpentés pour l'apposition de cette réserve, & que les officiers des maîtrises y tiendroient la main, ainsi qu'à leur conservation, à peine de privation de leurs offices.

Le parlement de Paris ordonna par son arrêt d'enregistrement du 15 janvier 1561, que si un bois taillis, par la stérilité du fonds ou essence du bois, ne pouvoit croître en futaie, il en seroit informé d'office à la requête du procureur général, pour l'information vue par la cour, y être pourvu; que le tiers réservé pour croître en futaie, seroit fossoyé, borné & marqué de quelques marques notables & apparentes, pour faire connoître que c'étoit un bois défensable & réservé; & que quant aux deux tiers qui restoient en nature de bois taillis, il seroit, lors des coupes qui en seroient faites, réservé & martelé les pieds corniers, gros arbres, les laies & anciens baliveaux de l'âge du bois, avant que les marchands les pussent exploiter, sous peine, quant aux vendeurs, de la confiscation de leur vente, du prix de l'achat, & d'amende arbitraire.

Les commandeurs & chevaliers de l'ordre de Malthe, s'étoient fait dispenser de cette réserve, par des lettres-patentes du 28 octobre 1565; mais ils y furent assujettis de nouveau par l'édit du mois de mai 1597, & ils l'ont été encore par l'ordonnance du mois d'août 1669.

Un édit du mois d'août 1573, ordonna qu'au lieu de la troisieme partie, tous les ecclésiastiques & gens de main-morte laisseroient seulement le quart en réserve dans l'endroit où le fonds se trouveroit le meilleur, & le plus propre à produire de la haute-futaie.

L'édit donné à Melun en 1580, révoqua ceux de 1561 & 1573, & permit aux ecclésiastiques & communautés, de faire couper les bois taillis dépendans de leurs bénéfices, suivant l'usage dans lequel ils étoient avant ces édits, & sous la réserve seulement du nombre de baliveaux porté par les ordonnances; mais on reconnut sous Henri IV. l'importance dont il étoit de faire revivre les dispositions des édits qui avoient ordonné l'établissement de cette réserve: l'exécution en fut ordonnée par l'article XXX. de l'édit du mois de mai 1597, & la réserve fut fixée au tiers.

L'ordonnance de 1669. l'a réglée au quart au moins, dont le choix & triage doit être fait par les grands-maîtres, aux endroits les plus propres, & où le fonds pourra mieux porter de la futaie.

On doit ici observer que, par un arrêt du conseil du 29 juin 1706, revêtu de lettres-patentes enregistrées au parlement de Flandre, les ecclésiastiques & communautés laïques, séculières & régulières des provinces de Flandre, Hainault & Artois, ont été dispensés de l'apposition du quart de réserve, à la charge seulement de laisser croître en futaie la huitieme partie des bois qui contiendront quarante arpens & au-dessus, dans un seul ténement, avec défense d'y faire aucune coupe sans permission du conseil. Cette exception a été déterminée par des considérations particulières, & qui sont sans applications pour les autres ecclésiastiques & communautés.

L'édit du mois d'août 1573, dont on vient de parler, contenoit en même tems un réglement provisionnel pour la vente des bois du roi.

Il n'avoit été, avant Charles IX, établi aucune division ni introduit aucune règle dans les coupes des bois & forêts dépendans du domaine.

Par des lettres-patentes du 24 janvier 1563, ce prince avoit ordonné, que dorénavant tous ses bois & forêts en haute-futaie ou taillis, seroient réduits en coupes ordinaires; & que pour y parvenir, description seroit faite desdites forêts par le sieur Rostaing, grand-maître, ou ceux qui seroient par lui commis; qu'elles seroient arpentées, & procès-verbal dressé de l'essence & qualité des bois par le grand-maître, qui, en même tems, donneroit son avis, après avoir entendu les officiers des eaux & forêts des lieux.

De nouvelles lettres furent adressées, en date du 6 novembre 1571, au sieur de Fleury, successeur du sieur Rostaing. Ces lettres lui ordonnoient de se faire envoyer par les officiers des eaux & forêts, la déclaration & le dénombrement de tous les bois & forêts du roi: ces déclarations devoient contenir la quantité d'arpens, la nature, l'essence & la qualité des bois, les droits d'usage, & autres charges dont ils étoient grevés.

La plus grande partie des officiers adressèrent, en conséquence, leurs procès-verbaux & déclarations; mais il paroît qu'ils ne contenoient pas des renseignemens suffisans pour établir un réglement fixe & certain, & qu'il fut jugé que l'on avoit besoin, pour y procéder, de nouvelles visites, de nouveaux arpentages, & d'informations plus amples, dont le grand-maître des eaux & forêts fût chargé.

Dans de pareilles circonstances, la nécessité des affaires, & le motif ou prétexte de subvenir sans retardement au rachat du domaine, engagèrent Charles IX. à ordonner, par l'édit du mois d'août 1573, qu'il seroit fait vente & coupe de la quantité d'arpens de bois déclarée dans l'état & département arrêté par lui en son conseil, & annexé sous le contre-scel de cet édit.

Que ceux qui seroient commis pour procéder à cette vente, feroient d'abord faire le mesurage & arpentage de la quantité de bois contenue dans l'état, à la prendre dans la futaie la plus ancienne & la plus dépérissante, & avec réserve du nombre de baliveaux porté par les ordonnances, & même d'un plus grand nombre si faire se devoit, afin de régler ensuite les coupes de futaie, à l'âge de cent ans au moins.

Que les cantons où les ventes & coupes auroient été faites, seroient ensuite labourés & semés de glands, fossoyés & plantés de haies vives, à la diligence des adjudicataires.

Que les mêmes repeuplemens seroient faits dans les cantons dans lesquels il avoit été depuis vingt à trente ans, fait des ventes de haute-futaie, & que les receveurs ordinaires des lieux fourniroient les fonds nécessaires pour cette dépense, sur les deniers provenans des coupes qui seroient ci-après faites.

Enfin, que le surplus de ces deniers seroit employé au rachat du domaine aliéné, & non ailleurs, à peine, contre les receveurs, d'en être responsables en leur propre & privé nom, ainsi que leurs héritiers, successeurs & ayans cause.

Il fut, en conséquence, arrêté au conseil le 29 du même mois, un département de trois cents mille livres, dont le roi entendoit faire état en ses finances, pour l'année suivante, commençant en janvier 1574.

Ces sommes devoient être prises sur les ventes & coupes des bois dans les forêts, énoncées ensuite dans ce département; & ce, par provision, jusqu'à ce qu'il y eût un réglement & une liquidation des droits d'usage, & autres charges prétendues sur ces forêts, & qu'il eût été plus amplement constaté quelle quantité s'en pourroit couper chaque année, pour les réduire & mettre en coupes ordinaires.

A la suite est la répartition de cette somme sur les différentes forêts dépendantes du domaine, & la quantité d'arpens qui seroit coupée dans chaque forêt.

Cette quantité par détail, montoit, suivant le département, à deux mille quatre cens trente-six arpens, que l'on estimoit devoir produire deux cens quarante-trois mille livres.

Les forêts des duchés de Bourgogne, Bretagne, Angoumois & comté de Poitou, n'y étoient pas comprises, & l'on devoit y faire des ventes jusqu'à concurrence de cinquante-sept mille livres, pour compléter les trois cens mille livres.

Il paroît, suivant l'édit du mois d'août 1573, que ces ventes devoient être renouvellées chaque année, pour fournir un fonds annuel aux finances; car les commissaires qui les auroient faites, devoient en adresser, chaque année, un extrait sommaire au greffe de la table de marbre du palais à Paris, contenant la quantité de bois vendu, le triage, le prix de la vente, & les tenans & aboutissans.

La circonstance du réglement de ventes & coupes ordinaires, établi sous Charles IX. par l'édit du mois d'août 1573, pour l'exécution duquel on avoit été chaque année dans l'embarras de commettre dans les différentes provinces des personnes capables, fut un des principaux motifs énoncés dans l'édit du mois de mai 1575, par lequel Henri III. supprima l'office unique de grand-maître enquêteur & général réformateur des eaux & forêts de France, dont le sieur de Fleury étoit alors revêtu, & créa par ce même édit six offices, dont il assigna les départemens, & attribua à chacun de ceux qui en seroient pourvus, dans leur ressort & département, tels & semblables droits, autorité, prééminence, pouvoir, attribution, exercice de justice & privilèges, dont jouissoit le sieur de Fleury, exerçant seul ledit état de grand-maître par tout le royaume, ainsi & de la même manière que si ces droits & pouvoirs étoient spécifiés dans l'édit.

Il ordonne, au surplus, qu'aucune commission ne sera exécutée sans leur attache; que les réglemens & états de toutes les ventes leur seront adressées; qu'ils feront passer, dès que les ventes seront faites, l'état des deniers qui en proviendront, aux receveurs généraux des bois nouvellement créés, qui en enverront deux copies, l'une au conseil, l'autre au trésorier de France, chacun en sa charge & province.

L'ordonnance de Blois supprima cet office, & voici comment s'explique, à cet égard, l'article CCXLVII. de cette ordonnance.

» Nous entendons aussi être compris dans la » présente suppression, les grands-maîtres des » eaux & forêts, par nous nouvellement érigés, » pour être lesdits états réduits à un seul office, » vacation advenant, semblablement les receveurs » des bois, selon qu'ils étoient du tems de notredit » seigneur & frère. «

Cette suppression demeura sans exécution, & au mois de février 1586, il fut créé six autres offices de grands-maîtres alternatifs, avec pareilles fonctions & droits que les six anciens. Le préambule de cet édit de création, fait assez connoître les principaux motifs qui portoient à faire cet établissement.

» En quoi faisant, est-il dit, nous pourrons tirer quelque secours en l'extrême nécessité de » nos affaires, pour subvenir à partie de la dé» pense que nous sommes contraints supporter à » la conservation de notre état, & pour le paie» ment des grandes sommes de deniers par nous » dûes aux étrangers, qui reviendra au soulage» ment & décharge de nosdits sujets, sur lesquels, » cessant la présente occasion, nous serions con» traints de faire lever lesdites sommes par impo» sition, à notre très-grand regret. «

Les mêmes considérations déterminèrent à créer, par un autre édit du même mois, des offices de maîtres particuliers des eaux & forêts alternatifs.

Le désordre qui, du tems d'Henri III. régna dans les différentes parties de l'administration, s'étendit pareillement aux eaux & forêts. Les besoins avoient fait multiplier les coupes extraordinaires dans les bois dépendans du domaine; les produits étoient presqu'entièrement absorbés par les gages, taxations, chauffages, & autres droits attribués au nombre excessif d'officiers qui avoient été créés. Les forêts n'en étoient pas mieux conservées, & les officiers ne donnoient point l'attention nécessaire à l'exercice des droits d'usage, dont ceux qui en jouissoient, ne cessoient de commettre des délits & des abus.

Dans la vue de rétablir l'ordre qui pouvoit seul préserver les forêts d'une destruction totale, Henri IV, par un édit donné à Rouen au mois de janvier 1597, ordonna que, par les commissaires qui seroient députés à cet effet, il seroit fait, sans retardement, une visite générale dans les forêts, pour en constater l'état & les charges, & que sur les procès-verbaux qu'ils en adresseroient, & qu'ils enverroient au conseil avec leurs avis, il seroit arrêté un réglement de ventes & coupes ordinaires, qui se devroient & pourroient faire dans chaque forêt, tant en futaie qu'en taillis.

Il ordonna qu'il seroit sursis à toutes coupes extraordinaires, & que celles de l'ordinaire seroient continuées, suivant les réglemens & ordonnances, jusqu'à ce qu'il y eût été par lui autrement pourvu.

Il révoqua tous usages & chauffages concédés par lui ou ses prédécesseurs, à titre gratuit, depuis le règne de François I, à quelque personne & pour quelque cause, tems & occasion que ce fût, même aux gouverneurs, lieutenans-généraux des provinces, gouverneurs & capitaines des villes & châteaux, & tous autres, de quelque qualité qu'ils fussent, quoique ces usages & chauffages eussent été vérifiés dans les cours de parlemens, chambre des comptes, table de marbre, & ailleurs; se réservant de pourvoir à l'indemnité de ceux qui auroient pu être acquis à titre onéreux.

Il ordonna en même tems, que ceux dont la concession étoit plus ancienne, seroit réglés selon la possibilité des forêts & la teneur des titres, sur la représentation qui en seroit faite, dans le délai de six mois, à peine de privation desdits droits. Que lorsqu'ils auroient été jugés & réglés, il en seroit dressé un état général, qui seroit déposé dans les chambres des comptes & aux sièges des tables de marbre, afin qu'il ne pût pas s'introduire de nouveaux usages, & pour servir en même tems de titres aux anciens usagers.

Il supprima par le même édit, tous les officiers des eaux & forêts créés depuis le décès de Charles IX. à la charge que, dans le terme de deux années, ils seroient remboursés de la finance qu'ils justifieroient avoir payée; & que s'ils ne l'étoient pas dans ce tems, ils rentreroient dans leurs offices, pour en jouir comme auparavant.

Les grands-maîtres firent des représentations sur les dispositions de cet édit, qui les dépouilloit de leurs fonctions, sans aucune certitude de leur remboursement. Il intervint, le 24 avril de la même année 1597, une déclaration, portant que l'intention du roi étoit, qu'ils demeurassent en possession & exercice de leurs offices jusqu'au remboursement, qui devoit être effectué dans le terme de deux années, de la finance qu'ils justifieroient avoir réellement payée, & de ce qui leur seroit dû de leurs gages; & le roi affecta à ce remboursement, les deniers de ventes de bois, aliénations de bail à cens, des terres vaines & vagues, délaissement de rivières, ventes & aliénations des grueries, grairies, tiers & danger, qui seroient faites à rentes & deniers d'entrée, pour cette destination.

Ce remboursement n'ayant pu être entièrement consommé dans le tems qu'il avoit été indiqué, la suppression n'eût son effet que pour les départemens de l'Isle-de-France & de Normandie, qui furent donnés au sieur de Fleury, sous le titre de grand-maître enquêteur & réformateur général, qui, ainsi qu'on l'a vu, étoit pourvû de cette charge au moment de l'édit de 1575, lorsqu'elle étoit unique pour tout le royaume, & pour lequel Henri IV. étoit porté d'affection, en considération des services importans qu'il en avoit reçus, dans les ambassades extraordinaires dans lesquelles il avoit été employé.

Le roi lui donna même le titre de surintendant des eaux & forêts de France, par brevet du 4 janvier 1597, pour en avoir seul le seing au conseil d'etat. Toutes les requêtes adressées au roi lui étoient renvoyées, ainsi que tous les mandemens, dons, concessions, & autres expéditions, pour être vues & signées de lui. Il envoyoit chaque année les commissions de ventes de bois qui devoient se faire dans les forêts du roi; il dressoit au conseil, l'état général de tous les deniers qui en provenoient, & étoit chargé de toute l'administration relative à la conservation & aménagement des bois, eaux & forêts du royaume.

On vient de dire, que la suppression ordonnée par l'édit du mois de janvier 1597, n'avoit eu lieu que pour les départemens de l'Isle de-France & de la Normandie.

Les quatre autres offices de grands-maîtres continuèrent de subsister; il en fut, au mois de décembre, créé de triennaux dans tous les départemens, & de quatriennaux, par édit du mois de septembre 1645.

Ces offices ont subsisté, jusqu'au moment où M. Colbert entreprit de rétablir l'ordre dans l'administration des eaux & forêts.

On a vu à quel point on s'en étoit écarté sous le règne de Louis XIII. & dans les premiers tems de celui de Louis XIV.; les créations multipliées d'offices, auxquelles la nécessité des conjonctures avoit donné lieu; toutes les aliénations de domaines qui avoient été faites, & dont les bois n'avoient pas été exceptés. M. Colbert donna une attention d'autant plus particulière à cette portion précieuse du domaine, que ses vûes pour la création d'une marine, dont il avoit reconnu l'importance, pour la gloire & la défense de l'état, & pour la sûreté & l'aggrandissement du commerce, ne pouvoient être remplies que par les ressources que procureroient, pour la construction, les forêts du roi, dès qu'elles seroient aménagées relativement à cet objet, & que des réglemens sages & économiques en assureroient la conservation; & en perpétueroient en même tems les avantages.

Il commença cet ouvrage important en 1661. Le roi ordonna, par un arrêt du mois d'octobre 1661; que toutes les forêts du domaine demeureroient fermées, & qu'il seroit procédé à la réformation générale des eaux & forêts du royaume.

Le choix des commissaires se fixa sur les personnes les plus capables de reconnoître les abus qui subsistoient alors dans cette administration, & de proposer les moyens les plus efficaces pour les faire cesser.

Le roi ayant été pleinement informé, par leur rapport, que ces désordres procédoient principalement de la mauvaise conduite des officiers, il supprima, par un édit du mois d'avril 1667, les offices de grands-maîtres, à l'exception de ceux de l'apanage de M. le duc d'Orléans, & il réduisit, dans chaque siège, le nombre des officiers de maîtrises à cinq, tels qu'ils subsistent aujourd'hui; savoir, un maître particulier, un lieutenant, un procureur du roi, un garde-marteau, un greffier.

Le même édit ordonna, que, dans les forêts & buissons éloignés, à la conservation desquels ces officiers de maîtrises ne pouvoient veiller que très-difficilement, il seroit établi un gruyer, dont les appels ressortiroient à la maîtrise, & un greffier.

On a vu que, dans leur origine, les gruyers ne pouvoient connoître que des délits dont l'amende étoit fixée à soixante sols. L'édit du mois d'avril 1667, leur attribua la connoissance des délits jusqu'à six livres d'amende; & l'ordonnance de 1669 a étendu jusqu'à douze livres, le pouvoir que les gruyers ont de juger des délits.

Rien ne fait mieux connoître les circonstances dans lesquelles l'ordonnance sur le fait des eaux & forêts du mois d'août 1669, fut rendue, & les travaux qui en précédèrent la rédaction, que le préambule de cette ordonnance.

Le roi expose que, quoique le désordre qui s'étoit glissé dans les eaux & forêts du royaume, fut si universel & si invétéré, que le remède en paroissoit presque impossible; néanmoins le ciel avoit tellement favorisé l'application de huit années qu'il avoit données au rétablissement de cette noble & précieuse partie de son domaine, qu'il la voyoit en état de fleurir plus que jamais, & de produire avec abondance, au public, tous les avantages qu'il en pouvoit espérer, soit pour la commodité de la vie privée, soit pour les nécessités de la guerre, ou enfin, pour l'ornement de la paix & l'accroissement du commerce, par les voyages de long cours dans toutes les parties du monde.

Mais que comme il ne suffisoit pas d'avoir rétabli l'ordre & la discipline, si on ne l'assuroit par de bons & sages réglemens, pour en faire passer le fruit à la postérité; il avoit estimé qu'il étoit de sa justice, pour consommer un ouvrage si utile & si nécessaire, de se faire rapporter toutes les ordonnances, tant anciennes que nouvelles, qui concernoient la matière, afin que les ayant conférées avec les avis qui lui avoient été envoyés des provinces, par les commissaires départis pour la réformation des eaux & forêts, il pût, sur le tout, former un corps de loix, claires, précises & certaines, qui dissiperoient toute l'obscurité des précédentes, & ne laisseroient plus de prétexte ou d'excuse à ceux qui pourroient tomber en faute.

Le plan tracé par ce préambule, est exactement rempli dans toute l'économie de la rédaction de cette ordonnance; elle a emprunté des anciennes, les dispositions les plus sages pour l'administration & la conservation des bois, & elle a fait les changemens ou additions que l'expérience avoit fait juger nécessaires.

On a vu à quel excès les aliénations de cette partie précieuse du domaine, avoient été portées, au mépris des dispositions des loix précédemment intervenues. L'ordonnance, en renouvellant cette prohibition, prend les précautions les plus fortes pour en assurer l'exécution, pour intéresser tous les officiers à la maintenir, retenir par les peines ceux qui s'en écarteroient, détourner ceux qui seroient tentés de faire de pareilles acquisitions; & c'est dans cette vue qu'a été rédigé l'article I. du titre 27. de cette ordonnance, qui porte:

» Réitérons la prohibition faite par l'ordonnance de Moulins, de faire aucunes aliénations à l'avenir, de quelque partie que ce soit de nos forêts, bois & buissons, à peine, contre les officiers, de privation de leurs charges, & dix mille livres d'amende contre les acquéreurs, outre la réunion à notre domaine, & confiscation à notre profit, de tout ce qui pourroit avoir été semé, planté ou bâti sur les places de cette qualité. «

Une des principales causes des dégradations commises dans les forêts du domaine, étoit le grand nombre des usages en bois à bâtir & à réparer, & des chauffages qui avoient été accordés. Pour faire cesser ces abus, que l'exercice de ces droits occasionnoit, l'ordonnance de 1669 a supprimé tous les usages en bois à bâtir, à réparer; & elle n'a conservé de chauffages en nature, que ceux qui avoient pour principe la dotation & fondation des établissemens de la piété des souverains, dont elle a encore subordonné la fourniture en espèces, à la possibilité des forêts sur lesquelles ils étoient assignés.

En supprimant tous les usages en bois à bâtir & à réparer, pour quelque cause, & sous quelque prétexte, & par quelque titre que la concession en eût été faite ou confirmée, elle a voulu qu'il fût pourvû à l'indemnité de ceux qui en possédoient à titre de dotation ou fondation, ou qui justifieroient d'une possession antérieure à l'année 1560, ou enfin, que ces droits leur avoient été concédés à titre onéreux.

Elle a pareillement ordonné, que, quant aux chauffages en bois, qu'elle supprimoit, ceux qui en possédoient pour cause d'échange & indemnité, & qui justifieroient d'une possession antérieure à l'année 1560, en seroient dédommagés.

Ainsi il ne subsiste plus de droits d'usages en bois à bâtir & à réparer, dans les forêts du domaine; & l'indemnité de ceux qui étoient fondés à en prétendre une pour cette suppression, aux termes de l'ordonnance de 1669, a été réglée par des états arrêtés au conseil en 1673, 1674 & 1675.

Tous les chauffages en nature, autres que ceux à titre de fondation & dotation, qui ont été conservés, ont été évalués & convertis en argent, suivant les états arrêtés au conseil sous les mêmes époques.

Quant aux usages pour le pâturage & le panage, en même tems que l'ordonnance de 1669 a réglé l'exercice de ces droits, elle a voulu qu'ils ne fussent conservés qu'à ceux qui présenteroient des titres suffisans pour être compris dans les états qui en seroient arrêtés au conseil.

Ces états ont pareillement été arrêtés en 1673, 1674 & 1675; ils ont été formés sur les procès-verbaux que les réformateurs ont dressés des titres des usagers, & sur les avis qu'ils ont donnés. On a toujours jugé depuis, que les communautés ou particuliers qui n'avoient point été compris dans ces états, ou n'avoient point de titre, ou qu'au moins ceux qu'ils avoient représentés n'avoient pas paru suffisans pour opérer la confirmation des droits qu'ils réclamoient; & quelque possession qu'ils aient pu se ménager depuis cette époque, elle a toujours été considérée comme une possession vicieuse, qui ne pouvoit prévaloir sur l'imprescriptibilité des droits du domaine, & sur l'exclusion qui est réputée avoir été prononcée contre eux.

L'ordonnance des eaux & forêts, en comprenant tous les objets que la matière pour laquelle elle a été rendue, doit embrasser, a principalement eu en vue, ainsi que les détails dans lesquels on est déja entré, l'ont fait connoître, le domaine de la couronne; elle a regardé les bois, comme en faisant la partie la plus noble & la plus précieuse; elle a prescrit des règles pour les administrer; elle a déterminé les fonctions des différens sièges qui en doivent connoître.

Elle n'a point, en même tems, négligé ce qu'exigeoit la conservation des bois des gens de main-morte, & de ceux des propriétaires particuliers, parce que ces bois intéressent également le service de l'état & du public, soit pour les constructions de terre & de mer, soit pour la consommation journalière.

Elle n'a point déterminé l'âge auquel les bois du domaine devoient être coupés; cet objet fut réservé pour un travail particulier, annoncé par l'ordonnance même, & qui n'a été consommé que dans les années 1673, 1674 & 1675. Il a été alors arrêté des états au conseil, contenant le nombre d'arpens qui devoit être annuellement vendu dans les forêts du domaine.

Ces états sont exactement suivis, à moins que l'expérience ne fasse connoître qu'il est plus utile d'y apporter quelques changemens; ce qui donne quelquefois lieu d'introduire dans certaines forêts un autre ordre de coupe.

Ces états furent dressés, d'après les renseignemens les plus exacts & les plus approfondis.

On a vu qu'il avoit été envoyé dans toute l'étendue du royaume, des commissaires, pour reconnoître l'état des forêts. Ils avoient été en même tems chargés de vérifier à quel âge il étoit convenable d'en régler les coupes, soit eu égard à la nature & à l'essence des bois, soit par rapport aux besoins & à la consommation du pays, soit relativement aux débouchés & à l'approvisionnement des grandes villes, où les bois pouvoient être conduits & débités.

Le plus grand avantage du domaine n'a pas été uniquement consulté dans cet arrangement; on n'a pas toujours envisagé ce qui pouvoit produire le plus; des vûes plus élevées ont guidé le gouvernement. En même tems que l'on autorisoit les particuliers à couper leurs bois à l'âge de dix ans, on a réglé ceux du domaine, à cent, cent cinquante, deux & trois cens ans, suivant l'essence des bois & la possibilité du terrein, afin de ménager & de conserver des ressources pour l'état & pour le public.

Les conjonctures actuelles, font encore mieux sentir la sagesse qui a présidé à ces arrangemens.

Si l'on a vu autrefois des particuliers conserver des corps de futaie, c'est qu'alors les bois n'avoient pas la valeur que l'excessive consommation leur donne aujourd'hui.

Il faut des siècles entiers pour former & produire de la futaie; & si on détruisoit celle des forêts du domaine, en réduisant les coupes à un âge moins avancé, on ne trouveroit bientôt plus dans le royaume de bois de construction, & on seroit forcé d'en aller acheter chez l'étranger à un prix excessif.

Une augmentation de revenu pour le roi, sur un objet de ce genre, est, dans l'ordre de l'administration, ce qui doit le moins affecter, toutes les fois qu'il peut en résulter un préjudice pour l'état; celui de n'avoir plus dans le royaume des bois de construction, est trop sensible, pour ne point s'occuper à en conserver l'existence & l'espèce.

Les bois des gens de main-morte, ont également excité l'attention du législateur. Sous cette dénomination, sont compris les bois dépendans des évêchés, des abbayes, des communautés régulières & séculières, & des habitans des paroisses.

L'ordonnance de 1669, a ordonné, pour l'administration de ces bois, des règles particulières; elle a prescrit que le quart des bois seroit mis en réserve, & que le surplus seroit exploité en coupes ordinaires, à l'âge de dix ans, sous la réserve de seize baliveaux par arpent.

L'établissement d'un quart de réserve, a un double objet; l'un de conserver pour l'état & le public, des bois de construction; l'autre, de ménager une ressource au bénéfice, à la communauté, pour des cas imprévus, déterminés par l'ordonnance même, tels que les incendies, les ruines, démolitions & reconstructions des bâtimens.

On vient de voir que l'ordonnance de 1669 n'avoit assujetti les gens de main-morte à régler leurs coupes ordinaires, qu'à l'âge de dix ans. Ces coupes destinées à la consommation journalière, faites dans un âge aussi tendre, ne produisoient que du fagotage, & ne pouvoient remplir l'objet de leur destination.

Dès 1720, le conseil, par des arrêts particuliers, ordonna que les coupes ordinaires des gens de main-morte, ne se feroient qu'à l'âge de vingt-cinq ans; & qu'au lieu de seize baliveaux par arpent, que prescrivoit l'ordonnance, il en seroit réservé vingt-cinq.

Le principe, aujourd'hui généralement suivi dans l'aménagement des bois des gens de main-morle, est d'en porter les coupes à l'âge de vingt-cinq ans. Il reçoit cependant quelquefois des exceptions, que la qualité du sol, l'emplacement & l'essence des bois rendent indispensables.

Ce que nous venons de dire, conduit à une réflexion générale qu'il est intéressant de faire, relativement à l'ordonnance des eaux & forêts.

On ne doit pas perdre de vue que cette ordonnance est principalement une loi d'administration, dont les dispositions sont toujours fondées sur le principe qui doit être le plus généralement adopté, & dans l'établissement duquel le législateur a reconnu le moins d'inconvéniens; mais sa volonté, toute puissante qu'elle est, ne peut commander aux climats: & comme l'intérêt & l'avantage de ses peuples ont déterminé la loi qu'il a portée, ces mêmes motifs exigent des exceptions locales, qu'il se réserve d'autoriser, suivant les circonstances, & c'est ce qui constitue l'exercice de cette branche d'administration.

L'écorçage des bois nous en fournit un exemple.

Pour rendre cet écorçage utile à la tannerie, pour laquelle le tan est une matière nécessaire, il faut y procéder en tems de sève, & même dans le moment où elle agit avec plus de force ; cependant l'article XV. du titre 40. de l'ordonnance des eaux & forêts, porte que les bois seront coupés dans le 15 avril, & l'article XXVIII. du titre 27. de la même ordonnance, défend à tous marchands, de peler les bois de leurs ventes étant debout & sur pied, à peine de cinq cens livres d'amende & de confication.

Les commissaires qui, avant la rédaction de cette ordonnance, avoient été envoyés dans les différentes provinces du royaume, pour reconnoître ce qui pouvoit être le plus utile pour la meilleure administration des bois, se sont uniquement occupés de ce qui pouvoit en procurer la conservation, sans trop s'arrêter aux inconvéniens qui en pourroient résulter pour toute autre branche de commerce. Ils ont pensé que dès que la sève commençoit à agir dans les bois, il convenoit d'en arrêter l'exploitation. Le terme du 15 mai, qui avoit lieu avant cette ordonnance, leur a paru trop reculé, ils l'ont fixé au 15 avril. Mais l'administration a été obligée de tolérer l'usage qui subsistoit, & qui a continué dans différentes provinces, de couper en tems de sève, les bois destinés à être écorcés, & le commerce de la tannerie, qui auroit souffert un préjudice sensible de l'exécution stricte de l'ordonnance, a exigé cette facilité.

L'ordonnance de 1669, a embrassé également, dans ses dispositions, les objets concernant la police des grandes rivières, pour ce qui regarde le flottage & la navigation, pour que les marchepieds des bords de ces rivières fussent entretenus dans une largeur suffisante, pour que la pêche ne s'y fît que par des maîtres pêcheurs, avec des filets permis, & dans des tems & saisons convenables, afin de prévenir le dépeuplement des rivières.

Elle a donné aux officiers, auxquels l'inspection & le soin de cette branche d'administration sont confiés, l'autorité & le pouvoir nécessaires pour remplir ces différens objets, & veiller avec la même attention, à ce que les petites rivières soient curées; à ce que les eaux, en se répandant sur les possessions voisines, ne fassent point perdre aux propriétaires le fruit de leur récolte ; à ce que les propriétaires des moulins supérieurs ne retiennent point l'eau au préjudice de leurs voisins, & que le niveau des eaux soit toujours exactement observé. Ils sont chargés de veiller à la conservation des prés, pâtis & marais communs, qui servent à l'engrais des terres & à la subsistance des bestiaux, & mettent les habitans de la campagne à portée de payer leurs impositions.

Telle est, en général & en abrégé, l'idée qu'on peut se former des dispositions principales de l'ordonnance des eaux & forêts de 1669, qui, en supposant même que l'expérience ait fait reconnoître quelques inconvéniens dans quelques-unes de ses dispositions, ce qui est le partage inévitable de toute législation, justifie cependant, par la sagesse de ses réglemens sur tout ce qui concerne la police établie pour la conservation & l'exploitation des bois, le choix de ceux qui, sous les yeux d'un grand ministre, furent employés à un ouvrage aussi important.

Comme l'établissement d'une marine entroit, ainsi qu'on l'a fait connoître, dans le plan de M. Colbert, pour la réformation des forêts, on va rappeller les mesures qui furent prises alors, pour assurer & ménager les ressources qu'elles pouvoient procurer, relativement aux bois de construction.

Avant l'ordonnance de 1669, on coupoit arbitrairement les bois dans les forêts du domaine, pour les constructions des bâtimens de terre & de mer.

Si on eût continué cet usage, il n'eût pas été possible de suivre, dans l'ordre des coupes, le réglement, qui, suivant l'ordonnance de 1669, devoit être exécuté sous les peines les plus graves.

D'un autre côté, il étoit convenable de pourvoir, à ce que l'on pût trouver dans les bois ceux qui étoient nécessaires pour les constructions.

Ce double objet se trouve rempli, par ce que prescrit l'ordonnance de 1669.

En même tems qu'elle défend de faire aucune vente extraordinaire, par arpens ou par pieds d'arbres, pour les constructions & réparations des maisons royales & des bâtimens de mer, elle prescrit la manière dont on pourra avoir les bois nécessaires pour ces constructions ; elle charge les adjudicataires des ventes ordinaires des forêts du domaine, de fournir ceux qui sont propres à ces travaux, en leur payant le prix, suivant une estimation à dire d'experts.

On prévoit même le cas où on pourroit avoir besoin de pièces de telle grosseur & longueur, qu'elles ne pussent se trouver dans les ventes ordinaires ; en ce cas, l'ordonnance veut que le grand-maître, sur les états qui en seront arrêtés au conseil, puisse faire marquer & abattre des arbres dans les forêts du roi, & aux endroits les moins dommageables ; & s'il ne s'en trouvoit point,

point, que le grand-maître les fasse choisir & prendre dans les bois des sujets du roi, tant ecclésiastiques qu'autres, sans distinction de qualité, & toujours à la charge de payer la valeur, qui sera estimée par les experts.

Pour se procurer plus de ressource pour les bois de marine, la même ordonnance assujettit, sous peine d'amende & de confiscation, les propriétaires particuliers, qui possèdent des bois de haute-futaie à dix lieues de la mer, ou à deux lieux des rivières navigables, à avertir, six mois avant de les vendre ou de les faire couper, le contrôleur général des finances & le grand-maître, afin que pendant cet intervalle de six mois, on puisse les faire visiter, & reconnoître s'il n'y en a pas de propres à la marine.

Ces dispositions ont été étendues par deux réglemens postérieurs, l'un du 21 septembre 1700, l'autre du 21 mars 1757.

Celui du 21 septembre 1700, contient plusieurs dispositions, dont voici le précis.

Après que l'assiette des coupes ordinaires des forêts du roi est faite, les commissaires de la marine peuvent aller les visiter en présence & conjointement avec un officier de la maîtrise des lieux, & dresser un état des arbres qu'ils auront reconnus propres pour la marine, & qu'ils doivent envoyer au secrétaire d'état qui a le département de la marine. L'officier de la maîtrise du lieu doit, de son côté, dresser un procès-verbal de l'état, consistance & valeur de ces arbres, & l'envoyer à M. le contrôleur-général.

Le secrétaire d'état doit remettre à M. le contrôleur-général, l'état des arbres dont on a besoin pour la marine, pour en rendre compte à S. M. & pour donner les ordres ou arrêts nécessaires, afin que le grand-maître du département charge les adjudicataires des ventes, de fournir les arbres contenus en l'état donné par le secrétaire d'état, au prix de l'estimation.

Il en doit être usé de même pour les bois des ecclésiastiques & gens de main-morte, lors des ventes des bois de futaie ou baliveaux sur taillis, dont ils ont obtenu la permission de faire la coupe.

Quant aux bois des propriétaires particuliers, l'ordonnance de 1669 n'avoit compris dans sa disposition, relativement à la marine, que ceux qui étoient situés à dix lieues de la mer, & à deux lieues des rivières navigables; mais le réglement de 1700. veut que les propriétaires de futaie & baliveaux sur taillis, situés à six lieues des rivières navigables, & à quinze lieues de la mer, qui voudront en faire couper, en fassent leur déclaration, six mois auparavant, au greffe de la maîtrise des lieux.

Ces déclarations doivent faire mention de la quantité, qualité, essence, âge, situation des bois, & de leur distance de la mer & des rivières navigables.

Les greffiers des maîtrises doivent délivrer gratis des extraits de ces déclarations, aux commissaires de la marine, lorsqu'ils en sont requis, & en doivent envoyer des expéditions à M. le contrôleur général & au grand-maître du département, huitaine après les avoir reçues.

M. le contrôleur-général en donne avis ensuite au secrétaire d'état qui a le département de la marine.

Pendant l'intervalle des six mois, les commissaires de la marine peuvent marquer dans les bois ainsi déclarés, ceux qui seront propres pour la construction ou le radoub des vaisseaux, & ils doivent en envoyer l'état au secrétaire d'état qui a le département de la marine.

Le prix de ces bois doit être payé aux propriétaires, ou de gré à gré, ou à dire d'experts; & en cas de contestation, les parties, pour les bois des particuliers, doivent se pourvoir devant l'intendant de la province.

Si les commissaires de la marine trouvoient dans les bois des particuliers, qui ne voudroienr point les vendre, quelques arbres nécessaires pour la marine, ils doivent en envoyer l'état au ministre, qui fait passer la note de ceux qu'il juge à propos de prendre, à l'intendant de la province, pour entendre le propriétaire, sur les inconvéniens & les dommages qu'on pourroit causer en les coupant & en les voiturant, dont l'intendant dresse procès-verbal, qu'il envoie, avec son avis, au secrétaire d'état de la marine & à M. le contrôleur-général, pour y être pourvû par le roi.

On vient de voir que l'ordonnance de 1669. n'assujettissoit aux déclarations, que les propriétaires qui possédoient des bois à dix lieues de la mer, & à deux lieues des rivières navigables, & que cet assujettissement a été étendu, par le réglement du 21 septembre 1700, aux bois situés à quinze lieues de la mer, & à six lieues des rivières navigables. Le dernier réglement, du 1 mars 1757, a appliqué cette disposition à tous les bois de futaie indistinctement, à quelque distance qu'ils soient de la mer & des rivières navigables.

Le conseil a cru devoir prendre ce parti, à cause des facilités qui se trouvent pour le transport des bois, depuis que le gouvernement a fait faire, dans toutes les provinces, des routes & des chemins.

Les ressources considérables que la marine avoit tirées des bois des Pyrénées, sous le ministère de M. Colbert, & sous celui de M. de Pontchartrain, ont engagé le conseil à former un réglement particulier pour la coupe de ces bois.

Ces bois, & principalement ceux de la vallée d'Aure, sont très-considérables. Les uns appartiennent au roi en toute propriété, à en juger par les états arrêtés au conseil en 1675. On ne voit pas d'une manière bien précise à qui les autres appartiennent; & tout ce qui paroît certain à ce sujet, c'est qu'ils sont chargés, envers des communautés voisines, de droits si étendus, qu'elles ont tous les effets de la propriété utile.

Le 12 mars 1701, le conseil rendit un arrêt, pour la police & l'administration de ces bois.

Cet arrêt ordonne, 1°. Que par le grand-maître du département de Guyenne, il seroit procédé en présence d'un commissaire de la marine, à la visite & reconnoissance de l'état des forêts de la vallée d'Aure, & autres des Pyrénées, pour reconnoître celles dans lesquelles il existoit des bois propres pour les arsenaux de la marine, dont il dresseroit procès-verbal, & donneroit son avis, sur lequel il seroit pourvû par S. M.

2°. Que le commissaire de la marine, ou les entrepreneurs de la fourniture des bois propres pour la construction des vaisseaux, pourroient faire couper le nombre de sapins nécessaires pour fournir les mâts, matériaux, jumelles & espares, qui seroient ordonnés par S. M., dans les endroits les moins dommageables des forêts, qui seroient désignés par le grand-maître, en payant le prix des arbres suivant l'estimation qui en seroit faite; savoir, pour ceux qui seroient pris dans les forêts appartenantes au roi, entre les mains du receveur général des domaines & bois; & pour ceux qui seroient pris dans les bois appartenans à des communautés, entre les mains des consuls des lieux, pour être employés, sans aucun divertissement, à la décharge des communautés, sur l'avis du commissaire départi.

3°. Que les habitans de chaque communauté qui auroient besoin de bois pour des réparations, en remettroient annuellement un mémoire entre les mains des consuls des lieux, qu'ils certifieroient véritable, après avoir fait faire la visite, & un rapport de l'état des bâtimens auxquels les réparations seroient nécessaires, par experts & gens à ce connoissans, & le remettroient au grand-maître, qui procéderoit, en présence du commissaire de la marine, à la visite, désignation, & marque du marteau du roi, de la quantité d'arbres qui seroient nécessaires, dans les endroits les moins dommageables des forêts appartenantes aux communautés, ou dans lesquelles elles auroient des droits d'usage, dont le grand-maître dresseroit procès-verbal, pour être ensuite, sur son avis, pourvu par le conseil.

4°. Que les communautés qui seroient en nécessité de vendre partie des bois de leurs forêts, requerroient le grand-maître d'en faire la visite, pour en constater l'état, en présence du commissaire de la marine, & reconnoître s'il n'y en avoit point de propres à la construction des vaisseaux.

5°. Qu'à l'égard des forêts où il n'y avoit point de mâts & de bois propres à la marine, la délivrance des usages en seroit faite au profit du roi & des communautés, par le ministère du grand-maître, sans l'intervention du commissaire de la marine, après que la permission en auroit été accordée par S. M. aux communautés.

6°. Que les marchands de Bordeaux & de Toulouse feroient leurs déclarations, dans le mois de janvier de chaque année, aux greffes des maîtrises des lieux, de la quantité & qualité des bois qui leur seroient nécessaires pour leur commerce, afin que le grand-maître en assignât les coupes dans les forêts qui pourroient les supporter, sans en forcer la possibilité.

7°. Que le grand-maître procéderoit à la visite & reconnoissance de tous les moulins à scie, construits au-dedans & aux rives des forêts des Pyrénées, & se feroit présenter les titres de leurs établissemens, pour, sur son procès-verbal & son avis, être pourvû par sa majesté ainsi qu'il appartiendroit.

8°. Il est fait défenses à toutes personnes, de couper dans ces forêts aucuns sapins, de quelque âge qu'ils puissent être, qu'en observant les formalités prescrites par ce réglement, à peine de mille livres d'amende pour la première fois, & de punition corporelle pour la seconde.

9°. Les mêmes défenses sont faites aux communautés, pour les forêts qu'elles possèdent en propre, & dans lesquelles elles ont des droits d'usage, à peine de confiscation des bois coupés, mille livres d'amende, & de privation de leurs usages.

10°. A l'égard des forêts plantées de chênes, hêtres, appartenantes aux communautés, ou sujettes envers elles à des droits d'usage, il est ordonné qu'elles seront réglées & aménagées, conformément à l'ordonnance des eaux & forêts de 1669, autant que la situation de ces forêts pourra le permettre; & à la charge que, dans les coupes & ventes des bois de hêtre, les plus beaux arbres seront réservés, pour servir à faire des rames de galères.

Cependant il ne paroît point, que, depuis l'époque de ce réglement, on ait tiré de ces forêts de grands secours pour la marine; la difficulté de l'extraction des bois y a formé le principal obstacle.

En 1748 & 1751, l'inspecteur nommé pour la conservation de ces forêts, reconnut dans celles où il pût pénétrer, près de trois mille mâts des premières dimensions, près de mille billons, & une grande quantité de petites mâtures.

Cette découverte a donné lieu à la soumission qu'une compagnie a faite de fournir une certaine quantité de mâts, épares, billons, &c. aux prix portés par la soumission.

Cette soumission a été acceptée en 1759, & on continue l'exploitation des arbres que l'on tire des forêts des Pyrénées, & dont on forme des mâtures pour le port de Bayonne.

Les dispositions qui ont été rappellées de l'ordonnance de 1669, & des réglemens qui ont été faits depuis cette ordonnance, font connoître l'ordre qui a été établi pour la conservation & l'exploitation des bois, qui, par leur qualité, forment la ressource la plus intéressante & la plus précieuse pour l'état.

Lorsque par l'édit d'avril 1667, les offices de grands-maîtres des eaux & forêts furent supprimés, on forma huit départemens, pour lesquels le roi donna des commissions à plusieurs de ceux qui avoient été employés à la réformation générale établie en 1661. Il eût, sans doute, été à desirer, que cet arrangement eût subsisté; mais les besoins qu'entraîna la guerre de 1688, forcèrent à faire usage de toutes les ressources que l'on pouvoit se procurer; & par un édit du mois de février 1689, il fut créé & rétabli seize offices de grands-maîtres dans seize départemens, indépendamment de celui d'Orléans, qui avoit été excepté de la suppression prononcée par l'édit de 1667.

On a formé, en 1720, le département d'Alençon d'une partie de celui de Caen, ce qui fait le dix-huitieme département.

Il en existe, depuis le décès du feu roi de Pologne, un dix-neuvieme, qui est celui des duchés de Lorraine & de Bar. Sous les ducs de Lorraine, le départementnt des eaux & forêts étoit administré par six grands gruyers, qui avoient sous eux des gruyers particuliers.

Le feu roi de Pologne a érigé quinze sièges de maîtrise dans les deux duchés, & par un édit du mois de mai 1756, il a créé un office de grand-maître des eaux & forêts.

Il existe actuellement, en y comprenant les duchés de Lorraine & de Bar, cent quatre-vingt sièges, tant de maîtrises que de grueries, indépendamment des tables de marbre & des chambres des eaux & forêts.

Comme les officiers chargés de la recette des bois, étoient les receveurs généraux des domaines & bois, il leur a été substitué en 1777 une administration d'abord particulière, qui est ensuite entrée dans l'adminitration générale des domaines. *Voyez* les mots DOMAINE & RECEVEURS.

L'ordonnance de 1669 avoit déclaré le droit de tiers & danger, dans les bois de la Normandie, imprescriptible & inaliénable, comme faisant partie de l'ancien domaine de la couronne; elle avoit seulement excepté de cet assujettissement les bois plantés à la main, les morts-bois spécifiés dans la charte normande, & ceux dont les possesseurs rapporteroient des titres précis d'exemption, ou établiroient suffisamment une possession contraire.

Le tiers & danger, suivant l'ordonnance, étoit la distraction au profit du roi, sur le total de la vente, soit en espèce ou en deniers, à son choix, du tiers & du dixieme; en sorte que si l'adjudication étoit de trente arpens pour une somme de trois cens livres, le roi devoit en avoir dix arpens pour le tiers de trente, & trois pour le dixieme de la même quantité, ce qui faisoit treize arpens sur trente; ou si le droit de tiers & danger étoit pris en argent, cent livres pour le tiers de trois cens livres, & trente livres pour le dixieme de la même somme.

Ce fut en conséquence des dispositions de l'ordonnance, que, par un arrêt du 13 août 1670, il fut ordonné que tous ceux qui prétendroient que leurs bois étoient exempts des droits de tiers & danger, & ceux qui se croiroient fondés à jouir de ces droits sur leurs vassaux, même ceux qui prétendroient jouir de ce droit à titre d'engagement, seroient tenus de représenter dans un mois, pour tout délai, devant le commissaire départi, & grand-maître au département de Normandie, les titres sur lesquels ils se fondoient; sinon, & faute de satisfaire à cet arrêt dans le délai fixé, tous ces bois furent déclarés assujettis au droit de tiers & danger. Il fut ordonné qu'il en seroit fait des arpentages & levé des plans, sur lesquels il seroit procédé, par les commissaires, au jugement définitif.

L'état des choses changea, à cet égard, en 1673.

Par un édit du mois d'avril de cette année, le roi, sur ce qui lui fut représenté que la recherche du droit de tiers & danger entraîneroit la ruine de plusieurs familles, & que d'ailleurs le recouvrement n'en pourroit être fait qu'avec les plus grandes dépenses, déclara que ce droit n'étoit ni royal, ni universel, mais qu'il lui appartenoit, comme faisant partie de ses domaines.

En conséquence, ce droit fut éteint & supprimé à perpétuité sur tous les bois de la province de Normandie indistinctement; le roi se chargea de rembourser ou d'indemniser ceux qui le possédoient à titre d'apanage, engagement, même par échange, le tout néanmoins, sans préjudicier aux droits & redevances que les seigneurs particuliers des fiefs pouvoient avoir à exercer sur les bois de leurs vassaux, à cause de ces fiefs.

Enfin le roi, par cet édit, pour tenir lieu du droit de tiers & danger, ordonna que tous ceux qui possedoient des bois dans la province de Normandie, seroient tenus de payer les sommes, dont il seroit arrêté des rôles au conseil ; & en cas d'opposition à l'exécution de ces rôles, la connoissance en fut envoyée à la chambre de la réformation.

L'exécution de cet édit donna lieu à des difficultés, les unes de la part des propriétaires des bois qui étoient assujettis au droit de tiers & danger envers des seigneurs particuliers, qui continuoient à en exiger le paiement ; les autres, sur le fondement, que c'étoit au procureur général de la chambre, ou à ses substituts, à établir que les bois étoient sujets au droit de tiers & danger.

Il fut donné le 7 novembre 1674, une déclaration, portant, 1°. que les extraits qui seroient tirés de la chambre, & par lesquels il seroit constaté, que le droit de tiers & danger avoit été payé, seroient suffisans pour établir la sujétion à ce droit, & que la chambre de la réformation seroit tenue de prononcer, en conformité de ces extraits. 2°. Que les propriétaires des bois qui payoient le droit de tiers & danger à des seigneurs particuliers, en seroient affranchis à perpétuité, sauf à ces seigneurs à se retirer pardevers le roi, pour être pourvû à leur indemnité, s'il y avoit lieu.

Le parlement de Rouen adressa des remontrances, par lesquelles il exposa que cette déclaration, en supprimant le droit de tiers & danger, même sur les bois qui en étoient tenus envers les seigneurs particuliers, étoit contraire à l'édit du mois d'avril 1673, qui réservoit à ces seigneurs ces droits sur les bois de leurs vassaux ; mais par un arrêt, qui fut revêtu de lettres-patentes le 15 Janvier 1675, le roi, sans s'arrêter à ces remontrances, ordonna l'exécution de la déclaration, & permit aux seigneurs particuliers, qui prétendoient avoir le droit de tiers & danger sur les bois de leurs vassaux, à cause de leurs fiefs, de faire régler & fixer pardevant la chambre de la réformation, ce qui pouvoit leur être dû. Cet arrêt porte, que les vassaux seroient tenus de payer, chaque année, les sommes auxquelles le droit de tiers & danger auroit été réglé, & de les comprendre dans les aveux & reconnoissances, comme les autres redevances de leurs fiefs.

Ainsi, au moyen des arrêts & lettres-patentes que l'on vient de rappeller, les seigneurs particuliers ont cessé de pouvoir exiger les droits de tiers & danger de leurs vassaux, & il ne leur est resté que la faculté d'en faire liquider le montant, & d'en exiger le paiement chaque année.

Nous ajouterons ici, pour compléter, autant qu'il est possible, tout ce qui concerne les eaux & forêts, que l'arrêt du 21 juin 1763, confirma l'article XII. du titre 12. de l'ordonnance des eaux & forêts du mois d'août 1669, concernant les assises, portant : *Huit jours avant l'ouverture des assises, seront tenus les pêcheurs de l'étendue de chaque maîtrise, assignés par exploits séparés, pour chacun, à leurs personnes ou domiciles, par le sergent garde pêche, d'y comparoître, pour élire des maîtres de communauté.* En conséquence, cet arrêt du conseil casse & annulle un jugement de la table de marbre du palais à Paris, du 17 août 1758, en ce qu'il faisoit défense au procureur du roi de la maîtrise de Saint-Germain-en-Laie, de faire condamner des particuliers en l'amende, pour avoir été seulement défaillans aux assises. Ordonne que les meûniers & pêcheurs du ressort de ladite maîtrise, seront tenus de comparoître auxdites assises ou hauts-jours de ladite maîtrise, ce aux jours & lieux qui leur seront indiqués, à peine, contre chacun des défaillans, de trois livres d'amende pour la première fois, & de six livres en cas de récidive, conformément à l'arrêt du conseil du 2 décembre 1738.

L'année suivante, un arrêt du conseil du 29 août, supprima les droits de boëtes, imposés pour subvenir aux ouvrages & entretien de la navigation, & au balisage des rivières de Loire & d'Allier, à compter du 13 octobre 1764, & fit défenses de les percevoir, à peine de concussion. *Voyez* LOIRE.

Dans la même année parut un autre arrêt du conseil, du 24 octobre, pour régler la perception des droits de contrôle, sur les procès-verbaux des gardes des eaux & forêts.

Il en résulte, que les procès-verbaux & rapports pour faits de chasse & pour délits commis dans les bois & sur les rivières des seigneurs particuliers, seront contrôlés au contrôle des exploits dans les trois jours de leurs dates, lorsqu'ils seront rédigés par les gardes des bois desdits seigneurs, & qu'il ne sera payé qu'un seul droit de neuf sols six deniers & les sols pour livre, pendant le tems qu'ils auront lieu, à cause de chacun des délinquans y dénommés, tant pour le contrôle du rapport, que de l'assignation donnée en conséquence, pourvu que l'assignation soit renfermée dans le même procès-verbal, & avant qu'il soit clos ; mais si le rapport est clos, & que l'assignation soit donnée par un acte subséquent, il ne sera payé pour le procès-verbal qu'un seul droit, en quelque nombre que soient les délinquans.

A l'égard des procès-verbaux rédigés par les greffiers des seigneurs, sur la déclaration ou le rapport des gardes, ils doivent être contrôlés dans la quinzaine de leurs dates, sur le prix réglé par l'article LXXII. du tarif du 29 septembre 1722 ; & il n'est dû qu'un droit pour chacun de les procès-verbaux, quel que soit le nombre des délinquans qui y sont dénommés.

Les procès-verbaux de diligence des gardes des seigneurs, faits par eux-mêmes ou rédigés par les greffiers sur leurs déclarations, pour chablis abattus par les vents, cerfs trouvés morts, ou pour délits commis par gens inconnus, sont exempts d'enregistrement & de tous droits de contrôle. Mais si, par la suite, les auteurs des délits viennent à être connus, les assignations qui leur seront données seront contrôlées dans les trois jours de leurs dates, & il sera payé un droit pour chacun des délinquans assignés, soit par un seul exploit, soit par plusieurs.

Comme il ne s'agit ici que de considérer les eaux & forêts dans leur contribution aux finances de l'état, on verra au mot FORÊTS, quelle est la consistance de celles du roi, le produit qu'elles donnent annuellement, & à quels droits sont sujettes les coupes des forêts des gens de main-morte & des communautés.

ÉCHANGE. C'est un acte par lequel deux personnes se transportent réciproquement la propriété d'une chose.

L'échange a été, sans doute, le premier moyen du commerce; l'un donnoit à l'autre ce qui lui étoit inutile ou indifférent. L'échange de fonds ou d'héritages, est une translation réciproque, une permutation, en vertu de laquelle l'héritage pris en échange tient même nature que celui qui est donné. Ces actes doivent être passés pardevant notaires; qui doivent en garder minute, à peine de trois mille livres d'amende contre les particuliers qui auroient échangé autrement que par contrats, & d'interdiction contre les notaires qui auroient reconnu des actes faits, dans ce cas, sous seing privé. C'est ce que prescrit l'arrêt du conseil du 10 avril 1683.

Ces actes sont sujets aux droits de contrôle, à raison de la valeur des biens échangés, & à ceux d'insinuation, sur le pied du centieme denier de leur estimation. Mais il y a cette différence entre ces deux droits, que les premiers ne sont dûs que sur la valeur d'un des deux fonds échangés, au lieu que ceux de centieme denier se payent sur la valeur entière des deux héritages ou immeubles échangés.

Le droit d'amortissement est également dû par les gens de main-morte en cas d'échange, même avec d'autres gens de main-morte, sur le principe qu'un bien, quoiqu'amorti, ne peut passer d'une main-morte, à une autre, sans être sujet à un nouveau droit d'amortissement.

Les échanges qui se font entre un abbé ou un prieur commendataire & les religieux de l'abbaye ou du prieuré, ne sont pas moins susceptibles du droit d'amortissement, que tous ceux qui ont lieu entre tous autres gens de main-morte; mais s'ils ne sont que le simple partage des biens communs à la manse abbatiale ou prieurale, & à la manse conventuelle, il n'est dû aucun droit d'amortissement. Ce partage une fois fait, tous actes postérieurs qui en changent la disposition, donnent ouverture aux droits.

Indépendamment de ces droits dûs sur les contrats portant échange de propriété, il est des *droits d'échange* proprement dits, établis par les édits & déclarations de 1645, 1673, & 1674, pour être perçus au profit du roi.

Le motif de cet établissement a été, suivant l'*auteur du dictionnaire des domaines*, de remédier aux fraudes qui se pratiquoient contre les droits des seigneurs, en déguisant des ventes, sous le titre & la forme d'*échanges* d'héritages contre héritages, ou contre des rentes foncières ou constituées; parce que dans la plupart des coutumes, les échanges n'étoient assujettis à aucuns droits seigneuriaux, & que dans d'autres, ils n'étoient sujets qu'à des droits beaucoup plus modiques que ceux fixés par lesdites coutumes pour les ventes à prix d'argent.

En conséquence il fut ordonné, par édit du mois de mai 1645, qu'en tous contrats d'échange de terres, héritages, maisons & autres immeubles, tant en fief qu'en censive, dépendans du roi & des seigneurs féodaux & censiers dans tout le royaume, contre des rentes rachetables ou non-rachetables, constituées à prix d'argent, de bail d'héritages ou autres, les droits de mutation établis par les coutumes des lieux, seroient payés ainsi qu'ils sont réglés par lesdites coutumes pour les contrats de vente à prix d'argent; lesquels droits appartiendroient au roi, pour être vendus aux seigneurs, &c., à leur refus, à ceux qui voudroient les acquérir. Exceptant néanmoins dudit édit, les échanges d'immeubles contre immeubles, sans soulte ni retour, parce qu'au cas qu'il y eût soulte, & qu'il fût donné des rentes en échange, les droits seroient payés au roi, ou à ceux auxquels ils auroient été aliénés. Ce même édit portoit, en même tems, que ces droits seroient vendus aux seigneurs féodaux ou censiers, pour ce qui dépend de leurs fiefs & censives, & à leur refus, à ceux qui voudroient les acquérir, pour en jouir incommutablement & en toute propriété; que dans les domaines du roi, engagés, les engagistes en jouiroient, en payant une taxe qui tiendroit lieu de finance, & que dans les domaines non-aliénés, la jouissance desdits droits d'échange seroit engagée à faculté de rachat à ceux qui voudroient s'en rendre adjudicataires.

La déclaration du 20 mars 1673, prescrivoit l'exécution de l'édit de 1645, laquelle avoit été différée jusqu'alors. Elle ajouta que les droits de quint & de requint, ceux de lods & ventes, &

autres droits de mutation établis par les coutumes, seroient payés pour les échanges de terres, seigneuries, maisons, héritages, & autres immeubles, contre des rentes constituées à prix d'argent, comme pour les ventes faites en argent, & que l'exemption de ces droits auroit lieu seulement pour les échanges d'héritages contre héritages.

Cette dernière clause d'exemption fut supprimée l'année suivante, par l'édit du mois de février; & la déclaration du 1 mai 1696, confirmant le paiement du droit dans tous les cas d'échange, soit qu'il y eût soulte ou non, ordonna de plus, qu'il seroit payé, même dans les coutumes qui attribuent aux seigneurs un droit de relief ou autre droit, aux mutations par échange, pourvû néanmoins qu'il fût moindre que celui qui seroit dû en cas de vente, auquel cas le surplus seroit payé au roi, ou aux acquéreurs des droits d'échange.

La déclaration du 11 août 1705, permit ensuite aux seigneurs de retirer les *droits d'échange* dans leurs fiefs & seigneuries, sur les acquéreurs particuliers, en les remboursant dans trois mois, & en payant au roi un doublement de finance; passé lequel délai ils en demeureroient déchus, & lesdits acquéreurs particuliers maintenus & confirmés à perpétuité, en payant au roi pareille somme que celle qu'ils avoient précédemment payée pour leurs acquisitions. Cette même déclaration autorise aussi les traitans, par provinces ou généralités, à continuer de vendre, attendu que ceux qui acquerroient d'eux seroient tenus de payer au roi le doublement du prix de leur acquisition, sans pouvoir entrer en possession qu'après le paiement.

Dans la suite, c'est-à-dire en 1724, l'arrêt du conseil du 12 décembre, ordonna que tous ceux qui avoient fait ou feroient des échanges, seroient tenus d'en payer au roi les droits seigneuriaux & féodaux, tels qu'ils sont réglés par les coutumes des lieux, pour les acquisitions à titre de vente, s'ils ne justifioient du paiement par eux fait à ceux qui les ont acquis du roi; il défendit à tous seigneurs engagistes ou autres, qui n'avoient pas financé pour les acquérir, de recevoir aucuns droits d'échange, sous peine de restitution du quadruple, & des peines portées par l'édit du mois de février 1674.

Il résulte de toutes ces dispositions, que les droits d'*échange* varient suivant les coutumes, puisqu'ils ne sont que la représentation de ce qu'elles fixent pour les acquisitions par contrats de vente; que les droits qui appartenoient aux seigneurs dans les cas d'échange sont restés entiers; mais que comme, en général, ils sont moindres que ceux qui sont dûs lors d'une vente à prix d'argent, le droit d'échange perçu par le roi, est le supplément de celui qui est payé au seigneur; de façon que ce supplément forme la totalité du droit dû pour une vente à prix d'argent.

Ainsi, lorsqu'un acquéreur par échange a payé au seigneur un droit de relief, ou autre, il lui est tenu compte du montant de ce droit sur celui d'échange, attendu qu'il ne doit, en ce cas, que ce qu'il auroit payé pour une acquisition à prix d'argent.

Il faut distinguer dans les droits d'échange, ceux qui sont dûs à cause de biens mouvans immédiatement du roi, & ceux qui se prenoient pour biens situés dans les directes & mouvances des seigneurs.

Les premiers sont réputés droits domaniaux, par la réunion qui en a été faite aux domaines dont dépendent les mouvances, & les droits font partie de ceux qu'on appelle casuels, dont précédemment les receveurs généraux des domaines & bois faisoient le recouvrement. Toutes les contestations au sujet de ces droits doivent être portées aux bureaux des finances, &, par appel, aux parlemens, ou pardevant tels autres juges auxquels appartient la connoissance des matières domaniales, chacun dans leur ressort, ainsi & de la même manière que les demandes formées pour les droits seigneuriaux dûs dans les cas de vente.

Quant au droits d'échange de la seconde classe, ils sont toujours entrés dans la ferme des domaines, & sont perçus par le fermier de cette partie. Les contestations, pour raison de ces droits, sont portées devant les intendans, &, par appel, au conseil. C'est ainsi que s'explique l'arrêt du conseil du 13 octobre 1739, portant réglement sur les deux classes de droits d'échange.

Les seuls privilégiés, à l'égard de ces droits, sont ceux qui jouissent généralement de l'exemption des droits domaniaux casuels, & dans le cas seulement où il seroit question d'échange de biens situés dans les mouvances & directes du roi; mais ce privilège cesse, dès qu'il est question de fonds dépendans des seigneuries ou des fiefs des particuliers. C'est ce qui a été décidé en nombre de circonstances, notamment par arrêt du conseil du 23 décembre 1738, rendu contradictoirement entre l'inspecteur général du domaine, & les princes, prélats, commandeurs & officiers de l'ordre du Saint-Esprit, & par les arrêts du conseil des 12 juin 1744, 21 septembre 1745, & 28 octobre 1777.

On voit par ce qui a été dit *page 616* du premier volume, sur la consistance de l'administration générale des domaines, qu'elle est chargée de la régie, de la suite & du recouvrement des droits domaniaux casuels, parmi lesquels sont comptés ceux d'échange. Le produit de ces derniers forme, à-peu-près, les deux cinquiemes de la masse totale des droits casuels, évaluée annuellement à deux millions quatre cens mille livres ; ainsi qu'elle a été présentée au *mot* CASUELS. (Droits)

Il n'est pas inutile de rappeller ici, que plusieurs réglemens ont affranchi, non-seulement des *droits d'échange*, mais de ceux de centieme denier, tous les actes d'échange faits dans la province de Bourgogne & pays en dépendans, pour raison d'héritages & de partie de terreins au-dessus de dix arpens. *Voyez* au mot BOURGOGNE, pag. 134 & suivantes.

ÉCHANGE des biens du domaine, ou échange entre le roi & des particuliers. C'est le seul moyen dont on puisse user pour acquérir des biens du domaine avec sûreté & sans attaquer les principes de son inaliénabilité. L'édit du mois d'octobre 1711, prescrit, à cet égard, toutes les formalités qui doivent être observées dans ces sortes d'échanges ; & ils ne sont point regardés comme des aliénations.

Ces formalités consistent à faire faire des procès-verbaux d'évaluation des fonds qui sont donnés au roi en échange de ceux qu'on en reçoit ; si leur valeur est égale à ceux qui sont cédés par le roi, l'acte d'échange subsiste à perpétuité ; mais s'il y a eu lésion, ou si les formalités requises n'ont pas été remplies, le roi peut rentrer dans les biens échangés, en rendant les fonds qu'il a reçus. C'est ce qui a été ordonné par l'édit du mois d'août 1667.

Cette législation s'est toujours maintenue, & la chambre des comptes en a développé tous les principes, dans son arrêt du 2 avril 1776 ; elle fait défense au duc de Bouillon, & aux autres échangistes qui n'ont point fait enregistrer des lettres de ratification des évaluations des biens & droits échangés avec le roi, de recevoir des propriétaires des fiefs mouvans & relevans des domaines à eux cédés par sa majesté à titre d'échange, aucun acte de foi & hommage, aveu & dénombrement.

Les détails que présente cet arrêt sont trop intéressans, pour négliger de les rapporter. Ils serviront à faire connoître, quand, & dans quel tems un échange fait avec le roi, peut être regardé comme parfait & consommé.

» Sur la requête présentée à la chambre par le procureur général du roi, contenant, que tout ce qui intéresse la conservation des droits du roi dans l'étendue des domaines de sa majesté est pour lui un objet continuel de surveillance ; qu'il estime qu'il est des devoirs indispensables de son ministère, de présenter à la chambre des abus qui s'introduisent au préjudice de sa majesté & de proposer au zèle de la cour les moyens d'y pourvoir ; que dans ces vûes, & en s'occupant des moyens de faire rendre à sa majesté les devoirs & services qui lui sont dûs par les propriétaires des fiefs situés dans l'étendue de ses domaines, il auroit reconnu que tous les domaines faisant partie des échanges commencés & non consommés, les propriétaires de fiefs, pour le plus grand nombre, ne faisoient aucun service féodal, ou que des engagistes, qui n'ont de droit qu'à l'utile des domaines jusqu'à l'enregistrement des lettres de ratification expédiées après la clôture des évaluations, & le complément des formalités prescrites par ces échanges, ont néanmoins exigé des propriétaires de fief, des actes d'hommage, des aveux & dénombremens, & qu'aucuns desdits propriétaires, soit par ignorance de principes, soit par séduction ou crainte des poursuites, ont satisfait à ces demandes hasardées ; & se croient, par un service illégal, affranchis envers S. M. des actes de vassalité qu'ils n'ont point cessé de lui devoir ; qu'il est de principe que la propriété des échangistes n'est que précaire ou jouissance provisionnelle, tant que l'échange est imparfait ; que le laps de tems écoulé depuis l'époque du projet d'échange, ni la longue possession de l'échange, ne peuvent altérer les droits du roi ; qu'en aucun cas, l'échangiste qui n'a pas observé les formes, n'a le droit de prétendre ou d'exercer les droits du propriétaire incommutable ; qu'on ne peut assimiler les échanges faits avec le roi, avec ceux qui peuvent avoir lieu entre particuliers ; que ces derniers acquièrent leur perfection, par la signature de l'acte qui annonce la volonté des parties, tandis que les échanges avec le roi ne sont que projettés par la signature du contrat, & qu'ils deviennent dès-lors sujets à des formalités qui sont tellement essentielles, que l'omission des loix intervenues sur le fait des échanges, compromet à toujours la propriété ; qu'il est important d'arrêter un abus aussi destructif des droits du roi, & de mettre des bornes aux entreprises qui se font sur son domaine ; que cet abus est préjudiciable aux échangistes eux-mêmes, en ce qu'il paroît être le principe de la négligence qu'ils portent dans la suite des opérations qui peuvent seules réaliser leurs échanges ; & leur inactivité, fondée sur cette erreur, les expose, par un acte de la volonté du roi, à voir échapper de leurs mains les avantages qu'ils avoient cherché à se procurer dans leurs échanges, & ils peuvent encore se trouver injustement exposés au soupçon d'être détempteurs de dédommagemens plus considérables que ceux qui leur appartiennent. Qu'il croit devoir, avant de présenter à la chambre les moyens d'y parvenir, remettre sous ses yeux, comme exemple d'abus, contre lequel il réclame, l'échange non-consommé de la principauté de Sedan, qui lui a paru mériter une attention particulière, par la nature & l'importance des domaines qu'il embrasse, & dont l'époque re-

» monte à 1651 ; que Louis XIV, en suivant la résolution du roi Louis XIII, son père, ayant jugé nécessaire de s'assurer de la place de Sedan, a cédé à M. le duc de Bouillon, par remplacement de cette principauté, plusieurs terres considérables, telles que le duché de Château-Thierry, le comté d'Auvergne, la baronnie de la Tour, les seigneuries de Poissy & de Sainte-James, la châtellenie de Gambais, le comté d'Evreux, le duché d'Albret, la baronnie de Durance, le comté du Bas-Armagnac, & le comté de Beaumont en Périgord, avec tous les droits dépendans desdits domaines, & dont la jouissance respective des fruits a été stipulée du premier janvier 1651, encore que le contrat n'ait été passé que le 20 mars suivant. Qu'à cette époque, la chambre, conformément aux principes, n'accorda par son enregistrement, au duc de Bouillon échangiste, qu'une jouissance provisoire des domaines qui lui étoient cédés; qu'alors différens commissaires furent nommés pour la connoissance & évaluation de ces domaines ; que ceux de la chambre procédèrent aux opérations qui concernoient le duché de Château-Thierry, le comté d'Auvergne, la baronnie de la Tour, les seigneuries de Poissy & Sainte-James, & la châtellenie de Gambais, tous objets situés dans son ressort ; que d'autres commissaires choisis dans les cours souveraines d'où ressortissoient les autres domaines énoncés dans le contrat, comme devant faire partie de l'échange, furent chargés des opérations qui étoient la suite du contrat de 1651 ; que les évaluations finies, le duc de Bouillon ne crut pas devoir adopter les jugemens des commissaires, & se pourvut au conseil, où, par arrêt du conseil du 18 juillet 1676, il a été nommé de nouveaux commissaires pour la révision des évaluations ; que par différentes circonstances, dont il est inutile d'entretenir la chambre, les commissaires n'ayant procédé à aucune des opérations de la révision, feu M. le duc de Bouillon, dernier décédé, a exposé au roi les inconvéniens de la commission du conseil ; &, sur ses représentations, il est intervenu des lettres-patentes du 5 août 1770, registrées à la chambre le 28 des mêmes mois & an, qui ont renvoyé la revision de toutes les évaluations, pardevant de nouveaux commissaires choisis parmi les officiers de la chambre. Qu'enfin les lettres de revision ont été enregistrées par la commission le 3 décembre 1770, &, depuis ce tems, les opérations de la révision n'ont pas été plus suivies qu'auparavant.

» D'après cet exposé, le procureur-général du roi estime, que la chambre s'appercevra aisément, par cet exemple, combien les échangistes en général, & celui-ci en particulier, peuvent causer de dommages au roi, par inactivité dans la suite des opérations qui sont nécessaires pour la consommation des échanges. Le plus considérable, sans doute, est la détérioration des mouvances du roi ; les propriétaires qui ne sont stimulés par aucune diligence, se tiennent à l'écart ; le domaine perd la trace de sa suzeraineté, les usurpations se multiplient, & l'on voit s'élever sur les domaines du roi, des prétentions de patrimonialité, qui sont la source des discussions les plus épineuses.

» Les commissaires de la chambre, accoutumés dans tous les tems à prévoir, dans les opérations qui concernent les échanges, tout ce qui peut intéresser le domaine du roi, s'étoient précautionnés contre les abus de la négligence des échangistes, en faisant dresser des états des fiefs composans les mouvances des différens domaines, dont la reconnoissance & les évaluations avoient été confiées à leurs soins ; mais cette sage précaution n'a pas été suivie pour les autres domaines compris au contrat de 1651. Il n'a point été fait d'état pour le domaine d'Evreux, & il est indispensable de rappeller les propriétaires de fiefs à la nécessité de servir le roi. L'échangiste y trouvera l'avantage, quant à présent, de jouir de la totalité des droits qui ont pu être inconnus ou usurpés ; ainsi, à l'intérêt du roi se réunit celui du duc de Bouillon, & de tous les autres échangistes, dont les échanges ne sont point encore terminés, pour exiger des vassaux, au profit du roi, tous les devoirs qui leur sont prescrits, tant par les coutumes locales, que par les loix qui ont pour objet la conservation du domaine du roi.

» Pour rétablir l'ordre dans cette partie, le procureur-général du roi n'aura besoin que de remettre sous les yeux de la chambre, les principes qui la déterminèrent à rendre son arrêt du 16 juillet 1728, lorsque le feu duc de Bouillon demanda à la chambre des lettres d'attache, sur la foi & hommage qu'il avoit rendus au roi entre les mains de M. le chancelier, pour raison des terres qui lui avoient été cédées en contr'échange de la principauté de Sedan. La chambre, en ordonnant le sursis jusqu'après l'enregistrement des lettres de ratification à intervenir sur les évaluations, reconnut qu'il n'existoit dans le duc de Bouillon qu'une propriété éventuelle & une possession provisoire ; & craignant que le duc de Bouillon ne tirât avantage de l'admission imparfaite de son hommage, lui fit défense d'exiger des vassaux ou propriétaires de fiefs, terres & seigneuries, mouvans desdits domaines, les actes de foi & hommage par eux dûs, & ordonna aux propriétaires de n'en rendre à d'autres qu'à S. M., sauf à être les droits seigneuriaux, utiles payés au duc de Bouillon. Ainsi les dispositions de cet arrêt ont maintenu les droits du roi, sans porter atteinte à ceux du

» duc

» duc de Bouillon, ni à l'effet de la jouissance provisoire qui lui étoit précédemment accordée.

» Cet arrêt avoit prévu les abus de la propriété » indéterminée du duc de Bouillon; il y avoit » pourvu par des dispositions dont la justice & » les droits du roi étoient la base. En ordonnant » son exécution, & y ajoutant, il produira encore le bon effet de mettre fin à une négligence » préjudiciable aux intérêts du roi.

» Pourquoi requéroit le procureur-général du » roi, qu'il plût à la chambre, en confirmant les » dispositions portées par son arrêt du 16 juillet » 1728, faire défenses au duc de Bouillon, & à » tous autres échangistes, dont les lettres de ratifications des évaluations n'auroient pas été » définitivement regiſtrées, de recevoir des fiefs » mouvans & dépendans des domaines à eux cédés par le roi, aucun acte de foi & hommage, » aveux & dénombremens; en conséquence ordonner que tous lesdits propriétaires de fiefs » seront tenus de faire au roi, dans six mois, à » compter de la date de l'arrêt qui interviendroit » sur lesdites conclusions, leurs foi & hommage, » & fournir aveux & dénombremens dans le tems » prescrit par la coutume; sinon, à faute de ce » faire dans ledit délai, & icelui passé, qu'ils y » seront contraints par la saisie de leurs fiefs, & » établissement du commissaire, en la manière » accoutumée; à l'effet de quoi, ledit arrêt seroit » signifié au duc de Bouillon, & à tous autres » échangistes; lesquels n'ont aucun droit à la » propriété incommutable des biens échangés, » jusqu'à ce que les lettres de ratification à intervenir sur les évaluations, soient définitivement » regiſtrées en la chambre; comme aussi que ledit » arrêt seroit lu & publié dans tous les bailliages » dépendans desdits domaines, & affiché partout où besoin seroit, à ce que lesdits vassaux » & propriétaires de fiefs n'en prétendent cause » d'ignorance, & aient à y satisfaire, sous les » peines y portées, se réservant le procureur-général du roi de prendre, par la suite, telles autres conclusions qu'il avisera bon être.

» La chambre, en confirmant les dispositions » de son arrêt du 16 juillet 1728, fait défenses au » duc de Bouillon, & à tous autres échangistes » qui n'ont point obtenu & fait regiſtrer en la » chambre, lettres de ratifications des évaluations des biens & droits échangés entre le roi » & eux, de recevoir des propriétaires de fiefs » mouvans & relevans des domaines à eux cédés » par ledit seigneur roi, au titre d'échange, aucun » acte de foi & hommage, aveux & dénombremens; en conséquence, enjoint la chambre à » tous les vassaux & détempteurs desdits fiefs, » d'en rendre leurs foi & hommage au roi dans » trois mois, & d'en fournir aveux & dénombremens en la chambre, dans le tems porté par » la coutume des lieux: faute de quoi, & ledit » tems passé, ils y seront contraints par la saisie » de leurs fiefs, & établissement du commissaire » auxdites saisies, en la manière accoutumée; & » sera le présent arrêt signifié à la requête, poursuite & diligence du procureur-général du roi, » tant au duc de Bouillon qu'à tous autres échangistes qui n'ont point obtenu & fait regiſtrer » lesdites lettres de ratifications des évaluations » des biens échangés; & copies collationnées du » présent arrêt, envoyées aux officiers des bureaux des finances, bailliages, sénéchaussées du » ressort de la chambre. «

Ajoutons ici, que lorsque les échangistes ont rempli toutes les formalités requises pour la validité de leurs *échanges* avec le roi, ils peuvent retirer les terres, parts & portions des domaines précédemment aliénés par démembrement des domaines qu'ils ont reçus en contr'échanges, à la charge de rembourser les engagistes de leur finance. Cette faculté est ordinairement insérée dans l'acte d'échange.

Le droit de centieme denier est dû sur les biens ainsi retirés, parce que c'est une mutation entre particuliers; mais il n'est dû aucun droit pour les contrats d'échanges faits avec le roi.

Comme il est question des *échanges* dans le compte rendu en 1781, dont nous avons déja eu occasion de parler plusieurs fois, il ne sera pas déplacé de rapporter ici l'article qui regarde ces actes.

» Ce dont je ne saurois trop détourner votre » majesté, soit pour ses domaines, soit pour ses » forêts, c'est de consentir à des échanges. Le » souverain y a constamment perdu, & il y perdra toujours, parce que les agens d'une administration publique, qui fournissent aux chambres des comptes les renseignemens nécessaires » pour les évaluations dont elles sont chargées, » ne peuvent jamais y mettre le même soin ni la » même discussion, que des particuliers qui traitent avec le domaine. D'ailleurs, on propose » communément au roi une terre dans toute sa » valeur, pour en obtenir une négligée depuis » long-tems; & comme les évaluations s'établissent sur les produits, tels qu'ils ont été depuis » dix ans, & non tels qu'ils pourroient être, » c'est une nouvelle source de désavantage, indépendamment de tant d'autres, qu'il est aisé » d'appercevoir. «

Le roi ayant acquis par forme d'échange tous les droits qui se levent dans le Clermontois, pays situé sur la frontière de la Champagne, de la Lorraine, & des Trois-Évêchés, appartenant au prince de Condé, on croit devoir rapporter le contrat passé dans cette circonstance. . . .

Les motifs qui nous déterminent, sont, 1°. de donner un modele des actes d'échange.

2°. De faire connoître les droits qui entrent, par cette opération, dans les finances de l'état, & doivent, par conséquent, être considérés, chacun suivant leur nature, comme réunis à la partie des gabelles, à celle des traites, à celle du tabac, des aides ou des domaines. Mais il convient de remarquer, que tous les droits levés par le prince de Condé donnent, dans leur état présent, un produit annuel de deux cens mille livres.

3°. D'indiquer quelles sont les autres taxes ou impositions établies dans le Clermontois, & dont la levée continue de se faire au profit du prince de Condé, qui en a fait expressément la réserve.

4°. Enfin, de donner une idée des vues qui ont engagé à cette acquisition, en observant que si elle n'aggrandit pas bien considérablement le domaine de la couronne, elle met, du moins, le gouvernement en état d'exécuter les grands projets d'uniformité dont il est occupé ; d'un côté, pour la prospérité du commerce, par la suppression de toutes les douanes intérieures ; & de l'autre, pour le soulagement des provinces sujettes aux gabelles, en diminuant & réduisant le prix du sel à un taux modéré. *Voyez* le mot Droit ; Gabelle.

Pardevant les conseillers du roi, notaires à Paris, soussignés,

Furent présens, &c.

Commissaires députés par sa majesté, par arrêt de son conseil d'état du 15 février 1784, dont une expédition en parchemin, signée le maréchal de Ségur, est demeurée jointe à la minute des présentes, pour, conjointement avec messire Charles-Alexandre de Calonne, chevalier, conseiller ordinaire au conseil royal, contrôleur général des finances, & ministre d'état, ci-présent, faire l'échange ci-après, d'une part :

Et très-haut, très-puissant, & très-excellent prince, monseigneur Louis-Joseph de Bourbon, prince de Condé, prince du sang, duc d'Enguien & de Guise, comte de Clermont en Argonne, pair & grand-maître de France, colonel général de l'infanterie Françoise & étrangère, gouverneur & lieutenant général, pour le roi, en ses provinces de Bourgogne & Bresse, demeurant à Paris, en son palais, rue de l'Université, paroisse Saint-Sulpice, d'autre part.

Lesquels ont dit, que par lettres-patentes, données à Paris par le roi Louis XIV. au mois de décembre 1648, enregistrées en ses cour de parlement, chambre des comptes, & cour des aides, ce monarque, pour les causes & motifs y exprimés, a fait don à Louis de Bourbon, prince de Condé, premier prince du sang, premier pair & grand-maître de France, des terres & seigneuries de Stenay, Dun, Jametz, & Clermont en Argonne, ainsi que des domaines & prévôtés de Varennes & des Montignons, leurs appartenances & dépendances, lesquelles composent aujourd'hui la province du Clermontois, pour en jouir par lui, ses successeurs & ayans cause, comme de chose à eux appartenante en tous droits de propriété & de justice, sous les clauses de garantie qui furent exprimées plus particulièrement dans un brevet du 18 des mêmes mois & an, portant qu'au cas de cession, acquisition, transport, donation, ou par quelqu'autre voie & manière que ce fût, il échut à sa majesté quelques droits de propriété, sur le tout ou partie desdites terres, lesdits droits de propriété y seroient joints & incorporés.

Qu'en conséquence de ces actes, tous les droits & impositions qui avoient lieu sur les biens, habitans & sujets desdits comté, terres & seigneuries du Clermontois, ont été levés & perçus au profit de S. A. S. Louis de Bourbon, prince de Condé, & de ses descendans & successeurs.

Que par le traité de mariage de mondit seigneur prince de Condé, propriétaire actuel, & possesseur desdites terres & seigneuries, elles ont été assujetties à la substitution graduelle, perpétuelle, masculine, & à l'infini, faite par S. A S. ; & néanmoins, ayant été prévu que le bien de l'état pourroit demander, que cette propriété fût rétrocédée en tout ou en partie à S. M., il a été stipulé expressément que, nonobstant ladite substitution, S. A. S. auroit la faculté d'échanger, avec sa majesté uniquement, le tout ou partie de ses propriétés dans le Clermontois, à la charge que ce qui seroit donné en contr'échange, demeureroit grevé de la même substitution.

Sa majesté ayant reconnu qu'il importe à ses finances & à l'état, que les perceptions soient uniformes dans le Clermontois & dans les provinces voisines & limitrophes, & que le seul moyen de parvenir à ce but si desirable, est qu'elle puisse faire percevoir, à son profit, les différens droits perceptibles dans le Clermontois, donnés à bail par S. A. S. monseigneur le prince de Condé, à Jean Loriot, sous le cautionnement des sieurs Roslin, Pignon, Delaage & Saint Amand, par actes passés devant Bro, l'un des notaires soussignés, & ses confrères, les 6 mars 1781 & 12 mars 1783, & tous autres droits qui pourront par la suite être imposés & perçus dans ledit pays, autres néanmoins que ceux qui seront ci-après nommément réservés à S. A. S. ; & ayant, S. M., fait connoître ses intentions à mondit seigneur prince de Condé, il s'est empressé de s'y conformer, & en conséquence il a été fait ce qui suit :

S. A. S. monseigneur le prince de Condé a, par ces présentes, cédé & cède à titre d'échange au roi, ce accepté par mesdits sieurs ses commissaires, en vertu dudit arrêt du conseil, demeuré joint à la minute des présentes,

Tous les droits perceptibles dans le Clermontois, compris aux deux baux que S. A. S. monseigneur le prince de Condé a passés audit Jean Loriot lesdits jours 6 mars 1781 & 12 décembre 1783, qui sont:

1°. Le droit de grandes gabelles, consistant dans la vente exclusive des sels dans l'étendue du Clermontois.

2°. La vente exclusive du tabac.

3°. Le droit de haut-conduit ou grand passage.

4°. L'impôt fredeau ou traites foraines, & les acquits à caution.

5°. Le droit de quatorze sols par queue de vin façonné dans le Clermontois, mesure de Bar.

6°. Le droit de faciende de bierre.

7°. Le droit de huitieme de toutes les boissons & liqueurs.

8°. Le droit de formule ou de timbre des papiers & parchemins, & des registres & acquits.

9°. Le droit de contrôle des exploits.

10°. Le droit de contrôle des actes de notaires, & des actes sous signatures privées.

11°. Le droit des actes d'affirmation de voyage.

12°. Le droit de tabellionnage, en outre les droits de greffe & hypothèques, & la police des ponts & chaussées, ainsi que tous autres droits qui ne se trouveront pas réservés ci-après, & ceux qui pourront être imposés & établis par la suite dans ledit pays, en principal ou par addition aux droits ci-dessus spécifiés.

Pour, par sa majesté, jouir, faire & disposer desdits droits ainsi qu'elle avisera, & comme de chose à elle appartenante en pleine propriété, à compter du premier janvier de la présente année 1784.

Et en contr'échange desdits droits ainsi cédés, mesdits sieurs les commissaires du roi ont, en vertu dudit arrêt du conseil, constitué pour & au nom de sa majesté à S. A. S. monseigneur le prince de Condé, pour lui & ses successeurs, une rente annuelle & perpétuelle de six cens mille livres, au principal de douze millions de livres, franche & exempte de toutes retenues & impositions de dixieme, vingtiemes, ou autres impositions présentes & à venir, sous quelque forme & dénomination qu'elles puissent être établies par la suite, cette exemption faisant partie des conditions du présent échange; laquelle rente aura cours à compter dudit jour premier janvier 1784, & sera acquittée de six en six mois, à raison de trois cens mille livres par chaque sémestre, par les fermiers-régisseurs, & sur les revenus des domaines des duchés de Lorraine & de Bar, des mains desquels fermiers & régisseurs, S. A. S. monseigneur le prince de Condé & ses héritiers & successeurs, recevront directement lesdits arrérages sur leurs simples quittances.

A avoir & prendre lesdits six cens mille livres de rente présentement constituée audit titre d'échange, par assignat spécial, tant pour le principal que pour les arrérages, & par privilège & préférence à la partie du trésor royal, sur lesdits domaines des duchés de Lorraine & de Bar, &, par hypothèque générale, sur tous les domaines de la couronne, le tout que messieurs les commissaires du roi ont chargé, affecté & hypothéqué à la garantie du principal de ladite rente, & au paiement exact des arrérages d'icelle, dans les termes ci-dessus spécifiés, & sans aucune diminution.

Et, en outre, le présent échange est fait aux conditions suivantes, & qui sont:

Premièrement. Que sa majesté demeurera chargée de l'exécution des baux faits à Jean Loriot & ses cautions par mondit seigneur prince de Condé, par les actes desdits jours 6 mars 1781 & 12 décembre 1783, ou de l'indemnité qu'ils pourroient prétendre, en cas qu'il plût à sa majesté de résilier lesdits baux, étant réservé à sa majesté le droit & faculté de constituer & établir des juges & officiers, pour connoître des contestations qui pourroient survenir à l'occasion des droits compris auxdits baux, & cédés au roi par ces présentes.

Secondement. Que ladite rente de six cens mille livres, audit capital de douze millions de livres, sera & demeurera chargée de la substitution ci-devant annoncée, de même que pouvoient l'être lesdits droits échangés; & que dans le cas où il plairoit à sa majesté de rembourser le capital de ladite rente, ce remboursement ne pourra être fait qu'en fournissant à S. A. S. monseigneur le prince de Condé, ou à ses héritiers & successeurs, des fonds de terres suffisans pour un revenu égal de six cens mille livres par an, lesquels fonds de terre demeureront chargés de la même substitution.

Troisiemement. Enfin, que S. A. S. monseigneur le prince de Condé, & ses héritiers & successeurs, continueront de posséder & de jouir incommutablement & en toute propriété, desdites terres, comtés, fiefs & seigneuries de Stenay, Dun, Jametz, Clermont en Argonne, domaines & prévôtés de Varennes & des Montignons, ensemble de tous les droits non compris en la présente cession, lesquels S. A. S. se réserve expressément, & qui consistent:

1°. Dans le droit de percevoir à son profit la

capitation, fixée à la somme de vingt-sept mille quatre cens soixante-dix livres quinze sols, ainsi que la subvention, fixée à vingt-sept mille livres par la déclaration du 15 août 1769, de la même manière que ces droits ont été perçus jusqu'à présent au profit de mondit seigneur prince de Condé; lesquelles sommes seront réparties, en la manière accoutumée, par le commandant & intendant pour S. A. S. dans le Clermontois, à l'assistance d'un gentilhomme de la province, quant à la capitation des nobles & privilégiés, & à l'assistance des prévôts de chaque prévôté, quant à la capitation & à la subvention à répartir sur les roturiers.

2°. Dans les droits d'accrue, attérissemens, alluvion, police & pêche sur la rivière navigable de Meuse, dans toute l'étendue du Clermontois, de même que le roi l'exerce sur les autres rivières navigables de son royaume.

3°. Dans le droit qu'il a d'avoir & instituer un grand-maître, & de faire administrer par ledit grand maître, & par les officiers des maîtrises particulières des eaux & forêts, établies par lettres-patentes de 1777, à l'instar des grands-maîtres & maîtrises particulières royales du royaume, les eaux, forêts & buissons appartenans à S. A. S. monseigneur le prince de Condé, aux particuliers & aux communautés laïques & ecclésiastiques, & autres gens de main-morte, & de connoître, par lesdits officiers, de toutes les matières d'eaux & forêts, suivant les loix & ordonnances du royaume, & les réglemens particuliers de simple administration de mondit seigneur prince de Condé, conformément aux lettres-patentes de 1648, & aux réglemens & arrêts rendus en conséquence, & que les appellations des jugemens des maîtres particuliers, continueront d'être portés & relevés au bailliage de Clermont, séant à Varennes, & dudit bailliage au parlement de Paris; de même que dans le droit d'avoir un receveur des domaines & bois, dans la caisse duquel on continuera de verser le prix des adjudications des bois des communautés des gens de main-morte, pour n'être les fonds remis aux propriétaires, que sur résultats du conseil de mondit seigneur prince de Condé; ainsi que cela s'est pratiqué jusqu'à présent.

4°. Dans le droit de nommer & instituer les officiers & cavaliers de maréchaussée, dont la brigade continuera d'être habillée aux couleurs de S. A. S., & de correspondre avec les maréchaussées des provinces de Champagne & des Trois-Évêchés, ainsi & de la même manière qu'il en a été usé jusqu'à présent.

5°. Dans le droit de pouvoir tirer de France, ou de Lorraine & Barrois, & des Trois-Évêchés, en exemptions de tous droits d'entrée, de sortie & de marque de mines, toutes les mines nécessaires à l'aliment des forges de Stenay & de Montblainville, appartenant à monseigneur le prince de Condé.

6°. Dans le droit de fabrique, vente & distribution des poudres & salpêtres dans toute l'étendue du Clermontois, ainsi que monseigneur le prince de Condé en a toujours joui.

7°. Dans le droit de présenter à sa majesté les sujets pour les places de lieutenans-de-roi, & autres officiers composant l'état-major de Stenay, & autres villes & places qu'il plairoit à S. M. d'établir dans le Clermontois.

8°. De conserver au lieutenant-de-roi de Stenay, aux officiers de monseigneur le prince de Condé, & autres personnes dénommées dans l'état annexé au bail du Clermontois, & dont copie collationnée est jointe à la minute des présentes, leur franc-salé en argent, conformément audit état.

9°. Dans la jurisdiction civile & criminelle, & police des eaux & forêts, avec le droit de donner des provisions & nommer à tous les offices, tant de mairies des hautes-justices appartenans à monseigneur le prince de Condé, des prévôtés du bailliage de Clermont séant à Varennes, que de la grande-maîtrise & des maîtrises particulières, & de la nomination & présentation du juge des cas royaux à Clermont & du procureur du roi, comme monseigneur le prince de Condé en a le droit par lesdites lettres-patentes de 1648; & que les appellations des jugemens qui seront rendus par les officiers des bailliages desdites terres & seigneuries, & par les prévôts, pour ce qui concerne le domaine & les droits domaniaux & seigneuriaux de monseigneur le prince de Condé, continueront d'être relevés nuement & sans moyen, tant au parlement qu'à la cour des aides de Paris, suivant la nature des cas, avec les mêmes privilèges & prérogatives que les pairies du royaume, suivant les arrêts & réglemens faits & rendus pour l'exercice desdites jurisdictions, bailliages & prévôtés.

10°. Dans le droit de l'administration des hôpitaux, maisons & établissemens de charité.

11°. Dans les domaines corporels, consistans dans les villes, châteaux, forteresses en dépendans, dans l'état de démolition où ils se trouvent actuellement, forges, moulins bannaux & non-bannaux à eau & à vent, pressoirs bannaux & non-bannaux, métairies, fermes, gagnages, terres labourables, prés, vignes, chenevières, enclos, tuileries, papeteries, & toutes autres usines & bâtimens quelconques, tels qu'hôtels des jurisdictions, prisons, hôtel servant au logement du commandant & intendant de S. A. S. dans la province du Clermontois, & maisons particulières; bois taillis & de haute-futaie, terres vaines & vagues.

12°. Dans les domaines incorporels, consistans dans le droit d'aubaine, deshérence, bâtardise, épaves & confiscations, droit de troupeau à part, tel qu'il est exercé dans les duchés de Lorraine & de Bar, & qu'il est compris dans les baux & les sous baux des domaines de monseigneur le prince de Condé dans le Clermontois, le droit de tiers denier de tous les bois & usages communaux dans les hautes-justices de S. A. S., dans les seigneuries engagées à faculté de rachat, & dans les bois justifiés venir de l'ancienne concession des ducs de Lorraine, comme ledit droit de tiers-denier est perçu au profit du roi, sur les bois & usages, communaux des duchés de Lorraine & de Bar, le droit de guet & garde dans les lieux où ils sont établis, le droit de carrière, l'aide de Saint-Remy, la faculté de rentrer dans les domaines & seigneuries engagées à faculté de rachat, les cens, rentes, droit de bourgeoisie, le droit appellé le rachat de Noël, amendes, droit de hallage, stellage, & minage des grains, dîmes & terrages des grains & des vins; la redevance, appellée la taille des conduits, payable par chaque ménage dans les villes & bourgs, à raison de six livres par année, & dans les villages & hameaux, à raison de quatre livres seize sols aussi par année & par chaque ménage; pressurage des vins & ébarbage des marcs, droit de tavernier pour la pente d'enseignes, de jaugeage, droits de pêche dans les rivières & ruisseaux, droit de chasse, droit de péage & passage par eau, droit de bacs, pontons & bateaux, droit de tonlieu, foires Saint-Gilles, & autres foires & marchés, plaids bannaux, droits de bienvenue, droits sur les bouchers & sur tous autres métiers; mairies & doyennés, nomination à tous bénéfices qui ne seront pas consistoriaux; corvées seigneuriales, droits de sauvemens, fiefs, arrière-fiefs & mouvances; droits seigneuriaux en cas de mutation, foi & hommage, lods & ventes, & autres droits féodaux, suivant les coutumes, titres, arrêts & réglemens rendus pour le maintien & la conservation desdits droits & redevances, comme dépendans desdits comtés, terres & seigneuries du Clermontois, selon que lesdits droits sont dûs à cause de ladite seigneurie.

13°. Dans l'exemption du droit de contrôle des actes, pour les adjudications des bois & cautionnement faits par le grand-maître & les officiers des maîtrises particulières des eaux & forêts de monseigneur le prince de Condé. A l'égard des exploits faits à la requête de ses procureurs-fiscaux, tant en matière civile & criminelle que des eaux & forêts, ils continueront d'être contrôlés *gratis*, sauf à être le paiement desdits droits de contrôle, poursuivi & recouvré au profit du roi contre les particuliers, après qu'il sera intervenu jugement de condamnation contr'eux.

Dans tous lesquels droits ci-dessus détaillés, appartenans aux seigneuries particulières & locales de monseigneur le prince de Condé, il demeure maintenu & conservé, sans aucune chose en excepter ni réserver, & à la charge, par S. A. S., ses hoirs, successeurs & ayans cause esdits comtés, terres & seigneuries, de continuer d'acquitter les fiefs, aumônes & autres charges foncières, suivant le procès-verbal qui en fut fait par le commissaire départi pour leur liquidation après le traité de Paris du 29 mars 1641, & qui a servi jusqu'à ce jour pour régler l'état annuel & le paiement de la quotité desdits fiefs, aumônes & charges foncières, le tout conformément aux lettres-patentes, brevet de garantie de 1648, arrêts & réglemens rendus en conséquence, lesquels, quant aux propriétés, droits & objets ci-dessus réservés, demeureront en leur force & vertu, pour être exécutés selon leur forme & teneur.

Il sera délivré à S. A. S. monseigneur le prince de Condé, une grosse, & quatre expéditions des présentes.

Tout ce que dessus, fait en présence de très-haut, très-puissant, & très-excellent prince, monseigneur Louis-Henri-Joseph de Bourbon Condé, duc de Bourbon, prince du sang, grand-maître de France, gouverneur & lieutenant général pour sa majesté, en ses provinces de Champagne & Brie, demeurant au palais de Bourbon.

Mondit seigneur duc de Bourbon, fils aîné de mondit seigneur prince de Condé, & premier appellé à recueillir la substitution graduelle, perpétuelle, masculine & à l'infini, portée au traité de mariage de S. A. S. monseigneur le prince de Condé, reçu par les secrétaires d'état le 2 mai 1753, en présence & du consentement du feu roi Louis XV; expédition en parchemin duquel traité, a été déposée pour minute à Roger, notaire à Paris, le 16 juin audit an, & a depuis été insinué, lu & publié par-tout où besoin a été.

Lequel, en sadite qualité, déclare qu'il accepte pour ladite substitution, & a pour agréable le remploi & remplacement de ladite rente de six cens mille livres, pour, & au lieu des droits ci-dessus cédés à sa majesté.

Ledit remplacement pareillement accepté par François-Nicolas-Pierre Dardet de Minerais, Conseiller, secrétaire du conseil de S. A. S. monseigneur le prince de Condé, au nom, & comme tuteur à la substitution portée audit traité de mariage, nommé par lettres-patentes du roi données à Versailles le 9 mai 1776, registrées au parlement sur les conclusions de M. le procureur général, le 22 dudit mois; laquelle qualité il a acceptée devant les commissaires de la cour, nommés à cet effet par arrêt du lendemain, suivant le procès-verbal qui en a été dressé par eux le 24 dudit mois, contenant la prestation de serment fait à ce sujet par ledit sieur Dardet de Minerais, demeurant au palais de Bourbon.

Promettant, obligeant, renonçant. Fait & passé à Paris, savoir, à l'égard de LL. AA. SS., & dudit sieur de Minerais, au palais de Bourbon; & desdits sieurs commissaires, & de mondit sieur le contrôleur-général, en leurs hôtels & demeures; l'an mil sept cent quatrevingt quatre, le onzieme jour de mars. Et ont signé la minute des présentes, demeurée à Me Picquais, l'un des notaires soussignés.

SUIT LA TENEUR DE L'ÉTAT ANNEXÉ.

État des francs-salés accordés par S. A. S. monseigneur le prince de Condé; pour être joint au bail des gabelles, & autres droits réservés du Clermontois.

M. de Saint-André, commandant & intendant du Clermontois, ci	600 *l.*
M. de Bonneval, commissaire à la recherche des fiefs & domaines du Clermontois, ...	350
M. Dupré, receveur de S. A. S. . .	350
Les religieuses annonciades de Clermont, ...	400
Les religieuses annonciades de Varennes,	400
L'hôpital de Varennes, ...	75
L'hôpital de Stenay, ...	150
Les prévôts de Clermont, Varennes, Dun, & Stenay, à chacun cent livres,	400
Ceux des Montignons & Jametz, à chacun quatrevingt livres, ...	160
Les lieutenans des prévots de Clermont, Varennes, Dun, & Stenay, à chacun soixante-dix livres, ...	280
Ceux des Montignons & Jametz, à chacun cinquante livres, ...	100
Les procureurs-fiscaux de Clermont, Varennes, Dun, & Stenay, à chacun soixante-dix livres, ...	280
Ceux des Montignons & Jametz, à chacun cinquante livres, ...	100
Les greffiers de Clermont, Varennes, Dun, & Stenay, à chacun cinquante livres,	200
Les greffiers des Montignons & Jametz, à chacun quarante livres, ...	80
Le commandant de Stenay, ...	200
L'aide-major, ...	100
Total	4225

En l'original dudit état annexé à la minute du bail des fermes-unies du Clermontois, passé par S. A. S. monseigneur le prince de Condé au sieur Loriot, devant Me Bro, notaire, l'un des notaires soussignés, & son confrère, le six mars mil sept cent quatrevingt-un; le tout demeuré audit Me Bro, notaire, qui a délivré ces présentes, cejourd'hui quatre mars mil sept cent quatrevingt-quatre. *Signé*, &c. &c.

ÉCHIQUIER, s. m. Échiquier d'Angleterre, ou cour de l'échiquier, est celle qui, comme on l'a dit au mot Angleterre, juge souverainement les causes touchant le trésor & les revenus de l'état; c'est-à-dire, les impositions & les perceptions de toute espèce.

Cette cour est composée de sept juges, qui sont, le grand trésorier, le chancelier ou sous-trésorier de l'échiquier, qui a la garde du sceau de l'échiquier; le lord chef baron, les trois barons de l'échiquier, & le *cursitor-baron*; les deux premiers se trouvent rarement aux affaires que l'on doit juger suivant la rigueur de la loi; ils en laissent la décision aux cinq autres juges, dont le lord chef-baron est le principal. Il est établi par lettres-patentes.

Le cursitor-baron fait prêter serment aux shérifs ou sous-shérifs des comtés, aux baillifs, aux préposés de la douane, &c. &c.

Cette cour de l'échiquier est divisée en deux cours; l'une, qu'on appelle cour de loi, où les affaires se jugent selon la rigueur de la loi; l'autre, qu'on appelle cour d'équité, où il est permis aux juges de s'écarter de la rigueur de la loi, pour suivre l'équité. Les évêques & les barons du royaume avoient autrefois séance à la cour de l'échiquier; présentement, les deux cours de l'échiquier sont tenues par des personnes qui ne sont point pairs, & qu'on appelle pourtant barons.

Sous le chancelier, sont deux chambellans de l'échiquier, qui ont la garde des archives & papiers, ligues & traités avec les princes étrangers, des titres des monnoies, des poids & des mesures, & d'un livre fameux, appellé le *livre de l'échiquier*, ou *le livre noir*, composé en 1175 par Gervais de Tilbury, neveu de Henri II, roi d'Angleterre.

Ce livre contient la description de la cour d'Angleterre de ce tems-là, ses officiers, leurs rangs, privilèges, gages, pouvoirs & jurisdiction, les revenus de la couronne. Ce livre est renfermé sous trois clefs. On donne six schelings, huit sols, pour le voir, & quatre sols pour chaque ligne que l'on transcrit.

Outre les deux cours de l'échiquier, il y en a encore une autre qu'on appelle le petit échiquier; celui-ci est le trésor royal & la trésorerie: on y reçoit & on y débourse les revenus du roi. Le grand-trésorier en est le premier officier. *

Lorsqu'on parle des billets de l'échiquier, ce sont des effets de ce dernier, & ils ont cours dans le commerce sur le pied des billets de banque & des actions des compagnies de commerce.

Le petit échiquier, ou le trésor royal, est administré par plusieurs officiers que le roi nomme, & qu'on appelle seigneurs. Lorsque les fonds manquent à la trésorerie, ces officiers sont autorisés à faire des billets qui peuvent se négocier, & qui se paient de la manière suivante.

Quand le trésor a des fonds suffisans pour faire quelques paiemens, les lords de la trésorerie font publier qu'ils paieront à tel terme les billets, par exemple, depuis dix livres sterlings jusqu'à cinquante livres sterlings, & ainsi des autres sommes, en proportion des fonds qu'ils ont. Les particuliers qui ont des billets de l'échiquier, viennent les rapporter à la caisse, & ils y reçoivent le principal avec les intérêts, à raison de six pour cent par an.

Comme on ne sait pas toujours le tems où il y aura des fonds à la trésorerie, il est d'usage de les négocier à plus ou moins de perte, suivant les circonstances du besoin du propriétaire, ou de la proximité présumée du remboursement du capital.

On se souvient qu'une partie des subsides très-considérables qui furent accordés par le parlement, pendant la guerre terminée à la paix d'Utrecht, étoit employée pour accréditer les billets de l'échiquier, & donner du mouvement à leur circulation. Cette opération tient à l'habileté des lords de la trésorerie.

ÉCHOUEMENT, f. m. par lequel on désigne le choc d'un vaisseau contre un écueil, ou l'accident par lequel il touche sur un banc de sable; sur un bas-fond, où il est arrêté & en danger de périr.

L'ordonnance de la marine de 1681, & celle des fermes du mois de février 1687, règlent tout ce qui concerne les échouemens, bris & naufrages, & prescrivent les formalités qui doivent être remplies pour sauver les effets & marchandises d'un navire échoué, & pour assurer le paiement des droits auxquels elles sont assujetties. *Voyez* NAUFRAGE.

ÉCU par quintal d'alun. (droit d'un) Lorsque toutes les marchandises eurent, en général, été assujetties à des droits, on rechercha encore quelles pouvoient être les espèces particulières, qui, par leur nature ou par leur valeur, pouvoient en supporter de plus considérables. L'alun fut mis dans cette classe. Tels sont les malheureux progrès de la fiscalité, que plus elle obtient, plus elle envahit, & que sa force ne fait qu'accroître son avidité.

L'origine du droit sur les aluns remonte à Henri II, qui l'établit, pour continuer la guerre contre l'Empereur & la plupart des puissances d'Italie.

Cette denrée ayant ensuite considérablement augmenté de prix, & jusqu'à vingt-cinq livres du quintal, des marchands Italiens offrirent, si l'on vouloit leur en accorder le commerce exclusif, d'en amener jusqu'à douze mille quintaux, & de le donner à neuf livres; en sorte qu'en percevant un droit d'entrée de trois livres par quintal, il ne reviendroit qu'à douze livres le quintal. Mais sur les représentations des négocians du royaume, en faveur de la liberté de ce commerce, l'exclusif fut refusé; mais il fut ordonné que l'alun ne seroit vendu que neuf livres le quintal au-delà de l'écu levé au profit du roi.

En 1664, lors de la rédaction du tarif d'entrée & de sortie des cinq grosses fermes, ce droit faisoit une ferme particulière dans les provinces méridionales. Il fut conservé dans ce tarif à son taux, en sorte qu'on peut le regarder comme un droit général & uniforme, qui doit se percevoir par-tout au poids brut, comme marchandise parmi lesquelles il est classé dans le tarif de 1664; mais dans celui de la douane de Lyon, il est compris au rang des drogueries & épiceries.

Le besoin des aluns pour toutes les fabriques qui l'emploient, a fait réduire à moitié les droits dont ils sont susceptibles, par l'arrêt du 15 mai 1760; mais cette moitié est grevée des dix sols pour livre.

ÉDIT, f. m. qui vient du mot latin *edicere*, signifiant, *aller au-devant des choses*, & statuer, par avance. Un édit est une constitution générale que le prince fait de son propre mouvement pour ordonner ou défendre quelque chose. On peut voir, dans le dictionnaire de jurisprudence, combien on distingue de loix par le nom d'édit, & quel a été leur objet particulier. Nous nous contenterons d'expliquer ce que c'est qu'un *édit bursal*. C'est une loi qui n'a pour but que la finance qui doit en revenir au souverain; telles sont les créations d'offices, les impositions nouvelles, comme addition de sol pour livre aux droits établis, doublement de quelques impôts, & autres dispositions qui se font en certaines circonstances, pour subvenir aux besoins de l'état.

EFFETS ROYAUX. On donne ce nom à tout ce qui est émané de l'autorité royale, & se négocie à la bourse ou sur la place. Ce sont des papiers qui représentent ou un capital ou une rente, une chance de loterie ou un titre quelconque de créance sur le roi, comme actions de la compagnie des Indes, rescriptions, contrats, billets de loterie, coupons de billets, ordonnances, assignations, lettres-de-change des colonies, bordereaux d'emprunt viager, &c.

Depuis que les emprunts & les loteries se sont multipliés, & que les besoins de l'état, pendant la guerre, ont fait payer en contrats à quatre pour cent, différens fournisseurs de la maison du roi & des troupes, les effets royaux se sont accrus en tel nombre, que la seule enumération en seroit aussi longue qu'ennuyeuse. Il suffit de dire ici, que la négociation de tous les effets royaux, se fait ordinairement par les agens de change, au moyen d'un léger droit de demi pour cent, payable moitié par le vendeur & moitié par l'acheteur.

ÉGALEURS, s. m., par lequel on désigne, en Bretagne, des asséeurs chargés de la confection des rôles & de la répartition des fouages, sur la paroisse ou communauté dont ils sont membres, & qui les a choisis. *Voyez* BRETAGNE.

ÉLECTION, s. f. C'est le nom d'une jurisdiction royale & subalterne, qui juge, en première instance, des matières dont les cours des aides connoissent par appel. Les officiers qui composent cette jurisdiction, portent le nom d'élus; leur origine paroît remonter à saint Louis.

Ce monarque ayant fait, en 1270, un réglement pour établir la forme de procéder à la répartition de la taille coutumière, ordonna que cette répartition se feroit par des prud'hommes, qui seroient élus dans une assemblée de chaque communauté, après avoir prêté serment de ne suivre que la justice & leur conscience. Cet état des choses ne subsista pas un siècle. En 1388, lorsque Charles VI. nomma des généraux des finances, il leur donna le pouvoir de nommer & destituer les élus dans les différentes provinces du royaume, qui étoit alors divisé par diocèse, quant aux impositions.

Dans la suite, Charles VII. rendit la taille une imposition ordinaire & annuelle. Il établit en même tems, & institua en titre d'office, les élus; *& demeura*, dit Coquille dans son histoire de Nevers, *le nom d'élus, jaçoit qu'ils ne fussent plus élus & choisis par le peuple.*

Ce ne fut qu'en 1445 & 1452, que les ordonnances des 10 juin & 26 août fixèrent les sièges des élus dans tous les pays d'élection, & l'arrondissement fut borné à cinq ou six lieues. Elles réglèrent en même tems, que ces jurisdictions connoîtroient de toutes causes & cas civils & criminels qui surviendroient sur les aides, gabelles & tailles, *& autres subventions mises & à mettre pour le fait des guerres, tuition, & défense du royaume & des sujets*; & qu'en cas d'appel, la connoissance en appartiendroit aux généraux conseillers sur le fait de la justice des aides.

L'article XVI. de l'ordonnance du 26 août 1452, fait connoître que les élus étoient alors chargés de régler l'assiette & la répartition des tailles entre les différens lieux de leur élection; qu'ils devoient s'assembler pour cette opération, & examiner les facultés des diverses paroisses : cet examen se faisoit d'après les visites auxquelles ils étoient obligés, & qui, sous le nom de chevauchées, leur sont recommandées & prescrites par toutes les ordonnances.

L'article V. de l'ordonnance du premier avril 1459, leur enjoint d'adresser chaque année, dans les mois d'avril où de mai au plutard, des copies des assiettes particulières, ou celles que les collecteurs doivent, aux termes de l'article II, leur remettre, *aux généraux des finances, chacun en sa charge, afin que lesdits généraux puissent, par ce moyen, connoître le nombre des feux, & la faculté & puissance de chaque élection, & en avertir le roi & ceux de son conseil, pour ensuite distribuer & départir justement & également, sur chaque pays & élection, la portion qu'il devra porter de la taille, & faire que l'un ne soit pas plus grevé que l'autre.*

Louis XII, par son ordonnance de 1508, enjoint aux élus, à peine de privation de leurs offices, de les exercer en personne, & de faire une résidence continuelle aux lieux où ils sont établis. Il leur défend, ainsi qu'aux asséeurs, sous peine de confiscation de corps & de biens, d'asseoir, ni souffrir qu'il soit imposé aucune somme de deniers quelle qu'elle soit, autres que celles qui seront portées par les mandemens & commissions, avec ce qui est prescrit par les ordonnances pour la collecte & façon des rôles, & pour les menus frais. Ordonne aux collecteurs, lorsque l'assiette sera achevée, & avant de faire aucune levée, d'apporter, dans la quinzaine, les rôles aux élus, pour qu'ils les vérifient & les signent.

L'ordonnance de François I, de 1517, porte que, sur ce qu'il est instruit que quoique les élus soient tenus de chevaucher leurs élections pour connoître les facultés des habitans, ils ne s'en acquittent point, & reçoivent néanmoins les taxations qui leur sont attribuées; d'où il arrive journellement, qu'en formant l'assiette & le département des tailles, ils n'y gardent aucune égalité; il leur enjoint très-expressément de faire chaque année leurs visites, de s'enquérir diligemment des facultés, pertes & inconvéniens des paroisses, & de rapporter au receveur, avant de toucher leurs taxations, des certificats desdites visites, signés du greffier, avec injonction au procureur du roi & au receveur des élections, d'avertir les généraux, tant sur le fait & gouvernement des finances que de la justice des aides, qui en feront la punition suivant l'exigence des cas.

Il est enjoint aux élus, que, dans la huitaine qu'ils auront reçu les mandement & commission pour imposer les tailles, ils procèdent à en faire l'assiette & le département sur les paroisses particulières des élections, le fort portant le foible, conformément aux anciennes ordonnances, & que

que le département fait, ils fassent délivrer les commissions aux receveurs des tailles, pour les envoyer aux paroisses le plus diligemment que faire se pourra, à peine d'être responsables du retardement, & d'amende arbitraire.

Il est recommandé aux élus, en faisant leurs visites, de s'informer si tous les habitans sont assis & imposés aux tailles; de faire porter ceux qui ne le seroient pas suivant leurs facultés, à un taux raisonnable; d'appeller, avec eux, trois ou quatre des plus gens de bien de la communauté pour les imposer, au cas que les habitans & asséeurs ne s'occupent pas de cette répartition.

Enfin, il est défendu aux élus, sous peine de suspension de leurs offices & d'amende arbitraire, de commettre des collecteurs pour la levée des tailles; ils doivent être élus par les habitans, à leurs risques & périls, & avoir douze deniers pour livre, pour frais de collecte, & au-dessous, s'il en est qui veulent mettre au rabais: les taxations doivent être imposées avec la taille.

On peut voir dans le dictionnaire de jurisprudence, quelles sont les fonctions, les formes de procéder des officiers des élections, & quel est leur nombre en chacune de ces jurisdictions. On se contentera de dire ici, que les droits de *petit scel* sont dûs dans les élections, comme dans les autres jurisdictions royales, & de faire mention des privilèges des élus par rapport aux impositions.

Ces privilèges sont de deux sortes; les uns d'opinion, les autres réels. Nous appellons privilèges d'opinion, ceux qui consistent dans des titres de décoration, qui procurent une simple qualité distinctive, sans attributions ni fonctions relatives.

Il faut mettre à ce rang le titre de conseiller du roi, si commun & si peu utile, puisqu'il est souvent uni à des charges dont l'exercice exige à peine que le titulaire sache écrire. Ce titre de conseiller du roi a été attribué aux élus, par l'édit du mois de juillet 1578, dans les termes suivans:

» Desirant reconnoître envers nosdits élus & » contrôleurs de nos aides & tailles, les services » qu'ils nous font en l'exercice de leurs offices, » & leur donner occasion de continuer de bien en » mieux, nous avons bien voulu & voulons les » honorer & décorer de la qualité des titres de nos » conseillers, lequel nous leur avons donné, octroyé » & attribué, donnons, octroyons & attribuons » par ces présentes, avec confirmation de tous & » chacuns les privilèges, affranchissement de toutes » tailles, crues & impositions qui se levent & se » leveront par forme de taille, ensemble des ai- » des, des vingtieme, huitieme & quatrieme des » vins étant de leur crû seulement. »

Ce passage indique en même tems en quoi consistoient alors les privilèges réels des élus; ces privilèges furent suspendus par l'édit du mois de novembre 1640, & rétablis la seconde année du règne de Louis XIV, par l'édit du mois de décembre 1644. Les différentes ordonnances qui furent rendues sous ce même règne, sur le fait des droits d'aides, & des fermes, & des gabelles, fixèrent définitivement les immunités qui devoient avoir lieu relativement à ces objets, & on ne voit pas qu'il en fût accordé à cet égard aux officiers des élections.

En effet, lorsqu'ils réclamèrent en 1738 l'exemption des droits d'aides qui leur avoit été précédemment accordée, un arrêt du conseil du 23 juin 1739, les débouta de leur demande. Il paroît, par tous les réglemens intervenus postérieurement, que les privilèges de ces officiers se réduisent à l'exemption de la taille personnelle & de logement de gens de guerre, de milice pour leurs enfans, & de toutes charges publiques. C'est ce qui résulte des dispositions de l'édit du mois d'août 1705, touchant les exempts & les privilégiés, de celui du mois de juillet 1766, applicable généralement aux exemptions de tailles.

ÉMAGE. (droit d') Ancien droit dont l'origine est peu connue. Il doit être regardé comme une portion du droit de la prévôté de Nantes, & que l'on trouve expliqué de la manière suivante au chapitre V, de la pancarte qui sert à sa perception, page 13.

» Est déclaré aussi que si le sel est de Poitou, » ledit sieur roi & duc prend le sixieme denier du » prix que se monte ladite ancienne coutume, ap- » pellée émage, sur lesdits trois deniers par cha- » cun muid nantois, auparavant que le chapitre » & l'évêque de Nantes & autres y puissent pren- » dre aucune chose. » *Voyez* Prévôté de Nantes.

EMBARQUEMENT. (droit d') Il se perçoit dans les douanes de Naples sur les marchandises destinées à être embarquées, à raison d'un sol six deniers par quintal. *Voyez* Naples.

ÉMOLUMENT, s. m., par lequel on entend les profits ou le revenu que produit une place, un emploi ou une charge. Mais, en général, les émolumens d'un emploi se distinguent des appointemens, en ce que ceux-ci sont fixes, tandis que les premiers sont éventuels, & la suite de certaines circonstances ou d'événemens particuliers. Ainsi, dans ce sens, émolument signifie bénéfice indépendant du rapport ordinaire. En terme de pratique, on dit qu'*un officier de justice cherche à émolumenter*, quand il multiplie sans nécessité les vacations d'un procès-verbal ou de tout autre acte, afin de gagner davantage.

EMPHYTÉOSE, f. f. C'est un contrat par lequel le propriétaire d'un héritage en cède à quelqu'un la jouissance, pour vingt-neuf & jusqu'à quatrevingt-dix-neuf ans, à la charge de le cultiver & de l'améliorer; ou d'un fonds, sous la condition d'y bâtir, & moyennant une redevance annuelle, & quelquefois une somme d'argent comptant. Au reste, on ne parle ici de l'emphytéose, que pour observer que les droits de contrôle des baux emphytéotiques sont réglés par l'arttcle XVIII. du tarif de 1722, sur le pied du double de ce qui est fixé pour les baux à loyer. *Voyez* sur tout ce qui concerne les emphytéoses, le dictionnaire de jurisprudence.

EMPLACEMENT, f. m., qui signifie, dans le langage propre à la régie des gabelles, la conduite, la décharge & le dépôt des sels dans les greniers & les magasins.

L'emplacement des sels est aussi la manière dont les masses sont disposées dans les greniers. Cet objet a paru si important, qu'il a fait la matière du titre 4. de l'ordonnance des gabelles du mois de mai 1680, dans lequel est réglé tout ce qui a rapport à la voiture, à la descente, & à l'emplacement des sels dans les greniers. Les articles XXV. XXVI. XXVII. XXVIII. XXIX. & XXX. du bail général des fermes fait à Forceville, rappellent encore les dispositions de l'ordonnance sur ce point, & en ajoutent de nouvelles. *Voyez* le mot FOURNISSEMENT.

Emplacer le sel, c'est le mettre dans les greniers destinés pour sa conservation & sa distribution au peuple. Comme il est défendu, par l'article VIII. du titre 4. de l'ordonnance des gabelles, à l'adjudicataire de ne distribuer le sel qu'après deux ans de dépôt, à peine d'interdiction contre les officiers des greniers, pendant six mois pour la première fois, &, en cas de récidive, d'être déclarés incapables d'exercer aucun office : ils sont tenus de dresser des procès-verbaux de l'arrivée de ces sels & du jour de leur emplacement, & il leur est accordé une somme fixe par chaque muid de sel qui est mesuré & emplacé, ainsi qu'on le va voir.

L'article XXVIII. du bail de Forceville, règle non-seulement les taxations des officiers du grenier à sel de Paris pour l'emplacement des sels, mais ceux de tous les autres officiers, dans les termes suivans :

» Les officiers du grenier à sel de Paris qui assisteront aux descentes, pourront recevoir trente » sols de rétribution par chacun muid de sel mesuré & *emplacé* audit grenier, conformément à » l'arrêt du 4 février 1690, & nonobstant l'article IV. du titre 4. de l'ordonnance de 1680; & » les grenetiers & les contrôleurs des autres greniers, vingt sols, suivant les arrêts des 10 juin » 1684, 8 juin 1686, 14 & 21 décembre 1700, » & 28 mars 1719; & en outre, dix sols d'augmentation par muid, à la charge d'en mesurer » & *emplacer* jusqu'au nombre de vingt-cinq muids » par jour à chaque trémie, conformément à » l'arrêt du 17 avril 1725, sans qu'ils puissent » exiger aucuns salaires pour leur assistance aux » allégemens & déchargemens des bateaux, emplacemens dans les dépôts, & relévement d'iceux, à moins qu'ils n'y aient été appellés ou » requis d'y assister; auquel cas ils pourront recevoir de celui qui les aura requis, jusqu'à dix » sols par muid, conformément au susdit arrêt » du 10 juin 1684. « *Voyez* FOURNISSEMENT.

EMPLOI, f. m., par lequel on désigne un genre d'occupations & de fonctions dans toute espèce de régie, d'affaire & d'administration. Celui qui possède un emploi quelconque, s'appelle *employé*. Comme il ne doit être question ici que des employés attachés à une partie des revenus du roi, on ne peut que renvoyer à ce qui en a été dit sous le mot COMMIS; on y fait connoître l'espèce de hiérarchie établie parmi les *employés* des fermes générales, parmi les *employés* des aides, & ceux des domaines. On appelle indistinctement employés supérieurs, ou commis supérieurs, ceux qui, dans la ferme générale, remplissent les fonctions de directeurs ou contrôleurs-généraux. En général, le mot d'employé s'applique plus particulièrement aux personnes exerçant un emploi subalterne. *Voyez* les mots COMMIS, CONTRÔLEUR GÉNÉRAL des fermes, DIRECTEUR.

EMPRUNT, f. m. C'est une prompte ressource pour se procurer des fonds, lorsque l'on a la confiance publique. Dans les tems malheureux les emprunts sont difficiles, & on ne les propose pas ouvertement. C'est toujours sous des formes différentes qui font illusion; mais le prestige ne dure pas long tems. Alors le crédit se perd; on est obligé d'avoir recours à des expédiens forcés & onéreux.

Les emprunts engagent l'état, & le chargent de dettes; de l'emprunt résultent les intérêts & les usures. *Voyez* INTÉRÊTS.

Il y a de deux espèces d'emprunts; les uns se font sur des effets dont le fonds est exigible, & les autres, sur des rentes ou des gages, dont le fonds est aliéné.

Les premiers peuvent être remboursés à volonté, comme l'étoient anciennement les billets de la caisse d'emprunt, les billets de monnoie de Legendre, de l'état, de la banque, & beaucoup d'autres. *Voyez* BILLETS.

Les autres, dont le capital se rembourse par partie, d'année en année, ou au bout d'un certain nombre d'années, en entier, sont les annuités, les contrats, les rentes viagères & tontines, les rentes perpétuelles, les billets d'amortissement, les loteries. *Voyez* ces mots.

Lorsqu'on est obligé d'avoir recours à cette ressource, c'est un mal pour l'état, quoique ces moyens fournissent promptement des fonds, parce que ces sortes de fonds, au lieu de soulager l'état, le chargent d'intérêts annuels, & obligent le gouvernement d'emprunter de plus grosses sommes, afin de payer les intérêts des emprunts précédens. Ce seroit, peut-être, peu de chose de n'avoir que des intérêts à payer; il faut, en outre, rembourser annuellement une portion du capital.

Rien n'est si nécessaire que d'acquitter des dettes faites d'aussi bonne-foi; & quelles que soient les dettes de l'état, il faut les payer exactement: le retard dans le paiement est plus que suffisant pour ôter la confiance. D'ailleurs, le crédit de l'état dépend de tant de circonstances, qu'il faut que les emprunts soient faits avec beaucoup de précaution.

Un ministre qui ne se sert de cette branche de crédit que pour se la ménager comme une ressource dans l'occasion, est, sans doute, habile. M. Colbert trouva le moyen de fournir en même tems aux frais de la guerre qui fut terminée en 1678 par le traité de Nimegue, & aux dépenses immenses des somptueux bâtimens & des différens établissemens faits par Louis XIV, & l'état n'étoit point endetté à la mort de ce ministre en 1683.

Celui qui est capable de porter le poids immense d'une administration que de longues guerres rendent aussi pénible qu'importante; qui est capable de réparer les désordres, de faire des emprunts dans des tems difficiles, sans interrompre la circulation & le commerce, sans altérer le crédit, est assurément le plus habile. (Tous ces objets ont été remplis en 1778, 1779 & 1780, dans des circonstances où il s'agissoit de mettre sur pied une marine formidable, qui coûtoit treize & quinze millions par mois. Ainsi, d'après les principes de l'auteur de cet article, on peut juger le directeur général des finances pendant ces mêmes années. *Voyez* CONTRÔLEUR GÉNÉRAL des finances.)

Le crédit de l'état, dans les tems de guerres, dépend beaucoup du sort des armes. Après la malheureuse bataille d'Hocstet, chacun s'empressa de retirer son argent de la caisse des emprunts; ce qui obligea le conseil de faire surseoir au paiement des capitaux.

Par arrêt du 17 septembre 1704, on accorda dix pour cent sur les deniers qui seroient apportés à la caisse des emprunts; mais le crédit se perdit de plus en plus, & on supprima la caisse, rien ne pouvant ranimer la confiance, les promesses perdant sur la place quatre-vingt pour cent. (Il est clair que plus l'emprunteur accorde un haut intérêt, & plus il perd de son crédit, en augmentant son impuissance de rembourser.)

Dans tous les tems, le crédit du roi sur ses peuples est fondé sur l'amour des peuples pour le souverain, sur la confiance dans le ministre chargé de l'administration des finances, & dans ceux qui régissent les autres parties.

Il faut peu de chose pour faire perdre ce crédit si difficile à établir, & nous voyons que le premier ébranlement, vient presque toujours d'une faute commise dans l'administration.

Depuis M. Colbert, plusieurs ministres ont su rétablir ce crédit perdu, & à peine en voyons-nous un qui ait pu le conserver. Les billets de monnoie étoient en faveur; la grande confiance du public donna lieu au ministre de se servir de cet expédient prompt & facile pour subvenir aux besoins pressans. On multiplia ces billets avec si peu de précaution, qu'il ne fut plus possible de faire face aux paiemens, de-là vint leur décadence.

Souvent lorsque l'esprit s'accrédite trop dans le gouvernement, il fait oublier les maximes les plus sages; l'imagination prend le dessus, on se livre sans prudence à des effets dangereux; alors l'état incertain & sans principe ne se conduit plus que par saillie; c'est ce qui arriva à l'auteur du système. *Voyez* SYSTÈME DE LAW. Le crédit de l'état dépend toujours de l'assurance sur les conventions publiques: sitôt qu'elle devient incertaine, le crédit chancelle & les opérations pour faire des *emprunts* ne réussissent que par le fort intérêt qu'on y attache, & qui est presque toujours un moyen sûr. Les hommes ne se conduisent que par l'appât du gain: mais ce moyen utile, pour le moment, ne fait qu'accélérer la chûte du crédit, qui n'est jamais que la suite de la liberté & de la confiance; & lorsque les effets publics ont reçu quelque atteinte dans leur crédit, on s'épuise en vain pour le soutenir. Il est nécessaire de changer de batterie & de présenter d'autres objets. On peut dire que la confiance est en proportion avec les dettes. Si l'on voit que l'état s'acquitte, elle renaît; sinon elle se perd. Il semble pourtant, à en juger par les exemples passés, que la confiance publique dépend moins des retranchemens dans les dépenses & de l'ordre dans les recettes, que des idées que le gouvernement imprime. Le calcul des recettes & dépenses est la science de tout le monde; celle du ministre est une arithmétique qui sçait calculer les effets des opérations & des différens réglemens. Il y a des biens de confiance autant que de réalité. C'est au maître habile à les faire valoir sans les prodiguer; à savoir, par le calcul politique, apprécier les hommes & vérifier toutes les parties de l'état. Il ne seroit pas étonnant que la France, avec un revenu plus fort que celui des autres états, trouvât un crédit plus abondant qu'aucun souverain de l'Europe. *Article de M. Dufour, tiré de la première édition de l'Encyclopédie.* *

A ce que nous avons dit au mot CRÉDIT PUBLIC, & dont une partie est également applicable aux emprunts qu'il facilite, nous ajouterons ce qu'on trouve sur les emprunts dans les notes sur l'éloge de Colbert, couronné en 1773, ouvrage estimable, dans lequel nous avons fréquemment puisé d'excellens principes d'administration.

» Un besoin de cent millions survient dans une société; il y a deux manières d'y pourvoir, ou d'ordonner une contribution pour cette somme, ou de l'emprunter en n'établissant un impôt que pour l'intérêt annuel de cent millions.

Quand la confiance permet la réussite de cette dernière manière, elle est la plus facile & la plus commode pour toute la société; car elle satisfait aux désirs de ceux qui auroient besoin d'emprunter, pour payer leur part aux cent millions nécessaires, sans contrarier ceux qui aimeroient mieux payer cette même part en capital, puisqu'ils peuvent le placer dans l'emprunt, & retirer un intérêt annuel équivalent à l'impôt annuel établi.

L'*emprunt* public ne fait que remplacer les emprunts entre particuliers, emprunts qui seroient la suite nécessaire d'une levée trop forte & disproportionnée aux moyens présens d'un grand nombre d'entr'eux.

Mais il y a cette différence entre ces deux sortes d'*emprunts*; c'est que ceux qui se font entre particuliers n'intéressent le créancier qu'à la fortune d'un individu, au lieu que le prêt au souverain attache à la prospérité publique.

Le crédit fait le succès d'un emprunt; l'emprunt rend la levée des impôts plus facile, & les impôts pourvoient aux demandes du souverain. Si ces demandes ont pour but de défendre le pays contre la conquête, ou d'accomplir tout autre dessein avantageux à la société, le crédit, l'emprunt & l'impôt sont autant de forces précieuses; mais elles deviennent nuisibles quand elles rendent plus faciles des opérations qui sont contraires au bien de l'état.

Est-il toujours intéressant d'emprunter ou d'imposer? —

Cette question se présente ici naturellement, & sa solution est très-intéressante dans l'administration des finances.

» Imposer un capital ou l'emprunter en n'imposant que son intérêt, revient à peu-près au même en soi, ainsi qu'on vient de le présenter; mais il est des circonstances morales qui doivent déterminer la préférence. Quand le besoin est considérable & pressé, & qu'il y a du crédit, il faut employer l'emprunt, parce que la levée d'un gros impôt seroit difficile & occasionneroit des convulsions. Mais pour des besoins modérés, il faut toujours préférer l'impôt, tant pour simplifier les opérations & faire plus facilement l'équilibre des finances, que pour ménager le crédit public & le prix de l'intérêt pour la rareté des emprunts.

Observons seulement encore, en faveur des emprunts, comparés à l'impôt pour le capital entier, que l'augmentation annuelle en Europe des métaux précieux, adoucit le poids des tributs en argent qu'on paye au souverain, & diminue la valeur des intérêts qu'il répartit aux rentiers; car un million vaut beaucoup moins aujourd'hui qu'il y a vingt ans, puisque pour ce même million, on auroit eu dans ce tems-là beaucoup plus de productions de la terre ou d'ouvrages des hommes, qu'on n'en obtiendroit aujourd'hui pour la même somme.

On objecte avec force contre les emprunts publics, qu'ils sont la source des rentiers & par conséquent des hommes oisifs. Il semble qu'on exagère cet inconvénient.

C'est une propriété quelconque qui entraîne l'oisiveté en dispensant de travailler; mais les *emprunts* publics n'augmentent pas la somme des propriétés: ils ne font que les déplacer: s'il n'y avoit pas de propriétaires de richesses mobiliaires, inutilement ouvriroit-on un *emprunt*; & s'il y en avoit, ils trouveroient d'une manière ou d'autre le moyen de changer ces richesses, contre une part annuelle aux productions du travail d'autrui, en restant eux-mêmes dans l'oisiveté.

On ne sauroit cependant se dissimuler que la facilité d'obtenir de gros intérêts par les emprunts publics, n'encourage jusqu'à un certain point cette oisiveté, en présentant au propriétaire d'argent, un revenu plus considérable que celui qu'il pourroit retirer de la même somme appliquée à des objets d'agriculture, de commerce & d'industrie.

On est quelquefois induit en erreur par la somme immense d'intérêt que paye un état. On voit cent millions de rentes distribués dans la société, & l'on croit qu'il en résulte des hommes oisifs en même proportion; mais l'on ne prend pas garde qu'en même-tems, il y a cent millions d'impôt établis pour pourvoir à ces intérêts, & que souvent la plus grande partie de ces impôts est payée par ceux mêmes qui ont des rentes ».

Il arrive fréquemment que le roi, pour emprunter, se sert du nom & du crédit des états des provinces, d'une ville, d'un corps, comme le clergé, la ferme générale, les receveurs généraux; c'est un intermédiaire qui ajoute à la confiance du prêteur & le satisfait. *Voyez* les mots CRÉDIT PUBLIC, DETTES PUBLIQUES.

ENCHÈRE, s. f., qui signifie une offre supérieure au prix offert d'une chose quelconque. On s'en sert aussi pour désigner toute mise à prix, même la première, d'une ferme ou de biens à vendre.

L'ordonnance du 22 juillet 1681, sur plusieurs droits des fermes, & sur tous en général, a réglé par un titre exprès, portant *des publications, enchères & adjudications des fermes, & enregistrement des baux*, tout ce qui a rapport à l'affiche, aux enchères & à l'adjudication des fermes du roi; de même qu'à l'admission dans les fermes & sous-fermes. Mais on a vu au mot BAIL, par les lettres-patentes du 27 mars 1780, que ces dispositions sont tombées en désuétude depuis long-tems, & que leur observation est devenue inutile, pourvu que l'exécution des conditions proposées par les fermiers généraux pour le bail des fermes, leur fût assurée. Il seroit donc inutile de faire connoître en quoi consistoient les anciennes formalités prescrites par l'ordonnance de 1681.

Suivant l'arrêt du conseil du 13 mai 1724, les *enchères* pour la revente des domaines du roi, ne peuvent être reçues qu'en rentes, & à la charge du remboursement des engagistes.

Un autre arrêt du 12 juin 1725 a réglé, qu'après les adjudications faites par les commissaires du roi, il ne pourra être reçu de tiercemens, s'ils ne sont faits dans les vingt-quatre heures des adjudications, & s'ils ne sont au moins du tiers du prix principal; auquel cas l'adjudication définitive sera remise à quinzaine pour tout délai, après laquelle il ne pourra plus être reçu d'enchère que par doublement, qui ne pourra être moindre de moitié du prix de l'adjudication. Ces dispositions ont été renouvellées & étendues par l'arrêt du conseil du 7 mars 1777, dont nous avons donné l'extrait au mot DOMAINE, pages 607 & suivantes.

ENCLAVES, s. f. Nom par lequel on désigne de certaines portions de terre, qui, étant d'une province ou d'une domination étrangère, se trouvent renfermées dans une autre province, ou dans un pays appartenant à la France.

En Champagne, il se trouve des enclaves de Lorraine; en Lorraine, il en est qui dépendent de l'Alsace & de la Franche-Comté.

C'est, sur-tout, dans l'Alsace & dans les Trois-Evêchés, que se trouvent des enclaves étrangères, c'est à dire, des districts qui sont soumis à un prince étranger; ce sont des espèces d'isles Allemandes, entourées de tous côtés des terres Françoises.

ENGAGEMENT du domaine de la couronne, est un contrat par lequel le roi cede à quelqu'un un immeuble dépendant de son domaine, moyennant une finance & les conditions stipulées, pour en jouir jusqu'au remboursement de cette finance, & sous la faculté de rachat perpétuel.

L'étymologie du mot engagement vient de gage, & de ce que l'on a comparé ces sortes de contrats, aux engagemens qu'un débiteur fait au profit de son créancier. Mais il y a cette différence entre l'engagement que fait un débiteur, & l'engagement du domaine du roi; que le premier, dans les pays où il est permis, ne peut être fait qu'au profit du créancier, lequel ne gagne pas les fruits; ils doivent être imputés sur le principal, l'engagement n'étant, à son égard, qu'une simple sûreté; au lieu que l'engagement du domaine du roi peut être fait tant à prix d'argent que pour plusieurs autres causes: de plus, l'engagiste gagne les fruits jusqu'au rachat, sans les imputer sur le prix du rachat au cas qu'il ait lieu.

On a traité, avec étendue, la grande question de l'inaliénabilité du domaine, sous ce dernier mot; il seroit superflu de la ramener ici, en assurant, comme dans les premières éditions de l'Encyclopédie, que le domaine de la couronne, soit ancien ou nouveau, grand ou petit, est inaliénable de sa nature.

ENGAGISTE du domaine, est celui qui tient, à titre d'engagement, quelque portion des biens ou des droits appartenans à la couronne.

Les droits dont *les engagistes* doivent jouir, les charges dont ils sont tenus, feront la matière de cet article, d'après l'auteur du dictionnaire des domaines.

Les engagistes jouissent des fruits & revenus naturels ou civils, des biens qui leur sont engagés, même des émolumens de la justice, & de la nomination des officiers, si ces objets sont expressément compris dans le titre de leur engagement, en conformité de l'édit du mois de mars 1695.

Mais la justice doit être exercée au nom du roi, comme avant l'engagemet, sans aucune novation. Les engagistes ne peuvent pas même prendre le nom & les titres des terres qui leur sont engagées, ni apposer leurs armes ès lieux publics, églises & auditoires dépendans desdits domaines; ils peuvent seulement se qualifier seigneurs par engagement de tel comté, marquisat, &c.

Le titre du fief reste toujours en la main du roi, & ne peut être transféré, si ce n'est par échange. Dans tous les tems on a pris des précautions à cet égard, pour conserver le domaine, & prévenir que, par une longue suite de tems, la trace de l'engagement ne se perdît. Ces différentes dispositions ont été renouvellées par les lettres-patentes de Louis XIII, données en 1628.

Les engagistes ne peuvent prétendre la mouvance des terres titrées ; elle est attachée immédiatement à la couronne, & n'en peut être séparée, même par échange. L'arrêt du conseil du 26 mai 1771, a révoqué généralement toutes les aliénations qui avoient pu être faites aux engagistes, des droits de mutation des biens situés dans les mouvances & directes du roi ; sauf à eux, s'ils se prétendoient lézés, à remettre les domaines qui leur avoient été engagés, & à recevoir le remboursement de leurs finances.

Un autre arrêt du conseil, du 16 juin de la même année, a fait défense aux engagistes de s'immiscer, après le premier juillet suivant, dans la perception d'aucun des droits dont il s'agit, à moins que la demande judiciaire n'en eût été formée avant cette époque, à peine de restitution & d'amende ; & ces dispositions ont été renouvellées & confirmées par l'article V. de l'arrêt du conseil, du 21 août 1774.

Comme ils ne sont point seigneurs des terres engagées, dont ils n'ont que la simple faculté de percevoir les fruits, ils ne peuvent recevoir la foi & hommage des fiefs dépendans des terres dont ils sont engagistes ; la réserve en est même faite au profit du roi, par l'article XV. de l'édit de Moulins, du mois de février 1566, & par la déclaration du 4 septembre 1592.

De même les engagistes ne peuvent saisir féodalement les terres mouvantes de leur engagement, ni user du retrait féodal, à moins que la faculté ne leur en soit expressément octroyée ; mais ils peuvent réunir toutes les parties usurpées, & même, en certains cas, retirer les parts & portions dépendantes des domaines dont ils ont l'engagement, en remboursant les engagistes particuliers.

Ils n'ont point le patronage, s'il n'est accordé par une clause particulière, & ne peuvent recevoir le droit d'indemnité en deniers ; mais comme toute indemnité due au roi, par les gens de main-morte, se liquide en rentes perpétuelles, les engagistes jouissent de ces rentes pendant la durée de leur engagement.

L'engagiste peut, pendant sa jouissance, sous-inféoder ou donner à cens ou rente, quelque portion du domaine qu'il tient par engagement ; mais en cas de rachat de la part du roi, toutes ces aliénations sont révoquées, & le domaine rentre dans la portion sous-engagée, franc de toute hypothèque de l'engagiste.

On a vu par l'article XVII. de l'arrêt du conseil du 7 mars 1777, rapporté au mot Domaine, quelles sont, en partie, les charges des engagistes des domaines du roi. On ajoutera, qu'ils sont tenus de fournir des états en détail de la consistance des domaines dont ils jouissent ; qu'ils ne peuvent disposer d'aucune futaie, d'aucun baliveau, d'aucuns arbres, sans y être autorisés par des lettres-patentes enregistrées au parlement & à la chambre des comptes : c'est ce que prescrivent l'ordonnance des eaux & forêts, & l'arrêt du conseil du 14 mars 1685.

Les lettres-patentes qui s'accordent dans ce cas, ne sont expédiées que sur l'avis, & d'après les procès-verbaux de la maîtrise des eaux & forêts.

Les roturiers qui sont engagistes des domaines du roi, ne sont point sujets aux droits de franc-fiefs, pour raison des biens nobles qu'ils tiennent du domaine, parce que d'aucuns édits en accordent l'exemption. Cette faveur a, de nouveau, été confirmée par l'article XXI. de l'arrêt du conseil du 7 mars 1777. *Voyez* la page 610. du premier volume.

Ainsi le tiers-détenteur, c'est-à-dire, celui qui a acquis du preneur engagiste ou de ses héritiers, doit jouir du même privilège qui est accordé à l'engagiste ; parce que cette immunité n'est pas personnelle, mais attachée à la nature des biens engagés. On sent bien que s'il falloit que le détenteur d'un domaine, acquittât le droit de franc-fief, il paieroit nécessairement une moindre finance pour l'engagement, & que, dès-lors, la valeur du domaine en seroit affoiblie.

ENSAISINEMENT, s. m. par lequel on désigne la mise en possession d'un héritage roturier. L'acte qui sert à mettre en possession d'un fief, s'appelle inféodation ou investiture.

L'an & jour du retrait lignager ne peut courir qu'après l'ensaisinement réel sur le contrat, & à défaut de cette formalité, le retrait peut être exercé pendant trente années. Le parlement de Paris l'a jugé ainsi par arrêt du 17 février 1605. *Voyez* au surplus le dictionnaire de jurisprudence.

Nous ne devons parler ici que de l'ensaisinement qui concerne les biens situés dans la mouvance du roi, parce qu'il a pour objet la conservation des droits du domaine de la couronne. Dans ce cas, l'ensaisinement est une formalité introduite pour conserver les directes & mouvances du roi, par la connoissance des mutations qui arrivent du chef des détenteurs des biens tenus de ces directes, & pour parvenir au renouvellement des terriers du domaine.

Suivant l'article V. de l'édit du mois de décembre 1701, les arrêts du conseil du 7 août 1703, 19 novembre 1726, 6 juin 1730, & 28 mai 1737, tous les contrats de vente, échange, adjudications par decret, licitations & autres actes translatifs de propriété des terres & héritages tenus en fief ou en roture, tant des domaines qui sont dans la main du roi, que de ceux qui sont engagés, doivent être ensaisinés.

La même formalité doit également être observée à l'égard des biens tenus en franc bourgage, en franche bourgeoisie ou autrement, d'après les arrêts du conseil, des 20 mars 1742, 10 juin 1749, 17 mars & 7 décembre 1750.

Les droits à payer dans cette circonstance sont réglés par les édits de décembre 1701, juin 1725, & décembre 1717.

Ils sont fixés, pour les biens de cent livres & au-dessus, à.......................... 1 l. 10 s.

Pour ceux de cent livres jusqu'à mille livres, à.......................... 4 l. 10 s.

Pour ceux de mille livres jusqu'à dix mille livres, à.......................... 9 l.

Et pour ceux au-dessus de dix mille livres, à.......................... 30 l.

Nul privilège ne dispense du paiement du droit d'ensaisinement pour les biens qni y sont sujets, & ce droit est perçu par l'administration générale des domaines. Son produit fait à peu-près le vingtième de la totalité de la recette des droits casuels dont il compose la masse.

ENTRÉE. (droit d') On donne ce nom, non-seulement aux droits de traites qui se payent à l'entrée du royaume ou d'une province, mais encore aux droits d'aides qui sont dûs à l'entrée des villes & bourgs fermés de murs, ou qui l'ont été anciennement.

Sous le nom de droits de traites à l'entrée, on comprend ceux du tarif de 1664, établis dans les provinces des cinq grosses fermes; ceux de la douane de Lyon, de comptablie & autres, qui se levent à l'entrée d'une ou plusieurs des provinces réputées étrangères.

Quant aux droits d'aides, ceux qui portent particulièrement le nom de droits d'entrée, sont les anciens & nouveaux cinq sols, la subvention, la jauge & courtage, & le droit d'octroi. *Voyez* anciens cinq sols, & ces différens mots.

Les droits d'entrée de Paris devroient également être compris dans la dénomination des droits d'aides, puisque la plus grande partie porte sur les boissons & sur les bestiaux. Cependant ils ont toujours formé une classe à part, d'abord par leur objet, qui est très-considérable, ensuite, parce que le nom générique de droits d'entrée, renferme un grand nombre de droits anciens & particuliers, qui ne subsistent qu'à Paris, & parce qu'en effet ils s'acquittent aux barrières. Ces droits peuvent être considérés comme une imposition établie sur le luxe & sur les commodités d'une grande ville, dont le poids est peu sensible aux contribuables, & qu'ils ne supportent d'ailleurs que dans la proportion de leurs dépenses. C'est le remplacement de la taille; car où finit le territoire sujet aux entrées de Paris, commence celui qui est assujetti à la taille.

On se plaint souvent de l'énormité des droits auxquels plusieurs objets sont assujettis; mais en bonne politique, ils ne sont peut-être pas encore assez considérables, pour empêcher Paris de prendre un accroissement funeste aux provinces, en y concentrant les richesses nationales, & y attirant un monde d'oisifs aux dépens des campagnes, qui forment véritablement la nation & son opulence. Cette question fourniroit la matière d'une ample discussion, si on s'arrêtoit à la traiter; mais ce seroit s'écarter de notre plan. Nous nous bornerons à rechercher, à la fin de cet article, si, d'après l'opinion où nous sommes que les droits d'entrée n'ont rien d'excessif, il n'y auroit pas quelques moyens d'en améliorer le produit, en réprimant les fraudes de toute espece qui l'affoiblissent sensiblement.

Les droits d'entrée de Paris sur les boissons, étoient originairement composés d'un grand nombre de droits créés en différens tems, dont la perception étoit devenue aussi difficile que compliquée. Sous le ministère éclairé de Colbert, qui n'étoit occupé qu'à faire ou préparer le bien général, on sentit la nécessité de simplifier ces droits. L'ordonnance du mois de juin 1680. les réunit tous en un seul, qui fut fixé sur chaque espèce de boisson.

Avant cette époque, les droits sur le vin consistoient dans *les premiers cinq sols*, établis en 1551 & les années suivantes; dans *les anciens & nouveaux cinq sols*, de 1561 & 1581; dans *les trente sols par muid de vin*, imposés en 1602; dans *les cinq sols des pauvres*, mis en 1610; dans *les dix deniers*, dits *ceinture reine*, connus avant 1625; dans *les dix sols par muid*, dits *de la ville*, accordés par forme d'octroi en 1632; dans *les dix sols du canal*, établis en 1629; dans *les cinq sols des bâtardeaux*, énoncés dans le bail de 1630; dans *les quarante-cinq sols des rivières*, créés par déclaration du 12 janvier 1633; dans *les trois liv. par muid*, imposées en 1636; dans *les droits du domaine & barrage*; dans *les vingt sols de Sedan*, mis en 1641; dans *la subvention de vingt & dix sols*, & l'*augmentation du barrage*; enfin dans *les vingt sols de l'hôpital général*, du 11 février 1658; & dans le *parisis sol & six deniers pour livre*.

La fixation portée par l'ordonnance de 1680, dura jusqu'en 1719.

Jusques-là les droits à la vente en gros & en détail continuèrent d'être perçus dans la ville & les fauxbourgs de Paris, comme dans les autres lieux sujets aux droits d'aides. Mais le grand nombre de marchands faisant commerce de boissons en gros, la multitude des débitans en détail, occasionnoient une régie très difficile & très-dispendieuse, sans pouvoir parvenir à réprimer une fraude très-commune, parmi un si grand nombre de gens intéressés à la pratiquer.

Ces considérations déterminèrent à supprimer, dans Paris, les droits dûs à la vente en gros & en détail, & à les convertir en un nouveau droit d'entrée de cinq livres par muid de vin, qui fut réuni à ceux de l'ordonnance de 1680. Cette seconde fixation fut ordonnée par les arrêt & lettres-patentes du 10 octobre 1719, & s'étendit à toute espèce de boisson, comme vin de liqueur, eau-de-vie, bierre, cidre & poiré.

A ces droits, fixés en 1719, il faut ajouter ceux qui sont attribués à différens officiers supprimés, & perçus au profit du roi. Tels sont les droits d'inspecteurs, de contrôleurs, jaugeurs, de rouleurs-déchargeurs, de jurés-vendeurs, de courtiers-commissionnaires, de jaugeurs-mesureurs, d'inspecteurs-vérificateurs des lettres-de-voiture, d'inspecteurs-gourmets, des gardes-de-nuit, de plancheyeurs, metteurs-à-ports, & gardes-bateaux, des droits rétablis & aliénés; du vingtieme de l'hôpital.

Jusqu'en 1759, le vin destiné pour un bourgeois payoit moins de droits que celui que faisoit venir un marchand en gros ou en détail. Mais comme cette différence rendoit la fraude très-facile, par l'emprunt d'un nom bourgeois pour faire entrer des vins destinés au commerce d'un marchand, l'article XI. de l'édit du mois de septembre de cette même année, ordonna que les droits levés sur les vins venans à l'adresse des marchands, seroient également perçus sur tous les vins qui entreroient. L'arrêt du conseil du 9 décembre 1759, accorda ensuite une réduction des droits d'entrée jusqu'au premier avril suivant, pour faciliter l'approvisionnement de Paris, qui manquoit de vin, tandis que les provinces en regorgeoient.

On a dit au mot BARRIÈRE, que les vins qui arrivent à Paris, ne peuvent y entrer que par celles qui sont désignées, & c'est-là que la déclaration doit en être faite, en représentant les lettres-de-voiture en bonne forme, & les congés pris aux lieux de l'enlevement des vins, s'ils proviennent d'un pays d'aides, ou au premier bureau de passage dans une province sujette.

On peut voir au mot BARRILLAGE, avec quelle sévérité les loix ont proscrit l'introduction à Paris du vin en bouteilles, en cruches & en petits vaisseaux. Cette rigueur a eu pour objet, de conserver & d'assurer le paiement des droits d'entrée.

Parmi les droits d'entrée de Paris, sont ceux qui se perçoivent sur le bétail à pied-fourché, & dont on place l'origine à l'année 755. sous le regne de Pepin. Ces droits sont composés, comme ceux que supportent les boissons, des droits de domaine & barrage, du droit des jurés-vendeurs, des droits d'inspecteurs-aux-boucheries & du vingtieme de l'hôpital, & enfin des inspecteurs-des-veaux, des langueyeurs, gardes-de-nuit, & plancheyeurs.

Le poisson de mer, frais & salé, le poisson d'eau-douce, sont également sujets à des droits d'entrée à Paris, composés, comme les précédens, de ceux de domaine & barrage, du vingtieme de l'hôpital, & des jurés-vendeurs, contrôleurs & compteurs de marée, ou jurés-vendeurs, contrôleurs de la saline, ou du poisson d'eau-douce.

Les droits d'entrée de Paris portent encore sur le bois à bâtir, celui de sciage & charronnage, sur le bois à brûler, sur les suifs & chandelles, sur le foin, la paille & l'avoine; sur la volaille, sur les cendres, soudes & gravelées. *Voyez* le mot CENDRES. Chaque objet paye, indépendamment des droits de domaine & barrage qui s'étend à tout, des droits particuliers qui ont formé primitivement une attribution attachée à des offices créés spécialement pour inspecter chaque nature de denrée ou de marchandises. Les titulaires de ces offices doivent exercer des fonctions de police, dont l'utilité générale paroissoit être le but; mais, dans le fait, ces fonctions n'avoient été imaginées que pour procurer des ressources au gouvernement. Il est aisé de le reconnoître aux variations qu'elles ont éprouvées, & à la multiplication qu'on en a faite.

De tems immémorial, il y a eu différens officiers de police établis dans les foires, dans les marchés, sur les ports, les quais, & dans les halles, soit pour maintenir le bon ordre, soit pour veiller à la sûreté du commerce. Ils étoient d'abord payés par l'état, qui percevoit des droits, comme le prix de sa protection. Dans la suite les droits de l'état furent perçus, la destination de leur produit fut détournée, & on en attribua aux offices, dont le nombre se multiplia en raison des besoins. C'est, sur-tout, au commencement de ce siècle, qu'on fit un grand usage de ce moyen de finance.

On ne parlera ici que des offices qui ont quelque rapport avec les entrées de Paris, & dont les attributions font partie de cette perception : jamais il n'y eut tant de motifs de création. C'est une chose aussi curieuse que singulière, que l'énumération de ces offices, & la bizarrerie des noms inventés par la fiscalité, qui leur donnoit naissance.

En 1689, on vit créer les offices de jaugeurs de vin; ceux de jurés-chargeurs & rouleurs de tonneaux, par édit de mai 1690; ceux de jurés-vendeurs

vendeurs de marée, par édit de mai 1696; ceux de jurés-vendeurs de volaille & gibier, par édit du même mois, & du mois de mars 1708; ceux de contrôleurs de poisson, par édit de juillet 1702; ceux d'essayeurs-visiteurs d'eau-de-vie, par édit de février 1703; ceux de jurés-vendeurs-contrôleurs de vins, par édits de mai & octobre suivant; ceux de nouveaux rouleurs & déchargeurs de tonneaux, par édits de mai 1703 & juin 1707; ceux de jaugeurs-mesureurs, par édit de novembre 1703; ceux d'essayeurs-contrôleurs de bierre, par édit de décembre de la même année; ceux de facteurs-commissionnaires pour le paiement des droits d'entrée, par édit de novembre 1704; ceux de jurés-hongrieurs, par édit de janvier 1705; ceux de contrôleurs de la volaille, par édits de mars 1705 & mars 1713; ceux de jurés-plancheyeurs, débacleurs & commissaires au nettoiement des quais, par édits d'août 1705 & mars 1706; ceux d'inspecteurs, visiteurs, contrôleurs-généraux de la police sur les quais, par édit de septembre 1705; ceux de jurés-vendeurs de poisson d'eau-douce, par édit de mai 1708; ceux d'inspecteurs des boissons, par édits de juin 1708 & août 1712; ceux de trésoriers de la bourse des marchés aux veaux à Paris, par édit de décembre 1708. *Voyez* CAISSE de Poissy.

Un grand nombre de ces charges fut supprimé après la paix d'Utrecht, par l'édit de mai 1715, avec le quart des droits qui leur étoient attribués. Les trois autres quarts, dont la perception fut ordonnée au profit du roi, furent réservés, pour en appliquer le produit au remboursement des titulaires, & même l'autre quart subsista encore plusieurs années. La déclaration du 15 mai 1722, remit les droits dans le même état où ils étoient avant 1715.

Les titulaires des offices supprimés n'avoient point été remboursés; ils firent des représentations, on les rétablit par édit du mois de juin 1730, avec l'attribution des droits modérés & réglés par le tarif du 20 juin 1724, qui furent de nouveau arrêtés par un tarif du 13 juin 1730. On fixa le nombre de ces officiers à trois mille cent quatrevingt-dix-sept, & leur finance à quatorze cens soixante-quatorze mille cinquante livres: ils furent divisés en même tems en trente-cinq communautés.

Comprenant, 1°. cent-vingt commissaires jurés-visiteurs, marqueurs, mesureurs & contrôleurs des bois à bâtir, œuvrés & à œuvrer, de sciage & de charronnage.

2°. Vingt inspecteurs-contrôleurs des déchirages des bateaux.

3°. Dix contrôleurs, marqueurs, essayeurs d'étain.

4°. Trente contrôleurs, visiteurs, marqueurs de toutes sortes de papiers & cartons.

5°. Quatrevingt-cinq inspecteurs des veaux.

6°. Trois cens soixante jurés-contrôleurs, courtiers, vendeurs de la volaille, gibier, cochons-de-lait & chevreaux.

7°. Vingt-six jurés-mesureurs de charbon de terre.

8°. Trente-deux jurés-porteurs de la même marchandise.

9°. Quatrevingt-quinze jurés-vendeurs, contrôleurs & compteurs de la marée.

10°. Cinquante jurés-vendeurs & contrôleurs du barrillage de saline.

11°. Quarante jurés-vendeurs, contrôleurs & compteurs de poisson d'eau-douce.

12°. Quatrevingt jaugeurs & mesureurs des vins, eaux-de-vie simple & double, esprit-de-vin, liqueurs, cidres, poirés, vinaigres, vins gâtés & verjus.

13°. Cent-vingt jurés-vendeurs & contrôleurs de vin.

14°. Quatrevingt-dix courtiers commissionnaires de vin.

15°. Cent-vingt rouleurs de tonneaux.

16°. Cent-quarante chargeurs & déchargeurs de vins & boissons.

17°. Cent-vingt inspecteurs, visiteurs & contrôleurs-généraux de police sur les vins.

18°. Cent-soixante vérificateurs de lettres-de-voiture, lettres d'envoi, &c.

19°. Cent-vingt inspecteurs-gourmets sur les vins.

20°. Deux cens vingt gardes-de-nuit sur les quais & bords de la rivière.

21°. Cent-quatrevingt gardes de bateaux, metteurs-à-port & équippeurs.

22°. Cent-soixante débacleurs, plancheyeurs & boueurs.

23°. Cent-trente essayeurs, visiteurs, contrôleurs & commissionnaires d'eau-de-vie & d'esprit-de-vin.

24°. Trente inspecteurs, contrôleurs, visiteurs & essayeurs de bierre.

25°. Cent-deux courtiers-commissionnaires à la vente & revente en gros des vins, cidres, poirés, verjus & vins gâtés.

26°. Quatrevingt jurés-vendeurs, contrôleurs, priseurs, peseurs & visiteurs de foin.

27°. Soixante-quinze courtiers, tireurs, chargeurs, débardeurs & botteleurs de foin.

28°. Trente compteurs de foin.

29°. Quatrevingt jurés-mesureurs, contrôleurs & visiteurs des grains & farines.

30°. Quatrevingt jurés-porteurs de grains & farines, leveurs de minots, & autres mesureurs & briseurs de farine.

31°. Cent jurés-auneurs, visiteurs de toiles.

32°. Quatrevingt commissaires-contrôleurs-jurés-mouleurs de bois, aides à mouleurs, contrôleurs, chargeurs & déchargeurs.

33°. Seize inspecteurs, visiteurs, langueyeurs & contrôleurs des porcs & pourceaux.

34°. Deux jurés-mesureurs, contrôleurs & porteurs de chaux.

35°. Quatorze officiers-forts du port Saint-Paul.

Aux droits de cette multitude d'officiers, on ajouta en 1743 le quart & toute partie qui avoit été déclarée supprimée par édit de mai 1715, pour être perçus pendant quinze années au profit du roi, & ces portions reçurent le nom de droits rétablis. Un autre édit du mois de septembre 1747, ordonna encore que tous les droits perceptibles, tant aux entrées, que sur les places, foires & marchés, ports, quais, chantiers & halles de Paris, fauxbourgs & banlieue d'icelle, seroient sujets aux quatre sols pour livre, dont la perception auroit lieu au profit du roi. En 1763 & 1771, ils furent encore augmentés de quatre nouveaux sols pour livre, quoique dès 1759, la suppression de tous ces offices eût été ordonnée par l'édit du mois de septembre.

Mais le préambule de l'édit du mois de février 1776, va nous donner des notions suffisantes de tout ce qui regarde les offices dont il s'agit, en prononçant leur anéantissement définitif, sans toutefois supprimer les droits qui en dépendent.

Louis, par la grace de Dieu, roi de France & de Navarre : à tous présens & à venir, salut. La résolution où nous sommes de porter notre attention sur tout ce qui peut procurer des soulagemens à nos sujets, nous a déterminé à nous faire représenter les différens édits par lesquels les rois nos prédécesseurs ont successivement créé, supprimé & rétabli différens offices, dont la plus grande partie existe encore sur les ports, quais, halles & marchés de notre bonne ville de Paris, & les droits de différente nature attribués à ces offices.

Nous avons reconnu, par les seules époques de leurs créations, qu'ils devoient leur origine à des besoins extraordinaires de l'état dans des tems de calamité ; & nous nous sommes assurés que, dans les tems plus heureux, on s'est toujours proposé de les supprimer, comme onéreux aux peuples, & inutiles à la police qui avoit servi de prétexte à leur établissement.

C'est par ces motifs, que la suppression de tous les offices de ce genre, créés depuis 1688, fut prononcée par l'édit du mois de mai 1715, & par celui du mois de septembre 1719 ; & tous ces offices ont resté éteints & supprimés, sans que l'ordre & la police en souffrissent aucune altération, depuis lesdites années 1715 & 1719, jusqu'aux années 1727 & 1730, que le feu roi, notre très-honoré seigneur & aïeul, se détermina à les rétablir, par les édits des mois de janvier & juin desdites années.

Par l'article II. de l'édit de 1730, il fut spécialement ordonné, que les anciens titulaires des offices supprimés, seroient admis à acquérir les offices nouvellement créés, en payant les finances fixées par les rôles arrêtés au conseil ; savoir, un septieme en argent, & six septiemes en liquidation des anciens offices, en arrérages de ces mêmes liquidations, & subsidiairement en contrats sur la ville : & à l'égard de ceux qui n'avoient pas été titulaires d'anciens offices, ils y furent pareillement admis, en payant un sixieme en argent, & cinq sixiemes en contrats.

Les droits aliénés à ces officiers, ayant été comparés en 1759 avec d'autres droits du même genre, rétablis par l'édit de décembre 1743, & mis en ferme, il fut reconnu qu'il y avoit une grande disproportion entre les produits de ces droits & les finances des offices. Le feu roi, par son édit de septembre 1759, ordonna qu'ils seroient supprimés ; que les droits seroient perçus à son profit, & que le produit en seroit destiné spécialement, au remboursement, tant des finances des titulaires, que des sommes par eux empruntées.

Cet édit annonçoit aux peuples, l'affranchissement de plusieurs branches de régie onéreuse, & à l'état, une amélioration d'une partie de revenus.

De nouveaux besoins n'ont pas permis qu'il eût son exécution. L'édit du mois de mars 1760, permit aux officiers supprimés de reprendre provisoirement leurs fonctions & l'exercice de leurs droits, & cependant ratifia leur possession, en prorogeant la perception qui devoit être affectée aux remboursemens, dont il fixa l'époque au premier janvier 1771, pour finir en 1782. Les circonstances ayant encore été contraires à ces arrangemens, il a été nécessaire d'y pourvoir par la déclaration du 5 décembre 1768, qui differe le commencement des remboursemens jusqu'au premier janvier 1777, pour finir en 1788.

L'édit de 1760 & la déclaration de 1768, en laissant aux titulaires des offices une jouissance provisoire, n'ont point révoqué la suppression prononcée par l'édit de septembre 1759. Cette disposition subsiste dans toute sa force, & doit avoir son exécution, au moment où les propriétaires des offices pourront recevoir l'indemnité, qu'ils ont droit de réclamer, en vertu de leurs titres.

Cette indemnité, fixée à leur égard par l'article

II. de l'édit de juin 1730, consiste, pour une partie d'entr'eux, en un septieme de leur finance en argent, & six septiemes en contrats, hypothéqués sur le produit des droits mêmes; & pour une autre partie, en un sixieme de ladite finance en argent, & les cinq autres sixiemes en contrats; de sorte qu'en assurant aux titulaires desdits offices, cette indemnité, la suppression ordonnée par l'édit de 1759 doit être exécutée.

Les créanciers de ces communautés d'officiers doivent recevoir leur remboursement par préférence à ces officiers mêmes, puisque les offices sont affectés & hypothéqués à leurs rentes. Il est de notre justice de conserver leurs droits, & d'affecter les capitaux & les intérêts des rentes qui leur sont dûs, sur le produit des droits attribués auxdits offices, jusqu'à l'exécution des arrangemens ordonnés par la déclaration du 5 décembre 1768.

Cette opération est également avantageuse à ces officiers, à leurs créanciers, & au peuple.

La plupart de ces communautés se plaignent, de ce que les produits dont elles jouissent actuellement, sont affoiblis au point de ne plus suffire à l'acquittement des charges dont elles sont grevées; ainsi les titulaires des offices en perdroient la valeur, & leurs créanciers verroient diminuer & s'affoiblir le gage de leurs créances.

A l'égard de nos sujets, auxquels nous desirons donner en toute occasion des marques de notre affection, leur intérêt exige que les droits ci-devant aliénés auxdites communautés, soient désormais réunis dans notre main, & régis sous nos ordres, afin qu'en attendant le tems où l'état de nos finances nous permettra d'en faire cesser la perception, nous ayons, au moins, la facilité de les rendre moins onéreux, en y apportant des modifications ou des réductions qui seroient impossibles, si l'existence des offices, soutenus d'un exercice actuel, fournissoit des prétextes aux titulaires pour troubler, par des demandes d'indemnités, les arrangemens que nous nous proposerons d'adopter pour le plus grand avantage de nos peuples.

A ces causes & autres, à ce nous mouvant, &c.

ARTICLE PREMIER.

L'article I. de l'édit du mois de septembre 1759, sera exécuté; en conséquence tous les offices créés par les édits des mois de janvier 1727 & juin 1730, sur les ports, quais, halles, marchés & chantiers de notre bonne ville de Paris, demeureront supprimés, à compter du jour de la publication du présent édit; défendons à tous ceux qui s'en trouvent pourvus, & à leurs commis ou préposés, de continuer d'en exercer à l'avenir les fonctions.

II.

Exceptons néanmoins les offices de rouleurs, chargeurs & déchargeurs, jurés-vendeurs & contrôleurs des vins & liqueurs, courtiers, commissionnaires de vins & autres, lesquels ont été réunis au domaine & patrimoine de notre bonne ville de Paris, par la déclaration du 16 août 1733, & par les édits des mois de juin 1741 & août 1744; desquels offices les droits continueront d'être perçus au profit de ladite ville.

III.

Les droits ci-devant attribués aux communautés d'officiers, dont nous ordonnons définitivement la suppression, seront, ainsi que les droits réunis à nos fermes, perçus à notre profit par l'adjudicataire de nosdites fermes, à commencer du jour de la publication du présent édit, jusqu'à ce qu'il en soit par nous autrement ordonné; à l'exception toutefois des droits réunis au domaine & patrimoine de notre ville de Paris, mentionnés en l'article précédent, desquels elle continuera de jouir comme par le passé.

IV.

Les propriétaires des offices supprimés par le présent édit, seront incessamment remboursés des fonds par nous à ce destinés, suivant la liquidation faite par l'édit de mars 1760, & en la même maniere que la finance desdits offices a été payée en nos parties casuelles; en conséquence ceux desdits propriétaires, dont les offices ont été levés en payant un sixieme de la finance en argent, seront remboursés en argent dudit sixieme; & ceux dont les offices ont été levés en payant en argent le septieme seulement, ne recevront pareillement que le septieme. Et à l'égard du surplus de la finance desdits offices fourni en papier, il sera délivré à chacun desdits propriétaires, des contrats à quatre pour cent, dont les arrérages, spécialement affectés sur le produit des droits à eux ci-devant attribués, commenceront à courir du jour qu'ils cesseront d'exercer les fonctions desdits offices, & d'en percevoir les droits, pour continuer jusqu'à leur entier remboursement.

V.

Les arrérages de rentes dûes par les communautés d'officiers supprimés par le présent édit, continueront d'être payés sur le même pied où lesdites rentes ont été liquidées par l'édit de mars 1760; & auront les propriétaires desdites rentes, privilège & hypotheque sur le produit des droits réunis en notre main, en conséquence de ladite suppression.

VI.

Le surplus du produit de ces droits, ainsi que les fonds que nous pourrons y destiner sur nos finances, seront employés en remboursement des capitaux ; ſavoir, par préférenc au rembourſement de ceux des rentes actuellement dûes par leſdites communautés d'officiers, & enſuite des capitaux des contrats que nous leur aurons donnés pour completter la finance de leurs offices : voulons que les intérêts des capitaux rembourſés, ſoient progreſſivement employés à augmenter les fonds d'amortiſſement juſqu'au rembourſement entier des rentes & des offices, ſans que, ni le produit deſdits droits, ni leſdits intérêts, puiſſent être divertis à aucun autre uſage.

VII.

Nous nous réſervons de ſupprimer, de ſimplifier, ou de modérer ceux deſdits droits réunis en notre main, qui nous paroîtroient trop onéreux à notre peuple, ſoit par leur nature, ſoit par les formalités qu'exige leur perception. Et s'il arrivoit que le produit en fût diminué, il ſera par nous pourvu, par l'aſſignation de quelqu'autre branche de nos revenus, au paiement des arrérages & au rembourſement des capitaux dûs aux officiers & à leurs créanciers.

En conſéquence de ces diſpoſitions, l'arrêt du conſeil du 6 du même mois de février ordonna, que l'adjudicataire général des fermes, ſeroit mis en poſſeſſion de la perception des droits attribués aux communautés d'officiers établis ſur les ports, quais, halles, mrchés & chantiers de la ville de Paris, & que le montant de leur produit ſeroit verſé dans une caiſſe particulière établie à cet effet, pour être employé au paiement des intérêts & rembourſement des capitaux des créanciers deſdits officiers, & de la finance de leurs offices.

Cet arrangement ne ſubſiſta pas long tems. Un nouvel arrêt du 23 juillet ſupprima la caiſſe particulière, & enjoignit à l'adjudicataire des fermes, de remettre directement au tréſor royal le montant du produit des droits ; & que le garde du tréſor royal verſeroit dans la caiſſe de chacune des communautés, les ſommes néceſſaires pour le paiement des arrérages des rentes dûes aux créanciers de ces communautés.

Lorſque les droits ſupprimés en 1715 avoient été renouvellés en 1722, les ſeigneurs, les propriétaires, habitans de Paris, qui en avoient précédemment été exempts, ſans qu'on ſache préciſément à quel titre & par quels motifs, furent confirmés dans ce privilège, & n'ont pas ceſſé d'en jouir, tant à l'égard des droits perçus au profit de ſa majeſté, que pour les droits des communautés d'officiers créés en 1730.

Ce privilège conſiſte à ne pas payer ces droits ſur les denrées de leur crû, comme grains, foins, paille, bois en corde, fagots, gibier, volaille, beurre, œufs, fromages, charbon, ſous la condition de remplir certaines formalités preſcrites, pour empêcher les abus.

Ces formalités ſont conſignées dans l'arrêt du 2 octobre 1774, qui, d'après la réunion des droits rétablis à ceux des fermes, ordonna que le bureau deſtiné à recevoir l'enregiſtrement des titres de propriété des bourgeois de Paris privilégiés, & qui étoit alors tenu par les communautés d'officiers ſur les ports, quais & halles, ſeroit transféré à l'hôtel de Bretonvilliers.

Larticle II. porte, qu'à compter du premier octobre, les privilégiés ne ſeront tenus de fournir qu'une ſeule expédition ou extrait de leurs titres de propriété, & certificats.

L'article III, que ces pieces qui devoient être remiſes dans le mois d'octobre, pourront l'être également juſqu'à la fin de novembre, en ſe conformant, par les privilégiés, aux diſpoſitions de la déclaration du 15 mai 1722, des arrêts du conſeil des 10 août & 12 octobre 1728, & de celui du 19 août 1747, ſur les peines y portées.

Ces différens réglemens enjoignent aux privilégiés de fournir avec les titres de propriété, un certificat en bonne forme des curés, juges ou collecteurs de la paroiſſe où ſont ſituées leurs terres, de la quantité d'arpens de prés ou de terre, atteſtant que les propriétaires les font valoir par leurs mains & à leurs dépens, ſans être tenus à ferme, à peine, en cas de fauſſe déclaration, de cinq cens livres d'amende, ſolidaire contre les bourgeois qui rapporteroient de faux certificats, & contre ceux qui les auroient délivrés ; & en outre, à l'égard des premiers, de déchéance de leur privilège, ſans que ladite amende puiſſe être modérée, ni le privilège rétabli, ſous quelque prétexte que ce ſoit.

Il eſt également preſcrit aux propriétaires de déclarer tous les ans, après la récolte, & au plutard, dans le mois d'octobre de chaque année, la quantité de foin & d'avoine qu'ils ont recueillie, celle qu'ils entendent faire entrer à Paris pour leur conſommation, & par quelle porte ils veulent les faire entrer, ſous pareille peine de déchéance de privilège pour chaque année où les formalités n'auroient pas été remplies.

Les foins & avoines doivent être conduits directement chez les propriétaires, ou ſi leur maiſon ne ſuffit pas, ils ſont tenus, avant l'entrée de ces denrées, de repréſenter au bureau, les baux des lieux qu'ils ont loués hors de leur réſidence, pour être enregiſtrés. Ils doivent auſſi faire déclaration, & payer les droits des denrées qu'ils veulent vendre.

Le fermier eſt autoriſé, en cas de ſuſpicion ſur la vérité des certificats ou ſur l'exactitude des récoltes, à faire dreſſer procès-verbal de la quantité de foin & d'avoine recueillie communément dans la paroiſſe d'où ils proviennent, par arpent ou par journal, à l'effet de reconnoître ſi les bourgeois n'ont pas fait entrer, en exemption de droits, un excédent à la récolte de leurs terres.

L'arrêt du 2 octobre 1774 porte encore, article IV, que le bureau des privilégiés sera ouvert cinq jours de la semaine, pendant les mois d'octobre & de novembre de chaque année, savoir : les lundi, mardi, mercredi, jeudi & vendredi ; & trois jours de la semaine tous les autres tems, savoir : les lundi, mercredi & vendredi, aux heures accoutumées.

Article V. Qu'aucun propriétaire de terre ou biens de campagne, ne pourra jouir de l'exemption des droits sur les denrées venant de son crû, qu'autant qu'il fera valoir par lui-même, qu'il aura un domicile à Paris, & qu'il fera venir les denrées de son crû pour les consommer, & non pour les vendre. Voulant sa majesté, que ceux qui seroient convaincus d'avoir donné de fausses déclarations ou certificats, ou qui seroient surpris à vendre leurs denrées, soient déchus pour toujours de leurs privilèges, & condamnés en l'amende de cinq cens livres, portée par la déclaration du 15 mai 1722.

Article VI. Défend sa majesté, à tous receveurs, contrôleurs & commis des portes & barrières, sur les ports, quais, halles & autres lieux de la ville & fauxbourgs de Paris, de laisser entrer, en exemption de droits, aucunes marchandises & denrées sujettes, que sur les ordres émanés dudit bureau, à peine d'être forcés en recette, & en répondre en leur propre & privé nom.

Article VII. Seront, au surplus, la déclaration du 15 mai 1722, les arrêts du conseil des 10 août & 12 octobre 1728, 19 août 1747, & 13 octobre 1769, exécutés selon leur forme & teneur, en ce qui n'y est pas dérogé par le présent.

La connoissance des contestations au sujet de ces droits, appartiennent au lieutenant-général de police.

L'édit du mois d'août 1781, apporta différens changemens dans la perception des droits d'entrée de Paris. Il y ajouta d'abord deux nouveaux sols pour livre, pour avoir lieu jusqu'au dernier décembre 1790.

Il établit, par l'article V, une augmentation d'un cinquieme, sur les droits perçus actuellement sur tous les matériaux propres à bâtir ; de dix livres par quintal sur les glaces brutes & polies indistinctement ; ensuite une addition d'un sol par livre, sur le sucre, la cassonnade, la bougie & la cire jaune ou blanche, & deux sols sur chaque livre de café. Ces nouveaux droits donnent un produit annuel de trois millions deux cens mille livres.

Il est vrai que l'article VIII. accordoit quelque diminution des droits additionnels sur les beurres & sur les bois à brûler. Que l'article X. supprimoit, tant en principal que sols pour livre, les droits attribués aux communautés des épiciers, chapeliers, tanneurs, corroyeurs & chaircuitiers, sur les épiceries, drogueries & jambons, chapeaux fins & chapeaux de laine, peaux de bœuf, de vache, &c. tous lesquels droits se perçoivent actuellement au profit de sa majesté. Que l'article XI. supprimoit, tant en principaux que sols pour livre, les droits perçus, de même au profit du roi, sur les faïances & verreries. Que l'article XII. réduisoit au cinquieme, les droits perçus également pour le compte du roi, à l'entrée à Paris, des légumes secs, tels que les pois, les feves & les lentilles ; sur les harengs frais & saurs ; sur les fromages frais & secs de toute espece, & sur le poisson d'eau-douce, & qu'il modéroit à moitié les droits d'entrée sur la volaille & le gibier, & sur les œufs.

Mais cette modération de moitié sur la volaille & le gibier, est devenue une augmentation par le fait, pour ces deux genres de comestibles ; en ce que, dans le même mois d'août, un arrêt du conseil, supprima le tarif de consignation, en vertu duquel on percevoit toute l'année, aux barrières, les droits établis sur la volaille, le gibier, les cochons-de-lait, agneaux & chevres, arrivans pour le compte des bourgeois de Paris, & destinés à leur consommation personnelle. Ce tarif de consignation avoit été précédemment arrêté sur une évaluation modique du prix des volailles & gibier ; en sorte que le droit actuel se trouvoit très-inférieur à celui que devoient naturellement acquitter ces comestibles, d'après leur valeur courante, & variable suivant la saison, suivant la disette ou l'abondance.

L'arrêt du 24 août rétablit donc les choses dans l'état où elles devoient être. Voici son dispositif, qui explique la différence des obligations des marchands & des particuliers.

Le roi étant en son conseil, a ordonné & ordonne : Que tous ceux qui ameneront & feront entrer à Paris, pour y être vendus, des volailles, gibier, cochons-de-lait, agneaux ou chevreaux, seront tenus de les faire conduire au carreau de la Vallée pour y être vendus, & les droits acquittés conformément aux réglemens, & sur le pied de la modération ordonnée par l'édit du présent mois, avec les sols pour livre, sans pouvoir les descendre ailleurs, ni mener pour vendre, soit ès hôtelleries ou autre part ; le tout sous les peines portées par lesdits réglemens, pour l'exécution desquels le sieur lieutenant-général de police pourra rendre telles ordonnances qu'il appartiendra, lesquelles seront exécutoires par provision, sauf toutefois l'appel tel que de droit. Dispense cependant sa majesté, ceux qui feront entrer desdites marchandises pour leur consommation personnelle, de les faire conduire au carreau de la Vallée, & leur permet d'en acquitter les droits auxdites portes & barrières, sur le prix des ventes de la semaine précédente, suivant l'état qui sera arrêté & signé par le sieur lieutenant-général de police, imprimé & affiché chaque semaine aux portes & barrières; lequel état, contiendra, tant lesdits prix de vente, que le montant des droits acquittés par lesdites marchandises, tant en principal que sols pour livre, à raison du prix de leur vente, conformément aux réglemens: sauf toutefois, en cas de difficulté de la part des conducteurs d'acquitter les droits aux barrières, suivant ledit état, à être lesdites marchandises portées sur le carreau de la Vallée, pour y être lesdits droits payés, tant en principal que sols pour livre, à raison du prix de la vente des marchandises de même qualité; le tout sans préjudice des droits, privilèges & exemptions des bourgeois de Paris, pour les denrées de leur crû, auxquels sa majesté n'entend déroger par le présent arrêt. Enjoint sa majesté au sieur lieutenant-général de police de la ville, prévôté & vicomté de Paris, de tenir la main à l'exécution du présent arrêt, qui sera lu, imprimé, &c.

L'adjudicataire des fermes ayant été, comme on l'a vu, chargé en 1776 de régir, pour le compte du roi, tous les droits perçus précédemment par des officiers en titre, cette régie a cessé avec le bail de David. Les droits qui en étoient l'objet, sont entrés dans celui de Salzard, & ne sont qu'une petite portion de ceux qui se perçoivent sur les bois quarrés, sur la volaille & le gibier, sur la marée & le poisson d'eau-douce, sur les charbons de bois & de terre, sur les grains & grenailles, sur les toiles, sur le déchirage des bateaux, & sur les foins.

Les uns & les autres donnent un produit annuel d'environ trente millions, y compris les droits mis en 1781. Leur manutention occupe près de quatre cens commis ou employés, sous le nom de contrôleurs, receveurs, inspecteurs, chefs de bureau, sous-inspecteurs, vérificateurs, tous subordonnés au directeur général des entrées de Paris, résident à l'hôtel de Bretonvilliers. Les frais de cette partie sont une dépense, compris les émolumens accordés par la ville, les hôpitaux & par le roi, pour les portions qui leur reviennent dans ces droits, de douze à treize cens mille livres.

Quoique le produit des droits d'entrée de Paris soit, comme on vient de le dire, de trente millions, il n'en est pas moins sûr, que, sans la fraude journalière, ils donneroient, au moins, un dixieme de plus, ou trois millions & demi: & cette fraude, pour le dire en passant, n'est presque d'aucun avantage pour le consommateur, & porte un préjudice notable aux marchands honnêtes & de bonne-foi.

Cette fraude est de deux espèces; l'une de fabrication ou de mixtion, l'autre d'introduction.

La première s'opère par le mélange d'eau avec de l'esprit-de-vin pour faire de l'eau-de-vie, ou en combinant cette dernière liqueur avec de l'eau à laquelle on a donné une teinture rouge, n'importe par quels procédés. Les effets de cette fraude, quoique dangereux par l'usage qu'on fait de ces liqueurs factices, ne sont pas les plus nuisibles aux finances de l'état. Le préjudice qu'elles leur portent, peut aller à quatre ou cinq cens mille livres; & il n'y auroit pour la prévenir que des moyens de visite, de recherche & d'inquisition, mille fois plus dangereux que le mal. Il répugnera toujours à un gouvernement doux & modéré de les employer. Il faut laisser l'intérêt personnel corriger les fraudeurs, en leur faisant sentir qu'ils ont plus à gagner par un petit bénéfice légitime, souvent réitéré, que par des gains considérables, mais illicites, & fondés sur des manœuvres capables d'éloigner les consommateurs, en compromettant leur santé, & d'attirer l'animadversion de la justice.

La fraude d'introduction est bien plus funeste aux revenus de l'état, parce qu'elle est favorisée par plusieurs circonstances.

1°. Par la position mal concertée des bureaux des fermes ou des barrières.

2°. Par la double communication d'un grand nombre de maisons particulières avec la banlieue du côté de la campagne, & avec la ville de l'autre côté.

3°. Par le chenal de la rivière, qui n'est pas exactement surveillé en tout tems, & qui ne peut l'être qu'à sa surface.

4°. Par les voitures des princes, des grands seigneurs, qui ne sont visitées qu'avec ménagement, & dont les gens abusent, au point qu'on en a vu, assurer l'introduction des marchandises prohibées, à raison de dix livres par cent pesant, sans s'inquiéter de leurs qualités ni de leur valeur.

5°. Par les couriers de la poste aux lettres, qui sont journellement chargés de marchandises & de comestibles.

6°. Par la fausse combinaison des droits sur quelques objets.

7°. Enfin, par la négligence ou la séduction des commis, ou par quelques vices de régie, qui tiennent moins aux agens subordonnés, qu'à des formes nouvelles, mal combinées, & plutôt conseillées par la manie de créer, que par l'expérience.

Pour remédier à une partie de ces inconvéniens, on a proposé de faire construire un mur circulaire, qui circonscriroit tout Paris, & sépareroit la partie de son territoire qui est sujette aux entrées, de celle où commence la banlieue, qui est pays taillable. Ce projet n'a rien que de facile dans son exécution. On en a un modèle à Marseille, dont la franchise absolue, tant de la ville que de son territoire, a fait imaginer une clôture qui comprend un terrein de trois ou quatre lieues de circonférence. La seule différence qui existeroit dans la clôture de ces deux villes, c'est qu'à Marseille elle est le rempart de sa liberté & de sa franchise, & qu'à Paris, elle deviendroit un rempart contre la fraude, & un fort pour assurer son assujettissement aux loix.

Le plan de la clôture de Paris fut adopté en 1775 par le ministre des finances, qui chargea un architecte de visiter le terrein sur lequel devoient être placées les nouvelles barrières. Mais la dépense de cette clôture, qu'on évaluoit à quatre ou cinq millions; la difficulté de régler les indemnités dûes aux propriétaires pour l'acquisition des terreins nécessaires, firent abandonner ce projet. Il fut de nouveau examiné en 1779, les circonstances de la guerre ne permirent pas de s'en occuper.

En 1782, le ministre, sous les yeux duquel la ferme générale avoit mis un tableau de la fraude énorme qui se faisoit à Paris, par les introductions clandestines, reconnut, comme ses prédécesseurs, tout l'avantage d'enclorre Paris. On prit quelques alignemens, & de nouveaux plans furent dressés. Tout le travail fut communiqué au parlement, qui nomma un commissaire. Il fit son rapport en homme qui avoit pris des connoissances sur les lieux, & ne voyoit rien que d'avantageux aux finances du roi, dans l'exécution du plan proposé. Il resta néanmoins suspendu.

Il semble cependant que cette exécution n'a rien de contraire ni à la propriété ni à la liberté dont les honnêtes citoyens jouissent aujourd'hui; ce n'est que pour la mauvaise foi & les fraudeurs que ce mur peut avoir quelque chose d'effrayant. Et méritent-ils des ménagemens!

Des réflexions sur l'objet de cette clôture, sur le bien qu'on pourroit en tirer, ont engagé un homme aussi instruit dans la matière, que zélé pour l'amélioration des revenus du roi, à proposer de nouveau d'enclorre Paris; mais il y met la condition de laisser près du mur de circonvallation un espace de deux cens toises, sur lequel on défendra d'élever des maisons, & qui sera destiné à former des jardins potagers, pour fournir à l'approvisionnement de Paris.

A ce moyen de conservation des droits d'entrée, & qui ne pare qu'aux introductions furtives, il en ajoute quelques autres, qui concourent au même but. Ils consistent 1°. à renouveller l'ordonnance rendue en 1775, pour enjoindre à tous postillons, cochers & conducteurs de voitures, de s'arrêter aux barières de Paris, & d'y souffrir la visite, qui aura lieu même dans les voitures de sa majesté, de la reine & des princes du sang. Mais comme il doute que cette ordonnance ait plus d'efficacité dans ce moment qu'en 1775, il desireroit que le roi déclarât publiquement, que quiconque se soustrairoit à l'observation des loix qui tendent à la conservation de ses revenus, ou favoriseroit les gens qui s'adonnent à les éluder, encourroit sa disgrace.

2°. L'auteur de ce projet propose d'ordonner que toutes les malles des courriers ne seront ouvertes à la poste, qu'en présence d'un commis des fermes; & qu'à cet effet il sera établi aux deux entrées de l'hôtel des postes, un bureau dans lequel seront placés des employés de la ferme générale, sous les ordres d'un commis supérieur. Mais il observe que cet établissement ne subsisteroit que jusqu'à ce que le mur de circonvallation fût achevé, parce qu'alors les courriers seroient visités à la barrière.

3°. Il regarde comme nécessaire la refonte des tarifs des droits d'entrée & leur réunion en un seul, attendu que la connoissance & la perception d'un si grand nombre de droits sont très-embarrassantes pour le receveur, & inintelligibles pour le redevable.

Dans cette dernière hypothèse, de convertir en un seul ou deux droits, tous les droits d'entrée, & dont l'adoption seroit véritablement un bien, il pense que pour remplir l'hôtel-de-ville & les hôpitaux, des sommes qu'ils tirent de la portion qui leur appartient dans la diversité actuelle de ces droits, on pourroit leur accorder un abonnement annuel, sauf à leur accorder tous les dix ans une augmentation progressive, en raison de l'accroissement du numéraire, & de l'augmentation du prix des denrées.

Le résultat de l'exécution de ce projet, seroit une recette de trois ou quatre millions de plus; & l'on prétend qu'en deux années, le gouvernement seroit remboursé de tous les frais de clôture. C'est à sa sagesse à peser les avantages & les inconvéniens de ce plan, & à se décider sur l'examen des faits, plutôt que sur des raisonnemens de spéculation.

D'après ce que nous avons dit dans notre avertissement, il n'entre pas dans le plan de cet ouvrage de traiter en particulier des droits d'entrée des autres villes du royaume. Par-tout il en existe, avec des différences dans leur quotité; mais dans toutes les provinces sujettes aux aides, ces droits d'entrée sont des droits d'aides, auxquels s'en joignent d'autres sous le nom de droits d'octrois, qui sont établis dans tout le royame. Il suffit de dire, qu'en général les uns & les autres portent sur les boissons, sur les bestiaux, sur les bois, & sur toutes les denrées comestibles d'une consommation journalière, à l'exception des grains, des farines, du laitage frais, des fruits, des plantes potagères & des légumes tant verds que secs.

ENTREPOSEUR, f. m. nom d'un commis de la ferme du tabac, qui prend cette denrée au bureau général de la province, & la revend aux débitans établis dans les paroisses de son arrondissement.

On appelle entrepôt de tabac, l'emploi d'un entreposeur.

ENTREPÔT, f. m. qui signifie en général un lieu où l'on met en dépôt des marchandises qui ont une destination ultérieure au lieu où elles sont. Dans le langage propre à la finance, le mot entrepôt a différentes significations, suivant la partie dans laquelle il est employé.

Ainsi, dans la ferme des gabelles & dans celle du tabac, il ne peut y avoir d'entrepôt de sel & de tabac, que ceux de l'adjudicataire, qui a le privilège exclusif d'en faire le commerce dans tout le royaume, sauf quelques provinces qui ont des immunités particulières, & dont il est fait mention aux mots GABELLES & TABAC.

On appelle entrepôts de sel, des magasins remplis de cette denrée, formés sur la frontière des pays étrangers, auxquels le fermier du roi est autorisé à fournir du sel, comme à Genève, à la Savoie, à quelques cantons Suisses, au Valais. Pour faire cette fourniture avec plus de facilité, l'adjudicataire des fermes tient en différens endroits, à portée de ces Etats, des entrepôts dans lesquels résident des commis pour assister aux livraisons de sel qu'on y fait, suivant des conventions particulières. Il existe de ces entrepôts à Colonges dans le pays de Gex, & au regonfle au-dessus de Seissel, petite ville moitié France, moitié Savoie, où le Rhône commence à porter bateau. Les magasins à sel n'ont rien de commun avec les chambres à sel. *Voyez* ce dernier mot.

Sous le nom d'entrepôt de tabac, on désigne les bureaux établis dans les provinces pour distribuer le tabac aux débitans qui reçoivent à cet effet une commission ou de la compagnie des fermiers généraux, ou des préposés qui régissent ces bureaux, & qu'on appelle entreposeurs.

Quoique toutes les fonctions d'un entreposeur du tabac ne consistent que dans celles d'un marchand ordinaire, qui va porter son argent au lieu où se vendent les marchandises dont il a besoin; que le premier achète & paye le tabac au bureau général à un certain prix, pour le revendre à un autre prix qui est fixé par arrêt du conseil, & que par cet arrangement il ne doive à cet égard aucune comptabilité à l'adjudicataire des fermes, cependant il est assujetti à fournir un cautionnement en argent, suivant le débit de son *entrepôt.*

Le motif de cet assujettissement est que ces employés sont quelquefois chargés du montant des amendes, & de leurs consignations dans des saisies de faux tabac, qui se font & se poursuivent à leur stipulation & diligence. Ils doivent rendre compte de ces amendes aux receveurs généraux du tabac.

Ils leur sont encore comptables de l'emploi des tabacs de cantine qui leur sont fournis pour être distribués aux troupes en garnison dans leur arrondissement, à raison d'une demi-livre par mois pour chaque soldat, suivant les extraits des revues des commissaires des guerres.

Quelques-uns de ces entrepôts valent depuis mille à douze cens livres, jusqu'à dix & douze mille livres de revenu, non pas qu'il y soit attaché des appointemens, les entreposeurs n'en ont aucuns; mais leurs émolumens consistent en une remise, aux uns de douze onces par quintal de tabac, aux autres de six, huit ou neuf livres, suivant leur consommation respective, eu égard à leur situation plus ou moins éloignée du bureau général où ils se fournissent, & aux frais de cet approvisionnement; ensorte que plus la consommation excède les fixations arrêtées par chaque arrondissement, & plus l'entreposeur a de bénéfice. Par exemple, si la première fixation est de dix mille livres, & la seconde de douze mille livres de tabac, & qu'un entreposeur en vende treize mille cinq cens livres, il a excédé sa première fixation de deux mille livres, qui à raison de cinq livres par quintal, lui produisent cent livres; l'excédent sur la seconde fixation est de quinze cens livres, & il en résulte un revenant bon de cent cinquante livres, qui joint au premier, forme un total de deux cens cinquante livres.

En général on peut évaluer le bénéfice des entreposeurs à environ cent francs par chaque millier de tabac vendu dans son entrepôt. Ainsi l'intérêt personnel devient l'éguillon de la vigilance & de l'activité pour faire prospérer la consommation du tabac.

Les meilleurs entrepôts de tabacs sont ceux des ports de mer & des villes d'un grand commerce, où l'affluence étant considérable & progressive, l'augmentation des consommations en devient une suite nécessaire.

On a vu au mot DIRECTEUR, une partie des obligations des entreposeurs du tabac, pour les objets sur lesquels doit se porter l'inspection de ce supérieur. Les autres devoirs de l'entreposeur sont, d'après sa commission qui lui est délivrée, de prêter serment, d'établir pour la commodité du du public un nombre convenable de débitans, non-seulement dans le chef-lieu de son entrepôt, mais encore dans toutes les villes, bourgs & paroisses qui en dépendent; de délivrer à chacun de ces débitans un exemplaire du tarif des prix du tabac vendu par petites parties, & un écriteau servant d'indication pour le public. Il délivre aussi des commissions signées de lui aux débitans des villages & hameaux. Mais ceux des villes recevant des commissions signées de l'adjudicataire, l'entreposeur doit seulement les enrégistrer & les viser.

Il doit aussi se transporter deux fois l'année, dans chacun des lieux de son arrondissement, pour visiter les débitans qu'il approvisionne, & connoître par lui-même les abus qui peuvent intéresser le public & préjudicier à la ferme.

Comme il paroît par cette obligation des entreposeurs, qu'ils sont en quelque sorte garans envers le public & envers la ferme, des faits de ces débitans, qu'ils doivent & par devoir & par intérêt surveiller, il est inconséquent qu'ils n'aient pas le droit de choisir les débitans, & de les destituer lorsqu'ils les trouvent en faute.

Il est tenu d'avoir en tout tems dans son magasin une ample provision des différentes espèces de tabac qui se consomment dans son district, & de les tenir dans des lieux qui ne soient ni trop humides, ni trop secs. Dans le premier cas, l'humidité augmentant leurs poids, déterrioreroit leurs qualités; dans le second, en perdant de ce poids, l'entreposeur seroit bientôt ruiné. Sur ce dernier point, on peut s'en rapporter aux conseils de l'intérêt.

Il n'est pas permis aux entreposeurs de vendre moins d'une livre de tabac à la fois, aux particuliers non débitans qui veulent s'en fournir directement à son entrepôt; & dans les ventes qu'il fait, soit aux particuliers, soit aux débitans, il doit se conformer aux prix fixés par le tarif, sans pouvoir les excéder à peine de concussion.

En sa qualité d'entreposeur, il doit souffrir l'exercice des commis & inspecteurs de la ferme toutes les fois qu'ils se présentent, leur faire ouverture de ses magasins pour qu'ils puissent librement y faire leurs visites, & sans qu'ils aient besoin de demander la permission d'aucun juge.

Les entreposeurs sont, comme tous les autres commis des fermes, obligés de prêter serment & de faire enrégistrer leurs commissions, soit aux cours des aides, soit pardevant les officiers des élections, & les frais d'enrégistrement de leurs commissions & de la prestation, de serment sont fixés à trois livres par l'article XVIII. de l'arrêt de prise de possession du bail de Salzard.

Dans la partie des aides, un entrepôt est un magasin ou un dépôt clandestin de boissons: la défense de ces entrepôts a pour objet d'empêcher les fraudes qui pourroient avoir lieu, par la facilité de transporter ou consommer secrètement les boissons entreposées, sans en payer les droits.

Conséquemment à ces vues, tout entrepôt de boissons est défendu par le titre 6 de l'ordonnance de 1680, dans les trois lieues des environs des villes & bourgs sujets aux droits de subvention à l'entrée, & dans les trois lieues des villes où il y a étape ou marché de boissons; mais cette défense ne regarde pas les boissons du crû des particuliers, pourvu qu'ils n'en aient aucune au-delà de leur récolte, & de la provision nécessaire pour leur consommation annuelle; car s'il se trouve de l'excédent, ils sont réputés faire entrepôt & sont ainsi, dans le cas de la confiscation, après néanmoins que la provision & consommation de ces particuliers ont été fixées suivant leur état, & dans la proportion prescrite par la déclaration du mois de septembre 1684, rendue pour le gros manquant. C'est ainsi que l'a jugé la cour des aides de Paris, les 27 septembre 1733, & 28 juillet 1750.

Ces mêmes entrepôts sont encore défendus dans les trois lieues près des villes & des limites qui séparent les pays d'aides où le gros n'a pas cours, des pays exempts d'aides.

L'édit du mois de décembre 1686, enregistré le 9 janvier suivant, à la cour des aides de Normandie, défend en particulier tout entrepôt d'eau-de-vie dans les trois lieues des environs de Rouen, de Caen, du Havre & de Dieppe, à peine de trois mille livres d'amende.

La même défense a été faite dans les trois lieues limitrophes de la généralité d'Amiens, ainsi que dans aucuns châteaux, maisons de campagne & villages de cette généralité, par l'article II. de l'ordonnance & plusieurs arrêts du conseil, notamment ceux des 26 avril 1746, 1 & 9 mai 1758.

Ces prohibitions pour les vins sont prononcées par les arrêts du conseil des 8 décembre 1739, & 26 mars 1748, avec amende de cent livres. Ces réglemens ont pour objet les bords de la rivière de Seine, depuis Mantes jusqu'à Caudebec; il est seulement permis dans cet espace, de faire des entrepôts au lieu d'Orival, près d'Elbeuf: tous les autres doivent être dans les terres à trois lieues de la Seine.

Des lettres-patentes, du 7 mars 1784, ont permis l'établissement d'un nouvel entrepôt auprès de Melun, pour faciliter les approvisionnemens de Paris. Il est intéressant de le faire connoître, d'abord par les considérations qui l'ont déterminé, ensuite par la consistance qu'il doit avoir.

Les marchands de vin de Paris ont représenté, 1°. que cet entrepôt les mettoit à portée de veiller personnellement à la conservation de leurs vins, qui ne descendroient à Paris qu'à mesure qu'ils en auroient besoin.

2°. Qu'ils y feroient venir par eau cinquante mille muids de vin qui arrivent actuellement par terre.

3°. Que ce transport étant moins coûteux, & plus sûr, ce double avantage influeroit nécessairement sur le prix des vins que l'infidélité des conducteurs par terre, expose fréquemment à des pertes & à des détériorations.

4°. Qu'enfin les cinquante mille muids acquitteroient les droits de rivière, qui formeroient un produit de cent mille livres, & qui est nul dans l'état actuel, où ces vins viennent par terre.

Considérant ensuite cet entrepôt dans ses rapports avec le bien public, ces marchands ont observé, que les entrepôts qu'ils ont à Blois & dans l'Orléanois, où le droit de gros n'est pas dû, celui qu'ils sollicitoient, n'étoit qu'un rapprochement dans lequel sont réunies la commodité & l'économie; que les canaux de la Loire & de l'Yonne étant fermés une partie de l'été, ils étoient obligés de se servir de la voie de terre & ne tiroient que ce qui étoit nécessaire à leurs ventes, à cause des droits d'entrée, qui exigeoient une mise dehors considérable; au lieu qu'en trouvant à S. Port la même exemption du droit de gros, dont ils jouissent dans l'Orléanois, ils en tireroient avant la fermeture des canaux, des quantités considérables, sur lesquelles la diminution de leurs frais tourneroit au profit des consommateurs, & qui par la facilité de leur apport à Paris, prépareroient des ressources pour y entretenir l'abondance, & ôter toute occasion de monopole.

Ils ajoutoient encore que le transport des vins n'ayant plus lieu par terre, des milliers d'hommes & de chevaux qui en sont occupés, seroient rendus à la culture, que les chemins ne seroient plus écrasés par la multiplicité des voitures, & que dèslors la charge des corvées à quarante ou cinquante lieues aux environs de Paris, deviendroit moins pesante.

Au reste, laissons parler la nouvelle loi.

Louis, par la grace de Dieu, &c. Les marchands de vin de notre bonne ville de Paris, nous ont fait représenter qu'il seroit du bien de leur commerce & de l'intérêt public, de leur accorder la liberté de faire amener par eau, en exemption des droits de gros, augmentation, jauge & courtage, dûs sur les boissons qui viennent des provinces exemptes desdits droits à la vente, dans la généralité de Paris, où ils ont cours, les vins qu'ils destineront pour l'approvisionnement de la capitale, en les entreposant, avec les formalités qui seroient prescrites, dans tels lieux qu'il nous plairoit d'indiquer, à certaine distance de Paris, qui ne pourroit cependant être au-dessous de huit lieues; que le lieu le plus commode pour l'entrepôt de leurs vins seroit celui de Saint-Port, situé sur le bord de la Seine, dans l'élection de Melun, à huit lieues de Paris; que la facilité qu'ils sollicitent, outre les avantages que leur commerce en recevroit, auroit celui d'assurer en tout tems l'approvisionnement de Paris, parce qu'ils profiteroient des saisons favorables, pour faire arriver par eau les vins destinés pour ledit entrepôt, ce qu'ils ne peuvent faire dans l'état actuel des choses, par l'obligation de se constituer dans des avances que les facultés de la plûpart d'entr'eux ne comportent pas: qu'au moyen des approvisionnemens considérables qu'ils pourroient faire, les vins, au grand avantage des propriétaires, sortiroient de bonne heure de leurs mains, & ne seroient plus exposés à se gâter dans des celliers, presque toujours mal sains, où rarement ils se conservent pendant les chaleurs; ce qui fait que souvent les restes d'une récolte abondante ne peuvent atteindre le moment de suppléer au vuide qu'occasionne ensuite une mauvaise récolte; qu'enfin les transports par eau se multipliant, il resteroit un plus grand nombre d'hommes & de chevaux pour la culture des terres, & que les grandes routes seroient mieux conservées & demanderoient moins de frais d'entretien. Nous avons pris ces motifs en considération; mais nous voulons en mêmetems indiquer les précautions convenables, & prescrire les formalités nécessaires, pour que nos droits n'en souffrent pas, & qu'il ne résulte aucun abus de la facilité que nous nous proposons d'accorder. A ces causes, de l'avis de notre conseil, &c. &c.

Article premier.

A compter du premier janvier 1787, les vins qui seront conduits par eau à l'entrepôt, dont il sera parlé dans l'article II. ci-après, pour l'approvisionnement de notre bonne ville de Paris, venant des provinces où les droits de gros, augmentation, jauge & courtage à la vente n'ont pas cours, seront exempts desdits droits à leur arrivée dans la généralité de Paris, en remplissant par les propriétaires, facteurs, commissionnaires ou voituriers, les formalités prescrites par les articles subséquens.

II.

Il sera établi aux frais des marchands de vin de Paris, dans le lieu de Saint-Port, situé dans l'élection de Melun, à huit lieues de Paris, un entrepôt ou magasin général & unique, divisé néanmoins en autant de parties séparées les unes des autres, qu'ils le jugeront à propos, pour recevoir les vins déclarés pour la destination de Paris seulement. Ledit magasin, les caves, celliers, & tous autres bâtimens en dépendans, seront construits sur le terrein désigné par le plan annexé sous le contrescel des présentes, lequel sera clos dans tout son pourtour, tant d'un fossé profond de cinq pieds, & large de quatre pieds, que d'une haie vive qui puisse, dans son état de perfection, parvenir à l'épaisseur de trois pieds, & à la hauteur de quatre pieds, & sera toujours entretenue aux frais desdits marchands, sans brèche ni ouverture; il n'y aura, pour entrer dans ledit terrein & en sortir, que deux portes cochères placées aux endroits qui seront jugés les plus convenables pour la facilité du service; tous autres passages seront réputés obliques & frauduleux.

III.

Les vins ne pourront être déchargés des bateaux, être conduits à l'entrepôt ou en sortir, que depuis cinq heures du matin jusqu'à midi, & depuis deux heures après midi jusqu'à huit heures du soir, dans les mois d'avril, mai, juin, juillet, août & septembre, & dans les six autres mois de l'année, que depuis huit heures du matin jusqu'à midi, & depuis deux heures après midi jusqu'à cinq heures du soir. Déclarons indues toutes autres heures, & voulons que les vins qui seront déchargés des bateaux ou surpris roulans hors les heures ci-dessus fixées, soient saisis, & que la confiscation en soit prononcée avec amende de cinq cens livres, solidairement contre les propriétaires & conducteurs desdits vins.

IV.

Le fermier ou régisseur de nos droits d'aides pourra établir des commis en tel nombre qu'il lui plaira, pour veiller à la conservation desdits droits, & faire, dans le magasin, toutes les opérations qu'ils jugeront nécessaires; les marchands qui auront des vins dans ledit magasin seront tenus de souffrir, en tous tems & à toutes réquisitions, les exercices & visites des commis, ainsi que le jaugeage & la marque de leurs vaisseaux, à peine, en cas de refus, d'être condamnés en l'amende de trois cens livres, qui ne pourra être réduite ni modérée sous quelque prétexte que ce soit; voulons que les marchands soient civilement responsables des faits de leurs commis, facteurs & ouvriers.

V.

Les vins destinés pour l'entrepôt de Saint-Port, ne pourront être voiturés que pareau, & seront accompagnés, tant de congés pris au bureau du lieu de l'enlévement ou au plus prochain bureau, que de lettres de voitures notariées, dans lesquels congés & lettres notariées, ladite destination sera énoncée. A l'arrivée des vins à Melun, lesdits congés & lettres de voitures notariées, ensemble les quittances de tous les droits dûs à l'enlévement & sur la route, seront déposés au bureau de ladite ville, & les droits de rivière seront acquittés. Les marchands, facteurs, commissionnaires ou voituriers y feront, & signeront sur le registre à ce destiné, leur soumission de conduire directement les vins à l'entrepôt de Saint-Port, & de rapporter, dans quinze jours pour tout délai, au dos de l'ampliation d'icelle, qui leur sera délivrée sans autres frais que ceux de papier timbré, certificat des commis de Saint-Port, justificatif que les vins y auront été amenés & déchargés sans fraude: à défaut de rapporter ledit certificat dans le délai prescrit, la confiscation des vins portés dans la soumission, sera prononcée, & les soumissionnaires condamnés en outre aux peines portées par l'article précédent.

VI.

Au moment de l'arrivée des vins à Saint-Port, & avant de pouvoir les faire sortir des bateaux, & de les conduire dans le magasin, les marchands, facteurs, commissionnaires ou voituriers, seront tenus, sous les mêmes peines de confiscation & d'amende de cinq cens livres, d'en faire déclaration au bureau dudit lieu de Saint-Port, & d'y remettre, avec la quittance des droits de rivière, l'ampliation de la soumission qui aura été faite au bureau de Melun, en conformité de l'article IV. ci-dessus. Toutes ces formalités remplies, il leur sera délivré, sans autres frais que ceux du papier timbré, un congé portant permission de décharger les vins, & de les conduire à l'entrepôt, où les vaisseaux seront vérifiés, jaugés, marqués & pris en compte par les commis établis à cet effet.

VII.

Il sera ouvert à chaque marchand qui mettra des vins dans l'entrepôt de Saint-Port, un compte de ceux qu'il y fera entrer & de ceux qu'il en fera sortir pour la destination de Paris. Chaque marchand fera, sur ledit registre, sa soumission de représenter, à toutes réquisitions, les vins dont il sera chargé. Et lorsqu'il les fera enlever en tout, ou en partie pour être conduits à leur destination, auquel cas les vaisseaux seront démarqués par les commis, il fera sa soumission de rapporter, dans un mois pour tout délai, au dos de l'ampliation qui lui en sera délivrée, sans autres frais que ceux de papier timbré, la quittance en bonne forme des droits payés à l'entrée de Paris. Si ladite quittance est rapportée dans le délai prescrit, le marchand obtiendra la décharge de la quantité de vin y énoncée: dans le cas contraire, il sera condamné à la confiscation de la valeur des vins, pour lesquels il n'aura pas justifié du paiement des droits d'entrée à Paris, & en l'amende de cinq cens livres, qui ne pourra, sous aucun prétexte, être remise, ni modérée par les juges.

VIII.

Il sera loisible aux préposés du fermier ou régisseur, de faire, lorsqu'ils le jugeront à propos, leurs recensemens des vins entreposés pour le compte de chaque marchand: en cas de manquant ou d'excédent, ils en dresseront procès-verbal, sur lequel la confiscation de la valeur du manquant ou de l'excédent sera prononcée, & le contrevenant condamné en l'amende de cinq cens livres, qui ne pourra pareillement être remise ni modérée. Pour faciliter les vérifications, & parer à toutes confusions, chaque marchand apposera sur ses tonneaux une marque particulière, dont l'empreinte sera déposée, à ses frais, au greffe de l'élection de Melun, & une autre empreinte sera remise au bureau de Saint-Port, pour y avoir recours au besoin, & tiendra ses vins dans une ou plusieurs caves séparées, sans pouvoir les confondre avec ceux d'un autre marchand; faisons très-expresses inhibitions & défenses aux marchands de se prêter réciproquement leurs noms, ou de les prêter à des particuliers qui ne seroient pas marchands de vin à Paris, à peine d'être pour toujours privés du bénéfice de l'entrepôt.

IX.

Défendons aux marchands, sous les peines portées par les articles IV, V & VI, ci-dessus, de vendre & débiter aucuns vins, soit aux habitans de Saint-Port, soit à ceux des paroisses voisines, & d'en disposer autrement que pour l'approvisionnement de notre bonne ville de Paris, où ils seront tenus de conduire la totalité des vins entreposés pour leur compte, à la déduction du vingt-unième, à quoi nous fixons le déchet & coulage que les vins pourront éprouver dans l'entrepôt, quelque tems qu'ils y séjournent, & à la déduction en outre de la quantité que nous nous réservons de fixer chaque année, par un état arrêté en notre conseil, pour la consommation raisonnable de chacun desdits marchands, & de leur établissement dans ledit lieu, suivant les rôles en bonne forme qui seront fournis par lesdits marchands, certifiés véritables par eux & visés par les commis & préposés du régisseur ou fermier des aides; ne pourront même lesdits vins être enlevés de l'entrepôt de Saint-Port, à la destination des ports ou de la halle aux vins de ladite ville, ni être exposés en vente, à peine de confiscation & de cent livres d'amende.

X.

Dérogeons en tant que de besoin, à cet égard seulement, aux ordonnances & réglemens rendus sur le fait de nos droits d'aides, lesquels seront au surplus exécutés selon leur forme & teneur. Si vous mandons, &c. Registrées en la cour des aides, le 19 mars 1784.

Pour conserver les droits dûs à la vente du poisson à Paris, & sur les cendres, soudes & gravelées qui y sont apportées, les entrepôts de ces marchandises sont défendus dans les trois lieues des environs de cette ville, par l'article II. du titre *des droits sur le poisson de mer, frais & salé apporté à Paris*, de l'ordonnance du mois de Juin 1680; celui des cendres, soudes & gravelées, est défendu dans la banlieue de Paris, par l'article IV. du titre timbré, *tiers retranché sur les cendres, soudes & gravelées* de l'ordonnance du 22 juillet 1681.

Enfin l'entrepôt de toutes les marchandises sujettes au droit de domaine & barrage est prohibé dans les huit lieues des environs de Paris, par l'arrêt de la cour des aides du 10 octobre 1687.

On appelle encore entrepôt, un magasin secret & caché qu'un cabaretier ou tavernier tient dans son voisinage, & dans lequel il recèle des boissons pour remplacer celles qu'il débite chez lui, de façon qu'à la faveur d'un muid de vin mis en vente dans sa maison, il peut en vendre plusieurs muids de son entrepôt, & ne payer que les droits du seul muid qui est en évidence, & dont la consommation est suivie par les commis aux aides.

Ces entrepôts frauduleux sont sévérement défendus par l'ordonnance de Paris, titre 2. article VI; par celle de Rouen, titre 15. article V, & par la déclaration du roi du 1 septembre 1750.

Il est pareillement défendu à tout particulier, de souffrir qu'il soit encavé dans sa maison, aucune boisson appartenante à des cabaretiers, & vendant en détail, s'il n'y a bail par écrit reçu par un homme public, à peine d'une amende de cinq cens livres, solidaire avec ceux dont il aura reçu le vin, outre la confiscation. *Voyez les ordonnances de Paris & de Rouen, rendues sur les aides; celle de 1681; le dictionnaire des aides de Brunet de Grand-maison, & le traité de Lefebvre de la Bellande.*

En matière de droit de traites, les entrepôts sont considérés sous deux aspects différens; tantôt comme magasins prohibés dans une certaine étendue, & tantôt comme des dépôts où les marchandises ont le privilège de rester un tems limité sans payer aucun droit; de sorte, qu'en cette circonstance, elles sont censées n'être pas encore entrées dans le royaume, ou en être sorties en exemption des droits.

Pour favoriser le commerce extérieur, à l'égard duquel le tarif de 1664 établissoit un nouvel ordre de choses, le même édit du mois de septembre qui avoit fixé ce tarif, ordonna, que pour la facilité & la commodité du commerce tant national qu'étranger, le fermier établiroit des entrepôts ou magasins ès villes de la Rochelle, Ingrande, Rouen, le Havre, Dieppe, Calais, Abbeville, Amiens, Guise, Troyes & Saint-Jean-de-Laune, toutes villes des cinq grosses fermes, pour y recevoir, pendant six mois, les marchandises destinées pour les pays étrangers, sans qu'elles fussent sujettes aux droits durant cet espace de tems. Les entrepôts furent encore confirmés par l'art. I. du titre 9. de l'ordonnance de 1687.

Les articles suivans du même titre, rappelloient les diverses formalités portées dans l'édit de 1664, & qui devoient être remplies, pour entreposer des marchandises, & les conditions sous lesquelles elles devoient être reçues; mais ayant été reconnu que ces entrepôts & les transits accordés en même tems, aux marchandises entreposées, portoient un préjudice notable au commerce du royaume, en ce qu'ils facilitoient le débit & la consommation des denrées & marchandises étrangères frauduleusement introduites, au préjudice des mêmes espèces nationales, qui ne pouvoient pas soutenir la concurrence. Ces entrepôts & transits furent révoqués, par arrêt du 9 mars 1688.

Par l'art. VII. du même titre 9, tous les entrepôts, autres que ceux qu'avoit permis l'article I, étoient prohibés dans les quatre lieues, proche les frontières de la ferme, soit dans les provinces réputées étrangères, & dans les huit lieues près de Paris, à peine de confiscation & de trois cens livres d'amende.

Ces dispositions ont été confirmées par l'arrêt du conseil du 13 juillet 1728, qui a ordonné la confiscation d'une partie de fers entreposés à à Charenton, avec une amende de trois cens livres; & par celui du 20 décembre 1729, qui porte les mêmes peines, avec confiscation d'étoffes entreposées à la Chapelle près Paris.

Ces dispositions sont demeurées en vigueur; elles ont même été confirmées par différens réglemens postérieurs, notamment par les arrêts du conseil du 5 juin 1703, 4 août 1722, 12 juillet & 8 février 1729.

Le premier prévient toute difficulté sur l'espace dans lequel il ne peut y avoir d'entrepôt de marchandises, en réglant que la lieue sera fixée à deux mille cinq cens pas géométriques de cinq pieds chacun, dans les pays où elle n'est pas réglée par la coutume. Cet arrêt, du 5 juin 1703, est intervenu dans l'espèce suivante. Les commis du fermier ayant saisi le 28 avril 1698, trois cens cinquante-une livre de sirop, entreposé chez le nommé Bugne, marchand à Craon en Anjou, la confiscation en fut prononcée par sentence du juge des traites de Laval, avec trente livres d'amende. Bugne ayant interjetté appel de cette sentence à la cour des aides, soutint que Craon n'étoit pas dans l'étendue des quatre lieues. Il fut, en conséquence, fait un procès-verbal en vertu d'un premier arrêt de cette cour, en constatant que la ville de Craon n'étoit éloignée des frontières de Bretagne que de cinquante-six mille quarante pieds, ce qui, à raison de quinze mille pieds par chaque lieue, selon la mesure fixée par l'article XXIII. de la coutume d'Anjou, ne faisoit que trois lieues trois quarts moins quelques pieds. Mais Bugne prétendit que la mesure de la lieue devoit être fixée à deux mille cinq cens pas, & à douze mille cinq cens pieds, & qu'à ce compte, il se trouvoit un peu plus de quatre lieues depuis Craon jusqu'aux frontières de Bretagne. Cette prétention de Hugues fut accueillie, & par arrêt du 28 juin 1701, la cour des aides le déchargea des condamnations contre lui prononcées. Le fermier s'étant pourvu en cassation contre cet arrêt, le conseil, par l'arrêt que l'on a cité du 5 juin 1703, ordonna l'exécution de la sentence du juge des traites de Laval, & fit défense à Bugne, & à tout autre particulier, de faire aucun magasin ou entrepôt dans les limites fixées par l'article VII. du titre 9. de l'ordonnance de 1687. Il fut en même tems ordonné, que, dans les provinces où la mesure des lieues est fixée par la coutume, on suivroit cette coutume pour déterminer les limites prescrites par l'ordonnance; & que dans les autres provinces, la lieue seroit réglée à deux mille cinq cens pas géométriques de cinq pieds chacun.

Cette proscription des entrepôts & magasins a eu lieu, pour remplir le double objet d'assurer les droits du roi dûs à l'entrée du royaume par les denrées & marchandises étrangères, & ceux que doivent à la sortie les marchandises nationales.

Ainsi, indépendamment des réglemens généraux sur cet objet, il en a été rendu plusieurs qui sont particuliers à certains droits locaux, ou uniquement applicables à des provinces & à certains lieux dont la position favoriseroit les abus.

De ce nombre sont les arrêts du 31 juillet 1745, & 10 janvier 1757, qui défendent tout entrepôt de sel en Béarn & en Chalosse, contrées dans lesquelles le commerce de cette denrée est libre, afin de protéger la perception du droit de convoi, qui a lieu sur tout le sel porté à Dax & dans tout le pays voisin. *Voyez* Convoi. (droit de)

Le même esprit a dicté l'arrêt du conseil du 2 mai 1722, relatif à la ville de Marseille, dont la constitution privilégiée en fait une ville presque absolument étrangère au reste du royaume. Cet arrêt fait de très-expresses inhibitions & défenses à tous particuliers, de faire aucun amas & entrepôt de marchandises dans l'étendue du territoire & hors la ville & port de Marseille. Il permet aux employés des fermes de faire dans ce territoire des recherches & visites de ces amas & entrepôts. Il porte en outre, que tous ceux qui seront reconnus y avoir fait des amas & entrepôts de marchandises, seront condamnés à la confiscation de ces marchandises, & à l'amende de trois mille livres; & que les propriétaires des bastides situées dans le même territoire, seront pareillement condamnés en l'amende de trois mille livres, lorsqu'ils auront prêté les mains à ces amas ou entrepôts, & souffert que leurs bastides servent de retraite à la fraude.

Les lettres-patentes rendues sur cet arrêt le 23 du même mois, ont été enregistrées à Aix en la cour des comptes, aides & finances, au mois de juin suivant. Ce même arrêt se trouve confirmé par d'autres lettres-patentes du 13 mars 1725, enregistrées à Aix le 18 avril suivant, rendues exprès, pour défendre les amas & entrepôts d'huile & de toute espèce de marchandises dans la ville d'Aubagne, située sur la limite du territoire de Marseille, à peine de confiscation & de trois mille livres d'amende.

Les arrêts du conseil du 20 décembre 1729 & 20 juin 1750, ont de nouveau confirmé les défenses des entrepôts, dans les quatre lieues frontières des provinces à l'entrée desquelles il est dû des droits, & dans les huit lieues aux environs de Paris.

On doit mettre encore au rang des réglemens généraux rendus sur le fait des entrepôts, l'arrêt du conseil du 22 juin 1768 & celui du 13 août 1772. Le premier défend, tant dans les duchés de Lorraine & de Bar, que dans les Trois-Évêchés & en Alsace, d'entreposer dans les deux lieues frontières de Champagne ou de Franche-Comté, aucune toile peinte ou de fil teint, toile de coton blanche, mousseline, aucune espece d'étoffes & de bonneterie, à peine de confiscation & de cinq cens livres d'amende; en conséquence, il règle les formalités & précautions nécessaires pour prévenir & arrêter ces entrepôts, & attribue aux intendans de ces provinces, en première instance & par appel au conseil, la connoissance des contraventions qui y sont relatives.

Le second, modérant les droits d'entrée sur les toiles peintes étrangères, pose des principes constans, d'après lesquels les entrepôts doivent être reconnus & proscrits.

L'article II. renouvelle les défenses de tenir dans les quatre lieues frontières de l'étranger, aucun magasin ni entrepôt de toiles peintes ou imprimées, toiles de fil teint, toiles de coton blanches, de mousselines, d'étoffes d'aucune espèce, ni d'aucun ouvrage de bonneterie, tant de soie que de laine, soit que ces marchandises soient originaires du commerce de la compagnie des Indes, ou étrangères, sous peine de confiscation & de cinquante livres d'amende; & l'article III. de cet arrêt veut expressément » *qu'on répute magasin* » *ou entrepôt, tout ce qui sera trouvé en balle ou* » *ballot, & même ce qui sera déballé, s'il est re-* » *connu excédent à l'approvisionnement & à la con-* » *sommation du lieu.* «

Les articles V. VI. & VII. rappellant & confirmant les dispositions de l'ordonnance de 1687, expliquent comment elles doivent être entendues & exécutées.

En conséquence, il ne peut être enlevé dans les quatre lieues frontières de l'étranger, ni conduit de l'intérieur dans ces quatre lieues, soit à destination, soit par emprunt de passage, aucune des marchandises ci-dessus dénommées, sans préalablement en avoir été fait, au bureau le plus prochain du lieu de l'enlévement, une déclaration détaillée; après quoi ces marchandises doivent être apportées au bureau, pour y être vûes & visitées, & y être expédiées par acquit à caution, pour en assurer la destination. Il est fait très-expresses inhibitions & défenses au fermier & à ses commis, de recevoir, en pareil cas, aucune déclaration vague, sans destination fixe, & de délivrer aucun passavant ou billet de roulement.

Lorsqu'il est déclaré dans un bureau de l'intérieur, pour la destination d'un lieu situé dans l'étendue des quatre lieues frontières, une plus grande quantité de marchandises que celle qui est nécessaire à l'approvisionnement & consommation de ce lieu, il est enjoint au fermier & à ses commis d'en refuser l'expédition; & s'il est passé outre, de saisir ces marchandises, & d'en poursuivre la confiscation.

S'il est enlevé d'un lieu, situé dans la même étendue des quatre lieues frontières, une plus grande quantité de marchandises que celle qui a pu y être déposée, relativement à l'approvisionnement & consommation du lieu, elles doivent être réputées magasin ou entrepôt; & en conséquence la saisie doit en être faite au bureau où elles viennent d'être présentées & déclarées, soit qu'on les destine pour un autre lieu situé dans les quatre lieues, ou pour l'intérieur.

Enfin, par l'article VIII. il est ordonné que le lieutenant général de police à Paris, & les intendans des provinces, connoîtront, jusqu'à ce qu'il en soit autrement ordonné, dans l'étendue de leur département, à compter du jour de la publication de cet arrêt, de toutes les contraventions & saisies faites en conséquence, soit à l'introduction des toiles & étoffes, soit dans les quatre lieues frontières de l'étranger, soit pour fait de faux plombs, faux bulletins & fausses marques de fabrique, circonstances & dépendances; à l'effet de quoi, il leur est attribué toute cour & connoissance, sauf l'appel au conseil, » *nonobstant lequel, & sans* » *y préjudicier, les ordonnances doivent être provi-* » *soirement exécutées, à la caution du bail des* » *fermes.* «

A l'égard des réglemens particuliers sur la même matière, ils concernent des lieux dont le local favorise l'introduction ou l'exportation des marchandises en fraude des droits d'entrée & de sortie du royaume. Il en a été rendu un grand nombre, dont il suffira de rappeller les plus importans. Tel est celui du 8 janvier 1715, pour empêcher toute espèce d'entrepôt dans la ville d'Aix, parce que sa proximité de Marseille occasionnoit des fraudes très-multipliées. Ceux des 22 janvier 1747, 20 novembre 1760, & 9 juin 1761, qui ont eu pour objet de défendre spécialement tout entrepôt & magasin de mousseline, toile de coton & mouchoirs des fabriques de Rouen, à peine de confiscation & trois mille livres d'amende, dans les villes du Pont-de-Beauvoisin & de Seissel, la première en Dauphiné & la seconde en Bugey, sur le Rhône, villes dont une partie appartient à la France, & l'autre à la Savoie.

Cependant, comme malgré toutes ces loix générales & particulières, le Pont-de-Beauvoisin étoit devenu un entrepôt général de toutes sortes de marchandises des isles, qui jouissent, avec une destination étrangère, de l'exemption de tous droits, d'où il résultoit des abus préjudiciables au commerce du Dauphiné, de la Provence, du Languedoc & du Lyonnois, le roi, pour réprimer ces abus, a rendu en son conseil l'arrêt du 31 juillet 1777, qui a défendu toute espèce d'entrepôt & de magasin dans cet endroit.

Le préambule & le dispositif de ce réglement en annoncent l'esprit & les vues; nous allons le rapporter.

» Le roi étant informé que la position locale » du Pont-de-Beauvoisin favorise des abus très-» préjudiciables au commerce général du royaume, » & à l'intérêt de ses fermes; abus dont il a déja » voulu prévenir les effets, relativement aux toi-» les peintes & imprimées, en défendant d'en te-» nir magasin audit lieu du Pont-de-Beauvoisin, » par les arrêts de son conseil du 22 janvier 1747 » & 20 novembre 1760; & s'étant fait représen-» ter l'arrêt du 8 janvier 1715, rendu pour la « ville d'Aix, que sa proximité de Marseille, qui » est, par rapport à ses privilèges, ville considé-» rée comme étrangère, expose à une introduc-» tion clandestine de toutes sortes de marchandi-» ses étrangères, au détriment du commerce & » des manufactures de la Provence, par lequel il » est ordonné, qu'avant d'exporter aucune mar-» chandise de ladite ville d'Aix, les marchands » ou conducteurs seront tenus de justifier par des » certificats des consuls, qu'elles sont du crû de » son territoire, ou des fabriques de ladite ville, » & de représenter l'acquit du paiement des droits » d'entrée du royaume, si ces marchandises ont » une origine étrangère.

» Sa majesté considérant que les mêmes pré-» cautions sont le seul moyen pour réprimer les » entreprises des habitans du Pont-de-Beauvoisin, » qui répandent non-seulement dans le Dauphiné, » mais dans toutes les provinces voisines, diffé-» rentes especes de marchandises, furtivement » introduites dans le royaume au mépris des ré-» glemens; d'où il résulte que cette fraude leur » assure un avantage considérable sur les autres » négocians, qui font de bonne-foi le commerce » des mêmes marchandises, & ne peuvent plus » soutenir la concurrence de la vente. Oui le » rapport du sieur Moreau de Beaumont, conseil-» ler d'état ordinaire, & au conseil royal des fi-» nances,

» Le roi étant en son conseil, a ordonné & » ordonne que les dispositions des arrêts des 22 » janvier 1747 & 20 novembre 1760, seront » communes aux marchandises du Levant & des » Colonies; en conséquence, qu'il n'en pourra » être tenu magasin ni entrepôt au Pont-de-Beau-» voisin.

» Que dans le cas où aucunes marchandises » non originaires du royaume, ou celles originai-» res du royaume qui jouissent du bénéfice du » transit, arriveroient au Pont-de-Beauvoisin, les » voituriers ou conducteurs seront tenus de les » représenter au bureau, avec les acquits de » paiement des droits auxquels elles sont su-» jettes; lesquels acquits seront enregistrés sans » frais, dans un registre qui sera tenu à cet effet, » & ensuite enliassés pour servir aux vérifica-» tions que le fermier jugera à propos d'en » faire faire, lors des expéditions vers l'intérieur, » afin que dans le cas où ces marchandises se-» roient expédiées du Pont-de-Beauvoisin pour » l'intérieur du Dauphiné ou pour d'autres pro-» vinces, après avoir été présentées au bureau » pour y être visitées, les commis du fermier » puissent délivrer, soit des acquits à caution » pour celles qui en seront susceptibles, soit des » acquits de paiement ou des certificats justifica-» tifs du paiement des droits qui devront ac-» compagner les marchandises jusqu'au lieu de » leur destination.

» Fait défense sa majesté, à tous conducteurs » & voituriers, d'enlever dudit Pont-de-Beau-» voisin aucunes marchandises, sans être porteurs » d'acquits de paiement des droits, ou de toute » autre expédition justificative dudit paiement, à » peine de confiscation desdites marchandises, des » équipages servant à leur transport, & de cinq » cens livres d'amende. Fait au conseil d'état du » roi, sa majesté y étant, tenu à Versailles le 31 » juillet 1777. *Signé*, Amelot. «

Comme celui du 13 février 1742, tendant à la conservation du droit des huiles, dû à la sortie de la Provence, défend tout amas & entrepôt d'huiles dans les quatre lieues limitrophes du comtat d'Avignon & du Dauphiné, à peine de confiscation, & de trois cens livres d'amende; l'arrêt du 28 septembre 1745, manifeste les mêmes intentions à l'égard des laines, dont il défend très-expressément tout entrepôt & tout transport dans les quatre lieues du Dauphiné, frontières du pays étranger. Il ordonne que celles qui seront portées dans cet espace, acquitteront les droits de vingt-cinq livres du quintal, comme si elles sortoient réellement du royaume; à moins qu'il ne soit justifié qu'elles sont destinées pour des fabriques, par le certificat des fabricans, faisant mention qu'ils en ont besoin pour occuper tel nombre d'ouvriers.

Quoique la suppression générale des entrepôts eût été prononcée en 1688, ainsi qu'on l'a dit, cependant on a jugé que le commerce de l'Inde, celui de Guinée & des isles de l'Amérique, exigeoient des faveurs particulières pour en assurer l'accroissement, & pour en lier la prospérité à celle du commerce national. En conséquence, le gouvernement a accordé aux négocians, la faculté de mettre en entrepôt pendant un an, toutes les marchandises qui seroient destinées pour ces pays, & toutes celles qui en proviendroient.

Il ne s'agit donc plus que de traiter ici des entrepôts de cette seconde espèce, & de parler des formalités auxquelles ils obligent. Afin de répandre plus de jour sur cette matière, on examinera ce qui se pratique à Bordeaux, qui est le port du royaume où se fait le commerce le plus considérable avec l'Amérique.

Il faut d'abord distinguer toutes les marchandises susceptibles de l'entrepôt, en trois classes.

1o. Les marchandises du royaume destinées pour ces trois commerces privilégiés, & venant tant par eau que par terre.

2o. Les boeufs salés, les lards, beurres, suifs, chandelles & saumons salés, qu'il est permis de tirer des pays étrangers en exemption de tous droits, pour les isles, suivant l'article II. des lettres-patentes du mois d'avril 1717, & l'arrêt du 21 août 1748.

Cette seconde classe comprend aussi les marchandises apportées des pays étrangers pour le commerce de Guinée.

Enfin, dans la troisieme classe sont toutes les marchandises apportées des isles dans le royaume.

Les marchandises de la première classe doivent avoir été plombées au bureau du lieu de l'enlévement, sinon au premier bureau de la route qu'elles ont tenue, & expédiées par acquit à caution. Quelquefois cependant elles arrivent sans être plombées, & ce défaut n'est point un obstacle à la faveur de l'entrepôt. Celles qui sont plombées, sont seulement vérifiées par le nombre des ballots, par leur poids, & par l'état des plombs qu'elles portent, sans qu'on fasse l'ouverture des balles ou ballots qui les contiennent. Au contraire, les marchandises qui n'ont point reçu de plomb doivent être vérifiées exactement par l'ouverture des caisses & balles, & on y appose un plomb, qui doit être représenté sain & entier lorsqu'elles sortent de l'entrepôt.

En donnant la déclaration de ces marchandises, le négociant à qui elles appartiennent doit expressément faire mention du magasin où il entend les renfermer; & du moment qu'elles y sont entrées, il ne peut plus en disposer sans en avertir les commis du fermier.

S'il veut en faire sortir une petite partie pour les expédier aux isles, il faut en déclarer de nouveau la quantité, la qualité & le poids, faire sa soumission de rapporter un certificat de la sortie de la ville, & de la vérification des plombs s'il s'agit de marchandises plombées. Enfin, pour les unes & les autres, cette déclaration doit encore contenir l'obligation de justifier du chargement des marchandises en telle partie du quai, par l'attestation des employés désignés pour être présens à ce chargement.

Mais dans le cas où cette partie de marchandises est destinée pour la consommation du royaume, dans lequel elle n'est pas censée entrée, tant qu'elle est en entrepôt: après en avoir fait déclaration au bureau de recette, le propriétaire en doit les droits depuis le lieu de l'enlévement, jusqu'à son arrivée à sa destination.

Il en est usé à-peu-près de même pour les marchandises des seconde & troisieme classes, sauf les modifications qu'exigent les circonstances de l'origine & de la destination de ces marchandises.

A l'égard des marchandises du crû des isles, qui passent en pays étranger, indépendamment des formes à observer pour procéder à leur sortie de l'entrepôt, le négociant est encore obligé de faire sa soumission de rapporter, dans un délai fixé, l'acquit à caution dont elles sont accompagnées, revêtu d'un certificat des consuls ou officiers publics des lieux étrangers dans lesquels il a expédié sa marchandise. Cette précaution a pour objet, d'empêcher que, sous prétexte d'une destination en pays étranger, on ne puisse verser les marchandises sur les côtes du royaume en fraude des droits.

L'arrêt du conseil du 23 mai 1723, rendu en interprétation des articles XX. & XXX. des lettres-patentes du mois d'avril 1717, avoit fixé à un an l'entrepôt tant des marchandises apportées des isles dans le royaume, que de celles qui en sortent pour ces isles; ce terme est toujours le même, excepté en tems de guerre, où il est ordinairement augmenté de six mois ou d'un an.

Cet arrêt ordonnoit, que les magasins servant d'entrepôt seroient choisis par les négocians & à leurs frais, & fermés à trois clefs, dont l'une seroit remise au fermier des cinq grosses fermes, la seconde au fermier du domaine d'occident, & la troisieme, entre les mains du préposé des négocians; mais ces dispositions ne s'exécutoient qu'à l'égard des cafés. Le fermier laissoit ordinairement aux négocians la liberté de faire l'entrepôt des marchandises dans leurs propres magasins, sans en demander une clef. Il s'ensuivit plusieurs abus, qui furent réprimés par l'arrêt du 6 mai 1738, revêtu de lettres-patentes enregistrées en la cour des aides de Paris le 17 juin de la même année. On peut

peut voir, dans le préambule de ce réglement, en quoi consistoient ces abus. Nous ne nous arrêterons qu'au dispositif, qui fait aujourd'hui loi sur cet objet. Voici ce qu'il porte :

» Dans le cas où le fermier permettra aux négocians d'entreposer dans leurs propres magasins, soit les marchandises du crû des isles & colonies Françoises, soit celles destinées pour lesdites isles & colonies, lesdits négocians seront tenus de déclarer au commis du fermier le magasin où ils entendent les renfermer, & de donner dans les bureaux, leur soumission cautionnée, de les représenter en même qualité & quantité, toutes les fois qu'ils en seront requis, sous les peines ci-après.

» Fait sa majesté défenses auxdits négocians, de faire sortir lesdites marchandises des magasins où elles auroient d'abord été entreposées, & même de les changer d'un magasin à l'autre, qu'après en avoir fait leur déclaration dans les bureaux, & y avoir pris un congé du fermier, pour le mettre en état de suivre, soit le paiement des droits en cas de vente & de consommation, soit l'embarquement & le départ, soit le nouveau magasin d'entrepôt. «

» Permet sa majesté au fermier & ses commis de faire le récensement desdites marchandises, toutefois & quantes, sans attendre le terme fixé pour la durée de l'entrepôt. Ordonne sa majesté, qu'en cas de soustraction, lesdits négocians seront condamnés à la confiscation de la valeur des marchandises manquantes, & en outre en l'amende de cinq cens livres, & ce, sur les procès-verbaux qui seront dressés par lesdits commis & préposés ; & qu'en cas de simple mutation d'un magasin à l'autre sans l'avoir déclaré, ils demeureront, sans autre formalité, déchus du bénéfice de l'entrepôt, & assujettis au paiement de tous les droits. «

Tous les entrepôts dont il vient d'être question, reçoivent le nom d'entrepôts fictifs, parce qu'étant établis chez les négocians, ils ne sont que la représentation des véritables entrepôts dont le fermier a une clef, & qui sont distingués des premiers, par le nom d'entrepôts réels.

Cette dernière espèce d'entrepôt ne sert que pour quelques espèces de marchandises étrangères, dont l'entrée dans le royaume est sujette à des droits considérables, ou même prohibée, & qu'il est néanmoins permis de charger pour le commerce de Guinée, ou pour une autre destination étrangère, à la charge d'être renfermées dans les magasins, dont le fermier doit avoir une clef jusqu'à leur embarquement.

L'entrepôt réel pendant deux ans des taffias ou eau-de-vie extraites des sirops & melasses, a été permis par une déclaration du roi du 6 mars 1777, sous la condition d'être réexportée à l'étranger, & le conseil s'est réservé de statuer sur le sort des taffias, qui, dans cet espace de deux années, n'auront pu être expédiés à l'étranger, pour cause d'empêchement légitime.

L'entrepôt réel des cafés a subsisté à Bordeaux jusqu'en 1767, qu'il a été rendu fictif comme pour toutes les autres marchandises du crû des isles, d'après la délibération du bureau du commerce du 14 mai, prise sous l'autorité du conseil, & à la réquisition de la ferme générale, à cause de l'abondance du café qui se trouvoit à cette époque en ce port, & des embarras que donnoit la suite d'une multitude d'entrepôts réels dans lesquels il étoit emmagasiné.

L'entrepôt, considéré dans son essence & dans ses effets, est un moyen assuré de faire fleurir une branche de commerce, & d'étendre la navigation. Il est à présumer qu'actuellement que les droits de traites sont en régie, & qu'il n'y a plus d'indemnité à discuter & accorder aux fermiers du fisc, le gouvernement fera un usage fréquent de ce moyen pour étendre notre commerce de réexportation. On a cru devoir indiquer au mot Cuir, combien il seroit utile de permettre l'entrepôt de ceux qui viennent en poil du Brésil & de la Barbarie.

On voit que ceux qui furent établis en 1664 par le grand Colbert, & confirmés encore par l'ordonnance de 1687, dont le ministre avoit ordonné la rédaction, peu de tems avant sa mort arrivée en 1683, n'avoient d'autre but que ce commerce de réexportation. Les motifs que l'arrêt de 1688 donne à leur suppression, & qu'on peut regarder comme des prétextes, n'auroient sûrement pas échappé au ministre qui avoit établi ces entrepôts, après avoir fait l'expérience de leur utilité pendant dix-huit ans, s'ils eussent été réels ; & dès-lors il n'auroit pas confirmé leur établissement en 1682 & 1683, tems où l'on rédigeoit, par ses ordres, l'ordonnance qui ne fut publiée qu'en 1687. Il faut donc reconnoître que le génie de Colbert, qui avoit conçu le plan des entrepôts & senti tout l'avantage dont ils devoient être, étant une fois disparu, ses grandes vues ne pouvoient plus être embrassées, ni suivies dans leur exécution; que dès-lors il parut plus simple de renoncer aux avantages des entrepôts, que de rechercher les moyens propres à en réprimer les abus, ou même que de calculer si les petits inconvéniens attachés à leur établissement, n'étoient pas largement compensés, par le grand bien qui en résultoit pour le commerce général & pour la navigation.

En 1780 il s'éleva, au sujet des entrepôts, une question qu'il n'est pas inutile de rapporter ici, parce qu'elle pourroit être renouvellée.

Il s'agissoit de plusieurs espèces de marchandises

dont l'entrée est prohibée dans le royaume, mises en entrepôt pour le commerce de Guinée. Les propriétaires demandoient au conseil la permission de les expédier en pays étranger, vu les circonstances de la guerre, qui ne permettroient pas d'armer avec sûreté pour la côte d'Afrique. Cette demande ayant été communiquée à l'adjudicataire des Fermes, il prétendit qu'à l'instant que l'année d'*entrepôt* étoit expirée, ces marchandises tomboient en commise, & que si l'exportation en étoit permise, c'étoit une grace qui devoit être subordonnée au paiement des droits.

On répondit à ces raisonnemens peu concluans, que des marchandises mises en entrepôt pour le commerce de Guinée, formoient un dépôt momentané entre les mains de l'adjudicataire des fermes, de façon à prévenir les abus qu'on pourroit en faire. On ajoutoit : tant que le délai de l'entrepôt n'est pas expiré, les marchandises ne sont pas censées entrées dans le royaume, ainsi elles ne doivent aucuns droits. Si le gouvernement juge utile de prolonger ce délai, la faveur est toujours la même, & le fermier n'a rien à prétendre. Qu'au lieu d'une prolongation, le gouvernement accorde la permission de réexporter, la même conséquence suit naturellement ; car alors cette grace n'est que le remplacement de la première, que des circonstances particulières peuvent faire juger impraticable ou infructueuse.

L'article CCCXCIII. du bail de Forceville porte, il est vrai, que le fermier jouira des droits d'entrée & de sortie sur les marchandises défendues qui entreront dans le royaume sur des permissions particulières ; mais des marchandises entreposées n'y sont pas entrées. Telle est la nature de l'*entrepôt*, qu'il ne peut donner ouverture à aucun droit pour une marchandise prohibée qui y est admise, parce qu'elle n'est pas censée introduite dans le royaume. L'article CCCXCVIII. fonde cette opinion, en disant, *que si des marchandises sauvées du naufrage sont de nature à être prohibées, elle ne seront point sujettes aux droits, à la charge d'être transportées hors du royaume un mois après que le partage en aura été fait.* Cette règle s'applique sans effort à toute marchandise prohibée & entreposée, dont le gouvernement peut, à son gré, prolonger l'entrepôt, ou permettre l'envoi en pays étranger.

Il résulta de cette discussion, sur laquelle il ne parut pas nécessaire de rendre une décision, que les marchandises étrangères destinées pour Guinée, furent exportées, sans payer aucun droit.

ÉPARGNE, s. f. par lequel on désignoit autrefois le trésor royal. Le trésorier de l'épargne succéda au receveur général des aides, qui lui-même avoit pris la place des généraux des finances. Au titre de trésorier de l'épargne a été substitué celui de garde du trésor royal. *Voyez* TRÉSOR ROYAL.

ÉPAVE, s. f. sous le nom d'épave on entend toute chose trouvée & qui n'est réclamée par personne ; dèslors elle appartient au roi ou au seigneur haut-justicier du territoire où la chose a été trouvée ; ainsi un trésor, une bourse trouvée sur une grande route, de l'or & de l'argent qui se trouvent dans les poches d'un homme mort sur un grand chemin, sont des épaves qui appartiennent au domaine du roi. Il en est de même d'une bête égarée ou errante sans réclamation du propriétaire, des effets abandonnés dans les messageries & dans les douanes, de ceux qui sont jettés sur la plage par les flots, d'un poisson du genre des cétacées échoué sur le rivage.

Des nègres trouvés sans maîtres dans les colonies ont été déclarés épaves, par arrêt du conseil du 27 juin 1724, & dans ce cas elles appartiennet au fermier des domaines du roi. Les épaves font partie des droits casuels, & sont d'un objet médiocre.

ÉPICERIES, *Voyez* DROGUERIES-EPICERIES. Les épiceries ont été assujetties à des droits plus considérables qu'aucune autre marchandise, parce que leur consommation est médiocre, & que dèslors le droit devient de peu d'objet pour chaque consommateur.

ÉPICS DU RHIN, nom d'une imposition qui a lieu en Alsace. Elle est un objet de trente à quarante mille livres. Son produit est destiné à la construction & aux réparations de certaines digues appellées *épics*, qui servent à défendre le rivage de la rapidité & de la voracité des eaux du Rhin, & à les rejetter au milieu du lit du fleuve. Cette somme de trente mille livres s'impose par un mandement de l'intendant avec les autres tributs, & se répartit par les principaux membres des communautés, présidées par le bailli.

ÉQUIVALENT ; (droit d') c'est le nom d'une imposition qui a lieu dans le Languedoc, & à laquelle on a donné le nom d'équivalent, parce qu'elle représente les aides, dont le pays s'est racheté.

En conséquence, la province paye cent vingt mille livres pour l'aide, soixante-neuf mille huit cens cinquante livres pour préciput de l'équivalent.

Ces deux sommes remplacent ce que le roi auroit tiré des aides, si elles eussent été établies dans le Languedoc. Cette province a été confirmée, par un édit de 1649, dans la jouissance & possession de l'équivalent. Ce droit consiste dans un impôt que Charles VII. l'autorisa à mettre en 1444, sur la chair fraîche & salée, sur le poisson de mer & sur le vin vendu en détail. *Voyez* les mémoires sur les impositions en France, par M. de Beaumont, *in*-4°. tome 2, page 196.

ESPAGNE; (impositions d') les revenus du roi d'Espagne consistent principalement dans différens droits connus sous la dénomination de

Rentes provinciales.
Rentes générales.
Rentes particulières.
Droit de lanzas.
Droit de médiannata.
Droit d'excusado.

Les *rentes provinciales* se divisent en huit branches: la première, connue sous le nom d'alcavala y cientos, consiste dans un droit sur toutes les choses mobiliaires & immobiliaires vendues, échangées & négociées. Ce droit, qui dans le principe, avoit été fixé à quatorze pour cent, a été depuis réduit à six pour cent. Celui qui vend des effets mobiliers est obligé de dénoncer, au bureau de la perception, la vente qu'il a faite, & quel en est le montant, à peine de payer le double droit.

Quant aux immeubles, les notaires qui ont passé les contrats sont obligés d'en donner avis au même bureau, à peine du quadruple droit.

Dans les deux cas de vente de meubles ou immeubles, le droit doit être acquitté dans les cinq jours de la vente, à peine par le vendeur de payer le double droit. L'acheteur est sujet à la même peine, s'il ne déclare pas, dans les trois jours de la vente, ce qu'il a acheté.

On a désigné dans les grandes villes trois portes, & deux dans les petites; pour les villages deux rues, où sont établis des bureaux pour la perception du droit d'alcavala y cientos, sur tout ce qui est amené pour y être vendu. Les marchands sont obligés, à leur arrivée, de se présenter à ces bureaux avec leurs marchandises, faute de quoi elles sont confisquées.

La seconde branche des rentes provinciales consiste dans les droits qui se perçoivent sur les huiles, les vins & le vinaigre. Ceux qui en fabriquent & ceux qui en font commerce sont tenus d'en déclarer la quantité qu'ils en ont. Le préposé à la perception du droit, se transporte dans les maisons & magasins, pour vérifier si les déclarations sont exactes. Dans le cas de fraude, ce qui n'a point été déclaré, est confisqué avec une amende de la valeur de la marchandise confisquée.

Cet inventaire une fois fait, il ne peut être vendu aucune partie de ces liqueurs, sans la permission du préposé, qui ne la refuse jamais. Elle exprime la quantité qui doit être vendue, & si la vente en sera faite en gros, ou en détail.

Celui qui vend en gros ne paye que le droit d'*alcavala y cientos*, c'est-à-dire, six pour cent. La vente en détail donne ouverture à la perception d'autres droits, dont les uns entrent dans les coffres du roi, & les autres sont destinés à subvenir aux dépenses qu'occasionnent les vérifications qui se font chaque année à la fin de septembre, des déclarations des particuliers.

Dans le mois d'octobre on procède à un nouvel inventaire, & par ce moyen on connoît l'objet de la consommation annuelle, le montant des droits perçus, & la quantité de vins, d'huile & de vinaigre qui existent.

Dans les endroits où on ne recueille ni huile ni vin, & dont les habitans sont obligés de les tirer des lieux voisins, les marchands sont tenus de se munir d'un certificat constatant leur profession; ils présentent cet acte au préposé ou juge du lieu dans lequel ils vont faire leurs achats: on retient cet acte & on leur en délivre un autre qui, comme un acquit, énonce les quantités de chaque espèce qu'ils enlèvent, & le nom du vendeur. L'inexécution de ces formalités entraîne confiscation & amende.

Lorsque les acheteurs arrivent dans le lieu de leur résidence, ils sont tenus de représenter au bureau leurs certificats avec les marchandises, à peine de confiscation & d'amende.

La troisième branche est composée du droit sur la viande qui se débite dans les boucheries, & sur les bestiaux que les particuliers ont la faculté de faire tuer chez eux pour leur consommation. On tient un registre exact de tous les bestiaux qui entrent dans les villes & bourgs, & l'on perçoit un droit de pied fourché, sur ceux qui sont destinés pour les particuliers.

Dans chaque boucherie se tient un commis qui voit peser la viande, perçoit les droits dont il remet le montant à la recette générale.

Toute autre personne que les bouchers qui entreprendroit de vendre de la viande en détail, seroit condamnée pour la première fois, en une amende de quatre-vingts livres, de cent soixante pour la seconde, & de deux cens quarante livres pour la troisième, & seroit attachée au pilori.

La quatrième branche consiste dans quelques droits qui se perçoivent sur certaines espèces de marchandises venant de l'étranger. Ces droits, dont l'objet est modique, se payent dans les douanes établies sur les frontières. Les douaniers délivrent des acquits à caution, par le moyen desquels ces marchandises sont introduites dans l'intérieur du royaume, & faute de ces acquits, elles seroient confisquées.

La cinquième branche des rentes provinciales est composée des droits qui se lèvent sur les papiers & les sucres fabriqués dans le royaume.

Avant de pouvoir enlever des fabriques, des papiers & des sucres, on est tenu de faire au bureau établi à cet effet, une déclaration des qualités & quantités qu'on se propose d'en tirer, & d'en acquitter les droits.

L'acheteur est pareillement tenu de se munir d'un acquit de paiement, dont le défaut fait encourir à l'un & l'autre la confiscation des marchandises, avec amende.

La sixième branche consiste dans le droit de *las tercias*, & forme la neuvième partie de toutes les dîmes, de quelque espèce qu'elles soient, qui se lèvent dans le royaume.

La septième branche, que l'on nomme *le service ordinaire*, consiste dans un tribut, somme annuelle que les habitans des bourgs & villages sont obligés de payer. Les nobles sont exempts de cette espèce de capitation, qui est très-modique.

La huitième & dernière branche des rentes provinciales, a pour objet la contribution à laquelle chaque village est assujetti, pour raison du privilège qui lui a été accordé de vendre de l'eau-de-vie. Cette contribution a été réglée d'après la consommation que l'on a jugé que chaque village pouvoit faire annuellement.

Les différentes branches des rentes provinciales sont administrées par des règles qui leur sont propres & particulières.

La plus grande partie des bourgs & des villages ont fait des abonnemens pour le produit des droits qui les concernent, & ils les lèvent à leur profit, en se conformant exactement aux réglemens faits sur chaque objet.

Suivant ces réglemens, les juges ordinaires sont tenus de faire remettre dans les caisses du chef-lieu de chaque district, le montant des abonnemens à la fin d'avril, d'août & de décembre. Il leur est accordé à cet effet six pour cent du montant total de l'abonnement. S'ils ne sont pas exacts à faire les recouvremens aux époques fixées, ils supportent seuls, les frais des contraintes & des poursuites, & ils ne peuvent répéter le montant sur les bourgs & villages.

Les rentes générales consistent dans les droits auxquels sont assujetties les marchandises qui entrent dans le royaume & qui en sortent.

Les négocians ou commissionnaires présentent les factures de leurs marchandises aux douanes. On en fait la vérification, & si les marchandises diffèrent en qualité de celles déclarées, elles sont confisquées.

Les douanes se divisent par districts; la principale est placée dans la capitale de chaque province, de manière que les autres en dépendent. Dans toutes les douanes il existe un tarif sur lequel sont portées les évaluations de toutes les marchandises, & le montant des droits auxquels elles sont sujettes.

C'est sur ce tarif que les visiteurs, après avoir examiné l'espèce & la qualité des marchandises, établissent sur la facture la somme qui doit être payée. La liquidation est ensuite faite par le contador, qui porte les droits sur son registre : le receveur en reçoit le montant.

Lorsque ces formalités sont remplies, on délivre des acquits à caution, dans lesquels sont rappellées l'espèce, la qualité & la quantité des marchandises, le nom du propriétaire, le montant des droits qu'il a payés, le lieu où il les a conduites, & la soumission qu'il a faite, de faire viser ces acquits dans les petites douanes.

Les directeurs des douanes principales envoient chaque année aux préposés des douanes subordonnées, un certain nombre d'acquits en blanc, dont ils sont comptables. En même-tems ces derniers reçoivent douze registres, dont le volume est proportionné au nombre des acquits qui doivent y être rapportés jour par jour pendant un mois. A la fin de chaque mois, le registre est envoyé à la direction principale.

On ne paye aucun droit dans ces petites douanes; elles ne sont établies que pour la vérification des acquits à caution & des marchandises.

Si ces marchandises ne sont pas les mêmes que celles énoncées dans les acquits, elles sont confisquées, ainsi que les chevaux & les voitures. Cependant lorsque la fraude n'excède pas deux pour cent de la totalité, le propriétaire en est quitte pour payer les droits qu'il avoit voulu frauder.

Les préposés des douanes principales & subordonnées remettent à la fin de chaque année, à la direction générale, les acquits en blanc qui n'ont pas été employés; par ce moyen, l'on connoît si le nombre des acquits délivrés, avec celui des acquits restés sans usage, compose la totalité de ceux qui ont été remis.

Si lorsque les marchandises sont parvenues à leur destination, le propriétaire veut les transporter ailleurs, il est assujetti aux formalités & aux déclarations qui rentrent dans celles que l'on vient de rappeller, & d'après lesquelles on peut suivre les marchandises jusqu'à ce qu'elles aient été vendues; ainsi cette régie des douanes est combinée de façon à veiller en même tems à la conservation du droit d'alcavala y cientos.

Les rentes particulières consistent dans les droits

qui sont perçus sur le sel, la poudre & le plomb, le tabac & les laines.

Rentes des sels.

Le sel qui se consomme dans le royaume se tire des fabriques du roi, d'où il est transporté dans les différens magasins ou dépôts établis dans chaque district, & les receveurs de ces dépôts donnent des reçus aux entrepreneurs des fabriques.

Toutes les villes, bourgs & villages sont obligés de prendre chaque année une quantité fixe de sel, dont la quotité a été réglée sur la consommation que l'on a jugé pouvoir y être faite, & les villes, bourgs & villages sont tenus de payer cette quantité, lors même qu'elle excède leur consommation.

Le motif de cet arrangement a été de prévenir l'usage que les particuliers pourroient faire des sels qui se trouvent dans les fontaines & lacs salés qui sont fort communs dans toute l'étendue de l'Espagne. Chaque district est obligé de se fournir de sel dans le dépôt qui lui est assigné.

Le receveur de chaque dépôt délivre à chaque ville, bourg ou village, la quantité de sel qui lui est destinée, sur un ordre qui lui est adressé par les juges des lieux, & sur le reçu qui lui est donné au pied de cet ordre par la personne qui en est chargée.

C'est cet ordre & ce reçu qui forment le titre sur lequel le paiement du sel est exigé aux échéances qui ont été réglées à cet effet.

Les juges des lieux délivrent aux habitans la quantité de sel qui revient à chacun; ils en retirent le prix, & le font passer dans le chef-lieu de leur district.

Si la quantité de sel réglée pour une ville, bourg ou village n'est pas suffisante pour sa consommation, ou si la portion délivrée à un particulier ne remplit pas l'objet de ses besoins, les uns & les autres peuvent prendre le sel qui leur manque dans les dépôts de leur district en le payant comptant.

Il y a cependant quelques lieux qui, par des circonstances particulières, ne sont point assujettis à prendre une quantité de sel fixe & déterminée.

Dans ces endroits sont établis des dépôts où des regratiers vont prendre le sel en gros, & le vendent ensuite en détail aux particuliers. Les regratiers sont obligés de tenir des registres dans lesquels ils inscrivent jour par jour la quantité de sel qu'ils débitent, les noms des personnes qui l'achètent, & la quantité que chacune d'elles a prise. On connoît par ce moyen, si telle personne qui est dans le cas de consommer une telle quantité de sel a réellement & effectivement levé cette quantité, & lorsqu'elle ne l'a pas prise, on fait les recherches nécessaires pour découvrir l'endroit d'où elle a tiré ce surplus, & pour prévenir dans la suite les fraudes qui ont été commises.

Rente de la poudre & du plomb.

La poudre & le plomb se fabriquent, ainsi que le sel, pour le compte du roi; on suit pour la fabrication & la distribution les mêmes règles qui sont établies pour le sel; c'est-à-dire, qu'il y a dans chaque lieu des magasins où la vente s'en fait à un prix fixé. On passe à ceux qui sont chargés du soin de ces magasins cinq pour cent du montant du produit des ventes.

Rente du tabac.

Tous les tabacs qui se débitent en Espagne, à l'exception de ceux qu'on tire du Brésil & de la Virginie, se fabriquent pour le compte du roi à Séville & à la Havane.

Il y a dans chaque factorie ou fabrique, des magasins où les tabacs sont gardés sous trois clés, qui sont remises aux facteurs & aux gardes-magasins. Ceux-ci, sous les ordres des directeurs, envoient les tabacs aux préposés particuliers ou entreposeurs qui sont établis dans les provinces; ces derniers en fournissent ensuite aux débitans pour la vente en détail.

Tous les employés du tabac, généraux, particuliers, chargés de la vente en détail, sont tenus d'avoir des registres exacts des quantités qu'ils reçoivent, qu'ils envoient & qu'ils débitent; & c'est sur le résultat de ces comptes particuliers, qu'est formé le compte général, qui fait connoître le produit du tabac.

Tous ceux qui sont convaincus d'avoir falsifié le tabac, sont non-seulement privés de leur emploi, mais même condamnés à des amendes considérables & à des peines, suivant l'exigeance des cas. Tous les employés principaux & subalternes sont obligés de donner des cautions proportionnées à leur recette & à leur maniement.

Rente des laines.

Elle consiste dans les droits qui se paient, dans les douanes frontières sur les laines destinées pour l'étranger.

Pour connoître la quantité des laines qui existe chaque année, il a été établi dans chaque district & à des distances convenables, des lavoirs publics, auxquels tous les propriétaires sont obligés de faire porter leurs laines pour y être lavées.

Dans chaque lavoir, sont un receveur & un commis de confiance, qui est une sorte de contrôleur. Ils tiennent un registre exact de toutes les parties de laine qui y sont amenées; du nom du propriétaire, du lieu d'où elles arrivent, de quel troupeau elles proviennent, de l'année, du poids de chaque balle de laine, & de la marque imprimée sur cette balle.

Les laines ne peuvent sortir qu'en vertu d'un passe-port que donne le receveur principal, & dans lequel sont énoncés, la qualité de la laine, le nom de celui à qui on la confie, son domicile, & le lieu de sa destination.

Avant que le passe-port soit délivré, le propriétaire des laines donne sa soumission de rapporter dans un terme fixé, un contre-passe-port qui est signé par le préposé de la douane par où elles doivent sortir, ou du lieu de la destination, afin, dans le cas de leur exportation, de s'assurer que les droits en ont été acquittés, & si elles n'ont point été exportées, qu'elles ont été réellement & effectivement employées dans l'intérieur du royaume.

Indépendamment des précautions que l'on vient de rappeler, les propriétaires des laines sont obligés de déclarer, soit aux commis de la régie des laines, soit aux juges des lieux de leur résidence, les ventes qu'ils font, & les acheteurs doivent donner des cautions pour assurer le paiement des droits lorsque les laines sont destinées à sortir du royaume.

Des visteurs qui sont répandus dans les différens districts, tiennent aussi des registres de tous les troupeaux; les pasteurs ou bergers sont obligés de leur déclarer par serment, le nombre de têtes dont leurs troupeaux sont composés, & ces déclarations sont vérifiées avec la plus grande exactitude.

Enfin tout propriétaire de laine est obligé, sous peine de payer un double droit de sortie, d'établir par un reçu des receveurs, qu'elles ont été portées au lavoir; par des acquits ou billets de correspondance, qu'elles ont été employées dans l'intérieur du royaume; & par les visas des douaniers des frontières, qu'elles ont acquitté les droits à la sortie.

Les droits à la sortie doivent être acquittés, savoir, pour moitié sur le champ, & pour l'autre moitié dans les deux mois qui suivent, & l'on est obligé à cet effet de donner des cautions.

Il a été formé en 1761, une espèce de réglement ou d'instruction, dans lequel on a rassemblé les différentes espèces de fraude ou de contrebande qui peuvent être pratiquées au préjudice des droits du roi, & l'on a réglé & déterminé les amendes qui doivent être prononcées, & les peines qui doivent être infligées, soit contre les propriétaires, soit contre les acheteurs, soit contre les voituriers & conducteurs.

L'on a pareillement rédigé une même forme d'instruction sommaire pour tous les cas & pour toutes les fraudes, de manière que le juge n'a uniquement qu'à vérifier le genre de fraude, & y appliquer la peine qui y est attachée.

Il s'agit maintenant de faire connoître la sorte d'hiérarchie fiscale, établie pour la régie & la perception des revenus dont on vient de donner le détail.

Elle consiste dans un surintendant général des finances, dans deux directeurs généraux, dans des intendans de province, des directeurs particuliers, des contadors, des receveurs ou trésoriers, des subdélégués des districts, des visiteurs & des gardes.

Du surintendant général.

Le surintendant général des finances réunit l'autorité, les pouvoirs & les fonctions les plus étendues.

Il connoît, à l'exclusion de toute autre personne, de tout ce qui concerne les rentes, les droits & les revenus du roi. Sa jurisdiction est tellement privilégiée, que si l'intérêt de la finance se trouve mêlé dans quelque affaire que ce soit, il les évoque & en retient la connoissance, jusqu'à ce que cet intérêt ait été rempli. Il peut subdéléguer & communiquer ses pouvoirs & ses fonctions aux intendans, aux gouverneurs & aux corrégidors, dans telle étendue & avec telles restrictions qu'il juge convenables. Il évoque, toutes les fois qu'il le trouve à propos, les affaires qui concernent la fraude & la contrebande. On ne peut mettre à exécution les sentences rendues sur ces matières par les juges qui en connoissent, que lorsqu'il les a approuvées. Il nomme & révoque, comme il lui plaît, tous ceux qui sont employés dans l'administration des finances.

Les recouvremens & les distributions de tous les revenus du roi sont à sa disposition, jusqu'à ce qu'ils soient entrés dans le trésor royal, d'où ils ne peuvent sortir qu'en conséquence des ordres du roi même.

Le surintendant général, dans toutes les affaires qui intéressent la finance, peut transiger de telle manière qu'il juge à propos. Il peut modérer, & même remettre dans des cas de calamités, les arrérages des contributions publiques. Les intendans & les subdélégués entretiennent avec lui une correspondance suivie, par le moyen de laquelle il connoît l'état actuel de chaque rente, les événemens qui surviennent, le montant des fonds qui sont entrés dans les différentes caisses, les sommes qui n'ont pas été recouvrées.

Le surintendant général a pour assesseur, un conseiller du conseil des finances, avec lequel il décide les affaires contentieuses.

De la direction générale.

La direction générale des rentes établie à Madrid, est composée de deux conseillers des finannances, qui agissent d'après les instructions qui leur sont données par le surintendant général.

Ils entretiennent une correspondance suivie avec les administrateurs & les subdélégués, qui sont obligés de se conformer aux ordres qu'il leur donne.

Ces directeurs généraux proposent au surintendant les sujets les plus propres pour remplir les emplois qui deviennent vacans; ils lui rendent pareillement compte des difficultés qui surviennent dans l'administration des rentes, & le surintendant les décide, & prescrit ce qui doit être fait.

Il y a dans la direction générale un bureau pour chaque espèce de rente, qu'on nomme *contadorie*; on tient dans ces bureaux ou contadories, un état exact & détaillé des valeurs & des distributions de chaque rente; on y conserve avec soin les ordres originaux qui sont donnés pour l'administration de chaque branche de ces rentes.

Les comptes des administrateurs & des trésoriers sont pareillement remis dans ces contadories, pour y être examinés & approuvés, après quoi ils sont déposés dans les archives de la contadorie, afin d'y avoir recours en cas de besoin.

De l'intendant des provinces.

Il y a dans chaque province un intendant ou subdélégué du surintendant général, qui connoît de toutes les affaires relatives à la perception des droits & revenus dans l'étendue de sa province, & qui veille en même tems sur tous les employés.

Ces intendans ou subdélégués tiennent toutes les semaines, avec les administrateurs généraux, les contadors & les trésoriers de toutes les espèces de rentes, des comités, dans lesquels on leur rend compte de l'état actuel de chaque rente, du montant des fonds qui ont été remis dans les caisses, des vuides qu'il peut y avoir dans ces caisses, des motifs par lesquels les recouvremens ont été retardés. On règle, on détermine ensuite les moyens que l'on juge convenables pour accélérer les recouvremens. On examine enfin si la perception des droits se fait avec exactitude, & si les employés remplissent fidélement leurs fonctions.

On forme des mémoires exacts des différens détails qui ont été traités, & des déterminations qui ont été prises; ces mémoires sont adressés au surintendant général, qui, après les avoir examinés, les approuve, ou prescrit ce qui doit être fait.

Pour faciliter le recouvrement des rentes provinciales, il a été arrêté, en 1725, une instruction, qui a été perfectionnée en 1760, & dans laquelle sont déduits les moyens qui doivent être mis en usage pour percevoir les impôts, avec les ménagemens convenables; les intendans sont obligés de se conformer avec la plus grande exactitude à cette instruction.

Ils doivent prendre tous les mois, une connoissance précise des fonds qui existent dans chaque caisse, & se faire représenter par les contadors, les états de recette & dépense; &, par ce moyen, ils voient si les caisses sont en règle, & prennent en même tems les mesures convenables pour que les fonds soient remis sans retardement entre les mains des trésoriers généraux.

Les intendans ou subdélégués du surintendant général, doivent pareillement s'occuper des moyens d'accroître le produit des rentes, & ils peuvent, en conséquence, réformer de leur propre autorité, les abus qu'ils découvrent & les dépenses superflues; mais si les ordres qu'il donne font naître des difficultés, c'est le surintendant qui y statue, sur le rapport qui lui en est fait.

Si les administrateurs généraux & particuliers ne présentent point leurs comptes dans les tems qui sont fixés à cet effet, les intendans doivent les tenir aux arrêts dans leur maison, jusqu'à ce qu'ils y aient satisfait. Ils ont la même autorité sur les contadors, lorsque c'est par leur négligence que les comptes ne sont point en état d'être présentés.

Si un employé prévarique dans ses fonctions, ou manque à ses devoirs, les intendans, après l'avoir admonesté une première & une seconde fois, le suspendent de ses fonctions, & en rendent compte au surintendant général.

Les intendans doivent encore faire, chaque année, une tournée dans les districts de leurs provinces, à l'effet de reconnoître eux-mêmes les abus, examiner si les employés sont exacts, & pourvoir aux objets instans. Ils doivent enfin rendre compte au surintendant général, de ce qu'ils ont reconnu de défectueux pendant le cours de leur visite.

Des administrateurs généraux.

Il existe dans chaque province un administrateur général pour chaque rente; on lui donne les instructions relatives à celle dont il est chargé, & il doit veiller principalement à ce que ces rentes soient bien administrées par ses subordonnés.

Ils doivent avoir attention à ce que les comptes des commis de confiance & des receveurs, soient liquidés régulièrement & exactement par la contadorie, & à ce que les fonds soient versés ponctuellement dans la caisse destinée pour chaque rente.

C'est eux que regarde le soin de veiller aux recouvremens des abonnemens faits avec les bourgs & villages de leurs districts; & si les poursuites qu'ils dirigent contre les officiers de justice chargés de recevoir le montant de ces abonnemens ne produiſent point leur effet, ils s'adreſſent à l'intendant général, ou au ſubdélégué de l'intendant général, qui fait conduire les officiers dans les priſons, & les y retient, juſqu'à ce qu'ils aient ſatisfait à leurs obligations. Les fonds qui rentrent pendant la ſemaine, doivent être dépoſés dans la caiſſe deſtinée à cet uſage. Cette caiſſe a trois clefs, dont l'une demeure entre les mains de l'adminiſtrateur, la ſeconde entre les mains du contador, & la troiſieme eſt pour le tréſorier : ces trois officiers ſont ſolidairement reſponſables de ces fonds.

C'eſt l'adminiſtrateur général qui diſtribue les gardes, & qui doit les tenir dans un exercice continuel, pour prévenir & empêcher la fraude & la contrebande; il les diſpoſe de manière qu'ils n'ont point un poſte fixe, afin qu'ils ne puiſſent former des liaiſons & des intelligences avec les fraudeurs.

Les adminiſtrateurs généraux doivent ſuivre l'inſtruction, & pourſuivre le jugement de toutes les cauſes & conteſtations qui intéreſſent les droits du roi. Ils ſont tenus de remettre aux directeurs généraux, des états des valeurs & des produits nets des rentes, & de les informer de tout ce qui peut arriver d'extraordinaire à ce ſujet, afin que ceux-ci puiſſent leur preſcrire ce qu'ils doivent faire.

Enfin les adminiſtrateurs généraux ſont obligés d'envoyer à la direction générale, dans les quatre mois après l'année finie, leurs comptes, auxquels doivent être joints ceux des adminiſtrateurs particuliers de leur diſtrict.

Des adminiſtrateurs particuliers.

Les adminiſtrateurs particuliers exercent, dans leur diſtrict, les mêmes fonctions que les adminiſtrateurs généraux, ſous les ordres deſquels ils ſont. Ils dépoſent à la fin de la ſemaine, les fonds qui leur parviennent, dans une caiſſe à deux clefs, dont ils gardent l'une & le contador l'autre.

A la fin de chaque mois, ils remettent à leurs adminiſtrateurs généraux un état dreſſé par le contador, & qui contient le détail de ce que chaque rente a produit, de ce qui a été payé, & de ce qui reſte à acquitter; ils font, en même tems, parvenir le reſtant à la tréſorerie du chef lieu; enfin ils ſont tenus d'envoyer aux adminiſtrateurs, leurs comptes à la fin du mois de janvier de chaque année.

Des contadors.

Les contadors doivent tenir un compte exact & raiſonné du produit des rentes, en énonçant, par détail, les paiemens qui ſont faits par chaque ville, bourg ou village, les ſalaires & appointemens qui ont été payés, les frais qui ont été néceſſaires, & les ſommes qui ont été remiſes aux tréſoriers de l'année.

Ils doivent aſſiſter à l'entrée & à la ſortie des fonds dans les caiſſes; ils ſont chargés de former chaque ſemaine, les états des recouvremens & dépenſes; ils dreſſent les comptes des adminiſtrateurs, & ils aſſiſtent aux comités qui ſe tiennent chez les intendans ou ſubdélégués du ſurintendant général, afin d'y propoſer ce qu'ils jugent de plus convenable, pour la meilleure adminiſtration des rentes & des autres revenus royaux.

Des tréſoriers des capitales.

Les tréſoriers qui ſont dans les capitales de chaque province reçoivent les fonds qui proviennent des rentes, & acquittent, de concert avec le contador, les appointemens, & autres dépenſes qu'exige l'adminiſtration.

A la fin de chaque ſemaine, ils dépoſent dans la caiſſe deſtinée à cet uſage, les fonds qui leur ſont parvenus; & à la fin de chaque mois, ils les font paſſer à la tréſorerie de l'armée, où on leur expédie des quittances, qu'ils joignent aux comptes particuliers qu'ils ſont tenus, ſous peine des arrêts, d'envoyer à la fin de chaque année, à la direction générale.

Tout tréſorier, ou autre perſonne ayant le maniement des deniers royaux, qui les emploie à ſon uſage particulier, eſt privé de ſon emploi, & déclaré incapable d'en poſſéder aucun autre, même lorſqu'il remplace exactement les fonds dont il s'eſt ſervi.

S'il ſe trouve dans l'impoſſibilité de les rétablir, il eſt condamné à un banniſſement depuis deux juſqu'à dix ans, ſuivant que la ſomme qu'il a diſſipée eſt plus ou moins conſidérable; & quelquefois pour un tems illimité, juſqu'à ce qu'il plaiſe au roi de le rappeller : ce châtiment n'eſt jamais ni modifié ni commué, par quelque circonſtance ou conſidération que ce ſoit.

S'il eſt convaincu d'avoir ſouſtrait, enlevé ou caché frauduleuſement les deniers royaux, il eſt condamné à mort, conformément au décret donné par ſa majeſté catholique, le 5 mai 1764.

Des ſubdélégués des diſtricts.

Le ſurintendant général donne communément la ſubdélégation des rentes dans chaque diſtrict, aux gouverneurs ou corrégidors des villes capitales; mais il ne leur accorde point des pouvoirs auſſi étendus qu'aux intendans, ils ſont, au contraire, ſubordonnés à ces derniers. Les ſentences qu'ils rendent ſont, comme celles des intendans, ſujettes à être viſées & approuvées par le ſurintendant général, avant qu'elles puiſſent être miſes à exécution.

Ces ſubdélégués rempliſſent, au ſurplus, dans l'étendue de leur diſtrict, les mêmes fonctions que les intendans; mais ſous l'inſpection de ces derniers, & dans un reſſort moins conſidérable.

Des

Des gardes.

Il y a pour chaque espèce de rente un nombre suffisant de gardes commandés par un brigadier; ils sont néanmoins obligés de veiller sur toutes les rentes en général, de visiter toutes les marchandises qu'ils rencontrent, de saisir celles qui ne sont pas accompagnées d'acquits à caution, d'arrêter les délinquans, de dresser des procès-verbaux, & de les adresser, sans retardement, à l'administration de la rente, afin que celui-ci instruise le subdélégué du district, qui, en qualité de défenseur immédiat du produit des rentes, doit poursuivre & faire statuer sur la contravention.

Les gardes & leurs chefs sont sous les ordres des administrateurs; ils sont obligés de faire des patrouilles continuelles dans les endroits qui leur sont indiqués, afin d'empêcher la fraude.

Des visiteurs.

Les fonctions des visiteurs consistent à parcourir les administrations, pour examiner si l'on a soin de tenir exactement les livres; si l'on y inscrit toutes les parties, avec l'ordre & la précision convenables; si les comptes sont formés avec exactitude; si les fonds existent dans les caisses, & si les ordres qui sont prescrits pour la bonne administration, sont suivis & exécutés.

Les visiteurs qui sont chargés du département des sels & tabacs, doivent examiner si on n'en altère point la qualité. S'ils trouvent quelques fraudes qui leur paroissent tirer à conséquence, ils suspendent le coupable de ses fonctions, qu'ils font exercer par interim; ils dressent des procès-verbaux, & les adressent à l'administrateur général, qui est obligé de faire les poursuites que les circonstances exigent.

Droit de lanzas.

Anciennement, & même dès les tems les plus reculés, toutes les personnes constituées en dignités, telles que les grands, les ducs, les marquis, les comtes & les vicomtes, étoient obligés de servir en personne avec un certain nombre d'hommes armés de lances; ces lanciers étoient employés dans les garnisons & sur les frontières du royaume.

Ce service a été en usage jusqu'en 1632, qu'en conséquence d'une ordonnance du souverain, du 22 juin 1621, il fut converti en une imposition ou rétribution en argent.

Les motifs exprimés dans cette ordonnance, furent la difficulté de faire des recrues, d'avoir des troupes disciplinées pour les garnisons & pour la garde des frontières, & le défaut de moyens de leur procurer la subsistance, malgré l'économie que le souverain avoit introduite dans les dépenses de sa maison, qu'il avoit retranchées au-delà même de ce que la décence sembloit permettre.

Ce fut d'après ces différentes ordonnances, que le souverain se porta à substituer, au service des lances, une imposition en argent, dont le produit fut destiné à soudoyer les soldats des garnisons, qui continueroient leur service pendant six ans.

En conséquence de cette ordonnance, il fut formé un tarif, ou plan d'imposition, dans lequel on régla ce que chaque personne constituée en dignité devoit payer, à raison du rang qu'elle occupoit, & du nombre de lances qu'elle étoit obligée de fournir.

Le grand d'Espagne qui, relativement à sa dignité, étoit obligé de servir avec vingt lances, fut taxé à trois mille six cens réaux de veillon par chaque année, ou neuf cens cinquante-quatre liv. de France, pour subvenir à l'entretien de cinq soldats, à raison de soixante-dix réaux de veillon, par mois pour chacun, ou dix-huit livres sept sols six deniers.

Les ducs, les marquis & les comtes, qui doivent, comme les grands d'Espagne, fournir vingt lances, furent taxés à la même somme de six cens réaux de veillon.

Les vicomtes furent réduits à moitié; c'est-à-dire, dix-huit cens réaux de veillon, ou quatre cens soixante-douze livres dix sols.

Cette imposition n'a point varié depuis 1632. La perception en est faite tous les six ans; & comme elle est attachée non à la personne, mais au titre, celui qui réunit à la fois plusieurs titres, paye pour raison de chaque dignité.

Dans la même taxe ont été comprises les commanderies des trois ordres militaires de saint Jacques, de Calatrava, & d'Alcantara; mais leur contingent est réglé sur le revenu personnel de chaque commandeur, & sur le produit de chaque commanderie.

Les cardinaux, les archevêques, les évêques & les abbés, qui possèdent des abbayes, avoient été compris dans cette contribution; mais ils en ont été affranchis par un décret du 3 janvier 1661.

Droit de médiannata.

Le droit de médiannata a été établi par un décret du 22 mai 1631, & dans des circonstances difficiles.

Ce droit consiste dans la moitié du revenu pendant la première année, de toutes les dignités, charges, offices & emplois qui sont conférés & donnés, soit par le souverain lui-même, soit par son conseil, ses vice-rois ou autres officiers. Ce droit est général & absolu, personne n'en est exempt, pas même les infans d'Espagne.

C'est le conseil des finances qui connoît de toutes les matières qui concernent ce droit. Voici les principales règles d'après lesquelles il est dirigé.

1°. Il se perçoit sur toutes les graces, dignités, offices, emplois & pensions, toutes les fois qu'il est nécessaire d'expédier des cédules & autres titres, pour que celui qui en est l'objet, puisse entrer en jouissance ou en exercice.

2°. L'acquittement du montant de la demi-année du revenu, doit être fait en deux paiemens égaux; le premier, à l'instant où on remet au titulaire le brevet ou les provisions; le second, dans le courant de l'année: & l'on est obligé de donner, pour sûreté de ce second paiement, une caution qui doit être acceptée par le trésorier général de la médiannata.

3°. Dès que la grace ou la place qui a été accordée a été déclarée dans le conseil, la personne qu'elle concerne doit acquitter le droit de la médiannata; & si elle diffère de retirer le titre par lequel elle lui a été accordée, elle peut être contrainte par corps au paiement du droit.

4°. Lorsque les graces ou les places que le souverain accorde, sont à titre purement gratuit, ou à titre de bienfaisance ou de charité, telles que les pensions qui sont données aux veuves & aux enfans de ceux qui occupent les charges des maisons royales, en ce cas il n'est dû aucun droit; mais il est nécessaire que ces motifs soient exprimés dans les brevets ou titres de don, sans quoi le droit peut être exigé.

5°. Le droit de médiannata, relativement aux emplois & commissions qui se donnent dans les Indes, se paye, savoir, moitié à Madrid, dans l'instant que l'emploi est donné, & l'autre moitié, dix-huit mois après, entre les mains du trésorier du département de la partie des Indes, dans laquelle l'emploi doit être exercé; celui qui en est revêtu est obligé de donner caution.

6°. Ceux qui sont pourvus de commanderies des ordres militaires, acquittent le droit de médiannata aussi-tôt qu'ils ont obtenu le bref du pape pour les posséder; mais, en attendant, ils sont obligés de fournir une caution suffisante.

7°. Chaque chevalier des ordres militaires, qui obtient une dispense pour être relevé des six mois de navigation qu'il est obligé de faire sur les galères du roi, paye pour le droit de médiannata cent ducats, qui, à raison de cinquante-sept sols neuf deniers de France, reviennent à deux cens quatre-vingt-huit livres quinze sols.

8°. Si celui qui est pourvu d'un office ou d'un emploi, vient à décéder avant d'en avoir pris possession, ses héritiers ne sont point tenus de payer le droit de médiannata.

9°. On paye, pour des droits de noblesse, le droit de médiannata, à raison de deux cens ducats, ou cinq cens soixante-dix-sept livres dix sols de France.

10°. Les grandes charges & les emplois de la cour, sont aussi sujets au droit de médiannata.

11°. Ceux qui acquièrent des seigneuries acquittent ce droit, eu égard & par proportion au revenu qu'elles donnent: ce droit, dans ce cas, revient à nos droits de lods & ventes; mais plus généralement il représente notre droit de marc d'or.

On paye pour le titre de grand d'Espagne, à sa création, huit mille ducats, ou vingt-trois mille cent livres de France.

Pour la succession en ligne directe à la grandesse, quatre mille ducats, ou onze mille cinq cens cinquante livres de France.

Pour la succession en ligne collatérale, six mille ducats, ou dix-sept mille trois cens vingt-cinq livres de France.

Et pour la grandesse personnelle, mille ducats, ou deux mille huit cens quatre-vingt cinq livres dix sols de France.

On paye pour le titre de baron en Castille, cent ducats, ou deux cens quatre-vingt-huit livres quinze sols de France.

Pour le même titre en Arragon, même somme.

Pour le titre de vicomte, sept cens cinquante ducats, ou dix-sept cens quatre-vingt-dix livres douze sols six deniers de France.

Pour celui de marquis ou de comte, quinze cens ducats, ou quatre mille trois cens trente-une livres cinq sols de France.

Lorsque ces titres sont héréditaires, le marquis ou le comte paient, en ligne directe, sept cens cinquante ducats, ou dix-sept cens quatre-vingt-dix livres douze sols six deniers de France.

Et le vicomte, trois cens soixante-quinze ducats, ou huit cens quatrevingt-quinze livres six sols trois deniers de France.

Et en collatérale, les deux premiers paient chacun quinze cens ducats, & le troisième sept cens cinquante ducats.

Depuis l'établissement du droit de médiannata, il a été rendu différentes ordonnances & arrêts du conseil, qui ont introduit des variations ou des fixations différentes, relativement aux emplois; quelquefois même on obtient, par une grace particulière, tantôt des modérations, & quelquefois l'exemption entière du droit.

Droit d'excusado.

Le droit d'excusado consiste dans la jouissance qu'a le roi de la dîme de la meilleure moisson de chaque paroisse: le clergé étoit chargé anciennement de la perception de ce droit, & en rendoit un million neuf cens quatre-vingt-onze mille sept cens trois réaux de veillon, ou quatre cens quatre-vingt-dix-huit mille livres de France; mais depuis que le roi d'Espagne l'a repris, il est affermé douze millions de réaux de veillon, ou trois millions de livres de France.

Projet d'une contribution unique en Espagne.

Il reste maintenant à rendre compte d'un plan qui a été formé d'une contribution unique que l'on a projetté d'établir dans le royaume d'Espagne, & des motifs par lesquels on s'est déterminé.

La contribution unique doit être substituée aux impositions qui existent actuellement; c'est-à-dire, à celles de ces impositions qui sont connues sous la dénomination de rentes provinciales, & qui embrassent les différentes parties dont on a fait le détail.

L'établissement de ces impositions est si vicieux dans le fond & dans la forme, qu'il n'a pas été possible, malgré l'attention suivie qui a été donnée à cet objet, d'en réformer les abus.

Le mal provient de différentes causes, de l'excès de ces impositions, de l'infidélité & du désordre qui règnent dans les régies, des immunités du clergé, des privilèges & exemptions dont jouissent certains états au préjudice des autres, des différentes manières de percevoir qui, quoique fixées & déterminées par les ordonnances, sont toujours sujettes à un grand nombre de difficultés, de discussions & de procès.

Ces impositions sont poussées si haut, qu'elles sont intolérables; le seul droit d'alcavala, que l'on exige sur tous les meubles & immeubles, & sur toutes les denrées qui se vendent, est porté depuis huit jusqu'à quatorze pour cent: ce droit se reproduit sur les mêmes objets à chaque fois qu'ils changent de main, de manière qu'il arrive souvent que les droits d'alcavala emportent en peu de tems la valeur intrinsèque de la chose, ce qui occasionne des ventes frauduleuses, des compositions secrettes avec les employés, au préjudice du fisc, des procédures ruineuses, des emprisonnemens & des faux sermens.

Le peuple, indépendamment du service ordinaire & extraordinaire dont le clergé & la noblesse sont exempts, supporte encore les logemens, les ustensiles, les milices, l'habillement des troupes, les quintes, les recrues, les ponts & chaussées, & les autres charges municipales.

Toutes ces charges détruisent & découragent tellement les cultivateurs, les trafiquans & les propriétaires, qu'ils préfèrent souvent de s'abandonner à l'oisiveté, plutôt que d'être exposés aux recherches avides des exacteurs.

Les exemptions, les subterfuges des riches & les immunités du clergé, rendent encore toutes ces charges plus onéreuses pour les laboureurs & pour le bas peuple.

Le clergé paye cependant un subside particulier: il contribue aussi directement aux rentes provinciales, en payant le huitième, & le huitième du huitième sur les fruits & autres productions de son patrimoine, & indirectement, par les droits qui se perçoivent sur les denrées & autres objets & consommation qu'il achète des laïcs; aussi prétend-il que malgré ces privilèges, il est aussi surchargé qu'eux.

Ce sont les différens inconvéniens que l'on vient de rappeller, qui ont engagé le souverain à nommer une junte ou commission composée de sujets instruits dans le maniement des finances, pour délibérer sur les moyens d'établir un impôt général fixe, simple, & proportionné aux facultés de chaque sujet, & qui cependant pût rendre l'équivalent du produit des rentes provinciales; & c'est ce qu'on appelle *le cadastre ou contribution unique.*

On a constaté d'abord quel étoit le produit des rentes dans les vingt-deux généralités des royaumes de Castille & de Léon; & en formant une année commune sur trois, il a été reconnu

1°. Que ces rentes, en y comprenant celles qui sont aliénées, rendoient cent deux millions cent trente-trois mille six réaux de veillon, ou vingt-cinq millions cinq cens quarante mille livres de France.

2°. Que le subside que fournit le clergé montoit à trois millions cent soixante mille huit cens quatre-vingt-trois réaux de veillon, ou sept cens quatre-vingt-dix mille livres de France.

3°. Que le droit d'excusado, qui étoit alors affermé au clergé, rendoit un million neuf cens quatre-vingt-onze mille sept cens trois réaux de veillon, ou cinq cens mille livres de France.

Ces trois objets réunis, forment un total de cent sept millions deux cens quatre-vingt-cinq mille sept cens trois réaux de veillon, ou vingt-six millions sept cens quatre-vingt-un mille livres de France.

Pour que la junte ou commission pût établir le travail dont elle étoit chargée sur des principes solides, il étoit indispensable de se procurer des connoissances exactes de l'état des choses, des facultés, des revenus, & des possessions des contribuables.

Il a été en conséquence envoyé dans les vingt-deux généralités ou provinces des royaumes de Castille & de Léon, des personnes dont la capacité & la probité étoient reconnues, & qui ont été chargées de rendre un compte exact de la qualité & de l'étendue des territoires, de leur nature, des possessions de chaque particulier, de ses revenus de toute espèce, des bestiaux, du commerce & du trafic du pays, des maisons, des fabriques, enfin de tous les objets de revenu qui s'y trouveroient.

Cette opération, qui a été très-longue & très-dispendieuse, a été exécutée avec la plus grande exactitude : les députés ont formé des états immenses de toutes les possessions, revenus & facultés des habitans, tant laïcs qu'ecclésiastiques, des vingt-deux généralités.

On n'a négligé aucun des moyens qui ont été jugés nécessaires pour perfectionner cet ouvrage ; on a porté l'attention jusque sur les détails les plus minutieux : les députés ont eu la précaution de prendre les déclarations de chaque particulier, & de les vérifier sur les témoignages des notables des lieux ; ils ont combiné & balancé les variations des récoltes, en formant une année commune de cinq ; enfin, après avoir suivi, discuté & approfondi ce travail pendant plusieurs années, ils ont formé un relevé de la totalité des revenus de chaque province & généralité, qui s'est trouvé consister, savoir :

1°. En soixante-un millions cent quatre-vingt-seize mesures de terre de toute espèce, appartenant aux laïcs, & dont le produit a été porté par les estimations faites par des experts, & du consentement des propriétaires, à huit cens dix-sept millions deux cens quatre-vingt-deux mille quatre-vingt-dix-huit réaux de veillon, ou deux cens quatre millions cinq cens mille livres.

2°. En un million trois cens soixante-quatorze mille cent artisans & journaliers, dont les journées ont été fixées suivant l'usage & le taux de chaque pays, & montent à cinq cens soixante-douze millions huit cens quatre-vingt-dix-huit mille cent quarante réaux de veillon, ou cent quarante-trois millions deux cens vingt-quatre mille cinq cens trente-cinq livres.

3°. En vingt-neuf millions six mille deux cens quatre-vingt-trois têtes de bétail de toute espèce, à l'exception des mules de carrosse & des chevaux de main, dont le produit revient à cent quatre-vingt-dix-sept millions neuf cens vingt-un mille huit cens soixante-onze réaux de veillon, ou quarante-neuf millions quatre cens quatre-vingt mille livres de France.

4°. Dans le produit des maisons, moulins & toutes espèces d'édifices, qui a été fixé à deux cens cinquante-deux millions quatre-vingt-six mille neuf réaux de veillon, ou soixante-trois millions vingt-deux mille livres de France.

5°. Dans le produit du commerce ou d'industrie qui a été fixé à cinq cens trente-un millions neuf cens vingt-un mille sept cens quatre-vingt-dix-huit réaux de veillon, ou cent trente-deux millions neuf cens quatre-vingt mille cinq cens livres de France.

Les revenus ou autres produits qui concernent le clergé, ont été fixés, savoir, en bénéfices :

1°. A deux cens soixante-trois millions cinq cens quatorze mille deux cens quatre-vingt-seize réaux de veillon, ou soixante-cinq millions huit cens soixante-dix-huit mille six cens livres, tant pour les terres que pour les maisons, moulins & autres édifices.

2°. Le patrimoine à quarante-sept millions soixante-trois réaux de veillon, ou onze millions sept cens quarante mille livres de France pour les terres.

3°. Pour les bestiaux, à vingt-un millions neuf cens trente-sept mille six cens dix-neuf réaux de veillon, ou cinq millions quatre cens quatre-vingt-cinq mille livres de France.

4°. Pour le produit des maisons & autres édifices, à quinze millions trente-deux mille huit cens trente-trois réaux de veillon, ou trois millions sept cens cinquante-huit mille deux cens livres de France.

5°. Pour salaires fixes & autres profits & utilités, à douze millions trois cens vingt-un mille quatre cens quarante réaux de veillon, ou trois millions quatre-vingt mille livres de France.

En réunissant tous ces objets de revenus, tant des laïcs que des ecclésiastiques, dans les vingt-deux généralités des royaumes de Castille & de Léon, il en résulte que le revenu des laïcs monte à deux millards trois cens soixante-douze millions cent mille neuf cens seize réaux de veillon, ou cinq cens quatre-vingt-treize millions vingt-sept mille quatre cens soixante-dix-neuf livres de France.

Et les revenus des ecclésiastiques, à trois cens cinquante-neuf millions huit cens six mille deux cens cinquante-un réaux de veillon, ou quatre-vingt-neuf millions neuf cens cinquante-un mille cinq cens soixante-trois livres de France.

Or en imposant sur les revenus des laïcs, quatre réaux deux maravédis par cent réaux, & sur ceux des ecclésiastiques, trois réaux deux maravédis aussi par cent réaux, le produit des deux impositions donnera les cent sept millions deux cens quatre-vingt-cinq mille cinq cens quatre-vingt-treize réaux de veillon, ou vingt-six millions sept cens quatre-vingt-un mille livres de France, que rendent les rentes provinciales, le subside du clergé & l'excusado qui, au moyen de la contribution unique, doivent être abolis.

On remarque que les autres branches des revenus du roi d'Espagne, qui n'ont rien de commun avec les impositions dont on vient de parler, subsisteront dans le même état où elles sont.

La junte ou commission qui a rédigé le projet de la contribution unique, prétend que ce réglement produira de grands avantages pour le peuple en général : voici ceux qu'elle expose principalement.

1°. La liberté du commerce pour toutes sortes de denrées de consommation.

Elle observe, par exemple, qu'un ecclésiastique qui a trois cens ducats de revenu, & dont la dépense de bouche consiste en deux cens cinquante-six livres de viande par an, vingt-deux arobes & demi de vin (l'arobe pèse vingt-cinq livres), quatre arobes d'huile, un arobe de vinaigre, & un cochon, paye, dans l'état actuel, pour tous les droits auxquels il est assujetti, deux cens soixante-un réaux trente-deux maravédis, ou soixante-six livres argent de France ; au lieu que suivant le nouveau plan de la contribution unique, il ne payera que cent réaux trente-deux maravédis, ou vingt-cinq livres de France. Cet exemple qui, dans toutes les proportions, peut servir à l'égard du clergé, fait connoître l'avantage considérable qu'il retireroit de la contribution unique.

Il en est de même du laïc.

Un particulier, par exemple, qui jouit de cinq cens ducats de revenu, & qui étant obligé de nourrir trois personnes, consomme chaque année trente-quatre arobes de vin, sept cens soixante-huit livres de viande, cinq arobes d'huile, un cochon, un arobe & demi de vinaigre, deux arobes de chandelles, payent, dans l'état actuel pour les droits, trois cens quatre-vingt-trois réaux quatorze maravédis, ou quatre-vingt-seize livres ; au lieu qu'au moyen de l'unique contribution, il ne paieroit que deux cens vingt-trois réaux, ou cinquante-six livres de France, & ainsi des journaliers & artisans à proportion.

Un second avantage consiste en ce que les biens des laïcs qui passeront dans les mains du clergé, demeureront chargés de l'imposition première, établie par la répartition générale qui aura été faite sur les biens-fonds à perpétuité.

Un troisième avantage résulte de ce que l'on épargnera les appointemens d'un grand nombre d'employés, & que par ce moyen la contribution unique rendra plus que les contributions actuelles : cet excédent formera un fonds suffisant pour faire des remises aux pauvres, & pour réparer les pertes qui seront occasionnées par des évènemens fâcheux.

La contribution unique a encore cet avantage, qu'elle formera une règle sûre pour tirer des sujets, dans le cas d'une guerre, des secours extraordinaires, en observant une juste égalité.

Enfin le peuple ne sera plus exposé aux vexations des employés, qui ne seront plus à même d'appliquer à leur profit particulier les contributions arbitraires qu'ils exigeoient à la faveur du désordre qui règne dans les rentes provinciales : chaque particulier sera à portée de vérifier dans les registres de sa généralité à quoi monte sa quote-part.

Cet établissement, tout avantageux qu'il est, a excité des plaintes de la part de quelques personnes, que l'adresse & la puissance mettoient à l'abri de payer les droits des rentes provinciales, ou au moins de les payer en entier ; & de la part des habitans de certains districts, dont les productions étoient moins chargées que celles des autres cantons ; mais ce sont principalement ces abus que l'on s'est proposé de faire cesser, en établissant une règle de proportion ; & quoiqu'on ne puisse se dissimuler que cette opération sera susceptible, dans l'exécution, des plus grandes difficultés, on compte que, par l'attention suivie que le gouvernement y donne, elle sera à sa perfection dans trois ou quatre années ; au lieu qu'on ne parviendroit jamais à rectifier les abus qui existent dans la forme & la perception des contributions actuelles.

Il paroît par les observations d'un écrivain estimable, qui a fait en 1777 & 1778, un voyage en Espagne, que cette contribution unique n'est établie que dans les provinces de Castille, & ne l'étoit point encore à cette date dans le reste du royaume d'Espagne.

Comme ce voyageur a parlé très-succinctement des finances de cet Etat, de son crédit, de ses ressources, & que ce qu'il en dit paroît être le résultat des instructions qu'il s'est procurées sur les lieux-mêmes avec beaucoup de soin, nous allons donner ce qui se rapporte à notre plan. *Nouveau voyage en Espagne fait en* 1777 *&* 1778, *deux volumes* in-12. 1782, *à Paris, chez Barrois.*

On évalue les revenus de l'Espagne à cent millions environ de piastres, y compris ceux des Indes qui, toutes déductions faites, ne vont guère, dit-on, qu'à quatorze ou quinze millions, quoique des personnes instruites les portent de quarante à cinquante. Tous ces revenus doivent être de beaucoup augmentés aujourd'hui, puisqu'étant fondés sur la consommation & le luxe, il est prouvé, suivant le dénombrement de M. le comte d'Aranda, que l'Espagne contient de dix à onze millions d'habitans, au lieu de sept qu'on lui supposoit.

Quoique la recette & la dépense soient depuis long-tems à peu-près balancées, on trouva en 1770 un déficit de cinq millions. On prit pour le remplir des moyens insuffisans ; & cependant le projet du gouvernement eut son effet. C'est que les dépenses extraordinaires qu'avoient exigé les Indes pendant quelques années, ont été suspendues, ou cessé d'être nécessaires. La vente du tabac établie au Mexique, a produit une augmentation de deux millions. Le même établissement projetté au Pérou & dans le reste des Indes, n'auroit pas de moindres avantages.

Ces ressources ont mis le gouvernement en état de subvenir, sans efforts extraordinaires, aux soixante millions qu'ont coûté les expéditions d'Alger & de Buenos-Ayres, si ce n'est quelques avances faites par l'entrepreneur des vivres de la marine, & de quelques emprunts faits aux *gremios*, ou corps des marchands. Ces emprunts sont secrets & doivent être peu considérables; car sans cela, ce corps perdroit la confiance du pubic, qui lui prête tous ses fonds, à raison d'un & demi ou deux pour cent; intérêt très-modique qui prouve que l'Espagnol n'entend rien à l'agiotage; que ce commerce intérieur offre peu de ressources; que l'agriculture n'est pas en vigueur, & que le gouvernement n'inspire qu'une très-légère confiance.

Cette dernière observation est démontrée par l'espace de sept ans qu'il a fallu pour remplir un emprunt de dix millions à rente viagère, quoiqu'il offrît aux prêteurs un intérêt de neuf pour cent. C'est la première opération de finance qu'ait fait l'Espagne : si l'on y joint les contrats que donna le roi régnant à son avénement au trône, pour éteindre une dette d'environ quarante millions laissée par Philippe V, & qu'il dépensa à faire planter les jardins de la grange. Ces contrats sont tombés dans un tel discrédit, que les propriétaires les offrent à quatre-vingt cinq pour cent de perte.

L'emprunt des dix millions étoit destiné à éteindre les charges onéreuses à l'état; comme il n'a point rempli cet objet, on l'aura, sans doute, employé à subvenir à d'autres besoins.

Ces emprunts exceptés, l'Espagne n'a donc pas de dettes, à moins qu'on ne veuille parler de celles de Philippe V. Ferdinand VI. déclara en montant sur le trône, qu'il ne vouloit pas les payer. Il ne faut cependant en rien conclure contre l'équité de ce prince. Ce ne fut qu'après plusieurs consultations de jurisconsultes, & sur-tout de théologiens, qu'il se décida à ce manque de bonne-foi; & il n'en conserva pas moins le titre de Juste, qu'on lui avoit donné. Il eut ensuite des remords, & il en fit part à son confesseur, qui étoit jésuite. Celui-ci osa demander au roi pourquoi il avoit pris ce parti; il lui répondit que telle avoit été son opinion dans le tems. Le confesseur voulut le nier; mais le roi, qui avoit conservé l'avis du jésuite écrit, & signé de sa main, le confondit, & bientôt l'éloigna de sa personne.

Charles III. trouvant cent cinquante millions d'épargne, déclara qu'il payeroit les dettes de son père; mais que les étrangers ne seroient remboursés qu'après les nationaux. Il paya, en effet, environ un cinquième du capital, & suspendit ensuite ses paiemens. L'Espagne, après cela, peut-elle compter beaucoup sur son crédit chez l'étranger? Elle trouveroit aussi peu de ressources dans son intérieur. Les deux seules villes riches & commerçantes, Cadix & Barcelone, ne confieroient pas leurs fonds au gouvernement, ayant, par la liberté du commerce dans les Indes, des moyens plus lucratifs & plus sûrs de les faire valoir.

Il y avoit autrefois des maisons puissantes à Madrid, sur lesquelles, dans les besoins urgens, le gouvernement auroit pu compter; mais elles sont éteintes aujourd'hui : leurs fonds se sont dispersés, &, d'ailleurs, elles avoient en ferme les revenus qui sont aujourd'hui en régie. Nous avons vu jusqu'à quel point l'état peut compter sur les *gremios*. On auroit de la peine à augmenter les impôts, ils sont déja trop considérables; il est donc évident que l'Espagne est peu en état de faire la guerre, & qu'elle s'épuiseroit aisément.

Les revenus publics se divisent, en Espagne, en rentes générales & rentes provinciales.

Les rentes générales sont, les douanes, la vente du tabac, du sel, du plomb, du cuivre & du vif-argent, les postes, le papier timbré, &c. Ces rentes sont en régie, & le clergé y est soumis comme les autres corps de l'état.

Le bail des rentes provinciales ne regarde que les vingt-deux provinces de la couronne de Castille; il comprend l'alcavala, dont le clergé est exempt, impôt qui date depuis l'année 1329; il consiste en un droit payable sur toute marchandise achetée, vendue, ou échangée. Cet impôt n'est pas égal par-tout; il est de huit pour cent sur toutes les marchandises qui entrent dans Madrid, & qui souvent sont arbitrairement estimées. Dans plusieurs villes, comme Alicante, Cordoue & Murcie, &c. il est permis aux marchands de s'abonner pour le droit d'alcavala.

Il existe en Espagne trois coutumes, relativement aux finances. La première est celle de la province franche de Biscaye, qui ne payoit rien autrefois, mais sur laquelle on a commencé à mettre quelques légers impôts. Les dépenses de la communauté sont couvertes, par une taxe égale & modique imposée sur chaque feu.

La seconde est celle de la couronne d'Arragon, où l'imposition est arbitraire & personnelle, excepté dans la Catalogne, où il existe un cadastre & une taxe proportionnelle.

La troisième enfin, est celle dont j'ai déja parlé, & qui regarde les provinces de Castille.

Le même voyageur dit, tome I. page 238, en parlant des douanes d'Espagne & de la ville de Sainte-Marie. » On descend dans le port par trois » larges degrés, & c'est-là qu'on s'embarque pour » Cadix, après avoir été fouillé. On vous fouille

» encore à quelques cens pas en avançant dans
» la mer ; vous ne manquez pas d'être fouillé en
» arrivant à la baie ; & l'on fouille pour la
» quatrième fois à la porte de Cadix.

» Il n'y a pas au monde de pays plus étrange
» que l'Espagne, & sur-tout Cadix, pour ce
» genre de vexation.

» Le gouvernement entretient une foule de
» mercenaires, ames viles, qui, pour vingt sols,
» laisseroient passer tous les contrebandiers de la
» terre, mais qui sont très-exacts à vuider les po-
» ches d'un homme honnête. Chaque ville d'Es-
» pagne met un impôt sur sa délicatesse; en en-
» trant & en sortant, il doit une portion de sa
» bourse aux gardes de la douane, s'il ne veut
» être vexé, fouillé & retardé. Ceux de Cadix
» sont les plus insolens qui existent parmi cette
» troupe avide ; ils ont l'effronterie, si vous passez
» seulement la porte de la ville pour aller au
» môle, de vous demander pour boire, avec un
» ricanement & un ton qui signifient : donnez,
» sinon je vous fouille. «

Plus loin, on trouve des observations très-judicieuses de l'auteur, sur quelques nouveaux réglemens publiés en Espagne en 1778, pour favoriser l'industrie, qui est une des sources de la finance des gouvernemens.

Ces réglemens ont accordé la liberté du commerce des Indes, en y comprenant, outre les isles sous le vent, *Campecho*, *Sainte-Marthe* & *Rio del hacha*.

Une partie de la côte de Terre-ferme & le Mexique, sont seuls excepté de cette liberté de commerce.

La sortie des soies, l'entrée de différentes étoffes de laine, de fil & de soie, ont été prohibées ; & ce nouveau systême a été un des fruits que l'histoire philosophique des deux Indes a produit en Espagne, quoiqu'elle y ait été proscrite.

L'Espagne avoit d'abord commercé avec ses colonies, par le moyen de la flotte & des gallions qui partoient de Cadix tous les trois ans, & qu'on avoit cessé d'employer depuis 1740. On leur avoit alors substitué des vaisseaux nommés *de registre*, qui ne partoient pas, comme les gallions, à des termes fixes, mais ne mettoient à la voile, qu'avec une permission expresse du gouvernement, & après beaucoup de formalités. Malgré ces entraves, l'usage des vaisseaux de registre produisit en peu de tems un bien sensible.

Les Indes, qui ne voyoient auparavant des vaisseaux Espagnols qu'à des époques marquées, & assez éloignées l'une de l'autre, avoient le tems d'oublier la métropole. Les colonies ne prenoient que lentement ses goûts, ses moeurs, ses usages. La fréquence des expéditions, qui fut la suite du nouveau systême, ouvrit une correspondance suivie entre l'Espagne & ses colonies. Elle leur fit connoître & aimer tous les besoins qui pouvoient être satisfaits en Europe ; le succès avoit surpassé les espérances des commerçans Espagnols, lorsque le nouveau réglement a paru. Il a peu satisfait les habitans de Cadix ; mais il paroissoit attendu avec impatience du reste de la nation.

Malaga, Carthagène, Alicante, Barcelonne, Bilbao, le Ferrol & la Corogne, peuvent librement expédier en droiture leurs marchandises ou leurs fruits dans les Indes. Il reste à savoir si ces diverses villes pourront faire usage de cette liberté : l'expérience a prouvé le contraire.

Le chargement d'un navire pour les Indes, proposé dans Alicante depuis six mois, n'a pas encore pu être rempli.

Si l'on suppose le tems de paix, & qu'il se trouve dans les divers ports de l'Espagne des commerçans riches, auxquels le commerce des Indes est connu, quels seront les résultats du nouveau réglement ?

Cadix, par sa position, ne peut pas recevoir plus d'étendue ; le petit espace qu'elle occupe au sein des mers est extrêmement peuplé, & ne peut pas l'être davantage ; de sorte que l'amour du gain engagera tel particulier qui vit dans les terres, à envoyer ses fonds dans cette ville ; mais il ne peut pas y transporter sa famille, parce que le terrein est circonscrit. Ses fonds seront ainsi doublement utiles, en ce qu'ils fourniront une ressource de plus au commerce, & qu'ils reviendront ensuite enrichir le pays qu'il habitera. Tel étoit un des grands avantages de la position de Cadix, & du privilège qu'elle seule avoit de faire le commerce des Indes.

L'Espagne médiocrement peuplée en raison de son étendue, devoit-elle donner un nouvel appât à l'avidité ? Devoit-elle augmenter les ressources des ports de mer, déja trop grandes, & qui se multiplient toujours aux dépens des campagnes, parce que le commerce paroît offrir des gains plus journaliers, plus sûrs & plus multipliés que ceux qu'on obtient par l'agriculture ? La facilité de se transporter dans les divers ports qui jouissent à présent de la liberté du commerce des Indes, ne peut-elle pas nuire à la population du centre du royaume ? Première objection contre le nouveau réglement.

Les diverses spéculations qui se faisoient à Cadix pour les Indes, étoient à-peu près connues. Les intéressés à ce commerce savoient varier, multiplier ou borner leurs demandes, en raison de la consommation & des spéculations qui avoient été faites sur la place. Il arrivoit cependant, malgré cette connoissance dûe à une longue pratique,

que tel article trop multiplié perdoit dans les Indes, tandis que tel autre manquoit absolument. Cet inconvénient est beaucoup plus à craindre aujourd'hui, que le genre des spéculations sera moins connu, puisqu'elles se feront dans des ports très-éloignés les uns des autres; dès lors le sort des commerçans deviendra plus précaire qu'il ne l'étoit. Seconde objection contre le nouveau réglement.

Les commerçans étrangers, attirés de toutes les parties de l'Europe à Cadix, venoient y proposer leurs marchandises : ce concours établissoit une concurrence & un rabais avantageux. Les avantages sont détruits aujourd'hui; les commerçans étrangers se répandront sur les deux côtés; les manufactures étrangères reprendront l'espèce de faveur qu'elles perdoient par cette concurrence. Troisième objection contre le nouveau réglement.

Cadix étoit le centre vers lequel se dirigeoient toutes les fortunes du royaume; le commerce y trouvoit des ressources inépuisables. La quantité de vaisseaux qui alloient aux Indes, & la faculté de pouvoir diviser les risques, en distribuant sa fortune sur plusieurs navires, encourageoient le négociant. Aura-t-il le même espoir dans de petites villes, qui pourront, à peine, expédier deux vaisseaux par an, & osera-t-il risquer d'un seul coup toute sa fortune? Quatrième objection contre le nouveau réglement.

Si on examine ce réglement plus en détail, on voit que ce qu'il offre de vraiment important, c'est l'abolition de toutes les formes gênantes, & d'une partie des droits auxquels le commerce des Indes étoit soumis.

Les vaisseaux pour le sud, de deux cens vingt-cinq piastres qu'ils payoient autrefois par tonneau, ont été réduits à cent vingt-cinq; & ceux pour Buenos-Ayres, à quatre-vingt piastres seulement.

Outre ce droit exorbitant, les marchandises payoient encore cinq réaux de platte, un peu plus de cinquante sols de notre monnoie, par palme cubique. Cet impôt, nommé *palmeo*, est supprimé par le nouveau réglement; il faisoit monter chaque tonneau à environ cent quinze piastres de plus. Ces deux droits réunis à beaucoup d'autres, obligeoient l'armateur à s'en dédommager sur le prix du fret.

Pour le Pérou, on payoit cinq cens piastres, environ deux mille livres par tonneau. Pour Buenos-Ayres, trois cens piastres.

Le nouveau réglement n'impose qu'au droit de trois cens pour cent, les marchandises originaires d'Espagne, à leur exportation dans les Indes, & autant sur celles de retour; & au droit de sept pour cent les marchandises étrangères importées en Espagne, avec la destination des Indes.

Malgré ces nouveaux arrangemens, il est douteux que le gouvernement Espagnol atteigne son but principal, celui de détruire la contrebande énorme qui se fait dans ses colonies. Il reste encore assez de bénéfice, pour servir d'appât au commerce interlope.

On sait que pour arrêter les succès de quelques commerçans étrangers, qui appelloient à Cadix les divers objets de luxe, & des manufactures de leur pays, le gouvernement Espagnol a multiplié les prohibitions en tout genre. Il a interdit l'exportation, dans les Indes, de bayettes ou molletons, des bas & rubans de fil & de soie, de tous les articles de luxe & de mode, &c. provenans de l'étranger. Mais ou il a cru avoir assez de fabriques pour fournir elles-mêmes ces divers objets de consommation, ou il a voulu, en fermant un débouché si considérable aux manufactures étrangères, dont il les recevoit, attirer les ouvriers qui ne seroient plus employés. C'est le seul but raisonnable qu'on puisse lui supposer, puisqu'il est bien loin encore de pouvoir approvisionner ses colonies avec ses propres fabriques. Il est donc intéressant pour les gouvernemens étrangers, de veiller à ce que l'industrie qui leur est propre, ne porte point en Espagne son esprit & ses bras. Je parle sur-tout à la France, *dit notre voyageur*; elle a peu fait jusqu'à présent pour son commerce; elle ne l'avoit jamais considéré que pour lui donner des entraves, ou pour mieux connoître les moyens d'en exprimer le suc, & de l'énerver. Tous les édits publiés sur cet objet essentiel, ont presque tous été dictés par la finance, & jamais uniquement dans des vûes d'ordre, d'encouragement & de protection: elle paroît enfin ouvrir les yeux sur ses vrais intérêts.

Le nouveau réglement est, en général, avantageux au commerce étranger; mais celui de la France en est plutôt lésé que favorisé.

Le droit de *palmeo* se percevoit sur la palme cubique des marchandises, quelle qu'en fut d'ailleurs la qualité; de sorte que cent palmes cubiques de marchandises fines & précieuses, ne payoient pas plus que le même volume de marchandises très-grossières.

L'Angleterre est en possession de fournir celles-ci; ses draps pesans & ses diverses étoffes de laine, ses outils de fer ou d'acier, formant des objets de peu de valeur, abondoient en volume, tandis que des toiles, des batistes, des rubans, & des étoffes de soie, fournies par la France, avoient tout l'avantage de ce droit de palmeo, qui pesoit bien plus sur celles d'Angleterre.

Je crois avoir suffisamment prouvé, *poursuit notre voyageur*, que le nouveau réglement est contraire aux intérêts de l'Espagne & de son commerce. Ce n'est pas que je veuille attaquer la liberté;

liberté; je la crois non-seulement utile, mais absolument nécessaire aux progrès de l'industrie : ce n'est donc point contr'elle que je parle. J'ai voulu simplement examiner s'il n'y avoit point de pays, où, selon le tems, la position & les circonstances, elle devoit être limitée; & je crois que l'Espagne est un de ces pays-là. Elle pouvoit se procurer tous les avantages que procure la liberté du commerce, sans s'exposer aux abus qu'elle peut entraîner. En délivrant celui des Indes de toute la gêne à laquelle une mauvaise administration l'avoit soumis, il ne falloit que faire un pas de plus; c'étoit de rendre ce commerce libre à tous les Espagnols, sans permissions, sans entraves, sous des droits simples & modérés; mais de le fixer à Cadix.

A l'égard des autres ports, elle devoit tenter d'y ranimer l'esprit de navigation, d'encourager le cabotage, & ne pas souffrir que l'Angleterre, la Hollande, la Suede & les autres nations, lui apportent ce dont elle a besoin; mais aller elle-même le chercher dans les différens ports. Elle a travaillé à se former une marine militaire redoutable; c'est un beau corps sans ame, si elle ne devient pas l'appui d'une bonne marine commerçante. Elle sera, dans le fait, très-coûteuse sans objet, tant que l'Espagne n'aura de commerce direct qu'avec ses propres colonies, & qu'elle ne saura, ni exporter ses denrées à l'étranger, ni importer les matières brutes ou fabriquées dont elle manque.

Il résulte de tout ce qu'on vient d'exposer, que l'Espagne est demeurée en arrière sur une foule d'objets essentiels, tandis qu'à certains égards, elle a passé le but; comme lorsqu'elle a voulu établir des fabriques avant que d'avoir une agriculture; lorsqu'elle gêne trop, d'une part, son commerce extérieur, que de l'autre elle l'aggrandit trop, sans chercher des moyens pour le faciliter dans l'intérieur, ou d'une province à l'autre. Tout est entraves, chicanes, embarras, lorsqu'elle veut mettre des bornes à la contrebande, & qu'elle lui ouvre des issues qu'elle n'avoit point; lorsqu'elle permet ouvertement l'exportation d'un article, & qu'elle le prohibe en secret; ou lorsqu'elle le défend au commerce en général, pour donner à un ou deux particuliers la liberté de l'introduire, & de faire le monopole.

Tous ces faits sont connus; je me contente de les indiquer, & de montrer la fausse politique de l'Espagne, qui paroît n'avoir eu d'autre plan, que de secouer, depuis quelques années, le joug du commerce étranger, & de sortir d'une dépendance qu'elle pouvoit faire tourner à son profit; mais elle n'a su, jusqu'à présent, que varier ses moyens sans en calculer les conséquences. Elle prohibe d'une part, sans restreindre de l'autre; elle n'a fait que multiplier l'appât des gains illicites, *sans augmenter ses ressources, & sans améliorer ses finances.*

On pourroit encore blâmer l'Espagne de l'ambiguité volontaire qu'elle met dans plusieurs articles de ses pragmatiques, & qui ouvre la porte à une foule de vexations criantes. *Chaque douanier devient l'interprête de la volonté du souverain; il étend ou limite, à son gré, les droits & les prohibitions; toujours sûr d'être approuvé lorsqu'il a satisfait son avidité, en paroissant vouloir augmenter les droits & les revenus du maître.* La liste des abus de ce genre est des plus considérables, & le gouvernement, par la manière captieuse, ambigue ou vague dont il s'exprime dans ses derniers actes de prohibitions, paroît ne pas vouloir y mettre une fin. *J'ai gémi plus d'une fois, de voir le commerce étranger soumis au despotisme le plus arbitraire, & j'ai dû élever ma voix, quelque foible qu'elle soit, pour tâcher, au moins, de le démasquer.*

Un négociant François qui a long-tems résidé à Cadix, après avoir parcouru l'Espagne pour les affaires de son commerce, ne nous donne pas une idée plus favorable de l'administration des finances de l'Espagne, parce qu'il rapporte, de celle des douanes & des perceptions qui s'y font. *Café politique, par M. Pelissery, de Marseille*, deux volumes *in-8°.* premier volume, pag. 266 & suivantes.

Il résulte de la variation & de l'incertitude de la quotité des droits, effets conséquens à la multiplicité des espèces de droits, que les moyens de fraude sont en très-grand nombre, malgré la sévérité du gouvernement.

Il n'y a pas d'exemple qu'on ait jamais pesé dans les douanes les marchandises; ni vérifié les aunages; on se contente de s'assurer de la qualité des objets, par l'ouverture des caisses & des balles.

La facture, ou lettre de voiture, est remise au *viste*, qui règle, sur cette pièce, les prix, les qualités des marchandises, & le montant des droits qu'elles ont à payer.

La façon d'établir ces droits est un véritable algèbre. Les appréciations sont de huit ou dix pour cent sur des nombres fixes, comme deux mille huit cens quatrevingt-dix, deux mille six cens quatre-vingt, deux mille deux cens; de façon qu'après avoir évalué d'abord la marchandise en maravédis, qui est une monnoie presque idéale aujourd'hui, valant un denier; il faut les diviser en réaux de veillon & en réaux de platte, & la journée se passe à chiffrer. Deux réaux de veillon valent dix sols six deniers : les réaux de platte sont de différentes sortes; il y en a de huit, de quatre, de deux, & de deux & demi.

Les réaux de huit sont les piastres; de quatre, les demi-piastres; de deux, les quarts de piastre; ceux de demi, sont le seizième de la piastre.

Il faut ajoûter ici, au sujet des maravédis, que tous les tarifs, tous les comptes, toutes les écritures publiques, se font en maravédis, ou en autres monnoies de compte, composées de maravédis.

Pour l'ordinaire, un négociant qui a une partie considérable de marchandises à retirer, s'abouche avec le viste. Ils conviennent de présenter une facture supposée, qui n'en comprend que la moitié; les droits une fois perçus sur cette portion, ceux qui sont dûs sur l'autre sont partagés entre le viste & le négociant.

Tel est, en général, le vice des régies, peu attentives ou indifférentes, que si leur manutention est très-étendue, la vigilance de l'administration ne peut plus découvrir les collusions, ni arrêter les combinaisons artificieuses qui se pratiquent au préjudice des droits. D'ailleurs, tous les préposés à la manutention étant coupables des mêmes délits, ou intéressés dans les bénéfices qu'ils produisent, le cri public, qui pourroit dénoncer des malversations de toute autre espèce, n'a garde de se faire entendre en cette occasion. La classe mercantile, qui est la seule qui en ait connoissance, gagne bien plus au secret, qu'à dévoiler des manœuvres dont elle partage l'exécution & les profits.

Au moyen du péculat qui règne dans la manutention subalterne des douanes d'Espagne, les directeurs des frontières ou des villes maritimes, acquièrent des fortunes immenses. Il n'en est point qui ne fasse secrettement le commerce des piastres, dont la sortie est défendue, par un certain *apradinado*, qui substitue des caisses de ces monnoies, à des caisses d'oranges & d'autres fruits du pays, qu'il a déclaré expédier à Gênes & à Marseille; la protection dont jouit cette espèce de courtier l'exemptant de vérification.

Ces pratiques sont connues à Barcelonne, à Palamos, à Rose; & il n'y a guère de bâtiment qui n'emporte, de cette manière, cinq à six mille piastres.

ESPALEMENT, f. m. qui signifie la même chose que jauge; ainsi, faire l'espalement, c'est jauger. Le mot d'espalement se trouve employé dans l'ordonnance des aides, au titre des droits sur la bierre, articles II. & V.

Le premier porte que les brasseurs ne pourront se servir de cuves, chaudières & bacs, que l'espalement n'en ait été fait avec le fermier des droits, ou ses commis, qui apposeront leurs marques aux cuves & aux bacs, en tous les endroits qu'ils jugeront nécessaires.

L'article V. donne le choix au fermier de se faire payer les droits dûs à la fabrication de la bierre, ou sur le nombre & la continence des vaisseaux dans lesquels on l'aura entonnée, ou sur le pied de l'espalement des chaudières. Ce terme n'est en usage que dans la régie des droits dûs sur la bierre.

ESTIMATION, f. f. qui veut dire la même chose que prisée, évaluation. Le terme d'estimation est fort en usage dans le régime des douanes, parce que toutes les marchandises qui ne sont pas comprises dans les tarifs des droits d'entrée & de sortie du royaume, ou dans ceux des droits locaux, doivent s'acquitter suivant le taux du tarif, d'après leur estimation, ou leur valeur déclarée.

Si les commis reconnoissent que cette valeur déclarée, est inférieure à la valeur réelle de la marchandise, les arrêts & lettres-patentes des 2 août 1740 & 27 septembre 1747, les autorisent à prendre la marchandise, en payant le sixième en sus de la valeur déclarée; mais s'ils n'usent pas de cette faculté, ils doivent percevoir les droits conséquemment à l'*estimation* déclarée. *Voyez* DÉCLARATION, page 473.

Lorsque des marchandises non prohibées sont saisies avec la voiture, & que le propriétaire ou le conducteur demande la main-levée du tout aux commis saisissans, ils sont autorisés à l'accorder, pourvu que le propriétaire ou conducteur fournisse bonne & suffisante caution d'en représenter la valeur, suivant l'*estimation* portée par le procès-verbal de saisie, ou même qu'il consigne le montant de cette estimation.

Il en est de même pour les marchandises qui ne pourroient être gardées, sans en craindre le dépérissement & la détérioration. Les articles III & X. du titre 11. de l'ordonnance de 1687, règlent, à cet égard, ce qui doit être observé dans ces deux circonstances.

Il ne peut qu'être prudent de s'y conformer en toute occasion, afin que s'il survient une procédure, soit sur le fonds, soit sur la forme de la saisie, il n'en résulte point de dommages-intérêts contre le fermier, pour la valeur des marchandises qui pourroient se détériorer.

ESTIMER, c'est faire l'estimation.

ESTRELAGE, f. m. qui se trouve employé dans l'article I. du titre 12. de l'ordonnance des gabelles, d'après laquelle il paroît être un droit seigneurial qui se levoit en essence sur le sel.

ÉTAIN, f. m. Nom d'un métal trop connu, pour qu'il soit besoin d'en donner la description. Mais on croit devoir s'y arrêter, pour faire voir comment les lumières successivement acquises sur le commerce & sur les moyens de favoriser l'industrie qui le nourrit, se sont étendues aux différens objets propres à l'occuper, & comment elles ont produit d'heureux changemens dans la législation des droits qui nuisoient à la prospérité de ces deux branches de revenus pour l'état.

Jusqu'en 1762, l'étain en masse ou non ouvré, ne pouvoit entrer dans le royaume que par certains bureaux désignés dans l'article V. d'un chapitre particulier de l'ordonnance du 22 juillet 1681, (en exceptant toutefois la Bretagne, dont tous les ports pouvoient recevoir ce métal) à peine de confiscation & de trois mille livres d'amende.

Ce métal devoit cinquante sols par quintal pour le droit d'entrée, & douze livres dix sols pour le droit de marque aussi par quintal, ou deux sols six deniers par livre poids de marc. Ces deux droits se lévoient ensemble dans les provinces des cinq grosses fermes; mais dans les provinces réputées étrangères, la Bretagne exceptée, le droit de marque se percevoit avec celui du tarif établi.

On reconnut d'abord, en 1761, que l'étain, considéré comme matière première, étoit nécessaire à plusieurs fabriques, & qu'en conséquence il étoit utile d'en favoriser l'importation par une réduction de droits. Ces vues furent remplies par l'arrêt du conseil du 22 décembre 1761. Il ordonna que les étains en saumons, lingots & autres non ouvrés, apportés de l'étranger, seroient exempts du droit particulier de deux sols six deniers par livre, perçu sous le nom de droit de marque.

Peu de tems après, le gouvernement informé que cette faveur ne produisoit pas tout l'effet qu'il s'en étoit promis, parce que l'introduction des étains étoit toujours restreinte par certains bureaux, l'arrêt de 1761 fut interprêté par une décision du conseil du 19 février 1762, qui porta, qu'à l'avenir il n'y auroit plus de restriction à cet égard, & que les étains pourroient entrer dans le royaume, par tous les bureaux indistinctement, en payant toutefois, les droits d'entrée établis par les tarifs qui ont lieu dans les provinces.

Mais par une suite des principes de réciprocité que dicte la politique, les étains Anglois furent distingués de tous les autres. Ceux qui sont ouvrés, restèrent prohibés; ceux qui viennent en lingots, continuèrent d'être assujettis au droit de quatre livres par quintal, en conformité de l'arrêt du conseil du 20 mai 1738.

Pour empêcher que des étains originaires d'Angleterre ne fussent apportés d'Hollande, sous le nom d'étain de Siam ou de Malak, ou sous tout autre nom, les dispositions de la décision du conseil du 4 septembre 1741, furent maintenues. Elle ordonne que tout étain venant d'Hollande, sera accompagné du certificat des directeurs de la compagnie des Indes Hollandoise, & marqué d'une marque particulière, sans laquelle il sera réputé venir d'Angleterre, & assujetti aux droits en conséquence.

A l'égard de l'étain ouvré, dont on sent que l'introduction ne peut qu'être nuisible à la main-d'œuvre nationale, celui d'Angleterre est, comme on l'a dit, absolument prohibé. L'étain ouvré de tout autre pays ne peut être admis dans le royaume, que par Lyon, Agde, Bordeaux, Calais, Cette, Dieppe, la Rochelle, Marseille, Narbonne, Rouen, Saint-Vallery, & Toulon; d'où il suit, qu'il ne pourroit point en être importé en Bretagne, en Flandre, ni en Franche-Comté.

Dans tous les bureaux où les étains ouvrés peuvent passer, ils sont sujets au droit de marque de deux sols six deniers par livre, indépendamment des droits d'entrée; celui de marque n'ayant été supprimé que sur les étains en masse ou lingots.

ÉTAPE, f. f. qui a deux acceptions. Dans la première, il signifie un lieu particulier où l'on décharge les vins & les boissons qu'on a porté dans quelques villes des provinces où le droit de gros a cours, & en payant un droit. L'établissement des étapes a pour objet de concentrer le commerce des vins & des boissons, dans des lieux déterminés, afin de rendre la perception du droit de gros d'autant plus sûre & plus facile.

A Versailles, les lettres-patentes du mois de juillet 1677 ont établi une étape, où les marchands forains sont obligés de déposer les vins & autres boissons qu'ils y amènent, en payant dix sols par muid de vin & d'eau-de-vie, cinq sols par muid de bierre, cidre ou poiré.

Il est défendu à tous marchands de vin, soit des villes, soit forains, & à tous particuliers, de tenir magasin de vin dans les trois lieues voisines des villes & fauxbourgs où il y a étape, à compter de l'extrémité de ces fauxbourgs; comme aussi de décharger leurs vins; & de les vendre en gros, ou par barrils, brocs & bouteilles, dans la même étendue, à peine de confiscation & de cinq cens livres d'amende.

Les bourgeois des villes où il y a étape, peuvent cependant garder les vins de leur crû, dans les maisons qu'ils ont dans ces trois lieues, & même celui qui est nécessaire pour leur provision.

Les hôteliers, taverniers & cabaretiers qui demeurent dans la même étendue, peuvent tenir dans leurs maisons telle quantité de vin que bon leur semble, en le déclarant aux commis des aides; mais il leur est défendu de vendre aucun vin en gros, même celui de leur crû, à peine de confiscation & de trois cens livres d'amende, qui, suivant la déclaration du 17 février 1688, peut être réduite au quart par les juges.

Étape, dans sa seconde acception, signifie un

lieu où l'on rassemble des provisions de bouche, des fourrages, que l'on distribue aux troupes, soit d'infanterie, soit de cavalerie, dans les marches qu'elles sont obligées de faire, pour se rendre d'une garnison en une autre.

On désigne aussi par le mot d'étape, la ration même que l'on délivre aux soldats.

La pratique des étapes est très-ancienne; on en trouve plusieurs vestiges dans la jurisprudence militaire des Romains. *Annona panis, vini, pabuli, at cæterarum frugum præter stipendium pecuniarium, militibus, tam stationariis, quam proficiscentibus concedi solebat.* Non-seulement les troupes Romaines recevoient la subsistance dans leurs marches, mais ils trouvoient aussi pour loger des *mansions*, qui ont reçu ensuite le nom de *casernes*.

Une ordonnance du roi du 25 septembre 1719, avoit même ordonné qu'il en seroit construit dans tous les lieux de passage du royaume; mais elle n'a pas eu d'exécution. L'intérêt particulier, la jalousie des ordonnateurs en second, contre un projet qui retranche de leur autorité, ont fait échouer ce plan si avantageux.

Avec les *mansions* ou casernes, que les Romains avoient établis dans les lieux de passage, il s'y trouvoit encore des greniers & des magasins publics, dans lesquels on rassembloit, aux dépens du trésor de l'état, des bleds, des chairs salées, & plusieurs autres denrées, qui étoient sous l'inspection & les ordres du gouverneur de la province. Il étoit, de même, chargé de veiller à ce qu'elles fussent délivrées aux soldats, saines, de la qualité & dans la quantité prescrites.

Sur quelques plaintes d'infidélité de la part des distributeurs, l'empereur Valentinien ordonna qu'il y auroit dans chaque mansion, des mesures de cuivre ou de pierre, avec des balances & des poids, pour mesurer & peser les provisions avant d'en faire la délivrance aux troupes.

Lorsque les empereurs ordonnoient quelques mouvemens de troupes, ils faisoient publier leur marche par des affiches, qui marquoient les lieux de séjour & de logement, afin que ceux qui étoient chargés de la fourniture des vivres & du logement, eussent le tems de préparer tout ce qu'il falloit pour ces deux objets. Aujourd'hui, les extraits des routes qui sont envoyés aux intendans des provinces, tiennent lieu de cette publication.

Le soldat Romain, dit saint Ambroise, ne suit pas à son gré la route qu'il lui plaît. Il ne va point par des chemins détournés; l'empereur détermine ceux qu'il doit suivre; il va par la droite & grande route; il y trouve des vivres & des gîtes préparés; ses séjours sont marqués après trois jours de marche.

Lorsque les François eurent conquis les Gaules, ils se firent fournir des vivres par leurs nouveaux sujets, dans leurs marches guerrières. Les armées qui passoient les frontières, étoient obligées de se munir de vivres, pour trois mois, & d'habits pour six.

Au rapport de Mézeray, il étoit défendu aux soldats de rien prendre dans le pays ennemi; les chefs qui les conduisoient étoient responsables du pillage, parce que ce pillage se faisoit par ordre, & avec une certaine méthode, & tout ce qui en provenoit se conservoit, pour être distribué après la campagne, suivant le grade de chacun.

Les troupes rentrées en France, leur avidité s'assouvissoit sur les campagnes, rien n'arrêtoit cette fureur de piller; & le peuple fut ainsi tourmenté jusqu'au règne de Charles VIII.

Ce prince fit plusieurs beaux réglemens pour établir la discipline militaire. François I. & Henri II. suivirent cet exemple; mais le désordre étoit dégénéré en habitude. Les troubles, d'ailleurs, se renouvelloient si souvent, que la discipline n'a véritablement commencé à s'établir parmi les troupes que sous Louis XIII, & les réglemens à cet égard n'ont reçu leur perfection que sous son successeur.

C'est sous Louis XIV. que la fourniture de l'étape, prit aussi une forme constante & réglée, & qu'elle fut donnée au rabais à des entrepreneurs.

Ce prince fit dresser une carte générale des routes que tiendroient les troupes, des lieux où elles coucheroient & séjourneroient, & dans lesquels on leur fourniroit l'étape. C'est d'après cette carte que sont réglés les jours de marche & de repos, des corps & des recrues qui passent d'une province dans une autre.

La dépense des étapes est comprise dans le brevet des tailles; il s'impose sous ce nom. En 1718 on accorda une augmentation de paye aux soldats, qui devoient pourvoir à tous leurs besoins dans les marches, & les étapes furent supprimées; mais l'imposition destinée à cette dépense continua d'avoir lieu. On reconnut que les troupes avoient peine à subsister dans leurs routes; qu'il ne se trouvoit pas toujours suffisamment de vivres & de denrées dans les lieux de passage, en sorte qu'il étoit difficile d'empêcher les soldats d'exiger de leurs hôtes des supplémens de subsistance. Les étapes furent rétablies par ordonnance du roi du 13 juillet 1727, pour avoir son exécution, à commencer du premier janvier de l'année suivante.

L'adjudication s'en fit d'abord tous les ans dans chaque province, au rabais; l'adjudicataire étoit tenu de fournir la ration d'un poids fixé de pain, de viande & de vin, à un prix déterminé. Aujourd'hui c'est une compagnie qui est chargée de ce service dans tout le royaume, & elle est payée sur les fonds de l'extraordinaire des guerres, en conséquence des traités passés avec le ministre de ce département.

La somme qui s'impose sous le titre d'étapes, avoit toujours été comprise dans le brevet des tailles pour un million deux cens vingt mille livres. En 1763, on reconnut que cette somme étoit fort au-dessous de la dépense effective; on la porta à deux millions trois cens quarante-six mille six cens soixante-sept livres, qui font partie de la masse du brevet des tailles, qui est sujette encore à deux sols pour livre.

ÉTAPIER, f. m., qui est chargé de la fourniture des étapes. Ils sont assujettis, par les arrêts du conseil des 15 février 1701, 17 novembre 1705, 24 mai 1707, & 15 décembre 1708, au paiement des droits d'entrée dépendans des fermes; mais ils sont exempts des drois d'octrois, & de ceux de détail sur les boissons qu'ils fournissent à l'étape seulement, à la charge par eux d'avoir des caves & celliers pour mettre les boissons d'étape séparément de celles qu'ils destinent à leur propre consommation, d'en faire leur déclaration au bureau des aides, & de souffrir les visites des commis, à peine de confiscation des boissons, & de cent livres d'amende.

Les viandes fournies à l'étape par les étapiers, sont exemptes des droits d'inspecteurs aux boucheries. *Voyez* l'article de ces droits.

ÉTAT, f. m., qui a un grand nombre de significations en finance. En général, il signifie un rôle qui énonce en détail les objets pour lesquels il est fait. On distingue des états de distribution de deniers, des états de fournitures quelconques, des états de paiemens, des états de produits, des états de recette & dépense.

En matière de comptabilité, état signifie un tableau ou mémoire, dans lequel sont détaillées toutes les parties de recette & de dépense d'un comptable, ses reprises, ses avances, ou ses débets. *

ÉTAT BREF, est un compte par simple mémoire, à la différence d'un compte qui est rendu dans les formes prescrites par l'ordonnance. *

ÉTAT FINAL à la chambre des comptes, est celui que le rapporteur écrit en fin du compte, suivant ce qui résulte des parties allouées ou rejettées dans le compte. *

ÉTAT des maisons royales, est le rôle des officiers qui y sont attachés pour les différens services des princes, & doivent, en conséquence, jouir des privilèges que leur confèrent leurs charges. Ces états sont envoyés chaque année au procureur-général de la cour des aides; & sur les conclusions de ce magistrat, ils sont reçus & déposés au greffe de la cour.

Mais ce dépôt n'est ordonné, qu'après qu'il a été vérifié que le nombre des personnes comprises dans ces états, est le même que celui de l'année précédente, & conforme aux loix enregistrées. S'il se trouvoit de l'augmentation, sans qu'elle fût autorisée par aucune loi, l'état n'en seroit déposé qu'à la charge que les officiers ajoutés sans raison suffisante, ne jouiroient d'aucun privilège, & le procureur-général n'en requerroit le dépôt que sous cette condition.

De même, il est dans l'usage de requérir que les noms qui se trouvent en blanc dans les *états*, ne pourront être remplis qu'en vertu d'arrêts de la cour. Il est également dans l'usage de requérir, que les survivanciers & surnuméraires ne jouiront d'aucun privilège; au contraire, si ce magistrat s'appercevoit que dans cet état, ont été omis quelques officiers qui ont droit d'y être compris, il réformeroit cette omission, parce qu'en même tems qu'il est le censeur né de tous ceux qui usurpent des privilèges, il est le conservateur de tous les privilèges légitimes.

ÉTAT au vrai, en style de la chambre des comptes, est un état arrêté, soit au conseil, soit au bureau des finances, de la recette & dépense réellement faites par le comptable; à la différence de l'état du roi, qui est l'état des recettes & dépenses qu'il avoit à faire.

Plusieurs comptables, tels que les trésoriers de la guerre & de la marine, le receveur général des parties casuelles, sont tenus de compter par états au vrai au conseil, & ensuite à la chambre des comptes par états en forme, suivant l'édit de 1717.

Le réglement de 1669, défend même à tous comptables de présenter leurs comptes à la chambre, que les états au vrai n'en ayent été arrêtés au conseil, à peine de trois mille livres d'amende; & aux chambres de les juger, à peine de nullité.

Il défend pareillement à tous comptables, d'employer aucune partie dans leurs comptes, que celles qui seront passées dans les états au vrai, à peine de nullité de l'emploi, & de restitution du quadruple. **

ÉTAT de distribution, est celui qui s'arrête tous les quinze jours ou toutes les semaines au conseil des finances, & que signe le ministre de cette partie, pour être envoyé au garde du trésor royal. Il contient les sommes que ce dernier doit payer, à titre de pensions, gratifications, appointemens, &c.

ÉTAT *ut jacet*, se dit à la chambre des comptes, lorsqu'on tarde à clorre un compte. L'auditeur rapporteur du compte en doit faire l'état *ut jacet*, suivant l'ordonnance de 1454, pour empêcher que, pendant ce retardement, le comptable ne divertisse, par des acquits mendiés, les fonds qu'il peut devoir. *

ÉTAT du roi. Les états du roi sont des rôles arrêtés au conseil royal des finances, tous les ans, & qui contiennent l'énumération des charges, dont le paiement est assigné sur les différentes parties des revenus du roi.

Ainsi, on expédie l'état du roi pour les recettes générales des finances, pour les aides, pour les gabelles, & pour les domaines, &c. &c.

Chacun des receveurs généraux de ces parties doivent rapporter à la chambre des comptes, pour justifier de leur recette, les états du roi & au vrai, pour établir qu'ils ont fait dépense de toutes les sommes qui s'y trouvent comprises, ou qu'ils ont en reprise ce qu'ils n'ont pas acquitté.

On va donner ici des renseignemens exacts sur les états du roi qui concernent la partie des domaines & bois; ils mettront en état de juger de la forme des états du roi en général, & de leur utilité.

Les états du roi, des domaines, comprennent en général les fiefs & aumônes, les gages, augmentations de gages, & autres attributions des officiers des prévôtés royales, bailliages, sénéchaussées, parlemens ou conseils souverains, & les rentes dûes par sa majesté. Ils comprennent aussi certaines pensions ou gratifications annuelles, & autres dépenses de cette nature, dont le paiement est affecté sur la recette des domaines.

Les charges qui sont employées dans les états du roi concernant les bois, sont les gages, attributions, journées & vacations des grands-maîtres des eaux & forêts, des officiers des maîtrises, greffier, arpenteur, gardes généraux & particuliers des forêts de sa majesté, & autres gens attachés à cette partie.

Les bureaux des finances de chaque généralité sont chargés de suivre l'exécution des états du roi, & seuls compétens pour connoître des contestations qu'elle peut occasionner.

Les administrateurs des domaines ne sont tenus de satisfaire qu'aux charges que comprennent les états du roi, en sorte que ce n'est qu'après qu'ils sont arrêtés, que les parties prenantes peuvent exiger le paiement des sommes pour lesquelles leurs noms s'y trouvent employés.

Quelquefois, cependant, il est des objets privilégiés qui sont payés d'avance, sur une lettre du ministre des finances. Dans tous les cas, les parties prenantes doivent fournir une quittance en parchemin, des sommes qui leur sont payées, & elles doivent, à raison de ces quittances, les droits qui ont été fixés comme il suit:

Pour les sommes au-dessous de vingt livres, il n'est rien dû.

Pour celles depuis vingt livres jusqu'à cent, ...		15 s.
Pour celles depuis cent jusqu'à cinq cens livres, ...	1	10
Pour celles depuis cinq cens livres & au-dessus, quelqu'en soit le montant,	3	

ÉTATS. (pays d') Les pays d'état jouissent d'un avantage dont ils sont jaloux avec raison; c'est que les contributions paroissent y être accordées par les provinces. Ce n'est pas, sans doute, est-il dit *dans la collection des mémoires sur les impositions*, de la part des états, un don purement libre & volontaire; ils doivent reconnoître que c'est une dette dont le titre est l'obligation de concourir à la défense de la patrie & au maintien du gouvernement; mais du moins la province a-t-elle la liberté d'examiner ce qui lui est demandé, & l'honneur de stipuler en l'accordant, le maintien de ses privilèges & des formes anciennes de son administration.

Elle est obligée de payer la somme convenue avec le gouvernement. Mais la répartition & la levée des deniers nécessaires pour la procurer, sont l'ouvrage des chefs de son administration. D'ailleurs, aucune imposition ne peut être faite qu'elle n'ait été préalablement ordonnée par le roi, permise ou autorisée, & la jurisdiction sur ce qui concerne les impositions appartient à ses cours.

Les formes de l'imposition & de la répartition varient en chaque province. On a fait connoître celles qui ont lieu en Artois, en Bourgogne, & dans les pays qui sont partie de cette généralité; on a parlé aussi des formes de l'imposition qui sont usitées en Bretagne & en Béarn. Il ne reste plus qu'à donner ici l'énumération des pays qui jouissent du privilège d'avoir des états, indépendamment des provinces qu'on vient de nommer.

Ce sont la Flandre Wallone.

Le Languedoc.

La Provence.

Les pays de Bigorre, de Foix, de Labour, de Marsan, de Nebousan, de Soules & des Quatre-Vallées.

On donnera sous le nom alphabétique de ces pays, le détail des impositions ou abonnemens qu'ils paient, soit pour tenir lieu de taille, soit à titre de remplacement des droits dont ils sont affranchis.

Un mémoire rédigé en 1750, sur l'utilité des états, considérés sur tous les rapports qu'ils ont avec le gouvernement, doit naturellement trouver ici sa place ; nous l'empruntons *de la bibliothèque d'un homme d'état*, in-4°., *par M. Robinet.*

Je crois qu'il seroit également fâcheux que le prince ne vît ses droits que dans sa puissance, & que les sujets ne connussent de principes de leur obéissance, que la loi du plus fort : cette façon d'envisager les choses pourroit un jour produire d'un côté la violence & le délire ; & de l'autre, la crainte, les murmures & le désir de secouer le joug. Cela posé, lequel des deux hommes que je veux présenter doit passer pour le meilleur citoyen & le meilleur sujet ?

« L'un dit, le roi est le maître ; il peut faire » les loix ou les détruire, les abroger toutes même, » & gouverner par sa seule volonté ; tous privi- » lèges sont ses concessions : il peut les confirmer » ou les détruire comme seul juge du bien de l'é- » tat ; il a fait ces rangs & ces prérogatives, il » peut les défaire ; outre qu'il a ce pouvoir de » droit, il l'a aussi de fait, puisqu'il a deux cens » mille hommes ; c'est d'ailleurs l'avantage géné- » ral, puisque la communication de l'autorité ne » fait que des factieux, détourne tous les sujets » de leurs emplois civils, & produit le désordre ; » au lieu que l'autorité arbitraire assoupit tout, » est au-dessus de tout, règle tout, ou peut, sans » conséquence, se dispenser des règles.

Voilà ce que dit l'un ; voici ce que dit l'autre.

» Le roi est le maître : il commet à qui il plaît » l'exécution des loix ; il peut en faire & les dé- » truire avec l'accession de son peuple ou de ses » représentans ; il gouverne tout par sa propre vo- » lonté, relativement aux loix établies ; ses trou- » pes protègent ses sujets ; il se réserve tout le » pouvoir politique, parce qu'il sait qu'il n'est pas » de nature à être communiqué ; mais il confie » le pouvoir civil à des mains intègres ; il respecte » les usages reçus, les ordres établis, & fait que » la dégradation est un supplice dû seulement aux » crimes : il pense qu'assoupir tout, ou, pour » mieux dire, tout étouffer, n'est pas gouverner ; » qu'il est même impossible de tout engourdir, & » que ce n'est pas du sein de l'assoupissement » qu'il tirera des hommes capables de faire valoir » & de ménager son autorité ; autorité néanmoins » qu'il est indispensable de faire agir. Son état, » son pouvoir ne dépendent point de ses soldats, » mais de l'autenticité de ses droits sacrés, de leur » empire sur les opinions, de la nécessité dont il » est à tout un corps immense qui ne vit que par » lui, dont son autorité maintient les rangs, les » privilèges, & fait toute la sûreté. » Qu'on présente à tous les princes d'aujourd'hui ces deux définitions de l'autorité, sans les aigrir par d'odieuses imputations de factieux.... & je vois d'ici que leur choix est fait.

Je crois fermement que les souverains légitimes ont un intérêt réel à permettre à leurs sujets la discussion, la connoissance de leurs droits, ce qui est intimement lié à celle des devoirs des sujets. Je pense qu'un homme éclairé peut seul faire un sujet ferme dans son devoir, & qu'il n'y a qu'un pas de l'obéissance aveugle à la révolte.

C'est d'après ce principe que j'ose raisonner sur ces matières, moi qui ne veux excéder en rien les règles de mon devoir, & qui serois plus fâché d'avoir à me soupçonner moi-même d'être mal intentionné, que d'en être accusé devant tous les potentats de l'Europe.

Or, pour sortir des généralités, j'établis d'abord, que l'ordre, la grandeur, le lustre, la considération, la sûreté, le maintien de notre monarchie, dépendent de l'étendue & de la conservation de l'autorité royale. Ceux qui par leurs définitions outrées, veulent la confondre avec le despotisme, sont ses véritables ennemis ; j'en appelle au fond de leur cœur. Les grands savent qu'en confondant les règles & les différens ordres de l'état, ils ôtent autant de barrières capables de borner leur élévation, quand le tems viendra que la foiblesse de quelque prince autorisera leurs usurpations. Les courtisans, en autorisant ceux dont le systême est de tout ramener à la cour, se flattent d'en tout enlever ; les préposés de l'autorité dans les détails, se regardent dans leurs charges, & nullement le souverain & les sujets, & montrent un zèle affecté qu'ils n'ont au fond que pour leur avancement. Le magistrat pense, peut-être, que l'anéantissement de toutes les distinctions, donnera plus de lustre à celles qui sont & seront attachées, tant qu'il y aura des hommes, à l'administration de la justice : le bourgeois, faux dans ses préjugés, rétréci dans ses vues, croit ne devoir ses quais, ses ponts, ses promenades, qu'à l'énorme balance que les provinces paient à la capitale, & pense que cette balance n'est relative qu'à l'anéantissement de tout le reste. Enfin l'homme vil n'imagine sa propre élévation, que dans l'abaissement de tout ce qui offusque sa petitesse.

Tels sont les motifs qui portent des gens de tous les états à noircir des couleurs du despotisme, la plus ancienne, la plus chérie, la plus respectable de toutes les royautés. Il n'entre dans tout cela, ni désir de la splendeur de l'état, ou de la tranquillité publique, ni zèle pour le prince ; vues basses, langage encore plus bas ; culte honteux qui déshonore le temple de la royauté, & nous présente une idole de bois doré, aux bras d'airain, au lieu d'un père toujours actif, toujours bienfaisant, l'appui des bons, la terreur des méchans, & la base du corps immense qu'on appelle l'état. Heureusement ce nombre de faux zélés dont je viens de dévoiler les motifs, n'est pas le plus considérable.

Mais il y a quelques hommes doux qui, contens de leur sort présent, & craignant que toute opposition de détail ne vienne à le troubler, se déchaînent contre de prétendus novateurs; tout préoccupés des fermentations dont l'histoire conserve le souvenir, croyant voir dans nos voisins mêmes, une agitation contraire au bon ordre à quelques égards, & sujets à se porter à des extrémités dangereuses, ils redoutent de bonne-foi de semblables orages. D'autres en bien plus grand nombre, quoique moins autorisés, citent tout devant leur propre tribunal, qu'ils hérissent de recherches sur le droit public; de prétentions en prétentions, ils en viendroient à vouloir rendre la royauté aussi limitée dans les lieux où elle a tout fait, tout établi, tout maintenu, où elle est entrée dans les cœurs & dans les esprits; ils voudroient, dis-je, la restreindre autant en ces lieux-là qu'en des climats où elle n'est soufferte que par nécessité, & toujours regardée comme ennemie. C'est à ces deux sortes d'illusions, que je crois devoir une énonciation claire de mes idées, sur ce qui est l'objet de leurs débats; il m'a paru que quand j'ai pu développer ma pensée vis-à-vis des uns & des autres, ils l'ont tous regardée comme un juste milieu.

L'état a, selon moi, des loix fondamentales. Quelles sont ces loix, me dit-on? les privilèges? A ce mot, tous les gens que j'ai déduits ci-dessus se récrient à la fois; Les privilèges, disent-ils, sont des concessions des rois, ou de toute autre autorité souveraine à laquelle les rois ont succédé: ils ne peuvent avoir eu que deux objets, ou la nécessité, ou l'utilité publique: la nécessité porte avec elle sa protestation & sa nullité; l'utilité peut cesser, & faire place à une utilité contraire qui exige des arrangemens contraires aussi; & tout ce qu'un roi a donné, l'autre le peut retirer, & la parole du souverain ne peut tout au plus engager que sa personne. Voilà, je crois, leurs argumens dans tout leur jour; voilà par quels dégrés on ôte aux princes la faculté de tester, de vendre, de donner, & même toute espèce d'usufruit réel. Je ne demande pas si le serment du prince à son sacre ne le rend pas exécuteur de toutes les paroles de ses prédécesseurs, contre lesquelles il n'a pas protesté; c'est à Dieu à faire rendre compte aux rois, & jamais au peuple à le leur demander. Mais pour répondre aux objections précédentes, qui sont questions de raisonnemens, entrons dans le détail, & voyons quels sont les privilèges que je prétends être loix fondamentales du royaume.

1°. Privilèges du roi, 2°. ceux du sang royal; privilèges de succession, privilèges de rang & de distinction reconnus même chez les étrangers & dans toute la terre. 3°. Privilèges de différens ordres de l'état, ou fondés en même tems que la monarchie, ou établis par l'ordre du prince, avec l'accession des autres corps assemblés. 4°. Privilèges de différentes provinces, sceau de leur réunion au corps de l'état, prix de leur sang versé depuis, & de leurs richesses employées pour sa défense. 5°. Privilèges des villes particulières, concessions des rois, soit pour les encourager, soit pour reconnoître leur zèle & leur fidélité; mais toujours monumens précieux & propres à reproduire le même effet. 6°. Loix civiles & particulières de chaque pays, telles qu'elles sont avouées par les tribunaux & autorisées par l'usage.

Ces différentes parties, composées d'une infinité de rameaux, forment un tout qui est le corps de l'état; la royauté en est la pierre angulaire, qui seule soutient tout cet édifice; mais sans cet édifice elle seroit cachée sous l'herbe & les épines. Pense-t-on aux affreuses conséquences que peuvent avoir la liberté de penser & les principes destructeurs sur la moindre de ces parties? Qu'est-ce, vous dira-t-on, qui doit rendre une de ces loix plus respectable dans l'opinion que les autres? La royauté, par exemple, est-ce l'émanation de la Divinité? Sans doute, la royauté en est l'image; mais tout pouvoir établi peut se dire aussi la représentation de la Divinité, & le moindre ordre municipal, se fera de cet avantage un bouclier contre le prince. Est-ce la souveraineté? elle consiste bien à n'avoir rien au-dessus de soi, mais non à pouvoir tout confondre au dessous; sans cette restriction, elle cesseroit d'être l'image de la Divinité. Est-ce l'ancienneté? certains privilèges sont aussi anciens qu'elle dans l'état; c'est une question de fait. Est-ce enfin l'utilité publique? je le crois; mais si l'on accoutume les hommes à ne calculer tout droit que d'après leur utilité; si vous leur en donnez l'exemple, quels progrès dangereux cela ne peut-il pas faire dans les esprits? dès-lors craignons l'obéissance forcée & les devoirs éludés; il en faudra venir à ces deux cens mille hommes, dont nous avons tantôt marqué le véritable & le plus digne usage. Et qu'est-ce qu'un prince qui n'a plus d'appui que la force? un conquérant de son patrimoine, un général qui bientôt aura de dangereux lieutenans, un homme armé près de son foyer, & qui dort avec des pistolets sous son chevet. Un souverain n'est-il pas dans une position préférable, quand il peut dire, je suis tout; tout réside en moi; tout l'état intéressé à ma conservation, veille pour moi, combat pour moi, agit pour moi, parce que chaque corps fait en particulier que ses immunités, son état, son repos, dépendent de ma conservation, de celle de mon pouvoir, de celle de ma famille; ce tout ensemble fait un corps indissoluble qui tient à des loix qui sont toutes à mon avantage: je règne, je fais des

des heureux & je le suis; tel est l'état de nos rois dans leur position actuelle; tel est l'état heureux dont on voudroit les faire décheoir en les poussant au-delà.

Je crois donc que les sujets ne sauroient trop regarder dans la royauté leur sauve-garde, leur appui, leur force, leur existence. Penser qu'elle ne sauroit être limitée, que la sûreté intérieure & la considération extérieure n'en souffrent; considérer dans le roi la forteresse qui couvre leurs frontières, le navire qui défend leurs côtes, ou qui leur apporte les richesses, la justice qui règle leurs différends, la police qui veille à la sûreté publique, la main qui sème & qui recueille, qui produit & vivifie; sentir enfin qu'en bornant l'autorité royale on diminue, on arrête tous ses bienfaits; & comment pourroit-on oublier que les bienfaits de la royauté étoient tous interceptés dans ces tems malheureux où les factions s'opposoient à sa puissance.

Mais je crois en même-tems que le prince ne sauroit trop conserver, respecter, établir même d'ordres & de loix fondamentales dans l'Etat, puisqu'elles tendent toutes au maintien de sa grandeur & de son patrimoine; & quoi! tandis qu'un père de famille est attentif à lier par des loix particulières, les fondemens de sa maison, qu'il établit des substitutions, qu'il règle tout par des actes authentiques, dans la crainte qu'une mauvaise administration venant à succéder à la sienne, son héritage ne soit dissipé; lui cependant, que le poids des loix civiles met à couvert de toute révolution trop subite, peut on conseiller à un prince d'annuller les règles établies dans son Etat, pour en ramèner toute administration à sa volonté? & quelle est-elle cette volonté? Les rois sont hommes, & sont comme nous sujets à des passions & à des variations: les idées même les plus fixes sont entièrement différentes dans trois âges de la vie: à vingt ans, à quarante & à soixante. L'Etat aura donc ses fougues, ses infirmités, & les peuples demanderont chaque jour dans leurs prières, de le voir tomber en décrépitude. Non, un prince sage ne sauroit avoir de semblables pensées: c'est peu à peu, c'est dans des cas particuliers qu'on le pousse de ce côté-là, sans que la rapidité des affaires lui permette d'entrevoir les conséquences de la moindre innovation.

C'est d'après ces principes, qui me justifient à moi-même l'entreprise de traiter des matières auxquelles je ne suis point appellé, que je veux hasarder un tableau de mes idées sur l'avantage des *Etats* provinciaux.

Je les considère d'abord relativement à l'autorité royale, que je regarde comme la base de la monarchie; ensuite relativement aux finances & au crédit; & enfin relativement au bonheur & à l'avantage des peuples. Je n'entre point dans des discussions de droit; c'est l'intérêt de tous uniquement que j'envisage.

Utilité des Etats provinciaux relativement à l'autorité royale.

Je suppose qu'un ministre voulût donner au prince des impressions contre les *Etats provinciaux*: il les lui représenteroit, sans doute, comme des assemblées qui veulent se mettre sans cesse entre lui & son peuple; qui maintiennent les provinces dans l'idée que leur consentement est nécessaire pour la levée des deniers de l'état; qui souples dans les tems d'autorité, peuvent, dans des tems calamiteux ou foibles, s'arroger des prérogatives, blâmer la conduite de la cour, & donner enfin le signal de la désobéissance. Il ne manqueroit pas de lui fair eobserver que l'administration qui en résulte, donne à certains sujets des prééminences dangereuses dans leur propre pays, & borne beaucoup l'autorité des préposés du roi; que sa forme de composer en bloc avec le maître est indécente, & que la répartition qui s'ensuit est un secret qui tend à soulager les administrateurs & à charger le peuple, tandis qu'on frustre l'état de ses véritables droits; que ces sortes d'assemblees enfin, sont coûteuses par elles-mêmes, & ordonnent encore des dépenses plus relatives à l'avantage de quelques particuliers, qu'à celui du public.

Voilà, je pense, tout ce qu'on peut objecter en général contre les pays d'*Etats*; car s'il y a des défauts particuliers d'administration, ce sont des objets de détail que je n'entreprends point de défendre. De toutes les objections ci-dessus, je ne répondrai dans cet article, qu'à celles qui sont relatives à l'autorité; celles qui regardent le peuple viendront à leur tour.

Le pouvoir des *Etats* est-il purement civil, ou ne l'est-il pas? Les vit-on jamais se mêler de la guerre ou de la paix, de la législation, du commerce, de la levée ou réforme des troupes, des détails du ministère ou du gouvernement? Ce seroit-là ce qu'on pourroit appeller se mettre entre le roi & le peuple, & c'est peut-être ce qu'ont fait les états généraux: il seroit cependant fort aisé de prouver, que ceux-ci n'ont presque jamais été assemblés, que pour ajouter de nouveaux droits à la couronne; mais cela n'est pas de mon sujet.

Les *Etats* provinciaux qui jouissoient autrefois des mêmes droits, auprès de leurs souverains particuliers, ont senti dans la suite combien l'éloignement & l'élévation du trône, les mettoient hors de portée d'avoir de semblables prétentions. Ils ne se mêlent donc absolument que de la levée des impôts & de certains détails de police intérieure. Est-ce-là se mettre entre le prince & ses sujets? Convoqués, approuvés par le souverain? dirigés dans toutes leurs opérations de détail, par les préposés du prince, peuvent-ils faire ombrage à l'autorité royale ?

Ils s'arrogent, dit-on, le droit de consentir. J'ai déjà dit que je ne discutois point les droits; mais le prince peut-il, voudroit-il penser que c'est par force que tous ses sujets, soit qu'ils fassent corps, soit qu'ils soient séparés, contribuent aux besoins de l'État? le consentement n'est-il pas toujours supposé de fait ? ne l'est-il pas même de droit, puisqu'on publie des édits, qu'on les envoie aux différentes cours souveraines, qu'on les renouvelle à chaque répartition? Une lettre de cachet suffiroit au préposé du roi, si l'on ne supposoit, comme de droit, que les sujets appuient de leur volonté, l'exécution de celle du maître, & savent qu'ils paient des impôts & non des contributions.

Mais, dira-t-on, toutes ces formalités sont de pures cérémonies. Et qu'est-ce en effet que le consentement des *Etats?* Ils s'assemblent, ils accordent, ils remercient, & tout est fait. Mais quand même ils feroient des représentations, est-ce donc un si grand mal pour le prince, que ses sujets puissent quelquefois lui parler des maux qu'ils souffrent ou qu'ils craignent?

Les représentations, ajoute-t-on, pourroient devenir révolte dans des tems foibles. Sur cela je pourrois en appeller à l'exemple; mais prenons la voie du raisonnement. Que peut craindre réellement la royauté en France? Après son propre poids & sa puissance trop absolue, c'est assurément comme dans tout autre état, l'ambition des grands & leur trop grande élévation.

La monarchie d'abord réunie sous Clovis, fut partagée dans ses descendans; réunie encore sous Charlemagne, elle se vit démembrée par les préposés du prince, devenus héréditaires pendant la foiblesse des règnes postérieurs. De nos jours enfin, quand elle fut menacée des mêmes malheurs par la ligue, le leurre du démembrement & de l'indépendance fut le motif principal de l'engagement des plus puissans de cette faction. Or si on avoit à faire réussir une pareille chimère, lequel des deux théâtres préféreroit-on? ou une province organisée dans son administration de façon que tous les principaux habitans y ont part, & se servent néanmoins de barrières les uns aux autres, où tout se règle par une forme reçue de tems immémorial, & sous la protection d'un grand prince; où tout enfin ne peut perdre que de son lustre à voir l'autorité souveraine se rapprocher : ou bien une province qui n'a d'existence, de territoire & de frontière que par le nom; où l'administration arbitraire de préposés, toujours nouveaux & ignorans des usages, engourdit le cœur à tous les habitans; où tout paroît forcé, où rien ne se connoît, ne se sent; où personne n'a droit de se mêler jamais d'affaires.

Il arrive un gouverneur puissant, un seigneur chéri dans de grandes terres : il ne lui faut, dans des tems d'anarchie, que deux choses pour être le maître; chasser l'intendant & arrêter les deniers; s'il y joint un trait de politique, un bienfait moins attendu; s'il propose aux notables du peuple de former des états, de s'assembler & de régler tout par députés, tout y courra; le voilà reconnu & appuyé sur le plus ferme des fondemens, sur la sûreté & l'avantage public.

Dans un pays d'*Etats*, au contraire, cette assemblée accoutumée à ne dépendre que d'un très-grand prince, n'en voudra pas assurément accepter un petit, & qui lui est étranger; parmi les membres, la jalousie ne permettra jamais que l'égal devienne le maître.

Quant au gouvernement républicain, je l'ai dit, ce n'est pas ce que la monarchie Françoise aura jamais à craindre; & quant aux factions sourdes, elles peuvent naître par-tout; mais leur plus fort antidote est une assemblée authentique formée par la protection & le pouvoir du souverain, éclairée par ses préposés, & qui ne peut refuser de se séparer à l'instant où il l'ordonne.

Mais, dit-on, l'autorité de ces mêmes préposés est extrêmement bornée dans ces pays-là! C'est ici que j'en appelle à l'exemple, & que je demande si les places de commandans & d'intendans sont moins belles dans les provinces d'états que dans les autres? Ces derniers y sont peut-être moins redoutés; mais est-ce une prétention qui leur convienne? convient-elle même à personne, sous des princes d'une race dont la bonté fait le principal caractère?

Cette province, au contraire, organisée de la sorte, est prête à faire les efforts les plus grands & les plus subits, à rendre les services les plus importans : des exemples en font foi; & dans les cas où le souverain auroit lieu de se plaindre, des notables désignés lui répondent de l'obéissance de la province; au lieu qu'ailleurs, des mal intentionnés peuvent barrer bien des opérations, sans pouvoir être pris à partie, s'ils se conduisent avec quelque prudence.

Si d'ailleurs l'habileté du conseil est un trésor pour le prince, si le nombre d'hommes propres au gouvernement est une richesse pour l'état, qu'est-ce qui peut mieux leur servir d'école que ce gouvernement municipal, auquel les principaux membres des *Etats* sont employés? On en vit de tout tems des exemples : les cardinaux de Janson & de Bonzy avouoient s'être formés en Provence & en Languedoc; il s'en forme tous les jours qui seroient propres à être employés dans les affaires les plus délicates, & dont au moins les talens ne sont pas totalement enfouis, pour la société comme ils sont ailleurs.

Les bornes que je me suis prescrites ne me permettent pas d'étendre davantage les détails des raisons que je viens d'alléguer : c'en est ici l'objet en gros. Passons au second des points que je me suis proposés.

Utilité des états provinciaux relativement aux finances.

J'ai déjà dit qu'il falloit que toute imposition fût, ou don gratuit, ou contributions forcées, telles que les hussards & les croates en savent tirer des malheureuses provinces qui deviennent leur proie. Cela posé, non seulement ce terme, mais la chose même ne sera plus suspecte au prince. Les provinces mettent sous les yeux du souverain leurs fonds & leur produit; les notables du pays en corps, rendent les impositions solidaires, & en répondent à la caisse par leur signature. Que le trésorier fasse banqueroute ou de grands profits, ce n'est point aux dépens du roi; il faut que la somme soit complette, fixe & franche de tous frais & de toute non-valeur : chacun sait combien la simplification dans le maniement des finances est un fonds immense de richesses & d'économie. Je suppose que le royaume fût divisé en douze grands pays d'*Etats*, à certains desquels on subordonneroit d'autres petits, comme le Gévaudan, le Velay, les Cévenes, le Vivarais le sont au Languedoc : quel retranchement de frais dès-lors dans la perception de cette portion de deniers du roi qu'on tire des fonds, des terres & autres qui sont compris dans les abonnemens des grands pays d'*Etats*? Quelle promptitude dans le service, quelle solidité dans la répartition ! les grêles, les ravages, la mortalité des bestiaux, & autres accidens de certains cantons particuliers deviennent le fait des *Etats*, & le trésor royal a toujours son revenu fixe, que les douze trésoriers doivent y verser.

Mais les avantages économiques ne sont rien en comparaison du crédit : que dans un cas pressant le roi emprunte huit millions à chacun des pays d'*Etats*, ils les trouveront aisément si leur administration reste entière & respectée. Voilà tout-à-coup cent millions. Quand le prince emprunte des financiers, dont le crédit ne va pas à la dixième partie de cela, il donne souvent dix pour cent d'intérêt; il n'en donneroit que cinq aux *Etats*.

Le Languedoc doit cinquante millions tant aux Anglois qu'aux Suisses, aux Génois & aux Vénitiens.

Qu'on supprime les *Etats*, & que l'intendant & tous ses élus offrent solidairement leur crédit; s'ils trouvent cinquante mille écus, c'est un service signalé; cependant cet argent étranger, qui ne coûte d'intérêt, qu'au taux reçu dans l'état, a peut-être sauvé des provinces entières; & ne dût-il être employé qu'au commerce courant, il porteroit toujours un profit considérable.

Quand l'intérêt sera trop onéreux; quand on voudra libérer la province, les deniers que le prince décidera devoir y être employés, iront effectivement à leur destination; l'administration toujours subsistante, toujours éclairée dans sa conduite, ne pourra se dispenser de remplir l'objet prescrit; les dettes diminueront, les ressources croîtront. Qui peut assurer qu'il en soit de même ailleurs? Sans doute ceux qui voient de près le ministre des finances, connoissent toute sa probité & son infatigable vigilance; mais les autres craignent qu'il ne soit d'autant plus barré dans ses desseins, qu'ils vont plus dans la droiture & l'équité, & se croient tout au moins fondés à renvoyer au principe du cardinal de Richelieu, qui connoissoit le gouvernement, & qui dit qu'en France, toute opération dont l'exécution peut demander dix ans, ne doit point être entreprise, quelqu'avantageuse qu'elle paroisse, attendu que les choses & les esprits ne peuvent y avoir une telle permanence. Ce génie éclairé, & formé par la plus forte expérience, pensoit ainsi du gouvernement, qui, dépendant de la volonté du prince, relatif aux affaires étrangères, & sujets à des changemens de conseil & de ministres, & à des vues particulières, ne peut se promettre une suite constante de desseins & d'opérations.

Or, ces variations n'ont de prise sur l'administration municipale des *Etats*, qu'autant que le prince, qui en est le premier moteur, peut accélérer ou rallentir les arrangemens. Je m'explique. Le roi peut remettre, par exemple, cinq cens mille livres, par an, sur le don gratuit du Languedoc, pour être employées à des remboursemens; il peut ordonner la levée extraordinaire de pareille somme; chaque année la province se libérera d'autant avec exactitude; les besoins de l'état venant à augmenter, on surseoit les remboursemens, sauf à les reprendre dans d'autres tems. La caisse d'amortissement est fermée; point de frais de levée, point de nouveaux impôts.

En supposant nos douze pays d'*Etats* qui se libèrent de cinq cens mille livres chacun, voilà six millions dont l'Etat est réellement libéré la première année; six millions qui portoient intérêt, lequel ajouté, la somme fait bientôt la boule de neige. Au contraire, une caisse générale d'amortissemens sera d'abord obligée à rembourser un tas immense de dettes mortes, des restes de compte des traitans, & d'autres dettes qu'on ne peut annuller, sans manquer à la foi des traités, & s'exposer à n'en trouver que de bien plus onéreux dans le besoin. Le ministre peut changer, la crise des affaires devenir pressante. D'ailleurs, ici être payé c'est une grace; c'est mettre son fait à couvert. Dans les pays d'*Etats*, être remboursé, c'est un malheur. Le particulier, qui avoit cent mille livres sur les *Etats*, qui lui en payoient exactement cinq mille de rente, & qui les croyoit, d'ailleurs, en sûreté, est désolé de voir rentrer ses fonds, qu'il n'espère pas de placer si avantageusement. Et quelle différence pour le crédit!

Mais, dira-t-on, au sujet de ces dettes des provinces, ce sont autant de revenus interceptés que l'on acquiert, & que l'on conserve sans peine; qui alimentent la paresse & les paresseux, & retiennent un argent qui seroit bien plus utile à l'état, s'il étoit employé au commerce. Je demande, cet argent a-t-il demeuré dans la caisse des *Etats?* N'est-il pas rentré dans la circulation & le commerce, aussi-tôt qu'il y a été déposé? Quant aux revenus, sont-ils exclusifs au desir de s'en procurer d'autres? Et ne voit-on pas toujours plus de cupidité aux riches qu'aux pauvres? C'est la misère qui cause la paresse; n'en accusons point les revenus bien venans & sans peine.

Tout ce que l'on peut dire, c'est que ces emprunts donnent deux propriétaires, au lieu d'un, aux fonds de terre destinés à porter cet intérêt; c'est peut-être un bien pour le commerce & pour la subsistance générale; & si c'est un mal pour le propriétaire, il ne s'en plaint pas; il falloit, dans le tems, subvenir aux besoins de l'état, & ces fonds, tout répondans qu'ils sont de dettes immenses, sont néanmoins estimés, dans l'évaluation publique, au double de ceux qui sont libres de dettes, mais accablés par l'administration arbitraire.

Ceci me conduit naturellement à une troisième partie. Au reste, je ne fais pas un livre, je désigne seulement les matières; & l'on pourra, en partant de-là, suppléer à ce que j'ai omis, ou volontairement, ou faute de connoissance.

Utilité des états provinciaux, relativement au bonheur des peuples & à leur avantage.

C'est ici l'objet le plus important aux yeux de notre maître, & le principe du titre qu'il a permis à l'amour de ses sujets de lui donner. J'oserai l'examiner dans toute sa force; la vérité ne craint rien sous les bons princes.

L'opposition & la crainte que témoignent les habitans des provinces, qui se gouvernent en pays d'*Etats*, au moindre ébranlement dont ils croient voir la forme de leur administration menacée, pourroit être un argument sûr pour ce que je veux établir: mais l'on y oppose deux objections; l'une, que l'attachement pour cette forme ne subsiste que dans les représentans, qui en tirent eux seuls les avantages; l'autre, qu'il n'est point rare de voir chez un peuple, un attachement invincible pour ses anciennes coutumes, même les plus onéreuses & les plus ridicules. Quant à cette dernière proposition, j'en appelle à ceux qui desireroient la destruction des pays d'*Etats*. Quelles sont les raisons qu'ils allèguent? » Ces pays-là, disent-ils, paient moins que les autres; il n'est » pas juste qu'une portion des sujets du roi porte » le double de l'autre, &c. «

Si cela étoit vrai, ce seroit donc un avantage, & ils avouent eux mêmes qu'ils veulent les faire décheoir, & non les mettre mieux. Quant à la lésion des petits par les administrateurs, il y a des formes reçues, établies avec beaucoup de sagesse, conservées avec toute la rigidité possible qui obvient aux oppressions. Je ne dis pas que le crédit n'influe en quelques détails; mais par-tout où il y a des hommes, il y a des abus.

Revenons. Lorsqu'on ordonna dans certaines provinces les assemblées d'*Etats*, & la forme de leur administration, ces provinces faisoient peuple à part, & l'on n'envisagea que leur intérêt. Les altérations survenues depuis, sont parties du dehors de cet intérêt, & l'on peut s'en reposer sur les anciennes formes du bonheur particulier de la patrie; il est sensible que les administrateurs patriotes, fussent-ils libres autant qu'ils sont liés par les formes établies, auroient plus de ménagement à garder qu'un étranger, plus ignorant des coutumes, & moins soigneux de contenter un pays où il n'est que passager.

Cependant s'il s'agissoit de confier l'administration à un seul, je serois peut-être d'avis qu'il fût étranger; mais c'est ici tout un corps, & un corps éclairé, dominé par les préposés particuliers du roi. Peut-on comparer à cette solide administration, celle d'un homme qui arrive sans connoître les usages & la force réelle du pays, la nature de ses biens & de son commerce, &c. S'il suit le plan déja formé, il ne fera qu'une copie de son prédécesseur. S'il veut corriger les abus, qui les lui fera connoître? Quel est son conseil? Les préposés, dira-t-on, sont permanens. Mais quels sont-ils, ces préposés? Sont-ce là des organes sûrs? Si, par malheur, il est injuste ou passionné, quel recours aura-t-on contre lui? Le conseil croit être ce recours, parce qu'il juge quelques appels d'ordonnance d'intendans; mais le peuple, le pauvre peuple, va-t-il au conseil?

Mon dessein n'est pas de parler contre l'autorité des intendans; mais quand cette autorité seroit aussi limitée qu'elle l'est en Bourgogne, en Languedoc, en Bretagne, ne seroient-ils pas en assez grande considération? Dans ces pays-là, ne sont-ils pas en état de servir la cour & les peuplès ? Ne voient-ils pas tout ? Ne peuvent-ils pas en même-tems arrêter les opérations dangereuses, & en rendre compte ? &c.

Indépendamment de la balance des arrangemens, avantage si puissant des pays d'*Etats* sur les autres provinces, la permanence en est un encore considérable; ce tableau une fois fait, c'est pour toujours; & quand les impositions haussent; le taux des particuliers hausse proportionnellement. Les requêtes, les sollicitations n'ont pas lieu, c'est autant de débarrassé pour les administrateurs. Mais ce qui met une différence inconcevable entre les pays d'*Etats* & les autres provinces, ce sont les exactions & la dureté de ceux qui en sont chargés. Chacun sait ce que c'est que les contraintes & les garnisons, enlévement de meubles, saisies de fruits, prison même, à l'occasion de l'exaction des tailles.

Dans les pays d'*Etats*, rien de tout cela; les trésoriers font supporter l'intérêt du retardement aux paresseux; chacun se hâte de payer même d'avance, parce que cela diminue sa taxe; mais les violences y sont inconnues.

Dans les pays d'*Etats*, on a des ingénieurs & des entrepreneurs de chemins; on paye les terreins; on respecte les édifices, autant que cela se peut; on dédommage les propriétaires. Si le paysan travaille lui & ses bestiaux, c'est à la journée, & il fait son marché. Les chemins sont rentés avec soin, & les fonds établis & levés chaque année pour leur entretien. Cette différence est la même pour tous les édifices publics, pour l'ornement & la commodité des villes. En est-il de même dans les pays d'élections ? Je supprime mille détails; mais voilà les principaux faits : que l'on juge.

ÉTOUBLAGE. Droit particulier & seigneurial, dont, suivant notre plan, il ne devroit pas être question; mais on n'en parle, que pour relever une faute considérable qui se trouve à ce mot, dans l'édition *in*-4o. de l'Encyclopédie. Voici cet article.

Étoublage. Droit seigneurial, énoncé dans une charte d'Odon, archevêque de Rouen, de l'an 1262, qui se levoit sur les *esteules*, terme qui signifie également le bled & le *chanvre*.

Ducange, en son glossaire, au mot *estoublagium*, croit que ce droit consistoit, apparemment, dans l'obligation de la part des sujets du seigneur, de ramasser pour lui, après la récolte du *chanvre*, pour couvrir les maisons; ce qui est assez vraisemblable.

Cette dernière réflexion prouve que cette faute est purement typographique, & qu'on a substitué le mot *chanvre* à celui de chaume, qui étoit dans le manuscrit.

On désigne, en effet, en diverses provinces de France, le *chaume* par ces mots : des éteules, des étoules, ou des étoubles.

ÉTRANGÈRES. Provinces réputées étrangères. Nous avons déja observé au mot *cinq grosses fermes*, que tout le royaume est divisé, relativement à la perception des droits de traites, en trois parties, qui sont :

Les provinces des cinq grosses fermes, ou celles qui ont reçu le tarif de 1664.

Les provinces réputées étrangères.

Les provinces & pays traités comme étrangers.

On peut voir aussi que les provinces réputées étrangères, sont celles qui ont refusé le tarif de 1664, pour conserver leurs anciens tarifs, & pour suivre les coutumes & les loix qu'elles avoient sur les droits de ces tarifs, tant à l'entrée qu'à la sortie.

L'article III, du titre premier de l'ordonnance de 1687, après avoir dénommé toutes les provinces qui composent l'étendue des cinq grosses fermes, ajoute : » Seront les autres provinces de » notre royaume réputées étrangères, en ce qui » concerne nos droits d'entrée & de sortie, *jus- » qu'à ce qu'autrement par nous il en soit ordonné.* « Cette clause démontre clairement, que le grand Colbert, dont cette ordonnance est l'ouvrage, quoiqu'elle n'ait été publiée que quatre ans après sa mort, avoit conçu le projet de faire cesser cette disparité de condition & de dénomination, & conservoit toujours l'espérance de l'exécuter. *Voyez* ce qui a été dit à ce sujet, page 298 du premier volume, au mot Cinq grosses fermes.

Les provinces réputées étrangères, sont, la Bretagne, la Saintonge, la Marche, le Périgord, l'Auvergne, la Guienne, la Gascogne, & toute la généralité d'Auch, le Roussillon, le Languedoc, la Provence, le Dauphiné, la Flandre, l'Artois, le Haynault, la Franche-Comté, & le Lyonnois.

Cette dernière province, au moyen du droit de douane de Lyon qu'elle paye sur tout ce qu'elle reçoit, a des communications privilégiées, d'un côté, avec la Provence & le Languedoc, & de l'autre, avec les provinces du tarif de 1664. *Voyez* Douane de Lyon.

Chacune des provinces réputées étrangères, a un tarif particulier, ou commun à plusieurs, dont les droits sont perçus sur les marchandises qui sont apportées immédiatement, du pays étranger, ou des cinq grosses fermes, ou sur celles qui n'y viennent qu'après avoir passé dans d'autres provinces réputées étrangères. Ainsi les marchandises qui circulent dans les provinces réputées étrangères, payent les droits de la province d'où elles sortent, de celles dont elles empruntent le passage, & de celles qui sont le terme de leur destination.

Dans tous les tarifs, la quotité des droits est fixée par espèce de marchandises, & l'article final de chaque tarif détermine ensuite le taux suivant lequel les droits doivent être levés, à raison de la valeur des espèces non dénomées.

Le détail des différens droits qui ont lieu dans les provinces réputées étrangères, doit trouver ici sa place, afin qu'on puisse recourir à l'article où il est traité de chacun suivant l'ordre alphabétique.

Les droits particuliers à la Bretagne, tant à l'entrée qu'à la sortie, sont ceux de la prévôté de Nantes, ceux des ports & havres, ceux de brieux, de rivage, de célérage, & plusieurs autres.

Dans la Saintonge, c'est le droit de la traite de Charente qui s'y leve, avec quelques autres, qui en sont une dépendance.

La Marche, le Périgord, le Querci & l'Auvergne n'ont point de tarif pour l'entrée & la sortie des marchandises, & par conséquent point de bureaux, puisqu'il ne s'y perçoit aucun droit. La raison de cette franchise vient, selon les apparences, de ce que ces provinces étant dans l'intérieur, les marchandises qui y sont importées du pays étranger, & réversiblement celles qui en sont exportées pour le pays étranger, ne peuvent consommer leur destination, qu'en traversant d'autres provinces, à l'entrée & à la sortie desquelles elles acquittent des droits.

La Guienne est assujettie au droit de comptablie & de convoi, au droit de quillage, de branche de cyprès. La foraine s'y perçoit aussi à la sortie, & dans quelques cas particuliers, de même que la traite d'arzac, qui est un enfant dégénéré de la foraine.

La Provence & le Languedoc ont, à-peu-près, les mêmes droits, soit à l'entrée, soit à la sortie: c'est la douane de Lyon, la foraine & la domaniale.

Le denier saint-André a encore lieu dans la derniere. Dans l'autre, c'est la table de mer qui se perçoit à l'entrée comme à la sortie, par mer & par terre, aux environs de Marseille.

Le droit de deux pour cent, celui du liard du baron, sont encore des droits particuliers de la Provence, & n'ont lieu que sur le territoire d'Arles.

Le droit de quatre pour cent, appellé aussi droit des drogueries-épiceries, parce qu'il ne porte que sur les denrées de ce genre, est un autre droit d'entrée seulement, qui est établi en Provence, en Languedoc, en Guienne, &c. *Voyez* DROGUERIE-ÉPICERIE.

La patente du Languedoc, proprement dite, est un droit émané de la foraine, lequel se perçoit à la sortie du comté de Foix & de l'Armagnac, sur ce qui va en Béarn, Navarre, & en Espagne.

On a vu à l'article COUTUME, que le droit qui porte ce nom, se leve à l'entrée & à la sortie de Bayonne & du pays de Labour.

Le Roussillon a le tarif Catalan, qui comprend les droits d'entrée & de sortie, sur les marchandises apportées des provinces du royaume & des pays étrangers, & sur celles que le Roussillon y envoie. *Voyez* ROUSSILLON.

En Dauphiné, on ne connoît que le droit de la douane de Valence, tant à l'entrée qu'à la sortie. *Voyez* VALENCE.

Dans le Lyonnois & le Forez, c'est la douane de Lyon qui s'y leve; & dans quelques parties du Forez, on y perçoit aussi la douane de Valence, indépendamment de celle de Lyon.

Le tarif du 13 juin 1671, est particulier aux provinces de Flandres, Artois & Haynault, dans lesquelles se payent encore un droit de transit & un droit de cinq pour cent, qui n'existent que dans ces provinces, dont on n'a pas voulu gréver davantage la communication avec les pays voisins, quoique soumis à une domination étrangère.

Enfin, la Franche-Comté est la dernière des provinces réputées étrangères que l'on ait à nommer, & la seule parmi celles de cette classe, à l'entrée de laquelle, quoique frontière du pays étranger, il n'y ait point de tarif établi, non plus qu'à la sortie; en sorte que toute marchandise qui n'est pas assujettie à des droits uniformes, n'y paye aucun droit, tant en y entrant qu'en en sortant.

On a expliqué au mot DROIT, premier volume, page 663. ce qu'on entend par droits uniformes; il ne reste plus qu'à renouveller ici les mêmes vœux que nous avons formé à cet article, pour voir réaliser le projet bienfaisant dont l'administration est actuellement occupée, & qui a pour but, de faire cesser cette dénomination fâcheuse de provinces réputées étrangères.

ÉVALUATION, ÉVALUER, signifient la même chose qu'estimation, estimer. *Voyez* ces mots.

EXACTEUR, s. m., qui, dans l'histoire, paroît avoir eu plusieurs acceptions. On le donnoit, 1°. à un domestique chargé de poursuivre le remboursement des dettes de son maître,

2°. A un autre domestique qui avoit l'œil sur les ouvriers, qui étoit une espèce de piqueur ou commandeur.

3°. A un officier des finances de l'empereur, qui hâtoit le recouvrement des amendes ou de l'impôt appellé *pecuniarium fiscalium* : on le nommoit aussi *compulsor.*

4°. A un autre officier de justice qui suivoit les patiens au supplice, & qui veilloit à ce que l'exécution se fît ainsi qu'elle avoit été ordonnée par les juges. On lui donnoit le nom d'*exactor supplicii.*

EXACTION, s. f., qui désigne l'abus d'un officier public, qui fait payer plus que la loi ne l'ordonne. L'ordonnance de 1566, prononce en général la confiscation de corps & de biens contre ce délit; c'est aux juges à en prononcer de particulières, suivant la gravité des circonstances, & la quotité des sommes induement exigées. *Voyez* ce qui a été aux mots CONCUSSION & CONCUSSIONNAIRE.

EXCÉDENS DE VENTES, s. m. En matière de gabelles, on appelle gratifications d'excédens de ventes, celles que la ferme générale accorde tant aux receveurs qu'aux officiers des greniers, sur les quantités de sel vendues en vente volontaire, au-delà des quantités auxquelles la consommation de chaque grenier a été fixée.

Dans le principe de l'établissement des gabelles, toutes les opérations relatives, tant à la conservation, qu'à l'amélioration de cette partie importante des revenus du gouvernement, avoient été confiées aux officiers des greniers; & l'ordonnance du mois de mai 1680, leur a conservé la plus grande partie de leurs anciennes fonctions. Mais comme elle n'avoit accordé aucun avantage à ceux qui s'attacheroient à les bien remplir, ils n'avoient pas tardé à négliger celles qui pouvoient favoriser les ventes.

Pour prévenir les effets de leur indifférence à cet égard, le gouvernement se porta à ajouter en leur faveur, au prix du sel, des droits qui furent appellés *manuels*, & dont il a été traité ci-devant. Ce sacrifice n'ayant pas produit l'avantage que l'on en espéroit, les cautions de Pointeau crurent, en 1693, devoir accorder aux officiers & aux receveurs, des gratifications sur les quantités de sel vendues au-delà de celles fixées pour la consommation de chaque grenier.

Il n'y a eu pendant très-long-tems, qu'une seule fixation pour chaque grenier. Elle étoit déterminée chaque année, d'après l'apperçu des ventes des premiers mois, & la gratification d'excédent se payoit toujours à raison de cent livres pour chaque muid vendu au-delà de la fixation. Le produit des excédens étoit, par ce moyen, toujours à-peu-près du même objet; & dès-lors, étoit insuffisant pour exciter le zèle & la vigilance.

On chercha à diminuer cet inconvénient, en établissant, en 1750, des fixations pour toute la durée du bail de Bocquillon, qui commençoit alors. Elles présentèrent, tant aux receveurs qu'aux officiers, l'expectative des gratifications les plus importantes, si les ventes obtenoient, dans le cours du bail, les augmentations dont elles paroissoient susceptibles; & l'expérience a complettement justifié l'espérance que l'on avoit conçue de cet établissement.

On a continué depuis, à suivrele même plan, & l'on n'a varié que dans les bases, d'après lesquelles on a pensé devoir les régler, pour concilier plus sûrement le double objet, d'apporter de l'économie dans les dépenses qu'elles occasionnent, & d'entretenir le zèle & l'activité des receveurs & des officiers.

Il a été établi deux fixations pour le bail de Salzard, par la délibération du 9 mai 1781. Les gratifications d'excédent sont réglées, pour les receveurs, à cent livres pour chaque muid vendu en vente volontaire, au-delà de la première fixation jusqu'à la seconde, & à deux cens livres par muid vendu au-delà de la seconde fixation.

Les officiers de chaque grenier jouissent, entr'eux, d'une gratification égale à celle du receveur : elle se partage en dix parts, dont le président a une part & demie; le grennetier & le contrôleur, chacun trois parts; le procureur du roi, une part & demie, & le greffier une part.

Suivant les délibérations arrêtées par la ferme générale au commencement de chaque bail, les officiers ne peuvent jouir des gratifications d'excédent de ventes, que sous les conditions suivantes : 1°. Que le bon trouvé sur toutes les masses finies dans leur grenier pendant l'année, est, au moins, d'un minot par muid.

2°. Que ces officiers ont tenu régulièrement les registres prescrits par l'article III. du titre 6. de l'ordonnance des gabelles, & y ont inscrits les livraisons, conformément aux arrêts du conseil des 7 février 1686, & 18 février 1698; qu'ils ont fourni les états de quartier prescrits par l'article IV. du même titre 6. de l'ordonnance, dont les dispositions ont été renouvellées par l'arrêt du conseil du 23 avril 1776; & que, conformément à l'article VIII. du titre 18. de ladite ordonnance, ils ont tenu leurs audiences, & résidé dans le chef-lieu de la jurisdiction.

Quelque justes que soient les conditions auxquelles est attachée la jouissance des gratifications d'excédent de ventes, les officiers des greniers ont néanmoins perdu de vue, plusieurs fois, les motifs qui avoient déterminé à les en faire jouir.

Ils ont prétendu qu'elles étoient des attributions de leurs offices; que l'adjudicataire ne pouvoit les leur refuser, ni les réduire. Mais cette prétention a toujours été proscrite par le conseil, qui s'est réservé le droit de statuer sur les contestations de cette espèce, lorsqu'elles n'intéressent que les opérations intérieures de la régie, & les officiers ont toujours été contraints, comme pour les propres deniers de sa majesté, à restituer au fermier les sommes qu'ils avoient induement touchées, à titre de gratifications d'excédent de ventes, lorsque l'adjudicataire a jugé devoir les en priver. C'est ce que justifient pleinement les arrêts du conseil des 23 juin 1716; 3 mai, 16 novembre & 7 décembre 1723; 14 janvier 1727; 5 mai 1733; 12 octobre 1734; 10 mars 1761; 5 août 1766, & 23 avril 1776.

Les excédens de vente en tabac, font une partie des émolumens des entreposeurs. On peut voir à ce mot, quelle est la règle de ces excédens, & le bénéfice qu'ils procurent à ces préposés.

EXCISE. Nom que quelques écrivains donnent à l'impôt particulier qui fut accordé, en 1660, à Charles II, roi d'Angleterre, par un acte du parlement, & pour la vie de ce prince seulement. Mais comme cette imposition n'a été qu'un droit additionnel à celle qui existoit déja sous le nom d'accise, il en a été traité, sous ce nom, à l'article ANGLETERRE. *Voyez* le premier volume, page 40.

EXCUSADO. (droit d') Ce droit, qui appartient aux finances d'Espagne, consiste à lever, par le roi, la dixme de la meilleure maison de chaque paroisse. *Voyez* ESPAGNE.

EXEMPTION, s. f., qui indique une faveur, une grace, au moyen de laquelle on est dispensé, en matière de finance, d'une imposition, d'une contribution, & de toute autre charge publique & pécuniaire, dont on devroit naturellement supporter une portion.

Il y a cette différence entre l'exemption & le privilège, que la première affranchit simplement d'un devoir, d'une obligation commune à toute la société; au lieu que le privilège, non-seulement procure quelqu'exemption, mais donne le droit de faire & d'exiger.

On trouve dans le dictionnaire universel des sciences, sur le mot dont il s'agit, des réflexions qui ne peuvent être déplacées dans un dictionnaire des finances.

Toute exemption est une exception à la règle générale, une grace qui déroge au droit commun. Ainsi, comme il est juste que, dans un corps politique, dont la fin est de faire le bonheur général, tous ceux qui en retirent des avantages en partagent aussi les charges, il ne sauroit y avoir, en finances, d'exemption absolue & purement gratuite; toutes doivent avoir pour fondement une compensation de services d'un autre genre, & pour objet le bien de la société.

La noblesse a prodigué son sang pour la défense de la patrie; voilà le dédommagement de la taille qu'elle ne paie pas.

Les magistrats veillent pour la sûreté des citoyens, au maintien du bon ordre, à l'exécution des loix; leurs travaux & leurs soins compensent les exemptions dont ils jouissent.

Des citoyens, aussi riches que désintéressés, viennent gratuitement au secours de la patrie, réparent en partie, la rareté de l'argent, ou remplacent, par le sacrifice de leur fortune, des ressources plus onéreuses au peuple; c'est au peuple même à le dédommager, par des exemptions qu'ils ont si bien méritées.

Des étrangers nous apportent de nouvelles manufactures, ou viennent perfectionner les nôtres; il faut, qu'en faveur des fabriques dont ils nous enrichissent, ils soient admis aux prérogatives des nationaux que l'on favorise le plus.

Des *exemptions* fondées sur ces principes, n'auront jamais rien d'odieux, parce qu'en s'écartant, à certains égards, de la règle générale, elles rentreront toujours, par d'autres voies, dans le bien commun.

Ces sortes de graces & de distinctions n'existeroient & ne justifieroient les murmures du peuple, & les plaintes des citoyens hommes d'état, qu'autant qu'il arriveroit, que, par un profit, par un intérêt pécuniaire, indépendant d'une exemption très-avantageuse, le bénéfice de la grace excéderoit de beaucoup les sacrifices que l'on auroit fait pour s'en rendre digne. La véritable compensation suppose nécessairement de la proportion. Il est donc évident, que dès qu'il n'y en aura plus, entre l'exemption dont on jouit, & ce que l'on aura fait pour la mériter, on est redevable du surplus à la société; elle est le centre où tous les rayons doivent se réunir; il faut s'en séparer, ou contribuer, dans sa proportion, à ses charges. Quelqu'un oseroit-il se dire exempt de coopérer au bien commun? on peut seulement y concourir différemment, mais toujours dans la plus exacte égalité.

S'il arrivoit que la naissance, le crédit, l'opulence, ou d'autres considérations étrangères au bien public, détruisissent, ou même altérassent des maximes si précieuses au gouvernement, il en résulteroit, contre la raison, la justice & l'humanité, que certains citoyens jouiroient des plus utiles exemptions, par la raison même qu'ils sont plus en état de partager le poids des contributions, & que la portion infortunée, seroit punie de sa pauvreté même, par la surcharge dont elle seroit accablée.

Que les exemptions soient toujours relatives, jamais

jamais absolues, & l'harmonie n'en souffrira pas la plus légère atteinte; tout se maintiendra dans cet ordre admirable, dans cette belle unité d'administration, que, dans chaque partie, apperçoit, embrasse, & soutient l'humanité.

Ces principes s'appliquent également aux exemptions accordées aux personnes, & aux exemptions concernant les choses.

On n'exempte certains fonds, certaines denrées, certaines marchandises, des droits d'entrée, de ceux de sortie, des droits locaux, qu'en faveur du commerce, de la circulation, de la consommation, & toujours relativement à l'intérêt que l'on a de retenir ou d'attirer, d'importer ou d'exporter le nécessaire ou le superflu. *

Nous sommes bien éloignés d'adopter les considérations que nous venons d'exposer sur l'utilité des exemptions d'impôts, & de toute contribution publique, à ceux dont le gouvernement veut récompenser les services. Bien loin de convenir qu'il faille quelquefois en accorder, nous pensons, au contraire, qu'une distinction honorifique pour la personne & sa postérité, qu'une grace pécuniaire fixée pour un tems limité, sont des moyens de récompenser des travaux utiles, d'honorer le génie ou la valeur, aussi sûrs & aussi efficaces que des exemptions, & n'ont pas des conséquences aussi dangereuses.

Les dangers des exemptions, sont, 1o. De ne point mettre de bornes à la grace accordée, & de n'en pouvoir estimer exactement l'objet, qui devient insensiblement plus considérable par l'effet du tems & de la progression des valeurs.

2o. De faire des exemples dont se prévalent bientôt le crédit, l'intrigue & la faveur du moment, en présentant comme une chose médiocre, une grace qui semble ne rien coûter à l'état.

3°. De rendre la charge plus pesante à la classe des contribuables, en diminuant le nombre de ceux qui la supportent.

4°. De rendre plus difficile & plus contentieuse la partie de finance que concernent les exemptions, à cause des exceptions dont on veut, d'un côté, étendre l'effet, tandis que de l'autre, il est de l'intérêt du régisseur de le restraindre; en sorte que les produits de cette partie diminuent, tandis que les frais de recouvrement ou de perception augmentent, en raison du plus grand nombre d'agens qui deviennent nécessaires.

Indépendamment de ces considérations, qui s'opposent à la concession de toute espèce d'immunités, & qui sont prises dans leur nature & dans les conséquences qu'elle entraîne, on pourroit objecter encore, que les exemptions de taille, ne sont, bien examinées, qu'illusoires, puisque cette imposition est acquittée par les fermiers, qui la retiennent sur le prix de leurs baux.

On ne peut trop le répéter; en bonne politique toute *exemption* qui dispense un citoyen de contribuer de ses forces ou de ses secours au maintien de la chose publique, dont la protection est nécessaire pour la conservation de sa propriété particulière, est nulle, par le droit primordial & inaltérable de chaque citoyen contre tous, & de tous contre chacun; à moins qu'il n'y ait entr'eux un accord unanime & parfait, de supporter la charge qu'ils ôtent à un de leurs co-associés. Les immunités sont autant d'attentats à la sûreté publique & à l'union sociale; dont la ruine résulteroit du progrès de ces exemptions?

En approfondissant ces premières idées, & réfléchissant sur l'essence des sociétés politiques, on reconnoît qu'aucune puissance, dans la république, n'a le droit de dispenser personne des contributions qu'elle attend de ses facultés; que la société elle-même ne le peut pas, parce qu'il est absurde qu'elle fasse ce qui est contraire à sa conservation, & tend à altérer sa constitution; qu'à plus forte raison le gouvernement, qui représente la société, n'a pas le pouvoir de concéder cette dispense, puisqu'il n'est le dépositaire de l'autorité, que pour veiller au maintien des forces de cette société.

Ce principe est si conforme aux loix de la saine raison & de la justice, qu'après l'expulsion des rois de Rome, il fut statué qu'il ne seroit accordé aucun privilège que dans l'assemblée générale du peuple; clause, dit Cicéron, qui fut consignée dans les douze tables, & observée très-religieusement.

Solon, ce sage législateur des Athéniens, après avoir estimé les biens de tous les citoyens, les taxa en proportion de leur produit, sans égard pour ceux qui les possédoient. Mais pour laisser à ceux qui croyoient avoir à se plaindre de ces taxes, le moyen de les rendre plus supportables, il leur permit de changer leurs biens avec les charges qu'ils devoient acquitter.

Voyez ce qui a été dit des privilèges au commencement du discours préliminaire sur les finances, qui est à la tête du premier volume, & l'article CHARGES PUBLIQUES.

EXERCICE, s. m., dont on se sert beaucoup en finance. Être en exercice, c'est faire les fonctions de sa charge ou de son emploi. Dans ce sens, un trésorier, un receveur général, dit; je suis en exercice; je finirai mon exercice avec l'année; j'ai l'exercice pair ou impair. Comme il se trouve deux trésoriers pour la guerre, pour la marine; deux receveurs généraux des finances pour chaque généralité, l'un ancien & l'autre alternatif, chacun exerce ses fonctions une année; quand elles tombent, pour l'ancien, dans les années impaires, comme 1783, 1785, on dit qu'il a l'exercice impair; alors l'alternatif a l'exercice pair, & *vice versâ*. *Voyez* ALTERNATIF.

Dans la régie des gabelles & du tabac, la visite qui est faite chez les regratiers & les débitans, s'appelle *exercice*, par analogie, sans doute, avec l'exercice des commis aux aides.

Dans cette dernière partie, on appelle *exercice*, les visites des commis chez les cabaretiers & vendans en détail, pour y suivre leur consommation journalière.

Le titre 5. de l'ordonnance des aides, donne le nom de *commis aux exercices*, à tous ceux des aides qui sont tenus de visiter les caves & celliers des débitans de boissons.

EXPÉDITION, s. f., par lequel on désigne la copie d'un acte quelconque. C'est dans cette acception qu'on l'emploie en finance, pour distinguer toute espèce de piece déclarée dans une douane, ou dans un bureau de finance.

Indépendamment des trois espèces d'acquits auxquels on donne ce nom générique, on l'applique encore aux brevets de contrôle, aux bulletins, aux passavans, aux congés ou permis, aux obligations, aux certificats de descente & de déchargement. *Voyez* ACQUITS.

Les expéditions d'actes des notaires doivent faire mention, si les minutes ont payé les droits de contrôle & d'insinuation.

Les expéditions d'actes antérieurs au premier octobre 1706, doivent être scellées avant que de pouvoir être délivrées aux parties. *Dictionnaire des Domaines.*

EXPORTATION, s. f., qui indique l'action de porter hors d'un lieu, d'une province, d'un royaume. Le plus généralement, on ne se sert du mot exportation que pour signifier un transport hors du royaume, comme importation signifie apporter au-dedans. Aussi quand on dit, l'exportation des grains est permise, c'est leur sortie du royaume.

EXTRAIT, s. m., qui signifie ce qui est tiré d'un acte, d'un registre, d'un compte.

Les extraits des registres du contrôle des actes & des exploits, ne peuvent être délivrés sans ordonnance de justice. Mais comme les registres de l'insinuation sont publics, il en peut être délivré des extraits, même des expéditions, à ceux qui les requièrent.

Dans la vue de prévenir les fraudes des droits de contrôle, l'arrêt du conseil du 24 novembre 1667, ordonne que les greffiers délivreront, gratuitement & sans frais, au fermier général des domaines, & à ses commis, à leur première réquisition, & de trois mois en trois mois, des *extraits* en papier, signés d'eux, des décrets, ventes & adjudications des biens relevans du domaine, des amendes, forfaitures & confiscations civiles & criminelles, & des états des fiefs mouvans du roi, à peine de cent livres d'amende, & de tous dépens, dommages & intérêts.

Un autre arrêt du conseil, du 24 juillet 1683, a ordonné que les notaires du châtelet de Paris, & tous autres, délivreront au fermier du domaine, ses procureurs & commis, les *extraits* des contrats de ventes & acquisitions de biens mouvans du roi, de mois en mois, ou des certificats qu'ils n'ont point reçu d'actes de ce genre, à peine de quinze cens livres d'amende, en leur payant quinze sols par *extrait*.

Tous les extraits délivrés au fermier des domaines, doivent seulement être en papier timbré, & certifiés; mais ils sont dispensés des droits de contrôle & de petit scel, suivant l'arrêt du conseil du 2 novembre 1700.

Dans la régie des fermes générales, & sur-tout des douanes, il est défendu à tout commis subalterne de délivrer des extraits des registres, sans y être autorisé par son directeur, qui, à cet égard, ne peut en donner la permission qu'avec l'agrément de ses commettans, excepté dans des cas urgens.

FACTURE, f. f. C'eſt, en matière de commerce, l'état ou le mémoire des marchandiſes qu'un facteur envoie à ſon maître, un commiſſionnaire à ſon commettant, un marchand à ſon correſpondant.

Comme les factures doivent faire mention du nom de ceux qui envoient les marchandiſes, des perſonnes à qui elles ſont adreſſées, du nom du voiturier chargé de leur tranſport, des marques & numéros des balles, ballots, paquets, tonneaux, caiſſes qui les contiennent; ces pièces ſont remiſes dans les douanes pour ſervir de déclaration, & elles ſont viſées par les commis, pour juſtifier qu'elles leur ont été préſentées.

Ce viſa ſert, en cas de conteſtation ſur la fauſſeté ou l'inexactitude des déclarations, à établir qu'elles ont été faites par ces factures; que dès-lors les peines prononcées dans ces deux cas, ſont encourues par le propriétaire de la marchandiſe. *Voyez* DÉCLARATION.

FALSIFICATION, f. f. Action par laquelle on falſifie une pièce, un regiſtre, un acte. En matière de droits du roi, l'ordonnance du mois de juillet 1681, article XX, porte: » Les commis » & autres, ayant ferment en juſtice, qui auront » fabriqué ou fait fabriquer de faux regiſtres, ou » qui en auront délivré de faux extraits, ſignés » d'eux, ou contrefait les ſignatures des juges, » ſeront punis de mort.

» Article XXI. Les particuliers redevables de » nos droits, qui auront falſifié les marques des » commis, & autres ayant ferment en juſtice, les » congés, acquits, paſſavans, certificats, & au» tres actes qui leur doivent être délivrés par les » commis, ſeront condamnés, pour la première » fois, au fouet & à un banniſſement de cinq ans » de l'élection de Paris, ou de celle où la *falſifi-* » *cation* aura été commiſe, avec amende, qui ne » pourra être moindre que du quart de leurs biens; » & en cas de récidive, aux galères pour neuf » ans, avec amende, qui ſera de la moitié de leurs » biens.

» Article XXII. Déclarons ſujets aux mêmes » peines, ceux qui auront falſifié les chartes-par» ties, connoiſſemens & lettres de voiture. «

L'art. XVIII. du tit. 14. de l'ordonnance du mois de février 1687, confirme les diſpoſitions précédentes, en diſant, qu'il ſera procédé extraordinairement contre les commis & gardes qui ſeront d'intelligence avec les marchands pour frauder les droits, ou qui, par fraude, ne chargeront pas leurs regiſtres des acquits par eux expédiés, & des déclarations faites par les marchands, ils ſeront condamnés à une amende, qui ne pourra être moins que du quadruple des droits fraudés, ſans préjudice des peines afflictives qui pourront être ordonnées, ſuivant la qualité du délit.

Relativement aux droits de contrôle, & autres du même genre, les notaires, greffiers, & tous ceux qui atteſtent fauſſement ſur les expéditions de leurs actes, que les minutes ont été contrôlées & inſinuées, ſont, ſuivant la déclaration du roi du 28 décembre 1734, dans le cas d'être pourſuivis extraordinairement pour la première fois, & condamnés aux peines afflictives prononcées contre les fauſſaires.

Lorſqu'il eſt fabriqué de fauſſes mentions de contrôle, & autres fauſſetés de cette nature, le fermier doit ſe pourvoir au conſeil, afin d'obtenir un arrêt d'attribution pour faire le procès aux coupables.

Le parlement de Bretagne condamna, par arrêt du 26 juillet 1729, un ſergent, à faire amende-honorable & aux galères à perpétuité, pour avoir fabriqué, ſur un exploit, une relation de contrôle & la ſignature du contrôleur.

FANAL, (droit de) Ce droit ſe perçoit dans le royaume de Naples, ſur tous les vaiſſeaux indiſtinctement, à raiſon de cinq deniers de notre monnoie par tonneau.

FAUX, f. m., par lequel on entend le crime de faux. *Voyez* le mot FALSIFICATION.

FAUX EMPLOI, en matière de comptabilité, c'eſt porter en dépenſe une ſomme qui ne doit pas être compriſe dans le compte. Le faux emploi eſt ſujet à la peine du quadruple de la ſomme mal-à-propos employée. *Voyez* DOUBLE EMPLOI.

FAUX-SAUNAGE, f. m. C'eſt le délit d'un faux-ſaunier, c'eſt-à-dire, d'une perſonne qui fait commerce de faux ſel.

On appelle *faux ſel* dans les différentes provinces où les gabelles ſont établies, le ſel qui diffère de celui qui eſt délivré dans les greniers.

On applique le mot *faux-ſaunage*, au délit dont ſe rendent coupables les particuliers, qui, malgré les défenſes portées par les ordonnances relatives aux gabelles, ſe chargent de l'introduction, du tranſport, & de la vente ou débit du faux ſel.

On nomme enfin *faux-ſauniers*, les particuliers qui ſe rendent coupables de ce délit, ainſi que leurs fauteurs, complices & participes.

Pour mettre de l'ordre & de la suite dans le développement des idées attachées à ces mots, & dans les détails qui concernent la législation établie pour réprimer le *faux-saunage*, on traitera d'abord de ce qui constitue ce délit, ensuite des peines prononcées, par les loix, contre les différentes personnes qui s'en rendent coupables. On parlera également de tous les moyens accordés au fermier des gabelles, pour conserver & faire valoir sa ferme; pour la défendre du *faux-saunage*; pour prévenir & réprimer tout ce qui pourroit préjudicier à ses intérêts.

L'article I. du titre 17. de l'ordonnance du mois de mai 1680, en adoptant les dispositions des anciennes ordonnances, a déclaré faux-sel dans toute l'étendue du royaume, le sel venant des pays étrangers, sans une permission par écrit; & d'après ce que porte cet article, le sel étranger doit être rangé dans la classe des marchandises ou denrées qui sont prohibées à toutes les entrées du royaume. Il en défend, en effet, aussi expressément l'introduction, dans les provinces exemptes ou rédimées, que dans celles assujetties aux gabelles. Le gouvernement a néanmoins, jusqu'à ce jour, toléré l'entrée, la vente, & la consommation du sel de Cardonne, dans le pays de Foix; mais il paroît qu'il ne s'est prêté à fermer les yeux sur cette contravention, que parce que les habitans de plusieurs des villes & paroisses du pays de Foix, pourroient, à cause de leur éloignement des villes de Grenade & de Verdun, où s'entreposent les sels chargés à Bordeaux pour l'approvisionnement de la haute-Guienne & des provinces adjacentes, rester souvent exposés au danger de manquer de cette denrée, si l'on tenoit rigoureusement la main à ce qu'ils n'en fissent venir aucune partie de l'étranger.

L'article II. du titre 17. de l'ordonnance du mois de mai 1680, déclare faux, & dans l'étendue de la ferme des gabelles, le sel du royaume pris ailleurs que dans les greniers, ou aux regrats. Les réglemens qui régissent les quatre fermes absolument distinctes & séparées, qui constituent les petites gabelles, contiennent, à cet égard, des dispositions absolument semblables; & il en résulte que les particuliers qui sont rencontrés, soit dans les grandes, soit dans les petites gabelles, avec des chargemens de sel, sont dans le cas d'être considérés comme *faux-sauniers*, à moins qu'ils ne justifient d'avoir levé ce sel dans un grenier, ou chez un regratier.

Il existe des circonstances dans lesquelles les sels mêmes, qui proviennent d'un grenier, doivent être considérés comme faux. Les réglemens ont déclaré tel, celui que les *gabellans* auroient acheté des privilégiés, ou qu'ils vendroient sans être pourvus de commissions de regratiers. Il en est de même de celui d'impôt, trouvé chez les collecteurs au-delà de leur cotte personnelle; après l'expiration du délai dans lequel ils doivent en faire la distribution aux contribuables. *Voyez* les articles FRANC SALÉ, REGRATS, & IMPÔTS.

Un arrêt contradictoire de la cour des aides de Paris, du 23 janvier 1782, en conformité de l'article XXVIII. du titre 17. de l'ordonnance des gabelles, défend, à peine de *faux-saunage*, de faire usage & commerce de sel de salpêtre. Il fait aussi défenses à tous distillateurs, de soumettre le résidu de leurs distillations d'eau-forte, à une seconde opération pour en extraire du sel; de se servir & faire commerce dudit sel, sous les peines portées contre le *faux-saunage*.

Le sel délivré à diminution de prix aux habitans des villes de franchises, & à ceux des paroisses privilégiées, est également faux, lorsqu'il est trouvé au-delà des limites des lieux dans lesquels il doit être consommé, ou chez d'autres particuliers que ceux qui sont autorisés à en faire usage. Le sel distribué pour les salaisons de beurre ou de poisson, est faux, lorsque les particuliers à qui la livraison en a été faite pour cet usage, s'en servent pour leur consommation de pot & salière. La différence qui subsiste presque toujours entre le grain & la couleur du sel délivré dans un grenier, & de celui distribué dans un autre, suffit pour faire déclarer faux celui qui est levé dans le premier, lorsqu'il est transporté sur le ressort de l'autre. Enfin, le sel vendu dans les greniers des petites gabelles, est regardé comme faux, lorsqu'il est trouvé au-delà des limites du pays dans lequel il doit être consommé, d'après les dispositions des réglemens.

L'extrême différence qui existe entre le prix du sel livré dans les grandes ou dans les petites gabelles, & celui du sel vendu dans les provinces exemptes ou rédimées, procure aux *faux-sauniers* des bénéfices si considérables, qu'il a été indispensable que le législateur, pour conserver les revenus de l'état dans les droits de gabelles, défendit à toutes personnes, sous des peines très-sévères, l'introduction, le transport, la vente ou débit du faux sel; mais comme ces peines ne sont pas les mêmes dans tous les cas, il est nécessaire, pour présenter des notions exactes sur cette matière, d'en faire quatre divisions.

Dans la première, on indiquera les dispositions des réglemens suivis dans les grandes gabelles. On fera connoître ensuite quelles sont celles de la déclaration du 22 février 1667, dont l'exécution a lieu dans les gabelles du Lyonnois & de la Provence; celles de la déclaration du 18 mai 1706, qui est suivie dans les gabelles du Dauphiné; enfin, celles de la déclaration du 3 mars 1711, que l'on observe dans les gabelles de Languedoc.

Peut-être ne seroit-il pas inutile de rapporter ici les réglemens particuliers au *faux-saunage* occasonné par la Bretagne, par les provinces exemptes ou rédimées, qui avoisinent le pays des gabelles; par les villes de franchise, par le pays du Quart-Bouillon, par la Franche-Comté, par la Lorraine & les Trois-Évêchés; mais la difficulté de remplir cette tâche, sans s'exposer à l'inconvénient de répéter une partie des détails dans lesquels on est entré, sous quelques-uns de ces mots, & de ceux auxquels on ne peut se refuser sous les autres, détermine à y renvoyer. On se contentera de donner ici, comme un supplément à l'article DÉPÔT de sel de Bretagne, tome I. page 505, des lettres-patentes du 7 mai 1782, enregistrées à la cour des aides de Paris le 12 juin suivant, & qui concernent un *faux-saunage* d'une espéce particulière.

C'est celui qui se fait par de grands chiens, que l'on charge de sel, soit en Bretagne, soit en Artois, & qui passent ensuite dans le Maine ou l'Anjou, chez leurs maîtres.

Le préambule de cette loi nouvelle indique les motifs qui l'ont fait rendre, & ceux de la sévérité avec laquelle cette espèce de chiens est traitée.

Louis, par la grace de Dieu, roi de France & de Navarre: A nos amés, &c. Nous sommes informés que, nonobstant nos lettres patentes du 6 juin 1734, registrées en notre parlement de Bretagne, tendantes à prévenir le faux-saunage qui se faisoit, par le moyen des chiens dressés à cet usage, l'espèce de ces animaux s'est multipliée à un point si excessif, qu'il s'en fait un commerce public dans les marchés des villes sujettes à la gabelle & au privilège exclusif du tabac; nous avons cru nécessaire de renouveller & d'étendre les dispositions desdites lettres-patentes, dans les provinces du ressort de notre cour des aides de Paris, où la contrebande du sel & du tabac a principalement lieu. A ces causes, de l'avis de notre conseil, nous avons par ces présentes, signées de notre main, ordonné ce qui suit:

ARTICLE PREMIER.

Défendons, sous peine de deux cens livres d'amende pour la première fois, & de plus grande peine s'il y a lieu, à tous habitans de nos provinces sujettes à la gabelle & au privilège exclusif du tabac, même à ceux domiciliés dans les quatre lieues limitrophes, de nourrir & vendre aucuns chiens mâtins, propres à servir à la fraude du sel & du tabac; ordonnons à tous ceux qui en ont de cette espèce, de s'en défaire dans la quinzaine après la publication des présentes. Autorisons les commis & préposés de l'adjudicataire de nos fermes, à dresser procès-verbal contre les contrevenans, & à les poursuivre pardevant les juges de nos droits, en première instance, & par appel en notre cour des aides.

II.

N'entendons néanmoins priver les cultivateurs, bergers, nourrisseurs & conducteurs de bestiaux, d'avoir le nombre de chiens nécessaires à la garde de leurs fermes, maisons & de leurs troupeaux, en se conformant aux ordonnances.

III.

Autorisons les commis de l'adjudicataire de nos fermes, à saisir dans les marchés, les chiens de l'espèce désignée dans l'article I., qui seront exposés en vente, à dresser procès-verbal contre les vendeurs & acheteurs, & à poursuivre la condamnation de l'amende; leur permettons de tirer sur lesdits chiens, qu'ils trouveront errans dans les campagnes, sans conducteurs & sans billot, & éloignés des habitations.

IV.

Ordonnons auxdits commis de dresser des procès-verbaux contre les vagabonds & gens sans aveu, conduisans des chiens désignés dans l'article I, quoique non chargés de contrebande; desquels procès-verbaux il sera remis un double au greffe de la maréchaussée la plus prochaine, pour tenir lieu de dénonciation, à l'effet d'être informé contre lesdits vagabonds & gens sans aveu, & leur procès leur être fait & parfait, s'il y a lieu, suivant la rigueur des ordonnances, & un autre double au greffe du plus prochain des juges de nos droits, à l'effet d'y être statué, suivant l'article I.

Seront, au surplus, nos lettres-patentes du 6 juin 1734, exécutées selon leur forme & teneur. Si vous mandons, &c.

L'article III. du titre 17. de l'ordonnance du mois de mai 1680, avoit ordonné que les *faux-sauniers*, attroupés avec armes, seroient condamnés aux galères pour neuf ans, & en une amende de cinq cens livres; mais il n'avoit pas expliqué dans quels cas les *faux-sauniers* armés pourroient être considérés comme attroupés. La déclaration du 6 juillet 1704, en l'interprêtant, a prononcé la peine de mort, qui emporte confiscation de biens, dans les pays où elle a lieu, contre les *faux-sauniers* armés, surpris transportant ou vendant du faux-sel, & réunis au nombre de cinq, & au-dessus.

Cette déclaration a été enregistrée, tant en la cour des aides de Paris, qu'au parlement de Bourgogne, & en la cour des aides d'Aix; elle est en conséquence exécutée dans les gabelles du Lyonnois & de Provence: les dispositions qu'elle contient contre les *faux-sauniers* armés & attroupés au nombre de cinq & au-dessus, ont été insérées dans l'article VI. de la déclaration du 18 mai 1706, & dans l'article IV. de celle du 3 mars 1711.

La déclaration du 5 juillet 1704, a ordonné que les *faux-sauniers* armés, surpris transportant ou vendant du faux-sel, mais non attroupés, seroient condamnés en la peine des galères pour trois ans, & en trois cens livres d'amende ; ce qui a été adopté par les articles déja cités de celles des 18 mai 1706 & 3 mars 1711.

L'article I. de la déclaration du 15 février 1744, a augmenté la peine prononcée par les précédentes, en ordonnant que les *faux-sauniers* condamnés *de plano* en la peine des galères à tems, ou à perpétuité, seroient préalablement flétris des lettres G. A. L., conformément à celle du 4 mars 1724.

Les déclarations du 5 juillet 1704, 18 mai 1706, & 3 mars 1711, ont prévu le cas où des *faux-sauniers* armés & non attroupés, après avoir été condamnés en la peine des galères, & l'avoir subie, ou s'y être soustraits, en s'évadant des prisons ou du bagne, se rendroient une seconde fois coupables du même délit, & elles ont ordonné que, dans ce cas, ils seroient condamnés en la peine de mort.

L'article III. du titre 17. de l'ordonnance de 1680, a ordonné que les *faux-sauniers* sans armes, surpris transportant ou vendant du faux-sel, avec bateaux, charrettes, chevaux, & autres bêtes de somme, seroient condamnés en une amende de trois cens livres, qui, à défaut de paiement de consignation, dans le mois de la signification ou prononciation de la sentence, seroit convertie en la peine des galères pour trois ans.

On trouve les mêmes dispositions dans la déclaration du 22 février 1667, qui est le réglement suivi dans les gabelles du Lyonnois & de Provence, pour tous les cas sur lesquels n'a pas postérieurement statué la déclaration du 5 juillet 1704. Elles ont été adoptées par l'article V. de celle du 18 mai 1706 ; mais l'article VI. de celle du 3 mars 1711, n'a fait l'application des peines prononcées par l'article III. de l'ordonnance de 1680, aux *faux-sauniers* sans armes, surpris transportant du faux-sel avec bateaux, chevaux, &c. que dans le seul cas où ils n'auroient pas été rencontrés attroupés, au nombre de cinq & au-dessus. L'article V. de cette déclaration, qui, comme on l'a déja observé, est particulière à la ferme des gabelles de Languedoc, a soumis ceux attroupés, en la peine des galères pour trois ans, avec amende de trois cens livres.

Il est sensible que les *faux-sauniers* qui s'attroupent, & trouvent dans leur réunion, le moyen de forcer les postes des employés, ou de leur opposer une plus vive résistance, se rendent coupables d'un délit beaucoup plus grave, que ceux qui marchent isolés. Cette observation semble donc justifier la déclaration du 3 mars 1711, qui soumet les premiers à une peine plus forte. Il y a lieu de croire que si la même gradation de peines existoit dans la législation des grandes gabelles, l'on verroit bientôt se diviser ces bandes nombreuses de *faux-sauniers* à cheval ou à col, qui circulent continuellement dans le Maine, l'Anjou, le Berri & le Bourbonnois, & qui s'y permettent si souvent de maltraiter les employés qu'ils rencontrent, & de troubler l'ordre & la tranquillité publique.

L'article III. de la déclaration du 15 février 1744, en dérogeant, au surplus, à celle de 1724, a expressément dispensé de la peine de flétrissure des lettres G. A. L., les *faux-sauniers* qui ne seroient condamnés en la peine des galères que par conversion.

L'article III. du titre 17. de l'ordonnance du mois de mai 1680, portoit que les *faux-sauniers* avec bateaux, charrettes & chevaux, qui seroient convaincus de récidive, seroient condamnés en la peine des galères pour neuf ans, avec amende de quatre cens livres. La déclaration du 22 février 1667, celle du 18 mai 1706, & celle du 3 mars 1711, ont, au contraire, prononcé contre les *faux-sauniers* à cheval récidiveurs, la peine des galères à perpétuité, sans même distinguer le cas où ils auroient été surpris en attroupement, de celui où ils ne seroient pas susceptibles du reproche de s'être attroupés ; mais cette peine est évidemment trop forte, elle n'auroit dû être prononcée que contre les seuls récidiveurs surpris en attroupement, & les autres n'auroient dû être soumis qu'en la peine, déja assez grave, portée par l'article III. du titre 17. de l'ordonnance de 1680.

Cet article a ordonné que les *faux-s[illegible]iers* à col seroient condamnés en une amen[illegible] de deux cens livres, qui, à défaut de paiement dans le mois de la signification ou prononciation de la sentence, doit, aux termes de l'article VIII. de la déclaration du 5 juillet 1704, être convertie en la peine du fouet & de la marque de la lettre G.

On trouve les mêmes dispositions dans la déclaration du 22 février 1667, & elles ont été adoptées par l'article IV. de celle du 18 mai 1706 ; mais l'article V. de la déclaration du 3 mars 1711, a prononcé contre les *faux-sauniers* à col, qui auroient été surpris en attroupement au nombre de cinq & au-dessus, la peine du fouet & de la marque de la lettre G., avec amende de cent livres, tandis qu'il n'a soumis ceux non attroupés qu'en l'amende de deux cens livres, convertible, à défaut de paiement, en la peine du fouet & de la marque. On ne peut que se référer aux réflexions précédemment faites sur la différence qui existe entre les peines prononcées par le même réglement, contre les *faux-sauniers* à cheval attroupés, & ceux non attroupés.

L'article III. du tit. 17 de l'ordonnance du mois de mai 1680, avoit ordonné que les *faux-sauniers* à col, convaincus de récidive, seroient condamnés en la peine des galères pour six ans ; ce qui, aux termes de la déclaration du 15 février 1744, emporte la flétrissure des lettres G. A. L., & en une amende de quatre cens livres. Les déclarations des 22 février 1667, 18 mai 1706, & 3 mars 1711, ne les ont, au contraire, soumis qu'en la peine des galères pour trois ans, avec amende de trois cens livres, sans même distinguer le cas où, après avoir été, lors de leur premier délit, surpris en attroupement, ils se feroient une seconde fois rendus coupables de *faux saunage* & d'attroupement. Il semble que ces réglemens devroient être réformés, tant sur cet objet que sur les dispositions par lesquelles ils prononcent des peines trop fortes contre les faux-sauniers à cheval non attroupés, convaincus de récidive.

Aucun réglement n'a déterminé quelle seroit la peine qui devroit être prononcée contre un *faux-saunier*, qui, après s'être rendu coupable de *faux-saunage* à cheval, & avoir éprouvé pour ce *faux-saunage* une condamnation, seroit surpris en *faux-saunage* à col, & *vice versâ*. La plupart des juges pensent, que c'est par la nature du second délit que la peine de récidive doit se fixer ; d'autres pensent, au contraire, que la loi ne s'étant pas précisément expliquée, ils doivent interpréter son silence, de la manière la plus favorable à l'accusé. Il seroit à desirer qu'un réglement clair & précis, fît cesser cette diversité d'opinions.

L'ordonnance du mois de mai 1680, avoit obmis de fixer les peines qui devroient être prononcées contre les *faux-sauniers*, qui, après avoir subi la peine prononcée contre la récidive, seroient une troisiéme fois surpris en *faux-saunage*. Les arrêts & lettres-patentes des 26 janvier & 29 mai 1780, pour faire cesser à cet égard toute incertitude, ont ordonné que ces faux-sauniers seroient, une seconde fois, condamnés aux peines de récidive.

On a vu ci-dessus que l'amende de trois cens livres, encourue par les *faux-sauniers* à cheval, coupables de *faux-saunage* simple, pouvoit, à défaut de paiement dans le mois de la signification de la sentence, être convertie en la peine des galères pour trois ans, & celle de deux cens livres encourue par les faux-sauniers à col, en la peine du fouet & de la marque de la lettre G. Les officiers de plusieurs jurisdictions de gabelles, en perdant de vûe que ces conversions n'avoient été établies, que pour procurer au fermier le moyen de prévenir l'impunité des récidives, & qu'ainsi elles ne devoient être prononcées que sur la réquisition, ou au moins de son consentement, avoient adopté l'usage de se déterminer, sur le vû des requêtes par lesquelles les *faux-sauniers* leur exposoient qu'ils étoient dénués de toute fortune, & qu'en tout cas ils faisoient l'abandon de leurs biens au fermier, à les faire mettre en liberté.

Pour faire cesser les inconvéniens de cette fausse interprétation, la déclaration du 26 décembre 1705, a ordonné que la conversion en peines afflictives des amendes prononcées contre les faux-sauniers, ne pourroit être ordonnée, qu'avec le consentement de l'adjudicataire, ou après que les requêtes présentées par les *faux-sauniers* lui auroient été communiquées, & qu'il y auroit répondu. Ce réglement a fait défenses aux juges de mettre les condamnés hors de prisons, à peine de répondre en leur propre & privé nom des amendes prononcées contre eux. C'est d'après cette dernière disposition, que les officiers du grenier à sel d'Ernée ont été condamnés envers l'adjudicataire, par l'arrêt du conseil du 19 juillet 1712, aux amendes encourues par dix-huit *faux-sauniers* qu'ils avoient fait mettre en liberté, avant qu'ils eussent subi la peine en laquelle ces amendes avoient été converties.

L'article XII. de la déclaration du 3 mars 1711, & l'article VII. de celle rendue le 2 avril 1722, en interprétation de la première, qui, comme on l'a observé, contient réglement général pour les gabelles de Languedoc, ont également ordonné que les amendes prononcées contre les *faux-sauniers* ne pourroient être converties en peines afflictives, sur les requêtes des condamnés, qu'après que ces requêtes auroient été communiquées au fermier, & qu'il y auroit répondu. On trouve les mêmes dispositions dans la déclaration du premier mars 1723, adressée à la cour des aides de Paris, & dans celle du 29 novembre 1724, adressée à la cour des aides de Rouen.

La première de ces cours a, au surplus, fait défenses, par son arrêt de réglement du 1 février 1743, aux officiers des jurisdictions de gabelles de son ressort, de prononcer sur les requêtes qui leur seroient présentées par les *faux-sauniers*, aux fins de conversion en peines afflictives, des amendes auxquelles ils auroient été condamnés, sauf à faire droit, conformément aux déclarations des 5 juillet 1704, 26 décembre 1705, & premier mars 1723, à celles par lesquelles ces *faux-sauniers* concluëroient à ce que leur élargissement fût ordonné.

L'article I. de la déclaration du 30 mai 1756, a ordonné que ceux qui auroient été condamnés aux galères faute de paiement, & par conversion des amendes contre eux prononcées, seroient admis à payer lesdites amendes après le jugement de conversion, même après qu'ils auroient commencé à subir la peine des galères, & qu'ils seroient aussi-tôt mis en liberté, comme s'ils avoient payé leurs amendes après la condamnation, au moyen de quoi les jugemens de conversion demeureroient dans ces cas sans effet, & comme non avenus.

L'article VII. du titre 17. de l'ordonnance des gabelles, avoit ordonné que, lorsque les *faux-sau-*

niers contre lesquels la peine des galères auroit été prononcée se trouveroient incapables d'y servir, cette peine seroit commuée en celle du fouet & de la flétrissure, à l'égard de ceux condamnés pour six ans; & en celle du fouet & de la flétrissure, avec bannissement à perpétuité hors du royaume, à l'égard de ceux condamnés pour neuf ans. Mais l'expérience ayant fait connoître les inconvéniens de ces commutations, l'édit du mois d'août 1685 les a proscrites, & a ordonné que les condamnés aux galères pour *faux-saunage*, ne pourroient être reçus à proposer aucune incapacité, que sans y avoir égard, ils seroient conduits aux bagnes, sauf aux officiers des galères, dans le cas où ils leur paroîtroient incapables de servir, à les faire enfermer à l'hôpital établi pour les forçats invalides. Quelques officiers de grenier à sel ayant, d'après les dispositions de cet édit, refusé d'ordonner la commutation demandée par un *faux-saunier*, qui alléguoit qu'il étoit infirme & âgé de près de quatrevingt ans, la cour des aides de Rouen avoit cru pouvoir, par un arrêt du 4 juin 1687, faire une exception en faveur de ce prévenu; mais l'arrêt de cette cour fut cassé par celui du conseil du 14 octobre suivant, & ce dernier ordonna que le *faux-saunier* dont étoit question, seroit attaché à la chaîne & conduit au bagne, conformément à l'édit de 1685. Les *faux-sauniers* condamnés *de plano* en la peine des galères, ne peuvent en conséquence, en aucun cas, être soustraits à cette peine, qu'autant qu'ils obtiennent de la clémence du roi des lettres de rémission ou de rappel, & que ces lettres se trouvent dûement entérinées.

Les dispositions de l'édit du mois d'août 1685, ont été insérées dans les articles XVII. des déclarations du 18 mai 1706, & 3 mars 1711.

La déclaration du 12 juin 1722, pour empêcher les *faux-sauniers* de chercher à se soustraire aux peines de récidive, en supposant de faux noms & de faux domiciles, a ordonné, article I., que ceux qui seroient convaincus de s'être donnés de faux noms, & d'avoir déclaré de faux domiciles dans le cours des interrogatoires qu'ils auroient subis, seroient condamnés en la peine des galères pour cinq ans; & l'article II. de ce réglement a ajouté, que la supposition de noms & de domiciles de la part des accusés, seroit jugée sur un certificat du curé, du syndic, & de deux des principaux habitans des paroisses dans lesquelles lesdits accusés auroient déclaré être domiciliés, portant qu'ils n'y seroient pas connus, sans préjudice toutefois des autres preuves, qu'il seroit libre au fermier d'administrer, soit par titres, soit par témoins.

La cour des aides de Paris, en procédant à l'enregistrement de la déclaration dont il s'agit, s'est réservée de modérer la peine qu'elle prononce, eu égard à l'exigence des cas & aux circonstances du fait. Elle a en outre ordonné, que les juges ne pourroient avoir égard au certificat mentionné en l'article II, qu'autant qu'il auroit été dûement légalisé par le plus prochain juge royal des lieux.

La déclaration du 12 juin 1722 est, au surplus, méconnue par les cours des aides d'Aix, Montpellier, Montauban & Clermont-Ferrand, & par le parlement de Grenoble, à qui elle ne paroît pas avoir été adressée; les *faux-sauniers* peuvent, en conséquence, impunément tenter, dans le ressort de ces cours, de se soustraire aux peines de récidive, en se donnant de faux noms, & en déclarant de faux domiciles.

On a souvent mis en question, si, lorsqu'après une sentence de condamnation aux peines du simple *faux-saunage*, on parvenoit à acquérir la preuve que le condamné étoit en récidive, on devoit recommencer l'instruction de son procès, pour lui faire définitivement subir les peines du dernier cas. Ceux qui soutiennent l'affirmative, se fondent sur les dispositions des réglemens particuliers à la Bretagne, qui veulent que lorsque dans les deux mois de la prononciation de la sentence qui n'aura condamné un *faux-saunier* qu'aux peines de simple faux-saunage, l'on obtiendra la preuve qu'il s'est rendu coupable de récidive, la sentence rendue soit regardée comme non avenue, & que l'instruction soit recommencée. Ils tirent de ces réglemens l'induction, que la récidive est une circonstance qui dénature tellement le délit, que le faux-saunier qui s'en est rendu coupable, ne peut valablement se plaindre, lorsque l'on recommence une nouvelle instruction, de ce que l'on s'écarte de la maxime *non bis in idem*; mais il suffit que les réglemens suivis dans les grandes & dans les petites gabelles, n'aient absolument rien ordonné sur ce point, pour que les juges qui n'ont condamné un *faux-saunier* qu'aux peines de simple *faux-saunage*, ne doivent pas, lorsqu'ils voient ensuite la possibilité d'acquérir la preuve que ce *faux-saunier* s'est rendu coupable de récidive, se déterminer à regarder la sentence rendue contre lui comme non avenue, & à commencer une nouvelle instruction.

L'article V. du titre 17. de l'ordonnance du mois de mai 1680, a ordonné que les femmes & filles surprises en *faux-saunage*, seroient condamnées en une amende de cent livres. On trouve les mêmes dispositions dans la déclaration du 17 février 1663, & dans l'édit du mois de février 1664, qui est suivie en Provence pour tous les points auxquels la déclaration du 22 février 1667 n'a pas dérogé: elles ont été insérées dans l'article VIII. de la déclaration du 18 mai 1706, & dans l'article VIII. de celle du 3 mars 1711.

L'ordonnance n'avoit statué aucune peine contre les femmes & filles, qui, surprises en *faux-saunage*, ne paieroient pas l'amende de cent livres, en ou laquelle l'article du titre 17. veut qu'elles soient condamnées. Quelques juges avoient adopté l'opinion, que cette amende devoit être convertie en la peine du fouet; mais l'arrêt du conseil du 5 janvier 1700, a expliqué que l'intention du législateur n'avoit pas été que cette amende fût convertie; cependant les articles VIII. des déclarations de 1706 & de 1711, ont ordonné que l'amende de cent livres prononcée contre les femmes & filles convaincues de *faux-saunage*, seroit, à défaut de paiement, convertie en un bannissement de cinq ans hors de la province.

L'article V. du titre 17. de l'ordonnance du mois de mai 1680, a ordonné que les femmes & filles convaincues de *faux-saunage* en récidive, seroient condamnées en la peine du fouet, avec amende de trois cens livres; & l'article VIII. du même titre a ajouté, que cette amende, à défaut de paiement, seroit convertie en un bannissement pour cinq ans, hors du ressort du grenier sur lequel le *faux-saunage* auroit été commis, de celui du domicile des prévenues, & de la ville de Paris.

La déclaration du 17 février 1663, qui est suivie dans les gabelles du Lyonnois dans tous les points auxquels celle du 22 février 1667 n'a pas dérogé, a ordonné que les femmes & filles coupables de *faux-saunage* en récidive, seroient condamnées au fouet, à la flétrissure, & en l'amende de trois cens livres; & l'on trouve des dispositions absolument semblables dans l'article V. de l'édit du mois de février 1664, qui est également suivi en Provence dans tous les points auxquels la déclaration de 1667 n'a pas dérogé. L'article VIII. de la déclaration du 18 mai 1706, & de celle du 3 mars 1711, ont également ordonné, que les femmes & filles convaincues de *faux-saunage* en récidive, seroient condamnées au fouet, en la marque de la lettre G., & en une amende de trois cens livres.

L'article V. du titre 17. de l'ordonnance du mois de mai 1680, a prévu le cas où des femmes & filles, après avoir subi la peine de récidive, seroient une troisième fois surprises en *faux-saunage*, & il a ordonné qu'alors elles seroient bannies du royaume à perpétuité. La même disposition a été insérée dans l'article VIII. de la déclaration du 18 mai 1706; elle ne se trouve, au contraire, dans aucuns des réglemens suivis dans les gabelles du Lyonnois, Languedoc & Provence.

La déclaration du 12 juin 1722, a ordonné que les femmes & filles qui seroient convaincues de s'être donné de faux noms, & d'avoir déclaré de faux domiciles dans le cours de leurs interrogatoires, seroient condamnées en un bannissement pour cinq ans; nous nous référons aux explications dans lesquelles nous sommes entrés sur les dispositions de ce réglement, en indiquant ci-dessus les peines qu'il avoit prononcées contre les *faux-sauniers* convaincus de s'être donnés de faux noms & d'avoir déclaré de faux domiciles.

La déclaration du 16 octobre 1696 a, au surplus, ordonné que les femmes qui auroient rompu leur ban, seroient, de plein droit, emprisonnées pendant un an, pour la première infraction, & pour deux ans en cas de récidive.

L'article IV. de la déclaration du 12 juin 1722, en suppléant au silence que l'ordonnance avoit gardé à l'égard des *faux-sauniers* impubères, a ordonné que ceux qui n'auroient pas atteint l'âge de quatorze ans accomplis, ne seroient sujets qu'aux amendes prononcées contre les faux-sauniers, sans que ces amendes pussent être converties. Les réglemens suivis dans les petites gabelles, ne contiennent, à cet égard, aucunes dispositions; mais on ne s'y écarte point du principe d'après lequel les impubères ne sont soumis à des peines afflictives, que dans des cas extrêmement graves.

L'article IV. du titre 17. de l'ordonnance du mois de mai 1680, a ordonné que chacun des coupables du même fait de *faux-saunage*, seroit personnellement condamné en l'amende portée par l'article précédent, & que les différens complices de ce fait, seroient tenus solidairement de toutes les amendes prononcées contre leurs associés. Les mêmes dispositions se trouvent dans les réglemens particuliers aux petites gabelles.

On a élevé la question de savoir, si, lorsque le fermier avoit admis un *faux-saunier* à payer l'amende en laquelle il avoit été personnellement condamné, il pouvoit requérir la peine de conversion contre les complices de ce *faux-saunier*. Les officiers du grenier de Craon avoient, en 1729, adopté la négative; mais la cour des aides de Paris, en infirmant, par son arrêt du 22 août 1731, la sentence de ces officiers, a ordonné que, faute par les complices du *faux-saunier* qui avoit payé son amende, d'avoir consigné celles prononcées contre eux personnellement, elles seroient converties; ce qui est fondé sur ce que la solidité est une faveur accordée au fermier, dont les prévenus ne peuvent en aucun cas se prévaloir. La même cour a, par un arrêt du 4 août 1762, jugé que la solidité ne pouvoit avoir lieu entre un *faux-saunier* convaincu de récidive, & un autre *faux-saunier* qui n'est coupable que d'un premier délit.

L'article VI. du titre 17. de l'ordonnance, a ordonné que les pères & mères seroient civilement & solidairement responsables de leurs enfans mineurs demeurans avec eux, & non mariés, qui feroient le *faux-saunage*; & il a accordé, pour ce cas, au fermier, hypothèque sur les biens des pères & mères, à compter du jour de la condamnation prononcée contre leurs enfans. Les mêmes dispositions ont été insérées dans les articles IX. des déclarations des 18 mai 1706 & 3 mars 1711; ces articles ont ajouté qu'il ne pourroit être rendu contre les pères & mères aucun jugement de conversion, à défaut de paiement des amendes encourues par leurs enfans mineurs; mais cette addition étoit d'autant moins nécessaire, que les pères & mères ne sont que civilement responsables des faits de leurs enfans mineurs, ce qui suffit pour établir qu'ils ne peuvent en aucun cas être, pour raison de ces faits, soumis à des peines afflictives. Elle a néanmoins été insérée en l'article IV. de la déclaration du 12 juin 1722. Cet article a, d'ailleurs, expliqué que les pères & mères pourroient être contraints, même par corps, au paiement des amendes prononcées contre leurs enfans.

La déclaration du 23 mars 1688, a ordonné que les maris seroient solidaires des amendes prononcées contre leurs femmes surprises en *faux-saunage*, & qu'ils pourroient être contraints par corps au paiement de ces amendes, dont, au surplus, la conversion ne pourroit être ordonnée contr'eux. Les mêmes dispositions ont été insérées dans les articles VIII. des déclarations des 18 mai 1706 & 3 mars 1711.

Les maîtres, qui sont civilement garans de tous les délits commis par leurs domestiques dans les choses qui intéressent leur service, doivent, lorsque ces domestiques sont surpris avec des chevaux ou des voitures qui leur appartiennent transportant du faux-sel, être déclarés solidaires des amendes auxquelles lesdits domestiques sont condamnés.

L'article XIV. du titre 17. de l'ordonnance du mois de mai 1680, dont les dispositions ont été confirmées par les arrêts & lettres-patentes des 3 juin & 3 juillet 1704, 7 & 16 juillet 1722, & par l'arrêt du 8 octobre 1722, ont fait défenses à toutes personnes, à peine de complicité, de donner retraite aux *faux-sauniers*, & de leur administrer aucuns vivres. Les mêmes dispositions ont été insérées dans l'article XIX. de la déclaration du 18 mai 1706, & dans le même article de celle du 3 mars 1711. Mais celle-ci a ajouté que, dans les cas où les *faux-sauniers* auroient encouru la peine de mort, ceux qui les auroient retirés seroient, outre les amendes & peines pécuniaires, dont ils demeureroient garans & responsables, condamnés, pour la première fois, à assister au supplice, & en la peine des galères pour trois ans, avec défenses de tenir hôtellerie ou cabaret; & en cas de récidive, en la peine de mort.

Il a en outre été ordonné, que, dans le cas où les *faux-sauniers* seroient entrés par force & violence dans les maisons desdits cabaretiers & hôteliers, ils seroient tenus, sous les peines ci-dessus, d'en rendre plainte dans les vingt-quatre heures pardevant les juges des lieux, lesquels en informeroient, à peine de répondre en leur nom, des dommages & intérêts du fermier. Il seroit à desirer que cette dernière disposition eût été insérée dans les réglemens particuliers aux grandes gabelles.

L'article XV. du titre 17. de l'ordonnance du mois de mai, a également défendu aux fermiers des ponts & passages, meûniers & lavandiers, & autres ayant bacs & bateaux sur les rivières, de passer ou laisser passer les *faux-sauniers*, à peine de complicité. *Voyez*, à cet égard, l'article BACS & BATEAUX.

Les arrêt & lettres-patentes des 7 & 16 juillet 1722, & l'arrêt du conseil du 8 décembre de la même année, ont enjoint aux syndics & habitans des paroisses, de sonner le tocsin lorsque des *faux-sauniers* passeroient dans leurs paroisses: comme aussi de donner, le plus promptement possible, avis du passage de ces *faux-sauniers* au receveur du grenier, & aux employés des brigades les plus voisines; & ordonne que ceux qui auroient omis de le faire, seroient condamnés en une amende de cinq cens livres. On trouve plusieurs arrêts qui ont prononcé cette amende, contre les syndics & habitans de différentes paroisses.

La déclaration du 6 décembre 1707, l'arrêt du conseil du 2 janvier 1704, & l'arrêt de la cour des aides de Paris du 17 juin 1761, ont ordonné que les conducteurs des messageries & voitures publiques, seroient considérés comme les propriétaires du faux-sel dont leurs voitures se trouveroient chargées, lorsque les ballots ou paquets qui le renfermeroient ne seroient pas inscrits sur leurs feuilles; & en ajoutant que ces conducteurs seroient condamnés aux peines portées contre les *faux-sauniers*, ils ont déclaré les propriétaires ou fermiers des voitures, responsables desdites amendes.

L'article XIII. du titre 17. de l'ordonnance du mois de mai 1680, a déclaré les nobles qui seroient assez lâches pour commettre le crime de *faux-saunage*, déchus, eux & leur postérité, des avantages de la noblesse, & ordonné que leurs maisons qui auroient servi de retraite aux faux-sauniers, seroient rasées. Les mêmes dispositions ont été insérées dans les déclarations des 18 mai 1706 & 3 mars 1711. Les peines auxquelles le législateur a particulièrement soumis les nobles convaincus d'avoir fait directement le *faux-saunage*, ou de complicité avec les *faux-sauniers*, doivent être prononcées contre eux, indépendamment des amendes & peines qu'ils peuvent avoir encourues, pour raison du fait particulier de *faux-saunage*.

L'article XII. du même titre 17. de l'ordonnance, en proscrivant l'opinion dans laquelle étoient quelques ecclésiastiques, qu'ils ne pouvoient, en aucun cas, être traduits pardevant les officiers des greniers, a expressément ordonné que ces officiers connoîtroient du *faux-saunage* commis par les ecclésiastiques, & que lesdits ecclésiastiques pourroient être contraints par corps, & par la saisie de leur temporel, au paiement des amendes auxquelles ils auroient été condamnés.

L'article XI. a fait défenses aux officiers des greniers de faire aucun commerce de sel, à peine de la vie; & de s'entendre avec les *faux-sauniers*, à peine de confiscation de leurs offices, & d'être déclarés incapables d'en posséder à l'avenir.

L'article X. a ordonné que les commis, capitaines, gardes & archers des gabelles, & les autres préposés de l'adjudicataire des fermes qui seroient convaincus d'avoir fait le *faux-saunage*, ou d'y avoir participé en quelque manière que ce fût, seroient punis de mort; & cette disposition, qui avoit été extraite de l'article XXVIII. de l'ordonnance de 1639, & de l'article XII. de l'édit de 1660, a été insérée dans l'article III. de la déclaration du 3 mars 1711.

Les déclarations des 20 septembre 1711 & 12 octobre 1715, n'avoient soumis qu'en la peine des galères pour neuf ans, les gardes convaincus de s'être entendus avec les *faux-sauniers* pour leur livrer passage. Mais l'article X. de l'édit du mois d'octobre 1726, rendu sur le fait de la contrebande, & l'article II. de la déclaration du 2 août 1729, ont, de nouveau, ordonné la peine de mort contre les employés convaincus d'infidélité; & la cour des aides de Paris a, par un arrêt du 31 juillet 1739, prononcé cette peine contre deux employés d'une brigade établie sur la Somme, qui avoient livré le passage de cette rivière à des contrebandiers.

L'article IX. de la déclaration du 2 août 1729, a ordonné que ceux qui, après avoir quitté leurs emplois, seroient surpris faisant la contrebande, seroient condamnés aux galères pour cinq ans, & en cinq cens livres d'amende. La disposition de cet article est exactement suivie danr les commissions du conseil établies à Valence, Saumur, Reims & Caen, à l'égard des faux-sauniers qui sont convaincus d'avoir servi dans les brigades.

L'article I. de l'ordonnance du roi du 20 avril 1734, a fait défenses à tous officiers & soldats de se charger de faux-sel, à peine de confiscation de ce faux-sel, & des voitures & chevaux qui auroient servi à le transporter, de prison, amende, cassation de leurs emplois, & de leur être leur procès fait extraordinairement par le conseil de guerre, suivant l'exigence des cas.

L'article II. de cette ordonnance a ajouté, que les cavaliers, dragons & soldats, absens de leur troupe par congé, qui seroient arrêtés avec du faux sel, seroient conduits & écroués à la requête du fermier, dans les prisons les plus voisines des lieux où ils auroient été arrêtés, & que leur procès leur seroit fait par les juges ordinaires des gabelles.

L'article XXI. a ordonné, que s'il arrivoit que les employés des fermes, conduisant des prisonniers, fussent spoliés desdits prisonniers par des cavaliers, dragons ou soldats, soit dans les lieux mêmes de leur garnison, soit aux environs, les auteurs de la spoliation seroient, si elle avoit été exécutée à main armée, condamnés en la peine de mort, & ceux qui l'auroient favorisée, en celle des galères; que leur procès seroit instruit par les prévôts des maréchaussées, & jugé, sur leur rapport, par le conseil de guerre dans le lieu de la garnison; & que les régimens auxquels appartiendroient les accusés, resteroient responsables, tant de la valeur des marchandises spoliées, que des dommages & intérêts du fermier, & des employés.

L'article II. de la déclaration du 30 janvier 1717, avoit antérieurement fait défenses aux gens de guerre, de prêter main-forte aux contrebandiers & fraudeurs, à peine de la vie; & celle du 12 juillet 1723, en ordonnant l'exécution de la première, avoit fait aux prévôts des maréchaussées, l'injonction d'arrêter les soldats contre lesquels il seroit intervenu des condamnations en peines afflictives ou pécuniaires, à l'instant même où le fermier leur feroit signifier les jugemens rendus contre ces soldats; de les constituer dans les prisons les plus voisines, pour y rester jusqu'à l'entière exécution des jugemens, & d'en donner avis aux commandans des régimens à qui ces soldats appartiendroient.

Le même réglement avoit fait défenses aux commandans, d'accorder aucuns congés aux soldats contre lesquels il seroit intervenu des condamnations pour contrebande; & en déclarant nuls ceux qui auroient pû être expédiés, il avoit ordonné que les soldats qui les auroient obtenus, seroient poursuivis comme déserteurs.

L'ordonnance du 20 avril 1734, & postérieurement celles des 6 octobre 1744 & 22 novembre 1762, ont réglé ce qui devroit être observé, relativement aux visites qui pourroient être faites par les employés dans les casernes & chambrées, & à celles des équipages des troupes qui rentreroient dans le royaume, ou qui passeroient d'une province dans une autre. Il suffit de citer ces réglemens, sans analyser leurs dispositions : on peut les consulter.

L'article V. du titre 20. de l'ordonnance des gabelles du mois de mai 1680, a permis de saisir avec le faux-sel, les chevaux, voitures & bateaux qui auroient servi à le transporter, & les marchandises qui auroient servi à le cacher; &,

suivant les art. XXVIII & XXIX. du titre commun pour toutes les fermes, la confiscation de ces objets doit être prononcée contre les auteurs de la fraude, nonobstant toute réclamation. L'arrêt du conseil du 11 novembre 1704, a, en conséquence, en cassant une sentence des officiers du grenier, alors établi à la Gravelle, prononcé la confiscation de chevaux qui avoient été saisis sur un *faux-saunier*, quoiqu'un particulier les réclamât, en assurant qu'ils lui avoient été volés; & ce particulier a été renvoyé à se pourvoir contre le faux-saunier pour raison de ce prétendu vol, ainsi qu'il l'aviseroit.

Un autre arrêt du conseil, du 9 décembre 1704, a jugé que le fermier pouvoit, lorsqu'il avoit obtenu la confiscation à son profit, des chevaux saisis sur les *faux-sauniers*, les faire vendre, les faire tuer, ou tout autrement en disposer à sa volonté.

L'article XVII. du titre 17 de l'ordonnance du mois de mai 1680, a déclaré tous juges & officiers, même toutes personnes privées compétentes pour la capture des *faux-sauniers*, portant, conduisant, débitant & renversant leur sel, sans qu'il fût besoin de décrets ou commissions, à la charge de les traduire incessamment avec leurs sels & équipages devant les officiers du plus prochain grenier; ces dispositions ont été renouvellées par des ordonnances du roi, des 15 juillet 1706, premier avril 1711, & 9 septembre 1713.

L'arrêt du conseil, du 16 février 1723, en ordonnant de nouveau que toutes personnes privées pourroient valablement faire la capture des *faux-sauniers*, soit à col, soit à cheval, conformément à l'article déja cité du titre 17 de l'ordonnance, a ajouté: qu'*il seroit incessamment donné* par les intendans des ordres dans toutes les villes, bourgs & paroisses pour arrêter les faux-sauniers attroupés ou non attroupés, par-tout où ils seroient rencontrés; & pour y porter d'autant plus les habitans, qu'il leur seroit payé une gratification de vingt livres pour chaque *faux-saunier* à col, & de quarante livres pour chaque *faux-saunier* à cheval, indépendamment du sixième de la valeur du sel & du prix de la vente des chevaux & équipages saisis.

Les arrêts du conseil, des 3 octobre 1736 & 4 juin 1738, ont spécialement imposé aux maréchaussées l'obligation d'arrêter les *faux-sauniers* qu'elles rencontreroient, & la même injonction leur a été faite par l'article CCXVIII. du bail de Forceville.

L'arrêt de la cour des aides de Paris, du 28 août 1748, a jugé que les cavaliers de maréchaussée qui arrêtoient des *faux-sauniers*, n'étoient pas tenus dans la rédaction de leurs procès-verbaux contre ces *faux-sauniers*, de remplir les formalités que les employés des fermes doivent observer pour assurer la validité de ceux qu'ils rédigent.

Les arrêts & lettres-patentes des 15 & 16 mars 1720, ont ordonné que tous juges royaux, comme aussi les officiers des maréchaussées, seroient, à peine de demeurer responsables des dommages & intérêts du fermier, tenus en cas d'absence ou de refus des juges des fermes, de se transporter en tout lieux & à toute heure, avec les commis & employés qui les en requerroient, pour faciliter leurs exercices, faire procéder, si besoin étoit, à l'ouverture des portes, & en dresser leurs procès-verbaux, lesquels seroient par eux remis aux greffes des jurisdictions auxquelles appartiendroit la connoissance des faits qu'ils constateroient.

Les ordonnances du roi, des 20 avril 1734, premier octobre 1743, & 6 octobre 1744, ont enjoint aux commandans des places & aux officiers des troupes, de prêter main-forte aux employés des fermes, lorsqu'ils en seroient requis, pour arrêter les faux-sauniers, à peine de désobéissance. Les mêmes ordonnances ont enjoint aux cavaliers, dragons & soldats d'arrêter les faux-sauniers qu'ils rencontreroient; elles ont déterminé les récompenses dont ils jouiroient, lorsqu'ils en auroient capturé quelques-uns par eux-mêmes, ou en prêtant main-forte aux employés des fermes. On peut au surplus consulter ces ordonnances qui, sur ce point, ont été calquées les unes sur les autres, & contiennent des dispositions absolument semblables. On peut aussi voir la délibération des fermiers-généraux, rapportée à la page 481 & suivante du premier volume.

L'arrêt du conseil, du 15 février 1729, en condamnant plusieurs propriétaires à faire rétablir à leurs frais les barrières & corps-de garde appartenant à l'adjudicataire des fermes, qu'ils avoient fait démolir, & en faisant défenses à toutes personnes, de quelque état & conditions qu'elles fussent, de détruire les ouvrages faits pour assurer la conservation des droits du roi, à peine de mille livres d'amende & de plus grandes peines s'il y échéoit; a permis au fermier de faire construire des barrières ou corps-de-garde dans tous les lieux où il les jugeroit nécessaires, à la charge d'indemniser les propriétaires des terreins sur lesquels ils seroient placés, de la valeur desdits terreins, à dire d'experts convenus de gré à gré, ou nommés d'office, par les intendans, lesquels, en cas de contestations, rédigeroient procès-verbaux des dires des parties, & les enverroient au conseil, pour être statué ce qu'il appartiendroit.

L'article DLVI. du bail de Forceville, pour procurer au fermier toutes les ressources qui pourroient le mettre à portée d'empêcher l'introduction du faux sel dans le pays de gabelles, lui a permis, comme l'avoient fait les baux antérieurs, de tenir en mer & sur les fleuves & rivières, en tel lieu que bon lui sembleroit, des vaisseaux, pataches & chaloupes, à la charge de remettre au greffe de l'amirauté dans le ressort de laquelle ces bâtimens seroient placés, un état certifié des noms & surnoms de ceux qui les monteroient & y seroient employés.

Les arrêt & lettres-patentes du 10 octobre 1752, en rappellant les arrêts du conseil des 19 novembre, 6 & 23 décembre 1718, & 9 mars 1719, ont de nouveau ordonné que les petits bâtimens, bateaux étrangers, & autres qui se trouveroient à la mer, sur les côtes à une ou deux lieues au large, seroient arrêtés par les employés des pataches ou bateaux de l'adjudicataire des fermes, pour en être par eux fait la visite; que ces employés pourroient en cas de refus ou de résistance, contraindre par force les maîtres desdits bâtimens & bateaux à venir à bord, & à se laisser aborder; qu'en cas de fraude, les bâtimens arrêtés en mer, ensemble ceux rencontrés à la côte ou qui auroient prétexté des relâches pour aborder & entrer dans les ports, havres, anses & plages, qui se trouveroient chargés de faux sel ou de faux tabac, en tout ou partie, ensemble leurs chargemens, seroient confisqués au profit de l'adjudicataire, & que les maîtres & patrons desdits bâtimens, ainsi que leurs matelots, seroient condamnés chacun & solidairement aux amendes & autres peines prononcées contre les faux-sauniers & faux-tabatiers.

L'article XXX. du titre 17. de l'ordonnance du mois de mai 1680, a au surplus prévu le cas où des bâtimens chargés de sel se trouveroient par quelques accidens, forcés de relâcher dans quelques-uns des ports du pays de gabelles, & il a enjoint aux maîtres de ces bâtimens d'aller incontinent, après leur arrivée au greffe du plus prochain grenier, pour y faire déclaration des quantités de sel contenus dans leurs bâtimens, & y représenter leurs chartes-parties, & dont ils requéreroient qu'il leur fût donné acte, qui leur seroit délivré sans frais.

Lorsqu'une guerre maritime s'engage, il intervient un réglement qui détermine ce qui devra être observé à l'égard des bâtimens chargés de sel pris sur les ennemis de l'état, qui seront conduits dans les ports du pays de gabelles. L'arrêt du conseil du 27 août 1778, qui, au moyen de la paix heureusement conclue en 1783, est aujourd'hui sans exécution, contenoit à cet égard les dispositions les plus claires & les plus précises.

L'article XVI. du titre 17 de l'ordonnance, en déclarant ceux qui acheteroient du sel des *faux-sauniers* pour le revendre, sujets aux mêmes peines que les faux-sauniers, a ordonné que ceux qui en acheteroient pour leur usage seulement, seroient condamnés pour la première fois en l'amende de deux cens livres; pour la seconde, en celle de cinq cens livres; pour la troisième, en celle de mille livres, & ainsi à proportion, en cas de récidive. L'article I. de l'édit du mois de février 1664, & les articles III. des déclarations des 18 mai 1706, & 3 mars 1711, n'ont au contraire soumis les particuliers chez lesquels il seroit trouvé du faux-sel dans l'étendue des gabelles de Provence, Dauphiné & Languedoc, qu'en l'amende de cent livres pour la première fois, de deux cens livres pour la seconde, de cinq cens livres pour la troisième, & ainsi à proportion.

Quelques juges avoient inféré de ce que l'article ci-devant cité de l'ordonnance, n'avoit soumis aux peines de *faux-saunage* que les seuls particuliers qui auroient acheté du sel pour le revendre, que ceux qui étoient rencontrés en campagne avec du faux-sel n'étoient pas dans le cas d'être considérés comme *faux-sauniers*, lorsqu'ils prétendoient n'avoir acheté de sel que pour leur consommation personnelle. Pour faire cesser à cet égard toute incertitude, la déclaration du 23 mars 1688 a ordonné que les particuliers trouvés en campagne avec du faux-sel, seroient punis comme *faux-sauniers*, nonobstant leur déclaration qu'ils l'auroient acheté pour leur usage.

L'article X. de la déclaration du 21 octobre 1710, a fait défense aux officiers des greniers, à peine d'en demeurer personnellement garans & responsables, de modérer les amendes, qui devoient être prononcées en conformité de l'article XVI. du titre 17. de l'ordonnance contre les particuliers chez lesquels il auroit été trouvé du faux-sel destiné pour leur usage. Il existe une multitude d'arrêts, soit du conseil, soit des cours des aides, qui ont ou cassé ou réformé des sentences qui avoient modéré ces amendes.

La déclaration du 2 avril 1722, qui a été rendue en interprétation de celle du 3 mars 1711, contenant réglement général pour les gabelles de Languedoc, a ordonné que ceux dans les maisons desquels il seroit trouvé du faux-sel, seroient condamnés aux amendes portées par ladite déclaration de 1711, encore qu'il n'eût pas été trouvé dans les lieux par eux habités, pourvu que ce fût dans des endroits couverts & clos de murs, quoique non fermés à clefs.

Les arrêt & lettres-patentes de 1747, ont ordonné à toutes personnes de clore & fermer à clef les étables, écuries, granges & autres dépendances de leurs maisons, de manière que l'on ne pût y entrer sans leur consentement, à peine d'être considérés comme les propriétaires du faux-sel qui y seroit trouvé, & comme tels, condamnés aux amendes portées par l'ordonnance.

L'article XXVIII. du titre 17. de l'ordonnance, a défendu, à peine de *faux-saunage*, tout usage & commerce de sel de salpêtre & de verrerie. *Voyez* les articles SALPÊTRE & SEL DE VERRERIE.

L'article LVII. du titre 14. a également défendu l'usage dans le pays de gabelles des eaux de mer & des sources, puits & fontaines salées. *Voyez* EAU DE MER.

On ajoutera ici, pour terminer l'article du faux-saunage, de manière à intéresser à sa destruction un gouvernement bienfaisant, que ce délit coûte la liberté & l'existence à près de trois mille citoyens de tout sèxe qui sont arrêtés année commune, & condamnés à des peines corporelles.

Suivant le relevé des saisies de faux-sel faites en campagne, pendant les trois premières années du bail actuel, commencé au premier octobre 1780, il a été arrêté deux mille trois cens quarante hommes.

Huit cens quatrevingt-seize femmes.

Deux cens un enfans.

En tout, trois mille quatre cens trente-sept personnes.

Pendant le même tems le produit des saisies de faux-sel, avec celui des objets confisqués, comme chevaux, voitures, a été, année commune, de trois cens quatre-vingt-trois mille cinq cens vingt-huit livres. *Voyez* le mot GABELLE.

On propose une réforme dans cette partie avec le plan de la nouvelle régie, qu'on pourroit substituer à l'ancienne.

FÉODAL, adj. par lequel on désigne tout ce qui appartient à un fief.

Droit féodal, est un droit seigneurial inhérent au fief, comme les cens, les lods & ventes, la bannalité des fours & pressoirs, les droits de quint, de requint, de champart, &c.

Le même écrivain, dont on a emprunté précédemment quelques réflexions relatives à l'inaliénabilité du domaine, a proposé la question de savoir, si la suppression des *droits féodaux* ne pourroit pas devenir un moyen de prospérité pour la nation, d'augmentation de richesse pour les seigneurs, de paix & de bonheur pour les vassaux.

Cette question est si intéressante par sa nature & son objet, qu'elle doit naturellement trouver place dans notre Encyclopédie, comme un problême de finances, dont la solution peut dépendre de la manière de le voir, & du point de vue d'où on le considère.

Il convient d'abord, de poser l'objet de la discussion d'une manière exacte & précise.

Pourquoi chaque propriétaire d'un fonds, quelque borné qu'il soit, n'en a-t-il pas toute la propriété; n'est-il pas possible de simplifier les possessions de façon qu'un seul héritage n'ait plus une multitude de maîtres, qui semblent se relayer pour affliger celui qui le cultive.

En comptant combien sur un seul fonds il paroît y avoir de maîtres, on pourroit douter s'il faut mettre en ligne celui qui le cultive; car il a des co-propriétaires si redoutables, qu'il faut qu'il disparoisse devant eux. Cependant il faut le compter pour un;

Ensuite le seigneur de la directe, pour le cens, le sur-cens, le champart;

Puis le gros-décimateur, le curé de la paroisse pour la même dîme; la dîme de sang, c'est-à-dire d'agneau;

En ajoutant le droit de chasse au seigneur voisin, soit par titre, soit par réciprocité; le droit de parcours, puis le propriétaire ou bailleur à ferme, dont le cultivateur est le fermier. Voilà sept prétendans, exerçans droits sur un héritage.

Si les loix n'ont pas voulu qu'aucun co-propriétaire pût être forcé de demeurer malgré lui en communauté, ces mêmes loix ne pourroient-elles pas nous aider à persuader à nos seigneurs de prendre, par voie de partage ou de licitation, une partie de nos héritages, pour leur tenir lieu de leur directe & de tous leurs droits? Ne pourrions-nous pas les engager à en recevoir le remboursement, moyennant une somme qui en représenteroit le capital, à raison du denier cinquante ou soixante, de sorte que ce qui nous resteroit, & que nous aurions affranchi, fût possédé d'une manière entièrement libre, & exempte de toutes charges féodales?

Quelque raisonnable que soit ce desir, on ne demande point que les seigneurs soient forcés à changer la nature de leurs droits & propriétés; on opposeroit bientôt que les loix des partages ne sont pas applicables aux seigneurs, & à leurs vassaux, dont les droits sont de nature à rester ensemble assis sur le même fonds.

Ce n'est donc que de concert, que l'on peut résoudre des difficultés nées du *droit féodal*, auxquelles les loix n'ont point apporté de remèdes.

Il est vrai que des loix, également célèbres & respectées, ont effacé la servitude personnelle, & qu'elles ont obligé les seigneurs à recevoir, à l'exemple des rois, le prix de la liberté de leurs esclaves; mais l'objet de ces loix est consommé, elles ne peuvent que servir d'exemple; il n'en peut résulter d'action pour forcer un seigneur à recevoir l'affranchissement d'un héritage.

Les tribunaux ne pourroient donc recevoir la demande que l'on pourroit former; mais n'est-il pas au pouvoir du monarque chéri, bienfaisant & bien servi, qui nous gouverne, d'établir la liberté réelle, comme les plus glorieux d'entre ses prédécesseurs, ont établi la liberté personnelle; il pourvoiroit, comme eux, à ce que son domaine

& les seigneurs ne souffrissent point de l'anéantissement des droits de directe.

Une loi sur cette matière paroîtroit donc aussi juste que possible ; mais comme elle n'existe pas, il convient d'examiner si, sans cette loi, on peut croire que le domaine & les seigneurs, ainsi que leurs vassaux, trouveroient des avantages immenses à consentir réciproquement au rachat des servitudes féodales. A l'égard des seigneurs, ce n'est qu'une affaire de calcul ; ils sont les maîtres d'aliéner les droits de leurs fiefs, & la plupart le feroient, sans doute, volontairement, s'ils y trouveroient le moyen de tripler, & même de quadrupler, leurs revenus, sans rien perdre des droits honorifiques. La difficulté viendroit de la suzeraineté du roi, & de l'inaliénabilité du domaine ; mais cette inaliénabilité semble ne pouvoir faire, dans l'affranchissement des fonds, un obstacle, qu'elle n'a point fait dans l'affranchissement des personnes. Présentons nos réflexions sur tous ces objets.

La liberté foncière, à laquelle on voudroit parvenir, paroît, depuis long-tems, le vœu de tous les gens sensés. Les écrivains ont cependant, en quelque sorte, négligé de le produire en public ; ils regardoient, sans doute, la foule des loix, qui protègent la forme & la nature actuelle des propriétés, comme un mur d'airain contre lequel viendroient se briser leurs opinions & leurs tentatives.

Ils auroient néanmoins été écoutés avec plaisir, en nous retraçant la simplicité & la perfection des propriétés chez les Romains, & chez les nations les plus sages & les plus célèbres ; en nous montrant l'origine & la progression des fiefs, & le changement du service militaire, en droit de mutations & autres droits. Si, à ces récits, ils avoient ajouté le tableau des inconvéniens des droits actuels, & présenté les moyens d'y remédier, ils eussent sans doute recueilli des éloges, & leurs sages conseils auroient trouvé des seigneurs humains & prudens, qui auroient pu les mettre à profit.

Au défaut des auteurs, parcourons rapidement cette matière, sans la charger d'autorités ; il n'en faut pas où la raison & l'intérêt des parties concourent.

Sans nous étendre à discuter la nature des propriétés chez toutes les nations, voyons quelle étoit celle des fonds chez les Romains, auxquels nous tenons par leurs conquêtes, & par l'alliance d'une partie de leurs loix avec les nôtres.

Rome, bornée à son territoire, avoit sur ce territoire une propriété qui résidoit dans le corps de la république, & qui s'exerçoit par chacun de ses membres. L'impôt que payoit le citoyen, représentoit la portion que l'Etat s'étoit réservée dans cette propriété.

Quand Rome fut accrue par des conquêtes, elle rejetta sur ses nouveaux sujets, une partie du fardeau qu'avoient supporté jusqu'alors ses habitans. Bientôt l'Italie fut conquise ; les citoyens jouirent alors d'une exemption plus étendue ; ils possédèrent leurs terres *optimo jure, jure Quiritum.*

A mesure que les provinces éloignées furent ajoutées à son empire, l'Italie fut elle-même soulagée, & le *jus optimum* devint le *jus Italicum.* Ce droit s'étendit enfin au-delà des Alpes : ainsi la première Lyonnoise & la Narbonnoise furent assimilées aux provinces Italiques. Les peuples sujets au tribut, après avoir payé l'impôt, jouissoient d'une liberté infinie ; ils avoient *jus utendi & abutendi ;* point de directe, point de mouvance, aucun de ces droits qui se sont établis depuis, sous le nom de droits & devoirs seigneuriaux.

Les Francs apportèrent dans les Gaules, leurs mœurs & leurs usages ; mais ils ne changèrent ni les mœurs ni les usages des peuples ; les terres de l'empire devinrent les terres de Clovis & de ses soldats ; ils amenèrent à leur suite des esclaves, qu'ils employèrent à cultiver une partie des terres qu'ils venoient de conquérir ; mais ces esclaves, semblables à nos fermiers, avoient chacun leurs manoirs particuliers, dans lesquels ils vivoient en pères de famille. Toute la servitude que le maître imposoit à l'esclave, étoit de lui payer une redevance en grains, en peaux ou en étoffes : *suam quisque sedem, suos Penates regit ? frumenti modum Dominus, aut pecoris, aut vestis colono injungit.*

Jusques-là, point de directe ; pas davantage sous Charlemagne ; le germe ne s'en est développé, qu'avec les causes qui amenèrent la chûte de l'autorité & la dégénération de la monarchie. Les rois commencèrent par accorder à des monastères, à des églises, une sorte d'indépendance, sous le nom d'immunités ; ils leur donnèrent une jurisdiction sur leurs esclaves, sur les colons, sur les affranchis qui habitoient dans l'étendue de ces immunités. Ces immunités ne furent pas d'abord perpétuelles ; on en demandoit la confirmation à l'avénement du roi à la couronne ; mais il en fut comme des terres fiscales, qu'une longue possession transforma en terres héréditaires : de-là l'origine des premières seigneuries & des premières justices ecclésiastiques.

L'exemple de ces immunités fut contagieux ; ceux qui avoient obtenu des bénéfices militaires, ou des terres du domaine, voulurent les perpétuer dans leurs familles. Déja, sous les rois fainéans de la première race, ces possessions précaires passoient des pères aux enfans, d'abord par un bienfait du prince, & bientôt par une simple tolérance; après plusieurs mutations successives, l'origine en fut oubliée.

Les rois de la seconde race songèrent à faire revivre l'ancienne institution des Francs, qui, divisés par centaine, avoient un chef choisi par les soldats : cette institution militaire avoit fini avec les conquêtes. Il fut ordonné que tout homme libre s'attacheroit à un chef, à un soldat plus âgé que lui, *senior*, qu'il se lieroit par le nœud de la recommandation, & qu'il le suivroit à la guerre. Ce nouveau lien fut d'abord purement personnel; mais il dégénéra insensiblement, & la subordination devint dépendance & servitude.

L'héritier du chef crut avoir un droit à son titre comme à ses biens; il compta le vassal parmi les biens de la succession, & bientôt le vasselage fut regardé comme un rapport entre les possessions, & non plus entre les personnes. Les comtes & les ducs s'emparèrent des terres domaniales, y attachèrent les droits qui n'étoient attachés qu'à leurs offices; la puissance publique s'affoiblit, & son action fut interceptée. Le foible chercha l'appui du plus fort, & acheta, par la perte de sa propriété, le droit d'usurper celle des autres : ainsi se forma cette chaîne de protecteurs & de protégés, d'oppresseurs & d'opprimés, de tyrans & d'esclaves, qui inondèrent la France.

» Ce royaume se trouva la proie d'une multitude de seigneurs, qui tous regardoient comme faisant partie de leurs seigneuries, des droits & des redevances qui, autrefois, avoient appartenu à l'Etat. La seigneurie devint une espèce de despotisme, qui rendoit le propriétaire maître absolu de toute l'étendue de son territoire; de-là la servitude devint presque générale; de-là les droits de main-morte, qui en furent un suite & un esclavage modifié; de-là une foule de redevances & d'autres droits, inconnus sous la seconde race. «

Au milieu de cette confusion générale, naquirent une foule d'usages & de coutumes absurdes & barbares; l'oppression multiplia ses caprices, & la servitude ses hommages. Hugues Capet, monté sur le trône, ne pouvant rompre la chaîne féodale dont l'autorité étoit enveloppée, chercha à en affoiblir successivement les anneaux.

Pour mieux cacher ses vues, l'autorité se déguisa sous la forme de suzeraineté; on créa une glèbe fictive, dont releveroient tous les autres fiefs; cette glèbe dominante, ce fief suprême, ce fut la couronne qui devint le principe & le nœud de toutes les seigneuries subalternes; ce fil approcha & enchaîna les arrières-vassaux; les affranchissemens des serfs & & l'établissement des communes, donnèrent un nouveau point d'appui à l'autorité royale, & un nouvel ordre de citoyens à l'Etat. Les croisades ayant dévoré une foule d'hommes inquiets & turbulens, la police générale rentra dans les mains du prince, & il ne resta de tout le système féodal que la directe.

Les seigneurs, qui voyoient échapper de leurs mains le droit de faire la guerre, & d'exiger la taille de leurs vassaux, remplacèrent ces droits par d'autres aussi utiles, & non moins onéreux; de-là le relief, le rachat, les lods & ventes, qui s'introduisirent bientôt dans les domaines du roi.

Sans doute la nation pouvoit alors réclamer contre ces abus, & demander la proscription de toute directe, qui n'auroit pas eu pour titre une concession primitive; elle auroit pu se récrier contre ces inféodations formées par une tradition fictive de la part d'un particulier, & par la restitution à titre de fief de la part du seigneur, & il ne seroit resté aux seigneurs particuliers qu'un domaine direct, un cens, une redevance, sur les seules terres qu'ils auroient originairement concédées : mais cette proscription n'a pas eu lieu; les directes existent, les coutumes les ont consacrées; des maximes générales, dans plusieurs pays, ont étendu leur empire, & empêchent que rien ne puisse s'y soustraire.

Tel est le sommaire de l'histoire du *droit féodal*; il est né dans les champs, il s'est développé dans l'anarchie, il s'est affermi par la tyrannie, & il a fait taire les loix & l'autorité légitime qu'il avoit usurpée. En réclamant la liberté primitive des fonds, il ne faut pas cesser d'être juste; mais cette directe, qui les grève, étant passée dans le commerce par l'adoption qu'en ont fait les loix, elle est devenue la propriété des seigneurs : il seroit nécessaire de les indemniser, s'ils vouloient bien y renoncer.

Avant d'examiner comment on liquideroit leurs intérêts, voyons quel intérêt l'Etat auroit à cette opération, & si elle seroit possible pour les mouvances du domaine.

La prospérité des Etats est, en raison de la liberté des personnes, des choses & des actions. Ces trois genres de liberté rejettent l'esclavage des personnes; les différentes servitudes établies sur les fonds par le *droit féodal*, & les obstacles qu'apportent au commerce les privilèges de vente & de fabrication, ensuite les péages, douanes & prohibitions.

Nous ne dirons rien de la liberté du commerce, qui est celle des actions; le ministre éclairé, qui le protège, lui assurera tous les avantages qui pourront le faire prospérer.

L'esclavage des personnes fit régner avec lui l'ignorance; il bannit les arts, rendit la nature sauvage, & plongea la France dans le cahos, d'où elle n'a commencé à sortir qu'à l'époque des affranchissemens; les affranchissemens ont créé des villes,

villes, les citoyens, les arts, les lettres & les bonnes loix ; les succès des premiers en déterminèrent d'autres, imités par les seigneurs, & bientôt *libre* & *François* furent synonymes.

Le troisième genre de servitude subsiste encore sur les fonds qui sont d'autant moins utiles à l'Etat & aux particuliers, que la possession en est plus grévée ; on croit pouvoir assurer que la liberté des fonds, produiroit des avantages aussi considérables, qu'en a produit celle des personnes dont l'affranchissement a fait une si heureuse révolution.

Les droits féodaux, pour de médiocres produits, présentent mille embarras & difficultés, tant au seigneur qu'au vassal.

Le vassal est assujetti, suivant la qualité du fonds, à des foi & hommage, aveux & dénombremens, reconnoissance au terrier, au cens, aux corvées, aux lods & ventes, au relief, à la bannalité, à l'assistance aux plaids, aux amendes, à la saisie féodale, &c. &c. La plupart de ces droits sont d'un très-petit produit pour le seigneur ; plusieurs n'en apportent aucun, & sont néanmoins une charge considérable pour le vassal.

Le seigneur, pour recueillir & exercer ces droits, est obligé à des frais considérables : il lui faut des archives, des terriers immensément coûteux à former & à renouveller, des rôles, des receveurs, des collecteurs, des sergens, & des comptes très-étendus. Tantôt le droit, la quotité, ou la manière de le payer, sont contestés ; tantôt la mouvance est prétendue par d'autres seigneurs ; les énormes procès qu'engendrent les contestations, passant de père en fils, dévorent les seigneurs, les vassaux, & les terres où ils se sont élevés.

Les rois donnèrent les premiers l'exemple de l'affranchissement des personnes ; ils élevèrent sous l'étendard de la liberté cette famille d'enfans, leur sujets, qui payèrent de leur fidèle amour, & cent fois de leur sang, le bienfait de la liberté. Bientôt la nation, auparavant celle du servage, fut celle de la liberté, de l'honneur, de la gloire & des arts ; & le droit honteux de propriété sur les hommes, fut changé en protection de la part du souverain, & la servitude en hommage du cœur, de la part des sujets.

Il semble rester un avantage égal à recueillir par l'affranchissement des fonds. Quel roi & quels ministres eurent plus de droit, que ceux qui nous gouvernent, de faire cette glorieuse moisson? Sa majesté peut en donner l'exemple dans ses domaines, exemple qui sera suivi par les seigneurs ; elle pourroit même aussi l'ordonner généralement, en réglant l'indemnité dûe aux seigneurs, qui, de leur côté, pourroient faire cet affranchissement du consentement du roi.

Voyons si l'inaliénabilité du domaine peut mettre un obstacle invincible à cette opération, qui, cependant, réunit les avantages politiques & ceux des particuliers.

Une simple observation semble devoir écarter l'objection. La servitude personnelle étoit aussi un droit du domaine, il a cependant été aliéné sans réclamation ; il en seroit de même de l'établissement du franc-alleu universel sous le domaine. Si les vassaux étoient admis à se rédimer de tous cens & servitudes, moyennant le capital au denier trente ou quarante, les sommes reçues pour cette libération seroient employées à l'acquisition de forêts & autres fonds, par forme de remplacement pour le domaine, ou à l'acquittement des charges les plus onéreuses de l'Etat. Il ne s'y rencontreroit donc aucune des raisons qui ont déterminé la révocation des différentes aliénations des domaines ; savoir, qu'ils ont été pour un prix au dessous de leur valeur ; que le prix n'a pas été réellement délivré ; que les sommes n'ont point tourné au profit de l'Etat.

Il paroît également aisé de détruire, parce principe, le fantôme de l'inaliénabilité. Le domaine n'avoit ce caractère qu'en faveur de la nation au profit de laquelle il étoit établi, & par son utilité & par sa suffisance aux dépenses publiques ; il a perdu ce caractère en tombant dans un état tel, que le revenu se réduit presque à rien, & qu'il est impossible ni de le rétablir, parce qu'une réformation tourneroit en vexation sur tous les vassaux, ni de garantir ce revenu des usurpations ; il y auroit plus de dépenses que de produits, parce que les inféodations & les fondations l'ont dénaturé, & rendent la rentrée impossible.

Au reste, on sait en quoi consiste le domaine. Indépendamment des fonds ; ce sont des rentes, des cens, & autres droits féodaux & casuels qui le constituent. Le roi tireroit un très-bon parti de ces cens, rentes & devoirs, en admettant les vassaux à les racheter, & en les consacrant, par cette voie, à la liberté. On anéantiroit ces droits de la manière qu'ont été anéantis les devoirs de service militaire, & l'esclavage des personnes. Chaque fonds étant affranchi en particulier, moyennant un prix, il deviendroit impossible de recomposer un corps de mouvance ; la mouvance seroit perdue sans retour ; il n'existeroit plus aucun corps de fief que l'on pût être tenté de ressusciter ; l'affranchissement faisant des progrès, il n'y auroit plus de moyen de reconnoître ce qui fut mouvance du domaine, pas plus qu'on pourroit aujourd'hui retrouver les descendans de ses anciens esclaves. Cette opération obtiendroit une entière confiance, & seroit accueillie comme l'ont été celles des affranchissemens des personnes ; les vassaux ne pourroient jamais être inquiétés, ni même en concevoir la crainte.

Le roi a heureusement ce moyen de déterminer doucement l'abolition du *droit féodal*.

L'opération seroit très simple ; le roi permettroit à tous ses vassaux de racheter toutes rentes, devoirs & servitudes féodales. Celles qui sont dûes en argent, ou en denrées, ou en services, qui ont une valeur, telles que les corvées, seroient rachetées moyennant le capital au denier trente ou quarante ; l'obligation de la foi-hommage seroit rachetée moyennant un prix proportionné à la dignité du fief. On se persuade que le roi accorderoit une composition plus douce que les autres seigneurs, tant pour accélérer l'opération, que pour empêcher ses vassaux de porter leur mouvance à d'autres seigneurs.

Au moyen de ce rachat, tous les héritages, relevans du domaine, seroient & demeureroient à jamais francs & libres comme les personnes mêmes des François, & seroient possédés *optimo jure*.

Les propriétaires demeureroient néanmoins libres de racheter ou non leurs servitudes ; mais leurs héritiers ou acquéreurs seroient obligés de les racheter avant d'entrer en possession. Après la révolution des ventes & des successions, le domaine n'auroit plus que des vassaux entièrement libres ; cette liberté des personnes & des fonds constitueroit son caractère.

Le roi recueilleroit des avantages considérables de cette opération ; tous les vassaux usurpés, & passés sous d'autres seigneuries, viendroient d'eux-mêmes apporter les titres de leur dépendance, offrir le prix de leur liberté, & se ranger sous le domaine qui recouvreroit, sans frais, tous les vassaux, & le prix de ses mouvances usurpées. Sa majesté retireroit ainsi des sommes considérables, qui pourroient être employées à l'acquittement des dettes les plus onéreuses de l'Etat.

Les vassaux seroient délivrés de toutes les peines, pertes de tems, vexations, procès que leur attirent des droits douteux autant que minutieux. Plus de voyages aux recettes, plus d'amendes ni de saisies féodales, plus de terriers, plus de recherches des anciens cens & charges, plus de ces formalités coûteuses de foi, si inutiles envers un roi qui auroit tout rendu libre : la liberté adoreroit son auteur, & l'indépendance seroit l'hommage perpétuel, & le premier titre de vassalité. Les lods & le relief, les dîmes & les champarts, ne prendroient plus une partie du prix & des produits des fonds, & ne seroient plus un obstacle aux améliorations.

Les vassaux du domaine ne seroient plus sujets à l'ensaisinement ; formalité coûteuse, dûe à chaque mutation de toute nature, & qui s'exige par voie de contrainte.

Les propriétaires iroient habiter les campagnes, où ils pourroient se glorifier de l'indépendance la plus flatteuse ; leur présence embelliroit, amélioreroit & ennobliroit la culture, qui semble attendre ce nouveau secours, pour arriver à sa perfection.

Bientôt les vassaux des autres seigneurs se procureroient les mêmes avantages que sa majesté auroit accordés aux vassaux de ses domaines. Jusqu'à présent les seigneurs ont été dupes de l'habitude ; il est même difficile de concevoir comme ils ont négligé de convertir leurs directes en propriétés foncières.

Il n'y a pas de vassaux qui ne rachetassent, au denier cinquante ou soixante, & même plus chèrement, tous les cens, surcens, corvées, &c. les droits de lods, de relief, de champart, se retrancheroient aussi avantageusement, les bannalités plus chèrement encore : ainsi un seigneur retireroit de la vente de ces droits plus qu'il ne vendroit toute sa terre, en y comprenant les domaines & les édifices ; il remplaceroit ces droits par l'acquisition de fonds à sa convenance ; il seroit le maître de choisir, parce qu'il ne consommeroit le traité d'affranchissement des fonds d'un ou plusieurs vassaux, ou de la généralité, qu'à condition qu'on lui donneroit tels ou tels héritages, pour prix de l'affranchissement.

Cet affranchissement se feroit sur le pied du droit brut, c'est-à-dire, tel que le vassal le paye, tandis que le seigneur ne peut le compter dans ses recettes, qu'après les déductions & frais que ces droits essuient dans les fermes & cueillettes : ainsi ces rentes & devoirs étant rachetés au denier soixante, tripleroit & au-delà les revenus du seigneur, qui placeroit le capital du rachat au denier vingt. On suppose quelques parties de cens mouvant à douze livres, le seigneur n'en tire, dans sa régie, ou dans son bail, que neuf livres au plus. Si le seigneur reçoit le rachat de ces rentes au denier soixante, il en aura sept cens vingt livres, qui, au denier vingt, lui produiroient trente-six livres, qui font quatre fois le net de la rente féodale. La somme de sept cens vingt livres placée en fonds, produiroit le triple du cens.

Outre cette augmentation des revenus, les seigneurs seroient soulagés dans la même proportion, des dépenses de leur régie & administration ; ils savent tous, que les droits résultans des fiefs, sont ceux sur lesquels s'élevent les plus grandes, les plus nombreuses, les plus coûteuses & les plus interminables difficultés ; que ce sont ces difficultés qui les mettent dans la nécessité d'avoir un conseil auprès d'eux, des intendans, un conseil dans les capitales des provinces où les terres sont situées, des régisseurs, des commissaires à terriers, des archives immenses.

Tel grand seigneur qui a pour quarante mille francs de ces dépenses, les verroit réduites presque à rien; un fermier ou receveur lui suffiroit; il auroit plus que doublé son revenu, rendu la paix à ses vassaux, répandu le bonheur dans ses terres, & en jouiroit lui-même : d'ailleurs, les seigneurs ne perdroient rien de l'autorité & des droits honorifiques attachés à la justice & au patronage. L'utilité commune des seigneurs & des vassaux peut donc les rapprocher, & déterminer l'affranchissement dont il s'agit.

Les seigneurs d'un nom illustre, que leur naissance & leurs vertus appellent aux honneurs & aux dignités, & qui jouissent de la première de toutes, la considération & les respects de leurs concitoyens; ces maisons, dont la gloire est regardée comme le bien de la patrie, & leurs grands noms, comme des monumens qui rappellent sans cesse les actions & les événemens dont tout bon François sait s'enorgueillir, seroient-ils retenus par la crainte de perdre la qualité de seigneur de telle directe? S'il pouvoit exister quelque propriétaire de directe, qui craignît de perdre cette prétendue décoration, c'est que ce seroit là tout son relief. Ce n'est point de celui-ci que nous devons attendre l'exemple; il appartient à des seigneurs magnanimes de le donner, & de se disputer cette gloire : la valeur de leurs ancêtres a déterminé de brillans événemens; la générosité de ceux-ci en déterminera d'heureux; leurs noms seront placés à côté de ceux des rois, qui, les premiers, affranchirent les personnes; & la nouvelle époque de l'affranchissement des fonds, seroit également consacrée dans notre histoire, avec leurs noms & les éloges dûs aux actions qui assurent le bonheur des peuples, qui repoussent loin d'eux les causes & les occasions de toutes leurs disgraces, & qui établissent une nouvelle base de force & de prospérité pour la nation.

De combien d'avantages seroient suivis ces affranchissemens! Les particuliers aisés, qui, pour se soustraire aux bannalités, corvées & autres servitudes féodales, se retirent dans les villes qu'ils surchargent, & où ils se corrompent, reviendroient par millions habiter les campagnes; leur industrie & leurs dépenses tourneroient au profit de l'agriculture.

La santé & les mœurs y gagneroient également; l'espèce humaine se régénéreroit. La multiplication des droits & assujettissemens altère la bonne-foi par autant de moyens, que le redevable est obligé d'employer de ruses pour s'y soustraire & les diminuer : de-là les caractères cauteleux, la duplicité, la fausseté. Si les efforts sont inutiles, le sujet tombe dans l'abrutissement. Tel est l'état de l'esclave Russe & Polonois, & tel étoit à-peu-près celui du main-mortable.

Ainsi tomberoit la miriade des loix féodales, labyrinthe multiplié, comme les coutumes & leurs droits, & finiroient les millions de procès de la féodalité, qui plaide sans terme & sans mesure, pour un cens d'une obole.

Quelqu'assurés que nous soyons, qu'on ne verra aucune exagération dans tout ce qu'on dit sur la complication & les embarras du *droit féodal*, on croit devoir rappeller ici, qu'il y a plus de trois cens espèces de redevances féodales, qui se subdivisent à l'infini.

Par exemple, les *rentes* sont foncières, arrière-foncières, héréditaires, inféodées, requérables, seigneuriales, séches, volages.

Un *seigneur* est censier, direct, dominant, féodal, foncier, sur-foncier, haut-justicier, nouveau, féager, suzerain, utile.

Un *fief* est fief d'honneur, de profit, de danger, de dignité, simple, lige, corporel, incorporel, de plèjure, rendable, de paisse, ouvert, couvert, dominant, servant, abonné, abrégé, ample, amété, chevel, de corps, éclipsé, empiré, ferme, franc, de haubert, mort, vif, noble, rural, roturier, en nuesse, en pairier, en parage, en pariage, de reprise, &c.

Le *cens* est simple, abonné, féager, cher-cens, double-cens, rogo, sur-cens, suzerain, &c.

On prendroit pour une plaisanterie une plus longue énumération, & les dénominations passeroient pour pure invention, quelqu'exactes & vraies qu'elles fussent : on finit donc ici un article qui pourroit faire un volume.

De cette foule de droits, tous contentieux par leur nature & par l'intérêt, sont nés une multitude de procès & une milice innombrable de praticiens, qui sement la discorde & la chicane qui les font vivre.

Ainsi, le tems, l'industrie & l'activité d'une partie de la nation, se consume à disputer & se débattre, sur la liberté ou la servitude, sur l'étendue ou le genre de servitude des fonds, que mille droits & coutumes asservissent.

Ces vieilles loix, ces comptes, ces terriers, ces cens, seront une conquête pour l'agriculture & les arts.

Les loix civiles se réduiroient aux seuls objets des conventions des partages, des limites & des successions.

L'assiette des impôts deviendroit très-facile, n'y ayant plus qu'une espèce de propriété.

L'état, le clergé, les seigneurs, les communautés, pourroient payer leurs dettes avec le prix de l'affranchissement des droits seigneuriaux de leurs directes & seigneuries.

Ces grandes considérations sont de nature à toucher le cœur des seigneurs également citoyens & hommes d'état ; je ne doute pas qu'elles n'agissent autant sur eux que celles de leurs intérêts, en leur exposant combien ces charges féodales semblent peu profitables : on doit observer encore combien il résulteroit d'avantages pour eux, pour l'Etat & pour les vassaux, d'être admis au rachat de ces droits.

Remarquons encore que les droits dont on propose l'extinction, ne produisent rien au roi : Sully l'avoit déja remarqué. Il dit : » qu'ayant vérifié, en faisant de dix années une commune, tant desdits revenus que des frais & dépenses faites pour les faire valoir, qu'il s'en faut d'un cinquième que le roi en tire aucune chose, desquels néanmoins, en les vendant, l'on pourroit faire un fonds de plusieurs millions, pour racheter toutes les bonnes rentes constituées au denier dix ; ce qui apporteroit une grande décharge aux finances du roi. «

Au reste, pour mettre à portée de juger si l'affranchissement des fonds est plus difficile à opérer que l'affranchissement des personnes, on va rapporter l'extrait de quelques ordonnances rendues dans ce dernier cas.

Voici comment s'explique celle de Louis X. du 3 juillet 1315.

Louis, par la grace de Dieu, &c. Comme, selon le droit de nature, chacun doit être franc, & par aucuns usages & coutumes.... moult de personnes de notre commun peuple soit enchue en lieu de servitude... qui moult nous déplaît : nous, considérant que notre royaume est dit & nommé le royaume des Francs, & voulant que la vérité soit accordante au nom, & que la condition des gens amende de nous en la venue de notre nouvel gouvernement, par délibération de notre conseil, avons ordonné & ordonnons que, généralement par-tout notre royaume,..... telles servitudes soient ramenées à franchise,... franchise soit donnée à bonnes & valables conditions,... & pour que les autres seigneurs qui ont homme de corps, prennent exemple à nous, de eux ramener à franchise...

S'il falloit des preuves des mauvais effets que produisent toutes les espèces de gênes & servitudes féodales & autres, on les trouveroit dans l'ordonnance de *Philippe-le-bon*, duc de Bourgogne, de septembre 1424, portant affranchissement de la terre de Faucogney ; en voici les principaux traits :

Philippe, par la grace de Dieu, duc de Bourgogne, &c. Savoir faisons que, comme nos bien amés les habitans des villes, de notre terre, châtellenie & seigneurie de Faucogney, nos hommes main-mortables de condition serve, nous ayant par plusieurs fois humblement fait exposer la grande diminution & petit nombre de peuple étant de présent esdites villes... qu'anciennement souloient être bien peuplées, & ainsi la grande désolation, & en quoi est & vient de jour en jour, notredite terre, châtellenie & seigneurie de Faucogney pour cause de ladite main-morte, pour occasion de laquelle plusieurs habitans desdites villes s'en sont allés demeurer & marier leurs enfans autre part en lieu franc,... & n'y veuillent venir demeurer aucuns étrangers ; pourquoi icelles villes sont en voie de venir en totale dépopulation, si par nous n'étoit pourvu en affranchissement de ladite main-morte & serve condition desdits habitans & leurs successeurs... Pour ce est-il que nous... avons pour nous, nos hoirs & successeurs, de notre certaine science & grace spéciale, nosdits hommes & habitans en nosdites villes, & tous autres qui pour le tems advenir y résideront & habiteront, & chacun d'iceux affranchis & affranchissons par ces présentes, à toujours perpétuellement de ladite main-morte, & icelle ôtant & annullant, & mettant du tout à néant.

On voit que l'intérêt du souverain a dicté cette loi, autant que celui des peuples.

Léopold, duc de Lorraine, dont la mémoire sera toujours glorieuse & toujours chère à la nation qu'il a gouvernée, comptoit parmi les plus consolantes de ses loix, celle qui avoit aboli la main-morte, tant dans ses directes, que dans celles des seigneurs particuliers ; il usa de l'autorité souveraine pour tout affranchir, & régler en même tems son indemnité & celle des seigneurs. On doit joindre ce monument de sagesse & de bienfaisance, aux précédens.

Léopold, par la grace de Dieu, duc de Lorraine, &c. Comme nous n'estimons rien de plus digne de notre attention, que de conserver la liberté des peuples que Dieu a soumis à notre obéissance, & de la rendre égale entr'eux, en supprimant les servitudes trop odieuses, auxquelles quelques-uns d'entr'eux se trouvent sujets par rapport & par raison du lieu de leur domicile, & des seigneuries sous lesquelles ils résident ; ayant été informé qu'en plusieurs contrées de nos états... nous jouissons, dans les terres dépendantes de notre domaine, & nos vassaux jouissent, dans l'étendue de leurs fiefs & seigneuries, d'un droit de main-morte, qui nous attribue, & à nosdits vassaux, celui de recueillir leurs successions mobiliaires,... ce qui les retenoit dans des gênes très-fâcheuses,... & ne laissoit pas de retenir encore quelques marques d'une espèce d'ancien esclavage, qui rendoit les peuples, qui y sont sujets, méprisables chez leurs voisins ; & qui d'ailleurs les troubloit & gênoit dans leur conscience, par les moyens qu'ils cherchoient pour frauder les seigneurs qui jouissoient de ce droit sur eux.... Nous avons éteint & supprimé, dans tous nos états, terres & seigneuries de notre obéissance, le droit de main-morte personnelle, de même que le droit de poursuite... Faisons très-expresses inhibitions & défenses à nos procureurs-généraux, leurs substituts & fermiers de nos domaines, & à tous nosdits vassaux ecclésiastiques & séculiers, de lever, à l'avenir, ledit droit de main-morte.... Et parce que ce droit de main-morte, dans les lieux où il étoit légitimement établi au profit de notre domaine ou de nosdits vassaux, faisoit une partie considérable des terres, seigneuries & fiefs auxquels il étoit annexé, & qu'il ne seroit pas juste de les en dépouiller, sans leur en accorder une indemnité raisonnable; nous voulons & ordonnons que les habitans & résidens dans l'étendue des seigneuries où ce droit étoit établi & en usage sur eux, payent à l'avenir annuellement, soit à notre domaine, soit à celui de nosdits vassaux, par chacun ménage, un bichet de seigle... Permettons à tous ceux qui sont nés ou résidens dans les terres & seigneuries où le droit de main-morte étoit ci-devant établi, d'en sortir librement pour s'habituer où bon leur semblera. Donné à Lunéville le 20 août 1721.

On n'ajoutera rien aux différentes considérations que l'on vient de présenter sur l'utilité que pourroit avoir la suppression des *droits féodaux*. La propriété en seroit plus franche pour les roturiers, & moins litigieuse pour tout le monde; mais il est à craindre que la vanité & l'intérêt personnel, ne soient deux grands obstacles qui s'y opposeront long-tems.

FERME, s. f. Une ferme, en général, est un bail ou louage, que l'on fait d'un fonds, d'un héritage, d'un droit quelconque, moyennant un certain prix. C'est une redevance que l'on paye tous les ans au propriétaire, qui, pour éviter le danger de recevoir moins, abandonne l'espérance de toucher davantage; préférant, par une compensation qui s'accorde avec la justice, une somme fixe & bornée, mais dégagée de tout embarras, à des sommes plus considérables, achetées par les soins de la manutention & par l'incertitude des évènemens. Une ferme générale est un bail qui comprend tous les biens d'un propriétaire quelconque.

En appliquant cette définition à la ferme générale du roi, la seule dont il doive être question, on peut dire qu'elle est la jouissance, pour six années, d'une partie des droits du roi. Les charges, clauses & conditions de cette jouissance, sont stipulées dans un arrêt du conseil, & dans des lettres patentes enregistrées dans les cours. *Voyez* les mots ADJUDICATAIRE, BAIL.

Depuis que les impôts mis pour contribuer à la rançon du roi Jean, furent devenus permanens, ainsi qu'on l'a vu dans le discours préliminaire, l'usage de les donner à ferme s'introduisit dans le même tems. Mais alors ils étoient affermés par ville, par diocèse, par province. Dans la suite, les grands seigneurs s'étant emparés de la perception des droits qui avoient lieu dans l'étendue de leur gouvernement, où, l'ayant obtenue à titre d'aliénation ou d'engagement, ils la faisoient faire à leur profit.

Ces abus subsistoient, lorsque Sully fut appellé à la surintendance générale des finances; & une de ses premières opérations fut de retirer tous ses droits, & de les rendre au domaine. Le droit de la patente de Languedoc étoit entre les mains du connétable de Montmorency, qui en retiroit neuf mille écus. Il fut affermé cinquante mille écus en sa présence.

La ferme générale des droits du roi ne commença véritablement à mériter ce nom qu'en 1680, qu'elle comprit les aides, les gabelles, & tous les droits qui jusques-là avoient composé des traités particuliers. On peut voir au mot ADJUDICATAIRE, la succession chronologique des fermes pendant un siècle; mais on doit remarquer que les droits de *la ferme générale proprement dite*, ne consistoient d'abord que dans ceux de gabelles, de traites & des entrées de Paris. Le privilège du tabac n'y fut réuni qu'en 1730.

Les droits de domaine & des aides, ceux de la marque des fers, de la marque d'or & d'argent, étoient alors donnés en sous-fermes par généralités à des compagnies chargées de les régir.

Le bail passé en 1756, réunit toutes ces portions de revenus en un seul corps de ferme, pour être régies par une seule compagnie, qui, de quarante membres dont elle étoit composée, fut portée à soixante.

La question de savoir s'il est préférable de mettre en ferme les revenus publics, plutôt que de les faire régir, ayant été traitée dans *la bibliothèque de l'homme d'Etat*, par M. Robinet, 19e *vol. pag.* 81. on va en emprunter tout ce qui s'y rapporte, en y joignant le projet d'imposition imaginé par l'auteur, & dont il pense qu'on pourroit former une ferme générale, d'une espèce différente de celle qui existe.

» On prétend que dans les Etats qui perçoivent les impositions par une régie, les peuples n'éprouvent pas les mêmes calamités que dans ceux où elles sont affermées. Cela peut être; mais on doute que dans un royaume où les fermes sont en usage depuis long-tems, la régie fût capable de procurer un soulagement digne d'attention. «

Je demande, pour soutenir cette proposition, que l'on m'accorde que le gouvernement seroit trop peu sensé, s'il n'intéressoit pas le régisseur dans sa régie. En effet, pourroit-on compter sur l'exacte vigilance de celui dont les profits seroient toujours les mêmes, soit que la recette fût médiocre ou considérable. Il se présente trop de raisons à l'appui de cette vérité, pour qu'il soit besoin de les détailler. Je suppose encore que l'on emploieroit à la régie les mêmes agens qui servoient aux fermes, on verra bientôt qu'il seroit difficile d'agir autrement.

Ce principe posé ; par la régie, (ici c'est à Montesquieu que l'on répond, *liv.* 13. *de l'Esprit des loix, chap.* 29.) on n'épargneroit point à l'Etat les profits immenses des fermiers ; les régisseurs chercheroient à faire les mêmes : &, par une conséquence naturelle, on n'épargneroit point au peuple le spectable des fortunes subites qui l'affligent. Ce n'est pas le fermier qui profite de la cruelle augmentation que les contraintes ajoutent à l'impôt, elles n'enrichissent que le régisseur. Par la régie, l'argent levé ne passeroit pas par peu de mains, & n'iroit pas plus directement au souverain : les mains des régisseurs tiendroient lieu de celles des fermiers.

Par la régie, le souverain n'épargneroit pas une infinité de loix qu'exigent toujours de lui les fermiers. Le régisseur, intéressé à grossir les produits, demanderoit ces mêmes loix. Si on les accorde au fermier, les refuseroit-on au régisseur, lorsque l'avantage en seroit plus considérable & plus immédiat pour le trésor du souverain ?

On se confirmera dans ce sentiment, si l'on veut faire attention que je parle d'un Etat accoutumé aux fermes, dans lequel les principes du traitant ont pris racine ; dans lequel ces fortunes immenses ont répandu l'avidité des richesses dans tous les ordres où cet esprit domine ; ou jusques dans le militaire, les scrupules de prendre sur l'Etat sont inconnus ; dans lequel, enfin, les maux de la pauvreté ne laissent envisager d'autre bonheur que celui de l'opulence.

Si, comme on l'a dit, cet Etat qui voudroit changer la forme de la perception de ses finances, ne pouvoit la confier qu'à ceux qui les connoissent, qui les dirigent depuis long-tems, le même génie les conduiroit ; on ne verroit d'autre changement que celui du titre de fermier, en celui de régisseur.

On connoît des personnes qui ne sont ni régisseurs, ni fermiers, & dont la principale attention est de faire grossir les finances ; c'est ce qu'on appelle faire sa cour. Que pourroit-on espérer d'un régisseur qui n'auroit rien à attendre de ses soins & de son travail, lorsque la bonne économie veut que l'on l'intéresse dans le fort ou le foible de la recette ?

A considérer la nature des raisons données pour faire préférer la régie, on seroit tenté de croire que leur auteur ignoroit qu'en France, la taille n'entroit pas dans le bail des fermes, & qu'elle se régissoit.

Le gouvernement trouve dans la ferme des avantages qu'il ne trouveroit pas dans la régie. Sa position demande souvent que l'on fasse à l'Etat des avances, & très-fortes & tout à la fois. Cette ressource se rencontre chez les fermiers.

La facilité de la perception est encore un attrait bien engageant ; il évite au ministère mille embarras nécessaires qui suivent la régie : par exemple, l'incertitude des fonds dont il peut disposer. Ces deux objets, selon toutes les apparences, ont déterminé la préférence pour cette sorte d'administration.

Mais ces mêmes commodités ont eu des suites fâcheuses qui fournissent, contre la ferme, des argumens sérieux & supérieurs à ceux que l'on a vus plus haut. La méthode de lever les impositions & de les faire valoir, n'est pas une opération simple, c'est un art qui a ses mystères. Les gens de finance ont un soin particulier de les tenir cachés. La multitude des impôts qu'ils suggèrent, jette encore, par le nombre, une grande confusion sur le tout. La finance devient une science profonde. Le souverain & ses ministres, satisfaits de savoir quelle est la somme totale des revenus, perdent de vûe, dans la suite des tems, la manière de les rassembler. Les fermiers & ceux qu'ils emploient, sont les seuls qui possedent la clef des ressorts qu'il faut mettre en œuvre ; de-là vient la nécessité dont on a parlé, qui forceroit le ministère de les employer, si l'on vouloit entreprendre un changement & une direction. De quel ordre de l'Etat pourroit-on tirer le nombre considérables de personnes entendues en ce genre, dont on ne pourroit se passer ?

Cette situation & la ressource pour les avances, mettent en quelque manière le gouvernement dans la dépendance de ce qu'on appelle les gens d'affaires. Cette opinion de leur utilité s'est si bien établie, qu'on les a nommés les colonnes de l'état.

Tout ascendant d'un côté suppose de l'autre un assujettissement contraire à la dignité. Il impose la nécessité de ménager, de favoriser celui qui l'a su prendre. Il en résulte en faveur des fermiers de l'Etat une autorité dans ce genre, qui pose une barrière entre la bonté du souverain & les plus justes plaintes de son peuple.

On peut ajouter contre la ferme, que la condition commune de tout fermier est d'obtenir sa ferme au plus bas prix, & d'en porter le produit au plus haut possible. Ainsi l'état naturel du fermier d'un impôt, est de cacher les moyens qu'il a de le faire valoir, de tromper le souverain & d'exiger beaucoup de ses peuples.

Cependant, si l'on y réfléchit attentivement, on sera convaincu que les maux qu'on attribue à l'administration par ferme, ne sont pas une suite de sa nature; & que l'on peut éprouver les mêmes par la régie.

Si dans quelques états la régie n'est pas si onéreuse aux peuples, que l'est la ferme dans d'autres, c'est qu'on n'y souffre pas les vexations des régisseurs. Que l'on ne souffre pas celles des fermiers, alors les choses seront égales.

Si celui qui a traité d'un impôt impose par ses taxes, ou par des formes particulières, une somme trois fois aussi forte que celle qui est entrée dans son traité, le mal n'est pas que cet impôt soit mis en ferme. Il vient de ce que l'on souffre une exaction aussi criante; de ce que l'on n'en fait pas un exemple qui étonne ceux qui suivroient le même chemin.

En faisant la ferme d'un impôt, on se contente de savoir ce qu'il rend aux finances; on ignore ce qu'il rapporte au fermier. Si on le suivoit dans ses opérations, si on le réduisoit à des profits raisonnables & légitimes; si on le rendoit responsable de sa conduite comme celui qui force les productions de la terre; en un mot, si on s'en faisoit craindre au lieu de le ménager, les finances ne dépendroient pas de lui, le secret n'en seroit pas entre ses mains; il seroit contenu dans un état convenable à sa condition.

Si, d'un autre côté, on suppose un gouvernement avide, insatiable, il tirera par les mains des régisseurs tout ce que tireroit un fermier; les concussions de l'un tiendront lieu des exactions de l'autre; elles seront approuvées, la régie sera préférée; elle rendra aux finances une partie de ce que gagne le fermier; la condition du peuple ne sera pas changée.

Si, au contraire, le gouvernement se conduit par des règles modérées & conformes à la saine politique; s'il regarde comme une maxime fondamentale qu'il faut faire contribuer les peuples, mais ne les point épuiser; sur-tout s'il veille sur le fermier avec une attention sévère, la ferme sera aussi douce que la régie.

Toutes ces considérations balancées, on doit convenir néanmoins que la régie a quelque chose de plus favorable aux peuples; en voici les seules raisons. 1°. Ce seroit être insensé de présupposer dans un souverain & dans ses ministres, l'avidité que doit naturellement avoir un fermier. Les caractères doivent être égaux pour rendre la régie aussi rude que la ferme.

2°. La ferme peut laisser le gouvernement dormir sur bien des objets; la régie l'oblige d'avoir toujours les yeux ouverts; c'est l'avantage des peuples.

Si les choses étoient entières, ce parti seroit le meilleur. Dans les lieux où l'usage est contraire, où le mal est invétéré, il est à craindre que l'on ne puisse que gémir sur les abus, ou tout au plus, y faire quelque réforme légère. On auroit besoin pour y remédier entièrement, d'une résolution bien fixe & long-tems soutenue, d'une fermeté inébranlable, de beaucoup d'habileté, & d'une application sans relâche.

La ferme & la régie peuvent être employées, comme on vient de le voir, assez indifféremment, si le gouvernement veille à les régler. L'une & l'autre ont des inconvéniens intolérables, s'il s'endort sur la conduite des fermiers, ou s'il lâche la bride aux régisseurs.

Pourroit-on se passer de toutes les deux? épargner au peuple les profits du fermier, les appointemens du régisseur, ceux d'une infinité de personnes nécessaires à la levée, & leurs vexations plus désolantes que les impôts?

Il faudroit, pour y parvenir, rendre le peuple lui-même régisseur & fermier; alors l'Etat dans lequel, soit la ferme, soit la manière de régir, auroient introduit la misère à la place de l'abondance, pourroit changer de forme & de face sans aucun inconvénient.

Il est étonnant que le systême du maréchal de Vauban n'ait pas ouvert les yeux sur cette possibilité. Je ne le propose pas précisément comme il l'a donné; mais il y a peu de chose à y changer & à y ajouter, pour qu'il ait une plus grande perfection, & peu de mérite à présenter un projet recevable, lorsque l'on suit les chemins frayés par ce grand homme.

Personne n'ignore que les provinces qui sont pays d'états sont moins foulées que les autres, malgré quelques abus qui s'y sont introduits. La seule bonne raison que l'on puisse en donner, est qu'elles régissent & lèvent leurs impôts par elles-mêmes. En voyant les peuples jouir d'un peu d'aisance, on a dit que l'on pourroit les faire contribuer au-delà de ce qu'ils fournissent. Le traitant qui a fait cette remarque a dit vrai. Il en pouvoit dire autant des autres provinces, parce que tant qu'il reste quelque chose, on peut toujours ôter jusqu'à ce qu'il ne reste plus rien.

Si on livroit les pays d'états aux traitans, les finances y gagneroient peu; mais les fermiers &

leurs cohortes dévoreroient le peuple; ce seroit la seule différence.

Leurs profits réglés sur tout un peuple y sont très-sensibles, par conséquent il est clair que si on ordonnoit que chaque province se chargeât de ses impôts, comme les pays d'états, les peuples conserveroient sur les biens qui leur sont propres, ce qui suffit pour enrichir un nombre de personnes dont on peut se passer. Conviendra-t-il mieux que cette portion passe à ceux qui n'y ont aucune espèce de droit, ou qu'elle demeure à ceux dont les biens sont le patrimoine, à ceux qui font naître les fruits par leur travail & leur industrie?

Je conviendrai, si l'on veut, que les grandes assemblées dans lesquelles un corps de noblesse nombreux & un peuple considérable peuvent prendre des résolutions uniformes, doivent donner quelque jalousie à un gouvernement; je sais qu'il faut passer à la politique jusqu'à ses ombrages, qu'elle doit prendre des précautions même superflues, & que sa prévoyance doit s'étendre jusqu'au moralement possible. On peut dire aussi que la dignité souveraine est en quelque façon rabaissée, lorsqu'elle négocie avec ses sujets. Je ne combattrai pas la valeur de ces objections.

Mais si l'on divise ces provinces en des districts de peu d'étendue, comme sont en France un bailliage, une sénéchaussée, qui s'assembleront séparément, la crainte des projets dangereux est dissipée; le danger d'une intelligence capable de nuire n'a plus lieu, & l'on fixe la somme que chacune de ces parties doit donner, l'autorité souveraine conserve sa majesté.

On sait ce qui est imposé sur chaque bailliage, on peut en rassembler tous les états, & comparer leur somme totale avec celles que les fermes ou régies rapportent aux finances; si on ôte l'excédent & qu'on le diminue sur chacun au sol la livre, on recevra comme auparavant ce que chacun fournit aux coffres de l'épargne. On n'aura ôté que les profits des fermiers & les frais de la levée; il restera une imposition égale à ce que les fermiers ont accoutumé de recevoir. On pourroit même la rendre plus forte lorsque les besoins l'exigeroient.

Chaque sénéchaussée seroit solidaire pour son contingent; elle le répartiroit sur chacune de ses paroisses dans une assemblée, après avoir taxé par tête, mais avec modération, l'industrie & les arts, dans les villes qui y sont comprises, ainsi que les habitans.

Le maréchal de Vauban vouloit, pour ôter jusqu'aux moindres frais de levée & enlever jusqu'aux prétextes des contraintes, que l'impôt fût pris sur les fruits, comme une dîme ecclésiastique, & que cette dîme fût affermée au profit du souverain. L'usage n'étoit peut-être pas de son tems de ne donner à l'état que moitié valeur de ce qui lui appartient, & de porter au double le prix de ses dépenses. Les fermes dans ce goût produiroient peu; mais si chaque paroisse afferme une portion de ses fruits pour son compte, & qu'elle soit tenue de parfournir à la recette ce qui se trouveroit manquer à la somme qui lui seroit imposée, on verroit monter les fermes aussi haut que l'on peut les porter. Cette légère différence en fait une totale dans ce systême.

La ferme, telle que je la propose, seroit d'un rapport bien plus considérable que la dîme ordinaire; elle comprendroit, outre les grains & les boissons, les bois taillis, les prés, les pêcheries, même les pâturages & les vacans, en réglant, selon les besoins & le local de chaque paroisse, une légère taxe par tête de bétail, suivant son espèce.

Cet impôt pourroit tenir lieu de tous ceux qui existent, & qu'on peut appeller tributs; dans ce nombre sont compris la taille, la capitation des propriétaires, les douanes intérieures, la gabelle, les aides; le produit seroit le même pour l'état, & la perception plus simple pour les peuples.

Dans cet arrangement, on verroit le peuple payer avec joie la même somme qu'il faut lui arracher par la crainte. Sa situation l'expose à souffrir la violence, parce que le défaut du débit de ses denrées ne lui permet pas de s'acquitter, & parce que la dureté des contraintes porte l'impôt au-delà des forces naturelles des sujets, & prend sur le nécessaire.

On entend laisser subsister plusieurs droits qui se lèvent au profit de l'état, parmi ceux qui ne gêneront point une liberté décente au citoyen, ni celle du commerce.

On pourroit même tirer quelque parti du sel; il suffiroit d'y apporter les tempéramens que dicte l'équité, & d'en ôter la subtilité & la rigueur que l'esprit fiscal y a ajoutées.

Il est aisé de comprendre qu'en laissant aux peuples l'excédent de ce qu'on prend sur eux, & qui ne profite pas aux finances, on laisse un fonds tout préparé pour les nécessités de l'état. On peut voir aussi que ce systême renferme les deux avantages qui ont fait donner à la ferme la préférence sur la régie. La recette est aussi commode, & le ministère, encore plus débarrassé que dans l'administration par ferme, peut donner aux autres affaires importantes, toute l'attention qu'elles méritent.

On croit que le produit de cette dîme égaleroit au moins celui de la taille des aides, des douanes & de la capitation. D'ailleurs, chaque bailliage pourroit choisir les expédiens les plus convenables à sa position pour completter le contingent qui lui seroit demandé. Il résulteroit toujours de cette forme d'imposition deux avantages inestimables.

Le

Le contribuable sera délivré du poids d'une main étrangère & avide; il payera la majeure partie de son tribut avec la plus grande égalité que l'homme puisse pratiquer, & par la voie la plus douce & la plus commode. Il seroit même facile de réduire tous les impôts à ces deux; l'un en nature, l'autre en supplément. Il reste à démontrer que cette méthode fourniroit encore des ressources pour les cas imprévus & pressans.

Lorsqu'on s'adresse aux financiers pour des avances, ils les font quelquefois; mais elles ne sont pas gratuites: ou l'état en paye un intérêt que l'on doit appeller usure, ou l'on exige de lui des loix onéreuses aux peuples, c'est-à-dire, contre le corps de l'état. La volonté ou le pouvoir des fermiers ne sont pas toujours les mêmes; on est encore obligé de recourir aux emprunts, & de laisser courir des dettes forcées qui décréditent le gouvernement dans la nation & chez l'étranger.

J'ose dire que cette nouvelle manière de distribuer les impôts, évite ces deux abus. On peut laisser les fermiers à l'écart & n'user que des emprunts: ce systême les facilite à un point qui ne peut se comprendre, & diminue les intérêts exorbitans qu'exigent les prêteurs.

Je suppose l'intérêt ordinaire à cinq pour cent; si l'état veut le donner à six, & déléguer telle ou telle paroisse pour le payer, sans que celui qui aura prêté ait besoin de passer par d'autres mains, on peut ouvrir les bureaux, l'argent s'y versera avec profusion.

Je ne saurois dissimuler que cet expédient rendra les emprunts si faciles, qu'il en peut naître des inconvéniens. Si l'on suppose une cour entièrement déréglée, un gouffre qui engloutit sans cesse, & où tout disparoît, on abusera de la libéralité du prince pour l'appauvrir, en lui faisant aliéner ses revenus. Tout gouvernement sera bon, s'il est dirigé par la vertu; si on n'en conserve aucune, la meilleure institution sera très-mauvaise; mais on ne doit pas rejetter ces choses, bonnes en elles-mêmes, sur la supposition imaginaire d'une extrême dépravation.

Si dans les cas de guerre on augmente les finances, en grossissant chaque ferme particulière, par quelque augmentation de la redevance des fruits, & en surhaussement proportionné de ce qui se lévera par capitation, on trouvera dequoi payer les intérêts & dans la suite les capitaux, s'il subsiste quelque règle & quelque sagesse.

On ne sera point étonné que l'esprit partisan oppose des objections, & trouve des difficultés dans un systême aussi simple & si contraire à ses intérêts. On entend déjà dire que l'on réduiroit à la famine une multitude de sujets que la finance fait subsister.

Il faut distinguer deux classes dans cette profession: ceux qui ont manié les affaires, & les subalternes. Les premiers n'ont pas besoin que l'on pense à eux. La seconde classe peut encore se subdiviser. Ceux qui sont nés de quelque famille honnête, seront dans la même situation dans laquelle ils étoient avant d'avoir obtenu un emploi; ils ne sont pas sans ressource, du-moins le nombre de ceux qui s'en trouveroient privés seroit bien médiocre: ce danger ne regarde que les bas commis & les gardes.

Parmi ceux-là, plusieurs reprendroient des métiers qu'ils ont quittés, au grand préjudice du public. Il est vrai que tous n'en avoient pas; mais l'intérêt de cet ordre de gens peut-il balancer celui de tout un peuple? doivent-ils attirer cette attention plutôt que le grand nombre d'officiers & de soldats que l'on licencie à la paix, tandis que les uns ont consommé leurs foibles ressources pour se mettre en situation de servir l'état, & que tous ont versé leur sang pour la patrie? Je demande que l'on veuille réfléchir à ce parallèle.

Cependant, si la pitié parle pour eux, on ne fera point ce changement tout-à-coup. Si on ne commence que dans une ou deux provinces, & à la fin d'une année de guerre, leur place est trouvée bien utilement pour l'état. Ils remplaceront ceux qui auront péri dans le service de terre ou de mer, & continuant successivement à chaque campagne, on ne doit pas être embarrassé de leur sort. Ce changement tournera à l'utilité commune de deux manières.

Un autre écrivain connu par des ouvrages agréables de littérature, M. Pesselier, a rappellé dans la première édition de l'Encyclopédie, ce que le célèbre auteur de l'Esprit des Loix a dit sur la même question; quelle est la méthode la plus avantageuse d'affermer les revenus publics, ou de les mettre en régie; & comme il panche pour ce dernier parti, M. Pesselier essaye de persuader par des observations, que ce n'est pas le meilleur. Laissons-le parler lui-même. Tout en louant M. de Montesquieu de sa modestie, il ne se pique pas d'être son imitateur. Voici comment il énonce son plan de réfutation.

On va reprendre successivement les principes que M. de Montesquieu pose en faveur de la régie, pour se mettre en état de s'en convaincre ou de s'en éloigner. Si l'on se permet de les combattre, ce ne sera qu'avec tout le respect que l'on doit à l'opinion d'un si grand homme. *Un philosophe n'est point subjugué par les grandes réputations; mais il honore les génies sublimes & les vrais talens.*

Premier principe de M. le président de Montesquieu.

« *La régie* est l'administration d'un bon père de » famille, qui lève lui-même avec *économie* & » avec *ordre* ses revenus.

Observations de M. Pesselier.

Tout se réduit à savoir si dans la *régie*, il en coûte moins au peuple que dans la *ferme*, & si le peuple payant tout autant d'une façon que de l'autre, le prince reçoit autant des *régisseurs* que des *fermiers*; car s'il arrive dans l'un ou l'autre cas (quoique par un mouvement différent), que le peuple soit surchargé, poursuivi, tourmenté, sans que le souverain reçoive plus dans une hypothèse que dans l'autre; si le *régisseur* fait perdre par sa négligence ce que l'on prétend que le *fermier* gagne par exaction, la *ferme* & la *régie* ne seront-elles pas également propres à produire l'avantage de l'état, dès que l'on voudra & que l'on saura bien les gouverner? Peut-être néanmoins pourroit-on penser avec quelque fondement, que dans le cas d'une bonne administration, il seroit plus facile encore d'arrêter la vivacité du *fermier*, que de hâter la lenteur de ceux qui régissent, c'est-à-dire, qui prennent soin des intérêts d'autrui.

Quant à l'ordre & à l'économie, ne peut-on pas avec raison, imaginer qu'ils sont moins bien observés dans les *régies* que dans les *fermes*, puisqu'ils sont confiés, savoir, l'ordre à des gens qui n'ont aucun intérêt de le garder dans la perception; l'économie, à ceux qui n'ont aucune raison personnelle d'épargner les frais du recouvrement. C'est une vérité dont l'expérience a fourni plus d'une fois la démonstration.

Le souverain qui pourroit percevoir par lui-même, seroit sans contredit un bon père de famille, puisqu'en exigeant ce qui lui seroit dû, il seroit bien-sûr de ne prendre rien de trop; mais cette perception praticable pour un simple particulier & pour un domaine de peu d'étendue, est impossible pour un roi, & dès qu'il agit comme il y est obligé, par un tiers intermédiaire, entre le peuple & lui, ce tiers, quel qu'il soit, *régisseur* ou *fermier*, peut intervertir l'ordre admirable dont on vient de parler, & les grands principes du gouvernement peuvent seuls le rétablir & le réhabiliter. Mais ce bon ordre qui dépend de la bonne administration, ne peut-il pas avoir lieu comme pour la régie, en réformant dans l'une & dans l'autre, les abus dont chacune est susceptible en particulier?

Second principe de M. le P. de Montesquieu.

« Par la régie, le prince est le maître de presser » ou de retarder la levée des tributs, ou suivant » ses besoins, ou suivant ceux de ses peuples.

Observations.

Il l'est également quand ses revenus sont affermés, lorsque par l'amélioration de certaines parties de la recette, & par la diminution de la dépense, il se met en etat, ou de se relâcher du prix du bail convenu, ou d'accorder des indemnités. Les sacrifices qu'il fait alors en faveur de l'agriculture, du commerce & de l'industrie, se retrouvent dans un produit plus considérable des droits d'une autre espèce. Mais ces louables opérations ne sont ni particulières à la régie, ni étrangères à la ferme : elles dépendent dans l'un & dans l'autre cas, d'une administration bienfaisante, qui veut soulager le peuple & encourager l'industrie. N'a-t-on pas vu dans des tems difficiles en France, où les principaux revenus du roi sont affermés, sacrifier au bien du commerce & de l'état, le produit des droits d'entrée sur les matières premières, & des droits de sortie sur les matières fabriquées?

Ici M. Pesselier paroît plus instruit de la théorie que de la pratique de l'administration des finances. Il parle des choses comme elles devroient se faire, comme elles se sont faites quelquefois; mais non pas comme elles se font toujours. Quand il est question d'indemnités à accorder à un fermier des droits du roi, son intérêt le porte presque toujours à en grossir l'objet, de façon que l'administration, dégoûtée du bien qu'elle vouloit faire, par l'étendue du sacrifice qu'il exigeroit, renvoie l'exécution de ses projets bienfaisans, à un autre tems qui n'arrive jamais, ou n'arrive que fort tard. *Voyez* le Discours préliminaire, page 53.

La suppression des droits de sortie & d'entrée, que l'on rappelle, eûrent lieu en 1743 & 1749, sans indemnité, par une suite du zèle patriotique & du désintéressement de la ferme générale. *Voyez* ce qui a été dit au mot DROIT, page 639.

Troisième principe de M. de Montesquieu.

« Par la régie, le prince épargne à l'état les » profits immenses des fermiers, qui l'appauvrissent » d'une infinité de manières.

Observations.

Ce que la ferme absorbe en profits, la régie le perd en frais; en sorte que ce que l'état dans le dernier cas gagne d'un côté, il le perd de l'autre. Qui ne voit un objet que sous un seul aspect, n'a pas tout vu, n'a pas bien vu; il faut l'envisager sous toutes les faces. On verra que le *fermier* n'exigera trop, que parce qu'il ne sera pas surveillé; que le *régisseur* ne fera des frais immenses, que parce qu'il ne sera point arrêté; mais l'un ne peut-il pas être excité & l'autre contenu. C'est aux hommes d'état à juger des obstacles & des facilités, des inconvéniens & des avantages qui peuvent se trouver dans l'une & dans l'autre de ces opérations; mais on ne voit point les raisons de se décider en faveur de la *régie* aussi promptement, aussi *positivement*, que le fait l'auteur de l'Esprit des Loix.

Quatrième principe de M. de Montesquieu.

« Par la régie, le prince épargne au peuple un » spectacle de fortunes subites qui l'affligent.

Observations.

C'est moins le spectacle de la fortune de quelques particuliers qu'il faut épargner au peuple, que l'appauvrissement de provinces entières; ce sont moins aussi les fortunes subites qui frappent le peuple, qui l'étonnent & qui l'affligent, que les moyens d'y parvenir, & les abus que l'on en fait.

Le gouvernement peut en purifier les moyens, & l'on est puni des abus par le ridicule auquel ils exposent souvent, souvent même par une chûte qui tient moins du malheur que de l'humiliation.

Ce ne sont pas là des raisons de louer ou de blâmer, de rejetter ou d'admettre la *régie* ni la *ferme*. Une intelligence, une industrie active, mais louable & renfermée dans les bornes de la justice & de l'humanité, peut donner au *fermier* des produits honnêtes, quoique considérables. La négligence & le défaut d'économie rendent le *régisseur* d'autant plus coupable de l'affoiblissement de la recette & de l'augmentation de la dépense, que l'on ne peut alors remplir le vuide de l'une & pourvoir à l'excédent de l'autre, qu'en chargeant le peuple de nouvelles impositions; au lieu que l'enrichissement des fermiers laisse au moins la ressource de mettre à contribution leur opulence & leur crédit.

Cinquième principe de M. de Montesquieu.

« Par la *régie*, l'argent levé passe par peu de » mains; il va directement au prince, & par con- » séquent, revient plus promptement au peu- » ple. »

Observations.

L'auteur de l'Esprit des Loix appuie tout ce qu'il dit, sur la supposition que le *régisseur*, qui n'est que trop communément avare de peines & prodigue de frais, gagne & produit à l'état autant que le fermier, qu'un intérêt personnel & des engagemens raisonnables excitent sans cesse à suivre de près la perception. Mais cette présomption est-elle bien fondée? est-elle bien conforme à la connoissance que l'on a du cœur & de l'esprit humain, & de tout ce qui détermine les hommes? est-il bien vrai d'ailleurs, que les grandes fortunes des fermiers interceptent la circulation? tout ne prouve-t-il pas le contraire?

Sixième principe de M. de Montesquieu.

« Par la régie, le prince épargne au peuple une » infinité de mauvaises loix qu'exige toujours de » lui l'avarice importune des *fermiers*, qui mon- » trent un avantage présent dans des réglemens » funestes pour l'avenir.

Observations.

On ne connoît en finances, comme en d'autres matières, que deux sortes de loix: les loix faites & les loix à faire; il faut être exact à faire exécuter les unes; il faut être réservé pour accorder les autres. Ces principes sont incontestables; mais conviennent-ils à la *régie* plus qu'à la *ferme*. Le *fermier*, dit-on, va trop loin sur les loix à faire; mais le régisseur ne se relâche-t-il pas sur les loix qui sont faites. On craint que l'ennemi ne s'introduise par la brèche, & l'on ne s'apperçoit pas que l'on a laissé la porte ouverte.

Septième principe de M. de Montesquieu.

« Comme celui qui a l'argent est toujours le » maître de l'autre, le traitant se rend despotique » sur le prince même; il n'est pas législateur, mais » il le force à donner des loix.

Observations.

Le prince a tout l'argent qu'il doit avoir quand il fait un bail raisonnable & bien entendu; il laissera sans doute aux fermiers qui se chargent d'une somme considérable fixe, indépendante des événemens par rapport au roi, un profit proportionné aux fruits qu'ils doivent équitablement attendre & recueillir de leurs avances, de leurs frais, de leurs risques & de leurs travaux.

Le prétendu despotisme du fermier n'a point de réalité. La dénomination de traitant manque de justesse: on s'est fait illusion sur l'espèce de crédit dont il jouit effectivement; il a celui des ressources, & le gouvernement sait en profiter. Il ne sera jamais despotique quand il sera question de faire des loix; mais il reconnoîtra toujours un maître, quand il s'agira de venir au secours de la nation, avec la fortune même qu'il aura acquise légitimement.

Huitième principe de M. de Montesquieu.

« Dans les républiques, les revenus de l'état » sont presque toujours en *régie*. L'établissement » contraire fut un grand vice du gouvernement » de Rome Dans les états despotiques où la *régie* » est établie, les peuples sont infiniment plus heu- » reux, témoins la Perse & la Chine. Les plus » malheureux sont ceux où le prince donne à *ferme* » ses ports de mer & ses villes de commerce. » L'histoire des monarchies est pleine de maux » faits par les traitans.

Observations.

Ce seroit un examen fort long, très-difficile, & peut-être assez inutile à faire dans l'espèce présente, que de discuter & d'approfondir la question de savoir ce qui convient le mieux, de la *ferme* ou de la *régie*, relativement aux différentes sortes de gouvernement. Il est certain qu'en tout tems, en tous lieux & chez toutes les nations, il faudra dans l'établissement des impositions, se tenir exactement en réserve sur les nouveautés, & qu'il faudra veiller dans la perception, à ce que tout rentre exactement dans le trésor public, ou, si l'on veut, dans celui du souverain.

Reste à savoir quel est le moyen le plus convenable de la *ferme* ou de la *régie*, de procurer le plus sûrement & le plus doucement de l'argent. C'est sur quoi l'on pourroit ajouter bien des réflexions à celles que l'on vient de faire, & c'est aussi sur quoi les sentimens peuvent être partagés, sans blesser en aucune façon la gloire ou les intérêts de l'état.

Mais ce que l'on ne peut faire sans les compromettre, ce seroit d'imaginer que l'on pût tirer d'une *régie* tous les avantages apparens qu'elle présente, sans la suivre & la surveiller avec la plus grande attention; & certainement le même dégré d'attention mis en usage pour les *fermes*, auroit la même utilité présente, sans compter pour certaines conjonctures, la ressource toujours prête que l'on trouve, & souvent à peu de frais, dans l'opulence & le crédit des citoyens enrichis.

Neuvième réflexion de M. de Montesquieu.

« Néron, indigné des vexations des publicains, » forma le projet impossible & magnanime, d'abolir les impôts. Il n'imagina point la régie: il » fit quatre ordonnances; que les loix faites contre » les publicains, lesquelles avoient été jusques-là » tenues secrettes, seroient publiées; qu'ils ne » pourroient plus exiger ce qu'ils avoient négligé » de demander dans l'année; qu'il y auroit un » préteur établi pour juger leurs prétentions sans » formalités; que les marchands ne payeroient » rien pour les navires: voilà les beaux jours de » cet empereur.

Observations.

Il paroît, par ce trait de Néron, que cet empereur avoit dans ses beaux jours le fanatisme des vertus, comme il est tombé depuis dans l'excès des vices.

L'idée de l'entière abolition des impôts n'a jamais pu entrer dans une tête bien saine, dans quelque circonstance qu'on la suppose, de tems, d'hommes & de lieux.

Les quatre ordonnances qu'il substitua sagement à cette magnanime extravagance, approchoient du moins des bons principes de l'administration. Nous avons sur les mêmes objets, plusieurs loix rendues dans le même esprit, & que l'on pourroit comparer à celles-là. S'il arrive souvent que les réglemens deviennent illusoires, & que les abus leur résistent, c'est que le sort de la sagesse humaine est de pécher par le principe, par le moyen, par l'objet ou par l'événement.

Tout ce morceau fait voir que l'auteur des observations pense très-différemment que M. de Montesquieu. Il essaye par toutes sortes de raisonnemens, de faire prévaloir son opinion, qui paroît être que la ferme est préférable à la régie, & qu'elle est la meilleure chose possible. Il semble entendre le docteur Pangloss prêcher & vouloir prouver que tout est au mieux dans le monde.

Sans discuter plus long-tems cette question, nous nous contenterons de dire que le conseil paroît l'avoir pleinement décidée par le parti qu'il a pris en 1780, de faire des aides & des domaines deux régies combinées de façon à ne pas craindre l'excès des dépenses, & à intéresser le zèle & la vigilance des régisseurs.

La réserve que le roi a faite également de la moitié des bénéfices de la ferme générale, qui comprend les gabelles, le tabac, les droits de traites & ceux des entrées de Paris, est aussi un moyen mis en usage depuis quelque tems, pour diminuer les bénéfices que des événemens inattendus, des circonstances particulières, ou une progression extraordinaire des consommations, pouvoient opérer pendant un bail, ou du moins pour en faire tourner une bonne partie au profit de l'Etat.

Ce partage du roi dans les bénéfices fut ordonné la première fois, par arrêt & lettres-patentes du 17 août 1759, qui supprimèrent tous intérêts, bénéfices & associations au profit des personnes non employées dans la *ferme générale*, & obligérent les fermiers généraux à compter de la moitié de leurs bénéfices au roi.

On peut encore opposer avec succès les arrêts du conseil des 24 octobre & 9 novembre 1783, à

M. Pesselier, comme reconnoissant encore les avantages d'une régie sur une ferme, en ce que la régie laisse plus de facilité pour apporter des modifications favorables au peuple dans les impôts & les droits, que quand ils sont mis en ferme.

Comme ces deux arrêts ont apporté des changemens dans la constitution de la ferme générale, établie par les lettres-patentes du 27 mars 1780, rapportées sous le mot BAIL, nous allons les donner ici l'un & l'autre; mais le dernier sur-tout, en entier, parce qu'il a mis les choses dans l'état où elles existent actuellement.

Du 24 octobre 1780.

« Le roi s'étant fait représenter le réglement arrêté en son conseil le 9 janvier 1780, concernant les fermes & les régies de ses droits, par lequel sa majesté en a divisé la perception entre trois compagnies, sous le nom de *ferme générale*, *de régie générale & d'administration générale*, en déclarant qu'elle cessoit de réunir la perception de tous les droits à une seule compagnie, & de se lier par un bail rigoureux, pour éviter de préparer elle-même des obstacles au dessein où elle étoit d'ordonner, dans plusieurs parties, les changemens que le retour de la paix pourroit déterminer; & sa majesté considérant que les circonstances actuelles justifient sa prévoyance, par les inconvéniens qui résulteroient pour le bien de l'état, d'une plus longue aliénation des droits qui sont restés dans la main de la ferme générale, & par la nécessité d'apporter, surtout dans la perception des droits des traites, & dans l'exploitation de la vente exclusive du tabac & du sel, des modifications telles que, sans compromettre les revenus de la finance, qui sont le gage des créanciers de l'état, & sans toucher au crédit des fermiers généraux, dont ils ont fait jusqu'ici un usage si avantageux pour le bien du service, on puisse procurer au commerce intérieur & extérieur de nouvelles facilités, sa majesté s'est déterminée à résilier le bail de la ferme générale au premier janvier prochain, époque qui partagera par moitié sa durée; & son équité y a d'autant moins répugné, que si elle se ménage, par-là un des plus grands moyens qui soient aujourd'hui en sa puissance, pour faire recueillir à ses sujets les fruits de la paix, ce sera en rendant la plus exacte justice aux fermiers généraux: sa majesté étant disposée à leur confier la direction des mêmes droits & à leur assurer les mêmes profits, quoiqu'elles les décharge de la garantie à laquelle ils étoient soumis par leur bail. A quoi voulant pourvoir, &c. ».

Cet arrêt ayant produit une sensation qui pouvoit influer désavantageusement sur le crédit de la ferme générale & des autres compagnies, & causer beaucoup d'embarras à leurs membres, en autorisant les prêteurs d'argent à retirer leurs fonds, le crédit de l'Etat n'eût pas manqué de s'en ressentir, & de multiplier les difficultés de trouver des ressources pour acquitter les dettes de la guerre qui venoit d'être terminée.

Cette considération, jointe à la soumission que signa la plus grande partie des fermiers généraux, de se prêter à tout ce qui paroîtroit utile au bien public, & de régir pour le compte du roi les droits de traites, détermina le conseil à rendre l'arrêt du 9 novembre. Ses motifs sont exprimés dans les termes suivans.

Le roi ne s'étoit porté à résilier & convertir en régie le bail des fermes générales, à compter du premier janvier prochain, que dans la vue de procurer au commerce intérieur & extérieur, des facilités toujours utiles à ses peuples; & parce que la possibilité d'user de ce moyen, lui avoit été présentée comme une suite de ce qui avoit été prévu & réservé par le réglement arrêté en son conseil, le 9 janvier 1780; mais sa majesté étant informée des inquiétudes que cette résiliation a produites, & s'étant fait représenter le bail des fermes générales, passé à Nicolas Salzard, par résultat du conseil, du 19 mars 1780, elle a reconnu qu'il ne contient aucune clause, ni réserve qui le rende moins obligatoire que les baux précédens: elle a vu en même tems avec satisfaction, qu'au moyen des offres & soumissions que les fermiers généraux viennent de faire entre ses mains, la continuation de ce bail n'apporteroit aucun obstacle à l'exécution de ses vues bienfaisantes; en conséquence, sa majesté s'est déterminée d'autant plus volontiers à le laisser subsister, qu'elle veut & entend manifester de plus en plus, en toute occasion, que tout engagement contracté ou reconnu par elle & devenu le gage de la foi publique, sera toujours à ses yeux inviolable & sacré. A quoi voulant pourvoir: Oui le rapport du sieur de Calonne, conseiller ordinaire au conseil royal, contrôleur général des finances: le roi étant en son conseil, a ordonné & ordonne que le bail passé à Nicolas Salzard, par résultat du conseil du 19 mars 1780, continuera d'être exécuté selon sa forme & teneur, jusqu'au terme de sa durée, fixé par ledit résultat; l'arrêt du conseil du 24 octobre dernier, demeurant sans effet & comme non avenu; sauf, que conformément aux offres, soumissions & consentement volontaire dudit Nicolas Salzard, & de ses cautions, desquels sa majesté leur a donné acte, les droits de traites seront désormais perçus par eux, au profit de sa majesté, & régis pour son compte, en faisant sur le prix dudit bail une diminution équivalente à la partie qui s'en trouvera distraite: sa majesté se réservant aussi de régler, en conséquence desdites offres & soumissions, les mesures à prendre, pour assurer la libre importation des tabacs en feuilles venant de l'étranger, & en faciliter la vente, par la préférence qu'ils doivent avoir sur ceux de moindre qualité. *Voyez* les mots ADJUDICATAIRE, BAIL, DROITS, TRAITES.

FERMIER, s. m., par lequel on désigne l'adjudicataire général des fermes, celui d'une régie, d'une administration. Ce terme est fort usité dans les tribunaux & dans les procédures. Dans cette acception, on dit le fermier des aides, le fermier des gabelles, du tabac, le fermier des postes, le fermier des messageries, a été condamné ou déchargé de la demande formée contre lui.

Ce mot *fermier* indique alors le corps entier de la ferme & tous les membres qui la composent, lesquels sont, par le fait, cautions de l'adjudicataire. *Voyez* ce mot.

FERMIER GÉNÉRAL DU ROI. Ce nom ne devroit proprement se donner qu'à l'adjudicataire de la ferme générale, qui est le seul & véritable fermier général; mais dans l'usage commun on appelle fermier général du roi, tous ceux qui sont associés pour être cautions de l'adjudicataire, qui n'est que leur prête-nom.

Le fermier général est celui qui tient à bail les revenus du souverain ou de l'Etat, quelle que soit la nature du gouvernement. C'est ce que l'on oppose à la *régie*, comme on l'a vu dans l'article précédent.

Dans la régie, le propriétaire accorde une certaine rétribution pour faire valoir son fonds & lui en remettre le produit, quel qu'il soit, sans qu'il y ait, de la part du régisseur, aucune garantie des événemens, sans aucun partage des frais de la manutention.

Dans le bail à ferme, au contraire, le fermier donne au propriétaire une somme fixe pour chaque année, aux conditions qu'il le laissera jouir du produit, sans que le propriétaire garantisse les événemens, sans qu'il entre pour rien dans les dépenses de l'exploitation; (c'est-à-dire, dans les nouvelles dépenses qu'un fermier juge nécessaires pour l'amélioration de sa ferme; car le montant des frais utiles à son exploitation, à l'époque de la passation du bail, sont comme de raison déduits sur le prix du bail).

Le régisseur est donc obligé de tirer du fonds tout ce qu'il peut produire, d'en soutenir la valeur, de l'augmenter même, s'il est possible, d'en remettre exactement le produit, d'économiser sur la dépense, de tenir la recette en bon ordre, & d'agir, en un mot, comme pour lui-même.

Le fermier doit acquitter exactement le prix de son bail, & ne rien excéder dans la perception, souvent même oublier ses propres intérêts, pour se rappeller qu'il n'est que le dépositaire d'un fonds qu'il ne peut équitablement, ni laisser en friche, ni détériorer.

Si dans cet état, autrefois exercé par les chevaliers Romains, & susceptible, comme tous les autres, d'honneurs & de considération, il s'est trouvé des citoyens fort éloignés d'en mériter, doit-on avilir en quelque manière cet état en lui-même? Rien n'est plus contraire à la justice autant qu'à la véritable philosophie, que de condamner l'universalité, d'après les fautes des particuliers.

Un écrivain moderne s'explique dans un ouvrage philosophique d'une manière bien opposée à celle de M. Pesselier; & la vérité oblige de dire en même tems, bien éloignée de l'opinion qu'en ont tous ceux qui connoissent les fermes & les fermiers, autrement que par spéculation & par une tradition populaire. » C'est une grande erreur de » juger de la puissance des empires par le revenu » du souverain. Cette base de calcul seroit la » meilleure qu'on pût établir, si les tributs n'é» toient que le thermomètre des facultés des ci» toyens; mais lorsque la république est oppri» mée par le poids ou la variété des impositions, » loin que cette richesse soit un signe de prospé» rité nationale, elle est un principe de dépéris» sement. Réduits à l'impuissance de fournir des » secours extraordinaires à la patrie menacée ou » envahie, les peuples subissent un joug étranger, » ou reçoivent des loix honteuses & ruineuses. » La catastrophe est précipitée, *lorsque le fisc a » recours aux fermes pour faire ses recouvremens.*

» La contribution des citoyens est un tribut; » ils doivent le présenter eux-mêmes au souve» rain, qui, de son côté, en doit diriger sage» ment l'emploi. Tout agent intermédiaire détruit » ces rapports, qui ne sauroient être assez rap» prochés. Son influence devient une source iné» vitable de division & de ravage. *C'est sous cet » odieux aspect qu'ont toujours été regardés les fer» miers des taxes.*

» *Le fermier imagine les impôts; son talent est » de les multiplier. Il les enveloppe de ténèbres pour » leur donner l'extension qui lui conviendra; des ju» ges de son choix appuient ses intérêts. Toutes les » avenues du trône lui sont vendues, & il fait, à » son gré, vanter son zèle, ou calomnier les peuples » mécontens avec raison de ses vexations. Par ces » vils artifices, il précipite les provinces au dernier » terme de dégradation; mais ses coffres regorgent » de richesses.* Alors on lui vend, au plus vil » prix, les loix, les mœurs, l'honneur, le peu » de sang qui reste à la nation. Ce traitant jouit, » sans honte & sans remords, de ces infâmes & » criminels avantages, jusqu'à ce qu'il ait détruit » l'Etat, le prince & lui-même.

» Les peuples libres n'ont que rarement éprouvé ce sort affreux. Des principes humains & réfléchis, leur ont fait préférer une *régie*, presque toujours paternelle, pour recevoir les contributions du citoyen. C'est dans les gouvernemens absolus que l'usage tyrannique des fermes s'est concentré. Quelquefois l'autorité a été effrayée des ravages qu'elles faisoient ; mais des administrateurs timides, ignorans ou paresseux, ont craint, dans la confusion où étoient les affaires, un bouleversement entier au moindre changement qu'on se permettroit. Pourquoi donc le tems de la maladie ne seroit-il pas celui du remède ? C'est alors que les esprits sont mieux disposés, que les contradictions sont moindres, que la révolution est plus aisée. « *Hist. P. D. D. I.* in-4°. *tom. IV. pag.* 644.

Il faut être bien épris de l'amour de la déclamation, pour la répandre ainsi à tort & à travers sur les choses & sur les personnes, sans avoir la moindre connoissance des principes & des loix qui servent à les régir. Quelle justesse dans cette réflexion ! les citoyens doivent eux-mêmes présenter leur tribut au souverain... tout agent intermédiaire détruit les rapports qui doivent exister entre le prince & les sujets... Comme si le paiement des tributs étoit si simple, leur recouvrement si facile, qu'il fût suffisant d'annoncer à chaque particulier : *Vous devez payer telle somme*, pour qu'aussitôt il dît : *J'y consens ; je vais la porter à mon souverain.* Comment ces idées ont-elles pu se trouver si près de celles que le même écrivain rassemble, pour démontrer les inconvéniens des taxes sur les terres, & la difficulté de les répartir avec équité. Ici il dit avec raison, *que si l'on s'en rapporte aux baux, les fermiers & les propriétaires agiront de concert pour tromper ; que si on admet les déclarations ; pour une sincère, il y en aura cent de fausses ; que si on a recours à une estimation, l'arbitre se laissera corrompre, &c. &c.* Voilà, en effet, ce qui se passe journellement dans les sociétés ; l'intérêt en est le mobile ; une exacte probité y devient un prodige. Comment, d'après cette expérience, compter sur des contributions volontaires de la part des individus qui composent ces sociétés ? Comment croire qu'ils acquitteront fidélement & régulièrement leurs taxes entre les mains du souverain, sans qu'il ait besoin d'agent intermédiaire pour établir & faire suivre, à cet égard, un ordre convenable ? Toute personne, pourvue de jugement, pourra résoudre cette question.

L'écrivain dont il s'agit n'est pas plus exempt d'erreur, quand il dit : *Que le fermier imagine les impôts, que son talent est de les multiplier, de les envelopper de ténèbres, &c. &c.* Un fermier de bon sens est, au contraire, l'ennemi des nouveaux impôts, parce que leur levée rend celle des anciens plus difficile, & que le bénéfice équivoque que promettent les premiers ne peut jamais compenser la diminution ou la perte des profits certains qu'il s'est assuré par les combinaisons & les calculs qui ont été la base de son bail.

Il peut se faire, à la vérité, que quelquefois une loi ne s'explique pas avec assez de clarté & de précision sur les cas & les bornes d'un droit, pour qu'un fermier, en l'interprêtant, puisse en étendre la perception ; mais il est toujours des juges nommés pour faire exécuter cette loi, qui, d'ailleurs, n'a de force qu'autant qu'elle a reçu la sanction de l'enregistrement dans les cours souveraines. Ces juges ne sont certainement pas choisis par le fermier pour appuyer ses intérêts.

Et quand notre écrivain philosophe, dans cette circonstance très-loin du langage de la philosophie, ajoute, *Que toutes les avenues du trône sont vendues au fermier ; qu'il précipite les provinces au dernier terme de la dégradation, &c. &c.* n'est-ce pas prendre plaisir à calomnier les ministres, tous les magistrats du royaume, & tous ceux qui sont chargés des détails de l'administration des finances, en les supposant complices des vexations qu'il leur est si facile de réprimer ? Voilà comme, à force de vouloir s'exprimer avec énergie, on s'écarte de la vérité, du bon sens & de la raison. On tombe dans des puérilités qui inspirent de la défiance pour l'auteur d'un livre très-estimable à bien des égards, quand, sur ce qui regarde les finances de sa patrie, on le voit ramasser les traditions & les préjugés du peuple, & bâtir, sur une base aussi peu solide, un systême de déclamations, de reproches & d'injures contre des citoyens qui méritent de l'Etat, lorsqu'ils exercent leur profession avec l'honnêteté qui lui convient.

FEU, f. m. par lequel on désigne, en matière de finances, tantôt un ménage, tantôt une certaine étendue de terrein, ou une somme numérique, composée d'une quotité fixe de livres tournois. Ainsi dans cette dernière acception, admise en Bourgogne, si chaque feu est évalué à soixante-douze livres, un village composé de cent habitans imposés à trente-cinq feux, paiera pour son imposition deux mille cinq cens vingt livres. La valeur des feux varie dans cette province, en raison de la quotité annuelle des impôts à répartir.

En Bretagne, la dénomination de feu n'emporte aucune idée précise, quoiqu'autrefois le mot feu paroisse avoir signifié une portion de terre d'une valeur & d'une étendue déterminées ; puisqu'on voit qu'en 1392, la Bretagne renfermoit quatre-vingt-dix-huit mille quatre cens quarante-sept feux, assujettis aux tailles, qu'on appelle fouages en cette province. *Voyez* le mot BRETAGNE.

En Dauphiné, les impositions se sont toujours

faites par *feux*, ce qui signifioit, dans l'origine, le nombre de feux ou cheminées dont chaque maison étoit composée; d'où il résultoit que telle personne qui avoit de grands biens & un petit nombre de cheminées, n'étoit pas plus cottisée qu'une autre, dont les maisons avoient autant de cheminées, sans posséder une aussi grande étendue de fonds.

La division des *feux* par famille composée du père, de la mère, ou de celui qui survit à l'autre, & des enfans, vivant avec eux, est plus naturelle & plus analogue à l'usage de la répartition des impôts. On voit même que cet usage avoit été prescrit par les instructions & les ordonnances de Charles V. en 1374, sur la manière de lever les aides & subsides.

L'article IV. porte, que les fouages qui seront levés, seront de six livres par *feu* dans les villes fermées, & deux livres dans le plat pays; le fort portant le foible.

Dans le cas de besoin, on augmentoit l'imposition d'un tiers, & la forme de répartition par *feu* restoit la même.

Mais alors même, ce mot *feu* avoit une signification différente dans le Languedoc, & l'a toujours conservée. On l'applique à une certaine portion de territoire, capable de supporter la quantité d'imposition qui devoit être levée par chaque *feu*.

Un canton, par exemple, payoit cent mille livres d'impositions; il étoit divisé en deux cens *feux*, chacun payant cinq cens livres; ainsi la dénomination de *feu*, signifioit l'estimation d'une certaine quantité de biens à une somme fixe, en sorte que chaque ville ou village étoit estimé contenir un certain nombre de *feux*, quoique souvent ils renfermassent un bien plus grand nombre de ménages.

On appelloit *feu*, non pas un ménage ou une habitation en général, mais la réunion d'un nombre plus ou moins grand de familles ou habitans, jusqu'à concurrence du revenu nécessaire pour former un *feu*, d'après l'évaluation & la fixation qui avoit été faite *de chaque feu*; de façon que l'on faisoit la répartition du subside au sol la livre, suivant les facultés de chacun, & suivant le nombre de *feux* dont chaque communauté étoit composée.

Dans les cas d'accidens ou d'événemens fâcheux, les habitans d'une sénéchaussée entière, ceux d'une ville en particulier, représentoient au roi leur triste situation, & les pertes qu'ils avoient souffertes. Le roi, touché de leur malheur, députoit des commissaires sur les lieux, pour faire des informations sur les faits allégués; ces informations étoient envoyées à la chambre des comptes; & après qu'elles y avoient été examinées & vérifiées, on y expédioit des lettres qu'on nommoit ordinairement *réparation de feux*, & par lesquelles on faisoit une nouvelle répartition de territoires; en sorte que celui qui avoit auparavant été divisé en vingt portions de *feux*, étoit divisé en quinze ou dix, suivant l'exigence des cas.

Ce fut ainsi que par des lettres du mois d'avril 1359, Charles V, alors régent du royaume pendant la détention du roi Jean en Angleterre, sur la supplique des habitans de la sénéchaussée de Carcassonne, ordonna l'exécution des lettres du roi Jean, portant qu'il seroit fait, par les commissaires du roi, une nouvelle révision, à laquelle on se conformeroit pendant dix autres années; que ce tems expiré, on en feroit encore une nouvelle, après laquelle il ne seroit fait dans la suite aucun changement, à moins que par les événemens des guerres, mortalités & autres, le pays ne fût tellement dépeuplé, qu'on fût dans la nécessité d'y pourvoir autrement. Le régent accepta, par ces mêmes lettres, les offres que lui avoient faites les habitans de cette sénéchaussée, de payer sur le champ un florin d'or pour chaque *feu* qui se trouveroit de moins que le nombre ancien par la nouvelle révision. Il ordonna, que la nouvelle fixation de *feux* fût inscrite sur les registres de la recette de la sénéchaussée, & que l'ancienne fût supprimée.

On voit par ces lettres, que ces révisions ou réparations de *feux*, tournoient au rachat & extinction d'une partie de l'imposition, ce qui produisoit une ressource momentanée au préjudice des revenus fixes, parce que la masse de l'imposition en étoit d'autant diminuée, & n'étoit pas rejettée sur les autres territoires. L'usage de diviser ainsi, relativement aux impositions, les territoires par feux, a été aboli en Languedoc; & on l'a remplacé par un cadastre qui contient l'évaluation de tous les biens de chaque communauté, suivant lequel on répartit les subsides.

Dans la généralité de Montauban, le mot de *feu* est non-seulement usité, mais on s'y sert encore de celui d'*étincelle*, qui est rendu par le terme de *bellugue*, que l'on subdivise encore.

Ainsi l'on divise, par exemple, la généralité en six mille portions, que l'on désigne par le nom de *feu*; chaque *feu* contient cent *bellugues* ou *étincelles*; & chaque *bellugue* quatre *parties*.

Il s'agit d'abord de répartir dans une juste proportion ces six mille *feux* entre les différentes élections qui composent la généralité, & en sous ordre, entre les communautés qui forment chaque élection.

L'étendue, la qualité du sol, le genre de productions,

ductions, la situation, le commerce, forment nécessairement des différences entre les élections; on les évalue chacune en particulier, on les compare ensuite ensemble, & s'il se trouve que dans une justice & une proportion exacte, une élection peut être portée à mille *feux*, pendant qu'une autre ne devoit l'être qu'à six cens, une troisième à quatorze cens, on opère d'après ces principes, de manière cependant, que la totalité des élections remplisse le montant des six mille *feux*.

On vient ensuite à la répartition entre les communautés de chaque élection. Dans une élection chargée, par exemple, de mille *feux*, une communauté peut en supporter vingt, pendant qu'une autre est assez chargée de quatre *feux* cinquante *bellugues*.

C'est l'état arrêté au conseil de ces évaluations des élections & communautés, qui s'appelle tarif, & sur lequel se répartit annuellement l'imposition des sommes portées par les commissions; ce qui se fait par une opération bien simple, puisqu'elle est purement arithmétique. S'il s'agit de répartir trois millions, l'élection employée au tarif pour mille *feux*, portera, sans difficulté, cinq cens mille livres; & en sous-ordre, la communauté estimée à vingt *feux*, sera chargée de dix mille livres.

Le cadastre ou compoix terrien, pour le distinguer du cabaliste, est, à l'égard d'une communauté, ce qu'est le tarif pour la généralité entière, c'est-à-dire, une estimation détaillée de tous les fonds qui la composent, eu égard à leur valeur & situation.

On a vu que le tarif se divisoit en *feux* & *bellugues*; les estimations portées au cadastre de chaque fonds en particulier, sont par livres, appellées livrantes, ou livres, sous & deniers d'allivrement.

La valeur des livres livrantes du cadastre d'une communauté, est plus ou moins forte, suivant la différente valeur des fonds évalués, & la division qu'elle a reçue. La livre livrante d'une communauté, peu subdivisée dans ses fonds, portera, par exemple, dix livres d'imposition, tandis que dans une autre communauté, dont les fonds sont d'une valeur inférieure, & par conséquent plus divisés, cette livre livrante sera de trois ou quatre livres. Cependant les fonds de la première, ne seront pas plus chargés que ceux de l'autre, par proportion de leur valeur.

On a dit que le tarif servoit de règle pour répartir, sur chaque communauté, la totalité des sommes dont le roi a ordonné l'imposition sur la généralité. Le cadastre ou le montant des livres livrantes, sert pareillement de proportion fixe & certaine pour répartir sur les articles contribuables, la totalité de la somme qui doit être acquittée par chaque communauté; ainsi, si le cadastre de celle qui, sur le pied de vingt *feux*, porte dix mille livres, est composé de mille livres livrantes, chacune d'elles sera chargée de payer dix livres; & le propriétaire d'un fonds, maison, prés, champs ou vignes, dont les possessions sont évaluées ou allivrées à dix livres livrantes, sera compris au rôle de la taille pour cent livres.

En Provence, toutes les communautés sont estimées à un certain nombre de *feux*, eu égard à la quantité de biens fonds taillables qui y sont situés; ainsi le mot *feu* n'y signifie, ni une maison, ni un ménage, mais une certaine quantité de biens-fonds taillables & évalués cinquante mille livres de taille réelle. On est instruit, par exemple, que la ville & viguerie d'Aix est composée de quatrevingt trois communautés, & évaluée cinq cens dix-neuf *feux* & un vingtième; celle de Tarrascon, de vingt-quatre communautés & deux cens quarante-six *feux*. Le total des biens de Provence est de trois mille trente-deux *feux*, en sorte que l'on sait que les fonds taillables équivalent à cent cinquante-un millions, six cens quarante-un mille, six cens soixante-six livres, qui produisent environ sept millions, cinq cens quatrevingt-deux mille quatrevingt-trois livres de revenu.

FEUX & CHEMINÉES en Flandres. *Voyez* DOMAINE de Flandre.

FIEF, s. m., par lequel on désigne un héritage tenu du roi ou d'un seigneur particulier à foi & hommage, à la charge d'aveu, & de quelques autres devoirs, droits ou redevances.

Il n'est pas du ressort de ce Dictionnaire, de donner une histoire détaillée des fiefs, de faire connoître leur origine, leur nature, & les différentes especes dans lesquelles ils sont divisés; mais il a paru nécessaire de donner une légère définition des fiefs, pour traiter ensuite du droit de *franc-fief*, établi sur les roturiers qui possèdent des héritages nobles ou des fiefs.

Il paroît que les fiefs n'ont eu pour premier principe, que le don fait par les premiers rois, de quelque portion du domaine royal, à des particuliers, à condition qu'ils s'attacheroient à eux, & les suivroient à la guerre. Ces concessions primitives, connues sous le nom de bénéfices, n'étoient que pour la vie de ceux qui les obtenoient. A leur décès, le fief retournoit à sa source, & rentroit dans la main du roi.

Dans la suite, & sur-tout sous le règne de Charles-le-chauve, ces concessions passèrent à la génération masculine de ceux qui les avoient obtenues les premiers, aux mêmes charges & conditions; mais par la mort du dernier des descendans mâles, les fiefs retournoient encore dans la main du seigneur principal.

Vers le déclin de la seconde race de nos rois, les filles furent admises à la possession des fiefs, en dérogeant à la loi salique, qui les en excluoit, comme incapables du service militaire ; en sorte que les fiefs devinrent héréditaires en France, mais non pas de commerce. On pouvoit y succéder, sans néanmoins pouvoir les vendre, que de l'agrément du seigneur.

Cette faculté n'a été accordée par les premiers rois de la race régnante, qu'à la charge de la foi & hommage, & sous la condition que ce devoir seroit réitéré par tous ceux qui succéderoient au fief à quelque titre que ce fût. Qu'à chacune des différentes mutations qui arriveroient dans la suite, il seroit payé des droits plus ou moins forts, suivant le genre des mutations, & ainsi qu'il a de plus été réglé par les coutumes pour le pays coutumier ; & pour le pays de droit écrit, par les usages qui s'y sont toujours conservés.

Les premiers investis des fiefs, en ont sous-inféodé des parties, aux mêmes conditions qui leur étoient imposées, & les sous-inféodataires en ont usé de même. Ils se sont faits, non-seulement des vassaux, mais encore des censitaires, en aliénant des domaines par de simples baux à cens, à la charge de les tenir en roture, de payer annuellement une redevance modique, *in recognitionem directi domini*, & sous la condition, qu'aux mutations par vente, il seroit payé certains droits au seigneur direct.

Ces inféodations & sous-inféodations ont multiplié les fiefs au point où ils le sont actuellement dans le royaume ; les baux à cens y ont multiplié les censives ; de manière que le droit commun n'admet, en pays coutumier, aucune terre qui ne soit tenue de quelque seigneur, à titre de fief ou de censive.

De la gradation qu'on vient d'exposer, il résulte qu'il n'y a point de fief dans le royaume, qu'il n'y a pas même de domaines en roture, qui ne soient émanés originairement de la couronne, & qui n'en soient tenus médiatement ou immédiatement. L'hérédité des fiefs n'a point détruit le domaine direct, toujours réservé au roi, comme seigneur primitif ; les sous-inféodations n'y ont pas non plus donné atteinte : c'est dans le roi seul que réside absolument le véritable domaine de tous les fiefs & arrière-fiefs du royaume.

Les rois érigent souvent des rotures en fiefs, & il est, en conséquence, expédié des lettres particulières en faveur de l'impétrant. Il y a eu même des érections de fief générales ; c'est-à-dire, qu'en payant une finance au roi, des biens possédés en roture étoient érigés en fief, & possédés noblement, sans néanmoins que le changement de la nature des terres, pût en occasionner par rapport aux tailles.

De même les personnes roturières, qui, par leur origine, sont incapables de posséder des biens nobles ou des fiefs, sans une permission du souverain, rachetent cette incapacité, ou se procurent cette permission au moyen du paiement d'une finance ; & c'est dans ce cas que l'on donne le nom de *franc-fief* à cette finance.

Le droit de *franc-fief* est royal & domanial ; les seigneurs n'y ont plus aucune part.

L'origine de ce droit vient, de ce qu'anciennement les nobles étoient les seuls auxquels on concédoit les fiefs. Il étoit défendu aux roturiers d'en acquérir, comme il paroît par deux anciens arrêts, l'un de 1265, l'autre de 1282 ; & comme il est porté dans les coutumes de Meaux, article CXLIV, Artois, CXXXVII. Ce qui s'observe aussi en Bretagne.

Ce ne fut qu'à l'occasion des croisades, lesquelles commencèrent l'an 1095, que les roturiers commencèrent à posséder des fiefs. Les nobles qui s'empressoient presque tous, à faire paroître leur zèle dans ces expéditions ; pour en soutenir la dépense, furent obligés de vendre une partie de leurs fiefs & seigneuries ; & comme il se trouvoit peu de nobles pour les acheter, parce que la plupart s'engageoit dans les croisades, ils furent contraints de les vendre à des roturiers, auxquels nos rois permirent de posséder ces fiefs, en leur payant une certaine somme, qui fut dans la suite appellée droit de *franc-fief*.

Ce droit fut regardé comme un rachat de la peine encourue par les roturiers, pour avoir acquis des fiefs contre la prohibition des anciennes ordonnances ; & comme il n'appartient qu'au souverain de dispenser des loix & d'en faire de nouvelles, le roi est aussi le seul, qui puisse permettre aux roturiers, de posséder des fiefs, & exiger d'eux pour cette permission, la taxe appellée droit de *franc-fief*.

La permission accordée aux roturiers de posséder des fiefs, étoit d'autant plus importante, que la possession de ces sortes de biens avoit le privilège d'affranchir les roturiers qui demeuroient dans leurs fiefs, tant qu'ils y étoient levans & couchans. M. de Boulainvilliers, dans son *Histoire de la pairie*, prétend même que le roturier qui acquéroit un fief, & vouloit bien en faire le service militaire, devenoit noble, & ne payoit le droit de *franc-fief*, que comme une indemnité lorsqu'il ne vouloit pas vivre saliquement ou noblement ; c'est-à-dire, faire le service militaire.

Il paroît du moins certain, que les roturiers possesseurs de fiefs, étoient réputés nobles, lorsque leurs fiefs étoient tombés en tierce-foi ; c'est-à-dire, lorsqu'ils avoient été partagés deux fois entre roturiers ; à la troisième fois ils les partageoient noblement, & de même que les nobles.

Nos rois n'approuvoient pourtant pas les usurpations de noblesse, & pour en interrompre la possession, ils faisoient de tems en tems, payer aux roturiers une taxe pour leurs fiefs. Cependant les roturiers possesseurs de fiefs, ayant toujours continué de prendre le titre d'écuyers, l'ordonnance de Blois statua enfin, par l'article CCLVIII, que les roturiers & non-nobles, achetant fiefs nobles, ne seroient pour ce annoblis, de quelques revenus que fussent les fiefs par eux acquis; & tel est l'usage que l'on suit présentement.

Anciennement les roturiers ne pouvoient acquérir un fief, sans le consentement du seigneur immédiat dont le fief relevoit. Il étoit permis aux seigneurs particuliers de recevoir des roturiers pour vassaux, pourvu que les droits du roi ne fussent point diminués; c'est-à-dire, que les roturiers s'obligeassent de faire le service du fief, ce qui intéressoit le roi, en remontant jusqu'à lui, de degré en degré.

Mais comme ordinairement les roturiers qui achetoient des fiefs ne s'engageoient pas à faire le service militaire, on appelloit cela, *abréger le fief;* c'est-à-dire, que le service du fief étoit abrégé ou perdu.

Il arrivoit de-là que le fief étoit dévolu au seigneur supérieur & immédiat, au même état que le fief étoit avant l'abrégement; & comme le seigneur diminuoit lui même son fief, en approuvant ce qui avoit été fait par son vassal, le fief de ce seigneur supérieur immédiat étoit, à son tour, dévolu à son seigneur supérieur, & ainsi de seigneur supérieur, en seigneur supérieur, jusqu'au roi; de manière que pour désintéresser tous ces seigneurs, il falloit leur payer à chacun une finance ou indemnité.

Philippe III, dit le Hardi, abolit cet ancien droit par son ordonnance de 1275. Elle ordonne que les personnes non-nobles qui auroient acquis des fiefs, & les tiendroient par hommage à service compétent, ne pourroient être inquiétés par les juges royaux, lesquels les laisseroient jouir paisiblement de ces biens; qu'au cas où ces personnes non-nobles auroient fait de telles acquisitions des fiefs ou arrière-fiefs, hors les terres des barons; si entre le roi & celui qui avoit fait l'aliénation, il ne se trouvoit pas trois seigneurs, & s'ils possédoient les fiefs acquis avec abrégement de service, ils seroient contraints de les mettre hors de leurs mains, ou de payer le fruit de deux années; & que si un fief étoit commué en roture, les choses seroient remises en leur premier état, à moins que le possesseur ne payât au roi, l'estimation des fruits de quatre années.

Cependant depuis, en quelques lieux, l'ancien droit fut suivi par rapport à l'abrégement de fief, comme il se voit dans l'ancienne coutume de Bourges, qui porte, » *Que là où aucune personne non-noble acquiert de noble, telle personne acquérant ne peut tenir l'acquêt, si elle ne fait finance au seigneur de fief, & aussi de seigneur en seigneur jusqu'au roi.*

Philippe-le-Bel, par son ordonnance de 1691, dérogea en quelque chose à celle de Philippe-le-Hardi, ayant ordonné que, quant aux personnes non-nobles qui acquéreroient des terres en fiefs ou arrière-fiefs du roi, hors les terres des barons, sans son consentement, s'il n'y avoit pas entre le roi & celui qui avoit fait l'aliénation, trois seigneurs intermédiaires, soit que les acquéreurs tinssent, à la charge de desservir les fiefs ou non, ils payeroient au roi la valeur des fruits de trois années; & que s'il y avoit abrégement du fief, ils en paieroient le dédommagement au dire de prud'hommes.

Le droit de *franc-fief* fut aussi levé par Philippe V, dit le Long, lequel, par son ordonnance du mois de mars 1320, renouvella celle de Philippe-le-Bel; excepté qu'au lieu du dire des prud'hommes, suivant lequel les roturiers doivent payer en cas d'abrégement de service, il ordonna qu'ils paieroient l'estimation des fruits de quatre années.

Charles-le-Bel fit deux ordonnances touchant les *franc-fiefs.*

L'une en 1322, portant que les personnes non-nobles qui avoient acquis depuis trente ans, sans la permission du roi, des fiefs & arrière fiefs & des aleux, seroient obligés de mettre ces acquisitions hors de leurs mains, sous peine de confiscation, avec défense de faire dans la suite de pareilles acquisitions.

L'autre ordonnance du même prince, du 18 juillet 1326, est conforme à celles de Philippe-le-Bel & de Philippe-le-Long, & porte que, dans le cas expliqué par ces précédentes ordonnances, les roturiers paieroient seulement la valeur des fruits de deux années, & qu'ils en paieroient quatre, pour la conversion d'un fief en roture.

On trouve aussi une déclaration de la même année, portant que les roturiers ne paieroient point de finance, pour les biens qu'ils auroient acquis à titre d'emphytéose, moyennant un certain cens ou pension, pourvu que ce fût sans jurisdiction, & que la valeur du fief ne fût pas diminuée.

Il est aussi ordonné, que les roturiers descendans d'un père non-noble & d'une mère noble, ne paieront aucune finance, pour les biens qui leur viendroient par succession de leur mère, ou de ses collatéraux nobles.

Du tems de Philippe de Valois, on fit une recherche du droit de *franc-fief.* Ce prince rendit, le 17 juin 1328, une ordonnance latine à ce sujet,

portant entr'autres dispositions, que pour les choses & possessions que les personnes non-nobles avoient acquises, depuis trente ans, en çà dans les fiefs ou arrière-fiefs du roi, sans le consentement de lui ou de ses devanciers, posé qu'il n'y eût pas entre le roi & la personne qui avoit fait cette aliénation, trois seigneurs intermédiaires ou plus, ils paieraient, pour finance, l'estimation des fruits de trois ans.

Que si aucune personne non-noble acquéroit d'une autre personne non-noble quelque fief, & que le vendeur l'eût tenu plus anciennement, que depuis trente ans, il eût payé une finance, l'acquéreur ne seroit point contraint de payer une nouvelle finance, ou de mettre le fief hors de ses mains.

Suivant cette même ordonnance, dans le cas où une personne non-noble devoit payer quelque finance pour son assignation, les commissaires députés pour demander & lever lesdites finances, ne devoient point assigner ni mettre la main, si ce n'est sur les biens acquis, avant que la finance fût accordée entre le commissaire & l'acquéreur.

On voit un mandement qui fut adressé, à cette occasion, aux commissaires députés pour la recherche des *franc-fiefs*, que quand un noble vendoit son fief à un non-noble, moyennant une somme d'argent, & en outre une certaine rente ou pension annuelle, on ne devoit avoir égard qu'au prix payé en argent, pour estimer la finance qui étoit dûe, sans compter la rente ou pension retenue par le vendeur.

Philippe de Valois renouvella son ordonnance du 6 juin 1328, le 23 novembre suivant; avec cette différence, qu'au lieu de trois années que l'on devoit payer pour le droit de *franc-fief*, il en mit quatre par cette dernière ordonnance.

Comme les nobles, outre leurs fiefs, possédoient aussi quelquefois des biens roturiers, il expliqua, par un mandement adressé le 10 juin 1331 au sénéchal de Beaucaire, que les roturiers qui acquéroient des nobles, de tels biens auxquels il n'y avoit ni fief, ni hommage, ni justice attachée, ne devoient, pour cette acquisition, aucune finance au roi.

Le droit de *franc-fief* étoit dû par les non-nobles, quoiqu'ils eussent acquis d'un noble, comme il paroît par des lettres du même prince, du 24 août 1338.

Mais ce qui est encore plus remarquable, c'est que du tems de Philippe de Valois & de ses prédécesseurs, l'affranchissement d'un fief, ou l'acquittement du droit de *franc-fief*, étoit réputé réel, de manière qu'un noble pouvoit, sans payer au roi aucune nouvelle finance, acheter le fief d'un autre non-noble qui l'avoit acquis, & qui avoit payé le droit de *franc-fief* pour obtenir de sa majesté l'abrégement & affranchissement de service; ce qui fut changé environ deux cens ans après, en établissant que ces sortes d'affranchissemens, ne seroient plus que personnels à chaque possesseur, & non réels.

L'ordonnance de 1302, donnée par Charles IV, dont on a parlé ci-devant, eut quelque suite non-seulement sous ce prince, mais même sous les règnes suivans. En conséquence de cette ordonnance, on envoya plusieurs commissaires dans la sénéchaussée de Beaucaire, pour faire saisir & confisquer, au profit du roi, les acquisitions des biens nobles, faites depuis trente ans par des roturiers. Il y eut, en effet, quelques-uns de ces biens saisis; quelques acquéreurs payèrent des finances pour conserver leurs acquisitions. Les commissaires ne tirèrent pourtant pas de-là, les finances infinies qu'ils auroient pu, dit-on, en tirer. Ceux de qui les acquisitions avoient été servies, continuèrent depuis d'en percevoir les fruits & revenus.

Le duc de Berry & d'Auvergne, & comte de Poitiers, fils & lieutenant du roi Jean dans le Languedoc, donna des lettres pour continuer à exécuter l'ordonnance de 1322, & l'on fit, en conséquence, quelques poursuites, qui furent interrompues lorsqu'il sortit du Languedoc.

Mais le maréchal Daudeneham, lieutenant du roi dans ce pays, envoya des commissaires dans la sénéchaussée de Beaucaire, avec ordre de s'informer de ces nouvelles acquisitions, soit par témoins ou par titres; d'obliger même, à cet effet, les notaires, de donner des copies des actes qui seroient dans leurs protocoles & dans ceux de leurs prédécesseurs, contenant ces sortes d'acquisitions; & après cette information faite, de faire saisir toutes ces nouvelles acquisitions, d'en faire percevoir tous les revenus; de faire défense à ceux qui les possédoient de les recevoir, & même de les vendre; de les donner à cens, ou moyennant quelque redevance annuelle; & enfin, de faire rendre compte à ceux qui avoient perçus les revenus de ces biens, au préjudice de la saisie qui en avoit été faite au nom du roi.

Le maréchal Daudeneham donna néanmoins pouvoir à ces commissaires, de composer avec ceux qui avoient fait de telles acquisitions, ou qui avoient perçu les fruits de celles qui avoient été saisies, & de leur permettre, moyennant une finance, de les garder, sans qu'ils pussent être contraints à s'en désaisir dans la suite.

Le détail que l'on vient de faire sur l'exécution de l'ordonnance de 1322, se trouve dans les lettres du maréchal Daudeneham du 15 août 1363.

On suivit toujours les mêmes principes au sujet des *franc-fiefs* du tems du roi Jean, comme il paroît par des lettres de ce prince, du mois d'octobre 1354, confirmatives d'autres lettres du 4 mai 1324, portant concession aux citoyens & habitans de Toulouse, d'acquérir des personnes nobles, des biens fonds, pourvu que ces biens fussent sans justice, & qu'il n'en fût pas dû d'hommage.

Louis, duc d'Anjou, lieutenant de Charles V. dans le Languedoc, ordonna, par des lettres données à Nîmes le 16 février 1367, qu'il ne seroit point payé de finances, par les roturiers, pour les acquisitions d'aleux non-nobles, & ne relevant point du roi, ni en fief, ni en arrière-fief, quoique faites de personnes nobles, & que ceux qui n'auroient point payé la finance des *franc-fiefs*, n'y pourroient être contraints par emprisonnement de leur personne, mais seulement par saisie & vente de leurs biens.

Charles V. ordonna depuis, en 1370, que ceux qui auroient refusé de payer les droits de *franc-fief*, & auroient fatigué les commissaires par des tours & des chicanes, seroient contraints de payer une double finance.

De tems immémorial, les bourgeois de Paris ont été exemptés des droits de *franc-fief*, tant pour les biens nobles, par eux acquisdans les fiefs du roi & dans ceux des seigneurs, que pour les franc-aleux. On publia à Paris, vers l'année 1371, une ordonnance, portant que les non-nobles qui avoient acquis depuis 1324 des biens nobles, en fissent leur déclaration, dans un mois, au receveur de Paris, qui mettroit ces biens dans la main du roi, jusqu'à ce que ces acquéreurs eussent payé finance. Mais Charles V., par des lettres du 9 août 1371, confirma les bourgeois de Paris, dans l'exemption du droit de *franc-fief*, dans toute l'étendue du royaume; ils ont, en conséquence, joui de ce privilège, sans aucun trouble, si ce n'est depuis quelque tems qu'on les a inquiétés à ce sujet, pour raison de quoi il y a eu une instance pendante & indécise au conseil, où les prévôt des marchands & échevins de la ville de Paris sont intervenus, pour soutenir le droit des bourgeois de Paris, lesquels néanmoins sont contraints, par provision, de payer le droit de *franc-fief*.

Les bourgeois de Paris ne sont pas les seuls auxquels l'exemption du droit de *franc-fief* ait été accordée: ce privilège fut communiqué par Charles V. aux habitans de plusieurs autres villes; mais tous ne l'eurent pas avec la même étendue.

On croit que ce privilège fut accordé aux habitans de Montpellier, suivant les lettres du mois de juillet 1369, qui leur permettent d'acheter toutes sortes de biens; mais l'exemption des droits de *franc-fief* n'y est pas exprimée clairement.

Elle fut accordée purement & simplement aux habitans de la ville de Caylus, de Bonneste en Languedoc, par Charles V. en 1370.

Ceux de Villefranche en Rouergue, obtinrent la même exemption pour le passé, & pour les acquisitions qu'ils feroient pendant dix ans.

Par d'autres lettres de 1370, les habitans de la ville de Caussade en Languedoc, furent déclarés exempts du droit de *franc-fief*, pour les fiefs qu'ils acquerroient, pourvu que ce ne fût pas des fiefs de chevalerie, ou des aleux d'un prix considérable.

Le 19 juillet de la même année, les habitans de la ville de Milhaud furent déclarés exempts de *franc-fief* pour les biens nobles qu'ils avoient acquis, &qu'ils acquerroient dans la suite.

La même chose fut ordonnée en faveur des habitans de Puy-la-Roque, par d'autres lettres des même mois & an.

Les privilèges accordés en la même année à la ville de Cahors, portant, entr'autres choses, que les habitans de cette ville seroient exempts du droit de *franc-fief* pour les biens nobles qu'ils acquerroient dans la suite, quand même ces biens seroient situés dans des fiefs ou arrière-fiefs du roi, & quand même ils les auroient acquis de personnes nobles ou ecclésiastiques.

Les habitans de Pui-Mirol dans l'Agénois, obtinrent aussi au mois de juin de la même année, des privilèges, portant qu'ils jouiroient des fiefs & autres droits nobles qu'ils possédoient depuis trente ans; qu'ils jouiroient pareillement des fiefs & autres droits nobles, qu'ils pourroient acquérir pendant l'espace de dix ans, dans le duché d'Aquitaine, pourvu cependant qu'il n'y eût pas de forteresse sur ces fiefs, ni d'arrières-fiefs qui relevassent de ces fiefs.

Les habitans de Saint-Antonin obtinrent le même privilège pour dix ans, pourvu qu'il n'y eût pas de justice attachée aux fiefs qu'ils acheteroient; on leur remit seulement les droits pour le passé.

Les mêmes conditions furent imposées aux habitans de Moissac.

La ville de Fleurence obtint aussi en 1371, pour ses habitans, le privilège d'acquérir pendant cinq ans, des fiefs nobles & militaires, pourvu qu'il n'y eût point de justice attachée, & à condition qu'ils ne rendroient point hommage de ces fiefs. Ce terme de cinq ans fut ensuite prorogé jusqu'à huit.

Charles V. accorda aussi, en 1371, aux habitans de Rhodès, des lettres portant, qu'ils seroient exempts du droit de *franc-fief* pour les biens nobles relevans du roi, qu'ils acquerroient hors du comté de Rouergue, & des terres appartenantes au comté d'Armagnac.

Il exempte pareillement des droits de *franc-fief* les bourgeois de la Rochelle, mais seulement ceux qui auroient cinq cens livres de rente.

L'exemption fut accordée pour vingt ans, en 1369, aux habitans de Lauferte, à condition qu'ils n'acquerroient point des hommages, des forteresses, & des aleux d'un grand prix.

Charles VI. exempta des *franc-fiefs* les habitans de Condom.

Ceux de Bourges en furent exemptés en 1438, & ceux d'Angers & du Mans, en 1483.

Plusieurs autres villes obtinrent, en divers tems, de semblables exemptions.

Il fut nommé par Charles VI. en 1388, deux commissaires dans chaque prévôté, sur le fait des acquisitions faites par les gens d'église & personnes non nobles, avec des receveurs sur les lieux; & depuis, par des lettres du 8 juillet 1394, il confirma ce qui avoit été fait par ces commissaires, touchant les *franc-fiefs*; & depuis, nos rois ont de tems en tems nommé de semblables commissaires, pour la recherche des *franc-fiefs*.

Par des lettres-patentes de 1445, Charles VII. ordonna que les trésoriers de France, pourroient contraindre toutes personnes non nobles, ou qui ne vivoient pas noblement, de mettre hors de leurs mains tous les fiefs qu'ils possédoient, par succession ou autrement, sans en avoir suffisante provision du roi, ou de les en laisser jouir en payant la finance au roi, telle que lesdits trésoriers aviseroient.

Louis XI. donna des lettres-patentes en forme d'amortissement général, pour tous les pays de Normandie, pour les nouveaux acquêts faits par les gens de main-morte; & pour les fiefs & biens nobles acquis par les roturiers, portant qu'après quarante ans, tous fiefs nobles acquis par des roturiers, seroient réputés amortis, & que les détenteurs ne seroient contraints de vuider leurs mains ni d'en payer la finance; ces lettres portoient même, que tous roturiers ayant acquis des héritages nobles en Normandie, étoient annoblis & leur postérité.

François I. par ses lettres du 6 septembre 1520, défendit à tous roturiers de tenir des héritages féodaux.

Henri II. enjoignit le 7 janvier 1547, à toutes personnes non nobles possédant fiefs, d'en fournir déclaration pour en payer les droits.

Charles IX. par des lettres-patentes du 5 septembre 1571, nomma des commissaires pour procéder à la liquidation des finances dûes, à cause des droits de *franc-fiefs* & nouveaux acquêts, & ordonna que tous les roturiers & non nobles fourniroient leur déclaration de tous les fiefs, arrière-fiefs, héritages, rentes & possessions nobles qu'ils tenoient dans chaque bailliage & sénéchaussée.

Henri IV. nomma aussi des commissaires pour la liquidation des droits de *franc-fiefs*, par des lettres du mois d'avril 1609, dont Louis XIII. ordonna l'exécution, par d'autres lettres du 20 octobre 1613. Il ordonna encore en 1633, la levée du droit de *franc-fief* sur le pied du revenu d'une année, & il en fut fait un traité en forme de bail, à commencer depuis le 21 février 1609, jusqu'au dernier décembre 1633.

La levée du droit de *franc-fief* fut encore ordonnée au mois de janvier 1648, quoiqu'il n'y eût encore que quatorze ans depuis la dernière recherche; mais l'exécution de cet édit fut sursise jusqu'à la déclaration du 29 septembre 1652, qui ordonna la levée du droit, pour les vingt années qui avoient couru depuis 1638.

On voit donc que le tems au bout duquel se fit la recherche des *franc-fiefs*, a été réglé différemment; qu'anciennement elle ne se faisoit que tous les trente ou quarante ans; que quelquefois elle s'est faite plutôt; par exemple, sous François I. elle se fit pour les trente-trois années que dura son règne; sous Charles IX. on la fit au bout de vingt-cinq ans, & depuis ce tems, elle se fait ordinairement tous les vingt ans; au bout duquel tems les roturiers paient pour les droits de *franc-fiefs* une année de revenu.

Cet ordre fut observé jusqu'en 1655, où par l'édit du mois de mars de ladite année, on ordonna que le droit de *franc-fief*, qui jusqu'alors ne s'étoit levé que de vingt en vingt ans au moins, & pour la jouissance de vingt années, à raison d'une année de revenu des fiefs & biens nobles, seroit dorénavant payée, par tous les roturiers possédant fief, sur le pied de la vingtième partie d'une année de revenu.

Mais sur ce qui fut représenté, que les frais du recouvrement de ces sommes, qui se trouvoient pour la plûpart très-modiques, seroient plus à charge aux sujets du roi, que le paiement du principal, l'édit de 1655 fut révoqué par un autre édit du mois de novembre 1656, qui ordonna que les roturiers qui possédoient alors des fiefs & biens nobles, seroient à l'avenir, eux & leurs successeurs & ayans cause, exempts du droit de *franc-fief*, en payant au roi une certaine somme.

Depuis, par un autre édit du mois de mars 1672, la même exemption fut accordée aux roturiers qui possédoient alors des fiefs & biens nobles, en payant au roi, trois années de revenu desdits biens, savoir, une année pour la jouissance qu'ils avoient eue pour les vingt années commencées en 1652, & finies en 1672, & la valeur des deux années pour jouir à l'avenir dudit affranchissement.

On reconnut depuis, que le droit de *franc-fief* étant domanial & inaliénable, il étoit contraire aux principes, d'avoir accordé un tel affranchissement à perpétuité; c'est pourquoi le roi, par un édit du mois d'avril 1692, le restreignit à la vie de ceux qui possédoient alors des fiefs, & qui avoient financé en conséquence de l'édit de 1672.

La recherche des *franc-fiefs* fut ordonnée par une déclaration du 9 mars 1700, sur tous ceux dont l'affranchissement étoit expiré depuis 1692, jusqu'au premier janvier 1700.

Par deux autres édits, des mois de mai 1708 & septembre 1710, Louis XIV. ordonna la recherche des *franc-fiefs* sur tous ceux qui s'en trouveroient redevables, soit par l'expiration des vingt années d'affranchissement, soit par acquisition, donation ou autre mutation quelconque; ces droits furent mis en partie pour sept années, & ensuite affermés.

Il fut établi en 1633 une chambre souveraine pour connoître des droits de *franc-fiefs* dûs dans toute l'étendue du parlement de Paris, depuis le 21 février 1609, jusqu'au dernier décembre 1633. La déclaration du 29 décembre 1652 établit une semblable chambre, qui subsistoit encore en 1660. Il en avoit aussi été établi quelques autres, & notamment en Bourgogne. Cette dernière fut supprimée par déclaration du mois d'août 1669.

Présentement les contestations qui s'élèvent sur cette matière, sont portées devant les intendans des provinces, & par appel au conseil royal des finances. *

Voyez au surplus le mot FRANC-FIEF; on y fait connoître tout ce qu'il est intéressant de savoir, relativement à ce droit considéré comme objet de revenu; & on y établit la législation actuelle qui sert à sa perception, & les exemptions qu'elle comporte.

On distingue plusieurs espèces de fiefs; le fief furcal, le fief futur, le fief de garde, le fief d'habitation, le fief de haubert ou de hautbergeon, le fief héréditaire, le fief d'honneur ou fief libre, le fief impérial, le fief impropre, le fief incorporel, le fief inférieur, le fief jurable, le fief laïcal, le fief libre, le fief lige, le fief masculin, le fief médial, le fief militaire, le fief mort, le fief noble, le fief oublial, le fief ouvert, le fief propre, le fief patrimonial, le fief perpétuel, le fief de piété ou de dévotion, le fief plein, le fief presbytéral, le fief de profit, le fief de protection, le fief recevable & non-rendable, le fief rendable, le fief de rente, le fief de reprise, le fief de retour, le fief de retraite, le fief roturier, le fief royal, le fief rural, le fief de sergenterie, le fief servant, le fief simple, le fief subalterne; le fief supérieur, le fief taillé, le fief temporaire, le fief tenu à plein lige, le fief en tierce foi, le fief vassalique, le fief à vie, le fief vif, le fief vilain, le fief volant, & le fief vrai ou opposé au fief futur. On peut voir la définition de chacun de ces mots dans le *Dictionnaire de Jurisprudence*, science avec laquelle ils ont beaucoup plus de rapport qu'avec la finance.

On appelle fiefs & aumônes, des charges dûes sur le domaine du roi, & qui sont portées dans les états qui s'arrêtent annuellement au conseil. Les fiefs sont des rentes assignées sur le domaine, soit que ces biens en fussent chargés avant leur union à la couronne, soit qu'ils ne l'aient été que depuis. *Voyez* ÉTATS DU ROI, pag. 980.

FIN DE NON-RECEVOIR, s. f. terme de jurisprudence, qui signifie une exception par laquelle on soutient qu'une demande ne doit pas être admise ou permise. Les *fins de non-recevoir* se tirent de la forme, du défaut de qualité, ou du laps de tems; ainsi la *fin de non-recevoir* dispense de toute discussion du fond de la demande.

Elles se tirent de la forme, comme quand un mineur intente une action sans être assisté de son tuteur ou curateur; du défaut de qualité, quand le demandeur n'est pas héritier de celui dont il réclame les droits; du laps de tems, lorsqu'il y a prescription acquise. On ne s'arrête sur ce terme, que pour prévenir du privilège de l'adjudicataire des fermes.

Le bail fait à Forceville en 1738, & qui subsiste dans toute sa force, porte article DLV: » Deux ans après l'expiration du présent bail, on » ne pourra être recevable en aucune demande » contre l'adjudicataire, pour prétendues restitu- » tions de droits, loyers de bureaux ou greniers » à sel, appointemens de commis, vacations d'of- » ficiers en titre ou par commission; & les instan- » ces intentées contre l'adjudicataire pendant le » cours de son bail, & deux ans après l'expira- » tion d'icelui, seront sujettes à péremption com- » me entre nos autres sujets, s'il n'y a interrup- » tion: en conséquence, l'ajudicataire sera dé- » chargé dix ans après l'expiration de son bail, » de la garde des registres de recette & autres, » qui auront servi à l'exploitation de nos fermes » pendant le cours dudit bail, sans qu'il puisse » être tenu de les représenter, sous prétexte de » prendre droit par iceux, dont nous le dispen- » sons, à moins qu'il n'y eût des instances encore » subsistantes, pour l'instruction & le jugement » desquelles lesdits registres & pieces fussent né- » cessaires. «

En matière d'aides, la déclaration de 1688 avoit

déclaré le fermier de ces droits non-recevable dans la demande qu'il pourroit faire des droits d'entrée, après l'année expirée, à moins que, par opposition des redevables, il n'y eût instance indécise qui en eût empêché le recouvrement, dans ce délai. Mais par autre déclaration du 26 novembre 1709, il a été sursis à l'exécution de la première, jusqu'à ce qu'il en ait été autrement ordonné.

Les *fins de non-recevoir* que l'on peut opposer au fermier des domaines, sont, lorsqu'il forme des demandes après le tems fixé par les coutumes pour les droits seigneuriaux, & après le tems fixé par son bail pour les autres droits.

Les droits de franc-fief & d'amortissement, ceux de contrôle, insinuation, centième denier, & autres semblables, ne sont pas prescriptibles; mais le fermier est limité par son bail à n'en pouvoir former la demande que dans l'époque de vingt années, à compter du jour qu'ils sont dûs & exigibles. *Voyez* PRESCRIPTION.

On peut encore opposer au fermier du domaine la *fin de non-recevoir*, lorsqu'il demande des supplémens de droits, pour des actes qui sont revêtus de toutes les formalités auxquelles ils sont assujettis, pourvu qu'il n'ait été pratiqué aucune fraude, pour diminuer les droits qui étoient exigibles, lorsque les actes ont été présentés aux commis, qui leur ont donné la formalité purement & simplement, sans aucune réserve.

De son côté, le fermier des domaines peut opposer la *fin de non-recevoir* à ceux qui lui demandent la restitution de droits par eux payés, lorsque le bail, pendant le cours duquel les droits ont été payés, est expiré plus de deux ans avant la demande formée. Cette *fin de non-recevoir* est fondée sur la déclaration du 20 janvier 1699, portant que deux années après les baux expirés, les fermiers de ces baux ne pourront plus être inquiétés par des demandes en restitution de droits dans le cours de ces baux. Cette disposition est sous-entendue dans tous les baux subséquens à celui de Forceville, dans lequel elle a ci-devant été copiée.

Il est plusieurs autres *fins de non-recevoir* qui sont proposables en faveur du fermier, ou contre lui par les redevables, dans les cas ordinaires & admis par le droit commun.

FINANCES. On comprend sous ce mot les deniers publics, du roi & de l'Etat. Qui ne juge des *finances* que par l'argent, n'en voit que le résultat, n'en apperçoit pas le principe. Il faut, pour en avoir une idée juste, se la former plus noble & plus étendue. On trouvera dans les *finances* mieux connues, mieux développées, plus approfondies, le principe, l'objet & le moyen des opérations les plus intéressantes du gouvernement; le principe qui les occasionne, l'objet qui les fait entreprendre, le moyen qui les assure.

Pour se prescrire à soi-même, dans une matière aussi vaste, des points d'appui invariables & sûrs, ne pourroit-on pas envisager les *finances*, dans le principe qui les produit, dans les ressources qu'elles renferment, dans les richesses qu'elles procurent, dans l'administration qu'elles exigent.

Point de richesses sans principes, point de ressources sans richesses, point d'administration si l'on n'a rien à gouverner. Tout se lie, tout se touche, tout se tient; les hommes & les choses se représentent circulairement dans toutes les parties, & rien n'est indifférent dans aucune, puisque dans les *finances*, comme dans l'électricité, le moindre mouvement se communique avec rapidité, depuis celui dont la main s'approche le plus du globe, jusqu'à celui qui en est le plus éloigné.

Les *finances*, considérées dans leur principe, sont produites par les hommes; mot cher & respectable à tous ceux qui sentent & qui pensent; mot qui fait profiter de leurs talens & ménager leurs travaux; mot précieux qui rappelle, ou qui devroit rappeller sans cesse à l'esprit, ainsi qu'au sentiment, cette belle maxime de Térence, que l'on ne sauroit trop profondément graver dans sa mémoire & dans son cœur; *homo sum nihil humani à me alienum puto.* » Je suis homme; rien » de ce qui touche à l'humanité ne peut m'être » étranger. « Voilà le code du genre-humain; voilà le plus doux lien de la société; voilà le germe des vues les plus grandes & des meilleures vues; idées que le vrai sage n'a jamais séparées.

Les hommes ne doivent, ne peuvent donc jamais être oubliés; on ne fait rien que pour eux, & c'est par eux que tout se fait. Le premier de ces deux points mérite toute l'attention du gouvernement; le second, toute sa reconnoissance & toute son affection. A chaque instant, dans chaque opération, les hommes se représentent sous différentes formes, ou sous diverses dénominations; mais le principe n'échappe point au philosophe qui gouverne, il le saisit au milieu de toutes les modifications qui le déguisent aux yeux du vulgaire. Que l'homme soit possesseur ou cultivateur, fabriquant ou commerçant; qu'il soit consommateur oisif, ou que son activité fournisse à la consommation; qu'il gouverne ou qu'il soit gouverné, c'est un homme. Ce mot seul donne l'idée de tous les besoins, de tous les moyens d'y satisfaire.

Les *finances* sont donc originairement produites par les hommes, que l'on suppose en nombre suffisant pour l'Etat qui les renferme, & suffisamment bien employés, relativement aux différens talens qu'ils possèdent. Double avantage, que tous les écrits modernes faits sur cette matière, nous rappellent & nous recommandent; avantages que

que l'on ne sauroit trop précieusement conserver, quand on le possède; ni trop tôt se procurer quand ils manquent.

Nécessité d'encourager la population pour avoir nombre d'hommes; nécessité, pour les employer utilement, de favoriser les différentes professions, proportionnément à leurs différens degrés de besoin, d'utilité, de commodité.

L'agriculture se place d'elle-même au premier rang, puisqu'en nourrissant les hommes, elle peut seule les mettre en état d'avoir tout le reste. Sans l'agriculture, point de matières premières pour les autres professions.

C'est par elle que l'on fait valoir, 1°. les terres de toute espece, quels qu'en soient l'usage & les productions; 2°. les fruits, les bois, les plantes, & tous les autres végétaux qui couvrent la surface de la terre; 3°. les animaux de tout genre & de toute espece, qui rampent sur la terre & qui volent dans les airs, qui servent à la fertiliser, & qu'elle nourrit à son tour; 4°. les métaux, les sels, les pierres, & les autres minéraux que la terre cache dans son sein, & dont nous la forçons à nous faire part; 5°. les poissons, & généralement tout ce que renferment les eaux dont la terre est coupée ou environnée.

Voilà l'origine de ces matières premières si variées, si multipliées, que l'agriculture fournit à l'industrie qui les emploie; il n'en est aucune que l'on ne trouve dans les airs, sur la terre, ou dans les eaux. Voilà le fondement du commerce, dans lequel on ne peut jamais faire entrer que des productions de l'agriculture & de l'industrie, considérées ensemble ou séparément; & le commerce ne peut que les faire circuler au-dedans, ou les porter à l'étranger.

Le commerce intérieur n'en est point un proprement dit, du moins pour le corps de la nation; c'est une simple circulation. L'Etat & le gouvernement ne connoissent de commerce véritable, que celui par lequel on se procure le nécessaire, & on se débarrasse du superflu, relativement à l'universalité des citoyens.

Mais cette exportation, mais cette importation ont des loix différentes, suivant leurs différens objets. Le commerce qui se fait au dehors n'est pas toujours le même; s'il intéresse les colonies, les réglemens ont pour objet la dépendance raisonnable où l'on doit retenir cette portion de la nation; s'il regarde l'étranger, on ne s'occupe plus que des intérêts du royaume & de ceux des colonies, qui forment une espece de corps intermédiaire entre le royaume & l'étranger: c'est ainsi que le commerce bien administré, vivifie tout, soutient tout. S'il est extérieur, & que la balance soit favorable; s'il est intérieur, & que la circulation n'ait point d'entrave, il doit nécessairement procurer l'abondance universelle & durable de la nation.

Considérées comme richesses, les *finances* peuvent consister en richesses naturelles ou acquises, en richesses réelles ou d'opinion.

Parmi les richesses naturelles, on doit compter le génie des habitans développé par la nécessité, augmenté par l'émulation, porté plus loin encore par le luxe & par l'ostentation.

Les propriétés, l'excellence & la fécondité du sol, qui, bien connu & bien cultivé, procure d'abondantes récoltes de toutes les choses qui peuvent être nécessaires, utiles, agréables à la vie.

L'heureuse température du climat, qui attire, qui multiplie, qui conserve, qui fortifie ceux qui l'habitent.

Les avantages de la situation, par les remparts que la nature a fournis contre les ennemis, & par la facilité de la communication avec les autres nations.

Jusques-là nous devons tout à la nature, & rien à l'art; mais lui seul peut ajouter aux richesses naturelles, un nouveau degré d'agrément & d'utilité.

Les richesses acquises que l'on doit à l'industrie corporelle ou intellectuelle, consistent,

Dans les métiers, les fabriques, les manufactures, les sciences & les arts, perfectionnés par des inventions nouvelles, telles que celles du célèbre Vaucanson, & raisonnablement multipliées par les encouragemens.

On dit *raisonnablement*, parce que les graces & les faveurs que l'on accorde, doivent être proportionnées au degré d'utilité de ce qui en est l'objet.

Dans les lumières acquises sur ce qui concerne l'agriculture en général, & chacune de ses branches en particulier; les engrais, les haras, la conservation des grains, la plantation des bois, leur conservation, leur amélioration, leur administration, leur exploitation, la pêche des étangs, des rivières & des mers, & généralement dans tout ce qui nous donne le talent de mettre à profit les dons de la nature, de les recueillir & de les multiplier. Un gouvernement aussi sage que le nôtre, envisagera donc toujours, comme de vraies richesses & comme des acquisitions d'un grand prix, les excellens ouvrages que nous ont donné sur ces différentes matières MM. de Buffon & d'Aubenton, M. Duhamel du Monceau, l'auteur de *la police des grains*, & les autres écrivains estimables, dont la plume s'est exércée sur des sujets si intéressans pour la nation & pour le monde entier.

On accordera la même estime aux connoissances, aux vûes, aux opérations rassemblées dans le royaume, pour la population des citoyens, pour leur conservation, pour l'amélioration possible & relative de toutes les conditions.

On doit encore envisager comme richesses acquises, les progrès de la navigation intérieure par l'établissement des canaux ; de la navigation extérieure, par l'augmentation du commerce maritime; celui de terre, accrû, facilité, rendu plus sûr par la construction, le rétablissement, l'entretien & la perfection des ponts, chaussées & grands chemins.

La matiére est par elle-même d'une si grande étendue, qu'il faut, malgré soi, passer rapidement sur les objets, & résister au desir que l'on auroit de s'arrêter sur les plus intéressans ; contentons-nous de les présenter au lecteur intelligent, & laissons-lui le soin de les approfondir.

Les richesses de l'Etat, que l'on a d'abord envisagées comme naturelles, ensuite comme acquises, peuvent l'être aussi comme richesses réelles ou d'opinion.

Les réelles ne sont autre chose que les fonds ou les biens immeubles, les revenus & les effets mobiliers.

Les immeubles, (on ne parle ici que des réels, & non de ceux qui le sont par fiction de droit,) les immeubles, sont, les terres labourables, les prés, les vignes, les maisons & autres édifices, les bois & les eaux, & généralement tous les autres fonds, de quelque nature qu'ils soient, qui composent le domaine foncier du souverain & celui des particuliers.

Du souverain, comme seigneur & propriétaire particulier de certains fonds, qui n'ont point encore été incorporés au domaine du roi.

Comme roi, & possédant, à ce titre seulement, les héritages & les biens qui forment le domaine foncier de la couronne.

Des particuliers, comme citoyens, dont les domaines sont la base des richesses réelles de l'Etat de deux manières; par les productions de toute espece qu'ils font entrer dans le commerce & dans la circulation; par les impositions, auxquelles ces mêmes productions mettent les particuliers en état de satisfaire.

Considérées comme revenus, les richesses réelles sont fixes ou casuelles ; & dans l'un & l'autre cas, elles appartiennent, comme les fonds, au souverain ou aux particuliers.

Appartiennent-elles aux particuliers ? ce sont les fruits, les produits, les revenus des fruits qu'ils possèdent; ce sont aussi les droits seigneuriaux, utiles ou honorifiques qui y sont attachés.

Si ces revenus appartiennent au souverain, ils sont à lui à titre de seigneur particulier, ou bien à cause de la couronne : distinction essentielle, & qu'il ne faut pas perdre de vue, si l'on veut avoir la solution de bien des difficultés. Le roi possède les uns par lui-même, abstraction faite de la souveraineté ; à titre de souverain, il compte parmi ses revenus, 1°. le produit du domaine foncier & des droits domaniaux ; 2°. les impositions qu'il met, comme roi, sur ce que les autres possèdent, revenu toujours à charge à la bonté du monarque, qu'il n'augmente jamais qu'à regret, & toujours en observant que l'établissement des impositions se fasse relativement aux facultés de la nation, mesurées sur ce dont elle est déja chargée, & sur ce qu'elle peut supporter encore ; la répartition, avec une proportion qui détruise les taxes arbitraires, & qui ne charge le citoyen que de ce qu'il peut naturellement & doit équitablement supporter; le recouvrement & la perception, avec autant d'exactitude que de modération & d'humanité.

Passons de suite, & sans rien détailler, aux richesses réelles considérées dans les effets mobiliers, tels que l'or & l'argent, les pierreries, les marchandises de toute espece, & les meubles meublans, quels qu'ils soient.

Observons seulement, comme autant de circonstances qui n'échappent point à ceux qui sont chargés de cette grande partie de l'administration,

Que l'or & l'argent, qui sont tour-à-tour marchandises & signes représentatifs de tout ce qui peut être échangé, ne peuvent provenir que des mines, pour ceux qui en ont ; que du commerce pour ceux qui n'ont point de mines.

Que l'or & l'argent, ainsi que les pierreries, peuvent être considérés comme matières premières, ou comme ouvrages fabriqués ; comme matières, lorsque, par rapport aux pierreries, elles sont encore brutes ; & qu'à l'égard des métaux, ils sont encore en lingots, en barres, &c. comme ouvrages, lorsque les pierres précieuses sont mises en œuvre ; & qu'à l'égard des métaux, ils sont employés en monnoie, en vaisselle, en bijoux, en étoffes, &c.

Que les marchandises & les meubles peuvent être l'objet d'une circulation intérieure, ou d'un commerce avec l'étranger ; & qu'à cet égard, & sur-tout dans le dernier cas, il est important d'examiner, si la matière première & la main-d'œuvre à la fois, ou l'une des deux seulement, proviennent de la nation.

Les *finances* considérées, comme on vient de le voir, dans les richesses & les possessions réelles & sensibles, frappent tout le monde, &, par cette raison, obtiennent sans peine le degré d'attention qu'elles méritent. En voici d'une espèce si métaphysique, que plusieurs seroient tentés de ne pas les regarder comme richesses, si des titres palpables ne les rendoit réelles, pour ceux qui conçoivent le moins les effets que ces titres produisent, dans le commerce & dans la circulation.

Les richesses d'opinion, qui multiplient si prodigieusement les réelles, sont fondées sur le crédit; c'est-à-dire, sur l'idée que l'on s'est formée de l'exactitude & de la solvabilité.

Mais ce crédit peut être celui de la nation, qui se manifeste dans les banques & dans la circulation des effets publics, accrédité par une bonne administration; ou celui des particuliers, considérés séparément ou comme réunis.

Séparément, ils peuvent devenir, par leur bonne conduite & leurs grandes vues, les banquiers de l'Etat, & du monde entier. On fera sans peine, à Paris, l'application de cet article.

Considérés ensemble, ils peuvent être réunis en corps, comme le clergé, les pays d'Etats, &c. En compagnies de commerce, comme la compagnie des Indes, les chambres d'assurance, &c. D'affaires, telles que les fermes générales, les recettes générales, les munitionnaires généraux, &c. dont le crédit personnel augmente le crédit général de la nation.

Mais les avantages des richesses naturelles ou acquises, réelles ou d'opinion, ne se bornent pas au moment présent; ils s'étendent jusques dans l'avenir, en préparant les ressources qui forment le troisième aspect, sous lequel les *finances* doivent être envisagées.

Trois sortes de ressources se présentent naturellement, pour satisfaire auxbesoins que les revenus ordinaires ne remplissent pas: l'aliénation, l'emprunt, l'imposition. Les deux premieres sont en la disposition des sujets comme du souverain; tout le monde peut aliéner ce qu'il a, emprunter ce qui lui manque: le souverain seul peut imposer sur ce que les autres ont. Parcourons ces trois sortes de ressources, avec la même rapidité que les autres objets.

Les aliénations se font à perpétuité, de ce qui peut être aliéné sans retour, de ce qui peut être inaliénable de sa nature.

On aliene les fonds ou les revenus; les fonds, de deux manières à l'égard du souverain, en engageant ceux qui ne sont point encore sortis de ses mains, en mettant en revente ceux qui n'avoient été vendus qu'à faculté de rachat; les revenus provenant des établissemens de nouveaux droits, ou de la perception des droits anciennement établis.

Quant aux emprunts, qui supposent toujours la certitude, ou tout au moins le desir d'une prochaine libération, ils peuvent se faire directement ou indirectement.

Directs, ils consistent dans les créations de rentes, qui peuvent être perpétuelles ou viagères, qui sont à leur tour viagères proprement dites, ou tontines, assignées les unes & les autres sur les fonds ou sur les revenus.

Indirects, ils sont déguisés sous diverses formes, sous différentes dénominations; & tels sont, l'usage du crédit public ou particulier, les loteries plus ou moins compliquées, les créations d'offices avec attribution de gages, ou les nouvelles finances qu'on exige des offices déja créés, avec augmentation de gages proportionnés.

Mais de trois objets de ressources qui sont entre les mains du gouvernement, l'imposition est, sans contredit, celle que l'on emploie toujours le plus à regret. Les impositions peuvent être comme les emprunts, directes ou indirectes. On peut établir de nouveaux impôts; on peut augmenter les impositions anciennement établies; mais dans tous les cas, dans tous les tems, chez toutes les nations, les impositions ne pourront jamais porter que sur les choses, sur les hommes & sur les actions, qui comprendront toutes les conventions, toutes les especes de mutations & toutes les sortes d'actes émanés d'une jurisdiction libre ou forcée.

Il en est, au surplus, des ressources comme du crédit, un usage raisonnable les multiplie; mais l'abus que l'on en fait les détruit. Il ne faut ni les méconnoître, ni s'en prévaloir; il faut les rechercher comme si l'on ne pouvoit s'en passer, & les économiser avec le même soin, que s'il étoit désormais impossible de se les procurer. C'est à cette sage économie que conduisent les vrais principes de l'administration: quatrième manière d'envisager les *finances*, & que l'on a placée la dernière, parce qu'elle embrasse toutes les autres parties, & qu'elle les suppose & les gouverne toutes.

L'administration peut être publique & générale, ou personnelle & particulière.

L'administration générale se subdivise en politique & économique; la politique embrasse l'universalité des hommes & des choses.

Des hommes, pour les apprécier ce qu'ils valent, relativement à leur mérite personnel, à leur condition, à leur profession, & pour tirer parti, pour le bien commun, de leurs talens, de leurs vertus, de leurs défauts même.

Des choses, afin de les bien connoître chacune en particulier; & toutes ensemble, pour juger des rapports qui se trouvent entr'elles, & les rendre toutes utiles à l'universalité.

L'adminiſtration générale économique a pour objet,

Par rapport aux principes des *finances*, d'en conſerver les ſources, de les rendre, s'il ſe peut, plus abondantes, & d'y puiſer, ſans les tarir ni les deſſécher.

Par rapport aux richeſſes, de conſerver & d'améliorer les fonds, de maintenir les droits, de percevoir les revenus; de faire en ſorte que, dans la recette, rien ne ſe perde de ce qui doit entrer dans le tréſor du ſouverain; que dans la dépenſe, chaque choſe ſuive la deſtination qui lui eſt affectée; que le tout, s'il eſt poſſible, n'excède pas le revenu, & que la comptabilité ſoit en règle & bien conſtatée.

Cette même adminiſtration politique & générale a pour objet, par rapport aux reſſources, de bien connoître celles dont on veut faire uſage, relativement aux facultés de l'Etat, au caractère de la nation, à la nature du gouvernement; de ſavoir, juſqu'à quel point, on peut compter ſur chacune en particulier, ſur toutes enſemble, & ſur tout de les appliquer aux objets les plus intéreſſans.

Conſidérée comme perſonnelle & particulière, l'adminiſtration eſt peut-être d'autant plus importante, qu'il arrive ſouvent que plus on ſe trouve, par ſa place, éloigné des grands objets, plus on s'écarte des grandes vues, & plus auſſi les fautes ſont dangereuſes, relativement au gouvernement: mais il ſeroit plus qu'inutile de prévenir ici ſur cette ſorte d'adminiſtration.

On voit par tout ce que l'on vient de lire ſur les *finances*, que la diſtribution la plus ſimple & la plus naturelle, que la progreſſion des idées les plus communes & les plus générales, conduiſent à la véritable définition d'un mot ſi intéreſſant pour la ſociété. Que dans cet article, toutes les parties rentrent reſpectivement les unes dans les autres; qu'il n'en eſt point d'indépendantes; que leur réunion, ſeule peut opérer, conſolider & perpétuer la ſûreté de l'État, le bonheur des peuples, & la gloire du ſouverain: & c'eſt à quoi l'on doit arriver en partant du mot *finances*, comme on doit, en rétrogradant, remonter à ce mot, ſans que, ni dans l'une, ni dans l'autre de ces opérations, rien ne puiſſe interrompre la chaîne des idées & l'ordre du raiſonnement. **

Après avoir donné une définition des *finances*, & les avoir conſidérées ſpéculativement dans leur principe & dans leur fin, dans leurs ſources & dans leurs rapports avec toutes les claſſes de la ſociété, dans les moyens d'en uſer & de favoriſer leur accroiſſement, il convient de faire connoître les *finances* par leur nature; c'eſt-à-dire, par le détail des parties qui les compoſent, par les diviſions qu'elles reçoivent, par l'influence qu'elles ont ſur la condition des peuples, enfin par les reſſorts employés pour leur adminiſtration. Nous croyons avoir ſatiſfait aux trois premiers objets dans l'Avertiſſement & dans le Diſcours préliminaire qui ſont à la tête du premier volume de cet ouvrage.

Quant au dernier objet, il ſe trouvera rempli par l'explication de chaque mot conſacré à la ſcience des *finances*; & c'eſt cette explication étendue aux idées qu'emporte chaque terme, aux opérations qu'il déſigne, aux détails qui en forment le développement, aux effets qui en ſont le réſultat, qui conſtitue ſpécialement le *Dictionnaire des Finances*.

Cet article paroîtroit, ſans doute, incomplet, s'il n'y étoit pas queſtion de divers projets de *finance*, pour opérer la libération de l'État & le ſoulagement des peuples.

On a déja vu au mot AIDES, un plan particulier propoſé par M. de Boulainvilliers, pour parvenir à la ſuppreſſion des droits de ce genre, qui ſont les plus onéreux par leurs frais de régie, & par leurs effets ſur la culture.

Au mot CAPITATION, on a rapporté un plan plus général, donné ſous le nom de *Richeſſe de l'Etat*, & ſuppoſé produire près de ſept cens millions.

C'eſt ici le lieu de donner une idée de quelques autres ſyſtêmes généraux de *finance*, en laiſſant à juger ſi leur nature & leur forme les rendent ſuſceptibles d'exécution.

Le premier, attribué à M. le marquis de Rouillé, a paru en 1771, ſous le titre de *l'Ami des François*, *in*-8°. Il ne ſe borne pas cependant à préſenter un nouveau plan de *finance*, il donne un projet de gouvernement qui embraſſe tout, la juſtice, la police & la *finance*. Ce dernier article eſt le ſeul ſur lequel nous nous arrêterons.

L'auteur, après avoir propoſé le renverſement de toutes les loix établies pour l'adminiſtration générale du royaume, en propoſe de nouvelles. Il trouve dans la ſuppreſſion des moines & des couvens, dans la réunion de leurs biens au domaine de la couronne, dans leur aliénation à prix d'argent, ou de redevances en grains, les moyens d'acquitter les dettes de l'Etat, & de rembourſer les charges de toute eſpece. Il conſeille enſuite, comme une choſe indiſpenſable, la diviſion du royaume en vingt parties égales, qui formeroient vingt intendances, avec un ſyndic dans chaque paroiſſe, ſubordonné à un commiſſaire de police d'un certain diſtrict; celui-ci répondant à un ſubdélégué, & ce dernier à l'intendant. Il demande qu'il y ſoit diſtribué un aſſez grand nombre d'ingénieurs, pour en lever la carte détaillée en moins de dix ans.

A la place des impositions actuelles, & des droits en tout genre, il n'en veut que quatre; savoir:

1°. Une imposition sur toutes les productions de la terre, & sur toutes les possessions quelconque de chaque habitant, sans distinction.

2°. Une taxe sur l'industrie.

3°. Une capitation.

4°. Le contrôle des actes, ou droit d'insinuation sur les mutations d'héritages & de fonds.

L'imposition territoriale seroit d'autant de sols pour livre de la valeur d'un seul septier de grain ou muid de liqueur produit par un arpent; cette valeur seroit le prix moyen fixé annuellement pour chaque denrée. Ainsi, un arpent qui produiroit cinq septiers de bled à vingt-quatre livres, paieroit cinq sols pour livre, ou le quart de cette valeur, qui est six livres.

L'arpent estimé produire sept septiers de bled à vingt-quatre livres, paieroit sept sols pour livre, ou huit livres huit sols.

De même, un arpent de vignes, estimé produire cinq muids de vin, paieroit autant de cinq sols; dix muids de vin, autant de dix sols que le vin seroit évalué de livres; de façon que pour un vin prisé cinquante livres le muid, on paieroit douze livres dix sols par arpent; pour l'arpent produisant dix muids, vingt-cinq livres.

Si le muid de vin étoit évalué douze cens livres, l'arpent taxé à cinq sols paieroit trois cens livres; l'arpent taxé à dix sols, six cens livres; ainsi de tous les vignobles & de toutes les productions de la terre.

Les honoraires du syndic de chaque paroisse, du commissaire, du subdélégué, &c. étant fixés en septiers de bled, leur capitation seroit de même réglée, à raison de tant de septiers de bled, & le prix du bled seroit arrêté chaque année, & affiché au banc de l'œuvre de chaque paroisse.

Un habitant de la ville, occupant une maison de cent livres de loyer, paieroit la valeur d'un septier de bled; & ainsi de suite, autant de septiers que de cent livres de loyer.

Le septier de bled est ensuite divisé en mine & en livres, pour servir à la capitation des pauvres & des cultivateurs dans les campagnes; elle y seroit fixée à raison d'une mine de bled par cent livres de loyer, ou du produit d'un maison; & les chevaux, les bestiaux, les moulins, les forges, toute espece de propriété y est taxée à raison de quelques livres, de quelques mines ou septiers de bled.

Par ce projet, dans lequel on comprend les biens des couvens supprimés, & de tous les gens de main-morte, dont l'Etat percevra les droits & les revenus, on espère une recette de deux milliards trois cens vingt millions cinq cens trente-six mille livres.

On porte en dépense pour le paiement de tous les officiers de l'Etat, en justice qui sera gratuite, en police & en finance, à un milliard quarante-trois millions huit cens huit mille livres.

Ainsi on trouve de bon, un milliard deux cens soixante-seize millions sept cens vingt-huit mille livres.

Le second projet de *finance* dont nous avons à parler, a paru dans une brochure publiée en 1775 sous le titre suivant: *La Finance politique, réduite en principe & en pratique*, par M. Grouber de Groubentall.

Cet écrivain réfute d'abord un autre projet, donné sous le nom de *Plan d'imposition économique & d'administration des finances*, & il en montre tous les défauts.

Ensuite il passe au développement de son propre systême, dont l'exécution exige, pour préliminaire, l'anéantissement de tous les impôts existans.

Celui qu'il propose est unique, & en tient lieu. Il lui donne le nom de *Taille générale d'abonnement*. Il consiste à faire donner, par les contribuables, une soumission libre & volontaire de payer annuellement, & sans frais, au roi, une somme quelconque, proportionnée aux facultés respectives du soumissionnaire.

L'imposition devant porter sur les propriétés foncières, sur le commerce & l'industrie, les paroisses s'assembleront pour fournir leur abonnement; & là, chaque chef de famille signera le rôle général, qui comprendra le dénombrement des habitans; il se soumettra en particulier de payer telle somme, & s'engagera en communauté de fournir le montant des sommes qui y sont employées. Le taux de la contribution individuelle, à raison des propriétés, sera fixé au dixième ou au cinquième des produits; & notre auteur, persuadé que toutes les propriétés d'une paroisse, & leur valeur réelle, sont connues, suppose que personne ne pourra s'imposer au-dessous de ce qu'il devra, ni au-dessus de ce qu'il pourra, parce que l'intérêt de chaque taillable sera attentif, à ce que la répartition soit de la plus parfaite égalité.

Pour imposer le commerce & l'industrie, on chargera les chambres de commerce, les corps ou communautés d'arts & métiers, de fournir une soumission pour chaque corps, sur le pied du dixième des bénéfices de leur commerce, sauf à faire ensuite, entre les membres, la répartition proportionnelle, lorsque l'impôt sera fixé, de la même manière que se fait aujourd'hui la répartition de la capitation, sur chaque corporation ou communauté.

Pour donner un apperçu du produit de la *Taille générale d'abonnement*, notre auteur met à Paris cinquante-quatre mille maisons, rapportant l'une dans l'autre, trois mille livres ; ainsi il en résulte un produit de...... 162,000,000 l.

Il suppose encore douze cens mille maisons, composant trente mille bourgs ou villages ; il les évalue, l'une portant l'autre, à cinquante livres de loyer, ce qui fait un objet de	60,000,000
Cinq cens quarante mille maisons dans toutes les villes réunies, & estimées contenir dix fois autant de maisons que Paris ; elles sont estimées à mille livres de loyer, il en résulte...	540,000,000
Total.............	762,000,000
Il place également dans tout le royaume un million de négocians ou artisans, faisant un bénéfice annuel de trois mille livres, qui donne trois milliards	3,000,000,000
Enfin, il évalue le rapport des propriétés foncières à	1,524,000,000
Voilà donc........	5,286,000,000

dont le dixième est de cinq cens vingt-huit millions six cens mille livres.

La perception s'en feroit en quatre termes par les syndics des communautés, les maires des villes, qui verseroient leurs fonds entre les mains d'un trésorier établi en chaque généralité, & celui-ci au trésor royal ; sauf ce qu'il auroit payé dans sa province, d'après les assignations données sur sa caisse.

L'auteur ne parle point de la dépense ; mais il promet d'indiquer, dans la seconde partie de son ouvrage, les moyens d'acquitter la dette nationale, en quatre ou cinq années, & en argent. C'est, à ce qu'il assure, une opération de *finance* absolument neuve, avantageuse à l'Etat, très-avantageuse au public, & de la plus grande simplicité dans son exécution. Cette seconde partie n'a point encore paru.

Le troisième systême général de *finance*, est l'ouvrage d'un homme, très-versé dans la connoissance de toutes les parties qu'elle embrasse, & en même tems très-zélé pour tout ce qui peut opérer la félicité publique ; c'est le même dont nous avons présenté au mot CORVÉE, le plan d'imposition à établir pour supprimer ce reste de servitude féodale, & toutes les douanes intérieures.

Après avoir posé pour premier principe d'administration, la nécessité de maintenir, en tout tems, l'équilibre entre la recette & la dépense, & d'écarter tout ce qui peut y donner atteinte, notre auteur expose que c'est à l'oubli de ce principe qu'on doit attribuer l'accroissement de la dette nationale, & la multiplicité des impôts successivement établis depuis nombre d'années. Laissons-le parler. Les détails nécessaires pour le développement & l'intelligence de son plan, ne permettent pas d'en donner une analyse.

On ne peut se dissimuler qu'un systême de *finances* aussi nuisible, ne peut subsister sans les conséquences les plus fâcheuses ; car lorsque les impôts auront atteint le dernier degré, lorsque les moyens d'amélioration auront été épuisés, la dette nationale ne pourra augmenter sans entraîner la ruine de l'Etat.

Il est donc tems ; je vais plus loin, il est indispensable, de mettre un terme aux procédés suivis jusqu'à présent ; le bonheur de la nation exige un principe d'administration de *finances* qui n'a jamais existé ; la sûreté du créancier de l'état le demande impérieusement. Il est essentiel d'établir un rapport constant entre la recette & la dépense, & sur des bases immuables, sans qu'il puisse jamais être altéré par les besoins extraordinaires & momentanés que produisent les tems de guerre.

Il n'est pas moins indispensable, puisque la situation actuelle des *finances* ne permet pas la réduction des impôts, de présenter à la nation la perspective d'un avenir plus heureux ; on ne peut l'espérer, que par la certitude complette d'une extinction graduelle de la dette nationale : & cette extinction, on ose le dire, est tellement combinée dans mon projet, que le tems critique de la guerre ne pourra y porter atteinte ; que dans un terme assez court, elle présente dans la balance de la recette & de la dépense, un résultat assez favorable pour amener la facilité de supprimer pour jamais les impôts les plus onéreux.

Mais ce bienfait n'étant que pour la race future, je dois éviter le reproche de ne rien faire pour la génération actuelle. En effet, si je suis convaincu de l'impossibilité d'une réduction actuelle sur la recette présente, je suis en même tems persuadé de la facilité d'une réforme, sur le mode de la perception de presque tous les droits qui composent la recette. *Voyez* les mots CORVÉE, GABELLE, TABAC, TRAITE. Tout ce qui est proposé sur ces parties est une suite du systême général de l'auteur, sur l'exécution duquel il fonde les quinze millions d'amélioration, dont il va bientôt être question.

Cette réforme, *pourſuit notre auteur*, je ne crains pas de l'avancer, ſeroit plus ſalutaire, plus utile à tous les ordres de citoyens, que la réduction momentanée des impôts ; ainſi le ſouverain joindroit au bienfait d'une perſpective fortunée, le bienfait préſent, d'une perception moins diſpendieuſe, qui, faiſant refluer ſur la nation, l'économie des frais, dégageroit auſſi l'impôt, de l'odieux qui l'accompagne, & deviendroit plus favorable à l'agriculture, au commerce & à l'induſtrie.

Il jette enſuite un coup d'œil ſur la ſituation de l'Etat au 10 avril 1783 ; & comme il ſeroit aiſé de tirer parti du plan qu'il propoſe dans tous les tems & dans toutes les circonſtances, c'eſt ce qui nous a déterminé à le conſigner dans cet ouvrage.

Il s'enſuit que la ſomme de revenus annuels étoit alors, y compris le troiſième vingtième, dont la perception doit durer juſqu'au 31 décembre 1787, & les deux ſols pour livre impoſés pour dix années par l'édit du mois d'août 1781, de quatre cens ſoixante-treize millions.

Que la dépenſe s'élève à quatre cens ſoixante-quatorze millions ; ſavoir, pour les divers départemens y compris, ſix millions pour les dépenſes imprévues, deux cens ſeize millions.

Pour les dépenſes relatives à la dette nationale, deux cens cinquante-huit millions ; de ſorte qu'il ſe trouve un déficit d'un million entre la recette & la dépenſe.

Voici ſes calculs.

APPERÇU de la ſituation des finances au premier avril 1783.

Impoſitions perçues par les receveurs généraux des finances.		148,590,000 l.
Droits de conſommation compris dans la régie de la ferme générale	126,000,000 l.	212,000,000
Produit de la régie générale.	42,000,000	
Produit de l'adminiſtration des domaines.	42,000,000	
Bénéfices ſur ces trois régies en ſus des fixations ; ils peuvent être arbitrés, & ſeront au moins de	2,000,000	
Produit du droit du domaine d'occident en tems de paix.		4,000,000
Produit de la régie des poſtes.		9,620,000
Produit du droit d'indult ſur les retours de l'Inde.		700,000
Idem, des meſſageries miſes en ferme au premier octobre dernier, pour le terme de neuf années, au prix de		1,100,000
Les impoſitions de Paris, d'après les ſoumiſſions des receveurs deſdites impoſitions.		5,745,000
Le produit de la régie des poudres.		800,000
Le produit du dixième d'amortiſſement de l'ancien dixième.		1,200,000
Le produit des revenus caſuels, au moyen du rachat des huit années d'avance,		4,000,000
Les droits perçus ſur les communautés dans tout le royaume.		1,500,000
Les revenus des pays d'Etats, déduction faite de divers paiemens qu'ils font à la décharge du tréſor royal, & des fonds deſtinés aux intérêts & rembourſement des capitaux empruntés par les provinces, pour le compte du roi.		8,553,000
Sommes retenues par les pays d'Etats, pour être employées au rembourſement des capitaux empruntés à terme fixe, & aux intérêts de ces capitaux.		9,889,000
		407,697,000

Montant de l'autre part.	407,697,000 l.
Le don gratuit du clergé, à raison de seize millions tous les cinq ans.	3,200,000
Le produit de la ferme de Sceaux & de Poissy.	350,000
Augmentations sur divers abonnemens.	990,000
Le produit de la loterie de France, & autres y réunies.	10,000,000
Contribution de la ville de Paris, dans les dépenses des carrières, de la garde & de la police, capitation de l'ordre de Malthe, & diverses petites recettes. . .	284,000
Produit du droit du marc d'or.	1,300,000
Produit des impôts établis par l'édit du mois d'août 1781, dont la perception doit durer jusqu'au premier janvier 1791 ; ledit produit évalué, déduction faite de l'augmentation sur le droit des huiles & savons, abolie depuis quelques mois.	24,179,000
Produit du troisième vingtième, estimé.	25,000,000
Total des revenus de l'Etat au premier avril 1783.	473,000,000

APPERÇU des dépenses annuelles au premier avril 1783 ; divisé en deux parties ; savoir :

1°. Dépenses relatives aux divers départemens.
2°. Dépenses relatives à la dette nationale.

DÉPENSES DES DÉPARTEMENS.

Extraordinaire de guerres.		65,200,000 l.
Maison militaire du roi, ou ordinaire des guerres.		7,681,000
Artillerie & génie.		9,200,000
Maréchaussée.		3,575,000
Marine. Les fonds de ce département, avant la guerre, n'étoient que de vingt-neuf millions deux cens mille livres, ils devront être plus considérables à la paix, afin d'entretenir la marine dans un état respectable.		32,000,000
Les affaires étrangères, & ligues Suisses.		8,525,000
La maison domestique du roi, de la reine, de monsieur le dauphin, de madame, fille du roi, de madame Elizabeth, de mesdames, tantes du roi, compris les bâtimens, les gages des charges, les appointemens, & les divers traitemens des personnes attachées à la cour.		27,000,000
Maisons de monsieur & madame, de monsieur le comte & madame la comtesse d'Artois.		8,040,000
Pensions de divers départemens, dont le paiement est réuni au trésor royal.	27,000,000	28,000,000
Décomptes des pensions arriérées, qui sont payés aux héritiers des pensionnaires, évalués.	1,000,000	
Ponts & chaussées.		5,000,000
Fonds pour la destruction de la mendicité.		900,000
		195,121,000

Gages

Ci-contre.	195,121,000 l.
Gages des offices du point-d'honneur.	275,000
Appointemens compris dans l'état des gages du conseil.	1,379,000
Autres traitemens par ordonnances particulières.	664,000
Partie des gages des offices de Bretagne en sus des fonds versés par la province entre les mains du receveur général.	177,000
Idem, pour ceux de Toulouse.	122,000
Idem, pour ceux de Montpellier.	240,000
Idem, pour ceux de Bourgogne.	92,000
Idem, pour ceux de Provence.	326,000
Idem, pour ceux de Navarre & de Béarn.	36,000
Supplément annuel pour les dépenses civiles de Corse.	250,000
Académie, académiciens, & autres gens de lettres.	269,000
Bibliothèque du roi.	89,000
Imprimerie royale, année commune.	100,000
Jardin royal des plantes, & cabinet d'histoire naturelle.	72,000
Dépenses de la police, illumination de Paris, pompiers, enlevement de boues.	1,400,000
Guet & garde de Paris.	660,000
Maréchaussées de l'Isle-de-France.	195,000
Gages, intérêts des finances, taxations & épices de la chambre des comptes, & frais généralement quelconques, tant à Paris qu'en province, de tous les comptables & des commissaires au bureau général de la maison du roi. Cet article sera plus considérable que dans le *Compte rendu en 1781*, d'après le rétablissement de plusieurs comptables.	3,500,000
Prisonniers d'Etat.	82,000
Secours aux jésuites, à des hôpitaux, à des maisons religieuses, &c.	800,000
Secours aux familles Acadiennes.	113,000
Indemnités, & dépenses diverses ordinaires.	1,412,000
Ecoles vétérinaires.	59,000
Mines & agriculture.	26,000
Dépenses de la principauté de Dombes.	74,000
Appointemens & gages des gouverneurs & lieutenans-de-roi, & autres, compris dans les états des garnisons ordinaires.	1,527,000
Remises accordées aux pays d'Etats à différens titres, évaluées.	800,000
Supplément nécessaire pour les dépenses imprévues des divers départemens : ce supplément peut être arbitré à	6,080,000
TOTAL de la dépense annuelle relative aux différens départemens, y compris les augmentations qui pourroient être nécessaires, & le chapitre des dépenses imprévues.	215,940,000 l.

DÉPENSES RELATIVES A LA DETTE NATIONALE.

Charges assignées sur les recettes générales.	29,050,000 l.
Idem, sur la ferme générale.	77,573,000
Idem, sur la régie générale.	33,097,000
Idem, sur la ferme des postes.	2,108,000
Idem, sur les parties casuelles.	1,542,000
Idem, sur la régie des domaines.	3,900,000
	147,270,000 l.

CHARGES PAYÉES PAR LE TRÉSOR ROYAL.

SAVOIR;

Rentes sur la caisse des arrérages.	20,820,000 l.	
Intérêts & remboursemens d'actions de la compagnie des Indes.	5,300,000	
Remboursement annuel des anciennes rescriptions.	3,000,000	
Intérêts de la partie des mêmes rescriptions non remboursées.	2,000,000	
Intérêts & frais des anticipations, dont l'objet est de cent quarante millions.	8,400,000	
Intérêts de deux emprunts faits à Gênes en 1779, montant ensemble à sept millions quatre cens mille livres.	370,000	
Intérêts & remboursement des emprunts de l'ordre du saint-Esprit, & autres charges assignées sur la caisse du marc-d'or.	1,770,000	
Intérêts annuels pour soulte d'engagemens de domaines, pour dettes à divers fournisseurs, & pour d'autres arrangemens.	1,272,000	
Fonds annuel jusqu'en 1784, pour le paiement des lettres-de-change des isles de France & de Bourbon.	1,000,000	
Fonds annuel jusqu'en 1784, pour paiement du duché de Mercœur.	553,000	
Intérêts d'un emprunt de la Ville en 1777.	600,000	
Intérêts de l'emprunt viager de 1778.	5,000,000	
Idem, de l'emprunt viager de 1779.	6,000,000	
Idem, de l'emprunt viager de 1781.	6,000,000	
Idem, d'un autre emprunt viager de 1781.	3,000,000	
Idem, d'un autre emprunt viager de 1782.	7,000,000	
Intérêts divers à payer à divers propriétaires d'offices supprimés.	2,367,000	
	74,452,000 l.	147,270,000 l.

De l'autre part.			147,270,000 l.
Idem, en ligne.		74,452,000	
Fonds annuel jusqu'en 1787, pour le remboursement des offices des papiers & cartons.		68,000	
Intérêts de ce qui reste dû sur les soixante-un millions empruntés à terme fixe par voie des loteries en 1776 & 1777, & remboursement des capitaux.		6,000,000	
Intérêts de cent dix millions empruntés en 1778, 1779, 1780 & 1781, des différens pays d'États, & remboursement des capitaux, ainsi que des emprunts antérieurs, évalués comme dans la recette, à l'article des sommes retenues par les pays d'Etats.		9,889,000	110,730,000 l.
Fonds à faire en exécution des engagemens contractés par l'édit du mois de décemb. 1782. . .	20,000,000		
Sur quoi déduire l'intérêt des cent millions, qui seront pris à raison du denier vingt-cinq du produit.	4,000.000		
Reste.	16,000,000	16,000,000	
Fonds à faire en exécution de l'arrêt du conseil du 5 avril 1783, pour le remboursement des vingt-quatre millions empruntés en loterie.		4,321,000	
TOTAL			258,000,000 l.

Nota. Les emprunts en rentes viagères peuvent excéder, à raison des extensions données à quelques-uns des emprunts, la quotité des sommes portées dans ce chapitre des dépenses annuelles ; mais la compensation de ces extensions est balancée par les extinctions arrivées, depuis la création desdites rentes viagères, lesquelles sont portées dans la dépense au taux des créations.

Dépenses des divers départemens, y compris les dépenses imprévues. . . .	215,940,000
TOTAL de la dépense annuelle.	473,940,000

RÉSULTAT.

La recette annuelle est de	473,000,000
La dépense annuelle est de	473,940,000
DÉFICIT.	940,000 l.

On peut même observer que, comme les bénéfices des trois compagnies de *finance* n'ont été évalués qu'à deux millions, & qu'il paroît certain (à la fin de 1784) qu'ils excéderont trois millions, la dépense se trouve parfaitement égale à la recette, même avec les six millions mis en réserve par le dernier article du premier chapitre, pour les dépenses imprévues de tous les départemens. . . . .

Cette situation des *finances* prouveroit incontestablement la facilité d'établir la balance entre la recette & la dépense annuelles, si d'un côté les diminutions dans la recette, suite inévitable de la suppression du troisième vingtième à l'époque de 1787, & des deux sols pour livre en 1791, étoient compensées, tant par l'extinction graduelle des rentes viagères, que par la diminution des fonds destinés à des remboursemens; & si, d'un autre côté, les paiemens arriérés de la marine & des autres départemens, n'exigeoient une dépense extraordinaire, à laquelle il est impossible de subvenir, sans le secours d'un nouvel emprunt.

On peut voir, 1°. Que les charges de la dépense annuelle ne seront diminuées que de dix millions au premier janvier 1787, & que la suppression du troisième vingtième à cette époque, devant opérer sur la recette une réduction de vingt-cinq millions, il subsistera nécessairement un déficit de quinze à seize millions dans la balance de l'une à l'autre.

2°. Que ce déficit en 1791, par la cessation des deux sols pour livre de 1781, s'élevera à près de vingt-cinq millions, tandis que les charges de la dépense annuelle n'auront diminué que de vingt-trois millions. . . . .

3°. Que la masse des objets arriérés, auxquels il est indispensable de pourvoir, exigera un emprunt de cent cinquante à cent quatrevingt millions, qui ne pourra prudemment avoir lieu, qu'en rentes viagères, à neuf pour cent sur deux têtes.

D'après cet exposé, le produit de cet emprunt seroit versé dans une caisse d'amortissement créée pour trente ans; & il seroit question de satisfaire aux arrérages de cet emprunt, par un excédent de recette, qu'on trouveroit dans les améliorations de différentes branches de revenus.

En supposant la balance une fois établie, sans pouvoir être dérangée par aucune dépense quelconque, le grand point doit être de la maintenir. Il ne paroît pas possible d'y parvenir, sans la prorogation d'une partie des impôts dernièrement établis.

Ainsi, il seroit indispensable, en premier lieu, de proroger la moitié seulement du troisième vingtième pendant quatre années; c'est-à-dire, jusqu'au premier décembre 1790.

En second lieu, de continuer la perception des deux sols pour livre de 1781, jusqu'au dernier décembre 1794.

En troisième lieu, de ne supprimer que la moitié de cette dernière imposition, & de proroger la perception d'un sol pour livre jusqu'au dernier décembre 1797.

Ces arrangemens adoptés, il en résultera annuellement un excédent de recette, qui, versé dans la caisse d'amortissement, réduira année par année le montant de la dépense annuelle. . . . .

Les effets de cette opération seront tels, qu'au premier janvier 1798, les anticipations qui coûtent à l'État huit millions quatre cens mille livres par an, seront absorbées, & que dans les seize dernières années de l'existence de la caisse d'amortissement, la dette constituée sera diminuée de quarante-cinq millions.

Dans ce même espace de quatorze ans, les extinctions graduelles des rentes viagères & les remboursemens d'emprunts à terme fixe, auront opéré une réduction de quatrevingt-quatre millions sur la dépense annuelle; en sorte qu'au premier janvier 1814, époque de la cessation de la caisse d'amortissement, la dépense annuelle sera réduite à. . . . . 336,669,000 l.

La recette, par une amélioration de quinze millions, dont la facilité est aisée à démontrer, sera de. . . .	443,000,000
De façon qu'il se trouvera dans la balance de la recette & la dépense un excédent annuel de. . . .	106,000,000

Pour obtenir un résultat aussi satisfaisant, voici les principes d'administration qu'il faut suivre constamment.

1°. Réunir & concentrer au trésor royal la masse générale de la recette, sans en permettre aucune distraction, & laisser au trésor royal la distribution de toute la dépense annuelle aux différens trésoriers & comptables des départemens, sauf à faciliter ce service par des recettes & dépenses fictives, lorsque les comptables chargés de perceptions, auront à recevoir du trésor royal, pour l'acquit des paiemens affectés à leur caisse.

2°. Arrêter annuellement tous les objets de dépense pour l'année suivante, sur les demandes & mémoires des ministres des départemens; & ne jamais accorder de supplément sur les sommes ainsi fixées, sauf à le comprendre dans la dépense de l'année suivante; en conséquence, interdire toute espèce d'emprunts & d'anticipations de la part des départemens.

3°. Affecter annuellement l'excédent de la recette à l'extinction de la dette nationale, en le faisant verser exactement dans la caisse d'amortissement, de laquelle il a été parlé précédemment.

Le trésor royal versera dans cette caisse, chaque année, l'excédent de la recette à la dépense, à l'exception d'une somme de six millions, destinée pour les dépenses imprévues de tous les départemens. Cette caisse aura deux opérations bien distinctes & séparées ; l'une, de satisfaire aux paiemens arriérés, sans porter atteinte à l'ordre constant & immuable de la recette annuelle ; l'autre, d'atténuer la dette nationale produisant intérêt, & de diminuer ainsi la dépense annuelle du montant des arrérages attachés aux capitaux remboursés.

4°. Pour maintenir constamment & invariablement les opérations de cette caisse, même en tems de guerre, pendant la durée qu'on lui donne, arrêter dès-à-présent la nature & la forme de l'impôt qui seroit mis en tems de guerre ; proportionner la quotité de cet impôt aux secours extraordinaires que les circonstances exigeront ; la combiner de manière, que le poids réparti sur toutes les classes des contribuables, ne puisse former une charge onéreuse pour aucune ; prévenir toute inquiétude sur la durée de cet impôt au-delà du terme fixé ; ne point confondre son produit dans la masse des revenus annuels ; l'affecter spécialement au remboursement des emprunts destinés aux dépenses extraordinaires & momentanées que la guerre nécessitera.

Ces arrangemens sont les bases du nouveau systême, dont l'objet principal est d'offrir en tems de guerre, des ressources suffisantes pour les besoins, sans déranger l'ordre des dépenses annuelles. Pour rendre sensibles ces idées, elles ont besoin de développement ; on le trouvera bientôt dans le projet d'édit qui est destiné à établir ce systême, & qui terminera cet article.

Il est question de présenter les moyens d'exécution, & d'en examiner les conséquences.

On doit se rappeller d'abord que la situation des *finances*, suivant le tableau qu'on en a présenté ci-devant, laisse voir un déficit d'environ un million sur la balance de la recette & de la dépense, & qu'il est l'effet des six millions ajoutés à la dépense annuelle, pour les dépenses imprévues.

Ce déficit doit naturellement s'accroître de quinze millions, puisqu'on est convenu de la nécessité d'emprunter le capital de cette somme en rentes viagères à neuf pour cent sur deux têtes ; mais on a annoncé, & on assure encore, que les changemens dont le mode des perceptions actuelles est susceptible, en même tems qu'ils seront avantageux à la nation, procureront encore une amélioration au moins de quinze millions dans les revenus.

Dès-lors, l'excédent de la recette sur la dépense sera à-peu-près de cette somme, & servira à faire face à l'intérêt de l'emprunt viager, qu'on peut évaluer à cent soixante-dix millions.

On présume que cette somme suffira, pour mettre au courant, la dépense de tous les départemens, & éteindre toutes les anticipations que les différens ministres font par le crédit de leurs trésoriers.

Mais pour faire connoître plus clairement les opérations de la caisse d'amortissement pendant ses trente années d'existence, on joint ici le tableau & le résultat du nouveau plan graduel de la recette & de la dépense par chaque année. Il sera terminé par l'apperçu de la situation des *finances* au premier janvier 1814, terme de la durée de cette caisse.

On observera seulement, que les quinze millions empruntés à neuf pour cent, doivent être regardés comme les premiers fonds de cette caisse ; que ces fonds augmenteront, 1°. Par l'extinction des rentes viagères, qu'on estime être de quinze cens mille livres pendant vingt années, & de sept cens cinquante mille livres pendant les dix autres ; non compris les extinctions du nouvel emprunt proposé de cent soixante-dix millions, qui ont été calculées à raison d'un quarantième par année.

2°. Par la suppression du fonds annuel de huit millions quatre cens mille livres, passés pour frais & intérêts d'anticipations.

3°. Par les réductions de la dépense annuelle, en conséquence de l'affectation de l'excédent de recette, à l'amortissement de la dette constituée, réductions qui ne sont évaluées qu'à quatre & demi pour cent des capitaux remboursés.

4°. Enfin, de toutes les sommes employées dans la dépense annuelle pour le remboursement des emprunts à terme fixe, en principaux & intérêts, aux époques où ces emprunts, ou toutes autres dettes, n'exigeront plus le fonds destiné à leur remboursement.

Voici comment on peut concevoir les opérations de la caiſſe d'amortiſſement.

Année 1784.

Recette annuelle ſuivant l'état détaillé, ci-devant rapporté.		473,000,000	488,000,000 l.
Produit eſtimatif des améliorations projettées.		15,000,000	
Dépenſe annuelle des divers départemens ſuivant l'état détaillé.	209,860,000	216,000,000	474,000,000
Fonds réſervés pour les dépenſes imprévues.	6,140,000		
Dépenſe annuelle pour la dette nationale.		258,000,000	
Excédent de recette.			14,000,000
Extinction des rentes viagères pendant l'année, eſtimée.		1,500,000	3,203,000
Extinction du fonds d'un million, deſtiné au rembourſement des lettres-de-change des iſles de France & de Bourbon. . .		1,000,000	
Extinction du fonds deſtiné à l'entier paiement du duché de Mercœur.		553,000	
Intérêts d'anciennes reſcriptions rembourſées en 1783. .		150,000	
Total de l'excédent de recette.			17,203,000
A prélever pour ſupplément du fonds annuel de ſix millions, la ſomme de quatre millions trois cens ſoixante-ſix mille livres, deſtinés au rembourſement des ſoixante-un millions empruntés par voie de loterie en 1776 & 1777. . .			4,366,000
Reſte en excédent.			12,837,000
Bénéfice ſur le fonds de quatre millions trois cens vingt-un mille livres, deſtiné au rembourſement de l'emprunt de vingt-quatre millions, ouvert le 5 avril 1783, & qui n'exigera que trois millions ſept cens quatrevingt-huit mille liv. en 1784.			533,000
Excédent réel de l'année 1784.			13,370,000

Année 1785.

Recette annuelle comme en 1784.		488,000,000
Dépenſe annuelle, idem.		474,000,000
Excédent.		14,000,000
Réductions de l'année précédente ſur les dépenſes annuelles.	3,203,000	8,453,000
Extinction de rentes viagères en 1785.	1,500,000	
Diminution des charges aſſignées ſur la ferme générale, par le rembourſement définitif des billets des fermes. . . .	3,600,000	
Intérêts des reſcriptions rembourſées en 1784. . . .	150,000	
		22,453,000

Ci-contre.		22,453,000 l.
A diminuer pour ſupplément du fonds de ſix millions employés dans la dépenſe annuelle pour le rembourſement des ſoixante-un millions empruntés par voie de loterie en 1776 & 1777.		640,000
Reſte en excédent.		21,813,000
Bénéfice ſur le fonds de quatre millions, trois cens vingt-un mille livres, deſtiné au rembourſement de l'emprunt actuel, (d'avril 1783) qui ne ſera en 1785 que de quatre millions.		321,000
Excédent réel de l'année 1785.		22,134,000

Année 1786.

Recette annuelle comme en 1784.		488,000,000
Dépenſe annuelle, idem.		474,000,000
Excédent.		14,000,000
Réduction des années précédentes ſur la dépenſe annuelle.	8,453,000	10,103,000
Extinction des rentes viagères pendant l'année 1786. . . .	1,500,000	
Intérêts de trois millions d'anciennes reſcriptions, rembourſées en 1785.	500,000	
TOTAL.		24,103,000
A diminuer pour ſupplément du fonds de ſix millions, employé dans la dépenſe annuelle pour le rembourſement des ſoixante-un millions empruntés par voie de loterie en 1776 & 1777.		460,000
Reſte en excédent.		23,643,000
Bénéfice ſur le fonds de quatre millions, trois cens vingt-un mille livres, deſtiné au rembourſement de l'emprunt actuel, & qui ne ſera que de trois millions, huit cens quatrevingt-douze mille livres pour l'année 1786.		429,000
Excédent réel de l'année 1786.		24,072,000

Année 1787.

La recette annuelle ſera diminuée au premier janvier, par la ſuppreſſion de moitié du troiſième vingtième, de treize millions; elle ne ſera donc plus que de	475,000,000
Dépenſe annuelle comme en 1784.	474,000,000
Excédent.	1,000,000

Excédent en 1787.		1,000,000 l.
Réduction sur la dépense annuelle pendant les années précédentes.	10,103,000	
Extinction des rentes viagères.	1,500,000	
Intérêts de trois millions d'anciennes rescriptions remboursées en 1786.	150,000	11,821,000
Suppression du fonds compris dans la dépense annuelle, pour le remboursement des offices sur les papiers & cartons.	68,000	
Excédent.		12,821,000
A diminuer pour supplément du fonds de six millions employé annuellement pour rembourser les soixante-un millions, empruntés par voie de loterie en 1776 & 1777.		370,000
Reste d'excédent.		12,451,000
Bénéfice sur le fonds de quatre millions, trois cens vingt-un mille livres, destiné au remboursement de l'emprunt actuel, & qui ne sera que de trois millions, sept cens quatrevingt-quatre mille livres pour 1787.		537,000
Excédent réel de l'année 1787.		12,988,000

Année 1788.

Recette annuelle comme en 1787.		475,000,000
Dépense annuelle comme en 1784.		474,000,000
Excédent.		1,000,000
Réduction des années précédentes.	11,821,000	
Extinction des rentes viagères.	1,500,000	13,471,000
Intérêts des trois millions des anciennes rescriptions remboursées en 1787.	150,000	
Excédent.		14,471,000
A diminuer pour supplément du fonds de six millions employé dans la dépense annuelle pour le remboursement des soixante-un millions empruntés par voie de loterie.		300,000
Reste en excédent.		14,171,000
Bénéfice sur le fonds de quatre millions, trois cens vingt-un mille livres, destiné au remboursement de l'emprunt d'avril 1783, & qui ne sera en 1788, que de trois millions, soixante-seize mille livres.		645,000
Excédent réel de 1788.		14,816,000

Année 1789.

Recette annuelle comme en 1787.		475,000,000 l.
Dépense annuelle comme en 1784.		474,000,000
Excédent.		1,000,000
Réduction des années précédentes.	13,471,000	
Extinction des rentes viagères en 1789.	1,500,000	15,121,000
Intérêts des trois millions de rescriptions remboursées l'année précédente.	150,000	
Excédent.		16,121,000
A diminuer pour supplément du fonds de six millions, compris dans la dépense annuelle pour le remboursement des soixante-un millions empruntés en loterie.		320,000
Reste en excédent.		15,801,000
Bénéfice sur le fonds de quatre millions, trois cens vingt-un mille livres, destiné au remboursement de l'emprunt actuel, & qui ne sera en 1789 que de quatre millions, soixante-dix-huit mille livres.		247,000
Excédent réel de 1789.		16,048,000

Année 1790.

Recette annuelle comme en 1787.		475,000,000
Dépense annuelle comme en 1784.		474,000,000
Excédent.		1,000,000
Réduction des années précédentes.	15,121,000	
Extinction des rentes viagères.	1,500,000	
Intérêts de trois millions de rescriptions, remboursées l'année précédente.	150,000	22,771,000
Suppression du fonds de six millions, compris dans la dépense annuelle pour le remboursement des soixante-un millions empruntés par voie de loterie.	6,000,000	
Excédent.		23,771,000
A diminuer pour supplément du fonds annuel de quatre millions, trois cens vingt-un mille livres, destiné au remboursement de l'emprunt actuel, & qui sera dans l'année 1790, de quatre millions, six cens cinquante-quatre mille livres.		333,000
Excédent réel de l'année 1790.		23,438,000

Année 1791.

Recette annuelle comme en 1787.		475,000,000 l.
Suppreſſion de la ſeconde moitié du troiſième vingtiéme, prorogée en 1787 pour quatre ans.		12,000,000
Reſte en récette effective.		463,000,000
Dépenſe annuelle ſans les réductions.		474,000,000
Déficit.		11,000.000
Réductions des années précédentes.	22,771,000	24,421,000
Extinction des rentes viagères.	1,500,000	
Intérets des trois millions d'anciennes reſcriptions, remboursées en 1790.	150,000	
Excédent.		13,321,000
A déduire pour ſupplément au fonds annuel de quatre millions, trois cens vingt-un mille livres, deſtiné au rembourſement de l'emprunt d'avril 1783, & qui ſera en 1791 de cinq millions, quatre cens ſix mille livres.		1,085,000
Excédent réel de 1791.		12,336,000

Année 1792.

Recette & dépenſe, comme en 1791.

Extinction des rentes viagères dans l'année.	1,500,000	5,971,000
Suppreſſion du fonds annuel de quatre millions, trois cens vingt-un mille livres, deſtiné au rembourſement de l'emprunt d'avril 1783.	4,321,000	
Intérêts des trois millions d'anciennes reſcriptions rembourſés en 1791.	150,000	
Excédent de l'année 1792, joint à celui de l'année précédente.		18,307,000

Année 1793.

Extinction des rentes viagères.	1,500,000	1,650,000
Intérêts des trois millions de reſcriptions rembourſées en 1792.	150,000	
Excédent en 1793.		19,957,000

Année 1794.

Extinction de rentes viagères.	1,500,000	1,650,000
Intérêt des trois millions d'anciennes reſcriptions rembourſées en 1793.	150,000	
Excédent de 1794.		21,607,000

Excédent en 1792, 1793, & 1794. . . . . 21,607,000 l.

Année 1795.

Suppression d'un des deux sols pour livre établi en 1781. 10,000,000

Reste en excédent au premier janvier. 11,607,000

Remboursement définitif des anciennes rescriptions, produisant sur la dépense, une réduction de.	3,000,000	4,500,000
Extinction des rentes viagères.	1,500,000	

Excédent de l'année 1795. 16,107,000

Année 1796.

Extinction des rentes viagères. 1,500,000

Excédent de l'année 1796. 17,607,000

Année 1797.

Amortissement des emprunts à terme fixe, par les pays d'États, & pour lesquels les trésoriers retiennent annuellement. .	9,889,000	11,389,000
Réduction des rentes viagères.	1,500,000	

Excédent de l'année 1797. 28,996,000

Année 1798.

Suppression au premier janvier du second sol pour livre établi en 1781, & prorogé pour quatre années. 10,000,000

Excédent au premier janvier. 16,996,000

Extinction des rentes viagères.	1,500,000	17,500,000
Extinction du fonds de seize millions, employé dans la dépense annuelle, pour satisfaire aux engagemens contractés par l'édit de décembre 1782.	16,000,000	

Excédent de l'année 1798. 35,496,000

Année 1799.

Extinction de rentes viagères. 1,500,000

Excédent de l'année 1799. 36,996,000

Année 1800.

Extinction des rentes viagères. 1,500,000

Excédent de 1800. 38,496,000

Excédent de 1800, & des années précédentes. . . . 38,496,000 l.

Année 1801.

Extinction des rentes viagères. 1,500,000

Excédent de 1801. 39,996,000

Année 1802.

Extinction des rentes viagères. 1,500,000

Excédent de 1802. 41,496,000

Année 1803.

Extinction des rentes viagères. 1,500,000

Excédent de 1803. 42,996,000

Année 1804.

Extinction des rentes viagères. 750,000

Excédent de 1804. 43,746,000

Année 1805.

Extinction des rentes viagères. 750,000

Excédent de 1805. 44,496,000

Année 1806.

Extinction des rentes viagères. 750,000

Excédent en 1806. 45,246,000

Année 1807.

Extinction des rentes viagères. 750,000

Excédent en 1807. 45,996,000

Année 1808.

Extinction des rentes viagères. 750,000

Excédent en 1808. 46,756,000

Année 1809.

Extinction des rentes viagères. 750,000

Excédent en 1809. 47,496,000

Excédent en 1809.	47,496,000 l.

Année 1810.

Extinction des rentes viagères.	750,000
Excédent en 1810.	48,246,000

Année 1811.

Extinction des rentes viagères.	750,000
Excédent en 1811.	48,996,000

Année 1812.

Extinction des rentes viagères pendant cette année.	750,000
Excédent en 1812.	49,746,000

Année 1813.

Extinction des rentes viagères.	750,000
Excédent à la fin de l'année 1813.	50,496,000

Résumé des opérations de finances, avec l'apperçu de leur situation, au premier janvier 1814, époque à laquelle cessera la caisse d'amortissement.

RECETTE;

Elle est au premier janvier 1784, y compris l'objet des améliorations, évalué quinze millions, de		488,000,000
RÉDUCTIONS,		
Par la suppression du troisième vingtième. . . .	25,000,000	45,000,000
Par celle des deux sols pour livre, mis en 1781. . .	20,000,000	
RECETTE réelle au premier janvier 1814.		443,000,000

DÉPENSE;

Elle est au premier janvier 1784 de.		474,000,000
RÉDUCTIONS,		
Par l'extinction graduelle des rentes viagères, estimée pendant vingt années à un million, cinq cens mille livres. . .	30,000,000	37,500,000
Idem, pendant dix années, à raison de sept cens cinquante mille livres.	7,500,000	
Extinction en 1784 d'un million, destiné au remboursement des lettres-de-change des isles de France & de Bourbon.		1,000,000
Amortissement des cinq cens cinquante-trois mille livres, destinées à la solde du duché de Mercœur.		553,000
		39,053,000

De l'autre part.	39,053,000 l.
Diminution, en 1785, des charges assignées sur la ferme générale, par le paiement définitif des billets des fermes.	3,600,000
Suppression, en 1785, des fonds destinés au remboursement des offices sur les papiers & cartons.	68,000
Suppression, en 1790, du fonds annuel de six millions, pour le remboursement en principaux & intérêts de soixante-un millions empruntés à terme fixe par voie de loterie en 1777 & 1780.	6,000,000
Suppression, en 1792, des quatre millions, trois cens vingt-un mille livres, affectées au remboursement des vingt-quatre millions empruntés par voie de loterie en 1783.	4,321,000
Suppression, en 1795, du fonds de trois millions, destiné au remboursement des anciennes rescriptions.	3,000,000
Extinction graduelle, jusqu'à cette époque, des deux millions destinés au paiement des intérêts des anciennes rescriptions.	2,000,000
Extinction, en 1797, des emprunts faits par les pays d'Etats.	9,889,000
Idem, en 1798, du fonds de seize millions, destiné au remboursement des deux cens millions, suivant l'édit de décembre 1782.	16,000,000
TOTAL des réductions sur la dépense annuelle, suivant le détail ci-dessus.	83,931,000 l.
La dépense, par l'effet de ces réductions, tombe de quatre cens soixante-quatorze millions, qu'elle étoit au premier janvier 1784, au premier janvier 1814, à	390,069,000

Autres réductions par les paiemens de la caisse d'amortissement.

Les intérêts & frais des anticipations, montantes à cent quarante millions, & remboursées au premier janvier 1798, ci	8,400,000	53,400,000
Amortissement d'un milliard sur la dette constituée, & portant intérêt à quatre & demi.	45,000,000	

DÉPENSE annuelle au premier janvier 1814. . . .	336,669,000
La RECETTE, à la même époque, est de	443,000,000
Excédent de recette.	106,000,000
En ajoutant à cet excédent le fonds de réserve de six millions compris dans la dépense annuelle pour les dépenses imprévues de tous les départemens. .	6,000,000
On aura au premier janvier 1814, un excédent réel de	112,000,000
En supposant qu'il faille, à cette époque, un fonds de quatre millions pour satisfaire aux rentes viagères qui subsisteront encore de l'emprunt de cent soixante ou cent quatrevingt millions fait au profit de la caisse d'amortissement, ci	4,000,000
Il restera toujours en excédent de recette.	108,000,000

On doit observer aussi, qu'à cette époque du premier janvier 1814, il subsistera encore d'anciennes rentes viagères, dont les arrérages font partie de la dépense annuelle, & qui, par leur extinction graduelle, ne tarderont pas à bonifier la recette, en augmentant l'excédent qu'elle présente.

TABLEAU

De l'emploi des Excédens de recette, qui seront versés dans la caisse d'Amortissement, chaque année, pendant les trente ans de son établissement.

ANNÉES.		EXCÉDENS de Recette.	FRAIS de régie de la caisse d'amortissement.	EXCÉDENS libres.	*Application des Excédens* A l'intérêt de l'emprunt de 15 millions.	*Application des Excédens* A l'amortissement de la dette nationale.	DÉFICIT à imputer sur les Excédens des années suivantes.
1ère	1784	13,370,000	300,000	13,070,000	15,000,000	....	1,930,000
2	1785	21,834,000	300,000	21,534,000	14,625,000	4,979,000	....
3	1786	24,072,000	300,000	23,772,000	14,250,000	9,522,000	....
4	1787	12,988,000	300,000	12,688,000	13,875,000	....	1,187,000
5	1788	14,816,000	300,000	14,516,000	13,500,000	....	171,000
6	1789	16,048,000	300,000	15,748,000	13,125,000	2,452,000	....
7	1790	23,438,000	300,000	23,138,000	12,750,000	10,388,000	....
8	1791	12,336,000	300,000	12,036,000	12,375,000	....	339,000
9	1792	18,307,000	300,000	18,007,000	12,000,000	5,668,000	
10	1793	19,957,000	300,000	19,657,000	11,625,000	8,032,000	
11	1794	21,607,000	300,000	21,307,000	11,250,000	10,057,000	
12	1795	16,107,000	300,000	15,807,000	10,875,000	4,932,000	
13	1796	17,607,000	300,000	17,307,000	10,500,000	6,807,000	
14	1797	28,996,000	300,000	28,696,000	10,125,000	18,571,000	
15	1798	35,496,000	300,000	35,196,000	9,750,000	25,446,000	
16	1799	36,996,000	300,000	36,696,000	9,375,000	27,321,000	
17	1800	38,496,000	300,000	38,196,000	9,000,000	29,196,000	
18	1801	39,996,000	300,000	39,696,000	8,625,000	31,071,000	
19	1802	41,496,000	300,000	41,196,000	8,250,000	32,946,000	
20	1803	42,996,000	300,000	42,696,000	7,875,000	34,821,000	
21	1804	43,746,000	300,000	43,446,000	7,500,000	35,946,000	
22	1805	44,496,000	300,000	44,196,000	7,125,000	37,071,000	
23	1806	45,246,000	300,000	44,946,000	6,750,000	38,196,000	
24	1807	45,996,000	300,000	45,696,000	6,375,000	39,321,000	
25	1808	46,746,000	300,000	46,446,000	6,000,000	40,446,000	
26	1809	47,496,000	300,000	47,196,000	5,625,000	41,571,000	
27	1810	48,246,000	300,000	47,946,000	5,250,000	42,696,000	
28	1811	48,996,000	300,000	48,696,000	4,875,000	43,821,000	
29	1812	49,746,000	300,000	49,446,000	4,500,000	44,946,000	
30	1813	50,496,000	300,000	50,196,000	4,125,000	46,071,000	
		968,169,000	9,000,000	959,169,000	286,875,000	672,294,000	

Si, pendant la durée de la caisse d'amortissement, il survenoit une guerre, le cours de

ſes opérations ne ſeroit point interrompu, & l'ordre établi entre la recette & la dépenſe, reſteroit toujours le même, au moyen de l'impôt dont il a été parlé page 149, & qui conſiſte en différens ſols de guerre, dont on verra la création dans le projet d'edit ci-après.

On a l'expérience, que, d'après la conſtitution politique de l'Europe, les guerres qui s'élevent durent rarement plus de ſept à huit ans. Chaque ſol de guerre devant, raiſonnablement, être évalué à vingt-quatre millions, ce produit, pendant dix années, ſerviroit de gage à un emprunt de cent quatre-vingt millions, ouvert pour les deux premières années de guerre, & fourniroit à la dépenſe de quatrevingt-dix millions par année, en préſentant la certitude d'opérer le paiement annuel des intérêts, & le rembourſement du capital, avec des primes, ou lots, qui ſeroient tirés à la fin de chaque année pour les actions rembourſées : primes dont la quotité augmenteroit, à meſure que diminueroient les intérêts du principal.

Voici l'ordre qu'on pourroit ſuivre dans les dix années.

Dix-huit mille actions à mille livres, font cent quatre-vingt millions.

On en rembourſeroit au premier janvier de la ſeconde année quatorze mille, faiſant.	14,000,000	180,000,000 l.
Au premier janvier de la troiſième, quinze mille.	15,000,000	
Idem, de la quatrième, ſeize mille.	16,000,000	
Idem, de la cinquième, dix-ſept mille.	17,000,000	
Idem, de la ſixième, dix-huit mille.	18,000,000	
Idem, de la ſeptième, dix-neuf mille.	19,000,000	
Idem, de la huitième, vingt mille.	20,000,000	
Idem, de la neuvième, vingt-un mille.	21,000,000	
Idem, de la dixième, vingt-deux mille.	22,000,000	
Au 31 décembre de la dixième, dix-huit mille.	18,000,000	
La recette du ſol de guerre ſeroit donc de		24,000,000
La dépenſe ſeroit, pour les intérêts à cinq pour cent, de cent quatre-vingt millions.	9,000,000	23,385,000
Rembourſement de quatorze mille actions.	14,000,000	
Primes en faveur de ces actions.	385,000	
Excédent de recette.		615,000 l.

Si on ne vouloit pas bénéficier de cet Excédent, on pourroit le convertir en primes, pour accroître l'attrait des prêteurs.

Au reſte, dans l'hypothèſe préſentée, on voit que les lots de chaque tirage ſont déterminés dans leur nombre & dans leur quotité, en raiſon du nombre d'actions rembourſées, & en proportion de l'éloignement de leur rembourſement.

FIN

TABLEAU GÉNÉRAL

De l'Emprunt ſuppoſé, de ſon rembourſement par voie de loterie, & du réſultat.

Années.	Recette.	Dépense.								
		Rembourſement.	Intérêts.	Nombre des Primes.	Valeur des Primes.	Rapport des Primes à la ſomme rembourſée.	Total général de la Dépenſe.	Excédent de Recette.	Avance ſur la recette de l'année ſuivante.
1ère	24,000,000	14,000,000	9,000,000	1,056	385,000	2 ¾ p. 100	23,385,000	615,000	......
2e	24,000,000	15,000,000	8,300,000	1,068	450,000	3 p. 100	23,750,000	250,000	......
3e	24,000,000	16,000,000	7,550,000	1,102	520,000	3 ¼ p. 100	24,070,000	......	70,000
4e	24,000,000	17,000,000	6,750,000	1,166	595,000	3 ½ p. 100	24,345,000	......	345,000
5e	24,000,000	18,000,000	5,900,000	1,230	675,000	3 ¾ p. 100	24,575,000	......	575,000
6e	24,000,000	19,000,000	5,000,000	1,280	760,000	4 p. 100	24,760,000	......	760,000
7e	24,000,000	20,000,000	4,050,000	1,329	850,000	4 ¼ p. 100	24,900,000	......	900,000
8e	24,000,000	21,000,000	3,050,000	1,388	945,000	4 ½ p. 100	24,995,000	......	995,000
9e	24,000,000	22,000,000	2,000,000	1,533	1,045,000	4 ¾ p. 100	25,045,000	......	104,500
10e	24,000,000	18,000,000	900,000	1,223	900,000	5 p. 100	19,800,000	4,200,000	......
Totaux.	240,000,000	180,000,000	52,500,000	12,375	7,125,000	....	239,625,000	5,065,000	3,749,500

FIN

Balance entre la Recette & la Dépenſe.

Recette. . . . . 240,000,000 l.

Dépense. 239,625,000

Excédent de Recette. . . . . 375,000 l.

FIN

FIN

PROJET d'édit, pour l'amortissement de la dette nationale, & l'établissement d'un impôt pour le tems de guerre seulement.

Louis, par la grace de Dieu, roi de France & de Navarre, à tous présens & à venir : salut. Si la circonstance d'une guerre indispensable nous a forcé de suspendre l'adoption des moyens propres à empêcher tout accroissement de la dette nationale, à recourir aux impôts, tant pour assurer l'accomplissement des engagemens que nous avons contractés, que pour nous procurer les moyens de soutenir la guerre, & parvenir à une paix honorable & solide, nous pensons qu'il est de notre justice de profiter du retour de la paix, pour établir un systême de *finance*, dont les bases immuables & constantes, ne soient jamais altérées par les besoins extraordinaires & momentanés de la guerre.

Nous voyons avec peine que la situation de nos *finances* ne nous permet point, dans le moment actuel, la remise des impôts, même les plus onéreux ; elle seroit inconsidérée, & s'opposeroit à l'amortissement de la dette nationale, objet qui mérite notre première attention. Mais nous nous proposons plusieurs changemens dans le mode actuel des perceptions ; ces changemens, utiles au commerce, aux arts & à l'agriculture, en procurant une économie sensible sur les frais de perception, en abolissant les bénéfices illicites de la contrebande, seront plus avantageux que la modération des impôts ; cependant bien loin d'opérer une diminution sur la masse de nos revenus, ils seront assez bien combinés pour présenter des améliorations, capables d'assurer, par l'extinction graduelle & successive de la dette nationale, l'exécution de nos vûes pour la réduction de la dépense annuelle.

Après un examen réfléchi sur les causes de la situation actuelle de nos *finances*, nous avons reconnu que les moyens employés jusqu'à ce jour pour obtenir, en tems de guerre, les secours nécessaires, ont toujours rompu le rapport entre la recette & la dépense, seul principe d'une bonne administration. Au retour de la paix, en 1762, le déficit de la balance s'étoit manifesté ; la prorogation des anciens impôts, le nouvel établissement de quelques autres, sont devenus indispensables, pour porter la recette au niveau de la dépense ; mais à peine avoit-on atteint ce but, que de nouvelles hostilités ont été suivies des mêmes ressources & des mêmes effets.

Ainsi, la dette nationale a pris successivement des accroissemens qui ont toujours été compensés par des améliorations de recette, soit par l'établissement fixe & permanent de nouveaux impôts, sans qu'il ait été pris, en temps de paix, des précautions convenables pour assurer les besoins des tems de guerre ; le vice d'un semblable systême nous a déterminé à rechercher les moyens d'éviter à l'avenir de pareils inconvéniens.

En conséquence, nous nous sommes fait représenter un état exact de la situation de nos *finances*, & nous avons examiné, sous tous les rapports, les divers changemens dont les perceptions étoient susceptibles ; nous avons reconnu que la recette étoit, au moyen des impôts établis depuis peu, égale à la dépense, & que les changemens proposés procureront un excédent de recette ; mais cet excédent devient nécessairement absorbé, par les intérêts d'un nouvel emprunt viager, indispensable, pour satisfaire aux paiemens arriérés des divers départemens.

La balance de la recette à la dépense ne présentera point, à la vérité, de fonds libres, qui puissent être destinés à l'amortissement de la dette nationale ; & même la recette devant diminuer lors de l'extinction du troisième vingtième & des deux nouveaux sols pour livre, dans une proportion supérieure à la réduction de la dépense, par l'extinction graduelle des rentes viagères, & le remboursement des emprunts à terme fixe ; il subsistera à ces époques un déficit, auquel il est nécessaire de pourvoir, afin d'établir un rapport constant entre la recette & la dépense, & ménager les moyens de procéder à la réduction de la dette nationale.

D'après ces considérations, nous avons pensé qu'il étoit de notre prudence de fixer, dès à présent, la forme de l'emprunt destiné à faire face aux paiemens arriérés, ou déterminer les prorogations d'impôts qui sont indispensables pour maintenir l'ordre & la balance ; en conséquence nous nous sommes arrêtés à l'établissement d'une caisse d'amortissement, dans laquelle notre trésor royal versera directement l'excédent de la recette à la dépense annuelle, à la réserve d'une somme de six millions qui restera en dépôt, pour faire face aux dépenses imprévues de toute espèce.

Cette caisse d'amortissement, que nous établissons pour le terme de trente années consécutives, sera chargée de toutes les opérations relatives à la réduction de la dette nationale ; & nous avons lieu d'espérer que, pendant sa durée, la dépense annuelle sera restreinte, de manière à assurer, en tems de paix, un excédent de recette suffisant pour procurer au tems de guerre, & sans le concours de nouveaux impôts, tous les secours extraordinaires que ces circonstances exigent impérieusement.

Mais ce seroit en vain que nous nous flatterions

des effets précieux de cet établissement, si les fonds de cette caisse étoient détournés pour d'autres usages; &, dans cette persuasion, nous avons reconnu la nécessité d'adopter, dès à présent, un plan capable de procurer, en cas de guerre, s'il en survient une, les secours nécessaires, sans interrompre l'opération importante de la réduction de la dette nationale.

Les moyens qui nous ont été présentés à cet effet, ont l'avantage de proportionner les secours aux besoins; d'établir, autant qu'il est possible, l'égalité dans la répartition des contributions; de les rendre moins onéreuses que celles auxquelles on a eu recours jusqu'à présent; enfin, d'éviter que ces secours soient incertains, par l'insuffisance de la perception, par le défaut de confiance & de crédit.

Nous voyons, d'ailleurs, avec satisfaction, que ces moyens subordonnés à la durée de la caisse d'amortissement, souffriront dans la perception d'autant moins de difficulté, que l'affectation en sera connue, que le terme en sera invariable, & que nos sujets seront assurés que ces contributions momentanées, ne seront point le germe de nouveaux impôts fixes & permanens. A ces causes & autres, à ce nous mouvant, de l'avis de notre conseil, & de notre certaine science, pleine puissance & autorité royale, nous avons, par notre présent édit, perpétuel & irrévocable, dit, statué & ordonné; disons, statuons & ordonnons, voulons & nous plaît ce qui suit:

ARTICLE PREMIER.

Il sera formé par le ministre de nos *finances*, dans le mois de décembre de chaque année, à compter de la présente, un état détaillé de toutes les dépenses de l'année suivante, dans lequel n'entreront point les dettes arriérées des divers départemens, mais seulement leurs dépenses annuelles. Cet état, rédigé sur ceux qui seront remis au ministre des *finances* par les ministres des autres départemens, après avoir été examiné & discuté dans le comité établi pour l'administration de nos *finances*, par notre réglement du 26 février 1783, sera par nous arrêté, pour, le fonds, en être fait par notre trésor royal, aux trésoriers ou receveurs généraux de chaque partie; & dans le cas où il surviendroit des dépenses imprévues, qui exigeroient un supplément de *finance* au-delà des sommes fixées pour chaque département, il y sera par nous pourvu, tant sur le fonds libre de six millions que nous affectons à cet objet, que sur la dépense de l'année suivante: en conséquence, défendons expressément tous emprunts & anticipations par le secours des trésoriers des divers départemens.

II.

La masse générale de tous nos revenus sera versée directement à notre trésor royal, soit par les compagnies chargées de la perception, soit par les trésoriers ou receveurs des pays d'Etats, soit par tous autres receveurs ou préposés, sans autre distraction ou retenue, que celle des frais de régie relatifs à chaque partie.

III.

Les gardes de notre trésor royal seront pareillement chargés de la distribution de la dépense annuelle, conformément à l'état qui en sera par nous arrêté, dans le mois de décembre de chaque année, ainsi qu'il est énoncé à l'article premier; en conséquence, ils remettront aux trésoriers ou receveurs de chaque partie, les sommes pour lesquelles ils seront compris dans ledit état, aux époques convenables, & qui seront pareillement désignées.

IV.

Les receveurs généraux des pays d'Etats & autres, qui auront tout à la fois des versemens à faire au trésor royal, & des paiemens à faire à son acquit, n'y feront leurs versemens que fictivement, jusqu'à concurrence de ces paiemens, en recevant, d'un côté, les quittances des gardes de notre trésor royal, & leur en donnant en échange, pour opérer la balance de la recette à la dépense.

V.

Le troisième vingtième, ordonné par notre édit du mois d'août 1781 être perçu trois ans après la paix, cessera d'avoir lieu, pour moitié, au premier janvier 1787, & sera prorogé, pour l'autre moitié, jusqu'au premier janvier 1791.

VI.

Ordonnons pareillement, que les deux sols pour livre établis par notre édit du mois d'août 1781, pour être perçus jusqu'au premier janvier 1791, continueront de l'être; savoir, un desdits deux sols pour livre jusqu'au premier janvier 1795, & le second, jusqu'au premier janvier 1798.

VII.

Etablissons, dès à présent, une caisse d'amortissement, pour le terme de trente années consécutives, à compter du premier janvier 1784, & dont nous nous réservons de nommer les administrateurs.

VIII.

L'excédent de la recette, sur la dépense annuelle, d'après l'état qui en sera par nous arrêté dans le mois de décembre de chaque année, conformément à l'article premier, sera versé de notre trésor royal dans la caisse d'amortissement, pour être employé, année par année, à l'extinction de la dette nationale, à la réserve d'une somme de six millions, qui restera annuellement en dépôt à notre trésor royal, pour subvenir aux dépenses imprévues, & qui pourroient être omises dans les états de dépense annuelle, énoncés à l'article premier.

I X.

Il sera dressé dans le cours de la présente année, par le ministre de nos *finances*, un état général & circonstancié de la dette nationale, dans lequel ne seront point compris les capitaux d'emprunts à terme fixe, ni les intérêts des rentes viagères, objets qui font partie de la dépense annuelle, dont l'état sera par nous arrêté dans le mois de décembre de chaque année, conformément à l'article premier.

X.

L'état de la dette nationale, mentionné dans l'article précédent, sera divisé en deux parties.

La première, comprendra les rentes constituées, & les autres effets publics non constitués, mais portant intérêt.

La seconde comprendra les paiemens arriérés des divers départemens, comme avances de fournisseurs, retards d'intérêts, de gages, de pensions, &c. lesquels ne portent point intérêts. Ces objets cesseront d'être employés dans l'état de la dépense annuelle, qui sera par nous arrêté dans le mois de décembre de chaque année.

Pour la confection de cet état, les ministres des divers départemens remettront, dans le courant de la présente année, au ministre des *finances*, des états généraux, 1°. de toutes les parties de la dette nationale, relatives à leurs départemens, & portant intérêt; 2°. de tous les paiemens arriérés ne portant point intérêts, pour être ensuite adressés aux administrateurs de la caisse d'amortissement.

X I.

Sur les états mentionnés à l'article précédent, il sera formé par les administrateurs de la caisse d'amortissement, & avant le premier décembre de la présente année, deux états généraux des remboursemens; l'un, des capitaux dont les intérêts sont compris dans la dépense annuelle; l'autre, de tous les paiemens arriérés, & ne portant point intérêts.

Ces deux états, examinés & visés par notre ministre des *finances*, seront par nous arrêtés dans le courant du mois de décembre de la présente année, pour fixer l'ordre des remboursemens.

X I I.

Afin d'accélérer le remboursement des paiemens arriérés de la marine, & autres départemens, nous autorisons les administrateurs de la caisse d'amortissement à faire un emprunt de quinze millions de rentes viagères, à neuf pour cent sur deux têtes, dont le produit sera versé dans la caisse de cette administration, & dont les intérêts seront payés par l'administration de la caisse d'amortissement.

Seront reçus pour comptant dans ledit emprunt viager, les lettres-de-change des colonies, suspendues, & autres effets concernant les paiemens arriérés, qui ne seront point compris dans le chapitre de la dépense annuelle, relatif aux intérêts de la dette constituée.

X I I I.

Voulons que le produit total dudit emprunt de quinze millions de rentes viagères, soit employé par les administrateurs de la caisse d'amortissement, à l'extinction & au remboursement des paiemens arriérés des divers départemens, & qu'il soit procédé auxdits remboursemens, suivant l'ordre de distribution qui en sera par nous arrêté, sur l'état général dressé en conformité de l'art. II.

X I V.

Dans le cas où le produit de l'emprunt de quinze millions de rentes viagères excéderoit la somme des paiemens arriérés, l'excédent sera employé, par les administrateurs de la caisse d'amortissement, à l'extinction de la dette constituée; & dans le cas, au contraire, où le produit dudit emprunt seroit insuffisant pour satisfaire auxdits paiemens arriérés; les administrateurs de la caisse d'amortissement emploieront annuellement les excédens de recette, qu'ils recevront du trésor royal, à l'entier remboursement & paiement desd. objets arriérés.

X V.

Après l'acquit entier & parfait des paiemens arriérés, les administrateurs de la caisse d'amortissement emploieront la somme de leur recette, au remboursement des anticipations actuellement subsistantes, subsidiairement à celui des capitaux, dont l'intérêt sera compris dans les états de la dépense annuelle.

En conséquence, il sera formé dans le cours de la présente année, par les administrateurs de la caisse d'amortissement, un état des différentes parties de la dette constituée ou portant intérêts, & qui devront être amorties. Cet état, dont la somme totale n'excédera point le capital d'un milliard, sera par nous arrêté dans le cours de la présente année, après avoir été examiné & visé par le ministre de nos *finances*, qui en fera le rapport au comité de cette partie, & l'ordre des remboursemens sera fixé, suivant le degré de faveur que mériteront les diverses parties composant le capital d'un milliard.

X V I.

Il sera dressé, dans le mois de décembre de chaque année, un état des remboursemens qui seront effectués dans le mois de janvier suivant, & les intérêts des parties dont le remboursement sera arrêté, seront retranchés de la dépense annuelle, dans l'état qui en sera par nous arrêté l'année suivante.

XVII.

Les remboursemens des capitaux seront effectués par les administrateurs de la caisse d'amortissement, dans le mois de janvier de chaque année, à raison du denier vingt de l'intérêt qu'ils produiront, sans distraction, sur lesdits remboursemens, du capital des impositions royales dont les intérêts de ces capitaux peuvent être grevés, de manière qu'un contrat ou effet au porteur, portant intérêt de mille livres, par supposition, sera remboursé sur le taux de vingt mille livres, sans égard également, pour le capital ou la valeur originaire desdits contrats ou effets.

Les propriétaires d'aucuns effets ou contrats portant intérêts, qui préféreront la conservation de leurs créances & titres, au remboursement à raison du denier vingt, en auront la faculté, & continueront d'être employés dans les états de la dépense annuelle, comme par le passé.

XVIII.

Les intérêts arriérés des capitaux, qui seront compris dans l'état des remboursemens énoncés à l'article XV, seront rejettés dans la seconde partie de l'état général de la dette nationale, pour, lesdits intérêts, être remboursés, suivant l'ordre de distribution qui en sera arrêté conformément à l'article XIII.

XIX.

Les administrateurs de la caisse d'amortissement dresseront, chaque année, deux états des remboursemens qui auront été effectués sur les deux parties de la dette nationale. Ces états, appuyés des titres quittancés des capitaux remboursés, seront vérifiés par le ministre de nos *finances*, arrêtés par nous, & les titres des capitaux remboursés, seront publiquement annullés & brûlés.

XX.

Les remboursemens de la caisse d'amortissement ne seront suspendus sous aucuns prétextes, ni dans aucun tems, même en tems de guerre.

XXI.

Pour assurer l'exécution de l'article précédent, éviter toute augmentation dans la dépense annuelle, & nous assurer, en tems de guerre, un supplément de recette suffisant pour opposer à nos ennemis les plus puissans efforts, il sera perçu, sous le nom de premier sol de guerre, un sol pour livre de toutes les impositions, tant en principals que sols pour livre, subsistantes à l'époque desd. hostilités; au commencement de la troisiéme année de guerre, il sera perçu un second sol pour livre, sous le nom de deuxième sol de guerre; & ainsi de suite, de deux années en deux années, jusqu'au retour de la paix.

XXII.

Seront sujets aux sols pour livre énoncés en l'article précédent, les impositions territoriales, les droits de consommation de toutes sortes, les dixièmes de retenue, les abonnemens des pays d'Etats, les pensions, gratifications, & toutes impositions généralement quelconques, en principaux & sols pour livre, sans aucune exception.

XXIII.

Chaque sol de guerre sera perçu pendant le tems de dix années consécutives, à compter du jour de sa perception, sans pouvoir être prorogé au-delà dudit terme, pour quelque cause que ce soit.

XXIV.

Les produits des sols de guerre énoncés à l'article XXI, ne seront point confondus avec la recette annuelle, & seront perçus, par addition, par les receveurs, trésoriers, payeurs de gages, & autres personnes chargées du recouvrement des impositions & de la recette annuelle, pour être versé directement dans une caisse particulière, destinée à fournir au supplément de recette qu'exigeront, en tems de guerre, les différens départemens.

XXV.

Les préposés au recouvrement des revenus annuels, jouiront d'une attribution de quatre deniers pour livre, sur le produit des sols de guerre, & verseront l'excédent dans la caisse indiquée par l'article suivant.

XXVI.

Au moment de l'établissement du premier sol de guerre, il sera formé une caisse particulière, dont l'administration & les opérations seront confiées aux personnes qui seront par nous indiquées, lesquelles seront chargées du recouvrement de ces impositions.

XXVII.

Le produit de chaque sol de guerre établi pour dix années, sera & demeurera spécialement affecté à un emprunt de cent quatre-vingt millions remboursable avec les intérêts, & des primes ou lots, d'année en année, pendant le même terme de dix années, par l'administration chargée du recouvrement de l'impôt.

XXVIII.

A cet effet, l'établissement de chaque sol de guerre, sera suivi d'un emprunt de cent quatre-vingt millions, divisé en cent quatre vingt mille actions de mille livres chacune, dont le remboursement sera

sera fixé par la voie du sort & du tirage, qui sera exécuté publiquement à la fin de la première année, pour indiquer aux porteurs des actions, l'époque de leurs remboursemens.

XXIX.

Après le tirage indicatif des remboursemens, les porteurs d'actions se rendront à l'administration de la caisse des sols de guerre, où il leur sera délivré le nombre de coupons d'intérêts à cinq pour cent; payables de six mois en six mois, qui leur appartiendra, relativement à l'époque de remboursement que le sort leur aura assignée.

XXX.

Les actionnaires, dont le remboursement sera fixé pour la seconde année, le recevront en argent comptant, avec les intérêts à cinq pour cent, dans le cours du mois de janvier de cette seconde année; conséquemment, il ne leur sera point délivré de coupons d'intérêts.

XXXI.

Indépendamment du tirage général, relatif au remboursement des cent quatre-vingt millions empruntés, il sera fait, dans le mois de décembre de chaque année, un tirage des primes ou lots qui appartiendront aux actions qui devront être remboursées dans le mois de janvier de l'année suivante, & les porteurs d'actions auxquels ces lots seront échus, en recevront le paiement avec le remboursement de leurs actions; le tout conformément au tableau joint au présent édit.

XXXII.

Dans le cas où le produit de chaque sol de guerre, ne seroit pas suffisant pour opérer un versement annuel de vingt-quatre millions dans la caisse destinée aux secours extraordinaires que la guerre nécessitera, il y sera suppléé de la partie des fonds de la caisse d'amortissement; & dans le cas où le produit net de chaque sol de guerre excéderoit ladite somme annuelle de vingt-quatre millions, cet excédent sera versé dans la caisse d'amortissement, pour être employé, par addition, aux opérations de cette administration; de manière que le fonds annuel destiné au remboursement des cent quatre-vingt millions empruntés sur le produit de chaque sol de guerre, soit toujours de vingt-quatre millions, somme nécessaire pour opérer le remboursement, conformément au tableau annexé au présent édit.

XXXIII.

Les dépenses extraordinaires que la guerre exigera, en sus de la dépense annuelle de chaque département, seront réglées par nous sur les états & demandes qui seront formés par les ministres des divers départemens, & visés par le ministre de nos *finances*, dans le mois de décembre de chaque année, pour être payées annuellement, par la caisse d'administration des sols de guerre, jusqu'à la concurrence de quatrevingt-dix millions par an; & dans le cas où le secours annuel de quatrevingt-dix millions seroit insuffisant pour subvenir aux dépenses de la guerre, il y sera suppléé des fonds de la caisse d'amortissement.

XXXIV.

Les administrateurs de la caisse des sols de guerre rendront, année par année, compte de leurs opérations, tant en recette qu'en dépense, au ministre de nos *finances*.

XXXV.

Les opérations relatives à la caisse d'amortissement, & à celle de l'administration des sols de guerre, subsisteront, sans interruption, jusqu'au premier janvier 1814.

XXXVI.

Dérogeons à tous édits, déclarations, lettres-patentes & arrêts, qui pourroient contenir des dispositions contraires à celle de notre présent édit, que nous voulons être exécuté.

Si donnons en mandement à nos amés & féaux conseillers, les gens tenans nos cours de parlement, chambre des comptes & cours des aides, que notre présent édit ils aient à faire lire, publier & registrer. Car tel est notre plaisir: & afin que ce soit chose ferme & stable à toujours, nous y avons fait mettre notre scel. Donné à, &c.

C'est le lieu d'observer que le mot *finance* signifie aussi, une somme payée pour un office civil, pour un emploi, pour une commission militaire. Cette dernière acception nous a paru un motif pour rassembler ici tout ce qui concerne la *finance* militaire. Nous entendons par *finance* militaire, non-seulement les droits que les militaires ont à payer pour les places qu'ils obtiennent, à titre de récompense, de retraite ou de faveur, mais les émolumens attachés à ces places; enfin le genre de graces & de pensions qu'ils sont fondés à espérer, en raison de leurs grades, & les règles établies pour conserver & toucher ces pensions.

Sans prétendre faire l'histoire des révolutions qu'ont éprouvé les corps militaires dans leur constitution & dans leur traitement, il suffit de remarquer que dès que les préliminaires de la paix eurent été signés le 3 novembre 1762, le ministre s'occupa des différentes réformes dans les troupes, & donna aux corps qui furent conservés, une nouvelle composition qu'il jugea convenable alors, & qui depuis a subi de nouveaux changemens.

Ces réformes furent la matière de l'ordonnance du 10 décembre 1762, qui, en même tems, fixoit à quarante mille livres la *finance* des régimens d'infanterie, depuis celui de Picardie jusques & compris celui de la Fère, à l'exception du régiment du roi, & de ceux des princes du sang ; & à vingt mille livres le prix des autres régimens, depuis le régiment royal-Roussillon jusques & compris celui de Quercy.

Chaque régiment, tant d'infanterie que cavalerie, dragons & hussards, eut son trésorier, pour être chargé de l'administration des *finances* ; c'est-à-dire, tenir la caisse & faire les dépenses, sous les ordres du major. Les deniers de chaque corps devoient être mis dans une caisse fermant à trois clefs, dont une devoit rester entre les mains du colonel, & en son absence, en celles du commandant du régiment, la seconde, entre les mains du major, & la troisième dans celles du trésorier ; de façon que cette caisse, qui devoit être déposée chez le commandant du régiment avec les drapeaux, ne pouvoit être ouverte qu'en présence des trois personnes ayant clefs.

L'édit du mois de décembre 1770, concernant le droit de marc d'or, avoit assujetti à le payer, toutes les provisions, commissions d'office ou emploi, de quelque nature qu'ils fussent, ainsi que les brevets accordés pour graces, honneurs, titres, dignités & services, tant civils que militaires.

Il s'éleva des difficultés sur l'interprétation de cet édit, entre le ministre de la guerre & celui des *finances*.

Le premier pensoit que, parmi les emplois militaires, ceux de capitaines & des grades inférieurs ne devoient pas être sujets à ce droit ; le second ne vouloit admettre aucune distinction.

L'arrêt du conseil du 4 août 1773 termina cette contestation, en désignant les provisions, commissions & brevets, pour lesquels le droit de marc d'or seroit payé.

Deux années après ce réglement, il en intervint un nouveau, du 13 août 1775, pour fixer, d'une manière invariable, les sommes à payer pour les provisions, commissions ou brevets militaires, avec les huit sols pour livre, tant qu'ils subsisteront, en sus des revenus du roi.

Savoir,

Par les maréchaux de France, deux mille quatre cens livres, ci . . . . 2400 l.

Par les commissaires des guerres à la nomination des maréchaux de France, vingt-quatre livres, ci 24

Par le colonel général de la cavalerie, deux mille cinq cens livres, ci 2500

Par le mestre-de-camp général de la cavalerie, deux mille livres, ci 2000

Par le commissaire général de la cavalerie, mille livres, ci 1000

Par le colonel général des dragons, trois mille deux cens livres, ci 3200

Par le mestre-de-camp général des dragons, quinze cens livres, ci 1500

Par le colonel général des Suisses & Grisons, treize mille livres, ci 13000

Par le capitaine-lieutenant des gendarmes de la garde, cinq mille livres, ci . . . 5000

Par le capitaine-lieutenant des chevaux-légers, cinq mille livres, ci 5000

Par les capitaines-lieutenans des mousquetaires, trois mille deux cens livres, ci 3200

Par le capitaine-lieutenant des grenadiers à cheval, sept cens livres, ci 700

Par les officiers des maréchaussées, les sommes fixées par l'arrêt du conseil du 22 janvier 1773.

Par les gouverneurs, lieutenans généraux & lieutenans de roi des provinces & villes, à l'exception des lieutenans de roi des places de guerre, les sommes qui seront fixées particulièrement pour chacun d'eux, en cas de mutation, à raison du cinquième de leurs appointemens & émolumens, avec les huit sols pour livre en sus.

I I.

Sa majesté n'entend point assujettir audit droit de marc d'or,

Les provisions, commissions, brevets ou pouvoirs des officiers à la nomination des maréchaux de France, autres que les commissaires des guerres à leur nomination, qui y sont assujettis par l'article précédent :

Des commissaires provinciaux & ordinaires des guerres & des troupes de la maison du roi, qui en ont été exemptés par arrêt du 20 septembre 1773 ;

Des lieutenans généraux des armées de sa majesté ;

Des lieutenans généraux commandant en chef les armées ;

Des commandans de la cavalerie dans les armées ;

Des intendans des armées ;

Des colonels & des mestres-de-camp avec troupes, ou pour en donner le rang ;

Des lieutenans-colonels, soit en pied, ou pour en donner le rang ;

Des capitaines de cavalerie, de dragons, ou d'infanterie, soit en pied, soit pour en donner le rang ;

Des lieutenans de roi des places de guerre ;

Des majors des places ;

Des maréchaux généraux des logis des camps & armées, & de la cavalerie;

Des capitaines-lieutenans des compagnies de gendarmerie;

Des capitaines des gardes Françoises & Suisses;

Des officiers des milices gardes-côtes.

Dérogeant sa majesté, en tant que de besoin, & pour cet égard seulement, à l'édit du mois de décembre 1770.

L'année suivante 1776, une ordonnance du roi supprima la *finance* de tous les emplois militaires des troupes d'infanterie, cavalerie, dragons, hussards & troupes légères.

Les motifs de cette ordonnance sont si conformes à la raison, & si bien énoncés, qu'il ne peut pas être superflu de rapporter cette ordonnance en entier.

Sa majesté, persuadée que rien n'est plus contraire au bien de son service, à la discipline & à l'esprit d'émulation qu'elle desire maintenir parmi les officiers de ses troupes, que la *finance* attachée aux emplois militaires, par l'impossibilité où elle se trouve souvent de faire jouir la noblesse dénuée de fortune, des récompenses qu'elle peut mériter par des services distingués, & par le tort que fait éprouver à la noblesse plus aisée, la perte des emplois par mort, elle s'est déterminée à détruire un abus aussi préjudiciable à la gloire & à la prospérité de ses armes; en conséquence, elle a ordonné & ordonne ce qui suit:

Article premier.

A compter du jour de la publication de la présente ordonnance, tous les régimens d'infanterie, cavalerie, dragons, hussards & troupes légères, ainsi que les compagnies & autres emplois de ces différens corps, auxquels il seroit attaché une *finance* quelconque, (soit qu'ils vaquent par mort, démission ou autrement) supporteront à chaque mutation une diminution du quart du prix de leur *finance* actuelle; de manière qu'à la quatrième mutation, ces emplois soient libérés de toute *finance*.

II.

Veut bien sa majesté prendre en considération la perte que doivent éprouver ceux qui posséderont ces emplois jusqu'à la quatrième mutation; & elle entend qu'à l'avenir, la *finance* desdits emplois militaires (dont le prix, jusqu'à ce jour, se trouvoit éteint par mort,) soit, audit cas de mort, remboursée aux héritiers, en tems de guerre comme en tems de paix, sans autre réduction que celle du quart de ladite *finance*, ordonné par l'article précédent.

Et pour cet effet, sa majesté fera expédier à l'officier sur lequel devra porter la première réduction, un brevet de retenue des trois quarts du prix auquel son emploi aura été fixé; à celui qui le remplacera, un brevet de retenue de moitié; & ainsi en diminuant, jusqu'à l'entière extinction.

III.

Sa majesté déclare, de la manière la plus formelle, que dans tout le cours de son règne, elle ne permettra plus, qu'aucun des emplois de ses régimens d'infanterie, cavalerie, dragons, hussards & troupes légères, soit vendu, acheté ou *financé*, par quelque motif & sous quelque prétexte que ce soit, si ce n'est avec les réductions portées par la présente, jusqu'à l'extinction entière de la *finance* actuelle desdits emplois; son intention étant de ne pas souffrir qu'il se donne, par la suite dans ses troupes, aucun emploi à prix d'argent, & de punir très-sévèrement, toute personne qui contreviendroit à cette disposition, de quelque grade & condition qu'elle fût.

IV.

N'entend néanmoins sa majesté, que les emplois des différens corps de sa maison & de ses compagnies d'ordonnance, qui ont une *finance* quelconque, soient assujettis aux réductions ordonnées ci-dessus: dérogeant, pour le surplus, à toutes les ordonnances précédemment rendues, qui seroient contraires aux dispositions de la présente.

Mande & ordonne sa majesté aux gouverneurs & lieutenans généraux en ses provinces, aux officiers généraux ayant commandement sur ses troupes, aux commandans de ses villes & places, aux commissaires des guerres, & à tous autres ses officiers qu'il appartiendra, de tenir la main à l'exécution de la présente ordonnance. Fait à Versailles, le vingt-cinq mars mil sept cent soixante-seize.

Ces dispositions préparèrent les choses de manière, que tous les régimens sont tombés entre les mains du roi, & qu'il n'est plus payé de *finance* lorsqu'ils sont accordés. Tous les corps militaires reçurent aussi une nouvelle composition, qui a postérieurement éprouvé quelques changemens, dont on s'abstient de faire mention. On se contentera de dire, que les régimens n'eurent plus cet appareil de *finance* que leur donnoit les trésoriers qui furent supprimés. Les choses rentrèrent dans l'état où elles étoient, à cet égard, avant 1762.

Dans la même année 1776 parut une autre ordonnance, non moins intéressante par son objet que par ses détails. Elle présente la liste générale des emplois militaires avec résidence, qui sont donnés à titre de récompense, avec l'état des émolumens qui y sont attachés.

Elle porte réglement sur les gouvernemens généraux des provinces, gouvernemens particuliers, lieutenances de roi ou commandemens, majorités, aides & sous-aides-majorités des villes, places & châteaux; & en déterminant différentes classes, elle affecte chacune d'elles aux différens grades militaires.

Sa majesté s'étant fait rendre compte de la distribution actuelle des gouvernemens généraux des provinces, des gouvernemens particuliers de ses villes, places & châteaux, des lieutenances de roi, majorités, aides & sous-aides-majorités desd. places, a reconnu la nécessité d'une répartition plus exacte & mieux proportionnée. Elle a remarqué que dans les emplois d'un même ordre, ceux du plus grand produit ne sont pas toujours les plus importans, ni ceux qui exigent le plus de représentation & de dépense, de la part des officiers qui en sont pourvus, & que plusieurs de ces emplois, réunis sur une même tête, étoient devenus le partage d'un seul, tandis qu'ils auroient dû être la récompense, & opérer le bien-être de plusieurs.

Elle a pensé que les gouvernemens généraux & particuliers, les lieutenances de roi des places, les majorités, aides & sous-aides-majorités, étant des graces militaires, qui, en prouvant la confiance du prince, ajoutent à la fortune, & augmentent la considération, ces graces devoient être la récompense des talens, des longs services & des actions distinguées; & qu'en les divisant en différentes classes, elle établiroit des limites aux prétentions, & formeroit des objets d'émulation pour les différens grades de l'état militaire. Convaincue, d'ailleurs, que toutes les parties de l'administration doivent avoir des règles fixes, sa majesté s'est déterminée à en prescrire à sa bienfaisance même; &, en conséquence, elle a ordonné & ordonne ce qui suit:

ARTICLE PREMIER.

Le nombre des gouvernemens généraux des provinces, restera fixé à trente-neuf, comme il l'est aujourd'hui, & divisé en deux classes: la première comprendra dix-huit gouvernemens, auxquels il sera attribué annuellement, soit en appointemens, soit en émolumens, une somme de soixante mille livres; la seconde classe sera composée de vingt-un gouvernemens, dont le traitement sera seulement de trente mille livres, conformément aux états arrêtés par sa majesté, & joints à la présente.

Les dix-huit gouvernemens généraux de province, du produit de soixante mille livres chacun, qui ne seront point accordés par sa majesté à des princes de son sang, ne pourront l'être qu'à des maréchaux de France; les vingt-un du produit de trente mille livres, ne seront accordés qu'à des lieutenans généraux.

II.

Les maréchaux de France & les lieutenans généraux de ses armées, que sa majesté enverra commander, soit dans la province dont ils seront gouverneurs, soit dans une autre, jouiront, indépendamment du revenu du gouvernement dont ils se trouveront pourvus, d'un traitement particulier, qui leur sera réglé, par l'ordonnance que sa majesté se propose de rendre, pour fixer les traitemens qui seront affectés, suivant leurs grades, à ceux de ses officiers généraux ou autres, qu'elle jugera à propos d'employer dans ses provinces.

III.

Sa majesté ayant réuni aux gouvernemens généraux, établis par l'article premier, plusieurs gouvernemens particuliers dont elle a reconnu l'inutilité, les gouverneurs particuliers des villes, places & châteaux, de différens produits, actuellement existans, seront réduits au nombre de cent quatorze, *dont vingt-cinq de la première classe, seront fixés, tant en appointemens qu'en émolumens, à un produit annuel de douze mille livres;*

Vingt-cinq de la seconde classe, à un produit de dix mille livres;

Et soixante-quatre de la troisième classe, à un produit de huit mille livres, conformément aux états arrêtés par sa majesté. Ces gouvernemens ne seront donnés qu'à des officiers généraux. Pourront néanmoins les officiers, ayant obtenu le grade de brigadiers, après de longs services, concourir avec les maréchaux-de-camp, pour les gouvernemens particuliers de la troisième classe, ou autres exigeant résidence.

IV.

Sa majesté desirant établir entre les gouvernemens généraux ou particuliers d'une même classe, une égalité parfaite de traitement, & considérant que cette égalité ne seroit point observée, si les nouveaux pourvus n'étoient, en quelque sorte, dédommagés des brevets de retenue, plus ou moins considérables, dont lesdits gouvernemens sont grevés; son intention est qu'indépendamment des traitemens ci-dessus réglés, il soit payé aux gouverneurs généraux ou particuliers qu'elle nommera à l'avenir, l'intérêt à quatre pour cent du montant des brevets de retenue qu'ils auront acquittés; mais elle déclare en même tems, qu'elle n'accordera, à l'avenir, de nouveaux brevets de retenue, sur les gouvernemens, qu'en diminuant un quart de la somme primitive, de manière que lad. somme se trouve éteinte après quatre mutations.

V.

Veut sa majesté, qu'il ne soit rien changé aux traitemens dont jouissent les lieutenans généraux & lieutenans de roi de ses provinces; elle se réſerve d'accorder les lieutenances générales des provinces, lorſqu'elles viendront à vaquer, à ceux des officiers de ſes troupes, qu'elle trouvera ſuſceptibles d'en être pourvus, ſoit par leurs ſervices, ſoit par leur naiſſance, ſoit enfin par des conſidérations particulières; mais ceux qui obtiendront leſdites lieutenances générales, n'auront, à l'avenir, la permiſſion de ſe rendre dans les provinces pour y commander, qu'autant qu'ils joindront aux talens néceſſaires à cet effet, le grade de lieutenant général de ſes armées.

V I.

Le nombre des lieutenances de roi ou commandemens des villes, places & châteaux, reſtera fixé invariablement à l'avenir, à cent ſoixanteſeize.

Savoir, trente-cinq de la première claſſe, dont les appointemens & émolumens ſeront portés depuis ſix mille livres au moins, juſqu'à ſeize mille ſix cens livres;

Et *cent quarante-un de la ſeconde claſſe, depuis deux mille livres, au moins, juſqu'à ſix mille excluſivement;* le tout conformément aux états arrêtés par ſa majeſté, qui a bien voulu prendre en conſidération, le plus ou le moins de dépenſe que la différence des lieux peut exiger, de ceux qui ſeront pourvus deſdites lieutenances de roi.

Les lieutenances de roi de la première claſſe, ſeront occupées par des officiers du grade de maréchal-de-camp ou de brigadier; & celles de la ſeconde claſſe, par des lieutenans-colonels, majors, ou capitaines de grenadiers.

V I I.

Les états arrêtés par ſa majeſté, déterminent également le nombre de majorités, aides & ſous-aides-majorités qui ſeront conſervées, & les appointemens & émolumens qui ſeront attachés auxdits emplois.

Les majorités & aides-majorités ne ſeront accordées qu'à des officiers du grade, au moins, de capitaine; les officiers d'un grade inférieur, obtiendront les ſous-aides-majorités.

V I I I.

N'entend ſa majeſté, comprendre dans les changemens annoncés par les articles précédens, le gouvernement de Paris, de Monaco, ni les gouvernemens & états-majors qui ſe trouvent dans ſa bonne ville de Paris, banlieue d'icelle, & dans les maiſons royales, leſquels ſeront conſervés ſur le pied actuel.

I X.

L'intention de ſa majeſté, eſt que l'exécution des diſpoſitions de la préſente ordonnance demeure ſuſpendue pendant tout le tems que les titulaires actuels des gouvernemens & emplois ci-deſſus mentionnés, & actuellement exiſtans, en ſeront pourvus, ne voulant point les priver des graces qu'ils ont obtenues à titre de récompenſes de leurs ſervices: mais vacance arrivant par mort, démiſſion, ou pour toute autre cauſe que ce puiſſe être, veut & ordonne ſa majeſté, que les remplacemens n'aient lieu que conformément aux états par elle arrêtés, de l'exiſtence & des traitemens de tous les gouvernemens & emplois; de façon qu'il ne puiſſe être apporté relativement aux claſſes, ni aux produits, aucun changement ni aucune modification, à ce qui eſt réglé par leſdits états.

X.

Sa majeſté n'ignorant pas qu'il a été accordé, tant par le feu roi ſon aïeul, que par elle-même, des proviſions ou commiſſions en ſurvivance, auxquelles elle ne veut point déroger, elle permet que leſdites ſurvivances aient leur entier effet, & déclare qu'elle n'accordera plus aucune ſurvivance à l'avenir.

Et dans le cas où quelques gouvernemens ou emplois accordés en ſurvivance, ſe trouveroient du nombre de ceux qui doivent être ſupprimés, réduits ou augmentés, en vertu de la préſente ordonnance ou des états arrêtés par le roi; l'intention de ſa majeſté eſt qu'ils n'éprouvent aucun changement, qu'après que les ſurvivances auront été remplies.

X I.

Veut ſa majeſté, que deux des gouvernemens ou emplois détaillés dans les états par elle arrêtés, ne puiſſent jamais être poſſédés en même tems par le même officier.

X I I.

Lorſqu'il ſera nommé aux gouvernemens ou autres emplois, qui ſe trouvent actuellement grevés de penſions, en faveur des veuves ou enfans des derniers pourvus, ſoit par des clauſes inſérées dans les proviſions ou commiſſions, ſoit par des brevets du roi, l'intention de ſa majeſté eſt que ceux de ſes officiers qui ſeront pourvus deſdits gouvernemens ou emplois, ne ſoient plus tenus du paiement deſdites penſions qui ſeront acquittées ſur les fonds de l'extraordinaire des guerres, juſqu'au décès des penſionnaires; déclarant ſa majeſté, qu'elle n'accordera plus à l'avenir, ni penſion, ni retraite, ſur le produit des emplois d'état-major.

X I I I.

Vacance arrivant de quelques-uns des gouvernemens, dont le ſort déterminé par les états arrêtés par ſa majeſté, ſeroit de devoir être augmentés en appointemens; n'entend ſa majeſté que l'augmentation ait lieu, que les économies réſultantes de la ſuppreſſion de quelques autres gouvernemens, n'aient procuré le fonds nécessaire à l'augmentation; au moyen de quoi, il ne sera point nommé auxdits gouvernemens devenus vacans, tant que la dépense qu'ils occasionneroient seroit, pour sa majesté, excédante aux charges qu'elle s'est proposée de supporter.

XIV.

Les gouvernemens, commandemens, lieutenances de roi, majorités, aides & sous-aides-majorités, qui ne se trouveront point portés sur les états arrêtés par sa majesté, seront & demeureront supprimés, & vacance arrivant desdits gouvernemens & emplois, par la mort des titulaires actuels leur démission, ou toute autre cause que ce puisse être, il ne sera plus nommé auxdits gouvernemens & emplois, sauf les réserves exprimées dans les articles X & XI.

ÉTAT des gouvernemens généraux & particuliers, & autres emplois d'état-major, qui seront conservés à l'avenir, vacance arrivant par mort ou démission de ceux qui en sont pourvus, & du traitement qui sera attaché à chaque emploi, tant en appointemens qu'en émolumens.

	TRAITEMENT en Appointemens, ou Emolumens.
ISLE-DE-FRANCE.	
Gouvernement général, à	60000 l.
Soissons.	
Un gouverneur de la seconde classe, à	10000
PICARDIE.	
Gouvernement général, à	60000
Amiens.	
Un gouverneur de la seconde classe.	10000
Un lieutenant de roi de la seconde classe.	3800
Un major.	2400
Un aide-major.	1000
Citadelle.	
Un lieutenant de roi de la seconde classe.	2700
Un aide-major.	1100
Calais.	
Un gouverneur de la première classe.	12000
Un lieutenant de roi de la première classe.	8000
Un major.	3400
Un aide-major.	1800
Deux sous-aide-major, chacun	1100

Citadelle.

Un lieutenant de roi de la seconde classe. . . . . 3300 l.
Un aide-major. 1000

Fort Nieulay.

Un lieutenant de roi de la seconde classe. 2700
Un aide-major. 1200

Fort du Risban.

Un commandant de la seconde classe. 2000

Fort du Courgain.

Un commandant de la seconde classe. 2000

Ardres.

Un commandant de la seconde classe. 3000
Un major. 1200
Un aide-major. 1000

Doullens.

Un commandant de la seconde classe. 3600
Un major. 1500
Un aide-major. 1200

Guise.

Un gouverneur de la première classe. 12000
Un lieutenant de roi de la seconde classe. 2200
Un major. 1600

Ham.

Un gouverneur de la troisième classe. 8000
Un lieutenant de roi de la seconde classe. 2700
Un major. 1600
Un aide-major. 1000
Un sous-aide-major. 800

Montreuil & citadelle.

Un gouverneur de la première classe. 12000
Un lieutenant de roi de la seconde classe, pour la ville. 2700
Un lieutenant de roi de la seconde classe, pour la citadelle. . . 2000
Un major pour les ville & citadelle. 2000
Un aide-major pour la ville. 1000

Péronne.

Un gouverneur de la troisième classe. . . . . 8000 l.
Un lieutenant de roi de la seconde classe. 3200
Un major. 1700
Un aide-major. 1000

Château de Péronne.

Un commandant de la seconde classe. 2000

Saint-Quentin.

Un gouverneur de la troisième classe. 8000
Un lieutenant de roi de la seconde classe. 4000
Un major. 2000
Un aide-major. 1400

FLANDRE ET HAINAULT.

Gouvernement général, à 60000

Lille.

Le gouvernement de la ville joint au gouvernement général.
Un lieutenant de roi de la première classe. 14000
Un major. 7600
Un premier aide-major. 3600
Deux aide-major, chacun 3000
Deux sous-aide-major, chacun 2400
Deux sous-aide-major, chacun 2000

Citadelle.

Un gouverneur de la seconde classe. 10000
Un lieutenant de roi de la première classe. 7300
Un major. 3700
Un aide-major. 2000

Fort Saint-Sauveur.

Un lieutenant de roi de la seconde classe. 5000
Un aide-major. 2500

Bergues.

Un gouverneur de la première classe. 12000
Un lieutenant de roi de la première classe. 10000
Un major. 5600
Un aide-major. 2800
Un sous-aide-major. 1700

Fort François.

Fort François.

Un lieutenant de roi de la seconde classe. . . . . 2400 l.
Un aide-major. 1000

Gravelines.

Un gouverneur de la seconde classe. 10000
Un lieutenant de roi de la seconde classe. 5400
Un major. 3000
Un aide-major. 1600
Un sous-aide-major. 1100

Douai.

Un gouverneur de la première classe. 12000
Un lieutenant de roi de la première classe. 10000
Un major. 5600
Deux aide-major, chacun. 2600
Deux sous-aide-major, chacun. 1500

Fort de Scarpe.

Un gouverneur de la troisième classe. 8000
Un major. 2200

Dunkerque.

Un commandant de la première classe. 16600
Un major. 7000
Deux aide-major, chacun. 3500
Deux sous-aide-major, chacun. 2000

Fort Mardick.

Un major. 1200

Valenciennes.

Un gouverneur de la première classe. 12000
Un lieutenant de roi de la première classe. 13000
Un major. 7300
Deux aide-major, chacun. 3300
Deux sous-aide-major, chacun. 1900

Citadelle.

Un gouverneur de la seconde classe, à charge de résidence. . . . 10000
Un major. 3300
Un aide-major. 1600
Un sous-aide-major. 1100

Maubeuge.

Un gouverneur de la première classe. . . . . 12000 l.
Un lieutenant de roi de la première classe. 7000
Un major. 3500
Deux aide-major, chacun. 1800
Un sous-aide-major. 1100

Condé.

Un gouverneur de la première classe. 12000
Un lieutenant de roi de la première classe. 7000
Un major. 4000
Un aide-major. 2000
Un sous-aide-major. 1300

Avesnes.

Un gouverneur de la troisième classe. 8000
Un lieutenant de roi de la seconde classe. 4600
Un major. 2800
Un aide-major. 1200

Landrecies.

Un gouverneur de la seconde classe. 10000
Un lieutenant de roi de la seconde classe. 4700
Un major. 2400
Un aide-major. 1200
Un sous-aide-major. 900

Bouchain.

Un gouverneur de la troisième classe. 8000
Un lieutenant de roi de la seconde classe. 4700
Un major. 2400
Un aide-major. 1500
Un sous-aide-major. 900

Philippeville.

Un gouverneur de la troisième classe. 8000
Un lieutenant de roi de la seconde classe. 3000
Un major. 1600
Un aide-major. 1200
Un sous-aide-major. 900

Charlemont & les deux Givets.

Un gouverneur de la troisième classe. . . . . 8000 l.
Un lieutenant de roi de la première classe. 7000
Un major pour Charlemont. 2900
Un major pour les deux Givets. 2900
Un aide-major à Charlemont. 1300
Un aide-major à Givet-notre-Dame. 1300
Un aide-major à Givet-saint-Hilaire. 1300
Un sous-aide-major à Charlemont. 900

Marienbourg.

Un commandant de la seconde classe. 4000
Un major. 1500

Le Quesnoy.

Un gouverneur de la seconde classe. 10000
Un lieutenant de roi de la seconde classe. 4700
Un major. 2800
Un aide-major. 1400
Un sous-aide-major. 900

Cambray.

Un gouverneur de la première classe. 12000
Un lieutenant de roi de la première classe. 9000
Un major. 5000
Deux aide-major, chacun. 2200
Deux sous-aide-major, chacun. 1300

Citadelle.

Un gouverneur de la troisième classe. 8000
Un lieutenant de roi de la seconde classe. 4000
Un major. 2200
Un sous-aide-major. 900

CHAMPAGNE ET BRIE.

Gouvernement général, à 60000

Mézières.

Un gouverneur de la seconde classe. 10000
Un lieutenant de roi de la seconde classe. 4000
Un major. 2000
Un aide-major. 1200

Rocroy.

Un gouverneur de la troisième classe. . . . . 8000 l.
Un lieutenant de roi de la seconde classe. 2800
Un major. 1800
Un aide-major. 1000

ÉVÊCHÉS.

Gouvernement général, à 60000

Metz.

Le gouvernement réuni au gouvernement général.
Un lieutenant de roi de la première classe. 14000
Un major. 6000
Deux aide-major, à chacun. 2500
Deux aide-major, à chacun. 2000
Deux sous-aide-major, à chacun. 1600

Citadelle.

Un lieutenant de roi de la seconde classe. 4500
Un major. 1700
Un aide-major. 1000

Verdun & citadelle.

Un gouverneur de la première classe. 12000
Un lieutenant de roi de la seconde classe. 5000
Un major pour la ville. 2000
Un major pour la citadelle. 1800
Un aide-major. 1200
Un sous-aide-major. 900

Montmedy.

Un gouverneur de la troisième classe. 8000
Un lieutenant de roi de la seconde classe. 2600
Un major. 1500
Un sous-aide-major. 900

Château de Bouillon.

Un lieutenant de roi de la seconde classe. 3600
Un major. 1800
Un sous-aide-major. 900

Thionville.

Un gouverneur de la seconde claſſe. . . . . 10000 l.
Un lieutenant de roi de la seconde claſſe. 5900
Un major. 3000
Un aide-major. 1500
Un ſous-aide-major. 900

Longwy.

Un gouverneur de la ſeconde claſſe. 10000
Un lieutenant de roi de la ſeconde claſſe. 3000
Un major. 2100
Un aide-major. 1100
Un ſous-aide-major. 900

Sarrelouis.

Un gouverneur de la première claſſe. 12000
Un lieutenant de roi de la ſeconde claſſe. 5000
Un major. 3000
Un aide-major. 1500
Un ſous-aide-major. 900

Marſal.

Un commandant de la ſeconde claſſe. 4000
Un major. 2400
Un aide-major. 1400
Un ſous-aide-major. 900

Rodemacker.

Un commandant de la ſeconde claſſe. 2000
Un ſous-aide-major. 900

Sierck.

Un commandant de la ſeconde claſſe. 2000

Stenay.

Un commandant de la ſeconde claſſe. 2000

Château de Marville.

Un major. 1200

LORRAINE.

Gouvernement général, à 60000

Nanci & Citadelle.

Le gouvernement réuni au gouvernement général.
Un lieutenant de roi de la première classe. . . . . 8000 l.
Un major. 4600
Un aide-major. 2000
Un sous-aide-major à la ville. 1200
Un sous-aide-major à la citadelle. 1200

Bitche.

Un commandant de la seconde classe. 3000
Un major. 2000
Un sous-aide-major. 900

Zarguemines.

Un commandant de la seconde classe. 2000

Bar.

Un gouverneur de la troisième classe. 8000

Commercy.

Un gouverneur de la troisième classe. 8000

Neufchâteau.

Un gouverneur de la troisième classe. 8000

Épinal.

Un gouverneur de la troisième classe. 8000

Pont-à-Mousson.

Un gouverneur de la troisième classe. 8000

Mirecourt.

Un gouverneur de la troisième classe. 8000

Saint-Mihel.

Un gouverneur de la troisième classe. 8000

ALSACE.

Le gouvernement général, à 60000

Strasbourg.

Le gouvernement réuni au gouvernement général.
Un lieutenant de roi de la première classe 14500

Un major. . . . . 7000 l.
Deux aide-major, chacun. 3000
Un sous-aide-major. 2200
Deux sous-aide-major, chacun. 1800

Réduit de la porte d'Haguenau.

Un commandant de la seconde classe. 3000

Réduit de la porte Blanche.

Un commandant de la seconde classe. 3000

Citadelle.

Un lieutenant de roi de la première classe. 8000
Un major. 3600
Un aide-major. 1800
Un sous-aide-major. 1300

Fort Louis.

Un gouverneur de la troisième classe. 8000
Un lieutenant de roi de la seconde classe. 4600
Un major. 2600
Un aide-major. 1300
Un sous-aide-major. 900

Schelestat.

Un gouverneur de la seconde classe. 10000
Un lieutenant de roi de la première classe. 7000
Un major. 4000
Un aide-major. 2000
Un sous-aide-major. 1200

Neuf-Brisack.

Un gouverneur de la troisième classe. 8000
Un lieutenant de roi de la seconde classe. 4800
Un major. 3000
Un aide-major. 1500
Un sous-aide-major. 1200

Fort Mortier.

Un commandant de la seconde classe. 3000
Un major. 1500

Betfort & château.

Un gouverneur de la seconde classe. 10000

Un lieutenant de roi de la seconde classe.	4600 l.
Un major.	3000
Un aide-major à la ville.	1500
Un aide-major au château.	1500
Un sous-aide-major.	1000

Huningue.

Un gouverneur de la seconde classe.	10000
Un lieutenant de roi de la seconde classe.	4000
Un major.	2700
Un aide-major.	1500
Un sous-aide-major.	1000

Château de Lichtemberg.

Un commandant de la seconde classe.	2800
Un major.	1400
Un sous-aide-major.	900

Landau.

Un gouverneur de la première classe.	12000
Un lieutenant de roi de la première classe.	9000
Un major.	5000
Un aide-major.	2500
Un sous-aide-major.	1500

Réduit de Landau.

Un commandant de la seconde classe.	3000

Weissembourg.

Un lieutenant de roi de la seconde classe.	3600
Un major.	2400

Landskronn.

Un commandant de la seconde classe.	2800

Lauterbourg.

Un commandant de la seconde classe.	4000
Un major.	1600
Un sous-aide-major.	900

Obernheim.

Un major-commandant.	1800

Haguenau.

Haguenau.

Un lieutenant de roi de la premiere classe. . . . . 6000 l.
Un aide-major. 1500

La petite Pierre.

Un commandant de la seconde classe. 2400

Saverne.

Un commandant de la seconde classe. 2000

Phalsbourg.

Un gouverneur de la troisième classe. 8000
Un lieutenant de roi de la seconde classe. 3600
Un major. 2100
Un aide-major. 1200
Un sous-aide-major. 900

Sarrebourg.

Un commandant de la seconde classe. 2000

Colmar.

Un major-commandant. 5000

COMTÉ DE BOURGOGNE.

Gouvernement général, à 60000

Besançon.

Le gouvernement réuni au gouvernement général.
Un lieutenant de roi de la première classe. 10000
Un major. 4000
Deux aide-major, chacun. 1800
Deux sous-aide-major, chacun. 1200

Citadelle & contrescarpe.

Un lieutenant de roi de la seconde classe. 4300
Un major. 2400
Un aide-major. 1200

Fort Griffon.

Un commandant de la seconde classe. 2200
Un aide-major. 1200

Salins.

Un gouverneur de la seconde classe. . . . . 10000 l.
Un lieutenant de roi de la seconde classe. 5000
Un major. 2400
Un aide-major. 1400

Saint-André de Salins.

Un commandant de la seconde classe. 3000
Un major. 1800

Fort Blin.

Un commandant de la seconde classe. 2000
Un sous-aide-major. 900

Pontarlier & château de Joux.

Un gouverneur de la troisième classe. 8000
Un lieutenant de roi de la seconde classe. 2000
Un aide-major. 1200

Dôle.

Un gouverneur de la troisième classe. 8000
Un lieutenant de roi de la seconde classe. 3000

Château de Blamont.

Un commandant de la seconde classe. 2000
Un aide-major. 1200

DUCHÉ DE BOURGOGNE.

Gouvernement général, à 60000

Dijon & château.

Un gouverneur de la troisième classe. 8000
Un commandant de la seconde classe, pour le château. 2000

Auxonne.

Un gouverneur de la première classe. 12000
Un major-commandant. 1800

Châlons-sur-Saône.

Un gouverneur de la seconde classe. 10000
Un major-commandant. 1800

Bourg.

Un commandant de la seconde classe. . . . . 3000 l.

Fort de l'Écluse.

Un major. 1500

Seyssel.

Un commandant de la seconde classe. 2000

LYONNOIS.

Gouvernement général, à 60000

Pierre-Encise.

Un commandant de la seconde classe. 3000
Un major. 1800

DAUPHINÉ.

Gouvernement général, à 60000

Grenoble & Arsenal.

Un gouverneur de la troisième classe. 8000
Un lieutenant de roi de la seconde classe. 2400
Un major. 1600

Valence.

Un commandant de la seconde classe. 2000

Queiras.

Un commandant de la seconde classe. 2000

Embrun.

Un gouverneur de la troisième classe. 8000
Un lieutenant de roi de la seconde classe. 2800
Un aide-major. 1500

Mont-Dauphin.

Un gouverneur de la troisième classe. 8000
Un lieutenant de roi de la seconde classe. 4500
Un major. 2600
Un aide-major. 1300
Un sous-aide-major. 900

Briançon & forts.

Un gouverneur de la troisième classe. . . . 8000 l.
Un lieutenant de roi de la première classe. . . . 6000
Un major de la ville. . . . 3000
Un major des forts. . . . 2000
Un aide-major de la ville. . . . 1500
Un aide-major au Randouillet. . . . 1300
Un sous-aide-major de la ville. . . . 1000
Un sous-aide-major au Randouillet. . . . 900
Un sous-aide-major au fort des Testes. . . . 900

Fort Barraux.

Un gouverneur de la troisième classe. . . . 8000
Un lieutenant de roi de la seconde classe. . . . 2000
Un aide-major. . . . 1200

Crest, ville & tour.

Un commandant de la seconde classe. . . . 2000

Pont de Beauvoisin.

Un commandant de la seconde classe. . . . 3000

Montelimart.

Un commandant de la seconde classe. . . . 2000
Un aide-major. . . . 1200

PROVENCE.

Gouvernement général, à 60000

Marseille.

Le gouvernement réuni au gouvernement général.

Citadelle de Marseille.

Un gouverneur de la première classe. . . . 12000
Un lieutenant de roi de la première classe. . . . 8000
Un major. . . . 3700
Un aide-major. . . . 1800

Fort Saint-Jean.

Un gouverneur de la troisième classe. . . . 8000
Un lieutenant de roi de la seconde classe. . . . 5000
Un major. . . . 2400
Un aide-major. . . . 1500

Château d'If, Pommègue & Ratonneau.

Un gouverneur de la troisième classe. . . . . 8000 l.
Un major. 1800

Toulon.

Un gouverneur de la troisième classe. 8000
Un commandant de la première classe. 13600
Un major. 2800
Deux aide-major, chacun. 1600
Un sous-aide-major. 900

Fort de la Malgue.

Un aide-major. 1400

Grosse Tour.

Un aide-major. 1400

Saint-Tropez.

Un major-commandant. 1500

Tour de Bouc.

Un aide-major. 1400

Porquerolles & Lingoustier.

Un major-commandant. 1500

Portecros.

Un major-commandant. 1500

Isles Sainte-Marguerite.

Un gouverneur de la seconde classe. 10000
Un lieutenant de roi de la seconde classe. 2500
Un major. 1900
Un aide-major. 1200
Un sous-aide-major. 900

Antibes.

Un gouverneur de la troisième classe. 8000
Un lieutenant de roi de la seconde classe. 4000
Un major. 2000
Un aide-major. 1200
Un sous-aide-major. 900

Fort Quarré.

Un aide-major. 1200 l.

Entrevaux.

Un commandant de la seconde classe. 2400
Un aide-major. 1200

Seyne.

Un major-commandant. 1500

Colmar.

Un commandant de la seconde classe. 2400
Un aide-major. 1200

Fort Saint-Vincent & Vallée de Barcelonette.

Un commandant de la seconde classe. 3600

Sisteron.

Un gouverneur de la seconde classe. 10000
Un lieutenant de roi de la seconde classe. 2400

LANGUEDOC.

Gouvernement général, à 60000

Montpellier, ville & citadelle.

Un gouverneur de la première classe. 12000
Un lieutenant de roi de la seconde classe. 4600
Un major. 2000
Un aide-major. 1400
Un sous-aide-major. 900

Aigues-mortes.

Un gouverneur de la seconde classe. 10000
Un major-commandant. 1800

Fort Peccais.

Un major-commandant. 1800

Sommières.

Un gouverneur de la troisième classe. 8000
Un major-commandant. 1800

Nismes, ville & château.

Un gouverneur de la troisième classe. 8000

Un lieutenant de roi de la seconde classe. . . . . 5000 l.
Un major. 3000
Un aide-major. 1600
Un sous-aide-major. 900

Château de Saint-André de Villeneuve-lès-Avignon.

Un commandant de la seconde classe. 2000

Pont Saint-Esprit.

Un gouverneur de la troisième classe. 8000
Un lieutenant de roi de la seconde classe. 4000
Un major. 1600

Alais & Château.

Un commandant de la seconde classe. 2400
Un aide-major. 1500
Un sous-aide-major. 900

Saint-Hyppolite.

Un gouverneur de la troisième classe. 8000
Un major. 2000

Narbonne.

Un gouverneur de la troisième classe. 8000
Un lieutenant de roi de la seconde classe. 3000
Un major. 2000
Un aide-major. 1200
Un sous-aide-major. 900

Fort Brescou & Agde.

Un gouverneur de la seconde classe. 10000
Un lieutenant de roi de la seconde classe. 2700

Château de Ferrières.

Un major. 1500

Cette.

Un lieutenant de roi de la seconde classe. 3500
Un major. 2200
Un aide-major. 900

ROUSSILLON.

Gouvernement général, à 60000

Perpignan.

Le gouvernement réuni au gouvernement général.

Un lieutenant de roi de la première classe	11000 l.
Un major.	4500
Deux aide-major, chacun.	2200
Un sous-aide-major.	1400

Citadelle.

Un lieutenant de roi de la seconde classe.	5500
Un major.	3000
Un aide-major.	1500

Collioure.

Un gouverneur de la première classe.	12000
Un lieutenant de roi de la seconde classe.	3000
Un major.	1800
Un aide-major.	1200

Salces.

Un gouverneur de la troisième classe.	8000
Un lieutenant de roi de la seconde classe.	3000
Un aide-major.	1500

Villefranche.

Un gouverneur de la troisième classe.	8000
Un lieutenant de roi de la seconde classe.	2600
Un major.	2000
Un aide-major.	1000

Château de Villefranche.

Un major-commandant.	1800

Bellegarde.

Un gouverneur de la troisième classe.	8000
Un lieutenant de roi de la seconde classe.	2400
Un aide-major.	1200

Fort des Bains.

Un major-commandant.	1800

Pratz de Molliou.

Un major-commandant.	1800

Mont-Louis.

Mont-Louis.

Un gouverneur de la troisième classe.	8000 l.
Un lieutenant de roi de la seconde classe.	3000
Un major.	2000
Un aide-major.	1200
Un sous-aide-major.	900

Port Vendre.

Un major-commandant.	1800

NAVARRE ET BÉARN.

Gouvernement général, à	60000

Bayonne.

Un gouverneur de la troisième classe.	8000
Un lieutenant de roi de la première classe.	8000
Un major de la ville & du château vieux.	3400
Un major.	1800
Un sous-aide-major.	1200

Citadelle.

Un lieutenant de roi de la seconde classe.	4500
Un major.	2400

Château vieux de Bayonne.

Un commandant de la seconde classe.	2200

Château neuf.

Un commandant de la seconde classe.	2800
Un major.	1800

Dax & Saint-Sever.

Un gouverneur de la troisième classe.	8000
Un lieutenant de roi de la seconde classe.	2000
Un major.	1200

Pau.

Un gouverneur de la troisième classe.	8000

Navarreins.

Un gouverneur de la troisième classe.	8000
Un lieutenant de roi de la seconde classe.	4000
Un aide-major.	1200

Saint-Jean-pied-de-port.

Un gouverneur de la troisième classe.	8000 l.
Un lieutenant de roi de la seconde classe.	2400
Un aide-major.	1200

Redoute d'Andaye.

Un major-commandant.	1500

Fort Soccoa.

Un commandant de la seconde classe.	2000

GUIENNE.

Gouvernement général, à	60000

Château Trompette.

Un gouverneur de la première classe.	12000
Un lieutenant de roi de la première classe.	10000
Un major.	5000
Un aide-major.	2400

Fort Sainte-Croix.

Un commandant de la seconde classe.	3600

Château du Ha.

Un commandant de la seconde classe.	3000

Blaye.

Un gouverneur de la première classe.	12000
Un lieutenant de roi de la seconde classe.	4400
Un major.	2500
Un aide-major.	1600
Un sous-aide major.	1000

Fort Médoc.

Un commandant de la seconde classe.	3200
Un major.	2000

Ville & château de Lourdes.

Un commandant de la seconde classe.	2000

BRETAGNE.

Gouvernement général, à	60000

Rennes.

Un gouverneur de la troisième classe.	8000 l.

Brest, isle d'Ouessant & Camp retranché de Kellerme

Un gouverneur de la première classe.	12000
Un lieutenant de roi de la première classe.	11000
Un major.	3600
Un aide-major.	1800
Un sous-aide-major.	1000

Nantes & château.

Un gouverneur de la première classe.	12000
Un lieutenant de roi de la seconde classe.	5000
Un major.	1800
Un aide-major.	1200

Vannes.

Un gouverneur de la troisième classe.	8000

Saint-Malo & château.

Un gouverneur de la première classe.	12000
Un lieutenant de roi de la seconde classe.	3600
Un aide-major.	1400

Belle-isle & Citadelle.

Un gouverneur de la première classe, à charge de résidence.	12000
Un lieutenant de roi de la seconde classe.	4000
Un major.	2000
Un aide-major.	1000

Port-Louis & l'Orient.

Un gouverneur de la troisième classe.	8000
Un lieutenant de roi de la première classe.	8000
Un major du Port-Louis.	2400
Un major de l'Orient.	3400

Quimper.

Un gouverneur de la troisième classe.	8000

Château du Taureau.

Un gouverneur de la troisième classe.	8000

NORMANDIE.

Gouvernement général, à . . . . 60000 l.

Rouen.

Un gouverneur de la troisième classe. 8000

Dieppe.

Un gouverneur de la troisième classe. 8000
Un lieutenant de roi de la seconde classe. 4500
Un major. 2500
Un sous-aide-major. 900

Caen, ville & château.

Un gouverneur de la troisième classe. 8000
Un lieutenant de roi de la seconde classe. 3500
Un major. 1800

Granville.

Un commandant de la seconde classe. 2600

Cherbourg.

Un gouverneur de la seconde classe. 10000
Un major. 1800

La Hougue.

Un commandant de la seconde classe. 2400

LE HAVRE.

Gouvernement général, à 30000

Ville & citadelle du Havre.

Le gouvernement réuni au gouvernement général.
Un lieutenant de roi de la première classe. 9000
Un major. 2800
Un aide-major de la ville. 1500
Un aide-major de la citadelle. 1500
Un sous-aide-major. 1000

Tour du Havre.

Un major-commandant. 1600

BOULONOIS.

Gouvernement général, à 30000

Boulogne & château.

Un gouverneur de la seconde classe. . . . . 10000 l.
Un lieutenant de roi de la seconde classe. 4000
Un major. 2200
Un aide-major. 1000

Tour d'Ambleteuse.

Un major-commandant. 1600

ARTOIS.

Gouvernement général, à 30000

Arras.

Un gouverneur de la première classe. 12000
Un lieutenant de roi de la première classe. 8500
Un major. 4800
Deux aide-major, chacun. 2200
Deux sous-aide-major, chacun. 1300

Citadelle.

Un gouverneur de la troisième classe. 8000
Un lieutenant de roi de la seconde classe. 4000
Un major. 2600
Un aide-major. 1300
Un sous-aide-major. 900

Saint-Omer.

Un gouverneur de la seconde classe. 10000
Un lieutenant de roi de la première classe. 9500
Un major. 5000
Deux aide-major, chacun. 2600
Deux sous-aide-major, chacun. 1500

Château de Saint-Omer.

Un commandant de la seconde classe. 2500

Aire, ville & château.

Un gouverneur de la seconde classe. 10000
Un lieutenant de roi de la seconde classe. 5200
Un major. 3200
Deux aide-major, chacun. 1800
Un aide-major au château. 1800

Fort Saint-François d'Aire.

Un commandant de la ſeconde claſſe. . . . . . . 3400 l.
Un major. 1800

Bapaume.

Un gouverneur de la troiſième claſſe. 8000
Un lieutenant de roi de la ſeconde claſſe. 3500
Un major. 2000
Un aide-major. 1200
Un ſous-aide-major. 900

Heſdin.

Un gouverneur de la troiſième claſſe. 8000
Un lieutenant de roi de la ſeconde claſſe. 4800
Un major. 2000
Un aide-major. 1200
Un ſous-aide-major. 900

Béthune.

Un gouverneur de la troiſième claſſe. 8000
Un lieutenant de roi de la ſeconde claſſe. 4500
Un major. 2300
Un aide-major. 1400
Un ſous-aide-major. 900

Saint-Venant.

Un gouverneur de la troiſième claſſe. 8000
Un lieutenant de roi de la ſeconde claſſe. 3400
Un major. 1800
Un aide-major. 1200

PRINCIPAUTÉ DE SEDAN.

Gouvernement général de la ſeconde claſſe. 30000

Sedan, ville & château.

Le gouvernement réuni au gouvernement général.
Un lieutenant de roi de la première claſſe. 9000
Un major pour la ville. 3100
Un major pour le château. 1560
Un aide-major pour la ville. 1300
Un ſous-aide-major. 900

TOUL ET PAYS TOULOIS.

Gouvernement général, à . . . . 30000 l.

Toul.

Le gouvernement réuni au gouvernement général
Un lieutenant de roi de la seconde classe. 2500
Un major. 1600
Un aide-major. 1000

NIVERNOIS.

Gouvernement général, à 30000

BOURBONNOIS.

Gouvernement général, à 30000

BERRY.

Gouvernement général, à 30000

AUVERGNE.

Gouvernement général, à 30000

FOIX, DONEZAN ET ANDORE.

Gouvernement général, à 30000

LIMOSIN.

Gouvernement général, à 30000

HAUTE ET BASSE-MARCHE.

Gouvernement général, à 30000

SAINTONGE ET ANGOUMOIS.

Gouvernement général, à 30000

Angoulême.

Un lieutenant de roi de la seconde classe. 2500
Un aide-major. 1200

AUNIS.

Gouvernement général, à 30000

La Rochelle & Tours.

Un gouverneur de la première classe. 12000

Un lieutenant de roi de la première classe. . . . . 7500 l.
Un major. 3600
Un aide-major. 1800
Un sous-aide-major. 1100

Isle de Ré.

Un gouverneur de la première classe, à charge de résidence. 12000

Saint-Martin de Ré.

Un lieutenant de roi de la seconde classe. 4500
Un major. 2400
Un aide-major. 1200
Un sous-aide-major. 900

Citadelle de Ré.

Un lieutenant de roi de la seconde classe. 3600
Un major. 2400
Un aide-major. 1200

Fort de la Pré.

Un commandant de la seconde classe. 2000

Isle d'Oleron & Citadelle.

Un gouverneur de la seconde classe, à charge de résidence. . . . 10000
Un lieutenant de roi de la seconde classe. 3000
Un major. 1600
Un aide-major à la ville. 1200
Un aide-major à la citadelle. 1200

Rochefort.

Un lieutenant de roi de la seconde classe. 5000
Un major. 2400
Un aide-major. 1600

Fort Chapus.

Un major-commandant. 1500

Isle d'Aix & fort de Fouras.

Un commandant de la seconde classe. 2000

Cognac.

Un gouverneur de la seconde classe. 10000

Brouage & fort Lupin.

Un gouverneur de la troisième classe. . . . . 8000 l.
Un lieutenant de roi de la seconde classe. 2400
Un aide-major. 1200

POITOU.

Gouvernement général, à 30000

Poitiers.

Le gouvernement réuni au gouvernement général.

Niort.

Un gouverneur de la troisième classe. 8000
Un lieutenant de roi de la seconde classe. 4000

SAUMUROIS.

Gouvernement général, à 30000

Saumur & château.

Un lieutenant de roi de la seconde classe. 3500
Un major. 1900

ANJOU.

Gouvernement général, à 30000

Angers.

Un gouverneur de la troisième classe. 8000
Un lieutenant de roi de la seconde classe. 4000
Un major. 2000

TOURAINE.

Gouvernement général, à 30000

Loches.

Un gouverneur de la troisième classe. 8000

LE MAINE ET PERCHE.

Gouvernement général, à 30000

ORLÉANOIS.

Gouvernement général, à 30000

CORSE.

Gouvernement général, à	30000 l.

Bastia.

Un lieutenant de roi de la première classe.	6000
Un major.	3500
Un aide-major.	1800
Un sous-aide-major.	1200

Saint-Florent.

Un commandant de la seconde classe.	4800
Un aide-major.	1800

Calvi.

Un commandant de la seconde classe.	4800
Un major	3000
Un aide-major.	1800

Isle Rousse.

Un major-commandant.	2400
Un aide-major.	1400

Ajaccio.

Un commandant de la première classe.	6000
Un major.	3500
Un aide-major.	1800
Un sous-aide-major.	1200

Bonifacio.

Un major-commandant.	2400
Un aide-major.	1400

Corté.

Un lieutenant de roi de la seconde classe.	6000
Un major.	3500
Un aide-major.	1800
Un sous-aide-major.	1200

Fait & arrêté à Versailles le dix-huitième mars mil sept cent soixante-seize.

Les dispositions de ce réglement ont été de nouveau confirmées, par l'arrêt du conseil du premier octobre 1779, qui a ordonné, que la totalité des différens traitemens, appointemens & émolumens attachés à ces dignités & emplois militaires, seroient compris, à l'avenir, dans les états de dépense des garnisons ordinaires & des places frontières; qu'en conséquence, les sommes pour lesquelles lesdits officiers militaires étoient compris, dans les états des charges assignées sur les recettes générales des finances & autres, en seroient rejettées; à la charge aussi que sur lesdits traitemens, il continueroit d'être précompté auxdits officiers les droits anciens & émolumens qui leur sont payés par les villes, ainsi que la jouissance qui leur est accordée, des fossés, remparts, & autres objets, dans l'intérieur des places & châteaux.

A l'égard des pensions militaires, la déclaration du roi du 7 janvier 1779, a réglé qu'elles seroient toutes payées au trésor royal. Il est dit par l'article V, qu'elles ne seront susceptibles que des retenues auxquelles elles étoient assujetties avant cette époque.

Par l'article XI, que les pensions qui ne seroient point réclamées, pendant trois années consécutives, seroient censées éteintes, sauf néanmoins à les rétablir, lorsque les pensionnaires se présenteroient, & justifieroient de leur existence, en rapportant un certificat du secrétaire d'Etat, dans le département duquel le brevet de leur pension aura été expédié, pour constater qu'ils n'en auroient point encouru la perte.

L'article XIII porte : Nous avons déclaré & déclarons toutes lesdites pensions & graces viagères, non saisissables, ni cessibles, pour quelque cause & raison que ce soit; sauf aux créanciers des pensionnaires, à exercer après leur décès, sur les décomptes de leurs pensions, toutes les poursuites & diligences nécessaires pour la conservation de leurs droits & actions, & sans préjudice des ordres particuliers qui pourroient être donnés, par nos secrétaires d'Etat, pour arrêter le paiement de quelques-unes desdites graces.

Article XIV. Les décomptes des pensions & autres graces des départemens de la guerre & de la marine, qui seront dûs à la mort des pensionnaires, ne pourront être payés aux veuves, enfans, héritiers, ou créanciers desdits pensionnaires, qu'en rapportant, par eux, un certificat des secrétaires d'Etat des départemens, qui constatera que lesdits officiers décédés, sont quittes envers le corps dans lequel ils auront servi, & qu'il n'existera aucune répétition à faire sur eux, par les départemens de la guerre ou de la marine.

Article XVIII. Il ne sera plus accordé, à l'avenir, aux officiers de nos troupes, aucunes retraites ni pensions sous la dénomination de traitement, aux officiers entretenus dans les places, ni à la suite des corps; mais seulement des pensions sur notre trésor royal.

Nous ajouterons ici, pour compléter l'article de la *finance* militaire, que l'édit du mois de janvier 1779, concernant l'ordre de Saint-Louis, a fixé à quatre cens cinquante mille livres, la dotation de cet ordre, sur laquelle somme il est appliqué cinquante-six mille deux cens cinquante livres aux pensions destinées pour les dignités & chevaliers des troupes de mer, & le reste aux officiers des troupes de terre.

L'article XXII. veut que les pensions accordées aux chevaliers de l'ordre, ne puissent jamais excéder huit cens livres, ni être au-dessous de deux cens livres.

FINANCIER, f. m. Homme qui manie les *finances*, c'est-à-dire, les deniers du roi. En général, on donne ce nom à toute personne connue pour être intéressée dans les fermes, régies, entreprises, ou affaires qui concernent les revenus du roi.

A cette définition, *le peuple*, on doit entendre par ce mot, le vulgaire de toute condition, ajoute l'idée d'un homme enrichi, & n'y voit guères autre chose. Le philosophe, c'est-à-dire, l'homme sans prévention, peut y voir, non-seulement la possibilité, mais encore la réalité, d'un citoyen utile à la patrie, quand il joint à l'intelligence, aux ressources, à la capacité, qu'exigent les travaux d'un financier, la probité indispensable dans toutes les professions, & le désintéressement plus particulièrement nécessaire à celles qui sont lucratives par elles-mêmes.

Voici, par rapport à la définition du financier, les différens aspects, sous lesquels peut être envisagée cette profession, que les chevaliers Romains ne dédaignoient pas d'exercer.

Un financier peut être considéré,

1°. Comme participant à l'administration des *finances*, d'une manière plus ou moins directe, plus ou moins prochaine, plus ou moins décisive.

2°. Comme faisant pour son compte, en qualité de fermier ou d'aliénataire, ou pour le compte du roi, en qualité de régisseur, le recouvrement des impositions.

3°. Comme chargé d'entreprises de guerre ou de paix.

4°. Comme dépositaire des fonds qui forment le trésor du souverain, ou la caisse des particuliers qui sont comptables envers l'Etat.

Si l'on examine philosophiquement, ces différentes subdivisions d'une profession devenue fort importante & très-considérable dans l'Etat, on demeurera convaincu qu'il n'en est aucune qui n'exige, pour être dignement remplie, le concours des plus grandes qualités de l'esprit & du cœur, les lumières de l'homme d'Etat, les intentions de bon citoyen, & la plus scrupuleuse exactitude de l'honnête homme vraiment tel; car ce titre respectable est quelquefois légèrement prodigué.

On verra qu'il est indispensable,

1°. Que le régisseur régisse, perçoive, administre comme pour lui-même.

2°. Que le fermier ou l'aliénataire, évite également la négligence qui compromet le droit & la rigueur qui le rend odieux.

3°. Que l'entrepreneur exécute ses traités avec une exactitude qui mérite celle des paiemens.

4°. Que les trésoriers & les autres charges ou emplois à maniement, donnent, sans cesse, des preuves d'une probité qui réponde de tout, & d'une intelligence qui ne prive de rien.

5°. Que tous, enfin, étant par leurs places garans & responsables envers l'Etat, de tout ce qui se fait en leur nom, ou pour le gouvernement, ne doivent employer en sous-ordre, dans le recouvrement & dans les autres opérations dont ils sont chargés, que des gens humains, solvables, intelligens, & d'une probité bien constatée.

C'est ainsi que tous les *financiers*, chacun dans leur genre, & dans l'ordre des proportions de lumières, de fonctions, de facultés, qui leur est propre & particulier, peuvent être estimés, considérés, chéris de la nation, écoutés, consultés, suivis par le gouvernement.

Ce portrait du *financier* blessera peut-être une partie des idées reçues; mais l'ont-elles été en connoissance de cause? Et quand elles seroient justifiées par quelques exemples, doivent-ils tirer à conséquence pour l'universalité?

On répondra vraisemblablement, qu'il seroit injuste & déraisonnable de les appliquer indistinctement à tous les *financiers*. Que penser de cette application indistincte & générale, dans un auteur accrédité par son mérite & par sa réputation?

J'ouvre *l'Esprit des loix*, ce livre qui fait tant d'honneur aux lettres, à la raison, à l'humanité, & je trouve dans cet ouvrage célèbre, cet espèce d'anathême lancé contre les *financiers*, que l'on affecte de confondre tous, dans les injurieuses dénominations de *traitans* & de *publicains*.

» Il y a un lot pour chaque profession. Le lot » de ceux qui lèvent les tributs, est les richesses, » & les récompenses de ces richesses, sont les ri» chesses elles-mêmes. La gloire & l'honneur » sont pour cette noblesse, qui ne connoît, » qui ne voit, qui ne sent de vrai bien, que » l'honneur & la gloire. Le respect & la con» sidération sont pour les ministres & les magis» trats, qui, ne trouvant que le travail après le » travail, veillent nuit & jour pour le bonheur de » l'Empire. «

Mais comment un philosophe, un législateur, un sage, a-t-il pu supposer dans le royaume, une profession qui ne gagnât, qui ne méritât que de l'argent, & qui fût exclue, par état, de toute autre sorte de récompense?

On fait tout ce que mérite de la patrie, la noblesse qui donne son sang pour la défendre, le ministère qui la gouverne, la magistrature qui la juge; mais ne connoît-on enfin qu'une espèce de gloire & d'honneur, qu'une sorte de respect & de considération? Et n'en est-il pas que la *finance* puisse aspirer à mériter?

Les récompenses doivent être proportionnées aux services, la gloire aux sacrifices, le respect aux vertus.

Un *financier* ne sera, sans doute, ni récompensé, ni respecté, ni considéré, comme un Turenne, un Colbert, un Séguier... Les services qu'il rend, les sacrifices qu'il fait, les vertus qu'il montre, ne sont ni de la même nature, ni du même prix. Mais peut-on, doit-on décemment, équitablement, raisonnablement en conclure, qu'ils n'ont aucune sorte de valeur & de réalité? Et lorsqu'un homme de *finance*, tel qu'on vient de le peindre, tel que l'on conçoit qu'il doit être, vient justifier l'idée que l'on en donne, sa capacité ne rend elle pas à l'Etat des services essentiels? son désintéressement ne fait-il pas des sacrifices? & sa vertu ne donne-t-elle pas des exemples à suivre, à ceux-mêmes qui veulent la dégrader.

Il est certain, & l'on doit en convenir, que l'on a vu dans cette profession, des gens dont l'esprit, dont les mœurs, dont la conduite, ont mérité qu'on répandît sur eux, à pleines mains, le sel du sarcasme & de la plaisanterie, & l'amertume des reproches les mieux fondés.

Mais ce corps est-il le seul qui présente des membres à retrancher? & refusera-t-on à la noblesse, au ministère, à la magistrature, les éloges, les récompenses, & les distinctions qu'ils méritent, parce que l'on a vu quelquefois en défaut, dans le militaire, le courage; dans le ministère, les grandes vues; dans la magistrature, le savoir & l'intégrité?

On réclameroit avec raison contre cette injustice. La *finance* n'a-t-elle pas autant à se plaindre de *l'Esprit des loix*, & ne doit-elle pas le faire avec d'autant plus de force, que l'auteur ayant plus de mérite & de célébrité, est aussi plus dangereux pour ses opinions qu'il veut accréditer ? Le moindre reproche que l'on puisse faire en cette occasion à cet écrivain, dont la mémoire sera toujours chère à la nation, c'est d'avoir donné pour assertion générale, une observation personnelle & particulière à quelques *financiers*, & qui n'empêche pas que le plus grand nombre ne desire, ne recherche, ne mérite & n'obtienne la sorte de récompense, de gloire, de respect & de considération qui lui est propre. *

M. Pesselier, auteur de cet article, tiré de la première édition de l'Encyclopédie, ne tombe-t-il pas dans la faute qu'il reproche au très-célèbre auteur de *l'Esprit des loix ;* de conclure du particulier au général ? On conviendra volontiers, qu'il a existé & qu'il existe des *financiers*, qui ont mérité & qui méritent l'estime, & même la reconnoissance publique ; mais dans tous les tems, dans tous les pays, le plus grand nombre n'a-t-il pas toujours mis l'amour de l'argent avant l'amour de la patrie ? & la profession de lever ou recueillir les deniers publics, ou de participer à leur maniement, n'a-t-elle pas été par-tout, regardée comme la plus difficile à exercer avec pureté, à cause des tentations auxquelles elle expose, & de la facilité d'y succomber.

En 1515, la duchesse d'Angoulême, mère de François I, disoit : *Mon fils & moi fûmes continuellement dérobés par les gens de finance.*

En France, on doit mettre au premier rang des *financiers* qui ont bien mérité de la nation, les deux particuliers, qui, dans les commencemens de l'année 1716, tems où l'Etat étoit plongé dans la plus affreuse détresse, prêtèrent d'eux-mêmes, au régent, deux millions cinq cens mille livres. Le trésor royal ne possédoit pas, en ce moment, huit cens mille livres, & il avoit à répondre à un paiement de quarante mille écus par jour, pour les rentes seulement. Quel dommage que le nom de ces généreux citoyens soit perdu, pour l'exemple de la postérité, & l'honneur de leur famille !

La conduite & les menées sourdes des autres *financiers*, ou gens d'affaires, dans le même tems du commencement de la régence, servent encore à relever la gloire de ce prêt généreux, en faisant voir qu'un esprit de cupidité & d'avarice animoit généralement tous les gens de *finance*, dans un moment essentiel, où, comme le dit l'auteur des *Recherches sur les finances*, le reste des citoyens, malgré son épuisement, concouroit avec zèle à l'utilité publique. Tome V. pag. 286. *Voyez* ce qui a été dit au mot CHAMBRE DE JUSTICE, pages 230 & 231 du premier volume. On y trouve l'état des gens de *finances* qui furent assujettis à des taxes, & dont le nombre passe quatre mille quatre cens.

Dans les besoins pressans, dans les tems de calamité, où le peuple attend des soulagemens de la bienfaisance du monarque, on a imposé souvent sur les gens de *finance* des taxes personnelles, ou une capitation plus considérable que les autres classes de sujets, à cause de la facilité qu'ils ont à acquérir plus d'aisance. Ainsi, on les a vûs en 1760, 1761, 1762 & 1763, pendant une guerre malheureuse, être assujettis au paiement d'une triple capitation.

En 1784, l'arrêt du conseil du 14 mars a assujetti, à un vingtième une fois payé, toutes les pensions au-dessus de dix mille livres, toutes les taxations, traitemens ou attributions des places de *finance*, dont les bénéfices excèdent pareille somme, pour appliquer le produit, au soulagement du peuple, en considération de l'hiver excessif qu'il a eu à supporter, & des calamités occasionnées par le débordement des rivières. *Voyez* SECOURS.

Il n'est pas indifférent de rapporter ici ce qu'ont pensé différens ministres des *financiers*. On en jugera mieux du progrès, des lumières & des connoissances, dans tout ce qui se rapporte à l'administration des *finances*, & l'on sera à portée de décider, si notre siècle & notre tems ne sont pas supérieurs en cette partie, puisqu'on y sait mieux apprécier le mérite réel des gens de *finance*.

On trouve dans le *Testament politique du cardinal de Richelieu*, que les *financiers* & les partisans forment une classe séparée, préjudiciable à l'Etat, mais pourtant nécessaire ; que c'est un mal dont on ne sauroit se passer, mais qu'il faut réduire à des termes supportables.

Dans le *Testament de Colbert ;* que, comme il est de toute nécessité d'avoir quelques ressources dans les tems fâcheux de la guerre, il n'y en a point de plus prompte, que celle qu'on peut avoir par le moyen des gens d'affaires, dont le crédit fait mouvoir toutes les bourses ; raison pour laquelle le roi a intérêt, non-seulement de s'en servir, mais encore de les protéger, afin qu'ils puissent maintenir leur crédit, & le prêter à sa majesté.

Le *Testament de M. de Louvois* porte : Si la multitude des *financiers*, doit être regardée, comme une chose préjudiciable à l'Etat, par rapport à l'intérêt des particuliers, on doit aussi convenir qu'ils sont fort nécessaires, & que c'est un bien par rapport au gouvernement. Ils sont d'une grande utilité dans le royaume, sur-tout dans un tems de guerre. L'on doit même contribuer, autant qu'il est possible, à les rendre puissans & riches, afin que, dans les pressans besoins de l'Etat, ils puissent faire de grandes avances au roi, & lui faire trouver, par leur crédit, les fonds qui lui sont nécessaires.

Nous allons terminer cet article, par rapporter le chapitre qui se trouve dans le *Compte rendu au roi en* 1781, par le directeur général des finances, page 30.

» Depuis long-tems, on n'avoit cessé de dire, » que les *financiers* étoient trop multipliés, que » leurs bénéfices étoient trop grands. Je ne sais » comment ils avoient triomphé de ces critiques : » tantôt on avoit détourné son attention de cette » vérité, tantôt on avoit respecté l'abus par des » considérations particulières; & quelquefois aussi » des ministres, après s'être occupés sérieuse- » ment de cet important objet, avoient été rebu- » tés par les difficultés.

» Quoi qu'il en soit, ce plan infiniment inté- » ressant, je l'ai conçu, j'en ai suivi l'exécution » sans relâche, & je crois l'avoir porté peu-à-peu » à sa perfection. En même tems, cela s'est fait » au milieu de la guerre, tems fortuné jusques à » présent pour les gens de *finance*. On avoit tou- » jours dit que c'étoit un intervalle qu'il falloit » franchir sans aucun mouvement; & comme en » tems de paix on disoit aussi qu'il falloit ménager » les *financiers*, pour retrouver leur crédit pen- » dant la guerre, les réformes ne s'étoient jamais » faites, & ces idées n'avoient guère servi qu'à » exercer l'éloquence des écrivains.

» J'ai envisagé cette affaire sous un point de vue » différent; j'ai senti que le crédit ne tenoit point » aux *financiers*, mais à la nécessité où sont les » prêteurs de placer leur argent d'une certaine » manière; & qu'à l'égard des fonds appartenans » à ces *financiers* eux-mêmes, c'étoit une crainte » chimérique que de croire à leur découragement, » & même à leur humeur, parce que dans la dis- » position de leur argent ils sont semblables à » tous les hommes, qui ne prêtent ni par affec- » tion, ni par reconnoissance, mais seulement d'a- » près leur sûreté & leur convenance. «

Ajoutons ici une remarque générale sur les *financiers*. Toutes les fois qu'ils sont puissans & craints dans un Etat, c'est la preuve d'un gouvernement sans vigueur, hors d'état de rien entreprendre de grand, & toujours dans la dépendance du besoin d'argent. » Sous le ministère de Sully, » dit son panégyriste, les *financiers* ne jouirent » d'aucune considération, ni d'autorité dans l'E- » tat. Sous Colbert, ils furent honorés & puis- » sans, marque certaine qu'ils étoient devenus né- » cessaires. Les hommes justes seront toujours en » droit de reprocher à ce ministre, qu'il ait ôté » à Mézeray sa pension d'historiographe, pour » n'avoir pas parlé des *financiers* avec assez de » ménagement. Cet écrivain exact & rigide, dont » tout le crime est d'avoir mis dans ses ouvrages » les principes austères qui étoient dans son cœur, » n'auroit pas, sans doute, été puni par Sully; « il ne l'eut pas été non plus en 1775 & 1780. Il est fâcheux pour la gloire de Colbert, de trouver cette tache dans son histoire. Le grand moyen de rendre les hommes publics vertueux, est de laisser la liberté de dénoncer leurs vices ou les abus qu'ils commettent, & de punir sévèrement la calomnie.

FINITO DE COMPTE. Terme de *finance*, & en usage à la chambre des comptes, pour désigner l'arrêté final d'un compte.

Dans cette acception, on dit tel comptable est en débet ou en avance de telle somme, par le *finito* de son compte.

FISC, f. m. qui signifie le domaine du souverain ou de l'Etat, son trésor. Souvent on entend par ce mot de *fisc*, les fermiers des revenus & des droits du roi, qui font partie du domaine royal.

Chez les Romains, le *fisc* jouissoit de plusieurs privilèges, qui sont passés en Europe avec une grande partie de leurs loix.

Le *fisc* pouvoit revendiquer la succession qui étoit déniée, à celui qui avoit mal-à-propos argué de faux, le testament qui le rendoit héritier. Il étoit aussi préféré au fidéi-commissaire, lorsque le testateur avoit subi quelque condamnation capitale. Il avoit la faculté de poursuivre les débiteurs des débiteurs, lorsque le principal débiteur avoit manqué.

On lui accordoit la préférence sur les villes, dans la discussion des biens de leur débiteur commun, à moins qu'il n'en fût exprès ordonné autrement.

Il avoit pareillement la préférence sur tous les créanciers chirographaires, & même sur un créancier hypothécaire du débiteur commun, dans les biens que le débiteur avoit acquis depuis l'obligation par lui contractée au profit de ce particulier, malgré l'hypothèque générale accordée à celui-ci. Le *fisc* étoit même en droit de répéter ce qui avoit été payé par son débiteur, à un créancier particulier.

Il étoit aussi préféré aux donataires, & à la dot même qui étoit constituée postérieurement à l'obligation contractée envers lui.

S'il avoit été mal jugé contre le *fisc*, la restitution en entier avoit lieu contre le jugement.

Si quelque chose avoit été aliénée frauduleusement, ou au préjudice du *fisc*, il étoit autorisé à faire révoquer l'aliénation.

Il y avoit encore diverses causes, pour lesquelles le *fisc* pouvoit revendiquer les biens des particuliers; savoir, ceux qui avoient été acquis par quelque voie criminelle, après la mort d'un coupable; les biens donnés tacitement par fidéi-commis, qui étoient prohibés par la loi; les biens de ceux qui s'étoient donné ou procuré la mort, pourvu que le délit fût constant; les biens des ôtages & prisonniers décédés, les biens vacans, en les réclamant dans le terme de quatre années; les biens des hérétiques, lorsqu'il n'y avoit point de parens orthodoxes; la dot d'une femme qui avoit été tuée, & dont le mari n'avoit pas vengé la mort.

Le *fisc* succédoit à ceux qui étoient reconnus pour ennemis publics, à ceux qui contractoient des mariages prohibés, lorsqu'il ne se trouvoit ni pères, ni mères, ou autres ascendans, ni enfans ou petits-enfans, ni frères, ni sœurs, oncles ou tantes. Il succédoit pareillement à celui qui étoit relégué, même dans les biens acquis après l'exil.

La succession *ab intestat* de celui qui avoit été condamné pour délit militaire, appartenoit encore au *fisc*. Enfin il succédoit au défaut du mari, & généralement de tous les héritiers généraux ou particuliers. Mais dans certains cas, où il recueilloit quelque succession, exclusivement aux héritiers, il étoit obligé de doter les filles de celui dont il recueilloit l'héritage.

En France, le premier privilège du *fisc*, est que ses droits sont imprescriptibles & inaliénables.

2°. Le *fisc* est toujours réputé solvable; jamais il n'est obligé de donner caution; même quand on en exigeroit des particuliers les plus solvables.

3°. Le *fisc* a la préférence sur tout particulier, dans l'achat de métaux qui peuvent être nécessaires au service de l'Etat, soit pour les monnoies, soit pour l'artillerie: de même pour les tabacs apportés dans le royaume, & qui y sont vendus, à cause du privilège exclusif de vente qui lui appartient.

4°. Le *fisc* est fondé à revenir, en tout tems, contre une sentence ou arrêt qui l'a condamné, quand même il n'en auroit pas interjetté appel en tems utile, si son droit se trouve mieux établi par des pièces recouvrées ou découvertes nouvellement.

5°. Toutes les causes où le *fisc* est intéressé, ne sont pas sujettes à péremption, quand même leur instruction auroit été interrompue pendant trois années, ainsi qu'il est réglé pour les causes ordinaires.

6°. Enfin, toutes les sûretés qu'il est d'usage de prendre dans les contrats & dans les actes passés entre particuliers, sont sous-entendues & censées prises par le *fisc* lorsqu'il contracte. *

Il est inutile d'observer ici, que tous les privilèges du *fisc* passent aux fermiers ou aux officiers qui sont chargés du recouvrement de ses droits, & de la conservation de ses intérêts.

FIXATION, s. f., qui s'emploie fréquemment en différentes parties de finance, pour désigner une certaine quotité des produits, au delà de laquelle il est dû des remises ou des gratifications aux préposés.

Dans ce sens, on dit les fixations sont très-hautes, difficiles à atteindre, & impossibles à excéder.

Si, d'un côté, l'intérêt du fermier ou régisseur le porte à tenir les fixations des produits très-hautes, pour avoir moins de gratifications à accorder aux commis, de l'autre, la crainte de les décourager, la nécessité d'exciter leur zèle, par l'espoir d'une récompense assurée, doivent l'engager à faire des fixations raisonnables, qui laissent appercevoir la possibilité de les surpasser, par un travail actif & suivi.

FIXE, adj. qui s'emploie par opposition à casuel.

Une dépense fixe, une recette fixe, sont celles qui sont indépendantes des événemens & des circonstances.

FIXER, v. actif, qui a la même signification qu'arrêter, régler, déterminer une dépense, une pension, des appointemens, &c.

FLANDRE, province de France, que notre plan nous mene à considérer, & par la forme & par le fond des impositions qu'elle paye à l'Etat, & dans sa constitution relative aux droits qui y sont établis.

La partie de la *Flandre* qui est sous la domination du roi, & qui, par cette raison, porte le nom de *Flandre Françoise*, pour la distinguer de celle qui appartient à l'empereur, & qu'on désigne par le nom de *Flandre Autrichienne*, ou Pays-Bas Autrichiens, a été successivement acquise & réunie à la couronne, par les traités des Pyrénées, d'Aix la-Chapelle, & de Nimégue.

La *Flandre Françoise* se divise en deux portions qui n'ont rien de commun, & qui se régissent par des formes différentes; savoir, la *Flandre Walonne* & la *Flandre Maritime*.

La *Flandre Walonne* est composée des châtellenies de Lille, Douay, & Orchies.

Quelques articles que l'on croit devoir rappeller de la capitulation accordée par le feu roi, lors de la prise de Lille le 27 août 1667, feront connoître la forme de l'administration suivie dans ce pays, connu sous la dénomination de province de Lille.

Ces articles, proposés au nom de la ville de Lille, châtellenie de Lille, Douay & Orchies, des manans & habitans d'icelles & enclavemens, portoient:

Que le peuple, manans & habitans de ladite ville de Lille & châtellenie, seront régis, gouvernés & administrés par les états, avec ceux de Douay & Orchies, la ville de Lille faisant un membre; celle de Douay, un second; celle d'Orchies, un troisième; & les châtellenies, un autre membre, en la même forme & manière qu'ils étoient avant le siège, & lorsqu'ils étoient sous l'obéissance de sa majesté catholique, avec observance de leurs droits, usages, privilèges.... & que, suivant ce, les aides, subsides, & autres subventions du prince, se requéreront & accorderont, ensemble les moyens pour y fournir, se pratiqueront en la même forme & manière que du tems de sa majesté catholique.

Qu'il ne sera permis aucune imposition ou capitation sur les pays & habitans, que par convocation, & du consentement des états.

Que les châtellenies de Lille, Douay & Orchies, représentées par les quatre seigneurs hauts-justiciers, ou leurs baillis, demeureront en tous leurs droits & privilèges dont elles ont joui jusqu'à présent, & ne s'y pourront mettre aucunes impositions, telles qu'elles fussent, non plus la gabelle du sel, qu'autres, sous quelque prétexte que ce puisse être, sans la convocation & le consentement exprès des seigneurs, ou leurs baillis, en la forme & manière toujours pratiquées.

Les aides & subsides seront demandés par sa majesté, ou autre personne par elle à ce commise, en la forme dont a usé jusqu'à présent sa majesté catholique; & l'accord s'en étant ensuivi, lesdits seigneurs, ou leurs baillis, pour y fournir, pourront imposer & lever les mêmes moyens qu'ils ont toujours pratiqués.

Leur assemblée se continuera en la même forme, & avec le même nombre de personnes que présentement, sans en adjoindre d'autres.

Le roi, ainsi qu'on l'a déja observé, accorda ces articles, & fit expédier sur la capitulation qui les contenoit, des lettres-patentes, qui furent enregistrées au conseil souverain de Tournay, le 2 mai 1669.

Les quatre seigneurs hauts-justiciers sont, le roi, comme seigneur de Phalempin; M. le prince de Soubise, comme seigneur de Cysoing; M. le comte d'Egmont, comme seigneur de Wavrin; M. le duc d'Orléans, à cause de la seigneurie de Commines.

Les quatre seigneurs, n'y pouvant résider exactement, se sont faits, de tems immémorial, représenter par leurs baillis.

M. de Bagnols, intendant de *Flandre*, expose, dans le mémoire sur son département, que ces quatre seigneurs étoient anciennement les seuls haut-justiciers de la province de Lille; que c'est pour ce sujet qu'on les nommoit, par distinction, les quatre hauts-justiciers.

Que comme ils étoient les plus puissans en terres, & qu'ils prétendoient, comme faisoient autrefois tous les seigneurs de haubert en France, que l'on ne pouvoit rien imposer sur leurs vassaux sans leur consentement, les comtes de Flandres & les ducs de Bourgogne s'adressoient à eux, afin qu'ils voulussent lever sur les habitans de leurs terres, les sommes que ces princes avoient demandées.

Que dans les commencemens, ces sommes étoient très-modiques; qu'elles se sont accrues en même tems que les facultés & la richesse du pays; que les quatre seigneurs hauts-justiciers, ou leurs baillis pour eux, ont continué de prendre connoissance des deniers que l'on accordoit aux princes, & des levées extraordinaires que son service exigeoit.

Ainsi les magistrats ont l'administration des villes, & les quatre seigneurs hauts-justiciers, représentés par leurs baillis, celle du plat-pays.

Il s'étoit élevé une grande contestation entre le clergé & la noblesse, d'une part, & les baillis des quatre hauts justiciers, de l'autre. Cette contestation, amplement instruite, a été définitivement décidée le 17 janvier 1767. Voici quelles étoient les demandes respectives sur lesquelles cet arrêt est intervenu.

Les ordres du clergé & de la noblesse demandoient l'exécution des lettres-patentes de Jean, duc de Bourgogne, du premier octobre 1414, & de Philippe-le-Bon, son fils, de 1419; qu'en conséquence, ces deux ordres fussent maintenus & restitués dans les droits, prérogatives, rangs & honneurs dont ils avoient dû jouir, & dont jouissoient le clergé & la noblesse dans les autres états du royaume, & en particulier dans ceux de la province d'Artois, notamment dans celui d'être convoqués aux assemblées générales & annuelles.

Qu'il fût ordonné que la demande de l'aide se feroit, à l'avenir, aux trois ordres réunis dans ladite assemblée; que toutes les délibérations y seroient prises, & les consentemens donnés, par le concours des trois ordres; qu'il fût fait défenses aux baillis des quatre seigneurs hauts-justiciers, & aux magistrats des villes, de lever ou consentir à l'imposition d'aucun aide ou subside, soit par forme de vingtième, soit par taille sur les terres, ou octrois sur les consommations, comme autrement, à prendre sur les manans & habitans des châtellenies de Lille, Douay & Orchies, sans le concours & le consentement des ordres du clergé & de la noblesse.

Qu'il fût pareillement ordonné, que l'administration seroit commune aux trois ordres, & exercée par trois députés, choisis chacun dans son corps respectif; que les comptes des revenus & produits desdites châtellenies, ainsi que des dépenses, seroient rendus à des députés *ad hoc* de chaque

chaque corps, qui en feroient leur rapport à l'assemblée générale.

Les baillis des quatre seigneurs hauts-justiciers demandoient, de leur côté, que la capitulation arrêtée au camp devant Lille, le 27 août 1667, & les lettres-patentes du 11 avril 1669, fussent exécutées selon leur forme & teneur; qu'en conséquence, lesdits baillis & les magistrats des villes de Lille, Douay & Orchies, fussent, conformément à ladite capitulation, & à ce qui s'étoit pratiqué de tout tems, maintenus & gardés dans le droit & possession d'administrer seuls, sans l'intervention du clergé & de la noblesse, les affaires des villes & châtellenies de Lille, Douay & Orchies, tant en matière d'aides & subsides, qu'autres, sous le titre de représentans les états des villes & châtellenies; sauf au clergé & à la noblesse, à ne pouvoir être imposés auxdites aides & subsides, que de leur consentement, en la manière accoutumée, & assister par leurs députés, qui, à cet effet, seroient appellés aux comptes des impositions auxquelles ils auroient contribué. Que dans tous les actes qu'ils donneroient pour leur contribution, ils seroient tenus d'exprimer qu'ils contribuoient pour le soulagement de la province, & non pour le tiers état, état roturier, état taillable.

Cette contestation, entre les différens ordres de la province, étoit très-ancienne. Il étoit intervenu, le premier août 1707, un arrêt du conseil, qui, d'après une instruction faite par M. de Bagnols, commis à cet effet, & sur son avis, avoit ordonné, qu'en attendant le jugement définitif du procès d'entre les parties, concernant la direction générale des affaires de la province, & sans préjudice de leurs droits respectifs, les ecclésiastiques & nobles seroient maintenus dans la possession où ils étoient, de ne pouvoir être imposés qu'après y avoir donné leur consentement, & d'être leurs députés appellés à l'audition des comptes des impositions auxquelles ils auroient contribué; & qu'au surplus, les baillis des quatre seigneurs hauts-justiciers, seroient pareillement maintenus dans la possession où ils étoient d'avoir seul la direction générale des affaires de la province; de faire en conséquence, sans l'intervention desdits ecclésiastiques & nobles, ni de leurs députés, les impositions, répartitions & mandemens, & de juger des difficultés qui surviendroient dans l'exécution.

En 1754, le clergé & la noblesse reprirent cette affaire, & poursuivirent, au conseil, un arrêt définitif. L'instruction fut successivement renvoyée à M. de la Grandville & à M. de Caumartin, intendans de Flandre; M. le duc d'Orléans, M. le prince de Soubise, & M. le comte d'Egmont, ont donné leur requête d'intervention & de prise de fait & cause de leurs baillis; & c'est en cet état qu'est intervenu l'arrêt du 17 janvier 1767, qui déboute les ecclésiastiques & les nobles des fins & conclusions de leurs requêtes; ordonne que l'arrêt provisoire du premier août 1707, demeurera définitif.

Que la capitulation de Lille, & les lettres-patentes expédiées en conséquence, seront exécutées selon leur forme & teneur; maintient & garde les quatre baillis des quatre seigneurs hauts-justiciers des châtellenies, & les magistrats des trois villes de Lille, Douay & Orchies, conformément à ladite capitulation, & à ce qui s'est pratiqué de tout tems, dans le droit & possession d'administrer seuls, & sans l'intervention du clergé & de la noblesse, les affaires desdites villes & châtellenies, sauf au clergé & à la noblesse à ne pouvoir être imposés, que de leur consentement, en la manière accoutumée, pour les seuls biens qu'ils feront val[illegible] par leurs mains, & à assister par leurs députés [illegible]ppellés à cet effet, à tous les comptes des impositions auxquelles ils auront contribué. Veut, au surplus, sa majesté, que dans les actes de consentement qu'ils donneront pour leur contribution personnelle, ils soient tenus d'exprimer qu'ils contribuent pour le soulagement des provinces, & non pour le tiers-état, état roturier, ou état taillable.

Enfin, par une dernière disposition, pour donner plus de publicité à la forme dans laquelle les comptes seront arrêtés, le roi veut qu'à l'avenir il soit procédé, en la manière accoutumée, à l'audition & à l'arrêté desdits comptes pardevant l'intendant, conjointement avec deux officiers du bureau des finances de Lille, qui seront commis à cet effet par sa majesté, pour tenir lieu des deux officiers de la chambre des comptes de Lille, qui y étoient anciennement appellés.

On observe qu'après la prise de Lille, en 1667, la chambre des comptes qui y résidoit du tems de l'Espagne, & qui y avoit été établie le 5 février 1385, par Philippe-le-Hardi, duc de Bourgogne & comte de Flandre, fut transférée à Bruges, & ensuite à Bruxelles; & qu'en 1691, le roi érigea à Lille un bureau des finances.

Les Etats de la province de Lille s'assemblent ordinairement sur la fin de l'année.

L'assemblée se tient toujours en la ville de Lille; elle est composée du magistrat de Lille, des quatre seigneurs hauts-justiciers, ou de leurs baillis, des députés des magistrats de Douay, & de ceux de la ville d'Orchies.

Le roi fait expédier une lettre-de-cachet à chaque haut-justicier ou son bailli, & à chaque corps de magistrat: ces lettres portent, qu'ayant jugé à propos de convoquer les Etats de Lille, Douay & Orchies, en la ville de Lille pour tel jour, il a bien voulu les en informer, afin que ledit jour ils se rendent au lieu accoutumé de l'assemblée desd. Etats, où se doivent pareillement trouver les hauts-justiciers de la châtellenie, les magistrats de la ville, & les députés de celle de Douay & Orchies, pour y entendre les propositions & demandes que les commissaires de sa majesté doivent y faire de sa part.

Sur les lettres-de-cachet, les baillis des hauts-justiciers, les magistrats de Lille, les députés de ceux de Douay & d'Orchies, s'assemblent.

Les commissaires du roi, qui sont le gouverneur ou le commandant, & l'intendant de la province, se rendent à l'assemblée; ils y présentent une lettre de créance, qui est adressée à l'assemblée des états, sous cette suscription: *A nos amés & féaux les gens des Etats de Lille, Douay & Orchies.* Ils font ensuite les demandes dont ils sont chargés par la lettre du roi, qui leur a été adressée.

La lettre écrite à M. de Caumartin, intendant de *Flandre*, en date du 11 octobre 1766, porte, qu'ayant jugé à propos de convoquer les Etats de Lille, Douay & Orchies, en la ville de Lille le 28 du présent mois, l'intention de sa majesté, est que, de concert avec le sieur comte du Muy, commandant pour son service en *Flandre*, ou lui seul en son absence, il se trouve ledit jour à l'ouverture de l'assemblée desdits Etats, & qu'après les avoir assurés de l'affection & bienveillance que sa majesté a pour eux & pour ses peuples dudit pays, il leur demande en son nom la somme de deux cens soixante-deux mille livres, à titre d'aide extraordinaire, pour l'année prochaine 1767, outre & par-dessus la somme de deux cens cinquante mille livres, pour l'aide ordinaire de ladite année, en leur représentant le besoin que sa majesté a de la continuation de leurs secours, pour les dépenses extraordinaires auxquelles les circonstances l'ont obligé, pour assurer la paix, les biens & le commerce de ses sujets, & pour soutenir la dignité & les droits de sa couronne.... Et afin que les Etats ajoutent une entière foi à ce qu'ils auront à leur dire de sa part, le roi joint la lettre qu'il écrit aux états, en créance sur ses commissaires.

La demande étant faite par les commissaires, la séance se remet au lendemain; & dans cette seconde séance, où ils n'assistent point, les Etats délibèrent entr'eux sur le subside, & l'accordent; deux députés de l'assemblée vont ensuite rendre compte de la délibération aux commissaires du roi.

Le lendemain, les ecclésiastiques & les nobles s'assemblent, d'après les lettres d'invitation que le premier commissaire du roi écrit à chacun d'eux; Les commissaires du roi viennent à l'assemblée, ils y présentent les lettres de créance du roi, qui sont adressées: *Aux révérends pères en Dieu, vénérables, nobles, très-chers & bien amés les ecclésiastiques & nobles des Etats de Lille.*

Les commissaires exposent ensuite, que le jour précédent les états ont accordé l'aide qui leur a été demandée, & ils invitent les ecclésiastiques & nobles à y contribuer, à raison des biens qu'ils font valoir par eux-mêmes; sur quoi ils leur remettent ce qu'on appelle le *mémoire inductif.*

Les commissaires du roi se retirent, l'assemblée des ecclésiastiques & nobles délibère; & lorsqu'ils ont pris leur résolution, ils envoient quatre députés, deux ecclésiastiques & deux gentilshommes, pour en faire part aux baillis & magistrats, qui sont assemblés de leur côté. Il est d'usage que le clergé & la noblesse accordent un vingtième & demi du revenu des biens qu'ils tiennent par leurs mains, & pour lesquels ils sont en possession de ne contribuer que de leur consentement; car à l'égard de ceux qu'ils ne font pas valoir, leurs fermiers supportent la même imposition que les autres contribuables.

Les magistrats règlent dans les villes, les baillis dans le plat-pays, les impositions. On expliquera, dans la suite, les principes d'après lesquels se fait cette répartition.

Des députés, tirés des deux corps, forment ce qu'on appelle la chambre commune, qui, étant assemblée toute l'année, traite les affaires générales de la province, & dirige les opérations qui doivent être communes.

Quant aux objets particuliers relatifs aux deux corps, les baillis & les magistrats gouvernent chacun dans ce qui les concerne.

Les baillis, comme administrateurs de la campagne, y font les impositions; sont chargés de l'entretien, réparation & construction des ponts & chaussées; du soin d'encourager l'agriculture, le commerce & les manufactures; de l'entretien des haras, & de la fourniture des fourrages à la cavalerie que le roi juge à propos d'envoyer, soit dans le plat-pays, soit dans les places: le roi ne paye ces fourrages que cinq sols la ration, suivant une ancienne fixation, faite du tems de M. de Louvois.

Les magistrats ont la police dans les villes. Indépendamment de leur cotte-part dans les subsides ordinaires & extraordinaires, ils sont chargés de l'entretien & construction des casernes pour les garnisons nombreuses qui sont dans les places, du chauffage des troupes, des lits & autres ameublemens, du logement des officiers & des états-majors qui se payent en argent; de l'entretien des pavés, ponts, canaux & édifices, & de contribuer, avec les baillis, aux sommes nécessaires pour l'entretien des fortifications.

Les moyens que la province de Lille emploie par la voie de l'imposition, pour les demandes qui lui sont faites de la part du souverain, consistent en tailles & vingtièmes.

On appelle taille, certaine imposition à laquelle chaque paroisse ou communauté a été fixée autrefois, relativement au nombre des terres, de feux, de bestiaux, & autre espece de biens, tels que moulins, dixme, viviers, qui subsistoient alors: on suit encore la même fixation, quelque changement qu'il y ait eu dans ces communautés.

Les tailles se levent en vertu de lettres appellées *transport*, données par Charles-Quint en 1553; elles règlent les parts & portions de chacune des villes de Lille, Douay & Orchies, & des châtellenies, dans les aides & subsides accordées & à accorder par ceux desdites villes & châtellenies: elles contiennent un réglement sur les tailles; elles autorisent le projet d'assiette qui avoit été formé; elles exceptent les biens occupés par *gens d'église & nobles, à eux appartenans.*

Voulant & ordonnant, y est-il dit, *qu'icelui transport & assiette sortissent son plein & entier effet; ordonnant, en outre, que les seigneurs, leurs baillis ou lieutenans, manans & habitans desdites villes, bourgs & villages, ressorts & enclavemens de nosdites châtellenies de Lille, Douay & Orchies, feront dorénavant asseoir & asseoiront leurs tailles & aides chacun en son droit.*

Chaque espece de biens est rapportée dans ces lettres, & cotisée à une somme proportionnée à leurs quantité & qualité.

Mais comme dans la succession des tems il arrive des changemens dans le nombre des feux & des bestiaux, même dans les fonds que l'on convertit souvent à d'autres usages que ceux auxquels ils étoient auparavant destinés, les gens de loi, au lieu d'imposer les tailles suivant les différentes especes de bien qui en font l'objet, ont toujours pratiqué de ne cotiser en tailles que les terres au bonnier, également, (le bonnier faisant trois arpens de France) & les dixmes, moulins & viviers, à un certain nombre de bonniers, sans y comprendre les feux & les bestiaux.

Il y a cependant des communautés, comme Turquoin, Roubaix, & les fauxbourgs de Lille, où les tailles s'imposent en partie sur les facultés, à cause du commerce & des manufactures qui y sont établies, & qu'il ne seroit pas juste que les cultivateurs supportassent seuls tout le fardeau de l'imposition, & qu'un commerçant ou riche fabricant, ne payât qu'une contribution modique; ce qui ne manqueroit pas d'arriver, si, dans ces lieux, la taxe n'étoit faite que pour l'habitation, & sans égard aux facultés.

Les tailles sont au nombre de cinq, & ont des échéances différentes; savoir, la taille de mars, celle de la saint-Jean, celle de septembre, celle de Noël, & la taille du prévôt.

On les impose toutes à la fois, & par un seul mandement.

La taille du prévôt a été anciennement établie pour payer la maréchaussée, & tout ce qui avoit rapport à la police militaire.

On appelle les cinq tailles, tailles de roi ou tailles ordinaires, parce qu'on les impose chaque année, & que c'est l'intendant de la province qui en signe le mandement, après que les états ont résolu de l'imposer; à la différence des tailles de faux frais, & d'une autre espece de taille, qu'on appelle taille de passage.

La taille de passage est double ou simple; la double est composée des deux tailles de saint-Jean & Noël; & la simple, de celle de mars & de septembre.

On les impose pour la fourniture des fourrages & les cas extraordinaires; ce sont les états qui en font les mandemens & les impositions.

Le vingtième a été réglé sur le loyer des terres, maisons, moulins, dixmes, terrages, bois, & autres especes de biens-fonds; c'étoit, lorsque le vingtième a été établi, la vingtième partie de ce qu'ils rapportoient au propriétaire chaque année; à la différence, ainsi qu'on l'a déja observé en parlant de l'Artois, du centième, pour lequel on n'a eu égard qu'à la valeur des fonds & édifices: c'est le centième de cette valeur.

Avant 1601, on ne levoit pas de vingtième dans la province de Lille; mais seulement les tailles dont on vient de parler.

Le vingtième fut alors établi, pour fournir aux archiducs Albert & Isabelle un secours extraordinaire, que les Etats de la province leur avoient accordé: c'étoit le tems des révolutions qu'ont éprouvé les Pays-Bas.

Chaque communauté fut, en conséquence, chargée de former un rôle de tous les les biens qui étoient situés dans son territoire.

Ces rôles subsistent encore, du moins en copies; les originaux ayant péri dans l'incendie arrivé à l'hôtel-de-ville de Lille en 1756.

On observe que, dans le principe, ils avoient été formés avec assez de négligence; que les changemens survenus y ont apporté de la confusion, & qu'il y a plusieurs parties omises.

Ils ont cependant toujours servi de règle pour la levée des vingtièmes; les gens de loi des communautés ont été, dans tous les tems, obligés de s'y conformer & d'y revenir, nonobstant tous usages & possession contraires.

Comme quelques-uns de ces cahiers étoient perdus, d'autres raturés en plusieurs endroits, &

que, comme on vient de le dire, il y avoit des parties omises, pour lesquelles on ne payoit rien, les baillis des états de Lille jugèrent nécessaire, en 1728, d'en demander le renouvellement au roi, ce qui leur fut accordé par arrêt du conseil du 30 mai de la même année.

On a travaillé, depuis cette époque, à former plusieurs nouveaux cahiers. On y a rétabli les fonds omis; on y a compris les nouvelles habitations; on a marqué le nom des propriétaires & celui des occupans, avec les tenans & aboutissans des terres. L'ancien vingtième n'est pas augmenté par ces nouveaux cahiers. Il est dit expressément, dans l'arrêt de 1728, que pour fixer le vingtième des parties omises, de celles qui ne pourroient être identifiées avec les articles insérés dans les anciens cahiers, & des nouveaux bâtimens, on n'auroit égard qu'au produit & à l'estimation des biens en 1601, tems de la formation des anciens cahiers, & l'on s'y est conformé.

Mais la guerre, dont la *Flandre* a été pendant plusieurs années le théâtre; l'imposition du vingtième du revenu de tous les biens, établie dans le royaume par édit du mois de mai 1749, & le procès immense que les états ont eu à soutenir contre le clergé & la noblesse de la province, & qui n'a été terminé que par l'arrêt du conseil du 17 janvier 1767, dont on a rappellé les dispositions, ont arrêté les progrès d'une opération aussi importante, pour établir l'ordre convenable dans cette partie d'administration.

La composition des Etats, & leur pouvoir, étant actuellement irrévocablement fixés, ils se proposent de reprendre ce travail, & de le suivre avec le zèle nécessaire pour le conduire à sa perfection.

Les impositions en tailles & vingtièmes sont considérables; les charges que supporte la province de Lille, obligent d'imposer, tous les ans, quatre ou cinq vingtièmes, & quelquefois plus, sur le revenu des biens.

On finira par observer, que c'est l'intendant qui arrête l'assiette & la répartition de l'aide ordinaire, tant pour la *Flandre Walonne* que pour la *Flandre Maritime*; celle de la *Flandre Maritime*, est dite dans l'intitulé de l'assiette, être imposée en conséquence d'un arrêt du conseil, qui y est rappellé; & celle de la *Flandre Walonne*, en exécution des lettres-de-cachet, adressées aux Etats de Lille.

FLANDRE MARITIME. La *Flandre Maritime*, dans l'état actuel, est composée des villes & châtellenies de Cassel, de Bergues, de Bailleul & de Bourbourg; des villes & territoires de Dunkerque & de Marville; du territoire de Verviczud, de Warneronzud.

L'on entend par ville, la cité, & ce qui est enfermé dans l'enceinte des murs; par châtellenie, les bourgs & villages qui composent le plat-pays aux environs de la ville, & dans ses dépendances; par territoire, une espece de banlieue circonvoisine de la ville, & dans laquelle se trouvent des villages. Il n'y a d'autre différence, entre châtellenie & territoire, que le plus & le moins d'étendue; l'administration de l'une & de l'autre est la même.

Ce qui est aujourd'hui sous la domination du roi, faisoit, avant la réunion à la couronne, partie des quatre membres de *Flandre*. On sait qu'en 1343, les villes de Gand, Bruges & Ypres, sous la conduite du fameux Jacques Artevelle, se soulevèrent contre le comte de Flandre, Louis II, dit de Crecy; & par l'établissement des trois membres, dont chacune de ces trois villes en formoit un, changèrent la constitution du pays, & revêtirent leurs magistrats de toute l'autorité.

Lorsque les troubles furent appaisés, les comtes de Flandre laissèrent subsister, quant à la forme, par ménagement pour les peuples, cette administration; & en 1436, Philippe III, dit le Bon, institua un quatrième membre, qui fut le franc de Bruges.

La province de Lille n'a été comprise dans aucun des trois membres; elle avoit été cédée à Philippe-le-Bel, en 1304, par un traité; & la France en conserva la possession jusqu'en 1369, que Charles V. la rendit à Louis III, dit *de Mâle*, comte de Flandre: ainsi, elle n'eut aucune part aux mouvemens qui produisirent cet établissement.

Depuis que, par la paix d'Utrecht, le feu roi a cédé Ypres à la maison d'Autriche, aucun des quatre membres ne fait partie du royaume; & il n'est resté à la France que Bergues, & les autres villes que l'on a rappellées, dont la plus grande partie, avant la conquête, contribuoit pour le paiement des impositions, avec le membre de Bruges.

Les quatre membres de *Flandre* représentoient les Etats, & toutes les villes & châtellenies de la province.

Ils avoient imposé, en différens tems, plusieurs droits sur les boissons, les bestiaux, & autres denrées, pour acquitter, avec le produit qu'ils en tiroient, les aides & subsides que leur demandoit le souverain, & subvenir aux autres charges du pays.

Les quatre membres avoient l'administration de ces droits, en passoient les baux, & en faisoient faire le recouvrement au profit de toute la province, dont ils étoient les représentans, conformément à l'article VI. du titre premier de la coutume de Bruges, homologuée par lettres-patentes des archiducs Albert & Isabelle, à laquelle les autres sont conformes, & qui contient ce qui suit:

Avec, & sous ladite ville de Bruges, comme représentant le second membre de Flandre, *contribuent différentes villes & loix subalternes, ci-après énoncées, en toutes impositions, impôts, & autres charges générales du pays, aides & subsides du prince, dont ladite ville de Bruges a l'administration & la connoissance, & fait, par ses comissaires, donner les baux dans lesdites villes, ensemble faire la recette & le recouvrement des deniers.*

Après la prise de la ville de Bergues, & des pays qui forment aujourd'hui la *Flandre Maritime*, Louis XIV confisqua, à son profit, & réunit au domaine de la couronne, les droits des quatre membres qui s'y percevoient, comme appartenans à la ville de Bruges, qui étoit restée sous la domination Espagnole, & qui, dans le fait, n'en avoit que l'administration & la régie, & il continua de lever sur les pays, les mêmes aides & subsides qui avoient lieu du tems de l'Espagne.

Les villes & le plat-pays de chaque châtellenie & territoire, ne forment qu'un seul & même corps d'administration, & ce sont les mêmes magistrats pour la ville & pour la campagne; à l'exception de Bailleul, où il subsiste deux corps de magistrats, l'un, pour la ville, l'autre, pour la châtellenie, mais administrant toujours sur les mêmes principes; chaque administration, formant ce qu'on appelle un *chef-collège*. La *Flandre Maritime* est composée de huit *chefs collèges;* ils se renouvellent tous les ans, ou plus ou moins souvent, quand il plaît au gouvernement.

Ces *chefs-collèges*, quand ils sont réunis par députés, sont les représentans de toute la province. Lorsqu'il est nécessaire de les convoquer, c'est à Cassel qu'ils s'assemblent, depuis que la ville & châtellenie d'Ypres ne sont plus sous la domination du roi : le *chef-collège* de Cassel adresse, en ce cas, des lettres circulaires à tous les autres, pour les prévenir d'envoyer chacun leurs députés. Cette assemblée s'appelle le département; chacun des *chefs-collèges* peut y envoyer des députés. Si quelque *chef-collège* n'envoie personne, on fait mention sur le registre qu'ils ont été convoqués, & qu'ils sont absens, & l'on procède aux délibérations, sur toutes les affaires qui sont à agiter : l'on envoie à chacun des *chefs collèges* copie des décisions de l'assemblée.

Elle est présidée par le premier député de la châtellenie de Cassel, qui, communément, est le premier noble vassal de la cour de Cassel; c'est le premier conseiller, pensionnaire de cette cour, qui annonce les motifs de la convocation, & chaque député est en droit de proposer les matières sur lesquelles il desire d'avoir une décision.

Le clergé, ni la noblesse, n'ont aucune voix ni séance dans l'assemblée du département; ces deux ordres ne jouissent d'aucune exemption, relativement aux impositions & autres charges; & s'il se trouve des nobles dans l'assemblée, c'est uniquement parce qu'ils sont dans la magistrature. Tout se décide à la pluralité des voix; les *chefs-collèges* qui n'ont point envoyé au département, sont engagés, par les délibérations, comme ceux qui y ont envoyé.

Cette assemblée n'a point à délibérer, pour accorder les aides & subsides, c'est un arrêt du conseil qui les fixe chaque année. L'aide ordinaire, qui tient lieu de taille, est de cent quatrevingt-dix-neuf mille cent dix-neuf livres dix sols deux deniers; l'aide extraordinaire, qui a lieu principalement en tems de guerre, & dont il est d'usage d'accorder au pays la décharge en tems de paix, est de deux cens soixante-deux mille livres.

L'arrêt du conseil, qui fixe le montant de l'aide ordinaire pour l'année suivante, & en ordonne l'imposition, contient en même tems la répartition du montant entre les différentes châtellenies & territoires; cette répartition est faite d'après un ancien tarif, appellé transport, qui a toujours été suivi : l'arrêt ordonne que les deniers seront remis entre les mains du receveur général des finances de *Flandre*, en exercice, moitié dans le mois de juin, & l'autre moitié dans celui de décembre suivant : il enjoint à l'intendant de tenir la main à son exécution.

L'intendant arrête, en conformité, l'assiette & la répartition entre les différentes châtellenies & territoires.

L'imposition, dans la *Flandre Maritime*, est purement réelle; tous les fonds indistinctement, sans aucune distinction, exemption, ni privilège, y sont assujettis, & y contribuent dans une proportion déterminée par le transport ou tarif de 1517 : ainsi la base de la répartition est toujours la même.

Pour fixer d'abord la portion pour laquelle chaque châtellenie & territoire devoient contribuer, on a divisé une somme de cent livres, monnoie du pays; & la quotité donnée dans cette somme à chaque district, forme le transport de la châtellenie ou territoire, auquel elle a été assignée.

Le transport, par exemple, dans la châtellenie de Cassel, a été porté à quarante-deux livres douze sols neuf deniers.

Il a été fixé, dans celle de Bruges, à vingt-huit livres sept sols quatre deniers; & ainsi dans les autres châtellenies & territoires, jusqu'à concurrence de cent livres.

On multiplie ce transport autant de fois qu'il est nécessaire, pour remplir l'objet des aides & subsides ordinaires & extraordinaires, & autres charges & dépenses que le pays est dans le cas de supporter.

L'intendant adresse les arrêts du conseil, pour les impositions, à la cour de Cassel, où se rendent les députés des différentes châtellenies & territoires, pour constater ce que chacun doit supporter, & régler les objets qui intéressent le pays en général, & les dépenses communes à la province.

Ces députés, de retour, rendent compte à leur *chef-collège* des affaires traitées à l'assemblée de Cassel, & du montant des impositions, & autres dépenses & charges que leur châtellenie doit supporter. On convoque alors dans le *chef-collège* la généralité, c'est-à-dire, un député de chaque paroisse; on fait la lecture de toutes les sommes à imposer dans la châtellenie, pendant l'année, pour acquitter les impositions & les charges; on règle ensuite combien de transports il convient d'imposer, & on les fixe ordinairement par mille; la délibération est publiée à la porte de l'église de chaque paroisse; &, par ce moyen, chaque laboureur est à portée de connoître ce qu'il a à payer pendant l'année.

En effet, il sait, d'après le tarif qui forme une répartition invariable, que par chaque mille transports qui sont imposés dans la châtellenie, sa communauté doit payer telle somme; il sait pareillement que, dans cette communauté, il existe telle quantité d'arpens ou de mesures de terre, que l'imposition par arpent est de tant; ainsi, en rapprochant le nombre d'arpens qu'il fait valoir, du montant de la taxe sur chaque arpent, il trouve ce qu'il doit payer. Un exemple rendra ce que l'on vient de dire plus sensible.

La portion que la châtellenie de Cassel supporte dans l'aide ordinaire, est de quatrevingt-sept mille soixante-trois livres huit sols cinq deniers; il faut, pour l'acquitter, imposer trois mille deux cens trente-neuf transports.

Les autres charges de la province, en général, autres que les arrérages des rentes qu'elle doit; les fourrages pour les troupes, dont la ration ne lui est payée, par le roi, que sur le pied de six sols; les dépenses des chaussées, & autres objets tendant à l'utilité publique, formoient, dans l'année 1767, pour la contribution de la châtellenie de Cassel, un montant de neuf mille transports: ainsi, il a été imposé, pendant cette année, dans cette châtellenie, douze mille deux cens trente-neuf transports, qui reviennent, argent de France, à trois cens vingt-huit mille neuf cens quatrevingt-six livres dix-sept sols quatre deniers.

La châtellenie de Cassel contient cent-vingt mille mesures, ou arpens de terres, taillables en plein; ainsi, chaque mesure de terre supporte cinquante-quatre sols six deniers, argent de France, dans l'imposition des douze mille deux cens trente-neuf transports. La mesure de terre, tant bonne que mauvaise, est louée onze livres cinq sols; ainsi, l'imposition des transports forme le quart & les quatre trente-neuvièmes du produit de chaque mesure.

A quoi il faut ajouter, 1°. Cent cinquante-trois mille trois cens vingt-six livres, que la châtellenie de Cassel paye pour l'abonnement des deux vingtièmes, & les deux sols pour livre, & qui se repartissent sur chaque mesure, montant à une livre cinq sols six deniers.

2°. La taxe réelle, qui se fait annuellement pour l'entretien des pauvres, & autres frais paroissiaux & locaux, & que l'on évalue à douze sols six deniers par chaque mesure.

Ces deux derniers objets, réunis aux cinquante-quatre sols dix deniers pour les transports, reviennent, pour chaque mesure, à quatre livres onze sols dix deniers.

Ainsi, chaque mesure de terre, louée onze liv. cinq sols l'une dans l'autre, paye plus que le tiers du prix qu'en retire le propriétaire.

Le bailli, ou député de chaque paroisse, de retour, dans sa communauté, de l'assemblée du *chef-collège*, fait assembler les habitans, qui, à la pluralité des voix, choisissent trois des plus notables d'entr'eux pour former le rôle de l'imposition sur les terres, conformément au cadastre ou transport, & faire le recouvrement, dont le montant est remis au trésorier de la châtellenie ou territoire, qui le fait passer au receveur général des finances.

Les villes où il y a garnison, telles que Dunkerque, Bergues & Gravelines, ont leurs octrois particuliers, pour subvenir aux dépenses qu'entraîne le séjour des troupes.

La *Flandre*, considérée relativement aux droits de perception, n'est point sujette aux droits d'aides; mais ceux qui sont réunis à cette régie, s'y levent par exercice, ou sont abonnés.

Au nombre des premiers, sont les droits des cuirs, ceux des papiers & cartons, amidons, & des cartes.

Parmi ceux qui sont abonnés, il faut compter les droits réservés par l'édit d'avril 1768, les droits de courtiers-jaugeurs, ceux d'inspecteurs aux boissons & aux boucheries, & les sols pour livre des droits d'octroi & autres, qui se levent au profit des états & villes de la province.

Ces abonnemens, au nombre de trois, sont, suivant l'arrêt du conseil du 14 mars 1782, pour la *Flandre Walonne*, de quatrevingt-trois mille livres, deux cens livres pour les droits réservés, tant en principal que sols pour livre; de trois cens soixante-dix mille livres, pour les sols pour livre en sus des octrois & droits particuliers; & de quarante-cinq mille livres, pour le principal & les dix sols pour livre des droits de courtiers-jaugeurs, inspecteurs aux boucheries & aux boissons.

Les trois abonnemens de la *Flandre Maritime*, la ville de Dunkerque exceptée, parce qu'elle a son abonnement séparé, (*Voyez* DUNKERQUE.) sont, pour les droits réservés, de trente-quatre mille cinq cens quatre-vingt livres.

Pour les sols pour livre des octrois, & autres droits appartenans à la province ou aux villes, de vingt-cinq mille six cens soixante-quinze livres.

Et enfin, de neuf mille quatre cens cinq livres, pour les droits de courtiers-jaugeurs, inspecteurs aux boissons & aux boucheries.

La contribution de ces divers d'abonnemens, se répartit dans la forme suivante :

FLANDRE WALONNE.

VILLES & COMMUNAUTÉS.	SOLS pour livre DES OCTROIS.			DROITS RÉSERVÉS.									TOTAL GÉNÉRAL par Villes, &c.		
				PRINCIPAL.			SOLS POUR LIVRE.			TOTAL.					
	l	s	d	l	s	d	l	s	d	l	s	d	l	s	d
Lille.	196672	5		37536	14		11261			48797	14		245469	19	
Douay.	54977	1		10134	12		3040	9		13175	1		68152	2	
Orchies.	2279	4		3096	8		929			4025	8		6304	12	
Les Châtellenies.	105835	16	6	....			....			....			105835	16	6
Roubaix.	1194	5		1970	14		591	4		2561	18		3756	3	
Seclin.	142	10		375	10		112	13		488	3		630	13	
Hannoy.	160	5		751	7		225	6		976	13		1136	18	
La Bassée.	820	13	6	1313	6		394			1707	6		2527	19	6
Comines.	458	15		1126	6		337	18		1464	4		1922	19	
Turcoing.	1676	10		2439	11		731	17		3171	8		4847	18	
Haubourdin.	1138	10		1126	6		337	18		1464	4		2602	14	
Armentières	2847	15		4129	6		1238	15		5368	1		8215	16	
Mouveaux.	169	2	6	....			....			....			169	2	6
Lomme.	279	17	6	....			....			....			279	17	6
Blaton-Linselles.	824	12	6	....			....			....			824	12	6
Templemart & Vendeville.	276	10		....			....			....			276	10	
Emmerin.	246	7	6	....			....			....			246	7	6
	370000			64000			19200			83200			453200		

FLANDRE MARITIME.

VILLES & COMMUNAUTÉS.	SOLS pour livre DES OCTROIS.			PRINCIPAL.			SOLS POUR LIVRE.			TOTAL.			TOTAL GÉNÉRAL par Villes, &c.		
Bergues.	11300			7498	4		2249	9	2	9747	13	2	21047	13	2
Cassel.	1800			2173	18	9	652	2	1	2826		10	4626		10
Hazebrouck.	1215			2166		9	649	16	2	2815	16	11	4030	16	11
Sleenvorde.	312	10		....			....			....			312	10	
Honschotte.	1000			2075	6	3	622	11	9	2697	18		3697	18	
Bailleul.	1935	10		3349	1	3	1004	14	4	4353	15	7	6289	5	7
Ambatch de Bailleul.	850			....			....			....			850		
Nieppe.	150			....			....			....			150		
Bourbourg.	1350			2266		9	679	16	2	2945	16	11	4295	16	11
Merville.	1412			2588	1	3	776	8	4	3364	9	7	4776	9	7
Etaires.	1475			1624	11	3	487	7	4	2111	18	7	3586	18	7
Wervick.	450			270	14	6	81	6	4	352		10	802		10
Gravelines.	2425			1866		6	559	16	1	2425	16	7	4850	16	7
La Gorgue.	....			722		9	216	12	3	938	13		938	13	
	25675			26600			7980			34580			60255		

Ajoutons ici, que les lettres-patentes en forme d'édit du 12 août de cette année 1784, ont retiré de la ferme & de la régie générale, plusieurs droits, tels que ceux des quatre membres de la *Flandre Maritime*, & le privilège de la vente des eaux-de-vie, ceux de widangle, pour en accorder la perception & l'exercice à la province, dans les termes suivans.

Louis, par la grace de Dieu, roi de France & de Navarre, à tous présens & avenir, salut. Les magistrats & chefs-collèges de la *Flandre Maritime*, représentans les Etats de la province, nous ont exposé, conformément à leur délibération du 21 juillet dernier, que les droits des quatre membres de *Flandres*, établis originairement par les Etats de cette province, sur les consommations des habitans, pour alléger le poids des impositions territoriales, ayant été réunis à notre domaine au moment de la conquête, ils n'ont cessé, depuis lors, de réclamer contre les effets de cette réunion, qui, en les privant de la perception de leurs octrois, tandis qu'elle avoit été conservée aux provinces voisines, les avoit réduits à faire supporter, par le cultivateur, le poids entier des charges publiques; que pour éviter, du moins, les inconvéniens irréparables d'une régie étrangère, ils avoient obtenu, par arrêt du conseil du 13 nov. 1759, de faire eux-mêmes la perception de ces droits, qui leur furent abonnés pour une somme annuelle de six cens mille livres; mais qu'un autre arrêt du conseil les retira de leurs mains en 1776, au préjudice des engagemens qu'ils avoient contractés; qu'ils espèrent aujourd'hui de notre justice & de notre bonté, que nous voudrons bien leur rendre, à titre de bail, cette même perception, aux offres qu'ils font de nous en donner le même prix que nous en retirons par la régie, & de verser en notre trésor royal, pour tenir lieu de cautionnement, la somme de dix millions, qu'ils nous supplient de leur permettre d'emprunter, sur le pied de quatre & demi pour cent, remboursables dans l'espace de dix années, & même à la volonté des prêteurs, à charge par eux d'avertir six mois d'avance... Ayant égard à ces supplications, & voulant que nos fidèles sujets de la *Flandre*, qui, dans tous les tems, nous ont donné des preuves signalées de leur attachement & de leur zèle, ressentent, en cette occasion, de nouveaux effets de notre bienveillance, nous avons agréé la demande & les offres des Etats de cette province, & nous nous sommes engagés solemnellement à ne rien faire, ni ordonner en aucuns cas, qui puisse apporter aucun trouble, empêchement ou innovation, aux dispositions qui seront faites à ce sujet. A ces causes, &c.

ARTICLE PREMIER.

Les droits connus sous la dénomination de droits des quatre membres de *Flandre*, y compris celui de la vente des eaux-de-vie, ensemble les sols pour livre d'iceux, lesquels droits font aujourd'hui partie des objets compris dans la régie générale, en seront distraits & désunis, à dater du premier septembre prochain, & la perception s'en fera, à commencer de cette époque, par les magistrats & chefs-collèges, représentans les Etats de la province maritime, auxquels nous les avons laissés & laissons à bail par ces présentes, pour le terme & l'espace de dix années, moyennant le prix de huit cens mille livres par an.

II.

Les droits de widangle, sur les bestiaux sortant de la province, ainsi que les droits sur le sel, lesquels, quoique compris sous la même dénomination de droits des quatre membres, ont été réunis à notre ferme générale, en seront pareillement distraits, ainsi que les sols pour livre, pour faire partie dudit bail, au profit desdits Etats de la *Flandre Maritime*; à charge par eux de payer, chaque année, à la ferme générale, l'indemnité du produit desdits droits, évaluée à la somme de vingt-trois mille livres, qui sera en sus des huit cens mille livres du prix de leur bail.

IV. V. VI. & VII.

Lesdits Etats verseront au trésor royal la somme de dix millions, à titre de cautionnement, dont l'intérêt sera payé sur le pied de quatre & demi pour cent, qui sera prélevé en déduction du prix de leur bail, duquel ils n'auront à donner que trois cens cinquante mille livres. Ils sont autorisés à emprunter cette somme, tant dans le royaume qu'en pays étranger, & d'en délivrer des reconnoissances de deux mille livres chacune, constituables à la volonté des prêteurs, & les intérêts en seront payés de six mois en six mois.

Ces lettres-patentes ont été enregistrées au parlement de Douai, le 13 août suivant.

La *Flandre* a également obtenu un abonnement pour les droits de domaine, en sorte que les droits de contrôle, centième denier, insinuation, n'y ont pas lieu.

Cet abonnement a été fixé, pour les six années de l'administration de *Vincent René*, par trois arrêts du conseil, qui comprennent le principal & les dix sols pour livre. Savoir;

Pour l'intendance de *Flandre*, à deux cens cinquante-sept mille cinq cens cinquante livres.

Pour le pays & comté de Cambresis, vingt-sept mille sept cens cinq livres.

Pour la province de Haynault, soixante-dix-huit mille sept cens quatrevingt-quinze livres.

Et par arrêt du 25 décembre 1781, pour la province d'Artois, y compris les droits d'usage & communaux, à cent soixante-onze mille sept cens cinquante livres.

Mais pour conserver, néanmoins, au fermier de ces droits la faculté de faire les recherches nécessaires à leur conservation, l'arrêt du conseil du 21 janvier 1749 défend aux notaires, tabellions, greffiers, prévôts, magistrats, baillis, maires, échevins, gens de loi & autres, faisant fonction de personnes publiques dans les provinces de *Flandre* & d'Artois, de remettre aux parties les minutes des actes translatifs de propriété; leur enjoint de tenir des registres de ces minutes, & des répertoires ou protocoles des minutes & registres, en la forme prescrite par la déclaration du 9 mars 1698; de communiquer, tant lesdites minutes & registres que les répertoires, au fermier des domaines, & à ses préposés, & de lui en délivrer des extraits; de faire mention, dans les actes translatifs de propriété, de la nature des biens vendus, donnés, échangés, ou hypothéqués, s'ils sont en fief ou en roture, & d'où ils relèvent, soit du domaine, soit des seigneurs particuliers.

La *Flandre* n'est pas non plus sujette aux gabelles; mais comme elle peut communiquer à la Picardie, par l'Artois & le Cambresis, on a cru devoir prendre des mesures, pour empêcher que le sel gris ne passât de la *Flandre*, dans les deux dernières provinces.

L'usage du sel gris est interdit, tant pour les grosses que les menues salaisons, à l'exception de la pêche dans les villes maritimes, & l'on ne peut en faire amas, commerce ou transport, que dans les villes fermées, & avec certaines précautions; le tout à peine de confiscation, & de trois mille livres d'amende, suivant l'arrêt du conseil du 23 mars 1720.

Il est cependant permis d'en transporter dans les villes ouvertes d'Honscotte, Bailleul, Armentières & Saint-Amand, pour les raffineries qui y sont établies; on est obligé de le déposer dans les magasins des raffineurs : il faut que chaque magasin soit fermé à deux clefs différentes, dont une doit être entre les mains du raffineur, & l'autre, en celles du contrôleur du bureau des fermes établi dans chacune des quatre villes.

Enfin, on ne peut tirer le sel du magasin, que pour être mis, sur le champ, en présence du contrôleur, dans la chaudière ou les poeles où il doit être converti en sel blanc, conformément à l'article V. du même arrêt.

On observe que Honscotte, Bailleul, Armentières & Saint-Amand, sont les seules villes ouvertes où il peut y avoir des raffineries de sel.

Le sel gris destiné pour les villes fermées & pour les quatre villes ouvertes, se tire des ports de Dunkerque, Calais, Boulogne & Gravelines; mais il ne peut être conduit à sa destination, ni transporté d'une ville à une autre permise, qu'en remplissant les formalités prescrites par les arrêts du conseil des 23 mars 1720 & 16 juin 1722.

Suivant l'article XII. de l'arrêt du conseil du 23 mars ci-dessus rappellé, il est libre aux négocians de Bergues, Lille & Douay, d'envoyer du sel gris à l'étranger, à la charge non-seulement de le faire sortir; savoir, pour celui de Bergues, par le bureau d'Ostcapel; pour celui de Lille, par les bureaux du Pont-rouge, Halluin, Dunkart, Bézieux & Condé; & pour celui de Douay, par les bureaux de Bereu & Mortagne; mais encore sous la condition de prendre un acquit de paiement & à caution, dans le lieu de l'enlèvement, & de le rapporter, déchargé par les commis du bureau de sortie, dans le tems limité.

L'article XV. du même arrêt, défend expressément aux habitans, de griseler le sel blanc, sous les mêmes peines qui sont portées par les ordonnances contre les faux-sauniers.

La *Flandre*, ainsi que quelques autres provinces dénommées dans la déclaration du roi du premier août 1721, n'est point sujette au privilège exclusif de la vente du tabac; mais il est défendu à ses habitans de faire aucune plantation & culture, d'établir aucune manufacture, aucuns magasins, amas, ni entrepôts de tabacs, dans les trois lieues limitophes du pays où ce privilège a lieu, à peine de confiscation des tabacs, & de quinze cens liv. d'amende.

Il est également défendu à tous ceux qui demeurent dans l'étendue de ces trois lieues, d'avoir, pour leur usage, une plus grande provision de tabac que celle de deux livres, par mois, pour chaque chef de famille, sous peine de confiscation du tabac, d'une amende de cent livres pour la première fois, & de cinq cens livres pour la seconde.

Il ne reste plus qu'à examiner quelle est la condition de la *Flandre*, relativement aux droits de douanes ou de traites; sous ce rapport elle comprend la *Flandre Walonne* & la *Flandre Maritime*, le Cambresis, le Haynault & l'Artois; elle s'étend depuis Dunkerque jusqu'à Charlemont sur la Meuse, près du pays de Luxembourg.

Comme elle forme, dans toute cette étendue, la frontière du royaume, il paroissoit tout simple d'y établir le tarif de 1664, pour le défendre, de ce côté, des importations de l'étranger; mais le gouvernement jugea, avec raison, que ces tarifs ne convenoient pas à des sujets nouveaux qui venoient d'être incorporés à la nation.

Trop d'empressement à les soumettre à toutes les loix des anciens régnicoles, pouvoit leur rendre la nouvelle domination moins agréable, & leur faire regretter l'ancienne.

Ces peuples étoient accoutumés à communiquer intimement avec des voisins, dont ils étoient originairement les compatriotes. Ils avoient contracté, indépendamment des alliances de familles & des liaisons les plus étroites de l'amitié, l'habitude de commercer ensemble; ils affectoient particulièrement dans ce commerce, certaines marchandises & denrées qu'ils croyoient réciproquement leur convenir davantage; &, ce commerce, ils le faisoient, suivant l'usage & la manière qu'il leur étoit aussi le plus convenable. On sait que ces différentes considérations entrent pour beaucoup dans le commerce, & jusqu'à quel point elles influent sur l'esprit des commerçans.

On observera, d'ailleurs, que ces pays étoient approvisionnés & remplis de marchandises & denrées, qu'il falloit leur laisser consommer, & qu'ils auroient pû, sans cela, verser sur le champ dans le royaume, où elles auroient fait, pour un assez long tems, un tort considérable à nos fabriques & à nos manufactures.

Il étoit donc essentiel de conserver aux habitans de la *Flandre*, nouvellement réunie à la couronne, tout ce qui pouvoit leur faciliter le commerce qui leur étoit le plus propre & le plus familier.

Il n'étoit pas possible de leur laisser la communication entièrement libre avec leurs anciens compatriotes: on sent combien il en auroit résulté d'inconvéniens pour le reste du royaume.

On ne pouvoit pas non plus établir chez eux un droit de rigueur; c'eût été interrompre, en un instant, leurs liaisons, leurs habitudes, leurs relations, & blesser leurs plus chers intérêts; il falloit trouver un parti mitoyen, qui leur laissât le tems de former de nouvelles habitudes, de prendre de nouveaux arrangemens, & par lesquels on pût (en leur conservant la faculté de tirer ce dont ils avoient besoin, de la portion d'eux-mêmes, qui leur devenoit étrangère) leur ôter le moyen d'en abuser, au préjudice du reste du royaume.

Ce fut dans cet esprit, & pour concilier toutes ces choses, que l'on prit le parti, en suivant les principes du tarif de 1664, & même en le perfectionnant, d'en faire une application convenable au commerce propre à la *Flandre*, & de proportionner, sur chaque article, les droits aux différens intérêts que l'on avoit à ménager.

D'après toutes ces considérations, on fit, pour la *Flandre* d'abord, le tarif de 1669, qui y fut établi l'année même de sa conquête. Ce tarif fut ensuite remplacé par le tarif de 1671, qui n'est que le premier, combiné de nouveau, & perfectionné. C'est dans celui-ci que les principes de M. Colbert, qui ne se trouvoient, pour ainsi dire, qu'implicitement dans les tarifs précédens, se manifestent davantage, par l'attention qu'il eut de ne mettre absolument aucun droit, sur ce dont il vouloit favoriser la sortie ou l'introduction.

Par ce moyen, la marchandise étrangère pénétrant, par la *Flandre*, dans les pays de l'ancienne domination de France, devenoit sujette au nouveau tarif de 1671, & demeuroit encore assujettie à celui de 1664; en sorte qu'on ne pouvoit appréhender aucun effet désavantageux.

D'un autre côté, les Flamands n'ayant à payer que le tarif de 1671, sur les marchandises qu'ils tiroient de l'étranger pour leur propre consommation, & que le tarif de 1664, sur ce qu'ils tiroient du royaume pour le même objet, ainsi qu'auparavant, ils ne pouvoient s'appercevoir d'une charge aussi légère, & n'avoient aucun sujet de s'en plaindre.

Mais il est à remarquer, qu'on établit à l'entrée de ces nouvelles conquêtes le tarif de 1667 en entier, pour les marchandises qu'il comprend, & que le même plan a été suivi dans tous les arrêts de réglemens qui sont intervenus successivement.

Pour faire voir que le tarif de 1664 ne pouvoit pas convenir à la *Flandre*, il suffira d'en rapporter un petit nombre d'articles, & de les comparer au tarif de 1671; on choisira ceux qui portent sur les objets les plus intéressans du commerce de *Flandre*.

Suivant le tarif de 1664, le fil de lin paye à l'entrée, sept livres du cent pesant, & trois livres à la sortie.

Suivant le tarif de 1671, la même marchandise ne doit à l'entrée, que vingt sols du cent pesant, & sept sols six deniers à la sortie.

Ce dernier droit favorise, dans la *Flandre Françoise*, les manufactures de toiles, de dentelles,

& autres marchandises dans lesquelles le fil est employé ; & le tarif de 1664, qui se paye en entrant dans les cinq grosses fermes, retient dans la *Flandre*, ces mêmes manufactures qui en sont originaires, qui lui sont propres & particulières, & qui forment la portion la plus essentielle de son commerce. Par une suite de ces considérations, lorsque l'arrêt du conseil du 17 mars 1773 a imposé les fils de toute espece à un droit uniforme, une décision ministérielle du 15 juillet de la même année, a prononcé qu'il ne seroit rien changé à la perception des droits du tarif de 1671, à l'égard des fils de lin & de chanvre entrant dans l'étendue de ce tarif.

Par le même tarif de 1671, les dentelles fines payoient trente sols par livre de droit d'entrée, & ne devoient rien à la sortie. Une modération si considérable, avoit pour fondement la communication intime & perpétuelle des habitans de la *Flandre Françoise* avec ceux de la *Flandre Espagnole*.

Ce droit a été changé par les arrêts des 30 décembre 1719 & 10 avril 1734, qui assujettit les dentelles de fil venant de l'étranger, au droit de vingt francs par livre, à la charge de n'entrer dans le royaume que par Lille & Valenciennes. Comme en 1719 le droit d'entrée avoit été porté à cinquante francs par livre sur toutes les dentelles étrangères, on jugea, en 1734, devoir le réduire à vingt francs, mais seulement sur les dentelles venant des pays soumis à la domination de l'Empereur. Il est résulté de cette réduction, que toutes les dentelles, pour arriver à Lille ou Valenciennes, empruntant nécessairement le passage des terres de la *Flandre Autrichienne*, sont déclarées en être originaires, & deviennent exemptes du droit de cinquante francs par livre, toujours subsistant à l'égard des dentelles d'Angleterre, & de toutes autres espèces étrangères à la *Flandre Autrichienne*.

Au reste, on observera, en passant, que ce droit est assez inutile en lui-même, & ne remplit pas l'objet de son établissement ; car un pareil droit mis à la livre sur des marchandises dont la valeur n'a nul rapport avec leur poids, ne peut servir à les repousser, si elles nuisent ; & il invite à en éluder le paiement, s'il est considérable, on imposé à la valeur. Et si la qualité des mêmes marchandises nationales n'a rien à craindre de la concurrence étrangère, c'est également multiplier les prohibitions sans nécessité.

Par le tarif de 1664, les laines n'étoient imposées à l'entrée, qu'à deux livres du cent pesant ; mais pour les conserver dans le royaume, elles étoient chargées à la sortie de quinze livres aussi du cent pesant.

Cette matière première étoit bien plus favorisée par le tarif de 1671, puisqu'elle étoit tirée pour *néant* à l'entrée, & chargée à la sortie, suivant qu'elle avoit reçu plus ou moins d'apprêt, afin d'en conserver la main-d'œuvre aux sujets du roi. Ils recevoient cette matière première, directement des sujets du roi catholique, avec lesquels ils avoient coutume de commercer. On favorisoit ce trafic en exemptant à l'entrée, la matière première, & l'on procuroit en même tems aux manufactures du royaume, les matières nécessaires pour les alimenter.

Mais dès que cette matière première a reçu sa dernière main-d'œuvre, c'est la sortie qu'il faut favoriser, & non plus l'introduction ; & voilà pourquoi, par le tarif de 1671, les draps de laine ordinaires sont chargés à l'entrée de trente livres du cent pesant, tandis qu'ils ne doivent rien à la sortie ; en quoi ce tarif étoit encore plus favorable aux manufactures que celui de 1664, qui, à la vérité, chargeoit l'entrée des draps d'Hollande & d'Angleterre, de quarante livres par pièce de vingt-cinq aunes, mais qui faisoit payer à la sortie, à ceux de nos fabriques, trois livres du cent pesant.

Au surplus, la législation, à cet égard, s'est beaucoup perfectionnée, puisque toutes les matières premières ne payent actuellement rien à l'entrée, & les matières fabriquées rien à la sortie.

On voit, par le grand nombre d'articles qui, dans le tarif de 1671, sont tirés à *néant*, tant à l'entrée qu'à la sortie, l'attention marquée du gouvernement, à donner aux Flamands des raisons d'aimer leur nouveau souverain, en leur procurant tous les moyens de continuer leur commerce, & même de l'augmenter.

Indépendamment du tarif de 1671, établi pour la *Flandre*, on y paye aussi des droits locaux, consistans en droits de transit dûs sur différentes espèces de marchandises, empruntant le territoire de la *Flandre Françoise*, dans leur transport sur un territoire étranger. On ne peut entrer, à cet égard, dans les détails qu'exigeroit l'exposition des cas où se perçoivent ces droits de transit, de leur quotité, & des réglemens qui ont confirmé cette perception. Il faut avoir recours aux articles CCXLVIII. & suivans du bail de Forceville, & notamment à l'instruction, imprimée en 1753 à l'imprimerie royale, sur les droits des fermes générales établis dans les provinces de *Flandre* & du Haynault ; instruction publiée par ordre des fermiers généraux, & rédigée par M. Bonamy, mort directeur général des fermes à Lyon.

On ajoutera seulement ici, que pour encourager les négocians & habitans de la *Flandre Françoise*, de l'Artois, du Cambresis & du Haynault François, on leur accorda en 1688 la même faveur, qui fut ensuite généralement accordée en 1743 & 1749, aux objets des manufactures du royaume ; c'est-à-dire, l'affranchissement absolu des marchandises fabriquées, à l'exportation, & celui des matières premières à l'importation. Dans ce dernier article, sont comprises plusieurs espèces de drogues propres à la teinture, lesquelles ne sont pas traitées aussi favorablement, lorsqu'elles sont destinées pour les autres provinces du royaume.

La *Flandre* jouit encore d'un privilège qui lui est particulier ; c'est de pouvoir tirer de Marseille toute espèce de soie, en exemption de tous droits. Elle est même dispensée de l'obligation de faire passer ces soies par Lyon, où elles doivent un droit de quatorze sols par livre. C'est ce qui a été ordonné par arrêt du conseil du 10 janvier 1775, & par décision du conseil du 28 août de la même année.

FOIRES, f. f., qui paroît venir de *forain*, place publique où se tiennent les *foires* & les marchés. Ainsi, le mot *foire* présente d'abord l'idée d'un concours nombreux de marchands qui viennent vendre leurs marchandises, & de personnes qui se proposent d'en acheter.

Les *foires* & marchés sont partie des droits royaux & du domaine de la couronne ; nul seigneur, haut-justicier ou féodal, ne peut tenir, ni établir *foire* ou marché, dans l'étendue de ses terres, sans la permission expresse du roi, accordée par lettres-patentes, qui doivent être enregistrées.

Afin d'augmenter le concours des *foires*, qui occasionne de grandes consommations en denrées, & une recette considérable en argent, les souverains, qui ont des *foires* dans leurs Etats, ont eu soins de leur accorder des franchises & des privilèges, propres à y multiplier les ventes & les achats. C'est ainsi qu'il en étoit usé en France à l'égard des *foires* de Champagne & de Brie, qui ont long-tems été les plus célèbres du royaume, & peut-être même de l'Europe.

Non-seulement il se rendoit à ces *foires* une foule de marchands de toutes les parties du royaume, mais il en venoit aussi un grand nombre d'Allemagne & de toute l'Italie, particulièrement de Florence, de Gênes, de Milan, de Luques & de Venise, qui apportoient des étoffes d'or, d'argent & de soie, des épiceries, des drogueries de toute espèce, provenant des Indes & du Levant. Ils remportoient, en échange, des toiles, des étoffes de laine, & principalement des cuirs, dont les fabriques jouissoient alors d'une grande réputation.

Tel étoit l'état florissant des *foires* de Champagne & de Brie, lorsque les comtés de ce nom furent réunis à la couronne de France en 1284, par le mariage de Philippe le-Bel avec Jeanne, reine de Navarre, à qui ces comtés appartenoient.

Cette réunion, loin de maintenir la célébrité & le lustre de ces *foires*, amena leur décadence ; car, environ cinquante ans après, on voit que les marchands avoient cessé de les fréquenter, tant à cause du peu de sûreté qu'ils y trouvoient, que par rapport aux nouvelles charges & impositions qui avoient été mises sur les marchandises, depuis que la Champagne & la Brie étoient devenues des provinces de France.

Aussi, Philippe de Valois eut soin de rendre, le 6 août 1349, des lettres-patentes, pour supprimer les nouvelles impositions, & rétablir les anciennes franchises. Comme les dispositions contenues dans ses lettres-patentes, ont servi de base a celles qui ont établi la plupart des *foires* du royaume, on croit devoir les rapporter en entier. D'ailleurs, cet ancien monument de notre législation sur ce point, fera connoître quelles étoient les précautions que l'on prenoit alors pour la police de ces *foires*, & pour empêcher l'usure dans les prêts d'argent.

ARTICLE PREMIER.

Les *foires* de Champagne & de Brie seront remises en leur ancien état. Les bons & anciens usages, les franchises & les coutumes qui y furent établis, y seront observés, & toutes les servitudes & les charges indues qui y ont été introduites depuis cinquante années, seront ôtées & mises au *néant*.

II.

Le roi, ses successeurs, ou leurs gens, n'accorderont aucunes graces ou répit, au préjudice des marchands, contre les libertés & les coutumes des *foires ;* & si quelqu'un, par importunité ou autrement, obtenoit de telles graces, les gardes des *foires* les regarderont comme nulles, & n'y auront aucun égard.

III.

Les compagnies de marchands, ou ceux qui ne feront pas compagnie, soit Italiens, Ultramontains, Florentins, Milanois, Luquois, Génevois, Vénitiens, Allemands, Provençaux, qui ne sont pas du royaume, s'ils veulent y négocier & jouir du privilège des *foires*, ils y auront leur demeure par eux ou leurs facteurs. Ils viendront, demeureront & retourneront sûrement avec leurs marchandises, sous le sauf-conduit des *foires* auquel le roi les prend & les reçoit avec leurs marchandises, ensorte qu'ils ne pourront empêchés ni être arrêtés que pour méfait présent, lequel sera puni par les gardes des *foires*.

IV.

Aucuns marchands des pays nommés ci-dessus, ou autres étrangers, ne pourront, sous peine de confiscation, conduire par eux, ni par autres, aucunes marchandises ou denrées, par les détroits du royaume, si ce n'est pour les amener aux *foires*, ou, de-là, les emporter, au cas qu'elles aient été vendues & débitées, ou que n'ayant pas été débitées, elles soient restées aux *foires*.

V.

Le transport des laines hors du royaume, étant cause de l'empirement ou de la diminution des *foires*, & de toutes les autres marchandises du royaume, au préjudice de l'Etat & du peuple, aucunes laines, soit du royaume ou d'ailleurs, n'en seront tirées, à l'avenir, pour les porter dans les pays étrangers, sous peine de confiscation, tant des laines que de corps & de biens.

V I.

Les drapiers & les marchands des *dix-sept villes qui sont tenus de venir aux foires*, y feront conduire leurs draps comme auparavant. Ils ne les pourront vendre en gros ni en détail, pour les transporter hors du royaume, avant qu'ils aient été amenés aux *foires*, & ce, sous peine de confiscation.

V I I.

Tous les marchands d'*avoir* de poids ou en détail, exposeront aux *foires* leurs marchandises pendant le tems ordinaire; savoir, depuis le premier des trois jours, des draps, jusqu'au sixième: & au cas que, dans ce tems, ils n'aient pas tout vendu, ils pourront disposer du reste de leurs marchandises, comme il leur plaira.

V I I I.

Les étrangers, marchands de chevaux, auront des étables aux *foires*, dans les trois jours de draps jusques aux changes abattus.

I X.

Les marchands de cuirs exposeront leurs marchandises aux lieux des *foires* accoutumés, dès les premiers & les trois jours des cuirs, comme à l'ordinaire, sans pouvoir les vendre autre part.

X.

Aucuns marchands, allant aux *foires*, ou en revenant, ni leurs marchandises, ne pourront être arrêtés, en vertu de défenses desdites *foires* données au tems passé, à compter de la date des présentes, jusques à cinq années consécutives; pendant ce tems, les parties pourront s'accorder, & ceux qui auront des défenses pourront, sans se préjudicier, poursuivre les principaux obligés.

X I.

Les gens du roi, baillifs, sénéchaux, &c. ne feront, à l'avenir, aucunes prises des chevaux qui appartiendront aux marchands fréquentans les *foires*, à moins que ce ne soit par le commandement des gardes, parce qu'au moyen de ces prises, les marchands manquent de chevaucheurs pour le fait de leur négoce.

X I I.

Toutes les compagnies & les changeurs des *foires*, feront en leurs changes, dans des lieux apparens, avec des tapis à leurs fenêtres, ou étaux, comme à l'ordinaire.

X I I I.

Afin que les marchands ne perdent pas, ou ne soient pas dans la crainte de perdre, sur l'argent qui leur proviendra de la vente de leurs marchandises, par le changement des monnoies, il leur sera permis, en passant leurs contrats, de stipuler que les paiemens seront faits à la valeur de l'or & de l'argent qui aura lieu dans le tems du contrat; lesquelles stipulations seront exécutées nonobstant toutes ordonnances contraires.

X I V.

On n'expédiera, à l'avenir, aucunes commissions sur le fait des monnoies défendues, pour être exercées aux *foires* ou aux environs, si ce n'est seulement au chancelier & aux gardes des *foires*, ou leurs lieutenans, lesquels députeront, à cet effet, de bonnes & suffisantes personnes.

X V.

Le chancelier & les gardes des *foires* feront venir pardevant eux les épiciers & les drapiers, & ceux qui font ce commerce, auxquels ils feront faire serment; qu'ils éliront une ou deux bonnes & loyales personnes expérimentées dans les deux métiers, lesquelles auront pouvoir de visiter les poudres, les ouvrages de cire, les confitures & autres denrées; & s'il s'en trouvoit de mauvaises après avoir été vûes, par quatre ou cinq, ou six épiciers ou drapiers appellés par ces élus, ils en feront leur rapport aux gardes & au chancelier, qui condamneront les coupables en l'amende envers le roi, selon la qualité du méfait: ce qui sera observé à l'égard des autres métiers qui seront exercés aux *foires*.

X V I.

Les bons marchands, non suspects d'usure, & fréquentans les *foires*, pourront seuls faire passer des obligations, pour raison des sommes qu'ils y prêteront, à cause de leurs marchandises; & ils pourront faire des transports de ces obligations, sous le scel royal desdites *foires*, en la manière accoutumée.

X V I I.

Aucuns Italiens, Ultramontains, Provençaux, ni autres étrangers, ne pourront user des obligations passées sous le scel royal des *foires*, s'ils n'y ont fait résidence; à l'exception, néanmoins, du sauf-conduit, à l'égard des denrées qu'ils ameneront aux *foires*, ou qu'ils en emporteront.

X V I I I.

Toutes lettres qui concerneront le fait & l'action

des *foires*, seront de nul effet, si elles ne sont scellées du scel des *foires*.

XIX.

Aucuns marchands fréquentans les *foires*, sous peine de confiscation de corps & de biens, ne pourront prêter, par an, à plus de *quinze livres pour cent*; savoir, pour chacune des six *foires* qui se tiennent par an, *cinquante sols*: ce qui doit être entendu du gain qui se prend de *foire* en *foire*, pour prêt ou pour change.

XX.

Tous contrats feints & simulés, dont la dette contre vérité est causée pour marchandise vendue, ou tous autres contrats faits pour pallier les usures, sont prohibés & défendus, sous la peine ci-dessus de confiscation de corps & de biens.

XXI.

Nul créancier, en faisant renouveller ses lettres de créance, ne pourra y faire entrer l'intérêt pour le convertir en principal, sous peine de confiscation de corps & de biens.

XXII.

Nul créancier ne pourra, contre la vérité, en passant des contrats hors des *foires*, y faire écrire qu'ils ont été faits & rédigés en *cour de foires*, pour en avoir les privilèges. Ceux qui feront, à l'avenir, de tels contrats, & ceux qui les écriront, encourront la peine de faux; laquelle néanmoins ne sera mise à exécution, qu'après que le transgresseur aura été convaincu à la poursuite de ses adversaires, par office de justice, par confession, ou preuve suffisante.

XXIII.

On n'aura aucun égard, dans la *cour des foires*, aux exceptions déclinatoires ni délatoires qui y seront proposées; on n'y admettra que les péremptoires seulement. On procédera d'abord au principal; & si les parties se pourvoient par appel en la cour, les gardes des *foires* n'y auront aucun égard.

XXIV.

Tous défendeurs pourront plaider leurs causes par procureur, sans grace, en la cour, à moins qu'il ne soit question de détention de corps; & s'il survient quelque doute, l'interprétation en sera faite par les gardes des *foires*, en prenant le conseil de la *cour des foires*.

XXV.

Tous marchands, fréquentans les *foires*, seront justiciables des gardes, qui, seuls, connoîtront des cas & des contrats advenus ou passés aux *foires*, avec leurs appartenances & dépendances, à l'exception des cours à qui la connoissance en doit appartenir en cas d'appel. Défenses sont faites à tous justiciers & sujets d'en prendre connoissance, sous peine d'en être punis sévèrement par les gardes.

XXVI.

Les officiers de Champagne, baillifs, ou autres, seront soumis aux gardes des *foires*, pour l'exécution des mandemens, adressés aux officiers, &c.

XXVII.

Le nombre des sergens des *foires* sera réduit à cent seulement. Les gardes ôteront les plus nouveaux & moins suffisans, & ils conserveront les anciens; & ceux qui auront été conservés, renouvelleront leurs cautions, en cas que celles qu'ils ont données ne fussent pas bonnes, ni suffisamment enregistrées: & quand il y aura quelque place vacante, elle sera remplie par les gardes & le chancelier des *foires*.

XXVIII.

Les sergens des *foires*, s'ils ne sont en voyage, seront tenus de se présenter aux gardes & au chancelier une fois à chaque *foire*; & ils y seront jusqu'à la fin, pour exécuter les ordres du chancelier & des gardes.

XXIX.

Il n'y aura plus aux *foires* que quarante notaires, comme auparavant. Lorsqu'il y aura quelque place vacante, elle sera remplie par les gardes & le chancelier, s'ils sont d'accord; & des premiers notaires qui seront établis, il y en aura quatre bons clercs, capables de rédiger tous actes en latin & en françois.

XXX.

Les notaires & les sergens des *foires* feront les fonctions de leurs offices en personne, & ils ne pourront les faire exercer par d'autres, que du consentement des gardes.

XXXI.

Les gardes des *foires*, ou du moins l'un d'eux, y seront dès la veille des trois jours, & l'un d'eux y sera continuellement, jusqu'à ce que les plaidoiries soient finies. Et si pendant la vague, ou le cours de la *foire*, ils sont, l'un & l'autre, obligés de s'absenter, le lieutenant y restera jusqu'à ce que les gardes, ou l'un d'eux, soit de retour pour le paiement. Si-tôt que la *foire* sera livrée, l'un des gardes, & le lieutenant, visiteront les halles & les marchandises, & le chancelier, ou garde-scel, s'y rendra aussi dès la veille des trois jours, & en retournant, il laissera son lieutenant pour recevoir les octrois.

XXXII.

Les gardes & le chancelier des foires ne seront payés de leurs gages, s'ils ne sont résidens aux *foires*. Les gardes ne pourront exercer la jurisdiction des foires, à moins qu'ils ne soient tous deux présens. En cas d'absence de l'un, celui qui sera présent fera appeller le chancelier, & au défaut du chancelier, une bonne personne suffisante, & non suspecte.

XXXIII.

S'il y avoit quelque doute dans la présente ordonnance, elle sera interprêtée par les gens du secret conseil, qui en décideront comme bon leur semblera.

XXXIV.

Ceux qui contreviendront à la présente ordonnance, seront punis duement; & il est enjoint aux gardes, au chancelier, & à chacun d'eux, qu'ils fassent leur rapport chacun au secret conseil, ou à la chambre des comptes de l'état des *foires*.

XXXV.

Les gardes des *foires* qui sont & seront, seront serment en la chambre des comptes, d'observer & de faire observer la présente ordonnance de point en point.

XXXVI.

Toute autorité est donnée aux gardes pour l'exécution des présentes; &, à cet égard, tous les officiers du royaume doivent leur obéir.

XXXVII.

Injonction est faite à tous justiciers & officiers, de faire observer les présentes ordonnances.

Notre plan nous conduisant à ne parler des *foires*, que pour faire connoître celles qui procurent quelques exemptions de droits, soit des fermes, c'est-à-dire d'entrée ou de sortie, soit d'aides, il convient d'en donner ici l'état, sauf à faire connoître plus particulièrement la nature & la consistance des privilèges, à l'article sous lesquelles ils sont accordés, sous le nom des villes où les plus considérables de ces *foires* ont lieu, comme Beaucaire, Lyon & Toulon.

Les *foires* qui jouissent d'immunités, sont celles de Beaucaire, de Bordeaux, de Lyon & de Toulon, dans les provinces réputées étrangères. *Voyez* le mot ETRANGÈRES.

Dans les cinq grosses fermes, on connoît les *foires* de Dieppe, celles de Rouen, celles de Tours, & celles de Troyes. On va traiter sommairement des privilèges de ces quatre *foires*, tant par rapport aux droits d'aides, qu'à ceux de douane.

L'origine de la *foire* de Dieppe remonte à l'année 1695. Cette ville avoit été bombardée l'année précédente par les Anglois; & les habitans, au milieu de la dévastation, avoient montré un zèle & une constance, qui parurent mériter une récompense; ce fut de leur accorder une *foire* privilégiée de quinze jours, à commencer au premier décembre. En conséquence, les lettres-patentes du mois de septembre 1695, qui permettent cette *foire*, reglent que toutes les marchandises amenées, par mer, au port de Dieppe, pour être vendues ou échangées à la *foire*, dans les lieux & places désignés à cet effet, après avoir été déballées & exposées en vente, demeureront exemptes de moitié des droits d'entrée & de sortie des cinq grosses fermes, portés par les tarifs de 1664, 1667, & arrêts rendus en conséquence, sans que ladite réduction puisse s'appliquer aux droits de la traite domaniale, qui seront payés en entier, en faisant déclaration des marchandises, tant à leur arrivée qu'à leur sortie, conformément aux dispositions de l'ordonnance des fermes du mois de février 1687, & sous les peines qu'elle prononce à défaut de déclarations.

Les lettres patentes dont il s'agit, portent que, pour prévenir ou empêcher les abus qu'on pourroit faire de l'immunité des droits attachée au tems de *foire*, les commis du fermier peuvent se transporter sur le champ où elle se tient, le lendemain de la clôture, & y visiter les marchandises venues tant des pays étrangers que des provinces réputées étrangères, qui sont encore à vendre; d'en dresser un inventaire, sur lequel le supplément des droits d'entrée sera acquitté par les propriétaires des marchandises, d'après la déclaration qu'ils en ont dû faire à leur arrivée, si elles restent à Dieppe. Mais si elles en ressortent, pour retourner aux mêmes lieux d'où elles sont venues, elles ne sont pas sujettes aux droits de sortie.

Les marchands de la ville de Dieppe, & tous autres, qui font des expéditions en *foire*, sont tenus de certifier avant l'enlèvement des marchandises, qu'elles ont été achetées à la *foire*, & qu'ils les envoient, pour leur propre compte, aux lieux de la destination déclarée; se soumettant, en cas de fausseté, à la confiscation des marchandises, & à l'amende de cinq cens livres.

Cette *foire*, d'ailleurs, ne procure aucun privilège relatif aux droits d'aides. Il en est tout autrement des *foires* de Rouen; elles jouissent d'une double immunité à l'égard des droits de traites & de ceux d'aides.

Les *foires* de Rouen sont au nombre de deux, & se tiennent, ainsi qu'il est dit dans le préambule du tarif de 1664, pour la sortie, au tems de la Chandeleur & de la Pentecôte : elles durent quinze jours. Les marchandises qui y sont vendues ou échangées, & sortent du royaume pendant la tenue de ces deux *foires*, sont exemptes de la moitié des droits de sortie du tarif de 1664. La perception des droits de la traite domaniale avoit été réservée en entier par le préambule de ce tarif; mais en 1702, l'arrêt du 3 octobre ayant ordonné, ainsi qu'il en a été fait mention au mot DOMANIALE, que le droit de ce nom seroit réduit à moitié sur les marchandises énoncées dans les arrêts des 24 décembre 1701 & 2 avril 1702, & enlevées des *foires* de Lyon & de Beaucaire pour sortir du royaume, les syndics de la chambre de commerce de Normandie se pourvurent, en 1718, au conseil, pour demander à participer à cette faveur. En conséquence, il intervint un arrêt du 31 janvier 1719, portant que les marchandises & denrées, vendues ou échangées, aux *foires* de Rouen, & qui sortiroient du royaume pendant leur tenue, & sur lesquelles les droits de sortie ont été modérés par des règlemens postérieurs au tarif de 1664, ne paieroient que la moitié desdits droits modérés, à quelque somme qu'ils eussent été réduits, à la charge, par les marchands, de prendre un acquit à caution à la douane de Rouen, & d'y faire leurs soumissions de rapporter, au dos dudit acquit, certificat des commis du dernier bureau de sortie, faisant foi que lesdites marchandises sont réellement sorties du royaume.

Ce même arrêt de 1719, portoit aussi que les marchandises sujettes aux droits de la traite domaniale, sortant du royaume après avoir été vendues ou échangées, pendant le tems des deux *foires de Rouen*, ne paieroient que la moitié des droits de la traite domaniale; que lesdites modérations ne pourroient avoir lieu à l'égard des marchandises qui seroient destinées pour les provinces réputées étrangères, lesquelles paieroient, en entier, les droits du tarif de 1664, lorsqu'elles sortiroient hors le tems des *foires*, & la moitié seulement des droits dudit tarif, lorsqu'elles sortiroient pendant le tems desdites *foires*.

Quant aux marchandises & denrées, dont les droits ont été augmentés à la sortie, par des arrêts & règlemens postérieurs au tarif de 1664, il est dit dans ce même arrêt de 1719, que celles de ces marchandises qui seront transportées dans les provinces réputées étrangères, ne paieront les droits que sur le pied du tarif de 1664, & jouiront de l'exemption de la moitié desdits droits ès tems desdites *foires de Rouen*, conformément audit tarif; l'augmentation portée par lesdits arrêts & règlemens ayant seulement son effet pour les marchandises & denrées sortant du royaume, sans que les privilèges desdits tems de *foires* puissent avoir lieu à l'égard desdites marchandises, sur lesquelles les droits ont été augmentés à la sortie du royaume, lesquels seront payés en tems de *foire*, comme hors le tems de *foire*.

Le vin, le cidre & le poiré vendu pendant les *foires de Rouen*, n'est point sujet au droit de gros, il l'est seulement à l'augmentation; mais le vin qui n'a pas été vendu, paye l'un & l'autre. Pour jouir de l'exemption des *foires*, qui ne s'étend d'ailleurs ni aux eaux-de-vie, ni aux bierres, il faut que les boissons qui y sont amenées, soient exposées & vendues sur les bateaux, quais & places du Vieux-marché, Neuf-marché, de la Rougemare & de Saint-Ouen. Celles qui sont vendues dans les caves & atteliers, ne jouissent d'aucune exemption; c'est ce qu'ont prononcé les arrêts de la cour des aides de Rouen, des 12 février 1700 & 8 juillet 1716.

La *foire* de Saint-Romain, qui est de six jours, & commence le jour même de cette fête, n'a nul privilège relatif aux marchandises; mais elle procure, à l'égard des droits d'aides, les mêmes exemptions que les *foires* de la Chandeleur & de la Pentecôte.

La ville de Tours a, depuis bien peu de tems, deux *foires*, dont elle doit le rétablissement au zèle patriotique de ses officiers municipaux, & à la constance qu'ils ont mise à poursuivre cet objet, malgré le dégoût des contrariétés & des obstacles qu'ils ont rencontrés. Comme cette demande ne pouvoit être accordée, sans préalablement entendre l'adjudicataire des fermes générales, que la franchise des *foires* sollicitées, mettoit en droit d'attendre une indemnité, le mémoire de la ville de Tours lui fut communiqué.

Il pensa qu'on ne devoit pas rétablir les *foires de Tours*; il se fondoit sur la nature même de ces *foires*; l'insuffisance des effets qu'elles produisent aujourd'hui; les abus qu'elles occasionnent; l'invalidité des anciens titres que la ville de Tours présente; la cessation, pendant deux cens ans, des *foires* de cette ville; le vice de l'assimilation de ces *foires* détruites, avec celles de Lyon, plus anciennes, jamais interrompues, & toujours subsistantes; la perte inappréciable des droits du roi, qu'occasionneroit le rétablissement des *foires*; l'impossibilité de régler l'indemnité dûe à son fermier par la suppression des droits; & enfin, la contradiction formelle où se trouveroit le rétablissement, avec les vues annoncées de l'administration.

Lorsque la France, couverte de forêts, sans communication avec ses provinces, sans débouchés, ne connoissoit d'autre commerce que celui de ses denrées & de ses productions; que les besoins de première nécessité exigeoient un point de ralliement, il falloit des *foires*. Elles étoient le rendez-vous nécessaire des vendeurs & des consommateurs; les uns & les autres rassemblés dans leur marche, pour la rendre sûre, n'étoient pas différens de ces caravannes qu'on voit dans le Levant. Ils se rendoient, à jour marqué, à un terme connu, où le marchand étoit sûr de vendre, & le particulier sûr d'acheter. Cette méthode peut encore être utile dans quelque pays de montagnes, dans

dans quelques contrées retirées, dont les communications ne sont point ouvertes. Mais actuellement que les plus belles routes traversent la France en tous sens ; que des canaux facilitent les transports nuit & jour ; qu'un commerce immense maintient une communication continue entre les deux mers, que les voyages sont faciles, & aussi sûrs que rapides ; qu'une multitude de branches de commerce couvre le royaume, l'industrie est toujours agissante ; elle n'a plus besoin de tel tems, de tel lieu, pour s'exercer ; tous les tems lui sont bons, tous les lieux lui sont ouverts, & rien ne lui est moins nécessaire pour produire de grands effets, que des *foires*, dont on peut dire, que l'existence ne tient plus au besoin, mais au préjugé & à de vieilles habitudes.

Indépendamment de l'avantage que les *foires* avoient de rassembler les marchands ; elles les faisoient participer à des franchises, à des exemptions de droits, qui, rendant la marchandise beaucoup meilleur marché, dans les *foires*, qu'ailleurs, attiroient les chalands, & donnoient aux forains un débit plus vaste & plus assuré. Ces exemptions étoient alors un objet très-réel. On ne pouvoit pas faire un pas d'une province à l'autre, & souvent dans la même province, sans y acquitter des droits de péages ; aucune marchandise n'étoit exempte, suivant le droit commun, à l'entrée & à la sortie du royaume.

Aujourd'hui, la plupart des droits qui affectoient chaque province, se trouvent réunis en un seul droit, exigible seulement à l'entrée & à la sortie d'un grand nombre de provinces, dont la Touraine fait partie, & qui, quant aux droits, ne font qu'une entr'elles, sous le nom de *cinq grosses fermes*. Ce qui est plus frappant encore, c'est qu'une bonne partie des matières premières, comme les laines, les lins, les cotons en masse, entrent dans le royaume, & y circulent, sans payer aucuns droits ; que tous les ouvrages de grandes fabriques peuvent, en partant de quelque lieu du royaume que ce soit, en sortir, pour l'étranger, sans rien payer ; que la plupart des marchandises étrangères, qui ont acquitté un droit uniforme à l'entrée, peuvent être transportées, pendant trois mois, à tel point où l'on veut, en exemption de tous droits locaux établis sur la route ; qu'actuellement enfin, beaucoup de marchandises de grand commerce sont exemptes de ces mêmes droits locaux, lorsqu'elles ont une marque de fabrique nationale ; comme les cuirs & peaux de toute espèce, les toiles blanches de lin & de chanvre ; les siamoises & cotonnades de Rouen ; les grains, comestibles, &c. Dans tous ces cas, & pour toutes ces marchandises, il n'y a aucun besoin de *foire* pour leur procurer des exemptions, puisqu'en tous tems elles sont exemptes, & qu'autrefois elles ne l'étoient pas : les *foires* étoient donc autrefois utiles au commerce ; aujourdhui elles ne le sont plus, ou presque plus. A cette insuffisance de leur effet sur le commerce, se joignent les abus qu'elles occasionnent.

Le premier de tous, est un mal direct contre le commerce lui-même, dont l'équilibre est détruit par l'exemption attachée aux *foires*. Tous les individus attachés à chaque branche de commerce, ne peuvent pas se rendre aux *foires* ; & à l'issue des *foires*, ils trouvent à côté de leurs marchandises, qui ont payé tous les droits, une foule de marchandises de même espèce, qui n'en ont payé aucuns. Il y a plus, quand ils se rendroient tous aux *foires*, sur le champ même des *foires*, il y auroit inégalité entr'eux. Pour en donner un exemple sensible ; supposons le rétablissement des *foires de Tours* ; le marchand des cinq grosses fermes, qui s'y rendroit, n'auroit rien à payer sur sa marchandise ; & celui de la Guienne, de la Bretagne, de l'Auvergne, auroit à payer le droit d'entrée des cinq grosses fermes, dont la Touraine fait partie. Les *foires* font naître un autre abus, qui n'est pas moins préjudiciable au commerce ; elles servent à couvrir une fraude considérable, & souvent la contrebande, en faisant participer aux exemptions, des marchandises sur lesquelles la franchise ne s'étend pas. Quelque précaution que l'on prenne, quoique les ballots soient plombés en tems de *foire*, à Lyon, & accompagnés d'un acquit, toutes les fois que la rupture des cordes & plombs, qu'on attribue toujours au frottement, au mauvais tems, aux mauvais chemins, donne lieu à des visites, on trouve dans les ballots, des marchandises autres que celles énoncées dans les acquits ; des marchandises prises en route, & qui ne viennent point de Lyon ; des étoffes sans plomb, sans marque de fabrique, & dès-lors contrebande, réputées telles, & qui, loin de participer aux bénéfices des franchises, doivent rester dans les liens de la prohibition. Les loix sont donc violées par l'abus des *foires* ; les droits sont fraudés par le même abus, le roi y perd une portion de ses revenus, & le commerce général y perd encore un degré de concurrence. Il y auroit donc à balancer le peu d'utilité des *foires*, avec le mal qu'elles font dans le tems où nous sommes, & au milieu d'un commerce étendu, actif ; & qui, pour le devenir toujours davantage, n'a besoin que d'être très-égal. Peut-être même trouveroit-on que la destruction totale des *foires*, seroit un moyen préparatoire de la destruction des droits de l'intérieur. Mais s'il ne s'agit pas de supprimer les *foires* qui existent, au moins n'est-ce pas le moment d'en rétablir qui n'existent plus.

Celles dont la ville de Tours réclame le rétablissement, ont pour titre primordial des lettres-patentes données par François I. au mois d'août 1545. Ces lettres-patentes, sans énoncer aucune faveur particulière & locale, englobent, dans la concession, toutes les franchises des *foires* de Lyon, de Brie & de Champagne; rien n'est plus vague. Il existoit, dans ce tems-là, de province à province, des droits qui n'existent plus; en exempter momentanément par des *foires* réglées, pouvoit être une chose utile; mais à présent, dans tous les tems de l'année, on va de la Brie, de la Champagne à Tours, & de la Touraine dans ces provinces, sans rien payer, parce que toutes ces provinces sont de la consistance des cinq grosses fermes. Il y a plus; on va de la Touraine à Lyon sans payer le droit de sortie des cinq grosses fermes, conformément à l'arrêt du 17 juin 1647; ainsi, par la révolution des tems, par l'effet d'un commerce acquis, dont on n'avoit aucun principe en 1545, tout est changé, & les dispositions des lettres-patentes rendues à cette époque, ne trouveroient presque plus aucune des applications qui pouvoient les rendre utiles alors: aussi sont-elles tombées d'elles-mêmes en désuétude; le moment qui les vit naître, toucha presque à celui qui les vit s'anéantir.

De l'aveu de MM. les maire & échevins de la ville de Tours, l'effet des lettres-patentes de 1545 discontinua dès l'année 1560. A la vérité, ils attribuent cette cessation au fléau de la peste qui affligea la Touraine, & qui s'y renouvella, par intervalle, jusqu'en 1636; mais si ces *foires* avoient été regardées comme nécessaires, ou même comme utiles, pourquoi Henri IV, qui, en 1591 & 1598, donna des lettres-patentes très-honorables à la ville de Tours, soit au camp de Chartres, soit à Saint-Germain-en-Laie, ne renouvella-t-il pas d'une manière précise le privilège de ces *foires*? Et pourquoi Louis XIII & Louis XIV n'ont-ils pas confirmé ce privilège? Ce qui frappe le plus, c'est que si la ville de Tours y eût mis elle-même quelque importance, il se présente quatre époques où elle auroit dû faire les plus vives réclamations pour le rétablissement de ses *foires*.

1°. En 1636, puisqu'alors toute crainte de contagion avoit cessé, & qu'après un fléau de soixante-seize ans, dont toutefois l'Histoire ne fait pas mention, rien n'étoit plus essentiel pour Tours que de ranimer son commerce éteint.

2°. En 1664, lorsque sous le ministère de M. de Colbert, le tarif de 1664 rassembla les provinces des cinq grosses fermes par un seul droit à leur entrée & sortie, en supprimant tous ceux qui pouvoient gêner le commerce intérieur de ces provinces. Ce moment étoit d'autant plus favorable, que le tarif de 1664 confirme l'établissement des *foires* de Rouen, celles de Lyon, les privilèges de Sedan, & n'énonce rien pour Tours.

3°. En 1687, lorsque la législation relative aux droits du roi fut réglée, par une ordonnance qui supprime tous les privilèges autres que ceux dont elle fait mention, & elle ne parle point des *foires* de Tours.

4°. En 1717, au commencement du règne de Louis XV, où les dispositions de 1687 furent authentiquement confirmées, par l'extinction de toutes exemptions accordées aux corps, aux villes & communautés.

Il résulte de ces observations, que les titres sur lesquels la ville de Tours s'appuie, ne sont d'aucun poids pour opérer le rétablissement de ses *foires*, parce qu'ils furent vaguement énoncés; que dans le sens où ils furent donnés, ils sont presque sans objet à présent; qu'ils sont restés dans l'oubli pendant près de deux cens ans, ce qui fixe une possession légale évidemment contraire aux titres, & qu'il n'est pas possible d'en avoir négligé la discussion & la confirmation aux époques qu'on a citées.

L'assimilation des anciennes *foires* de Tours avec les *foires* de Lyon, est un des grands moyens que MM. les maire & échevins de la première de ces villes invoquent pour le rétablissement qu'ils désirent. Il est vrai que les lettres-patentes de 1545 créèrent deux *foires*, avec tels & semblables privilèges, droits, franchises & exemptions, dont ont joui & jouissent les habitans de la ville de Lyon, & les marchands fréquentans les *foires* dudit Lyon; mais sous quelque point de vue qu'on considère ces dernières *foires*, elles ont une prépondérance dont Tours ne peut pas se prévaloir. Leur établissement remonte à Charles VI, pendant la régence de son fils. Celui-ci devenu roi, au lieu de deux, établit trois *foires*; & Louis XI, son successeur, en porta le nombre à quatre. Depuis lors, tous les rois, sans interruption, ont confirmé & même augmenté le privilège des *foires* de Lyon. Un des motifs de la célébrité qu'on leur donna, est annoncé clairement dans les édits de 1462 & 1467; ce fut parceque les *foires* de Champagne & de Brie, qui avoient été très-célèbres, étoient détruites par celles de Genève, où tout l'or & tout l'argent du royaume se portoit. Louis XI. jugea qu'il n'y auroit pas, contre cette exportation, de moyens plus sûrs, que d'augmenter le nombre & les privilèges des *foires* de Lyon, & ce moyen réussit. Voilà donc des *foires* qui remontent cent ans au-delà de celles de Tours, motivées en partie sur des raisons d'Etat, toujours confirmées, toujours en vigueur jusqu'à ce moment.

L'attention des souverains à maintenir les *foires* de Lyon, le soin de M. de Colbert à en consolider les privilèges, tandis que ce créateur des manufactures laissa celles de Tours sans *foires*, tinrent à la nature des choses: Lyon est à la proximité des soies de l'Espagne & de l'Italie; il est l'entrepôt, le centre de communication entre l'Allemagne & le Midi; ses deux rivières lui ouvrent tous les débouchés ; jamais situation ne mérita plus d'encouragement, & ne fut plus propre à lier le commerce de l'Europe, avec celui de la France. Tours placé sur un coin, dans l'intérieur, n'offroit rien d'avantageux pour un commerce étendu avec l'étranger; & ses fabrications ne pouvoient prendre pour s'y rendre, ou que de très-longues routes par terre, ou que la voie de la mer, périlleuse en soi-même, & nuisible à la bonté des étoffes.

Lyon, à la porte du Piémont & de la Savoie, de Genève & de la Suisse, devoit être une barrière contre les effusions de leur commerce, & il falloit la fortifier ; Tours, absolument intérieur, n'avoit, ni à nous garantir de la concurrence étrangère, ni des risques à courir pour le débouché de ses fabrications, qui devoient naturellement alimenter la vaste étendue des cinq grosses fermes. C'est ici une des différences principales qui motive la nécessité des *foires* de Lyon ; rien n'arrive dans cette ville, pour être l'aliment de ses *foires*, qui n'ait payé des droits, & qui même en partant de Lyon n'en paye encore. Si l'on y vient du Languedoc, du Dauphiné, de la Provence, provinces les plus voisines, on acquitte la douane de Lyon, la douane de Valence, la table de mer. Si l'on s'y rend des autres provinces réputées étrangères, on acquitte les droits locaux établis dans ces provinces, la douane de Lyon, dans Lyon, le quart des droits d'entrée du tarif de 1664, si l'on est obligé de traverser les provinces des cinq grosses fermes; au lieu de tous ces droits, la Touraine a autour d'elle, pour importer & rapporter sans droits, sans gêne & sans formalités, la Normandie, la Picardie, la Champagne, la Bourgogne, la Bresse, le Bourbonnois, le Berry, le Poitou, l'Aunis, l'Anjou, le Maine ; c'est-à-dire, les provinces de France les plus riches & les plus peuplées.

Si Lyon n'avoit pas eu ses *foires*, dans le tems où on les établit, & qu'elle ne les eût pas conservé depuis, ses manufactures auroient eu bien des désavantages. Mais ses *foires*, que furent-elles alors ? Quelque chose d'utile. Que sont-elles aujourd'hui ? Presque rien. Et, à cet égard, MM. les maire & échevins de Tours ne paroissent pas bien connoître les *foires* de Lyon, lorsqu'ils demandent le rétablissement de leurs *foires* à l'instar de celles-ci, comme un moyen de soutenir & vivifier leurs fabriques chancelantes.

Le privilège des *foires* de Lyon, consiste uniquement dans l'exemption des droits de sortie du tarif de 1664, & dans celle des quatre cinquièmes de la foraine ; cette exemption n'étoit autre chose, dans le principe, que la faculté de ne point payer les droits de sortie du royaume pour les marchandises fabriquées, vendues & commercées à Lyon pendant les *foires*. La sortie des provinces des cinq grosses fermes, par mer, dans l'Aunis, la Normandie, la Picardie, mene directement à l'étranger; le privilège des *foires* de Lyon avoit donc pour principal objet, d'exempter des droits de sortie du royaume ; & cette observation tombe également sur l'exemption des quatre cinquiémes de la foraine, droit exigible à la sortie du royaume par les ports de Languedoc & de Provence; sur quoi il y a lieu d'observer que, malgré le privilège des *foires*, les marchandises ne cessèrent point de payer un cinquième de la foraine dans ces ports ; & si le commerce se prévaloit du bénéfice des *foires* de Lyon pour les exportations, il auroit encore à payer ce cinquième. Mais les lettres-patentes de 1743 lui ont accordé de bien plus grandes faveurs, puisque, dans tous les tems de l'année, & sans le secours des *foires*, il peut envoyer ses fabrications à l'étranger, en exemption de tous droits. Mais il en est tout autrement, quand Lyon les envoye dans les provinces réputées étrangères; ces étoffes payent les droits d'entrée de ces provinces, sur lesquels le privilège des *foires* n'a nulle influence.

Ainsi Lyon n'a d'avantage sur Tours, que celui d'envoyer ses marchandises en Bretagne, en Flandre & en Franche-Comté, sans acquitter le droit de sortie du tarif de 1664, tandis que les étoffes de Tours payent ce droit, lorsqu'elles sortent pour les provinces réputées étrangères. Si tout étoit égal à cet égard, cette dernière ville seroit bien mieux traitée que Lyon. Rien ne peut venir aux *foires* de cette ville, sans avoir payé, ou les droits d'entrée du royaume, ou les droits locaux des lieux d'origine, & la douane de Lyon, à Lyon même.

Tours, au contraire, attireroit à ses *foires* toutes les productions, toutes les fabrications, les produits de tous les genres de commerce des cinq grosses fermes, sans l'acquittement d'aucun droit, & tout cela sortiroit ensuite en exemption, sous le privilège des *foires*. Ajoutons à cette inégalité, celle qui résulte nécessairement du long transport des marchandises prises en *foire* de Lyon, pour parvenir aux bureaux de sortie des cinq grosses fermes ; transport infiniment moins long & moins dispendieux, pour les marchandises qui seroient prises aux *foires* de Tours. On ne peut donc tirer, pour le rétablissement de ses *foires*, aucun avantage de l'assimilation aux *foires* de Lyon, qui ne sont point telles qu'on les suppose ; qui sont nulles, quant à leur effet pour les manufactures ; & qui, proprement, n'ont que celui d'établir de l'égalité, en fait de droits, entre les manufactures de Lyon & celles de Tours.

Une des réflexions que l'on vient de faire, conduit à prouver la perte des droits que le roi feroit, si le rétablissement sollicité avoit lieu. On peut de toutes les provinces rappellées plus haut, venir de la Touraine, sanc acquitter aucun droit; c'est le prix de la soumission des provinces des cinq grosses fermes, au tarif de 1664. MM. les maire & échevins de la ville de Tours croient eux-mêmes que l'on viendroit aux trois *foires* de Tours avec affluence, en leur accordant l'exemption des droits de sortie du tarif de 1664, seul privilège des *foires* de Lyon. Ces droits seroient anéantis, Tours deviendroit l'entrepôt de toutes les marchandises du crû de l'intérieur; & à la faveur des *foires* de cette ville, elles sortiroient en exemption. Il ne seroit pas étonnant que cette perte, pour le roi, fût de plusieurs millions, puisque les droits de sortie du tarif de 1664, dans deux bureaux voisins de Tours, ceux de Saumur & d'Ingrande, font un objet de cinq cens mille livres. Et quand le roi se détermineroit à une si grande perte, quel moyen auroit-on, d'ailleurs, de fixer l'indemnité dûe à l'adjudicataire des fermes, pour la perte qu'il feroit par le rétablissement des *foires* de Tours? Non-seulement il faudroit apprécier ce qui, provenant de la Touraine, paye des droits en sortant des cinq grosses fermes, mais encore tout ce qui des divers points des cinq grosses fermes se rendroit à Tours, pour y participer aux bénéfices des *foires*; & enfin, tout ce qui sortant aujourd'hui par les bureaux des cinq grosses fermes, en y payant des droits, n'en acquitteroit plus. On sent l'impossibilité d'approcher, par aucun calcul, d'un résultat, ou qui ne lésât pas le roi, ou qui ne ruinât pas son fermier.

Une dernière considération paroît encore s'opposer au rétablissement des *foires de Tours*, & elle n'est pas la moins frappante; ce rétablissement seroit une contradiction avec les vues que l'administration annonce. Le moment où elle s'occupe de supprimer les droits de l'intérieur, est-il celui où elle doit en accorder d'avance l'exemption? Elle tend à l'uniformité, est-ce le tems de multiplier les exceptions? Si ce projet s'exécute promptement, de quelle utilité auroient été pour la ville de Tours, des *foires*, qui, au bout de huit ou dix ans, se trouveroient de fait entièrement supprimées; à peine cette ville auroit-elle eu le tems de monter sa police, sa régie, le tribunal de la conservation qu'elle desire. Si ce projet, au contraire, exige plus de tems pour son exécution, la lenteur ne viendra que du préjugé des provinces réputées étrangères, de la Bretagne sur-tout. Un des grands moyens pour les ramener à un but si desiré & si sage, c'est de leur faire toujours mieux sentir le préjudice qui résulte pour elles de l'état actuel des choses, de cette gêne de circulation entre elles & les cinq grosses fermes. Or, pour le leur faire sentir, doit-on d'avance exempter de tous droits, les denrées, les marchandises dont elles ont besoin, & qu'elles tirent des cinq grosses fermes. C'est l'objet que produiroient, notamment pour la Bretagne, les *foires de Tours*.

Malgré une opposition aussi formelle, des lettres-patentes du mois de janvier 1782, ordonnèrent le rétablissement de deux *foires franches*, ainsi qu'il s'ensuit.

Louis, par la grace de Dieu, roi de France & de Navarre: à tous présens & avenir, Salut. Nos chers & bien amés les maire, échevins & habitans de la ville de Tours, nous ont fait représenter, que par lettres-patentes, en forme de charte, données à Sénespont au mois d'août 1545, François I. créa & érigea dans ladite ville deux *foires franches* par chacun an, pour être tenues à perpétuité, l'espace de quinze jours ouvrables chacune; la première, le 15 septembre, & la seconde, le 8 mars, avec tels & semblables privilèges dont avoient joui & jouissoient les habitans de la ville de Lyon, & les marchands fréquentant les *foires* dudit Lyon, & celles de Brie & de Champagne; desquels privilèges, franchises, droits & exemptions de la ville de Lyon, les habitans de la ville de Tours pourroient faire faire, à leurs dépens, des extraits, dont ils s'aideroient pour la jouissance & conservation d'iceux droits, privilèges & exemptions, avec attribution au bailli de Touraine, ou son lieutenant, de la connoissance de tous procès & différends qui pourroient se mouvoir pour le fait desdites *foires*, lui donnant, à cet effet, tel pouvoir, puissance & autorité, dont jouissoit le conservateur des *foires* de Lyon: que par d'autres lettres-patentes, données à Fontainebleau au mois de janvier 1547, lesdites deux *foires* furent confirmées; que pendant plus de soixante années qu'elles ont duré, elles ont procuré le plus grand bien au commerce & aux manufactures de la Touraine; qu'elles n'ont été interrompues, par délibération du corps-de-ville de Tours, du 11 septembre 1607, que parce que ladite ville étoit alors affligée de la peste; que ce fléau s'y est renouvellé plusieurs fois depuis, en sorte que les étrangers & régnicoles ont cessé de les fréquenter, sans qu'elles ayent jamais été révoquées, & que les guerres, qui, depuis ce tems, ont affligé notre royaume à différentes époques, ont empêché de les rétablir; que le commerce & les différentes cultures, auxquelles le sol de la Touraine est particulièrement propre, ont diminué, depuis l'interruption de ces *foires*, au point que la manufacture de soierie, qui a occupé plus de seize mille métiers dans la seule ville de Tours, qui procuroit de l'ouvrage à plus de cinquante mille ouvriers, est maintenant réduite à moins de douze cens; que la population, qui s'étoit élevée jusqu'à cent vingt mille habitans, est maintenant au-dessous de vingt mille: que l'activité & l'industrie des habitans ont néanmoins perpétué dans ladite ville, & dans les bourgs & villages de la Touraine, des manufactures de soierie, de rubannerie, de draps & de toile, & des tanneries, qui se ranimeroient, si la cause qui les a fait décheoir pouvoit cesser;

que la culture en tous les genres, celle de la vigne, sur-tout, qui est la principale ressource de la Touraine, a diminué de la manière la plus sensible, par le bas prix des vins; que les habitans de la Touraine se sont livrés, avec la plus grande ardeur, à la culture du mûrier blanc; mais que le défaut de concurrence des acheteurs, les empêche de tirer de leur soie, un prix proportionné à leur valeur, & aux avances que cette culture exige; que ce dépérissement vient de deux causes, la première, de ce qu'il n'existe aucun grand marché dans la province, aucun rendez-vous général, où puissent se réunir les produits de la culture & de l'industrie; la seconde, du défaut de débouchés, tant à raison de l'éloignement de la capitale, que de la barrière des traites, qui s'opposent à la sortie du produit de l'industrie & du superflu des fruits, en tout genre, qui pourroient se récolter dans la province, tandis qu'un grand nombre des villes capitales du royaume, jouissent, au moins quelquefois dans l'année, de *foires franches* qui favorisent la sortie de leur produit; qu'il y a lieu d'espérer que le commerce reprendroit toute son activité, & que la culture se rétabliroit, si la ville de Tours jouissoit de la grace que François I. lui a accordée, dont l'usage a seulement été suspendu, mais qui n'a jamais été révoqué. Ces motifs nous ont déterminé à permettre auxdits maire, échevins & habitans de Tours, le rétablissement desdites deux *foires*; mais nous avons cru nécessaire d'en abréger la durée, à l'effet de nous assurer, par l'expérience, du bien qu'elles procureront; nous avons aussi jugé convenable de modifier les privilèges qui y étoient attachés, attendu les changemens survenus, tant dans la législation que dans le commerce, depuis l'époque de l'établissement desdites *foires*. A ces causes & autres, à ce nous mouvant, de l'avis de notre conseil, & de notre grace spéciale, pleine puissance & autorité royale, nous avons dit, statué & ordonné, & par ces présentes, signées de notre main, disons, statuons & ordonnons, voulons & nous plaît ce qui suit.

ARTICLE PREMIER.

Nous avons permis & permettons aux maire, lieutenant de maire, échevins, officiers municipaux & habitans de la ville de Tours, de rétablir les deux *foires* qui leur ont été accordées par lettres-patentes données par François I, à Sénespont, au mois d'Août 1545, pour être tenues chacune pendant huit jours ouvrables, pleins & consécutifs seulement, non compris deux jours avant l'ouverture d'icelles, & deux jours après la clôture, pour le déballage & le remballage des marchandises qui y seront apportées; la première desquelles *foires* s'ouvrira le 25 avril de chacun an, & la deuxième, le 10 du mois d'août. Voulons que lesdites *foires* continuent de se tenir ainsi, nonobstant leur cessation & interruption, dont, en tant que de besoin, nous avons relevé & relevons lesdits maire, échevins & habitans.

II.

Les marchandises qui auront été manufacturées ou apprêtées dans les villes, fauxbourgs & banlieue de Tours & Amboise, lesquelles seront vendues & débitées dans le tems desdites *foires*, après y avoir été exposées & déballées, pourront sortir, soit de l'étendue de nos cinq grosses fermes, soit de notre royaume, sans payer aucun droit de sortie, à la réserve seulement des droits locaux, & ce, pendant cinq années, à compter de la date des présentes; à la charge, par les marchands ou commissionnaires qui les auroient achetées, d'en faire leur déclaration au bureau des fermes de la ville de Tours, par quantité, qualité, poids & nombre des pièces, balles & ballots, ensemble du lieu de leur destination, & du bureau par lequel elles sortiront de l'étendue de nos cinq grosses fermes ou de notre royaume, à l'effet de quoi, les commis des fermes, à Tours, leur en délivreront, *gratis*, des certificats de sortie de ladite ville, lesquels seront visés par les officiers municipaux de ladite ville, indépendamment d'un plomb qui sera apposé sur lesdites balles & ballots, portant pour empreinte nos armes, & au revers, celles de ladite ville de Tours, avec cette inscription: *FOIRES FRANCHES DE TOURS*.

III.

Ne jouiront les étoffes de l'exemption des droits de sortie ci-dessus, qu'autant qu'elles seront revêtues des plomb & marque prescrits par nos lettres-patentes & réglemens donnés à ce sujet, à l'effet de constater qu'elles sont des manufactures des villes, faubourgs & banlieue de Tours ou d'Amboise, & qu'il sera justifié par le certificat des maire & échevins, qu'elles auront été vendues & expédiées dans lesdites *foires*.

IV.

Seront, en outre, tenus les marchands, de prendre, avant le départ, au bureau des fermes de ladite ville, un acquit à caution, par lequel ils se soumettront de faire sortir lesdites marchandises par le bureau de sortie qui sera désigné par ledit certificat; & ce, dans l'espace de deux mois, à compter du jour & date dudit certificat, à peine d'être privés de l'exemption desdits droits.

V.

Pourront les mêmes marchandises être visitées au bureau de sortie de nos cinq grosses fermes, ou de notre royaume, & vérifiées sur les certificats & déclarations, qui seront à cet effet représentés, à peine de confiscation des marchandises, balles & ballots, qui ne se trouveront pas conformes auxdits certificats; & les acquits à caution, qui auront été délivrés, seront déchargés, sans frais, au bureau de sortie, pour celles des marchandises qui s'y trouveront conformes.

VI.

Les franchises ci-dessus, ne seront accordées qu'à celles des marchandises qui auront été voiturées par les messageries royales.

VII.

Les maire, lieutenant de maire, échevins & officiers municipaux de la ville de Tours, régleront seuls, & à l'exclusion de tous autres officiers, ce qui pourra concerner l'ouverture, l'ordre, l'établissement desdites *foires*, la distribution des emplacemens, & le prix des loyers, magasins & échoppes; à l'égard des lieux propres à établir le champ de *foire*, des constructions qui seroient à faire, & de tous changemens qui seroient utiles & nécessaires, il y sera pourvu à la manière accoutumée; le tout, néanmoins, sans nuire ni préjudicier aux droit & fonctions des officiers de police, lesquels, après l'ouverture & l'établissement de chacune desdites *foires*, auront la connoissance de tout ce qui peut concerner la sûreté publique & le maintien des réglemens.

VIII.

Les juges consuls établis dans la ville de Tours, connoîtront seuls, & privativement à tous autres juges, de toutes les causes & questions de commerce qui naîtront pendant la durée des *foires*, conformément à l'article VIII. du titre 12. de l'édit du mois de mars 1673, & autres postérieurs. Si donnons en mandement à nos amés & féaux conseillers, les gens tenans notre cour de parlement & notre cour des aides à Paris, &c. Donné à Versailles, au mois de janvier 1782. Registrées en parlement & à la cour des aides, les 25 & 26 février 1782.

L'article VI. de ces lettres-patentes, a été abrogé par un arrêt du conseil du mois de juin 1782, qui a révoqué celui du 9 août 1781, qui chargeoit la régie des messageries, du transport exclusif des marchandises admises à la franchise, ou à une modération de droits, en passant dans le royaume ou en en sortant.

Il s'agit maintenant d'examiner quel a été le résultat de ces nouvelles *foires*. Les détails qui vont suivre, sont dûs à M. de la Grandière, maire de Tours, qui a mis, à solliciter leur rétablissement, toute l'ardeur & la persévérance que peuvent donner l'amour du bien public & l'amour de la patrie. Nous saisissons, avec empressement, cette occasion de lui marquer notre reconnoissance.

On a choisi, pour le champ de *foire*, un des plus beaux emplacemens qui existe dans le royaume. Egalement à portée de la Loire, qui amène à de vastes quais où l'on a construits des ponts commodes, & de la grande route de Bordeaux, près de laquelle sont la place royale & le pont; les accès de la *foire* sont faciles & multipliés : ce champ de *foire* peut recevoir toute l'étendue dont il aura besoin. Les précautions & les soins, pour la sûreté, la police & le bon ordre, ne sont pas au-dessous de ceux qu'on a pris, pour procurer à cette *foire* les agrémens du local.

La première de ces *foires* s'est tenue le 25 août 1782, & il s'en est tenu successivement, aux jours désignés, jusqu'au 25 août 1784, que la cinquième a eu lieu.

Outre les chevaux & les bestiaux de toute espèce qui se sont vendus aux *foires*, les marchandises principales sont, des étoffes de soie, ou mêlées de cette matière avec le coton, le fil ou la laine; des soies crues, des cuirs, des draps & des draperies, des toiles & toileries.

Il paroît, par le relevé des exportations qui se sont faites pendant ces cinq *foires*, pour les provinces réputées étrangères, comme la Bretagne, la Saintonge, la Guienne, &c. qu'il y a été expédié quinze mille six cens soixante-neuf livres d'étoffes de soie pure, ou mêlée avec d'autres matières.

Sept cens quatrevingt-un mille six cens dix-sept livres d'étoffes de laine, des manufactures du pays, répandues dans trente-quatre villages ou paroisses aux environs de Tours & d'Amboise, & occupant quatorze mille sept cens ouvriers.

On évalue le produit, en argent, de ces marchandises, & de celles qui, ayant été destinées pour l'intérieur des cinq grosses fermes, n'ont pas été dans le cas de jouir de la franchise des *foires*, puisqu'en tout tems elles ne doivent aucun droit, à quatre millions neuf cens vingt-cinq mille livres; & l'on compte que les quatorze mille sept cens ouvriers, emploient annuellement dix-huit cens trente-huit mille livres de laine.

Le montant des droits dont les diverses espèces de marchandises, sorties des *foires de Tours*, ont été affranchies pendant deux ans, n'est, compris les dix sols pour livre, que de quarante-neuf mille cent soixante-dix-sept livres seize sols. Ainsi, l'indemnité que la justice du roi peut accorder à son fermier, pour les trois *foires* qui se sont tenues en 1782 & 1783, avant que les droits de traite fussent en régie, ne fait pas un objet de trente mille livres, attendu que ces *foires* deviennent plus considérables, à mesure qu'elles s'éloignent de l'époque de leur rétablissement.

Au surplus, comme ces *foires* ne se tiennent que provisoirement pendant cinq années, afin de mettre le gouvernement en état de juger si, en effet, leur rétablissement est avantageux à la Touraine, les bons patriotes espèrent qu'il ne restera aucune incertitude à cet égard, & que l'expérience du bien qu'elles procurent, déterminera le conseil à faire participer les vins aux franchises de ces *foires*.

D'un autre côté, si le projet bienfaisant de supprimer toutes les barrières intérieures, & cette distinction de provinces des cinq grosses fermes, & provinces réputées étrangères, se réalisoit un jour, les *foires de Tours* deviendroient sans objet, ainsi que toutes celles qui sont établies dans l'intérieur du royaume; mais le commerce général y gagneroit beaucoup, en prenant plus de force & d'activité.

Les *foires* de Troyes sont un foible reste des fameuses *foires* de Champagne & de Brie. Elles avoient d'abord partagé la décadence générale, que toutes les *foires* éprouvèrent lors de la réunion de ces provinces à la couronne; mais elles reprirent quelque lustre, par les lettres-patentes de Philippe de Valois, qu'on a rapportées ci-devant. Dans la suite, les malheureuses & longues guerres des Anglois dans le cœur du royaume; les orages, non moins funestes, élevés par le fanatisme, firent perdre de vue les avantages qu'elles procuroient; elles cessèrent d'être fréquentées, & il ne restoit plus que le souvenir de leur ancien éclat, à la fin du dix-septième siècle.

Les officiers municipaux de Troyes, desirant ranimer le commerce & l'industrie dans leur ville, présentèrent au roi les titres de la concession des privilèges attribués à leurs *foires*, & ils en sollicitèrent le rétablissement. Il leur fut accordé, par les lettres-patentes du 27 août 1697, pour neuf années.

Ces *foires* furent fixées à deux par an; chacune de huit jours consécutifs, non compris les dimanches & fêtes.

L'une de ces *foires* commence le lundi après le second dimanche de Carême, & l'autre, au premier septembre. Mais comme les lettres-patentes de 1697 restraignoient l'affranchissement des droits de sortie des cinq grosses fermes, aux seules marchandises manufacturées à Troyes, à la charge encore de sortir du royaume de suite, sans entrepôt, & dans l'espace de douze jours, pour certains pays étrangers, & vingt jours pour d'autres. Le rétablissement de ces *foires* n'apporta que de médiocres avantages.

Les maire & échevins de Troyes sollicitèrent, en 1701, de nouvelles faveurs pour les marchandises sortant des *foires* de leur ville, & ils les obtinrent, par l'arrêt du 13 décembre de la même année; sur lequel, un autre du 2 juin 1705, explique que les marchandises auroient trois mois pour sortir des cinq grosses fermes. En 1742, l'arrêt du conseil du 4 septembre, ordonna que les marchandises qui seroient dans le cas de profiter de la franchise, seroient visitées & plombées au bureau des fermes.

Dans cet état des choses, toutes sortes de marchandises, de quelque qualité qu'elles soient, tant celles qui auront été fabriquées ou apprêtées dans la ville & les fauxbourgs de Troyes, que les autres qui seront vendues pendant la durée de ces *foires*, après y avoir été déballées & exposées en vente, peuvent sortir, soit de l'étendue des cinq grosses fermes, soit du royaume, sans payer aucun droit de sortie du tarif de 1664; mais elles doivent les droits locaux des autres provinces par lesquelles elles passent: & à la charge, par les marchands, de faire enlever & sortir les marchandises des cinq grosses fermes, ou du royaume, sans aucun entrepôt, dans l'espace de trois mois, à compter de la date du certificat de sortie de la ville de Troyes; & encore, sous la condition que les marchands ou commissionnaires feront, au bureau des fermes, la déclaration, par qualité, quantité, poids, & nombre de pièces, balles ou ballots des marchandises achetées dans la *foire*, du lieu de leur destination, & du bureau par lequel elles sortiront des cinq grosses fermes ou du royaume. Les commis de la ferme doivent délivrer leurs certificats de cette déclaration sans frais. Ces pièces, après avoir été visées par les maire & échevins, se font aux portes de la ville, & doivent accompagner les marchandises. Le fermier est autorisé à les faire visiter au dernier bureau de sortie, s'il le juge à propos; & les réglemens prononcent la confiscation des marchandises, balles ou ballots, qui ne se trouveront pas conformes aux certificats & déclarations.

Les privilèges des deux *foires* de Troyes n'ont aucun rapport avec les droits d'aides qui s'y perçoivent.

On a dit au mot COMPTABLIE, page 551, que les *foires* de Bordeaux procurent l'exemption de ce droit à l'entrée & à la sortie, pendant les quinze jours qu'elles durent. Il faut ajouter que la première commence le premier jour de mars, & la seconde, le quinze octobre. Elles furent d'abord établies par Charles VII; l'une, le 15 août, & la seconde, le premier lundi de Carême; mais par succession de tems, ou par suite des guerres, elles furent abandonnées. Henri II. les rétablit, & les révoqua peu de tems après.

Charles IX. ordonna leur rétablissement, par ses lettres-patentes du mois de juin 1565, *avec l'exemption des droits de grande & petite coutume pendant le tems qu'elles dureroient, tant à l'entrée qu'à l'issue de toute sorte de marchandises amenées, conduites, vendues, troquées ou échangées, & achetées à ces* foires, *& chargées dans les quinze jours.*

Ces deux *foires* se sont soutenues jusqu'à présent sans interruption ; mais leur état actuel exige quelques observations.

1°. L'immunité accordée par le privilège de leur rétablissement, ne porte que sur les droits de comptablie seulement. Les marchandises qui, par leur nature, sont sujettes aux droits uniformes, à ceux des drogueries-épiceries, de vingt pour cent, & à tous autres que ceux de comptablie, les paient en tems de *foire* comme en tout autre tems. Il s'ensuit donc que les droits de convoi & de courtage, qui se levent à Bordeaux, ne sont point compris dans le privilège des *foires*, non plus que que ceux du domaine d'occident, & de consommation, qui ont lieu sur les marchandises des Isles, en vertu des lettres-patentes de 1717.

2°. Les eaux-de-vie & le sel ne participent point à l'immunité des droits de comptablie, ni à l'entrée, ni à la sortie, pendant les *foires*.

3°. Les vins du Pays-haut paient aussi le droit d'entrée de comptablie en tems de *foire* ; mais ceux qui se chargent en *foire*, jouissent de la franchise à la sortie, comme les vins de la sénéchaussée de Bordeaux.

4°. Les vins de Blaye, & ceux du pays de nouvelle conquête, (*Voyez* COMPTABLIE.) doivent toujours en tems de *foire*, comme hors *foire*, le droit de petite coutume.

5°. Pour que les marchandises sujettes au droit de comptablie en soient exemptes pendant la durée des *foires*, il faut qu'elles entrent en ville, qu'elles y soient déballées, exposées en champ de *foire*, & vendues ou troquées, en un mot, qu'elles changent de main en *foire* même ; car les marchandises qui transitent, ou passent debout, ne peuvent jouir de l'exemption des droits de comptablie. Elles sont assujetties à les payer par les articles CCXLVII. du bail de Saunier, CCXXIV. de celui de Fauçonnet, & CCCXXIII. de celui de Forceville, à peine de confiscation, & de quinze cens livres d'amende.

6° Les marchandises venant par mer ne jouissent des privilèges attachées aux *foires*, que quand elles sont entrées dans les limites de la sénéchaussée de Bordeaux, après que la *foire* est ouverte ; d'où il suit que les marchandises venant par mer, qui passeroient la limite prescrite, la veille de la *foire*, seroient sujettes au droit d'entrée de comptablie, quand bien même elles n'arriveroient à Bordeaux que trois ou quatre jours après la *foire* commencée.

L'*Estey de bis*, près Castillon en Médoc, qui sert de limite à la sénéchaussée Bordeloise, & qui est au bas de la riviere de Gironde, du côté de Médoc, en sert aussi pour les *foires* ; de façon que les navires ou barques ne doivent pas passer cet *Estey* avant l'ouverture de la *foire* : autrement, les marchandises dont ils sont chargés, sont sujettes au paiement du droit de comptablie.

7°. Il en est de même pour les marchandises apportées par terre : elles ne doivent pareillement entrer dans la sénéchaussée, qu'après l'ouverture de la *foire*.

Les limites, dans cette circonstance, sont les ruisseaux de l'Engrane & de Saint-Martin, du côté du Pays-haut, & toutes les autres limites de la sénéchaussée sur lesquelles sont établis des bureaux.

8°. Les marchandises qui viennent par mer, pendant la *foire*, doivent être déclarées, & ne peuvent être débarquées, sans un permis du bureau où elles sont conduites & visitées. Mais celles qui viennent par terre n'en ont pas besoin, si ce n'est les drogueries & épiceries, & les marchandises sujettes au droit de convoi. Les marchandises qui arrivent par terre des cinq grosses fermes, doivent être accompagnées de l'acquit du paiement des droits de sortie du tarif de 1664, à peine de confiscation.

9°. Les vins, les eaux-de-vie, les prunes, les miels & les bois, ne jouissent de l'immunité des *foires*, qu'autant qu'elles sont déchargées dans le fauxbourg des Chartrons.

10°. Les vaisseaux ou barques qui ont reçu des marchandises en *foire*, doivent sortir des limites du coutumat avant minuit du dernier jour de la *foire*, pour jouir de l'exemption des droits de comptablie. Ces limites sont, d'un côté, en descendant la riviere, le petit ruisseau de la Maison-Rouge, au fauxbourg des Chartrons, & de l'autre côté, pour les bateaux qui doivent remonter la riviere, le ruisseau de Sainte-Croix au-dessus de l'hôpital de la manufacture.

Mais si quelques bâtimens de mer n'ont pas leur chargement entier, & que les capitaines veulent le compléter avec d'autres marchandises, ils ont la liberté de rentrer après la *foire* finie, & d'achechever leur cargaison, en payant les droits de son supplément. Les coureaux, ou grands bateaux de riviere, ne jouissent pas de la même liberté. Qu'ils ayent leur chargement complet ou non, lorsqu'ils sont sortis le dernier jour, des limites de la *foire*, ils n'y peuvent plus rentrer.

Quant aux marchandises voiturées par terre, elles doivent sortir de la sénéchaussée de Bordeaux, dans les vingt-quatre heures après l'expiration de la *foire*.

11°. Tous entrepôts & magasins sont défendus avant & après la *foire*, si ce n'est à six lieues audelà des limites de la sénéchaussée, à peine de confiscation des marchandises.

12°. Les marchandises achetées avant la *foire*, ne

ne sont pas dans le cas de jouir de l'exemption des droits de sortie. Il en est de même de celles qui sont entrées pendant les *foires*, & qui restent invendues après l'expiration de ces *foires*, sans sortir de la ville ni de la sénéchaussée; elles deviennent sujettes aux droits d'entrée de comptablie, dont elles avoient été exemptes, & les marchands sont tenus d'en faire leur déclaration dans les vingt-quatre heures de la fin de la *foire*, à peine de confiscation & d'amende.

Il est encore, dans l'étendue des cinq grosses fermes, quelques *foires* privilégiées pour les droits de gros; mais il n'en est aucune autre que celles qui ont été nommées, qui procurent l'affranchissement entier ou partiel des droits d'entrée & de sortie du tarif de 1664.

Ainsi, à Abbeville & à Amiens, pendant les deux *foires* & les douze marchés francs qui se tiennent dans la première de ces villes; pendant les deux *foires* de la seconde, il n'est point dû de droits de gros sur les vins qui y sont vendus; ils sont seulement sujets aux droits d'augmentation.

A Châlons-sur-Marne, à Sezanne, de la même généralité, il n'est dû aucun droit de gros ni d'augmentation, sur les vins vendus aux *foires*, par les marchands forains & étrangers, & même par les habitans de Sezanne, sur les vins de leur cru; mais les habitans de Châlons doivent les droits d'augmentation seulement dans cette circonstance. *Voyez* (GROS.) Droit de

Nous ne devons pas terminer cet article, sans présenter ici des réflexions sur les *foires* comparées aux marchés, & sur la question de savoir si l'établissement des *foires* est réellement avantageux.

Il est évident que les marchands & les acheteurs ne peuvent se rassembler dans certains tems & dans certains lieux, sans un attrait, un intérêt qui compense, ou même qui surpasse, les frais du voyage & du transport des denrées. Sans cet attrait, chacun resteroit chez soi; plus il sera considérable, plus les denrées supporteront de longs transports; plus le concours des marchands & des acheteurs sera nombreux & solemnel, plus le district, dont ce concours est le centre, pourra être étendu. Le cours naturel du commerce suffit pour former le concours, & pour l'augmenter jusqu'à un certain point. La concurrence des vendeurs limite le prix des denrées, & le prix des denrées limite, à son tour, le prix des vendeurs. En effet, tout commerce devant nourrir celui qui l'entreprend, il faut bien que le nombre des ventes dédommage le marchand de la modicité des profits qu'il fait sur chacune, & que par conséquent le nombre des marchands se proportionne au nombre actuel des consommateurs, en sorte que chaque marchand corresponde à un certain nombre de ceux-ci. Cela posé, je suppose que le prix d'une denrée soit tel, que, pour en soutenir le commerce, il soit nécessaire d'en vendre pour la consommation de trois cens familles; il est évident que trois villages, dans chacun desquels il n'y aura que cent familles, ne pourront soutenir qu'un seul marchand de cette denrée. Ce marchand se trouvera probablement dans celui des trois villages où le plus grand nombre des acheteurs pourra se rassembler plus commodément ou à moins de frais, parce que cette diminution de frais fera préférer le marchand établi dans ce village à ceux qui seroient tentés de se fixer dans l'un des deux autres. Mais plusieurs espèces de denrées seront vraisemblablement dans le même cas, & les marchands de chacune de ces denrées se réuniront dans le même lieu, par la même raison de la diminution des frais; & parce qu'un homme qui a besoin de deux espéces de denrées, aime mieux ne faire qu'un voyage pour se les procurer, que d'en faire deux: c'est réellement comme s'il payoit chaque marchandise moins cher.

Le lieu devenu plus considérable, par cette réunion même de différens commerces, le devient de plus en plus, parce que tous les artisans que le genre de leur travail ne retient pas à la campagne, tous les hommes, à qui leur richesse permet d'être oisifs, s'y rassemblent, pour chercher les commodités de la vie. La concurrence des acheteurs attire les marchands, par l'espérance de vendre; il s'en établit plusieurs pour la même denrée.

La concurrence des marchands attire les acheteurs par l'espérance du bon marché, & toutes deux continuent à s'augmenter mutuellement, jusqu'à ce que le désavantage de la distance, compense, pour les acheteurs éloignés, le bon marché de la denrée, produit par la concurrence, & même ce que l'usage & la force de l'habitude ajoutent à l'attrait du bon marché.

Ainsi se forment naturellement différens centres de commerce, ou marchés, auxquels répondent autant de cantons ou d'arrondissemens plus ou moins étendus, suivant la nature des denrées, la facilité plus ou moins grande des communications, & l'état de la population plus ou moins nombreuse; telle est, pour le dire en passant, la première & la la plus commune origine des bourgades & des villes.

La même raison de commodité qui détermine le concours des marchands & des acheteurs à certains lieux, le détermine aussi à certains jours, lorsque les denrées sont d'une valeur ou d'une qualité trop modiques pour soutenir de longs transports, & que le canton n'est pas assez peuplé, pour fournir à un concours suffisant & journalier. Ces jours se fixent par une espèce de convention tacite ou de convenance, que les circonstances produisent. Le nombre des journées de chemin, entre les lieux les plus considérables des environs, combiné avec certaines époques de *foires* ou de marchés voisins ; de certaines conjonctures, telles que le voisinage de quelques fêtes, des échéances d'usage dans les paiemens, toute sorte de solemnités périodiques ; enfin, tout ce qui rassemble, à certains jours, un certain nombre d'hommes, devient le principe de l'établissement d'un marché ou d'une *foire*, parce que les marchands ont toujours intérêt de chercher les acheteurs, & *vice versâ*.

Mais il ne faut qu'une distance assez médiocre, pour que cet intérêt, & le bon marché produit par la concurrence, soient contrebalancés par les frais de voyage & de transport des denrées. Ce n'est donc point au cours naturel d'un commerce, animé par la liberté, qu'il faut attribuer les grandes *foires*, où les productions d'une partie de l'Europe se rassemblent à grands frais, & qui semblent être le rendez-vous des nations. L'intérêt qui doit compenser ces frais exorbitans, ne vient point de la nature des choses ; mais il résulte des privilèges & des franchises accordées au commerce, en certains lieux & en certain tems, tandis qu'il est accablé par-tout ailleurs de taxes & de droits. Il n'est pas étonnant que l'état de gêne & de vexation habituelle, dans lequel le commerce s'est trouvé long-tems dans toute l'Europe, en ait déterminé le cours avec violence, dans les lieux où on lui offroit un peu plus de liberté.

C'est ainsi que les princes, en accordant des exemptions de droits, ont établi tant de *foires* dans les différentes parties de l'Europe ; & il est évident que ces *foires* doivent être d'autant plus considérables, que le commerce, dans les tems ordinaires, est plus surchargé de droits.

Une *foire* & un marché sont donc l'un & l'autre un concours de marchands & d'acheteurs, dans des lieux & dans des tems marqués. Mais, dans les marchés, c'est l'intérêt réciproque que les vendeurs & les acheteurs ont de se chercher ; dans les *foires*, c'est le desir de jouir de certains privilèges, qui forme ce concours : d'où il suit, qu'il doit être bien plus nombreux & bien plus solemnel dans les *foires*.

Quoique le cours naturel du commerce suffise pour établir des marchés, il est arrivé, par une suite de ce malheureux principe, qui, dans presque tous les gouvernemens, a si long-tems infecté l'administration du commerce, on veut dire, la manie de tout conduire, de tout régler, de ne jamais s'en rapporter aux hommes sur leur propre intérêt ; il est arrivé, dis-je, que, pour établir des marchés, on a fait intervenir la police ; qu'on en a borné le nombre, sous prétexte d'empêcher qu'ils ne se nuisissent les uns aux autres ; qu'on a défendu de vendre certaines marchandises, ailleurs que dans certains lieux désignés, soit pour la commodité des commis préposés à la recette des droits dont elles sont chargées, soit parce qu'on a voulu les assujettir à des formalités de visite & de marque, & qu'on ne peut pas mettre par-tout des bureaux.

Ajoutons encore ici quelques réflexions, sur l'illusion assez commune, qui fait citer à quelques personnes la grandeur & l'étendue du commerce de certaines *foires*, comme une preuve de la grandeur du commerce d'un Etat.

Sans doute une *foire* doit enrichir le lieu où elle se tient, & faire la grandeur d'une ville particulière. Lorsque toute l'Europe gémissoit dans les entraves multipliées du gouvernement féodal ; lorsque chaque village, pour-ainsi-dire, formoit une souveraineté indépendante ; lorsque les seigneurs, enfermés dans leurs châteaux, ne voyoient dans le commerce, qu'une occasion d'augmenter leurs revenus, en soumettant à des contributions & à des péages exorbitans, tous ceux que la nécessité forçoit de passer sur leurs terres : il n'est pas douteux que ceux qui, les premiers, furent assez éclairés pour sentir qu'en se relâchant un peu de la rigueur de leurs droits, ils seroient plus que dédommagés, par l'augmentation du commerce & des consommations, virent bientôt les lieux de leur résidence, enrichis, aggrandis, embellis.

Il n'est pas douteux que, lorsque les rois & les empereurs eurent assez fortifié leur autorité pour soustraire, aux taxes levées par leurs vassaux, les marchandises destinées pour les *foires* des villes qu'ils vouloient favoriser, ces villes devinrent nécessairement le centre d'un très-grand commerce, & virent accroître leur puissance avec leur richesse. Mais depuis que toutes ces petites souverainetés se sont réunies, pour ne former qu'un grand Etat sous un seul prince, si la négligence, la force de l'habitude, la difficulté de réformer les abus, lors même qu'on le veut, & la difficulté de le vouloir, ont engagé à laisser subsister les mêmes gênes, les mêmes droits locaux, & les mêmes privilèges qui avoient été établis, lorsque chaque province & chaque ville obéissoient à différens souverains, n'est-il pas singulier que cet effet du hazard ait été non-seulement loué, mais imité, comme l'ouvrage d'une sage politique ?

N'est-il pas singulier, qu'avec de très-bonnes intentions, & dans la vûe de rendre le commerce florissant, on ait encore établi de nouvelles *foires* ; qu'on ait augmenté encore les privilèges & les exemptions de certaines villes ; qu'on ait même empêché certaines branches de commerce de s'établir dans des provinces pauvres, dans la crainte de nuire à quelques autres villes ; enrichies depuis long-tems par ces mêmes branches de commerce ? Eh ! qu'importe que ce soit Pierre ou Jacques, le Maine ou la Bretagne, qui fabriquent telle ou telle marchandise, pourvu que l'Etat s'enrichisse,

& que des François vivent ? Qu'importe qu'une étoffe de soie soit vendue à Beaucaire, ou dans le le lieu de sa fabrication, pourvu que l'ouvrier reçoive le prix de son travail?

Une masse énorme de commerce rassemblée dans un lieu, & amoncelée sous un seul coup d'œil, frappera d'une manière plus sensible les yeux des politiques superficiels. Les eaux rassemblées artificiellement dans des bassins & des canaux, amusent les voyageurs par l'étalage d'un luxe frivole ; mais les eaux que les pluies répandent uniformément sur la surface des campagnes, que la seule pente des campagnes dirige & distribue dans tous les vallons, pour y former des fontaines, portent par-tout la richesse & la fécondité.

Qu'importe qu'il se fasse un grand commerce dans une certaine ville & dans un certain moment, si ce commerce momentané n'est grand que par les causes même qui gênent le commerce, & qui tendent à le diminuer dans tout autre tems, & dans toute l'étendue de l'Etat?... *En Hollande, il n'y a point de* foires; *mais toute l'étendue de l'Etat & toute l'année, ne forment, pour-ainsi-dire, qu'une* foire *continuelle, parce que le commerce y est toujours, & par-tout, également florissant.*

On dit, » l'Etat ne peut se passer de revenus. Il est indispensable, pour subvenir à ses besoins, de charger les marchandises de taxes ; cependant il n'est pas moins nécessaire de faciliter le débit de nos productions chez l'étranger ; ce qui ne peut se faire sans en baisser le prix, autant qu'il est possible.

Or, on concilie ces deux objets, en indiquant des lieux & des tems de franchise, où le bas prix des marchandises invite l'étranger, & produit une consommation extraordinaire, tandis que la consommation habituelle & nécessaire, fournit suffisamment aux revenus publics. L'envie même de profiter de ces momens de grace, donne aux vendeurs & aux acheteurs un empressement, que la solemnité de ces grandes *foires* augmente encore par une espèce de séduction, d'où résulte une augmentation dans la masse totale du commerce «.

Tels sont les prétextes qu'on allègue, pour prouver l'utilité des grandes *foires*. Mais il n'est pas difficile de se convaincre qu'on peut, par des arrangemens généraux, & en favorisant également tous les membres de l'Etat, concilier avec bien plus d'avantage les deux objets que le gouvernement peut se proposer. En effet, puisque le prince consent à perdre une partie de ses droits, & à les sacrifier aux intérêts du commerce, rien n'empêche qu'en rendant tous les droits uniformes, il ne diminue, sur la totalité, la même somme qu'il consent à perdre ; l'objet de décharger des droits la vente à l'étranger, en ne les laissant subsister que sur les consommations intérieures, sera même bien plus aisé à remplir, en exemptant de droits toutes les marchandises qui sortent ; car enfin, on ne peut nier que nos *foires* ne fournissent à une grande partie de notre consommation intérieure.

Dans cet arrangement, la consommation extraordinaire qui se fait dans le tems des *foires*, diminueroit beaucoup ; mais il est évident que la modération des droits, dans les tems ordinaires, rendroit la consommation générale bien plus abondante, avec cette différence, que, dans le cas de droit uniforme, mais modéré, le commerce gagne tout ce que le prince veut lui sacrifier ; au lieu que, dans le cas du droit général, plus fort avec des immunités locales & momentanées pour des *foires*, le roi peut sacrifier beaucoup, & le commerce ne gagner presque rien, ou, ce qui est la même chose, les denrées baisser de prix beaucoup moins que les droits ne diminuent, & cela, parce qu'il faut soustraire de l'avantage que donne cette diminution, les frais de transport des denrées, nécessaire pour en profiter, le changement de séjour, le loyer *des places de foires*, enchéris par le monopole des propriétaires ; enfin le risque de ne pas vendre dans un espace de tems assez court, & d'avoir fait un long voyage en pure perte ; or, il faut toujours que la marchandise paye tous ces frais & ces risques.

Il s'en faut donc beaucoup, que le sacrifice des droits du prince soit aussi utile au commerce par les exemptions momentanées & locales, qu'il le seroit par une modération légère sur la totalité des droits.

Il s'en faut beaucoup que la consommation extraordinaire augmente autant par l'exemption particulière, que la consommation journalière diminue par la surcharge habituelle. Ajoutons qu'il n'y a point d'exemption particulière qui ne donne lieu à des fraudes pour en profiter, à des gênes nouvelles, à des multiplications de commis & d'inspecteurs pour empêcher ces fraudes, à des peines pour les punir ; nouvelle perte d'argent & d'hommes pour l'Etat.

Concluons que les grandes *foires* ne sont jamais aussi utiles que la gêne qu'elles supposent est nuisible, & que bien loin d'être la preuve d'un commerce florissant, elles ne peuvent, au contraire, exister que dans des Etats où le commerce est gêné, surchargé de droits, & par conséquent médiocre. **

Une partie de ces réflexions rentre dans ce que nous avons dit à l'article BEAUCAIRE, *en parlant de la* foire *qui s'y tient, & de laquelle nous avons proposé la suppression, comme un bien*, page 106.

Puisqu'il est impossible que la société se soutienne & se défende contre les ennemis intérieurs

& extérieurs de son repos, sans un revenu, & que ce revenu ne peut être formé que par la contribution des membres qui la composent, il est nécessaire qu'ils soumettent leurs propriétés, ou les objets de leur consommation, à des taxes & à des droits. En France, les *foires* qui en exemptent sous prétexte d'aggrandir le concours, détruisent l'équilibre du commerce intérieur, & ne produisent aucun avantage au commerce extérieur, qui est le seul qui mérite les grandes faveurs du gouvernement. S'il les a reçues par des exemptions à la sortie, ou par un affranchissement absolu, les *foires* sont plus nuisibles qu'utiles, & c'est véritablement l'effet qu'elles produisent. Tous les objets fabriqués ne doivent aucuns droits à leur exportation. Toutes les matières premières sont affranchies à leur importation. Tout ce qui est mercerie & quincaillerie, ne doit qu'un pour cent de la valeur à la sortie. L'étranger n'a donc nul intérêt à venir à nos *foires* ; ce n'est donc que l'habitant d'une province réputée étrangère qui en tire du bénéfice, &, sous ce point de vûe, c'est un mal, attendu que le grand objet de la législation, en finance particulièrement, est de rendre la condition de tous les sujets de l'Etat, égale & uniforme.

FONDS, f. m., qui signifie une somme quelconque, déposée pour servir de cautionnement à la gestion d'un emploi, ou à la dépense d'une entreprise, d'une exploitation. Faire ses *fonds* dans une affaire, veut dire y mettre sa quote-part des avances réglées, en raison de l'intérêt dont on jouit.

Toutes les compagnies de finance sont obligées de faire des *fonds* au trésor royal, pour assurer l'exécution des loix relatives à la partie de revenu qu'elles régissent, pour cautionner le prix qu'elles en doivent, & garantir le public de toute prévarication.

Voyez l'article Bail, Domaine, on y verra quels sont les *fonds* des fermiers généraux, des administrateurs généraux des domaines.

On désigne également par le nom de *fonds*, les sommes destinées par le roi aux dépenses de différens départemens, entre lesquels est distribuée toute l'administration du royaume.

Dans ce sens, on dit les *fonds* extraordinaires de la guerre, c'est-à-dire, destinés aux dépenses annuelles & ordinaires, étoient, en 1781, de soixante-cinq millions deux cens mille livres.

Le *fonds* de la maison militaire du roi, connu sous le nom d'ordinaire des guerres, à la même époque, étoit de sept millions six cens quatrevingt-une livres.

Le *fonds* ordinaire de l'artillerie & du génie, de neuf millions deux cens mille livres.

Le *fonds* des maréchaussées, de trois millions cinq cens soixante-quinze mille livres : il s'impose avec la taille, & fait partie du brevet qui s'expédie annuellement pour cette imposition ; mais il est pour les pays d'élection, d'un million sept cens quarante-neuf mille quatre cens quarante-cinq livres.

Le *fonds* annuel des dépenses du département de la marine, de vingt-neuf millions deux cens mille livres.

Le *fonds* annuel du département des affaires étrangères, à huit millions cinq cens vingt-un mille livres.

Le *fonds* des dépenses totales de toutes les parties de la maison domestique du roi, de celle de la reine, de madame, fille du roi, de madame Elisabeth, sœur du roi, de mesdames, tantes du roi, compris les bâtimens, les gages des charges, les appointemens & les divers traitemens des personnes attachées à la cour, étoit de vingt-cinq millions sept cens mille livres.

Le *fonds* annuel payé du trésor royal, pour la maison de monsieur & madame, pour celle de monsieur le comte d'Artois, huit millions quarante mille livres.

Le *fonds* annuel destiné au paiement des pensions, à vingt-huit millions.

Le *fonds* à faire pour le département des ponts & chaussées, à cinq millions.

Enfin le *fonds* destiné à subvenir aux dépenses imprévues, à trois millions.

Le *fonds* des étapes est une somme destinée à la subsistance des troupes qui voyagent dans le royaume, & qui fait partie du brevet de la taille. On a dit au mot Etape, que ce *fonds* est, dans les pays d'élection, de deux millions trois cens quarante-six mille six cens soixante-sept livres. *Voyez* Etapes.

Dans les finances d'Angleterre, on distingue quatre espèces de *fonds* ; le *fonds* aggrégé, le *fonds* général, le *fonds* de la compagnie du Sud, & le *fonds* des droits consolidés.

Chacun de ces *fonds* sert de sûreté aux autres, mais ils sont tous composés du produit des taxes annuelles & perpétuelles. Les intérêts qui, avant cette division de *fonds*, étoient assignés sur une branche particulière de revenu, ont aujourd'hui pour hypothéque, toutes les taxes qui composent chacun des quatre *fonds* ; le tout sous la garantie de la nation, représentée par son parlement.

Les trois premiers *fonds* sont spécialement affectés au paiement de la *liste civile*, d'une portion considérable des intérêts de la dette nationale, & de certaines pensions. Le surplus de ces trois premiers *fonds*, joint au total du *fonds* des droits consolidés, sert à composer ce qu'on appelle le *fonds* d'amortissement.

Le *fonds* d'amortissement a été destiné, ainsi qu'on l'a dit au mot ANGLETERRE, à éteindre une partie des capitaux dûs par la nation, & à fournir des secours, par supplément aux revenus annuels, lorsque les circonstances le demandent. Quelquefois aussi, le *fonds* est chargé de l'acquittement de pensions ou de dettes privilégiées.

FORAINE, f. f., qui est le nom d'un droit appellé aussi *traite foraine*. Ce droit n'a pris la consistance sous laquelle il se perçoit actuellement, que par la réunion de trois anciens droits, distingués par les noms de *foraine*, de *rêve* & de *haut-passage*, qui avoient lieu à toutes les sorties du royaume.

Pour donner des notions complettes de tout ce qui a rapport aux droits de *foraine* en général, on ne peut mieux faire que d'analyser le mémoire rédigé sur ce droit, par M. Daguesseau, conseiller d'État, père de l'illustre chancelier de ce nom, qui avoit été envoyé en 1688, par le conseil, dans les provinces de Lyonnois, Dauphiné & Provence, pour prendre des connoissances exactes de la perception des droits du roi, & entendre les plaintes, tant du commerce, que des commis des fermiers, sur les abus qui avoient pu s'introduire dans cette perception.

Ce mémoire sur la *foraine*, & ceux que le même magistrat a donné sur la douane de Lyon, sur la douane de Valence, & sur plusieurs autres droits, perceptibles en Dauphiné, en Provence & dans le Languedoc, où il avoit été long-tems intendant, sont d'autant plus précieux, qu'ils servent de base & de règle à leur levée actuelle, parce qu'ils ont consacré les usages établis dès ce tems-là; & fixé les cas particuliers dans lesquels l'exemption de ces droits, soit totale, soit partielle, étoit accordée, tant à des lieux ou à des choses, qu'à des personnes. Aussi est-ce de ces mémoires, encore manuscrits, & peu connus, hors du cercle des gens attachés à la perception, que nous avons extrait des détails historiques & intéressans sur tous ces droits. On en a déja tiré, ainsi que nous l'avons dit à l'article DOUANE de Lyon, une partie de ce qui a été rapporté de ce droit.

M. de Lamoignon de Basville, intendant du Languedoc, dans le même tems, & chargé de la même fonction que M. Daguesseau, a aussi donné le résultat de ses travaux, dans des mémoires qui ont été imprimés à Amsterdam en 1734. Ils fournissent également des connoissances utiles sur la *foraine*, & sur les autres droits qui ont lieu en Languedoc.

Pour revenir à la *foraine*; cette imposition, dit M. Daguesseau, & la *rêve*, sont des droits de sortie sur les denrées & marchandises qui sont transportées hors du royaume, ou des provinces où les bureaux en sont établis, dans celles où ces bureaux ne le sont pas. Ces deux droits ne diffèrent entr'eux, qu'en ce que la quotité de l'un est plus forte que celle de l'autre.

Le *haut-passage* est un droit de sortie sur certaines espèces de marchandises, qui sont transportées hors du royaume ou des provinces où les bureaux en sont établis, dans celles où ils ne le sont pas.

Ce droit diffère des deux premiers, 1°. en ce qu'il est plus fort que la *rêve*, & moindre que l'imposition *foraine*; 2°. en ce que les deux premiers sont dûs sur toutes sortes de marchandises, & celui de *haut-passage*, seulement sur quelques-unes.

Les anciennes ordonnances, qui parlent de ces droits, disent qu'ils sont dûs sur les marchandises qui sortent du royaume ou des provinces, où les aides ont cours, pour être portées dans celles où elles n'ont pas cours.

Il paroît nécessaire d'expliquer ici ce que l'on entendoit, dans ce tems-là, par le mot aides, & de rapporter l'origine & la distinction qui fut établie entre les provinces sujettes aux aides, & celles qui en étoient exemptes.

Les suites funestes de la journée de Poitiers, avoient engagé les Etats du royaume, assemblés en 1360, à accorder au roi Jean, par forme d'aide & de subside, une taxe de douze deniers pour livre de la valeur des marchandises & denrées qui seroient vendues, soit en gros, soit en détail; le cinquième sur le sel, & le treizième sur le vin & les autres boissons; le huitième & le quatrième sur ces dernières espèces, n'eurent lieu qu'en 1382 & 1383, sous Charles VI.

Quelques provinces, dont les représentans n'avoient point assisté à la tenue des Etats généraux, se refusèrent à cette imposition ou aide; d'autres s'abonnèrent, & ces abonnemens perpétués d'année en année, devinrent la source des exemptions de droits d'aides, dont jouirent dès-lors ces provinces.

Le refus fait par différentes provinces de payer le droit d'aide, diminuoit le secours qu'on avoit attendu de cette nouvelle imposition; le roi pour s'en indemniser, & subvenir en même tems aux frais de sa rançon, ajouta, en 1361 & 1362, aux droits de *haut-passage* & de *rêve*, successivement imposés en 1321 & 1324, un troisième droit de sortie, sous le nom d'imposition *foraine*, fixée à douze deniers pour livre de la valeur des marchandises. Et afin de punir ces provinces de leur refus, il ordonna qu'elles seroient traitées comme les pays étrangers, dans leur commerce avec celles où l'aide de douze deniers à la vente dans l'intérieur, avoit cours; c'est-à-dire, que le droit de *foraine* de douze deniers seroit payé sur les marchandises sortant de ces dernières provinces, pour aller dans celles où l'aide n'étoit pas établie, de la même façon qu'il étoit payé sur ce qui sortoit du royaume pour le pays étranger.

Les Etats d'Artois, Boulonnois, & comté de Saint-Paul, ayant donné au roi une somme, par forme de subvention extraordinaire, & pour se racheter de l'aide, une ordonnance du 19 novembre 1366, les exempta de tout subside & imposition, treizième sur le vin, le quint de sel, & toute autre aide imposée pour la délivrance du roi, & elle ordonna que toute marchandise & denrée, achetée par ces habitans, pour leur consommation, seroient exemptes de ces droits, & de ceux d'entrée & d'issue sur ceux qui menent des marchandises & denrées, au pays où les aides n'ont pas cours.

On entend toujours par le mot d'aide, l'imposition de 1360, sur les marchandises & denrées vendues dans l'intérieur du royaume, & tout-à-fait indépendante de celle qui étoit dûe à leur exportation du royaume & de quelques provinces. L'édit du mois de mars 1597, qui établit un droit à l'entrée, des denrées & marchandises, dans les villes, gros bourgs & bourgades, & vendues dans les foires & marchés, fait mention que l'ancienne aide étoit presque anéantie. Il n'est pas question des droits sur le sel & les boissons vendus en détail; ils avoient été fixés sur cette première denrée, par les ordonnances du 7 décembre 1366, 20 novembre 1377, & sur les boissons au huitième d'abord, & ensuite au quatrième, puis au huitième & au quatrième, par lettres patentes du 21 janvier 1382, du mois de février 1389, & par l'ordonnance du 28 mars 1395, les lettres-patentes du 2 août 1398. *Voyez*, au surplus, le mot AIDES, auquel ce qu'on vient de dire peut servir de supplément.

On rapporte communément l'origine de la *foraine*, dit M. Daguesseau, aux règnes de Philippe de Valois & de Jean, son fils, qui en ordonnèrent la levée, pour soutenir la guerre que la France avoit alors contre les Anglois.

Les ordonnances imprimées n'en marquent point l'établissement. Le réglement fait en la chambre des comptes, en 1376, qui est la première pièce qui se trouve dans la compilation des ordonnances, est relatif à une ordonnance de 1369, & parle de l'imposition *foraine*, comme d'un droit qui étoit alors ancien.

Il paroît par ce réglement, & par ceux qui sont ensuite des années 1392, 1398, 1448, & 1540, que le droit de *foraine* étoit de douze deniers pour livre de la valeur des denrées & marchandises, & que la levée s'en faisoit dans les villes & lieux où l'on chargeoit les marchandises, pour les transporter hors du royaume, ou dans les pays où les aides n'avoient pas cours, ou qu'on s'obligeoit de donner caution de rapporter, dans un tems fixe, certificat de la descente des marchandises dans les lieux où les aides avoient cours, pour y être vendues sans fraude, sinon de payer les droits.

Cette forme de lever les droits de *foraine*, dura long-tems; mais enfin, les marchands ayant remontré que cette nécessité de donner caution pour toutes les denrées & marchandises qu'ils faisoient voiturer & conduire dans les provinces où les aides ont cours, leur étoit fort à charge, & demandé que cette imposition fût levée aux limites du royaume, il fut expédié trois édits, des 10 juin 1541, 20 avril 1542, & septembre 1549.

L'édit de 1542, parle des droits anciens, dont il ne marque pas l'origine, & dit seulement que le droit de *rêve* étoit de quatre deniers pour livre de la valeur de toute sorte de marchandises; & le droit de *haut-passage*, de sept deniers sur quelques espèces de marchandises seulement, qui ne sont point dénommées dans cet édit, ni dans les autres postérieurs.

Il falloit que ces droits fussent domaniaux, & par conséquent plus anciens que l'imposition *foraine*, qui étoit un droit d'aide; car il est ordonné par l'édit de 1549, & par l'édit de 1551, dont il sera ci-après parlé, que les deniers des droits de *rêve* & *haut-passage*, seroient reçus par les receveurs du domaine, & que la direction en appartiendroit aux trésoriers de France, ayant la charge & administration du domaine; & à l'égard des deniers de l'imposition *foraine*, qu'ils seroient reçus par les receveurs des aides, & que la direction en appartiendroit aux receveurs généraux des finances.

Le roi changea donc, par ces trois édits, la manière de lever ces droits, en ordonnant qu'ils seroient perçus aux extrémités du royaume & des provinces où les aides ont cours, & qu'il seroit établi des officiers & des bureaux dans tous les lieux où il n'y en avoit pas, & où il seroit à propos d'en placer, pour lever ces droits en cette nouvelle forme.

L'édit de 1542, porte que les habitans des lieux où les aides n'ont pas cours, déclareront au conseil, dans six mois, s'ils veulent être assujettis aux aides, ou payer lesdites impositions, sinon qu'elles seront levées aux entrées desdits pays.

Il y a encore, dans le même édit de 1542, une clause qui porte, que s'il y avoit quelques lieux où l'on n'eût pas accoutumé de payer la *rêve* & le *haut-passage*, qui voulussent s'en exempter, ils seront tenus d'en dire les causes au conseil dans six mois ; & jusqu'à ce qu'il en ait été ordonné, qu'ils ne paieront la *rêve* & *haut passage*, sinon, ainsi qu'ils ont accoutumé. C'est, sans doute, ce qui fait qu'il y a de certaines parties du royaume où l'on ne paye qu'un ou deux de ces droits, & d'autres où on les paye tous.

Il y auroit beaucoup d'autres choses à remarquer dans ces édits, qui ont donné la forme à la levée de ces droits, telle, à-peu-près, qu'elle se pratique aujourd'hui ; mais on remet à les expliquer, en parlant des chefs auxquels elles auront rapport.

Remarquons seulement ici, qu'il fut fait un changement dans la levée de ces trois droits, par l'édit du 14 novembre 1551 ; & quoiqu'il n'ait pas duré long-tems, il n'a pas laissé que d'avoir des suites.

Henri II. considérant les embarras que causoient ces différentes dénominations de droits, & la perception qui se faisoit des uns ; savoir, de la *rêve* & impositition *foraine*, sur toutes sortes de marchandises ; & de l'autre, savoir du *haut-passage* sur certaines marchandises seulement, réunit la *rêve* & le *haut-passage* en un seul, auquel il donna le nom de domaine forain, & en modéra le droit à huit deniers, qui seroient payés indifféremment sur toutes sortes de marchandises, au lieu qu'ils montoient auparavant à onze deniers, dont quatre se prenoient sur toute nature de marchandises, & sept sur certaines espèces seulement.

Il laissa, par le même édit, subsister le nom & les droits de la traite & imposition *foraine*, à raison de douze deniers, lesquels, avec les huit du domaine *forain*, revenoient à vingt deniers.

Mais les marchands s'étant plaints qu'ils étoient plus chargés par l'extension du domaine *forain* sur toutes les marchandises, qu'ils n'étoient soulagés par la remise de trois deniers sur les droits de cette imposition, le roi, par un édit du mois de mai 1556, révoqua celui de 1551, en ce qu'il portoit réduction des droits, à deux, & de leur quotité à vingt deniers sur toutes les marchandises, & remit les choses, pour ces deux points, en l'état où elles étoient auparavant.

Néanmoins, malgré cette révocation, il y a des provinces où l'édit de 1551 s'exécute encore maintenant. C'est ce qui se verra dans la suite, en expliquant ce qui se pratique, à cet égard, dans les provinces de Lyonnois, Dauphiné, Languedoc & Provence. On dira quelles sont celles où les bureaux de la *foraine* sont établis, & ce qui s'y paie, soit pour sortir du royaume, soit pour passer dans une province voisine.

On traitera ces trois chefs en même tems, à cause de la difficulté qu'il y auroit à les séparer.

De ces quatre provinces, il n'y a que celle du Dauphiné où les bureaux ne soient pas établis, & qui soit réputée purement étrangère.

Ces droits se levent dans les trois autres provinces, sur ce qui en sort pour aller où les bureaux ne sont pas établis. Le Lyonnois a toujours été, & est encore, sujet aux aides.

Le Languedoc a été autrefois sujet aux aides, ainsi qu'il paroît par les instructions de 1392, rapportées dans la compilation des ordonnances ; & l'on peut dire qu'il y est encore sujet à présent, au moyen du droit d'équivalent qui s'y leve, & qui en tient lieu.

La Provence n'a jamais été, & n'est pas encore maintenant, sujette aux aides ; c'est peut-être pour cette raison que les droits de *foraine* ont été établis sur ce qui passe de Languedoc en Provence. Il peut y avoir encore eu une autre raison de cet établissement ; c'est que le Languedoc a été réuni à la couronne en 1270, au lieu que la Provence n'a été incorporée au royaume qu'en 1482, ensorte que, dans cet intervalle, tout ce qui sortoit du Languedoc, alloit dans un pays véritablement étranger.

Néanmoins, les droits de *foraine* se levent en Provence sur ce qui en sort pour l'étranger & pour le Dauphiné, d'où l'on peut conjecturer que cette province, suivant l'option permise à celles où les aides n'ont pas cours, par l'édit de 1542, s'est soumise à l'établissement de ces droits. Mais de quelque manière qu'elle y soit devenue sujette, il est certain que, dès-lors, on auroit dû cesser de les percevoir sur ce qui passoit de Languedoc en Provence.

En effet, les habitans de Provence en ont été déchargés, par trois déclarations de François I, du 7 janvier 1543 ; de Henri II, du 25 février 1555, & de Charles IX, du 5 mai 1567, enregistrées au parlement de Toulouse & chambre des comptes de Provence. La dernière fait mention du trouble apporté à l'exécution des présentes, par les officiers des bureaux des traites de Languedoc.

Il est vrai qu'en ce tems-là, les bureaux de la *foraine* n'étoient pas encore établis aux extrémités de la Provence ; & ce qui donne lieu de le présumer, est que, par ces mêmes déclarations, l'exemption de la *foraine* n'est accordée, qu'à condition de donner, par les marchands qui conduiront des marchandises en Provence, caution de rapporter des certificats de la descente & consommation des marchandises dans la même province, sinon, & à faute de ce, où il se trouveroit que ces marchandises eussent été transportées hors du royaume, payer les droits aux receveurs & fermiers envers lesquels ils auroient été cautionnés. Or, ces précautions auroient été inutiles, s'il y eût eu des bureaux aux extrémités de la Provence, pour lever les droits sur ce qui en sortoit pour l'étranger.

Ainsi les officiers de la *foraine* pouvoient avoir, en ce tems-là, quelques raisons, non pas de s'opposer à la volonté du roi, mais de lui représenter que la grace qui lui étoit demandée par les habitans de Provence, étoit contraire aux règles & à l'intérêt de ses fermes.

Mais depuis que les bureaux de la *foraine* ont été établis à la sortie de la Provence pour l'étranger, ces trois déclarations ont dû être exécutées; car, il n'y a pas de milieu, ou la Provence est devenue une province de l'étendue de la ferme, du droit de *foraine*, par l'établissement des bureaux sur ses extrémités, & en ce cas, il n'est rien dû sur ce qui passe de Languedoc en Provence, mais seulement sur ce qui sort de la Provence pour l'étranger; ou elle doit regardée comme une province étrangère à l'égard de la *foraine*, & en ce cas, les droits seroient dûs sur ce qui est transporté en Provence; mais il en faudroit ôter les bureaux qui sont aux extrémités, & laisser la sortie libre à l'étranger.

On ne peut donc regarder la levée qui se fait des droits *forains* sur les denrées & marchandises conduites de Languedoc en Provence, que comme une chose qui a été légitime dans son origine, mais qui est devenue vicieuse & abusive dans la suite, par le changement qui est arrivé dans la Provence.

Il est aisé de comprendre, par ce qui vient d'être dit, que, si ce qui se passe de Languedoc en Provence se trouve abusivement sujet aux droits de la *foraine*, il n'en est pas de même de ce qui passe de Provence en Languedoc; car il n'y a jamais eu occasion d'y assujettir le Languedoc, soit parce que les aides y ont cours, soit parce qu'il étoit réuni à la couronne avant la Provence.

Les droits de la *foraine* du Lyonnois, sont entièrement différens de ceux de Languedoc & de la Provence, entre lesquels la conformité ne trouve que quelques légères différences.

A l'égard de la *foraine* du Lyonnois, on observera que la ville de Lyon avoit acquis du roi François I, en 1536, l'imposition de douze deniers qui s'y levoit, & affermé de sa majesté les droits de *rêve* & de *haut-passage*; mais ayant été troublée dans l'exercice de ses droits par l'établissement des offices, qui sont apparemment ceux de 1551, elle représenta à Henri II. les mauvais traitemens que les titulaires faisoient aux marchands, le préjudice qu'en recevoit le commerce de Lyon, lequel passoit en d'autres villes étrangères, & le peu de revenu que le roi tiroit de ces droits; sur quoi, & en conséquence des offres qu'elle fit, le roi céda, par les lettres-patentes du mois de mars 1555, à la ville de Lyon, les droits de *rêve* & *haut-passage*, alors réduits à huit deniers sur toutes espèces de marchandises, & la rétablit dans la propriété de l'imposition *foraine*, acquise en 1536, à la charge de payer par chacun an, la somme de deux mille cinq cens livres, & de rembourser les officiers de la *foraine*, de leur finance, déclarant les acquits & certificats des commis de ladite ville, bons & valables dans tout le royaume, sans que les maîtres des ports de Lyon, Villeneuve-lès-Avignon, Marseille, Beaucaire, Nismes, Narbonne, Toulouse & Bordeaux, pussent y donner aucun empêchement; au contraire, il leur est enjoint de laisser passer hors du royaume, & ès pays de Dauphiné, savoir, Piémont, qui appartenoient alors à la France, par la conquête qui en avoit été faite en 1535; Provence, Dombes, Bresse, Bourgogne, & autres lieux où les aides n'ont pas cours, les marchandises sortant de la ville & sénéchaussée de Lyon.

Les deux mille cinq cens livres furent augmentés de mille livres, par lettres-patentes du 28 décembre 1581; mais la ville de Lyon fut déchargée de ce paiement, par arrêt du conseil du 27 octobre 1645, au moyen d'une somme qu'elle fournit au roi.

Il est à remarquer, que les marchandises qui ont acquitté les droits dûs à la ville de Lyon, & qui sortent du royaume par les bureaux des cinq grosses fermes, ne doivent que la moitié des droits de sortie du tarif de 1664; & il seroit juste aussi de faire quelque déduction sur les droits de *foraine*, qui se paient au bureau de cette ferme, pour les denrées & marchandises sortant de Lyon, qui sont conduites en Dauphiné, Provence, ou dans les pays étrangers, à proportion de ce qu'elles ont payé à la ville de Lyon pour les droits *forains*: ce qui ne se pratique pas, les marchandises payant les droits entiers de la *foraine*, en sorte qu'il est vrai de dire, qu'elles payent deux fois les mêmes droits.

Comme le Rhône coule le long de ces quatre provinces, du Lyonnois, Languedoc, Dauphiné & Provence, & que c'est par ce fleuve que se fait la plus grande partie de leur commerce, & qu'il est sujet à la *foraine* dans presque toute son étendue, il est nécessaire d'en dire un mot.

Au-dessous de la ville de Lyon, le Rhône fait partie du Lyonnois, jusqu'à Serrières, qui est le premier bureau du Vivarais; ainsi ce qui va de Lyon en Lyonnois, par le Rhône, ne doit aucun droit; & ce qui va de la même ville en Dauphiné par le Rhône, & est déchargé au-dessus de Serrières, ne paye que le droit de *rêve* à la ville de Lyon. Ce droit a été supprimé en 1775. *Voyez* Rêve.

Le Rhône, depuis Serrières jusqu'à Fourques, &

& le canal de ce fleuve, qui continue de séparer le Languedoc de la Provence, depuis Fourques jusqu'à la mer, ont toujours été réputés être du Languedoc; & sur ce fondement, tout ce qui, dans cette étendue, est conduit par le Rhône en Dauphiné, Comtat & Provence, tant en montant qu'en descendant, est sujet au droit de *foraine*.

Et par la même raison, comme il y a en certains endroits quelques héritages du côté du Dauphiné, Provence & Comtat qui sont de la taillabilité du Languedoc, les denrées qui en proviennent, ne payent pas la *foraine*, comme il est porté par l'article CCXLVI. du bail de Fauconnet; la raison en est, qu'elles ne font que passer de Languedoc en Languedoc: mais si ces denrées, quoique recueillies en Dauphiné, Provence & Comtat, passent dans l'une de ces trois provinces, elles paient la *foraine*, ainsi que tout ce qui y est apporté par le Rhône, vu qu'alors ces marchandises ou denrées sont censées sortir du Languedoc.

Une autre exception à faire en faveur des habitans d'Avignon & du comté de Venisse (Comtat). Quoique ce pays soit enclavé dans le Royaume, entre le Languedoc, la Provence & le Dauphiné, & qu'il dût réguliérement être regardé comme pays étranger, & assujetti, en cette qualité, au droit de *foraine*, pour tout ce qui y passe du Languedoc & de la Provence, cependant les lettres-patentes du mois d'octobre 1571, ont déclaré ses habitans régnicoles, & les ont déchargé des droits de traite *foraine*.

Il est vrai que ce privilège a été modifié dans la suite; car la condition de ces habitans a été rendue égale à celle de la Provence, par les arrêts du conseil du 5 février 1613, 29 avril, 15 & 26 juillet 1634, qui ordonnent que les denrées & marchandises portées tant par eau que par terre, du Dauphiné, ou de la Provence, en la ville d'Avignon & comté de Venisse, pour y être consommées, ou de la ville d'Avignon, & comté de Venisse en Provence à même effet, ou qui passeront du Comtat en la ville d'Avignon, seront exemptes des droits de traite *foraine* ou domaniale, à la charge de rapporter des certificats des consuls, échevins & officiers des lieux, de la descente des marchandises, pour y être consommées; mais que les denrées & marchandises qui seront portées de la ville d'Avignon, & comté de Venisse en Dauphiné, ou hors du royaume, paieront les droits de *foraine*, de même que si elles sortoient de la Provence pour aller en Dauphiné, ou hors du royaume.

Ces arrêts ne parlent point de ce qui va de Languedoc dans le Comtat; mais comme les habitans du Comtat ne peuvent pas avoir plus de privilège que ceux de Provence, ils paient la *foraine* pour les denrées & marchandises qu'ils reçoivent du Languedoc.

Il suit de cette exception, en faveur des habitans d'Avignon & comté de Venisse, qu'ils ont réellement plus d'avantage que les sujets du roi, qui payent la *foraine*, pour les denrées & marchandises qu'ils font porter par le Rhône, de Provence en Comtat, ou de Comtat en Provence.

Il y a une troisième exception encore, en faveur de quelques villes de Provence, situées sur le Rhône; savoir, Arles, Tarascon & Barbantane, qui ne paient point de *foraine*, pour les choses qui sont portées de l'une à l'autre par le Rhône, ni pareillement de Barbantane à Avignon, & de cette ville à Barbantane. On ne connoît point d'autre raison de cette exception, que l'usage.

Les habitans du Dauphiné avoient tâché de s'exempter du paiement des droits de *foraine* pour les denrées & marchandises portées de Dauphiné en Dauphiné par le Rhône; mais par arrêt rendu au conseil sur la requête du fermier, le 14 avril 1663, ils y ont été assujettis, avec attribution de jurisdiction à la chambre des comptes de Montpellier, & défenses au parlement de Grenoble d'en connoître, sur le fondement que le Rhône est du Languedoc.

Dans la suite, la considération du poids de ces droits, sur le commerce de cette province, a déterminé la ferme générale à faire remise en ce cas de la moitié des droits de *foraine*. C'est au 8 octobre de l'année 1733, que remonte cette réduction, à la charge que les marchands justifieront par des acquits à caution rapportés en bonne forme, du chargement de leurs marchandises en Dauphiné, & de leur déchargement dans la même province.

Cet ordre de régie, rappellé en 1752 & 1761, est encore exécuté.

Les autres canaux ou branches du Rhône au-dessus de Fourques, qui vont à Arles, ou dans la Camargue, coulent entiérement au-dedans de la Provence, & par conséquent font partie de cette province; ensorte que tout ce qui passe de Provence en Provence, par ces canaux, n'est pas sujet aux droits de *foraine*.

Quoique les droits de *foraine* du Languedoc, le long du Rhône, depuis Serrières & dans la Provence, fassent partie des fermes du Roi, & qu'ils aient une même origine, néanmoins ils se lèvent sur un pied différent dans ces provinces.

Le Languedoc est divisé en trois maîtrises des ports ou jurisdictions relatives aux droits du roi, dont les sièges sont à Villeneuve-lès-Avignon, à Narbonne & à Toulouse. Le comté de Foix, ainsi que l'Armagnac, le Bigorre & Comminge, étant de la maîtrise de Toulouse, c'est par cette raison que s'y perçoivent les droits de *foraine*, suivant un tarif particulier.

Les droits se lèvent dans ces deux dernières maîtrises, à raison de vingt-trois deniers; parce que l'édit du mois de mai 1556, eut son exécution dans l'étendue de ces deux jurisdictions. Cependant il est des marchandises qui ne sont sujettes qu'à seize deniers; celles-ci sont les mêmes, qui, par leur nature, ne doivent pas le droit de *haut-passage*, & celles qui les doivent, acquittent à raison de vingt-trois deniers pour livre.

Le tarif qui sert dans la maîtrise de Toulouse, a pour titre: *Tarif général des droits de* rêve, *ou domaine* forain, haut-passage, *traite ou imposition* foraine, *parisis d'iceux, & traite domaniale, compris sous le nom de la patente du Languedoc.* Imprimé à Paris chez Lamesle, en 1741. *Voyez* PATENTE du Languedoc.

A l'égard des droits de *foraine* qui se lèvent dans la maîtrise de Villeneuve, laquelle comprend tous les bureaux situés le long du Rhône, ils ne sont que de vingt deniers pour livre sur toute sorte de denrées & marchandises, suivant la réduction portée par l'édit de 1551, qui y a été exécuté jusqu'à présent.

Il en est de même de tous les bureaux de la Provence, pour la quotité de la *foraine*, & c'est en vertu du même édit.

Au surplus, il est à observer qu'on a mis au rang des marchandises qui vont dans les pays étrangers, celles qui sortent par les ports de mer du Languedoc & de la Provence, pour passer le détroit de Gibraltar, quoiqu'elles soient destinées pour les provinces du royaume qui sont sur l'Océan, même en celles où les aides ont cours, suivant l'article CCXXXVI. du bail de Fauconnet.

Afin d'appliquer tout ce qui vient d'être dit des droits de l'imposition *foraine*, *rêve* & *haut-passage*, aux provinces du Lyonnois, Languedoc & Provence, & à celles qui les environnent, & afin de connoître précisément en quel cas ces droits sont dûs, à cause du passage de l'une à l'autre, ou de l'une, d'elles dans les autres provinces du royaume & dans les pays étrangers, on a dressé les règles qui suivent; savoir:

Pour le Languedoc & la Provence.

La *foraine* se leve sur les denrées, marchandises & bestiaux, sortant du Languedoc pour aller en Provence, Dauphiné, Comtat, Principauté d'Orange, & pays étrangers. Elle se leve sur tout ce qui passe du Rhône dans la Provence & le Comtat, à quelques exceptions près qui ont été expliquées.

Elle se leve sur ce qui passe du Rhône en Dauphiné, au-dessus de Serrières, qui est le premier lieu du Vivarais.

Elle se leve sur toutes les marchandises, denrées & bestiaux qui sortent de Provence, pour être portées dans les pays étrangers par terre ou par mer.

Elle se leve sur tout ce qui sort de Provence & du Comtat, pour aller en Dauphiné.

Elle se leve sur tout ce qui sort de Provence, pour aller dans la Principauté d'Orange.

Elle se leve sur les denrées & marchandises sortant par les ports de Provence & Languedoc, pour passer le détroit de Gibraltar, quoiqu'elles rentrent dans le royaume par les ports de l'Océan.

Et dans les cas ci-dessus, la *foraine* se leve à raison de vingt deniers pour livre de la valeur des marchandises, denrées & bestiaux.

Elle ne se leve pas sur ce qui va de Provence & du Comtat, en Languedoc.

Elle ne se leve pas sur ce qui sort du Dauphiné, pour aller en Languedoc, & par terre, en Comtat & en Provence.

Elle ne se leve pas sur ce qui va de Dauphiné immédiatement aux pays étrangers, sans passer par le Rhône ni par la Provence.

Elle ne se leve pas, sur ce qui va de Languedoc, Provence & Comtat, en Lyonnois.

Nous devons remarquer ici que la *foraine* ne se leve pas sur ce qui va du Languedoc en Rouergue, Quercy, & dans l'Auvergne, la tradition & l'usage ayant fait considérer ces provinces comme faisant, relativement à la *foraine*, partie du Languedoc, sous le gouvernement duquel elles étoient anciennement comprises.

Pour le Lyonnois.

Ce qui va de Lyon en Bresse, Bugey, Valromey & Gex, paye la *rêve* à Lyon, & non la *foraine*.

Ce qui va de Lyon en Franche-Comté, paye la *foraine* à la ville de Lyon, & ne paye point la *rêve*.

Ce qui va de Lyon en Bourgogne, ne paye ni *rêve*, ni *foraine*.

Ce qui va de Lyon à Genève, Suisse, Allemagne, Savoie & Piémont, paye la *foraine* à la ville, & non la *rêve*.

Ce qui va de Lyon en Dauphiné, paye la *rêve*, & non la *foraine*.

Ce qui va de Lyon en Languedoc, ne paye ni *rêve*, ni *foraine*.

Ce qui va de Lyon en Provence, Avignon, Comtat & Principauté d'Orange, paye la *rêve*, & non pas la *foraine*.

Ce qui va de Lyon en Espagne & en Italie, par le Rhône & la mer, doit la *foraine*, mais on ne déclare que pour Arles ou Marseille; quoi faisant, on ne paye que la *rêve*.

Ce qui va de Lyon en Auvergne, ne doit ni *rêve* ni *foraine*.

Ce qui vient d'Auvergne & autres provinces, & traverse le Forès ou le Lyonnois pour passer en Dauphiné, doit la *rêve* à la ville de Lyon.

Ce qui va de Lyon dans les provinces des cinq grosses fermes, ne doit ni *rêve* ni *foraine*.

Ce qui va de Lyon dans les pays étrangers, par les bureaux des cinq grosses fermes, comme Auxone, Rouen, la Rochelle, Bordeaux, paye la *foraine*, & ne doit point la *rêve*.

Les denrées & marchandises qui, en remontant le Rhône, passent devant Condrieux, ou autre lieu du Lyonnois, payent la *rêve*, & non la *foraine*.

Ce qui sort de Lyon dans le tems des foires, ne paye ni *rêve* ni *foraine*.

L'ancien usage pour la levée des droits d'imposition *foraine*, *rêve* & *haut-passage*, avant 1542, étoit d'estimer les marchandises à mesure qu'elles sortoient, & de les peser, auner & mesurer, ce qui, outre la nécessité de les déballer, causoit beaucoup de retardemens & de contestations. Pour y remédier, on fit, en 1542, une appréciation générale de toutes les denrées & marchandises à une certaine valeur, sur laquelle les droits seroient payés à raison de douze, quatre & sept deniers pour livre. Cette appréciation est insérée dans l'édit du 20 avril 1542.

On modéra, en 1543, quelques articles de cette appréciation; mais en 1581, les marchandises étant considérablement renchéries, il en fut fait une nouvelle, laquelle fut autorisée par l'édit du mois de mai de la même année, avec cette facilité qui fut laissée aux marchands de faire faire des appréciations particulières par experts, en présence des officiers de la *foraine*, ainsi qu'il se pratiquoit avant 1542.

Enfin, par l'édit du 12 octobre 1632, il fut ordonné qu'il seroit reprocédé à une nouvelle réappréciation, laquelle a été faite sur certaines marchandises & denrées seulement; & en conséquence, il a été fait de nouveaux tarifs pour les maîtrises de Villeneuve, Toulouse & Narbonne, & pour la Provence.

Ces deux tarifs contiennent les droits d'imposition *foraine*, *rêve* & *haut-passage*, à raison de vingt deniers pour livre sur toutes sortes de marchandises, tandis que les tarifs des maîtrises de Narbonne & Toulouse, les fixe à vingt-trois deniers.

Les deux tarifs de la *foraine* de Provence & de la maîtrise de Villeneuve, sont fort semblables entr'eux, à la réserve des articles de la réappréciation de 1632; ils sont confondus avec les anciens droits dans le tarif de Provence, au lieu que dans celui de Villeneuve, ils en sont séparés.

La raison de cette distinction, est que les marchandises qui sortent de la foire de Beaucaire sont déchargées des anciens droits, & paient la réappréciation pendant la franchise.

En général tout est taxé au poids; mais ces tarifs n'expriment point la qualité du poids, ni si les marchandises doivent être acquittées au brut ou au net, excepté quelques-unes, dont l'emballage est nommément compris: c'est ce qui a donné lieu à la diversité des usages dans les différens bureaux.

Quelques-unes de ces difficultés se trouvent réglées par le tarif de 1581, à l'égard des grains & des liqueurs qui sont évalués au muid de Paris. Les choses qui se pesent & se prisent à la livre & au quintal, sont rapportées au poids de marc. Les draps & autres étoffes, sont également dénommés, avec les caisses, toiles, & autres emballages; mais il n'y est point dit si les autres choses qui acquittent au poids, doivent payer sur le pied du brut ou du net. Et de ce qu'il y a certaines marchandises qui sont taxées avec les tonneaux, cordes, serpillières, & tous autres emballages, on peut raisonnablement conclure que les autres articles, où la même expression n'est pas répétée, doivent acquitter au net.

Voilà pour ce qui regarde la forme de ces tarifs. Le fonds a souffert davantage; on y trouve des altérations & omissions, relativement aux draps, qui sont spécifiés dans le tarif de 1581, en deux articles, sous le nom de bons & petits. Les premiers sont estimés cinquante-cinq livres le quintal, dont le droit, à vingt deniers par livre, monte à quatre livres onze sols huit deniers. Les autres sont estimés vingt-une livres le quintal, & par conséquent les droits ne sont que de une livre quinze sols quatre den. Mais dans les deux tarifs imprimés pour la Provence & pour la maîtrise de Villeneuve, on n'a mis que le premier article des draps, à raison de quatre livres onze sols huit deniers pour l'ancien droit, & de une livre treize sols quatre den. pour la réappréciation de 1632, revenant le tout à six livres cinq sols. Le second article étant omis, il s'ensuit que l'on fait payer le même droit à des petits draps du Languedoc, qui sont d'un prix modique, & se trouvent surchargés par cette omission.

Le fer ouvré n'est estimé que six deniers pour livre.

par le tarif de 1581 ; mais par celui de la maîtrise de Villeneuve, le fer ouvré & non ouvré est évalué un sol la livre, avec vingt sols par quintal de plus sur le fer ouvré, pour la réappréciation de 1632 ; & par le tarif de Provence, le fer ouvré est aussi évalué à un sol la livre, auquel on a ajouté la réappréciation ; & le fer non ouvré a été laissé sur le pied de six deniers, portés par le tarif de 1581.

Les articles des bois, compris dans ces deux tarifs de Provence & de Villeneuve, s'observent fort différemment & fort irrégulièrement dans les divers bureaux, à cause des différens noms que l'on donne aux pièces.

A la fin de ces mêmes tarifs est une clause générale, portant que les marchandises & denrées non spécifiées, seront appréciées & évaluées modérément, pour les droits en être perçus à vingt deniers pour livre.

Les commis ont usé de cette faculté, & ont fait une addition, qui a été imprimée à la suite du tarif de Provence, dont le plus grand défaut est celui d'autorité, car les droits n'en paroissent pas excessifs.

Le plus grand abus est celui des tarifs d'usage ou manuscrits, sans aucune forme ni pouvoir, dont on se sert par une espèce de tradition, passée des commis à d'autres commis, leurs successeurs, en plusieurs bureaux, pour la levée des droits de la *foraine*, ainsi que pour ceux de la douane de Lyon, & avec toutes les contrariétés, toutes les différences, & tous les inconvéniens qui ont été rappellés en parlant de ce droit. *Voyez* DOUANE de Lyon.

A l'égard de la *foraine* de Lyon, elle a son tarif particulier, qui est en usage parmi les commis ; tarif qui n'a d'autre autorité que celle de l'impression, car il n'y paroît aucune forme, aucune ordonnance ; il n'est revêtu ni de date, ni de collation, ni de signatures d'officiers publics.

Outre les anciens droits de la *foraine*, dûs suivant le tarif de 1581, ceux de la réappréciation de 1632, & les droits de la traite domaniale, qui se levent conjointement sur les objets qui y sont sujets, on perçoit encore trois sols pour livre en Languedoc, & cinq sols pour livre en Provence, des sommes auxquelles montent ces droits.

Cette augmentation vient de ce qu'il fut créé deux sols pour livre sur tous les droits des fermes, par édit du mois de décembre 1643 ; deux autres sols, par déclaration du mois de septembre 1645 ; & enfin un sol pour livre, par autre édit du mois de mars 1654.

En 1656, les Etats de Languedoc ayant fourni une somme au roi, cette province fut déchargée de tous ces sols pour livre, par lettres-patentes du mois de mars 1656 ; & les syndics du pays prétendent que c'est à tort qu'on y perçoit les trois sols pour livre qui ont lieu actuellement.

Quoi qu'il en soit, il est certain qu'il résulte une différence dans la perception de la *foraine* en Provence & en Languedoc, puisque dans cette dernière province on ne leve que trois sols pour livre, tandis qu'on prend cinq sols dans la première.

» C'est une chose qui fait grande peine, dit » *M. le Gendre, fermier général, dans le procès-* » *verbal manuscrit de sa tournée faite en 1698*, » de voir dans la régie des fermes de Provence, » toute la différence qui se trouve dans la percep- » tion d'un même droit.

» La *foraine*, par exemple, se perçoit d'autant « de manières qu'il y a de bureaux. Il n'y a pas » deux tarifs qui se ressemblent, & la plupart de » ces tarifs n'ont d'autre autorité que l'usage.

» Cette diversité jette souvent dans une grande » confusion ; & lorsque les marchands font quelque difficulté, ou portent quelques plaintes sur » les droits, on est bien embarrassé de leur répon- » dre. Nous ne savons comment, en justice ré- » glée, on pourroit défendre un procès sur cette » différence de droits ; il seroit du bien de la ré- » gie d'établir l'uniformité, & de refaire de nou- » veaux tarifs.

» *Il est de l'intérêt du fermier comme du marchand*, » que les tarifs soient changés au moins tous les » trente ans «.

M. de la Porte, autre fermier général, se plaint également, dans le procès-verbal de sa tournée, faite en 1705 & 1706, de la difformité des tarifs de la *foraine*.

On ajoutera, par forme de supplément, & pour étendre la connoissance du droit de *foraine* au tems présent, que ces trois & cinq sols pour livre sont devenus inhérens au droit principal, en sorte qu'ils en font partie, & qu'ils sont ensemble sujets aux dix sols pour livre, créés par les édits du mois de novembre 1771, & d'août 1781.

Continuons l'analyse du mémoire de M. Daguesseau sur la *foraine*, & voyons, avec ce magistrat, quels sont les privilèges accordés à cet égard, & qui font que les droits de *foraine*, de *rêve* & de *haut-passage*, ne sont pas dûs en certains cas, ou par certaines personnes.

Le premier, & le plus considérable, est celui des foires de Lyon. On en expliquera les effets à l'article LYON.

Après les privilèges de la foire de Lyon, celui de la foire de Beaucaire est celui qui a le plus d'étendue. *Voyez* l'article BEAUCAIRE. (Foire de)

On doit ajouter à ces exemptions, les décharges accordées à certaines villes & communautés, pour certaines marchandises, par des considérations particulières, ainsi qu'il est expliqué ci-après.

Les habitans de la ville d'Arles, jouissent de l'exemption des droits de *foraine*, pour toutes les denrées & marchandises du crû & manufacture de leur ville & terroir, à l'exception néanmoins de la réappréciation de 1632, & de la traite domaniale, qu'ils ont été condamnés à payer, par les arrêts des 29 avril 1634, 18 juin 1659, & 3 septembre 1660.

La ville de Marseille est regardée comme étrangère à l'égard des droits de sortie, en sorte que les denrées & marchandises déclarées pour cette ville, payent les droits de la *foraine* & traite domaniale. Néanmoins, celles qui y sont portées de Provence par terre, ont été déchargées de ce droit, à l'exception de quelques-unes, qui sont plus communément transportées de Marseille dans les pays étrangers.

Les habitans de la Ciotat & de Cassis, en Provence, ont été déchargés, par arrêt de la cour des comptes de Provence, des droits de la *foraine*, pour les provisions qu'on embarque sur les vaisseaux, barques, ou autres bâtimens de mer à eux appartenans, pour la subsistance des capitaines, patrons & équipages. Cette exemption a été nommément supprimée, par l'arrêt du conseil du 13 septembre 1746, qui a jugé qu'elle devoit l'être depuis l'édit du mois d'août 1717, qui a révoqué généralement toute espèce de privilège; & l'arrêt de 1746 a été confirmé par décision du conseil du 5 mai 1773, fondé sur ce que les armateurs de Cassis, la Ciotat, & Cannes, ne devoient pas être mieux traités que ceux des autres provinces du royaume, où l'on paye le droit des boissons embarquées pour les équipages, à l'exception des armemens privilégiés, soit pour la pêche, soit pour la course en tems de guerre. Il semble que cette exemption sur des boissons embarquées pour quelque voyage de mer que ce soit, devroit avoir lieu dans tous les autres ports, pour ces sortes de provisions, puisque ce sont des François qui les consomment, & qu'ils n'en paieroient pas de droits, s'ils les consommoient chez eux.

La ville d'Avignon & le Comtat Venaissin, jouissent aussi, comme on l'a dit ci-devant, de l'exemption des droits de la *foraine*, pour toutes les denrées & marchandises qui y sont portées de de Provence, ou qui vont d'Avignon & Comtat en Provence, tant par eau que par terre.

Les Céléstins d'Avignon, par un privilège particulier, ont la faculté de recevoir en franchise des droits de la *foraine*, toutes les denrées des dîmes qu'ils ont en Languedoc, & autres choses nécessaires pour leurs provisions.

Les Chartreux jouissent aussi de l'exemption des droits de la *foraine*, pour toutes les denrées de leur crû qu'ils font transporter d'une province à l'autre, & pour tout ce qui peut être nécessaire à leur usage & consommation.

Les habitans de Villeneuve-saint-André ont aussi des privilèges, en vertu desquels ils jouissent de la même franchise pour les denrées de leur crû.

Les privilèges ayant été généralement révoqués par l'édit du mois d'août 1717, il n'en est plus reconnu que ceux qui sont établis par des titres postérieurs, & portés dans les états arrêtés au conseil. C'est ce qui résulte de la décision du conseil du premier décembre 1732, rendue sur le mémoire des Céléstins d'Avignon, qui prétendoient se prévaloir des anciens privilèges dont ils avoient joui jusqu'en 1729.

Il n'y a d'exemption absolue de la *foraine* de Languedoc, qu'en faveur des habitans de Béarn, qui tirent de la première province, pour leur consommation, des vins, bleds & autres denrées comestibles, comme volaille, gibier, chevreaux, oisons, menus meubles & ustensiles, conformément à l'arrêt du 28 juin 1704, commun au droit de la traite *foraine* d'Arzac.

Les bleds & les huiles du Languedoc ont été déchargées de la réappréciation de 1632, par arrêt du conseil du 23 août 1634.

Le gibier, la volaille, & autres comestibles que les paysans portent à bras aux marchés des villes voisines de leur demeure; ont été déchargés de la *foraine* par tous les articles des baux, & particulièrement par le CCXLV. de celui de Fauconnet; ajoutons par l'article CCXCV. du bail de Forceville.

On a accoutumé de faire plusieurs compositions des droits de la *foraine*, 1°. Dans les bureaux de Serrières & d'Andance, en Vivarais, sur certaines sortes de marchandises venant de Languedoc ou du Forès, pour passer en Dauphiné & dans les pays étrangers, ainsi qu'il se verra par la table suivante:

	l.	s.	d.
Bonneterie ne paie, par composition, au lieu de quatre livres dix sols par quintal, que..............	1	13	4
Quincaille, au lieu de deux liv. dix s.	1	13	4
Cloutaille, = de onze sols.....		10	5
Draperie, = de six livres cinq sols.	4	11	8
Poulains, = de deux livres dix sols.	1	2	6
Taureaux, = de une livre cinq sols.		12	6

Les bestiaux ayant été affranchis de tous droits à leur circulation dant le royaume, c'est-à-dire, au passage d'une province du royaume en une autre, par l'arrêt du 17 avril 1763, cette composition sur les taureaux ne peut plus avoir lieu.

Ces compositions sont fondées sur deux motifs, dont l'un regarde les marchandises de la qualité ci-dessus, qui viennent du Forez, comme la quincaille & cloutaille; & l'autre, celles qui viennent du Languedoc & Velay, comme la draperie & la bonneterie du Puy. Celles qui viennent du Forez, peuvent passer par les bureaux du Lyonnois, en Dauphiné, sans être obligé de payer la *foraine*; & on a fait cette composition, pour inviter les marchands à prendre la route de ces deux bureaux, qui est plus courte & plus commode.

Ils la quitteroient néanmoins si on faisoit cesser cette composition, & si on levoit les droits en entier, parce que le surplus des droits qu'on leur feroit payer, iroit plus loin que la dépense qu'on les obligeroit de faire pour passer par le Lyonnois en Dauphiné. Et quant aux marchandises de la qualité ci-dessus, venant du Languedoc ou du Velay, la composition en a été introduite dans le tems que les fermes étoient séparées, parce qu'alors le fermier de la *foraine* n'ayant aucun droit d'établir des brigades hors de la province du Languedoc, ne pouvoit pas empêcher les voituriers qui sortoient du Languedoc & du Velay, pour aller en Dauphiné, de prendre la route du Forez sans payer les droits de la *foraine*, quoiqu'ils soient dûs sur ce qui passe du Languedoc & Velay, en Dauphiné, Piémont & Italie.

2°. Il est d'usage de faire remise de la moitié du droit de la *foraine*, sur toutes les denrées & marchandises qui entrent par la rivière d'Isère dans celle du Rhône, pour aller à Valence. La raison en est, que si l'on vouloit en faire payer les droits à la rigueur, il seroit aisé aux voituriers d'éviter le passage du Rhône, qui les y assujettit, en déchargeant leurs bateaux sur les bords de l'Isère, & faisant conduire leurs marchandises par terre à Valence, qui n'en est distante que de trois quarts de lieue, ou environ.

3°. Sur les draps de Tournon, & autres endroits du Vivarais; sur ceux de Provence, que l'on porte en Dauphiné pour les faire fouler, parer & teindre, & sur les laines que l'on y porte aussi du Vivarais pour la teinture. Cette remise s'étend également aux droits de la douane de Valence, sur ces mêmes objets.

4°. Sur les bestiaux que l'on mene du Comtat & de la Provence, en Dauphiné. Depuis l'arrêt de 1763, il n'est dû aucun droit sur les bestiaux passans de Provence en Dauphiné; mais ils doivent les droits fixés par cet arrêt, en passant de cette dernière province, dans le Comtat.

Il faut observer que les chevaux, les mules & mulets, ne sont point compris sous le nom de bestiaux, & sont assujettis à des droits particuliers, chaque cheval ou mulet devant sept livres dix sols, & les cinq deniers pour livre d'augmentation; mais les fermiers se contentent de prendre vingt-cinq ou trente sols, à cause du peu de valeur de ces bestiaux, parce que s'ils ne faisoient pas cette remise, ce commerce cesseroit.

5°. Sur le safran du Comtat & Principauté d'Orange qui est porté à Marseille, dont on remet la moitié des droits de *foraine*. Les droits considérables qui sont dûs, suivant le tarif, sur cette marchandise, & la facilité qu'ont les voituriers de la fraude, en l'apportant en petite quantité, ont engagé les fermiers à cette composition.

La connoissance des contestations relatives aux droits *forains*, en Languedoc & Provence, appartient aux maîtres des ports, anciens officiers de justice, érigés pour veiller à la garde des ports & passages du royaume, dès le treizième siècle.

Il ne reste plus, pour completter cet article, qu'à rapporter les différents changemens qu'ont éprouvés les droits de la *foraine* depuis 1688, en y ajoutant des observations générales, sur les différents droits qui portent ce nom.

Ces changemens ne peuvent mieux s'appercevoir, qu'en rapportant les articles du bail des fermes fait à Forceville, qui constituent la perception actuelle de la *foraine*, tant en Provence, qu'en Languedoc.

CCLXXVI.

L'adjudicataire jouira de la *foraine* de Provence, & des réappréciations & augmentations, sur toutes les marchandises & denrées sortant de Provence, Avignon, Comtat & Principauté d'Orange, tant par eau que par terre, pour être transportées dans le royaume, ou dans les provinces où les aides n'ont point cours, ou qui iront à Marseille, conformément aux édits, déclarations & arrêts, & suivant le tarif du 11 octobre 1632, & l'arrêt du 29 novembre 1685.

Cet arrêt porte abonnement de douze mille liv. pour les droits de *foraine*, sur les bestiaux qui se tirent des provinces de Dauphiné, Languedoc & autres, pour la boucherie de Marseille & son territoire; somme à payer annuellement par les échevins de cette ville. Il n'a plus lieu depuis l'arrêt de 1763, qui a imposé un droit uniforme sur les bestiaux sortant du royaume pour le pays étranger; & quoique la ville de Marseille soit mise à ce rang en général, cette condition souffre des exceptions à l'égard des denrées comestibles que cette ville tire du royaume.

Les dispositions portées par l'article CCXXIX. du présent bail, pour les marchandises qui sortiront des quatre foires de Lyon, seront exécutées pour la *foraine* de Provence, conformément à l'arrêt du conseil du 21 février 1736.

CCLXXVII.

Seront sujettes aux droits de *foraine* les marchandises & denrées qui sortiront de Provence, Avignon & Comtat, par le Rhône, pour entrer en Provence, à l'exception de celles qui sortiront pour le compte des habitans de la ville d'Avignon, & autres villes qui ont le privilège de les faire transporter de l'une à l'autre par le Rhône, sans payer nos droits de *foraine*.

CCLXXVIII.

Seront aussi sujets aux droits de *foraine*, les bois qui descendront sur la rivière du Var pour aller au Comté de Nice en Italie, & ceux venant par la Durance, pour Tarascon, Arles, & autres lieux de la Provence.

CCLXXX.

Il ne sera payé aucun droit de *foraine* & traite domaniale, pour les grains & autres denrées & marchandises, du crû & manufacture de Provence, même du terroir d'Arles, qui seront portées à Marseille pour y être consommées, à l'exception des huiles, amandes, miel, basannes & toiles, & des vins & eaux-de-vie, savons fabrique de Provence, tartre, ou graisse de tonneau, capres, prunes, vermillon, safran, anguilles salées de Martigues, & les olives à la picholine, conformément à l'arrêt du conseil & lettres-patentes, des 5 & 12 juillet 1723.

Les motifs de ces arrêts & lettres-patentes, dûement enregistrés en la cour des comptes, aides & finances d'Aix, sont, que les différentes denrées qui y sont dénommées, ne sont pas nécessaires à la consommation de Marseille, parce qu'ils peuvent les trouver dans son territoire; qu'ainsi celles de cette espèce qui y passeroient, ne pourroient être destinées que pour faire le commerce avec le pays étranger, au préjudice des autres ports de Provence, où les mêmes marchandises acquittent, dans ce cas, les droits de *foraine*, auxquels elles sont naturellement sujettes lors de leur exportation.

CCLXXXI. & CCLXXXII.

Les habitans de la ville d'Arles paieront seulement les droits de réappréciation & les augmentations, pour les marchandises du terroir d'Arles, qu'ils enverront en pays étrangers, ou provinces réputées étrangères, conformément aux arrêts du conseil, des 29 avril 1634 & 3 septembre 1660; mais les conducteurs de ces denrées & marchandises du terroir d'Arles, & du crû & manufacture de Provence, seront tenus de rapporter des certificats du curé ou des consuls des lieux où elles auront été fabriquées, ou du lieu de leur crû, visés des commis que l'adjudicataire aura sur la route, & prendront des acquits à caution au bureau du chargement, en s'obligeant de rapporter certificat de la descente & consommation.

CCLXXXIII.

Les munitionnaires de nos galères pourront faire transporter à Marseille, chaque année, deux mille charges de bled, en payant seulement les droits *forains*.

Il faut observer que ces dispositions, à l'égard des droits, ont été abrogées par les arrêts & lettres-patentes, des 2 janvier & 5 novembre 1764, qui imposent un droit général & uniforme sur les grains de toute espèce, à leur sortie du royaume, lorsqu'elle est permise.

CCLXXXIV.

Seront aussi sujets aux anciens droits *forains*, les bleds provenans des terres de l'ordre de Saint-Jean de Jérusalem, que les chevaliers feront transporter à Malthe.

Les grains, vins, bois, & autres denrées, provenans du crû des commanderies dudit ordre, demeureront sujets à tous les droits, conformément à l'arrêt du conseil du 13 février 1731.

Le tarif en vertu duquel se leve la *foraine*, en Provence, a été imprimé à Paris en 1740, chez Lamesle, sous le titre de *Tarif & Pancarte, sur lesquels doivent être levés, en Provence, les droits* forains *& domaniaux, appartenans au roi, suivant les lettres-patentes de sa majesté du 12 octobre 1632, & les arrêts de la cour des comptes, aides & finances, des 6 & 25 juin 1633*. Le taux de ce tarif, suivant les évaluations qu'il comprend, est d'environ seize pour cent, avec les dix sols pour livre.

Foraine du Languedoc.

A l'égard de la *foraine* du Languedoc, l'article CCLXXXVI. du même bail porte : L'adjudicataire jouira de nos droits d'imposition *foraine*, *rêve & haut-passage*, réappréciation & augmentation, sur les marchandises qui sortiront par eau & par terre des maîtrises de Toulouse, Narbonne & Villeneuve-lès-Avignon, pour être transportées dans les pays étrangers, ou dans les provinces où les aides n'ont pas cours, & sur celles qui passeront le détroit de Gibraltar, suivant les édits, déclarations, ordonnances, réglemens, arrêt du conseil sur ce rendus, & le tarif du 11 octobre 1632.

Seront sujets aux mêmes droits, les marchandises qui sortiront du Comté de Foix, suivant l'arrêt du 22 novembre 1723.

CCLXXXVIII.

Nos droits de *foraine* & traite domaniale, seront levés sur les vins, eaux-de-vie, prunes, safran, graine de lin, graines de jardin, verdet, & peaux de chevreaux, transportées en Agenois, Bordelois, quelque soit la destination des marchandises.

CCLXXXIX.

Les autres denrées & marchandises, destinées pour Bordeaux & pour sa sénéchaussée, y pourront être transportées sans payer les droits; en prenant au bureau d'Auvillars un acquit à caution, de rapporter certificat de la décharge; & elles ne pourront être transportées en pays étrangers, ou dans les provinces où les aides n'ont cours, qu'en le déclarant à l'adjudicataire, & payant les droits.

CCXCI.

Les marchandises qui sortiront des quatre foires de Lyon, dans les tems prescrits par les réglemens, pour être transportées, par la Provence & le Languedoc, aux pays étrangers, ou provinces réputées étrangères, seront exemptes des quatre cinquièmes des droits *forains*, en rapportant les acquits de franchise, suivant ce qui est porté par l'article CCXXIX. du présent bail.... Elles continueront de payer le cinquième denier de la *foraine*, ensemble les droits de la réappréciation en entier avec les augmentations, comme aussi la domaniale, sur les espèces qui y sont sujettes, conformément à l'arrêt du conseil du 21 février 1736, & l'article XII. de celui du 3 octobre 1702.

Les art. CCXCII. CCXCIII. & CCXCIV. ne regardent absolument que la foire de Beaucaire; il en a été fait mention sous le mot BEAUCAIRE.

CCXCV.

Il ne sera payé aucuns droits pour les mêmes denrées qui se portent à bras dans les marchés, suivant les articles CCLXIX. & CCLXXXV. de ce bail, même pour les grains que les habitans du Languedoc feront sortir pour ensemencer leurs terres, en le déclarant au bureau de l'adjudicataire.

CCXCVI.

Ce qui est porté par les articles CCLXX. CCLXXXIII. & CCLXXXIV. du présent bail, pour la franchise des grains destinés à la nourriture des soldats & forçats, & des grains des chevaliers de Malthe, sera observé pour les droits de la *foraine* du Languedoc.

La *foraine*, comme on l'a dit, se levoit à la sortie de tout le royaume, à l'exception du Dauphiné, de la Bretagne & de la Guienne, qui ont toujours eu des droits locaux, suivant des tarifs particuliers, tant à l'entrée qu'à la sortie. Elle fut fondue dans les droits du tarif de 1664, & cessa dès-lors d'être perçue dans les provinces qui reçurent ce tarif, & qui sont connues sous le nom de provinces des cinq grosses fermes.

Ainsi, elle n'est restée percevable qu'à la sortie du Languedoc, de la Provence, pays de Foix, Armagnac, Comminge, & de la généralité d'Auch. Il faut même remarquer que ce droit de sortie, particulier à ces provinces, ne se leve pas sur les marchandises & denrées qui sont assujetties à un droit général & uniforme à l'exportation, soit pour la favoriser, soit pour la restraindre.

Le produit de la *foraine*, dans cet état de perception, donne un produit d'environ six cens mille livres.

Les habitans du Béarn ont été déclarés, par arrêt & lettres-patentes du 28 juin & 6 août 1744, exempts de la *foraine* de Languedoc, sur les vins, bleds, & autres denrées nécessaires à leur commun usage, comestibles, comme volailles, gibier, chevreaux, ustensiles, *& autres semblables, qu'ils viendront cueillir dans leurs terres, ou acheter de gré à gré dans les provinces du royaume.*

Suivant les art. CCLXXXVIII & CCLXXXIX. du bail des fermes, les droits de *foraine* étoient dûs sur toute espèce de denrée & marchandise passant du Languedoc en Guienne, à l'exception de Bordeaux & de sa sénéchaussée, lieux pour lesquels il n'y avoit que les espèces énoncées qui fussent sujettes à ces droits de *foraine*. La perception de ces droits avoit, en conséquence, eu lieu le 12 août 1739, sur des laines de Languedoc passant à Leyrac pour être portées à Agen. Elle occasionna une contestation entre les négocians & fabricans de cette dernière ville, & Forceville, alors adjudicataire général des fermes, qui fut terminée par l'arrêt du 2 octobre 1742.

Il fut ordonné par les articles IV. V. VI. & VII. de ce réglement, que les denrées & marchandises venant du Languedoc, & destinées pour la Guienne, seroient assujetties aux droits de *foraine*, à la destination de Bordeaux & sa sénéchaussée; mais que les denrées & marchandises de la Guienne même, passant d'un lieu en un autre de cette province, seroient exemptes de ces droits, sous la condition de prendre acquit à caution, pour en assurer le déchargement dans la Guienne; & que celles qui, à leur sortie du Languedoc, seroient destinées à passer de la Guienne, soit à l'étranger, soit dans les provinces où les aides n'ont point cours, acquitteroient lesdits droits de *foraine*, sur le champ & sans délai, ou au bureau d'Auvillars, ou en celui du port Pascal; & qu'enfin, celles de ces marchandises qui, étant arrivées à Bordeaux & dans sa sénéchaussée, recevroient une seconde destination pour le pays étranger ou la Guienne, acquitteroient les mêmes droits à leur enlèvement.

L'exécution de cet arrêt excita les plaintes des négocians de la basse Guienne & de Bordeaux même; quoique le privilège de cette ville & de sa sénéchaussée, n'eût reçu aucune atteinte. La

chambre

chambre du commerce adressa des représentations au conseil. Elle exposa que l'arrêt du 28 octobre 1742, portoit un préjudice très-considérable au commerce qui se faisoit à Bordeaux, des marchandises du Languedoc, en ce que les habitans de la basse Guienne en tiroient toutes celles dont ils avoient besoin, & qu'alors ces marchandises, sortant de Bordeaux pour remonter dans les différens lieux de la basse Guienne, n'étoient point sujettes au droit de *foraine*, au moyen du droit de composition perçu sur ces marchandises, à leur premier passage du Languedoc en basse Guienne, pour venir à Bordeaux; mais que l'arrêt du 2 octobre les ayant assujettis au droit de *foraine*, la perception qui en étoit faite, lorsque ces marchandises passoient de Bordeaux dans la basse Guienne, empêchoit les habitans de cette dernière province de se procurer de ces marchandises de Bordeaux, & elle demanda que les choses fussent remises en l'état où elles étoient avant 1742.

Thibault Larue, qui avoit succédé à Forceville dans le titre d'adjudicataire général des fermes, ayant acquiescé à cette proposition, l'arrêt du conseil du 31 juillet 1745, régla définitivement tout ce qui devoit se pratiquer à cet égard.

Comme les dispositions que renferme cet arrêt, intéresse le commerce de la partie du royaume où sont situées les généralités de Montpellier, de Montauban, d'Auch & de Bordeaux, on croit devoir les rapporter ici en entier.

ARTICLE PREMIER.

Les droits de traite *foraine* seront perçus sur les marchandises & denrées venant de la province de Languedoc, ou empruntant le passage par cette province, à la destination de l'étranger, & des provinces où les aides n'ont pas cours.

I I.

Celles desdites marchandises sujettes aux droits de traite domaniale, acquitteront lesdits droits aussi à la destination de l'étranger, & des provinces où les aides n'ont pas cours.

I I I.

Il ne sera fait, à l'avenir, aucune distinction des marchandises du Languedoc & de celles des pays de la haute Guienne; en conséquence, les marchandises venant du Languedoc, ou empruntant ladite province, à la destination desdits pays de la haute Guienne, ne seront sujettes à aucuns droits; mais les marchandises du crû & fabrique desdits pays de la haute Guienne, ou qui seront venues du Languedoc dans lesdits pays, acquitteront les droits, relativement aux anciens réglemens & usages, lorsqu'elles seront destinées pour l'étranger, ou pour les provinces où les aides n'ont pas cours.

I V.

Les habitans du Languedoc seront exempts desdits droits de traite *foraine* & de traite domaniale, pour les marchandises & denrées qu'ils feront descendre pour la basse Guienne; mais paieront le droit de composition, suivant le tarif arrêté en l'année 1705, par M. le Gendre, lors intendant à Montauban; auxquels droits, seront aussi sujettes, les marchandises & denrées du crû & fabrique des pays de la haute Guienne, à la même destination: le tout à l'exception de la ville & sénéchaussée de Bordeaux, ainsi qu'il est porté par l'article suivant.

V.

Les marchandises & denrées du crû & fabrique du Languedoc, ou empruntant ladite province, & celles des pays de la haute Guienne, continueront de jouir de l'exemption desdits droits, de traite *foraine* & de traite domaniale, à la destination de la sénéchaussée de Bordeaux & du port de Bordeaux. Elles ne seront point non plus assujetties au paiement des susdits droits de composition; & seront lesdites marchandises expédiées dans les bureaux de traite, sous des acquits à caution, pour en assurer le déchargement à Bordeaux, & autres lieux de la sénéchaussée.

V I.

N'entend sa majesté, comprendre dans les exemptions portées aux articles III. IV. & V. du présent réglement, les vins, eaux-de-vie, prunes, safran, graine de lin, verdet, graines de jardin, peaux de chevreaux en poil, plumes d'oie, & le merrain, lesquelles marchandises seront sujettes aux susdits droits, suivant l'usage pratiqué avant l'arrêt du 2 octobre 1742, quelque soit la destination desdites marchandises, soit qu'elles proviennent du Languedoc, ou des pays de la haute Guienne.

V I I.

Les marchandises du crû & fabrique du Languedoc, & des pays de la haute Guienne, qui, ayant passé dans la sénéchaussée & port de Bordeaux, en exemption des droits de traite, seront envoyées par seconde destination à l'étranger, ou dans les provinces où les aides n'ont pas cours, acquitteront à Bordeaux lesdits droits, suivant l'usage.

V I I I.

Les marchandises & denrées, soit du Languedoc, soit du pays de la haute Guienne, qui seront venues à Bordeaux, en exemption des susdits droits, & qui seront envoyées, par seconde destination, de Bordeaux dans la basse & haute Guienne, seront exemptes des droits de la traite *foraine*, de traite domaniale, & de ceux de composition.

IX.

Les marchands & voituriers, qui chargeront des marchandises & denrées sur la Garonne, au-dessus ou au-dessous d'Auvillars, & les destineront à passer au-delà du port de Pascal, seront tenus de raisonner, soit au bureau d'Auvillars, soit à celui du port Pascal; savoir, à Auvillars même, pour ce qui sera chargé au-dessus; & au bureau du port Pascal, pour ce qui sera chargé au-dessous dudit Auvillars. Les marchands & voituriers qui chargeront lesdites marchandises & denrées sur le Lot, au-dessous de Condat, & autres lieux où il y a des bureaux de traite établis le long des limites du Querci, seront tenus de raisonner au premier desd. bureaux sur la route.

X.

Lesdits marchands & voituriers, qui, dans les cas spécifiés dans l'article précédent, iront raisonner aux bureaux aussi y dénommés, seront tenus d'y déclarer le lieu de la destination de leurs marchandises & denrées.

XI.

Lorsque les marchandises & denrées seront déclarées pour l'étranger, ou pour les provinces où les aides n'ont pas cours, elles seront assujetties au paiement des droits, relativement aux anciens réglemens & usages; lesquels droits les marchands seront tenus d'acquitter sur le champ, & sans délai.

XII.

A l'égard des marchandises & denrées, qui, après avoir été chargées au-dessus d'Auvillars, passeront Auvillars, ou qui, ayant été chargées au-dessous de cette même ville, passeront au port de Pascal; & aussi à l'égard de celles, qui, après avoir été chargées au-dessus de Condat, & autres bureaux de la traite établis sur les limites du Querci, pour descendre & dévaler à Bordeaux, & de-là passer à l'étranger, ou dans les provinces où les aides n'ont pas cours, les marchands & voituriers auront la faculté d'acquitter les droits en entier, au premier bureau où ils raisonneront, ou en la ville de Bordeaux, à condition néanmoins que, dans ce dernier cas, c'est-à-dire, s'ils différent jusqu'à Bordeaux le paiement desdits droits, ils seront obligés de prendre aux bureaux où ils raisonneront, des acquits à caution, conformément à ce qui est prescrit par l'article V. du présent réglement.

XIII.

Toutes les susdites marchandises, autres que celles dénommées dans l'article VI. du présent réglement, qui seront déclarées & destinées pour quelques lieux de la basse Guienne, jusqu'à la sénéchaussée de Bordeaux exclusivement, seront assujetties au paiement des droits de composition, lesquels droits les marchands seront tenus d'acquitter sur le champ, & sans délai; il ne sera délivré qu'un seul acquit pour toutes les marchandises chargées dans un bateau, à la destination de la basse Guienne.

XIV.

Les acquits à caution, & ceux de paiement, seront pris & délivrés, suivant la règle prescrite par les articles XI. & XII. du titre premier de l'ordonnance de 1687; en conséquence, ordonne sa majesté, qu'il sera payé cinq sols par chaque acquit de paiement, ou acquit à caution, dans tous les cas où le droit de traite seroit de trois livres & au-dessus; deux sols six deniers, dans le cas où le droit de traite seroit au-dessous de trois livres jusqu'à vingt sols, en ce non compris le papier timbré; & dans le cas où le droit ne monteroit pas à vingt sols, il sera délivré de simples passavans, pour lesquels il ne sera payé que le prix du papier timbré.

XV.

Les marchands & voituriers, qui auront raisonné dans un des bureaux de traite, ne seront point tenus de raisonner à aucun autre bureau subséquent sur la Garonne, jusqu'à celui de Langon, où ils s'arrêteront pour y faire leurs déclarations, représenter leurs acquits & souffrir la visite.

XVI.

Les marchandises qui auront été chargées sur la rivière au-dessus d'Auvillars, & destinées pour passer à l'étranger, ou dans les provinces où les aides n'ont pas cours, par le port de Pascal, y seront sujettes à la visite, & y acquitteront les droits, & ce, relativement aux anciens réglemens & usages, s'ils n'ont déja été payés au bureau d'Auvillars.

XVII.

Fait, sa majesté, défenses à tous gardes & commis des fermes, d'exiger aucune chose pour ce qui sera déchargé & vendu ès bourgs & villes de la basse Guienne, sans fraude; comme aussi de rechercher ni arrêter les habitans des sénéchaussées d'Armagnac, Querci, des pays Bruhlois, ville & vicomté d'Auvillars, pays de Comminges & jugeries de Rivière-Verdun, en ce qui est de la généralité de Guienne, lorsque lesdits habitans ne feront qu'emprunter la Garonne, entre lesdits bureaux d'Auvillars & du port de Pascal, pour porter les bleds, vins & marchandises au marché d'Agen, port Sainte-Marie, & autres villes & lieux de Guienne, sans dol ni fraude, & sans y faire magasin.

XVIII.

Déroge sa majesté à tous arrêts, réglemens & ordonnances, en ce qu'ils seroient contraires aux dispositions du présent arrêt, sur lequel toutes lettres nécessaires seront expédiées. Enjoint sa majesté aux sieurs intendans de Bordeaux, Pau, Montauban & Languedoc, de tenir, chacun en droit soi, la main à l'exécution du présent arrêt, qui sera lu, publié & affiché par-tout où besoin sera, & exécuté nonobstant oppositions ou autres empêchemens quelconques, pour lesquels ne sera différé. Fait, &c.

Le tarif d'après lequel se leve la *foraine* en Languedoc, a été imprimé à Montpellier en 1746, chez Augustin-François Rochard. Son taux est d'environ quatorze pour cent sur les évaluations qu'il renferme, avec tous les accessoires.

Le mot de *foraine*, ou *traite foraine*, dérivant, suivant toute apparence, de *foras*, *foris*, *& trahere foras*, qui veut dire, tirer ou traire dehors; on a fréquemment appliqué la dénomination de *foraine*, à un droit quelconque, levé sur les denrées & marchandises sortant d'un lieu, d'une province, d'un Etat.

Ainsi, on appelle *foraine*, en Béarn, un droit domanial établi en 1552, par Henri d'Albret, roi de Navarre, sur toutes les denrées & marchandises qui sortent de cette province, & qui la traversent, après avoir été apportées des pays étrangers. On a fait connoître la nature de ce droit, & les cas de sa perception, au mot BÉARN.

Le droit de traite par terre, qui se perçoit en Anjou, & qui a été aliéné à monsieur, porte aussi le nom d'imposition *foraine*: on en parlera sous le nom de TRAITE par terre.

On retrouve en Lorraine un droit de *foraine*, qui se perçoit également en entrant & en sortant de l'étendue du duché de Lorraine & de Bar, sous les noms de *foraine d'entrée* & *foraine d'issue*, suivant les ordonnances du prince Charles, de 1563, & du 27 janvier 1597.

Cette dernière ordonnance porte permission d'établir trois ou quatre bureaux, & même davantage, pour y faire la recette du droit de *foraine*, sur toutes les denrées & marchandises que les conducteurs seront obligés d'y déclarer, soit qu'ils les transportent sur des chars, sur des chevaux, ou sur des ânes, soit qu'ils les portent à bras, ou sur leur dos.

Le tarif de cette *foraine* a été arrêté le 4 décembre 1604, & se trouve imprimé à Nanci en 1757 chez la veuve Lefeure.

Les droits qu'il renferme, tiennent plus de la nature des droits de péage, qui sont, en général, imposés sur les voitures & sur les bêtes de somme, chargées de denrées ou marchandises, abstraction faite de leur poids & de leur prix, que de la nature des droits de traite, qui sont toujours proportionnés à la valeur des marchandises.

Les droits de péage sont invariables depuis leur origine; ils ont été, & forment encore, une espèce de dédommagement attribué aux propriétaires des terreins sur lesquels sont pratiquées des routes, parce qu'étant obligés de les garder & entretenir, il est juste que les voitures & les bêtes de somme qui passent, paient une somme proportionnée à la dégradation qu'elles peuvent y causer, & qui résulte du fardeau qu'elles transportent.

Les droits de traites, peut-être primitivement établis dans les mêmes vûes, sont devenus des droits de consommation, toujours sujets à l'instabilité, & réglés par des principes politiques, qui en déterminent la quotité, non-seulement par la valeur des choses, mais encore suivant le dégré de leur utilité ou de leur indifférence, & suivant le préjudice qu'elles peuvent causer au commerce & à l'industrie de l'Etat.

Le tarif de la *foraine* d'entrée & d'issue de Lorraine, est confirmé par un arrêt du parlement de Metz, du 10 mars 1673, ordonnant que tous voituriers seront tenus de payer les droits des marchandises qu'ils conduiront hors la Lorraine, ou qu'ils ameneront au-dedans, & de prendre acquit à caution pour celles qui seront destinées à être consommées dans le pays.

Un arrêt du conseil du duc de Lorraine, rendu le 23 janvier 1726, a réglé ce qui concerne la perception des droits de *foraine* d'entrée & d'issue, en faisant d'expresses défenses au fermier de les exiger, pour les marchandises & denrées non rapportées dans le tarif de 1604.

Un arrêt de la chambre des comptes de Lorraine, du premier mars 1738, & la déclaration du roi de Pologne, duc de Lorraine & de Bar, du 18 mai 1750, portant bail des fermes générales de ce duché, à Louis Diétrich, rappellent les droits de *foraine*, & le tarif dont on vient de parler, pour en prescrire l'exécution.

Enfin, un arrêt du conseil royal des finances & de commerce de Lorraine, du 24 juillet 1756, porte que les droits de *foraine* doivent être payés au premier & plus prochain bureau des marchandises, si elles sont exportées de la province, & au premier sur la route, si elles sont importées. Cet arrêt ordonne que les marchandises, même celles exemptes de droits, seront conduites dans les bureaux; que les propriétaires en feront leur déclaration signée, & dans la forme prescrite, de façon qu'elle ne pourra recevoir aucun changement quand elle aura été donnée.

L'abbaye de Metloch, située sur le terroir de Mertzig & Sargau, en Lorraine, territoire dont la souveraineté est indivise entre la France & l'électorat de Trèves, & dont les habitans ont toujours, par rapport à leur situation, été traités comme étrangers à l'égard des droits des fermes essaya de s'affranchir du droit de *foraine* en 1768; cette abbaye en fit refuser le paiement par le nommé Kieff, voiturier, sur des bois de chauffage provenans d'une forêt de Lorraine, & qui étoient conduits dans ce monastère, pour sa consommation.

La saisie de ces bois ayant été déclarée, les abbé, prieur & religieux de Metloch intervinrent, en soutenant qu'étant soumis à la domination de France, ils ne devoient point de droits comme étrangers. Ils prétendirent subsidiairement avoir des privilèges personnels & particuliers, qui les exemptoient de la *foraine*. Pour justifier de cette exemption, ils invoquèrent d'anciennes chartes des ducs de Lorraine, accordées à tous les prélats & ecclésiastiques de cette province, qui les affranchissoient des droits de *foraine*, pour les denrées destinées à leur consommation.

Cette affaire portée au bailliage de Bouzonville, il y fut jugé, par sentence du 16 juillet 1768, que le procès-verbal de saisie, du 8 mars précédent, des bois dont il s'agit, étoit nul & de nul effet. Les abbé, prieur & religieux de l'abbaye de Metloch, furent renvoyés de la demande contr'eux formée, avec dépens; &, en conséquence, main-levée des bois, chevaux & chariots sur eux saisis, leur fut accordée aussi avec dépens.

L'adjudicataire des fermes de Lorraine se pourvut, par appel de cette sentence, à la chambre des comptes de Lorraine; & le 29 janvier 1774, cette cour rendit un arrêt contradictoire entre les parties, qui mit fin à cette contestation.

Cet arrêt porte, que l'appellation & la sentence dont est appel, seront mis au néant; faisant droit sur la demande de maître Julien Alaterre, fermier général de Lorraine & Barrois, a condamné les abbé, prieur & religieux de l'abbaye de Metloch, à payer les droits de *foraine* sur les bois & autres denrées qu'ils transporteront de Lorraine à Metloch, même pour leur usage, & les condamne encore aux dépens, qui tiendront lieu d'amende & de confiscation; en conséquence, convertit en définitive, la main-levée provisionnelle qui leur a été faite des choses & bois saisis.

On ajoutera ici, que le tarif des droits d'*entrée & issue foraines*, n'est, dans le premier cas, composée que d'un petit nombre d'articles, qui ne portent que sur les vins, les chevaux, & autres bêtes de somme. Ces dispositions donnent lieu de penser, que les ducs de Lorraine avoient laissé le commerce libre sur les autres articles, sentant bien, apparemment, le besoin qu'ils avoient d'attirer chez eux les marchandises & les denrées qui leur manquoient.

Ces droits d'entrée *foraine* se perçoivent, par tête, sur les chevaux & les autres bêtes de somme, sur les vins à la mesure, qui est partagée en muid, en feuillette, en virly, demi virly, & huitième de virly.

Les droits de sortie ou d'issue *foraine*, portent sur un plus grand nombre d'articles; mais presque tous sont imposés à raison du char, de la charrette, de la charge de cheval, & du fardeau: & ce qui est singulier, c'est que cette forme de perception a lieu indifféremment pour les marchandises qui se ressemblent le moins en nature, en prix, en qualité, puisque les bois, les épiceries, les meubles, sont tariffés dans cet esprit.

Voyez, au surplus, le mot LORRAINE.

FORÊTS DU ROI. On a vu au mot EAUX ET FORÊTS, que nous avons remis à ce dernier à parler de la consistance des *forêts* appartenant au domaine du roi, & des droits établis sur les coupes des *forêts* des communautés, ou gens de main-morte.

Le *Compte rendu au Roi en* 1781, va nous apprendre tout ce qu'il est intéressant de savoir sur le premier article.

» L'administration des *forêts* royales, quelque soin qu'y donne le gouvernement, sera toujours imparfaite; & c'est encore par les mêmes motifs qui ont été développés en parlant des domaines.

Il est impossible qu'une administration étendue, & dont le devoir est le seul mobile, aille jamais de pair avec la gestion d'un propriétaire, que l'intérêt tient sans cesse éveillé, & qui n'est obligé qu'à une surveillance proportionnée à ses forces.

L'administration des *forêts* du roi, dans tous les systêmes, se ressentira toujours de ces grandes circonstances; mais, faute d'y réfléchir, on s'en prend uniquement aux grands-maîtres des eaux & forêts, & il n'est pas rare d'entendre proposer, comme un remède décisif, de supprimer tous ces officiers, & de leur substituer des régisseurs ou des réformateurs, comme si le changement des noms, ou même des personnes, suffisoit pour réparer un mal qui tient à des causes plus puissantes. On ne peut d'ailleurs disconvenir, que MM. les grands-maîtres des eaux & forêts ne soient, en général, des hommes bien nés, & capables de toute l'attention que les sentimens d'honneur & une bonne éducation peuvent inspirer; mais un véritable inconvénient, c'est que les charges de ces officiers ont une finance trop considérable, pour être facilement acquises par des hommes de province, & qu'alors la plupart de ceux qui les possèdent habitant Paris, ils ne sont pas à portée de donner des soins assidus aux intérêts qui leur sont confiés, & ils ne veillent pas d'assez près sur les officiers des maîtrises. Peut-être même seroit-il à desirer que ces places ne fussent pas en charges, afin qu'on pût faire un choix libre entre toutes les personnes capables de cette administration ; mais cette observation auroit encore plus de force, si l'on pouvoit être certain que, dans un espace donné, les ministres des finances apportassent toujours à ces choix l'application & le soin nécessaires, & qu'ils ne s'y déterminassent jamais, ou par faveur, ou par égard à des recommandations.

Quoi qu'il en soit, s'il est quelques changemens à faire, on ne peut s'en occuper qu'à la paix, vu l'importance des finances de ces charges, & le peu d'intérêt qu'elles coûtent à votre majesté.

Un inconvénient d'un autre genre, étoit l'effet de la modicité des appointemens attribués aux gardes des *forêts*. J'ai cru que c'étoit une dépense qu'on ne devoit pas différer ; & les salaires de tous les gardes généraux, & d'une grande partie des gardes particuliers, ont été augmentés.

Une cause non moins essentielle de la dégradation des *forêts* royales, c'est que la pénurie des finances n'ayant presque jamais permis de faire des sacrifices à l'avenir, l'on n'a destiné aucun fonds à des repeuplemens qui étoient devenus absolument nécessaires.

Enfin, les aménagemens de plusieurs *forêts* avoient besoin d'être changés ; ceux qu'on doit adopter pour les *forêts* royales, ne peuvent pas, sans doute, être assujettis aux calculs ordinaires des particuliers. Ceux-ci n'ont à considérer que le plus grand produit, ou la jouissance la plus prochaine ; mais votre majesté voit encore dans ses *forêts* l'aliment de sa marine, & elle doit veiller sur la conservation des futaies qui sont à portée des rivières ou des canaux navigables. Cependant le principe de cette attention sage, ne doit pas s'étendre jusqu'à conserver des arbres au-dessus de l'âge où ils se maintiennent dans leur force ; c'étoit l'effet de plusieurs aménagemens : j'ai déja proposé à votre majesté d'en modifier quelques-uns, & l'on examinera successivement tous ceux qui sont susceptibles d'un changement avantageux.

Quelques *forêts* encore étoient absolument abandonnées, d'autres ne pouvoient être exploitées faute de chemins & de débouchés, on a destiné quelques fonds, malgré la guerre, à ce genre d'amélioration. Cette année, entr'autres, on vient de faire une vente de soixante-dix mille livres dans la forêt du Tronçay, où l'on n'avoit fait aucune coupe depuis l'année 1737, & la vente prochaine sera vraisemblablement plus considérable.

On continuera les mêmes soins, jusqu'à ce que l'aisance de la paix fournisse de plus grands moyens.

Mais il est un plan d'une véritable importance, qui peut s'exécuter dans toutes les circonstances.

J'ai vu que votre majesté possédoit actuellement environ un million d'arpens de bois, indépendamment de ceux situés dans les apanages, & de ceux qui sont affectés aux salines & à des usines. J'ai remarqué que, dans le nombre de ces arpens, il en existoit près d'un quart divisé en très-petites parties, & dont le produit, déduction faite des frais, est tellement réduit, qu'il seroit probablement très-avantageux à votre majesté de les concéder, ce qu'on pourroit faire par une espèce de bail à rente, valeur en grains, en exigeant une finance modérée par forme de cautionnement, de manière enfin, à concilier les principes du domaine, la sécurité des contractans, les intérêts de votre majesté, & l'accroissement des productions nationales.

On évalue le produit des *forêts* du roi, à six millions six à sept cens mille livres, par les coupes ordinaires de chaque année, sans y comprendre celui des coupes extraordinaires.

C'est l'administration générale des domaines qui est chargée de la recette du prix des *forêts* & des bois vendus annuellement ; mais la régie de ces *forêts* est restée entre les mains des grands-maîtres des eaux & forêts & des officiers de maîtrises. Ce sont ces officiers qui font l'adjudication des *forêts* mises en coupes, en se conformant, pour les conditions, les formes & les clauses, à ce qui est prescrit par l'ordonnance & les réglemens des eaux & forêts, dont nous avons ci-devant donné l'analyse. *Voyez* EAUX ET FORÊTS.

Nous observerons à ce sujet, qu'un vice très-commun dans ces adjudications, & qui contribue beaucoup à diminuer le produit des ventes de bois, c'est de comprendre à la fois deux ou trois cens arpens, & davantage. Il arrive que, pour de pareilles exploitations, on ne voit se présenter que deux ou trois compagnies de marchands associés, & d'accord, pour n'enchérir que mollement, & se partager ensuite l'adjudication ; au lieu que si l'on divisoit les coupes par parties de vingt-cinq & cinquante arpens, des fermiers ou cultivateurs, résidens à portée des bois mis en vente, se mettant au rang des enchérisseurs, tant à cause de la convenance, que pour occuper leurs chevaux & leurs voitures dans des tems oisifs & inutiles à la culture, échaufferoient les enchères par leur concurrence, & feroient valoir les *forêts* du roi fort au-delà de ce qu'on en tire par la voie des adjudications ordinaires.

A l'égard des droits perçus au profit du roi, sur la vente des bois des ecclésiastiques & des communautés, ils consistent, 1°. en quatorze deniers pour livre du prix de ces bois ; 2°. dans ceux de six deniers pour livre aussi du prix, attribués aux receveurs généraux des domaines & bois, supprimés en 1777 ; 3°. dans des droits de quittance que ces mêmes receveurs percevoient lors du paiement fait par les adjudicataires des bois.

Le premier de ces droits fait partie des six millions six à sept cens mille livres du produit des bois du roi.

Les deux autres droits donnent annuellement cent mille livres ; savoir, quatrevingt-six mille liv. l'un, & quatorze mille livres le droit de quittance.

La permission qui est accordée à des communautés ecclésiastiques ou laïques, de faire des coupes de bois, porte souvent la condition de remettre le dixième du prix de la vente au trésorier des communautés de filles religieuses, qui est nommé par arrêt du conseil, pour recevoir les fonds destinés au soulagement de celles dont la pauvreté est jugée avoir besoin de secours, & qui sont portés dans un état arrêté chaque année au conseil. Ce dixième fait, année commune, un objet de deux cens cinquante à deux cens quatre-vingt mille livres.

Il faut mettre au rang des *forêts* du roi, celles qui sont voisines des salines de Lorraine & de Franche-Comté, & qui ne peuvent servir qu'à la consommation du sel qui s'y fabrique. Comme la législation générale des eaux & forêts ne pouvoit pas se concilier avec les circonstances particulières qui règlent la distribution & la coupe des bois nécessaires à l'approvisionnement des salines, on a établi des sièges particuliers sous le nom de *réformation*, tant en Lorraine qu'en Franche-Comté. En 1783, on a eu la preuve que cette administration n'étoit pas sujette à moins d'abus que celle des *forêts* royales, & l'on s'est occupé des moyens de les réprimer, en réformant une grande partie de la réformation de Franche-Comté.

Au surplus, comme dans cette province la source des eaux salées paroît s'altérer successivement, & perdre de sa salure, que par conséquent il faut consommer plus de bois que précédemment pour en obtenir moins de sel, peut être seroit-il plus avantageux d'y supprimer les salines, que de continuer leur exploitation, & de remplacer le sel qu'elles fournissent par des sels de la Méditerranée. Les *forêts* de la Franche-Comté pourroient, dans ce cas, contribuer à l'approvisionnement de Paris, au moyen des canaux de communication qui se font en Bourgogne, pour joindre la Saône & la Seine.

La suppression des salines de la Lorraine présente aussi les mêmes avantages pour Paris, par rapport à ses *forêts*, sans inconvéniens pour la province, parce qu'elle pourroit être fournie de sel marin au même prix que celui qu'elle reçoit des salines exploitées dans son sein. On développera ces idées au mot SALINES.

FORMULE. Droit qui se perçoit sur les papiers & parchemins timbrés, & qui fait partie de l'administration générale des domaines. On lui donne cette dénomination, parce qu'il a été substitué, ainsi que la formalité du timbre auquel il est attaché, aux *formules* ou modèles d'actes, d'exploits & procédures, que Louis XIV. avoit établis, par son édit du mois de mars 1673, dans la vûe de rendre le style des tribunaux uniforme, & de prévenir les vices de rédaction, ainsi que les nullités. Ces *formules* étoient imprimées, ensorte que les notaires, huissiers, & autres officiers publics, n'avoient que les blancs à remplir.

Les difficultés que rencontra cet établissement, firent convertir les *formules*, en une marque ou timbre sur chaque feuille de papier ou parchemin, servant aux actes & procédures. Une déclaration du 2 juillet 1673, & l'édit qui suivit du mois d'août 1674, ordonnèrent que les papiers & parchemins destinés aux actes publics, seroient marqués, en tête, d'une fleur de-lys, & du nom de la généralité où ils devoient être consommés, & que la distribution en seroit faite, d'après les prix fixés suivant leurs dimensions, dans des bureaux établis à cet effet.

L'origine de la formalité du timbre remonte aux Romains. La novelle 44. de Justinien, *de tabellionibus ; & ut protocola dimittant in chartis*, prescrivoit aux tabellions de *Constantinople*, d'écrire tous les actes de leur ministère sur du papier, en tête duquel étoient marqués le nom de l'intendant des finances en exercice, le tems de la fabrication du papier, & les autres indications d'usage dans le protocole des actes ; & il étoit fait défenses aux juges d'avoir égard à ceux qui seroient rédigés sur des feuilles non revêtues de ces marques.

Cette formalité se trouve établie dès le seizième siècle, en Espagne, en Hollande, en Allemagne. Elle a lieu en Italie, en Angleterre, & dans la plupart des pays de l'Europe. Les Anglois ont étendu le droit de timbre aux gazettes, aux lettres-de-change, aux quittances sous seing-privé, & le produit en est considérable. C'est même pour avoir tenté de soumettre à cette imposition, & à une taxe sur le thé, leurs colonies de l'Amérique septentrionale, qu'ils ont fini par les perdre, d'après le traité de paix de 1783.

Dans la nécessité d'établir des impôts, c'est-à-dire, des revenus publics, la *formule*, ou timbre des actes, est l'un de ceux qui présentent le moins d'inconvéniens. La charge étant extrêmement divisée ; devient dès-lors moins sensible pour les sujets, & les frais d'achat de matières & de distribution sont modiques, puisqu'ils ne s'élèvent pas aux *deux sols* pour livre du produit, lequel est, en France, d'environ six millions par an, tant pour le principal que pour les dix sols pour livre. Le timbre est d'ailleurs utile, en ce que l'écusson ou marque, étant différent pour chaque généralité, & changeant même de forme à chaque renouvellement de bail ou de régie, ces différences, jointes à celle du filigramme, ou marque intérieure & particulière du papier timbré, servent à fixer le lieu & l'époque de la rédaction de l'acte, & à faire reconnoître les anti-dates & d'autres faux, malheureusement trop communs.

Les actes qui doivent être rédigés sur papier de *formule*, suivant l'ordonnance de 1680, au titre des papiers & parchemins timbrés, la déclaration du 19 juin 1691, & les arrêts du conseil rendus en explications, sont :

1°. Tous les actes de justice & du greffe généralement, tels que les requêtes, exploits, procédures, déclarations, cédules de présentation, exécutoires, qualités, jugemens, sentences, arrêts, commissions, extraits, collations, &c. tant pour les originaux que pour les copies & expéditions qui en sont faites, & dans tous les tribunaux sans exception, même les officialités.

2°. Les actes du ministère des notaires, comme aveux, dénombremens, contrats de mariage, acquisitions, donations, transactions, baux, obligations, quittances, procurations, & de même les extraits & expéditions qui en sont délivrés.

3°. Ceux faits par toutes autres personnes publiques, les mandemens, visa, lettres d'ordre, de maître-ès-arts, bachelier, licencié, docteur; les nominations, provisions, & autres lettres qui s'expédient par les évêques, leurs secrétaires, & ceux des officialités & universités; les placards, ordonnances & monitoires, qui se publient au prône des paroisses, ou s'affichent aux portes des églises.

4°. Toutes les quittances & acquits des droits & revenus du roi, de ceux des engagistes du domaine, & des villes & communautés d'habitans; lesquelles quittances les receveurs sont tenus de délivrer, chacune sur feuille séparée, pour tous les droits payés de *cinq sols*, & au-dessus; les bulletins, passe-ports, passavans, congés, dépris, contraintes, ampliations, & autres actes qui se délivrent par les trésoriers, les receveurs généraux des finances, receveurs des tailles, fermiers & régisseurs des droits du roi, & des octrois des villes & municipalités.

Il y a d'exceptés, les rôles des tailles, de la capitation & des autres impositions, & les contraintes, procès-verbaux & saisies, faits en exécution, par les chefs de garnison; ceux qui ont pour objet le recouvrement des décimes du clergé, les procès-verbaux rapportés par les gardes-jurés des manufactures, enfin les certificats de publication des bénéficiers, concernant l'exploitation de leurs dîmes. A l'égard des quittances pour l'imposition des tailles, le nombre de celles à délivrer annuellement en papier timbré, à chaque collecteur, a été réglé à douze, par une espèce d'abonnement, dont moitié à la charge du collecteur, & le surplus à celle du receveur.

Les registres tenus par les personnes publiques, doivent être également en papier timbré, nommément les cahiers & plumitifs des audiences dans toutes les jurisdictions, les registres des universités, facultés, chapitres, corps de marchands, communautés laïques & ecclésiastiques, séculières & régulières, hôpitaux, fabriques, confrairies; ceux des actes de baptême, mariage & sépulture, les doubles desquels, ordonnés par la déclaration du 9 avril 1736, doivent néanmoins être tenus en papier simple; tous les registres journaux & autres, des receveurs & préposés aux recettes & contrôles des fermes & droits du roi, de ceux des villes, corps & communautés, & généralement de toutes les personnes qui sont obligées par les ordonnances & réglemens de police, notamment par celle du mois de mars 1673, d'en tenir, pour être représentés, compulsés, ou faire foi en justice.

Quant aux registres des marchands en gros & en détail, des négocians, banquiers, agens & courtiers de change, ils ne peuvent être paraphés, ni servir en justice, s'ils ne sont en papier timbré; sauf néanmoins dans le ressort du parlement de Paris, où il a été fait une exception à cet égard, par la déclaration du premier janvier 1771, enregistrée à cette cour le 2 septembre suivant. Elle contient aussi une exception pour les répertoires ou inventaires des actes des notaires, qui peuvent être tenus en papier ordinaire dans ce district. Ces dispositions ne se trouvent pas dans les doubles de cette déclaration, enregistrés aux autres parlemens.

Les actes & expéditions qui doivent être écrits sur parchemin timbré, sont :

1°. Les expéditions de tous les arrêts, ordonnances, & autres actes des cours de parlement, chambre des comptes & cours des aides; les sentences & jugemens définitifs des bailliages & jurisdictions royales, & autres, qui se mettent à exécution, tant en matière civile que criminelle. A l'égard des sentences & jugemens interlocutoires, de provision ou d'appointement, ils doivent être expédiés en parchemin, seulement dans les lieux où il étoit d'usage de les délivrer en cette forme avant l'édit de mars 1673. Cette distinction s'étend même, pour les justices consulaires, aux sentences définitives prononcées dans ces sièges. Les jugemens définitifs rendus dans les jurisdictions seigneuriales, doivent également être expédiés sur parchemin, dans tous les lieux où l'usage étoit de les expédier ainsi à l'époque de la déclaration du 19 juin 1691.

2°. Les contrats de vente, échanges, constitutions, obligations, transactions, baux à ferme, & généralement tous les actes obligatoires passés devant les notaires & les greffiers, doivent être expédiés en parchemin timbré, avant d'en faire usage & de les mettre à exécution. Deux arrêts du conseil, rendus pour la Bourgogne le 14 août 1683 & le 20 février 1684, ordonnent même que les premières expéditions des actes de foi & hommage, aveux, dénombremens, contrats de mariage, ventes, échanges, & donations d'immeubles, seront faites sur parchemin, sans que les notaires puissent les délivrer autrement. La même disposition a été faite pour le Dauphiné, par un arrêt du 2 juin 1685, confirmé par trois autres, des 21 juillet 1739, 7 juin & 21 juillet 1740.

3°. Toutes lettres de chancellerie, lorsqu'il y a partie requérante ou impétrante, qu'elles soient en commandement ou non.

4°. Les quittances & acquits qui s'expédient aux receveurs généraux des finances, aux receveurs des tailles, payeurs de rentes & autres, par les rentiers assignés, & autres parties prenantes.

Les greffiers des cours & sièges royaux, sont tenus d'insérer dans les arrêts & jugemens, les qualités des parties, avec mention sommaire des demandes & des défenses. Les expéditions qu'ils délivrent, ainsi que les notaires, ne peuvent être revêtues de l'insinuation ou autres formalités, qu'autant qu'elles contiennent l'acte en entier, & non pas seulement par extrait.

Les grosses & expéditions des contrats passés devant notaires, & des arrêts, jugemens, ordonnances, & autres actes des cours & jurisdictions, ne doivent contenir que vingt-deux lignes à la page sur parchemin d'un seul volume; & les requêtes, procédures & écritures des procureurs & avocats, ne doivent aussi renfermer que vingt-deux lignes à la page du grand papier timbré, dix-huit lignes sur papier moyen, & treize à quatorze à la page sur petit papier. Déclarations du roi, des 19 juin & 24 juillet 1691.

Les peines prononcées par l'ordonnance du mois de juin 1680, & la déclaration du 18 avril 1690, en cas de contravention aux réglemens concernant la *formule*, sont l'amende de trois cens livres pour la première fois, de six cens livres pour la seconde, & de mille livres pour la troisième. Et si les contrevenans sont officiers de justice, ils doivent, en outre, être interdits pour un an la première fois, & pour toujours, en cas de récidive.

Ceux qui auront contrefait les timbres ou moules du papier ou parchemin, ou qui auront aidé à faire le débit de ceux faussement timbrés, sont condamnés en mille livres d'amende, à faire amende-honorable, & aux galères pour cinq ans; & s'il y a récidive, aux galères à perpétuité. Un arrêt du parlement de Metz, du 28 avril 1680, a prononcé ces peines contre un ancien commis de la direction des domaines, convaincu d'avoir vendu & distribué, dans le public, des papiers & parchemins par lui timbrés, avec un moule dont il s'étoit emparé furtivement.

La connoissance des contestations relatives à la *formule*, a été attribuée, par l'édit d'août 1674, & l'ordonnance du mois de juin 1680, art. XXII. aux officiers des Elections en première instance, & aux cours des aides par appel. Dans les pays où il n'y a point d'Election, ces causes sont portées devant les juges ordinaires des bailliages, présidiaux & sénéchaussées, en conformité d'un arrêt du conseil du 26 août 1673; & par appel, aux cours des aides, s'il y en a une distincte, sinon au parlement ou à la chambre des comptes, qui a réuni la cour des aides.

L'administrateur général des domaines, qui a seul le droit de faire distribuer les papiers & parchemins de *formule*, est obligé de déposer au greffe de chaque Election, une empreinte des timbres qu'il emploie, pour y avoir recours en cas de falsification; mais il pourroit, dans le cours de sa régie, changer ces timbres, en en déposant de nouveaux, & remplissant les autres formalités, si le changement devenoit nécessaire, pour prévenir l'effet des faux & contrefaçons. Il est aussi autorisé à faire des visites dans les moulins & magasins à papier, & y constater les contraventions relatives au filigramme destiné aux seuls papiers de *formule*.

L'usage du timbre dépend du lieu où l'acte est fait & rédigé, ensorte que si la *formule* n'y est pas établie, l'acte est dans le cas d'être fait sur papier simple, & peut servir, dans cette forme, même dans les pays où la formalité du timbre a lieu. En conséquence, le timbre imprimé sur la feuille, désigne toujours le nom de la généralité où elle doit être écrite & employée, & elle ne peut l'être dans une autre.

Le papier ou parchemin qui a servi pour un acte ou expédition, ne peut plus être employé pour un autre; ni le premier acte être barré & remplacé par un second; ni enfin le timbre être couvert d'écriture, ou coupé & rompu, pour être employé en tout ou partie après le premier acte consommé. Les réglemens défendent aussi, sous peine afflictive, d'enlever l'encre & l'écriture sur le parchemin, en quelque manière que ce soit.

Les notaires, dans les pays où l'usage n'est point d'écrire les actes en cahier ou regiſtre, ne peuvent en insérer deux sur une feuille, à la suite l'un de l'autre, quand même il s'agiroit d'un seul fait, & entre les mêmes parties; à l'exception cependant des ratifications d'actes passés en l'absence

sence des parties, & des quittances de rembourfement d'une conftitution ou obligation, qu'il eft d'ufage de mettre en marge ou en fuite des minutes. La même injonction eft faite aux huiffiers & fergens, pour les exploits qu'ils délivrent, à moins que ce ne foient des premières fignifications de jugemens & arrêts, qui peuvent être mifes au pied de ces actes, ou des demandes portées à la fuite des copies des pièces fur lefquelles elles font fondées.

Le prix des papiers & parchemins timbrés fe perçoit, d'après la fixation faite en principal, par l'édit du mois de février 1748, fur le pied fuivant :

	Prix principal.			Dix sols pour livre.			TOTAL.		
	l.	*f.*	*d.*	*l.*	*f.*	*d.*	*l.*	*f.*	*d.*
PAPIERS.									
Pour la feuille de grand papier, de quatorze pouces de haut fur dix-fept de large................		3	4		1	8		5	
Feuille de moyen papier, de douze pouces fur feize..............................		2	6		1	3		3	9
Feuille de petit papier, de neuf pouces fur treize pouces & demi..............................		1	8			10		2	6
Demi-feuille..............................		1	½			6 ¼		1	6 ¾
Quart..............................			10			5		1	3
PARCHEMINS.									
Grande peau de chancellerie..................	1	13	4		16	8	2	10	
Demi-peau..............................	1	5			12	6	1	17	6
Feuille..............................		16	8		8	4	1	5	
Brevet..............................		10			5			15	
Grande quittance comptable..................		8	4		4	2		12	6
Quittance de ville..............................		2	6		1	3		3	9

La diftribution de ces papiers & parchemins, fe fait dans chaque bureau du contrôle. Il y a, en outre, au chef-lieu de la direction, un timbre extraordinaire, établi pour la commodité du public. Ce timbre, qui a une légende particulière, s'applique fur les papiers fournis & préfentés à la formalité, par les perfonnes qui veulent en faire ufage, & le droit eft payé d'après les dimenfions, & fuivant la même fixation faite pour la *formule* diftribuée.

La manutention de la *formule* eft confiée à un garde-magafin, qui eft fous l'infpection du directeur des domaines. Ses fonctions font de veiller aux approvifionnemens de papiers & parchemins à faire auprès des marchands-fourniffeurs, de les examiner, pour n'admettre à timbrer que ceux de bonne qualité, de les faire marquer fous fes yeux par le timbreur, d'expédier les envois aux commis-diftributeurs dans l'étendue de la généralité.

Il y a des provinces où la *formule* ne s'eft point trouvée établie, lorfqu'elles ont été réunies à la France, & qui ont continué jufqu'à préfent d'en être exemptes : ce font celles de Flandres, Haynault, Cambrefis, Artois, l'Alface, & la Franche-Comté.

La *formule* des notaires de Paris mérite un détail particulier. Le contrôle des actes avoit été établi dans cette capitale, comme dans le refte du royaume, par l'édit de mars 1693 ; mais une déclaration du 27 avril 1694, fupprima cette formalité, pour les actes qui feroient paffés devant les notaires de Paris, au moyen d'un million qu'ils prêtèrent au roi, pour lequel il leur fut attribué cinquante mille livres de rente, &, en outre, quarante fols d'augmentation fur chacune de leurs vacations aux inventaires. On voit que l'exemption fut gratuite ; elle avoit été follicitée par Me Carnot, notaire de madame de Maintenon, qui l'appuya de tout fon crédit.

Le rétabliffement de la *formule* à Paris, fut ordonné par une déclaration du roi du 29 feptembre 1722, & eut lieu depuis le premier novembre fuivant, jufqu'au dernier janvier 1724. A cette époque le droit de contrôle fut commué, d'après une déclaration du 7 décembre 1723, en un autre droit sur le papier & le parchemin des minutes & expéditions des actes, à payer en sus de la *formule* ordinaire. Ces papiers & parchemins se marquent en conséquence, d'un second timbre, avec la légende, *Actes des notaires de Paris*. Le droit d'augmentation est perçu, suivant la fixation faite par l'édit de février 1748, à raison de dix sols pour chaque feuille de papier; de vingt-cinq sols par feuille, & quinze sols par demi-feuille de parchemin, & en outre des dix sols pour livre. Les greffiers des différentes jurisdictions de Paris, sont tenus de se servir de cette *formule* pour les actes qu'ils passent, & qui seroient de nature à être faits devant notaire. Les contrats & quittances des rentes sur l'hôtel-de-ville ou sur les tailles, & toutes autres quittances données à la décharge du roi, en sont exemptes.

Il est résulté de ces dispositions, que les notaires de Paris gagnent beaucoup, à l'affranchissement de la formalité du contrôle, par l'augmentation de salaires dont il est le prétexte. L'intérêt public & celui du roi n'en souffrent-ils pas? Les motifs de l'établissement du contrôle, qui sont d'assurer l'existence & la régularité des actes, de prévenir les anti-dates & autres abus, ont plus de force dans la capitale que dans les provinces, parce que la cupidité, qui est l'enfant du luxe & de la corruption des mœurs, y trouve plus d'occasions de s'exercer & de se satisfaire. D'un autre côté, le roi & les seigneurs perdent, par l'effet de cette exemption isolée, une partie des droits de mutation des biens assis dans leurs mouvances, à défaut de connoissance des actes qui les opèrent. Nous ne parlons pas du produit que pourroit fournir aujourd'hui, en 1784, le contrôle des actes des notaires de Paris, si sa perception étoit rétablie.

Par M. LA COSTE, *directeur des domaines.*

FORT-DENIER, s. m. Dans toutes les fermes & les régies des droits du roi, lorsque les droits sont, suivant les tarifs, fixés à des deniers au-dessus des sols ou des livres, & qu'il est dû un ou deux deniers, il doit en être payé trois, parce que les deniers ne sont plus en usage, & qu'on ne reconnoît plus de pièce, dans la monnoie courante, qui soit au-dessous de trois deniers ou d'un liard.

De même, quand il est dû quatre, cinq, sept, huit, dix ou onze deniers, il faut en payer six, neuf, douze, ou un sol; c'est ce qu'on appelle le *fort-denier*. Cet usage a été autorisé par plusieurs arrêts du conseil, intervenus sur des contestations élevées à ce sujet entre les redevables & les percepteurs, notamment par l'arrêt du 28 août 1690, rendu en faveur des regratiers & revendeurs de sel à petites mesures.

Un autre arrêt, du 12 juin 1691, porte que l'impossibilité de payer pour chaque quart de minot, le quart de l'augmentation de treize sols six deniers, attribuée par édit du mois de mai précédent, aux officiers des greniers à sel & aux mesureurs, sur chaque minot de sel, pourroit, dans la suite, causer des difficultés que sa majesté veut prévenir, *par rapport à la perception des droits de ses fermes, dont les fermiers jouissent du droit de fort-denier*. En conséquence, il est ordonné que les commis de Pierre Domergue, les officiers des greniers & chambres à sel, ou ceux qui feront l'acquisition des droits d'augmentation (c'est-à-dire manuels) sur chaque minot de sel, jouiront du droit de *fort-denier* où il se rencontrera, *ainsi que les autres fermiers des fermes & droits du roi*; & il est fait défenses aux officiers des élections & greniers à sel, de les troubler ni inquiéter pour raison de ce, à peine de tous dépens, dommages & intérêts.

Il est dit dans l'édit du mois de mars 1696, portant création d'offices de jurés-vendeurs de sel à petites mesures, que les titulaires jouiront du *fort-denier* où il se rencontrera, & ainsi qu'il est accoutumé.

Au mois de septembre de la même année, l'édit qui supprima ces offices, attribua le *fort-denier* aux fermiers des regrats; ce qui se trouve encore confirmé par la déclaration du roi du 14 août 1703, accordant au fermier général des gabelles, la jouissance de tous les bénéfices établis dans la régie des regrats.

Conséquemment à ces dispositions, l'arrêt du conseil du 16 février 1704, a jugé que le *fort-denier* appartenoit à celui qui est chargé de la recette en détail, & a dispensé le receveur du grenier à sel d'Alençon, de compter aux officiers de l'élection de ladite ville, du *fort-denier* par lui reçu dans la perception qu'il a faite, pour ces officiers, des droits manuels à eux attribués.

Enfin, la déclaration du roi du 12 mars 1752, registrée au parlement de Rouen le 7 août suivant, porte que le *fort-denier* sera au profit du propriétaire des droits de coutume dans les villes & bourgs de Normandie, de son fermier ou receveur, sans néanmoins que, quand la même personne paiera les droits pour plusieurs articles, le *fort-denier* puisse être exigé sur chaque article en particulier, mais seulement sur le total de la somme à laquelle lesdits articles, joints ensemble, se trouveront monter.

Le *fort-denier* est un pur bénéfice pour le receveur, en ce que comme il se trouve sur les petites sommes qu'il reçoit en détail, & qu'il compte en masse, il ne peut y en avoir dans cette dernière forme. Il a, sans doute, paru juste d'accorder cet avantage à un percepteur, dont les soins & les peines deviennent plus nécessaires & plus multipliées, en raison des sommes modiques qu'il a à percevoir, pour se garantir des non-valeurs & des pertes auxquelles il est plus exposé.

FORT-DROIT, f. m. En matière de droit de domaine, on appelle de ce nom le droit qui est fixé par les tarifs du contrôle & de l'insinuation, pour tenir lieu du plus *fort-droit*, lorsque les objets ne sont ni désignés, ni évalués.

On doit cependant observer, à l'égard du droit de contrôle, que les deux cens livres fixées par l'article IV. du tarif, ne forment pas le plus *fort-droit* possible; car, suivant l'article III, le droit de contrôle est dû indéfiniment sur tout l'objet de l'acte, & peut, par conséquent, excéder de beaucoup la somme de deux cens livres. Mais il a fallu fixer ce qui seroit perçu, lorsque les biens ne seroient ni désignés, ni évalués, & cette fixation est pour tenir lieu, dans ce cas, du plus *fort-droit*.

Si les biens sont désignés, quoiqu'ils ne soient pas évalués, le fermier ne peut prétendre le plus *fort-droit*, & les parties ne le peuvent restraindre; il faut en venir à l'évaluation.

Une décision du conseil, du 17 juillet 1723, a jugé que le plus *fort-droit* avoit été bien perçu pour une donation de meubles non désignés ni évalués, & d'immeubles non estimés, quoique l'on soutint que le tout ne valoit que trois mille six cens livres.

Une autre décision, du 5 septembre 1733, a jugé, qu'un acte étant parfait, l'offre faite ensuite d'ajouter une estimation des biens non désignés, n'étoit pas admissible, & que le plus *fort-droit* de contrôle étoit dû.

La législation, dans cette matière, a été confirmée par beaucoup d'autres décisions du conseil, rapportées dans le *Dictionnaire raisonné des domaines*, de Bosquet.

FOUAGE ou FOCAGE, f. m. On a déja vu à l'article BRETAGNE, que le mot *fouage* signifie taille dans cette province.

Il paroît que ce mot vient, de ce que le *fouage* étoit une levée de deniers qui se faisoit par feux; ce qui, dans quelques endroits, la faisoit appeller *fournage*, à cause du fourneau & cheminée.

On voit dans les assises de Jérusalem, que le seigneur étoit réputé *foager* son fief; *cum foagium à tenentibus suis pro aliquâ necessitate exigit.*

Ce n'étoit point une prestation annuelle, les seigneurs n'y avoient recours que dans les cas de besoin.

Les comtes d'Anjou ne pouvoient l'exiger qu'une fois dans la ville d'Angers.

Quod ipse dominus comes exigat & habeat unâ vice duntaxat, in villa Andegavensi foagium, videlicet, à quolibet foco, quatuor solidos una vice solvendos, pauperibus, locisque ac personis privilegiatis duntaxat exceptis.

Suivant Brussel, dans son livre de l'*Usage général des fiefs*, le *fouage*, dans son origine, ou le *moneage*, étoit la même chose, & consistoit en un droit en argent, que les habitans de quelque pays, dont les seigneurs jouissoient des droits régaliens, payoient à leur duc ou comte, à condition qu'il ne changeroit pas la monnoie.

Ce droit avoit lieu en Normandie & en Bretagne, ainsi qu'on l'a expliqué; mais il ne se percevoit en Normandie que de trois années l'une, comme on le voit par un réglement, dont Brussel prétend que la date remonte à l'une des années 1204, 1205 ou 1206, peu de tems après que Philippe-Auguste eut conquis la Normandie. Ce réglement, que l'on va rapporter, fera connoître en quoi consistoit le *fouage*, & la manière dont s'en faisoit la perception.

Focagium capiendum est in Normania in tertio anno, ita videlicet quod duo anni remittuntur, & in tertio anno capitur tali autem modo accipitur.

De unâquâque villâ secundum quod villa est, submoventur quatuor homines, vel sex, vel plures, si opus est, & illi submoniti jurant quod fideliter colligent foagium, videlicet de quolibet foco duodecim denarios; & si in eâdem domo manserint quatuor homines vel plures, vel pauciores de quibus unusquisque vivat de suo proprio, & habeat de catallo viginti solidos, quilibet eorum reddet foagium; vidua autem si habeat de mobili quadraginta solidos aut amplius dat focagium, si non habeat quadraginta solidos de mobili non reddat.

De focagio autem quiti sunt omnes presbyteri & diaconi, & milites, & omnes personæ quæ habent ecclesias, molendarii etiam & furnarii episcoporum, abbatum, & omnium militum, qui deserviunt dominis suis per membrum loricæ inde quiti sunt, & prætera quilibet episcopus, & abbas, & baro, abet septem servientes quoscumque evolucrit quitos de focagio.

Le chapitre XV. de l'ancienne coutume de Normandie, portoit: *Le moneage est un aide de deniers qui est dûe au duc de Normaudie de trois en trois ans, afin qu'il ne fasse changer la monnoie qui est en Normandie; & pour ce, souloit être appellé* fouage ; *car ceux-là payent principalement, qui tiennent feu & lieu.*

Et suivant l'article LXXV. de la nouvelle coutume, *Le roi, pour droit de moneage, peut prendre douze deniers de trois en trois ans sur chacun feu, qui lui fut octroyé anciennement, pour ne point changer la monnoie.*

Le droit de *fouage* & *moneage* se lève encore, en conformité de cette disposition de la coutume, dans les lieux de la Normandie où l'usage l'a établi.

Un arrêt du conseil, du 15 août 1687, enjoint aux collecteurs des tailles de faire un rôle séparé, où sont compris les habitans sujets au droit, à raison d'un sol pour trois années, & d'en remettre le montant au fermier du domaine, à la déduction de dix deniers pour livre, qu'ils retiendront par leurs mains, pour tous salaires & frais.

En conséquence, le fermier des domaines obtient, de trois ans en trois ans, une ordonnance de l'intendant, pour la levée de ce droit, dans les lieux seulement où il a coutume d'être levé, & où il l'a été jusqu'à présent. Le produit ne fait qu'un objet d'environ mille livres par année.

Il n'est pas surprenant, que grand nombre de seigneurs particuliers fussent en possession de lever des *fouages*. En 1262, on en comptoit plus de quatrevingt qui pouvoient faire battre monnoie ; mais, comme nous l'avons dit, pag. 20. du Discours préliminaire, qui est à la tête du premier volume, le roi seul avoit le droit d'en faire fabriquer d'or & d'argent ; les seigneurs ne faisoient faire que de la monnoie de cuivre.

Leurs sujets préféroient de payer une somme ou une redevance fixe, au trouble que causoit dans leurs fortunes & dans leur commerce, les variations continuelles de monnoies ; ils aimoient mieux acheter, par des impositions, la promesse du seigneur, qu'il ne feroit point usage de ce funeste expédient.

Ce fut sous ce point de vûe que, dans les Etats assemblés à Paris sous Charles V, en 1356, il fut réglé qu'on leveroit, pour subvenir aux dépenses de la guerre contre l'Angleterre, une imposition de quatre livres par feu dans les villes, & de trente sols dans les campagnes.

En 1374, les *fouages* furent portés à six livres par feu dans les villes, & à deux livres dans le plat-pays, *le fort portant le foible.*

Par un réglement du 20 novembre 1377, Charles V. ordonna que, pour éviter les vexations, les *fouages* se paieroient chaque année en trois termes ; le premier, au premier jour de mars ; le second, au premier jour de juillet ; & le troisième, au premier jour de novembre.

Enfin le 16 septembre 1380, le jour même de sa mort, ce prince rendit une ordonnance, par laquelle il fit remise de ce qui étoit dû des *fouages*, qu'il avoit imposés pour le fait des guerres, & les abolit pour l'avenir.

Mais cette ordonnance, qu'il est plus aisé aux souverains de rendre aux approches de la mort, que d'en pratiquer les dispositions pendant qu'ils sont en bonne santé, n'eut pas d'exécution sous le successeur de Charles VI ; & enfin, sous le règne de Charles VII, les *fouages* devinrent, sous le nom de taille, une imposition annuelle & ordinaire.

FOURNISSEMENT, s. m., qui, en matière de grandes gabelles, a la même signification que celui d'approvisionnement ; dans les petites gabelles, cette opération s'appelle *fourniture.* Sous le mot d'approvisionnement, on comprend les diverses opérations qui tendent à faire passer, dans chaque grenier, les quantités de sel dont il doit être approvisionné, pour la consommation des paroisses de son ressort.

Comme la ferme des gabelles, dans les premiers tems de son établissement, ne consistoit qu'en un droit perçu au profit du roi, sur le sel vendu dans les provinces qui forment encore aujourd'hui le pays des grandes gabelles, & les pays rédimés, tout particulier pouvoit alors faire le commerce du sel dans ces provinces. Mais pour assurer la perception du droit, les sels importés dans les provinces où il se payoit, étoient, à l'arrivée dans les lieux de leur destination, emplacés dans des greniers, pour y rester déposés sous la clef des officiers du roi, jusqu'au moment de leur vente. En même tems il étoit défendu à toutes personnes de faire entrer aucuns sels, sans en avoir fait constater les quantités par les officiers des jurisdictions de mesurages, établies aux embouchures des principales rivières, & sans avoir pris de ces officiers, des acquits à caution, qui ne devoient être expédiés que sur la soumission des marchands, de rapporter des certificats de l'arrivée de ces sels à leur destination, dans un délai déterminé, lesquels étoient signés des officiers des greniers où s'en étoit fait l'emplacement. Ces dispositions déja comprises dans des réglemens anciens, furent renouvellées par l'ordonnance de François I, du 25 août 1535.

Mais en 1598, le roi s'étant réservé le privilège exclusif du *fournissement* des greniers, Josse fut le premier adjudicataire, à qui l'exercice de ce privilège fut confié ; on voit par l'article LII. du bail qui lui fut fait le 3 décembre, qu'il fut, à la fois, chargé du *fournissement* des greniers, & de la perception du droit de gabelles sur les sels qui y seroient vendus ; en sorte que, dès-lors, la ferme des gabelles consistoit dans la vente exclusive, au profit du gouvernement, de tout le sel que consommoient les provinces sujettes aux droits de gabelles à cette époque.

Pour subvenir à cette consommation, l'adjudicataire de la ferme des gabelles doit, chaque année, acheter des sels sur les marais salans, & les faire voiturer dans chaque grenier en quantité convenable.

Comme cette double opération n'intéresse pas moins le public que le gouvernement, il a été nécessaire d'empêcher qu'elle ne fût ni troublée ni retardée; c'est à quoi l'ordonnance du mois de mai 1680, a complettement pourvu. On y trouve, en effet, les dispositions les plus étendues sur tout ce qui concerne le *fournissement* des greniers; & des réglemens postérieurs ont suppléé à ce que ces dispositions laissoient à desirer. Tout ce que l'adjudicataire doit faire, depuis l'instant où il se détermine à acheter des sels sur les marais salans, jusqu'au moment où il les livre aux consommateurs dans les greniers, est très-exactement réglé; toutes les difficultés qu'il pourroit rencontrer, sont prévues & applanies

Afin de développer les différentes parties de la législation des gabelles sur cette matière, cet article va présenter, dans l'ordre des opérations successives des *fournissemens*, tout ce que renferment les réglemens, soit antérieurs à l'ordonnance du mois de mai 1680, soit postérieurs, & il sera divisé en huit sections.

La première réunira toutes les dispositions relatives à l'achat des sels sur les marais.

La seconde, se rapportera au transport des sels dans les dépôts établis à l'embouchure des principales rivières du pays de gabelles.

La troisième traitera de l'emplacement des sels dans les premiers dépôts, de leur relèvement pour être transportés dans les greniers.

Dans la quatrième, on parlera du transport des sels, des premiers dépôts dans les greniers, & de tout ce qui concerne cette opération.

La cinquième comprendra tout ce qui regarde le mesurage & l'emplacement des sels à leur arrivée dans les greniers.

La sixième sera relative aux déchets de voiture; c'est-à-dire, arrivés dans le transport.

La septième, à la garantie des masses & aux déchets des greniers, après l'emmagasinement des sels.

Enfin, dans la huitième il sera question de l'ordre qui doit s'observer dans le relèvement des masses, & dans le service des distributions.

De l'achat des sels sur les marais.

Dans la vue d'assurer l'approvisionnement des greniers, & par conséquent la consommation publique, l'article I. du titre 1. de l'ordonnance des gabelles du mois de mai 1680, enjoint aux propriétaires des marais salans, de les entretenir & de les sauner suffisamment, pour que l'adjudicataire de la ferme des gabelles puisse y prendre, chaque année, jusqu'à la concurrence de quinze mille muids de sel, mesure de Paris, du plus pur, du plus sec, & du mieux grainé.

L'arrêt du conseil du 15 mars 1681, en cassant plusieurs sentences du présidial de Saintes, rendues en conformité d'un réglement fait le 23 juillet 1661 par le parlement de Bordeaux, & qui tendoit à gêner les marchands de sel dans leurs achats, à maintenu ces marchands dans la liberté d'acheter sur les marais salans les sels récoltés par les propriétaires de ces marais, & de les vendre.

Le même article accorde à l'adjudicataire, la préférence sur tout autre pour l'achat des sels nécessaires au *fournissement* des greniers. Il n'est pas sans exemple, qu'il ait été forcé de réclamer cette préférence dans des cas de disette, & même de recourir à l'autorité du conseil, pour obtenir une fixation de prix.

C'est dans cet esprit qu'ont été rendus les arrêts du conseil du 16 août 1692, 29 mars 1695, 7 octobre & 30 décembre 1710, 29 août & 14 novembre 1713, 8 mai & 28 août 1714, & 16 mars 1715. Ils autorisent le fermier à prendre, sur les différens marais, le sel nécessaire au *fournissement* des greniers, & ils ont fixé le prix auquel ces sels doivent être payés aux propriétaires.

Quelquefois aussi, lorsque le gouvernement est informé qu'il n'existe point, sur les marais, une quantité de sel suffisante à l'approvisionnement des pays de gabelles, des provinces exemptes ou rédimées, des armateurs pour la pêche, il permet d'en faire venir d'Espagne ou de Portugal. Cette permission a été accordée en 1708 aux habitans de Saint-Malo, & en 1713, aux habitans des pays rédimés. Mais plus communément le conseil se borne à prohiber momentanément, l'exportation des sels à l'étranger, & à permettre aux armateurs d'en faire acheter en Espagne ou en Portugal; mais cette faveur qui a eu lieu, d'après les arrêts des 23 septembre 1770 & 3 novembre 1774, n'a subsisté qu'autant que les circonstances l'exigeoient. Elle a été révoquée par les arrêts du 13 novembre 1771 & 20 mai 1779.

Il est défendu au fermier des gabelles, par l'article II. du titre premier, de faire venir du sel des pays étrangers pour l'approvisionnement des greniers, sans en avoir obtenu du roi une permission par écrit; disposition qui est évidemment dictée par le desir de favoriser l'entretien & l'amélioration des marais salans du royaume.

Josse paroît avoir été, jusqu'à présent, le seul des adjudicataires de la ferme des gabelles, qui ait demandé la permission de tirer des sels de l'étranger. Elle lui fut accordée pour les approvisionnemens de la première année de son bail, sans doute d'après la nécessité de faciliter & d'accélérer le *fournissement* des greniers, qui pouvoit, cette première fois, trouver beaucoup d'obstacles. Le nombre des marais salans s'est tellement augmenté depuis un siècle, qu'il n'y a pas lieu de craindre qu'il se rencontre jamais de tems assez fâcheux, pour forcer l'adjudicataire à faire des achats à l'étranger.

L'article CCXIII. du bail fait à Forceville en 1738, avoit réglé que les sels pris en mer, ou confisqués, lorsqu'ils proviendroient des marais salans du royaume, seroient remis à l'adjudicataire des gabelles, & par lui payés à raison de soixante-une livres le muid, mesure de Paris, en ce non compris le fret, qu'il paieroit, en outre, au prix ordinaire; mais des arrêts rendus en 1744 & 1757, portant réglement sur les prises, ont ordonné que les sels pris en mer sur les ennemis de l'Etat, seroient indistinctement vendus, à la charge du renvoi à l'étranger, & que ce renvoi se feroit directement du port où ces sels auroient été amenés. L'arrêt du conseil du 27 août 1778, a adopté sur ce point les mêmes dispositions.

L'intention du gouvernement ayant toujours été que les sels des greniers fussent les plus purs, les plus secs & les mieux grainés, l'article II. du même titre premier, prescrit au fermier de faire ses achats sur les marais de Brouage, des isles adjacentes & du comté Nantois, qui fournissent les meilleurs sels. Il étoit juste, en effet, qu'un impôt aussi utile à l'Etat par ses produits, que celui des gabelles, ne devînt pas onéreux au-delà de sa nature, par la mauvaise qualité des sels livrés au public. D'ailleurs, la supériorité des sels du fermier, ne contribue pas moins que le dépôt qu'ils doivent éprouver avant d'être mis en vente, à caractériser leur différence avec les sels de faux-saunage, qui sont presque toujours neufs, & d'une qualité inférieure.

Quelque grande que soit néanmoins l'attention que l'on apporte au choix des sels destinés au *fournissement* des greniers, il est impossible de s'en procurer toujours qui soient d'une qualité supérieure. Cette denrée, comme toutes les autres productions de la nature, est sujette à l'influence plus ou moins favorable des saisons; & il est naturel, que des sels fabriqués dans un tems pluvieux, humide, & contraire à la saunaison, ne soient pas aussi bons que ceux qui sont formés dans une saison seche & chaude, qui est la plus favorable. C'est cette différence d'années & de saisons, qui rend le poids du sel sujet à de grandes variations. On évalue le poids du muid de sel du comté Nantois, lors de sa distribution au public, c'est-à-dire, après un dépôt de deux ans, depuis quatre mille cinq cens, jusqu'à quatre mille six cens livres, & le poids du muid de sel de Brouage, depuis quatre mille six cens jusqu'à quatre mille sept cens livres; ensorte que le minot de sel du comté Nantois pese communément, lors de sa livraison au grenier, quatrevingt-quinze à quatre-vingt-seize livres, & le minot de sel de Brouage, de quatrevingt-seize à quatrevingt-dix-huit livres.

Il faut observer, au surplus, que le poids plus considérable du sel n'est pas toujours une preuve de sa bonne qualité. Si le fond d'un marais salant est vaseux, le sel qui s'y forme est impregné de parties terreuses, & il est plus pesant, quoiqu'il contienne alors moins de parties salantes; aussi voit-on que l'article I. de l'ordonnance, considère comme étant de la meilleure qualité, & le plus salant, le sel qui est le plus pur, le plus sec, & conséquemment celui qui, en raison de ce qu'il est moins chargé de corps étrangers, pese le moins.

Autrefois les achats de sels formoient l'objet de traités, qui se renouvelloient chaque année sous des conditions différentes; mais cette forme avoit l'inconvénient de laisser perdre à l'adjudicataire, la facilité de faire, dans les années où les récoltes sont abondantes, des approvisionnemens pour plusieurs années. On se trouva même quelquefois dans la fâcheuse nécessité de recourir à des moyens extrêmes, pour assurer ces approvisionnemens dans les années où les récoltes avoient manqué.

On crut parer à cet inconvénient, en prenant, en 1726, le parti de donner aux traités relatifs aux achats des sels, une durée égale à celle des baux des gabelles; mais cet arrangement laissoit toujours aux entrepreneurs, les risques ou les avantages de la disette ou de l'abondance des sels.

La ferme générale a résolu en 1760, de faire elle-même ces achats, directement & par économie, de façon qu'elle s'est procuré, depuis cette époque, tous les bénéfices que faisoient précédemment les entrepreneurs.

Du transport, dans les premiers dépôts, des sels achetés sur les marais.

L'article I. du titre 2. de l'ordonnance, veut que les sels achetés par l'adjudicataire sur les marais, soient portés à bord des vaisseaux, & là, mesurés par l'un des mesureurs-jurés, au boisseau de Brouage, à raison d'un sol par muid pour ce travail, & qu'ils soient reçus par les maîtres des navires, qui s'en chargeront par écrit.

Les motifs de cette législation, sont de constater, d'une manière assez précise, l'objet du chargement de chaque navire, pour que le capitaine ne pût en verser aucune portion, sur le pays de gabelles. Mais le cas dans lequel le maître d'un de ces bâtimens rapporteroit, au lieu de sa destination, des quantités inférieures à celles qu'il auroit chargées sur les marais, n'a pas été prévu. Il suffisoit cependant de rendre commun à ces capitaines des navires, la disposition de l'article X. du titre 14, relative aux chargemens faits sur les marais salans, pour l'approvisionnement des villes de franchise. Il est dit dans cet article, que si par le mesurage fait à l'arrivée des sels dans les villes de franchise, il ne s'en trouve à bord que des quantités inférieures à celles portées sur les congés, les marchands chargés des approvisionnemens, & les maîtres des navires, seront condamnés à la restitution des droits de gabelles, de ce qu'il s'en défaudra, à raison de ce que le sel se vendra dans le grenier le plus prochain, &, en outre, en une amende de mille livres.

Dans la vue de favoriser la navigation Françoise, le gouvernement avoit eu soin d'ordonner que le transport des sels destinés au *fournissement* des greniers, ne pourroit être fait que par des navires nationaux. L'arrêt du conseil du 27 mars 1669, porte que les maîtres des navires qui voudront se rendre à Brouage, y seront, en quelque saison que ce soit, chargés aussi-tôt leur arrivée, par les commis du fermier, & cet arrêt avoit réglé le prix du fret, à raison de vingt-six livres par muid, mesure de Paris, pour le sel qu'ils transporteroient au Havre, à Honfleur, à Caen, à Dieppe, & à Saint-Vallery-sur-Somme; & à raison de trente-deux livres par muid, même mesure, pour celui qu'ils conduiroient à Rouen.

L'article XXV. du bail fait à Forceville en 1738, avoit encore confirmé les dispositions qu'on vient de rappeller, relativement aux défenses de se servir d'autres bâtimens que de navires François; mais il étoit en même tems ordonné, que tous maîtres de navires seroient tenus, lorsqu'ils en seroient requis, d'aller charger des sels sur les marais salans, moyennant un fret raisonnable, sans qu'ils pussent entreprendre un autre voyage, qu'après que le *fournissement* seroit fini. Cette restriction soumettant les armateurs à des discussions fréquentes pour le prix du fret, & à des gênes pour les entreprises ordinaires de leur commerce, leur faisoit perdre tout l'avantage de celle ci. Les difficultés qui en résultèrent, forcèrent le gouvernement à permettre à l'adjudicataire de se servir des navires étrangers, en lui recommandant seulement d'accorder la préférence aux nationaux. Cette facilité, de laquelle dépendent essentiellement la sûreté, la promptitude & l'économie du service des *fournissemens*, est devenue une clause de tous les baux subséquens.

Le cas d'une guerre par mer, qui pourroit gêner le transport des sels destinés au *fournissement* des greniers, est prévu par l'article CXCVI. du même bail de Forceville. Il y est dit, qu'il sera pourvu à la sûreté du transport; & que si les sels étoient pris en mer, ou que si les *fournissemens* étoient empêchés, l'adjudicataire seroit indemnisé, & même déchargé de la fourniture.

On doit remarquer sur cette clause, qu'elle indique que les *fournissemens* ne sont pas regardés comme une partie inséparable de l'exercice de la vente exclusive, qui constitue la ferme des gabelles, & qu'il seroit possible d'en faire, à l'exemple de ce qui se pratiquoit avant 1598, l'objet d'une régie absolument distincte de la régie relative à la vente.

L'article CCIV. du même bail, dispense l'adjudicataire de prendre des congés des gouverneurs, amiraux & autres, pour le départ des navires destinés au *fournissement* des greniers & dépôts, & de payer aucuns droits de balises, soit que les navires lui appartiennent, soit qu'il les ait pris à fret.

On a dit au mot DÉPÔT, pag. 493. que les sels achetés par l'adjudicataire des gabelles sur les marais salans, pour le *fournissement* des greniers, sont d'abord conduits dans des dépôts; pour y séjourner jusqu'à leur transport dans les greniers.

L'article III. du titre 2. de l'ordonnance, a ordonné que ces dépôts seroient établis dans les principaux lieux situés aux embouchures des rivières de la Loire, de l'Orne, de la Seine & de la Somme; c'est-à-dire, à Nantes pour la Loire, à Caen pour l'Orne; au Havre, à Honfleur, & à Rouen, pour la Seine; & à Amiens & Saint-Vallery, pour la Somme.

Tous ces dépôts existent, à l'exception de ceux de Rouen, qui ont été fixés à Dieppe-Dalle, à deux lieues au-dessous de cette ville, & de ceux d'Amiens, qui ont été reconnus inutiles.

La situation de ces dépôts sur les quatre principales rivières du pays de gabelles, favorise beaucoup le transport des sels dans les greniers. Ceux de Nantes approvisionnent, par la Loire, par la Mayenne & la Sarthe, par la Vienne, par le Cher, & enfin par l'Allier, les greniers de l'Anjou, du Maine, de la Touraine, du Berry, du Nivernois, du Bourbonnois, de l'Orléanois, & une partie de ceux de la Bourgogne.

Les dépôts de Caen, approvisionnent les greniers de la basse Normandie.

Les dépôts de Saint-Vallery fourniſſent, par la Somme, la Picardie.

Les dépôts de Dieppe-Dalle approviſionnent, par la Seine, par l'Oiſe & l'Aiſne, par la Marne & par l'Yonne, la généralité de Paris, celle de Soiſſons, la Champagne, & une portion de la Bourgogne.

Les dépôts du Havre & de Honfleur, ne fourniſſent que quelques greniers voiſins, & ils ſervent principalement à réſerver les ſels deſtinés pour Dieppe-Dalle, dans le cas où il n'eſt pas poſſible de trouver, à l'arrivée des navires qui les apportent des marais, un nombre ſuffiſant d'allèges pour les conduire directement à leur deſtination.

Tous ces dépôts ne doivent pas être confondus avec les magaſins que la ferme entretient dans l'intérieur du pays des gabelles, ſur le bord des rivières, & dans les lieux où l'on décharge, des bateaux, les ſels qui ne peuvent être conduits que par terre au lieu de leur deſtination. Ces magaſins ne ſont, à proprement parler, que des entrepôts; les ſels y ſont dépoſés en ſacs, & ils en ſont enlevés à meſure que les entrepreneurs trouvent des facilités pour les faire paſſer dans les greniers où ils doivent être emplacés. Suivant l'article CXCI. du bail de Forceville, l'adjudicataire peut établir des magaſins & entrepôts par-tout où il les juge utiles, & les ſupprimer à ſa volonté. Les plus conſidérables de ces magaſins ſont ſitués à Cravant & à Digoins.

Quoique l'article III. du titre 2. de l'ordonnance des gabelles, ait impoſé à l'adjudicataire l'obligation d'entretenir des dépôts à l'embouchure des principales rivières du pays de gabelles, l'article IV. du même titre lui a cependant permis de décharger de bord à bord les ſels, ſans les faire paſſer dans les premiers dépôts. Il profite de cette facilité, pour approviſionner ordinairement de ſels, arrivant directement des marais ſalans, les greniers ſitués depuis l'embouchure de la Seine juſqu'à celle de la Somme; c'eſt-à-dire, ceux du Havre, de Fécamp, de Dieppe qui fournit Neuchâtel; d'Eu, de Saint-Vallery-en-Caux, & du bourg d'Ault.

Les dépôts de Nantes approviſionnent cent-douze greniers, dont le *fourniſſement* monte au total, année commune, à environ cinq mille quatre cens muids.

Les dépôts de Caen, quatorze greniers, dont le *fourniſſement* eſt à-peu-près de onze cens muids.

Ceux du Havre & d'Honfleur, ſept, qui s'approviſionnent d'environ ſix cens ſoixante & quinze muids.

Les dépôts de Dieppe-Dalle, cent, y compris les magaſins du Rhételois. Ce *fourniſſement* eſt de près de ſept mille ſix cens muids.

Enfin, les dépôts de Saint-Vallery-en-Caux, dix-neuf, dont le *fourniſſement* eſt d'environ quatorze cens muids.

De l'emplacement dans les dépôts, des ſels deſtinés au fourniſſement des greniers, & de leur relèvement de ces dépôts.

Les ſels achetés par l'adjudicataire des gabelles, ſur les marais ſalans, pour l'approviſionnement des greniers, ſont, à l'inſtant de leur arrivée aux premiers dépôts, emplacés en préſence des officiers de juſtice attachés à chaque dépôt, & des prépoſés du fermier, connus ſous le nom de commis généraux aux meſurages, & de contrôleurs des dépôts.

Les officiers de juſtice attachés à chaque dépôt, forment un corps de juriſdiction créé à l'inſtar des juriſdictions des greniers, & compoſé d'un préſident, quelquefois d'un lieutenant, & toujours d'un procureur du roi & d'un greffier. Ils connoiſſent, en première inſtance, de tous les délits commis dans l'intérieur des dépôts, ainſi que de ceux qui intéreſſent les emplacemens ou relèvemens, & de toutes les affaires civiles qui ont rapport à ces objets.

Les commis généraux aux meſurages, & les contrôleurs des dépôts, ſont établis pour diriger & ſurveiller les opérations relatives aux emplacemens & aux relèvemens des ſels.

Afin de prévenir tous retards dans le meſurage des ſels, l'article IV. du titre 3. de l'ordonnance, enjoint aux officiers des juriſdictions des dépôts, d'y procéder ſans retard, à peine de cinq cens liv. d'amende pour la première fois, & d'interdiction pour la ſeconde.

Les ſels ſont meſurés à l'ancienne trémie, ou trémie à une grille, conformément à l'article V. du titre 3. de l'ordonnance des gabelles, & à l'arrêt du conſeil du 11 mai 1700; mais lorſque ces ſels ſont relevés des dépôts, pour être portés dans les greniers, on les meſure à la nouvelle trémie, ou trémie à deux grilles, dont la forme avoit d'abord été réglée par les arrêt & lettres-patentes des 21 août & premier ſeptembre 1696, & l'a été plus particulièrement encore, par les arrêt & lettres-patentes des 14 juillet & 18 août 1699.

On ne ſe ſert, dans les dépôts, que de minots, & pour en prévenir l'altération, l'article VI. du titre 3. de l'ordonnance des gabelles, a ordonné qu'ils demeureroient ſous la clef des officiers des dépôts, & du commis du fermier.

L'adjudicataire des gabelles jouit du droit d'employer

ployer dans les dépôts, pour le service des emplacemens & des relèvemens, tels ouvriers travailleurs & mesureurs qu'il juge convenable. Les mesureurs en titre d'office, qui existent dans plusieurs greniers, n'ont aucunes fonctions à exercer dans les dépôts : c'est ce qui a été formellement jugé par les arrêts du conseil des 13 juillet 1688, 6 mai 1700, 19 février 1718, 5 avril 1735, tous rappellés & confirmés par l'article XXIX. du bail de Forceville, & postérieurement par les arrêts du conseil des 28 juin 1768, & 12 février 1771.

Suivant ces arrêts, le salaire de ces mesureurs doit être fixé comme celui des autres ouvriers employés à ce travail, ils ne peuvent rien exiger au-delà du prix convenu.

Du transport des sels des premiers dépôts dans les greniers.

Aussi-tôt que les sels relevés dans les dépôts ont été mesurés, ils sont mis dans des sacs ficelés & plombés, & chargés sur les bateaux qui doivent les transporter. Ils étoient autrefois chargés en vracs, ou barils, & c'est de ce qui s'observoit alors, à cet égard, que dérivent plusieurs des articles que l'on trouve dans les titres 3 & 4. de l'ordonnance des gabelles.

Le chargement en vracs pouvoit donner lieu à beaucoup d'abus de la part des voituriers; pour les prévenir, il avoit été établi sur les rivières différens bureaux, où les sels, à leur passage, devoient être contre-mesurés, en présence d'officiers créés exprès pour surveiller cette opération. Mais depuis que les sels sont voiturés en sacs, il est devenu inutile de les faire contre-mesurer dans leur route, & les différentes jurisdictions de contre-mesurage se sont successivement anéanties, à l'exception de celle qui avoit originairement été fixée à Ingrande, qu'on a depuis transférée à la pointe de Rozebourg, au confluent de la Loire & de la Mayenne.

Cette jurisdiction est encore nécessaire, parce que les conducteurs de bateaux qui ont chargé à Nantes, des sels à la destination des greniers, n'entrent dans le pays de gabelles, qu'après avoir traversé une partie de la province de Bretagne, où le sel est marchand, & qu'il leur seroit conséquemment facile d'augmenter, dans cette province, l'objet de leur chargement, & de faire des versemens sur le pays de gabelles.

La voiture des sels étant un objet essentiel à l'exercice du privilège exclusif de la vente de cette denrée, l'ordonnance & les réglemens postérieurs ont complétement pourvu à ce qu'elle ne pût éprouver aucun obstacle.

L'article I. du titre 4. a ordonné, en conséquence, aux voituriers montant ou descendant les rivières, de laisser passer, par préférence, les bateaux chargés de sel; & il a en même tems enjoint aux maîtres des ponts, & généralement à toutes personnes, de leur ouvrir ou fermer, à toutes réquisitions, les écluses, ports & portereaux, à peine de demeurer responsables du retardement, & de tous dépens, dommages & intérêts.

L'arrêt du conseil du 24 avril 1705, a ajouté à ces dispositions, celle d'ordonner que les propriétaires des pertuis & moulins étant sur les rivières, seroient tenus, à la première réquisition des entrepreneurs de la voiture des sels, ou de leurs préposés, de faire l'ouverture de telle quantité de portes dont ils auroient besoin pour remonter les bateaux chargés de sel, & ce, pendant vingt-quatre heures, & de fermer leurs portereaux, ensorte que les moulins ne pussent tourner jusqu'à ce que les bateaux chargés de sel eussent passé les portes ou attérissemens situés au-dessus des moulins, à peine de cinq cens livres d'amende, & de tous dépens, dommages & intérêts des entrepreneurs. L'article CXCIV. du bail de Forceville, confirme ces différentes dispositions.

Les denrées & provisions destinées à la nourriture des hommes & des chevaux employés à la voiture des sels, sont exemptes de tous droits, en vertu de l'arrêt du 3 janvier 1736.

Il est défendu de saisir, sous quelque prétexte que ce soit, les sels destinés pour le *fournissement* des greniers, ni le prix des voitures, non plus que les provisions, bateaux & équipages des voituriers, par l'article CXCIII. du bail de Forceville.

Il est enjoint par l'article CXCVII. de ce bail, aux gouverneurs, baillifs, sénéchaux, & autres officiers, ainsi qu'aux maires & échevins des villes, consuls & syndics des paroisses, de faire fournir à l'adjudicataire, ses procureurs ou commis, les navires, barques, voitures & chevaux dont ils pourront avoir besoin pour la voiture des sels; & l'article CXCVIII. porte, que les voituriers en allant charger des sels, ne pourront être ni retardés, ni employés pour d'autres voitures, soit pour le service de sa majesté ou autrement, mais qu'ils seront tenus de partir aussi-tôt que leur chargement sera fait, pour se rendre à leur destination.

L'article XXVIII. de ce bail, dit que les officiers des greniers ne pourront exiger aucun salaire pour leur assistance aux allègemens & déchargemens des bateaux, ainsi qu'aux emplacemens & relèvemens faits dans les dépôts servant d'entrepôts, à moins qu'ils n'aient été appellés, & requis d'y assister, auquel cas il leur sera permis de recevoir de celui qui les aura requis, jusqu'à dix sols par muid.

Enfin, l'article CXCIX. du même bail, en confirmant un arrêt du 26 décembre 1730, a permis au fermier de faire alléger les bateaux & bacs chargés de sels en sacs, même de faire décharger entièrement les sels, & de les faire voiturer, soit par eau, soit par terre, sans appeller aucun officier, & sans payer aucuns droits.

Dans le cas de naufrage, les voituriers doivent, suivant l'article III. du titre 4. de l'ordonnance, faire aussi-tôt leur déclaration pardevant les officiers du plus prochain grenier, à peine d'en répondre en leur propre & privé nom; & l'art. IV. du titre 11. enjoint aux voituriers qui voudront proposer des accidens fortuits, pour se procurer la décharge des déchets que leurs chargemens auroient éprouvés, d'en justifier par des procès-verbaux en bonne forme, & par des informations faites par les juges des lieux, dans le tems que les accidens seroient survenus, le commis présent, ou dûement appellé.

Pour faire cesser les désordres que commettoient les voituriers chargés du transport des sels, l'édit du mois de février 1696 ordonna que les voituriers, commis & gardes, chargés de la conduite du sel, convaincus d'avoir volé du sel, ou fait périr les bateaux, seroient punis de mort, & leurs biens acquis & confisqués au profit du roi.

La voiture des sels, qui faisoit autrefois la matière de plusieurs entreprises, est à présent dirigée par un seul entrepreneur. La ferme générale, par le traité qu'elle passe avec lui, lui fait contracter l'engagement de faire arriver, par les routes qu'elle lui indique, les sels qu'elle lui fera délivrer dans les dépôts, aux greniers pour lesquels ils sont destinés, moyennant le prix convenu pour chaque grenier. Elle lui fait en même tems fournir sa soumission de payer la valeur, au prix de chaque grenier, des quantités de sel qui se trouveroient manquer sur son *fournissement*, au-delà de l'objet du déchet, que, suivant l'évaluation faite, chaque muid de sel doit éprouver dans son transport; & pour l'exciter à veiller à leur conservation, elle lui assure une gratification de dix livres dix sols par chaque minot de sel, dont le déchet est inférieur à celui qu'elle accorde. Elle exige encore de cet entrepreneur, qu'il prenne toutes les précautions nécessaires pour que les sels, dans leur transport, soit par terre, soit par eau, soient à l'abri de toutes les injures de l'air, & des eaux qui pourroient pénétrer dans les bateaux, & qu'il impose aux voituriers l'obligation de se pourvoir, avant leur départ, de tout ce qui peut leur être nécessaire pendant leur route, afin qu'ils n'aient aucun prétexte de descendre à terre, & de se répandre dans les campagnes. Enfin elle exige qu'aussi-tôt l'arrivée des sels à leur destination, il les fasse emmagasiner dans les dépôts, en prenant toutes les précautions nécessaires pour qu'ils n'éprouvent aucune altération ou dépérissement.

Du mesurage & de l'emplacement du sel dans les greniers.

Après avoir statué sur tout ce qui est relatif à l'achat des sels destinés au *fournissement* des grandes gabelles, à leur emplacement dans les premiers dépôts, & à leur transport dans les greniers, l'ordonnance a réglé ce qui devoit être fait à leur arrivée.

L'article IV. du titre 4. impose aux officiers des greniers, l'obligation de procéder aussi-tôt au mesurage & à l'emplacement de ces sels, en présence d'un préposé de l'adjudicataire, à qui il donne la qualité de commis aux descentes. Cet article a eu pour objet de prévenir, de la part des officiers, des retards qui ne pourroient qu'occasionner des frais considérables aux entrepreneurs, chargés de toutes les dépenses relatives aux emplacemens.

L'arrêt du conseil du 10 juin 1684, ceux du 8 juin 1686, 20 juillet 1697 & 21 décembre 1700, ont réglé qu'il seroit payé aux grenetiers & contrôleurs seulement, à titre de gratification, vingt sols par chaque muid de sel emplacé. Elle a été augmentée de dix sols par muid, par l'arrêt du conseil du 17 avril 1725, & confirmée par l'article XXVIII. du bail de Forceville.

On se sert pour le mesurage de ces sels, de la nouvelle trémie, dont les proportions ont été fixées par les arrêt & lettres-patentes des 14 juillet & 18 août 1699.

Dans les greniers où il existe des mesureurs en titre d'office, c'est à eux qu'il appartient de procéder au mesurage lors des emplacemens, & ils ont été confirmés dans ce droit, par l'arrêt de la cour des aides de Paris, du 10 février 1685, & par ceux du conseil des 28 juin & 22 novembre 1689; par celui du 3 juillet 1691; enfin, par l'arrêt de réglement de la cour des aides de Rouen, du 20 octobre 1694. Mais ils ne peuvent, aux termes de l'arrêt du conseil, du 28 juin 1689, prétendre de plus grands droits & salaires, que ceux de deux deniers par minot, que leur a accordé l'édit du mois de septembre 1634, qui les a créés.

Dans les greniers où il n'existe point de mesureurs en titre, l'adjudicataire peut choisir tels ouvriers que bon lui semble, pour le service du mesurage & des emplacemens, & faire, avec ces ouvriers, telles conditions & tels marchés qu'il juge convenables, ainsi qu'il y est autorisé par différens arrêts du conseil, & par l'article CXCII. du bail de Forceville.

L'arrêt de la cour des aides du 5 février 1692, & ceux du conseil des 11 décembre 1696 & 26 mai 1699, ont enjoint aux officiers des greniers de faire gratter les sacs, de faire mesurer & mettre en masse les sels qui en seroient détachés, &

de les comprendre dans les procès-verbaux d'emplacemens, à peine de toutes pertes, dommages & intérêts. Il leur est aussi défendu, par l'arrêt du conseil du 22 février 1701, confirmé par celui du 12 août 1702, de retenir ces sacs lorsque les sels en ont été retirés, & il leur est enjoint de les remettre, soit au fermier, soit à l'entrepreneur de la voiture. Le même arrêt a ordonné que, pour éviter tous abus, ces sacs seroient portés à la rivière pour y être lavés. Enfin, les officiers des greniers doivent, conformément à l'article IV. du titre 4. de l'ordonnance des gabelles, & aux arrêts du conseil des 4 février 1690 & 11 décembre 1696, à l'instant où les emplacemens sont finis, en délivrer leurs procès-verbaux, tant aux commis aux descentes qu'aux voituriers.

A mesure que les sels sont passés à la trémie, ils doivent être mis en masse dans le grenier, où ils doivent demeurer jusqu'au moment où ils sont livrés aux consommateurs.

Mais d'après les articles VIII. du titre 5. de l'ordonnance, & XXVII. du bail de Forceville, ils ne doivent être mis en vente, qu'ils n'aient été au moins deux ans dans les greniers ou dans les dépôts, à peine, contre les officiers des greniers, d'interdiction pour six mois pour la première fois; & en cas de récidive, d'être déclarés incapables d'exercer aucun office. La disposition de cet article, qui prononce des peines contre les officiers des greniers, dans le cas où les sels seroient mis en vente avant le délai fixé pour leur séjour, soit dans les dépôts, soit dans les greniers, doit paroître d'autant plus extraordinaire, que ces officiers n'ont aucune influence sur le *fournissement*, & que même il leur est défendu, par l'article IX. du même titre, de différer le mesurage & l'emplacement des sels destinés à celui de leur grenier, sous prétexte que ces sels, ou les greniers, ne seroient pas de la qualité requise. Il est vrai que le même article XXVII. porte que, s'ils jugent les sels défectueux, ils doivent en dresser leurs procès-verbaux, & les adresser au contrôleur-général des finances, pour y être pourvu.

Les sels emplacés dans les greniers, doivent y rester renfermés sous trois clefs, dont l'une doit demeurer entre les mains du grenetier, la seconde en celles du contrôleur, & la troisième, en celles du commis du fermier, qui sont solidairement, & par corps, responsables des sels emplacés, conformément à l'article XI. du titre 4. de l'ordonnance; ainsi les présidens des greniers n'ont pas le droit d'avoir des clefs.

L'arrêt du conseil du 2 juillet 1697, a même ordonné, que les cadenats que les présidens des greniers d'Angers & de Vervins avoient fait apposer, seroient ôtés, avec défenses à eux & à tous autres, d'en apposer à l'avenir.

Lorsque les offices de grenetier & de contrôleur se trouvent vacans, l'arrêt du conseil du 20 septembre 1701, ordonne que les clefs seront remises au président, ou, à son défaut, au procureur du roi; mais cet arrêt ne rend pas ces officiers garans des masses.

Dans le cas où les grenetier & contrôleur d'un grenier refuseroient de se charger des clefs qui doivent rester entre leurs mains, l'arrêt du 21 juillet 1711, a ordonné qu'elles seroient remises, soit aux officiers des Elections, soit aux juges ordinaires des lieux, & que cependant ces premiers officiers resteroient responsables, & par corps, des sels emplacés.

L'adjudicataire des gabelles peut, au surplus, lorsqu'il soupçonne des abus, faire apposer une quatrième serrure à la porte des greniers, & en confier la clef à un commis particulièrement chargé de veiller à la conservation des masses, & de contrôler le service des distributions. *Voyez* le mot CONTRÔLEURS AUX MASSES, pag. 384. du premier volume.

Des déchets de voiture.

Avant que l'adjudicataire des gabelles fût chargé d'approvisionner les greniers, ils étoient fournis par des marchands, qui étoient assujettis à faire constater, à leur entrée dans le pays de gabelles, par les officiers du mesurage & du contre-mesurage, la quantité des sels qu'ils vouloient introduire, & à prendre de ces officiers, des lettres de voiture, dans lesquelles cette quantité devoit être exprimée. Ils devoient, de plus, fournir leur soumission de rapporter, dans un délai déterminé, ces lettres, souscrites de certificats, de la quantité qu'ils auroient emplacée dans chaque grenier. Lorsque ces certificats établissoient que les sels introduits avoient éprouvé dans leur transport des déchets extraordinaires, c'est-à-dire, supérieurs à ceux qui avoient été réglés, eu égard au tems pendant lequel ils devoient rester en route, les marchands étoient, conformément à l'art. XXII. de l'ordonnance du mois de janvier 1639, condamnés à en payer la valeur, au prix du grenier pour lequel le *fournissement* avoit été destiné.

Lors de la rédaction de l'ordonnance du mois de mai 1680, il y avoit près d'un siècle que l'adjudicataire des gabelles étoit chargé des *fournissemens*, & il étoit déja dans l'usage de confier à des entrepreneurs, le transport des sels des premiers dépôts à leur destination. Ainsi, en approuvant ce qui se trouvoit alors établi, l'article I. du titre 11. de cette ordonnance, a renvoyé à l'adjudicataire de régler le déchet ordinaire de voiture avec les voituriers qu'il emploieroit, sous peine, contre ceux-ci, d'être contraints, même par corps, à payer en argent la valeur des déchets extraordinaires.

L'article II. du même titre, a ajouté, que les navires, bateaux, chevaux & charettes, demeureroient affectés, par préférence, à ce paiement, dans les cas même où les voituriers n'en seroient pas propriétaires, & quand même ils seroient réclamés par ceux qui les leur auroient vendus.

Le prix auquel les entrepreneurs sont tenus de payer les déchets extraordinaires & les manquans, est uniforme. Il avoit été fixé à quarante-huit liv. le minot pour le bail d'Alaterre, & il a été fixé à cinquante-quatre livres pour le bail de Salzard.

Le prix de voiture est fixé pour chaque grenier, en raison de son éloignement du dépôt par lequel il est fourni, & de l'étendue du transport par terre. Mais le bénéfice de l'entrepreneur, portant principalement sur la gratification de dix livres dix sols par minot, qui lui est accordée, lorsqu'il rend à l'emplacement un bon sur le déchet de voiture qui lui avoit été passé, il a le plus grand intérêt à veiller à la conservation des sels qui lui ont été confiés, & à tenir la main à ce que les voituriers & les ouvriers, dont il se sert, ne se livrent à aucuns abus.

L'entrepreneur de la voiture peut, dans certains cas, éprouver des déchets extraordinaires, sans être tenu d'en payer la valeur au prix fixé par son marché; & ces cas sont ceux où les déchets ont été opérés par des cas fortuits & des évènemens absolument indépendans de sa vigilance & de ses soins, tels qu'un naufrage. Mais il doit alors, ainsi qu'on l'a dit ci-devant, faire constater par les officiers des greniers les plus voisins des lieux où il les éprouve, les causes & les effets de ces accidens, en présence du commis du fermier, ou après l'avoir fait dûement appeller; & ce n'est qu'autant qu'il a satisfait à cette disposition, & qu'il rapporte des procès-verbaux en bonne forme, qu'il peut obtenir la décharge des sels naufragés.

L'édit du mois de février 1696 a ordonné, que tous voituriers, commis & gardes, chargés de la conduite des sels, soit par eau, soit par terre, qui seroient convaincus d'avoir décousu, déficelé ou déplombé des sacs, d'en avoir ôté du sel, ou souffert qu'il en fût ôté, & enfin d'avoir fait périr les bateaux, seroient punis de mort, comme voleurs domestiques, & leurs biens déclarés acquis & confisqués au roi, sans préjudice de l'action civile qui résulteroit de ces faits contre l'entrepreneur de la voiture, lequel seroit, dans tous les cas, civilement garant de ses préposés, & solidaire de toutes les peines pécuniaires prononcées contre eux.

Des déchets des greniers, & de la garantie des masses.

La garantie solidaire & par corps des sels, prononcée contre les officiers & les commis du fermier des gabelles n'a lieu, que sauf la déduction du déchet ordinaire du grenier, que l'article III. du titre 11. de l'ordonnance, a fixé à deux minots par muid. Si ce déchet est plus considérable, les officiers & receveurs à qui ces sels sont livrés, sont dans le cas d'être contraints à le payer en argent, au prix que le sel se vend au grenier.

Toutes les fois qu'il s'est élevé des contestations sur ce point, elles ont été jugées en faveur de l'adjudicataire, ainsi que le justifient l'arrêt de la cour des aides de Paris du 14 mai 1683, & ceux du conseil des 2 mars 1709, 19 août 1710, 22 mars & 19 avril 1723, & 7 avril 1725.

On doit observer à ce sujet, que le décès, la retraite, ou la révocation d'un receveur, ne le libèrent point de la garantie de la masse emplacée contradictoirement avec lui, & que cette charge lui reste ou à ses héritiers, à moins que son successeur n'en prenne sur lui l'évènement, & ne donne sa soumission d'en répondre personnellement: c'est ce qui a été jugé par l'arrêt du conseil du 26 août 1696.

Celui du 26 mars 1719 a décidé, que les officiers porte-clefs, quoiqu'interdits, demeureroient responsables des déchets extraordinaires que pourroient éprouver les sels.

Néanmoins, les officiers & receveurs ne sont point tenus des déchets extraordinaires, lorsqu'ils ont été opérés par des cas fortuits, justifiés, suivant l'article IV. du titre 11. de l'ordonnance, par des procès-verbaux en bonne forme, & par des informations faites par les juges des lieux, dans les tems où les accidens sont survenus. L'arrêt de la cour des aides de Paris, du 8 juillet 1729, & celui du conseil du 7 février 1736, ont prononcé en conformité.

Les greniers qui sont approvisionnés directement par la mer, ne sont assujettis à aucuns déchets extraordinaires, & c'est une suite de ce que les sels qui sont emplacés dans ces greniers sans avoir séjourné dans les dépôts, sont susceptibles d'un plus grand déchet, que ceux qui, ayant été emmagasinés dans les premiers dépôts, s'y sont séchés, & y ont acquis de la maturité.

La fixation de deux minots par muid, établie par l'ordonnance, étant très-supérieure à l'objet du déchet réel que les sels éprouvent naturellement pendant leur séjour dans les greniers, il arrive fréquemment que les masses produisent sel pour sel, & quelquefois elles rapportent au-delà du sel net dont elles étoient composées: c'est ce qu'on appelle *Bons de masse*. *Voyez* ce mot.

Pour engager les officiers & receveurs des greniers à veiller à la conservation des sels, la ferme générale a ajouté à l'établissement des gratifications de bons de masses, la précaution de soumettre la jouissance de celles qu'elle accorde chaque année, sur les *excédens de ventes*, à la condition que toutes les masses finies dans le cours de l'année, auroient, au moins, rapporté le minot au muid. *Voyez* EXCÉDENS DE VENTES.

De l'ordre qui doit être observé, lors du relèvement des masses emplacées dans les greniers.

L'ordonnance des gabelles, après avoir pourvu à ce que les sels destinés à l'approvisionnement de chaque grenier, y fussent emplacés aussi-tôt qu'ils y arriveroient, a déterminé l'ordre dans lequel les masses qui en seroient formées seroient relevées, & fixé celui qui devroit être observé dans le service des distributions.

L'article I. du titre 6. de cette ordonnance, porte que, les masses emplacées dans les greniers, seront entamées & vuidées suivant l'ordre de leur emplacement, & il est défendu d'en commencer une nouvelle, avant que celle qui est en vente ne se trouve entièrement distribuée. Ce n'est que lorsque des circonstances extraordinaires forcent à interrompre cet ordre, que la permission en est accordée, ainsi que le justifie l'arrêt du conseil du 25 janvier 1695.

L'article I. du titre 6. de l'ordonnance, a remis aux grenetier & contrôleur de chaque grenier, de régler les jours & heures de distributions; mais il est d'usage de les faire les jours de marchés & de foires, & de commencer les livraisons vers midi ou une heure.

Le service des distributions doit être fait par les mesureurs créés en titre d'office dans les greniers où il y en a, mais ces mesureurs ne peuvent exiger du public aucune rétribution, & ils ne peuvent rien demander au fermier, au-delà des deux deniers par minot que leur accorde l'édit de leur création, ainsi que l'ont décidé les arrêts du conseil des 23 mars 1688, 5 juin 1703, 11 février 1713, & 19 septembre 1734, & l'article XXIX. du bail de Forceville.

Dans les greniers où il n'y a point de mesureurs ou amineurs en titre d'office, l'adjudicataire a le droit d'en nommer, & les différens réglemens rendus à cet égard, ont été confirmés par l'article CXCII. du bail de Forceville. Il jouit également du droit d'établir, pour le service, des distributions, comme pour celui des emplacemens, un tire-minot ou radeur, même dans les greniers où il existe des mesureurs en titre.

Le commis de l'adjudicataire doit, aux termes de l'article VI. du titre 6. de l'ordonnance du mois de mai 1680, délivrer, sans frais, à ceux qui viennent lever du sel, des billets ou certificats, appellés bulletins, contenant la quantité & le prix du sel levé, le jour qu'il a été distribué, & l'indication de l'usage que chaque particulier a déclaré vouloir en faire, c'est-à-dire, si c'est pour le pot & salière, ou pour grosses salaisons.

FOURNITURE des greniers des petites gabelles.

On a dit précédemment que le mot *fourniture* a, dans les petites gabelles, une signification absolument semblable à celle du mot *fournissement*, dont on vient d'expliquer toutes les opérations.

Les détails de la *fourniture* des greniers des petites gabelles, différans en beaucoup de points de ceux du *fournissement* des greniers des grandes gabelles, il est nécessaire, pour les développer, de diviser cet article en trois sections.

Dans la première, on parlera des lieux d'où sont tirés les sels, & des prix auxquels ils sont payés.

La seconde traitera du chargement de ces sels sur les salins, & de leur transport dans les greniers.

La troisième, de leur emplacement dans les greniers, & de leur distribution aux *gabellans* & aux regratiers.

Des lieux d'où sont tirés les sels fournis aux greniers des petites gabelles, & de leur prix.

Les sels sont tirés par l'adjudicataire des salins qui existent sur la côte de la Méditerranée, à Berre, Hières, Ambiés, Badon, & les Maries en Provence; & à Peccais, Peyriac & Sijean en Languedoc. Il seroit superflu de décrire ici comment ces sels se forment, il suffit d'observer qu'ils diffèrent essentiellement entr'eux, par la couleur & la grosseur du grain. Ceux des salins de Berre, de Badon & des Maries sont extrêmement blancs, tandis que ceux des salins d'Hières & des Ambiés sont roux.

Les sels des salins de Peccais, de Peyriac & de Sijean, sont toujours mêlés ensemble, & en général, d'un grain plus gros & plus compact que ceux qui proviennent des marais salans de l'Océan. Ils passent aussi pour avoir un plus grand degré de salure que ces derniers.

Le réglement général du 18 septembre 1599, a imposé aux propriétaires des salins de Languedoc, l'obligation de les entretenir en bon état, de les faire sauner dans les saisons accoutumées, & de les tenir exactement clos, par des canaux & chaussées de grandeur suffisante; en ajoutant que, dans le cas où ils s'y refuseroient, l'adjudicataire des gabelles pourroit, six mois après les avoir fait avertir, faire travailler, à leurs frais, aux ouvrages qu'ils auroient négligé de faire exécuter. Les mêmes dispositions se retrouvent dans le réglement fait en 1626 pour les salins de Provence, & dans l'article CXXIX. du bail fait à Forceville en 1738.

L'article CXXI. du même bail, accorde, conformément à ces deux réglemens, à l'adjudicataire des gabelles, l'entière disposition des sels récoltés, tant sur les salins de Languedoc que sur ceux de Provence; & l'autorise à faire apposer des cadenats à la porte des magasins ou entrepôts dans lesquels ces sels sont déposés par les propriétaires.

Mais pour assurer à ces derniers la vente de leurs sels, l'article CXXII. du même bail impose à l'adjudicataire des gabelles, l'obligation de fournir en sels de Peccais, les greniers du bas-Languedoc; les chambres privilégiées de Chalabre & de Belcaire, situées dans le haut-Languedoc; les greniers du Rouergue & de l'Auvergne, & tous ceux qui dépendent de la ferme des gabelles du Lyonnois.

L'arrêt du conseil du 17 novembre 1757, a depuis ordonné, qu'il fourniroit en sel provenant des mêmes salins, les greniers du Roussillon, qui devoient l'être en sels des salins de Canet en Roussillon; mais ils ont été entièrement abandonnés.

Les sels provenans des salins de Peyriac & de Sijean, servent à l'approvisionnement des greniers du haut-Languedoc, & de celui de Cette, où les marchands saleurs prennent, à diminution de prix, les sels nécessaires au salage des poissons de leur pêche.

Le fermier des gabelles doit encore approvisionner en sels provenans des salins de Berre, les greniers dépendans de la ferme des gabelles de Dauphiné.

En sels provenans des salins d'Hières & des Ambiés, les greniers dépendans des gabelles de Provence.

Et en sels provenans des salins de Badon & des Maries, le grenier d'Avignon.

Les greniers du Gevaudan devoient aussi être approvisionnés en sels de Peyriac & Sijean; mais d'après les représentations des habitans, les arrêt & lettres-patentes du 21 juin 1757, ont autorisé l'adjudicataire à fournir ces greniers en sels de Peccais.

Le conseil l'a également autorisé à fournir les greniers privilégiés de Briançon & de Villevieille en Dauphiné, en sels des salins des Ambiés, mêlés avec des sels d'Hières; & ceux de Barcelonnette & d'Allos en Provence, en sels des salins de Badon, mêlés avec des sels des Ambiés.

Le magasin que l'adjudicataire des fermes du Lyonnois s'est engagé à entretenir dans la ville de Thiers, par la transaction passée avec les habitans de cette ville le 17 décembre 1688, est fourni en sel des salins d'Hières & des Ambiés.

Il existe quelques greniers que l'adjudicataire fournit de deux espèces de sel différentes, & dans lesquels il se trouve toujours deux masses en distribution. Celui de Saint-Pons en Languedoc, est approvisionné en sels de Peccais, pour les habitans des paroisses de bas-Languedoc, qui ne peuvent en consommer que de cette qualité; & en sels de Peyriac & de Sijean, pour ceux des paroisses de son arrondissement, qui dépendent du haut-Languedoc.

Les greniers de Marseille & d'Aix sont fournis en sels de Berre pour la livraison des francs-salés attribués aux magistrats du Parlement & de la cour des aides d'Aix.

Les greniers de Grignan & de Pierrelatte, sont fournis en sels d'Hières & en sels de Berre, & consomment deux masses à la fois. Les receveurs délivrent ceux de la première qualité aux habitans des paroisses situées en Provence, & ceux de la seconde, aux habitans des paroisses situées en Dauphiné.

Cette précaution d'approvisionner en sels d'une qualité & d'une couleur différentes, les greniers de chacune des provinces sur lesquelles les petites gabelles s'étendent, a en vue d'empêcher qu'elles ne versent les unes sur les autres.

La *fourniture* des greniers du haut-Languedoc, procure à-peu-près l'emploi de tous les sels que produisent annuellement les salins de Peyriac & de Sijean. Les salins de Berre, d'Hières & des Ambiés, ne donnent également, année commune, que les quantités de sel dont l'adjudicataire a besoin pour la *fourniture* des greniers que ces salins approvisionnent; mais les salins de Peccais, de Badon & des Maries, produiroient, s'ils étoient tous mis en saunaison, des quantités de sel si supérieures à celles dont l'adjudicataire pourroit faire l'emploi, qu'il a été forcé d'engager les propriétaires de ceux des Maries à ne les plus faire sauner; d'inviter ceux des salins de Badon, à les laisser, de tems en tems, se reposer pendant une année, & de se réunir aux propriétaires des salins de Peccais, pour les faire autoriser à n'en faire sauner qu'une très-petite partie.

En 1779, une compagnie représenta au gouvernement, que s'il existoit sur les côtes de la Méditerranée un nombre de salins assez considérable pour qu'il fût possible, après avoir assuré l'approvisionnement des greniers du roi, de faire des ventes de sel à l'étranger, on ne tarderoit pas à voir s'élever dans cette partie du royaume une nouvelle branche de commerce infiniment utile à l'Etat. Elle proposa, en conséquence, de faire construire de nouveaux salins sur la plage de Cette, entre l'étang de Thau & la mer, à condition de ne vendre qu'à l'étranger les sels qui y seroient récoltés. Cette proposition fut admise par des considérations majeures, qui fermèrent les yeux sur les inconvéniens qui en résultoient ; car, puisque les marais qui existoient pouvoient produire des quantités de sels très-supérieures aux besoins du royaume, & fournir conséquemment la matière d'un grand commerce d'exportation, c'étoit attaquer la propriété de ceux qui les possédoient, que de leur défendre d'en tirer tout le parti possible, par des soins & de la culture, & de permettre en même tems d'établir de nouveaux salins.

Au reste, comme la compagnie des salins de Cette avoit demandé l'exemption de tous droits sur les sels qu'elle exporteroit, elle lui fut accordée, sous la condition de payer chaque année, à titre d'abonnement, la somme de cinquante mille livres, qui est entrée dans les produits du bail actuel. *Voyez* le mot BAIL, pag. 77. art. VII.

L'article CXXIII. du bail de Forceville en 1738, avoit réglé à quatre sols par minot le prix des sels des salins de Berre & d'Hières ; il a été depuis augmenté d'un sol par minot, en faveur de tous les propriétaires, & même de trois sols, en faveur de M. d'Albertas, premier président des aides d'Aix, à qui appartient une portion des salins de Berre.

L'arrêt du conseil du 30 août 1783, a aussi porté à sept sols le minot, le prix du sel provenant des salins d'Hières.

Il a été stipulé, par la convention passée le 18 janvier 1781, entre le fermier & la communauté d'Arles, qui est propriétaire des salins de Badon, que les sels récoltés chaque année sur ces salins, seroient payés à raison de trente-trois livres le muid, composé de cent quarante-quatre minots.

Conformément à l'article CXXV. du bail de Forceville, le fermier continue à payer aux propriétaires des salins de Peyriac & de Sijean, onze sols deux deniers par minot, tant pour le prix de leurs sels, que pour leur transport des salins aux entrepôts de Narbonne.

Les propriétaires des salins de Peccais, reçoivent pour chaque gros muid de cent soixante & onze minots, cinquante-cinq livres dix sols.

L'adjudicataire paye en outre, pour chaque muid de cent quarante-quatre minots, net de déchets, c'est-à-dire, déduction faite du vingt-huitième accordé pour les déchets de route,

1°. Au receveur du droit de petit-blanc & de doublement, sept livres quatre sols, lorsque les sels sont chargés pour les gabelles du Lyonnois, & pour les ventes à l'étranger ; & cinq livres huit sols, lorsqu'il sont destinés pour les greniers du bas-Languedoc approvisionnés par le Rhône, ou pour ceux situés sur les plages. *Voyez* le mot PETIT-BLANC.

2°. A la ville d'Aiguemortes, douze sols pour le droit appellé droit de Buche. *Voyez* ce mot.

Aux officiers palayeurs des salines, trois livres douze sols pour le droit de six deniers par minot, dont le gouvernement leur a accordé l'attribution, en leur imposant un supplément de finance.

Il paye enfin aux différens officiers qui existent sur les salins, & dont nous aurons occasion de faire connoître les fonctions & les attributions, des droits qui s'élevent à dix-huit livres huit sols neuf deniers, par muid de cent quarante quatre minots net de déchets, lorsque les sels sont chargés pour la *fourniture* des greniers du Lyonnois ; & pour la vente à l'étranger à quatorze livres quatorze sols sept deniers, lors qu'il sont destinés pour les greniers du Languedoc approvisionnés par le Rhône ; & à huit livres quatre sols six deniers seulement, lorsqu'ils sont pour la *fourniture* des greniers des plages, ou approvisionnés par les étangs & le canal. L'entrepreneur qui voiture les sels, paye les propriétaires, & en fait dépense dans le compte qu'il rend à l'adjudicataire, à la fin de de chaque année.

Les officiers palayeurs des salins de Peccais, n'ayant point payé le supplément de finance en considération duquel il leur avoit été accordé une nouvelle attribution de six deniers par minot chargé, il a été ordonné que ces six deniers seroient perçus au profit du roi, & ils l'ont été longtems par le receveur du domaine ; mais ils ont été depuis réunis à la ferme du Languedoc. On a au surplus, prévu qu'ils pourroient quelque jour, être alienés une seconde fois. On laisse en conséquence faire dépense à l'entrepreneur d'une somme égale à celle qu'il payeroit réellement s'il les acquittoit, & on l'assujettit à faire recette de leur valeur.

On opère de la même manière, relativement au droit de septain, que doivent au roi les propriétaires des salins de Peccais & de Badon. Ce droit, qui a aussi été longtems perçu par le receveur du domaine, a été réuni à la ferme des gabelles par un arrêt du conseil du 31 octobre 1672. Il consiste dans la septième partie de tous les sels enlevés soit du salins de Peccais, soit de ceux de Badon. C'est une preuve que le terrein sur lequel ces salins sont situés, appartenoit originairement à des seigneurs qui n'ont consenti à en faire la cession, qu'à la charge d'une redevance fixée à la septième partie des sels qui en sortiront ; ainsi le droit de septain paroît devoir être classé parmi les droits domaniaux.

Les sels qui se récoltent à Peccais sur le salin de

Saint-Jean, dont l'ordre de Malthe est propriétaire, ne sont pas sujets au droit de septain, parce que ce salin ne se trouve pas situé sur le territoire appartenant aujourd'hui au roi. Cette exception a fait juger que l'ordre de Malthe n'étoit pas dans le cas de prétendre ni au doublement de l'ancien droit de Blanque accordé aux propriétaires des autres salins, par les arrêts & lettres patentes des 27 novembre 1717, & 20 janvier 1718, ni au doublement de tous ces droits qu'ils ont obtenus en 1768, & dont ils jouissent encore. Il ne lui est en conséquence payé, en sus du prix de la facture du sel, fixé comme on l'a observé ci-dessus à trente livres par muid de cent soixante & onze minots, que l'ancien droit de Blanque qui est de cinq livres cinq sols par muid, & le nouveau droit de Blanque qui est de deux livres cinq sols par muid, ainsi qu'on l'a expliqué à ce mot.

La ferme passe au surplus en dépense, à l'entrepreneur de la voiture, une somme de trente livres pour chaque muid qu'il a chargé aux salins de Peccais; mais comme il ne paye réellement à cause de la déduction du droit de septain, que les six septièmes de cette somme aux propriétaires des salins situés sur le territoire de Peccais, elle lui fait recette du montant de ce droit. On procède de la même manière quant au sels chargés sur les salins de Badon, dont le prix n'est également payé à la communauté d'Arles, sur le pied de trente trois livres le muid, composé de cent quarante quatre minots, qu'à la déduction du septième de cette somme, pour le droit de septain que les sels dont il s'agit doivent au roi.

Du transport des sels aux greniers, ou aux entrepôts dans lesquels s'en fait la vente aux étrangers.

La voiture des sels destinés à la *fourniture* des greniers des petites gabelles est, comme celle des sels des greniers des grandes gabelles, dirigée par des entrepreneurs, à qui la ferme paye pour le transport des sels emplacés dans chaque grenier, un prix de voiture réglé en raison de l'éloignement des salins par lesquels il est approvisionné.

Il existoit autrefois des entrepreneurs particuliers pour le service appellé *des grands chargemens*; pour celui qu'on nomme *des petits chargemens*; & pour la *voiture de Provence*. Ces trois services sont aujourd'hui réunis dans les mêmes mains, quoique les détails en soient différens.

Le service des grands chargemens s'étend à tout les sels embarqués sur le Rhône, pour être voiturés par ce fleuve, ou par les rivières affluentes jusqu'aux greniers, ou au moins jusqu'aux ports les plus voisins de ces greniers.

Le service des petits chargemens s'étend à tous les sels de Peccais, qui sont voiturés par les étangs jusqu'à Cette, d'où il sont répartis, soit par la mer, soit par le canal royal, dans les greniers du bas Languedoc situés à la proximité des plages, dans ceux du Roussillon, & dans ceux du Rouergue & de la haute Auvergne; ce service comprend les sels de Peyriac & de Sijean, qui passent des entrepôts de Narbonne dans les greniers du haut Languedoc.

Le service de la voiture de Provence, ne concerne que les sels voiturés directement des salins d'Hyères & de Berre, ou des entrepôts établis à Marseille & à Arles dans les greniers de la Provence, & dans ceux des montagnes du Dauphiné.

La ferme générale évalue au commencement de chaque année, d'après les quantités de sel qui restoient dans chaque grenier à la fin de la précédente, celles qui devront y être emplacées pour sa *fourniture*, & elle en arrête les états. On en adresse une copie aux entrepreneurs de la voiture, & des extraits aux directeurs, pour qu'il connoissent les quantités de sel qui seront emplacés pendant l'année, dans chacun des greniers de leur département, & qu'il puissent en prévenir les receveurs.

D'après ces états, les entrepreneurs chargent sur les salins, les quantités de sels désignés pour chaque grenier.

Quant aux sels destinés pour les greniers de la ferme des gabelles du Lyonnois, & pour les *fournitures* à faire à la ville de Genève, au Valais, à la Savoye, cet entrepreneur doit se munir de lettres adressées par le directeur de Lyon, aux gardes & contre-gardes en titre d'office attachés aux salins; ces lettres après avoir été viséespar le directeur de Montpellier, sont présentées aubureau des finances de la même ville, à qui le réglement de 1599, a déféré l'intendance générale des salins, pour en obtenir une ordonnance qui l'autorise au chargement des quantités exprimées.

Quant aux sels destinés pour les greniers dépendans de la ferme des gabelles du Languedoc, ils sont chargés sur les ordres du directeur de Montpellier, adressés au préposé des fermes sur les salins, à qui le réglement de 1599 a donné le titre de procureur principal, & qui l'a conservé jusqu'à ce jour. Ce préposé de concert avec les officiers des salins, font faire le mesurage & le chargement des sels demandés.

Ces officiers sont, 1°. trois gardes généraux qui ne paroissent que très-rarement sur les salins. Ils jouissent, indépendamment des gages qui leur ont été assurés par l'édit de leur création, d'une attribution de dix-huit sols neuf deniers par muid composé de cent quarante quatre minots, sur les sels enlevés en grands chargemens, & d'une livre trois deniers sur ceux enlevés en petits chargemens.

2°. Quatre

2°. Quatre gardes & quatre contregardes, dont les fonctions se bornent à inspecter le service. L'édit qui les a créés, leur a accordé, indépendamment de leur gages, une attribution de six livres deux sols par muid, enlevé à la destination des greniers du Lyonnois, ou pour la traite étrangère ; de quatre livres dix-huit sols, par muid enlevé à la destination des greniers dépendans de la ferme des gabelles de Languedoc approvisionnés par le Rhône, & d'une livre quatorze sols par muid enlevé en petits chargemens.

3° Quatre compteurs qui assistent réguliérement aux chargemens. L'édit de leur création leur attribue deux livres douze sols par muid enlevé pour les greniers du Languedoc, approvisionnés par le Rhône ; & douze sols seulement, par muid enlevé en petits chargemens.

5°. Dix palayeurs, dont les fonctions avant l'établissement de la trémie, étoient de remplir le minot avec la pelle. Ils sont aujourd'hui tenus de porter les sels nécessaires pour entretenir le chapiteau de la trémie convenablement rempli, & ils préposent à ce service le nombre d'ouvriers qu'ils jugent nécessaires pour qu'il s'exécute d'une manière satisfaisante. L'édit qui les a créés leur a attribué pour droits & gratifications, trois livres douze sols par muid destiné pour les greniers du Lyonnois & la traite étrangère ; deux livres dix-sept sols sept deniers par muid, chargé à la destination des greniers du Languedoc situés sur la côte du Rhône ; & une livre douze sols par muid enlevé en petits chargemens.

Il existe en outre aux salins de Peccais quatre officiers appellés *renverseurs*, parce qu'ils étoient autrefois chargés de verser les minots mesurés, dans les sacs, & un autre officier appellé *sonneur* ou *avertisseur*. Ces officiers ne font aujourd'hui aucunes fonctions, les premiers ne jouissent d'aucune attribution. L'édit qui a créé le sonneur ; lui a au contraire attribué deux sols par muid de sel enlevé quelque destination que ce fût.

L'article CLXXXI du bail de Forceville porte que l'adjudicataire pourra rembourser les gardes & contre gardes généraux & particuliers des salins du Languedoc, de la finance de leurs offices ; auquel cas, il jouiroit des gages & droits à eux attribués. Il y a lieu d'être surpris, d'après le peu d'utilité de tous ces officiers qui n'existent qu'à Peccais & à Badon, que la ferme n'ait pas encore profité de la permission qui lui est accordée.

Dans les autres salins, les chargemens de sels, s'y font sous les yeux des agens des propriétaires, & des employés des brigades établies sur les salins, & ils s'effectuent avec autant d'ordre que de célérité.

Le sel est mesuré dans tous les salins avec la trémie, dont l'établissement a été ordonné dans l'étendue de la ferme des gabelles de Languedoc par déclaration du 9 juin 1711, & dans l'étendue de la ferme des gabelles de Provence, par celle du 1 avril 1714. Cette trémie est construite sur des proportions absolument semblables à celles de la trémie dont la déclaration du 18 août 1699, a ordonné l'usage dans les dépôts & greniers des grandes gabelles; mais elle est élevée de manière que la soupape, qui dans les grandes gabelles ne se trouve qu'à sept pouces de l'orifice de la mesure, en est éloignée de dix-huit. La mesure est d'ailleurs sur les salins radée avec une rade ronde qui n'est autre chose qu'un rouleau, tandis que dans les grandes gabelles elle l'est avec une rade platte. Ces différences sont une suite de ce qu'il a paru nécessaire en établissant la trémie en Languedoc & en Provence, de rapprocher autant qu'il seroit possible, la nouvelle manière de mesurer, de l'ancienne.

Le minot dont on se sert sur les salins est aussi formé, sur des proportions semblables à celui dont on fait usage dans les grandes gabelles. C'est aujourd'hui à Montpellier que se fabriquent & s'échantillent, d'après les arrêts & lettres patentes du 6 août 1748, qui ont sur ce point dérogé à l'article CLXX du bail de Forceville, les minots & les autres mesures, dont on se sert sur les salins, & dans tous les greniers des petites gabelles.

Les sels, à l'instant même où ils sont mesurés sur les salins, sont renfermés dans des sacs qui sont ficelés & plombés comme ceux dont on fait usage dans les grandes gabelles, mais ceux-ci contiennent deux minots, & les premiers n'en renferment qu'un : usage qui augmente la dépense, & ne devroit pas être toléré par cette raison ; n'ayant d'ailleurs aucun inconvénient.

Les sels pris au salins de Peccais, sont en grand chargement ou en petit, ils tiennent suivant leur destination, la route qui y conduit, soit en remontant le Rhône, soit en empruntant le canal royal.

Chaque équipage ou *train-saunier* qui remonte le Rhône, est composé de trois ou quatre barques, ordinairement chargées ensemble depuis vingt jusqu'à trente-huit muids de sel, de cent quarante-quatre minots chacun. Les trains à leur départ sont accompagnés de polices ou lettres de voitures, expédiées par les gardes & contregardes des salins, qui contiennent l'indication des quantités de sels dont ils sont chargés ; le numéro des camelles donc ces sels ont été tirés, & l'année dans laquelle ils ont été recoltés. Ces polices sont renouvellées d'abord à Beaucaire, ensuite au Saint-Esprit, par les officiers des jurisdictions de gabelles établies dans ces deux villes. Il seroit difficile d'expliquer le motif de ce double changement d'expéditions.

Les sels chargés en petits chargemens ne sont

au contraire accompagnés que de polices expédiées par le procureur principal de Peccais, & de duplicata de ces polices, que les conducteurs des barques remettent, à leur arrivée, au pont de la Peyrade, près Cette, aux employés chargés de suivre le renversement de ces sels, dans les barques qui doivent les conduire par mer, ou par le canal, à des destinations ultérieures. Ceux-ci, après avoir visé ces duplicata, les renvoyent au procureur principal des salins, qui par-là reçoit l'assurance que ces sels ont été voiturés sans fraude & sans accident à ce premier terme de leur destination.

Les sels chargés sur les salins de Berre, à la destination des greniers du Dauphiné, fournis en grands chargemens, sont d'abord transportés des salins, aux entrepôts établis à Arles en Provence, par des barques de mer accompagnées de polices expédiées par le capitaine de la brigade des salins; ils sont ensuite chargés sur le Rhône ou l'Iserre sur des barques qui partent d'Arles, avec des polices signées du controleur aux entrepôts; elles sont renouvellées à Tarascon & au Saint-Esprit par les officiers des jurisdictions de gabelles établies dans ces deux villes.

Les sels chargés aux salins d'Hyeres pour la voiture de Provence, sont transportés à leurs destinations, soit par mer, soit par terre, d'entrepôts en entrepôts, accompagnés de polices expédiées par le capitaine des salins. Ceux qui passent par le Rhône sont, à l'entrée de ce fleuve, déposés dans les entrepôts d'Arles, d'où il sont voiturés aux greniers pour lesquels ils sont destinés, de la même manière que ceux chargés aux salins de Berre. On suit les mêmes formes suivant les différens cas. Quant aux sels de Badon, & lorsqu'ils doivent être mélangés avec des sels de Berre, c'est dans les entrepôts d'Arles que ce mélange s'effectue.

Les propriétaires des sels provenans des salins de Peyriac & Sijean, les voiturent eux-mêmes, aux entrepôts de Narbonne. Ils y sont mesurés, mis en sacs, plombés & livrés à l'entrepreneur de la voiture, qui les fait conduire par terre jusqu'au port le plus voisin, d'où ils sont portés à leurs destinations respectives.

Pour assurer la *fourniture* des greniers des petites gabelles, l'article CL du bail de Forceville, porte que le roi s'engage à pourvoir à ses frais à l'entretien des canaux de Silvéreal, de Bourgidon & de Radelle, qui servent au transport des sels de Peccais, & l'on fait chaque année, les réparations nécessaires sur les ordres données par M. L'intendant de Languedoc.

L'article CLI du même bail a en outre ordonné que les maîtres & pilotes des navires, tartannes, barques & autres bâtimens qui viendroient à Silvéreal, ne pourroient arrêter, ni mettre à l'ancre leurs bâtimens, que trois mille pas au-dessus de l'embouchure du canal, ni jetter leur lest ailleurs que du côté de la Provence, à peine de cinq cent livre d'amende & de tous dépens, dommages & intétêts.

L'entrepreneur de la voiture des petites gabelles est aussi fondé à réclamer l'exécution des articles CXCIII, CXCV, CXCVII & CXCVIII, du même bail, dont les dispositions ont été rapportées à l'article FOURNISSEMENT.

Il existe sur le Rhône, l'Isere & la Saône un grand nombre de péages. Les droits de ces péages sont perçus en argent, & ils sont acquittés par l'entrepreneur de la voiture qui est ensuite admis à en faire dépense dans ses comptes. C'est aussi par lui que sont payés les droits de leyde & de travers, que quelques seigneurs sont autorisés à percevoir, sur les sels qui traversent leurs seigneuries.

L'entrepreneur de la voiture des sels des petites gabelles, doit, aux termes de son traité, emplacer dans chaque grenier la totalité des sels qu'il a chargés aux salins, à la destination de ce grenier, à la déduction du déchet convenu; & lorsque ces sels en supportent un plus considérable, il est forcé en recette de la valeur de l'excédent, au plus haut prix des greniers de la route. Les naufrages & autres cas fortuits, qui ont pu occasionner quelque perte de sel, ne sont admis que comme dans les grandes gabelles, & cet entrepreneur reçoit une gratification sur les bons de voiture, lorsque les déchets sont au-dessous de ceux qui sont passés.

L'édit du mois de février 1696, qui a prononcé la peine de mort contre les voituriers convaincus d'avoir volé du sel dans les grandes gabelles, a de même toute sa force dans les petites. La connoissance des délits de cette espèce a été attribuée à la commission de Valence, privativement à tous autres juges, par les arrêts du conseil du 25 avril 1752, & 9 juillet 1766.

Les précautions que prend l'entrepreneur des voitures des sels, lors de leur transport par bateaux, le met à l'abri des infidélités & des vols. Mais il n'en est pas de même pour le transport des sels par terre; comme ils se font par partie, chaque voiturier, tourmenté par la cupidité, emploie tous les moyens qu'elle peut lui suggérer, pour retirer des sacs qui lui sont confiés, quelques portions de sels; & il n'est pas rare d'en rencontrer, qui ont l'adresse d'enlever la ficelle fermant chaque sac, & de la replacer de manière à prévenir tout soupçon de cette manœuvre, & même à rendre tout le poids de chaque sac, en substituant au sel, du sable ou de la terre. Le sac se trouvant, à son arrivée au lieu de sa destination, d'un poids à-peu-près égal à celui qui est indiqué sur la lettre de voiture ; la manœuvre exécutée n'est découverte, que lorsqu'il n'est plus possible d'en connoître l'auteur.

Pour prévenir ces délits, il ne faudroit que suivre la méthode usitée dans les grandes gabelles, celle de faire exécuter ces transports par terre, par convoi de vingt-cinq à trente voitures, escortées d'un nombre d'employés suffisant, pour que tous les voituriers fussent surveillés.

On a ouvert, depuis cinquante ans, un si grand nombre de routes dans les provinces méridionales, que la voiture des sels n'est plus réellement contrariée, que dans une très-petite partie de ces provinces, par les obstacles qui avoient forcé l'adjudicataire, dans les premiers tems de l'établissement des gabelles, de ne placer des greniers qu'à la proximité de la mer & des rivières.

De l'emplacement des sels dans les greniers, & de leur distribution.

Les sels destinés à la *fourniture* des greniers des petites gabelles, n'arrivent que par petites parties dans ceux qui sont approvisionnés par terre. Ils sont d'abord déposés, en sacs, dans des magasins qui appartiennent à l'entrepreneur de la voiture, & ce n'est que lorsque l'on est parvenu à en réunir, dans ces magasins, des quantités considérables, que l'on en fait l'emplacement, auquel assiste un employé supérieur. Sa présence est nécessaire, pour empêcher que l'on ne fasse passer à la trémie, des sels que des voituriers infidèles auroient mélangés de corps étrangers ; pour contenir les ouvriers employés au transport des sels, & à leur mise en masse ; pour surveiller les opérations du mesurage, & prévenir les discussions qui pourroient s'élever, entre le préposé de l'entreprise, & les receveurs, sur la forme de mesurer.

Les sels sont mesurés, aux emplacemens & aux distributions, avec la trémie prescrite dans les gabelles de Languedoc, par la déclaration du 9 juin 1711 ; dans celles du Lyonnois & du Dauphiné, par les déclarations du 28 novembre 1713 ; & dans celles de Provence, par la déclaration du 7 avril 1714. Ces trémies sont toutes construites sur des proportions semblables à celles de la trémie, dont la déclaration de 1699 a ordonné l'établissement dans les grandes gabelles. Mais celles dont on se sert dans les gabelles de Languedoc & de Provence, sont élevées de manière, qu'il se trouve une distance de dix-huit pouces, comme on l'a dit, entre l'orifice de la mesure & le dessous de la soupape de la trémie, tandis que cette distance n'est que de sept pouces, dans les gabelles du Lyonnois & du Dauphiné, comme dans les grandes gabelles.

Les minots & autres mesures dont on se sert dans les petites gabelles pour les emplacemens & les distributions, ne diffèrent en rien de celles de la même espèce, dont on fait usage dans les grandes. On a vu ci-dessus, que c'étoit à Montpellier que les minots étoient fabriqués & échantillés, d'après les arrêt & lettres-patentes du 6 août 1748. C'est aussi dans la même ville que se font les demi-minots, quarts & huitièmes de minots ; cette dernière mesure s'appelle, dans les petites gabelles, *octave*.

Les contrôleurs en titre d'office, qui se sont attachés aux greniers dépendans de la ferme des gabelles du Lyonnois, & ceux qui perçoivent des droits de billettes dans les greniers dépendans de la ferme des gabelles du Languedoc, doivent, aux termes des édits de leur création, assister aux emplacemens, suivre les distributions, & en tenir registre ; mais ils n'ont pas été constitués garans des masses, comme le sont dans les grandes gabelles les grenetiers & contrôleurs en titre d'office. Ils ne remplissent, en conséquence, le plus ordinairement, qu'avec une indifférence extrême, leurs fonctions, & leur existence ne procure qu'une foible sûreté au public & à la régie.

La ferme laisse aux receveurs des greniers, dans les petites gabelles, le soin de se procurer, comme bon leur semble, les chambres & magasins nécessaires pour recevoir l'emplacement des sels destinés à la consommation de leur grenier ; mais cet usage a l'inconvénient, d'empêcher d'établir la distinction des masses, sans laquelle il est impossible de connoître la véritable situation de la caisse des receveurs. Ceux, en effet, qui se trouvoient en débet, prétextoient sans cesse, lorsqu'il leur étoit enjoint, de se procurer de plus grands magasins, ou d'augmenter leur nombre, que c'étoit une chose impossible ; la ferme étoit forcée de tolérer que l'on continuât à emplacer, dans leurs greniers, sels sur sels ; & il en résultoit, lorsqu'elle vouloit vérifier, si ses inquiétudes, sur la comptabilité de ces receveurs étoit fondée, qu'il falloit faire des remesurages très-dispendieux, pour arriver à connoître leur véritable situation.

On est parvenu au commencement du bail actuel, à établir, à cet égard, l'ordre qui y étoit depuis si long-tems desiré, en changeant entièrement le traitement des receveurs. Pendant le bail précédent, ils jouissoient d'une première remise en sel, d'un minot pour cent, accordé pour tenir lieu de déchets, & d'une autre remise en argent, fixée assez généralement, à la valeur du prix principal de deux autres minots, pour leur servir d'appointemens, loyers de greniers, & de tous autres frais. On s'est déterminé, en réglant leur traitement pour la durée du bail de Salzard, à leur accorder des appointemens fixes, en ajoutant une remise en nature, de deux minots pour cent, sur tous les sels qu'ils distribueroient, & à les autoriser à faire dépense à leur profit, au prix ordinaire de leur grenier, tant en principaux qu'en accessoires, de tous les bons de masses qui pourroient résulter de la quotité de cette remise.

Plusieurs receveurs s'étoient persuadé qu'ils pourroient faire, chaque mois, dépense en sel du montant de cette remise, sauf à se charger en recette, au moment où chaque masse finiroit, du bon qu'elle auroit donné. Mais cette forme d'opérer auroit laissé subsister, dans la manutention des masses, le désordre que la régie cherchoit à faire cesser. Il a, en conséquence, été arrêté, que ce ne seroit qu'à l'instant de l'épuisement de chaque masse, qu'en comparant le déchet effectif qu'elle auroit éprouvé, avec celui qu'elle auroit pu supporter sans perdre au-delà de deux minots pour cent, passés en remise au receveur, on liquideroit le revenant-bon, ou moindre déchet qu'elle auroit donné, & la somme dont le receveur pourroit, en considération de ce revenant-bon, faire dépense à son profit.

Les receveurs ont bientôt senti, par cet arrangement, que ce ne seroit qu'autant qu'ils ne feroient plus emplacer sels sur sels, & qu'ils auroient l'attention de séparer exactement les masses les unes des autres, qu'ils parviendroient à constater le produit de chacune d'elles, & qu'ils seroient autorisés à porter en dépense, à leur profit, la valeur du revenant-bon, ou moindre déchet qu'elle auroit donné.

Comme les distributions ne peuvent se faire dans les greniers des grandes gabelles, ainsi qu'on l'a dit, qu'en présence des officiers qui partagent avec les receveurs la garantie des masses, il est indispensable qu'il y soit procédé à des jours & des heures déterminés. Il en est autrement dans les petites gabelles; les receveurs sont seuls dépositaires des clefs des magasins, dans lesquels leurs masses sont emplacées, & ils sont ainsi libres de les ouvrir toutes les fois que bon leur semble.

Ils se sont soumis, par des traités qui ont été signés au commencement du bail de Salzard, à compter à cet adjudicataire de la valeur, au prix de leur grenier, de tous les sels dont la livraison leur auroit été faite par l'entrepreneur de la voiture, à la déduction de deux minots pour cent. Toutes les fois que leurs masses éprouvent des déchets supérieurs, ils sont forcés en recette de l'excédent au prix de leur grenier, tant en principaux qu'en accessoires, à moins qu'ils ne justifient, que ce déchet extraordinaire a été occasionné par des accidens qu'il n'étoit pas en leur pouvoir de prévenir, & constatés par des certificats en bonne forme.

FOY ET HOMMAGE. Droit & devoir qui est dû au roi & à tous seigneurs, chaque fois qu'un fief change de propriétaire ou de suzerain. L'*hommage* est une partie essentielle de l'investiture, & la *foy* est une prestation de fidélité. Ces deux devoirs sont non-seulement une condition essentielle du fief; mais ils sont de la nature du fief, dont ils sont inséparables.

L'*hommage*, proprement dit, n'est dû qu'au roi, qui seul peut actuellement exiger le service militaire. Aucun vassal n'est homme de son seigneur; il n'est homme que du roi. Aussi Dumoulin dit, *que c'est improprement qu'on appelle* hommage, *celui qui est rendu à un seigneur particulier; qu'il ne lui est dû que le serment de fidélité.*

Les engagistes du domaine & des terres domaniales, ne peuvent recevoir la *foy & hommage*; elle demeure réservée au roi, conformément à l'article XV. de l'édit du mois de février 1566, & à la déclaration du roi du 4 septembre 1592.

Mais les apanagistes sont capables de recevoir la *foy & hommage*, à cause des biens qu'ils tiennent en apanage, à la charge d'envoyer par chacun an, à la chambre des comptes de Paris, des doubles des actes de *foy & hommage* qu'ils ont reçus.

Les *hommages* doivent être portés au roi même, en la personne de son chancelier, & aux chambres des comptes, qui sont dépositaires, en cette partie, de l'autorité royale.

Pour éviter des frais de voyage aux vassaux, les bureaux des finances sont autorisés à recevoir les *hommages*, aveux & dénombremens de ceux qui préfèrent de se presenter devant eux.

Les actes de *foy & hommage* rendus au roi, ou aux chambres des comptes, ou aux bureaux des finances, ne sont point sujets au droit de contrôle, suivant l'arrêt du conseil du 14 septembre 1728.

Mai tous autres actes de *foy & hommage*, quoique reçus par les juges des seigneurs, doivent être contrôlés dans la quinzaine de leur date. Ces droits sont exigibles sur le pied fixé par l'article VI. du tarif de 1722, suivant les différentes classes qu'il comprend.

Bien qu'à l'avènement de chaque roi au trône, le devoir de *foy & hommage* soit dû dans l'année par tous ceux qui possèdent des fiefs dans la mouvance du domaine de la couronne, il est d'usage de donner un délai de plusieurs années. C'est ce qu'on verra par les lettres patentes du premier juillet 1779, dont nous allons rapporter le contenu, & qui font suite avec celles que nous avons données au mot DOMAINE, tome I. pag. 605. On verra que la bienfaisance du roi s'est non-seulement portée à accorder plus de cinq ans de délai pour satisfaire à ce devoir, mais qu'elle l'a exempté de tous droits & de tous frais.

Louis, par la grace de Dieu, roi de France & de Navarre : A nos amés & féaux conseillers, les gens tenant notre chambre des comptes à Paris, Salut. Par nos lettres-patentes du 16 septembre 1775, nous aurions ordonné que tous seigneurs & vassaux possédant fiefs & seigneuries dans notre mouvance, qui n'avoient pas encore satisfait au renouvellement de l'*hommage* qu'ils nous doivent à cause de notre avènement à la couronne, seroient tenus de s'acquitter de ce devoir avant le premier janvier 1777, faute de quoi, il seroit procédé contre eux, à la requête de nos procureurs en nos chambres des comptes & bureaux des finances, en la manière accoutumée; & cependant nous leur aurions fait main-levée des saisies féodales qui auroient pu avoir été, ou qui pourroient être faites jusqu'au jour de la publication de nosdites lettres, faute du renouvellement d'*hommage*, en payant les frais desdites saisies; & pour soulager lesdits vassaux, nous aurions permis à ceux qui avoient fait les *foy & hommage*, dont ils étoient tenus, pour la mutation arrivée en leurs personnes, & qui ne les devoient que pour raison de notre avènement à la couronne, de les faire par procureur fondé de procuration spéciale à cet effet, passée pardevant notaires: comme aussi nous aurions ordonné que les renouvellemens desd. *foy & hommage* à nous dûs, à cause de notre avènement à la couronne, seroient reçus sans aucuns frais, si ce n'étoit de ceux du papier & parchemin timbrés, qui seroient employés pour lesdits actes de renouvellement de *foy & hommage*, & nous aurions fait défenses à tous officiers de nos chambres des comptes, bureaux des finances & autres, de prendre, pour raison desdits renouvellemens d'*hommages*, aucuns droits, de quelque nature qu'ils pussent être, le tout à l'égard seulement de ceux qui satisferoient audit devoir dans le délai à eux accordé par nosdites lettres, & sans tirer à conséquence pour ceux desdits vassaux qui devoient la *foy & hommage* de leur chef, & indépendamment de notre avènement à la couronne, laquelle ils seroient tenus de rendre en la manière accoutumée, & dans les délais portés par les coutumes. Par autres lettres-patentes du 6 février 1777, nous aurions sursis, par grace, jusqu'au premier janvier 1778, toutes poursuites contre lesdits vassaux possédant fiefs & seigneuries dans l'étendue de notre mouvance, pour raison desdits *foy & hommage*; & étant informés que les propriétaires des fiefs de la province d'Auvergne n'avoient pu profiter du délai accordé par nosdites lettres, parce que cette province faisoit pour lors partie de l'apanage de notre très-cher & très-amé frère Charles-Philippe, fils de France, comte d'Artois, & qu'ils étoient poursuivis, ou menacés de poursuites de la part de nos procureurs en nos chambres des comptes & bureaux des finances, nous nous serions portés à surseoir à toutes poursuites, & à accorder à nos vassaux, & autres possédant fiefs dans notre mouvance en la province d'Auvergne, un nouveau délai pour nous rendre leur *foy & hommage*. A ces causes, de l'avis de notre conseil, & de notre certaine science, pleine puissance & autorité royale, nous avons ordonné, & par ces présentes, signées de notre main, ordonnons, qu'il sera sursis, par grace, jusqu'au premier juillet 1780, à toutes poursuites contre les vassaux possédant fiefs & seigneuries dans l'étendue de notre mouvance en Auvergne, pour raison des *foy & hommage* qu'ils sont tenus de nous rendre, à cause de notre avènement à la couronne; faisons main-levée des saisies féodales qui pourroient avoir été faites, pour raison de ce, contre aucuns desdits vassaux, en payant les frais desdites saisies, sans néanmoins que, sous prétexte des présentes, les nouveaux propriétaires des fiefs & seigneuries mouvant de nous, qui nous doivent la *foy & hommage* pour mutations arrivées en leurs personnes, & indépendamment de notre avènement à la couronne, puissent se dispenser de satisfaire à ce devoir dans les délais portés par les coutumes. Et faute par lesdits vassaux de nous rendre, dans ledit délai, la *foy & hommage* qu'ils nous doivent à cause de notre avènement à la couronne, voulons qu'il soit procédé contre eux par les officiers de notre chambre des comptes de Paris & bureau des finances de Riom, en la manière accoutumée, sans qu'ils puissent espérer aucun nouveau délai; & voulons que nosdites lettres-patentes des 16 septembre 1775 & 6 février 1777, soient, au surplus, exécutées suivant leur forme & teneur. Si vous mandons, que ces présentes vous ayez à faire lire, publier & registrer, & le contenu en icelles garder, suivre & exécuter: car tel est notre plaisir. Donné à Versailles le premier jour du mois de juillet, l'an de grace 1779, & de notre règne le sixième.

FRAIS DE BUREAU. On appelle *frais de bureau*, toutes les dépenses qu'il occasionne, comme loyers de maison, appointemens de commis, feu, lumières, &c.

Quelquefois aussi on n'entend par ces mots, que le paiement du papier, des plumes, du feu & de la lumière, qui est accordé à un commis ou à un comptable.

FRAIS DE RECOUVREMENT. Sous cette dénomination, on entend, en finance, toutes les dépenses que coûte à l'état la perception de ses revenus, & qui tournent au profit des fermiers, régisseurs & autres agens qu'il emploie.

Un ministre des finances, dont nous avons eu si souvent occasion de parler avec les éloges que lui doivent les bons citoyens & les gens sensés, vient de publier, sur les finances, un ouvrage qui ne peut manquer d'ajouter à sa gloire.

Dans cet ouvrage, on trouve un chapitre qui traite de tous les *frais de recouvrement* des impositions & droits perçus dans le royaume. Ce chapitre appartient à une encyclopédie des finances.

Les *frais de recouvrement* des vingtièmes, de la taille & de la capitation y sont portés pour treize millions cent mille livres, y compris les frais de comptabilité, les bénéfices des receveurs généraux des finances, & des receveurs particuliers.

Il est vrai que sur cette dépense, le roi perçoit d'un côté, le dixième sur les gages de ces receveurs généraux & particuliers, & d'un autre, le droit de marc d'or à chaque mutation de ces offices. Ces deux objets réunis sont évalués à cinq cents treize mille deux cent quatre-vingt-quinze livres, en sorte que les *frais réels de recouvrement* de la taille, des vingtièmes & de la capitation se réduisent à douze millions six cents mille livres, qui rapprochés des deux cents neuf millions levés sur les contribuables en 1782, font environ six pour cent.

Les droits compris dans le bail de la ferme générale, avec les derniers sols pour livre mis en 1781, sont estimés à cent quatrevingt-six millions par an; sur quoi il convient d'en déduire les avances annuellement faites pour l'achat des sels, pour la fabrication de ceux des salines & pour la fabrication des tabacs, vingt millions; en sorte que la masse de la recette confiée à la ferme générale, reste de cent soixante-six milions, sur lesquels les frais sont de vingt-deux millions trois cents mille livres, tant en apointement de commis, loyer & autre frais d'exploitation, qu'en bénéfice pour les fermiers généraux: ces vingt-deux millions de dépense rapprochés du montant de la recette, portent cette première somme à treize & neuf vingtièmes pour cent.

Les *frais de recouvrement* de la régie générale qui est chargée d'une perception d'environ cinquante-un à cinquante deux millions sont de huit millions six cents mille livres, c'est-à-dire seize & sept dixième pour cent du produit.

Ceux de l'administration générale des domaines dont le produit brut est compté pour quarante-un millions, déduction faite du revenu des domaines réels des bois & des droits seigneuriaux qui ne doivent pas être mis au rang des impôts, sont évalués à cinq millions trois cents mille livres, ce qui porte les frais à douze & dix-neuf vingtième pour cent de la masse.

La caisse de Sceaux & de Poissy, dont le produit brut est d'onze cent mille livres, coute en *frais de recouvrement*, y compris les bénéfices des fermiers à environ trois cents mille livres, en sorte que c'est vingt-sept & un quart pour cent.

On ne parlera pas des *frais de recouvrement* des postes, des messageries, des monnoies & des poudres, parce qu'il s'agit, ou d'un service utile au public, ou d'une fabrication nécessaire, & que dans ces deux cas, les bénéfices qui peuvent retourner au roi, appartiendroient également aux particuliers qui seroient chargés de ces entreprises, si elles étoient libres.

Parmi plusieurs autres *frais de recouvrement* qui sont de peu d'objet, comme ceux des revenus casuels montans à cinq millions sept cents mille livres, & ne coûtent que cent quarante mille livres ou deux & neuf vingtièmes pour cent, ceux du marc d'or, qui sont de dix-sept cent mille livres, & ne coûtent que quarante mille livres, ou deux & sept vingtièmes pour cent, nous ne nous arrêterons plus, qu'à ceux de la loterie royale, des contributions du clergé, de la perception des aides à Versailles, des impositions de la Corse, & de différens droits royaux aliénés ou cédés.

L'article de la loterie royale & des petites loteries, forment une recette d'onze millions cinq cents mille livres, dont les *frais de recouvrement* sont de deux millions quatre cent mille livres, ce qui revient à vingt & dix-sept vingtième pour cent.

Le résultat des contributions du clergé de France est de onze millions qui coûtent en *frais de recouvrement*, cinq cents mille livres; en sorte que ce n'est que quatre & six onzième pour cent. Dans ces frais sont compris, ceux de l'assemblée qui a lieu tous les cinq ans, une somme de cent trente deux mille livres accordées au receveur général, & celle de deux cents cinquante mille livres aux receveurs particuliers de chaque diocèse.

Les autres *frais de recouvrement*, qui se rapportent à différents droits d'entrée & d'octroi des villes, ou perçus par des communautés, par des hôpitaux ou des chambres de commerce, sont évalués à trois millions, ou un peu plus de onze pour cent, en supposant une recette de vingt-sept millions levés sur le peuple.

Les droits d'aides de Versailles, forment une recette d'environ neuf cents mille livres, qui coûtent en *frais de recouvrement*, à peu-près cent cinquante mille livres ou seize & deux tiers pour cent.

Les impositions de la Corse, qui ne donnent que six cents mille livres, coûtent soixante-dix mille livres en *frais de recouvrement* onze & deux tiers pour cent.

Les droits aliénés ou cédés, dont l'objet peut-être de deux millions cinq cent mille livres, sont estimés couter de perception, deux cents cinquante mille livres ou dix pour cent.

Au reste l'universalité des impositions à la charge des peuples, paroît s'élever à cinq cent cinquante sept millions cinq cent mille livres, qui coûtent en *frais de recouvrement* cinquante huit millions, c'est-à-dire, dix & quatre cinquième pour cent.

FRAIS DE RÉGIE. On donne ce nom à toutes les dépenses qui entrent dans l'exploitation d'une affaire, comme appointemens, émolumens, gratifications des commis, loyers de maisons & de bureaux, ports de lettres, voyages, &c.

FRANC, FRANCHE, adj. Dans le langage des douanes, on dit qu'un objet, qu'une marchandise est *franc* & *franche* de tous droits, pour faire entendre qu'elle ne doit rien. Une foire *franche*, un lieu *franc*, c'est-à-dire, qui exempte du paiement des droits sur les marchandises qu'on y importe ou qu'on en exporte.

Dans la même acception, un gentilhomme, un homme noble, sont *francs* & exempts de taille.

Il y a des lieux qui accordent cette franchise, & dans lesquels l'habitation procure l'exemption de la taille ou de certaines impositions.

FRANCHE-COMTÉ, ou Comté de Bourgogne, province de France, qui, d'après notre plan, doit être considérée dans tous ses rapports avec les impositions, & avec les droits du roi qui s'y levent.

Le comté de Bourgogne ne payoit à l'Espagne, lorsqu'il étoit sous sa domination, aucune taille, ni contribution ordinaire.

Il accordoit seulement tous les trois ans un don gratuit de cent mille livres, ou tout au plus de la somme de cent cinquante mille livres, sous la condition même qu'elle seroit employée à chose utile *dans la province*, savoir, au paiement des garnisons des places, ou à l'entretien des fortifications : on en acquittoit souvent des dettes des communautés.

Louis XIV. fit une première conquête, en 1667, de la *Franche-Comté*. L'année suivante elle fut restituée à l'Espagne, par le traité d'Aix-la-Chapelle; mais après la démolition des fortifications de toutes les places, & l'enlèvement de l'artillerie & des munitions de guerre.

En 1669, le roi d'Espagne demanda, en forme de prêt, à la province, une somme de huit cens mille livres, pour le paiement des troupes étrangères qu'il y fit venir, & pour le rétablissement des fortifications.

Cette province étoit alors un pays d'Etats; ils accordèrent avec peine la somme demandée.

Cependant, soit que les peuples ne fussent point en état de se défendre, ou que la cour de Madrid n'eût plus pour eux les mêmes ménagemens qu'elle avoit eus autrefois, cette somme fut levée tous les ans jusqu'en 1674, que Louis XIV. fit une seconde fois la conquête de cette province; qu'il conserva par le traité de Nimégue.

Ce prince ayant éprouvé quelque résistance de la part des Etats, ils furent supprimés, & cette somme de huit cens mille livres devint une imposition ordinaire; elle subsiste encore aujourd'hui.

Elle avoit été portée à huit cens trente mille livres, tant que la réunion du comté de Monbelliard, dont Louis XIV. s'étoit emparé en 1688, subsista. Mais ce comté ayant été restitué à la maison de Wurtemberg, comme fief immédiat de l'empire, par l'article XIII. du traité de Riswick en 1667; & le roi ayant d'un autre côté, cédé, par le traité du 25 août 1704, quelques villages & leur territoire, à Léopold, duc de Lorraine, cette somme fut réduite à huit cens quatorze mille livres, & n'a pas varié depuis.

Un arrêt du conseil adressé à l'intendant, & qui s'expédie chaque année, ordonne que cette somme sera imposée & levée sur les habitans contribuables de la province, & reçue par le receveur général des finances en exercice, aux termes ordinaires & accoutumés, & par lui payée, ainsi qu'il sera ordonné par sa majesté.

La province est divisée en quatorze bailliages, ou recettes particulières des finances.

C'est l'imposition ordinaire qui sert de base & de marc la livre, à toutes les autres impositions.

Il paroît, par le préambule d'une déclaration du 18 mai 1706, que depuis la réunion de cette province jusqu'à cette époque, il n'y avoit eu d'autres règles, sur ce qui concernoit la levée de l'imposition ordinaire & les exemptions d'y contribuer, que celles qui avoient été prescrites par les intendans, suivant les usages, qui, par les différens changemens, avoient varié. L'objet de cette déclaration est d'établir des dispositions certaines, qui puissent servir de loi à l'avenir, & de réformer en même tems ce qui avoit été reconnu d'irrégulier & d'abusif dans les usages qui s'étoient introduits.

Cette déclaration règle les juges auxquels doit appartenir la connoissance des contestations sur le fait des impositions; l'instruction qui doit être suivie dans les instances en surtaux; la manière dont il doit être procédé à l'imposition des rejets & des dépens; la nomination des échevins & des commis au répartement; ce qui concerne la confection des rôles, ceux qui doivent y être compris; les réductions de cotte & exemptions, les recouvremens. Voici le détail des dispositions qu'elle renferme sur ces différens objets.

1°. Toutes les contestations concernant l'imposition ordinaire, soit qu'il s'agisse de surtaux, exemption, privilèges, radiation de cotte, & abus commis dans la confection des rôles ou répartement, soit qu'il soit question de la réduction au tiers, appellée *portion colonique*, suivant l'usage de la province, seront jugées en première instance, par les officiers des présidiaux de Besançon, Salins, Vesoul, Gray, & Lons-le-Saunier, & en cas d'appel, par la chambre & cour des comptes, aides & finances de Dôle.

Il faut observer que, par édit du mois d'août 1692, Louis XIV, en confirmant l'établissement fait par les anciens ducs de Bourgogne, dans la ville de Dôle, d'une chambre des comptes, lui attribua, indépendamment de ce qui lui appartient comme chambre des comptes, tout ce qui étoit de la compétence des cours & chambre du domaine, aides & finances, dont elle connoîtroit à l'avenir en dernier ressort, sous le titre *de chambre & cour des comptes, domaine, aides & finances du comté de Bourgogne.*

L'édit, d'après ces différentes attributions, fixe le nombre des officiers dont cette cour sera composée, avec les gages & émolumens dont ils jouiront. Cet édit établit en titre d'office, des receveurs particuliers des finances & impositions ordinaires & extraordinaires dans chaque bailliage.

Dans le mois de février de la même année 1692, il avoit été créé à Besançon un bureau des finances, à l'instar de ceux qui sont établis dans le reste du royaume; il fut réuni à la chambre des comptes de Dôle, par édit du mois de septembre 1696, qui ordonne que deux députés par cette chambre, assisteront conjointement, avec le commissaire départi, au département des impositions.

C'est en conséquence de cette disposition, que la chambre des comptes de Dôle nomme & députe, chaque année à Besançon, deux de ses membres, pour procéder, conjointement avec l'intendant, au répartement de l'imposition ordinaire. On a vu au mot CHAMBRE DES COMPTES, que celle de Dôle a été réunie au parlement de Besançon. Les mandemens qui s'envoient dans chaque communauté, & dont l'adresse est *aux maire, échevins, prud'hommes & habitans de la communauté de...* sont intitulés de leurs noms, & signés par eux.

L'édit du mois de septembre 1696, créa cinq présidiaux en *Franche-Comté*, & les unit aux cinq bailliages principaux; savoir, Vesoul, Gray, Besançon, Salins, & Lons-le-Saunier, & il leur attribua, chacun dans leur ressort, la connoissance & jurisdiction des surtaux, qui seroient jugés par eux, sans appel, jusqu'à la somme de vingt liv.

2°. Ces procès en surtaux doivent être jugés sommairement & à l'audience, sans appointement & sans épices, après avoir entendu les avocat & procureur du roi. Il doit en être usé de même sur l'appel en la chambre des comptes & cour des aides.

Le demandeur en surtaux présentera sa requête, sur laquelle il sera ordonné que les commis qui ont fait le répartement, seront appellés à la huitaine; s'ils ne comparoissent point, ni procureurs pour eux, les conclusions du demandeur lui seront adjugées avec dépens, qui seront modérément taxés & payés par les commis, sans répétition sur la communauté.

Si les commis comparoissent, les parties déduiront sommairement leurs raisons à l'audience; les juges examineront particulièrement si la cote est considérablement augmentée par rapport aux rôles des trois dernières années, & si elle est proportionnée à celle des possesseurs de pareille quantité de terres ou héritages.

Si le demandeur avance, pour moyen de diminution, qu'il possède moins de prés, vignes ou pâcages, que les commis n'allèguent, il sera tenu de fournir sa déclaration par écrit, affirmée & signée de lui, s'il sait signer, sinon pardevant notaire, de la quantité qu'il en possède, avec soumission de payer le quadruple de la cote, si la déclaration est trouvée fausse.

S'il ne fournit pas cette déclaration sur le champ, & à l'audience, la demande sera rejettée.

Si les commis contredisent la déclaration, la vérification en sera faite par un arpenteur, dont les parties conviendront sur le champ, ou nommé d'office, sauf le remboursement des frais s'il y échevoit.

Si le demandeur allègue, pour moyen de réduction, qu'il a moins de rentes, ou un moindre commerce que ne comporte sa cote, & que les commis soutiennent le contraire, les juges pourront ordonner que les parties conviendront sur le champ, de deux habitans non suspects, pour arbitres, & d'un troisième pour sur-arbitre, pris tous trois dans les communautés les plus voisines, faute de quoi, ils les nommeront d'office.

L'affaire sera jugée à l'audience, sur leur rapport & avis, & autres moyens de droit.

Les juges ne pourront, pour quelque cause & sous quelque prétexte que ce soit, nommer des commissaires pour se transporter sur les lieux, à l'effet de vérifier les moyens de surtaux.

Si le demandeur réussit dans l'objet de ses demandes, les commis seront condamnés aux dépens, en leur propre & privé nom, à moins qu'ils ne rapportent, avant le jugement, une délibération de la communauté en bonne forme, portant autorisation de la cote antérieure ou postérieure au répartement, avec pouvoir de la soutenir; & nonobstant

nonobstant cette délibération, si les juges reconnoissent qu'ils ont commis quelque abus ou malversation dans la cotisation, ils les condamneront aux dépens, sans aucune répétition.

Les demandes en surtaux seront formées avant le premier de mars de chaque année, & passé ledit tems, les officiers des présidiaux n'en pourront recevoir, à peine de nullité.

Les rôles seront toujours exécutés par provision; les officiers de la cour des aides, ni ceux des présidiaux, ne pourront donner des défenses, sous quelque prétexte que ce soit, à peine de nullité, & d'être responsables du retardement & du recouvrement, sauf le rejet & la réimposition des sommes dont les opposans seront déchargés.

3°. Les rejets & les dépenses auxquels les communautés auront été condamnées en toutes causes & procès, ne pourront être imposés que lors de la confection des rôles de l'année suivante. Les sentences, jugemens & arrêts, seront rapportés, à cet effet, à l'intendant, pour être fait mention, au pied du mandement, de l'imposition des rejets ou dépens qui devront être imposés.

4°. Les échevins ou les commis au répartement de l'imposition ordinaire, seront nommés avant le 15 octobre de chaque année, par la communauté assemblée en la forme ordinaire, & à la pluralité des voix, sans déroger à l'usage des villes où il y a des magistrats établis, & dont les maire & échevins seront élus aux termes & jours accoutumés.

Chaque communauté nommera deux commis; l'un pour les riches, l'autre pour les pauvres.

Les échevins & commis qui auront des motifs de s'opposer à leur nomination, seront tenus de faire juger au présidial leur opposition dans le mois de novembre, & l'appel en la cour des aides, avant le dernier décembre.

Les instances, tant aux présidiaux que sur l'appel en la cour des aides, seront jugées sommairement & à l'audience.

5°. Le jour même que les échevins recevront le mandement, ils le remettront aux commis aux répartemens, à peine de prison & de cent livres d'amende.

Les commis seront tenus de procéder à la confection du rôle, dès que le mandement leur aura été remis, de manière qu'il soit dressé, parfait & arrêté, dans la huitaine. Ils feront mention, à cet effet, dans l'intitulé du rôle, du jour qu'ils auront reçu le mandement, & à la fin, du jour qu'ils auront terminé le répartement; le tout sous les mêmes peines.

Dès que le rôle sera achevé, les commis répartiteurs le porteront au subdélégué dans le département duquel la communauté se trouvera située, pour être par lui vérifié, calculé, & rendu exécutoire, au plus tard dans les trois jours qui suivront la remise, conformément à l'arrêt du conseil du 24 juillet 1744.

Les échevins en exercice lui paieront, pour cette vérification, trois livres, qui leur seront allouées en dépense dans le compte de leur gestion; & moyennant cette rétribution, il n'en sera exigé aucune pour la vérification de tous les autres rôles qui seront faits pour le même exercice.

Le subdélégué doit tenir la main, à ce que les rôles soient entièrement conformes aux mandemens; & s'ils se trouvent excéder les sommes qui y sont portées, il en doit dresser son procès-verbal, l'envoyer à l'intendant, & ne pas vérifier le rôle, à quelque somme que l'excédent puisse monter.

Le rôle vérifié & arrêté, sera remis entre les mains des échevins, qui le feront publier à haute voix à l'issue de la messe paroissiale, par le maire ou sergent de la seigneurie, ou par le maître-d'école; & , *à leur défaut, par le curé de la paroisse, qui est prié de le faire sans difficulté.* Cette publication sera faite gratuitement, & il en sera fait mention au pied du rôle.

Quinzaine après la remise du rôle aux échevins, pour en faire le recouvrement, ils en feront deux copies exactes, certifiées d'eux; l'une, pour le receveur des finances du bailliage, l'autre, pour le subdélégué, qui l'adressera au greffier du présidial du ressort, qui en donnera sa reconnoissance.

Immédiatement après la publication du rôle, les échevins feront le recouvrement du premier quartier, nonobstant l'appel qu'ils pourroient avoir interjetté des jugemens rendus sur les oppositions formées à leur nomination, à peine d'être responsables du retardement. Ils feront solidairement le paiement du premier quartier au premier janvier, entre les mains du receveur en exercice, & celui des trois autres, dans les termes accoutumés; savoir, le premier avril, le 15 juillet & le 15 octobre.

6°. Les commis comprendront dans leur répartement, tous les particuliers de quelque qualité qu'ils soient, qui possèdent des biens-fonds dans leur finage ou territoire, & ce, à proportion du revenu des biens.

Les manans & habitans qui n'ont aucun fonds d'héritages dans le lieu de leur résidence, seront néanmoins imposés pour les rentes qui peuvent leur appartenir, commerce, industrie, & jouissance des communaux.

Les particuliers qui possèdent des biens dans un

territoire, autre que celui de leur résidence, & qui les font valoir par eux-mêmes ou par leurs domestiques, seront cotisés en leur nom, & dans le même rôle que les résidens. Cette cotisation sera faite par un chapitre séparé, à la suite de celui des habitans du lieu, & la taxe sera faite à proportion du produit des biens & de la jouissance des communaux.

Les métayers & fermiers, propriétaires de fonds dans le même territoire où ils en tiennent à ferme, seront imposés par deux articles séparés; savoir, par une cote pour les biens à eux appartenans, & par une autre, pour ceux qu'ils tiennent à ferme ou à amodiation.

Les échevins ou habitans pourront faire procéder, pour le paiement des cotes, à l'exploitation des terres des absens qui seront abandonnées.

7°. Suivant l'usage observé depuis long-tems dans la province, les fiefs anciens & les biens d'église d'ancienne dotation, seront imposés, lorsque les propriétaires les amodieront, à la portion colonique, qui est le tiers de ce que supporteroient les fermiers, s'ils étoient cotisés à l'ordinaire pour le plein.

Les fermiers des dixmes, tant ecclésiastiques qu'inféodées, & des novales, doivent aussi être imposés à la portion colonique, conformément à l'arrêt de réglement rendu par la chambre des comptes le 20 novembre 1762.

Ce réglement est intervenu, pour faire cesser la diversité des usages qui subsistoient dans les communautés, & qui étoient autorisés par la jurisprudence différente des présidiaux.

Celui de Besançon décidoit, que les fermiers des dixmes devoient être imposés.

Ceux de Vesoul & de Salins jugeoient le contraire.

Cette différence dans les jugemens, exposeroit les commis répartiteurs & les communautés à des procès aussi fréquens que dispendieux; ces considérations engagèrent le procureur général de la chambre des comptes, à requérir un arrêt de réglement qui donnât, sur cet objet, une exécution égale & conforme, dans toutes les communautés, aux dispositions de la déclaration du roi du 16 mai 1706, & qui procurât sous ce point de vue, par l'assujettissement des fermiers des dixmes aux impositions, le soulagement des autres contribuables.

Ne seront réputés biens anciens de fief, quant à l'imposition, les terres avenues par échute au seigneur, lesquelles ont été imposées comme biens roturiers, soit avant, soit depuis l'échute, nonobstant tous jugemens & arrêts sur ce intervenus, elles seront imposées pour le plein & entier, comme avant les échutes, jugemens & arrêts; les biens qui auront été réputés de fief, & imposés comme tels, sans contestation, avant l'année 1706, ne pourront néanmoins être imposés comme biens roturiers, sous prétexte qu'ils pourroient être originairement avenus par échute ou réunion.

Le comté de Bourgogne est un pays où le droit de main-morte s'est conservé. Le main-mortable ne peut aliéner ses héritages de main-morte sans le consentement du seigneur, & il fait échute à son profit, de tous ses biens, lorsqu'il décède sans communier.

Les héritages main-mortables appartiennent au seigneur, en ce cas, par droit de retour ou de réunion, comme ayant été donnés sous la condition qu'ils retourneroient au cas du décès sans communier; aussi les reprend-t-il sans payer les dettes, à moins qu'il n'y ait consenti.

Et quant aux biens francs, meubles, noms, droits & actions, la coutume dit, *que le seigneur les prend dans le cas d'échute;* & M. Dunod, dans son *Traité de la main-morte*, prétend que c'est un droit de pécule. Il se fonde sur la disposition de la coutume, qui porte que, *le seigneur ne paye les dettes de son sujet, sur cette espèce de biens, que jusqu'à concurrence de sa valeur, & après avoir prélevé tout ce qui lui étoit dû à lui-même.*

Ne seront pareillement réputés biens d'ancienne dotation pour les bénéfices & communautés ecclésiastiques & religieuses, établies avant l'année 1660, que ceux qui seront justifiés avoir été donnés pour fondation originaire & primordiale, ou être possédés de tems immémorial. Et à l'égard des communautés établies depuis 1660, les biens seulement acquis pendant les trois premières années; tous les autres, acquis ou donnés depuis, seront imposés en plein.

Le roi voulant traiter favorablement les officiers du parlement de Besançon, ceux de la chambre des comptes, les recteur, professeurs & distributeurs de l'université, & les maintenir dans tous les privilèges qui leur ont été attribués, soit par les rois catholiques, soit depuis la réunion de la province à la couronne, ordonne que tous les biens de ces officiers, compris les avocats & procureurs généraux, leurs substituts, le greffier en chef, les gardes-sceaux & secrétaires du roi, continueront d'être réduits à la portion colonique, *de quelque nature qu'ils soient*, lorsqu'ils seront exploités par des fermiers ou amodiateurs.

Les présidens, conseillers, avocats & procureurs généraux du parlement, ceux de la chambre des comptes, les secrétaires du roi des chancelleries de ces cours, pourront faire valoir par leurs mains, ou par des domestiques salariés & non mariés, une grange ou ferme de biens rotutiers, jusqu'à concurrence du labourage de trois charrues, au plus, en terres labourables; ou prés, bois, vignes & fruitières, à proportion, suivant l'estimation commune du pays.

Les correcteurs & auditeurs de la chambre des comptes, greffiers en chef de ces compagnies, le premier huissier du parlement, aussi-bien que les substituts, les recteurs, professeurs & distributeurs de l'université, jusqu'à concurrence d'une charrue seulement, ou à proportion.

Sans néanmoins que les uns ni les autres puissent joindre plus d'une grange ou ferme ensemble, quand même elles n'excéderoient pas ladite valeur.

Comme aussi sous la condition de faire signifier dans le mois d'octobre, aux échevins & aux commis nommés pour l'année suivante, qu'ils entendent tenir par leurs mains lesdits fonds.

Défenses à la chambre des comptes & cour des aides, ensemble aux présidiaux, de faire jouir aucun autre officier, sans exception, & sous quelque prétexte que ce soit, du privilège de réduction à la portion colonique & de franchise; les arrêts, sentences & jugemens contraires, que quelques officiers non compris parmi ceux ci-dessus dénommés, pourroient avoir obtenus par surprise ou autrement, sont déclarés nuls, & comme non avenus.

Les détails dans lesquels on vient d'entrer, font connoître la nature de l'imposition qui représente la taille en *Franche-Comté*, & les principes par lesquels elle est administrée.

Il paroît que, dans l'origine, le clergé & la noblesse ne contribuoient en rien au paiement des impositions pour tous les biens qu'ils possédoient, le poids des charges retomboit entièrement sur le peuple. On reconnut qu'il étoit de la justice de le diviser; c'est ce qui fit admettre alors une distinction entre les fonds nobles ou de fief, & les fonds roturiers.

Les fonds roturiers, en quelques mains qu'ils fussent, furent déclarés sujets aux impositions, & l'on n'admit d'exception, à cet égard, que pour ceux qui avoient fait partie de l'ancienne & première dotation des bénéfices & communautés ecclésiastiques.

Quant aux biens anciens des fiefs, il fut établi que, lorsque ceux qui les possédoient ne les feroient pas valoir eux-mêmes, ou qu'ils les donneroient à ferme, ils seroient imposés au tiers de ce qu'ils supporteroient, s'ils étoient roturiers, & ce tiers fut appellé *portion colonique*. Ainsi, sous ce point de vue, la portion colonique est un assujettissement, & non une exemption ou une réduction.

On porta même plus loin cet assujettissement, à l'égard des biens avenus aux seigneurs par échute ou réunion; on régla que si, antérieurement, ces biens avoient été imposés ce qu'on appelle *en plein*, comme roturiers, ils continueroient de l'être, & ne seroient point réputés biens anciens de fief, quant aux impositions; dans la main des seigneurs.

Enfin, on ne regarde comme ne devant être imposés qu'au tiers dans la main des fermiers, que les biens anciens de fief, & les biens d'église d'ancienne dotation; ainsi les terres nouvellement érigées en fief, les fonds acquis par les églises depuis l'époque dans laquelle ce qui est réputé constituer leur dotation est renfermé, conservent toujours leur ancien état, relativement au paiement des impositions.

Les rois d'Espagne, souverains de la *Franche-Comté*, avant la conquête, avoient cru devoir accorder des prérogatives, & des marques particulières de distinction aux officiers du parlement, de la chambre des comptes, ainsi qu'à tous ceux qui ont été ci-devant nommés; ils avoient réglé que leurs biens, de *quelque nature qu'ils fussent*, & par conséquent les fonds même roturiers, seroient réduits, dans la main des fermiers, à la portion colonique; & sous ce dernier point de vue, cette portion colonique est un titre d'exemption : ils leur avoient même accordé de pouvoir tenir & faire valoir par leurs mains, en exemption d'imposition, jusqu'à la concurrence d'une certaine quantité de fonds roturiers.

Le parlement & la chambre des comptes n'étoient alors composés que du nombre d'officiers nécessaires, pour remplir les différens services dont ces cours étoient chargées; la vénalité des charges y a été introduite depuis la conquête, & les besoins de l'Etat ont fait multiplier le nombre des offices; c'est ce qui a obligé à dénommer & fixer, par la déclaration du 18 mai 1706, ceux d'entr'eux qui jouiroient de ces prérogatives, dont l'effet devient très-onéreux à la classe des contribuables, car la jouissance de ce privilège est conservée aux officiers vétérans, & aux veuves des officiers des deux cours : il en résulte, que deux ou trois personnes profitent, sur un seul & même office, du privilège de la portion colonique.

8°. Les échevins chargés du recouvrement, ne doivent point attendre, soit pour recouvrer les cotes des particuliers, soit pour porter à la recette les termes échus, que le receveur les envoie contraindre, à peine d'en supporter les frais.

Il est enjoint aux receveurs, pour qu'ils soient à portée de connoître la recette des échevins, de faire, tous les mois, le dépouillement des rôles, & d'agir contre ceux qui se trouveront rétentionnaires, par les voies prescrites.

9°. Ceux qui voudront changer de domicile,

feront tenus de le faire signifier aux échevins de la communauté d'où ils fortiront, & publier à l'issue de la messe paroissiale, dans le mois d'octobre, après quoi ils seront encore cotisés de la même manière, dans cette communauté, pendant une année; & s'ils transfèrent ensuite effectivement leur domicile, ils ne pourront y être imposés les années suivantes, par rapport à leur industrie & leur commerce, mais seulement pour les fonds d'héritages qu'il pourront y posséder.

10°. Il est défendu à tous seigneurs & officiers de justice, ayant pouvoir & autorité dans les communautés, de s'immiscer directement ni indirectement dans la confection des rôles, d'y être présens, ni d'user d'aucune violence, induction, ni voie de fait, à peine d'être procédé contr'eux extraordinairement.

11°. Les commis répartiteurs ne pourront se décharger, ni diminuer leurs cotes, ou celles de leurs parens, à moins qu'ils n'ayent diminué en biens, par vente de leurs héritages, ou délaissé une ferme qu'ils tenoient auparavant; auquel cas, les acquéreurs, ou nouveaux fermiers, seront augmentés du montant de la diminution faite sur la cote des commis.

Les contraintes que les receveurs font dans le cas de décerner, sont mises à exécution par des commissaires à la subvention. Ces commissaires avoient été créés en titre d'office, par édit du mois de juillet 1703, mais cette création est demeurée sans effet; c'est l'intendant qui commet ceux qui exercent ces fonctions: comme leur nombre étoit extrêmement multiplié, une ordonnance du 22 mai 1751, l'a réduit à ce qu'exigeoit le service, eu égard à l'étendue de chaque bailliage, & à l'objet du recouvrement.

La même ordonnance prescrit la conduite que chacun de ces commissaires doit tenir, dans l'exécution des contraintes dont il est chargé.

Il doit envoyer, trois jours avant son arrivée dans les communautés où il a ordre de se transporter, un billet imprimé, pour avertir les échevins du jour qu'il devra s'y rendre.

Les échevins doivent, sur ces avertissemens, assembler les habitans, & les prévenir de tenir les fonds prêts pour payer les quartiers échus de leurs impositions.

Ceux des redevables qui satisfont au paiement de leurs cotes, dans le jour de l'arrivée du commissaire à la subvention, ne supportent aucuns frais de contrainte.

Ce commissaire doit, aussi-tôt qu'il est arrivé, se faire représenter les rôles, & les calculer en présence des échevins, sur les reçus portés à la marge, afin de connoître si les deniers de la recette n'ont point été divertis, & en informer les receveurs; après quoi il exercera ses contraintes contre les échevins, soit par saisie de meubles, soit par emprisonnement de leur personne, à défaut de meubles suffisans.

Il doit ensuite se transporter, avec les échevins, dans les maisons des redevables, pour les faire payer, & les y contraindre, par la même voie de la saisie de leurs meubles; recevoir les oppositions que les parties saisies pourroient y former, & les assigner, par le même acte, devant le subdélégué, qui ordonnera, par provision, que la saisie sortira son effet; & il sera procédé à la vente, huitaine seulement après la saisie.

On excepte, comme ne pouvant être saisis pour les impositions, les lits, habits, grains, chevaux & bœufs servant au labourage, les outils des artisans & manœuvres.

Ce commissaire à la subvention ne doit point quitter la communauté où il a été envoyé, qu'il n'ait fait payer tous les redevables, ou fait toutes les saisies nécessaires. Il doit, à son retour, présenter son procès-verbal de contrainte au subdélégué, qui taxera le nombre des journées à proportion du travail, & à raison de vingt sols par jour, dont la répartition sera faite, sur tous les redevables qui auront occasionné les frais, au marc la livre de leur débet énoncé au procès-verbal.

Les receveurs sont tenus d'avoir un registre coté & paraphé par les subdélégués, pour y inscrire les noms des communautés, ceux des commissaires à la subvention qu'ils enverront en contrainte, & tous les détails relatifs à leurs opérations & à leurs taxes.

De leur côté, les subdélégués doivent aussi tenir registre des contraintes qu'ils viseront, du montant des taxes qu'ils accorderont, & en adresser un relevé, chaque mois, à l'intendant.

On passe aux échevins, dans les comptes qu'ils rendent de leur exercice, quatre voyages, pour porter les impositions aux receveurs des bailliages.

Au reste, les commis répartiteurs sont tenus de se conformer aux dispositions de l'arrêt du conseil du 2 juillet 1735, dont l'exécution a été ordonnée en *Franche-Comté*, par deux ordonnances des intendans des 20 octobre 1733 & 26 octobre 1763; en conséquence, expliquer dans leurs rôles le nom des taillables, leur profession, l'espèce de leur commerce ou de leur industrie, désigner les différentes natures de biens qu'ils possèdent en propriété, ceux qu'ils tiennent à ferme, &c. &c. conformément au modèle qui leur est remis.

Un arrêt du conseil, du 4 juillet 1744, autorise les intendans à faire procéder d'office, pardevant les commissaires qu'ils jugeront à propos de nommer, à la confection des rôles des impositions.

La *Franche-Comté;* n'est point sujette aux gabelles. Cette province a l'avantage de renfermer dans son sein des sources salées dont les plus considérables ont, dans leur origine, occasionné l'établissement & la dénomination de la ville de Salins.

Il paroît que dans le principe, les salines de la *Franche-Comté* appartenoient aux particuliers, dans les fonds & seigneuries desquels elles s'étoient trouvées. Les comtes de Bourgogne ne faisoient même aucun usage du droit d'imposer le sel qui en provenoit. Ils avoient seulement pourvu à ce que leurs sujets en eussent pour leurs besoins & à juste prix; & si dans la suite, ces princes sont devenus propriétaires de ces salines, cette propriété leur a été transmise par voie d'achat ou de succession.

Il y avoit anciennement deux seigneuries à Salins; chacune de ces seigneuries avoit des sources salées qui formoient dans l'une la grande, & dans l'autre la petite saline; les deux seigneuries & les salines qu'elles renfermoient ont été, dans différens tems, réunis au domaine des souverains de la *Franche-Comté.*

Chaque saline avoit ses charges.

Le propriétaire de la grande saline étoit obligé de fournir chaque semaine, à des particuliers qui en avoient le droit, soixante mesures d'eau salée. on appelloit cette mesure un *Lous*, & elle contenoit vingt-quatre muids.

Les particuliers tiroient de cette eau par l'ébullition, le sel destiné pour la consommation de la province dans une chaudière qu'on appelloit la *chauderette*, autrement *chaudière de Rozières.*

Philippe II & Philippe IV, rois d'Espagne, comtes de Bourgogne, ainsi que l'archiduc Albert & l'infante Isabelle, acquirent, en différens tems, le droit de ces particuliers qui étoient au nombre de soixante quatre, & se chargèrent de fournir en leur place, à la province, tous les sels extraordinaires dont elle auroit besoin.

L'on appelle, *sel rozières*, ce sel extraordinaire du nom de la chaudière dans laquelle il étoit anciennement fabriqué.

Plusieurs particuliers s'étant associés, pour découvrir les sources des petites salines, & en faire le travail; le souverain qui en étoit propriétaire, leur y donna des parts qui furent encore divisées dans les partages de leur succession; en sorte que l'eau de ces sources se partageoit annuellement en quatre cents dix-neuf parts qu'on appelloit quartiers, & chaque quartier étoit de trente sceaux d'eau salée. Le souverain avoit presque épuisé les portions qui étoient restées dans ses mains, par les dons qu'il avoit fait à des églises, à des seigneurs du pays; l'église avoit acquis aussi plusieurs quartiers des particuliers associés.

Les rois d'Espagne s'occupèrent du soin de réunir à leur domaine, les quartiers de la petite saline. Ils créerent pour les parts qui appartenoient, tant aux églises, que pour celles des particuliers, des rentes & des redevances, & ils en userent de même pour l'achat des droits des particuliers sur la grande saline. *Voyez* SALINE, pour avoir des détails sur la fabrication du sel, sur les moyens d'y pourvoir, & sur la police établie pour garantir les pays de gabelles des versemens de sel de *Franche-Comté.*

Nous n'avons plus à considérer cette province que relativement aux droits de domaine, à la ferme du tabac, & aux droits de douane.

Les droits de domaine ont lieu en *Franche-Comté* comme dans le reste du royaume. Après avoir formé depuis la conquête, une sous-ferme séparée, ils entrèrent dans le bail général fait à Carlier en 1726, & sont successivement passés dans les baux subséquens jusqu'en 1780 qu'ils ont composé l'administration générale. Ces droits en *Franche-Comté* sont un objet de six cents mille livres par an, non-compris le produit des domaines fixes & casuels qui s'élevent à neuf cents mille livres, & celui des bois qui est d'environ cent trente mille.

Dans la suite, le roi ayant ordonné la réunion des domaines aliénés dans cette province depuis 1674, il fut fait une ferme particulière de tous les domaines, en sorte que dans le bail général fait à Pierre Henriet le 22 août 1756, il y fut dit que cet adjudicataire jouiroit de tous les domaines & droits domaniaux des différentes provinces, à l'exception des domaines de *Franche-Comté*, en ce qui excéderoit la somme de cinq mille livres qui a fait partie des précédens baux.

La *Franche-Comté* n'est pas sujette au privilège exclusif du tabac dont jouit l'adjudicataire de cette ferme; mais il est défendu aux habitans de cette province de faire aucune plantation & culture, manufacture, magasin, amas, ni entrepôts de tabacs dans les trois lieux limitrophes des pays où le privilège exclusif à lieu, à peine de confiscation des tabacs & de quinze cents livres d'amende.

Il est également défendu à ceux qui demeurent dans l'étendue de ces trois lieues, d'avoir pour leur usage une plus grande provision de tabac que celle de deux livres par mois, pour chaque chef de famille, sous peine de confiscation du tabac, d'un amende de cent livres pour la première fois, & cinq cents livres pour la seconde.

A l'égard des droits de douane ou de traites, la *Franche-Comté* est mise au rang des provinces réputées étrangères. Mais il y a une grande distinction à faire, entre la constitution générale des provinces de ce genre & la *Franche-Comté*. Toutes ont des tarifs dont les droits, sont percevables à l'entrée & à la sortie de leurs territoires. En *Franche-Comté*, il n'en existoit aucun avant sa réunion à la couronne.

Mais lorsqu'elle eut été incorporée au royaume, il fallut bien qu'elle supportât une partie des charges, en jouissant du bénéfice de cette naturalisation. En conséquence on y établit le tarif de 1667 & tous les droits imposés postérieurement par des arrêts uniformes; c'est-à-dire, par des réglemens dont l'objet est, ou de restreindre l'importation, ou de favoriser l'exportation, & par conséquent dans des vues utiles au bien général de l'Etat.

Cet assujettissement aux droits, n'est donc applicable qu'aux marchandises & denrées qui éprouvent un traitement général dans toute la circonférence du royaume; & dès qu'ils sont entrés en *Franche-Comté*, ils peuvent dans les trois mois de l'acquit des droits uniformes, passer dans les autres provinces en franchise.

Toute marchandise ou denrée qui n'est pas sujette à ces droits uniformes, n'en paye aucuns à l'entrée de la *Franche-Comté*, non plus qu'à la sortie, & dès lors son commerce en est parfaitement libre & franc avec le pays qu'elle avoisine. Mais si ces marchandises passent ensuite dans les provinces des cinq grosses fermes, elles y acquittent les droits d'entrée du tarif de 1664; comme tout ce qui sort de ces provinces pour la *Franche-Comté*, paye des droits de sortie.

A cette condition composée d'assujettissement aux droits, lorsqu'il est utile au commerce général, & de légères exemptions pour la consommation de ses habitants, la *Franche-Comté*, joint le privilège de recevoir en transit franc, comme un pays étranger, les denrées & marchandises de nos colonies qui sont admises à ce transit, & les sucres raffinés en certaines provinces.

Si les articles soumis à des droits uniformes étoient en petit nombre, la *Franche-Comté*, pourroit trouver de l'avantage dans cette condition en se fournissant chez les Suisses ses voisins. Mais tout ce qui est étoffe & tissu est inadmissible par cette province, & si elle tire ces objets du royaume, ce n'est qu'après avoir acquitté les droits locaux dûs sur la route, dès le lieu de leur enlèvement. De même, si elle envoye dans le royaume des productions de son sol, elles y payent des droits d'entrée. Sa situation est donc plus fâcheuse qu'elle ne paroît d'abord l'être au premier coup d'œil; car en examinant cette prétendue liberté de commercer avec l'étranger, les choses non soumises à des droits généraux, on reconnoît qu'elle n'est qu'illusoire, & que, pour un très-petit nombre de marchandises de peu de valeur, qui sont dans ce cas, il en est un nombre bien plus considérable qui ne peut pas même entrer dans cette province, & qui en est repoussé par des prohibitions locales, ou par des droits prohibitifs.

Il seroit donc d'un grand bien pour cette province d'être incorporée aux cinq grosses fermes. Elle commerceroit librement, franchement, avec les provinces qui les composent, & ne perdroit presque rien du côté de l'étranger, puisque les droits uniformes la défendent déjà, de tout ce qu'elle en pourroit tirer pour une consommation habituelle.

La masse des impôts que la *Franche-Comté* paye au roi est évaluée à neuf millions trois cents mille livres; & on y suppose six cents soixante-dix-huit mille habitans, en sorte que chacun d'eux contribue à cette masse pour treize livres quatorze sols. *Voyez* GÉNÉRALITÉS.

FRANC-FIEF, droit que payent au roi les roturiers, à cause des fiefs & biens nobles qu'ils possèdent. Ce droit fait partie de l'administration générale des domaines.

Suivant Bacquet, & les autres jurisconsultes, le droit de *Franc-fief*, a pour origine l'incapacité naturelle au roturier, dans le systême féodal; d'acquérir & posséder des fiefs. C'est même ce que paroissent confirmer les préambules de la declaration de Louis XIII, du vingt neuf novembre 1641, & de l'édit de Louis XIV, du mois de novembre 1656.

M. Henrion de Saint-Amand, paroît être le premier qui ait observé que le *franc-fief* ne fut établi, dans le principe, que sur les roturiers qui, en acquérant des fiefs, avoient obtenu des seigneurs dont ils relevoient, l'affranchissement du service militaire auquel ces fiefs étoient de droit assujettis. La taxe payée n'étoit donc qu'un dédommagement du préjudice que souffroit le roi, comme suprême suzerain, par l'effet de cet affranchissement du service militaire. On en voit la preuve dans l'ordonnance de Philippe III, de l'an 1275, la première loi connue sur cette matiere. Elle ordonne que les personnes non nobles qui ont acquis des fiefs, si elles les possedent à la charge de rendre les services qui en sont dûs, en jouiront paisiblement & sans être inquiétés; mais que si elles possedent avec abrégement de services, & qu'il paroisse que la condition du fief soit détériorée, elles seront contraintes de mettre le fief hors de leurs mains, ou de payer la valeur des fruits de deux années. Voyez *le Répertoire de jurisprudence*; addition, au mot FRANC-FIEF.

Il résulte aussi des autorités que rappelle M. de Lauriere, dans sa préface du recueil des anciennes ordonnances, que lorsque les fiefs possédés par des non nobles étoient échus en tierce foi, c'est-à-dire, qu'ils avoient passé de l'ayeul au fils, & du fils aux petits enfans, ils étoient partagés noblement entre eux, en sorte que l'aîné réputé gentilhomme, & qui en avoit seul pour cette raison les deux tiers avec le principal manoir, étoit admis à en faire l'hommage. Les fiefs communiquoient donc leur franchise ou leur noblesse au roturier qui les possédoit; de même les nobles perdoient le privilège de leur franchise, & étoient considérés comme roturiers, tant qu'ils demeuroient sur leurs héritages tenus en censive.

Quoiqu'il en soit de ces opinions qu'on peut contester, & qui confirment que c'est sur-tout le monde féodal qui est livré aux disputes des hommes, la distinction établie par l'ordonnance de 1275, quant à l'affranchissement du service militaire, ne tarda pas à disparoître. Une autre ordonnance de Philippe le long, du mois de mars 1320, imposa au droit de *franc-fief*, les roturiers qui, en acquérant des fiefs, étoient restés soumis au service militaire, comme ceux qui l'avoient racheté, à la seule différence, que la taxe ne fut pour ces premiers que de trois années du revenu, au lieu qu'elle fut de quatre années pour les autres.

Postérieurement, tous les roturiers possesseurs de biens nobles furent soumis à la même taxe. Elle n'avoit point lieu à des époques déterminées. La recherche étoit faite après un intervalle plus ou moins long, suivant que les besoins de l'Etat l'exigoient, & elle n'avoit pour objet que les jouissances passées, sans anticiper sur l'avenir. C'est Louis XIV qui, par sa déclaration du 9 mars 1700, ordonna que le droit de *franc-fief* seroit payé après l'an & jour des acquisitions & ouvertures de succession, sur le pied d'une année du revenu des biens, & pour vingt années de jouissance, à compter du jour de ces acquisitions, ou de l'expiration du dernier affranchissement.

Le droit de *franc-fief* est donc dû par tout possesseur de fief & bien noble, à moins qu'il ne justifie de son titre d'exemption. Les personnes non soumises à ce droit, sont,

1°. Les nobles de race ou d'extraction : ils doivent établir leur filiation, & la possession de la noblesse au moins pendant les cent dernières années, par le rapport des minutes ou grosses originales des contrats de mariage, testamens & partages, & par les actes de baptême, de célébration de mariage & de sépulture. Il faut encore qu'il n'y ait point eu de dérogeance, & que la possession ne soit point prouvée vicieuse & abusive, par des actes plus anciens qui annonceroient l'état de roture.

2°. Les annoblis par lettre du prince & leurs descendans, en observant que ceux qui sont sujets aux droits de confirmation, établis par la déclaration du 27 septembre 1723, & par l'édit du mois d'avril 1771, doivent justifier du payement de ces finances, fait en tems utile.

3°. Les principaux officiers des cours souveraines & autres porvus d'office de judicature ou de police conférans la noblesse. Il est nécessaire, pour fonder ce privilège, que l'édit de création des offices contienne nommément l'attribution de la noblesse. Les enfans ou descendans en héritent si le père est décédé dans l'exercice de la charge, ou muni de lettres de vétérance, après un service de vingt années. Cette prérogative n'a lieu au premier dégré, c'est-à-dire après une seule vie, que pour les officiers des cours souveraines de la capitale. Ceux des provinces ne jouissent, sauf quelques exceptions, que de la noblesse graduelle, & il faut deux vies consécutives dans la possession de l'office, pour que la noblesse soit transmise à leurs descendans.

4°. Les officiers commensaux de la maison du roi, & de celles des princes & princesses du sang, dénommés dans l'arrêt du conseil rendu en réglement, le 15 mai 1778, & dans celui du 11 août 1784, tant qu'ils ont un service réel & actuel, & lorsqu'ils ont obtenu des lettres de vétérance, après vingt-cinq années d'exercice.

5°. Les ecclésiastiques du clergé de France constitués dans les ordres sacrés, à compter du soûdiaconat. Leur exemption restreinte de tout tems, & notamment par l'arrêt du conseil du deux novembre 1774, aux biens de leurs bénéfices, & à ceux qu'ils recueillent à titre de patrimoine, a été étendue par un arrêt du conseil du 27 janvier 1777, aux biens qu'ils acquierent, mais sous la défense expresse de prêter leur noms à des laïcs roturiers pour aucune acquisition de fief & biens nobles; à peine du triple droit de *franc-fief*, & de deux cents livres d'amende payable solidairement par les contrevenans.

On observera, en passant, que les peines prononcées pour cette espèce de fraude n'empêchent pas qu'on ne la commette journellement; & c'est peut-être un motif de plus, de faire cesser une faveur qui paroît aussi contraire aux intérêts du roi qu'aux principes de l'établissement du droit de *franc-fief*. Les simples clercs, au sur-plus, sont exemts de ce droit pour les biens dépendans des bénéfices dont ils peuvent être pourvus.

Enfin les ecclésiastiques qui ne font point partie du clergé de France; c'est-à-dire dont les bénéfices sont dans le ressort des évêchés de Besançon, Cambray, Strasbourg, Metz, Toul, Verdun, Saint-Diez, Nancy, Orange, Saint-Claude, Belley, Saint-Omer, Arras & Perpignan, ne sont exempts du *franc-fief*, que pour les biens de leurs bénéfices, & sont tenus du droit pour ceux de patrimoine, ainsi que pour ceux qu'ils acquièrent.

A l'égard des femmes, celles qui ont épousé des

nobles ou privilègiés, jouissent de l'exemption, & la conservent pendant leur viduité. Au contraire celles qui, nées nobles épousent un roturier, perdent leur privilège, & elles ne le recouvrent que dans le cas, & du moment où elles deviennent veuves.

Les biens qui donnent ouverture au droit de *franc-fief*, lorsqu'ils sont possédés par des roturiers, sont, tous les héritages qu'ils possédent noblement, soit que ces biens relevent immédiatement du roi ou d'autres seigneurs, tels que les droits de justice, directe, censives, péage, barrage, mesurage, minage, forage, bourdelage, champart, tabellionnage, les rentes féodales, dîmes inféodées, offices fieffés & héréditaires, comme sergenteries & autres offices, pour lesquels il est nécessaire de faire foi & hommage au roi, dont ils sont tenus en fief.

Les droits qui sont nobles de leurs nature, tels que ceux de justice & directe, les cens, servis, les dîmes inféodées, &c., ne peuvent être arroturés, & sont toujours tenus noblement, qu'ils aient été aliénés sous la forme d'accensement & à quelque autre titre que ce soit. La jurisprudence du conseil sur cette question est établie par un arrêt du 5 mai 1761.

A l'égard des fonds & héritages, comme ils ont anciennement fait partie des fiefs concédés aux nobles sous la charge de la foi & hommage, & qu'ils n'ont pu être arroturés que par des accensemens postérieurs, c'est aux possesseurs à prouver leur nature roturière par des reconnoissances & des déclarations géminées, rendues en bonne forme aux papiers terriers des seigneurs, & qui établissent l'assujettissement actuel aux cens & à la directe.

Le franc-aleu, c'est-à-dire le défaut absolu de de mouvance & de directe, n'est admis que dans les provinces & coutumes qui ont un titre formel pour le prétendre. Comme les héritages tenus en franc aleu restent sujets à la justice & jurisdiction du seigneur haut justicier, & aux droits de deshérence, confiscation & autres qui en dérivent, les possesseurs sont obligés de passer des déclaration séches à la seigneurie dans l'étendue de laquelle ils sont situés, avec désignation des quantités & contenances. A défaut de ces actes les biens sont réputés féodaux, & susceptibles du droit de *franc-fief*. Ces principes sont développés dans un arrêt du conseil du 9 février 1762, qui en rappelle deux autres du parlement de Paris des 4 août 1716, & 9 mai 1750 sur cette matière.

Un héritage ne peut être arroturé, que par l'aliénation qu'en fait le seigneur, avec retenue d'un cens ou autre redevance emportant directe seigneurie. Le cens réservé est représentatif de la partie du fief dont le domaine utile est aliené, & se reporte ainsi au seigneur dominant. Cet effet peut se produire par la vente, l'échange, le don, le bail à rente; il suffit que la retenue du cens & de la directe soit expresse & portée par l'acte même d'aliénation, pour que l'acquéreur posséde le bien en roture. Cette faculté qu'a le seigneur de se jouer de son fief a cependant des bornes dans la plûpart des coutumes. Celle de Paris, qui forme le droit commun, la limite aux deux tiers du fief; en sorte que l'accensement, s'il excéde cette quantité, ne prive point les biens de leur nature féodale. Il y a aussi des coutumes, telles que celles d'Orléans, Péronne, Châlons, Amiens, où le seigneur ne peut transmettre une partie de son fief qu'en se réservant une rente représentative du revenu de la portion aliénée. S'il reçoit un prix, ou des deniers d'entrée, il y a démission de foi, & l'héritage devient un fief séparé dans la main de l'acquéreur.

Lorsque le cens & devoir seigneurial, réservé lors de l'aliénation primitive, vient à s'éteindre, soit par le rachat qu'en fait le possesseur, soit par la prescription dans les coutumes qui l'autorisent, le fonds reprend la nobilité dont il jouissoit entre les mains du seigneur du fief. Il y a également retour à la féodalité, dans le cas de réunion de l'utile à la directe; c'est-à-dire, lorsque le seigneur acquiert, à quelque titre que ce soit, des fonds dans sa censive, ou que le censitaire acquiert le fief dont il relevoit, à moins qu'ils n'ayent fait la déclaration de non-réunion, dans les pays où elle est admise.

Le droit de *franc-fief* est à la fois réel, comme étant dû à cause d'un immeuble, & personnel, comme attaché à la personne du possesseur; mais malgré cette première qualité, il ne suit point l'héritage, & le détenteur n'en est pas tenu, ainsi qu'il l'est des cens arréragés & du droit de centième denier ouvert avant sa possession. Le recouvrement d'un droit de *franc-fief* que le redevable n'a pas acquitté avant son décès, ne peut être suivi que contre son héritier.

Le *franc-fief* étant dû pour les fruits & la permission de jouir, il n'y a pas ouverture au droit pour les mutations de la nue propriété: l'usufruitier seul en est tenu.

Le droit est exigible après l'expiration de la première année de jouissance, ou de celle qui a suivi le dernier affranchissement. Il se paye d'avance pour une époque de vingt ans.

Le possesseur roturier qui est exproprié, ou qui acquiert un titre d'exemption, dans le cours de la première année, ne doit le *franc fief* que sur le pied du *prorata*; mais s'il a joui l'année entière, & que la demande ait été juridiquement formée, le droit se trouve dès-lors acquis, & est exigible pour

pour l'époque de vingt années, sans égard aux évènemens postérieurs.

La liquidation se fait sur le pied du produit d'une année, d'après la déclaration estimative que fournit le redevable, soutenue des baux existans. Pour les biens affermés en grains ou autres denrées, le produit s'évalue sur le pied du prix commun de ces denrées, pendant les dix dernières années. Si le revenu actuel & effectif n'est point établi, le droit peut être exigé à raison du vingtième du prix des acquisitions, aux termes d'un arrêt de réglement du 16 août 1692.

Les biens qui ne produisent point un revenu annuel, tels que les étangs, les bois taillis ou de futaie, doivent être compris, dans la liquidation, sur le pied de l'année commune de leur produit d'une pêche ou d'une coupe à l'autre. La règle s'étend même aux droits honorifiques, & aux objets de décoration & d'agrément, comme les châteaux, les parcs, &c. dont la valeur annuelle doit être estimée, le paiement de la taxe de *franc-fief* rendant seul le possesseur roturier habile à en jouir.

La perception s'établit sans aucune distraction des rentes dont les fiefs & biens nobles peuvent être chargés, les conventions pour l'établissement de ces rentes étant étrangères à la féodalité des biens, & ne pouvant influer sur le droit ; ce qui n'empêche pas que le propriétaire de la rente, si elle est noble, ne soit tenu personnellement de la taxe pour sa possession. Les vingtièmes auxquels les biens sont imposés, ne sont point, non plus, dans le cas d'être déduits ; mais le redevable doit en être déchargé, pour l'année où il paye le droit de *franc-fief*.

Le recouvrement de ces droits s'opère sur des contraintes que décerne l'adjudicataire de la ferme ou régie des domaines, & qui sont visées par l'intendant de la généralité. Elles sont signifiées à l'époque où le droit est devenu exigible, & les frais de cette signification ne sont point à la charge du redevable. Les fruits & revenus des biens sont affectés au paiement du *franc-fief*, par privilège & préférence à toutes autres créances. S'il s'élève des contestations à cet égard, ou relativement à la nature des biens, à l'exemption que peut réclamer le possesseur, enfin au réglement & à la liquidation du droit, elle sont portées devant les intendans & commissaires départis, sauf l'appel au conseil des finances. La jurisprudence sur la matière des *franc-fiefs*, a été fixée par deux arrêts de ce conseil, rendus en réglement les 21 janvier 1738 & 13 avril 1751.

Dans l'Artois & la Franche-Comté, le droit de *franc-fief* ne se paye qu'une seule fois par l'acquéreur d'un bien noble. L'affranchissement subsiste même pour ses héritiers directs & collatéraux, qui ne doivent pas de nouvelle finance pour leur possession. Il en est de même dans la Flandre Walonne, sauf que le droit n'est point réglé, comme dans les autres pays, à une année du revenu, mais à une année & demie.

L'exemption du *franc-fief*, dont jouissoient les habitans de la province du Perche & de différentes villes, telles qu'Orléans, Chartres, Angers, Abbeville, &c. en vertu d'abonnemens ou autres titres, a été révoquée par une déclaration de Louis XV. du premier juin 1771 ; en sorte qu'il est exigible de tous les François roturiers qui possèdent des biens nobles.

Le produit des droits de *franc-fief*, en comprenant les dix sols pour livre auxquels ils ont été assujettis par différens édits, est d'environ un million, année commune, pour tout le royaume. On s'étonnera peut-être que ce droit, l'un des plus anciens de la monarchie, n'ait pas éprouvé plus de progression, & soit d'un aussi foible secours pour l'Etat. La cause en est dans la multiplication des charges qui confèrent les privilèges de la noblesse, abus né de la vénalité des offices, & vraiment oppressif pour le peuple.

Par M. LACOSTE, *Directeur des Domaines.*

FRANCHISE, f. f., qui s'emploie fréquemment, comme synonyme d'exemption. En matière de droits de douane, une marchandise qui jouit de la *franchise* à l'importation, à l'exportation ou à la circulation, est celle qui ne doit aucun droit dans ces différentes circonstances. *Voyez* EXEMPTION.

FRANC-SALÉ, f. m. On appelle droit de *franc-salé*, la prérogative dont jouissent, à différens titres, les magistrats des cours souveraines, plusieurs officiers de justice, de police ou de finance, & quelques communautés laïques ou régulières, & qui consiste à se faire délivrer, chaque année, par le fermier des gabelles, certaines quantités de sel, en exemption des droits de gabelles.

Il existe des *francs-salés* de trois espèces.

Les premiers, qui sont appellés *francs-salés* d'attribution, sont délivrés à des magistrats & officiers, à qui les titres de la création de leurs charges, ou des édits postérieurs, en ont accordé la jouissance.

Les seconds, qui sont appellés *francs-salés* de privilège & concession, sont délivrés à des propriétaires de fiefs, ou à des communautés religieuses, à qui ils ont été accordés, en considération des droits qu'ils percevoient sur les sels avant l'établissement des gabelles, ou pour les indemniser de ce qu'ils ont été privés de la faculté de faire venir, des provinces exemptes ou rédimées, les sels nécessaires à leur consommation, ou, enfin, à titre de fondation.

Les troisièmes, qui sont appellés *francs-salés* de gratification & aumône, sont délivrés à différens officiers de guerre qui en sont gratifiés, & à des hôpitaux, maisons de charité, & communautés religieuses non rentées, à qui ils sont accordés à titre d'aumône.

Quoique les différentes personnes qui jouissent du droit de *franc salé*, puissent presque toutes justifier qu'il leur a été accordé ou assuré par des édits, des lettres-patentes & arrêts en bonne forme, le fermier ne peut être tenu de délivrer, en exemption de droits de gabelles, que les sels dont la livraison est formellement ordonnée par les états qui sont arrêtés, chaque année, au conseil royal des finances, & que l'on appelle, par cette raison, états du roi.

L'arrêt du conseil du 5 février 1684, a, en conséquence, fait défenses aux officiers de différens greniers à sel, de faire délivrer des *francs-salés* à d'autres qu'à ceux qui se trouveroient compris sur les états du roi, à peine d'en répondre en leur propre & privé nom, sauf aux prétendans à se pourvoir au conseil, pour, sur la représentation de leurs titres, leur être fait droit, ainsi qu'il appartiendroit. On trouve les mêmes dispositions dans les arrêts du conseil des 10 juin 1684, 14 octobre 1687, 25 août 1693, 31 juillet 1696, 18 février 1698, 25 avril 1702, & 10 novembre 1716; & dans les arrêt & lettres-patentes des 11 octobre & 18 novembre 1721.

Il devroit naturellement n'être arrêté par le roi, qu'un seul état pour chaque espèce de *franc-salé*; cependant il en est, chaque année, formé cinq, relativement aux *francs-salés* dont la livraison est faite dans les greniers des grandes gabelles.

Le premier de ces états est appellé, *état des francs-salés des cours & compagnies supérieures, & autres officiers*. Il fixe, quant aux *francs-salés* dont la livraison est faite au grenier de Paris, la quotité de ceux des magistrats du conseil, des officiers de la grande chancellerie, de ceux du parlement, des requêtes de l'hôtel, du bailliage & de la chancellerie du palais, du grand-conseil, de la prévôté de l'hôtel, de la cour des aides, des trésoriers de france, des officiers du châtelet, de ceux de l'hôtel-de-ville, du grenier à sel, & de quelques autres officiers.

Quant aux *francs-salés* dont la livraison doit être faite dans les autres greniers, cet état fixe également les quantités de sel qui doivent être délivrées aux officiers des parlemens, chambres des comptes, cours des aides, bureaux des finances, chancelleries, & ceux des présidens des présidiaux, lieutenans & procureurs du roi de police: tous ces *francs-salés* sont à la charge de l'adjudicataire des fermes.

La chambre des comptes de Paris jouit de la prérogative de faire venir tous les trois ans, & par avance, des dépôts de Dieppe-Dalle, quarante-cinq muids un septier un minot deux quarts & demi de sel; qui se divisent entre les différens membres de cette chambre, à bord du bateau sur lequel ils arrivent. Les droits dûs sur ces sels sont ceux du marchand, savoir, à raison de cent trente-sept livres dix sols le muid, six mille cent quatre-vingt quatorze livres dix-sept sols un denier. Pour le paiement de cette somme, il est donné, par cette cour, un récépissé du *franc-salé* qui lui appartient sur la crue d'Ingrande, & qui est compris dans l'état du roi pour mille huit cens vingt-huit livres par an, qui, déduction faite des vingtièmes & des deux sols pour livre, se réduisent à mille six cens vingt-six livres dix huit sols sept deniers, & pour les trois années, quatre mille huit cens quatrevingt livres quinze sols neuf deniers; ainsi il reste à donner en argent, mille trois cens quatorze livres un sol quatre deniers, pour parfaire les six mille cent quatrevingt-quatorze livres dix-sept sols un denier. C'est en 1785, que cette cour recevra son *franc-salé* des années 1786, 1787 & 1788.

En 1773, les arrêts du conseil des 24 février & 18 juillet, avoient aboli l'usage qui se pratiquoit à cet égard, & ordonné que les *francs-salés* des officiers de la chambre des comptes seroient annuellement délivrés au grenier à sel de Paris. Mais, sur des représentations, les choses furent rétablies dans leur ancien état, par les arrêt & lettres-patentes du 7 janvier 1775, qui rappellent les lettres-patentes de Charles VI. du 18 septembre 1405, & la lettre de cachet de François I., du 29 janvier 1517, comme les premiers titres du *franc-salé* de cette chambre, & de l'usage de recevoir leur sel directement, sans qu'il passât au grenier.

La cour des monnoies ne jouit d'aucun *franc-salé*; mais son trésorier, payeur des gages, remet, chaque année à la ferme générale, un état des sels dont elle a arrêté que la livraison seroit faite à chacun de ses membres, en exemption des droits de gabelles, avec sa soumission d'en payer la valeur au prix du grenier, & la ferme expédie des ordres pour assurer cette livraison.

Les officiers du grenier de Paris sont les seuls à qui l'état du roi accorde expressément des *francs-salés*. Il est néanmoins délivré annuellement, dans les autres greniers, à titre d'attribution, un minot, tant au président qu'au grenetier, au contrôleur, & au procureur du roi, & deux quarts au greffier.

Le second état des *francs-salés de privilège & de concession*, fixe la quotité de ceux dont la livraison doit être faite dans chaque grenier, aux communautés religieuses, aux propriétaires de fiefs, & autres particuliers qui les ont obtenues, soit en échange de droits qu'ils percevoient autrefois sur le sel, soit pour fondation de prières ou services, soit en indemnité de la faculté dont ils jouissoient, ou de faire faire du sel dans des salins, à la destruction desquels ils ont consenti, ou de tirer celui de leur consommation des marais salans de la Bretagne & du Poitou, ou des salines de Franche-Comté. Le roi tient compte à l'adjudicataire, sur le prix de son bail, de la valeur des *francs-salés* délivrés à titre de privilège & concession, & cette valeur est liquidée au pied de cet état.

L'abbaye de Fontevrault, qui a, long-tems après l'établissement des gabelles, joui du droit de faire venir des marais salans d'Ardillon en bas-Poitou, les sels nécessaires à sa consommation, a été maintenue par l'arrêt du conseil du 25 mars 1769, dans la faculté de faire venir annuellement, de Nantes à Fontevrault, en exemption de tous droits, un poinçon de sel blanc, dont la contenence n'a pas été fixée. Le même arrêt a ordonné, qu'au lieu des huit muids de sel qui étoient antérieurement délivrés à cette abbaye chaque année, au grenier de Saumur, sous la condition de mettre aux dépôts de Nantes, huit muids quatre septiers deux minots de sel, provenant de ses marais d'Ardillon, en remboursant au fermier le prix de la voiture, il ne lui seroit plus délivré que deux muids en nature, & qu'il lui seroit payé pour les six autres, qui, de son aveu, n'étoient point nécessaires à sa consommation, une somme de onze mille cinq cens vingt livres, ce qui revient à quarante livres par minot.

Les maire & échevins de la ville d'Amiens, ont aussi conservé la prérogative de faire venir, chaque année, d'Etaples, seize minots de sels raffinés, pour se les distribuer entr'eux.

Le troisième état est appellé, *état des francs-salés de gratifications & d'aumônes*. Il fixe la quotité de ceux dont la livraison doit être faite, tant aux gouverneurs, lieutenans de roi, & autres officiers de guerre, qu'aux hôpitaux, maisons de charité, & communautés religieuses non rentés. Dans le premier cas, ce sel se donne à titre de gratification; dans le second, c'est véritablement une aumône. Le roi tient compte à l'adjudicataire, de la valeur de tous ceux compris dans cet état, au prix ordinaire du grenier où la livraison en est faite.

L'examen de cet état fit reconnoître, en 1773, que plusieurs communautés religieuses recevoient des quantités de sel très-supérieures à leurs besoins, d'où il devoit résulter beaucoup d'abus. En conséquence, plusieurs de ces *francs-salés* furent réduits & fixés dans la proportion d'un minot, pour la consommation de dix personnes.

Le quatrième état est appellé, *état des francs-salés des chancelleries*. Il est arrêté, pour procurer aux officiers des chancelleries, établies près les cours & conseils supérieurs du royaume, la livraison des *francs-salés* qui leur sont attribués dans les greniers des grandes gabelles, sur le ressort desquels ils résident.

L'arrêt du conseil du 23 août 1729, en réglant les formalités que ces officiers devroient observer pour être compris dans cet état, a ordonné que, conformément à ceux des 7 septembre & 5 octobre 1728, les *francs-salés* de ces officiers leur seroient délivrés, soit dans les villes où seroient fixées les chancelleries auxquelles ils seroient attachés, soit dans le grenier le plus voisin de leur domicile. Qu'à cet effet, ils seroient tenus d'envoyer, ou au contrôleur général des finances, ou à l'intendant des finances, chargé de la confection des états de *franc-salé*, pour la première fois, une copie dûement collationnée de leurs provisions, & actes de réception de serment; & dans le cours du mois de juillet de chaque année, un certificat du curé de la paroisse dans laquelle ils seroient domiciliés, dûement légalisé par le plus prochain juge royal des lieux, contenant leurs noms, surnoms, qualités & demeures actuelles; & que faute d'envoyer ce certificat, ils demeureroient privés de leur *franc-salé* dans l'année suivante.

Cette dernière disposition n'est pas littéralement suivie. Le conseil veut bien, chaque année, arrêter un état de supplément en faveur des officiers des chancelleries, nouvellement reçus, dans lequel sont admis ceux qui n'avoient pas fourni assez promptement leurs certificats de vie, pour être compris dans l'état général; mais il seroit d'autant plus fondé à leur refuser cette faveur, qu'ils sont inexcusables de ne pas fournir les certificats dont il s'agit, dans le tems fixé par l'arrêt du 23 août 1729. Les dispositions de ce dernier arrêt ont, d'ailleurs, été renouvellées par celui du 6 mars 1761. Il ordonne que les secrétaires du roi qui ne sont point en pays de gabelles, ne pourront jouir du *franc-salé*, attribué à leur office par l'arrêt du 23 août 1729, qu'autant qu'ils fourniront, dans le tems prescrit par cet arrêt, un certificat de résidence en pays de gabelles, en vertu duquel ils seront employés dans les états du roi, à l'article du grenier dans le ressort duquel leur domicile est établi. Au surplus, le roi tient compte à l'adjudicataire, de la valeur des *francs-salés* délivrés aux officiers des chancelleries, au prix ordinaire des greniers dans lesquels la livraison en est faite, & cette valeur est liquidée au pied de l'état.

Le cinquième état est arrêté, pour assurer aux receveurs généraux des finances la livraison des *francs-salés* qui leur ont été attribués par leurs édits de création. Il est encore tenu compte à l'adjudicataire de la valeur de ces *francs-salés*, qui sont tous délivrés au grenier de Paris.

Le conseil arrête en outre, chaque année, des états particuliers, pour autoriser la délivrance des *francs-salés*, qui sont assignés sur les gabelles de Languedoc, de Provence, du Lyonnois, du Dauphiné, & des Trois-Évêchés. Ces états comprennent non-seulement les *francs-salés* d'attribution, mais encore ceux de privilège & de concession, & ceux de gratifications & aumônes. Le roi tient compte à l'adjudicataire, à raison de quinze livres par minot, des sels délivrés dans les greniers dépendans de la ferme des gabelles de Provence & de Languedoc; à raison de dix livres treize sols, pour ceux qui se délivrent dans les greniers du Roussillon; de vingt-deux livres neuf sols, pour les sels délivrés dans les greniers du Dauphiné; de vingt-six livres, dans les greniers dépendans de la ferme des gabelles du Lyonnois; & de neuf livres, dans les greniers des gabelles des Trois-Évêchés.

Dans les premiers tems de l'établissement des gabelles, elles ne consistoient, comme on le voit au mot GABELLE, que dans la perception, au profit du roi, d'un droit sur tous les sels qui étoient vendus par les marchands, dans les provinces qui constituent encore aujourd'hui le pays des grandes gabelles, & le gouvernement n'avoit pu accorder alors aux privilégiés, que l'exemption de ce droit. C'est de cet ancien état des choses, que dérive l'obligation imposée, par les états de *francs salés* à quelques privilégiés, de payer un prix marchand, qui, dans quelques cas, n'est que de cinquante sols par minot; & dans d'autres, de quatre livres dix sols, sept livres, & même dix livres. Cette différence de prix, vient de celle des tems dans lesquels ces *francs-salés* ont été primitivement fixés.

L'article II. du titre 13. de l'ordonnance du mois de mai 1680, ayant réglé le montant du prix qui devroit être payé par les différens privilégiés dénommés, plusieurs de ceux dont il n'est pas parlé, ont entrepris de soutenir, qu'il suffisoit qu'il ne leur eût pas imposé l'obligation du paiement d'un prix marchand, pour qu'ils ne dussent pas l'acquitter. Mais l'arrêt du conseil du 2 septembre 1698, a prévenu toutes contestations sérieuses à cet égard, en ordonnant que les états arrêtés au conseil, pour la délivrance des *francs-salés*, seroient exécutés, & en faisant aux abbé & religieux de l'abbaye du Lieu-Dieu, injonction de payer, conformément auxdits états, le prix marchand des sels, dont il approuvoit que la livraison fût faite à leur maison à titre de *franc-salé*.

On a vu à l'article DROITS MANUELS, que les privilégiés n'en sont point exempts. Ces droits sont, en effet, acquittés par les différentes personnes qui jouissent des *francs-salés* ordonnés par les états du roi, à raison de cinquante-un sols six den. par minot au grenier de Paris, & de quarante-un sols six deniers dans les autres greniers des gabelles de France; de trente-cinq sols six deniers par minot, dans les greniers dépendans des gabelles du Lyonnois; de vingt-cinq sols six deniers, dans ceux dépendans des gabelles de Languedoc; & de quinze sols six deniers, dans ceux dépendans des gabelles de Provence & de Dauphiné. Ces droits sont exigibles, dans les greniers même où ils sont confondus dans le prix principal des gabelles que payent les non-privilégiés, comme en Rouergue, & dans la partie de la haute-Auvergne, dépendante des gabelles du Languedoc.

On voit, par le préambule de l'arrêt du conseil du 29 novembre 1772, que sa majesté ayant reconnu que l'adjudicataire de ses fermes n'avoit pas exigé les sols pour livre établis en différens tems sur les parties de droits payées par les privilégiés, avoit jugé cet usage aussi contraire aux dispositions de l'édit du mois de novembre 1771, qu'aux principes constamment suivis à l'égard des *francs-salés*; & comme l'édit du mois de novembre 1771 avoit expressément abrogé toute exemption précédente, il en résultoit, que les privilégiés auroient dû être soumis au paiement des sols pour livre du montant des droits principaux dont ils étoient exempts, attendu que l'immunité attachée aux *francs-salés*, ne pouvoit s'appliquer qu'aux droits existans au moment où elle avoit été accordée; il étoit donc juste que ces *francs-salés* restassent restreints à cette quotité primitive, & assujettis à tous les droits postérieurement établis. Sur ces motifs, l'article II. de cet arrêt a ordonné que le sel qui seroit à l'avenir délivré dans les greniers des grandes & petites gabelles, tant à titre de *franc-salé*, en vertu des états annuellement arrêtés au conseil, que par gratification de la ferme, & à tous autres titres, même pour péage, à l'exception toutefois de celui qui seroit délivré pour concessions de droits sur les salines, seroit & demeureroit sujet aux sols pour livre du montant des droits principaux dont ils seroient exempts.

L'article III. a fait défenses à l'adjudicataire, ses cautions, receveurs, ou autres préposés, de délivrer, ou souffrir qu'il fût délivré à l'avenir, aucun *franc-salé*, ou sel de gratification, sans que ces sols pour livre n'eussent été préalablement acquittés, à peine, par les receveurs, d'être forcés en recette du montant desdits sols pour livre, & par l'adjudicataire, de demeurer reponsables envers sa majesté des sommes non perçues.

L'article I. du titre 13. de l'ordonnance du mois de mai 1680, avoit ordonné qu'il ne seroit délivré qu'un seul *franc-salé* à ceux qui pourroient se trouver employés sous différens titres dans les états du roi; mais l'exécution de cet article avoit longtems été négligée.

Pour faire cesser les abus des doubles *francs-salés*, que nombre d'officiers recevoient à différens titres, l'article I. de cet arrêt du 19 novembre 1772, a ordonné que l'article III. du titre 13. de l'ordonnance, seroit exécuté selon sa forme & teneur, dans l'étendue des gabelles de France, & dans les provinces des petites gabelles, nonobstant tous usages à ce contraires, à quel titre, & pour quelque cause qu'ils se fussent introduits, & qu'ils eussent été tolérés ou autorisés; en conséquence il fait défenses, tant aux officiers des greniers & chambres à sel, qu'à l'adjudicataire des fermes, ses cautions, receveurs & préposés, de délivrer, ou permettre qu'il soit délivré à un même privilégié, quoiqu'employé sous plusieurs titres ou qualités, plus d'un seul *franc-salé;* comme aussi de payer, ou souffrir qu'il soit payé en argent, à aucun privilégié jouissant de sel de gratification, la valeur, en tout ou en partie, du sel de privilège ou de gratification auquel il auroit droit de prétendre, à peine, par ledit adjudicataire, d'être responsable envers sa majesté, de la valeur du sel délivré en double emploi, ou payé en argent, sauf son recours contre qui il aviseroit bon être.

L'article IV. du titre 13. de l'ordonnance, avoit ordonné que les veuves des officiers vétérans, & de ceux qui seroient décédés pourvus des offices auxquels le privilège du sel étoit attribué, continueroient d'en jouir pleinement pendant qu'elles seroient en viduité, & qu'il n'existeroit pas un autre titulaire jouissant du même droit; & cet article avoit ajouté, qu'elles seroient déchues pour le tout, en cas de secondes nôces, & pour moitié, par la jouissance d'un autre titulaire. Mais plusieurs arrêts postérieurs avoient formellement jugé, que les veuves des officiers jouissant du *franc-salé* ne pourroient prétendre à la moitié de ce *franc-salé*, qu'autant que cette prérogative leur auroit été assurée par des édits en bonne forme. Le conseil a, au surplus, fait cesser tous motifs de contestation à cet égard, en ordonnant, en 1773, que les veuves seroient toutes, ainsi que les vétérans, retranchés des états de *francs-salés*; ce qui a été exécuté.

La même décision a privé les notaires établis dans les greniers à sel, par un édit de 1704, du *franc-salé* que cet édit leur avoit accordé, & les sergens de gabelles de la création de 1581, de celui d'un demi-minot, exempt de tout prix marchand, que l'article III. du titre 13. de l'ordonnance leur avoit conservé. Ces différentes suppressions se sont opérées sans réclamation, quoique plusieurs officiers eussent pu justifier qu'ils avoient payé des supplémens de finance considérables, pour procurer aux vétérans & aux veuves, la jouissance des *francs-salés* dont ils étoient privés.

L'article V. du titre 13. de l'ordonnance, a défendu à tous privilégiés, à peine de déchéance de leur privilège, & de cinq cens livres d'amende, de vendre, échanger, ou même donner leur sel de privilège, en tout ou partie, encore que ce soit l'excédent de leur juste provision. Cette disposition est fondée, sur ce que le sel de *franc-salé* ne peut, sans être distrait de sa véritable destination, être employé qu'à la seule consommation personnelle du privilégié; & sur ce que le roi, en dispensant les privilégiés de l'acquittement des droits perçus sur le sel, n'a pu les autoriser à s'en approprier le montant, en vendant leur sel. Elle a été renouvellée par la déclaration du 14 août 1703, & le sieur Garnier, grenetier au grenier de Montrichard, ayant été convaincu d'avoir vendu une partie de son sel de privilège, l'arrêt du conseil du 18 octobre 1723 le condamna en l'amende de cinq cens livres.

L'article VI. du même titre, a ordonné que les privilégiés ne pourroient, après le dernier septembre de chaque année, demander le sel de l'année échue, sous prétexte d'absence, maladie, ou autre empêchement, & cette disposition est fondée, sur ce qu'il est contre la nature & l'objet d'une consommation journalière, de pouvoir s'arrérager. Elle a, au surplus, été confirmée, tant par l'arrêt du conseil du 27 septembre 1703, que par l'article CCVI. du bail de Forceville. Elle est rappellée, chaque année, dans le préambules des états de *franc-salé;* & il est de principe de ne s'en jamais écarter, pour quelque cause & considération que ce soit.

L'article ci-dessus rappellé du bail de Forceville, a réglé que l'adjudicataire disposeroit des sels de *franc salé*, que les privilégiés auroient négligé de recevoir avant le dernier septembre de chaque année, comme de chose à lui appartenante, sans être tenu d'en rendre aucun compte. L'arrêt du conseil du 23 février 1704, avoit antérieurement ordonné, que tous les *francs-salés* compris dans les états du roi, à quelque titre que ce fût, seroient passés purement & simplement dans les états au vrai & dans les comptes du fermier, sans qu'il fût tenu d'en rapporter aucunes quittances, conformément à l'arrêt du conseil du 17 juin 1698, & à l'article CCXII. du bail de Domergue.

Les années du bail des fermes, qui se comptoient précédemment d'octobre en octobre, se comptant aujourd'hui de janvier en janvier, d'après les lettres-patentes rendues le 27 mars 1780, rapportées au mot BAIL, parce qu'elles sont le titre de celui de Nicolas Salzard, la déclaration du 18 décembre de la même année a réglé, que les privilégiés qui n'auroient pas reçu avant le 31 décembre de chaque année, les *francs-salés* pour lesquels ils seroient compris dans les états du roi, ne seroient plus admis à les réclamer.

Quoique la ferme fut fondée à exiger que chaque privilégié reçût son *franc-salé* dans le grenier sur lequel la livraison en est assignée, elle se prête, lorsqu'il le desire, à lui procurer la facilité de le recevoir dans un autre, pourvu qu'il rapporte un certificat de non-livraison, au grenier sur lequel ce *franc-salé* est assigné, & qu'il paye, lorsqu'il y a lieu, la différence qui peut se trouver de plus, entre le prix du grenier où la livraison est faite, & celui du grenier sur lequel elle étoit assignée.

La déclaration du 18 novembre 1702, qui avoit ordonné une augmentation sur le prix du sel délivré dans les greniers des grandes & petites gabelles, pour en être le produit affecté au paiement d'une portion des dépenses de la guerre, dans laquelle l'Etat étoit engagé, avoit, en même tems, ordonné la perception de dix livres sur chaque minot de sel délivré à titre de *franc-salé*, dans les greniers des gabelles de France, à tous privilégiés, autres que les hôpitaux & religieux mendians, & à ceux qui avoient droit de les recevoir à titre onéreux, ou pour cause de fondation & de dotation, en expliquant que les dix livres dont il s'agit, seroient perçues au-delà des prix & droits que les privilégiés payoient précédemment.

La même déclaration avoit ordonné la perception de sept livres sur chaque minot délivré en *franc-salé* dans les greniers dépendans dés gabelles de Lyonnois; & d'autres déclarations de la même date, celle de quatre livres sur chaque minot délivré dans les greniers dépendans des gabelles de Languedoc, Dauphiné & Provence; & celles de quarante sols, dans les greniers du Roussillon.

Ces augmentations n'ont cessé d'être perçues qu'à l'époque, où la supression en a été ordonnée par la déclaration du 17 juillet 1714.

L'édit du mois d'août 1717, en ordonnant la supression du dixième, avoit en même tems ordonné la révocation de tous les privilèges, & particuliérement la suppression des *franc-salés*. Mais un autre édit du mois d'avril 1719, en ordonna le rétablissement en faveur des cours supérieures, & dans le cours de la même année, il en fut usé de même à l'égard des autres privilégiés.

Il avoit de même été ordonné par la déclaration du 27 avril 1745, qu'à compter du premier juin suivant, & pendant toute la durée de la guerre qui subsistoit alors, il seroit perçu dans les gabelles de France dix livres, & dans celle du Lyonnois, sept livres par minot de sel délivré en *franc-salé*, en sus des droits payés antérieurement, & cette perception établie, à l'instar de celle qui avoit été ordonné en 1702, a eu lieu jusqu'à la publication de la paix conclue à Aix-la-Chapelle en 1748. L'arrêt du 26 juin 1745, ordonna seulement que, pour ne pas faire supporter aux privilégiés qui n'avoient pas reçu leur *franc-salé* de l'année courante, une charge dont se trouveroient dispensés ceux qui l'avoient reçu, l'augmentation dont il s'agit ne commenceroit à être perçue qu'à compter du premier octobre suivant.

L'article II, de l'édit du mois de seprembre 1759, avoit ordonné que les *franc-salés*, à quelque titre qu'ils eussent été obtenus, demeureroient suspendus pendant la durée de la guerre commencée en 1756; mais cet article, comme le plus grand nombre de ceux du même édit, resta sans exécution.

On perçoit au grenier de Paris, conformément à l'art. X. du bail de Forceville, fait en 1738, sur les sels délivrés en *franc-salé*, en sus des droits manuels, & des dix sols pour livre, tant de ces droits que du prix principal, un droit particulier, de trois livres onze sols par minot qui procéde d'attributions anciennement accordées aux officiers de ce grenier, & réunies à la ferme des gabelles, d'abord par le résultat du conseil du 17 août 1683, & définitivement par la déclaration du 24 juin 1691.

Un édit du mois de février 1706, avoit établi un vérificateur général des *franc-salés*, & un vérificateur particulier dans chaque généralité, & il avoit attribué à ces officiers un droit de cinq livres par minot, pour le premier enregistrement des titres de tous ceux qui jouissoient de *franc-salé*, & dix livres à chaque mutation ou nouvel emploi. Les bureaux des finances des petites gabelles ayant été admis à faire l'acquisition de ces offices, dont ils ont conservé la propriété jusqu'à ce jour, c'est à ce tirre, qu'ils rédigent encore chaque année les projets des états qui s'arrêtent annuellement au conseil, des *franc-salés* assignés sur les gabelles de Lyonnois, de Provence, de Languedoc & de Dauphiné.

Un édit du mois d'août 1707 a, quant aux grandes gabelles, substitué aux vérificateurs provinciaux, des vérificateurs attachés à chaque grenier. Un autre édit du mois de mai 1708, a ensuite ordonné que les fonctions de ces officiers seroient remplies, dans chaque grenier, par les procureurs du roi, alternatifs & triennaux qui existoient alors. Elles ont postérieurement été confiées au corps de la jurisdiction de chaque grenier. Mais les officiers de celui de Paris sont les seuls qui exigent que les privilégiés qui jouissent de *franc-salé*, leur fasse la représentation de leurs titres ou provisions. Ils se fondent sur ce qu'aucun réglement n'a abrogé la déclaration du 10 décembre 1707, en exécution de laquelle ils ont acquis, en corps, l'office de verificateur des *franc-salés*, créé dans leur grenier par l'édit du mois d'août précédent.

FRAUDE, s. f. qui signifie en finance, l'action

par laquelle on élude le payement d'un droit légitimement dû.

On a vu aux mots *contravention* & *contrebande*, qu'elles se distinguent & doivent véritablement se distinguer de la fraude, en ce que leurs effets sont très-différens. Il y a des contraventions & des fraudes dans toutes les parties de perception & d'imposition; il n'y a de contrebande, que dans les gabelles, le tabac & les droits de douane, & pour tout ce qui est prohibé.

C'est donc à tort que le dictionnaire de Savary, donne les termes de *fraude*, de *contravention* & de *contrebande* pour synonymes.

La *fraude* proprement dite, est un moyen par lequel on prive le roi ou son fermier, d'un droit quelconque; en matière de douane, elle se fait soustrayant l'objet à la visite des douaniers, soit en déguisant sa qualité, ou sa valeur, soit enfin en prenant une route détournée, pour introduire une marchandise clandestinement dans le royaume, ou dans une province à l'entrée de laquelle sont établis des droits.

Dans les aides, la *fraude* se pratique en tenant caché du vin qui se débite, sans que les commis en ayent connoissance; en remplissant la nuit ce qui a été vendu le jour; en tenant un entrepôt, en transportant ou vendant du vin soit en gros soit en détail sans déclaration, en déclarant le prix du vin que l'on vend, au-dessous de celui qui est vendu effectivement, &c. &c.

Pour ce qui regarde les droits domaniaux, les *fraudes* les plus communes sont, de la part des notaires, greffier & huissiers, de ne pas faire revêtir leurs actes d'exploits, des formalités requises dans le délai prescrit par les réglemens; & lorsqu'ils font des actes & exploits en vertu & par suite d'autres actes non revêtus des formalités auxquelles ils étoient assujetis.

De la part des particuliers, la fraude consiste à agir en justice ou par devant notaire, en conséquence d'actes & de jugemens qui n'ont point reçu toutes les formes ordonnées par la loi, & quand elles prennent, en contractant, des qualités inférieures à celles qu'ils ont véritablement; enfin quand ils estiment les biens qui sont l'objet des actes qu'ils passent, ou des successions qu'ils recueillent, au-dessous de leur valeur réelle, en vue de diminuer les droits qui en résultent.

Il est des amendes prononcées contre chaque espèce de fraude, par des loix positives, outre la confiscation. Mais comme les *fraudes* prennent un caractère de légéreté ou de gravité, suivant les circonstances qui les accompagnent & encore en raison de l'objet du droit fraudé, & des conséquences dont elles sont suivies; la sévérité de la loi est souvent mitigée, mais il n'est fait aucune grace sur la confiscation & la matière de la *fraude* ou de sa valeur.

Au reste, suivant l'article XXXIII, du titre commun pour toutes les fermes de l'ordonnanne du 22 juillet 1681, » les contrevenans aux articles des réglemens, dans lesquels il n'y a aucune peine certaine & fixe, doivent être condamnés aux dommages & intérêts des parties intéressées, en l'amende, aumône & autres peines, selon l'exigeance des cas, ce qui est laissé à l'arbitrage & à la conscience des juges ».

En général, la *fraude* des droits du roi se fait sans beaucoup de scrupule, principalement en ce qui concerne les droits de douane, ou les droits d'entrée des villes. Cependant, si les personnes qui la pratiquent vouloient réfléchir, elles reconnoitroient, que frustrer le fermier du roi d'une somme de trois livres ou davantage, ce n'est pas moins en charger sa conscience, que si on les lui voloit, puisque cette somme lui est légitimement acquise. Il est même impossible de croire que le casuiste le plus facile pût, dans les principes de notre religion, absoudre un homme qui s'accuse de *fraude*, sans l'obliger à la restitution du montant des droits fraudés, ou le condamner en une aumône de la même somme.

A consulter les simples lumières de la raison, on pense qu'il n'est pas une personne sensée & délicate dans sa façon de penser, qui voulût compromettre son honnêteté en fraudant la moindre partie des droits du roi, parce qu'elle sait qu'ils forment les revenus de l'état; que le fermier qui en a pris le bail, a compté sur leur produit, & que si tous ceux qui doivent ces droits, en éludoient le paiement, il seroit indispensable d'imposer le *deficit* du revenu, sur d'autres sujets, dont la charge deviendroit plus onéreuse, à proportion de leur fidélité à y satisfaire.

On appelle *fraude* de filtrage, celle qui se fait par petites parties de sel, de tabac ou de marchandises sujettes aux droits, sans les acquitter.

FRAUDER, est le verbe actif, qui exprime l'action de faire la *fraude*.

FRAUDEUR, est le substantif, qui désigne celui qui *fraude*. On fait aussi ce mot adjectif dont le féminin est *fraudeuse*.

FRET, s. m. Dans le langage propre au commerce, ce mot signifie le *louage* d'un navire, d'un bâtiment de mer, soit en entier, soit en partie, pour transporter des marchandises d'un pays en un autre.

Le droit de *fret* présente donc d'abord l'idée de son imposition, sur le transport de ces marchandises en certains cas. En effet, ce droit n'a d'autre objets que de renchérir l'importation ou l'exportation des denrées, lorsqu'elles sont faites par des navires étrangers, ennemis ou indifférens, ou bien dans des circonstances, où il est plus avantageux que ces actes soient exécutés par des navires nationnaux.

L'origine du droit de *fret*, n'est pas comme celle de presque tous les droits, marquée du sceau funeste du besoin & de la fiscalité. Elle est due au contraire à la réfléxion & au jugement du bon roi Henri IV, qui voyoit avec peine que les souverains étrangers avoient mis, sur les navires françois fréquentants leurs ports, des droits d'ancrage assez considérables, & que même en France, les navires étrangers étoient employés préférablement aux navires nationaux, dans la navigation de port à port.

Henri malgré son ministre & malgré les oppositions du parlement voulut en 1601, qu'on exigeât, des vaisseaux étrangers arrivant dans nos port, les mêmes droits auxquels etoient assujettis chez eux, les bâtimens de ses sujets.

Ces droits ne reçurent pas alors le nom de droit de *fret*, & sans doute que la perception en fut négligée ; car on voit que la déclaration du 20 juin 1659, établit un droit de cinquante sols par tonneau, sur tous les navires étrangers qui apporteroient des marchandises dans nos ports, ou qui en exporteroient.

Ce droit, dicté par la politique, équivaloit, dans sa fixation, à plus de cent sols de la monnoie actuelle, puisque le marc d'argent ne valoit alors que vingt-cinq livres, & qu'il vaut actuellement (en 1784) cinquante-deux livres. Cependant lorsque la perception en fut réglée par l'ordonnance du 22 juillet 1681, époque où le marc d'argent avoit été porté au-delà de vingt-neuf livres, la quotité du droit resta la même.

Les principes consignés dans cette ordonnance étant toujours en vigueur, il est intéressant de les rapporter.

ARTICLE PREMIER.

» Notre droit de *fret* sera levé à raison de cinquante sols par tonneau, sur tous les vaisseaux étrangers, selon la continence dont ils seront, suivant la jauge à morte-charge qui en sera faite, & le payement en sera fait à l'entrée ou à la sortie des havres & ports de notre royaume, au choix du fermier de nos droits.

II.

» Déclarons vaisseaux étrangers, ceux qui n'ont point été fabriqués dans notre royaume, encore qu'ils appartiennent à nos sujets régnicoles, à moins qu'ils n'en rapportent les contrats d'achat passés pardevant notaires, & enregistrés aux greffes des amirautés, par ordonnance des juges, & que les deux tiers de l'équipage soient François ; sans lesquelles conditions, voulons qu'ils soient tenus de payer nos droits.

III.

» Nos droits seront payés, soit que les vaisseaux soient venus chargés & qu'ils s'en retournent à vuide, ou qu'ils soient venus à vuide, & qu'ils s'en retournent chargés ; défendons de les lever, tant sur ceux qui entreront & sortiront vuides, que sur ceux qui entreront chargés & qui sortiront avec la même charge, à peine de concussion.

IV.

» Ne seront levés nos droits qu'une seule fois seulement pour chaque voyage, ensorte néanmoins, qu'un vaisseau envoyé dans un port, havre, ou rade de notre royaume, pour y charger ou décharger, soit sujet au paiement de nos droits, selon la continence dont il se trouvera, autant de fois, & pour autant de voyages qu'il fera de port en port, même au-dedans de notre royaume.

V.

» Enjoignons aux maîtres des vaisseaux, de donner une déclaration véritable du port de leurs vaisseaux, dans les vingt-quatre heures de leur arrivée, à peine de confiscation des vaisseaux, marchandises & équipages.

VI.

» Défendons de sortir des ports & havres, sans auparavant avoir acquitté nos droits, sous pareille peine de confiscation, & de mille livres d'amende.

VII.

» Faisons aussi très-expresses défenses à nos sujets, de prêter leurs noms aux étrangers, à peine de confiscation des vaisseaux & marchandises, & de trois mille livres d'amende.

VIII.

» Les contestations seront jugées, en première instance, par nos juges des traites, ou nos autres officiers qui seront par nous commis, & en cas d'appel, par nos cours des aides. «

L'arrêt du 9 avril 1701, interprêtant ensuite ces dispositions, a ajouté les suivantes, par les articles III. & autres.

En cas que le fermier ou ses commis ne conviennent pas du nombre des tonneaux porté par la déclaration des maîtres des navires, il pourra être procédé à l'amiable, entre les parties, à la jauge & au mesurage des vaisseaux, pour être le

droit

droit de fret perçu, à raison du nombre des tonneaux que cette jauge constatera.

Si les maîtres des navires & les fermiers ne pouvoient s'accommoder à l'amiable, les parties se pourvoiroient pardevant les juges auxquels la connoissance des contestations relatives à ce droit, est attribuée, pour être par eux nommé des jaugeurs ou experts d'office ; & , dans ce cas, les frais de la jauge ou mesurage, doivent être avancés par le fermier ou ses commis, sauf à répéter lesdits frais, s'il y écheoit.

Si par la jauge ou mesurage ainsi fait, la continence du vaisseau ne se trouve excéder celle portée par la déclaration du maître, que d'un dixième & au-dessous, il ne pourra être condamné par les juges, qu'au paiement du droit de *fret*, à raison de la quantité de tonneaux portée par le rapport des jaugeurs experts, & aux frais & dépens.

Si la continence du vaisseau, suivant le rapport, excède du dixième, il doit être condamné à payer le droit de l'excédent, & de plus, à une amende de cinquante livres par chaque tonneau excédent à la déclaration, & aux frais & dépens.

Au contraire, si la continence du navire est trouvée conforme à celle que le maître a déclarée, le fermier sera condamné à des dommages-intérêts, & en tous les frais & dépens.

Les maîtres de bâtimens chargés de marchandises destinées pour différens ports du royaume, seront tenus de payer le droit de *fret* dans tous les ports où ils iront décharger leurs marchandises, à moins qu'il ne soit expliqué dans la charte-partie, ou dans le connoissement, que cette partie de marchandises est destinée & doit être déchargée dans un port, & partie dans un autre, ou plusieurs autres ; auquel cas le droit de *fret* sera payé en entier au premier des ports désignés où sera commencé le déchargement des marchandises, & il ne sera plus dû dans les autres ports, où le restant des marchandises sera mis à terre.

Si néanmoins un vaisseau étranger entre chargé dans une rivière sur laquelle il y a divers ports, il ne sera réputé avoir fait qu'un seul voyage, & ne sera tenu de payer qu'une seule fois le droit de *fret* au port où il commencera son déchargement, quand même, les connoissemens ne feroient mention que de l'un de ces ports, & il auroit à faire des déchargemens dans plusieurs autres situés sur la même rivière.

Si les maîtres de vaisseaux chargent dans le premier, ou tout autre des ports du royaume désigné dans les connoissemens, des marchandises du royaume, encore même que ce fût à la place de celles qu'ils y auront déchargées, pour les aller porter, avec le reste de leur chargement, dans d'autres ports du royaume, le droit de *fret* sera dû en entier dans chacun des ports où les vaisseaux iront faire leur déchargement, quoique ces ports fussent désignés dans les chartes-parties ou connoissemens.

Mais lorsqu'un vaisseau étranger aura fait son déchargement dans un ou plusieurs ports du royaume, & qu'il aura payé le droit de *fret*, il peut, de même, prendre sa cargaison dans un ou plusieurs autres de nos ports, pour le porter en pays étranger, sans payer aucun nouveau droit de *fret*.

Dans la même année 1701, l'arrêt du 6 septembre, portant réglement sur le commerce de la France avec l'Angleterre, ordonna que le droit de *fret* seroit de trois livres dix sols par tonneau, sur les vaisseaux Anglois.

Ajoutons encore, que l'arrêt du 28 juillet 1733, a jugé que tous navires étrangers doivent justifier à quelle nation ils appartiennent, par des certificats des officiers ou magistrats des ports d'où ils sont partis, & non par ceux des consuls.

Que le chapitre du droit de *fret*, compris dans le bail de Forceville, renferme encore quelques dispositions ; qu'après avoir dénommé les nations alors privilégiées, articles CCCXLII. CCCXLIII. & CCCXLIV. Il est dit que les commis pourront faire jauger de nouveau les navires qui auront payé le droit de *fret* dans un autre port, & faire payer le supplément.

La réduction de la jauge du tonneau de deux mille livres, poids de marc, se fera sur le pied de quarante-deux pieds cubes, suivant l'article V. du titre 10 de l'ordonnance de marine, du mois d'août 1681.

En cas que les exemptions mentionnées aux articles précédens cessent dans la suite, le droit de *fret* appartiendra en entier à l'adjudicataire, sans augmentation du prix de son bail.

Le droit de *fret* a été augmenté, par la déclaration du roi du 24 novembre 1730, & porté à cinq livres par tonneau, sur tous vaisseaux étrangers indistinctement, Anglois ou autres.

En 1765, la déclaration du roi du 25 mars a fait un nouveau réglement sur la perception du même droit, dans le cas de cabotage.

Elle en distingue deux sortes ; le cabotage dans la même mer, & le cabotage d'une mer dans l'autre ; c'est-à-dire, le voyage d'un port de l'Océan dans la Méditerranée, & réversiblement.

Dans le cas de cabotage d'un navire étranger, d'un port de l'Océan dans un autre port de cette même mer, le réglement laisse subsister le droit de cinq livres par tonneau sur ce navire.

Mais s'il va d'un port de l'Océan dans un port

de la Méditerranée, ou d'un port de cette dernière mer, dans un port de la première, il est assujetti au droit de dix livres, au lieu de cinq livres par tonneau.

Il est singulier que le droit de *fret*, que la politique semble avoir imposé comme un moyen d'encourager & d'accroître la marine nationale, en excitant les voyages dans les pays étrangers, soit, de tous les droits, celui dont la perception comporte le plus de privilèges. Sans doute que cette politique plus éclairée, a reconnu qu'il convenoit de n'user de ce droit, que dans les occasions où elle voudroit exclurre de nos ports, des étrangers qui lui sont indifférens, & favoriser des alliés ou des nations, avec lesquelles il est avantageux d'entretenir des liaisons de commerce; au reste, l'affranchissement de ce droit, est un échange contre l'exemption de semblable imposition qui existe dans les Etats étrangers, ou qui pouvoit y être imposée par réciprocité sur les navires François.

Quoi qu'il en soit, il est sûr que la perception du droit de *fret* a reçu beaucoup d'exceptions; mais seulement dans le cas où des vaisseaux étrangers viennent dans les ports du royaume de l'étranger, ou qu'ils sortent des ports de France pour y aller. La circonstance du cabotage ne comporte qu'un seul privilège. Voici le détail des nations qui jouissent de cette exemption.

Les Anglois, par l'article II. du traité d'Utrecht, & par différens ordres du conseil, qui se renouvellent après chaque guerre qui trouble la bonne intelligence des deux nations.

Les Suédois, les Danois, les villes anséatiques de Hambourg, Dantzick, Brême & Lubeck, d'après la convention de 1716, l'arrêt du conseil du 4 décembre 1726, & plusieurs traités passés le 25 août 1741, le 23 août 1742, & rappellés dans l'arrêt du conseil du 26 juillet 1757.

Les Hollandois, par le traité d'Utrecht, & par l'arrêt du conseil du 30 mai 1713. Dans la suite, tous les privilèges dont ils jouissoient en France ayant été révoqués par l'arrêt du conseil du 31 décembre 1745, ils perdirent la faveur de l'exemption du droit de *fret*; mais elle leur fut de nouveau accordée par les ordres du conseil du 25 mai 1756. Elle a été confirmée par le traité de Hambourg, du premier avril 1769, ainsi qu'à cette ville, à qui elle avoit été ôtée par arrêt du conseil du 24 mai 1760.

Les Espagnols, Siciliens & Napolitains, par l'article IV. du pacte de famille.

Le privilège des premiers s'étend même jusqu'au cas de cabotage; ils sont les seuls étrangers qui puissent le faire, sans payer le droit de *fret*. Les Siciliens & les Napolitains ne doivent pas participer à cette immunité, suivant la lettre du ministre des affaires étrangères, du 19 mars 1762.

Les Prussiens, d'après le traité de commerce du 14 février 1753, pour dix ans, & par un ordre du conseil du 20 février 1766, les navires de la ville d'Elbing, par décision du conseil du 17 mai 1766.

Les Flamands & habitans des pays soumis à la domination de l'empereur, d'après l'arrêt du conseil du 16 mai 1769.

On juge bien que le produit du droit de *fret* dans tout le royaume, ne peut pas être considérable, d'après toutes ces exemptions; il ne s'éleve qu'à trente mille livres, sans compter les dix sols pour livre.

Il se présente une observation très-naturelle au sujet du droit de *fret*, & du mode de sa perception. C'est que sa quotité est mal combinée & mal assise, en ce qu'elle porte sur la continence des bâtimens, au lieu qu'elle devroit être proportionnée à la valeur des marchandises qui composent leur cargaison; car il arrive que ce droit est beaucoup trop considérable sur des marchandises communes & d'un grand encombrement, tandis qu'il est insensible sur des cargaisons d'un grand prix.

Pour remédier à ces inconvéniens, il paroîtroit donc juste & convenable, 1°. De fixer le droit de *fret* à raison de deux & demi pour cent de la valeur des marchandises & denrées importées en France par des vaisseaux étrangers, en s'en rapportant, pour leur estimation, à celles qui se trouveront dans le nouveau tarif uniforme qu'il est question d'établir, & qui doit embrasser, dans sa réforme, le droit de *fret* dont il s'agit.

2°. De percevoir ce droit, en sus de ceux d'entrée, sur toute espèce de denrées & marchandises, dans quelque classe qu'elles soient placées, & de quelque nature qu'elles soient.

3°. D'en exempter cependant les denrées & marchandises provenant du crû & des fabriques des nations qui les importeront sur leurs propres bâtimens, de façon qu'un Hollandois abordant en France, sur un navire Hollandois, chargé de marchandises reconnues ou censées être originaires ou d'Hollande ou des Colonies Hollandoises, ne seroit sujet à aucun droit de *fret*; & ainsi des autres nations.

4°. De former, à cet effet, un état alphabétique des marchandises & denrées censées appartenir à chaque nation en particulier, afin que ses membres jouissent, sans difficulté, de l'affranchissement du droit de *fret*, quand ils les importeroient sur bâtimens de leur nation.

5°. De régler les formalités qui devront être remplies, pour justifier légalement de l'origine d'une marchandise ou d'une denrée qui ne se trouveroit pas comprise dans l'état alphabétique, & que des circonstances nouvelles, ou une découverte heureuse, auroient fait entrer dans le commerce d'une nation.

6°. D'ordonner que le nouveau droit de *fret* seroit perçu dans les ports francs même, comme Marseille, Bayonne, l'Orient & Dunkerque, parce que l'intérêt général de la navigation doit l'emporter sur un privilège particulier, qui, d'ailleurs, procureroit les moyens d'éluder l'exécution d'une loi nécessaire pour la prospérité de la marine.

FRET. (Droit du premier tonneau de) Ce droit, ainsi qu'on l'a remarqué au mot COURTAGE, est dû dans les mêmes cas que le droit de courtage dont il étoit jadis une dépendance, puisqu'il faisoit partie des émolumens attribués aux courtiers royaux.

Le droit du premier tonneau de *fret* a été réuni à ceux des fermes, en même tems que celui de courtage. Sa perception, qui se trouve rappellée & confirmée par l'article CCCXXV. du bail des fermes fait à Forceville en 1738, n'a pour titre qu'un usage ancien & une possession constante, & pour origine, l'établissement des courtiers.

Cette perception varie suivant la qualité des navires & l'étendue du trajet qu'ils ont à faire pour se rendre à leur destination.

Tous les navires étrangers qui chargent des marchandises à Bordeaux, pour quelque pays que ce soit, payent dix livres pour le premier tonneau de *fret* de leur cargaison.

Tous les bâtimens François qui vont en pays étranger, & sur les côtes de Picardie, à Boulogne, Calais & Dunkerque, doivent également dix liv. pour le premier tonneau.

Ceux qui ne vont que sur les côtes de Bretagne, Normandie, à Bayonne & Saint-Jean-de-Luz, huit livres.

Enfin, les bâtimens François qui vont à la Rochelle, à Brouage, Marans, l'Isle de Rhé, & autres isles circonvoisines, ne payent que six livres.

Comme le droit de premier tonneau de *fret* a lieu également à Blaye, Bourg & Libourne, si un capitaine de navire n'a pris qu'une partie de sa cargaison à Bordeaux, & y a payé ce droit, il ne le paye pas une seconde fois dans ces trois ports, au cas qu'il aille y compléter son chargement; il est seulement tenu d'y représenter l'acquit du bureau de Bordeaux.

De même, s'il a commencé son chargement dans l'une des trois villes dénommées, & qu'il ait payé ce droit, il ne le doit plus à Bordeaux, quoiqu'il vienne y achever son chargement.

Pour que ce droit soit exigible dans l'un de ces ports, il faut que le chargement qui y est pris, soit au moins de cinq tonneaux, qui valent dix milliers.

Quoique la perception du droit de premier tonneau de *fret* ait lieu au bureau de Blaye sur le même pied qu'à Bordeaux, Bourg & Libourne, il s'y rencontre cependant une exception, en faveur des navires ou barques chargées du vin du crû de Blaye. Les bâtimens jouissent de l'exemption de ce droit, & cependant celui de courtage est alors perçu pour le compte de la maison de Saint-Simon.

Mais s'il arrive que dans un navire chargé de vin du territoire de Blaye, on y ajoute seulement deux ou trois tonneaux de vin d'un autre crû, alors le droit de premier tonneau de *fret* se perçoit au profit du roi, ainsi que le droit de courtage, sur cette dernière partie de vin.

Les contestations qui s'élèvent pour raison de ce droit, sont portées, en première instance, pardevant le juge des traites, & par appel, à la cour des aides de Bordeaux.

Le produit du droit de premier tonneau de *fret*, est, année commune, un objet de quinze à seize mille livres, non compris les dix sols pour livre, auxquelles il est sujet.

Nous avons rapporté au mot COURTAGE, pag. 431. l'article CCXLIII. du bail de Forceville, dans lequel il y est question aussi d'un droit appellé le *premier tonneau de fret*, uni à celui de courtage.

L'observation qui a été faite sur la perception de celui-ci, est commune à l'autre.

GAB

GAB

GABELLE, s. f. en latin *gabella*, en basse latinité *gablum*, *gabulum*, & même par contraction *gaulum*, signifioit, anciennement, toute sorte d'imposition publique. Guichard tire l'étymologie de ce mot, de l'hébreu *gab*, qui signifie la même chose. Ménage, dans ses origines de la langue françoise, a rapporté diverses opinions à ce sujet ; mais l'étymologie la plus probable, est que ce mot vient du saxon *gabel*, qui signifie tribut. *Voyez* le glossaire de Ducange, au mot GABLUM.

En effet, les différentes impositions ont été longtems, en France, désignées par le mot *gabelle* ; il y avoit la *gabelle* des vins.

La *gabelle* des draps, qui s'affermoit par sénéchaussée.

La *gabelle* de Tonnieu ou de Tonlieu, sur la vente des bestiaux.

L'édit de Henri II, du 10 septembre 1549, veut que les droits de *gabelle*, sur les épiceries & drogueries, soient levés & cueillis, sous la main du roi, par les receveurs & contrôleurs établis à cet effet.

Enfin, on donna aussi le nom de *gabelle*, à l'imposition qui fut établie sur le sel, & on l'appella, *gabelle* du sel.

Dans la suite, le terme de *gabelle* est demeuré propre & unique, pour désigner l'impôt du sel, ou sur le sel.

L'origine de la *gabelle*, ou de l'imposition sur le sel, remonte aux Romains, à ce qu'il paroît. L'histoire nous apprend, que les salines, après avoir été, quelque tems, possédées par des particuliers, qui faisoient librement le commerce de sel, furent ensuite, pour subvenir aux besoins de l'Etat, mises dans la main du fisc, & chacun fut contraint de se pourvoir de sel, de ceux qui les tenoient à ferme : on prétend que cet arrangement fut fait par Ancus Martius, quatrième roi des Romains, & par l'entremise des censeurs Marcus Livius, & C. Claudius, qui, suivant Tite-Live & Denis d'Halicarnasse, furent appellés delà *salinatores*.

Athenée rapporte aussi que Lysimaque, roi de Thrace, mit un impôt sur le sel, qu'il étoit, jusques-là, permis d'enlever sans payer aucun tribut.

L'obscurité des premiers tems de la monarchie françoise, ne permet pas de remonter à l'origine des droits de *gabelle* ; mais on en apperçoit l'existence, avant l'établissement des aides. L'auteur du mémoire, pour la cour des aides, sur les conflits élevés entre cette cour & la chambre des comptes, observe, avec raison, pag. 36, qu'on ne peut guère, à cet égard, que former des conjectures.

Le sel étant une denrée de première nécessité, que les habitans de la plupart des provinces du royaume sont peu à portée de se procurer, le prince a dû, sans doute, employer ses soins & son autorité, soit pour en pourvoir les provinces éloignées des salines & des marais salans, soit pour prévenir les monopoles, dans des tems, surtout, où les versemens étoient difficiles, & où le commerce avoit peu d'activité. Cette espèce de police, ou de surveillance, en mettant la denrée sous la main du roi, a pu servir de prétexte, même légitime, à l'établissement des premiers droits sur le sel ; ces droits ne pouvoient, alors, être regardés comme impôts, puisqu'ils n'avoient pour objet, que de subvenir aux frais de cette partie d'administration ; mais le passage du droit légitime à l'impôt, est si facile à franchir ! Aussi nos rois ont ils quelquefois usé de cette ressource, dans des tems difficiles, sans prendre, comme pour les autres subsides, le consentement de la nation. Les Etats s'en plaignoient ; on leur promettoit que la *gabelle*, ou imposition sur le sel, cesseroit, & qu'elle ne seroit jamais réunie au domaine ; mais les besoins de l'Etat en ont ordonné autrement ; ou plutôt, l'autorité s'est accrue par des forces militaires, toujours subsistantes, & elle s'est déployée dans tous les sens, pour exécuter tout ce qu'elle a jugé nécessaire au maintien de ses intérêts. L'histoire nous en fournit la preuve, & il en a déjà été question dans le discours préliminaire, qui est à la tête du premier volume de cet ouvrage p. 37.

Pour revenir à la *gabelle*, on croit qu'elle n'étoit pas encore établie en France, dans le neuvième siècle. On fabriquoit du sel en Lorraine & en Franche-Comté : chacun s'approvisionnoit où il jugeoit à propos, & souvent dans un royaume voisin de celui qu'il habitoit. Ce n'étoit pas seulement *un droit royal* ; les seigneurs haut-justiciers se l'étoient, en quelque sorte, approprié, & l'on a vu long-tems, sous la troisième race de nos rois, de simples seigneurs haut-justiciers, l'exercer sur leurs vassaux. Il y en a plusieurs exemples dans le recueil des anciennes coutumes de Berry, de M. de la Thaumassiere.

Nos rois se sont long-tems contentés de favoriser, d'une protection singulière, ceux de leurs sujets qui s'appliquoient à faire du sel. Charlemagne se réserva à lui-même la connoissance de tous les différens qui naîtroient entre eux, pour raison de leurs salines. *De terra in littore maris, ubi salem faciunt, volumus ut aliqui ex eis veniant ad placitum nostrum, & ratio eorum audiatur, ut tunc secundùm equitatem, inter eos definire voleamus.* Capitul. regum Francorum, lib. 4, cap. 8.

Le sel se vendoit alors à Paris, comme les autres denrées; il y étoit amené, des marais salans, par la rivière, & vendu par les marchands forains à des marchands saulniers de la ville.

Il ne paroît pas que les rois, de la première & de la seconde race, se soient attribué aucun droit sur le sel. Les historiens ne font mention de la *gabelle* que sous les rois de la troisième race, encore ne peut-on ni fixer, d'une manière précise, le tems de cet établissement, ni désigner le monarque qui, le premier, a mis cet impôt au rang des ressources propres à subvenir aux besoins de l'Etat.

Plusieurs écrivains, & notamment Mezeray, prétendent que c'est Philippe le Bel; d'autres, nomment Philippe le Long; & quelques-uns, Philippe de Valois. On cite un ancien manuscrit, qui s'exprime de la manière suivante: *En ce même an*, 1342, *mit, le roi, une exaction au sel, laquelle est appelée gabelle, dont le roi acquit l'indignation & mal-grace des grands comme des petits, & de tout le peuple. Voyez* le glossaire de Ducange, au mot GABELLE DU SEL.

Il paroît constant, que le premier établissement de la *gabelle* remonte au-delà de cette époque, puisqu'il en est parlé dans les coutumes ou priviléges que S. Louis donna à la ville d'Aiguemortes, en 1246: *Sed neque gabellæ salis, seu alterius marcimonii possint ibi fieri contra homines villæ.* L'on voit, par l'article XXX, des lettres de Philippe de Valois, du mois de février 1350, concernant les priviléges de la même ville d'Aiguesmortes, que ces lettres confirment celles de Philippe I, du mois d'août 1079; & que celles de S. Louis, du mois de mai 1246, sont presqu'entièrement conformes à celles de Philippe I.

S'il n'est pas prouvé, par ces titres, qu'on levât alors une *gabelle* en cette ville, parce que la coutume le défend; il s'ensuit, du moins, que cette *gabelle* étoit connue; qu'apparemment on la levoit ailleurs, ou qu'on l'avoit levée précédemment.

Au reste, il paroît certain que, sous Philippe le Bel, le sel se vendoit encore librement à Paris, comme toutes les autres denrées, & que la *gabelle* du sel n'avoit pas lieu du tems de Louis Hutin, son fils; car ce prince, dans des lettres qu'il donne à Paris, le 25 septembre 1315, touchant la recherche & la vente du sel, ne parle d'aucune imposition sur le sel, qui alors étoit marchand.

Ce roi se plaint seulement de ce que quelques particuliers en faisoient des amas considérables; il commet, en conséquence, certaines personnes pour faire la visite des lieux où il y aura du sel caché, & les autorise à le faire mettre en vente à juste prix.

La première ordonnance que l'on trouve, touchant la *gabelle* du sel, est celle de Philippe V, dit le Long, du 25 février 1318. Elle suppose que la *gabelle* étoit déjà établie; car ce prince dit que, « comme il étoit venu à sa connoissance, » que la *gabelle* du sel étoit moult déplaisante à » son peuple ». Il fit appeller devant lui les prélats, barons, chapitres & bonnes villes, pour pourvoir, par leur conseil, sur ce grief & quelques autres.

Et sur ce que ses sujets pensoient que la *gabelle* du sel étoit incorporée au domaine, & devoit durer à perpétuité, le roi leur fit dire, que son intention n'étoit pas que cette imposition durât toujours, ni qu'elle fût incorporée au domaine; mais que pour le déplaisir qu'elle causoit à son peuple, il voudroit que l'on trouvât quelque moyen convenable pour fournir aux frais de la guerre, & que ladite *gabelle* fût abattue pour toujours.

On voit par-là que la *gabelle* étoit une aide extraordinaire, qui avoit été mise à l'occasion de la guerre contre les Flamands, & qu'elle ne devoit pas durer toujours: on croit que cette première imposition ne fut que d'un double, ou deux deniers pour livre. Le règne de ce prince fut si court, & si traversé de troubles, qu'il y a beaucoup d'apparence que cet impôt continua.

Ducange, en son glossaire, au mot *Gabella salis*, dit que dans un registre de la chambre des comptes de Paris, cotté B, commençant en l'année 1330, & finissant en 1340, fol. 156, il y a une ordonnance du roi Philippe (le Long), de l'année 1331, suivant laquelle, pour être en état de subvenir aux frais de la guerre, il établit, dans le royaume, des greniers à sel, dont les juges furent nommés souverains-commissaires, conducteurs & exécuteurs desdits greniers & gabelles.

Mais, comme l'observe le rédacteur de l'article *gabelle* dans l'ancienne Encyclopédie, cette ordonnance ne se trouve point dans le recueil de celles de la troisième race; ce qui donne lieu de croire que l'on a voulu parler de celle de Philippe le Long, du 25 février 1318, ou de celle de Philippe de Valois, du 15 février 1345. Ces deux ordonnances de 1318 & 1345, contiennent en effet, presque mot pour mot, la même chose; ce qui pourroit faire penser, que la seconde n'a été qu'un renouvellement de la première.

Les guerres continuelles que Philippe de Valois eut à soutenir contre les Anglois, l'obligèrent à augmenter cette imposition. On trouve dans le recueil des ordonnances, des lettres-patentes de ce prince du 20 mars 1342, dans lesquelles il expose, que desirant employer, pour traverser les efforts de ses ennemis, les voies les moins onéreuses à ses sujets, il a, après grande & mûre délibération, ordonné certains greniers ou *gabelles* de sel être faits dans le royaume, & député des commissaires, pour publier, faire exécuter, & mettre en ordre, lesdits greniers & *gabelles*; voulant qu'ils aient bon & brief effet, & soient gouvernés le plus justement & le plus profitablement que faire se pourra. Ces lettres sont adressées à Guillaume Pinchon, archidiacre d'Avranches; Pierre de Villaines, archidiacre en l'Eglise de Paris; Me Philippe de Trye, trésorier de Bayeux, maître des requêtes de l'hôtel du roi, & à quelques autres personnes qualifiées, qu'elles ordonnent & établissent maîtres-souverains, conducteurs & exécuteurs desdits greniers & *gabelles*, leur donnant à tous, au nombre de trois, ou de deux au moins, plein pouvoir, autorité & mandement spécial, de mettre, ordonner & députer états, commissaires, grenetiers, gabelliers, clercs, & autres officiers qu'ils jugeront bon être; les changer, taxer, & faire payer à chacun d'eux gages convenables; voulant que de tout ce qui concerne lesdits commissaires & officiers, quant au fait desdits greniers & *gabelles*, ils ayent la connoissance, correction & punition, & qu'aucune autre jurisdiction n'en puisse connoître.

Cette ordonnance ne dit point quelle étoit l'imposition que l'on percevoit alors sur le sel; mais on sait d'ailleurs qu'elle fut portée, par ce prince, à quatre deniers pour livre, & qu'elle n'étoit pas perpétuelle, comme le déclare l'ordonnance du 15 février 1345.

Cet impôt ne changea donc rien à la liberté du commerce du sel; il est même évident qu'il ne subsista pas long-tems. L'opinion de sa durée est parfaitement détruite, par le réglement que fit le roi Jean, fils de Philippe de Valois, le 30 janvier 1350, pour la police générale du royaume; le sel y fut compris comme un commerce libre, & soumis à la même police & aux mêmes loix que toutes les autres denrées, par l'article CCIII. du titre 40. suivant le *Traité de police* de Lamarre, tome III. pag. 415.

Le roi Jean ayant à soutenir la guerre contre les Anglois, fit assembler en 1355 les Etats de Languedoil & pays coutumier; il fut arrêté, d'après une ordonnance du 28 décembre 1355, que, pour fournir aux frais de l'armée, il seroit imposé dans tout le pays coutumier, sur le sel, une *gabelle* qui seroit levée suivant certaines instructions dressées à ce sujet.

Au mois de mars de l'année suivante, le roi Jean rendit une ordonnance, portant: Qu'à la saint-André précédente il avoit fait assembler le trois Etats de la Languedoil, du pays coutumier, & deçà la rivière de Dordoigne, pour avoir conseil sur le fait des guerres, & des mises à ce nécessaires. Que la plus grande partie des personnes des trois Etats avoit accordé l'imposition de huit deniers pour livre, & la *gabelle du sel*; & que comme on ne savoit pas si ces aides seroient suffisantes, ni si elles seroient agréables au peuple, les Etats devoient se rassembler à Paris le premier mars suivant; auquel jour ayant été assemblés, il leur étoit apparu, que ladite imposition & *gabelle* n'étoit pas agréable à tous, & aussi qu'elle n'étoit pas suffisante; pourquoi ils accordèrent entr'eux, qu'il seroit fait une aide, rapportée dans cette ordonnance. Au moyen de quoi, le roi ordonna que l'imposition accordée au mois de décembre précédent, seroit supprimée à la fin du mois, & que la *gabelle*, dès ce moment, cesseroit pour toujours. Que si aucun avoit été gabellé; c'est-à-dire, si on lui avoit fait payer le droit de *gabelle* pour plus de trois mois, on lui rendroit, ou déduiroit sur le nouveau subside, ce qu'il auroit payé de trop sur le précédent; & que ce qui auroit été gabellé sur les marchands de sel, leur seroit promptement rendu, excepté leur dépense de trois mois.

Malgré ces dispositions, le roi étant encore prisonnier en 1358, les Etats assemblés à Compiegne accordèrent, au mois de mai de cette année, une seconde augmentation sur le prix du sel. Il fut ordonné qu'il seroit établi des greniers dans les bonnes villes & lieux notables, où tout le sel seroit acheté des marchands par le roi, à juste prix, & que les grenetiers le revendroient ensuite, pour le compte du roi, un cinquième de plus.

Il paroît, par des lettres-patentes du 9 août 1359, données par Charles V. alors régent du royaume, que la *gabelle* étoit déja rétablie dans la ville & vicomté de Paris, attendu l'extrême besoin que le roi avoit de finances pour le fait de la guerre. Il ordonne que dans les villes d'Orléans, Blois, & autres villes & lieux entre les rivières de Seine & de Loué, & entre les rivières de Loire & du Chier, on levera la *gabelle du sel*, pendant un an, en la manière qu'elle se levoit alors en la ville & vicomté de Paris. Que pour la garde & défenses desdites villes, & de tout le pays enclavé entre lesdites rivières, le duc d'Orléans, lieutenant du roi & du régent dans ces parties, prendroit le quart de cette *gabelle*, & que le reste seroit apporté ou envoyé à Paris, sous bonne & sûre garde, & sans délai, pardevant les trésoriers du roi & du régent. En conséquence il ordonne aux gens des comptes, d'établir, à cet effet, des commissaires généraux & particuliers, comme ils verront à faire, lesquels feront crier & publier solemnellement ladite *gabelle* dans les lieux accoutumés, & la leveront ou feront lever pendant un an, du jour de la publication de ces lettres.

Au mois d'octobre de la même année 1359, une ordonnance régla le prix du sel, sur les rivières de Seine, de Marne & d'Yonne. Il y est dit, qu'à Honfleur la prise du sel pour le marchand, est de quatorze écus; à Caudebec, de seize, & ainsi des autres villes, où l'on remarque que le prix du sel augmente, à proportion de ce qu'elles sont éloignées de la mer. A Paris, il étoit de quarante écus; à Châlons, de soixante; à Joigny, de soixante-quatre; c'étoit le prix le plus haut: il s'agissoit du muid de sel; ce qui revenoit à environ neuf den. la livre, le marc d'argent valant alors douze à treize livres. Sous le règne suivant, il retomba à cinq liv. neuf sols.

La *gabelle* fut rétablie dans le pays de la Languedoil, par une ordonnance du 5 décembre 1360, donnée par le roi Jean, immédiatement après son retour d'Angleterre, en conséquence de la paix conclue à Bretigny.

Le droit établi, par cette ordonnance, sur le sel, dans la Languedoil, étoit le cinquième de son prix.

L'instruction faite à ce sujet par le grand-conseil du roi étant à Paris, porte que l'on établira des greniers à sel dans les grandes villes & lieux notables; que tout le sel qu'on trouveroit dans ces lieux ès mains des marchands, & que l'on y enverroit dorénavant, seroit pris en la main du roi, & pour lui, à juste prix; que le grenetier le revendroit un cinquième de plus. Une autre instruction particulière donnée sur l'aide du sel, porte que, dans les lieux où il n'y avoit pas de grenier à sel, le roi prendroit le cinquième du prix de la vente, & que cette aide seroit donnéeà ferme par les élus.

Il paroît que, dès 1359, les prélats, les nobles & les communes de la Languedoil, avoient accordé au comte de Poitiers, fils du roi Jean, & son lieutenant dans cette partie, que l'on y leveroit jusqu'à Noël 1361, certaines impositions & *gabelles*, dans les formes & manières contenues aud. octroi, & ordonnées par le comte de Poitiers.

Il existe des lettres données par ce prince, au mois d'août 1360, dans lesquelles il rappelle que, par une ordonnance par lui faite, du consentement des prélats, barons, universités & consuls de toute la Languedoc, dans une assemblée générale, il a été ordonné que nulle personne ne pourra transporter du sel hors de la Languedoc, s'il n'a été gabellé dans le lieu ou saline d'où il a été tiré, ou dans un autre lieu destiné à cet effet par les gabellateurs.

Les Etats de la sénéchaussée de Beaucaire & de Nismes, avoient accordé au roi un droit de *gabelle* pour un certain tems, qui devoit finir au mois d'avril 1363. Le roi Jean, par une ordonnance faite dans l'assemblée de ces mêmes Etats, le 20 de ce mois, ordonna que cette *gabelle* seroit continuée pendant un certain tems; que la moitié du produit seroit employée aux dépenses de la guerre, & l'autre moitié, à payer les dettes assignées sur cette *gabelle*; à la charge que si cette *gabelle* ne suffisoit pas pour fournir aux dépenses nécessaires, on établiroit d'autres impositions.

Suivant cette même ordonnance, la *gabelle du sel* devoit se lever sur toutes les salines, même sur celles qui appartenoient au roi. Le droit de *gabelle* étoit alors d'un tiers de florin, outre le vrai prix du sel. Toutes les autres impositions devoient cesser, tant que cette nouvelle *gabelle* auroit lieu. Le sel ne devoit payer la *gabelle* qu'une seule fois, après quoi l'on étoit libre de le vendre sans en rien payer. Il étoit défendu à toutes personnes, telles qu'elles fussent, de se servir de sel qui n'eût pas payé la *gabelle*, sous peine d'amende arbitraire. On donnoit à ceux qui payoient la *gabelle*, une quittance contenant le poids & la quantité du sel, le lieu, l'année & le jour du paiement; & lorsqu'ils vouloient transporter ce sel d'un lieu à un autre, ils donnoient cet acquit au receveur des impositions; autrement leur sel étoit confisqué.

Le droit de *gabelle* se payoit au bureau le plus prochain de la saline où on achetoit le sel, & ce, sous peine de confiscation du sel, & des animaux & vaisseaux qui servoient à les transporter.

Comme il y a ordinairement auprès des salines, des endroits où l'on pêche & où l'on sale le poisson, l'ordonnance dit qu'on estimera la quantité de sel que l'on peut employer à saler les poissons, & qu'on en paiera la *gabelle*. Qu'on estimera pareillement la quantité de sel que peuvent user ceux qui demeurent auprès des salines, & qu'on leur fera payer la *gabelle* de cette quantité chaque année, en quatre paiemens égaux. Elle porte encore, qu'il y aura des gardes qui feront des perquisitions, pour découvrir les fraudes; qu'ils auront la moitié du sel qui sera confisqué, & que l'autre moitié accroîtra au produit de la *gabelle*; que les autres personnes qui découvriront les fraudes, n'auront que le tiers des confiscations.

Les animaux employés à porter le sel dans la sénéchaussée de Beaucaire & de Nismes, sont déclarés non saisissables, même pour les deniers du roi.

Enfin, il est dit que la *gabelle* sera affermée en tout ou en partie, par évêchés & vicairies, en présence du juge du lieu & des consuls, de trois mois en trois mois, & que les fermiers paieront le prix de leur ferme à la fin de chaque mois.

Charles V. fit, le 7 décembre 1366, une ordonnance au sujet de la *gabelle*, dont la levée avoit été ordonnée par-tout le royaume pour la délivrance du roi Jean. Il y est dit, qu'on établira des greniers à sel dans les lieux convenables, sur les rivières, & dans quelques villes éloignées des rivières; que dans chaque grenier il y aura un grenetier, & un greffier qui sera aussi contrôleur; qu'ils auront chacun un registre, sur lequel ils écriront, dans les villes où il y aura des greniers établis, tout le sel qui se trouvera chez les marchands, les revendeurs, & les particuliers; qu'ils le feront mettre dans le grenier, en laissant seulement aux particuliers leur provision pour quatre ans.

Le grenetier & le contrôleur devoient écrire sur leurs registres, la quantité de sel qui étoit dans le grenier, le nom de celui à qui il appartenoit, & le jour qu'on l'y avoit porté.

Le grenier devoit fermer à trois clefs, dont une entre les mains du grenetier, une seconde dans celles du contrôleur; la troisième étoit pour le propriétaire du sel.

On vendoit le sel à tour de rôle, suivant le jour qu'il avoit été apporté au grenier; dans la suite il fut ordonné, que de dix muids en dix muids on publieroit le sel au rabais, & que le marchand qui donneroit son sel à meilleur marché, seroit préféré aux autres pour la vente de dix muids, & ainsi successivement. L'ordonnance porte, que l'on fixeroit le prix du sel pour le marchand, & qu'outre ce prix, il y auroit vingt-quatre livres pour le roi, par chaque muid mesure de Paris. Que l'on vendra le sel dans les greniers, à grosses mesures, à septiers, minots & demi-minots; que les regratiers le revendront en détail, & ne pourront en avoir que six septiers en magasin.

Enfin, il est défendu aux grenetiers & greffiers de faire commerce de sel, d'être en société avec ceux qui le font, & de recevoir d'eux aucuns présens.

Les Etats tenus à Compiegne en 1366 ou 1367, ayant fait des plaintes à Charles V. au sujet de la *gabelle*, il rendit le 19 juillet 1367 une déclaration, dans laquelle il dit, qu'ayant toujours à cœur de soulager ses sujets, il avoit retranché la moitié du droit qu'il avoit accoutumé de prendre sur le sel, ajoutant que le prix du marchand fût diminué à proportion.

La *gabelle* étoit établie dans le Languedoc dès 1367; mais comme elle n'avoit pas lieu dans le Dauphiné, les étrangers qui avoient coutume d'acheter du sel en France, le prenoient dans les pays étrangers, & le voituroient dans le leur, en passant par le Dauphiné.

Charles V. pour réprimer cette fraude, donna, le 15 mai 1367, des lettres portant que, tant que dureroit ladite *gabelle*, le sel qui sortiroit du Dauphiné y paieroit des droits, à moins qu'ils n'eussent déja été payés dans les salines du royaume, lorsqu'il y auroit été acheté; déclarant que son intention n'étoit pas que la *gabelle* fût levée sur le sel distribué dans le Dauphiné; mais que le droit qui se percevoit sur le sel sortant de cette province, fût employé, moitié suivant la première destination de la *gabelle*, & l'autre moitié, appliquée à la recette du Dauphiné.

On trouve dans des privilèges accordés par Charles V. à la ville de Rhodez, au mois de février 1369, qu'il accorda entr'autres choses à cette ville, une *gabelle*, *Gabellam in dicto loco*. Les lettres n'expliquent pas en quoi consistoit ce privilège, peut-être n'étoit-ce autre chose que le droit d'avoir un grenier à sel.

Quoique l'imposition sur le sel n'eut été mise que pour un tems, elle fut continuée dans tous les pays, tant de la Languedoil que du Languedoc. En effet, elle se payoit encore en 1371, suivant des lettres de Charles V. du 20 juin, adressées à un conseiller du roi, sur le fait de la guerre. *Voyez* les ordonnances du Louvre, tome V. pag. 404.

Ces lettres font mention, que l'aide qui avoit cours sur le sel dans les diocèses de Lyon, Mâcon & Châlons, apportoit peu de profit au roi, parce que les habitans de ces diocèses achetoient en fraude, du sel sur les terres de l'Empire, dont ils n'étoient séparés que par le Rhône & la Saône; & comme ils amenoient ce sel dès Avignon, par terre, par le Dauphiné, jusqu'à la rivière d'Isère, & de-là le transportoient en l'Empire, le roi ordonna que dorénavant on leveroit des droits sur le sel qui passeroit sur la rivière d'Isère.

Ce même prince fit encore, le 21 novembre 1379, un réglement pour la police de la vente du sel, & pour la perception du droit de *gabelle*; il abolit l'usage qui s'étoit établi, d'obliger les habitans de chaque paroisse de prendre du sel en certaine quantité.

C'est donc au règne de Charles V. qu'il faut fixer l'établissement de la *gabelle*. La fatale journée de Poitiers, où le roi Jean fut fait prisonnier par les Anglois, donna lieu au Dauphin, régent du royaume, d'avoir recours à plusieurs moyens extraordinaires, pour payer la rançon de son père; & l'établissement d'un impôt sur le sel, & sur toutes les autres denrées vendues dans le royaume, avec le consentement des Etats, fut l'un des principaux, ainsi qu'on l'a rapporté dans le Discours préliminaire du tome I. pag. 28. & au mot AIDE, pag. 24. Ce prince, parvenu à la couronne, confirma ce qu'il avoit établi comme régent.

Le peuple, & sur-tout celui de Paris, n'avoit pas vu sans mécontentement la propagation, l'augmentation même des impôts. Charles V. au lit de la mort, se repentit d'avoir surchargé ses sujets pour

pour amasser des trésors, dont il prévit la dissipation pendant la minorité de son fils; il lui recommanda, & à ses frères, de pourvoir à l'abolition des impôts, & le 16 septembre 1380, jour de sa mort, il abolit lui-même les fouages ou tailles, en remettant ce qui étoit dû.

Aussi-tôt après son décès, le duc d'Anjou se fait donner la régence, & s'empare de ses trésors; les querelles qui s'élèvent entre lui & ses frères, sont appaisées aux dépens des fonds publics, & les impôts continuent de se percevoir avec tant de rigueur, que le peuple se souleve, & se porte aux plus grands excès : l'abolition des aides est le seul frein qu'on puisse opposer à sa fureur.

L'ordonnance du 16 novembre 1380, révoque toutes les impositions établies dans le royaume depuis Philippe le bel, & porte, » *voulons & ordonnons que lesditz aides & subsides, & de chacun d'iceux nosditz subjetz soient & demeurent francz, quietes, & exemps doresnavant à toujoursmais, comme ils étoient paravant le tems de notredit prédécesseur Philippe le bel.*

Une autre ordonnance du mois de mars 1380, renouvelle cette révocation des impôts pour les provinces de la Languedoil, dont il paroît que les Etats s'étoient assemblés à Paris au mois de janvier précédent. Charles VI y déclare qu'il veut que *les aides, subsides, impositions & subventions quelconque qui ont eu cours depuis le temps du roi Philippe le bel, soient ôtées, cassées & abolies.* Il les met *au néant du tout*, & entend que *par le cours d'icelles impositions, ses prédécesseurs & successeurs n'en puissent avoir acquis aucun droit, ne aucun préjudice être engendréz auxdites gens & peuple*; voulons qu'*ils soient restitués & rétablis dans les immunités &c. dont ils jouissoient & usoient au tems du roi Philippe le bel.*

Charles VI pressé par les besoins de la guerre, demande des secours; on les lui refuse, & le peuple de Paris se soulève. Bientôt le roi entre dans cette ville avec ses troupes; il punit & désarme les habitans, les prive d'une partie de leurs privilèges, & après avoir assuré son autorité par des exemples de rigueur, il ne pardonne, qu'en rétablissant de sa pleine puissance les aides & les *gabelles* qui depuis cette époque ont toujours subsisté, suivant le mémoire pour la cour des aides, sur ses conflits avec la chambre des comptes. p. 89.

Ce fut par une ordonnance du 21 janvier 1382 que ces impôts furent rétablis; & l'on voit par une instruction du premier décembre 1383 que la *gabelle* étoit alors de vingt francs pour chaque muid de sel.

Au mois de janvier 1387, Charles VI, pour continuer la guerre, ordonna qu'outre les vingt francs qu'on percevoit sur chaque muid de sel, on prendroit encore pour son compte, vingt francs d'or; mais cette augmentation fut abolie par les lettres du 25 mars 1388, & le droit de *gabelle* fut réduit à vingt francs par muid.

Dans le Poitou & la Saintonge, au lieu du droit de vingt francs par muid de sel, on mit une aide qui consistoit à faire payer au vendeur du sel, la moitié du prix pour la première vente, & lorsque le sel étoit ensuite revendu ou échangé, le vendeur payoit cinq sols par livre.

Une autre instruction donnée par le même prince sur le fait des aides le 6 juillet 1388, ordonne que tout espèce de gens conduisant du sel non gabellé, avec port d'armes, ou autrement, soient, par les grenetiers & contrôleurs, & par toutes justices où ils viendront & passeront, pris & punis de corps & de biens, selon que le cas le requerra : que si les grenetiers, contrôleurs, ou autre gens de justice, demandent aide pour le roi, que chacun soit tenu de leur aider sur peine d'amende arbitraire; & si ceux qui conduisent le sel non gabellé se mettent en défense, il est ordonné que l'on fasse que la force en demeure au gens du roi; & que si mort ou mutilation y advient contre aucun des conducteurs du sel ou leurs aides & receveurs, ceux qui l'auront fait pour conserver son droit & aider ses gens, soient quittes, imposant silence à tous ses justiciers & procureurs, de même qu'aux amis des fraudeurs qui auront été occis ou mutilés.

Ce même prince, par des lettres du 28 mars 1395, diminua d'un tiers le droit de *gabelle* dans tout le royaume.

Les généraux des aides ordonnés pour le fait de la guerre, au pays du Languedoc & duché de Guienne firent, en 1398, au nom du roi, avec la comtesse de Provence, une société pour deux ans, par rapport à la *gabelle* du sel qui remontoit le Rhône, pour être porté dans les terres de l'Empire.

Outre le droit qui se percevoit sur le sel pour le roi, il accordoit quelquefois un octroi sur le sel aux habitans de certaines villes, comme il fit en faveur de ceux d'Auxerre, pour deux années, par des lettres du 3 mars 1402, portant que le produit de cet octroi seroit employé aux réparations du pont de cette ville.

On trouve dans les réglemens faits par Charles V & Charles VI les 7 décembre 1366, 20 novembre 1377, 21 janvier 1382, premier décembre 1383, 11 mars 1388, & juillet 1411. la forme dans laquelle les *gabelles* étoient alors administrées, & il paroît que sous Louis XII la police prescrite par ces réglemens, s'observoit encore.

Différentes villes avoient obtenu, à titre d'octroi, le privilége de fournir les greniers qui y étoient établis; la même concession avoit été faite à plusieurs particuliers : ces villes avoient la plupart disposé par vente de ce privilége, & il en résultoit de grands inconvéniens; les greniers n'étoient plus suffisamment approvisionnés; le sel n'y séjournoit pas le tems convenable, & n'avoit pas le tems d'acquérir le dégré de siccité nécessaire. Ces inconvéniens n'avoient pas lieu, lorsque les greniers étoient fournis par les marchands qui y déposoient leur sels, parce que ce sel étant vendu à son tour de dépôt & au rabais, il s'écouloit plusieurs années avant qu'il fût mis en vente. Ces considérations engagerent Louis XII à casser & révoquer, par une ordonnance du 23 mai 1500, toutes les concessions de ce genre qui avoient été faites, & à ordonner que les généraux des finances, chacun dans sa généralité, taxeroit pour chaque grenier, le prix du sel, eu égard à la situation des greniers, & que les prix ainsi fixés ne pourroient être crus ni haussés, mais seulement diminués par les rabais, conformément aux ordonnances précédentes.

Par une autre ordonnance du 11 novembre 1508 il enjoignit aux grenetiers, contrôleurs & mesureurs de résider, d'assister à la descente & vente du du sel, de veiller à ce qu'il fût emplacé dans des salles ou celliers à rez-de-chaussée, ou deux pieds plus bas au plus, de la rue; de ne point souffrir que les marchands descendissent dans les greniers sel sur sel, afin que le dernier arrivé ne fût pas le premier vendu; de procéder à la vente du sel en gardant l'ordre & tour de papier sans l'interrompre, si ce n'est en cas de rabais, qui même ne seroit admis qu'autant que le sel pour lequel il seroit offert, auroit été mis dans le grenier en même tems que celui qui seroit en tour.

Il est défendu aux grenetiers de prendre plus de douze deniers pour la commission qu'ils donneront pour la délivrance du sel par impôt, & aux habitans des lieux où la distribution du sel se fait par impôt, dans le cas où ils en auroient besoin d'une plus grande quantité, de s'en approvisionner dans aucun autre endroit que dans le grenier où le sel par impôt est délivré, à peine de confiscation & de grandes amendes arbitraires.

Cette ordonnance renferme encore plusieurs autres dispositions, soit pour obvier aux abus qui se commettoient de la part des grenetiers & contrôleurs, sous prétexte de déchet dans les greniers, soit pour prévenir les manœuvres auxquelles se livroient les mesureurs en mesurant les sels, à la descente dans les greniers, ou à la distribution.

François I. par son ordonnance du mois de juin 1517, ajouta plusieurs dispositions à celles que l'on vient de rapporter.

Il est enjoint aux grenetiers & contrôleurs de tenir registre de ceux qui viendront prendre le sel dans les greniers, séparément par paroisse.

Dans les greniers où le sel se leve par impôt, les grenetiers doivent envoyer au commencement de chaque année, dans les paroisses de leur arrondissement, leur commission portant mandement d'imposer le montant de ce que la paroisse doit prendre de sel; cette commission doit être signée par le grenetier & le contrôleur auxquels il est attribué, pour chaque commission, douze deniers de taxation à partager entre eux par égale portion.

Il leur est défendu de commettre les collecteurs pour la levée de l'impôt du sel; ils doivent être élus par les habitans des paroisses, & ces collecteurs doivent avoir les mêmes salaires que ceux fixés aux collecteurs des tailles.

Les collecteurs sont tenus trois semaines après la confection du rôle, d'en remettre un double en bonne forme & signé d'eux, aux grenetiers & contrôleurs : ce rôle doit contenir les noms & surnoms de tous les habitans de la paroisse, leur impôt & le nombre de leurs gens & famille.

Les grenetiers & contrôleurs, lors de leurs visites dans les paroisses, doivent porter l'expédition qui leur a été remise; ils sont autorisés à se faire représenter les rôles des tailles, & s'ils reconnoissent & découvrent que quelque habitant, de quelque état, qualité ou condition qu'il soit, n'a pas levé le sel au grenier de son ressort, ou n'en a pas levé en quantité suffisante pour sa consommation, eu égard à ses facultés, famille, gens, serviteurs & ménage, ils doivent le condamner à restitution des droits de *gabelle* & à telle amende & autre peine qu'ils aviseront bon être.

L'ordonnance du 25 août 1535 enjoint à tous les collecteurs des tailles, des pays où le droit de *gabelle* a cours, d'envoyer quinze jours après l'expiration de l'année, aux grenetier & contrôleur des greniers dont ils sont ressortissans, un double signé d'eux, de l'assiette de la taille de l'année précédente, & le nom des gentilshommes & gens d'église des paroisses dont ils sont collecteurs: les maires, consuls & échevins des villes franches, doivent pareillement envoyer des copies des assiettes qui ont pu être faites dans lesdites villes.

La même ordonnance enjoint aux officiers des mesurages d'Ingrande, Rouen & autres lieux des dépôts, de tenir chacun deux registres, dont les feuillets doivent être cotés & paraphés, par un sécretaire du roi, & traversés par un cordon scellé du grand sceau. L'un de ses régistres doit contenir le mesurage & les rescriptions délivrés en conformité; l'autre les certificats des descentes & réceptions du sel aux greniers mentionnés dans la rescription.

Les marchands sont tenus, à peine d'y être contrains, ainsi que leurs cautions, de rapporter aux gardes & contrôleurs des mesurages, dans le tems fixé par leur soumission, les certificats de descente & de réception au grenier, du sel contenu dans les rescriptions, & faute par eux d'y avoir satisfait dans le tems prescrit, ils peuvent être contraints au payement du droit de *gabelle*.

Les détails dans lesquels on vient d'entrer, font connoître que jusqu'à cette époque le sel avoit été marchand; il étoit vendu dans les greniers du roi, pour le compte des particuliers qui étoient tenus de l'y faire conduire: les droits du roi étoient reçus, lors de chaque vente, par les officiers, & le prix du sel se payoit aux marchands.

L'année 1541 vit naître un autre ordre de choses. Le motif de ce changement, exposé dans le préambule de l'ordonnance du 1 juin 1541, fut l'impuissance des réglemens antérieurs, malgré la rigueur de leurs dispositions, des amendes & punitions quelles prononçoient, pour arrêter les fraudes & malversations commises au détriment de la *gabelle* & à la grande charge & foule du peuple.

François I. expose dans cette ordonnance, que dans la vue de pourvoir à ces désordres, il avoit fait mettre en sa main, par ses commissaires qu'il avoit députés à cet effet, tout le sel existant dans les salines des généralités de Languedouy, Guienne & Bretagne; que ces commissaires avoient fait leur rapport de la quantité de sel trouvée dans ces salines, & des moyens qu'ils avoient jugé les plus propres à remplir ses intentions: que ces commissaires avoient ensuite été renvoyés par lui, pour faire leur rapport de toute la procédure qu'ils avoient faite sur les lieux, à plusieurs des présidens des comptes, des aides, trésoriers de France, généraux des finances, maîtres & conseillers desdits comptes, aides, & autres bons & notables personnages, officiers du roi, pour, sur le tout, donner leur avis, ce qu'ils auroient fait; & le roi desire en conséquence, relever ses sujets des molestations, travaux & charges qu'ils ont accoutumé porter, par lesdites recherches & informations, & espérant que la conservation de ses droits de *gabelle* en fera augmenter le produit, de sorte qu'il pourra diminuer les deniers des tailles au soulagement du peuple; il ordonne qu'à l'avenir ceux qui acheteront & enléveront du sel des marais salans, seront tenus de payer les droits de *gabelle*, lors de l'enlévement, aux receveurs établis sur les lieux d'où les sels seront tirés.

Les droits du roi, sur les sels destinés à l'approvisionnement des pays sujets à la *gabelle*, sont fixés, par cette ordonnance, à quarante-cinq livres tournois par muid, mesure de Paris, y compris la crue de quinze livres par muid qui avoit été établie en 1537, pour le payement des gens des compagnies souveraines. Le marchand ayant acquitté ce droit, & muni d'un brevet signé des officiers établis sur les marais, contenant le nom du marchand, le lieu où le sel avoit été pris, la quantité, le prix de l'achat & le payement du droit de *gabelle*, avoit la liberté de porter, vendre & distribuer son sel par-tout où bon lui sembloit, ce qui entraînoit la suppression des greniers & des différens officiers qui y avoient été préposés; mais cette nouvelle forme de régie & de perception exigeoit une multiplicité de nouveaux officiers, sous le titre de conservateurs, procureurs du roi, greffiers, receveurs, contrôleurs, gardes, mesureurs, commis pour veiller à ce qu'il ne fût détourné aucun sel des marais salans, sans avoir acquité les droits dont il s'agit.

Il y avoit aussi quelque province où les droits du du roi étoient réglés différemment, & qui donnerent lieu à des dispositions particulières dans l'ordonnance du premier juin 1541.

Par cette ordonnance, le droit de *gabelle* de tout le sel vendu, troqué ou échangé dans les salines, marais & autres lieux des pays de Guienne, Bretagne, Poitou, Saintonge, ville & gouvernement de la Rochelle, & porté à la pêche pour la salaison en mer du poisson, est fixé au même prix que le sel aura été payé, par l'étranger qui en aura fait l'achat, & le quart de ce prix doit être payé comptant par forme de provision, tant par le pêcheur que par l'étranger, suivant la fixation qui sera faite, chaque mois, du prix du sel, par le conservateur dudit quart, sur les lieux, avec le procureur du roi, & les gardes & contrôleurs, afin de prévenir les fraudes que les vendeurs pourroient faire sur la déclaration du prix.

Quant aux sels qui, des marais, passeront dans l'intérieur des mêmes provinces, pour leur consommation, il doit être payé pour le droit de *gabelle*, d'abord comptant aux receveurs sur les marais, le quart du prix de la première vente; & ensuite aux receveurs sur les lieux où se feront les autres ventes, trocs ou échanges, le quart du prix pour chacune de toutes lesdites ventes, trocs ou échanges; & le demi-quart, pour la crue ordonnée pour le paiement des gages des compagnies souveraines. Ces dernières ventes ne peuvent être faites que dans les lieux qui doivent être désignés, & où il doit être établi, ainsi que sur les marais, des officiers, pour assurer la perception dudit quart.

Le sel destiné pour la consommation des habitans du duché de Bretagne, est déclaré exempt, pour le présent, dudit quart & de la *gabelle*, à la charge de prendre le sel dans les marais de ladite province, & avec la précaution de ne faire la distribution, dans les différens lieux, que de la quantité nécessaire aux habitans, pour leur provision d'une année seulement.

Il paroît que, peu de tems après cette ordonnance, la diversité qui se rencontroit dans la fixation des droits de *gabelle*, fut envisagée comme la principale cause des fraudes & des abus qui se commettoient.

François I. se proposant d'établir l'uniformité, par son ordonnance du mois d'avril 1542, fixa sur-tout le sel qui seroit vendu, troqué ou échangé aux salines & marais de Bretagne, Poitou, Saintonge, ville & gouvernement de la Rochelle, Guienne, Picardie, Normandie, Languedoc, Provence, Dauphiné, & autres lieux, provinces & endroits du royaume, avec quelques personnes que ce fût, ses sujets ou autres, sans nul excepter, une somme de vingt-quatre livres tournois, pour chaque muid de sel, mesure de Paris, payable par le vendeur du sel, & lors de la vente, pour tous droits de *gabelle*, quart & demi-quart, quint & demi-quint.

Cette nouvelle forme de perception excita les plus vives représentations de la part des propriétaires des salines & des marchands de sel. Ils exposèrent que si le sel qu'enlevoit l'étranger restoit assujetti aux droits de la *gabelle*, c'étoit priver le royaume de cette branche de commerce ; que la pêche, par la même raison, cesseroit entièrement. Leur réclamation fut écoutée, & par une nouvelle ordonnance du 29 mai 1543, le droit sur les sels enlevés par les étrangers des marais, fut fixé à vingt sols par chaque muid, mesure de Paris; droit qui seroit payé, par les propriétaires des marais salans, comme droit royal.

Les étrangers furent déclarés exempts de payer aucun droit de *gabelle*, pour les sels qui seroient par eux enlevés pour être consommés hors du royaume, en observant néanmoins les formalités que prescrit cette ordonnance, pour prévenir les fraudes qui pourroient être commises à ce sujet.

Les pêcheurs des provinces de Bretagne, Poitou, ville & gouvernement de la Rochelle, Saintonge & Guienne, furent pareillement affranchis du paiement de la *gabelle* des sels qu'ils enlevesoient des marais pour les employer à leur pêche; & la même exemption fut accordée aux pêcheurs des provinces de Normandie & de Picardie.

Les propriétaires des marais y résidans, ou dans une distance de dix lieues, furent autorisés à prendre & retenir, pour leur usage, & celui de leur maison & famille seulement, la quantité de sel nécessaire, suivant les rôles qui en seroient dressés.

Les habitans de Bretagne furent aussi exemptés du droit de *gabelle* des sels destinés à leur consommation, suivant la délivrance qui devoit leur en être faite, d'après les rôles qui seroient formés.

Le droit de *gabelle*, qui, par l'ordonnance du mois d'avril 1542, avoit été réduit, par muid de sel, mesure de Paris, à vingt-quatre livres tournois, dans la vue de compenser l'assujettissement des sels enlevés par l'étranger, & de ceux destinés tant à la Bretagne qu'à la pêche, fut reporté à quarante-cinq liv. par cette ordonnance de 1543, & sur son produit fut assigné le paiement des gages des cours de parlement, chambres des comptes, & cours des aides.

Il fut réglé que lorsqu'on enleveroit plus de dix muids de sel, le paiement du droit de quarante-cinq livres se feroit au moment de l'enlèvement; mais que quand la quantité seroit plus considérable, on auroit l'option, ou de payer le droit de *gabelle* sur les marais, ou, en donnant caution, de ne l'acquitter que par quart, en quatre paiemens égaux.

Les pays de Languedoc, Provence & Dauphiné, sont déclarés, par cette ordonnance, n'être point sujets à ses dispositions. Il paroît par celle du 6 décembre 1544, qu'il étoit résulté beaucoup d'inconvéniens de la liberté accordée aux marchands, après avoir acquitté la *gabelle*, de transporter leur sel où bon leur sembleroit. Des provinces s'en trouvoient surchargées, & d'autres en manquoient. Il n'y avoit plus, d'ailleurs, aucune police ni ordre dans les ventes, ce qui occasionnoit des débats continuels entre les marchands. Du moins, ces considérations sont rappellées dans cette dernière ordonnance, comme ayant déterminé François I à ordonner que tout le sel seroit remis dans les magasins & greniers précédemment établis dans les différentes généralités, & que la vente en seroit faite par les officiers de ces greniers, chacun dans leur ressort.

Il enjoignit aux généraux des finances de prendre les mesures, & de faire les diligences nécessaires pour que tous les magasins fussent fournis de sel pour deux années, conformément aux anciennes ordonnances.

Ces dispositions n'étoient que la suite & l'exécution d'une ordonnance du mois de juillet précédent, qui faisoit cesser toute perception de *gabelle* à l'achat des sels sur les marais, en remettant les choses, à cet égard, sur l'ancien pied.

Cette ordonnance de 1543 avoit prescrit que, pour la fourniture, & en même tems pour la perception des droits de *gabelle*, sur le pied de quarante-cinq livres par muid, mesure de Paris, les magasins & greniers seroient rétablis, & qu'il en seroit placé même dans les provinces où cet établissement n'avoit pas encore eu lieu.

Les marchands conduisant les sels, le long des rivières de Loire, Seine, Somme, & autres y affluentes, pour le fournissement des magasins à sel des généralités de Languedouy, Normandie, Outre-Seine, Yonne & Picardie, se plaignirent que la perception des péages, prétendus en essence de sel, leur causoit des retardemens & des séjours très préjudiciables, en ce qu'ils étoient obligés d'attendre les fermiers de ces droits, &

qu'ils éprouvoient, de leur part, beaucoup de difficulté sur la qualité des sels qu'ils leur livroient; ce qui causoit des déchets & du dérangement dans leur chargement: ils demandèrent que, pour faire cesser ces inconvéniens, ces péages fussent évalués en argent; leur demande fut accueillie par édit du 9 mars 1546; ses dispositions furent ensuite confirmées par ceux des 15 août 1579, & 28 avril 1599, & notamment par l'article I, du titre 12, de l'ordonnance des *gabelles*, ainsi qu'on le dira au mot PÉAGE.

La nouvelle forme donnée à la perception de la *gabelle* par les ordonnances & réglemens que l'on a rappellés, excita les plus grands troubles dans la Guienne & les provinces limitrophes.

Dès l'année 1547, le peuple, en Saintonge, massacra huit des officiers du grenier à sel; les habitans de Périgueux maltraitèrent & chassèrent de leur ville ceux qui avoient été envoyés pour y publier l'édit de la *gabelle*.

Henri d'Albret, roi de Navarre, & gouverneur de Guienne, envoya quelques troupes qui, trop foibles pour résister à la multitude, furent obligées de se retirer; la révolte s'étendit à Bordeaux, où Tristan de Morienne, lieutenant de roi en Navarre, se transporta, & fut massacré. Le connétable de Montmorency ne rétablit l'ordre que par des exemples de sévérité.

Ces troubles ayant été entièrement dissipés, les habitans du Poitou, de la Saintonge, des villes & gouvernemens de la Rochelle, de l'Angoumois, du haut & bas Limosin, de la haute & basse Marche, du Périgord, & des enclaves & anciens ressorts de ces pays, offrirent à Henri II une somme de quatre cens cinquante mille livres, pour obtenir la suppression de la *gabelle*, établie par François I, ainsi que des greniers & magasins à sel, & des officiers qui avoient été créés & institués à ce sujet: ils se soumettoient à rembourser les finances que le roi avoit reçues pour ces offices, & supplioient le roi de rétablir les choses dans leur ancien état, qui étoit le paiement du quart & demi-quart sur le sel, qu'ils s'engageoient à porter chaque année jusqu'à la concurrence de quatre-vingt mille livres. Ces offres furent acceptées; l'argent étoit à quatorze livres onze sols huit deniers le marc, taux moyen des trois fixations sous ce règne. Un édit donné à Amiens au mois de septembre 1549, réduisit les droits au quart & demi-quart du prix du sel, suivant l'ancienne forme; mais ces droits furent encore rachetés postérieurement, & supprimés par un édit du mois de décembre 1553.

Les pays compris dans cet édit, sont le Poitou & ancien ressort, la Saintonge, les villes & gouvernemens de la Rochelle, Marennes, Oléron, Allevert, Hiers, Rhé & autres isles adjacentes, l'Angoumois, le haut & bas Limosin, la haute & basse Marche, le pays de Combrailles, le Franc-aleu, le Périgord, la sénéchaussée de Guienne, & le pays Bordelois, y compris Soulac, l'Agenois, le Bazadois, le Quercy, le Condomois, les Landes, Armagnac, Fesenzac, Comminges, Saint-Giron, les Vigueries de Rivière & Verdun, & autres pays & lieux qui se fournissoient de sel dans les marais salans de Poitou, Saintonge, Guienne, & des isles adjacentes.

On voit par cet édit que dans la somme fixée pour le rachat de la *gabelle*, n'étoit point comprise celle de neuf mille six cens livres pour la composition de l'Auvergne.

Cette province, à l'exception d'une partie de la haute Auvergne, qui étoit des *gabelles* du Languedoc, avoit été admise à payer, pour tenir lieu de la *gabelle*; un équivalent annuel d'abord fixé à neuf mille six cens livres. Différens édits de Charles VII & de Charles VIII, entr'autres celui du 14 octobre 1493, avoient fixé les rivières d'Alagnon & de Jourdanne, pour servir de limites entre les paroisses qui devoient être assujetties à se servir du sel de Languedoc, & celles qui avoient la liberté de se servir du sel de Guienne & de Poitou.

François I ayant ordonné le rétablissement des greniers à sel en Auvergne, Henri II, par différens édits, & entr'autres par des lettres-patentes du mois d'octobre 1557, permit aux habitans de la partie de l'Auvergne, indépendante de la *gabelle* de Languedoc, de prendre où bon leur sembleroit le sel dont ils auroient besoin, sans payer aucun droit de *gabelle*, moyennant une somme de quatorze mille quatre cens livres, que les gens du tiers-état du pays s'obligèrent de payer annuellement au roi par forme d'équivalent. Cet équivalent a été imposé avec la taille, & distingué long-tems par un article séparé; il est aujourd'hui confondu avec le principal de cette imposition.

En 1604, le fermier général des *gabelles* de Languedoc prétendit assujettir vingt-quatre paroisses de l'élection de Saint-Flour au sel de Languedoc; mais par arrêt contradictoire du conseil, du 17 avril 1625, il fut permis à ces vingt-quatre paroisses de se servir du sel de Guienne & de Poitou, attendu qu'elles étoient en deça des rivières d'Alagnon & de Jourdanne. Le fermier renouvela en 1726 la même prétention, relativement à la paroisse de Bredon; mais l'arrêt du 27 août 1726, la maintint dans le privilége de se servir du sel de Guienne & de Poitou, comme étant de la partie de l'Auvergne sujette au droit de l'équivalent, & en-deça de la rivière d'Alagnon, du côté du Limosin.

En donnant attention aux dispositions des ordonnances précédemment rappellées, on reconnoît que le prix du sel, vendu dans les greniers établis par les commissaires nommés en 1342; a été long-tems déterminé par la réunion du droit imposé au profit du roi sur le sel, au prix marchand de cette denrée; prix dans lequel étoient renfermés, la dépense d'achat sur les marais, les frais de voiture, & les droits payés en route.

Le prix marchand éprouvoit alors, chaque année, une variation dépendante de l'état des récoltes, & des circonstances relatives au transport; il différoit d'ailleurs dans chaque grenier, en raison de son éloignement plus ou moins grand des marais salans, & des frais d'approvisionnement par eau ou par terre.

Le commerce du sel exigeant beaucoup d'avances, il n'y avoit dans chaque grenier qu'un petit nombre de marchands. Il leur étoit conséquemment peu difficile de se concerter entre eux, pour tenir le prix de cette denrée à un taux supérieur à sa valeur naturelle.

Le gouvernement instruit des manœuvres qui se pratiquoient à cet égard, au préjudice du public, chercha à y remédier. Il ordonna donc que le prix du sel seroit fixé par les officiers des greniers, & il leur recommanda de ne le régler qu'après s'être bien assurés de la valeur du sel sur les marais, ainsi que de l'objet exact des frais de voiture. Il régla postérieurement, que lorsqu'un marchand offriroit de livrer son sel à un prix inférieur au prix fixé, il seroit reçu à vendre par préférence à tous autres, à moins que ceux qui se trouvoient à leur tour ne consentissent à vendre au même prix de rabais. Enfin il accorda aux officiers municipaux de plusieurs villes, à titre d'octrois, le privilège d'approvisionner les greniers établis dans ces villes; mais ces diverses mesures, loin de produire les bons effets que l'on en avoit attendus, firent naître au contraire une multitude de nouveaux abus.

Il fut reconnu que les officiers des greniers se prêtoient souvent à régler le prix du sel à un taux favorable aux marchands, & que les villes qui avoient obtenu le privilége d'approvisionner leurs greniers, en avoient vendu l'exercice à des particuliers qui en avoient successivement abusé.

Pour faire cesser ces désordres, Louis XII révoqua, le 23 mai 1500, les concessions faites aux villes, & chargea les généraux des finances, chacun dans sa généralité, de taxer le prix marchand du sel en chaque grenier, eu égard à sa situation, avec la clause que les prix ainsi fixés ne pourroient être crûs ni haussés, mais seulement diminués par les rabais, conformément aux anciennes ordonnances.

François I, pour réprimer les monopoles, statua, par son ordonnance du premier juin 1541, que les droits de *gabelle* seroient à l'avenir perçus sur le sel à l'instant même où il seroit enlevé des marais; mais ce changement ayant produit des inconvéniens qui n'avoient pas été prévus, l'ordonnance du 6 décembre 1544, remit les choses dans leur premier état, & prescrivit l'exécution de ce qui avoit été réglé le 23 mai 1500, sur la fixation du prix marchand du sel vendu dans chaque grenier.

Henri II adopta sur ce point un plan absolument différent de celui qui avoit été suivi jusqu'à son règne. Il jugea qu'il seroit plus avantageux d'affermer ses droits de *gabelles*, & d'adjuger au rabais, le prix du sel pour le fournissement des greniers. En conséquence, il fit publier, dans un réglement du 4 janvier 1548, les charges & conditions sous lesquelles cette ferme seroit adjugée pour le terme de dix années, à commencer au premier octobre 1548, & finir au dernier septembre 1558.

Cette ferme ne doit être regardée que comme un essai qui fut fait pour parvenir dans la suite à une ferme générale. On adjugea chaque grenier à part à des fermiers particuliers; les enchères, pour le droit de *gabelle*, se firent sur le produit de l'année précédente de chaque grenier, & le prix marchand du sel s'adjugea au rabais, à trois livres six sols huit deniers meilleur marché par muid, qu'il ne s'étoit vendu pour le prix marchand au grenier, le premier octobre précédent. Les droits de *gabelle* & le fournissement en sel des greniers & magasins, furent affermés séparément, & par des baux distincts & séparés. Les adjudicataires furent tenus de payer le prix de leurs baux de quartier en quartier, d'acquitter les gages des officiers des greniers, de les tenir suffisamment approvisionnés de sel, pendant la durée de leurs baux, & de les laisser, à l'expiration de leur jouissance, garnis de sel pour trois ans, sous la condition que le sel de trois ans, restant au grenier, seroit vendu avant tout autre, au même prix que la vente auroit été faite durant le bail.

Depuis cette époque, les marchands ont été exclus de la vente du sel dans les pays de *gabelles*.

Sous les règnes de Henri II, François II, Charles IX & Henri III, on mit différentes augmentations sur le sel pour des attributions accordées aux offices de grenetiers, lieutenans, contrôleurs, procureurs & avocats du roi, greffiers, receveurs particuliers & provinciaux, regrattiers, sergens & autres, qui furent créés pour avoir soin de la police des magasins ou greniers, & veiller à la perception des droits du roi.

La ferme des droits de *gabelle* de chaque grenier resta sur le même pied de l'adjudication de 1547, entre les mains des fermiers particuliers, jusqu'en 1578 qu'il en fut fait une ferme générale pour tous les greniers de l'étendue des grandes *gabelles*. Elle fut adjugée à Guillaume Faure, par bail du 3 mai 1578, & ensuite à Nicolas le Lièvre, par bail du 22 août 1581.

Le 21 mai 1582, un nouveau bail fut passé à Jean-Baptiste Champin pour neuf années, commençant au premier octobre suivant, & finissant à pareil jour 1591.

Le roi s'engagea, par ce bail, à faire jouir cet adjudicataire de son droit de *gabelle* sur seize mille neuf cents cinquante-six muids six septiers, à raison de quarante-cinq livres par muid, dans les greniers des généralités de Paris, Champagne, Picardie, Rouen, Caen, Tours, Bourges, Orléans & Blois, & de cinquante-cinq livres dans les greniers de la généralité de Bourgogne.

L'adjudicataire devoit recevoir ces droits des mains des marchands fournisseurs.

Quant aux autres impositions, crues & augmentations, il devoit les recevoir par lui ou ses commis; à l'effet de quoi il lui étoit libre d'avoir une clef de chaque grenier, ou de soustraiter de son bail avec les marchands adjudicataires.

Les charges de ce bail étoient :

1°. De payer comptant à l'épargne deux cents quarante mille écus, quinzaine après la vérification du bail.

2°. De racheter sept cents mille livres de rentes constituées sur le pied du denier douze; d'en rapporter dans les neuf années acquit & décharge au roi, & cependant d'en payer les arrérages.

3°. De rembourser aux officiers des greniers, qui avoient été supprimés, jusqu'à concurrence de deux cents dix mille écus; & cependant de leur payer jusqu'au remboursement, l'intérêt sur le pied du denier dix.

4°. De rembourser à le Lièvre, précédent fermier, sept cents un mille deux cents quatre-vingt-un écus, qui lui étoient dûs par le roi, tant pour avances que pour indemnités.

5°. De payer chaque année cinq cents mille écus; savoir, au receveur de la ville de Paris., trente-trois mille trois cents trente-trois écus un tiers, pour arrérages échus & à écheoir des rentes; pareille somme pour les charges de la Bourgogne & du Berry; & le surplus au trésorier de l'épargne, après néanmoins que Champin se feroit remboursé préalablement des sept cens un mille deux cents quatre-vingt-un écus ci-dessus.

Ce bail ne subsista point jusqu'au terme qu'il devoit avoir. Il en fut passé un autre à Noel Dehere, le 14 octobre 1585, à la charge de rembourser Champin.

Quant au fournissement des greniers, on continua de les laisser entre les mains des fermiers particuliers pour chaque grenier.

Les troubles dont le royaume fut agité pendant les règnes de François II, de Charles IX, & de Henri III, ne permirent aucun changement dans ce qui avoit été fait par Henri II; mais en 1598, la paix ayant été rétablie par le traité de Vervins, Sully reconnut bientôt tous les vices de la méthode suivie jusqu'alors. Il sentit qu'en mettant dans des mains différentes, la ferme des droits de *gabelle*, & le soin des approvisionnemens des greniers, l'une & l'autre de ces opérations ne donnoit pas tout le produit dont elles étoient susceptibles; que les ventes du sel, au lieu d'augmenter comme elles l'auroient dû, diminuoient journellement; puisque de quinze à seize mille muids où elles montoient avant les troubles, elles étoient tombées à sept ou huit mille, & qu'il en résultoit un énorme défaut dans les fonds destinés au paiement des rentes constituées sur les deniers provenant des *gabelles*. Il jugea que l'expédient le plus profitable étoit de ne faire qu'une seule ferme, tant du fournissement que du droit du roi; & c'est ce qui fut exécuté par le bail général fait à Josse le 3 décembre 1598, pour cinq années, à commencer au premier octobre 1599, & finir au dernier septembre 1604.

Ce bail comprenoit tous les greniers à sel des généralités de Paris, Champagne, Picardie, Rouen, Caen, Soissons, Orléans, Tours, Bourges, Moulins, Bourgogne, & ceux dépendans de la généralité de Blois.

Le roi fixoit à vingt-cinq sous chaque muid de sel que l'adjudicataire voudroit enlever des marais de brouage pour le fournissement des greniers, & lui accordoit le même prix marchand dont jouissoient, suivant la dernière adjudication, les adjudicataires en chaque grenier, & en sus de ce prix, les sommes suivantes; savoir :

Dix écus seize sous par muid de sel qu'il fourniroit par la Seine & par la Loire.

Dix écus pour le remboursement des huit écus qui se payoient à Rouen & à Nantes, en quoi étoit compris le parisis pour les intérêts de l'avance & autres frais.

A l'égard des droits de *gabelle*, crue & augmentation, le roi promettoit d'en faire jouir l'adjudicataire, & de les faire valoir jusqu'à la somme de cent trente-deux écus trente-deux sous par muid; savoir, cent écus pour l'imposition & *gabelle* ordinaire; six écus vingt-quatre sous pour suppléer au manque de fonds des gages des cours supérieures ; douze écus pour payer ce qui seroit ordonné à M. le duc de Guise ; douze écus pour remboursement des prêts faits au roi durant le siège d'Amiens ; & deux écus huit sols des droits attribués aux officiers qui seroient supprimés.

L'adjudicataire étoit tenu de payer, sur le prix marchand, les gages ordinaires des officiers des greniers & chambres, tant anciens qu'alternatifs, lors pourvus ; les droits accoutumés des officiers, & les loyers des greniers.

De payer d'avance, entre les mains du trésorier de l'épargne, cinquante mille écus comptant, à raison de dix mille écus par année pour la jouissance de chacune des cinq années ; & à la charge que s'il ne jouissoit pas pendant ces cinq années, il seroit remboursé au prorata du tems avec l'intérêt.

De payer de plus annuellement la somme d'un million cent douze mille six cents soixante-six écus deux tiers pour être distribués ; savoir, deux cents soixante-cinq mille trois cents soixante-un écus entre les mains du trésorier de l'épargne chaque année, & le surplus pareillement chaque année, pour le paiement des rentes sur la ville, gages des officiers des cours supérieures à Paris, charges de la province de Bourgogne, & remboursement tant des finances des offices supprimés dans les greniers, que d'avances faites au roi par les précédens fermiers.

On voit par les détails que contient ce bail que les droits de *gabelle*, crue & augmentation montoient alors à cent trente-deux écus trente-deux sols par muid, faisant trois cents quatre-vingt-dix-sept livres douze sols ; le muid étant composé de quarante-huit minots, ces droits montoient par conséquent par minot, à huit livres cinq sols huit deniers, faisant à-peu-près vingt-six soixante-quatrième du marc d'argent, valant alors vingt livres cinq sols quatre deniers.

Cette progression des droits de *gabelle*, depuis le règne de François I, avoit principalement été occasionnée par les attributions accordées à une multitude d'officiers créés depuis cette époque, & par les impositions mises successivement sur le sel, pour satisfaire à ces attributions.

Le règne de Louis XIII vit encore augmenter le prix du sel. Le bail fait à Philippe Hamel, au mois de mars 1632, en fait connoître l'objet.

On voit que l'adjudicataire devoit jouir :

1°. Du même prix marchand, y compris les cinquante sous par minot, qui avoient été rétablis ; c'étoit ce qui étoit payé sur les salines & pour le sel même qui étoit vendu aux étrangers.

2°. Des droits de *gabelle*, crues & augmentations, montant par muid à la somme de trois cents soixante-onze livres huit sols.

Lors du bail de Josse, ils montoient, ainsi qu'on l'a vu, à trois cents quatrevingt-dix-sept livres douze sols par muid ; mais il en avoit été distrait vingt-six livres quatre sols, qui avoient été attribués aux greffiers anciens & alternatifs des greniers.

3°. De trente livres par muid qui se levoient aux greniers fournis par les rivières de Loire & de Seine, au lieu des vingt-quatre livres qui se payoient à Rouen & à Ingrande.

4°. Des seize sols par muid pour le pontage de Rouen.

5°. Du parisis ou cinq sols qui se levoient aux greniers de la généralité de Bourgogne, qui se fournissoient par la Loire.

6°. Des cinq sols, deux sols six deniers, & douze deniers des secrétaires du roi.

7°. Des seize sols par minot imposés au mois d'octobre 1624, & levés dans tous les greniers, excepté ceux de la province de Bourgogne.

8°. Des trois livres par minot auxquelles avoient été réduites, en 1630, pour les greniers du ressort de la cour des aides de Paris, les six livres imposées par l'édit de 1627.

9°. Des mêmes six livres en entier par minot, dans les greniers des généralités de Dijon, Rouen & Caen.

10°. Des dix sols par minot qui se levoient dans les greniers de Gien, Bony, Cosne & Saint-Fargeau.

11°. Des cinq sols par minot qui se levoient dans les greniers de la généralité de Champagne.

Il y avoit encore d'autres augmentations, mais qui étoient exceptées du bail, & réservées pour être perçues au profit du roi.

1°. Les vingt-quatre sols par minot, d'une part, & cinq sols de l'autre, dans les greniers de la généralité de Bourgogne, qui étoient fournis par la Seine.

2°. Dix-sept sols six deniers aussi par minot, d'une part, & quatre sols d'autre part, qui se levoient dans les greniers de la même généralité de Bourgogne, fournis par la Loire.

Le tout uni aux *gabelles* par l'édit du mois de juillet 1626. L'adjudicataire étoit chargé, par ce bail, de payer, par chacune des huit années, six millions six cens cinquante mille livres, de quartier en quartier. Les autres charges étoient,

1°. De fournir le sel revenant aux privilégiés,

sans en pouvoir rien prétendre que le prix marchand.

2°. De payer les gages ordinaires des grenetiers, contrôleurs & greffiers.

3°. De payer les huit livres douze sols par muid, attribués aux officiers des mesurages, par la déclaration du 36 novembre 1627.

4°. Les huit sols par minot, attribués aux officiers des greniers de la Bourgogne, par les lettres-patentes des 30 novembre & 4 décembre 1627.

5°. Les autres droits dûs aux officiers, par rapport au fournissement.

6o. Les gages des commis, capitaines, gardes & archers.

7°. Les frais de justice & autres, concernant le fournissement.

8o. Les droits de descente, établis par la déclaration du mois de mars 1627, & par les arrêts du conseil des 31 octobre 1628, & 24 janvier 1629.

9o. Le franc-salé aux officiers des greniers; savoir, aux présens, un minot chacun, & le surplus en argent; & aux absens, tout en argent.

Le roi s'engageoit à faire valoir la vente du sel, jusqu'à dix mille deux cens cinquante muids par année. L'adjudicataire devoit payer au roi six cens livres par muid, de tout le sel qui pourroit être vendu au-dessus de cette quantité; & le roi devoit lui tenir compte, sur le prix de son bail, de ce qui seroit vendu de moins, jusqu'à concurrence de dix mille deux cens cinquante muids.

Postérieurement à ce bail, & jusqu'à la fin du règne de Louis XIII, il y eut encore de nouvelles augmentations sur le sel, & elles reçurent des accroissemens sous ses successeurs. On fera connoître celles-ci au mot GRENIER A SEL.

Dès la seconde année du bail de Hamel, c'est-à-dire, en 1633, on ajouta, 1o. Dix sols par minot, au prix du sel vendu dans tous les greniers du ressort de la cour des aides de Paris.

2°. Cinq sols par minot, pour le paiement des gages, droits, vacations, & taxations des officiers des mesurages & contre-mesurages, créés par édit du mois de février 1634, dans le même ressort.

3°. Quatre livres sept sols par minot, imposés par l'édit du mois de septembre 1634, au lieu de quatre livres seize sols, dont jouissoient les regratiers & collecteurs de l'impôt.

4°. Quatre livres, imposées au mois de décembre 1636, sur les greniers de la généralité de Paris, & trois livres sur les greniers des autres généralités des grandes *gabelles*.

5°. Quatre livres, imposées au mois d'avril 1638, sur la vente extraordinaire des sels dans les greniers du ressort des cours des aides de Paris & de Rouen, & deux livres par minot sur le sel de vente extraordinaire & d'impôt, dans tous les greniers de la ferme.

6o. Trois livres dix sols, imposés au mois de février 1638, au lieu des quatre livres seize sols, des regratiers & des collecteurs de l'impôt du sel.

7°. Le demi-parisis, ou deux sols six deniers pour livre de la valeur de chaque minot de sel, imposés par le même édit de février 1638, en faveur des regratiers & vendeurs de sels à petites mesures, réunis à la ferme générale des *gabelles*, par édit du mois d'août 1639.

8°. Huit sols, attribués aux officiers des greniers de la généralité de Bourgogne, par la déclaration du 3 février 1642.

Ces augmentations successives sont énoncées dans le bail fait à Jacques Datin le 18 avril 1646, pour trois années, commençant au premier janvier 1647.

Le prix de ce bail fut de treize millions deux cens quarante-trois mille deux cens livres, & à la charge d'avancer au roi, cinq millions deux cens quarante-cinq mille livres; savoir, lors de la délivrance du bail, un million deux cens quarante-cinq mille livres, & le reste, en quinze paiemens égaux de mois en mois.

L'adjudicataire étoit, en outre, chargé de payer, sans diminution du prix de la ferme, les gages des officiers anciens & alternatifs, les loyers des greniers, les gages des employés, les frais ordinaires & accoutumés, les gages, droits, taxations & vacations des officiers des contre-mesurages, créés par l'édit de février 1634.

On vit également de nouvelles augmentations sous le règne de Louis XIV; savoir:

1°. Deux livres par minot, imposées par la déclaration du 20 mars 1646, dans tous les greniers de la ferme générale.

2°. Quatre livres seize sols, attribués aux regratiers, depuis réunis à la ferme générale, pour être levés dans tous les greniers du royaume, excepté dans la province de Bourgogne, où il ne se leveroit que trois livres sept sols.

3o. Deux sols par minot, attribues aux commis des rôles de l'impôt, par la déclaration du mois de décembre 1646, & réunis aux *gabelles* par arrêt du 16 septembre 1663.

4°. Le demi-parisis, imposé par édit du mois de décembre 1652.

5°. Trente sols par minot, imposés par édit du mois de mars 1653.

6°. Douze deniers par minot, attribués aux contrôleurs, conservateurs, & leurs lieutenans, par l'édit du mois de février 1657.

7°. Trente-cinq sols, imposés par augmentation, en chaque grenier de la province de Bourgogne, par édit de mai 1661; & douze deniers, imposés par le même édit, dans les greniers de la même province, étant du ressort de la cour des aides de Paris.

8°. Huit livres douze sols par muid de sel passant à Razebourg, & quatre livres seize sols pour le droit de mesurage à Ingrande, aliénés à différens particuliers, & depuis réunis à la ferme des *gabelles*.

On doit observer que, par arrêt du 16 septembre 1663, il fut accordé une diminution de trois livres par minot de sel vendu ou imposé, dans tous les greniers des généralités taillables, à la ferme générale. On voit dans le préambule de l'édit du mois de septembre 1664, que cette diminution en opéroit une de près de cinq cens mille écus par an, sur le montant de la ferme.

Tous les objets que l'on vient de rappeller, sont compris dans le bail passé à Martinant le 27 septembre 1663, pour neuf années, à commencer du premier octobre suivant, & finir à pareil jour 1672.

Le prix de ce bail fut de treize millions huit cens mille livres par année, le marc d'argent étant à environ vingt-neuf livres, avec la condition de rembourser au précédent fermier les sels qui se trouveroient dans les greniers, dépôts & entrepôts, suivant une estimation de gré à gré, sinon faite au conseil, sur l'avis des contrôleurs généraux des *gabelles*. Il devoit jouir, indépendamment des articles ci dessus détaillés, du prix marchand des sels délivrés aux privilégiés de la ferme, des trente-cinq sols de brouage, & de la revente du sel à petites mesures.

La perception de tous ces droits additionnels & nouveaux, accumulés les uns sur les autres, avoit porté, dans quelques greniers, le prix du sel à quarante-neuf livres six sols six deniers le minot, ce qui étoit excessif. L'édit du mois de septembre 1668 les supprima tous. Il ordonna, qu'à compter du premier janvier suivant, les officiers des greniers jouiroient, pour leur tenir lieu de ceux qui leur avoient été attribués, de gages qui seroient réglés aux deux quarts, moins un dixième, du produit de ces attributions pendant l'année 1664. Il ajouta, qu'à partir de la même époque, le sel seroit vendu dans chaque grenier à un prix fixe, qui fut à trente livres pour quelques greniers, à trente-cinq, à trente-sept, à trente-huit, à quarante, à quarante-une & à quarante-deux livres par minot, pour d'autres. En même tems il régla, que dans les greniers d'impôt, le sel distribué par impôt, seroit vendu vingt sols de plus par minot, que le sel distribué en vente volontaire.

Le bail adjugé à Saunier le 9 juin 1674, pour six années, fut porté à dix-huit millions six cens cinquante mille livres, & par conséquent à quatre millions huit cens cinquante mille livres au-dessus de celui de Martinant, parce qu'on joignit au bail de Saunier, les fermes des *gabelles* des Trois-Évêchés, des domaines & salines de Franche-Comté, & du droit de Quart-Bouillon en Normandie, objets qui n'avoient pas été compris dans le bail de Martinant.

La déclaration du 30 août 1674 avoit ordonné, qu'en sus du prix réglé par l'édit de septembre 1668, il seroit levé trente sols par minot de sel pendant la durée de la guerre qui subsistoit alors. La paix ayant été faite en 1678, l'arrêt du 27 décembre de la même année, ordonna que cette augmentation cesseroit, à compter du premier janvier suivant.

Le sel étoit, en conséquence, vendu, lors de la publication de l'ordonnance du mois de mai 1680, au prix réglé par l'édit du mois de septembre 1668, & les dispositions de cet édit ont été confirmées par les titres 5 & 7. de cette ordonnance. Les édits qui ont depuis créé de nouveaux greniers, ont, au surplus, ordonné que le sel y seroit vendu à un prix semblable à celui que fixoit l'ordonnance pour les greniers voisins. Il n'en existe en conséquence aucun, dans lequel le sel ne se vende pas exactement à trente, trente-cinq, trente-sept, trente-huit, quarante, quarante-une & quarante-deux livres le minot, en prix principal, conformément à ce qui avoit été réglé par l'édit du mois de septembre 1668.

Dans le bail fait à Domergue le 18 mars 1687, pour six années, les *gabelles* de France, auxquelles on a donné le nom de *grandes gabelles*, furent portées à dix-sept millions cinq cens mille liv.

Les *gabelles* de Lyonnois, un million six cens vingt mille livres.

Celles de Provence & Dauphiné, à deux millions quatre-vingt mille livres.

Celles de Languedoc & Roussillon, à deux millions cinq cens mille livres.

Ainsi, la masse de ces fermes particulières étoit, au total, de vingt-trois millions sept cens mille livres.

L'arrêt du conseil du 27 juillet 1682, avoit fait défenses de vendre le sel à des prix supérieurs à ceux qu'avoit fixé l'édit du mois de septembre 1668, confirmés par les titres 5 & 7 de l'ordonnance de 1680. Mais la guerre dans laquelle Louis XIV. se trouvoit engagé en 1689, l'ayant contraint de recourir à des impôts extraordinaires, la déclaration du 22 février de cette même année, ordonna, qu'à compter du premier avril suivant, il seroit levé sur le sel vendu dans les greniers des *gabelles* de France; soit par impôt, soit par vente volontaire, en sus du prix fixé par l'ordonnance, une augmentation de trente sols par minot, dont le produit fut abandonné à Domergue, alors adjudicataire des *gabelles*, moyennant un million par an.

Une autre déclaration, du 25 octobre 1689, imposa, à commencer du premier novembre suivant, une nouvelle augmentation de trente sols par minot, en statuant que celle-ci, de même que la première, cesseroit d'être perçue à la publication de la paix. Mais, à cette époque, au lieu de ramener le prix du sel, dans chaque grenier, au taux auquel il avoit été fixé par l'ordonnance, la déclaration du premier juillet 1698, ordonna, que les trois livres dont la levée avoit eu lieu sur chaque minot de sel, d'après les déclarations des 22 février & 25 octobre 1689, continueroient à être perçues jusqu'à ce qu'il en fût autrement ordonné.

La guerre de la succession d'Espagne ayant reproduit toutes les crises du besoin de l'Etat, à la suite duquel marche le malheur des peuples, la déclaration du 18 novembre 1702, ordonna qu'en sus des augmentations établies sur le prix du sel en 1689, & prorogées en 1698, il seroit levé par nouvelle augmentation, dans les *gabelles* de France, à compter du premier janvier suivant, quatre livres par minot de sel vendu en vente volontaire; trois livres sur le sel distribué par impôt, & dix livres sur le sel délivré en franc-salé. Mais en 1710, la déclaration du 21 octobre supprima, à compter du premier janvier suivant, cette augmentation de quatre livres par minot, imposée sur le sel vendu en vente volontaire, par la déclaration du 18 novembre 1702, & l'arrêt du conseil du 28 du même mois, ordonna que celle de trois livres par minot, imposée par la même déclaration sur le sel distribué par impôt, cesseroit d'être perçue, à compter du même jour. Ainsi, à partir de cette époque, le sel vendu, soit par impôt, soit en vente volontaire, ne resta plus grevé que des deux augmentations de trente sols, imposées en 1689, qui furent elles-mêmes abolies définitivement, par la déclaration du 17 juillet 1714, à compter du premier octobre suivant, ainsi que les dix livres par minot, mises sur le sel de franc-salé par la déclaration du 21 octobre 1710.

Il n'a, depuis, été imposé aucune augmentation sur les prix fixés par les titres 5 & 7. de l'ordonnance; mais ces prix ont été indirectement augmentés, tant par les droits manuels, que par les sols pour livre, dont la perception a successivement été ordonnée. *Voyez* DROITS MANUELS & SOLS POUR LIVRE.

On a précédemment observé que, depuis l'époque à laquelle l'édit du mois de septembre 1688 a substitué un prix fixe aux différens droits antérieurement perçus sur le sel délivré dans les greniers des grandes *gabelles*, soit au profit du roi, soit au profit des officiers, le prix marchand étoit resté confondu avec les droits de *gabelles*. Il existe cependant quelques cas, dans lesquels le fermier n'exige, du sel qu'il délivre, que le seul prix marchand. Par exemple, lorsqu'un accident quelconque a occasionné la perte du sel levé par les collecteurs, pour être distribué, à titre d'impôt, aux contribuables, le fermier se prête à leur faire délivrer des quantités égales à celles qui ont été perdues, au seul prix marchand. *Voyez* IMPÔT.

Le privilège d'un grand nombre d'officiers, ou de communautés, ne s'étendant qu'à la seule exemption des droits de *gabelles*, ils ne reçoivent les quantités pour lesquelles ils sont compris dans les états du roi, qu'en payant un prix marchand, qui varie, depuis cinquante sols par minot, jusqu'à dix livres. *Voyez* FRANC-SALÉ.

Le bail passé à J. Jacques Prévost, par le résultat du conseil du 30 décembre 1761, pour six années commencées le premier octobre 1762, & finies le premier octobre 1768, comprenoit les *gabelles* de France, les trente-cinq sols de brouage, & droits y joints, les *gabelles* des évêchés, les salines de Moyenvic, les *gabelles* & domaines d'Alsace, les *gabelles* & salines de Franche Comté, la vente des sels à l'étranger, les droits manuels, les quatre sols pour livre, & le vingtième, ou sol pour livre de ceux de ces droits qui y étoient sujets. Ces divers objets étoient affermés vingt-quatre millions neuf cens mille livres, en tems de guerre; & vingt-six millions deux cens soixante-cinq mille six cens livres, en tems de paix.

Les *gabelles* du Lyonnois, Provence, Dauphiné, Rouergue, Haute-Auvergne, Roussillon & dépendances; les *gabelles* & droits de la principauté d'Orange, les droits manuels, les quatre ou deux sols pour livre de ceux de ces droits qui y étoient sujets, ont été compris en tems de guerre pour huit millions quatre cens mille livres, & en tems de paix pour huit millons neuf cens trente-un mille livres.

Ainsi la vente exclusive du sel, & la *gabelle*, ou les droits du roi sur cette denrée, formoient dans le bail de Prevost pour sa majesté, un revenu de trente-trois millons trois cens mille livres en tems de guerre, & de trente-cinq millions cent quatre vingt-seize mille six cent livres, en tems de paix.

Le nouveau sol pour livre imposé par la déclaration du 21 novembre 1763, & d'abord régi pour le compte du roi, fut ensuite compris dans le bail fait à Julien Alaterre le 19 mai 1767, par résultat du conseil, & pour six années commençantes au premier octobre 1768. Il n'y eut qu'un seul & même prix de bail : sans distinction du tems de guerre & du tems de paix.

Le prix de ce bail fut porté à trente-six millions quatre cens quatre-vingt-douze mille quatre cens quatre livres : en sorte que le produit du nouveau sol pour livre mis en 1763 ne fut évalué qu'à environ treize cens mille livres.

Deux autres sols pour livre créés en 1771, furent une nouvelle addition au prix du sel. Après avoir été régis pour le compte du roi, ils firent partie du bail passé à Laurent David, par résultat du conseil, du 2 Janvier 1774, pour six années commencées le premier octobre 1774, & finies le dernier septembre 1780.

Dans ce bail étoient renfermées les grandes *gabelles*, les trente-cinq sols de brouage, les *gabelles* des trois évêchés & salines de Moyenvic, les *gabelles* & domaines d'Alsace, les *gabelles* & salines de Franche-Comté, les droits manuels & huit sols pour livre compris, pour trente-deux millions neuf cens dix mille neuf cens vingt-six livres.

Les petites *gabelles* & *gabelles* d'Orange, pour onze millions quatre cens quatre-vingt-dix mille six cens vingt livres ; & les *gabelles*, tabac & contrôle de Lorraine, pour trois millions trois cens soixante-dix-neuf mille quatre cens soixante & quinze livres ; ce qui formoit pour les trois objets réunis, un total de quarante-sept millions sept cens quatre-vingt-un mille vingt une livres.

Enfin le bail passé à Nicolas Salzard, par le résultat du conseil du 19 mars 1780, pour finir au dernier décembre 1786, comprend les différentes parties énoncées dans les trois premiers articles des lettres patentes que nous avons rapportées au mot *Bail*, page 75 du premier volume ; parties qui ont été évaluées à cinquante-quatre millions, tous frais déduits.

En ajoutant à ce produit, celui des deux nouveaux sols pour livre établis par l'édit d'août 1781, & régis par la ferme générale, pour le compte du roi, qui est d'environ six millions, on verra que cette branche des revenus de l'état ne donne pas moins de soixante millions en ce moment.

L'augmentation progressive du prix des baux a été la suite des droits nouveaux ajoutés au prix principal du sel, de la perfection de la régie qui est devenue plus vigilante, plus forte & plus active, & enfin des progrès de la population.

On va juger par le tableau des consommations qui ont eu lieu dans les grandes *gabelles* depuis 1681, que l'objet en est presque doublé.

État de la consommation faite dans les pays de grandes Gabelles.

NOMS des Adjudicataires.	ÉPOQUE de chaque Bail.	PRODUIT DE L'ANNÉE COMMUNE.	
		En Vente volontaire.	En Sel d'impôt.
Fauconnet.	Premier octobre 1681.	7886 muids.	1968 muids.
Domergue.	Premier octobre 1687.	7965	
Pointeau.	Premier octobre 1691.	6954	
Templier.	Premier octobre 1697.	7559	1968 muids.
Ferreau.	Premier octobre 1703.	6629	
Ysembert.	Premier octobre 1706.	5770	
Nerville.	Premier octobre 1709.	6350	
Manis.	Premier octobre 1715.	7310	
Lambert.	Premier octobre 1718.	7330	
Pillavoine.	Premier octobre 1719.	11749	
Cordier.	Premier octobre 1720.	9039	
Carlier.	Premier octobre 1726.	8786	
Desboves.	Premier octobre 1732.	9279	
Forceville.	Premier octobre 1738.	9627	
Larue.	Premier octobre 1744.	10125	
Bocquillon.	Premier octobre 1750.	10411	
Henriet.	Premier octobre 1756.	10862	
Prévost.	Premier octobre 1762.	11135	
Alaterre.	Premier octobre 1768.	12390	
David.	Premier octobre 1774.	13313	muids 2176, sept. 10, min. 00, qu. 2

Nota. La fixation de l'impôt est demeurée à-peu-près la même jusqu'en 1773. Elle étoit, à cette époque de dix-neuf cens vingt-quatre muids, un septier, trois minots un quart. Elle a reçu successivement quelques augmentations, de la manière suivante :

	muids	sept.	min.	
En 1774,	113	7	3	
En 1775,	77	11	2	1/16
En 1776,	43	6	2	1/16
En 1777,	17	7	1	1/8
Total. . .	2176	10	00	2

La consommation totale des pays de grandes *gabelles*, tant par impôt qu'en vente volontaire, a donc été pendant ce dernier bail, année commune, de quinze mille quatre cens quatre-vingt-neuf muids, auxquels on peut encore ajouter environ quatre cens-onze muids distribués tant aux troupes, qu'en franchise, privilège, attribution, gratification & aumône, ce qui donne un total de quinze mille neuf cents muids, tandis qu'en 1681 elle n'étoit que d'environ neuf mille huit cens cinquante quatre muids.

Ces détails font voir que la ferme des *gabelles* est une des plus intéressante branche des revenus de l'état; mais aussi, que cet impôt portant sur une denrée de première nécessité qui est très-commune, il ne se trouve plus de proportion entre sa valeur intrinseque & la valeur forcée qu'elle a acquise, par la multitude de droits dont elle a été chargée.

Il suit de cet état des choses que plus on a renchéri le prix du sel, plus on a donné d'appât à la fraude, & plus il a fallu de sévérité dans les peines pour la réprimer.

D'ailleurs la différence de la valeur du sel dans des provinces contigues, a obligé d'en faire garder les limites & les communications. Delà des légions de citoyens toujours armés pour faire la guerre à leurs compatriotes; pour défendre l'Anjou, le Maine & la Normandie contre la Bretagne; pour séparer le Languedoc de la Guienne; défendre la Picardie, de l'Artois, du Cambrésis & de la Flandre; la Champagne & la Bourgogne, de la Lorraine & de la Franche-Comté; le Bourbonnois & le Berry, de l'Auvergne & de la Marche; l'Anjou, enfin, & la Tourraine, du Poitou.

Le cardinal de Richelieu avoit formé le projet de vendre le sel à un prix uniforme dans toutes les provinces du royaume, avec une seule régie dans les marais salans dont le roi devoit se rendre propriétaire. Le prix du minot, devoit être réglé eu égard au nombre des habitans, & de leur consommation dans une année. Il se proposoit par ce moyen, de supprimer une grande partie des frais de régie, & de ménager même des ressources qui missent en état de diminuer les autres impositions.

Ce projet différe de celui qui avoit été exécuté par François I., en ce que ce prince laissa la propriété de ces marais, à ceux auxquels ils appartenoient. Aussi les obstacles que cet arrangement apporta à la vente & au commerce qu'ils en faisoient avec l'étranger, exciterent les plus vives réclamations; & même cette uniformité mal combinée, en enveloppant dans ses effets plusieurs provinces, ou exemptes, ou sujettes seulement, à de modiques droits de *gabelles*, fut la cause des troubles & des soulévemens qui arriverent

Au reste si le sel considéré comme la source d'un impôt très-intéressant pour l'état peut supporter des droits considérables, lors de la consommation qui s'en fait intérieurement, il n'en est pas de même, si l'on remarque que cette denrée est la matiere d'un commerce extérieur qui mérite les plus grands encouragemens; dès lors ce projet d'uniformité de prix sur les marais salans, devenoit inconciliable avec ce commerce, où il faloit des exemptions, & elles deviennent toujours la cause des abus.

Il suit des détails historiques dans lesquels nous sommes entrés, que l'impôt sur le sel, ou pour parler le langage du fisc, que la *gabelle* n'a pas lieu dans toutes les provinces qui composent le royaume, que quelques-unes en sont demeurées absolument exemptes lors de leur réunion à la couronne; que d'autres s'en sont rachettées à différentes époques, & qu'enfin celles qui renferment des salines, ont été soumises à des régies particulières.

Ainsi tout le royaume, par rapport aux *gabelles*, doit être divisé en cinq districts.

1°. Les pays sujets à la *gabelle* proprement dite, vulgairement désignés sous le noms de pays de grandes *gabelles*.

2°. Les pays de petites *gabelles*.

3°. Les pays sujets à des *gabelles* particulières connues sous le nom de *gabelles* de salines.

4°. En pays rédimés.

5°. En pays exempts.

Ce que nous dirons sous ces différens mots, formera un traité complet, mais succint, de l'état actuel des *gabelles* en France, de leur législation & de leurs produits.

Les provinces qui composent l'étendue des *grandes gabelles*, sont renfermées dans les généralités de Paris, d'Orléans, Tours, Bourges & Moulins, de Dijon, Châlons, Soissons, Amiens, Rouen, Caen & Alençon.

Tout le régime des *grandes gabelles* se trouve renfermé dans les trois objets suivans,

Savoir;

Les fournissemens ou approvisionnemens en sels.

Leur vente & distribution au public.

Les moyens de conservation de cet impôt; c'est-à-dire, ceux qui sont destinés à prévenir les abus & réprimer les fraudes.

Aussi toute l'ordonnance rendue au mois de mai 1680, sur le fait des *gabelles*, se rapporte à ces trois objets.

Celui des fournissemens comprend, sous les titres 1. 2. 3. 4. 12 & 11,	L'achat des sels sur les marais. Le dépôt aux embouchures des rivières. Les mesurages & contre-mesurages. La voiture & l'emplacement. Les droits de péages à payer. Les déchets de route & de séjour.
Dans le second objet : celui de la vente ; sont contenus sous les tit. 5. 6. 7. 8. 9 & 15, les noms	Des greniers, & le prix du sel de vente volontaire. La police de la vente volontaire. Les noms des greniers, & le prix du sel d'impôt. La police de l'impôt. Celle des regrats. Celle des salaisons.
Enfin les moyens conservatoires sont développés dans les tit. 10. 13. 14. 15. 16. 17. 18. 19 & 20, concernant	Le droit de Quart-Bouillon. Les privilèges { personnels. locaux. de commerce. La police des pays exempts & rédimés. La prohibition & l'usage du faux sel. Les jurisdictions & fonctions des juges. Les visites domiciliaires. Les amendes & confiscations.

Cependant cette ordonnance ne satisfait pas exactement à tout ce que promettent ces différens titres ; les matières n'y sont pas distribuées avec méthode ; il s'y trouve des dispositions dont on n'apperçoit pas le but, tandis qu'il en manque d'essentielles ; d'ailleurs, il est survenu des changemens & des nouveautés qui ont donné lieu successivement à plusieurs réglemens.

Dans la vue de donner des notions exactes & complettes de la manutention des grandes *gabelles*, nous allons placer ici quelques observations applicables à chacune des trois divisions que nous avons d'abord établies ; nous renverrons ensuite aux différens mots de ce dictionnaire, sous lesquels il en est traité plus au long, & dont cet article devient l'indication.

Le fournissement des greniers exige des achats de sel, dont le transport ne peut se faire directement, excepté sur les côtes. On a donc pris le parti d'établir, à l'embouchure des rivières, quelques magasins où les sels se déposent. Leur voiture, depuis ces dépôts jusqu'aux greniers, les péages auxquels ils sont assujettis sur la route, les déchets qu'ils éprouvent dans ce transport, leur emplacement dans les greniers, où ils sont sous la garde & garantie des officiers & des receveurs, leurs déchets dans les greniers ; voilà en quoi consiste toute cette première manutention, & sur laquelle il a été statué.

On y découvre un double intérêt, comme dans les opérations du commerce ordinaire ; savoir, l'intérêt de se procurer des achats avantageux, d'économiser sur les frais, de discuter les droits exigés, & de prévenir la perte ou la détérioration de la marchandise ; & l'intérêt du privilége exclusif par la vente la plus étendue. Dans ce dernier cas, il faut prévenir tout ce qui pourroit y causer du préjudice ; c'est à quoi tendent toutes les précautions relatives à l'achat & au transport des sels.

Il en a fallu de même, mais d'une autre espèce, pour contenir dans leurs fonctions les officiers & les receveurs des greniers, qui étant garants & dépositaires des masses, sont, à cet égard, les parties du fermier. *Voyez* le mot FOURNISSEMENT. Il présente dans le plus grand détail tout le mécanisme de ces diverses opérations, & toute la législation qui le dirige.

La vente a ses règles pour les prix, pour les mesures, & pour la forme du mesurage ; elle en a aussi suivant sa nature ; c'est-à-dire, pour la vente volontaire, pour la vente par impôt, & pour la distribution par la voie des regrats.

Ce qu'on appelle vente volontaire, ne suppose pas une pleine liberté d'acheter de la part des habitans placés dans le ressort d'un grenier à sel ; car ils doivent lever pour pot & salière, jusqu'à concurrence d'un minot par an, pour quatorze personnes, à peine d'être contraints par des moyens qu'autorisent plusieurs réglemens postérieurs à l'ordonnance ; ainsi en revenant à cette définition de vente volontaire, il faut croire que ce nom n'a été donné que par opposition à la vente des greniers d'impôt, dans l'étendue desquels les habitans sont forcés de prendre le sel qui leur est distribué, à certaine époque ; au lieu que dans les greniers de vente volontaire, les particuliers, quoique forcés d'en prendre une quantité déterminée dans le cours d'un an, ont du moins la faculté de l'acheter suivant leur volonté.

La vente par impôt a lieu dans les greniers voisins de la mer, ou des provinces où la *gabelle* n'est pas établie. Les dispositions de l'ordonnance, à cet égard, ont été méditées avec tant de soin, qu'il est intervenu peu de réglemens qui lui soient postérieurs, & que l'on pourroit même se passer de ceux qui ont été rendus.

Les regrats où le sel se vend en détail, & où peuvent s'approvisionner les particuliers contre lesquels la régie n'a pas la voie coactive, ont fait naître une multitude de réglemens, parce qu'il a été un tems où l'on avoit établi des droits sur la vente du sel aux regrats, & où ces droits faisoient l'objet d'une ferme distincte de celle des *gabelles*. Les intérêts particuliers de ces deux fermes produisirent beaucoup de dispositions qui sont devenues inutiles depuis la suppression de la ferme des regrats & de ses droits ; aussi, les choses sont revenues dans l'état où l'ordonnance les avoit envisagées, & cette réflexion est nécessaire pour expliquer quelques articles des réglemens, & en apprécier la valeur.

Tout ce qui se rapporte à la vente & à la conservation des sels dans les greniers, sera traité sous les articles GRENIERS, IMPÔT, VENTE VOLONTAIRE, REGRATS & SALAISONS.

Les moyens de conservation de la ferme des *gabelles* embrassent un grand nombre d'objets. La vente exclusive du sel qui est, comme nous l'avons observé, l'essence de la ferme des *gabelles*, souffre bien des exceptions ; elle est exposée à une grande fraude, par l'appât du bénéfice qu'elle présente.

Les exceptions sont de plusieurs espèces. Elles s'étendent dans une espace considérable ; comme dans la basse Normandie & le canton de Touques, où le quart-bouillon a lieu ; elles consistent dans l'usage d'un sel entièrement différent de celui des *gabelles*. *Voyez*, QUART-BOULLION.

Ces exceptions sont quelquefois purement personnelles ; tels sont les franc-salés. *Voyez*, FRANC-SALÉ.

D'autres fois elles appartiennent à quelques villes, comme en Picardie & en Normandie qui jouissent de la franchise ; enfin elles tiennent à un genre de commerce qui les rend indispensables, tel que la pêche. Il en sera traité à l'article PAYS PRIVILÉGIÉS.

Indépendamment de la fraude qui peut résulter de l'abus & de l'extension des privilèges & exceptions, il est constant que beaucoup de particuliers cherchent à partager le bénéfice que les *gabelles* procurent au gouvernement, en introduisant & vendant du sel dans les provinces sujettes à la vente exclusive, & il suffit d'examiner le terrein qu'occupe la ferme des *gabelles*, pour appercevoir qu'elle est exposée de tous côtés à ce préjudice.

On a vainement employé, pour les prévenir, tous les moyens comminatoires de la sévérité. Il y a des peines prononcées contre l'introduction & l'usage du faux sel. *Voyez*, FAUX-SAUNAGE.

On a placé des gardes sur les frontières de la ferme. *Voyez* COMMIS & EMPLOYÉS DES FERMES.

Enfin on a établi une police rigoureuse sur les limites de quelques unes des provinces non sujettes à la *gabelle*. *Voyez* DÉPÔTS & PAYS REDIMÉS DE GABELLES.

Toute cette législation, de même que celle qui concerne la manutention intérieure des greniers à sel, occasionne des contestations. *Voyez* PROCÉDURE en MATIERE DE GABELLE & PROCÉS-VERBAUX.

On a vu au mot DÉPÔT, qu'il y existe des jurisdictions pour suivre & maintenir l'exécution du régime réglementaire qui gouverne ces pays ; il en est d'autres aussi qui sont attachées aux greniers à sel. *Voyez* ce mot.

On ne connoît que trois cours supérieures dans l'intérieur du pays de grandes *gabelles* ; la cour des aides de Paris, celle de Rouen, & le parlement de Dijon. Les autres provinces ont chacune des tribunaux particuliers.

Toutes les jurisdictions des *gabelles* ont pour l'ordre de la procédure, des loix qui leur sont particulières & qui exigent quelque étude, parce que faute de les connoître, on ramene souvent au droit commun, des questions qui doivent être décidées par le droit propre à la chose. C'est ce qu'on fera remarquer au mot PROCÉDURE. Comme tous les détails que l'on vient de donner, n'ont de rapport qu'aux grandes *gabelles*, il s'agit actuellement de faire connoître les petites & les provinces qu'elles comprennent.

On rappellera ensuite ce qui se trouve dans le compte rendu au roi en 1781 touchant la *gabelle* en général.

Cet article sera terminé par des observations sur différens projets proposés pour modifier, ou remplacer l'impôt sur le sel, & par l'exposé de celui qui paroît le plus propre à remplir ce but avantageux.

Les *petites gabelles* embrassent quatre fermes absolument distinctes & séparées ; savoir, la ferme des *gabelles* de Lyonnois, celle des *gabelles* de Languedoc, celle des *gabelles* de Provence, & celle des *gabelles* du Dauphiné.

La première s'étend sur le Lyonnois, le Beaujolois, le Forez, le haut Vivarais, le Mâconnois, le Bugey & la Bresse, à laquelle la principauté de Dombes a été réunie, par l'édit du mois de septembre 1781.

La seconde, sur le bas Languedoc, qui comprend le Velay, le bas Vivarais & le Gevaudan ; sur le haut Languedoc, non compris le diocèse de Rieux ; sur la haute Auvergne, sur le Rouergue & sur le Roussillon.

La troisième a les mêmes limites que la Provence.

La quatrième s'étend sur le Dauphiné & la principauté d'Orange.

L'historique des *gabelles* de Lyonnois & de Languedoc, ne diffère que sur quelques points assez indifférens, de celui des *grandes gabelles* ou *gabelles* de France. Celles de Provence & de Dauphiné avoient, au contraire, été établies par les souverains de ces provinces, avant l'époque de leur réunion à la couronne.

Chacune des quatre fermes qui constituent les *petites gabelles*, est régie par des réglemens qui lui sont particuliers, & dont les dispositions diffèrent essentiellement, de celles de l'ordonnance du mois de mai 1680, qui est suivie dans les *grandes gabelles*.

Les principaux de ces réglemens sont, suivant l'art. CLXXIX. du bail fait à Forceville en 1738, pour les *gabelles* de Lyonnois, l'édit du mois de juin 1660, & la déclaration du mois de février 1667.

Pour celles de Languedoc, les déclarations des 22 juin 1678, 3 mars 1711, & 2 avril 1722.

Pour celles de Dauphiné & de Provence, l'édit du mois de février 1664, & les déclarations du mois de février 1667, & du 18 mai 1706.

On ne connoît, dans les *petites gabelles*, ni la vente par impôt, ni le devoir de *gabelles*. Chaque *gabellant* y jouit de la liberté de s'approvisionner du sel nécessaire à sa consommation, dans tel grenier que bon lui semble, pourvu que ce grenier soit l'un de ceux de la ferme, dans le district de laquelle son domicile est situé. L'adjudicataire n'a de poursuites à diriger, que contre ceux chez lesquels il est saisi du faux sel.

L'article CLVIII. du bail de Forceville, a cependant renouvellé aux collecteurs des tailles, consuls & syndics des paroisses situées dans l'étendue de la ferme des *gabelles* de Lyonnois, l'injonction que les anciens réglemens leur avoient faite : de délivrer au fermier, au commencement de chaque année, à la première sommation qu'il leur en feroit, une copie de leurs rôles, contenant les noms & surnoms des habitans de leur paroisse, pour servir au receveur de chaque grenier à la formation de son sexté. Mais les receveurs ont, depuis long-tems, négligé de se faire faire la remise de ces rôles ; ils leur sont d'ailleurs inutiles, au moyen de ce que les redevables peuvent, dans les *gabelles* de Lyonnois, s'approvisionner indifféremment aux greniers, ou aux regrats : la régie insiste seulement sur l'exécution des réglemens, qui ont enjoint aux habitans des provinces sur lesquelles la ferme des *gabelles* de Lyonnois s'étend, de justifier, à toute réquisition, que les sels trouvés chez eux auroient été levés, soit dans l'un des greniers, soit dans l'un des regrats dépendans de cette ferme, par la représentation des bulletins ou feuilles de *gabelles* que délivrent, dans le premier cas, les contrôleurs en titre d'office, créés par l'édit du mois de mars 1667, & dans le second, par les regratiers.

Depuis l'époque de la suppression des regratiers, créés en titre d'office dans les *gabelles* de Lyonnois, comme dans celles de France, la vente du sel en détail ne peut plus être faite que par des préposés du fermier ; ces préposés sont tenus de prêter serment sur leurs commissions, pardevant les officiers de la visitation des *gabelles*, dans le ressort de laquelle leur domicile est situé, de ne se servir que de mesures duement échantillées, & de se conformer au tarif par lequel le prix de chaque mesure a été réglé.

La déclaration du 9 juin 1711, en supprimant les offices de regratiers, que les édits de 1604 & 1665 avoient établis dans l'étendue de la ferme des *gabelles* de Languedoc, a autorisé l'adjudicataire à en commettre par-tout où bon lui sembleroit, à la charge, par ceux à qui il auroit expédié des commissions de regratiers, de prêter serment sur ces commissions, pardevant les officiers de la jurisdiction dans le ressort de laquelle ils résideroient ; de suivre, dans la revente du sel, le tarif par lequel le prix en auroit été fixé, & de ne se servir que de mesures duement échantillées.

La déclaration du 3 mars 1711, a conservé aux muletiers & voituriers des provinces sur lesquelles s'étend la ferme des *gabelles* de Languedoc, la prérogative que les anciens réglemens leur avoient accordée : de transporter où bon leur sembleroit, pour vendre, les sels qu'ils auroient levés dans l'un des greniers dépendans de cette ferme ; mais cette prérogative tenoit à ce que, dans les premiers tems de de l'établissement de la ferme des *gabelles* de Languedoc, il n'existoit des greniers que le long du Rhône, & à la proximité de la mer, ce qui rendoit extrêmement difficiles les approvisionnemens directs des habitans de tous les lieux situés dans l'intérieur; aussi elle a été limitée, de manière qu'il ne pût en être abusé.

Les muletiers & voituriers qui levent des sels dans l'un des greniers dépendans de la ferme des *gabelles* de Languedoc, avec l'intention de les vendre, sont obligés de se munir d'une billette, ou feuille de *gabelles*, qui leur assure la facilité de justifier, à toute réquisition, que ces sels ont été par eux levés, dans l'un des greniers dépendans de cette ferme.

Ils ne peuvent vendre que dans les foires & marchés, & au minot, demi & quart de minot. Ceux qui ont levé des sels des salins de Peyriac & de Sijean, dans les greniers du haut Languedoc, ne peuvent les transporter dans le bas Languedoc, où il ne se consomme que des sels provenans des salins de Peccais, & *vice versâ*. Ceux qui en ont levé dans les greniers du Rouergue ou de l'Auvergne, ne peuvent les transporter, ni dans le haut, ni dans le bas Languedoc. Ils ne peuvent enfin transporter, ni dans le haut, ni dans le bas Languedoc, les sels provenans des greniers du Roussillon. L'obligation de ne point contrevenir, sur ces différens points, aux dispositions des anciens réglemens, leur a été renouvellée par un arrêt de la cour des aides de Montpellier, du 6 décembre 1777, & par un arrêt du conseil du 17 avril 1783.

Les habitans des villes, bourgs & paroisses situés dans l'étendue des prévôtés d'Ambert, Brioude & Langeac en Auvergne, ont long-tems prétendu qu'ils pouvoient vendre du sel en détail, sans être pourvus de commissions de regratiers, & sans être tenus de se conformer aux dispositions des réglemens, relatives à ces distributeurs; mais ils n'ont pu fonder cette prétention, que sur ce que le fermier des *gabelles* de Languedoc, tant qu'il n'a existé aucun grenier dans l'étendue des trois prévôtés dont il s'agit, avoit inutilement tenté d'y établir des regrats; elle a été, au surplus, proscrite de la manière la plus positive, par l'article IV. des arrêts & lettres-patentes du 16 janvier 1783, portant établissement d'un nouveau grenier en la ville de Brioude.

Il n'existe aucuns regratiers dans l'étendue de la ferme des *gabelles* de Dauphiné; les particuliers qui ont levé du sel dans l'un des greniers dépendans de cette ferme, peuvent les transporter où bon leur semble, pour les vendre, soit en gros, soit en détail; ils sont seulement tenus, lorsqu'ils sont rencontrés transportant des sels d'un lieu dans un autre, de justifier qu'ils les ont levés dans un grenier, en représentant des billettes, ou feuilles de *gabelles*, signées du receveur du grenier.

Les arrêts & lettres-patentes des 24 novembre & 6 décembre 1722, registrées le 20 mars 1723 au parlement, cour des aides de Grenoble, en prescrivant, à cet égard, l'exécution des anciens réglemens, avoient fait défenses à toutes personnes, à peine de faux-saunage, d'acheter du sel, pour le revendre, de ceux qui l'auroient levé dans les greniers, & ordonné, que ceux qui voudroient faire le commerce du sel en Dauphiné, ne pourroient livrer celui qu'ils auroient levé dans les greniers, qu'à ceux qui en feroient l'achat, pour leur consommation personnelle, pour celle de leurs bestiaux, & pour leur salage. Le même réglement avoit défendu à tous les privilégiés ayant droit de franc-salé, de le vendre en tout ou en partie, à peine, contre le vendeur, de privation de son franc-salé, & contre l'acheteur, d'une amende de trois cens livres; mais l'impossibilité d'empêcher ces sortes de contraventions aux réglemens, qui, dans le fait, sont des actes de justice, engage la régie des *gabelles* à fermer presque toujours les yeux sur ces infractions.

Le commerce du sel étoit aussi libre dans l'étendue de la ferme des *gabelles* de Provence, que dans celle de la ferme des *gabelles* de Dauphiné, avant l'arrêt du conseil du 6 juillet 1666. Cet arrêt l'a restraint à la faculté, par les muletiers & voituriers, de transporter dans telle partie de la Provence que bon leur sembleroit, les sels qu'ils auroient *gabellés* dans l'un des greniers de cette province, pour les vendre dans les foires & marchés, au minot, demi-minot, & quart de minot, à la charge, par eux, de justifier, à toute réquisition, qu'ils les auroient levés dans un grenier, en représentant une billette, ou feuille de *gabelles*, signée du receveur de ce grenier.

Le même arrêt leur avoit permis de transporter dans les trois bailliages des montagnes du Dauphiné, les sels provenans des greniers de la Provence, en leur faisant toutefois l'injonction, à peine de confiscation, & de trois cens livres d'amende, de payer aux bureaux de Digne ou de Sisteron, un droit d'imposition, fixé en principal à trois livres douze sols neuf deniers par quintal, poids de table. Ce droit étoit représentatif de la différence qui se trouve entre le prix des sels levés dans les greniers du Dauphiné, & celui des sels levés dans les greniers de la Provence; mais par les arrêt & lettres-patentes du 11 octobre 1770, tous transports du sel de Provence en Dauphiné, ont été définitivement défendus, à peine de faux-saunage.

Pour prévenir les versemens de la Provence sur le Dauphiné, en fraude des droits d'imposition, les réglemens ont défendu aux muletiers qui transporteroient d'un lieu à l'autre, des sels levés dans un grenier dépendant de la ferme des *gabelles* de Provence, de prendre des routes obliques ou des chemins détournés, à peine de faux-saunage.

L'arrêt du conseil du 24 novembre 1722, a enjoint aux habitans des lieux de Ristolas, Saint-Verant, Fontgillarde, Cousteroux, Varenne, Valprenière, Pra, Roubaud, Lamonteite, la Levée, les Granges & le Roux, dépendans de la vallée de Queyras en Dauphiné, à ceux de Seillac, Vars, les Orres, Crevoux & Savines, dans l'Embrunois, la Grave, Besses & Mizoin, dans le mandement d'Oysans, de prendre des commis de l'adjudicataire, des billettes du sel qu'ils leveroient aux greniers établis dans les trois bailliages de Gap, Embrun & Briançon; & lorsqu'ils en acheteroient chez ceux qui en feroient commerce, de prendre des billettes des consuls ou préposés des communautés, lesquels en tiendroient registres paraphés par un commis de l'adjudicataire des fermes. Le même arrêt a ordonné, que les habitans des lieux ci-dessus dénommés, seroient tenus de représenter leurs billettes aux employés des fermes, lors de leurs visites; & que dans le cas où il seroit trouvé chez eux des sels sans billettes, ils seroient condamnés, pour la première fois, en vingt livres d'amende; pour la seconde, en cinquante livres; & pour la troisième, punis comme faux-sauniers.

L'arrêt du conseil du 27 septembre 1724, a, d'ailleurs ordonné, quant aux habitans de la vallée de Remusat, & à ceux de Saint-May, Cornillon, Cornillac, Lacharche, Pommerol, Lins, & autres lieux dépendans de la Provence, qui se trouvent enclavés dans le canton du Dauphiné, appellé les Baronies, qu'ils continueroient à lever leurs sels aux greniers d'Apt & de Sisteron, & qu'ils seroient tenus de remettre aux receveurs de ces greniers, des certificats des receveurs des bureaux des fermes établis dans ces lieux, contenant la quantité de sel qui devoit leur être livrée pour leur consommation, suivant les dénombremens faits par ces receveurs, en présence des consuls de chaque paroisse, du nombre des habitans & de celui des bestiaux.

Ces dispositions ont été rappellées dans les articles CLXI. CLXII. & CLXIII. du bail de Forceville, en 1738.

Quant à la vente du sel à petites mesures, elle doit être faite dans l'étendue des gabelles de Provence, conformément à l'arrêt du conseil du 6 juillet 1666, par les regratiers, que les consuls de chaque paroisse sont tenus de nommer à la première réquisition du fermier, & des faits desquels ils sont responsables envers lui, ou par ceux que, sur le refus des consuls d'en commettre, l'adjudicataire est autorisé à préposer.

Il existe dans l'étendue de chacune des quatre fermes qui constituent les *petites gabelles*, des cantons ou lieux privilégiés.

Les habitans du pays de Gex, à qui l'arrêt du conseil du 15 mai 1714, & plusieurs arrêts subséquens, avoient accordé la faveur de réduire à vingt-quatre livres le prix du minot de sel délivré au grenier de Gex, ont obtenu le 22 décembre 1775, des lettres-patentes qui ont ordonné, qu'à compter du premier janvier suivant, le privilège de la vente exclusive du sel & du tabac demeureroit supprimé dans le pays de Gex, & que ce pays seroit exempt de tous droits de traites, à la charge, par les habitans dudit pays, de payer annuellement, suivant leurs offres, une somme de trente mille livres, entre les mains de l'adjudicataire des fermes.

Le succès dont avoient été suivis, en 1714, les démarches qu'avoient faites les habitans du pays de Gex, pour obtenir une modération sur le prix auquel le sel étoit antérieurement vendu au grenier de Gex, ont excité ceux du Bugey à solliciter une réduction sur le prix de trente-quatre livres, qui avoit alors lieu dans les greniers de Belley, Seissel & Nantua; & le conseil, en cédant à leurs instances, a rendu le 7 mars 1716 un arrêt, qui a ordonné que le prix du sel seroit réduit à trente livres le minot, dans les quatre greniers dépendans de la ferme du Lyonnois, dont il s'agit, sous la condition toutefois, que les habitans du Bugey qui auroient levé du sel dans ces greniers, ne pourroient le faire passer, vendre & débiter dans les provinces voisines, à peine d'être poursuivis & condamnés comme faux-sauniers.

Cette modération de prix avoit été limitée à un an; mais elle a été successivement prorogée par les arrêts du conseil d'Etat, des 16 décembre 1721, 28 décembre 1722, 28 décembre 1723, 17 avril 1725, 13 juillet 1730, 16 mars 1736, 18 septembre 1742, 30 juillet 1748, 22 octobre 1754.

Dans l'étendue de la ferme des *gabelles* de Languedoc, le diocèse de Rieux a obtenu, par des lettres-patentes du 11 mars 1567, confirmées par un arrêt contradictoirement rendu au conseil le 6 novembre 1608, l'exemption des droits de *gabelles*, à la charge de payer, chaque année, entre les mains du receveur du domaine du roi à Toulouse, une albergue de soixante livres tournois.

Les habitans des lieux qui relèvent de la terre de Chalabre, & ceux des paroisses enclavées dans le pays de Saulx, jouissent, conformément aux arrêts & lettres-patentes des 20 janvier 1635 & 21 juin 1729, du privilège de se faire délivrer les sels nécessaires à leur consommation & à celles de leurs bestiaux, les premiers au grenier de Chalabre, au prix de huit livres seize sols le minot, &

les seconds au grenier de Belcaire, au prix de six livres dix sols le minot.

Les habitans des paroisses du Douezan, qui dépend du comté de Foix, avoient aussi obtenu la prérogative de s'approvisionner au grenier de Belcaire, au prix de six livres dix sols le minot; mais sur le refus qu'ils ont fait de fournir les dénombremens, d'après lesquels la consommation de chaque chef de famille auroit pu être limitée à ses véritables besoins, l'adjudicataire s'est, de son côté, refusé à leur faire faire des livraisons au grenier de Belcaire, & ils achetent, dans ce moment, ceux qui leur sont nécessaires, aux marchés d'Acqs, Foix & Pamiers, où ils les payent beaucoup plus cher qu'au grenier de Belcaire. Pour prévenir, au surplus, l'abus du privilège de la terre de Chalabre & du pays de Saulx, les greniers de Chalabre & de Belcaire sont fournis en sel de Peccais, tandis que ceux du haut Languedoc, qui les avoisinent, le sont en sels des salins de Peyriac & Sijean.

Les habitans du port de Cette jouissent, en exécution des arrêts du conseil des 15 mai 1714 & 2 avril 1715, de la prérogative de se faire délivrer, au prix de six livres le minot, les sels nécessaires au salage de leurs poissons, ce qui a eu pour objet de les exciter à ne pas négliger la pêche de la sardine, & de favoriser l'apprêt de ce poisson, dont il se fait une consommation considérable dans les provinces méridionales.

Les marchands du port de Cette, qui salent des poissons, ont, au surplus, été assujettis à justifier de l'emploi des sels qui leur auroient été délivrés à diminution de prix; le grenier où la livraison leur en est faite, est, d'ailleurs, approvisionné en sels des salins de Peyriac & Sijean, tandis que celui qu'ils sont tenus de lever & de payer, au prix ordinaire des *gabelles*, de même que le sel de leur consommation de pot & salière, l'est en sels des salins de Peccais.

Les habitans de la ville & du territoire d'Aigues-mortes, par suite des privilèges qui leur ont été accordés par saint Louis lorsqu'il s'est embarqué dans cette ville pour la Terre-sainte, jouissent de la faculté de prendre, chaque année, sur les salins de Peccais, trente gros muids de sel pour leur usage & consommation, & pour la salaison des poissons de leur pêche. Ce privilège a été confirmé par des lettres-patentes de François I. du mois de mars 1543, & ces lettres-patentes ont permis aux habitans des ville & territoire d'Aigues-mortes, de transporter dans telle partie de la province de Languedoc que bon leur sembleroit, les poissons & chairs par eux salés en exemption de tous droits. Le conseil a, par un arrêt du 31 mars 1774, dont les dispositions ont été confirmées par un autre arrêt du 17 septembre 1776, pris les mesures nécessaires pour restreindre les abus des privilèges dont il s'agit. *Voyez* l'article AIGUES-MORTES.

Le Roussillon ayant été cédé définitivement à la France par le traité des Pyrénées en 1659, un édit du mois de décembre 1661 avoit ordonné, qu'à compter du premier janvier suivant, cette province seroit réunie à la ferme des *gabelles* de Languedoc, & que le sel seroit vendu dans les greniers qui y seroient établis, au même prix que dans celui de Narbonne; mais les habitans de la portion du Roussillon qui avoisine l'Espagne, opposèrent à l'exécution de cet édit une si vive résistance, que le gouvernement fut forcé de recourir à des moyens de rigueur pour la faire cesser. On parvint à rétablir la tranquillité en 1669, & des lettres-patentes du mois d'août 1670, accordèrent aux habitans du Roussillon, qui s'étoient révoltés, un pardon général, sous la condition que l'édit du mois de décembre 1661, recevroit sa pleine & entière exécution dans toutes les parties de la province; cependant l'adjudicataire des *gabelles* se détermina l'année suivante, pour prévenir de nouvelles difficultés, à passer avec les différentes communautés du Conflent, de la Cerdagne, du Capsir & du Valespir, des traités par lesquels, sur l'engagement qu'elles prirent de lever, chaque année, aux greniers de Prades, d'Arles & de Mont-Louis, des quantités de sel relatives à celles que le nombre des personnes dont elles étoient composées, paroissoit devoir les mettre dans le cas de consommer; il consentit à leur en faire la livraison à crédit, & à n'en exiger le prix, qu'après un délai de quatre mois pour les unes, & de six mois pour les autres, & sur le pied de sept livres par minot.

Ces traités sont encore aujourd'hui exécutés; mais l'arrêt du conseil du 17 avril 1696 ayant ordonné une augmentation de dix sols par minot sur le prix du sel, dans les greniers d'Arles, Prades & de Mont-Louis, & celui du 25 juillet 1720, une seconde augmentation de quarante sols; les communautés du Conflent, de la Cerdagne, du Capsir & du Valespir, payent aujourd'hui sur le pied de neuf livres dix sols le minot, les sels qui continuent à leur être délivrés à crédit dans ces greniers; celles qui s'approvisionnent au grenier ci-devant fixé à Salliagousse, payent, en outre, l'augmentation de vingt sols, qui a été ordonnée sur le prix du sel dans ce grenier, à l'époque où il a été transféré dans la ville de Mont-Louis.

L'adjudicataire a d'ailleurs consenti par un traité passé en 1683 avec les habitants de la ville de Collioure, à leur livrer au prix de sept livres le minot, tous les sels dont ils pourroient avoir besoin, pour le salage des sardines & autres poissons de leur pêche, à la charge qu'ils leveroient chaque année, au prix de *gabelles*, les soixante minots, à quoi leur consommation, de pot & salière a été arbitrée pouvoir s'élever. L'édit du mois de décembre 1661, n'a en conséquence été pleinement exécuté que dans le seul grenier de Perpignan.

Les arrêts & lettres patentes qui, en 1713, ont substitué dans les différens greniers dépendans de la ferme des *gabelles* de Languedoc, un prix uniforme fixé à vingt livres le minot, aux prix gradués en égard à l'éloignement de chaque grenier des salins par lesquels ils étoient approvisionnés, & qui y existoient antérieurement, n'ayant rien statué à l'égard des greniers du Roussillon, les prix qui avoient lieu dans ceux-ci, à cette époque, n'ont éprouvé aucun changement.

Les lettres-patentes du 18 mars 1738, ayant ordonné que la déclaration du 3 mars 1711 seroit exécutée dans le Roussillon, comme dans toutes les autres dépendances de la ferme des *gabelles* de Languedoc, ce réglement devroit y être suivi dans le point où il prononce une amende de cent livres contre les particuliers, au domicile desquels il a été saisi du faux sel; mais les traités passés avec les quatre communautés qu'on a dénommées, n'ayant soumis qu'à une amende de vingt-cinq livres, les membres de ces communautés chez lesquels il auroit été trouvé du faux sel, les officiers de la Visitation de Perpignan, ont toujours pensé qu'il ne pouvoient être justement condamnés en celle de mille livres prononcée par la déclaration du 3 mars 1711. Cette opinion n'a éprouvé ni résistance, ni discussion de la part de l'adjudicataire.

Les habitans de la ville & du territoire d'Arles en Provence, jouissent du privilège de prendre chaque année, pour leur consommation, de pot & salière, l'assalinement de leurs bestiaux & le salage des poissons de leurs pêches, soixante gros muids de sels de cent quarante-quatre minots chacun, sur les salins de Badon qui leur appartiennent. *Voyez* ARLES & BADON.

Ces sels sont emplacés dans un grenier qui appartient à la ville, & y sont renfermés sous la clef du receveur nommé par les consuls pour en faire la distribution, & sous celle du contrôleur nommé par l'adjudicataire des fermes pour surveiller cette distribution.

La transaction passée le cinq décembre 1766, entre les consuls de la ville d'Arles & l'adjudicataire des fermes, a établi la police à laquelle il convenoit que le privilège des ville & territoire d'Arles fût soumis, pour en restraindre les abus.

Suivant cette transaction, les chefs de famille doivent se rendre au commencement de chaque année, à l'hôtel-de-ville, pour y déclarer le nombre des personnes dont leurs maisons sont composées, & celui de leurs bestiaux. Les consuls après avoir fait enregistrer cette déclaration, délivrent au chef de famille qui l'a faite, un billet de franc-salé qui contient indépendamment de l'extrait de cette déclaration, l'indication de la quantité de sel dont il pourra réclamer la livraison pendant le cours de l'année.

Ces déclarations servent au consuls à former au mois de mars, un état de dénombrement dont ils remettent une copie au contrôleur préposé par l'adjudicataire des fermes, & c'est d'après cet état, & sur le vu des billettes de franc-salé, que les livraisons requises sont accordées.

Les distributions se font les lundi, jeudi & samedi de chaque semaine le matin & de relevée; on se sert, pour les effectuer, d'une mesure appellée émine, qui contient quatre-vingt livres de sel, d'une demie émine & d'un quart d'émine.

Les approvisionemens sont fixés dans la proportion de dix sept livres par an, pour chaque personne faite, de douze livres pour chaque enfant au-dessous de l'âge de sept ans, de quinze livres pour chaque cheval, âne ou mulet mangeant à la crêche; de quatre-vingt livres pour chaque cent de moutons qui vont l'été dépaître dans les montagnes; de cent soixante livres pour chaque cent de ceux qui restent toute l'année dans le territoire, & de dix-livres pour chaque berger ou âne qui suivent l'été les troupeaux dans les montagnes.

Il n'est point accordé de sel pour les bœufs & pour les jumens des haras qui dépaissent toute l'année dans les marais du territoire de la Camargue, attendu que les pâturages, dans lesquels ils sont nourris, sont ensalinés.

Les habitans des ville & territoire d'Arles qui veulent faire des salaisons de poisson, doivent représenter ceux qu'ils se proposent de saler, aux employés des fermes qui, après en avoir constaté la qualité & le poids, leur en délivrent leurs certificats, & c'est sur le vu de ces certificats que les consuls expédient les billets de salaisons, d'après lesquels il est délivré quarante livres de sel pour le salage de chaque quintal d'anguilles, trente-livres pour celui de chaque quintal de carpes, meuges & autres poissons de cette espèce, & vingt-livres pour la salaison de chaque quintal de sardines, melettes ou autres petits poissons.

Les quantités de sel nécessaires aux salages des chairs & lards, sont fixés dans la proportion de trente livres par quintal; & quant à celles que le commerce met les chaircuitiers, boulangers, aubergistes, pâtissiers, gantiers, dans le cas de demander par extraordinaire; elles sont reglées eu égard à celles dont ils justifient avoir un besoin réel.

Il ne se fait aucune livraison de sel au grenier d'Arles, qu'après que le contrôleur de l'adjudicataires des fermes l'a inscrite, tant au dos du billet de *gabelle*, ou de salage expédié par les consuls au particulier qui la réclame, que sur le régistre-journal d'après lequel il en tient un autre de compte ouvert, pour chaque chef de famille. Il est ainsi toujours à portée de veiller à ce qu'il ne soit délivré à aucun particulier, des quantités de sel supérieures à celles qu'il est autorisé à réclamer d'après le nombre des personnes dont sa famille est composée, la quantité & l'espèce de ses bestiaux & les salages qu'il est dans le cas de faire.

Les habitans de la ville & territoire de Notre-Dame de la mer ou des Saintes Maries en l'isle de Camargue, jouissent aussi du privilège de prendre chaque année, sur le salin qui leur appartient, dix gros muids de sel de cent quarante quatre minots chacun mesuré à la pelle. Cette fixation excède de beaucoup leurs besoins; mais leur situation, à l'extrémité de la Camargue, les réduisanr à l'impossibilité de commettre aucun abus, on n'a jamais tenté de les soumettre à la police, que la conservation des produits des *gabelles* a fait établir dans la ville & le territoire d'Arles.

Les habitans de la vallée de Barcelonnetre, cédée à la France par le traité d'Utrecht, & réunie, à la Provence par la déclaration du 13 décembre 1714, jouissent, en exécution de celle du 25 février 1716 du privilège de ne payer que six liv. treize sols quatre deniers le minot, les sels qu'ils levent aux greniers de Barcelonnette & d'Allos. *Voyez* BARCELONNETTE.

Enfin, ceux des villes, bourgs & paroisses du bailliage de Briançon en Dauphiné, jouissent du privilège de ne payer que quinze livres le minot, les sels qu'ils levent aux greniers de Briançon & de Ville-Vieille.

On voit par le préambule de l'arrêt du conseil du 17 décembre 1715, qu'ils doivent ce privilège à ce que le séjour qu'avoient fait dans leur canton les armées entretenues sur cette frontière du royaume, pendant les dernières années du regne de Louis XIV, y avoit occasionné une telle disette de fourage, qu'ils ne pouvoient, sans une dépense excessive, se procurer ceux qui étoient nécessaires à la nouriture de leurs bestiaux; mais le conseil en consentant à réduire le prix du sel dans les greniers de Briançon & de Ville-Vieille de vingt-quatre à quinze liv. a ordonné que les habitans Briançonnois ne pourroient, à peine de faux-saunage, transporter dans aucune autre partie du Dauphiné, les sels qu'ils leveroient à ce prix pour leur consommation personnelle & celle de leurs bestiaux dans les deux greniers dont il s'agit.

Le terme de cette modération de prix avoit été fixé par l'arrêt du 17 décembre 1715 à l'époque du premier janvier 1719. Mais il a été successivement prorogé par les arrêts des 6 juillet 1718, 14 novembre 1721, 22 septembre 1722, 4 septembre 1724, 13 Août 1726, 26 août 1732 & 11 février 1738.

L'état annexé au bail fait à Forceville des greniers dépendans de la ferme des *gabelles* du Dauphiné dans cette dernière année, ayant réglé sans réserve, à quinze livres le minot, le prix du sel dans les greniers de Briançon & de Ville-Vieille, & les arrêts rendus pour la prise de possession des baux suivants ayant ordonné que le sel continueroit à être vendu dans les greniers dépendans de la ferme des *gabelles* de Dauphiné, au prix fixé par cet état, cette fixation subsiste encore dans ces greniers.

L'arrêt du 17 décembre 1715 avoit étendu la modération de prix qu'il accordoit aux habitans des villes, bourgs & paroisses du Briançonnois, à ceux des paroisses de l'Argentière, la Roche, St. Crepin, Cigliéres, Guilhestre, Fressinieres, Chauvilla, Crevoux, Rezoul, Rotieres, Seillac, Vars, St. Clement, Châteauroux, & les Orres qui dépendent du bailliage d'Embrun.

L'arrêt du conseil du 18 décembre 1717, qui en établissant un grenier dans la ville d'Embrun, avoit fixé le prix de ce grenier à vingt-trois livres le minot, avoit en conséquence ordonné que les habitans des quinze paroisses ci-dessus dénommées ne payeroient que quinze livres le minot, les sels qu'ils y leveroient pour leur consommation personnelle, & celle de leurs bestiaux; & cette disposition avoit été confirmée par les arrêts des 16 juillet 1718, 14 septembre 1721 & 22 septembre 1722; mais quoique ces paroisses se fussent réunies à celles du Briançonnois, à l'expiration du terme fixé par ce dernier arrêt, pour demander que la modération de prix qui leur avoit été accordée en 1715, leur fût continuée, l'arrêt du 4 septembre 1724, ne l'a conservée qu'aux seuls habitans du Briançonnois; & il n'a été fait aucune mention dans ceux des 13 août 1726, août 1732 & 11 février 1738, des paroisses dépendantes du bailliage d'Embrun qui avoient été dénommées dans celui du 17 décembre 1715, en sorte qu'à l'expiration du terme fixé par ce dernier, les habitans de ces paroisses ont payé les sels qu'ils levent au grenier d'Embrun vingt-trois livres le minot, comme ceux des autres villes, bourgs & paroisses dépendans du bailliage d'Embrun.

La ville d'Avignon & le comtat Venaissin qui appartient au pape, se trouvant situés entre le Languedoc, le Dauphiné & la Provence, le Gouvernement de France a demandé que pour diminuer l'objet des abus, la ferme du droit de dix sols par minot qui se perçoit au profit de sa sainteté sur les sels que le fermier de ce droit est autorisé à faire voiturer à Avignon pour la consommation des habitans de cette ville & celle des habitans du comtat, fût accordée à l'adjudicataire des petites *gabelles*, & qu'il fût fait des réglemens qui, en prohibant les amas de sel & les transports illicites, en rendissent plus difficile le versement sur les provinces voisines.

La cour de Rome en acquiesçant à cette proposition, a accordé à l'adjudicataire actuel des fermes, ainsi qu'à ses prédécesseurs, la ferme des *gabelles* d'Avignon & du comtat au prix de quatre mille cinq cens livres argent de France, conformément au bail passé le 15 octobre 1764. Ce bail porte que les sels tirés des salines de Badon pour la fourniture du grenier d'Avignon, n'y seront vendus qu'au prix de six livres douze sols par minot, tant aux habitans de cette ville & de son territoire, qu'à ceux des différens lieux dépendans du comtat Venaissin. Les réglemens faits par la chambre apostolique, pour prévenir les abus, étant insuffisans, la plus forte partie des sels qui sortent de ce grenier, passeroient bientôt sur les provinces voisines, si la ferme n'entretenoit pas un grand nombre de brigades pour défendre ces provinces de ces versemens.

Les réglemens par lesquels les *petites gabelles* sont régies, avoient, comme ceux qui concernent les *grandes gabelles*, défendu l'entrée des chairs salées venant, soit de l'étranger, soit des provinces exemptes ou rédimées de *gabelles*, en exceptant les Jambons de Mayence ou de Bayonne, les cuisses d'oyes & les langues qui pourroient entrer, en les déclarant aux premiers bureaux du fermier des *gabelles*.

Mais l'arrêt du conseil du 11 décembre 1703, permet l'introduction en Provence, par le port de Marseille, des chairs salées venant de l'étranger ou des provinces du royaume exemptes ou rédimées, en payant un droit fixé à quarante sols par quintal poids de table. On tolere également que les habitans des provinces sur lesquelles s'étend la ferme des *gabelles* de Languedoc, de Lyonnois & de Dauphiné, fassent entrer dans ces provinces des chairs & lards salés dans les provinces exemptes ou rédimées, en payant par forme d'indemnité un droit de cent sols par quintal. La quotité de ce droit a été déterminée par celle du droit que l'arrêt du conseil du 29 juin 1688, a imposé à toutes les entrées du royaume sur les chairs salées venant de l'étranger.

Les poissons salés provenant des provinces exemptes ou rédimées de *gabelles*, doivent à leur entrée dans les *petites gabelles*, un droit appellé de rachat, en ce que la perception en a été établie pour indemniser le fermier des *gabelles* du préjudice que la consommation de ces poissons porte à ses ventes.

La quotité de ce droit à été fixée à six sols par baril du poid de vingt livres en Provence, par l'arrêt du conseil du 6 juillet 1666, & en Languedoc, par celui des 19 juin 1691 & 2 avril 1754.

La déclaration du 24 juillet 1691 l'a au contraire fixé, quant aux poissons salés qui entreroient dans l'étendue des fermes des *gabelles* de Lyonnois & de Dauphiné, à des sommes qui varient suivant la destination donnée à ces poissons. *Voyez* RACHAT (droit de).

Dans chacune des quatre fermes des *petites gabelles*, le droit est dû sans déduction pour le poids des saumures & des barils, d'après la décision du conseil du 4 mars 1738. Les barils ne doivent être garnis que de deux pouces de sel au plus, aux extrémités, à peine de deux cens livres d'amende. Il est permis au fermier d'en faire ouvrir vingt-cinq sur chaque millier, & sur un moindre nombre, à proportion; & s'il s'y trouvoit plus de deux pouces de sel, il pourroit les faire ouvrir tous.

L'introduction, la vente & la consommation du sel étranger dans l'étendue des *gabelles* de Lyonnois, Languedoc, Provence & Dauphiné, sont défendus par des réglemens rapportés au mot FAUX-SAUNAGE.

On trouvera sous le mot GRENIERS A SEL, le prix que le sel se vend dans tout ce qui forme l'étendue des *petites gabelles*, & le montant de leur consommation. *Voyez* GRENIERS A SEL DES PETITES GABELLES.

Je n'ai pu, est-il dit dans le *Compte rendu en* 1781 par l'administrateur général des finances, m'occuper des moyens de seconder les vues de votre majesté, pour le bonheur de ses peuples, sans fixer mon attention sur les droits de *gabelles*. Un cri universel s'élève, pour-ainsi-dire, contre cet impôt, en même tems qu'il est un des plus considérables revenus de votre royaume. J'ai desiré d'étudier cette matière à l'avance, afin que les heureux jours de la paix ne fussent pas employés, comme autrefois, à de vaines spéculations, & qu'aucun moment ne fût perdu pour réaliser les intentions bienfaisantes de votre majesté.

Il suffit de voir ce qui compose le pays de *gabelles*, pour concevoir rapidement pourquoi cet impôt, dans son état actuel, présente des inconvéniens, & pourquoi, dans quelques parties du royaume, on doit l'avoir en horreur. Indépendamment des grandes divisions qui sont connues sous le nom de *pays de grandes gabelles*, de *pays de petites gabelles*, de *pays de salines*, de *pays rédimés*, & de *pays exempts*, on voit encore, au milieu de chacune, des distinctions de prix, fondées sur des usages, des franchises & des privilèges.

Une pareille bigarrure, effet du tems & de plusieurs circonstances, a dû nécessairement faire naître le desir de se procurer un grand bénéfice, en portant du sel d'un lieu franc, dans un pays de *gabelle*, tandis que pour arrêter ces spéculations destructives des revenus publics, il a fallu établir des employés, armer des brigades, & opposer des peines graves à l'exercice de ce commerce illicite. Ainsi s'est élevée de toutes parts, dans le royaume, une guerre intestine & funeste. Des milliers d'hommes, sans cesse attirés par l'appât d'un gain facile, se livrent continuellement à un commerce contraire aux loix.

L'agriculture est abandonnée, pour suivre une carrière qui promet de plus grands & de plus prompts avantages; les enfans se forment de bonne heure, & sous les yeux de leurs parens, à l'oubli de leurs devoirs, & il se prépare ainsi, par le seul effet d'une combinaison fiscale, une génération d'hommes dépravés. On ne sauroit évaluer le mal qui dérive de cette école d'immoralité; le peuple, cette classe nombreuse de vos sujets, qui, par leur peu de fortune, sont dénués des secours de l'éducation, ne sont contenus dans le devoir que par des ressorts simples, & qui tiennent à la religion; & du moment qu'ils les ont rompus, on ne sait où peut les conduire l'intérêt ou l'occasion.

En même tems, & ceci est, sans doute, une circonstance également pénible au cœur sensible de votre majesté, des punitions continuelles sont infligées. J'y ai apporté toute la douceur qui dépend de l'administration; mais elles ont été rendues graves par la loi, sans doute afin qu'elles servissent de contre-poids à la facilité qu'on a d'y échapper. Tristes effets d'une constitution vicieuse, qui fait des peines, ce frein sacré déposé entre les mains du souverain, un besoin continuel du fisc! comme si la nécessité de punir n'étoit pas assez fréquente dans l'état ordinaire de la société, sans qu'il fallût encore y contraindre le souverain par la nature des impositions, & par leur disparité dans ses provinces!

Mais après avoir ainsi parcouru rapidement devant votre majesté, une partie des inconvéniens attachés à l'impôt des *gabelles*, je dois convenir que, dans cet objet d'administration comme en tout autre, le développement du mal est bien plus facile que la découverte d'un remède sage ou praticable; & quand ce mal dure depuis long-tems, cette même ancienneté, qui aide à le bien connoître, s'oppose à son amendement; tant est grande la force de l'habitude, & tant il faut de contrainte, pour amener les intérêts particuliers à concourir au bien public! Mais ce sont-là les fonctions du souverain; c'est à lui que cette œuvre est confiée, & c'est pour l'exercer, & faire triompher la raison, que l'autorité est belle & digne d'envie.

Il n'y auroit, sire, que deux moyens de remédier aux inconvéniens dont je viens de rendre compte à votre majesté; l'abolition de tout impôt sur la *gabelle*, en le remplaçant par quelque autre, ou une modification salutaire de ce même impôt.

Le remplacement paroît difficile, quand on observe que cet impôt procure actuellement à votre majesté un revenu net de cinquante-quatre millions; ainsi les droits de la *gabelle* rapportent autant à votre majesté, que l'impôt sur toutes les propriétés foncières du royaume, représenté par les deux vingtièmes, & les quatre sols pour livre du premier.

Le montant de ces mêmes droits, dans les provinces des *grandes gabelles*, y équivaut, ou surpasse le produit de la taille & de ses accessoires.

Enfin, dans quelques-unes des provinces où les *grandes gabelles* & les droits d'aides sont établis, les *gabelles* y rendent le double des droits d'aides.

On ne pourroit donc penser à convertir l'impôt sur le sel, dans une augmentation de taille ou de vingtième, sans des inconvéniens sensibles. Percevoir tous les impôts à la production, est un projet chimérique, quand ces impôts sont aussi immenses qu'ils le sont en France; & c'est un jeu des idées abstraites, que d'appuyer ce système sur le fondement, que toutes les richesses viennent de la terre: sans doute elles en viennent, mais elles ne se modifient & ne se convertissent en argent, que par des degrés & des canaux divers; & par-tout où la masse du peuple n'a ni épargne, ni prévoyance, ce seroit, peut-être, exposer l'administration à multiplier inutilement les contraintes & les saisies, que de remplacer tout-à-coup le produit de la *gabelle* par des impôts sur le produit des terres.

Ce fut pour suppléer à cette difficulté de porter si haut les impôts à la production, que les droits sur les consommations devinrent nécessaires; ils mériteroient même, à tous égards, la préférence, sans les frais qu'ils occasionnent, & sans la contrebande à laquelle ils exposent; car ces droits sont un genre d'impôt qu'on paye sans contrainte; souvent même on ignore qu'on le paye, tant le tribut se confond, dans l'opinion, avec le prix de la denrée.

Enfin, ce partage d'impôt sur la production & sur la consommation, est très-bien imaginé dans un grand Etat, pour tempérer l'effet des grandes variétés dans le produit des récoltes. Qu'une grande abondance fasse baisser sensiblement le prix des denrées dont le débit est circonscrit, les propriétaires ne payent qu'avec peine, & les consommateurs le font alors plus facilement; si, au contraire, les denrées sont à haut prix, les moyens des propriétaires augmentent, & les consommateurs souffrent: ainsi la distribution des impositions entre ces deux classes de citoyens, rend les contributions moins pénibles, & les revenus publics plus certains.

Je crois donc, que si l'on considère l'étendue actuelle des impôts, & en même tems les besoins extraordinaires auxquels une grande puissance est exposée, on ne pensera pas qu'il convienne à votre majesté de supprimer en entier la *gabelle*, pour ajouter aux autres impôts, un poids immense de cinquante-quatre millions.

Mais en conservant l'impôt sur le sel, il seroit important de remédier aux grands inconvéniens qu'il entraîne, & l'on y parviendroit, si le prix du sel étoit égal par-tout le royaume; car, dès ce moment-là, toute contrebande intérieure n'auroit plus d'aliment.

En établissant le prix du sel entre cinq à six sols la livre, ou vingt-cinq à trente livres le minot, dans tout le royaume sans distinction, votre majesté retrouveroit à-peu-près la même somme que lui produit aujourd'hui la *gabelle*, & cependant les peuples paieroient beaucoup moins; car un des grands dédommagemens de votre majesté se trouveroit, & dans l'économie des frais, & dans la suppression de presque toute la contrebande, & dans la plus grande consommation des provinces où le prix du sel seroit diminué; néanmoins il entreroit encore dans mes calculs, de proposer à votre majesté d'ordonner dans toutes les provinces, aujourd'hui franches ou privilégiées, une distribution gratuite, ou conforme, au moins, aux prix actuels, en limitant cette distribution à la consommation ordinaire, c'est à-dire, à dix livres par personne. On sent combien une pareille condition adouciroit aux yeux de ces mêmes provinces, l'effet de la loi générale, & cependant cette distribution gratuite n'étant proportionnée qu'à la consommation, il n'en pourroit résulter aucune revente importante, ou du moins, ce seroit pour le fisc un dommage, dont on auroit supputé la mesure.

Indépendamment de cette distribution favorable; il y auroit encore un dédommagement à accorder à ces mêmes provinces, & il faudroit le faire tomber sur les impôts qui leur sont le plus à charge, tels que les fouages en Bretagne, la taille ou les aides dans d'autres généralités, & le sacrifice nécessaire pour ce dédommagement seroit balancé par les supplémens, d'une ou d'autre nature, qu'on pourroit exiger des provinces où le prix du sel seroit infiniment diminué.

En établissant un prix uniforme pour le sel, je ne pense pas qu'il convînt, en aucun cas, d'en mettre la distribution hors des mains des officiers préposés par votre majesté. Ces officiers & ces employés, dont les salaires sont réglés, coûteroient bien moins aux peuples que les bénéfices des marchands; d'ailleurs, il est important qu'on veille sur la bonne qualité d'une pareille denrée, & qu'aucun abus ne s'y glisse. Enfin cette production étant de première nécessité, il seroit imprudent de l'exposer à des accaparemens faciles, & qui occasionneroient nécessairement de grands mouvemens dans les prix.

Au reste, quelque raisonnable que soit une nouvelle législation sur les *gabelles*, sur-tout aux yeux d'un souverain qui porte son attention, & veille avec le même intérêt sur toutes les parties de son royaume, on doit s'attendre que les provinces habituées à la franchise du sel, verroient avec peine toute espèce de changement; mais si votre majesté se détermine un jour à approfondir cette importante affaire, je crois que dans une matière aussi délicate, & sur laquelle on est dominé depuis long-tems par l'habitude, il sera conforme à son esprit de sagesse de n'arrêter aucun plan définitif, sans l'avoir auparavant communiqué à ses parlemens, aux Etats, & aux administrations provinciales.

Les Etats de Bretagne sur-tout, & ceux d'Artois, devroient être consultés; mais en leur manifestant avec simplicité & franchise, les vues justes & bienfaisantes de votre majesté, & en les invitant à concourir, par leur zèle & par leurs lumières, au bien du royaume & à la satisfaction particulière de votre majesté, je suis persuadé que les difficultés s'applaniroient; au lieu qu'en envoyant des loix avant que la question fût examinée, & avant que les esprits fussent préparés, votre majesté se trouveroit peut-être forcée à déployer son autorité, malheur présent pour un bien avenir, qu'il est de la bonté d'un monarque de prévenir. Mais c'est encore ici un ouvrage qu'on ne peut entamer au milieu de la guerre, tems où tous les momens sont précieux au repos & à la confiance.

Le même homme d'Etat, qui concevoit en 1781 l'heureux projet de réformer les *gabelles*, & de consulter sur l'exécution de ce plan les Etats des diverses provinces franches ou rédimées, a donné plus de développement à ses idées dans son *Traité de l'administration des finances*, publié en 1784. Rien de plus fortement pensé, & de plus sagement exprimé, que le mémoire qu'il entroit dans ses vues de communiquer aux Etats de Bretagne; & on ne voit pas comment ce corps pourroit se refuser raisonnablement à concourir aussi essentiellement au bien général de la nation.

Cet habile administrateur, après avoir présenté un projet de réforme de l'impôt du sel, & d'uniformité de prix presque dans tout le royaume, s'explique ainsi relativement aux pays privilégiés.

» On ne peut éviter, sans doute, d'exiger des provinces affranchies de la gabelle, quelques changemens dans leurs anciens usages; mais c'est un motif de plus pour se défendre d'augmenter en même tems la somme de leurs contributions. Ainsi, pour écarter les premières difficultés, il seroit prudent de manifester de la manière la plus claire, que le trésor royal ne cherche, dans ces nouvelles dispositions, aucun avantage pécuniaire. On croit ensuite, qu'il faudroit entrer en négociation avec les pays d'Etats, qui sont établis dans l'étendue des provinces franches & rédimées.

La

La discussion qu'ils feroient des idées dont on leur donneroit communication, assureroit l'opinion du souverain, & empêcheroit que son autorité ne fût mise en action avant le moment marqué par la sagesse. Cependant, afin de ne point dissimuler les difficultés, c'est à la Bretagne que je vais d'abord adapter différentes vues de conciliation. Cette province est celle du royaume où le sel est à meilleur marché, & où toute espèce d'innovation effaroucheroit davantage ; ainsi, si l'on parvenoit à s'entendre avec les Etats, ce premier exemple faciliteroit infiniment l'exécution entière du projet de réforme.

Je crois que le gouvernement devroit leur faire plusieurs ouvertures différentes, & j'indiquerai ici les deux principales : l'une, rempliroit de la manière la plus simple, le plan d'uniformité qu'on doit se proposer ; l'autre, un peu plus composée, apporteroit cependant moins de changement à l'état actuel des choses, ménageroit encore plus sûrement l'intérêt du peuple ; & mériteroit, sous ce rapport, la préférence du gouvernement.

Le premier des deux moyens, & celui que je développerai d'abord, consisteroit à élever le prix du sel, en Bretagne, au niveau de celui que sa majesté auroit intention de fixer dans les districts limitrophes de cette province ; & l'on a vu, dans le plan tracé pour les *grandes gabelles*, que ce prix devroit être de vingt à vingt-une livres par quintal. On pourroit exécuter cette disposition, en portant à dix-huit francs environ, par quintal, le petit droit établi sur tous les sels qui sortent des marais salans de Bretagne, pour être consommés dans la province. Il faudroit prendre les précautions nécessaires pour assurer davantage le paiement de ce droit, & l'on affranchiroit, comme de raison, les approvisionnemens destinés à la pêche & au commerce extérieur, ainsi qu'il est pratiqué dans tout le royaume.

On pourroit encore, toujours pour fixer le taux du sel en Bretagne sur le pied de vingt livres le quintal, y établir une administration exclusive pour la vente de cette denrée : une pareille disposition procureroit une connoissance plus certaine de la consommation réelle de la Bretagne ; mais elle auroit l'inconvénient d'introduire une nouveauté de plus.

On ne devroit point refuser d'admettre des commissaires des Etats, à l'inspection de la régie du droit ou du privilège exclusif, afin que le produit du nouvel impôt leur fût exactement connu ; & s'il étoit possible de leur abandonner la principale gestion, sans courir le risque d'aucune négligence contraire aux revenus du roi dans ses autres provinces, il n'y auroit pas de motif suffisant pour s'opposer à cet arrangement. Ce n'est point, dans cette occasion, l'extension des prérogatives royales que le souverain doit chercher ; son véritable objet d'intérêt, c'est l'établissement d'une disposition d'ordre public, utile à son royaume.

Le gouvernement, après avoir rassuré les Etats par toutes les formes les plus propres à exciter leur confiance, auroit encore à veiller sur les propositions qui seroient faites pour l'emploi du nouvel impôt ; car l'on ne doit point perdre de vue que ce revenu devroit être employé à l'affranchissement d'une partie des contributions actuelles de la Bretagne.

La répartition d'un droit sur le sel, n'a jamais lieu dans une juste proportion des facultés, parce que le besoin de cette denrée ne s'accroît pas en raison exacte de la différence des fortunes ; les Etats, par ce motif, sentiroient d'eux-mêmes, que le produit de l'impôt sur le sel, en Bretagne, devroit être appliqué au soulagement des charges qui tombent immédiatement sur le peuple ; & voici l'idée qu'on pourroit se former d'une semblable disposition.

La population de la Bretagne est de deux millions deux cens soixante-seize mille ames. Supposons qu'après l'impôt, la consommation fût réduite à environ quatorze livres pesant par tête de tout sexe & de tout âge (1), il résulteroit de cette base de calcul, que les ventes annuelles s'éleveroient à trois cens dix-huit mille six cens quintaux ; & en estimant le produit de la nouvelle imposition, les frais déduits, à seize francs à-peu-près par quintal, ce revenu monteroit à environ cinq millions cent mille livres.

Le premier emploi que les Etats devroient faire d'une partie de ce nouveau fonds, ce seroit, sans contredit, d'abolir les corvées, charge si fatigante & souvent si oppressive, sacrifice d'ailleurs qui porte uniquement sur le peuple ; & si l'on en faisoit le calcul, d'après le prix des journées d'hommes & d'attelages, on trouveroit peut être que c'est aujourd'hui, pour la Bretagne, un impôt de deux à trois millions ; cependant il est probable, qu'en pourvoyant à prix d'argent à la dépense des chemins, une somme de douze cens mille livres, bien administrée, seroit très-suffisante.

Je voudrois ensuite qu'on destinât trois cens mille livres par an à l'établissement des travaux de charité dans les mortes saisons, secours important pour le peuple, & qui contribueroit en même tems à l'extension des communications vicinales,

(1) On a calculé la consommation en raison de treize & un sixième par tête dans les provinces de *grandes gabelles* ; mais le prix moyen y étoit supposé sur le pied de vingt-cinq livres par quintal, au lieu qu'en Bretagne il ne seroit que de vingt livres.

puisqu'une partie des travaux devroit être appliquée vers cet objet utile.

Il resteroit cependant encore à disposer d'une somme de trois millions six cens mille livres, & l'on pourroit l'employer à l'extinction de la capitation, imposition onéreuse à cause de l'arbitraire qui l'accompagne ; & cette charge, en Bretagne, porte presqu'en entier sur le tiers-état, puisque la noblesse, à peu de chose près, n'y contribue qu'en raison du trentième. Que si l'on ne mettoit pas quelqu'importance à l'abolition entière de la capitation, on pourroit la diminuer seulement des deux tiers, & supprimer les *fouages*, petit impôt par feu, qui ressemble à la taille des autres provinces.

Enfin, si les frais considérables qu'occasionne la levée des droits d'aides en Bretagne, connus sous le nom de *devoirs*, engageoient les Etats à préférer la suppression de cet impôt, le gouvernement ne devroit pas s'y opposer, puisqu'une semblable charge, à cause des privilèges de la noblesse, retombe aussi principalement sur le peuple & le tiers-état en général ; mais comme le revenu de la ferme des *devoirs*, surpasse aujourd'hui trois millions six cens mille livres, il faudroit balancer le surplus de quelqu'autre manière.

Enfin, on pourroit prendre des partis mixtes, & répartir le revenu de l'impôt sur le sel, d'après des subdivisions différentes ; mais les particularités qu'on vient d'exposer, suffisent pour guider la réflexion ; & l'on doit observer que les commutations d'impôt dont on a donné l'idée, mériteroient la plus grande attention de la part de la Bretagne, lors même que cette province se concentreroit uniquement dans l'examen de ses propres convenances.

Cependant, comme l'élévation du prix du sel jusqu'à vingt francs, dans une province où cette denrée ne vaut aujourd'hui que deux à trois livres, pourroit occasionner une grande sensation, quel que fût le dédommagement, dont l'établissement d'un pareil impôt seroit accompagné, il conviendroit d'offrir encore à la délibération des Etats, une disposition d'un genre différent, & c'est la seconde ouverture qu'il faudroit leur faire.

On doit remarquer d'abord, que, dans les vues du gouvernement, pour l'abolition de la contrebande, ce qui lui importeroit, ce ne seroit pas que tout le sel consommé par les Bretons se vendît à un prix proportionné au cours qui seroit établi, pour la vente de cette denrée, dans les généralités limitrophes de leur province ; il suffiroit que ce rapport existât pour l'excédent des besoins réels de la Bretagne, puisque c'est uniquement cet excédent qui devient l'aliment du commerce de fraude.

On pourroit donc, d'après ce principe, borner le droit d'extraction, ou la vente exclusive, aux quantités qui surpasseroient la consommation ordinaire ; & pour exécuter ce plan, il faudroit distribuer annuellement, à toutes les communautés de Bretagne, une certaine mesure de sel, soit au prix actuel, soit même gratuitement ; & cet approvisionnement seroit réparti par les maires & échevins des villes, ou par les syndics de paroisse, en raison de tant par feux ou par tête, & d'après des principes fixes dont on conviendroit. Il y a déja plusieurs exemples d'une pareille institution dans plusieurs lieux privilégiés du royaume, & même dans une province entière ; car c'est ainsi que se fait la distribution du sel ordinaire dans toute l'étendue de la Franche-Comté.

Cette délivraison, pour arrêter les sources de la contrebande, devroit être un peu au-dessous de la consommation commune ; & comme la répartition seroit égale entre tous les habitans de Bretagne, sans égard à la différence des facultés, il résulteroit nécessairement d'une semblable disposition, qu'il y auroit toujours dans la province, une consommation supérieure aux quantités délivrées ; & c'est uniquement à cette consommation, que le nouvel impôt seroit applicable.

Le roi devroit préférer que la délivraison aux communautés de Bretagne fût gratuite : cette douceur, quoique foible, eu égard au très-bas prix du sel en Bretagne, seroit déja pour les consommateurs un léger dédommagement de l'obligation où ils se trouveroient d'acheter à vingt livres le quintal le sel dont ils pourroient avoir besoin au-delà des quantités délivrées. Et comme le bénéfice sur cette partie de la consommation, devroit tourner de quelque maniere au soulagement des contribuables, on voit que dans ce plan-ci, comme dans les précédens, les charges actuelles de la Bretagne ne seroient point augmentées.

On pourroit encore, sans inconvénient, adopter une mesure de distribution un peu plus forte pour les communautés les plus éloignées des provinces de gabelles ; & cette petite faveur, qui ne contrarieroit point les vues générales du gouvernement, s'accorderoit encore avec l'équité, puisque ces communautés étant aussi les plus voisines des marais salans, elles semblent avoir plus de droits à jouir, avec moins de réserve, d'une denrée formée près d'elles.

On observera sans doute que, si le nouvel impôt du sel en Bretagne ne portoit que sur les quantités consommées au delà des distributions fixes, le produit de cet impôt seroit infiniment réduit ; & qu'ainsi les autres contributions de la province ne pourroient plus être diminuées dans la proportion que j'ai indiquée, cela est vrai ; mais aussi il y auroit d'autant moins d'altération dans l'état actuel des choses. Cependant il y a lieu de présumer qu'on trouveroit encore en résultat un fond suffisant pour satisfaire à la dépense des chemins, & pour abolir les corvées ; & alors le peuple gagneroit sûrement à ces arrangemens.

Il est une objection générale, que la Bretagne & les autres provinces privilégiées pourroient faire : c'est que toute imposition nouvelle sur le sel ne seroit jamais à leur égard exactement balancée par un soulagement équivalent au produit de cette même imposition, puisque ce produit devant nécessairement être proportionné à la consommation, telle qu'elle seroit après l'établissement de l'impôt, les provinces privilégiées n'auroient aucun dédommagement de l'obligation où elles se trouveroient, de consommer moins de sel en raison du renchérissement de la denrée. Cette objection auroit beaucoup moins de force, si l'on prenoit le parti de faire des distributions par communautés, soit gratuites, soit aux prix actuels : cependant comme ces distributions devroient être un peu au-dessous de la consommation ordinaire, l'argument suivi dans sa rigueur subsisteroit encore ; mais il seroit cependant extrêmement atténué. Les provinces de *grandes gabelles*, ainsi que j'en ai fait l'observation, se trouveroient dans une position absolument contraire, puisque la réduction du prix augmenteroit leur consommation ; mais ce sont ces différences qui rétabliroient, du moins en un point, la parité entre les diverses provinces.

Toutes les idées que j'ai développées relativement à la Bretagne, devoient composer l'objet d'un mémoire instructif, & j'aurois proposé à sa majesté de le faire communiquer aux états, dès la première assemblée qui se seroit tenue après la signature des préliminaires. C'étoit une démarche nécessaire pour ouvrir une conférence sur cette matière : je crois qu'il eût fallu joindre à ce mémoire, une instruction pour les commissaires du roi, & une instruction telle que ces commissaires eussent pu être autorisés à la communiquer aux États ; car plus les esprits peuvent concevoir aisément des craintes ou des soupçons, plus il faut se montrer à découvert : c'est en laissant errer l'imagination qu'on fait naître les difficultés, & c'est avec l'art de la dissimulation qu'on les perpétue.

Je vais essayer de donner une idée de cette instruction, telle à-peu-près que je l'avois conçue. C'est à l'esprit de l'administration des finances en ce tems-là, que j'ai dû nécessairement l'adapter ; & l'on ne doit point oublier que cet esprit consistoit dans une grande ouverture, & dans une sorte de sécurité, fondée sur l'impression que doivent produire le simple développement de la raison, & la recherche sérieuse du bien public. On ne doit point oublier encore que la nation paroissoit avoir confiance dans cette maniere de diriger les affaires. Le ménagement qu'on avoit eu pour ses intérêts, la fidélité constante à tous les engagemens, avoient donné à toutes les paroles de l'administration des finances une grande sanction dans l'opinion : heureux & puissant moyen, qui prêtoit de la consistance aux promesses, & qui sembloit ôter au langage ministériel, son illusion & sa frivolité ! Je ne saurois donner des conseils applicables à un esprit différent ; ainsi si l'on en revêtissoit jamais un, qui ne fût pas conforme aux principes que je viens de rappeller, il faudroit sans doute développer d'une autre maniere les volontés du souverain ; ou peut-être ne faudroit-il entreprendre aucune des opérations qui exigent une véritable confiance.

Projet d'instruction pour les commissaires du roi aux États de Bretagne.

» Le roi, après avoir rendu à ses peuples les
» douceurs de la paix, n'a rien plus à cœur que
» de les faire jouir de tous les avantages que peut
» leur procurer une administration tranquille. Sa
» majesté, en arrêtant ses regards sur les parties
» les plus importantes de l'ordre public, avoit
» été frappée, depuis longtems, des maux atta-
» chés à la législation des gabelles ; & s'étant fait
» rendre un compte exact & circonstancié de la
» répartition de cet impôt dans son royaume, elle
» n'a pu voir sans une véritable douleur tous les
» maux qui sont l'effet inévitable de la diversité
» prodigieuse du prix de cette denrée. Le roi, pour
» rendre cette diversité plus palpable, en a fait
» dresser une carte exacte, & il a voulu qu'elle
» fût envoyée à ses commissaires aux États. Son
» ministre des finances leur transmet aussi, par
» ses ordres, un relevé de la quantité des saisies
» que la fraude du sel occasionne ; il est égale-
» ment chargé de leur adresser un état, tant
» du nombre des personnes arrêtées, année
» commune, sur les frontières de la Bretagne (1),

(1) D'après les dépouillemens qui ont été faits, en vertu des ordres que j'avois donnés de la part du roi, il paroîtroit que le faux-saunage auroit occasionné, année commune, par-tout le royaume, trois mille sept cens saisies dans l'intérieur des maisons.

L'on voit, de plus, qu'on a arrêté, année commune, sur les grands chemins ou dans les lieux de passage, principalement dans les directions de Laval & d'Angers, frontières de Bretagne, deux mille trois cens hommes, dix-huit cens femmes, six mille six cens enfans, onze cens chevaux, cinquante voitures.

Mais il est juste d'observer que le plus grand nombre des femmes & des enfans qui composent cette liste, sont relâchés promptement, la punition, à leur égard, se bornant, dans les cas ordinaires, à la confiscation & à une courte détention : cependant comme ces femmes & ces enfans retournent à leur habitude, il arrive que les mêmes individus sont arrêtés & relâchés à plusieurs reprises dans la même année.

Le nombre d'hommes envoyés annuellement aux galères, pour la contrebande du sel & du tabac, passe trois cens, & le nombre habituel des captifs, est de dix-sept à dix-huit cens.

C'est à-peu-près le tiers des forçats. *Voyez* ci-devant FAUX-SAUNAGE, pag. 110.

» que du nombre de gardes & d'employés annuellement stipendiés pour veiller sur cette seule » contrebande. Enfin, sa majesté a jugé encore à » propos qu'on transmît à ses commissaires un tableau comparatif de la vente du sel dans les parties de son royaume limitrophes de la Bretagne, » & de la consommation de cette denrée dans les » autres districts des *grandes gabelles*.

» Le roi, en faisant remettre entre les mains » de ses commissaires toutes ces différentes informations, les autorise à en donner connoissance aux Etats, afin que les membres de cet » assemblée soient instruits de la manière la plus » évidente, & du trouble qu'occasionne dans le » royaume la diversité du prix du sel, & des punitions affligeantes qui en sont la suite, & » du préjudice que porte au revenu du roi la » contrebande qui s'exerce annuellement sur les » seules frontières de la Bretagne. Sa majesté a » particulièrement à cœur de convaincre les Etats » de cette province, que c'est par la nécessité absolue d'apporter un remede efficace à des abus » intolérables, qu'elle s'est déterminée à s'occuper sérieusement de cet important objet.

» Sans doute, entre tous les moyens propres » à remédier aux maux dont sa majesté est vivement frappée, celui qu'elle auroit préféré, c'eût » été d'accorder au reste de son royaume les mêmes » avantages dont jouit la Bretagne ; mais cette » franchise générale priveroit le roi d'un revenu » qui s'éleve aujourd'hui à près de soixante millions ; & en même tems que l'état de ses finances » lui ôte absolument la faculté de faire un pareil sacrifice, elle sent également que le remplacement d'un pareil revenu par une somme équivalente d'autres impôts, seroit une charge presqu'impossible à distribuer, sur-tout si elle devoit » être uniquement supportée par les provinces » soumises à la gabelle, où les impôts sur les terres sont déja portés à un très-haut degré. Ce » remplacement sur-tout seroit pénible dans les provinces de grandes gabelles, égales seulement au » tiers du royame, & où l'impôt du sel forme un » revenu pour le roi de près de quarante millions. » Sa majesté considère d'ailleurs, que si par un » nouvel ordre de choses, on n'avoit plus besoin » de recourir aux précautions multipliées, qui » sont aujourd'hui nécessaires pour veiller sur la » contrebande, le recouvrement de l'impôt sur le » sel deviendroit si peu dispendieux, que le roi » ne pourroit renoncer, avec prudence, à un » genre de revenu très-considérable en masse, mais » qui se leveroit cependant d'une manière insensible pour les contribuables, & sans occasionner » aucune des contraintes & des sévérités, qui sont » l'effet inséparable du recouvrement des tailles, » même dans les provinces où cette imposition est » répartie d'après des principes positifs.

» Mais si sa majesté est occupée du ménagement » qu'elle doit aux généralités de son royaume, » soumises indistinctement à tous les impôts, & » nécessairement les plus chargées, elle veut aussi » respecter les privilèges dont jouissent quelques-unes de ses provinces, & les droits de la Bretagne en particulier. Et si, sans aucun sacrifice » réel, les états peuvent concourir au but intéressant que sa majesté se propose, elle attend » avec confiance de leur raison, de leur patriotisme & de leur soumission, qu'ils se plairont à » seconder les vues bienfaisantes de sa majesté.

» Le roi s'est fait rendre compte des diverses » dispositions qui, sans porter aucun préjudice à » sa province de Bretagne, arrêteroient le cours » de la contrebande & tous les malheurs qu'elle » entraîne. Sa majesté a voulu que toutes ces » idées fussent développées dans un mémoire » qu'elle fait passer à ses commissaires, en leur » enjoignant d'en donner connoissance aux Etats. » Le roi n'a plus aucune incertitude sur la nécessité absolue d'un changement quelconque dans » l'ordre actuel des choses ; mais avant de se déterminer sur le choix des moyens les plus propres à remplir ses vues, elle veut être éclairée » par les observations des Etats de Bretagne. Cette » confiance de la part de sa majesté, la circonspection qu'elle apporte dans une affaire où elle » se sent animée par les plus grands motifs, & » son desir inquiet de parvenir à concilier les convenances particulières de sa province de Bretagne, avec l'intérêt général de son royaume, » tous ces sentimens, dont sa majesté donne aux » Etats les preuves les moins équivoques, exciteront, sans doute, leur reconnoissance & leur » sensibilité.

» La Bretagne jouissant, pour le commerce du » sel, d'une franchise qui ne lui laisse rien à desirer, ce n'est que par des compensations raisonnables qu'elle peut être dédommagée d'un changement de position. Sa majesté même ne se dissimule point, qu'en s'astreignant, à cet égard, aux » principes de la plus exacte justice, & en recherchant avec soin les modifications les plus » douces, & les plus adaptées à l'état actuel des » choses, ce ne sera jamais cependant par le » seul effet d'un calcul, que les Etats pourront » être intéressés aux vues générales de réforme » dont sa majesté est occupée. Mais pourroient-ils être insensibles aux maux dont ils sont les » témoins ? Pourroient-ils ne pas desirer eux-mêmes qu'il soit mis une fin à ce commerce de » fraude, qui dévoie sans cesse une partie des habitans de la Bretagne, des occupations d'où » naissent les véritables richesses, & qui leur fait » abandonner les fruits certains d'une industrie » honnête, pour les profits hazardeux d'une contrebande criminelle ? Les Etats, encore, pourroient-ils ne pas mettre un prix infini à la dé-

» truction de cette école de dépravation, où les » jeunes gens apprennent de bonne heure à secouer » le joug du devoir, & à se jouer des principes » qui sont le plus ferme soutien de l'ordre pu- » blic ?

» Enfin, si la Bretagne, déja favorisée par ses » privilèges constitutionnels, ne peut, en effet, » participer aux adoucissemens que sa majesté se » proposeroit d'accorder à celles d'entre ses provin- » ces, qui sont aujourd'hui chargées d'un impôt » de *gabelle* trop considérable, ce motif ne rendra » point les États de Bretagne indifférens aux vues » bienfaisantes de sa majesté; & ils sentiront plu- » tôt, que les diverses parties d'un royaume jouis- » sant en commun de tous les avantages civils & » politiques, qui sont l'effet de la prospérité de » l'Etat, elles ne peuvent jamais, ni avec justice, » ni avec sagesse, s'isoler entièrement dans la dis- » cussion de leurs intérêts : aussi, sa majesté per- » suadée de la noblesse des sentimens des Etats de » Bretagne, fera connoître aux commissaires » qu'ils auront choisis, ses vues générales pour » l'uniformité du prix du sel, & pour la modéra- » tion des *gabelles*, dans les provinces où cet im- » pôt se trouve porté à un degré excessif.

» Que si les états considéroient le maintien ab- » solu & rigoureux de la franchise actuelle du » sel en Bretagne, comme une condition essen- » tielle des loix constitutives de la province, les » commissaires du roi leur feront aisément sentir » que les formes employées par sa majesté étant » un témoignage de sa confiance, tout change- » ment qui seroit l'effet d'une pareille négocia- » tion, n'affoibliroit aucunement les droits de » la Bretagne, & que ces droits acquerroient, » s'il est possible, une nouvelle force, par leur » accord avec le bien général du royaume. Le roi » se livre avec assurance à l'espoir de voir remé- » dier sous son règne, à un désordre d'admi- » nistration dont il a reconnu toutes les malheu- » reuses conséquences. La satisfaction de sa ma- » jesté seroit troublée, si elle n'éprouvoit pas » de la part des états de Bretagne ce zèle & cet » empressement, que des projets dictés par l'a- » mour du bien public, doivent inspirer à tous » les principaux corps de son royaume; mais le » roi ne doute point que les états de Bretagne, » touchés des motifs qui l'animent, ne s'empres- » sent de seconder des vues si dignes de leur res- » pect, & qui intéressent à la fois les mœurs, » l'ordre public, & le bien général de l'État.

Telle est à-peu-près l'idée que je puis donner de l'instruction qui devroit accompagner l'envoi d'un mémoire, où les diverses propositions dont j'ai rendu compte, seroient développées. Je ne sais si je me trompe; mais il me semble que cette pleine ouverture de la part du roi, ou toute autre revêtue du même caractère, produiroit une impression efficace : c'est lorsque les hommes sont assemblés, qu'ils résistent moins à l'empire des idées grandes & honnêtes; leurs premiers mouvemens influent alors sur leurs opinions; & dans toutes les affaires où les idées de morale se lient aux calculs de l'intérêt, ces premiers mouvemens sont toujours de nous ce qu'il y a de mieux.

On pourroit mettre en question, si au lieu de développer pleinement aux Etats de Bretagne les vues de sa majesté, il ne seroit pas plus sage de se borner à faire nommer une commission dans les Etats, dont les membres, ou les députés, seroient chargés de conférer avec les ministres du roi, sur les changemens en général qu'exigeroit l'état actuel des *gabelles* dans le royaume.

Je ne verrois pas de motifs assez décisifs pour écarter absolument cette forme; mais j'observerai que dans les affaires d'un intérêt général, & sur lesquelles un vœu public est rapidement formé, on ne tire presque aucun parti de l'opinion de quelques particuliers; ils sont à l'instant contenus par la crainte de paroître gagnés par le ministère, & le moindre soupçon qu'on répand contre eux les rend suspects. Il n'en seroit pas de même de commissaires nommés, après que le roi auroit fait connoître aux Etats ses différentes vues; les fausses alarmes une fois écartées, il y auroit au moins un partage d'opinions, & ces mêmes commissaires oseroient suivre alors leurs propres sentimens, & ne craindroient plus de faire valoir librement les raisons dont ils auroient été frappés.

Le roi ayant toujours eu lieu de se louer du zèle & des sentimens généreux & patriotiques des Etats de sa province d'Artois; & l'expérience ayant fait connoître qu'il y règne un esprit sage & réfléchi, je serois d'avis qu'on fît à ces Etats les mêmes ouvertures que je viens d'indiquer. Le prix du sel en Artois est à huit livres environ le quintal; ainsi les changemens projetés y seroient moins considérables qu'en Bretagne, & les moyens de conciliation plus aisés.

Ces premières communications, soit aux Etats de Bretagne, soit à ceux de l'Artois & de la Flandre, répandroient sûrement un grand jour sur le choix des tempéramens les plus convenables pour remplir sans commotion les vues bienfaisantes de sa majesté; & comme le reste du royaume, fortement intéressé à l'exécution d'un projet si salutaire, concourroit au succès par la force de son opinion, le gouvernement, dès les premiers pas, se trouveroit encouragé dans sa route, & la réforme des *gabelles* cesseroit bientôt de paroître une entreprise effrayante. La raison a une telle puissance, qu'il faut bien peu de sagesse ou de courage de la part de ceux qui gouvernent, pour ne pas venir à bout d'asseoir son empire; & quand on apperçoit toutes les fautes graves dont l'autorité se tire si légèrement en France, on ne peut imputer qu'à indifférence, la pusillanimité qu'on a souvent montrée quand il s'agissoit de réformes indiquées par le bon sens, & sollicitées par le bien public.

» Les arrangemens qui auroient été pris pour la Bretagne & l'Artois, après la délibération des Etats, devant nécessairement jeter un grand jour sur les moyens les plus propres à remplir les vues générales du gouvernement, il ne faudroit pas, avant cette époque, arrêter aucun plan fixe à l'égard de la partie du royaume qui est rédimée de *gabelles*; mais le principe fondamental seroit le même pour toutes les provinces privilégiées; c'est-à-dire, que le produit du nouvel impôt nécessaire pour élever le prix du sel à vingt livres le quintal, devroit être employé au soulagement de ces provinces; & dans l'exécution de ce plan, l'on devroit toujours ranger en première ligne l'abolition des corvées.

La consommation du sel dans les provinces rédimées, étant déjà soumise à un droit d'extraction assez fort, sous le titre de *convoi* & de *traite de Charente*, le prix de la denrée s'en ressent: ainsi il ne faudroit pas dans ces provinces une addition d'impôt aussi forte qu'en Bretagne, pour venir à bout d'y établir le prix général de vingt livres; & l'on peut observer encore que la partie du royaume, exempte de l'impôt du sel, en vertu d'un rachat, auroit d'autant moins de raison de se plaindre d'une innovation, que le souverain, au nom du bien de l'Etat, leur demanderoit un sacrifice fort au-dessous de celui qu'elles ont obtenu pour leur intérêt particulier, à l'époque où, par une contribution momentanée, elles ont été affranchies de l'impôt général des gabelles. Mais leur situation présente seroit à peine changée, si l'on y introduisoit le second plan de réforme que j'ai indiqué en parlant de la Bretagne; puisque l'impôt ne porteroit que sur l'excédent des besoins ordinaires, & que son produit mettroit à portée de délivrer, ou gratuitement, ou au-dessous, du moins, des prix actuels, les quantités qui seroient réparties à chaque paroisse, en raison à-peu-près de la consommation commune.

Il n'y a que de très-petits pays d'Etats dans l'étendue des provinces rédimées; ainsi ce seroit principalement aux parlemens & aux cours des aides du ressort, qu'il faudroit rendre sensibles la justice & l'importance des dispositions nouvelles; & l'on ne devroit se refuser à aucune des modifications, à aucune des précautions qui seroient desirées pour la parfaite tranquillité des provinces rédimées; & sans doute qu'il seroit indispensable de donner aux engagemens que prendroit sa majesté, toute la sanction nécessaire pour assurer à ces provinces la conservation de leurs droits.

Tant de ménagemens, diront ici quelques personnes, tant de conciliations avec les Etats & les parlemens, ne servent qu'à rabaisser l'autorité: il faut que le roi écoute les rapports de ses ministres, qu'il se rende certain du plus grand bien de l'Etat, qu'il l'ordonne ensuite, & qu'il se fasse obéir. Ces principes absolus & généraux sont presque toujours une source d'erreurs: il est des cas, & c'est sans doute le plus grand nombre, où la marche de l'autorité est tellement tracée, qu'elle doit se garder de l'apparence du doute & de l'hésitation; mais il existe aussi des occasions, où la prudence & la nature des objets exigent une sorte d'accord entre l'opinion publique & la volonté souveraine; & c'est alors que le gouvernement doit s'estimer heureux de pouvoir écarter les alarmes & les faux soupçons, en rapprochant de ses pensées & de ses desseins, les corps respectables qui influent sur la confiance publique. C'est, il est vrai, pour le soutien de la raison que l'autorité doit être déployée; mais les ministres les plus assurés de l'utilité de leurs vues, devroient encore, dans l'exécution, éloigner avec soin les actes de violence: car les formes despotiques étant toujours d'une administration ce que les hommes en pouvoir saisissent le mieux, & imitent le plus facilement, il seroit bien à craindre que les mêmes moyens dont on auroit donné l'exemple, ne fussent employés en d'autres tems à faire prévaloir, ou des erreurs, ou de faux systêmes, ou peut-être encore des idées arbitraires & tyranniques.

Je crois donc qu'une conduite mesurée, caractérise particulièrement une administration sage & paternelle. C'est une administrarion semblable, qui, dans tous les grands changemens, dans toutes les nouveautés importantes, ne se refuse point à prendre de la peine pour chercher avec soin, & les moyens de conciliation, & les tempéramens assortis aux hommes & aux circonstances. C'est une pareille administration qui ne se borne point à commander, mais qui veut encore guider l'opinion & éclairer les esprits, afin de diminuer le besoin de la force & de la contrainte. C'est elle encore qui met en ligne de compte les effets des passions & de l'ignorance, & qui ne dédaigne point d'y condescendre. C'est elle enfin qui, calmant ses propres élans vers le bien, ou son amour trop ardent de la gloire, ne rejette point les secours du tems, & ne veut point semer & recueillir en un jour. Je dirai plus encore, & cette observation mérite d'être remarquée; les ministres, qui dans toutes les affaires ne connoissent que l'autorité, limitent de cette manière l'influence du souverain;

car en même tems qu'ils dédaignent de préparer les esprits & de rechercher le moindre concours, en même tems encore qu'ils considèrent le ministère sur tous les plans d'administration, comme l'attribut & le symbole des idées monarchiques, ils renoncent, sans le témoigner, à tous les projets utiles, dès qu'ils apperçoivent de la difficulté à les mettre en exécution, par la seule impulsion du commandement. Cependant, en restreignant ainsi les volontés du prince dans le cercle étroit des choses communes ou particulières, n'est-ce pas concevoir, n'est-ce pas donner aux autres une idée imparfaite de la grandeur & de la puissance du monarque!

C'est d'après ces principes que j'envisageois l'extension des administrations provinciales comme un grand secours pour l'exécution de la réforme des *gabelles*; mais les traverses que ces projets d'établissemens ont essuyées, ne doivent pas empêcher d'exécuter les autres améliorations que j'avois préparées, & dont je donne ici le développement. Le bien public est un champ vaste qu'il faut en quelque manière défendre de poste à poste; & si les moyens défailloient aux hommes du tems présent, ce qui n'est point à craindre si les intentions du roi sont secondées, ce seroit à ceux de la génération suivante à se montrer en lice; il n'y a point de prescription pour les idées utiles, le courage peut revenir après l'abattement, la lumière après l'ignorance, & l'ardeur du bien public après le sommeil de l'indifférence. «

En résumant tous les détails qu'on a donnés sur l'impôt du sel, on voit que les pays appellés de *grandes gabelles* sont ceux dans lesquels le prix du sel ne garde aucune proportion avec la valeur primitive de cette denrée, qui est d'environ trois deniers la livre, tandis qu'elle s'y vend treize sols.

Les provinces qui composent ce district, sont de toutes parts circonscrites par des pays de franchise ou de modération dans lesquelles le sel vaut sept à huit sols la livre. Quel appât pour le consommateur d'un côté, s'il peut se procurer de ce sel, & pour le malheureux qui voit dans ce commerce illicite le moyen de gagner dix fois plus qu'il ne peut faire en travaillant de ses bras!

En vain les agens du fisc soudoyent une milice nombreuse pour surveiller les uns & arrêter les autres, principalement dans les parties limitrophes de ces provinces. Ses efforts seroient impuissans, & les consommateurs, peu nombreux, si la loi n'avoit réglé la contribution individuelle de ces derniers, en forçant quatorze personnes de se charger d'un minot de sel par année pour leur usage journalier, & en obligeant en outre chaque chef de famille à prendre directement au magasin du fisc tout le sel qui lui est nécessaire pour des salaisons.

Ainsi, dans les *grandes gabelles*, voilà deux obligations distinctes; la première, qui est générale & absolue, peut être considérée comme une véritable capitation, à raison de sept livres de sel par tête au-dessus de sept ans, où, ce qui revient au même, à une somme de quatre livres deux sols.

La seconde est purement spontanée, & ne regarde que les gens aisés en état de faire des provisions de viandes salées; ceux qui ne font point de salaisons en sont dispensés.

Dans les parties limitrophes des pays de franchise, ou de modération, la capitation du sel est fixée par paroisse. Les collecteurs y sont chargés de la répartition de cet impôt; mais la loi autorise d'une part, le fermier à contraindre de prendre un supplément de sel les chefs de famille que les collecteurs n'ont pas imposé à raison de sept livres par tête, & de l'autre, elle accorde à ceux qui sont imposés au-dessus de cette proportion, la faculté de se pourvoir devant les juges pour en obtenir la permission d'employer en salaisons une partie ou la totalité de leur surtaux.

Dans les parties plus éloignées de la franchise, le devoir de *gabelles* est également forcé; mais cette capitation ne s'impose pas: chacun sait qu'il doit y satisfaire; personne n'en est dispensé que l'indigent qui est taxé à trois livres de taille, & au-dessous.

D'après ces précautions, on sent que la contrebande ne peut fournir aux pays de *grandes gabelles* que le sel qui s'y consomme au-delà de l'obligation prescrite par la loi. Cet excédent doit être considérable; car si les proportions établies sont supérieures à la consommation du pauvre, elles sont visiblement inférieures à celles de l'homme aisé; & prise en masse, la fixation de sept livres de sel par tête est bien au-dessous de la consommation effective.

Cependant il faut bien que cette consommation ait lieu; ce qu'elle exige est fourni aux pays de *grandes gabelles* avec des risques terribles, mais le bénéfice de ce commerce illégal en est la compensation.

D'ailleurs, à des peines très-sévères, la loi a ajouté encore des précautions pour éloigner de l'étendue des *grandes gabelles* la matière que le besoin y appelle, & que la cupidité est toujours prête à y porter.

Les provinces ou districts des pays francs & rédimés qui avoisinent les *grandes gabelles*, sont bornés dans leur consommation: tout commerce de sel y est prohibé; mais ici la fixation est de quatorze livres par tête, par année, & le consommateur se plaint qu'elle est au dessous de ses besoins.

Il est quelques exceptions dans les *grandes gabelles* en faveur de la Bourgogne, des villes de Paris, de Versailles & de Rouen, où la consommation ne dépend que des facultés & des volontés.

Les provinces des *petites gabelles*, celles où sont établies des *gabelles* locales, comme la Lorraine, l'Alsace & la Franche-Comté, ne sont pas plus soumises à la régie coercitive des *grandes gabelles*.

Quels sont les effets de ces différentes régies? quelle influence ont-elles sur les consommations? Ces deux questions sont importantes; il s'agit de les examiner & de les résoudre.

Pour y parvenir, on a formé sur les états de la population & des naissances, année commune, un dénombrement général, en multipliant par vingt-six le nombre des individus. On a comparé le résultat de cette opération aux dénombremens qui sont vérifiés tous les ans dans les provinces des *grandes gabelles*, & dont on a fait un état général. On a reconnu que les enfans au-dessous de huit ans forment à-peu-près le quart de la population, d'où il suit que le nombre des contribuables ne doit être évalué qu'aux trois quarts du dénombrement général établi dans les *grandes gabelles*. Après cette opération, on a calculé le montant de la consommation actuelle du sel, suivant les états de l'année commune, & suivant ceux du produit des droits de convoi & traite de Charente, sur les sels qui entrent dans les provinces rédimées. C'est sur cette base qu'on a posé tout le systême de la population du royaume, de sa consommation en sel, & du rapport de la quotité de cette consommation à chaque individu contribuable.

DISTRICTS des GABELLES.	Dénombremens formés sur les états des naissances de 1770 à 1777.	NOMBRE des Consommateurs de sel.	ANNÉE commune des consommations.	RAPPORT des consommations au dénombrement des consommateurs, & par tête.
			Quintaux.	
Grandes Gabelles..........	8,291,097	6,218,243	754,616	12 *l.* 2/15
Petites Gabelles du Lyonnois, Forez, Beaujolois, Bresse, Bugey & Mâconnois............	1,023,282	767,461	97,438	12 4/5
Petites Gabelles du Dauphiné, Provence, Languedoc, Rouergue, Gevaudan, Vivarais, Auvergne.............	3,581,318	2,685,988	431,107	15 1/4
Gabelles des Trois-Évêchés, Lorraine & Barrois..........	1,175,330	881,497	112,843	12 7/8
Gabelles du Rhételois & de la Franche-Comté.........	786,479	589,860	114,737	19 1/2
Pays de Quart-Bouillon....	586,040	439,530	122,292	25 1/6
Provinces rédimées de Gabelles......................	4,621,838	3,466,379	819,621	23 2/3

Il résulte donc de ce tableau, que dans le district des *grandes gabelles* où la cherté du sel force à l'économie, & sur lequel les pays de franchise versent leur superflu, la consommation générale est de douze livres par tête.

Que dans les *petites gabelles* du Lyonnois, de la Bresse & du Bugey: dans les *gabelles* de Lorraine & des Trois-Évêchés, dont le prix se rapproche de celui du sel dans les *grandes gabelles*, & qui sont exposées de tous côtés à la contre-

bande

bande du sel étranger, la proportion est d'environ *treize livres* par tête.

Que dans les autres parties des *petites gabelles* où le prix plus modéré offre moins d'appât à la fraude, la consommation est à raison de *seize livres* par tête.

Qu'enfin dans les provinces rédimées de *gabelles* où la consommation n'est pas restrainte par le prix, où la fraude est nulle, cette consommation paroît y être de *vingt-quatre livres* par tête. Mais si l'on déduit de cette quantité un sixième, qu'on suppose, avec fondement, versé dans les pays des *gabelles*, la consommation effective de ces pays exempts se trouvera n'être plus que de *vingt livres* par tête.

Dans les districts où la cherté du sel attire la contrebande, la consommation est donc restrainte de deux cinquièmes; & seulement d'un cinquième dans ceux où cette denrée se vend à un prix modéré, mais encore trop fort pour s'en permettre l'usage sans économie.

Cet inconvénient, quoique sensible, n'est rien en comparaison des effets de l'impôt, par sa nature & par les moyens qu'exige sa régie. Lorsqu'on aura présenté les résultats de cette régie, par l'exposé de ses frais, des contributions qui sont la suite de la contrebande, & des saisies, amendes & confiscations, il n'est pas de bon citoyen, pas d'homme sensible, qui ne convienne qu'il ne peut exister un impôt plus contraire au repos, plus funeste au bonheur d'une nation, & que c'est véritablement un fléau terrible pour l'humanité.

Le produit de la ferme des *grandes gabelles*, droit de Quart-Bouillon, *gabelles* de Rhételois, Charleville, Rocroy, des *gabelles* & salines de la Franche-Comté, des Evêchés & de l'Alsace, de la vente du sel aux lieux privilégiés dans l'étendue des *grandes gabelles* & des droits de brouage, y compris les deux sols pour livre de 1771, est de........................ 38,000,000

Le produit de la ferme des *petites gabelles*, & de la vente étrangère, y compris les deux sols pour livre de 1771........................ 13,400,000

Le produit des *gabelles* & des salines de Lorraine........................ 2,600,000

54,000,000

On s'est tenu ici au produit pour lequel les *gabelles* sont entrées dans le bail actuel de la ferme, & l'on ne fait pas mention des deux nouveaux sols pour livre mis encore en 1781, parce qu'il y a lieu d'espérer qu'ils ne sont que momentanés, puisqu'il doivent cesser au 31 décembre 1790.

Pour former le produit net de cet impôt, l'année commune de la perception, établie sur les quatre premières années & les six premiers mois de la cinquième du bail de Laurent David, est de........................ 68,000,000

Ainsi, les frais de cette perception dispendieuse, & les bénéfices qu'elle donne aux fermiers, sont de....... 14,000,000

A cette surcharge pour le peuple, il faut ajouter le produit des saisies, amendes & confiscations, qui, d'après l'année commune, est de 400,000 *l.*

L'objet des versemens en contrebande, est de cent quarante ou cent cinquante quintaux, à vingt-cinq liv. le quintal, la contribution prise sur le peuple, est de...... 3,600,000 } 4,000,000

Il est clair, d'après ces détails, que l'impôt de la *gabelle* entraîne au-dessus du produit réel, une levée de...... 18,000,000

Ce mal est grand sans doute; mais traçons rapidement des maux plus grands encore, & qui dans la nature des choses sont inévitables.

Il subsiste sur les frontières du pays étranger, sur les lignes qui séparent les pays sujets à la *gabelle*, des pays exempts ou traités avec modération, une milice toujours en guerre ouverte avec les citoyens, pour veiller à la conservation des produits de la *gabelle*. A cet effet, elle parcourt les campagnes, visite les maisons pour y faire les perquisitions dont personne n'est exempt. Les malheureuses victimes de cette guerre sont environ trois mille cinq cens individus qui, année commune, sont arrêtés & punis pour le délit de faux-saunage.

Savoir:

Deux mille trois cens quarante hommes.

Huit cens quatre-vingt-seize femmes.

Deux cens un enfans.

La perte en argent pour le peuple & les campagnes, est chaque année de trois cens quatre-vingt trois mille cinq cens vingt-huit livres.

Pour ne laisser aucun doute sur l'exactitude de cet exposé, on joint ici le résultat des relevés des saisies sur lesquels on a formé l'année commune de leur produit, prise sur les trois premières du bail actuel, commencé avec le mois d'octobre 1780.

Dénomination des objets de produit.	Nature & nombre des Saisies.	Quantité ou quotité des choses saisies.	TOTAL.	Évaluation en argent des choses saisies.	
		minots.	minots.		
Sel.	3693 saisies domiciliaires.	620	13253	à 12 *l. le min.*	160,036
	2340 saisies de campagne.	12633			
Chairs salées.	— saisies domiciliaires.	24073 *liv.*	26845 *liv.*	à 6 *l. la liv.*	6,711 7
	— saisies de campagne.	2772			
Chevaux.	. . . .	1086	. . . . .	à 80 *l. la pièce*	86,880
Voitures.	. . . .	52	. . . . .	à 100 *l. idem.*	5,200
Amendes & Accommodemens.	sur les saisies domiciliaires.	. . . . .	. . . . .	71493 14 4	124,700 13
	sur idem de campagne.	. . . . .	. . . . .	53206 18 8	
					373,528 *l.*

Si l'on a réussi à démontrer combien les effets de l'impôt sur le sel sont désastreux & oppressifs, sa suppression ne peut manquer de devenir l'objet du vœu unanime de la nation. Avant de proposer les moyens de l'exaucer, il paroît convenable de passer en revue les différens projets qui ont été présentés pour opérer cette réforme si désirée, & remplacer les produits de la *gabelle*.

Ces projets sont au nombre de trois, & consistent :

1°. Dans l'établissement d'un droit uniforme, perceptible à l'enlèvement des marais salans ou des salines ; sur les sels destinés à la consommation nationale.

2°. Dans la substitution d'une crue sur les tailles & sur les autres impositions, à titre de remplacement de la *gabelle*.

3°. Dans la vente exclusive, à prix uniforme, dans tout le royaume, en conservant néanmoins des ménagemens pour les privilèges des provinces franches ou rédimées.

Le produit actuel de l'impôt du sel dans les pays de *gabelles*, comme on l'a dit ci-devant, est de cinquante-quatre millions, ci. 54,000,000

Les droits perçus sur les sels enlevés pour la consommation des provinces franches. 3,000,000

Les frais de brigades nécessaires pour la garde des lieux de fabrication & de perception, les bénéfices de la régie feroient bien un objet de quatre millions, ci. 4,000,000

Ainsi, il faut que le produit brut du droit exigible à l'enlèvement des sels sur les marais, soit de soixante-un millions, ci. 61,000,000

Pour produire cette somme, sur une consommation annuelle de trois millions trois cens mille quintaux, il faut encore que le droit soit de dix-huit livres dix sols par quintal.

En ajoutant à ce droit, le prix général & commun de quatre livres dix sols par quintal pour l'achat, la voiture du sel, le bénéfice du marchand ; le prix de cette denrée sera de vingt-trois livres le quintal, ou environ quatre sols huit deniers la livre.

Ce feroit, fans doute, un bienfait précieux que cette réduction ; & il eft probable que dans les pays de *gabelles*, la confommation feroit des progrès fenfibles, & propres à compenfer l'économie que les provinces franches ou rédimées mettroient dans l'ufage du fel, d'après fon accroiffement de prix pour elles. Ainfi la confommation augmenteroit d'un côté & diminueroit de l'autre. Mais plus d'armée de gardes fur les limites de ces provinces ; plus de régie coercitive ; toute l'attention & la furveillance fe porteroient fur les lieux de fabrication. Le recouvrement de l'impôt paroît auffi fûr que facile.

Dans les règles de la juftice, fans laquelle il n'y a point de bienfaifance, fi ce fyftême étoit adopté, les provinces franches ou rédimées, feroient fondées à réclamer une indemnité, pour le poids du nouvel impôt qu'elles paieroient fur leur confommation en fel ; & les provinces fujettes aux *gabelles* feroient tenues du montant de cette indemnité, comme profitant feules de la modération de l'impôt.

D'après le calcul le plus modéré des indemnités dûes aux provinces franches, comme l'Alface, la Lorraine, la Franche-Comté, la Bretagne, la Guienne, &c. aux pays de Quart-Bouillon, du Rhételois, & autres diftricts, on eftime qu'elles ne pourroient pas être au-deffous de trente millions, dont vingt-fix millions fupportés par les provinces fujettes aux *grandes gabelles*, & quatre millions par celles qui font foumifes aux *petites*.

Mais comment fubvenir à cette fomme ?

En l'impofant avec les tailles ; il n'y auroit plus de proportion entre ce nouvel impôt & la confommation du contribuable ; car, tel particulier qui confomme trois quintaux de fel par année, & paye ainfi cent foixante livres dans l'état actuel, feroit inceffamment impofé à cinq cens livres, dans le plan propofé pour le remplacement de la *gabelle*.

D'ailleurs, les provinces franches fe plaindroient de l'établiffement, fur leur territoire, des brigades néceffaires pour garder les marais falans, & de tous les mouvemens, de toutes les recherches qu'elles auroient à faire à cette fin.

Le remplacement de la *gabelle*, par une addition aux tailles & à toutes les impofitions territoriales & perfonnelles, quoique plus féduifant que le premier projet, préfente également des difficultés infurmontables dans fon exécution ; à caufe de la furcharge qui en réfulteroit pour les provinces de grandes *gabelles*.

On a vu que le produit de la ferme des *gabelles* dans tout le royaume, eft de 57,000,000

En fuppofant que dans ce plan on laifsât fubfifter, comme on le pourroit, fur les fels enlevés des marais falans, un droit modique de trois livres par quintal, repréfentatif de celui qui a lieu fur les fels deftinés pour les provinces rédimées ; alors la confommation générale qui y feroit fujette, & qui abforberoit environ trois millions trois cents mille quintaux de fel, donneroit un produit, déduction des frais, de 10,500,000

46,500,000

Refte quarante-fix millions cinq cents mille livres, dont les deux tiers feroient équitablement fupportés par les pays de grandes *gabelles*, & l'autre tiers par les provinces de *gabelles* locales. Ce feroit trente-cinq millions à joindre aux tailles, aux vingtièmes, à la capitation : la répartition faite au marc la livre, excéderoit, en général, le produit de l'impofition primitive de chaque contribuable, & en particulier toute proportion entre fa confommation en fel, & fa taxe de remplacement.

Le troifième projet, qui eft celui de la vente exclufive dans tout le royaume, à prix uniforme, entraîne à-peu-près les mêmes inconvéniens que les deux précédens.

Il confifte à fixer ce prix univerfellement à cinq fols fix deniers ou fix fols la livre, c'eft-à-dire, vingt-fept livres dix fols, ou trente livres le quintal.

2°. A délivrer aux provinces franches, rédimées, ou privilégiées, le fel au même prix qu'elles le payent actuellement, à raifon de dix livres par tête par année, d'après des dénombremens exacts.

3°. A laiffer ces provinces fujettes au prix uniforme pour le fel qu'elles confommeront au delà de celui qui leur aura été délivré, en leur accordant une indemnité en compenfation de cet excédent de prix ; enforte que leurs privilèges refteroient entiers.

4°. A répartir fur les pays de *gabelles* la fomme d'impofitions qu'exigeroit cette indemnité, en combinant la taxe de chaque canton ou diftrict, avec l'avantage refpectif que chacun trouveroit au prix uniforme.

Ce plan a donc le triple avantage d'abolir toute contrebande, d'accroître la consommation générale, & de respecter les immunités subsistantes.

A l'instant où cet article venoit d'être livré à l'impression, a paru l'intéressant ouvrage de M. Necker, sur les finances, dont il est parlé aux mots, FRAIS DE RECOUVREMENT & GÉNÉRALITÉS.

Parmi plusieurs plans de réforme dans les droits, on trouve celui dont il s'agit ici, développé de la manière suivante, pour en faire l'application aux provinces des *grandes gabelles*.

» Ces provinces composent plus du tiers du royaume en population, & le prix moyen du sel surpasse soixante-deux livres par quintal. Il faut le diminuer considérablement, si l'on veut prévenir efficacement le commerce de contrebande.

Je proposerois donc de fixer le nouveau prix du sel de vingt à vingt-une livres, vers les confins des provinces franches & rédimées, en l'élevant, par une gradation insensible, jusqu'à vingt-six livres, le réglant à trente livres dans les villes, & même un peu plus haut à Paris. Le plus fort prix se trouveroit au centre des *grandes gabelles*, qui embrassent un espace de quatrevingt-dix lieues du nord au sud, & de plus de cent, de l'est à l'ouest.

Ces gradations, sans diminuer sensiblement les revenus du roi, & sans obliger à des remplacemens difficiles, faciliteroient la réduction du prix du sel autant qu'il seroit possible, dans la partie du pays de *grande gabelle*, limitrophe des provinces franches & rédimées.

Le prix moyen de cette denrée étant aujourd'hui de soixante-deux livres, comme on l'a dit, s'il étoit réduit à vingt-cinq livres, la perte, pour le fisc, seroit de trente-sept livres par quintal; & le sacrifice rapporté à la consommation actuelle, estimée de sept cens soixante mille quintaux, formeroit une diminution de revenu de vingt-huit millions.

Les ventes de sel pour le compte du roi, se montent à neuf livres & un sixième par tête, dans l'étendue des *grandes gabelles*. Mais ce résultat est une moyenne proportionnelle, prise sur l'ensemble de ces mêmes ventes; l'on a reconnu que dans les généralités exposées à la contrebande, le débit n'étoit que de six à sept livres par tête, tandis qu'il s'élevoit de dix à douze & demie, dans un grand nombre de lieux éloignés des provinces franches. On peut donc raisonnablement présumer, que la mesure commune des ventes dans les *grandes gabelles*, ne s'éloigneroit pas de ce dernier taux, si les versemens frauduleux étoient prévenus. Une autre circonstance influeroit encore sur l'accroissement de la consommation, c'est la grande réduction dans le prix de la denrée. On peut évaluer à quatre livres par tête, l'augmentation générale des ventes, ensorte qu'elles monteroient à treize livres & un sixième par individu. Cet accroissement rapporté à une population de huit millions trois cens mille ames, occasionneroit un débit de trois cens trente-deux mille quintaux, qui, à vingt cinq livres, donneroient un produit de huit millions trois cens mille livres.

Les dépenses de l'achat du sel, de son transport dans les greniers, en raison de ce qu'elles sont actuellement, peuvent être évaluées à environ quinze cens mille livres; ainsi le bénéfice réel sur l'augmentation de vente, ne seroit que de six millions huit cens mille livres.

L'économie des frais de manutention pouvant s'opérer, par l'uniformité de prix dans le royaume, en dispensant d'entretenir une partie de l'armée fiscale, qui garde les frontières des provinces privilégiées, elle deviendroit un objet d'environ dix-huit cens mille livres. En joignant à cette économie, celle qui pourroit avoir lieu par la réduction des receveurs ou de leurs émolumens, & par une diminution dans le nombre des agens de la régie à Paris, évaluée douze cens mille livres, voilà trois millions ajoutés au bénéfice provenant de l'augmentation des ventes, & formant un dédommagement d'environ dix millions. Si l'on soustrait cette somme des vingt-huit millions perdus par la modération du prix du sel dans les *grandes gabelles*, le sacrifice ne restera plus que de dix-huit millions.

Avec le secours de quelque fonds pris sur les revenus généraux de l'Etat, comme le bénéfice de deux ou trois années d'extinction des rentes viagères, ou d'intérêts amortis par les remboursemens, on pourroit réduire à dix ou douze millions l'imposition de remplacement, à la charge des provinces des *grandes gabelles*. A moins d'une déraison absolue dans le choix du gouvernement, telle imposition qu'elle adoptât, telle ancienne qu'elle augmentât, l'opération seroit toujours infiniment favorable aux habitans des provinces sujettes aux *grandes gabelles*, puisqu'au prix de dix ou douze millions, ils jouiroient d'une réduction dans le prix du sel, égale à l'affranchissement d'une charge annuelle de vingt-huit millions, & que, de plus, ils acquerroient un nouvel approvisionnement de sel d'environ trois cens trente-deux mille quintaux.

On doit ajouter, qu'il seroit important que le supplément d'impôt établi dans cette occasion, fût tellement particularisé, & par une dénomination qui en rappelleroit l'objet, & par toutes les expressions de la loi, qu'on ne pût jamais oublier qu'il n'est que le remplacement de la réduction du prix du sel.

Mais ce prix du sel à trente livres le quintal, ou six sols la livre, car c'est la moyenne proportionnelle dans cette variété, entre le sel des villes & celui des campagnes, n'est-il pas encore trop considérable, pour permettre d'employer cette denrée à l'usage des bestiaux & à l'engrais des terres?

En second lieu, les villes ne se fourniront-elles pas dans les campagnes; & quand il n'y auroit qu'un sol par livre de sel, n'est-ce pas un bénéfice suffisant pour engager des misérables à introduire dans les villes le sel acheté dans les campagnes? ou bien il faudra que l'entrée de chaque ville soit défendue par des brigades d'employés, qui, pour faire un service utile, ne devront respecter, ni pudeur, ni honnêteté dans leurs perquisitions.

Les provinces à qui on accorderoit une indemnité, n'auroient-elles pas quelques raisons de craindre que le montant de ces indemnités ne fût pris sur elles-mêmes dans la suite, par l'augmentation de leurs impositions.

En admettant la fixation des indemnités pour chaque généralité en particulier, comment la régler par paroisses, par chef de famille? Un habitant, par exemple, qui aura levé, à titre de supplément de sel de franchise, deux quintaux de sel à trente livres, aura à répéter une somme de quarante-huit ou cinquante livres, déduction faite du prix du sel & des droits de trois livres; il ne se trouvera peut-être compris dans la répartition, que pour vingt-cinq ou trente livres; tandis que celui qui n'aura pris aucun supplément de sel, profitera d'une partie de l'idemnité, par l'effet de cette répartition. Le premier sera donc forcé à l'économie dans sa consommation, quand il n'aura pas la certitude de ne participer en rien au paiement d'un impôt, dont il est présentement exempt.

Ce dernier projet est donc, comme les deux autres, onéreux aux provinces des *grandes gabelles*, peu favorable à la culture, & contraire à la franchise des provinces rédimées.

De ces trois systêmes, on en a formé un qui semble exempt des inconvéniens qu'on a exposés.

Avant d'en tracer l'esquisse, il convient de considérer l'impôt de la *gabelle* sous deux points de vue.

Dans les pays de *gabelles*, cet impôt n'est qu'une capitation déguisée sous certaines quantités de sel fixées pour la consommation de chaque chef de famille; & cette capitation est plus ou moins forte, en raison des variations du prix du sel.

Dans les provinces franches ou rédimées, l'impôt de la *gabelle* a le caractère des impôts de consommation. Le droit que payent les sels pour arriver dans ces provinces, devient un prix additionnel à la valeur première de la denrée, mais de façon à ne pas nuire à la consommation, & à ne pas exciter à la fraude.

Le sel étant une denrée de première nécessité, on ne veut pas s'en prévaloir pour en fixer le prix, & en mettre la vente en privilège exclusif. Au contraire, pour premier point, on propose la suppression du privilège qui existe, & la liberté du commerce du sel dans l'universalité du royaume.

On propose également la conversion des droits de brouage, de convoi, traite de Charente, & tous autres, qui se lèvent actuellement sur les sels, en un seul droit de trois livres par quintal, à mesure de leur enlèvement des lieux de fabrication pour la consommation nationale, & l'établissement d'un droit de six deniers par quintal seulement, sur les sels destinés pour la pêche, ou exportés par mer à l'étranger. On sent bien que ce droit de six deniers par quintal, ou dix sols par muid, n'a nul objet de bursalité; il n'est employé que comme un moyen de connoître la quantité annuelle de sels consommés par la pêche ou par le commerce extérieur.

La liberté du commerce étant établie, il faut chercher le remplacement du produit de la *gabelle* qu'elle anéantit, & qui a été estimé cinquante-sept millions.

On a établi, en parlant des effets de la *gabelle*, que les proportions de la consommation avec les dénombremens, sont de plus de douze livres de sel par tête au-dessus de huit ans, dans l'étendue des *grandes gabelles*.

Quelles sont de quinze à seize livres dans les pays où le prix est moindre;

Et qu'elles excèdent vingt livres, dans les provinces franches ou rédimées.

En combinant ces proportions ensemble, il en résulte qu'une capitation mise pour rachat de la *gabelle*, ne peut généralement être évaluée au-dessous d'une consommation de douze livres de sel par tête, déduction faite de la valeur intrinseque de cette denrée, pour achat & frais de transport. Ainsi, cette imposition sera représentative de la somme en argent qu'auroit coûté la consommation de chaque individu contribuable, de façon que tout chef de famille ne paiera que suivant la mesure de ses consommations.

Mais comme les consommations sont ordinairement déterminées par les facultés, c'est un motif pour diviser en cinq classes les contribuables sur lesquels se fera la répartition de *la capitation pour rachat de gabelles*.

La première comprendroit les aubergistes, traiteurs, cabaretiers, pâtissiers, chaircuitiers, fermiers, & autres, qui prennent ou nourrissent chez eux des voyageurs ou des journaliers, pendant une partie de l'année.

La seconde, les ecclésiastiques, les gentilshommes, & tous chefs de famille, imposés à quarante livres de taille, vingtième ou capitation, & au-dessus.

La troisième, les chefs de famille, imposés de vingt-quatre livres à quarante livres de taille, capitation, ou vingtième.

La quatrième, ceux qui, pour l'une de ces impositions, payent depuis douze livres jusqu'à vingt-quatre.

La cinquième, ceux qui ne sont imposés qu'à douze livres & au-dessous.

On apperçoit aisément que la première classe est susceptible de subdivision, pour les traiteurs, cabaretiers, pâtissiers, &c. en raison des lieux qu'ils habitent; car il ne seroit nullement juste, que de malheureux cabaretiers de village, loin d'une grande route, fussent imposés comme les traiteurs de Paris, & des autres capitales de province, ou comme des aubergistes placés sur des routes très-fréquentées.

La répartition de cette nouvelle capitation seroit faite, non pas comme celle de l'ancienne, mais en proportion du nombre de personnes dont chaque famille seroit composée;

Savoir,

La première classe, paieroit la valeur de vingt livres de sel par tête.

La seconde, la valeur de seize livres par tête.

La troisième, la valeur de douze livres.

La quatrième, la valeur de huit livres.

La cinquième, la valeur de sept livres, jusques à néant.

Un exemple va rendre sensible cette proportion.

Supposons une paroisse, dont le dénombrement est de mille contribuables au-dessus de huit ans, située dans les *grandes gabelles*, & dans laquelle le sel est à soixante livres le minot ou quintal, déduction faite des frais de l'achat & du transport.

Sa consommation, à raison de douze livres de sel par tête, doit être de cent vingt minots, valant sept mille deux cens livres.

Cette paroisse doit donc pour la capitation *du rachat de gabelles*, sept mille deux cens livres.

On peut évaluer à vingt chefs de famille, ceux qui composeront la première classe, & à six personnes, le dénombrement de leur maison. Il en résulte cent vingt personnes, entre lesquelles doit se répartir la quantité de deux mille quatre cens livres de sel, ou sa valeur, qui est de... 1440 *l.*

La seconde classe pourra comprendre soixante chefs de famille, & à cinq personnes pour chacune, en donner trois cens, qui, ayant à consommer quatre mille huit cens livres de sel, en représenteront la valeur par une imposition de... 2880

De même, la troisième classe supposée comprendre soixante ménages, à raison de quatre personnes, payera, pour rachat de la *gabelle*, une capitation représentative de deux mille huit cens quatrevingt livres de sel, valant............ 1728

On suppose encore, dans la quatrième, le même nombre de chefs de famille avec trois personnes, c'est cent quatrevingt qui paieront une capitation représentant quatorze cens quatrevingt livres de sel, évaluées.......................... 864

Si, dans la cinquieme classe, on met quatrevingt ménages composés de deux personnes, il s'en trouvera cent soixante qui n'auront à payer pour leur capitation, réglée sur quatre cens quatrevingt livres de sel, qu'une somme de............. 800

Total........... 7200 *l.*

On doit remarquer que l'arbitraire est banni de la répartition de ce nouvel impôt, & qu'il ne peut plus se rencontrer qu'à comprendre dans une classe supérieure, un contribuable qui pourroit prétendre ne devoir entrer que dans une inférieure.

Au reste, si cet apperçu du plan proposé pour remplacer la *gabelle* ne suffit pas pour en justifier les avantages, ils vont se trouver développés avec plus d'étendue dans le projet d'édit suivant. On examinera ensuite les effets & les conséquences de la nouvelle imposition.

Projet d'Edit, portant suppression de la Gabelle, à laquelle est substituée une taxe par tête.

Louis, par la grace de Dieu, &c.

Entre les soins qui nous ont occupé depuis notre avènement à la couronne, celui du gouvernement & de l'administration de nos finances nous a paru mériter une application d'autant plus grande, qu'il peut procurer, à la fois, le soulagement de nos peuples & la prospérité de notre Etat. Mais les dépenses d'une guerre entreprise pour la cause de la liberté des mers, nous ont forcé de différer jusqu'à ce moment, l'examen & la discussion des différens systêmes propres à diminuer le poids des impôts, que les besoins ont fait multiplier, au point d'en rendre les recouvremens difficiles.

Parmi les impôts susceptibles de réforme, celui de la *gabelle* a principalement fixé notre attention. Nous avons reconnu, par les états de consommation qui nous ont été représentés, que dans celles de nos provinces où le prix du sel ne garde aucune proportion avec sa valeur originaire, les progrès de la consommation y sont rallentis, au point de faire croire qu'il s'y fait une contrebande très-considérable, malgré la dépense qu'entraîne la garde des limites de ces provinces, & malgré les régies rigoureuses & coercitives qui les circonscrivent. Nous n'avons pu voir, sans une peine très-sensible, que, chaque année, près de trois mille cinq cens de nos sujets, de tout sexe & de tout âge, étoient sacrifiés au maintien des produits de la *gabelle*, indépendamment de la ruine d'un grand nombre de familles, séduites par le bas prix du sel de contrebande, & tourmentées par des saisies domiciliaires.

Nous avons également reconnu que les droits de traite perçus sur les sels destinés à l'usage de nos provinces franches ou rédimées, étoient assez modiques, pour ne porter aucun préjudice à leur consommation; mais que la forme de leur perception, leur multiplicité, leur diversité, en rendoient la levée difficile, & sujette à beaucoup d'abus.

Enfin, il nous a paru que les marais salans & les salines de toute espèce, étoient généralement privés d'une partie de leurs débouchés, par l'assujettissement des sels qu'ils produisent ou fabriquent, à des droits qui en renchérissent nécessairement le prix, & les excluent de la préférence qu'ils doivent naturellement obtenir, par leurs bonnes qualités, dans les marchés de l'Europe.

En conséquence, & après avoir examiné les différens systêmes qui nous ont été proposés pour remplacer la *gabelle*, nous nous sommes arrêtés à celui qui, conservant le caractère des impôts de consommation, sagement combinés avec les facultés des contribuables, ne présente aucune difficulté dans son exécution, devient compatible avec les constitutions & les privilèges de plusieurs de nos provinces, favorise la liberté du commerce de sel, & encourage l'exploitation des salines.

A ces causes, de l'avis de notre conseil, & de notre certaine science, &c. nous avons dit, déclaré & ordonné, disons, &c.

ARTICLE PREMIER.

La vente exclusive du sel dans nos provinces de *grandes & petites gabelles*, dans le Rhételois, la Lorraine, les Trois-Evêchés, l'Alsace, la Franche-Comté, l'exercice du droit de Quart-Bouillon, sur les sels que fabriquent les sauneries de basse-Normandie, cesseront d'avoir lieu, à compter du premier janvier 178..

II.

Supprimons, à compter de la même époque, nos droits de convoi, traite de Charente, droit de vingt-cinq sols par rasière, & autres droits de traite généralement quelconques; perçus sur les sels enlevés pour la consommation des provinces franches de l'impôt du sel, & rédimées des *gabelles*; ensemble nos droits de Brouage, & autres y joints, perceptibles, soit à l'enlèvement des marais salais de Saintonge, Isles de Rhé & Oléron, Aunis & Poitou, soit à l'importation, dans les rivières de l'Adour & de la Gironde.

III.

Seront pareillement supprimés tous droits perçus à l'enlèvement des sels, de dessus les marais salans, par tous seigneurs, propriétaires ou autres, en vertu d'acquisitions d'offices, concessions, donations, ou autrement.

IV.

Les propriétaires d'aucuns desdits droits, supprimés par l'article précédent, seront tenus de rapporter leurs quittances de finances, ou autres titres de jouissance, avec des états exacts du produit de ces jouissances pendant les années 1773 & suivantes, jusques & compris 1782. La liquidation des indemnités qui leur appartiendront, sera faite sur lesdits états de jouissance & titres de propriété, & il sera pourvu à leur remboursement, en contrats à cinq pour cent affectés sur le produit du droit d'enlèvement dont il sera fait mention ci-après.

V.

Il sera procédé par les commissaires que nous nommerons à cet effet, à l'examen des droits perçus à l'enlèvement des sels dont les propriétaires ne rapporteront point de quittances de finances, & autres titres de propriété, & le produit de ces droits sera constaté sur celui des dix dernières années, pour avoir ensuite tel égard qu'il appartiendra aux indemnités qui pourront être dûes à raison desdites suppressions.

VI.

Seront & demeureront exceptés de la suppression mentionnée à l'article IV. les droits seigneuriaux perçus sur les sels à titres de cens, rentes ou redevances annuelles, ensemble ceux de péages, lesquels continueront d'être payés, soit en nature, soit en argent, ainsi qu'ils sont dûs, d'après les titres de propriétés.

VII.

Seront supprimés tous les offices dépendans de

la jurisdiction de nos *gabelles* & droit de Quart-Bouillon, sans aucune exception ni réserve.

VIII.

Les pourvus des offices supprimés par l'article précédent, adresseront aux commissaires qui seront par nous indiqués, leurs quittances de finances, provisions, & autres titres de propriété, pour être pourvu à la liquidation & au remboursement, lequel sera fait en contrats à cinq pour cent, avec affectation sur les produits de la capitation pour rachat de la *gabelle*, dont il sera ci-après fait mention.

IX.

Le commerce du sel sera libre dans tout le royaume, & permis à tous ceux qui voudront le faire.

X.

Les sels qui seront enlevés de dessus les marais salans de l'Océan, & de dessus les salins de la Méditerranée, soit pour la destination de la pêche, soit pour l'exportation à l'étranger, ne seront sujets qu'à un droit de dix sols par muid du poids de deux milliers, ou de six deniers par quintal, & seront expédiés par acquit de franchise, & en exemption de tous autres, de droits de sortie & d'enlèvement généralement quelconque.

XI.

Ceux qui seront enlevés desdits salins & marais salans, tant par mer que par terre, pour la destination des provinces de notre royaume, seront sujets au droit d'enlèvement de trois livres le quintal, dont la perception sera faite conformément à notre déclaration de ce jour.

XII.

Défendons expressément l'introduction dans le royaume, des sels d'Espagne, de Portugal, & autres pays étrangers, sous les peines prononcées par notre ordonnance du mois de mai 1680, contre le crime de faux-saunage; & seront réputés sels étrangers, tous ceux qui seront apportés dans les ports & havres de notre royaume, sans acquit de paiement du droit d'enlèvement aux marais salans.

XIII.

Permettons aux négocians de nos différens ports, de tirer des marais salans, & autres lieux de fabrication, les quantités de sel qu'ils jugeront convenables, & pour la pêche, & pour l'exportation à l'étranger; le tout à la charge des formalités prescrites par notre déclaration du présent jour, pour la perception des droits mentionnés à l'article II.

XIV.

Les propriétaires des salins du Languedoc, Roussillon & Provence, auront la libre & entière disposition des sels provenans de leurs salins.

XV.

N'entendons point déroger aux droits dépendans de notre domaine, & perçus, à titre de redevance, sur le produit desdites salines, lesquels continueront d'être perçus comme par le passé, & ne font point partie des droits supprimés par les articles III & IV.

XVI.

Permettons à tous particuliers, seigneurs, & autres propriétaires de terreins propres à être convertis en marais salans, de les mettre en valeur, après en avoir obtenu la permission du commissaire départi dans la généralité duquel lesdits terreins sont situés; lesquelles permissions ne seront accordées, que dans le cas où lesdits établissemens ne présenteront aucuns inconvéniens.

XVII.

Les propriétaires qui seront en contravention à l'article précédent, seront condamnés en une amende de dix mille livres, avec confiscation du produit des marais salans qu'ils auront construits sans en avoir obtenu la permission.

XVIII.

Permettons la fabrication du sel blanc dans les Elections d'Avranches, Carentan, Coutances, Valogne & Bayeux, aux particuliers qui voudront établir des sauneries.

XIX.

Défendons l'établissement des nouvelles sauneries, sans permissions expresses à ce sujet; en conséquence, voulons que les particuliers qui desireront établir des sauneries, présentent, à cet effet, leur requête au commissaire départi de la généralité de Caen, lequel accordera ou refusera lesdites permissions, suivant les circonstances.

XX.

Les particuliers qui établiront des sauneries sans en avoir obtenu la permission, conformément à l'article précédent, seront condamnés en une amende de dix mille livres, comme en l'art. XVII. indépendamment de la confiscation des sels fabriqués.

XXI.

Il sera établi dans chaque paroisse où l'on fabriquera, un bureau de recette & de fabrication.

XXII.

Les sauniers seront tenus de donner aux receveurs des bureaux mentionnés en l'article précédent, les dimanches, à l'issue de la messe paroissiale, la déclaration du nombre de jours pendant

dant lesquels ils entendront travailler dans le cours de ladite semaine.

XXIII.

Les sauniers du même lieu & havre, seront tenus de se servir du même nombre de plombs, lesquels seront de pareille continence.

XXIV.

Pour l'exécution de l'article précédent, ordonnons que les sauniers de chaque lieu & havre choisiront des syndics, qui feront tous les six mois, au receveur du bureau, la déclaration du nombre des plombs qui seront employés par les sauniers de chaque havre.

XXV.

Les plombs ou chaudières seront étalonnés & fournis à un prix fixé pour chaque livre, par le receveur, auquel ils seront délivrés par le directeur du département.

XXVI.

Défendons à tous sauniers de se servir d'autres chaudières ou plombs, autres que ceux qui leur seront délivrés par le receveur; en conséquence, chaque saunier sera tenu de rapporter au receveur les vieux plombs, pour les échanger contre de nouveaux, & le prix leur en sera diminué sur celui des nouveaux plombs.

XXVII.

Il sera fait, de concert entre les syndics des sauniers & le receveur de chaque lieu & havre, une évaluation du travail journalier de chaque plomb, sur laquelle évaluation le droit de fabrication sera perçu, conformément à l'article suivant.

XXVIII.

Le droit de fabrication sera & demeurera fixé à raison de trois livres le quintal, ou trente sols la ruche; chaque saunier sera tenu d'acquitter ledit droit à la révolution de chaque semaine, à raison du nombre de jours qu'il aura déclaré travailler pendant ladite semaine, conformément à l'art. V. & sur l'évaluation du nombre de ruches proportionné à la quantité & à la continence des plombs dont il aura fait usage.

XXIX.

Les sauniers seront sujets à la visite du receveur & des employés de la régie du droit de fabrication.

XXX.

Les sauniers chez lesquels il sera trouvé des plombs ou chaudières non-étalonnés, & qui n'auront point été délivrés par les préposés de la régie, seront condamnés à une amende de trois cens livres pour la première fois, & en une interdiction de travail pendant six mois, & en cas de récidive, ils seront interdits pour toujours de la fabrication du sel, & condamnés à une amende de cinq cens livres, payable par corps, & convertissable, à défaut de paiement, dans la peine des galères pour trois années.

XXXI.

Les sauniers qui seront surpris travaillans d'autres jours que ceux dont ils auront fait leurs déclarations, seront condamnés, pour la première fois, à une amende de trois cens livres, au paiement de la somme à laquelle se trouvera monter le droit de fabrication pour le travail dudit jour, & seront en outre interdits pendant six mois, & en cas de récidive, ils seront condamnés à une amende payable par corps, & conversible comme en l'article précédent.

XXXII.

Les particuliers qui établiront des sauneries, & travailleront sans être enregistrés & autorisés par le receveur du bureau, seront condamnés à une amende de trois mille livres, indépendamment de la confiscation des sels, plombs, chaudières & ustensiles servant à la fabrication; ladite amende payable par corps, & convertissasable, à défaut de paiement, en la peine des galères pour six ans, & en cas de récidive, aux galères perpétuelles, & en une amende de six mille livres.

XXXIII.

Les sauniers qui ne paieront point au receveur le produit du droit de fabrication de la semaine, seront suspendus de l'exercice jusqu'à ce qu'ils aient satisfait à la somme dont ils seront en retard, & il en sera dressé procès-verbal par le receveur pour opérer sa décharge.

XXXIV.

Les marais salans de Saint-Arnould, Saint-Pierre, Saint-Thomas-de-Toucques & de Trouville, élection du Pont-l'Evêque, seront soumis aux formalités & aux droits d'enlèvement fixés sur les sels provenans des marais de l'Océan & de la Méditerranée.

XXXV.

Les propriétaires des fontaines, puits & aiguesseaux saunans qui désireront établir des salines, seront tenus de présenter à cet effet, leur requête au commissaire départi de leur généralité, lequel accordera les permissions si elles lui paroissent convenables, & s'accorder avec ce que prescrivent les articles suivans.

XXXVI.

Les particuliers qui auront obtenu les permissions énoncées à l'article précédent, seront tenus d'en prévenir le directeur de la régie, dans le département duquel lesdites salines seront situées, ils lui donneront également avis de l'époque à laquelle lesdites salines seront construites, & en état de travailler.

XXXVII.

Les particuliers qui seront en contravention aux articles XXXV & XXXVI, seront condamnés en une amende de dix mille livres, payable par corps, indépendamment de la confiscation des salines, circonstances & dépendances.

XXXVIII.

Lorsque le directeur du département sera informé de la construction des nouvelles salines, il sera par lui envoyé un préposé ou receveur, qui sera chargé de la perception du droit de fabrication; les appointemens de ce receveur seront de six cens livres par an, & lesdits appointemens seront à la charge des propriétaires desdites salines.

XXXIX.

Les receveurs particuliers des nouvelles salines tiendront un registre de fabrication, où ils enregistreront journellement les quantités de sel qui auront été fabriquées, lesquels registres seront signés des propriétaires desdites salines ou de leurs représentans.

XL.

A la fin de chaque mois, les propriétaires desdites salines ou leurs représentans paieront aux receveurs désignés par l'article XXXVIII, le droit de fabrication, à raison de trois livres le quintal sur les quantités constatées, par le registre journal, avoir été fabriquées, à la déduction d'un vingtième pour les déchets ordinaires & extraordinaires.

XLI.

A défaut par les propriétaires de payer, à l'expiration de chaque mois, le droit de fabrication mentionné dans l'article précédent, les receveurs particuliers des salines seront autorisés à saisir les quantités de sel qui seront fabriquées, pour retenir par leurs mains, sur le prix de la vente, les droits de fabrication qui seront dûs par les propriétaires, aux termes de l'article précédent.

XLII.

Autorisons les régisseurs du droit de fabrication, à faire, avec les propriétaires des salines, des abonnemens relatifs à leurs fabrications, lorsque l'objet en sera connu.

XLIII.

La communauté des salines, en Béarn, sera soumise à la régie prescrite pour les salines, & néanmoins pour indemniser nos sujets de nos provinces de Béarn, Soule & basse Navarre, de l'augmentation dans le prix du sel de Saliés, qui sera la suite de l'assujettissement au droit de fabrication; voulons qu'il soit procédé à l'estimation de l'indemnité qui sera dûe à nosdites provinces, dans la proportion de leur consommation habituelle, de laquelle indemnité il leur sera tenu compte sur la masse de leurs impositions.

XLIV.

Ne seront point sujets au droit de fabrication énoncés en l'art. II, les sels fabriqués dans les salines des évêchés, Lorraine & Franche-Comté dépendantes de notre domaine, & que nous nous réservons de donner à ferme, à un prix qui comprendra le droit de fabrication.

XLV.

Nous nous réservons pareillement de statuer sur les indemnités qui seront dûes à nos provinces de Bretagne, Flandre, Hainault, Artois & Cambrésis, à raison de la différence du droit d'enlèvement sur la quotité des droits de traites auxquels la consommation desdites provinces étoit ci-devant assujettie.

XLVI.

Ordonnons qu'à titre de remplacement de la gabelle, il sera perçu sous la dénomination *de capitation pour rachat de la gabelle*, une imposition directe & personnelle, conformément au tableau annexé à la présente ordonnance, laquelle imposition déterminée sur la proportion la plus foible des consommations ordinaires, ne sera point confondue dans les rôles des tailles, vingtièmes & autres impositions.

XLVII.

Le recouvrement de la capitation pour rachat de la gabelle, sera fait par les receveurs des impositions & par les collecteurs des tailles, capitation & accessoires, ainsi & de la même manière que les autres impositions.

XLVIII.

Jouiront lesdits receveurs & collecteurs sur le recouvrement de la capitation, pour rachat de la gabelle, des mêmes remises & attribution qui leur sont accordées pour le remboursement des accessoires de la taille.

XLIX.

Les collecteurs de la capitation, pour rachat de la gabelle, formeront, dans le mois d'octobre de chaque année, un rôle de répartition qu'ils diviseront en cinq classes, lesquels rôles comprendront le nombre des personnes au-dessus de huit ans dont chaque famille sera composée, & le taux des impositions à la charge de chaque chef de famille.

L.

Seront compris dans lesdits rôles les nobles,

eccléſiaſtiques, couvents d'hommes & de femmes, & tous chefs de famille ſans aucune exception ni réſerve.

L I.

Les gentilshommes, particuliers & autres qui n'habitent leurs châteaux, maiſons & biens de de campagne qu'une partie de l'année, ne ſeront compris dans leſdits rôles, que pour le nombre de perſonnes qu'ils laiſſent habituellement dans leſdits châteaux & biens de campagne.

L I I.

Les rôles de dénombrement ſeront diviſés en cinq claſſes.

La première comprendra les aubergiſtes, hôtelleries, cabaretiers & autres qui donnent à manger; les boulangers, chaircutiers; les fermiers & autres qui, par état, ou à raiſon des exploitations de fermes qu'ils font par eux-mêmes, prennent & nourriſſent des journaliers pendant une partie de l'année; les collecteurs impoſeront les chefs de famille compris dans cette claſſe, à raiſon de la ſomme correſpondante à la valeur de vingt livres de ſel par tête, du nombre des perſonnes au-deſſus de huit ans, dont leur famille ſera compoſée, ſans pouvoir, ſous aucun prétexte, excéder ladite fixation.

Le ſurplus de la capitation, pour rachat de la gabelle, ſera réparti ſur tous les chefs de famille, en quatre portions; ſavoir:

A raiſon de la ſomme correſpondante à la valeur de ſeize livres de ſel par tête, au-deſſus de huit ans, pour ceux qui ſeront compris dans la première.

A raiſon de la ſomme correſpondante à la valeur de douze livres de ſel par tête, au-deſſus de huit ans, pour ceux qui ſeront compris dans la ſeconde de ces quatre claſſes.

A raiſon de la ſomme correſpondante à huit livres de ſel par tête, pour ceux qui ſeront compris dans la troiſième de ces quatre claſſes.

Le reſtant de la capitation, pour rachat de la gabelle après l'impoſition de ces trois claſſes & de la précédente, ſera réparti par les collecteurs ſur les chefs de famille qui compoſeront la dernière claſſe, proportionnellement à leurs facultés.

L I I I.

Seront compris dans la première deſdites quatre claſſes de répartition, les eccléſiaſtiques, couvents d'hommes & de femmes, chefs de famille impoſés à quarante livres de taille, acceſſoires, capitation & dixièmes & au-deſſus, ſoit à raiſon du nombre de perſonnes dont leurs maiſons ſont compoſées, s'ils font leur ſéjour habituel dans ladite paroiſſe, ſoit à raiſon du nombre des perſonnes qu'ils laiſſent habituellement dans leurs châteaux, maiſons & biens de campagne, s'ils ont un autre domicile habituel & connu.

L I V.

Seront compris dans la ſeconde deſdites claſſes, les particuliers impoſés depuis douze juſqu'à vingt-quatre livres de taille, capitation, dixièmes & autres impoſitions de toutes ſortes.

L V.

Finalement ſeront compris dans la quatrième & dernière deſdites quatre claſſes, les chefs de famille impoſés au-deſſus de douze livres de taille, capitation, dixièmes & autres impoſitions de toutes ſortes, & ne pourront les chefs de famille qui compoſeront ladite claſſe, être impoſés à un taux ſupérieur à la ſomme correſpondante à la valeur de ſept livres de ſel par tête du nombre de perſonnes au-deſſus de huit ans, dont leur famille ſera compoſée.

L V I.

Les conteſtations qui pourront ſurvenir entre les collecteurs & les contribuables, relativement à la diſtribution des claſſes, ſeront portées devant les juges de nos élections.

L V I I.

Après la confection des rôles & la répartition des claſſes, la vérification en ſera faite par quatre principaux habitans, qui ſeront choiſis & nommés par la communauté, & dans le cas où ces vérifications conſtateroient des omiſſions dans le nombre des perſonnes dont chaque famille eſt compoſée, les collecteurs ſeront perſonnellement condamnés au payement de la cotte d'impôt qui auroit été perſonnelle à chaque omiſſion, ſauf leur recours contre les contribuables qui auront donné lieu auxdites omiſſions, par de fauſſes déclarations, & leſdites amendes dont il ſera fait état, ſeront à la décharge d'impoſition perſonnelle à la dernière claſſe.

L V I I I.

Pour aſſurer l'exécution de l'article précédent, les collecteurs ſe feront aſſiſter d'un notaire pour la confection des rôles & feront ſigner, ſur les rôles de dénombrement, à chaque chef de famille, ſa déclaration du nombre de perſonnes au-deſſus de huit ans dont ſa famille eſt compoſée, & dans le cas où aucuns ne ſauroient ſigner, il en ſera fait mention dans le procès-verbal qui ſera dreſſé par ledit notaire & par leſdits collecteurs, pour être joint à la fin de chaque rôle.

L I X.

Dans notre bonne ville de Paris & dans celle de Rouen, Verſailles & autres grandes villes dénommées dans l'état annexé à la préſente ordonnance, la capitation pour rachat de la gabelle sera perçue par les receveurs & préposés au recouvrement de la capitation, Savoir :

1°. Sur les aubergistes, traiteurs, cabaretiers & autres donnant à manger, ou tenant simplement hôtel garni ; sur les boulangers, chaircutiers, à raison de la somme correspondante à la valeur de vingt livres de sel par tête, au-dessus de huit ans, suivant le nombre de personnes dont leur maison sera composée.

2°. Sur les ecclésiastiques, communautés d'hommes & de femmes, nobles, magistrats & chefs de famille imposés dans notre bonne ville de Paris à trente livres de capitation en principal & sols pour livres & au-dessus ; & dans les autres grandes villes à quinze livres de capitation & sols pour livres & au dessus à raison de la somme correspondante à la valeur de seize livres de sel par tête, suivant le nombre de personnes au-dessus de huit ans dont leur famille sera composée.

3°. Sur les chefs de famille imposés dans notre bonne ville de Paris, depuis vingt livres jusqu'à trente de capitation, & dans les autres villes depuis dix jusqu'à quinze, à raison de la somme correspondante à la valeur de douze livres de sel par tête, suivant le nombre de personnes au-dessus de huit ans, dont leur famille sera composée.

4°. Sur les chefs de famille imposés dans notre bonne ville de Paris, depuis quinze livres jusques à vingt, & dans les autres villes depuis sept livres dix sols jusqu'à dix de capitation, à raison de la somme correspondante à la valeur de huit livres de sel par tête au-dessus de huit ans suivant le nombre de personnes dont leur famille sera composée.

5°. Sur les chefs de famille imposés dans notre bonne ville de Paris, depuis neuf livres jusqu'à quinze, & dans les autres villes depuis cinq livres jusqu'à sept livres dix sols de capitation, à raison de la somme correspondante à cinq livres de sel par tête, au-dessus de huit ans, suivant le nombre de personnes dont leur famille sera composée.

6°. Sur les chefs de famille imposés dans notre bonne ville de Paris depuis six livres jusqu'à neuf, & dans les autres villes depuis trois livres jusqu'à cinq de capitation, à raison de la somme correspondante à la valeur de deux livres de sel par tête au-dessus de huit ans, suivant le nombre de personnes dont leur famille sera composée.

L X.

Les chefs de famille imposés dans notre bonne ville de Paris au-dessous de six livres, & dans les autres villes, au-dessous de trois livres de capitation, seront déchargés de toute capitation pour rachat de gabelles.

L X I.

Les préposés au recouvrement de la capitation pour rachat de gabelles, jouiront des rétributions qui sont accordées pour le recouvrement de la capitation ordinaire, & en compteront dans les formes & de la manière usitées & accoutumées pour les autres impositions.

L X I I.

Les particuliers qui jouissoient de franc-salés seront déchargés de la capitation pour rachat de la gabelle dans la proportion de la valeur des franc-salés qui leur étoient attribués, eu égard aux valeurs des sels de franc-salé, & à celle du prix du sel dans les différens greniers où la délivrance en étoit ordonnée.

L X I I I.

Ordonnons, que pour indemniser aucunes de nos provinces franches ou rédimées de l'impôt du sel, de la différence qui se trouve entre le droit d'enlévement ordonné par ces présentes être perçu à raison de trois livres le quintal, sur tous les sels qui seront enlevés des marais salans & autres lieux de fabrication, pour la consommation de notre royaume, & la quotité des droits dépendans de notre ferme des traites, ci-devant perçus sur les sels consommés dans les districts énoncés en l'état annexé à la présente ordonnance, il leur sera accordé, sur le produit dudit droit d'enlévement, une indemnité proportionnée à ladite différence, conformément audit état, laquelle nous nous réservons de diviser par ville, paroisse & communauté, pour ladite indemnité être répartie au marc la livre, sur la capitation & autres impositions desdites villes, paroisses & communautés.

L X I V.

Nous nous réservons de statuer sur les traitemens, pensions, gratifications & autres indemnités qui seront prétendues, & qu'il est de notre justice d'accorder aux receveurs & autres employés ci-devant préposés au recouvrement & au maintient des produits de l'impôt du sel.

L X V.

Il sera procédé au mesurage des sels existans dans les greniers, dépôts & magasins, lesquels seront vendus à notre profit, au prix convenable pour opérer le payement du droit d'enlévement, à raison de trois livres le quintal.

L X V I.

Il sera également procédé à la vente & adjudication de tous les bâtimens & ustensiles, ci-devant destinés à l'exploitation de notre ferme des gabelles.

Si donnons en mandement à nos amés & féaux conseillers, les gens tenant nos cours de parlement, chambre des comptes & cours des aides, que ce présent édit ils aient à faire lire & publier & régistrer; car tel est notre plaisir : & afin que ce soit chose ferme & stable à toujours, nous y avons fait mettre notre scel. Donné à &c.

On a vu ci-devant que le produit de la gabelle & de l'impôt sur les sels dans tout le royaume est de cinquante sept millions.

Il s'agit d'examiner, si dans le systême nouveau qui est proposé pour le remplacer, on trouvera un produit égal.

Ce systême consiste, dans un droit d'enlévement de trois livres par quintal, sur les sels pris aux marais salans, ou dans les salines pour la consommation du royaume.

Dans une capitation individuelle représentative de la consommation en sel de douze livres par tête, telle qu'on la suppose actuellement, à raison de onze millions cinq cens cinquante mille personnes sujettes, déduction faite d'un quart du dénombrement pour les enfans au-dessous de huit ans.

Enfin dans la ferme des salines de la Lorraine & de la Franche-Comté.

Le premier de ces articles, en estimant que la consommation universelle du royaume montera au niveau de celle que font actuellement les provinces rédimées, formera un objet de trois millions sept cens mille quintaux ; on peut le réduire à trois millions cinq cens mille, qui, à raison de trois livres par quintal, donneront un produit de dix millions cinq cens mille liv., ci 10,500,000 *l.*

Mais comme ce droit de trois liv. augmentera le prix du sel en faveur de quelques provinces, qui, dans l'état actuel, payent un droit inférieur à celui-ci, il sera convenable de leur accorder une indemnité mesurée sur leur consommation en sel ; cette indemnité sera de quinze cens mille livres, il faut les déduire du produit ci-dessus.................... 1,500,000

Reste net..... 9,000,000

L'abonnement de la capitation pour rachat de *gabelle*, pourroit être fixée dans les pays d'Etats à 10,829,000 *l.* Dans ceux d'administration provinciale, 3,117,000 } 14,000,000

Dans les pays d'Election, la masse de cette même capitation est de... 47,500,000

Le prix de la ferme des salines... 2,000,000

Total du produit brut du remplacement de la *gabelle*......... 72,500,000 *l.*

Les frais de régie pouvant être évalués à quatre millions, tant pour la perception de la capitation pour rachat de *gabelles*, que pour celle du droit d'enlèvement, & les frais de la garde des marais salans, il restera un produit net de soixante-huit millions cinq cens mille livres, ci... 68,500,000 *l.*

Ainsi il résulteroit pour l'Etat un bénéfice dans les revenus actuels de cette partie, de.............. 11,500,000 *l.*

De son côté, la nation trouveroit dans l'exécution de ce plan, des avantages qui ne sont pas incertains.

1°. La somme exigée à titre de capitation est inférieure au produit actuel des *gabelles* dans toutes les provinces soumises à cet impôt, à l'exception de quelques districts limitrophes des pays de franchise ou de l'étranger qui ne consomment que ce que la loi prescrit en sel de *gabelles*, & y supléent par le sel de contrebande.

Les pays où la fraude a le moins d'influence, trouveront un adoucissement dans le nouveau systême, de sept millions deux cens quarante-trois mille livres.

Dans les districts où les versemens de faux-sel diminuent sensiblement la consommation naturelle du sel de *gabelle*, la capitation pour rachat de cette imposition, excédera la masse des produits actuels de la *gabelle* de deux millions cent cinquante-quatre mille livres. Mais si l'on en déduit quatre millions auxquels on a évalué ci-devant la contribution levée sur le peuple par le faux-saunage, on verra que ces districts même y gagneront près de deux millions.

Si la consommation du sel, dans les provinces soumises aux *gabelles*, & par suite à la capitation de leur rachat, au lieu de n'être, comme on l'a supposée, que de treize cens quatre-vingt-six mille quintaux, s'éleve à deux millions de quintaux, il s'ensuivra que sept cens quatorze mille quintaux de sel, seront exempts de cette capitation, qui constamment restera fixée sur le dénombrement de onze millions cinq cens cinquante mille personnes, à douze livres de sel par tête.

En ajoutant à ces avantages, celui de conserver annuellement trois à quatre mille individus de tout sexe & de tout âge, malheureusement victimes de la cupidité qu'excite & nourrit la nature de l'impôt actuel de la *gabelle* : de prévenir le trouble & le désordre de huit à dix mille familles tourmentées ou effrayées par les visites des archers des *gabelles* ; par leurs perquisitions & des visites domiciliaires, il est inutile, ce semble, d'y joindre aucune réflexion.

Il ne reste plus pour completter ce plan qu'à

donner le tableau des indemnités à accorder aux provinces franches de *gabelles*, aux districts, lieux & villes rédimés de cet impôt, en raison de la perception du droit de trois livres par quintal, qui seroit payé lors l'enlévement des sels, aux marais salans ou aux salines.

INDICATION des districts & lieux privilégiés.	DÉNOMBREMENS formés sur les états de naissance, distraction faite du quart, pour les enfans au-dessous de huit ans.	CONSOMMATIONS présumées à raison de 20 l. de sel par tête.	DIFFÉRENCE du droit de 3 l. par quintal, à la totalité des droits que paient actuellement les sels enlevés pour ces mêmes lieux.		MONTANT des indemnités dûes en raison de cette différence, & proportionnellement aux consommations.	
		Quintaux.	l.	s.	l.	s.
Ville de Bordeaux.	54,581	10,916	1	8	15,282	8
Ville de Blaye.	3,140	628	1	8	854	4
Ville de Bourg.	2,625	525	1	8	735	
Ville de Libourne.	4,336	867	1	8	1,213	16
Sirie de Lespare.	. . . .	1,400	3		4,200	
Agénois.	78,488	15,698	1	6	20,407	2
Pays de Labour.	32,925	6,591	2	10	82,387	10
Nebouzan.	16,575	3,315	2	8	8,006	
Béarn.	126,633	25,326	3		75,978	
Basse Navarre.	27,066	5,413	3		16,239	
Pays de Soule.	13,260	2,652	3		7,956	
Isle de Rhé.	12,264	2,453	2	12	6,377	16
Isle d'Oléron.	12,461	2,492	2	12	6,479	4
Election de Marennes.	16,692	3,338	2	12	8,678	16
Partie de l'Aunis, non sujette à la traite de Charente.	44,616	8,923	2	12	23,136	16
Idem, du Poitou.	104,013	20,803	2	12	54,087	16
Bretagne.	1,706,231	341,246	2	15	938,431	10
Boulonnois & Calaisis.	59,085	11,817	1	10	17,725	10
Artois.	234,320	46,864	1	10	70,296	
Flandre, Hainault & Cambresis.	504,594	100,919	1	10	151,378	10
	3,053,935	612,186			1,509,850	18

Si pour l'arrangement qui doit suivre la suppression des douanes intérieures, tous les droits perceptibles à l'enlévement des sels destinés pour l'intérieur du royaume, étoient réunis en un seul fixé à trois livres par quintal, cette indemnité deviendroit nulle, ou du moins ne regarderoit que la Bretagne, & le surplus de l'indemnité qui lui seroit dûe, deviendroit un bénéfice à ajouter aux onze millions cinq cens mille livres dont il a été précédemment parlé; ce qui le porteroit à douze millions.

GABELAGE, f. m., par lequel on désigne le tems que le sel demeure dans le grenier où il doit être vendu. L'ordonnance des gabelles de 1680, article VIII & IX du tit. 4; l'article XXVII du bail de Forceville, défendent de distribuer aucun sel au peuple, qu'après deux ans de *gabelage*; c'est-à-dire, deux ans après son arrivée dans les greniers.

Du mot de *gabelage*, on a fait gabellé, pour parler du sel qui a le tems prescrit de dépôt.

Le terme de *gabellant* paroît aussi avoir la même étymologie. Il sert à désigner les particuliers obligés de lever du sel à un grenier. Dans ce sens le mot *gabellant* veut dire ressortissant.

Les *gabellans* de tels greniers ne sont pas exacts à remplir leur devoir de gabelles; il faut les y contraindre: voilà le langage de la régie des gabelles.

GABELEUR, f. m., qui se donne, sans mauvaise intention, par le peuple de quelques provinces, aux gardes attachés à la partie des gabelles: c'est un *gabeleur*. Dans d'autres provinces c'est une injure.

GABELLÉ DELLÉ CENSARIÉ, nom d'un droit qui se perçoit à Gênes, sur les contrats de mariage, à raison de la dot des filles.

On y distingue la *gabellé* des chemins, *Voyez* GÊNES.

GAGE f. m., au singulier ce mot signifie une sûreté, & au pluriel les appointemens, ou la récompense annuelle attachée à une place ou un office.

Dans des besoins pressans de l'État, on a vu les pierreries de la couronne, quoique réputées immeubles & inaliénables, être mises en gage. Charles VI, en 1417, engagea un fleuron de la grande couronne, moyennant quatre mille six cens livres tournois, & le retira la même année.

Un réglement de Philippe Auguste, du mois de février 1218, défend aux Juifs, qui prêtoient beaucoup sur gages, de recevoir en gage, des ornemens d'église, ni des vêtemens ensanglantés ou mouillés, des fers de charrue, des bêtes de labour ou du bled non battu. Et Philippe V, dit le long, leur permit, en 1317, de se défaire des choses mises en gage, au bout d'une année, si elles n'étoient pas de garde, & au bout de deux ans, si elles pouvoient se conserver.

GAGES INTERMÉDIAIRES. On donne ce nom aux gages qui ont couru, depuis l'époque du décès du dernier titulaire d'un office, ou de sa résignation, jusqu'au jour de la réception de son successeur.

Ils ont lieu encore, lorsqu'un titulaire d'office se fait recevoir dans un autre office incompatible avec celui dont il est déjà pourvu.

Avant la vénalité des offices, on ne parloit point des *gages intermédiaires*. Ces gages n'étant donnés que pour le service de l'officier, ne couroient jamais que du jour de sa réception, & même du moment où il avoit commencé d'entrer en exercice. Mais depuis que la vénalité des offices a été établie, & qu'il leur a été attribué des gages, qui ont abusivement été considérés comme un fruit de l'office, plutôt que comme une récompense de l'officier, l'usage a introduit, que pour ces sortes d'offices, les gages couroient du jour des provisions: & l'on appelle *gages intermédiaires* ceux qui courent entre le décès ou la résignation du dernier titulaire, & les provisions du nouvel officier.

Les *gages intermédiaires* des offices vacans n'appartiennent point aux héritiers du dernier titulaire ni aux successeurs. Ils sont dévolus au roi, & c'est l'administration des domaines qui est chargée d'en faire le recouvrement, depuis les lettres-patentes du 6 août 1777.

Antérieurement, la ferme générale suivoit ce recouvrement, pour lequel elle donnoit par an cent vingt mille livres, avec la faculté, néanmoins, de compter de cet objet de clerc à maître.

Les mêmes lettres-patentes de 1777 défendent à tous trésoriers & payeurs des gages, aux receveurs généraux & particuliers des finances, & à tous officiers comptables, de payer les *gages intermédiaires* en d'autres mains qu'en celles du régisseur du roi, à peine de payer deux fois; l'enrégistrement de ces lettres, à la chambre des comptes, porte que les fonds des *gages intermédiaires* demeureront, pendant deux années, entre les mains des trésoriers payeurs auxquels les fonds de ces gages auront été faits, sans qu'ils puissent s'en dessaisir avant l'expiration des deux années de leur exercice, pendant lequel tems, les veuves, enfans, héritiers & successeurs des titulaires & propriétaires des offices pourroient se retirer par devant le roi, afin d'obtenir le don des *gages intermédiaires* dont il s'agit, conformément aux arrêts des 22 Janvier 1763, 20 mars 1769, & autres rendus précédemment par la chambre.

Tous les gages attachés aux offices généralement quelconques, sont sujets à l'intermédiat, à moins que le titre de leur érection ne les en dispense expressément, ce qui est très-rare.

Le receveur général préposé à la recette des *gages intermédiaires*, s'assure de la vacance des offices, par une correspondance suivie avec tous les trésoriers payeurs des gages des officiers établis dans tout le royaume.

Suivant la législation adoptée par le conseil relativement aux *gages intermédiaires*, on en accorde la jouissance aux héritiers du titulaire décédé, toutes les fois que les nouveaux pourvus ont été reçus dans les six mois, du jour du décès de son prédécesseur.

Cette grace est l'objet d'une décision ministérielle qui s'obtient sans frais.

Le payement de ces *gages intermidiaires* se fait au bureau de cette partie, où il se fait une retenue de dix-huit deniers pour livre. **

GAGES des employés & commis des fermes *Voyez* le mot APPOINTEMENS.

GARDES DES FERMES & DES GABELLES, s. m., par lequel on désigne particuliérement des hommes dont les fonctions sont de veiller à la conservation des droits des fermes générales, en empêchant la fraude & la contrebande. Les *gardes* que l'ordonnance appelle archers des gabelles forment la derniere classe des employés de la ferme par le choix des sujets, & par le traitement qu'ils reçoivent. Ils sont tirés de la classe du peuple, & quoiqu'ils doivent savoir lire & écrire pour être en état de rédiger les procès-verbaux, qu'ils sont dans le cas de rendre; il en est un grand nombre à qui cette instruction manque, & qui savent à peine signer leur nom; mais alors, on les distribue de manière que dans une brigade de cinq ou six hommes, il y en ait deux ou trois qui soient en état de diriger les autres. Au reste, leurs appointemens sont en proportion de leur service & de la facilité à remplir leurs fonctions, qui ne consistent qu'à se promener, pour empêcher l'introduction & le passage du faux sel, du faux tabac & des marchandises de contrebande; les appointemens sont de deux cens soixante livres par année. Dans quelques provinces, ils s'élévent à trois cens livres, avec une part dans les saisies qu'ils font.

On compte dans le royaume environ dix-huit mille gardes occupés à faire la guerre à vingt-deux millions d'habitans. Leur solde coûte à l'État sept millions de livres, quoiqu'elle soit très-modique.

Cette milice financière est divisée par sous-brigades, par brigades ou lieutenances, & commendées par des chefs immédiats qui sont les capitaines généraux, subordonnés aux contrôleurs généraux, aux directeurs généraux des fermes: elle participe à tous les privilèges des commis. *Voyez* ce mot page 333, celui de BRIGADIER & celui de CAPITAINE GÉNÉRAL. *Voyez* aussi les articles CONTRÔLEUR GÉNÉRAL DES FERMES; DIRECTEUR DES FERMES.

Les gardes des fermes ont remplacé les gardes des ports & passages qui étoient établis anciennement par la chambre des comptes, par les baillifs & sénéchaux sur les frontières du royaume, pour vérifier les permissions qui étoient accordées, moyennant une finance, de faire sortir telle espece, telle quantité de marchandises, & empêcher qu'elles ne fussent excédées. *Voyez le discours préliminaire qui est à la tête du premier volume*, page 24.

Parmi le grand nombre d'officiers qui ont le titre de gardes, comme les gardes des décrets, les gardes de justice, les gardes des rôles, il n'en est qu'un dont les fonctions aient un rapport marqué avec les finances, c'est le Garde du trésor royal. Nous remettons à en parler au mot TRÉSOR ROYAL.

GARDE VISITEUR. Dans les douanes, ou bureaux des droits de traites, on donne ce nom à un employé des brigades qui est assez intelligent & assez instruit pour faire les fonctions de *visiteur*; c'est-à-dire, pour procéder à la visite des marchandises présentées pour acquitter les droits; c'est une sorte d'aide *visiteur* qui concourt avec lui aux mêmes opérations, & qui est payé en conséquence. Ce n'est guére que dans les douanes peu considérables, ou dans des ports au moment d'un travail forcé, que l'on admet ainsi de simples gardes tirés des brigades, à faire les fonctions de *visiteur*. Dans les douanes importantes, il se trouve des aides, ou des sous-visiteurs en titre, & ce grade conduit à celui de *visiteur*; au lieu qu'un *garde-visiteur* ne devient que très rarement visiteur, & encore ce n'est guére que dans des douanes peu intéressantes.

GARDE (droit de), il se perçoit à Lyon sur les marchandises qui séjournent dans les douanes de Lyon; il en a été parlé au mot DOUANE DE LYON. *Voyez* la page 645 du premier volume.

GÉNÉRALITÉ, s. f., par lequel on désigne une certaine étendue de pays soumise à la jurisdiction d'un bureau des finances, qui est celle des trésoriers de France. C'est aux commissaires généraux des finances qu'est dûe l'origine des *généralités*.

Philippe-le-Bel ayant admis le peuple aux assemblées de la nation, sous le nom de tiers état, ce nouvel ordre demanda que les deniers publics fussent reçus & administrés par les gens des états, & non par ceux du roi, afin que les fonds fus-

sent

sent plus sûrement employés aux dépens de la guerre qui étoit l'objet de l'imposition.

L'assemblée générale s'étant tenue en 1304 sous le même roi, on y nomma neuf commissaires, trois de chaque ordre; les uns sous le titre de commissaires généraux, jugeoient privativement à tous autres juges, les différens élevés pour cause d'impositions; ils se divisèrent entre-eux toutes les provinces du royaume pour aller y remplir leurs fonctions, & cette division reçut sous Charles V. le nom de *généralité*.

L'article GÉNÉRALITÉ de la première édition de l'Encyclopédie, rapporte l'origine des *généralités* de la manière suivante.

Sous les deux premières races, nos rois n'avoient point d'autres recettes que les revenus de leurs propres domaines; bien avant, sous la troisième, on ne parloit point de *généralités*, parce qu'il n'existoit point de receveurs généraux. Il n'y avoit alors qu'un seul officier qui avoit l'intendance & l'administration du domaine: c'étoit le grand trésorier de France.

Ce fut à l'occasion des guerres pour la religion, que Louis le jeune le premier obtint la vingtième partie du revenu de ses sujets, pour quatre ans. Il commença à lever cette taxe en 1145, pour le voyage de la terre sainte.

Philippe Auguste son fils, se fit donner la dîme des biens-meubles des laïcs, & le dixième du revenu des biens de l'église.

En 1188, St. Louis établit une aide dans le royaume, & leva en 1247 le vingtième du revenu.

En 1290, Philippe le bel qui le premier, comme on l'a dit ci-devant, voulut bien admettre le peuple dans les assemblées de la nation, pour le dédommager un peu des charges qu'il avoit à supporter, mit une aide sur les marchandises qu'on vendoit dans le royaume. Philippe le long établit la gabelle sur le sel en 1318. Ces subsides continuèrent sous Charles le bel, & sous Philippe de Valois.

Jusques-là les impositions furent modiques & passagères; il n'y avoit pour veiller à leur levée & leur administration, que le grand trésorier; Philippe de Valois en ajouta un second.

Ce ne fut que sous le roi Jean, que les aides & gabelles prirent une forme qui encore ne fut rendue stable & fixe que par Charles VII.

Le roi Jean, pour prévenir les cris du peuple, donna un édit daté du 28 décembre 1355, par lequel il établit certains receveurs & neuf personnes, trois de chaque ordre, que les trois états, du consentement du roi, choisissoient & nommoient pour avoir l'intendance & la direction des deniers de subside.

On nommoit *élus & grenetiers*, ceux qui devoient veiller sur les aides & gabelles particulières des provinces; on appelloit les autres généraux, parce qu'ils avoient l'inspection générale de ces impositions par-tout le royaume.

Voilà l'époque du parfait établissement des généraux des finances. Ils furent chargés alors, tant de la direction des deniers provenant des aides, que de rendre la justice en dernier ressort sur le fait des aides.

Aux États tenus à Compiegne en 1358, sous la régence de Charles, pendant la prison du roi Jean son père, on élut trois généraux dans chacun des trois ordres. Les États les nommoient, le roi les confirmoit; c'étoit entre ses mains, ou de ses officiers, qu'ils faisoient le serment de remplir leurs fonctions avec honneur & fidélité.

Charles V parvenu à la couronne, établit, outre les aides, l'impôt qu'on nomma *fouage*, parce qu'il portoit sur chaque feu, par ses lettres du 20 novembre 1379.

Alors il supprima tous les receveurs généraux des aides, & n'en laissa qu'un résident à Paris. Depuis cette époque ce fut toujours le roi qui institua & destitua les généraux à sa volonté.

Ce qu'on appelloit fouage sous Charles V, on le nomma taille sous Charles VI. La commission de lever ces deniers, étoit donnée au favori du prince. C'étoient des personnes qualifiées de la cour qui la remplissoient. Charles V. par ordonnance du 17 août 1364, rétablit trois généraux des finances, à qui il donna un pouvoir universel pour gouverner les finances du royaume, il fixa leurs fonctions le 22 février 1371.

Ce fut vers ce tems-là que les généraux des finances, pour mieux veiller à la direction des deniers, & pour prendre une connoissance plus exacte du domaine de la couronne, se départirent en *Languedoc*, en *Languedouy*, en *Outre-Seine & Yonne* & en *Normandie*, toutes les provinces qui composoient alors le royaume. Telle est la première notion qu'on peut donner des *généralités* qui étoient au nombre de quatre.

Dans leurs tournées, les généraux s'informoient de la conduite des élus, receveurs & autres officiers soumis à leur jurisdiction. Ils examinoient s'ils se comportoient avec équité, tant envers le roi qu'à l'égard des peuples. Ils avoient le pouvoir d'instituer & de destituer les élus, grenetiers, contrôleurs, receveurs & sergens des aides.

Sous Charles VI. on commença à mettre quelque distinction entre les généraux des finances, & les généraux de la justice, comme il paroît par l'ordonnance du 9 février 1387, où le roi nomme quatre généraux, dont deux pour la finance, & deux pour la justice. Quelques écrivains fixent à cette division l'origine de la cour des aides & sa distinction des trésoriers de France.

Cette distinction de généraux des finances des aides, & généraux de la justice des aides & finances, dura jusques vers la fin du régne de François I, qui, au mois de juillet 1543, érigea ces offices en cours souveraines, sous le nom de cours des aides.

Les officiers furent nommés *conseillers généraux sur le fait des aides*, & ils ont conservé cette qualification, jusqu'en 1654.

Le même roi, François I, créa seize recette générales pour toutes sortes de deniers, soit du domaine, des tailles, aides, gabelles ou subsides.

Ces recettes furent établies dans les villes de Paris, Châlons, Amiens, Rouen, Caen, Bourges, Tours, Poitiers, Issoire, Agen, Toulouse, Montpellier, Lyon, Aix, Grenoble & Dijon. Dans chacune de ces villes, le roi nomma un receveur général; voilà déjà seize *généralités* formées.

Henri II créa un trésorier de France & un général des finances dans chaque recette générale établie par son prédécesseur. Il créa une dix-septième *généralité* à Nantes; il réunit dans un même office, les charges de trésoriers de France & de généraux des finances, & voulut que ceux qui en seroient revêtus, fussent appellés dans la suite *trésoriers généraux de France*, ou *trésoriers de France & généraux des finances.*

Par édit du mois de septembre 1558, le même roi créa deux autres recettes générales; l'une à Limoges composée d'un démembrement des *généralités* de Riom & de Poitiers; l'autre à Orléans, démembrée de la *généralité* de Bourges. Ces deux *généralités* furent supprimées bientôt après, & ne furent rétablies que sous Charles IX, au mois de septembre 1573.

Sur les remontrances des Etats généraux tenus à Orléans, Charles IX, au mois de février 1566, réduisit les dix-sept anciennes recettes générales au nombre de sept, qui étoient Paris, Rouen, Tours, Nantes, Lyon, Toulouse & Bordeaux; mais la réduction n'eut pas d'effet.

Henri III établit des bureaux des finances dans chaque *généralité*, au mois de juillet 1577. Par lettres-patentes du 6 août 1579, le roi réduisit les dix-neuf *généralités* (celles de Limoges & d'Orléans étoient rétablies), au nombre de huit, & le 26 du même mois il les rétablit. La *généralité* de Limoges fut encore supprimée au mois de décembre 1583, & rétablie au mois de novembre 1586.

Ce fut encore Henri III qui créa la *généralité* de Moulins, au mois de septembre 1587. Henri IV érigea une nouvelle *généralité* à Soissons. En 1598, il supprima tous les bureaux des finances, & les rétablit au mois de novembre 1608.

Louis XIII, au mois de novembre 1625, créa des bureaux des finances & des *généralités*, à Angers, à Troyes, à Chartres, à Alençon, à Agen, qu'il supprima au mois de février 1626. Il en érigea une à Grenoble, pour le Dauphiné, au mois de décembre 1627: la première *généralité* érigée en cette ville par François I, avoit été supprimée. Le même roi créa un bureau des finances & une recette générale à Montauban, au mois de février 1635; il établit aussi une nouvelle *généralité* à Alençon, au mois de mai 1636. Au mois d'avril 1640, il en avoit institué à Nismes une, qu'il supprima au mois de janvier 1641.

Louis XIV, aux mois de mai & de septembre 1645, créa des *généralités* à la Rochelle, à Chartres & à Angers; elles furent supprimées bientôt après. Il en établit encore une dans la ville de Beaucaire, au mois de juin 1646, qu'il révoqua tout de suite. Il en érigea une à Metz, au mois de novembre 1661; une autre à Lille, au mois de septembre 1691. Par un même édit, du mois d'avril 1694, le roi rétablit la *généralité* de la Rochelle, & créa celle de Rennes. Au mois de février 1696, il établit celle de Besançon; mais les charges des trésoriers furent réunies à la chambre des comptes de Dole.

Par édit du mois de septembre 1700, le roi supprima le bureau des finances qu'il avoit établi à Rennes, & qui depuis avoit été transféré à Vannes. Louis XIV avoit encore érigé une *généralité* à Ypres, pour la Flandre occidentale, au mois de février 1706.

Louis XV, par un édit du mois d'avril 1716, regîstré en la chambre des comptes de Paris le 6 mai suivant, créa un bureau des finances & une *généralité* à Ausch, pour la province de Gascogne; il composa cette *généralité*, d'élections démembrées des *généralités* de Bordeaux & de Montauban.

Il y a actuellement en France trente-une *généralités*; dix-neuf dans les pays d'Election, sept dans les pays d'Etats; & cinq sur les frontières. Les premières sont Paris, Châlons, Soissons, Amiens, Bourges, Tours, Orléans, Rouen, Caen, Alençon, Poitiers, Limoges, la Rochelle, Bordeaux, Montauban, Lyon, Riom, Moulins & Ausch.

Les autres sont Rennes, Dijon, Grenoble, Aix, Montpellier, Lille & Valenciennes.

Les *généralités* de Metz, de Nancy, de Strasbourg, de Perpignan & de Besançon. *Voyez* INTENDANCE & INTENDANT.

Dans chaque *généralité* il y a plusieurs Elections;

chaque Election est, comme on l'a dit sous ce mot, composée de plusieurs paroisses.

Sous Louis XIII, en 1635, on commença à envoyer dans les *généralités* du royaume des maîtres des requêtes, en qualité d'*intendans de justice, police & finances*. On les nomma aussi commissaires départis dans les provinces pour les intérêts du roi & le bien public, dans tous les lieux de leurs départemens.

Il y a aussi dans chaque *généralité* deux receveurs-généraux des finances, qui sont alternativement en exercice; ils reçoivent des receveurs des tailles, les deniers royaux, pour les remettre au trésor-royal.

La division du royaume en *généralités*, comprend tout ce qui est soumis en Europe à la puissance du roi. Comme cette division a surtout rapport aux impositions, de quelque nature qu'elles soient, aucun lieu n'en est excepté. Il est cependant quelques petits districts où le roi ne lève aucune imposition, & dont, par des concessions honorables, les seigneurs jouissoient de plusieurs droits de la souveraineté. Telle est en Berry, la principauté d'Enrichemont appartenante à une branche de la maison de Béthune; en Bresse, celle de Dombes. Telle étoit aussi la principauté de Turenne, avant que le roi en eût fait l'acquisition. On devoit ajouter à ces districts privilégiés, le Clermontois, dans la *généralité* de Metz, appartenant à M. le prince de Condé.

Dans ces principautés, les officiers des justices royales, les intendans, ni les bureaux des finances, n'ont aucune autorité directe.

On doit observer qu'il n'existe plus aucune de ces principautés. Celle d'Enrichemont a été acquise par le roi, & réunie au Berry par édit du mois de décembre 1772.

La principauté de Dombes, comme on l'a dit à son article, a été incorporée à la Bresse par édit de septembre 1781.

Enfin, celle de Clermont l'a été au pays Messin, par un édit du mois de mai 1784.

Il a été aussi établi, cette même année, une *généralité* à Bayonne, par le démembrement de celles d'Ausch & de Bordeaux, & qui comprend le Béarn.

Comme les *généralités* ont été établies, supprimées, réunies, divisées en différens tems, sans rapport à aucun projet général; que le royaume a aussi changé de face en différens tems, par les conquêtes de nos rois & les traités avec les princes voisins, & enfin par les différentes natures de droits & d'impôts qui ont été établis en différentes circonstances, & avec des arrondissemens particuliers, suivant la différente nature du pays, & les autres impositions plus anciennes auxquelles on les assimiloit pour une plus facile perception; il n'est pas surprenant que les *généralités* soient aussi mal arrondies quelles le sont.

Les unes sont trop fortes pour qu'un seul homme puisse porter par tout une attention égale, & sur-tout depuis que les besoins de l'Etat ont obligé à augmenter les charges du peuple.

D'autres sont trop petites eu égard aux premières, & ces dernières cependant sont bien suffisantes pour occuper tout entier un homme attentif & laborieux.

Dans la même *généralité*, il se trouve des cantons tout entiers où certaines natures de droits se perçoivent sous l'autorité du commissaire départi d'une autre province; il y a même des paroisses dont une partie appartient à une *généralité*, & l'autre partie à une autre; ce qui donne souvent lieu à des abus & des difficultés.

Maintenant que le royaume paroît avoir pris toute la consistance dont il est susceptible, il seroit à souhaiter qu'il se fît un nouveau partage des *généralités*, qui les réduiroit à une presque égalité, & dans lequel on auroit égard aux bornes que la nature du pays indique, à la nature des impositions, & aux formes d'administration particulières à chaque province.

S'il ne s'agissoit dans ce partage que de distribuer entre un certain nombre d'intendans l'administration de toutes les parties, ce seroit une opération fort aisée; comme ils n'ont que des commissions, on leur feroit à chacun telle part de cette administration qui conviendroit le mieux au bien des affaires. Mais la multitude des charges relatives aux impositions, & dont les finances ont été fixées, eu égard aux droits ou à l'étendue des jurisdictions qui leur étoient accordés sur ces impositions mêmes, ou sur un nombre déterminé de paroisses, telles que les charges de receveurs-généraux des finances, receveurs des tailles, trésoriers de France, les officiers de greniers à sel & autres pareils offices, cette multitude de charge, dis-je, donneroit lieu à de grandes difficultés, & c'est sans doute le motif qui empêche le conseil d'y penser. **

Au reste, l'ouvrage qui nous a fourni des renseignemens intéressans, sur les frais de recouvrement des impositions, donne des détails précieux sur les différentes *généralités* du royaume, considérées du côté des ressources qu'elles fournissent aux finances de l'Etat.

Tout ce morceau mérite d'être consigné ici dans son entier, comme une sorte de topographie fiscale du royaume, d'autant plus instructive, qu'elle est de la main d'un homme d'Etat qui réunit les connoissances pratiques à toutes celles qu'un esprit vaste & appliqué peut embrasser par la théorie.

L'étendue du royaume, sans la Corse, est de vingt-six mille lieues quarrées, dont la longueur est de vingt-cinq au degré, ou de deux mille deux cens quatre-vingt-deux toises.

Sa population est de vingt-quatre millions six cens soixante-seize mille ames, ensorte que c'est neuf cens seize individus par lieue quarrée: ses contributions s'élèvent à cinq cens quatre-vingt-quatre millions, quatre cens mille livres; ce qui revient à vingt-un mille six cens quatre-vingt quatre livres par lieue quarrée, & vingt-trois livres treize sols huit deniers par tête, de tout sèxe & de tout âge.

Voyons maintenant la distribution de cette étendue, de cette population, & des sommes qui forment, par chaque *généralité*, la masse de la contribution générale.

On ne comprendra pas dans chaque article d'imposition, la valeur des corvées ou des contributions libres qui les remplacent, mais on estime à vingt millions cette partie des charges publiques, sans risquer de faire une erreur importante, parce que les variations dans un grand ensemble, sont communément balancées les unes par les autres; mais lorsqu'il est question d'une subdivision précise entre chaque *généralité*, il n'est pas possible de déterminer au juste la répartition d'un sacrifice, dont l'étendue change nécessairement, selon qu'on entreprend plus ou moins de routes nouvelles, & aussi à mesure qu'on substitue la contribution en argent, aux travaux par corvées.

AIX.

Cette *généralité* comprend toute la Provence, & la vallée de Barcelonette.

Son étendue est de mille cent quarante-six lieues quarrées.

Sa population, de sept cens cinquante-quatre mille quatre cens ames.

C'est six cens cinquante-huit habitans par lieue quarrée.

La *généralité* d'Aix fait partie du pays de petites gabelles, & la ferme générale y distribue le sel à vingt cinq francs le quintal, ou environ; tandis que, dans les provinces de grandes gabelles, le prix moyen de cette denrée s'élève aujourd'hui à plus de soixante-deux livres. La Provence est d'ailleurs exempte des droits d'aides & d'inspecteurs aux boucheries, des droits établis sur la marque des fers, de ceux relatifs à la conservation des hypothèques, des octrois appellés *municipaux*, & des sols pour livre imposé successivement au profit du fisc, au-delà du montant des droits établis originairement pour les dépenses des villes. Les vingtièmes & les droits réservés sont abonnés, les travaux des chemins sont faits à prix d'argent, & la dépense est payée du fonds des contributions de la province. La vallée de Barcelonette, le pays de Saulx, & la sénéchaussée d'Arles, qui font partie de la *généralité* d'Aix, jouissent encore de faveurs particulières. Marseille est un port franc; mais la ville est assujettie à de gros droits de consommation.

On peut estimer les contributions de cette *généralité*, y compris la somme destinée pour les chemins, à environ quinze millions.

C'est dix-neuf livres dix-huit sols par tête d'habitans, de tout sexe & de tout âge.

Le nombre des naissances dans la ville d'Aix, capitale de la Provence, multiplié par vingt-huit, indiqueroit une population d'environ vingt-quatre mille ames.

Celle de Toulon, en observant le même calcul, seroit de vingt-huit mille ames.

Marseille étant une ville considérable, & d'un très-grand abord, vu l'étendue de son commerce, les naissances doivent y être multipliées par trente, & il en résulteroit une population de près de quatre-vingt-dix mille ames.

On sent que les nombres employés dans cet article & dans les suivans, pour multiplier les naissances des villes, sont nécessairement un peu arbitraires; mais s'il existoit dans le fait quelque différence, ce qu'on ne pourroit jamais connoître que par un dénombrement effectif, elle ne sauroit être importante.

ALENÇON.

C'est une des trois *généralités* de Normandie: *voyez* ROUEN, où les contributions, la population & l'étendue de la province entière sont indiquées.

AMIENS.

Cette *généralité* comprend le Boulonois, le Calaisis, & la plus grande partie de la Picardie.

Son étendue est de quatre cens cinquante-huit lieues quarrées & une fraction.

Sa population, de cinq cens trente-trois mille ames.

C'est mille cent soixante-quatre habitans par lieue quarrée.

La *généralité* d'Amiens, à l'exception de la ville de Saint-Valery, du Boulonois, du Calaisis, & des territoires d'Ardres & de Montreuil, qui jouissent, dans certaines limites, de la franchise de gabelles, se trouve assujettie à toutes les impositions établies en France, & l'on y paie le sel au plus haut prix, le pays étant compris dans les grandes gabelles : les travaux des chemins s'y font par corvées; mais on laisse aux paroisses la liberté d'adjuger leurs tâches à prix d'argent.

Les contributions de cette *généralité* peuvent être estimées à environ quinze millions deux cens mille livres.

C'est vingt-huit livres dix sols par tête d'habitans, de tout sèxe & de tout âge.

La *généralité* d'Amiens, indépendamment de ses corvées, paie, comme on vient de le voir, autant que la Provence, & cependant elle lui est inférieure de deux septièmes en population, & de trois cinquièmes en territoire ; mais dans l'une de ces deux provinces, le sel se vend à vingt-cinq francs le quintal environ, & dans l'autre, de soixante-une à soixante-deux livres : l'une est assujettie aux aides, l'autre en est exempte : l'une est depuis long-tems abonnée pour ses vingtièmes, l'autre les paie dans une proportion plus exacte qu'aucune autre partie du royaume, parce qu'elle a été soumise, il y a peu d'années, à une vérification générale.

Le nombre des naissances des principales villes de Picardie, multiplié par vingt huit, donne pour la population d'Amiens, capitale de la province, quarante-trois mille cinq cens ames.

Pour celle d'Abbeville, dix-neuf mille.

Pour celle de Saint-Quentin, dix mille cinq cens.

AUCH & PAU.

Cette *généralité*, qui comprend la partie orientale de la Guyenne, est principalement composée de l'Armagnac, du Couserans, du comté de Cominge, de l'Estarac, du Béarn, de la Navarre, & de différens petits pays qui ont des administrations particulières, tels que le Nébouzan, le Bigorre, les quatre Vallées, la ville & le territoire de Lectoure, le comté de Soult, &c.

Son étendue est de treize cens quarante-sept lieues & demie quarrées.

Sa population, de huit cens treize mille ames.

C'est six cens trois habitans par lieue quarrée.

On vient de diviser cette *généralité* en deux.

La *généralité* d'Auch fait partie du pays rédimé de gabelles, & le sel s'y vend de huit à neuf francs le quintal ; l'on y est, de plus, exempt des aides ; les droits réservés y sont abonnés ; la marque des fers & celle des ouvrages d'or & d'argent ne sont établies que dans une petite partie de la *généralité*. Les chemins s'y font par corvées dans quelques endroits, & à prix d'argent dans d'autres : ces travaux en général sont considérables.

Les diverses contributions de cette *généralité* peuvent être estimées à environ onze millions trois cens mille livres.

C'est treize livres dix-huit sols par tête d'habitans, de tout sèxe & de tout âge.

Le nombre des naissances à Auch, multiplié par vingt-sept, indiqueroit une population d'environ sept mille cinq cens ames.

Et celui des naissances à Pau, siège du parlement, multiplié par vingt-huit, environ neuf mille ames.

BESANÇON.

Cette *généralité* comprend toute la Franche-Comté.

Son étendue est de huit cens soixante-onze lieues & demie quarrées.

Sa population, de six cens soixante-dix-huit mille huit cens ames.

C'est sept cens soixante-dix-neuf habitans par lieue quarrée.

La *généralité* de Besançon est exempte des droits d'aides & d'inspecteurs aux boucheries, des octrois municipaux, des droits de timbre, & de ceux établis à la fabrication des fers & sur les ouvrages d'or & d'argent : le prix commun du sel y est d'environ seize livres par quintal : le privilège exclusif de la vente du tabac, n'y est pas introduit ; & les sucres destinés à la consommation de la Franche-Comté, jouissent d'une modération de droits : la taille est forte, à cause des dépenses militaires dont cette *généralité* est chargée : l'entretien des routes est fait par corvées, & ces travaux sont considérables, parce qu'il y a plus de cinq cens lieues de chemin dans la province.

Les diverses contributions de la *généralité*, peuvent être estimées à environ neuf millions trois cens mille livres.

C'est treize livres quatorze sols par tête d'habitans, de tout sèxe & de tout âge.

Le nombre des naissances à Besançon, multiplié par vingt-huit, indiqueroit une population d'environ vingt-cinq mille cinq cens ames.

BORDEAUX & BAYONNE.

Cette *généralité* comprend la partie occidentale de la Guyenne, c'est-à-dire, le Bordelois, le Périgord, l'Agenois, le Condomois, le Bazadois, les Landes & le pays de Labour où est Bayonne.

Cette dernière ville vient d'être réunie à l'une des deux nouvelles divisions de la *généralité* d'Auch, dont j'ai parlé.

Son étendue est de mille six cens vingt-cinq lieues & demie quarrées.

Sa population, d'un million quatre cens trente-neuf mille ames.

C'est huit cens quatre-vingt-cinq habitans par lieue quarrée.

La *généralité* de Bordeaux est rédimée de gabelles, exempte des aides proprement dites, & des droits sur la marque des fers : les travaux des chemins s'y font principalement par corvées, & cette charge est considérable. La ville de Bayonne jouit de quelques franchises, & le privilège exclusif du tabac n'y est pas introduit.

Les contributions de cette *généralité* peuvent être estimées à environ vingt-trois millions.

C'est seize livres par tête d'habitans, de tout sèxe & de tout âge.

Le nombre des naissances à Bordeaux, capitale de la province, siège d'un parlement, & ville d'un très-grand abord, à raison de l'étendue de son commerce, doit probablement être multiplié par trente, pour avoir une idée de sa population ; c'est d'après cette proportion que j'estimerai le nombre des habitans à quatre-vingt-quatre mille ames.

Les naissances à Bayonne, multipliées seulement par vingt huit, indiqueroient une population d'environ onze mille ames.

BOURGES

Cette *généralité* comprend tout le Berry, & deux petits districts, l'un en Bourbonnois, l'autre en Nivernois.

Son étendue est de six cens quatre-vingt-six lieues & demie quarrées.

Sa population de cinq cens douze mille cinq cens ames.

C'est sept cens quarante-sept habitans par lieue quarrée.

La *généralité* de Bourges fait partie des grandes gabelles, à un septième près, compris dans le pays rédimé de l'impôt du sel ; la province est, de plus, soumise à toutes les impositions du royaume ; mais les vingtièmes y sont généralement payés dans une proportion très-modérée. Les travaux des chemins, depuis l'établissement de l'administration provinciale, s'y font à prix d'argent.

Les contributions de cette *généralité*, y compris l'impôt pour les chemins, qui a été réglé à une somme fixe, s'élèvent à environ huit millions.

C'est quinze livres douze sols par tête d'habitans, de tout sexe & de tout âge.

Le nombre des naissances à Bourges, ville capitale, multiplié par vingt-sept, indiqueroit une population d'environ vingt-cinq mille ames.

CAEN.

Cette *généralité*, avec celles d'Alençon & de Rouen, composent la province de Normandie, & c'est à l'article de ROUEN, que les indices relatifs à cette province seront réunis.

CHÂLONS.

Cette *généralité* comprend presque toute la Champagne, & une petite portion de la Brie.

Son étendue est de douze cens vingt-six lieues & un quart quarrées.

Sa population, de huit cens douze mille huit cens ames.

C'est six cens soixante-trois habitans par lieue quarrée.

La *généralité* de Châlons fait partie des grandes gabelles ; l'on y est, de plus, assujetti à toutes les impositions établies dans le royaume, & les travaux des chemins s'y font par corvées.

Les contributions de cette *généralité* peuvent être estimées à environ vingt-un millions huit cens mille livres.

C'est vingt-six livres seize sols par tête d'habitans.

La *généralité* de Châlons contient six cens mille ames de moins que celle de Bordeaux ; elle a plus de manufactures, mais bien moins de commerce ; & cependant le produit des contributions de ces deux *généralités* se trouve à-peu-près le même ; c'est que la Guyenne, rédimée de l'impôt du sel, est encore exempte des aides, tandis que la Champagne y est assujettie, & fait, de plus, partie des grandes gabelles : ces deux impôts forment une augmentation de charge pour la Champagne, d'environ sept millions ; & ce tribut particulier balance ce que la *généralité* de Bordeaux paye de plus en taille, vingtièmes, capitation, tabac, droits de traites, contrôles, & autres impositions du genre de celles qui sont proportionnées à l'étendue des richesses & de la population.

Que si l'on rapproche les contributions de la Champagne de celles d'une province dont elle est limitrophe, on trouvera pareillement une grande disparité. La Champagne n'est que d'un cinquième plus considérable en population que la Franche-Comté, & cependant elle paye au moins six cinquièmes de plus ; c'est que la Franche-Comté est exempte des aides & du privilège exclusif du tabac, & que le fisc y vend le sel au quart du prix fixé pour la Champagne ; ainsi pour ces seuls impôts, il en coûte près de six millions & demi de plus à cette dernière province. Les trois vingtièmes, en Champagne, se montent à deux millions neuf cens mille livres; ceux de la Franche-Comté, à la faveur d'anciens abonnemens, ne vont pas à seize cens mille livres ; enfin, la taille, la capitation, & toutes les impositions générales, sont encore plus fortes en Champagne, qu'en Franche-Comté.

Le nombre des naissances, multiplié par vingt-sept, indiqueroit une population de trente-un mille ames à Rheims ;

De douze mille à Châlons;

De trente-deux mille cinq cens à Troyes.

DIJON.

Cette *généralité* comprend la Bourgogne, le Mâconnois, le pays de Gex, le Bugey, la Bresse & la Dombe.

Son étendue est de onze cens quatrevingt-quatre lieues & un quart quarrées.

Sa population est de un million quatrevingt-sept mille trois cens ames.

C'est neuf cens dix-huit habitans par lieue quarrée.

La Bourgogne est comprise dans les grandes gabelles, & le Mâconnois, la Dombe, la Bresse & le Bugey, font partie des petites; mais le sel a été fixé à un haut prix en Mâconnois, à cause de la proximité des grandes gabelles. Le pays de Gex est abonné pour tous les droits sur les consommations : la haute Bourgogne est exempte des aides ; toute la *généralité* est affranchie des octrois municipaux. Les chemins y sont faits par corvées, excepté dans le Mâconnois, la Bresse, le Bugey & le pays de Gex.

Les contributions de cette *généralité* peuvent être estimées à environ vingt millions huit cens mille livres.

C'est dix-neuf livres trois sols par tête d'habitans.

Le nombre des naissances à Dijon, ville capitale & siège du parlement, multiplié par vingt-huit, indiqueroit une population d'environ vingt mille trois cens ames.

Et à Mâcon, les naissances multipliées par vingt-sept, donnent environ neuf mille ames.

GRENOBLE.

Cette *généralité* comprend la principauté d'Orange, & le Dauphiné.

Son étendue est de mille vingt-quatre lieues quarrées.

Sa population, de six cens soixante-quatre mille six cens ames.

C'est six cens quarante-neuf habitans par lieue quarrée.

La *généralité* de Grenoble fait partie des petites gabelles ; le sel s'y vend aujourd'hui de trente-deux à trente-cinq livres le quintal ; l'on y est exempt des droits d'aides, à l'exception de ceux de courtiers-jaugeurs & d'inspecteurs aux boissons. Les vingtièmes sont abonnés, & les travaux des chemins, qui sont considérables, s'exécutent par corvées.

Les contributions de cette *généralité* peuvent être estimées à environ onze millions huit cens mille habitans.

C'est dix-sept livres quinze sols par tête d'habitans.

Le nombre des naissances à Grenoble, multiplié par vingt-huit, indiqueroit une population de vingt-quatre mille trois cens ames.

LA ROCHELLE.

Cette *généralité* comprend la Saintonge, le pays d'Aunis, & la partie de l'Angoumois où la ville de Cognac est située.

Son étendue est de quatre cens soixante & quatre lieues quarrées.

Sa population de quatre cens soixante-dix-neuf mille sept cens ames.

C'est mille trente-quatre habitans par lieue quarrée.

La *généralité* de la Rochelle est rédimée de gabelles, & une partie est exempte des aides. Les travaux des chemins s'y font par corvées.

Les contributions de cette *généralité* peuvent être estimées à environ neuf millions cent mille livres.

C'est dix-huit livres dix-neuf sols par tête d'habitans.

Le nombre des naissances à la Rochelle & à Rochefort, multiplié par vingt huit, indiqueroit pour l'une & l'autre de ces villes, une population d'environ seize mille ames.

LILLE.

Cette *généralité* comprend l'Artois, & presque toute la Flandre.

Son étendue est de quatre cens quatorze lieues & demie quarrées.

Sa population de sept cens trente-quatre mille six cens ames.

C'est dix-sept cens soixante-douze habitans par lieue quarrée.

Une semblable proportion mérite d'être observée; elle est presque double du terme moyen, & nulle *généralité* du royaume n'est si peuplée, en raison de son étendue.

La *généralité* de Lille est franche de gabelles, exempte, de plus, des droits d'hypothèque & du papier timbré; des octrois municipaux, de la marque des fers, du contrôle sur les ouvrages d'or & d'argent, du privilège exclusif du tabac & des aides, levées pour le compte du roi; mais c'est en partie avec des droits sur les consommations, que la Flandre & l'Artois pourvoient à leurs dépenses, & à l'acquit de leurs engagemens envers le trésor royal. Les droits de contrôle des actes sont abonnés, & les chemins sont faits à prix d'argent, sur le produit des impositions générales. La Flandre & l'Artois jouissent, comme on vient de le voir, de beaucoup d'exemptions; mais ces provinces & leurs principales villes, sont assujetties à de très-grosses dépenses pour le service des troupes.

Les contributions de cette *généralité*, y compris l'impôt des chemins, peuvent être estimées à environ quatorze millions huit cens mille livres.

C'est vingt livres trois sols par tête d'habitans.

Le port de Dunkerque communique librement avec l'étranger, & son commerce est assez étendu; diverses manufactures de tabac y sont établies, & la pêche forme un objet principal d'occupation.

Le nombre des naissances dans les principales villes de la *généralité*, multiplié par vingt-huit, porteroit la population de Lille, à environ soixante-sept mille ames.

Celle de Dunkerque, à vingt-sept mille ames.

Celle d'Arras, à vingt-un mille cinq cens ames.

Celle de Douay, à dix-neuf mille cinq cens ames.

LIMOGES.

Cette *généralité* comprend le Limousin, & la plus grande partie de l'Angoumois.

Son étendue est de huit cens cinquante-quatre lieues quarrées.

Sa population est de six cens quarante-six mille cinq cens ames.

C'est sept cens cinquante-sept habitans par lieue quarrée.

La *généralité* de Limoges est rédimée de gabelles, exempte des octrois municipaux & des aides, à l'exception des droits de courtiers-jaugeurs & d'inspecteurs aux boissons: le droit sur la marque des fers n'est pas établi dans la partie de cette *généralité* qui est du ressort du parlement de Bordeaux; la dépense des chemins est prise sur les fonds d'une imposition fixe & déterminée.

Les contributions de cette *généralité*, y compris l'impôt des chemins, peuvent être estimées à environ huit millions neuf cens mille livres.

C'est treize livres quinze sols par tête d'habitans.

Le nombre des naissances à Limoges & à Angoulême, multiplié par vingt-sept, indiqueroit, dans la première ville, une population d'environ vingt-deux mille ames; & dans la seconde, de treize mille.

LYON.

Cette *généralité* comprend le Lyonnois, le Forez & le Beaujolois.

Son étendue est de quatre cens seize lieues & un quart quarrées.

Sa population, de six cens trente-trois mille six cens ames.

C'est quinze cens vingt-deux habitans par lieue quarrée.

La *généralité* de Lyon fait partie des petites gabelles; mais le sel s'y vend plus chèrement que dans les autres provinces de cette dénomination, & le prix est de quarante-quatre à quarante-cinq livres le quintal: cette *généralité* se trouve d'ailleurs assujettie à toutes les impositions du royaume, & les travaux des chemins y sont exécutés par corvées. La ville de Lyon, pour subvenir à ses dépenses, & pour acquitter les intérêts de ses emprunts, supporte des droits d'octrois considérables; &, après Paris, c'est à Lyon que le produit de la loterie royale s'éleve le plus haut.

Les contributions de la *généralité* de Lyon, peuvent être évaluées à environ dix-neuf millions.

C'est trente livres par tête d'habitans.

Les nombreuses manufactures de Lyon, & son grand abord, y attirant beaucoup d'habitans, nés hors de la ville, on croit devoir multiplier par trente, le nombre des naissances; & comme elles se montent de cinq mille trois cens, à cinq mille quatre cens, on pourroit estimer la population de cette ville à environ cent soixante mille ames.

Les naissances à Saint-Etienne en Forez, multipliées par vingt-sept, annonceroient une population de vingt-sept mille ames.

METZ.

Cette *généralité* comprend les trois Evêchés de Metz, Toul & Verdun, le Luxembourg françois, les principautés de Sedan & de Raucour, & quelques petits districts de l'Alsace & de la Lorraine.

Son étendue est de cinq cens quatorze lieues quarrées.

Sa population, de trois cens quarante-neuf mille trois cens ames.

C'est six cens quatre-vingt habitans par lieue quarrée.

Toute la *généralité* est exempte des droits d'aides, à l'exception des droits de courtiers-jaugeurs & d'inspecteurs aux boissons. Le pays Messin fait partie des gabelles de salines, & le sel s'y vend à environ trente huit livres le quintal. La principauté de Sedan & de Raucour est franche de gabelle, & la ferme est obligée de l'approvisionner de tabac, à des conditions modérées. Les travaux des chemins sont faits principalement par corvées.

Les contributions de cette *généralité* peuvent être évaluées à environ six millions huit cens mille livres.

C'est dix-neuf livres neuf sols par tête d'habitans.

Les trois Evêchés communiquent librement avec l'étranger; mais il y a des droits établis aux frontières de cette *généralité*, du côté de la France.

Les naissances de Metz, multipliées par vingt-huit, indiqueroient, sans la garnison, une population d'environ quarante mille ames.

Et celles de Sedan, multipliées par vingt-sept, une population d'environ dix-sept mille cinq cens ames.

MONTAUBAN.

Cette *généralité*, connue sous le nom de haute-Guyenne depuis l'époque de l'administration provinciale qui y a été établie en 1779, comprend le Rouergue & le Quercy.

Son étendue est de cinq cens quatre-vingt-trois trois lieues un quart quarrées.

Sa population, de cinq cens trente mille deux cens ames.

C'est neuf cens huit habitans par lieue quarrée.

Cette *généralité* est exempte des aides, à l'exception de quelques droits subsidiaires payés par abonnement: le Quercy est rédimé de l'impôt du sel, & le Rouergue n'est assujetti qu'aux petites gabelles; mais les tailles de cette *généralité* sont fortes. Les travaux des chemins s'y font à prix d'argent, & il y a, pour cette dépense, une imposition fixe & déterminée.

Les contributions de cette *généralité*, y compris l'impôt pour les chemins, peuvent être estimées à environ onze millions huit cens mille livres.

C'est vingt-deux livres cinq sols par tête d'habitans.

Les naissances multipliées par vingt-huit, indiqueroient une population à Montauban, d'environ vingt mille ames.

Et à Cahors, de neuf à dix mille.

MONTPELLIER.

Cette *généralité* comprend tout le Languedoc.

Son étendue est de deux mille cent quarante lieues trois quarts quarrées.

Sa population, de un million six cens quatre-vingt-dix-neuf mille deux cens ames.

C'est sept cens quatre-vingt-quatorze habitans par lieue quarrée.

La *généralité* de Montpellier fait partie des petites gabelles; l'on y est exempt des aides royaux, à l'exception de quelques droits subsidiaires abonnés, mais la province perçoit une imposition du même genre, sous le nom d'*équivalens*. Les travaux des chemins s'y font à prix d'argent, & la partie de la taille destinée à cette dépense, est considérable; mais elle se trouve comprise dans la masse des impositions, dont on va donner le résultat.

Les contributions de cette *généralité* peuvent être estimées à environ trente-sept millions cinq cens mille livres.

C'est vingt-deux livres un sol par tête d'habitans.

Les naissances, multipliées par vingt-huit, indiqueroient, pour Montpellier, une population d'environ trente-deux mille ames.

Pour Toulouse, de cinquante-six mille.

Pour Nismes, de cinquante mille.

Les naissances du Puy, principale ville du Velay, & celles de Carcassonne, multipliées par vingt-sept, annonceroient dans la première de ces deux villes, une population d'environ dix-sept mille ames;

Et dans l'autre, une de quinze mille cinq cens.

MOULINS.

Cette *généralité* comprend le Bourbonnois, la plus grande partie du Nivernois, la haute-Marche, & le petit pays de Combrailles en Auvergne.

Son étendue est de huit cens quatre-vingt-dix-sept lieues quarrées.

Sa population, de cinq cens soixante & quatre mille quatre cens ames.

C'est six cens vingt-neuf habitans par lieue quarrée.

La *généralité* de Moulins est assujettie à toutes les impositions du royaume, & fait partie des grandes gabelles, à la réserve d'une portion de la Marche, qui est comprise dans le pays rédimé de l'impôt du sel. Les travaux des chemins s'y font principalement par corvées.

Les contributions de cette *généralité* peuvent être estimées à environ neuf millions huit cens mille livres.

C'est dix-sept livres sept sols par tête d'habitans, de tout sexe & de tout âge.

Le nombre des naissances, multiplié par vingt-sept, indiqueroit à Moulins, une population d'environ seize mille cinq cens ames.

A Nevers, de quatorze mille ames.

NANCY.

Cette *généralité* comprend la Lorraine & le Barrois.

Son étendue est de huit cens quatre-vingt-quatorze lieues quarrées.

Sa population, de huit cens trente-quatre mille six cens ames.

C'est neuf cens trente-quatre habitans par lieue quarrée.

La *généralité* de Nancy fait partie des gabelles de-salines, & le sel s'y vend aujourd'hui de vingt-neuf à trente livres le quintal : cette *généralité* est exempte de la capitation, des aides & des droits subsidiaires, de la marque d'or & d'argent, & des octrois municipaux. Les travaux des chemins s'y font principalement par corvées, & ces travaux sont considérables : on compte dans la *généralité* environ six cens lieues de route.

Les contributions de cette *généralité* peuvent être évaluées à environ dix millions huit cens mille livres.

C'est douze livres dix-neuf sols par tête d'habitans.

Le commerce de la Lorraine, gêné par des droits du côté de la France, est libre avec l'étranger.

Le nombre des naissances à Nancy, multiplié par vingt-huit, indiqueroit, sans la garnison, une population d'environ trente-quatre mille ames.

Celles de Lunéville & de Bar le-Duc, multipliées par vingt-sept, annonceroient, à Lunéville, une population d'environ seize mille cinq cens ames.

A Bar-le-Duc, de dix mille huit cens.

ORLÉANS.

Cette *généralité* comprend l'Orléanois, la Sologne, le Blaisois, le Vendômois, le bas-Perche, le comté de Dunois, la Beauce & le pays Chartrain, une grande partie du Gâtinois, & un petit district du Nivernois.

Son étendue est de mille vingt-une lieues un quart quarrées.

Sa population, de sept cens neuf mille quatre cens ames.

C'est six cens quatre-vingt-quinze habitans par lieue quarrée.

La *généralité* d'Orléans est soumise à toutes les impositions du royaume, & fait partie des grandes gabelles. Les travaux des chemins y sont faits par corvées.

On peut estimer les contributions de cette *généralité* à environ vingt millions.

C'est vingt-huit livres quatre sols par tête d'habitans.

La *généralité* d'Orléans est d'un septième moins peuplée que celle de Nancy dont on vient de parler, & cependant elle paye le double; c'est que la différence dans le prix du sel en occasionne une de deux à deux millions & demi, à l'avantage de la Lorraine; c'est que les aides & les droits subsidiaires, dont cette province est affranchie, valent près de deux millions au roi, dans la *généralité* d'Orléans; cest que dans cette même *généralité*, la capitation, dont la Lorraine est exempte, se monte à environ dix-sept mille livres; c'est que les trois vingtièmes, abonnés favorablement en Lorraine, sur-tout le dernier, ne composent ensemble qu'une somme d'environ quatorze cens cinquante mille livres, & qu'ils s'élevent à deux millons six-cens mille livres dans la *généralité* d'Orléans; enfin, la taille même est un peu plus forte dans la *généralité* d'Orléans que dans celle de Nancy : on supprime les autres petites différences.

Le nombre des naissances, à Orléans & à Blois, multiplié par vingt-sept, indiqueroit une population, à Orléans, d'environ trente neuf mille cinq cens ames.

A Blois, de douze mille.

PARIS.

Cette *généralité* comprend la plus grande partie

de l'isle de France & de la Brie, & quelques élections circonvoisines.

Son étendue est de onze cens cinquante sept lieues quarrées.

Sa population d'un million sept cens quatre-vingt un mille sept cens ames.

C'est quinze cens quarante habitans par lieue quarrée.

La *généralité* de Paris est assujettie à l'universalité des impositions établies dans le royaume, & fait partie des grandes gabelles; mais les chemins y sont faits des fonds du trésor royal. Les droits perçus à l'entrée de la capitale, soit pour le compte du roi, soit au profit des villes & des hôpitaux, s'élevent aujourd'hui à plus de trente-six millons; & les droits sur les offices, le revenu des postes, & sur-tout le bénéfice de la loterie royale, portent principalement sur les habitans de Paris.

C'est en faisant ces diverses répartitions, qu'on voit les droits & les impôts à la charge de cette grande ville, s'élever aujourd'hui de soixante & dix-sept à soixante & dix-huit millions, & former ainsi entre la septième & la huitième partie des contributions du royaume. Tant de ressources sont l'effet des grandes richesses concentrées dans la capitale; séjour, à la fois de la plus grande partie des rentiers, des hommes de finance, des ambassadeurs, des riches voyageurs, des grands propriétaires de terres, & des personnes les plus favorisées des graces de la cour.

Il n'est pas indifférent de remarquer que le roi tire plus de revenu de sa capitale, que les trois royaumes ensemble de Sardaigne, de Suede & de Danemarck, ne payent de tributs à leurs souverains.

Les contributions de toute la *généralité* de Paris, où les chemins sont entretenus des fonds du trésor royal, s'élevent à environ cent quatorze millions cinq cens mille livres.

C'est soixante-quatre livres cinq sols par tête d'habitans.

La population de la capitale est difficile à déterminer par les calculs ordinaires, vu que, sur un nombre annuel de vingt mille cinq ou six cens naissances, le quart environ est composé d'enfans trouvés nés à Paris; & une semblable génération, moissonnée dès les premières années dans une proportion effrayante, n'offre pas une base exacte aux recherches sur la population; mais aussi, un nombre considérable d'étrangers & de gens de province viennent continuellement à Paris, ou pour leurs plaisirs, ou pour leurs affaires. Il faut donc rassembler diverses notions, afin de se former une idée du nombre ordinaire des habitans de Paris; & je crois d'après plusieurs indices, qu'on ne s'écarteroit guères de la vérité, en évaluant ce nombre de six cens quarante à six cens quatre-vingt mille, selon les saisons de l'année, ou la ville est plus ou moins peuplée.

Le nombre des naissances est à Versailles de seize à dix-sept mille; mais on ne peut pas non plus tirer, d'une telle notion, aucune juste idée sur la population de la ville, parce que le concours de monde que la cour y attire, dérange toutes les proportions communes. Cette population a diminué depuis la réforme faite dans la maison du roi; mais je crois qu'on peut l'évaluer encore à environ soixante mille ames.

PERPIGNAN.

Cette *généralité* renferme le Roussillon & le comté de Foix.

On vient de comprendre ce dernier pays dans la nouvelle *généralité* de Pau, composée d'une partie de celles d'Auch & Bordeaux.

Son étendue est de deux cens quatre-vingt-six lieues un tiers quarrées.

Sa population de cent quatre-vingt-huit mille neuf cens ames.

C'est six cens soixante habitans par lieue quarrée.

Le Roussillon est exempt des droits d'hypotheque & de la marque des fers, & le prix commun du sel y est aujourd'hui d'environ dix-neuf liv. le quintal. Cette denrée se vend près de moitié moins dans le comté de Foix, pays rédimé de gabelles. La généralité entiere de Perpignan est exempte de la marque d'or & d'argent, ainsi que des aides, à l'exception de quelques droits subsidiaires. Les travaux des chemins se font par corvées dans le Roussillon, & à prix d'argent dans le pays de Foix.

Les contributions de cette généralité peuvent être évaluées à environ deux millions six cens mille livres.

C'est treize livres quinze sols par tête d'habitans.

Le nombre des naissances à Perpignan, multiplié par vingt-sept, annonceroit une population d'environ quinze mille deux cens ames.

POITIERS.

Cette *généralité* comprend presque tout le haut & le bas Poitou.

Son étendue est de mille cinquante-sept lieues un quart quarrées.

Sa population de six cens quatre-vingt-dix mille cinq cens ames.

C'eſt ſix cens cinquante-trois habitans par lieue quarrée.

La *généralité* de Poitiers eſt rédimée de gabelles ; mais elle eſt aſſujettie à toutes les autres impoſitions du Royaume, & les chemins s'y font par corvées.

Les contributions de cette *généralité* peuvent être eſtimées à environ douze millions trois cens mille livres.

C'eſt dix-ſept livres ſeize ſols par tête d'habitans.

Le nombre des naiſſances à Poitiers, multiplié par vingt-ſept, indiqueroit une population d'environ dix-ſept mille cinq cens ames.

RENNES.

Cette *généralité* comprend toute la Bretagne.

Son étendue eſt de mille ſept cens ſoixante quatorze lieues & demie quarrées.

De deux millions deux cens ſoixante & ſeize mille ames.

C'eſt douze cens quatre-vingt-deux habitans par lieue quarée.

La Bretagne eſt franche de gabelles, exempte des droits d'hypotheque, & de ceux ſur la marque des fers. Le roi n'y perçoit aucun droit d'aides ; mais la province en leve de conſidérables de même nature, ſous le nom de ferme des devoirs: la taille, ſous la dénomination de fouage, eſt très-modique. Les vingtièmes ſont abonnés, & les travaux des chemins, qui ſont très-multipliés, s'exécutent par corvées.

On peut eſtimer les contributions de cette *généralité* à environ vingt-huit millions cinq cens mille livres.

C'eſt douze livres dix ſols par tête d'habitans.

Le nombre des naiſſances, multiplié par vingt-huit, indiqueroit, à Rennes, une population d'environ trente-cinq mille cinq cens ames.

A l'Orient, de ſeize mille cinq cens.

A Saint Malo, de dix-ſept mille cinq cens.

Les naiſſances de Nantes & de Breſt, multipliées par vingt-neuf, annonceroient une population, à Nantes, de cinquante-ſept à cinquante huit mille ames.

A Breſt, de trente à trente & un mille.

RIOM.

Cette *généralité* comprend toute la haute & baſſe Auvergne, à l'exception du petit diſtrict compris dans la *généralité* de Moulins.

Son étendue eſt de ſix cens cinquante lieues quarrées.

Sa population eſt de ſix cens quatre-vingt-un mille cinq cens ames.

C'eſt mille quarante-ſept habitans par lieue quarrée.

Un partie de l'Auvergne eſt rédimée de l'impôt du ſel, l'autre eſt compriſe dans le pays de petites gabelles. La généralité entière eſt exempte des octrois municipaux, des droits ſur la marque des fers, & des aides, à l'exception de quelques droits ſubſidiaires, & qui ſont abonnés en partie ; mais l'impoſition de la taille y eſt très-forte. Les travaux des chemins y ſont faits par corvées.

Les contributions de cette *généralité* peuvent être eſtimées à environ douze millions huit cens mille livres.

C'eſt dix-huit livres ſeize ſols par tête d'habitans.

Le nombre des naiſſances à Clermont, multiplié par vingt-huit, indiqueroit une population d'environ vingt-quatre mille ames.

Celles de Riom, multipliées par vingt-ſept, en annonceroient une de quatorze mille huit cens ames.

ROUEN, CAEN & ALENÇON.

Ces trois généralités compoſent la province de Normandie ; il y a ſeulement une portion du Perche qui eſt compriſe dans celle d'Alençon. Je les réunis enſemble, afin de donner une idée complette de l'importance dont eſt, pour le royaume, cette induſtrieuſe & fertile province.

L'étendue eſt de ſeize cens trente-cinq lieues quarrées, dont la généralité de Rouen contient cinq cens quatre-vingt-ſept & demie.

Celle de Caen, cinq cens quatre-vingt-trois & demie.

Et celle d'Alençon, quatre cens ſoixante-quatre.

La population eſt d'un million neuf cens trente mille ames, diviſée comme il ſuit :

Rouen, ſept-cens quarante mille ſept cens.

Caen, ſix-cens quarante-quatre mille.

Alençon, cinq cens vingt-huit mille trois cens.

C'eſt onze cens ſoixante-dix habitans par lieue quarrée.

Le ſel ſe vend à bas prix dans une partie de la généralité de Caen, connue dans la langue fiſcale ſous le nom de pays de Quart-Bouillon ; mais le reſte de la Normandie, à l'exception des principales villes maritimes, eſt ſoumis aux grandes gabelles ; & la province entiere ſupporte toutes les autres impositions établies dans le royaume. Les chemins sont faits presque par-tout à prix d'argent, par le libre choix des paroisses.

Les contributions de la Normandie peuvent être estimées à environ cinquante-sept millions, dont la *généralité* de Rouen paye à peu-près vingt-sept millions quatre cens mille livres.

Celle de Caen, quinze millions deux cens mille livres.

Et celle d'Alençon, quatorze millions quatre cens mille livres.

C'est vingt-neuf livres seize sols par tête d'habitans.

On aura vu que la Bretagne, avec une population supérieure à celle de la Normandie, payoit moitié moins; & comme on pourroit suspecter quelque erreur dans cet exposé, je dois observer que l'impôt du sel dont la Bretagne est affranchie, s'éleve à près de neuf millions en Normandie; que les vingtièmes y rapportent la même somme, & que cette contribution abonnée en Bretagne, est de trois millons huit cens mille livres; que la taille & la capitation réunies, se montent à quinze millions en Normandie, & surpassent ainsi d'environ dix millions le produit de ces mêmes impôts en Bretagne; qu'enfin les différens droits d'aides recouvrés en Normandie, s'élèvent plus haut que ceux perçus en Bretagne, sous le nom de Devoirs. On observera seulement que l'impôt provenant de la ferme du tabac, est le seul des droits du roi, dont le produit soit plus considérable en Bretagne qu'en Normandie.

La population de Rouen, ville capitale & siège des cours souveraines, devroit être estimée de soixante-douze mille cinq cens ames, en multipliant les naissances par vingt-neuf.

L'on ne doit probablement multiplier que par vingt sept, celles des autres villes principales de Normandie, & alors on trouvera que la population du Havre-de-Grace peut être évaluée à environ dix-huit mille ames.

Celle de Caen, à trente-deux mille.

Celles d'Alençon, à treize mille cinq cens.

Celle de Dieppe, à dix-sept mille.

SOISSONS.

Cette *généralité* comprend le Soissonnois, le Laonois, la Thiérache, & une partie du Beauvoisis & de la Brie.

Son étendue est de quatre cens quarante-cinq lieues un tiers quarrées.

Sa population, de quatre cens trente-sept mille deux cens ames.

C'est neuf cens quatre-vingt-deux habitans par lieue quarrée.

La *généralité* de Soissons est assujettie à toutes les impositions du royaume, & fait partie des grandes gabelles. Les travaux des chemins s'y font par corvées.

On peut estimer les contributions de cette *généralité*, à environ onze millions trois cens mille livres.

C'est vingt-cinq livres dix-sept sols par tête d'habitans.

Les naissances à Soissons, multipliées par vingt-sept, indiqueroient une population d'environ sept mille cinq cens ames.

STRASBOURG.

Cette *généralité* comprend l'Alsace.

Son étendue est de cinq cens vingt-neuf lieues deux tiers quarrées.

Sa population de six cens vingt-six mille quatre cens ames.

C'est onze cens quatre-vingt-trois habitans par lieue quarrée.

La *généralité* de Strasbourg est exempte des aides, à l'exception des droits d'inspecteurs aux boissons & de courtiers jaugeurs; elle est pareillement affranchie de la marque d'or & d'argent, de celle des fers, des octrois municipaux, du papier timbré, du privilège exclusif du tabac; & le prix commun du sel y est aujourd'hui de treize livres le quintal. Les chemins s'y font par corvées; & la ville de Strasbourg est chargée de plusieurs dépenses militaires.

Les contributions de cette *généralité* peuvent être estimées à environ huit millions huit cens mille livres.

C'est quatorze livres un sol par tête d'habitans.

L'Alsace contient, comme on vient de le voir, près de deux cens mille habitans de plus que la *généralité* de Soissons, & elle paye entre le quart & le cinquième de moins: c'est qu'indépendamment de ses franchises pour le sel, le tabac & les aides, elle est abonnée pour les vingtièmes; en sorte que cet impôt s'éleve moins haut en Alsace, que dans la petite *généralité* de Soissons.

Le nombre des naissances à Strasbourg, multiplié par vingt-huit, indiqueroit, sans la garnison, une population d'environ quarante-six mille ames.

Celles de Colmar, multipliées par vingt-sept, en annonceroit une d'environ douze mille cinq cens.

TOURS.

Cette *généralité* comprend la Tourraine, l'Anjou, le Maine, & une petite partie du bas-Poitou.

Son étendue est de treize cens quatre-vingt-huit lieues un quart quarrées.

Sa population, d'un million trois cens trente-huit mille sept cens ames.

C'est neuf cens soixante-quatre habitans par lieue quarrée.

La *généralité* de Tours est assujettie à toutes les impositions du royaume, & fait partie des grandes gabelles. Les chemins s'y font par corvées.

Les contributions de cette *généralité* peuvent être estimées à environ trente millions.

C'est vingt-deux livres huit sols par tête d'habitans.

Le nombre des naissances, multiplié par vingt-sept, indiqueroit une population à Tours, d'environ vingt-un mille six cens ames.

A Angers, de trente mille ames.

Au Mans, de treize mille cinq cens.

VALENCIENNES.

Cette *généralité* comprend le Hainault, le Cambrésis, & un petit district de la Flandre.

Son étendue est de deux cens cinquante-sept lieues un quart quarrées.

Sa population de deux cens soixante cinq mille deux cens ames.

C'est mille trente un habitans par lieue quarrée.

La *généralité* de Valenciennes est franche de gabelles, exempte de la marque d'or & d'argent, de celle des fers, des octrois municipaux, du privilége exclusif du tabac, des droits d'hypothéque & du papier timbré; & les droits de contrôle y sont abonnés. Les aides ne sont pas introduites dans cette *généralité*; mais le Hainault est soumis à des droits de domaine sur diverses sortes de consommations. Les villes sont de plus assujetties à des charges considérables pour les dépenses militaires; & les chemins, en Hainault, sont exécutés par corvées.

L'on peut estimer les contributions de cette *généralité*, à environ cinq millions cinq-cens mille livres.

C'est vingt livres quinze sous par tête d'habitans, de tout sexe & de tout âge.

Les naissances à Valenciennes, multipliées par vingt-huit, indiqueroient une population d'environ dix-neuf mille cinq cens ames.

Et la population de Cambray, en multipliant les naissances par vingt-sept, seroit de quinze mille ames.

Les contributions de toutes les *généralités* réunies, se montent, comme on le verra, à cinq cens soixante-huit millions.

Que si l'on joint à cette somme, 1°. six cens mille livres que paye la Corse; 2°. seize millions quatre cens mille livres pour la valeur des corvées ou des contributions libres qui les remplacent, on trouvera en total cinq cens quatre-vingt-cinq millions; somme égale à l'universalité des contributions des peuples, conformément à l'état général que j'en ai donné (1).

En rapprochant, comme on vient de le faire, l'étendue des contributions, du nombre des habitans dans chaque *généralité*, on n'a pas eu l'intention de présenter ce rapport comme une lumière suffisante pour approuver ou pour censurer les disparités qui règnent entre les provinces. Deux pays également peuplés, ne sont pas toujours en état de supporter les mêmes impositions; la nature des productions, le genre d'industrie, la facilité du commerce, la quantité du numéraire, & le prix des choses, sont autant de circonstances qui, à égalité de population, rendent les facultés dissemblables, & donnent plus ou moins de prise à l'impôt. La population n'est donc une mesure de comparaison raisonnable, qu'entre les provinces dont les ressources sont à-peu-près pareilles; mais une règle de proportion imparfaite, mérite encore d'être apperçue; & entre toutes celles qui peuvent être soumises à un calcul fixe & positif, le rapport des contributions avec la population, approche le plus de la vérité.

---

(1) On ne désigne ci-dessus que seize millions quatre cens mille livres pour la contribution aux chemins, parce que le surplus des vingt millions, mis en ligne de compte pour le même objet, dans le tableau des contributions des peuples, se trouve compris dans les impositions des *généralités* d'Aix, de Lille, de Montpellier, de Limoges, de Bourges & de Montauban, où les frais d'entretien & de confection des routes, sont pris sur le fonds des impositions, dont on a donné le produit général.

Ces seize millions quatre cens mille livres sont une charge supportée par les autres *généralités*, à l'exception de celle de Paris, où les chemins sont faits des fonds du trésor royal; & comme elles réunissent entr'elles dix-huit millions seize mille neuf cens habitans, ce seroit environ dix-huit sols trois deniers de surcharge moyenne par tête; quotité dont il faudroit augmenter le montant des contributions que paye chaque individu dans ces mêmes *généralités*, s'il y avoit dans chacune la même proportion, entre l'étendue des chemins & la population. Mais il existe à cet égard des différences considérables; d'ailleurs, quelques-unes d'elles ont, beaucoup plus que d'autres, l'habitude de la conversion des corvées dans une contribution libre en argent; ainsi la surcharge provenant des corvées, est nécessairement inégale entre les provinces. Il m'a paru, cependant, qu'il étoit convenable d'en donner une évaluation générale, afin de prévenir de trop grands écarts dans les spéculations à ce sujet.

L'étendue respective des provinces seroit une mesure bien plus trompeuse, puisque des montagnes arides & des plaines de sable, ne présentent aucune source de richesse.

Il est cependant encore une connoissance, d'où il semble, au premier coup d'œil, qu'on pourroit tirer une instruction utile; c'est la comparaison des vingtièmes de chaque province, avec la quotité des autres impositions qui y sont établies, puisque ce rapprochement devroit indiquer, au moins, les rapports des revenus territoriaux avec les contributions générales de chaque partie du royaume. Mais les vingtièmes sont très-inégalement répartis; plusieurs provinces payent cette imposition par abonnement, & le plus grand nombre de ces traités est consenti d'une manière très-favorable à l'ensemble des contribuables. Enfin, il y a encore de grandes disparités entre les provinces qui ne sont point abonnées, parce qu'il est telle *généralité* où les vingtièmes dûs par chaque propriétaire, ont été fixés d'après une vérification récente; telle autre, où ces opérations n'ont été faites qu'en partie; & telle encore, où l'on ne les a point commencées; de manière que la répartition est déterminée, d'après d'anciens tarifs très-disproportionnés avec le revenu actuel des biens. D'ailleurs, entre deux *généralités*, qui, d'après le réglement le plus exact, se trouveroient assujetties à une même somme de vingtièmes, si l'imposition de la taille étoit beaucoup plus forte dans l'une que dans l'autre, les inductions qu'on pourroit tirer de l'égalité des vingtièmes, manqueroient d'exactitude; car la taille étant supportée par les fermiers, qui font leur compte en conséquence, la mesure de cette imposition influe nécessairement sur le prix des baux, &, par conséquent, sur la partie des revenus du propriétaire, soumise à l'impôt du vingtième. Enfin, quoique la gabelle, les aides & d'autres droits, ne portent pas aussi immédiatement que la taille sur le revenu des biens fonds, il est sensible, qu'avec des circonstances d'ailleurs semblables, le revenu d'un propriétaire de terre doit être plus considérable dans les *généralités* où les franchises d'impôts sont nombreuses, que dans celles où tous les droits du fisc sont établis; & l'on s'en appercevroit d'une manière encore plus frappante, si, dans toutes les transactions, l'empire de la propriété sur le prix des travaux communs & faciles, ne rejettoit pas, en augmentation de misère pour le peuple, une grande partie des impôts sur les consommations.

Une vérité, qu'on ne peut mettre en doute, c'est l'inégale distribution des impôts entre les diverses *généralités* du royaume; &, certainement, si cette répartition se faisoit aujourd'hui pour la première fois, on ne proposeroit pas de soumettre certaines provinces à toutes les impositions, & d'y établir encore les grandes gabelles, tandis que d'autres, à-peu-près égales en ressources, seroient à la fois, affranchies, & des aides, & de l'impôt du sel, & du bénéfice du roi sur le tabac, & du contrôle des actes, & de plusieurs autres droits encore. On ne trouveroit pas non plus, qu'une partie des provinces dussent payer les vingtièmes avec exactitude, & selon la valeur actuelle des biens; & les autres, d'après des anciens taux, ou des abonnemens très-favorables. Mais la plupart de ces distinctions tirent leur origine, ou de rachats faits dans les siècles précédens, ou de pactes conventionnels, consentis par le souverain, lors de la réunion successive d'une partie du royaume à la monarchie Françoise. On peut cependant tirer de grandes leçons de conduite du tableau présenté. Il est, entr'autres, une vérité incontestable, qu'on paroît depuis long-tems avoir méconnue; c'est qu'en se procurant de nouvelles ressources, par des sols pour livre ajoutés aux droits sur le sel, sur le tabac, sur les aides, & sur quelques autres objets particuliers de consommation, on n'a fait qu'accroître davantage la première inégalité des distributions, puisque ces additions successives ont augmenté la charge des provinces soumises à toutes les impositions établies dans le royaume, tandis que les *généralités* exemptes, en tout ou en partie de ces mêmes impositions, n'ont participé que foiblement au support des nouveaux tributs.

RÉSUMÉ

De la population de chaque Généralité, & des contributions qu'y paye chaque individu.

Noms des Généralités.	Nombre des habitans par Généralités.	Contributions par Généralités.	Contributions par individu.	
Aix, y compris la contribution pour les chemins.	754,000	15,000,000 *l.*	19 *l.*	18 *sols.*
Amiens.	533,000	15,200,000	28	10
Auch & Pau.	813,000	11,300,000	13	18
Besançon.	678,000	9,300,000	13	14
Bordeaux & Bayonne.	1,439,000	23,000,000	16	
Bourges, y compris la contribution pour les chemins.	512,500	8,000,000	15	12
Chalons.	812,800	21,800,000	26	16
Dijon.	1,087,300	20,800,000	19	3
Grenoble	664,600	11,800,000	17	15
La Rochelle	479,700	9,100,000	18	19
Lille, y compris la contribution pour les chemins.	734,600	14,800,000	20	3
Limoges	646,500	8,900,000	13	15
Lyon	633,600	19,000,000	30	
Metz	349,300	6,800,000	19	9
Montauban, y compris la contribution pour les chemins.	530,200	11,800,000	22	5
Montpellier.	1,699,200	37,500,000	22	1
Moulins	564,400	9,000,000	17	7
Nancy	834,600	10,000,000	12	19
Orléans	709,400	20,000,000	28	4
Paris, la dépense des chemins payée.	1,781,700	114,500,000	64	5
Perpignan.	188,900	2,600,000	13	15
Poitiers	690,500	12,300,000	17	16
Rennes.	2,276,000	28,500,000	12	10
Riom	681,500	12,800,000	18	16
Normandie. { Rouen, 27,400,000 *l.*	740,700	57,000,000	29	16
Normandie. { Caen, 15,200,000	644,000			
Normandie. { Alençon, 14,400,000	528,300			
Soissons	437,200	11,300,000	25	17
Strasbourg.	126,400	8,800,000	14	1
Tours	1,338,700	30,000,000	22	8
Valenciennes	265,200	5,500,000	20	15
	24,676,000	568,000,000 *l.*		

GÊNES.

GÊNES. Suivant notre plan, nous avons à faire connoître cette république du côté de ses finances; c'est-à-dire, par les impositions qui y ont lieu.

C'est dans la collection des mémoires imprimés au Louvre, que nous allons puiser tout ce qui concerne cet objet, tom. I. pag. 317.

Les impositions qui se lèvent dans les Etats de la république de *Gênes*, sont de différentes sortes.

La première, connue sous la dénomination d'*avaria*, consiste dans une taxe qui est établie sur les biens-fonds, en proportion de leur valeur, déterminée par un cadastre : cette taxe revient communément à cinq pour cent.

Les gouvernemens des différens lieux sont chargés du recouvrement de cette imposition. On leur accorde une remise de tant pour cent, suivant l'étendue de chaque district; au moyen de cette remise, ils sont obligés d'acquitter le montant de l'imposition, même ce qu'ils n'auroient pas reçu, & ils donnent, à cet effet, toutes les sûretés convenables; ils sont autorisés à employer les voies d'exécution contre ceux des propriétaires des biens-fonds qui refuseroient de payer le montant de leur taxe.

On élit tous les ans, dans chaque paroisse, des collecteurs qui sont chargés de faire la collecte de cette taxe. Ils jouissent, pendant le tems de leur exercice, de quelques exemptions réelles & personnelles. Le gouverneur leur fait remettre l'état du produit des fonds situés dans l'étendue des communautés qui composent son département; & à la fin de l'année, ces collecteurs sont tenus de lui rendre un compte général de leur recette.

Indépendamment de l'imposition réelle sur les fonds, les habitans des campagnes sont encore assujettis à une autre sorte d'*avaria*, ou imposition personnelle, que l'on peut appeller capitation, & dont la fixation est plus ou moins forte, selon que les besoins de la république & ceux des communautés sont plus ou moins considérables.

Le montant de cette taxe est réglé chaque année, par un tribunal qui est établi pour l'administration des communautés.

Chaque gouverneur est chargé du recouvrement de cette taxe, qui se fait par les mêmes collecteurs qui perçoivent la première sur les biens-fonds : on leur remet, à cet effet, un registre ou rôle, dans lequel sont rappelés tous les noms de ceux qui sont assujettis à cette imposition.

Cette espèce de capitation n'a aucune règle fixe, ni pour l'imposition en elle-même, ni pour la manière d'en régler le montant. Elle est réputée porter sur les revenus des capitaux & sur l'industrie; mais comme ces capitaux sont placés, pour la plus grande partie, aux pays étranger, & que par cette circonstance on ne pourroit que très-difficilement en évaluer les produits, on prend le parti de taxer les particuliers suivant l'état de leur maison, que l'on détermine par le nombre de domestiques dont elle est composée, par le nombre d'équipages, par le genre & l'importance des emplois, & par les notions générales que l'on a des revenus de chaque personne.

C'est d'après ces différentes circonstances qu'est réglée la somme que chaque particulier doit supporter; mais si quelqu'un se trouve taxé au-delà de ses facultés, il a la voie de faire, à un tribunal établi à cet effet, des représentations, qui sont toujours accueillies quand elles sont fondées.

Le montant de la taxe sur l'industrie, est réglé sur le plus ou le moins de talens des particuliers, sur le profit qu'on juge qu'ils peuvent faire dans leur commerce, sur les dépenses intérieures de leur ménage, & principalement sur le plus ou le moins de luxe qu'ils font paroître dans leurs habillemens.

Ainsi, cette manière d'imposer ne peut être, ni bien exacte, ni permanente.

Elle ne peut être bien exacte, parce que souvent on est trompé par les apparences.

Elle ne peut être permanente, relativement aux changemens & variations qui surviennent, soit dans l'état, soit dans les fortunes des particuliers; aussi est-on obligé de faire chaque année des nouvelles taxes, & d'apporter des changemens continuels dans les détails de l'imposition.

Lorsque quelqu'un est en retard de payer, soit la capitation, soit la taxe sur les biens-fonds, on lui fait trois sommations, & s'il ne satisfait pas, on procède contre lui par la voie de la saisie & exécution de ses effets & de ses biens; s'ils ne sont pas suffisans, on le constitue prisonnier.

La troisième espèce d'imposition, connue sous la dénomination *della marina*, consiste dans un droit qui se perçoit sur chaque mine ou sac de grain qu'on fait moudre.

Ces droits sont affermés, par partie, au plus offrant & dernier enchérisseur; c'est-à-dire, que les droits sur les grains qu'on fait moudre dans un endroit, sont affermés à un particulier; ceux qu'on fait moudre dans un autre, à un autre particulier: c'est le seul moyen qu'on ait pû trouver pour prévenir les fraudes qui se pratiquoient d'autant plus facilement, que les lieux où sont situés les moulins sont en général très-éloignés les uns des autres, & qu'un seul & même adjudicataire n'auroit pû veiller sur tous ces endroits à-la-fois; au lieu que chaque adjudicataire n'ayant qu'un objet particulier à suivre, il est à portée de le faire avec exactitude.

Une quatrième imposition consiste dans les droits qui se perçoivent sur les cartes à jouer.

Il étoit bien difficile de tirer du droit sur les cartes, tout le parti dont il pouvoit être susceptible, parce que chaque particulier se procuroit des cartes de contrebande. Il auroit fallu, pour prévenir ce genre de fraude, être informé avec la plus grande exactitude des jeux qui se tenoient dans chaque maison; ces recherches auroient occasionné des dépenses considérables; elles auroient eu aux yeux du public l'apparence d'une vexation, ce qu'il étoit intéressant pour la république d'éviter. Ces motifs ont engagé à affermer à un particulier le droit exclusif de fabriquer & de vendre les cartes, & cette ferme ne produit qu'une modique somme, parce que les cartes de contrebande étant à un prix inférieur, les particuliers les préfèrent.

On a vu au mot CARTES, dans le premier volume de cet ouvrage, par quels moyens on est parvenu en France à prévenir la fraude sur cette partie, ou du moins à la réduire beaucoup.

On perçoit dans les Etats de la république de *Gênes*, des droits à la vente du poisson; ces droits sont proportionnés au prix auquel le poisson est vendu, & ce prix est fixé par le tribunal qui est chargé de la police des vivres. Mais comme la vente du poisson en détail forme un privilége exclusif, les pêcheurs, sous prétexte des difficultés qu'ils éprouvent, soit de la part du fermier de ce privilége, soit de la part des commis qui sont préposés à la perception du droit, préfèrent de porter le poisson à Turin, ou dans d'autres endroits, & cette circonstance diminue de beaucoup l'objet de la consommation de cette denrée dans la ville de *Gênes*.

On perçoit pareillement des droits sur les fours à chaux & à briques, & sur le savon.

Ces droits consistent dans une somme qui est payée pour la cuite des briques & de la chaux, & pour la fabrication du savon; ils sont affermés à un particulier, & la perception en est d'autant plus facile & plus sûre, que celui qui voudroit se livrer à la fraude, seroit bientôt décélé par la fumée des fours, & par l'odeur de l'huile qui entre dans la composition du savon.

La fourniture des bœufs nécessaires pour la consommation des habitans de la ville de *Gênes*, se fait par entreprise.

On convient avec un particulier de la quantité & qualité des bœufs qu'il doit fournir, & on règle le prix que les bouchers paieront pour chaque bœuf.

Indépendamment de ce prix, on perçoit à l'entrée un droit sur chaque bœuf, & c'est le boucher qui est tenu d'acquitter ce droit, sur les bœufs qu'il achette. Il revient à-peu-près à la moitié du prix auquel la livre de viande est fixée.

Ce droit, quoique très-considérable, ne donne cependant qu'un produit assez modique, soit parce que la cherté excessive de la viande en diminue la consommation, soit parce que les bouchers, pour s'indemniser des charges auxquelles ils sont assujettis, en vendent beaucoup en France.

On perçoit aussi sous le nom *de Baglira*, des droits sur les fruits & herbages qui entrent dans la ville, & qui sont vendus aux marchés; ces droits sont affermés, & se perçoivent à raison du poids de chaque charge.

Les bois & charbon qui entrent dans la ville de *Gênes*, sont aussi assujettis à des droits, dont la perception est affermée à un particulier.

Deux sortes de droits se perçoivent aussi sur le grain, le vin, l'huile, la farine & le pain: les uns se payent aux entrées, & les autres à la vente en détail.

Les droits qui se perçoivent à l'entrée sur le grain, le pain & le vin, sont affermés au plus offrant & dernier enchérisseur. Le fermier en fait faire la perception par des employés & des gardes, placés aux portes des différentes villes.

On observe cependant que les denrées qui croissent dans l'étendue d'un territoire, & qui y sont consommées, n'acquittent aucun droit; mais lorsqu'elles sortent de ce territoire, pour être transportées dans un autre, elles sont assujetties aux droits, comme denrées étrangères. Les droits qui se perçoivent à la vente en détail du vin, de la farine, du pain & de l'huile, produisent à la république un revenu considérable, quoique ces droits ne soient perçus que dans la seule ville de *Gênes*; la raison est que les particuliers auxquels leurs facultés ne permettent pas de faire des provisions, sont dans la nécessité de se pourvoir aux boutiques où ces denrées sont vendues en détail.

L'administration de la vente de ces denrées, est confiée à trois tribunaux, qui ont été établis à cet effet, & dont ceux qui les composent ont emprunté les fonds nécessaires pour fournir aux achats qu'ils sont obligés de faire: ces tribunaux sont, celui de l'abondance, qui est chargé de la vente du pain & de la farine, celui du vin, & celui de l'huile.

Ces tribunaux ont des commis, qui sont répandus dans les différens quartiers de la ville, & qui y débitent les denrées, au prix, au poids & à la mesure, que chaque tribunal a fixés pour l'objet qui les concerne.

Une des principales branches des revenus de la république de *Gênes*, consiste dans le privilége exclusif de vendre le tabac, l'eau-de-vie & les liqueurs fortes, & à tenir la loterie, dite *du Séminaire.*

Ces objets sont affermés à des particuliers, qui, en conséquence de leurs baux, fournissent seuls dans toute l'étendue des Etats de la république, le tabac, l'eau-de-vie, & autres liqueurs fortes, qu'ils fabriquent ou qu'ils achètent. Le prix auquel ils doivent en faire la vente, est réglé par la chambre des finances.

Il en est de même pour la loterie; celui auquel ce privilége est affermé, peut seul distribuer les billets. Le prix en est fixé, & il est obligé de faire les tirages aux époques, qui sont pareillement fixées par la chambre des finances. Il est fait défenses à toutes personnes de former une semblable loterie, ou autre établissement qui pourroit y avoir rapport.

L'état de *Gênes* perçoit aussi des droits de péage, dont le produit est destiné à l'entretien des grands chemins; c'est cette circonstance qui a fait donner à ces droits la dénomination de gabelle des chemins.

La perception de ces droits est affermée, non en général, mais à autant de particuliers, qu'il y a de grandes routes sur lesquelles on perçoit des péages.

Les droits qui se lèvent sur chaque balle de papier qui arrive à *Gênes*, sont affermés chaque année : on ne connoît point l'objet de ces droits.

Les droits qui se perçoivent sur le papier timbré, sont plus ou moins forts, relativement au plus ou au moins d'importance des actes auxquels chaque espèce de papier est destiné.

Ces droits sont toujours perçus exactement, & il ne peut point se commettre de fraudes.

En effet, on remet aux gouverneurs des villes & bourgs une quantité de papier timbré déterminée : ceux-ci tiennent registre de ce qu'ils en remettent de leur côté à ceux qui sont chargés de le vendre; ainsi l'on connoît par le nombre de feuilles qui restent, la quantité de celles qui ont été vendues, & le montant des droits qui ont été payés. Tout acte, ou contrat, qui ne seroit point fait sur papier timbré, même entre particuliers, & sous signature privée, n'auroit aucune force en justice.

On perçoit, sur tous les contrats en général, des droits, qui varient suivant la nature dont ils sont.

Ceux qui sont perçus sur les contrats de mariage, sont acquittés par les parties qui contractent, à raison de tant pour cent pour la dot des filles; ils sont connus sous la dénomination de *Gabelle delle Censarie.*

Les droits sur les contrats de vente & aliénation des biens-fonds & des bâtimens de mer, se payent aussi, à raison de tant pour cent, de la valeur de ces biens-fonds & bâtimens.

Ces droits, quoique l'objet en soit assez considérable, sont cependant perçus avec la plus grande facilité; & il est d'autant plus difficile de s'y soustraire, que les notaires qui passent les contrats qui y sont sujets, sont tenus, dans un délai fixé, de remettre une copie de ces contrats, au tribunal qui est chargé de cette perception, & qui fait ensuite payer les redevables. Les notaires qui ne remettroient pas copie des actes ou contrats, seroient condamnés à des amendes considérables. Il y a d'ailleurs des personnes préposées pour s'informer des contrats qui sont passés, & qui en donnent avis au tribunal.

Lorsqu'on paye les droits, dans un certain délai, on obtient des diminutions assez fortes; mais lorsque ces droits n'ont point été acquittés, les contrats n'ont aucune force, & les femmes même ne peuvent exercer aucune hypothèque sur leur dot.

L'impôt sur le sel, forme encore une branche de revenu assez considérable pour la république.

Le tribunal qui est chargé de cet objet, fait un marché avec un entrepreneur, qui s'oblige de fournir la quantité de sel qui est convenue, & moyennant un prix qui est réglé & fixé.

Le tribunal passe ensuite avec le même entrepreneur, ou avec un autre, un second marché, par lequel cet entrepreneur, ou autre, s'oblige à vendre un certain nombre de mesures de sel, que le tribunal lui fournit, & à-peu-près au même prix que le tribunal le lui a laissé.

Le profit de ce fermier consiste en ce que, lorsqu'il a vendu le nombre de mesures qui a été convenu, le tribunal lui en vend d'autres, à un prix inférieur, & il les revend ensuite pour son compte, sur le même pied que les premières qu'il avoit achetées plus chères.

On perçoit enfin dans la ville de *Gênes*, & dans quelques autres villes de la république, des droits de douane sur les marchandises qui viennent du dehors, soit pour être consommées dans ces villes, soit pour être transportées ailleurs.

Les marchandises qui sont fabriquées dans les Etats de la république, & qui sont destinées pour la consommation de la ville de *Gênes*; & celles qui sortent de la ville & des Etats de la république, pour être exportées à l'étranger, sont sujettes aux mêmes droits.

La douane est administrée par un tribunal, qui a aussi inspection sur les ports francs, qui consiste en ce que les marchandises qui viennent de l'étranger, & qui sont déposées à la douane, sont exemptes, pendant dix ans, de tout droit

Cette facilité d'introduire dans la ville de *Gênes* des marchandises, sans payer les droits de douane, y occasionne de la contrebande; mais elle doit en même-tems procurer un grand commerce d'entrepôt & de réexportation. Dans la vue de prévenir les abus de l'entrepôt, on a soin de mettre aux portes des villes un grand nombre de commis & de gardes, dont les gages diminuent de beaucoup le produit net des droits de douane.

GENÈVE. République située entre la France, la Savoye & la Suisse, à l'extrémité du lac de son nom, & à la naissance du Rhône. On peut consulter le dictionnaire de géographie, pour avoir tous les détails historiques & topographiques qui concernent cette ville. Nous devons nous borner, dans le dictionnaire des finances, à parler des revenus de l'état, des droits & des impositions qui les procurent.

L'édit de 1782, appellé l'édit de pacification, parce qu'il a mis fin aux troubles qui désoloient la république, va nous mettre à portée de faire connoître en quoi consistent ces revenus.

Mais il est indispensable de rappeller sommairement les différentes dispositions de ce réglement, qui établissent la constitution & la puissance législative de cet Etat.

TITRE PREMIER.

ARTICLE PREMIER.

Tous les différens ordres qui composent le gouvernement de *Genève*; savoir, les quatre syndics, le petit conseil, ou le conseil des vingt-cinq, le conseil des soixante, le conseil des deux cents, ou le grand-conseil, & le conseil général, conserveront chacun leurs droits & attributs particuliers; en sorte que l'un des susdits ordres ne pourra donner aucune atteinte quelconque aux droits & attributs des autres ordres.

II.

Les syndics ne pourront être pris que dans le conseil des vingt-cinq; les membres du conseil des vingt-cinq, ne pourront être pris qu'entre les citoyens du conseil des deux cents; ceux du conseil des soixante, ne pourront être pris que dans le conseil des deux cents; ceux du conseil des deux cents, ne pourront être pris que parmi les citoyens & bourgeois; & les seuls citoyens & bourgeois âgés de vingt-cinq ans accomplis auront, avec les syndics & les membres des petit & grand conseil, entrée au conseil général.

TITRE II.

Parmi les droits & attributs du conseil général légitimement assemblé, est le pouvoir législatif; à ce titre, celui d'agréer ou rejetter les impôts & subsides qui lui seront proposés, c'est-à-dire toute levée de deniers, ou autres contributions quelconques, qui emportent contrainte.

Aucune matière ne pourra être proposée au conseil général que par les syndics, petit & grand conseil, qui seuls auront le droit de le convoquer.

Rien ne pourra être porté au conseil des deux cents qui n'ait auparavant été traité & approuvé dans le conseil des vingt-cinq, & rien ne pourra être porté au conseil général, qui n'ait été auparavant traité & approuvé dans le conseil des deux cents.

Le conseil général statuera sur les matières qui lui seront portées, en approuvant ou rejettant par billets, & sans délibérer, les avis qui lui seront proposés par les syndics, petit & grand conseil.

Les débiteurs insolvables, les citoyens en faillite, ceux qui ne supportent pas les charges de l'Etat; ceux qui sont assistés des bourses publiques, seront exclus dans tous les cas du conseil général.

TITRE XXIV.

Des emprunts, des impôts & des revenus de l'Etat.

ARTICLE PREMIER.

Le fond capital de l'Etat étant déjà presque entièrement absorbé, & les établissemens nouveaux, prescrits par le présent édit, nécessitant des dépenses, soit momentanées, soit perpétuelles, très-considérables, il est indispensable de recourir à un emprunt pour fonder ces établissemens, & à de nouveaux impôts, pour pourvoir au paiement de l'intérêt des sommes empruntées, pour préparer leur remboursement, & pour assurer à l'Etat les revenus qui lui seront nécessaires à l'avenir: en conséquence.

§. 1.

Les petit & grand conseils sont autorisés à emprunter la somme de six cent mille livres, soit deux cent mille écus argent courant, & à hypothéquer pour sûreté des prêteurs les domaines & les revenus de l'Etat.

§. 2.

Les petit & grand conseils fixeront l'intérêt, les termes & les conditions de cet emprunt.

§. 3.

Dès que les besoins de l'Etat & la situation de ses finances le permettront, les petit & grand conseils devront commencer & continuer successivement le remboursement de cet emprunt.

§. 4.

Les petit & grand conseils pourront néanmoins, si les prêteurs y consentent, borner ce remboursement à la somme de trois cent mille livres, de manière que l'Etat reste débiteur de celle de trois cent mille livres. Et dans le cas où tout l'emprunt auroit été remboursé, il sera toujours loisible aux petit & grand conseils d'emprunter de nouveau, & sous les mêmes hypothèques, jusques à la concurrence de trois cent mille livres, en sorte que l'Etat puisse être constamment débiteur de cette somme, sans qu'il soit besoin de l'assentiment du conseil général, la susdite dette devant toujours être envisagée comme une suite de l'emprunt présentement ordonné.

ARTICLE II.

Droits sur le bled.

§. 1.

Tout le bled qui devra être moulu dans les moulins de la ville ou de la banlieue, sera pesé au poids public, & paiera à l'Etat un droit de dix sols par coupe du poids de cent & cinq livres. Le poids devra être vérifié au contrôle, pour le prix de six deniers par coupe, applicables aux gages des commis.

§. 2.

Les farines qui entreront dans la ville, paieront à la porte un droit de sept sols & demi par quintal.

§. 3.

Il sera payé à l'Etat un florin par chaque coupe de bled que la chambre des bleds remet aux boulangers.

ARTICLE III.

De la gabelle de la chair.

Les différentes bêtes qui seront tuées à la boucherie, ou qui entreront mortes dans la ville, paieront à l'Etat un droit de gabelle, conformément au tarif ci-dessous.

Ce droit s'exigera à la boucherie, quant aux bêtes qui y sont tuées, & aux diverses portes, quant à celles qui seront importées mortes dans la ville.

		flor.	f.	d.
Bœufs,	Gabelle..........	25	3	
	Banchage........	2		
	Ecorcherie.......	1		
Vaches,	Gabelle..........	13		
	Banchage........	1		
	Ecorcherie.......		6	
Veaux,	Gabelle..........	2		
	Banchage........		3	
	Ecorcherie.......		1	6
Moutons,	Gabelle..........	2		
	Banchage........		2	
	Ecorcherie.......		1	
Cochons,	tués par les bouchers	6		
	Par les particuliers à la tuerie......	4		
	Achetés morts....	3		
Chèvres,	....	3	6	

ARTICLE IV.

Du droit sur le sel & sur la poudre à tirer.

§. 1.

Le commerce exclusif du sel nécessaire pour la consommation de la ville & du territoire, appartiendra à l'Etat.

Le sel sera vendu en détail, à raison de cinq sols la livre, & si le prix d'achat venoit à être augmenté, le prix de la vente devra être aussi augmenté, mais seulement dans la même proportion.

§. 2.

Le commerce exclusif de la poudre à tirer, appartiendra à l'Etat, & le grand conseil fera sur la fabrication & la vente de cette poudre, les réglemens qu'il estimera convenables.

ARTICLE V.

Droits sur le vin.

§. 1.

Les vins du territoire de la république, ainsi que ceux du pays de Vaud, de la Savoye, de la Franche-Comté, du pays de Gex & du Bugey, paieront à l'Etat un droit d'entrée de dix sols par septier, s'ils proviennent de fonds appartenans à des citoyens, bourgeois, natifs, habitans ou sujets, & de douze sols, c'est-à-dire, d'un florin par septier, s'ils proviennent d'autres fonds.

§. 2.

Les vins des provinces de France plus éloignées, d'Allemagne, de la principauté de Neufchâtel, & d'ailleurs, paieront un droit d'entrée de deux florins par septier.

§. 3.

Les vins fins qui viendront en paniers, paieront le droit d'entrée à raison de quatre florins par septier.

§. 4.

Toutes les liqueurs & eaux de senteur, tous les vins de liqueur, ainsi que les divers vins muscats, paieront le droit d'entrée à raison de douze florins par septier, ou de trois sols par bouteille, de quelque grandeur qu'elles soient, pourvu qu'elles n'excèdent pas le pot.

§. 5.

Les eaux-de-vie, bières, vinaigres, lies & vins

gâtés, paieront un droit d'entrée double de celui qu'ils payoient ci-devant conformément au tarif.

§. 6.

Les droits mentionnés ci-dessus, se prendront sur les vins qui entrent, tant dans la banlieue que dans la ville & son territoire, pour y être consommés.

§. 7.

Les habitans ou sujets de l'Etat, qui obtiendront la permission de vendre en détail, dans leur maison de la banlieue, le vin du crû de leurs fonds situés dans ladite banlieue, paieront à l'Etat le droit d'entrée, à raison d'un florin par septier.

§. 8.

Les vins étrangers qui passeront dans la ville, paieront à l'Etat un droit de transit de six sols par quintal.

§. 9.

Les hôtes, cabaretiers, traiteurs & autres, qui feront la revente du vin, paieront à l'Etat un droit de gabelle de deux florins par septier, pour tout le vin dont ils feront la revente, tant dans la ville que dans le territoire, si ledit vin est dans la classe de ceux qui sont compris dans l'article premier, & de quatre florins par septier pour les autres vins, s'ils ont obtenu la permission d'en revendre.

ARTICLE VI.

Droit sur le bois à brûler.

Le bois à brûler qui entrera dans la ville, paiera à l'Etat un droit d'un pour cent, lequel sera payé en nature pour le bois qui entre par terre ; & en nature ou en argent, au choix du propriétaire, pour celui qui entre par le lac.

ARTICLE VII.

Droit sur le suif.

§. 1.

Les suifs produits par les boucheries de la ville & du territoire, paieront à l'Etat un droit d'un sol par livre, outre six sols par quintal, payables par ceux qui le fabriqueront dans la ville, pour l'usage de la chambre, des chaudières & des presses destinées à le préparer.

§. 2.

Les suifs venant de l'étranger, ouvrés ou non ouvrés, outre les droits de la douane, paieront un droit de trois florins six sols par quintal.

ARTICLE VIII.

Droit sur les cartes à jouer.

Toutes les cartes à jouer dont on se servira dans la ville & dans le territoire, paieront à l'Etat un droit d'un florin neuf sols par sixain, c'est-à-dire trois sols six deniers par jeu.

Le petit conseil pourra établir des bureaux, ou accorder un privilège exclusif pour la vente des cartes.

ARTICLE IX.

Droit sur les glaces, les dorures & les marbres.

Toutes les glaces de carrosse ou de miroir, toutes les moulures, toutes les sculptures dorées, ainsi que les tables, les chambranles, & tous les ouvrages en marbre, qui entreront dans la ville ou sur le territoire pour y être employés, paieront à l'Etat, outre le droit de douane, un droit de dix pour cent de leur prix.

ARTICLE X.

Droit sur le sucre en pain.

Tout le sucre en pain, de quelque espèce & en quelque état qu'il soit, qui entrera dans la ville ou sur le territoire pour y être consommé, outre le droit de douane, paiera à l'Etat un droit de trois sols par livre.

ARTICLE XI.

Droit sur le café.

Tous les cafés qui entreront dans la ville ou sur le territoire pour y être consommés, outre le droit de la douane, paieront à l'Etat un droit d'un sol six deniers par livre, & de trois sols, s'ils sont du Levant.

ARTICLE XII.

Droit sur le thé.

Tout le thé qui entrera dans la ville ou sur le territoire pour y être consommé, outre le droit de douane, paiera un droit d'un florin par livre.

ARTICLE XIII.

Droit sur les bougies & la cire blanche.

Toutes les bougies qui entreront dans la ville ou sur le territoire pour y être consommées, outre le droit de douane, paieront un droit d'un florin par livre.

La cire blanche qui entrera dans la ville ou sur le territoire pour y être consommée, outre le droit de douane, paiera un droit de six sols par livre.

ARTICLE XIV.

Droit sur le tabac.

Tout le tabac qui entrera dans la ville ou sur le territoire pour y être consommé, paiera, compris le droit de douane, un droit de douze florins six sols par quintal.

ARTICLE XV.

De la Douane.

§. 1.

Toutes les marchandises importées dans le territoire de la république, pour y être consommées, de même que celles qui en seront exportées, payeront à l'État un droit de douane, soit pour l'entrée, soit pour la sortie, de la manière fixée ci après.

§. 2.

Les citoyens, les bourgeois, les natifs & habitans, payeront les susdits droits conformément au tarif.

§. 3.

Les domiciliés, & tous autres payeront les droits fixés par le tarif, avec une moitié en sus; & de plus ils payeront le droit de courtage de la douane, ainsi qu'il sera dit ci-après.

§. 4.

Toute marchandise non mentionnée dans le tarif, payera le droit d'entrée sur le pied de demi pour cent de sa valeur; si elle est pour le compte de quelque citoyen, bourgeois, natif, habitant & sujet: si elle est pour le compte d'un domicilié ou de toute autre personne étrangère, le droit sera augmenté dans la proportion établie par le paragraphe précédent.

§. 5.

Le droit de sortie pour les marchandises non tariffées, sera de dix sols par quintal.

§. 6.

Les marchandises de passage, quelque soit leur nature & leur valeur, & à qui qu'elles appartiennent, payeront à la douane un droit de transit de six sols par quintal; à l'exception des sels & tabacs pour les Etats-voisins, qui payeront le transit conformément aux conventions faites à ce sujet.

§. 7.

Toutes les marchandises importées dans le territoire de la république, de même que celles qui en seront exportées, seront conduites à la douane pour y acquitter les droits, à peine de confiscation de la marchandise & de cinquante écus d'amende contre les voituriers, charetiers, muletiers, bateliers ou gagne-deniers, qui en feroient le transport au préjudice des droits de la douane.

§. 8.

En cas de soupçon de fraude, le directeur ou le fermier de la douane sera autorisé à arrêter & à faire conduire à la douane les marchandises suspectes, & à faire ouvrir les pièces, en présence de deux négocians & du propriétaire, ou d'un de ses commis, & ce, aux dépens de celui qui sera en tort.

§. 9.

En cas de doute sur la propriété de la marchandise, celui qui s'en prétend le propriétaire sera tenu d'en faire sa déclaration par serment.

§. 10.

Celui qui, en fraude des droits de la douane, aura donné ou fait donner une fausse déclaration, soit sur la qualité, la quantité ou la valeur de sa marchandise, soit sur la personne à qui elle appartient, ou qui aura déclaré ou fait déclarer, pour marchandise de transit, celle qu'il sait devoir rester dans l'Etat, sera puni par la confiscation de ladite marchandise, & telle autre peine plus grave s'il y écheoit.

§. 11.

Celui qui, après avoir reçu une marchandise de transit, au lieu de l'expédier, la vendra dans la ville ou le territoire, devra en acquitter le droit d'entrée, sous la déduction du droit de transit, à peine de confiscation du prix de la marchandise.

Celui qui, après avoir commis & reçu une marchandise pour son compte, seroit ensuite dans le cas de la vendre pour le compte de l'étranger, sera pareillement tenu de bonifier à la douane le surplus des droits, sous la même peine que ci-dessus.

§. 12.

Toutes les marchandises qui séjourneront à la douane plus de quinze jours, payeront le droit de garde, qui sera, pour chaque mois en sus des susdits quinze jours, de six sols par quintal pour les marchandises fines, & de deux sols par quintal pour les marchandises grossières.

Les marchandises qui seront restées à la douane plus des quinze jours susdits, payeront au moins la garde d'un mois.

§. 13.

La douane sera responsable envers les particuliers des marchandises qui y seront déposées pendant quinze jours, lorsqu'elles auront été consignées au directeur ou au fermier, & enrégistrées sur le livre d'entrée. Passé ce terme, ceux qui voudront rendre la douane responsable de leurs marchandises, devront en payer la garde & les faire enregistrer sur le livre de garde.

§. 14.

Le grand conseil aura le droit de recevoir le tarif de la douane, & de porter au demi pour cent, conformément à l'esprit du tarif, la taxe des marchandises qui ne payent pas le demi pour cent, ou qui ne sont pas imposées par le présent édit.

Dans le cas où l'intérêt du commerce exigeroit qu'il fût fait une diminution sur les droits de quelque marchandise particulière, le petit conseil sera autorisé à faire ladite diminution pour un tems limité, après avoir pris, sur ce, l'avis de la chambre du commerce.

§. 15.

Le grand conseil sera chargé de faire les réglemens sur la police de la douane; de même que sur les fonctions du directeur ou du fermier & des commis

ARTICLE XVI.

De la vente des marchandises appartenantes aux étrangers & du courtage de la douane.

§. 1.

Toutes ventes de marchandises déposées à la douane, appartenantes aux étrangers, seront faites par l'entremise du courtier de la douane.

§. 2.

Il sera payé au susdit courtier, par le vendeur, un droit de demi pour cent sur le prix de la marchandise; indépendamment d'une rétribution payée par l'acheteur, laquelle sera de dix sols par bale ou autre pièce dont le poids n'excédera pas deux quintaux, & à proportion pour celles qui seront au-dessus.

Le même droit de demi pour cent sera payé au susdit courtier dans le cas où des étrangers enverroient des marchandises à vendre pour leur compte à des négocians de cette ville; laissant aux susdits négocians la faculté de les vendre eux-mêmes, ou de les faire vendre par d'autres courtiers, s'ils le jugent convenable.

§. 3.

Quant aux fruits & autres marchandises amenées en cette ville par des muletiers, au lieu du droit susdit, il sera payé au courtier par le vendeur neuf sols par pésée de deux quintaux, & par l'acheteur six sols par pésée dans le cas où le courtier l'aura averti de l'arrivée de la marchandise.

Le même droit de neuf sols par pésée sera payé au courtier, dans le cas où les muletiers ameneroient des marchandises, de la vente desquelles ils seroient convenus d'avance avec les négocians de la ville.

§. 4.

Les particuliers qui, en fraude du droit mentionné dans les deux articles précédens, vendroient sous leur nom des marchandises appartenantes à des étrangers, seront punis par une amende égale à la valeur desdites marchandises.

ARTICLE XVII.

Du courtage de change & de celui des marchandises.

§. 1.

Le petit conseil fixera le nombre des agens de change chargés des négociations d'espèces, lettres de change, & autres papiers négociables, lesquels seront élus par la chambre du commerce, qui les présentera au petit conseil pour y être approuvés ou rejetés par le grabeau.

§. 2.

Il y aura de même des courtiers pour les négociations de marchandises entre les négocians de cette ville, lesquels seront élus par la chambre du commerce.

§. 3.

Le droit des agens de change sera d'un tiers pour mille, payable par chacun de ceux pour qui ils auront fait une négociation.

Le droit des courtiers en marchandises, sera d'un quart pour cent de la valeur de la marchandise, payable tant par le vendeur que par l'acheteur.

§. 4.

Tous les trois ans la chambre du commerce procédera au grabeau des agens de change; mais s'ils sont omis au grabeau, cette omission ne pourra avoir d'effet qu'autant qu'elle sera confirmée par le petit conseil.

La somme que les agens de change payeront annuellement à l'Etat pour la ferme de leur emploi, sera la dixième partie de leur profit, sur quoi on s'en rapportera à leur déclaration assermentée; mais pour ceux qui sont présentement en office, le prix de la ferme restera pendant trois ans sur le pied actuel.

§. 5.

Tous les trois ans, la chambre du commerce procédera au grabeau des courtiers de marchandises, & déterminera la finance qu'ils devront payer annuellement à l'Etat pour la ferme de leur emploi, & cette finance ne pourra pas excéder la somme de quatre cens florins.

§. 6.

Défenses très-expresses sont faites à toutes personnes, qui n'auront pas été établies agens de change, ou courtiers de marchandises, de faire aucun des courtages mentionnés ci-dessus.

§. 7.

Le privilège des gazettes, & celui de la feuille d'avis,

d'avis seront adjugés tous les trois ans, au plus offrant & dernier enchérisseur.

ARTICLE XVIII.

Du droit de protection pour le commerce & pour les maîtrises.

§. 1.

Ceux qui, sans avoir par l'édit le droit de négocier, en auront obtenu la permission du petit conseil, payeront annuellement à l'Etat un droit de protection, lequel sera fixé par la chambre du commerce, sous l'approbation du petit conseil.

§. 2.

Ce droit sera déterminé selon la nature & les avantages du commerce, & selon la portion pour laquelle celui qui aura obtenu ladite protection s'y trouve intéressé.

§. 3.

Les habitans qui seront admis aux professions d'horlogerie & d'orfévrerie, en qualité de maîtres privilégiés, payeront à l'Etat un droit de deux cens florins.

ARTICLE XIX.

Droit sur l'affinage.

Il sera payé à l'Etat un droit de six sols pour chaque marc d'argent fin affiné dans la ville ou dans le territoire. Ce droit sera payé chaque année au trésorier général par l'affineur, qui lui remettera en même tems sa déclaration de la quantité de marcs qu'il aura affiné dans l'année.

ARTICLE XX.

Droit sur la marque des cuirs.

Les cuirs destinés à la consommation de la ville & du territoire, de même que ceux qui, ayant été fabriqués dans la ville, seront transportés dans l'étranger, devront être marqués à la marque de l'état, & payeront pour ladite marque le droit fixé par le tarif.

Défenses sont faites à tous ceux qui emploient des cuirs dans leur profession, de se servir de cuirs non marqués, à peine de confiscation & d'amende.

ARTICLE XXI.

Droit d'enseigne sur les logis.

Chaque hôte, cabaretier ou traiteur de la ville, paiera annuellement à l'Etat, pour droit d'enseigne, cinquante florins.

ARTICLE XXII.

De la taxe des gardes.

§. 1.

Les citoyens, bourgeois, natifs, habitans & sujets, en quelque lieu qu'ils soient domiciliés, payeront à l'Etat la taxe des gardes dès qu'ils seront hors de la puissance paternelle, conformément aux règles ci-après.

§. 2.

La taxe des gardes sera annuellée & réglée suivant l'état ou suivant la fortune de ceux qui y sont sujets.

§. 3.

La taxe relative à l'état des personnes, sera réglée comme il suit.

1°. Les compagnons des diverses professions, de même que les journaliers, manœuvres, & autres ouvriers qui n'ont d'autres biens que leur travail, payeront, s'ils sont domiciliés dans la ville, depuis douze jusqu'à dix-huit florins; & s'ils sont domiciliés hors de la ville, depuis sept jusqu'à dix florins. (Le florin paroît évalué à cinq sols huit deniers un tiers.)

2°. Les maîtres des diverses professions ou métiers, ceux qui s'occupent à quelque profession ou métier qui n'est pas établi en maîtrise, ceux qui exercent le commerce, de même que ceux qui professent les sciences, les lettres ou les arts, s'ils n'ont d'autre bien que leur travail ou leur industrie, payeront pour la plus basse taxe dix-huit florins, & pour la plus haute, trente-deux florins.

Cette taxe sera plus particulièrement déterminée en ayant égard aux moyens de subsistance de ceux qui y sont soumis.

3°. Les membres du grand conseil payeront au moins cinq écus.

4°. Les membres du petit conseil payeront au moins dix écus.

5°. Les mineurs non mariés qui seront hors de la puissance paternelle, seront taxés relativement à leur fortune & à leurs moyens de subsistance, sans avoir égard à l'état de leur père.

Les filles & les veuves qui ne subsistent que de leur travail, seront exemptes de la taxe des gardes.

§. 4.

La taxe relative à la fortune, sera réglée comme il suit.

1°. Ceux dont le bien ne passera pas dix mille écus, payeront demi pour mille de leur capital.

2°. Ceux dont le bien sera au dessus de dix mille écus, payeront demi pour mille des dix premiers mille écus, & un pour mille de l'excédent.

3°. La plus haute taxe n'excédera pas trois mille cinq cens florins.

4°. Dans l'évaluation de la fortune, seront compris tous les biens de quelque nature qu'ils soient,

& en quelque lieu qu'ils soient situés, à l'exception des outils & du mobilier.

§. 5.

La taxe déterminée par l'état des personnes, ne pourra être cumulée avec celle qui est relative à la fortune, & l'on ne pourra exiger d'un particulier que celle des deux qui sera la plus haute.

§. 6.

Les personnes dont la fortune sera au-dessous de vingt-cinq mille écus, seront libérées du quart de leurs gardes, si elles ont trois enfans ou plus; & de la moitié, si elles en ont six ou plus, tandis que lesdits enfans seront vivans & à leur charge.

§. 7.

Les personnes qui auront eu dix enfans vivans en même tems, seront libérées de la taxe des gardes pendant leur vie.

§. 8.

Les personnes domiciliées dans l'étranger ne paieront, pendant leur absence, que la moitié de la taxe des gardes.

§. 9.

La chambre chargée de la répartition, & de la perception de cet impôt, devra poursuivre en justice toutes les personnes qui seront en retard de trois ans.

§. 10.

La chambre des domiciliés déterminera la taxe que les domiciliés devront payer.

§. 11.

La chambre des gardes devra revoir les taxes tous les trois ans; cependant s'il advient dans cet intervalle à un particulier quelque accroissement de fortune notoire, la chambre pourra augmenter sa taxe dès l'année même.

§. 12.

Toutes les fois qu'il y aura contestation entre la chambre & le particulier qu'elle aura taxé, si celui-ci refuse de se mettre à la taxe qui lui aura été imposée, on s'en tiendra à la taxe qu'il déclarera par écrit être celle qu'il doit payer conformément au présent édit, sans qu'il puisse être pris contre lui des mesures ultérieures.

§. 13.

Dès le premier janvier 1786, & pendant quinze années consécutives, toutes les taxes depuis quatre écus, soit quarante-deux florins en sus, seront augmentées de moitié, en sorte que les personnes qui sont imposées de quatre écus en paieront six, & ainsi de suite.

La taxe des gardes ne se payant qu'à terme échu, l'augmentation ne sera payable qu'au commencement de l'année 1787, jusques au commencement de l'année 1801 inclusivement, & passé ce terme, l'imposition des gardes ne pourra être sujette à aucune augmentation.

§. 14.

Du produit de la taxe additionnelle, sera formé un fond d'amortissement destiné à commencer le remboursement des sommes empruntées par l'Etat.

ARTICLE XXIII.

Droit sur la vaisselle.

Chaque particulier pourra avoir dans son mobilier deux cens onces de vaisselle d'argent qui ne seront sujettes à aucune imposition; mais il paiera annuellement un pour cent de la valeur intrinsèque de la vaisselle qu'il aura dans son ménage au-delà des deux cens onces susdites.

Cette imposition sera perçue pour la première fois, dans le mois de janvier 1784; on s'en rapportera, pour la quantité de la vaisselle, à la déclaration des particuliers.

ARTICLE XXIV.

Droit sur les loyers.

§. 1.

Toutes les locations d'appartemens, boutiques, magasins, emplacemens situés dans la ville, dont le prix n'excédera pas la somme de cinquante écus, soit cinq cens vingt-cinq florins, ne seront sujettes à aucune imposition.

§. 2.

Toutes les locations de l'espèce susdite dont le prix excédera la somme de cinquante écus, & ne sera pas au-dessus de celle de cent écus, soit trois cens livres, seront sujettes à une imposition annuelle d'un & demi pour cent du prix total, payable en sus du susdit prix.

§. 3.

L'imposition annuelle sur les locations, croîtra d'un demi pour cent du prix total, à mesure que le susdit prix s'élèvera de cinquante livres, soit cent soixante & quinze florins; ainsi les locations depuis trois cens livres jusques à trois cens cinquante, seront imposées de deux pour cent, celles depuis trois cens cinquante à quatre cens, de deux & demi pour cent, & ainsi de suite.

§. 4.

L'imposition sur les locations sera payable par le propriétaire du fonds, qui s'en fera rembourser par le locataire.

§. 5.

Le propriétaire qui occupera son fonds ou partie

de son fonds, paiera l'imposition comme s'il avoit un locataire à sa place, & le prix de cette portion de son fonds sera réglé de gré à gré, ou par experts nommés d'office.

§. 6.

Si une personne, outre son appartement, tient à loyer une boutique, magasin, remise, écurie, ou emplacement quelconque situé dans la même maison, ou dans le même fonds, on ne cumulera point le prix de ses diverses locations pour fixer la quotité de l'imposition, mais l'imposition sera prise sur chaque location séparément, si elles sont d'un prix à y donner lieu.

§. 7.

Aucun propriétaire ne pourra passer plus d'une location en faveur d'un locataire, pour des appartemens & dépendances situés dans la même maison, & que le locataire occuperoit par lui-même ou par sa famille vivant en ménage avec lui.

§. 8.

Les aubergistes qui posséderont une maison ou un corps de maison, paieront un & demi pour cent du prix quelconque de l'estimation de ce fonds, réglé de gré à gré, ou par experts nommés d'office : l'imposition des locations des aubergistes sera aussi d'un & demi pour cent, quel que soit le prix de ces locations, à moins qu'il ne soit au-dessous de cinquante écus.

§. 9.

L'imposition sur les locations de la banlieue & du territoire sera la même que sur les locations de la ville, à la réserve : 1°. que le propriétaire qui habitera son propre fonds ne paiera rien ; 2°. que s'il y a un rural annexé à la maison louée, on défalquera de la location, le prix du rural estimé de gré à gré, ou par experts nommés d'office.

§. 10.

Toutes les locations quelconques devront être passées devant notaire, à peine de nullité, & d'amende, payable moitié par le propriétaire, moitié par le locataire.

Les notaires devront tenir un registre séparé de toutes les locations, qui contiendra le nom du propriétaire, celui du locataire, une désignation du fond, & une note du prix de la location.

Les notaires ne pourront exiger pour leur labeur plus de dix-huit sols pour chaque location du prix de cinquante écus & au-dessous, & six sols en sus, à mesure que le prix de la location croîtra de la somme de cinquante livres.

§. 11.

Pour faciliter la perception de cet impôt, toutes les maisons de la ville & du territoire seront numérotées aux frais de l'Etat, & ces numéros devront être entretenus par les propriétaires.

ARTICLE XXV.

Droit sur les domestiques.

Toute personne quelconque domiciliée dans la ville, dans la banlieue, ou sur le territoire, qui aura pour son service ou celui de sa famille ou maison, plus d'un domestique mâle ou femelle, paiera annuellement pour le second, quinze florins, pour le troisième, trente florins, pour le quatrième, quarante-cinq, & ainsi de suite ; ensorte que pour le dernier domestique, il sera toujours payé un nombre de quinzaines de florins inférieur d'une unité au nombre total des domestiques ; n'entendant soumettre à l'imposition les cochers, les domestiques de campagne, & les domestiques mâles qui servent dans les atteliers des artisans.

Les traiteurs & aubergistes ne paieront que la moitié de la taxe.

ARTICLE XXVI.

Droit sur les chevaux.

§. 1.

Tous les chevaux de selle & de carrosse tant de la ville que de la banlieue, seront soumis à une imposition annuelle de vingt-cinq florins par tête, payable par le propriétaire dans le courant du mois de juin ; n'exceptant de la susdite imposition, que les chevaux uniquement destinés au travail des manufactures, aux charrois & au labourage, & dont les propriétaires n'auront ni ne loueront aucun carrosse ou équipage.

§. 2.

Les chevaux de selle & de carrosse appartenans à des Genevois qui ont des fonds dans les châtellenies ou sur le territoire étranger, seront soumis à la même imposition, si leurs propriétaires ont remise ou écurie dans la ville ou dans la banlieue.

ARTICLE XXVII.

Droit sur les enterremens.

Toutes les fois que dans les enterremens en ville ou sur le territoire, on emploiera pour porteurs, des grands ou des petits sergens, on paiera à l'Etat, dans le premier cas, un droit d'un écu par porteur & huissier, & dans le second, un droit de demi écu.

ARTICLE XXVIII.

Droit sur les greffes.

Il sera payé chaque année à l'Etat par les secrétaires de la justice & les greffiers des châtellenies, une rétribution à titre de ferme, pour le greffe du lieutenant & pour ceux des châtellenies, laquelle rétribution ne pourra être augmentée.

ARTICLE XXIX.

Droit sur les subhastations.

Il sera payé à l'Etat un droit d'un & demi pour cent, pour toutes les subhastations qui seront faites, tant dans la ville que dans la banlieue & les châtellenies, lequel sera prélevé sur le prix du fonds subhasté.

ARTICLE XXX.

Droit sur les inventaires.

Il sera payé annuellement à l'Etat, une rétribution, à titre de ferme, par ceux que le petit conseil aura chargé de la confection des inventaires.

ARTICLE XXXI.

Droit sur le sceau.

Le droit du sceau fixé par le tarif pour les actes notariés, pour les actes judiciaires, & les testamens olographes, continuera à se payer comme ci-devant conformément au tarif.

ARTICLE XXXII.

Du dix pour cent.

§. 1.

Tous ceux auxquels il écheoira quelque bien, à titre de succession, donation entre-vifs ou pour cause de mort, de legs, de substitution ou fidéicommis, lors de leur ouverture, paieront à l'Etat le dix pour cent de tout ce dont ils profiteront, de quelque nature que soient les biens, & en quelque lieu qu'ils soient situés ; à moins qu'ils ne soient ascendans, descendans, frères, sœurs, neveux ou nièces de ceux de qui ils tiennent lesdits biens

§. 2.

Les donations que les époux se feront faites par contrat de mariage, de même que celles qui pourroient leur être faites dans ledit contrat par d'autres personnes, entre-vifs, & pour en jouir sur le champ, seront exemptes du dix pour cent.

§. 3.

L'augment & le contr'augment en seront aussi exempts, lors même qu'ils n'auroient pas été stipulés.

§. 4.

Les donations que les conjoints par mariage se feront, pour cause de mort, ne devront pas le dix pour cent, dans le cas où ils décéderont laissant des enfans.

§. 5.

Les legs au-dessous de cent florins, les legs pies, les legs faits aux domestiques par leurs maîtres jusqu'à la concurrence de deux cens cinquante florins, seront exempts du droit de dix pour cent, bien entendu que ces derniers legs, s'ils sont au-dessus de la somme susdite, seront sujets au dix pour cent de la somme totale.

§. 6.

Les simples jouissances & les pensions alimentaires, dans le cas où elles n'excéderont pas annuellement la somme de mille florins, ne devront pas le dix pour cent, n'entendant comprendre sous cette dénomination les contrats de rentes viagères.

§. 7.

Dans le cas où il y auroit difficulté sur l'évaluation des fonds ou effets sur lesquels le dix pour cent devra être payé, ils seront estimés par experts nommés d'office par le conseil.

§. 8.

Dans le cas où il pourroit être dû à l'Etat un ou plusieurs lods & le dix pour cent sur une même succession, ces deux droits ne pourront être cumulés ; mais l'Etat aura le droit d'exiger ou le lods ou le dix pour cent.

ARTICLE XXXIII.

Des droits d'aubaine, de déshérence & de bâtardise.

§. 1.

Aucun droit d'aubaine n'aura lieu sur les biens des étrangers morts dans cet Etat, à moins qu'ils ne soient d'un pays où ce droit est exercé au préjudice des Genevois.

§. 2.

Les biens de ceux qui mourront *ab intestat*, & sans laisser aucun héritier apparent, seront pris par inventaire, & remis entre les mains de la justice ordinaire, pour être conservés aux héritiers les plus habiles, lesquels seront invités à se présenter dans le terme de trois ans.

Après l'expiration de ce terme, si aucun héritier légitime ne s'est présenté, lesdits biens seront dévolus au fisc.

§. 3.

Les biens des bâtards qui mourront sans enfans légitimes, & sans avoir disposé de leurs biens, entre vifs ou pour cause de mort, seront dévolus au fisc.

ARTICLE XXXIV.

De la traite foraine.

§. 1.

Il ne sera exigé aucune traite foraine des

personnes qui seront d'un état dans lequel on ne l'exige pas des Genevois.

§. 2.

Ceux qui seront d'un Etat où les Genevois sont sujets à la traite foraine, la paieront sur le même pied, & de la même manière qu'on l'exige chez eux des Genevois.

§. 3.

Dans le cas où la traite foraine devroit être payée en même tems que le dix pour cent, l'on défalquera la somme à laquelle monte ce dernier droit, pour l'estimation de la traite foraine.

ARTICLE XXXV.

Du loyer des places des temples.

§. 1.

L'Etat continuera de percevoir le loyer des places du temple neuf & de saint-Germain, sur le pied de quatorze florins pour le plus haut prix de chaque place.

§. 2.

Le nombre des places louées dans les susdits temples, ne pourra être augmenté, & aucune place ne pourra être louée par l'Etat dans les autres temples.

ARTICLE XXXVI.

Des pontonages.

§. 1.

Les droits de passage sur les ponts du Rhône & de l'Arve, seront payés à l'Etat par les étrangers, conformément aux tarifs.

§. 2.

Les droits de passage sur les ponts du Rhône, s'exigeront seulement sur ce qui entrera dans la ville ou en sortira par la porte de Cornavin.

§. 3.

Les droits de passage sur le pont de l'Arve seront également payés, tant en allant qu'en venant, sauf par ceux qui entreront & sortiront le même jour, lesquels ne les paieront qu'une fois.

ARTICLE XXXVII.

Des lods.

§. 1.

Il sera payé à l'Etat un lods à chaque mutation de propriété des fonds qui auront été reconnus être du fief de la république, lorsque lesdites mutations ne se trouveront pas dans quelqu'un des cas exceptés par le présent article.

§. 2.

Dans les ventes libres ou forcées, le lods sera payé à l'avenir par l'acquéreur sur le pied de douze pour cent du prix réel du fond aliéné.

§. 3.

Dans l'estimation du lods, toute distraction pour épingles, pot-de-vin, ou autre convention tendante à le diminuer, est expressément défendue.

§. 4.

Dans les mutations de propriété de fonds, où il n'y aura aucun prix convenu, lesdits fonds seront estimés par experts nommés d'office par le conseil.

§. 5.

S'il y a des effets mobiliers joints au fonds aliéné ou des fruits pendans par racines, distraction sera faite de leur prix pour l'estimation du lods; & en cas de difficulté sur l'évaluation desdits effets ou desdits fruits, ils seront estimés par experts, nommés d'office par le conseil.

§. 6.

En cas d'échange, si les fonds échangés sont d'égale valeur, il sera payé demi-lods pour chacun d'eux, lors même que lesdits fonds seroient de différens fiefs.

Si les fonds échangés sont de valeur inégale, il sera pris un demi-lods sur chaque fond, jusqu'à la concurrence du prix de celui qui est de moindre valeur, & il sera payé en outre le lods entier du surplus.

§. 7.

Lods seront dûs pour les ventes de fonds faites sous faculté de rachat; mais si le propriétaire se prévaut de cette faculté dans l'espace de six ans, le lods sera restitué.

§. 8.

Les ventes de fruits, locations ou amodiations, qui excéderont le terme de dix ans, devront lods.

§. 9.

Celui qui aura possédé pendant plus de dix ans un fond, à lui remis par antichrèse ou hypothèque, en paiera le lods; & le propriétaire le lui remboursera en rentrant en possession de son fond, sans payer aucun autre lods.

§. 10.

Toute convention, en vertu de laquelle le lods peut être dû, & qui aura été faite de main privée, sera rédigée en acte notarié dans l'année, sous peine de double lods, payable par l'acquéreur.

§. 11.

L'acquéreur d'un fond sujet à lods, exhibera son acte d'acquis au seigneur du fief, & acquittera le lods dans le terme de six mois, à compter du jour de la passation dudit acte, sous peine de payer double lods.

Si l'acte d'acquis porte la condition ou la faculté de subhaster, le lods sera payé au terme fixé par l'édit pour le rapport des deniers en justice, pourvu que la subhastation ait été commencée dans le terme de trois mois, à compter du jour de la passation dudit acte, sous peine de payer double lods.

§. 12.

Dans le cas où un fond subhasté auroit été expédié à un prix plus haut que celui qui étoit porté par l'acte de vente, le lods sera payé sur le prix de l'expédition.

§. 13.

Si l'acquéreur d'un fond le remet, en tout ou en partie, à titre de nomination de compagnon, par acte notarié ou judiciaire, il ne sera payé qu'un seul lods, lorsque la nomination de compagnon aura été faite dans les quarante jours après la passation de l'acte de vente, ou l'expédition judiciaire.

§. 14.

Dans le cas où un fond sera revendu à la folle enchère de celui qui l'auroit acquis par subhastation, & n'en auroit pas rapporté les deniers, il ne sera dû qu'un seul lods, si les formalités de la folle enchère ont été commencées dans les quarante jours après la première expédition.

En ce cas, la quotité du lods sera réglée sur le prix de la dernière expédition.

§. 15.

Si cependant le prix du fond revendu à la folle enchère se trouvoit inférieur à celui de la première expédition, le premier adjudicataire sera tenu de payer le lods de la moins value.

§. 16.

Les communautés ou corporations qui auront acquis un fond, devront en payer le lods tous les vingt-cinq ans.

§. 17.

Il ne sera dû aucun lods pour les mutations de propriété de fonds entre les ascendans & les descendans.

§. 18.

Il ne sera dû aucun lods pour les fonds que les conjoints se feront donnés par contrat de mariage, non plus que pour ceux qui pourroient leur avoir été constitués en dot par leurs frères ou sœurs, oncles ou tantes, en tant que la translation de propriété aura lieu dès le jour de l'acte.

§. 19.

Lorsqu'un fond aura été remis en hypothèque à une femme, pour sûreté de sa dot ou de ses avantages nuptiaux, elle n'en payera pendant sa vie aucun lods.

§. 20.

Ceux qui posséderont, en commun & par indivis, un fond dont la propriété ou l'usufruit leur aura été transmis conjointement, à titre d'acquisition, de succession, de fidéicommis, de legs ou de donation, ne paieront aucun lods, soit en cas de partage, soit dans le cas où ils céderoient leur portion à leur co-possesseur, à quelque titre que ce soit.

Il en sera de même de leurs héritiers naturels, s'ils ont continué à posséder en commun & par indivis.

§. 21.

Il ne sera dû aucun lods pour les fonds qui passeront, à titre de succession ou de lods, aux héritiers naturels du défunt, soit à ses parens les plus proches, s'ils sont en degré de légitime.

§. 22.

Il ne sera dû aucun lods pour les fonds que les conjoints par mariage se donneront à titre de succession ou de legs.

§. 23.

Ceux qui auront acquis par testament ou donation le simple usufruit d'un fond, n'en payeront pas le lods.

§. 24.

Il ne pourra être exercé d'action sur un fond pour le payement d'autres lods, que de ceux des deux dernières acquisitions; à moins que ledit fond n'eût été chargé, par acte public, du paiement des lods précédens.

Lorsqu'il n'y aura pas de pareilles conventions, si le seigneur direct prétend qu'il lui est dû d'autres lods, il devra s'adresser à ceux qui auront contracté, ou à leurs héritiers.

§. 25.

La quotité du lods des fonds situés rière le fief d'un seigneur particulier, continuera d'être le sixième denier, sauf à l'égard des citoyens & bourgeois qui devront être gratifiés du quart dudit lods.

ARTICLE XXXVIII.

Des cens, servis, & autres charges féodales.

Les cens, servis, & autres charges féodales réelles seront payées, tant à l'Etat qu'aux autres possesseurs de fiefs, conformément aux titres qui les établissent.

ARTICLE XXXIX.

Des dîmes.

§. 1.

Il sera payé chaque année, à l'Etat ou aux autres propriétaires des dîmes, la onzième partie du grain & de la paille recueillis dans les champs ou dans les hutins, & la seizième partie du vin recueilli dans les vignes; à moins que le propriétaire ne justifie, que lesdits fonds sont exempts de la dîme, ou qu'elle doit être payée à un taux inférieur.

§. 2.

Les terres situées dans les châtellenies, qui auront été incultes de mémoire d'homme, & qui seront mises en culture pour la première fois, seront exemptes de la dîme, à titre de novales, pendant les trois premières années, entant que le propriétaire aura déclaré préalablement devant le châtelain qu'il prétendoit se prévaloir de ce privilège, & que le châtelain aura constaté par une information qu'il étoit en droit de l'obtenir.

§. 3.

On ne reconnoîtra aucunes novales dans la banlieue.

§. 4.

Les champs qui auront été ensemencés en bled & auront payé la dîme, en seront exempts pour les autres graines qui pourroient y être recueillies dans la même année.

§. 5.

La dîme des grains sera payée en nature. Celle du vin sera aussi payée en nature, blanc pour blanc, & rouge pour rouge.

ARTICLE XL.

De la pêche du Rhône, de l'Arve & des fossés de la ville.

§. 1.

La pêche du Rhône, de l'Arve & des fossés de la ville, appartiendra à l'Etat. Le petit conseil fixera le prix du poisson de cette pêche, & le produit d'icelle sera versé dans la caisse de l'Etat.

§. 2.

Défenses très-expresses sont faites à tous particuliers de pêcher dans le Rhône, dans l'Arve, ou dans les fossés de la ville, de quelque manière que ce soit; à l'exception de la pêche à la ligne, qui sera seulement permise dans le Rhône & dans l'Arve.

ARTICLE XLI.

Des autres revenus de l'Etat.

Outre les impôts & droits mentionnés dans les articles ci-dessus, l'Etat continuera de percevoir le produit des divers biens, droits & possessions qui lui appartiennent, en y comprenant les loyers des divers édifices ou places, que la chambre des comptes loue ou amodie à des particuliers.

ARTICLE XLII.

Les petit & grand conseils feront, chacun selon leur compétence, les réglemens nécessaires sur la perception de tous les revenus publics; bien entendu que ces réglemens ne dérogeront aucunement aux loix qui établissent les impôts, & que s'ils tendoient à améliorer le produit des impôts autrement que par une administration plus sûre, plus fidèle, ou plus exacte; c'est-à-dire, à les aggraver en augmentant leur quotité, ou en les étendant à d'autres objets, ils ne pourront avoir d'effet qu'autant qu'ils seront convertis en loix & approuvés par le conseil général.

ARTICLE XLIII.

Si les petit & grand conseils éprouvoient dans la suite, qu'il résulte des inconvéniens considérables de quelques-uns des impôts anciennement ou récemment établis, ils pourront en proposer la permutation contre d'autres impôts d'un produit égal, & quoique cette permutation, renfermant la suppression d'un impôt établi, emporte ainsi une dérogation au présent édit, elle pourra avoir lieu si elle est approuvée dans les petit, grand & général conseils, à la simple pluralité des suffrages.

On évalue le montant de toutes les finances de la république de *Genève*, à environ dix-sept à dix-huit cens mille livres.

Ajoutons ici, pour terminer tout ce qui se rapporte à cet état & à ses habitans en matière de finance, qu'ils jouissent en France de la faculté de succéder à leurs parens Génevois qui y meurent & y laissent des biens.

Suivant une lettre de M. le garde des sceaux, du 9 juin 1728, aux magistrats de *Genève*, les actes passés dans cette ville, ne sont assujettis dans le royaume à aucunes formalités, à moins qu'on ne voulût s'en servir en justice, ou les déposer chez un notaire dans les terres de l'obéissance du roi; dans ce cas, les actes devroient être préalablement contrôlés.

La déclaration du roi, du 6 décembre 1707, & la décision du conseil, du 18 décembre 1728, ont exempté du droit de centième denier, les biens situés dans le pays de Gex, & appartenant à des Génevois. Tous actes passés à Genève pour raison de ces biens, & entre Génevois, sont exempts des droits de contrôle & d'insinuation, à moins qu'on ne voulût s'en servir en justice en France. Alors ils y seroient sujets dans le lieu où l'on voudroit en faire usage.

GENS DE MAIN-MORTE. f. m. & plur. par lequel on désigne tous les corps & communautés, tant ecclésiastiques que laïques, qui sont perpétuels, dont les biens & possessions sont comme dans une main morte qui ne peut jamais s'ouvrir. Ces corps sont perpétuels, parce que la subrogation d'un membre nouveau à celui qui décède, les rend toujours subsistans, & qu'ainsi il n'éprouvent aucun changement dans leur consistance par la mort.

On peut diviser les *Gens de main-morte* en deux classes.

Dans la première, sont les archevêques, évêques, abbés, prieurs, curés, chapelains & communautés régulières; les chapitres, les religieux, & monastères des deux sexes; les commanderies conventuelles, les ordres de chevalerie ou de religion, les hôpitaux, hôtels-dieu, confréries, fabriques, & toute association religieuse qui est dotée & propriétaire.

Dans la seconde, on place les communautés séculières, les villes, bourgs & villages, représentés par les prévôts des marchands, maire, échevins, capitouls, jurats, & autres officiers municipaux; les universités, les collèges, les jurés des professions, maîtrises & communautés de marchands.

Tous les *Gens de main-morte* sont sujets à payer un droit d'amortissement, pour les acquisitions de biens, mutations ou échanges qu'ils font de leurs propriétés, comme un dédommagement des impositions & droits, que ces fonds auroient supporté ou payé s'ils fussent restés dans des mains ordinaires.

On peut voir, au mot AMORTISSEMENT, combien est ancienne la loi qui a établi ce droit; que son origine tient à une sage politique, ainsi que son maintien, & quelles sont les exceptions dont elle est susceptible dans son exécution.

GESTION, f. f. Qui signifie l'action de gérer, de gouverner. Dans cette acception, on dit la *gestion* de tel commis, de tel receveur, n'a pas besoin d'être éclairée ni surveillée; il remplit ses fonctions avec le zèle & l'exactitude qu'on peut desirer.

Un receveur qui s'absente, après en avoir obtenu la permission, est tenu de se faire suppléer par un sujet dont il garantit la *gestion;* il est même d'usage, dans le régime des fermes générales, d'exiger de lui une soumission à cet égard.

GEX; (pays de) petit canton d'environ douze lieues de circonférence, situé à l'extrémité du Bugey, & qui s'étend jusqu'aux portes de Genève.

On a dit au mot BOURGOGNE, page 135, que le pays de *Gex*, qui fait partie de la généralité de Dijon, a été réputé absolument étranger, quant aux droits des fermes. C'est ici le lieu de rapporter la loi qui a donné cette nouvelle constitution à ce pays, après avoir remarqué qu'il étoit situé dans l'étendue des cinq grosses fermes. *Voyez* CINQ GROSSES FERMES.

Il n'est pas inutile de dire encore que Ferney, qui étoit alors habité par M. de Voltaire, se trouve renfermé dans le pays de *Gex*. Cet immortel écrivain, quoiqu'aimé & considéré des ministres, n'avoit pu parvenir à faire accueillir sous le règne de la fiscalité, les sollicitations qu'il ne cessoit de faire depuis plusieurs années, en faveur de l'affranchissement de ce pays, comme un nouveau moyen d'y étendre la population, & d'y accroître l'industrie, que sa bienfaisance inépuisable ne se lassoit pas d'encourager & de soutenir. Mais un nouveau règne ayant amené un nouvel ordre de choses, le ministère des finances fut donné à un magistrat qui avoit toujours manifesté ses principes pour la liberté. M. de Voltaire les réclama pour le pays de *Gex*. Vainement les agens du fisc renouvellèrent & renforcèrent les obstacles qu'ils avoient toujours opposé à la concession de cette faveur Ils ne furent pas écoutés; M. Turgot & M. Trudaine firent rendre la déclaration du 22 décembre 1775; & elle fut reçue du pays de *Gex* comme un bienfait signalé, & regardée comme l'aurore de sa prospérité.

Louis, par la grace de Dieu, &c. Salut; nous nous sommes fait rendre compte des représentations faites en différens tems au feu roi notre très-honoré seigneur & ayeul, & à nous-mêmes depuis notre avènement au trône, par les gens des Trois-Etats de notre pays de *Gex*, contenant que la perception des droits d'entrée & de sortie, qui ont lieu dans les provinces sujettes aux droits de nos cinq grosses fermes, ainsi que la régie de la vente exclusive du sel & du tabac devenoient de jour en jour plus difficiles dans ce pays, par sa position qui se trouve enclavée entre les terres de Genève, de la Suisse & de la Savoye, & séparée des autres provinces de notre royaume par le Montjura; que ces droits d'ailleurs ne pouvoient qu'être fort onéreux aux habitans de notre pays de *Gex*, en les privant des avantages que devoit naturellement leur procurer cette situation: nous avons cru qu'il étoit digne de notre bonté de venir à leur secours, par la suppression, tant des droits de traites établis sur les marchandises qui entrent dans ledit pays, ou qui en sortent pour passer à l'étranger, que du privilège de la vente à notre profit du sel & du tabac; à la charge néanmoins de l'indemnité qui nous sera dûe, ou à l'adjudicataire de nos fermes, pour raison de ces suppressions, & ainsi, & de la manière qu'elle sera par nous ordonnée, conformément

mément au désir que nous en ont témoigné les gens des Trois-Etats de notre pays de *Gex*.

A ces causes, &c.

Nous avons ordonné, & par ces présentes signées de notre main, ordonnons ce qui suit :

ARTICLE PREMIER.

Voulons qu'à l'avenir, & à commencer du premier janvier prochain, notredit pays de *Gex* soit réputé, comme nous le réputons par ces présentes, pays étranger, quant aux droits de nos fermes-générales, & comme tel, exempt des droits d'entrée & de sortie, établis par l'édit du 18 septembre 1664, & le tarif y annexé, & par tous autres édits, arrêts ou réglemens postérieurs, sur les marchandises & denrées que les habitans de ce pays exporteront à l'étranger, & sur celles qu'ils en tireront directement, & sans emprunter le passage des provinces de notre royaume : en conséquence, ordonnons que tous les bureaux des traites, & autres, établis, tant sur les frontières dudit pays de *Gex*, limitrophes aux terres de Genève, de la Suisse & de la Savoye, que dans l'intérieur dudit pays, seront & demeureront supprimés, à compter dudit jour premier janvier prochain.

II.

Seront assujetties au payement des droits d'entrée & de sortie toutes les marchandises & denrées permises, que lesdits habitans du pays de *Gex* feront entrer, dudit pays, dans les autres provinces de notre royaume, ou qu'ils feront transporter de ces provinces dans ledit pays de *Gex*, à l'effet de quoi, voulons qu'audit jour premier janvier prochain, & à la diligence de l'adjudicataire de nos fermes, il soit établi sur la frontière du pays de *Gex*, du côté de notre royaume, tel nombre de bureaux que ledit adjudicataire jugera nécessaire pour la perception des droits d'entrée & de sortie, conformément auxdits édits & tarif du 18 septembre 1664, & autres arrêts & réglemens depuis intervenus.

III.

Voulons pareillement, qu'à commencer dudit jour, premier janvier prochain, la vente exclusive du sel & du tabac à notre profit, soit & demeure supprimée dans l'étendue du pays de *Gex*; permettons en conséquence aux habitans d'icelui, de s'approvisionner de sel & de tabac où bon leur semblera, même d'en faire commerce avec l'étranger.

IV.

Voulons en outre, que pour nous tenir lieu, ou à l'adjudicataire de nos fermes, de la perception des droits de traites & du privilège exclusif de la vente du sel & du tabac, ci-dessus supprimés dans le pays de *Gex*, les syndics généraux du clergé, de la noblesse & du tiers-états dudit pays soient tenus de nous payer annuellement, à commencer dudit jour premier janvier prochain, entre les mains dudit adjudicataire de nos fermes, la somme de trente mille livres, laquelle somme nous les avons autorisés & autorisons à imposer sur tous les biens-fonds de ladite province, & proportionellement à leur valeur réelle, soit que lesdits biens-fonds soient possédés par des privilégiés ou non privilégiés, ecclésiastiques, nobles & roturiers, & sans aucune distinction, & sans en excepter les propriétaires qui ne feront pas leur résidence dans le pays.

V.

Ordonnons que pour tenir lieu audit pays de *Gex* des crues qui se trouvent supprimées par ces présentes, sur le sel vendu & débité dans les greniers & chambres de la province, & dont le produit étoit destiné à l'entretien & aux réparations de ses chemins; il sera aussi, & de la manière ordonnée par l'article précédent, à commencer dudit jour premier janvier prochain, annuellement imposé sur les biens-fonds dudit pays, une somme suffisante pour être employée, sans divertissement & sur les ordonnances du sieur intendant & commissaire départi en Bourgogne, aux réparations, constructions & entretien des grandes routes, chemins, ponts & chaussées dudit pays de *Gex*, au moyen de quoi il ne sera plus exigé de corvées desdits habitans pour ladite construction des chemins.

VI.

Ordonne en outre sa majesté, que lesdits habitans dudit pays demeureront conservés dans la liberté du commerce des grains, ainsi & de la manière qu'ils en ont joui, ou dû jouir, avant ces présentes.

Si, donnons en mandement, &c.

On peut voir au mot BAIL, tome premier, page 77, que la somme de trente mille livres, payée par ce pays, est entrée dans les produits de la recette de Salzard, adjudicataire général des fermes.

GITE. (droit de) Suivant Ducange, au mot *Gistum*, ce droit s'appelloit *jus Gisti*, *Gistum*, *jus subventionis* ou *procurationis*.

On a déjà parlé de ce droit dans le *discours préliminaire* sur les finances, qui est à la tête du premier volume de cet ouvrage, page 16. Les rois de France le levoient dans les villes, bourgs, évêchés & abbayes, pour s'indemniser des frais de leur voyage, & du séjour qu'ils faisoient sur les lieux.

Quand les rois de la première race, & quelques-uns de la seconde, voyageoient, ce qui leur arrivoit souvent, ils logeoient avec leur suite pendant une nuit, aux dépens des villes, des bourgs & des villages, qui étoient sur leur route. On leur fournissoit tout ce dont ils avoient besoin, & ils étoient magnifiquement défrayés, car leurs hôtes ne manquoient pas de leur offrir à leur départ quelques présens en argenterie.

Peu à peu cet usage dégénéra en un droit royal, qu'on nomma *droit de Gîte*, & personne n'en fut exempt. Jean le Coq rapporte un arrêt qui déclare les villes données en douaire à la reine, sujettes au *droit de Gîte*.

Les évêques & les abbés payoient le *droit de Gîte* pour la visite de leur église; & quand nos rois se dégoûtèrent de mener une vie errante, ils continuèrent d'exiger leur *droit de Gîte*, des évêques, & des autres prélats. Lors même que ces évêques & abbés furent affranchis du service militaire, ils restèrent soumis au *droit de Gîte*. Louis VII en exempta la seule église de Paris, en reconnoissance de l'éducation qu'elle lui avoit donnée.

Le *droit de Gîte* étoit fixé à une somme déterminée pour chaque évêché ou abbaye, toutes les fois que le roi venoit visiter l'église ou l'abbaye du lieu: par exemple, l'abbé du grand monastère de Tours étoit taxé à soixante livres du pays: *Abbas majoris monasterii Turonensis debet unum Gistum, taxatum sexaginta libros Turonenses levandas quolibet anno, si rex visitaverit ecclesiam.*

Quelques églises s'abonnèrent pour le *droit de Gîte*, moyennant une certaine somme fixe, soit que le roi vînt ou non les visiter. L'archevêque de Tours prit ce parti, & composa pour cent francs.

Pasquier rapporte à ce sujet un grand passage, qu'il a tiré des archives de la chambre des comptes, & dont voici le précis, *l anno Domini 1382, dominus P. Mazerii episcopus Atrebatensis pro jure procurationis. . . . composuit in aucentis & quadraginta francis auri, franco sex decim solidorum, pro eo quod debebat: de quibus satisfactum dominus Atrebatensis habet penes se litteras regias, unà cum litteris quitationis secretarorium.*

Ce qui veut dire, qu'en 1382, l'évêque d'Arras composa pour ce qu'il devoit du *droit de Gîte*, moyennant une somme de deux cens quarante francs d'or, chaque franc de seize sols, qu'il paya au roi, dont il reçut une lettre, & qu'il en prit quittance de ses sécretaires.

Ce même passage nous apprend positivement que le *droit de Gîte* subsistoit encore en 1382. Enfin, dit Pasquier en son style gaulois, « le tems a depuis fait mettre en oubli, tant les services militaires, que le *droit de Gîte*, au lieu desquels on a introduit l'octroi des décimes sur tout le clergé, n'étant demeuré de cette ancienneté que la prestation de serment de fidélité au roi, qui doit être faite par tous les prélats de France, lors de leur avènement à l'épiscopat ». **

GITES & GEOLAGES, sont les droits dûs aux concierges des prisons, pour le *gîte* & la garde des prisonniers.

L'arrêt du conseil du 23 janvier 1691, défend expressément à tous geoliers & concierges des prisons, de se pourvoir contre les fermiers du roi & leurs commis, pour raison de *gîte* & *geolage* des prisonniers qu'ils auront fait arrêter, & à tous les juges de les y condamner, & d'en décerner exécutoires, à peine de mille livres d'amende contre les geoliers & concierges, & d'être, les juges, responsables des dommages-intérêts des fermiers.

Ces dispositions ont été confirmées par trois arrêts du conseil du 30 juin 1693, du premier août 1711, & du 11 janvier 1729. Le premier casse un arrêt du parlement de Rouen, qui avoit condamné les fermiers & sous-fermiers des aides, à payer les *gîtes* & *geolages* des particuliers emprisonnés à leur requête pour droits de leurs fermes.

GLACES, f. f. Les effets des *glaces* sont trop agréables & trop connus, pour qu'il soit besoin de donner la description de ces meubles si propres à l'embellissement de nos habitations. Il ne s'agit ici que de considérer les *glaces* du côté des priviléges dont elles jouissent relativement aux droits des fermes, soit dans leur fabrication, soit dans la consommation intérieure, soit enfin dans leur exportation hors du royaume.

C'est au grand Colbert que la France doit l'art de faire des *glaces*. Toujours attentif à rechercher de nouvelles branches de commerce & d'industrie, il fait qu'il y a beaucoup de françois employés dans la manufacture des *glaces* de Mourra près Venise, qui seule alors en fournissoit à toute l'Europe. Il les fait revenir à force de libéralités, & s'en sert pour fonder nos manufactures en ce genre. Ainsi en dérobant à Venise une partie de son industrie & de son commerce, ce ministre préparoit la supériorité que la France à acquise sur toutes les autres nations Européennes dans la fabrication des *glaces*.

L'établissement de la première manufacture en ce genre exigeant de grandes dépenses, le privilége exclusif en fut d'abord accordé par lettres-patentes du mois d'octobre 1665, à une compagnie qui n'avoit entrepris que la fabrique des *glaces* soufflées, & toutes sortes d'ouvrages de crystal, sous le titre de manufacture royale des *glaces*.

La façon d'en faire en les coulant ayant été découverte en 1685, une seconde compagnie en obtint le privilège exclusif le quatre décembre de cette même année, & plaça ses atteliers à Paris.

Dans la suite il s'éleva des contestations entre ces deux établissemens, parce que le premier qui ne pouvoit fabriquer que des glaces de quarante à cinquante pouces d'étendue, voyoit le second, dont le privilége ne permettoit que la fabrication des *glaces* au-dessus de soixante pouces, anticiper sur ses droits, & vendre des morceaux d'une dimension inférieure qui provenoient des *glaces* qui se cassoient après avoir été coulées dans la hauteur désignée par son privilége. Dans la vue de terminer toutes discussions, les deux manufactures furent réunies en une seule, par arrêt du conseil du 19 avril 1695, & par les lettres patentes rendues sur cette arrêt, le premier mai suivant, portant confirmation des immunités & priviléges précédemment accordés à chacune de ces fabriques.

Ils consistoient, suivant les lettres-patentes du mois de février 1693, à pouvoir prendre dans tout le royaume les matières propres aux ouvrages de glaces, même d'en faire venir des pays étrangers, sans que, pour raison du transport de ces matières & de leur introduction, les entrepreneurs pussent être inquiétés, non plus que pour raison des soudes & natrons ou autres marchandises; & à faire entrer dans leur manufacture, deux mille voies de bois en exemption de tous droits de domaine & barrage.

Les lettres-patentes du 23 octobre 1702, les déclarations du roi des 29 décembre 1708 & 30 avril 1709; l'arrêt du conseil du 18 février 1710; celui du 27 janvier 1711, étendirent encore les priviléges de la manufacture des *glaces*, en lui accordant l'exemption des droits des cinq grosses fermes, & de ceux de péage, pontonnage sur les *glaces*, soudes & autres matières nécessaires pour le travail de la manufacture, & sur les *glaces* fabriquées & expédiées de Paris, de façon qu'elles étoient simplement exemptes des droits de sortie des cinq grosses fermes, & demeuroient sujettes aux droits locaux dûs dans les provinces reputées étrangères.

Il en étoit de même de celles qu'on expédioit pour l'étranger; & elles ne devoient, depuis les lettres-patentes de 1675, que le tiers des droits qui se payoient sur les *glaces* de Venise.

Après quelques difficultés entre les intéressés dans la manufacture & l'adjudicataire des fermes, au sujet de la perception de ces droits, il fut réglé par une convention expresse, que les *glaces* expédiées de la manufacture, pour Lyon, payeroient, par caisse du poids de deux cens livres, trois livres treize sols quatre deniers; ce qui revient à trente-six sols huit deniers par quintal; que celles qui seroient envoyées par la route de Lyon à Marseille, acquitteroient sept livres six sols par caisse du même poids; & qu'enfin celles qui seroient expédiées par toutes les autres routes, soit dans les provinces de l'intérieur du royaume, soit en pays étranger, ne payeroient que trois livres par quintal comme la mercerie. Cette espèce de composition fut encore renouvellée en 1700, & approuvée de M. de Chamillart, alors contrôleur général des finances. Elle a été postérieurement confirmée par une décision du conseil du 9 avril 1725.

Un chargement de charbons de terre d'Angleterre ayant été amené à Cherbourg, pour la manufacture des *glaces*, qui avoit formé un établissement près de ce port, les intéressés excipoient de leurs privilèges, pour se refuser au paiement des droits d'entrées de ces charbons de terre. L'adjudicataire des fermes, de son côté, prétendoit que, comme ce n'étoit point une matière nécessaire à la composition des *glaces*, les droits en étoient dûs, & ces charbons de terre furent saisis. L'instance portée au conseil royal des finances, fut terminée par l'arrêt du 10 juin 1758. Il ordonna que les intéressés seroient tenus de payer les droits d'entrée des charbons de terre qu'ils avoient fait venir d'Angleterre en France jusqu'à ce jour, pour le service de leur manufacture, & qu'ils continueroient à les payer pour ceux qu'ils pourroient importer à l'avenir. Il y a lieu de croire qu'à présent, si une pareille difficulté s'élevoit, la politique, éclairée par l'expérience d'une consommation excessive de bois, qui en fait craindre la disette, non-seulement affranchiroit de tous droits des charbons de terre étrangers, mais pourroit encore accorder une prime pour en encourager l'importation, & en établir l'usage.

L'affranchissement partiel des droits des fermes, sur les *glaces* expédiées de Paris dans les provinces & dans les pays étrangers, n'avoit lieu que pour la manufacture qui les fabriquoit. Les particuliers & les marchands, qui en envoyoient aux mêmes endroits, étoient sujets à tous les droits de la route qu'elles tenoient, & aux droits de sortie du royaume. La communauté des marchands miroitiers de Paris demanda, en 1748, que les droits qu'elle payoit sur les *glaces* & miroirs dont elle faisoit commerce, fussent réduits à la même quotité que ceux qui étoient payés par les entrepreneurs de la manufacture, ou que ceux-ci fussent mis à leur niveau : cette demande fut rejettée par décision du conseil du 4 octobre 1748.

Cette communauté renouvella ses représentations sur le même objet, deux années après; elles ne furent pas mieux accueillies. Mais en 1760, tems où commençoient à se propager les lumières relativement au commerce, & à prendre faveur les grandes idées sur la liberté dont il avoit besoin pour fleurir & s'étendre, ainsi que sur les désavantages des privilèges exclusifs, ces mêmes représentations eurent tous les succès qu'en attendoient les marchands miroitiers.

Ils exposoient que la manufacture avoit sur eux un avantage, qui devoit nécessairement anéantir leur commerce, puisqu'elle jouissoit en même tems d'une modération de droits sur ce qu'elle vendoit, & de la faculté d'en diminuer les prix au débit de la première main; qu'elle n'avoit point de concurrence à craindre; que tôt ou tard, si elle subsistoit sur ce pied, elle envahiroit tout le commerce des *glaces*, & ne leur laisseroit uniquement que les expéditions qu'elle ne voudroit pas faire; qu'enfin leur communauté payoit à l'Etat des impositions qu'elle ne seroit plus en état de supporter, si elle n'étoit pas traitée comme la manufacture, quant aux droits des fermes. Le conseil touché de ces raisons, ordonna, en 1760, que ces droits ne seroient perçus sur les *glaces* expédiées par les miroitiers & tous autres, que sur le même pied qu'ils l'étoient sur les *glaces* envoyées par les entrepreneurs de la manufacture, & ce, par provision, jusqu'à ce qu'il en fût autrement ordonné. Cette décision, qui est du 6 décembre, porte le N°. 10409.

On a rapporté ci-devant en quoi consistent les droits dont il s'agit. Il faut observer qu'ils ne peuvent jamais avoir lieu qu'à la sortie du royaume, puisque toutes *glaces* du pays étranger sont prohibées, par l'article VII. du titre 8. de l'ordonnance des fermes de 1687, & par les lettres-patentes du 23 décembre 1701, à peine de confiscation des *glaces*, & de trois mille livres d'amende, applicables aux entrepreneurs de la manufacture établie à Paris. C'est en leur nom que doivent se faire toutes poursuites sur les contraventions à leur privilège exclusif.

Cependant les *glaces* de peu d'étendue formant de petits miroirs, qui viennent, pour l'ordinaire, d'Allemagne & d'ailleurs, ne sont pas comprises dans cette prohibition, & peuvent entrer dans le royaume, en payant les mêmes droits que la mercerie, suivant l'ordre du ministre des finances du 29 février 1768.

L'article V. de l'édit du mois d'août 1781, avoit imposé un nouveau droit, à l'entrée de Paris, de dix livres par quintal, sur les *glaces* brutes & polies indistinctement, sans déduction du poids des caisses & emballages; mais les entrepreneurs de la manufacture ayant fait des représentations sur les difficultés qui pouvoient se trouver au déchargement & à la pesée des glaces à leur arrivée à Paris, pour établir la perception de ce droit, & sur le préjudice qu'ils souffriroient à l'égard des *glaces* brutes qui éprouvoient un déchet très-considérable dans leur manipulation, il leur en fut accordé un abonnement annuel, à raison de cent cinquante mille livres, qui doivent être versées en quatre parties, & par chaque quartier, au trésor royal. Pour s'indemniser du paiement de ce nouveau droit, dont furent pourtant affranchies les *glaces* expédiées en pays étranger, & livrées pour l'ornement des maisons royales, les entrepreneurs renchérirent les *glaces* fournies dans le royaume, de dix pour cent sur leur prix de vente, en sorte que cette imposition répartie sur un grand nombre de consommateurs, le poids en devient insensible pour chacun d'eux.

GOUVERNEMENT, s. m., dont la signification est très-connue; nous ne le plaçons ici, que pour acquitter la promesse que nous avons faite, sous le mot CONSEIL, de donner la déclaration du 16 septembre 1715, qui confirma le conseil des finances, & dont le préambule mérite une attention particulière.

Louis, &c. Le feu roi, de glorieuse mémoire, notre tres-honoré seigneur & bisayeul, pouvoit, par ses qualités personnelles & ses vertus éminentes, suffire seul au *gouvernement* de son royaume; la droiture de son cœur, l'élévation de son esprit, l'étendue de ses lumières, augmentées & soutenues par une longue expérience, lui rendoient tout facile dans l'exercice de la royauté; mais la foiblesse de notre âge demande les plus grands secours; & quoique nous puissions trouver tous ceux dont nous avons besoin, dans la personne de notre très-cher oncle, le duc d'Orléans, régent de notre royaume, sa modestie lui a fait croire que pour soutenir le poids d'une régence, qui lui a si justement été déférée, il devoit proposer d'abord l'établissement de plusieurs conseils particuliers, où les principales matières qui méritent l'attention directe & immédiate du souverain seroient discutées & réglées, pour recevoir ensuite une décision dans un conseil général, qui ayant pour objet toute l'étendue du *gouvernement*, seroit en état de réunir & de concilier les vues différentes des conseils particuliers.

Cette forme de *gouvernement* a paru d'autant plus convenable à notre très-cher oncle, le duc d'Orléans, régent de notre royaume, qu'il sait que le plan en avoit déjà été tracé par notre très-honoré père, dont nous aurons au moins la satisfaction de suivre les vues, si le ciel nous a privé de l'avantage d'être formé par ses grands exemples. Il étoit persuadé que toute l'autorité de chaque partie du ministère étant réunie dans la personne d'un seul, devenoit souvent un fardeau trop pesant pour celui qui en étoit chargé, & pouvoit être dangereuse auprès d'un prince qui n'auroit pas la même supériorité de lumières que le roi notre bisayeul; que la vérité parvenoit si difficilement aux oreilles d'un prince, qu'il étoit nécessaire que plusieurs personnes fussent également à portée de la lui faire entendre; & que si l'on n'intéressoit au *gouvernement* un certain nombre d'hommes, aussi fidèles qu'éclairés, il seroit presqu'impossible de trouver toujours des sujets formés & instruits, qui fissent moins regretter la perte des personnes consommées dans la science du *gouvernement*, & qui fussent même en état de les remplacer: nous ferons donc au moins revivre l'esprit de notre très-honoré père, en établissant des conseils si avantageux au bien de nos Etats; & nous nous y portons d'autant plus volontiers, que cet établissement ne peut être suspect par sa nouveauté, puisque nous ne ferons que suivre l'exemple de ce qui s'observe avec succès dans d'autres royaumes, & qui s'est observé dans le nôtre même, pendant le règne de plusieurs des rois nos prédécesseurs.

Le dérangement que vingt-cinq années de guerre, & plusieurs autres calamités publiques, ont causé dans les affaires de cette monarchie, le desir ardent que la qualité de roi nous inspire de remettre toutes choses dans leur ordre naturel, & de rétablir la confiance & la tranquillité publique, sont encore de nouvelles raisons qui appuient la sagesse des conseils, que notre très-cher oncle le duc d'Orléans nous a donnés sur ce sujet. Nous savons d'ailleurs que chargé du *gouvernement* de l'État, jusqu'à notre majorité, tous ses vœux ne tendent qu'à nous le remettre tranquille & florissant, & à y parvenir par des voies qui montreront à tous nos sujets, qu'il ne cherche qu'à connoître & employer le mérite & la vertu, qu'il veut que les bons sujets, de toute condition, & sur-tout ceux de la plus haute naissance, donnent aux autres l'exemple de travailler continuellement pour le bien de la patrie; que toutes les affaires soient réglées plutôt par un conseil unanime, que par la voie de l'autorité; & que la paix fidèlement entretenue au-dehors avec nos voisins, règne en même-tems au-dedans, par l'union de tous les ordres du royaume. A ces causes, de l'avis de notre très-cher & très-amé oncle le duc d'Orléans, régent, de notre très-cher & très-amé oncle le duc de Bourbon, &c. voulons, & nous plaît:

ARTICLE PREMIER.

Qu'outre le conseil général de régence, il en soit établi six autres particuliers, qui seront composés chacun d'un président, & d'un nombre convenable de conseillers & de sécretaires, selon la nature des affaires dont chaque conseil sera chargé; savoir, le conseil de conscience, où l'on traitera des affaires ecclésiastiques; le conseil des affaires étrangères; le conseil de guerre, & de tout ce qui y a rapport; le conseil des finances; le conseil de marine, & de tout ce qui en dépend; le conseil des affaires du dedans du royaume, qui étoient ci-devant portées au conseil des dépêches, le tout sans rien innover à l'égard du conseil privé, même des directions pour ce qui regarde les affaires contentieuses de finance, lesquelles se tiendront ainsi que par le passé, sauf à y être apporté dans la suite tel règlement qu'il appartiendra; comme aussi sans que les affaires dont la connoissance appartient à nos cours, & autres tribunaux & jurisdictions de notre royaume, puissent être portées dans lesdits conseils.

I I.

Et attendu que le commerce a presque un égal rapport avec les finance & la marine, il sera fait choix de quelques-uns des membres de ces deux conseils pour y travailler avec les députés des villes du royaume, qui ont eu entrée jusqu'à présent dans les conseils de commerce; & en cas que la matière soit importante, les conseils de finance & de marine se réuniront pour la discuter conjointement.

I I I.

Ceux qui seront choisis pour entrer dans ces différens conseils, seront tenus de s'assembler incessamment dans le lieu qui sera destiné à tenir chaque conseil, pour dresser un projet de règlemena sur la forme qui y sera observée, par rapport à l'ordre & à la distribution des affaires, au tems & à la manière de les traiter, à la réduction qui sera faite des délibérations, & aux registres qui en seront tenus, que ce projet sera porté au conseil de régence, pour y être autorisé & confirmé, ainsi qu'il sera jugé à propos.

I V.

Toutes les matières qui auront été réglées dans les conseils particuliers, seront ensuite portées au conseil général de régence, pour y être pourvu par notre très-cher oncle le duc d'Orléans, régent du royaume, suivant la pluralité des suffrages, si ce n'est qu'il y eût égalité d'avis, auquel cas celui du régent prévaudra, & sera décisif; & néanmoins en ce qui concerne les charges & emplois, les nominations & collations de bénéfices, les gratifications, pensions, graces & rémissions, notre très-cher oncle le duc d'Orléans, régent du royaume, pourra en disposer, ainsi qu'il jugera le plus à propos, après avoir consulté le conseil général de régence, sans être assujetti à suivre la pluralité des voix à cet égard; le tout conformément à l'arrêt rendu le 2 du présent mois par notre cour de parlement, & dont nous avons ordonné l'exécution dans notre lit-de-justice du 12 du présent mois.

V.

Le président de chaque conseil particulier aura séance & voix délibérative au conseil général de régence, pour les affaires qui regarderont le conseil dont ils sera président, &c. &c.

V I.

Dans les affaires importantes, notre très-cher oncle le duc d'Orléans, régent du royaume, appellera au conseil général, quand il estimera le devoir faire, tous les présidens des conseils particuliers, même tels conseillers qu'il jugera à propos d'y joindre.

VII.

Il commettra un des conseillers du conseil général, pour recevoir deux fois la semaine, à l'issue dudit conseil, avec deux maîtres des requêtes de notre hôtel, qui seront actuellement de service en notre conseil, tous les placets qui seront portés dans une des salles du palais, où nous faisons notre demeure, & seront lesdits placets remis entre les mains desdits maîtres des requêtes, pour en faire l'extrait, & ledit conseiller en rendra compte en leur présence à notre très-cher oncle le duc d'Orléans, régent du royaume, qui les renverra ensuite aux présidens des conseils ou aux officiers des compagnies, ou autres que chaque placet pourra regarder.

Le VIIIe. article, règle ce qui concerne l'administration de la justice & les règlemens généraux qu'elle pourra exiger, & laisse le chancelier le maître de choisir les magistrats avec lesquels il voudra procéder à la rédaction de ces règlemens.

Le IXe. & dernier, se rapporte aux affaires du domaine, & aux droits de la couronne qui seront communiqués aux avocats & procureurs-généraux du parlement de Paris, avant qu'elles soient jugées.

GOUVERNEUR, f. m. titre par lequel on désigne, dans les salines de Lorraine, le premier des quatre juges qui forment la jurisdiction de la saline. Les fonctions de cet officier, sont de veiller à la conservation des droits du roi, & à la bonne formation des sels; de constater l'état des bâtimens appartenans à la saline, & de vérifier fréquemment le degré de salure des sources salées, pour en connoître les variations, & les établir par procès-verbal. **

GRAINS. Nous avons annoncé au mot BLEDS, que nous nous proposions de traiter ici des précautions & des moyens propres à procurer le repos & le bonheur de la société, en assurant sa subsistance, & en conciliant à la fois les droits de la propriété, avec ceux de la liberté & de l'humanité.

Pour remplir ces vues, nous n'avons rien de mieux à faire que de donner une courte analyse d'un ouvrage publié en 1775 sous ce titre : *sur la législation & le commerce des grains*, ouvrage profondément pensé, & dont on a vu l'auteur déployer les talens d'un véritable homme d'Etat dans l'administration générale des finances.

Cet écrivain célèbre, procédant avec méthode à la discussion de son sujet, examine l'exportation des *grains* dans ses rapports avec la prospérité de l'Etat. Il fait voir que cette prospérité consiste dans la réunion du bonheur & de la force : réunion sans laquelle toute administration n'est qu'erreur.

Le ministre du despote, est-il dit, ne pense qu'à la force; l'ardent ami de l'humanité ne fait des plans que pour le bonheur. L'un ne demande que des soldats, l'autre veut renverser toutes les barrières; l'un méconnoît que la force est un fléau quand elle ne garde que l'infortune, l'autre oublie qu'au milieu des passions des hommes, le bonheur sans défense est un souffle passager dont on ne jouit quelques instans, que pour apprendre à le regretter.

L'administrateur éclairé se garantit de ces erreurs funestes, il étaye par la force, l'édifice qu'il élève pour le bonheur, il gémit de ces précautions politiques qui attestent à l'univers l'inquiétude ambitieuse des souverains, comme les loix civiles annoncent les prétentions injustes des particuliers; mais il soumet ses desseins aux circonstances qu'il ne peut vaincre.

Toutes les institutions sociales concourent sans doute à la force & au bonheur des nations, mais dans ce nombre, il en est qui tendent à ce but plus directement, plus sûrement; ce sont celles qui tiennent à l'économie politique. Cette science peut aussi profiter des améliorations que procurent les loix d'ordre & d'équité, les loix qui excitent l'honneur & le courage; celles qui développent & perfectionnent les talens militaire; mais elle embrasse tout l'Etat dans ses vues générales : elle fonde sa puissance sur la grandeur de ses richesses, & plus encore sur le nombre de ses habitans. *Et si ce nombre ne peut s'accroître que par l'effet d'une heureuse harmonie entre les différentes classes de la société, la population devient, en économie politique, le gage le plus certain de l'union, du bonheur & de la force.*

La richesse & la population sont deux sources de puissance, mais la population est une force bien plus certaine; car la richesse, c'est-à-dire, celle qui n'est formée que par le résultat des biens surabondans de toute espèce, & peut s'échanger contre d'autres biens au gré des désirs, ne fait pas seule la force, au lieu qu'elle se trouve dans la population qui, elle-même, annonce la prospérité de l'Etat.

La population, dans un grand Etat comme la France, ne peut s'étendre & se perpétuer qu'en raison des subsistances produites par le pays même, & que lorsqu'elles sont toutes employées à la nourriture des habitans; l'agriculture est donc la première source de la population, mais nul pays au monde ne paroît avoir moins besoin de vendre des bleds aux étrangers pour encourager son agriculture.

C'est aux habitans d'un pays contrarié par la

nature, a désirer constamment ce commerce. Aussi en jettant un coup d'œil sur les diverses contrées de l'Europe, on verra que c'est la Pologne, abatardie par le gouvernement féodal, qui vend continuellement ses *grains* à l'industrieuse Hollande; que c'est l'Afrique ignorante & barbare qui cède les siens aux habitans de Marseille; que c'est l'Amérique naissante qui vend ses bleds à l'Europe perfectionnée; que c'est la France enfin abattue & dévastée par les guerres civiles, qui nourrissoit de ses *grains* les étrangers, & que c'est la France éclairée par le siècle de Louis XIV, & par le génie de Colbert, qui maintenant les consomme elle-même, qui n'a plus besoin de les vendre pour acquérir de l'argent ou d'autres productions étrangères, mais qui est sûre d'obtenir tous ces biens, par l'échange des fruits de son industrie: véritable commerce d'un Etat dans sa perfection; & le seul qui entretienne sa prospérité en accroissant à la fois sa population & sa richesse.

Il suffit en effet que les grands propriétaires de terres puissent faire l'échange de leurs bleds superflus, contre des jouissances agréables, pour qu'ils soient encouragés à faire valoir leurs fonds, & que l'agriculture fleurisse. Or, cet échange contre l'industrie nationale, contre le produit des arts & des manufactures qui sont établis près d'eux, est plus commode & plus avantageux que celui qu'ils pourroient faire contre les productions des autres pays, renchéries par le double transport des objets échangés. D'ailleurs, cet échange de bleds hors du royaume ne peut se faire qu'autant qu'il y auroit disette, dès-lors ce commerce seroit incertain, au lieu que l'échange de ces denrées est constamment assuré lorsque le royaume qui les a produites abonde en ouvriers, artisans & fabriquans de toute espèce.

Ainsi l'étendue & la variété de l'industrie, la multitude des artistes, loin de nuire, comme on le dit communément, à l'agriculture, en lui enlevant des bras par l'attrait de travaux moins rudes & plus lucratifs, sont des moyens d'encouragement en multipliant les consommateurs. A quoi serviroit aux propriétaires la plus grande fécondité de leurs terres, s'ils ne pouvoient l'employer à leur goût, & pour leur bonheur? l'esprit de propriété n'est-il pas de jouir? plus la culture sera perfectionnée, plus elle donnera de bleds; plus les propriétaires en recueilleront, plus ils en auront de superflus, & plus ils nourriront d'hommes destinés à leur luxe & à leurs plaisirs.

Il n'est point de souverain qui ne doive gémir lorsque les *grains*, qui forment la principale subsistance, sortent habituellement de son royaume; *ce sont des hommes qui s'en vont*; c'est une portion de la force publique qui s'évanouit: sa douleur doit être encore plus grande, s'il réfléchit que l'homme qui seroit nourri par ces *grains* exportés, ne demanderoit pas sa subsistance pour rien, mais qu'il offriroit son travail en échange, & qu'ainsi la propriété trouveroit également, dans cet emploi de ses subsistances superflues, un accroissement de jouissances.

Il suit de ces réflexions que les établissemens d'industrie sont un moyen plus sûr, qu'une libre & constante exportation d'élever la consommation au niveau de la plus grande culture, & que ce moyen produit le bien général, en augmentant la population, sans contrarier la richesse, ni le bonheur des propriétaires.

Si l'on examine à présent quels sont les effets d'une libre exportation, on reconnoîtra qu'ils peuvent être très-funestes.

La liberté en matière de commerce est la permission absolue, laissée à chaque membre de la société de faire, avec son argent, avec ses marchandises & son industrie, tout ce qui lui convient le mieux, sans désobéir aux loix.

Ainsi, dans le système de la liberté absolue, on ne pourroit être à l'abri d'une exportation nuisible au bien général, qu'autant qu'elle seroit contraire à l'intérêt de l'acheteur & du vendeur de *grains*. Si les convenances particulières de ces contractans n'ont nul rapport avec l'intérêt public, dès-lors elles ne peuvent plus devenir sa sauve-garde.

Les vendeurs de bled sont les propriétaires, leurs fermiers, les marchands qui se substituent momentanément à leur place; tous ces vendeurs ne font certainement aucune distinction de personnes lorsqu'ils débitent leurs denrées: le prix seul les détermine. Le commissionnaire françois qui achète pour le pays étranger, le marchand qui veut débiter ces *grains* dans l'intérieur du royaume, est également bien reçu; la chose publique n'entre point dans les calculs de l'intérêt particulier, c'est aux loix seules à lui apprendre les sacrifices qu'il doit faire.

L'abus d'une exportation libre peut donc s'opérer facilement du côté des vendeurs.

Il n'est pas moins possible du côté des acheteurs pour l'étranger. On a beau dire que les étrangers n'achèteront pas en France lorsque les bleds y seront chers. Cette objection suffit déjà pour inspirer de l'inquiétude; car si les inconvéniens de la liberté n'étoient prévenus que par la convenance des autres nations, lorsque leur politique les porteroit à faire ce que leur intérêt pécuniaire ne leur conseilleroit pas, le repos de la France seroit entre leurs mains.

Ce n'est pas tout encore. Le seul intérêt marchand des acheteurs étrangers, peut entraîner des exportations dangereuses : il n'est plus question de valeur quand il y a disette ; il faut vivre à tout prix, & chacun prend sa part de ce qui s'offre à vendre. Il est vrai que si la France étoit séparée des pays étrangers, par des déserts, à travers desquels le transport des bleds exigeât une dépense de dix à douze livres par septier, cette circonstance pourroit empêcher les étrangers d'enlever le nécessaire de ce royaume. Mais ses provinces maritimes & ses provinces frontières sont plus près du pays étranger que des provinces de l'intérieur, ses communications avec le premier sont aussi plus faciles & moins coûteuses que de remonter les rivières navigables.

Il n'est donc pas douteux que l'intérêt des acheteurs peut souvent les engager à des exportations contraires au bien de la France.

En vain observera-t-on que si les autres nations s'emparent de nos bleds, nous en userons de même avec elles, & que par cette réciprocité cette liberté ne sera point nuisible. L'établissement de la plus libre exportation en France ne déterminera jamais les autres puissances à s'écarter des loix qu'elles ont à cet égard, & qu'elles modifient ou changent selon leurs besoins.

Dans tous les pays de l'Europe, ces loix défendent l'exportation ; on ne sort des bleds d'Italie que sur des permissions qu'on suspend ou qu'on renouvelle à chaque récolte ; en Suisse, en Savoie, la prohibition absolue existe presque toujours. La plupart des Etats d'Allemagne qui nous avoisinent, suivent le même exemple. Dans la Flandre Autrichienne, l'exportation n'est permise que par intervalles ; en Angleterre, elle est interdite dès que le bled est à un certain prix ; au Levant, on la permet ou on la défend, selon les circonstances ; en Barbarie, on limite les quantités ; en Espagne & en Portugal, on y a des besoins continuels ; en Sicile même, pays purement Agricole, on ne laisse sortir des *grains* qu'après s'être assuré qu'il en reste dans le pays une provision suffisante.

Au milieu de toutes ces loix prohibitives, si la France, qui est le pays le plus peuplé de l'Europe, se laissoit aller aux principes de la liberté absolue, toutes les nations en seroient étonnées, & ce royaume ne tarderoit pas à ressentir des troubles & des malheurs qui le forceroient à changer de systême.

Si en convenant qu'il est possible d'abuser de la libre exportation des grains, on soutenoit que ces abus sont d'une si petite importance, que ce n'est pas la peine d'enfreindre la liberté pour les prévenir, on prouveroit par des calculs démonstratifs leur danger.

On compte en France vingt-quatre millions d'habitans, qui consomment chacun environ deux septiers de *grains* par année ; ensorte qu'il leur faut, le fort compensant le foible, quarante-huit millions de septiers, donnant chacun, après la mouture, environ deux cens quarante ou quatre-vingt livres de pain, selon qu'on y laisse plus ou moins de son; si au commencement de la récolte nouvelle, chaque habitant achetoit les deux septiers de bled, qui sont nécessaires à sa subsistance pendant l'année, on connoîtroit avec certitude la quantité dont on auroit besoin, & l'on y pourvoiroit par des achats en pays étranger. Dans le cas d'obstacle invincible, tout habitant qui n'auroit pas pu obtenir ses deux septiers, seroit forcé de s'expatrier pour chercher sa nourriture ailleurs.

Si le déficit de bleds est de quatre cens mille septiers, voilà deux cens mille habitans perdus pour l'état, & c'est un mal dont la mesure est connue.

Mais en supposant que ces mêmes habitans, au lieu de se pourvoir en entier de leur subsistance au commencement de l'année, achètent leur pain ou chaque semaine ou chaque jour, non-seulement le vuide sera connu beaucoup plus tard, mais le danger de ce vuide s'accroîtra d'une manière terrible.

En effet, chez la nation où la masse totale des subsistances a été partagée au commencement de l'année, le déficit de quatre cens mille septiers n'a pu représenter que la nourriture de deux cens mille personnes ; mais dans un pays où le partage se feroit tous les trente jours, le vuide de quatre cens mille septiers ne s'appercevroit qu'au commencement du dernier mois, & alors ces quatre cens mille septiers seroient la nourriture nécessaire à deux millions quatre cens mille hommes jusqu'à la fin de l'année.

Si les provisions ne se faisoient que chaque semaine, au commencement de la dernière, ce même vuide de quatre cens mille septiers priveroit de subsistance dix millions quatre cens mille personnes.

Pour pousser cette hypothèse à l'extrême, une nation composée de vingt-quatre millions d'ames pourroit mourir de faim avec un vuide de quatre cens mille septiers, si elle faisoit sa provision tous les trois jours, parce que les trois derniers de l'année il n'y auroit plus de bled, vu que quatre cens mille septiers composent la nourriture de vingt-quatre millions d'hommes pendant cet intervalle.

C'en est assez pour faire sentir qu'il ne suffit pas qu'une exportation soit modérée pour qu'elle soit indifférente, & à l'abri des inconvéniens. On remarque facilement que plus une nation est nombreuse, ou plus elle est composée d'une grande quantité de gens de travail, qui, par indigence ou ou par habitude, ne font que de très-petites provisions de pain ou de bled, plus les dangers de l'exportation augmentent, non-seulement parce que le vuide est apperçu plus tard, mais encore parce qu'à mesure que l'année s'écoule, la même quantité de bled représente la nourriture d'un plus grand nombre de personnes.

S'il n'y avoit dans un pays qu'une quantité de bleds égale aux besoins, une grande partie des habitans seroit exposée à périr, parce que cette égalité générale entre toutes les subsistances, & tous les besoins d'un grand royaume, ne pourroit jamais exister de même dans tous les lieux & dans tous les instans; il suffiroit qu'un homme eût plus que sa part, pour qu'un autre fût dans la disette.

Ajoutons encore une considération très-importante, c'est qu'il n'y a nulle égalité entre le désir de réaliser du bled contre de l'argent, & le besoin d'échanger son argent contre du bled.

Le superflu considérable qui existe dans les mains d'un grand nombre de propriétaires, prévient l'Etat d'oppression & de détresse dans lequel se trouveroit la partie du peuple qui vit de son travail. Il les excite à vendre, il affoiblit leur empire naturel sur les acheteurs, & remet en quelque sorte l'égalité parmi des contractans si différens par les motifs qui les dirigent; car les uns se présentent au marché pour vivre, pour satisfaire à des besoins impérieux; les autres pour se procurer dequoi entretenir leur luxe, ou se procurer leurs commodités.

L'importance infinie de ce superflu, est donc une idée sur laquelle on ne sauroit trop s'arrêter. C'est par elle qu'on découvre les principaux inconvéniens de la liberté illimitée du commerce des *grains*, & la nécessité d'y mettre des bornes.

Il faut développer cette proposition par un exemple sensible. Qu'on se représente cent mille hommes renfermés dans un lieu quelconque; cent mille pains leur sont apportés chaque jour pour leur subsistance; tant que cette fourniture est faite exactement, le prix convenu ne change point: mais si l'on s'apperçoit qu'il manque deux ou trois pains, voilà un vuide qui prive deux personnes de leur subsistance. La crainte d'être l'un de ces malheureux, excite une telle ardeur d'acheter, que les marchands peuvent doubler ou tripler le prix ordinaire.

Bien plus, si les cent mille acheteurs n'ont aucun moyen de s'assurer d'abord que le nombre des pains qu'on leur apporte est égal à leur nombre, l'inquiétude les saisit; leur imagination s'allarme, & exagère le déficit lors même qu'il n'y en a pas. Les vendeurs, à leur tour, intéressés à perpétuer cette crainte, tâcheront de l'entretenir par la manière adroite avec laquelle ils entasseront ces pains pour en diminuer l'apparence, & ils vendront plus chèrement. Le prix ne reviendra à un taux raisonnable, que lorsque les marchands auront vu plusieurs fois qu'il leur reste beaucoup de pain, & que leur empressement de vendre aura redonné aux acheteurs la tranquillité qu'ils avoient perdue.

Telle est l'idée succinte du commerce des *grains*. Ce que l'on a exposé avec des circonstances précises, s'exécute, seulement d'une manière confuse, dans une grande société, parce qu'il faut vivre, & parce que la crainte de manquer du nécessaire ne calculant plus avec l'intérêt, presse d'acheter à tout prix.

Aussi l'exportation d'une très-petite quantité de bled, un enlèvement particulier dans un lieu, un monopole partiel, suffisent souvent pour faire doubler le prix des *grains*, sans qu'il y ait un vuide réel. Il n'est pas nécessaire, comme on le dit dans quelques ouvrages économiques, de s'emparer du cinquième ou du dixième de la masse du bled, pour augmenter son prix de la même quotité. On a l'expérience que ce n'est point dans cette proportion, ni sous ce rapport, que le prix des *grains* monte. Dans certaines circonstances, l'enlèvement du dixième de la masse des bleds pourroit en hausser le prix à un excès sans mesure; & quand on veut concevoir ce renchérissement, ce n'est point avec la masse des bleds existans qu'il faut comparer les quantités enlevées, mais avec la somme du superflu, nécessaire pour tempérer la puissance des vendeurs, & modérer les allarmes des consommateurs.

Suivons toujours les effets de l'exportation. Il est constant que la liberté qu'elle obtient dans un pays, augmente les moyens de vendre, mais non pas ceux d'acheter; car en admettant les étrangers dans ses marchés, l'Etat ne les assujettit à aucune réciprocité. Il s'ensuit donc que la permission continuelle d'exporter des *grains*, doit tenir les prix plus hauts que la prohibition. Mais cette même liberté doit aussi occasionner des écarts considérables dans les prix, en donnant lieu à une exportation inconsidérée, qui, quoique médiocre en quantité, peut causer une hausse excessive, par les raisons qu'on en a données ci-devant.

Cette hausse, dira-t-on, est un bénéfice pour les propriétaires, un encouragement pour l'agriculture & pour les défrichemens. Cela est vrai, pourvu qu'elle soit rapide & passagère; mais si elle est constante, dès-lors les salaires augmentent en proportion de la cherté des subsistances; sans quoi il s'établiroit entre la classe des propriétaires & celle des ouvriers qui les servent, une sorte de combat terrible, où la propriété accableroit du poids de sa prérogative, le malheureux qui vit du travail de ses mains.

Avec l'augmentation des salaires, vient nécessairement l'augmentation des impôts ; car le trésor public, au profit duquel ils se perçoivent, est forcé d'augmenter ses dépenses, pour subvenir aux appointemens, aux gages, aux pensions, & aux soldes des hommes qu'il emploie, en proportion du renchérissement des subsistances.

Voici la marche de ce renchérissement, & son effet, sur les dépenses du souverain & sur l'impôt, à la suite d'une exportation libre & illimitée.

1°. Renchérissement du prix des denrées & de la main-d'œuvre.

2°. Bénéfice momentané pour le propriétaire des denrées & pour la classe industrieuse, sur la portion de leurs revenus destinée au paiement des impôts.

3°. Souffrance des rentiers, des pensionnaires, appointés, des soldats, des matelots, & de tous les hommes engagés à servir l'Etat pour une rétribution déterminée.

4°. Nécessité plus ou moins tardive pour le souverain, d'augmenter les rétributions.

5°. Vuide au trésor, par cette augmentation de dépenses.

6°. Nécessité d'accroître l'impôt, pour remplacer le vuide.

7°. Par l'effet de ce nouvel impôt, anéantissement du bénéfice momentané, que le renchérissement de la denrée & de la main-d'œuvre avoit procuré au propriétaire & à l'homme industrieux.

Le haut prix des *grains*, produit par une exportation constante, ne borne pas son influence aux objets qu'on vient d'exposer; il l'étend à toutes les productions de la terre, & à tous les ouvrages de l'industrie nationale & étrangère, parce qu'indépendamment de la cherté des subsistances, en accroissant la masse du numéraire, il faut en augmenter la quotité, pour payer la valeur des choses.

Cette influence devient aussi très-fâcheuse par rapport à la partie des manufactures nationales qu'on vend aux étrangers, qui fait le plus utile des échanges, la vente des ouvrages d'industrie étant le plus avantageux des moyens donnés à la France pour payer les biens qui lui manquent. Il faut développer cette proposition.

Supposons qu'il faille acheter annuellement cent mille quintaux de tabac de la Caroline.

Si l'on accomplit ce paiement avec cent mille septiers de bled produits par vingt mille arpens de terre, on prive le royaume du nombre d'hommes que ces vingt mille arpens peuvent nourrir.

Si l'on paie cette même quantité de tabac avec le produit de cinq mille arpens de vignes, on ne diminue la population que du nombre d'habitans que ces cinq mille arpens peuvent entretenir, l'on aura bien mieux fait que de payer en bled.

Mais si l'on peut payer ce tabac avec le simple travail des hommes, l'on fera bien mieux encore; car on ne vendra que leur tems, & non le produit d'une terre qui peut les occuper & les nourrir. C'est donc ce genre d'échanges qui donne à la population sa plus grande étendue ; car plus la valeur des marchandises qu'on vend aux étrangers est composée du prix du travail, plus ce commerce est favorable à la population nationale.

En vendant le produit brut de cent mille arpens, on perd peut-être le moyen de faire subsister cent mille hommes.

Si l'on vend, au même prix, le produit de cinquante mille arpens travaillés par cinquante mille hommes, on ne perd que le moyen de faire subsister cinquante mille hommes. On applique le produit d'un arpent à la nourriture d'un homme, pour présenter une mesure facile; & en continuant cette gradation, on trouveroit que le meilleur échange seroit celui du produit de mille arpens mis en valeur par le travail de quatre-vingt-dix-neuf mille personnes.

Ceux qui soutiennent que la vente des bleds est la plus avantageuse aux nations, s'intéresseroient-ils donc bien moins à la population d'un pays qu'à sa richesse ?

Sous ce dernier point de vue, il est facile de montrer que le commerce des manufactures est également le plus convenable.

Quoi! dira-t-on, la dépense d'un ouvrier n'est-elle pas égale à la récompense qu'il reçoit de son travail, & cette dépense n'est-elle pas égale aux productions de la terre, qu'il consomme, ou qu'il donne à consommer à sa famille, & aux hommes qui lui font un habit, un chapeau, des souliers, &c.? L'argent qu'il reçoit & qu'il distribue, peut-il représenter autre chose que ces différens besoins? Ainsi la valeur totale du travail doit être égale à la valeur totale des productions de la terre, que les ouvriers consomment ou dont ils disposent

On peut d'abord observer, que lors même qu'on choisit les richesses pour l'unique but de ses spéculations politiques, les raisonnemens les plus favorables au commerce des *grains* se bornent à l'assimiler à celui des manufactures; mais il est facile de détruire jusqu'à cette parité.

Supposons un homme, à la fois souverain & propriétaire de tous les biens d'un royaume, dédaignant l'accroissement de la population, & bornant tous ses vœux à l'acquisition de l'argent. Voyons, pour y parvenir, quel commerce il favoriseroit.

Si tout le royaume dont je suis le propriétaire, se diroit-il à lui-même, ne produisoit que des *grains*, le raisonnement qu'on vient de faire seroit juste, & il me seroit égal de vendre du bled ou du travail. Mais outre des terrains propres à la culture des champs, j'en ai qui ne peuvent servir qu'à nourrir des troupeaux, à produire des bois & des fruits. J'ai des rivières qui ne contiennent que des poissons; des carrières qui ne renferment que des pierres propres aux bâtimens; j'ai des maisons & des édifices publics, & beaucoup d'autres biens qui ne sont pas transportables, comment donc les convertirai-je en argent?

Il n'est qu'un seul moyen pour y parvenir. Au lieu de vendre mes bleds aux étrangers, je les distribuerai à de nouveaux habitans de mon royaume. Il leur faudra, de plus, à chacun, du bois, une maison, des fruits, & une part dans les diverses productions que je ne puis exporter; leur valeur, cependant, fera partie du prix de leur travail; ainsi en le vendant aux autres nations, j'aurai trouvé le secret de convertir en métaux précieux, une multitude de biens dont il ne m'étoit pas possible de faire commerce au-dehors.

Ainsi, sans prendre aucun intérêt à la population, mais uniquement par amour pour la richesse, je dois préférer le commerce des manufactures à celui des denrées de nécessité.

Enfin, on doit faire une remarque essentielle à la suite de ces différentes considérations.

Le prix du travail commun & grossier, est composé de la valeur des diverses productions nécessaires aux ouvriers; mais le prix du talent ou d'une industrie rare ou particulière, est encore composé d'une somme quelconque qu'on ne dépense pas, mais qu'on thésaurise. Ce desir d'acquérir pour garder, pour accumuler, & pour reproduire, est un sentiment général, & il résulte de cette circonstance morale, que la valeur du travail & des ouvriers est infiniment supérieure à la somme de leurs dépenses, & par conséquent à celle de leurs consommations.

Par exemple, un habile peintre fait, dans le cours d'une année, un nombre quelconque de tableaux, qui sont vendus aux étrangers, & qui introduisent en France dix mille écus. Ce peintre, cependant, n'en a voulu dépenser que cinq mille; ainsi, lors même que toutes les productions que lui, sa famille, & ses serviteurs ont consommées, auroient pu être vendues aux étrangers, il est sûr qu'elles n'auroient rapporté dans le royaume, que la moitié du prix du travail du peintre.

Cet exemple frappant peut s'appliquer à tous les hommes industrieux; depuis l'artiste célèbre, ou le chef de manufacture, qui thésaurisent, peut-être, dix mille francs chaque année, jusqu'à l'artisan grossier qui n'épargne que quelques écus.

Concluons donc que, de toutes les manières de payer les biens étrangers, la plus avantageuse à un royaume, c'est la vente du tems; c'est-à-dire, celle des productions de l'industrie: & comme la préférence que les acheteurs donnent aux manufactures de tel ou tel pays, est fondée en partie sur la comparaison des prix; que ces prix sont réglés par la valeur de la main-d'œuvre, qui dépend, à son tour, des subsistances, on sent combien la modération constante du prix des bleds importe au commerce le plus avantageux de la France.

Lorsqu'un pays, par le seul échange de ses productions de luxe & de ses objets d'industrie, peut obtenir, non-seulement toutes les marchandises étrangères qu'il desire, mais encore de très-grosses sommes d'argent, pourquoi souhaiteroit-il de vendre des *grains?* Seroit-ce pour avoir encore plus d'argent? Il en auroit autant en nourrissant des hommes, & vendant leur travail. D'ailleurs cet argent, tant qu'il est resserré dans une société, n'est ni une jouissance, ni une force; il ne se convertit en puissance, qu'autant que la nation qui le possède, le destine à acheter au-dehors le service des hommes; mais pourquoi diminuer sa propre population, pour obtenir un tel avantage? Les hommes sont une puissance encore plus sûre que l'argent, parce qu'il faut le concours des étrangers, pour le convertir en force, par les subsides.

Jusqu'ici on n'a examiné la liberté de l'exportation des *grains*, que par son influence sur la population & la richesse; il faut actuellement la considérer dans son rapport avec l'opinion des hommes, tels qu'ils sont, & tels qu'ils seront toujours.

La libre exportation des *grains*, fût-elle aussi favorable à la prospérité publique qu'elle y paroît contraire, comment pourroit-on maintenir une loi qui l'autoriseroit constamment? Comment pourroit-on y soumettre les passions du peuple? Le pain qui le nourrit, la religion qui le console; voilà ses seules idées. Elles seront toujours aussi simples que sa nature. La prospérité de l'Etat, les siècles, la génération suivante, sont des mots abstraits qui ne peuvent le frapper. Il ne tient à la société que par ses peines; & de tout cet espace immense qu'on appelle l'avenir, il n'apperçoit jamais que le lendemain: il est privé, par sa misère, d'un intérêt plus éloigné.

Ainsi, lorsqu'il verra le prix des *grains* monter, & rendre sa subsistance incertaine, comment ne s'éleveroit-il pas contre leur exportation, ou contre toute loi politique, à laquelle il imputeroit son malheur & son inquiétude!

Au sein du travail & de l'indigence, il supporte tranquillement le spectacle de l'oisiveté, de l'abondance, & du bonheur apparent des riches; leur pompe & leur grandeur sont une sorte de magie qui lui en impose; mais lorsqu'une allarme, bien ou mal fondée sur les moyens d'atteindre à sa subsistance, s'empare de lui, comme cette inquiétude frappe le seul sentiment auquel il est accoutumé, toute son énergie se réveille, & ce peuple enfant, qu'on conduit avec des lisières, au milieu de l'inégalité des propriétés, & à travers mille objets de privation & d'envie, devient un lion qui rugit, quand il craint pour son nécessaire.

En vain diroit-on que les principes de la justice sont inaltérables, qu'on ne doit jamais les soumettre aux passions des hommes, & que si le peuple n'entend pas raison, il faut l'y amener par la force.

Mais quand la force veut heurter un sentiment général, ne se change-t-elle pas en tyrannie? Toute erreur qui tient d'ailleurs à la nature humaine, ne doit-elle pas être traitée comme une raison?

Ainsi, pourra-t-on dire, les préjugés du peuple feront la loi; sans doute ils la feront, & doivent la faire, toutes les fois que ces préjugés seront inhérens à sa nature. Mais qu'on ne s'effraye point de cette vérité; le peuple n'aura jamais qu'un seul sentiment énergique & puissant, c'est celui qui tient à sa subsistance.

Il s'accoutume à la hausse insensible du prix des *bleds*, parce que celui de son travail s'y proportionne; mais un renchérissement subit & considérable l'irritera toujours. Il faut donc que le gouvernement prévienne ces sortes de mouvemens dans les prix, autant que les loix peuvent y parvenir. Les loix s'accorderont, sans doute, avec le plus grand avantage de la société; mais elles seroient encore sages, lors même qu'elles paroîtroient contraires aux principes qu'on auroit adoptés, comme les plus conformes à la prospérité du royaume; car cette prospérité ne peut être fondée que sur la félicité publique, & cette félicité ne peut jamais dépendre uniquement d'un systême, parce que la condition essentielle du bonheur, c'est le sentiment qu'on en a. Ainsi, toutes les fois que pour mener à ce qu'on estime le bien de l'Etat, il faut entretenir dans l'inquiétude le plus grand nombre des citoyens, ce bien alors n'est plus un bien.

Quand on voudra donc soumettre la passion dominante du peuple à un systême général, on se méprendra; c'est, au contraire, le systême qu'il faut combiner avec cette passion; elle est comme la donnée en administration; c'est la force des vagues de la mer qu'il faut calculer, en élevant une digue sur le rivage.

En continuant d'examiner la liberté de l'exportation des *grains*, on pourroit assurer que les loix relatives aux subsistances sont presque les seules par lesquelles on peut adoucir le sort du peuple, & qu'elles sont même plus efficaces que la diminution, que l'exemption même des impôts.

Indiquons donc d'abord la source de la misère du peuple, & ce qu'il faut entendre par peuple.

On dispute souvent sur les causes de l'infortune du peuple; les pauvres en gémissent sans l'étudier, & les riches, qui ont le tems de réfléchir & de s'instruire, ne manquent jamais d'attribuer uniquement cette infortune à l'excès des impôts. Ils croyent suffisamment exercer leur compassion, en accusant le gouvernement d'ignorance & d'inconduite, & en disant de tems en tems au coin de leur feu: *Ce pauvre peuple! comme il est mené!* tandis que sa misère est leur ouvrage, l'effet inévitable de leurs droits, & de l'usage qu'ils en font.

On entend par peuple, la partie de la nation qui est née sans propriétés, de parens à-peu-près dans le même état, & qui n'ayant pu recevoir d'eux, aucune éducation, sont réduits à leurs facultés naturelles, & n'ont d'autre possession que leur force, ou quelque art grossier & facile. C'est la classe la plus nombreuse de la société, & la plus misérable, puisque sa subsistance dépend uniquement de son travail journalier.

Le peuple ainsi défini, d'où vient sa misère dans tous les tems, dans tous les pays, & quelle en sera la source éternelle?

C'est le pouvoir qu'ont les propriétaires, de ne donner en échange d'un travail qui leur est agréable, que le plus petit salaire possible; c'est-à-dire, celui qui représente le plus étroit nécessaire.

Or, ce pouvoir entre les mains des propriétaires est fondé sur leur très-petit nombre, en comparaison de celui des hommes sans propriétés; sur la grande concurrence de ces derniers, & principalement sur la prodigieuse inégalité qui se trouve entre les hommes qui vendent leur travail pour vivre aujourd'hui, & ceux qui l'achetent pour augmenter simplement leur luxe ou leurs commodités; les uns sont pressés par l'instant, les autres ne le sont point; les uns donneront toujours la loi, les autres seront toujours contraints de la recevoir.

C'est à ces différens rapports qu'il faut attribuer l'empire du propriétaire sur l'homme sans propriété: cet empire ne changera jamais: il augmente, au contraire, par l'effet de deux circonstances.

L'une, c'est que les propriétés tendent plutôt à se rassembler qu'à se diviser. La pauvreté ne peut pas tirer parti des terres qui exigent des avances; elle ne sait pas se défendre contre les impôts arbitraires; elle ne jouit pas communément des prérogatives attachées à la noblesse; les petites possessions se réunissent donc insensiblement dans les mains des riches, le nombre des propriétaires diminue, & ils peuvent alors dicter une loi plus impérieuse aux hommes dont ils achetent le travail ; car dans tout échange, la force des vendeurs & des acheteurs dépend en partie du nombre respectif des uns & des autres.

Enfin, la seconde circonstance qui tend à affoiblir la résistance des hommes industrieux, luttant pour leurs salaires, contre les hommes propriétaires, c'est qu'à mesure que la société vieillit, il s'amasse une très-grande quantité d'ouvrages d'industrie, propres au luxe ou à la commodité, vu que la durée d'un grand nombre de ces ouvrages surpasse la vie des hommes ; tels sont tous les bijoux, les glaces, les édifices, les diamans, la vaisselle, & beaucoup d'autres objets encore. Cet amas de richesses qui s'accroît journellement, établit une concurrence sourde & permanente contre le travail nouveau des ouvriers, & rend leurs prétentions plus impuissantes.

Les propriétaires ont donc toute la force nécessaire pour réduire au plus basprix possible, la récompense de la plupart des travaux qu'on leur consacre, & cette puissance est trop conforme à leur intérêt, pour qu'ils renoncent jamais à en profiter.

Supposons donc que vingt sols soient le prix auquel ils peuvent réduire la journée d'un homme obligé de se nourrir avec sa famille ; supposons, en même tems, que ce journalier paye un sol par jour au trésor public.

Si cet homme est déchargé de cet impôt, sa journée ne tardera pas à être réduite à dix-neuf sols, parce que les propriétaires tendent toujours à user de leur puissance, & que celle des journaliers ne peut y résister.

Ainsi, quelle que soit la distribution des impôts, le peuple est condamné, par l'effet des loix de propriété, à n'obtenir jamais que le nécessaire en échange de son travail. A moins donc de détruire ces loix, & de troubler sans cesse l'ordre public par le partage des terres, l'autorité souveraine & législative ne peut exercer sa bienfaisance envers le peuple, qu'en lui assurant du moins, ce nécessaire auquel il est réduit ; qu'en le préservant d'inquiétude à cet égard ; qu'en prévenant les commotions dans les prix qui dérangent les rapports établis entre le travail & sa subsistance. Tous ces soins, toutes ces précautions, dépendent uniquement de la sagesse des loix sur les *grains*.

Sous ce point de vue, c'est au souverain à s'occuper de la subsistance de ses sujets, & à les défendre contre l'infortune.

Il ne peut le faire, s'écrie-t-on, qu'en gênant les droits de la propriété, ceux de la liberté du commerce, & ces droits sont inviolables par leur nature ; y porter la moindre atteinte, c'est ébranler les fondemens de la justice, c'est bouleverser l'ordre public.

Mon bled est à moi, dit un propriétaire ; je puis le vendre où & quand il me plaît.

Le négociant, de son côté, s'écrie : Personne n'a le droit de me gêner dans mes échanges, d'arrêter mon industrie.

C'est avec ces noms respectables de liberté & de propriété, avec ces grands mots d'un sens étendu à l'infini, qu'on induit à erreur, & qu'on entraîne les suffrages en faveur de l'exportation des *grains* ; qu'on a l'air de défendre la cause publique, tandis qu'on l'offense de la manière la plus sensible.

La propriété héréditaire est une loi des hommes ; elle fut établie pour leur bonheur, & c'est à cette condition qu'elle est maintenue. Mais si la subsistance des hommes n'étoit pas fixée par la nature, & qu'il fût possible aux propriétaires de trouver leur plaisir à consumer la nourriture de plusieurs milliers d'hommes, les privilèges de la propriété ne pourroient se soutenir, & les loix qui les garantissent ne tarderoient pas à être enfraintes.

Qu'est-ce donc qui assure la stabilité de ces privilèges ? c'est de ne pas entraîner la diminution de l'espèce humaine ; c'est que la qualité de grand propriétaire ne peut pas faire trouver du plaisir à manger mille quantités de pain au lieu d'une ; c'est que dans la permission donnée aux riches d'échanger tout leur bled superflu, contre le travail des hommes, & de vivre ainsi dans l'oisiveté, l'augmentation de bonheur qui résulte pour eux de cet avantage, est trop obscure & trop incertaine, pour que la société ait un intérêt suffisant à y mettre obstacle, & à renverser, pour y parvenir, les loix qui assurent les héritages, & qui soumettent à un principe général la disposition de tous les biens de la terre ; loix qui excitent l'industrie, & sans lesquelles la société seroit livrée à toutes les passions, & à un bouleversement continuel.

Les privilèges de la propriété ayant, comme on le voit, un rapport essentiel avec le bien général, l'intérêt de ce bien général a pu y apposer des exceptions. La société a pu dire, & est censée avoir dit aux propriétaires avec la plus parfaite justice : *Chacun de vous tiendra dans ses mains la subsistance d'un grand nombre d'hommes ; nous vous permettons d'exiger d'eux, en les nourrissant, tel travail qui vous sera le plus convenable ; forcez-les, si vous voulez, à s'appliquer à divers talens pour vous plaire ou vous servir ; jouissez de leurs peines au sein de l'oisiveté ; mais n'allez pas jusqu'à nourrir des étrangers par préférence, cette disposition seroit un attentat au contrat social que vous formez avec nous, & nous avec vous. Si ces étrangers ont des biens que vous desirez, offrez-leur en échange les fruits de l'industrie de vos compatriotes ; vous serez satisfaits, sans manquer au sentiment social que vous devez à ces derniers.*

Les propriétaires pourroient-ils répondre tranquillement, sans le plus grand oubli des principes qui font leur sûreté & leur force : *Vous nous gênez ; nous vous nourrirons si cela nous plaît ; nous nourrirons des étrangers si nous le préférons ; nous n'aurons, là-dessus, d'autre guide que notre intérêt & notre fantaisie.*

Quoi donc, leur répondroit-on, *cette offre de la société ne vous suffit-elle pas ? Pour garantir votre propriété pendant la paix & la guerre, elle ne vous demande que la préférence dans l'échange que vous êtes contraints de faire des fruits superflus de votre terre, contre du travail, & vous le refusez ? Prenez-y garde, vous entendez mal vos intérêts ; votre titre de possession n'est pas écrit dans le ciel ; vous n'avez pas apporté votre terre d'une planette voisine, & vous ne pouvez l'y remporter. Toute la force que vous avez, vous la tenez de la société. Vous ne jouissez que par l'effet d'une convention générale ; la convention particulière qui autorisa les propriétaires à disposer, à leur gré, des denrées de nécessité qui leur sont inutiles, pût exiger d'eux qu'ils préférassent les acheteurs nationaux. Cet assujettissement n'est donc pas une violation de la loi des propriétés, c'en est une condition, comme il en est tant d'autres, qui mettent des bornes aux concessions & aux prérogatives, pour le bien commun.*

Mais enfin, si vous nous gênez dans nos ventes, fait-on encore dire aux propriétaires, *nous ne cultiverons plus, & les terres demeureront en friche.* Fables, exagération : si la société fait des loix qui tiennent la denrée captive, ou qui avilissent son prix, elle a grand tort ; mais si elle ne permet pas constamment l'exportation des *grains*, si elle ne soumet pas l'ordre public, au caprice aveugle de la liberté, elle agit sagement. Quoi ! les propriétaires suspendroient leur culture, parce qu'au lieu d'envoyer leurs bleds à l'étranger, ils n'auront pour marché, qu'un royaume de vingt-sept mille lieues quarrées & quelques colonies, & pour acheteurs, vingt-quatre millions d'hommes !

On a ouï dire quelquefois, que si l'on met des obstacles à l'introduction des ouvrages étrangers, on gêne les propriétaires, & qu'en les gênant, on rallentit leur empressement à cultiver ; comme si l'intérêt qu'ils ont à faire valoir leurs terres, étoit sans cesse dominé par leurs caprices & leurs fantaisies, & que l'impuissance de les satisfaire fût une véritable cause de désespoir & de mort ! ou comme si, ne pouvant pas avoir un habit de drap Anglois par préférence au drap de Louviers, ils ne voulussent plus avoir d'habits, & ne se souciassent plus de revenus & de rentes !

En considérant tous les avantages que trouvent les propriétaires dans la France, on reconnoît qu'il n'est point de pays où les obstacles à la liberté constante d'exporter, soient plus indifférens à leur bonheur. Ce royaume joint à une population immense, une réunion surprenante de toutes sortes d'établissemens d'industrie, une variété féconde de productions, tant par son sol que par celui de ses colonies, deux milliards d'argent monnoyé, des richesses de toute espèce entassées par le tems ; que de moyens nombreux ouverts aux propriétaires pour échanger le superflu de leurs bleds, & pour les consoler, lorsque le bien général leur prescrit de ne vendre que dans leur pays cette précieuse denrée !

Après avoir discuté les droits des propriétaires relativement à la liberté de l'exportation des *grains*, passons à l'examen de la liberté & des droits du commerce sous le même rapport.

Les droits de la liberté, dit-on, sont aussi sacrés que ceux de la propriété, & toute gêne les offense ; pourquoi mettroit-on des bornes à l'industrie ? Pourquoi m'empêcher de convertir mon bled en argent, ou d'échanger mon argent contre du bled ? Cette liberté est l'ame du commerce, & le commerce est la source des richesses.

Ne peut on pas répondre victorieusement à ces objections, en ramenant la vue sur le premier objet des sociétés, & faire ces distinctions dans la liberté ?

Il n'est point de liberté salutaire, que celle qui ne contrarie pas le bien général.

Je veux faire tout ce qui me plaît ; voilà le vœu de l'homme isolé.

Je ne veux pas qu'un homme puisse faire ce qui me blesse ; voilà le vœu de la société.

Les deux premiers hommes qui se réunirent, firent, par un pacte secret, le sacrifice d'une portion de leur liberté pour l'intérêt commun. L'un, quoique plus fort, promit à l'autre de ne pas se mettre devant son soleil ; de ne pas jetter à la mer les fruits de leur pêche ou de leur chasse, quand il en auroit trop ; de ne pas l'empêcher de manger, lorsqu'il n'auroit lui-même plus faim, dût-il être incommodé par l'odeur des viandes. L'autre, plus foible, promit de ramasser le gibier, de l'apprêter, d'arranger la cabane commune.

Ce code, d'abord bien simple, devint plus compliqué, à mesure que le nombre des hommes s'accrut ; mais le principe général de leur union resta toujours le même, & la science des loix consiste à fixer les degrés où la liberté individuelle blesse l'ordre public.

Or, de toutes les libertés, la plus dangereuse, & celle dont le fruit, pour l'individu, est hors de toute proportion avec le dommage général, c'est la liberté de vendre des *grains* aux étrangers, quand la société peut courir le risque d'en manquer.

Que l'agent de quelques négocians étrangers fasse sortir en peu de tems pour plusieurs millions de *grains*, il gagne un modique droit de commission; mais l'agitation dans les prix, le trouble, & l'inquiétude dans la société, voilà quelles en seront les suites; & le respect pour la volonté d'un seul, fera le malheur de tous!

En l'honneur de la liberté, on pourroit aussi permettre à l'homme robuste d'améliorer son sort aux dépens du foible. Cette comparaison n'a rien que de juste; car l'homme fort dans la société, c'est le propriétaire; le foible, c'est l'homme sans propriété.

Si l'on y fait attention, on verra que la plupart des loix prohibitives qu'on poursuit au nom de la liberté, sont presque toujours la sauve-garde du pauvre contre le riche.

Plus un homme est riche en facultés d'une ou d'autre espèce, plus il desire de les exercer sans obstacle; mais plus un homme en est privé, plus il lui convient que le pouvoir des hommes soit tempéré par des loix équitables. Telles sont celles qui s'opposent à la liberté constante d'exporter les *grains*; elles peuvent mettre quelques bornes aux volontés de l'homme riche, & aux prérogatives de sa propriété; mais elles protègent le pauvre & l'homme qui vit de son travail, en prévenant la rareté de la denrée nécessaire à leur vie; en empêchant, autant qu'il est possible, les variations dans les prix, & leur haussement, dont ils sont toujours la victime.

Si la liberté constante d'exporter les *grains* est susceptible des plus grands dangers pour toute société, & particulièrement pour la France, comme on l'a démontré, il est également aisé de faire voir, que la défense absolue & constante d'exporter, a, de même, des inconvéniens.

Les *grains* ne peuvent se conserver sans de grands soins & de grandes dépenses; ils se gâtent même assez promptement. Ainsi, mettre obstacle à leur sortie lorsqu'il y a un superflu évident, & lorsqu'on a une provision de prudence pour l'annee suivante, c'est empêcher de convertir un bien périssable dans un bien durable, qui est l'argent.

D'ailleurs, une grande abondance feroit baisser le prix sensiblement; & si les propriétaires ne pouvoient pas se dédommager de cette baisse, par la vente de leur superflu, ils souffriroient un grand dommage.

L'amas d'un superflu entre les mains des propriétaires, diminue la force de leurs prétentions, comme le retranchement de ce même superflu l'augmente; mais c'est dans une proportion différente, parce que la crainte de manquer du nécessaire agit bien plus sur les consommateurs, que l'embarras d'un superflu sur les propriétaires.

Après avoir ainsi discuté dans la question des *grains*, la liberté & la gêne absolue, l'écrivain que nous analysons, propose, entre ces deux extrêmes, des modifications qui paroissent très-raisonnables; mais il examine d'abord les effets de la circulation intérieure des *grains*, & il conclut, que si elle a de grands avantages, elle n'est pas exempte d'inconvéniens.

Il est aisé de sentir combien il est conforme aux principes de la justice & de la société, de permettre que des provinces qui n'ont qu'un même souverain, qui sont peuplées de frères, de parens & d'amis, s'entr'aident mutuellement, les unes en recevant un secours qui leur est nécessaire, les autres, en échangeant un superflu qui leur seroit inutile. Mais les agens naturels de ces échanges, qui sont les marchands, doivent être regardés comme des propriétaires d'argent ou de crédit, qui, cherchant à faire valoir l'un & l'autre, occasionnent des renchérissemens par leurs entreprises & des achats considérables.

C'est une expérience fréquente, que si les marchands se présentent en foule, s'ils vont arrher des *grains* en différens lieux pour les transporter en un seul, cette opération agite d'abord les esprits, répand ensuite l'inquiétude, & influe sur les prix, par la raison qu'on ne peut pas calculer les rapports des besoins aux quantités de *grains* existantes, & que la crainte de manquer du nécessaire agit vivement sur l'imagination.

D'ailleurs, sans l'intervention des marchands, les consommateurs auroient à traiter directement avec les propriétaires des *grains*, & ceux-ci sont en plus grand nombre que les marchands, dont un seul représente souvent, vingt, trente, des premiers. Il est donc évident que, dans le commerce des bleds, l'intervention des marchands qui est favorable aux propriétaires vendeurs, diminue leur concurrence, & renchérit nécessairement, pour le consommateur, le prix des *grains*, puisqu'il faut bien qu'ils bénéficient pour leurs capitaux, pour leurs peines, & pour les agens subordonnés qu'ils emploient.

Les modifications que notre auteur juge propres à tempérer les dangers d'une exportation libre & d'une prohibition absolue, consistent,

A ne laisser sortir que les farines;

A ne permettre l'exportation du bled que lorsqu'il seroit tombé à vingt livres le septier ou au-dessous, pendant deux marchés consécutifs, dans les lieux de sortie;

A n'établir cette loi que pendant dix ans;

A ordonner qu'il y eût une provision modique

dans les mains des boulangers, depuis le premier février jusqu'au premier juin;

A permettre, dans toutes les circonstances, l'exportation des bleds qui seroient venus de l'étranger.

En ne permettant que la sortie des farines, le royaume gagneroit, outre le prix des *grains*, les frais de mouture, & le bénéfice des divers agens de ces opérations.

Outre cet avantage, l'exportation des farines engage à une sorte de mesure & de lenteur, qui dans tous les tems pourroit être très-salutaire; elle consommeroit les bleds superflus de toute espèce, au lieu que dans l'exportation de cette denrée en nature, on n'expédie que les bleds de la première sorte, & susceptibles du transport.

La fixation du prix du bled, à vingt livres le septier pendant deux marchés consécutifs, n'a pas les mêmes inconvéniens que celle de trente livres, établie par la loi de 1764; car en supposant quelques manœuvres pour faire baisser le prix, & évaluant leurs effets à vingt ou trente sols par septier, ce prix, sans cesser d'être avantageux aux propriétaires, n'auroit rien d'allarmant pour les consommateurs. Sans la chance inévitable de ces abus, on auroit pu limiter la liberté de sortie, à vingt-une ou vingt-deux livres, au lieu de vingt livres. Il semble que dans les loix de cette nature, on doit toujours prendre assez d'espace pour qu'une observation rigoureuse ne soit pas essentielle à l'intérêt public, afin de préserver, autant qu'il est possible, de toutes les inquisitions minutieuses qui répandent de l'inquiétude.

D'ailleurs, en déterminant une limite pour l'exportation, il vaut mieux risquer qu'elle soit un peu trop basse que trop haute, parce qu'il n'y a nulle proportion, entre les inconvéniens d'une prohibition inutile & le danger d'une exportation imprudente. Comme il est impossible de prévenir les variations de prix, il vaut toujours mieux que les mouvemens passagers soient au profit du peuple, qu'à l'avantage des propriétaires. Si vingt-quatre livres étoit le prix desirable pour laisser exporter, il seroit toujours plus conforme au bien public que les écarts fussent de vingt-quatre à vingt livres, que de vingt-quatre à trente, puisque dans cette dernière supposition, c'est l'homme qui vit du travail de ses mains qui supporte le poids de la variation, au lieu que dans la baisse momentanée de vingt-quatre à vingt livres, c'est le propriétaire qui perd quelques moyens de luxe ou de commodité.

En bornant la loi de l'exportation à dix ans, on pense qu'il faut, à cette révolution, en examiner de nouveau les limites, parce que dans cet espace de tems l'accroissement de l'argent en Europe, ou des évènemens imprévus, peuvent changer d'une manière sensible les proportions qui subsistent aujourd'hui, entre les différentes parties de l'ordre social.

La provision des boulangers seroit réglée à leur débit d'un mois, à compter du premier février au premier juin, & comme l'avance qu'exigeroit cette provision peut s'évaluer à un quatre cent quatre-vingtième de leur vente annuelle, pendant l'année ils en seroient dédommagés en renchérissant la livre de pain vendue deux sols, d'un soixantième de liard; ou, ce qui revient au même, en leur permettant pendant six jours de l'année, de vendre le pain un liard au-dessus du prix courant de deux sols.

Le moyen d'obtenir des secours étrangers en tout genre, c'est de permettre la libre sortie de la denrée ou marchandise qui a été importée; car, laisser l'entrée libre, & s'opposer à la sortie par autorité, c'est éloigner de nouvelles importations, & se nuire à soi-même. Cette vérité est si sensible, qu'elle n'a pas besoin d'un plus long développement. *Voyez* ce qui a déjà été dit sur ce sujet au mot CUIRS.

Rappellons ici la conclusion de l'écrivain dont nous avons tâché de rendre l'esprit, les vues & le plan; c'est que presque toutes les institutions civiles ont été faites pour les propriétaires. Il semble qu'un petit nombre d'hommes, après s'être partagé la terre, ont fait des loix d'union & de garantie contre la multitude, comme ils auroient fait des retranchemens dans les bois, pour se défendre des bêtes sauvages. Cependant, après avoir établi des loix de propriété, de justice & de liberté, on n'a presque rien fait encore pour la classe la plus nombreuse des citoyens. Que nous importent vos loix de propriété, pourroient-ils dire? nous ne possédons rien; vos loix de justice? nous n'avons rien à défendre; vos loix de liberté? si nous ne travaillons pas, demain nous mourrons.

Les institutions politiques, & les loix d'administration, sont presque les seules qui défendent le peuple: une distribution sage & paternelle des impôts, des loix intelligentes sur la circulation des *grains*, les soins continuels qu'on prend de l'indigence, les secours plus étendus qu'on répand dans les tems de disette, voilà les dispensations salutaires qui ont le plus d'influence sur le sort de la multitude; ajoutons enfin que la modération est la condition essentielle de toute administration sage, comme de toute législation durable sur les *grains*, & en matière de subsistances.

Le même écrivain, qui avoit ainsi publié le fruit de ses méditations sur le commerce des *grains*, avant d'avoir eu aucune part aux affaires publiques, a donné de nouvelles réflexions sur le même sujet, après avoir administré les finances du royaume pendant

dant cinq ans, & s'être trouvé à portée de joindre les leçons de l'expérience aux spéculations de la théorie. Ce chapitre ne peut mieux être placé qu'ici, pour terminer cet article. C'est l'homme d'Etat qui va parler lui-même.

« Une législation sage sur le commerce des *grains*, aura toujours un rapport intime avec le sort du peuple; j'ai tâché de rendre cette vérité sensible, dans le livre où j'ai traité les principales questions relatives à une si importante matière; ainsi je suis dispensé de les approfondir ici de nouveau. J'observerai seulement, que j'envisage aujourd'hui comme foible & très-imparfaite, la partie de cet ouvrage où j'indiquois, avec trop de précision, les précautions de détail qu'on devoit prendre pour prévenir la trop grande cherté des *grains*.

L'expérience m'a appris qu'il faut sur ce point donner beaucoup à la sagesse de l'administration, & qu'on ne peut éviter de s'y confier. Le prix de la denrée doit servir, sans doute, à distinguer les momens où il convient de s'opposer à l'exportation des *grains*, mais dans un royaume aussi étendu que la France, ce prix ne peut être déterminé par une loi constante & générale, applicable à tous les tems, à tous les lieux; car, selon la position des provinces, selon qu'elles sont plus ou moins adonnées aux manufactures, selon l'habitude encore, le mot de cherté s'interprète d'une manière absolument différente: telle augmentation qui n'effrayeroit, ni les Languedociens, ni les Provençaux, répandroit l'allarme en Flandre, en Picardie, & dans les lieux voisins de la capitale.

Je continue à penser qu'il faut en France envisager la liberté de l'exportation, comme l'état habituel & fondamental; mais l'administration doit suspendre cette liberté dans certains lieux, dans certaines circonstances, ou même d'une manière générale, lorsque les diverses connoissances qu'elle est seule en état de rassembler, l'invitent à cet acte de prudence; elle seule, en effet, a les moyens de discerner, ou de présager avec sûreté, ce que peuvent exiger les besoins généraux du royaume, la perspective des récoltes, les prohibitions des pays étrangers, les craintes de guerre, & tous les mouvemens politiques.

Le gouvernement doit avoir les yeux ouverts sur ces diverses circonstances: on peut craindre quelquefois son inattention ou son ignorance, mais il n'y a pas de justes motifs pour le soupçonner de partialité; & s'il desire que l'abondance de la denrée & la modération du prix préviennent le désordre & les clameurs publiques, il lui convient aussi que le prix soutenu des denrées rende plus facile le paiement des impositions.

Ce sont les systêmes immodérés pour ou contre la liberté de l'exportation, qui ont excité des révolutions dangereuses; mais comme on a senti que ce n'étoit point l'étendart de la vérité que tenoient en leurs mains certains doctrinaires exagérés, on a cessé de les suivre, & l'on a renoncé à ces idées extrêmes, qui ne s'allient presque jamais avec la mesure & la mollesse des mouvemens qu'exige une administration infiniment délicate.

On avoit presque oublié ce grand objet pendant la durée de mon ministère, & cependant il y a eu plusieurs momens qui ont exigé de l'attention, & qui m'ont obligé à demander les ordres du roi, non-seulement pour défendre momentanément la sortie des *grains* dans quelques provinces, mais encore pour y porter des secours qui pouvoient seuls prévenir de très-grands malheurs.

Je ne m'arrête point sur la nécessité absolue de maintenir la libre circulation des *grains* dans l'intérieur du royaume; il me semble qu'il n'y a pas deux opinions à ce sujet. Le gouvernement encore, doit voir avec plaisir, & les approvisionnemens, & les spéculations de commerce qui y déterminent, puisque ce sont autant de secours donnés aux fermiers & aux propriétaires de terres. Mais lorsque ces spéculations, faites en tems de disette, dégénèrent en ce qu'on appelle communément monopole, c'est-à dire, dans un trafic où l'on n'a pour but que d'accaparer momentanément les bleds, pour imposer ensuite des conditions rigoureuses aux consommateurs, il faut alors que l'administration arrête les effets de cette cupidité, & souvent de simples avertissemens suffisent; mais si l'on négligeoit cette police, on ne feroit que l'abandonner, en quelque manière, à l'impulsion inconsidérée des mouvemens populaires, & ce qu'une administration sage doit soigneusement prévenir, c'est de se trouver jamais exposée à être, ou entraînée, ou conduite, ou simplement avertie par des démarches contraires à l'ordre & au respect dû à l'autorité.

Une loi positive sur cette matière, seroit nécessairement insuffisante; car la limite qui sépare une spéculation utile d'un accaparement nuisible, ne peut jamais être désignée en termes exprès, & ce seroit aller trop loin que de vouloir appliquer des règles fixes à des objets mobiles, & de renoncer avec affectation aux secours de l'intelligence.

GRATIFICATION, s. f. Mot très-en usage dans toutes les parties de finance, & qui signifie une récompense, un don surérogatoire aux émolumens ordinaires d'un emploi, pour un travail extraordinaire, ou pour une mission particulière.

On entend par *gratification* ordinaire, une somme fixe qui s'accorde aux employés de la ferme

& des régies, après la révolution de chaque année, pour entretenir l'émulation & exciter l'activité, & encore pour indemniser les employés des retenues qu'ils supportent tous les mois pour leur capitation & les impositions auxquelles ils sont sujets. Ainsi on en prive ceux dont le travail n'a pas été satisfaisant, ou qui ont mis de la négligence dans leurs fonctions. Cette *gratification* est communément réglée au cinquième ou au sixième des appointemens annuels.

Les *gratifications* graduées en raison de l'accroissement des produits, portent le nom de remises. Elles sont fort en pratique dans la partie des gabelles, dans celle du tabac, & dans les régies des aides & des domaines. *Voyez* FIXATIONS.

Un arrêt du conseil d'Etat du roi, du 23 mai 1784, a ordonné que les gages, appointemens, *gratifications* & remises de toute nature, accordés aux employés de ses fermes ou régies, ne pourront être saisis à la requête de leurs créanciers, soit que lesdits employés ne soient plus en place, ou qu'ils exercent encore leur emploi.

Voyez ce qui a été dit au mot APPOINTEMENS.

Les *gratifications* en sel portent le nom de franc-salé. *Voyez* ce mot.

GRATIS, adverbe, qui signifie exemption, & qui est en usage dans la partie des domaines pour annoncer que la formalité du contrôle, ou autre, doit être remplie, sans payer aucun droit.

L'article premier du tarif du 29 septembre 1722, avoit ordonné que les professions dans les ordres mendians seroient contrôlées *gratis*; mais la déclaration du roi du 9 avril 1736, confirmée par l'arrêt du conseil du 3 mars 1739, & par l'article 3 de celui du 30 août 1740, a déchargé absolument de la formalité du contrôle, tous actes de noviciat, vêture & profession.

Il est défendu, par l'arrêt du conseil du 11 août 1722, aux commis de la partie des domaines, de contrôler aucun acte *gratis*, & de faire la remise des droits de cette partie, sans un ordre exprès du fermier, ou de ses cautions, à peine de restitution.

Les arrêts du conseil des 6 février & 22 mars 1723, ordonnent que les quittances d'arrérages de rentes sur l'hôtel-de-ville de Paris seront contrôlées *gratis*, de même que les quittances de remboursement qui se font par le roi, d'offices & de droits supprimés, & les contrats de constitution de rentes sur l'hôtel-de-ville.

Ainsi, quand les notaires de Paris seroient actuellement soumis à faire contrôler les actes qu'ils passent, tous ceux dont on vient de parler ne devroient aucuns droits.

Au reste, l'article 527 du bail fait à Forceville, 16 septembre 1738, porte que cet adjudicataire ni ses sous-fermiers ne pourront prétendre aucun droit de contrôle, sceau, greffe, ni autres généralement quelconques appartenant au roi, dans les affaires qui se poursuivront à la requête des procureurs-généraux & de leurs substituts, dans les procès où ils seroient seuls partie, & dans lesquelles sa majesté pourroit être tenue des frais; mais qu'ils pourront se faire rembourser du prix & des droits du papier timbré, & des autres déboursés pour expéditions. Mais comme tous les actes de procédure qui se font dans ces cas sont sujets à la formalité du contrôle, elle leur est donnée *gratis*.

GREFFE, s. m., par lequel on désigne non-seulement les lieux où l'on conserve en dépôt les minutes, registres, & autres actes des cours & jurisdictions, mais encore les offices de greffiers domaniaux ou casuels, même les droits, profits & émolumens des *greffes*, qui originairement ont appartenu au roi, & dont il a été fait aliénation. Une partie de ces droits ayant été attribuée aux titulaires des offices de greffiers par le titre de leur érection, l'autre est restée dans la main du roi, & est toujours entrée dans les baux généraux des fermes, pour être jointe à l'administration particulière des domaines & droits domaniaux.

Comme il est indispensable de traiter à la fois des droits de *greffe* & des offices de *greffiers*, dont ces droits forment les émolumens, il convient de remonter à l'origine de leur établissement.

L'auteur du dictionnaire raisonné des domaines & droits domaniaux, va nous fournir à ce sujet tous les détails qui doivent naturellement entrer dans le dictionnaire des finances : ainsi nous ne considérerons les *greffes* & les *greffiers*, que relativement à leur bursalité, comme composant une branche des revenus de l'Etat; laissant au dictionnaire de Jurisprudence le soin de faire connoître leurs fonctions particulières, les formes de leurs opérations, & la marche que doivent suivre ceux qui ont besoin de les consulter.

On prétend que le mot *greffier* vient d'un terme grec, qui signifie scribe, parce que les principales fonctions de ces officiers de justice, sont d'écrire les ordonnances & les jugemens prononcés par les juges, de les expédier, & de les délivrer aux parties. Les *greffiers* furent recommandables chez les Grecs, parce qu'ils n'y admettoient que des hommes d'une fidélité & d'une capacité reconnues : mais ils tombèrent dans l'avilissement chez les Romains, parce que leurs fonctions furent exercées par des esclaves. Afin que les jugemens & les contrats ne coutassent rien au public, les Romains avoient chargé les esclaves, appartenans au corps de chaque ville, de faire le service des *greffiers*, & ils les appelloient indistinctement *scribæ* ou *tabularii*.

Cependant, vers la fin du quatrième siècle, les empereurs défendirent d'employer des esclaves pour les fonctions de *greffiers*; ils ordonnèrent en conséquence qu'ils seroient choisis parmi les citoyens libres, & dans le corps, ou la compagnie des officiers ministériels attachés à la suite des présidens & gouverneurs des provinces.

En France, sous les deux premières races de nos rois, l'on suivit à-peu-près ce qui avoit été prescrit par les empereurs Romains, en ne commettant aux *greffes* que des personnes libres.

Mais sous la troisième race, les juges commirent leurs clercs pour *greffiers*. De-là les *greffes* furent appellés clergies; ils donnoient les *greffes* comme des récompenses qui ne leur coûtoient rien. Ils en abusèrent même, en y commettant jusqu'à leurs domestiques, en sorte que les fonctions de *greffiers* retombèrent dans une sorte d'avilissement.

Philippe-le-Bel, par ordonnance de 1302, défendit à tous justiciers de donner de pareilles commissions, parce qu'ils n'y avoient aucun droit. Il se réserva, & à ses successeurs, d'en ordonner comme ils le jugeroient à propos; attendu que c'étoit un droit royal, dépendant de la souveraineté.

Philippe-le-Long, par ordonnance de 1319, déclara que les sceaux & écritures, c'est-à-dire, les *greffes*, notariat & tabellionages, étoient de son domaine. Ces dispositions furent renouvellées & confirmées par Henri III, dans l'édit du mois de mars 1580.

Il semble en effet que les droits, profits & émolumens des *greffes*, qui font partie des droits utiles de la justice, doivent appartenir au roi, dans toutes les villes & lieux où la justice n'est pas sortie de ses mains; ils sont réputés vraiment domaniaux. Ainsi, toutes les aliénations qui en ont été faites sont soumises à la faculté du rachat perpétuel & à la réunion au domaine, d'après la maxime de son inaliénabilité.

Lorsque les rois eurent créé des *greffiers* en titre d'office pour les cours de justice, ils abandonnèrent à quelques-uns des titulaires tous les émolumens du *greffe*; d'autres n'en eurent qu'une partie, & le reste fut réservé au domaine; mais le titre d'officiers commença à leur donner quelque considération.

Les offices de *greffiers* ayant été plusieurs fois supprimés & créés de nouveau, les droits ont été aliénés, réunis au domaine, revendus, & enfin réunis. D'après tous ces changemens, il est resté des offices domaniaux & des offices casuels; les portions aliénées procurent aux possesseurs des émolumens différens, & proportionnés au montant de la finance qui a été payée originairement; & les portions restées au roi sont dépendantes du domaine & de la régie de cette partie.

Pour bien connoître la nature des offices de *greffiers*, il faut distinguer trois tems; les offices créés avant le règne de Henri III, & qui furent exercés par des titulaires, sont des offices casuels.

Ceux qui ont été erigés depuis ce tems jusqu'en 1672, dans les cours & les jurisdictions royales ordinaires, sont domaniaux & héréditaires, sujets à vente & revente, à moins qu'il n'y ait quelques exceptions particulières, comme pour les *greffiers* en chef du parlement de Dauphiné, conformément aux lettres-patentes du mois de décembre 1689.

Enfin, les offices de *greffiers* des sièges extraordinaires, tels que les bureaux des finances, élections & grenier à sel, & tous autres *greffiers* établis depuis 1672 jusqu'à présent, sont purement casuels.

Il fut d'usage de donner à ferme les *greffes* royaux jusqu'au règne de François premier. Ce prince, par une déclaration du 6 juillet 1521, créa en titre d'office, des *greffiers* dans les cours, sénéchaussées, bailliages & prévôtés, pour en jouir par les titulaires aux mêmes droits, profits & émolumens que percevoient les fermiers du domaine. On continua d'affermer les *greffes* qui n'étoient pas remplis par des titulaires: mais une déclaration du 22 juin 1543 renouvella les dispositions de celle de 1521 pour être exécutées.

Ceux de ces anciens *greffes* qui subsistent encore, sont purement casuels, & les titulaires jouissent de la totalité des émolumens du *greffe* en chef, qui leur fut attribuée par la création des offices, sans néanmoins pouvoir rien prétendre, dans les droits des présentations, des défauts, congés & affirmations de voyage.

Sous Henri III, on vit aliéner, à faculté de rachat perpétuel, les *greffes* de la Champagne, de la Picardie & de la Touraine. Il fut créé par le même prince, en 1575 & dans les années suivantes, des *greffiers* des présentations, des *greffiers* à la peau, des *greffiers* des conciergeries & prisons, enfin des clercs des *greffes*.

Cet ordre de choses ne subsista pas long-tems, car en 1580 tous ces officiers furent supprimés & unis au domaine, avec les droits, profits & émolumens qui leur étoient attribués.

Les édits de septembre 1591, janvier 1592, février & octobre 1594, ordonnèrent la vente & aliénation des domaines & des *greffes* à perpétuité, sur le pied du denier trente de leur produit; sinon à faculté de rachat perpétuel.

En 1616, 1619 & 1626, la réunion au domaine

& la revente des *greffes*, fut encore ordonnée, & en 1639 il fut créé des offices de *greffiers* alternatifs & triennaux, avec une augmentation d'émolumens. Autre création de ces offices quatriennaux par édit du mois d'août 1645. En 1646, 1661, 1664 & 1667, jusqu'en 1695, il arriva successivement beaucoup de changemens & de modifications dans la nature des *greffes*, dans leur nombre, & dans les droits qui y étoient attachés : mais l'édit d'avril 1695 donna naissance à une multitude d'offices de *greffiers* héréditaires, non domaniaux ni sujets à vente & revente, dans les cours souveraines, dans les présidiaux, dans les bailliages, sénéchaussées, & autres sièges royaux ; & ces offices furent aliénés.

Sous prétexte que le prix de cette aliénation avoit été trop modique, une déclaration du 10 mars 1699 ordonna que les titulaires des offices *greffiers* paieroient, par forme de supplément, le quart en sus de la finance qu'ils avoient précédemment effectuée, & leur possession fut confirmée pour vingt années.

Ces dispositions restèrent sans effet, au moyen de l'édit du mois de décembre 1699, rendu sur les mêmes motifs que la déclaration du mois de mars dont on vient de parler. Ce dernier règlement supprima tous les offices de *greffiers* en chef, & réunit au domaine les droits & émolumens en dépendans. En même-tems il fut ordonné qu'il seroit établi en chacune des cours, sièges présidiaux, bailliages royaux, sénéchaussées & autres justices royales, des *greffiers* en chef, pour signer les expéditions de tous arrêts, jugemens, exécutoires, & autres actes émanés des cours & sièges, en conserver les minutes dans les lieux qui seroient destinés à cet effet, avec attribution de gages, & de deux sols pour livre à prendre sur tous les droits & émolumens des *greffes*, de quelque nature qu'ils fussent.

Cet édit portoit défenses, à peine de cinq cens livres d'amende, & de tous dépens, dommages & intérêts, à ces *greffiers* de signer aucunes autres expéditions qu'elles n'aient été contrôlées par le fermier des *greffes*, ou ses commis, & les droits payés, à la charge par le fermier de leur compter mois par mois les deux sols pour livre à eux attribués sur les expéditions.

Enfin, il ordonnoit que les émolumens dans les vacations qui seroient faites par les *greffiers*, leurs clercs ou commis, sous les officiers des cours & sièges, seroient partagés entr'eux & le fermier des *greffes* ; savoir, un tiers pour les *greffiers* dans les lieux de leur résidence, & deux tiers hors de leur résidence, & le surplus pour le fermier.

Les besoins qu'avoient amenés la guerre de la succession d'Espagne, forcèrent à chercher des secours de toute espèce, & à tout prix : on en trouva dans l'aliénation des droits de *greffe*. Tel fut l'objet de l'édit du mois d'octobre 1704. On créa, trois années après, des contrôleurs des *greffes*, ensuite des gardes & dépositaires des archives, puis des offices de *greffiers* dans toutes les jurisdictions consulaires, & dans les amirautés, & enfin des *greffiers*, gardes, conservateurs des minutes, des arrêts, sentences, ordonnances & jugemens dans les cours supérieures, bailliages présidiaux, sénéchaussées, & autres jurisdictions royales, tant ordinaires qu'extraordinaires, avec attribution des droits fixés par le tarif annexé à l'édit de création de ces offices.

Les aliénations faites postérieurement à la réunion ordonnée en 1699, ayant considérablement réduit la ferme des *greffes* sans aucune utilité, parce que la plupart avoient été faites à vil prix ; le retour de la paix détermina le roi à rentrer dans les droits de ce genre, que les circonstances de la guerre avoient forcé d'aliéner.

En conséquence, l'édit du mois de février 1715 supprima un grand nombre d'offices de *greffiers*, révoqua toutes les aliénations faites en exécution de l'édit d'octobre 1704, & réunit au domaine tous les droits attribués aux *greffiers* & propriétaires des *greffes* par ce même édit, ensemble les deux sols pour livre des émolumens des *greffes*, d'attribution accordée au contrôleur par l'édit de 1707.

Cette réunion ayant eu son effet, les droits qui en furent l'objet ont composé depuis ce tems la ferme des *greffes*. Les offices érigés pour les exercer ; les uns, comme on l'a dit, sont domaniaux, & les autres casuels. Mais les droits & les émolumens des *greffes* sont véritablement domaniaux à tous égards. La portion qui en est attribuée au titre, suit à la vérité le sort de l'office, & quoique domaniale de sa nature, elle devient vacante lorsque l'office est vacant, soit faute d'y avoir été pourvu, soit par le défaut de paiement de l'annuel ; mais alors cette partie se rejoint au domaine, & le fermier jouit de la plénitude des droits en faisant exercer le *greffe* jusqu'à ce qu'il y soit pourvu ; les autres parties des droits & émolumens non attribués au titre, restent toujours dans la main du roi, & entrent dans la ferme du domaine.

Ainsi tous les droits & émolumens des *greffes* se partagent entre les titulaires des offices de *greffiers*, & le fermier des domaines. Ce dernier ne jouit seul que des droits de *greffe* appartenans au roi, qui ne sont ni engagés, ni attachés au titre des offices de *greffiers*.

L'article DXXIII du bail de Forceville, passé le 16 septembre 1738, s'explique à cet égard dans les termes suivans :

» Jouira ledit adjudicataire de tous les droits

» & émolumens, tant des *greffes* en chef, qu'autre » nature de *greffes* à nous appartenans, dans toutes » les cours & jurisdictions royales, ordinaires & » extraordinaires de notre royaume, lesquels ont » été réunis par les édits des mois de décembre » 1699, février 1715, & autres édits, déclarations » & arrêts rendus au sujet desdits droits jusqu'à » ce jour, & ce, de la même manière qu'en ont » joui, ou dû jouir, les précédens fermiers, tant » comme fermiers, que comme chargés de la ré- » gie des parties desdits *greffes*.

Article DXXIV. » Des droits de présentation » des demandeurs, rétablis par l'édit du mois d'a- » vril 1695, & des défendeurs, défauts & congés, » faute de comparoir ou de défendre, & autres » à nous appartenans, en tout au partie, dans » toutes lesdites cours & jurisdictions royales, » ordinaires & extraordinaires.

Article DXXV. » Des droits de contrôle de » tous les *greffes* en chef, créés par l'édit du mois » de juin 1627, à nous appartenans, & du con- » trôle des présentations, défauts & congés, » affirmations de voyage, établis par édits des » mois de janvier & décembre 1707.

Article DXXVI. » Des deux sols pour livre, » rétablis par l'arrêt & lettres-patentes sur icelui, » du 18 mars 1718, & dont la perception a été » prorogée sur tous les émolumens des *greffes* en » chef, façons & expéditions des cours & juris- » dictions royales, ordinaires & extraordinaires, » de notre royaume, soit que les droits desdits » *greffes* soient en nos mains, ou qu'ils aient été » aliénés ou engagés, en tout ou en partie, à l'ex- » ception des présentations, défauts, congés & » affirmations de voyages, sur lesquels ils ne doi- » vent avoir lieu. . . &c.

Article DXXVII. » Ne pourra ledit adjudi- » cataire, ni ses sous-fermiers, prétendre aucun » droit de *greffe*, sceau & contrôle, ni autres » généralement quelconques, à nous appartenans, » dans les affaires qui se poursuivront à la requête » de nos procureurs-généraux & leurs substituts, » dans les procès où ils seront seuls parties, & » dans lesquels nous pourrons être tenus des » frais.

Article DXXVIII. » Sera tenu ledit adjudica- » taire de retirer des mains des précédens fer- » miers, ou régisseurs des *greffes*, leurs commis » & préposés, les registres, liasses & minutes des » arrêts, sentences, & autres actes émanés des- » dites cours & jurisdictions royales, ordinaires » & extraordinaires, lesquels seront tenus d'y sa- » tisfaire à la première requisition dudit adjudica- » taire, à peine de mille livres d'amende, &c. &c. «

Tous les *greffes* en général sont régis de la même manière; les droits en sont réglés par des tarifs propres à chaque jurisdiction. Ainsi c'est d'après ces tarifs que l'on peut connoître & fixer ce qui appartient au roi.

Dans les *greffes* de la création de 1699, le fermier des domaines jouit de dix-huit sols pour livre, dans le principal des émolumens des *greffes*, & en outre, du dixième de la totalité de ces émolumens, pour tenir lieu des quatre sols pour livre établis sur les autres droits des fermes. Les deux sols pour livre, restant du principal des émolumens, appartiennent au titre.

Des règlemens rendus en différens tems, ont pourvu à ce que le paiement des droits des *greffes* ne pût être éludé.

Un arrêt du conseil du 7 juin 1707, a fait défenses aux *greffiers* & à leurs commis, de délivrer aux parties, ou à leurs procureurs, aucuns arrêts, sentences, ni autres expéditions du *greffe*, que les droits de signature n'aient été payés aux commis du fermier, à peine de trois cens livres d'amende pour chaque contravention.

Il est enjoint aux *greffiers*, & aux commis des *greffes*, d'insérer & dater les présentations dans les arrêts, sentences, appointemens & jugemens, à peine d'être responsables des droits, en leur propre & privé nom.

L'arrêt de règlement du 15 juillet 1721, autorise le fermier des domaines à faire exercer les *greffes* par ses commis, en prenant leurs salaires ou appointemens sur la part & portion des propriétaires ou *greffiers*, lorsqu'ils ne les exerceront pas eux-mêmes, ou qu'ils n'y auront pas fait nommer par commission du grand sceau.

Un autre arrêt, du 12 septembre de la même année, a ordonné que dans les *greffes* où le fermier des domaines ne jugeroit pas à propos d'établir des receveurs particuliers pour percevoir les droits dépendans de sa ferme, les *greffiers* ou propriétaires des *greffes*, seront tenus de faire, ou faire faire par leurs commis, dont ils demeureront civilement responsables, la recette des droits appartenans au roi, conformément aux édits, arrêts & règlemens rendus sur la perception d'iceux, & ce, à la remise d'un sol six deniers sur les deux sols pour livre, ordonnés être levés par augmentation, sur les émolumens des *greffes* en chef, façon & expédition, & encore, à la remise du dixième des deux sols pour livre, sur le produit des autres droits, pour tous frais, généralement quelconques.

Il est aussi permis au fermier des domaines de faire faire au bureau du contrôle des actes, l'exercice du *greffe* des présentations, & la perception des droits réservés, & autres droits qui se perçoivent sur les procédures, sans que pour raison de ce, il soit obligé d'avoir un commis au palais.

La connoiſſance de toutes les conteſtations relatives aux droits de *greffe* appartenans au roi, doivent être portées en première inſtance par-devant les intendans, & enſuite au conſeil des finances. C'eſt ce qui a été décidé par pluſieurs règlemens, & notamment par la déclaration du roi du 5 novembre 1661, par les arrêts du conſeil des 8 août 1721, 19 août 1755, 24 janvier 1758 & 14 janvier 1781.

Ce dernier ordonne que tous les engagiſtes des droits de *greffe* ſeront tenus de ſe faire confirmer dans leur jouiſſance, & à cet effet, de remettre entre les mains du contrôleur-général des finances leurs contrats d'engagement, quittances de finance & autres titres, avec leur déclaration des objets qu'ils poſſèdent, & de leur produit & revenu actuel, enſemble des charges auxquelles ils ſont aſſujettis, & toutes pièces juſtificatives, à la vue deſquels titres & actes on règlera préalablement, s'il y a lieu, la rente ou ſupplément de rente, que les engagiſtes pourront être dans le cas de payer pour la confirmation de leur poſſeſſion, pendant la vie du roi règnant. Un nouvel arrêt du conſeil d'Etat, du 12 août 1784, a fait défenſes d'exercer les *greffes*, ſans avoir obtenu des proviſions ou des lettres de ratification.

Le produit des droits de *grand greffe*, ou *greffe* en chef, eſt d'environ onze à douze cent mille livres par an, compris les huit ſols pour livre auxquels ils ſont aſſujettis, & qui font la plus grande partie de ce produit, vu qu'il ſe trouve à préſent très peu de *greffes* de ce genre dans la main du roi.

Les droits de *greffe* ont été diſpenſés des deux nouveaux ſols pour livre, impoſés par l'édit du mois d'août 1781, & les huit ſols pour livre qui ont lieu, ſont perçus ſur les émolumens engagés, de même-que ſur ceux que le roi a conſervés. A l'égard des produits des *petits greffes*, c'eſt-à-dire, des droits d'établiſſement, qui conſiſtent en préſentations, défaut, congés & affirmations de voyage; ils ſont annuellement de ſix cent mille livres.

Parmi un grand nombre de *greffiers* créés en titre d'office, ſous différentes dénominations, comme *greffiers* des appeaux, *greffiers* des baptêmes, *greffiers* des chancelleries, &c. &c. Nous ne nous arrêterons qu'aux *greffiers* des tailles, parce que leurs fonctions les attachoient ſpécialement à la partie des finances. Les autres ayant des rapports, par leur exercice & par leur titre à la juriſprudence, c'eſt au dictionnaire de cette partie à traiter de ce qui les concerne.

GREFFIERS DES TAILLES, ou des rôles des tailles, ou GREFFIERS DES PAROISSES. Ceux-ci appartenans plus particulièrement aux finances, il convient de les faire connoître. Ces officiers furent établis par l'édit du mois de ſeptembre 1515, portant création d'un office de *greffier* dans chaque paroiſſe du royaume, pour tenir regiſtre, dreſſer & écrire ſous les aſſéeurs, les rôles de tous les deniers qui ſe lèvent par forme de taille. Ces offices avoient d'abord été créés héréditaires, mais par une déclaration du 16 janvier 1581; il fut dit qu'ils étoient compris dans l'édit du mois de mars 1580, portant ſuppreſſion & réunion au domaine de tous les greffes du royaume, pour être vendus à faculté de rachat perpétuel.

Ces offices furent ſupprimés par édit du mois de novembre 1616.

Cependant, par édit du mois de juillet 1622, il fut encore créé un office de *greffier héréditaire des tailles*, dans tous les diocèſes, villes, communautés & conſulats de la province de Languedoc, & reſſort de la cour des aides de Montpellier.

Par un autre édit du mois d'août 1690, on créa pareillement des offices de *greffiers* des rôles & des tailles & impoſitions ordinaires & extraordinaires, en chaque ville, bourg & paroiſſe taillables, du reſſort des cours des aides de Paris, Rouen, Montauban, Libourne, Clermont-Ferrand & Dijon; on en créa d'alternatifs dans le reſſort de ces mêmes cours, par une déclaration du mois de novembre 1694.

Tous ces offices furent encore ſupprimés, par édit du mois d'août 1698.

On les rétablit dans le reſſort des cours des aides de Paris, Rouen, Montauban, Bordeaux, Clermont-Ferrand & Dijon, par un édit du mois d'octobre 1703; mais en même-tems ils furent unis aux offices de ſyndics, créés par édit de mars 1702, à ceux des *greffiers* des hôtels-de-ville, établis par l'édit de juillet 1690, où il n'y avoit point de ſyndic, & à ceux de maire, créés par édit du mois d'août 1692, où il n'y a ni *greffier*, ni ſyndic.

Ces mêmes offices furent ſupprimés, par édit du mois de novembre 1703, & leurs fonctions, droits & priviléges, attribués aux offices des ſyndics.

Ils furent encore rétablis par un autre édit du mois d'août 1722, & confirmés dans leurs fonctions par un arrêt du conſeil d'Etat, du 15 février 1724, portant qu'aucun rôle des tailles ne pourra être mis en exécution qu'il n'ait été ſigné par eux.

Enfin, ces mêmes offices ont depuis encore été ſupprimés. *

GRENIER A SEL, ſ. m. En matière de gabelles, le mot *grenier* a pluſieurs ſignifications différentes. Quelquefois on donne ce nom aux magasins, dans lesquels sont emplacés les sels destinés à la consommation des provinces qui composent le pays de gabelles; d'autres fois on s'en sert pour désigner l'universalité des paroisses, dont les habitans sont assujettis à se pourvoir de sel au même magasin, ou même pour indiquer la jurisdiction établie près de chaque *grenier*, à l'effet de suivre & maintenir l'exécution des règlemens relatifs à la conservation de la ferme des gabelles. Nous considérerons les *greniers à sel* sous ce dernier point de vue, & nous donnerons le détail de ce qui les concerne comme jurisdictions, à la fin de cet article, après avoir présenté l'état général de la consommation de tous les *greniers* des grandes gabelles.

On a vu, par ce qui se trouve au mot FOURNISSEMENT, que les sels que l'adjudicataire fait acheter, chaque année, pour la consommation des habitans du pays de gabelles, sont d'abord conduits dans des magasins établis à l'embouchure des rivières, où ils séjournent quelque tems, & d'où ils sont transportés dans les différens *greniers* du pays de gabelles.

Ces établissemens ont été assez multipliés, pour que les consommateurs pussent, sans être obligés de faire des voyages dispendieux, se procurer le sel dont ils ont besoin. En conséquence, on a placé, dans chacune des douze généralités qu'embrasse le pays des grandes gabelles, un nombre de *greniers* proportionné à leur étendue & à leur population, en formant un arrondissement pour chaque *grenier*.

La manière de vendre le sel au public, n'est pas uniforme. Dans quelques *greniers*, le sel se distribue par impôt; dans d'autres, en vente volontaire; & dans d'autres, partie par impôt, & partie en vente volontaire. On fera connoître aux articles IMPÔT & VENTE VOLONTAIRE les règles qui s'observent dans ces deux circonstances; il s'agit seulement ici d'indiquer dans quels lieux sont situés les *greniers* d'impôt, ceux de vente volontaire, & les *greniers* mixtes, & de faire mention du prix que le sel s'y vend.

Indépendamment du prix principal, qui comprend la valeur marchande du sel, & le montant des droits de gabelles, on perçoit encore dans tous les *greniers*, des droits appellés manuels, dont la quotité varie presque partout, & dont il a été parlé à l'article DROITS MANUELS.

De plus, ce prix principal & les droits manuels ont été, en différens tems, assujettis à des sols pour livre, qui ont considérablement augmenté le prix de cette denrée. Enfin, on perçoit dans quelques lieux, soit au profit des provinces, soit au profit des villes, des droits sur le sel, & comme ils peuvent être considérés comme droits d'octrois, nous en parlerons au mot OCTROIS SUR LES SELS.

Pour mettre de l'ordre dans tout ce que l'on va dire sur les *greniers à sel*, on divisera la matière en quatre sections, ou paragraphes.

Dans le premier, il sera question des lieux où les *greniers* sont établis, de leur espèce & de leur ressort.

Dans le second, on traitera du prix actuel du sel en chaque *grenier*, après avoir remonté à son taux originaire, & fait connoître les variations qu'il a éprouvés

Le troisième traitera de tout ce qui a rapport à la construction, à la location des *greniers*, à la conservation & à la distributiou des sels.

Dans le quatriéme enfin, on présentera un tableau de tous les *greniers à sel*, avec le prix que cette denrée s'y vend.

§. I.

Des lieux où sont établis les Greniers, de leur espèce, & de lcur ressort.

Dans les premiers tems de l'établissement des gabelles, les droits imposés sur le sel étoient d'un foible objet, & les particuliers qui faisoient commerce de cette denrée, les acquittoient à l'instant où ils en faisoient entrer quelques quantités, dans les provinces qui forment encore aujourd'hui le pays de grandes gabelles. Lorsque ces droits furent augmentés, il parut juste de ne les faire payer aux marchands, qu'à mesure qu'ils vendroient leurs sels. En conséquence, il fut réglé que lorsqu'ils en feroient venir, ils déclareroient aux officiers des jurisdictions établies à l'embouchure des rivières, les lieux où ils se proposeroient de les faire conduire; que ces officiers, après en avoir constaté la quantité, leur délivreroient des rescriptions ou certificats, d'après lesquelles ils les conduiroient à leur destination; qu'à l'instant où ils y arriveroient, il les feroient emplacer dans des magasins, où ils resteroient renfermés sous la clef des officiers commis pour la perception des droits de gabelles; & qu'à mesure qu'ils les vendroient ils acquitteroient ces droits.

Il est vraisemblable que dans ces premiers tems il n'existoit de magasins de sel que dans les villes principales; que dans les autres, il s'étoit établi des revendeurs, qui après s'être approvisionnés des premiers marchands, disposoient ensuite du sel comme bon leur sembloit, & qu'il suffisoit aux particuliers qui étoient rencontrés avec des chargemens de sels, de soutenir qu'ils les tenoient des marchands existans dans les villes principales, pour que l'on ne pût les considérer comme ayant fraudé les droits du roi.

Les désordres que cette forme de vente favorisoit, étoient en grand nombre; pour les faire cesser, Philippe de Valois nomma, par ses lettres-patentes du 20 mars 1342, des commissaires qu'il chargea de se rendre dans les différentes provinces du royaume, pour y établir des *greniers*, & y faire les règlemens qui leur paroîtroient propres à faire assurer au gouvernement, tout l'avantage qu'il devoit naturellement retirer de ce nouvel ordre de choses.

L'histoire ne nous ayant transmis aucun résultat du travail de ces commissaires, il y a lieu de présumer qu'après avoir placé des *greniers* dans tous les lieux où ils le jugèrent à propos, ils indiquèrent aux habitans de chaque paroisse où ils devroient à l'avenir faire l'achat du sel de leur consommation, & qu'ainsi ils formèrent pour chaque *grenier* une sorte d'arrondissement, ou ressort particulier.

Ces arrondissemens, quoique formés avec peu de précision, se sont néanmoins maintenus dans leur état primitif jusqu'en 1725; sur ce qu'on représenta alors au conseil, qu'en général ils étoient mal composés, il ordonna de les réformer. Cette opération, véritablement utile, fut exécutée, tant pour les directions d'Alençon, Amiens, Angers, Caen, le Mans, Rouen, & Tours, que pour une portion de celle de Bourges; mais elle ne fut point étendue aux autres départemens des grandes gabelles; en sorte que dans ceux-ci les *greniers* ont encore les mêmes ressorts que ceux qui leur ont été assignés en 1342.

Il seroit cependant fort à désirer que la réforme importante commencée en 1725, & depuis abandonnée, fut reprise & portée au point de perfection dont elle est susceptible. Pour arriver à ce but, il conviendroit d'examiner, s'il n'existe pas dans les ressorts des *greniers* non réformés de la généralité d'Amiens, & de ceux des généralités de Châlons, Moulins, Orléans, Paris & Soissons, quelques paroisses auxquelles il seroit plus commode & moins dispendieux de s'approvisionner de sel à d'autres *greniers*. Ce travail seroit sans doute d'autant plus pénible qu'il faudroit une très-grande attention pour parvenir à conserver à chaque *grenier*, un ressort d'une étendue à-peu-près égale à celle dont il jouit aujourd'hui. Mais on trouveroit la récompense de ce soin, dans la satisfaction de ne plus entendre les habitans d'un grand nombre de paroisses, se plaindre de ce que l'on exige qu'ils aillent chercher du sel à cinq ou six lieues de chez eux, tandis qu'il existe à une distance infiniment moindre, un *grenier* où ils pourroient s'approvisionner à moins de frais, & avec plus de convenance.

On ne trouve, au surplus, ni dans les greffes des *greniers*, ni dans ceux des cours des aides, aucuns vestiges des ordonnances que les commissaires furent autorisés à rendre en 1342; en sorte que l'arrondissement de chacun des *greniers* non-réformés, en 1725, ne porte que sur l'usage dans lequel sont, depuis un tems immémorial, les habitans d'y lever le sel nécessaire à leur consommation.

Par un privilège particulier à la Bourgogne, les *greniers* de cette province n'ont point d'arrondissement déterminé Tout particulier peut s'approvisionner de sel où bon lui semble; il suffit pour qu'il se trouve à l'abri de tout reproche de contravention, que lorsqu'il est rencontré avec du sel, il justifie, par la représentation d'un bulletin, qu'il la levé dans un *grenier*. Cependant, les jurisdictions des gabelles ont en Bourgogne, comme dans les autres provinces du pays de gabelles, des ressorts très-distincts les uns des autres; mais comme on ne suit aucunes des règles relatives, soit à l'impôt, soit à la vente volontaire, l'établissement de ces ressorts ne produit d'autre effet que d'empêcher qu'il ne s'élève des conflits entre les diverses jurisdictions.

Les *greniers* qui existent aujourd'hui dans le pays de grandes gabelles, ont été long-tems divisés en *greniers* proprement dits, & en chambres à sel.

On appelloit *greniers*, ceux dans lesquels il se trouvoit une jurisdiction; & chambres à sel, ceux qui, en raison de ce qu'il n'y avoit été particulièrement établi aucuns juges, étoient dans la dépendance d'un *grenier*. Cette distinction subsistoit à l'époque de la publication de l'ordonnance du mois de mai 1680, & elle avoit été maintenue par l'édit du mois de Janvier 1685, qui avoit réuni aux élections, les jurisdictions des *greniers* établies dans tous les lieux où il existoit des sièges de la première espèce.

L'édit du mois d'octobre 1694, après avoir ordonné que les jurisdictions des *greniers à sel* seroient désunies des élections, créa de nouvelles jurisdictions, tant dans les *greniers* où l'union s'étoit effectuée, que dans ceux qui jusqu'alors n'avoient été connus que sous le nom de chambres à sel; par suite de cette opération, sur laquelle on n'est pas revenu depuis, il n'existe plus aujourd'hui, dans le pays de grandes gabelles, que les chambres à sel de la province de Bourgogne, qui se trouvoient d'une trop foible importance pour qu'il fût possible de les ériger en *greniers*.

C'est par une suite de la police observée dans les *greniers*, pour assurer l'entier exercice du privilège exclusif qui constitue la ferme des gabelles, qu'on a distingué les *greniers* d'impôt, les *greniers* de vente volontaire, & les *greniers* mixtes.

Les premiers sont situés à la proximité des provinces exemptes ou rédimées, & forment une ligne

ligne circulaire qui environne le pays de gabelles.

Les *greniers mixtes* sont situés à la proximité de cette ligne, qu'ils fortifient, en quelque sorte.

Les greniers de vente volontaire se trouvent dans l'intérieur.

Quoiqu'à l'époque de la publication de l'ordonnance du mois de mai 1680, il existât un grand nombre de *greniers* mixtes, cependant il n'y en est pas fait mention.

Les titres cinq & sept qui ont dénommé les *greniers* de vente volontaire, & ceux qui seroient assujettis à l'impôt, en ont à la vérité rangé quelques-uns dans ces deux classes : ce qui semble avoir annoncé qu'ils seroient en partie de vente volontaire & en partie d'impôt. Mais il n'a pas été parlé de tous les *greniers* mixtes, & plusieurs de ceux-ci, ont mal-à-propos été dénommés comme *greniers* d'impôt, dans le titre sept de l'ordonnance de 1680.

Plusieurs *greniers* & chambres à sel, ayant été déchargés de l'impôt, par l'édit du mois d'avril 1667, par les lettres-patentes du mois de mai suivant, & par l'édit du mois de septembre 1668, ainsi que les habitans des chef-lieux, & de quelques paroisses, d'un assez grand nombre de *greniers*, c'est une erreur du rédacteur de l'ordonnance de 1680, d'avoir placé ces *greniers* & ces lieux dans la classe de ceux qui sont entièrement soumis à l'impôt.

Il a d'ailleurs été établi, depuis 1680, plusieurs *greniers* ; on a fait différens changemens dans l'arrondissement de ceux qui existoient alors. Ainsi l'on n'auroit qu'une connoissance imparfaite des *greniers* qui subsistent actuellement ; si l'on ne consultoit que l'ordonnance de 1680. Mais comme les édits & arrêts qui ont opéré ces divers changemens sont en trop grand nombre pour être rappellés ici, on se contentera d'ajouter à la fin de cet article, l'état des *greniers*, soit de vente volontaire, soit d'impôt, soit mixtes, actuellement existans, en indiquant la date & la nature du titre de leur établissement.

§. II.

Du prix auquel le sel se vend, dans chacun des Greniers de grandes gabelles.

Le prix du sel vendu dans les *greniers* établis par les commissaires de Philippe-de-Valois, en 1342, a long temps été déterminé par la seule réunion du droit de gabelle, au prix marchand du sel ; prix qui comprenoit le prix d'achat sur les marais, les frais de voiture, & les droits payés en route.

Ce prix marchand éprouvoit chaque année une variation relative à l'état des récoltes, & à celle que l'éloignement plus ou moins grand des marais salans, la difficulté des chemins, occasionnoient dans les frais de voiture. D'ailleurs, il étoit facile aux marchands de se concerter entr'eux, pour le prix marchand du sel, & le tenir à un taux supérieur à sa valeur naturelle.

Dans la vue de remédier à ces abus, le gouvernement ordonna d'abord, que le prix marchand du sel seroit fixé par les officiers des *greniers*, chargés de bien s'assurer du prix du sel sur les marais, & du véritable objet des frais de voiture. Postérieurement on établit, que lorsqu'un marchand offriroit de donner son sel à un prix inférieur à celui qui étoit fixé, il seroit reçu à vendre, par préférence à tous autres, à moins que ceux qui se trouveroient en tour, ne consentissent à vendre au même prix de rabais ; enfin il accorda aux officiers municipaux de plusieurs villes, à titre d'octroi, le privilège d'approvisionner les *greniers* établis dans ces villes. Mais ces diverses précautions, loin de produire les bons effets que l'on en avoit attendus, firent naître au contraire une multitude de nouveaux abus.

Il fut reconnu que les officiers des *greniers* se prêtoient souvent à régler le prix du sel, à un taux favorable aux marchands, & que les villes qui avoient obtenu le privilège d'approvisionner leurs *greniers*, en avoient vendu l'exercice à des particuliers dont les abus étoient excessifs. Pour faire cesser ces désordres, Louis XII, par une ordonnance du 23 mai 1500, révoqua les concessions faites aux villes ; ordonna que les généraux des finances, chacun dans sa généralité, taxeroient, pour chaque *grenier*, le prix marchand du sel, eu égard à sa situation, & que les prix ainsi fixés ne pourroient être crus, ni haussés, mais seulement diminués par les rabais, conformément aux anciennes ordonnances.

Sous François premier, on se flatta d'arrêter plus sûrement les monopoles, en réglant par l'ordonnance du premier juin 1541, que les droits de gabelles seroient à l'avenir perçus sur le sel, à l'instant même où il seroit enlevé des marais. Ce changement ayant produit des inconvéniens qui n'avoient pas été prévus, ce prince rétablit par l'ordonnance du 6 décembre 1544, les choses dans leur premier état, en prescrivant l'exécution de ce qui avoit été ordonné le 23 mai 1500.

Henri II adopta sur ce point un plan tout différent de celui que ses prédécesseurs avoient suivi. Le 4 janvier 1548, il régla que le fournissement de chaque *grenier* seroit adjugé au rabais, & parvint ainsi à réduire dans chaque *grenier* le prix marchand de trois livres six sols huit deniers par muid, au-dessous du taux auquel il avoit été fixé le premier octobre 1547.

Les troubles qui agitèrent le royaume pendant

les règnes de François II, Charles IX, & Henri III, ne permirent pas à ces rois d'apporter du changement à ce qui avoit été statué par Henri II.

Le traité conclu à Vervins ayant ramené la tranquillité, Sully proposa à Henri IV de réunir dans la même main, le fournissement de tous les *greniers*, avec la perception de tous les droits de gabelles : cette révolution importante, fut consommée par le bail fait à Josse, le 3 décembre 1598.

Les droits perçus sur les sels au profit du roi, qui n'étoient, sous le règne de Philippe V, que d'un très-foible objet, avoient été, par l'ordonnance du roi Jean du 5 décembre 1360, fixés au quart en sus du prix de cette denrée, & l'on voit par le préambule de l'édit, donné par Henri II au mois de décembre 1553; que pour rendre plus facile la perception, ils furent arbitrés à trente livres par muid, ce qui suppose, que le pied commun du prix marchand du sel vendu dans les *greniers*, étoit d'environ cent-vingt livres par muid.

Le droit de trente livres par muid, que l'on appelloit plus ordinairement le droit de quart, a été long-temps le seul qui ait été perçu sur le sel au profit du roi. François premier l'augmenta d'un demi-quart, qu'il affecta au paiement des gages des officiers des cours supérieures, ce qui le porta à quarante-cinq livres tournois par muid, mesure de Paris.

Ces droits étoient alors perçus, à l'instant où le sel étoit vendu, par les grennetiers de chaque *grenier*, & ces officiers en comptoient aux chambres des comptes.

Les choses restèrent sur ce pied jusqu'en 1541, que par l'ordonnance du premier juin, les fonctions de receveurs attribuées aux grennetiers, furent supprimées. Elle ordonna que les droits de quart & demi-quart seroient à l'avenir perçus sur les marais salans, à l'instant même où le sel en seroit enlevé; & celle du premier avril 1542, dans la vue de faire cesser la différence qui existoit déja entre le sort des diverses provinces du royaume, quant aux gabelles, rendit le droit uniforme, en le fixant à vingt-quatre livres, payables par le vendeur à l'instant même de la vente. La publication de ce réglement excita les plus vives représentations de la part des propriétaires des marais salans; l'ordonnance du 29 mai 1543, révoqua celle du mois d'avril 1542; elle rétablit la perception du droit de quart & demi-quart, & réduisit à vingt sols par muid, celle qui auroit lieu à l'enlèvement des sels des marais. Les anciens *greniers* furent remis sur pied l'année suivante, & les grennetiers chargés de lever le droit de quart & demi-quart du prix du sel, vendu comme avant 1541; enfin, Henri II mit ces droits en ferme particulière pour chaque *grenier*, par l'ordonnance du mois de janvier 1548.

Les baux passés à cette époque, furent successivement renouvellés pendant trente ans, mais en 1578 il parut plus avantageux de former de tous les droits perçus sur le sel, dans l'universalité des *greniers*, l'objet d'une ferme générale, & elle fut adjugée à Guichard Faure, le 3 mai de cette année.

Cet état des choses subsista jusqu'en 1598, que par le bail passé à Josse le 3 décembre, cet adjudicataire fut à-la-fois chargé de la perception des droits de gabelles, & du soin de fournir les *greniers* du sel qu'ils consommeroient.

Ce bail régla aussi que le prix marchand du sel dans chaque *grenier*, demeureroit fixé au taux où il avoit été porté par les dernières adjudications. Il n'éprouva nulle variation, depuis cette époque jusqu'en 1668, que l'édit du mois de septembre substitua un prix unique & fixe à tous les droits existans.

Ces droits, suivant l'énumération qui en est faite dans le bail de Josse, avoient éprouvé de l'augmentation dans leur nombre & dans leur quotité; & postérieurement au bail, il en avoit été créé de nouveaux, dont les uns se levoient au profit du roi, & les autres par des officiers auxquels ils avoient été aliénés.

C'est ce qui se voit dans les baux passés à Philippe Hamel, au mois de mars 1632, à Jacques Datin, le 18 avril 1646, & à Jean Martinant, le 22 octobre 1664.

Ce prix fixe fut donc porté à trente livres, pour quelques *greniers*, à trente-cinq, à trente-sept, à trente-huit, à quarante, à quarante-un, & à quarante-deux livres par minot, pour d'autres; & il fut ordonné que le sel distribué par impôt, seroit vendu vingt sols par minot de plus que le sel distribué en vente volontaire.

La déclaration du 30 août 1674 avoit ordonné qu'en sus du prix du sel fixé par l'édit de 1668, il seroit levé trente sols par minot, pendant la durée de la guerre, qui subsistoit alors. Après la paix de Nimègue, en 1678, cette augmentation fut supprimée, à compter du premier janvier suivant.

Cet état des choses subsistoit lors de la publication de l'ordonnance du mois de mai 1680, qui confirma les dispositions de l'édit de 1668, par les titres 5 & 7. Les loix qui ont ensuite établi de nouveaux *greniers*, ont fixé le prix du sel au taux qu'il se vendoit dans les *greniers* voisins. En sorte qu'il n'en existe aucun dans lequel le sel ne se vende pas exactement à trente, trente-cinq, trente-sept, trente-huit, quarante, quarante-un, ou quarante-deux livres le minot, en prix principal de vente volontaire, suivant l'édit du mois de septembre 1668.

L'arrêt du conseil du 25 juillet 1682, fait défenses de vendre le sel à des prix supérieurs à ceux qu'avoit fixé l'ordonnance. La guerre qui s'éleva en 1688, força d'y déroger, & de recourir à des impôts extraordinaires, parmi lesquels l'augmentation du prix du sel fut un des premiers. Cette augmentation fut portée à trente sols par minot, & l'arrêt du conseil du 8 mars 1689 l'afferma à Domergue, pour lors adjudicataire des gabelles, moyennant un million par an.

Une autre déclaration du 25 octobre de la même année, ordonna qu'à compter du premier novembre suivant, il seroit lévé une nouvelle augmentation de trente sols par minot, en sus de celle établie par la déclaration du 22 février précédent.

A ces deux augmentations, qui avoient été prorogées par une déclaration du premier juillet 1698, il en fut ajouté une nouvelle par déclaration du 18 novembre 1702, de quatre livres par minot de sel, distribué en vente volontaire, de trois livres sur le sel d'impôt, & dix livres sur celui de franc-salé.

La déclaration du 21 octobre 1710, & l'arrêt du conseil du 28 du même mois, supprimèrent les augmentations de quatre & trois livres par minot, sur le sel de vente volontaire & d'impôt; & enfin la déclaration du 17 juillet 1714 ordonna la suppression, tant de l'augmentation de dix livres par minot de sel de franc-salé, que des deux augmentations de trente sols chacune, imposées en 1689.

Depuis cette époque, les prix du sel, fixés par les titres 5 & 7 de l'ordonnanee, n'ont reçu aucun accroissement direct; mais ils ont été accrus indirectement, tant par les droits manuels, que par les dix sols pour livre; en sorte que le prix principal de cette denrée est de plus de moitié de ce qu'il étoit en 1668. Il est pourtant une observation à faire à cet égard, c'est qu'alors le marc d'argent étoit à vingt-huit livres 13 sols quatre deniers, d'où il suit que malgré l'imposition des dix sols pour livre, le prix du sel n'est généralement pas aussi cher en 1784, où le marc d'argent est à cinquante-deux livres, qu'il l'étoit en 1668.

On a précédemment observé, que depuis qu'il a été substitué un prix fixe aux différens droits antérieurement perçus sur le sel délivré dans les *greniers* des grandes gabelles, soit au profit du roi, soit au profit des officiers, le prix marchand étoit resté confondu avec les droits de gabelles. Il est cependant des occasions, dans lesquelles le fermier n'exige du sel qu'il délivre, que le seul prix marchand. On verra à l'article IMPÔT, que lorsqu'un accident quelconque a occasionné la perte du sel levé par les collecteurs, pour être distribué aux contribuables, le fermier leur fait délivrer, au prix marchand, des quantités égales à celles qui ont été perdues. On a de même observé, au mot FRANC-SALÉ, que le privilège d'un grand nombre d'officiers ou de communautés ne s'étendent qu'à la seule exemption du droit de gabelles; ils ne reçoivent les quantités de sel pour lesquelles ils sont compris dans les états du roi, qu'en payant un prix marchand, qui varie depuis cinquante sols par minot, jusqu'à dix livres. C'est ici le lieu de faire mention d'une déclaration du roi du 13 juin 1784, qui ordonne que dans tous les *greniers à sel* & dépôts de sel du royaume, lorsque les garnitures en cuivre des trémies & mesures servant à la distribution du sel, seront dans le cas d'être réformées, elles seront remplacées par d'autres garnitures faites en fer vernissé. Cette déclaration a été enregistrée à la cour des aides le 2 juillet suivant.

§. III.

De la construction, conservation & location des Greniers.

Indépendamment des magasins dans lesquels les sels sont renfermés jusqu'à ce qu'ils soient vendus, il existe dans le chef-lieu de chaque *grenier*, un dépôt destiné à recevoir les sels en sacs, à mesure qu'ils arrivent.

Que ces dépôts soient construits d'une manière plus ou moins propre à la conservation des sels, c'est l'affaire de l'adjudicataire, puisque lui seul a intérêt d'éviter le dépérissement des sels qu'ils contiennent. Mais les officiers & les receveurs étant garants des masses emplacées dans les *greniers*, il semble qu'il étoit aussi juste que nécessaire, d'établir des règles pour que ces *greniers* fussent construits de manière à ne point causer de déchets extraordinaires. Cependant on ne trouve dans l'ordonnance des gabelles que l'article VI du titre 4 qui soit relatif à cet objet, & même il y est seulement dit, que les *greniers* & dépôts seront à rez-de chaussée de la rue, ou deux pieds plus bas pour le plus.

La ferme des gabelles supplée au silence des réglemens par son attention, & en recommandant à ses préposés, lorsqu'il est bâti des *greniers*, de veiller à ce qu'ils soient sur un terrein assez élevé pour être à l'abri des innondations, & n'être dominés par aucune terre qui puisse y entretenir quelqu'humidité; qu'enfin ils soient d'un abord facile, & à proximité des marchés.

Elle exige aussi que les différentes chambres des masses, n'aient entre elles aucune communication intérieure, & qu'elles soient situées, autant qu'il est possible, sur une rue: ces précautions tendent à empêcher les rejets d'une masse sur l'autre, & toutes les manœuvres que faciliteroient des communications entre ces chambres, si l'on pouvoit y entrer sans que le public pût en avoir connoissance. Elle ne permet enfin aux propriétaires, d'établir aucun logement au-dessus des chambres des masses, & elle stipule qu'il ne pourra être resserré dans les *greniers*, dont il est important que ces chambres soient surmontées, aucunes denrées ou marchandises capables de compromettre la sûreté ou la conservation des masses.

Il n'est pas permis non plus de former à la proximité des *greniers*, des établissemens qui puissent les exposer à quelque danger. L'arrêt du conseil du 27 septembre 1689 a en conséquence défendu d'achever la construction d'un four à plâtre, qui avoit été commencé à la proximité d'un *grenier*.

En 1780, les officiers municipaux de la ville du Mans avoient autorisé l'état-major d'un régiment de dragons, alors en quartier dans cette ville, à former un magasin de fourrages dans le dépôt destiné à contenir les sels en sacs, depuis l'instant de leur arrivée jusqu'à leur emplacement. Les fermiers-généraux ayant représenté que cet établissement d'un magasin de fourrages près des *greniers à sel*, pouvoit en compromettre la sûreté, le ministre de la guerre donna ordre de transporter ce magasin ailleurs.

Le fermier jouit, quant à la location des *greniers à sel*, de tous les privilèges qui lui ont été accordés pour celle des divers bâtimens nécessaires à son exploitation. Il peut, en conséquence, en demander la préférence sur tout autre locataire, & user à cet égard de tous les droits qui lui ont été accordés par les articles DLXV du bail de Carlier, & DLVII de celui de Forceville, qu'on a rapportés au mot ADJUDICATAIRE. *Voyez* ce mot.

Le conseil s'est dans tous les tems réservé la connoissance, tant des contestations qui se sont élevées sur ce point, que de celles qui sont souvent résultées de ce que les propriétaires des *greniers*, en abusant de l'impossibilité dans laquelle l'adjudicataire se trouvoit de les abandonner, en exigeoient des loyers fort supérieurs à la valeur naturelle de ces bâtimens. C'est ce que justifient les arrêts du conseil des premier mai 1701, 24 octobre 1705, 16 juillet 1709, 17 mai 1712, 5 juin, 6 & 13 octobre 1722.

Quoique les officiers porte-clefs des *greniers* ne puissent raisonnablement se refuser à en ouvrir les portes, lorsqu'il est nécessaire d'y faire quelques réparations, puisqu'ils sont, solidairement avec les receveurs, garants de l'événement des masses: on en a cependant vu, par humeur, faire des difficultés à cet égard.

On voit, par l'arrêt du conseil du 22 janvier 1718, que les grennetiers & contrôleurs du *grenier* de Lagny n'ayant pas voulu, sous les prétextes les plus frivoles, ouvrir les chambres à sel de cette ville, qui exigeoient de promptes réparations, cet arrêt ordonna qu'ils seroient tenus d'en faire l'ouverture, à peine de désobéissance, de trois mille livres d'amende, & de tous dépens, dommages & intérêts.

Pour ne rien laisser à desirer sur cet article, on croit devoir le terminer par une table alphabétique de tous les *greniers à sel* établis dans les grandes gabelles, & de leur consommation respective.

État général des Greniers à sel des grandes gabelles, divisé par Généralités, suivant leur ordre alphabétique, & contenant le prix principal du sel qui s'y vend, & la quantité de sel consommé annuellement par chaque Grenier, soit de vente volontaire, soit d'impôt : cette quantité formée sur les six années du Bail de David.

Nature des Greniers.	Noms des Greniers.	Prix principal du minot de sel. *	Consommation En vente volontaire.	Consommation En impôt.	Total de la consommation de chaque Grenier.

* On doit observer, que dans les *greniers* mixtes, on n'a porté que le prix du sel d'impôt, & que celui qui est consommé en vente volontaire, se paie vingt sols par minot, moins que celui délivré par impôt.

GÉNÉRALITÉ D'ALENÇON.

Nature	Noms	liv.	muids.	muids.	muids.
Vente volontaire.	Argentan	37	62	//	62
	Bellesme	37	48	//	48
	Bernay, *érigé en grenier par édit d'octobre 1694*	37	98	//	98
	Brezolles, *érigé en grenier par édit d'octobre 1694*	37	46	//	46
	Conches, *érigé en grenier par arrêt du 30 janvier 1685*	37	49	//	49
	Fresnay	37	48	//	48
	Gacé, *créé par édit de juin 1726.*	37	52	//	52
	Laigle, *érigé en grenier, par édit d'octobre 1694*	37	58	//	58
	Lisieux	37	82	//	82
	Mamers	37	61	//	61
	Mortagne	37	80	//	80
	Regmalard, *créé par édit de septembre 1722*	37	56	//	56
	Séez	37	46	//	46
	Verneuil	37	50	//	50
Impôt.	Carrouges, *érigé en grenier par édit d'octobre 1694.*	38	25	46	71
Mixtes.	Alençon	38	89	16	105
	Falaise	38	70	68	138
			1020	130	1150

Nature des Greniers.	Noms des Greniers.	Prix principal du minot de sel.	Consommation En vente volontaire.	Consommation En impôt.	Total de la consommation de chaque Grenier.
	Généralité d'Amiens.				
		liv.	muids.	muids.	muids.
Vente volontaire.	Breteuil, *créé par édit de mars 1725*	40	50	//	50
	Grandvilliers	40	64	//	64
	Montdidier	40	95	//	95
	Roye	40	77	//	77
Impôt.	Albert, *créé par édit de mars 1725*	41	8	21	29
	Ault & Mer	41	15	14	29
	Saint-Vallery sur Somme	39	13	12	25
Mixtes.	Abbeville	39	106	54	160
	Amiens	39	171	23	194
	Aumale	41	67	12	79
	Corbie	41	38	11	49
	Doulens	41	24	31	55
	Nampont, *créé par édit de mars 1725*	39	14	21	35
	Péronne	41	32	35	67
	Saint-Quentin	41	52	51	103
			826	285	1111
	Généralité de Bourges.				
		liv.	muids.	muids.	muids.
Vente volontaire.	Aubigny, *créé par édit de juin 1727*	42	32	//	32
	Bourges	42	90	//	90
	Dun-le-Roi	42	24	//	24
	Henrichemont, *créé par édit de décembre 1772*	41	9	//	9
	Sancerre	41	64	//	64
	Selles	40	54	//	54
	Vierzon	41	64	//	64
	Villequiers, *érigé en grenier par édit d'octobre 1694*	41	33	//	33
			370	//	370

Nature des Greniers.	Noms des Greniers.	Prix principal du minot de sel.	Consommation — En vente volontaire.	Consommation — En impôt.	Total de la consommation de chaque Grenier.
	Suite de la Généralité de Bourges.				
		liv.	muids.	muids.	muids.
	Ci-contre	//	370	//	370
Impôt.	Argenton, *érigé en grenier par édit d'octobre* 1694	42	4	21	25
Mixtes.	Buzançois.	42	38	32	70
Mixtes.	Iſſoudun	43	36	24	60
Mixtes.	La Châtre, *érigé en grenier par édit d'août* 1685.	43	8	27	35
Mixtes.	Saint-Amand.	43	12	27	39
			468	131	599
	GÉNÉRALITÉ DE CAEN.				
		liv.	muids.	muids.	muids.
Mixtes.	Bayeux.	38	38	34	72
Mixtes.	Caen	38	125	70	195
			163	104	267
	GÉNÉRALITÉ DE CHALONS-SUR-MARNE.				
		liv.	muids.	muids.	muids.
Vente volontaire.	Arcis-ſur-Aube.	41	42	//	42
Vente volontaire.	Bar-ſur-Aube.	42	58	//	58
Vente volontaire.	Beaufort-Montmorenci. . . .	42	54	//	54
Vente volontaire.	Châlons-ſur-Marne.	41	98	//	98
Vente volontaire.	Eſtiſſac, *ci-devant* Villemort, *établi par lettres-patentes du* 12 *mai* 1772.	42	31	//	31
Vente volontaire.	Epernai	41	102	//	102
Vente volontaire.	Muſſy-l'Evêque	42	40	//	40
Vente volontaire.	Rheims.	42	146	//	146
Vente volontaire.	Sezannes	41	69	//	69
Vente volontaire.	Troyes.	41	99	//	99
Vente volontaire.	Villacerf, *érigé en grenier par édit d'octobre* 1694	41	20	//	20
			759	//	759

Nature des Greniers.	Noms des Greniers.	Prix principal du minot de sel.	Consommation — En vente volontaire.	Consommation — En impôt.	Total de la consommation de chaque Grenier.
	Suite de la Généralité de CHALONS-SUR-MARNE.				
		liv.	*muids.*	*muids.*	*muids.*
	De l'autre part. . . .	"	759	"	759
Impôt.	Grandpré, *créé par édit d'octobre* 1780 *	43	12	34	46
Mixtes.	Château-Portien.	43	33	39	72
	Chaumont en Baffigny. . . .	43	37	32	69
	Joinville	43	38	43	81
	Langres.	43	40	49	89
	Montfaugeon.	43	21	26	47
	Saint-Dizier.	43	21	18	39
	Sainte-Menehould	43	41	64	105
	Vitry-le-François.	43	51	23	74
			1053	328	1381

* Le grenier de Grandpré n'exiftoit point dans le bail de David ; ainfi fa confommation actuelle doit diminuer d'autant celle des greniers de Château-Portien & Sainte-Menehould, dont plufieurs paroiffes ont été diftraites pour former l'arrondiffement de celui de Grandpré.

GÉNÉRALITÉ DE DIJON.

Nature des Greniers.	Noms des Greniers.	Prix principal du minot de sel.	Consommation — En vente volontaire.	Consommation — En impôt.	Total de la consommation de chaque Grenier.
		liv.	*muids.*	*muids.*	*muids.*
Vente volontaire.	Avalon.	35	40	"	40
	Arc en Barrois	35	18	"	18
	Arnay-le-Duc.	35	30	"	30
	Autun	35	64	"	64
	Auxerre	30	111	"	111
	Auxonne	35	25	"	25
	Bar-fur-Seine.	30	54	"	54
	Beaune.	35	63	"	63
	Bellegarde, *ou* Seurre. . . .	35	48	"	48
	Bourbon-Lancy.	35	22	"	22
	Chagny.	35	33	"	33
	Châlons-fur-Saône.	35	136	"	136
	Charolles	35	25	"	25
	Châtillon-fur-Seine.	35	41	"	41
			710	"	710

Nature des Greniers.	Noms des Greniers.	Prix principal du minot de sel.	Consommation En vente volontaire.	Consommation En impôt.	Total de la consommation de chaque Grenier.
	Suite de la Généralité de Dijon.				
		liv.	muids.	muids.	muids.
	Ci-contre.	//	710	//	710
Vente volontaire.	Dijon	35	89	//	89
	Is-sur-Tille	35	22	//	22
	Louans.	35	70	//	70
	Marcigny, *Chambre à sel.*	35	17	//	17
	Mirebeau.	35	22	//	22
	Montbard.	35	35	//	35
	Montcenis, *Chambre à sel.*	35	20	//	20
	Mont Saint-Vincent.	35	20	//	20
	Noyers.	35	16	//	16
	Nuits	35	33	//	33
	Paray	35	22	//	22
	Perrecy, *Chambre à sel.*	35	10	//	10
	Pouilly.	35	28	//	28
	Saint-Jean-de-Losne.	35	17	//	17
	Saulieu.	35	30	//	30
	Saulx-le-Duc.	35	25	//	25
	Seignelay	30	38	//	38
	Semur en Auxois.	35	45	//	45
	Semur en Brionnois.	35	4	//	4
	Toulon-sur-Arroux	35	16	//	16
	Viteaux.	35	26	//	26
			1315	//	1315

GÉNÉRALITÉ DE MOULINS.

Nature des Greniers.	Noms des Greniers.	Prix principal du minot de sel.	Consommation En vente volontaire.	Consommation En impôt.	Total de la consommation de chaque Grenier.
		liv.	muids.	muids.	muids.
Vente volontaire.	Cencoins, *érigé en grenier par édit d'octobre 1694*	42	22	//	22
	Château-Chinon.	42	35	//	35
	Décize.	42	30	//	30
	Luzy, *érigé en grenier par édit d'octobre 1694*	42	23	//	23
	Moulins	42	34	//	34
			144	//	144

Nature des Greniers.	NOMS des GRENIERS.	Prix principal du minot de sel.	Consommation — En vente volontaire.	Consommation — En impôt.	Total de la consommation de chaque Grenier.
	Suite de la Généralité de Moulins.				
		liv.	muids.	muids.	muids.
	De l'autre part. . . .	//	144	//	144
Vente volontaire.	Moulins-Engilbert, *érigé en grenier par édit d'octobre* 1694. .	42	28	//	28
	Nevers.	41	66	//	66
	Saint-Pierre-le-Moutier. . . .	42	17	//	17
	Saint-Saulge	42	42	//	42
Impôt.	Le Donjon, *créé par édit d'août* 1761	43	1	9	10
	Souvigny, *créé par édit d'août* 1761	43	6	21	27
	Vichy, *érigé en grenier par édit d'octobre* 1694	43	6	26	32
Mixtes.	Gannat.	43	3	25	28
	Montluçon	43	10	48	58
			323	129	452

GÉNÉRALITÉ D'ORLÉANS.

Nature des Greniers.	Noms des Greniers.	liv.	muids.	muids.	muids.
Vente volontaire.	Authon, *créé par édit de mai* 1726	41	27	//	27
	Beaugency, *érigé en grenier par édit d'octobre* 1694. . . .	41	49	//	49
	Blois	40	53	//	53
	Boiſcommun	41	33	//	33
	Bonneval, *érigé en grenier par édit d'octobre* 1694	41	21	//	21
	Brou, *érigé en grenier par édit d'octobre* 1694	41	33	//	33
	Chartres	40	164	//	164
	Châteaudun	41	71	//	71
	Châteauneuf-ſur-Loire, *créé par édit de juin* 1747.	41	37	//	37
			488	//	488

Nature des Greniers.	NOMS des GRENIERS.	Prix principal du minot de sel.	Consommation — En vente volontaire.	Consommation — En impôt.	Total de la consommation de chaque Grenier.
	Suite de la Généralité d'Orléans.				
		liv.	muids.	muids.	muids.
	Ci-contre.	″	488	″	488
Vente volontaire.	Chiverny, *érigé en grenier par édit d'octobre 1694.*	40	29	″	29
	Clamecy	42	72	″	72
	Cosne.	41	46	″	46
	Dourdan, *créé par édit de janvier 1743*	41	69	″	69
	Gien	42	58	″	58
	Herbault	40	37	″	37
	La Charité-sur-Loire.	41	52	″	52
	Mer, *érigé en grenier par édit d'octobre 1694*	40	38	″	38
	Montargis.	41	96	″	96
	Orléans	41	178	″	178
	Pithiviers	41	42	″	42
	Romorantin	40	47	″	47
	Saint-Fargeau.	42	55	″	55
	Sully	41	34	″	34
	Vendôme.	41	54	″	54
	Yenville	41	81	″	81
			1476	″	1476

GÉNÉRALITÉ DE PARIS.

Nature des Greniers.	Noms des Greniers.	Prix principal du minot de sel.	En vente volontaire.	En impôt.	Total de la consommation de chaque Grenier.
		liv.	muids.	muids.	muids.
Vente volontaire.	Beauvais	41	98	″	98
	Brie-Comte-Robert.	41	32	″	32
	Compiegne	41	90	″	90
	Creil	41	58	″	58
	Dreux	40	103	″	103
	Etampes	41	90	″	90
	Fontenay en Brie, *créé par édit de mai 1724.*	41	64	″	64
	Gambais, *créé par édit de décembre 1767*	41	40	″	40
			575	″	575

Nature des Greniers.	Noms des Greniers.	Prix principal du minot de sel.	Consommation En vente volontaire.	Consommation En impôt.	Total de la consommation de chaque Grenier.
	Suite de la Généralité de Paris.				
		liv.	muids.	muids.	muids.
	De l'autre part. . . .	"	575	"	575
Vente volontaire.	Joigny.	41	55	"	55
	Lagny.	41	62	"	62
	La Rocheguyon	40	23	"	23
	Malesherbes, *créé par édit de juin* 1727	41	35	"	35
	Mantes.	40	79	"	79
	Meaux.	41	154	"	154
	Melun.	41	115	"	115
	Montfort-Lamaury	41	67	"	67
	Montereau.	41	80	"	80
	Nemours	41	44	"	44
	Nogent-sur-Seine.	41	61	"	61
	Paris	41	1100	"	1100
	Poissy	40	80	"	80
	Pontoise	40	124	"	124
	Provins.	41	80	"	80
	Saint-Florentin	41	39	"	39
	Senlis.	41	61	"	61
	Sens.	41	105	"	105
	Tonnerre	42	55	"	55
	Versailles, *créé par édit de juillet* 1724	41	134	"	134
	Vezelay	41	54	"	54
			3182	"	3182
	GÉNÉRALITÉ DE ROUEN.				
		liv.	muids.	muids.	muids.
Vente volontaire.	Andely.	37	50	"	50
	Caudebec.	37	174	"	174
	Evreux.	37	62	"	62
	Gisors.	37	64	"	64
	Gournay	37	69	"	69
	La Bouille, *érigé en grenier par édit d'octobre* 1694. . . .	37	42	"	42
			461	"	461

NATURE des Greniers.	NOMS des GRENIERS.	PRIX principal du minot de sel.	CONSOMMATION En vente volontaire.	CONSOMMATION En impôt.	TOTAL de la consommation de chaque Grenier.
	Suite de la Généralité de ROUEN.				
		liv.	muids.	muids.	muids.
	Ci-contre.	//	461	//	461
VENTE volontaire.	Livarot, *créé par édit d'octobre* 1725	37	59	//	59
	Louviers, *érigé en grenier par édit d'octobre* 1694	37	46	//	46
	Neubourg, *créé par édit d'octobre* 1725	37	64	//	64
	Neuchâtel.	37	78	//	78
	Pont-Audemer	37	81	//	81
	Pont-de-l'Arche	37	48	//	48
	Rouen	37	258	//	258
	Vernon.	37	73	//	73
IMPÔT.	Dieppe.	38	35	50	85
	Eu & Treport.	38	13	19	32
	Fécamp	38	16	50	66
	Harfleur	38	17	28	45
	Honfleur	38	10	19	29
	Le Havre	38	8	12	20
	Saint-Vallery-en-Caux	38	19	39	58
MIXTE.	Danneſtal, *créé par édit d'octobre* 1725	38	34	8	42
			1320	225	1545

GÉNÉRALITÉ DE SOISSONS.

NATURE des Greniers.	NOMS des GRENIERS.	PRIX principal du minot de sel.	CONSOMMATION En vente volontaire.	CONSOMMATION En impôt.	TOTAL de la consommation de chaque Grenier.
		liv.	muids.	muids.	muids.
VENTE volontaire.	Château-Thierry.	40	108	//	108
	Clermont	41	62	//	62
	Cormicy	42	50	//	50
	Coucy.	41	64	//	64
	Creſpi	41	30	//	30
	Fere en Tardenois	40	26	//	26
	La Ferté-Milon	41	48	//	48
	Noyon	41	96	//	96
	Soiſſons	40	66	//	66
	Vailly	42	46	//	46
			596	//	596

NATURE des Greniers.	NOMS des GRENIERS.	PRIX principal du minot de sel.	CONSOMMATION En vente volontaire.	CONSOMMATION En impôt.	TOTAL de la consommation de chaque Grenier.
	Suite de la Généralité de SOISSONS.				
		liv.	*muids*	*muids.*	*muids.*
	De l'autre part.	//	596	//	596
MIXTES.	Aubenton.	43	14	41	55
	Guise	43	12	39	51
	Laon	43	42	29	71
	Marles.	43	25	24	49
	Vervins	43	7	25	32
			696	158	854

GÉNÉRALITÉ DE TOURS.

NATURE des Greniers.	NOMS des GRENIERS.	PRIX principal du minot de sel.	En vente volontaire.	En impôt.	TOTAL
		liv.	*muids.*	*muids.*	*muids.*
VENTE volontaire.	Amboise	40	48	//	48
	Ballon	40	36	//	36
	Beaufort	40	38	//	38
	Beaugé.	40	32	//	32
	Bonnestable	41	44	//	44
	Bouloir.	41	36	//	36
	Château-du-Loir.	40	68	//	68
	La Ferté-Bernard.	41	52	//	52
	La Flèche.	40	49	//	49
	Langeais	40	38	//	38
	Le Lude	40	50	//	50
	Le Mans	40	136	//	136
	Loches.	40	70	//	70
	Loué	40	28	//	28
	Malicorne.	40	28	//	28
	Mondoubleau.	41	43	//	43
	Montoire.	41	49	//	49
	Mont-Trichard.	40	29	//	29
	Neuvy.	40	33	//	33
	Nogent-le-Rotrou	40	29	//	29
	Sillé-le-Guillaume	40	53	//	53
	Tours	40	130	//	130
			1139	//	1139

NATURE des Greniers.	NOMS des GRENIERS.	PRIX principal du minot de sel.	CONSOMMATION En vente volontaire.	En impôt.	TOTAL de la consommation de chaque Grenier.
	Suite de la Généralité de TOURS.				
		liv.	muids.	muids.	muids.
	Ci-contre.	//	1139	//	1139
IMPÔT.	Briſſac, *créé par lettres-patentes du* 11 *avril* 1711. . . .	41	8	17	25
	Candé	39	7	24	31
	Château-Gontier.	39	20	46	66
	Chollet.	41	5	26	31
	Craon	41	5	33	38
	Ernée	41	8	46	54
	Ingrande	39	4	20	24
	La Haye	42	3	10	13
	Laſſay	41	18	42	60
	Loudun, *créé par édit de juin* 1727	42	6	24	30
	Mayenne	41	19	48	67
	Mirebeau, *créé par édit de juin* 1727	42	2	12	14
	Pouancé	39	2	13	15
	Preuilly.	42	5	14	19
	Richelieu	42	2	12	14
	Saint-Florent	39	4	33	37
	Sainte-Maure.	41	8	12	20
	Sainte-Suzanne, *créé par édit de mai* 1726.	41	20	30	50
	Vihiers, *créé par édit de juin* 1727	41	4	21	25
MIXTES.	Angers.	39	57	54	111
	Chinon.	41	21	23	44
	Laval	41	29	57	86
	Sablé	39	45	19	64
	Saumur.	39	61	74	135
			1482	710	2192

RÉSUMÉ.

NOMS des GÉNÉRALITÉS.	NOMBRE des Greniers de vente volontaire.	PRIX principal du minot de sel.	NOMBRE des Greniers d'impôt.	PRIX principal du minot de sel.	NOMBRE des Greniers mixtes.	PRIX principal du minot de sel.	TOTAL des Greniers par Généralité.	OBJET de leur consommation.
		liv.		liv.		liv.		muids.
ALENÇON	14	37	1	38	2	38	17	1150
AMIENS	4	40	3	39 & 41	8	39 & 41	15	1111
BOURGES	8	40. 41 & 42	1	42	4	42 & 43	13	599
CAEN	"	"	"	"	2	38	2	267
CHALONS-SUR-MARNE	11	41 & 42	1	43	8	43	20	1381
DIJON	35	30 & 35	"	"	"	"	35	1315
MOULINS	9	41 & 42	3	43	2	43	14	452
ORLÉANS	25	40. 41 & 42	"	"	"	"	25	1476
PARIS	29	40. 41 & 42	"	"	"	"	29	3182
ROUEN	14	37	7	38	1	38	22	1545
SOISSONS	10	40. 41 & 42	"	"	5	43	15	854
TOURS	22	40 & 42	19	39. 41 & 42	5	39 & 41	46	2192
	181	"	35	"	37	"	253	15524

On peut encore ajouter à cette consommation les sels délivrés, soit aux troupes, soit en franchise, soit à titre de privilège, gratification & aumône, dont l'objet est d'environ quatre cens muids, ci 400

Ainsi, la consommation totale des grandes Gabelles, est d'environ. 15924

En donnant au mot GABELLE l'historique de cette imposition, on a eu soin d'indiquer les ordonnances & réglemens par lesquels ont été établis, à différentes époques, les officiers nécessaires pour assurer la perception de ce droit. On a vu que les premiers, au nombre de sept, furent commis par Philippe de Valois, en 1342, sous le nom de maîtres-souverains, commissaires, conducteurs & exécuteurs des *greniers à sel*, avec pouvoir d'établir, dans tous les endroits du royaume où ils jugeroient à propos, des commissaires, grenetiers, gabelliers, clercs, & autres officiers; de leur faire donner des gages convenables, & de les destituer à leur volonté. Ainsi, les officiers grenetiers sont aussi anciens que les *greniers à sel*.

Une instruction faite en 1360, par le grand-conseil du roi, sur la manière de lever l'aide ordonnée pour la délivrance du roi Jean, portoit que le grenetier commis à chaque *grenier à sel*, paieroit aux marchands, le sel qui se trouveroit dans le lieu, & qu'il le revendroit, au profit du roi, le quint denier de plus. Les grenetiers faisoient donc alors l'office de receveur des gabelles. On sépara bientôt ces doubles fonctions, & on ne laissa aux grenetiers, que l'inspection sur le *grenier à sel*, & la jurisdiction.

Suivant l'ordonnance du 7 décembre 1366, le grenetier & le contrôleur devoient écrire sur leurs registres la quantité de sel qui étoit dans le *grenier*, le nom de celui à qui il appartenoit, & le jour qu'il y avoit été porté.

En 1372, Charles V. fit défenses, par son mandement du 13 novembre, à plusieurs officiers de justice, de se mêler d'aucun fait de marchandises, & les grenetiers des *greniers à sel* furent compris dans les défenses.

Le 6 décembre suivant, il leur fut ordonné de remettre, tous les mois, le produit de leurs *greniers*, au receveur du diocèse où le *grenier* étoit établi.

Les généraux des aides étoient leurs supérieurs immédiats; ils avoient le droit de les punir, s'ils commettoient quelques malversations dans l'exercice de leurs fonctions. Quelquefois on envoyoit dans les provinces des réformateurs, chargés de punir ceux de ces officiers, & les autres préposés à la levée des aides, qui avoient malversé.

L'ordonnance de Charles VII, du premier mars 1388, autorise les trésoriers de France à voir les états des grenetiers, receveurs & vicomtes des aides, avant la reddition de leurs comptes, toutes les fois que bon leur semblera. Lorsqu'ils étoient mandés à la chambre pour compter, s'ils ne s'y rendoient pas au jour assigné, leur désobéissance les rendoient sujets à une amende.

Il fut enjoint dans le même tems aux grenetiers, d'exercer leur office en personne, & non par des lieutenans, & on leur donna des contrôleurs, pour tenir un double registre de leur recette & dépense.

Jusques-là rien n'indique que les grenetiers fissent des actes de jurisdiction; mais il y a quelqu'apparence qu'ils en avoient cependant fait quelques-uns, dans une instruction donnée par Charles VI au mois de juillet 1388, & que nous avons rappellée au mot GABELLE; il est dit que si quelque officier des aides est battu ou injurié, information en sera faite par les élus ou *grenetiers*, ou par ceux qu'ils commettront; que ceux qui seront trouvés coupables seront punis; que si pour ce faire, les élus & grenetiers, ou leurs commis, ont besoin de conseil ou de force, ils appelleront les baillis, les juges du pays, & le peuple si besoin est; que de tels cas les élus ou grenetiers auront la connoissance, punition ou correction; ou que, si bon leur semble, ils la renverront à Paris devant les généraux des aides, lesquels pourront les évoquer, & prendre connoissance, quand même les élus & grenetiers ne la leur auroient pas renvoyée.

Cette ordonnance porte encore, que toute sorte de gens, menant & conduisant sel non-gabellé, à port-d'armes ou autrement, seront par les grenetiers & contrôleurs, & par toutes justices où ils passeront, pris & punis de corps & de biens, selon que le cas le requerra; que si les grenetiers, contrôleurs, ou autres gens de justice, demandent aide pour le roi, chacun sera tenu de leur donner, à peine d'amende arbitraire.

Les anciennes ordonnances, concernant la jurisdiction des grenetiers & contrôleurs, furent renouvellées par celle de Louis XII du 24 juin 1500. Ce prince leur attribue la connoissance de toutes causes, querelles, débats, rébellions, injures, outrages, meurtres, exactions, concessions, fraudes, fautes, & de tous excès, crimes, délits, maléfices, faussetés, procès, & matières procédant du fait des gabelles, quart de sel, fournissement des *greniers* à sel, circonstances & dépendances, en première instance, jusqu'à la condamnation & exécution corporelle, sauf l'appel aux généraux des aides, appellés depuis *cours des aides*.

Les commissions de grenetier & de contrôleur, furent érigées par François premier en titre d'office; & le sel devenant, par la suite, un objet de plus en plus important pour le gouvernement, Henri II créa des grenetiers & contrôleurs alternatifs, afin que pendant que les uns & les autres seroient en exercice pour la distribution & vente du sel, & pour rendre la justice, les autres fissent des visites & recherches dans les paroisses du ressort de leur *grenier*.

Ces grenetiers ou contrôleurs alternatifs furent supprimés en 1555, & rétablis en 1572. En 1615, on en créa de triennaux, pour exercer avec l'ancien & l'alternatif, chacun de trois années l'une. Postérieurement on a fait différentes suppressions & réunions de ces grenetiers alternatifs & triennaux.

Dans l'origine, le grenetier étoit le premier officier du *grenier* à sel; mais depuis la création des présidens en 1629, il n'est plus que le second officier.

On a successivement établi dans les *greniers*, outre les grenetiers & contrôleurs, des lieutenans, procureurs & avocats du roi, greffiers, receveurs particuliers & provinciaux, regrattiers, sergens, & autres, pour avoir soin de la police des magasins ou *greniers*, & pour veiller à la perception des droits de gabelle.

Les fonctions de ces officiers furent à-peu-près les mêmes, tant que le sel fut marchand, ou vendu pour le compte du roi : mais elles changèrent de nature, lorsque, par le bail fait à Josse en 1598, les gabelles furent mises en fermes; dès-lors ces fonctions furent purement judiciaires.

Les offices dans cet état, éprouvèrent également beaucoup de révolutions. Un édit du mois de septembre 1634 en supprima un grand nombre avec les droits établis en leur faveur. Un autre édit du mois de février 1672, éteignit & supprima en chacun des *greniers* à sel des gabelles de France, desquels dépendoient des chambres à sel; tous les offices, à l'exception d'un président, deux grenetiers, deux contrôleurs, un procureur du roi, & un greffier; dans les *greniers* dont il ne dépendoit aucune chambre à sel, on ne laissa subsister qu'un président, un grenetier, un contrôleur, un procureur du roi, & un greffier.

Les édits des mois d'août 1661, décembre 1663, février 1672, apportèrent encore quelques changemens dans les offices des jurisdictions des gabelles. Mais dans la vue de réduire leur nombre trop considérable, qui étoit extrêmement à charge au peuple, l'édit du mois de janvier 1685 réunit en un même siège, les élections & les *greniers* à sel établis dans une ville, pour ne faire qu'un corps de jurisdiction. Il lui fut attribué toute cour & jurisdiction, tant civile que criminelle, pour les matières dont les élus sont compétens, & à l'égard des gabelles, dans l'étendue de toutes les paroisses qui composoient les *greniers* unis.

Suivant cet édit, les élections & *greniers* devoient être composés; savoir, celles de cent paroisses & au-dessus, de huit officiers, un président, un lieutenant, quatre élus, qualifiés élus, grenetiers & contrôleurs, un procureur du roi, & un greffier : les élections au-dessous de cent paroisses avoient un président, quatre élus, grenetier & contrôleur, un procureur du roi, & un greffier.

Quant aux *greniers* des lieux où il n'y avoit point d'élections, soit qu'il y eût chambres dépendantes ou non, le nombre des officiers fut réduit à deux grenetiers, deux contrôleurs, un procureur du roi, & un greffier. A l'égard des élections établies dans les lieux où il n'y avoit point de *grenier*, le nombre des officiers fut réduit à un président, un lieutenant, deux élus, un procureur du roi, & un greffier.

Un autre édit du mois de novembre 1689 créa un président dans chacun des *greniers* non-unis aux élections.

Les choses demeurèrent à-peu-près dans cet état jusqu'en 1694, que par édit du mois d'octobre, les jurisdictions des gabelles furent désunies des élections. Cet édit établit en chaque ville, avec élection & chambre à sel, un président, un grenetier, un contrôleur, un procureur du roi, & un greffier, pour connoître privativement à tous autres juges, même à ceux des élections, des affaires, tant civiles que criminelles, concernant la ferme générale des gabelles de France, avec les mêmes fonctions & attributions dont jouissoient les officiers des *greniers* à sel avant l'édit du mois de janvier 1685. Il fut aussi créé un président dans chacun des *greniers* non-unis aux corps des élections, même dans les *greniers* de la Bourgogne.

Comme il avoit encore été créé dans les *greniers* à sel des gabelles de France & du Lyonnois, plusieurs offices, ils furent supprimés par l'édit du mois de décembre 1716, & par la déclaration du 20 février 1717. Elle ordonna aussi l'extinction des offices de président, créés en 1694, dans les *greniers* non-unis aux élections, & que les présidens des mêmes *greniers* qui avoient été créés en 1689, feroient seuls, à l'exclusion de tous autres, les fonctions de président dans ces *greniers*.

Une autre déclaration du 3 octobre 1717, fixa la composition des jurisdictions des *greniers* à sel des gabelles de France, à un président, un seul grenetier, un seul contrôleur, un procureur du roi, & un greffier : elle régla que dans lesdits *greniers* où il se trouveroit deux offices de grenetiers & deux offices de contrôleurs, de ceux qui avoient été réservés par l'édit du mois de février 1672, ces deux offices seroient supprimés. Mais il fut dérogé à cette déclaration par l'arrêt du conseil du 7 mai 1718, qui excepta la jurisdiction du *grenier* de Paris, pour être composée comme elle étoit alors, des dix-neuf offices dont il est parlé dans cette déclaration.

Comme depuis 1718 il n'a été fait aucun changement aux jurisdictions des grandes gabelles, il ne reste qu'à faire connoître quelles sont les fonctions & les prérogatives des officiers qui les composent.

Bien que les *greniers* à sel soient des jurisdictions royales, il n'est cependant pas nécessaire d'être gradué pour y exercer quelqu'office; il faut seulement être âgé de vingt ans, &, conformément aux arrêts du conseil des premier mai 1703, 9 mai 1730, 10 juin 1749, prêter serment, & faire enregistrer ses provisions à la cour des aides & aux bureaux des finances des généralités, où sont situés les *greniers* auxquels les pourvus doivent être attachés.

Suivant les articles IV & IX du titre 4 de l'ordonnance des gabelles du mois de mai 1680, & plusieurs arrêts du conseil confirmatifs, les officiers des *greniers* sont tenus d'assister à l'emplacement des sels à leur arrivée, à leur mesurage, & à leur distribution au public, sans qu'ils puissent retarder ce service, sous quelque prétexte que ce soit, même sur le motif que les sels ou les *greniers* ne sont pas de la qualité requise.

L'article X du même titre a prévu les cas de refus, absence, maladie, ou autre empêchement des officiers de procéder à ces opérations. Les grenetiers & contrôleurs doivent avoir chacun une des clefs des *greniers* dans lesquels sont renfermés les sels, dont ils sont responsables; ils doivent tenir registres des ventes, & délivrer, chaque quartier, à l'adjudicataire, des certificats des quantités de sel vendues pendant les trois mois écoulés, & viser les extraits de sextés.

Ils doivent encore, conformément aux articles X du titre 9, & V du titre 19 de cette ordonnance, & à la déclaration du 28 décembre 1709, faire, au moins une fois par an, des visites chez les regrattiers; & dans l'étendue de leur ressort, des visites générales, dont les frais doivent, aux termes de l'article VI dudit titre 19, leur être payés par le commis du fermier, qui en est remboursé sur les amendes & restitutions des droits de gabelles.

Un arrêt de la cour des aides de Paris, du 17 mars 1784, ordonne que les tarifs du prix du sel seront affichés dans tous les lieux où il y a *grenier* à sel, dans les places publiques des paroisses où il y a regrat de sel, & à la porte de chaque regrattier; les officiers des *greniers* sont chargés de tenir la main à l'exécusion de cet arrêt.

L'article premier du titre 18 de la même ordonnance de 1680, attribue aux officiers des *greniers* la connoissance en première instance, & à la charge de l'appel, de ce qui concerne l'exécution de cette ordonnance, & des contraventions qui pourroient y être faites dans l'étendue de leur ressort. Ces dispositions ont été confirmées par les articles XXXVII. & L. du titre commun de l'ordonnance du mois de juillet 1781, ainsi que par les articles DLXXIV. & DLXXXVI. du bail de Forceville. Toutes les fois que les officiers de quelqu'autre jurisdiction ont voulu s'immiscer dans des affaires relatives à la partie des gabelles, ils ont été déboutés de leurs prétentions, & les instructions & procédures qu'ils avoient faites, ont été annullées.

Par une suite de ces dispositions, différens arrêts du conseil & l'article DLXXXI. du bail de Forceville, ont autorisé les officiers des *greniers* à sel a apposer les scellés sur les effets des receveurs & autres comptables, avec injonction aux officiers des autres jurisdictions de lever ceux qu'ils avoient apposés de leur propre autorité.

Les mêmes officiers des *greniers* à sel suivant la déclaration du 14 octobre 1698, & celle du 21 octobre 1710, connoissent en dernier ressort, tant en principal que dépens, de la restitution des droits de gabelles, jusqu'à un minot & dix livres d'amende, ainsi que des oppositions en sur-taux, lorsque l'opposant n'a été imposé qu'à un quart de minot de sel, & au-dessous, & des demandes intentées entre les particuliers, pour les contraindre à prendre du sel par extraordinaire, lorsqu'il ne s'agit que du quart d'un minot: mais les officiers doivent alors spécifier dans leurs sentences & jugemens, qu'ils sont rendus en dernier ressort.

L'article XXVI. du bail fait à Domergue le 18 mars 1687, & l'article XX. de la déclaration du 17 février 1688, avoient réglé que les officiers des *greniers* à sel ne pourroient juger en dernier ressort, qu'ils ne fussent au moins au nombre de cinq. Mais ces dispositions ont été abrogées par la déclaration du 14 octobre 1698, & par l'article XXX du bail de Forceville, suivant lesquelles les officiers peuvent juger en dernier ressort, dans les cas portés par les articles II, IV & XI du titre 18 de l'ordonnance, lorsqu'ils sont trois au moins, & en appellant lorsqu'ils sont en moindre nombre, des gradués ou praticiens, autres que les procureurs & greffiers desdits *greniers*, pour remplir le nombre de trois.

L'article VI. du même titre 18 de l'ordonnance des gabelles, leur défend d'exercer d'autres offices; & l'article VIII. leur enjoint de tenir audiance, au moins deux jours la semaine. D'autres réglemens du conseil, & l'arrêt de la cour des aides de Paris du 20 juillet 1763, leur prescrivent de résider dans le lieu où le siège est établi.

Les droits des officiers pour leurs épices & vacations, ont été fixés par la déclaration du 17 février 1688, & ils sont liquidés conformément au tarif annexé à cette déclaration. Ceux des greffiers sont réglés par l'article XIII. du titre 18 de l'ordonnance des gabelles, & par l'édit du mois d'avril 1686. Ces officiers ne peuvent s'arroger autres ni plus forts droits que ceux fixés par ces réglemens, & lorsquils se sont permis cet abus, ils ont été condamnés à restituer les sommes qu'ils avoient perçues de trop. C'est ce que justifie un grand nombre d'arrêts, notamment ceux du conseil des 25 septembre 1688, 28 juillet 1705, 13 mars & 29 septembre 1722, 18 mars 1740, & 6 septembre 1746; ainsi que ceux de la cour des aides de Paris, des 24 mai 1732, & 23 juin 1741.

Suivant les arrêts de la cour des aides de Paris des 17 novembre 1665, 23 avril 1704, & l'article DLXXVI. du bail de Forceville, les officiers des *greniers* ne peuvent décerner aucun exécutoire, pour raison de leurs droits & épices, contre le fermier ni ses préposés. Lorsqu'ils ont enfreint les dispositions de ces réglemens, leurs sentences, ainsi que les exécutoires qu'ils avoient décernés, ont été cassés & annullés; les arrêts du conseil des 21 juin, 30 décembre 1704, & 30 juin 1719, l'ont ainsi jugé.

D'après un grand nombre d'arrêts du conseil, & de la cour des aides de Paris, & les lettres-patentes du 15 février 1780, les officiers jouissent des droits de *committimus* & de franc-salé; de l'exemption de tailles, aides, ustensile, & autres subsides & contributions; de logement de gens de guerre; de la décharge de tutelle, curatelle, & autres charges publiques. Lorsqu'il a été porté atteinte à ces privilèges, les officiers y ont été maintenus, ainsi qu'on le voit par les arrêts du conseil des 17 janvier, 24 mai, 12 juillet, & 22 novembre 1695; 17 janvier 1696; 21 janvier 1698; 27 janvier 1699; 6 septembre 1701; 4 février 1710; 30 avril, & 15 octobre 1737; 25 janvier 1746.

GRENIERS A SEL DES PETITES GABELLES. Le mot *grenier* a, dans les petites gabelles, la même signification que dans les grandes. Pris dans son sens littéral, il y désigne également les magasins dans lesquels l'adjudicataire fait emplacer les sels qu'il envoie dans les provinces pour y rester en dépôt jusqu'au moment où ils pourront être distribués au public.

Le conseil s'est réservé, dans les petites, comme dans les grandes gabelles, la connoissance, privativement à tous autres juges, des contestations qui pourroient s'élever à l'occasion de la location des *greniers*; mais les receveurs des petites gabelles sont tenus, d'après les traités que fait avec eux l'adjudicataire des fermes, au commencement de chaque bail, & au moyen des remises dont ces traités leur assurent la jouissance, de se procurer, à leur frais, des magasins d'une capacité suffisante pour qu'il soit possible d'y emplacer tous les sels qu'exige leur fourniture annuelle.

Les discussions qui s'élèvent relativement à la location de ces bâtimens, sont, en conséquence, considérées dans le plus grand nombre des cas, comme leur étant personnelles, & la ferme générale leur laisse le soin d'aviser par eux-mêmes, aux moyens de les terminer.

Les habitans des villes d'Uzès, d'Alais, & de Brioude, en demandant qu'il fût établi de nouveaux *greniers à sel* dans leur sein, ont pris l'engagement de fournir à l'adjudicataire, sans en exiger aucuns loyers, les magasins dont il auroit besoin pour l'emplacement des sels destinés à la fourniture de ces *greniers*. Dans quelques autres lieux, les magasins qui servent de *greniers*, appartiennent au roi, & les receveurs ne sont tenus de les entretenir que des menues réparations annuelles que demande leur conservation.

Les règlemens qui servent à la manutention des petites gabelles, ne contiennent aucunes dispositions sur la manière dont les *greniers* doivent être construits; mais la ferme est très-attentive à exiger, que ceux dont les receveurs sont ou propriétaires, ou locataires, soient, autant qu'il est possible, bâtis au niveau des rues sur lesquelles ils sont situés; qu'ils soient entretenus avec soin, & qu'ils soient assez solidement construits, pour que les sels ne puissent y éprouver aucune avarie; les receveurs se conforment avec d'autant plus d'exactitude à tous ces points, qu'ils sont très-intéressés à ce que les sels dont la livraison leur est faite, n'éprouvent dans les magasins aucuns déchets considérables.

Le mot *grenier* pris au figuré, signifie, dans les petites & grandes gabelles, le lieu dans lequel il existe une recette des gabelles.

Il a été long-temps d'usage de donner le titre de chambre à sel, aux *greniers* situés ailleurs que dans le chef-lieu d'une jurisdiction de gabelles; mais cet usage est aujourd'hui presqu'entièrement abandonné.

Il seroit peu utile d'indiquer les époques auxquelles ont été établis les différens *greniers* qui existent aujourd'hui dans les petites gabelles: il suffit d'observer que dans les premiers tems de l'établissement des quatre fermes qui constituent les petites gabelles, on n'avoit placé des *greniers* qu'à la proximité de la mer, ou des rivières navigables; ce n'est que successivement, & à mesure que les routes ouvertes dans l'intérieur ont assuré à l'adjudicataire la facilité d'y faire voiturer des sels, que ceux qui subsistent aujourd'hui ont été ajoutés aux *greniers* qui subsistoient originairement.

Les choses se trouvoient à-peu-près portées à cet égard au point de perfection dont elles étoient susceptibles, à l'époque du bail passé à Forceville en 1738; ainsi l'on peut se borner à dénommer les *greniers* qui subsistoient à la date de ce bail, & à dire quels sont ceux qui ont depuis, été, ou supprimés, ou établis.

Suivant le premier des quatre états annexés au bail de Forceville, il existoit alors dans l'étendue de la ferme des gabelles de Languedoc, trente-six *greniers* à sel :

Savoir ;

Vingt dans le bas Languedoc, & seize dans le haut.

1°. Ceux du bas Languedoc sont, à la Voutte, le Theil, Viviers, Bagnols, le Saint-Esprit, Villeneuve-les-Avignon, Beaucaire, Nismes, Sommières, Lunel, Montpellier, Agde, Pezenas, Beziers, Lodève, Narbonne, Mende, Marvejols, & Langogne : plus, un *grenier* à Cette, pour le salage du poisson seulement.

2°. Dans le haut Languedoc, à Carcassonne, Caudiès, Mirepoix, Castelnaudary, Villefranche-de-Lauraguais, Toulouse, Carman, Carcassonne, Revel, Puy-Laurent, Castres, Lavaur, Gaillac, Alby, Saint-Pons, & Limoux.

3°. Dans le Rouergue & l'Auvergne, à Milhau, Saint-Antonin, Najac, Villefrance, Sauveterre, Mur-de-Barrés, Saint-Sernin, Rhodès, Espalion, Chaudes-Aigues, Murat, Taleizat & Nasbisnals.

4°. Dans le pays de Sault & la terre de Chalabre, à Belcaire, & à Chalabre.

5°. Enfin dans le Roussillon, à Perpignan, Collioure, Prades, Arles, & Montlouis.

Les arrêts & lettres-patentes du 26 mars 1759, ont depuis ordonné l'établissement en la ville de Cette, d'un second *grenier*, où le sel est vendu au prix ordinaire de gabelles.

Les arrêts & lettres-patentes du 30 septembre 1760, ont érigé un nouveau *grenier* dans le bas Languedoc, à Alais ; un autre l'a été à Wals, près le Puy-en-Vélay, par les lettres-patentes du 24 août 1761 ; un autre à Uzès, par celles du 5 octobre 1762 ; un quatrième à Joyeuse, par celles du 31 mars 1772 ; un cinquième à Saint-Chely-d'Archiers en Gévaudan, par lettres du 3 mars 1774 ; & enfin un sixième dans la ville de Florac, par celles du 13 octobre 1781.

Dans le haut Languedoc, la ville de Castel-sarazin a eu un *grenier* à sel, en vertu des arrêts & lettres-patentes du 25 juin 1768.

Les arrêts & lettres-patentes des 24 août 1761 & 16 janvier 1783, en ont également donné un à Langeac & à Brioude.

Les arrêts & lettres-patentes du 11 décembre 1752, ont ordonné que le *grenier* de Taleizat en Auvergne, seroit transféré dans la ville de Saint-Flour, & ceux du 24 mai 1763, ont transféré à Saint-Affrique le *grenier* de Saint-Sernin en Rouergue.

La suppression du *grenier* à sel de Murat en Auvergne, a été prescrite par les lettres-patentes du 11 janvier 1762, & celles du 3 mars 1774 ont supprimé celui de Nasbinals en Auvergne, devenu inutile depuis l'établissement d'un nouveau *grenier* à Saint-Chély-d'Archiers en Gévaudan.

Les lettres-patentes du 21 novembre 1784, ont enfin ordonné la suppression du *grenier* de la Voulte en Languedoc. Ces mêmes lettres-patentes, en désunissant le haut Vivarais de la ferme des gabelles de Lyonnois, pour l'unir à celle des gabelles de Languedoc, ont ordonné que les *greniers* d'Annonay, Tournon, Saint-Agrève & Beauchastel, seroient à l'avenir dans la dépendance de la ferme des gabelles de Languedoc.

Suivant le second des états annexés au bail de Forceville, il existoit alors dans l'étendue de la ferme des gabelles de Provence, quinze *greniers* à sel :

Savoir ;

A Marseille, Toulon, Saint-Tropès, Hiers, Fréjus, Antibes, la Ciotat, Cassis, Berre, Martigues, Apt, Seyne, Systeron, pour la Provence, Alios & Barcelonnette.

Les arrêts & lettres-patentes du 11 décembre 1770, en ordonnant la translation à Aix du *grenier* de Berre, en ont établi de nouveaux à Digne & à Anmot. La foible consommation de ce dernier en ayant démontré l'inutilité, la ferme n'y fait plus voiturer aucuns sels.

Suivant le troisième des états annexés au bail de Forceville, il existoit alors dans l'étendue de la ferme des gabelles de Dauphiné, vingt-trois *greniers* à sel :

Savoir ;

A Avignon, pour le Dauphiné, Pierrelatte, Grignan, Montélimart, Valence, Saint-Vallier, Vienne, le Buis, Orange, Moirans, Voiron, la côte Saint-André, Morestel, Oste, Pont-de-Beauvoisin, Grenoble, Pont-Charra, Bourg-d'Oisans, Gap, Embrun, Systeron, pour le Dauphiné, Briançon & Ville-vielle.

Les arrêt & lettres-patentes du 20 août 1758, ont depuis ordonné l'établissement de nouveaux *greniers* à Lamure, Die & Romans ; ce dernier ne s'étant pas trouvé d'une utilité réelle, l'adjudicataire a été autorisé par l'arrêt du conseil du 13 février 1762, à le supprimer.

Les arrêt & lettres patentes du 11 décembre 1770, ont établi un autre *grenier* en la ville de Serres, & supprimé celui de Systeron pour le Dauphiné.

Suivant le quatrième des états annexés au bail de Forceville, il existoit alors dans l'étendue de la ferme des gabelles du Lyonnois, trente-neuf *greniers* à sel :

Savoir ;

1°. Dans la province du Lyonnois ; à Lyon, Neuville, Ance, Saint-Symphorien, Condrieux, Saint-Chaumont, Sainte-Colombe & Charlieu.

2°. Dans le haut Vivarais ; à Annonay, Tournon, Sainte-Agrève, & Beauchastel.

3°. Dans le Forez ; à Montbrison, Servières, Roanne, Feurs, Saint-Étienne, Saint-Bonnet-le-Château, & Bourg-argental.

4°. Dans le Beaujolois ; à Villefranche, Belleville, Beaujeu, & Thisy.

5°. Dans le Mâconnois ; à Mâcon, Cluny, Tournus, Saint-Gengoux, & la Clayette.

6°. Dans la Bresse ; à Bourg, Châtillon, Pont-de-Vaux, Pont-de-Vesle, Montluel, & Pérouges.

7°. Enfin dans le Bugey, & dépendances, à Lagnieu, Seyssel, Belley, Nantua, & Gex.

Les arrêt & lettres-patentes des 16 janvier 1781 & premier juin 1782, ont ordonné depuis la translation du *grenier* d'Ance en la ville de Tarare, & les lettres-patentes du 28 février 1781, celle du *grenier* de Servières à Noiretable.

Les lettres-patentes du 22 décembre 1775, en supprimant le privilège de la vente exclusive du sel dans le pays de Gex, ont en même tems supprimé le *grenier* établi dans le chef-lieu du pays. *Voyez* Gex.

L'édit du mois de septembre 1781, en réunissant à la Bresse la principauté de Dombes, a augmenté la ferme des gabelles du Lyonnois, des trois *greniers* que les anciens souverains de cette principauté avoient établis à Trévoux, Chalamont, & Thoissey.

Enfin les arrêt & lettres-patentes du 21 novembre 1784, ont distrait, ainsi qu'on l'a dit ci-devant, les *greniers* d'Annonay, Tournon, Beauchastel, & Sainte-Agrève, de la ferme des gabelles du Lyonnois, pour les affecter à celle des gabelles de Languedoc.

Dans les premiers tems de l'établissement des petites gabelles, elles ne consistoient que dans la levée au profit du roi d'un droit sur les sels qui sortoient des salins situés sur les bords de la méditerannée en Provence & en Languedoc, pour être transportés dans les provinces sur lesquelles s'étendent encore aujourd'hui les fermes des gabelles de Languedoc, Provence, Dauphiné, & Lyonnois.

Les besoins du gouvernement l'ayant forcé d'augmenter très-considérablement la quotité de ce droit, qui étoit originairement fort modique, les particuliers qui se livroient au commerce de sel, demandèrent qu'il leur fût permis de ne l'acquitter qu'à mesure qu'ils vendroient. Cette facilité leur fut accordée ; mais pour prévenir les abus qui en pourroient résulter, on jugea indispensable d'établir des *greniers*, & de prescrire toutes les formalités qui s'observent, tant à l'égard des changemens sur les salins, que pour les transports des sels, de ces salins, aux *greniers* pour lesquels ils sont destinés.

Lorsque, d'après l'exemple de ce qui s'étoit exécuté en 1598, relativement aux grandes gabelles, le gouvernement s'est déterminé à confier exclusivement à tous autres, le soin d'approvisionner les *greniers* des petites gabelles au fermier chargé de la perception des droits, qui étoient levés dans ces *greniers* au profit du roi, il fut réglé que le prix du sel continueroit à rester fixé dans chaque *grenier* à la somme qui résulteroit de la réunion aux droits de gabelle, du prix d'achat, & des frais de transport ; ensorte qu'il ne varieroit dans chaque *grenier*, qu'en raison de son plus ou moins grand éloignement des salins par lesquels il seroit approvisionné.

Ce premier état des choses n'a, depuis cet arrangement, subi que de légers changemens dans les gabelles de Dauphiné, de Provence, & de Lyonnois, où le sel est encore vendu à un prix qui est plus ou moins fort, eu égard à ce que le *grenier* dans lequel la livraison en est faite, se trouve plus ou moins éloigné des salins d'où les sels ont été tirés.

Le Languedoc, dans lequel cette diversité de prix s'est maintenue long-temps, a demandé, dans la vue de faire cesser les fâcheux effets qui en résultoient pour les habitans des cantons situés à une grande distance des salins, qu'il y fût substitué un prix uniforme, réglé à vingt livres le minot. Cette fixation qui n'avoit été accordée que pour un an, par l'arrêt du conseil du 9 août 1713, a été d'abord prorogée pour une autre année, par celui du premier Juillet 1714, & jusqu'à ce qu'il en fût autrement ordonné par celui du 2 avril 1715.

Les arrêt & lettres-patentes du 22 novembre 1784, en réunissant les *greniers* du haut Vivarais à la ferme des gabelles de Languedoc, ont ordonné que le prix uniforme de vingt livres le minot, seroit substitué dans ces *greniers* à ceux qui y étoient établis.

Mais ce prix ne s'est point étendu aux *greniers* du Roussillon, quoiqu'ils fassent partie de la ferme des gabelles de Languedoc ; le sel continue à se vendre dans ces *greniers* aux prix auxquels il y étoit livré avant 1713, avec l'augmentation de quarante sols par minot, ordonnée par l'arrêt du conseil du 25 Juillet 1720, en considération de ce qu'il supprime les droits de traites qui se levoient dans la communication par terre, du Roussillon au Languedoc.

L'établissement du prix uniforme de vingt livres le minot, n'a également apporté aucun changement aux prix que le sel se vend dans les *greniers* privilégiés de Chalabre & de Belcaire. Enfin, les arrêts du conseil du 15 mai 1714, & 2 avril 1715, ont fixé à six livres le minot, le prix du sel qui seroit délivré aux marchands saliniers de la ville de Cette, pour le salage des sardines, & autres poissons de leurs pêches.

On se propose de joindre à cet article un état qui, en présentant les quantités de sel qui sont vendues année commune dans chacun des *greniers* dépendans des gabelles de Languedoc, Dauphiné, Provence, & Lyonnois, indiquera le prix du minot, qui est une mesure générale & uniforme; en conséquence, on se borne à observer ici, que dans les gabelles de Dauphiné, le prix varie depuis dix-neuf livres sept sols quatre deniers, jusqu'à vingt-trois livres dix sols.

Dans celles de Provence, depuis quinze livres, jusqu'à dix-huit livres dix sols.

Et dans celles de Lyonnois, depuis vingt livres quatre sols, jusqu'à trente livres.

Il se perçoit dans les *greniers* des petites gabelles, en sus du prix principal du sel, une multitude de droits accessoires, dont il paroît nécessaire d'indiquer l'origine & la quotité. Dans cette vue, il convient de distinguer ceux de ces droits qui font partie du bail de la ferme générale, de ceux dont elle est tenue de compter particulièrement, & de ceux qui appartiennent à des provinces, villes, corps & communautés, ou particuliers.

Les droits accessoires de la première classe, sont les droits manuels, ceux de petit blanc, ceux appellés prix de voiture, & les droits d'octroi du Roussillon.

Les droits manuels se perçoivent sur le pied de vingt-cinq sols six deniers par minot, dans les *greniers* de la ferme des gabelles de Languedoc.

De quinze sols six deniers dans ceux des gabelles de Dauphiné & de Provence.

Et de trente cinq sols six deniers dans ceux des gabelles de Lyonnois.

Voyez, quant à leur origine, l'article Droits manuels.

Ces droits sont confondus dans le prix principal du sel, dans les *greniers* de l'Auvergne & du Rouergue, & dans ceux de la principauté de Dombes; ensorte qu'ils ne sont nommément perçus dans ces *greniers*, que sur les sels délivrés en francs-salés, ou par gratification.

Ils n'ont jamais été établis ni au *grenier* privilégié de Cette, ni dans ceux de Chalabre & de Belcaire, ni dans ceux de Barcelonnette & d'Allos.

La quotité du droit de petit-blanc est d'un sol par minot dans tous les *greniers* dépendans de la ferme des gabelles du Lyonnois, & de neuf deniers seulement, dans ceux dépendans de la ferme des gabelles de Languedoc. Ce droit n'a pas lieu dans les *greniers* dépendans des gabelles de Dauphiné & de Provence; il est confondu avec le prix principal, dans ceux de la principauté de Dombes.

Il n'est perçu, ni au *grenier* privilégié de Cette, ni dans les *greniers* du Roussillon.

Voyez, quant à son origine, Droit du Petit-Blanc.

Les droits appellés prix de voiture, ne sont perçus que dans les *greniers* de Mende, Marvejols, Langogne & Saint-Chely, & dans celui de Lodève. Ils sont de trente sols par minot dans les quatre premiers *greniers*, & d'une livre cinq sols seulement dans celui de Lodève.

La perception en est faite dans les *greniers* de Mende, Marvejols, Langogne & Saint-Chely-d'Archiers, en exécution des arrêt & lettres-patentes du 21 juin 1757, & dans celui de Lodève, en vertu des arrêt & lettres-patentes du 30 mai 1730.

Il ont été établis, tant pour indemniser le fermier des frais que la fourniture de ces *greniers* lui occasionne, eu égard à leur éloignement des salins par lesquels ils sont approvisionnés, & pour lui procurer un moyen d'empêcher les muletiers de vendre sur leurs routes les sels qu'ils chargent à la destination de ces *greniers*; ce que le prix uniforme établi dans tous les *greniers* des gabelles de Languedoc, a long-tems rendu très-difficile. Les arrêt & lettres-patentes du 21 novembre 1784, ont ordonné que ces prix de voiture cesseroient d'être perçus, à compter du premier janvier 1787.

Les cinq sols d'octroi du Roussillon sont levés dans les cinq *greniers* de cette province, en exécution du tarif annexé aux lettres-patentes, adressées le 2 août 1777 au conseil souverain de Perpignan, pour la prorogation, pendant dix années, des octrois municipaux en Roussillon. Ce droit d'octroi, dont l'origine remonte en 1732, a été long-tems perçu par la régie chargée de la levée des octrois municipaux, & dons gratuits; mais le réglement du 9 janvier 1780 a compris cette perception dans le bail des fermes générales, passé à Nicolas Salzard.

Les droits accessoires de la seconde classe, sont les cinq sols par minot, du canal des Losues, & les cinq sols par minot du chemin de Toulouse.

Les premiers sont perçus en exécution des arrêt & lettres-patentes des 5 & 12 juillet 1723, qui en ont ordonné la levée sur tous les sels délivrés en bonnes ventes, francs-salés, ou gratifications, pour en être le produit employé à l'entretien du bras du Rhône, appelé le canal des Losnes.

L'adjudicataire des fermes compte du produit de ce droit, en sus du prix de son bail, & il est employé à l'acquittement des dépenses qu'occasionne chaque année l'entretien des canaux & des chaussées qui servent au transport des sels.

Il n'existe dans toute l'étendue des fermes des gabelles de Languedoc, Dauphiné, Provence & Lyonnois, que le *grenier* privilégié de Cette, les cinq *greniers* du Roussillon, & ceux d'Allos & de Barcelonnette, dans lesquels ce droit ne soit pas perçu. Il est confondu avec le prix principal du sel, dans les *greniers* de Trévoux, Chalamont, & Thoissey, qui font partie de ceux du département de la Bresse, depuis la réunion de la Dombe à cette province.

Les cinq sols du chemin de Toulouse, sont levés en vertu des arrêt & lettres-patentes du 24 septembre 1726, pour en être le produit employé à la confection & à l'entretien du chemin qui conduit de Toulouse, à Saint-Sulpice-de-la-Pointe, en Rouergue.

L'adjudicataire des fermes compte du produit de ce droit, en sus du prix de son bail, & ce produit est employé à l'acquittement des dépenses relatives à l'objet de sa destination particulière, & à l'entretien du chemin & de toutes les autres routes du Languedoc qui servent aux transports des sels dans les différens *greniers* de cette province.

Les *greniers* du Roussillon, quoique dépendans de la ferme des gabelles de Languedoc, sont les seuls où la levée de ce droit n'a pas été établie; car ils sont perçus au *grenier* privilégié de Cette, ainsi que dans ceux de Chalabre & de Belcaire; & même les arrêts & lettres-patentes du 21 novembre 1784, qui réunissent les *greniers* du haut Vivarais, à la ferme des gabelles de Languedoc, ont expressément ordonné la perception dans ces *greniers*, des cinq sols par minot dont il s'agit.

Les droits accessoires de la troisième classe, sont 1°. celui de la cour des comptes de Montpellier.

2°. Celui de l'évêque de Mende.

3°. Celui des consuls du Saint-Esprit.

4°. Celui de M. de Salas.

5°. Celui des contrôleurs des *greniers* du Lyonnois.

6°. Le droit des billettes des contrôleurs des *greniers* du Languedoc.

7°. Celui des palayeurs des *greniers* du Languedoc.

8°. Les crues de la Bresse.

9°. Celles du Bugey.

10°. Les crues & les droits d'octroi du Mâconnois.

11°. Les droits d'octroi & de péage de la ville d'Orange.

12°. Le droit d'octroi de la ville de Vienne.

13°. Enfin le droit d'octroi de la ville de Grignan.

Le droit de la cour des comptes de Montpellier, consiste en trois sols six deniers par minot, qui ont été accordés à cette cour; savoir, deux sols six deniers par les lettres-patentes du mois d'avril 1632, & un sol par autres lettres-patentes du mois d'avril 1637, pour indemniser cette cour de la décharge accordée aux communautés de son ressort de l'obligation dans laquelle elles étoient antérieurement d'y rendre leurs comptes. Ce droit est perçu dans tous les *greniers* qui ressortissent de la cour des comptes de Montpellier, ce qui s'étend à tous ceux que comprend la ferme des gabelles de Languedoc autres que ceux situés en Roussillon & dans l'Auvergne, ou Rouergue; cette cour est abonnée avec l'adjudicataire des fermes, qui s'est chargé de lui payer annuellement une somme de vingt-quatre mille livres.

Le droit de l'évêque de Mende est de huit sols par minot, & il tire son origine d'un droit de leude de la même somme que ce prélat, avant l'établissement d'un *grenier* à Mende, se prétendoit autorisé à percevoir sur chaque minot de sel qui entroit en cette ville. L'arrêt du conseil du 19 mars 1715, a ordonné que ce droit seroit à l'avenir perçu par l'adjudicataire des fermes, à la charge par lui de compter annuellement à M. l'évêque de Mende une somme de cinq cens cinquante livres en argent, & de lui délivrer, en outre, six minots de sel en franc-salé. Ce droit n'est levé que dans le seul *grenier* de Mende.

Le

Le droit des consuls du Saint-Esprit consiste en deux sols par minot, dont la perception leur a été accordée par les arrêt & lettres-patentes du 21 janvier 1615, pour en être le produit employé à l'entretien des murs, portes & fossés de leur ville. Ils n'étoient originairement levés, que dans le seul *grenier* du Saint-Esprit ; mais les consuls ont obtenu que la perception en fût étendue à leur profit, sur les sels délivrés dans ceux du Theil, de la Voulte & de Viviers, aux époques où ces *greniers* ont été établis.

Le sol par minot qui se perçoit aujourd'hui en faveur des ayans-cause ou représentans de M. de Solas, a été originairement accordé à ce particulier, pour l'indemniser des frais de la construction & de l'entretien des entrepôts & du *grenier* du Saint-Esprit. Il a paru juste que la perception en fût étendue à tous les *greniers* qui sont approvisionnés des entrepôts du Saint-Esprit, & elle a lieu aujourd'hui sur tous les sels délivrés dans ceux du Saint-Esprit, la Voulte, Viviers, le Theil, Joyeuse, Wals & Beaucaire.

Les deux sols par minot qui sont perçus dans les *greniers* dépendans de la ferme des gabelles de Lyonnois, en faveur des contrôleurs en titre d'office de ces *greniers*, leur ont été attribués par l'édit du mois de mars 1669, qui les a créés. *Voyez* CONTRÔLEURS DES GRENIERS DU LYONNOIS.

Les arrêt & lettres-patentes du 21 novembre 1784, qui ont désuni les *greniers* de Tournon, Annonay, Saint-Agrève & Beauchastel, de la ferme des gabelles de Lyonnois, pour les annexer à celle des gabelles de Languedoc, ont ordonné que les deux sols dont il s'agit, continueroient d'être perçus en faveur des contrôleurs établis dans les *greniers* par l'édit de 1669, tant que ces officiers subsisteroient.

Le droit de billettes des contrôleurs des *greniers* du Languedoc, se perçoit en exécution de l'édit du mois de mars 1641, en faveur de ces officiers, sur le pied de neuf deniers par minot, sur toutes les livraisons qui n'excèdent pas deux minots, & de dix-huit deniers, sur celles qui sont plus considérables. *Voyez* CONTRÔLEURS DES GRENIERS DU LANGUEDOC.

La cour des aides de Montpellier a jugé, par un arrêt du 7 mai 1737, que la perception de ce droit ne pouvoit avoir lieu sur les livraisons qui ne consistoient qu'en un octave ou huitième de minot.

Il n'est établi, ni dans les *greniers* du haut-Vivarais, ni dans celui de Wals, ni dans celui de Cette, ni dans ceux de Chalabre & de Belcaire, ni enfin dans ceux du Roussillon, de l'Auvergne, & du Rouergue.

Le droit de six deniers des paleyeurs des *greniers* du Languedoc, paroît avoir été attribué à ces officiers, par l'édit qui les a créés ; mais la date de cet édit a été, jusqu'à ce moment, inutilement recherchée : les droits dont il s'agit ne sont, au surplus, perçus, que dans les seuls *greniers* de la division du bas-Languedoc.

Les crûes qui se perçoivent dans les *greniers* de la Bresse & dans ceux de la Dombes, depuis que cette principauté y a été incorporée, sur tous les sels qui y sont délivrés, soit en bonne vente, soit en franc-salé, soit par gratification, sont au nombre de trois.

La première, fixée à trois livres par minot, après avoir été établie pour trois ans par les arrêt & lettres-patentes du 17 novembre 1703, & continuée pour six autres années par les lettres-patentes du 30 novembre 1706, a cessé d'être perçue, du 31 décembre 1715 au premier janvier 1724 ; elle a été rétablie par la déclaration du 28 décembre 1723, & successivement prorogée jusqu'au dernier décembre 1737, par les arrêts du conseil des 14 octobre & 18 novembre 1727, & 5 décembre 1733.

La seconde, aussi fixée à trois livres par minot, a été accordée au pays de Bresse, par l'arrêt du conseil du 27 octobre 1733, pour être perçue, comme la première, jusqu'au dernier décembre 1737, & elles ont été depuis prorogées, par différens arrêts.

Une troisième crûe de trois livres par minot a été ajoutée aux autres, pour être levée conjointement.

La perception de ces crûes est faite par les receveurs des *greniers*, qui sont tenus d'en compter au trésorier de la province, pour en être le produit employé, sous les ordres des Etats, à l'acquittement de leurs charges.

Les crûes, dont la perception est faite dans les *greniers* du Bugey, au profit de ce pays, sont au nombre de deux.

La première étoit originairement de trois livres par minot, & elle avoit été établie par l'arrêt du conseil du 13 novembre 1731, pour en être le produit employé, tant au paiement des abonnemens des droits sur les huiles & savons, de courtiers-jaugeurs & d'inspecteurs aux boissons & aux boucheries, qu'au remboursement des sommes empruntées par le pays, soit pour ces abonnemens, soit pour l'acquittement de ses autres charges.

La levée de cette crûe de trois livres cessa

d'avoir lieu le premier janvier 1734; mais les syndics du Bugey ayant représenté qu'il étoit indispensable d'accorder à ce pays une perception quelconque sur le sel, pour le mettre en état de pourvoir à l'acquittement de ses charges, les arrêt & lettres-patentes des 31 mai & 28 juin 1735, approuvèrent l'établissement à son profit, pour quatre années, d'une crûe de trois livres par minot, sur tous les sels délivrés dans les *greniers* du Bugey, en bonnes ventes, en franc-salé, ou par gratifications, & cette crûe a été successivement prorogée jusqu'au premier juillet 1752, par les lettres-patentes des 20 janvier 1740 & 14 juin 1746.

En 1751, les syndics du Bugey ayant représenté que ce pays avoit besoin de fonds extraordinaires pour subvenir à la dépense de la construction des ponts nécessaires à la perfection des grands chemins, les arrêt & lettres-patentes des 10 septembre & 30 décembre de ladite année, ont ordonné qu'il seroit ajouté, dans les *greniers* dudit pays, une troisième crûe de quatre livres par minot, à celle de trois livres antérieurement établie, & que ces deux crûes seroient ensemble levées pendant six ans.

Elles ont été prorogées jusqu'à ce jour, par d'autres lettres-patentes.

Les crûes du Bugey sont, au surplus, perçues comme celles de la Bresse, par les receveurs des *greniers*, qui en comptent à l'un des syndics de la province.

Les crûes qui se levent dans les *greniers* du Mâconnois, sont absolument les mêmes que celles qui ont lieu depuis un très-grand nombre d'années, dans les *greniers* de la Bourgogne, & la perception en est faite dans les *greniers* du Mâconnois, en exécution de la déclaration du 22 juin 1742, qui, en accordant aux Etats de Bourgogne la continuation des deux crûes de trois livres par minot chacune, & de deux autres crûes de cinquante sols chacune, faisant ensemble neuf livres par minot, qu'ils avoient antérieurement obtenues, a permis à ceux du Mâconnois de se servir des mêmes crûes, ce qui a été inséré, tant dans la déclaration du 4 juillet 1745, que dans toutes celles qui ont postérieurement prorogé la levée des mêmes crûes jusqu'à ce jour.

On perçoit, en outre, dans les *greniers* du Mâconnois, au profit des villes dans lesquelles ces *greniers* sont établis, des droits d'octroi, qui sont de cinq sols par minot au *grenier* de Mâcon, & d'un sol seulement dans les *greniers* de Tournus, Saint-Gengoux & la Clayette; ils ont été accordés à ces villes, pour les mettre à portée de subvenir aux dépenses dont elles sont chargées.

Il est perçu au *grenier* d'Orange, au profit de cette ville, un droit de péage de deux sols par minot, & un droit d'octroi, de onze sols aussi par minot.

La perception du droit de péage remonte à une date très-ancienne; celle du droit d'octroi a, au contraire, été accordée à la ville d'Orange, par les arrêt & lettres-patentes du 6 avril 1734, pour en être le produit employé à l'acquittement des anciennes dettes de la principauté, dont elle est le chef-lieu.

Le droit d'octroi qui se perçoit au *grenier* de Vienne, au profit de cette ville, est de trois sols par minot, & lui a été accordé, pour lui fournir les moyens d'acquitter les dépenses dont elle est chargée.

Le droit d'octroi de la ville de Grignan, est de deux sols six deniers par minot.

Les différens droits accessoires dont le détail vient d'être présenté, ont été, par les édits des mois de décembre 1771 & août 1781, grevés des dix sols pour livre qui se perçoivent, au profit du roi, sur le prix principal du sel dans tous les *greniers*. *Voyez* SOLS POUR LIVRE.

TABLEAU des Greniers à sel des petites Gabelles, de leurs ventes respectives, & du prix auquel il se vend en chacun.

SITUATION des Greniers à sel.	NOMS des GRENIERS.	QUANTITÉS de sel vendues, année commune, en chaque Grenier.	PRIX auquel s'y vend le sel, y compris les droits particuliers & les 10 sols pour livre.		
	FERME DES GABELLES DU LANGUEDOC.				
		minots.	liv.	s.	d.
BAS-LANGUEDOC, & BAS-VIVARAIS.	Agde.	1070	33	10	6
	Alais.	8110		id.	
	Bagnols.	2360		id.	
	Beaucaire.	1560	33	12	
	Beziers.	3880	33	10	6
	Cette, *bonne vente.*	860		id.	
	Joyeuse.	8500	33	12	
	Langogne.	4250	35	15	6
	La Voulte.	1950	33	15	
	Le Theil.	950		id.	
	Lodève.	1900	35	8	
	Lunel.	1600	33	10	6
	Florac.	2140	33	10	6
	Marvejols.	3750	35	15	6
	Mende.	2850	36	7	6
	Montpellier.	7850	33	10	6
	Nismes.	6100		id.	
	Pezenas.	4350		id.	
	Saint-Chely.	2300	35	15	6
	Sommières.	3660	33	10	6
	Saint-Esprit.	2200	33	15	
	Villeneuve-les-Avignon.	1040	33	10	6
	Viviers.	1690	33	15	
	Uzès.	3150	33	10	6
	Wals.	15400		id.	
	Cette, *pour le salage.*	830	9	7	6
HAUT-VIVARAIS.	Beauchastel.	11080	33	3	
	Annonay.	3180		id.	
	Tournon.	1630		id.	
	Sainte-Agreve.	1540		id.	
		111730			

SITUATION des Greniers à sel.	NOMS des GRENIERS.	QUANTITÉS de sel vendues, année commune, en chaque Grenier.	PRIX auquel s'y vend le sel, y compris les droits particuliers & les 10 sols pour livre.		
	Suite de la Ferme des Gabelles du LANGUEDOC.				
		minots.	*liv.*	*s.*	*d.*
	Ci-contre.	111730			
HAUT-LANGUEDOC.	Narbonne.	3050	33	"	9
	Caudies.	1520		*id.*	
	Alby.	7950		*id.*	
	Carcassonne	6610		*id.*	
	Castelsarrasin.	1410		*id.*	
	Castelnaudari.	3910		*id.*	
	Caraman	1670		*id.*	
	Castres.	7710		*id.*	
	Gaillac.	6460		*id.*	
	Limoux.	3200		*id.*	
	Lavaur.	3230		*id.*	
	Mirepoix	2640		*id.*	
	Puy-Laurent	1940		*id.*	
	Revel	2720		*id.*	
	Saint-Pons	4530		*id.*	
	Toulouse	8720		*id.*	
	Villefranche de Lauraguais.	3270		*id.*	
Pays de SAULT.	Belcaire.	2310	10	16	4
	Chalabre.	1360	16	3	7
ROUSSILLON.	Arles	2380	15	10	9
	Coullioure.	460	22	1	9
	Montlouis.	1690	18	"	9
	Perpignan.	4260	22	10	9
	Prades.	3930	15	10	9
AUVERGNE.	Chaudesaigues	2630	30	16	1
	Saint-Flour	4800		*id.*	
	Langeac	7400		*id.*	
	Brioude	9200		*id.*	
ROUERGUE.	Espalion.	5220		*id.*	
	Mur des Barres.	4640		*id.*	
	Milhau	5640		*id.*	
		228190			

Situation des Greniers à sel.	Noms des Greniers.	Quantités de sel vendues, année commune, en chaque Grenier.	Prix auquel s'y vend le sel, y compris les droits particuliers & les 10 sols pour livre.		

Suite de la Ferme des Gabelles du LANGUEDOC.

		minots.	liv.	f.	d.
	De l'autre part.	228190		*id.*	
Rouergue.	Najac.	1660	30	16	1
	Rhodès.	6810		*id.*	
	Saint-Affrique.	4430		*id.*	
	Saint-Antonin.	550		*id.*	
	Sauveterre.	2160		*id.*	
	Villefranche de Rouergue.	6140		*id.*	
		259940			

GABELLES DU DAUPHINÉ.

		minots.	liv.	f.	d.
Dauphiné.	Avignon, *pour le Dauphiné.*	320	30	11	9
	Grenoble	10920	35	"	6
	Pontcharra.	1980		*id.*	
	Moirans	2880		*id.*	
	Pont-de-Beauvoisin	930	36	"	9
	Oste.	630		*id.*	
	Moretel.	1670		*id.*	
	La Côte Saint-André.	3690	35	5	9
	Voiron.	2640	35	3	6
	Bourg-d'Oisans	1610	36	15	9
	Embrun.	2820	36	"	9
	La Mure	2360	35	17	9
	Gap.	7130	34	10	9
	Serres	5050		*id.*	
	Vienne	6690	34	17	3
	Saint-Vallier	1470	34	5	6
	Valence.	20340	33	8	3
	Die.	1850	34	13	9
	Le Buis.	1360	33	15	9
	Montelimart	7680	32	6	6
	Grignan.	2070	32	16	6
	Pierrelatte.	4040	31	16	9
	Orange.	2020	31	7	3
	Briançon.	3030	24	"	9
	Ville-vieille	1630		*id.*	
		96810			

Situation des Greniers à sel.	Noms des Greniers.	Quantités de sel vendues, année commune, en chaque Grenier.	Prix auquel s'y vend le sel, y compris les droits particuliers & les 10 sols pour livre.		
	GABELLES DE PROVENCE.				
		minots.	*liv.*	*s.*	*d.*
Provence.	Sisteron	4370	27	"	9
	Apt	6110	26	12	3
	Aix	11620	24	16	3
	Cassis	320	24	7	6
	La Ciotat	1040		*id.*	
	Martigues	1320	24	5	3
	Marseille	14140	24	"	9
	Tarascon	3240		*id.*	
	Fréjus	7030		*id.*	
	Hières	2430		*id.*	
	Toulon	6230		*id.*	
	Saint-Tropès	730	24	7	6
	Seyne	1110	29	5	9
	Digne	4320	27	"	9
	Antibes	5450	24	"	9
Vallée de Barcelonnette.	Barcelonnette	4210	10	"	"
	Allos	450	10	"	"
		74120			
	GABELLES DU LYONNOIS.				
		minots.	*liv.*	*s.*	*d.*
Lyonnois.	Lyon	14450	45	3	"
	Neuville	1210	44	17	"
	Tarare	2060	45	15	"
	Saint-Symphorien	4030	44	3	6
	Condrieu	2360	42	17	3
	Sainte-Colombe	1400	43	1	4
	Saint-Chamond	1720	43	18	3
	Charlieu	3240	45	15	1
Beaujolois.	Beaujeu	4810	44	15	6
	Belleville	1860	44	9	6
	Villefranche de Beaujolois	3390	44	4	4
	Thisy	2690	45	8	3
		43220			

Situation des Greniers à sel	Noms des Greniers.	Quantités de sel vendues, année commune, en chaque Grenier.	Prix auquel s'y vend le sel, y compris les droits particuliers & les 10 sols pour livre.		
	Suite des Gabelles du Lyonnois.				
		minots.	*liv.*	*s.*	*d.*
	De l'autre part.	43220			
Maconnois.	Mâcon.	1790	61	"	9
	Tournus	1460	61	2	3
	Cluny.	1400	60	10	1
	Saint-Gengoux	940	61	11	2
	La Clayette	260	61	14	2
Forez.	Noiretable.	1890	45	17	3
	Montbrison	3490	44	12	3
	Roanne	5930	45	17	3
	Feurs	3140	44	17	9
	Saint-Etienne.	4380	43	19	9
	Saint-Bonnet-le-Château.	1760	44	12	6
	Bourgargental.	440	43	4	3
Bugey.	Belley.	2110	57	5	3
	Champagne	1090		*id.*	
	Lagnieu	3060		*id.*	
	Nantua	2940		*id.*	
	Seyssel.	720		*id.*	
Bresse.	Pont-de-Vaux.	2320	59	12	1
	Pont-de-Vesle	1890	59	6	"
	Mont-Luel.	1560	59	4	3
	Perrouges.	740	59	10	3
	Bourg.	4940	60	2	3
Dombes, incorporée à la Bresse.	Châtillon-lès-Dombes.	760	59	14	9
	Trevoux	1440	58	4	
	Thoissei	1610		*id.*	
	Chalamont	1370		*id.*	
		96650			

RÉCAPITULATION GÉNÉRALE

Des ventes de la Ferme des petites Gabelles.

Greniers du Languedoc.	259940 *minots.*	527520 *min.*
Idem, du Dauphiné.	96810	
Idem, de Provence.	74120	
Idem, du Lyonnois.	96650	
Grenier d'Avignon-Comtat, au prix de six livres dix sols.		23780
Dépôt de Thiers en Auvergne, à quatre livres treize sols la quarte, ou treize livres dix-neuf sols le minot.		1530

Vente en Pays étranger.

A la SAVOYE.	40000	54000
A GENÈVE & au VALAIS.	14000	
		606830

GROS & AUGMENTATION, (droit de). s. m. On a vu au mot AIDES, que le droit de *gros* fait partie de la ferme des aides. Il s'agit d'en faire connoître l'origine, la nature, les lieux où il se perçoit, & la législation qui lui est propre.

Le droit de *gros* doit sa création aux circonstances les plus fâcheuses dans lesquelles se soit jamais trouvé le royaume, à celles qui suivirent la malheureuse bataille de Poitiers. La nécessité de payer la rançon du roi Jean, prisonnier en Angleterre, avoit déterminé les Etats généraux à accorder au roi, par forme d'aide & de subside, une taxe de douze deniers pour livre de la valeur des marchandises & denrées vendues tant en gros qu'en détail, à l'exception des boissons, qui ne furent assujetties qu'au treizième du prix de leur vente. On prétend que le prix commun des vins ordinaires, étoit alors de treize livres la queue, & celui des vins de Bourgogne, de vingt-six livres. Ce droit de sol pour livre a, dans la suite, reçu le nom de *gros*, & s'est perpétué sous cette dénomination.

Jacquin, dans son *Commentaire sur l'ordonnance des aides de* 1680, dit que l'imposition de ce treizième fut confirmée par Charles V. en 1370, & par Charles VI. en 1382; mais il ne cite aucune autorité. On lit dans les lettres-patentes données à Paris par ce dernier souverain le 21 janvier 1382, qu'on avoit cessé de la percevoir, & qu'elle fut rétablie par les mêmes lettres-patentes, pour être levée à commencer du premier février suivant. C'est lors de ce rétablissement, qu'elle fut fixée à douze deniers pour livre sur les boissons comme sur les autres marchandises. Le tems qu'elle devoit durer ne fut point limité, & il est probable que c'est à cette époque que ce droit de sol pour livre reçut le nom de droit de *gros*, parce qu'il ne fut imposé que sur la vente en gros des boissons: leur vente en détail étant restée assujettie au treizième.

Louis XI. supprima, par ses lettres-patentes du 3 avril 1465, l'imposition de douze deniers pour livre, en faveur des habitans de la ville & des fauxbourgs de Paris seulement, excepté sur les boissons, le drap, le poisson de mer, le bétail à pied-fourché, & le bois à brûler, sur lesquels il continua d'être perçu.

Mais cette suppression ne fut pas générale pour lors,

lors, comme Jacquin donne lieu de le croire. Au contraire, les lettres-patentes du 2 mars 1501, qui déchargent de ce droit, les vins de Bourgogne entrant à Paris, lorsqu'ils l'avoient payé sur la route; l'ordonnance du 15 juin 1534, concernant les abus qui s'étoient glissés dans la perception de ce droit; l'édit du mois de mars 1597; l'arrêt de réglement du 19 mars 1622; l'édit du 5 février 1624, & plusieurs autres, prouvent que l'ancien droit de *gros*, ou de sol pour livre, sur toutes les marchandises, subsista, sans interruption, depuis les lettres-patentes du 21 janvier 1382, qui l'avoient rétabli, jusqu'à l'édit de novembre 1668, qui le supprima.

La suppression fut, cette fois, générale, pour tous les pays où ce droit avoit été établi, à l'exception du Mâconnois & de la ville d'Orléans, où ce droit n'étant pas dans la main du roi, continua de s'y percevoir suivant l'ancienne consistance.

Le même édit excepta de cette suppression, les boissons, le poisson de mer frais, sec & salé, le bétail à pied-fourché & le bois. Dès-lors le droit de sol pour livre a toujours continué d'avoir lieu sur les boissons vendues en gros.

Au droit de *gros*, est joint un autre droit appellé d'*augmentation*, qui est composé du parisis, ou cinquième du droit principal, & de plusieurs sols ou deniers pour livre mis en différens tems, & que l'on peut comparer aux dix sols pour livre additionnels qui se levent actuellement. *Voyez* PARISIS.

Il suit de cet exposé, que les marchandises sujettes aux droits de *gros & d'augmentation*, sont les vins de toute espèce, les eaux-de vie, l'esprit-de-vin, & toutes les liqueurs dans lesquelles il entre de ces deux dernières; la bierre simple ou double, le cidre & le poiré, les fruits servant à faire ces deux boissons; les raisins, à raison de trois muids pour deux muids de vin.

Le bétail à pied-fourché dans l'intérieur de la ville de Paris.

Le poisson de mer, frais, sec & salé, dans les villes de Paris & de Rouen.

La quotité du droit de *gros*, est le vingtième du prix de la vente des marchandises sur lesquelles il est perçu, & dont on est obligé de faire la déclaration, en sorte qu'elle varie comme ce prix.

Il en est tout autrement du droit d'*augmentation*. Dans le ressort de la cour des aides de Paris, sa quotité est fixée à seize sols trois deniers, sur le vin, à huit sols sur la bierre, cinq sols sur le cidre, & deux sols six deniers sur le poiré; sur le vin de liqueur six livres; le tout par muid mesure de Paris.

Au mois d'octobre 1767, il a été arrêté au conseil un nouveau tarif des drois de *gros*, *augmentation*, jauge & courtage, & des sols pour livre alors dûs suivant le jauge de Paris, de Bourgogne & d'Orléans.

Sur l'eau-de-vie, le droit d'*augmentation* n'est point fixé; il se perçoit sur le pied du parisis sol & six deniers pour livre, ce qui revient à-peu-près au tiers du droit principal.

Dans la ville & banlieue de Rouen, qui sont les seuls lieux de la Normandie où le *gros* ait cours, l'*augmentation* n'est point fixée. Elle se perçoit sur le vin, le cidre & le poiré, à raison du parisis sol & six deniers pour livre du *gros*, excepté pendant les trois foires franches de Rouen, pendant lesquelles l'*augmentation* qui, pour lors, se perçoit seule sur les boissons vendues en foire, est fixée à seize sols trois deniers par muid de vin, six sols par muid de gros & petit cidre, & quatre sols par muid de poiré, mesure de Paris.

Le droit de *gros* a lieu dans les généralités de Paris, d'Amiens, de Châlons & Soissons; mais il s'y trouve plusieurs villes & bourgs privilégiés, affranchis en partie de ce droit, & où la seule *augmentation* a lieu. On en donne l'état alphabétique à la fin de cet article.

De même aussi dans quelques autres provinces, des villes seulement sont sujettes aux droits de *gros & d'augmentation*. Ainsi, la ville & le comté d'Auxerre, la ville de Bar-sur-Seine, celle de Chartres, d'Issoudun, de Lyon, d'Orléans, de Poitiers & de Tours, sont assujetties à ce droit, comme à celui d'*augmentation*.

Le droit de *gros* se perçoit dans cinq circonstances différentes, qui peuvent servir à le diviser en cinq sortes,

Savoir;

Le *gros* à l'entrée.

Le *gros* à la vente.

Le *gros* manquant, appellé *le trop-bu*, ou *gros* d'inventaire.

Le *gros* sur les boissons en refuge.

Le *gros* à l'arrivée, à la sortie & au passage.

Les lieux où les droits de *gros & d'augmentation* se perçoivent à l'entrée, sont les seules villes de Paris & de Rouen.

Ils sont confondus dans la masse des droits d'entrée à Paris, ainsi qu'on l'a dit au mot ENTRÉE, page 48, sur le pied de cinq livres par muid.

Dans la ville de Rouen, ils se perçoivent à l'entrée, sur l'eau-de-vie, avec les droits de détail. Quant aux autres boissons, les droits de *gros & d'augmentation* ne sont dûs à l'entrée que sur celles que les bourgeois de la ville & banlieue y font venir pour leur provision, ou que les cabaretiers, aubergistes, & autres marchands de vins en détail, y font entrer pour leur débit. Ceux ci ne payent que la moitié du droit de *gros* à l'entrée. Les boissons destinées pour les marchands en gros, soit habitans de la ville, soit forains, ne payent point le droit de *gros & augmentation* à l'entrée, mais à la vente.

Les droits de *gros & augmentation* se perçoivent encore à l'entrée dans le plat-pays de Paris, & dans la généralité d'Amiens sur les eaux-de-vie, pour lesquelles ils sont réunis à ceux d'entrée & de détail. *Voyez* le mot EAU-DE-VIE.

Les cas où se perçoit le droit de *gros & d'augmentation*, arrivent lorsque les vins ou boissons sont vendus en gros, revendus, donnés en paiement, ou échangés, quand même l'échange seroit de vin contre vin.

Le conseil a même jugé, par arrêt du 25 décembre 1742, contre un marchand de vin de Paris, que le vin qu'un père & une mère constituoient en dot à leurs enfans, étoit réputé vendu, & sujet au droit de *gros*.

Ce droit étant, comme on l'a dit, le vingtième de la valeur des boissons; l'ordonnance des aides, tant pour le ressort de la cour des aides de Paris, que pour la Normandie, prescrivent à ceux qui vendent du vin, ou toute autre boisson, d'en déclarer le véritable prix, à peine de confiscation & de cent livres d'amende. Les arrêts du conseil des 15 juillet 1755 & 6 avril 1756, ont même décidé, qu'il ne suffisoit pas de faire cette déclaration avant la délivrance des boissons, mais qu'il falloit la faire lors du marché. C'est à cette déclaration, qui sert de base à la perception du droit de *gros*, à laquelle on a donné le nom de *dépri*, ainsi qu'on l'a expliqué à ce mot.

Si le fermier des aides juge que les déclarations des vendeurs sont fausses, il doit être admis à prouver par témoins cette fausseté, à quelque somme que puisse monter le prix des boissons. S'il ne veut pas se servir de cette voie, il est autorisé à prendre pour son compte les boissons, au prix qui a été déclaré. Mais cette preuve testimoniale ne peut être admise en faveur des redevables, pour détruire la déclaration ou soumission qu'ils ont faite d'abord du prix du vin vendu, d'après l'arrêt du conseil du 7 mars 1719, & celui de la cour des aides de Paris, du 21 janvier 1722.

Les droits de *gros* doivent être payés comptant; & au lieu du crû des boissons pour la première vente, même dans les villes exemptes, dans les foires & les marchés francs, excepté dans les quatre cas suivans :

1°. Lorsque le vin destiné pour être exposé aux foires & marchés francs, y est mené & vendu par les habitans des villes, bourgs & banlieues seulement où ces foires & marchés sont établis. Ces deux conditions, la première, que le vin soit exposé en champ de foire; la seconde, qu'il soit mené par le propriétaire résident dans ces lieux, sont expressément nécessaires pour opérer l'exemption, qui, au reste, ne porte que sur le droit de *gros*, & non sur celui d'*augmentation*, lequel se perçoit au lieu du crû.

2°. Lorsque le vin est destiné pour Paris, & amené par les propriétaires à la halle; le droit de *gros* s'y percevant, ainsi qu'on l'a observé, dans les droits d'entrée, les propriétaires du vin sont tenus de rapporter au fermier du lieu du crû, dans le terme de six semaines, la quittance des droits d'entrée de Paris, conformément à l'arrêt du 10 octobre 1719, pour justifier du paiement du droit de *gros*. Mais des vins achetés en pays de *gros*, & amenés à Paris, doivent acquitter ce droit au lieu du crû, en conformité de l'arrêt du conseil du 13 août 1766, qui a cassé celui de la cour des aides du 18 juillet précédent, parce qu'il avoit ordonné la restitution du droit de *gros* perçu sur des vins destinés pour Paris; les vins du crû amenés par les propriétaires & les vignerons étant les seuls qui jouissent de cette exemption.

3°. Lorsque la première vente du vin se fait en détail, dans les lieux où les droits de détail ont cours, par les propriétaires non trafiquans vins, en rapportant, dans l'année, la quittance de ces droits, sous la condition d'en faire la vente par eux-mêmes ou par leurs domestiques, & dans une maison à eux appartenante.

4°. Enfin, lorsque le vin recueilli dans un lieu sujet au *gros*, est enlevé par le propriétaire demeurant dans un lieu exempt, auquel cas il jouit de l'exemption des droits sur la moitié des vins & vendanges qu'il transporte dans le lieu de son domicile.

Dans la vue d'assurer le paiement du droit de *gros* à la vente, les réglemens ont prescrit toutes les précautions qui pouvoient prévenir les fraudes à cet égard. Les uns ont défendu de déplacer une pièce de vin sans en faire déclaration, quand même il ne s'agit d'aucune vente, mais d'un simple changement de cave. Les autres ont autorisé les commis aux aides à faire des visites chez les particuliers, pour voir s'il n'a point été vendu ou transporté de vin sans congé. D'autres ont réglé le tems de la journée pendant lequel on pouvoit transporter & conduire des vins. Leurs effets se sont étendus jusques dans les pays non sujets aux aides, en ordonnant de n'expédier des vins que par des lettres-de-voiture, visées par le curé ou vicaire de la paroisse, ou par le greffier de la justice, ou passées pardevant notaires ou un officier public.

Le *gros manquant* est de la même nature que le droit de *gros à la vente ;* il se leve sur les vins qui se trouvent consommés chez les propriétaires, au-delà de la quantité fixée pour leur consommation naturelle, parce qu'on suppose qu'ils ont été vendus en fraude du droit de *gros*, sans déclaration. On l'appelle *gros manquant*, parce qu'il est perçu sur les vins qui se trouvent manquer dans la quantité qui a été constatée par les inventaires.

Ces inventaires sont faits par les commis aux aides, qui marquent les vins, & tiennent registre du nombre de futailles qui en sont remplies. Cette opération, suivant la déclaration du 4 mai 1688, doit avoir lieu, six semaines après l'ouverture des vendanges, dans les bourgs, villages & lieux, même dans les villes & fauxbourgs qui ne sont point fermés. Ces commis sont aussi autorisés à faire des visites dans les caves, pressoirs & celliers.

Chaque inventaire doit se faire par deux commis, en présence du propriétaire du vin, & du syndic, ou de l'un des marguilliers de la paroisse, & en cas d'absence, il doit être passé outre, attendu que les publications d'inventaires qui se font dans chaque paroisse, trois jours avant d'y procéder, tiennent lieu de sommation.

Le vin qui n'a pas été déclaré par le propriétaire, lors de l'inventaire, est confisqué.

L'inventaire de la récolte suivante sert de recollement à celui de l'année précédente. On connoît, par ce moyen, les quantités de vin qui ont été consommées pendant le cours de l'année chez chaque particulier ; on déduit sur ces quantités celles qui sont accordées par les réglemens, soit pour la boisson des propriétaires, soit pour les lies, coulages & remplages ; le redevable doit justifier du paiement des droits pour ce qui a été consommé au-delà de ces déductions, ou les payer comme *gros manquant*.

Il est ouvert à chaque particulier un compte, dans lequel on porte, d'une part, les vins inventoriés, & de l'autre, les déductions & les quantités dont les droits ont été acquittés lors de la vente.

C'est sur ce compte, rapproché des quittances des droits payés à mesure des déclarations de vente, que sont établis les droits à payer pour le *gros manquant*.

Celui qui ne recueille que trois muids de vin, n'en doit aucun compte.

Celui qui a recueilli six muids, qui n'a payé aucuns droits, & chez lequel il ne se trouve plus de vin au tems de l'inventaire de la récolte suivante, doit les droits comme d'un muid & demi *manquant*, le surplus est appliqué à sa consommation : si la récolte est de douze muids, les droits sont dûs pour six.

Le particulier qui a une ou plusieurs charrues, doit jouir, en outre, de la déduction de trois muids par chaque charrue.

Celui qui a recueilli six muids, & qui a une charrue, ne doit rien. Celui qui en a recueilli douze ne devroit rien, s'il avoit deux charrues.

Il résulte de cet exposé, que, sans parler de la déduction de trois muids accordée par chaque charrue, on passe à chaque particulier, pour la consommation de sa maison, & pour les lies, coulages & remplages, depuis trois jusqu'à six muids ; la moitié de l'excédent des trois premiers muids de sa récolte ; depuis six jusqu'à douze, le tiers ; depuis douze jusqu'à vingt-quatre, le quart ; & depuis vingt-quatre jusqu'à quarante & au-dessus, le cinquième de ce qui excède pareillement les trois premiers muids qui ne sont point sujets au *gros manquant*.

Il est encore fait déduction des vins aigris & gâtés, en les représentant aux commis, pour qu'ils puissent juger de leurs qualités ; ainsi que de ceux qui ont pu être perdus par quelque accident imprévu, en rapportant, par le propriétaire, procès-verbal dressé par les commis ou par les officiers de l'Election, les commis présens, ou duement appellés, au moment où la perte est arrivée.

En cas que les vins aigris ou gâtés viennent à être vendus pour être convertis en eau-de-vie ou en vinaigre, le droit de *gros* doit en être payé à raison du vingtiéme sur le prix de la vente, comme pour le vin, & l'*augmentation*, sur le pied du tiers du *gros*.

Ensuite des déductions dont on a parlé, on défalque les vins qui ont été dépriés ; c'est-à-dire, dont la vente a été déclarée, soit en gros, soit en détail, & dont les droits ont été payés ; finalement ceux qui se trouvent en nature, lors du recollement qui se fait avec l'inventaire de l'année suivante.

Ainsi, on doit compter six espèces de déductions, qui conduisent à constater les vins manquans, sur lesquels les droits de *gros* sont perceptibles.

La première, pour la boisson des propriétaires.

La seconde, pour les lies, coulages & remplages.

La troisième, qui n'est qu'une extension de la première, & qui regarde les particuliers qui font valoir leurs terres, pour la boisson qu'ils consomment à raison de leur exploitation.

La quatrième, pour les vins aigris, gâtés ou perdus.

La cinquième, pour les vins vendus, & dont les droits ont été acquittés.

La sixième enfin, pour les vins trouvés en nature, lorsqu'on procède à un second inventaire.

On peut voir dans le *Traité général de Aides*, de la Bellelande, le modèle des différentes opérations, ou actes arithmétiques à faire, pour établir le *gros manquant* & le paiement des droits.

Leur recouvrement se fait, en formant une contrainte dans laquelle est compris chaque particulier par son nom, par la quantité & la nature des boissons, & par la somme ou droit dont il est redevable. Ces contraintes doivent être présentées aux officiers de l'Election, pour être visées au premier avril de chaque année, & le fermier fait publier, à l'issue de la grand'messe en chaque paroisse, le jour où son bureau sera ouvert pour le recouvrement du droit de *gros manquant*; puis il fait remettre aux maire, échevins & syndics de chaque paroisse, l'état de ce qui lui est dû, à ce sujet, par les habitans, qui peuvent prendre communication de leur article respectif.

Dans le cas où un redevable croit avoir à se plaindre du droit qui lui est demandé, il peut, dans la quinzaine du jour de la publication de l'état, ou dans la huitaine qui suit la saisie ou exécution qu'on lui a faite, former opposition à la contrainte; mais, dans ce dernier cas, les redevables sont tenus de payer par provision. Après ces deux délais, ils sont non-recevables dans leur opposition; le fermier est autorisé à procéder contr'eux par exécution de leurs meubles, sans être obligé à aucun commandement préalable. L'arrêt de la cour des aides de Paris, du 23 août 1765, a réformé une sentence de l'Election de Beauvais, en ce qu'elle étendoit au droit de *gros manquant*, l'exemption des anciens & nouveaux cinq sols, sur les vins recueillis dans des clos situés dans les fauxbourgs de Beauvais, a débouté Pierre Zeddé, bourgeois de cette ville, de son opposition à la contrainte décernée contre lui pour droits de *gros manquant*, & l'a condamné au paiement de ces droits & aux dépens.

Suivant les réglemens, le recouvrement du droit de *gros manquant* doit être fait dans les dix-huit mois après la récolte, & ce terme ne court que du jour où le second inventaire a été fait: la déclaration du 26 novembre 1709, s'explique formellement à ce sujet.

Comme lors de la publication de l'ordonnance des aides du mois de juin 1680, & des déclarations de 1684 & de 1688, qui servent de loi pour la perception du droit de *gros manquant* sur le vin, on n'étoit point dans l'usage de faire du cidre & du poiré, dans les quatre généralités sujettes au *gros*, ces réglemens ne font point mention de ces boissons, qui n'ont commencé à être connues que vers 1740 dans la généralité de Paris.

Le fermier des aides voulut alors, pour prévenir les fraudes, leur appliquer les loix faites sur les vins, & percevoir le droit de *gros manquant* sur les cidres & poirés, qu'il avoit fait comprendre dans les inventaires, en vertu de l'article VII. de l'ordonnance. Les propriétaires s'y étant opposés, furent condamnés par l'Election de Montfort. Ils en appellèrent à la cour des aides; l'affaire y prenoit une tournure moins désavantageuse.

Mais pour terminer cette contestation, un arrêt du conseil du 23 mars 1745, revêtu de lettres patentes du 10 mai suivant, ordonna que, conformément à l'article VII. du titre des droits sur le cidre & le poiré, de l'ordonnance de 1680, qui assujettit ces boissons aux mêmes droits de *gros* & de *détail*, que ceux qui se levent sur le vin, les droits de *gros & augmentation* seroient perçus sur les cidres & poirés compris aux inventaires, & trouvés manquant, au tems du récollement.

Le même arrêt règle les déductions sur ces boissons, & les fixe au double de celles qui sont accordées sur le vin, pour la boisson des vignerons & laboureurs; c'est-à-dire, à six muids de préciput pour les uns & les autres, &, en outre, six autres muids aux laboureurs, par chaque charrue qu'ils exploitent.

A l'égard des autres déductions pour les coulages & remplages, sur le cidre & le poiré, ce réglement ordonne qu'elles resteront les mêmes que pour le vin.

On suit, d'ailleurs, pour la perception & le recouvrement des droits de *gros manquant* sur le cidre & le poiré, toutes les dispositions qu'on vient de rapporter pour le vin.

La quatrième espèce de droit de *gros*, celui qui est dû sur les boissons en refuge, se perçoit sur celles qu'un particulier a déposées chez un autre, soit en cas d'accident, soit par force majeure, & lorsqu'elles y seront restées plus de six mois.

L'ordonnance des aides ne fait mention du paiement des droits sur les boissons mises en refuge, que pour ce qui regarde les droits d'entrée. Elle ne parle point de ceux de *gros* dans ce cas; mais les arrêts de la cour des aides, des 6 octobre 1685 & 27 octobre 1690, y ont suppléé, en ordonnant que les particuliers qui voudroient mettre du vin en refuge, seroient tenus d'en faire déclaration au bureau du fermier, & d'y prendre des congés de remuage, pour être le vin représenté ou ramené chez le propriétaire, sur un nouveau congé, dans le délai de six mois; qu'après ce tems expiré, le vin seroit réputé vendu, & en conséquence, que les droits de *gros* en seroient payés, sur le pied de la valeur du vin dans le lieu, d'après celle qui seroit portée dans les registres des buralistes de chaque paroisse. *Voyez* REFUGE.

On trouve la perception du droit de *gros*, à l'arrivée & à la sortie, établie dès 1641, par les baux faits alors, & postérieurement jusques à l'ordonnance de 1680, qu'elle fut confirmée & ordonnée comme il suit :

1°. Sur les vins & autres boissons venant des pays exempts de ces droits, ou de l'étranger, dans ceux où ils ont cours, à l'exception du vin du crû transporté, dans le premier cas, par le propriétaire pour sa provision seulement.

2°. Sur celles qui, reversiblement, sont transportées, des lieux sujets aux droits de *gros & d'augmentation*, dans des lieux qui en sont exempts ou à l'étranger ; les boissons, pour lors, étant réputées vendues, si toutefois les droits n'ont point été payés à la vente dans le lieu du crû ou de l'enlèvement ; car alors ils ne seroient plus dûs pour la sortie, pourvu que la vente & la destination ayent été déclarées en même tems.

On a dit ci-devant, que des vins recueillis dans un pays sujet, & transportés en pays exempt par les propriétaires, jouissent, en ce cas, de l'exemption des droits sur la moitié de ces vins qu'ils consomment.

3°. Sur les boissons enlevées des lieux où les droits de *gros & augmentation* ont cours, pour passer en d'autres endroits où l'on ne perçoit que l'*augmentation*.

Mais si elles sont transportées, au contraire, d'un lieu seulement sujet à l'*augmentation*, dans un autre où sont dûs celui de *gros* & celui d'*augmentation*, ce dernier est perçu uniquement, excepté sur l'eau-de-vie, qui doit toujours le droit de *gros & augmentation*.

Les habitans des pays exempts, qui possèdent des vignes dans les lieux sujets, jouissent, dans ces deux cas, de la même exemption que dans le cas précédent, pour la moitié des vins qui en proviennent, & qui sont destinés pour leur provision.

4°. Sur les boissons sortant d'un pays exempt du *gros*, pour être conduites dans un pays pareillement exempt, ou dans une province réputée étrangère, & qui empruntent le passage par un pays sujet au droit de *gros*.

Il en faut pourtant excepter les vins destinés pour être consommés en Normandie ; cette province a été déchargée du paiement de ce droit sur les vins, qui empruntent le passage d'un pays sujet pour y arriver, par l'arrêt du conseil du 13 mars 1758. Cette grace est aussi subordonnée à des conditions, dont l'objet est de prévenir les abus.

La perception du droit de *gros* pour l'emprunt de passage, a souffert plusieurs contestations : on a refusé de le payer, dans le cas où cet emprunt n'étoit que de trois lieues ; & on se fondoit sur les lettres-patentes du 3 février 1724, qui exemptent les boissons des droits d'anciens & nouveaux cinq sols, & de jauge & courtage, lorsque l'emprunt de passage n'est pas au-delà de trois lieues. Mais le fermier des aides ayant soutenu que cette exemption ne pouvoit être étendue par induction, à des droits qui ne sont pas dénommés dans le règlement qui la prononce, l'arrêt du conseil du 18 décembre 1736, & celui de la cour des aides du 18 janvier 1741, ont prononcé en sa faveur.

Ainsi les droits de *gros & d'augmentation* au passage, sont dûs, quelle que soit l'étendue du terrein emprunté sur le pays où ces droits ont cours.

Ces droits se perçoivent encore à l'arrivée, dans les pays où ils ont cours, sur les vins venant d'Orléans, quoique cette ville soit sujette aux mêmes droits. Cette perception contraire à la loi primitive a été ordonnée par l'arrêt du conseil du 10 novembre 1711, & par la déclaration du 29 avril 1713, pour réprimer les fraudes qui se commettoient par l'intelligence des marchands avec le fermier des aides de la ville d'Orléans, qui leur délivroit des expéditions conformes à leurs vues.

Suivant la déclaration du 4 mai 1688, les droits de *gros & augmentation* ne doivent être perçus sur les boissons venans des lieux qui n'y sont pas sujets, dans ceux qui le sont, qu'à l'arrivée au lieu de la destination ; mais comme il en résultoit des abus, l'arrêt du conseil du 17 avril 1717 y porta remède, en autorisant la perception des droits dont il s'agit aux premiers bureaux de passage, sur toutes les boissons destinées pour le plat-pays de Paris.

L'expérience de l'utilité de cette précaution, la fit étendre par les lettres-patentes du 13 septembre 1717, sur tous les vins destinés pour les provinces sujettes au droit de *gros*. Le fermier eut la liberté de le percevoir au premier bureau de passage ; les arrêts & lettres-patentes des 16 septembre 1727 & 14 novembre suivant, en confirmant cette disposition, réglèrent ce qui devoit être observé entre le fermier des aides de la généralité où se trouve le bureau de passage, & celui de la province dans laquelle séjournoient les vins plus de trois jours en venant par terre, & plus de huit arrivant par eau ; & entre le fermier de la généralité pour laquelle les vins étoient destinés.

Le résultat de cet exposé est, 1°. que les droits de *gros & augmentation* sont perçus aux premiers bureaux de passage sur tous les vins, eaux-de-vie, & autres boissons enlevées des pays exempts du *gros*, & entrant dans les généralités & élections sujettes à ce droit, soit que ces boissons doivent rester dans ces généralités, soit qu'elles doivent passer à l'étranger, ou dans les provinces réputées étrangères.

2°. Qu'à l'égard des boissons enlevées d'un pays sujet au *gros*, pour un pays qui est exempt, ou pour l'étranger, la perception s'en fait toujours au lieu du cru ou de l'enlèvement, sur l'évaluation de leur prix commun, dans le lieu même.

Les exemptions du droit de *gros* sont personnelles ou locales. Les premières, sont celles qui tiennent au rang, à des charges; les autres ont été accordées à des villes, bourgs & paroisses, par des titres formels.

Suivant l'ordonnance des aides de 1680, le titre commun de l'ordonnance de 1681, & l'édit d'août 1717, qui a supprimé tous les privilèges relatifs à la partie des aides, non-compris dans cette première ordonnance de 1680, les seuls privilégiés pour le droit de *gros*, sont renfermés dans six classes:

1°. Les ecclésiastiques, & les économes chargés de la régie des biens d'église. Ils sont les seuls qui soient aussi exempts de l'*augmentation*.

2°. Les nobles.

3°. Les officiers des cours souveraines de Paris & de Rouen. Les aides n'ont cours que dans le ressort des cours des aides de ces deux villes.

4°. Les secrétaires du roi.

5°. Les officiers commensaux de la maison du roi & des maisons royales. Ces quatre classes ne jouissent que de l'exemption du droit de *gros*, & payent celui d'*augmentation*: leurs veuves, pendant leur viduité, jouissent des mêmes privilèges dont leurs maris étoient en possession au jour de leur décès.

6°. Les marchands de vin privilégiés suivant la cour.

L'immunité de ceux-ci ne s'étend que sur les boissons qu'ils vendent dans les lieux où passe & séjourne le roi, excepté à Versailles où elle est nulle.

La jouissance des privilèges des cinq premières classes, est subordonnée à la condition de fournir chaque année, avant la vente de leurs vins, une déclaration signée d'eux par tenant & aboutissant, contenant la quantité des vignes qui font l'objet de leur privilège, c'est-à-dire à l'égard des ecclésiastiques, de celles qui dépendent de leurs bénéfices ou titres sacerdotaux; & à l'égard des autres privilégiés, des boissons qui font de leur cru; la quantité de vin qu'ils ont recueillie chaque année; le tout à peine de déchéance de leur privilège, pour le tems qu'ils n'y auront pas satisfait.

La même déchéance a lieu, s'ils font façonner leurs vignes par leurs fermiers, ou par les domestiques des fermiers.

Il leur est permis de vendre leur vin en gros, en telle saison & en tel lieu qu'il leur plaît, même hors du lieu du cru, excepté néanmoins dans la banlieue de Paris, où le vin ne peut être vendu en gros, même dans la maison d'habitation, qu'en payant les droits de *gros & augmentation*.

Le vin provenant de dîmes & des pressoirs bannaux appartenans aux privilégiés, est réputé vin du crû, & comme tel, exempt du droit de *gros*, pourvu toutefois, à l'égard des pressoirs bannaux, que la bannalité en ait été établie avant l'année 1560.

Lorsque les privilégiés donnent leur procuration pour l'exploitation & la régie de leurs vignes, ils sont tenus, si le fermier des aides le requiert, d'affirmer la vérité de ces procurations, & de certifier ainsi qu'elles ne sont point simulées, que leurs vignes ne sont point affermées.

Quand un privilégié a d'autres vins que ceux de son crû, ceux qu'il a achetés ou pris en paiement, ou qui proviennent de vignes prises à ferme, ou de pressoirs dont la bannalité n'a pas été établie avant 1560, sont réputés vendus avant les vins de crû; & en conséquence le *gros* est exigible sur le vin vendu le premier. Cette règle a eu pour objet de réprimer l'abus que faisoient de leur exemption, quelques privilégiés, en affectant de ne vendre que les vins de leur crû & déclarant réserver ceux d'achat pour leur consommation; elle est fondée sur les arrêts de la cour des aides des 10 juillet 1684 & 6 août 1686, confirmés par arrêt du conseil du 9 juillet suivant. La cour des aides de Paris, du 29 juillet 1750, a prononcé en conformité.

D'autres privilégiés achetoient, ou prenoient en paiement, des vendanges & des vins, qu'ils confondoient ensuite avec ceux de leurs héritages, & vendoient, ou faisoient entrer comme vin de leur crû, sans en payer le droit de *gros*. Pour renfermer les privilégiés dans les bornes de leur immunité, les lettres-patentes du 26 novembre 1719, étendues & interprétées par celles du 10 septembre 1723, ont mis le fermier à portée de connoître avec précision, lorsquil en est besoin, l'étendue de la récolte de chaque privilégié. Ce règlement l'autorise à faire sommer dans le tems de l'ouverture des vendanges, les maire & échevins des villes, le syndic ou les marguillers des bourgs ou paroisses, de lui en faire le rapport.

A cet effet, quinze jours après la clôture des

vendanges, ils sont tenus d'assembler les habitans, au nombre au moins de douze vignerons, pour constater ce que l'arpent de vigne aura rapporté de vin sur leur territoire, d'en dresser un acte signé d'eux & des assistans, & de le remettre dans la huitaine de cette assemblée, au directeur des aides de l'élection, qui en donnera sa reconnoissance, & paiera trois livres pour tous frais.

Cet acte servira pour établir la jouissance du privilégié suspect, eu égard à la quantité de ses vignes, & le fermier des aides est autorisé à décerner les contraintes, & de refuser des congés pour le surplus des vins, à moins qu'il n'en paye les droits de *gros*.

Comme il est de principe que l'exemption du *gros* ne peut avoir lieu que pour les boissons du crû, elle ne peut s'étendre aux eaux-de-vie, quand même elles proviendroient des vins du crû des privilégiés, parce que cette liqueur est considérée, non comme une boisson ordinaire, mais comme un objet de commerce, sur lequel ne peut s'étendre le privilège.

Le vin que les curés primitifs donnent en paiement aux vicaires perpétuels, pour leur portion congrue, n'est pas sujet au droit de *gros*, pourvu que ce vin provienne du crû du bénéfice qui donne le titre de curé primitif; mais ce privilège ne peut s'appliquer à la vente des vins provenans des dîmes que ces vicaires perpétuels tiennent à ferme des gros décimateurs.

Le privilège des ecclésiastiques ne s'étend pas non plus aux vins provenans des vignes qui n'ont point été amorties. Pour jouir de l'exemption du droit de *gros*, il faut justifier du paiement des droits d'amortissement & d'indemnité.

Les particuliers revêtus de charges qui ne donnent qu'une noblesse graduelle, ne sont point exempts du droit de *gros*, quoiqu'ils jouissent d'ailleurs des privilèges des nobles. C'est ce que le conseil a jugé par deux arrêts des 30 avril 1715, & 12 octobre 1722.

Lorsqu'une femme noble épouse un roturier, elle suit la condition de son mari; mais si elle devient veuve, elle rentre pleinement dans les privilèges de la noblesse, relativement au droit de *gros*. La cour des aides de Paris a confirmé cette jurisprudence, par son arrêt du 9 août 1701.

Les Suisses qui sont à la solde du roi, jouissent des privilèges des nobles, & par conséquent de l'exemption du droit de *gros*, suivant l'arrêt du conseil du 19 janvier 1723.

On s'est déja expliqué au mot COMMENSAL sur l'étendue des privilèges attachés à la qualité des commensaux, sur l'effet de celui qui concerne particulièrement le droit de *gros*, & sur la distinction établie entre les commensaux domestiques & ceux qui ont bouche & livrée à la cour, & qui servent près la personne du prince.

Plusieurs arrêts du conseil, notamment ceux du 13 octobre 1722, 15 mai 1725, 15 juillet 1732, 13 novembre 1736, & 28 mars 1741, ont assujetti au paiement du droit de *gros*, plusieurs corps & particuliers qui s'en prétendoient exempts.

Il faut mettre à ce rang les trésoriers de France & les officiers des bureaux des finances, excepté ceux de Paris, quoique confirmés dans les privilèges des commensaux, par édit du mois d'avril 1694.

Les gardes-du-corps, chevaux-légers, gendarmes-de-la-garde, excepté ceux qui sont brévetés & compris dans l'état envoyé chaque année à la cour des aides.

Les officiers de la grande Venerie.

Les officiers & soldats de l'hôtel royal des Invalides.

Les officiers monnoyeurs, quoique confirmés par les lettres-patentes de janvier 1719 dans les privilèges attribués aux commensaux.

Les officiers & gardes de la connétablie & maréchaussée de France.

Les maîtres de postes.

La jurisprudence n'est pas aussi certaine pour ce qui concerne les gardes à pied & à cheval des capitaineries des chasses dans les plaisirs du roi. Les uns ont été assujettis au paiement du droit, les autres en ont été exempts par différens arrêts cités sous le mot COMMENSAL, pag. 322.

On y a rapporté en même tems le détail des formalités que tous les commensaux ont à remplir pour jouir de l'immunité du droit de *gros*.

Le privilège des marchands de vin suivant la cour, remonte à François premier, qui créa par déclaration du 19 mars 1543, douze marchands de vin & vingt-cinq cabaretiers pour la fourniture de la suite de la cour dans les voyages du roi, avec une exemption absolue de tous droits de *gros & augmentation*, de détail, &c. Ils en jouissent dans tous les lieux où passe le roi & où il séjourne, sur tout le vin qu'ils débitent aux gens de sa suite.

A l'égard des exemptions locales & particulières à des villes ou paroisses, elles sont en grand nombre, & varient suivant les motifs qui les ont fait accorder: comme cet article pourroit paroître incomplet si on n'en faisoit pas mention, on va entrer dans quelques détails à ce sujet, en les resserrant néanmoins autant qu'il sera possible. Voici l'état alphabétique de ces villes & lieux privilégiés, en conformité du tarif du 15 mai 1688.

Albert, généralité d'Amiens. *Voyez* Péronne, ci-après.

Auxerre, généralité de Paris. Les bourgeois de la ville & du comté jouissent de l'exemption des droits de *gros* & de huitième sur les vins de leur crû, par eux vendu dans le lieu de leur domicile, encore que les vignes à eux appartenantes fussent situées hors de ce comté.

Bray, généralité d'Amiens. On en parle à l'article de Péronne.

Calais, Ardres, & Guignes, sont absolument exemptes du droit de *gros*.

Le Catelet, même généralité, élection de Saint-Quentin. Les habitans de ce bourg ne jouissent de l'exemption du droit de *gros*, & des anciens droits d'aides, que pour cinquante muids de vin par an. Ils n'en ont aucune pour les autres boissons.

Charleville & Pont-d'Arches, généralité de Châlons-sur-Marne. Les habitans de ces villes sont exempts des mêmes droits, sur les boissons qu'ils font venir pour leur consommation seulement.

Les villes de Mouzon, Rocroy & Sedan, jouissent du même privilège.

Chaumont en Bassigny. Les habitans de cette ville ne doivent que le droit d'*augmentation* du *gros* sur les boissons qu'ils recueillent sur le territoire de leur ville. L'arrêt du conseil du 9 novembre 1734, les a condamnés au paiement du droit de *gros*, sur la moitié des vins ou vendanges qu'ils font ou recueillent dans les lieux sujets au droit, & qu'ils font venir dans celui de leur domicile.

Coucy. *Voyez* Laon, ci-après.

Donchery. *Voyez* Rhetel.

Doulens, généralité d'Amiens. Cette ville n'est sujette qu'au droit d'*augmentation* sur les vins, & autres boissons. Le droit de *gros* s'y lève sur les eaux de-vie.

Dans aucun cas, il n'est dû à Boulogne, Marquise, Lons, Huissens, Esure, Samer, Hacquilliers & Etaples, qui dépendent de l'élection de Doulens.

Dreux. Les droits de *gros & d'augmentation* ne se lèvent dans l'étendue de l'élection de cette ville, que sur l'eau-de-vie, les autres boissons ne doivent que celui d'*augmentation*.

Fontainebleau. Les habitans de ce bourg sont exempts des droits de *gros* & de huitième sur les boissons, même sur l'eau-de-vie, qu'ils vendent pendant le séjour du roi, de la reine, ou du dauphin, & non dans tout autre tems. Mais la jouissance de ce privilège est subordonnée aux conditions suivantes : pour ceux qui y ont demeuré cinq années révolues, sur les vins, & autres boissons qu'ils peuvent vendre, soit du crû, soit d'achat ; & pour les autres habitans qui n'y ont point demeuré une année révolue, sur les vins de leur crû seulement ; à condition que les uns & les autres n'en feront la vente que dans le lieu de leur domicile à Fontainebleau, de souffrir les exercices des commis, de faire déclaration des boissons qu'ils feront arriver pour vendre, & d'en représenter les lettres de voiture.

Hors le tems du séjour du roi, les habitans ne jouissent que de l'exemption du droit de *gros & augmentation*, & de ceux de subvention en détail sur les vins de leur crû seulement.

Fontenay, la Pissotte & Vincennes. *Voyez* Vincennes.

Joigny, généralité de Paris. Les habitans de cette ville & de ses fauxbourgs acquittent le droit de *gros* avec la taille, dans laquelle il a été fondu ; mais ils payent le droit d'*augmentation* de seize sols trois deniers, par muid de vin qu'ils vendent en gros, outre neuf sols, qui est une sorte de supplément au droit de *gros*.

Langres, généralité de Châlons. Les habitans ne doivent pour tous droits de *gros & augmentation* que vingt sols par muid de vin de leur crû, vendu en gros dans la ville & les fauxbourgs.

Plusieurs paroisses de l'élection de Langres ont aussi le privilège de vendre dans cette ville, les vins de leur crû, sous le simple paiement du droit d'*augmentation*.

Laon, généralité de Soissons. Les habitans ne paient que le droit d'*augmentation* sur les vins du crû de leurs vignes, situées sur la montagne de Laon, pourvu qu'ils soient cuvés & entonnés dans la ville ; & sont exempts du droit de *gros*.

Lyon. Les bourgeois de cette ville & des fauxbourgs, à l'exception de celui de Vaize, dont les habitans sont réputés forains, ne paient, ni le droit de *gros*, ni celui d'*augmentation* sur les vins de leur crû, qu'ils vendent en gros dans leur domicile ou sur l'étape, & sur ceux, tant du crû que d'achat, qui se vendent pendant les quatre foires franches, soit par les bourgeois, soit par les marchands forains. Pour être réputé bourgeois de Lyon il faut y être né, ou y avoir résidé dix années consécutives.

Mâcon, province de Bourgogne. Cette ville, & le pays connu sous le nom de Mâconnois, est exempt du droit de *gros & augmentation* depuis 1688, qu'il s'en est racheté, ainsi que de tous droits d'aides, pour la somme de cinq cens cinquante mille livres, & celle de quatre mille cent

quarante-cinq

quarante-cinq livres deux sols, payée annuellement au fermier des aides, & l'article DXXXIX du bail de Forceville.

Mézière. *Voyez* Rethel.

Montargis, généralité d'Orléans. Les habitans jouissent de l'exemption du droit de *gros & d'augmentation* sur les vins de leur crû, qu'ils y font pressurer & entonner.

Montereau. *Voyez* Sens.

Montreuil, ville de la généralité d'Amiens. Le droit de *gros* ne s'y perçoit que sur l'eau-de-vie; les autres boissons ne sont sujettes qu'au droit d'*augmentation*.

Montreuil, village près de Vincennes. *Voyez* Vincennes.

Mouzon, généralité de Châlons. Les habitans de la ville & châtellenie de Mouzon sont exempts de tous droits de *gros & augmentation*, & anciens droits d'aides sur les vins, eaux-de-vie, & autres boissons, qu'ils font venir pour leur consommation seulement.

Orléans. Les droits de *gros & augmentation* ne se lèvent point sur les vins, eaux-de-vie, & autres boissons, soit du crû, soit d'achat, vendus par les bourgeois dans la ville & la banlieue; mais ils se perçoivent sur les boissons amenées & vendues par les forains.

Péronne, Albert & Bray, généralité d'Amiens, élection de Péronne. Le droit d'*augmentation*, & non le droit de *gros*, se perçoit sur les vins & autres boissons vendus dans ces lieux par les habitans. Les forains doivent ces deux droits.

Pont-d'Arches. *Voyez* Charleville.

Pontoise, généralité de Paris. La paroisse de Saint-Ouen, le haut-fauxbourg de l'Aumône, & Espluche, qui dépendent de cette ville, sont les seuls lieux, dans cette élection, qui soient sujets aux droits de *gros & augmentation*; le reste de la ville & de l'élection n'y est point assujetti, comme faisant partie de la province de Normandie.

Rethel, Mézières & Donchery. On n'y perçoit que l'*augmentation* du droit de *gros* sur les vins & autres boissons.

Rocroy, généralité de Châlons. Les habitans, comme ceux de Mouzon, jouissent de l'exemption des droits de *gros*, *augmentation*, & autres droits d'aides anciens, sur les boissons, pour leur consommation, & sur celles de leur crû qui sortent de la ville.

Roye, généralité d'Amiens, élection de Mondidier. Exemption du *gros* à la vente des vins, du crû seulement, pour les habitans.

Saint-Dizier, généralité de Châlons. Les habitans sont affranchis du droit de *gros* sur le vin, tant du crû que d'achat, par eux vendus dans la ville.

Saint Germain-en-Laye. Même privilège que Fontainebleau, & seulement pendant le séjour du roi, de la reine & du dauphin.

Saint-Quentin, généralité d'Amiens. On n'y lève que le droit d'*augmentation* du *gros* sur les boissons; mais l'eau-de-vie est sujette à ces deux droits.

Sedan. Même immunité qu'à Mouzon pour les habitans.

Sens & Montereau. On n'y paye que le droit d'*augmentation* sur les vins du crû.

Troyes. Le droit d'*augmentation* y a lieu, seulement sur les vins du crû vendus dans ces villes, tant par les habitans, que par les forains.

Vaucouleurs, généralité de Châlons. Exempt du droit de *gros* à la vente sur les vins du crû; & seulement sujet à l'*augmentation*.

Vezelay. On ne perçoit dans cette ville, & dans le ressort de l'élection qui y est établie, que le droit d'*augmentation*.

Villeneuve le-Roi, généralité de Paris, élection de Sens. Même privilège que ci-dessus pour les vins vendus dans la ville.

Vincennes, Montreuil, la Pissotte & Fontenay. Les habitans de toutes ces paroisses ne payent point le droit de *gros*, & ne sont sujets qu'à l'*augmentation* sur les vins de leur crû, recueillis dans leur territoire.

Vitry-le-François, généralité de Châlons. Les habitans sont exempts du *gros* à la vente, & ne paient que le droit d'*augmentation* sur les boissons de leur crû, qu'ils vendent en gros; de même que sur celles de pareille qualité, qu'ils transportent dans des lieux où le *gros* a cours.

GUERRE. La *guerre* est dans tous les Etats un fléau si redoutable pour les finances, si fâcheux pour tous les sujets obligés de supporter le nouveau poids des impôts, que des réflexions sur ce double objet ne seroient point déplacées ici. D'ailleurs, ces réflexions sont dues à un homme d'Etat qui a gouverné les finances, & qui a mieux senti que personne, combien la *guerre* contrarioit les opérations, déconcertoit les plans qu'il avoit conçus pour l'amélioration des finances, & le soulagement des malheureux habitans des campagnes.

Cet homme d'Etat, aussi recommandable par ses grandes vues, que par la vaste étendue de ses méditations, a, dans son *Traité sur l'Administration des Finances*, qui est un code de législation, de philosophie & de bienfaisance, consacré deux chapitres entiers à examiner l'effet de la *guerre* sur les finances. Empruntons son langage; il ne peut manquer d'embellir ce Dictionnaire, par les agrémens du style, & par la profondeur des idées que répand une ame vertueuse & sensible.

» Ah! que j'étois impatient de traiter ce sujet! ah! que mon cœur avoit besoin de se répandre sur les maux attachés à cette effrayante calamité! c'est elle qui arrête le cours des projets salutaires; c'est elle qui vient dessécher les sources de la prospérité; c'est elle qui distrait du bonheur des nations; c'est elle qui suspend quelquefois jusqu'aux idées de justice & d'humanité; c'est elle enfin qui substitue à tous les sentimens doux & bienfaisans, l'inimitié, les haines, le besoin d'oppresser, & l'ardeur de détruire.

Une première idée qui se présente à moi, lorsque j'arrête mon attention sur l'origine de la plupart des *guerres*, c'est que ces vastes combinaisons de la politique, qui ont si souvent allumé le flambeau de la discorde, & qui ont occasionné tant de ravages, n'ont presque jamais mérité toute l'admiration qu'on leur a prodiguée; & j'oserois dire au moins que, lorsqu'un Etat est parvenu à un degré éminent de puissance & de splendeur, c'est faute d'un coup-d'œil assez général, c'est faute d'une juste connoissance de ses moyens & de ses ressources, qu'on se livre à des inquiétudes continuelles, & qu'on soumet la durée de la tranquillité publique, à tant de spéculations incertaines.

Chez de telles nations, c'est un véritable malheur pour les peuples, quand par une sorte d'esprit d'imitation, le gouvernement s'habitue à n'appercevoir la force des Etats que dans ces liens extérieurs, dont la contexture & la combinaison forment la science politique. Alors les idées les plus subtiles sur l'équilibre de puissance, deviennent les pensées prédominantes, & celles qui occupent continuellement l'attention; alors naissent ces fréquentes *guerres* de rivalité, dont une première rend la seconde plus probable; car à mesure qu'on s'est affoibli par une *guerre*, on est d'autant plus près d'être de nouveau jaloux, puisque ce sentiment n'est fondé que sur une comparaison; & que, dans le cours des années, c'est tantôt une puissance, & tantôt une autre, qui fixe les regards de la politique: ainsi, la durée des siècles se trouve employée à essayer de rabaisser sans cesse les autres nations, au niveau de l'état où l'on s'est réduit soi-même par ses propres fautes; au lieu qu'en ménageant ses forces, en étudiant ses moyens, & en les faisant valoir par une administration sage, on se trouveroit, sans efforts au point de supériorité auquel on desire d'atteindre.

Je remarquerois encore que cette espèce de supériorité est la seule dont les rapports soient pour ainsi dire universels. Les triomphes de la *guerre* vous élèvent sans doute au-dessus de la nation que vous combattez; mais comme ces triomphes exigent communément de longs efforts & de grands sacrifices, l'épuisement qui en résulte, altère nécessairement les proportions qui existoient entre vos forces, & celles des grands Etats qui n'ont pris aucune part à votre querelle, & dont la prospérité s'est accrue à l'ombre de la paix dont ils ont joui.

Enfin, on ne peut contester que la grandeur où l'on parvient par la sagesse de son administration, ne soit la plus imposante, & celle qui captive davantage le respect des autres nations: elles sont bien plus inquiettes du plus petit aggrandissement qu'on veut se procurer par la *guerre* ou la politique, que de cette augmentation de puissance, dont l'ordre est le fondement; & ce sentiment est naturel: car la prospérité qui naît de la conduite sage d'un souverain, rappelle aussi ses vertus; & l'on y voit une sauve garde contre l'abus qu'il pourroit faire de l'accroissement de ses forces.

Aujourd'hui, c'est sur-tout pour le commerce qu'on ensanglante la terre: cette idée vague, indéfinie, prête à la politique un nouveau lustre; & l'opinion publique, excitée par un mot qui représente un intérêt universel, s'égare souvent elle-même dans ses jugemens. Je demanderois volontiers à ceux qui, pour de semblables motifs, sont toujours prêts à conseiller la *guerre*. Connoissez-vous la balance du commerce de votre pays? en avez-vous étudié les élémens? avez-vous examiné suffisamment si les échanges auxquels vous voulez participer, augmenteront la richesse nationnale? & distinguez-vous bien la source & les effets de cette richesse? avez-vous balancé, avec les avantages que vous attendez de la *guerre*, le dommage que pourra porter au commerce, la hausse de l'intérêt, par la multiplication des emprunts du gouvernement, & le renchérissement de l'industrie par l'accroissement des impôts? êtes-vous sûrs, qu'en même tems que vous travaillerez à obtenir par les armes une nouvelle branche de commerce, une autre ne vous échappera point, ou par les égards que vous serez obligés d'avoir pour vos anciens alliés, ou par les condescendances qu'exigeront de vous les nouveaux? enfin, avez-vous apperçu toute votre prospérité présente, & avez-vous évalué l'étendue des sacrifices que peut mériter le but même où vous aspirez?

Rien de plus simple que le mot de commerce, quand on n'en saisit que l'acception vulgaire: rien de plus compliqué, quand on en fait l'application à l'universalité des échanges, à l'importance des uns, à l'inutilité des autres, au désavantage de plusieurs; enfin, aux vues politiques, au travail, aux impôts, & à toutes les combinaisons inattendues que la *guerre* & les grands événemens occasionnent: il faut donc une lente & profonde réflexion, avant que de se déterminer à mettre le monde en feu pour un intérêt de commerce; & il ne faut jamais perdre de vue, qu'au milieu de la paix, une diminution sur certains droits, un encouragement donné à certaines exportations, une faveur obtenue chez quelques nations étrangères, & tant d'autres avantages dûs à une administration sage, valent mieux souvent que l'objet auquel on veut atteindre par des flottes & par des armées.

Les nations, dans l'état sauvage, étoient entraînées par des passions aveugles & déréglées; & ces passions se sont un peu calmées par l'effet de la civilisation; mais la multitude & la confusion d'intérêts divers, que les idées d'argent, de commerce, de richesses nationnales, & d'équilibre de puissance, ont introduites, sont devenues d'autres causes d'inimitiés & de jalousies; & comme la science des gouvernemens ne s'est pas élevée en proportion des contrariétés qu'ils avoient à concilier, & des difficultés qu'ils avoient à vaincre, l'humanité ne jouit encore qu'imparfaitement de son changement d'état.

Je voudrois offrir à la réflexion une considération dont j'ai toujours été fortement frappé: la plupart des gouvernemens paroissent contens, lorsqu'au bout d'une *guerre* sanglante & dispendieuse, ils ont fait un traité de paix honorable; sans doute cette fin peut suffire à la nation qui, attaquée injustement, s'est trouvée dans la nécessité de repousser la force par la force: mais celle qui eût pu éviter l'inimitié des autres puissances par des procédés plus circonspects; & celle aussi qui auroit entrepris une *guerre* par une spéculation politique: de telles nations ne sauroient méconnoître que l'évaluation des avantages dont l'acte de conciliation les a rendues maîtresses, n'est pas le seul calcul digne de leur attention; elles ont encore à considérer qu'elle eût été leur situation à l'époque de ce traité, si la *guerre* n'eût point interrompu le cours de leurs prospérités.

De semblables comparaisons eussent été souvent utiles à tous les États de l'Europe; & l'Angleterre, sur-tout, en eût tiré de grandes instructions; mais, n'étant point en état de présenter un tableau si général, je me bornerai aux réflexions qui peuvent s'appliquer à la France.

Supposons une *guerre* où ce royaume eût été obligé d'aliéner cinquante à soixante millions de rente, pour satisfaire aux intérêts des emprunts que les préparatifs de la *guerre*, les dépenses de chaque campagne, & le paiement des dettes, auroient rendus nécessaires; & considérons ensuite rapidement, les différens emplois que le gouvernement eût pu faire d'un semblable revenu, non-seulement pour l'augmentation de la félicité publique, mais encore pour l'accroissement de la force militaire.

La distribution que je vais faire, n'indique point mon opinion sur un pareil partage: mais dans un calcul de ce genre, je veux aller au-devant des objections, en montrant comment les différens vœux qu'on forme dans une monarchie, tantôt pour le bonheur, & tantôt pour la puissance, auroient été parfaitement satisfaits.

Je vois d'abord, qu'avec dix-huit millions de revenus annuels, on eût pu, en approchant les compagnies de leur état complet, augmenter l'armée de cinquante mille soldats, & de dix à douze mille chevaux.

J'apperçois ensuite, qu'avec deux millions de rente, servant en tems de paix à emprunter quarante millions, on eût pu augmenter la marine de trente vaisseaux de ligne, & d'un nombre de frégates proportionné; & avec quatre millions par an, on eût entretenu cette augmentation. Voilà vingt-quatre millions de rente donnés uniquement à la force militaire.

Qu'on applique maintenant le surplus aux diverses parties de l'administration, & qu'on en considère l'effet.

Avec dix-huit millions, on eût pu rendre le prix du sel uniforme dans le royaume, en le réduisant d'un tiers dans les provinces des petites gabelles, & de deux tiers dans les grandes, & en n'augmentant point les charges des provinces privilégiées.

Avec quatre à cinq millions de rente, ont eût pu affranchir l'intérieur du royaume de toutes les douanes, sans élever les droits perçus à l'entrée & à la sortie du royaume, & sans mettre en ligne de compte, les améliorations que j'ai indiquées en traitant ce sujet.

Avec deux millions cinq cens mille livres, servant à emprunter successivement cinquante millions, on eût pu exécuter les canaux essentiels qui manquent encore à la France.

Avec un million de plus par an, on seroit en état d'encourager tous les établissemens d'industrie qui peuvent augmenter la prospérité du royaume.

Avec quinze cens mille livres, on doubleroit les fonds destinés annuellement aux atteliers de charité; & en faisant un bien infini aux habitans des campagnes, on multiplieroit encore les communications vicinales.

Avec une somme pareille, on amélioreroit en peu d'années les prisons du royaume, & l'on perfectionneroit tous les établissemens de charité.

Et avec deux millions de sacrifice annuel, on donneroit aux défrichemens une activité incroyable.

Ces distributions composent trente-un millions; & en les joignant aux vingt-quatre millions de dépenses militaires, l'on a en tout l'emploi d'un revenu annuel de cinquante-cinq millions; somme pareille à celle que j'ai supposée aliénée pour les dépenses de la *guerre*.

On sent qu'il est aisé de modifier de plusieurs manieres différentes, les répartitions que je viens d'indiquer; mais il suffit d'appercevoir les avantages immenses que présente ce simple tableau, soit pour la force & la prospérité de l'État, soit pour le soulagement de la classe indigente du peuple.

Ce n'est pas tout encore; car si l'on évalue la diminution de commerce qui résulte d'une *guerre* dont la durée est de cinq ou six ans, on trouvera que le royaume est privé d'une augmentation considérable de richesses.

Enfin, la *guerre*, & les emprunts qu'elle occasionne, font monter sensiblement le prix de l'intérêt; tandis que la paix, sous une administration raisonnable, le fait baisser annuellement, ne fût-ce que par l'effet de l'accroissement du numéraire, & par l'influence des remboursemens habituels. Cependant, cette réduction successive de l'intérêt, est une source d'avantages inappréciables, & pour le commerce, & pour l'agriculture, & pour les finances.

Que l'on compare maintenant, avec de semblables résultats, le bénéfice qu'une *guerre* heureuse (& elles ne le sont pas toutes) peut procurer à un royaume parvenu au degré de prospérité où est aujourd'hui la France; & cette comparaison, qu'on la fasse, non d'une manière vague, mais avec le secours de la réflexion & de la science; & l'on verra le plus souvent, qu'on a semé dix grains pour en recueillir un.

Sans doute, avec tant de moyens de puissance, on peut, avec vraisemblance, espérer d'humilier ses rivaux, & d'étendre sa domination: mais, disposer de ses forces pour le bonheur de ses sujets, mais se faire respecter, sans tous les secours & les dangers d'une politique toujours agissante; c'est-là véritablement répondre à la grandeur de sa situation, c'est en connoître à-la-fois l'ascendant & l'usage; c'est imiter ces fleuves bienfaisans, dont on ne pourroit arrêter le mouvement rapide, mais qui dans leur cours majestueux encouragent la navigation, facilitent le commerce, & fertilisent les campagnes, sans ravage & sans destruction.

Ce n'est pas la *guerre*, mais une administration sage & tranquille, qui peut procurer à la France tout ce qui lui manque encore.

La somme d'argent qui existe dans le royaume, est immense; mais le défaut de confiance en resserre souvent la plus grande partie.

La population du royaume est immense, mais l'excès & la nature des impôts appauvrissent & découragent les habitans des campagnes; & au milieu de la misère, l'espèce s'affoiblit, & le nombre des enfans qui périssent avant l'âge où les forces se développent, n'est plus dans une proportion naturelle.

Les revenus du souverain sont immenses; mais la dette publique en consomme les deux cinquièmes, & ce n'est que par les fruits d'une prudente économie & par la baisse de l'intérêt, qu'on peut diminuer cette charge.

Les contributions des peuples, sur tout, sont immenses; mais ce n'est jamais que par l'affermissement du crédit, qu'on peut venir à bout de trouver des ressources suffisantes dans les circonstances extraordinaires.

Enfin, la balance du commerce au profit du royaume, est une source immense de richesses; mais la *guerre* en suspend le cours, & une réflexion importante naît de cette observation: c'est que la nation, qui tire de la paix les avantages les plus considérables, fait aussi de plus grands sacrifices, quand elle renonce à cet état de calme & de prospérité.

Que seroit-ce donc, si, comme on ne peut s'en défendre, on joignoit à toutes ces considérations la vive image des maux que la *guerre* entraîne? que seroit-ce, si l'on essayoit de mettre un prix à la vie & à la souffrance des hommes?

Et comme les spéculations de l'esprit sont incertaines, comme le raisonnement manque souvent de cette énergie qui n'appartient qu'aux affections de l'ame, on ne sauroit trop desirer dans les ministres des rois, ce sentiment profond d'humanité qui donne du mouvement à toutes les pensées. Alors, l'examen des motifs qui peuvent déterminer à commencer la *guerre*, paroîtra la plus grave des délibérations; alors, une sensible émotion remplira tous ceux qui seront appellés à cette discussion; alors, au milieu d'un conseil, où par des calculs politiques on voudroit entraîner l'opinion du souverain, le plus honnête homme d'entre ses serviteurs, oseroit peut-être lui tenir ce langage:

» Sire, la *guerre* est une source de tant de maux; » c'est un fléau si terrible; qu'un prince sensible

» & clairvoyant, ne doit jamais l'entreprendre » sans les motifs les plus évidens de justice : & » c'est au plus grand monarque de l'univers à » donner l'exemple de cette morale des rois, qui » assure le bonheur de l'humanité, & le repos » des peuples. Ne cédez point, Sire, ni à de » vaines inquiétudes, ni à des espérances confu- » ses. Ah! que pouvez-vous craindre, & qui peut » exciter votre jalousie? vous commandez à vingt- » six millions d'hommes; la Providence a fait de » votre empire une terre de bénédiction; en y » multipliant les productions de toute espèce; » votre royaume acquiert chaque année, autant » de richesses numéraires, que tout le reste de » l'Europe ensemble; vous jouissez d'immen- » ses revenus, & leur sage distribution peut » vous mettre en état d'entretenir constamment » des flottes & des armées, capables d'en im- » poser aux nations envieuses de votre puis- » sance.

» La *guerre* où l'on vous excite, vous coûtera « peut-être huit à neuf cens millions : & lors » même que la victoire suivroit par-tout vos ar- » mes, vous dévouerez à la mort, ou à des » souffrances cruelles, un si grand nombre de vos » sujets, que si quelqu'un, lisant dans l'avenir, » vous en présentoit la liste en cet instant, vous » recuieriez d'horreur.

» Ce n'est pas tout encore : vos peuples, qui » respirent à peine, vous allez les accabler de » nouveaux impôts; vous allez ralentir l'action du » commerce & des manufactures, ces précieuses » sources du travail & de la fortune : & pour » vous procurer des soldats & des matelots, on » enlèvera du milieu des campagnes, les hommes » attachés à la terre & à la culture; & l'on pri- » vera peut être cent mille familles, des mains » qui les nourrissent. Cependant, couronné des » plus grands succès, au bout de tant de maux, » après tant de malheurs, qu'obtiendrez-vous, » peut-être? Un allié passager, une reconnois- » sance incertaine, une isle de plus, à deux mille » lieues de votre empire, ou quelques nouveaux » sujets dans un autre hémisphère? Ah! de plus » belles conquêtes vous appellent. Tournez vos » regards vers l'intérieur de votre royaume; » voyez ces routes & ces canaux qui lui man- » quent encore; voyez ces marais infects qu'il » faudroit détruire, & ces landes abandonnées, » dont un premier secours détermineroit le défri- » chement; voyez cette portion de vos peuples, » qu'une diminution d'impôt exciteroit à de nou- » velles entreprises; voyez, sur-tout, cette autre » classe véritablement malheureuse, & qui a be- » soin d'un soulagement, pour résister à la dé- » tresse de sa situation.

» Pour effectuer tant de biens, il ne faudroit » peut-être qu'une foible portion des capitaux que » vous allez consumer dans la *guerre* qu'on vous » conseille. Les nombreux habitans de vos vastes » royaumes ne suffisent-ils pas à votre amour, &, » s'il est permis de le dire, à l'étendue du bien qu'un » seul homme est capable de faire? Mais si vous » desirez acquérir de nouveaux sujets, vous les au- » rez sans effusion de sang, & sans livrer des ba- » tailles; car ils naîtront de toutes parts au sein » de votre empire, par les moyens bienfaisans » qui sont entre vos mains : un bon gouvernement » multiplie les hommes, comme la rosée du ma- » tin développe au printems le germe des plantes. » Ainsi donc, avant de les chercher au-delà des » mers, ces nouveaux sujets qui vous sont encore » inconnus, songez que pour les obtenir, vous » allez, peut-être, en sacrifier un plus grand » nombre, & de ceux qui vous aiment & que » vous aimez; de ceux dont vous avez éprouvé » la fidélité; de ceux dont le bonheur est remis à » votre tutelle. Quel motif personnel peut donc » vous déterminer à la *guerre?* Est-ce l'éclat des » succès que vous espérez? Est-ce le desir d'un » plus grand nom dans la mémoire des hommes? » Mais n'est-il donc de gloire que par le fer & » l'extermination, & celle qu'obtient un monar- » que, en répandant par-tout l'aisance & le bon- » heur, n'en est-elle pas une? Titus n'a régné » que trois ans, & son nom porté de siècle en » siècle par l'amour des nations, se mêle encore » de nos jours à tous les éloges des princes.

» N'en doutez point, Sire, une sage adminis- » tration vous vaudra mieux que la politique la » plus transcendante; & si vous réunissez à tant » de forces, l'empire que donne sur toutes les » nations un caractère éclatant de justice & de » modération, vous jouirez à la fois, & de la » plus grande gloire, & de la plus formidable » puissance. Ah! donnez au monde ce magnifique » spectacle; & s'il vous faut des arcs-de-triom- » phe, montrez-vous alors dans vos provinces; &, » précédé de vos bienfaits, paroissez au milieu » des cris de bénédictions & des acclamations » impétueuses d'une nation sensible, heureuse par » son roi «

Tel est à-peu-près le langage que pourroit tenir un ministre honnête, & pénétré de ses différens devoirs : je ne puis croire que de pareilles réflexions fussent étrangères aux délibérations politiques; on les trouveroit d'abord extraordinaires, & l'on refuseroit au ministre qui parleroit ainsi, les vues d'un homme d'Etat. Mais comme la raison a aussi sa dignité & son ascendant, celui qui se rangeroit sous son autorité; celui qui, sans honte comme sans prétention, oseroit avancer de grandes vérités, se feroit jour, peut-être, à travers les préjugés ou les idées d'habitude. Ces sortes d'idées ont, j'en conviens, un très-grand empire; & quelquefois elles s'emparent tellement de l'esprit, qu'on devient étranger aux sentimens les plus naturels. Je ne puis me souvenir, sans une sorte de frémissement, d'avoir vu l'énoncé suivant, dans un projet de fonds pour les besoins de la guerre :

Quarante mille hommes à embarquer pour les colonies..................	40,000.
A déduire un tiers pour la mortalité de la première année..............	13,333.
Restera..........................	26,667.

dont la solde, à raison de....... &c.

C'est un commis qui trace de sens-froid cette ligne! C'est un ministre qui, souvent, n'y voit qu'un apperçu de dépense, & qui tourne tranquillement le feuillet pour passer au résultat.

Comment se défendre ici d'un sentiment profond de tristesse! Ah! si par quelque loi de la nature qui m'est inconnue, les hommes méritoient tant d'indifférence, j'aurois bien tort d'écrire, & de m'inquiéter si vivement sur leur sort; je ne serois moi-même qu'une vile poussière que le vent de la vie agite un instant : mais j'ai une plus haute idée de notre existence & de l'esprit qui l'anime; mais j'ai une plus haute idée de ces rapports, scellés d'une main divine, & qui nous lient les uns aux autres.

Les citoyens, dit-on, se doivent à leur patrie. Sans doute; mais c'est le gouvernement qui règle cette dette : ainsi, les sacrifices qu'il exige sont justes ou déréglés, supportables ou terribles, selon la sagesse de ses délibérations.

Les hommes, ajoutent encore les apologistes de la *guerre*, les hommes l'ont faite de tout tems! Sans doute; & de tout tems, encore, les orages ont détruit les moissons; la peste a fait sentir son souffle empoisonné; l'intolérance a sacrifié des victimes, & les crimes divers ont désolé la terre! Mais obstinément aussi, la raison a combattu contre la folie, la morale contre les vices, l'art contre la maladie, & l'industrie des hommes contre la rigueur des saisons.

Que des nations barbares & condamnées à des privations par leur ignorance, aient été entraînées vers les pays où le progrès des arts & la diversité des richesses leur promettoient des biens inconnus, on conçoit les motifs de cette invasion, dès que la justice & l'humanité sont un joug dont on consent à s'affranchir : mais aujourd'hui, que la perfection générale de l'industrie & l'intelligence du commerce ont mis plus d'égalité entre les jouissances des nations, les guerres semblent appartenir davantage à l'ambition particulière des princes, & à l'inquiétude de leurs conseils.

J'entends une dernière objection : Les hommes aiment les hazards, & souvent c'est d'eux-mêmes qu'ils les cherchent! J'en conviens : plusieurs y trouvent les honneurs & la fortune; mais ceux qui n'ont pour prix de leur sang que la subsistance la plus indispensable, si ce n'est pas la force qui les engage, si ce n'est pas la discipline qui les retient, c'est un sentiment exalté par l'exemple & par l'opinion. Mais parce que des hommes auroient été placés dans une position où leur volonté même les conduiroit à des malheurs, ces malheurs changeroient-ils de nature?

L'ignorance des hommes du peuple est une minorité prolongée; & dans toutes les positions où ils se trouvent pressés par les circonstances, leur premier choix, leur premier mouvement ne signifient rien. Il faudroit étudier leurs sentimens, dans ces momens, où déchirés de mille douleurs, mais conservant encore un souffle de vie, on les enlève par monceaux, du champ funeste où la faux de l'ennemi les a renversés : il faudroit étudier leurs sentimens, dans ces lieux désastreux où on les accumule, & où les souffrances qu'ils supportent pour conserver une existence languissante, ne prouvent que trop le prix qu'ils mettent à la conservation de leurs jours, & la grandeur du sacrifice auquel ils se sont exposés. Il faudroit encore étudier leurs sentimens, dans ces momens où ils ajoutent peut-être à tant de maux, le souvenir amer de l'erreur d'un moment, qui les a conduits à cette destinée. Il faudroit, sur-tout, étudier leurs sentimens, & sur ces vaisseaux enflammés, où il n'y a plus qu'un instant entr'eux & la mort la plus cruelle, & sur ces remparts où un bruit souterrain leur annonce qu'ils vont être ensevelis sous un amas affreux de pierres & de poussière; mais la terre les a couverts, la mer les a engloutis, & nous les oublions; & leur voix absolument éteinte, ne peut plus accuser les malheurs de la *guerre*. Durs survivanciers que nous sommes, c'est en marchant sur des corps mutilés & sur des ossemens brisés, que nous nous réjouissons de la gloire & des honneurs dont nous avons seuls hérité!

Qu'on ne me reproche point de m'être arrêté sur ces lugubres images; on ne sauroit trop les présenter, tant on s'habitue, au milieu de la société même, à ne voir dans la *guerre* & dans ses horreurs, que l'occupation d'une jeunesse brillante, un exercice offert à son courage, & le développement du talent des généraux. Et tel est l'effet de cette ivresse passagère, que l'on prend quelquefois le bruit des cercles de la capitale, pour le vœu général de la nation. Ah! vous qui gouvernez, ne vous y laissez point tromper; ceux dont vous êtes prêts à suivre l'impulsion, s'étonneront bientôt de votre condescendance, tant leur sentiment est peu profond; tant, sur-tout, il est peu conforme à leur véritable intérêt. Mais il faut des évènemens aux gens oisifs; & après une longue paix, ils sont impatiens du trouble de la *guerre*:

comme on voit quelquefois les pâtres des montagnes ennuyés de l'uniformité de leur vie, desirer un orage ou quelque tempête, afin que la nature animée leur offre un spectacle nouveau.

Il ne faut point encore perdre de vue, qu'au milieu des distractions de la société, on n'est mis en mouvement que par des idées simples, l'esprit n'ayant pas le tems de s'y appliquer à des discussions réfléchies : ainsi, l'espérance d'un succès, l'éclat d'une victoire, l'humiliation d'un peuple dont on est jaloux, voilà ce qu'on doit saisir avidement ; mais la grandeur des dépenses, l'usage heureux & fécond qu'on pourroit en faire ; hélas! faut-il le dire ? la mort & la destruction des hommes dont on ne voit point passer les convois funéraires, toutes ces diverses considérations, qui exigent une sorte de rapprochement, sont presque toujous écartées, ou l'impression, du moins, en est trop fugitive.

C'est donc aux hommes qui étendent & qui généralisent davantage leurs réflexions ; c'est aux hommes qui sont éclairés par ces deux grandes lumières, la pensée & le sentiment, c'est à eux à présenter, à défendre, à animer, s'ils le peuvent, les idées raisonnables & prospères ; c'est à eux à les faire sortir de l'ombre où elles se tiennent, pour leur donner de l'éclat & de l'ascendant ; c'est à eux encore à qui il convient de ne point se laisser éblouir par les prestiges de la fausse gloire, afin de réserver leur premier hommage à ces vertus générales & bienfaisantes, qui sont avant tout, & par-dessus tout, le génie tutélaire des nations.

Pour moi, loin de regretter d'avoir combattu selon mes forces contre les chimères destructives du bonheur des hommes & de la véritable puissance des Etats ; loin de craindre d'avoir montré trop de zèle pour des vérités qui sont en contradiction avec tant de passions & de préjugés, je crois ces vérités si utiles, si nécessaires, si parfaitement justes ; j'en suis si profondément pénétré, qu'après leur avoir prêté ma foible voix pendant le cours de mon administration, qu'après avoir essayé du sein de ma retraite à les répandre encore, je voudrois que la dernière goute de mon sang fût employée à les tracer.

C'est vous, sur tout, que j'invite à soutenir ces principes ; c'est vous qui devez le faire, hommes distingués par le caractère de votre état & par le rang que vous occupez dans l'église ; n'oubliez jamais que vous êtes des ministres de paix ; & quand vous bénissez les drapeaux, quand vous consacrez les victoires & les trophées, que votre cœur ressente, avant tout, les malheurs de l'humanité, & que votre éloquence les rappelle à la conscience des rois. Laissez au monde & à ses historiens, le soin de célébrer la mémoire des héros de la mort & de la vengeance ; car au milieu des passions destructives, c'est à vous que sied la pitié : faites aimer le souverain par ses vertus, les ministres par leur sagesse ; mais ne prenez jamais le langage des courtisans, quand vous parlez au nom de celui devant qui toutes les puissances de la terre ne sont rien.

Le sujet que je traite en ce moment, appartient à toutes les nations ; & l'on ne peut remarquer, sans douleur, que dans plusieurs royaumes, ce n'est pas seulement la *guerre* qui multiplie les maux de l'humanité, c'est encore ce génie absolument militaire qui en est tantôt l'effet, & tantôt le précurseur ; déja plusieurs Etats sont changés comme dans un vaste corps de caserne, & l'augmentation successive des armées disciplinées, y accroît dans la même proportion les impôts, la crainte & l'esclavage. Enfin, par une réaction malheureuse, les dépenses excessives, qui sont l'effet de cette situation forcée, inspirent le desir de les rendre fructueuses par des conquêtes ; & à mesure que les souverains viennent à bout d'étendre leurs possessions, le besoin du despotisme se fait sentir davantage ; & un jour, son action même ne paroitra pas assez rapide pour lier ensemble tant de parties.

Alors, ce que les princes trouveront de trop par-tout, c'est la pensée ; & peut-être qu'ambitieux d'une gloire semblable à celle des méchaniciens ou des machinistes, leur dernier vœu sera de découvrir un secret, pour arrêter ou conduire, d'un seul mouvement, toutes les volontés de leurs sujets. Quelle dégradation de la nature humaine ! Quel sacrifice offert à l'ambition d'un seul ! Ces idées, à la vérité, sont moins sensibles, lorsque dans de semblables monarchies il y a, comme aujourd'hui, plusieurs souverains doués d'un esprit supérieur, & qui, souvent combattus entre différens sentimens, voudroient pouvoir concilier l'essor national qui leur plaît personnellement, avec les principes militaires qui conviennent à leur politique ; mais les hommes passent, & avec eux quelquefois s'évanouissent tous les adoucissemens qui tenoient à leur caractère.

L'esprit des réflexions que j'ai faites jusqu'à présent, n'est pas applicable uniquement aux peuples dont les intérêts sont réglés par une seule volonté ; je m'adresse à vous également, grande nation, à qui le sentiment de la liberté prête toutes ses forces ! que cette énergie de votre ame, que cette abondance ou cette communauté de lumières qui en résulte, vous conduise aux sentimens d'humanité politique, qui s'unissent si bien aux grandes pensées ! Ne vous laissez point dominer ; ni par une ardeur aveugle de richesses, ni par une orgueilleuse confiance, ni par un sentiment perpétuel de jalousie. Et puisque les flots de la mer vous affranchissent du joug impérieux des armées disciplinées, songez que vous devez vos premiers soins à la conservation du précieux gouvernement dont vous jouissez ; & craignez qu'on n'y devienne un jour indifférent, si, par ces impôts excessifs que la *guerre* accumule, vous exposez aux terribles combats de l'intérêt personnel, ce sentiment public & patriotique qui fit si long-tems votre force & votre bonheur. Enfin, comme dans tous les pays, dès que le moment des passions particulières est passé, l'on jette un regard sur ce dépôt des droits de l'homme & du citoyen, dont vous êtes encore les gardiens ; songez que vous devez compte à l'humanité entière de cette liberté dont vous conservez les restes, afin que si dans une partie du monde bientôt les traces en sont effacées, l'on en trouve encore quelque part le type & le souvenir.

Et vous, nation naissante, que de généreux efforts ont détaché du joug de l'Europe! rendez les droits que vous avez acquis plus respectables encore aux yeux de l'univers, en vous occupant constamment de la félicité publique ; ne la sacrifiez point aux idées vagues de la politique, & aux calculs trompeurs de l'ambition guerrière ; évitez, tardez, du moins, de vous mêler aux passions de notre hémisphère ; ne prenez de notre vieillesse que les lumières, & conservez long-tems la simplicité du premier âge ; honorez enfin la nature humaine, en montrant que, livrée à son propre essor, elle est capable encore, & de ces vertus qui soutiennent l'ordre, & de cette sagesse qui assure la tranquillité.

C'est dans les idées du bonheur public, & dans une juste conception de la véritable puissance, que j'ai cherché, jusqu'à présent, des motifs pour détourner les souverains de l'esprit de *guerre* & de jalousie ; mais je n'aurois rempli qu'imparfaitement la tâche que je me suis proposée, si, au nom de leur bonheur personnel, je n'essayois de les intéresser aux vérités dont j'ai pris ici la défense ; & c'est à m'acquitter de ce devoir, que je destinerai les réflexions que je vais présenter.

Les rois sont bientôt fatigués des amusemens & des vanités ; les plaisirs se pressent autour d'eux, avant qu'ils aient eu le tems de les desirer, & ils en éprouvent la satiété long-tems avant les autres hommes. Nés au milieu de la pompe des cours, & des respects craintifs de tous ceux qui les environnent, ils s'habituent dès l'enfance à l'éclat du trône, & son brillant appareil ne frappe plus leurs sens ; il leur faut donc un objet d'intérêt, ou des distractions continuelles, pour se délivrer de l'ennui qui les poursuit.

Les uns ont élevé des palais & des pyramides, comme pour réveiller, au-dedans d'eux-mêmes, l'idée de leur grandeur ; d'autres ont eu l'ambition d'accroître leurs Etats, & n'ont pas craint de sacrifier le sang & la fortune de leurs sujets, pour ajouter quelques lieues de pays à vingt ou trente mille qu'ils possédoient déja sans plaisir ; un plus grand nombre, indifférens à tout, ont consommé leur règne dans la mollesse & dans l'inaction ; les plus heureux, sans doute, sont ceux qui, doués à la fois d'une ame grande & sensible, ont connu les douceurs de la bienfaisance publique. Ce n'est que dans l'exercice de cette vertu, que les rois peuvent trouver des satisfactions toujours renaissantes ; les objets en sont tellement étendus, tellement diversifiés, qu'un pareil sentiment ne s'épuise jamais, & il se lie bientôt à des idées d'ordre & de devoir, qui lui prêtent une nouvelle force. Aussi, tandis que la fausse gloire a besoin à chaque instant de l'éloge des hommes, & ne jouit d'elle-même qu'au milieu du bruit & des acclamations, la bienfaisance publique répand dans le cœur de ceux qui s'en pénètrent, des consolations de tous les jours & de tous les instans : ce sont, pour-ainsi-dire, des biens indépendans, & que, ni le tems, ni les hommes, ni leur ingratitude, ne sauroient vous ravir.

L'ambition la plus éclatante & la plus célébrée, celle des victoires & des conquêtes : que d'inquiétudes, que de remords secrets l'accompagnent! Sans doute, du milieu des combats & des destructions, du milieu de ces monceaux de cendres où la flamme a réduit des villes florissantes, du fond de cette terre où des armées entières sont ensevelies, un nom s'éleve & paroît dans l'histoire ; & c'est celui du souverain, qui, pour assouvir ses idées de gloire, a commandé ces ravages & voulu ces désolations. Semblable aujourd'hui, pour nous, à ces volcans éteints qui vomissoient le feu, le soufre & le bitume, le souvenir qui nous en reste excite quelquefois notre étonnement ; mais ces traces effrayantes, qu'un prince guerrier & conquérant laisse long-tems après lui, ne nous attestent point le bonheur dont il a joui.

Je me le représente, ce prince, dans les plus beaux jours de sa gloire & de son triomphe ; je me le représente au moment où, après avoir écouté les discours de ses courtisans, & s'être comme abreuvé de leurs louanges, il rentre seul dans son cabinet, tenant dans sa main les détails des horreurs d'un combat ; il lit attentivement ce récit, non comme un simple curieux, qui, n'ayant point de reproches à se faire, ne vit que d'évènemens ; mais comme l'auteur de tant de maux, & dont il n'est aucun, peut-être, qui ne retentisse au fond de sa conscience.

Alors, prêt à commander de nouvelles effusions de sang ; prêt à augmenter le poids des tributs, prêt à aggraver le sort de son peuple, & à appesantir sur tous ses sujets sa main triomphante, que de tristes réflexions se présentent à lui, que de sombres pensées viennent l'assaillir! Il voudroit, dans

ans cet instant, rappeller la foule qui l'environnoit: Revenez, s'écrieroit-il volontiers, revenez me dire tout ce qui m'enivroit tout-à-l'heure; vous vous êtes éloigné, & je me suis trouvé comme dans un désert effrayant; je ne reconnois plus, dans la solitude, les traces de mes premiers sentimens; la lueur qui m'éblouissoit s'est éteinte, ma joie s'échappe, & ma gloire s'évanouit. Tel est, à-peu-près, le cours des pensées qui commencent à préoccuper le monarque rendu à lui-même. Cependant la nuit s'avance; l'ombre & le silence couvrent la terre; la paix semble régner par-tout excepté dans son cœur; les cris plaintifs des mourans, les pleurs des familles désolées, les divers maux dont il est la cause, se présentent à son souvenir, & troublent son imagination: tout l'inquiette, tout tient son ame en suspens; un songe, le bruit des vents, l'éclat du tonnerre, suffisent quelquefois pour l'agiter, & pour le rappeller à sa petitesse. Qui suis-je, se dit-il alors malgré lui, qui suis-je, pour commander tant de ravages & pour faire verser tant de larmes! Né pour être un des bienfaiteurs du genre-humain, j'en suis devenu le fléau! Est-ce-là l'usage que je dois faire, & des trésors dont je dispose, & du pouvoir qui m'est remis! Ou tout existe dans l'univers sans ordre, sans but & sans motif, & la morale est une chimère, ou j'ai quelque compte à rendre; & ce compte, quel sera-t-il! C'est en vain alors, que, pour s'enorgueillir ou pour se disculper à ses propres yeux, le monarque inquiet veut rapporter à l'Être suprême ses succès & ses triomphes: il croit sentir une main invisible qui le repousse, & qui semble rejetter sa reconnoissance. Enfin, troublé par ces idées, il fait des efforts pour ensevelir dans le sommeil des momens qui l'importunent, impatient que le jour du matin, l'appareil de sa cour & la foule de ses serviteurs, viennent dissiper ses angoisses, & le ramener à ses illusions.

Ah! que la vie d'un roi bienfaisant présente un autre tableau! On croit passer de ces nuits d'orage & de tempête à ces jours purs & sereins, où le calme de la nature anime, dans tous les êtres, le charme de l'existence & le sentiment du bonheur. Un roi bienfaisant trouve dans la disposition de son ame, une source continuelle de sensations douces, & dans les occupations de son esprit, des objets constans d'intérêt. Rien dans la nature, rien dans l'ordre de la société, ne lui est indifférent, puisque tout s'y rapporte, de quelque maniere, au sort des hommes, & au degré de félicité dont ils sont susceptibles. En se rapprochant d'eux par son amour & par sa pensée, il n'a pas cet orgueil superbe qui naît de l'intervalle immense que les princes mettent communément entr'eux & leurs sujets, & qui les rend comme seuls sur la terre; mais il a ce sentiment plus vif & plus sublime, qui tient à la connoissance de tout ce qu'il peut pour leur bonheur. Enfin, en apprenant de bonne heure à se distraire de lui-même & à vivre dans les autres, le roi bienfaisant prolonge ses plaisirs, & l'âge, l'habitude & l'ennui qui éteignent toutes les passions des hommes, semblent respecter la sienne!

Celui qui fait servir toute sa puissance à son ambition, éprouve bientôt la résistance que lui opposent les évènemens, les intérêts divers, & les bornes de ses moyens; c'est un pilote qui conduit son navire à travers les rochers, & qui entend, à chaque instant, le cri des bois qui se rompent ou qui se détachent. Le prince qui s'occupe essentiellement de la prospérité de son royaume & de la félicité publique, apperçoit aussi, sans doute, des difficultés; mais ces obstacles ne l'aigrissent, ni ne l'irritent. Il y a dans un but honnête, un repos de conscience, & comme une sorte d'harmonie entre nos sentimens & nos devoirs, qui, au milieu des contrariétés, entretient encore dans le cœur d'un monarque, le calme & la tranquillité. Aussi, loin de fuir ses pensées, & d'abréger ainsi les momens de sa vie, il se plaît dans le recueillement & la méditation, & dans toutes ces actions de l'ame où l'homme se rapproche de lui-même; les ombres de la nuit, en rassemblant autour de lui des souvenirs consolans, semblent animer sa solitude; les mouvemens de la nature agitée, loin de troubler jamais son imagination, réveillent en lui des idées qui s'unissent avec douceur à tous ses sentimens: cet amour des hommes dont il est épris, cette bienfaisance publique dont il est animé, cet ordre qu'il se plaît à entretenir, le ramènent aux plus grandes pensées; & en déployant ses moyens & ses forces pour le bonheur de ses sujets, il s'élève à la conception de cet Être infini, qui semble avoir formé le monde d'un trait d'amour & de puissance.

C'est dans ce cours, toujours pur de sentimens & d'actions qui s'allient ensemble, que le roi bienfaisant voit ses jours s'écouler; & lorsqu'averti par la succession des années, que le tems approche où ses forces devront s'évanouir, il envisage avec tranquillité ce terme inévitable: & quand il n'est plus tems d'agir ni de projetter, il jette un regard sur son règne; & satisfait du sage emploi qu'il en a fait, il s'abandonne aux espérances, que les ames vertueuses & sensibles sont seules capables de saisir.

Que cette fin de la vie est différente pour le monarque qui n'a connu que l'ambition & l'amour de la *guerre*! Que souvent ce dernier instant lui paroît terrible, & qu'il tire peu de secours alors de ses actions les plus éclatantes! Affaissé par l'âge & la maladie, quand les dangers de la mort l'environnent, & qu'il voudroit se délivrer des sombres réflexions qui l'obsèdent, ordonne-t-il qu'on l'entretienne de ses combats & de ses victoires? demande-t-il qu'on lui rappelle les ruisseaux de sang ennemi qu'il a fait répandre ? se fait-il rapporter les trophées où il pourroit reconnoître les traces des pleurs qui les ont arrosés ? Non, toutes ces idées l'effraient, & tous ces souvenirs l'importunent.

J'ai trop aimé la guerre! voilà le dernier mot du plus puissant des rois, voilà les paroles qu'il adresse à son petit-fils. Regrets tardifs, & qui ne suffisoient pas, sans doute, pour répandre le calme dans son ame! Ah! qu'il eût été plus heureux, si, après un règne tel que ceux des Titus & des Antonins, il eût pu dire au jeune prince : J'ai éprouvé tous les plaisirs, j'ai connu tous les genres de gloire ; croyez-en un roi mourant ; je n'ai goûté de véritables satisfactions que dans le bien que j'ai pu faire ; suivez mes traces ; ayez pour vos peuples la tendre affection que j'ai sentie pour eux : loin de détruire les établissemens que j'ai formés pour la prospérité de l'Etat ; loin de rejetter mes principes d'ordre & d'économie ; loin d'abolir les loix que j'ai rendues pour le soulagement du peuple & le secours des malheureux, faites davantage encore, & que nos noms confondus soient bénis ensemble. Mais dès les premiers jours de votre règne, quand vous entendrez les acclamations tumultueuses qui s'adresseront à vous, ne croyez pas avoir obtenu déja l'amour de vos sujets, ni qu'il soit si facile de mériter ce sentiment; songez que ces premières clameurs sont des cris d'espérance : le peuple a tant de besoins, il distingue si peu la mesure de ce que le meilleur des rois peut faire en sa faveur, que celui dont il ne connoît encore, ni les qualités, ni les vertus, laissant errer librement les vœux & les espérances, excite & satisfait toujours l'imagination. Que cette idée augmente votre compassion pour ceux qui, en si grand nombre, croient, dans leur abandon & leur touchante simplicité, que les rois peuvent remédier à tous leurs maux, & que cette même idée vous préserve d'un orgueil prématuré. La seule opinion juste, est celle qui nous suit ; la seule gloire réelle, est celle qui s'attache à notre mémoire. Aujourd'hui ma tâche est finie, & vous allez commencer la vôtre ; oui, dans un moment cette cour qui m'environne va vous servir de cortège ; dans un moment le tambour de la garde va se faire entendre pour vous, & tout l'appareil du trône se déploiera devant vos yeux. Ne vous laissez point éblouir par ces brillantes séductions du rang suprême, & défendez-vous, sur-tout, des fausses idées qu'on voudra vous donner de la grandeur des rois ; on vous rendra jaloux de la puissance des autres nations, avant que vous ayez eu le tems de connoître la vôtre ; on vous pressera de porter atteinte à leur félicité, avant que vous ayez eu le tems de réfléchir sur le bien que vous pouvez faire à vos propres sujets ; on vous parlera de troubler la paix du monde, avant que vous ayez assuré l'ordre au-dedans de votre royaume ; & l'on vous occupera de l'aggrandissement de vos possessions, avant que vous ayez seulement étudié ce qu'il faut de soins & de connoissances pour gouverner sagement la plus petite de vos provinces. Ah! défiez-vous de tant de projets, avec lesquels on cherche à séduire l'ambition & la vanité des princes, ou à faire naître en eux ces passions : défiez-vous de tant de projets avec lesquels on cherche à leur faire oublier, & les bornes de leurs facultés, & la briéveté de leur vie, & tout ce qu'ils ont de commun avec les autres hommes. Restez près de moi, mon fils, afin d'apprendre que le souverain du plus puissant empire, disparoît de la terre avec moins de bruit, qu'une feuille qui tombe ou qu'une lueur qui s'éteint.

GUINÉE, contrée d'Afrique, où se fait la traite des noirs. Ce commerce étant en quelque sorte la base de la prospérité de nos colonies d'Amérique, dont les plantations ne sont cultivées que par des nègres, il a été nécessaire de lier le commerce des denrées des colonies avec le commerce de ces esclaves, par des privilèges très-étendus, & par des faveurs encourageantes. Comme les uns & les autres concernent les droits des fermes, c'est par ce motif qu'il convient d'en traiter dans le Dictionnaire des finances.

Après avoir fait connoître rapidement l'origine de nos établissemens dans cette partie de l'Afrique, & les différentes mains entre lesquelles ils ont successivement passé, on donnera la notice des loix qui servent aujourd'hui de règle au commerce de cette contrée, en rapportant les principales.

Une société de marchands de Dieppe & de Rouen avoient établi, dès le quatorzième siècle, sur les rivières du Niger, de Gambie & de Serre-Lionne, un commerce florissant. Les guerres civiles, commencées avec le siècle suivant, en amenèrent la décadence.

Ce commerce languit ainsi deux siècles, avec le commerce général de la France, qui sans cesse déchirée par des troubles intérieurs, ou par des guerres au-dehors, n'avoit encore pû prendre part au nouveau commerce que venoit d'ouvrir la découverte de l'Amérique.

Cependant la société normande conserva toujours en Afrique quelques comptoirs, & elle les vendit en 1664 à la compagnie des indes occidentales, qui venoit d'être créée. Mais comme l'objet principal de cette compagnie étoit le commerce de l'Amérique, elle ne pût donner ses soins à celui d'Afrique.

Pour prévenir la ruine totale de ses établissemens dans cette dernière contrée, elle prit le parti de vendre ceux qu'elle possédoit au Sénégal jusqu'à la rivière de Serre-Lionne, à différens particuliers, qui reçurent de l'autorité souveraine, tous les secours propres à favoriser leurs entreprises.

On ne sait pas bien quelles en furent les suites; mais l'année 1681 vit former une nouvelle association, sous le nom de compagnie royale du Sénégal, pour commercer exclusivement dans tous le pays renfermé entre le Cap Blanc, & la rivière de Serre-Lionne, & elle subsista jusqu'au mois de décembre 1718.

Une autre compagnie exerçoit depuis le commencement de 1685 le même privilège sur la côte de *Guinée*. Quoique les possessions de cette société comprissent l'immense étendue de côtes, comprise entre la rivière de Serre-Lionne & le Cap de Bonne-Espérance, & qu'en 1701 le traité d'Assiento, lui eût procuré de grands profits sur les nègres qu'elle avoit fournis aux colonies Espagnoles; cependant les révolutions fréquentes qu'elle avoit éprouvées dans sa composition, l'avoient affoiblie au point que son commerce étoit sans activité.

Le gouvernement profita de cette circonstance pour rendre libre le commerce de *Guinée* par les lettres-patentes du mois de janvier 1716. Il imposa seulement une taxe de vingt livres par tête de noir débarqué aux isles, & de trois livres par tonneau de chaque navire; mais il accorda de grandes faveurs, tant aux marchandises nécessaires pour le commerce de *Guinée*, qu'à celles qui proviendroient des retours.

Au reste, comme cette loi sert encore de règle pour le commerce de toute la côte d'Afrique, il est d'autant plus utile de la rapporter, que ses dispositions, sans éprouver des changemens réels, n'ont fait qu'être interprétées, étendues, ou modifiées, par tous les règlemens qui sont intervenus postérieurement.

Louis, par la grace de Dieu, roi de France & de Navarre: à tous présens & à venir, salut. Par les lettres-patentes du feu roi notre très-honoré seigneur & bisayeul, du mois de janvier 1685, il auroit été établi une compagnie, sous le titre de compagnie de *Guinée*, pour faire pendant l'espace de vingt années, à l'exclusion de tous autres, le commerce des nègres, de la poudre d'or, & de toutes les autres marchandises qu'elle pourroit traiter ès côtes d'Afrique, depuis la rivière de Serre-Lionne inclusivement, jusqu'au Cap de Bonne-Espérance, & il auroit été attribué à cette compagnie plusieurs privilèges & exemptions, & entr'autres celle de la moitié des droits d'entrée sur les marchandises de toutes sortes qu'elle feroit apporter des pays de sa concession, & des isles de l'Amérique pour son compte. Quoique le terme fixé par ces lettres-patentes fût expiré, le feu roi notre très-honoré seigneur auroit trouvé bon, à cause des engagemens où cette compagnie étoit pour la fourniture des nègres aux Indes Espagnoles, qu'elle continuât de jouir des mêmes privilèges & exemptions, sous le nom du traité de l'Assiente, jusqu'au mois de novembre 1713, & les négocians de notre royaume ayant alors représenté qu'il convenoit au bien du commerce en général, & en particulier, à l'augmentation des isles françoises de l'Amérique, que le commerce de la côte de *Guinée* fût libre, le feu roi ne jugea pas à propos de former une nouvelle compagnie, quoique plusieurs personnes se fussent offertes pour la composer. Et comme nous voulons assurer la liberté à ce commerce, & traiter favorablement les négocians & marchands qui l'entreprendront, pour leur donner moyen de le rendre plus considérable qu'il n'a été par le passé, & procurer par-là à nos sujets des isles Françoises de l'Amérique le nombre des nègres nécessaires pour entretenir & augmenter la culture de leurs terres. A ces causes, & autres à ce nous mouvant, &c. Voulons & nous plaît ce qui ensuit:

Article premier.

Nous avons permis & permettons à tous les négocians de notre royaume, de faire librement à l'avenir le commerce des nègres, de la poudre d'or, & de toutes les autres marchandises qu'ils pourront tirer des côtes d'Afrique, depuis la rivière de Serre-Lionne inclusivement, jusqu'au Cap de Bonne-Espérance, à condition qu'ils ne pourront armer ni équiper leurs vaisseaux, que dans les ports de Rouen, la Rochelle, Bordeaux, & Nantes.

II.

Les maitres & capitaines de vaisseaux qui voudront faire le commerce de la côte de *Guinée*, seront tenus d'en faire la déclaration au greffe de l'amirauté, établi dans le lieu de leur départ, & de donner au bureau des fermes une soumission, par laquelle ils s'obligeront de faire leur retour dans l'un des ports de Rouen, la Rochelle, Bordeaux & Nantes, sans néanmoins que les vaisseaux qui seront partis de Rouen, la Rochelle, & Bordeaux, puissent faire leur retour à Nantes & Saint-Malo.

III.

Les négocians dont les vaisseaux transporteront aux isles Françoises de l'Amérique, des nègres provenant de la traite qu'ils auront faite à la côte de *Guinée*, seront tenus de payer, après le retour de leurs vaisseaux dans l'un des ports de Rouen, la Rochelle, Bordeaux & Nantes, entre les mains du trésorier-général de la marine en exercice, la somme de vingt livres par chaque nègre qui aura été débarqué auxdites isles, dont ils donneront leurs soumissions au greffe de l'amirauté, en prenant les congés de notre très-cher & très-amé oncle

Louis-Alexandre de Bourbon, comte de Toulouse, amiral de France; & à l'égard des négocians, dont les vaisseaux feront seulement la traite de la poudre d'or, & d'autres marchandises à ladite côte, ils seront aussi tenus, après le retour de leurs vaisseaux dans l'un desdits ports, de payer entre les mains du trésorier de la marine, la somme de trois livres, pour chaque tonneau du port de leurs vaisseaux, pour être le produit desdites vingt livres & trois livres, employé par les ordres du conseil de la marine, à l'entretien des forts & comptoirs qui sont ou seront établis sur ladite côte de *Guinée*, de laquelle dépense nous demeurerons chargé à l'avenir.

I V.

Exemptons néanmoins du paiement dudit droit de trois livres par tonneau, pendant les trois années prochaines & consécutives, à compter du jour & date de l'enregistrement des présentes, ceux de nos sujets dont les vaisseaux ne feront à ladite côte de *Guinée* que la seule traite de l'or, & marchandises, autres que des nègres.

V.

Voulons que les marchandises de toutes sortes, qui seront apportées des côtes de *Guinée* par nos sujets, à droiture dans les ports de Rouen, la Rochelle, Bordeaux & Nantes, *soient exemptes de la moitié de tous droits d'entrée*, tant de nos fermes que locaux, mis & à mettre: voulons aussi, que les sucres, & autres espèces de marchandises, que nosdits sujets apporteront des isles Françoises de l'Amérique, provenant de la vente & du troc des nègres, *jouissent de la même exemption*, en justifiant par un certificat du sieur intendant aux isles, ou d'un commissaire ordonnateur, ou du commis du domaine d'Occident, que les marchandises embarquées auxdites isles proviennent de la vente & du troc des nègres que lesdits vaisseaux y auront déchargé; lesquels certificats feront mention du nom des vaisseaux & du nombre des nègres qui auront été débarquées auxdites isles, & demeureront au bureau de nos fermes, dont les receveurs donneront une ampliation sans frais aux capitaines ou armateurs, pour servir ainsi qu'il appartiendra. Faisons défenses à nos fermiers, leurs procureurs ou commis, de percevoir autres, ni plus grands droits, à peine du quadruple.

V I.

Les toiles de toutes sortes, la quincaillerie, la mercerie, la véroterie, tant simple que contrebrodée, les barres de fer plat, les fusils, les sabres, & autres armes, & les pierres à fusil, le tout des fabriques de notre royaume, ensemble le corail, jouiront de l'exemption de tous droits de sortie dûs à nos fermes, tant dans les bureaux de leur passage, que dans ceux du port de leur embarquement, à la charge qu'elles seront déclarées pour le commerce de *Guinée*, au premier bureau de nos cinq grosses fermes, & qu'il y sera pris un acquit à caution en la manière accoutumée, pour en assurer l'embarquement dans l'un desdits quatre ports; jusqu'auquel tems lesdites marchandises seront mises dans le magasin d'entrepôt, sous deux clefs différentes, dont l'une sera gardée par le commis de l'adjudicataire de nos fermes, & l'autre par celui qui sera préposé par les négocians, le tout à leurs frais. Et à l'égard des vins d'Anjou, & autres crûs des côtes de la rivière de Loire, destinés pour *Guinée*, il en sera usé comme à l'égard de ceux destinés pour les isles Françoises de l'Amérique, suivant l'arrêt de notre conseil, du 23 septembre 1710. Et pour ce qui concerne les vins de Bordeaux, nous voulons pareillement qu'il en soit usé de la même manière qu'il se pratique à l'égard de ceux qui y sont embarqués pour les isles Françoises de l'Amérique, en y prenant le chargement desdits vins, & y faisant les soumissions accoutumées.

V I I.

Permettons auxdits négocians d'entreposer dans les ports de Rouen, la Rochelle, Bordeaux & Nantes, les marchandises appellées cauris, les toiles de coton des indes, blanches, bleues, & rayées, les toiles peintes, les crystaux en grains, les petits miroirs d'Allemagne, le vieux linge & les pipes à fumer, qu'ils tireront de Hollande & du Nord, par mer seulement, pour le commerce de *Guinée*: voulons aussi qu'ils jouissent du même entrepôt, pendant l'espace de deux années seulement, à compter du jour & date de l'enregistrement des présentes, pour les coûteaux Flamands, les chaudières, & toutes sortes de batteries de cuivre; le tout à condition que lesdites marchandises étrangères seront déclarées à leur arrivée, aux commis des bureaux de nos fermes, & ensuite déposées dans un magasin, qui sera choisi pour cet effet, & fermé à deux clefs, dont l'une restera ès-mains du commis des fermes, & l'autre sera remise à celui que les négocians préposeront; le tout à leurs frais.

V I I I.

Les commis de l'adjudicataire de nos fermes en chacun desdits ports, tiendront un registre qui sera coté & paraphé par le directeur de nos fermes, dans lequel ledit commis enregistrera par quantité les marchandises spécifiées dans les deux articles précédens, au fur & à mesure qu'elles seront déposées dans les magasins d'entrepôts. Défendons auxdits commis de n'en certifier la descente sur les acquits à caution, qui auront été pris dans les premiers bureaux, qu'après que la vérification, l'enregistrement & la décharge, en auront été faits dans lesdits magasins d'entrepôts, d'où elles ne pourront être tirées, que pour être embarquées dans les vaisseaux qui partiront pour les côtes de *Guinée*; & lors de l'embarquement desdites marchandises, tant étrangères qu'originaires du royaume, pour lesdites côtes de *Guinée*, voulons qu'il en soit fait mention en marge du registre, à côté de chaque article d'arrivée, avec dénomination du nom du vaisseau dans lequel elles auront été embarquées, & que cette mention soit signée tant par le commis des fermes, que par le préposé des négocians, même par le capitaine du vaisseau qui les aura reçues pour les embarquer, ou par son armateur.

IX.

Permettons néanmoins aux marchands & négocians de la ville de Saint-Malo, d'armer & d'équiper dans leur port, des vaisseaux pour la côte de *Guinée*, & pour les isles Françoises de l'Amérique, & de faire leur retour dans ledit port, aux clauses, charges, conditions & exemptions portées par les précédens articles, en nous payant, pour les marchandises qui proviendront de la côte de *Guinée*, & des isles Françoises de l'Amérique, tels & semblables droits qui se perçoivent à notre profit dans la ville de Nantes, outre & par-dessus ceux qui se levent suivant l'usage accoutumé dans ledit port de Saint-Malo. Si donnons en mandement, &c. Donné à Paris, au mois de janvier, l'an de grace mil sept cent seize, &c.

Cette liberté que sembloit consacrer la loi qui vient d'être rapportée, ne fut qu'une ombre passagère. Le projet de donner à la compagnie d'Occident, alors chancelante, une consistance solide & propre à accréditer les opérations dont elle devoit être la base & le centre, fit étendre son privilège exclusif sous le nom de *compagnie des Indes*: tout le commerce maritime fut mis dans ses mains.

L'arrêt du 17 janvier 1719, réunit d'abord le commerce de la Chine & celui de l'Inde; l'arrêt du 27 septembre 1720, y joignit le commerce du Sénégal & de la côte de *Guinée*, en y ajoutant une prime de treize livres par tête de noir porté dans les colonies, & vingt livres par chaque marc de poudre d'or apporté en France.

La chûte du systême qui avoit produit cette réunion, & commencé par porter la compagnie des Indes à un degré de crédit & de prospérité dont il n'y avoit pas d'exemple, finit par la réduire à un point de foiblesse, qui ne lui permettoit plus d'exercer ses droits; elle les vendit.

Différens négocians obtinrent la permission de faire le commerce de *Guinée*, moyennant la redevance de dix livres par tête de nègre qu'ils y acheteroient.

Les dispositions de l'article VII des lettres-patentes de 1716, ayant paru favoriser quelques abus, on y pourvut de la manière suivante, par un arrêt du conseil revêtu des lettres-patentes du 7 septembre 1728.

» Louis, par la grâce de Dieu, &c. &c. Nous » étant fait représenter nos lettres-patentes du » mois de janvier 1716, pour la liberté du commerce sur les côtes d'Afrique, par l'article VII. » desquelles nous avons permis à tous négocians » d'entreposer dans les ports y désignés, entr'autres marchandises, les toiles de coton des Indes, » blanches, bleues & rayées, & les toiles peintes » qu'ils tireront d'Hollande & du Nord par mer » seulement pour le commerce de *Guinée*, & » étant informé qu'à la faveur de cette permission » on introduit dans le royaume, au préjudice des » manufactures qui y sont établies, des toiles de » coton des Indes, d'une qualité supérieure à celles que l'on doit faire venir pour ce commerce, » nous y avons pourvu par l'arrêt cejourd'hui » rendu en notre conseil d'Etat, nous y étant; » pour l'exécution duquel nous avons ordonné » que toutes lettres nécessaires seroient expédiées. » A ces causes, de l'avis de notre conseil, qui a » vu ledit arrêt ci-attaché sous le contre-scel de » notre chancellerie, nous avons par ces présentes, signées de notre main, ordonné & ordonnons ce qui suit:

ARTICLE PREMIER.

Faisons très-expresses inhibitions & défenses à tous armateurs pour le commerce de *Guinée*, ou autre espèce de commerce, de faire venir d'Hollande ou autre pays du Nord, dans notre royaume, à commencer du jour de la publication des présentes, même sous prétexte d'entrepôt, aucunes toiles blanches des Indes, caladaris, toiles peintes aux Indes, appellées chittes, ou étoffes de pure soie & mêlées de soie, à peine de confiscation desdites marchandises, & de trois mille livres d'amende.

II.

Permettons néanmoins à tous marchands & négocians, de faire venir de Hollande & du Nord toutes autres sortes de toiles & étoffes propres pour le commerce de *Guinée*, autres que celles comprises dans l'article précédent, à condition qu'ils feront préalablement, au greffe de l'amirauté du lieu de leur résidence, leurs déclarations des vaisseaux qu'ils mettent en armement, & au bureau des fermes, des quantités & qualités des toiles & étoffes qu'ils desireront faire venir des pays étrangers.

III.

L'armateur qui, en conséquence desdites déclarations, aura fait venir des marchandises propres pour le commerce de *Guinée*, & permises par l'article ci-dessus, sera tenu de les faire charger sur le navire par lui mis en armement, & de l'envoyer dans six mois, au plus tard, à la côte de *Guinée*, à peine de confiscation desdites marchandises, & de trois mille livres d'amende.

I V.

Si, néanmoins, l'armateur se trouvoit, par quelque cas imprévu, obligé de changer la destination du navire qu'il auroit déclaré mettre en armement pour la côte de *Guinée*, il pourra, dans l'espace de six mois, en substituer un autre, sur lequel il sera tenu de charger lesdites marchandises; & ledit tems passé, à compter du jour qu'elles auront été entreposées, elles demeureront confisquées, & l'armateur sera condamné en mille livres d'amende.

V.

Le propriétaire des marchandises, ordonnées en Hollande ou autres pays du Nord, sera tenu de faire joindre par son commissionnaire, aux connoissemens dont le capitaine de navire sera porteur, la facture desdites marchandises, contenant en détail leurs qualités & quantités, & les ballots, caisses & futailles dans lesquels elles seront enfermées.

V I.

En cas que les factures ne se trouvent pas conformes aux déclarations qui auront été précédemment faites, voulons & ordonnons que les marchandises spécifiées dans ces factures, soient saisies & confisquées, avec condamnation de pareille amende contre l'armateur.

V I I.

Défendons auxdits armateurs de faire aucunes déclarations sous les termes vagues de marchandises inconnues, & aux commis des fermes d'en recevoir, à peine de confiscation des marchandises, de destitution des commis qui recevront de semblables déclarations.

V I I I.

Voulons, au surplus, que nosdites lettres-patentes du mois de janvier 1716, soient exécutées selon leur forme & teneur, en ce qui n'y est point dérogé par ces présentes.

Si vous mandons, &c. &c.

Les ports dénommés dans les lettres-patentes de 1716, continuoient de faire exclusivement le commerce de *Guinée*, & les autres ports du royaume, quoique autorisés à faire celui de l'Amérique, étoient incertains s'ils pouvoient également armer pour la côte de *Guinée*, & réclamoient cette facilité. Elle leur fut accordée par l'arrêt du 30 septembre 1741, sous la condition de prendre des permissions de la compagnie des Indes, & de se conformer à ce qui étoit prescrit par les réglemens sur cette matière.

Les choses étoient en cet état, lorsque la paix fut conclue en 1763; la guerre qu'elle venoit de terminer coûtoit, dans cette partie du monde, le Sénégal à la France; mais elle y conserva l'isle de Gorée, dont le gouvernement embrassoit une étendue de côtes de plus de deux cens lieues, depuis le Cap-Verd jusqu'à la rivière de Serre-Lionne, comprenant les anciens comptoirs situés dans l'Afrique occidentale, où se trouvent la Nigritie, la *Guinée*, les royaumes de Juda, de Benin, &c.

La traite des nègres se faisoit toujours sous des permissions qu'il falloit solliciter auprès de la compagnie des Indes, qui jouissoit du privilège exclusif de ce commerce. Il fut annullé, & ce commerce rendu libre par les arrêts du conseil des 31 juillet & 30 septembre 1767.

Les dispositions de ce dernier sont trop intéressantes pour être obmises.

Le roi s'étant fait représenter l'arrêt rendu en son conseil le 31 juillet dernier, par lequel sa majesté, en annullant le privilège exclusif du commerce de *Guinée*, accordé à la compagnie des Indes qui n'en faisoit point usage, & en rendant la liberté de ce commerce aux négocians & armateurs du royaume, qui ne le faisoient que sur la permission de ladite compagnie, auroit ordonné que les dix livres par tête de noirs introduits aux isles & colonies Françoises de l'Amérique, qui se payoient à ladite compagnie, se paieroient dorénavant au profit de sa majesté, qui se réservoit d'en exempter ceux des négocians qu'elle jugeroit à propos; & sa majesté desirant faire connoître ses intentions, tant sur la manière dont la perception du droit de dix livres par tête de noirs doit être faite à son profit, que sur l'exemption qu'elle veut bien en accorder aux négocians de quelques-uns des ports de son royaume, qui ont fait des efforts pour ce commerce, & qui méritent encouragement; voulant aussi fixer l'époque à laquelle commencera la perception dudit droit de dix livres, au profit de sa majesté, celle à laquelle cessera la gratification de treize livres par tête de noirs introduits dans lesdites isles, qu'elle accordoit à ladite compagnie, pour l'entretien des forts & comptoirs sur la côte d'Afrique; & celle à laquelle ladite compagnie devra jouir de l'augmentation de trente livres qu'elle a bien voulu lui attribuer par chaque tonneau de marchandises du crû & manufactures du royaume, que ladite compagnie portera dans les pays de sa concession. Ouï le rapport, &c. Le roi étant en son conseil, a ordonné & ordonne ce qui suit:

ARTICLE PREMIER.

L'arrêt du 31 juillet dernier sera exécuté selon sa forme & teneur. En conséquence, il sera libre à tous négocians & armateurs du royaume, de faire, dans les ports permis pour le commerce des isles & colonies Françoises de l'Amérique, le commerce de *Guinée*, tant à Gorée que dans les autres établissemens sur les côtes d'Afrique, pour lequel, ils jouiront des privilèges & exemptions portés par les lettres-patentes du mois de janvier 1716, arrêts & réglemens depuis intervenus, en se conformant aux dispositions desdites lettres-patentes & réglemens, qui seront exécutés suivant leur forme & teneur, en ce qui ne sera pas contraire au présent arrêt, & à celui du 31 juillet dernier.

II.

Les droits de vingt livres par tête de noirs débarqués auxdites isles, provenant de la traite faite sur la côte d'Afrique, & de trois livres par tonneau des navires faisant ce commerce, imposés par l'article III. desdites lettres-patentes du mois de janvier 1716, seront & demeureront supprimés, & il ne sera perçu que le droit de dix livres par nègre introduit auxdites isles, tel qu'il se payoit à la compagnie des Indes.

III.

Ledit droit de dix livres sera payé à l'arrivée en France, au bureau des fermes du port dans lequel le navire fera son retour, à l'effet de quoi, l'armateur, ou capitaine dudit navire, sera tenu de remettre à ce bureau le certificat de traite délivré par le sieur intendant ou commissaire-ordonnateur auxdites isles, justificatif de la quantité des nègres qui y auront été débarqués. La soumission prise dans le port du départ pour sûreté du retour dudit navire dans un port de France permis, portera en outre l'obligation de produire dans le bureau du départ, l'acquit du droit de dix livres payé à l'arrivée dans le bureau du port du retour; & les marchandises provenant de la traite des noirs introduits aux isles postérieurement au terme fixé par l'article V. ci-après, ne seront admises à l'exemption de la moitié des droits accordée par l'article V. des lettres-patentes du mois de janvier 1716, qu'après qu'il aura été justifié du paiement fait, à l'arrivée en France, dudit droit de dix livres, à défaut de quoi elles seront privées de ladite exemption.

IV.

Veut sa majesté que les négocians des ports de Saint-Malo, du Havre & de Honfleur, qui, à compter du premier novembre prochain, armeront dans lesdits ports des navires pour aller faire la traite des nègres sur la côte d'Afrique, soient exempts dudit droit de dix livres par tête de noirs, sur ceux qu'ils porteront aux isles & colonies Françoises.

V.

La compagnie des Indes continuera à jouir dud. droit de dix livres sur tous les nègres qui auront été introduits auxdites isles jusqu'au dernier octobre prochain, en vertu des permissions par elle accordée; passé lequel tems, ledit droit sera perçu au profit de sa majesté, à qui il en sera particulièrement compté. A l'égard de la gratification de treize livres par tête de noirs accordée à ladite compagnie, elle cessera d'avoir lieu sur les nègres qu'elle pourroit introduire auxdites isles après ledit jour dernier octobre prochain, à compter duquel, commencera l'augmentation de trente livres par tonneau de marchandises du crû & fabrique du royaume, qu'elle chargera pour porter dans les pays de sa concession.

VI.

Mande sa majesté à M. le duc de Penthièvre, &c.

Fait au conseil d'Etat du roi, sa majesté y étant, tenu à Fontainebleau le 30 septembre 1767.

Il résulte de ces réglemens, que le commerce de *Guinée* & des côtes d'Afrique peut se faire dans tous les ports où il est permis d'armer pour les isles Françoises de l'Amérique; que l'armateur doit faire, au bureau des fermes du port du départ, sa soumission de revenir dans un des ports permis, & s'obliger de rapporter, dans le premier, l'acquit du droit de dix livres payé à son arrivée par tête de nègre débarqué aux colonies, & perçu d'après le certificat de l'intendant ou commissaire-ordonnateur, de la quantité de nègres qui y ont été mis à terre.

Ce droit de dix livres avoit été exempté des huit sols pour livre, mis en 1771, par la décision du conseil du 14 avril 1772. Les mêmes motifs l'avoit fait affranchir des dix sols pour livre imposées en 1781; mais d'autres arrangemens l'ont fait supprimer entièrement en 1784.

Les arrêts des 4 février & 21 mars 1768, ont admis les ports de la Rochelle & de Bordeaux à la même exemption qui est accordée à ceux de Saint-Malo, Honfleur & le Havre, par l'article IV. de l'arrêt du 30 septembre 1767.

Il a, d'ailleurs, été décidé par le conseil, le 11 juillet 1774, que quoiqu'un navire armé dans un de ces ports privilégiés, fît son retour dans un de ceux qui ne le sont pas, il devoit toujours jouir de l'exemption du droit de dix livres.

Conformément aux lettres-patentes du mois de janvier 1716, 7 septembre 1728, & l'arrêt du 3 décembre 1748, toute marchandise, denrée & effets provenans de l'intérieur du royaume, sont exempts de tous droits à la destination de *Guinée*, pourvu qu'ils soient expédiés par acquit à caution au premier bureau de l'enlèvement.

L'eau-de-vie de cidre de Normandie, dont le

commerce étranger a toujours été prohibé, peut être envoyée en *Guinée*, depuis la décision du conseil du 28 janvier 1764.

Quant aux marchandises venues des pays étrangers, l'article VII. des mêmes lettres-patentes de 1716, & l'arrêt du 7 septembre 1728, dénomment les especes, en leur accordant l'exemption de tous droits d'entrée ; & l'arrêt du conseil du 2 octobre 1742, porte, qu'elles jouiront de la faculté de l'entrepôt pendant deux ans, pour quelques-unes, & quatre ans pour les autres, depuis leur arrivée, qui ne peut avoir lieu que par mer ; à l'exception toutefois des toiles dites *Ajamis*, qui peuvent passer dans le royaume par le canal du Languedoc, d'après la décision du conseil du 8 mars 1749.

Ces marchandises sont les cauris, les toiles de côton des Indes, blanches, bleues & rayées, les toiles peintes, les crystaux en grains, les petits miroirs d'Allemagne, le vieux linge, les pipes à fumer. Mais le conseil a décidé, le 5 février 1755, que toutes sortes de marchandises étrangères non prohibées, à l'exception du tabac, jouiroient, étant destinées pour *Guinée*, de la même exemption des droits.

Une autre décision du 31 mars 1756, a mis à ce rang les armes apportées en France pour ce commerce.

On a vu ci-devant, par l'article VII. des arrêts & lettres-patentes de 1728, qu'il est défendu aux armateurs de faire aucune déclaration sous les termes vagues de marchandises inconnues, & aux commis des fermes de la recevoir.

Au reste, les marchandises qui proviennent d'Angleterre, & dont l'entrée n'est pas nommément permise par l'arrêt du 6 septembre 1701, ne peuvent être introduites dans l'entrepôt pour *Guinée*. Celles de la même espèce qui viennent de Dunkerque, doivent, pour être admises à cet entrepôt, être accompagnées des certificats de la chambre de commerce de cette ville, justifiant qu'elles ne viennent pas d'Angleterre, & constatant leur véritable origine. C'est ce que le conseil a prescrit, par ses décisions des 23 août 1763 & 14 septembre 1764. *Voyez* ENTREPÔT *en matière de droits de traites*.

Dans aucun cas le tabac ne peut être tiré de l'étranger pour le commerce de *Guinée* ; mais le fermier est obligé de le fournir aux armateurs, à raison de douze sols la livre, conformément à la décision du conseil du 11 février 1756.

Les marchandises de toute sorte venant de la côte de *Guinée* directement en France, ou celles qui y sont apportées après avoir été échangées dans les colonies, contre les denrées de leur crû, n'étoient sujettes, à l'exception des cafés, qu'à la moitié des droits d'entrée, en justifiant, par le certificat de l'intendant ou du commissaire-ordonnateur de la colonie, que ces marchandises provenoient du troc des nègres qui y avoient été débarqués, ou du produit de leur vente ; mais l'arrêt du conseil du 26 octobre 1784, a supprimé cette exemption partielle, & l'a convertie en une double gratification ou prime, tant au départ du navire armé pour *Guinée*, qu'au transport des nègres dans les colonies. Comme il établit une police nouvelle, en confirmant toutefois une partie des anciens réglemens : il convient de le consigner ici.

Sur ce qui a été représenté au roi, étant en son conseil, que l'un des principaux encouragemens accordés au commerce de la traite des nègres, par les lettres patentes du mois de janvier 1716, arrêts & réglemens postérieurs, consiste dans l'exemption de la moitié des droits d'entrée & des droits locaux sur les sucres des isles Françoises de l'Amérique, provenans de la vente des nègres auxdites isles, & consommés dans le royaume ; mais que cette faveur, qui présentoit de grands encouragemens, dans un tems où la valeur des sucres apportés dans le royaume pour y être consommés, étoit égale au produit de la vente des nègres, devient nulle pour une grande partie des armemens, depuis que la quantité des nègres transportés aux isles Françoises de l'Amérique, qui ne s'élevoit en 1716 qu'à deux ou trois mille nègres, a été successivement portée au nombre de quinze mille, sans que l'importation des sucres consommés dans le royaume ait pu suivre la même progression ; d'où il résulte que les armateurs étant obligés de vendre, pour la destination de l'étranger sans jouir d'aucune faveur, une grande partie des sucres qu'ils reçoivent en retour de la vente des nègres, ils ne suivent pas le commerce de la traite avec autant d'activité que l'exigeroit l'intérêt des colonies Françoises de l'Amérique : sa majesté toujours portée à donner à ses colonies & aux armateurs de son royaume, des marques de sa protection, a bien voulu accorder de nouveaux encouragemens à la traite des Nègres, & fixer dans une proportion plus égale, les faveurs qui seront, à l'avenir, attribuées à ce commerce. A quoi voulant pourvoir ; vu les lettres-patentes des mois de janvier 1716, l'arrêt du 27 septembre 1720, l'arrêt & lettres-patentes du 7 septembre 1728, les arrêts des 17 mai 1734, 30 septembre 1741, 2 octobre 1742, 3 décembre 1748, 31 juillet 1767, & 28 juin 1783 ; vu aussi le mémoire des fermiers généraux, ensemble l'avis des députés au bureau du commerce : ouï le rapport du sieur de Calonne, conseiller ordinaire au conseil royal, contrôleur général des finances ; le roi étant en son conseil, a ordonné & ordonne ce qui suit :

ARTICLE PREMIER.

Les armemens pour la traite des nègres continueront d'avoir lieu dans les ports auxquels il a été permis

permis de faire le commerce des colonies de l'Amérique, conformément aux dispositions de l'arrêt du 30 septembre 1741, & jouiront lesdits armemens, des droits, privilèges & exemptions qui ont été accordés au commerce de *Guinée*, par les lettres patentes des mois de janvier 1716, par l'arrêt & lettres patentes du 7 septembre 1728, & autres arrêts & réglemens postérieurs.

II.

A compter du 10 novembre prochain, il sera accordé aux armateurs, pour chaque tonneau de continence des navires employés à la traite des nègres, une gratification de quarante livres, qui tiendra lieu de l'exemption de la moitié des droits, qui avoit été accordée par l'article V. des lettres-patentes du mois de janvier 1716, & qui sera payée à l'armateur toutes les fois que son navire sera expédié pour la traite, à condition qu'il transportera à l'une des colonies Françoises, les nègres qui proviendront de ladite traite, & qu'il en justifiera dans la forme qui sera prescrite ci-après.

III.

Indépendamment de la gratification mentionnée en l'article II, il sera accordé aux armateurs, une prime additionnelle par tête de nègres qu'ils transporteront aux isles du vent, & au sud de l'isle de Saint-Domingue, laquelle prime additionnelle sa majesté a fixée à soixante livres, argent de France, pour les nègres qui seront transportés aux isles de la Guadeloupe & de la Martinique, & à cent liv. pour ceux qui seront transportés dans les ports situés au sud de l'isle de Saint-Domingue, depuis le cap Tiburon jusqu'à la pointe de la Béate, & dans les isles de Cayenne, Tabago & Sainte-Lucie.

IV.

Supprime sa majesté le droit de dix livres par tête de nègres, dont la perception, qui a été ordonnée & réglée par l'arrêt du 31 juillet 1767, cessera d'avoir lieu pour les navires qui partiront des ports de France pour la traite, à compter du 10 novembre prochain.

V.

La gratification de quarante livres par tonneau de continence, sera payée au départ du navire par le receveur des fermes du lieu de l'armement; & les primes de soixante livres & de cent livres par tête de nègres, seront payées par le receveur des fermes du lieu où les navires feront leur déchargement, à leur retour de celle des colonies Françoises où lesdits navires auront porté le produit de leur traite.

VI.

Pour recevoir la gratification de quarante livres par tonneau de continence, au départ des navires, les négocians seront tenus de remettre au receveur des fermes, une copie de l'attestation des jaugeurs sermentés, qui leur sera délivrée, à l'effet de constater le port des navires qui devront être employés à la traite, ensemble l'acte d'enregistrement de ladite attestation au greffe de l'amirauté & au bureau des fermes; ils remettront, en outre, au receveur des fermes, un état de leur chargement pour *Guinée*, & leur soumission de rapporter, dans dix-huit mois, le certificat du déchargement des nègres dans l'une des colonies Françoises, signé par les intendans ou commissaires-ordonnateurs auxdites isles, ou, en leur absence, & dans les ports où il n'y a point de commissaires-ordonnateurs, par des subdélégués qui seront à cet effet commis par les sieurs intendans; & contiendra ledit certificat, le nom & le port du bâtiment, le jour de son arrivée, le nombre des nègres qu'il aura apportés dans ladite isle; le tout conformément au modèle annexé au présent arrêt.

VII.

Pour recevoir les primes de soixante livres & de cent livres accordées par l'article III. du présent arrêt, les armateurs seront tenus de rapporter au bureau des fermes, un certificat des sieurs intendans & commissaires ordonnateurs, ou de leurs subdélégués dans les isles Françoises, dans la forme prescrite par l'article VI. ci-dessus.

VIII.

Les navires destinés à la traite des nègres, seront jaugés par les gardes-jurés ou jaugeurs sermentés, lesquels prendront pour base de la jauge, la largeur ou le bau du vaisseau, sa longueur absolue de l'étrave à l'étambord, de rablure à rablure, & le creux y compris l'entre-pont; & seront tenus lesdits jaugeurs sermentés de donner leur attestation du port du bâtiment, laquelle sera enregistrée au greffe de l'amirauté, & copie de ladite attestation sera remise au bureau des fermes.

IX.

Dans le cas de suspicion de fraude dans la jauge des navires, les préposés des fermes auront la faculté de les faire jauger de nouveau par d'autres gardes-jurés, dont ils conviendront avec les maîtres ou propriétaires des navires; & en cas qu'ils ne puissent s'accorder à l'amiable, les parties se pourvoiront pardevant les juges qui doivent connoître du droit de fret, pour être la jauge & mesurage des vaisseaux, ordonnés par lesdits juges, & faits par les jaugeurs ou experts dont les parties conviendront, sinon nommés d'office le plutôt qu'il sera possible, sans causer de retardement au départ des vaisseaux.

X.

Les frais de la jauge ou mesurage, seront avancés par le fermier, sauf à répéter lesdits frais, s'il y échet.

XI.

Si par la jauge ou mesurage ainsi fait, la contenence du vaisseau ne se trouve moindre que celle portée par la déclaration du maître, que d'un vingtième & au-dessous, il ne pourra être condamné par lesdits juges qu'aux frais & dépens.

XII.

Si la continence du vaisseau, suivant le rapport, est moindre que celle portée par la déclaration, de plus d'un vingtième, le premier jaugeur sermenté qui aura donné son attestation pour une fausse continence, sera destitué, & le maître du navire sera condamné à payer une amende de cent cinquante livres par tonneau qui auroit été déclaré au-delà de la véritable continence du navire, & sera ladite amende répartie entre les employés qui auront requis le jaugeage.

XIII.

Si par la jauge & mesurage, la continence du vaisseau n'excède pas celle portée par la déclaration du maître, le fermier sera condamné en tous les frais & dépens.

XIV.

En cas de fraude ou fausseté des certificats des commissaires-ordonnateurs dans les isles, prescrits par l'article VI. du présent arrêt, les capitaines ou autres qui seront atteints de faux, seront poursuivis extraordinairement, suivant la rigueur des ordonnances, & l'armateur sera condamné au paiement de la double somme à laquelle pourront s'élever les primes ou la gratification dont les certificats auroient procuré le paiement, & sera lad. amende répartie entre les employés du bureau des fermes qui auront reconnu le faux.

XV.

Les denrées & marchandises nationales destinées pour la traite des nègres, continueront de jouir de l'exemption des droits de sortie & droits locaux, & du bénéfice de l'entrepôt, conformément aux dispositions des arrêts des 27 septembre 1720, 2 octobre 1742, & 3 décembre 1748.

XVI.

Les denrées & marchandises étrangères, à l'exception de celles mentionnées dans l'article XVII, continueront d'être admises à l'entrepôt de *Guinée*, en exemption de tous droits, conformément aux dispositions des arrêts du 2 octobre 1742 & 3 décembre 1748, & décision du 31 mars 1756, & à la charge de remplir les formalités prescrites par lesdits arrêts & décision.

XVII.

Ne seront admises à l'entrepôt, pour le commerce de *Guinée*, aucunes toiles peintes ou blanches des Indes, autres que celles provenans du commerce François dans l'Inde. Fait sa majesté très-expresses inhibitions & défenses à tous armateurs pour ledit commerce de *Guinée*, de faire venir de Hollande ou autres pays du Nord dans le royaume, même sous prétexte d'entrepôt, aucunes toiles des Indes appellées chittes, caladaris, ou étoffes de pure soie, ou mêlée de soie, qui continueront d'être prohibées, conformément à l'article premier des lettres-patentes du mois de septembre 1728, à peine de confiscation desdites marchandises, & de trois mille livres d'amende.

XVIII.

Veut sa majesté, que les armateurs qui seront partis avant le 10 novembre prochain, pour faire la traite des nègres, & les porter aux colonies Françoises d'Amérique, & qui n'auront pas joui du bénéfice des gratifications & primes mentionnées dans les articles II & III du présent arrêt, continuent de jouir, jusqu'au premier janvier 1787, de l'exemption qui a été accordée par l'article XV. des lettres-patentes du mois de janvier 1716, sur les sucres & autres marchandises des isles Françoises, provenant de la vente des nègres; à la charge, par les armateurs ou capitaines, de se conformer aux formalités prescrites par l'ordonnance du 6 juillet 1734, pour les certificats de ladite traite. Déclare sa majesté, que lesdits certificats ne procureront aucune exemption aux sucres ou autres denrées de l'Amérique apportés par des navires dont l'arrivée dans les ports de France sera postérieure à ladite époque du premier janvier 1787.

XIX.

Mande & ordonne sa majesté à monf. le duc de Penthièvre, amiral de France, aux intendans de la marine & des colonies, au commissaire départi pour l'observation des ordonnances dans les amirautés, aux commissaires généraux des ports & arsenaux, ordonnateurs, aux officiers des amirautés, aux juges des traites, maîtres des ports, & à tous autres qu'il appartiendra, de tenir, chacun en droit soi, la main à l'exécution du présent arrêt, lequel sera enregistré au greffe des amirautés, lu, publié & affiché par-tout où besoin sera. Fait au conseil d'Etat du roi, sa majesté y étant, tenu à Versailles le vingt-sixième jour d'octobre mil sept cent quatre-vingt-quatre.

Modèle du certificat qui doit être expédié aux isles, en conformité de l'article VI. de l'arrêt du conseil du 26 octobre 1784.

NOus,

certifions que le navire...... capitaine....... du port de........ tonneaux, y compris l'entre-pont.

suivant l'attestation des jaugeurs sermentés de...... parti de........ port de France, le........ pour la traite des nègres, est arrivé en ce port le..... & y a apporté......... nègres, que le capitaine a déclaré provenir de sa traite, & qu'il a débarqués dans ce port: en foi de quoi nous avons délivré le présent certificat, & à icelui fait apposer le cachet de nos armes, & contre-signer par notre secrétaire; pour servir & valoir ce que de raison.

Fait à...... le......

Fait & arrêté au conseil d'Etat du roi, sa majesté y étant, tenu à Versailles le vingt-six octobre mil sept cent quatre-vingt quatre.

Les dispositions de cet arrêt sont d'autant plus sages & mieux entendues, qu'il se commettoit beaucoup d'abus au moyen des certificats de la traite des noirs; car les certificats, dont les marchandises étoient souvent exportées, & qui, dès-lors n'avoient plus d'objet, s'appliquoient à des sucres non provenus de la traite des noirs, & les faisoient ainsi jouir indûment d'une modération de droits qui ne regardoit que les marchandises prises en échange des nègres, ou achetées avec le produit de leur vente. On a vu de ces certificats, dont l'effet privilégié n'avoit point de terme, se négocier publiquement à Nantes & à Bordeaux, à douze & quinze pour cent de diminution sur l'objet du bénéfice qu'ils procuroient.

On a reconnu que, pendant les six années du bail de Laurent David, dix-sept millions deux-cens onze mille sept cens livres de sucre ont été déclarés, année commune, provenir de la traite des noirs, & ont joui, à raison de trente-sept sols six deniers par quintal, du bénéfice de trois cens vingt-deux mille sept cens dix-neuf livres sept sols six deniers, ci

	l.	*s.*	*d.*
...	322,719	7	6
Que, de même, les sucres terrés & les sucres tête, ont été un objet de quatre-vingt-trois mille neuf cens trois quintaux soixante-trois livres, qui, à quatre liv. par quintal, ont joui d'une modération de trois cens trente-cinq mille six cens quatorze liv. huit sols six deniers, ci........	335,614	8	6
Ensorte que le montant de cette remise, sur ces sucres entrés dans la consommation du royaume, a été de six cens cinquante-huit mille trois cens trente-trois livres seize sols, ci...........	658,333	16	
Dix sols pour livre,......	329,166	18	
	987,500	14	

En ajoutant les dix sols pour livre à cette somme, c'étoit environ un million, chaque année, perdu pour les finances de l'Etat.

D'après ce nouvel ordre de choses, cette somme servira à payer, en partie, la nouvelle dépense destinée à encourager la traite des noirs, & qui aura, du moins, une utilité sûre & fructueuse. C'est le véritable moyen de porter au plus haut degré la prospérité de nos colonies, qui, comme on sait, dépend de la multiplication des noirs; espèce de bêtes de somme sur lesquelles roulent tous les travaux de ces contrées, & dont malheureusement le trafic devient indispensable.

En supposant que le commerce des noirs s'accroisse par une suite de ces gratifications, & qu'il occupe annuellement cent navires du port de cent tonneaux chacun, qui porteront deux cens nègres, il en coûtera au gouvernement quatre cens mille livres pour la gratification de quarante livres par tonneau, & treize ou quatorze cens mille, pour les vingt mille nègres qui seront débarqués dans les colonies: c'est un sacrifice apparent d'environ un million.

Mais il est naturel d'en induire, que cinq mille nègres, importés chaque année, de plus dans nos colonies, & une partie à Saint-Domingue surtout, la culture y augmentera avec la population.

Les retours en France seront plus abondans, & dès-lors le droit du domaine d'Occident donnera un produit qui compensera, la seconde ou la troisième année, l'augmentation de la dépense des primes, & la surpassera vraisemblablement la cinquième année.

Au reste, on peut voir au mot ISLES ET COLONIES FRANÇOISES, ce qui est proposé pour rendre le commerce plus aisé à cet égard, & plus avantageux aux finances de l'Etat, sans nuire à son accroissement.

GUYENNE, province de France, & qui se divise en haute & basse. La basse *Guyenne*, dont Bordeaux est la capitale, considérée relativement aux finances, jouit de différens privilèges sur lesquels il convient de s'arrêter un instant. En donnant une idée de son commerce, on pourra juger des ressources qu'elle procure aux finances de l'Etat. Cette province est mise au rang des provinces réputées étrangères pour les droits de traites; elle n'est point sujette aux droits de gabelle, ni à ceux d'aides, mais on y perçoit ceux qui sont réunis à la régie des aides, comme les droits sur les cuirs, sur les papiers cartons, sur les amidons, &c. &c.

La haute *Guyenne*, qui comprend le Quercy, le Rouergue, l'Armagnac, le comté de Comminges, le Conserans & le Bigorre, est sujette aux gabelles, & soumise à une administration provinciale.

On a vu au mot COMPTABLIE en quoi consistent les privilèges de la ville de Bordeaux, qui est la capitale de la *Guyenne*, & le centre ainsi que le moyen de tout le commerce de la province. On ajoutera ici que le commerce s'étend principalement sur les vins & les eaux-de-vies qui s'enlèvent de Bordeaux pour la Bretagne, la Normandie & la Picardie.

Il s'en charge aussi des quantités considérables pour les isles Françoises de l'Amérique, envoyées en grande partie par Bordeaux, & le reste par les autres ports du royaume qui font le même commerce.

Les Hollandois & les Anglois, indépendamment des vins, vinaigres & eaux-de-vie, qu'ils tirent beaucoup de Bordeaux, y prennent aussi des prunes, du miel, des châtaignes, de la résine, du liège, & plusieurs marchandises du crû des colonies, telles que des indigos, des cafés & des sucres, qu'ils portent dans le nord & le midi de l'Europe.

Les Danois, les Suédois, & les villes Anséatiques, y chargent les mêmes espèces de marchandises, & importent des planches de sapin, des mâts de navire, des chanvres, du goudron, des suifs, des fers, des cuivres, des fromages, de la quincaillerie, de la mercerie, de la fayancerie, & principalement beaucoup de bois merrains & de bourdillons, propres à faire des barriques.

Les Anglois apportent des laines d'Irlande, des cuirs, du plomb, & de l'étain en masse, des charbons de terre, des beurres, des suifs, des bœufs & saumons salés, qui sont nécessaires pour le commerce des isles.

Quoique la *Guyenne* & Bordeaux soient plus à portée de l'Espagne & du Portugal, que la plus grande partie des autres provinces du royaume, elles font peu de commerce avec ces Etats. L'objet principal des expéditions, lorsque l'exportation des grains est permise, consiste en bled, en fèves, & en mahis ou bled de Turquie. Les retours sont en fers plats & quarrés, en ancres pour les navires, en meules, en laines, en oranges, citrons, & vins de liqueur.

Ce qui occupe le plus en *Guyenne*, c'est le commerce des isles. En 1770, tems où l'on jouissoit de la paix depuis huit années, on comptoit à Bordeaux cent vingt à cent trente navires en armement pour l'Amérique. En 1784, on en compte près de quatre cens. Quoique Bordeaux ait perdu beaucoup de bâtimens dans la guerre terminée par la paix de 1783, cependant leur nombre s'est multiplié dans le même tems, au point que Bordeaux peut être regardé comme faisant seul un tiers du commerce de la Métropole avec ses colonies.

La raison de ce commerce immense tient à deux causes.

1°. Parce que ce port a de la première main les trois choses qui sont le plus nécessaires aux colonies; les vins, les eaux-de-vie, & les farines.

2°. Parce que la quantité de bâtimens étrangers qui viennent chaque année de toute l'Europe à Bordeaux, pour y enlever des vins, & qu'on porte à deux mille, procurent en même tems des débouchés aussi sûrs que faciles aux marchandises des isles, dont elle a toujours ses entrepôts très-abondamment pourvus.

Au reste, pour donner une idée des secours que les finances de l'Etat reçoivent du commerce de la basse *Guyenne* & de Bordeaux, on doit observer que la recette générale qui y est établie, compte de près de trois millions à la caisse générale des fermes, pour ce qui concerne les droits levés sur le commerce, tant intérieur, qu'étranger.

Quant à la haute *Guyenne*, tout son commerce consiste dans l'agriculture, & dans les arts qui en dépendent. Lorsque les récoltes manquent, ils sont dans l'impuissance de payer leurs impositions.

Cette partie a l'avantage, depuis 1779, d'avoir une administration provinciale, qui s'est constamment occupée de tous les objets relatifs au bien de la province. *Voyez* à l'article GÉNÉRALITÉ DE MONTAUBAN. Il est vrai que le règlement du conseil du 8 septembre 1782, a fait quelques changemens dans la constitution de cette assemblée, en accordant à l'intendant une plus grande influence qu'il n'en avoit primitivement, & en le chargeant de délivrer ses ordonnances, pour le paiement des honoraires des membres de la commission.

Une partie des travaux les plus essentiels a été tracée par la main de l'homme d'Etat qui a posé les fondemens de cette administration provinciale. L'intérêt de ce tableau, ne peut manquer de le rendre agréable dans son entier.

Les chemins, dans la haute *Guyenne*, n'étoient pas exécutés par corvées; mais on se plaignoit de la distribution inégale des contributions exigées pour leur confection, & du peu de soin en général qui régnoit dans cette partie de l'administration, dès la première assemblée provinciale on voit un rapport des plus instructifs sur cette matière; une exposition sage des routes les plus utiles à la communication intérieure, un plan équitable pour dédommager les propriétaires qu'on priveroit d'une partie de leur terrein, une juste distribution de l'impôt nécessaire pour l'exécution de ces différens travaux. On met la dépense de toutes les grandes routes, de toutes celles où la poste peut être établie, à la charge de la province entière, mais on ne l'oblige à contribuer que que pour trois quarts, aux chemins dont la construction n'a pour but qu'une communication entre deux villes de l'intérieur, & l'on fait supporter l'autre quart, par les élections que ces routes traversent; enfin les frais d'un chemin qui doit seulement lier quelques communautés entr'elles, doivent être payés, un quart par les communautés mêmes, un quart par l'élection où elles sont situées, & moitié par la province.

Cette administration prend connoissance des abus qui ont été commis dans la confection des chemins à prix d'argent, & s'attache à les corriger.....

Comme dans les pays appellés de *taille réelle*, tels que la haute *Guyenne*, toutes les terres sont distinguées en biens nobles & biens ruraux, & que ces derniers seuls paient la taille, tandis que les autres en sont affranchis, quel que soit l'état civil des possesseurs, il résultoit de cette disposition, que l'imposition des chemins, additionnelle à la taille, n'étoit point supportée par les biens nobles. On en a fait le rapport à l'assemblée, & la noblesse, ainsi que le clergé, entraînés par le zèle qu'inspire la nouvelle administration, offrent pour la confection des chemins, une contribution volontaire au soulagement des biens ruraux; ils fixent cette contribution au quinzième du vingtième que payent les biens nobles; & le tiers-Etat qui en possède une partie, suit le même exemple.

En même tems, l'administration provinciale, qui sent l'utilité d'une règle dans toutes les entreprises, afin d'être certaine de proportionner en tout tems les travaux publics aux moyens des contribuables, fixa au onzième de la taille, la somme des autres contributions, applicables à la confection des routes.

Elle s'est occupée avec le même soin, de la taille & de la perfection de sa répartition. Cette imposition se lève dans la haute *Guyenne*, d'après un ancien cadastre qui remonte à l'année 1669. Le peu de tems qu'on mit à sa confection, puisqu'il fût achevé en moins de trois ans, ne permit pas sans doute d'y apporter l'exactitude nécessaire; mais peut-être aussi que le cadastre le plus imparfait vaut mieux encore que la justice distributive des hommes, telle qu'on peut l'attendre en général des erreurs & des passions auxquels ils sont soumis. Cependant, il résulte aussi de grands maux d'un cadastre irrégulier, sur-tout lorsque l'accroissement successif des impositions, & les effets naturels du tems, ont rendu les disproportions plus sensibles. C'étoit pour remédier en partie à celles qu'on avoit remarquées dans le cadastre de la haute *Guyenne*, qu'on avoit ordonné en 1727 une augmentation de taille sur toute la province, dont le produit devoit être appliqué par l'intendant au soulagement des communautés trop allivrées; mais ce secours retomboit nécessairement dans une sorte d'arbitraire, & quelquefois il avoit été confondu avec les fonds qu'on accorde pour subvenir à des accidens particuliers.

D'ailleurs, lors même que cette augmentation d'imposition eût été constamment employée à sa destination; lors même que le coup d'œil éclairé, & la plus parfaite impartialité eussent toujours dirigé sa répartition, la somme modique de cette imposition, qui se montoit à cent-vingt mille livres, ne pouvoit remédier aux grandes inégalités du cadastre, sur-tout à l'époque où, comme aujourd'hui, la caisse de cette généralité se monte à trois millions quatre cens mille livres.

L'administration provinciale frappée de cet inconvénient, & considérant que la confection d'un nouveau cadastre occasionneroit une trop grande dépense, s'est attachée à un plan successif d'amélioration qui réunit tous les suffrages. Elle résout de chercher d'abord à se former un tarif raisonnable, en prenant pour règle les proportions de la taille dans quelques paroisses situées en différentes élections, & qui, de notoriété publique, étoient le plus équitablement allivrées; elle ordonne ensuite le cadastre de ces mêmes paroisses, afin de connoître exactement leur étendue, & la diversité des terreins qu'elles renferment. Elle se compose ainsi, & à peu de frais, un tarif qui doit servir de point de comparaison, & elle procède de la manière suivante à l'établissement d'une règle uniforme de répartition.

On autorise d'abord toutes les communautés qui se croiroient trop allivrées d'un tiers, à demander un nouvel arpentement, lequel doit être fait à leurs frais, & sous l'inspection d'un délégué de l'administation provinciale, & par des experts de son choix. On s'engage ensuite à comparer l'imposition de la communauté plaignante, avec le tarif que l'on a pris pour mesure, & s'il se trouve que cette communauté soit allivrée, dans une disproportion pareille à-peu-près à celle qu'elle avoit annoncé, on doit la décharger de cet excédent, & en faire la répartition sur l'universalité des contribuables.

La distribution du *moins imposé* de la taille, a fixé aussi l'attention de l'administration provinciale. On entend par ces mots de moins imposé, la partie de la taille qui est répartie annuellement dans chaque généralité, aux communautés, ou aux particuliers qui ont éprouvé des malheurs, soit par des incendies, soit par des inondations, par la grêle, ou d'autres accidens. On prend toutes les précautions convenables, afin qu'aucune faveur ne nuise à la distribution juste & sage de ce petit fonds.

Une somme à-peu-près pareille à celle du moins imposé, est encore prélevée sur la taille, pour être employée pendant les mortes saisons de l'année à offrir du travail dans les lieux où ce secours est le plus nécessaire. Ces établissemens sont connus sous le nom d'*atteliers de charité ;* c'est une excellente institution qui présente l'exemple de la meilleur charité politique; celle des secours donnés en échange d'un travail aisé, mais utile. Ces atteliers de charité sont déterminés par les intendans; l'assemblée provinciale s'est occupée de toutes les circonstances d'une administration si intéressante, en établissant la plus sage égalité dans la répartition d'un secours pris sur le fonds de l'imposition générale de la taille.

Elle avoit remarqué que depuis 1773, on avoit distribué à l'élection de Montauban, deux fois plus de fonds qu'aux cinq autres élections de la province ensemble; elle a en conséquence formé le plan d'un règlement plein des dispositions les plus équitables.

Elle prend aussi en considération, les défectuosités de la répartition de la capitation; elle examine d'abord s'il seroit possible de proposer à sa majesté la conversion de cet impôt dans quelqu'autre; mais son importance, & l'étendue de toutes les contributions publiques, l'empêchant de s'arrêter à cette idée, elle s'est bornée à faire choix des mesures les plus propres à tempérer l'arbitraire inséparable de la répartition de cette taxe personnelle. Elle a divisé les taxes dans un certain nombre de classes, afin de réduire d'abord la liberté des répartiteurs, & elle a rangé les contribuables dans l'une ou l'autre de ces mêmes classes; ensorte que cette seule disposition circonscrit considérablement l'arbitraire. Il en est résulté aussi une instruction beaucoup plus éclairée sur les facultés comparatives de chaque propriétaire; car, comment auroit-on démêlé les effets de l'ignorance ou des passions, lorsque les contribuables à la capitation, étoient taxés séparément, sans aucune proportion déterminée, sans aucune base de comparaison positivement fixée; & lorsque les cotes, diversifiées à l'infini, se trouvoient confondues, sans ordre & sans méthode, dans un même rôle. A toutes ces nouvelles mesures, l'administration avoit encore ajouté celle de rendre les rôles publics dans chaque lieu; moyen toujours efficace pour contenir les prétentions ou les condescendances injustes.

Tous ces arrangemens ont été autorisés par le roi, & l'exécution a répondu à ce qu'on avoit lieu d'attendre. Une multitude d'injustices ont été réparées, & ceux qui jouissoient de faveurs illégitimes, n'ont osé, ni réclamer, ni se plaindre.

On voit par ces différens travaux que la plupart des biens de détail, dont chaque province est susceptible, doivent être l'ouvrage d'une administration qui réunit aux connoissances locales, les moyens de persuasion, qui sont l'effet d'une discussion éclairée.

Un des objets qui fait le plus d'honneur à l'administration provinciale de la haute *Guyenne*, c'est le sentiment de commisération avec lequel elle s'est occupée d'adoucir les contraintes, d'en diminuer les frais, & de réduire le nombre considérable de personnes employées à ces fonctions sous le nom d'huissiers, porteurs de contraintes, brigadiers & sous-brigadiers. Tous les abus de cette manutention, sont développés d'une manière touchante & palpable dans le rapport fait à l'assemblée, & qui se trouve imprimé parmi les pièces que contient le procès-verbal des opérations de l'administration de la haute *Guyenne*.

Il est beaucoup d'autres précautions encore, toutes dictées par une sensibilité éclairée, & qui inspirent une sorte de respect pour les administrations qu'on voit en état d'atteindre de si près aux plus petits intérêts du peuple. Quoiqu'une partie de ces dispositions ait été souvent ordonnée par des règlemens enregistrés aux cours des aides, les abus n'en subsistoient pas moins. L'action des loix peut bien en effet suffire, pour entretenir l'ordre au milieu de la société, où la plupart des délits sont manifestés, & s'offrent aisément aux regards du ministère public; il n'en est pas de même à l'égard des nombreux détails de l'économie politique. Les abus y sont tellement fugitifs, tellement dissimulés, qu'ils échappent à l'attention des cours souveraines. Ces cours, d'ailleurs, excepté dans les momens de scandale public, ne sont mues que par des plaintes judiciaires, & le plus souvent les petits contribuables ne savent, ni ne peuvent y recourir, faute de tems, de courage, & de facultés.

Ces observations, si elles étoient justes, feroient ressortir un des avantages des administrations provinciales, qui veillant sur l'exécution des réglemens, en même tems qu'elles en provoquent l'institution, se trouvent sans cesse rapprochées des intérêts qui doivent occuper leur attention.

On peut encore remarquer que les membres particuliers de ces administrations répandus dans les différentes parties de la province, y deviennent des observateurs éclairés; les abus dont ils sont spectateurs fixent davantage leur attention quand ils peuvent les rapporter aux principes, dont ils ont entendu la discussion dans l'assemblée générale, & ces mêmes principes leur deviennent aussi plus familiers, lorsqu'ils se trouvent en état de les appliquer à une multitude de faits dont ils ont été les témoins.

Enfin, presque toujours en voyant de près la misère de la classe la plus nombreuse des contribuables, la sensibilité la moins animée se réveille, & cette sensibilité est, jusques dans les affaires, le motif le plus actif, & le plus sûr principe du bien. C'est par cette affection de l'âme, qu'on s'unit avec ardeur à l'intérêt du peuple; c'est par elle qu'on s'en occupe sans lassitude; c'est elle qui donne l'attention, le zèle & la persévérance; c'est en un mot l'esprit vivifiant qui enveloppe & qui pénètre tout de sa flamme.

Plusieurs opérations ou projets de l'administration de cette généralité, sont encore dignes d'attention.

Un ancien abonnement, pour tenir lieu des droits imposés sous le nom de don gratuit, avoit été si inexactement payé, qu'il en étoit dû au roi de gros arrérages; elle a proposé un changement dans la nature de l'impôt, & une légère modération sur le prix de l'abonnement. A ces conditions, elle a acquitté la dette arriérée, & rendu ponctuels les paiemens successifs.

Dans le partage des communes opérations, si souvent & par-tout exposé à des difficultés, elle a adopté un plan qui a obtenu l'universalité des suffrages. C'est de diviser une moitié des communes par feux ou par têtes de chef de famille, & l'autre moitié en raison de la contribution aux tailles des habitans des paroisses qui ont la jouissance de ces mêmes communes. De cette manière, l'on n'a donné, ni tout aux riches, ni tout à l'individu; & l'on a conservé sans partage les communes, qui, par la nature de leur sol, ne pouvoient être cultivées avec utilité.

Enfin, cette administration a jetté les yeux, d'une manière spéculative, sur le rachat des droits de champart, sur l'exploitation des mines, sur l'uniformité des poids & mesures dans la généralité, & sur tous les moyens propres à introduire un plus grand ordre dans les finances particulières des communautés, & sur tous les objets intéressans pour leur bonheur.

HANOVRE. Finances de l'électorat d'*Hanovre*.

La collection des mémoires imprimés au Louvre sur les impositions établies dans les différens États de l'Europe, présente le tableau des revenus de l'électorat d'*Hanovre* dans les termes suivans :

L'électorat d'*Hanovre* est composé de huit provinces, qui, dans l'intervalle de 1757 à 1758, renfermoient quatre cens cinquante-cinq mille cent quatre-vingt dix-sept habitans, quarante-sept mille trois cens trois chevaux d'attelage, & un très-grand nombre de bêtes à corne.

Les revenus du souverain montent, année commune, à un million huit cens cinquante-quatre mille six cens quarante-un écus, qui à raison de trois livres dix-huit sols chacun, forment, monnoie de France, un objet de sept millions deux cens vingt-trois mille cent une livres dix sols.

Ces revenus consistent dans le produit des domaines, & dans les subsides ou contributions ordinaires ; on va les parcourir successivement : on commencera par les domaines.

Domaines.

Les revenus provenans des domaines, consistent dans le produit des biens-fonds, des moulins, des cens & rentes, des reconnoissances, en nature, & en argent, des mines, des salines, des postes & messageries, & des péages.

Les reconnoissances, en nature & en argent, sont composées :

1°. D'un droit que sont obligés de payer ceux qui entretiennent un nombre plus considérable de chevaux, que n'en exigent la culture des terres qu'ils possèdent, ou qu'ils font valoir.

2°. D'un droit que payent ceux qui ont des bergeries.

3°. Du droit que l'on nomme mortuaire, & qui consiste dans l'obligation imposée à tout héritier de donner le meilleur cheval ou la meilleure vache de la métairie dont il hérite.

4°. Du droit qu'on appelle de succession, & que les roturiers sont tenus de payer, soit pour les successions qui leur échoient, soit pour les héritages qu'ils acquièrent.

5°. Du droit que payent, pour raison du pâturage commun, tous les propriétaires de fonds qui ne résident point dans les campagnes, & ne font pas valoir par eux-mêmes leurs héritages.

6°. Des rentes que paient les Juifs, pour le libre exercice de leur religion.

7°. Des droits d'aubaine.

8°. Des droits sur la musique.

9°. Du droit que sont obligés de payer, en se mariant, tous ceux qui sont censitaires du domaine.

10°. Des corvées qui se payent en argent.

11°. Enfin, des corvées de service qui ont été converties en argent, depuis que les électeurs ne résident plus dans l'étendue de l'électorat.

Ces différens droits sont régis, & se perçoivent, pour le compte du souverain, par les baillis des cent trente bailliages de l'électorat. Ces baillis tiennent leurs commissions de l'électeur, qui les révoque quand il le juge à propos. Ils comptent de leur recette à la chambre des finances, à laquelle ils adressent, tous les trois mois, leurs états de situation.

Les payemens sont divisés en quatre termes, qui sont, la Saint-Michel, Saint-Martin, Noël, & Pâques. Les redevables sont obligés d'acquitter en entier les trois premiers termes ; & lorsqu'ils ont des non-valeurs, ou des dépenses à répéter, il ne leur en est tenu compte que sur le montant du quatrième terme. Les comptes de chaque année, doivent être rendus dans le mois qui suit l'expiration de cette année.

La forme de ces comptes, est la même pour tous les bailliages ; ils sont composés de cinq chapitres de recettes & cinq chapitres de dépenses.

Les premiers sont formés,

1°. Des parties fixes.

2°. Des parties muables.

3°. Des parties casuelles extraordinaires.

4°. Des parties arbitraires, telles que les bois.

5°. Des parties en nature, réduites en argent.

Les cinq chapitres de dépense sont formés,

1°. Des gages & appointemens.

2°. Des pensions.

3°. Des remises ou indemnités.

4°. Des frais de justice.

5°. Des reprises.

Chaque

Chaque colonne de la recette & de la dépense contient le montant des recettes & dépenses de l'année précédente, de manière que d'un coup d'œil on en peut faire la comparaison.

Les appointemens des baillis sont peu considérables; ils consistent dans des remises qui leur sont passées sur le produit de leur recette, & sont fixées, savoir, depuis six mille écus (vingt-trois mille quatre cens livres, monnoie de France,) & au-dessous, à raison de quatre pour cent; depuis sept, jusqu'à dix mille écus, (ou vingt-sept mille trois cens livres, jusqu'à trente neuf mille livres,) à trois & demi pour cent; depuis onze jusqu'à vingt mille écus, (ou quarante-deux mille neuf cens livres jusqu'à soixante & dix-huit mille livres,) à trois pour cent; & depuis vingt-un mille écus & au-dessus, (quatre-vingt-un mille neuf cens livres,) à deux & demi pour cent; de manière que, comme le produit des plus forts bailliages n'excède point trente mille écus, (cent dix-sept mille livres,) celui des baillis dont la recette est la plus considérable, ne retire jamais audelà de cinq cens écus, (dix-neuf cens cinquante livres.) Les baillis ont pour leur logement, dans les chef-lieux de leur bailliage, des maisons qui appartiennent au domaine. Ce produit de tous les domaines réunis, forme, année commune, un objet de six cens quatre-vingt-deux mille cinq cens quarante-deux écus, (deux millions six cens soixante & un mille neuf cens treize livres seize sols.)

Mines.

Les mines du Hartz sont administrées par des intéressés, & par un intendant & un contrôleur qui y sont établis par l'électeur.

Le produit de ces mines, toutes charges & dépenses acquittées, est partagé tous les trois mois; la portion qui revient à l'électeur monte, année commune, à cent vingt-sept mille sept cens écus, (quatre cens quatre-vingt-dix-huit mille trente livres.)

Salines.

Les salines sont en régie: cette régie est très-dispendieuse à cause des frais de transport des sels; le produit ne monte, année commune, qu'à sept mille huit cens soixante-quatorze écus (trente mille sept cens huit livres douze sols.)

Droits de licentes dans la province de Lunebourg.

Ces droits de licentes consistent dans des espèces de péages qui sont acquittés par les marchandises qui montent & descendent l'Elbe: il y a sur ce fleuve trois bureaux disposés de manière que, sans qu'il soit nécessaire d'avoir des gardes, il ne peut passer aucun batteau qui ne soit apperçu. Chaque bureau n'est composé que d'un receveur, un visiteur & un inspecteur.

Revenus casuels.

Ces revenus consistent dans le produit des amendes, du gibier, des jardins potagers & autres semblables; ils sont administrés par un seul secrétaire de la régence.

Postes & messageries.

Le produit des postes & messageries appartient en entier à l'électeur; les maîtres des postes ne sont que des régisseurs qui sont tenus de rendre compte. On prélevé sur le produit, les frais d'achats de chevaux, d'entretien, de nourriture & les salaires des postillons.

Les maîtres de poste sont obligés de tenir, jour par jour, des bordereaux bien détaillés, de manière qu'en rapprochant les bordereaux de chaque maître de poste, les uns servent de vérification aux autres, & que pour frauder les droits, tant des lettres que des chevaux & messageries, il faudroit nécessairement que tous les maîtres de poste fussent d'intelligence.

Voici maintenant en quoi consistent les subsides ou contributions ordinaires des différentes provinces de l'électorat de *Hanovre*.

Les huit provinces qui composent cet électorat, forment autant d'États séparés qui suivent à peu près les mêmes usages pour l'acquittement des contributions dont ils sont tenus; il y a cependant dans la forme de répartition, quelque différence dont il est nécessaire de rendre compte.

Impositions dans les duchés de Calemberg & de Gottheingen.

Les contributions ordinaire de ces deux duchés, sont réglées à deux cens cinquante mille écus (neuf cens soixante-quinze mille livres) qui sont remis annuellement dans la caisse de l'électeur. Les Etats, pour se procurer la rentrée de ces deux cens cinquante mille écus, imposent des droits, tantôt sur les consommations, tantôt sur les marchandises.

Lorsque les droits qui ont été établis ne rapportent pas le montant du subside, les Etats fournissent ce qui s'en manque, sans recourir à une nouvelle imposition; ils ont à cet effet des caisses qu'on appelle de secours, formées de l'excédent des recouvremens de certains droits fixes qui leur appartiennent, tels que les droits sur les grains venant de l'étranger & sur les chevaux & bestiaux.

S'il ne se trouve dans ces caisses aucun excédant, les Etats ont recours à des emprunts qui se remboursent successivement, à mesure que les droits produisent une excédent de recette.

Lorſque les Etats impoſent des droits ſur les objets de conſommation, ils ont la plus grande attention à n'en exiger que de très modiques ſur les denrées propres à la ſubſiſtance des pauvres: les objets ſur leſquels les droits portent principalement, ſont les vins, les eaux de vie & les liqueurs venant, ſoit des provinces voiſines, ſoit de l'étranger; les premiers payent juſqu'à huit pour cent, & les derniers communément un pour cent.

Les receveurs & employés n'ont aucun appointement fixe; mais des remiſes réglées ſur les produits. Jamais elle n'excédent cinq pour cent, & ne ſont au-deſſous de trois pour cent. Les comptes ſe rendent devant les députés des Etats.

Indépendamment des droits qui ſont impoſés pour le ſubſide ordinaire, chaque village paye annuellement une certaine ſomme pour les fourrages de la cavalerie & des dragons qui y ſont en quartier. On a la liberté de fournir des fourrages en nature.

Pour parvenir à une diſtribution égale, on commence par régler le montant total des fourrages qui doivent être fournis; ce montant eſt diviſé en autant de parties qu'il y a de bailliages: les baillis de chaque bailliage font la répartition ſur les différentes communautés de leur diſtrict, eu égard à l'étendue de chaque territoire, & enſuite le ſyndic de chaque communauté, avec un certain nombre des principaux habitans, règle la portion que chaque particulier doit ſupporter, ſoit en argent, ſoit en nature.

Duché de Grubenhugen.

Les ſubſides ordinaires ſe levent dans le duché de Grubenhugen, de la même manière que dans les duchés de Calemberg & de Gottheingen.

Duché de Lunébourg.

Les ſubſides ordinaires dans le duché de Lunebourg, ſe levent par une impoſition ſur les biens fonds; le montant de cette impoſition n'a pas varié depuis 1707, qu'elle a été réglée. Ce ſont les baillis qui en font le recouvrement, chacun dans l'étendue de leur baillage. On perçoit dans les villes un droit d'entrée, dont la quotité revient au ſixième de l'impoſition que ſupportent les fonds.

Lorſque les ſubſides ordinaires ſont augmentés, la contribution ſur les fonds & les droits d'entrée, dans les villes, ſont augmentés dans les mêmes proportions.

Duché de Bremen & Verden.

Dans les duchés de Bremen & de Verden, l'impoſition, pour les ſubſides ordinaires, ſe fait ſur les biens fonds, d'après un ancien cadaſtre, qui contient l'énumération des fonds de chaque bailliage: le recouvrement de cette impoſition eſt fait par le receveur des Etats, qui en remet le produit directement à la caiſſe de l'électeur.

Comté de Diépholtz & de Hoya.

Dans ces deux comtés, le montant des ſubſides ordinaires eſt acquitté par une taille dont la répartition eſt faite par les baillis, conjointement avec les ſyndics de chaque communauté: tous les habitans, ſans diſtinction, ſont impoſés eu égard à leurs facultés.

On obſerve qu'indépendamment des droits ou des impoſitions qui ſont établies par les Etats pour fournir à l'électeur le montant des ſubſides ou contributions ordinaires, ces Etats ajoutent à ces droits ou à ces impoſitions, les ſommes qui ſont néceſſaires pour ſubvenir aux dépenſes & aux charges dont ils ſont tenus, & qui conſiſtent à entretenir les grands chemins, à payer les officiers de juſtice dans le plat pays, à fournir aux hôpitaux & aux maiſons de correction les ſecours qui leur ſont néceſſaires, à payer les penſions & gratifications, à entretenir des collèges & à d'autres dépenſes de ce genre.

HALLAGE, (droit de) ſ. m., par lequel on déſigne un droit ſeigneurial qui ſe leve ſur les marchandiſes & denrées, expoſées en vente dans les halles où ſe tiennent les marchés. Il paroît être une indemnité accordée au ſeigneur, comme le prix de l'abri qu'il procure aux marchands, par le moyen du bâtiment qu'il a fait conſtruire & qu'il eſt tenu de réparer à meſure qu'il ſe dégrade.

Sous ce point de vue, les droits de *hallage* n'ont rien que de juſte; mais il ſemble qu'ils ne devroient ſe percevoir que ſur les marchands qui occupent des places dans les halles, comme il en eſt uſé à Paris, dans la halle aux draps, dans la halle aux toiles, dans la halle aux grains, & dans les autres. Mais dans les provinces, les ſeigneurs affermant les drots de *hallage*, le fermier exige une rétribution de tous ceux qui viennent dans les marchés vendre des denrées & des fruits, quoiqu'ils les étalent & les vendent dans des lieux qui n'ont rien de commun avec les halles.

HARTKORN, (tonneau de) meſure à laquelle on rapporte les terres en Dannemarck, dont l'étendue ſe determine par la qualité du terrein, & ſur laquelle on aſſeoit l'impoſition territoriale. *Voyez* DANNEMARCK.

HAVAGE ou HAVÉE. (droit de) Il ſignifie le droit que certaines perſonnes ont de prendre sur les grains & fruits, que l'on expose en vente dans les marchés, autant qu'on en peut tenir dans la main.

Dans quelques lieux, ce droit appartenoit au roi & avoit été cédé à l'exécuteur de la haute-justice. *Voyez* le *Dictionnaire de Commerce* & celui de *Jurisprudence*, ce droit ayant beaucoup plus de rapport avec ces parties qu'avec les finances.

HAUT-CONDUIT (droit de), c'est une sorte de péage très-connue en Lorraine, & qui est perçue sur les denrées & sur les matieres, sans égard pour la main d'œuvre qu'elles ont reçue, & pour leur valeur.

Suivant tous les règlemens relatifs au droit de *haut-conduit*, il est un des plus anciens du domaine des ducs de Lorraine; son établissement paroît, comme celui des péages, n'avoir eu lieu que pour en appliquer le produit à la réparation & a l'entretien des grands chemins, & des ponts & chaussées du pays.

Les tarifs des mois de novembre 1597, 16 mars 1610, & la déclaration du 6 août 1704, divisent cette province en cinq cantons ou districts, dont la communication ne pouvoit se faire qu'en payant le droit de *haut-conduit*, fixé en chacun sur un taux particulier.

Ces droits différens sont distingués sous le nom de *haut-conduit* du Barrois, *haut-conduit* de Saint-Epvre, *haut-conduit* de Nancy, *haut conduit* de Salins l'Etape, & *haut-conduit* de Château-Salins.

Chacun de ces districts est composé d'un certain nombre de paroisses, qui toutes pouvoient commercer ensemble sans avoir ce droit à payer; mais en portant des denrées ou marchandises d'un lieu d'un district, dans un endroit qui n'en étoit pas, elles devenoient sujettes au droit de *haut-conduit*. Les choses subsistèrent en cet état jusqu'en 1721.

Dans l'intervalle, il fut passé à Paris le 21 janvier 1718, entre Léopold duc de Lorraine & Louis XV, un concordat conséquent au traité de Riswick, qui stipule que la liberté de commerce sera conservée entre la Lorraine, & les évêchés de Metz, Toul & Verdun.

Suivant les articles XLIII, XLIV, XLV & XLVI de ce concordat, les sujets & habitans de l'évêché de Metz, ceux des villes de Phalsbourg, Strasbourg, des villages de Niderwillers & autres compris dans la route de Metz à Phalsbourg, sont exempts des droits de *haut-conduit* pour tous les grains, foins, pailles & bois provenans de leur crû & concrû, soit en les transportant des pays du duc de Lorraine, dans les évêchés, pays & lieux dénommés, pour les y consommer, soit en les portant de ces pays & lieux, dans les terres de la domination du même duc pour les y consommer. Mais ces habitans sont assujettis à ce droit conformément au tarif, pour les fruits, denrées, & effets qui leur proviennent d'achat, louage, ferme & amodiations qu'ils ont fait, tant dans lesdits évêchés & pays de Lorraine, que hors d'iceux.

Les habitans & bourgeois de la ville de Toul & pays Toulois, sont exempts du droit de *haut-conduit* de Saint-Epvre, pour toute sorte de fruits, denrées & marchandises nécessaires à leurs propres besoins & consommation, & affranchis de tous droits de *haut-conduit*, dans les quatre autres districts, pour les fruits & denrées de leur crû & concrû qu'ils transportent des états du duc de Lorraine, dans ladite ville de Toul & pays Toulois, pour y être consommé; & réciproquement les sujets du duc sont exempts de tous droits pour le transport ou passage des fruits & denrées de leur crû, qu'ils transportent desdites villes de Toul & pays Toulois, dans les états du prince pour y être pareillement consommés. Mais les bourgeois & habitans de la ville de Toul & pays Toulois restent comme par le passé, sujets au droit de *haut-conduit* pour les fruits, denrées & marchandises qu'ils font passer par les Etats du duc pour les transporter ailleurs que chez eux, & réciproquement les sujets Lorrains payent les anciens droits à Toul & dans le pays Toulois pour le même cas.

Il ne doit être exigé ni perçu aucun droit de *haut-conduit* sur les mêmes denrées qui se portent à bras, ou sur des chevaux & des ânes dans la ville de Verdun, pour y être consommées, & qui paroissent visiblement être destinées à l'usage des bourgeois & habitans de la même ville.

L'article LVII du même traité de Paris, qui subsiste encore dans toute sa force, parce qu'il n'a rien été changé à l'état de la Lorraine lors de son incorporation au royaume, est égalment remarquable par ses dispositions.

Il porte, que les sujets du roi de la prévôté de Vaucouleurs & dépendances, ne payeront aucun droit, même de *haut-conduit*, pour les fruits, denrées & marchandises provenant des terres de la domination de sa majesté, qu'ils feront passer & traverser sur celles du duc, pour la consommation de ladite prévôté & dépendances; non plus que pour celles qu'ils transporteront de ladite prévôté & dépendances dans lesdites terres du roi, & que réciproquement les sujets de son altesse royale, ne feront tenus de payer aucun droit dans la prévôté & dépendances, pour le passage & la traverse qu'ils y feront de leurs denrées

& marchandises provenant des Etats du duc, & qu'ils y porteront pour leur consommation.

Pour mettre à porté de juger que le droit de *haut-conduit* n'est autre chose qu'un droit de péage, on va rapporter en quoi consiste le *haut-conduit* de Nancy, tel qu'il est consigné dans la déclaration du mois d'août 1704.

Après le dénombrement des paroisses comprises dans chacune des prévôtés qui composent le district, il est dit : les droits seront payés comme s'ensuit.

Pour chacun cheval, attelé à char ou charrette, menant marchandises ou denrées, un gros.

Pour chaque pièce de vin de France, d'Arbois, de Saone, sur charette ou sur eau, cinq gros.

Pour la queue de vin du val de Metz, deux gros.

Pour chaque cheval chargé de quelques marchandises ou denrées, un gros.

Pour un cent de porcs, neuf gros, & à proportion pour un moindre nombre.

Pour un cent de moutons, deux gros, &c. &c.

Le *haut-conduit* par eau se paye de même que celui par terre, par rapport au nombre de chevaux, dont les charettes ou chariots, qui menent des marchandises & denrées sur les ports, seront attelés.

La perception du droit de *haut-conduit*, sur les marchandises passant d'un district dans l'autre, fut supprimée par édit d'avril 1721, & restreinte à l'entrée & à la sortie seulement de la Lorraine pour les pays étrangers.

Quelques difficultés s'étant élevées entre le fermier du *haut-conduit*, & les redevables au sujet des privilèges portés dans le traité 1718, un arrêt du 28 février 1725 en renouvella & confirma les dispositions. Différentes expressions vagues, comme celles de denrée, furent interprétées & définies. Ce même arrêt régla aussi les formalités à remplir, pour constater l'origine des denrées du crû privilégié, & les faire jouir de toute la plénitude de leur immunité.

L'année suivante, un nouveau réglement du 23 janvier fixa le droit de chaque acquit à caution & acquit de paiement pour le droit de *haut-conduit* ; il fut ordonné que les acquits de paiement seroient délivrés au nom des voituriers, & les acquits à caution, sous le nom des propriétaires des marchandises.

Les principaux réglemens sur le droit de *haut-conduit*, sont ensuite :

1°. L'arrêt de la chambre des comptes de Lorraine, du 14 avril 1723, & celui du 4 septembre 1734, qui ordonnent que tous marchands, voituriers & conducteurs par eau, de bois étrangers, seront tenus de payer le droit de *haut-conduit* d'entrée au premier bureau, & celui de sortie au dernier.

2°. L'arrêt du conseil du premier mars 1735, qui confirme le fermier des péages de Lorraine & Barrois, dans la perception du droit de *haut-conduit* & issue foraine sur les grains sortans de Lorraine, destinés au paiement du prix des baux, cens, rentes & redevances, pour être conduits dans les Evêchés, & en tous autres pays & lieux privilègiés.

3°. L'arrêt contradictoire de la chambre des comptes de Lorraine, du premier mars 1738, qui ordonne que le droit de *haut-conduit* sera payé conformément aux ordonnances & tarifs pour les bestiaux reconduits au-dehors des Etats, quoiqu'ils ayent déja acquitté le droit d'entrée en Lorraine.

4°. Enfin, l'arrêt contradictoire du conseil royal des finances & de commerce, du 22 août 1750, portant que M. l'évêque de Metz sera tenu de faire acquitter le droit de *haut-conduit*, & prendre acquit à caution pour les grains, foins, paille, bois, & autres denrées, provenant du crû & concrû de ses biens situés dans l'ancien territoire de l'évêché de Metz, qu'il fera conduire à Metz, ou autres lieux du pays Messin, en passant sur le territoire de la souveraineté de Lorraine. Le produit du droit de *haut-conduit*, est d'environ cent mille livres.

HAUT-PASSAGE. (droit de) C'est le nom d'une ancienne imposition, qui se levoit sur certaines espèces de marchandises exportées du royaume.

Philippe-le-Long ayant renouvellé, le 19 mai 1321, les défenses précédemment faites, de laisser sortir aucunes des marchandises, alors prohibées, sans payer finance, il statua que le montant de ce droit, dont, jusqu'à cette époque, le maître des ports avoit réglé l'emploi, seroit à la disposition de la chambre des comptes de Paris.

Les marchandises défendues à la sortie du royaume, se trouvoient comprises dans l'ordonnance du premier février 1304 ; c'étoient les vieilles espèces & l'argent en barre, les armes, les chevaux, les mulets, toutes sortes de grains & de légumes, les vins, le miel, l'huile, le poivre, le gingembre, la cannelle, le sucre, le fer, l'acier, le cuivre, l'étain, le plomb, toutes espèces de cuirs & de pelleteries apprêtées ou non préparées, la soie, le coton, la laine, le lin, le chanvre filé ou brut, les toiles, les draps, & autres étoffes en blanc, crues ou non teintes, toutes espèces de graines propres à la teinture, le suif, la cire, le sain doux & les graisses. Cette ordonnance ne prononce que la confiscation des marchandises, en cas d'exportation sans permission.

L'instruction donnée par la chambre des comptes à trois de ses membres, nommés commissaires dans cette partie, indique l'origine du nom de *haut-passage*; elle fait voir que c'étoit à la chambre même que devoient s'adresser les marchands qui vouloient faire la traite étrangère, & qu'elle déterminoit les sommes à payer, suivant la qualité & la quantité des marchandises exportées.

Il étoit tenu registre des permissions accordées, ainsi que du prix qu'elles coûtoient, & c'est ce prix que l'on trouve ensuite désigné par le nom de *haut-passage*. On ne peut fixer quelle en fut la quotité lors de cet établissement, mais on est sûr qu'elle étoit de sept deniers par quintal, sous François I.

Lorsque les formalités nécessaires pour faire le commerce d'exportation avoient été remplies auprès de la chambre des comptes, elle adressoit à celui de ses commissaires par le département duquel devoit sortir la marchandise, un mandement, portant la quotité de la somme à faire payer, & spécifiant les objets par quantités & qualités.

Ce commissaire, après avoir reçu la somme fixée, en délivroit une quittance avec copie du mandement, sur lequel il inscrivoit la permission particulière de traire hors du royaume les marchandises désignées. Lorsque le conducteur étoit arrivé dans le lieu de passage par lequel cette traite devoit s'exécuter, il présentoit sa permission au garde qui y résidoit; celui-ci enregistroit les noms des propriétaires des marchandises; il faisoit mention des quantités & qualités; il apposoit son seing ou sa marque sur chaque ballot de marchandises, en indiquant le tems où elles devoient être expédiées. Ce tems arrivé, il effaçoit sa marque, & les ballots étoient chargés pour leur destination.

On a déja vu à l'article FORAINE, que le droit de *haut-passage* s'y trouvoit confondu avec celui de *rêve*. Lors de cette réunion, le premier étoit de sept deniers, & il est encore fixé à ce taux, dans les tarifs du droit de foraine, qui distingue ces trois droits.

Il seroit superflu de rien ajouter à ce qui se lit sous le même mot de FORAINE, à l'égard du droit de *haut-passage*. On peut y avoir recours, pour connoître en quelles provinces, & dans quel cas, il est actuellement perçu conjointement avec la foraine.

Il existe encore un droit de *haut-passage*, qui se perçoit seul dans quelques bureaux de la Provence, sur la frontière du comté de Nice, mais il ne paroît avoir rien de commun, que le nom, avec celui dont on vient de traiter. Sa quotité indique, d'ailleurs, qu'il est établi postérieurement à 1577, date de l'imposition du droit de la traite domaniale; il semble plutôt être une sorte de droit de transit, puisqu'il ne se leve que sur quelques marchandises originaires du comté de Nice, qui, pour passer d'un lieu à l'autre, empruntent le territoire de Provence. Au surplus, il paroît que ce droit particulier de *haut-passage*, fixé par d'anciens tarifs manuscrits, au tiers du droit principal de la foraine & de la domaniale réunies, produit à peine vingt livres par chaque année.

HAYNAULT. Province de France, dont la condition, relativement aux droits des fermes & aux autres impositions, mérite d'être remarquée, parce qu'elle sort de la règle commune, & qui d'ailleurs contribue aux finances de l'Etat d'une manière particulière.

Ce qui forme aujourd'hui le département du *Haynault*, a été cédé à la France par différens traités, & cette différence dans les époques des réunions à la couronne, en forme également une, dans les droits auxquels les chefs-lieux & territoires sont assujettis.

On ne connoît en *Haynault* aucune imposition sous la dénomination de tailles; mais au lieu de cet impôt, on y perçoit des droits connus sous le nom d'anciens vingtièmes, feux & cheminées.

Dans quelques parties du *Haynault*, telles que la ville & prévôté, le comté de Valenciennes, la châtellenie de Bouchain, les paroisses du vieux Condé, Hargnies, la ville de Saint-Amand, & sept villages de sa dépendance, on paye au roi une aide ordinaire & une aide extraordinaire.

L'aide ordinaire est représentative des anciens vingtièmes; les administrations qui y sont assujetties, en font la perception sur le pied des anciens vingtièmes, & les fonds qui en proviennent se payent directement au roi, en se versant dans la caisse du receveur général des finances.

L'aide extraordinaire n'a aucun rapport avec ce qui peut s'appeller taille; c'est une charge établie dans tous les endroits où l'aide ordinaire se perçoit, pour tenir lieu de toutes les impositions qui ont pu ou qui pourront être faites dans tout le reste du département & dans tout le royaume; mais cette condition ne s'exécute point. On paye l'aide extraordinaire, & on ne paye pas moins toutes les nouvelles impositions, comme dans les lieux où on ne leve point l'aide extraordinaire.

Il est vrai qu'à Valenciennes & à Bouchain, le roi accorde, chaque année, la remise de l'aide extraordinaire, & que le produit sert, à Valenciennes, à l'acquit des anciennes rentes dont cette ville est chargée; & à Bouchain, à la construction & à l'entretien des ponts & chaussées; ouvrages publics, & autres dépenſes de l'adminiſtration: mais malgré cette circonſtance, les habitans de ces cantons ſont plus chargés que ceux des autres parties du département.

Les feux & cheminées ſont encore des droits repréſentatifs de la taille, & ils ſe perçoivent dans tout le *Haynault*, même dans les endroits où l'aide ordinaire remplace les anciens vingtièmes, à l'exception de la ville de Valenciennes, & de la ville & châtellenie de Bouchain.

L'impôt des feux & cheminées fait partie de l'adminiſtration des domaines, de même que le produit des anciens vingtièmes, dans toutes les parties du *Haynault* où l'aide n'a point été établie, enſorte qu'il n'y a que l'aide ordinaire & l'aide extraordinaire qui ſoient verſées dans la caiſſe du receveur général des finances.

Le montant de l'aide ordinaire, eſt de cent dix-ſept mille cent quatre-vingt-trois livres quatre ſols ſix deniers:

Savoir;

	l.	ſ.	d.
Dans la partie du gouvernement de Condé, qui y eſt aſſujettie, treize cens ſoixante & deux livres dix ſols, ci	1,362	10	
Dans la prévôté, le comté de Valenciennes, ...	17,169	7	
Dans la ville de Valenciennes, ...	54,222		
Dans la ville & châtellenie de Bouchain, ...	28,359	7	6
Dans la dépendance de Saint-Amand, ...	16,070		
Total........	117,183	4	6
Les vingtièmes, feux & cheminées, ſont un objet de perception principale, d'environ ſoixante-ſept mille trois cens trente livres, ci............	67,330		
Ainſi, le total de ces différentes impoſitions, monte à...	184,513	4	6

On perçoit en ſus les différens ſols pour livre.

L'aide extraordinaire produit encore une perception de cent douze mille huit cens dix-neuf livres un ſol huit deniers; mais comme cette impoſition n'eſt pas repréſentative de la taille, on n'en parle que par obſervation.

Les anciens vingtièmes, ou l'aide ordinaire qui y a été depuis ſubſtituée dans certains endroits, ainſi que l'impôt ſur les feux & cheminées, ſe trouvoient établis par les ſouverains du tems de l'Eſpagne, & ſubſiſtoient lors du paſſage de ces pays ſous la domination Françoiſe; c'étoit un moyen que les Etats du *Haynault* avoient employé, pour payer au ſouverain le tribut, & lui fournir, dans les occaſions, des ſecours extraordinaires. L'époque de l'établiſſement des vingtièmes remonte à l'année 1587.

Ce n'étoit point alors une impoſition fixe & permanente; elle ne l'eſt devenue qu'en 1604, ſous l'archiduc Albert, qui gouvernoit alors les Pays-Bas. On dreſſa dans toutes les villes, paroïſſes & communautés du *Haynault*, des cahiers ou cadaſtres, qui contenoient l'énumération de tous les biens-fonds, & ſur leſquels on impoſa le vingtième, relativement à leur produit. Ce vingtième n'a jamais augmenté, quoique la valeur des fonds ſe ſoit conſidérablement accrue; on s'eſt ſeulement contenté, à meſure que les beſoins ſe multiplièrent, de le doubler, tripler, & même quadrupler.

On obſerve qu'à Valenciennes, l'aide ordinaire, quoique repréſentative des anciens vingtièmes, ne ſe prend pas néanmoins ſur les fonds; il y a des droits établis ſur les différens objets de conſommation, qui font partie des octrois de la ville, & qui ſervent à l'acquitter.

Ce ſont les cahiers de 1604 qui forment, encore aujourd'hui, le titre de la levée de cette impoſition, qui n'a point augmenté, ni en valeur, ni en quotité, depuis la réunion de ce pays à la France, enſorte qu'elle ſe perçoit actuellement ſur le même pied où elle s'eſt trouvée établie lors de la conquête.

Cette perception ne ſe fait cependant pas également dans tout le *Haynault*; il y a des cantons, tels que les territoires du Queſnoy, d'Aveſnes & de Landrecies, qui ne ſont aſſujettis qu'au paiement de deux vingtièmes. Il y en a d'autres qui en payent juſqu'à quatre.

La raiſon de cette différence procède des différentes époques des réunions. Aveſnes, le Queſnoy & Landrecies, ont été cédés par le traité des Pyrénées de 1659, & alors il ne ſubſiſtoit que deux vingtièmes, qui ont continué d'être perçus dans ces territoires.

Maubeuge, Bavey, Valenciennes, Bouchain, Condé, & les autres paroiſſes du *Haynault*, ont paſſé à la France, par le traité de Nimègue en 1678, & alors il ſubſiſtoit quatre vingtièmes. Tous ces pays ſont reſtés dans le même état où ils étoient lors de la conquête.

Les feux & les cheminées ſont, comme les anciens vingtièmes, des moyens employés par les Etats du *Haynault* pour fournir les ſubſides au prince. *Voyez* ce qui a été dit au mot DOMAINE DE FLANDRES, ARTOIS & HAYNAULT, tome I. page 621.

On ajoutera seulement, que dans les cantons où les vingtièmes ont été remplacés par l'aide, la quotité, qui est toujours la même, s'en fixe annuellement par des arrêts du conseil, qui s'expédient pour chaque administration. En exécution de ces arrêts : l'intendant fait dresser des mandemens, qu'il envoie tous les ans dans chaque paroisse.

Ces mandemens sont toujours les mêmes. Quant à la somme à répartir pour l'aide, la répartition s'en fait aussi sur chaque contribuable par les mayeurs & gens de loi ; & comme l'aide représente les anciens vingtièmes, ce sont toujours les cahiers de 1604 qui font la base de cette répartition. Dans tous les cas, si quelque contribuable se plaint d'être trop taxé, c'est l'intendant qui en connoît & fait droit aux parties : l'imposition, d'ailleurs, est purement réelle, & personne n'en est exempt.

A l'égard des gabelles, le *Haynault* est au rang des provinces qui en sont exemptes ; mais l'usage, le commerce, le transport, & les amas de sel gris sont défendus dans cette province, aux exceptions dont on va rendre compte dans un moment, à peine de confiscation, & de trois mille livres d'amende contre les contrevenans, même d'être punis comme faux-sauniers si le cas y écheoit, suivant l'arrêt du conseil du 15 juillet 1679, & l'article VI. de celui du 23 mars 1720.

Ces réglemens défendent pareillement aux habitans des paroisses situées dans les trois lieues limitrophes du pays de gabelles, de faire aucun amas de sel blanc au-delà de ce qui est nécessaire pour l'usage & la dépense de leurs maisons pendant six mois, à raison de cent livres pesant pour sept personnes par an, à peine aussi de confiscation & de trois mille livres d'amende. Mais, d'après la déclaration du 9 avril 1743, dont il a été question à l'article ARTOIS, & de laquelle les dispositions s'étendent au *Haynault*, les amendes sont au jugement de l'intendant, suivant la gravité des contraventions & des circonstances qui les accompagnent.

L'article II. de l'arrêt du 23 mars 1770, ainsi que l'arrêt & les lettres-patentes des premier février & 12 mars 1743, permettent aux négocians des villes fermées du *Haynault*, jusques & compris celles de Maubeuge, Landrecies & Avesnes, de tirer des ports de Dunkerque, Calais, Boulogne, Etaples & Gravelines, tout le sel gris dont ils auront besoin pour leur commerce, & de le tenir en magasin chez eux, même de le transporter d'une ville à l'autre, du nombre de celles qui sont permises, à la charge qu'il ne pourra être transporté que dans des sacs qui seront plombés & bobinés ; avec des acquits à caution qui seront pris dans les bureaux des villes de l'enlèvement, & dont la décharge sera rapportée, certifiée des receveurs & contrôleurs des villes de la destination, dans le tems prescrit, à peine de trois mille livres d'amende contre les contrevenans ; & dans le cas où quelques voituriers ou autres, seroient convaincus d'avoir caché, détourné, ouvert ou falsifié les sacs, ils seront réputés faux-sauniers, & ; comme tels, condamnés aux peines portées par les ordonnances.

Aux termes de l'article XVI. de l'arrêt de 1720, il ne peut être transporté de sel gris au-delà des trois villes qu'on vient de nommer, sous quelque prétexte que ce soit, même pour la destination des villes de Mariembourg, Philippeville, Givet, & autres, à peine de confiscation & de trois mille livres d'amende. Cette défense est fondée, sur ce que la communication des villes de Maubeuge, Landrecies & Avesnes, à celles de Philippeville & Mariembourg, qui font de la même province, ne peut se faire qu'en traversant une grande étendue de terres étrangères enclavées dans le *Haynault françois*, & même contigues à l'ancienne France.

Par l'article XII. il est permis aux négocians de Valenciennes d'envoyer du sel gris à l'étranger, à la charge non-seulement de le faire sortir par les bureaux de Saint-Amand, Mortagne, Condé, & Blammisseron ; mais encore de prendre un acquit de payement & à caution dans le lieu de l'enlèvement, & de le rapporter déchargé par les commis du bureau de sortie, dans le tems qui aura été marqué, à peine de trois mille livres d'amende.

Enfin, par l'article XV. du même arrêt de 1720, il est expressément défendu aux habitans de griseler le sel blanc, sous les peines portées par les ordonnances rendues contre les faux-sauniers.

Les règles qui doivent être suivies pour l'exercice des commis des fermes, dans les trois lieues du *Haynault* limitrophes du pays de gabelles, sont prescrites par les déclarations du roi du 9 avril 1743, 13 mai 1746, qui ont été citées en parlant de l'Artois, auquel leurs dispositions sont communes.

La province du *Haynault* est abonnée pour les droits de domaine, comme contrôle des actes & des exploits, insinuation, centième denier, & petit-scel, depuis l'arrêt du conseil du 29 juin 1728. Cet abonnement a successivement été renouvellé avec une augmentation proportionnée aux sols pour livre imposés en différens tems, suivant l'arrêt du conseil du 15 novembre 1781. Le prix de l'abonnement de l'année 1781 est fixé, tant pour le principal que les huit sols pour livre, à soixante-treize mille cinq cens quarante-deux livres, & pour les années subséquentes, jusques & compris 1786, à la somme de soixante & dix-huit mille sept cens quatre-vingt-quinze livres ; savoir, par la province du *Haynault*, qui composoit l'intendance de Valenciennes avant 1754, soixante-sept mille trois cens soixante-cinq livres, tant en principal que dix sols pour livre.

Par la ville de Bouchain & dépendances, sept mille deux cens soixante livres, aussi dix sols pour livre compris.

Par la ville de Saint-Amand, trois mille sept cens soixante-deux livres.

Et par la ville de Mortagne, quatre cens huit livres.

» Les habitans desdites provinces, villes & dépendances, demeureront, » porte cet arrêt « déchargés pendant les six années, qui finiront le 31 décembre 1786, de l'exécution des déclarations des 29 décembre 1722 & premier juin 1771. Veut & entend sa majesté, que tous les contrats & actes passés par les notaires desdites provinces, villes & communautés du *Haynault*, entre personnes y domiciliées, ou pourvu qu'une des parties principales y soit domiciliée de fait, puissent être exécutés & produits en justice dans toutes les autres provinces du royaume, sans être assujettis au contrôle ni à l'insinuation, dérogeant, à cet égard seulement, à l'article I. de la déclaration du 19 mars 1696, qui sera, au surplus, exécutée suivant sa forme & teneur. Fait sa majesté défenses à tous particuliers domiciliés dans les lieux où le contrôle est établi, d'aller passer ou d'envoyer leur procuration, à l'effet de passer des actes entr'eux pardevant notaires, tabellions & gens de loi demeurans dans ladite province, à peine de nullité desdits actes, de la restitution des droits qui en résulteront, & de trois cens livres d'amende pour chacune contravention, & contre chacun des contrevenans. Enjoint aux notaires, tabellions, & autres personnes publiques, qui ont la faculté d'instrumenter dans ladite province, de communiquer aux procureurs, commis & préposés de la régie des domaines & droits domaniaux, les minutes de tous les actes dont ils seront dépositaires, ensemble leurs registres, liasses, répertoires ou protocoles, à peine, en cas de refus de leur part, de deux cens livres d'amende pour chaque contravention. Ordonne, en outre, qu'ils délivreront, lorsqu'ils en seront requis, des extraits des contrats & actes qu'ils auront reçus, moyennant la somme de six sols qui leur sera payée par chaque extrait, à l'exception cependant des testamens & donations, dont ils ne pourront donner communication ni délivrer aucun extrait, qu'après le décès des testateurs ou donateurs. Veut sa majesté que toutes les contestations qui pourront s'élever entr'eux & les employés de l'administration des domaines, soient portées en première instance devant le sieur intendant & commissaire départi en *Haynault*, à l'effet par lui, de les juger sommairement, sans frais, & sauf l'appel au conseil ; & seront lesdites sommes payées ès mains du receveur général de la régie des domaines & droits domaniaux à Valenciennes, en quatre termes égaux. Ordonne que la répartition sera faite sur tous les habitans desdites provinces, villes & communautés du *Haynault*, exempts ou non exempts, privilégiés ou non privilégiés, & dans la forme & manière qui seront jugées les plus convenables, par le sieur intendant de la province. «

Le *Haynault* n'est point sujet aux droits d'aides, mais il l'est aux autres droits qui sont réunis à cette partie, comme le droit des cuirs, celui des cartes, celui des papiers, cartons & amidons, les droits d'inspecteurs aux boissons & aux boucheries, & les droits réservés.

L'arrêt du conseil du 16 mai 1782, a accordé un abonnement aux villes & administrations de la généralité de Valenciennes, pour tenir lieu de la perception en principal, & dix sols pour livre de ces trois espèces de droits, & de ceux de courtiers-jaugeurs.

Comme cet arrêt présente le détail de tout ce qui a été fait relativement à ces droits depuis 1774 dans cette généralité, qu'il rappelle aussi différens droits d'octroi, de péage, & autres droits particuliers qui s'y leve, & qu'il fixe d'ailleurs la contribution séparée de chaque communauté, nous croyons devoir le rapporter en entier.

Vû au conseil d'État du roi, sa majesté y étant : 1°. L'arrêt rendu en icelui le 2 septembre 1774, portant fixation de la somme de quarante-sept mille trois cens cinquante-cinq livres & deux sols pour livre d'icelle, faisant en total celle de cinquante-deux mille quatre-vingt-dix livres dix sols, à payer chaque année en forme d'abonnement, par les villes & bourgs de la province du Haynault, du Cambresis & des châtellenies de Bouchain & Saint-Amand, formant l'étendue de la généralité de Valenciennes, pour tenir lieu dans lesdites provinces & districts du principal & des deux sols pour livre des droits précédemment établis, pour l'acquittement des dons gratuits ordonnés par l'édit d'août 1758 ; desquels droits la perception avoit été réservée au profit de sa majesté par l'édit d'avril 1768, & prorogée par celui du mois de novembre 1771, de laquelle somme totale de cinquante-deux mille quatre vingt-dix livres dix sols, suivant la répartition qui en a été faite en exécution dudit arrêt, par le sieur intendant & commissaire départi en ladite généralité, il a été supporté d'abord par les villes & bourgs du Haynault, & par les villes & châtellenies de Bouchain & Saint-Amand, celle de trente-quatre mille huit cens quatre-vingt-seize livres huit sols, qui depuis & à cause de la modération

dération particulière accordée par décision du conseil du 12 décembre 1776, sur la contribution de la ville de Valenciennes, a été réduite à vingt-neuf mille quatre cens vingt-sept livres un sol neuf deniers, dont vingt-six mille sept cens cinquante-une livres dix-huit sols en principal, & deux mille six cens soixante-quinze livres trois sols neuf deniers pour les deux sols pour livre; à quoi par un arrêt du 15 décembre 1771, avoient été, jusqu'à ce qu'il en fût autrement ordonné par sa majesté, modérés les huit sols pour livre perceptibles en exécution de l'édit de novembre 1771, en sus du principal desdits droits: 2°. Autre arrêt du conseil du 14 mars 1773, portant pareillement fixation de la somme de cent vingt-six mille deux cens deux livres quinze sols, à payer chaque année par lesdites villes & châtellenies de la généralité de Valenciennes, autres que celles de Cambray & du Cambresis, pour tenir lieu des huit sols pour livre prorogés ou imposés au profit du roi, par l'édit de novembre 1771, en sus des droits & octrois qui sont levés au profit desdites villes: 3°. Autre arrêt du 19 juillet 1774, par lequel l'abonnement annuel des villes de Valenciennes, Prévôté-le-Comte, Condé & province du *Haynault*, a été fixé à la somme de trente-cinq mille six cens vingt-huit livres trois sols sept deniers, pour tenir lieu de la perception des droits de courtiers-jaugeurs, inspecteurs aux boissons & inspecteurs aux boucheries, tant en principal que huit sols pour livre; desquels droits la levée & perception, tant en principal qu'anciens six sols pour livre, ont été par ledit édit de novembre 1771, prorogées & continuées jusqu'à ce qu'il en soit, par sa majesté, autrement ordonné, & pareil abonnement des villes de Cambray, Bouchain, Saint-Amand & Pecquencourt, à la somme de onze mille neuf cens soixante-onze livres seize sols quatre deniers, dont la ville & châtellenie de Bouchain & celle de Pecquencourt, Saint-Amand & Mortagne ont supporté ensemble deux mille cinq cens quarante-neuf livres trois sols neuf deniers: 4° L'édit de février 1780, portant prorogation jusqu'au 31 décembre 1790, tant desdits droits réservés au profit de sa majesté par l'édit d'avril 1768, & huit sols pour livre d'iceux, que des deux sols pour livre & deux patars au florin, imposé par l'article VI de l'édit de novembre 1771, en sus de tous les droits non exceptés par cet édit; desquels droits principaux, deux sols pour livre & deux patars au florin, la perception devoit expirer au 21 décembre de ladite année 1780: 5°. L'édit d'août 1781, qui a ordonné la perception au profit de sa majesté jusqu'au 31 décembre 1790, de deux nouveaux sols pour livre & de deux nouveaux patars au florin en sus de tous les droits de six deniers & au-dessus, tant perçus qu'abonnés, sur lesquels les précédens huit sols pour livre devoient être perçus en exécution desdits édits de novembre 1771, & février 1780, aux seules exceptions portées par ledit édit d'août 1781: 6°. Les arrêts du conseil des 15 septembre 1780 & 25 août 1781, qui commettent Henri Clavel pour faire la régie, recette & recouvrement des produits, tant par perception effective que par abonnement, des droits principaux & sols pour livre ci dessus énoncés, pour le tems de sa régie qui a commencé le premier octobre 1780, & finira le 31 décembre 1786. Sa majesté en se portant à étendre, en faveur desdites villes de la généralité de Valenciennes, les modérations qu'elle a bien voulu accorder aux Etats d'Artois, de Cambray & de la Flandre Walonne, ainsi qu'aux administrations des villes & bourgs de la Flandre maritime, relativement à l'exécution de ces édits de février 1780 & août 1781, en ce qui concerne les droits & abonnemens ci-devant énoncés, a jugé en même tems devoir fixer d'une manière précise, d'un côté le montant des nouveaux abonnemens à payer par lesdites villes & bourgs de la généralité de Valenciennes, pour tenir lieu desdits droits principaux & sols pour livre, en réunissant tous les districts qui ont le même régime d'administration, & de l'autre le mode & les époques du recouvrement qui devra être fait desdits abonnemens par Henri Clavel ou ses préposés. A quoi voulant pourvoir: Oui le rapport &c. Le roi étant en son conseil, a ordonné & ordonne ce qui suit:

Article premier.

A compter du premier janvier de la présente année 1782, & jusqu'à ce qu'il en soit autrement ordonné par sa majesté, il sera annuellement payé, par les villes & administrations de la généralité de Valenciennes, non compris Cambray & le Cambresis, la somme de cent dix-huit mille quatre cens livres par forme d'abonnement, pour les dix sols pour livre des droits & octrois levés au profit desdites villes & administrations; savoir, pour les dix sols pour livre de l'octroi de deux liards au pot de forte bière cabaretière, & droits des jurés-brasseurs & Egard gourmet, dont jouit la province de *Haynault*, la somme de trente-sept mille sept cens cinquante livres; par la ville de Valenciennes, la somme de quarante-cinq mille livres; par la ville & châtellenie de Bouchain, la somme de trois mille sept cens trente-sept livres dix sols; par la ville de Pecquencourt, la somme de soixante-quinze livres six sols trois deniers; par la ville d'Avesnes, la somme de quinze cens livres; par la ville de Bavay, la somme de neuf cens six livres cinq sols; par la ville de Condé, la somme de quatre mille deux cens cinquante livres; par la ville de Givet, la somme de quatre mille livres; par la ville de Landrecies, la somme de quinze cens livres; par la ville de Maubeuge, la somme de trois mille neuf cens cinquante livres; par la ville de Philippeville, le somme de trois cens soixante-deux livres dix sols; par la ville du Quesnoy, la somme de deux mille sept cens trente-quatre livres sept sols six deniers; par la ville de Solre-le-château, la somme de trois cens cinquante deux livres sept sols; par la ville de Saint-Amand, la somme de onze mille dix huit livres quinze sols; & par la ville & territoire de Mortagne, tant d'ancienne que de nouvelle domination, la somme de douze cens soixante deux livres dix-neuf sols trois deniers; revenant toute lesdites sommes à celle de cent dix-huit mille quatre cens livres, qui tant qu'il plaira à sa majesté de laisser subsister les présens abonnemens, sera payée chaque année sans frais, de quartier en quartier, dont les deux premiers qui se trouveront échus le premier juillet prochain, seront acquités dans la première quinzaine dudit mois, & ainsi de suite, de trois en trois mois par lesdites villes & administrations, chacune pour ce qui les concerne, entre les mains de Henri Clavel, régisseur général des aides & autres droits y joints, ses procureurs, commis ou préposés, à peine d'y être contraints comme pour les propres deniers & affaires de sa majesté. N'entend sa majesté comprendre dans lesdits abonnemens les droits de soixantième de Meuse, pontonnage de Givet, tonlieu de Maubeuge, péage de Saint-Amand, de Thun, de Buverlot & d'Anchin, pontonnage d'Aubigny-au-Bacq & autres semblables droits exceptés du précédent abonnement, accordé par l'arrêt du conseil du 14 mars 1773, à l'égard desquels, jusqu'à ce qu'il en soit autrement ordonné par sa majesté, elle veut que les dix sols pour livre soient perçus en intégrité à son profit par ledit Clavel, ses receveurs, commis & préposés, sur le pied de la recette effective du principal ou particuliérement abonnés aux propriétaires, fermiers ou régisseurs desdits droits.

II.

A compter du même jour premier janvier 1782, & jusqu'à ce qu'il en soit autrement ordonné par sa majesté, il sera annuellement payé par les villes & administrations de la généralité de Valenciennes, non compris Cambray & le Cambresis, la somme de trente-quatre mille sept cens soixante-dix-sept livres neuf sols six deniers, dont vingt six mille sept cens cinquante-une livres dix-huit sols, pour abonnement du principal des droits de don gratuit réservés au profit de sa majesté, par l'édit du mois d'avril 1768, & huit mille vingt-cinq livres onze sols six deniers, pour les six sols pour livre; à quoi sa majesté a bien voulu quant à présent, & jusqu'à ce qu'il lui plaise d'en ordonner autrement, réduire & modérer les dix sols pour livre auxquels lesdits droits sont assujettis par l'édit du mois d'août 1781; revenant lesdites deux sommes à celle de trente-quatre mille sept cens soixante-dix-sept livres neuf sols six deniers, dont il sera payé; savoir, par la ville de Valenciennes, dix mille livres pour le principal, trois mille livres pour les six sols pour livre, & en total treize mille livres; par la ville & châtellenie de Bouchain, seize cens cinquante une livres deux sols trois deniers pour le principal, quatre cens quatre-vingt-quinze livres six sols huit deniers pour les six sols pour livre, & en total deux mille cent quarante-six livres huit sols trois deniers; par la ville de Solesmes, cinq cens cinquante livres pour le principal, cent soixante-cinq livres pour les six sols pour livre, & en total sept cens quinze livres; par la ville d'Avesnes, onze cens une livres deux sols un denier pour le principal, trois cens trente livres six sols sept deniers pour les six sols pour livre, & en total quatorze cens trente une livres huit sols huit deniers; par la ville de Bavay, trois cens soixante-dix-huit livres quinze sols trois deniers pour le principal, cent treize livres douze sols sept deniers, pour les six sols pour livre, & en total quatre cens quatre-vingt-douze livres, sept sols dix deniers; par la ville de Condé, neuf cens dix-sept livres quinze sols pour le principal, deux cens soixante-quinze livres six sols six deniers pour les six sols pour livre, & en total onze cens quatre-vingt-treize livres un sol six deniers; par la ville de Givet, neuf cens vingt-huit livres quinze sols pour le principal, deux cents soixante-dix-huit livre douze sols six deniers ponr les six sols pour livre, & en total douze cens sept livres sept sols six deniers; par la ville de Landrecies, neuf cens cinquante quatre livres huit sols dix deniers pour le principal, deux cens quatre-vingt-six livres six sols huit deniers pour les six sols pour livre, & en total douze cens quarante livres quinze sols six deniers; par la ville de Maubeuge, six cens soixante-une livres deux sols pour le principal, cent quatre-vingt-dix-huit livres six sols huit deniers pour les six sols pour livre, & en total huit cens cinquante neuf livres huit sols six deniers; par la ville de Philippeville, cent soixante-cinq livres pour le principal, quarante neuf livres dix sols pour les six sols pour livre, & en total deux cens quatorze livres dix sols; par la ville du Quesnoy, onze cens une livres deux sols un denier pour le principal, trois cens trente livres six sols neuf deniers pour les six sols pour livre, en total quatorze cens trente-une livres huit sols six deniers; par la ville de Solre-le-château, trois cens soixante-six livres treize sols quatre deniers pour le principal, cent dix livres pour les six sols pour livre, & en total quatre cens soixante seize livres treize sols quatre deniers; par la ville de Saint-Amand, sept mille sept cens une livres deux sous deux deniers pour le principal, deux mille trois cens dix livres six sols neuf deniers pour les six sols pour livre, & en total dix mille onze livres huit sols onze deniers; & par la ville de Trélon, deux cens soixante-quinze livres pour le principal, quatre-vingt deux livres dix sols pour les six sols pour livre, & en total trois cens cinquante-sept livres dix sols; revenant toutes lesdites sommes à celle de trente-quatre mille sept cens soixante dix-sept livres neuf sols six deniers, qui sera payée par lesdites villes & administrations, chacune pour ce qui les concerne, dans les mêmes termes & de la même forme & manière qui sont réglés par l'article I ci-dessus, pour les sols pour livre en sus des droits & octrois levés au profit desdites villes & administrations.

III.

L'abonnement annuel à payer par les villes & province de *Haynault*, comprises les villes de Bouchain, Pecquencourt, Saint-Amand & Mortagne, à l'exception seulement de Cambray & du Cambresis, pour y tenir lieu, à compter dudit jour premier janvier 1782, & jusqu'à ce qu'il en soit autrement ordonné, de la perception en principal & dix sols pour livre, des droits de courtiers-jaugeurs, inspecteurs aux boissons & inspecteurs aux boucheries, sera & demeurera fixé à la somme de quarante mille neuf cens trente cinq livres; savoir, pour le principal à vingt sept mille deux cens quatre-vingt dix livres, & pour les dix sols pour livre à treize mille six cens quarante-cinq livres; revenant desdites deux sommes à la première de quarante mille neuf cens trente-cinq livres, laquelle jusqu'à ce qu'il en soit autrement ordonné, sera imposée & payée entre les mains dudit Clavel, ses receveurs, commis ou préposés, ainsi & de la même manière qu'il en a été usé pour le passé, conformément aux arrêts du conseil des 19 juillet 1774 & 15 février 1777. Et seront au surplus, tant l'édit du mois d'août 1781, que les autres réglemens antérieurs, & notamment énoncés au présent arrêt, exécutés selon leur forme & teneur, en ce qui n'y est dérogé par icelui. En joint sa majesté au sieur intendant &c. Fait au conseil d'Etat du roi, sa majesté y étant, tenu à Versailles le seize mai mil sept cens quatre-vingt-deux.

ÉTAT des sommes à payer annuellement par les villes, bourgs & communautés de la généralité de Valenciennes, pour tenir lieu, par forme d'abonnement, tant des sols pour livre au profit du roi, en sus de différens droits, que du principal & sols pour livre des droits réservés par l'édit d'avril 1768.

VILLES, BOURGS & COMMUNAUTÉS.	SOLS pour livre DES OCTROIS.	DROITS RÉSERVÉS. PRINCIPAL.	SOLS POUR LIVRE.	TOTAL.	TOTAL GÉNÉRAL par Communauté.
	l. ſ. d.	l. ſ. d.	l. ſ. d.	l. ſ. d.	l. ſ. d.
Province du Haynault.	37750	....	....	....	37750
Valenciennes.	45000	10000	3000	13000	58000
Bouchain & sa châtellenie.	3737 10	1651 2 3	495 6 8	2146 8 3	5883 18 3
Pecquencourt.	75 6 3	....	....	....	75 6 3
Avesnes.	1500	1101 2 1	330 6 7	1431 8 8	2931 8 8
Bavay	906 5	378 15 3	113 12 7	492 7 10	1398 12 10
Condé.	4250	917 15	275 6 6	1193 1 6	5443 1 6
Givet	4000	928 15	278 12 6	1207 7 6	5207 7 6
Maubeuge.	3950	661 2	198 6 6	859 8 6	4809 8 6
Philippeville	362 10	165	49 10	214 10	577
Quesnoy.	2734 7 6	1101 2 1	330 6 9	1431 8 6	4165 16
Solre-le-château. . . .	352 7	366 13 4	110	476 13 4	829 // 4
Saint-Amand.	11018 15	7701 2 2	2310 6 9	10011 8 11	21030 3 11
Mortagne.	1262 19 3	....	....	....	1262 19 3
Solesme.	....	550	165	715	715 ......
Landrecies.	1500	954 8 10	286 6 8	1240 15 6	2740 15 6
Trélon.	....	275	82 10	357 10	357 10
	118400.	26751. 18	8025. 11 6	34777. 9 6	153177. 9 6

A l'égard des droits de traites, le *Haynault* est mis au rang des provinces étrangères. Ce qui a été dit à ce sujet pour la Flandre, est commun au *Haynault*, dont la condition est la même sur ce point.

HÉMAN, terme des finances de Suède, par lequel on désigne une portion de terrein sur laquelle les taxes sont établies. On évalue la taxe d'un *héman*, au neuvième de ce qu'il rapporte.

HENRICHEMONT. Principauté d'*Henrichemont* & de Boisbelle, qui a long-tems appartenu à la maison de Béthune, & qui est enclavée dans le Berry. Comme elle jouissoit de l'affranchissement absolu des droits des fermes, c'est-à-dire, de l'exemption des droits de gabelles; qu'elle n'étoit pas soumise au privilège exclusif du tabac, qui se cultivoit dans son territoire, ni aux droits d'aides, non plus qu'à ceux des domaines, cette immunité particulière donnoit lieu, sur-tout relativement au sel, à une contrebande qui se répandoit sur tous les environs.

Cet état des choses excitoit sans cesse les plaintes des fermiers du roi, qui ne pouvoient opposer que des moyens impuissans à l'appât qu'il présentoit à la cupidité.

Dans la vue de faire cesser ce désordre, le feu roi prit le parti d'acquérir cette principauté, par contrat d'échange du 24 septembre 1766, & d'abolir, par édit du mois de décembre 1772, tous les privilèges dont elle avoit joui jusques là.

Cette dernière loi, concernant les diverses parties de finance, on peut d'autant moins se dispenser de la rapporter, qu'elle rappelle tous les règlemens applicables à chacune de ces parties.

Louis, par la grace de Dieu, roi de France & de Navarre: A tous présens & avenir: Salut. En acquérant par contrat d'échange du 24 septembre 1766 la principauté d'*Henrichemont* & de Boisbelle enclavée dans notre province du Berry, nous nous sommes sur-tout proposés de remédier aux abus dont les franchises de cette principauté étoient la source; nous avons reconnu que le sel qui s'y distribuoit à plus bas prix que dans nos greniers voisins, étoit l'aliment d'un faux saunage considérable; nous avons aussi reconnu que l'exemption de nos droits d'aides & domaine étoit une occasion continuelle de fraudes & de contraventions qu'il étoit important de prévenir; nous avons d'ailleurs considéré que les habitans d'*Henrichemont* & de Boisbelle, qui, par la réunion de cette principauté au domaine de la couronne, participent à tous les avantages dont jouissent, sous notre gouvernement, nos anciens & fidèles sujets de la province du Berry, devoient contribuer comme eux, aux charges de notre Etat. Par ces motifs, nous avons compris ladite principauté dans le bail général de nos fermes passé à Julien Alaterre par résultat de notre conseil du 19 mai 1767, ainsi que dans l'arrêt de prise de possession dudit bail du 24 novembre suivant, & nous avons résolu d'établir l'uniformité entre les droits qui s'y percevront à l'avenir & ceux qui ont lieu dans la province du Berry, jusqu'à ce que l'acquittement des dettes de notre État permette à notre tendresse pour nos peuples de diminuer les impositions que les malheurs des tems nous ont obligé de proroger ou d'établir. A ces causes, & autres à ce nous mouvans, de l'avis de notre conseil & de notre certaine science, pleine puissance & autorité royale, nous avons, par le présent édit, perpétuel & irrévocable, dit, statué & ordonné, disons, statuons & ordonnons, voulons & nous plaît ce qui suit:

ARTICLE PREMIER.

A commencer du jour de la publication du présent édit, le sel sera distribué aux habitans de la principauté d'*Henrichemont* & de Boisbelle, au même prix qu'il se vend au grenier de Sancerre; savoir, à raison de quarante-une livre par minot en prix principal, de quarante-deux sols six deniers pour droits manuels & dix-sept livres cinq sols pour les huit sols pour livre, tant du prix principal que des droits manuels revenant ensemble lesdites sommes à celle de soixante livres sept sols six deniers par minot, le tout conformément à l'article I du titre premier du titre V de l'ordonnance des gabelles du moi de mai 1680, à nos déclarations des 3 mars 1705, 7 mai 1715, 3 août 1732, 3 février 1760, 21 novembre 1763, & à notre édit du mois de novembre 1771.

II.

Il sera, à la diligence de l'adjudicataire de nos fermes générales, établi en la ville d'*Henrichemont* un grenier à sel de vente volontaire dont le ressort s'étendra sur les villes, bourgs, paroisses, annexes, villages, écarts & hameaux qui composent la principauté d'*Henrichemont* & de Boisbelle ou qui en dépendent.

III.

Seront tenus lesdits habitans de prendre & lever leur sel audit grenier d'*Henrichemont*, tant pour pot & salière, que pour grosses salaisons, conformément à ce qui est prescrit par notre ordonnance du mois de mai 1680, déclarations, arrêts, réglemens postérieurement rendus sur le fait des gabelles, & les levées qu'ils feront audit grenier, seront suivies sur le sexté qui en sera fait & tenu dans la forme ordinaire par le receveur des gabelles qui sera établi; défendons auxdits habitans de prendre du sel ailleurs qu'audit gretier, & de se servir d'autre sel que celui qu'ils y auront levé, sous les peines portées par lesdites ordonnances, déclarations, arrêts & réglemens qui seront exécutés selon leur forme & teneur dans l'étendue de ladite principauté.

IV.

Et de la même autorité que dessus, nous avons créé & érigé, créons & érigeons en titre d'office dans ladite ville d'*Henrichemont*, un notre conseiller-président, un notre conseiller-grenetier, un notre conseiller-contrôleur, un notre conseiller-procureur du roi & un greffier, pour composer une jurisdiction particulière, & connoître, privativement à tous autres juges, des affaires tant civiles que criminelles concernant nos gabelles dans le ressort dudit grenier, avec les mêmes fonctions, gages, attributions, franc-salé, rang, exemptions & privilèges dont jouissent les officiers des greniers à sel de la généralité de Bourges, en vertu des édits de leur création sans aucuns excepter, encore qu'ils ne soient plus amplement expliqués; & en attendant que lesdits offices soient levés, voulons que nos officiers du grenier de Sancerre connoissent, tant au civil qu'au criminel, de toutes les contraventions à notre ordonnance du mois de mai 1680 & autres réglemens concernant les gabelles, qui pourroient se commettre dans l'étendue de ladite principauté d'*Henrichemont* & de Boisbelle.

V.

Seront les acquéreurs desdits offices reçus & installés par les mêmes officiers, tout ainsi & de la même manière que les officiers des autres greniers à sel, en vertu des provisions qui leur seront expédiées en notre grande chancellerie, en payant le tiers des droits ordinaires du marc d'or, d'enrégistrement & de sceau, & de ceux de réception & installation, & ce pour les premiers pourvus seulement, & sans tirer à conséquence: permettons à toutes personnes nobles, officiers de judicature & de finance, marchands, négocians, & autres particuliers, d'acquérir & exercer lesdits offices sans incompatibilité ni dérogeance, en payant les finances qui seront réglées en notre conseil.

VI.

Etablissons, à commencer de la publication du présent édit, le privilège exclusif de la vente du tabac dans ladite principauté de Boisbelle & d'*Henrichemont*; défendons de planter & cultiver aucun tabac, dans toute son étendue; ordonnons que les tabacs y soient vendus par les commis & débitans préposés par l'adjudicataire de nos fermes générales & de celles du tabac, au prix fixés par les provinces de ladite ferme, le tout conformément à notre ordonnance du mois de juillet 1681, à nos déclarations des 17 octobre 1720, premier août 1721, 24 août 1758 & 17 mars 1767, & autres réglemens concernant notredite ferme du tabac, qui seront exécutés selon leur forme & teneur, & sous les peines y portées, dans l'étendue de ladite principauté.

VII.

A partir également de la publication du présent édit, nos droits de huitième, subvention, jauge & courtage sur les vins, eaux-de-vie & autres boissons vendues en détail, le droit annuel, ceux de formule & ceux de courtiers, commissionnaires, jaugeurs, avec les huit sols pour livre tant anciens que nouveaux desdits droits, seront levés dans toute l'étendue de ladite principauté, & dans tous les cas où ils sont dûs, tels qu'ils se perçoivent actuellement dans l'election de Bourges dans laquelle ladite principauté sera comprise, & dont elle sera dépendante; laquelle perception sera faite conformément à notre ordonnance du mois de juin 1680, à la déclaration du 10 octobre 1689, aux édits, déclarations & réglemens qui ont établi ou prorogé lesdits droits & les sols pour livre d'iceux, notamment à l'édit du mois de novembre 1771, & sous les peines portées auxdites ordonnances, édits, déclarations & réglemens.

VIII.

Ordonnons qu'à compter du jour de la publication du présent édit, les droits du contrôle des actes des notaires, les droits d'insinuation & centième denier seront perçus dans ladite principauté d'*Henrichemont* & dépendances, conformément aux édits du mois de mars 1693, déclarations du 20 mars 1708, & 29 septembre 1722; les droits de contrôle & d'insinuation des actes sous signature privée, conformément à l'édit du mois d'octobre 1705, déclarations des 20 mars 1708, & 29 septembre 1722, & sur le pied des tarifs joints auxdites déclarations de 1722, pour le contrôle & l'insinuation des actes qui seront passés, & à compter du jour de ladite publication; & à l'égard des actes qui ont été & seront passés pardevant les notaires & autres personnes publiques de ladite principauté, depuis & compris ledit jour & antérieurement, ils ne pourront être produits en justice, ni mis en exécution dans les lieux où le contrôle étoit établi, qu'ils n'ayent été préalablement contrôlés, & les droits payés conformément à nos déclarations des 19 mars 1696, & 6 décembre 1707; comme aussi ordonnons que les droits de petit-scel des actes judiciaires, seront payés sur le pied du tarif du 20 mars 1708; ceux de contrôle des exploits & enrégistrement des saisies mobiliaires, conformément à la déclaration du 28 février 1677, aux édits des mois de mars & septembre 1704, & autres réglemens rendus en conséquence. Les droits d'échange conformément à l'édit du mois de mai 1645, déclaration du 20 mars 1673, & autre édit du mois de février 1674; les droits & émolumens des greffes; les droits de présentation, défaut, congés & affirmations de voyage, & contrôle d'iceux réunis aux domaines par notre édit du mois de février 1715; les droits réservés par les édits des mois d'août 1716, janvier & novembre 1717, réduits & modérés par notre déclaration du 3 août 1732, pour tous les droits avoir lieu, à compter du jour de la publication du présent édit; ordonnons pareillement que les roturiers possédans fiefs & biens nobles dans l'étendue de ladite principauté & dépendances, seront tenus de fournir dans trois mois, à compter dudit jour, aux bureaux qui seront établis, des déclarations desdits biens, & d'en payer les droits de franc-fief pour vingt années, à compter dudit jour; comme aussi les gens de main-morte seront pareillement tenus de fournir des déclarations des biens immeubles ou rentes foncières qu'ils acquerront à quelque titre que ce soit, à compter du même jour, après en avoir obtenu de nous la permission, conformément à notre édit du mois d'août 1749, & d'en payer les droits d'amortissement, nouvel acquêt & indemnité, ainsi qu'il est ordonné par les déclarations du 9 mars 1700, 7 juillet 1702, édit du mois de mai 1708; & par notre déclaration du 21 novembre 1724; tous lesquels droits, ensemble les huit sols pour livre d'iceux prorogés ou établis par notre édit du mois de novembre 1771, seront perçus suivans les réglemens intervenus sur chaque matière. Si donnons en mandement, &c.

L'année suivante deslettres-patentes du 26 mai 1773, assujettirent la même principauté, aux droits imposés sur les cuirs & les peaux tannées & apprêtées, & elles ont ordonné que la régie & la perception de ces droits, s'y feroient de la même manière que dans les autres provinces du royaume.

HOLLANDE. (finances de la) C'est d'après la collection imprimée au Louvre, que nous donnons ici tout ce qui concerne les finances de cet Etat.

Les impôts sont extrêmement multipliés en *Hollande* : le nombre & la nature de ces différens impôts paroissent même difficiles à concilier, avec ce que sembleroient exiger l'industrie & le commerce.

Les dettes publiques sont divisées en obligations des Etats généraux, des provinces, des villes & des amirautés.

La république doit environ un milliard de florins (deux milliards cent millions monnoye de France) & la *Hollande*, dont la contribution aux charges ordinaires est de cinquante-sept florins quatorze sols huit deniers par cent florins, contribue dans la même proportion à l'acquittement des dettes.

A mesure que ces dettes se sont accrues, on a tellement augmenté les impôts, que depuis trois années que le comité de Raadt, qui représente les états de la province, & qui est présidé par le premier noble de *Hollande*, fait travailler au tableau général de ces impôts, l'ouvrage est à peine à moitié.

La perception des impôts a été en ferme jusqu'à l'avénement de Guillaume IV au stathoudérat. Il fut reconnu & constaté par les recherches que ce prince fit faire, que d'un florin d'impôt, il n'entroit pas cinq sols dans la caisse du receveur-général. Il proposa la suppression des fermes, & cette proposition n'ayant point été reçue, il la fit imprimer & répandre dans le public. Les esprits s'échauffèrent, les maisons & les bureaux des fermiers furent pillés & détruits dans toutes les villes de la *Hollande*; & depuis cette suppression, la régie fait rentrer un peu plus de la moitié de l'impôt dans la caisse publique.

Les impôts sont divisés en droits d'appréciation, d'entrée, de sortie, & de poids;

En accises, ou droits sur les consommations;

En droits personnels & réels.

Tous ces droits sont réglés par des tarifs, & par une multitude d'ordonnances anciennes & nouvelles, émanées, tant des Etats de la province que des Régences des villes.

Droits d'appréciation, d'entrée, de sortie, de poids & d'accises.

Le tarif qui règle ces droits est divisé en trois colonnes. La première contient l'appréciation des marchandises & denrées; la seconde, le droit d'entrée; & la troisième, le droit de sortie.

Dans la première colonne sont rappellées toutes les marchandises & denrées brutes & fabriquées, qui entrent & qui sortent tant par terre que par eau. Les droits à la sortie sont réglés à un pour cent de la valeur, & les droits à l'entrée, à deux pour cent. On perçoit en sus, sous le nom de convoi, un tiers pour cent à l'entrée, & un pour cent à la sortie.

Le tarif contient une multitude d'exceptions, dont les unes sont à charge au commerce; & d'autres, mais en petit nombre, le favorisent. Il y a plusieurs marchandises qui ne sont point comprises dans le tarif, parce que la fabrication n'en étoit pas établie lors de la formation du tarif; d'autres, dont l'appréciation n'est point portée assez haut; d'autres enfin, dont l'appréciation ou estimation est de beaucoup trop forte, de manière que ce tarif est très-gênant pour le commerce.

Le négociant est tenu de déclarer la valeur des marchandises qui ne sont point comprises dans le tarif; il peut aussi déclarer, au-dessous du montant de l'appréciation, la valeur de celles qui y sont rappellées. Cette faculté est fondée sur les révolutions & les variations qui surviennent dans les prix des différentes marchandises, de manière que lorsque le négociant trouve l'appréciation portée par le tarif, trop forte, il peut déclarer la valeur de la marchandise au-dessous; & lorsqu'au contraire l'appréciation portée par ce tarif lui est avantageuse, il la suit, & par ce moyen il paye moins de droits que la marchandise n'en devroit supporter.

Les commis sont autorisés à prendre les marchandises sur le pied de la valeur qui est déclarée, en la payant comptant, & en y ajoutant un cinquième en sus.

Ainsi le négociant, pour diminuer ce droit, ne déclare jamais la véritable valeur de la marchandise; & comme, dans le fait, les commis n'exercent jamais la faculté qui leur est accordée, les négocians donnent toujours aux marchandises & denrées, une valeur inférieure à la valeur qu'elles ont réellement.

La circonstance, d'ailleurs, que les denrées & marchandises, dès qu'elles sont entrées, ne sont plus sujettes à aucune visite, donne lieu à des fraudes de tous genres.

Indépendamment des droits d'entrée & de sortie que l'on vient de rappeller, on paye un pour cent, sur les marchandises qui viennent du Levant, & deux pour cent sur celles qui viennent de Smirne & d'Alep; les vaisseaux Hollandois qui partent pour le Levant, payent un florin, (quarante-deux sols monnoie de France) par deux tonneaux.

Ces derniers droits sont employés à l'entretien de la chambre de direction du commerce du Levant, au paiement des appointemens des consuls dans les Echelles, à la moitié de ceux de l'ambassadeur à la Porte, & aux autres frais qu'exige la direction de ce commerce.

La perception des droits d'entrée & de sortie est confiée aux amirautés, qui sont chargées de l'entretien des ports; elles rendent compte de leur recette & dépense à la chambre des comptes de leur généralité; elles connoissent aussi de toutes les contestations relatives à la perception de ces droits.

Droits de poids.

Le droit de poids est réglé par un tarif divisé en droits pour la ville, qui sont très-modérés, & en droits pour le plat-pays, qui sont infiniment plus forts : ce tarif a le défaut de n'être point relatif à l'état actuel du commerce.

Chaque ville a un poids public, & le même tarif; personne ne peut avoir de grandes balances, pour peser les marchandises qui se vendent en gros.

Le droit s'acquitte autant de fois que les marchandises sont vendues, cédées ou transportées.

Celles qui, des villages, sont transportées dans les villes, quand même elles auroient acquitté le droit de poids, le paient encore de nouveau dans les villes où elles sont transportées.

Aucune marchandise ne peut être livrée, sans que ce droit ait été payé, à peine de confiscation.

Accises.

On perçoit dans toute l'étendue de la *Hollande*, sous la dénomination d'accises, des droits à la consommation des vins & liqueurs fortes, des vinaigres, de la bierre, des grains de toute espèce, des farines, des fruits, des pommes de terre, du beurre, du bois à bâtir & à brûler; sur la tourbe, le charbon, le sel, le savon, le poisson, le tabac, les pipes à fumer, le plomb, les tuiles, les briques, les pierres de toute espèce, & sur le marbre.

Chaque ville, à ces droits en ajoute d'autres, qui sont plus ou moins forts, & qui sont d'autant plus abusifs, que leur fixation dépend entièrement des régences particulières qui les établissent d'elles-mêmes, & sans avoir presque jamais recours à aucune autorisation; ce qu'elles n'avoient point, avant la révolution du gouvernement, la liberté de faire, sans une permission des comtes, représentés aujourd'hui par les Etats de la province.

Cette faculté, ou plutôt cet abus, s'est introduit jusques dans les campagnes, où ceux qui sont à la tête de la communauté établissent des droits de ce genre, de manière que dans tous les lieux, outre l'accise de la province, on paye encore une accise municipale.

Les vins payent à l'entrée cinq florins cinq sols, (onze livres six sols) par tonneau de quatre barriques; & pour l'accise de la province, dans les endroits où ils sont consommés, ils payent vingt-huit florins quatorze sols, (cinquante-neuf livres cinq sols six deniers monnoie de France) par barrique de deux cens soixante & dix bouteilles. Ceux qui sont destinés pour les cabaretiers & autres marchands qui vendent en détail, payent trente-quatre florins quatorze sols, (soixante-douze livres dix sols) par barrique.

Il est défendu aux villes de rien imposer au-delà sur les vins : c'est le seul article de l'accise sur lequel les Etats aient gêné la liberté des régences des villes.

La bierre paye pour l'accise de la province, un florin dix sols, (deux livres douze sols) par tonne & un dixième en sus; & en joignant ces droits à l'accise particulière des villes, la bierre paye communément deux florins huit sols, (quatre livres douze sols) par demi-tonne.

La petite bierre & la bierre aigre ou gâtée, est exempte de droits.

La bierre nouvelle, qui se consomme dans le plat-pays, pendant les mois de juin, juillet & août, ne paie que quinze sols par tonne, lorsque le prix de cette bierre n'excède pas trois florins, (six livres six sols) par tonne.

La bierre qui se consomme à bord des bâtimens de navigation, tant intérieure qu'au-dehors, paye douze sols, & le dixième d'augmentation, de quelque qualité que soit cette bierre.

Les bierres qui sont importées en *Hollande* des six autres provinces, payent des droits plus forts.

Celles qui viennent d'Angleterre, de Liège, ou autres pays étrangers, payent douze florins, (vingt-cinq livres quatre sols) par tonne. Les bierres même du pays, qui sont déposées dans des vaisseaux ou futailles étrangères, payent ce même droit.

Les vinaigres du pays, & ceux venant des pays étrangers, qui sont faits avec le vin & le cidre, payent, pour deux cens quarante bouteilles, quatre florins seize sols, (neuf livres quatre sols.)

Ceux qui sont fabriqués avec des fruits ou eaux-de-vie de grains, payent trois florins douze sols, (six livres dix huit sols) & les vinaigres faits avec la bierre, payent, à raison de deux cens trente-quatre bouteilles, un florin cinq sols, (deux liv. sept sols) le tout avec un dixième d'augmentation.

Toutes les eaux-de-vie de grains, & tous les vins de liqueurs, même ceux d'absynthe, de genièvre, ou autre de ce genre, payent des droits différens; & lorsqu'une espèce est mêlée avec l'autre, soit pour un tiers, soit pour un quart, ou plus ou moins, les droits sont calculés & payés à raison de la quantité de chaque espèce; ce qui fait des calculs à l'infini, & donne lieu souvent à des abus & à des discussions très-difficiles à prévenir & à terminer.

Indépendamment de tous ces droits, toutes les liqueurs qui sont importées dans la *Hollande*, payent, de quelque lieu qu'elles viennent, savoir, les liqueurs fortes, à raison de deux cens quatre-vingt-huit bouteilles, quatorze florins, (vingt-neuf livres huit sols) & les liqueurs communes, à raison de neuf florins treize sols, (dix-neuf livres onze sols) outre le dixième d'augmentation.

Toutes les denrées & marchandises qui se vendent à la mesure ronde, sont taxées à des droits très-modiques.

Le last de froment paye un florin deux sols huit deniers, (quarante-quatre sols huit deniers) le last faisant deux tonneaux de mer, & les autres grains à proportion. Le tonneau de ciment, six sols; celui de chaux, trois sols; & les douze cens livres pesant de houblon, quatre sols six deniers.

L'accise sur les farines varie suivant les lieux & la qualité de ces farines; & en joignant à cette accise celle de l'endroit où ces marchandises se consomment, ces deux droits réunis, avec le dixième en sus, doublent presque par-tout le prix naturel de la farine. Il est défendu aux boulangers de vendre le pain bis au-dessous du pain blanc; mais on laisse aux bourgeois la faculté de faire leur pain chez eux, comme ils le jugent à propos.

Les amidonniers payent par last, pour les grains qu'ils emploient dans leurs fabriques, quatorze florins quatre sols, (vingt-neuf livres douze sols) il leur est défendu d'employer des pommes de terre.

Les brasseurs & distillateurs ne payent que trois florins (six livres six sols) du last de froment, trente sols par last de seigle, & un florin (deux livres deux sols) du last d'orge, ou bled-sarrasin.

Le plat-pays ne peut introduire dans les villes, du pain ou autres denrées de boulangerie, qu'en payant un florin sept sols, (deux livres neuf sols) par cent livres pesant. Les villes, au contraire, peuvent en envoyer dans le plat-pays sans rien payer; mais lorsque le pain & la farine sont portés d'une ville dans une autre, on paye le demi-droit dans la ville où ils doivent être consommés. Il en est de même du pain, du biscuit, de la farine, qui sont transportés d'une ville à l'autre pour l'approvisionnement des vaisseaux, on perçoit le demi-droit, & on paye, en outre, l'accise particulière dans toutes les villes & les villages de la route, à moins que le grain n'ait été moulu dans le district de la destination.

La farine, le biscuit, & le pain qui sortent de la province de *Hollande*, & ceux qui sont destinés pour les bâtimens de pêche, ne paient aucuns droits.

Dans le plat-pays, chaque collecteur forme dans son district, une liste ou état des personnes qui consomment ordinairement du pain de froment; & de celles qui ne mangent que du pain de seigle: la quantité de pain que chaque personne doit consommer est évaluée à un vingt-huitième de last de froment, ou un sac de la Haye, pour les personnes qui consomment du froment ou du méteil, & à un quart de sac pour celles qui consomment du seigle; en conséquence, ces premières sont taxées à trois florins quinze sols (sept liv. un sol) par an, & les secondes à un florin dix-sept sols (deux livres dix-neuf sols.) Les enfans, depuis

depuis quatre ans jusqu'à dix ; sont comptés pour une demi-personne ; ou deux pour une tête.

L'accise sur les fruits à couteau & à noyau, & sur les pommes de terre, est le huitième du prix de l'achat ; le vendeur est obligé de déclarer au collecteur la quantité qu'il en porte au marché, leur qualité, & le prix qu'il les a vendus. Les châtaignes ne payent qu'un douzième.

Le beurre en gros est taxé à raison de deux duttes ou un liard par livre, & le dixième en sus ; & celui qui se porte au marché par petites parties, à raison d'un liard par livre seulement.

Les négocians, facteurs & marchands de beurre, payent par an quatre florins, (huit livres huit sols) & un dixième en sus pour leur consommation & celle de leur famille & domestiques, lorsque le tout compose cinq personnes ; & au-dessous, il paye un quart de moins.

Les bestiaux qui sont tués dans les boucheries, payent à raison du septième denier de l'achat ; & lorsque le boucher les garde trois semaines sans les tuer, le droit se paye par estimation.

Les bœufs & vaches engraissés hors de la province, payent à l'entrée un florin quatre sols, (deux livres six sols) par tête, à trois ans ; & les bêtes de deux ans, la moitié. Les agneaux & moutons payent indistinctement quinze sols par tête, & le dixième en sus.

Les places destinées pour étaler & vendre la viande, sont louées, au profit des villes, depuis cinq cens jusqu'à quinze mille florins : (depuis mille cinquante livres jusqu'à trois mille cent cinquante livres) ces places se tirent au sort tous les ans.

Le bois à brûler paye à raison du quart de sa valeur, & le dixième en sus. Le vieux bois, les copeaux, & les bois qui sortent de la province, ne payent aucuns droits. Les propriétaires ne sont exempts, pour les bois de leur crû, que lorsque ces bois sont sur les terres de la province.

La tourbe est taxée à raison de quatre sols par tonne, & le dixième en sus : la tourbe grise ne paye que la moitié du droit.

Dans les villages où sont les tourbières, une personne qui fait de la tourbe est taxée à raison de trois florins dix-sept sols (sept livres trois sols) par an.

Une famille qui ne fait que de la tourbe sans labourage, paye cinq florins deux sols douze den. (dix livres treize sols.)

Une famille qui fait de la tourbe, & qui a une exploitation & dix vaches, paye six florins huit sols huit deniers, (treize livres huit deniers.) & dix sols quatre deniers pour chaque vache excédente, en comptant deux génisses pour une vache.

Toutes personnes ou familles, enfin, qui ont un domestique, payent sept florins quatorze sols, (quinze livres huit sols) & pour deux domestiques & plus, dix-huit florins dix huit sols douze deniers, (trente-huit livres quinze sols) & le dixième en sus.

Quant aux boulangers, cabaretiers & aubergistes, les collecteurs sont autorisés à composer avec eux par abonnement.

La tourbe paye à la sortie de la province, quatre sols une dutte par tonne, & le dixième.

Le charbon de terre, qui vient de Liège, d'Angleterre ou d'Écosse, est fixé pour les brasseurs, distillateurs & teinturiers, pour cent pesées ou balances, à trente-neuf florins douze sols, (quatre-vingt-deux livres dix sols) & pour les autres consommateurs, à quarante-six florins quatre sols, (quatre-vingt-seize livres seize sols) & le dixième d'augmentation.

Le sel raffiné dans la province, paye cinq florins (dix livres dix sols) par tonneau, & le dixième en sus ; & le sel raffiné au-dehors, paye, outre ces cinq florins, onze florins cinq sols (vingt-trois livres sept sols) par cent tonneaux pour l'entrée.

Le sel destiné pour les salaisons de la pêche, ne paye aucun impôt : le sel qui n'est pas raffiné est prohibé.

Les personnes qui composent l'équipage d'un vaisseau, payent, suivant la destination des vaisseaux, depuis deux liards jusqu'à deux sols par tête, pour le droit sur le sel qu'ils consomment.

La saumure paye dix-huit sols douze deniers par anker, espèce de mesure qui contient quarante cinq bouteilles. Le lard ou autre viande salée qui est importée en *Hollande*, paye douze sols par tonne, & le dixième d'augmentation.

Outre ces droits sur le sel, il s'en perçoit un autre sous la dénomination de sel des vachers ; ce droit consiste dans une taxe que toutes les personnes qui ont des vaches sont obligées de payer, pour le sel qu'elles emploient à leur laitage ; elle est à raison de seize sols quatre deniers par vache.

On exempte les vaches que le propriétaire veut engraisser & laisser tarir, pourvu qu'elles soient sèches au mois d'avril.

Au moyen du paiement de cette taxe, ceux qui tiennent quatre vaches peuvent aller chercher un demi-sac de sel, & pour un plus grand nombre de vaches, à proportion. Mais si cette quantité ne suffit pas, ils doivent prendre un nouveau billet du collecteur, qui exige une nouvelle taxe sur le sel à raison de six florins quinze sols (treize livres sept sols) par sac de sel.

Indépendamment de cette taxe, ceux qui tiennent quatre vaches ou plus, & dont la famille est de huit personnes, en comptant deux enfans de huit ans & au-dessous pour une personne, payent, pour la consommation de leur famille, treize florins dix sols par année (vingt-sept livres seize sols.) Un plus grand ou un moindre nombre de personnes, sont taxées dans cette proportion.

Les familles sont enregistrées suivant la quantité de personnes dont elles sont composées au tems du dénombrement annuel.

La moindre de ces familles tenant quatre vaches ou plus, est réputée de quatre personnes, & taxées à six florins quinze sols (treize livres sept sols.)

Ceux qui tiennent moins de quatre vaches, ne payent que moitié de l'impôt, dans les mêmes proportions du nombre de personnes dont les familles sont composées : la moindre des familles est toujours réputée de quatre personnes, & paye trois florins sept sols huit deniers (six livres treize sols huit deniers.)

Ceux qui n'ont qu'une vache ou trois génisses, ne payent qu'un florin treize sols douze deniers (deux livres seize sols).

On ne comprend pas dans le dénombrement relatif à cet impôt, les domestiques qui sont imposés au droit de *heere-geld*, espèce de capitation.

On ne compte pas non plus parmi les vachers, les habitans qui ont une vache ou deux, pour le laitage de leur propre consommation.

Tous ces droits se payent avec le dixième d'augmentation en sus.

On ne donne point de sel aux vaches, il est employé à saler le fromage & le beurre ; ainsi le vacher revend le sel avec un bénéfice considérable, & l'impôt ne lui est point onéreux, parce qu'il retombe en entier sur le consommateur.

Le savon fabriqué en *Hollande*, ou importé des autres provinces, paye douze sols par tonne de deux cens quarante livres pesant ; & les savons étrangers, douze sols par tonne de cent quarante livres, & le dixième en sus.

Le savon est encore assujetti à un droit qui se paye à la consommation.

Ce droit est fixé à neuf florins par tonne de deux cens quarante livres pesant.

Le savon sec qui vient de l'étranger, & celui qui est fabriqué dans le pays à l'imitation de l'étranger, paye six duttes ou trois liards par livre. Le dixième d'augmentation a pareillement lieu sur ces droits à la consommation.

Le poisson ne peut être consommé ni transporté au-dehors, qu'il n'ait été exposé en vente publique au rabais, & que le premier acheteur n'ait payé au collecteur de cet impôt, le neuvième denier du prix ; comme celui de l'adjudication se paye à l'officier qui fait la vente, la perception de ce droit est facile. Au reste, le poisson étant à bas prix, l'impôt ne fait presque point sensation : le poisson salé en mer, n'y est pas sujet.

L'accise sur le plomb est de cinq sols par cent livres pesant. On l'a étendu sur les briques, les tuiles de toutes sortes, les pierres, le marbre, les ardoises, les meules de moulins & à aiguiser, qui sont taxées par un tarif dont les détails sont très-étendus, suivant leurs différentes natures & quantités.

Le droit d'importation sur le tabac ne monte pas à deux pour cent de la valeur, & les droits au détail sont encore moins forts.

Tout négociant ou facteur de tabac à fumer & à raper, paye pour la faculté de faire ce commerce, vingt-cinq florins (cinquante-deux livres dix sols) par an ; & ceux qui tiennent boutique des deux espèces, ou d'une seule, sont taxés à proportion de la vente qu'ils font ; on leur fait payer cinquante florins, (cent cinq livres) pour deux mille livres & au-dessus.

Pour quinze cens à deux mille livres, vingt-cinq florins (cinquante-deux livres dix sols.)

Depuis mille livres jusqu'à quinze cens livres, douze florins (vingt-cinq livres quatre sols.)

Depuis cinq cens livres jusqu'à mille livres, six florins six sols (douze livres dix-huit sols.)

Et pour cinq cens livres & au-dessous, trois florins trois sols (six livres neuf sols.)

Chaque grosse de pipes à fumer, qui sont importées en *Hollande*, paye six sols huit deniers, & le dixième en sus.

On paye aussi un droit sur les gazettes ; mais il est si modique, qu'il rend très-peu.

Droits personnels.

Il se perçoit, sous la dénomination de *heere-geld*, une capitation, à raison du nombre de domestiques que chaque particulier a à son service.

La capitation pour un domestique est de cinq florins seize sols (onze livres six sols.) Pour deux, de dix florins six sols (vingt-une livres six sols.) Pour trois, de onze florins douze sols (vingt-trois livres huit sols.) Pour quatre, de douze florins dix-huit sols (vingt-six livres deux sols.) Et pour cinq, de quatorze florins quatorze sols; (trente livres deux sols) & le dixième en sus.

Ceux des domestiques qui demeurent ailleurs que chez leurs maîtres, sont enregistrés dans le lieu du domicile du maître, & c'est dans cet endroit que cette taxe doit être payée.

On comprend sous le nom de domestiques, tous ceux qui, sous quelque dénomination que ce soit, sont logés & nourris, & qui ont des gages ou leur argent à dépenser. On ne paye que trois florins (six livres six sols) pour les garçons jardiniers, les valets & les servantes de labourage, de boulangerie & de blanchisserie.

On perçoit aussi un droit sur tous les habitans ayant ou occupant maison, pour raison du thé, du café, & autres liqueurs qu'ils consomment & font consommer chez eux; ce droit est payé même par ceux qui habitent en chambre garnie, lorsqu'ils y ont séjourné un an & trois semaines.

Tous ceux qui possèdent des emplois, sont imposés sur le pied du produit de ces emplois; savoir, pour quinze cens florins, à quinze florins (cinquante-deux livres dix sols); pour douze cens florins, à douze florins, & ainsi à proportion. Ceux dont la dépense extérieure fait présumer qu'ils ont d'autres revenus que leur emploi, sont taxés plus haut: ceux qui n'ont que trois cens florins de revenu & au-dessous, sont exempts du droit.

Ceux qui n'ont point de revenus fixes, & qui ne subsistent que par leur commerce ou la profession qu'ils exercent, sont taxés d'après le produit qu'on estime qu'ils peuvent retirer de ce commerce ou profession.

Les marchands qui vendent du thé & du café, sont taxés à proportion du commerce qu'ils font, depuis quatre jusqu'à vingt-cinq florins (depuis huit livres huit sols jusqu'à cinquante-deux livres dix sols.)

Ceux qui tiennent café public dans les villes du premier ordre, payent vingt-cinq florins, (cinquante-deux livres dix sols) & dans les autres villes & villages, quinze florins (trente-une livres dix sols.)

Les aubergistes & cabaretiers sont taxés à raison de huit, seize & vingt-cinq florins, (seize livres seize sols, trente-trois livres douze sols, & cinquante-deux livres dix sols) pour le thé & café qui se consomment chez eux pendant l'année: ceux qui, au bout de l'année, affirment qu'il ne s'est bu chez eux ni thé, ni café, sont déchargés du droit.

Il est pareillement dû un droit par les personnes qui se marient; ce droit est réglé suivant la qualité des personnes, depuis trois jusqu'à quarante florins, (depuis six livres six sols jusqu'à quatre-vingt-quatre livres.)

Droits réels.

Les bêtes à cornes, de l'âge de trois ans & au-dessus, sont imposées à six sols par mois depuis le premier avril jusqu'au premier octobre, & à trois sols par mois depuis le premier octobre jusqu'au premier avril; celles au-dessous de trois ans, payent moitié de ces droits, & le dixième en sus.

Les terres ensemencées de grains, pois, fèves, lentilles, carottes, oignons, & autres légumes, payent par arpent, pendant six mois, à raison de quatre sols six deniers par mois, & pendant six autres mois, à raison de deux sols un liard. La *Hollande* n'a que très-peu de terres de cette nature.

A l'exception des potagers, le territoire de cette province est presque tout en prairies, dont le produit est infiniment supérieur à celui des meilleurs fonds en bled.

Ce qui est semé sur les digues ou levées de terre, paye suivant la déclaration de l'usufruitier.

Les terres qui ne sont louées que trente sols l'arpent, ne payent aucune imposition; mais il en est fort peu dans ce cas.

Toutes les maisons en général, soit qu'elles soient louées, soit qu'elles ne le soient pas, sont taxées à deux & demi pour cent de leur valeur, suivant l'estimation qui en est faite, sans égard aux prix des loyers, ni aux réparations ou entretien: les estimations sont, en général, fort inégales, mais toujours inférieures à la valeur réelle.

Lorsqu'une maison est construite, ou qu'on y fait des augmentations ou améliorations, on procède à une nouvelle estimation, & l'impôt se fixe en conséquence.

Les prairies sont assujetties au même impôt que les maisons. On fait payer un & demi pour cent des obligations qui sont données par les provinces, les amirautés & les villes pour raison de leurs dettes. Les rentes ou obligations sur les particuliers, ne sont point comprises dans cette imposition.

Toute vente d'immeubles doit être enregistrée dans les hôtels-de-ville des lieux de leur situation; formalité sans laquelle aucun titre, acte ou contrat ne peut ni transférer la propriété, ni même donner l'hypothèque; & ce droit d'enrégistrement est réglé à deux pour cent du prix de la vente; outre les frais d'enregistrement & d'expédition de l'acte.

S'il s'agit d'un acte par lequel on veut acquérir un hypothèque sur des fonds, l'enrégistrement est pareillement nécessaire, & ce droit est aussi de deux pour cent du montant de l'hypothèque, indépendamment des frais du greffe & d'expédition.

Ce droit à même été étendu à tous les vaisseaux, yachts & bâtimens couverts ou découverts du port de deux lasts & au-dessus, & comme la loi porte que le vendeur & l'acheteur payeront ce droit par moitié, si l'acheteur est étranger le droit est réduit à moitié.

Les ventes de meubles & immeubles qui se font en justice, sont sujettes à la même taxe de deux & demi pour cent du montant de la vente.

Tout acte, convention ou engagement, de quelque nature qu'il soit, soit sous signature privée ou par devant notaire, même les testamens, doivent être faits sur papier timbré, à peine de nullité & d'une amende de deux cens florins, (quatre cens vingt livres). Les seules lettres de change ou billets de commerce peuvent être faits sur papier ordinaire.

Pour les testamens, ceux qui disposent de cette manière sont obligés de se servir d'un papier timbré dont le prix soit proportionné à leur fortune & à leurs biens; c'est ce qui fait qu'il y a du papier timbré depuis trois sols la feuille jusqu'à trois cens florins, (six cens trente livres) & si celui qui a testé s'est servi d'un papier dont le timbre soit d'un prix inférieur à celui que prescrit ce tarif, & dont il devoit faire usage relativement à ses facultés, sa succession est confisquée.

Les successions directes ne sont assujetties à aucun droit, mais les successions collatéralles payent depuis cinq jusqu'à trente pour cent, suivant le dégré de parenté de ceux qui succèdent.

Les donations ou les legs qui sont faits par testament à des collatéraux, sont sujets au même droit.

Les avantages entre conjoints sont sujets au quinzieme denier.

Les successions des descendans aux ascendans, payent le vingtième.

Ces droits sont perçus par les magistrats des villes, dans le district desquelles les successions sont ouvertes, ce qui dans tous les cas met dans la nécessité de faire des inventaires, & occasionne une grande consommation de papier timbré.

On perçoit sur les chevaux un droit qui est fixé à un florin par mois, (deux livres deux sols) sur les chevaux qui prennent deux ans; & au-dessus de deux ans à deux florins, (quatre livres quatre sols) par mois & le dixième en sus; les chevaux de selle sont taxés à quinze florins (trente-une livres dix sols).

Les droits sur les carrosses & voitures sont réglés, savoir;

Pour un carrosse à six chevaux, à cent florins, (deux cens dix livres.)

Pour un carrosse à quatre chevaux, à soixante-quinze florins, (cent cinquante-sept livres dix sols.)

Pour un carrosse à trois chevaux, à soixante florins, (cent vingt-six livres.)

Et pour un carrosse à deux chevaux, à cinquante florins, (cent cinq livres.)

Les voitures à quatre roues & à couvertures mobiles ou fixes, entières ou coupées, sont réputées carosses, & taxées à proportion du nombre de chevaux.

Un chariot couvert & une chaise à deux roues, sont taxés à trente florins, (soixante trois livres.)

Toute voiture tirée par un cheval, même les yachts paye vingt florins, (quarante-deux livres.)

Les loueurs de carrosses & autres voitures sont taxés, eu égard au nombre de chevaux qu'ils ont, depuis vingt jusqu'à cent vingt florins (depuis quarante-deux livres jusqu'à deux cent cinquante-deux livres.)

Il y a dans toute la *Hollande* une immensité de droits de péages qui varient suivant les circonstances.

On forme chaque année, dans chaque district, un état estimatif des dépenses qu'exigent les réparations des écluses, digues & canaux de navigation, & le montant de cette dépense est imposé annuellement, sur les terres & prairies du district, depuis trois jusqu'à quatre florins & demi par arpent (depuis six livres six sols jusqu'à neuf livres neuf sols.)

La retenue sur les actions de la compagnie des Indes Orientales, qui n'étoit ordinairement que d'un demi pour cent sur le montant total de la répartition, est actuellement d'un & demi pour cent, & la retenue sur les actions de la compagnie des Indes Occidentales, dont les bénéfices sont très modiques, est réglée à un pour cent.

Voici maintenant les formes qui sont établies pour la perception, administration, & comptabilité des droits dont on vient de rappeller le détail.

Les droits qui se payent aux hôtels-de-ville, tels que ceux sur les ventes d'immeubles, sur les mariages, les successions collatérales & autres de ce genre, sont reçus par les magistrats ou sécretaires des hôtels-de-ville, qui en comptent à la province & retiennent ce qui leur revient.

Les officiers publics auxquels appartient le droit de procéder à la vente des meubles & effets mobiliers, retiennent sur le montant de ces ventes, les droits auxquels elles sont assujetties, & en comptent pareillement à la province.

Les droits d'entrée & de sortie sont reçus par les amirautés qui ont à cet effet différens bureaux, un très-grand nombre de commis, & dans chaque district un commis supérieur, pour veiller sur les autres employés.

Les droits sur les terres, les prairies, les maisons, les bestiaux, les chevaux, les domestiques, les carrosses & autres de ce genre, sont perçus par des collecteurs qui sont établis à cet effet.

Ces collecteurs portent d'abord au redevable des billets qui contiennent les taxes qu'ils doivent payer, & le tems auquel le payement doit être fait.

Ces billets sont sur du papier timbré & se payent depuis deux sols jusqu'à un florin quatre sols : le redevable en recevant ce billet, est tenu d'en payer le coût, & il est obligé de se présenter dans le terme fixé par le billet, au bureau de recette de son district, pour acquittet le montant de sa taxe.

Les denrées ou marchandises ne peuvent être délivrées que sur un billet qui constate que les droits d'accise ont été payés.

Les vins, les eaux-de-vie & les liqueurs, ne peuvent êtres chargés ni transportés à leur destination que par des jurés qui sont tenus de prendre un billet, constatant pareillement que les droits ont été acquités ; & si ces jurés sont convaincus de s'être prêtés à la fraude, ils sont condamnés à une peine capitale, & le redevable à une amende considérable, qui est convertie s'il ne peut l'acquitter, en une peine capitale.

Les marchands de vins en détail ne peuvent vendre le vin que par ankers, c'est-à-dire par mesure de quarante cinq bouteilles, & l'acheteur est obligé de justifier du payement du droit d'accise, avant que de pouvoir enlever ce vin.

Si un marchand de vin est surpris vendant par plus petites quantités il est condamné, à une amende considérable, & faute de payement à une peine capitale.

Le papier timbré se distribue dans des bureaux établis exprès : le receveur prend en charge telle quantité de papier timbré, il est obligé de représenter ce papier ou d'en remettre le montant; ainsi la perception de ce droit est simple & facile.

Dans chaque ville ou district, il y a des commis, un inspecteur particulier & deux inspecteurs généraux qui veillent continuellement à ce que les commis soient exacts à remplir leurs fonctions.

Indépendamment de cette inspection, les baillis des villes sont pareillement chargés de veiller à ce qu'il ne se commette point de fraude, & de poursuivre ceux qui en sont coupables.

Ces baillis ont à leurs ordres un grand nombre d'espions, qui sont plus ou moins payés suivant que les baillis jugent à propos. Ces espions donnent avis aux archers des villes des fraudes qu'ils ont découvertes. Ces archers se transportent sur les lieux, saisissent les fraudeurs, & font leur rapport aux magistrats des villes, qui prononcent des amendes arbitraires & toujours considérables. Ces amendes appartiennent : savoir, un tiers aux pauvres, un tiers aux baillis, & l'autre tiers aux dénonciateurs. Dans tous les cas & pour tous les droits, celui qui n'est point en état de payer l'amende, est puni d'une peine capitale.

La portion qui appartient aux baillis, dans les amendes, peut donner lieu à des abus très-préjudiciables au recouvrement du droit, en ce que les baillis composent avec ceux qui ont été surpris en fraude, & qu'au moyen des sommes qui leur sont payées, ils ne font aucunes poursuites : il est vrai que ces baillis ont eux mêmes des supérieurs dans les fiscaux de divers collèges, qui doivent les punir lorsqu'ils commettent des prévarications ou qu'ils négligent leur devoir.

Quant aux fiscaux, il sont surveillés par le fiscal ou procureur-général du comité de Raadt qui est le juge suprême de la finance de la province ; mais ces sentences sont cependant sujettes à la révision ou proposition d'erreur devant une députation tirée, dans ce cas, de toutes les régences des villes.

Ce sont les mêmes employés qui agissent pour tous les droits des villes, bourgs & villages, & pour ceux de la province, à l'exception de la ville d'Amsterdam qui a ses employés particuliers pour tous ses droits, & qui a toujours affecté plus d'indépendance que les autres & plus de secret dans son administration municipale.

Chaque recette particulière se verse ; savoir, des villages dans les villes, & des villes dans la caisse de la recette-générale à la Haye. Tous les receveurs, à l'exception de celui du timbre qui a des remises sur le montant de la vente qu'il fait, sont à gages, même le receveur général

Tous les receveurs sont sujets à des vérifications pour constater l'état de leurs caisses: le receveur général est chargé en même tems de la recette de la loterie, dont le fond est ordinairement de trente six à quarante millions, ce qui au moyen d'une retenue de dix pour cent, forme un revenu de plus de trois millions.

C'est sur le receveur général que toutes les dépenses de la province son assignées. Il compte au comité ou collège de Raadt; les régences particulieres des villes ne comptent à personne du produit de leur accises; c'est une administration entiérement cachée, & dont on n'a aucune sorte de connoissance.

Les dépenses en employés de tout genre sont excessives; on compte qu'il y en a plus de cinquante mille dans la seule province de *Hollande*.

Chaque province paye sa contribution aux charges de la république, sur la demande d'une pétition qui est faite par le conseil d'Etat. Chaque ville ou régence acquitte ses charges & dépenses particulières.

Lorsque le conseil d'Etat juge à propos de demander à chaque province une contribution plus forte que celle qui est accoutumée, on augmente aussi-tôt les droits dans chaque district, & lorsque cette ressource est épuisée, on a recours aux emprunts, auxquels s'obligent la province & les villes.

On estime à environ cent quarante millions, le revenu total des Etats généraux & des villes.

Les cultivateurs & autres gens de la campagne, quoique les impôts soient extrêmement multipliés, sont en général très-aisés, parce que les droits qui se perçoivent, portant presque tous sur la consommation, les denrées se vendent à proportion, de manière que le cultivateur ne paye l'impôt & les droits qu'avec l'argent du consommateur.

Tous les paysans sont en général ou pêcheurs, ou tourbiers, ou jardiniers. Plusieurs même réunissent ces différens métiers. La pêche sur-tout produit à ceux qui l'exercent, un fonds de richesse inépuisable. Ils comptent ordinairement leur fortune par tonne d'or, dont chacune vaut cent mille florins, ou deux cens dix mille livres de notre monnoie.

Les droits d'accise sont en général trop multipliés & trop considérables. Il en résulte de jour en jour la chute des manufactures qui ne peuvent soutenir la concurrence avec l'étranger, parce que la main d'œuvre y est portée a un prix excessif. Ainsi les habitans des villes qui sont éloignés du commerce maritime sont pauvres; les marchands ne s'y soutiennent qu'à peine; cette même circonstance de la cherté de la main d'œuvre pour tous les ouvrages qui tiennent au commerce & à la marine, affectent aussi les principales branches du commerce, & elle influe sur toutes ses opérations en général.

Il est pourtant bon d'observer que le poids des droits est balancé en *Hollande* par l'extrême frugalité & l'excessive économie; en sorte que si les matières premières & les objets de subsistance sont très-chers, l'emploi des premières entraîne beaucoup moins de frais, toute proportion gardée, que dans d'autres pays, & rachete ainsi la cherté des moyens de vivre, par une moindre consommation.

HOMMAGE, en matiere domaniale. *Voyez* FOI & HOMMAGE.

HOMME VIVANT ET MOURANT, terme du droit féodal; qui désigne l'*homme* choisi par les gens de main-morte, sur la tête duquel réside, par fiction & relativement au seigneur dominant, la propriété des fiefs qu'ils possèdent.

Les gens de main-morte ne produisant point de mutation par mort, sont obligés de donner au seigneur, outre l'indemnité des biens qu'ils acquierent, un homme qui soit censé son vassal, pour servir de règle & de mesure à la vie naturelle d'un vassal, afin que par sa mort il y ait profit au seigneur.

L'indemnité est ordonnée pour tenir lieu des droits de quint, requint & autres droits de mutation, autres que celles qui arrivent par la mort naturelle; & l'*homme vivant & mourant* est donné pour porter foi & hommage, & afin que son décès arrivant, il y ait lieu au rachat ou au relief.

Ainsi l'*homme vivant & mourant* doit être fourni pour tous les biens sujets à foi & hommage, rachat ou relief; & il est certain que les gens de main-morte sont tenus d'y satisfaire.

Suivant l'article 4 de la déclaration du roi du 21 novembre 1724, le payement des droits d'amortissement & d'indemnité ne dispense pas les ecclésiastiques & gens de main morte, du payement des droits seigneuriaux de leurs acquisitions, non plus que de fournir au roi l'*homme vivant & mourant*, aux effets qu'il appartiendra.

La mort civile de l'*homme vivant & mourant* que l'on appelle vicaire dans plusieurs coutumes, ne donne pas ouverture au rachat; il n'est dû que par sa mort naturelle.

Les bénéficiers particuliers qui ne forment point un corps, ne sont pas tenus de donner un *homme vivant & mourant*, parce qu'il y a mutation à leur mort.

Quand l'*homme vivant & mourant* est décédé, il en faut donner un autre dans les quarante jours; à défaut, le seigneur peut faire saisir le fief & *faire les fruits siens.*

L'obligation de fournir un *homme vivant ou mourant* est imprescriptible par quelque tems que les gens de main-morte aient joui de leur fief.

HONGRIE. Finances de la *Hongrie.* Nous empruntons ici les termes du mémoire qui se trouve, sur ce royaume, dans la collection imprimée au Louvre en 1768.

La *Hongrie* est divisée en comitats ou comtés, dont les seigneurs sont les chefs, & les paysans, de condition servile.

Ces paysans, souvent vexés par les seigneurs, se sont ameutés, & ont refusé d'acquitter les impôts, sur le fondement que les seigneurs ne leur laissoient pas les moyens d'y subvenir. Les plus mutins se sont assemblés en très-grand nombre; ils ont détruit & dévasté les parcs & les clos des grands seigneurs; ils ont réclamé la liberté du pâturage; & au lieu d'une quantité de terrein qui leur étoit assignée pour le cultiver, tant pour leur subsistance propre que pour le compte des seigneurs, ils ont demandé à jouir librement, & sans aucun trouble, d'une certaine étendue de terre.

La cour de Vienne s'est occupée fréquemment de tous les moyens par lesquels on pouvoit diminuer le poids de la servitude de ces paysans. Elle a demandé entr'autres objets, dans la diette de 1764, que les corvées fussent restreintes, & que la contribution fût rendue réelle; mais ces demandes ont rencontré les plus grands obstacles de la part des seigneurs, intéressés à ne point adopter les changemens qui étoient proposés. Il est sensible qu'en procurant aux peuples de ce royaume une condition plus douce que celle dont ils jouissent, on mettroit cet Etat en situation de fournir au souverain, lorsque les circonstances peuvent l'exiger, des secours plus étendus.

Voici maintenant en quoi consistent les impositions & droits qui ont lieu dans le royaume de *Hongrie.*

Le seul impôt qui soit à la disposition du souverain, consiste dans une capitation modique, qui est la même pour tous les habitans de la campagne, sans distinction, & qui, dans les villes, est fixée d'après les déclarations que les habitans, non-nobles, font de leurs facultés, & dont ils sont tenus d'affirmer la vérité par serment.

Après la capitation vient la contribution.

Le souverain fait demander aux Etats la somme qu'il juge à propos; les Etats, ou l'accordent en entier, ou déterminent ce qu'ils croyent devoir accorder; & lorsque la somme est réglée, ils se chargent de la faire remettre dans les caisses royales de Pest & de Presbourg.

En 1751, la diette avoit fixé la contribution à trois millions de florins, valant vingt sols de notre monnoie. Le souverain demanda qu'elle fût augmentée d'un million de florins, les Etats s'y refusèrent; & enfin, après une résistance assez longue, ils accordèrent une augmentation de six cens mille florins; mais sous la condition expresse qu'ils ne demeureroient pas garans de la rentrée de cette augmentation, & que les non-valeurs seroient en pure perte pour le souverain. Chaque comitat demeura le maître de payer ou non cette augmentation; aussi elle ne fut acquittée que dans les comitats où la cour avoit des personnes qui lui étoient entièrement dévouées.

On ne connoît, à proprement parler, aucun impôt réel dans le royaume de *Hongrie.* On y tient, au contraire, pour maxime certaine, que toute terre est noble, & que tout noble est exempt de toute espèce d'impôt, soit pour sa personne, soit pour ses possessions.

Pendant les guerres terminées en 1748 & 1763, le souverain a obtenu des secours fort considérables; mais ces secours formoient de vrais dons gratuits, auxquels personne ne pouvoit être forcé de contribuer contre son gré. Chaque magnat, chaque comitat, chaque noble, se cottisoit lui-même; & il dépendoit de lui, ou d'acquitter sur son propre bien, la somme qu'il avoit résolu de donner, ou d'en faire supporter le montant par ses sujets.

On a observé qu'on ne connoissoit dans la *Hongrie* aucune imposition réelle proprement dite, & que la répartition de la contribution se faisoit à raison des facultés de chaque contribuable; mais on doit remarquer que dans l'évaluation des facultés, on fait entrer le produit des terres que chaque contribuable cultive.

Lorsque le montant de la contribution que les Etats doivent fournir, est réglé & fixé, les députés qui composent la diette envoyent dans chaque comitat un mandement, qui contient le contingent pour lequel il doit contibuer.

Chaque comitat s'assemble ensuite pour procéder à la répartition particulière; cette assemblée est néanmoins présidée par un officier qui est nommé par le souverain, & qui porte le titre de *comte suprême*, ou, en son absence, par un *vice-comte*, qui est pareillement nommé par le souverain. Ces charges sont à vie ; quelques-unes même sont héréditaires dans certaines familles. Tous les nobles du district, & les députés des villes libres & royales, ont séance dans le conseil du comitat.

La répartition de la contribution se fait d'après un cadastre, dont l'origine remonte au règne du roi Ladislas. On se plaint vivement des inégalités qu'il renferme. On prétend, sur-tout, que les terres de la couronne, & celles de quelques seigneurs particuliers, ne sont point suffisamment taxées, d'autant, que depuis cinquante ans, un simple gentilhomme n'a pas eu les mêmes moyens d'augmenter la culture de ses terres, & par conséquent le commerce & l'aisance de ses vassaux.

Depuis trente ans, une multitude considérable d'Allemands sont allés s'établir en *Hongrie*, & ont stipulé avec les seigneurs, des exemptions pour un certain nombre d'années : ainsi il n'y a plus de proportion entre les charges. Il seroit très-nécessaire de réformer l'ancien cadastre ; mais les seigneurs les plus puissans, dont l'intérêt se trouve le même que celui du souverain, s'y opposent, & on ne laisse pas aux diettes un tems suffisant, pour s'occuper d'une opération aussi longue.

Lorsque dans l'assemblée du comitat, la portion que chaque communauté doit supporter a été fixée, c'est aux magistrats ou officiers de ces communautés, à procéder à la répartition de ce que chaque particulier doit payer.

Ces magistrats sont au nombre de huit. Le premier est à la nomination du seigneur, & les sept autres, qu'on appelle jurés, sont choisis par les habitans à la pluralité des voix : on les change tous les trois ans.

La répartition se fait à raison des facultés actuelles de chaque habitant. C'est la seule manière qui puisse être mise en usage vis-à-vis ces habitans, qui ne possèdent aucunes terres en propriété, qui ne cultivent que ce qu'il plaît au seigneur de leur accorder chaque année, & dont la condition est plus ou moins dure, selon que le seigneur exige plus ou moins d'eux.

Lorsqu'une communauté ou un particulier prétendent que leur contingent a été porté trop haut, ils doivent s'adresser au comitat ; mais cette voie n'est presque jamais usitée, parce qu'elle est très-dispendieuse.

Chaque juge ou chef d'une communauté perçoit les deniers de la contribution, & les porte dans les caisses du comitat gratuitement, & sans aucuns frais.

Les communautés sont tenues solidairement du contingent de chaque habitant en particulier ; mais elles ne peuvent contraindre ceux qui sont en retard, qu'en conséquence d'une ordonnance du comitat, qui décerne l'exécution militaire.

Chaque comitat a une caisse particulière, dans laquelle se verse la contribution royale. Le trésorier ou caissier est chargé des détails qui concernent le recouvrement & le versement des deniers dans les caisses de Pest & de Presbourg.

Les salaires du caissier, & les autres dépenses qu'exige l'administration, sont à la charge du comitat, & payés par une caisse particulière, sans aucune diminution des fonds royaux.

Il reste maintenant à parler de ce qui concerne les autres revenus que le souverain perçoit dans le royaume de *Hongrie*.

Ces revenus consistent :

1°. Dans les mines, dont quelques-unes sont exploitées pour le compte du souverain, & les autres rendent le cinquième du produit net.

2°. Dans le bénéfice du commerce des matières d'or & d'argent. La cour de Vienne, qui en tire considérablement, & sur-tout des matières d'or, des mines de *Hongrie* & de Transylvanie, & qui a, dans le Levant, un débouché très-étendu d'argent, a, dans ces circonstances, les plus grands avantages pour se procurer ces matières, & faire refluer à Vienne une quantité considérable d'argent, dont l'envoi au Levant & en Italie, produit, tous frais faits, un bénéfice de huit pour cent.

3°. Dans le produit des terres & seigneuries royales, dont le nombre devient de plus en plus considérable, parce que la cour de Vienne, qui a renoncé aux principes de prodigalité des anciens souverains, & dont l'administration a pour base une sage économie, use pour elle-même, & à son profit, du droit inhérent à la couronne, de disposer de tous les biens vacans & confisqués.

Ce droit est si étendu, les révolutions en *Hongrie* ont été si fréquentes ; les loix des successions si restreintes & si obscures ; les privilèges de propriété patrimoniale si mal établis ; le principe enfin reçu en *Hongrie*, qu'aucun laps de tems, quel qu'il soit, ne peut valider une possession qui n'est point fondée sur un titre valable, reçoit des applications si fréquentes, que toutes ces circonstances réunies ne peuvent que produire des accroissemens considérables & successifs dans les possessions du souverain.

Les autres revenus consistent en différens droits sur les consommations. Les nobles en sont exempts ; mais comme la noblesse seule possède un superflu en denrées, les droits de douane que l'on fait payer à l'importation & à l'exportation de ces denrées, tiennent lieu des droits dûs à la consommation, & desquels cette noblesse est exempte.

La

La cour de Vienne, par une suite du système qu'elle a adopté, de fixer arbitrairement le prix des droits qui font partie de son domaine, & que les loix ne soumettent pas à l'imposition de la diette, hausse, quand il lui plaît, le prix du sel, & augmente ainsi ses revenus.

Tous les fonds & revenus qui composent le domaine, sont sous l'administration de la chambre royale des finances de Presbourg; c'est ce tribunal qui donne aux comitats les décharges nécessaires pour le paiement de la contribution.

HONORAIRE, s. m. Rétribution quelconque accordée pour des services rendus. On dit, les *honoraires* d'un curé & de tout ecclésiastique, d'un médecin, d'un avocat, d'un homme de lettres; les appointemens d'un emploi, les gages d'un office, la paye des militaires, le salaire d'un ouvrier & des artisans.

HONORIFIQUES, droits. Ce sont des prérogatives attachées à une possession de fonds nobles & seigneuriaux. Ces prérogatives se divisent en deux classes, & se distinguent par la dénomination de grands & de petits honneurs. Au reste, comme tout ce qui concerne les droits *honorifiques* appartient plus à la science de la Jurisprudence qu'à celle des Finances, il faut consulter le Dictionnaire de cette partie.

HÔPITAL, HÔPITAUX, s. m. Leur destination est trop connue, pour qu'il soit besoin d'entrer dans une explication à cet égard; on se contentera de les considérer dans leur rapport avec les finances, à cause des privilèges & des exemptions dont ils jouissent, & du côté des améliorations que le ministre de cette partie a cherché à leur procurer, par les nouvelles vues que la bienfaisance du roi a manifestées, relativement à ces asyles consacrés à l'humanité souffrante.

C'est au milieu des projets de conquêtes que Louis XIV formoit & réalisoit en même tems, que ce prince s'occupoit de la partie indigente & malheureuse de ses sujets, en formant des établissemens où la vieillesse & l'enfance devoient trouver les secours que la foiblesse de ces deux âges réclamoit depuis si long-tems. Il n'existoit des *hôpitaux* que dans les grandes villes, & presque seulement dans les capitales de chaque province.

Un édit du mois de juin 1662, ordonna, en conséquence, que dans chaque ville du royaume il seroit établi un *hôpital*, pour y recevoir tous ceux qui n'auroient d'autres moyens de subsister que dans la charité publique, ou dont les infirmités exigeroient des secours.

En considération du but de ces établissemens, les principaux jouissent de différens privilèges & exemptions, relativement aux droits des fermes & à ceux des domaines. Les *hôpitaux* de Paris & de Lyon, ne payent aucun droit de traite sur toutes les denrées & marchandises destinées pour leur approvisionnement. Plusieurs autres *hôpitaux* ont des immunités particulières, applicables aux droits d'octrois des villes.

Un arrêt de réglement, rendu le 21 janvier 1738, concernant les droits de domaine, ordonne que les *hôpitaux* généraux & particuliers, les hôtels-Dieu, les maisons ou communautés, tant séculières que régulières, où l'hospitalité est exercée, jouiront de l'exemption des droits d'amortissement pour toutes les acquisitions, échanges, dons & legs, de quelque nature qu'ils puissent être, ainsi que pour les constructions & reconstructions des bâtimens destinés & employés, soit au logement, à la subsistance & à l'entretien des pauvres & des malades, soit à leur instruction gratuite; mais au cas que l'hospitalité cesse d'y être exercée, ou que les biens acquis, échangés ou donnés, & les bâtimens, cessent d'être employés à ces usages, les droits d'amortissement doivent être payés en entier de toutes les mêmes acquisitions, échanges, dons & legs, & bâtimens, lorsque ces biens rentrent dans le commerce, & produisent un revenu.

L'article IV, du même réglement, accorde la même exemption aux maisons & écoles de charité des paroisses, &, en général, à toute assemblée relative à l'administration des pauvres, tant des villes que de la campagne.

Suivant l'article XXI, ce réglement doit être exécuté dans toutes les provinces du royaume, même dans celles de Flandre, Haynault & Artois, & dans le comté de Bourgogne, à l'exception des articles concernant les *hôpitaux*, maisons de charité, pour lesquels il ne doit rien être innové. *Voyez* AMORTISSEMENT. (droit d')

En 1777, un arrêt du conseil d'Etat manifesta les vues de bonté & d'humanité d'une administration vigilante, qui portoit son attention sur les asyles destinés à l'indigence, & présentoit au souverain les moyens d'améliorer le régime de tous les *hôpitaux* du royaume, en annonçant que son trésor seroit ouvert pour fournir les secours qui seroient jugés nécessaires. En conséquence, il fut nommé neuf commissaires, choisis par les magistrats du premier rang, parmi les curés de Paris & des gens notables, pour travailler à connoître les ressources qu'on pouvoit tirer des revenus des *hôpitaux* de Paris, & de leur emploi.

Ces préliminaires furent suivis, deux années après, d'un édit, qui est à la fois un monument de sagesse, de justice, & de bienfaisance. Indépendamment de ces rapports, sous lesquels il mérite d'être considéré, il présente en même tems les vrais principes de la législation des finances de l'Etat, dont la prospérité ne peut s'effectuer que par les grands mouvemens de la circulation générale, à laquelle les possessions des gens de main-morte mettent malheureusement des obstacles trop multipliés. D'après ces considérations, on s'attend bien que cette loi doit trouver une place dans ce Dictionnaire.

Louis, par la grace de Dieu, roi de France & de Navarre : à tous présens & avenir, salut. Nous étant fait rendre compte de la situation des finances des divers *hôpitaux* de notre royaume, nous avons vu, avec peine, que le plus grand nombre n'avoit pas des revenus proportionnés à ses besoins, ce qui mettoit ces maisons dans la nécessité, ou de restreindre leurs œuvres de bienfaisance, ou de solliciter fréquemment les secours du gouvernement. En même tems nous avons remarqué qu'une partie de leurs capitaux consistoit en immeubles, sorte de biens qui, sur-tout entre les mains d'une administration collective & changeante, dont les soins ne peuvent jamais égaler l'activité de l'intérêt personnel, ne procuroient qu'un très-modique revenu, & assujettissoient à des frais considérables d'entretien & de réparations. Qu'il étoit même des *hôpitaux* qui jouissoient de droits purement honorifiques, possession absolument vaine & indifférente pour eux, & que l'avantage des pauvres invitoit à convertir en un revenu réel. Qu'enfin on ne pouvoit se dissimuler, que si le foible produit des immeubles peut être préféré par des particuliers, en raison de la plus grande solidité qu'ils croient appercevoir dans ce genre d'emploi ; il n'étoit pas raisonnable de soumettre à un pareil sacrifice le revenu des maisons hospitalières, puisque par les titres privilégiés qu'elles réunissent, leur fortune ne pourroit être exposée à aucun évènement, toutes les fois qu'elle seroit liée à celle de l'Etat.

Nous avons donc pensé, que si nous pouvions augmenter les ressources applicables au soulagement des pauvres, sans donner aucune atteinte à la sûreté de leurs capitaux, nous remplirions un des objets les plus dignes de notre bienfaisance ; & nous avons cru qu'un des moyens efficaces d'atteindre ce but, seroit, que les diverses administrations d'*hôpitaux* procédassent, à mesure d'occasions convenables, à la vente des immeubles dont elles sont en possession. Et en même tems que nous avons jugé à propos de les y autoriser sans distinction, nous avons cherché à leur présenter un emploi du produit de ces ventes, qui fût à la fois solide, avantageux, susceptible d'accroissement, & conforme aux loix établies pour les deniers des communautés ; en conséquence, nous avons ordonné qu'à mesure que ces ventes auroient lieu, d'après les délibérations des diverses administrations d'*hôpitaux*, le produit en fût appliqué, par préférence, à l'acquittement de leurs dettes, aux constructions des lieux claustraux que nous aurions approuvées ; & quant au surplus, sans ôter à ces administrations la liberté de le placer dans les effets prescrits par l'édit de 1749, nous les autorisons à en faire verser le montant dans la caisse générale de nos domaines, pour, le fonds, en être employé à rentrer avec équité, dans la partie de nos domaines aliénés à trop vil prix, ou pour nous aider à faire de nouveaux traités avec les engagistes.

L'utilité essentielle & permanente que l'Etat & nos finances retireront ainsi de l'emploi de ces capitaux, prêtera une nouvelle force aux engagemens que nous prendrons envers les maisons hospitalières ; & quoique des engagemens de cette nature fussent déjà suffisamment garantis par la religion, la politique & l'ordre public, nous avons résolu d'y joindre encore toute la sanction que les loix & les formes les plus respectables de notre royaume peuvent nous présenter.

C'est pour remplir ce but, que nous voulons qu'à l'égard des fonds qui seront versés dans la caisse de nos domaines, il soit passé un contrat particulier en faveur de chaque maison de charité, le quel contrat, revêtu de lettres patentes, déclarera que les deniers fournis sont le bien des pauvres, & la dette la plus sacrée de notre Etat.

Il y sera de plus stipulé que les intérêts seront payés tous les trois mois, exempts à jamais de toute retenue, avec affectation spéciale & privilégiée sur les revenus de nosdits domaines, en autorisant même, dans tous les tems, nos cours de parlement à décerner des exécutoires sur ces mêmes revenus, dans le cas du moindre retard du payement, de manière que la tutelle du bien des pauvres continue à leur être particulièrement commise.

Au moyen de ces diverses précautions, nous avons pensé que toute espèce d'inquiétude seroit d'autant moins fondée, qu'une grande partie des biens des *hôpitaux*, consistant en octrois, exemptions & franchises, repose uniquement sur la simple continuation de notre protection & de notre libéralité.

Et quoique parmi les immeubles des *hôpitaux*, il y ait un grand nombre de maisons, & dont par conséquent, une partie du capital dépérit par le tems ; cependant, dans la vue de prévenir toute espèce d'objections relatives aux effets généraux de l'augmentation progressive du numéraire, & désirant que les *hôpitaux* de notre royaume conservent en entier, & dans tous les tems, le fruit de nos dispositions bienfaisantes, nous leur avons encore assuré le dédommagement de l'augmentation progressive que l'on peut attendre dans la valeur des immeubles ; & à cet effet, nous voulons que tous les vingt-cinq ans, l'engagement que nous aurons pris envers les maisons hospitalières, soit augmenté d'un dixième en capital & arrérages, & qu'à chacune des révolutions susdites, il soit passé un nouveau contrat, conforme à cette promesse, & pareillement revêtu de lettres patentes, à moins toutefois que quelques-unes de ces maisons, renonçant à l'augmentation dont nous venons de faire mention, ne désirassent, par préférence, que les arrérages des contrats constitués à leur profit, fussent stipulés en mesures de grains, dont la quotité seroit déterminée d'une manière invariable, soit de gré à gré, soit en raison du prix moyen de cette denrée, depuis les dix années antérieures à la passation du contrat.

Nous pouvons d'autant plus aisément laisser l'alternative de ces conditions, qu'au moyen du genre d'emploi que nous proposons de faire des deniers versés dans la caisse de nos domaines, nous profiterons nous même de l'augmentation qui pourroit survenir au prix des denrées ; & nous procurerons encore à nos finances un avantage progressif, en faisant rentrer dans la circulation générale cette somme considérable d'immeubles, qui, dans la main des *hôpitaux*, ne contribuoient aux besoins de l'Etat, ni par des lods & ventes, ni par les vingtièmes, ni par aucune autre espèce d'imposition.

Nous consentons cependant à affranchir des droits seigneuriaux & de centième denier la première vente des immeubles.

Nous avons vu d'ailleurs, avec plaisir, que l'administration de l'*hôpital* général de notre bonne ville de Paris, à qui nous avons bien voulu communiquer ce projet de loi, en avoit adopté toutes les principales dispositions ; & nous aimons à nous persuader que les autres maisons hospitalières se porteront successivement à suivre cet exemple, sur-tout si elles considèrent qu'elles ne pourroient avec justice, demander des prolongations & des augmentations d'impôts à charge à nos peuples, tandis qu'elles négligeroient d'accroître leurs revenus par des moyens simples & raisonnables, qui s'accordent avec le bien de l'Etat, & que nos vues générales d'administration leur présentent.

Enfin nous avons remarqué avec satisfaction que les mêmes dispositions qui augmenteroient le revenu des *hôpitaux*, déchargeroient en même tems les administrateurs de ces maisons, des soins journaliers nécessaires pour la manutention & la conservation d'immeubles aussi multipliés, au moyen de quoi toute leur attention pourroit être désormais dirigée vers les détails de bienfaisance & de charité, qui influent si essentiellement sur le sort des pauvres & le soulagement des malades. A ces causes, & autres à ce nous mouvant ; de l'avis de notre conseil, & de notre certaine science, pleine puissance & autorité royale, nous avons par notre présent édit perpétuel & irrévocable, dit, statué & ordonné ; disons, statuons & ordonnons, voulons & nous plaît ce qui suit :

ARTICLE PREMIER.

Nous autorisons tous les *hôpitaux* de notre royaume, sans distinction, à procéder, à mesure d'occasions convenables & par voie d'enchères publiques, à la vente de tous leurs immeubles réels.

II.

Nous voulons que le produit de ces ventes soit appliqué par préférence, au remboursement des dettes des *hôpitaux*, ou aux nouvelles constructions des lieux claustraux que nous aurions approuvées, & pour ce qui restera dudit produit, nous autorisons les administrateurs desdits *hôpitaux*, ou à le placer dans les effets prescrits par l'édit de 1749, ou à le verser dans la caisse générale de nos domaines.

III.

Il sera passé par les commissaires de notre conseil, au profit de l'*hôpital* ou maison de charité, dont les fonds auront été versés dans ladite caisse, contrat de constitution, dont les arrérages, qui courront à compter du jour du versement dans ladite caisse de nos domaines, seront fixés à raison de cinq pour cent, & déclarés exempts & affranchis de toutes retenues présentes & à venir : voulons que tous les vingt-cinq ans, depuis la date du contrat constitué en faveur d'un *hôpital*, & pour les causes mentionnées au présent article, il en soit passé un nouveau à son profit & dans les mêmes termes, mais avec accroissement d'un dixième en capital & arrérages sur les capitaux & arrérages primitifs desdits contrats.

IV.

Si néanmoins quelques-uns des *hôpitaux* préféroient aux contrats ci-dessus, avec les accroissemens qui y sont attribués, des contrats dont les arrérages seroient stipulés en mesures de grains, nous autorisons les commissaires de notre conseil à souscrire des contrats de cette nature ; dérogeant à cet effet, en faveur des pauvres seulement, à l'ordonnance de 1565 & à toutes loix postérieures, qui auroient défendu de constituer des rentes en grains pour prêt de deniers ; & en ce cas, nous voulons, qu'à l'époque de chacune de ces constitutions particulières, la quotité des mesures de grains, représentant les intérêts en espèces à cinq pour cent, & devant former la rente perpétuelle du capital de la constitution, soit déterminée irrévocablement, soit de gré à gré, soit en raison du prix moyen du setier de bled, résultant des différens prix de cette denrée pendant les dix années antérieures à la passation du contrat.

V.

Le payement de ces rentes sera néanmoins fait en espèces, dont la quotité sera déterminée, à leur échéance, sur le prix courant des grains à cette époque, & de la même manière que s'acquittent ordinairement les rentes en grains.

VI.

Dans les contrats ci-dessus mentionnés, seront énoncés la vente de l'immeuble, le versement du prix dans la caisse de nos domaines, l'affectation & privilège sur les revenus d'iceux, le payement des arrérages du principal tous les trois mois, & généralement tout ce qui sera nécessaire pour assurer à chacun desdits *hôpitaux* ou maisons de charité, & leurs capitaux, & le payement des rentes qui leur seront constituées.

VII.

Le caissier de l'administration de nos domaines sera tenu de payer, tous les trois mois, les arrérages desdits contrats, par préférence à nos propres deniers, sur les simples quittances du receveur ou préposé desdits *hôpitaux*; & dans le cas de retard du payement desdits arrérages, autorisons nos cours de parlement à décerner sur les revenus de nos domaines, d'après les requisitoires de nos procureurs généraux, exécutoire du montant des arréges échus.

VIII.

Ordonnons que les immeubles desdits *hôpitaux* demeureront affranchis & exempts, pour la première mutation seulement, des droits d'insinuation & de centième denier, auxquels les ventes qui en seront faites pourroient donner lieu; comme aussi que ceux desdits immeubles qui se trouveront situés dans notre mouvance, demeureront également affranchis & exempts, pour la première mutation seulement, des droits de lods & vente qui pourroient nous être dûs, à raison desdites ventes.

IX.

Voulons que les deniers qui, conformément à ce qui est ci-dessus ordonné, auront été versés dans la caisse de nos domaines, soient incessamment employés au remboursement des finances pour lesquelles telle partie de nos domaines qui seroit par nous déterminée, auroit été aliénée ou engagée par les rois nos prédécesseurs, ainsi & de la manière qu'il sera par nous plus particulièrement prescrit, & avec déclaration, dans les arrêts de liquidation & quittances de remboursement, de l'origine des deniers qui auront été employés au remboursement. Si donnons en mandement à nos amés & féaux conseillers, les gens tenant notre cour de parlement à Paris, &c. Donné à Versailles, au mois de janvier, l'an de grace 1780, registré en parlement le 14 janvier 1780.

L'année suivante, un édit du 22 avril pourvut à l'augmentation des lits de l'hôtel-Dieu de Paris, de façon à recevoir trois mille malades pour être couchés un à un.

Cette dépense, qui étoit de six cens mille livres, ne coûta rien au trésor royal, & fut payée par des fonds réservés à cet effet, & par les offres que les fermiers généraux, les administrateurs des domaines, & les régisseurs généraux firent, pour être employées à quelque objet charitable. Le montant de ces offres fut de cent mille écus pour la ferme générale, de trente-six mille livres pour la régie générale, & de pareille somme pour l'administration générale des domaines, chacune payable par partie, chaque année, pendant six ans.

Le même édit ordonnoit, que les états de situation de l'hôtel-Dieu, dont le revenu pouvoit suffire à-peu-près à trois mille six cens journées de malades, évaluée sur le pied de vingt sols chacune, seroient imprimés tous les ans à l'imprimerie royale, & qu'ils contiendroient, 1°. Le nombre de journées des malades reçus & traités pendant l'année, ainsi que la quantité des personnes attachées & employées au service de l'*hôpital*.

2°. Les recettes & dépenses de toute nature, avec des observations sur tous les objets qui en seroient susceptibles.

Ces sages dispositions, dont l'effet étoit d'exciter les dons de la charité des citoyens, par la connoissance de l'emploi qui en étoit fait, & par la certitude d'une sage gestion, sont restées sans exécution jusqu'à présent.

L'homme d'Etat, qui a proposé ces différentes loix pour l'amélioration des revenus des *hôpitaux*, développe toute l'étendue de ses vues, & présente les moyens d'accroître cette amélioration par un régime plus perfectionné, dans un chapitre de son *Traité sur l'Administration des Finances*. Il ne peut être mieux placé qu'à la fin de cet article, pour le terminer d'une manière à la fois agréable & instructive. Laissons-le parler.

Il y a dans le royaume plus de sept cens *hôpitaux*, & une centaine d'établissemens de trois ou quatre lits, fondés par des particuliers.

J'estime de cent à cent-dix mille le nombre des malheureux qui trouvent habituellement un asyle ou des secours dans ces différentes maisons; & voici à-peu-près la division des principales classes.

Quarante mille infirmes ou pauvres d'un âge avancé, & présumés hors d'état de gagner leur vie.

Vingt-cinq mille malades.

Quarante mille enfans trouvés, dont le plus plus grand nombre est mis en pension dans les campagnes.

L'on sent que si telle est, à-peu-près, la quantité d'individus qui reçoivent constamment des soins ou de l'assistance, il en est un beaucoup plus grand nombre qui, dans le cours d'une année, participent à ces actes de bienfaisance, puisque la mort & la guérison renouvellent les places & la destination des secours.

Les revenus des *hôpitaux* dérivent de leurs biens patrimoniaux, en terres, en maisons ou en rentes, des droits sur les consommations levés à leur profit sous l'autorité du souverain, des secours annuels en argent fournis par le trésor royal, ou assignés sur d'autres caisses; enfin, des dons & aumônes des ames charitables. On n'a que des notions éparses sur plusieurs de ces objets : l'on travailloit à les rassembler, & à réunir toutes celles qui manquoient; mais cet ouvrage est de très-longue haleine : cependant, sur différens apperçus, c'est entre dix-huit & vingt millions, que j'évaluerois le revenu annuel dont les *hôpitaux* ont la disposition, & le quart de cette somme, à-peu-près, appartient à l'*hôpital* général & à l'hôtel-Dieu de Paris.

Je n'ai point compris, dans toute cette énumération, les *hôpitaux* destinés au secours de l'armée & des gens de mer; leur nombre est d'environ soixante & dix; la quantité des malades habituels, de six mille.

J'avois adopté, je crois, un moyen convenable pour augmenter le revenu des *hôpitaux*, en engageant sa majesté à autoriser la vente de leurs immeubles, à la charge, par eux, d'en placer le produit en rentes sur le roi, les Etats ou le clergé : ces maisons auroient ainsi converti un foible intérêt contre un plus grand, & une administration compliquée contre une très-simple : tous ces motifs ont été développés dans la loi rendue à ce sujet : mais comme le roi, pour ménager les droits de la propriété, & pour ne point exciter de défiance, n'avoit pas voulu adopter des voies coercitives, il s'en faut bien que ses intentions aient été remplies avec le zèle & l'activité qu'il avoit désiré d'inspirer.

Le second moyen, & le plus efficace de tous, pour accroître les ressources des *hôpitaux*, c'est l'ordre & l'économie. Le gouvernement, comme dans tous les objets de détail infiniment multipliés, ne peut influer que par des dispositions générales, sur l'attention & les soins des administrations particulières; mais il doit y mettre cet intérêt qui se répand par-tout, & dont l'impression est toujours plus ou moins sensible.

La direction des grands *hôpitaux* du royaume, ne laisse rien à désirer, quand on arrête uniquement son attention sur le caractère & l'état des principaux chefs de ces administrations; mais on ne peut s'empêcher de porter un jugement différent, lorsqu'on examine la forme constitutive de ces établissemens.

L'administration de l'*hôpital* général est composée de l'archevêque, du premier président, & du procureur général du parlement, des premiers présidens de la chambre des comptes & de la cour des aides, du lieutenant de police & du prévôt des marchands; enfin, de dix personnes prises dans les états les plus distingués de la bourgeoisie, & qui restent en fonction toute leur vie, à moins d'une démission volontaire. Ce sont ces dix administrateurs qui gérent les affaires de l'*hôpital*, & qui partagent entr'eux les différentes fonctions : ils ont des assemblées particulières, & portent communément aux assemblées générales un avis unanime & concerté. Ainsi, lors même que les chefs de l'administration, distraits par des occupations importantes, auroient une opinion fixe sur les différentes dispositions soumises à une délibération, cette opinion, qui ne seroit point appuyée du plus grand nombre des suffrages, ne pourroit jamais prévaloir. On voit donc que leur assistance à ces assemblées, n'a pas l'utilité qu'on devroit attendre de la supériorité de leur état; aussi toute cette constitution d'administration m'a-t-elle toujours paru mieux imaginée, pour en défendre les principes contre toute espèce d'innovation, que pour opérer le plus grand bien. La stabilité perpétuelle des administrateurs en second, la division de départemens qui s'établit entr'eux, rendent chacun le maître en sa partie, & les égards mutuels affermissent cette autorité. Toute cette combinaison devoit nécessairement apporter des obstacles aux projets de réforme, & l'on en eût éprouvé les inconvéniens d'une manière plus frappante, si l'honnêteté de la plupart des membres de ces administrations, n'avoit souvent contrebalancé les effets d'une pareille institution.

La direction des *hôpitaux* de Lyon, soumise à des règles différentes, présente des défauts d'un autre genre : les administrateurs ne restent que deux ans en place; ainsi, ils ne peuvent acquérir une instruction suffisante pour faire un bien suivi, & pour entreprendre les améliorations qui exigent un changement de systême. Cependant, comme ces administrateurs déposent dans la caisse de l'*hôpital* une somme d'argent considérable, dont ils ne tirent aucun intérêt, l'honnêteté de ce sacrifice, les soins gratuits dont il est accompagné, & la bonne réputation des personnes qui sont appellées à ces fonctions, toutes ces considérations ont soutenu les anciens usages, contre la critique qu'il étoit raisonnable d'en faire.

Il est très difficile de constituer l'administration des grandes maisons d'*hôpitaux*, d'une manière qui éloigne absolument les abus ou la négligence; & lorsqu'on s'occupe de ce dessein, on retrouve en petit la plupart des contrariétés auxquelles tous les gouvernemens sont assujettis. Ainsi, lorsqu'on arrête son attention sur les avantages qui résultent de l'unité de pensée, d'action & de volonté, l'on voudroit que chacun de ces établissemens fût dirigé par une seule personne; mais quand on cherche les hommes dignes d'une telle confiance, ou seulement ceux qui sont en état de faire un choix de ce genre, on ne s'attache pas long-tems à une pareille idée, & l'on se trouve forcé de préférer une administration collective; mais on doit tâcher de la modifier, de la manière la plus favorable à l'esprit qu'il est important d'inspirer. Il me semble qu'on éviteroit une partie des inconvéniens que j'ai indiqués, si cette administration étoit composée de sept personnes, dont cinq seroient choisies, ou par une assemblée de notables, ou par le prévôt des marchands & les échevins, ou par l'archevêque & les chefs de la magistrature, selon les privilèges ou les usages de chaque ville. Les services de ces cinq personnes, revêtues d'un titre honorable, devroient être gratuits; mais elles seroient autorisées à nommer deux directeurs, auxquels on alloueroit des appointemens : ces directeurs assisteroient à toutes les assemblées d'administration, & resteroient en place, tant que les cinq administrateurs seroient contens de leurs services; mais ces derniers seroient renouvellés tous les cinq ans; ensorte qu'au bout de la révolution nécessaire, il faudroit en changer un toutes les années. Ce genre d'institution, ou tout autre, à-peu-près conforme au même esprit, rendroit deux personnes assiduement cautions de tous les détails; les administrateurs, dont ils seroient environnés, resteroient assez long-tems en fonction pour avoir une opinion éclairée, & ils n'y seroient pas assez permanens pour attiédir leur zèle par l'habitude; ils auroient une pluralité suffisante pour dominer les directeurs, & leur nombre seroit en même-tems assez circonscrit, pour qu'ils se sentissent responsables dans l'opinion, des abus auxquels ils se montreroient indifférens : car c'est tantôt la multiplicité des administrateurs, & tantôt leur succession trop rapide, qui dissémine, en quelque manière, leur garantie, & la rend comme nulle à leurs propres yeux. Enfin, pour entretenir une émulation constante, il faudroit qu'on rendît chaque année, un compte public des dépenses & des dispositions d'administration les plus importantes.

Tels sont, à-peu-près, les principes indiqués par la réflexion & par l'expérience; mais le ministre le plus rempli de zèle, ne peut procéder qu'avec ménagement aux innovations, dont il est quelquefois seul à sentir l'importance, tandis que, pour faire réussir ces changemens, il faudroit souvent, & une volonté suivie dans le gouvernement, & un concours de la part des corps intermédiaires, qui ont tant de moyens pour défendre les anciens usages.

C'est d'après ces observations, que, pour suppléer à la lenteur des moyens de réforme, j'avois considéré comme important, de faire choix d'une personne, qui, sous le titre d'inspecteur, pût prendre une connoissance successive de la direction des *hôpitaux*, & amener chaque administration particulière aux dispositions d'ordre & d'économie dont le gouvernement auroit adopté les principes. Il en est résulté plusieurs réformes très-utiles : c'est un avantage, sans doute, mais qu'on ne peut jamais mettre en parallèle avec le bien, dont l'esprit même des institutions devient le conservateur.

Enfin, comme un grand modèle est de toutes les instructions publiques la plus persuasive & la plus durable, j'avois proposé à sa majesté de fonder un hospice dans la plus grande paroisse de Paris, en donnant pour base à cet établissement, les réglemens les plus sages, & en adoptant tous les moyens nécessaires pour approcher de cette perfection, qui naît de la réunion des soins, & de l'économie. La fondation a eu le plus grand succès, & il me semble que les intentions du roi ont été remplies aussi complétement que l'on pouvoit l'espérer. Cet hospice est aujourd'hui composé de cent vingt-huit lits: rien de ce qui étoit véritablement nécessaire au bien des malades n'a été épargné; rien de ce qui pouvoit être inutile, n'a été dépensé : cette dernière attention est aussi charitable que la première, puisque c'est à ce prix, qu'avec un fonds déterminé (& tout a sa limite dans l'emploi des deniers publics), on peut venir au secours d'un plus grand nombre d'infortunés. Le nombre de lits que je viens d'indiquer, suffit aujourd'hui pour recevoir chaque année dix-huit cens malades; & comme on n'admet personne par des motifs de faveur, ou par l'influence d'une recommandation, & que le seul titre d'introduction est un certificat de pauvreté absolue, signé par le curé de la paroisse, ou par un ecclésiastique principal, l'expérience a démontré que l'hospice soumis à ces règles, répondoit aux besoins de deux paroisses, qui composent environ la septième partie de Paris. Cependant, au moyen de l'ordre exact qui règne dans les dépenses, chaque journée de malade est revenue, en 1779, première année, à seize sols dix deniers.

En 1780, idem, à une fraction près.

En 1781, à dix-sept sols trois deniers.

En 1782, à dix-sept sols un denier & une fraction.

En 1783, à dix-sept sols deux deniers & une fraction.

L'extrême rapprochement de ces résultats, indique sensiblement la régularité établie dans toutes les parties de dépenses. Le roi a ordonné l'impression annuelle des comptes; & comme ils contiennent différens détails instructifs, on a déja réformé, sur ce modèle, le régime intérieur de plusieurs maisons de charité: on le fait encore tous les jours; & deux autres hospices pareils, mais moins considérables, ont été établis dans Paris, avec des fonds appartenans aux paroisses, & avec le secours de quelques charités particulières. Enfin, plusieurs administrations d'*hôpitaux* dans les pays étrangers, & quelques princes souverains, ont fait prendre des renseignemens sur la direction de cette maison, & on les a communiqués avec empressement, comme on en avoit recherché soi-même en différens lieux, afin d'ajouter, par la comparaison, des lumières nouvelles à celles qu'on avoit déja réunies; l'amour de l'humanité, comme le desir de la fortune, peut avoir son commerce & ses relations, & les progrès en ce genre valent bien tous les autres.

Une sœur de la charité, remplie de zèle & d'intelligence, gouverne habituellement les détails de l'hospice dont je viens de parler, & Mme Necker, réunie à M. le curé de Saint-Sulpice, a dirigé, jusques à présent, cet établissement, avec les soins les plus assidus. Je ne puis pas dire qu'elle y ait mis sa gloire, non plus qu'à tous les autres objets de charité publique dont elle s'est occupée, car ce sont des motifs plus purs qui l'ont conduite; elle n'eût jamais pu se donner tant de peine pour des applaudissemens; elle a élevé ses regards au-dessus des hommes, & cette piété qui anime la bienfaisance, est devenue son guide & son encouragement Quand on se fait une haute idée de ses devoirs, quand on les ramène à des principes étrangers aux vanités du monde, on s'approche, ce me semble, du degré de perfection morale où l'humanité doit tendre; mais qui peut se flatter de se présenter, avec une intention si pure, dans la carrière du bien public? Je m'abaisse le premier devant tant de vertu. Est-il permis, diront de nouveau quelques personnes, de s'expliquer ainsi sur un autre soi-même! Quel étrange langage, & peut-être quel ridicule! Je veux bien en courir le hasard; je ne sais, à vrai dire, quelle opinion pourroit me dédommager aujourd'hui du sacrifice de mes plus douces pensées; & ce ridicule dont on vous menace, il n'est pas si aisé qu'on le pense, de le jetter sur des sentimens raisonnables, lorsque ce n'est point en tremblant qu'on les avoue.

Le roi, dans le tems de mon administration, avoit ordonné, par des lettres-patentes enregistrées au parlement, que les malades de l'hôtel-Dieu, accumulés dans un même lit, seroient dorénavant absolument séparés. Les dispositions intérieures, nécessaires pour l'exécution de ce louable projet, ont été continuées; deux grandes salles seront incessamment finies, & les intentions bienfaisantes de sa majesté commenceront à être réalisées. Les fonds mis à part pour cette dépense, ont été fidèlement ménagés sous la direction d'un magistrat plein de zèle & d'amour du bien; ces fonds proviennent d'une offrande présentée volontairement par les compagnies de finance, à la place du *pot-de-vin* qu'elles étoient dans l'habitude de remettre au ministre des finances; &, de plus, d'un don considérable que m'avoit fait le précédent archevêque de Paris, pour être employé dans tel établissement de bienfaisance que je préférerois, & qui seroit agréé par sa majesté. Je rappelle ce trait, afin de payer à la mémoire de ce vertueux prélat, le tribut de respect & de reconnoissance que j'ose lui rendre au nom de toutes les ames sensibles & de tous les cœurs charitables. L'acte notarial qu'il voulut absolument passer avec moi dans cette occasion, rapproché de la différence de nos religions, & de la force de ses opinions sur cette matière, est peut-être un monument singulier.

L'on trouve aujourd'hui beaucoup de gens, qui mettent en question, si les *hôpitaux* sont des établissemens utiles à la société; & la grande objection dont on fait usage, c'est que de pareilles institutions entretiennent la paresse, en dispensant le peuple de se ménager une épargne, pour le tems de la vieillesse & des infirmités. Il se peut, en effet, que l'espérance d'un secours dans les maladies, ou d'un asyle dans l'âge avancé, rende quelquefois moins laborieux & moins prévoyant; mais les salaires des hommes qui vivent d'un travail grossier sont tellement compassés, qu'il leur faudroit un effort continuel pour se soumettre à la nature des privations qu'exigeroit la préparation journalière d'une épargne de quelque valeur. La société, qui abandonne cette classe d'hommes aux loix impérieuses des propriétaires, ne peut légitimement s'affranchir de toute compassion envers elle, dans les momens où l'âge & les maladies la privent du plus étroit nécessaire; & ce seroit, je le pense, une grande injustice, que de lui demander une sorte d'abnégation d'elle-même, lorsqu'on règle sa part au patrimoine commun, & de vouloir qu'elle reprenne ensuite l'esprit de reflexion, pour lier à chaque instant l'avenir au présent. Rien n'est donc plus conforme aux loix de l'équité, que ces établissemens publics, où les véritables pauvres trouvent des secours dans leurs infirmités & leurs maladies; & s'il est des momens où la confiance, en de pareils secours, les rend moins économes, il en est d'autres où cette confiance les préserve du plus affreux désespoir. Il faut donc, je le crois, s'en tenir à ces vieilles idées d'humanité, que le tems & les opinions de tous les pays ont consacrées ; & l'on doit se défier de cet esprit de raffinement, qui, en faisant connoître quelque nouveaux rapports dans les affaires d'administration, entraîne plusieurs personnes à préjuger, que si l'on avoit vu tout ce qu'elles apperçoivent, rien de ce qui est ne subsisteroit ; mais elles seroient bien plus frappées des motifs qui ont fixé les opinions communes, s'il leur étoit possible de les découvrir aujourd'hui pour la première fois.

Il est, sur cette matière, des questions moins générales, mais plus susceptibles de doute. Ne vaudroit-il pas mieux, par exemple, donner aux malades des secours chez eux, que de les traiter dans une maison publique ? Cet usage est parfaitement applicable à tous les lieux d'une petite étendue ; mais dans les grandes villes, on ne pourroit remplir ainsi les devoirs de la charité, à moins d'une dépense infiniment plus considérable. L'on voit que dans une maison bien réglée, telle que l'hospice de charité de St-Sulpice, le soin complet de cent vingt-huit malades n'exige qu'un médecin, un chirurgien, un aide externe, quatorze sœurs de la charité, y compris celles qui dirigent l'apothicairerie, deux infirmiers, & trois infirmières : ce nombre, comme il est aisé de le voir, n'a aucune proportion avec celui qu'exigeroit le soin de ces mêmes malades, s'ils étoient placés chacun dans leurs réduits, & à une grande distance les uns des autres.

On pourroit observer encore, que, faute d'un nombre suffisant, ou de sœurs de la charité, ou d'autres personnes animées également par l'esprit de la religion, il faudroit nécessairement employer des gardes mercenaires, sans surveillans, sans motifs intérieurs, qui les attachassent constamment à leurs devoirs. Enfin, dans une maison publique, le médecin, le chirurgien sont soutenus dans leurs travaux par l'amour de la réputation, & cet aiguillon ne subsisteroit point, si l'on exigeoit d'eux des soins obscurs, & dont les effets seroient inconnus.

Je conviens cependant, que, par une négligence extrême, on pourroit rendre un lieu d'hospice tellement funeste, que les secours les plus épars & les plus insuffisans mériteroient la préférence ; mais il n'est point d'établissement qui pût soutenir aucune espèce de parallèle, dès qu'on le considéreroit dans un état absolu de désordre.

Les *hôpitaux* qui servent d'asyle aux simples indigens, à l'âge où ils sont devenus incapables de travail, pourroient être beaucoup plus facilement remplacés par des secours annuels ; cette classe d'infortunés n'a pas les mêmes besoins que les malades, & il se glisse un plus grand nombre d'abus dans les *hôpitaux* destinés à la retraite des pauvres encore valides. L'âge & l'épuisement des forces n'étant pas accompagnés de signes extérieurs aussi distincts que la maladie, les administrateurs peuvent plus aisément se laisser aller à la protection, & l'on a reconnu des vices de ce genre dans l'*hôpital* général de Paris ; mais s'il est du devoir des ministres du roi, de veiller sans relâche à l'observation exacte des règles établies dans les *hôpitaux*, il ne leur est pas permis de les rendre plus sévères : ces dispositions paroissent dures quand elles sont isolées, & l'on ne pardonne au gouvernement le retranchement des actes de charité mal entendus, qu'autant qu'il paroît occupé d'étendre, d'une autre manière, les soins de sa bienfaisance.

Entre tous les établissemens dûs à l'esprit d'humanité, ceux dont l'utilité est la plus mêlée d'inconvéniens, ce sont, à mes yeux, les maisons destinées à servir d'asyle aux enfans abandonnés ; cette louable institution a empêché, sans doute, que des êtres dignes de compassion, ne fussent la victime des sentimens dénaturés de leur parens ; mais insensiblement on s'est accoutumé à envisager les *hôpitaux* d'enfans trouvés, comme des maisons publiques, où le souverain trouvoit juste de nourrir & d'entretenir les enfans des plus pauvres d'entre ses sujets ; & cette idée, en s'étendant, a relâché, parmi le peuple, les liens du devoir & ceux de l'amour paternel.

L'abus grossit chaque jour, & ses progrès embarrasseront un jour le gouvernement ; car le remède est difficile, en n'employant que des palliatifs, & les partis extrêmes ne seroient approuvés, qu'au moment où le désordre arriveroit à un excès qui frapperoit tous les yeux. Cependant on ne peut se défendre d'un sentiment pénible, en observant que l'augmentation des soins du gouvernement, pour sauver & conserver cette race abandonnée, diminue les remords des parens, & accroît chaque jour le nombre des enfans exposés. L'on transportoit à Paris, chaque année, deux mille de ces enfans, expédiés, comme une marchandise, de différens lieux, où il ne se trouvoit point d'établissemens autorisés à les recevoir ; ces enfans, dans la proportion de neuf sur dix, périssoient pendant la route, ou peu de jours après leur arrivée : il n'étoit pas possible de prendre connoissance d'une pareille violation des droits de l'humanité, sans chercher à y porter remède. Le roi, sur le compte que je lui en rendis, défendit ces transports cruels par un arrêt de son conseil, & sa majesté prit, en même tems, des précautions pour faire recevoir ces enfans dans les maisons de charité, voisines du lieu où ils étoient surpris entre les mains des voituriers. Il est impossible de ne pas sentir la justice de ces dispositions ; cependant on éprouve déja que la nécessité où l'on s'est trouvé d'ouvrir de nouveaux asyles aux enfans abandonnés, en augmente le nombre. Je l'avois prévu ; mais entre différens maux, on ne pouvoit balancer à éloigner, avant tout, le sacrifice annuel de tant d'innocentes victimes.

Je ne saurois trop recommander, à cette occasion, de suivre de plus en plus un usage reconnu généralement aujourd'hui pour le meilleur, c'est de faire nourrir ces enfans dans les campagnes; les lieux où on les réunit en trop grand nombre deviennent de véritables tombeaux, & par l'insuffisance d'une tutele trop étendue, & par les dangereux effets de la corruption de l'air.

En considérant tout ce que je viens de développer sur l'accroissement successif du nombre des enfans exposés, je ne puis m'empêcher d'inviter les curés & tous les ministres de l'église, à redoubler de zèle, pour détourner, par leurs instructions, de ces crimes secrets, contre lesquels les loix ont si peu de pouvoir. C'est dans ces momens, entre tant d'autres, qu'on sent combien le secours de la religion est nécessaire au maintien de l'ordre public: c'est bien peu connoître l'imperfection de tous les moyens d'administration, que d'être indifférent à ce puissant ressort! L'homme éclairé peut aimer la vertu pour elle-même; mais la classe nombreuse des hommes, dépourvue des secours de l'éducation, & déconcertée sans cesse par la misère de son état, a besoin d'être soutenue par une idée rapide du bien & du mal, & par un sentiment de crainte & d'espérance qui la contienne au milieu des ténèbres. Philosophes de notre siècle, contentez-vous d'avoir concouru à dégager la religion des préjugés d'une dure intolérance; vous aurez un grand tort, si vous voulez davantage: laissez, laissez aux hommes, & le frein le plus salutaire, & la plus consolante des pensées.

HUILES. Droit des *huiles* & savons. Il ne doit être question ici que du droit qu'on appelle *droit des huiles*; c'est une imposition à laquelle cette denrée a été assujettie au commencement de ce siècle, & qui, long-tems, a fait l'objet d'une ferme particulière, séparée de la ferme générale. Elle a des principes & une jurisprudence particulière.

Nous allons suivre ce droit depuis son établissement; on verra combien un impôt mal conçu, & gauchement combiné, éprouve de variations & d'incertitudes. Il sera également curieux d'examiner comment l'imposition du droit sur les *huiles*, de laquelle les produits & les effets n'étoient d'abord vus qu'en masse & confusément, s'est étendue; comment elle a été aggravée & perfectionnée par le travail de la finance, & enfin combien il faut de soins & de mesures, pour empêcher que l'action du percepteur ne soit sans cesse arrêtée & contrariée par la réaction du redevable.

L'origine du droit de la ferme des *huiles* ne remonte qu'à l'année 1705, tems malheureux, où les besoins de l'Etat & l'épuisement des finances, faisoient chercher des ressources dans la création de toutes sortes de charges, revêtues d'attributions & de privilèges, dont le poids retomboit sur le peuple. On croit devoir rapporter une partie de l'édit primitif qui a établi ce droit, afin de faire connoître à la fois les prétextes de sa création, & les lieux où il devoit se percevoir.

» Louis, par la grace de Dieu, &c. Salut. Le » commerce des *huiles* étant l'un des plus considérables de notre royaume, rien n'est plus important pour l'entretenir & l'augmenter, que » de veiller à ce qu'elles soient façonnées avec » tout le soin & l'attention nécessaires pour en » rendre la qualité meilleure & plus parfaite. » Pour cet effet, nous avons résolu de créer & » ériger en titre d'office, des contrôleurs, essayeurs, visiteurs desdites *huiles*, tant pour notre bonne ville de Paris, que pour les principales villes de notre royaume où lesdites *huiles* » sont amenées, & servent de magasins pour la » fourniture de tous nos sujets; à quoi nous nous » portons d'autant plus volontiers, que la création desdits offices, tant utile au public, nous » produira un secours pour les dépenses présentes » de la guerre. A ces causes, nous avons par le » présent édit, perpétuel & irrévocable, créé & » érigé, créons & érigeons en titre d'office & » héréditaire, cent offices de jurés, contrôleurs, » essayeurs, visiteurs de toutes sortes d'*huiles*, » pour être établis dans les villes & fauxbourgs » de Lyon, Dijon, Rheims, Châlons, Troyes, » Amiens, Abbeville, Soissons, Metz, Grenoble, Marseille, Aix, Rouen, Caen, Alençon, » Rennes, Nantes, Saint-Malo, la Rochelle, » Bordeaux, Montauban, Poitiers, Tours, Angers, le Mans, Bourges, Toulouse, Montpellier, Moulins, Riom, Clermont, Angoulême, » Orléans & Chartres, en nombre suffisant, & » ainsi qu'il sera fixé par les rôles que nous ferons » arrêter en notre conseil pour la finance desdits » offices; lesquels officiers contrôleront, essaieront & visiteront toutes les *huiles* qui seront » amenées dans lesdites villes & fauxbourgs, tant » par eau que par terre, sans aucune exception; » à l'effet de quoi nous voulons qu'ils aient des » bureaux établis dans lesdites villes, ès lieux les » plus commodes pour la facilité du commerce, » dans lesquels les voituriers, marchands & particuliers à qui les *huiles* appartiendront, seront » tenus de faire leur déclaration de la qualité & » quantité des *huiles* qui leur seront amenées, ou » qu'ils feront venir dans lesdites villes, soit par » eau ou par terre, & de payer les droits ci-après » réglés, avant qu'ils puissent les faire entrer, » serrer ni encaver, le tout à peine de confiscation, & de trois cens livres d'amende pour » chacune contravention, applicable, moitié au

» profit desdits officiers, & l'autre, aux hôpitaux » des lieux.... Leur permettons, & à celui qui » sera préposé pour l'exécution du présent édit, » d'établir aux entrées desdites villes, tels com» mis que bon leur semblera, pour la sûreté desd. » droits. Et pour donner moyen auxdits officiers » & commis de vaquer avec assiduité à l'exercice » desdits offices, nous leur avons attribué & at» tribuons, *six deniers pour livre pesant, de toutes* » *sortes d'*huiles, *d'amande-douce, d'olive, de noix,* » *de graine & de poisson, & un sol pour livre aussi* » *pesant, de toutes les autres* huiles *d'une plus grande* » *valeur*, de quelque nature qu'elles puissent être, » lesquels droits seront payés par toutes sortes de » personnes, sans aucune exception ni dispense. «

Une déclaration du 8 septembre de la même année, apporta quelques changemens dans les dispositions de l'édit dont on vient de parler, & s'expliqua sur la forme à suivre pour la perception des droits qu'il avoit imposés.

Elle ordonna que les *huiles* d'olive, de noix, de poisson & d'amandes-douces, seroient uniquement assujetties *au droit de six deniers par livre; que celles de rabette & autres graines, ne paieroient que trois deniers aussi par livre, & que les* huiles *d'une plus grande valeur que celles d'olive & d'amande-douce, seroient sujettes au droit d'un sol pour livre, quand même elles seroient faites avec des graines.*

Jusques-là ces droits ne se percevoient que dans les villes désignées par l'édit de 1705, & il avoit été défendu de former des magasins ou entrepôts d'*huiles*, dans les cinq lieues voisines de ces villes. L'attention qu'on eut à se conformer à cette loi, devint un prétexte aux contrôleurs, essayeurs, visiteurs des *huiles*, pour se plaindre de ce que le commerce des *huiles* se faisant hors des villes & des cinq lieues des environs, ils étoient en grande partie frustrés de leurs droits. Ils offrirent une augmentation de finance, en proposant d'étendre la perception à tous les lieux où il se vendoit, se fabriquoit, ou se tenoit magasin d'*huiles*. Ces offres furent acceptées par la déclaradion du 15 mars 1707; elle assujettit aux nouveaux droits toutes les villes, tous les bourgs & lieux du royaume, à l'exception des provinces de Languedoc, Provence, & de la ville de Metz, auxquelles il avoit été accordé un abonnement de ces droits, pour les *huiles* de leur consommation intérieure.

L'affranchissement des *huiles* destinées pour le pays étranger, & même des savons dans la fabrication desquels il entre de l'huile, fut confirmé, en réglant que la restitution des droits payés, seroit, pour les savons, à raison de trente sols par quintal.

Il fut ordonné que ce droit ne seroit jamais perçu qu'une fois, au lieu de la destination des *huiles*; ensorte que s'il avoit été payé au lieu où elles avoient été chargées, il seroit remboursé, en justifiant du paiement fait au lieu du déchargement, avec la condition que, sous aucun prétexte, la restitution, en ce cas, ne pourroit être réclamée après une année révolue, à dater du jour du paiement effectué.

Les formes de cette perception étoient très gênantes pour le commerce, par les difficultés qu'elles occasionnoient, tant sur la nécessité des certificats, que sur la restitution même des droits dont la consignation faite au lieu de la fabrication ou de l'enlèvement des *huiles*, n'étoit rendue qu'après le rapport du certificat du paiement des mêmes droits à la destination donnée. Par ces motifs, l'édit de 1708 supprima tous les offices de contrôleurs, essayeurs & visiteurs des *huiles*, & ordonna que leurs droits & attributions seroient perçus au profit du roi.

Cette suppression dura peu de tems. On voit par l'édit du mois de mars 1709, que les besoins du gouvernement obligèrent de nouveau d'aliéner les droits des *huiles* & savons, & de les attribuer à des offices d'inspecteurs visiteurs, créés une seconde fois. Indépendamment du droit principal, tel qu'il est porté dans la déclaration du 8 septembre 1705, il leur fut accordé un droit accessoire de cinq sols par chaque acquit de paiement, & à caution du droit des *huiles*, toutes les fois seulement qu'il monteroit à trois livres, & au-dessous, & il fut ordonné d'en faire bourse commune.

La déclaration du 22 décembre de la même année avoit statué que tous les ports, & plusieurs autres villes situées au centre du royaume, serviroient d'entrepôts aux *huiles*, afin d'en faciliter le commerce, pourvu que les droits y fussent payés à leur arrivée. Plusieurs négocians s'élevèrent contre cette perception, & prétendirent que la restitution des droits devoit être faite, lorsque ces *huiles* passoient de ces villes d'entrepôts, à d'autres destinations. Ces difficultés empêchoient la vente des offices d'inspecteurs-visiteurs des *huiles*, & les vues qui avoient dicté leur rétablissement n'étoient pas remplies. L'urgence des besoins qui n'étoient pas satisfaits, fit prendre le même parti qu'en 1708, & ce fut l'objet de l'édit du mois d'octobre 1710.

Après avoir rappellé la quotité du droit dû sur les *huiles* de toute espèce, cet édit porte, que la perception en sera faite au profit du roi, pendant huit années, qui commenceront au 1er janvier suivant, & finiront à pareil jour de l'année 1719. Les dispositions des réglemens antérieurs sont ensuite renouvellées & confirmées. Il est expressément ordonné de payer ce droit à la fabrication des *huiles*, avant leur enlèvement des moulins & pressoirs, dans lesquels les commis du préposé à l'exécution de cet édit, sont autorisés à faire des visites, ainsi que chez les propriétaires des *huiles* fabriquées.

En conséquence de cet édit, la levée de ces droits dans tout le royaume, pendant huit années, fut adjugée à Michel Sauval, par arrêt du conseil du 21 octobre de la même année 1710, moyennant une somme de trois millions, & à la charge de rembourser les abonnemens des provinces de Bourgogne, Languedoc, Provence, & de la ville de Metz.

Cet adjudicataire voulut établir la perception de ses droits à Marseille même, malgré le privilège dont on y jouissoit depuis 1669. Mais cette ville qui avoit déjà fait condamner, au mois de février 1710, la même prétention des inspecteurs-visiteurs des *huiles*, lorsqu'ils avoient voulu exercer leurs offices sur son territoire, obtint, le 1er septembre 1711, un nouvel arrêt du conseil, qui confirma ses immunités. Il porte que ces droits ne seront perçus que hors de son territoire, sur les *huiles* & savons qui en sortiront pour passer dans le royaume.

L'année suivante, Sauval, n'appercevant sans doute pas tout le bénéfice qu'il s'étoit promis de son adjudication, adressa des remontrances au conseil à ce sujet, & demanda une neuvième année de jouissance, sans payer une nouvelle finance. Elle lui fut accordée par une déclaration du 10 mai 1712, mais l'année suivante le bail passé à Sauval fut annullé; les droits qui en étoient l'objet composèrent une ferme particulière au profit du roi, suivant l'édit du 1er aout 1714, & le bail en fut passé pour neuf ans & demi à Louis Mignot, à commencer du 1er octobre suivant.

Les négocians se plaignirent que la forme de la perception leur causoit un préjudice notable, parce que souvent les *huiles* payoient les droits quatre ou cinq fois avant d'être arrivées au lieu de leur consommation, & parce qu'ils étoient obligés de prendre, dans les bureaux de la route, une multitude d'acquits, de congés, de soumissions, & d'expéditions en passe-de-bout, &c.

La déclaration du 21 mars 1716 fit droit sur ces représentations; elle ordonna que les droits des *huiles* seroient perçus, sur celles qui se fabriquoient dans le royaume, aux bureaux les plus prochains, & qu'en conséquence les propriétaires fabriquans seroient tenus de faire leur déclaration dans ces bureaux, de quinzaine en quinzaine, des huiles qu'ils auroient fabriquées, avec soumission de payer les droits avant leur enlevement ou après la consommation sur le lieu, à peine de trois cens livres d'amende & de confiscation; il fut permis en même-tems aux commis de faire toutes visites nécessaires pour vérifier ces déclarations.

Les *huiles* importées dans le royaume furent assujetties à payer ces droits à leur arrivée, au lieu de ne les acquitter, comme auparavant, qu'à la première destination, & il fut ordonné que les *huiles* sur lesquelles ces droits auroient été payés une fois, pourroient être vendues & transportées par-tout, tant au-dedans qu'au-dehors du royaume, en représentant des certificats en bonne forme du paiement de ces droits.

Dès l'année suivante il s'éleva des difficultés dans la généralité de Montpellier, de la part des fabriquans d'*huile*; ils prétendoient ne devoir les droits des *huiles*, que sur celles qui étoient consommées dans leurs moulins, & non sur celles qu'ils y fabriquoient & qu'ils en enlevoient. Cette contestation fut terminée par l'arrêt du conseil du 16 octobre 1717, qui ordonna, qu'en exécution de l'article II. de la déclaration du 21 mars 1716, les droits des huiles seroient payés, par toutes sortes de personnes, à la fabrication, avant qu'elles pussent être enlevées des moulins & pressoirs où elles seroient fabriquées.

La nouvelle consistance donnée par la déclaration de 1716 à la ferme du droit des *huiles*, avoit occasionné la résiliation du bail fait à Mignot, & l'arrêt du 4 avril 1716 lui avoit donné Vanesson pour successeur.

Ce dernier avoit encore quatre années & demie de jouissance à espérer, lorsque son bail fut interrompu par un des effets de la secousse générale que reçut alors toute la manutention des finances.

Les grands projets dans lesquels on cherchoit de grandes ressources, & dont M. Law étoit le moteur, avoient déjà produit la réunion des compagnies de commerce en une seule, sous le nom de compagnie des Indes. Ce nouveau colosse, non content d'embrasser tous les commerces de toutes les parties du monde connu, venoit encore d'être chargé de la fabrication des espèces, de l'administration des monnoies, & de la régie de tous les droits du roi. La nation, d'abord enivrée par l'espérance qu'elle mettoit dans les opérations du nouveau systême, se porta, avec toute la vivacité qui lui est naturelle, à les favoriser par son empressement à y placer ses fonds. Ce fut dans un de ces momens de prospérité passagère, que cette compagnie commerçante & financière donna des preuves de zèle patriotique, en proposant la suppression du droit sur les *huiles* & savons, comme très-préjudiciable au commerce de ces denrées.

Cette suppression fut en conséquence ordonnée par arrêt du conseil, du 19 novembre 1719; mais elle fut de courte durée.

Un arrêt du conseil, du 22 mars 1722, revivifia le bail qui avoit été fait à Vanesson en 1716, &

rendit à cet adjudicataire les quatre années & demie de jouissance dont il avoit été privé. Les dispositions de la déclaration du 21 mars 1716 furent remises en vigueur, & les droits des *huiles* se trouvèrent au même état où ils étoient avant l'arrêt du 19 novembre 1719.

L'année 1726 vit finir la ferme particulière de ces droits, qui entrèrent dans le bail des fermes générales, passé le 1er octobre à Carlier. Afin d'encourager le commerce des *huiles*, un arrêt, du 9 juillet de cette même année 1726, ordonna que toute *huile* étrangère pourroit être entreposée dans les ports du royaume, en y payant simplement à l'arrivée, les droits d'entrée ordinaire; que quant à ceux de six & trois deniers par livre, ils seroient payés par les acheteurs, à mesure que ces huiles seroient vendues & enlevées : ces mêmes dispositions ont été confirmées par un arrêt du 7 décembre 1748.

Un arrêt du 8 avril 1727 renouvella l'exemption du droit des *huiles*, accordée, dans la vue de favoriser la pêche nationale dès 1713, pour dix années, aux *huiles* provenans des baleines, morues & autres poissons pêchés par les sujets de sa majesté, & apportées dans les différens ports de France sur des vaisseaux françois, & déclarés pour la consommation du royaume; mais cette faveur, qui a été rendue perpétuelle par arrêt du 12 février 1760, fut dès-lors subordonnée, & l'est encore aux conditions suivantes.

» Au départ des navires des ports du royaume » pour la pêche de la baleine, des morues & » autres poissons, les maîtres & capitaines des » navires sont tenus de faire leurs déclarations » aux bureaux des fermes & aux greffes des amirautés, de la destination de leurs bâtimens pour » lesdites pêches; & le receveur, en chaque bureau, doit leur délivrer un extrait de cette déclaration, sans frais, sinon ceux du papier » timbré. A leur retour de leurs pêches, les » mêmes capitaines, après avoir donné leurs déclarations dans les vingt-quatre heures de leur » arrivée, en la manière accoutumée, des *huiles* » de baleine, de morue, & autres poissons provenans de leur pêche, doivent représenter » l'extrait de la déclaration qu'ils ont faite avant » leur départ. Celle qui comprend les *huiles* rapportées de la pêche, doit, suivant l'arrêt qu'on » analyse, être retenue & enliassée par le receveur » qui en fournira son ampliation aussi sans frais, » & cette ampliation sera représentée au bureau » des *huiles*, lorsque celles qui en sont l'objet » seront déclarées pour une destination quelconque, afin que le bureau puisse délivrer un » passe-avant, sans autres frais que ceux du » papier timbré, pour accompagner les *huiles* dont » il s'agit dans leur transport, en quelque lieu » du royaume que ce soit. »

Mais cette exemption de tous droits d'entrée & locaux ne s'étend pas à ceux de sortie, si elles passent en pays étranger. On peut à ce sujet consulter les arrêts des 9 septembre 1713, & 1er février 1716; ceux du 8 avril 1727, 17 mars 1733, &c.; enfin celui du 12 janvier 1760.

Dans cette même année 1727, on fit à la régie des *huiles* l'application des réglemens rendus sur le fait des déclarations pour les droits des cinq grosses fermes. Suivant l'édit d'octobre 1710, tout excédant trouvé sur un chargement d'*huile*, emportoit la confiscation de la totalité de l'*huile*, même de la voiture & des chevaux, avec amende de trois cens livres. Au contraire l'article III. de l'arrêt du conseil du 9 août 1723, revêtu de lettres patentes du 30 septembre, portant interprétation de l'article XIII. du titre II. de l'ordonnance de 1687, ordonnoit que lorsque les marchandises, dont les droits se payent au poids, n'excéderoient que d'un dixième celui qui auroit été déclaré, il n'en pourroit être fait aucune saisie ni confiscation, en payant les droits de l'excédent; mais que lorsque cet excédent se trouveroit au-dessus du dixième, il seroit acquis & confisqué au profit du fermier, avec amende de trois cens livres par chaque contravention.

L'arrêt du 13 mai, & les lettres patentes du 27 mai 1727, concilièrent ces dispositions opposées. L'article II. statua que les déclarations des *huiles* seroient réputées entières, lorsque le poids de ces marchandises n'excéderoit que du dixième celui qui auroit été déclaré : dixième qui ne pourroit être confisqué, ni saisi en payant les droits; mais que lorsque l'excédent seroit au-dessus du dixième, tout ce qui se trouveroit au-dessus du poids déclaré, seroit acquis & confisqué au profit du fermier, avec amende de trois cens livres, par chaque contravention, sa majesté dérogeant à cet égard aux dispositions de l'édit d'octobre 1710.

L'adjudicataire des fermes générales fut autorisé à continuer les abonnemens accordés à différentes provinces, pour tenir lieu de la perception des droits dûs sur les *huiles* qui s'y fabriquent & s'y consomment; on a pû voir que ces abonnemens remontoient presque à la création du droit pour quelques pays. Depuis la réunion de cette imposition à la ferme générale, ces abonnemens n'ont pas cessé d'avoir lieu. A l'entrée en possession de chaque nouvel adjudicataire, ces arrangemens sont confirmés & renouvellés pour six ans, & on y ajoute les sous pour livre qui sont imposés dans le courant d'un bail.

Dans l'état actuel des choses, les pays abonnés sont les généralités de Montauban, Ausch, Bordeaux, Limoges, Moulins, Poitiers, Bourges, Caen, Châlons, les provinces de Dauphiné, d'Auvergne, Bourgogne, Bresse & Bugey, Languedoc, Provence, Franche-Comté & pays de Foix; il est aussi des abonnemens particuliers pour quelques villes, ainsi Bayonne en a un pour elle & ses fauxbourgs; les villes de Metz, Toul & Verdun en ont chacune un pour leur territoire & toutes leurs dépendances.

L'article IV. de l'édit du mois d'août 1781, avoit ordonné la perception du doublement des droits perçus actuellement sur les *huiles* & savons fabriqués dans le royaume, ou qui y sont importés, soit des pays étrangers, soit des provinces non sujettes à ces droits, avec les dix sols pour livre de ce doublement.

Mais les représentations contre cette augmentation considérable, s'étant multipliées, au point d'éclairer l'administration sur le préjudice qu'elle portoit au commerce de ces denrées, qui sont en quelque sorte de première nécessité, l'arrêt du conseil du 17 juillet 1782, supprima, à compter du premier octobre suivant, ce doublement de droit, ensorte qu'il ne fut levé qu'un an. Dans la même année 1782, & dans la suivante différens arrêts réglèrent le montant des abonnemens des provinces, sans oublier celui qu'elles avoient à acquitter en particulier pour le doublement de droit qui avoit eu lieu une année.

Ainsi l'arrêt du 8 août 1782 fixa, par l'article IV., que l'Auvergne payeroit annuellement, jusqu'à ce qu'il en fût autrement ordonné, quatre mille cinq cens livres, pour tenir lieu du droit dû sur les *huiles* fabriquées dans cette province, & la même somme pour le doublement de ce droit, qui avoit eu lieu pendant les douze mois, du premier octobre 1781 au premier octobre 1782.

Il en fut usé de même pour les autres généralités abonnées, & pour les pays & les villes qui ont des compositions particulières.

Avant de donner la liste des provinces non abonnées, & de dire comment la régie & la perception du droit des *huiles* y sont suivies, nous devons observer que les abonnemens, ne portant que sur les *huiles* fabriquées dans l'intérieur du pays, celles qui y sont importées de l'étranger, & celles qui en sont exportées, soit pour d'autres provinces même abonnées, soit pour l'étranger, n'en sont pas moins sujettes aux droits des *huiles*. Indépendamment des droits ordinaires d'entrée & de sortie, la même règle s'applique aux savons; en tout, ils éprouvent un traitement semblable à celui des *huiles*, dans la circulation intérieure du royaume.

Il en est autrement lors de l'exportation des savons en pays étrangers. L'arrêt du 14 novembre 1757 les met au même rang, & les soumet aux mêmes formalités, que les étoffes & ouvrages des fabriques nationales, auxquels les arrêts & lettres-patentes des 13 octobre & 19 novembre 1743, accordent l'exemption absolue de tous droits, lorsqu'ils sont expédiés pour les pays étrangers. *Voyez* au surplus l'article SAVONS, pour savoir à quels droits sont sujets ceux qui sont importés du pays étranger dans le royaume, & comment la quotité en a été réglée dans la vue de les écarter de la concurrence des savons des fabriques nationales.

Il faut distinguer aussi la Provence de toutes les autres provinces, pour le commerce extérieur des *huiles*; les olives y composant, avec les vins, les principales productions de son sol, il a paru nécessaire de faciliter l'exportation des *huiles* par des exemptions de droits. En conséquence, celles qui sont portées de cette province immédiatement en pays étranger & à Marseille, soit par terre, soit par mer, sans emprunter le passage d'aucune autre province, sont exemptes du droit de cinquante sols par quintal, qui porte le nom de droit de fabrication, nouveau droit des *huiles*, parce qu'on a vu que son origine date du commencement de ce siècle; elles restent seulement assujetties au droit de foraine, à raison de seize sols huit deniers par quintal, & à celui de table de mer d'un sol trois deniers aussi par quintal.

Afin d'empêcher la fraude du droit sur les *huiles* qui peuvent passer d'une province abonnée dans une autre aussi abonnée, sous prétexte d'être transportées sur les limites, les conducteurs sont tenus, d'après l'édit de 1710, de prendre des acquits à caution, qui en assurent le déchargement au lieu déclaré; & comme l'arrêt du 13 mars 1722, revêtu de lettres-patentes du 14 avril suivant, ne prescrivoient différentes formalités & précautions que relativement aux acquits à caution pris pour les marchandises sujettes aux droits de traites, les voituriers & leurs cautions, auxquels il étoit délivré des acquits pour la partie des *huiles*, refusoient de certifier la vérité des signatures mises au dos de leurs expéditions, pour constater le déchargement de leurs *huiles*, ou s'ils la certifioient, & que ces signatures fussent reconnues fausses & contrefaites, ou données par des personnes supposées, nul réglement n'avoit imposé des peines pour ces différens cas. L'arrêt du conseil du premier avril 1738, revêtu de lettres-patentes, duement enregistrées le 20 mai suivant, a ordonné que les arrêts & lettres-patentes de 1722, rendues pour les cinq grosses fermes, seroient communs à la régie du droit des *huiles*, qu'ils seroient exécutés dans tout leur contenu, relativement aux acquits à caution expédiés pour la sûreté & la conservation des droits sur les *huiles*.

Outre les réglemens généraux, applicables à la régie du droit des *huiles* dans tout le royaume, il en est de particuliers à différentes provinces, où le commerce de cette marchandise forme un objet important. Ainsi, dans la Provence, qui a obtenu, ainsi qu'on l'a dit, un abonnement de ce droit, par arrêt du 5 janvier 1715, & qui se renouvelle tous les six ans, à l'époque du nouveau bail des fermes, il est défendu, par ce même arrêt, aux muletiers, voituriers, de conduire des *huiles* dans les deux lieues des limites dudit pays de Provence, tant du côté de Marseille, du Comtat, du Dauphiné, que près des rivières du Rhône, de la Durance, du Var, de la côte de la mer, du comté de Nice, du Piémont ou de Savoye, sans être munis d'acquits à caution, à peine de confiscation des *huiles*, voitures & chevaux, & d'une amende de cent livres, soit que les *huiles* soient destinées pour quelques lieux de la province, ou qu'elles aient été enlevées dans les deux lieues desd. limites, sans pouvoir, lesdits voituriers & muletiers, sous les mêmes peines que dessus, se prêter leurs noms, ni les expéditions concernant lesdites *huiles*.

Pour terminer tout ce qui a rapport au droit des *huiles* en Provence, on doit rappeller ici les précautions qui ont été prises par l'arrêt du 13 février 1742, cité à l'article ENTREPÔT ; arrêt qui défend tout amas & magasin d'*huiles* dans les quatre lieues limitrophes du Dauphiné, du Comtat, & dans le comté de Grignan.

Toutes les *huiles* importées en Provence, y doivent les droits d'entrée des tarifs, &, de plus, celui de deux livres dix sols par quintal, pour les *huiles* d'olive & autres, & seulement vingt-cinq sols pour les *huiles* de graine.

A la sortie de la même province, les *huiles* d'olive destinées pour le pays étranger, ont été affranchies de ce même droit de deux livres dix sols, par arrêt du 19 septembre 1767, sous les conditions qu'on a exposées. Mais celles qui sont embarquées pour les colonies Françoises sont sujettes à ce droit, d'après les décisions du conseil des 27 février 1739 & 13 mai 1752. Ces décisions ont eu pour motif, la nécessité de ne donner à la ville de Marseille, aucun avantage sur les autres ports du royaume qui font le commerce des colonies, & dans lesquels ce droit est toujours acquitté.

Le Languedoc étant également une province abonnée, les réglemens nécessaires pour y prévenir les abus dans le commerce des *huiles* qui la traversent, sont en assez grand nombre. Les principaux sont la déclaration du roi du 12 août 1719, & l'arrêt du 28 juillet 1723. Il en résulte que l'emprunt de passage en Languedoc, suffiroit pour rendre les *huiles* sujettes au droit de deux livres dix sols par quintal à la sortie de cette province, quand même il auroit déja été acquitté à l'entrée, au lieu de l'enlèvement, si elles n'étoient expédiées par acquit à caution, fixant le nombre de jours qu'exige leur transport, à raison de cinq lieues pour chacun, non compris les fêtes & dimanches, & sous la condition expresse, que ces *huiles* ne pourroient être ni transvasées, ni divisées en d'autres vaisseaux que ceux dans lesquels elles sont entrées.

Ainsi on doit distinguer en trois classes toutes les *huiles* sortant de Languedoc ; celles du crû de la province ; celles qui y sont venues de l'étranger, & en sont exportées ; & celles qui passent debout. Ces dernières, seulement, peuvent jouir de l'exemption du droit dû à la sortie du Languedoc, en remplissant les formalités que nous venons d'expliquer. Les autres acquittent ce droit, quand même, pour celles qui ont été apportées de l'étranger, il seroit justifié qu'elles l'ont payé lors de leur arrivée & de leur déchargement dans la province.

Ces principes, fondés sur les dispositions des loix de 1719 & 1723, ont été confirmés par la cour des comptes, aides & finances de Montpellier. » Elle a rendu le 22 mars 1768, un arrêt, » qui déclare obliques, & en fraude du droit des » *huiles* & savons, les chemins de traverse écar» tés des grandes routes, qui conduisent aux » lieux où sont établis les bureaux de la percep» tion des droits des *huiles* & savons. «

Ces bureaux sont au nombre de huit, & dénommés dans l'ordre suivant ; savoir, le Caylar, les Rives, Ceille & Alzon, à l'extrémité du Languedoc. Du côté du Rouergue & de l'Auvergne, Saint-Chely, Saugues-le-Malzieu, & la Canourgue.

» Il permet aux commis & gardes des fermes, » de saisir & confisquer toutes celles qu'ils trou» veront dans lesdits chemins de traverse, avec » trois cens livres d'amende contre les conduc» teurs.

» Le même arrêt permet aussi aux mêmes com» mis & gardes, de saisir & confisquer les *huiles* » & savons, ainsi que les mulets & voitures qui » auront servi à leur transport, lorsqu'ils les trou» veront entreposés dans des endroits du Langue» doc situés sur la frontière de cette province, » s'ils n'ont été auparavant déclarés, & les droits » payés aux plus prochains bureaux, & prononce » une amende de trois cens livres. «

En conséquence, les commis & gardes sont autorisés à faire des visites dans les logis, auberges & maisons où se retirent les muletiers, & où ils déposent leurs charges avant de les avoir déclarées, & d'avoir payé les droits des *huiles* & savons. Mais pour ne pas gêner le commerce intérieur de la province sur cette denrée, il a été réglé que les petites parties d'*huile* ou de savon, du poids de vingt livres & au-dessous, ne seroient jamais saisissables, soit qu'elles ne fussent pas accompagnées d'acquits à caution, soit qu'elles fussent rencontrées dans des chemins de traverse éloignés des grandes routes.

Le Roussillon, quoiqu'assez abondant en *huiles*, n'a point d'abonnement pour le droit des *huiles*; ce droit s'y perçoit à la fabrication, dans presque autant de bureaux qu'il y a de villages dans la province.

Afin d'assurer cette perception, voici la régie qui y est observée.

Au mois de novembre, tems où se font ordinairement les *huiles*, mais avant que la fabrication soit commencée, les employés des fermes font un recensement, ou l'inventaire des *huiles* qui sont non-seulement chez les fabricans, mais chez tous les propriétaires. Après cette opération, qui donne une connoissance précise des *huiles* existantes en nature, un employé est détaché à chaque pressoir ou moulin à *huile*, pour le garder, & inscrire sur un registre tout ce qui en est enlevé. Il doit n'en laisser sortir aucune partie d'*huile*, que d'après la représentation de l'acquit des droits, délivré par le receveur du bureau où chaque propriétaire est tenu d'aller déclarer la quantité qu'il a fabriquée, & en payer les droits, ou, du moins, prendre une permission de faire sortir du pressoir, & par portions détachées, la totalité qu'il a fabriquée, jusqu'à la concurrence enregistrée.

Ces employés ainsi postés pour observer un ou deux moulins à *huile*, sont surveillés par des capitaines généraux, dont le devoir est d'ambulanter sans cesse, pour maintenir chacun dans les fonctions qui lui sont assignées, & les capitaines généraux sont inspectés eux-mêmes par le contrôleur général du département, qui rend compte au directeur, & dirige le travail en conséquence des ordres qu'il en reçoit.

Le pays de Foix, qui est voisin du Roussillon, a un abonnement particulier pour le droit des *huiles*, & ses effets sont très-différens de ceux des abonnemens accordés à différentes provinces. Au moyen de la somme annuelle que paye ce petit pays, non-seulement les *huiles* qui s'y fabriquent ne payent pas le droit de la déclaration de 1716, mais celles qui y sont apportées du dehors, & celles qui en sont exportées en sont exemptes. C'est ainsi que s'exprime l'arrêt du 11 juillet 1716, qui renouvelle l'abonnement déja fait précédemment, entre les Etats du pays & l'adjudicataire du droit des *huiles* & savons en 1711.

Il ne nous reste plus qu'à parler des provinces non-abonnées pour le droit de fabrication des *huiles* de toute espèce; ce sont les généralités de Paris, Amiens, Soissons, Orléans, Lyon, Tours, la Rochelle, Rouen & Alençon.

La perception du droit des *huiles* & savons est confiée à la partie des aides dans toutes ces provinces, ainsi que dans le Roussillon, depuis le bail actuel des fermes, qui ne comprend que la perception du droit des *huiles* dans les provinces exemptes ou abonnées, ensorte qu'elle appartient dans les autres, à la régie qui est chargée de la partie des aides, & ce sont les commis aux aides qui sont tenus de faire de fréquentes visites chez les fabricans d'*huiles* & chez les marchands qui en vendent, soit en tonnes, soit en barrils.

Comme il devenoit très-difficile de suivre la fabrication des petites parties d'*huiles* avec assez d'activité, pour n'avoir pas à craindre des abus, par la raison que les déclarations d'enlèvement devenoient plus multipliées, & que les soustractions clandestines étoient aisées, on a pris, en général, le parti d'accorder des abonnemens aux fabricans qui ne font que des parties d'*huile* d'un poids inférieur à vingt-cinq livres, avec la clause que s'ils en fabriquent de plus fortes, ils en acquitteront les droits, & leur abonnement sera résilié.

On doit au reste présumer que les exercices des commis aux aides, relativement à la manutention des *huiles* & savons, n'ont pas d'autre but que les soins que prennent les employés de la ferme générale, dans le Roussillon, pour veiller sur les moulins & pressoirs qui fabriquent des *huiles*, & pour assurer la déclaration & le payement des droits qui sont exigibles. Il seroit superflu de s'étendre d'avantage sur cet objet. Nous devons seulement nous arrêter aux réglemens généraux qui font loi sur cette matière dans tous le royaume, & qui constituent la perception à laquelle sont assujetties les *huiles*, soit à leur importation dans le royaume, soit à leur exportation, ou encore à leur passage d'une province étrangère ou réputée étrangère, dans une province des cinq grosses fermes, & de celles-ci dans les autres.

Les *huiles* étrangères apportées en Provence, doivent pour le droit d'entrée ordinaire de douane de Lyon, & pour le droit appellé des drogueries, vingt-cinq sols par quintal, & un sol trois deniers aussi par quintal, pour le droit de table de mer. Ce denier n'ayant pas lieu en Languedoc, le droit d'entrée n'est que de vingt sols. Mais dans toutes les provinces, indépendamment des droits qui s'y lèvent à l'entrée, celui de deux livres dix sols du quintal est toujours dû, lorsqu'il n'est pas justifié avoir été payé une première fois. Dans les cinq grosses fermes, le droit d'entrée du tarif de 1664 est également de vingt sols par quintal pour les *huiles* originaires de France. Les *huiles* étrangères doivent vingt-cinq sols.

Il n'existe aucune exemption du droit des *huiles*,

parce qu'il est censé acquité après leur fabrication dans le royaume. A l'égard de celles qui sont apportées du pays étranger, lorsqu'elles sont destinées pour l'hôpital général de Paris, elles sont affranchies de ce droit par décision du conseil du 20 juillet 1719.

Ayant été reconnu que les *huiles* d'olives apportées d'Italie dans les cinq grosses fermes, sous le nom d'*huiles* de la côte ou de la rivière de Gênes, étoient sujettes à de moindres droits que les *huiles* de Provence & de Languedoc, qui avoient déjà acquitté le droit de sortie de ces provinces lorsqu'elles entroient dans celles du tarif de 1664, un arrêt du 17 décembre 1737, fixa à trois livres par quintal le droit auquel seroient sujettes désormais, toutes les *huiles* d'Italie importées dans les ports des cinq grosses fermes.

La chambre de commerce établie à Marseille, avoit obtenu par arrêt du 21 juillet 1727, la faculté de percevoir, à son profit, d'autre part, un droit de dix sols par millerolle d'*huile* étrangère qui y étoit apportée. Elle représenta en 1738 que le produit de ce droit ne pouvoit suffire à l'abonnement de plus de cinquante mille livres qu'elle payoit comme ville franche, & demanda que les trente-cinq sols imposés au-delà du droit du tarif de 1664 sur les *huiles* en question fussent levés pour son compte. Cette faveur lui fut accordée par l'arrêt du 16 décembre, 1738 & reçut dans la suite quelque extension. L'arrêt du 28 mars 1741 ordonna que le droit de trente-cinq sols seroit perçu, non-seulement sur les *huiles* venant de la rivière de Gênes dans les ports des cinq grosses fermes, mais encore sur celles qui seroient apportées de Marseille, sans représenter les acquits des droits de sortie de la province.

Un autre arrêt du 24 avril 1742, régla que conformément à l'arrêt du 21 juillet 1727, cette chambre continueroit à faire percevoir à son profit à Marseille, le droit de dix sols par millerolle sur les huiles étrangères; même lorsqu'elles seroient déclarées pour les ports des cinq grosses fermes; mais qu'il seroit tenu compte de ces dix sols sur les trente-cinq sols qui seroient payés dans ces ports, lorsque les *huiles* de la rivière de Gênes y seroient déchargées, à moins que les négocians n'aimassent mieux acquitter tout de suite à Marseille, le droit de trente-cinq sols, auquel cas ces *huiles* n'y seroient plus sujettes.

La chambre de commerce remarquant que depuis la déclaration de guerre en 1742, les *huiles* de la rivière de Gênes étoient portées dans les cinq grosses fermes, par le Rhône & par la Loire, au lieu de suivre la voie de mer, elle obtint par arrêt du 23 février 1745, la permission d'établir un bureau à Digoin sur la Loire à l'entrée des cinq grosses fermes, pour y faire la perception de son droit de trente-cinq sols. Mais en même temps il fut prescrit des précautions & des formalités pour distinguer les *huiles* étrangères des *huiles* de Provence, qui prendroient la route de Digoin & qui sont exemptes de ce droit. Les receveurs de l'adjudicataire des fermes perçoivent pour la chambre de commerce de Marseille, & lui rendent compte par des états particuliers.

Cette chambre afferme ce droit, qui depuis 1781 est sujet aux dix sols pour livre au profit du roi, environ cent mille livres, & sa perception, tous frais, faits laisse un bénéfice de près de vingt-quatre mille livres.

A la sortie du royaume, les *huiles* doivent en Provence seize sols huit deniers du quintal pour droit de foraine, & quinze deniers pour celui de table de mer; elles sont exemptes de celui de cinquante sols, ainsi qu'il a été dit. Si elles passent dans une autre province non sujette aux aydes, ou par le détroit de Gibraltar, les mêmes droits sont dûs avec le dernier. A la sortie des cinq grosses fermes, les *huiles* d'olive ne payent que vingt-quatre sols du quintal.

Le droit de la ferme des *huiles* est sujet aux dix sols pour livre comme tous les autres droits des fermes. Il a d'abord été assujetti aux premiers quatre sols par arrêt du 21 juillet 1722, & il fut ordonné que le prix des abonnemens passés par l'adjudicataire de cette ferme aux différentes provinces du royaume, supporteroient ce droit additionnel. Les mêmes principes ont été suivis dans la suite, lorsqu'il a été établi de nouveaux sols pour livre par les déclarations des 3 février 1760 & 21 novembre 1763, & par les édits des mois de novembre 1771 & août 1781.

Jusqu'à cette même époque, il n'étoit dû que cinq sols pour chaque acquit ou certificat de payement du droit des *huiles*; savoir, cinq sols lorsque ce principal excédoit trois livres, & seulement deux sols lorsqu'il étoit au-dessous, suivant l'article V de la déclaration du 21 mars 1716. Mais ces droits d'acquits ou de certificats ayant été assujettis aux dix sols pour livre, il s'ensuit qu'il est dû sept sous six deniers dans tous les cas où il n'en étoit dû que cinq, & trois sols dans ceux où on ne percevoit que deux.

Quoique à la rigueur ce dernier droit d'acquit soit exigible toutes les fois qu'on perçoit un droit quelconque au-dessus de trois livres, cependant la régie a décidé le 10 avril 1744 qu'il ne seroit pas perçu lorsque le droit principal n'excéderoit pas dix sols. *Voyez* le tarif de 1664 commenté, tome I page. 99.

L'arrêt du 24 avril 1722 avoit aussi dispensé la ferme du droit des *huiles* de se servir de papier timbré pour les registres, acquits, certificats de payement,

payement, passavant, & autres expéditions de toute sorte; mais l'article I de la déclaration du roi du premier juin 1771 a dérogé à ce réglement, en ordonnant qu'il seroit usé du papier timbré dans les registres & expéditions nécessaires à la régie de la partie des *huiles* & savons, de la même manière que dans la régie des autres parties de la ferme, & que le droit de timbre seroit perçu indépendamment du droit d'acquit; il s'ensuit que ce dernier se trouve augmenté par-là d'un sol six deniers.

La connoissance des contestations élevées pour raison du droit des *huiles*, a appartenu long-temps aux intendans des provinces; mais en 1756 il a été décidé le 28 juin qu'elles seroient portées devant les maîtres des ports & les juges des traites, ainsi qu'elles leur avoient été attribuées par édit du mois d'octobre 1710.

Suivant le même édit & l'arrêt du 24 avril 1722, les confiscations & amendes prononcées par les réglemens, sur les contraventions ne peuvent être réduites ni modérées pour quelque cause & sous quelque prétexte que ce soit.

Les préposés à la régie & à la perception du droit de la ferme des *huiles* jouissent des mêmes privilèges, immunités, franchises & exemptions que ceux des fermes générales: privilèges qui ont été confirmés par les differens arrêts de prise de possession des adjudicataires successifs de la ferme générale, notamment par ceux des 26 avril 1774 & 5 juillet 1780, qui nomme Nicolas Salzard sous le nom duquel est passé le bail actuel. *Voyez* BAIL & ADJUDICATAIRE.

Tout ce qui a été dit des formes de percevoir le droit des *huiles* d'olive, convient également aux autres *huiles*, en observant que toutes celles de fruit & de poisson doivent six deniers par livre; que celles de graines, comme lin, rabette, camomille, chénevi, &c. ne doivent que trois deniers aussi par livre, & celles d'une plus grande valeur que les *huiles* d'olive, un sol par livre. Dans cette derniere classe toutes les *huiles* ou essences, comme *huiles* de gérofle, de laurier, les *huiles* de lavande, &c.

Il est encore plusieurs réglemens, ou particuliers à quelques provinces, ou d'une exécution générale, relativement aux *huiles*; il est à propos de les faire connoître.

Par exemple, l'arrêt du 19 juillet 1746 ordonne que le droit des *huiles* sera payé sur des *huiles* de prise envoyées aux isles Françoises de l'Amérique, indépendamment des droits imposés sur les marchandises de prise.

De même plusieurs décisions du conseil, notamment celles du 27 février 1739 & du 13 mai 1752, ont jugé que des *huiles* embarquées pour les isles & colonies Françoises devoient les droits de la déclaration de 1716, pour la raison qu'ils sont censés dûs à l'instant que les olives sont converties en *huile*. Mais il résulte de cet état des choses, que des étrangers enlevant des *huiles* d'olive de Provence, ne payent pas ces mêmes droits, & qu'ils peuvent par conséquent en approvisionner nos colonies avec un avantage sur les bâtimens françois qui acquittent ces droits.

L'arrêt du 18 octobre 1772, ordonne que les *huiles* de graine payeront à l'entrée de la Flandre & du Haynault quatre francs par baril de deux cens livres; mais le conseil a décidé le 6 août 1773, que des *huiles* fabriquées dans les moulins de la Flandre Autrichienne, avec des graines qui y sont portées de la Flandre Françoise, pouvoient y être rapportées en exemption de tous droits, sous la condition de représenter les marcs ou tourteaux qui sont le résidu des graines passées au moulin ou à la presse.

Toutes les *huiles* de la Flandre, du Haynault & des provinces voisines qui étoient expédiées pour Lyon, la Franche-Comté, & la Suisse, en passant par la Champagne, ne pouvoient entrer dans cette province, que par les bureaux de Pontavaire, Bac à Berry & Neufchâtel, conformément à l'arrêt du 6 février 1742, qui prescrit en outre différentes formalités. Mais en 1772 il fut représenté que cette route forçoit à des détours préjudiciables au commerce, parce que celle de Flandre en Champagne ne passoit par aucun des trois bureaux indiqués; en conséquence l'arrêt du 23 décembre permit aux conducteurs d'*huiles* originaires de la Flandre & du Haynault, envoyées à Lyon, en Franche-Comté & en Suisse, de les introduire en Champagne, par le bureau d'Aubenton.

Cet arrêt ordonne en même tems, que suivant le réglement du 6 février 1742, les acquits de payement ou certificats, dont ces *huiles* doivent être accompagnées, seront retenus en ce bureau, & qu'en leur lieu & place il sera délivré des acquits à caution, dans lesquels la route & le tems nécessaire pour traverser la Champagne, seront déterminés à raison de six lieues par jour & de huitaine de plus, pour être ces expéditions représentées aux derniers bureau de Champagne dans le tems prescrit, certifiées au dos par les commis du fermier à la sortie de ladite province, & ensuite rapportées avec ces certificats au bureau d'Aubenton.

Le produit général du droit sur les *huiles*, y compris le montant des abonnemens accordés à différentes provinces, est d'environ onze cent mille livres par an; ainsi, avec les dix sols pour livre il s'élève à seize cens mille livres.

L'*huile* connue sous le nom d'*huile* d'œillet a long-tems été défendue dans le commerce à Paris, parce qu'on la jugeoit d'un usage dangereux sans doute à cause de son origine; car elle ne provient point des œillets, mais elle se tire de l'expression des pavots, qui, comme l'on sait, fournissent aussi l'opium dans les climats chauds.

Cependant comme cette *huile*, qui est très-limpide, & d'une couleur semblable à l'*huile* d'olive, a toujours été utile dans les arts, & sur tout dans la peinture, on prenoit des précautions pour qu'elle ne pût être détournée de sa destination, & entrer dans la classe des *huiles* comestibles. Dans cette vue, il étoit ordonné aux commis des barrières, à l'entrée de Paris, de faire verser une pinte d'essence de térébenthine, dans chaque tonneau d'*huile* d'œillet, qui seroit déclarée ou reconnue telle.

L'auteur du *Traité de la culture de la Navette*, ayant assuré que l'*huile* d'œillet ou de pavot, ne contenoit rien de narcotique ni de dangereux, d'après l'exemple de la consommation qui s'en faisoit en Picardie, en Franche-Comté, en Alsace, & particulièrement dans la Flandre, comme aussi en Allemagne & en Angleterre, d'autres savans s'attachèrent à reconnoître ses propriétés. Le résultat de leur examen se trouva d'accord avec l'assertion de cet auteur. Sur le compte qui en fut rendu au gouvernement, il accorda la liberté de faire commerce des huiles de cette espèce comme de toute autre. C'est ce que portent les arrêts & lettres-patentes des 28 novembre & 20 décembre 1774.

Quant aux *huiles* de poisson, on a vu que toutes celles qui proviennent des baleines, morues, & autres poissons de pêche Françoise, soit qu'elles ayent été tirées à terre, soit qu'elles l'ayent été à bord des vaisseaux, jouissent, en vertu de l'arrêt du 12 février 1760, de l'exemption de tous droits d'entrée, de route, & même de ceux de la ferme des *huiles*. Mais indépendamment des formalités à remplir au départ des navires & à leur retour, & dont il a été fait mention, il faut encore que ces *huiles* soient déclarées pour la consommation du royaume; car si elles passoient en pays étranger, elles deviendroient sujettes à tous les droits dont elles avoient été affranchies par leur origine, jusqu'au lieu où elles auroient été expédiées par un second commerce pour le pays étranger.

De même les *huiles* de poisson apportées par les étrangers, doivent à leur arrivée dans les ports du royaume, douze livres dix sols par barrique du poids de cinq cens livres, suivant l'arrêt du 24 juin 1716.

Les *huiles* de même espèce apportées en France par les navires ou les sujets des villes Anséatiques, ne doivent que sept livres dix sols pour une barrique de cinq cens vingt livres, d'après le traité de commerce du 28 septembre 1716. Les navires François qui importent des *huiles* de poisson étrangères, & même de foie de poisson, pour le compte des François, ne doivent acquitter que sept livres dix sols par barrique de cinq cens liv.; ce traitement prescrit par l'arrêt du 24 juin 1716, est conforme au droit commun, qui ne permet pas que des étrangers ayent, dans un Etat, des avantages plus grands que ceux dont jouissent les sujets même. Mais, dans tous ces cas, ces droits sont indépendans de ceux de la ferme des *huiles*, qui s'acquittent, sur des quittances séparées, à raison de deux livres dix sols par quintal.

Les *huiles* & graisses de baleines, & de toute espèce de poisson de pêche Angloise, sont absolument prohibées dans ce royaume, d'après l'arrêt du 6 septembre 1701.

Dans toutes les provinces du royaume où les droits de douane de Lyon se lèvent à l'entrée, c'est-à-dire, en Provence, Languedoc, & à Lyon même, les *huiles* de poisson sont classées parmi les drogueries dans le tarif arrêté en 1632, de sorte qu'elles ne devroient acquitter les droits de cette douane qu'au net, déduction faite du poids des vases dans lesquels elles sont contenues. Mais l'arrêt de 1716 étant interprétatif du tarif du 18 avril 1667, qui impose des droits au poids de marc, tarif dont l'exécution a été ordonnée généralement par arrêt du 3 juillet 1692, il s'ensuit que les droits de douze livres dix sols, ou sept livres dix sols, par barrique, doivent être perçus au brut, à moins que l'usage contraire ne soit établi dans les bureaux du fermier, & confirmé par une longue possession.

Mais dans toute l'étendue des cinq grosses fermes, les *huiles* de poisson, d'olive, de graines, & autres, sont réputées marchandises par ce tarif, & acquittent, en conséquence, les droits d'entrée & de sortie du royaume, au poids brut: celui de la ferme des *huiles* n'est jamais exigible qu'au net, conformément à la déclaration du 8 septembre 1705, confirmée par celle du 21 mars 1716.

On donne mal-à-propos le nom d'*huile* de vitriol à l'esprit de vitriol ou l'acide vitriolique, qui n'a rien de commun avec les substances grasses que l'on tire des fruits & des graines. Le conseil a décidé plusieurs fois que cette drogue ne devoit, ni être mise dans la classe des huiles, ni être assujettie aux droits imposés sur cette denrée.

HUITIÈME. (droit de) C'est une imposition qui fait partie de la ferme des aides, & se leve sur les boissons vendues en détail dans toutes les provinces du royaume où les aides ont cours.

On peut voir au mot AIDES, tom. I. page 25, quelles généralités sont sujettes aux droits d'aides. En 1360, époque à laquelle remonte la création de l'impôt sur les boissons vendues en détail, cet impôt fut fixé au treizième du prix qu'on en retiroit.

Plusieurs auteurs qui ont écrit sur les droits d'aides, comme Fromenteau, dans son livre intitulé, *le Secret des Finances*, imprimé en 1581; Jean Hennequin, dans le *Guidon des Finances*; Desmaisons, dans son *Traité des Aides*, *Tailles & Gabelles*, publié en 1666; Jacquin & Lefebvre de la Bellelande, attribuent mal-à-propos l'établissement du *huitième* à Chilpéric, neuvième roi de France. Il est vrai que Mézeray rapporte, d'après Grégoire de Tours, que ce prince exigea *unam amphoram* par arpent de vigne. M. l'abbé Dubos a traduit le mot *amphora* par un tonneau, & M. l'abbé de Mably, par une cruche. Cette contrariété d'opinion & d'expression, fait juger combien il est difficile d'assurer que cette *amphore* fût le *huitième* du produit d'un arpent de vigne.

Au reste, sous quelque rapport que l'on considère cette imposition de Chilpéric, elle paroîtra toujours avoir bien moins d'analogie avec le droit de *huitième* qui se perçoit aujourd'hui sur les boissons vendues en détail, qu'elle n'en a avec le dixième ou le vingtième, successivement établis sur les biens-fonds.

Il semble bien plus certain que le droit de *huitième* prend son origine dans le treizième mis en 1360, & fixé au *huitième* sous le règne de Charles VI. en 1382. On lit dans les lettres-patentes données en forme d'instruction le 21 janvier de cette même année, que ce droit faisoit partie des nouvelles aides établies pour la rançon du roi Jean, & pour les dépenses de la guerre contre les Anglois, *qu'il devoit être perçu sur le vin & tous les autres breuvages vendus en détail, & payé par le vendeur à raison du prix de la vente.*

Dans la suite, ce droit fut porté au quatrième de la valeur des boissons; mais par lettres-patentes du 3 août 1465, il fut de nouveau réduit au *huitième*. Cette réduction continua de subsister dans le plus grand nombre de provinces où les vignes faisoient la principale culture; mais le quatrième fut rétabli dans les autres, par déclaration du 16 août 1498; elle assujettit les nobles & tous autres privilégiés, aux droits de *huitième* & de quatrième dans les lieux qui y sont sujets, pour tout le vin de leur crû, s'il n'est par eux vendu aux portes de leur habitation, seulement à pot, & non à assiette.

On remarque que c'est le premier réglement qui fasse cette distinction. La vente à pot est le simple débit en pots & en bouteilles, sans fournir de tables ni de sièges aux buveurs; au lieu que la vente à assiette, est celle qui se fait par gens chez qui l'on s'assied, c'est-à-dire, qui donnent à boire chez eux, fournissent des tables, des verres, du pain, &c. Les droits de *huitième* ont été fixés plus haut à l'égard de ces derniers, parce qu'il est à présumer qu'ils vendent leurs boissons plus cher que celles qui sont emportées par pots ou par bouteilles.

L'article III. des lettres-patentes du mois de septembre 1553, règle le droit de *huitième*, à douze sols, par muid de vin vendu à pot, & seize sols par muid vendu à assiette. L'option fut laissée au fermier, de percevoir le *huitième* effectif du prix de la vente, ou celui qui avoit été fixé par évaluation. Il a joui de cette faculté jusqu'au bail de Rouvelin, passé le 25 décembre 1663.

Les arrêts de la cour des aides de Paris, des 4 juin 1613 & 12 juillet 1629, la déclaration du roi du 19 juillet 1625, avoient réglé la perception du *huitième*, avec les remises qui devoient être accordées aux vendans vins, pour les lies & coulages. Mais comme ces remises occasionnoient des contestations entre les redevables & le percepteur, l'article III. du bail de Brebant, passé le 23 janvier 1632, fit une nouvelle fixation du droit de *huitième*, afin d'en rendre la perception plus simple, en le levant sans déduction, dans laquelle on prit les remises en considération. Le droit fut réglé à quatre livres par muid de vin vendu à pot, & à cinq livres par muid vendu à assiette.

L'ordonnance des aides du mois de juin 1680, a confirmé cette fixation, en y ajoutant le parisis sol & six deniers pour livre.

Savoir;	*à Pot.*	*à Assiette.*
Sur les vins ordinaires, demi-vins, piquettes, vins de refoul, blanc ou rouge, par muid,	5 *l.* 8 *s.* *d.*	6 *l.* 15 *s.* *d.*
Pour la subvention, presque toujours perçue avec le *huitième*, sur tous les vins,	1 7	1 7
Total par muid,	6 15	8 2
Sur le cidre, moitié de ces droits,	3 7 6	4 1
Sur le poiré, moitié des droits dûs sur le cidre,	1 13 9	2 " 6
Sur la bierre, à pot comme à assiette,		3 10
Sur les vins de liqueur, sans distinction de vente à pot ou assiette,		20 3 9
Sur l'eau-de-vie, de quelque manière qu'elle soit vendue,		24

La subvention est comprise dans la quotité des droits sur ces trois derniers articles. Au reste, on traitera sous le mot SUBVENTION, de tout ce qui concerne ce droit.

La liberté de percevoir le droit de *huitième* sur le pied de la vente des boissons, n'existe plus; le fermier est obligé de se conformer aux réglemens qui ont fixé ce droit, & qui sont, l'ordonnance du mois de juin 1680, les arrêts du conseil des 30 mars 1686, premier août 1741, & les lettres-patentes du 26 du même mois.

Les droits de *huitième* se percevant sur le pied du muid de Paris, contenant trente-six septiers, ou deux cens quatre-vingt-huit pintes, ils doivent être augmentés à proportion de l'excédent de jauge qui se trouve sur les pièces mises en vente, suivant l'arrêt du conseil du 22 mai 1683.

Le *huitième* réglé a pour base les tarifs arrêtés au conseils en 1687 & 1688; il a lieu dans les généralités de Bourges, Châlons, la Rochelle, Limoges, Lyon, Moulins, Orléans, Paris, Poitiers, Soissons, Tours; Mâcon, ville & bailliage; Amiens, ville & banlieue; Auxerre, ville & comté; enfin, dans les villes d'Abbeville, Albert & Bray, en Picardie, & dans le fauxbourg de l'Aumône de Pontoise seulement, la ville étant sujette au droit de quatrième.

On trouve, en faveur de différentes villes ou de quelques lieux, quelques exceptions, par lesquelles les droits de *huitième* & de subvention ont été modérés, suivant des fixations particulières, soit à cause de la médiocrité des vins, soit par d'autres considérations.

Les villes qui ont obtenu quelques modérations sur le droit de *huitième*, sont, dans la généralité de Bourges, cette ville & ses fauxbourgs; le droit y a été fixé à vingt-huit sols par muid de vin d'achat, vendu à pot, & à trente-trois sols par muid, vendu à assiette. Le vin du crû des bourgeois, & par eux vendu à pot, est exempt de droit, non compris, dans tous les cas, le droit de subvention, qui a été modéré à vingt deux sols par muid, en faveur des habitans de la ville.

Dans la généralité de Châlons, le droit a été fixé pour cette ville & ses fauxbourgs, à cinq liv. par muid de vin d'achat, vendu à pot; à cinquante sols par muid de vin du crû des bourgeois, par eux vendu à pot dans le lieu de leur domicile, & dans leur maison d'habitation. Le muid de vin, soit du crû, soit d'achat, vendu à assiette, paye sept livres: la subvention ne se lève point avec le *huitième*, mais à l'entrée.

Les bourgeois de cette ville avoient prétendu ne devoir point être considérés comme privilégiés des droits de détail, ni sujets aux mêmes formalités, attendu qu'ils payent une partie des droits; en conséquence, ils ont soutenu qu'ils pouvoient vendre le vin de leur crû, hors de leur maison d'habitation, sans payer de plus grands droits que ceux de cinquante sols par muid; mais leur prétention a été proscrite par les arrêts du conseil des 3 janvier & 17 octobre 1730, & ils ont été condamnés au paiement du droit dû sur le vin d'achat, sans modération, toutes les fois qu'ils vendroient le vin de leur crû hors le lieu de leur domicile.

A Reims, Château-Porcien, Saint-Dizier, & dans les paroisses de Clinchamp & de Beaumont en Argonne, le *huitième* est fixé à trente-trois sols par muid de vin, vendu tant à pot qu'à assiette, outre la subvention, suivant sa quotité ordinaire.

Ces trente-trois sols sont le parisis sol & six deniers pour livre du *huitième* réglé.

Ce même droit se perçoit, au profit du roi, dans la ville de Rheims sur les vins de liqueur, la bierre, le cidre & le poiré, en conformité du tarif du 15 mai 1688.

Le quatrième, qui a lieu également sur ces boissons, appartient à la ville. La cour-des-aides de Paris a ordonné, par arrêt du 3 juin 1758, que les bourgeois seroient tenus de fournir au fermier, seulement une fois par chaque bail, des extraits de leurs titres de propriété de leurs vignes, collationnés par des notaires ou sécrétaires du roi, contenant la quantité de vignes qui leur appartiennent, & de remettre en outre chaque année au bureau du fermier, un certificat du curé ou du juge des lieux ou des principaux habitans, portant qu'ils font valoir lesdites vignes par leurs mains, avec la quantité de vin qu'ils auront recueillie, à peine de déchéance contre ceux des bourgeois qui n'auront pas rempli ces formalités.

A Chaumont, en Bassigny, le droit de *huitième* est de vingt-huit sols par muid de vin du crû des bourgeois, par eux vendus à pot dans le lieu de leur domicile seulement, outre le droit de subvention.

Dans la ville & les fauxbourgs de Rhetel, à Mézières & Donchery, on perçoit trente sols par muid de vin, tant à pot qu'assiette, & quinze sols par muid de bierre; la subvention se paye à l'entrée & non au détail.

A Torcy, & dans les autres lieux de l'élection de Rhetel, le droit de *huitième* est de trente-trois sols par muid de vin, vendu soit à pot soit à assiette, & de quinze sols par muid de vin, outre la subvention en détail.

Dans la ville & les fauxbourgs de Vitry-le-François, on perçoit, outre la subvention, vingt-huit sols par muid de vin, du crû des habitans, par eux vendu à pot, & trente-trois sols par muid de vin, aussi du crû, s'il est vendu à assiette.

Le vin du crû des habitans de la ville & des fauxbourgs de Langres, cuvé & pressuré dans la ville ou ailleurs, par eux vendu dans leur maison d'habitation, n'est point sujet au droit de *huitième*; il l'est seulement à la subvention fixée à dix-huit sols par muid. L'arrêt du conseil du 12 juillet 1681, avoit assujetti aux droits de détail les vins qui n'auroient pas été façonnés dans la ville, mais le tarif de 1688, & l'arrêt de la cour-des-aides du 19 août 1699, n'ont pas parlé de cette condition.

Dans les paroisses d'Aigremont, la Rivière, Montburière, Besmont & Rigny, de l'élection de Langres, le *huitième* est de vingt-huit sols par muid de vin du crû des habitans, vendu à pot, & trois livres pour le même vin vendu à assiette.

Dans l'élection de la Rochelle, le droit est de cinq livres par muid de vin, vendu indistinctement à pot ou à assiette, & de quarante-trois sols par muid de bierre, outre la subvention, suivant la quotité ordinaire.

Dans les élections de Saintes, Coignac, & Saint-Jean-d'Angely, on perçoit le même droit de cinq livres, outre la subvention.

Le droit de *huitième* est à Angoulême & dans ses fauxbourgs de trente-trois sols quatre deniers par muid de vin, vendu de quelque façon que ce soit, outre la subvention & le parisis sol & six deniers du *huitième*.

Dans quelques autres lieux de l'élection d'Angoulême, & dans celles de Bourganeuf & de la ville du Blanc, on perçoit, outre la subvention, cinq livres par muid de vin, vendu soit à pot, soit à assiette.

A Lyon, dans la ville & les fauxbourgs, le *huitième* se perçoit à raison de quatre livres quatre sols par muid de vin d'achat, vendu à pot, de cinq livres cinq sols par muid, vendu à assiette, & de cinquante-six sols six deniers par muid de bierre.

Le vin du crû des bourgeois, par eux vendus à pot dans le lieu de leur domicile, ainsi que tout le vin, tant de cru que d'achat, vendu pendant les quatre foires franches, n'est point sujet au huitième. La subvention ne s'y perçoit pas, la ville s'en étant rachetée. Les différens arrêts du 20 janvier 1719, 4 mai 1728 & 20 juin 1740, réglent tout ce qui est à observer pour constater le privilège de bourgeois, & assujettit ceux qui sont fondés à en jouir, à vendre leur vin dans le lieu de leur domicile.

Ces mêmes bourgeois ont été affranchis des visites des commis aux aides, par l'arrêt du conseil du 29 juillet 1727, lorsqu'ils ne vendent que le vin de leur crû. Mais s'ils en vendent d'achat, non-seulement ils sont sujets aux visites, mais ils doivent les droits pour ceux-ci & pour les vins de leur crû.

L'arrêt du conseil du 29 juillet 1727, a prononcé que les bénéficiers de la ville de Lyon paieroient les droits de détail, sur les vins qui proviennent ou de leur bénéfice ou de leur patrimoine, s'ils n'étoient pas nés à Lyon, & s'ils n'y avoient pas acquis le droit de bourgeoisie.

Les Chartreux ont été de même assujettis au paiement des droits de détail, par arrêt du conseil du 2 août 1735.

Dans la ville d'Orléans & ses fauxbourgs, le droit de *huitième* est trente-trois sols par muid de vin, vendu tant à pot qu'à assiette, & de moitié pour la bierre, suivant l'arrêt du conseil du 8 février 1681, & les tarifs des 7 février 1687, & 15 mai 1688: la subvention ne s'y perçoit pas.

Le droit de *huitième* est à Montargis dans la ville & dans la banlieue, de trente-trois sols par muid, vendu à assiette, outre la subvention de vingt-sept sols.

A Vezeley, & dans cette élection, généralité de Paris, on perçoit quatre livres seize sols par muid de vin, vendu à pot, & six livres par muid vendu à assiette: la subvention ne s'y perçoit ni à l'entrée ni au détail.

Dans la ville & les fauxbourgs de Villeneuve-le-Roi, ainsi que dans les paroisses de Dixmont, les Bordes & autres voisines, dépendantes de l'élection de Sens, le *huitième* est, outre le droit de subvention, de vingt-huit sols par muid de vin, du crû vendu à pot, dans le lieu du domicile des propriétaires.

Les habitans de Saint-Germain & Fontainebleau sont exempts des droits de détail pendant le séjour du roi & du dauphin.

Dans la généralité de Poitiers, le *huitième* se perçoit à raison de cinq livres par muid de vin, vendu soit à pot soit à assiette, & de deux livres trois sols par muid de bierre, en ce non compris le droit de subvention.

Les paroisses qui ont été distraites de l'élection d'Angoulême, par édit de juillet 1714, pour former celle de Confolans, dépendantes de la généralité de Poitiers, payent les droits de trois livres dix sols sur la bierre, sans modération, comme les autres paroisses de l'élection d'Angoulême, dépendantes de la généralité de Limoges.

A Laon, ville & fauxbourgs de la généralité de Soissons, le *huitième* est de quatre livres trois sols par muid de vin, vendu à pot, & de cinq livres trois sols par muid vendu à assiette, outre le droit de subvention. Mais la ville jouit de ce droit à titre de patrimoine, d'après les arrêts du conseil des 6 juillet 1694, 17 septembre 1720, 31 mars & 14 juillet 1733. Les ecclésiastiques sont exempts de ce droit, en vertu d'anciennes transactions passées avec les officiers municipaux de la ville, & leur immunité a été confirmée par différens arrêts de la cour des aides de Paris, notamment par ceux des 11 mars 1705 & 13 août 1715.

Dans les châtellenies de Champtoceaux & de Gesté, de la généralité de Tours, on perçoit trente-trois sols par muid de vin, vendu, soit à pot, soit à assiette, moitié pour la bierre, & en outre la subvention.

Le même droit de *huitième* est de vingt-huit sols par muid de vin du crû des bourgeois de la ville du Mans & des fauxbourgs; & par eux vendu dans leur maison d'habitation, indépendamment du droit de subvention. Un arrêt du 17 octobre 1741, a confirmé la jouissance de ces habitans.

A Mâcon, le droit qui se lève au détail ne peut pas être appellé *huitième*, puisqu'il n'est pas régi par les mêmes principes qui sont applicables à ce droit; mais comme il en dérive, on peut le mettre au même rang. Il est fixé dans cette ville & les fauxbourgs, à vingt-sept sols par muid de vin vendu à pot, & à trente-trois sols sur celui qui est vendu à assiette. La subvention ne s'y paie pas, parce qu'elle a été rachetée par les Etats du pays.

Dans la ville & le comté d'Auxerre, on perçoit seize sols par muid de vin du crû des habitans, par eux vendu à pot dans le lieu de leur habitation; quatre livres seize sols par vin d'achat vendu à pot, & quatre livres dix sols par muid de vin amené par les habitans des autres Elections à Auxerre, & vendu à pot dans la ville. Tout le vin qui y est vendu à assiette, paye six livres par muid: la subvention ne s'y paie pas.

Dans les villes de Montreuil, Saint-Quentin, Doullens & Péronne, dépendantes de la généralité d'Amiens, on ne paye ni droit de *huitième* ni droit de quatrième, mais seulement le parisis sol & six deniers pour livre du *huitième*, fixé à vingt-sept sols trois deniers par muid de vin vendu à pot, & trente-trois sols trois deniers par muid vendu à assiette. La subvention s'y perçoit à l'entrée dans les deux premières villes, & au détail dans les deux autres.

Les droits de *huitième* sont, comme tous les autres, sujets aux dix sols pour livre, depuis l'édit du mois d'août 1781.

On ne s'arrêtera pas à détailler les formes qui sont établies pour la perception du droit de *huitième*, d'après tant de variations, & dans tant de lieux différens; il suffira de dire, que le fermier des aides ne néglige rien de ce qui peut inspirer à ses préposés toute la vigilance & l'activité propres à conserver ses produits & à prévenir la fraude qui leur porteroit atteinte. D'un autre côté, l'unique occupation des agens subalternes de cette partie, est de suivre le vin & les boissons depuis l'instant que les fruits qui les donnent sont convertis en liqueur, jusqu'à ce qu'elle soit consommée ou exportée du royaume. On conçoit de-là combien il faut employer de mesures, de précautions & de moyens pour constater d'abord la quantité des boissons existantes avant la fabrication des nouvelles; pour connoître ces dernières avec précision, pour empêcher leur enlèvement furtif ou leur consommation clandestine, & au-delà des proportions réglées, en pays de gros, suivant l'état des redevables, & par-tout, pour les gens du commun, suivant le nombre des individus qui composent leur famille.

On peut également juger quelle est l'étendue de la chaîne d'opérations, de visites & de formalités, qui met sans cesse sous l'œil du percepteur la boisson du redevable; celle qu'il vend, soit en gros, soit en détail; celle qui se perd ou se consomme. Il n'est point de perception, dans les revenus du fisc, qui exige autant de mouvement, d'activité & de vigilance de la part des commis; qui, par sa nature, demande autant de rigueur sur l'exécution des loix, & des peines qu'elles prononcent contre leur infraction. Il est si facile de remplacer une liqueur consommée, par l'addition d'une autre qui se trouve par-tout, & procure un gain sûr! Les fonctions de ces commis doivent donc tendre à ne point laisser au cabaretier le tems d'effectuer ce remplacement, puisqu'il est impossible de lui en ôter les moyens. C'est, en effet, en quoi consistent tous leurs exercices, tous les actes servans à constater la consommation successive d'une pièce de vin mise en débit; &, pour sortir du langage fiscal, c'est vraiment-là tout le travail théorique & méchanique des employés dans cette partie.

HYPOTHÈQUE, s. f. qui appartient à la science de la jurisprudence. Il signifie l'engagement particulier d'un bien du débiteur, en faveur du créancier, pour donner plus de sûreté à l'acquittement de sa dette.

On n'entrera pas dans le detail des différentes espèces d'*hypothèques*, des cas où elles ont lieu, & des personnes qui peuvent les donner. Il appartient au *Dictionnaire de Jurisprudence*. Nous devons nous borner ici à considérer les droits d'*hypothèque*, comme formant une branche du revenu du fisc, & des loix faisant partie des finances.

La perception de ces droits dans leur état actuel, est le fruit d'une nouvelle législation établie en 1771, & par laquelle furent abrogés les décrets volontaires, c'est-à-dire, la formalité qu'un acquéreur remplissoit pour purger les *hypothèques*, droits réels, ou servitudes, auxquels pouvoient être soumis le bien qu'il achetoit. Elle a eu pour objet de fixer d'une manière invariable, l'ordre & la stabilité des *hypothèques*, de tracer une marche, aussi sûre que facile, pour les conserver, en substituant aux décrets volontaires des lettres de ratification, qui ont l'effet de libérer les biens que l'on achète.

Au reste, pour faire connoître les motifs & les dispositions de la nouvelle loi, on va rapporter l'édit du mois de juin 1771, qui la contient.

Louis, par la grace de Dieu, roi de France & de Navarre : A tous présens & avenir; salut. L'attention que nous avons toujours eue de pourvoir à la conservation de la fortune de nos sujets, nous a porté à rechercher les moyens qui paroîtroient les plus convenables pour assurer le droit de propriété de chacun d'eux, & pour prévenir les troubles & les évictions qui résultent souvent de l'omission des formalités longues & embarrassantes, auxquelles les décrets volontaires sont assujettis. Parmi tous les moyens qui peuvent conduire à un but aussi avantageux, nous n'en avons point trouvé de plus conforme aux règles d'une exacte justice, & de plus propre à concilier les intérêts opposés de chacun de nos sujets, que de fixer d'une maniere invariable l'ordre & la stabilité des *hypothèques*, & de tracer une route sûre & facile pour les conserver, de sorte que d'un côté, les acquéreurs puissent traiter avec solidité & se libérer valablement, & d'un autre côté, les vendeurs puissent recevoir le prix de leurs biens, sans attendre les délais d'un décret volontaire; formalité longue & simulée, introduite pour suppléer au défaut d'une loi que le bien général sollicitoit de notre sagesse. Cette loi si désirable avoit commencé à avoir une partie de son exécution par l'édit du mois de mars 1673, portant établissement des greffes & enregistrement des oppositions pour conserver la préférence aux *hypothèques* : mais la forme qui avoit alors été donnée à cet établissement, ayant rencontré des difficultés dans son exécution, il a été révoqué par un autre édit du mois d'avril 1674. Nous nous sommes déterminé à faire revivre un projet aussi utile, en lui donnant une forme nouvelle, qui pût en rendre l'exécution plus facile, plus assurée, & d'un avantage plus général. Nous nous sommes déterminés d'autant plus volontiers à prendre ce parti, qu'il facilitera la vente d'une quantité de petits objets & immeubles réels & fictifs, qui ne peuvent être acquis avec solidité, parce que les frais du plus simple décret volontaire en absorberoient le prix & au-delà; en sorte que ces immeubles restent souvent abandonnés & sans culture, par l'impuissance dans laquelle se trouvent les propriétaires de les cultiver, & les obstacles que craignent ceux qui pourroient les acquérir, effrayés par l'exemple des pertes qu'éprouvent souvent ceux qui, ayant fait de pareilles acquisitions, sont obligés de les déguerpir ou d'en payer deux fois le prix, par l'effet des demandes en déclarations d'*hypothèques* formées par les créanciers des vendeurs; ce qui donne lieu à des contestations également ruineuses pour les acquéreurs & débiteurs. Tant de motifs d'utilité pour nos sujets, nous ont déterminé, en abrogeant l'usage des décrets volontaires, à ouvrir aux propriétaires une voie facile de disposer de leurs biens, & d'en recevoir le prix pour l'employer aux besoins de leurs affaires, & aux acquéreurs de rendre stable leur propriété, & de pouvoir se libérer du prix de leur acquisition, sans être obligés de garder long-tems des deniers oisifs. Nous avons cru ne pouvoir prendre, pour cet effet, de meilleur modèle que l'établissement des offices de conservateurs des *hypothèques* des rentes sur les tailles, aides & gabelles, & autres rentes par nous constituées, dont le public retire une utilité que le tems & l'expérience ne font que rendre plus sensible. A ces causes, & autres à ce nous mouvant, de l'avis de notre conseil, & de notre certaine science, pleine puissance & autorité royale, nous avons, par le présent édit perpétuel & irrévocable, dit, statué & ordonné; disons, statuons & ordonnons, voulons & nous plaît ce qui suit :

ARTICLE PREMIER.

Nous avons créé & établi, créons & établissons par notre présent édit, une chancellerie dans chacun de nos bailliages & sénéchaussées, à l'effet seulement de sceller les lettres de ratification qui seront obtenues sur les contrats de vente & autres actes translatifs de propriétés mentionnés en l'article VI. ci-après.

II.

Nous avons aussi créé & établi, créons & établissons dans chacun de nos baillages & sénéchaussées, des offices de conservateurs des *hypothèques*, gardes des sceaux & de greffiers-expéditionnaires desdites lettres de ratification, dont le nombre & la finance seront fixés par un rôle arrêté en notre conseil.

III.

Les offices des gardes des sceaux près nos baillages & Sénéchaussées, créés par notre présent édit, seront & demeureront unis au corps des officiers desdits baillages & sénéchaussées, pour être exercés par celui desdits officiers qui sera commis à cet effet. Voulons que le produit & émolumens desdits offices de gardes des sceaux soient partagés entre tous les officiers desdits bailliages & sénéchaussées.

I V.

Pour donner aux officiers desdits bailliages & sénéchaussées des marques de la satisfaction que nous avons du zèle avec lequel ils rendent, à notre décharge, la justice qui est dûe à nos sujets, & les encourager à s'acquitter de cette fonction intéressante, nous leur avons fait don & remise de la finance dudit office de garde des sceaux.

V.

Les offices de greffiers-expéditionnaires des lettres de ratification, créés par notre présent édit, pourront être possédés par les greffiers desdits bailliages & sénéchaussées.

V I.

Tous les propriétaires d'immeubles réels ou fictifs par acquisition, échanges, licitation, ou autres titres translatifs de propriété, qui voudront purger les *hypothèques* dont lesdits immeubles seront grevés, seront tenus de prendre à chaque mutation des lettres de ratification.

V I I.

Les lettres de ratification purgeront les *hypothèques* & privilèges à l'égard de tous les créanciers des vendeurs qui auront négligé de faire leur opposition dans la forme qui sera prescrite ci-après, avant le sceau d'icelles, & les acquéreurs des immeubles qui auront pris de semblables lettres de ratification, en demeureront propriétaires incommutables, sans être tenus des dettes des précédens propriétaires, en quelque sorte & sous quelque prétexte que ce soit, ainsi & de la même manière que les acquéreurs des offices & des rentes par nous constitués, seront libérés de toutes dettes, par l'effet des provisions & des lettres de ratification qui s'expédient en notre grande chancellerie; sans que néanmoins lesdites lettres de ratification puissent donner aux acquéreurs, relativement à la propriété, des droits réels fonciers, servitudes & autres, plus de droits que n'en auroient les vendeurs, l'effet desdites lettres étant restreint à purger les privilèges & *hypothèques* seulement.

V I I I.

Sera tenu l'acquéreur, avant le sceau desdites lettres de ratification, de déposer au greffe du baillage ou sénéchaussée dans le ressort duquel seront situés les héritages vendus, le contrat de vente d'iceux; comme aussi le greffier dudit baillage & sénéchaussée sera tenu, dans les trois jour dudit dépôt, d'insérer dans un tableau, qui sera à cet effet placé dans l'auditoire, un extrait dudit contrat, quant à la translation de propriété seulement, prix & condition d'icelle, lequel restera exposé pendant deux mois, & avant l'expiration duquel ne pourront être obtenues, sur ledit contrat, aucunes lettres de ratification.

I X.

Pourra pendant lesdits mois, tout créancier légitime du vendeur se présenter au greffe, pour y faire recevoir une soumission d'augmenter le prix de ladite vente, au moins d'un dixième du prix principal; & dans le cas de surenchère par un autre créancier du vendeur, d'un vingtième en sus dudit prix principal par chaque surenchérisseur, ensemble de restituer à l'acquéreur les frais & loyaux-coûts; & du tout donner bonne & suffisante caution, qui sera reçue pardevant le lieutenant général ou autre officier du siège, suivant l'ordre du tableau, en la manière accoutumée; & sera loisible à l'acquéreur de conserver l'objet vendu, en fournissant par lui le plus haut prix auquel il aura été porté.

X.

Seront les lettres de ratification expédiées & signées par les officiers créés par notre présent édit, dans les chancelleries près nos bailliages & sénéchaussées, & scellées dans lesdites chancelleries; savoir à l'égard des immeubles réels & rentes foncières, en la chancellerie près les bailliages ou sénéchaussées dans le ressort desquelles ils se trouveront situés, & quant aux immeubles fictifs, dans celles desdits bailliages & sénéchaussées dans le ressort desquels les vendeurs seront domiciliés.

X I.

Dans ce dernier cas, pour mettre les acquéreurs en état de connoître s'il y a des oppositions sur les immeubles fictifs qu'ils acquièrent, les vendeurs seront tenus de justifier de leur domicile pendant les trois dernières années qui auront précédé la vente, & de faire certifier ce domicile, soit par le contrat de vente, soit par un acte séparé passé pardevant notaires, & signés de deux témoins connus & domiciliés.

X I I.

Lorsque les contrats d'acquisition, les échanges & autres actes translatifs de propriété, contiendront des immeubles réels, des rentes foncières situées dans l'étendue de plusieurs baillages & sénéchaussées, les lettres de ratification seront scellées dans les chancelleries établies par notre présent édit, dans lesdits bailliages & sénéchaussées; faute de quoi les acquéreurs seront sujets aux *hypothèques* des créanciers des vendeurs, pour raison des immeubles réels qui se trouveront situés dans l'étendue des bailliages & sénéchaussées où les lettres de ratification n'auront pas été scellées; & néanmoins dans le cas de vente & autres actes translatifs de propriété de fief & seigneurie, qui s'étendroit s'étendroit dans plusieurs bailliages & sénéchaussées, les oppositions faites entre les mains du conservateur des *hypothèques* du bailliage ou sénéchaussée où sera situé le chef-lieu desdites terres & seigneuries, vaudront comme si elles étoient faites dans tous les bailliages & sénéchaussées où ressortiroient les dépendances desdites terres; & les lettres de ratification obtenues en icelui seulement, purgeront les *hypothèques* des créanciers du vendeur.

XIII.

Les lettres de ratification seront taxées suivant le tarif annexé au présent édit.

XIV.

Le droit de deux deniers pour livre qui se paie pour l'enregistrement des decrets volontaires, continuera d'être perçu à notre profit sur le prix de chacune acquisition sur laquelle il sera obtenu des lettres de ratification.

XV.

Les créanciers & tous ceux qui prétendront droit de privilège & *hypothèque*, à quelque titre que ce soit, sur les immeubles, tant réels que fictifs de leurs débiteurs, de quelque nature que soient les immeubles, & en quelque lieu & coutume qu'ils soient situés, seront tenus, à compter du jour de l'enregistrement du présent édit, de former leur opposition entre les mains des conservateurs créés par l'article II, à l'effet par les créanciers de conserver leurs *hypothèques* & privilèges lors des mutations de propriété des immeubles & des lettres de ratification qui seront prises sur lesdites mutations par les nouveaux propriétaires.

XVI.

Les oppositions dureront trois ans, pendant lequel tems seulement leur effet subsistera; pourront les créanciers les renouveller, même avant l'expiration dudit délai, pour la conservation de leurs privilèges & *hypothèques*.

XVII.

Toutes personnes de quelque qualité qu'elles soient, même les mineurs, les interdits, les absens, les gens de main-morte, les femmes en puissance de mari, seront tenus de former opposition dans la forme ci-dessus, sous peine de déchéance de leurs *hypothèques*; sauf le recours, ainsi que de droit, contre les tuteurs & administrateurs qui auront négligé de former opposition.

XVIII.

Les syndics & directeurs des créanciers unis pourront s'opposer audit nom, & par cette opposition, ils conserveront les droits de tous lesdits créanciers.

XIX.

Entre les créanciers opposans, les privilégiés seront les premiers payés sur le prix desdites acquisitions: après les privilégiés acquittés, les hypothécaires seront colloqués suivant l'ordre & le rang de leurs *hypothèques*; & s'il reste des deniers après l'entier payement desdits créanciers privilégiés & hypothécaires, la distribution s'en fera par contribution entre les créanciers chirographaires opposans, par préférence aux créanciers privilégiés ou hypothécaires qui auroient négligé de faire leur opposition.

XX.

Les oppositions qui pourroient être formées sur les propriétaires des immeubles réels ou fictifs, pour sûreté des créances hypothéquées sur lesdits immeubles, seront reçues & visées par les conservateurs créés par notre présent édit, lesquels délivreront des extraits sur papier timbré, desdites oppositions, à ceux qui en auront besoin.

XXI.

Les conservateurs des *hypothèques* tiendront un registre en papier timbré, dont les feuillets seront cotés sans frais, par premier & dernier, & paraphés à chaque page, par le lieutenant général du siége ou autre officier, suivant l'ordre du tableau, dans lequel ils inscriront de suite, sans aucun blanc ni interligne, toutes les oppositions qui seront formées entre leurs mains, à peine de faux, de quinze cens livres d'amende, & de tous dépens, dommages-intérêts des parties.

XXII.

L'opposition sera datée & visée par le conservateur; & il sera exprimé si c'est avant ou après midi: elle contiendra les noms de baptême, famille, qualité & demeure de l'opposant, avec élection de domicile dans le lieu où se fera l'enregistrement, sans que ledit domicile puisse cesser par le décès du procureur où il aura été élu; ce domicile ne pourra même être changé, si ce n'est par une nouvelle élection, laquelle sera enregistrée à la marge de l'opposition, & visée par le conservateur, de la même manière que l'opposition, le tout à peine de nullité.

XXIII.

Le créancier sera tenu de déclarer par son opposition, le nom de famille, les titres, qualités & demeure de son débiteur, le tout à peine d'être déchu dudit recours prononcé contre le conservateur, par l'article XXVII. ci après.

XXIV.

Les conservateurs seront tenus de délivrer, quand ils en seront requis, les extraits de leurs registres, & d'y coter le jour & la date des oppositions, le regiſtre ainſi que le feuillet où elles auront été regiſtrées, ou de donner des certificats portant qu'il n'en a été formée aucune, à peine de privation de leurs offices & de quinze cens livres d'amende, & des dommages & intérêts des parties.

XXV.

Les conſervateurs auront entrée au ſceau des chancelleries près deſquelles il ſont établis, à l'inſtar de nos conſeillers conſervateurs des *hypothèques* créés & établis près notre grande chancellerie, & ils auront ſeuls le droit de préſenter au ſceau leſdites lettres de ratification.

XXVI.

Avant de préſenter au ſceau les lettres de ratification, ils feront mention ſur le repli d'icelles, s'il y a des oppoſitions ſubſiſtantes, auquel cas elles ne feront ſcellées qu'à la charge des oppoſitions, leſquelles ſubſiſteront ſans être renouvellées, à l'inſtar & de la même manière qu'il ſe pratique pour les lettres de ratification obtenues en notre grande chancellerie.

XXVII.

S'il n'y a aucune oppoſition ſubſiſtante, les lettres de ratification feront ſcellées purement & ſimplement; & dans le cas où avant le ſceau d'icelles, il auroit été fait quelque oppoſition, dont les conſervateurs n'euſſent pas fait mention, leſdits conſervateurs demeureront reſponſables en leur propre & privé nom, des ſommes auxquelles pourront monter les créances deſdits oppoſans qui viendroient en ordre utile, & ce juſqu'à concurrence de la valeur de l'immeuble mentionné auxdites lettres, à l'effet de quoi la finance de chacun deſdits offices, qui ſera fixée par un rôle arrêté en notre conſeil, demeurera affectée par préférence, comme fait de charge.

XXVIII.

Attribuons à titre de gages, auxdits conſervateurs, quatre pour cent du montant de leur finance, outre les droits particuliers qui leur feront fixés par un tarif arrêté en notre conſeil, pour leur tenir lieu d'émolumens de leur travail; nous réſervant, en attendant la lévée deſdits offices, de commettre à leur exercice tel perſonne que bon nous ſemblera.

XXIX.

Jouiront en outre les conſervateurs du droit de ſurvivance; voulons qu'ils ne payent, à l'obtention de leurs premieres proviſions, que le tiers des droits de marc d'or, ſceau & honoraires auxquels ils feront taxés, & en cas de mort ou réſignation, les diſpenſons, leurs enfans, héritiers & ayans-cauſe, de nous payer aucun droit de ſurvivance pour cette première mutation.

XXX.

Voulons que pour le ſceau de chacune des lettres de ratification, il ſoit payé les ſommes qui feront fixées par le tarif arrêté en notre conſeil.

XXXI.

En cas de vente par décret forcé, les créanciers qui ont fait & feront ſaiſir réellement un immeuble, feront tenus de faire dénoncer, un mois au moins avant l'adjudication, leur ſaiſie-réelle à ceux qui ſe trouveront avoir formé leur oppoſition ſur leſdits immeubles, aux domiciles par eux élus par l'acte d'oppoſition, à peine de nullité de la procédure du décret vis-à-vis des créanciers qui auront formé leurs oppoſitions ès mains des conſervateurs des *hypothèques*, & de tous dépens, dommages & intérêts deſdits oppoſans, & vaudront les oppoſitions faites entre les mains deſdits conſervateurs, comme ſi elles étoient faites en décret forcé deſdits biens.

XXXII.

N'entendons point comprendre dans le préſent édit, les *hypothèques* des femmes ſur les biens de leurs maris, pendant la vie deſdits maris, non plus que celles des enfans ſur les biens de leurs pères, pour raiſon ſeulement des douaires non ouverts, pour leſquels il ne ſera point néceſſaire de former d'oppoſition.

XXXIII.

Les letres de ratification ne pourront être oppoſées par les Acquéreurs de biens ſubſtitués à ceux qui auront droit de revendiquer les biens ſubſtitués, lorſque les ſubſtitutions auront été inſinuées & publiées au deſir de nos ordonnances.

XXXIV.

Les ſeigneurs féodaux ou cenſiers, tant laïcs qu'eccléſiaſtiques, ne feront point tenus non plus de faire aucune oppoſition pour raiſon des fonds, des cens, rentes foncières, autres droits ſeigneuriaux & féodaux, ſur les héritages, fiefs & droits étant dans leur cenſive & mouvance: mais quant aux arrérages des cens, ſurcens, rentes foncières, droits de quints, requints, droits de lods & ventes, & autres droits échus avant la vente, & autres dettes généralement quelconques, ils feront tenus de former leurs oppoſitions ès mains du conſervateur, comme tous les autres créanciers.

XXXV.

Abrogeons l'uſage des ſaiſines & nantiſſement, pour acquérir *hypothèque* & préférence, dérogeant à cet effet à toutes coutumes & uſages à ce contraires.

XXXVI.

Voulons néanmoins que ceux dont les contrats

auront été nantis & ensaisinés avant la publication de notre présent édit, soient conservés dans les droits & préférence à eux acquis par lesdits nantissemens, passé lequel tems, ils seront sujets aux mêmes formalités que les autres acquéreurs.

XXXVII.

Abrogeons pareillement l'usage des décrets volontaires, sans que, pour aucunes causes, ni sous aucun prétexte, il puisse en être fait à l'avenir, à peine de nullité d'iceux : n'entendons toutefois empêcher la suite & perfection de ceux encommencés au jour de la publication de notre présent édit, ni donner atteinte à l'effet des décrets antérieurs ; & lesdites lettres de ratification tiendront lieu des décrets volontaires prescrits par l'article XVIII du titre XII de l'édit portant réglement *pour la procédure*, du mois de février 1771, enregistré le 17 mai dernier.

XXXVIII.

Pour donner un tems suffisant à ceux qui peuvent avoir ou prétendre des privilèges ou *hypothèques*, à la charge d'aucuns immeubles réels ou fictifs, de faire les oppositions prescrites par le présent édit, ordonnons qu'il ne sera scellé aucune lettre de ratification, que six mois après la date de l'enregistrement de notre présent édit. Si donnons en mandement, &c. Donné à Versailles, au mois de juin 1771.

Tarif des droits qui se percevront pour la conservation des hypothèques *sur les rentes constituées par les particuliers, & sur leurs immeubles, & de ceux qui seront levés sur les lettres de ratification qui purgeront ces* hypothèques.

Savoir;

Il sera perçu sur le prix de toutes les ventes, sur lesquelles il sera pris des lettres de ratification, deux deniers pour livre, comme sur les décrets volontaires.

Il sera payé, en outre, six sols par cent livres du prix de chaque vente d'immeubles réels ou fictifs ; & si dans le prix de chaque vente il se trouve une fraction de cent livres, il ne sera perçu, à cause de ladite fraction, que trois sols, si elle est au-dessous de cinquante livres, & six sols, si elle est au-dessus.

Sur ces six sols, sa majesté en abandonne trois aux officiers des chancelleries, qui seront partagés de la manière suivante :

Savoir;

	l.	*s.*	*d.*
Au garde des sceaux de chaque chancellerie, ou autres officiers en faisant fonction, six deniers, ci..................	"	"	6
Au greffier, pour la signature des lettres, un sol, ci..............	"	1	"
Aux conservateurs des *hypothèques*, pour vérification d'opposition avant de présenter au sceau les lettres de ratification, un sol six deniers, ci........	"	1	6
	"	3	"
Outre ces droits, sa majesté accorde au garde des sceaux de chaque chancellerie, par lettres de ratification qui seront scellées, dix sols, ci.........	"	10	"
Au greffier, pour la signature, dix sols, ci....................	"	10	"
Aux conservateurs des *hypothèques*, pour l'expédition, enregistrement & rapport de chaque lettre de ratification, une livre dix sols, ci.........	1	10	"
Au scelleur & chauffe-cire de chaque chancellerie, ou gens en faisant les fonctions, à la charge de fournir la cire des lettres, six sols, ci.......	"	6	"
Total des droits fixés à payer pour chaque lettre de ratification, indépendamment du papier & parchemin timbré...........	2	16	"

Les lettres de ratification seront expédiées en parchemin, & la minute sur papier marqué, ainsi & de la même manière que toutes autres lettres de chancellerie.

Ne pourront les officiers des chancelleries prendre ni percevoir aucun autre droit, sous prétexte d'expédition ou salaire de leurs commis, à peine de restitution, & de cent cinquante livres d'amende.

Les droits pour la réception des oppositions au sceau des lettres de ratification, seront payés à raison de trois livres par opposition, lesquelles ne périront qu'au bout de trois ans.

Il sera payé pour main-levée de chaque opposition, vingt-quatre sols.

Pareil droit de vingt-quatre sols, pour extrait de chaque opposition subsistante.

Se réserve sa majesté le sixième de ces droits, & en abandonne le surplus aux conservateurs des *hypothèques*.

Les oppositions, main-levées, & extraits d'icelles, seront expédiées sur papier timbré.

Veut sa majesté, que les officiers des chancelleries & conservateurs des *hypothèques*, marquent sur les lettres de ratification, sur les oppositions & sur les main-levées & extraits d'icelles, les droits qu'ils auront reçus.

Les droits de deux deniers pour livre, ceux de trois sols par cent livres, du sixième des oppositions, main-levées & extraits d'icelles, réservés à sa majesté, seront payés entre les mains des conservateurs des *hypothèques*, qui en compteront, mois par mois, à sa majesté, ainsi & de la manière qu'il sera par elle ordonné.

Fait & arrêté au conseil d'Etat du roi, sa majesté y étant, tenu à Versailles, le deuxième jour du mois de juin mil sept cent soixante & onze.

D'après ce nouvel établissement, il fut formé, pour le compte du roi, une régie particulière des droits d'*hypothèques* dans tout le royaume, par les lettres-patentes du 7 juillet 1771, sous le nom de Jean-Baptiste Rousselle; elle fut confiée aux régisseurs de la partie des cuirs. Les contrôleurs des actes furent chargés des fonctions des conservateurs des *hypothèques*, au moyen d'une remise qu'on leur accorda sur le produit de ces droits, qui, dans la premiere année, rendirent à peine huit cens mille livres.

Dominique Compant succéda à Rousselle en 1777; celui-ci fut, à sa mort, remplacé par Henri Clavel, qui, depuis les lettres-patentes du 12 août 1780, a eu pour successeur Jean-Vincent René, au nom duquel se fait, en même tems, l'administration des droits domaniaux.

Le produit des droits d'*hypothèques* a beaucoup augmenté depuis 1771. Sous ce nom il faut entendre les droits qui sont attribués, par l'édit qu'on vient de rapporter, aux fonctions des offices de conservateurs des *hypothèques*, & de greffiers-expéditionnaires des chancelleries, créés dans chacun des bailliages & sénéchaussées, pour sceller les lettres de ratification obtenues sur les contrats d'acquisition, échange, licitation, & autres actes translatifs de propriété : ces droits ont donné en 1784, un produit de seize cens mille livres. Il est à présumer, d'après cette progression, qu'à mesure que les avantages de la nouvelle législation, concernant les *hypothèques*, seront mieux connus dans les provinces, les droits augmenteront successivement.

(*) IMP   IMP

IMPORTATION, f. f., qui est l'opposé d'exportation, ainsi qu'on l'a dit à ce mot. L'homme d'Etat qui a gouverné les finances pendant près de cinq ans d'une manière si satisfaisante pour la nation, & qui a profondément médité sur tout ce qui se rapportoit à son administration, évalue à deux cens trente-un millions par année, la masse des *importations* que reçoit le royaume, & à trois cens-cinq ou dix millions, la masse des exportations; ensorte que la balance du commerce est d'environ soixante & dix ou quinze millions.

Voici la division de la somme des *importations*.

Soixante & dix millions en matières premières, nécessaires aux manufactures, telles que les cotons, les laines, les soies, les chanvres, la graine & les fils de lin, la soude, les peaux de castor & autres, les cuirs, les cires, les bois précieux, l'ivoire & l'écaille, toutes les drogues propres à la teinture.

Vingt millions en d'autres matières premières, qui exigent un article séparé, ce sont,

1°. Les diamans & les autres pierres précieuses; les métaux d'or & d'argent qui servent à la fabrication des bijoux, des parures, des galons, des broderies, des étoffes riches, & de la vaisselle qu'on envoie dans l'étranger.

2°. Les diamans, les autres pierres précieuses, & les métaux d'or & d'argent employés à la fabrication de la partie de ces mêmes ouvrages, qui est destiné à l'augmentation du luxe national.

3°. La quantité d'or & d'argent nécessaire à l'entretien de ce même genre de luxe; c'est-à-dire, le supplément annuel, indispensable, pour remplacer ce qui se dissipe par l'effet du tems.

Quarante millions en marchandises manufacturées, telles que les toiles de diverses espèces venant de Flandre, de Hollande & de Suisse; les mousselines fines, provenant des ventes de la compagnie des Indes d'Angleterre; les mousselines communes, fabriquées principalement à Zurich; les montres de Genève & d'ailleurs; la mercerie & la quincaillerie de Hollande, d'Allemagne & d'Angleterre; les gazes d'Italie, les taffetas de Florence, les velours de Gênes, les papiers, les livres, les tableaux, & beaucoup d'autres objets de l'industrie étrangère, recherchés par fantaisie, & introduits la plupart en contrebande.

Quarante millions environ en comestibles, tels que les bleds & autres grains, les riz, les huiles d'Italie, article considérable, parce qu'elles servent à la fabrication des savons; les poissons, les bestiaux, le bœuf salé de Hambourg & d'Irlande, les fromages de Suisse, le cacao, les vins de liqueur, ceux du Rhin, de Tockay, les eaux-de-vie étrangères, les sels versés en contrebande, les oranges, les fruits secs, les épiceries.

Vingt-cinq millions en mâts, planches, merrains, bois de construction de toute espèce, bray, goudron, fer, étain, plomb, cuivre, argent-vif, & charbon de terre.

Quatorze millions en marchandises des Indes, de la Chine, & de l'isle de Bourbon.

Quoique l'année commune des ventes faites à l'Orient, se soit montée pendant la dernière paix à environ vingt millions, on en déduit six, comme représentant les frais de navigation, qui sont un bénéfice pour la marine nationale, afin de connoître avec exactitude le résultat des *importations* & des exportations.

Dix millions en tabacs, tant pour la ferme générale que pour les provinces non soumises au privilège exclusif, & pour les fabriques libres de Dunkerque en particulier, dont le débit principal s'opère par des versemens en contrebande, dans tout le royaume.

Dix à douze millions en objets divers, tels que les chevaux, les suifs, les fourrures, les pelleteries, les plumes, les parfums, les drogues pour la pharmacie, & plusieurs autres articles, qui ne peuvent pas faire partie d'une classe générale.

A l'égard des exportations, voici comment leur masse est distribuée. Ce détail précieux de la part d'un homme d'Etat, qui a rassemblé les divers renseignemens propres à porter sur cet objet, toutes les lumières qu'il est possible d'acquérir, ne peut mieux être placé qu'à la suite des *importations*. On y joindra les réflexions que cet examen amène naturellement, sur les moyens de conserver ce tribut des autres nations à l'industrie Françoise, & sur la balance du commerce de la France; elles serviront de supplément à ce qui en a été dit au mot BALANCE DU COMMERCE.

Les exportations, qu'on a vu ci-devant monter à trois cens soixante & cinq ou soixante & dix millions par an, sont arbitrées à cent cinquante millions pour différens objets de manufacture, tels que les draps, les toiles, les diverses étoffes de soie, & les étoffes mêlées d'or & d'argent, les serges, les camelots, les étamines, les galons, les broderies, les dentelles, les batistes, les bas,

(*) Tout l'*J* consonne se trouvera de suite après l'*I* voyelle.

les chapeaux, les gants, les éventails, les modes, les parures, les tapisseries, les montres, les bijoux, la vaisselle sculptée, les ouvrages d'acier ou d'autre métal, les papiers, les livres, les tableaux, les savons, les bougies, les glaces, les meubles recherchés, & d'autres produits encore de l'industrie nationale.

Soixante & dix à soixante & quinze millions en denrées des isles de l'Amérique, telles que les sucres, les cafés, l'indigo, le rocou, les confitures, liqueurs, &c.

On a toujours exagéré l'étendue de cette branche d'exportation, dans les tableaux de la balance du commerce, parce qu'on ne l'a jamais évaluée qu'en distrayant des quantités de sucre & de café introduites en France, celles qui payoient le droit de consommation; mais il est de notoriété certaine, qu'on échappe souvent à ce droit, en déclarant comme destinées pour l'étranger, plusieurs parties des denrées des colonies, qui sont reversées clandestinement dans l'intérieur du royaume.

Trente-cinq à quarante millions en vins, eaux-de-vie & autres liqueurs.

Dix-huit millions pour les thés, les étoffes & les soies de la Chine; les cafés de l'isle de Bourbon & de Moka, les poivres de la côte de Malabar, les toiles de celle de Coromandel, les mousselines du Bengale, des productions des échelles du Levant, & quelques autres marchandises étrangères faisant partie des *importations*.

Seize millions pour les bleds, année commune, les beurres & les fromages de certaines provinces; les sels, le safran, le miel, les citrons, les légumes, les fruits secs, les huiles de Provence, & quelques productions de pêcheries.

Sept millions environ en divers objets, tels que les cuirs, car la France en reçoit de l'étranger, & y en envoie; les bois propres à la menuiserie, tirés principalement des montagnes des Vosges, & envoyés en Hollande; les bois à brûler sortant en fraude pour l'Angleterre, & plusieurs autres petits articles, qui ne peuvent entrer dans les classes générales.

Ce n'est donc qu'en vendant au-dehors pour deux cens vingt ou deux cens trente millions de marchandises, ou manufacturées ou apportées des colonies, que la France obtient une balance de commerce de soixante & dix ou soixante & quinze millions, somme qui surpasse la moitié de l'or & de l'argent que l'Europe reçoit chaque année.

La certitude que la base d'une créance aussi considérable repose sur le double commerce des manufactures & des denrées de l'Amérique, ne doit pourtant pas être exempte d'inquiétudes; car l'un & l'autre de ces commerces sont susceptibles d'évènemens. Le débit immense des manufactures, quoique favorisé par la perfection de l'industrie Françoise, & par l'habitude des autres nations, n'est pas moins exposé à des diminutions imprévues. Les productions de la main-d'œuvre ne ressemblent pas aux dons privilégiés du sol & du climat; les hommes sont par-tout capables d'un travail intelligent; on peut dans les différentes contrées de l'Europe apprendre à fabriquer tout ce qu'on va chercher dans un pays étranger; on peut apprendre à s'en passer. Enfin, l'industrie qui s'élève & se fortifie au milieu de la liberté politique & de la fertilité territoriale, fera des progrès, avec le tems, dans cette vaste république, formée sur le continent de l'Amérique, & cette nouvelle puissance prendra part un jour, de quelque manière, aux approvisionnemens des Isles occidentales & des Indes Espagnoles.

C'est à l'administration Françoise à veiller sur la grande somme de prospérité qu'elle possède; c'est à elle à s'inquiéter des traités de commerce & de navigation, encore plus que de l'extension du territoire; c'est à elle à maintenir une liberté raisonnable parmi les fabricans, sans mettre au hasard cependant, par une trop grande licence, la réputation d'intelligence & de bonne-foi, qui sont le plus sûr appui de tous les commerces; c'est à elle enfin, à détourner un peu le cours de ces idées de vanité, qui font des occupations les plus utiles, un état passager, & qu'on quitte avec la fortune.

Il faut encore, par le ménagement du crédit & par la sage administration des finances, concourir efficacement à la baisse de l'intérêt, ce grand moyen d'encouragement pour les diverses sortes d'entreprises.

Il faut aussi prévenir les convulsions dans le prix des subsistances, qui dérangent les rapports établis entre les salaires & la valeur courante des denrées les plus nécessaires à la vie.

Enfin, il faut, sur-tout, empêcher que l'accroissement successif des impôts ne renchérisse sensiblement le prix de la main-d'œuvre; & quand les circonstances exigent des secours extraordinaires, on doit s'appliquer à concilier les intérêts du trésor royal avec ceux du commerce: à bien plus forte raison ne faut-il pas jamais mettre en opposition ces intérêts, & brouiller ainsi l'enfant avec sa nourrice.

Le second article d'exportations; c'est-à-dire, celui des denrées de l'Amérique, est également digne de la plus grande attention. Ces discours, si légèrement hasardés sur l'inutilité des colonies, méritent-ils une réponse? Ce qu'on leur vend, dit-on tranquillement, on le vendroit aux nations étrangères, & le royaume ne perdroit rien à cette révolution. Mais crée-t-on ainsi des acheteurs à son gré? Ce n'est pas faute d'une quantité suffisante de toiles, de draps d'étoffes, ou de soie, qu'on n'en vend pas davantage aux autres nations, ce sont les limites de leurs besoins qui circonscrivent leurs demandes, & non l'impuissance d'y satisfaire.

D'ailleurs, les marchandises des colonies ne sont pas seulement le prix des productions nationales que la France y envoie, soit directement, soit indirectement par ses échanges, à la côte d'Afrique. Toutes les exportations équivalent à peine la moitié des retours de l'Amérique; le surplus est la représentation, & des frais de navigation, & des bénéfices du commerce, & des revenus que les colons dépensent dans le royaume.

Que seroit-ce, si, en négligeant des possessions si précieuses, ou si en les perdant jamais, la France se trouvoit privée de la créance de commerce qu'elle acquiert annuellement par l'exportation des denrées de ses colonies? Que seroit-ce si elle avoit encore à acheter, des étrangers même, la partie de ces denrées qui est aujourd'hui nécessaire à sa propre consommation? Une pareille révolution suffiroit pour faire sortir de France, annuellement, beaucoup plus d'argent qu'il n'y en entre. C'est donc une propriété magnifique que celle des colonies d'Amérique; la grandeur de la puissance de la France semble en assurer la longue possession; mais les autres nations peuvent augmenter leur culture; mais les Etats-Unis, si voisins du riche sol qui produit le sucre & le café, ne viendront pas chercher ces denrées en Europe; & selon l'accès plus ou moins libre qu'on sera forcé de leur ouvrir un jour dans les colonies; comment désigner la part qu'ils prendront aux échanges qui enrichissent la France?

Des personnes disposées à arrêter leur attention jusques sur les évènemens invraisemblables, demanderont, peut-être, qu'arriveroit-il, ou que faudroit-il faire, si, par une révolution extraordinaire, ce double commerce d'exportation venoit à défaillir ou à diminuer considérablement? On peut bien appercevoir vaguement l'étendue d'un pareil désastre, mais on en décriroit difficilement toutes les conséquences.

Le besoin des matières premières qu'on tire de l'étranger, diminueroit, sans doute, à mesure qu'on vendroit moins d'ouvrages manufacturés aux autres nations, & l'on tâcheroit d'alimenter les fabriques nécessaires à la consommation nationale, en augmentant de tout son pouvoir, au sein de la France, la production des soies, des laines & des chanvres.

On repousseroit plus rigoureusement que jamais, l'introduction de toutes les productions de l'industrie étrangère; on multiplieroit les forges & les usines, afin de se passer des fers étrangers; on viendroit à bout de perfectionner ses salaisons, afin de n'avoir plus besoin de celles que fournissent actuellement l'Irlande & d'autres pays; enfin, la France ne pouvant plus vendre beaucoup aux étrangers, se défendroit tant qu'elle pourroit d'acheter d'eux, & elle se gouverneroit insensiblement en nation bornée dans ses ressources, au lieu de conserver la marche d'une nation riche. Mais malgré tant de soins, elle ne pourroit jamais réparer le préjudice immense que porteroit à sa richesse & à sa population la perte qu'elle auroit éprouvée. Heureusement que de pareilles révolutions sont loin d'être probables; mais aussi n'en faudroit-il pas tant pour entraîner de grands effets. On doit même observer à cette occasion, que si le royaume jouit, dans son état actuel, de moyens incomparables de richesses, son administration aussi est conforme à cet état d'aisance, ensorte que les revers du commerce & de fortune y seroient d'autant plus sensibles, qu'on y est peu préparé.

On a vu que la solde du commerce est d'environ soixante & dix ou soixante & quinze millions à l'avantage du royaume; il s'agit de développer cette opération.

Une balance de commerce doit se payer d'une manière ou d'une autre. Un royaume, comme un particulier, cesseroit bientôt de vendre plus qu'il n'achète, si l'on ne lui payoit pas la solde qui lui est dûe. Si donc il étoit possible d'assister au paiement qui s'en fait, ou d'acquérir, à cet égard, une connoissance exacte, on seroit plus sûr, par cette voie que par toute autre, de la différence qui existe entre la somme des *importations* & celle des exportations.

Le plus distinct de tous les paiemens qui ont été faits à la France pour acquitter la créance de commerce sur les autres nations, c'est d'abord les quarante cinq millions qu'on a portés annuellement aux hôtels des monnoies du royaume pendant le cours de la dernière paix, & qui ont été employés à l'accroissement du numéraire national.

Supposant maintenant qu'il s'en soit dissipé quatre à cinq millions chaque année, soit par des fontes accidentelles, soit par les remises faites en louis-d'or à Genève & en Suisse, dont la totalité n'est pas revenue, il resteroit toujours, comme une acquisition annuelle & positive pour le royaume, une somme de quarante à quarante-un millions.

Avant la guerre, on pouvoit évaluer de huit à dix millions les subsides payés par la France aux puissances étrangères, les dépenses de ses ambassadeurs, & les annates dûes à la cour de Rome par les nouveaux bénéficiers, & les pensions accordées à des personnes qui vivent hors du royaume.

Le gouvernement a, de plus, envoyé à l'isle de France & dans l'Inde, une couple de millions d'argent effectif, chaque année, pour payer une partie des dépenses d'administration dans ces colonies.

Ainsi, sur les soixante & dix millions gagnés par le commerce de la France, voilà déja l'emploi de cinquante-deux.

Reste dix-huit millions dont il faut trouver l'usage. Ici on ne peut présenter que des apperçus vagues; mais il est à présumer que cette somme se trouve consommée par les rentes payées à des étrangers qui ont placé leurs fonds dans les emprunts de l'État; par le paiement du fret dans le cas de cabotage, pour les étrangers qui se livrent à cette navigation; par le prix des assurances faites en Hollande ou en Angleterre; par des expéditions maritimes qui concernent les négocians du royaume; par le produit de plusieurs terres considérables qui appartiennent, soit dans la Flandre, soit dans l'Artois, soit dans le Haynault, dans l'Alsace & la Lorraine, à des maisons étrangères, à des princes Allemands, qui reçoivent ce produit, & le dépensent hors du royaume; enfin par les fonds qui passent à Malthe, & que les voyageurs François consomment dans les Etats étrangers. L'ensemble de ces divers articles de dettes annuelles, excède sûrement les dix-huit millions de créance dont il s'agit.

Il est beaucoup d'autres circonstances, qui, tantôt habituellement, tantôt passagèrement, accroissent ou diminuent la créance de la France sur les autres nations; on s'est borné aux indications principales. Cependant cette multitude de rapports étrangers à la balance du commerce, conduisent à une vérité importante, c'est qu'on auroit tort de vouloir juger par-tout du résultat des échanges, par le degré d'accroissement du numéraire national.

On prétend encore que les variations dans les changes, peuvent donner des connoissances de la balance du commerce; mais cette opinion paroît très-superficielle, car la variation du change a des bornes, quelle que soit la somme dûe par un pays à un autre. En voici la raison. On peut bien donner jusqu'à deux ou trois cens au-dessus du pair, pour une lettre de change sur Londres, parce que pour faire passer de la monnoie de France en Angleterre, il en coûteroit des frais de transport, qui, joints aux risques de mer, seroient estimés à-peu près équivalens à cette même prime; mais si l'on en vouloit exiger une plus forte, ceux qui ont à remettre des fonds en Angleterre, ne manqueroient pas d'appercevoir qu'il leur seroit plus avantageux d'y faire passer des espèces de France pour les vendre au poids, & en convertir le produit dans la monnoie d'Angleterre, &, dès-lors, les négociateurs des lettres-de-change sur Londres, seroient forcés de modérer leurs prétentions.

On doit encore observer, qu'à mesure que le poids des monnoies d'un pays s'affoiblit par le tems, le change devient d'une plus grande variation; ainsi, si les louis-d'or depuis leur fabrication, ont perdu un ou deux pour cent de leur poids originaire, on comptera sur cette perte dans les calculs qui seront faits, pour connoître ce que rapportera la vente des louis en Angleterre.

Les variations du change peuvent donc bien indiquer qu'un pays est débiteur ou créancier d'un autre; mais il n'est pas possible de discerner à cette lueur, quelle est la disproportion qui existe entre leurs échanges respectifs. Si l'on veut considérer les mouvemens du change, comme un thermomètre des rapports de commerce, il faut ajouter, pour rendre la comparaison exacte, que ce thermomètre n'indique que deux ou trois degrés de variations, tandis qu'il en existe un nombre infiniment plus considérable.

Ce n'est pas tout encore; si dans le tems que la France doit à l'Angleterre dix millions, la Hollande doit à la France une pareille somme, il arrivera que la France, pour s'acquitter envers l'Angleterre, lui cédera sa créance sur la Hollande; alors il ne s'opérera aucune variation sensible sur le prix du change entre la France & l'Angleterre.

Il s'ensuit donc qu'un pays peut être créancier d'un autre, par des rapports étrangers au commerce; & comme les mouvemens du change ne dépendent pas des motifs qui font desirer d'avoir des fonds à recevoir en tel ou tel lieu, mais uniquement de l'étendue des besoins, il est impossible de distinguer dans ces mouvemens, ce qu'il faut imputer à la balance du commerce, & ce qui tient à d'autres circonstances.

IMPOSITION, s. f. qui signifie souvent la même chose qu'impôt ou tribut. On dit, par exemple, l'*imposition* des tailles, celle du dixième ou du vingtième.

Quelquefois, par *imposition* on entend la répartition qui est faite de ces impôts sur les contribuables. *

On a vu dans l'Avertissement mis à la tête du premier volume de cet Ouvrage, que toutes les branches de produit qui composent la masse des revenus de l'État, se distinguent généralement en *impositions* & en perceptions. Par le mot d'*impositions*, on entend la taille, le taillon, la capitation, les dixièmes ou les vingtièmes. Ces *impositions* n'éprouvent ni variations, ni incertitude dans la forme de leur levée, & sont indépendans de la volonté des contribuables; à la différence des

des perceptions, qui ont chacune une manière différente.

Des lettres patentes du 10 juin 1784, registrées en la cour des aides de Paris le 2 juillet suivant, autorisent les chefs de garnison des différentes généralités du ressort de cette cour, à vendre les fruits & effets saisis sur les contribuables, à défaut de paiement de leurs *impositions*. *Voyez* TAILLES.

On désigne aussi par le nom d'*impositions*, toute espèce de deniers qui se lève dans un état, sur une nation. Ainsi, l'on voit dans le *Compte rendu au Régent, de l'état des finances en 1717*, que toutes les *impositions* ou contributions composant les revenus de l'Etat, au moment où Sully fut appellé à l'administration des finances en 1596, ne s'élevoient qu'à vingt-quatre millions, & qu'il n'en entroit que quatre dans les coffres du roi. On sait, d'ailleurs, qu'il étoit dû dans le même tems trois cens trente millions : l'argent étoit alors à vingt livres cinq sols quatre deniers le marc.

Le *Testament politique du Cardinal de Richelieu*, nous apprend aussi qu'en 1640, les mêmes *impositions* montoient à soixante & dix-neuf millions, dont trente-trois environ entroient dans le trésor royal. En 1683, elles étoient estimées à cent quinze millions, & les charges annuelles à vingt-cinq millions, sans compter les dépenses courantes. L'argent, en 1640, étoit à vingt cinq livres le marc, & en 1683, à vingt-neuf livres six sols onze deniers.

On a vu au mot GÉNÉRALITÉS, que l'ensemble des contributions qu'elles payoient au premier janvier 1784, montoient à cinq cens soixante & huit millions. On laisse aux lecteurs sensés à faire les réflexions qu'inspire naturellement le tableau de ces *impositions* à ces trois époques différentes, qui composent environ deux siècles, & à juger quelle doit être l'étendue des ressources d'un royaume, qui a supporté, dans ce période de tems, un accroissement d'*impositions* aussi effrayant, sans que l'agriculture, l'industrie & le commerce, ayent éprouvé du dépérissement & de l'altération. *Voyez* le mot IMPÔT.

Nous ne pouvons mieux terminer le mot IMPOSITION, que par le chapitre XIV. du premier volume du *Traité sur l'Administration des Finances*, & qui contient des observations générales sur la réforme des *impositions*.

Le choix des *impositions* ; l'attention à discerner celles qui sont contraires au progrès de la richesse publique ; la juste répartition de chacune en particulier ; la proscription de toutes les formes arbitraires, & le soin de l'économie dans les dépenses de recouvrement ; telles sont, à-peu-près, les différentes obligations que tous les gouvernemens doivent s'efforcer de remplir. Mais si l'on peut approcher de fort près d'un pareil but dans les petits Etats conduits avec sagesse, & étrangers depuis long-tems aux troubles de l'Europe, il n'en est pas de même à l'égard de ces vastes empires, qui ont eu besoin de grossir sans cesse leurs revenus, & pour entretenir le faste habituel des monarchies, & pour soutenir de fréquentes guerres, & pour en entreprendre eux-mêmes, par ambition ou par jalousie, & pour conserver, pendant la paix, un grand état militaire, & pour acquitter les intérêts d'une dette immense. Ce sont ces évènemens, ces malheurs & ces fautes, qui, dans plusieurs royaumes, ont successivement élevé les impôts à un degré si excessif, que vainement alors eût-on voulu s'astreindre à l'exacte observation de tous les principes que la sage raison indiquoit ; & l'administration publique, qui en sent davantage l'importance, éprouve elle-même la nécessité de louvoyer, pour-ainsi-dire, à travers un grand nombre de difficultés, & de céder quelquefois à la force de ces obstacles.

Essayons, en rappellant ces divers principes, de tracer une ligne de séparation entre les sacrifices qu'exige l'état présent des sociétés, & les idées d'ordre réel qui ne doivent jamais échapper à l'attention des gouvernemens, afin qu'ils soient continuellement en état de se rapprocher de la perfection, & de profiter de tous les moyens qui peuvent les aider à remplir de si justes devoirs.

Le choix des impôts proportionnés à la différence des fortunes, est, de toutes les règles d'administration, celle dont l'observation constante se trouve le plus contrariée, par l'étendue immodérée des contributions, & par les nouvelles formes que le tems a données à la plupart des richesses. Qu'en France, par exemple, & dans la vue d'établir le rapport exact que je viens d'indiquer, on prît pour unique mesure de proportion, les revenus ou les dépenses des habitans du royaume, on ne parviendra point à régler, sur cette seule échelle, toutes les contributions que les besoins actuels de l'Etat ont rendues nécessaires.

L'on n'est plus à l'époque, où les revenus des particuliers consistoient uniquement en biens-fonds, & se trouvoient, de cette manière, à la portée de tous les regards : aujourd'hui l'accroissement du numéraire, l'étendue des capitaux du commerce, & la grandeur de la dette publique, ont introduit, dans l'Etat, une somme immense de propriétés d'un autre genre ; cependant les unes sont absolument inconnues, & les autres consistent dans des contrats de rente qui jouissent d'une immunité d'impôt, tant au nom de la loi qui les a constitués, qu'en raison des motifs d'intérêt public qui ont déterminé cette franchise ; tels sont, entr'autres, tous les fonds connus sous le nom d'*effets royaux*, & qui représentent les sommes prêtées en différens tems au gouvernement. On ne pourroit assujettir à des impôts cette partie des fortunes, sans manquer à la foi promise, & sans nuire au crédit dont les ressources sont si essentielles à la force politique.

Les contrats d'hypothéque sur les terres payent les mêmes vingtièmes que les biens-fonds, mais c'est au moyen d'une retenue faite par le propriétaire emprunteur; & l'on ne pourroit y ajouter des impôts particuliers au profit du souverain, sans hausser le prix de l'intérêt usité dans ces conventions, & sans priver ainsi l'agriculture des secours qui lui sont nécessaires.

Cependant, si pour réussir d'une autre manière à ne faire choix que des impôts proportionnés à la différence des fortunes, on vouloit prendre pour unique base de répartition, les rapports qui existent entre les dépenses de tous les habitans de la France, on éprouveroit aussi des obstacles dans l'exécution d'un pareil plan. Et d'abord on ne proposeroit pas, sans doute, d'épier cet extérieur des richesses, pour y adapter un tarif arbitraire, déterminé par le gouvernement; ce seroit une législation aussi impraticable que révoltante.

On ne peut donc atteindre d'une manière régulière aux dépenses particulières des riches, que par des droits imposés sur les objets de luxe; mais ces droits ont des bornes qu'on ne sauroit passer, parce que la fraude luttant sans cesse contre les précautions de l'administration, on apperçoit continuellement le point, où le fisc, pour son propre intérêt, est contraint de s'arrêter.

Voilà donc comment, soit qu'on fixe uniquement son attention sur les revenus des habitans d'un royaume, soit qu'on prenne seulement en considération la quotité de leurs dépenses, on ne peut pas, avec de vastes besoins, se borner absolument aux genres d'impôts qui sont proportionnés aux différens degrés de richesse; & c'est ainsi qu'en France on a été obligé de recourir aux droits sur le sel, sur les boissons, & sur d'autres objets encore, dont la consommation n'a point lieu en raison exacte de la diversité des fortunes. C'est un malheur, sans doute, & l'un des plus fâcheux, entre tous ceux qu'entraîne l'extension continuelle des dépenses & des charges publiques. Cependant, ainsi que je le développerai dans la suite, on peut, même dans l'état actuel des choses, remédier en partie à ce systême constitutif de disproportion; & les moyens généraux les plus efficaces, seroient la modération considérable du prix du sel, dans les provinces où cet impôt est excessif, la modification de plusieurs droits d'aide, & la conversion entière des corvées personnelles, dans une contribution relative à la différence des facultés; mais ce n'est que par les efforts d'une longue sagesse & d'une stricte économie, qu'on parviendroit à détruire radicalement tous les vices de distribution qui tiennent à la grande étendue des charges publiques.

La juste répartition des impôts établis, ne présente pas les mêmes difficultés que l'on vient d'exposer, en traitant du choix même des contributions; car cette juste répartition étant au moins dans l'esprit de la loi, les soins de l'administration peuvent aisément écarter tous les principes de faveur. On ne doit jamais perdre de vue, que c'est l'inégale distribution des impôts qui oblige souvent de recourir à de nouvelles inventions fiscales; & à mesure que le cercle de ces inventions s'étend, les frais de recouvrement augmentent: ainsi, tout ce que les contribuables favorisés payent de moins que leur part, retombe sur la communauté, avec l'accroissement qu'y ajoutent la solde & les profits d'une régie ou d'une ferme de plus.

On ménage donc essentiellement les ressources de l'Etat, en veillant sur la juste répartition des tributs, & en faisant de ce principe la règle constante de l'administration. Mais de grands obstacles s'opposent encore, en France, à la perfection d'un pareil plan; ce sont les droits ou les privilèges de certaines provinces, & ceux de la noblesse & du clergé. Raison de plus, pour mettre un grand intérêt à la distribution équitable des impôts qui portent indistinctement sur tous les habitans d'un royaume, ou du moins sur différens ordres de la société.

On peut, d'ailleurs, sans heurter les privilèges les plus respectés, composer quelquefois avec eux; ce sont les distinctions d'état qui forment, en France, le plus ardent objet d'intérêt: on n'est pas fâché, sans doute, qu'elles favorisent les combinaisons pécuniaires; mais quand les idées de supériorité sont ménagées, le sentiment le plus actif est satisfait.

Il faudroit donc chercher dans la modification des formes de l'impôt, les moyens propres à adoucir un peu les inégalités inhérentes à la constitution Françoise; mais la plupart des ministres des finances, bien loin de s'occuper d'un pareil soin, augmentent eux-mêmes ces disparités, en se permettant trop souvent des décisions favorables sur les vingtièmes & la capitation, lorsque ces diminutions sont sollicitées par des personnes considérables par leur état, leur naissance, ou leur crédit. Cependant, près de qui la justice pourra-t-elle conserver sa grandeur & sa majesté, si elle ne paroît pas le premier des devoirs à ceux qui, sous les ordres du souverain, sont devenus les dépositaires de l'intérêt public? Mais l'habitude des considérations particulières, dans ceux qui arrivent aux grandes places, les engage souvent à respecter les personnes bien plus que les principes. Triste choix, sans vertu comme sans récompense! car des remercimens ne dédommagent pas de ce qu'on perd en estime, ni la faveur d'un jour, des condamnations de son propre cœur.

La proscription des formes arbitraires est, de toutes les améliorations applicables au systême des impôts, celle que le gouvernement peut effectuer avec moins d'effort; & l'indifférence, à cet égard, ne pourroit être excusée. L'arbitraire, dans l'assiette des *impositions*, est, à la fois, un mal réel & un mal d'imagination; ainsi, il affecte les hommes sous tous les rapports qui tiennent à leur bonheur. C'est un mal réel, puisque, de cette manière, un réglement, dont la justice éclairée doit être la base, se trouve abandonné quelquefois à l'influence des passions; & tandis que l'arbitraire expose les contribuables à la plus désolante des autorités, celle qui est exercée par leurs inférieurs ou par leurs égaux, la crainte qu'ils ont d'être taxés d'après la seule idée qu'ils donneront de leur fortune, les engage souvent à restreindre leurs dépenses, & à se priver des jouissances qui sont la récompense & l'encouragement du travail.

Enfin, les formes arbitraires sont encore un mal d'imagination; car tout ce qui est obscur, incertain, indéfini, entraîne après soi la défiance & la crainte; & l'on devient ainsi malheureux par les spéculations de son esprit, sorte d'angoisse d'autant plus pénible, qu'elle n'appartient ni à un jour, ni à un moment, mais qu'elle est aussi continuelle que le spectacle de l'avenir.

J'ai encore indiqué comme une des principales règles d'administration, la suppression des droits qui s'opposent au progrès des richesses de l'Etat; tels sont ceux qui pourroient contrarier l'agriculture, le commerce & l'industrie. Les impôts modérés sur les terres, n'arrêtent point les travaux des campagnes; mais leur excès, qui fait des recouvremens un acte continuel de rigueur & de contrainte, & l'arbitraire qui oblige les contribuables à redouter, en quelque manière, l'accroissement de leur fortune, sont autant d'obstacles apportés à l'activité de la culture.

Les nations sont assez d'accord aujourd'hui sur les ménagemens qui sont dûs aux intérêts du commerce, & l'on regarde en général comme impolitiques, les droits qui s'opposent au libre cours des échanges. Cependant, comme c'est toujours sous le rapport du bien de l'État qu'on doit considérer ce principe, il est des exceptions qu'on doit appercevoir.

Enfin, le soin de l'économie dans le recouvrement des contributions, devoit être compris, avec raison, parmi les devoirs essentiels de l'administration; mais, ainsi que je l'ai déja développé, ce n'est point d'une manière simple & tranchante qu'on peut parvenir au point de perfection, lorsque la diversité des droits est devenue indispensable pour rassembler les secours que l'immensité des besoins de l'Etat a rendus nécessaires.

Je viens de donner une idée succinte des principes qui doivent servir de base à la législation des impôts, j'essaierai maintenant d'indiquer les moyens que j'avois considérés comme les plus propres à hâter, & à consolider en même tems, les réformes dont cette vaste partie de l'administration est susceptible.

Il m'avoit paru que, pour adopter une marche sage, il falloit d'abord diviser en deux classes les différentes charges publiques auxquelles les habitans de la France sont assujettis; que dans l'une, il falloit ranger tous les droits dont la constitution ne pouvoit être changée que d'une manière uniforme & générale; & qu'on devoit comprendre, dans l'autre, tous les impôts dont la modification & la répartition ne devoient pas, du moins nécessairement, être absolument pareilles dans chaque province.

Je dois tâcher de rendre sensible cette distinction.

On ne peut, sans déranger l'équilibre du commerce entre les diverses parties du royaume, les soumettre à des loix inégales & variées, soit pour l'exportation des marchandises nationales, soit pour l'entrée de celles des étrangers; & l'on auroit tort de citer, comme une objection à ce principe, l'exemple du petit nombre de provinces, qui, distinguées de toutes les autres, sont affranchies des droits de traite, & communiquent librement avec les Etats voisins; car c'est en raison de cette constitution particulière, qu'on est obligé de les envisager elles-mêmes comme étrangères, en établissant les douanes sur la partie de leur territoire qui confine à l'intérieur du royaume.

On ne sauroit non plus, avec sagesse, établir des droits différens sur les objets généraux de consommation, tels que le sel & le tabac, puisque ce seroit donner ouverture à la contrebande; & les inconvéniens qui naissent de la diversité du régime des gabelles en France, serviroient de confirmation à cette vérité, si elle n'étoit pas suffisamment appuyée par les simples lumières de la raison. Les mêmes observations s'appliquent aux droits établis sur certains objets de fabrication, tels que la vaisselle, les cuirs, les cartes, l'amidon, &c. Toute distinction entre les provinces sur la mesure de l'impôt, ne feroit qu'accorder des avantages injustes aux unes sur les autres, & l'on seroit forcé, pour en tempérer les funestes effets, de resserrer le commerce de la province privilégiée dans ses propres limites; ce qui seroit un autre vice d'administration, & une source de dépense & de contrebande.

Les droits de contrôle sur les actes, exigent encore une législation uniforme, afin d'empêcher, qu'au détriment des revenus du roi, l'on ne soit engagé à passer, dans un lieu plutôt que dans un autre, les transactions soumises à cet impôt: ainsi les différens droits que je viens d'indiquer, & les autres du même genre, doivent être soumis à des tarifs semblables, & les changemens qu'on se proposeroit d'y apporter, seroient du ressort des loix générales.

Considérons maintenant la nature des charges publiques, qui peuvent être modifiées de différentes manières, sans qu'il en résulte aucun inconvénient; telles sont toutes les impositions sur les terres & sur les facultés personnelles, comme les vingtièmes, la taille, la capitation, les corvées, & même quelques droits locaux, tels que ceux connus sous le nom d'aides & d'octrois des villes.

Ce qui importe à l'Etat, & aux rapports essentiels de toutes les parties du royaume, les unes envers les autres, c'est que la part de chaque province à ces mêmes contributions, soit réglée d'une manière juste; mais l'unité de forme n'intéresse point l'ordre général. Il existe, sans doute, un point de perfection auquel on doit tendre; mais l'idée qu'on en conçoit, n'est pas la même pour chaque lieu, puisqu'une infinité de circonstances morales & physiques, influent sur ce jugement: ainsi le choix du tarif le plus convenable pour la capitation; le mode de répartition pour la taille; la manière de pourvoir à la confection des chemins; la conversion d'un droit d'aide dans un impôt sur le revenu des propriétaires de terres, ou d'un pareil impôt dans une dîme réelle; enfin le choix de plusieurs autres dispositions encore, peut dépendre raisonnablement, & de la nature des biens dans une province, & du genre de son commerce, & de la quantité du numéraire en circulation, & même de la force plus ou moins grande de l'habitude.

L'expérience vient appuyer l'opinion que j'ai conçue du peu de convenance des loix générales, pour la réforme d'une grande partie des *impositions*. L'on voit dans l'*Histoire des Finances*, plusieurs travaux commencés pour effectuer de grands changemens dans l'assiette des tailles, & qui n'ont eu aucun effet: & sans porter au loin ses regards, on a connoissance de deux loix générales, promulguées, l'une en 1763, pour ordonner dans le royaume un cadastre général, & une base uniforme de répartition; l'autre en 1775, pour abolir les corvées, & pour en convertir la dépense dans une *imposition* additionnelle aux vingtièmes: ces deux loix, quoiqu'enregistrées l'une & l'autre dans un lit de justice, ont été formellement abandonnées. Cependant, si l'on y prend garde, l'on verra que ce sort, commun à tant d'autres institutions de finance, tient à des causes dont on doit ressentir les effets dans tous les tems.

Ainsi, lorsqu'en s'occupant de la réforme de ces sortes d'impôts, ou d'autres d'un genre semblable, on voudra que le bien dont on aura conçu l'idée, soit le résultat d'un réglement uniforme & général, on éprouvera constamment, & les difficultés inhérentes aux circonstances particulières de chaque province, & toutes celles qui naîtront, tantôt d'un attachement à d'anciens usages, tantôt d'un esprit de défiance sur les vues fiscales de l'administration; enfin l'attente probable de lasser en peu de tems la constance du gouvernement, entretiendra toutes ces oppositions.

En effet, si l'administration résiste quelquefois avec courage aux réclamations, dans le tems qu'elle est encore animée par les motifs qui l'ont guidée, & par l'approbation qu'une partie du public accorde à ses vues, ce courage n'est plus le même, à mesure que le zèle du premier moment s'affoiblit, & que l'opinion publique, distraite par de nouveaux objets, laisse le ministre aux prises avec les difficultés: souvent elle même se joint par inconstance à la critique que font des meilleurs projets, & ceux qui, bien traités de la fortune, haïssent tous les changemens; & ceux qui s'attachent aux opérations d'un ministre, pour essayer de lui nuire; & ceux qui font une guerre d'amour-propre avec tout le monde.

Que si, sur ces entrefaites, l'administrateur des finances est changé, son successeurs se hâte de suivre une autre route, ne fût ce que pour faire preuve d'une opinion à lui, & pour se donner l'air d'un architecte, en commençant par détruire. Enfin, on ne peut pas même attendre que le souverain tienne aux loix d'économie politique, avec cette vigueur de sentiment qui naît de la conviction; parce que l'utilité de ces loix, n'est pendant long-tems qu'une sorte d'abstraction, tandis que les résistances & le bruit, sont une fatigue réelle.

Pénétré de ces réflexions, j'avois pensé qu'en réservant les loix générales pour les dispositions simples, & dont l'exécution permanente pouvoit être l'effet d'une première impulsion de l'autorité, il falloit trouver quelqu'autre institution pour venir à bout des améliorations qui exigeoient non-seulement de la suite & de la persévérance, mais encore des modifications appropriées aux circonstances particulières de chaque partie du royaume.

C'est sous ce point de vue que l'établissement

des administrations provinciales m'avoit paru un des moyens les plus efficaces pour faire le bien. J'avois considéré que de semblables administrations pouvoient seules assurer tous les avantages qu'on a droit d'attendre, & de la continuation du même esprit, & d'une traduction successive d'observations, & d'une réunion de toutes les connoissances locales, & de l'appui de la confiance publique. Enfin, j'avois pensé que la conception, l'exécution & le maintien de toutes les dispositions utiles à chaque province, étoient une tâche trop difficile pour être confiée uniquement aux soins des hommes qui, avec des talens & des sentimens divers, se succèdent à pas précipités dans la carrière de l'administration des finances.

Je dois aller au-devant d'une observation qu'on fera vraisemblablement. J'ai moi-même proposé au roi des loix générales pour les vingtièmes, la taille & la capitation; ces dispositions n'étoient-elles pas en contradiction avec les principes que je viens d'établir? c'est un doute qu'il est aisé d'éclaircir.

La loi sur la taille & la capitation, avoit pour but d'empêcher formellement l'augmentation arbitraire de la somme de ces impôts dans chaque province. Un arrêt du conseil, émané du département des finances, ou de celui de la guerre, pour quelques provinces, suffisoit pour étendre cette partie des contributions des peuples: le roi, sur le compte que je lui rendis des inconvéniens qui résultoient d'un pareil usage, prit la résolution généreuse de circonscrire lui même cette facilité, en déclarant que la taille, à l'avenir, ne pourroit plus être accrue sans l'autorité d'une loi enrégistrée dans ses cours. Cette disposition, bien loin de gêner les modifications que la nature de cet impôt pouvoit exiger, les rendoit plus aisées, puisque de cette manière il existoit une base fixe qui permettoit aux administrations particulières de chaque province, de s'occuper sans défiance d'une nouvelle forme de répartition, & des moyens d'établir une distribution plus égale & moins arbitraire.

La loi sur les vingtièmes n'étoit pas, on en convient, d'un même genre, puisque le roi s'y proposoit l'établissement d'une répartition égale de l'impôt, entre les divers contribuables; mais cette loi, antérieure à l'institution d'aucune administration provinciale, corrigeoit seulement ce qu'il y avoit de plus défectueux dans les moyens dont on avoit fait usage pour parvenir à la connoissance du revenu des biens fonds. L'on pouvoit se plaindre avec fondement, de l'arbitraire qui régnoit dans l'ordre successif des vérifications, & sur-tout des incertitudes & des importunités qui naissoient du retour fréquent aux mêmes examens. Les cours, en conséquence, avoient insisté fortement sur l'interruption absolue de ces vérifications, & elles avoient demandé que les vingtièmes de chaque contribuable fussent fixés invariablement, tels qu'ils se trouvoient à cette époque. C'eût été consacrer, dans plusieurs provinces, des inégalités plus grandes que celles dont on avoit été frappé, lorsque les premières recherches avoient été ordonnées, puisqu'en s'arrêtant tout à-coup, une partie d'une généralité auroit été taxée d'après un ancien tarif, & l'autre d'après un nouveau. Le roi jugea donc plus conforme à ses principes de sagesse, de remédier aux inconvéniens des vérifications, que de renoncer au but qu'on s'étoit proposé dans l'établissement de ces dispositions. En conséquence sa majesté ordonna, par une loi enregistrée, qu'on ne procéderoit désormais à l'examen des vingtièmes, que par paroisse entière, afin qu'il n'y eût aucune apparence de choix entre les contribuables, & aussi afin que les personnes chargées au nom du roi de ces opérations, pussent tirer des lumières de la réunion des propriétaires, & que ceux-ci, par le rapprochement de leurs contributions respectives, fussent plus en état de juger de l'équité observée dans le réglement du tarif.

Enfin, & c'étoit la condition la plus essentielle, sa majesté déclaroit que le vingtième de chaque paroisse ainsi déterminé, l'on ne pourroit ni changer la contribution d'un propriétaire, ni la soumettre à aucun nouvel examen, avant une révolution de vingt années. Une telle disposition ne permettoit plus d'envisager ces vérifications comme importunes; & cependant on auroit successivement approché d'une répartition, si non parfaite, du moins infiniment plus égale. Ces opérations ont été suivies avec régularité: l'administration des finances recommandoit soigneusement un esprit de justice & de circonspection; & sans doute que MM. les Intendans avoient adopté les mêmes principes, puisque je puis citer comme une circonstance remarquable, que depuis l'époque du nouvel ordre établi, il n'y a pas eu dix requêtes portées au comité des finances, pour se plaindre d'aucun réglement de vingtième.

L'on ne sauroit douter que chaque jour n'eût ajouté une plus grande perfection à ces travaux, & qu'il n'en fut encore résulté des lumières utiles pour parvenir à la répartition plus égale des autres impositions territoriales. Cependant en présentant à l'enregistrement le troisième vingtième, l'on a proposé au roi d'arrêter ces examens, & de fixer immuablement les vingtièmes, tels qu'ils se trouvoient à cette époque.

La réunion de ces deux dispositions s'explique facilement; & il n'est rien de si commun en France, que le sacrifice d'une vue d'administration, à l'acquisition plus facile d'une nouvelle ressource fiscale : il faut convenir aussi, qu'à moins d'un sistême général assez enchaîné pour être rendu sensible, ces sortes de transactions deviennent souvent nécessaires ; car l'opinion des corps intermédiaires, ne peut s'unir qu'à des principes parfaitement suivis & étayés encore de la confiance qu'inspire une administration des finances, sérieusement occupée de l'intérêt des peuples.

La vérification des vingtièmes augmentoit aussi le revenu du roi ; mais entre les divers accroissemens de ce genre, le plus convenable, sans doute, aux yeux de la raison, est celui qui résulte d'une distribution plus égale. Au reste, ces accroissemens dans tout le cours de mon administration, n'ont jamais passé trois cens mille livres par an.

On doit observer, pour être parfaitement exact, qu'à l'époque du renouvellement du second vingtième, le roi demanda aux provinces abonnées une augmentation équivalente en tout à environ un million ; & cette augmentation étoit absolument nécessaire pour entretenir une égalité entre les diverses parties du royaume.

L'on ne pensera pas qu'une si petite ressource fût un objet important de spéculation : & la preuve certaine, que le roi avoit principalement à cœur l'équité des répartitions, c'est qu'aussi tôt que l'introduction des administrations provinciales a présenté d'autres moyens d'atteindre à ce but, le roi n'a point hésité de renoncer à toute espèce d'augmentation, sous la condition expresse que ces administrations s'occuperoient de rendre la distribution des impôts plus égale.

Je sais bien que par un rafinement dont les questions de l'économie politique sont très-susceptibles, on conteste quelquefois jusqu'à l'utilité d'une répartition exacte : cette juste proportion, dit-on, en rendant le poids des tributs plus supportable, ne sert qu'à faciliter au gouvernement le moyen de les augmenter ; au lieu que la surcharge de certaines portions, en entretenant les plaintes & les réclamations, devient une sauvegarde générale. On ne développe pas cette objection d'une manière aussi distincte ; mais il est certain que tel est le résultat d'une idée confuse, & qui agit en secret sur les opinions de plusieurs personnes. Cependant j'aimerois autant entendre dire que dans un spectacle public, les hommes les plus robustes devroient mettre devant eux les enfans & les estropiés, afin d'inspirer de la compassion, & se préserver d'être pressés.

D'ailleurs on oublie que la partie la plus importante des besoins extraordinaires, ceux de la guerre, sont le plus souvent déterminés, avant qu'on ait porté ses regards sur les moyens dont il faudra faire usage ; & comme tout cède alors à la nécessité, les impôts inégalement répartis, ne sont pas plus à l'abri que les autres, des atteintes fiscales ; & l'expérience le prouve suffisamment. Les meilleurs principes d'administration, perdent sans doute une partie du respect qui leur appartient, quand on les rapproche des abus dont on peut citer des exemples ; mais en poussant trop loin de semblables raisonnemens, tout seroit égal, tout deviendroit indifférent, & il faudroit anéantir tous les codes d'administration. En effet, & sans s'écarter de la question des finances, on verroit que sous de pareils rapports, après avoir blâmé l'égalité dans les répartitions, comme un moyen de faciliter l'accroissement numéraire des impôts, on dénonceroit encore comme funeste, l'entretien du crédit & le ménagement de la confiance, puisque ce seroient de nouvelles ressources offertes à l'ambition guerriere : on critiqueroit de même les économies sévères d'un sage administrateur, comme autant d'épargnes destinées à servir en d'autres mains à des dissipations dangereuses ; enfin, jusques aux inquiétudes sur le sort du peuple, & jusques aux soins vigilans qui en seroient la suite, on en feroit un objet de censure, & l'on reprocheroit à ces intentions, de préparer, peut être l'indocilité de ce même peuple, au moment où l'on cesseroit de s'occuper de si près de ses intérêts. Quelle est donc la seule morale qu'il faut tirer des objections que je viens d'indiquer ? c'est que les principes du gouvernement les plus salutaires, ont besoin d'être étayés des vertus d'administration ; & que la confiance publique est nécessaire pour rallier les opinions vers tout ce qui est bien en soi.

Cependant, si dans la vue de parvenir à une meilleure répartition des vingtièmes, on avoit donné la préférence aux dipositions uniformes les plus douces & les moins importunes ; & si ces dispositions ont été abolies en peu de tems, sans qu'on y ait rien substitué, cette circonstance n'est qu'une preuve de plus, des difficultés indifférentes, à la modification de certains impôts, par l'effet des loix générales.

On a tâché d'indiquer, dans ce chapitre, & les principes qui pouvoient servir de guide dans le choix des tributs, & les difficultés qui s'opposoient en France à une perfection spéculative, & la route qu'il falloit suivre pour hâter & consolider les projets d'amélioration.

IMPÔT, s. m. Contribution que les particuliers sont censés payer à l'Etat, pour la conservation de leur vie & le maintien de leurs propriétés.

Cette contribution est nécessaire à l'entretien du gouvernement & du souverain ; car ce n'est que par des subsides qu'il peut procurer la tranquillité des citoyens, & pour lors ils n'en sauroient refuser le paiement raisonnable, sans trahir leurs propres intérêts.

Mais comment la perception des *impôts* doit-elle être faite? Faut il la porter sur les personnes, sur les terres, sur les marchandises, sur les consommations, ou sur d'autres objets? Chacune de ces questions, & celles qui s'y rapportent dans les discussions de détail, demanderoient un traité profond, qui fût encore adapté aux différens pays, d'après leur position, leur étendue, leur gouvernement, leur produit & leur commerce.

Cependant nous pouvons établir des principes décisifs sur cette importante matière; tirons-les des écrits lumineux d'excellens citoyens, & faisons-les passer dans un Ouvrage où l'on respire les progrès des connoissances, l'amour de l'humanité, la gloire des souverains, & le bonheur des sujets.

La gloire des souverains est de ne demander que des subsides justes, absolument nécessaires; & le bonheur des sujets est de n'en payer que de semblables. Si le droit du prince, pour la perception des *impôts*, est fondé sur les besoins de l'Etat, il ne doit exiger ces tributs qu'en proportion de ces besoins, les remettre d'abord après qu'ils sont satisfaits, n'en employer le produit que dans les mêmes vues, & ne pas le détourner à ses usages particuliers, ou en profusion pour des personnes qui ne contribuent point au bien public.

Les *impôts* sont dans un Etat, ce que sont les voiles dans un vaisseau, pour le conduire, l'assurer, l'amener au port; non pas pour le charger, le tenir toujours en mer, & finalement le submerger.

Comme les *impôts* sont établis pour fournir aux nécessités indispensables, & que tous les sujets y contribuent d'une portion du bien qui leur appartient en propriété, il est expédient qu'ils soient perçus directement, sans frais, & qu'ils rentrent promptement dans les coffres de l'Etat: ainsi le souverain doit veiller à la conduite des gens commis à leur perception, pour empêcher & punir leurs exactions. Néron, dans ses beaux jours, fit un édit très-sage; il ordonna que les magistrats de Rome & des provinces, reçussent à toute heure les plaintes contre les fermiers des *impôts* publics, & qu'ils les jugeassent sur le champ. Trajan vouloit que, dans les cas douteux, on prononçât contre ses receveurs.

Lorsque dans un Etat tous les particuliers sont citoyens, que chacun y possède par son domaine ce que le prince y possède par son empire, on peut mettre des *impôts* sur les personnes, sur les terres, sur la consommation, sur les marchandises, sur une ou deux de ces choses ensemble, suivant l'urgence des cas qui en requièrent la nécessité absolue.

L'*impôt* sur la personne ou sur la tête, a tous les inconvéniens de l'arbitraire, & sa méthode n'est point populaire. Cependant elle peut servir de ressource, lorsqu'on a un besoin essentiel de sommes qu'il faudroit indispensablement rejetter sur le commerce, sur les terres ou leur produit. Cette taxe est encore admissible, pourvu qu'elle soit proportionnelle, & qu'elle charge plus les gens aisés que ceux de la dernière classe du peuple.

Quoique tous les sujets jouissent en sûreté, sous la protection du gouvernement, de leurs fortunes, & des avantages qu'ils en retirent, il est bon cependant que les impositions soient conformes à l'inégalité de ces fortunes en progressions géométriques; c'est-à-dire, deux, quatre, huit, seize, sur les aisés, rien sur les pauvres qui n'ont que le nécessaire.

On avoit divisé à Athènes les citoyens en quatre classes. Ceux qui tiroient de leurs biens cinq cens mesures de fruits, secs ou liquides, payoient au public un talent, c'est-à-dire, soixante mines.

Ceux qui en retiroient trois cens mesures, devoient un demi-talent.

Ceux qui avoient deux cens mesures, payoient dix mines.

Ceux de la quatrième classe ne payoient rien.

La taxe étoit équitable; si elle ne suivoit pas la proportion des biens, elle suivoit la proportion des besoins. On jugea que chacun avoit un nécessaire physique égal; que ce nécessaire physique ne devoit point être taxé; que l'abondant devoit être taxé, & que le superflu devoit l'être encore davantage.

Tant que les *impôts*, dans un royaume de luxe, ne sont pas assis de manière qu'on perçoive des particuliers, en raison de leur aisance, la condition de ce royaume ne sauroit s'améliorer; une partie des sujets vivra dans l'opulence, & mangera dans un repas la nourriture de cent familles, tandis que l'autre n'aura que du pain, & dépérira journellement.

Tel *impôt* qui retrancheroit par an cinq, dix, trente, cinquante louis sur les dépenses frivoles, dans chaque famille aisée, & ce retranchement fait à proportion de l'aisance de chaque famille, suffiroit, avec les revenus courans, pour rembourser les charges de l'Etat, ou pour les frais d'une guerre juste, sans que le laboureur en entendît parler que dans les prières publiques.

On croit qu'en France, une taxe imposée dans les villes seulement, sur les glaces, l'argenterie, les cochers, les laquais, les carrosses, les chaises-à-porteurs, & autres semblables objets, rendroit annuellement quinze ou vingt millions. Elle ne feroit pas moins nécessaire pour mettre un frein à la dépopulation des campagnes, que pour achever de répartir les *impôts* de la façon la plus conforme à la justice distributive ; cette façon consiste à les étendre sur le luxe le plus grand, comme le plus onéreux à l'Etat. C'est une vérité incontestable, que le poids des tributs se fait sur-tout sentir dans ce royaume, par l'inégalité de son assiette ; au lieu que s'il étoit réparti dans de justes proportions, la force du corps politique seroit prodigieuse.

La taxe sur les terres est très-sage, quand elle est faite d'après un dénombrement & une estimation exacte. Il s'agit d'en faire la perception à peu de frais, comme cela se pratique en Angleterre.

En France, l'on fait des rôles où l'on met les diverses classes de fonds. Il n'y a rien à dire, quand les classes sont distinguées avec justice & & avec lumières ; mais il est difficile de bien connoître les différences de la valeur des fonds, & encore plus de trouver des gens qui ne soient pas intéressés à les méconnoître, dans la confection des rôles. Il y a donc deux sortes d'injustices à craindre, l'injustice de l'homme & l'injustice de la chose. Cependant si la taxe est modique à l'égard du peuple, quelques injustices particulières, relativement à des gens plus aisés, ne mériteroient pas une grande attention. Si, au contraire, on ne laisse pas au peuple, par la taxe, de quoi subsister honnêtement, l'injustice deviendra des plus criantes, & de la plus grande conséquence. Que quelques sujets, par hasard, ne payent pas assez dans la foule, le mal est tolérable ; mais que plusieurs citoyens qui n'ont que le nécessaire, payent trop, leur ruine se tourne contre le public. Quand l'Etat proportionne sa fortune à celle du peuple, l'aisance du peuple fait bientôt monter la fortune de l'Etat.

Il ne faut donc point que la portion des taxes qu'on met sur le fermier d'une terre à raison de son industrie, soit forte, ou tellement décourageante de sa nature, qu'il craigne de défricher un nouveau champ, d'augmenter le nombre de ses bestiaux, ou de montrer une nouvelle industrie, de peur de voir augmenter cette taxe arbitraire qu'il ne pourroit payer. Alors il n'auroit plus d'émulation d'acquérir ; & en perdant l'espoir de devenir riche, son intérêt seroit de se montrer plus pauvre qu'il n'est réellement. Les gens qui prétendent que le paysan ne doit pas être dans l'aisance, débitent une maxime aussi fausse que contraire à l'humanité.

Ce seroit encore une mauvaise administration que de taxer l'industrie des artisans, car ce seroit les faire payer à l'Etat, précisément parce qu'ils produisent dans l'Etat une valeur qui n'y existoit pas : ce seroit un moyen d'amortir l'industrie, ruiner l'Etat & lui couper la source des subsides.

Les *impôts* modérés & proportionnels sur les consommations des denrées, des marchandises, sont les moins onéreux au peuple, ceux qui rendent le plus au souverain, & les plus justes. Ils sont moins onéreux au peuple, parce qu'ils sont payés imperceptiblement & journellement, sans décourager l'industrie ; d'autant qu'ils sont le fruit de la volonté & de la faculté de consommer. Ils rendent plus au souverain qu'aucune autre espece, parce qu'ils s'étendent sur toutes choses qui se consomment chaque jour. Enfin ils sont les plus justes parce qu'ils sont proportionnels, & parce que celui qui possède les richesses ne peut en jouir sans payer à proportion de ses facultés. Ces vérités, malgré leur évidence, pourroient être appuyées par l'expérience constante de l'Angleterre, de la Hollande, de la Prusse, & de quelques villes d'Italie, si tant est que les exemples soient propres à persuader.

Mais il ne faut pas ajouter des *impôts* sur la consommation, à des *impôts* personnels déjà considérables ; ce seroit écraser le peuple, au lieu que substituer un *impôt* sur la consommation à un *impôt* personnel, c'est tirer plus d'argent d'une manière plus douce & plus insensible.

Il faut observer en établissant cet *impôt*, que l'étranger paye une grande portion des droits ajoutés aux prix des marchandises qu'il achete de la nation. Ainsi les marchandises qui ne servent qu'au luxe & qui viennent des pays étrangers, doivent souffrir de grands *impôts*. On en rehaussera les droits d'entrée, lorsque les marchandises consisteront en des choses qui peuvent croître, ou être également fabriquées dans le pays ; on en encouragera les fabriques ou la culture. Pour les marchandises qu'on peut transporter chez l'étranger, s'il est de l'avantage public qu'elles sortent, on levera les droits de sortie peu considérables, ou même on en facilitera la sortie par des gratifications.

Enfin les *impôts* sur les denrées & les marchandises qu'on consomme dans le pays, sont ceux que les peuples sentent le moins, parce qu'on ne leur fait pas une demande formelle. Ces sortes de droits peuvent être si sagement menagés, que le peuple ignore presque qu'il les paye.

Pour cet effet, il est d'une grande conséquence que ce soit le vendeur de la marchandise qui paye les droits. Il sait bien qu'il ne les paye pas pour lui, & l'acheteur les confond avec le prix de la marchandise. De plus, quand c'est le citoyen qui paye, il en résulte toute sorte de gênes jusqu'à des recherches dans les maisons. Rien n'est plus contraire à la liberté. Ceux qui établissent

ces

ces sortes d'*impôts*, n'ont pas le bonheur d'avoir rencontré la meilleure sorte d'administration.

Afin que le prix de la chose & l'imposition sur la chose puissent se confondre dans lesprit de celui qui paye, il faut qu'il y ait quelque rapport entre la valeur de la marchandise & l'*impôt*, & que sur une denrée de peu de valeur, on ne mette pas un droit excessif.

Il y a des pays où le droit excède de quinze à vingt fois la valeur de la denrée & d'une denrée essentielle à la vie. Alors le prince qui met de pareilles taxes sur cette denrée ôte l'illusion à ses sujets. Ils voyent qu'ils sont imposés à des droits tellement déraisonnables, qu'ils ne sentent plus que leur misère & leur servitude. D'ailleurs pour que le prince puisse lever un droit si disproportionné à la valeur d'une chose, il faut qu'il la mette en ferme, & que le peuple ne puisse l'acheter que de ses fermiers; ce qui produit mille désastres.

La fraude étant dans ce cas très-lucrative, la peine naturelle, celle que la raison demande, qui est la confiscation de la marchandise, devient incapable de l'arrêter; il faut donc avoir recours à des peines Japonoises, & pareilles à celles que l'on inflige aux plus grands crimes. Des gens qu'on ne sauroit regarder comme des hommes méchans, sont punis comme des scélérats; toute la proportion des peines est ôtée.

Ajoutons que plus on met le peuple dans la nécessité de frauder ce fermier, plus on enrichit celui-ci, plus on appauvrit celui-là. Le fermier avide d'arrêter la fraude ne cesse de se plaindre, de demander, de surprendre, d'obtenir des moyens de vexations extraordinaires & tout est perdu.

En un mot les avantages de l'*impôt* sur les consommations, consistent dans la modération des droits sur les denrées essentielles à la vie, dans la liberté de contribution à leur consommation, & dans l'uniformité d'imposition. Sans cela cette espèce d'*impôt* admirable dans le principe, n'a plus que des inconvéniens.

L'*impôt* arbitraire par tête est plus conforme à la servitude que tout autre. L'*impôt* proportionnel sur les terres est conforme à la justice. L'*impôt* sur les marchandises convient à la liberté d'un peuple commerçant. Cet *impôt* est proprement payé par l'acheteur, quoique le marchand l'avance & à l'acheteur & à l'Etat. Plus le gouvernement est modéré, plus l'esprit de liberté règne, plus les fortunes ont de sûreté, plus il est facile aux négocians d'avancer à l'Etat & aux particuliers des droits considérables.

En Angleterre un marchand prête réellement à l'Etat cinquante livres sterlings à chaque tonneau de vin qu'il reçoit de France. Quel est le marchand qui oseroit faire une chose de ce genre, dans un pays gouverné comme la Turquie, & quand il l'oseroit faire, comment le pourroit-il avec une fortune suspecte, incertaine, ruinée.

La plupart des républiques peuvent augmenter les *impôts* dans des besoins pressans, parce que le citoyen qui croit les payer à lui-même, a la volonté de les payer, & en a ordinairement le pouvoir, par l'effet de la nature du gouvernement. Dans la monarchie mitigée, les *impôts* peuvent s'augmenter, parce que la sagesse & l'habilité du gouvernement y peuvent procurer des richesses; c'est comme la récompense du prince, à cause du respect qu'il a pour les loix.

Cependant plus il les respecte, plus il doit borner les *impôts* qu'il est forcé d'établir, les distribuer proportionnellement aux facultés, les faire percevoir avec ordre & économie. L'équité de la levée des tributs, tenoit à Rome au principe fondamental du gouvernement, & ne pouvoit être enfreinte, que la république ne fût ébranlée du même coup, comme l'expérience le justifia.

Une maxime fondamentale en matière d'*impôts*, c'est qu'il ne faut pas les mesurer à ce que le peuple peut donner, mais à ce qu'il doit donner raisonnablement; ou si quelquefois on est contraint de mesurer les *impôts* à ce que le peuple peut donner, il faut du moins que ce soit à ce qu'il peut toujours donner. Sans ce ménagement, il arrivera qu'on sera forcé ou de surcharger le malheureux peuple, c'est-à-dire de ruiner l'Etat, ou de faire des emprûnts à perpétuité, ce qui conduit à la surcharge perpétuelle de l'imposition, puisqu'il faut payer les intérêts; finalement il en résulte un désordre assuré dans les finances, sans compter une infinité d'inconvéniens pendant le cours de ces emprunts. Le principe qu'on vient de poser est bien plus constant, d'un effet plus étendu & plus favorable à la monarchie, que les trésors amassés par les rois.

Le souverain doit ôter tous les impôts qui sont vicieux par leur nature, sans chercher à en réprimer les abus, parce que la chose n'est pas possible. Lorsqu'un impôt est vicieux par lui-même comme le sont tous les tributs arbitraires, la forme de la régie, toute bonne qu'elle est, ne change que le nom des excès, mais elle n'en corrige pas la cause.

La maxime des grands empires d'Orient, de remettre les tributs aux provinces qui ont souffert, devroit être portée dans tous les Etats monarchiques. Il y en a où elle est adoptée, mais où en même tems elle accable autant & plus que si elle n'y étoit pas reçue, parce que le prince n'en levant ni plus ni moins, tout l'Etat devient solidaire.

Pour soulager un village qui paye mal, on charge de la dette, un autre village qui paye mieux; on ne rétablit point le premier, on détruit le second; le peuple est désespéré, entre la nécessité de payer pour éviter des exécutions qui suivent promptement, & le danger de payer crainte de surcharge.

On a osé avancer que la solidité des habitans d'un même village étoit raisonnable, parce qu'on pouvoit supposer un complot frauduleux de leur part; mais où a-t'on pris que sur des suppositions on doive établir une chose injuste par elle-même & ruineuse pour l'Etat? Il faut bien dit-on, que la perception des *impôts* soit fixée, pour répondre aux dépenses qui le sont; oui, la perception des *impôts* qui ne seront pas injustes & ruineux. Remettez, sans hésiter, de tels *impôts*; ils fructifieront immanquablement. Cependant ne peut on pas faire des retranchemens sur plusieurs de ces dépenses qu'on nomme fixes? ce que l'entente peut dans la maison d'un particulier, ne le pourroit-elle pas dans l'administration d'un Etat? n'a-t-il point de ressources pour économiser dans le tems de paix? pour se libérer s'il est endetté, former mêmes des épargnes pour les cas fortuits, les consacrer au bien public, & en attendant, les faire toujours circuler entre les mains des trésoriers; en prêts à des compagnies solides qui établiroient des caisses d'escompte, ou par d'autres emplois?

Il y a cent projets pour rendre l'Etat riche, contre un seul, dont l'objet soit de faire jouir chaque particulier de la richesse de l'état. Gloire, grandeur, puissance d'un royaume! Que ces mots sont vains & vides de sens, auprès de ceux de liberté, aisance & bonheur des sujets! Quoi donc, ne seroit-ce pas rendre une nation riche & puissante, que de faire participer chacun de ses membres aux richesses de l'Etat? Voulez-vous y parvenir en France? les moyens s'offrent en foule à l'esprit; on va citer les principaux.

1°. Il s'agit de favoriser puissamment l'agriculture, la population & le commerce, sources des richesses du sujet & du souverain.

2°. Proportionner le bénéfice des affaires de finance, à celui que donne le négoce & le défrichement des terres en général; car alors les entreprises de finance seront encore les meilleures, puisqu'elles sont sans risque, outre qu'il ne faut jamais oublier que le profit des financiers est toujours une diminution des revenus du peuple & du roi.

3°. Restreindre l'usage immodéré des richesses & des charges inutiles.

4°. Abolir les monopoles, les péages, les privilèges exclusifs, les lettres de maîtrise, le droit d'aubaine, tous les droits qui pèsent sur la culture & le cultivateur, & qui donnent lieu à des recherches & des vexations qui tourmentent le peuple.

5°. S'abstenir de traités ou d'affaires extraordinaires avec les gens à argent.

6°. Corriger les abus & les gênes de la taille, de la milice &. de l'*impôt* du sel.

7°. Se garder de toucher aux monnoies pour en augmenter la valeur ou l'affoiblir.

8°. Permettre le transport & l'exportation des espèces, parce que c'est une chose juste & avantageuse.

9°. Tenir l'intérêt de l'argent aussi bas que le permet le nombre combiné des prêteurs & des emprunteurs dans l'Etat.

10°. Enfin alléger les *impôts* & les répartir, suivant les principes de la justice distributive.

La France seroit trop puissante & les françois seroient trop heureux, si ces divers moyens étoient mis en usage.

Tout ce qu'on vient de voir, est tiré de la première édition de l'Encyclopédie, & paroît emprunté de l'*Esprit des Loix* de Montesquieu, & des recherches & considérations sur les finances de M. de Forbonnais.

On ajoutera ici, pour l'édification des personnes pieuses qui sont attachées aux finances, ce que l'on trouve au mot IMPOT dans le *Dictionnaire des Finances*, édition *in*-12 de 1727.

» L'usage de lever des *impôts* a été pratiqué » de tout tems, & nous lisons même dans l'Ecriture-sainte, que saint Matthieu étoit commis » au bureau des *impôts*, & que notre Seigneur » passant devant le bureau lui dit: *Matthieu suivez-moi*. Aussi-tôt saint Matthieu se leva & » le suivit. *En saint Matthieu*, *chap.* 9. *v.* 9. *Saint Marc*, *chap.* 11. *v.* 14.

» Cet exemple doit être consolant pour ceux » qui sont employés dans les bureaux où se perçoivent les *impôts*, & l'avantage qu'il y a d'occuper un poste qui a été rempli par un saint, » en doit rendre non-seulement l'exercice bien » glorieux, mais doit encore servir de modèle à » tous les employés, pour suivre l'exemple d'un » si illustre prédécesseur.

Ce seroit ici le lieu de faire voir comment les *impôts* ont pris naissance avec les sociétés; combien, & sous quelle multitude de noms, on en a établi dans tous les gouvernemens, à mesure que les sociétés ont fait des progrès dans les arts, & à mesure que l'autorité a su s'arroger le droit & le pouvoir de fouler les peuples pour satisfaire ses vues particulieres, bien plus que pour opérer la félicité publique. Mais l'introduction, ou l'essai historique sur les finances qui est la tête du premier volume de cet ouvrage, a eu pour objet de considérer rapidement, à la vérité, les diverses sortes d'*impôts* dans les républiques de la Grece, dans l'empire Romain & dans les Gaules, tant avant qu'après la formation de notre monarchie. L'histoire nous a fourni tous les détails que nous avons donnés à cet égard; nous pensons qu'il seroit superflu de les étendre davantage. On en a assez dit pour faire voir, que de tout tems & partout, l'autorité a su combiner adroitement les moyens d'arracher aux peuples une partie de leurs revenus, mais qu'il étoit réservé aux tems modernes de trouver l'heureuse invention du crédit & des emprunts, & de partager ainsi le poids d'une dette accablante, entre les générations actuelles & les générations futures.

On peut voir au mot GÉNÉRALITÉ qu'elle est la somme des *impôts* qui se perçoivent en France, & leur répartition par province & par tête d'habitant; il convient de présenter ici les réflexions générales que fait l'homme d'état qui a tracé ce tableau, sur l'étendue de ces *impôts*; ce chapitre appartient tout entier à une Encyclopédie des Finances.

Rappellons d'abord qu'on trouve, que sans y comprendre l'assujettissement à la milice & au service de mer, les *impôts* ou contributions s'élèvent à cinq cens quatre-vingt cinq millions.

Les hommes indifférens, les froids politiques, n'appercevront peut être dans cette immensité d'*impôts*, que les grandes ressources de la France. Sans doute on en peut tirer cette induction; mais je voudrois que le premier mouvement fût un autre sentiment, une autre pensée. Je voudrois que l'administration ne vît pas seulement, dans un pareil tableau, la puissance politique du monarque, mais qu'elle y lût encore, en lettres de feu, l'effrayante étendue des sacrifices qui sont exigés des peuples: je voudrois que, tournant ses regards vers l'état malheureux des habitans des campagnes, sa compassion s'éveillât, & que, se livrant à une émotion salutaire, elle considérât l'immensité des charges publiques, comme un noble & vaste champ, où la sagesse & la bienfaisance du souverain peuvent s'exercer sans cesse.

C'est en vain qu'on veut s'étourdir sur la grandeur des *impôts*; c'est en vain qu'on prête l'oreille aux insinuations de cette classe d'hommes qui ont uni l'intérêt de leur amour-propre & de leur fortune à l'étendue des recouvremens & à la science fiscale; c'est en vain qu'on va chercher, dans l'excès des tributs de quelqu'autre pays, l'apologie de sa propre administration; c'est en vain qu'on écoute avec complaisance les discours dangereux de ceux qui, par des subtilités ou par une indifférence raisonnée, essayent de jetter des doutes sur les idées les plus communes du bien & du mal publics. Il est des vérités qui s'élèvent, en surnageant, au-dessus des erreurs & des passions des hommes: essayons de les défendre, ces vérités, & ne craignons point de les rapprocher des attaques de leurs ennemis.

Les *impôts* se payent très-bien, disent quelquefois les premiers agens du fisc, quand on les consulte; & ce discours signifie seulement que l'argent arrive dans leurs caisses, aux époques des engagemens qu'ils ont pris avec le trésor royal. Cependant, si la possibilité des recouvremens devoit être l'unique règle des contributions, le dernier des exacteurs & les sergens qu'il emploie, deviendroient la lumière de l'administration; car ils seroient les premiers instruits du terme extrême de l'impuissance: mais c'est l'état dans lequel se trouvent les contribuables après avoir acquitté les *impôts*, qui doit fixer les regards du gouvernement, & cette connoissance, ce ne sont point les agens du fisc qui la donnent; l'inquiétude même ne leur en appartient pas.

Il est d'autres personnes dont les principes seroient plus dangereux que les encouragemens obscurs de quelques receveurs des impositions; car dans ceux-ci, du moins, l'on peut découvrir l'intérêt qui les lie à l'étendue des recouvremens; l'on est averti de se tenir en défiance; mais il est plus difficile de résister à l'impression que font les discours de ces prétendus publicistes en finance, qui, en généralisant quelques idées, semblent avoir découvert des rapports que les esprits vulgaires n'apperçoivent point.

La grandeur des *impôts*, disent-ils, est indifférente; c'est, en dernière analyse, une disposition de la propriété des uns, qui tourne, par les dépenses, au profit de la propriété des autres; & pourvu que ces dépenses aient lieu dans l'intérieur du royaume, tout demeure en son entier: la somme des jouissances est la même, & la prospérité de l'Etat n'en reçoit aucune atteinte. Cette doctrine étrange a gagné des partisans: mais qu'il faut se défier des propositions où l'on attaque les principes d'ordre public que le tems a consacrés! On est tenté de croire que ces principes sont isolés, & comme sans défense, parce que les premières notions qui les ont fondés, se sont éloignées de la mémoire des hommes; mais, ce qui paroît alors un simple préjugé, est plutôt une opinion tellement affermie par le sentiment général, qu'on y tient sans réflexion, & sans être préparé contre les raisonnemens ou les subtilités de l'esprit.

Croit-on donc avoir découvert une idée nouvelle, en disant que le produit des *impôts* retourne en d'autres mains par les dépenses publiques? & a-t-on jamais imaginé qu'aucun Etat, qu'aucun ordre de société, eussent pu subsister, si les sacrifices des peuples avoient disparu de la terre? Sans doute, c'est parce que le produit des *impôts* est remis en d'autres mains par les dépenses du souverain, qu'on peut, chaque année, renouveller ces levées; mais ces notions, aussi vieilles que le monde, & à la portée des esprits les plus bornés, n'altèrent point la vérité des idées que toutes les nations se sont faites de la grandeur des *impôts*; & de telles notions n'empêchent point que leur étendue immodérée ne soit un malheur public.

Les personnes qui répandent ou qui appuient le raisonnement que je viens de développer, & qui rendent ainsi les fonctions de l'administration si faciles, que penseroient-elles si quelques-uns de leurs concitoyens venoient exiger, de force, la moitié de leur fortune, & si, remplissant alors la société de leurs cris, ils entendoient chacun dire froidement: l'argent qu'on vous a pris, d'autres le dépenseront; les richesses de l'Etat ne sont point changées; laissez-nous en paix, & ne nous importunez plus de vos plaintes? Quelle comparaison, dira-t-on! Ici ce sont des hommes qui, sans aucun droit légitime, viennent enlever ce qui ne leur appartient pas; là, c'est le souverain qui lève, par des *impôts*, la subvention que le bien de l'Etat exige.

Ce que le bien de l'Etat exige; voilà la décision & le trait de lumière: les *impôts* proportionnés à ce bien public, dont le souverain est le juge & le gardien, sont un acte de justice; ce qui excède cette mesure, cesse d'être légitime. Il n'y a donc d'autre différence entre les usurpations particulières & celles du souverain, si ce n'est que l'injustice des unes tient à des idées simples, & que chacun peut aisément distinguer, tandis que les autres étant liées à des combinaisons, dont l'étendue est aussi vaste que compliquée, personne ne peut en juger autrement que par des conjectures.

Parce que dans un Etat monarchique, le souverain est le lien des intérêts politiques, & parce que dans une telle constitution il détermine seul les sacrifices des citoyens; que seul il est l'interprête des besoins de l'Etat; que seul il veut; que seul il ordonne; que seul il a le pouvoir de contraindre à l'obéissance, les principes de justice ne sont point changés, & les devoirs du représentant de l'Etat n'existent pas moins dans toute leur force.

On voit sortir de ces réflexions une vérité effrayante pour la conscience des rois; c'est qu'en confiant aux tribunaux la décision des différends qui s'élèvent entre leurs sujets, ils sont demeurés seuls arbitres de la plus grande cause qui existe dans l'ordre social, de celle qui doit fixer la mesure des droits & des prétentions du trésor public, sur la propriété de tous les membres de la société; & que pour la décider & la connoître, cette cause, dans toutes ses parties, il faut non-seulement un cœur droit, mais encore de l'étude & de la science. En effet, si les sacrifices que le souverain exige des peuples prennent un caractère d'injustice, au moment où ces sacrifices sont étrangers au bien de l'Etat, quelles connoissances, quelle attention n'exige pas cette importante délibération! Il faut, pour-ainsi-dire, avoir parcouru tous les abus, avoir apprécié toutes les dépenses, avant de pouvoir dire avec sécurité: Ce nouvel *impôt* qu'on me propose d'ajouter aux charges publiques, c'est un acte d'administration que la justice avoue.

Cependant, & je m'empresse de le dire pour l'encouragement des princes, & des ministres vertueux qui les aident dans leurs travaux, les mêmes principes que je viens de développer, répandent une vive lumière sur tous les devoirs du gouvernement; la mesure dans les récompenses, l'abstinence des graces inutiles, la réforme des abus, le retranchement des dépenses superflues, tout s'enchaîne à une seule & même idée; idée vaste, mais simple, qui suffit pour guider les pas d'un administrateur qui peut fixer à l'instant sa détermination, & qui attache son cœur à tout, en rapprochant l'intérêt public des détails en apparence les plus isolés. Oui, j'oserois le dire, les plus petites économies prennent un caractère de grandeur & presque de majesté, lorsqu'on en lie les effets à ce pacte social, dont la justice est le premier fondement.

Enfin, c'est cette même idée qui sert encore à éclairer la bienfaisance. Comment, ai-je souvent entendu dire, comment pouvez-vous vous refuser à demander mille écus au roi pour une personne dont l'infortune vous est connue! le trésor royal en sera-t-il appauvri? Oubliez un moment ce trésor royal, répondois-je, puisque vous n'y voyez qu'une accumulation d'argent dont vous n'examinez point la source: mille écus sont la taille de deux villages; jugez vous-même si la personne pour qui vous sollicitez, a droit à cette contribution. J'ai vu souvent que des rapprochemens de ce genre, étonnoient & faisoient impression. Que seroit-ce donc, si l'on avoit à comparer des sacrifices bien plus considérables, non pas à des besoins réels, non pas à l'intérêt qu'inspire toujours l'infortune; mais aux prétentions déréglées de la cupidité; mais à des abus tellement contraires à l'ordre de la société, qu'il vaudroit mieux faire ces mêmes dépenses, pour prévenir de semblables excès, que pour y satisfaire!

C'est pour éviter les conséquences qui résultent

de ces vérités, qu'on aimeroit souvent à ne voir dans le souverain, qu'un propriétaire d'une richesse immense, qui dispose à son gré de ses revenus, tandis qu'il n'est ou ne doit être, en tout tems, qu'un dispensateur scrupuleux de la fortune publique; & c'est peut-être une violation du plus saint des dépôts, que d'employer les sacrifices des peuples à des largesses inconsidérées, à des dépenses inutiles, & à des entreprises étrangères au bien de l'Etat.

Je n'ai considéré, jusques à présent, l'étendue déraisonnable des *impôts*, que sous des rapports qui tiennent à la justice; on peut appercevoir encore dans cette étendue, une somme constante de maux & de vexations. En effet, tant que la somme des *impôts* est modérée, il est au pouvoir de l'administration d'en régler les dispositions avec sagesse, la répartition avec équité, le recouvrement avec douceur; on peut établir des proportions où la différence des fortunes est exactement observée; on peut suivre de près tous les agens du fisc; on peut, en un mot, borner le mal de l'*impôt* à l'*impôt* même. Mais quand les tributs sont excessifs, quand ils passent seulement une certaine limite, la nécessité des rigueurs s'accroît avec la difficulté des perceptions; il faut laisser plus d'autorité aux exacteurs; il faut s'endurcir aux plaintes; il faut encenser, avant tout, la science fiscale, & honorer indistinctement tous ceux qui la professent; il faut souvent négliger jusques aux sources de la prospérité publique, en s'exposant à gêner par des droits mal-habiles, & l'encouragement de l'agriculture, & l'action du commerce, & l'essor de l'industrie.

Enfin, lorsqu'une masse immense de dettes, ou d'anciennes libéralités converties en pensions, viennent s'unir à toutes les dépenses injustes, inutiles, ou exagérées du tems présent, la nation n'apperçoit plus alors de proportion entre les sacrifices qu'on exige d'elle, & les dépenses qui semblent nécessaires au bien de l'Etat; & la défiance & la haine du fisc, font perdre absolument de vue les augustes rapports qui devroient exister entre le trésor public & l'intérêt commun de la société. Qu'on ne dise donc point que l'excès des *impôts* ne soit un grand malheur; c'en est un trop réel, & pour les peuples, & pour l'Etat, & pour le souverain: aux peuples, on enlève ainsi l'un des plus grands biens de la société, la faculté de jouir à son gré des fruits de son travail; à l'Etat, on ôte une partie de ses moyens de prospérité; aux princes, on ravit quelquefois cette fleur d'amour & de confiance de la part de leurs sujets, dont la jouissance est une des grandes consolations des peines du gouvernement.

Quel jugement faudroit-il donc porter des hommes, qui, appellés, par hasard ou par quelques talens, à gouverner les finances d'un grand Etat, seroient les premiers à distraire le souverain de cette touchante inquiétude, si nécessaire au bonheur public; & qui, lui parlant de l'accroissement des *impôts* avec indifférence, se feroient un mérite d'une invention fiscale, y lieroient dans l'exécution, l'idée séductrice de l'autorité, & honoreroient du nom de vigueur, la résistance complette à toute espèce de réclamations! Que faudroit-il penser encore des ministres, qui, sans jouir de la confiance publique, & sans la mériter, feroient hardiment les honneurs des sacrifices de la nation, vanteroient son zèle & son obéissance, & se tairoient sur le poids du fardeau dont elle est chargée! Quelle opinion, sur tout, devroit-on avoir de ceux qui se serviroient des vertus du prince, non pour adoucir le sort de ses sujets, mais pour abuser des sentimens publics que l'estime de ces mêmes vertus inspire!

Ici j'entends un discours trop commun. Les peuples, dit on, pour sentir leur bonheur, n'ont qu'à tourner leurs regards vers l'Angleterre; l'on y paye autant d'*impôts* qu'en France (1), & il n'y a cependant nulle espèce de proportion entre ces deux royaumes, soit qu'on fixe son attention sur le nombre des habitans, soit qu'on se borne à comparer la somme du numéraire en circulation. Mais ce rapprochement avec lequel on se tranquillise, combien n'exigeroit-il pas d'observations? l'étendue de la population, celle du numéraire, sont sans doute des indices de richesse & de prospérité; mais ces avantages ne peuvent pas cependant servir d'unique règle dans les juge-

(1) Je crois les contributions de l'Angleterre & de l'Ecosse, inférieures de cent soixante millions à celles de la France; & je hasarderai de communiquer le calcul succint que j'en ai fait.

La taxe des terres, & celle de la dreche	56,000,000
Les autres taxes établies avant la guerre	186,000,000
Celles imposées pendant la guerre, & en 1783	80,000,000
Les frais de recouvrement, joints aux revenus énoncés ci-dessus	30,000,000
La taxe en faveur des pauvres	50,000,000
La contribution pour les chemins, les droits cédés à des villes ou à des particuliers, &c.	25,000,000
Total	427,000,000

Il y aura peut-être quelques nouveaux *impôts* dans le cours de la présente cession, en 1784; mais on parle encore avec incertitude.

mens qu'on porte sur la somme des *impôts* établis chez différentes nations ; car la quotité numéraire de ces *impôts* étant la mesure des comparaisons, cette mesure cesse d'être exacte, du moment que la valeur des choses n'est pas la même dans les deux pays dont on fait le rapprochement.

C'est, enfin, selon l'étendue de la portion imposée sur la classe la moins fortunée d'une nation, que le poids des tributs est sur tout aggravant ; ainsi les ménagemens qu'on apporte dans la distribution des contributions, en modifient l'essence, & l'on voit qu'en Angleterre la somme des taxes auxquelles le peuple participe immédiatement, est infiniment moins considérable qu'en France ; mais les *impôts* particuliers aux citoyens aisés, ne sont pas aussi faciles à établir qu'on le pense, & l'Angleterre est secondée, à cet égard, par la nature de son gouvernement.

Il sembleroit, au premier coup d'œil, que l'énergie de l'autorité, dans les pays monarchiques, est un moyen de plus pour augmenter les contributions des riches, mais cette induction ne seroit pas juste ; car les droits devant être infiniment diversifiés pour atteindre à tous les objets de luxe ou de grande aisance, le pouvoir le plus absolu, sans le secours de l'opinion, ne sauroit communiquer aux agens du fisc, la force nécessaire pour lutter, dans chaque partie, contre les personnes qui en imposent par leur état. La volonté du souverain ne pouvant pas apparoître dans les détails d'exécution, ce sont alors les mœurs nationales qui prédominent; & les inquisitions domestiques, les exactions dures, ou seulement inciviles, éleveroient, selon les personnes, des réclamations de tout genre. Il n'en est pas de même dans les pays où l'homme du fisc ne rappelle jamais que la loi, & se trouve appuyé par l'intérêt que chacun prend à la chose publique.

Un très-petit exemple en soi, rendra cette proposition plus distincte. On a mis en Angleterre un *impôt* sur les dés ; tous les surveillans imaginables ne viendroient pas à bout de prévenir la fabrication clandestine, ou l'introduction furtive d'un objet de si petit volume ; cependant cette taxe, protégée par l'opinion publique, est comptée parmi les revenus réels ; mais en France, où l'*impôt* est un ennemi que tour-à-tour l'on hait ou l'on ridiculise, un droit de cette espèce, ou tout autre semblable, ne seroit, pour le fisc, qu'un objet de dépense.

Il faut encore observer, qu'en Angleterre l'on ne connoît point toute cette partie aggravante de l'*impôt*, qui tient aux fixations ou aux interprétations arbitraires ; la connoissance universelle du véritable sens des loix, effet inséparable de leur discussion dans une assemblée nationale, circonscrit les pouvoirs de tous les agens du fisc dans des limites positives, & dont ils n'oseroient jamais s'écarter.

Enfin, une circonstance adoucit encore, en Angleterre, l'effet des *impôts* ; c'est que le prix du travail n'est pas autant, qu'en France, à la discrétion des riches : la nature du gouvernement, les égards dûs au peuple dans un pays où la constitution lui donne des droits, les contributions établies sous le nom de taxe des pauvres, pour mettre chaque paroisse en état de subvenir à la stagnation du travail & aux momens de nécessité ; toutes ces circonstances donnent aux ouvriers une force de résistance, qui maintient le cours des salaires dans une juste proportion, avec le prix de la subsistance à laquelle le peuple Anglois est accoutumé.

Ainsi, dans un pareil royaume, les riches & les gens aisés doivent principalement ressentir les effets des *impôts* ; mais ils y ont aussi des consolations particulières, & qui ne sont point connues dans les pays soumis à l'autorité d'un seul. Les idées d'injustice & d'oppression s'unissent aisément à l'étendue des *impôts*, toutes les fois que le rapport des contributions avec les justes besoins de l'Etat, est absolument ignoré. Mais une nation qui examine elle-même, ou par ses représentans, la nature des dépense publiques, qui en discute l'utilité, & qui, au moment où il est question d'y satisfaire, fait librement le choix des moyens les moins onéreux, une telle nation semble disposer de la fortune publique, comme un particulier fait usage de la sienne propre, ou du moins les idées d'usurpation & d'abus de pouvoir, s'affoiblissent sensiblement.

Il n'en est pas de même, on ne peut le dissimuler, dans les pays où la nation ne participe d'aucune manière aux délibérations qui l'intéressent, & où la connoissance même lui en est interdite ; & il y a une si grande différence entre les sacrifices qui sont exigés par la seule volonté d'un monarque, & ceux qu'une nation s'impose à elle-même pour des objets communs dont elle est juge, que c'est une faute de la langue, d'exprimer par le même mot deux dispositions si différentes, & d'obliger à mettre en parallèle ce qui ne se ressemble point.

Cependant, après avoir tracé rapidement les observations qui peuvent aider à juger sainement de l'étendue des *impôts* chez diverses nations, je ne dirai pas moins que ceux de l'Angleterre sont maintenant parvenus à un point excessif ; que le commerce & les manufactures de ce royaume doivent en souffrir ; que beaucoup de propriétaires de richesses mobiliaires, seront peut-être combattus entre l'amour de leur pays & le desir de se procurer de plus grandes jouissances, en dépensant ailleurs leur fortune ; qu'enfin de grands revers pourront être l'effet de l'exagération des charges publiques. Mais les *impôts* de l'Angleterre fussent-ils plus onéreux encore, ce spectacle devroit il rendre indifférent à l'étendue des *impôts* de la France? Est-ce par leurs défauts ou par leurs malheurs que les Etats doivent se comparer, ou chercher à s'imiter? Ce seroit une singulière manière de justifier tous les désordres, que d'opposer séparément chaque partie d'une vaste administration, à quelque autre plus vicieuse qu'on découvriroit ailleurs. Ainsi les *impôts* ruineux d'un pays, détourneroient l'attention de l'excès des tributs dans une autre contrée; ainsi les vexations des Bachas aideroient à se calmer sur l'arbitraire de la taille ou des corvées; ainsi la vente des noirs rendroit indifférent à l'esclavage de la main-morte; ainsi, peut-être encore, les muets de Constantinople consoleroient des autres abus de l'autorité, les autodafés de Lisbonne des actes moins rigoureux d'intolérance, & le scalpel des Iroquois, de toutes les horreurs de la guerre.

Certes, de tels raisonnemens rendroient l'administration bien facile, & il ne faudroit pas une grande érudition pour se trouver content de soi-même, & pour devenir indifférent à tous les projets d'amélioration. Mais ce n'est point ainsi qu'on doit mesurer les devoirs des gouvernemens; il faut bien plutôt chercher ce qui est le mieux partout, & s'efforcer d'en approcher. Alors, chez les Anglois, ce ne seroit ni leurs *impôts* excessifs, ni leurs paris, ni leurs jachets, que l'on voudroit imiter; alors on y remarqueroit plutôt, & ces institutions tutélaires qui assurent, au plus haut degré, la liberté civile, & cette main secourable que la loi tend aux accusés, & ce crédit immense qui se soutient au milieu des plus grandes agitations, & cette réunion d'efforts dans l'adversité, & ce patriotisme sans chimère & sans illusion, & cette influence de la nation sur ceux qui gouvernent, & ce respect qu'on est forcé d'avoir pour elle, & tant d'autres effets encore d'une constitution qui, presque seule dans l'univers, conserve à l'homme isolé sa force & sa dignité, & à la société sa puissance.

Ailleurs aussi, & dans tous les pays, on trouveroit des loix de sagesse ou d'humanité, qu'il seroit utile & glorieux d'imiter; & la France, sans doute, offriroit de grands exemples en plusieurs genres. Voilà les sujets de comparaison que les hommes d'Etat devroient étudier; voilà la noble émulation qui devroit exister entre les différens peuples de la terre, & entre les souverains qui sont chargés de si grands intérêts. Ah! quelle que soit l'ardeur, quelle que soit la constance qu'on apporte aux travaux de l'administration, on sera toujours loin de la perfection à laquelle on voudroit atteindre, assez d'obstacles naturels se présentent dans cette pénible carrière, sans qu'on doive encore s'affoiblir par imitation, s'excuser par des exemples, ou se rendre indifférent par système. Heureusement que la raison triomphe de toutes les erreurs de l'imagination; heureusement que l'opinion publique a son autorité: c'est elle, c'est la voix des nations qui enseigne hautement les devoirs des rois; & tandis que l'histoire relève les faits héroïques des guerriers, & l'art des grands politiques, les larmes des peuples ne vont arroser que la cendre des princes qui ont été ménagers de la fortune publique, inquiets des sacrifices de leurs sujets, tardifs, même dans le malheur, à en exiger de nouveaux, & dont la renommée, enfin, a consacré les vertus bienfaisantes. L'amour & les bénédictions de la postérité ne s'attachent qu'à leur mémoire, & le tems inscrit lentement sur leur tombe, le jugement immuable de tous les pays & de tous les siècles.

Le même écrivain, avant d'être devenu homme d'Etat, a donné sur les *impôts* des observations qui ne sont pas moins intéressantes, que les réflexions qu'on vient de lire. Il a en même tems examiné la question de savoir, quels sont les effets des *impôts* sur les productions & sur les consommations, & quel est le genre de ces deux *impôts* qui mérite la préférence.

Ce morceau ne peut qu'être précieux, & par le nom de l'auteur, & par son rapport avec le Dictionnaire des Finances. *Notes sur l'éloge de Colbert*, couronné à l'Académie Françoise en 1773.

L'*impôt* est la contribution des citoyens aux besoins de la société. Cette contribution peut avoir lieu en travail, ou en subsistances, ou en d'autres richesses, ou en argent enfin qui les représente toutes.

La nature des *impôts* & les dépenses qui les occasionnent, ont une grande influence sur le travail & par conséquent sur les richesses nationales dont il est la source.

Si le souverain use de sa force pour prélever une grande somme de subsistances ou d'autres biens représentés par l'argent, & qu'il les applique à nourrir des hommes oisifs ou dévoués à un service inutile, il contrarie les propriétaires & les hommes industrieux dans leurs jouissances, & il diminue la quantité du travail productif, parce que ces subsistances ou cet argent, que les propriétaires payent au souverain pour les *impôts*, auroient été appliqués par eux en partie à un travail qui eût accru les richesses nationales.

Enfin si les *impôts* qui sont établis pour satisfaire aux dépenses publiques, obligent par leur complication à entretenir une grande quantité d'hommes employés uniquement à les percevoir, la somme du travail utile est encore diminuée.

La détermination de l'*impôt* par la loi & jamais

par l'autorité, est une des principales conditions qu'exige le bonheur; l'autorité transmise de subalternes en subalternes entraîne toujours le caprice, la préférence & la partialité, & comme les hommes se désespèrent quand ils éprouvent une injustice dont ils ne peuvent pas se venger, il faut les préserver du tourment de la soupçonner ou de la craindre.

Il y deux sortes d'*impôts*; les uns sur les productions, les autres sur les consommations.

Les *impôts* sur les productions, se prélèvent sur les fruits mêmes de la terre en raison des récoltes, ou d'une manière fixe en raison d'un revenu annuel qu'on présume.

Les *impôts* sur les consommations, se perçoivent communément au moyen des douanes, ou bureaux établis, les uns aux entrées du royaume, les autres aux entrées des villes.

Les *impôts* sur les productions sont les plus naturels, & les plus faciles à percevoir. Ils le seroient encore davantage s'ils étoient établis sur l'arpent de terre & non sur une opinion arbitraire & variable de sa valeur.

Les *impôts* sur les consommations ne sont en général qu'une répétition des *impôts* sur les productions. Il est égal au consommateur que le prix d'une denrée soit renchéri par l'*impôt* payé lors de sa production, ou par l'*impôt* qu'on lui demande, lorsqu'il achète cette denrée.

Mais l'identité de ces deux genres d'*impôts* n'existe pas toujours lorsqu'il est question d'objets d'industrie.

Supposons un *impôt* établi sur le prix de toutes les marchandises qui entrent dans une ville.

Il y aura tel objet commun d'industrie dont le prix ne représentera que le prix de la matière première; plus, le prix des productions de la terre consommées ou par l'ouvrier qui a fabriqué cette matière, ou par ceux qui lui ont fait un habit, des bas, &c. alors l'*impôt* sur l'entrée de cet objet d'industrie, peut être remplacé parfaitement par un *impôt* sur les productions de la terre, puisqu'il est égal au souverain de percevoir trois livres sur un chapeau valant douze livres, ou de percevoir trois livres sur les douze livres de productions de la terre qu'ont consommé les ouvriers qui ont fabriqué le chapeau.

Mais s'il y a des objets d'industrie dont le prix n'est pas employé en entier en productions de la terre; alors l'*impôt* sur ces objets sera un *impôt* distinct de l'*impôt* général sur les productions.

C'est cependant ce qui arrive lorsque le marchand ou l'artiste thésaurisent ou envoyent à l'étranger une partie du prix en argent qu'ils ont reçu.

Or il ne faut pas perdre de vue qu'une multitude d'hommes convertissent toute l'année le prix de leur travail, non en jouissances, mais en simple faculté d'acquérir des jouissances; faculté représentée par l'argent; en sorte que le prix des ouvrages fabriqués annuellement par les hommes industrieux, surpasse de beaucoup le prix des productions consommées annuellement par ces mêmes hommes, ou par ceux qui leur rendent des services.

Prouvons cette vérité par un autre exemple, où nous ne supposerons pas même une thésaurisation complette.

Un artiste fait dans le courant d'une année des tableaux qu'il vend cinquante mille livres. Il en emploie dix mille à acheter des productions de la terre, ou a en procurer aux gens qui le servent par le salaire qu'il leur donne, & les autres quarante mille livres, ils les emploie à acheter des ouvrages de mécanique.

Le mécanicien qui a fait ces ouvrages, n'a dépensé que dix mille livres pour les fabriquer & pour se procurer des jouissances pandant un an, & il lui reste trente mille livres, qu'il emploie à acheter une tapisserie.

Le fabriquant de cette tapisserie n'a dépensé aussi que dix mille livres pour la faire, & pour jouir, il emploie les vingt mille livres restantes de quelqu'autre manière pareille à celle que nous venons d'exposer.

Sans pousser cette progression plus loin, il résulte qu'au bout de l'année il y a pour cent vingt mille livres d'objets d'industrie achetés & vendus & existans dans la société.

Savoir;

En tableaux, ...	50000 *livr.*
En ouvrages de méchanique, ...	40000
En tapisseries, ...	30000

Et cependant il n'y a que pour trente mille livres de productions de la terre achetées:

Savoir;

Pour le peintre & ses serviteurs, . . .	10000
Pour le méchanicien, ...	10000
Pour le fabricant de tapisserie, . . .	10000

Donc dans cette hypothèse il y auroit une grande différence entre l'*impôt* sur le prix des ouvrages d'industrie, ou l'*impôt* général sur les productions de la terre.

Ce raisonnement peut s'appliquer à beaucoup d'autres objets ; mais il suffit de faire concevoir qu'il n'est pas vrai que l'*impôt* sur la marchandise fabriquée, soit toujours une seule & même chose avec l'*impôt* sur les productions.

Voici les inconvéniens des *impôts* sur les consommations. La perception des *impôts* sur les consommations, oblige à veiller sans cesse sur les frontières & sur les grands chemins. Il faut entretenir une multitude d'espions, de surveillans & de gardes ; ce sont autant d'hommes qui ne procurent ni des jouissances, ni des richesses permanentes ; ce qui diminue la puissance & contrarie le bonheur.

Enfin ce genre d'*impôt*, en rendant la fraude facile, y fait tomber les uns par ignorance, entraîne d'autres par avidité ; & il en résulte des fautes qui avilissent les mœurs, & des punitions qui répugnent à l'esprit social.

Il est cependant des circonstances, en faveur des *impôts* sur les consommations.

On exagère tout en se récriant contre ce genre d'*impôt*. Il semble qu'on n'a pas fait remarquer ce qu'il a d'avantageux.

On a dit de ces *impôts* qu'ils n'étoient qu'une tricherie & qu'un escamotage, parce qu'ils n'étoient qu'une répétition des *impôts* sur la production ; mais l'art de cacher aux hommes ce qui leur déplaît, n'est pas un art à dédaigner. L'imagination fait ses malheureux, comme la réalité ; peut être même la liste des premières elle est la plus grande.

C'eût été certainement une idée heureuse, que de vouloir adoucir les dehors impérieux & rebutans de l'*impôt*, en le représentant sous la forme d'une contribution volontaire, proportionnée au desir que chacun auroit de dépenser. Il eût été ingénieux de donner ainsi, à la loi de la nécessité, une apparence de liberté. Si donc un tel *impôt* étoit aussi simple & aussi facile à percevoir que l'*impôt* sur les productions, il seroit préférable.

Entre les divers *impôts* sur les consommations, ceux qui se payent à l'entrée du royaume sur les marchandises étrangères, tiennent à la richesse nationale.

Il est aussi quelques *impôts* à la sortie du royaume qui peuvent être fort raisonnables. Lorsqu'un pays a le bonheur de tenir de son sol, ou de l'intelligence de ses habitans, une sorte de biens particuliers & qui sera nécessairement recherchée par les étrangers, c'est leur faire payer une portion de nos dépenses de société, que de mettre un *impôt* sur ces marchandises. Il ne faut pas croire que l'abolition de cet *impôt* pût tourner en entier au profit du vendeur national, & qu'ainsi la société regagnât d'un côté ce qu'elle perdroit de l'autre ; car la valeur de cette *impôt* aboli, tourneroit au profit de l'acheteur étranger qui lutte contre le vendeur.

Tous les *impôts* sur l'exportation des objets qui ne sont point particuliers à une nation, ne sont ni sages ni politiques ; c'est se nuire à soi-même.

Enfin les *impôts* aux entrées des grandes villes, ont un objet d'utilité, puisqu'ils servent à tempérer l'attrait de leur séjour, en haussant le prix des consommations. Sans cette circonstance, la réunion des arts & des spectacles, la variété des événemens & les chances de fortune, que présente un grand tourbillon, entraîneroient tous les habitans d'un pays, vers la capitale, & le reste du royaume ne contiendroit que des laboureurs.

On n'examine point ici si l'on ne pourroit pas trouver des *impôts* qui, sans s'écarter du même esprit, préviendroient les recherches aux entrées des villes. On se borne à considérer les avantages des *impôts* sur les consommations.

On ajoutera aux diverses considérations qu'on vient de présenter, que quoiqu'il soit vrai que les *impôts* sur les consommations soient souvent une espèce de répétition des *impôts* sur les productions, leur effet n'est cependant pas le même dans certaines circonstances.

Supposons que par des moyens extraordinaires, ou par une masse considérable de dettes publiques, la somme des *impôts* soit immense, & qu'il en existe une moitié sur les productions, & l'autre sur les consommations. Il ne seroit point indifférent de les jetter en entier sur les productions ; car cette opération en élevant sensiblement le prix des premières subsistances & celui de la main d'œuvre qui en est la suite, dérangeroit les rapports qui fondent notre commerce avec les étrangers ; mais, de plus, les consommateurs nationaux, voyant la plupart des denrées & des marchandises beaucoup plus chères dans leur pays qu'au dehors, feroient venir de l'étranger tout ce qu'ils pourroient en tirer, & contrarieroient par cette rivalité la culture & l'industrie de leur pays.

Un homme riche ne peut pas se soustraire aux *impôts* établis sur les consommations dans un pays où il vit ; mais il peut quelquefois éviter les *impôts* sur les productions, en faisant venir de l'étranger les objets de sa consommation ; car les prohibitions ne peuvent y mettre obstacle que jusqu'à un certain point.

Il résulteroit donc peut-être de ces observations, que les *impôts* sur la consommation des denrées de nécessité, peuvent toujours être remplacés sans le moindre inconvénient, par une addition d'*impôt* sur la terre, parce que les *impôts* sur les objets nécessaires à tous les individus, pauvres ou riches, constituent toujours le prix de la main d'œuvre, soit qu'ils soient perçus en recueillant ou en consommant.

Mais les *impôts* sur les consommations particulières aux riches, sont dans un cas différent; ils n'influent point sur les prix élémentaires des choses, & c'est une manière adroite de tempérer l'inconvénient des gros intérêts. Cependant ces *impôts* sur la consommation ont pareillement un terme qu'il est important de ne point excéder.

Voyez encore la fin de cet article, où le même écrivain développe de nouvelles idées propres à faire voir que les nouveaux systêmes, en matière d'imposition, ne trouvent pas moins de difficultés dans les effets de l'opinion & de l'imagination, que dans l'incertitude de leur résultat.

Ici se présente la question de savoir s'il vaut mieux, dans le besoin, mettre des *impôts* nouveaux que d'emprunter; elle a été traitée au mot EMPRUNT, pag. 42. *Voyez* ce mot. On se contentera d'ajouter, que certainement, il vaudra toujours mieux emprunter qu'imposer, lorsqu'on pourra trouver dans l'économie des dépenses, dans des dispositions d'ordre & de génie, des ressources propres à fournir aux intérêts annuels de l'emprunt; ou lorsque le crédit fortifié par la confiance dans un administrateur, permettra de ne donner qu'un intérêt honnête & modéré.

M. Hume, dans *ses discours politiques*, en a consacré un, à examiner l'effet des *impôts*. Il ne peut être inutile de rapprocher ses réflexions de celles qu'on vient de lire.

Lorsque l'on met un *impôt* sur les denrées qui sont consommées par le peuple, il semble qu'il doive s'ensuivre naturellement que le peuple retranche quelque chose de sa manière de vivre ou qu'il vende plus cher sa peine pour faire porter au riche tout le fardeau de l'*impôt*; mais les nouvelles impositions produisent un troisième effet, c'est que ces pauvres augmentent leur industrie, font plus d'ouvrage, & vivent, aussi-bien qu'auparavant, sans demander davantage pour leur travail.

Cela arrive naturellement toutes les fois que les *impôts* sont modérés, qu'ils sont mis par dégrés & qu'ils ne regardent pas les choses nécessaires à la vie; & il est certain que de pareilles difficultés servent souvent à exciter l'industrie du peuple, & à le rendre plus laborieux & plus opulent, que d'autres qui possèdent de plus grands avantages. Nous pouvons observer, comme un exemple de ce que l'on avance ici, que les nations les plus commerçantes n'ont pas toujours possédé la plus grande étendue de terre fertile, mais qu'au contraire elles ont eu à combattre beaucoup de désavantages naturels.

Tyr, Athènes, Carthage, Rhodes, Gênes, Venise, la Hollande, en sont des preuves. Dans toute l'Histoire, on ne trouve que trois exemples de pays vastes & fertiles, qui ayent possédé beaucoup de commerce; les Pays-Bas, l'Angleterre, & la France: les deux premiers semblent avoir été engagés par les avantages de leur situation maritime, & par la nécessité où ils se trouvoient de fréquenter les ports étrangers, pour se procurer ce que leur propre climat leur refusoit.

A l'égard de la France, le commerce s'est établi très-tard en ce royaume, & paroît être l'effet de la réflexion & de l'observation, dans un peuple industrieux & entreprenant, qui remarquoit les richesses immenses qu'acquerroient ceux de ses voisins qui cultivoient la navigation & le commerce.

Les places que Cicéron, dans son épitre à Atticus, nomme comme étant de son tems en possession du plus grand commerce, sont Alexandrie, Colchos, Tyr, Sidon, Andros, Chypre, la Pamphilie, la Lycie, Chios, Bysance, Lesbos, Smyrne, Milet & Coos. Si l'on en excepte Alexandrie, tous ces lieux étoient de petites isles, ou des territoires très-étroits, & cette ville devoit entièrement son commerce au bonheur de sa situation.

Puisqu'on peut donc regarder quelques nécessités ou des désavantages naturels, comme favorables à l'industrie, pourquoi des fardeaux artificiels ne pourroient-ils pas avoir le même effet? Le chevalier Temple attribue l'industrie des Hollandois, uniquement à la nécessité qui provient de leurs désavantages naturels. Il fait valoir son sentiment par une comparaison très-frappante avec l'Irlande, où, dit-il, par l'étendue de la richesse du sol, & la rareté du peuple, toutes les choses nécessaires à la vie sont à si bon marché, qu'un homme industrieux en deux jours de travail peut gagner assez pour vivre toute la semaine.

Ces circonstances sont le véritable fondement de la paresse attribuée à cette nation; car les hommes préfèrent naturellement le repos au travail, & ne se soumettront pas à la peine s'ils peuvent vivre oisifs, quoiqu'il soit vrai aussi, que lorsque le besoin les a soumis à l'habitude du travail de bonne-heure, ils ne peuvent plus l'abandonner, cette habitude l'ayant rendu nécessaire à leur santé & à leur dissipation: peut-être même le passage n'est-il pas plus difficile d'un constant repos au travail, que d'un travail constant au repos.

On a toujours observé que dans les années de

disette, si elle n'est pas extrême, que les pauvres travaillent davantage, & vivent mieux, que dans les années de grande abondance, où ils s'adonnent à la paresse & à la débauche. J'ai ouï-dire à un manufacturier considérable, que dans l'année 1740, où les bleds & les provisions de toute espèce étoient très-chères, ses ouvriers avoient non-seulement trouvé le moyen de vivre, mais qu'ils avoient payé des dettes qu'ils avoient contractées dans les années précédentes, qui étoient plus favorables & plus abondantes.

Cette opinion, à l'égard des *impôts*, peut donc être admise à quelque égard; mais il faut prendre garde à l'abus, qui est très-facile. Les *impôts*, ainsi que la nécessité, lorsqu'ils sont poussés trop loin, détruisent l'industrie, en faisant naître le découragement & le désespoir; & même avant que de produire cet effet, ils renchérissent les gages du laboureur & du manufacturier, & augmentent le prix de toutes choses.

Un gouvernement attentif & désintéressé, observera le point où le bénéfice cesse & le dommage commence; mais comme le caractère opposé est beaucoup plus commun, il est à craindre que les *impôts*, par toute l'Europe, ne se multiplient au point d'écraser entièrement toute industrie, quoique peut-être leur première augmentation, & quelques autres circonstances, ayent pu contribuer à l'accroissement de ces avantages.

Les *impôts* les plus avantageux sont ceux qui sont levés sur les consommations, spécialement celles de luxe, parce que de pareilles taxes sont moins senties par le peuple. Ils paroissent, en quelque sorte, volontaires, puisqu'un homme peut choisir jusqu'où il peut faire usage de la commodité qui est taxée. Ils se payent par degrés, & d'une manière insensible, & étant confondus avec le prix naturel de la denrée, ils sont à peine apperçus par celui qui la consomme. Leur seul désavantage, est que les frais pour les lever sont très-considérables.

Les taxes sur les possessions se lèvent sans de grands frais; mais elles ont tous les autres désavantages. Plusieurs Etats sont néanmoins obligés d'y avoir recours, pour suppléer au défaut des autres impositions.

Mais les plus pernicieuses de toutes les taxes, sont celles qui sont arbitraires; elles deviennent, par la manière dont elles sont administrées, des espèces de punitions de l'industrie; & par leur inégalité inévitable, elles sont réellement plus à charge que par le poids qu'elles imposent : *ainsi il est étonnant quelles ayent lieu chez quelques nations civilisées.*

En général, toutes les taxes comme la capitation, même lorsqu'elles ne sont pas arbitraires, ce qu'elles sont communément, doivent passer pour dangereuses, parce qu'il est si aisé au souverain d'ajouter un peu plus à la première somme, que ces impositions deviennent tout-à-la-fois oppressives & insupportables.

D'un autre côté, une taxe sur les commodités s'arrêtera d'elle-même, & un prince éprouvera bientôt, qu'en augmentant l'*impôt*, il n'augmentera pas son revenu, puisque cette augmentation peut tout-à-fait ruiner le peuple.

Les historiens disent, qu'une des premières causes de la destruction de l'empire Romain, fut le changement que Constantin fit dans les finances, en substituant une capitation universelle au lieu de la plupart de ces dîmes, droits de douane & d'accise, qui composoient anciennement le revenu de l'empire.

Les peuples furent, dans toutes les provinces, tellement foulés & opprimés par les traitans, qu'ils se virent forcés de chercher leur refuge sous les armes conquérantes des Barbares, qui avoient peu de besoins, & encore moins d'art, desquels la domination se trouvoit, par cette raison, préférable à celle des Romains.

Il y a une opinion qui n'est que trop commune, que les *impôts*, de quelque manière qu'ils soient levés, tombent à la fin sur les terres, & j'avoue qu'elle peut être utile à l'Angleterre, dans l'esprit des possesseurs de fonds entre les mains desquels est l'administration du gouvernement. Elle les oblige à avoir de grands égards pour le commerce & pour l'industrie. Je pense néanmoins que ce principe, quoique avancé par un écrivain célèbre, est si peu fondé de raison, que sans son autorité, il n'eût jamais été reçu par personne.

Tout homme, assurément, souhaite de secouer le fardeau d'une taxe qui est imposée, & le rejetter sur les autres; mais comme chaque homme a la même inclination, & se tient sur la défensive, je ne vois pas pourquoi, dans ces efforts réciproques, une classe d'hommes l'emporteroit sur une autre; & comment peut-on réellement imaginer, que l'homme qui a des terres sera la victime de la totalité, & qu'il ne sera pas en état de se défendre aussi-bien que les autres? Tous les marchands, à la vérité, souhaiteroient qu'il devînt leur proie; mais quand il n'y auroit pas d'*impôts*, ils auroient toujours la même inclination & les mêmes moyens: ceux qui, avant les *impôts*, le défendent contre les marchands, lui serviront encore après, & les forceront eux-mêmes de partager le fardeau avec lui.

Je terminerai ce sujet, en observant que nous avons, à l'égard des *impôts*, un exemple de ce qui arrive souvent dans les instructions politiques, que les conséquences des choses, sont diamétralement opposées à ce que nous devions en attendre à la première apparence.

On regarde comme une maxime fondamentale du gouvernement Turc, que le grand-seigneur, quoique maître absolu des vies & des fortunes de chaque particulier, n'a aucune autorité pour imposer une nouvelle taxe; chaque prince Ottoman qui a osé le tenter, ou a été obligé de se rétracter, ou a éprouvé les effets funestes de sa persévérance. On s'imagineroit que ce préjugé ou cette opinion établie, seroit la plus forte barrière du monde contre l'oppression; cependant il est très-certain qu'elle opère tout le contraire. L'empereur n'ayant point de méthode régulière d'augmenter son revenu, est obligé de permettre aux bachas & gouverneurs d'opprimer & de dépouiller les sujets, & lui-même ensuite, il leur fait rendre gorge après leur retour de leur gouvernement. Au lieu que s'il pouvoit établir de nouveaux *impôts* comme les princes Européens, son intérêt se trouveroit tellement uni à celui de son peuple, qu'il préviendroit les désordres qu'entraînent les les levées irrégulières; & qu'il sentiroit qu'une livre sterling exigée par une imposition générale, auroit des effets moins pernicieux, qu'un schelling extorqué d'une manière si inégale & si arbitraire.

Plusieurs écrivains qui ont écrit sur l'économie politique, & qui ont tenté de démontrer que l'ordre social, comme une branche de l'ordre physique, étoit de même, simple, évident & immuable, n'ont pas manqué de parler des *impôts* & de leur nécessité. Les grands mots de *liberté*, de *propriété*, de *produit net*, sont le cachet des ouvrages de ces écrivains estimables, qu'on a qualifiés d'*Économistes*, qui ont malheureusement beaucoup écrit sans s'être fait entendre, & que l'on a vivement critiqués faute de les avoir compris; car leurs vues & leurs intentions n'ont rien que de louable, quoique leur langage ressemble un peu à celui de gens illuminés.

Parmi les matières abstraites qu'ils ont traitées dans un style encore plus abstrait que le fond des choses, voici la définition qu'ils donnent de l'*impôt*, en établissant pour maxime, que tout *impôt* indirect est incompatible avec l'ordre essentiel des sociétés.

L'impôt *est une portion prise dans les revenus annuels d'une nation, à l'effet d'en former le revenu particulier du souverain, pour le mettre en état de soutenir les charges annuelles de sa souveraineté.*

Ainsi il en résulte que *l'impôt*, qui n'est qu'une portion d'un *produit net annuel*, ne peut être établi que sur les *produits nets annuels*, ou, pour parler vulgairement, sur ses revenus; car qui dit revenu, dit une richesse disponible, celle qu'on peut consommer au gré de ses desirs, sans préjudicier à la reproduction.

La forme essentielle de l'*impôt* consiste, par conséquent, à prendre *directement* l'*impôt* où il est, c'est-à-dire, sur les propriétaires fonciers; & à ne pas vouloir le prendre où il n'est pas, c'est-à-dire, indirectement, en l'établissant sur les personnes ou sur les choses commerçables.

L'*impôt* sur les personnes & sur les marchandises, est, dit l'ouvrage que nous analysons, *l'Ordre naturel & essentiel des sociétés politiques*, nécessairement un *impôt* arbitraire, destructif du droit de propriété. Au contraire, l'*impôt* direct, le produit d'un partage dans le revenu des terres, se fait en vertu d'un droit de la propriété qui appartient au souverain. Cet *impôt* est aussi certain que la renaissance annuelle des revenus de la nation, puisqu'il est établi sur l'ordre physique de la reproduction.... Le produit qu'il donne est le fruit nécessaire d'un enchaînement de diverses causes, qui seront toujours les mêmes, & qui produiront toujours les mêmes effets.

Mais il ne peut conserver cet avantage précieux, qu'autant qu'on ne change point sa forme essentielle, que le souverain prend directement la part proportionnelle que sa co-propriété lui donne droit de prendre, dans les produits nets des terres de sa domination.

Les *impôts* sur les maisons, sur les rentiers, sur les personnes, sont un double emploi, parce qu'ils doivent être supportés par les terres, dont la reproduction est annuelle comme la levée des *impôts*, & ce double emploi retombe toujours sur les propriétaires fonciers. Le revenu de ces propriétaires est diminué de deux manières, par l'effet des *impôts* indirects; car il anéantit le revenu en partie, ou il augmente les frais de jouissances auxquelles on l'emploie, ce qui revient au même; car *richesse & moyens de jouir ne sont qu'une même chose.*

La conclusion de tout cet exposé est, comme on le sent bien, qu'il ne faut qu'un *impôt* unique, direct & territorial.

L'établir, dit un autre écrivain de mérite, qui a essayé de prouver les funestes effets de l'*impôt* indirect, par les deux exemples de la gabelle & du tabac, dans un ouvrage intitulé, *de l'ordre social*, tom. I. page 170. *C'est, dans le point le plus important, rendre un hommage réfléchi aux vérités capitales qui constituent l'ordre social, fondé sur l'ordre physique; c'est reconnoître, par exemple, que la terre est la source unique de toutes les richesses.* Or de ce seul principe, vu dans toute son étendue, dérive toute bonne administration & toute législation sage & prospère.

En effet, si la terre est la source unique des richesses, il n'est rien qu'on ne doive faire pour rendre cette source plus abondante. Toutes les opérations publiques doivent être dirigées vers ce but, & combinées avec le plus grand intérêt.

Il se trouvera rempli par l'établissement d'un *impôt* direct, régulier, proportionné au produit net du territoire, sagement combiné avec les droits du propriétaire, par la ſimplicité dans ſa perception, par l'économie dans les dépenſes, par l'exactitude dans la comptabilité.

Mais cet *impôt* territorial eſt-il donc ſi aiſé à établir? Son produit ſuffiroit-il pour remplacer toutes les impoſitions qui exiſtent ſur les conſommations & ſur les diverſes denrées dont le roi s'eſt réſervé le privilège excluſif? Voilà le point intéreſſant qu'il faut examiner; il eſt raiſonnable de chercher l'étendue actuelle de cette eſpèce d'*impôt*, & le rapport qui exiſte entre ſon produit & les autres revenus du roi.

L'homme d'Etat, à qui la nation doit de la reconnoiſſance, pour lui avoir communiqué les grandes vues qu'il avoit pour ſon bonheur & ſa proſpérité, & pour l'amélioration des finances qu'il a adminiſtrées près de cinq ans avec des ſuffrages univerſels; cet homme d'Etat, dans ſon *Traité de l'Adminiſtration des Finances*, a conſacré un chapitre à l'examen de la converſion de toutes les contributions de la France, dans un ſeul *impôt* territorial.

Le réſumé de ce qu'il dit à ce ſujet, eſt que le produit des trois vingtièmes, avec les quatre ſols pour livre en ſus du premier, & en en retranchant la partie qui porte ſur le revenu des offices, & même ſur l'induſtrie, s'élève à... 74,000,000 *l.*

Que la partie de la taille, qu'on peut conſidérer comme territoriale, s'élève à quatre-vingt-un millions, ci....................	81,000,000
Les impoſitions locales dans les pays d'Election, qui portent également ſur les terres, ...	11,800,000
La partie de la capitation qui eſt impoſée au marc la livre de la taille, ...	22,000,000
Les décimes payées par le clergé, comme impoſées ſur le revenu des terres, ſoit foncier, ſoit ſeigneurial, ...	10,600,000
Pluſieurs autres objets impoſés ſur les maiſons, ...	600,000
Ainſi, le total de l'*impôt* actuel, qui peut être conſidéré comme territorial, eſt de cent quatre-vingt-dix millions, ci	190,000,000

Il faut maintenant rechercher quelle quantité de nouveaux vingtièmes ſeroit néceſſaire pour remplacer toutes les autres contributions des peuples, ſi l'on vouloit qu'il n'y eût qu'un *impôt* unique & territorial.

On a vu au mot Généralité, que l'univerſalité des contributions des peuples s'élève à cinq cens cinquante-ſept millions cinq cens mille livres, en n'y comprenant, ni l'article des frais de contrainte & de ſaiſie, ni le montant de la contribution pour les chemins.

Si donc on peut évaluer à cent quatre-vingt-dix millions la ſomme des *impôts* qui porte aujourd'hui ſur le revenu des biens-fonds, celle qui compoſe l'autre claſſe, doit être de trois cens ſoixante & ſept millions cinq cens mille livres, ci......................... 367,500,000 *l.*

Ce n'eſt pourtant pas de cette dernière ſomme, obſerve notre écrivain homme d'Etat, dont il faudroit accroître la contribution des revenus territoriaux, pour réaliſer le ſyſtême de l'*impôt* unique; car une pareille nature de tribut exigeant moins de dépenſe pour le recouvrement, cette économie diſpenſeroit de remplacer en entier le produit des droits ſupprimés.

Suppoſant donc que les frais généraux de recette ne montaſſent en tout qu'à vingt-cinq millions au lieu de cinquante-huit qu'ils coûtent aujourd'hui, il y auroit trente-trois millions de moins à remplacer, leſquels déduits de trois cens ſoixante & ſept millions cinq cens mille livres énoncés ci-deſſus, on n'auroit beſoin d'impoſer ſur le revenu des biens-fonds, qu'une ſomme nouvelle de trois cens trente-quatre millions cinq cens mille livres.

Cependant pour compoſer cette ſomme, il faudroit quinze nouveaux vingtièmes, & trois cinquièmes d'un vingtième, en ſuppoſant que chacun de ces vingtièmes rendît autant que le troiſième impoſé nouvellement.

Or, comme il y a déja trois vingtièmes, & les quatre ſols pour livre en ſus du premier, c'eſt-à-dire, trois vingtièmes & un cinquième, il y auroit alors, en tout, près de dix-neuf vingtièmes, indépendamment des cent quatre-vingt-dix millions d'impoſitions territoriales déja ſubſiſtantes, & de la contribution pour la confection des routes.

On dira peut-être, & avec raiſon, que les vingtièmes ne ſont pas perçus aſſez exactement; mais le ſeroient-ils davantage s'il y en avoit quinze ou ſeize de plus?

On obſervera, avec plus de fondement, que n'y ayant plus d'autre *impôt*, le revenu des terres augmenteroit; mais dans combien de tems? mais dans quelle proportion? les effets d'une pareille convulſion ſeroient difficiles à calculer: d'ailleurs, fût-ce dix-neuf, fût-ce dix-huit ou dix-ſept vingtièmes dont on auroit beſoin, en vérité, le ſimple apperçu d'un pareil réſultat diſpenſe d'une ſupputation plus exacte. Peut-être même que, dans les affaires où les conſidérations morales doivent principalement déterminer, on égare le jugement en donnant à des calculs hypothétiques une attention ſcrupuleuſe, & un trop grand degré d'importance.

L'économie de trente-trois millions de frais que je viens d'indiquer comme praticable, si tous les *impôts* étoient établis sur les revenus des terres, est sans doute de la plus grande importance; mais, sans une pareille convulsion, les dépenses de recouvrement peuvent être diminuées de seize millions.

On ne doit point cependant chercher à se dissimuler les inconvéniens, qui sont inséparables des droits sur les consommations; l'accroissement de dépense qu'exige leur recouvrement, forme l'objection principale : mais il faut considérer encore que les droits sur les consommations sont devenus le principe de la contrebande; & quoique la mesure de cet abus dépende, en grande partie, des combinaisons plus ou moins sages de l'administration, il n'est pas moins vrai que par-tout où le prix de certaines marchandises sera augmenté par des droits ou par l'exercice d'un privilège, il y aura aussi des gens qui chercheront, les uns à échapper à l'*impôt* par des introductions furtives, ou par de fausses déclarations, les autres à vendre clandestinement, & en concurrence avec le gouvernement, les denrées dont il s'est réservé le débit exclusif.

Mais en même tems qu'on apperçoit ces fâcheux effets, il ne faut point détourner son attention des inconvéniens qui sont attachés aux impositions territoriales : alors on verra qu'en supposant même l'établissement préalable d'un cadastre dans tout le royaume, qu'en supposant encore les diverses dispositions nécessaires pour corriger les inégalités, à mesure que le tems auroit rendu la première base de répartition défectueuse, tous les inconvéniens ne seroient pas prévenus; & il existeroit encore la nécessité trop fréquente de recourir à des contraintes & à des saisies, pour assurer le payement exact d'une nature d'*impôt*, qui ne porte point sur les dépenses, mais sur un revenu dont chaque propriétaire a la disposition dans ses mains.

La classe la plus nombreuse des contribuables est ignorante, bornée dans ses ressources, dominée, par l'instant présent; &, au milieu des besoins qui l'environnent, elle manque tellement de prévoyance, que, si les collecteurs de la taille & des vingtièmes n'avoient pas soin de veiller sur les momens où la plupart des habitans de leur paroisse viennent de faire une vente, & ont reçu quelque argent, ils ne parviendroient jamais à se faire payer. Il n'en est pas de même des droits sur les consommations; ce n'est point à un jour désigné qu'on y est soumis, c'est pour ainsi dire la volonté du contribuable qui l'approche du fisc, & au moment où il paie sa part dans cette espèce de tribut, il se croit déterminé librement par ses besoins & ses convenances.

Cette observation sur l'imprévoyance de la plus grande partie des contribuables, est peut-être un des principaux obstacles à l'étendue exagérée des *impôts* sur le revenu des propriétaires; & si, au milieu des richesses ou de l'aisance, tant d'hommes éclairés par l'éducation dépensent plus que leurs revenus, doit-on s'étonner que l'habitant grossier des campagnes ne soit pas toujours capable de refuser à l'urgence de ses besoins, cette part de son étroite fortune, que le collecteur des *impôts* viendra demander en peu de tems?

Qu'on réfléchisse encore sur les considérations suivantes.

Les *impôts* sur les productions sont une avance demandée aux propriétaires. Les droits sur les consommations sont une restriction ordonnée dans les dépenses.

La richesse de ceux qui paient les *impôts* sur les productions, n'est composée que des revenus des propriétaires de terre. La richesse de ceux qui paient les droits sur les consommations, est composée des revenus de tous les habitans d'un royaume, & même des revenus des étrangers qui y séjournent.

On doit sentir combien, pour la levée des tributs, ces circonstances & ces positions sont différentes.

La division des contributions, partie en *impôts* sur les productions, partie en droits sur les consommations, rend aussi les recouvremens moins dépendans du succès des récoltes. L'année est-elle assez abondante pour faire baisser sensiblement le prix des denrées? les *impôts* sur les dépenses sont d'autant plus aisés à recueillir : les récoltes, au contraire, sont-elles dans cette mesure qui permet de tirer le plus grand parti des fruits de la terre? les *impôts* sur les revenus des biens-fonds deviennent les plus convenables. Mais comme les gouvernemens ne peuvent pas recourir alternativement à ces deux sortes de tributs, ils suppléent imparfaitement à une semblable disposition, en divisant habituellement les impositions en deux classes, dont l'une atteint les revenus, & l'autre les dépenses.

Tous ces ménagemens deviendroient moins essentiels si, en proportion des richesses d'un pays, les *impôts* s'y trouvoient dans des bornes raisonnables; mais quand les malheurs des tems ont obligé d'étendre si loin les charges publiques, c'est à pouvoir recueillir ces tributs dans les bonnes comme dans les mauvaises années, c'est à pouvoir y compter en tems de guerre comme en tems de paix, que l'administration s'est trouvée contrainte d'appliquer une partie de ses soins & de son intelligence. Triste étude & fatale science! mais il n'est plus tems de renoncer aux connoissances & aux inventions fiscales, lorsque toutes les nations en font également usage : d'ailleurs, peut-on douter que l'autorité, l'ambition, le besoin de puissance n'eussent trouvé, s'il l'eût fallu, des ressources encore plus à craindre ?

Je connois bien cette proposition, qu'en dernière analyse tous les *impôts*, de quelque manière dont on les modifie, retombent sur les productions de la terre, cette origine première de tous les biens ; qu'ainsi rien ne doit empêcher de préférer le genre de recouvremens le moins dispendieux, en supprimant les droits sur les consommations, & en transportant tous les *impôts* sur les propriétaires fonciers ; que ceux-ci ne perdroient rien à cette disposition, soit parce qu'ils hausseroient en proportion le prix des fruits de leur terre, soit parce que les hommes de travail réduiroient leurs salaires, dans une proportion équivalente aux droits sur les consommations dont ils seroient déchargés.

Ce raisonnement, considéré comme une simple abstraction, présente une vérité fort simple ; c'est que le prix du travail & celui des productions de la terre, ont un rapport ensemble ; qu'ainsi l'on ne peut accroître ou diminuer l'une de ces deux valeurs sans que l'autre ne s'en ressente ; mais il y a loin de cette vérité aux conséquences qu'on en veut tirer.

Une société politique n'est pas uniquement composée de deux parties contractantes, les propriétaires de terres & les hommes d'industrie ; il y a encore les possesseurs des richesses mobiliaires ; il y a les représentans du commerce avec l'étranger ; & comme le prix des choses n'est pas différent selon les personnes, on pourroit accorder ensemble les propriétaires de terre & les hommes de travail, sans que les autres classes de la société participassent à cette harmonie.

Les créanciers de l'État jouissent déjà, par leurs hypothèques, d'une partie du revenu des biens fonds, sans courir les hasards de la production ; ainsi ce seroit un défaut de politique que de les affranchir, ne fût-ce que pour un tems, des droits sur les consommations, pour transporter ces mêmes droits à la charge d'une classe de propriétaires, dont l'aisance & l'encouragement importent si fort aux progrès & à l'activité de l'agriculture. Enfin, les échanges avec les étrangers reposent sur de certaines conditions, & un grand changement, même passager, dans le prix des productions ou de l'industrie, suffiroit pour détourner le cours du commerce.

Le tems, la circulation, les loix de l'équilibre remédieroient à tout ; voilà ce qu'on annonce ; mais peut-on imaginer que, sur la foi d'une pareille théorie, les gouvernemens veuillent jamais courir les hasards d'une convulsion dangereuse ?

Il ne suffit pas d'ailleurs, qu'il y ait une égalité arithmétique entre deux sortes de tributs, pour qu'on puisse indifféremment doubler l'une & supprimer l'autre ; il existe encore une égalité morale qu'il est important de considérer & d'apprécier. Qu'on changeât, par exemple, l'*impôt* du tabac contre une augmentation de trente millions sur la taille ou sur les vingtièmes, la contribution du royaume resteroit la même, mais l'effet, dans l'opinion, seroit bien différent ; & les propriétaires de terre ou leurs fermiers, auroient de la peine à croire que la masse des ouvriers, ayant égard à l'épargne qu'on leur procure sur un objet de fantaisie, diminueroient d'autant le prix de leurs journées. C'est l'affranchissement des *impôts* sur les denrées d'une nécessité absolue, qui influe sur le prix du travail, encore n'est-ce jamais qu'insensiblement ; mais il est tel droit de consommation qui échappe en partie à la réflexion : le prix d'une chose, l'*impôt* qui s'y mêle, n'affectent véritablement qu'au moment où l'on veut acheter ; le reste du tems cette idée s'éloigne, & la liberté qu'on a de régler & de diriger ses dépenses selon son gré, aide encore à vous en distraire. Il n'en est pas de même d'un prélévement quelconque sur les revenus ; non-seulement une telle privation ne peut point être dissimulée, mais le sentiment s'en renouvelle à chaque instant, parce que sans cesse on a des desirs, on projette, on jouit en espérance.

Et peut-être seroit-ce l'occasion d'observer ici, qu'il y a ce grand vice dans les abstractions en économie politique ; c'est que les effets de l'opinion & de l'imagination n'y sont jamais pris en considération, & qu'on y voit encore du même œil le présent & l'avenir. On prend un royaume en masse, & dans l'espace vague des tems : si la durée d'une génération ne suffit pas à l'exécution de ces idées, on porte ses vues plus loin, & c'est la postérité entière qu'on embrasse dans ses projets : si les loix, si la politique des autres nations viennent gêner les combinaisons chimériques auxquelles on s'abandonne, on associe ces mêmes nations au systême qu'on a conçu, & l'on étend son humanité, l'on aggrandit sa bienfaisance de tout l'espace dont on a besoin pour faciliter le jeu de ses propositions.

Mais à des idées générales qui en imposent si facilement, on en pourroit opposer une qui peut mériter aussi quelque attention : c'est que toutes les fois qu'on se permettra de retrancher des combinaisons de l'administration, ces deux grandes considérations, le moral & le tems, tous les devoirs disparoîtront. Qu'importeroient en effet à un gouvernement la grandeur des *impôts*

& leur distribution mal habile ? que lui importeroit la profusion des graces & des dépenses superflues ? que lui importeroient même le désordre & le bouleversement des fortunes, si, supputant dans l'éloignement les mouvemens divers de la circulation, il lui suffisoit que la succession des années rétablît insensiblement l'équilibre qu'il auroit détruit ? Qu'importeroient à ce gouvernement de plus grands maux encore, la misère du peuple, la guerre & ses destructions, s'il pouvoit s'en consoler par cette réflexion, qu'au bout d'un tems donné, la population se proportionne à la somme des subsistances ? Que lui importeroit enfin le ménagement de la tranquillité publique, si, dédaignant, dans tous ses calculs, l'opinion & le moral, & confondant ensemble & les hommes & les choses, il prétendoit les assujettir aux mêmes loix, & les mouvoir par les mêmes ressorts ? Quelle effrayante morale ; qu'elle aride insouciance ne seroient pas l'effet de cette manière de juger & de sentir ! & qu'il est dangereux de s'égarer dans ces généralités où tous les devoirs se délient, parce que les principes qui les enchaînent, ne tiennent plus à rien !

Une des erreurs de ces raisonnemens qui conduisent si loin, c'est qu'en ne faisant nul compte du tems, on applique à l'homme, dont la vie n'est que d'un instant, des calculs qui n'appartiennent qu'à une durée indéfinie ; & par une contrariété singulière, en ne faisant nul compte du moral, on néglige dans l'homme, cette partie spirituelle de lui-même, qui étend & multiplie ses sentimens par la prévoyance.

Que faut-il donc pour juger sainement des importantes questions de l'économie politique ? Il faut rapprocher de notre nature les idées spéculatives, & les plans d'administration ; il faut les allier à notre durée, & aux affections morales qui constituent la partie essentielle du bonheur ou du malheur. Alors on ne sacrifiera point dans ses projets, le présent à l'avenir, alors on n'imaginera pas que tout soit égal, parce que la révolution des mêmes causes produit les mêmes effets : alors on ne croira pas que tout puisse être réparé, par cette circulation, qui rend aux uns ce qu'elle ôte aux autres ; & l'on appercevra que la justice, cette vertu si nécessaire dans l'état de société, n'est elle-même fondée que sur des droits & des rapports passagers : alors, sur-tout la vie des hommes, ce sacré dépôt, remis à la garde des princes, ne leur paroîtra pas un bien qu'ils doivent jouer si facilement contre des avantages incertains, avenirs, & promis vaguement par la politique : alors les tourmens de ces malheureux expirans sur un champ de bataille, & dans les lieux de douleur où l'on les rassemble ; toutes ces souffrances inouies, qui, si l'on peut s'exprimer ainsi, n'appartiennent qu'à ceux qui les éprouvent, ne paroîtront pas des maux qu'il soit permis aux souverains de considérer en masse, ni qu'ils puissent évaluer sans remords & sans inquiétude : alors enfin, dans les nouvelles dispositions de finance, on voudra ménager jusques à ces peines de l'ame, qui naissent de la crainte des privations, de l'incertitude sur l'avenir, & des allarmes qu'inspirent les bouleversemens considérables, soit dans les *impôts*, soit dans les autres parties essentielles de l'ordre social.

Celui qui réfléchit sur l'administration, doit considérer de près notre foible nature ; & lorsqu'il verra la jouissance des biens physiques limitée chaque jour à quelques instans ; lorsqu'il verra que dans le plus long espace de la vie, l'homme est heureux ou malheureux par les agitations de son esprit, il reconnoîtra sans peine que la confiance & la tranquillité sont un des plus grands bienfaits qu'on puisse attendre des soins du gouvernement. Et les princes, sensibles à ces diverses vérités, diront à la génération qui les environne : c'est à vous que je me dois, c'est votre bonheur que je veux assurer ; & comme vous êtes tous nés avec des droits, avec des rapports, avec des habitudes, j'améliorerai votre sort sans convulsion, & je préférerai le bien que je pourrai faire par des moyens mesurés, mais efficaces, à ces systêmes éblouissans qui répandent le trouble & la défiance, & où le bonheur & le repos de la race présente, sont presque toujours un des premiers sacrifices nécessaires.

IMPÔTS & BILLOTS. En Bretagne, on donne ce nom à certains droits qui faisoient partie du domaine des anciens ducs de Bretagne, & qui se perçoivent sur les boissons au profit du roi.

Dans l'origine, ces droits n'étoient une imposition ni générale, ni perpétuelle, c'étoit un simple octroi que les communautés des villes & les barons obtenoient des ducs de Bretagne, pour être levé sur ce qui se débitoit dans les villes ou dans les territoires des seigneurs pendant un tems déterminé, à la charge d'en employer le produit à la fortification ou à la réédification des clôtures des villes, ou à d'autres ouvrages publics. Cette destination du produit est justifié par un édit de Charles VIII. du 14 juillet 1492.

Comme les communautés & les seigneurs particuliers s'approprioient ces droits sans satisfaire aux conditions sous lesquelles ils avoient été octroyés, nos rois les réunirent au domaine de la couronne, ainsi que les autres droits dont avoient joui les ducs de Bretagne.

En 1554, il fut ordonné une aliénation de dix mille livres de rentes, affectées sur les *impôts & billots*, par édit du mois de juillet 1638, sous la faculté de rachat perpétuel ; mais cet édit fut révoqué par un autre du mois de décembre 1664,

qui

qui réunit ces droits au domaine. Les besoins de la guerre déterminèrent Louis XIV. à en ordonner l'aliénation à titre de propriété incommutable, par édit du mois de juin 1710; mais cette aliénation n'eut pas lieu. Les mêmes circonstances ont déterminé Louis XV. à en faire l'aliénation aux Etats de la province de Bretagne, par contrat du 18 février 1759, ratifié par lettres-patentes du mois de mars suivant.

Enfin, par arrêt du conseil du 9 juin 1771, les mêmes droits ont été réunis au domaine du roi, & sa majesté s'est chargée d'acquitter les rentes de l'emprunt fait par les Etats, sur l'hypothèque de ces droits. Ils ont été rendus à la province, moyennant un abonnement annuel de neuf cens mille livres.

Les droits d'*impôts & billots* sont fixés, savoir ceux d'*impôts*, à vingt-deux sols dix deniers par barrique de cent vingt pots de vin, autre que le vin Breton, & à pareille somme par barrique d'eau-de-vie.

Chaque barrique de vin Breton, de bierre, de cidre, ou de poiré, paye pour le même droit, onze sols cinq deniers.

Le droit de *billots* est de six pots par barrique de cent vingt pots, sans aucune déduction pour les lies & coulages.

Un arrêt du parlement de Bretagne du 13 mars 1671, avoit réglé, qu'il seroit déduit pour les lies & coulages un vingt-unième pour vingt; mais les arrêts du conseil du 9 juillet 1671 & 29 février 1672, ont ordonné que le procureur-général enverroit au conseil les motifs de cet arrêt, & que cependant, par provision, ces droits seroient perçus sans déduction, comme auparavant, & cela fut le fondement que la fixation de ces droits, ainsi que celle des devoirs, ayant été faite sur l'évaluation de cent pots par barrique, qui en contient cent vingt effectivement, cette diminution d'un sixième devoit tenir lieu de toute autre déduction pour les lies & coulages.

Les droits d'*impôts & billots* sont dûs sur toutes les boissons, & vendues en détail, de quelque façon & par quelque personne que ce soit, & sur celles que l'on consomme dans tous les lieux & assemblées, comme nôces, baptêmes, & autres, où l'on fait courir le plat pour recevoir de l'argent des assistans.

Ils doivent être payés par préférence aux droits des devoirs, & aux octrois des villes & communautés de la province, en vertu de l'arrêt du conseil du 14 novembre 1676.

Suivant l'article CCXCII. de la coutume de Bretagne, l'action du fermier pour les *impôts* ainsi que pour les octrois, se prescrit par an & jour, s'il n'a cédule ou obligation par écrit.

Il est fait défenses à toutes personnes, de permettre qu'il soit tiré de leurs caves, des boissons, pour être transportées de quelque façon que ce soit, chez les cabaretiers; & à ceux-ci, ainsi qu'à tous autres débitans, d'en vendre aucune sans brandon, & d'en acheter par pots ou pintes, à peine de confiscation & de cinq cens livres d'amende.

Il est enjoint à tous les propriétaires, locataires des maisons & lieux où se fait la fraude, de faire cesser le débit aussi-tôt après la dénonciation du fermier, à peine de demeurer responsables en leur propre & privé nom, des condamnations encourues par les fraudeurs.

Il est défendu aux marchands en gros de fournir à leurs fermiers ou locataires, aucunes boissons pour être vendues en fraude, & de souffrir qu'il en soit enlevé de leurs caves & celliers, qu'ils n'aient averti au bureau du fermier des *impôts & billots*, les commis à la marque, pour qu'il leur en soit donné décharge, à peine d'être responsables du paiement des droits & de l'amende.

Il est pareillement défendu aux rouliers & charretiers, de conduire des boissons sans avoir déclaré au même bureau, leur nom, le nom de ceux chez qui ils les ont chargées, & de ceux pour qui elles sont destinées, à peine de confiscation des équipages servant à conduire ces boissons, & de pareille amende de cinq cens livres; & à tous vagabonds & gens insolvables, de vendre en détail sans le consentement du fermier, à peine du carcan, à défaut du paiement des droits; ainsi que de l'amende, pour la première fois, & sous peine de fouet en cas de récidive.

Il est permis aux commis du fermier de faire leurs visites & perquisitions dans les maisons soupçonnées de fraude, & il est enjoint aux propriétaires & locataires de ces maisons, d'en faire ouverture à la première sommation des commis, pour apposer leur contre-marque sur les futailles; & en cas de refus de la part de ces propriétaires ou locataires, les juges royaux doivent faire faire, aux frais de ces mêmes propriétaires ou locataires, l'ouverture des caves & lieux soupçonnés. C'est ce qui se trouve ordonné par l'arrêt du conseil du 6 décembre 1666, & par les arrêts du parlement de Bretagne des 28 février 1663, 15 mars 1667, 6 avril & 15 mai 1669.

Suivant un autre arrêt du conseil du 19 août 1673, les brasseurs ne peuvent vendre leurs bierres en gros, dans d'autres futailles que des barriques, pipes ou tierçons.

Sur la contestation des commis avec les fraudeurs, & lorsqu'il importe que les preuves de la fraude soient constatées sur le champ, les commis peuvent se faire assister d'un notaire ou greffier des lieux, pour recevoir les dires des parties, & les déclarations de ceux qui ont connoissance de la fraude.

Enfin, il est enjoint aux juges des lieux, de tenir la main à ce que ces dispositions soient exécutées, à peine d'en répondre en leur propre & privé nom; & il leur est défendu de réduire au-dessous de cent livres, les amendes encourues pour fraude. C'est ce qui résulte des arrêts du parlement de Bretagne, des 15 mai 1669 & 22 janvier 1734.

Comme l'ordonnance des aides du mois de juin 1680 n'a point été enregistrée au parlement de Rennes, le fermier des *impôts & billots* suit, pour la perception de ces droits, les réglemens particuliers dont on vient de rapporter les dispositions: on voit qu'elles différent en plusieurs points de celles de l'ordonnance de 1680.

Il n'y a point de qualité, ni d'état qui exempte des droits d'*impôts & billots*; les ecclésiastiques & les nobles y sont sujets, même sur le vin du crû de leur bénéfice ou de leur patrimoine: mais il y a des exemptions particulières, tant en faveur des arquebusiers qui ont abattu le *papegault*, que de plusieurs maisons franches dans différentes villes de la province, & de quantités de seigneuries & communautés. Le nombre de ces privilèges étant considérable, le préjudice qu'il porte au produit de ces droits, a donné lieu à la recherche des titres sur lesquels ils sont fondés. Après l'examen de ces titres, dont la remise fut faite, en vertu de l'arrêt du conseil, entre les mains d'un commissaire nommé à cet effet, l'arrêt du conseil du 27 juillet 1671, dénomma les lieux qui doivent jouir de l'exemption, & fixa la manière dont ils doivent en jouir.

Suivant cet arrêt, celui qui a abattu le *papegault* jouit pendant un an, à commencer du jour qu'il l'a abattu, de l'exemption des *impôts & billots*, sur une quantité de vin déterminée en raison des lieux. Il lui est libre d'exploiter par lui-même son droit, ou de le céder à un autre, cabaretier ou habitant, du nombre de ceux qui ont tiré au même *papegault*, pour vendre sous un même brandon, à la charge par l'abatteur du *papegault*, ou son cessionnaire, de souffrir les exercices des commis. Dans le cas de cession de droit, elle doit être signifiée au fermier.

Ce privilège a été fixé pour Rennes à vingt tonneaux; pour Nantes, à vingt tonneaux; pour Fougères, à vingt pipes; pour Saint-Malo, à quarante pipes; pour Quimper-Corentin, à quinze tonneaux; pour Saint-Brieux, à vingt tonneaux; pour Vannes, à vingt tonneaux; pour Treguier, à trente pipes; pour Vitré, à trente pipes; pour la Roche-Bernard, à vingt pipes; pour Port-Louis, à quinze tonneaux; pour Auray, à vingt barriques; pour Malestroit, à seize tonneaux, dont huit pour l'hôpital; pour l'isle de Grois, à trente pipes; pour Linan, à vingt barriques; pour Jonclin, à vingt barriques; pour Cancalle, à vingt pipes; pour Quimperlé, à trente pipes; pour le terroir de Pennemare, à vingt tonneaux; pour Rosternau, à quinze pipes; pour Lamballe, à vingt barriques, ainsi que pour Quintin, Guincamp, Moncontour & Lanion; pour Landernau, à vingt pipes; pour Lesvenen, à vingt pipes; & pour Pontivy, à quatre tonneaux.

Les maisons franches de la province de Bretagne qui sont exemptes des droits d'*impôts & billots*, sont des auberges anciennement établies dans différentes villes de la province. Comme quelques-unes étoient nécessaires pour la commodité du commerce & des voyageurs, les ducs de Bretagne y attachèrent des privilèges pour en favoriser l'établissement. Cette exemption, à l'égard de quelques autres, est une récompense accordée par les mêmes princes aux propriétaires, pour reconnoître leurs services, ou par d'autres considérations. Enfin, il y en a qui ne sont franches qu'à certaines conditions; comme d'entretenir une partie de mur, de réparer un chemin, & à d'autres titres onéreux. Ces privilèges, quel qu'en fut le motif, ne s'accordoient que du consentement des États. L'arrêt dont il s'agit a réglé, dans les différentes villes, les maisons qui doivent jouir de l'exemption.

On compte vingt quatre de ces maisons dans Rennes & dans les fauxbourgs.

Les propriétaires ou locataires jouissent de l'exemption des *impôts & billots*, pour les vins qu'ils vendent aux gens qui logent actuellement chez eux, sans qu'ils puissent donner à boire & à manger à d'autres, ni tenir cabaret, ni vendre des boissons en pots ou en bouteilles, à peine de déchéance de leur privilège, de cent livres d'amende, & d'être condamnés au paiement des droits comme les autres débitans, pour les boissons par eux vendues pendant le quartier où ils sont contrevenus à ces défenses. Il leur est enjoint, à cet effet, de souffrir les visites & exercices des commis. Ces maisons ne peuvent être augmentées par aucune acquisition, donation ou échange, ni l'exemption des droits transférée en quelque façon que ce soit, à d'autres maisons, à peine de déchéance. C'est ce qui résulte des arrêts du conseil des 24 mars 1667, 22 janvier & 27 juillet 1671, & 24 août 1677.

Il y a à Guincamp une autre maison appellée le *Cheval blanc*, dont l'exemption n'a lieu que pour le droit de *billot*, & à la charge, par ce propriétaire, de réparer une partie du mur de la ville attenant la maison.

A Morlaix, le propriétaire de la maison franche reçoit de l'adjudicataire de la ferme des *impôts & billots*, la somme de trois cens livres par an, qui lui tient lieu de l'exemption de ces droits, conformément à une convention du 27 septembre 1718.

Suivant le même arrêt du 27 juillet 1671, les prévôts, officiers & ouvriers de la monnoie de la ville de Nantes, servant actuellement, & demeurant dans les six lieues des environs de cette ville, leurs veuves, tant qu'elles demeurent en viduité, sont exempts de droits d'*impôts & billots*, pour les vins de leur crû qu'ils vendent en détail, à la charge de mettre chaque année au greffe de la sénéchaussée, un rôle, contenant les noms, surnoms & demeures de ceux qui doivent être compris & servent actuellement, pour jouir de cette exemption.

Les buvetiers de la chambre des comptes de Nantes, jouissent de la même exemption, sur quinze tonneaux qui se consomment dans la buvette de cette chambre, sans qu'ils puissent mettre brandon hors le palais.

Outre ces privilèges, nombre de seigneurs & de communautés jouissent de l'exemption des mêmes droits à différens titres. En voici l'état, suivant les arrêts du conseil du 27 juillet 1671 & 21 août 1677, qui règle leurs privilèges.

L'abbé, le prieur & les religieux de Notre-Dame des Prières, pour les maisons qu'ils possèdent, dépendantes de cette abbaye, dans les paroisses de Biliers, Musillac, du Manoir, Boisderos & Liversel; la maison d'*ours lié* de la ville de Guerande, & deux autres maisons qui leur appartiennent aux passages Guidas & de l'isle.

Le doyen de l'église de Notre-Dame de Falgoet, pour les maisons & caves dépendantes de cette église, sans qu'ils puissent mettre aucunes rivelles ou brandon pendant le cours de l'année, si ce n'est durant le tems du pardon seulement.

La maison de Notre-Dame de la Martyre, pour la quantité de dix pipes de vin par an.

Le sieur d'Espinasse, comme seigneur de la terre de Posterie, pour les vins & cidres crûs sur les héritages de son fief.

M. le duc de Brissac, seigneur de la Guerche, pour le droit de ban & étanche, & faire vendre vin & cidre dans la ville & fauxbourgs de la Guerche, pendant quarante jours consécutifs, à commencer du mardi d'après la Pentecôte, à l'exclusion de tous autres, & en exemption des droits d'*impôts & billots*.

M. le marquis de Charost, seigneur d'Ancenis, pour le même droit dans la ville d'Ancenis, depuis le premier son de vêpres de la vigile de saint Barnabé, jusqu'au premier son de vêpres du jour de la Magdeleine, 21 juillet suivant.

M. de Coaslin, seigneur de la Roche-Bernard, pour le même droit pendant quarante jours consécutifs, commençant au jour de l'Ascension de chaque année, dans la ville de la Roche-Bernard.

Il est néanmoins permis aux cabaretiers de cette ville, de vendre & débiter leur vin en détail, en payant au seigneur, chacun onze livres, sans être tenus d'aucun autre droit pour les vins qu'ils auront débités pendant ces quarante jours, à la charge de souffrir les exercices des commis.

M. le duc de Retz, seigneur de Pornic, pour le même droit dans la terre de Pornic pendant un mois consécutif, en le faisant publier huit jours avant l'ouverture du ban & étanche, sans que ceux qui auroient vendu en détail pendant ce tems puissent en être recherchés, si la publication n'a pas été faite, en payant vingt sols chacun au seigneur de Pornic.

Le prieur d'Indre, pour le même droit de ban & étanche, & de faire vendre vin provenant du crû & dîmes de son prieuré, pendant quinze jours consécutifs au lieu d'Indre, en le faisant publier huit jours avant l'ouverture du ban.

Le seigneur de la terre de Rezé, pour ce même droit pendant quinze jours consécutifs, à commencer la veille de saint Eutrope, pour les vins du crû de cette terre débités dans la maison seigneuriale seulement.

Le seigneur de la châtellenie de Coueron, & de sept maisons dépendantes de cette châtellenie, pour le même droit pendant quinze jours, en le faisant publier huit jours auparavant, dans la châtellenie; & pendant un mois aussi consécutif, dans la seigneurie de sept maisons dépendantes de la même châtellenie, à commencer quinze jours avant la saint Symphorien, pour finir quinze jours après, à la charge de ne consommer que les vins du crû des terres dont il s'agit.

L'abbé, le prieur & les religieux du couvent de saint Guidard, pour le même droit pendant quarante jours, à commencer après les vêpres de la vigile de saint Marc.

Les seigneurs ou co-seigneurs de Broon, pour le même droit de ban & étanche, à l'effet d'en jouir entr'eux, alternativement d'année à autre, pendant quarante jours consécutifs, au même lieu de Broon, sans qu'ils puissent prétendre les droits d'*impôts & billots* des vins & autres boissons vendues dans cet endroit pendant le même tems.

Les seigneurs ou co-seigneurs du fief de la Motte-Allemand, pour le même droit pendant les quinzaines des fêtes de la Pentecôte & sainte Marguerite, au bourg de Saint-Nazaire, à cause du même fief, à l'effet d'en jouir entr'eux alternativement d'année en année.

Le seigneur d'Affigné, pour ce même droit pendant quinze jours de chaque année, en le faisant publier huit jours auparavant.

Les seigneurs de la Hunaudaye & de Montafilan, pour l'exemption des *impôts & billots* sur la quantité de quatre pipes par an ; savoir, une pipe aux fêtes de la Pentecôte, au pardon & assemblée du saint-Esprit dans la paroisse du Blédeliar;

Une autre pipe le jour de la saint Symphorien, au pardon & assemblée dans la paroisse de Pleven;
Une autre pipe à la foire de la Montbian, dans la paroisse de Plebout;

Enfin, une quatrième pipe à la foire de sainte-Catherine, qui se tient au lieu de Plancoet.

Les cabaretiers & autres habitans de St.-Aubin-du-Cormier, de Siffré, Vieillevigne & St-René-du-Bois, pour l'exemption des *impôts & billots*.

Ceux de la ville d'Hédé, pour l'exemption des *impôts* seulement.

Les habitans de la terre & seigneurie de Porterie, pour l'exemption des *impôts & billots* sur les vins & cidres du crû des héritages situés dans le fief de la Porterie.

Les habitans de Saint-Nazaire & de Gavre, à qui l'arrêt de 1671 prescrit de représenter leurs titres.

Les cabaretiers & autres débitans aux foires de la Noyale, la Houssaye & de la Broulade, transférées à Pontivy, pour l'exemption des *impôts* seulement ; privilège confirmé par l'arrêt du conseil du 21 août 1677.

Tous les privilégiés dénommés ci-dessus, tant ceux dont l'exemption est à tems & sur une quantité fixée, que ceux qui en jouissent indéfiniment sur toutes les boissons qu'ils peuvent vendre, sont tenus de souffrir les exercices des commis du fermier, comme les autres habitans, à peine de déchéance de leur privilège, & de cent livres d'amende.

Les droits d'*impôts & billots* sont régis, pour le compte de la province, par le fermier des devoirs, qui verse leur produit dans la caisse du trésorier général. De son côté, la Bretagne a un abonnement avec le roi pour ces droits, & il est de neuf cens mille livres, qui sont payées à la régie générale.

Le produit brut des droits d'*impôts & billots*, est d'environ onze cens mille livres, & les frais de régie sont peu considérables, parce que le fermier des devoirs est tenu de les faire percevoir en même tems que les siens.

IMPOT DU SEL. On entend par ces mots, le sel qu'en certain canton, chaque habitant est forcé de prendre & de payer au prix fixé, quand même ce sel lui seroit inutile ; en sorte que cette obligation est, dans le fait, une charge non moins pesante que l'est toute autre imposition.

Si l'on considére attentivement la topographie du pays de grandes gabelles, on apperçoit d'abord les motifs de cette législation coactive qui les circonscrit.

Dans la partie de ces frontières, qui est bornée par l'Océan, il est sans cesse exposé à des versemens, de la part des maîtres des bâtimens qui vont sur les marais de l'Aunis, du Poitou, de la Bretagne, & des isles adjacentes, charger des sels à la destination de l'étranger ; de la part des villes de franchise, & même des dépôts que l'adjudicataire entretient aux embouchures des principales rivières. Il confine d'ailleurs au Boulonnois, à la Flandre, au Cambresis, & au Haynault, provinces exemptes ; à la Lorraine, aux trois évêchés, à la Franche-Comté, au Maconnois, & au Forez, provinces qui quoique soumises à des gabelles particulières, ont cependant le sel à un prix très-inférieur, en comparaison du prix de cette denrée dans les grandes gabelles. Enfin ce pays confine à l'Auvergne, à la Marche & au Poitou, qui sont rédimées, & à la Bretagne, province entièrement exempte, dans laquelle le commerce du sel est presqu'entièrement libre. Dans cet état des choses, le gouvernement se seroit envain réservé le privilége de la vente exclusive du sel dans les douze généralités qui composent le pays des grandes gabelles, s'il n'avoit pas pris les mesures nécessaires pour empêcher que les habitans des paroisses situées sur la limite, ne consommâssent du sel pris chez leurs voisins. On ne pouvoit adopter vis-à-vis des paroisses frontières, les moyens que les réglemens ont donnés à l'adjudicataire, pour forcer celles de l'intérieur à s'approvisionner aux greniers, parce que la difficulté de se procurer du faux sel, oblige celles-ci à ne consommer que du sel des greniers ou des regrats. Au contraire la facilité sur les frontières, d'avoir du sel à bas prix, non-seulement pour consommer, mais même pour en faire un trafic lucratif, exigeoit des mesures propres à arrêter cette cupidité, ou du moins à la restraindre.

Ce sont ces considérations qui ont déterminé à prendre la forme d'une imposition pour assurer la consommation en sel des paroisses de la frontière.

Quoique cette imposition paroisse par son assiette très-comparable à la taille, elle a cependant quelque chose de moins onéreux, puisque dans le fait les contribuables ne sont forcés de prendre pour l'ordinaire, qu'une quantité de sel très-inférieure à celle qu'ils leveroient volontairement aux greniers, s'ils étoient privés de tous les moyens de se procurer du faux sel. Ils ont d'ailleurs la faculté de recevoir chez eux, à crédit, au commencement de chaque quartier, le sel qui leur est nécessaire pendant ce tems, & de ne le payer qu'à mesure qu'ils le consomment, & que la vente de leurs denrées leur procure les moyens d'acquitter cette partie de leur dépenses. Le ressortissant d'un grenier de vente volontaire, est obligé de se déplacer toutes les fois qu'il a besoin de renouveller ses approvisionnemens; il faut qu'il paye d'avance le sel qui lui est livré, ou qu'il supporte les bénéfices que font les regratiers dans leur débit.

On a vu au surplus au mot *Gabelles*, que cette forme d'imposition avoit été adoptée, avant même que le gouvernement se fût réservé le privilège de la vente exclusive du sel; c'est-à-dire, lorsque les droits ne consistoient qu'en une perception de quarante-cinq livres tournois par muid, sur tous les sels que les marchands distribuoient dans les provinces composant aujourd'hui le pays des grandes gabelles; pour assurer cette perception sur tout le sel consommé par les habitans des paroisses voisines du pays exempt ou rédimé, on leur faisoit répartir, en impôt, celui qu'ils devoient consommer en raison du nombre de personnes dont leurs familles étoient composées, & la police qui s'observoit à cet égard étoit, ainsi que l'on en trouve la preuve dans l'édit du 13 août 1579, à peu près la même que celle qui subsiste encore aujourd'hui.

Le nombre des greniers d'impôt étoit même autrefois bien plus considérable qu'il ne l'est aujourd'hui. Mais les édits des mois d'avril 1667, & septembre 1668, en ont converti un grand nombre en greniers de vente volontaire; & tous ceux de cette espèce sont restés sur le même pied, excepté celui de Saint-Amand, qui a été mis en grenier d'*impôt* par la déclaration du 3 janvier 1723, & par l'édit du mois de juin 1727.

Les règles sur lesquelles porte la régie des greniers d'*impôt* se trouvent réunies, tant dans le titre 7 de l'ordonnance des gabelles du mois de mai 1680, que dans les réglemens qui en ont postérieurement confirmé, interprété, ou changé les dispositions. Dans la vue de les présenter avec méthode, nous diviserons cet article en sept sections qui renfermeront;

1°. La répartition, le département & l'assiette de l'*impôt*.

2°. La nomination des collecteurs de l'*impôt*.

3°. Les obligations de ces collecteurs.

4°. Le recouvrement du prix de l'*impôt*.

5°. Les droits de la collecte de l'*impôt*.

6°. Les obligations des contribuables de l'*impôt*.

7°. Enfin les privilégiés de l'*impôt*, & leurs obligations.

Première Section.

De la répartition, du département & de l'assiette de l'impôt.

La division de l'*impôt* entre les différens contribuables qui doivent le supporter, est le résultat de trois opérations indiquées par le titre de cette section. En effet le conseil fixe tous les ans la quotité de l'*impôt* de chaque grenier; les intendans, de concert avec les officiers des greniers, déterminent de leur côté l'imposition de chaque paroisse; & les collecteurs celle de chaque contribuable.

Les articles I & II du titre 8 de l'ordonnance des gabelles ont a réglé ce qui doit être observé relativement aux deux premières de ces opérations, & les articles VII, VIII, IX, X, XI, XII & XIII, ce qui est relatif la troisième.

Conformément aux dispositions de ces articles, le département de l'*impôt* est arrêté chaque année, dans les greniers qui y sont sujets, en vertu de commissions adressées par le conseil, tant aux intendans, qu'aux officiers de chaque grenier, pour qu'ils en fassent la répartition en présence du commis de l'adjudicataire. Les mandemens de l'*impôt* de chaque paroisse sont ensuite délivrés au commis des fermiers & par lui envoyés aux maires & échevins des villes, & aux syndics & marguilliers des paroisses.

Lorsque la masse de l'*impôt* a été réglée par le conseil, l'administration des finances adresse aux intendans, une commission qui, en indiquant quel est l'objet de l'*impôt* de chaque grenier, les chargent, ainsi que les officiers, d'en faire la repartition entre les différentes paroisses qui doivent la supporter. En vertu de cette commission les intendans procèdent, de concert avec les officiers, au département de l'*impôt*, c'est-à-dire à la division de la masse totale de l'*impôt* de chaque grenier de la généralité, entre les différentes paroisses qui y sont sujettes.

Quoique les officiers des greniers soient appellés à cette seconde opération, ils y sont en quelque sorte réduits à une voix consultative, puisque l'ordonnance accorde aux intendans, la voix prépondérante & décisive. Il est cependant certain que par leur résidence habituelle dans le ressort, les officiers sont bien plus en état, que les intendans, de connoître la population & les ressources de chaque paroisse, & conséquemment de proposer la répartition la plus juste, & la plus favorable à la masse totale des contribuables.

La quotité de l'imposition à faire supporter à chaque paroisse, se détermine en général par le nombre des contribuables qui y existent. On doit observer à ce sujet que la distinction des classes établie par la déclaration du 29 août 1724, entre les ressortissans de la vente volontaire, n'est point applicable aux contribuables de l'*impôt*; dans tous les tems, le conseil a proscrit cette distinction, comme contraire aux motifs de l'établissement de l'*impôt*. La cour des aides de Paris a adopté le même principe, en infirmant par son arrêt du 4 septembre 1776, une sentence du grenier de Guise qui avoit ordonné que plusieurs habitans de la paroisse de la Neuville, imposés à moins de trente sols de taille, seroient retranchés des rôles de l'*impôt du sel*.

Quoique l'objet de l'*impôt* de chaque grenier soit en général proportionné au nombre des habitans qui y existent, il n'est pas sans exemple que l'on se soit écarté de ce plan.

Lors de la publication de la déclaration du 21 octobre 1710, qui a, de nouveau, fixé relativement aux greniers de vente volontaire, le devoir de gabelles dans la proportion d'un minot par an, pour quatorze personnes, les collecteurs de plusieurs paroisses prétendirent que l'on ne pouvoit les obliger à lever du sel que dans cette proportion. Mais le conseil rejetta cette interprétation de la déclaration du 21 octobre 1710, & par un arrêt du 26 mars 1711, ordonna que les collecteurs des paroisses imposées, seroient tenus de lever les quantités de sel pour lesquelles elles auroient été comprises dans les départemens arrêtés par les intendans.

Il résulte de cet arrêt, que le conseil a pensé que l'*impôt* d'une paroisse pouvoit excéder la proportion d'un minot par an pour quatorze personnes. Cependant il sembleroit de la justice, qu'il fût réglé dans cette proportion entre les différentes paroisses de chaque grenier, sauf la considération des événemens particuliers qu'elles peuvent avoir éprouvé, & celle des ressources que leur position, leurs relations, & leur commerce, leur fournissent.

Lorsque l'objet de l'*impôt* que chacune des paroisses d'un grenier doit supporter est arrêté, les intendans, conformément à l'article II, du titre 8 de l'ordonnance des gabelles, font rédiger & notifier aux habitans par des mandemens ou ordonnances. Il est prescrit en même tems aux collecteurs de procéder sans retard à l'assiette de cet *impôt*, c'est-à-dire à sa répartition entre les différens contribuables de la paroisse. On rappelle à ces collecteurs les principales obligations qu'ils auront à remplir pendant la durée de leur collecte, & les peines auxquelles ils s'exposeroient s'ils se livroient à quelques prévarications.

Aussi-tôt que les mandemens de l'*impôt du sel* ont été signés, il est d'usage de les adresser aux receveurs des greniers, & ceux-ci doivent les faire passer, avant le premier décembre, aux collecteurs de chaque paroisse, pour qu'ils puissent avant le premier janvier, convenir de la répartition, & faire procéder à la formation de leur rôle.

Dans cette troisième & dernière opération, les principes qui ont déterminé les premières, sont rarement adoptés; car lorsque les collecteurs fixent la portion de l'*impôt* que chaque contribuable doit supporter, ils se décident beaucoup moins d'après le nombre des personnes dont sa famille est composée, que d'après l'étendue de ses facultés; & l'on sent que le desir d'assurer leurs recouvremens est le motif qui les porte à ce parti.

Néanmoins, les articles VIII, IX & X. du titre 8. de l'ordonnance des gabelles, contiennent plusieurs dispositions, qui ont expressément défendu de les gêner sur ce point, soit en voulant assister avec eux à l'assiette de l'*impôt*, soit en proposant quelque personne pour faire le rôle, soit en voulant les contraindre ou les intimider.

Il s'est cependant présenté des circonstances, dans lesquelles le maintien du bon ordre & la nécessité de réprimer des abus, ont fait autoriser les intendans à nommer des commissaires pour la rédaction des rôles de quelques paroisses, ou à cotiser d'office quelques contribuables. C'est ce dont on trouve la preuve dans les arrêts du conseil des 6 octobre 1722, 10 mars 1733, & 23 avril 1737.

Suivant l'article XI. du titre 8. de l'ordonnance, les collecteurs doivent, aussi-tôt que leurs rôles sont rédigés & arrêtés, en remettre une copie au receveur du grenier, & une autre au greffe de la jurisdiction; les officiers peuvent alors les examiner & les vérifier, mais il leur est enjoint par l'article XII. du même titre, d'y procéder sans frais. Cet article leur défend aussi d'augmenter ou diminuer les cotes des particuliers, ni d'ordonner que les rôles soient refaits; il les autorise seulement à cotiser d'office les contribuables qui auroient été obmis.

Lorsque quelques particuliers, par la foiblesse, l'ignorance, ou l'indisposition des collecteurs, ont été trop imposés, le même article XII. leur permet de se pourvoir en sur-taux; c'est-à-dire, de justifier que leur imposition excède la proportion dans laquelle ils auroient dû être taxés équitablement, & à demander que l'excédent soit rejetté sur les autres contribuables.

Il leur est d'ailleurs permis, par l'art. XXXII. du même titre, de présenter à la fin de l'année aux officiers du grenier, une requête, tendante à obtenir la faculté d'employer en grosses salaisons, les quantités de sel qui leur ont été délivrées, au-delà de celles qui auroient dû leur être réparties.

Il étoit naturel que l'ordonnance, après avoir attribué aux contribuables les moyens de se préserver des effets de l'impéritie ou de l'indisposition des collecteurs, en fournît au fermier, pour empêcher que les habitans qui jouissent de quelque crédit dans leur paroisse, ne se fissent taxer dans des proportions trop foibles. En conséquence, l'article XIII. du titre 8, l'a autorisé à faire assigner ceux qui se trouveroient dans ce cas, pour prendre du sel par extraordinaire, suivant l'état de leurs familles. Mais la cour des aides de Paris, par un arrêt du 20 mars 1767, lui a fait défenses de faire assigner les contribuables trop peu imposés; & cet arrêt ayant été cassé par celui du conseil du 20 mars 1770, la même cour a, par un second arrêt du 30 mai suivant, renouvellé les défenses à l'adjudicataire, de faire aucunes poursuites contre les contribuables trop peu imposés, & ce dernier arrêt subsiste dans toute sa force.

SECONDE SECTION.

De la nomination des collecteurs.

Nous avons observé dans la précédente section, que lorsque l'objet de l'*impôt* affecté à chaque paroisse avoit été arrêté par les intendans & les offiofficiers des greniers, il étoit ensuite divisé entre les contribuables par les collecteurs de chaque paroisse. Ces collecteurs sont appellés dans les réglemens, tantôt asséeurs, tantôt collecteurs. Le nom d'asséeurs leur est au surplus donné, en raison de ce qu'ils font l'assiette de l'*impôt*, & celui de collecteurs, parce qu'ils en font le recouvrement.

En consultant les anciens réglemens, on voit que dans les premiers tems de l'établissement de la ferme des gabelles, les officiers des greniers s'étoient arrogé le droit de commettre les collecteurs de l'*impôt*, & que ce n'est que depuis 1517, qu'en exécution de l'article IX. de l'ordonnance du mois de juin de cette année, les habitans des paroisses ont été autorisés à les élire.

L'article IV. du titre 8. de l'ordonnance des gabelles, avoit, en conséquence, ordonné qu'il seroit fait & renouvellé, de cinq ans en cinq ans, deux classes, l'une des plus riches contribuables, l'autre des moins aisés, pour être alternativement, & à leur tour, nommés collecteurs en nombre égal. Mais il a depuis été établi de nouvelles règles à cet égard; & l'article premier de la déclaration du 15 janvier 1718, a rendu communs, pour la nomination des collecteurs de l'*impôt du sel*, les tableaux & états des habitans de chaque paroisse, dont les déclarations des premiers août 1716 & 24 mars 1717, avoient ordonné la confection, relativement au choix des collecteurs des tailles.

Toutes les formalités qui doivent être observées, ont, au surplus, été réglées par les articles II, III, IV & V. de la déclaration de 1718; & les dispositions claires & précises de ce réglement, qui a entièrement dérogé à l'article IV. du titre 8. de l'ordonnance des gabelles, ne sont, à cet égard, susceptibles d'aucune discussion. Cette nomination doit être faite dans le cours du mois d'octobre de chaque année.

Aussi tôt que les habitans des paroisses sujettes à l'*impôt* y ont procédé, ils doivent en remettre l'acte au greffe du grenier. L'article V. du titre 8. de l'ordonnance des gabelles, qui leur prescrit de faire cette remise avant le premier novembre de chaque année, a en même tems ordonné, que lorsqu'ils n'auroient pas satisfait à cette injonction, les officiers procéderoient d'office à la nomination des collecteurs, en choisissant ceux des habitans qui se trouveroient en tour de l'être, & que cette nomination seroit signifiée, à la requête du fermier, à ceux qui auroient été nommés. L'arrêt du conseil du 28 octobre 1683, a ordonné que, dans les cas de cette espèce, le fermier représenteroit à l'intendant les pièces de la procédure, & que ce magistrat, après les avoir vérifiées, feroit faire état des sommes dont elles nécessiteroient l'imposition sur chaque paroisse, par augmentation sur le prix du sel.

Il y a lieu de présumer que, dans quelques circonstances, les officiers des greniers ont exigé des épices & vacations très-considérables pour les sentences de nomination d'office, puisque par un arrêt de la cour des aides de Paris du 24 mai 1732, il fut enjoint à ceux du grenier à sel de Laval, de ne prendre pour les sentences de cette espèce que quinze sols, conformément à la déclaration du 17 février 1688. Le conseil n'a pas pensé que les officiers dussent même exiger cette rétribution, car son arrêt du 2 mars 1734, condamne les officiers de plusieurs greniers de la généralité de Tours, à restituer les sommes par eux reçues pour des nominations d'office. Cet arrêt défend aux officiers de se taxer à l'avenir aucunes épices pour les nominations de cette espèce, aux receveurs d'en faire l'avance, & aux collecteurs d'en faire l'imposition, à peine contre les officiers & collecteurs, de concussion, & d'être poursuivis extraordinairement.

Lorsque l'acte de la nomination des collecteurs a été déposé au greffe du grenier, ceux qui croient avoir été induement nommés, peuvent se pourvoir pour faire déclarer leur nomination nulle, & ordonner qu'un autre habitant en sera chargé à leur place, en se conformant à ce qui est prescrit par l'article VII. du titre 8. de l'ordonnance des gabelles.

Pour que les habitans des paroisses sujettes à l'*impôt* pussent procéder avec une entière liberté à la nomination des collecteurs, il a été défendu par les articles VIII & X. du même titre de l'ordonnance, non-seulement aux officiers des greniers d'y assister, mais encore à tous seigneurs, gentilshommes, juges & autres, d'intimider ou contraindre les habitans, de faire faire les nominations dans leurs châteaux ou maisons, même de prendre communication des actes de nomination, à peine d'être privés de leurs charges, fiefs & droits de justice, ou autre punition exemplaire.

Troisième Section.

Des obligations des collecteurs.

Les différentes obligations qu'ont à remplir ceux qui ont été nommés à la collecte de l'*impôt du sel*, leur sont indiquées, ainsi qu'on l'a précédemment observé, par le mandement qui leur notifie quelle est la quantité de l'*impôt* arrêté pour leur paroisse, lors du département fait entre l'intendant de la généralité & les officiers du grenier.

Le premier soin des collecteurs, lorsque ce mandement leur a été remis, doit être de régler quelle sera la cote-part de chaque contribuable en particulier, & de former le rôle dans lequel les résultats de cette opération doivent être consignés. La forme de ces rôles, dont ils sont tenus de remettre des copies au greffe du grenier & au commis de l'adjudicataire, est prescrite, tant par l'article XI. du titre 8. de l'ordonnance des gabelles, que par les arrêt & lettres-patentes des 25 juillet & premier août 1719.

Les arrêt & lettres-patentes des 30 mai & 16 juin 1724, ont d'ailleurs enjoint aux ressortissans des greniers d'*impôt*, de déclarer à toute réquisition l'état de leur famille, à peine de cinquante livres d'amende en cas de refus ou d'obmission.

Les rôles dont les collecteurs de l'*impôt* doivent fournir des copies aux receveurs des greniers, sont soumis aux mêmes vérifications que ceux que les collecteurs des tailles fournissent dans les greniers de vente volontaire, & l'amende de dix liv. est également prononcée contre les uns & les autres collecteurs, pour chaque personne obmise dans ces rôles. C'est ce que le conseil a formellement jugé, par arrêt du 30 mai 1730. Il est enjoint aux collecteurs de l'*impôt* de se conformer, dans la rédaction de leurs rôles, aux déclarations des 9 mai 1702, 19 mai 1711, & 29 août 1724, ainsi qu'aux arrêts & lettres-patentes des 25 juillet & premier août 1719, 9 août 1723, & 9 mai 1724, dont on rappellera les dispositions à l'article de la Vente volontaire, en parlant des dénombremens.

On observera seulement ici, que l'arrêt du conseil du 31 décembre 1720, avoit ordonné que les collecteurs de l'*impôt*, justifieroient aux receveurs des greniers, de l'acquittement du droit de scel de leurs rôles; mais que celui du 25 juin 1765, a dispensé les rôles de l'*impôt*, comme ceux des tailles, tant du droit de scel que de celui de contrôle, en permettant que les uns & les autres ne fussent plus rédigés en papier timbré.

Suivant l'article XIV. du titre 8. de l'ordonnance des gabelles, les collecteurs doivent lever dans les huit premiers jours de chaque quartier, le quart de l'*impôt* de l'année; & les dispositions de cet article ont été confirmées, tant par l'article XI. de la déclaration du 21 octobre 1710, que par les arrêts du conseil du 26 mai 1711 & 5 décembre 1724, qui ont expressément dérogé à celui du 5 août 1698, par lequel il avoit été permis aux collecteurs de lever chaque année, en une seule fois, tout le sel d'*impôt* de leur paroisse.

La cour des aides de Paris a adopté le même principe, en ordonnant, par un arrêt du 3 septembre 1766, que le sel d'*impôt* seroit délivré aux collecteurs par quartier, ce qui s'exécute aujourd'hui dans tous les greniers.

Lorsque les collecteurs ont levé le sel qu'ils ont à répartir aux contribuables de leur paroisse, ils doivent, aux termes de l'article XV. du titre 8. de l'ordonnance des gabelles, (qui a sur ce point adopté les dispositions de l'article XII. de l'arrêt de la cour des aides de Paris du 27 octobre 1616.) le porter entièrement dans leur paroisse le même jour qu'il leur a été délivré au grenier, sans le laisser, ou porter dans aucune maison particulière du lieu où le grenier est établi, & cette injonction a eu pour objet de prévenir les abus que les collecteurs pourroient faire du sel d'*impôt*. Mais l'article de l'ordonnance n'ayant prononcé aucune peine contre ceux qui y contreviendroient, celle qui doit être prononcée dans ce cas, est restée à l'arbitrage des juges.

Le sel d'*impôt* doit, conformément à l'article XIV. du titre 8. de l'ordonnance, confirmé par l'article XI. de la déclaration du 21 octobre 1710, être délivré par les collecteurs aux contribuables dans la huitaine du jour où ils l'ont reçu. Suivant les dispositions de ces réglemens, les collecteurs étoient obligés d'en justifier au commis du fermier, par la représentation de leur rôle, avant de lever le sel du quartier suivant; mais cette représentation ayant été reconnue illusoire, parce qu'elle supposoit une opération impraticable, il a été rendu au conseil le 26 janvier 1723, un arrêt, sur lequel il fut expédié le 20 novembre 1725, des lettres-patentes, qui déclarent faux-sel celui qui seroit trouvé chez les collecteurs en sus de leur cote personnelle, après l'expiration du délai fixé pour la distribution aux contribuables. D'après ce réglement, l'arrêt du conseil du 26 juillet 1723, & celui de la cour des aides de Paris, du 9 mars 1745, ont condamné en l'amende de deux cens livres différens collecteurs, chez lesquels il avoit été trouvé plus de sel qu'ils n'en devoient avoir.

L'arrêt du 26 janvier 1723, fait, au surplus, défenses aux collecteurs de vendre le sel de l'*impôt*, à peine de faux-saunage & de trois cens livres d'amende.

L'ordonnance des gabelles n'avoit point déterminé de quelles mesures les collecteurs devroient se servir pour la distribution du sel d'*impôt* aux contribuables; il a été suppléé à cette obmission, par l'arrêt du conseil du 24 février 1688, qui a ordonné qu'ils feroient usage de mesures étalonnées sur les matrices de cuivre déposées au greffe de chaque grenier, en exécution de la déclaration du 25 novembre 1687, avec défenses de se servir d'aucunes autres, à peine de cinquante livres d'amende. L'arrêt de la cour des aides de Paris du 24 mai 1732, a, au surplus, ordonné que les collecteurs seroient tenus de se fournir de mesures à leurs frais.

Suivant la déclaration du 22 septembre 1720, les collecteurs qui se servent de fausses mesures, ou qui mêlent des corps étrangers dans le sel d'*impôt*, doivent être condamnés en la peine des galères pour cinq ans.

Lorsque les collecteurs ont laissé expirer l'année de leur collecte, sans lever la totalité du sel d'*impôt*, l'article XIX. du titre 8. de l'ordonnance, veut que la quantité qu'ils ont négligé de lever, ne leur soit plus délivrée six semaines après l'expiration de l'année, & il permet seulement de leur faire déduction du prix marchand, suivant la fixation faite par l'arrêt du conseil du 2 avril 1712, à sept livres le minot.

L'ordonnance des gabelles n'avoit pas prévu le cas dans lequel les collecteurs de l'*impôt*, par l'effet d'un accident quelconque, auroient perdu, en le transportant dans leurs paroisses, le sel qui leur auroit été délivré au grenier. Mais le conseil, par ses arrêts du 4 octobre 1698, 3 février 1705, & 8 mai 1744, a permis à différens collecteurs, dont les sels avoient été naufragés dans leur transport, d'en lever au grenier une pareille quantité, en payant simplement le prix marchand, à raison de sept livres le minot.

QUATRIÈME SECTION.

Du recouvrement de l'impôt.

On a précédemment observé que les collecteurs de l'*impôt* avoient reçu ce nom, parce qu'ils étoient chargés de recueillir les deniers de l'*impôt*. L'ordonnance des gabelles & les réglemens postérieurs, ont pourvu par les dispositions les plus précises, à ce qu'ils remissent promptement aux receveurs des greniers, les sommes qu'ils auroient reçues, afin d'en prévenir le divertissement.

Suivant l'article XVI. du titre 8. de cette ordonnances, les deniers provenans de l'*impôt du sel*, doivent être payés, par les collecteurs, entre les mains du commis de l'adjudicataire; savoir, moitié dans les six premières semaines de chaque quartier, & moitié à la fin. Faute de le faire, ils peuvent y être solidairement contraints par emprisonnement, en vertu des contraintes du commis, visées par l'un des officiers du grenier; & lorsque ces officiers refusent de viser ces contraintes, le commis de l'adjudicataire est autorisé, par l'article VII. du même titre, à passer outre, en remplissant les formalités prescrites par cet article.

Quand les collecteurs sont reconnus insolvables, après toutefois avoir été discutés en leur personne & en leurs biens, conformément aux articles XXI & XXII. du titre 8. de l'ordonnance, l'adjudicataire peut faire usage de la faculté que l'article XX. lui accorde, de contraindre solidairement les principaux habitans des paroisses, à payer l'objet de l'imposition qui n'est pas acquitté; & la forme de procéder qui doit être suivie dans ce cas, a été réglée par les articles XXIII, XXIV & XXVII. du même titre de l'ordonnance.

Si les collecteurs ont diverti les deniers de leur collecte, ils sont dans le cas, aux termes de la déclaration du 22 mai 1708, d'être condamnés en la peine du carcan & du fouet, ou en celle des galères, selon que les sommes qu'ils ont diverties sont plus ou moins considérables. Les arrêt & lettres-patentes des 2 février & 4 mars 1720, ont ordonné, qu'outre les peines prononcées par cette déclaration, dont ils ont confirmé les dispositions, les collecteurs seroient condamnés à la restitution des deniers par eux divertis.

Il a, au surplus, été pris de justes mesures pour empêcher que les poursuites en solidité n'entraînassent des frais capables d'augmenter les charges des paroisses, & l'on peut à ce sujet consulter les dispositions de l'article XXXI. du titre 8. de l'ordonnance, & XV. de la déclaration du 21 octobre 1710.

On voit encore par un arrêt du conseil du 28 juillet 1705, que les officiers du grenier de Laffay, furent condamnés à restituer aux collecteurs & habitans de plusieurs paroisses de leur ressort, les épices qu'ils s'étoient taxées pour différentes sentences de solidité, à raison de deux sols pour livre des sommes à recouvrer. Cet arrêt leur fit en même tems défense, ainsi qu'à tous autres officiers, de régler leurs vacations en raison des sommes dûes, & sur d'autres bases que le tems pendant lequel ces vacations auroient duré.

Les sentences de solidité doivent, conformément à l'article XXI. de l'édit du mois de juin 1660, & à l'article XXVIII. du titre 8. de l'ordonnance des gabelles, être exécutées par provision, sans que les juges, & même les cours des aides, puissent accorder aucunes surséances. C'est d'après ces dispositions qu'a été rendu l'arrêt du conseil du 29 mars 1712, qui a cassé celui de la cour des aides de Paris du 7 octobre précédent, & ordonné l'exécution d'une solidité prononcée le 9 septembre par les officiers du grenier de Mayenne.

Les juges ne peuvent également, suivant l'article XXIX. du titre 8. de l'ordonnance, sous quelque prétexte que ce soit, ordonner l'élargissement des collecteurs & principaux habitans qui ont été emprisonnés en vertu des sentences de solidité.

Quoique les sentences doivent être exécutées par provision, on peut néanmoins en interjetter appel, en conformité de l'article XXX. du titre 8. de l'ordonnance, & ces appels doivent être jugés sur le champ à l'audience, ou au plus tard dans les trois jours.

Le cas où le propriétaire d'un héritage, en réclamant la préférence, arrêteroit les poursuites faites par l'adjudicataire, en vertu des sentences de solidité, n'a point été prévu par l'ordonnance des gabelles; mais la déclaration du 4 décembre 1779, applique à l'*impôt du sel* les dispositions de celle du 22 août 1665, rendu sur le fait des tailles, en ordonnant que lorsqu'il s'élevera, soit sur les poursuites des collecteurs, soit sur celles de l'adjudicataire, en vertu des sentences de solidité, des contestations entr'eux & les propriétaires des héritages, à l'occasion de la préférence réclamée par ceux-ci, elles seront jugées par les officiers du grenier à sel, & par appel en la cour des aides.

La même déclaration de 1779 a, en même tems ordonné, comme celle du 22 août 1665, que le propriétaire des héritages seroit préféré pour l'année courante du revenu, en justifiant qu'elle lui seroit légitimement dûe.

Elle a enfin réglé, que lorsqu'il s'éleveroit des contestations de préférence entre les collecteurs des tailles & ceux de l'*impôt du sel*, ou l'adjudicataire, il y seroit statué par les officiers de l'Election. Mais on a obmis d'insérer dans ce réglement la disposition de la déclaration du 20 août 1673, qui a ordonné, relativement aux tailles, dans la province de Normandie, que la préférence accordée aux propriétaires des héritages pour une année de leur revenu, ne seroit entendue que pour une récolte, & une fois seulement pendant un bail. Il semble d'ailleurs, que la même déclaration de 1779 auroit dû ordonner, ainsi que l'arrêt de la cour des aides de Paris, du 25 février 1695, que les bailleurs à rentes foncières seroient fondés à réclamer la même préférence que les bailleurs à ferme, pour l'année courante de leurs rentes.

La solidité ne peut, au surplus, avoir lieu indistinctement contre tous les habitans des paroisses dont les collecteurs n'ont pas acquitté le prix de l'*impôt*, & les exceptions à cet égard ont été réglées par les articles XXIII, XXV, & XXVI, du titre 8 de l'ordonnance des gabelles, ainsi que par l'article XIII de la déclaration du 21 octobre 1710.

En assujettissant les principaux habitans des paroisses à solder les deniers de l'*impôt du sel*, dans le cas où les collecteurs ne les auroient pas payés, il étoit juste de leur assurer le moyen de se rembourser de leurs avances. C'est ce qu'a fait l'article XXII du titre 8 de l'ordonnance, en ordonnant qu'ils seroient fondés à se pourvoir contre les biens-meubles ou immeubles des collecteurs qui auroient diverti des deniers de leur collecte. L'article XXIII du même titre les a d'ailleurs autorisés à demander le rejet sur la paroisse, des sommes qu'ils auroient avancées.

Une déclaration du 3 janvier 1775, ayant ordonné que la solidité qui subsistoit antérieurement entre les habitans des paroisses taillables, relativement au recouvrement des tailles, n'auroit pas lieu & qu'en cas d'insolvabilité des collecteurs, les sommes dont ils seroient en retard, seroient réimposées sur les paroisses, les principaux habitans de la paroisse de Givrette, du grenier de Montluçon, prétendirent que, d'après ce réglement, ils n'avoient pu être valablement condamnés au payement des sommes dûes sur l'*impôt du sel* par les collecteurs de leur paroisse, & se rendirent appellans de la sentence de solidité qui avoit été rendues contr'eux. Mais la cour des aydes de Paris, en mettant, par son arrêt du 17 juin 1776, au néant, l'appel de ces particuliers, en les condamnant en tous les dépens, & en ordonnant l'exécution de la sentence contre laquelle ils avoient réclamé, a jugé que la déclaration du 3 janvier 1775, n'a pas abrogé les dispositions du titre 8 de l'ordonnance du mois de mai 1680, qui ont autorisé les poursuites solidaires, & que ces dispositions doivent continuer à être exécutées.

Le législateur ne s'est pas borné à statuer sur tout ce qui pouvoit contribuer à assurer & accélérer le recouvrement de l'*impôt*; il s'est encore occupé du soin de prévenir qu'il ne s'introduisît quelques désordres dans la comptabilité des receveurs. L'arrêt du conseil du 5 décembre 1724, contient à cet égard les dispositions les plus précises.

Pour assurer encore davantage l'effet de ces dispositions, la ferme générale accorde à ceux de ses receveurs qui ont appuré l'*impôt* d'une année, avant la fin du mois de mars de l'année suivante, une gratification fixée par la délibération du 9 mai 1781, à douze francs par mille livres du prix de l'*impôt*. Cette gratification n'est que de six livres si l'appurement est fait en avril; & de trois livres s'il n'est fait qu'au premier juillet; mais ce terme passé, les receveurs ne jouissent d'aucune gratification d'appurement.

Nous avons fait connoître dans la troisième section de cet article, la faveur que le gouvernement a plusieurs fois accordée à des collecteurs de l'*impôt* dont les sels avoient été naufragés. Il est également venu plusieurs fois au secours de différentes paroisses, qui par des accidens imprévus ont été réduites à l'impossibilité d'acquitter les sommes dont elles étoient redevables sur l'*impôt du sel*. On voit par les arrêts du conseil des 11 octobre 1698 & 19 juin 1745, que l'*impôt* de diverses paroisses incendiées a été modéré pour plusieurs années, qu'on leur a fait remise des sommes qu'elles devoient pour des années échues, & qu'on les a déchargées de l'*impôt* pour l'année courante. Mais le conseil a paru depuis, penser que quoiqu'il fut juste d'accorder des secours aux habitans des paroisses qui ont éprouvé de semblables accidens, & même de diminuer leur *impôt* des années futures, ils ne devoient pas être dispensés d'acquitter celui de l'année courante. C'est ce qui résulte en effet des décisions du conseil des 18 novembre 1758, & 9 février 1759, en réponse au mémoire des habitans de la paroisse de Savi, du grenier de Saint-Quentin, qui avoient demandé à être déchargés d'une partie des sommes qu'ils devoient sur l'*impôt*, en considération d'un incendie qu'ils avoient éprouvé. Ces décisions paroissent être fondées, 1°. sur ce que l'*impôt* n'étant réellement qu'une forme adoptée pour assurer le payement du prix du sel, nécessaire à la consommation de chaque chef de famille, il est tout simple que les paroisses d'*impôt* ne doivent pas, dans des circonstances fâcheuses, être plus favorablement traitées que les paroisses de vente volontaire, puisque celles-ci, en pareil cas, n'obtiennent ni l'exemption du devoir des gabelles, ni la faculté de payer le sel à un prix inférieur à celui qui a lieu en tout autre tems. 2°. Sur ce qu'il semble plus utile à ces paroisses mêmes, & bien moins sujet à abus, de leur accorder des soulagemens plus considérables sur les tailles ou sur la capitation.

Cinquième Section.

Des droits de collecte accordés aux collecteurs.

Dans l'intention de dédommager les collecteurs de la perte du tems & des dépenses qu'exige le recouvrement de l'*impôt*, ainsi que des avances qu'ils sont souvent obligés de faire, l'article XVIII du titre 8 de l'ordonnance des gabelles, & les arrêts du conseil des 29 août 1719, 5 décembre 1724, & 20 août 1726, les autorisent à retenir pour droits de collecte,

1°. Deux deniers pour livre du principal, droits manuels & sols pour livre du prix du sel.

2°. Cinq sols pour le port & la distribution de chaque minot de sel.

3°. Enfin deux sols, aussi par minot, par lieue de distance du grenier à leur paroisse.

L'arrêt du conseil du 25 mars 1687, en confirmant l'article XVIII du titre 8 de l'ordonnance, a fait défenses aux collecteurs de rien exiger des contribuables, soit pour la confection des rôles, soit à quelque titre que ce puisse être.

L'arrêt du conseil, du 21 avril 1705, en renouvellant aux collecteurs l'injonction qui leur avoit été faite par l'ordonnance, de fournir aux receveurs des greniers, quittances des droits de collecte; a ordonné que lorsqu'ils sauroient écrire, ces quittances pourroient être faites sous seing privé; & que dans le cas contraire elles seroient passées par devant notaire. Mais pour que cette obligation ne devînt pas onéreuse, un autre arrêt du 12 octobre 1706, a déchargé ces quittances des droits de scel & de contrôle, en réglant que les notaires qui les expédieroient, ne pourroient exiger que deux sols, pour chaque quittance, non compris le papier timbré.

Au surplus, en observant que, d'après l'article II du titre 7 de l'ordonnance des gabelles, le sel distribué par *impôt* est vendu, dans chaque grenier, vingt sols par minot, de plus que le sel levé volontairement, soit par les contribuables, soit par les privilégiés, on apperçoit que ce sont les contribuables qui acquittent la majeure partie des droits de collecte.

Sixième Section.

Des obligations des contribuables de l'impôt.

Tous les habitans des paroisses ou le sel est distribué par *impôt*, doivent supporter une partie de cette imposition, à moins qu'ils ne soient de la qualité de ceux que l'article XXXII du titre 8 de l'ordonnance des gabelles en a déclaré exempts, & qui forment la classe des privilégiés.

Lorsque les collecteurs ont obmis d'imposer quelques-uns des contribuables, les officiers des greniers peuvent, d'après les dispositions de l'article XII, du même titre 8 de l'ordonance, les cotiser d'office; & si, faute de connoissance suffisante sur l'état de la famille de ces habitans, ils les ont trop peu imposés, l'adjudicataire a le droit de les faire assigner à lever du sel par extraordinaire. La cour des aides de Paris paroît néanmoins penser autrement ; car ses arrêts des 20 août 1767 & 30 mars 1770, ne reconnoissent au fermier des gabelles que le droit de contraindre, à des levées par supplément, les particuliers qui, après avoir été obmis dans les rôles, n'auroient pas été taxés d'office, dans la proportion d'un minot par an, pour quatorze personnes ; au lieu que l'ordonnance avoit accordé à ce fermier, la faculté d'exiger des levées par extraordinaire, indistinctement de tous les contribuables qui ne se trouveroient pas imposés dans cette proportion.

Les contribuables doivent acquitter entre les mains des collecteurs, leur cote-part de l'*impôt*, dans les délais accordés à ceux-ci pour compter aux receveurs ; & lorsqu'ils s'y refusent, les collecteurs suivent contr'eux la forme prescrite par les réglemens relatifs aux tailles, & par l'article VIII. de l'arrêt de la cour des aides de Paris, du 5 octobre 1665.

Suivant l'article III. de la déclaration du 21 octobre 1710, les contribuables de l'*impôt* doivent fournir à toute réquisition, au commis du fermier, des déclarations exactes des personnes dont leurs familles sont composées, & les collecteurs ont été autorisés, par les arrêt & lettres-patentes des 25 juillet & premier août 1719, ainsi que par l'article VIII. de la déclaration du 29 août 1724, à exiger qu'ils certifiassent, en marge de l'article du rôle qui les concerne, l'exactitude de cet article ; & en cas de refus, à en faire mention, afin de se prévaloir contr'eux, s'il est reconnu des obmissions.

Les contribuables de l'*impôt* ne peuvent, aux termes des arrêts du conseil des 7 avril 1693 & 26 janvier 1723, faire aucun commerce ni revente du sel d'*impôt*, ni le transporter d'une paroisse dans une autre, à peine de faux-saunage.

L'article XXXII. du titre 8. de l'ordonnance, défend, ainsi que les arrêt & lettres-patentes des 25 juillet & premier août 1719, d'employer le sel d'*impôt* à d'autre usage qu'au pot & salière, & les contribuables ne peuvent s'en servir pour leurs salaisons, sans en avoir obtenu la permission des officiers des greniers.

Cett disposition de l'ordonnance ayant été reconnue insuffisante, l'arrêt du conseil du 11 février 1777, a ordonné que ces permissions ne pourroient être accordées, lorsque l'imposition totale de la paroisse n'excéderoit pas la proportion d'un minot pour quatorze personnes ; & cet arrêt a, de plus, prescrit toutes les formalités à observer pour obtenir ces permissions.

Septième Section.

Des privilégiés de l'impôt, & de leurs obligations.

Les ecclésiastiques & les nobles sont les seuls que l'article XXXIII. du titre 8. de l'ordonnance des gabelles, a déclaré exempts ou privilégiés de l'*impôt* ; mais cet article suppose qu'il en existe encore d'autres. En effet, les officiers de justice & de finance, les commensaux de la maison du roi, & tous ceux qui sont exempts de taille, ou qui sont taxés d'office à cette imposition, sont exempts de l'*impôt* du sel, parce que les motifs qui ont déterminé à les faire jouir de la première prérogative, rendent également nécessaire qu'ils ne restent pas confondus dans la classe des contribuables de l'*impôt*.

Il seroit cependant à desirer, que l'ordonnance, ou quelques réglemens postérieurs, eussent positivement indiqué quels sont les particuliers qui, indépendamment des nobles & des ecclésiastiques, doivent former la classe des privilégiés de l'*impôt* ; ce seroit le seul moyen de prévenir les contestations qui s'élèvent fréquemment sur cet objet.

Au surplus, pour que les exempts de l'*impôt* soient toujours connus de l'adjudicataire, il est enjoint aux collecteurs, par l'article XI. du titre 8. de l'ordonnance des gabelles, & par les arrêt & lettres-patentes des 25 juillet & premier août 1719, d'ajouter dans leurs rôles un chapitre, contenant les noms de chaque privilégié, ainsi que le nombre des personnes dont sa famille est composée.

Les arrêt & lettres-patentes des 30 mai & 16 juin 1724, ont, de plus, ordonné à tous les privilégiés, ainsi qu'aux supérieurs des collèges, hôpitaux, couvens & communautés, de fournir, toutes les fois qu'ils en seroient requis, des déclarations exactes du nombre des personnes dont leurs familles ou communautés seroient composées.

Les obligations des privilégiés de l'*impôt* ont été fixées par l'article XXXIII. du titre 8. de l'ordonnance des gabelles. Suivant cet article, & les arrêt du conseil des 23 août 1681 & 17 octobre 1775, les privilégiés de l'*impôt* doivent prendre au grenier dans le ressort duquel leur domicile est situé, tout le sel nécessaire à leur consommation, tant pour le pot & salière que pour grosses salaisons.

Si l'on compare les obligations imposées aux ressortissans de la vente volontaire avec celles que cet article impose aux privilégiés de l'*impôt*, on remarque une grande différence. Les premiers en effet, ne sont dans le cas d'être poursuivis, qu'autant qu'ils n'ont pas levé, dans le cours de chaque semestre, le sel qui a dû, pendant ce tems, être nécessaire à leur consommation de pot & salière ;

s'ils n'ont pas satisfait à ce devoir de gabelles, ils ne sont condamnés qu'à payer les droits de gabelles du sel qu'ils n'ont pas levé, & en une amende fixée à la moitié de ces droits. Enfin, ces condamnations ne sont prononcées, qu'après qu'ils ont été bien avertis de se mettre en règle, & qu'ils ont joui de tout le tems nécessaire pour le faire.

Les privilégiés de l'*impôt* sont, au contraire, tenus de lever dans les trois premiers quartiers, tout le sel dont ils ont besoin pour leur consommation de l'année entière; & lorsqu'ils n'ont pas exécuté la loi qui leur est imposée, ils sont condamnés, non-seulement en la restitution des droits de gabelles, mais encore en une amende de cent cinquante livres. Cette différence tient, à ce que les greniers d'*impôt* étant tous situés sur l'extrême frontière du pays de gabelles, il est à présumer que les privilégiés qui ne levent point au grenier, le sel nécessaire à leur consommation, y suppléent par du faux-sel. Cette position a inspiré les précautions les plus propres à contenir les privilégiés dans les bornes de leur privilège, & à les empêcher de profiter des facilités qu'ils avoient pour se procurer du faux-sel.

Il est d'usage que les contrats signés, à chaque assemblée du clergé de France, avec les commissaires du roi, portent que les ecclésiastiques seront maintenus dans l'exemption de l'*impôt du sel*.

Cette disposition a paru en 1698, au clergé du diocèse d'Angers, lui fournir un titre, pour soutenir que les ecclésiastiques ne pouvoient être assujettis à lever du sel aux greniers, & se plaindre de ce que les officiers des jurisdictions des gabelles les faisoient assigner dans leurs tournées, pour justifier des levées qu'ils avoient faites. Mais par l'arrêt rendu contradictoirement au conseil le 16 décembre de la même année, il a été ordonné que, conformément à l'article XXXIII. du titre 8. de l'ordonnance des gabelles, les ecclésiastiques seroient tenus, sous les peines portées audit article, de lever au grenier dans le ressort duquel ils résideroient, le sel nécessaire à leur consommation, & de comparoître sur les assignations que les officiers leur feroient donner dans le cours de leurs visites, pour représenter leurs bulletins. Cet arrêt a depuis été confirmé par celui du premier juillet 1738, qui a condamné une semblable prétention élevée par le clergé de Caen.

Malgré ces autorités, quelques curés de diverses paroisses du grenier de Buzançois, généralité de Bourges, avoient prétendu, en 1782, que, suivant les contrats passés en 1755, 1765 & 1775, entre le roi & le clergé, ils avoient la liberté de s'approvisionner, soit au grenier, soit aux regrats, sans être obligés de représenter de bulletins, & sans que les commis de l'adjudicataire pussent faire aucunes recherches dans leur domicile. Mais le conseil, par ses décisions des 14 mai & 23 octobre 1782, jugea que ces ecclésiastiques n'étoient pas fondés, & les poursuites qui avoient été dirigées contr'eux furent approuvées.

INALIÉNABLE, adjectif, qui désigne une chose dont la propriété ne peut valablement être transportée à un autre possesseur. On dit que le domaine de la couronne est inaliénable de sa nature. Les biens d'église, ceux qui appartiennent à des mineurs, sont également inaliénables, à moins qu'il n'y ait nécessité, ou une utilité évidente.

INALIÉNABILITÉ, f. m., qui signifie la qualité d'une chose inaliénable. Nous nous sommes assez étendus au mot DOMAINE, sur la question de son inaliénabilité, pour être dispensé d'en parler ici. *Voyez* le premier volume, page 580 & suivantes.

INDE. Commerce de l'*Inde*. Le *Dictionnaire du Commerce*, qui est une partie du corps de l'Encyclopédie, faisant connoître les opérations de la compagnie des *Indes*, & sa situation mercantile dans cette contrée, nous n'avons à la considérer que dans ses rapports avec les finances de l'Etat, qui ont réellement été grevées par les concessions & les immunités accordées à cette compagnie.

Avant d'entrer dans le détail des loix qui règlent les privilèges & les conditions du commerce de l'*Inde*, on a cru devoir donner préalablement quelques notions historiques de ses commencemens, de ses progrès, du privilège exclusif accordé pour le faire, de la suppression de ce privilège, de l'état actuel de ce commerce : on examinera ensuite s'il convient de le cesser ou de le continuer.

Les Portugais & les Espagnols, les Anglois & les Hollandois, avoient déja tiré d'immenses richesses des *Indes* orientales, avant que les François eussent pris part au commerce de ces contrées opulentes; ou si quelques particuliers l'entreprirent, les fruits en furent, sans doute, très médiocres, puisque leur exemple n'excita ni sensation générale, ni le desir de marcher sur leurs traces.

Les déclarations de François I, de 1537 & 1543, exhortèrent en vain les négocians à entreprendre des voyages de mer. Inutilement l'édit de décembre 1578, donné par Henri III, renouvella ces exhortations : on ne voit rien qui ait annoncé leur efficacité.

Ce ne fut que sous Henri IV. qu'il se forma une compagnie, dont le projet étoit de faire non-seulement le commerce des *Indes* orientales, mais même celui du Levant, pour lequel elle obtint un privilège exclusif de quinze années, par arrêt du premier juin 1604.

Cette première association n'eut aucune suite. Il s'en forma une autre sous Louis XIII, qui l'autorisa par lettres-patentes du 2 mars 1611, pour douze années, & la renforça de quelques nouveaux associés le 2 juillet 1615.

On doute que cette compagnie ait poussé sa navigation jusqu'aux *Indes* orientales; mais il est sûr qu'on lui doit des établissemens dans l'isle de Madagascar.

La compagnie de Morbihan, créée en 1626 sous la protection du cardinal de Richelieu, ne fut connue que par son plan, qui devoit embrasser le commerce général, tant par terre que par mer, celui du Ponant & du Levant, & les voyages de long cours.

Une autre, élevée en 1642 & confirmée en septembre 1643 par Louis XIV, jouit de son privilège exclusif jusqu'en 1664.

Colbert, dont les grandes vues s'étendoient à tout ce qui pouvoit contribuer à la prospérité du commerce, fit alors répandre un mémoire sur les avantages du commerce des *Indes* orientales, & sur la constitution qui seroit donnée à la compagnie qui voudroit l'entreprendre.

Cet écrit eut tout le succès que le ministre s'en étoit promis. L'édit du 13 juin en confirma les dispositions, & Madagascar devint le berceau de cette puissance commerçante, que nous avons vu expirer en 1769.

Tous les moyens de séduction qu'inspire un zèle éloquent, & tous les secours de l'autorité, furent employés pour attirer des colons, & leur procurer des établissemens. On assuroit la naturalité à tout étranger qui y prendroit un intérêt de vingt mille livres; tout ce qui devoit servir à l'armement, construction, avitaillement des vaisseaux, étoit déchargé de tous droits d'entrée & de sortie, ainsi que de ceux d'amirauté.

L'Etat s'obligeoit à payer cinquante livres par tonneau de marchandises de France portées aux *Indes*, & soixante & quinze livres par tonneau de celles qu'on en rapporteroit.

Indépendamment de cette compagnie protégée par le gouvernement, il s'en étoit formé une autre qui avoit obtenu la permission d'envoyer des vaisseaux à la Chine, & elle se borna à cette première entreprise.

La compagnie royale ne prospéroit pas, malgré les privilèges & les exemptions qu'elle avoit obtenus en différens tems, & notamment en 1676, 1682 & 1685.

Elle eut à se défendre des plaintes des fabricans du royaume, qui, réunis à la ferme générale, se récrioient sur l'énorme préjudice que recevoit l'Etat, par l'importation des étoffes de l'Asie. Elle eut à lutter contre les prérogatives de la charge de grand-amiral, qui, supprimée en 1627, avoit été rétablie en 1683, & enfin à repousser les coups que lui portoient la chambre de commerce de Marseille, & les Etats de Languedoc, en demandant que l'introduction des soies & soieries asiatiques fût interdite dans le royaume.

Toutes les contestations dans lesquelles la compagnie des *Indes* succomba, jointes à la décadence de son commerce, dont elle vendoit depuis quelques années le privilège à des particuliers, achevèrent de l'abattre. Elle se traîna ainsi, sur des gains très-inférieurs au produit naturel de ses capitaux, depuis 1684 jusqu'en 1719.

Les grands projets dans lesquels on cherchoit alors de grandes ressources, opérèrent, ainsi qu'on l'a dit au mot BILLET DE BANQUE, la réunion de toutes les compagnies commerçantes en une seule, sous le nom de *Compagnie des Indes*, & qui fut en même tems chargée de la perception de tous les revenus du roi. Tel fut l'objet de l'édit du mois de mai 1719, dans lequel les causes de l'adversité des associations précédentes sont attribuées à une régie vicieuse; ainsi ce colosse, désigné par le nom de compagnie des *Indes*, embrassoit tout le commerce des deux hémisphères, & toutes les finances de l'Etat.

Parmi les privilèges de la compagnie d'Occident, qui avoit été fondue dans la compagnie d'Orient, étoit le privilège de faire venir des peaux de castor dans le royaume en exemption de tous droits, & exclusivement, avec la liberté de les vendre tout ce qu'elle voudroit, quoique le prix qu'elle les achetoit, fût réglé à trois livres la livre de castor gras, & trente sols la livre de castor sec.

Lorsqu'en 1720 l'édit du mois de juillet rendit libre le commerce des castors, il attribua à la compagnie des *Indes*, pour la dédommager du privilège exclusif de ce commerce, la perception d'un droit de neuf sols par livre pesant de castor gras, & six sols aussi par livre de castor sec, imposé à l'entrée du royaume.

Cette liberté de commerce ne dura pas un an. L'arrêt du conseil du 30 mai 1721, rétablit la compagnie des *Indes* dans le privilège exclusif de la vente du castor, & prononça contre tout contrevenant, trois mille livres d'amende, dont moitié applicable au dénonciateur, & l'autre moitié à la compagnie, & ces dispositions furent encore confirmées l'année suivante, par l'arrêt du 28 janvier.

Ce monopole a subsisté jusqu'en 1760. La prise

du Canada par les Anglois à la fin de l'année précédente, détermina le gouvernement à rendre la liberté au commerce du castor, & même à l'affranchir de tous droits à l'entrée du royaume. On ne voit pas qu'aucun écrivain qui a parlé des revenus de la compagnie des *Indes*, y ait fait entrer celui qu'elle tiroit du commerce exclusif des peaux de castor.

La confiance que la nouvelle compagnie des *Indes* inspira fut si grande, que dans l'espace de dix-huit mois elle prêta quatre-vingt-dix millions au roi, qui rend des témoignages publics de son zèle dans l'arrêt du mois de juillet 1720.

A juger de son commerce en 1725 par le montant du dividende qui étoit fixé à cent cinquante livres par action, il sembloit toujours aller en prospérant; mais c'étoit bien moins le commerce de l'*Inde*, que l'exploitation de la ferme du tabac, d'où résultoit un produit brut de huit millions, qui faisoit illusion aux actionnaires.

On peut voir dans l'excellent mémoire publié en 1769 par M. l'abbé Morelet, comment le capital de la compagnie avoit éprouvé successivement des dégradations depuis 1725 jusqu'en 1756 & 1769, malgré les dons immenses qu'elle avoit reçus du roi, & les bénéfices énormes qu'avoient rendus, depuis la même époque jusqu'en 1743, & le commerce de l'*Inde*, qui rendoit quatre-vingt-quinze pour cent, & celui de la Chine, qui donnoit cent-quarante-un pour cent. Mais le goût du faste & de la dépense, tant en Europe que dans l'*Inde*, avoit saisi les administrateurs; on élevoit à grands frais des magasins & des bâtimens immenses à l'Orient; on construisoit un palais magnifique pour le gouverneur de Pondichery, & des logemens superbes pour les employés de la compagnie. De cette manière, les fonds morts augmentoient, les dépenses annuelles se multiplioient par l'entretien de tous les bâtimens, & le capital destiné au commerce s'anéantissoit.

La compagnie Angloise, formée pour le même commerce, avoit adopté le même systême. C'étoit à qui étaleroit le plus de faste & de magnificence, dans un pays opulent, où l'éclat & la pompe sont regardés comme le signe de la puissance. Cette lutte de vanité & de dépense produisit la rivalité de commerce & de pouvoir, avec l'envie réciproque de triompher de son concurrent. Dès-lors, le premier coup de canon tiré par une des deux nations, devint, pour chaque compagnie, le signal d'une guerre d'autant plus cruelle, que la haine & la jalousie excitoient les deux partis.

On en vit des exemples dans les guerres de 1744, 1756 & 1777. Mais si les effets de la première furent funestes aux Anglois, ceux des deux autres le sont devenus bien davantage aux François, puisque leur situation actuelle dans l'*Inde* est entièrement précaire, tandis que les premiers y possèdent de vastes & riches territoires, qui leur donnent un revenu net de quarante à cinquante millions.

Pondichery est néanmoins redevenu le chef-lieu des établissemens François, parmi lesquels les principaux sont Yanon, Karical, & Masulipatan, à la côte de Coromandel; Mahé à celle de Malabar; & Chandernagor dans le Bengale.

Lorsqu'en 1769 le gouvernement, ainsi que tous les gens sensés, eurent été convaincus par le tableau fidèle de la situation de la compagnie des *Indes*, que l'exercice de son privilège exclusif de commerce dans ces contrées, étoit ruineux pour elle, & très à charge à l'Etat, qui, en quarante ans, avoit dépensé quatre cens millions, tandis que les retours de ce commerce n'avoient rapporté dans le même espace de tems que trois cens millions, on prit le parti de suspendre ce privilège, & de laisser aux particuliers la liberté de faire le commerce de l'*Inde* & de la Chine.

Cinq années auparavant, le roi étoit déja rentré dans ses droits de souveraineté, sur les isles de France & de Bourbon, & dès-lors on avoit présagé la chûte de la compagnie des *Indes*.

Ainsi il est important de faire connoître, dans ce nouvel état des choses, à quelles formalités, à quelles obligations sont assujettis ceux qui veulent armer pour l'*Inde* ou pour la Chine.

Les réglemens des 13 août & 6 septembre, s'expliquent dans les termes suivans:

» Le roi s'étant fait représenter en son conseil » les délibérations prises dans les assemblées générales des actionnaires de la compagnie des *Indes*, » des 14 & 29 mars, 3 avril & 8 du présent mois, » ensemble les mémoires & états de situation de » ladite compagnie, dressés par les députés choisis par lesdits actionnaires dans leur assemblée » du 14 mars, conjointement avec les syndics & » directeurs, sa majesté a reconnu que la compagnie n'a fait, jusqu'à présent, aucunes dispositions pour approvisionner les isles de France » & de Bourbon, & pour remplir l'obligation » que lui impose son privilège, de faire, sans » discontinuation, son commerce des *Indes*: que » ce défaut de précaution ne vient point de la négligence des syndics & directeurs, & qu'il est » la suite du manque de fonds dont ils ayent pu » disposer pour ce commerce; mais que depuis la » première assemblée du 14 mars, les actionnaires, instruits de leur situation, n'avoient présenté aucuns moyens admissibles de se procurer » les fonds nécessaires pour pourvoir aux armemens de cette année, jusqu'au dernier jour de » la dernière assemblée, dans laquelle a été lu un

» mémoire, contenant différens plans d'emprunts, » pour l'examen desquels il a été nommé des dé» putés. Sur quoi sa majesté s'étant fait représen» ter ledit mémoire, & après l'avoir examiné en » son conseil, a jugé que des trois projets d'em» prunts proposés, les deux premiers ne pou» voient être admis, & que l'examen que pour» roit mériter le troisième, ainsi que les oppos» tions qu'il pourroit éprouver de la part des ac» tionnaires, les discussions qu'elles occasionne» roient, & enfin son exécution, dans le cas où » il seroit jugé pouvoir être admis, entraîneroient » des délais, & absorberoit le tems propre aux » expéditions pour l'*Inde*; ensorte que les colo» nies des isles de France & de Bourbon; & les » sujets de sa majesté répandus dans les différens » comptoirs de l'*Inde*, seroient exposés à man» quer de subsistance, & des objets de consom» mation les plus nécessaires, & qu'il en résulte» roit une interruption totale du commerce de la » nation Françoise dans l'*Inde*. A quoi étant né» cessaire de pourvoir : Oui le rapport du sieur » Maynon d'Invau, conseiller ordinaire & au » conseil royal, contrôleur général des finances; » le roi étant en son conseil, a ordonné & or» donné ce qui suit :

ARTICLE PREMIER.

» L'exercice du privilège exclusif de la com» pagnie des *Indes*, aux isles de France & de » Bourbon, aux *Indes*, à la Chine, & dans les » mers au-delà du cap de Bonne-Espérance, sera » & demeurera suspendu, jusqu'à ce qu'il en soit, » par sa majesté, autrement ordonné.

II.

» Toutes les places & comptoirs de l'*Inde* con» tinueront d'être régis, comme ci-devant, par » les conseils, sous marchands & employés de la » compagnie, que sa majesté a confirmés, en tant » que de besoin, dans toutes leurs fonctions, » aux mêmes droits, prérogative & autorité dont » ils ont joui jusqu'à présent.

III.

» Tous les sujets de sa majesté pourront libre» ment négocier dans les différentes parties de » l'*Inde*, à la Chine, & dans toutes les mers au» delà du cap de Bonne-Espérance, y envoyer » leurs propres vaisseaux, tous effets, argent & » marchandises, & faire revenir en France leurs » vaisseaux chargés de denrées & marchandises » de l'*Inde*, de la Chine, & de tous les pays au» delà du cap de Bonne-Espérance; à la charge » par eux de prendre des passe-ports, qui leur » seront délivrés gratuitement & sans frais, les» quels contiendront les noms des armateurs, des » capitaines & des vaisseaux, le port des ton» neaux, & les lieux où ils devront être expé» diés. Les capitaines desdits vaisseaux seront te» nus de représenter lesdits passe-ports aux com» mandans des isles de France & de Bourbon, & » aux conseils employés des différens comptoirs » dans lesquels ils relâcheront. Seront, au sur» plus, lesdits armateurs & capitaines tenus de » se conformer aux réglemens particuliers que sa » majesté jugera convenables pour l'exercice de » ce commerce.

IV.

» Les armateurs qui desireront obtenir lesdits » passe-ports, adresseront, à cet effet, leurs mé» moires, signés d'eux, au secrétaire d'Etat ayant » le département de la marine, ou aux syndics & » directeurs de la compagnie des *Indes*; seront » lesdits mémoires sur le champ communiqués » aux députés des villes de commerce à Paris, » pour, par lesdits députés, prendre dans les » ports des instructions & renseignemens s'ils les » jugent nécessaires, & donner ensuite leurs avis » sur lesdits mémoires, lesquels avis demeureront » attachés à l'original desdits passe-ports.

V.

» Les armateurs pour le commerce de l'*Inde*, » ne pourront faire le retour des vaisseaux & » marchandises provenans dudit commerce, que » dans le port de l'Orient. Dans le cas où ils se» roient obligés, pour quelqu'accident, d'entrer » dans d'autres ports du royaume, ils ne pour» ront y débarquer leurs marchandises, & ils se» ront tenus de se rendre dans ledit port de l'O» rient; & si le vaisseau n'étoit pas en état de » reprendre la mer, les marchandises seroient » déposées dans un magasin, sous la garde des » commis & préposés de l'adjudicataire des fer» mes, d'où elles seront transportées à l'Orient, » sous acquit à caution.

VI.

» Toutes les marchandises provenant du com» merce de l'*Inde* seront assujetties, à l'entrée du » royaume, aux droits portés au tarif, que sa » majesté fera incessamment arrêter en son con» seil, lesquels droits seront payés, indépendam» ment de ceux ci-devant établis.

VII.

» Les vaisseaux, vivres & marchandises qui se» ront destinés pour le commerce de l'*Inde*, joui» ront de tous les avantages, exemptions & en» trepôts accordés pour le commerce des colonies » de l'Amérique, en remplissant les formalités » prescrites par les réglemens, & notamment par » les lettres-patentes du mois d'avril 1717, & » les armemens ne pourront être faits que dans le » port de l'Orient, & dans ceux permis pour le » commerce desdites colonies.

VIII.

VIII.

» Les syndics & directeurs actuels continueront d'administrer, comme ci-devant, toutes les affaires de la compagnie des *Indes*; sa majesté se réservant de statuer sur le surplus de ce qui intéresse les actionnaires, après qu'elle se sera fait rendre compte des observations que feront les députés qu'ils en ont chargés par leur délibération du 8 de ce mois. «

L'arrêt du 6 septembre 1769 est ainsi conçu :

» Le roi s'étant fait représenter en son conseil l'arrêt rendu en icelui le 13 août dernier, par lequel sa majesté a suspendu l'exercice du privilège exclusif de la compagnie des *Indes*, permis à tous ses sujets de négocier librement dans les différentes parties de l'*Inde*, à la Chine, & dans les mers au-delà du cap de Bonne-Espérance, & s'est réservé de pourvoir aux réglemens qui seroient jugés convenables pour l'administration de ce commerce, & de fixer les droits auxquels lesdites marchandises des isles de France & de Bourbon, de l'*Inde* & de la Chine, seroient assujetties à l'entrée du royaume. Sa majesté s'étant aussi fait rendre compte des représentations qui lui ont été faites, sur les restrictions que les dispositions de l'article IV. dudit arrêt du 13 août dernier, pourroient apporter à la liberté de faire ce commerce, & voulant, pour que tous ses sujets indistinctement, puissent y participer, dispenser des formalités portées par ledit article, ensorte que les passe-ports nécessaires pour la sûreté des navigateurs dans l'*Inde* soient accordés gratuitement & sans délai, à tous ceux qui les demanderont. Sa majesté voulant en même tems donner à la ville de l'Orient des marques de sa protection, & y faciliter les armemens pour l'*Inde*, en accordant à tous ceux qui y arriveront, la jouissance des privilèges & exemptions de droits qui ont été accordés ci-devant à la compagnie des *Indes*, sur les marchandises & effets propres aux armemens. A quoi voulant pourvoir; ouï le rapport du sieur Maynon d'Invau, conseiller ordinaire & au conseil royal, contrôleur général des finances, le roi étant en son conseil, a ordonné & ordonne ce qui suit :

ARTICLE PREMIER.

» Les administrateurs de la compagnie des *Indes* délivreront gratuitement aux armateurs pour l'*Inde*, & pour les mers au-delà du cap de Bonne-Espérance, des passe-ports, qui contiendront les noms des armateurs, des capitaines & des vaisseaux, le port des tonneaux, les lieux d'où ils devront être expédiés, & ceux de leur première destination, lesquels passe-ports seront expédiés promptement sur la demande des négocians ou armateurs, sans pouvoir être refusés sous aucun prétexte, & sans être assujetti à aucune formalité; sa majesté dérogeant, à cet égard, aux dispositions de l'article IV. dudit arrêt du conseil du 13 août dernier.

II.

» Les capitaines desdits vaisseaux seront tenus de représenter lesdits passe-ports aux commandans des isles de France & de Bourbon, & aux conseils & employés des différens comptoirs où ils relâcheront, lesquels seront tenus de leur prêter tous secours & protection. Pourront, en vertu desdits passe-ports, naviguer dans toutes les mers, & commercer sur toutes les côtes, & dans tous les pays au-delà du cap de Bonne-Espérance, aux mêmes droits & privilèges dont ont joui les vaisseaux de la compagnie, sans pouvoir être troublés ni retenus dans leur navigation, sous quelque prétexte que ce soit.

III.

» Il sera fait, dans les vingt-quatre heures de l'arrivée en France, déclaration exacte & conforme aux ordonnances & réglemens, au bureau des fermes, de toutes les marchandises qui seront apportées de l'*Inde* & de la Chine à l'Orient, par les vaisseaux & pour le compte des particuliers; lesdites marchandises seront visitées & vérifiées, & entreposées dans les magasins dudit port de l'Orient.

IV.

» Celles desdites marchandises dont la consommation dans le royaume est prohibée, seront déposées, comme ci-devant, dans un magasin particulier fermé à deux clefs différentes, dont l'une demeurera ès mains du préposé de l'adjudicatairedes fermes, & l'autre, en celles du préposé des armateurs, ou de leurs commissionnaires.

V.

» Toutes les marchandises provenant du commerce de l'*Inde*, jouiront de six mois d'entrepôt dans le port de l'Orient; celles destinées pour la consommation du royaume, payeront les droits ci-devant dûs suivant les réglemens; celles destinées pour l'étranger, seront exemptes desdits droits, & payeront seulement ceux d'indult portés par l'article IX. du présent arrêt. Les marchandises permises, continueront de jouir du transit par terre, comme par le passé; celles prohibées, ainsi que les toiles peintes ou imprimées, toiles de coton blanches, mousseline, mouchoirs & basins, ne pourront être transportées, que par mer, à l'étranger.

VI.

» Les toiles de coton blanches, mousselines,

» mouchoirs & basins, continueront d'être plombés & marqués des plombs de ladite compagnie.

VII.

» Les marchandises provenant dudit commerce, pourront être envoyées de l'Orient à Nantes, & y jouir du même entrepôt de six mois, à compter du jour qu'elles auront été transportées de l'Orient. Le transport des marchandises prohibées, & des toiles peintes, toiles de coton, mousselines, mouchoirs & basins, ne pourra être fait, dudit port de l'Orient, à celui de Nantes que par mer, ainsi que le transport de Nantes, à l'étranger. A l'égard des autres espèces de marchandises, elles pourront être conduites de l'Orient à Nantes, & sortir de Nantes à l'étranger, tant par mer que par terre, à la charge d'observer les formalités prescrites par les réglemens en pareil cas.

VIII.

» Les marchandises ne pourront sortir desdits entrepôts, sans qu'il en ait été préalablement fait déclaration. Il sera libre aux préposés de l'adjudicataire des fermes de faire, dans le cours de six mois, des recensemens dans ces entrepôts, toutes les fois qu'ils le trouveront à propos; celles qui en auront été soustraites seront saisies, ou la valeur d'icelles, pour en être la confiscation prononcée avec les amendes portées par les réglemens.

IX.

» *Toutes les marchandises provenant du commerce de l'*Inde *& de la Chine, seront assujetties à l'entrée du royaume, à un droit d'indult de cinq pour cent de leur valeur en France;* & celles provenant du crû *des isles de France & de Bourbon, à trois pour cent aussi de leur valeur en France.* Lesdits droits seront payés avant que les marchandises puissent sortir des magasins où elles auront été déposées, soit qu'elles soient destinées pour l'étranger, ou pour la consommation du royaume.

X.

» Les propriétaires desdites marchandises pourront les vendre ou en disposer lors & ainsi que bon leur semblera, soit par vente particulière, soit par ventes publiques, qui pourront être indiquées par affiches, dans la forme & aux conditions dont ils conviendront entre eux.

XI.

» Tous les effets, denrées & marchandises destinées pour le port de l'Orient & pour le commerce de l'*Inde*, continueront de jouir des exemptions portées par l'article XLIII. de l'édit d'août 1664, & par les articles XVI. XVII. & XVIII. des lettres-patentes du mois de mars 1696, ainsi & de la même manière qu'en a joui la compagnie des *Indes*. L'arrêt du conseil du 13 août dernier, sera, au surplus, exécuté en toutes ses dispositions, auxquelles il n'est dérogé par le présent arrêt. Fait au conseil d'Etat du roi, sa majesté y étant, tenu à Versailles le dix septembre mil sept cent soixante & neuf. «

Les dispositions des réglemens qu'on vient de rapporter, font voir que l'intention du législateur a été d'assimiler le commerce de l'*Inde* à celui des isles & colonies de l'Amérique, en ne permettant de le faire que dans les ports où l'on arme pour cette contrée, & qui sont, en effet, les plus considérables du royaume.

Lorsque l'article VII. de l'arrêt du 13 août accorde les mêmes immunités que celles qui ont lieu pour le commerce des isles & colonies de l'Amérique, il veut dire que toutes les marchandises & denrées, soit du crû, soit des fabriques du royaume, même les ouvrages d'orfévrerie, les vins & eaux-de-vie de Guienne, les munitions de guerre, vivres, & autres choses nécessaires à l'avitaillement des navires destinés pour le commerce de l'*Inde*, sont exemptes de tous droits de sortie & d'entrée des cinq grosses fermes, & des provinces réputées étrangères, même de tous les droits locaux, à l'exception de ceux qui sont unis à la ferme générale des aides & domaines. Mais pour jouir de cette immunité, il faut que les caisses, balles, ballots, ou tonneaux qui contiennent les marchandises ou denrées, soient visités, plombés & expédiés au bureau de l'enlèvement par acquit à caution, qui doit être visé dans tous les bureaux de la route jusqu'au port de leur embarquement; là, elles peuvent être enfermées dans un magasin d'entrepôt, en attendant le moment de leur chargement. Il est une distinction entre ces denrées arrivant par mer, & celles qui sont apportées par terre ou par les rivières.

Les premières ne peuvent être versées de bord à bord, à peine de confiscation & de dix mille livres d'amende, c'est-à-dire, qu'elles sont assujetties à être entreposées; au lieu que les dernières jouissent indifféremment, de la faveur de l'entrepôt, & de la facilité d'être, au moment de leur arrivée, chargées sur le bâtiment qui doit les porter dans l'*Inde* ou aux colonies, pourvu que ce soit en présence des commis de la ferme, qui sont autorisés à en vérifier préalablement les qualités, poids & mesures. Mais, dans tous les cas, l'acquit à caution dont ces marchandises ou denrées ont été accompagnées, doit être revêtu du certificat des commis, pour constater leur déchargement, & renvoyé, dans les trois mois de sa date, au bureau où il a été expédié.

Les denrées ou marchandises apportées des pays

étrangers, ou tirées de Marseille, de Dunkerque, d'Avignon & du Comtat, sont sujettes aux droits d'entrée au premier bureau où elles passent, malgré la destination de l'*Inde* & des colonies de l'Amérique, & sont seulement exemptes des droits de sortie.

Cet article comporte deux exceptions ; l'une en faveur des chairs salées qui sont exemptes des doubles droits d'entrée & de sortie ; elle est commune au commerce de l'Amérique & à celui de l'*Inde*.

L'autre exception, particulière à ce dernier, regarde certaines espèces de marchandises ou denrées, telle que les munitions de guerre & de bouche, les bois, chanvres, toiles à voiles, cordages, canons, mortiers de fer & de fonte, même les matières premières pour ces fabriques, suivant la décision du conseil du 27 février 1750, les armes, la poudre, les fers & férailles & autres choses de ce genre nécessaires à l'avituaillement, armement, radoub & construction des vaisseaux.

Ce privilège, qui, d'abord n'avoit été accordé par l'article XI de l'arrêt du 6 septembre 1767, qu'à celles de ces marchandises qui seroient apportées dans le port de l'Orient, a été étendu par décision du conseil du 9 octobre 1776 à toutes les marchandises de cette espèce nécessaires à des bâtiment armés pour l'*Inde*, & dans tous les ports où ils le feront, c'est-à-dire dans tous ceux qui font le commerce des Colonies Françoises de l'Amérique. Mais cette faveur ne peut s'appliquer aux marchandises propres au commerce de l'*Inde*; le conseil l'a décidé ainsi, le 26 mars 1777 en jugeant, que le commerce devoit se renfermer dans les bornes prescrites par l'édit de 1664.

Toute marchandise étrangère dont l'entrée ou la consommation est défendue dans le royaume, ne peut être chargée pour l'*Inde*.

Les toiles de Suisse étant exemptes de tous droits à leur entrée dans le royaume par certains bureaux, elles ne participent point à l'affranchissement accordé aux marchandises nationales ; elles sont assujetties aux droits de route & à ceux de sortie lorsqu'elles sont portées dans les ports, pour être expédiées aux Colonies. L'arrêt du conseil du 6 mai 1731 voulant assurer l'exécution de toutes ces dispositions, a fait défense à toute personne de quelque qualité & condition que ce soit, de faire charger sur les vaisseaux de la compagnie des *Indes*, venant des pays de sa concession ou y allant, aucune marchandise ou effet, sans au préalable, les avoir fait comprendre dans les factures de chargement à peine de confiscation. Cet arrêt permet en même tems aux employés des fermes de faire toute visite & recherche sur les vaisseaux.

Afin de constater que les marchandises chargées en France pour les Colonies Françoises de l'Amérique y sont réellement arrivées, les armateurs sont tenus d'en rapporter, dans le délai d'un an, au bureau des fermes du port de leur armement, un certificat signé par les gouverneurs, intendans, commandans ou subdélégués dans les quartiers des Colonies, & par les commis du domaine d'Occident, à peine de payer le quadruple des droits : l'arrêt du 9 juin 1722 ayant réglé que l'ordonnance de 1687 seroit exécutée dans toute l'étendue de la régie du domaine d'Occident.

Mais cette obligation n'existe pas pour le commerce de l'*Inde* & de la Chine. Les navires armés pour ce commerce étant assujettis à prendre des passeports & à faire leur retour à l'Orient, il suffit qu'ils y rapportent ces passeports visés des commandans des isles de France & de Bourbon, ou des membres du conseil, ou employés des comptoirs ou ils ont relâché, & qu'ils représentent aux commis des fermes envoyés à bord à l'instant de l'arrivée des bâtimens, les factures, connoissemens & autres pièces propres à justifier de l'origine des marchandises qui composent leur cargaison, & à assurer le payement du droit d'indult auquel sont imposées toutes les espèces provenant de l'*Inde* & de la Chine par les arrêts qui ont été cités, & notamment par celui du 29 novembre 1770.

Le traitement que ces mêmes marchandises éprouvent à leur débarquement, n'a rien de commun avec le traitement qui est fait aux marchandises & denrées de l'Amérique.

Celles dont la consommation est prohibée dans le royaume, telles que les étoffes de soie de toute espèce, doivent être déposées, comme ci-devant, dans un magasin particulier fermant à deux clefs, dont l'une est entre les mains du commissionnaire ou représentant de l'armateur, & l'autre en celles du préposé de l'adjudicataire des fermes.

L'introduction des nankins a été permise en payant les mêmes droits que les toiles de coton blanches, par arrêt du 25 avril 1777.

Cet entrepôt n'étant que de six mois, ce délai expiré, les marchandises sont envoyées à l'étranger par mer seulement, après avoir acquitté le droit d'indult de cinq pour cent de leur valeur, fixée par le prix de l'adjudication publique qui aura été faite des mêmes marchandises. L'arrêt du 13 juillet 1700 permettoit à la compagnie d'introduire dans le royaume pour cent cinquante mille livres d'étoffes de soie. Leur prohibition absolue ainsi que des toiles peintes de l'*Inde* & de la Chine, fut ordonnée par l'arrêt du 27 août 1709. Mais celui du 10 décembre suivant, permit l'importation & le débit, dans le royaume, des mousselines & toiles de coton blanches, sous la condition qu'elles seroient marquées. Dès lors ces dispositions furent confirmées par une multitude de réglemens; en 1710, les 7 avril & 29 juillet; en 1711, le 28 avril; en 1712, le 28 mai; en 1714, les 11 juin & 29 septembre; enfin, le 9 mai 1716, par l'arrêt qui ordonne l'apposition d'une marque imprimée sur parchemin, aux mousselines & toiles de coton blanches.

Dans les mêmes tems, les étoffes de soie & les toiles peintes saisies, étoient brûlées publiquement, quelquefois même par l'exécuteur de la haute justice; mais en 1720 l'arrêt du 20 mai permit à la compagnie des *Indes*, alors chargée de la régie des fermes du roi, de vendre les étoffes & toiles peintes saisies, en pays étranger & à son profit: depuis cette époque elles sont également prohibées; mais on ne les condamne plus aux feu; elles sont confisquées au profit de la ferme générale & partagées entre ses membres; *Voyez* le mot CONTREBANDE.

Les toiles de coton blanches, les mousselines, mouchoirs, basins & autres connues sous le nom de marchandises blanches, sont également déposées dans ces magasins, & ne peuvent en sortir qu'après y avoir reçu les plombs & bultins prescrits par l'arrêt du 6 septembre 1769, à peine de confiscation & d'amende.

Ces marchandises blanches, ainsi que celles dont l'entrée est défendue dans le royaume, ne peuvent être transportées à l'étranger que par mer.

Toutes les marchandises en général du commerce de l'*Inde*, jouisse d'un entrepot à Nantes, pendant six mois: il faut que celles qu'on désigne sous le nom de blanches y soient portées, & les délais commencent à courir du dernier jour qu'elles sont expédiées de l'Orient.

A l'égard des thés, porcelaines, cabarets de la Chine, drogueries, épiceries, ouvrages de vernis, & toutes autres marchandises, elles peuvent également être entreposées, pendant le même tems, soit à l'Orient, soit à Nantes, & y passer ainsi qu'à l'étranger, tant par terre que par mer.

Le droit d'indult est comme on vient de le dire de cinq pour cent sur les marchandises de l'*Inde* & de la Chine, & de trois pour cent seulement, sur celles du crû des isles de France & de Bourbon. Il n'est perceptible que dans le seul port de l'Orient, & au moment où les marchandises sortent des magasins pour être transportées, soit à l'étranger, soit à Nantes; ou pour entrer dans la consommation du royaume.

Celles de ces marchandises qui sont ensuite expédiées à l'étranger, ne doivent aucun autre droit; mais si elles entrent dans le commerce intérieur, elles acquittent les droits imposés suivant leur nature & leur espèce.

Comme elles sont expédiées de l'Orient pour Marseille & Dunkerque, en exemption de droits, de même que pour le pays étranger, lorsqu'elles repassent de ces villes dans le royaume, elles deviennent sujettes aux mêmes droits qu'elles eussent payé si elles y avoient été envoyées directement de l'Orient, c'est-à-dire qu'elles payent ceux des tarifs qui ont lieu dans les provinces où elles entrent, si elles ne sont pas sujettes à des droits uniformes.

Ce principe général souffre une exception a Marseille, relativement aux toiles de coton peintes & blanches qui y doivent les mêmes droits que dans les autres ports, depuis l'arrêt du 22 mars 1767, de sorte que toutes celles qui passent de cette ville & de son territoire dans le royaume, avec les plombs & bulletins de la compagnie des *Indes*, ne doivent plus aucun droit. Il en est autrement des mousselines: une fois arrivées à Marseille, elles ne peuvent plus rentrer dans le royaume, quand même elles seroient revêtues des plombs & bulletins de la compagnie des *Indes*, aux termes de l'article IX des lettres patentes du 28 octobre 1759, qui n'ont reçu aucun changement par l'arrêt de 1767.

Le conseil a ordonné, par l'arrêt du 24 août 1728, que toute marchandise du commerce de l'*Inde*, arrivant dans le pays conquis, par Dunkerque, ne payeroit que cinq pour cent de la valeur comme marchandise omise au tarif de 1671, & l'exécution de cet arrêt a été récemment confirmé par l'explication donnée à l'Orient le 9 janvier 1775, en ce qui concerne des marchandises non sujettes à des droits particuliers.

Celles qui passent de l'Orient ou de Nantes par terre dans les provinces réputées étrangères, sont exemptes des droits d'entrée & de sortie des cinq grosses fermes, si elles les traversent; mais elles doivent les droits locaux perceptibles au lieu de leur destination, & même dans les provinces réputées étrangères, dont elles empruntent le passage.

L'arrêt du 28 septembre 1734, avoit fait deux exceptions à cette loi générale; l'une en faveur des marchandises de l'*Inde*, envoyées en Dauphiné par Lyon; elles étoient exemptes des droits de douane de cette ville, & seulement assujetties à ceux de la douane de Valence.

L'autre à l'égard des mêmes marchandises passant en Provence ou en Languedoc, & qui n'y payoient aucun droit à l'entrée; mais comme cette immunité étoit la suite d'une convention passée entre la compagnie des *Indes* & la ferme générale, l'exécution des conditions qui y étoient stipulées, a été suspendue, depuis que cette compagnie ne jouissant plus de son privilège, ne paye plus l'abonnement qui étoit la base de cette convention.

Les arrêts de 1769, en rendant libre le commerce de l'*Inde*, ont fait rentrer les choses dans l'état où elles étoient avant l'arrêt de 1734, sauf les encouragemens accordés aux armemens.

Il s'ensuit qu'il faut distinguer en quatre classes les marchandises provenant de l'Inde & de la Chine.

Dans la première, il faut placer les marchandises prohibées qui ne peuvent être expédiées que pour les pays étrangers & portées à Nantes par mer, & qui ne sont sujettes qu'au seul droit d'indult de cinq pour cent, à leur sortie de l'entrepôt.

Dans la deuxième, les marchandises blanches dont le transport, soit à Nantes, soit à l'étranger, ne peut s'effectuer que par mer, quoique leur introduction soit permise dans le royaume, & leur exportation autorisée, pourvû qu'elles soient plombées, & revêtues des bulletins de la compagnie. Lors de leur exportation à l'étranger, elles ne doivent que le seul droit d'indult; si elles sont introduites dans le royaume, outre ce même droit, elles sont encore sujettes à ceux que fixe l'arrêt du 13 août 1772; mais après les avoir acquittés, elles peuvent circuler dans le royaume en exemption absolue.

La troisième classe comprend les marchandises du crû des isles de France & de Bourbon, sur lesquelles le droit d'indult n'est que de trois pour cent, & qui acquittent à leur entrée dans le royaume, les droits particuliers, affectés à leur espèce & qualité.

Dans la quatrième, sont les marchandises non sujettes aux plombs & bulletins qui peuvent être expédiées à l'étranger & pour le royaume, par terre comme par mer, en payant dans le premier cas le droit d'indult; & dans le second, les droits d'entrée des tarifs des provinces où elles sont portées, outre ceux qui sont dûs, sur leur route, dans les provinces réputées étrangères seulement.

On pourroit encore faire une cinquième classe pour les thés qui ayant acquitté le droit de six livres par quintal, imposé par l'arrêt du 8 juillet 1732, n'en doivent aucun autre à la circulation.

S'ils sont expédiés pour l'étranger, ce droit est remboursé conformément aux décisions du conseil des 25 avril 1735, & 20 avril 1739.

Après avoir tracé le régime fiscal auquel le commerce de l'*Inde* est assujetti, tant à son départ que dans ses retours, il ne sera peut-être pas hors de place de revenir à la compagnie des *Indes* pour jetter un coup d'œil sur sa situation actuelle, & sur les moyens qu'elles a employés, depuis la suspension de son privilège, pour liquider ses dettes. Nous passerons ensuite à l'examen impartial de l'état du commerce de l'*Inde* & de la Chine, sous l'empire de la liberté. Nous terminerons cet article, en exposant modestement les doutes & les réflexions qui sortiront naturellement de cet examen, & qui nous conduiront à rechercher, s'il convient de continuer le commerce de l'*Inde*, & s'il est indispensable qu'une compagnie en soit chargée par un titre exclusif.

La suspension du privilège de la compagnie des *Indes* ayant été ordonnée, ainsi qu'on l'a dit, par arrêt du 14 août 1769, les intéressés ou actionnaires n'eurent d'autre parti à prendre, que de remettre au roi, leurs vaisseaux, leurs magasins, leurs effets, leurs comptoirs, en un mot, tous les instrumens de leur commerce devenus inutiles dans leurs mains.

De son côté le gouvernement trouva juste, de se charger de ces divers objets; de tenir compte à la compagnie des avances de toute nature, qu'elle avoit faites au département de la marine, & de l'indemniser en même tems de la valeur des édifices qu'elle avoit remis à ce même département, aux isles de France & de Bourbon, en exécution de l'édit du mois d'août 1764.

Dans cette position, le roi pour s'acquitter en totalité avec la compagnie, créa à son profit, par édit du mois de février 1770, un contrat de douze cent mille livres de rentes, au principal de trente millions. Ce contrat fut aussi-tôt employé à faire un emprunt de douze millions en rentes viageres & par voie de loterie, pour mettre les actionnaires en état d'acquitter une partie de leurs engagemens.

Il restoit alors à la compagnie, indépendamment de ce nouveau contrat de trente millions, celui de cent quatre-vingt millions créés par l'édit du mois d'août 1747, & pour environ quarante millions de fonds circulans dans le commerce, ou de recouvrement à faire en Asie & en Europe.

Il est vrai qu'elle étoit grevée de près de dix millions de rentes perpétuelles ou viagères, lesquelles représentoient un capital de cent soixante-dix millions, & qu'elle avoit pour cinquante millions d'engagemens à acquitter successivement.

Les objets qui composoient le passif de la compagnie des *Indes* étoient, pour la plupart, simples & positifs; mais ceux qui constituoient l'actif dépendoient en grande partie de recouvremens & d'opérations mêlées de difficultés & de lenteurs. En même tems il étoit essentiel que les époques des recettes concourussent avec les termes des engagemens; il falloit combattre & repousser une foule de prétentions injustes que la destruction de la compagnie alloit faire éclore de toutes parts ; toutes ces opérations surpassant les forces d'une société qui n'avoit plus ni crédit ni pouvoir, il devint indispensable, pour l'intérêt commun des actionnaires, & de leurs créanciers & même pour l'intérêt de l'Etat, que le roi se chargeât de cette liquidation ; tels furent les motifs qui déterminèrent la délibération prise dans l'assemblée générale, tenue le 7 avril 1770.

Les actionnaires remirent donc au roi la totalité de leurs biens, meubles & immeubles, & s'engagèrent de plus, à fournir une somme de quinze millions par la voie d'un appel.

Cette délibération fut homologuée par des lettres patentes registrées au parlement.

Le roi consentit, 1° de payer toutes les rentes, soit viagères soit perpétuelles, constituées par la compagnie, & d'acquitter toutes les dettes par elle contractées tant en Europe qu'aux *Indes*.

2°. De continuer le payement des pensions existantes, & d'assigner une rente viagère de deux cens mille livres, qui seroit distribuée par les représentans des actionnaires, en pension & demi-soldes aux différentes personnes dont les services anciens ou utiles, seroient dans le cas de mériter des récompenses.

3°. De porter le capital de l'action à deux mille cinq cens livres, produisant cent vingt-cinq livres de rente, avec retenue d'un dixième, dont le produit seroit employé, par la voie du sort, au remboursement des actions sur le pied de leur capital de deux mille cinq cens liv. ; avec cette circonstance, que la rente des actions éteintes serviroit à accroître le fond du dixième d'amortissement jusqu'au parfait remboursement de la totalité des actions.

Telle étoit alors la situation de la compagnie, que son actif comparé au passif présentoit un résultat avantageux suivant le détail ci-après.

Actif.	
1°. Contrats de rente, tant sur le roi que sur les particuliers ;	210,248,596 *l.*
2°. Sommes à recouvrer, & qui ont dû y rentrer en argent, ci	44,338,438
3°. Dettes actives de la compagnie aux isles de France & de Bourbon, aux *Indes* & en Amérique, ci	8,124,773
4°. Effets, tant mobiliers qu'immobiliers, abandonnés au roi, en Asie & en Europe,	1,839,868
	264,551,675

Passif.	
1°. Contrats de rentes perpétuelles, ci	152,947,000 *l.*
2°. Contrats de rentes viagères, calculées sur le pied du denier dix, ci	44,580,970
3°. Engagemens de la caisse, payables en argent, ci	46,786,157
4°. Dettes de la compagnie en France, provenant de traites & autres engagemens des isles de France & de Bourbon, & des différens comptoirs, ci	4,120,710
	248,434,837

Ainsi, l'actif montant à	264,531,675 *l.*
Et le passif à	248,434,837
Il s'y trouve un excédent de	16,116,838
A cet excédent on peut ajouter encore le plus-value des effets remis au roi, aux *Indes* & aux Isles, qui est estimée	4,000,000
La valeur actuelle du remboursement des actions, qui s'opère par le dixième prélevé sur les rentes des actionnaires ; objet estimé au premier janvier 1784,	10,000,000
	30,000,000

La comparaison de l'actif au passif, promettoit donc au roi une perspective de bénéfice de trente millions, ce qui paroissoit suffire pour compenser les incertitudes & les dépenses de la liquidation.

Pour parvenir à cette liquidation, le roi par divers arrêts du conseil ordonna en 1770, que tous les créanciers de la compagnie tant à Paris que dans les provinces, remettroient copie de leurs titres, entre les mains du contrôleur général ; & évoqua à son conseil toutes les demandes formées contre la compagnie aux Isles & dans l'*Inde*, & néanmoins enjoignit aux créanciers qui seroient dans le cas de faire ces demandes, de remettre leurs titres aux commissaires qui étoient nommés, pour être ensuite, sur leur avis, statué ce qu'il appartiendroit.

Ces mêmes commissaires furent chargés de poursuivre au profit du roi, le recouvrement des sommes dûes à la compagnie.

D'après cette disposition des choses, la liquidation de la campagne des *Indes* fut suivie partout. Les recettes & recouvremens de toute nature faits par la caisse de Paris depuis le 9 avril 1770 jusqu'au premier avril 1783 pour cette liquidation, se sont élevés à la somme de cent trente-huit millions six cens quatrevingt mille livres en argent, & onze millions sept cens vingt mille livres en contrats.

Pendant le même espace de tems, il a été acquitté par cette caisse pour cent quarante-neuf millions quatre cens cinquante mille livres de dettes d'engagemens & de dépenses, consistant principalement en payement de coupons d'actions, de billets d'emprunt, de promesses de passer contrat à cinq & à quatre pour cent, débets de rentes perpétuelles & viagères, liquidations, successions, décomptes de toutes espèce, parts de prises, ports permis, pensions, demi-soldes, &c. &c.

A l'égard des recouvremens hors de l'Europe dans le même intervalle, ils n'ont consisté qu'en compensations & virement de parties, parce que la plus grande partie des dettes actives de la compagnie existant dans les isles de France & de Bourbon, dans l'*Inde* & dans les isles de l'Amérique, différens obstacles tenant à des circonstances politiques ou causés par la guerre, ont retardé ces recouvremens, & que même d'autres considérations peuvent les annuller.

Parmi les dettes passives de la compagnie des *Indes* en Europe, il s'en trouvoit de purement contentieuses, dont l'événement, lié au cours ordinaire & lent de la justice, ne pouvoient être terminées qu'après de longues discussions. Telle étoit celle qui regardoit M. Dupleix, si célébre par son habileté dans l'art de gouverner nos possessions de l'*Inde*. Elle avoit commencé en 1755, elle ne finit qu'en 1776 par le jugement du conseil du roi, qui adjugea à sa succession, cinq millions deux cens quarante cinq mille trois cens quarante-cinq livres, dont quinze cens quatre-vingt-cinq mille huit cens deux livres payables en argent dans l'espace de huit années, & le reste en contrats à quatre pour cent créés en vertu de l'arrêt du conseil du 24 février 1777. A cet arrangement, le roi voulut bien ajouter cent mille écus, pour procurer l'établissement de mademoiselle Dupleix.

Au surplus, sans suivre tous les détails des opérations qui ont servi à liquider la compagnie des *Indes*, il suffit de faire connoître sa situation au premier janvier 1784. Le passif surpasse véritablement l'actif de deux millions quatre cens vingt-neuf mille trois cens soixante-dix-neuf livres, & le produit du droit d'indult pouvoit y suffire dans quelques années, si le commerce de l'*Inde* avoit repris vigueur.

La meilleure manière d'examiner si ce commerce a prospéré dans la main des particuliers, est sans doute d'en chercher les résultats dans le produit des ventes ; de les comparer aux produits des ventes de la compagnie pendant un nombre d'années ; & de rapprocher les dépenses des armemens particuliers avec la recette des retours. On va présenter ce double tableau. Observons préliminairement qu'un intervalle de neuf années s'est passé depuis la suspension du privilège de la compagnie jusqu'à l'époque des hostilités en 1777 ; époque malheureuse d'une guerre pendant laquelle tous nos établissemens de l'*Inde* sont tombés au pouvoir des Anglois, ce qui a causé l'interception absolue de notre commerce.

RELEVÉ général du produit, net d'escompte, des importations faites par le commerce particulier, depuis 1769, jusqu'à l'époque de la guerre de 1777.

ANNÉES.	MARCHANDISES DE L'INDE.			MARCHANDISES DE LA CHINE.			TOTAL du produit net.		
	l.	*s.*	*d.*	*l.*	*s.*	*d.*	*l.*	*s.*	*d.*
1771	3,256,620	2	5	5,173,712	13	4	8,430,332	15	9
1772	9,180,129	17	3	4,699,843	2	7	13,879,972	19	10
1773	8,711,734	9	11	5,822,047	18	″	14,533,782	7	11
1774	8,475,691	14	4	8,575,808	7	5	17,051,500	1	9
1775	10,906,218	17	1	10,912,593	12	″	21,818,812	9	1
1776	19,402,422	1	10	6,504,327	17	6	25,906,749	19	4
1777	16,616,961	14	6	10,110,327	4	″	26,727,288	18	6
	76,549,778	17	4	51,798,660	14	10	128,448,439	12	2
Année commune des 7.	10,935,682	13	10	7,399,808	13	6	18,335,491	7	4

RELEVÉ général du produit, net d'escompte, des importations faites par la compagnie des Indes depuis 1764, & vendues jusqu'en 1771 inclusivement.

1766	5,831,782	″	″	7,122,399	″	″	12,954,181	″	″
1767	10,522,030	″	″	4,499,656	″	″	15,021,686	″	″
1768	15,947,950	″	″	5,841,223	″	″	21,789,173	″	″
1769	9,905,021	″	″	4,894,359	″	″	14,799,380	″	″
1770	10,816,224	″	″	5,354,972	″	″	16,171,196	″	″
	53,023,007	″	″	27,712,609	″	″	80,735,616	″	″
Année commune des 5.	10,604,601	8	″	5,542,521	16	″	16,147,123	4	″

Il résulte de cette comparaison, que l'avantage du commerce de l'*Inde* & de la Chine réunis, est en faveur de la liberté, puisque l'année commune des sept, est de dix-huit millions trois cens trente-cinq mille quatre cens quatre-vingt-onze livres sept sols quatre deniers, tandis que celle des cinq années du privilège exclusif qu'on présente, n'est que de seize millions cent quarante-sept mille cent vingt-trois livres quatre sols.

Mais il faut faire attention d'abord, que l'année commune du privilège n'est prise que sur cinq années, tandis que celle de la liberté est calculée sur sept. Ainsi, en prenant un nombre égal d'années, & distinguant le commerce de l'*Inde*, l'avantage seroit du côté de la compagnie, & sembleroit indiquer la nécessité de l'exclusif.

Quant à la comparaison du commerce de la Chine seulement, & qui offre un résultat de huit millions en faveur de la liberté, on doit faire attention que cette branche de trafic s'exerce avec autant de sûreté que de facilité; qu'elle n'exige que des précautions médiocres & des combinaisons peu étendues; que la supériorité des particuliers à cet égard sur la compagnie, est due en grande partie à des évènemens qui ne sont pas dans le cours ordinaire des choses; tels, par exemple, que la guerre de l'Angleterre avec le continent de l'Amérique, & qui a précédé de plusieurs années les hostilités contre la France: il est probable que la compagnie eût également profité de ces circonstances, & que ses retours en thés lui eussent procuré de grands bénéfices.

Au reste, le résultat de ces comparaisons n'a réellement rien de bien concluant pour la liberté, contre le privilège exclusif; car si la première a eu des avantages dans le commerce de la Chine, le second en a de très-marqués dans le commerce de l'*Inde*, quoique cependant la compagnie, en le reprenant en 1764 sur les ruines de ses établissemens, après une absence totale de la nation pendant cinq années, ait eu à vaincre des obstacles que les particuliers n'ont plus rencontrés en 1770.

Le montant des ventes ne suffisant donc pas pour prendre une idée complette des succès de ce commerce, cherchons à en connoître les profits: c'est la seule chose qui soit capable d'en garantir la possibilité.

On n'a pas pu se procurer le compte exact de chaque armement particulier: il y en a même un assez grand nombre dont les comptes n'ont point été rendus, & ne le seront jamais; mais on y a suppléé par des apperçus généraux, qui suffiront pour faire connoître, autant qu'il convient à cette discussion, les évènemens de ce commerce.

En rassemblant d'abord le nombre des vaisseaux auxquels il a été accordé des permissions, depuis le mois de septembre 1769, époque de la liberté, jusqu'au mois de juin 1776, où l'on s'est arrêté, parce que les expéditions faites postérieurement, sembloient exposées aux hasards d'une guerre très-probable, on voit qu'il a été délivré des permissions pour cent quatre-vingt sept vaisseaux,

Savoir;

48 au-dessous de trois cens tonneaux.

46 au-dessous de quatre cens tonneaux.

37 de quatre cens tonneaux à six cens.

30 de six cens à neuf cens.

26 de neuf cens tonneaux & au-dessus.

187

On a la certitude, que de ce nombre de bâtimens, il n'en est revenu à l'Orient dans des époques correspondantes; c'est-à-dire, jusqu'au mois de janvier 1778, que cent vingt-un; c'est donc un déficit de soixante & six: le tiers des permissions accordées.

On sait, à la vérité, que quelques armateurs n'ont pas profité de celles qu'ils avoient obtenues, & que quelques vaisseaux ont été expédiés avec le projet de les faire rester dans la mer des *Indes*; mais il est également certain, que la plus grande partie des vaisseaux manquans, ou a péri par l'insuffisance des précautions nécessaires, ou a été vendue dans l'*Inde*, faute des moyens de leur procurer des cargaisons de retour.

Si de cet apperçu l'on passe à l'examen de la qualité de ces vaisseaux, on trouve que sur les cent quatre-vingt-sept il s'en trouvoit cent trente-un; c'est-à-dire, près des trois quarts, au-dessous de six cens tonneaux, tandis qu'il est reconnu, que pour faire le commerce de l'*Inde* utilement, il ne faut employer que des vaisseaux de six cens tonneaux & au-dessus.

Si, pour mieux juger encore du résultat des armemens, on cherche à connoître quel a été le sort des armateurs, on trouve que ceux d'environ cent vaisseaux ont manqué, ou ont perdu une grande partie de leur fortune; ensorte qu'en dernière analyse, il n'y a guères que ceux qui se sont bornés au commerce de la Chine, qui ayent eu des bénéfices, ou du moins qui n'ayent pas éprouvé des pertes sensibles.

De cet exposé l'on est en droit de conclure, que le commerce de l'*Inde* ne semble pas fait pour la liberté, du moins dans l'état actuel du régime fiscal; qu'il est impossible qu'à la fin il ne soit abandonné, après peut-être quelques nouvelles épreuves, toujours suivies de nouvelles pertes;

condition d'autant plus fâcheuse pour l'Etat, que nos pertes tournent au profit de nos rivaux.

La nullité des succès des particuliers, tient à plusieurs causes. Il faut, pour ce genre de commerce, de gros navires, de grands capitaux en nature, & un intervalle de deux années entre les expéditions & les retours ; au lieu que dans le cours ordinaire du commerce, les élémens sont tout différens. Il ne s'agit que d'échanger les productions du sol & de l'industrie nationale, contre les productions d'autres climats bien moins éloignés. Cette opération se fait rapidement, & presqu'entièrement sur le crédit. Chaque négociant est à portée de suivre & de diriger lui-même ses affaires ; avec une fortune médiocre, il peut, dans le cours d'une année, expédier successivement plusieurs vaisseaux, tandis que l'expédition d'un seul pour l'*Inde*, est capable d'épuiser la maison la plus puissante, & de la laisser ensuite dans une longue inaction.

Mais en supposant que quelques armateurs particuliers pussent, sans effort, employer des fonds réels & suffisans au commerce de l'*Inde*, ils trouveroient encore une cause de ruine dans l'espèce même des agens auxquels on est forcé d'avoir recours dans cette contrée. On n'y voit point de maison de commerce, avec laquelle on puisse lier une correspondance. Dans un pays où il n'y a point de territoire, & où les productions sont en petit nombre ; où les fabricans attendent qu'on vienne, l'argent à la main, leur commander des marchandises, on ne peut pas espérer que des gens riches s'y transportent ou y envoyent leurs capitaux, pour faire les affaires des autres ; il ne s'y rencontre que quelques commissionnaires isolés & avides, qui veulent faire fortune, & promptement : ils mesurent leurs bénéfices sur l'intérêt de l'argent, qui est à un taux énorme ; & lorsque ce premier bénéfice est ajouté à la valeur de la marchandise, il ne reste plus qu'à perdre pour ceux qui sont forcés de l'acheter à ce prix.

Si l'on ajoute à ces obstacles, pris dans la nature des lieux, les effets de la concurrence, le défaut d'ensemble, de suite & de prévoyance, l'impossibilité de former des assortimens, objet si nécessaire & si difficile, on jugera que le commerce de l'*Inde* paroît au-dessus des forces & des moyens des négocians particuliers ; & la première idée qui se présentera, sera de revenir à l'ancienne méthode, & de rétablir une compagnie des *Indes*.

Mais en lui redonnant la même constitution & les mêmes bases, cette nouvelle compagnie des *Indes* pourroit-elle offrir à ses intéressés & au public, des bénéfices assez considérables & assez sûrs pour obtenir de nouveaux fonds ? Seroit-il si aisé de la former, cette compagnie, & peut-on compter sur sa prospérité ? C'est une nouvelle question qu'il s'agit d'examiner ; cherchons-en la solution dans la balance des profits & des pertes.

Le résumé du tableau des opérations de la compagnie, pendant les cinq années qu'a duré l'exercice de son privilège après la paix de 1763, prouve qu'elle a expédié, dans ces cinq années, cinquante-cinq vaisseaux, qui lui ont coûté cent huit millions trois cens cinquante-huit mille cent vingt-huit livres ; à quoi ajoutant six millions pour les intérêts des fonds de mise-dehors & d'envoi dans les comptoirs, c'est une somme de dépense de cent quatorze millions, trois cens cinquante-huit mille cent vingt-huit livres.

Si l'on rapproche actuellement le montant de la recette de ces expéditions pendant cinq années, on voit qu'il n'a été que de cent cinq millions sept cens quatre-vingt-neuf mille huit cens huit livres ; ensorte qu'il en résulte une perte réelle de huit millions cinq cens soixante & huit mille trois cens dix-neuf livres ; c'est-à-dire, plus de dix-sept cens mille livres par année.

On n'a point compris dans la masse des dépenses, les dépenses de souveraineté, tant aux *Indes* qu'aux isles de France & de Bourbon, & qui sont un objet de plus de deux millions par année ; d'ailleurs, le roi s'étoit chargé, en 1764, de l'entretien de ces deux colonies. On n'a rien passé non plus dans ces cinq années pour les risques maritimes ; mais quoique la compagnie ait été très-heureuse à cet égard pendant le période dont il s'agit, il est néanmoins juste & naturel de supposer des accidens, & d'en faire entrer les effets pour une somme quelconque, dans la masse des dépenses. Peut-être même faudroit-il encore, pour être parfaitement exact, ajouter à ces calculs les risques de guerre si effrayans & si étendus, pour un commerce dans lequel on envoie, à six mille lieues, des capitaux immenses, qui sont tout à la fois exposés, & en allant, & en revenant, & dans le continent même où on les envoie.

Mais sans aller chercher de nouvelles causes de défaveur & d'inquiétude, il est assez démontré que si le commerce libre n'est pas avantageux aux particuliers, l'exclusif entraîne trop de pertes, pour songer à rétablir une compagnie sur les mêmes principes que l'ancienne.

De ce double résultat il sort une grande vérité, c'est que le commerce de l'*Inde* est ruineux en lui-même, & que les compagnies qui ont paru jetter de l'éclat en l'exerçant, ont toujours dû leur prospérité à quelque cause étrangère à ce commerce.

La possession exclusive des épiceries a enrichi la compagnie Hollandoise, & la soutient encore. Lorsque notre compagnie des *Indes* a distribué un gros dividende, comme on l'a dit ci-devant, c'étoit moins comme compagnie commerçante que comme compagnie de finance, qui tiroit un revenu considérable du privilège de la vente exclusive du tabac dans le royaume.

Enfin, la compagnie des *Indes* Angloise étoit ruinée au commencement de la guerre de 1756; mais par une suite d'évènemens très-extraordinaires, qui ont facilité des conquêtes immenses, elle s'est élevée à un degré de richesse & de puissance dont il est difficile de donner une idée. Il faut donc convenir que M. Dupleix, qui réunissoit à une connoissance profonde du gouvernement Indien, l'esprit de commerce & la science des calculs politiques, avoit eu grande raison d'imaginer son systême de possessions territoriales; systême trop blâmé en France, parce que tout s'y juge légèrement, & malheureusement pour nous, trop suivi en Angleterre, mais sur lequel il ne nous reste plus maintenant qu'à former d'inutiles regrets.

On a dit que le commerce de l'*Inde* est ingrat par sa nature, & que les particuliers ne l'ont fait qu'avec désavantage. Voyons s'ils peuvent l'éviter. Nous supposerons un vaisseau de six cens tonneaux, armé pour le Bengale, avec trois cens mille livres de fonds d'avance, envoyés pour commencer à contracter des marchandises dans les comptoirs, & cent vingt hommes d'équipage; nous le suivrons dans son voyage & dans son retour.

Fonds d'avance, ...	300,000 *liv.*	1,404,500 *livres.*
Vaisseau équipé & armé, y compris l'avance des six premiers mois de solde de l'équipage, de l'état major composé de huit personnes, & les frais de la table payés d'avance au capitaine pour dix-huit mois, ...	204,500	
Chargement d'espèces dans le navire, ...	900,000	
Fonds pour fornir aux frais & aux dépenses d'achat de marchandises, ...		1,200,000
Frais à faire dans le Bengale avant l'achat de la cargaison, pour relâche, pour pilotes, bateaux de remorque, &c. pour vivres, rafraîchissemens, hôpital; pour pertes de cables, & autres accidens, & deux mois de paye à cent vingt hommes, ...	50,920	180,000
Commission sur le pied de cinq pour cent aux correspondans dans les fabriques, pour l'achat d'un million ou onze cens mille livres de marchandises, ...	50,080	
Droits de douane au gouvernement Maure, à raison de deux & demi pour cent sur la cargaison, estimée un million, ...	25,000	
Commission au subrecargue du vaisseau, à cinq pour cent sur un million quatre-vingt mille livres, ...	54,000	
Reste pour prix de factures, ...		1,020,000
Bénéfice de l'achat à la vente, estimé soixante & dix pour cent, attendu le contrat à l'avance, ...		714,000
Montant brut de la vente, ...		1,734,000

Montant brut de la vente, *de l'autre part*, ... 1,734,000 *livres.*

Frais à déduire.

Droit d'indult, à cinq pour cent (*), ...	76,700	
Droits des fermes, évalués à cinq pour cent, ...	76,700	
Frais de débarquement, de disposition, livraison, à deux pour cent,	34,680	
Commission de vente, à deux pour cent, ...	34,680	
Intérêt, pendant trois ans, des trois cens mille livres de fonds d'avance, ...	45,000	503,810
Intérêt du vaisseau & de la mise-hors pendant deux ans, ...	20,050	
Intérêt des neuf cens mille livres chargées en espèces, pendant deux ans, ...	90,000	
Assurance de la totalité de la mise de quatorze cens mille livres, à neuf pour cent, prime liée, ...	126,000	

Produit net de la vente, ... 1,230,190

A ajouter le prix du vaisseau au retour, ... 80,000

1,310,190

A déduire pour le désarmement du vaisseau.

En gratification à titre de port permis, ...	41,000	
Seize mois de solde à cent vingt hommes, ...	24,000	78,520
Appointemens à huit personnes de l'état major, pour un an, ...	8,520	
Restant de table au capitaine, ...	5,000	

Reste net, ... 1,231,670

Résultat.

La mise-hors est de 1,404,500

La rentrée net, de 1,231,670

Perte, ... 172,830

Ce qui revient à douze, & environ cinq seizièmes, pour cent de perte.

(*) On n'évalue ce droit & ceux des fermes qu'à cinq pour cent, pour n'être pas soupçonné d'exagération ; car il est sûr que les dix sols pour livre auxquels ils sont sujets, les font monter chacun à sept & demi pour cent.

Si l'on n'a pas contracté par des fonds d'avance, le bénéfice de l'achat à la vente ne pouvant être que de soixante pour cent, la perte se trouve être de deux cens trente-trois mille neuf cens cinq livres, ou seize & environ deux tiers pour cent.

La perte est bien plus considérable encore dans les expéditions pour la côte de Coromandel.

Avec un fonds d'avance de trois cens mille livres, & un chargement en espèces de neuf cens mille livres, sur un vaisseau de neuf cens tonneaux, la mise-hors est de quinze cens vingt mille livres; la masse des frais indispensables dans le voyage, est de cent quatre-vingt-un mille cinq cens livres, ensorte qu'il ne reste pour l'achat des marchandises, qu'un million dix-huit mille cinq cens livres, qui, à soixante & dix pour cent de bénéfice, ne donnent que sept cens douze mille neuf cens cinquante livres, ci .... 712,950 *liv.*

Valeur en marchandises, ... 1,018,500

1,731,450

Si l'on déduit de cette somme, le montant des droits d'indult, & de ceux qui sont payés à la ferme, les uns & les autres évalués à cinq pour cent; les frais de débarquement, de commission, de livraison, & les intérêts de l'argent, & les frais d'assurance, on trouvera qu'il s'agit de cinq cens vingt-huit mille huit cens quatre-vingt-huit, ensorte qu'il ne reste plus sur le produit de la vente de 1,731,450,

Que 1,202,562

La valeur du vaisseau, estimé 100,000

1,302,562

Est, à-peu-près, absorbée par les gratifications de port-permis, le reste de la solde de l'équipage & de la table du capitaine, qui montent à 94.520

Ainsi il reste net; 1,208,042

La mise-hors est de 1,520,000

C'est une perte de vingt & demi pour cent, ou 311,958

Si l'expédition est faite sans fonds d'avance, la perte s'élève naturellement à vingt-cinq pour cent.

Le commerce de la Chine, qui a toujours été bien moins désavantageux que celui de l'*Inde*, peut le devenir par les circonstances actuelles. L'Angleterre vient de prendre des mesures pour empêcher l'introduction frauduleuse des thés, & l'on y en portoit annuellement pour plusieurs millions.

Les Anglo-Américains ont envoyé directement à la Chine, pour y charger les denrées & marchandises qu'elle fournit à l'Europe. Les thés composent la plus grande partie des cargaisons des bâtimens revenans de cet empire; ce sont de nouveaux concurrens dans le commerce. On ne dira pas qu'on y chargera d'autres marchandises que les thés, à moins que ce ne soit des étoffes de soie; car pour les soies de Nankin, il ne s'en exporte que de très-petites quantités, bien au-dessous des demandes, & divisées en raison du nombre des bâtimens de la même nation.

D'après ces différentes hypothèses posées par l'expérience, il semble donc que le parti le plus raisonnable seroit d'abandonner un commerc ingrat, qui semble être une source constante de pertes pour ceux qui voudront l'entreprendre; & peut-être même faudroit-il aller jusqu'à le défendre, si la sagesse de cette prohibition pouvoit se concilier avec les grandes vûes de la politique. Un roi ne feroit-il pas bien de défendre à ses sujets de mettre à une loterie étrangère, qui, sous des formes attrayantes, n'offriroit en réalité qu'une perte certaine.

Le commerce de l'*Inde* une fois interdit, alors au lieu d'employer annuellement sept ou huit millions à l'administration des isles de France & de Bourbon, & des comptoirs de l'*Inde*, on pourroit destiner une somme de douze à quinze cens mille livres pour la police & la conservation de ces isles; & le surplus des huit millions seroit en partie économisé, & en partie appliqué à l'augmentation des forces navales, destiné à l'encouragement des nouvelles branches d'industrie qui s'éleveroient pour remplacer les marchandises de l'*Inde*. La prohibition de ces marchandises seroit un double gain pour le royaume, puisque l'argent qui passe ou en Angleterre, ou en Asie, pour se les procurer, circuleroit dans nos provinces, & serviroit à la prospérité de l'agriculture & de nos fabriques d'une façon plus sûre & plus étendue que le commerce de l'*Inde* dans sa splendeur.

D'un autre côté le commerce de la Chine continueroit à se faire librement par la voie des particuliers qui seroient chargés en même tems de pourvoir aux besoins des Isles de France & de Bourbon, & de nous apporter en retour les productions de ces deux Isles.

Ce projet si simple, en apparence, rencontreroit sans doute de grands obstacles dans son exécution; car comment empêcher l'introduction frauduleuse des marchandises de l'*Inde*; comment triompher du goût national & des habitudes du siècle, qui ont rangé ces sortes de superfluités dans la classe des besoins.

Il faut pourtant être de bonne foi. Indépendamment des objets qui peuvent être considérés comme de pure fantaisie, tels que les mouchoirs superfins, les casses, les mousselines de première classe, il en est d'autres dont il est très-difficile que le royaume puisse se passer. De ce nombre sont les toiles blanches qui forment la matière première des toiles peintes que l'on apprête dans le royaume. Un grand nombre de fabriques de ce genre s'est élevé de toute parts, & il est très-intéressant de les alimenter & de les soutenir.

Il faut encore ajouter à ces sortes de marchandises, les diverses espèces de toiles de couleur & les cauris qui servent à la traite des noirs. Ces deux articles sont un objet de deux millions; le poivre dont on consomme annuellement en France quinze à seize cens milliers, estimés deux millions quatre à cinq cens mille livres.

Différens ingrédiens propres à la teinture, des drogues médicinales, le salpêtre, enfin les mousselines communes entrent encore dans les cargaisons des navires qui viennent des *Indes*, & sont pour nous d'une nécessité presque indispensable.

L'importation de tous ces objets, soit par la compagnie des *Indes*, soit par le commerce particulier, montoit, année commune, de dix à onze millions. Si au lieu de les aller chercher directement, nous sommes réduits à les acheter en Angleterre ou en Hollande, au lieu de six millions que l'on porte aux *Indes*, il en coûtera dix ou douze; on perdra, de plus, une branche de navigation qui consomme des bois de constructions, du fer, du chanvre, des farines, du vin & des eaux-de-vie, qui emploie trois mille matelots, & occasionne une exportation d'environ deux millions des productions de notre sol & de notre industrie.

A ces considérations sans doute importantes, il s'en réunit d'autres encore, prises dans l'ordre politique & qui sont du plus grand intérêt.

On ne peut contempler sans effroi la puissance excessive des Anglois en Asie; l'accroissement de richesses, de commerce & de navigation que cette situation leur a procuré en Europe, a de quoi allarmer cette partie du monde. La perte de l'Amérique est pour eux un nouveau motif de porter toute leur attention, de fonder toutes leurs espérances sur leurs possessions en Asie. C'est de là que sont venues, en grande partie, les ressources qui ont soutenu leur crédit pendant la guerre; c'est de-là qu'ils tireront les moyens de réparer leurs finances pendant la paix; & c'est-là enfin où ils trouveront toujours des forces nouvelles & menaçantes.

Dans cette situation des choses, laissera-t-on les Anglois s'emparer exclusivement du commerce de l'*Inde*; les laissera-t-on s'étendre à leur gré sans contradiction & sans bornes; ira-t-on jusqu'à leur abandonner tous nos comptoirs comme inutiles, en renonçant à en faire usage? En achetant par des sacrifices la restitution de ces établissemens, n'est-ce pas avoir pris, en quelque sorte avec la nation & aux yeux de l'Europe entiere, l'engagement de les rendre utiles? Se déterminera-t-on à laisser tomber l'Isle de France qui ne sera rien pendant la paix, & ne servira à rien pendant la guerre, si elle n'est soutenue par l'activité du commerce? Enfin, renoncera-t-on à l'espérance & aux moyens d'opérer une diversion puissante dans cette partie du monde qui est celle où maintenant les Anglois ont le plus à perdre?

D'un autre côté, quel nom donner au parti qu'on prendroit d'abattre tout-d'un-coup une branche de commerce pour laquelle l'Etat a fait, depuis un siècle, de si grands efforts & de si grandes dépenses; une branche de commerce à laquelle se trouve lié le sort des Isles de France & de Bourbon; possessions si enviées par nos rivaux & qui ont toujours été regardées & traitées comme extrêmement importantes; une branche de commerce enfin, que les plus grandes nations de l'Europe se sont disputées avec acharnement, & dont l'abandon a toujours été un signe de décadence pour celles qui ont été forcées d'y renoncer. D'ailleurs, de quel œil l'univers entier verroit-il, que tandis que toutes les nations policées & commerçantes cherchent à étendre leurs relations, &

à s'ouvrir de nouveaux débouchés dans des mers inconnues, les vaisseaux françois ne peuvent, ou n'osent plus se montrer dans les mers de l'Asie ?

Si ces différentes considérations sont déterminantes sous tous leurs rapports, il faut donc conserver nos établissemens dans *l'Inde*, & maintenir les Isles de France & de Bourbon dans un état de force qui puisse les rendre redoutables. Mais vainement y entretiendroit-on une garnison nombreuse, si l'activité du commerce & des relations, multipliées avec la métropole, n'y accroissent point la population, & si cet accroissement ne sert point à diriger la culture & l'industrie de cette colonie vers l'objet essentiel de sa destination; celui de fournir des secours & des vivres à nos armées navales. Il faut qu'une escadre y trouve, en tous tems, ce qui lui est nécessaire, pour se préparer à une expédition, ou pour se réparer après un combat malheureux.

Il en est de même des établissemens de l'*Inde*; à quoi serviront des fortifications & des soldats à Pondichéry, si le commerce ne prend pas de l'étendue & de la solidité dans cette partie de l'*Inde*, s'il ne met, par des relations nombreuses & saisies à propos, sur-tout dans le Bengale, à portée d'étudier & connoître les intérêts du pays des princes, de suivre la marche & les révolutions de la politique indienne, & de former des liaisons dont on puisse tirer parti suivant les conjonctures.

Tous ces avantages ne peuvent se rencontrer que dans un commerce permanent. Doit-il se faire par une compagnie, sous un privilège exclusif, ou faut-il le laisser libre ? C'est par cette dernière question que nous nous sommes proposés de terminer cet article.

On a vu ci-devant que la compagnie des *Indes*, avec son privilège exclusif, avec ses possessions, & les dépenses que leur entretien exigeoit, a coûté cent millions à l'Etat en quarante années; une compagnie nouvelle, formée sur le même modèle, coûteroit bien davantage encore, dans la situation actuelle des choses, & ne pourroit faire qu'un commerce ruineux & précaire.

D'ailleurs, il semble qu'une compagnie destinée a représenter une grande nation, ne doive reparoître dans l'*Inde* qu'avec l'appareil imposant du pouvoir & de l'indépendance. Quelle idée prendroient en effet les Indiens de la nation Françoise, dont la puissance, la gloire & les triomphes du tems des Dumas & des Dupleix sont encore présens à leur souvenir, s'ils la voyoient recevoir humblement de la nation Angloise, ce quelle voudroit bien lui céder, & subir dans ses marchés toutes les conditions qu'il plairoit à celle-ci d'imposer ? N'en induiroient-ils pas, avec raison, que ce dégré d'humiliation en Asie est la suite d'un sort semblable en Europe, & que le tribut payé par l'une, est le signe de la supériorité de l'autre ? Que pour jamais tout bon françois renonce à l'usage des marchandises de l'*Inde*, plutôt que de les avoir au prix de cet avilissement ! Qu'à jamais périsse ce commerce, plutôt que de voir une compagnie françoise servir à relever l'orgueil de la compagnie angloise, toute-puissante à présent dans les contrées, & qui sera toujours disposée à écraser une rivale, avant qu'elle ait eu le tems de se fortifier & de s'aggrandir !

Il est encore une observation à faire sur ce sujet. Les Anglois ont, comme on l'a dit précédemment, un revenu de quarante à cinquante millions à faire passer annuellement de l'*Inde* en Europe. Pour réaliser cette somme, qu'ils convertissent ces quarante millions en marchandises; ils en tireront aisément en Europe soixante à soixante-dix millions, suivant le cours ordinaire de ce commerce. S'ils veulent écarter toute concurrence des autres compagnies, le léger sacrifice de vingt-cinq à trente pour cent suffira pendant deux ou trois années. Ils n'auront pas moins retiré de l'*Inde*, par an, cinquante ou soixante millions sans avoir déboursé un sol. Ainsi en manquant seulement à gagner plus, ils forceront leurs concurrens à des pertes certaines, dont l'effet sera de les mettre dans l'impuissance absolue de faire le commerce de l'*Inde*.

Ces réflexions paroissent donc devoir écarter toute idée de rétablissement d'une compagnie; mais il semble qu'on peut cependant continuer ce commerce en le laissant libre, en le favorisant & l'encourageant par une foible partie des dépenses nécessaires au soutien d'une compagnie. Sans privilège exclusif, que le gouvernement protège une association de marchands honnêtes réunis pour faire le commerce de l'*Inde*, & qu'il leur accorde des immunités, on la verra prospérer. Car qu'on ne s'y méprenne pas, l'hydre de la fiscalité a causé en grande partie la perte qu'on a vue dans les armemens particuliers. Elle seroit aisément balancée & même réparée, par un affranchissement absolu, au retour, comme au départ.

Le droit d'indult, qui est de cinq pour cent & que les négocians ont eu a payer depuis 1769, s'est successivement accru par l'addition des huit & dix sols pour livre mis en 1771 & 1781. Les droits des fermes ont reçu la même augmentation, ensorte que ces deux droits réunis forment un objet de quinze pour cent. Pour peu que le commerce particulier reçût, avec l'affranchissement entier de ces droits, des primes tant à l'exportation qu'à l'importation, mesurées sur l'intérêt des choses exportées & importées, il est sur qu'il ne seroit plus désavantageux, &

qu'il acquerroit de l'étendue, de l'activité & de l'importance.

En même-tems qu'une *association* de marchands feroit le commerce de l'*Inde*, à la faveur des établissemens nationnaux & par tous les moyens que l'industrie & les négociations mercantilles pourroient inventer, l'État pourroit entretenir dans ces contrées un chef & une jurisdiction consulaire, ou un conseil de commerce pour maintenir la police dans les établissemens, & juger toutes les contestations qui s'éleveront pour raison de ce trafic. D'un côté l'intérêt des Anglois les porteroit à contracter avec cette association, non-seulement sans en prendre de jalousie, mais avec d'autant plus d'empressement, qu'ils stipuleroient leur payement en Europe. De l'autre, l'active vigilance d'un honnête agent qui participeroit à cette association, seroit bien moins aisée à surprendre, que la tranquille bonne foi du préposé à gages d'une compagnie, dont les succès, ou les revers, lui sont également indifférens.

Tandis que cet article étoit à l'impression, a paru l'arrêt du conseil d'Etat du roi, du 14 avril de cette année, portant établissement d'une nouvelle compagnie des *Indes*. Pour en faire connoître la constitution, il convient de rapporter cet arrêt tout entier. On verra qu'à tous les priviléges, exemptions & immunités dont jouissoit l'ancienne compagnie, a été ajouté l'avantage de se servir gratuitement de tous les bâtimens, magasins, loges, comptoirs & établissemens qui avoient eté cédés au roi, tant en Europe qu'en Asie, sans que cette nouvelle compagnie soit tenue de les entretenir, que des réparations locatives.

Le roi s'étant fait représenter l'arrêt rendu en son conseil le 13 août 1769, qui avoit suspendu l'exercice du privilège de la compagnie des *Indes*, & avoit permis à tous ses sujets d'y commercer librement jusqu'à ce qu'il en fût autrement ordonné, sa majesté, par le compte qu'elle s'est fait rendre du résultat des exportations de son royaume, & des retours d'Asie, depuis cette suspension, a reconnu que la concurrence, utile pour d'autres branches de commerce, ne pouvoit qu'être nuisible dans celle-ci; qu'en effet l'expérience avoit fait voir que les cargaisons d'Europe n'étant pas combinées entr'elles, ni proportionnées aux besoins des lieux de leur destination, s'y vendoient à bas prix, tandis que le concours des sujets de sa majesté, dans les marchés de l'*Inde*, y surhaussoit le prix des achats: Que d'un autre côté les importations en retours, composées de marchandises de mêmes espèces, sans mesure ni assortimens, avec excès dans quelques articles, & manque total sur d'autres, étoient aussi désavantageuses aux négocians, qu'insuffisante pour l'approvisionnement du royaume. En considérant qu'à ces inconvéniens résultans du défaut d'ensemble, se joint l'impossibilité que des particuliers aient des moyens assez étendus pour soutenir les hasards d'un commerce aussi éloigné, & les longues avances qu'il exige, sa majesté s'est convaincue qu'il n'y avoit qu'une compagnie privilégiée, qui par ses ressources, son crédit, & l'appui d'une protection particulière, pût faire utilement le commerce des *Indes* & de la Chine; elle a en conséquence accepté la proposition qui lui a été faite, par une *association* de négocians & de capitalistes dont les facultés, le zèle & l'intelligence lui sont connus, d'exploiter seule, pendant un tems limité, le commerce de l'Asie, suivant les stipulations du dernier traité de paix, qui l'ont maintenu libre, sûr & indépendant. Les soins politiques, les frais de souveraineté, & les gênes d'une administration trop compliquée, ayant été les principales causes des pertes que l'ancienne compagnie a souffertes, il a paru convenable que la nouvelle en fût entiérement dégagée, que rien ne pût distraire ni son attention ni ses fonds, de l'objet de son commerce, & qu'elle fût régie librement par ses propres intéressés: sa majesté s'est occupé en même tems des moyens de conserver aux isles de France & de Bourbon, tous les avantages compatibles avec l'exercice du privilège qui fonde l'existence d'une compagnie; elle leur a permis le commerce d'*Inde* en *Inde*, la traite des noirs, le libre échange de leurs productions avec celles de l'Europe, & tout ce qui a paru nécessaire pour assurer l'approvisionnement & le soutien de cette colonie intéressante. A quoi voulant pourvoir: Ouï le rapport du sieur de Calonne, conseiller ordinaire au conseil royal, contrôleur général des finances; Le roi étant en son conseil, a ordonné & ordonne ce qui suit:

ARTICLE PREMIER.

Le privilège de la compagnie des *Indes* & de la Chine qui avoit été suspendu par arrêt du conseil d'Etat du roi du 13 août 1769, continuera de demeurer sans effet à l'égard de ladite compagnie; voulant sa majesté que la nouvelle association qui s'est formée avec son agrément pour le commerce de l'Asie, soit & demeure subrogée pendant l'espace de sept années de paix, à l'exercice dudit privilège, & qu'elle en jouisse sous la même dénomination.

II.

L'ancienne compagnie des *Indes* ne pourra jouir, au préjudice de la nouvelle, d'aucuns droits, avantages ou prérogatives, ni exercer aucunes fonctions dépendantes dudit privilège, & ses directeurs n'expédieront désormais aucun passeports, en vertu des articles I & II de l'arrêt du 6 septembre 1769; ils continueront seulement de suivre les travaux de la liquidation & les autres opérations dont ils sont chargés conjointement

tement avec les députés des actionnaires, tant pour le remboursement des actions, que pour tout ce qui reste à régler des affaires de ladite compagnie.

III.

Il sera permis à tous les sujets de sa majesté, de tel rang & qualité qu'ils soient, même aux étrangers, de s'intéresser en commandite, ainsi qu'il sera expliqué ci-après, dans la nouvelle compagnie des *Indes*, laquelle jouira du privilège de commercer seule, à l'exclusion des autres sujets du roi, soit par mer, soit par terre, par caravannes ou autrement, depuis le cap de Bonne-esperance, jusques dans toutes les mers des *Indes* orientales, côtes orientales d'Afrique, Madagascar, isles Maldives, mer Rouge, Mogol, Siam, la Chine, Conchinchine & le Japon, ainsi & de la même manière que la précédente compagnie en a joui.

IV.

Le privilège exclusif accordé à ladite compagnie, aura lieu pendant sept années de paix, à compter du départ de sa première expédition pour l'*Inde*; toutes les expéditions de ladite compagnie qui se feront d'Europe ou des lieux de sa concession avant l'expiration des sept années, & qui arriveront à l'Orient après cette époque, jouiront du privilège, ainsi que tous les retours qui proviendront de sa liquidation après l'expiration de son privilège. Si la guerre survenoit avant la révolution desdites sept années, les années de guerre ne seroient pas comptées; & à la paix le privilège exclusif seroit prorogé pour le nombre d'années pendant lesquelles la guerre auroit duré.

V.

Les isles de France & de Bourbon ne seront point comprises dans le privilège exclusif ci-dessus accordé; il sera permis à nos sujets d'approvisionner directement, des divers ports de notre royaume, lesdites isles, & d'importer en retour dans le port seul de l'Orient, les productions de leur sol; les marchandises qui y seront portées, de nos ports d'Europe pour leur consommation, ne pourront être exportées pour les parties de l'*Inde* comprises dans le privilège; & les marchandises ou productions qui y seront portées de l'*Inde* pour leur consommation, ne pourront être chargées ni admises dans les ports de notre royaume, ni dans nos colonies de l'Amérique, ni aux côtes occidentales d'Afrique.

VI.

Le commerce d'*Inde* en *Inde* restera libre pour les habitans desdites isles de France & de Bourbon, sans néanmoins que ledit commerce puisse se faire par des navires partis d'Europe, à moins qu'ils ne soient constatés appartenir en totalité à des habitans nationnaux desdites isles de France & de Bourbon, qu'ils y aient été déchargés & par eux expédiés de nouveau pour leur destination dans l'*Inde*, avec soumission de faire leur retour, désarmement, & déchargement dans lesd. isles.

VII.

Ledit commerce d'*Inde* en *Inde* s'étendra aux mers Orientales, au-delà du cap de Bonne-espérance, à l'exception de la mer Rouge, de la Chine & du Japon; & pour assurer l'approvisionnement desdites isles de France & de Bourbon en marchandises de Chine, la compagnie des *Indes* sera tenue de faire relâcher chaque année à l'isle de France, un de ses vaisseaux en retour de Chine, lequel y déposera & vendra les toiles de Nanquin & autres objets nécessaires pour l'habillement des troupes & les besoins desdites isles, aux prix qui seront fixés par un tarif que sa majesté se réserve de régler en son conseil.

VIII.

Les expéditions pour le commerce d'*Inde* en *Inde*, se feront librement, à charge seulement de se pourvoir de passeports de ladite compagnie, lesquels seront, à la première réquisition, délivrés sans frais par ses préposés, suivant le modèle qui sera imprimé; lesdits préposés pourront faire visiter les navires & confisquer au profit de la compagnie, ceux dont les capitaines ne représenteroient par ces passeports, qui ne pourront servir que pour un seul voyage; les armes, munitions, marchandises, & tous autres effets qui seroient trouvés sur lesdits navires, seront compris dans la confiscation: ordonne sa majesté à ses gouverneurs, commandans & autres, de prêter main-forte à la compagnie, pour la saisie desdits navires, lorsqu'ils en seront requis; & aux Juges royaux desdites isles, de tenir la main à l'exécution de la présente disposition.

IX.

Il ne pourra être entrepris, directement d'Europe, par les particuliers, aucune traite de noirs à Madagascar, ou ailleurs, au-delà du cap de Bonne espérance, que sur les permissions qui seront accordées gratis par ladite compagnie des *Indes*, dans le cas où elle ne feroit pas elle-même ladite traite; & néanmoins il sera permis aux habitans nationnaux & domiciliés aux isles de France & de Bourbon, d'y armer & expédier leurs navires pour la traite des noirs à Madagascar, & sur les côtes orientales d'Afrique, au delà du cap de Bonne-espérance, soit pour les besoins desdites isles, soit pour les transporter dans les colonies françoises de l'Amérique, en se munissant de passeports de la compagnie des *Indes*, lesquels ne pourront leur être refusés, & seront délivrés sans frais à leur première réquisition, suivant le modèle qui sera imprimé & qui contiendra les clauses nécessaires pour la sûreté du commerce de ladite compagnie.

X.

Les expéditions d'Europe, du commerce particulier, destinées pour les isles de France & de Bourbon, ainsi que celles qui pourroient avoir lieu auxdites isles, en retour pour le port de l'Orient, seront permises, à charge de se pourvoir également de passeports de la compagnie des *Indes*, lesquels seront délivrés gratis à la première réquisition, & sans aucune formalité, comme il est prescrit par l'article I de l'arrêt du 6 septembre 1769; & les capitaines desdits navires seront tenus de représenter lesdits passeports aux commandans des isles de France & de Bourbon, & des différens comptoirs où ils relâcheront, ainsi qu'aux préposés de la compagnie.

X I.

Tout navire particulier qui aura été expédié des ports du royaume pour les isles de France & de Bourbon, sera obligé, lorsqu'il reviendra en Europe, chargé en totalité ou en partie, de faire son retour & déchargement dans le port de l'Orient exclusivement; mais dans le cas où il reviendroit desd. isles sur son lest & sans y avoir chargé aucunes marchandises quelconques, il pourra aller chercher un fret pour les ports de France dans les colonies de l'Amérique, ou faire son retour direct dans son port d'armement. Ceux qui seront armés & expédiés dans lesdites isles pour l'Europe, ne pourront également être destinés que pour ledit port de l'Orient, où ils seront tenus de faire leur déchargement, ainsi qu'il a toujours été observé pour le commerce particulier; & aucun navire François, autre que ceux appartenans aux sujets du roi, résidans & domiciliés dans les isles de France & de Bourbon, ne pourra, sous aucun prétexte, au retour desdites isles, faire la traite des nègres sur les côtes d'Afrique, soit en-deçà, soit au-delà du cap de Bonne-espérance.

X I I.

Tous les armemens particuliers, commencés, complétés, ou en route pour les mers des *Indes*, sur des permissions particulières, auront, à compter du jour du départ de leur port d'armement, vingt-quatre mois de délai pour faire leur commerce & retour dans le port seul de l'Orient, & la vente de leurs chargemens se fera à la suite de celle de la compagnie, s'ils se trouvent en concurrence avec elle; & à dater de ce jour, il ne sera plus accordé de permissions pendant la durée ou prorogation du privilège: mais dans le cas de pertes de navires particuliers, ou autres accidens de force majeure qui seront constatés, la compagnie accordera les prolongations qu'elle reconnoîtra nécessaires, & alors elle recevra à fret, sur ses vaisseaux, les effets des particuliers qui auront éprouvé des retards, aux mêmes prix & conditions des navires qu'elle aura frétés pour son service, pour l'allée & retour des *Indes*.

X I I I.

Les marchandises qui seront apportées de l'*Inde* à l'Orient par les navires nationaux, pour compte étranger, seront mises en entrepôt réel, & ne pourront être vendues, qu'à la charge d'être exportées à l'étranger; les consignataires de ces marchandises seront tenus d'en faire déclaration à leur arrivée, aux préposés de la compagnie & aux receveurs des fermes, à peine de payer le quadruple des droits.

X I V.

Sa majesté défend à tous ses sujets, de faire, pendant la durée du privilège exclusif accordé à ladite compagnie, aucun commerce dans les lieux compris audit privilège, à peine de confiscation, à son profit, des navires, marchandises, armes, munitions, & autres effets qui seroient sur lesdits navires. Veut aussi sa majesté que toutes marchandises venant des lieux compris dans le privilège exclusif de la compagnie, qui arriveroient en France sur des navires autres que ceux de ladite compagnie ou qu'elle auroit frétés, soient confisqués à son profit. Sa majesté défend également à ceux de ses sujets qui auroient obtenu d'elle des passeports, ou des congés des amirautés pour des navigations permises, de se rendre ensuite dans les mers des *Indes*, & de commercer dans les lieux de la concession, à peine de confiscation des navires, effets & marchandises, dont les deux tiers au profit de la compagnie, & l'autre au profit du dénonciateur. Si les navires font leur retour dans des pays étrangers, afin d'éviter les peines ci-dessus prononcées, il sera procédé, pour raison de cette contravention, contre les propriétaires & armateurs; & dans le cas où les navires ne pourroient être saisis, les contrevenans seront condamnés au paiement d'une somme équivalente à la valeur des navires & de leurs chargemens, ainsi qu'à celle des intérêts & bénéfices, pour tenir lieu de confiscation.

X V.

Toutes les opérations de ladite compagnie seront dirigées & régies par douze administrateurs agréés par sa majesté, lesquels seront tenus, dans leurs départemens, de se conformer à ce qui sera décidé par délibération dans les assemblées générales ou particulières, & d'établir la direction la plus sûre & la plus économique.

X V I.

Les fonds nécessaires à l'exploitation du privilège exclusif accordé par le présent arrêt, sont fixés à vingt millions, lesquels seront fournis; savoir, six millions par les douze administrateurs, à raiſon de cinq cens mille livres pour chacun, ou cinq cens portions d'intérêt de mille livres chaque; les quatorze millions de ſurplus ſeront diviſés en quatorze mille portions d'intérêt de mille livres chacune, pour leſquelles il ſera donné des reconnoiſſances aux perſonnes qui voudront s'intéreſſer dans le commerce de la compagnie.

XVII.

Chaque adminiſtrateur ſera tenu de fournir cinq cens mille livres en cinq cens portions d'intérêt de mille livres chaque, pour former partie du fonds capital ci deſſus; & en cas de décès ou de retraite de l'un d'eux, il ſera préſenté par l'adminiſtration, au contrôleur général des finances, trois perſonnes choiſies à la pluralité des voix des autres adminiſtrateurs, parmi leſquels ſa majeſté nommera; & le nouvel adminiſtrateur ſera obligé de prendre les fonds de celui qu'il aura remplacé, au cours de la place qui aura précédé de quinze jours la retraite ou le décès de ſon prédéceſſeur; lequel cours ſera conſtaté & certifié par trois adminiſtrateurs, & les héritiers du défunt, ou l'adminiſtrateur qui ſe retirera, ſeront obligés d'y acquieſcer.

XVIII.

La miſe de cinq cens mille livres de fonds à fournir par chaque adminiſtrateur, ſera de rigueur, & aucun d'eux ne pourra, ſous aucun prétexte, ſe diſpenſer d'en compléter le paiement, aux époques & de la manière qu'il ſera fixé par l'adminiſtration, à peine de deſtitution de ſa place à la première aſſemblée de l'adminiſtration qui ſuivra l'époque où les fonds auroient dû être faits, & dont elle rendra compte au contrôleur général des finances; & dans le cas où l'adminiſtration n'auroit pas fait exécuter la clauſe de rigueur ci-deſſus, elle en demeurera garante & reſponſable envers les intéreſſés, auxquels elle fera bon du déficit, dont la ſomme ſera répartie par contribution entre les membres de ladite adminiſtration, ſauf ſon recours contre celui ou ceux qui ſeroient remplacés; ce qui aura lieu à la première aſſemblée d'adminiſtration.

XIX.

Chaque adminiſtrateur ſera tenu de conſerver la propriété de deux cens cinquante portions d'intérêt, leſquelles devront être remiſes dans le dépôt de la compagnie, déſigné ci après, & y reſter dépoſées en ſon nom, tant qu'il ſera adminiſtrateur.

XX.

Il ſera ouvert à la caiſſe générale de ladite compagnie, un dépôt de portions d'intérêt, tant pour les adminiſtrateurs que pour la ſûreté des intéreſſés, & ces derniers pourront les en retirer toutes les fois qu'ils le voudront.

XXI.

Les vingt millions de fonds fournis tant par les adminiſtrateurs, que par ceux qui auront pris des portions d'intérêt, ſeront & demeureront affectés & hypothéqués par privilège ſpécial, à tous les engagemens contractés par la compagnie.

XXII.

Les fonds à fournir, tant par les adminiſtrateurs que par les intéreſſés particuliers, ſeront verſés entre les mains du caiſſier général nommé par l'adminiſtration, au fur & à meſure que les opérations de la compagnie l'exigeront, & aux termes qui ſeront fixés par l'adminiſtration, & le caiſſier général donnera des reconnoiſſances proviſoires des ſommes qu'il aura reçues, en payement des portions d'intérêt qu'il aura délivrées.

XXIII.

Les ſieurs Girardot, Haller & compagnie, à Paris, & les ſieurs Jean-Jacques Berard & compagnie, à l'Orient, ſeront chargés proviſoirement, pour la compagnie, de recevoir les ſommes qui compoſeront les premiers fonds des intéreſſés, pour en rendre compte à l'adminiſtration, & les tenir à ſa diſpoſition à ſa première demande, & ils remettront à ceux qui deſireront s'intéreſſer dans lad. compagnie, des reconnoiſſances, portant promeſſe de délivrer le nombre des portions d'intérêt dont il leur aura été fourni la valeur dans le tems preſcrit, à raiſon de mille livres par portion, & n'excédant pas le nombre de quatorze mille portions, fixé par l'article XVI.

XXIV.

Les adminiſtrateurs arrêteront tous les ans, à commencer du mois de décembre 1787, le bilan général des affaires de ladite compagnie, après quoi ils le remettront au contrôleur général des finances; & la minute, viſée des adminiſtrateurs, reſtera dépoſée entre les mains de ſon caiſſier général, où chaque intéreſſé aura le droit d'en prendre la communication, & ce ne ſera qu'après la remiſe du bilan, qu'il pourra être procédé à la fixation d'un dividende.

XXV.

Pour parvenir à la fixation de ce dividende, il ſera arrêté par les adminiſtrateurs, un compte détaillé des bénéfices nets qui auront été faits & réaliſés dans les expéditions précédentes, déduction faite de tous frais d'adminiſtration, & des pertes s'il y en a, ou eſtimation de celles qui ſeroient à craindre, ainſi que des primes d'aſſurance pour tous les riſques maritimes. Sur ces bénéfices nets que l'adminiſtration générale aura admis, elle aura la liberté de déterminer à la pluralité des ſuffrages, par ſcrutin, la ſomme qu'elle jugera à propos de répartir à titre de dividende, ſur chaque portion d'intérêt pour l'année courante ; en conséquence, la première fixation se fera en décembre 1787, & ensuite d'année en année. Mais, dans aucun cas, le capital de ladite compagnie ne pourra être entamé par le dividende.

XXVI.

L'administration générale des affaires de ladite compagnie, sera établie à Paris dans un hôtel à ce destiné, que sa majesté lui accordera gratuitement, pendant le terme de son privilège, pour ses assemblées & bureaux ; & le siège de son commerce principal, où se feront ses armemens, expéditions, chargemens, désarmemens & ventes, sera dans le port de l'Orient, exclusivement à tous autres : l'administration générale commettra, par voie de scrutin, quelques uns de ses membres, pour diriger dans ledit port les opérations de son commerce, & leurs fonctions & pouvoirs seront réglés par délibération de ladite administration.

XXVII.

Nul administrateur ne pourra donner sa voix, s'il n'est présent à l'assemblée, à l'exception de ceux qui se trouveront absens & employés pour le service de la compagnie, qui pourront le faire par procureurs choisis parmi les membres de l'administration seulement. Tout administrateur présent, propriétaire de mille portions d'intérêt, aura deux voix ; il en aura trois, s'il a déposé quinze cens portions, & quatre, s'il en a déposé deux mille, sans qu'il puisse avoir un plus grand nombre de voix, quel que soit le nombre de ses portions d'intérêt.

XXVIII.

L'administration générale aura, à la pluralité des voix, la nomination de toutes les places d'employés, de quelque grade qu'ils puissent être, soit de terre, soit de mer, tant en Europe qu'aux *Indes*, & pourra les destituer & révoquer de la même manière & de sa seule autorité, le tout ainsi qu'elle le jugera nécessaire pour le bien & l'avantage de la compagnie.

XXIX.

L'administration sera tenue de faire couvrir par des assurances, autant qu'elle le pourra, & que les circonstances l'exigeront, tous les risques de mer & de guerre de la compagnie, sans cependant que l'administration soit jamais responsable des capitaux qui n'auroient pas été assurés, ou de toute autre perte provenant des assurances.

XXX.

Ladite compagnie sera autorisée à dresser & arrêter tels statuts & réglemens qu'elle jugera les plus convenables pour la conduite & régie de son commerce, l'ordre & la sûreté des intérêts qui lui seront confiés, ainsi que pour son régime intérieur, tant en Europe que dans ses établissemens, & par-tout où besoin sera.

XXXI.

Sa majesté protégera & défendra la compagnie, même en employant, s'il en étoit besoin, la force de ses armes, pour la maintenir dans la liberté entière de son commerce, & empêcher qu'elle n'éprouve aucun trouble dans sa navigation & dans l'exercice de son privilège : elle lui fera fournir, en tout tems, les officiers-mariniers & matelots que ses expéditions exigeront.

XXXII.

Les administrateurs de la compagnie, & ses intéressés particuliers, ne pourront être inquiétés ni contraints en leurs personnes & biens, pour raison des affaires de ladite compagnie ; & les effets à elle appartenans, ne seront susceptibles d'aucune hypothèque pour les affaires particulières desdits administrateurs ou intéressés. Leurs portions d'intérêt ne pourront être validement saisies qu'après l'expiration du privilège, & la libération entière des dettes & engagemens de la compagnie ; mais il sera libre à tous créanciers des uns ou des autres, de saisir ou arreter entre les mains de son caissier général, pendant la durée du privilège, leurs parts de bénéfice à répartir à titre de dividende.

XXXIII.

Les administrateurs présideront tour-à-tour, & de trois mois en trois mois, dans les assemblées générales ou particulières où ils se trouveront, à commencer par le plus ancien ; le président n'aura que sa voix comme administrateur ; mais dans le cas où il y auroit égalité de voix, celle du président l'emportera, & fixera la délibération.

XXXIV.

Les portions d'intérêt de ladite compagnie, seront imprimées conformément au modèle joint au présent, & seront numérotées, depuis le numéro premier jusques & compris le numéro vingt mille inclusivement ; elles seront signées par le caissier général & par trois administrateurs.

XXXV.

Sa majesté cède & accorde gratuitement à ladite compagnie, pour tout le tems de la durée de son privilège, la jouissance dans le port de l'Orient, des hôtels, magasins, caves, chantiers de construction, corderie, atteliers, pontons, ustensiles & facilités du port, & autres bâtimens & emplacemens nécessaires à la construction, radoubs, équippemens & armemens de ses navires ou de ceux qu'elle frétera, ainsi que pour la réception & disposition de ses marchandises & effets d'exportation & d'importation. Veut sa majesté que tous lesdits bâtimens, pontons, atteliers & autres, suivant la demande qui en sera faite par ladite compagnie, lui soient incessament remis, après avoir été réparés aux frais de sa majesté qui demeurera chargée de les entretenir pour tout ce qui concerne les grosses réparations, pendant la durée du privilège de ladite compagnie, à l'expiration duquel elle les rendra suivant l'état détaillé qui en sera dressé aussi-tôt après que lesdites réparations seront achevées, & au moment que la remise lui en sera faite.

XXXVI.

Pour l'exécution du précedent article, il sera fixé, de concert entre le ministre de la marine & celui des finances, une ligne de démarcation dans le port de l'Orient, qui séparera l'arsenal du roi, d'avec la portion des ports & quais qui seront cédés & abandonnés à la compagnie.

XXXVII.

Sa majesté accorde pareillement à ladite compagnie la jouissance gratuite des bâtimens, magasins, atteliers, loges & comptoirs qui sont à sa possession dans les divers établissemens au-delà du cap de Bonne-esperance, & qui pourroient être nécessaires à ladite compagnie; & il en sera usé pour les réparations & entretiens desdits bâtimens & comptoirs, ainsi & de la même manière qu'il en est ordonné pour ceux de l'Orient, par l'article XXXV du présent arrêt.

XXXVIII.

Les ventes des retours des *Indes* & de la Chine de ladite compagnie, se feront publiquement au seul port de l'Orient & à l'hôtel des ventes, à des époques qui seront annoncées d'avance; & comme le privilège exclusif accordé à ladite compagnie, doit assurer une masse de retours suffisante pour l'approvisionnement du royaume, & même un excédent pour l'étranger, son administration s'occupera des moyens de bien apprécier la consommation intérieure, & d'étendre son commerce par de nouveaux débouchés autant que la prudence le permettra.

XXXIX.

Il sera tenu tous les ans deux assemblées générales d'administration en l'hôtel de la compagnie à Paris, l'une pour rendre compte des expéditions de sortie, & l'autre pour les retours & ventes; & il y sera en outre délibéré sur les affaires les plus importantes de la compagnie, lesquelles délibérations seront déposées à son secrétariat, où les intéressés pourront en prendre communication.

XL.

Ceux qui auront acheté des effets ou marchandises de la compagnie, seront contraints au payement de ce qu'ils devront, comme pour les propres deniers & affaires de sa majesté.

XLI.

Les employés de ladite compagnie jouiront des mêmes privilèges & prérogatives accordés aux employés de nos fermes & régies.

XLII.

Si aucuns des administrateurs de ladite compagnie, capitaines, Officiers & matelots de ses vaisseaux, employés & commis, étoient pris par les sujets des princes & Etats avec lesquels sa majesté pourroit se trouver en guerre, elle les fera retirer & échanger.

XLIII.

Sa majesté garantit la compagnie de toutes demandes & prétentions quelconques qui pourroient se former contre elle, soit en Europe ou aux *Indes*, provenant du privilège de l'ancienne compagnie des *Indes*.

XLIV.

Ladite compagnie pourra prendre tels renseignemens qu'elle jugera à propos, dans les archives de l'ancienne compagnie des *Indes*; & pour cet effet, les directeurs de sa liquidation, & préposés, tant en Europe, que dans les lieux de sa concession, tiendront à la disposition de l'administration de la nouvelle compagnie, ou de ses préposés, ses registres, journaux, correspondances, cartes & archives.

XLV.

Le droit d'indult, établi sur toutes marchandises provenant du commerce de l'*Inde* & de la Chine, sur le pied de cinq pour cent, & à trois pour cent sur celles du crû des isles de France & de Bourbon, demeurera supprimé & ne pourra désormais être perçu que sur le retour des navires expédiés sur des permissions particulières de date antérieure à celle du 14 avril 1785.

XLVI.

Ladite compagnie jouira de tous les privilèges, avantages, franchises & exemptions de droits quelconques, dont l'ancienne compagnie des *Indes* jouissoit à l'époque de la suspension de son privilège en 1769, même de l'exemption de ceux qui ont été établis depuis cette époque; il en sera dressé un état détaillé qui sera arrêté au conseil royal des finances; & sa majesté se réserve de faire connoître alors ses intentions sur les articles qui auroient besoin d'être réglés ou interprêtés, comme aussi de modérer, en faveur de ladite compagnie, les droits imposés par le tarif de 1664, sur les marchandises de l'*Inde* & de la Chine à leur entrée dans les provinces des cinq grosses fermes; même d'affranchir totalement desdits droits, les toiles destinées pour l'impression, & autres marchandises qui ne pourroient y être assujetties sans désavantage pour les manufactures & le commerce du royaume.

XLVII.

Les plombs & bulletins prescrits par l'article VI de l'arrêt du conseil du 6 septembre 1769, continueront d'être apposés aux marchandises mentionnées en l'article V de l'arrêt du 29 novembre 1770, par les employés de la compagnie des *Indes*, concurremment avec les deux garde-magasins des fermes, qui tiendront respectivement avec les préposés de la compagnie, un registre en compte ouvert pour le plombage; à l'effet de quoi, les plombs, matrices & empreintes, servant à former lesdits plombs & bulletins, seront immédiatement remis dans les magasins de la nouvelle compagnie à sa disposition; & il lui sera libre d'adopter tel autre nouveau plomb ou empreintes qu'elle jugera nécessaires, pour prévenir l'introduction en fraude dans le royaume, des marchandises de même espèce que celles provenant de son commerce.

XLVIII.

Il en sera usé avec la ferme générale, pour toutes les marchandises des *Indes* & de la Chine, tant au poids qu'à la pièce, qui seront saisies provenant du commerce étranger, ainsi que pour les mousselines, toiles de coton, mouchoirs & toiles peintes étrangeres, de la même manière que cela se pratiquoit avec l'ancienne compagnie des *Indes*.

XLIX.

Ladite compagnie jouira du transit par terre, pour toutes les marchandises provenant de son commerce, & propres pour la traite des noirs sur les côtes d'Afrique, en remplissant à cet égard les formalités qui seront prescrites; & ces marchandises seront désignées par un état qui sera arrêté contradictoirement avec la ferme générale.

L.

Ladite compagnie aura la liberté d'exporter annuellement du royaume, les matières d'or & d'argent qui lui seront nécessaires pour son commerce, & ce, nonobstant les défenses faites par les ordonnances, contre tous transports d'or & d'argent en pays étrangers, dont nous la relevons; mais ses administrateurs seront tenus de faire connoître au contrôleur général des finances, la valeur de leur exportation annuelle; & sa majesté voulant la traiter favorablement, la dispense du tarif accordé au fermier général des messageries, par son arrêt du 30 septembre 1783, concernant les transports des espèces d'or & d'argent, & lui permet de faire avec ledit fermier général, tels marchés & conventions à cet égard, dont ils conviendront ensemble, lesquels auront leur exécution.

LI.

Les marchandises au poids & à la pièce de la même espèce que celles de la compagnie, dont l'entrée est admise dans le royaume, ne pourront à l'avenir y être introduites, que lorsqu'elles seront accompagnées d'une permission de la compagnie des *Indes*, à l'exception des toiles de coton blanches, qui restent soumises, quant à présent, au régime des lettres-patentes de 1759.

LII.

Toutes les marchandises au poids & à la pièce, de la même espèce que celles du commerce de la compagnie, qui arriveront dans le port franc de l'Orient, seront sujettes à être déclarées à leur entrée dans ledit port, ainsi qu'il en est usé pour le tabac fabriqué; elles seront mises en entrepôt sous clef, dans des magasins employés uniquement à les recevoir, & seront sujettes aux recensemens & autres formalités prescrites par les réglemens pour les entrepôts réels, afin d'en prévenir l'introduction dans le royaume; sans qu'à l'égard des marchandises étrangères, ni de celles qui proviendroient du commerce de la compagnie, la ville de l'Orient puisse être regardée comme destination à l'étranger; & l'exemption des droits accordée à cette destination, n'aura pas lieu pour celles desdites marchandises qui seront introduites dans ladite ville, mais seulement pour ce qui sera embarqué pour aller à l'étranger effectif, & déclaré comme y étant destiné.

LIII.

Pourra ladite compagnie prendre pour ses armes l'écusson accordé à l'ancienne compagnie, dont sa majesté lui concède la jouissance, pour s'en servir dans ses sceaux & cachets, & qu'elle pourra mettre & apposer par tout où elle le jugera à propos.

LIV.

Ladite compagnie ne pourra être tenue d'armer aucun de ses vaisseaux en guerre, ni faire aucun transport d'hommes ou d'effets pour compte du gouvernement.

LV.

Sa majesté fait défenses à toutes personnes, de quelqu'état & condition qu'elles soient, de charger ni faire charger sur les vaisseaux de la compagnie des *Indes*, ou ceux qu'elle auroit frétés, venant des pays de sa concession ou y allant, aucunes marchandises ni effets quelconques, sans, au préalable, les avoir fait comprendre dans les factures du chargement, sur une permission par écrit, signée des administrateurs ou préposés à cet effet, à peine de confiscation à son profit, & de destitution du capitaine & officiers. Permet sa majesté à ladite compagnie des *Indes*, de commettre telles personnes qu'elle jugera à propos pour en faire la perquisition & saisie sur ses vaisseaux, soit à leur départ de France, soit à leur arrivée des pays de sa concession, & ensuite de les faire vendre à son profit, sans qu'elle soit tenue d'en faire autrement juger ni prononcer la confiscation; sur le produit desquelles marchandises & effets, elle pourra accorder, tant aux commis qu'aux dénonciateurs, telle gratification qu'elle jugera convenable.

LVI.

Si à l'expiration du privilège accordé par le

présent arrêt, & sur la demande en prorogation des administrateurs de ladite compagnie, sa majesté ne jugeoit pas à propos de le proroger, il sera procédé à la vente de tous les effets quelconques appartenans à la compagnie, de la manière que l'administration le jugera le plus convenable à ses intérêts, laquelle sera seule chargée de la liquidation; pour le produit net, après l'extinction de tous ses engagemens, tant en Europe qu'aux *Indes*, être partagé entre tous les intéressés, au *prorata* de l'intérêt de chacun.

LVII.

Ordonne sa majesté, que le présent arrêt sera imprimé, publié & affiché par-tout où besoin sera, & que sur icelui, toutes lettres nécessaires seront expédiées. Fait au conseil d'Etat du roi, sa majesté y étant, tenu à Versailles le quatorze avril mil sept cent quatre-vingt-cinq.

No.

PORTION D'INTÉRÊT DE LA COMPAGNIE DES INDES.

No. *COMPAGNIE DES INDES.*

PREMIER DIVIDENDE D'UNE PORTION D'INTÉRÊT, payable au Porteur, dont la somme & l'époque de payement seront déterminées & annoncées par l'Administration.

No.

No. COMPAGNIE DES INDES.

SECOND DIVIDENDE D'UNE PORTION D'INTÉRÊT, payable au Porteur, dont la somme & l'époque de payement seront déterminées & annoncées par l'Administration.

No.

No. *COMPAGNIE DES INDES.*

TROISIÈME DIVIDENDE D'UNE PORTION D'INTÉRÊT, payable au Porteur, dont la somme & l'époque de payement seront déterminées & annoncées par l'Administration.

No.

No. COMPAGNIE DES INDES.

QUATRIÈME DIVIDENDE D'UNE PORTION D'INTÉRÊT, payable au Porteur, dont la somme & l'époque de payement seront déterminées & annoncées par l'Administration.

No.

No. *COMPAGNIE DES INDES.*

CINQUIÈME DIVIDENDE D'UNE PORTION D'INTÉRÊT, payable au Porteur, dont la somme & l'époque de payement seront déterminées & annoncées par l'Administration.

No.

No. COMPAGNIE DES INDES.

SIXIÈME DIVIDENDE D'UNE PORTION D'INTÉRÊT, payable au Porteur, dont la somme & l'époque de payement seront déterminées & annoncées par l'Administration.

No.

No. *COMPAGNIE DES INDES.*

SEPTIÈME DIVIDENDE D'UNE PORTION D'INTÉRÊT, payable au Porteur, dont la somme & l'époque de payement seront déterminées & annoncées par l'Administration.

No.

No.

COMPAGNIE DES INDES,

Établie par Arrêt du Conseil du 14 avril 1785.

LE PORTEUR est intéressé dans la Compagnie des Indes, pour une Portion d'Intérêt de MILLE LIVRES. *A Paris, le*

Signé pour la Compagnie des Indes, en vertu de la Délibération du

INDEMNITÉ, s. f., qui signifie dédommagement. Toutes les fois qu'un propriétaire retire ou distrait d'un bail qu'il a donné à un fermier, un objet quelconque, il est de sa justice de lui accorder une *indemnité* mesurée sur le produit de cet objet pendant la durée du bail.

Dans tous les baux de la ferme générale, cette clause y est nommément insérée, ou sous entendue, comme comprise dans le bail de Forceville, du 16 septembre 1738, à moins qu'il n'y soit expressément dérogé.

On voit par l'article XVII. des lettres-patentes que nous avons rapportées au mot BAIL, que les *indemnités* fixes portées dans les art. CLXXXIII, CLXXXIV, CLXXXV, CLXXXVI, CLXXXVII, CLXXXVIII & CCCCLXVI de celui de Forceville, ont été formellement annullés.

L'article XVI. de ces mêmes lettres-patentes, énonce les cas où l'adjudicataire pourra prétendre *indemnité*.

Ces cas sont au nombre de quatre. Il doit lui être tenu compte sur le prix de son bail,

1°. Du prix du sel délivré en franc-salé, aux privilégiés compris dans l'état du roi;

2°. Des droits d'entrées de Paris sur les boissons destinées pour les privilégiés, dont l'état s'arrête également au conseil des finances.

3°. Du supplément de prix pour le sel délivré aux Suisses, à la république de Valais, & au chapitre de Besançon.

4°. Du montant des droits dûs sur les marchandises expédiées ou délivrées avec franchises & exemption, en vertu des passe-ports émanés des secrétaires d'Etat, & visés en finance, ou d'ordre du ministre des finances portant exemption de droits.

On a fait connoître au mot FRANC-SALÉ, tout ce qui se rapporte aux priviléges de cette nature.

L'*indemnité* relative aux entrées de Paris & aux droits du pont de Joigny, est fixée par l'arrêt du conseil du 26 novembre 1766, à quatre-vingt-huit mille trois cens soixante livres, qui sont payables dans le courant d'avril de chaque année, par l'adjudicataire des fermes, suivant le détail compris dans l'état annexé à cet arrêt, & qui dénomme toutes les communautés religieuses admises à cette faveur.

La troisième *indemnité* est un objet d'environ soixante & dix-sept mille livres, pour supplément de prix du sel délivré aux cantons Suisses catholiques, à la république de Valais, & au chapitre de Besançon.

La quatrième, qui, dans les tems de guerre s'élève de cinq à six cens mille livres, à cause des mouvemens des troupes, & de l'affranchissement de tous droits accordés à tout ce qui s'y rapporte, a été évaluée à quatre cens mille livres pour l'année commune du bail de Salzard. On peut y comprendre même l'exemption des droits accordée annuellement aux ambassadeurs & ministres des cours étrangères, sur les vins & liqueurs nécessaires pour la consommation de leurs maisons; cette partie monte à huit ou dix mille livres.

Les *indemnités* éventuelles qui subsistent dans le bail de Forceville, & que l'adjudicataire des fermes est fondé à réclamer, sont exprimées dans les articles suivans:

ARTICLE DLXXXIX.

Il ne sera accordé aucuns octrois, privilèges, franc-salés, passe-ports & exemptions, pour la sortie, entrée & traverse, en ce qui concerne les droits des fermes, en faveur d'aucunes personnes, ni pour les magasins des garnisons de nos armées de mer ou de terre, & pour quelque occasion que ce soit; si aucuns étoient expédiés, nous en tiendrons compte audit adjudicataire sur le prix de son bail.

DXC.

L'adjudicataire ne pourra faire transporter les deniers de sa recette qu'entre deux soleils; & s'ils sont volés en chemin, ou enlevés dans les bureaux par violence, il lui en sera tenu compte sur le prix du présent bail, en rapportant les procès-verbaux des plus prochains juges royaux.

DXCI.

Il sera tenu de remettre aux trésoriers, payeurs de rentes, & autres, les fonds des charges employées dans nos états, & il lui en sera tenu compte sur le prix du présent bail. Défendons néanmoins à nos cours & autres juges qui connoissent de nos droits, de décerner des contraintes contre ledit adjudicataire & ses commis, qu'après que les états de distribution desdites fermes auront été arrêtés en notre conseil, & délivrés à l'adjudicataire. Faisons défenses auxdites cours & juges d'y contrevenir, & à tous huissiers, sergens & archers, de mettre leurs arrêts & sentences à exécution, à peine d'interdiction, trois mille livres d'amende, dépens, dommages & intérêts, &c. &c.

DXCII.

En cas de changement dans la valeur des monnoies, nous tiendrons compte à l'adjudicataire de la perte qu'il souffrira par la diminution, & réciproquement

proquement il nous comptera du bénéfice de l'augmentation, en justifiant le tout par des procès-verbaux qui en seront dressés par les commissaires de notre conseil, leurs subdélégués ou autres officiers.

DXCIII.

Ne sera faite aucune aliénation ou modération desdits droits, ni établi aucun péage, impositions & autres droits, par forme d'octroi ou autrement, sur les marchandises & denrées sujettes aux droits de nosdites fermes, soit à notre profit ou à celui des villes, communautés & particuliers, pour quelque cause & occasion que ce soit, ni accordé aucun privilège ni exemption desdits droits, si ce n'est du consentement de l'adjudicataire, en le dédommageant à proportion; comme aussi ne sera fait aucune taxe sur les redevables des droits desdites fermes, pour raison de leur commerce.

DXCIV.

En cas qu'il nous plût d'ordonner la distraction de la ferme du tabac, ou de quelqu'autre partie de ferme comprise au présent bail, ou d'ordonner des suppressions, changemens ou diminutions d'aucuns des droits en dépendans, il en sera fait *indemnité* audit Forceville, sur le pied du produit de l'année qui aura précédé celle où la distraction, suppression, changement ou diminution auroit été faite, suivant les états qui en seront remis au conseil par ledit Forceville ou ses cautions.

DXCV.

Ne pourra l'adjudicataire être dépossédé du présent bail, en tout ou en partie, pendant lesdites six années; & au cas qu'il ne pût jouir des droits y contenus, soit par la guerre, stérilité, peste, & autres évènemens imprévus, ou en cas que le commerce & le débit d'aucunes marchandises & denrées fût interdit ou diminué par les défenses générales ou particulières, par l'augmentation des droits, ou par des réglemens sur l'usage des habits & meubles, & généralement dans tous les cas desdits droits en tout ou en partie, nous promettons audit adjudicataire de l'indemniser des pertes qu'il souffrira, & les paiemens seront sursis à proportion.

En conséquence de l'article DXCIV. qu'on vient de rapporter, lorsque l'arrêt du conseil du 9 novembre 1783 a mis les droits de traites en régie, ainsi qu'on l'a dit au mot DROIT, page 663, il a été réglé d'indemniser Salzard, adjudicataire général.

Comme au premier janvier 1784, époque où devoit commencer cette régie pour le compte du roi, il se trouvoit trois années du bail révolues, il a été accordé aux fermiers généraux quinze cens mille livres d'*indemnité*, montant de la moitié du bénéfice supposé donné par la partie des traites pendant ces trois années, l'autre moitié étant réservée au roi. En même tems le ministre a arrêté que la même somme de cinq cens mille livres, pour chacune des années à courir, seroit également déduite sur le prix du bail, à titre d'*indemnité*.

L'*indemnité* a lieu également, de la part du roi, envers les fermiers ou sous-fermiers, & de la part de ceux-ci envers leurs commis, lorsqu'il y a perte de deniers par incendie, vol avec effraction, & autres accidens imprévus, qui ne peuvent être prévenus par la vigilance & les soins. On trouve plusieurs arrêts du conseil, ou décisions du ministre, qui ont ordonné ces *indemnités*, rapportés dans le *Dictionnaire des Domaines*, de Bosquet, au mot INDEMNITÉ.

Il est encore deux autres espèces d'*indemnités* qui sont connues dans la langue fiscale; celle qui est dûe par le roi, & celle que doivent les gens de main-morte.

La première s'accorde par le roi aux seigneurs dans la mouvance desquels il acquiert des fonds.

Le roi ne pouvant être tenu d'aucuns devoirs envers qui que ce soit, lorsqu'il achete des terres, n'importe à quel titre, & qu'elles sont rappellées à la mouvance immédiate de la couronne après leur distraction d'une mouvance particulière, il est accordé une *indemnité* au seigneur qui éprouve cette distraction. Cette disposition est conforme à l'ordonnance de Philippe-le-Bel donnée en 1302.

L'édit du mois d'avril 1667, porte qu'outre le droit de lods & ventes pour les acquisitions faites par le roi dans les censives des seigneurs, il leur sera constitué une rente annuelle sur le domaine, telle que les arrérages puissent, en soixante années, égaler la somme à laquelle monteront lesdits lods & vente; ensorte que dans le cours de ces soixante années, ces seigneurs censiers reçoivent le profit d'une mutation.

L'exécution de cet édit a été ordonnée par déclaration du 22 septembre 1722, sans aucune distraction, ni restriction, ni réserve, pour quelque cause & occasion que ce puisse être.

L'arrêt du parlement de Paris, du 6 juillet 1726, portant enregistrement des lettres-patentes liquidant l'*indemnité* dûe au chapitre de Saint-Marcel, à cause de l'acquisition de la maison de la Salpêtrière, rappelle l'édit de 1667. Son exécution est encore formellement ordonnée, ainsi que de la déclaration de 1722, par l'arrêt du conseil du 9 décembre 1727, rendu contre les prétentions de l'archevêque de Paris, de l'abbé de Saint-Germain-des-Prés, & de l'abbé de Sainte-Géneviève.

On a vu au mot AMORTISSEMENT, page 35;

que le droit d'*indemnité* en est absolument distinct, en ce que le premier se paye au roi par les gens de main-morte, pour la faculté d'acquérir; au lieu que le second est dû aux seigneurs dans la mouvance ou la censive desquels les main-mortables acquièrent : ainsi le droit d'amortissement est royal, & le droit d'*indemnité*, seigneurial.

Ce dernier est le dédommagement des droits casuels que le seigneur perd, par le passage d'un fonds dans des mains qui ne peuvent plus s'en dessaisir, ni vendre; ensorte que le droit d'*indemnité* tient lieu aux seigneurs des confiscations, droits de déshérence, bâtardise, lods & ventes, quint & requint, treizièmes, reliefs & rachats, dont ils sont privés.

Le droit d'*indemnité* est fort ancien, puisqu'on voit dans l'*Histoire d'Alençon & du Perche*, de Bry, page 178, un accord fait entre Charles de Valois, comte d'Alençon, & les prieur & religieux de Saint-Martin de Bellesme, par lesquels ils lui payèrent l'*indemnité* à raison de quatre années de revenu, ce qui faisoit le tiers de la valeur, parce qu'alors les fonds s'évaluoient à raison du denier douze.

La quotité de l'*indemnité* est fixée par les coutumes ou par les usages des lieux, de façon à proportionner ce droit à la perte résultante pour les seigneurs.

Dans la coutume de Paris, le droit d'*indemnité* n'est pas fixé; mais par la jurisprudence, il est réglé au tiers de la valeur des héritages féodaux, & au cinquième des héritages roturiers.

Au reste, cette fixation est de droit commun, lorsque les coutumes ne renferment aucune disposition contraire. En Normandie, l'*indemnité* est aussi du tiers pour les biens nobles, mais elle est fixée au quart pour les biens roturiers.

En Franche Comté, elle est réglée par la déclaration du 18 mai 1731, au dixième de la valeur des biens.

Suivant l'arrêt du parlement de Paris, du 28 mars 1692, si les gens de main morte acquièrent des héritages dans la censive d'un seigneur auquel la haute justice n'appartient pas, il est dû au seigneur haut-justicier une *indemnité* sur le pied du dixième de l'*indemnité* ordinaire.

La déclaration du 20 août 1657, prononce formellement qu'il est dû *indemnité* au roi par les ecclésiastiques & gens de main-morte, qui acquièrent des biens dans les mouvances, directes, & justices du domaine, & qu'il sera procédé à la recherche des droits d'*indemnité* & d'amortissement, pour en faire un revenu annuel. Mais comme la déclaration du 16 juillet 1689 avoit ensuite confondu le droit d'amortissement avec celui d'*indemnité*, en ordonnant qu'il seroit payé une finance pour l'un & pour l'autre, la déclaration du roi du 21 novembre 1724 a détruit cette confusion, en s'expliquant de la manière suivante :

ARTICLE PREMIER.

Les ecclésiastiques & gens de main-morte qui acquerront à l'avenir, par ventes, dons ou autrement, soit dans notre mouvance, ou dans celle des seigneurs particuliers, des biens en fief ou en roture, ne seront tenus de nous payer, pour le droit d'amortissement, que le cinquième de la valeur des biens tenus en fief, & le sixième de ceux tenus en roture.

II.

Lorsque les biens seront dans notre mouvance ou censive, il nous sera payé par lesdits ecclésiastiques & gens de main-morte, outre l'amortissement, le droit d'*indemnité* sur le pied fixé par les coutumes ou usages des lieux.

III.

Si les biens acquis sont seulement dans l'étendue de nos hautes-justices, l'*indemnité* nous sera payée, au dixième de la somme qui nous seroit dûe, si ces biens étoient aussi dans notre mouvance.

IV.

Le paiement de l'amortissement & de l'*indemnité* ne dispensera pas les ecclésiastiques & gens de main-morte du paiement des droits seigneuriaux de leurs acquisitions, & des cens & autres redevances annuelles, dont les héritages acquis peuvent être chargés, non plus que de nous fournir homme vivant & mourant aux effets qu'il appartiendra.

V.

Comme le paiement du droit d'*indemnité*, est une véritable aliénation de la portion la plus précieuse de notre domaine, puisqu'il nous prive des droits seigneuriaux que nous produiroient les mutations, si les biens ecclésiastiques & de gens de main-morte étoient demeurés dans le commerce, voulons que, pour nous tenir lieu dudit droit, il soit payé annuellement & a perpétuité à notre domaine, des rentes foncières & non rachetables, sur le pied du denier trente de la somme à laquelle se trouvera monter ledit droit d'*indemnité*, suivant lesdites coutumes & usages des lieux; deffendons aux ecclésiastiques & gens de main-morte d'en faire à l'avenir le paiement en argent à peine de nullité, & sans qu'ils en puissent acquérir aucune prescription par quelque tems que ce soit. Defendons pareillement aux fermiers ou régisseurs de nos domaines, de recevoir ledit droit en argent, à peine de mille livres d'amende envers nous, outre la restitution de ce qu'ils auront reçu.

V I.

Seront lesdits eccléfiastiques & gens de main-morte, tenus de repréfenter aux receveurs-généraux de nos domaines en exercice, chacun dans leur département, les contrats des acquisitions qu'ils auront faites dans l'étendue de nos mouvances, censives & justices, & de leur en laisser copie dans trois mois, à compter du jour de leurs dates, à peine de cent livres d'amende qui ne pourra être remise ni modérée, & sera partagée entre nos receveurs généraux & les fermiers ou régisseurs généraux de nos domaines, chacun par moitié.

V I I.

Lesdits receveurs généraux donneront aux ecclésiastiques & gens de main-morte, leur reconnoissance de la représentation qui leur sera faite desdits contrats, dont ils tiendront registre, & en enverront copie au sieur contrôleur général des finances, avec leur avis, pour être, à son rapport, procédé en notre conseil à la liquidation des rentes qui devront nous être payées pour le droit d'*indemnité*.

V I I I.

Les arrêts de liquidation seront envoyés aux bureaux des finances de chaque généralité pour y être registrés sans frais; & il sera délivré des copies aux fermiers ou régisseurs de nos domaines, pour leur servir à faire le recouvrement desdites rentes, dont les arrérages leur seront payés, à compter du jour des acquisitions, en quelque tems que les arrêts de liquidation ayent été rendus.

I X.

Si les *indemnités* sont dûes à cause de quelques-uns de nos domaines tenus à titre d'appanage ou d'engagement, les appanagistes ou engagistes jouiront des rentes pendant la durée de leurs appanages ou engagemens.

Il est à observer sur ce dernier article, que les appanagistes ou engagistes ne peuvent & ne doivent jouir des rentes, qu'après qu'elles ont été liquidées par des arrêts enregistrés en conformité des articles VII & VIII de ladite déclaration; c'est aux receveurs généraux des domaines à y tenir la main pour la conservation des droits du roi.

Un arrêt du conseil du 4 décembre 1731, revêtu de lettres patentes du 18 du même mois, avoit ordonné que lorsque l'*indemnité* ne s'éléveroit pas à soixante livres, elle seroit payée en espèces au profit du roi. Mais cette législation ayant été examinée profondément par les inspecteurs du domaine, il fut reconnu que le droit d'*indemnité* étoit de sa nature domanial & inaliénable, les dispositions du réglement de 1731 furent changées.

Des lettres-patentes du 21 novembre 1742, révoquèrent celles de 1731, & il fut ordonné que les gens de main-morte qui avoient fait des acquisitions d'immeubles dans les directes & justices du roi, depuis la déclaration du 21 novembre 1724, en paieroient l'*indemnité* en rentes, conformément à cette déclaration, encore que le droit d'*indemnité* ne montât pas à la somme de soixante livres en principal.

Conformément aux principes établis par ces réglemens, le droit d'*indemnité* dû au roi, quelque modique qu'il soit, ne peut être payé en espèces; il doit être converti en rentes foncières & non rachetables, sur le pied du denier trente de la somme à laquelle il se trouvera monter; personne n'en peut être affranchi.

Ainsi la remise qui pourroit avoir été accordée du droit d'amortissement aux hôpitaux, écoles de charité, & autres établissemens quelconques, ne peut opérer l'exemption du droit d'*indemnité*, quand bien-même il en auroit été fait mention dans les lettres patentes; cette clause ne pouvant être regardée que comme subreptice, & contraire à l'ordre invariable de l'inaliénabilité du domaine.

Le *Dictionnaire raisonné des domaines & droits domaniaux*, par Bosquet, rappelle un grand nombre d'arrêts du conseil & autres réglemens qui confirment cette législation & la maintiennent.

Le produit du droit d'*indemnité* dans tout le royaume, c'est-à-dire de celui qui se perçoit au profit du roi, est fort inférieur au produit du droit d'amortissement qu'on a dit n'aller qu'à environ cent soixante mille livres avec les dix sols pour livre.

INDULT (droit d'). Le mot *indult* pris dans le langage fiscal, signifie un droit d'indulgence, c'est-à-dire, le prix d'une grace accordée. Ce mot s'applique particulièrement aux marchandises apportées de l'Inde ainsi qu'on l'a vu à l'article INDE.

Le droit d'*indult* paroît avoir été emprunté de l'Espagne pour être imposé à l'exemple de celui que paient, sous le même nom, toutes les marchandises apportées des Indes occidentales par les galions ou vaisseaux de registre.

Quoi qu'il en soit, on a vu en quoi il consiste sur les marchandises de la Chine, de l'Inde & sur celles des isles de France & de Bourbon. L'arrêt du 13 août 1769, qui avoit rendu libre le commerce de l'Inde, avoit annoncé par l'article VI, que toutes les marchandises qui en proviendroient, seroient sujettes à l'entrée du royaume, aux droits portés au tarif qui seroit incessamment arrêté, indépendamment des droits déja établis.

Au mois de septembre suivant, pour simplifier la perception de ce droit, on le fixa à tant pour cent du prix de l'adjudication des marchandises, & on le qualifia d'*indult*. Au mois de novembre 1770, un nouvel arrêt détermina la quotité de ce nouveau droit, & régla tous les cas dans lesquels il seroit payé & comment il devoit l'être.

Ce réglement étant le premier sur cette matière, il est intéressant de le donner en entier.

» Le roi s'étant fait représenter les arrêts rendus en son conseil les 13 août & 6 septembre 1769, par lesquels sa majesté permettant à tous ses sujets le commerce libre dans les différentes parties de l'Inde, à la Chine & dans les mers au-delà du cap de Bonne-Espérance, auroit entr'autres dispositions, établi un droit d'*indult* à payer sur toutes les marchandises provenant de ce commerce, & sa majesté désirant faire connoître ses intentions sur l'époque du paiement dudit droit, sur le lieu où la perception en sera faite, sur le préposé qui en sera chargé, & déterminer ce qui concerne l'apposition des plombs & bulletins ordonné sur lesdites marchandises, ainsi que les précautions à prendre pour en éviter le versement, tant en fraude dudit droit & des autres droits de la ferme générale, qu'en contravention aux réglemens qui ordonnent le renvoi à l'étranger, de celles dont la consommation est proscrite dans le royaume. A quoi voulant pourvoir, oui le rapport du sieur abbé Terray, conseiller ordinaire & au conseil royal, contrôleur-général des finances; le roi étant en son conseil, a ordonné & ordonne ce qui suit :

ARTICLE PREMIER.

» Le droit d'*indult* ordonné être payé sur toutes les marchandises provenant du commerce de l'Inde & de la Chine, par l'article VI de l'arrêt du 13 août 1769, & fixé par l'article IX de celui du 6 septembre suivant à cinq pour cent, sur les marchandises de l'Inde & de la Chine, & à trois pour cent sur celles du crû des isles de France & de Bourbon, sera perçu dans le seul port de l'Orient, dans lequel doivent faire leur retour, soit directement, soit indirectement, en cas de relâche forcée dans un autre port, tous les vaisseaux qui auront fait ou servi à faire le commerce de l'Inde, suivant l'article V dudit arrêt du 13 août 1769, qui sera exécuté selon sa forme & teneur.

II.

» Pour prévenir les versemens qui pourroient être faits à l'arrivée, & même avant l'entrée du port de l'Orient, des marchandises provenant dudit commerce, tant en fraude du droit d'*indult*, & des autres droits de la ferme générale, qu'en contravention aux réglemens qui ordonnent le renvoi à l'étranger, de celles dont la consommation est défendue dans le royaume; il sera envoyé en mer, au-devant desdits vaisseaux, tel nombre d'employés des fermes qui sera jugé convenable, auxquels employés, les capitaines de vaisseaux, armateurs, subrecargues, officiers, passagers & tous autres seront tenus de remettre, à la première réquisition, toutes les factures & déclarations qui leur seront demandées : enjoint sa majesté aux capitaines & officiers desdits vaisseaux & à tous autres, de recevoir lesdits employés sur leur bord, & de les garder jusqu'à l'entrée des vaisseaux dans le port : le tout sous peine de désobéissance & sous les peines portées par les réglemens, en cas de rébellion auxdits employés.

III.

» Le droit d'*indult* ne sera pas exigible tant que les marchandises seront dans l'entrepôt de l'Orient; mais il sera perçu au moment qu'elles en sortiront, soit pour être transportées à l'étranger, soit pour la consommation du royaume, soit même pour être conduites & entreposées à Nantes, suivant la faculté ordonnée par l'article VII de l'arrêt du 6 septembre 1769.

IV.

» Si lesdites marchandises ont été vendues par ventes publiques, le droit d'*indult* sera payé sur le prix de l'adjudication qui en aura été faite; si elles sont vendues par ventes particulières, postérieurement à une vente publique, le droit sera perçu sur la valeur de celles de même espèce, qui auront été adjugées par ladite vente publique; si elles sont vendues par ventes particulières, faites aussi-tôt l'arrivée, avant qu'il ait été procédé à une vente publique, ledit droit d'*indult* sera levé sur les prix fixés par un état arrêté tous les ans au conseil, d'après les ventes publiques de l'année précédente.

V.

» Les toiles de coton blanches, mousselines, mouchoirs, bazins & autres connues sous le nom de marchandises blanches, soit qu'elles soient chargées pour le compte des armateurs, soit pour celui des officiers, passagers, & autre particuliers, seront, à leur arrivée, déposées dans des magasins à l'Orient, & ne pourront en sortir, qu'après y avoir reçu les plombs & bulletins, prescrits par l'article VI de l'arrêt du 6 septembre 1769, dans la forme usitée & ordonnée par les réglemens précédens;

» à défaut desquels plombs & bulletins, lesdites » marchandises seront saisies & confisquées, avec » amende, portée par les réglemens.

V I.

» Les étoffes des Indes & autres marchandi- » ses, dont l'entrée est défendue dans le royaume, » soit qu'elles arrivent pour le compte des arma- » teurs, soit pour celui des particuliers, seront » pareillement déposées à leur arrivée dans les » magasins de l'Orient, d'où elles ne pourront » sortir que pour être transportées dudit port, à » l'étranger, & par mer.

V I I.

» Il sera fréquemment fait, dans lesdits maga- » sins, des recensemens desdites marchandises » prohibées, pour procéder à leur reconnoissance, » tant en quantité qu'en qualité; & en cas de » soustraction, il en sera dressé procès verbal » de saisie, pour être, la confiscation de la va- » leur desdites marchandises soustraites, ordonnée » avec l'amende portée par les réglemens.

V I I I.

» Pour la perception & recette dudit droit » d'*indult*, sa majesté à commmis & commet le » sieur Dodun, directeur des fermes à l'O- » rient, pour les deniers en provenant, être » par lui remis à l'adjudicataire des fermes géné- » rales; lequel en comptera ainsi qu'il sera ordonné » par sa majesté.

I X.

» Les plombs & bulletins prescrits par l'article » VI de l'arrêt du conseil du 6 septembre 1769, » seront apposés aux marchandises mentionnées à » l'article V du présent arrêt, par les employés » de la compagnie des Indes, à la réquisition » dudit sieur Dodun; à l'effet de quoi les plombs, » matrices & empreintes, servant à former les- » dits plombs & bulletins, resteront déposés dans » les magasins de la compagnie, jusqu'à ce qu'il » en soit autrement ordonné.

X.

» Seront au surplus lesdits arrêts des 13 août » & 6 septembre 1769, exécutés selon leur forme » & teneur, en tout ce qui n'est pas contraire » au présent arrêt, sur l'exécution duquel sa ma- » jesté se réserve à soi & à son conseil, toute » connoissance, cour & juridiction; icelles in- » terdisant à toutes ses cours & autres juges. » Fait au conseil d'Etat du roi, sa majesté y » étant, tenu à Versailles, le vingt-neuf novem- » bre mil sept cent soixante-dix.

Le droit d'*indult* n'a rien de commun avec les droits qui font partie de la ferme générale; l'adjudicataire en compte outre & par-dessus son bail, & son produit est employé aux frais de l'administration établie pour le commerce de l'Inde, pour la vente des marchandises, & l'entretien des facteurs, subrecargues & autres personnes employées aux achats tant dans l'Inde qu'à la Chine.

L'arrêt du conseil du 25 août 1784, a étendu la perception du droit d'*indult* par les motifs suivans.

Sa majesté ayant reconnu que ce droit établi en 1769 sur les marchandises des Indes, de la Chine & des isles de France & de Bourbon, apportées par les vaisseaux françois, avoit rompu la proportion sagement établie jusqu'alors, entre les marchandises de l'Inde & de la Chine provenant du commerce françois, & les mêmes espèces apportées par le commerce étranger; qu'il en résultoit même que plusieurs, telles que le coton filé, les soies de Bengale, le poivre, le gingembre, l'étaim, les gommes & les parfums, se trouvent plus chargées de droits lorsqu'elles sont importées par le commerce françois, que lorsqu'elles le sont par le commerce étranger, sont moins propres à soutenir la concurrence dans les marchés de l'Europe; elle a ordonné que ce droit seroit perçu également à l'avenir, sur les marchandises de ce pays, provenant du commerce étranger, à leur entrée dans le royaume, en sus des droits auxquels elles sont déjà assujetties par les tarifs.

Les mêmes marchandises provenant du commerce national, en sortant de l'entrepôt à la destination de l'étranger, en seront exemptes; à l'exception, toutefois, des cafes de toutes espèces, & des productions des isles de France & de Bourbon, qui resteront soumis au droit d'*indult*, autant de tems que les productions de même nature, provenant des isles & colonies françoises de l'Amérique, continueront d'être assujetties, dans le même cas, au droit du domaine d'Occident.

Les soies de la Chine, apportées par le commerce françois, quoique destinées à être consommées dans le royaume, seront exemptes du droit d'*indult*, de même que celles qui seront provenues du commerce étranger, jusqu'à ce qu'il en ait été autrement ordonné.

En tems de paix, c'est-à-dire antérieurement à 1777, le droit d'*indult* donnoit, année commune, un produit net de sept cent cinquante mille, ou huit cent mille livres; au moyen de l'extension que ce droit a reçue par l'arrêt du 25 août 1784, il y a lieu de croire que son produit donnera de l'augmentation.

On ne peut s'empêcher d'observer que puisque le commerce de l'Inde est d'une nécessité absolue, sous quelques rapports qu'on le considère, il est difficile qu'il se soutienne sans des faveurs & des encouragemens. On trouve naturellement les unes & les autres dans la suppression du droit d'*indult* à laquelle il conviendroit même de joindre d'autres immunités & des primes, tant à l'exportation, qu'à l'importation. *Voyez* l'article INDE, page 565.

INDUSTRIE, s. f. qui signifie le travail des mains & les inventions de l'esprit en machines utiles aux arts & métiers. Sous ce point de vue, l'*industrie* est une des sources de la finance. C'est l'*industrie* qui fertilise les campagnes, qui anime, soutient & étend les manufactures, qui répand la vie & l'abondance, en multipliant les denrées & tous les moyens de subsistance. C'est l'*industrie* enfin qui attire dans l'État l'argent, qui est le signe des richesses & de la prospérité, & qui donne aux peuples la faculté de payer leurs contributions aux dépenses publiques.

Les gênes imposées à l'industrie la détruisent entièrement, & depuis long tems on a reconnu combien les privilèges exclusifs nuisent à son essor. Au contraire, la liberté, des encouragemens, la font prospérer. Bien loin donc de mettre des impôts sur l'*industrie*, il est d'une sage politique de la récompenser. On sait avec combien de succès cette méthode est pratiquée en Angleterre. On sait que des gratifications accordées en Irlande à la culture du lin & à la fabrication des toiles, y ont produit une des plus importantes manufactures de ce genre qui soit en Europe.

Tous les gouvernemens n'ont jamais si bien senti la nécessité d'exciter l'*industrie* par toute sorte de moyens. On voit fonder des prix en Italie, pour les cultivateurs dont les champs auront le plus rapporté. L'empereur a porté ses vues plus loin encore; persuadé que l'*industrie* est la fille de l'instruction, il a établi, en 1784, dans plusieurs parties de ses Etats, & notamment dans la Styrie, des écoles publiques; & il a fait décorer, en cérémonie, d'une médaille suspendue à un ruban noir & jaune, plusieurs paysans qui avoient marqué un zèle particulier pour l'établissement de ces écoles dans la campagne.... En leur donnant la médaille, on leur adressa ces mots: *Recevez cette marque de l'estime de votre souverain; continuez vos efforts pour le bien de vos enfans, & pour l'utilité publique qui y est liée, & soyez, comme vous l'avez été jusqu'ici, des modèles de bons parens & d'amis des hommes.* *Voyez* le mot INSTRUCTION, dans le *Dictionnaire d'économie politique & diplomatique.*

On a vu en 1776, le ministre des finances accorder à l'*industrie* la plus grande faveur qu'elle puisse jamais obtenir, en abolissant les jurandes & communautés de commerce, arts & métiers. Ce superbe monument érigé en l'honneur de la liberté, n'eut qu'une existence passagère. *Voyez* le *Dictionnaire du Commerce*, au mot JURANDE. *Voyez* dans celui-ci l'article MAÎTRISE. Mais l'année suivante, le roi institua un prix public en faveur des nouveaux établissemens de commerce & d'*industrie*.

Cette institution, dont les motifs & l'objet ne peuvent être trop connus, est consignée dans une ordonnance du roi du 28 décembre 1777; en voici les termes:

Le roi, dans le compte qui lui a été rendu de ses finances, a approuvé les dispositions qui lui ont été présentées pour assurer des secours pécuniaires aux nouveaux établissemens de commerce & de manufacture qui méritent des encouragemens: & sa majesté desirant entretenir encore l'émulation par des motifs de gloire & d'honneur, a jugé à propos de fonder un prix annuel en faveur de toutes les personnes, qui, en frayant de nouvelles routes à l'*industrie* nationale, ou en la perfectionnant essentiellement, auront servi l'Etat, & mérité une marque publique de l'approbation de sa majesté. Le prix honorable que son amour pour les travaux utiles l'engage à instituer, consistera dans une médaille d'or, du poids de douze onces, ayant d'un côté *la tête du roi*, & de l'autre, une exergue & une légende analogues au sujet.

Cette médaille sera décernée dans les premiers mois de chaque année, à commencer en mars 1779 pour l'année 1778, & ainsi de suite, au jugement d'une assemblée extraordinaire, composée du ministre des finances, de trois conseillers d'Etat, des intendans du commerce, & à laquelle seront appellés les députés & les inspecteurs généraux du commerce. Sa majesté veut que les intendans du commerce rendent compte à cette assemblée, de tous les nouveaux établissemens dont on aura eu connoissance dans le cours de l'année, & qu'ils ne négligent rien pour l'acquérir, soit par leurs correspondances avec tous les inspecteurs du royaume, soit par les avis qui leur seront donnés par les commissaires du roi départis dans les provinces. Enfin, les personnes même qui croiront avoir des droits à ce concours, pourront adresser leurs titres au secrétaire général du commerce. Sa majesté veut que le prix ne puisse jamais être adjugé aux auteurs de simples mémoires, mais seulement aux personnes dont les idées utiles auront été mises en exécution. Le roi permet que la personne qui aura obtenu ce prix, lui soit présentée par le ministre de ses finances; se réservant encore sa majesté d'ajouter à cet honneur de nouvelles graces, selon le mérite & l'importance de la découverte qui aura été couronnée: elle approuve même que l'assemblée nommée pour juge, puisse demander la permission de décerner un second prix, s'il arrivoit que deux citoyens eussent des droits à-peu-près égaux à cette marque de distinction. Enfin, l'intention du roi est que ces médailles deviennent, dans les familles, une preuve subsistante d'un service rendu à l'Etat, & un titre à la protection particulière de sa majesté.

Cette médaille a été décernée en 1779 & 1780, avec les suffrages de la voix publique. Depuis cette époque, il n'en a plus été question, & ce moyen si propre à exciter l'*industrie*, paroît avoir été abandonné.

INSCRIPTION DE FAUX contre les procès-verbaux des employés des fermes.

L'*inscription de faux* est une procédure qui tend à détruire la foi dûe à un acte quelconque. S'il existe une sentence, & que l'acte ait été produit par l'une des deux parties, l'*inscription de faux* est incidente. Lorsqu'au contraire elle est dirigée contre un acte dont il n'a été fait aucun usage, mais qui subsiste, & dont on pourroit se servir, elle est principale; ainsi celle qui est formée contre les procès-verbaux des employés des fermes, par les prévenus de fraude ou de contraventions contre lesquels ils ont été rapportés, & qui en ont reçu la signification, est toujours incidente.

Cette voie de procéder est la seule que les réglemens aient permise, pour détruire la foi qu'ils veulent que l'on accorde aux procès-verbaux des commis des fermes lorsqu'ils sont signés de deux employés, & affirmés en justice.

L'article IV. du titre 19. de l'ordonnance du mois de mai 1680 porte, en effet, que ces actes, lorsqu'ils seront signés de deux archers ou gardes des gabelles, ou même d'un archer & de deux témoins, feront foi en justice, & seront crus jusqu'à *inscription de faux*.

L'article IX. du du titre 5. de l'ordonnance des aides du mois de juin 1680; l'article XIX. de celle du mois de juillet 1681, du titre commun pour toutes les fermes, & l'article XI. du titre 11. de celle des cinq grosses fermes du mois de février 1687, contiennent à-peu près les mêmes dispositions; on les retrouve encore dans la déclaration du 6 décembre 1707, ainsi que dans plusieurs réglemens postérieurs.

Les ordonnances que l'on vient de rappeller, n'avoient pas déterminé quelles formalités devoient observer ceux qui voudroient s'*inscrire en faux* contre les procès-verbaux des employés des fermes. Les articles IX. du titre 5. de l'ordonnance des aides, & XI. du titre commun pour toutes les fermes, s'étoient bornés à fixer la quotité de l'amende qui devoit préalablement être consignée. On suivoit en conséquence l'ordre de procéder, qui avoit été prescrit par le titre 9. de l'ordonnance criminelle du mois d'août 1670. Mais on reconnut bientôt la nécessité de soumettre à des règles particulières les *inscriptions de faux* formées contre les procès verbaux des employés attachés aux différentes parties des fermes, & des réglemens établirent successivement les formes qu'on devoit suivre pour chacune. Mais ces réglemens ne contenant pas encore tous les mêmes dispositions, il s'introduisit une grande variété dans la jurisprudence, soit par rapport aux jurisdictions dans lesquelles il falloit procéder, soit relativement à la partie des fermes que les procès-verbaux intéressoient. Cette variété subsista jusqu'en 1732. La déclaration du 25 mars, soumit aux mêmes formalités toutes les *inscriptions de faux* dirigées contre les procès-verbaux des employés des fermes, à quelque partie que ces employés fussent attachés, & à quelque tribunal que les affaires fussent portées.

Il ne seroit peut-être pas inutile de considérer quelles furent, dans la première époque, les dispositions du titre 9. de l'ordonnance de 1670; quelles ont été celles des réglemens rendus postérieurement jusqu'en 1732; de faire voir en quoi ce dernier réglement diffère ou se rapproche de ceux qui l'ont précédé; de dire quelles sont les formalités auxquelles les *inscriptions de faux* sont actuellement assujetties; & enfin de faire connoître quelle est la Jurisprudence qui a été adoptée pour les cas non prévus par la déclaration de 1732.

Mais cette discussion appartenant, par les détails qu'elle exige, plus particulièrement à la science de la jurisprudence, nous renvoyons au Dictionnaire de cette partie. Nous allons nous borner ici à tracer ce qui, dans l'état actuel des choses, doit être observé par ceux qui veulent s'*inscrire en faux* contre les procès-verbaux des commis & employés des fermes, & on vient d'observer que les ordonnances des fermes n'ayant pas statué sur les formalités auxquelles sont tenus ceux qui veulent s'*inscrire en faux* contre les procès-verbaux des commis & employés des fermes, on avoit long-tems suivi la forme de procéder prescrite par le titre 9. de l'ordonnance criminelle du mois d'août 1670, dont plusieurs dispositions ont été abrogées en 1737 par l'ordonnance du mois de juillet, portant nouveau réglement sur le faux principal & sur le faux incident. Mais comme ces anciennes ordonnances, non plus que celles qui concernent différentes parties des fermes, n'avoient pas exactement réglé tout ce qui étoit relatif aux *inscriptions de faux*, il s'éleva une infinité de difficultés qui n'avoient pas été prévues, & même chaque cour adopta une jurisprudence qui lui étoit pour-ainsi-dire particulière.

Le parlement de Bretagne fut la première cour supérieure qui reconnut la nécessité de réformer les abus, & dans cet objet, il rendit le 5 avril 1689 un arrêt, qui prescrivit aux juges de son ressort, qui procéderoient à l'interrogatoire des accusés de faux-saunage, ce qui devoit être observé dans le cas où les prévenus de fraude vouloient s'*inscrire en faux* contre les procès-verbaux.

Sur les représentations qui furent faites en 1693, par le fermier des aides de la province de Normandie, il intervint le 14 janvier de cette année, une déclaration, dont les dispositions ont depuis été confirmées par celle du 7 octobre 1713, portant réglement sur le fait des *inscriptions de faux* contre les procès-verbaux des employés de cette partie. Cette déclaration n'ayant été adressée qu'à la cour des aides de Rouen, les fermiers des aides des autres provinces firent les plus grands efforts pour en faire envoyer un duplicata à la cour des aides de Paris; &, en effet, le 6 janvier 1699, il fut adressé à cette cour une déclaration, qui contient les mêmes dispositions que celle du 14 janvier 1693, & qui fut enregistrée le 22 du même mois; mais à laquelle il fut fait plusieurs changemens par celle du 14 avril suivant, ainsi que par celle du 18 décembre 1714.

Le parlement de Bretagne ne se conforma point aux dispositions de ce réglement, & il rendit le 4 juillet 1701, un arrêt relatif aux *inscriptions de faux* formées par les particuliers saisis avec du faux tabac, soit en campagne, soit à domicile.

La déclaration du 9 mai 1702, qui régla les formalités que devoient suivre les prévenus de faux-saunage qui voudroient s'*inscrire en faux*, n'adopta pas les changemens que celle du 14 avril 1699, relative à la partie des aides, avoit apportés à celles des 14 janvier 1693 & 6 janvier 1699, dont elle confirma les dispositions; & les arrêt & lettres-patentes des 7 & 15 décembre 1723, en ajoutèrent encore de nouvelles à celles de la déclaration du 9 mai 1702.

La déclaration du 6 décembre 1707, particulière à la partie du tabac, fut au surplus rédigée d'après celle du 14 avril 1699; & celle du 9 mai 1711, qui détermina ce qui devroit être observé dans le pays de Quart-Bouillon, adopta tout ce qui avoit été prescrit par celles des 14 janvier 1693, 6 janvier 1699, & 9 mai 1702.

Enfin, les arrêts & lettres-patentes des 7 juillet & 12 août 1719, 30 novembre & 8 décembre 1723, ainsi que la déclaration du 7 octobre 1721, avoient ordonné l'exécution des déclarations des 14 janvier 1693, 6 janvier & 14 avril 1699, 19 mai 1711, 7 octobre 1713, & 18 décembre 1714, & avoient statué sur ce qui avoit été obmis dans ces réglemens; & comme ils n'étoient applicables qu'aux *inscriptions de faux* dirigées contre les procès-verbaux des commis & employés des aides, traites, gabelles & tabac, il fut rendu le 6 mars 1722, sur celles relatives à la partie des domaines, un arrêt du conseil rédigé d'après les déclarations de 1693, 1699, 1713 & 1714.

La plupart des réglemens que l'on vient de rappeller n'ayant été adressés qu'aux cours des aides de Paris & de Rouen, les autres cours ne se trouvoient pas assujetties à des règles aussi précises. Cette considération détermina le conseil à envoyer le 12 mai 1727, au parlement de Grenoble, une déclaration, portant réglement sur les *inscriptions de faux* formées contre les procès-verbaux des employés dans son ressort; & l'on peut observer que toutes les dispositions de cette déclaration, ont été insérées dans celle du 25 mars 1732, qui fait aujourd'hui la seule loi sur cette matière, & qui a enfin établi une jurisprudence uniforme dans toutes les cours & jurisdictions auxquelles est attribuée la connoissance des affaires relatives à la perception des droits des fermes.

Nous croyons, en conséquence, devoir rapporter ici ce réglement, & faire connoître à la suite de chacun des articles qu'il contient, les arrêts particuliers qui en ont confirmé, interprété, ou abrogé les dispositions.

En même tems que ce plan demande quelque étendue pour son exécution, il réunit l'avantage de présenter dans tout son développement, cette partie intéressante de la procédure des fermes, que l'on a peut-être trop cherché à hérisser d'épines, ou à envelopper de ténèbres.

Déclaration du roi, concernant les inscriptions de faux, données à Versailles le 25 mars 1732.

Louis, &c. Par nos ordonnances des années 1680 & 1681, & par nos déclarations & réglemens des 14 janvier 1693, 6 janvier & 14 avril 1699, 9 mai 1702, 7 octobre 1713, 18 décembre 1714, 7 octobre 1721, 6 mars 1722, 7 & 15 décembre 1723, 4 avril 1724, 12 mai 1727, & autres rendues en conséquence, nous avons limité le tems, & prescrit les formalités qui doivent être observées pour instruire & juger les *inscriptions de faux* qui sont formées contre les procès-verbaux des commis & employés de nos fermes.

Ces réglemens qui ont été rendus pour avoir lieu dans différentes provinces de notre royaume, à mesure que les fraudes s'y sont multipliées, ne sont suivis que dans les cours où ils ont été enregistrés; & jugeant qu'il est important que la même jurisprudence soit observée dans toutes les cours & jurisdictions auxquelles la connoissance du fait de nos fermes est attribuée, nous avons résolu de rassembler dans un seul réglement, les dispositions contenues dans ceux qui ont été rendus jusqu'à présent. A ces causes, &c. Voulons & nous plaît.

ARTICLE

ARTICLE PREMIER.

Ceux qui voudront s'*inscrire en faux* contre les procès-verbaux des commis & employés de nos fermes, pour fraudes, faux-saunage ou contrebande commises contre nos droits, seront tenus de le déclarer au plus tard dans le jour de l'échéance des assignations qui leur seront données à la requête de nos fermiers & sous-fermiers, à l'audience de la jurisdiction, ou par écrit, & de leur faire signifier, dans le même tems, copie de la quittance de l'amende, qui sera consignée pour cet effet, faute de quoi ils n'y seront plus reçus.

Les dispositions de cet article ont été confirmées par plusieurs arrêts, notamment par ceux du conseil des 26 mai 1739, & 21 novembre 1741; par celui de la cour des aides de Paris, du 20 février 1748, & par celui du parlement de Bretagne du 6 août 1740. Sur ce que le fermier n'avoit pas fait signifier un procès-verbal aux accusés, pour faire courir le délai de l'*inscription de faux*; ce dernier arrêt a ordonné, avant faire droit, qu'il feroit signifier copie dudit procès-verbal aux accusés, afin qu'ils pussent, s'ils le jugeoient à propos, former leur *inscription de faux* devant les premiers juges, conformément à la déclaration de 1732.

Celle du 8 septembre 1736, en interprêtant l'article premier de celle de 1732, a, au surplus, ordonné, que ceux qui voudroient s'*inscrire en faux* contre les procès-verbaux des commis & employés des fermes, seroient tenus de le déclarer au plus tard dans le jour de l'échéance des assignations qui leur auroient été données, savoir le quatrième jour, y compris celui de l'exploit, dans les assignations données à trois jours; & le neuvième jour, y compris pareillement celui de l'exploit, dans celles données à huitaine.

ARTICLE II.

Aucune personne ne sera reçue à l'*inscription de faux*, pour fait de nos grandes & petites gabelles, aides, & autres droits de nos fermes, sans avoir préalablement consigné en deniers, ès mains des receveurs des greniers, ou contrôleur des dépôts; & pour les autres parties de nos fermes, ès mains des buralistes du contrôle & des exploits, chargés de faire la recette des amendes, & non ailleurs, l'amende de soixante livres pour les *inscriptions de faux* formées dans les jurisdictions inférieures; & celle de cent livres pour celles qui seront formées dans nos cours des aides, ou autres qui connoissent des droits de nos fermes, ès mains des receveurs desdites amendes.

On doit observer sur cet article,

1°. Que les amendes dont il ordonne la consignation ont été assujetties aux huit sols pour livre établis par l'édit du mois de novembre 1771, & aux deux nouveaux sols pour livre établis par l'édit du mois d'août 1781.

2°. Que cette consignation ne peut être faite qu'entre les mains des personnes désignées par ledit article, & que lorsqu'elle est faite entre celles de toute autre personne, elle opère la nullité de l'*inscription*, ainsi que l'ont jugé les arrêts du conseil des 25 octobre 1720, 14 février, 4 avril, 26 septembre, 14 octobre, & 9 décembre 1721.

3°. Que les amendes consignées par les particuliers qui succombent dans leur *inscription*, ou qui s'en désistent, demeurent acquises au roi, conformément à la déclaration du 21 mars 1671, & aux arrêts du conseil des 31 août 1694, 24 septembre 1698, 10 mai 1702, 30 juin 1705, 26 septembre & 25 novembre 1721, 13 mars & 17 novembre 1722, 14 juin, 4 octobre, 8 & 22 novembre 1723, 7 mars 1724, 4 mars 1727, & 5 avril 1735.

4°. Que quoique la déclaration de 1732 n'ait point expliqué, si lorsque plusieurs particuliers s'*inscrivent en faux* contre un même procès-verbal, chacun d'eux doive consigner une amende, cette question paroît décidée pour l'affirmative, par un arrêt du conseil du premier mai 1676, qui, en interprêtant l'article V. du titre 9. de l'ordonnance de 1670, conformément auquel les *inscriptions de faux* dirigées contre les procès-verbaux des employés des fermes, devoient alors être formées, a cassé une sentence de l'Election de Poitiers, & jugé que quatorze particuliers qui s'étoient *inscrits en faux* contre un procès-verbal des employés des aides, devoient payer chacun l'amende de soixante livres, dont cet article avoit exigé la consignation.

ARTICLE III.

Le même jour que les *inscriptions de faux* auront été faites, les inscrivans seront tenus de passer & signer lesdites *inscriptions* au greffe de la jurisdiction où ils procéderont, & de déclarer, par le même acte, les noms, surnoms, qualités & demeures des témoins dont ils entendent se servir; faute de quoi ils demeureront déchus de leur *inscription*, sans qu'ils puissent par la suite faire entendre d'autres témoins.

L'exécution des dispositions de cet article a été maintenue par l'arrêt du conseil du 21 novembre 1741, & par celui de la cour des aides de Paris, du 20 février 1748.

On peut remarquer que cet article de la déclaration de 1732, n'a point réglé ce qui doit être observé par les *inscrivans en faux*, lorsqu'ils ne peuvent passer & signer eux-mêmes l'acte de leur *inscription de faux*; mais on voit par les arrêts de la cour des aides de Paris, des 4 août 1741, 22 février 1747, & 5 septembre 1755, que cette cour a jugé que dans tous les cas non prévus par la déclaration de 1732, les *inscrivans en faux* contre les procès verbaux des employés des fermes devoient se conformer à ce que prescrit le titre de faux incident de l'ordonnance du mois de juillet 1737, & que, conformément aux articles III. & IX. de ce titre, la requête tendante à l'*inscription de faux* doit être signée de l'inscrivant, ou de son fondé de procuration spéciale; que ladite procuration doit être attachée à la requête; & qu'en même tems, par le même acte, il doit être donné copie, tant de la requête & de l'ordonnance dont elle aura été répondue, que de la quittance d'amende & de la procuration spéciale.

ARTICLE IV.

L'acte d'*inscription de faux* étant passé dans la forme portée par les articles précédens, sera signifié dans le jour à nosdits fermiers.

ARTICLE V.

En cas d'*inscription de faux* faite dans la forme ci dessus, les moyens en seront fournis par les inscrivans, & mis au greffe dans les vingt-quatre heures, faute de quoi les moyens ne pourront plus être admis, & seront rejettés.

ARTICLE VI.

Dispensons nos fermiers de faire comparoître leurs commis pour soutenir leurs procès-verbaux véritables, d'en représenter les originaux, ni de déclarer qu'ils veulent s'en servir, pourvu qu'ils aient été duement affirmés, & que le double desdits originaux ait été remis au greffe, conformément à nos ordonnances & réglemens.

ARTICLE VII.

Les officiers des Elections, greniers à sel, maîtres des ports, juges des traites, & tous autres qui connoissent des droits de nos fermes, ne pourront passer outre à l'instruction des *inscriptions de faux*, lorsqu'il y aura appel de la sentence qui aura jugé les moyens de faux pertinens & admissibles, jusqu'à ce que ledit appel ait été jugé, à peine de nullité des procédures, d'interdiction des juges, & des dommages & intérêts des appellans.

Pour qu'un moyen de faux se trouve pertinent & admissible, il est nécessaire qu'il tende à détruire l'un des principaux faits constatés par le procès-verbal contre lequel l'*inscription de faux* est dirigée, & c'est en conséquence de ce principe, qu'ont été rendus les arrêts du conseil des 25 septembre 1742 & 9 mars 1773; ceux de la cour des aides de Paris, des 30 mai & 13 juillet 1743, ainsi que celui du parlement de Bretagne, du 12 mai 1750.

Le même parlement a, d'ailleurs, jugé par ses arrêts des 12 août 1739, 6 août 1740, & 19 février 1742, que l'alibi ne peut former un moyen de faux admissible, que lorsqu'il se trouve entre les différens lieux, une distance assez considérable pour que l'on n'ait pu se faire voir dans l'un & dans l'autre à des heures très-rapprochées.

C'est par le même motif que l'arrêt du conseil du 3 juin 1749, en cassant celui de la cour des aides de Bordeaux, a ordonné l'exécution d'une sentence de l'Election de Dax, qui avoit rejetté une *inscription de faux* formée sur un alibi dont on offroit de fournir la preuve.

Les moyens de faux les plus pertinens cessent, au surplus, d'être admissibles, lorsque les faits qu'ils tendent à détruire ont été antérieurement reconnus exacts par les *inscrivans en faux*; & la cour des aides de Paris, par son arrêt du 8 janvier 1745, ainsi que le parlement de Bretagne, par celui du 9 mars 1754, ont adopté formellement cette jurisprudence.

ARTICLE VIII.

Leur défendons d'admettre aucune preuve testimoniale, ni de recevoir aucune requête en plainte contre les commis & employés, tendante à détruire leurs procès-verbaux; sauf aux parties assignées, de s'*inscrire en faux* contre lesdits procès-verbaux, s'ils le jugent à propos, en observant les formalités prescrites par les précédens articles.

Les dispositions de cet article ont été confirmées par plusieurs arrêts, notamment par ceux du conseil du 9 août 1735, 20 août 1737, 30 novembre 1751; par ceux de la cour des aides de Paris, des 10 mai 1735, 8 mai 1746, 15 décembre 1747, & 17 février 1750, ainsi que par celui de la cour des aides de Rouen, du 24 janvier 1741.

Il faut néanmoins observer, que les arrêt & lettres-patentes du 4 avril 1724 ont ordonné que les juges qui connoissent des droits des fermes, ne pourroient passer outre à l'instruction des procès, lorsqu'il y auroit appel des sentences & jugemens interlocutoires qui auroient admis à faire preuve des faits tendans à détruire la foi dûe aux procès-verbaux, autrement que par la voie de l'*inscription de faux*, jusqu'à ce qu'il eût été statué sur l'appel; & c'est en conformité de ce réglement, qu'ont été rendus les arrêts du conseil des 20 décembre 1729 & 16 janvier 1731.

ARTICLE IX.

A l'égard des accusés de faux-saunage, contrebande, rébellion, ou autres fraudes, qui auront été décretés, & qui voudront s'*inscrire en faux* contre les procès-verbaux des commis & employés, voulons que, s'il ne leur a point été donné copie du procès-verbal avant la plainte du fermier, lecture leur en soit faite lors de leur premier interrogatoire, & qu'ils soient tenus de déclarer, au plus tard dans le troisième jour, qu'ils entendent s'*inscrire en faux*, à cet effet consigner l'amende, passer & signer leur *inscription* dans la forme ci-dessus prescrite ; ce qu'ils seront tenus de faire dans les vingt-quatre heures de leur premier interrogatoire, lorsqu'avant la plainte, copie leur aura été donnée du procès-verbal.

La cour des aides de Paris, lors de l'enregistrement de la déclaration de 1732, a donné une plus grande étendue à cet article, en ordonnant par son arrêt d'enregistrement, que lorsqu'avant la plainte du fermier il n'aura pas été donné, aux accusés, copie du procès-verbal, il leur en sera fait lecture lors de leur premier interrogatoire ; & que dans les vingt-quatre heures de cet interrogatoire, le fermier leur fera donner copie du procès-verbal, au moyen de quoi, les accusés seront tenus de déclarer, au plus tard dans les trois jours du premier interrogatoire, s'ils entendent s'*inscrire en faux*, & de satisfaire aux formalités prescrites par ledit article IX.

On doit, au surplus, observer, que lorsque les prévenus de fraude, poursuivis à l'extraordinaire, s'*inscrivent en faux*, leur *inscription* ne doit être considérée que comme un fait justificatif, & qu'ils ne peuvent être admis à la preuve de leurs moyens, que lors de la visite du procès. C'est ce qui résulte des dispositions des arrêt & lettres patentes des 7 juillet & 12 août 1719, de l'arrêt du conseil du 30 janvier 1731, de ceux de la cour des aides de Paris des 4 mai & 23 septembre 1712, & 20 décembre 1776, ainsi que de celui de la cour des aides de Rouen, du 9 décembre 1739.

ARTICLE X.

Défendons aux officiers qui connoissent des droits de nos fermes, même à nos cours, d'avoir égard aux actes & procédures qui ne seront pas conformes à la disposition des présentes, ni d'accorder d'autres & plus grands délais que ceux exprimés dans la présente déclaration, à peine de nullité de leurs jugemens.

ARTICLE XI.

Leur défendons, sous les mêmes peines, de procéder à l'audition des témoins, avant le jour qui suivra la signification que les inscrivans seront tenus de faire faire à nos fermiers, de la sentence qui aura admis les moyens de faux.

ARTICLE XII.

Ceux qui voudront s'*inscrire en faux* contre les procès-verbaux des commis & employés de nos fermes, avant d'être assignés sur iceux, seront tenus de se conformer aux formalités prescrites par ces présentes.

Si donnons en mandement, &c.

Il n'est pas inutile de remarquer que la cour des aides de Paris a, par un arrêt du 11 janvier 1719, ordonné qu'un accusé de faux-saunage, décrété de prise-de-corps, qui veut s'*inscrire en faux* contre le procès-verbal en vertu duquel il a été décrété, ne peut y être reçu qu'il ne se soit mis en état & aux pieds de la cour ; c'est-à-dire, constitué lui-même prisonnier.

Il reste à observer, que les prévenus de fraude, après avoir argué de faux les procès-verbaux rendus contr'eux, ne peuvent valablement remettre aux procureurs du roi d'administrer la preuve de l'inexactitude de ces actes. C'est ce qu'ont formellement jugé les arrêts du conseil des 4 septembre 1731 & 24 octobre 1747, dont le premier a cassé celui du parlement de Bretagne du 22 septembre 1730, qui avoit ordonné qu'une *inscription de faux* seroit suivie à la requête du procureur du roi de la jurisdiction de Fougères ; & le second, en ordonnant l'exécution des articles XXXV & XXXVI. du titre commun pour toutes les fermes, de l'ordonnance du mois de juillet 1681, a déclaré nulle la procédure criminelle & *inscription de faux* formée devant le lieutenant-général de la châtellenie de Murat, contre les commis aux aides de Montmarault.

C'est d'après les mêmes principes, qu'un arrêt de la cour des aides de Paris, du 20 décembre 1776, a jugé qu'une *inscription de faux* contre un procès-verbal des commis aux aides de l'Election des Sables-d'Olonne, sur lequel l'adjudicataire des fermes avoit rendu plainte, étoit un fait justificatif, qui ne devoit être admis, conformément à l'ordonnance, qu'après le récollement & la confrontation des accusés & la visite du procès.

La même cour a, par un arrêt contradictoire du 2 juin 1779, déclaré nulle une ordonnance du siège des gabelles de Château-Gontier, qui avoit admis les moyens de faux proposés par le procureur du roi de ce siège, contre un procès-verbal de saisie rendu par les employés des gabelles.

Le simple exposé des faits va donner lieu au développement des motifs présentés à la cour des aides par son avocat général, & qui l'ont déterminée dans le prononcé de son arrêt. Cet exposé est d'autant plus intéressant, qu'il définit d'une manière très-précise ce que c'est qu'une *inscription de faux*, son objet, fait voir ses rapports avec le ministère public, & établit dans quel cas il peut être intéressé à la poursuivre.

Le 23 janvier 1778, le nommé Vallière, ci-devant employé, fut arrêté en campagne, conduisant un cheval chargé de deux balles ; dans la première, on trouva quinze morues entièrement gâtées, arrangées en forme de coffre, dans l'intérieur duquel étoit du sel, nullement propre à la conservation du poisson : dans la seconde il y avoit quinze morues aussi gâtées, arrangées de la même manière que les autres, avec du sel neuf dans l'intérieur. Au simple apperçu, les employés évaluèrent le poids des morues à soixante & deux livres, & celui du sel à soixante & douze livres; la saisie du tout fut déclarée, & le nommé Vallière conduit à Château-Gontier, où on le constitua prisonnier.

Le procès-verbal porte, que les employés & le prévenu arrivèrent en cette ville *sur une heure après midi;* l'acte d'écrou, au contraire, est daté d'*avant midi :* on lit que le concierge des prisons a été chargé de la personne du sieur Vallière, capturé avec cent livres de faux-sel. Le sel mesuré au grenier, produisit trois quarts de minot. Le 24, l'adjudicataire présenta requête au siège des gabelles de Château-Gontier, tendante à la vente provisoire du cheval, de l'équipage & des morues; le procureur du roi, à qui elle fut communiquée, consentit à la vente du cheval & de l'équipage: mais à l'égard de la morue, *dite gâtée*, il requit qu'elle fût jettée comme immonde : une ordonnance du même jour autorisa la vente du cheval, de l'équipage & des morues. La procédure au fonds fut mise en état, par la répétition des employés & l'interrogatoire du prévenu. Celui-ci nia son faux-saunage, mais sans oser passer à l'*inscription de faux*. Le procureur du roi crut pouvoir le suppléer: en conséquence, le 7 avril, il déclara vouloir s'*inscrire en faux*, nomma ses témoins, & déposa ses moyens. Ordonnance du 9, qui les admet.

Ils sont au nombre de trois:

1°. Le procès-verbal dit les morues entièrement gâtées, & qu'on les a déposées au bureau des gabelles : cependant le receveur ne les a jamais vues; car s'il les avoit vues, au lieu d'en requérir la submersion, comme il l'a fait sur l'exposé de corruption contenu au procès-verbal, il en auroit requis la vente au profit du fermier. Le fait vrai, est que les morues, dites entièrement gâtées, ne l'étoient pas, parce qu'elles ont été achetées par plusieurs particuliers, qui attesteront qu'elles étoient bonnes. Cette vente a été faite par les employés, à leur profit, malgré les ordres du receveur, qui avoit prescrit de les submerger.

2°. Il y avoit contradiction entre le procès-verbal & l'acte d'écrou, portant que Vallière a été capturé avec cent livres de sel, & le procès-verbal atteste qu'il ne s'en est trouvé que trois quarts de minot.

3°. L'acte d'écrou est dit rédigé avant midi, à Château-Gontier; & suivant le procès-verbal, les employés ne sont arrivés à Château-Gontier, avec Vallière, que sur les une heure après midi.

Sur l'appel interjetté par l'adjudicataire, à la cour des aides, M. l'avocat général, seule partie du fermier dans cette cause, observa qu'elle présentoit deux questions, l'une principale, l'autre subsidiaire.

1°. Le ministère public est-il recevable à s'*inscrire en faux* contre un procès-verbal d'employés?

2°. En le supposant, les moyens admis en première instance étoient-ils pertinens?

Sur la première question, il établit que son substitut au siège des gabelles de Pouancé s'étoit livré à un soin étranger à la nature de ses fonctions, en s'*inscrivant en faux*, au lieu & place du sieur Vallière, contre le procès verbal qui inculpoit ce prévenu de faux-saunage. Tels furent les moyens développés à l'appui de cette assertion.

L'*inscription de faux* contre un procès-verbal en matière de ferme, est une exception purement civile, contre l'action intentée par le fermier, sur le fondement de ce procès-verbal; le terme de cette exception de la partie civile, est la demande en renvoi de l'action du fermier, avec dommages-intérêts s'il y a lieu : elle est donc la défense de la partie civile seule, nulle autre qu'elle, ne peut s'en servir; le ministère public ne sauroit y avoir recours, & elle ne lui appartient pas, parce qu'elle a pour objet, non l'intérêt public, mais celui d'un particulier en état de se défendre, qui est le maître de renoncer à cette exception, qui est censé y avoir renoncé, lorsqu'il n'en a point fait usage dans le tems & dans les formes prescrites par la loi, & qui, enfin, ne peut être relevé de sa négligence par l'intervention de la partie publique. Les fonctions de celle-ci se bornent à faire exécuter les loix publiques du royaume; à défendre l'intérêt de l'Etat, ceux de l'Eglise, des mineurs, & de tous ceux que les loix regardent comme hors d'état de se défendre eux-mêmes; ce qui ne peut s'appliquer à un particulier poursuivi en conséquence d'un procès-verbal rédigé par des employés des fermes.

Il est vrai qu'une *inscription de faux* en matière de ferme, de même qu'une *inscription de faux* incident dans les matières ordinaires, peut donner lieu, par ses suites, à une procédure extraordinaire, & intéresser directement le ministère public; mais ce n'est qu'au moment où le réglement à l'extraordinaire a changé l'affaire de nature, où la procédure, de civile qu'elle étoit jusques-là, est devenue criminelle, que la partie publique doit paroître, pour requérir, contre le coupable, les peines afflictives ou infamantes qu'il peut avoir encourues.

Quant à l'*inscription de faux* proprement dite, elle ne peut appartenir, dans ces sortes de matières, au ministère public. La déclaration de 1732 suffiroit pour le prouver. Toutes les formes rigoureuses qu'elle prescrit, telle que la consignation d'amende, la signification de la quittance au fermier, la déclaration d'inscription dans un délai fatal, ne peuvent évidemment s'appliquer qu'aux fraudeurs, dont on a voulu enchaîner la mauvaise foi, & non au ministère public, pour qui ces formes seroient injurieuses; ce qui suffit pour conclure, que le législateur ne s'est occupé que des *inscriptions de faux* qui pourroient être formées par les prévenus de fraude; qu'il n'a rien exigé en ce cas du ministère public, parce que la nature même des choses ne lui permettoit pas d'y recourir. La seule voie qu'il puisse prendre, & qui convienne à la dignité de ses fonctions, est celle de la plainte, dans le cas où des commis se seroient, à l'occasion de leur emploi, rendus coupables de quelque crime de nature à être poursuivis par la partie publique.

Après avoir ainsi établi sur la première question, que l'*inscription de faux* tentée par le procureur du roi du siège des gabelles de Château-Gontier, étoit non-recevable, M. l'avocat général passa à l'examen de la seconde question subsidiaire. Il posa pour principe, que pour que des moyens de faux fussent admissibles, il falloit qu'ils fussent contraires à l'énoncé du procès-verbal, & qu'ils fussent d'une nature grave. Discutant ensuite chacun des moyens de faux admis dans l'espèce, il fit voir qu'ils ne réunissoient point ces deux caractères; qu'en les supposant prouvés, il n'y auroit que des inattentions & inexactitudes légères à reprocher aux employés; que le procès-verbal n'en seroit pas moins vrai, & la contravention du sieur Vallière pas moins constante. Il ajouta que cette seconde partie de la cause n'étoit que subsidiaire; que comme elle n'étoit point celle qui déterminoit ses conclusions, il ne proposeroit pas d'infirmer purement & simplement la sentence, parce qu'on pourroit induire de ce prononcé, que le procureur du roi de Château-Gontier avoit été recevable à s'*inscrire en faux*; mais que l'inadmissibilité des moyens adoptés par la sentence, avoit déterminé à l'infirmer. Il conclut en conséquence, à ce que l'ordonnance dont étoit appel, & toute la procédure qui l'avoit précédée, fût déclarée nulle. L'arrêt qui a adopté ces conclusions, juge bien positivement que le ministère public est non-recevable à s'*inscrire en faux* contre les procès-verbaux des employés, à la place des parties contre lesquelles ces procès-verbaux sont rendus.

Pour résumer, au surplus, les dispositions de la déclaration de 1732, & des réglemens postérieurs, l'*inscription de faux* est la seule voie de procéder, dont ceux contre lesquels les commis & employés des fermes ont rapporté des procès-verbaux, peuvent valablement faire usage, pour détruire la foi que les ordonnances & réglemens ont voulu que les juges accordassent à ces actes, lorsqu'ils se trouveroient signés de deux employés, & par eux affirmés.

Ceux qui veulent s'*inscrire en faux*, doivent le déclarer à l'audience, ou par écrit; savoir ceux qui ont été assignés, au plus tard dans le jour de l'échéance des assignations qui leur ont été données; & ceux qui se trouvent constitués prisonniers, dans les vingt-quatre heures de leur premier interrogatoire, si, avant la plainte du fermier, il leur a été donné copie du procès-verbal rapporté contr'eux; & dans le cas contraire, dans les trois jours de leur premier interrogatoire, pourvu que le fermier leur ait fait signifier dans les vingt-quatre heures de cet interrogatoire, une copie du procès-verbal.

Les uns & les autres, en déclarant qu'ils entendent s'*inscrire en faux*, doivent faire signifier au fermier la quittance justificative de la consignation de l'amende pour *inscription de faux*, fixée par l'article II. de la déclaration de 1732.

Le même jour que les prévenus ont déclaré vouloir s'*inscrire en faux*, ils doivent, soit par eux-mêmes, soit par un procureur qui doit, à l'instant de la déclaration, faire signifier au fermier une copie de sa procuration spéciale, en passer & signer l'acte au greffe, déclarer par le même acte, les noms, qualités & demeures des témoins dont ils entendent se servir, & faire signifier cet acte au fermier dans le jour de sa date.

Lorsque les inscrivans ont rempli ces différentes formalités, ils doivent fournir & mettre au greffe, dans les vingt-quatre heures, leurs moyens de faux.

Le fermier est dispensé de faire comparoître les commis rédacteurs des procès verbaux, pour les soutenir véritables. Il est également dispensé, tant de représenter les originaux de ces actes, que de déclarer vouloir s'en servir, s'ils ont été affirmés, & s'il en a été déposé des doubles au greffe.

Lorsqu'il se rend appellant des sentences qui ont jugé les moyens de faux admissibles, les juges doivent attendre, pour passer outre à l'instruction, qu'il ait été statué sur son appel, & ils ne peuvent procéder à l'audition des témoins, que le lendemain du jour où les sentences qui ont admis les moyens, lui ont été signifiées.

Il leur est défendu d'admettre aucune preuve testimoniale, ou de recevoir aucune plainte contre les commis & employés, tendante à détruire leurs procès-verbaux, sauf aux parties à s'*inscrire en faux*; comme aussi d'avoir égard aux procédures qui ne seroient pas conformes aux dispositions de la déclaration de 1732, ni d'accorder d'autres

& plus grands délais, que ceux qui sont déterminés par ce réglement.

Ceux qui veulent s'*inscrire en faux* contre les procès-verbaux, avant d'être assignés sur ces actes, doivent observer les mêmes formalités que ceux qui se trouvent assignés.

Enfin, la déclaration de 1732 est un réglement commun à toute les parties des fermes, & ses dispositions doivent être littéralement suivies par ceux qui veulent s'*inscrire en faux* contre les procès-verbaux des employés, quelle que soit la partie que ces actes intéressent, & en quelques jurisdictions que les affaires se trouvent portées.

L'arrêt du conseil du 7 octobre 1738, a, conformément à ce dernier principe, ordonné que les officiers des amirautés seroient tenus de se conformer à ce réglement, dans les cas où les procès-verbaux rapportés par les employés des fermes, dans les affaires dont la connoissance leur est attribuée, seroient attaqués par la voie de l'*inscription de faux*.

INSINUATION LAÏQUE, s. f. C'est le nom d'une formalité qui se donne aux actes & contrats dont le public est intéressé à connoître les dispositions. Elle a été substituée aux publications qui se faisoient anciennement en justice, des différens actes aujourd'hui soumis à l'*insinuation*, elle consiste dans l'enregistrement qui en est fait, soit en entier, soit par extrait, sur un registre tenu par un commis assermenté, lequel doit en donner communication à tous ceux qui la requièrent. On la nomme *insinuation laïque*, par opposition à l'*insinuation ecclésiastique*, qui a pour objet l'enregistrement des actes concernant l'état & les possessions des ecclésiastiques.

L'usage de l'*insinuation* remonte aux Romains. L'empereur Constantin l'établit, pour remédier aux fraudes que des débiteurs pratiquoient, en disposant de leurs biens au préjudice de leurs créanciers. On peut voir, à cet égard, la loi 3. au titre *de donationibus*, du Code Théodosien, & les 25, 30 & 31, même titre, du Code de Justinien.

L'*insinuation* fut introduite en France par l'ordonnance du roi François I, de 1539; mais pour les actes de donation seulement. Elle fut étendue à d'autres actes, par l'édit de Henri II, du mois de mai 1553. Enfin, l'édit de Louis XIV, donné en décembre 1703, rendit cette formalité générale, & en fixa la jurisprudence.

Cet édit ordonne la suppression des greffiers des insinuations en titre d'offices, qui avoient été créés précédemment, & en établit de nouveaux, à l'effet d'insinuer & registrer *tous les contrats & actes dont le public a intérêt d'avoir connoissance.*

Il dénomme particulièrement les donations & legs, les substitutions, exhérédations, exclusions de communauté, séparations de biens, interdictions volontaires, émancipations, renonciations à succession & à communauté, nominations de curateur, dons mutuels, contrats d'union de créanciers, d'atermoiement & abandonnement de biens; les lettres de bénéfice d'âge ou d'inventaire; celles de surséance, d'anoblissement, de légitimation, naturalité, concession de justice, foires & marchés, &c.

Cet édit a été suivi de ceux d'octobre 1705 & août 1706, qui servent d'explication à celui de 1703; ensuite la déclaration du 20 mars 1708, a dispensé de l'*insinuation*, les donations des pères & mères ou aïeux, au profit de leurs enfans, faites par contrat de mariage ou testament. Les dons & legs pour œuvres pies, non excédant trois cens livres, ont aussi été exemptés de l'*insinuation*, par l'article I. du tarif arrêté pour ces droits le 29 septembre 1722.

Les offices de greffiers des *insinuations laïques* furent définitivement supprimés, & les droits & salaires qui leur étoient attribués, réunis au domaine de la couronne, par les édits de décembre 1713 & mars 1714. Les fonctions attribuées à ces offices, sont aujourd'hui exercées par les contrôleurs des actes qui donnent la formalité, & comptent, au profit du roi, des droits d'insinuation, sous la déduction de la remise qui leur est accordée. Ces droits font partie de l'administration générale des domaines.

L'*insinuation* se divise en *mobiliaire* & *immobiliaire*.

La première aussi appellée, *suivant le tarif*, est celle que cet article a particulièrement pour objet.

L'autre, qui se nomme l'*insinuation* du centième denier, a lieu pour les actes de vente & autres, portant mutation de propriété ou de jouissance de biens immeubles. Il en a été traité au premier volume de cet Ouvrage, au mot CENTIÈME DENIER.

On distingue aussi l'*insinuation de forme*, de l'*insinuation bursale*.

La première a lieu pour les actes de donations entre-vifs, qui doivent être insinués & registrés dans les quatre mois de leur date, au bureau établi près le bailliage royal ou sénéchaussée, tant du domicile du donateur, que de la situation desbiens donnés, conformément à la déclaration de Louis XV. du 17 février 1731, & à son ordonnance du même mois. Cet enregistrement, nécessaire pour la validité de la donation, se fait par la transcription entière de l'acte sur un registre coté & paraphé par l'officier principal du siège, & qui est déposé au greffe après l'année expirée. Il dépend des parties de requérir cette formalité, ou d'encourir, à défaut, la peine de nullité, qui est la seule prononcée. Cependant si la donation est de biens immobiliers, le centième denier peut être exigé à cause de la mutation opérée.

Parmi les donations entre-vifs que la loi assujettit à l'*insinuation*, suivant le tems & la forme qu'elle prescrit, ne sont point comprises,

1°. Celles qui se font en ligne directe, en faveur & par contrat de mariage; elles sont également affranchies de la formalité & du droit d'*insinuation*.

2°. Les institutions & donations contractuelles par des collatéraux ou étrangers au profit des futurs époux, sans tradition, ou qui n'ont pour objet que les biens que les donateurs laisseront à leur décès. Ces dispositions ne sont sujettes qu'au droit d'*insinuation*, perceptible au même bureau, & en même tems que le contrôle du contrat.

3°. Les donations des objets de communauté, ou de la propriété ou jouissance des biens propres, stipulées par ces contrats, en cas de survie, entre les futurs conjoints, soit mutuellement, soit par l'un d'eux au profit de l'autre, desquelles l'*insinuation* doit être faite au bureau près le bailliage, en supposant que la disposition ait son effet, seulement dans les quatre mois du décès du donateur, conformément à des lettres-patentes du 3 juillet 1769, pour le ressort des parlemens où ces lettres ont été promulguées.

4°. Les simples dons & gains de survie entre les futurs époux; c'est-à-dire, qui n'ont qu'un objet partiel & déterminé. L'article VI. de la déclaration du 17 février 1731, en les exemptant de la loi générale, les assujettit seulement au droit, qui est exigible, sur la valeur de l'objet donné; soit mobilier, comme une somme à prélever, une pension, &c.; soit immobilier, comme un droit d'habitation en nature, la jouissance d'un fonds, &c. suivant l'article I. du tarif. Dans ce dernier cas, outre cette perception du tarif faite lors du contrôle du contrat de mariage, il y a lieu encore de percevoir le droit de centième denier lors de l'évènement du gain de nôces & de survie, s'il a son effet par le prédécès du donateur.

L'*insinuation bursale* est celle qui résulte des actes sujets au droit, & non à la formalité légale de l'*insinuation*, lesquels, en conséquence, ne sont enregistrés que par extrait: la perception s'en fait au même bureau où les actes sont contrôlés, sauf pour les substitutions qui doivent être insinuées aux bureaux près le siège royal du domicile du substituant, & de la situation des biens. Cette sorte d'*insinuation* est à la charge des notaires qui reçoivent les actes, à l'exception des testamens & autres actes à cause de mort, qui s'insinuent après le décès des testateurs, à la diligence des héritiers ou exécuteurs testamentaires.

Les lettres de bénéfice d'âge, d'émancipation & autres, émanées de la chancellerie, doivent être insinuées, à la réquisition des parties, avant d'être homologuées, ou d'agir & passer des actes en conséquence. La même règle s'applique aux actes émanés du juge, & qui sont assujettis à l'*insinuation*, tels que les nominations de curateurs, les séparations, les interdictions, &c. Les réglemens prononcent l'amende de trois cens livres, outre la restitution des droits, contre ceux qui agissent en vertu d'actes sujets à l'*insinuation*, avant qu'ils n'en ayent été revêtus, & contre les officiers publics qui procèdent en exécution.

Ceux de ces actes, soit notariés ou judiciaires, qui sont de nature à être contrôlés, doivent être revêtus de cette formalité avant de subir celle de l'*insinuation*; le commis préposé faisant, en cette partie, l'office de greffier, & ne pouvant enregistrer l'acte qu'après qu'il a été mis en forme. Il n'y a que les actes dont l'*insinuation* est à la charge des notaires ou greffiers rédacteurs, qui s'insinuent sur la minute. La formalité, pour les autres, est donnée sur l'expédition en parchemin timbré qu'en présentent les parties.

Les droits sont exigibles, dès que la formalité est requise, quand même l'acte ne seroit point, par lui-même sujet à l'*insinuation*; mais le commis percepteur doit, dans ce cas, faire signer au porteur de l'acte la réquisition de la formalité.

La perception des droits d'*insinuation* se fait d'après un tarif arrêté au conseil le 29 septembre 1722. Les droits pour les actes contenant legs ou donation, sont réglés à raison de vingt sols par cent livres, & de la moitié seulement, si la donation n'est qu'en usufruit, en observant que le droit est dû séparément pour chaque donateur ou donataire.

La plus forte perception est limitée à cinquante livres, & elle a lieu aussi, sur ce pied, pour les objets donnés sans évaluation. La fixation pour les autres actes, est suivant la nature des dispositions, ou d'après la qualité des parties. Il est dû, en outre, les dix sols pour livre, établis successivement par les lettres-patentes du 18 mars 1718, la déclaration du 3 février 1760, & les édits d'avril 1763, novembre 1771, & août 1781.

Le produit total du droit d'*insinuation* est d'environ deux millions par an pour le royaume, en n'y comprenant point la province d'Alsace, où les droits d'*insinuation* ne sont pas établis ; ni celles de Flandres, Haynault & Cambresis, où ils sont abonnés ; ni enfin les pays compris dans l'apanage de M. le duc d'Orléans, qui jouit de ces droits à titre d'aliénation.

Par M. LACOSTE, *Directeur des Domaines.*

INSPECTEURS. Titre de différens offices, dont les fonctions, supposées utiles au bien public, ont fréquemment servi de prétexte à leur création, & dont le véritable objet étoit de trouver des ressources pécuniaires pour le gouvernement.

On peut voir au mot ENTRÉE DE PARIS, pag. 49. combien, en 1704 & 1705, il fut établi d'*inspecteurs*, avec des attributions qui sont, après la suppression de ces officiers, devenues des droits du roi encore existans. Nous n'avons à considérer parmi les officiers encore revêtus du titre d'*inspecteurs*, que ceux qui ont des rapports avec les finances, ou les droits qui ont conservé le nom des *inspecteurs* qui étoient originairement autorisés à les percevoir. *Voyez* droits d'INSPECTEURS AUX BOISSONS.

D'après ce plan, nous n'avons à parler ni des *inspecteurs* des bâtimens, ni des *inspecteurs* des manufactures & du commerce, ni des *inspecteurs* de police ; il sera seulement question des *inspecteurs généraux du domaine*, des *inspecteurs des fermes*, ou des régies, d'*inspecteurs aux boissons* & *aux boucheries*, & enfin, des *inspecteurs des finances*.

INSPECTEURS GÉNÉRAUX DU DOMAINE DE LA COURONNE. Ce sont des officiers nommés par le ministre des finances, & préposés pour poursuivre, consulter & défendre toutes les affaires qui intéressent les domaines du roi, & qui sont portées aux différens conseils de sa majesté. Ils font, à cet égard, les fonctions d'avocats généraux, puisqu'ils donnent leurs conclusions sur tous les objets qui leur sont renvoyés. Ils peuvent même demander d'être entendus dans toutes les affaires où ils jugent leur intervention nécessaire. Comme leur but est toujours de défendre le domaine de la couronne, jamais il ne peut être prononcé de condamnation de dépens pour eux, ni contre eux, ni même de compensation de dépens entr'eux & les parties litigantes.

Il avoit été créé, en 1705, des offices de conseillers du roi, conservateurs des domaines aliénés ; ils subsistèrent peu de tems.

L'édit du mois de juillet 1708, qui les supprima, érigea dans chaque province & généralité, des offices d'*inspecteurs* conservateurs des domaines, pour dresser annuellement des états en détail de la consistance des domaines & droits domaniaux aliénés ou non aliénés. Leurs fonctions & leurs droits furent réglés par une déclaration du roi du 13 août 1709.

L'année suivante, les arrêts du conseil des 15 juillet & 14 octobre 1710, supprimèrent ces officiers dans les généralités de Poitiers & de Rouen ; ils le furent ensuite définitivement dans tout le royaume, soit au moyen des finances payées par différentes provinces pour en obtenir la suppression, soit par la révocation ordonnée en 1715 de tout traité pour finances d'offices créés avant 1713, & non levés.

Mais pour remplir les vues essentielles de la conservation des domaines de la couronne, le roi, par deux arrêts du conseil des premiers & 8 mai 1717, commit deux avocats au parlement pour poursuivre & défendre toutes les affaires concernant les domaines de la couronne, qui seroient portées aux conseils du roi, sous le titre d'*inspecteurs généraux du domaine*.

Il fut ordonné qu'ils auroient entrée & séance au bureau des commissaires du conseil pour les affaires du domaine ; qu'ils y seroient entendus lorsqu'ils le requerroient, & qu'ils auroient l'entrée libre dans les archives de sa majesté, pour y prendre communication des titres, & même en pouvoir lever des extraits, qui leur seroient délivrés sans frais.

Les recherches & le travail immense des *inspecteurs généraux du domaine*, pour le soutien des possessions de la couronne, justifient l'utilité de leur établissement. Leur nombre varie suivant la volonté du ministre. On en a vu jusqu'à quatre en 1771 ; ils sont encore en même nombre aujourd'hui, en 1785.

INSPECTEURS DES FERMES. Ce sont des employés supérieurs, qui exercent les mêmes fonctions que les contrôleurs généraux des fermes. Dans toutes les parties, le titre d'*inspecteur* suppose l'obligation de surveiller les différentes opérations qui ont rapport à la manutention & à la comptabilité d'une ferme ou d'une régie. Il y a des *inspecteurs* dans les aides, dans les postes, pour les loteries, pour les domaines.

En 1707 on vit créer cinquante offices d'*inspecteurs des fermes*, avec des gages fixés au denier quinze, & qui furent réduits au denier vingt-cinq en 1715.

Dans les domaines, les devoirs de ces employés principaux sont de veiller à ce que la régie soit régulièrement

régulièrement faite ; à la conduite des contrôleurs ambulans, des vérificateurs, & des autres commis subordonnés.

Les *inspecteurs* des domaines ne peuvent faire aucune recette quelconque des droits de cette ferme, à moins qu'ils n'en ayent un ordre exprès.

Au reste, on conçoit aisément qu'à la faculté de commettre un *inspecteur* pour veiller aux intérêts de sa ferme, toute compagnie joint encore celle de donner à ce préposé des pouvoirs de telle étendue qu'elle juge nécessaires à ses vues.

INSPECTEURS AUX BOISSONS. (droits d') Ils sont réunis à la ferme des aides. Le feu d'une guerre qui avoit épuisé la France venoit à peine d'être éteint, par la paix de Riswick, lorsque la succession d'Espagne ralluma un nouvel incendie dans l'Europe. Les besoins étoient pressans, il fallut recourir à différens moyens pour y subvenir. Celui d'ériger des charges avec une attribution de droits, fut un des premiers employé.

En conséquence, on créa dans le royaume des offices, dont les titulaires devoient inspecter un genre de commerce & de marchandises. Telle fut l'origine de tous ces *inspecteurs*, biens moins faits pour être utiles par leur surveillance, que pour produire des ressources bursales.

A la paix, presque tous ces offices, & les droits qui y étoient attachés, furent supprimés, excepté dans la ville de Paris ; où il en fut conservé une grande partie. *Voyez* ENTRÉES DE PARIS. Les seuls droits qui furent continués dans les autres villes & dans le reste du royaume, où ils existent encore, sont ceux d'*inspecteurs aux boissons* & aux boucheries, ceux de courtiers-jaugeurs.

Ces droits sont compris sous la dénomination de *droits rétablis*, dépendans de la ferme des aides.

Les offices d'*inspecteurs*, visiteurs & contrôleurs aux entrées des eaux-de-vie, vins, bierre, cidres & poirés, & autres boissons apportées tant dans la ville & les fauxbourgs de Paris, que dans toutes les autres villes & bourgs des provinces du royaume où les aides n'ont pas cours, avoient été créés par édit du mois d'octobre 1705, pour être réunis au corps des villes & communautés qui, moyennant une finance, devoient les faire exercer & jouir des droits qui y étoient attachés. Mais les inconvéniens de cette forme de régie la fit abandonner ; ils furent levés au profit de sa majesté, & supprimés par arrêt du conseil du 24 février 1720.

Dix-huit mois ensuite on les rétablit, par les arrêts du conseil des 22 & 24 mars, 3 & 6 mai 1722, pour six années : ils ont été successivement prorogés par différentes déclarations. L'article I. de l'édit de 1705, avoit dit qu'à l'égard des provinces où les aides ont cours, les mêmes offices seroient établis, non-seulement dans les villes & bourgs, mais même dans les lieux où la subvention, & les anciens & nouveaux cinq sols se payoient.

Ces droits se perçoivent sur le pied de la fixation établie par cet édit ; savoir, dix sols par muid de vin, trente sols par muid d'eau-de-vie, cinq sols par muid de bierre & de cidre, & deux sols six deniers par muid de poiré. Ils sont dûs sur les vendanges, à raison de trois muids de vendanges pour deux muids de vin ; & sur les fruits propres à faire le cidre & le poiré, à raison de trois muids de fruits pour un muid de boisson. Ces droits se perçoivent également sur la petite bierre, excepté dans la ville d'Amiens, où la *buvette*, qui est une bierre très-foible, n'est sujette qu'à la moitié de ce que paye la bierre ordinaire, conformément aux arrêts du conseil des 19 octobre 1706 & dernier mai 1707.

Dans la ville de la Rochelle, les droits d'*inspecteurs aux boissons* ont été réunis par arrêt du conseil du 14 août 1722, à ceux de courtiers-jaugeurs, & fixés ensemble à trente-trois sols par tonneau de vin composé de quatre barriques, chacune de vingt-sept veltes, & de trente-sept sols par barrique d'eau-de-vie. Tous les vins qui entrent dans cette ville, soit pour y être consommés, soit pour passer debout, sont sujets au paiement de ces droits.

Les arrêts du conseil des 12 janvier 1740 & 17 novembre 1744, ont aussi modéré ces droits, en les réunissant à ceux de courtiers-jaugeurs, dans les Elections de Coignac, Xaintes & Saint-Jean-d'Angely ; ils sont fixés sur l'eau-de-vie, à vingt sols par pièce de quatre-vingt-une veltes, & six sols huit deniers par barrique de vingt-sept veltes.

Dans les Elections d'Orléans & de Pithiviers, ces droits ont été aliénés, par arrêt du conseil du 29 mai 1722, à la maison d'Orléans, qui jouit, à titre d'apanage, des droits d'aides dans ces deux Elections.

Comme les droits d'*inspecteurs aux boissons* n'étoient, lors de leur création, que des droits d'attribution attachés à ces offices, & ne dépendoient point des fermes du roi, ils n'ont point été assujettis aux deux sols pour livre, ni à leur doublement établis en 1705 & en 1715. Ce n'est que par un édit particulier du mois de janvier 1709, que les deux sols pour livre qui se lèvent sur les droits d'*inspecteurs aux boissons* & aux boucheries, ont été imposés.

Lors du rétablissement des droits d'*inspecteurs*, les deux sols pour livre dont ils avoient été frappés, furent également rétablis par arrêt du conseil du 3 mai 1722 ; mais ils n'ont été ajoutés aux droits de courtiers-jaugeurs, que par les édits du mois de novembre 1771 & d'août 1781, qui ont étendu les huit & dix sols pour livre sur les droits de toute espèce, auxquels cette charge additionnelle n'avoit pas encore été ajoutée.

Les drois d'*inspecteurs aux boissons* & aux boucheries, de même que ceux de courtiers-jaugeurs, avoient été rétablis dans toutes les provinces sujettes, ou non, aux droits d'aides. Mais la difficulté que leur perception auroit occasionnée dans les pays où les aides n'ont pas cours, engagèrent le gouvernement à accorder à ces provinces des abonnemens qui en tiennent lieu, & qui sont renouvellés & continués à chaque bail de la ferme des aides. Quelquefois même des petits pays, des Elections, & de simples villes, ont également obtenu des abonnemens.

Le montant de ces abonnemens avoit d'abord été réglé par une déclaration du roi du 3 août 1725, & comprenoit les droits d'*inspecteurs aux boissons*, ceux d'*inspecteurs* aux boucheries, & ceux de courtiers-jaugeurs, pour les pays d'Etats & pour toutes les provinces exemptes d'aides. Mais la Provence & l'Artois, par des circonstances particulières, ne furent pas comprises dans cette déclaration, & sont toujours restées exemptes de ces droits.

Les derniers abonnemens qui ont été accordés aux pays abonnés, sont de 1782 ou 1783, tous fixés par des arrêts du conseil.

Ainsi l'Alsace, suivant l'arrêt du 27 mars 1782, & sans que la ville de Strasbourg soit comprise dans cet abonnement, paye, chaque année, trente-trois mille trois cens trente-trois livres, tant pour les droits d'*inspecteurs aux boissons* & aux boucheries, que pour ceux de courtiers-jaugeurs ; savoir, vingt-deux mille deux cens vingt-deux livres pour le principal, & onze mille cent onze livres pour les dix sols pour livre.

L'Auvergne, suivant l'arrêt du 8 aout 1782, a pour ces trois espèces de droits, un abonnement annuel de soixante mille livres ; savoir, quarante mille livres pour le principal, & vingt mille livres pour les dix sols pour livre.

Dans la généralité d'Auch, quatre arrêts du conseil du 29 mai 1782, fixent les abonnemens pour le pays de Nébouzan, pour celui des quatre Vallées, pour les cinq Elections d'Armagnac, Astarac, Comminges, Lomagne, & Riviere-Verdun, & pour la ville de Lectoure, à soixante-neuf mille trois cens soixante neuf livres, compris les dix sols pour livre ; savoir, trois mille sept cens quatre-vingt-quinze livres pour le pays de Nébouzan ; trois mille cent quarante-quatre livres pour les quatre Vallées ; soixante & un mille quatre-vingt-quinze pour les Elections ; & treize cens trente-cinq livres pour la ville de Lectoure.

Un autre arrêt du même jour a réglé l'abonnement des Etats de Béarn à quinze mille livres, tant en principal que sols pour livre.

L'abonnement des Elections de Bordeaux, Périgueux, Agen, Condom & Sarlat, est fixé à deux cens soixante & treize mille livres, qui doivent être payées par les maire & jurats de la ville de Bordeaux, sur les fonds de la caisse des deux sols pour livre, levés à leur profit dans les bureaux de la ferme générale établis dans l'étendue de la sénéchaussée de Bordeaux, en sus des droits qui s'y perçoivent, tant à l'entrée qu'à la sortie des marchandises.

Les Etats de Cambray, suivant leur abonnement pour les trois droits dont il s'agit, porté dans l'arrêt du conseil du 14 mars 1782, doivent une somme de dix mille quatre-vingt-quinze liv., compris les dix sols pour livre.

Le Dauphiné, d'après l'arrêt du 27 juin 1782, doit payer chaque année soixante mille livres.

L'Election des Lannes, en vertu de l'arrêt du conseil du 14 août 1782, neuf mille cinq cens quatre-vingt-cinq livres, tant pour principal que dix sols pour livre.

Les Elections de Limoges, Brives & Tulles, suivant l'arrêt du 14 août 1782, sont abonnées à quatre-vingt mille cent dix-sept livres deux sols.

L'Election d'Angoulême, même généralité, est abonnée par l'arrêt du 11 juin 1783, à trente-six mille vingt-trois livres dix-sept sols.

L'Election de Marennes, à trente mille livres, par arrêt du 27 juin 1782.

La généralité de Mets, à trente-six mille livres, par arrêt du 5 juin, même année.

Le pays de Navarre, à quinze cens livres, par arrêt du 29 mai, idem.

L'isle d'Oleron, à treize cens soixante & cinq livres, par arrêt du 27 juin, idem.

Le Roussillon, à cinq mille cinq cens livres, par arrêt du 8 août, idem.

Le pays de Soule, à douze cens quinze livres, par arrêt du 29 mai, idem.

Le montant de tous ces abonnemens est versé dans la caisse de la régie générale en quatre termes fixés, & la perception effective de ces mêmes droits n'a lieu que dans l'étendue des pays où les aides ont cours.

Suivant l'édit d'octobre 1705, ces droits sont dûs à l'entrée de toutes les villes & bourgs sujets à la subvention & aux anciens & nouveaux cinq fols, &, en outre, à l'entrée de tous les lieux, qui, fans être qualifiés de villes ou bourgs, font fujets aux anciens & nouveaux cinq fols, ou au droit de fubvention. Ils fe lèvent fur les boiffons qui y font amenées tant par eau que par terre, & fur celles qu'on y fabrique.

L'arrêt du confeil du 29 décembre 1705, confirmé par la déclaration du roi du 2 octobre 1706, ordonne la perception des droits d'*infpecteurs aux boiffons*, dans tous les lieux où font établis ceux d'*infpecteurs* aux boucheries; ils font, les uns & les autres, perçus à l'entrée, ainfi que les anciens & nouveaux cinq fols, dans les hameaux & écarts dépendans des lieux fujets à ces derniers droits. Et à l'égard des hameaux & écarts où la perception des anciens & nouveaux cinq fols n'a pas lieu, celle des *infpecteurs aux boiffons* fe fait dans tous ceux qui font fujets à quelques droits d'entrée, foit d'aides, foit d'octroi. C'eft ce qui a été réglé par les arrêts du confeil des 28 mai, 12 novembre & 3 décembre 1726, & par celui du 30 mai 1744.

Les droits d'*infpecteurs aux boiffons* font encore dûs, comme les anciens & nouveaux cinq fols, toutes les fois que les boiffons font transportées d'un lieu qui y eft fujet, dans un autre de même qualité, pour y être vendues & confommées. Et lorfque les boiffons, paffant debout dans un lieu fujet, y féjournent au-delà du délai fixé par les arrêts du confeil des 22 mai 1707 & 19 janvier 1740. Enfin, fuivant les arrêts du confeil des 8 février 1724, 28 février 1741, 27 août 1743, & 28 mai 1748, ils doivent être payés pour les vendanges recueillies fur le territoire d'un lieu où ils font établis, lorfqu'elles font tranfportées dans un autre qui en eft exempt.

Les droits d'*infpecteurs aux boiffons* doivent être payés par toutes fortes de perfonnes, exemptes ou non, des autres droits d'aides, même par les eccléfiaftiques, pour les boiffons du crû de leurs bénéfices, foit qu'ils faffent entrer leurs boiffons dans les lieux fujets, foit qu'ils y faffent paffer leurs vendanges ou leurs fruits pour les convertir en boiffons.

Aux termes de l'édit d'octobre 1705, & de l'arrêt du confeil du 22 feptembre 1722, qui ont eu en vue d'affurer la perception de ces droits, les déclarations des boiffons doivent être faites à l'arrivée, dans les bureaux du fermier, de la même manière que pour les autres droits d'entrée, à peine de confifcation, & de trois cens livres d'amende, qui ne peut être modérée par les juges.

Ce dernier arrêt enjoint à tous les habitans, de quelque condition qu'ils foient, des villes, bourgs & lieux où il n'y a, ni barrières, ni bureaux établis aux portes, même de ceux clos de murs, ouverts par des brèches ou fauffes portes, de faire ouverture de leurs maifons aux commis des fermiers à toute réquifition, pour y marquer & inventorier leurs boiffons, & de repréfenter aux commis la quittance du paiement defdits droits, à peine de confifcation, & de trois cens livres d'amende pour chaque contravention.

En cas de refus de la part des particuliers, les commis font autorifés à faire faire ouverture des maifons, en obfervant les formalités prefcrites, & à dreffer procès-verbal des faits, pour faire condamner les refufans à la confifcation des boiffons.

L'arrêt du confeil du 5 mars 1726, a rendu les difpofitions de celui du 22 feptembre 1722, communes aux habitans des villes fermées, où il y a des bureaux, par rapport à la bierre qui s'y fabrique.

La perception des droits d'*infpecteurs aux boiffons* fe fait, au furplus, conformément aux difpofitions de l'ordonnance des aides & des réglemens relatifs aux anciens & nouveaux cinq fols, & à la fubvention.

La connoiffance des conteftations qui s'élèvent fur la perception de ces droits, étoit attribuée, par les arrêts du confeil des 11 mai 1706, 21 mars 1713, 29 février 1716, & 6 novembre 1736, aux intendans des provinces, en première inftance, & par appel, au confeil du roi; mais les chofes ont été changées en 1781.

Lorfque pour un même fait il étoit queftion alors des droits d'*infpecteurs aux boiffons*, & des autres droits d'entrée dont les Elections connoiffent, le fermier pouvoit choifir la jurifdiction de l'intendance; mais lorfqu'elle étoit faifie de l'affaire, l'inftance devoit être jugée fans pouvoir être divifée pour la partie qui étoit du reffort des juges de l'Election; de même on ne pouvoit plus pourfuivre à l'intendance fur une affaire où il s'agiffoit en même tems des droits d'*infpecteurs aux boiffons*, & d'autres droits dans la compétence des juges de l'Election, lorfque ces derniers en avoient pris connoiffance.

La déclaration du roi du premier feptembre 1781, ayant ordonné que les Elections & les juges des traites connoîtroient des conteftations relatives aux droits d'*infpecteurs aux boiffons*, en première inftance, & qu'elles feroient enfuite portées, par appel, en la cour des aides de Paris, ce réglement a établi toute la légiflation qui devoit être fuivie en conféquence de ces nouvelles difpofitions; ainfi cette déclaration eft intéreffante à faire connoître.

Louis, par la grace de Dieu, roi de France & de Navarre: à tous ceux qui ces préfentes lettres verront; falut. Par nos lettres patentes du 9 mars

1777, nous avons ordonné que toutes les contestations relatives à la perception des droits réservés, seroient portées en première instance devant les officiers de nos Elections, & par appel, en notre cour des aides de Paris. Nous leur avons également, par notre déclaration du 15 février 1780, renvoyé la connoissance de nos droits d'*inspecteurs* aux boucheries. Les mêmes motifs qui nous y ont portés, nous déterminent à leur renvoyer la connoissance de toutes les contestations qui pourront naître à l'avenir au sujet de nos droits d'*inspecteurs aux boissons*; mais comme tous les réglemens rendus sur le fait desdits droits, n'ont point été adressés à notredite cour, nous avons jugé nécessaire de lui en faire connoître les principales dispositions. A ces causes, &c. Voulons & nous plaît ce qui suit :

ARTICLE PREMIER.

Nos droits d'*inspecteurs aux boissons* continueront d'être perçus jusqu'à ce qu'il en soit par nous autrement ordonné, dans toutes les villes, fauxbourgs, bourgs & lieux de notre royaume, fermés ou non fermés, & leurs dépendances, dans lesquels la perception en a été faite jusqu'à présent, en vertu de l'édit du mois d'octobre 1705 & des réglemens postérieurs, sur les eaux-de-vie simples, doubles & rectifiées, esprits-de-vin & liqueurs, vins, demi-vins, vins de refoul, piquettes, & autres boissons tirées à clair; bierres grosses, moyennes ou petites, cidres, petits cidres & poirés de toute sorte, vendanges & fruits à faire cidre & poiré, sur le pied fixé par lesdits réglemens, ensemble les dix sols pour livre desdits droits, tels qu'ils sont ordonnés par les édits des mois de novembre 1771, février 1780, & août 1781; & seront lesdits droits payés par toutes sortes de personnes, de quelqu'état, qualité & condition qu'elles soient, exemptes ou non exemptes, privilégiées ou non privilégiées, soit qu'elles fassent entrer lesdites boissons, ou qu'elles les fassent faire, brasser & façonner dans lesd. lieux, encore que lesdites boissons proviennent de vendanges & fruits récoltés dans des clos & jardins, sans aucune exception, sous prétexte de noblesse, charges, offices, & autres privilèges, de quelque genre & nature qu'ils soient, même par les ecclésiastiques, communautés séculières & régulières, pour les vins & autres boissons du cru de leurs bénéfices, titres sacerdotaux, enclos & maisons.

II.

Tous particuliers & voituriers, tant par eau que par terre, qui feront entrer & amèneront dans les villes, bourgs & lieux sujets, & leurs dépendances, des eaux-de-vie, vins & autres boissons, ainsi que des vendanges ou fruits à faire cidre ou poiré, seront tenus d'en faire, à l'arrivée, leurs déclarations, qui contiendront précisément la qualité & quantité desdites boissons, vendanges ou fruits, les noms, surnoms, demeures & qualités de ceux à qui elles appartiendront, ou pour le compte de qui elles entreront, & le lieu où ils entendent les encaver ou exposer en vente : leur enjoignons de payer les droits, à l'instant de l'arrivée, aux bureaux des portes & barrières, dans les lieux où il y en a d'établis; & dans ceux où il n'y a ni portes, ni barrières, aux bureaux pour ce établis dans l'intérieur desdits lieux. Faisons défenses auxdits particuliers & voituriers, de les décharger de dessus les charrettes ou bateaux, sans être porteurs des quittances de nos droits; le tout à peine de confiscation des boissons, chevaux, harnois & voitures, & de trois cens livres d'amende pour chaque contravention; laquelle amende ne pourra être modérée par nos juges, sous quelque prétexte que ce soit.

III.

Ordonnons pareillement que lesdits droits seront payés sur les vendanges & fruits à faire cidre & poiré, qui entreront & seront amenés dans les villes & bourgs fermés où il ne se fait point d'inventaire, à raison de deux muids de vin pour trois muids de vendanges, & d'un muid de boisson pour trois muids de fruits, & ce, à l'instant de l'entrée dans lesdites villes & bourgs. A l'égard des autres villes, fauxbourgs, bourgs, & autres lieux sujets qui sont ouverts, les droits y seront perçus sur les vins & boissons qui y auront été façonnés, sur le pied des quantités portées aux inventaires, qui doivent être faits dans lesdits lieux & leurs dépendances, six semaines après l'ouverture des vendanges, & le recouvrement en sera fait conformément à la déclaration du 10 avril 1717.

IV.

Pourront les commis & préposés dans les villes, bourgs & lieux sujets, où il n'y a ni barrières, ni bureaux établis aux portes, même dans ceux qui, quoique murés, sont ouverts à la fraude par des brèches, poternes ou fausses-portes, se transporter, quand bon leur semblera, dans les maisons, caves & celliers des habitans, de quelqu'état & condition qu'ils soient, à l'effet de visiter, marquer & inventorier leurs vins & autres boissons, & de se faire représenter les quittances des droits. Enjoignons en conséquence auxdits habitans, de faire ouverture de leurs caves, celliers, & autres lieux de leurs maisons, à la première réquisition desdits commis & préposés. Voulons que les vins & autres boissons, pour lesquels les quittances des droits ne seroient pas représentées, soient confisqués sur les procès-verbaux de saisie qui en seront dressés par les commis, & les propriétaires desdites boissons condamnés en l'amende de trois cens livres; & en cas de refus, par lesdits habitans, de faire ouverture de leurs caves, celliers, & autres endroits de leurs maisons, & de souffrir à toutes réquisitions les visites & marques des commis, pourront lesdits commis en dresser leurs procès-verbaux, sur lesquels les refusans seront condamnés en l'amende de trois cens livres, & en pareille somme, pour tenir lieu de la confiscation des boissons qui se seroient trouvées chez eux, lesquelles ne pourront être modérées par nos juges.

V.

Les dispositions de l'article précédent seront suivies & exécutées à l'égard des bierres, même dans les villes & bourgs fermés où il y a barrières & commis aux portes, & dans lesquels il y a des brasseries établies. En conséquence, les bourgeois, habitans, & toutes autres personnes, de quelqu'état, qualité & condition qu'elles soient, qui résident dans les villes fermées où nos droits d'*inspecteurs aux boissons* doivent être perçus à l'entrée par les commis établis aux portes, & dans l'enceinte desquelles il se fabrique des bierres, seront tenus de faire, à toute réquisition, l'ouverture de leurs caves, celliers, & autres lieux de leurs maisons, aux commis & préposés, pour être les bierres qu'ils auront achetées des brasseurs, visitées & marquées par lesdits commis, & les congés ou acquits desdits droits représentés, à peine de confiscation des bierres dont la déclaration & le paiement des droits n'auront pas été faits, & de trois cens livres d'amende pour chaque contravention, solidaire tant contre les brasseurs que contre les acheteurs; sauf néanmoins le recours des acheteurs pour les bierres sur eux saisies & confisquées, contre les brasseurs qui leur auront vendu lesdites bierres, sans en avoir fait déclaration & pris quittance des droits, lesquels brasseurs seront, en ce cas, condamnés à les garantir & indemniser des condamnations prononcées contr'eux. Enjoignons, sous les mêmes peines, à tous brasseurs, de remettre & laisser les congés des bierres qu'ils vendront, à ceux auxquels ils en auront fait la vente, & ce, à l'instant de la livraison; &, tant aux bourgeois qu'aux détailleurs de bierres, de représenter lesdits congés sur le champ, & à la premiere réquisition des commis. Et pour d'autant mieux connoître les brasseurs qui auront vendu & livré des bierres en fraude de nos droits, voulons que dans le mois de l'enregistrement des présentes, tout brasseur soit tenu de déposer au greffe de l'Election d'où ressortit le lieu de son domicile, l'empreinte de la marque à feu qu'il doit apposer sur les tonneaux qu'il livre aux bourgeois & détailleurs, pour lequel dépôt il ne pourra être exigé, outre le remboursement du papier timbré, que dix sols par le greffier de ladite Election, qui en dressera l'acte. Voulons toutefois que les visites autorisées par le présent article, ne puissent être faites par les commis & préposés, chez les bourgeois, autres que les redevables des droits, qu'autant que lesdits commis & préposés seront accompagnés de l'un des officiers de l'Election, ou d'un autre juge de nos droits, auxquels nous enjoignons de les assister à toute réquisition, sans pouvoir exiger d'autres formalités, ni prétendre d'autres & plus forts honoraires, que ceux qui ont lieu en vertu des réglemens pour les visites relatives aux droits de marque & contrôle sur les ouvrages d'or & d'argent.

VI.

Les droits seront payés autant de fois que les eaux-de-vie, vins & autres boissons seront transportés d'un lieu sujet, dans un autre lieu sujet, encore que lesdits lieux dépendent d'une même Election, & que lesdites boissons y arrivent dans le tems des foires franches; seront néanmoins les droits restitués, si les boissons ne sont point vendues dans les foires, en rapportant, par le propriétaire, bourgeois ou marchand, un certificat du commis qui aura reçu lesdits droits dans le lieu d'où elles seront sorties, justificatif qu'elles y auront été ramenées. Mais si les boissons séjournent plus de trois jours après l'expiration des foires, lorsqu'elles retourneront par terre, & plus de huit jours lorsqu'elles retourneront par eau, elles seront réputées vendues, & les droits en seront définitivement acquis. Défendons d'exiger lesdits droits sur les boissons qui passeront debout, & pour lesquelles il sera représenté des congés en bonne forme, contenant leur véritable & certaine destination, pourvu toutefois qu'elles ne séjournent pas dans les lieux de passage plus de huit jours, si elles y viennent par eau, & plus de trois jours si elles sont conduites par terre: voulons qu'autrement lesdits lieux soient réputés ceux de la destination des boissons, & que les droits y soient payés, comme si elles y avoient été amenées pour y être vendues ou consommées.

VII.

Déclarons sujets à nos droits, les vendanges & fruits à faire cidre & poiré, qui seront transportés d'un lieu ou territoire sujet dans un lieu non sujet, quoique dépendant de la même paroisse. Voulons cependant qu'ils ne puissent être exigés qu'après la saint-Martin d'hiver, à la charge, par les propriétaires, de déclarer, avant les vendanges, le lieu où ils voudront conduire lesdites vendanges & fruits, la quantité de leurs vignes & leur situation par tenans & aboutissans; comme aussi de faire, avant l'enlèvement, déclaration du produit de leurs vignes, avec soumission d'en payer les droits.

VIII.

N'entendons rien innover en ce qui concerne nos Elections de Coignac, Saintes & Saint-Jean d'Angély: voulons que la commutation de droits ordonnée par différens arrêts de notre conseil, notamment par celui du 22 octobre 1780, continue d'avoir lieu comme par le passé, jusqu'à ce qu'il en soit autrement par nous ordonné.

IX.

Les procès-verbaux & autres actes des commis & préposés, à la conservation & perception de nos droits d'*inspecteurs aux boissons*, ne seront sujets à d'autres formalités, que celles qui sont prescrites par l'ordonnance des aides de 1680, & par les réglemens rendus sur le fait des droits d'aides, que nous déclarons communs, à tous égards, auxdits droits d'*inspecteurs aux boissons*.

X.

A compter du jour de l'enregistrement & publication des présentes, toutes les contestations relatives auxdits droits seront portées, en première instance, pardevant les officiers de nos Elections, ou, à leur défaut, pardevant les juges des traites; & par appel en notre cour des aides de Paris, pour être jugées sommairement, & à moins de frais qu'il sera possible. Ordonnons que les contestations, en matière purement civile, qui, lors de la publication des présentes, se trouveront pendantes pardevant les intendans & commissaires départis dans nos provinces & généralités, soient instruites & jugées par eux, en vertu du pouvoir que nous leur avions donné; & quant aux contestations qui auroient donné lieu à des procès criminels, renvoyons lesdites contestations, circonstances & dépendances, aux officiers des Electious ou sièges des traites, dans le ressort desquels elles auroient pris naissance, pour être par eux jugées suivant les derniers errements jusqu'à sentence définitive inclusivement, sauf l'appel en notredite cour.

XI.

Voulons au surplus que l'édit du mois d'octobre 1705, & autres édits, déclarations, lettres-patentes & règlemens rendus sur le fait de nos droits d'*inspecteurs aux boissons*, soient exécutés selon leur forme & teneur, en ce qui n'y est point dérogé par ces présentes. Si donnons en mandement, &c. Donné à Versailles le premier jour de septembre, l'an de grace 1781, & de notre règne le huitième.

Registrée, oui & ce requérant le procureur général du roi, pour être exécutée selon sa forme & teneur, &c. A Paris, en la cour des aides, les chambres assemblées, le 5 septembre 1781.

INSPECTEURS AUX BOUCHERIES, (droits des) L'origine de ces droits est dûe aux mêmes circonstances que celle des droits d'inspecteurs aux boissons, & à l'édit du mois de février 1704. Les droits qui avoient été attribués à ces premiers officiers chargés de veiller sur la qualité des viandes exposées en vente dans les boucheries; droits qui se levèrent d'abord au profit du roi, ou par les corps de ville & communautés, auxquels les offices furent réunis comme augmentation d'octrois, ainsi que ceux d'inspecteurs aux boissons, furent de même supprimés en 1720, & rétablis en 1722. Ils ont également été prorogés par différentes déclarations.

Suivant l'édit de création de ces droits, ils furent établis à l'entrée de toutes les villes & bourgs du royaume, & fixés à trois livres par chaque bœuf ou vache, douze sols par veau ou genisse, & quatre sols par mouton, brebis ou chevre, pour les villes de Paris, Lyon, Rouen, Caen, Bordeaux, Montauban, Toulouse, Montpellier, Marseille, Aix, Grenoble, Dijon, Metz, Besançon, Nantes, Rennes, Tours, Angers, le Mans, Poitiers, la Rochelle, Orléans, Châlons, Rheims, Troyes, Amiens, Soissons, Moulins, Riom, Clermont, Limoges, & à quarante sols seulement par bœuf & vache, à l'entrée des autres villes & bourgs fermés du royaume.

Un arrêt du conseil du 19 avril de la même année 1704, ordonna que ces droits seroient de deux deniers par livre pesant de viande de boucherie, sans distinction d'espèce.

Différens arrêts du conseil ont aussi désigné les lieux, en plusieurs généralités où ces droits doivent être perçus, quoiqu'ils ne fussent pas fermés, mais comme dépendans de ceux qui l'étoient. Tels sont les arrêts des 15 juillet 1722, 25 juillet 1723, 21 mai 1624, & 4 mai 1745, pour les provinces de Touraine & de Poitou.

Dans les provinces exemptes de droits d'aides, les *inspecteurs aux boucheries* sont abonnés avec ceux des *inspecteurs* aux boissons, ainsi qu'on l'a vu par les différens arrêts du conseil qu'on a rapportés.

L'observation qui a été faite relativement à la perception des deux sols pour livre sur les droits d'*inspecteurs* aux boissons, doit aussi s'appliquer aux droits d'*inspecteurs aux boucheries*; mais ils sont de même sujets aux dix sols pour livre, depuis l'édit du mois d'août 1781.

Dans tous les lieux où il y a des bureaux établis aux entrées pour les aides ou pour les octrois, les droits d'*inspecteurs aux boucheries* se lèvent sur le pied des fixations ci-dessus, à l'entrée, sur le bétail vif ou mort, entier ou par morceaux, qui y est conduit ou apporté, soit par les bouchers, marchands forains ou autres, pour y être consommés. Les déclarations doivent, aux termes de l'édit de 1704, & des arrêts du conseil des 19 avril de la même année, 6 mai & 22 septembre 1722, être faites dans ces bureaux; elles doivent contenir précisément, & sans fraude, la qualité & l'âge des bestiaux, & les droits en doivent être acquittés à l'instant de l'arrivée, à peine de trois cens livres d'amende, & de confiscation des bestiaux & de la viande qui n'auroient pas été déclarés, même des chevaux, voitures & équipages sur lesquels la fraude aura été trouvée.

Dans les autres villes, bourgs & lieux sujets auxdits droits, où il n'y a ni bureaux ni barrières établis aux portes, & qui, quoique murés, sont ouverts à la fraude, par des brèches ou fausses portes, les bouchers & autres sont tenus de faire leur déclaration au bureau du fermier établi dans le lieu, & d'y payer les droits à l'instant de l'arrivée, avant de pouvoir conduire le bétail dans leur domicile ou ailleurs. Les commis du fermier sont autorisés, par l'arrêt du conseil du 22 septembre 1722, à faire leur visite & des exercices journaliers dans les maisons des bouchers, auxquels il est enjoint de les souffrir à toute réquisition.

Suivant la déclaration du roi, du 4 février 1710, & les arrêts du conseil des 25 octobre 1723, 30 avril 1726, 8 février 1729, premier juillet 1732, 22 avril & 8 septembre 1739, les bouchers reçus maîtres dans les villes & bourgs, sont tenus de faire déclaration des abattis qu'ils font, & d'en payer les droits aux *inspecteurs aux boucheries*, quoiqu'ils fassent leur demeure dans les villages voisins exempts de ces droits, & qu'ils ne vendent point ailleurs que dans leur domicile.

Il est aussi fait défense à ceux qui, sans être reçus maîtres, sont établis dans la campagne, & font des abattis de bestiaux, de vendre des viandes de boucherie ailleurs que dans leur demeure actuelle, & de les porter au dehors, si ce n'est dans des lieux sujets, en y payant les droits.

L'arrêt du 22 septembre 1722, défend expressément à toutes communautés religieuses, & autres personnes sans distiction, de faire tuer des bestiaux dans leurs maisons, soit pour leur usage ou autrement, sans en avoir fait déclaration au bureau du fermier, & payé les droits. Ainsi les dispositions de ce règlement, & de ceux qu'on a ci-devant cités, doivent être exécutés par les bourgeois & habitans, comme par les bouchers des villes & bourgs où la perception des *inspecteurs aux boucheries* a lieu, & même par ceux à qui le fermier a pu faire des abonnemens. La peine de chaque contravention est la confiscation des bestiaux ou viandes saisies, avec amende de trois cens livres.

Les arrêts du conseil, des 26 janvier 1715 & 12 mars 1726, qui ont réglé ce qui concernoit la perception des droits dont il s'agit, dans le Dauphiné, se sont en même tems expliqué sur tout ce qui y a rapport généralement, ainsi qu'on vient de le voir.

Les viandes destinées pour la consommation des hôpitaux, ainsi que celles que l'on sale pour les armemens, sont déchargées de ces droits par l'édit de leur création.

Les étapiers en sont également affranchis, pour les viandes qu'ils distribuent en nature aux troupes, en remplissant les formalités que prescrivent les arrêts du conseil des 29 mars 1704, & 24 août 1734.

Les habitans de Saint Germain-en-Laye ont aussi obtenu l'immunité des mêmes droits par des lettres patentes du 22 juillet 1722.

Un autre arrêt du conseil, du 22 septembre de la même année, défend aux troupes qui sont en garnison ou en quartier dans les villes & bourgs, d'y faire entrer des bestiaux & des viandes, sans en payer les droits, & enjoint aux gouverneurs des villes & places, aux officiers des garnisons, aux mairies, prévôtés & maréchaussées, de prêter main-forte aux commis à la première réquisition.

La connoissance des contestations relatives à la perception des droits d'*inspecteurs aux boucheries*, a, comme celle des droits d'*inspecteurs* aux boissons, long-tems été réservée aux intendans, & tout ce qui avoit rapport à ces derniers, s'appliquoit aux autres. Mais la déclaration du 15 février 1780, a changé cette jurisprudence, en ordonnant que les juges des Élections & des traites connoîtroient, en première instance, des contestations, & qu'elles seroient portées, par appel, aux cours des aides.

Les motifs qui nous ont déterminé à donner la déclaration qui établissoit la législation actuellement existante pour la perception des droits d'*inspecteurs* aux boissons, doivent également faire placer ici celle qui concerne les droits d'*inspecteurs aux boucheries*. Nous donnerons ensuite le préambule du réglement général du premier avril 1782, qui a rendu aux intendans de la province de Normandie, la connoissance des contestations concernant les droits d'*inspecteurs aux boucheries*, jusqu'à ce qu'il en soit autrement ordonné.

Louis, par la grace de Dieu, roi de France & de Navarre; à tous ceux qui ces présentes lettres verront, salut. Les droits attribués aux offices d'*inspecteurs aux boucheries*, créés par édit du mois de février 1704, supprimés en 1720, rétablis en 1722, & successivement prorogés pour des tems déterminés, l'ont été indéfiniment par édit du mois de novembre 1771, pour être levés & perçus jusqu'à ce qu'il en soit autrement ordonné, & les quatre anciens sols pour livre, auxquels ils avoient été assujettis à différentes époques, ont été, par le même édit, portés à huit sols pour livre. La nature de ces droits, les fraudes faciles & multipliées auxquelles ils sont exposés, & qui portent souvent sur des objets très-minutieux, le desir d'épargner, soit aux fermiers ou régisseurs, soit aux contrevenans, les frais, toujours inséparables des formes de la justice ordinaire, avoient déterminé les rois nos prédécesseurs, à commettre les intendans & commissaires départis dans les provinces & généralités du royaume, pour connoître en première instance, sauf l'appel au conseil, de toutes les contestations qui naîtroient au sujet desdits droits. Nous avons nous-même confirmé & maintenu cette attribution; mais, quelque puissans que soient ces motifs, nous les faisons volontiers céder à la confiance que nous avons dans le zèle & les lumières de nos cours des aides. Nous sommes dans la persuasion qu'elles prendront les mesures nécessaires pour que toutes les contestations relatives à nos droits d'*inspecteurs aux boucheries*, soient jugées sommairement & à moins de frais qu'il sera possible. Nous considérons d'ailleurs, que souvent les contestations & les fraudes qui les occasionnent, peuvent porter tout-à-la-fois & sur les droits réservés, dont nous avons renvoyé la connoissance à nos juges ordinaires par nos lettres-patentes du 9 mars 1777, & sur nos droits d'*inspecteurs aux boucheries*, & que dans ce cas il est de l'intérêt des parties de n'avoir à procéder que dans une seule & même jurisdiction; mais comme par le compte que nous nous sommes fait rendre des différens réglemens intervenus, tant pour assurer la perception desdits droits, & fixer les cas où elle doit être faite, que pour prévenir les fraudes & abus, nous avons reconnu qu'ils n'ont point été adressés à nos cours, & qu'elles peuvent en ignorer les dispositions; nous avons résolu de les rappeller, & réunir dans une seule & même loi, de les expliquer & interprêter en tant que de besoin, de manière qu'étant bien connues des percepteurs & des redevables, ainsi que de nos juges eux mêmes, il ne puisse rester aucun prétexte pour en éluder l'exécution. A ces causes, de l'avis de notre conseil, & de notre certaine science, pleine puissance, & autorité royale, nous avons par ces présentes, signées de notre main, dit, déclaré & ordonné, disons, déclarons & ordonnons, voulons & nous plaît ce qui suit:

ARTICLE PREMIER.

Les droits d'*inspecteurs aux boucheries* continueront d'être levés & perçus à notre profit dans toutes les villes, bourgs & lieux de notre royaume, fermés ou non fermés, dans lesquels la perception s'en est faite jusqu'à présent, en exécution des réglemens, sur tous les bestiaux dénommés par l'édit du mois de février 1704, qui entreront dans lesdits lieux pour y être consommés, sur le pied qu'ils sont fixés par ledit édit, jusqu'à ce qu'il en soit par nous autrement ordonné, & sur les viandes en morceaux qui entreront dans lesdites villes, bourgs & lieux assujettis, à raison de deux deniers par livre pesant, conformément à l'arrêt de notre conseil du 19 avril 1704, ensemble les huit sols pour livre desdits droits, tels qu'ils sont ordonnés par l'édit du mois de novembre 1771; dérogeant, en tant que de besoin, à tout ce qui pourroit être contraire à la présente disposition dans ledit édit du mois de février 1704. Voulons que les veaux, génisses, taureaux, bouveaux, jeunes vaches, & aumailles, âgés de six mois, payent les mêmes droits que les bœufs ou vaches; & que le lendemain de la saint Jean-Baptiste, tous agneaux & chevreaux soient réputés moutons & chèvres, & comme tels, sujets aux mêmes droits.

II.

Les bouchers des villes & bourgs fermés, où il y a des barrières, bureaux & commis établis aux portes, seront tenus de faire déclaration, & de payer comptant auxdits commis, les droits d'*inspecteurs aux boucheries*, tant des bestiaux qu'ils voudront faire entrer dans lesdites villes & bourgs, & ce, à l'instant de leur arrivée, que de ceux qu'ils acheteront aux foires & marchés des lieux de leur demeure, soit pour la boucherie ou le commerce en gros, dans le moment de l'achat, & avant de pouvoir les conduire dans leurs tueries, maisons, écuries ou ailleurs, à peine de confiscation des bestiaux qui n'auront pas été déclarés, & de trois cens livres d'amende pour chaque contravention. Défendons à nos juges de remettre ou modérer ladite amende, quelque modique que puisse être l'objet de la saisie, ou sous quelqu'autre prétexte que ce soit.

III.

Enjoignons, sous les mêmes peines, à tous bouchers qui amèneront des bestiaux vivans, & à toutes personnes indistinctement, qui feront entrer des bestiaux morts & viandes en morceaux dans les villes, bourgs & lieux, qui, quoique murés, sont ouverts à la fraude par des brèches, poternes, fausses-portes, ou autres passages, d'en faire déclaration, & payer les droits comptant aux bureaux établis dans lesdits lieux, au moment de l'arrivée, & avant de pouvoir les conduire dans les tueries publiques ou particulières, maisons, granges, écuries ou ailleurs.

IV.

Défendons sous les mêmes peines, conformément à l'article II. du titre 6, à l'article II. du titre VII, & à l'article XXVII. du titre des droits sur le bétail à pied-fourché dans Paris, de l'ordonnance des aides du mois de juin 1680, à tous bouchers & autres, de faire entrer des bestiaux vivans ou morts, & des viandes en morceaux dans les lieux sujets à nos droits, avant cinq heures du matin, & après huit heures du soir, depuis le premier avril jusqu'au premier octobre, & dans les autres mois, avant sept heures du matin & après cinq heures du soir; leur défendons pareillement de les introduire par des brèches,

ches, fausses-portes, poternes, & autres endroits que les portes & passages ordinaires & publics; déclarons tous autres passages obliques & frauduleux.

V.

Toutes personnes privilégiées & non privilégiées, autres que les bouchers, qui feront entrer des bestiaux dans les villes, bourgs & lieux sujets à nos droits; pour les nourrir ou pour en faire commerce, seront tenus de les déclarer aux bureaux desdits lieux, à l'instant de leur arrivée, & avant de pouvoir les conduire dans leurs maisons, granges ou écuries, ainsi que les accrus desdits bestiaux, aussi-tôt après leur naissance, à l'exception néanmoins des agneaux qui ne sont sujets aux droits, & dont la déclaration ne pourra être exigée que le lendemain de la saint Jean-Baptiste; de les représenter aux commis à toute réquisition, de souffrir leurs exercices & visites, & de déclarer ceux desdits bestiaux qu'ils voudront vendre aux bouchers, ou abattre pour leur propre consommation, & d'en acquitter les droits; le tout à peine de confiscation des bestiaux non déclarés, & de trois cens livres d'amende pour chaque contravention.

VI.

Enjoignons aux bouchers & à tous autres, privilégiés ou non privilégiés des villes & lieux où il y a des commis établis aux portes ou barrières, qui conduiront ou enverront des bestiaux au pâturage, hors lesdits lieux sujets, de prendre des bulletins de sortie, dont il sera fait registre, qui ne vaudront que pour le jour de leur date seulement, & qui seront délivrés gratis par les commis établis à la porte, par laquelle ils voudront faire sortir lesdits bestiaux, & de remettre, lors du retour des bestiaux, lesdits bulletins auxdits commis; pour qu'ils puissent vérifier le nombre & la qualité desdits bestiaux. A l'égard des lieux où il n'y a point de commis établis aux portes ou barrières, il sera libre aux commis de prendre en compte les bestiaux dans les étables & bergeries, tant à la sortie pour aller au pâturage, qu'à la rentrée, en laissant toutefois copie de l'acte de leur portatif aux particuliers chez lesquels ils auront fait lesdites visites. Voulons que l'excédent, dans l'un & l'autre cas, s'il s'en trouve, dont la déclaration n'ait pas été faite, soit saisi par les commis, & les contrevenans condamnés à la confiscation & à l'amende de trois cens livres, dont les pères & mères seront responsables à l'égard de leurs enfans, & les maîtres, à l'égard de leurs garçons & domestiques.

VII.

Faisons très expresses inhibitions & défenses à nos troupes, étant en garnison ou en quartier dans les villes, bourgs & autres lieux sujets à nos droits, d'y faire entrer des bestiaux vivans ou morts, entiers ou en morceaux, sans les déclarer ou en payer les droits, à peine de confiscation, & de punition corporelle contre les soldats, cavaliers, dragons & hussards; & contre le commandant du corps dont ils feront partie, de cent livres d'amende, qui ne pourra être réduite ni modérée, sous quelque prétexte que ce soit.

VIII.

Faisons pareillement, & sous les mêmes peines portées par l'article II, défenses aux bouchers & vivandiers, étant à la suite de nos troupes, de faire entrer, vendre & débiter, dans des lieux sujets, aucuns bestiaux & viandes, sans en avoir fait déclaration & payé nos droits. N'entendons toutefois rien innover à l'égard des bouchers & vivandiers de nos troupes Suisses, lesquels continueront de jouir, comme par le passé, des exemptions & privilèges résultans de l'article III. du réglement du 4 août 1716.

IX.

Nos droits seront payés par les bouchers & autres, sur les bestiaux qu'ils déclareront faire entrer ou abattre pour la consommation des étapes; mais la restitution en sera faite à raison de deux deniers par livre pesant, outre les huit sols pour livre d'iceux, pour les viandes qui auront été fournies à nos troupes par les étapiers, en rapportant, par eux, des certificats en bonne forme des maires & échevins des villes, ou syndics des bourgs & paroisses, de la quantité effective des viandes qu'ils auront délivrées à l'étape: voulons que ladite restitution ne puisse être exigée sur les seuls états de route, ni sur les rations des places mortes, ni sur celles payée en argent, mais seulement sur celles qui auront été délivrées en nature; à l'effet de quoi les étapiers, avant de commencer la livraison des viandes, seront tenus de représenter aux commis les quantités à délivrer pour être par eux constatées; autorisons lesdits commis à suivre les livraisons, pour s'assurer qu'elles sont faites sans fraude, & se rendre certains des quantités de viande sur lesquelles les étapiers pourront légitimement exiger la restitution.

X.

Ne seront assujettis à nos droits, les bestiaux & viandes qui seront salées pour servir aux armemens de mer, à la charge par les armateurs, négocians & autres, de les déclarer, tant à leur arrivée dans les lieux sujets, que lors de la salaison; de faire leur soumission de les représenter aux commis & préposés à toute réquisition, jusqu'à leur embarquement; de prendre aux bureaux desdits lieux des laissez-passer ou permis d'embarquer, & de les y rapporter avec les certificats des commis & préposés à la perception de nos droits, ou à leur défaut, des commis de nos fermes, justificatifs de l'embarquement ; voulons qu'en cas de fraudes, d'embarquement simulé, ou de consommation desdits bestiaux & viandes dans le lieu sujet, sans que la déclaration en ait été faite & les droits payés, la confiscation en soit prononcée, & lesdits armateurs, négocians ou autres, condamnés en trois cens livres d'amende.

X I.

Défendons aux communautés de religieux & religieuses, & à toutes sortes de personnes de quelqu'état & condition qu'elles soient, dans les villes, bourgs & lieux sujets à nos droits, de tuer ni faire tuer aucuns bœufs, vaches, génisses, veaux, moutons, brebis & chèvres, dans leurs maisons, écuries, granges ou ailleurs, soit pour leur usage ou autrement, sans en avoir préalablement fait déclaration & payé les droits aux bureaux établis dans lesdits lieux, à peine de confiscation des bestiaux, & de trois cens livres d'amende. Dispensons néanmoins du paiement desdits droits, les viandes destinées à la nourriture des pauvres renfermés dans les hôpitaux & hôtels-Dieu établis par lettres-patentes des rois nos prédécesseurs ou de nous, duement enregistrées; dont il sera justifié par les administrateurs ou desservans desdits hôpitaux & hôtels-Dieu, aux commis & préposés à la conservation de nos droits, sans que ladite exemption puisse s'appliquer ni s'étendre aux maisons de charité particulières qui sont établies sans une semblable autorité, non plus qu'à celles qui sont dans l'usage de recevoir & de tenir des pensionnaires.

X I I.

La déclaration du 4 février 1710 sera exécutée selon sa forme & teneur ; en conséquence, les bouchers des lieux sujets, leurs enfans & garçons qui les ont quittés ou les quitteront, pour s'établir dans les paroisses & villages voisins, ne pourront y abattre aucuns bestiaux, ni débiter aucune viande de boucherie, si ce n'est en payant lesdits droits au bureau le plus prochain du lieu de leur demeure, à peine de confiscation des bestiaux & viandes, de cent livres d'amende pour la première fois, & de plus grande peine, en cas de récidive. Déclarons toutefois purement & absolument individuel l'assujettissement desdits bouchers, enfans & garçons, qui étant sortis d'un lieu sujet, sont actuellement établis, ou pourroient s'établir par la suite dans un lieu non sujet ; voulons que ledit assujettissement ne puisse jamais opérer celui des lieux qui, de leur nature, ne sont pas sujets, ni s'étendre aux successeurs desdits bouchers, enfans & garçons, ou à tous autres bouchers qui n'auroient pas été précédemment domiciliés dans un lieu sujet ; interprétant ladite déclaration & y dérogeant, voulons que les dispositions d'icelle ne puissent s'appliquer aux cabaretiers, aubergistes & autres, qui n'ont point fait & ne font point actuellement la boucherie dans les lieux sujets à nos droits ; leur permettons, ainsi qu'à leurs enfans & domestiques, de quitter les lieux de leur domicile actuel, & de se retirer où bon leur semblera, pour y faire tel commerce qu'ils jugeront à propos, sans demeurer sujets à d'autres droits que ceux qui sont dûs dans les lieux où ils transféreront leur domicile.

X I I I.

Ne pourront les bouchers des lieux sujets à nos droits, abattre ou tuer leurs bestiaux ailleurs qu'aux tueries & lieux ordinaires à ce destinés, faire la vente & débit de leurs viandes qu'aux étaux & lieux publics de leur résidence, ni aller dans les bourgs, paroisses & villages circonvoisins non sujets auxdits droits, abattre ou égorger leurs bestiaux. Faisons pareillement défenses aux bouchers des lieux sujets, de transporter aucunes viandes dans d'autres lieux sujets ou non sujets, qu'au préalable ils n'en ayent fait déclaration au bureau du lieu de l'enlèvement, & pris un congé ou laissez-passer, qui leur sera délivré gratis, contenant les quantités, espèces & qualités des viandes, & les lieux où ils entendent les conduire; lequel congé ou laissez passer, ils seront tenus de représenter aux commis à leur première réquisition, le tout à peine de confiscation desdits bestiaux & viandes, & de trois cens livres d'amende pour chaque contravention. Faisons défenses sous les mêmes peines, aux habitans des villes, bourgs & lieux sujets, sans distinction, & de quelque qualité & condition qu'ils soient, d'aller acheter des viandes hors desdits lieux, & de les y apporter, sans en faire déclaration & payer les droits.

X I V.

Voulons que les bouchers établis dans un lieu sujet, ne puissent vendre & débiter d'autres viandes que celles qui proviendront des bestiaux qu'ils auront abattus, & qui auront été pris en charge par les commis, sans pouvoir en acheter ou emprunter d'un autre boucher du même lieu, à peine, en cas d'excédent à leurs charges, de confiscation des viandes, & de trois cens livres d'amende.

X V.

Permettons aux commis & préposés à la perception & conservation de nos droits, de faire leurs exercices & visites journalières dans les tueries ordinaires, échaudoirs, granges, écuries, & autres dépendances des maisons des bouchers, aux étaux publics & particuliers, où ils font le débit de leurs viandes, & autres lieux qui pourroient servir d'entrepôt à leurs viandes & bestiaux dans les villes, bourgs & lieux sujets auxdits droits. Voulons que lesdits commis & préposés puissent exercer les viandes desdits bouchers par reste ;

même dans les villes & lieux fermés, & de la même manière qu'il en est usé pour les boissons vendues en détail. Enjoignons, à peine de trois cens livres d'amende, auxdits bouchers & autres, faisant commerce de viandes & bestiaux, de souffrir lesdits exercices & visites, à toutes réquisitions des commis & préposés; de leur représenter leurs viandes & bestiaux, ainsi que les acquits des droits qu'ils auront dû payer, & de leur laisser prendre le compte desdits bestiaux, vivans ou morts, & des viandes en morceaux qu'ils auront dans leurs maisons, bouveries, bergeries, & autres lieux en dépendans, pour faire, par lesdits commis & préposés, telles vérifications qu'ils jugeront nécessaires.

X V I.

Nos droits seront payés sur les bestiaux que les bouchers ou autres feront entrer dans les lieux sujets pour le commerce en gros, mais la restitution en sera faite pour ceux qui seront vendus en gros, & sortiront desdits lieux, à la charge, par les propriétaires, d'en faire déclaration au bureau du fermier ou régisseur, d'y prendre un congé, contenant leurs noms, qualités & demeures, le nombre & l'espèce des bestiaux, & de rapporter au bureau ledit congé, visé par les commis & préposés, pour justifier de la sortie desdits bestiaux; & en outre, lorsqu'ils auront été déclarés pour un lieu sujet, la quittance des droits qu'ils auront dû payer en y arrivant. Faisons défenses au fermier ou régisseur, leurs commis & préposés, à peine d'en répondre en leur propre & privé nom, de restituer aucuns droits sur les bestiaux qui n'auront pas été déclarés pour le commerce en gros, & qui sortiront des lieux sujets pour quelque destination que ce soit. Voulons que lesdits droits soient payés pour toutes les viandes qui seront apportées dans les lieux sujets par les bouchers du dehors, forains & autres, au moment de leur arrivée, & avant d'être exposées en vente, ou conduites dans les maisons des habitans, quand même nos droits auroient été précédemment payés sur lesdites viandes, au bureau du lieu de l'enlèvement, ou ailleurs.

X V I I.

Les ordonnances & réglemens de police rendus, tant pour les environs de notre bonne ville de Paris & de la ville de la Rochelle, que pour la paroisse de Saint-Just-des-Marais, près Beauvais, seront exécutés selon leur forme & teneur; en conséquence, défendons à tous bouchers, reçus maîtres ou forains, de tuer, vendre & débiter des viandes aux environs desdites villes de Paris & de la Rochelle, dans les distances fixées par lesdits réglemens. Ordonnons qu'il ne pourra y avoir que deux bouchers dans chacune des paroisses les plus voisines de Paris, dénommées dans lesdits réglemens, & un seul dans chacune des paroisses non sujettes à nos droits, à une lieue à la ronde de ladite ville de la Rochelle, lesquels bouchers seront taillables & habitans de la paroisse où ils feront leur commerce, sans qu'il puisse s'en établir dans les hameaux & maisons écartées. Voulons qu'à l'exception des deux plus anciens, pour ce qui concerne les environs de Paris, & du plus ancien, à l'égard des environs de la Rochelle, & de ladite paroisse de Saint-Just-des-Marais, tous bouchers soient tenus de cesser leur commerce un mois après la publication des présentes, à peine de confiscation des viandes qu'ils abattroient, vendroient ou débiteroient, & de trois cens livres d'amende, si mieux n'aiment lesdits bouchers payer nos droits d'*inspecteurs aux boucheries*; nous réservant néanmoins de permettre, suivant l'exigence des cas, l'établissement d'un plus grand nombre de bouchers dans aucune desdites paroisses, & laissant à nos cours des aides la faculté de faire tels réglemens qu'elles jugeront nécessaires, pour étendre à d'autres lieux, les dispositions du présent article, & par ce moyen obvier aux fraudes qui pourroient se commettre.

X V I I I.

Tous bouchers & autres personnes, de quelqu'état & condition qu'elles soient, qui voudront entreposer & tenir des bestiaux dans les paroisses, villages, hameaux & écarts, situés à une lieue à la ronde des villes, bourgs & lieux sujets, seront tenus, à peine de confiscation & de trois cens liv. d'amende, de déclarer lesdits bestiaux au bureau le plus prochain, par nombre, espèces & qualités; de les représenter à toutes réquisitions aux commis & préposés du fermier ou régisseur de nos droits, de souffrir leurs exercices & visites journalières, qu'ils en prennent le compte, & fassent telles vérifications qu'ils jugeront nécessaires; de déclarer, dans deux fois vingt-quatre heures pour tout délai, les bestiaux qu'ils auront vendus en gros, ou qui auront été perdus par accident, & d'en justifier, s'ils en sont requis, par les certificats des curés ou officiers publics des lieux.

X I X.

Faisons défenses aux bouchers qui ne sont pas reçus maîtres, qui demeurent dans les paroisses de la campagne non sujettes à nos droits, & font des abattis & commerce de viandes de boucheries, de les vendre & débiter ailleurs que dans leurs maisons & demeures actuelles, & de les porter au-dehors desdites paroisses, soit dans les lieux sujets à nos droits, soit dans ceux qui ne le sont pas, si ce n'est après en avoir fait déclaration au bureau le plus prochain, y avoir payé les droits des viandes destinées pour des lieux non sujets, & avoir fait, à l'égard de celles qui le seront pour des lieux sujets, leur soumission de les conduire directement aux bureaux desdits lieux, d'y payer les droits, & d'en rapporter les acquits : leur enjoignons de prendre, dans le premier cas, une quittance des droits qu'ils auront payés, & dans le second cas, une expédition de leur déclaration, qui leur sera délivrée sans frais, à l'effet de les représenter sur les routes, s'ils en sont requis par les commis & préposés du fermier ou régisseur de nos droits; leur enjoignons, en outre, de souffrir la vérification de leurs viandes, sans pouvoir la refuser ni s'y opposer sous quelque prétexte que ce soit; le tout à peine de confiscation des viandes, chevaux, harnois & voitures, & de trois cens livres d'amende.

X X.

Les procès-verbaux & autres actes d'exercice des commis & préposés à la conservation & perception de nos droits d'*inspecteurs aux boucheries*, ne seront sujets à d'autres formalités que celles qui sont prescrites par l'ordonnance des aides de 1680, & par les réglemens rendus sur le fait des droits d'aides, que nous déclarons, ainsi que nos lettres-patentes du 27 août 1777, rendre communs à tous égards auxdits droits d'*inspecteurs aux boucheries*, & vouloir être exécutés, en ce qui les concerne, comme pour ceux qui sont nommément exprimés dans lesdites lettres-patentes.

X X I.

A compter du jour de la publication des présentes, toutes les contestations relatives à nos droits d'*inspecteurs aux boucheries*, seront portées, en première instance, pardevant les officiers de nos Elections, juges des traites, ou autres de semblable qualité, à qui il appartient de connoître de nos droits dans les lieux où il n'y a point d'Elections, & par appel, en nos cours des aides; leur attribuons la connoissance desdites contestations, pour être jugées sommairement, nous en rapportant à la prudence & à la sagesse de nosdites cours, pour faire tels réglemens qu'elles estimeront nécessaires pour simplifier les procédures, & restreindre, autant qu'il sera possible, l'objet des frais, tant en première instance qu'en cas d'appel; ordonnons que les contestations, en matière purement civile, qui ont ou se trouveront avoir été portées pardevant les intendans & commissaires départis dans nos provinces & généralités, antérieurement à la publication des présentes, soient instruites & jugées par eux, en vertu du pouvoir que nous leur avions donné; & quant aux contestations qui auroient donné lieu à des inscriptions de faux, ou autrement à des procès criminels, qui seroient actuellement pendants pardevant les intendans & commissaires départis, ou au sujet desquels il auroit été rendu en notre conseil des arrêts portant ampliation de pouvoir auxdits intendans & commissaires départis, pour les instruire & juger en dernier ressort, avec le nombre des gradués requis par l'ordonnance; renvoyons lesdits procès criminels, circonstances & dépendances, aux officiers de nos Elections, ou autres juges de nos droits, dans le ressort desquels lesdites contestations ont pris naissance, pour être par eux jugées suivant les derniers erremens, jusqu'à sentence définitive inclusivement, sauf l'appel en nos cours des aides, chacune pour ce qui les concerne. Voulons, pour cet effet, que lesdits arrêts soient & demeurent comme non avenus; enjoignons auxdits intendans & commissaires départis, aux greffiers par eux commis en exécution desdits arrêts, & à tous autres greffiers & dépositaires des minutes relatives auxdits procès criminels, de les envoyer & remettre incessamment, & sur la première sommation qui leur en sera faite, aux greffiers desdites Elections, ou autres jurisdictions, lesquels leur en donneront décharge valable au pied d'un double de l'inventaire desdites minutes.

X X I I.

Voulons, au surplus, que l'édit du mois de février 1704, & autres édits, déclarations & lettres-patentes, rendus sur le fait de nos droits d'*inspecteurs aux boucheries*, soient exécutés selon leur forme & teneur, en ce qui n'y est point dérogé par ces présentes. Si donnons en mandement à nos amés & féaux conseillers, les gens tenans notre cour des aides à Paris, que ces présentes ils aient à faire lire & registrer, & le contenu en icelles, faire exécuter selon leur forme & teneur, nonobstant tous édits, déclarations, arrêts & réglemens à ce contraire, auxquels nous avons dérogé & dérogeons par ces présentes. Donné à Versailles le quinzième jour de février, l'an de grace mil sept cent quatre-vingt, & de notre règne le sixième.

Registrée, ouï & ce requérant le Procureur général du roi, pour être exécutée selon sa forme & teneur. Fait à Paris, en la cour des aides, les chambres assemblees, le vingt-trois février mil sept cent quatre-vingt.

Voici l'arrêt du conseil du premier avril 1782, relatif à la Normandie.

Le roi s'étant fait représenter en son conseil la déclaration du 15 février 1780, portant réglement général pour la perception des droits d'*inspecteurs aux boucheries*, & s'étant fait rendre compte en même tems des effets qu'elle a produits dans les provinces du ressort de la cour des aides de Paris, où elle est pleinement & paisiblement exécutée; sa majesté a reconnu qu'il est du bien de son service, comme de l'intérêt des redevables, de faire, pour la province de Normandie, un réglement qui contienne les mêmes dispositions, réunisse celles des divers réglemens intervenus sur le fait desdits droits, les explique & les interprête en tant que de besoin, de manière qu'étant bien connus des percepteurs & des redevables, ainsi que des juges auxquels il appartient de connoître desdits droits, il n'y ait aucun prétexte pour en éluder l'exécution, & qu'il ne puisse plus y avoir qu'une seule & même jurisprudence à ce sujet, dans ladite province de Normandie, où sa majesté est informée qu'il s'est introduit des usages différens sur les mêmes cas de perception & de fraude : à quoi voulant pourvoir ; ouï le rapport, &c.

Les vingt articles qui composent le prononcé, contiennent les mêmes dispositions qu'on vient de voir dans la déclaration du 15 février 1780, à l'exception toutefois du dernier article. Après avoir ordonné l'exécution des réglemens antérieurs, sur le fait des droits d'*inspecteurs aux boucheries*, il enjoint aux intendans & commissaires départis pour l'exécution des ordres du roi, dans les généralités de la province de Normandie, de tenir la main à la pleine & entière exécution du présent arrêt, selon sa forme & teneur, nonobstant toutes oppositions faites ou à faire, & autres empêchemens généralement quelconques, dont, si aucuns interviennent, sa majesté réserve la connoissance à soi & à son conseil, icelle interdisant à toutes ses cours & autres juges.

Fait au conseil d'Etat du roi, sa majesté y étant, tenu à Versailles le premier avril mil sept cent quatre-vingt deux.

INSPECTEURS DES FINANCES. On voit par le mémoire de M. Desmarets, nommé contrôleur-général des finances, par Louis XIV, en 1708, fait pour rendre compte de son administration au régent, en 1715, qu'un édit du mois de janvier 1712, avoit créé des charges d'*inspecteurs des finances*, avec une attribution de gages & de frais d'exercice.

Sans doute que leurs fonctions devoient particulièrement s'étendre à surveiller les recettes des tailles, puisque pour assurer le paiement des attributions de ces charges, un arrêt du 26 janvier avoit ordonné une imposition de trois deniers pour livre, par augmentation sur le total de la taille, qui devoit produire quatre cens quatre-vingt mille livres par an.

Mais ces charges n'ayant point été levées, on n'en fit pas moins la perception de l'impôt, & on l'affecta au remboursement des rentes que l'on créa au denier douze, jusqu'à la concurrence de trois cens mille livres par an.

INSTALLATION, s. f. qui sert à désigner l'acte par lequel un officier est mis en possession publique de la place dont il a été pourvu par lettres du souverain.

En finance, on a appliqué également le terme d'*installation* à l'action d'un employé supérieur, qui fait connoître le commis qui lui est adressé par ses commettans, pour remplir les fonctions de tel ou tel emploi, suivant la commission dont il est porteur.

INSTALLER, c'est procéder à l'*installation*.

INTENDANS, nom que l'on donne aux magistrats départis par le roi dans les provinces du royaume, pour y veiller sur tout ce qui intéresse la justice, la police & les finances. C'est de-là qu'ils ont le titre de commissaires du roi, & d'*intendans* de justice, police & finance.

Il y a un *intendant* en chaque généralité ; ensorte que le royaume peut se diviser par intendances ou généralités, comme par gouvernemens ou par parlemens. On compte actuellement, en 1784, trente-deux intendances, depuis le nouvel établissement de celle de Bayonne.

L'*intendant* fait ordinairement son séjour dans la ville principale de son département ; mais il doit faire, au moins une fois l'année, une tournée dans les villes & bourgs qui le composent, où sont établis les siéges d'Elections qui connoissent des impositions.

M. Colbert avoit réglé que les *intendans* feroient deux tournées par an, l'une dans toute la généralité, l'autre dans une des Elections, dont ils rendroient un compte détaillé au contrôleur général ; ensorte qu'au bout d'un certain nombre d'années, le ministre auroit eu un tableau exact de toutes les villes, villages & lieux composant chaque généralité.

Sous la première & la seconde race de nos rois, on envoyoit dans les provinces des commissaires, appellés *missi dominici*, ou *missi regales*, avec un pouvoir fort étendu, pour réformer tous les abus qui pouvoient se glisser, soit dans l'administration de la justice & de la police, soit dans celle des finances.

On en envoyoit souvent deux ensemble dans chaque province. Par exemple, *Fardulphus* & *Stephanus* faisoient les fonctions d'*intendans* de Paris, en 802, sous le règne de Charlemagne. Cet usage fut conservé par les successeurs de ce souverain pendant plusieurs siècles. Ils continuèrent d'envoyer dans chaque province deux *intendans* ; & dans les cas extrordinaires, on envoyoit un plus grand nombre de commissaires.

Une ordonnance de Charlemagne, de 812, porte que les commissaires qui sont envoyés par le roi dans les provinces, pour en corriger les abus, tiendront les audiences avec les comtes ; en hiver, au mois de janvier ; au printems, en avril ; en été, au mois de juillet, & en automne, au mois d'octobre.

Louis le débonnaire ordonna, en 819, que les commissaires par lui envoyés dans les provinces, ne feroient pas de longs séjours, ni aucune assemblée dans les lieux où ils trouveroient que la justice seroit bien administrée par les comtes.

Ce même prince enjoignit, en 829, à ces commissaires, d'avertir les comtes & le peuple, que sa majesté donneroit audience un jour toutes les semaines, pour entendre & juger les causes de ses sujets, dont les commissaires ou les comtes n'auroient voulu faire justice; exhortant aussi ces mêmes commissaires, ou les comtes, s'ils vouloient mériter l'honneur de ses bonnes graces, d'apporter un fort grand soin, que par leur négligence, les pauvres ne souffrissent quelque préjudice, & que sa majesté n'en reçût aucune plainte.

Vers la fin de la seconde race, & au commencement de la troisième, tems où les fiefs & les justices seigneuriales furent établis, les rois envoyerent aussi dans les provinces, des commissaires choisis dans leur conseil, pour y maintenir leur autorité, connoître des cas royaux, & protéger le peuple, recevoir les plaintes que l'on avoit à faire contre les seigneurs ou leurs officiers.

Ces plaintes se devoient juger sommairement, si faire se pouvoit, sinon être renvoyées aux grandes assises du roi. Les seigneurs se plaignirent de cette inspection, qui les rappelloit à leur devoir, & contestoit la jurisdiction de leurs officiers; on cessa quelque tems d'en envoyer, & nos rois se contentèrent d'en fixer quatre ordinaires, sous le titre de baillis, qui étoient les quatre grands baillis royaux.

Saint Louis & ses successeurs envoyèrent néanmoins des enquêteurs pour éclairer la conduite de ces quatre grands baillis eux-mêmes & des autres officiers. En Normandie, on devoit en envoyer tous les trois ans; on les appelloit aussi commissaires du Roi. Ils devoient aller prendre leurs lettres à la chambre des comptes, qui leur donnoit les instructions nécessaires, & taxoit leurs gages. Mais les commissaires n'avoient pas chacun à eux-seuls le département d'une province entière, comme ont aujourd'hui les *intendans*.

Il y avoit dans une province, autant de commissaires qu'il y avoit d'objets différens que l'on mettoit en commission, pour la justice, pour les tailles, pour les monnoies, pour les vivres, pour les aides, &c.; mais il ne devoit point y avoir de commissaires pour la levée des revenus ordinaires du roi. Chacune de ces différentes commissions étoit donnée, soit à une seule personne, ou à plusieurs ensemble, pour l'exercer conjointement.

Ceux qui étoient chargés de quelque portion de finance, rendoient compte à la chambre des comptes aussi tôt que leur commission étoit finie, & elle ne devoit pas durer plus d'un an. Si elle duroit davantage, ils rendoient compte à la fin de chaque année. Il leur étoit défendu de recevoir ni argent, ni autres rétributions, pour leurs sceaux.

Les commissaires avoient quelquefois le titre de réformateurs généraux, &, dans ce cas, la commission étoit ordinairement remplie par des prélats & des barons; c'est pourquoi l'Ordonnance de Charles IV, du mois de novembre 1323, taxe les gages que devoient prendre ceux qui étoient chargés de commission pour le service du roi.

Les maîtres des requêtes, auxquels les commissions d'*intendans* de province ont depuis été en quelque sorte affectées, étoient déjà institués, mais ils étoient en très-petit nombre, & ne servoient qu'auprès du roi.

Dans la suite, la moitié alloit faire des visites dans les provinces, & l'autre restoit auprès du roi. Ceux qui avoient été dans les provinces, revenoient rendre compte au roi & à son chancelier, des observations qu'ils y avoient faites, pour le service de sa majesté & le bien des peuples; ils proposoient aussi au parlement, où ils avoient entrée & séance, ce qui devoit y être réglé, relativement à leur commission.

Les ordonnances d'Orléans & de Moulins, leur enjoignirent de faire tous les ans des chevauchées. L'ordonnance de 1629 renouvelle cette disposition; mais les tournées n'étoient que passagères, & les maîtres des requêtes ne résidoient point dans les provinces.

Ce fut Henri II qui, en 1551, établit les *intendans* de province, sous le titre de commissaires départis pour l'exécution des ordres du roi.

En 1635, Louis XIII leur donna le titre d'*intendans* du militaire, justice, police & finance.

L'établissement des *intendans* éprouva d'abord plusieurs difficultés. Sous la minorité de Louis XIV, la levée de quelques nouveaux impôts dont ils furent chargés, ayant excité des plaintes de la part des cours assemblées à Paris, elles arrêtèrent, en 1648, que le roi seroit supplié de révoquer les commissions d'*intendans*; &, par une déclaration du 13 juillet suivant, elles le furent, dans quelques provinces; dans d'autres elles furent limitées à certains objets; mais peu de tems après toutes furent rétablies avec les mêmes pouvoirs qu'auparavant, excepté en Béarn & en Bretagne, où elles n'eurent lieu qu'en 1682 & 1689.

Les fonctions d'un *intendant* ne concernent en général que ce qui a rapport à l'administration. Il doit veiller à ce que les impositions soient réparties avec égalité, à la culture des terres & du commerce, à l'entretien des chemins, des ponts & des édifices publics, à l'emploi des revenus patrimoniaux des villes & des communautés ; en un mot, à faire concourir toutes les parties de son département au bien de l'Etat, & informer le ministre de tout ce qu'il peut y avoir à améliorer ou à réformer dans sa généralité.

Les *intendans* sont souvent consultés par les ministres sur les affaires qui s'élèvent dans leur département. On leur demande des éclaircissemens avec leur avis ; & c'est d'après leur réponse que ces affaires sont terminées.

Quelquefois ils sont commis par des arrêts du conseil, pour entendre les parties, faire tenir registre de leurs prétentions, de leurs dires & réponses, & instruire ainsi des affaires qu'il seroit trop long & trop dispendieux de suivre au conseil. Quelquefois même, dans certaines provinces qui ne sont pas comprises dans le ressort des commissions du conseil, comme la Flandre, l'Artois, le Hainault, ils sont commis par arrêt pour procéder & juger en dernier ressort, tant au civil qu'au criminel, en appellant le nombre de gradués requis par l'ordonnance. Avant même l'établissement des commissions permanentes, pour juger des délits de contrebande, il y en avoit souvent de momentanées dans les provinces, & les intendans les présidoient : c'est ce qui se voit par les arrêts des 19 novembre & 17 septembre 1709, 21 janvier, 8 février & 8 juillet 1710. *Voyez*, au surplus, ce qui a été dit au mot COMMISSION, tome I, page 334.

Une des principales fonctions des *intendans* est le département des tailles dans les pays où elle est personnelle. Ils font aussi les taxes d'office, & peuvent nommer des commissaires pour l'assiette de la taille. L'arrêt du 5 juillet 1707, les autorise à faire procéder, soit en leur présence, soit devant les officiers des Elections, ou autres particuliers qu'ils peuvent commettre, à la confection des rôles des tailles des villes ou paroisses taillables, afin de prévenir les brigues & les cabales des exempts ou privilégiés.

Les communautés ne peuvent intenter aucune action, sans y être autorisés par une ordonnance de l'*intendant*.

Ces magistrats font les cotisations ou répartitions sur les possesseurs des fonds, pour les réparations des églises & des presbitères ; mais s'il survient, à cette occasion, des questions qui donnent lieu à une affaire contentieuse, ils sont obligés de la renvoyer aux juges ordinaires.

On leur expédie des commissions du grand sceau, qui contiennent tous leurs pouvoirs. Autrefois elles étoient enregistrées dans les parlemens, & alors c'étoient les parlemens qui connoissoient de l'appel de leurs ordonnances ; mais l'usage ayant changé, l'appel des ordonnances & jugemens des *intendans* se porte au conseil ; il y est instruit & jugé, tant au conseil des parties, qu'en la direction des finances, ou au conseil royal des finances, selon la nature de l'affaire.

Mais comme ces ordonnances ne concernent ordinairement que des objets de police, elles sont de droit exécutoires par provision, & nonobstant l'appel, à moins que le conseil n'ait jugé à propos d'accorder des défenses ; ce qu'il ne fait que rarement, & en connoissance de cause.

Les *intendans* nomment des subdélégués dans les différentes parties de leur généralité, & les chargent assez souvent de la discussion & de l'instruction des affaires sur lesquelles ils font des procès-verbaux, & donnent des ordonnances pour faire venir devant eux, les personnes intéressées, ou dans des cas qui intéressent la police ou les finances.

Mais les ordonnances de ces subdélégués ne sont réputées que des avis à l'*intendant* ; & si les parties ont à s'en plaindre, elles ne peuvent s'adresser qu'à lui. Il n'est permis de se pourvoir par appel, que contre les ordonnances que l'*intendant* rend sur les procès verbaux de ses subdélégués. Mais celles du subdélégué général vont directement, par appel, au conseil, parce qu'il a une commission du grand sceau qui l'autorise à remplir toutes les fonctions de l'*intendant*. Ces commissions ne se donnent que quand l'*intendant* est hors d'état de vaquer à ses fonctions par lui-même, comme en tems de guerre, lorsqu'il est obligé de suivre l'armée en qualité d'*intendant*.

L'autorité des *intendans* est, comme on le voit, très-étendue dans les pays d'Election, puisqu'ils y décident seuls de la répartition des impôts ; de la quantité & du moment des corvées ; des nouveaux établissemens de commerce ; de la distribution des troupes dans les différens endroits de la province ; du prix & de la répartition des fourrages accordés aux gens de guerre ; qu'enfin c'est par les ordres qu'ils en donnent, que se font les achats des denrées, pour remplir les magasins du roi ; que ce sont eux qui président à la levée des milices, & décident des difficultés qui surviennent à cette occasion ; que c'est par eux que le ministère est instruit de l'état des provinces, de leurs productions, de leurs débouchés, de leurs charges, de leurs pertes, de leurs ressources, &c. qu'enfin, sous le nom d'*intendans* de justice, police & finance, ils embrassent presque toutes les parties de l'administration.

Les Etats provinciaux paroissent être un des

meilleurs remèdes aux inconvéniens d'une grande monarchie ; on pourroit même dire qu'ils sont de l'essence de la monarchie, qui veut non des *pouvoirs*, mais des corps intermédiaires entre le prince & le peuple.

Les Etats provinciaux sont pour le prince, une partie de ce que seroient les préposés du prince ; & s'ils sont à la place des préposés, ils ne veulent ni ne peuvent se mettre à la place du prince : c'est tout au plus ce que l'on pourroit craindre des Etats généraux.

Le prince peut avoir la connoissance de l'ordre général des loix fondamentales, de sa situation politique envers les Etats étrangers, des droits de sa couronne, &c. &c.

Mais avec le secours des Etats provinciaux, il sait avec certitude quelles sont les richesses de ses provinces, quelles en sont les forces, les ressources, ce qu'il peut, ce qu'il doit lever de troupes, d'impôts, &c.

En France, l'autorité du roi n'est nulle part plus respectée que dans les pays d'État ; c'est dans leur auguste assemblée qu'elle paroît dans toute sa splendeur. C'est le roi qui convoque & révoque ces assemblées, il en nomme le président ; il peut en exclure qui bon lui semble. Il est présent par ses commissaires. On n'y fait jamais entrer en question les bornes de l'autorité ; on ne balance que sur le choix des moyens d'obéir, & ce sont les plus prompts que l'on choisit d'ordinaire. Si la province se trouve hors d'état de payer les charges qu'on lui impose, elle se borne à des représentations, qui ne sont jamais que l'exposé de leur situation présente, de leurs efforts passés, de leurs besoins actuels, de leurs moyens, de leur zèle, de leur respect : soit que le roi persévère dans sa volonté, soit qu'il la change, tout obéit. L'approbation que les notables qui composent ces Etats donnent aux demandes du prince, sert à persuader aux peuples qu'elles étoient justes & nécessaires. Ils sont intéressés à faire obéir le peuple promptement. On donne plus que dans les pays d'Election ; mais on donne librement, volontairement, avec zèle, & on est content.

Dans les pays éclairés par la continuelle discussion des affaires, la taille sur les biens s'est établie sans difficulté ; on n'y connoît point les injustices de la taille personnelle ; on n'y voit point un collecteur épier s'il pourra découvrir & faire vendre quelques lambeaux qui restent au misérable cultivateur, & qui sont échappés à peine aux exécutions de l'année précédente ; on n'y voit point cette multitude d'hommes de finance qui absorbe une partie des impôts. Il n'y a qu'un trésorier général pour toute la province ; ce sont les officiers préposés par les États, ou les officiers municipaux qui, sans frais, se chargent de la régie.

Les trésoriers particuliers des bourgs & des villages ont des gages modiques ; ce sont eux qui perçoivent la taille dont ils répondent : comme elle est sur les fonds, s'il y a des délais ils ne risquent point de perdre leurs avances ; ils les recouvrent sans frais ; les délais sont rares, & les recouvremens presque toujours prompts.

On ne voit point dans les pays d'États des collecteurs gémir dans les prisons, pour n'avoir point apporté la taille de leurs villages qu'on a rendus insolvables. Le laboureur ne craint point de jouir de son travail & de paroître augmenter son aisance ; il sait que ce qu'il paiera de plus sera exactement proportionné à ce qu'il aura acquis ; il n'a point à corrompre ou à fléchir un collecteur ; il n'a point à plaider à l'élection, à l'intendance & au conseil.

Les différens ordres des États s'éclairent mutuellement ; aucun n'ayant l'autorité, nul ne peut opprimer l'autre ; tous discutent, & le roi ordonne. Il se forme dans ces assemblées des hommes capables d'affaires. C'est en faisant élire les consuls d'Aix, & discutant les intérêts de la Provence à l'assemblée de ses États, que le cardinal de Janson étoit devenu un célèbre négociateur.

On ne traverse point le royaume sans s'appercevoir de l'excellente administration des États, & de leur différence avec les pays d'Election...... Le projet du duc de Bourgogne, petit-fils de Louis XIV, étoit de mettre tout le royaume en pays d'États.

Chez l'étranger, les provinces où sont des États ont la réputation d'opulence, elles ont plus de crédit que le gouvernement. Gênes, dans la dernière guerre (terminée par la paix de 1748), ne voulut prêter au roi que sous la caution du Languedoc.

Il y a des *intendans* dans ces provinces ; ils y veillent pour le prince ; il est à desirer qu'ils n'y étendent jamais leur autorité. **

A cet article, tiré de la première édition de l'Encyclopédie, & dont même nous avons retranché plusieurs assertions qui sentoient la déclamation & paroissoient inexactes, nous ajouterons des détails sur la compétence des *intendans* en matière de finances, & nous finirons par les réflexions d'un homme d'État sur la nomination des places d'*intendans de province*.

Ces magistrats sont juges de la plupart des droits qui composent la ferme des domaines. Un arrêt du conseil du 20 avril 1694, ordonna que les contraventions qui auroient lieu relativement au contrôle des actes, seroient jugés par les *intendans* & commissaires départis.

La connoissance des droits de petit-scel leur fut également attribuée par un autre arrêt du conseil du 2 avril 1697.

Par un autre arrêt du conseil du 11 septembre 1703, il fut ordonné que les *intendans* jugeroient suivant les réglemens, sans aucune réduction ni modération des peines & amendes; que leurs ordonnances s'exécuteroient nonobstant opposition ou appellation quelconque.

Un édit du mois de février 1704 avoit attribué aux trésoriers de France la connoissance de tout ce qui concernoit la ferme du contrôle des actes, des droits de petit-scel, & des insinuations laïques; mais par une déclaration du roi du 14 septembre 1706, cet édit fut révoqué, & il fut ordonné que les contestations sur tout ce qui concernoit la ferme du contrôle des actes des notaires, du petit-scel & des insinuations laïques, seroient à l'avenir portées devant les *intendans* & commissaires départis pour en connoître, comme ils faisoient avant 1704.

Cette attribution a de nouveau été confirmée par une déclaration du roi du 15 juillet 1710, & par un arrêt du conseil du 10 juin 1760. Ce dernier a cassé un arrêt du parlement de Bordeaux, qui avoit reçu l'appel d'une ordonnance de l'*intendant* de Montauban, contre un notaire de Martel, par laquelle il étoit condamné à deux cents livres d'amende, pour avoir refusé de communiquer ses minutes & ses liasses aux préposés de l'adjudicataire des domaines, avec interdiction de ses fonctions, jusqu'à ce que cette amende fût payée.

L'arrêt du parlement de Bordeaux du 22 mai 1760, avoit enjoint, tant à l'appellant qu'à tout autre notaire, de faire aux préposés, inspecteurs & receveurs des domaines du roi & droits y joints, la représentation de leurs minutes, protocoles & répertoires à la première réquisition, sous les peines portées par les réglemens. Il faisoit défense en même tems, tant aux notaires qu'aux préposés des domaines, de faire aucun déplacement de ces minutes, protocoles & répertoires, sous prétexte de visites ou recherches; & sans s'arrêter à l'ordonnance du commissaire départi en la généralité de Montauban, il permettoit au notaire de Martel de reprendre les fonctions de son office de notaire.

L'arrêt du conseil du 10 juin 1760 ordonna, que sans s'arrêter, ni à l'appel porté au parlement, ni à l'arrêt de cette cour qui fut cassé & annullé, l'ordonnance de l'*intendant* de Montauban seroit exécutée selon sa forme & teneur & par provision, sauf à se pourvoir devant l'*intendant* par opposition & par appel au conseil, avec défense de se pourvoir ailleurs, à peine de mille livres d'amende, de tous dépens, dommages & intérêts, & à tous juges d'en connoître, à peine de nullité & de cassation de la procédure.

Le 27 août de la même année 1760, le parlement de Bordeaux ayant rendu, à la requête de différens particuliers, un arrêt portant défense au contrôleur des actes de Saintes & tout autre préposé à la perception des droits de contrôle & diminution, d'exiger les droits pour les clauses de reprise, de bagues & joyaux, habits & ornemens de la femme insérées dans les contrats de mariage, à peine de concussion & de punition exemplaire; cet arrêt fut cassé par celui du conseil du 21 avril 1761.

Sans s'arrêter à l'arrêt du parlement, qui est cassé & annullé, le roi ordonne que ses déclarations de 1706, 1708, 1710, 1729 & 1731, seront exécutées selon leur forme & teneur; en conséquence, que les sommes restituées par les commis de l'adjudicataire des fermes, en vertu de l'arrêt du parlement, seront rétablies, & que les redevables seront contrains, à cet effet, par les voies accoutumées pour le recouvrement des deniers de sa majesté; fait en même tems défense aux officiers du parlement de Bordeaux de prendre connoissance des contestations relatives à la régie & perception des droits de contrôle des actes & d'insinuation.

L'arrêt du 4 novembre 1710 nomme aussi les *intendans* pour juger sommairement & sans frais les contestations concernant les droits d'amortissement, sauf l'appel au conseil des finances. Cette attribution a depuis été confirmée toutes les fois qu'on a voulu y donner atteinte. C'est ainsi que par trois arrêts du 2 juillet 1715, 11 mai & 30 juillet 1718, le conseil a fait défense de se pourvoir au grand-conseil sur cette matière. Un autre arrêt du 30 septembre 1721 a fait défense à la chambre des comptes de Bretagne de connoître des droits d'amortissement, & a ordonné que les contestations qui s'élèveroient sur cet objet seroient portées devant l'*intendant* de la province.

Celles qui concernent le recouvrement des droits de franc-fief doivent pareillement être portées devant les commissaires départis, sauf l'appel au conseil, suivant l'article 23 de la déclaration du roi du 9 mars 1700.

Il en est de même des droits réservés, des droits de greffe, droits d'échange, &c.; la connoissance des contestations qu'ils occasionnent est attribuée aux *intendans*.

Divers réglemens leur avoient encore attribué en première instance, & sauf l'appel au conseil, la connoissance des contestations relatives aux droits d'inspecteurs aux boissons & aux boucheries; mais elle leur a été retirée en 1780 & 1782, pour être donnée aux juges des Élections & des traites, avec l'appel en la cour des aides; excepté en Normandie, où les *intendans* des trois généralités connoissent encore des droits d'inspecteurs aux boucheries seulement. *Voyez* les articles DROITS D'INSPECTEURS AUX BOISSONS & D'INSPECTEURS AUX BOUCHERIES.

Mais ces magistrats en matière de droits d'aides connoissent encore en première instance, sauf l'appel au conseil, des contestations qui surviennent au sujet des quantités de boissons que les gens du commun font venir chez eux, & qui sont suivis comme provisionnaires, parce qu'on soupçonne de l'abus dans leur consommation. C'est aux *intendans* à régler la consommation que ces particuliers peuvent faire, eu égard à leurs facultés, à leur état, au nombre de personnes dont leur famille est composée, & à la quotité des impositions qu'ils paient; & à rendre une ordonnance qui les assujettisse au paiement des droits de détail de l'excédent de leur consommation naturelle. L'arrêt du conseil du 13 février 1731 attribue dans ce cas la compétence aux *intendans*; & un grand nombre d'autres arrêts, notamment ceux des 28 juillet 1750, 31 décembre 1754 & 14 septembre 1756, ont confirmé celui de 1731, & en ont ordonné l'exécution.

En matière de droits de douane ou de traites, les *intendans* sont nommés pour connoître des contestations qui surviennent à l'occasion des droits uniformes & généraux par les arrêts qui les établissent. La raison de cette attribution est, que ces droits étant toujours établis pour l'avantage & la prospérité du commerce national, & par des vues générales adoptées par le conseil, c'est aux commissaires départis dans les provinces à juger en première instance dans ces cas, & au conseil à prononcer en dernier ressort, comme seul souverain en matière de législation fiscale, & pouvant seul connoître les motifs de l'établissement des droits uniformes.

D'après ces principes, toutes les fois qu'une marchandise est prohibée, soit généralement, soit localement, ou sujette à des droits prohibitifs, presque toujours ce sont les *intendans* qui sont juges en cette partie.

Il ne reste plus, pour terminer cet article, qu'à placer les réflexions que nous avons annoncées, & qui composent le chapitre 31 de l'excellent ouvrage intitulé: *De l'administration des finances*, par M. Necker, trois vol. *in*-4°. tom. 3, pag. 379.

Les *intendans* de province doivent éclairer & seconder l'administration générale dans toute l'étendue du département qui leur est confié; ainsi l'on ne sauroit apporter trop d'attention aux choix des personnes qui doivent remplir ces places. Un long usage y appelle uniquement les maîtres des requêtes; & si quelquefois on suit aveuglément l'ordre d'ancienneté, souvent aussi l'on s'en écarte par des considérations de faveur, ce qui vaut bien moins encore. L'on a vu des jeunes gens, sans aucune expérience & sans autre préparatif que les bons airs & les amusemens de Paris, aller gouverner une province aussi considérable en population que plus d'un royaume de l'Europe. On croyoit tout excuser, en disant que ces jeunes gens avoient un nom dans la robe; mais les droits & les besoins des peuples, n'en ont-ils pas un aussi dans les fastes de l'humanité? Certes, d'après un pareil principe d'administration, il est heureux que les Montmorencis ne veuillent pas être *intendans*; car dans les proportions, il faudroit leur donner au berceau cette marque de confiance.

Le nombre des maîtres des requêtes n'est que de quatre-vingt; ainsi, même en apportant une attention impartiale dans le choix de ceux qui se destinent aux intendances, on ne peut trouver que rarement la réunion de qualités que ces places exigent. Je crois donc qu'il ne faudroit pas donner l'exclusion aux magistrats d'un ordre différent, quand on découvre en eux des talens propres à déterminer la confiance du souverain: toutes ces prérogatives, toutes ces sections dans un espace déjà très circonscrit, ne servent qu'à resserrer les moyens de l'administration. Il n'y auroit de véritable motif pour s'astreindre en tout tems aux maîtres des requêtes, qu'autant que leur état les formeroit particulièrement à l'esprit d'administration; mais c'est ce qui n'est point; car jusqu'au moment où ils sont désignés pour une intendance, ils ne se sont occupés que de rapporter au conseil des requêtes en cassation: ce genre de travail habitue, sans doute, l'esprit à une sorte de logique; mais comme c'est toujours entre deux points donnés qu'on est forcé de juger, cet exercice n'est point l'apprentissage de l'administration, dont le génie est absolument différent, & dont l'éducation exigeroit plutôt qu'on essayât de bonne heure, & à découvrir ce qu'on ne vous montre pas, & à parcourir plusieurs objets à la fois, & à saisir, avec facilité, différens rapports, & à classer, avec ordre, une grande diversité de connoissances. Je voudrois encore conseiller aux jeunes magistrats qui se destinent à l'administration des provinces, de se tenir soigneusement en garde contre cette roideur que donnent toutes les morgues d'état: il faut, pour rendre tous ses mouvemens plus moëlleux, perdre un peu sa vanité de vue; c'est l'autorité qui enorgueillit, ce sont les devoirs qui rendent modeste; il faut donc les étudier ces devoirs, il faut les comprendre, il faut en avoir le cœur & l'esprit pénétrés: alors, & ce seroit un grand avantage, aucun *intendant* ne paroîtroit jaloux d'être seul promoteur du bien qu'on peut faire dans son département ; alors ils n'envieroient point la part que le souverain voudroit confier à des administrations provinciales ; ils trouveroient que c'est encore un beau rôle de suivre le développement de ces administrations, de seconder leurs travaux, & d'éclairer, à cet égard, l'opinion du gouvernement : mais malheureusement, la plupart des hommes ne renoncent qu'avec peine aux détails d'autorité, même les plus pénibles ; & il faut une sorte d'élévation dans l'esprit & dans les sentimens pour appercevoir, dans l'administration publique, quelque chose de plus attrayant que le charme du commandement. Je suis néanmoins persuadé que, dans les provinces d'administrations provinciales & dans celles de pays d'États, les *intendans* ont des moyens plus sûrs pour acquérir de la réputation, & pour favoriser leurs vues d'ambition : mais au lieu d'être si facilement jaloux de leurs prérogatives, au lieu de chercher à élever autorité contre autorité, comme si la leur seule émanoit du prince, il faudroit que, s'oubliant entiérement, ils ne fussent inquiets que du bien public ; c'est alors que la confiance leur arriveroit de toutes parts, & que chacun se plairoit à relever leurs talens & leur caractère ; au lieu que l'homme avide de se montrer & d'agir sans nécessité, excite la critique & la malveillance.

Il seroit fort à desirer que les magistrats nommés aux intendances, fussent plus long-tems permanens dans les mêmes provinces ; la science est en toutes choses l'ouvrage du tems ; & c'est renoncer à un bien précieux, que de sacrifier les avantages qu'a donné l'expérience. Je conviens qu'un *intendant*, en passant d'une province dans une autre, conserve l'instruction qui résulte des apperçus généraux : mais toutes les connoissances qui tiennent aux lieux & aux circonstances, sont absolument perdues ; & les améliorations commencées se trouvent suspendues, ou par l'inexpérience, ou par l'amour-propre d'un successeur.

Il est encore un usage dont j'ai eu l'occasion de reconnoître l'inconvénient : la présentation aux places d'*intendans* n'est attribuée qu'en partie à l'administration des finances ; le ministre de la guerre prend seul les ordres du roi pour ces nominations dans les provinces frontières ; & comme ce sont les plus lucratives & les plus honorables, il arrive que vers l'époque où les *intendans* des provinces de l'intérieur peuvent y aspirer, ils sont plus affranchis du besoin de mériter l'approbation du ministre des finances ; & cependant, leurs rapports avec ce département, sont, dans toutes les généralités indistinctement, la partie de leurs fonctions la plus essentielle.

Que dans ces diverses observations, cependant, on ne voie rien de particulier aux hommes présens. Je connois plusieurs *intendans* qui n'ont besoin, ni de frein, ni d'encouragemens, & je dois dire que personne n'a plus de plaisir à leur rendre justice que moi, & à faire valoir leurs services. Seulement puisque je répands ici mes pensées, j'avouerai que j'ai toujours considéré comme une petite manière, ce dépit de voir, à la tête des finances, un homme étranger à la magistrature ; il me semble qu'il y a comme un manque de dignité personnelle dans cet esprit de corps, lorsqu'il se développe avec énergie ; je doute que Montesquieu eût pris fait & cause avec effervescence pour tous les présidens ; Helvétius, pour les fermiers généraux ; ni, de nos jours, M. de Malesherbes, pour tous les gens tenans la cour des aides : c'est donc, il est permis de le dire, par un sentiment de sa petite fortune, qu'on met son orgueil en société, ou ses jetons en bourse commune.

Il y a autant d'*intendans* que de généralités. *Voyez* ce mot.

On ajoutera seulement qu'il a été formé une nouvelle intendance à Bayonne en 1784, par des démembremens des généralités de Bordeaux & d'Auch, qui avoient déja eu lieu en 1767, & qui avoient été réunis par édit du mois de janvier 1775. Ainsi les choses se retrouvent dans l'état où elles étoient avant cet édit.

INTENDANS DU COMMERCE. Ce sont des magistrats établis pour s'appliquer aux affaires du commerce, & qui ont entrée & séance au conseil royal de commerce, pour y rapporter les mémoires, demandes & propositions qui leur sont renvoyées par le ministre des finances, auquel ils rendent compte de l'état des affaires.

Les places d'*intendans du commerce*, d'abord érigées en commissions au nombre de six, par édit du mois de mai 1708, pour être unies à six offices de maître des requêtes, furent réduites à quatre par édit du mois de juin 1724, & mises en charges.

L'édit du mois de juillet 1777, enregistré au parlement le 12 août suivant, a supprimé ces quatre charges pour les convertir en commissions, ainsi qu'elles avoient été primitivement, avec neuf mille livres pour appointemens & frais de bureaux, & toutes les prérogatives attribuées par l'édit de 1708.

Les *intendans du commerce* doivent, par leur surveillance, embrasser tout le royaume, & tous les objets d'industrie qu'il renferme. Chacun a un département qui comprend un nombre déterminé de provinces, & toutes les manufactures qui s'y trouvent.

Leur supérieur immédiat est le contrôleur général des finances, ou le secrétaire d'Etat de la marine ; le premier, comme surintendant du commerce intérieur & extérieur par terre ; le second, comme surintendant du commerce extérieur par mer.

Le ministre de la marine connoît, en conséquence, de tout ce qui regarde les isles & colonies Françoises, tant en Amérique, qu'en Afrique & dans l'Asie, & par-tout où il y a des consuls ou des comptoirs. Ainsi le commerce du Levant, celui des côtes de Barbarie, des Etats du grand-seigneur, & des côtes d'Espagne & d'Italie, est du département de ce ministre. Il a également inspection sur le commerce du nord de l'Europe, dans la Baltique, sur les pêches du hareng & de la baleine.

INTENDANS DES FINANCES. Ce sont des magistrats qui ont la direction d'une partie de finance; c'est-à-dire, d'une ou plusieurs branches de perception qui constituent les revenus du roi, & de l'administration de laquelle ils rendent compte au contrôleur général des finances, sous les ordres de qui ils sont censés régir.

Les *intendans des finances* furent créés sous François I, pour remplir des fonctions qui étoient alors exercées par les trésoriers de France. Il n'y en eut d'abord que deux qui recevoient des commissions; ensuite ils furent augmentés au nombre de douze, les uns en titre d'offices, les autres par commission. Mais après la paix des Pyrénées, ils furent remboursés de leurs finances, & réduits à l'ancien nombre de deux, qui exercèrent par commission depuis 1660 jusqu'en 1690.

Le contrôleur général des finances avoit la liberté d'employer sous ses ordres telles, autres personnes capables qu'il vouloit choisir, pour remplir les fonctions d'*intendans des finances*, sans en avoir le titre. Mais en 1690, tems où Colbert n'étoit plus depuis sept années, le roi, comme le porte l'édit du mois de février, ayant reconnu que l'administration de ses finances exigeoit un plus grand nombre de personnes, révoqua les commissions d'*intendans des finances*, & en créa quatre en titre d'offices.

En 1715, il y avoit sept *intendans des finances*, qui furent supprimés par édit du mois d'octobre, & rétablis, seulement au nombre de cinq, par édit du mois de mars 1722.

Enfin l'année 1725 avoit vu créer un nouvel *intendant des finances*, pour faire le nombre de six.

L'édit du mois de juin 1777 les a supprimés de nouveau. Voici les motifs qu'il présente.

Louis, par la grace de Dieu, roi de France & de Navarre: à tous présens & à venir; salut. Les changemens successifs arrivés depuis notre règne dans l'exercice des fonctions du contrôleur général de nos finances, nous ayant engagé à examiner ce qui pouvoit convenir le mieux à cette administration, nous avons résolu de lui donner, à quelques égards, une forme différente. Le compte qui nous a été rendu de tout ce qui avoit rapport aux *intendans des finances*, nous a fait connoître que la consistance, le nombre & les fonctions de ces places, avoient continuellement varié, suivant la diversité des circonstances & des tems; qu'elles avoient quelquefois été établies en titre d'offices, & quelquefois en simples commissions; qu'après avoir été portées jusqu'à douze, elles avoient été réduites à deux; que leur premier rétablissement en titre d'offices n'avoit eu d'autre cause que le besoin d'argent; & qu'enfin, après ce rétablissement, elles avoient de nouveau été supprimées en totalité pendant plusieurs années: nous avons reconnu que des fonctions semblables à celles qu'exercent les *intendans des finances*, n'étoient point de nature à rester attachées à des offices; &, déterminé encore par des vues d'économie, nous avons jugé qu'il étoit du bien de notre service, de supprimer les six offices d'*intendans des finances*, actuellement existans; & nous avons eu soin de pourvoir exactement à leur remboursement, nous réservant de donner à ceux qui en étoient revêtus, des marques de la satisfaction que nous avons de leurs services. Nous avons adopté d'autant plus volontiers le plan qui nous a été proposé à cet égard, qu'il nous a paru important, pour l'accomplissement de nos vues, de laisser à l'administration de nos finances la liberté dont elle peut avoir besoin dans le choix des moyens destinés à la seconder; mais nous avons cru en même tems conforme à la justice que nous devons à tous nos sujets, de chercher à prévenir les inconvéniens inséparables du trop grand nombre de décisions abandonnées jusqu'à présent au ministre des finances, & nous avons pensé que, sans contrarier l'unité de dessein & d'opérations nécessaires à une telle administration, il étoit de notre sagesse d'établir un comité, sous les yeux duquel passeroient les affaires contentieuses qui y sont relatives. Ce comité, composé de trois personnes que nous choisirons de préférence dans notre conseil, servira particulièrement à assurer l'observation des règles & des formes, & nous y trouverons l'avantage de procurer aux décisions plus de confiance & d'autorité. Nous pensons qu'une pareille institution devenue permanente, sera infiniment propre à maintenir & à perpétuer les principes; & nous ne doutons pas que des administrateurs, véritablement animés de l'amour du bien public, n'envisagent cet établissement comme un moyen de se garantir de la surprise & de l'erreur, & de répondre plus dignement à notre confiance. A ces causes & autres à ce nous mouvant, de l'avis de notre conseil, & de notre certaine science, pleine puissance & autorité royale, nous avons par notre présent édit, perpétuel & irrévocable, éteint & supprimé, éteignons & ſupprimons les ſix offices d'*intendans de nos finances*, actuellement exiſtans. Ordonnons que ceux qui ſont pourvus deſdits offices, remettront au garde de notre tréſor royal en exercice, leurs quittances de finance, lettres de proviſions, & autres titres de propriété deſdits offices, pour être par nous procédé en notre conſeil à leur liquidation, & être pourvu à leur rembourſement comptant. Au ſurplus, voulons & nous plaît, que ceux des pourvus deſdits offices ſupprimés, qui ne ſont pas encore revêtus de place de conſeiller d'Etat, conſervent néanmoins dans notre conſeil d'Etat privé, les mêmes entrées, rang & ſéance, & autres prérogatives qui étoient attachées auxdits offices, & dont ils ont joui juſqu'à préſent. Si donnons en mandement à nos amés & féaux conſeillers, les gens tenant notre chambre des comptes à Paris, que notre préſent édit ils ayent à faire lire, publier & enregiſtrer, & le contenu en icelui garder, obſerver & exécuter ſelon ſa forme & teneur, nonobſtant toutes choſes à ce contraires, auxquelles nous avons dérogé & dérogeons. Car tel eſt notre plaiſir, &c. Donné à Verſailles au mois de juin, l'an de grace mil ſept cent ſoixante & dix-ſept, &c.

Lu, publié & regiſtré, pour être exécuté ſelon ſa forme & teneur, les bureaux aſſemblés, le deux juillet mil ſept cent ſoixante & dix-ſept.

INTERDICTION, ſ. f., qui, en finance, ſignifie la défenſe faite à un commis de continuer ſes fonctions. Tous les employés ſupérieurs, comme directeurs & contrôleurs des fermes, des aides & domaines, ſont autoriſés à interdire ceux de leurs ſubordonnés qu'ils trouvent coupables de fautes graves, & ils doivent en rendre compte à leurs commettans, pour juger en définitif de la durée de l'*interdiction*, ou de la peine qui doit la ſuivre.

INTERDIRE, c'eſt prononcer l'interdiction.

INTÉRÊT, ſ. m., par lequel on déſigne une ſomme qu'une perſonne qui emprunte de l'argent s'engage à payer à celle qui la prête. Cette ſomme eſt ordinairement fixée par une loi, ou du moins par l'opinion publique, dans les Etats policés; & tout ce qu'un prêteur exige au-delà, convertit l'*intérêt* légitime en *intérêt* uſuraire.

Nous ne conſidérerons l'*intérêt* de l'argent, que dans ſes rapports avec les finances de l'Etat, & nous le ſuivrons dans les différentes variations qu'il a éprouvées depuis que les vrais principes de l'adminiſtration des finances paroiſſent avoir été connus en France.

L'argent n'eſt pas ſeulement une repréſentation des denrées, il eſt & doit être marchandiſe, & il a une valeur réelle. En général, ce qui conſtitue ſon prix, c'eſt la proportion de ſa maſſe avec la quantité des denrées, dont il eſt la repréſentation, avec les beſoins de l'Etat, avec l'argent des pays voiſins; mais, en particulier, la néceſſité de l'emprunteur, l'emploi qu'il veut faire de l'argent, le bénéfice qu'il en eſpère, peut rompre cette proportion, & le faire excéder le taux commun de l'*intérêt*.

Lorſqu'il y a beaucoup d'argent, il a moins de prix, il eſt moins cher, & par conſéquent il eſt aliéné à un *intérêt* plus modique.

Si un gouvernement n'avoit, ni voiſins à craindre ni denrées à prendre de l'étranger, il lui ſeroit égal d'avoir peu ou beaucoup d'argent; mais les beſoins particuliers, & de l'Etat, demandent que l'on cherche à entretenir chez ſoi une maſſe d'argent meſurée ſur ces beſoins, & ſur la maſſe des nations voiſines.

L'argent coule de trois ſources dans les pays qui n'ont pas de mines; ce ſont l'agriculture, l'induſtrie & le commerce.

L'agriculture eſt la première de ces ſources, elle nourrit l'induſtrie; toutes deux produiſent le commerce, qui s'unit avec elles pour apporter de l'argent, & le faire circuler.

Mais l'argent peut être deſtructeur de l'agriculture, de l'induſtrie & du commerce, quand il donne un produit hors de toute proportion avec le produit des fonds de terre, & avec les profits du commerce & de l'induſtrie.

Si, par exemple, l'*intérêt* de l'argent eſt de cinq pour cent, ou au denier vingt, & que le produit des terres ne ſoit que de deux, les particuliers trouvent de l'avantage à faire valoir leur argent comme argent; c'eſt-à-dire, en le plaçant moyennant une rente de cinq pour cent, & l'agriculture eſt négligée.

Si le chef de manufacture ne tire par ſon travail, le négociant par ſon commerce, que cinq pour cent de leurs fonds, ils aimeront mieux, ſans travail & ſans riſque, recevoir les cinq pour cent d'un débiteur.

Pour faire valoir les terres & les manufactures, pour faire des entrepriſes de commerce, il faut ſouvent emprunter; ſi l'argent eſt à un trop haut prix, il y a peu de profit à eſpérer pour l'agriculteur, pour le commerçant, & pour le chef de manufactures.

S'ils ont emprunté ſous l'*intérêt* du denier vingt, ou à cinq pour cent, ils ſeront obligés, pour ſe dédommager, de vendre plus cher que ceux des pays où l'on emprunte à trois pour cent; de-là moins de débit chez l'étranger, moins de moyens de ſoutenir la concurrence.

L'argent, par lui-même, ne produit rien. Le commerce, l'industrie & les terres payent, par leur rapport, l'argent qu'on emprunte : ainsi les rentes de l'argent sont une charge établie sur les terres, sur le commerce, & sur l'industrie.

Une des premières & des plus utiles opérations de Sully, fut de réduire en 1601, au denier seize, l'*intérêt* de l'argent qui étoit au denier douze.

Voici comment elle est rapportée dans les *Recherches & considérations sur les Finances*, imprimées en 1754, *in*-12. tome I. pag. 95.

» Les raisons exposées dans l'édit qui ordonnoit cette réduction d'*intérêt*, renfermant tout ce qu'on peut penser de mieux sur cette matière, les plus habiles écrivains parmi les Anglois, le proposèrent depuis comme un modèle à imiter chez eux. Aujourd'hui, quoique nous nous prétendions plus éclairés, quoique la nécessité d'une réduction d'*intérêt* soit encore plus évidente, puisque tous nos voisins le payent moins cher que nous, & que la politique de l'Europe s'étant tournée vers le commerce, nous soyons forcés de nous procurer les mêmes facilités; aujourd'hui, dis-je, nous sommes réduits à emprunter, en faveur du bien de l'Etat, l'autorité de ces mêmes étrangers, qui ont profité de notre exemple.

» Du tems de Henri-le-Grand, ce n'étoit point une maxime politique de dire, que le haut *intérêt* de l'argent étoit nécessaire à la conservation des familles de robe. Ainsi, soit qu'on fût plus tranquille alors sur cet objet, soit qu'on se fût fait moins de besoins frivoles, l'édit n'éprouva aucune contradiction. Le bénéfice de la réduction étoit d'autant plus grand pour nous, que nos voisins payoient l'*intérêt* plus cher.

» Voilà de ces faits qui aident à rendre compte de l'aisance d'un Etat, dans des tems où les arts étoient peu avancés. Les pistoles d'Espagne, comme le disoit le roi, étoient plus communes en France qu'en Espagne, parce que nous vendions librement nos grains, nos vins & nos eaux-de-vie, & parce que l'*intérêt* de notre argent étoit plus bas que dans les autres Etats. Réciproquement l'*intérêt* avoit baissé, parce que le commerce libre des grains attiroit l'argent.

» Henri, &c. Après avoir, par l'assistance de la divine bonté, pacifié de toutes parts notre royaume, & fait rendre à chacun de nos sujets ce qui leur appartenoit, & avoit été ravi par la licence des guerres passées, en telle sorte que chacun à présent jouit paisiblement du sien; nous avons jugé être aussi important, & non de moindre gloire à notre Etat royal, d'apporter pareil soin & diligence à la conservation de leurs possessions, que nous avions soutenu de travaux & de fatigues à leur acquérir. Et, pour cet effet, ayant recherché de plus près les causes qui, plus ordinairement, appauvrissent & travaillent nosdits sujets en la jouissance de leurs biens, & sur-tout de notre noblesse, de laquelle, comme du plus fort appui de notre couronne, nous & nos prédécesseurs avons toujours reçu de signalés services; nous avons reconnu au doigt & à l'œil, que les rentes constituées à prix d'argent au denier dix ou douze, qui ont eu cours principalement depuis quarante ans en çà, & *intérêts* provenans tant des changes & rechanges, que des condamnations qui s'ordonnent par nos juges à faute de payement des dettes, ont été en partie cause, tant de la ruine de plusieurs bonnes & anciennes familles, soit pour avoir été accablées d'*intérêts*, & souffert la vente de tous leurs biens à personnes qui s'en sont trouvées insolvables, que empêché le trafic & commerce de la marchandise qui, auparavant, avoit plus de vogue en notre royaume qu'en aucun autre de l'Europe, & fait négliger l'agriculture & manufacture, aimans mieux plusieurs de nos sujets, sous la facilité d'un gain à la fin trompeur, vivre de leurs rentes en oisiveté parmi les villes, qu'employer leur industrie, avec quelque peine, aux arts libéraux, ou à cultiver & approprier leurs héritages; ce qui pourroit, à la longue, aussi-bien occasionner quelques remuemens en cet Etat & monarchie, que les usures & grandes dettes ont fait par le passé en plusieurs républiques.

» Pour à quoi remédier à l'avenir, par le retranchement du profit excessif desdites rentes & *intérêts* réprouvés des changes & rechanges, qui rendent ingrate la fertilité des terres; convier nos sujets à s'enrichir de gains plus convenables, ou se contenter de profits modérés; même faciliter les moyens à notredite noblesse de rétablir en leurs maisons, les dégâts, ruines & désordres qui leur ont été causés par les troubles, afin qu'elle puisse ci-après nous rendre les services qu'elle nous doit, ès occasions qui pourront se présenter.

» Considérant, d'ailleurs, que lesdites rentes constituées en deniers comptans, sous les noms déguisés de ventes ou achats, le profit n'en a certainement été limité par aucune ancienne ordonnance, ni même autorisé par aucune constitution de l'Eglise, sinon suivant l'usage & coutume des pays, qui a changé & varié selon la nécessité & exigence des tems, suivant laquelle, par édit du mois de juin 1572, vérifié en notre cour de parlement de Paris, a été inhibé & défendu de constituer à plus haut prix que de dix pour cent.

» Savoir faisons, qu'ayant mis en délibération » cette affaire en notre conseil, où étoient les » princes de notre sang, les officiers de notre » couronne, & plusieurs grands & notables per- » sonnages de notre conseil d'Etat, étant près de » notre personne.

» Nous avons dit, statué & ordonné, disons, » statuons & ordonnons, par édit perpétuel & » irrévocable, qu'en tous lieux, terres & sei- » gneuries de notre royaume, ne seront ci-après, » par aucunes personnes, de quelqu'état, qualité » & condition qu'elles soient, constituées rentes à » plus haut prix qu'à la raison du denier seize, » revenant à six cens quinze sols pour cent écus, » par chacun an; & ce, par contrats passés par- » devant tabellions ou notaires, auxquels nous » faisons très-expresses inhibitions & défenses » d'en passer à autre raison, à peine de suspension » & privation de leurs offices, & à tous nos ju- » ges d'y avoir aucun égard, ni donner aucun ju- » gement contenant condamnation de plus grands » *intérêts*.

» Cette réduction d'*intérêt*, observe l'auteur » des *Recherches & considérations sur les Finances*, » ne s'étendoit pas sur les anciens contrats, ce » qui n'eût été ni juste, ni convenable; car pour » résilier un contrat, il faut remettre les parties » dans le même état où elles étoient.

» Outre qu'il n'eût pas été de l'*intérêt* public » de diminuer les revenus d'un rentier, en lui in- » terdisant les moyens de profiter de la nouvelle » facilité accordée, soit au commerce, soit à la » culture des terres, ç'eût été introduire le dis- » crédit & la défiance entre les citoyens. C'est » toujours une grande faute en politique, parce » que l'usure imagine alors de nouvelles ruses, » qui, pour être plus cachées, n'en sont que plus » dangereuses; de-là la multiplicité des loix, » toujours défavorables à la circulation des den- » rées & des espèces, sans compter le danger » d'exposer les réglemens à l'inobservation. «

Observons que le préambule de l'édit porteroit à croire que l'*intérêt* avoit haussé depuis 1550; c'est-à-dire, depuis que l'Etat empruntoit par constitution de rente, ou par aliénation de domaines & droits domaniaux. En effet, l'*intérêt* fut réglé en 1541, à huit un tiers pour cent, & l'édit parle de rentes au denier dix, ou à dix pour cent.

Le même écrivain nous apprend que l'*intérêt* de l'argent fut encore réduit sous le règne suivant, dans l'année 1634.

On s'étoit si bien trouvé de cette réduction, que le cardinal de Richelieu fit rendre un édit pour le réduire au denier dix huit, ou cinq & cinq neuvièmes pour cent. Il mérite d'être rapporté.

» Louis, &c. Le feu roi, notre très-honoré » seigneur & père, ayant reconnu que le profit » excessif que tiroient les particuliers des rentes » & constitutions de rentes, auroit fait négliger » le trafic & commerce, & attiré la ruine de sa » noblesse, par son édit du mois de juillet 1601, » a réduit & réglé lesdites rentes & constitutions » de rentes à raison du denier seize, le mal ne » pouvant souffrir un plus grand remède, à cause » des usures que le malheur des guerres passées » avoit comme autorisées, & du peu d'argent » qui étoit lors dans le royaume; duquel retran- » chement néanmoins, cet Etat a reçu grande » utilité.

» Mais à présent, par le bénéfice d'une longue » paix, nos sujets se sont rendus si puissans, & » cet Etat si abondant, que la réduction ci devant » faite, ne produit plus l'effet pour lequel elle » avoit été ordonnée, d'autant que les particu- » liers trouvent tant de profit & de facilité au re- » venu desdites constitutions, qu'ils négligent » celui du commerce, dont le rétablissement tou- » tefois est si important & nécessaire pour la sub- » sistance de cette monarchie, que nous ne sau- » rions y contribuer avec assez de soin, ni nous » servir de meilleurs moyens, & plus propres » pour y parvenir, que de ceux dont s'est servi » notre très-honoré seigneur & père, en modé- » rant, à son exemple, le revenu desdites consti- » tutions à un pied si légitime, que ceux qui, par » leur industrie, pourront rétablir ledit commerce » & l'agriculture, ne soient plus retenus dans » l'oisiveté par l'avantage qu'ils tirent desdites » constitutions de rentes, & les autres en puissent » tirer un profit si modéré, qu'ils soient obligés, » par la diminution de leurs revenus, de retran- » cher le luxe qui a cours.

» A ces causes, &c. Nous avons par notre pré- » sent édit, perpétuel & irrévocable, dit, statué » & ordonné, disons, &c. & nous plaît, que » dorénavant les constitutions de rentes qui se fe- » ront par nos sujets, de quelqu'état, qualité & » condition qu'ils soient, ne puissent excéder le » denier dix-huit par an, à quoi nous avons ré- » glé, réduit & modéré le pied desdites constitu- » tions, dans toutes les provinces, sénéchaussées » & bailliages de notre royaume, nonobstant les » ordonnances us & coutumes des lieux, les- » quelles nous avons révoquées & révoquons par » ces présentes.

» Défendons très-expressément à tous notaires, » & tabellions, de passer les contrats qu'ils en » feront, à plus haute raison, à peine de priva- » tion de leurs offices, & de pure perte des som- » mes principales contre les créanciers au profit » des constituans, & à tous juges d'y avoir égard, » ni de rendre aucuns jugemens, sentences & » condamnations de plus grands *intérêts*, à peine

» de suspension de leurs charges ; déclarant nuls » & de nul effet, lesdits contrats de constitutions, » sentences & jugemens, ensemble toutes les » promesses qui pourroient être ci-après faites » sous seing privé, portant *intérêts*, même celles » de change & rechange, si ce n'est à l'égard des » marchands fréquentans les foires de notre ville » de Lyon, & pour cause de marchandise ; sans » préjudice, toutefois, des constitutions que nous » avons ordonnées par nos édits, auparavant l'ex- » pédition des présentes, lesquelles constitutions » nous voulons avoir lieu, & être faites sur le » pied du denier seize, ainsi qu'il est porté par » lesdits édits. «

Cet édit éprouva de grandes difficultés à l'enregistrement, sans doute parce qu'on commençoit à penser, comme on a fait depuis, dans des tems plus éclairés cependant, que c'étoit ruiner les familles honnêtes & oisives, que de diminuer les moyens qu'elles avoient de se conformer à la dépense des autres ; que tout le monde n'est pas fait pour travailler, c'est-à-dire, que pour favoriser la paresse ou la vanité d'un petit nombre de rentiers, dont les trois quarts ont oublié, que si leurs pères n'eussent pas travaillé, ils n'auroient pas une famille honnête à citer, il faudra que les propriétaires des terres languissent, que le labourage diminue, que le commerce tombe, & avec les arts, le produit des finances.

On ne manqua pas aussi de dire, que les juges allouoient de foibles dommages en compensation du fort *intérêt*, comme si l'administration générale de l'Etat pouvoit dépendre des arrangemens d'une seule partie de détail ; l'industrie générale & l'avantage des terres, de l'*intérêt* des plaideurs ; la législation, des principes reçus au palais.

Des lettres de jussion mirent fin à cette résistance mal fondée, si l'exposition des faits dans le préambule de l'édit est véritable ; car si la diminution de l'*intérêt* n'avoit eu d'autre motif que la libération de l'Etat, c'eût été seulement forcer l'usure à secouer le frein des loix. Mais, vraisemblablement, la richesse nationale s'étoit accrue, à en juger par les efforts extraordinaires que le peuple avoit faits; & la gradation modérée de cette réduction d'*intérêts*, étoit très sage. Il paroît qu'elle n'en fût pas restée là, sans l'épuisement où les guerres étrangères jettèrent le royaume.

Suivons les opérations relatives à l'*intérêt*. Dans le plan qu'avoit formé M. Colbert, dit le même écrivain, de déraciner l'oisiveté, de favoriser l'industrie, & d'accroître les revenus publics, sans surcharger le peuple par de nouveaux impôts, il ne pouvoit finir les travaux de cette année, 1665, par une opération plus habile que la réduction de l'*intérêt* de l'argent, du denier dix-huit au denier vingt, taux auquel il est encore aujourd'hui. Les motifs & les effets en sont si bien exposés, qu'il est utile de transcrire ici cet édit.

« Louis, &c. L'affection que nous prêtons à » nos sujets, nous ayant fait préférer à notre » gloire & à l'aggrandissement de nos États, la » satisfaction de leur donner la paix, nous avons » en même-tems employé nos principaux soins » pour leur faire recueillir les fruits d'une par- » faite tranquillité ; & comme le commerce, les » manufactures & l'agriculture sont les moyens » les plus prompts, les plus sûrs & les plus lé- » gitimes pour mettre l'abondance dans notre » royaume, aussi n'avons-nous rien oublié de » toutes les choses qui pourroient obliger nos su- » jets de s'y appliquer ; & quoique la protection » que nous y donnons, & les établissemens de » diverses manufactures qui ont été faits par nos » ordres & de nos deniers, apportent dès-à-pré- » sent un notable soulagement à un très-grand » nombre de familles qui trouvent leur subsistance » dans leur travail, & d'autres avantages propor- » tionnés à leurs conditions ; & que d'un si heu- » reux commencement nous ayons tout sujet de » nous promettre des succès encore plus utiles » & plus avantageux ; néanmoins les gros *intérêts* » que le change & rechange de l'argent produit, » & les profits excessifs qu'apportent les consti- » tutions de rentes pouvant servir d'occasion à » l'oisiveté, & empêcher nos sujets de s'adonner » au commerce, aux manufactures & à l'agricul- » ture ; & d'ailleurs la valeur de l'argent étant « beaucoup diminuée par la quantité qui en vient » des Indes, qui se répand dans nos États, nous » avons estimé nécessaire d'en diminuer pareille- » ment le profit, pour mettre quelque sorte de » proportion entre l'argent & les choses qui » tombent dans le commerce ; à quoi même nous » sommes conviés par l'exemple des rois Henri- » le-Grand, notre ayeul, & de notre très-honoré » seigneur & père, qui auroient ordonné, par » leurs édits des années 1601 & 1634, que les » *intérêts* qui se payoient lors, demeureroient » réduits du denier quatorze au denier seize, & » du denier seize au denier dix-huit.

» Nous avons à cet effet résolu, ainsi même » qu'il se pratique le plus ordinairement à présent » dans les contrats de constitutions de rentes, » d'y apporter de la modération, & de fixer à » celles qui se feront ci-après, un pied conve- » nable & proportionné aux prix & quantité » d'argent qui a cours dans notre royaume.

» Et voulant aussi faciliter à nos sujets les » moyens de réparer les dégâts, ruines & désor- » dres qu'ils ont soufferts dans leurs maisons & » biens, pendant la durée d'une longue guerre, » en apportant une juste modération aux *intérêts* » des

» des sommes qu'ils pourront être obligés d'emprunter pour les remettre en valeur :

» A ces causes & autres considérations à ce » nous mouvant, de l'avis de notre conseil & de » notre certaine science, pleine jouissance, &c. » Voulons que les deniers qui seront ci-après » donnés à constitution de rente, par nos sujets » de quelque qualité & condition qu'ils soient, » ne puissent produire par an, un plus haut *intérêt* » que celui du denier vingt, auquel nous avons » réglé, réduit & modéré lesdites constitutions » dans toutes les provinces & jurisdictions de » notre royaume, terres & pays de notre obéissance; ce faisant, défendons très-expressément » à tous notaires, tabellions & autres, de recevoir ou passer aucuns contrats de constitutions » de rentes à plus haute raison que celle du denier » vingt, à peine de privation de leurs charges, » & d'être, lesdits contrats, déclarés usuraires, » & procédé extraordinairement contre ceux au » profit desquels lesdites constitutions auront été » passées, & de perte du prix principal applicable à l'hôpital-général des lieux où lesdits » contrats auront été passés; & en conséquence, » faisons très-expresses inhibitions & défenses à » tous juges de rendre aucuns jugemens, sentences de condamnation de plus grands *intérêts*, » sous les mêmes peines; déclarons en outre, nulles » & de nul effet & valeur les promesses qui pourroient être ci-après passées, portant *intérêts*, » même celles de change & rechange, si ce n'est » à l'égard des marchands fréquentans les foires » de notre ville de Lyon, pour causes de marchandises, sans fraude toutefois ni déguisement, » le tout sans préjudice desdites constitutions qui » se trouveront avoir été faites jusqu'au jour de » la publication des présentes, lesquelles seront » exécutées comme elles auroient pu être auparavant ».

Les avantages de cette réduction furent mieux sentis encore que ceux de la précédente, parce qu'on en avoit reconnu l'utilité. Mais les opérations auxquelles forcèrent les besoins du commencement de ce siècle, firent remonter les *intérêts* très-haut dans les affaires de finance, quoique la loi qui les réduisoit à cinq pour cent continuât de subsister, preuve que la nécessité est au-dessus de toute règle.

En 1702, lorsqu'on renouvella la caisse des emprunts, originairement établie par M. Colbert, on accorda huit pour cent d'*intérêts* sur les fonds qui y seroient déposés; dès-lors toutes les affaires remontèrent sur ce pied ruineux pour l'État.

L'année 1717 vit encore agiter & proposer de réduire l'*intérêt* de l'argent. Cette réduction parut utile dans les circonstances où l'on s'occupoit constamment des moyens de libérer l'État. Mais cette matière, après avoir été examinée dans des comités & au conseil, occasionna tant de contestations & éprouva tant de résistance, qu'il fallut abandonner tout projet de réduction, quoique le plus grand nombre des membres du conseil des finances, fût persuadé que la circonstance autorisoit une réduction forcée toujours facheuse en soi en d'autres tems.

Le rapport qui fut fait de cette affaire au conseil de la régence, mérite d'autant mieux une place dans cet ouvrage, qu'il présente les raisons respectives qui furent employées pour & contre la réduction. C'est du même écrivain que nous venons d'analyser, que nous emprunterons cette pièce, après avoir donné un précis de la discussion qu'il présente sur les réductions d'*intérêt*. *Recherches & considérations sur les finances*, tom. VI. pag. 55, *in* 12.

Originairement, le commerce consistoit dans l'échange des denrées contre les denrées. L'introduction de l'argent, pour servir de moyen terme à l'évaluation de toutes choses, facilita les échanges & les multiplia; c'est-à-dire que la consommation fut accrue, le peuple plus occupé, plus heureux physiquement.

Bientôt l'inégalité de l'industrie, des rangs, des successions, dût partager très-inégalement la quantité d'argent introduite dans le commerce, pour servir de moyen terme à l'évaluation des denrées exposées en vente. La défiance & d'autres passions engagèrent les possesseurs du moyen terme, à resserrer ce qu'ils en possédoient au-delà de leurs besoins. Ceux qui ne purent s'en passer imaginèrent, pour en obtenir, d'accorder à l'argent un produit, comme on en trouve un dans des fonds de terre.

Ce rapport assigné à l'argent fut vraisemblablement réglé sur le produit de l'emploi quelconque de l'argent emprunté, sur la facilité ou difficulté d'en avoir, c'est-à-dire sur la concurrence des prêteurs & des emprunteurs; enfin sur le risque ou la sûreté du prêt. On ne voit pas du moins ce qui auroit pu servir à le régler dans les tems primitifs, où l'autorité législative n'intervint pas vraisemblablement dans ces sortes de conventions, à moins qu'on ne suppose que cet *intérêt* fût réglé sur le produit des terres; mais cette conjecture n'est guères probable.

Les sûretés de chaque emprunteur ont dû influer sur l'*intérêt* du prêt, jusqu'à ce qu'une loi l'ait fixé : or, ces sûretés varioient à chaque prêt; de plus, dans le cas d'un prêt solide, l'*intérêt* auroit dû se trouver tout au plus au niveau du revenu des terres, & le produit en auroit toujours été plus utile que celui des terres, sur lesquelles porte l'imposition, qui sont sujettes à l'embarras des régies, à des réparations, à l'incertitude & à l'inégalité des récoltes.

Il paroît qu'en 1320 les fonds se vendoient au denier vingt, en 1541 au denier trente. Cependant à la première de ces époques, l'*intérêt* de l'argent étoit à douze pour cent avec hypothèque; & dans la seconde, à huit & un tiers pour cent; en 1560 à six & sept huitièmes pour cent.

On a vu, depuis que l'argent est à cinq pour cent, les terres retomber au denier vingt & au-dessous; elles se vendent aujourd'hui (en 1717) du denier vingt-cinq au denier trente-cinq. Il ne paroît pas que le rapport entre le produit de l'argent & le produit des terres ait eu, dans cet espace de temps, aucun terme fixe.

On en peut dire de même du rapport entre le prix du prêt hypothécaire, & le prix du prêt marchand; car en 1560 l'ordonnance de Charles IX en fixant l'*intérêt* des rentes à six & vingt-un, vingt-quatrièmes pour cent, permit aux marchands l'*intérêt* à huit & huit vingt-quatrièmes; ainsi, la différence étoit d'un & onze vingt-quatrièmes pour cent.

Aujourd'hui (en 1754) l'argent est réglé par la loi à cinq pour cent; les effets publics qui indiquent le cours naturel de l'argent, s'achètent sur le pied de quatre & demi & quatre pour cent; cependant le prêt du marchand subsiste toujours à six pour cent. Il y a donc une différence de un pour cent avec l'*intérêt* légal, & d'un & demi à deux pour cent avec le cours naturel. Dès-lors toute proportion est évanouie dans les rapports, sur-tout si l'on fait attention à l'abondance de l'argent, à l'accroissement de la confiance par celui du commerce, & par la tranquillité publique.

En 1785 les choses sont encore dans le même état qu'en 1754, tant à l'égard de l'*intérêt* de l'argent, que pour le cours des effets publics, quoique pendant ces trente années, le numéraire soit augmenté d'un tiers, que le commerce & l'industrie se soient fort étendus (*Voyez* NUMÉRAIRE). Ce qui a soutenu l'*intérêt* à ce taux, ce sont les emprunts multipliés du gouvernement, tant en son nom que par le crédit des financiers & des pays d'États, & encore la multitude d'affaires dans lesquelles l'argent rapporte depuis neuf jusqu'à treize pour cent. Reprenons le fil du mémoire de 1717.

Il paroît qu'en général la combinaison de la quantité d'argent offerte, avec la quantité de l'argent demandée, forme ce qu'on appelle le taux de l'*intérêt*, auquel la différence des sûretés réelles ou apparentes du prêt imprime des nuances infinies.

Il s'ensuit que le prix de l'argent ne devroit pas plus être fixé que celui des autres denrées, dont l'abondance ou la rareté règlent le prix; mais la dureté & l'avidité des créanciers, les troubles que leurs rigueurs ont excité en divers États, la facilité plus évidente de convertir l'argent en monopole, à la faveur même des gros *intérêts*, que toute autre denrée; enfin les conseils de la charité chrétienne ont engagé les législateurs à intervenir dans une convention qui devoit être libre de sa nature.

La politique cependant connoissant le danger de donner des loix, que les hommes eussent *intérêt* de ne point exécuter, obligée d'en punir les infractions, & cherchant plutôt à guider les hommes vers l'objet de la société qu'à les y contraindre, a, dans tous les tems, établi des fixations générales sur les convenances les plus usitées, entre les prêteurs & les emprunteurs.

Comme les sûretés du prêt influent de leur côté sur son prix, & qu'il est impossible à la législation d'entrer dans les évaluations particulières, elle s'en est tenue à calculer la sûreté générale qui consiste dans l'hypothèque réelle & dans la confiance publique.

A mesure que les idées se sont perfectionnées, on a remonté vers les causes qui influoient sur le nombre des prêteurs & des emprunteurs d'argent, on a reconnu qu'il dépendoit de la plus ou moins grande inégalité dans la répartition des richesses pécuniaires; que cette inégalité dépendoit de l'abondance ou de la rareté du travail parmi le peuple; & cette abondance ou cette rareté de travail, de la perfection de l'agriculture & de l'industrie, qui forment le fonds des revenus primitifs dans un État; enfin, pour rassembler toutes ces choses, que cette abondance ou cette rareté de travail tenoit à l'activité de la circulation, fruit de celle du commerce, dont la production des valeurs nouvelles est le moyen, & la consommation la fin.

Diverses causes ont introduit, dans tous les États, une seconde sorte de biens qui n'a point la production des valeurs nouvelles pour objet, ni la consommation pour terme, & sans l'achat ou la vente desquels la production & la consommation des denrées se feroient également. De ce genre sont les offices, les rentes sur l'État, & les particuliers, les *intérêts* de finance, &c. Cette seconde espèce de biens se trouvant en concurrence avec les biens primitifs, dans les échanges que les hommes font entre eux, attire à elle une partie de l'argent qui se trouve dans l'État. Lorsque sa proportion avec les biens primitifs se trouve telle, que l'argent n'est plus aussi facilement présent lors de la consommation des denrées, l'activité de la circulation du commerce diminue; l'argent se trouve plus inégalement réparti, le nombre des emprunteurs augmente, & dès-lors l'*intérêt*; à moins qu'une augmentation proportionnelle dans la masse de l'argent n'arrête le sur-haussement d'*intérêt*, & ne le contienne dans ses bornes anciennes. Ces recherches & ces connoissances ont augmenté la difficulté de la combinaison des législateurs, lorsqu'ils ont voulu intervenir dans la fixation des *intérêts* de l'argent.

D'un côté, il a été reconnu que la réduction forcée des *intérêts* ne pouvoit en soi diminuer le nombre des emprunteurs; de l'autre, que si ces réductions forcées augmentoient la sûreté des biens fonds, en accroissant leur capital numéraire, elle ne pouvoit avoir le même effet sur la sûreté d'opinion dans les prêts sur le billet, & dès-lors augmenter le nombre des prêteurs dans le commerce. On a craint que l'usure trop resserrée par la loi n'en rompît les digues; que les prêteurs ne croyant plus trouver une compensation convenable à leurs risques dans le prêt marchand, ne portassent leur argent vers les fonds de terre, les offices, ou qu'ils ne le cachassent.

D'autres personnes ont pensé que le propriétaire de l'argent resserré seroit invité, par la diminution de son revenu, à augmenter la somme de son prêt; que le produit des terres étant toujours plus borné que celui de l'argent, on se dégoûteroit promptement de cet emploi exclusif; enfin qu'il en résulteroit toujours que l'emploi plus abondant de l'argent dans la culture des terres, source primitive de tous les revenus, produiroit nécessairement, avec le temps, une plus grande consommation, soit intérieure, soit extérieure, & ranimeroit l'activité de la circulation du commerce.

Reste à considérer l'effet d'une réduction d'*intérêt* sur les productions de la terre, & sur les ouvrages de l'industrie.

La réduction favorise évidemment l'amélioration des terres, & l'amélioration des terres produit l'abondance des vivres & des matières premières, & ordinairement l'abondance baisse les prix.

Les ouvrages de l'industrie, avant d'arriver au terme de la consommation, passent par les mains de divers entrepreneurs, qui comptent parmi leurs frais l'*intérêt* de l'argent avancé, ou sur leur crédit, ou sur leurs capitaux; or, la diminution des *intérêts* est donc, en cette partie, une diminution sur le prix des productions de l'art; elles gagneroient en outre le bénéfice du bon marché des vivres & des matières premières, par l'amélioration de la culture.

Si la réduction est forcée, je conviens que dans le commencement le négociant ne trouvera pas plus d'argent qu'il n'en trouvoit; mais aussi il est probable qu'il ne lui en sera pas moins offert, parce que l'*intérêt* du commerce sera toujours plus fort que l'*intérêt* des hypothèques & celui des terres.

Mais si la réduction s'opère d'après le cours naturel de l'argent, il en sera certainement offert davantage au commerce, & cette facilité multipliant les concurrences, baissera les prix. On peut même espérer, avec quelque confiance, qu'en peu d'années il en résulteroit autant d'une réduction forcée.

On objectera que les entrepreneurs & leurs ouvriers destinent leurs gains à des placemens à rente, & que ne retrouvant plus le même *intérêt*, leurs salaires renchériront. Il semble convenable de séparer la considération sur les entrepreneurs & sur les ouvriers.

Rien ne seroit assurément plus utile qu'un moyen d'engager les entrepreneurs à continuer de faire valoir leurs capitaux dans le commerce, dont ils ne se retirent point sans perte pour l'État; & c'est un des grands inconvéniens des gros *intérêts* qui les y invitent.

Quant aux ouvriers & manouvriers, leur ambition & leurs facultés se bornent le plus communément à l'éducation & à l'établissement commode de leurs enfans, au moyen de quelque argent comptant. Ceux dont la profession est un peu plus lucrative, cherchent à aggrandir leur petit commerce, & sur cinq cens qui se trouveront dans cette situation, à peine en verra-t-on un qui s'avise de placer son bien à rente; il est beaucoup plus commun qu'ils portent leur aisance vers l'acquisition d'un petit fonds de terre; & dans les provinces où il y a des fabriques, on sait qu'aux environs des villes, ces sortes de biens se vendent communément du denier quarante au denier cinquante; ce qui est beaucoup au-delà de ce que se vendent les grosses fermes; preuve certaine que les artisans qui cherchent à assurer leur sort, ne calculent pas l'*intérêt* à cinq pour cent, dans l'évaluation de leurs salaires.

Parmi les manouvriers, on ne voit que les domestiques dans l'usage de placer à rente, parce qu'accoutumés à une espèce d'oisiveté, & incapables de tout lorsqu'ils avancent en âge, ils n'ont pas d'autre ressource. Si l'on fait attention d'ailleurs à la manière dont ils sont payés, & au traitement accordé en général à de vieux serviteurs, leur sort ne peut pas inquiéter le législateur.

Les professions lucratives & utiles, sans produire de nouvelles valeurs, telles que celles de la médecine, de la chirurgie, du barreau, peuvent augmenter leurs honoraires, sans qu'il en résulte un grand inconvénient pour l'État; mais il est vrai de dire que quelque soit le taux de l'*intérêt*, les habiles gens s'enrichiront dans ces professions, & les médiocres y subsisteront difficilement.

Il n'est pas aisé de voir quelle analogie l'augmentation des loyers peut avoir avec la baisse des *intérêts ;* le fond des maisons augmentera de valeur, mais c'est tout ; & si cet accroissement engage à bâtir de nouvelles maisons, les loyers baisseront. On peut donc conclure qu'il n'y a aucune augmentation à craindre sur les denrées nécessaires, par une réduction forcée d'*intérêts ;* il est probable qu'il en résulteroit une diminution dans les prix.

Dans ces matières, revenons toujours au principe géneral ; la baisse de l'*intérêt* est-elle favorable à l'amélioration & au produit des terres ? Vos consommations seront moins chères, plus abondantes ; vos ventes extérieures plus faciles, les gains de votre peuple augmenteront avec le travail.

La seconde objection souvent réitérée contre la baisse des *intérêts*, c'est qu'il faut observer une proportion exacte entre le produit des rentes & le produit, soit des fonds, soit du commerce. C'est une de ces maximes vagues, dont l'explication embarasse toujours ceux qui en font parade, sans égard aux circonstances. En quoi consiste cette exactitude de proportion ? Si le produit des fonds & celui du commerce sont les revenus primitifs de l'État, c'est à eux à régler l'*intérêt* des rentes, & non aux produits des rentes à influer sur le leur.

En cette année (1754) le produit des fonds de terre n'est pas réputé être de trois pour cent net ; il n'y a donc aucune proportion entre ce produit & celui des rentes à cinq pour cent, suivant l'*intérêt* légal ; car la différence de la sûreté de l'hypothèque à la sûreté du fonds, ne va pas à un pour cent. Pour preuve, le prêt marchand ne diffère du prêt hypothécaire que d'un pour cent ; or, il y a plus d'intervalle entre la sûreté de ces deux prêts, qu'entre celle des terres & de l'hypothèque de ces terres.

L'*intérêt* légal seroit donc dans une proportion plus juste avec le produit des terres, s'il étoit borné à quatre pour cent. Il est vraisemblable que tous les négocians du royaume unanimement, abandonneroient très-volontiers à dix pour cent le produit de leurs capitaux personnels, & ceux de leur crédit. Cependant le prêt marchand est à six pour cent ; & dans tous les pays, l'usage, même parmi les casuistes les plus rigoureux, est d'évaluer le salaire & les risques du commerce, au double de l'*intérêt* payé.

Or, tant que les rentes seront légalement à cinq pour cent, le prêt marchand subsistera à six pour cent : il n'y a donc plus de proportion entre le produit du commerce & le produit des rentes.

Aussi l'examen de cette objection contre la baisse des *intérêts*, conduit à penser qu'il convient de baisser l'*intérêt* légal, lorsque le produit des fonds & du commerce baisse naturellement : car cette baisse du fonds se verra toujours accompagnée de la baisse du cours naturel de l'argent.

Le même ouvrage dont l'auteur nous a fourni les réflexions qu'on vient de voir sur la réduction des *intérêts*, présente encore un mémoire lu au conseil de la régence sur cet objet ; mais la plus grande partie des observations & des faits qu'il contient, étant applicable à la situation du moment, & aux circonstances du tems, on se contentera de l'indiquer. On préfère d'insérer ici, comme généralement plus intéressant, le discours de M. Hume, sur la même matière.

Rien ne passe pour un signe plus certain de l'état florissant d'une nation, que la modicité de l'*intérêt* de l'argent, & c'est avec raison, quoique je pense que la cause est un peu différente de celle que l'on suppose communément. La modicité de l'*intérêt* est généralement attribuée à l'abondance de l'argent ; cependant l'argent, quoiqu'abondant, n'a d'autre effet, si le fonds en est toujours le même, que d'augmenter le prix du travail.

L'espèce d'argent est plus commune que celle d'or ; ainsi vous en recevrez une plus grande quantité pour les mêmes commodités ; mais porte-t-elle un moindre *intérêt ?* L'*intérêt*, à Batavia, à la Jamaïque, est à dix pour cent ; en Portugal, à six, quoique ces pays, comme on le sait, abondent beaucoup plus en or & en argent que Londres ou Amsterdam.

Si tout l'or, en Angleterre, étoit anéanti à la fois, & que l'on substituât vingt-un schellings à la place de chaque guinée, la monnoie seroit-elle plus abondante, ou l'*intérêt* plus bas ? Non, assurément ; seulement nous nous servirions d'argent au lieu d'or.

Si l'or devenoit aussi commun que l'argent, & que l'argent le devînt autant que le cuivre, la monnoie seroit-elle plus abondante, ou l'*intérêt* plus bas ? Nous pouvons en sûreté faire la même réponse. Nos schellings alors seroient jaunes, nos sous seroient blancs, & nous n'aurions point de guinées. Voilà tout ce qui en arriveroit. Le commerce, les manufactures, la navigation & l'*intérêt* n'en souffriroient aucune altération, à-moins que nous n'imaginions que la couleur du métal est de quelque conséquence.

Or, ce qui est si visible dans ces extrêmes variations de rareté ou d'abondance de ces précieux métaux, doit arriver en proportion dans les plus petits changemens. Si l'on peut multiplier quinze fois l'or & l'argent sans produire de différence, à plus forte raison lorsqu'on ne fait que le doubler ou le tripler. Toute augmentation n'a d'autre effet que de hausser le prix du travail & des commodités, & même cette augmentation n'est guère que celle d'un nom.

Dans les progrès de ces changemens, l'augmentation peut avoir quelque influence en excitant l'industrie ; mais après que les prix sont arrêtés proportionnellement à la nouvelle abondance d'or & d'argent, elle n'a plus aucune sorte d'influence.

Un effet garde toujours une proportion avec sa cause. Les prix ont à-peu-près quadruplé depuis la découverte des Indes ; il est cependant probable que l'or & l'argent ont multiplié beaucoup plus ; mais l'*intérêt* n'est guère tombé que de moitié. Le prix de l'*intérêt* ne vient donc pas de la quantité de ces métaux.

L'argent n'ayant qu'une valeur fictive, que la convention des hommes lui a donnée, si nous considérons une nation en elle-même, il lui importe peu qu'elle en ait une plus ou moins grande abondance. Lorsque la monnoie est une fois fixée, en quelque abondance qu'elle soit, elle n'a d'autre effet que d'obliger chaque particulier à donner un plus grand nombre de ces brillantes pièces de métal, pour ses habits, ses meubles, ou ses équipages, sans qu'elle puisse augmenter les aisances de la vie de qui que ce soit.

Si un homme emprunte de l'argent pour bâtir une maison, il rapporte alors chez lui une plus grande charge, parce que la pierre, le bois, le fer & le plomb, &c. avec le travail des maçons & des charpentiers, sont représentés par une plus grande quantité d'or & d'argent.

Mais ces métaux ne devant être considérés que comme des représentations, leur volume ou leur quantité, leur poids ou leur couleur, ne peuvent opérer aucun changement sur leur valeur réelle ou sur leur *intérêt*.

Le même *intérêt*, dans tous les cas, porte la même proportion avec la somme. Si vous me prêtez tant de travail & tant de commodités, à cinq pour cent, vous recevez toujours un travail & des commodités proportionnées, soit que la chose soit représentée par des pièces jaunes ou blanches, par une livre ou par une once. Il est donc inutile de chercher ce qui fait hausser ou baisser l'*intérêt*, dans la plus grande ou la moindre quantité d'or & d'argent qui est fixée en chaque nation.

Trois circonstances font hausser l'*intérêt* ; une grande demande pour emprunter ; peu de richesses pour répondre à cette demande, & de grands profits provenans du commerce. Ces circonstances sont la preuve la plus claire du peu de progrès du commerce & de l'industrie, & non de la rareté de l'or & de l'argent.

De l'autre côté, des circonstances toutes contraires font baisser l'*intérêt* ; une petite demande pour emprunter ; de grandes richesses pour suppléer à cette demande, & de petits profits dans le commerce. Toutes ces circonstances sont liées ensemble, & naissent de l'augmentation, de l'industrie & du commerce, & non de celle de l'or & de l'argent. On va tâcher de prouver ces différens points.

Lorsqu'un peuple commence à sortir de l'état de barbarie, & qu'il devient plus nombreux qu'il n'étoit originairement, il faut qu'il arrive aussi-tôt une inégalité de possessions ; tandis que les uns sont maîtres d'une grande étendue de pays, d'autres sont resserrés dans des limites très-étroites, & quelques-uns même sont absolument sans aucune terre.

Ceux qui possèdent plus de terre qu'ils n'en peuvent cultiver, font travailler ceux qui n'en ont point, & conviennent de recevoir une partie déterminée du produit. De-là l'*intérêt* des propriétaires de terres est immédiatement établi, & il n'y a aucun gouvernement, quelque grossier qu'il puisse être, où les choses ne soient pas sur ce pied-là.

De ces propriétaires de terre, quelques-uns pensent différemment des autres ; & tandis que l'un voudroit emmagasiner, pour l'avenir, le produit de sa terre, l'autre desireroit de consommer à présent ce qui suffiroit pour plusieurs années ; mais celui qui ne feroit que dépenser son revenu, vivroit entièrement sans occupation ; & les hommes ont tellement besoin de quelque chose qui les fixe & les engage, que les plaisirs, quels qu'ils soient, seront toujours recherchés de la plus grande partie des propriétaires de terre, &, par conséquent, les prodigues seront toujours aussi plus communs que les avares.

Ainsi dans un Etat où l'on ne connoît d'autre *intérêt* que celui des terres, comme il y a peu de frugalité, les emprunteurs doivent être nombreux, & le prix de l'*intérêt* est en proportion. La différence ne dépend pas de la quantité d'argent, mais des usages & des mœurs qui prévalent. C'est ce dernier article seul qui augmente ou qui diminue la demande pour emprunter. Où l'argent abonde assez pour qu'un œuf se vende six sous, aussi long-tems qu'il y aura seulement des possesseurs de terre & des laboureurs pour la cultiver, les emprunteurs doivent être nombreux, & l'*intérêt* est plus cher ; la rente pour la même ferme pourroit être plus forte ; mais la paresse du seigneur de la terre, & les prix plus hauts des commodités la dissiperoient dans le même tems, & de la même nécessité résulteroit la même demande pour emprunter.

Le cas est le même à l'égard de la seconde circonstance, à savoir, le plus ou le moins de richesse pour satisfaire à cette demande. Cet effet dépend aussi des mœurs & des manières de vivre d'un peuple, & non de la quantité d'or & d'argent.

Pour qu'il se trouve dans un Etat un grand nombre de prêteurs, il ne suffit pas, il n'est pas nécessaire qu'il y ait une grande abondance de ces métaux, il faut seulement que la propriété de cette quantité qui est dans l'Etat, grande ou petite, soit ramassée dans des mains particulières, de façon à former des sommes considérables, ou à composer un grand *intérêt* d'argent. C'est ce qui produit le grand nombre de prêteurs, & fait tomber le prix de l'usure; l'on peut avancer que ceci ne dépend pas de la quantité de l'espèce, mais des mœurs & des coutumes particulières, qui font que l'argent se ramasse en des sommes séparées, ou en des masses de valeur considérable.

Supposons qu'en une nuit, par un miracle, il tombât dans la poche de chaque habitant de l'Angleterre, cinq livres sterling; tout l'argent qui est à présent dans le royaume seroit plus que doublé; cependant, ni le jour suivant, ni quelque tems après, il n'y auroit pas plus de prêteurs, & conséquemment aucune altération dans l'*intérêt*.

S'il n'y avoit dans l'Etat, que des seigneurs de terre & des laboureurs, cet argent, quoiqu'abondant, ne pourroit pas s'amasser en sommes, & serviroit seulement à augmenter le prix de chaque chose, sans aucune autre conséquence. Le seigneur de terre le prodigue aussi-tôt qu'il le reçoit; le pauvre paysan n'a ni les moyens, ni l'ambition d'obtenir autre chose que la simple subsistance. Le nombre des emprunteurs, au-dessus de celui des prêteurs, continuant à être le même, il ne s'ensuivra aucune réduction d'*intérêt*; elle dépend d'un autre principe, & ne peut venir que d'une augmentation d'industrie, de frugalité, d'arts & de commerce.

La terre produit toutes les choses utiles à la vie de l'homme, mais elle ne les donne pas dans un état où elles soient d'un usage immédiat; il faut donc qu'il y ait, outre les propriétaires & les laboureurs, une autre classe d'hommes, qui recevant des derniers ces productions dans leur état brut, travaillent à leur donner la forme convenable, & qu'ils en retiennent une partie pour leur propre subsistance.

Dans l'enfance d'une société, les contrats entre les agriculteurs & les artisans, entre une espèce d'artisans & une autre espèce, se font d'ordinaire immédiatement par eux-mêmes, qui étant voisins, connoissent aisément les nécessités les uns des autres, & peuvent se prêter une assistance mutuelle pour y suppléer. Mais lorsque l'industrie des hommes augmente, & que leur vues s'agrandissent, il se trouve que les parties de l'Etat les plus éloignées les unes des autres, peuvent s'assister réciproquement, aussi bien que les plus voisines, & que cette communication de bons offices peut être portée à sa plus grande extension.

De-là vient l'origine des négocians ou marchands: classe d'hommes la plus utile à la société, qui servent comme d'agens entre ces différentes parties de l'Etat; qui ne se connoissent en aucune manière, & qui ignorent les besoins les uns des autres. De-là vient aussi que, s'il se trouve dans une ville cinquante ouvriers en soie ou en laine, il s'y trouve aussi mille personnes qui ont besoin de leur travail. Ces deux dernières classes d'hommes si nécessaires les uns aux autres, n'auroient pas toujours une grande facilité à se rencontrer, sans une troisième classe qui ouvre une boutique, où se rendent d'un côté les ouvriers, & de l'autre, ceux qui ont besoin de leur travail.

Une province élève beaucoup de bétail, fait du beurre & du fromage; mais on y manque de bled & de pain; ces denrées abondent dans la province voisine, beaucoup au-delà de la consommation nécessaire à ses habitans. Un homme fait cette découverte, il apporte du bled d'une province, & retourne avec du bétail; & pourvoyant ainsi au besoin des deux, il devient, en cela, leur bienfaiteur commun.

A mesure que le peuple augmente en nombre & en industrie, la difficulté de leur correspondance mutuelle devient plus grande. L'emploi de l'argent ou de la marchandise devient plus embarrassé, & se divise, se subdivise, s'arrange & se mêle dans une plus grande variété. Dans toutes ces transactions, il est nécessaire & raisonnable qu'une partie considérable des commodités & du travail appartiennent au marchand, à la vigilance duquel on est redevable de la facilité de se les procurer.

Quelquefois il gardera ces commodités en nature; ou, plus communément, il les convertira en argent, qui est leur représentation commune. Si l'or & l'argent ont augmenté dans l'Etat avec l'industrie, il faudra une grande quantité de ces métaux pour représenter une grande quantité de commodités & de travail. Si l'industrie seule a augmenté, les prix de chaque chose doivent tomber, & une très-petite quantité d'espèces servira de représentation.

Il n'y a rien que l'esprit humain demande plus constamment, & d'une manière plus insatiable, que de l'exercice & de l'emploi; & ce desir paroît être le fondement de toutes nos passions & de toutes nos recherches. Privez un homme de toute affaire & de toute occupation sérieuse, il court sans relâche d'un amusement à un autre; le poids de sa paresse l'accable tellement, qu'il oublie la ruine où l'entraîne sa dépense immodérée. Donnez lui la manière plus innocente d'occuper son esprit ou son corps, il est satisfait, & cesse d'éprouver cette soif du plaisir que rien ne peut satisfaire.

Mais si l'emploi qu'il obtient lui devient utile, si spécialement quelque profit est attaché à l'exercice particulier de son industrie, il a si souvent le gain devant les yeux, que par degrés il en fait l'objet de sa passion, & ne connoît pas de plus grand plaisir que celui de voir augmenter tous les jours sa fortune. C'est ce qui fait que le commerce augmente la frugalité, & que, parmi les marchands, les avares l'emportent sur les prodigues, dans la même proportion qui se trouve entre les prodigues & les avares, parmi les possesseurs de terres.

Le commerce augmente l'industrie, en la faisant passer aisément d'un membre de l'Etat à l'autre, & ne permettant pas qu'aucun périsse, ou devienne inutile. La conséquence infaillible de toute profession d'industrie, est d'inspirer la frugalité, & de faire prévaloir l'amour du gain, sur l'amour du plaisir.

Parmi les avocats & les médecins occupés, il y en a beaucoup plus qui dépensent moins que leur revenu, qu'il n'y en a qui l'excèdent. Mais les avocats & les médecins n'engendrent aucune industrie ; c'est même aux dépens des autres qu'ils acquièrent leurs richesses, de façon qu'ils sont sûrs de diminuer les possessions de quelques-uns de leurs concitoyens aussi-tôt qu'ils augmentent les leurs.

Les marchands, au contraire, produisent l'industrie, en servant comme de canaux pour la faire passer dans chaque partie de l'Etat ; & en même tems par leur frugalité, ils acquièrent un grand pouvoir sur cette industrie, & amassent un fonds considérable de travail & de commodités qu'ils ont en effet produit, comme en étant les principaux instrumens.

Le commerce est donc la seule profession qui puisse augmenter l'industrie, & multiplier les prêteurs d'argent ; ce qui en fait baisser l'*intérêt*.

Il ne reste plus qu'à considérer à présent, jusqu'où l'augmentation du commerce diminue les profits de cette profession, & comment elle amène la troisième circonstance requise, pour causer une diminution dans l'*intérêt*.

Il faut observer d'abord, que la modicité d'*intérêt* & la modicité du prix des marchandises, s'entraînent mutuellement l'une l'autre, & dérivent toutes deux originairement de ce commerce étendu, qui produit les négocians opulens, & qui rend l'*intérêt* de l'argent considérable. Où les marchands possèdent de grands fonds représentés par peu ou beaucoup de pièces de métal, il doit arriver souvent, que, soit lorsqu'ils se lassent du commerce, soit lorsqu'ils ont des héritiers qui n'y sont pas propres, ou qui ne veulent pas s'y adonner, il est naturel qu'ils cherchent à s'assurer un revenu annuel & certain, proportionné à cette grande quantité de richesses. L'abondance diminue le prix, & fait que les prêteurs se contentent d'un *intérêt* plus bas. Cette considération en oblige plusieurs à conserver leurs fonds dans le commerce ; & à se contenter plutôt d'un petit profit, que de disposer de leur argent à un *intérêt* modique.

D'un autre côté ; lorsque le commerce est devenu très étendu, & emploie de grands fonds, il doit naître parmi les marchands des rivalités, qui diminuent les profits du commerce en même tems qu'elles augmentent le commerce même.

Les profits modiques de la marchandise induisent les marchands à accepter plus volontiers un modique *intérêt*, lorsqu'ils quittent le commerce, & veulent se reposer. Ainsi il est inutile de chercher laquelle de ces circonstances, l'*intérêt* modique ou un profit modique, est la cause, & laquelle est l'effet : elles naissent toutes deux d'un commerce étendu, & s'entraînent mutuellement.

Aucun homme n'acceptera de petits profits, lorsqu'il peut avoir un gros *intérêt* ; ni ne consentira à un petit *intérêt*, s'il peut avoir de gros profits. Un commerce étendu, en produisant de grands fonds, diminue & l'*intérêt* & le profit, & la diminution de l'un est toujours proportionnée à celle de l'autre.

Ainsi, en regardant l'entière connexion des causes & des effets, l'*intérêt* est le vrai baromètre de l'Etat. Lorsqu'il est bas, c'est un signe certain que le peuple est aisé ; c'est une preuve de l'augmentation de l'industrie, & de sa prompte circulation.

Ceux qui ont assuré que l'abondance d'argent étoit la cause de la modicité de l'*intérêt*, paroissent avoir pris un effet collatéral pour une cause, puisque la même industrie qui fait tomber l'*intérêt*, acquiert d'ordinaire une grande abondance d'argent.

Une variété de belles manufactures, avec des marchands vigilans & entreprenans, l'attireront bientôt dans un Etat, s'il y en a quelque part dans le monde. La même cause, en multipliant les aisances de la vie, & en augmentant l'industrie, amasse de grandes richesses dans les mains de personnes qui ne possèdent pas de terres, & par ce moyen fait tomber l'*intérêt*.

Mais quoique l'abondance d'argent & la modicité de l'*intérêt* proviennent naturellement du commerce & de l'industrie, ils ne laissent pas d'être absolument indépendans l'un de l'autre. Supposons une nation sans aucun commerce étranger, sans connoissance de la navigation, possédant constamment le même fonds de monnoie, & qu'elle augmente toujours par son industrie & son commerce intérieur ; il est évident que le prix de chaque commodité doit diminuer par degré dans ce royaume, puisque c'est la proportion entre l'argent & les différentes espèces de biens, qui fixe leur valeur mutuelle; & dans cette hypothèse, les aisances de la vie deviendront de jour en jour plus abondantes, sans aucune altération sur l'espèce courante. Donc parmi ce peuple, dans des tems même d'industrie, un homme sera plus riche avec une moindre quantité d'argent, qu'il n'en faudroit pour cet effet dans des siècles d'ignorance & de paresse. Il faudra moins d'argent pour bâtir une maison, pour doter une fille, pour acheter une terre, pour soutenir une manufacture ou entretenir des domestiques & des équipages; voilà les usages pour lesquels les hommes empruntent de l'argent, &, par conséquent, la quantité plus ou moins grande, qui peut-être dans un Etat, n'a aucune influence sur l'*intérêt*.

Il est vrai pourtant, que lorsque le commerce s'étend par-tout le monde, les nations les plus industrieuses abondent le plus en ces précieux métaux, de manière qu'un *intérêt* modique & l'abondance d'argent sont presque inséparables; mais il est toujours important de connoître le principe qui produit un phénomène, & de ne pas confondre la cause avec l'effet qui l'accompagne.

Une autre raison de l'erreur populaire sur la cause de l'*intérêt* modique, paroît être l'exemple de quelques peuples, où, après une acquisition soudaine de richesses par le moyen des conquêtes, l'*intérêt* a tombé non-seulement parmi eux, mais même dans tous les Etats voisins, aussi-tôt que l'argent a été dispersé & s'est insinué de toutes parts. Ainsi l'*intérêt* tomba de près de moitié après la découverte des Indes occidentales, & il a toujours été en diminuant, par degrés, dans tous les royaumes de l'Europe.

L'*intérêt* à Rome, après la conquête de l'Egypte, tomba de six à quatre pour cent, comme on l'apprend de Dion.

Les causes qui font tomber l'*intérêt*, en de pareilles circonstances, paroissent différens dans les pays conquérans & dans les Etats voisins; mais, ni dans les uns, ni dans les autres, nous ne pouvons attribuer cet effet, avec justice, qu'à l'augmentation d'or & d'argent.

Dans les pays conquérans, il est naturel d'imaginer que cette nouvelle acquisition d'argent tombera dans peu de mains, où elle sera ramassée en sommes considérables, & que ceux qui les posséderont, chercheront à se procurer un revenu assuré, soit en achetant des terres, soit en plaçant leur argent à *intérêt*, & conséquemment il s'ensuit, pour quelque tems, le même effet que s'il y avoit eu une grande occasion d'industrie & de commerce. Le nombre des prêteurs se trouvant plus grand que celui des emprunteurs, l'*intérêt* tombe, & d'autant plus vîte, si ceux qui ont acquis ces grosses sommes ne trouvent ni industrie, ni commerce dans l'Etat, & n'ont pas d'autre manière d'employer leur argent, que de le prêter à *intérêt*.

Mais après que cette nouvelle masse d'or & d'argent aura été répandue, & que partagée en une infinité de parties, elle aura passé de main en main, & circulé dans tout l'Etat, les choses se remettront bientôt sur l'ancien pied, car les nouveaux possesseurs d'argent, & les seigneurs de terres vivant dans la paresse, dépensent au-delà de leur revenu. Ceux-ci forment journellement de nouvelles dettes, & les autres anticipent sur leurs fonds jusqu'à son extinction finale. Le même argent peut être encore dans l'Etat, & se faire sentir par l'augmentation des prix; mais n'étant plus ramassé en fortes parties, la proportion entre les prêteurs & les emprunteurs est la même qu'auparavant, & par conséquent l'*intérêt* remonte au même degré qu'il étoit.

Conformément à ces principes, on trouve que dès le tems de Tibère, l'*intérêt*, à Rome, étoit encore monté à six pour cent, quoiqu'il ne fut arrivé aucun accident qui eût épuisé l'empire d'argent.

Dans le tems de Trajan, l'argent prêté sur hypothèque en Italie, portoit six pour cent; celui qu'on prêtoit en Bythinie sur des sûretés ordinaires, portoit douze pour cent. C'est ce que nous apprend Pline, dans ses épîtres 18 & 62. du livre VII.

Si l'*intérêt* n'est pas monté à cet étrange degré, on ne peut l'attribuer qu'à la même cause qui l'a fait tomber; à savoir les fortunes prodigieuses que l'on faisoit cotinuellement aux Indes. Ces richesses qui, de tems en tems, entroient en Espagne, fournissoient de quoi répondre aux demandes des emprunteurs. Par cette cause accidentelle & étrangère, il y a plus d'argent à prêter en Espagne; c'est-à-dire, qu'il y a plus d'argent rassemblé en fortes parties, que, sans cela, l'on n'en trouveroit dans un Etat où il y a aussi peu de commerce & d'industrie.

A l'égard de la réduction d'*intérêt* qui a suivi en Angleterre, en France, & dans les autres royaumes de l'Europe qui n'ont point de mines, elle s'est faite par degré, & n'est pas venue de l'augmentation d'argent considéré purement en lui-même, mais de l'augmentation de l'industrie, qui est l'effet naturel du premier accroissement dans cet intervalle, avant qu'il fasse hausser le prix du travail & des denrées. Car pour revenir à la supposition précédente, si l'industrie d'Angleterre se fut autant accrue par d'autres causes, ce qui auroit pu arriver, quoique le fonds d'argent fût resté le même, on auroit vu suivre les mêmes conséquences qui s'observent à présent: on auroit trouvé dans le royaume le même peuple, les mêmes

mêmes commodités, la même induſtrie, le même commerce.

Ainſi le luxe, les manufactures, les arts, l'induſtrie & la frugalité, fleuriſſant également à préſent, il eſt évident que l'*intérêt* doit auſſi être modique, puiſque c'eſt le réſultat néceſſaire de toutes ces circonſtances, d'autant qu'elles déterminent les prix du commerce dans tout Etat, & la proportion entre les prêteurs & les emprunteurs.

Ajoutons ici les réflexions d'un écrivain célèbre, ſur la même matière; elles ont d'autant plus d'intérêt, qu'elles ſont le fruit d'une théorie profonde, éclairée par une grande connoiſſance-pratique. On les trouve dans les notes de l'*Eloge de Colbert* couronné à l'académie françoiſe en 1773.

L'*intérêt* de l'argent tire ſon origine de la nature; la terre a beſoin de la ſemence, & la ſemence a beſoin de la terre. Celui qui fournit la ſemence au propriétaire de la terre a un droit ſur ſa récolte. Ce que je dis de la ſemence, s'applique à mille objets ſemblables. Le droit de part à toute reproduction, lorſqu'on a concouru à cette reproduction, s'appelle un *intérêt*, & rien au monde n'eſt plus juſte. L'on dit communément l'*intérêt* de l'argent, parce que l'argent eſt l'image de toutes les richeſſes.

L'*intérêt* étant la part du prêteur à la reproduction provoquée par ſon argent, cet *intérêt* doit être à haut prix, lorſque cette reproduction eſt avantageuſe, ou lorſque l'argent qui pouvoit concourir à cette reproduction eſt rare.

L'*intérêt* dans un pays eſt donc haut ou bas, en raiſon de la rareté & de l'abondance de l'argent, ou des billets qui font fonction d'argent, plus en raiſon du nombre & de l'utilité des emplois que cet argent peut trouver.

Le prix de l'*intérêt* n'eſt donc pas une marque poſitive de la proſpérité ou de la pauvreté d'un Etat.

L'*intérêt* peut être bas par l'abondance de l'argent dans un pays; ſigne de proſpérité.

L'*intérêt* peut être haut par l'acquiſition de nouvelles colonies, par l'établiſſement de nouvelles manufactures; enfin par une multiplicité d'emplois & de nouveaux commerces; autre ſigne de proſpérité.

La Hollande réunit les deux cauſes d'un bas *intérêt*; ſavoir, l'abondance de l'argent, par le concours d'un grand nombre de capitaliſtes & de négocians, & la ſtérilité des emplois par la nature de ſon ſol & ſon peu d'étendue, ce qui la borne à un commerce d'économie & d'entrepôt.

La France a pareillement la cauſe d'un bas *intérêt*, dans la prodigieuſe abondance d'argent qu'elle renferme; mais elle jouit auſſi des cauſes d'un haut *intérêt*, par la fécondité de ſon ſol, par ſes diverſes manufactures, par ſon commerce dans tout l'univers, & par ſes colonies.

Cependant, ſans la dette publique, & les divers emplois que la finance offre ſans ceſſe, l'*intérêt* de l'argent ſeroit bientôt auſſi bas en France que par-tout ailleurs. Il y a lieu de croire qu'il ſe trouve maintenant dans ce royaume près de deux milliards d'argent monnoyé, & l'accroiſſement annuel, dans ces circonſtances, eſt d'environ trente millions. *Voyez* NUMÉRAIRE.

La ſageſſe des loix qui aſſurent au prêteur le recouvrement de ſa créance, concourt au bas prix de l'*intérêt*; car cet *intérêt* s'établit auſſi en raiſon des dangers qu'on apperçoit dans la confiance.

Le prix de l'*intérêt* doit être libre, comme celui d'une marchandiſe, puiſqu'il eſt le point de réunion entre les convenances de deux parties, le prêteur & l'emprunteur.

Mais cette obſervation ne peut s'appliquer à l'*intérêt* uſuraire. Si l'économie politique ne jugeoit pas devoir s'y oppoſer, les mœurs feroient toujours bien de l'avilir; les loix doivent auſſi le défendre, comme on interdit dans la ſociété tout abus de la force envers la foibleſſe ou la démence.

Avant de préſenter ici les nouvelles réflexions du même écrivain, devenu homme d'Etat, & qui a gouverné pendant cinq ans les finances du royaume, parcourons rapidement les différentes loix promulguées depuis vingt ans, pour baiſſer & hauſſer l'*intérêt* de l'argent, à meſure ſans doute que le nombre des prêteurs augmentoit ou diminuoit, tandis que celui des emprunteurs étoit dans une circonſtance tout-à-fait contraire.

L'édit du mois de juin 1766 fixa le taux de l'*intérêt* de l'argent au denier vingt-cinq, dans la vue, porte le préambule, de rétablir plus de proportion entre l'argent & les différens objets qui tombent dans le commerce. Mais par une déclaration du roi du premier juillet ſuivant, il fut accordé un délai d'un & deux mois, pour faire contrôler *gratis* les promeſſes de paſſer contrat faites avant le 30 juin à un taux plus fort que le denier vingt-cinq, à peine de ne pouvoir être réaliſées qu'à quatre pour cent; & des lettres-patentes du 17 du même mois permirent de ſtipuler, dans les conſtitutions au denier vingt-cinq, l'exemption de la retenue des impoſitions royales.

Tous ces tempéramens annonçoient que l'*intérêt* à quatre pour cent n'étoit pas à ſon taux naturel, & faiſoit reſſerrer les bourſes.

Les choses ne restèrent que trois ans & quelques mois sur ce pied : un édit du mois de février 1770 les remit dans l'état où elles étoient en 1766. Voici ses motifs.

« Louis, &c., à tous présens & à venir, salut: » Pour établir une proportion entre le revenu de » l'argent & les différens objets de commerce de » notre État, nous avons, par notre édit du » mois de juin 1766, fixé le denier des consti- » tutions de rente au denier vingt-cinq du ca- » pital; nous devions nous attendre qu'une opé- » ration aussi avantageuse pour nos sujets ne » gêneroit point la circulation des espèces qui est » nécessaire entre les particuliers. *Mais le public,* » *depuis ce temps, a préféré de garder son argent,* » *plutôt que de le donner à un denier qui ne lui* » *paroissoit pas assez avantageux;* ensorte que ceux » dont les besoins étoient les plus pressans, ont » été forcés de vendre leurs effets à des prix » fort au-dessous de leur valeur, ou à s'engager » à des usures encore plus ruineuses.

» Et voulant lever toutes les difficultés qui » pourroient s'opposer à la liberté du commerce » de l'argent dans notre royaume, & en faciliter » de plus en plus la circulation, nous nous som- » mes déterminés à rétablir le denier de la consti- » tution sur le pied du denier vingt du capital, » tel qu'il existoit avant notre édit du mois de » juin 1766.

» A ces causes, &c., &c.

Cinq années n'étoient pas encore expirées, que l'*intérêt* de l'argent tomba naturellement à quatre pour cent : c'étoit l'effet de différentes opérations d'un nouveau ministre des finances, dont l'administration commencée avec un nouveau règne, étoit parvenue à rétablir la confiance & le crédit, en montrant un grand respect pour les engagemens de l'État, & en ne faisant que les promesses qu'elle avoit véritablement le desir d'acquitter. On voit par les lettres-patentes du 21 octobre 1775, que le clergé fit avec facilité un emprunt de seize millions à quatre pour cent pour rembourser la même somme qui lui avoit précédemment été prêtée à cinq.

Les États de Bourgogne, ceux de Languedoc & de Provence, à qui on offroit également de grosses sommes au même *intérêt*, furent autorisés à les recevoir par les lettres-patentes du 16 décembre 1775, par les arrêts des 19 février & 10 mars 1776; & ces provinces remboursèrent des capitaux dont elles payoient cinq pour cent.

Dès l'année suivante, des circonstances politiques ayant amené une guerre maritime, l'État eut des besoins; il fit des emprunts, & l'*intérêt* de l'argent remonta à cinq pour cent, où il est encore en 1785.

C'est ici le lieu de placer le chapitre XXI du *Traité de l'Administration des Finances*, concernant l'*intérêt* de l'argent.

Le premier, qui par prudence ou par avarice, voulut échanger une partie des productions de sa terre ou de son travail, contre une petite augmentation future de revenu, donna l'idée de ce qu'on appelle aujourd'hui, l'*intérêt* de l'argent. Ces transactions auroient pu précéder l'introduction même des monnoies; car le cultivateur qui eut besoin de cent septiers de bled pour semer son champ, dût les demander à celui qui en avoit une quantité superflue; & dans le nombre des conventions auxquelles ces services mutuels donnèrent naissance, l'idée de payer une redevance annuelle en échange des avances qu'on sollicitoit, se présenta naturellement. Cette manière simple de lier ensemble la convenance des prêteurs, & celle des emprunteurs, a multiplié les moyens de travail, & concouru sans doute efficacement à cette activité générale, qui est maintenant répandue dans toutes les sociétés.

La mesure de l'*intérêt* de l'argent est fondée sur le rapport qui existe entre la somme des fonds qu'on cherche à placer, & le nombre ou l'avantage des emplois; mais il y a aussi une habitude qui donne de la stabilité au taux généralement adopté. La somme des capitaux qu'on prête & qu'on emprunte, dépend & de la quantité du numéraire, & de la rapidité de la circulation. Le nombre & l'avantage des emplois, tiennent à l'étendue & à la fécondité du sol, à la multiplicité des établissemens d'industrie, à la diversité des commerces, & à la grandeur de la dette publique.

Les *intérêts* du commerce & ceux qui résultent du prix courant des effets royaux, sont les plus susceptibles de variation. Les engagemens des négocians sont tellement instans & rigoureux, que les prêteurs peuvent profiter des momens de rareté ou de pénurie, pour élever un peu l'*intérêt* ordinaire; & le prix des fonds du gouvernement, dépendant de la mesure du crédit, les variations dans la confiance, doivent nécessairement en occasionner dans l'*intérêt* de ces sortes de placemens. Les terres en France, quand le propriétaire n'est pas à portée d'y donner des soins assidus, ne rendent communément que deux & demi pour cent, déduction faite des frais & des impositions : les prêts hypothécaires entre particuliers, sont stipulés à cinq pour cent; mais les emprunteurs étant autorisés à retenir sur l'*intérêt* dont ils sont redevables, la même quotité de vingtièmes imposée sur leurs immeubles, cet *intérêt* se trouve réduit au-dessous de quatre & demi pour cent.

Le bas *intérêt* de l'argent, est un des grands

moteurs de toutes les entreprises utiles; c'est à la faveur d'un pareil avantage, que les propriétaires de terres trouvent des secours à un prix modéré, & peuvent se livrer à de nouvelles cultures; c'est alors encore, que le négociant & le manufacturier se contentent d'un moindre bénéfice, & luttent avec plus de succès contre l'industrie étrangère.

Les prêteurs, considérés en général, ne sont que des propriétaires inactifs; les emprunteurs, au contraire, ont un but, un mouvement dont la société profite de quelque manière; ainsi le gouvernement doit desirer, que dans les contestations sur le prix de l'*intérêt*, l'avantage leur appartienne: mais comme les rapports qui déterminent ce prix sont plus puissans que l'autorité même, les souverains ne peuvent jamais espérer de le gouverner par des loix impérieuses. Cependant il ne faut pas, en se jettant dans un autre extrême, oublier le vœu politique du gouvernement, & abandonner absolument le cours de l'*intérêt*, au résultat vacillant de toutes les combinaisons particulières. Ainsi, c'est une précaution très-sage, que d'adopter un *intérêt* légal pour tous les contrats d'hypothèque, & pour tous les actes publics: cette règle, qui contient les écarts de la cupidité, ne nuit en aucune manière à la circulation: car les bénéfices de la culture, & ceux de toutes les entreprises qui ne sont pas uniques & privilégiées, ne pourroient supporter la dépense d'un *intérêt* au-dessus des usages ordinaires; & ce n'est point aider l'industrie, que de favoriser la licence dans les prétentions des prêteurs.

Cependant, c'est par des dispositions générales, que le souverain peut sur-tout atteindre au but qu'il doit se proposer. Et comme tous les grands avantages d'administration se tiennent par des rapports sensibles, & qu'on ne peut travailler au bien public dans une partie, sans féconder indirectement toutes les autres, le gouvernement contribue efficacement à la baisse de l'*intérêt* de l'argent, par les mêmes soins & les mêmes attentions qui accroissent la prospérité du royaume: ainsi, la protection accordée au commerce, les traités politiques qui le favorisent, les encouragemens procurés à l'industrie, & toutes les dispositions qui, en augmentant l'avantage national dans les échanges, introduisent en France une plus grande somme d'or & d'argent, influent d'une manière favorable sur le prix de l'*intérêt*.

Les principes de justice concourent encore à la même fin; puisque c'est en ajoutant à la sûreté des prêteurs, qu'on les engage à se contenter d'une rétribution plus modérée: ainsi les loix qui assurent la stabilité des hypothèques; celles qui préviennent les chicanes & les faux fuyans de la part des débiteurs, sont d'une importance infinie. L'esprit de judicature est souvent opposé, sur ce point, à l'esprit d'administration. Le premier ne voit, dans les rapports des prêteurs & des emprunteurs, que des questions isolées & semblables à toutes celles qui s'agitent devant les tribunaux. L'esprit d'administration, au contraire, doit appercevoir le lien politique qui existe entre ces questions, & cette activité de circulation, dont l'influence est si grande sur le prix de l'*intérêt*, & sur la prospérité du royaume. Il faut donc que le gouvernement prenne sa place, & remplisse les fonctions qui lui appartiennent, en s'occupant d'une législation qui simplifie l'action des créanciers hypothécaires, contre leurs débiteurs inexacts, & qui la rendent plus rapide & moins dispendieuse. Quelques emprunteurs en souffriront; mais la masse générale y gagnera; mais le bien de l'État, étroitement uni à cette communication de secours qui repose sur la confiance, en recevra un accroissement dont on ne peut déterminer l'étendue.

On a dit souvent, que l'administration des finances devoit voir avec plaisir les difficultés qui accompagnoient les transactions entre particuliers, puisqu'on étoit d'autant plus engagé à diriger ses capitaux vers les emprunts du gouvernoment. C'est là sûrement une petite vue: l'argent qui ne sort point du royaume, est toujours ramené, par la circulation, aux divers emplois qui sont utiles aux capitalistes; & si la variété de ces emplois le fait revenir un peu plus lentement aux effets royaux, il féconde, dans son cours, toutes les entreprises qui sont la première source des richesses. Ce n'est donc qu'en de certains momens que les emprunts des particuliers peuvent rivaliser avec ceux du gouvernement; mais dans l'espace des tems, les ressources de la finance s'acroissent avec les progrès de la fortune publique: ainsi, un gouvernement qui seroit jaloux des prêts & des emprunts sur les terres, & qui dans cet esprit laisseroit subsister les entraves propres à dégoûter de ces transactions, auroit peut-être une politique semblable à celle qui détermineroit à contrarier les travaux utiles, pour faciliter les enrôlemens, ou pour soudoyer des soldats à plus bas prix.

Enfin, il est encore une considération à la portée de tous les regards: la dette publique est aujourd'hui si considérable, que les conditions auxquelles ont peut placer ses capitaux dans les effets du gouvernement, influent, d'une manière plus ou moins directe, sur l'*intérêt* commun de l'argent.

Un écrivain plus versé dans la science du droit public, & dans celle des origines des gouvernemens, que dans les matières d'administration, a publié une critique de l'ouvrage dont nous venons d'emprunter ces dernières réflexions sur l'*intérêt* de l'argent, en la donnant pour servir de correctif & de supplément au livre sur l'*Administration des finances*; il parle en conséquence, dans son chapitre XIV, de l'*intérêt* de l'argent; raison pour profiter, s'il est possible, de ses observations.

Notre critique, zélé pour l'ordre de la noblesse dans lequel il se montre placé, & dont il fait son idole chérie, lui sacrifie tout le reste de la nation, qu'il compte pour rien. A l'entendre, le tiers-état, ou le peuple, ne doit exister & travailler que pour le bonheur des nobles : ceux-ci, uniquement voués au service militaire, doivent supporter les fatigues de la guerre & jouir d'une douce oisiveté pendant la paix; mais en tout tems être exempts de toutes contributions publiques, dans leurs personnes & dans leurs biens, parce que les contributions dégradent la liberté & la propriété. Que ces charges pèsent sans ménagement, sur la multitude de négocians & de bourgeois, de citadins & de paysans qui habitent les villes & les campagnes! tout sera au mieux. Ces indignes roturiers ne sont-ils pas déjà assez heureux de trouver dans leur intelligence & leurs bras, les moyens d'acquérir de l'aisance & de la fortune; & plus heureux encore, de pouvoir disposer à leur mort, des fruits de leurs travaux, quand autrefois, sous l'antique & cher gouvernement féodal, ils ne formoient qu'un chétif troupeau de serfs, végétant pour le soutien & la gloire de ces nobles races à qui appartient exclusivement l'univers.

D'après cette haute opinion de la noblesse, notre écrivain, en traitant de l'*intérêt* de l'argent, ne fait qu'effleurer le sujet, & se borne à *regretter le bonheur des Juifs, à qui leur loi défendoit de se prêter à* intérêt *les uns aux autres, & ne permettoit d'exiger des* intérêts *que des étrangers*. C'est à cette occasion qu'il lève un coin du voile sous lequel il a parlé jusques-là, & laisse percer les motifs qui l'animent pour la noblesse, dont il s'annonce être un membre..... Immédiatement après ce qu'il dit des Juifs, il ajoute : *Nous fumes un peu de cette religion-là autrefois; de gentilhomme à gentilhomme, le prêt & le cautionnement étoient des secours généraux*, & sans doute généreux; *mais les bourgeois, nous traitoient en étrangers.*

En général, le résumé de l'ouvrage de notre noble écrivain, est 1°. que l'auteur du livre sur l'*Administration des Finances*, est coupable de *lèze constitution*, en prétendant que les impôts devroient être supportés par tous les individus qui composent le corps de la nation, dans une proportion exacte de leur fortune & de leurs propriétés.

2°. Que la noblesse paie beaucoup plus qu'elle ne devroit payer, attendu qu'il est de son essence d'être franche, libre, & qu'il seroit à souhaiter qu'un noble écuyer pût encore, comme autrefois, tenir dans sa dépendance des artisans & marchands, & compter trente paysans parmi ses serfs.

3°. Que le clergé, dont les revenus n'ont été estimés qu'à cent trente millions, s'élèvent à deux cens millions; que conséquemment il ne contribue pas assez, & pas autant que la noblesse, aux charges de l'Etat.

4°. Qu'enfin c'est dans le tiers-état que sont les hommes les plus privilégiés; que le peuple seroit trop fortuné, mais en même-tems indiscipliné, indocile & le tyran des propriétaires, s'il n'y avoit plus d'impôt sur les boissons & les consommations; s'il y en avoit peu sur le sel, & si on remplaçoit ces charges, par un impôt sur les terres; & que pour ramener l'ancienne prospérité du royaume, il faudroit rétablir la servitude & l'esclavage; puisque *c'est depuis que les sujets du roi, du clergé & de la noblesse ont été abandonnés à eux-mêmes, que les trois quarts de cette ancienne prospérité se sont évanouis.* C'est dans le dix-huitième siècle, où toutes les puissances convaincues de ce que peut la liberté, abolissent la servitude, que l'on débite de pareilles maximes!

Spectatum admissi risum teneatis amici?

Nous ne devons pas omettre de parler des sages dispositions qui ont été faites tout récemment, & dont l'exécution littérale doit nécessairement fortifier le crédit public, animer la confiance, & influer sur l'*intérêt* de l'argent. Il s'agit de l'édit du mois d'août 1784 : son objet est de supprimer la caisse des amortissemens, fondue en 1775 dans celle des arrérages, comme nous l'avons dit au mot CAISSE DES AMORTISSEMENS, pag. 156, & d'en établir une nouvelle pour avoir lieu pendant vingt-cinq années consécutives, à commencer du premier janvier 1785.

Cette caisse est essentiellement destinée à amortir les dettes de l'État, & spécialement les rentes constituées, en y employant le montant des extinctions de rentes viagères, ainsi que les *intérêts* des contrats remboursés; plus, une somme annuelle de trois millions qui sera versée dans ladite caisse pendant chacune des vingt-cinq années de sa durée.

Elle sera chargée du payement des coupons de tous effets au porteur, & des remboursemens de toute espèce. Ces remboursemens se feront sur le pied du denier vingt de la rente annuelle, sans déduction du montant des retenues auxquelles ces rentes peuvent être sujettes; en rapportant, avec les contrats, le certificat du conservateur des hypothèques, constatant qu'il ne subsiste aucune opposition; & ces remboursemens seront faits sur le pied de la valeur publique du contrat, lorsque les propriétaires le desireront.

Il doit résulter de ces opérations, si elles sont

constamment suivies, que dans l'espace de vingt-cinq années, il aura été remboursé plus de douze cens soixante-quatre millions de la dette publique, dont sept cens quatre-vingt-trois millions, par le fond progressif destiné à l'amortissement des contrats, & quatre cens quatre vingt-un millions & demi, par les payemens d'effets assignés à époque fixe: ce qui produira, par an, une diminution de trente-neuf millions sur les rentes perpétuelles, & de vingt-deux millions, pour les *intérêts* d'effets remboursés aux termes de leur assignat; il se sera éteint en outre, dans le même espace, trente millions de rentes viagères, d'après l'évaluation de de douze cens mille livres par an; & à la fin de l'année 1809, l'Etat se trouvera libéré au total, de de quatre-vingt-onze millions de charges annuelles. *Voyez* le mot FINANCE. On y a proposé un plan de caisse d'amortissement pour trente années, avec laquelle celle-ci a beaucoup de rapport.

INTERPRÉTATION, s. f., c'est l'explication d'une chose ambigue, l'extension que l'on donne au sens d'une loi, ou par induction, ou par combinaison.

En matière fiscale, toute *interprétation* des loix est défendue aux agens du fisc; ils doivent soumettre les incertitudes & les obscurités qui peuvent s'y trouver, au ministre des finances, pour prendre sa décision, ou celle du conseil de cette partie, auquel il est censé en faire le rapport.

INVENTAIRE, s. m. En matière d'aides, l'*inventaire* est l'état que dressent les commis, des quantités & des qualités des vins & autres boissons qu'ils trouvent chez les particuliers. Il en a déja été question au mot GROS, page. 443.

Les *inventaires* ont été établis par une ordonnance de François I, du 15 juin 1534, & on les a regardés, comme le plus sûr moyen de prévenir les fraudes, sur les droits d'entrée & sur les droits de gros, en mettant le fermier des aides à portée de reconnoître l'étendue des récoltes, & de suivre le sort des vins, depuis leur fabrication jusqu'à leur consommation.

Les *inventaires*, suivant la déclaration du 4 mai 1688, doivent se faire, dans les pays sujets au droit de gros, six semaines après l'ouverture des vendanges, ainsi qu'on l'a dit à l'article GROS, dans les villes, bourgs, villages & lieux qui ne sont point fermés; même dans les villes fermées, lorsque les murs de leur enceinte sont ouverts par des brèches, jusqu'à ce que ces brèches ayent été réparées, & qu'il soit justifié que les vins & les vendanges ne peuvent entrer, ni sortir que par les portes.

Ces *inventaires* doivent comprendre, d'une façon distincte & séparée, les vins de la récolte, de ceux de gain de pressoir, d'achat, & en général tous les vins qui se trouvent chez les particuliers.

Dans l'intervalle qui sépare l'ouverture des vendanges, de la confection des *inventaires*, les commis aux aides sont autorisés à visiter les celliers, pressoirs & caves des particuliers, sans avoir besoin d'une permission du juge; & il est défendu à ces derniers d'enlever aucuns vins sans congé de remuage, sous quelque prétexte que ce soit, à peine de confiscation & de cent livres d'amende; & de troubler les commis dans leurs exercices, à peine de trois mille livres d'amende, & de tous dommages & intérêts.

Le fermier doit faire publier au prône des paroisses, le jour de l'ouverture des *inventaires*, trois jours avant d'y procéder, pour servir d'avertissement aux propriétaires des vins, & aux syndics & marguilliers qui doivent y être présens. S'il veut y procéder en même tems dans différens quartiers de la même ville, il doit en être fait mention dans l'acte de publication.

L'*inventaire* doit se faire par deux commis, en présence du propriétaire du vin & du syndic, ou l'un des marguilliers de la paroisse; mais en leur absence il est passé outre, attendu que les publications faites au prône tiennent lieu de sommation.

Chaque feuille d'*inventaire* doit être signée par le syndic ou marguillier, & chaque article par le propriétaire, pour ce qui le concerne; & il doit être fait mention de leur absence, ou de leur déclaration de ne savoir signer.

Les commis sont tenus de laisser sur le champ au propriétaire, ou à l'un de ses domestiques, une copie signée d'eux, contenant les articles qui le regardent, & en faire mention dans leur *inventaire*. Ces copies, qui sont sur papier timbré, sont payées aux commis, pour les rembourser seulement des frais de timbre.

Toutes ces formalités sont prescrites par les articles III, IV, V & VI du titre 3 de l'ordonnance des aides du mois de juin 1680, & par divers arrêts, tant du conseil que de la cour des aides de Paris, des 6 octobre 1682, 6 octobre 1702, & 4 décembre 1731.

L'article VII du même titre 3, autorise les commis, en cas de refus du propriétaire du vin, ou de ses gens, s'il est absent, à faire ouvrir les caves, pressoirs & celliers, en présence des voisins ou de deux témoins, par des serruriers, maréchaux ou autres artisans, lesquels sont obligés d'obéir à leur réquisition, à peine d'être condamnés au paiement des droits & à l'amende, qui ne peut être au-dessous de dix livres contr'eux, & de cinquante livres contre les propriétaires.

Les circonstances pouvant même aggraver les torts de ces derniers, alors l'amende est plus confidérable. Différens arrêts du conseil, ont fixé cette amende à trois cens livres contre des propriétaires qui s'étoient refusé aux visites des commis chargés de faire l'*inventaire* de leurs récoltes. On peut citer ceux des 12 décembre 1724, rendu contre les capucins de la Flêche; du 11 décembre 1725, contre les dominicains du Mans; des 23 octobre 1725, & 16 mai 1744, contre les habitans d'Auxerre & de Bar-sur-Seine; du 13 mars 1731, contre le curé de Bazoches, en Poitou; des 24 décembre 1737 & 22 avril 1738, contre la communauté du bourg d'Avail, en Poitou.

Dans le mois, au plus tard, qui suit la clôture des *inventaires*, le procès-verbal d'*inventaire* doit être paraphé, sans frais & par chaque feuille, par un élu, à peine de nullité. Mais l'article VIII. du même titre 3. de l'ordonnance des aides, a pourvu au refus ou au délai des élus en ce cas; il porte, que les commis faisant signifier, dans la quinzaine de ce refus, leur procès-verbal d'*inventaire*, au greffier de l'Election, & en lui en laissant copie signée d'eux, cette signification tiendra lieu de paraphe.

Le vin qui n'est point en évidence, & dans les lieux accoutumés à le recevoir, doit être déclaré aux commis par le propriétaire, lorsqu'on procède à l'*inventaire* dans sa maison, à peine de confiscation & de cinquante livres d'amende. L'article IX. du titre 3. déja cité, prononce cette peine, qui est confirmée par la déclaration du mois de septembre 1684.

Suivant l'arrêt du conseil du 12 mars 1709, & celui de la cour des aides du 12 mars 1750, les déclarations faites par les femmes, les enfans ou les domestiques des propriétaires, lors des *inventaires* ou dans les visites des commis qui précèdent les *inventaires*, ont la même validité que si elles avoient été faites par les maîtres de maison.

Dans chaque *inventaire*, le vin vieux doit être séparé du vin nouveau.

On a vu à l'article Gros, que les *inventaires* sont la base de la perception du droit de *gros manquant*, de quelle manière s'établit la quotité du droit, & comme s'en fait la perception.

Nous n'avons plus à dire ici, pour completter l'article *inventaire*, que la déclaration du mois de septembre 1684 autorise les commis à faire, chez tous les particuliers, des visites dans l'intervalle qui sépare l'ouverture des vendanges, de la confection des *inventaires*; mais ils ne peuvent entrer dans les abbayes & les couvens de femmes, que d'après des soupçons véhémens de fraude, & en remplissant des formalités particulières.

L'usage ordinaire pour faire l'*inventaire* annuel, est de se contenter des certificats de l'abbesse ou de la supérieure, conjointement avec deux ou trois des plus anciennes religieuses, contenant la déclaration des boissons qu'elles ont recueillies, brassées, façonnées ou fait entrer dans leurs maisons. Sur cette déclaration affirmée & signée de ces religieuses, le fermier établit ses droits.

Mais s'il y a des soupçons de fraude bien fondés, les commis doivent demander la permission d'entrer dans l'intérieur du couvent à l'évêque diocésain ou à l'un de ses grands vicaires, & se faire assister d'un officier de l'élection ou du grenier à sel, si le siège de la juridiction n'est pas éloigné de plus de trois lieues; s'il est plus éloigné, ils doivent requérir l'assistance du juge royal le plus prochain, ou du juge des lieux; dans tous ces cas, les juges sont obligés d'avertir un des prêtres attachés à ces communautés, pour les accompagner dans ces visites, & il doit être fait mention, dans les procès-verbaux qui en seront dressés, de la présence du prêtre, ou des causes de son absence, ou de son refus d'être présent.

Mais dans les cas urgens où les commis peuvent craindre que l'objet de la fraude ou le corps du délit ne puisse leur échapper, ils peuvent entrer dans les couvens sans permission de l'évêque ni du grand-vicaire, pourvu qu'ils soient accompagnés d'un juge & d'un des desservans qu'ils doivent interpeller à ce sujet ou faire mention de son refus.

Quant aux endroits dépendans de ces couvens ou abbayes, & qui sont hors de la clôture, l'arrêt du conseil autorise les commis d'y faire des visites ordinaires, sans être accompagnés ni de juge ni de prêtre.

En matière de domaine, les droits de contrôle des *inventaires* sont fixés, par les articles LVI, LVII & LVIII du tarif du 29 septembre 1722; savoir, pour ceux dans lesquels les meubles sont estimés, ainsi que tous les autres effets mobiliaires sur le pied réglé par l'article III du même tarif.

Pour ceux qui ne contiennent que des papiers relatifs à la propriété des immeubles, soit en terres, maisons, héritages, contrats de constitution ou traités d'office, suivant l'article LVII du même tarif.

A l'égard des *inventaires* qui contiennent des meubles & papiers, le droit de contrôle est dû, suivant l'article LVIII, sur le pied le plus avantageux, soit sur l'évaluation des meubles & effets, soit comme *inventaire* de papier.

La déclaration du roi du 20 avril 1694 porte, article XXIII, que les droits de contrôle sont dûs sur le pied de l'estimation que les notaires sont tenus de faire dans les *inventaires*, & que faute par eux de faire cette estimation, le droit sera perçu sur le pied le plus fort.

Une décision du conseil du 22 juillet 1754 porte, que le droit de contrôle des *inventaires* de meubles & papiers n'a rien de commun avec celui qui est dû sur des billets, obligations & autres titres de créance, sous signature privée, lorsqu'on veut en poursuivre le payement; qu'ainsi ce n'est pas un double emploi, mais une perception différente, lorsque ces effets sous signature privée, après avoir supporté en partie, le droit de contrôle dû sur le montant de l'*inventaire* général, sont assujettis au droit de contrôle en particulier, quand on veut en poursuivre le payement.

Dans les pays où le bénéfice d'*inventaire* a lieu, sans qu'il soit besoin d'obtenir des lettres de chancellerie, les *inventaires* doivent être insinués suivant l'article XIV du tarif du 29 septembre 1722.

Quoique tous les *inventaires* soient assujettis aux droits de contrôle sans exception, lorsqu'ils sont de nature à pouvoir servir, soit aux héritiers, soit aux créanciers; cependant ceux qui n'intéressent que l'ordre public, ou qui sont faits à la requête des procureurs du roi, après la mort des comptables & autres, sont exempts de cette formalité, lorsqu'ils ne s'étendent que sur les minutes d'un notaire, greffier & autres officiers publics; mais s'ils comprennent des effets mobiliaires, & que les héritiers puissent se servir des *inventaires*, alors les droits de contrôle sont dûs. C'est ce qui a été décidé plusieurs fois par le conseil, notamment le premier mai 1728, le 18 août 1731, & les 18 janvier 1749, & 14 avril 1755.

INVESTITURE, f. f., qui signifie la réception en foi & hommage, par laquelle le nouvel acquéreur d'un fief en est saisi & investi par le seigneur dominant. Cet acte est sujet aux droits de contrôle, suivant l'article 85 du tarif du 29 septembre 1722.

ISLES & COLONIES FRANÇOISES DE L'AMÉRIQUE.

Le commerce de ces contrées est une source abondante de revenus pour les finances de l'État; à ce titre il exige que nous entrions dans quelques détails sur le régime fiscal auquel il est soumis; mais il convient de les faire précéder d'un précis historique de l'origine & des progrès de ce commerce.

Le nouveau Monde existoit depuis plus de soixante ans pour l'Espagne & le Portugal, sans que la France eût tenté de participer aux avantages qu'il promettoit. La première entreprise, qui est de 1556, n'eut aucun succès, & se trouve séparée, par un intervalle de soixante-neuf ans, de la seconde descente des François dans l'Amérique.

L'année 1625 fut l'époque de leur établissement dans l'*isle* de Saint-Christophe, une des Antilles. Le cardinal de Richelieu tenoit alors les rênes du gouvernement. On l'informa que parmi les productions de cette *isle* il se trouvoit en abondance du tabac, qui valoit alors dix livres tournois la livre (le marc d'argent étant à vingt livres dix sols.) L'utilité que l'État pouvoit retirer d'un commerce régulier dans ces contrées, n'échappa pas au discernement de ce ministre. Il se forma, sous ses auspices, une association de négocians pour les Antilles, le 31 octobre 1626.

Les hostilités des Espagnols, qui se regardoient comme les souverains absolus de ce nouvel hémisphère, concoururent bientôt, avec la jalousie de quelques Anglois, descendus par hasard dans l'*isle* de Saint-Christophe en même tems que les François, avec lesquels ils l'avoient d'abord amicalement partagée, à renverser cette colonie naissante. Elle se releva, & fit quelques progrès dans les années 1635 & 1639, par le choix des chefs que la société & le cardinal-ministre y avoient successivement fait passer dès 1628.

La mort de ce ministre, arrivée en 1642, jointe aux troubles de la minorité de Louis XIV, détermina la compagnie, qui possédoit en propriété cette *isle*, & plusieurs autres qu'elle avoit acquises, à concéder ses droits à l'ordre de Malthe & à différens particuliers.

Dans le même tems, il s'étoit formé une autre compagnie, qui avoit obtenu, avec des lettres-patentes de la fin de 1651, la liberté de faire le commerce & des établissemens, dans la France équinoxiale ou Cayenne. L'on vit, en 1652, s'embarquer à Paris, pour cette nouvelle colonie, six cens personnes, dont il restoit à peine une seule à la fin de l'année suivante. Apres dix ans de revers, cette compagnie fut remplacée par une nouvelle, en 1653; mais celle-ci ne jouit pas longtems de ses concessions.

Le commerce & les colonies retiroient peu d'avantages de ces compagnies particulières. Une compagnie royale, créée sous le titre de compagnie des Indes occidentales, fut autorisée à racheter toutes les possessions que l'ordre de Malthe & les particuliers avoient acquises dans ce nouvel hémisphère. On lui accorda la souveraineté, & tous les droits qui en dépendent, de tout ce que la France possédoit en Amérique. On y joignit le privilège exclusif d'y commercer pendant quarante ans, ainsi qu'au Sénégal, aux côtes de Guinée, & la remise de la moitié des droits d'entrée, sur les marchandises apportées dans le royaume de ces diverses régions.

Malgré ces faveurs & ces encouragemens, cette compagnie générale ne subsista dix années, qu'en subrogeant à ses droits, des négocians qui faisoient le commerce, avec des permissions particulières & limitées, qu'elle accordoit. Cet état des choses fit juger que le commerce pouvoit fleurir davantage sous l'empire de la liberté, & servir à former une marine puissante. La compagnie des Indes occidentales fut donc supprimée en 1674, & le roi réunit à son domaine toutes les terres qu'il lui avoit concédées. Dès-lors le commerce devint libre, & fut favorisé par le double affranchissement de tous droits, sur les marchandises exportées dans les colonies, & sur celles qui en étoient importées.

Les réglemens nécessaires pour concilier la prospérité de nos établissemens en Amérique, avec la sûreté des droits du roi, s'étant multipliés au point que leurs dispositions se contrarioient, les lettres patentes du mois d'août 1717, fixèrent invariablement les privilèges & les conditions de ce commerce.

Dix années après, c'est-à-dire en 1727, des lettres-patentes en forme d'édit, du mois d'octobre, prescrivirent les formalités & les précautions les plus propres à proscrire toute relation des colonies avec les étrangers, à éloigner ceux-ci, & à en réserver le commerce dans son entier, aux sujets du roi.

Parmi les colonies françoises, étoient alors comprises le Canada & la Louisiane. Le premier a été cédé à l'Angleterre par le traité de paix de 1763, & la Louisiane appartient à l'Espagne depuis 1764. Ajoutons aussi, que depuis 1783, le traité qui a terminé la guerre d'Amérique, a assuré à la France la possession de l'*isle* de Tabago.

Les lettres-patentes de 1717 n'avoient alors permis le commerce des *isles* & colonies françoises en Amérique, qu'aux ports de Brest & de Bordeaux, de Calais & de Cette, de Dieppe, de Honfleur, la Rochelle & le Havre, de Morlaix & Nantes, de Rouen & Saint-Malo.

Marseille & Dunkerque furent ensuite admises, en 1719 & 1721, au même commerce : ensuite Vannes, en 1728; Bayonne & Saint-Valery, en 1754; Cherbourg, Caen & Libourne, en 1756; Toulon, en 1758, mais avec huit vaisseaux seulement; Grandville & Fécamp, en 1763; les Sables d'Olonne, en 1764; Rochefort, en 1775; Saint-Brieux, en 1776.

Enfin, en 1784, l'arrêt du conseil du 31 octobre, a permis, par l'article II, de faire des armemens pour les *isles* & colonies françoises, *dans tous les ports qui pourront recevoir, à moyennes marées, des navires de la contenance de cent cinquante tonneaux*; sous la condition que les négocians des ports, qui n'ont pas encore fait le commerce des colonies, & qui voudront profiter du bénéfice de cet arrêt, seront tenus d'avertir, trois mois d'avance, l'adjudicataire des fermes générales, de l'intention où ils sont de se prévaloir de la faculté qui leur est accordée.

L'article III du même arrêt dispense les armateurs & négocians de l'obligation qui leur a été imposée par les lettres-patentes de 1717, de faire, dans le port de leur armement, le retour des navires qu'ils auront expédiés, à la charge néanmoins que le retour des navires sera fait dans un des ports du royaume ouverts au commerce des colonies. Cette facilité avoit déja été accordée par une décision du conseil de 1763.

Le même article porte encore, que les armateurs & négocians seront tenus de faire, au greffe de l'amirauté, leur soumission, par laquelle ils s'obligeront, sous peine d'une amende de trois mille livres, qui ne pourra être modérée, de faire revenir directement leurs vaisseaux des *isles*, dans l'un des ports ouverts au commerce des colonies, hors dans le cas de relâche forcée, de naufrage ou autre accident imprévu, qui sera justifié par des procès-verbaux; & que les négocians fourniront au bureau des fermes du port de l'armement, une expédition de leurdite soumission, laquelle y sera retenue pour l'exécution du présent article, jusqu'au retour du vaisseau dans le même port, & jusqu'à ce qu'on y rapporte le certificat des commis de l'un des autres ports, dans lequel le navire aura fait son retour.

Toutes les denrées & marchandises originaires du royaume, jouissent, dès le lieu où elles sont chargées, de l'exemption des droits de route & de sortie, lorsqu'elles sont déclarées pour les *isles* & colonies françoises de l'Amérique; sous la condition d'être accompagnées d'un acquit à caution qui assure leur arrivée au port de l'armement.

Quant aux marchandises étrangères, & arrivant de l'étranger pour la même destination, elles acquittent les droits d'entrée du royaume, & ceux qui sont dûs dans l'étendue des provinces qu'elles traversent, pour passer au port de leur embarquement, & jouissent seulement de l'exemption des droits de sortie.

Il faut pourtant excepter de cette classe, le bœuf salé, les lards, beurres, suifs & chandelles, & les saumons salés. Leur abondance ne pouvant être trop grande dans les colonies, pour la favoriser, ces denrées ont été exemptes de tous droits à leur importation dans le royaume, lorsqu'elles sont destinées à être réexportées dans ces possessions, suivant les lettres-patentes de 1717 & l'arrêt du 24 août 1748.

Dans tous ces cas, les négocians qui font venir des denrées ou marchandises, de quelque lieu du royaume

royaume que ce soit, sont tenus d'en faire déclaration au bureau des fermes du lieu, ou au plus prochain sur la route, pour être visitées & envoyées dans le port de l'armement, sous acquit à caution & en franchise des droits de circulation.

A leur arrivée dans le port, les particuliers à qui elles sont adressées, doivent faire leur soumission sur un registre d'entrepôt, de les expédier aux *isles* dans l'espace d'un an; & à l'expiration de ce délai, les droits dont les marchandises ont été affranchies, par ces destinations privilégiées, sont dans le cas d'être perçus, à moins qu'il ne soit accordé une prolongation de l'entrepôt. *Voyez* le mot ENTREPÔT, ce qui est dit aux pages 65 & 66.

Conséquemment à ces précautions, dans tous les ports où le commerce des *isles* est permis, il est tenu un registre sur lequel chaque négociant a un compte ouvert, pour suivre le sort des marchandises qui lui sont arrivées, pour s'assurer si elles ne sont pas distraites de leur destination, & pour en faire payer les droits, avec une amende si elles ont été soustraites.

Si, d'un côté, cette régie des entrepôts est rigoureuse; si elle excite journellement les plaintes du commerce, fatigué par les visites & les recensemens des contrôleurs aux entrepôts; de l'autre, il faut convenir que, dans l'état des choses, elle est nécessaire pour empêcher l'abus des exemptions privilégiées, & des fausses destinations. Malgré toutes les précautions possibles, il est encore des inconvéniens qu'on ne peut pas prévenir. Par exemple, un négociant fait venir, de l'extrémité du royaume, des marchandises qu'il destine en apparence pour le commerce des *isles*, quoique son projet soit de les faire entrer dans la consommation du royaume. Ces marchandises sont exemptes de tous droits; c'est-à-dire, le négociant sait que, par sa déclaration, il se procure du moins le crédit des droits, jusqu'à ce que ses marchandises soient vendues dans le royaume; il peut même substituer des qualités inférieures, qui restent toujours en entrepôt, à des espèces de qualités supérieures qu'il a vendues ainsi, en fraude des droits dûs sur leur valeur... C'est sur-tout sur les vins que ces manœuvres se pratiquent avec facilité.

Il en est de même des marchandises de retour des colonies. Elles sont également mises en entrepôt à leur arrivée, après avoir acquitté les droits du domaine d'Occident, & ne payent ceux d'entrée du royaume que lorsqu'elles y entrent pour sa consommation; & les mêmes abus n'ont lieu qu'à l'égard des marchandises destinées à composer une cargaison pour les colonies.

Parmi les marchandises coloniales, les unes jouissent d'un transit par terre, en exemption de tous droits, au moyen d'un acquit à caution qui les accompagne, & désigne le bureau par où elles doivent sortir du royaume; tels sont les sucres terrés, l'indigo, le rocou, le gingembre, les cafés & le cacao.

Les autres espèces, à l'exception des cotons, peuvent être expédiées par mer, en franchise absolue, pour le pays étranger. Dans ce cas, il faut justifier qu'elles ont été déchargées au lieu de leur destination, en rapportant dans les six mois de leur exportation, au dos de l'acquit à caution expédié pour les suivre, un certificat signé du consul françois, s'il y en a, ou, à son défaut, des magistrats ou juges des lieux, qui constate le déchargement, à peine de payer le quadruple des droits. Ces formalités sont prescrites par l'article XVI des lettres-patentes de 1717.

Lorsque des marchandises coloniales sont une fois entrées dans le royaume, pour y être consommées, & qu'ensuite elles sont expédiées pour le pays étranger, non-seulement on ne seroit pas fondé à réclamer le remboursement des droits d'entrée, mais même on seroit assujetti au paiement de ceux de sortie, excepté toutefois, pour les sucres de toute sorte, pour l'indigo, le gingembre, le rocou, le cacao, & toutes les denrées qui sont du genre des drogueries-épiceries. *Voyez* le mot DROGUERIE.

En Bretagne, toutes les marchandises des colonies, à l'exception des cafés, ne sont point soumises à cette régie des entrepôts, parce qu'à leur arrivé, eelles acquittent, avec les droits de domaine d'Occident, ceux de prévôté & d'octroi, soit que les marchandises passent à l'étranger, soit qu'elles entrent dans la consommation de la province.

Mais aussi, lorsqu'elles sont portées dans les provinces voisines, elles acquittent les droits de consommation dûs uniformément dans les autres ports, sans égard pour les droits qui ont déja été payés.

Si, comme on vient de le dire, le double entrepôt des marchandises destinées pour les colonies, & de celles qui sont rapportées de ces *isles*, a de grands inconvéniens pour les finances de l'État & pour le commerce, il seroit donc fort à souhaiter qu'il fût supprimé. C'est ce qui arriveroit en adoptant une forme de régie & de perception plus simple, à l'égard du commerce dont il s'agit, & des denrées qui en font l'objet.

On sentira sans doute mieux les avantages de cette réforme, en disant que le préjudice que reçoivent les revenus publics de l'état actuel des choses, est d'environ trois millions, tandis que le produit entier des droits de consommation qui sont acquittés, ne vont guère qu'à deux millions six à sept cens mille livres, en y comprenant même le produit qui doit résulter de la suppression de la faveur accordée aux marchandises de retour de la traite des noirs, depuis l'arrêt du 26 octobre 1784. *Voyez* GUINÉE.

La nouvelle forme de régie & de perception que l'on propose, consiste à joindre aux droits du domaine d'Occident, qui se perçoivent à l'arrivée immédiate des marchandises coloniales, un droit additionnel, combiné de façon à ne point augmenter trop sensiblement le prix originaire de ces marchandises, & néanmoins suffisant, pour remplacer le produit des droits qui se prennent actuellement sur la consomation du royaume, & qui n'auroient plus lieu.

Au moyen de ce plan, la régie si gênante des entrepôts seroit abolie, & les facilités si multipliées d'éluder les droits cesseroient. La consommation nationale, sujette à des droits moins considérables qu'à présent, s'accroîtroit nécessairement, & l'exportation à l'étranger n'en seroit ni ralentie, ni diminuée, parce qu'une grande partie du droit additionnel payé au déchargement des marchandises, seroit convertie en primes, accordées lors que leur exportation à l'étranger seroit constatée.

Cette proposition, sur laquelle le commerce semble former un vœu général, fut agitée il y a quinze ou seize ans, relativement aux cafés. La ferme générale prétendoit que le droit additionnel devoit être combiné, dans la proportion du produit naturel du droit de dix livres par quintal, s'il n'étoit point altéré par la fraude; le commerce soutenoit au contraire, qu'il ne devoit être question que de chercher la compensation du produit actuel: ainsi les agens du fisc & le commerce vouloient également faire tourner à leur profit l'extinction des abus. On ne put s'accorder; la fraude continua. La régie des entrepôts resta telle qu'elle étoit, & les finances n'éprouvèrent aucune amélioration.

Si cet arrangement, qu'il eût été facile de concilier avec les prétentions du commerce & de la ferme générale, ne fut pas alors adopté, il est une suite indispensable du plan d'uniformité qu'on propose aujourd'hui.

Il s'agiroit donc de régler le droit dont il s'agit, en raison de la valeur des marchandises, prise sur les états d'évaluation qui s'arrêtent tous les six mois, ainsi qu'on l'a dit au mot DOMAINE D'OCCIDENT: valeur qu'on fait toujours être d'un quart au-dessous de la valeur courante. Ainsi on fixeroit ce droit, par exemple, à quinze pour cent sur les sucres de toutes sortes, sur les cafés, sur le cacao, le gingembre & la canefice; en le laissant à trois & demi pour cent sur l'indigo, sur le rocou, le caret, les cuirs secs & les autres marchandises des *isles*, sans exception; les cotons ne seroient non plus sujets qu'au droit de demi pour cent, avec les dix sols pour livre, s'ils étoient consommés dans le royaume; mais s'ils en étoient exportés, ils acquitteroient, comme les sucres, quinze pour cent de leur valeur.

Quant aux sucres rafinés aux *isles*, ils continueroient à acquitter le droit prohibitif de soixante livres le quintal.

Ce droit de quinze pour cent porte une augmentation réelle sur le droit de domaine d'Occident, de neuf & trois quarts pour cent; puisque ce premier revient à cinq & un quart pour cent; mais il seroit exempt de tous les sols pour livre qui pourroient être imposés à l'avenir, attendu que, comme il est combiné avec la véritable valeur des marchandises, cette addition détruiroit toute proportion, & nuiroit à leur exportation.

Au moyen du payement de ce droit à l'arrivée des marchandises au port, elles n'en auroient aucun autre à payer en passant dans l'intérieur des provinces; ainsi plus d'entrepôt; plus de difficultés pour leur emmagasinage; plus de formalités pour leur changement de destination d'un port à un autre; leur trafic devient aussi libre que leur conservation.

Ensuite, lorsqu'elles seroient exportées à l'étranger par navires François, il seroit payé une prime,

Savoir;

	liv.	s.	
Sur les sucres bruts, . . .	1	15	*par quintal.*
Sur les sucres terrés, sucres de tête, de forme,	3	"	*idem.*
Sur le cacao, ...	1	"	*idem.*
Sur les cafés de toute sorte, ...	3	10	*idem.*
Sur les sucres raffinés, en pain, ...	6	"	*idem.*

Lorsque ces marchandises seroient exportées sur vaisseaux étrangers, on pourroit réduire ces primes d'un tiers ou de moitié.

Les primes de trois livres par quintal, revenant à soixante livres par tonneau du poids de deux milliers, il s'ensuit qu'un vaisseau François de cinq cens tonneaux, chargé de sucres terrés, jouiroit d'une gratification de trente mille livres; & un vaisseau étranger de même continence, de moitié de cette gratification.

On sent bien que l'exécution de ce nouveau plan exigeroit l'exclusion de tous les étrangers, même des Américains, de nos colonies. Dans le cas où l'abondance des sirops, taffias, & de quelques autres denrées coloniales, feroit juger nécessaire d'en permettre l'exportation directe des *isles* à l'étranger, il conviendroit de la subordonner à la condition de se servir de vaisseaux François, & à la charge de payer, pour tenir lieu de tous droits, celui de six pour cent de la valeur, exigible sur les factures & les connoissemens.

Si l'on rapproche la quotité du droit de quinze pour cent, qui est proposé pour être perçu uniformément dans tous les ports du royaume, du montant de ceux qui sont perçus en Bretagne particulièrement, on reconnoît que cette province, loin de recevoir quelqu'atteinte dans ses privilèges, trouvera, au contraire, de nouveaux avantages, en participant aux primes d'exportation.

Dans l'état actuel, le montant des droits locaux qui ont lieu en Bretagne avec les droits du domaine d'Occident, qui sont de cinq un quart pour cent, est plus considérable que celui qui est proposé sur toutes les denrées coloniales, excepté sur les sucres, & cependant il n'empêche point que les ports de la Bretagne ne fassent le commerce des *isles* en concurrence avec ceux des autres provinces; ainsi, pour son commerce étranger cette province seroit, au moyen des primes, traitée plus favorablement qu'elle ne l'est aujourd'hui. Par exemple, le café de Saint-Domingue, estimé trente-trois livres quinze sols le quintal, paye pour le domaine d'Occident & les droits locaux, seize livres dix-sept sols par quintal, ce qui revient à cinquante pour cent, il ne paieroit, à quinze pour cent, que quatre livres onze sols trois deniers.

Le café de la Martinique, à quarante-une liv. treize sols le quintal, paye dix-sept livres quatre sols, ou quarante-deux pour cent, il ne paieroit, à quinze pour cent, que six livres cinq sols. Il en seroit de même de l'indigo, du gingembre, de la canéfice, & de toutes les autres denrées coloniales, qui, dans l'état actuel, sont grevées de sept, huit, neuf, dix & onze pour cent, & n'acquitteroient plus que cinq un quart, pour le seul domaine d'Occident.

A l'égard de sa consommation intérieure, la Bretagne supporteroit réellement une augmentation de droits de cent trente-six mille livres, sur environ soixante deux millions deux cens cinquante-neuf mille livres de sucre, qui paroissent en être l'objet.

Mais aussi, elle gagneroit environ cent trente-neuf mille livres, sur un million cent soixante & treize mille deux cens quarante livres de cafés, qui semblent être consommés annuellement dans cette province, dont la population est évaluée au dixième de celle du royaume; ensorte qu'en considérant le commerce général des sucres : le droit de quinze pour cent payé à l'arrivée, & beaucoup réduit par les primes d'exportation, peut d'autant moins y nuire, que la France n'a point de concurrens à craindre.

L'Espagne & le Portugal réunis, ne retirent réellement de leurs colonies que quarante-cinq millions de livres de sucres bruts & terrés, & cette quantité est absorbée par leurs besoins. Parmi les autres nations, l'Angleterre est la seule qui possède des colonies à sucre; elle en retire environ cent soixante ou cent quatre-vingt millions de livres de toutes qualités, & les colonies Françoises n'en donnent pas moins. Cette masse d'environ trois cens cinquante millions de livres de sucre, peut à peine satisfaire aux demandes des autres Etats; ensorte que l'excédent de la consommation en Angleterre & en France, a toujours un débouché certain, principalement dans le Nord, où cette denrée est presque devenue un besoin indispensable.

Il en est de même des cafés; toutes les colonies Espagnoles, Portugaises, Hollandoises & Angloises, ne fournissent guères que dix millions de livres de cafés, qui ne suffisent pas à la consommation de ces différens Etats. La France seule en recueille dans les siennes, plus de soixante millions de livres, qui excèdent de beaucoup ses besoins. Le commerce de cette denrée semble donc appartenir particulièrement, & sans partage, à la France.

Après avoir établi, par des détails pris dans la nature des choses, que les droits dont on propose la perception uniforme, ne peuvent nuire au commerce des denrées coloniales, il convient de faire voir également, que les revenus de l'Etat n'en souffriront point d'altération.

ÉTAT ACTUEL.

En tems de paix, la valeur des denrées coloniales importées dans le royaume, est estimée année commune, ...	85,530,445 *livres.*
La valeur des denrées exportées directement des colonies, sur permissions des administrateurs, ...	1,163,549
Total..	86,693,994

Total *de l'autre part*,		86,693,994 *livres.*
La somme des droits du domaine d'Occident, y compris les dix sols pour livre, est de	4,299,773 *liv.*	4,373,468
La recette de ces droits, & de ceux d'octroi aux *isles*, est de	73,695	
Le montant des droits de consommaiton sur les mêmes denrées, y compris ceux qui ont lieu sur les sucres raffinés, & les droits locaux perçus en Bretagne, s'élèvent à	2,352,118	3,178,200
Au moyen de ce que l'arrêt du 26 octobre 1784 a supprimé la réduction de moitié des droits, ci-devant accordée sur les marchandises de retour de la traite des nègres, on peut évaluer le produit de cette réduction, en accroissement de celui de consommation, à	826,082	
Produit général des droits perçus sur les denrées & marchandises des *isles*,		7,551,668
Il convient de déduire sur cette somme le montant de la restitution des droits, qui a lieu sur les sucres raffinés lors de leur exportation à l'étranger; c'est un objet de		98,814
Somme nette à remplacer,		7,452,854

ÉTAT PROPOSÉ.

Importation des *isles* en France, & exportation directe des colonies,		86,693,994
Objet des droits perçus en France,	10,875,805	10,945,618
Idem, des droits perçus aux *isles*,	69,813	
Déduction pour les primes à accorder sur la somme des exportations de France à l'étranger,		2,933,720
Produit net, en tems de paix, des droits proposés,		8,011,898
Somme du produit actuel à remplacer,		7,452,854
Bénéfice pour l'État,		559,044

En temps de guerre, où ces mêmes droits ne montent qu'à six millions quatre cens deux mille livres, l'excédent sur ce produit ne seroit que de cent vingt-cinq mille livres.

On ne doit pas dissimuler que quoique le système d'un droit uniforme réunisse des avantages sensibles pour les colonies & pour les négocians qui font le commerce des denrées qu'elles produisent, il s'élève cependant contre son adoption, une objection importante, à laquelle il est nécessaire de répondre.

Le droit additionel à celui du domaine d'Occident, étant de neuf trois quarts pour cent plus fort que celui qui existe, son payement nécessiteroit, de la part du commerce, des avances considérables; car les sucres & les autres articles qui doivent le supporter, forment les quatre cinquièmes de la totalité des denrées coloniales importées en France.

Il conviendroit donc de diviser ce payement en trois époques; savoir, cinq pour cent dans les six mois de l'arrivée des marchandises; cinq pour cent à la révolution de l'année, & les autres cinq pour cent, à l'expiration des dix-huit mois; à moins qu'il parût encore praticable de rendre le payement de la totalité exigible dans les six mois de leur exportation.

Si l'on remarque qu'avec cette facilité de payer les droits dont il s'agit seulement sur les sucres de toute espèce, sur les cafés, le cacao, le gingembre & la canefice, que les cotons, l'indigo, le rocou, & les autres productions des *isles* sont déchargés de tous droits de consommation & locaux, après avoir payé les simples droits du domaine d'Occident à leur arrivée, ainsi qu'il se pratique actuellement, on jugera sans doute que la condition du commerce seroit infiniment plus favorable qu'elle ne l'est actuellement; ajoutons encore, que dans ce nouveau plan, entre naturellement le projet d'imposer à des droits de trente pour cent, toutes les marchandises & denrées de même espèce que celles que fournissent les colonies.

On a dit ci-devant, que pour l'exécution de l'uniformité proposée, on supposoit le maintien des loix prohibitives qui sont en vigueur depuis une siècle, & en conséquence l'éloignement des étrangers de nos colonies.

Il s'est élevé à ce sujet, depuis fort peu de tems, une grande question, que l'arrêt du 30 août 1784 paroît avoir décidée en faveur de la liberté. Ce réglement, qui devient la base d'un nouveau systême, est trop intéressant pour le passer sous silence. En voici les motifs & les dispositions.

Le roi, toujours occupé du soin de concilier l'accroissement des cultures de ses colonies d'Amérique, avec l'extension du commerce général de son royaume, n'a jamais perdu de vue les moyens qui pouvoient contribuer à la prospérité de ses possessions au-delà des mers, sans diminuer les avantages que la métropole devoit retirer de ses établissemens; mais les principes à suivre pour parvenir à ce but, présentoient des difficultés qui ne pouvoient être vaincues, qu'à mesure que l'expérience auroit éclairé sur les changemens à introduire dans cette partie de l'administration. Par le compte que sa majesté s'est fait rendre de ceux qui ont eu lieu jusqu'à présent, elle a reconnu qu'il avoit été nécessaire de tempérer successivement la rigueur primitive des lettres-patentes du mois d'octobre 1727, dont les dispositions écartent absolument l'étranger du commerce de ses colonies; & que pour maintenir, dans un juste équilibre, des intérêts qui doivent se favoriser mutuellement, il avoit fallu, en différens temps, apporter des modifications à la sévérité des réglemens prohibitifs. Considérant que les circonstances actuelles sollicitent de nouveaux adoucissemens, elle a jugé qu'en les accordant, il convenoit encore de multiplier les ports d'entrepôt, dans les *isles* françoises du vent & sous le vent, d'en rectifier le choix, & de les ouvrir dans des lieux où ils fussent, sous la main du gouvernement & sous l'inspection du commerce national, afin de prévenir l'abus d'une contrebande destructive, ou de la réprimer avec d'autant plus de sévérité, que sa majesté ayant pourvu aux besoins de ses colonies, les infracteurs de ses loix en deviendroient plus inexcusables. A quoi voulant pourvoir: oui le rapport; le roi étant en son conseil, sa majesté a ordonné & ordonne ce qui suit:

ARTICLE PREMIER.

L'entrepôt ci-devant assigné au carénage de Sainte Lucie, sera maintenu pour ladite *isle* seulement, & il en sera établi trois nouveaux aux *isles* du vent; savoir, un à Saint-Pierre pour la Martinique, un à la Pointe-à Pitre pour la Guadeloupe & dépendances, un à Scarboroug pour Tabago. Il en sera pareillement ouvert trois pour Saint-Domingue; savoir, un au cap François, un au Port-au-Prince, un aux Cayes Saint-Louis: celui qui existe au Mole Saint-Nicolas dans la même colonie, sera & demeurera supprimé.

II.

Permet sa majesté, par provision & jusqu'à ce qu'il lui plaise d'en ordonner autrement, aux navires étrangers, du port de soixante tonneaux au moins, uniquement chargés de bois de toute espèce, même de bois de teinture, de charbon de terre, d'animaux & bestiaux vivans, de toute nature, de salaison de bœufs & non de porcs, de morue & poisson salés, de ris, maïs, légumes, de cuirs verds en poils ou tannés, de pelleteries, de résines & goudron, d'aller dans les seuls ports d'entrepôt désignés par l'article précédent, & d'y décharger & commercer lesdites marchandises.

III.

Il sera permis aux navires étrangers qui iront dans les ports d'entrepôts, soit pour y porter les marchandises permises par l'article II, soit à vuide, d'y charger pour l'étranger, uniquement des syrops & taffias, & des marchandises venues de France.

IV.

Toutes les marchandises dont l'importation & l'exportation sont permises à l'étranger dans lesdits ports d'entrepôt, seront soumises aux droits locaux, établis ou à établir dans chaque colonie, & payeront en outre un pour cent de leur valeur.

V.

Indépendamment du droit d'un pour cent, porté en l'article ci dessus, les bœufs salés, la morue & le poisson salés, payeront trois livres par quintal ; & sera le produit dudit droit de trois livres, converti en primes d'encouragement pour l'introduction de la morue & du poisson salé, provenant de la pêche françoise.

V I.

Les chairs salées étrangères qui seront introduites dans les colonies par des bâtimens françois, expédiés directement des ports du royaume, ne seront point assujetties au payement des droits mentionnés dans les deux articles précedens.

V I I.

Il sera établi dans chaque port d'entrepôt, un nombre suffisant de commis, pour veiller à ce qu'il ne soit introduit ni exporté d'autres marchandises que celles qui sont spécifiées dans les articles II & III du présent arrêt ; & afin qu'il ne reste aucun soupçon d'inexactitude dans cette surveillance, autorise sa majesté les négocians françois résidans dans chacun desdits ports d'entrepôt, ainsi que les capitaines de navires qui pourront s'y trouver, à nommer respectivement entre eux des commissaires, lesquels seront chargés de dénoncer les négligences ou abus qu'ils pourroient reconnoître, & assisteront, lorsqu'ils l'estimeront convenable, à toutes les visites qui auront lieu, soit à l'arrivée, soit au départ des navires étrangers.

V I I I.

Les capitaines desdits navires étrangers qui iront dans les ports d'entrepôts, seront tenus, sous peine de confiscation desdits navires & de leurs cargaisons, & de mille livres d'amende, de se signaler au large, & d'avertir dans l'instant de leur arrivée, pour qu'il soit sur le champ envoyé deux commis, & autant que faire se pourra, une garde à leur bord, à l'effet d'empêcher qu'il ne soit rien déchargé avant la visite. Si lesdits capitaines arrivent le matin, ils feront dans le jour, & s'ils arrivent le soir, au plus tard dans la matinée du lendemain, une déclaration exacte, tant au bureau de sa majesté, qu'au greffe de l'amirauté où ils rempliront d'ailleurs toutes formalités d'ordonnance, de l'espèce & de la quantité des marchandises dont les chargemens seront composés ; représenteront leurs connoissemens & chartes-parties, & ne pourront procéder au déchargement que sur le congé ou permis du bureau, en présence de deux commis qui visiteront les marchandises, & dresseront procès-verbal de leur assistance audit chargement. Lorsque lesdits navires s'expédieront en retour, il ne pourra être fait aucun chargement sans une pareille déclaration, sans la présence d'un nombre égal de commis, sans un semblable procès-verbal d'assistance audit chargement, & sans un permis du bureau pour le départ du bâtiment.

I X.

Si lors de la visite, avant, pendant ou après le chargement ou déchargement, il se trouvoit sur les navires étrangers, venus dans les ports d'entrepôt, ou partant desdits ports, d'autres marchandises que celles dont l'importation & l'exportation sont permises par les articles II & III, les commis en dresseront procès-verbal, & le remettront sur le champ au greffe de l'amirauté, pour être, à la diligence du procureur de sa majesté, procédé par les officiers dudit siège, à la saisie des navires & de leur chargement, dont la confiscation sera prononcée, avec amende de mille livres, sauf l'appel au conseil ou autre tribunal supérieur du ressort.

X.

Les armateurs françois, soit du royaume, soit des *isles* & colonies françoises, qui voudront concourir à l'importation des marchandises étrangères permises par l'article II, comme aussi à l'exportation dans les ports étrangers, des marchandises pareillement permises par l'article III, seront soumis aux mêmes précautions, aux mêmes formalités & visites qui sont ordonnées pour les navires étrangers ; subiront les mêmes peines, en cas de contravention, & supporteront les mêmes droits, à l'exception seulement du droit d'un pour cent, fixé par l'article IV, dont ils seront dispensés.

X I.

Tous capitaines & patrons de bâtimens françois, armés soit dans les ports du royaume, soit dans ceux des colonies françoises, qui voudroient s'expédier esdites colonies pour aller aux mers de l'Amérique, même à Saint-Pierre & Miquelon, ne pourront partir que d'un des ports d'entrepôt, sous peine de confiscation des bâtimens & de leurs cargaisons, & de mille livres d'amende. Lesdits capitaines & patrons, seront tenus de prendre, ainsi qu'il est d'usage, la permission limitée du gouverneur & de l'intendant, & le passeport de l'amiral, qui seront enregistrés au greffe de l'amirauté ; ils fourniront en outre toutes les déclarations, & subiront toutes les visites nécessaires pour constater l'état de leurs chargemens, lesquels ne pourront consister qu'en sirops, taffias & marchandises venues de France, ainsi & de la même manière que s'ils étoient étrangers.

X I I.

Les expéditions vers des ports étrangers, ne seront délivrées que pour ceux où sa majesté entretient des consuls, vice-consuls ou agens, auxquels elles seront présentées, tant à l'arrivée qu'au départ, pour être par eux visées, & par les capitaines exhibées au retour, soit en France ou dans les colonies.

X I I I.

Les bâtimens françois qui seront partis d'un des ports d'entrepôt, pour aller aux mers de l'Amérique, même à Saint-Pierre & Miquelon, comme aussi ceux, qui étant expédiés des ports du royaume, auront touché à un port étranger, ou même auxdites *isles* de Saint-Pierre & Miquelon, ne pourront, sous pareilles peines de confiscation des bâtimens & de leurs cargaisons, ensemble de mille livres d'amende, rentrer ou entrer dans les *isles* & colonies françoises, que par l'un des ports d'entrepôt, à l'effet d'y subir les visites & inspections auxquelles sont assujettis les bâtimens étrangers. Ils seront tenus aux mêmes déclarations & formalités, & ne pourront introduire que les mêmes marchandises dont l'importation est permise. Après lesdites visites & inspections préalables au déchargement, & dont il sera délivré certificat aux capitaines & patrons par le directeur du bureau de sa majesté, il sera libre auxdits bâtimens de passer dans tel port ou rade de la colonie qu'ils jugeront à propos.

XIV.

Lesdits bâtimens françois, expédiés soit des *isles* françoises, soit des ports du royaume, qui ayant touché à un port étranger, ou à Saint-Pierre & Miquelon, entreront dans un des ports d'entrepôts, seront tenus, sous les peines de confiscation & d'amende, d'arborer, à trois lieues au large, une flamme ou marque distinctive, telle qu'elle sera indiquée par l'amirauté, afin qu'au moment de leur arrivée il puisse être envoyé des commis à bord par le bureau de sa majesté.

XV.

Veut sa majesté, toujours sous les mêmes peines, que les bâtimens étrangers auxquels il a été permis pour un tems déterminé, d'introduire aux *isles* du vent seulement, des cargaisons de noirs, dans les différens ports d'amirauté desdites *isles*, ne puissent plus dorénavant les introduire pendant ledit tems, que dans les ports du carénage de Saint-Pierre, de la Pointe-à-Pitre & de Scarborough uniquement; dérogeant, quant à ce, à l'arrêt de son conseil du 28 juin 1783, lequel au surplus continuera d'être exécuté selon sa forme & teneur.

XVI.

Le produit des amendes & confiscations prononcées, sera attribué en totalité aux commis des bureaux de sa majesté qui auront fait ou provoqué la saisie; à l'égard des navires qui auront été pris en fraude, par les vaisseaux & bâtimens gardes-côtes de sa majesté, la totalité dudit produit appartiendra aux commandans, états-majors & équipages preneurs, à la seule déduction des frais de justice, du dixième de l'amiral, & de six deniers pour livre au profit des invalides de la marine: lorsqu'il y aura des dénonciateurs, un tiers du même produit sera prélevé à leur profit.

XVII.

Fait sa majesté très-expresses inhibitions & défenses à tous François, de prêter leur nom à des francisations simulées de bâtimens étrangers, sous peine de trois mille livres d'amende, applicables aux hôpitaux des lieux, sans préjudice de la confiscation du bâtiment, ordonnée par les divers réglemens intervenus sur le fait de la navigation; enjoint à ses procureurs ès sièges des amirautés, de faire à ce sujet toutes poursuites & diligences contre les contrevenans, à peine d'en répondre.

XVIII.

Se réserve sa majesté d'ouvrir à l'avenir, s'il y a lieu, un entrepôt pour Cayenne & la Guyane françoise, après l'expiration du tems qu'elle a fixé par l'arrêt de son conseil du 15 mai dernier, pour la liberté générale du commerce dans ladite colonie: veut & entend que jusqu'à la révolution de ladite époque, les bâtimens étrangers ou françois qui auront touché à quelque port ou rade de Cayenne & de la Guyane françoise, ne puissent aborder que dans les seuls ports d'entrepôt des *isles* du vent ou sous le vent, aux mêmes conditions, précautions, règles & peines qui sont énoncées dans les articles XIII & XIV ci-dessus.

XIX.

Seront au surplus exécutées les dispositions des lettres-patentes du mois d'octobre 1727, & des ordonnances & réglemens subséquens, concernant le commerce étranger dans les *isles* & colonies françoises, en ce qui n'y est pas dérogé par le présent arrêt.

Mande sa majesté à monf. le duc de Penthièvre, amiral de France, & aux gouverneurs, lieutenans-généraux, commandans particuliers, intendans, commissaires généraux ordonnateurs, & tous autres qu'il appartiendra, de tenir la main, chacun en droit soi, à l'exécution du présent arrêt: mande pareillement sa majesté aux conseils & tribunaux supérieurs des colonies françoises de l'Amérique, de procéder à l'enregistrement d'icelui, pour etre lu, publié & affiché par-tout où besoin sera. Fait au conseil d'état du roi, sa majesté y étant, tenu à Versailles le trente août mil sept cent quatre-vingt-quatre.

LE DUC DE PENTHIEVRE,
amiral de France.

Vu l'arrêt du conseil ci-dessus, & des autres parts, à nous adressé: mandons à tous ceux sur qui notre pouvoir s'étend; & ordonnons aux officiers des amirautés des *isles* & colonies françoises de tenir, chacun en droit soi, la main à son exécution, & de s'y conformer en ce qui les concerne. Ordonnons aux officiers desdites amirautés, de le faire enregistrer au greffe de leur siège. Fait à Paris, le trente-un août mil sept cent quatre-vingt-quatre.

L'effet de ce nouvel arrêt a été vivement senti dans les ports ; tous les négocians des places maritimes ont jetté les cris d'une alarme générale ; toutes les chambres de commerce ont élevé leurs voix pour adresser des représentations contre cette admission indéfinie des étrangers dans nos *isles*.

Les partisans de la liberté ont écrit aussi en faveur de leur opinion ; & le ministère, qui ne veut que le bien, a laissé imprimer des deux côtés tout ce qui a pu tendre à l'éclaircissement d'une question si intéressante.

Nous livrerons donc aussi notre opinion à la discussion publique.

Il semble que d'après la législation établie à cet égard dans toute l'Europe, d'après les termes des réglemens de 1698, de 1717 & & 1727, on ne pouvoit & on ne devoit pas s'attendre à d'aussi grands changemens. Avant de rappeller quelques-unes des principales dispositions de la loi de 1727, qui proscrit toute relation des colonies avec les étrangers, posons ici un principe universellement reconnu, & consigné dans l'esprit des loix. On ne soupçonnera sûrement pas l'illustre auteur de cet ouvrage d'avoir voulu restreindre les droits du genre humain, & favoriser la tyrannie, *tom. II. de l'édition* in-12, *Londres*, 1757, *pag.* 349.

« On a établi que la métropole seule pourroit » négocier avec ses colonies, & cela avec grande » raison, parce que le but de l'établissement a » été l'extension du commerce, & non la fon» dation d'un nouvel empire.

» Ainsi, c'est une loi fondamentale en Europe, » que tout commerce avec une colonie étrangère, » est regardé comme un pur monopole punissable » par les loix du pays.

» Il est encore reçu que le commerce établi » entre les métropoles, n'entraîne point une per» mission pour les colonies, qui restent toujours » en état de prohibition.

» Le désavantage des colonies qui perdent la » liberté du commerce, est visiblement compensé » par la protection de la métropole qui la dé» fend par ses armes, ou la maintient par ses » loix.

» De là suit une troisième loi de l'Europe, qui » quand le commerce étranger est défendu avec » la colonie, on ne peut naviguer dans ses mers » que dans les cas établis par les traités.

Ces principes, comme on le voit, sont pris dans la nature des choses, dans les rapports nécessaires qui se trouvent entre les différentes parties d'un même état ; entre la capitale & les provinces ; que diroit-on, si les provinces, sous prétexte que la capitale ne pourroit pourvoir à toutes leurs aisances, étoient autorisées à les tirer des étrangers, & à enrichir des nations, qui de rivales deviennent ennemies ?

Au reste, revenons aux lettres-patentes de 1727 que nous avons promis d'analyser ; afin de faire sortir plus sensiblement les conséquences de l'arrêt du 30 août 1784. Ces lettres-patentes sont divisées en six titres.

Après avoir fait des défenses générales, par l'article premier, de faire venir dans les colonies des pays étrangers & colonies étrangères, aucuns nègres, effets, denrées & marchandises, à l'exception des chairs salées d'Irlande, qui y seront portées du royaume, l'article 3 du titre premier porte, que les étrangers ne pourront aborder avec leurs navires dans les ports, ances & rades des *isles* & colonies, même dans les *isles* inhabitées, ni naviguer autour d'icelles, à peine de confiscation de leurs bâtimens, ensemble du chargement, & de mille livres d'amende qui sera payée solidairement par le capitaine & les gens de l'équipage.

Les articles IV, V, VI, VII, VIII, IX & X, du titre II, autorisent les commandans & officiers de la marine royale, même ceux de tous bâtimens françois, de courre sur les navires étrangers qui se trouveront dans les parages des colonies, & règlent la distribution du produit de ces prises.

Les trois autres titres de ce réglement prescrivent, dans le plus grand détail, les précautions à prendre pour empêcher que des bâtimens étrangers, forcés par quelques accidens, de relâcher dans les colonies pour y chercher des secours, n'y trafiquent des marchandises étrangères.

Enfin, le sixième titre va jusqu'à défendre aux étrangers établis dans les colonies, même à ceux qui sont naturalisés, d'y être courtiers & agens d'affaires de commerce, en quelque sorte & manière que ce soit, à peine de trois mille livres d'amende applicable au dénonciateur, & d'être bannis à perpétuité des colonies ; il leur est seulement permis d'y faire valoir des terres & des habitations, & d'y faire commerce des denrées qui proviendront de leurs terres.

Il est également fait défenses à tous marchands & négocians établis dans les colonies, d'avoir aucun commis, facteurs, teneurs de livres, ou autres personnes qui se mêlent de leur commerce qui soient étrangers, encore qu'ils soient naturalisés ; il leur est ordonné de s'en défaire au plus tard dans trois mois, du jour de l'enregistrement de la loi, à peine, contre lesdits marchands & négocians, de trois mille livres d'amende applicable

plicable au dénonciateur, & contre les commis, facteurs, teneurs de livres & autres personnes qui se mêlent de leurs affaires, d'être bannis à perpétuité desdites colonies.

C'est d'après ces mesures qu'on a vu prospérer les colonies, & leurs productions importées dans la métropole, lui procurer, sur leur exportation, un bénéfice de quarante à cinquante millions; & si l'on remarque que dans l'intervalle de 1727 à 1763, époque des premières atteintes portées à cette législation prohibitive, quinze années de guerres ruineuses pour les colonies, ont interrompu leurs relations avec la mère patrie, on se persuadera facilement, que c'est moins la conséquence de ce régime, justifié par l'expérience & l'exemple de toutes les nations, que l'intérêt particulier qui a dicté sa proscription, & les dérogations successives qu'on y a faites.

Les premières eurent lieu en 1762; la guerre duroit encore, & la navigation françoise avoit fait des pertes si considérables, qu'elle étoit presque anéantie. La culture des colonies souffroit par la disette de ces malheureux Afriquains qu'on y emploie comme des bêtes de somme. On accorda des passeports aux étrangers pour en porter dans nos *isles*; & l'année suivante, une déclaration du roi du 18 avril 1763, permit à ces mêmes étrangers, de porter dans toutes les colonies, des bestiaux, des légumes de toute espèce, des fruits verds, des bois de toute sorte, des roues & des voitures, & d'en extraire des syrops & des taffias.

La même année, cette déclaration fut révoquée le 15 août suivant. Il se passa trois années à examiner & à discuter si le régime prohitif devoit être maintenu dans son intégrité, ou s'il étoit utile de faire des exceptions en faveur de quelques possessions particulières. Ensuite parut le 29 juillet 1767 un arrêt du conseil qui établit, ou plutôt confirme l'entrepôt déjà existant au port du carénage dans l'*isle* de Sainte-Lucie, & en forme un au môle Saint-Nicolas dans l'*isle* de Saint-Domingue, pour y recevoir les étrangers. Ce qui est singulier, c'est que le préambule de ce même arrêt porte, *que les* isles *& colonies ne sont véritablement utiles que par la prohibition de leur commerce & l'interdiction de leurs ports aux étrangers; que cette prohibition n'a jamais pu souffrir d'exceptions que par le malheur des circonstances; que ces exceptions elles-mêmes, avoient d'autant plus fait sentir la nécessité de revenir promptement à cette loi première & constitutive des établissemens françois en Amérique; qu'ainsi il étoit de la justice de sa majesté & de son attention à ce qui intéresse la prospérité de son État, de faire exécuter ponctuellement cette loi dans l'étendue des* isles *& colonies françoises; que néanmoins il étoit devenu indispensable de procurer à ces colonies, les moyens d'avoir quelques marchandises de première nécessité, que le commerce de France ne leur fournit pas, & de déboucher plusieurs denrées inutiles à ce même commerce.*

En conséquence, il est permis aux navires étrangers de cent tonneaux & au-dessus, uniquement chargés de bois de toute espèce, même de bois de teinture, d'animaux & bestiaux vivans de toute nature, de cuirs verds, en poil ou tannés, de pelleteries, de raisines & de goudron, d'aborder au port du carénage de Sainte-Lucie, & dans celui du môle Saint-Nicolas à Saint-Domingue, en payant un pour cent de la valeur de ces marchandises, & le même droit, à la sortie des syrops, taffias, & marchandises venues de l'Europe qu'il leur est permis d'exporter de ces *isles*.

L'année suivante, des lettres-patentes du premier mai firent des exceptions encore plus étendues en faveur de la Guyanne & de l'*isle* de Cayenne, puisqu'elles permirent à cette colonie une liberté entière & absolue de commercer avec toutes les nations pendant douze années. On a vu l'effet de ces lettres-patentes prolongé jusqu'au premier juillet 1792, par l'arrêt du conseil du 15 mai 1784.

Les principes qui avoient dicté la déclaration de 1763, s'étant successivement fortifiés, par les exceptions faites aux loix constitutives du commerce des colonies, on a jugé qu'en multipliant les dérogations, c'étoit en même tems faire le bien de ces colonies. C'est dans ces vues que l'arrêt du conseil, du 28 juin 1783, a ouvert les *isles* du vent au trafic des nègres. Il permet aux bâtimens étrangers, arrivant directement des côtes d'Afrique, avec des cargaisons de cent quatre-vingt noirs au moins, d'aborder dans le port principal de chacune des *isles* de la Martinique, la Guadaloupe, Sainte-Lucie & Tabago, jusqu'au premier août 1786, & d'y vendre lesdits noirs, en payant, pour chaque tête de noirs, négresses, négrillons ou négrites, un droit de cent livres argent de France. Il est ordonné que le produit de ce droit sera mis en réserve, pour être uniquement appliqué au paiement d'une prime égale de cent livres, accordée aux capitaines des bâtimens françois, par chaque tête de noirs, négresses, négrillons & négrites, qu'ils débarqueront dans les mêmes *isles* du vent.

Il suit de cette nouvelle législation, que toutes les *isles* & colonies sont ouvertes aux étrangers, qui, à la vérité, ne peuvent y importer & en exporter que certaines marchandises & denrées désignées; & qu'elle a pour but de procurer à ces établissemens, différens objets dont la métropole ne peut les approvisionner, ou qu'elle ne fourniroit jamais à aussi bas prix que les étrangers. Ces dispositions ont pour objet d'enrichir les colonies, & il est d'un grand intérêt, sans doute, pour la métropole, qu'elles soient opulentes.

Le chevalier Robert Walpole, ministre d'Angleterre en 1741, répondoit à ceux qui lui proposoient de mettre un impôt sur les colonies : « Je » veux laisser ce soin là à quelqu'un qui aura plus de » courage que moi, & qui sera peut-être moins ami » du commerce. Depuis que je suis ministre, je me » suis toujours attaché à encourager le commerce » des colonies; j'ai éprouvé même qu'il étoit nécessaire de tolérer quelques irrégularités qui sembloient préjudiciables à la métropole ; & je ne » crois pas qu'elle s'en soit trouvée plus mal ; car » quand il arrive que ces colonies gagnent cinq cens » mille livres sterlings, par un grand accroissement de » leur commerce étranger, il est incontestable qu'avant que deux ans soient écoulés, il en rentre » deux cens cinquante mille livres dans l'échiquier » du roi, par l'augmentation conséquente du débouché de notre main-d'œuvre & de nos productions : nos colonies ne pouvant se passer de » tirer une prodigieuse quantité de nos manufactures. »

Mais ces considérations exigent-elles absolument l'admission des étrangers dans nos colonies; quelles sont les conséquences de cette admission ? Ne se présente-il pas des moyens de concilier les principes de la fondation de ces établissemens, avec la nécessité de leur procurer des relations directes avec l'étranger, si ces relations sont utiles ou même indispensables en beaucoup de circonstances. Il s'agit d'examiner ces différens points, & de terminer ensuite cet article, par le chapitre 13 du *Traité de l'administration des finances*, qui parle des impôts & de la population des *isles* colonies de la France.

Les importations des productions des *isles* de l'Amérique, en France, peuvent être évaluées à cent vingt millions .... 120,000,000 *l.*

Les exportations de France, tant aux *isles* qu'en Afrique, pour la traite des noirs, à quatre-vingt millions, ci..................	80,000,000
C'est donc un bénéfice de quarante milllions..................	40,000,000

Dans ce bénéfice, entrent pour un huitième, ou un dixième, les frais de transport, le prix de fret, & les salaires d'une multitude d'hommes de toutes les classes, employés dans ce commerce, & dans celui qui se fait des denrées coloniales avec les nations du nord. Celles-ci fournissent en échange, des matières premières, comme bois, chanvres, lins, goudrons, fers, cuivres, &c.; & comme ces objets sont insuffisans pour former compensation de la valeur des sucres, cafés, &c., la solde de ce commerce concourt annuellement à l'augmentation du numéraire; avantage précieux pour les fabriques & pour l'agriculrure, qui est la source de toute population, sans compter le bien qui en résulte pour notre navigation, & pour la multiplication des matelots.

En admettant les étrangers dans nos *isles*, il est difficile de se persuader qu'ils se renferment dans les bornes qui leur sont prescrites. La facilité d'y aborder enflammera naturellement leur amour pour les profits. Ils en trouveront, d'un côté, de plus sûrs & de plus considérables dans l'introduction des farines & des marchandises sèches, de toute espèce. Qui sait même si les Américains, qui ont envoyé directement à la Chine, n'ont pas spéculé sur l'introduction dans nos colonies, des marchandises & étoffes qu'ils en rapporteront avec des thés, & dont le prix est peut-être encore trop haut pour un état naissant, d'où la simplicité républicaine n'a pas encore été bannie par le luxe & la corruption. De l'autre côté, l'exportation des sucres, des cafés, de l'indigo, présente tant de bénéfices & de moyens pour étendre leur commerce !

Au reste, si cette admission indéfinie des étrangers, donne lieu, comme on peut le présumer, à des importations de la valeur de vingt-cinq ou trente millions; pourront-elles être payées en syrops & taffias, quand il ne s'en fait que pour dix à onze millions ? Comment émousser ce double aiguillon de la cupidité, acompagnée de largesses & de séduction ? Croira-t on que la vigilance ou la sévérité d'une régie tranquille & peu nombreuse, puisse avoir de grands effets, quand on voit dans la mère-patrie, la contre-bande & la fraude triompher de tous les obstacles, franchir les barrières que leur oppose l'intérêt personnel d'un fermier, éclairé par l'expérience de ses prédécesseurs, & soutenu par une légion d'employés qui, comme une chaîne mobile, embrasse incessament l'extrémité des frontières du royaume, & forme encore dans l'intérieur des patrouilles ambulantes, toujours en activité & en mouvement ?

Concluons donc 1°. qu'il est à craindre que les exportations du royaume ne diminuent en proportions des importations des étrangers dans nos colonies, & qu'il ne s'ensuive une perte inestimable pour les revenus de l'Etat; celle du fret à l'exportation du royaume; à l'importation des retours & à la réexportation des denrées coloniales dans le nord; la perte que fera l'agriculture par une diminution de consommations; & enfin celle qu'éprouveront les fabriques, pour lesquelles ce préjudice ne sera pas moindre.

Si l'intérêt des colonies pour leurs besoins & pour l'extraction des syrops, mélasses & taffias, exige des relations avec l'étranger, on conviendra que ce ne peut être, sur le premier article, que relativement aux bois de toute sorte, aux riz, aux légumes, bestiaux vivans, aux cuirs verds, aux mornes & autres poissons salés, & aux charbons de terre que le royaume ne fourniroit directement qu'avec difficultés ; car pour les bœufs salés & les beurres, ces denrées étant exemptes de tous droits à leur importation dans le royaume, peuvent en être réexportées aux colonies sans recevoir une augmentation de prix bien sensible ; & d'ailleurs, il est important d'attirer les bâtimens qui les importent, dans nos ports, puisqu'ils chargent en retour des vins, des huiles & des eaux-de-vie ; & encore plus intéressant d'encourager la multiplication des bestiaux, & d'exciter à en faire des salaisons.

Quant aux syrops, mélasses & taffias, on est d'accord sur la double utilité de leur exportation directe des *isles* à l'étranger, & de leur éloignement de la métropole, où il seroit très-dangereux de les laisser entrer en concurrence avec les eaux-de-vie de vin.

Mais pour entretenir & favoriser ces relations directes de nos colonies avec l'étranger, n'y auroit-il pas d'autres moyens que leur admission libre & indéfinie ? Observons bien qu'il ne s'agit que d'un commerce d'échange de dix à onze millions ; valeur des syrops & taffias que ces *isles* peuvent fournir.

Dans ce cas, il semble aisé de calculer le nombre de bâtimens & de tonneaux nécessaires pour cette exportation ; de le fixer annuellement en chaque colonie, & d'en charger des navires françois, qui se rendroient directement dans les Etats-unis, pour en rapporter uniquement les marchandises dénommées dans l'arrêt du 30 août, à l'exception de celles qu'on jugeroit pouvoir être fournies par le royaume.

D'après ces dispositions, les colonies seroient approvisionnées des choses dont elles ont le besoin le plus pressant, & débarrassées de celles qu'il leur est important d'envoyer au dehors ; mais les maux inséparables de l'admission des étrangers seroient prévenus, puisque leurs bâtimens n'auroient plus de prétextes pour fréquenter les côtes de ces *isles*, & que dès-lors, il y auroit plus de facilités pour écarter & réprimer la contrebande.

Chacun des navires destinés à cette traite étrangère, prendroit ses expéditions au bureau du domaine d'Occident, & à l'amirauté, après avoir obtenu la permission nécessaire des administrateurs de la colonie, & qui seroit numérotée de façon que le nombre des bâtimens fixé par le conseil du roi ne fût jamais excédé.

Dans des circonstances fâcheuses, suite d'accidens & de désastres, comme ouragans, tremblemens de terre, inondations, où il faut des secours pressans, on pourroit, sans doute, s'écarter des loix prohibitives ; mais cette exception momentanée, & mesurée sur l'étendue des besoins, n'auroit lieu qu'à défaut de bâtimens françois ; elle ne laisseroit point de crainte sur les abus, & ne porteroit aucun préjudice à l'importation directe dans les ports de France.

Le tems de guerre étant un état violent & contre nature, c'est le cas de ne plus tenir la marche ordinaire. Manquer de subsistances est le plus grand des maux : pour le prévenir, c'est à la prudence & à la sagesse des administrateurs à ne pas perdre de vue que, même dans ces cas calamiteux, l'habileté de l'homme d'Etat est de concilier les moyens de subvenir à la nécessité impérieuse du moment, avec les droits imprescriptibles de la mère-patrie.

Impôts & population des colonies de la France : chapitre XIII. du Traité de l'Administration des Finances.

Je ne puis présenter sur ce sujet que des notions acquises indirectement, parce que les colonies & les impôts qu'on y perçoit, ne sont point sous l'inspection du ministre des finances. Voici donc ce que je retrouve dans les notes que j'avois recueillies sur toutes les parties de l'administration du royaume.

SAINT-DOMINGUE.

Recensement de 1779.

Trente-deux mille six cens cinquante blancs, de tout sexe & de tout âge.

Sept mille cinquante-cinq gens de couleur (*).

Deux cens quarante-neuf mille quatre-vingt-dix-huit esclaves.

Les impositions levées dans la colonie, se montoient à plus de cinq millions, argent de France.

L'étendue des colonies n'a point encore été déterminée par lieues quarrées ; ce seroit cependant un travail intéressant.

LA MARTINIQUE.

Recensement de 1776.

Onze mille six cens dix-neuf blancs.

Deux mille huit cens quatre-vingt-douze gens de couleur.

(*) On entend par gens de couleur en France, les métis & leurs descendans, tant que des signes extérieurs annoncent leur première origine ; & comme pendant tout ce tems ils ne sont point admis aux emplois civils & militaires, destinés aux blancs seuls dans les colonies, on en fait aisément un recensement particulier.

Soixante & onze mille deux cens soixante & huit esclaves.

Les impositions se montoient à environ huit cens mille livres de France.

GUADELOUPE.

Recensement de 1779.

Treize mille deux cens soixante & un blancs.

Treize cens quatre-vingt-deux gens de couleur.

Quatre-vingt-cinq mille trois cens vingt-sept esclaves.

Les impositions se montoient à environ huit cens mille livres de France.

CAYENNE.

Recensement de 1780.

Treize cens cinquante huit blancs.

Dix mille cinq cens trente-neuf esclaves.

SAINTE-LUCIE.

Recensement de 1776.

Deux mille trois cens quatre-vingt-dix-sept blancs.

Mille cinquante gens de couleur.

Dix mille sept cens cinquante-deux esclaves.

TABAGO.

C'est une nouvelle acquisition du roi, & je n'ai aucune notion certaine sur sa population; mais je crois que cette colonie contient à-peu-près le même nombre d'esclaves que Sainte-Lucie.

ISLE DE FRANCE.

Recensement de 1776.

Six mille trois cens quatre-vingt-six blancs.

Onze cens quatre-vingt-dix-neuf gens de couleur.

Vingt-cinq mille cent cinquante-quatre esclaves.

ISLE DE BOURBON.

Recensement de 1776.

Six mille trois cens quarante blancs.

Vingt-six mille cent soixante & quinze esclaves.

Le roi ne tire aucun revenu de Cayenne, de Sainte-Lucie, ni des *isles* de France & de Bourbon.

Les colonies de la France contiennent, comme on vient de le voir, près de cinq cens mille esclaves, & c'est par le nombre des malheureux qu'on y mesure la fortune. Quel funeste coup-d'œil! quel profond sujet de réflexion! Ah! que nous sommes inconséquens, & dans notre morale, & dans nos principes! Nous prêchons l'humanité, & tous les ans nous allons porter des fers à vingt mille habitans de l'Afrique! Nous traitons de barbares & de brigands, les Maures, qui, au péril de leur liberté, viennent attaquer celle des Européens; & les Européens sans danger, & comme de simples spéculateurs, vont exciter à prix d'argent le trafic des esclaves, & toutes les scènes sanglantes qui en sont les avant-coureurs! Enfin, nous nous enorgueillissons de la grandeur de l'homme, & nous la voyons avec raison, cette grandeur, dans le mystère étonnant de toutes les facultés intellectuelles. Cependant, une petite différence dans les cheveux, ou dans la couleur de l'épiderme, suffit pour changer notre respect en mépris, & pour nous engager à placer des êtres semblables à nous, au rang de ces animaux sans intelligence, à qui l'on impose un joug sur la tête, pour se servir impérieusement de leur force & de leur instinct. Je le sais, & je m'en afflige; ces réflexions, & toutes celles que d'autres ont faites mieux que moi, sont malheureusement d'une foible utilité! Le besoin de puissance a ses loix, & la richesse des nations est un des fondemens de cette puissance: ainsi, sous un pareil rapport, le souverain le plus sensible aux devoirs de l'humanité, ne voudroit pas, lui seul, renoncer dans ses colonies aux services des esclaves; ce n'est qu'avec le tems, qu'une race libre pourroit suppléer à ces travaux; & la grande différence qui existeroit entre les prix de ces deux espèces de main-d'œuvre, donneroit un tel avantage de commerce à la nation qui auroit conservé son ancienne habitude, qu'on seroit bientôt découragé de vouloir la surpasser en vertu. Cependant, seroit-ce un projet chimérique que celui d'un pacte général, par lequel toutes les nations renonceroient d'un commun accord, à la traite des nègres? Elles se trouveroient alors, les unes envers les autres, dans les mêmes proportions qui existent actuellement; car c'est uniquement la richesse comparative qui importe aux calculs de puissance.

ISSUE, s. f., qui, dans la langue fiscale, se joint au mot *foraine*, pour indiquer que ce droit est perçu à la sortie. On a vu au mot FORAINE, que ce n'est qu'en Lorraine que l'on donne le nom d'*issue foraine* aux droits de sortie qu'on y perçoit. On peut consulter les pages 251 & 252 de ce volume.

(*) JAL JAU

JAU

JALAGE, s. m., est un droit seigneurial, qui consiste dans un certain nombre de pintes de vin à prendre sur une pièce qui est mise en vente. Ce droit, par sa nature, appartient au *Dictionnaire de Jurisprudence*.

JAUGE, s. f. Nom d'un droit particulier qui se lève avec les droits d'entrée de Rouen, & dont l'origine remonte à l'édit du mois de février 1596. Suivant l'auteur du *Traité général des Aides*, il est fixé à un sol par muid de vin, d'eau-de-vie, de cidre & de poiré, sans distinction, & sujet à deux sols pour livre. Depuis les édits du mois de novembre 1771 & d'août 1781, ce sont les dix sols pour livre qui se perçoivent en sus du droit principal. Il paroît par le nom de *jauge royale* que l'on donne à ce droit, qu'il a, dans son origine, appartenu au roi, & que dans la suite il a été aliéné à des particuliers, qui en ont successivement transmis la possession à ceux pour le compte desquels il se perçoit aujourd'hui. *Voyez* le *Traité général des Aides*, pag. 141 & suivantes.

JAUGE, s. f., par lequel on entend l'action de jauger; c'est-à dire, de mesurer la capacité des vaisseaux qui contiennent des boissons ou liqueurs, afin d'en percevoir les droits dûs au roi. Les commis sont, en conséquence, autorisés par l'article XL. de l'ordonnance du mois de juillet 1681, titre commun, à procéder à la *jauge* des futailles dans lesquelles on présente les liquides. Mais c'est sur-tout dans la partie des aides que cette opération est fréquente, parce que les droits de cette nature doivent être perçus sur le pied du muid de Paris, contenant trente-six septiers de chacun huit bouteilles ou pintes : ainsi ce muid composé de deux cens quatre-vingt-huit pintes, revient à huit pieds cubes en solidité.

La *jauge* de toute espèce de vaisseaux ou futailles, seroit très-facile à faire, si leur capacité formoit une ou plusieurs fractions justes du muid de Paris, comme moitié, un tiers, un quart, un huitième ou un seizième ; mais chaque province, quelquefois même chaque canton, a une mesure particulière, qui souffre encore des variétés, suivant la fantaisie des propriétaires.

Cette diversité de mesures locales ayant produit d'abord beaucoup de difficultés & de contestations dans la perception des droits, on chercha les moyens de les faire cesser. Un arrêt du conseil ordonna, le 17 février 1688, que les intendans des provinces feroient assembler devant eux les juges de police & autres officiers, avec les principaux bourgeois, marchands & tonneliers, des villes principales de leur département, où se fait le plus grand commerce de boissons, en présence des fermiers généraux & fermiers des aides, pour se faire représenter & examiner les coutumes des lieux, les réglemens de police, & les statuts des tonneliers, concernant la *jauge* des vaisseaux qui entrent dans le commerce, à l'effet de s'accorder & statuer sur leur véritable contenance, suivant leurs différentes dénominations, pour y être ensuite pourvu par sa majesté, sur le rapport & l'avis des intendans; mais ces sages dispositions n'eurent pas de suite. Les choses sont toujours restées, depuis cette époque, dans l'état où elles étoient ; & comme un désordre qui n'est pas arrêté va toujours s'accroissant, le nombre & la variété des mesures ont encore augmenté.

Afin de donner une idée de cette variété, & fixer néanmoins la connoissance des mesures qui sont de l'usage le plus fréquent dans les provinces du royaume, on va en donner ici le tableau, avec leur dénomination, & le nombre de septiers qu'elles contiennent.

(*) On a cru devoir placer de suite tous les mots commençans par l'J consonne.

TABLEAU des Mesures qui sont le plus en usage dans les provinces du royaume, pour mettre les vins, &c.

NOMS des Pièces.	VILLES ET PROVINCES où elles sont d'usage.	Leur contenance en septiers, composé de huit pintes de Paris. sept.	pint.
Le tonneau	Bordeaux & Bayonne,	108	
	Orléans & Berry,	72	
La pipe	d'Anjou,	62	4
	de Saumur,	61	
La barrique	de Bordeaux, grande jauge,	27	
	de Bordeaux, petite jauge,	23	
	en Bretagne,	30	
La buse	d'Anjou,	32	
	de Saumur,	30	4
Muid	Orléans,	38	
	Bourgogne,	39	
	Rapé,	40	
	Bourgogne Rapé,	41	
	Idem, très-gros Rapé,	46	
	Gros,	42	
	gros Rapé,	43	
	très-gros,	44	
	très-gros Rapé,	45	
	de Paris,	37	
Demi-muid	Gros,	19	4
	Rapé,	20	4
	très-gros,	22	4
	très-gros Rapé,	23	4
	de Paris,	18	4

NOMS des Pièces.	VILLES ET PROVINCES où elles sont d'usage.	Leur contenance en septiers, composé de huit pintes de Paris. sept.	pint.
Demi-queue.	Orléans,	29	4
	Sancerre,		
	Châlonnois,		
	Beaune,	30	
	Ericey,		
	La Chaise,		
	Mâcon,	28	2
	Montigny,	28	6
	Orléans, Bourgogne,	27	6
	Châteldon & Nantes,	30	4
	Châtillon & châtellenie,	30	6
	La Chapelle-Blanche,	31	
	Vauvray,	32	6
	grosse Vauvray,	33	6
	Grosse,	34	6
	très-grosse,	35	6
	Champagne grosse,	25	⅔
	Villeneuve,	24	⅔
	Château-Thierry,		
	Rheims,	26	
	Montagne,		
Quarteau.	Orléans & la Chaise,	13	7
	Beaune & Ericey,	14	7
	Montlouis,	15	7
	Vauvray,	16	3
	Bâtard,	15	3
	Châlonnois,	14	3
	Bar-sur-Aube,		
	Champagne,	12	½
	Rheims,	13	
	Montagne,		

A l'égard des pièces venant du Lyonnois, du Languedoc, de l'Auvergne, & des pays étrangers, elles n'ont point de contenance déterminée.

Pour parvenir à percevoir les droits, il est indispensable de procéder à la *jauge* de ces différentes futailles, & de réduire leur contenance au muid de Paris. Cette opération devient difficile, par la courbe que forme la convexité des douves, puisque la capacité des vaisseaux augmente ou diminue, en raison de ce que leurs parois s'éloignent plus ou moins de la ligne droite.

Ainsi, pour établir avec précision ce que contient une pièce, il ne suffit pas de connoître les diamètres des fonds, celui du cercle à la bonde, & la longueur des pièces, il faudroit encore pouvoir estimer la concavité & la courbe intérieure de chaque douve, ce qui exigeroit de longs calculs, qui, par leur complication, ne peuvent être d'un usage général.

La *jauge*, dans la partie des aides, se répétant souvent, on a adopté différentes méthodes aussi simples que promptes, & dont l'exactitude est suffisante pour indiquer la réduction des vaisseaux au muid de Paris.

Dans ces méthodes on emploie, ou une verge de fer, ou un ruban; le nombre de septiers qu'indique cette verge, en la plongeant dans la futaille dans tous les sens, forme sa capacité.

La *jauge* du ruban est d'usage en Normandie; elle se fait en prenant toutes les dimensions d'un vaisseau par ce ruban, qui est accompagné d'un tarif, où sont calculés les pouces de la longueur avec ceux de la largeur & des diamètres, aux deux extrémités & au milieu; ensorte que le nombre de septiers contenus dans chaque pièce, devient le résultat de ce calcul. Cette façon de jauger ayant été approuvée en 1741 par l'académie des sciences, d'après le mémoire de M. le Camus, l'un de ses membres, *sur le meilleur procédé pour jauger les tonneaux*, l'usage en a été autorisé l'année suivante, par arrêt & lettres-patentes du 8 mai, qui ont été enregistrées à la cour des aides de Rouen le 21 juillet suivant.

L'ordonnance rendue pour le ressort de la même cour, avoit fixé, par le titre 22, l'espèce de vaisseaux dont l'usage seroit permis en Normandie, & prohibé tous ceux d'une autre espèce. Mais cette loi n'ayant vraisemblablement pas eu son exécution, elle fut renouvellée par les arrêts du conseil des 20 décembre 1718 & 15 mai 1725; ce dernier revêtu de lettres-patentes enregistrées en la cour des aides de Normandie.

L'un & l'autre défendent à tous tonneliers, de fabriquer des *tonneaux boujus*; c'est-à-dire, exactement élevés & arrondis d'un fond à l'autre, & de faire de ces futailles appellées *vauplattes*, parce qu'elles sont applatties par la bonde & le côté opposé, larges par les flancs, avec des fonds de forme un peu ovale, à peine de confiscation, & de cinq cens livres d'amende.

Un arrêt de la cour des aides de Rouen, du 17 mai de la même année 1725, défend généralement à tous tonneliers de faire aucuns vaisseaux d'une forme & d'une mesure extraordinaires & frauduleuse, & aux cabaretiers & marchands de s'en servir, sous peine d'amende.

Malgré toutes ces dispositions, pour ramener les futailles à des formes régulières, on conçoit qu'il n'est pas aisé d'en suivre l'exécution, à cause de la difficulté de constater les cas de contravention, & de diriger des poursuites contre ceux qui peuvent en être les premiers auteurs. *Voyez* le mot JAUGER, dans le *Dictionnaire de Géométrie*; on y trouve la description d'une verge, où règle de *jauge*, & l'indication du procédé nécessaire pour la construire.

JAUGE ET COURTAGE. (droits de) Imposition qui fait partie de la ferme des aides.

On ignore en quel tems furent créés les premiers jaugeurs de futaille. Il paroît par l'édit du mois d'août 1527, que François I, pour faire cesser les fraudes qui se commettoient dans les mesures des futailles & tonneaux de vin, distingués alors par les noms de *vins François & vins de Bourgogne*, ordonna que ceux qui viendroient par les rivières de Seine, Yonne, Marne, Oise, & pays des environs, ceux du crû autour de Paris & au-dessous, seroient jaugés & mesurés à la mesure Françoise.

Henri II. créa, par édit du mois d'octobre 1550, dans chacune des villes situées sur les bords de ces rivières, des offices de jaugeurs de vin, en tel nombre que les juges des présidiaux, en appellant avec eux plusieurs bourgeois notables & marchands, jugeroient nécessaires pour jauger, mesurer & marquer les futailles & tonneaux qui passeroient par lesdites rivières. Il attribua à ces offices les mêmes droits & prérogatives dont jouissoient les jaugeurs de Paris. Le nombre de ces offices fut augmenté dans la suite, & leurs fonctions réglées par différens édits & arrêts du conseil, successivement rendus depuis 1578 jusqu'en 1679.

Il ne faut pas confondre les droits de *jauge & courtage* avec ceux de courtiers-jaugeurs, dont les offices furent créés par l'édit du mois de juin 1572, pour le courtage de toutes sortes de denrées & marchandises, & dont il a été parlé à l'article COURTIERS-JAUGEURS.

Les offices tant de jaugeurs que de courtiers, furent supprimés par édit de janvier 1632, rétablis par un autre édit du mois de juillet 1656, & supprimés de nouveau par arrêt du conseil du 11 décembre 1658; mais leurs droits continuèrent d'être perçus au profit du roi, sous le nom de *jauge & courtage*. Ces offices furent encore recréés par édit du mois de février 1674, sous le titre de *jaugeurs de futailles & courtiers de vin, cidre, eau-de-vie, bierre, huile, & autres boissons & liqueurs*, pour en être établi tel nombre qu'il seroit jugé nécessaire par le conseil, dans toutes les villes & lieux du royaume.

Cet édit fixoit les droits de *courtage* à dix sols par muid, mesure de Paris, pour les boissons & liqueurs : le droit d'une pièce d'eau-de-vie étoit dans la proportion de trois pièces de vin.

La *jauge* étoit réglée à cinq sols par muid, & pour les autres vaisseaux à proportion. Ces deux droits réunis devoient, suivant un arrêt du conseil du premier décembre de la même année 1674, être perçus avec ceux de gros, lors de la vente, dans les généralités, villes & lieux où le gros a cours, & payés à la vente en détail, dans les lieux exempts du gros. Ces offices, ainsi que les droits qui leur étoient attribués, furent de nouveau supprimés par arrêt du conseil du 19 septembre 1679.

Enfin, la déclaration du 10 octobre 1689, rétablit les droits de *jauge & courtage*. Cette déclaration, qui forme encore le titre de la perception actuelle, a réglé les droits de *courtage*,

Savoir ;

A dix sols par muid de vin,

Trente sols par muid d'eau-de-vie.

Et six sols par muid de bierre, cidre & poiré.

Et ceux de *jauge*, à la moitié de ceux de *courtage*.

Ainsi, les droits connus sous la dénomination de *jauge & courtage*, sont de quinze sols par muid de vin, quarante-cinq sols par muid d'eau de-vie, & de neuf sols par muid de bierre, cidre & poiré.

Ces droits qui se perçoivent aujourd'hui, ainsi que nous venons de l'observer, sur le pied fixé par la déclaration de 1689, ont lieu dans tous les pays d'aides, sujets ou non, au droit de gros; savoir, le droit de *jauge* une fois seulement à la première vente, & celui de *courtage*, autant de fois que les boissons sont vendues & revendues.

Ils se perçoivent à la vente en gros ou à la vente en détail, ou à l'entrée, ou au passage, suivant les lieux où ils sont établis. Ils se lèvent sur le vin & les autres boissons, dans tous les lieux où le droit de gros a cours, même dans la généralité d'Amiens, & dans l'élection de Paris, sur les eaux-de-vie, attendu qu'ils n'ont pas été compris dans la réunion des droits de gros & de détail aux droits payés aux entrées sur cette liqueur. Ils sont dûs dans le même cas où le droit de gros se perçoit, à l'exception de la ville de Rouen, où ils sont payés aux entrées, suivant l'arrêt du conseil & la déclaration du premier décembre 1689.

Le droit de *courtage* se perçoit aussi conjointement avec le gros-manquant, dans les lieux où se font les inventaires, conformément à l'arrêt du conseil du premier décembre 1674. Il se leve de même, à la vente en gros, dans les pays qui sont exempts du droit de gros, mais sujets à l'augmentation, ou qui ayant été originairement sujets au gros, en sont exempts, au moyen du paiement de l'équivalent, ou de quelqu'autre droit. Telles sont les dispositions des arrêts du conseil des 21 janvier 1675 & 5 août 1679.

Dans les lieux originairement exempts des droits de gros & d'augmentation, les droits de *jauge & courtage* s'y perçoivent au détail, excepté en Normandie, où ils se lèvent aux entrées avec la subvention simple, dans les villes & bourgs sujets à ce droit; celui de *jauge & courtage* ne s'exige au détail dans cette province, que dans les villages & lieux exempts des droits d'entrée.

La ville de Lyon s'est rachetée, en 1693, des droits de *jauge & courtage* au détail, au moyen d'une somme de trente mille livres, rappellée dans l'arrêt du conseil du 12 décembre 1693.

Conformément aux arrêts du conseil des 5 & 22 novembre 1718, 30 juin 1719, & 21 février 1736, les droits de *jauge & courtage* sont dûs par toutes sortes de personnes sans exception, même par les ecclésiastiques, pour les boissons du crû de leurs bénéfices, qu'ils vendent en détail, quoiqu'ils en soient exempts à l'entrée sur les mêmes boissons, dans les lieux où ces droits se perçoivent à l'entrée : les ecclésiastiques n'étant, en général, exempts d'aucun droit de détail.

Les droits de *jauge & courtage* se perçoivent dans cinq cas différens.

1°. Sur les boissons sortant d'un pays d'aides, où le droit de gros n'a point cours, pour entrer dans un autre où il a cours.

2°. Sur celles qui passent dans un pays exempt d'aides, ou à l'étranger. Il est pourtant une exception à rappeller ; les vins du crû de Saintonge transportés à l'étranger, ou dans les provinces où les aides n'ont point cours, ont été déchargés des droits dont il s'agit, par arrêt du conseil du 27 avril 1706.

3°. Sur les boissons venant des pays exempts d'aides, ou des pays étrangers, dans les pays d'aides, soit que le gros y ait cours ou non.

4°. Sur

4°. Sur les boissons transportées d'un pays sujet au droit de gros, dans les lieux qui sont exempts du gros & de l'augmentation, ou qui ne sont sujets qu'à l'augmentation, ou qui passent à l'étranger.

5°. Sur les boissons venant d'un pays exempt d'aides, & transportées dans un autre pays de même qualité, en empruntant le passage d'un lieu sujet, dans un espace de plus de trois lieues communes du pays; ou sortant d'un pays sujet pour rentrer dans un pays pareillement sujet, lorsque le passage qu'elles empruntent dans un pays exempt, s'étend de même au-delà de trois lieues.

Si, dans l'un ou l'autre cas, le passage emprunté n'est que de trois lieues & au-dessous, les droits ne sont point dûs; mais les voituriers sont tenus de les consigner, & d'observer les formalités prescrites par lettres-patentes du 3 février 1724.

6°. Personne n'est exempt des droits de *jauge & courtage* à la vente en détail dans les pays d'aides non sujets aux droits de gros, à l'exception des lieux sujets aux entrées en Normandie; ils sont dûs même sur le vin du crû destiné pour la provision des propriétaires : les seuls ecclésiastiques en sont exempts, sur les boissons provenant du crû de leur bénéfice seulement, & non des fonds sur lesquels porte leur titre sacerdotal.

L'hôtel-Dieu de Rouen en a été exempté, par arrêt du conseil du 13 janvier 1693, pour les boissons provenant de son crû.

Les habitans de Saint-Germain-en-Laye, qui jouissent en tout tems de l'exemption des droits d'entrée, ont été assujettis par arrêt du conseil du 30 décembre 1678, au paiement de ceux de *jauge & courtage* sur les vins qui y sont amenés des lieux où le gros n'a pas cours, hors le tems du séjour du roi ou de la famille royale.

Les arrêts du conseil des 14 septembre 1745 & 14 janvier 1749, ont modéré les droits de *jauge & courtage* au tiers, sur les vins du crû de la châtellenie de Champtoceaux, & de la paroisse de Bouzillé en Anjou, conduits en Bretagne par les habitans de cette province.

Avant de terminer cet article, nous croyons devoir entrer dans quelques détails sur les formalités employées pour assurer le paiement des droits de *jauge & courtage*.

Dans tous les cas de vente en gros, ces droits sont payés conjointement avec le gros, & à l'instar de ce droit; c'est sur ce principe, que les boissons qui sont achetées dans les lieux où le gros a cours, & destinées pour Paris, ou que les propriétaires font venir de leur propre crû pour y être vendus, n'acquittent point les droits de *jauge & courtage* au lieu du crû, à condition de les payer aux premiers bureaux établis par le fermier aux environs de Paris; tels sont ceux d'Etampes, Montargis, Briare, Artenay, Melun, Moret, Maintenon, & autres.

Les voituriers sont obligés de représenter aux bureaux de leur route, la quittance des droits payés au premier bureau, & de laisser cette quittance aux bureaux d'entrée de Paris. A l'égard des vins venant en cette capitale, par des routes sur lesquelles le fermier n'a point de bureaux, les droits de *jauge & courtage* doivent être payés à Paris, avec les droits d'entrée dans lesquels ils sont confondus.

Dans tous les cas où ces droits se perçoivent au passage, ils doivent être acquittés au premier bureau établi à cet effet, soit par terre, soit par eau, & ne peuvent être exigés qu'une seule fois.

Les vins enlevés par mer du Poitou, pour la Picardie, ont été assujettis par arrêt du conseil du 23 avril 1678, aux droits de *jauge & courtage*, qui doivent être acquittés à la sortie du Poitou.

Il est défendu par la déclaration du 10 octobre 1689, à tous marchands & voituriers, de passer les bureaux établis pour la levée des droits de *jauge & courtage*, sans faire déclaration des boissons qu'ils conduisent, & acquitter les droits, à peine de confiscation des boissons & équipages servant à les conduire, & de cent livres d'amende. Ce réglement défend aussi, sous les mêmes peines, à toutes personnes, de tenir magasin, ni entrepôt de boissons, dans les trois lieues des villes & des limites qui séparent les pays d'aides où le gros n'a pas cours, d'avec les pays exempts d'aides.

La connoissance des contestations qui s'élèvent sur la perception de ces droits, est attribuée par la même déclaration du 10 octobre 1689, aux jurisdictions ordinaires qui connoissent des droits d'aides; c'est-à-dire, aux Elections.

Le produit des droits de *jauge & courtage* est partagé entre la ferme générale & la régie générale; il peut être évalué à environ cinq cens mille livres, dont cent cinquante mille livres à la ferme générale, à laquelle il appartient dans les cas spécifiés aux articles V & VI. des lettres-patentes que nous avons rapportées au mot BAIL, pag. 76 & 77 du premier volume.

JAUGE. (droit de) Imposition établie en Lorraine par édit de Charles III, du 14 novembre 1579. Il est fait défenses à toutes personnes de quelque qualité & condition qu'elles soient, d'exposer en vente & de distribuer, dans les foires, marchés, lieux publics, ni autres quelconques, aucune pièce ou tonneau de vin, soit étranger, soit du crû du pays, que préalablement ces pièces n'ayent été jaugées & marquées par les jaugeurs-jurés, commis par le souverain, ou leurs prévôts & officiers. Ce droit a pour motif apparent, le bien public; c'est-à-dire, d'empêcher que les acheteurs ne payent plus de vin qu'il n'en est réellement contenu dans les pièces ou tonneaux qui leur sont vendus.

La peine prononcée en cas de contravention, est la confiscation des vins ou de leur valeur. Le droit de *jauge* est aujourd'hui réuni au domaine dans les hautes-justices royales.

Le droit dont il s'agit a été fixé à deux sols sur chaque pièce de vin, grosse ou petite, qui sera jaugée, payable par moitié, entre le vendeur & l'acheteur, par un réglement de la chambre des comptes, qui a été confirmé par arrêt du conseil de Lorraine, des 5 septembre 1752 & 10 mars 1753.

Un second arrêt du conseil des finances & commerce de Lorraine du 9 février 1754, confirma de nouveau cette fixation, en ordonnant qu'elle auroit lieu pour la bierre, l'eau-de-vie, & toutes autres liqueurs vendues en gros & en détail.

JAUGEURS, (droit des courtiers-) qui fait partie de la ferme des aides. *Voyez* le mot COURTIERS, tome I, pag. 431. *Voyez* aussi le mot JAUGEURS, au *Dictionnaire du Commerce*.

JEU DE FIEF, f. m. C'est l'exercice de la faculté que les coutumes accordent aux vassaux, de disposer d'une partie du domaine utile de leurs fiefs, en l'aliénant sous la réserve de la foi, en sorte que celui qui aliène, portera toujours la foi & hommage au seigneur dominant, comme si les héritages dont il a disposé étoient encore dans sa main. *Voyez* le *Dictionnaire de Jurisprudence*.

JOURNAL, f. m., par lequel on désigne un regiître, également en usage dans le commerce & dans la finance. Un édit du mois de juin 1716 a prescrit à tous ceux qui sont chargés d'un maniement de deniers royaux ou patrimoniaux, des villes & communautés, tous trésoriers, receveurs & caissiers, de tenir un *journal*, pour *y inscrire jour par jour*, de suite, & sans aucun blanc ni transposition, toutes les parties, tant de recette que de dépense qu'ils seront dans le cas de faire, relativement à leurs emplois ou commissions. *Voyez* le mot COMPTABLE, tom. I, pag. 344.

JOYEUX AVÈNEMENT. (droits de) Ces droits sont de deux sortes; les uns honorifiques, & les autres utiles. Les premiers consistent, dans les nouvelles foi & hommage qui sont dûs aux rois lorsqu'ils montent sur le trône; dans l'usage d'accorder des lettres de grace à des criminels, comme la première prérogative de la souveraineté; & enfin, dans le droit de disposer d'une prébende dans chaque cathédrale & dans certaines collégiales.

Les droits utiles sont ceux qui se perçoivent, immédiatement après l'avènement d'un nouveau roi, pour la confirmation des privilèges attachés aux offices, aux places que possèdent leurs sujets, des permissions & facultés accordées, d'exercer un métier, un art, une profession. *Voyez* CONFIRMATION. On a rapporté sous ce mot, tome I, pag. 357, tout ce qui s'est passé, à cet égard, à l'avènement de Louis XV & de Louis XVI.

JUGE, f. m., par lequel on désigne un homme préposé par l'autorité publique, pour connoître des différends qui s'élèvent entre les particuliers, & les juger suivant les loix & la justice.

Nous ne devons nous arrêter au mot JUGE, que pour indiquer ceux qui ont des rapports avec les finances de l'Etat; c'est-à-dire, qui sont spécialement institués pour prononcer sur les contestations relatives aux perceptions & aux impositions. Mais pour éviter toute répétition, nous renvoyons à donner les détails nécessaires sur cet objet, au mot JURISDICTION.

JUIFS. On a donné ce nom aux Israélites qui revinrent de la captivité de Babylone. Nous ne les considérerons que du côté des extorsions auxquelles ils ont été exposés, & des contributions qu'on a exigées d'eux, dans tous les gouvernemens sous lesquels ils ont vécu. Ainsi, sous ce rapport, les *juifs* doivent être considérés, s'il est permis de parler ainsi, comme des éponges vivantes, qu'une fiscalité universelle s'est toujours fait un jeu de presser arbitrairement.

Quand on réfléchit sur les persécutions que les *juifs* ont éprouvées, depuis le commencement de l'ere chrétienne, au massacre qui en a été fait sous quelques empereurs Romains, & qui a été si souvent répété dans quelques Etats chrétiens, on conçoit difficilement que ce peuple subsiste encore. Cependant il paroît que non-seulement il subsiste, mais qu'il n'est pas moins nombreux aujourd'hui, qu'il l'étoit autrefois dans le pays de Chanaan. En effet, si après avoir calculé le nombre des *juifs* qui sont répandus dans l'Europe, on y joint les prodigieux essaims de ceux qui pullulent en Asie, en Afrique, & même en Amérique, on reconnoîtra qu'ils forment un peuple prodigieux.

Leur ferme attachement à la loi de Moïse, n'est pas moins remarquable. Or, comme cette religion leur prescrit de vivre ensemble, & de se matier entr'eux, sans s'allier aux étrangers, cette cause, jointe à l'exemption dont ils jouissent de porter les armes; à leur coutume de contracter de bonne heure le mariage, pour lequel ils ont beaucoup d'ardeur; à leur genre de vie sobre & réglée, doit naturellement produire leur multiplication.

Si cette multiplication des *juifs* n'a pas pu parvenir à former un corps de nation, c'est que les autres peuples n'ont vu en eux que les bourreaux du fondateur de leur religion; de-là le mépris & la haine ont exercé sur eux toutes sortes de vexations; on ne leur a laissé aucunes terres où ils pussent se rassembler en assez grand nombre pour former un empire., sur tout manquant de chefs & de lumières dans l'art militaire. Ces malheureux sectateurs de la loi de Moïse ont été réduits à errer de terres en terres pour gagner leur vie par le commerce, seule profession dont l'exercice leur ait été permis. Par tout déclarés incapables de posséder des biens-fonds ou des emplois, ils se sont vus obligés de se disperser de lieux en lieux, sans pouvoir se fixer dans aucune contrée, faute d'appui & de force pour s'y maintenir.

Comme on les vit s'enrichir dans le commerce, on les traita d'usuriers; &, dans le fait, que risquoient-ils de l'être, puisqu'ils étoient méprisés & avilis comme des gens sans foi & sans honneur, auxquels on refusoit jusqu'au titre de citoyens?

L'Angleterre se signala sur-tout dans les cruautés que les *juifs* eurent à souffrir. Le roi Jean ayant besoin d'argent, fit emprisonner les plus riches *juifs* de son royaume pour leur en arracher, & presque tous furent dépouillés. Un d'eux, à qui l'on arracha sept dents l'une après l'autre, pour avoir son bien, donna mille marcs d'argent à la huitième.

Henri III. tira d'Aaron, *juif* d'Yorck, quatorze mille marcs d'argent pour lui-même, & dix mille pour la reine. Les autres *juifs*, il les vendit à Richard, son frère, pour un certain nombre d'années, avec tout pouvoir d'en extorquer les tributs qu'il lui plairoit.

En France, vers le même tems, les *juifs* n'étoient pas mieux traités. On les accusoit de magie, de sacrifier des enfans, d'empoisonner les puits & les fontaines; &, sous ces beaux prétextes, on les emprisonnoit, on les pilloit, on les vendoit, on les chassoit hors du royaume, & on les y laissoit rentrer ensuite pour de l'argent, ou on leur vendoit cher la permission de ne pas en sortir.

La coutume s'introduisit aussi de confisquer tous les biens des *juifs* qui embrassoient le christianisme Cette coutume si bisarre, & si opposée au zèle de faire des prosélytes, on l'apprend par la loi qui l'abroge; c'est l'édit du roi donné à Basville le 4 avril 1392. Le vrai motif de cette confiscation a été expliqué par l'illustre auteur de l'*Esprit des Loix*; il remarque que c'étoit une sorte de droit d'amortissement ou d'indemnité pour le prince & les seigneurs, des taxes qu'ils levoient sur les *juifs*, comme serfs main-mortables, & qu'ils perdoient lorsque ceux-ci se faisoient chrétiens.

Dans un tems on a donc confisqué leurs biens lorsqu'ils recevoient le baptême; dans un autre, on les a fait brûler quand ils ne vouloient pas le recevoir.

Enfin, proscrits & dépouillés dans tous les pays, c'est dans ces circonstances malheureuses qu'ils trouvèrent l'ingénieux moyen de sauver leurs fortunes, & de s'assurer de l'aisance dans leurs retraites. Bannis de France sous Philippe-le-Long, en 1318, ils se réfugièrent en Lombardie, & là, ils donnèrent des lettres sur ceux à qui ils avoient confié leurs effets en quittant la France, & ces lettres furent acquittées. Ainsi, l'admirable invention des lettres-de-change, sortit du sein du désespoir; & dès-lors, le commerce put se soustraire à la tyrannie, & s'étendre par-tout le monde.

Quoique depuis ce tems, les princes ayent, pour leurs propres intérêts, traité les *juifs* avec plus de modération, cependant les individus de cette religion sont toujours restés sujets à des taxes, qui semblent le prix de la liberté qu'ils ont de professer leur loi.

En France, il est plusieurs provinces dans lesquelles ils jouissent de cette liberté. Ces provinces sont, l'Alsace, les Trois-Evêchés & la Lorraine. Dans la première de ces provinces, le tarif des péages du 12 janvier 1663, porte, qu'un *juif* à cheval, ou envoyant un chrétien messager pour ses affaires, payera pour droit de péage par personne, avec ce qu'elle porte, un florin douze kreutzers, valant quarante sols.

Un *juif* à pied, trente-six kreutzers ou une livre.

Un *juif* mendiant, sept kreutzers un heller, environ quatre sols.

Les *juifs* qui avoient payé ce péage une fois, étoient francs pour sept jours avec les marchandises qu'ils portoient.

Indépendamment de ces droits corporels, exigibles sur chaque individu *juif*, chaque famille collectivement, payoit encore un droit de protection, lorsque l'Alsace passa sous la domination du roi. Cette redevance fut ensuite fixée, par ordonnance contradictoire de l'intendant, du 19 août 1672, à dix florins & demi par chaque famille, & reconnue faire partie du domaine, comme droit de protection, sans préjudice du droit des seigneurs particuliers, taxé par la même ordonnance à dix florins, tant pour le droit d'habitation, que pour celui de pâtures, de corvée, chauffage & autres généralement quelconques.

En 1677, le fermier du domaine prétendit que le droit de protection ne concernoit uniquement que la liberté qui étoit donnée aux *juifs*, de rester dans la province, & d'aller d'un lieu à un autre; mais qu'ils n'en devoient pas moins être assujettis au péage corporel, compris dans le tarif de 1663. Les *juifs* soutinrent au contraire, qu'ils étoient quittes de toute taxe, au moyen du droit de protection qu'ils payoient, & que d'ailleurs le tarif de 1663, n'étoit que le renouvellement de celui de 1652, dans lequel il étoit dit, que le péage individuel ne seroit levé que sur les *juifs* étrangers, & autres que ceux qui étoient sous la protection du gouvernement d'Alsace.

Ces raisons furent adoptées par l'ordonnance de l'intendant du 24 août 1681, & les *juifs* sujets au droit de protection, déclarés exempts de tous péages corporels pour leurs personnes.

A Metz, où résident presque tous les *juifs* de la province, leur condition a été réglée par arrêt du conseil d'état du 9 juillet 1718.

Il est permis aux *juifs* établis à Metz, d'y continuer leur demeure au nombre de quatre cens quatre-vingt familles seulement, & leurs descendans; à la charge de se conformer à ce qui leur est prescrit par le même réglement;

1°. De fournir un dénombrement de toutes les personnes de l'un & de l'autre sexe, composant les quatre cents quatre-vingt familles, dont il s'agit.

2°. De faire enregistrer au greffe du bailliage, tous les enfans qui naîtroient par la suite.

3°. De n'attirer à Metz aucuns *juifs* étrangers, pour épouser leur filles ou les veuves des *juifs* natifs.

4°. D'habiter le quartier de Saint-Ferron, &c.

5°. De payer annuellement, ainsi que par le passé, la somme de quatre cents cinquante livres à l'hôpital Saint-Nicolas; plus, cent soixante-quinze livres à la ville, à quoi avoit été évalué le droit d'entrée & de sortie, qui se levoit anciennement sur chaque *juif*, & deux cens livres pour le logement du vicaire de la paroisse Sainte-Ségolène.

Il se trouve encore une douzaine d'articles de police, auxquels il leur est enjoint de se conformer; & le dernier rappelle la redevance annuelle de quarante livres, établie sur chaque famille *juive*, par lettres-patentes du 31 décembre 1715, pour être convertie en une somme de vingt mille livres, que les élus & syndics de la communauté sont autorisés à percevoir sur chacune des familles *juives*, tant de la ville que de la généralité de Metz, & qu'ils doivent remettre en quatre paiemens, de quartier en quartier.

L'existence des *juifs* en Lorraine, est à-peu-près la même que dans la généralité de Metz. Ils composent cent quatre-vingt familles, dont chacune paye une taxe d'environ cinquante-cinq livres, ce qui revient à dix mille livres pour la communauté.

JURANDE, s. f., qui se prend en trois acceptions, & signifie la charge de juré d'une communauté de marchands ou artisans, le tems de son exercice, & le corps même de la communauté de marchands ou artisans: alors *jurande*, signifie la même chose que corporation ou maîtrise. *Voyez* ce dernier mot.

JURISDICTION. Nous avons indiqué au mot JUGE, comment cet article devoit être conçu & rédigé. Il s'agit de remplir cette tâche.

On a vu au mot ELECTION, que les *jurisdicdictions* qui portent ce nom, connoissent de tout ce qui se rapporte aux tailles & aux droits d'aides.

Sous le mot GRENIER A SEL, page 425 & suivantes, on a traité de tout ce qui concerne les *jurisdictions* qui portent ce nom. Il ne reste plus qu'à parler en particulier des *jurisdictions* établies pour connoître des contestations en matière de droits d'entrée & de sortie du royaume, appellés droits de traites, & à dire en général quels sont sont les droits & les privilèges des officiers des *jurisdictions* qui connoissent des différends relatifs aux perceptions.

Sous les premières races de nos rois, le juge suprême de toutes les affaires des douanes portoit le nom de *Telonarius mercati Palatii*. Sa charge étoit au nombre de celles du palais des rois; elle lui attribuoit une *jurisdiction* universelle sur tous les négocians du royaume; c'est ce que rapporte Ducange dans son *Glossaire*, au mot TELONARIUS.

On distingue deux sortes de *jurisdictions*, pour le maintien des réglemens relatifs aux droits d'entrée & de sortie. Les maîtrises des ports, & les *jurisdictions* des traites. On fera connoître les premières qui sont très-anciennes, au mot MAÎTRE DES PORTS.

On ne parlera ici que des *jurisdictions* des traites, proprement dites, & qui font l'objet du titre 12, de l'ordonnance du mois de février 1687, dans les termes suivans:

ARTICLE PREMIER.

» La connoissance de tous les différens civils & » criminels, concernant nos droits de sortie & » d'entrée & de ceux qui naîtront en exécution de » la présente ordonnance, appartiendra aux maîtres » des ports, leurs lieutenans, aux juges des trai- » tes & autres auxquels nous l'avons attribuée par » leurs provisions ou commissions, chacun dans » l'étendue du ressort qui lui aura été marqué, & » par appel, à nos cours des aides; défendons à » tous autres juges, même aux officiers des élec- » tions, d'en prendre connoissance, à la réserve » toutefois, de ceux de l'élection de Paris, qui » pourront en connoître en première instance, dans » l'étendue de leur ressort.

Postérieurement à cette ordonnance, les arrêts du 30 avril 1722, 8 octobre 1726, 24 juin 1728, 8 février 1729 & 4 novembre 1766, ont fait des changemens à ces attributions.

Le premier ordonne, que les intendans seuls connoîtront des contraventions à l'arrêt du 6 septembre 1701, qui règle le commerce avec l'Angleterre.

Les trois autres attribuent de même, privativement à ces magistrats, la connoissance du commerce, port & usage des toiles peintes, & étoffes des Indes; des mousselines marquées de faux plombs, & des contraventions qui seront commises en ce genre.

L'arrêt du 28 janvier 1727, donne cette attribution à Paris, au lieutenant général de police & aux officiers du siège présidial du châtelet.

L'arrêt du conseil du 21 février 1721, ordonne que lorsque les juges des traites seront récusés, absents ou malades, les procureurs du roi jugeront en leur place, & que le plus ancien avocat ou praticien, fera les fonctions de procureur du roi; & ou celui-ci seroit récusé, il sera suppléé par le plus ancien praticien.

Un arrêt de la cour des aides de Paris du 16 décembre 1715, défend aux officiers des jurisdictions des fermes, d'assister aux audiences, ni de faire aucunes fonctions, autrement qu'en robbes, & de tenir le siège, ni de rendre aucun jugement ailleurs que dans la chambre de la jurisdiction, à peine de suspension de leur charge.

I I.

» Les juges par nous pourvus & commis, » connoîtront aussi des saisies faites dans les pro- » vinces étrangères ou réputées étrangères aux » termes de l'article XVI. du titre des saisie.

I I I.

» Ils connoîtront également des malversations » & fraudes des commis & gardes, des concus- » sions, violences & autres excès de leurs com- » missions, & ils pourront procéder contre eux » extraordinairement, jusqu'à sentence définitive » inclusivement.

Ces deux articles sont conformes à ce qui avoit précédemment été prescrit par l'ordonnance de 1681, au titre commun. L'art. XXXV, fait défenses à tous juges seigneuriaux de décréter les employés ou commis, pour délit ou crime de quelque nature qu'il puisse être commis dans le département ou ils sont employés, à peine de nullité, dépens, dommages intérêts, cassation de procédure, & mille livres d'amende contre les parties, d'interdiction des juges.

Et l'art. XXXVI, déclare les officiers des élections, greniers à sel, juges des traites & autres de pareille qualité, seuls compétens pour en connoître respectivement; à la charge de l'appel à la cour des Aides.

L'article 37 ajoute à ces défenses, que les informations faites, tant par les officiers des *jurisdictions* royales ordinaires, que par ceux des élections, greniers à sel, traites & autres, seront en cas de conflit, pour la compétence, envoyées au greffe du conseil, pour y être les parties réglées & jugées; cependant que l'instruction sera continuée jusqu'au jugement définitif, par les officiers des élections, greniers à sel, traites & autres juges des fermes, & sursis au jugement, jusqu'à ce que la compétence ait été réglée, & que les juges qui auront entrepris sur les autres, seront interdits & condamnés en mille livres d'amende.

I V.

Défendons aux juges & aux greffiers de leur justice, de s'immiscer à l'expédition des acquits, congés & passavans, réception ou décharge de soumission, & de prendre aucuns droits des marchands ou voituriers, sous quelque prétexte que ce soit, à peine de concussion.

Ces dispositions ont été confirmées par l'arrêt du conseil du 30 janvier 1708, contre les officiers de la *jurisdiction* des traites de Langres, qui avoient rendu plusieurs sentences, pour servir d'acquits à caution.

V.

Ils prêteront serment à nos cours des Aides, & en cas d'éloignement de plus de quarante lieues, par devant l'un de nos conseillers, qui sera trouvé sur les lieux, ou pardevant l'un de nos juges qu'ils délégueront à cet effet.

V I.

Dans les jugemens où il échoira condamnation à peine afflictive, ils se feront assister au moins de trois officiers ou gradués.

I X.

Tous les différens seront jugés sommairement, & sans épices, après avoir oui les parties par leur bouche, si elles sont présentes; & ils ne pourront être appointés à peine de nullité des jugemens, à la réserve toutefois des procès criminels, où il échoit peine afflictive.

X.

L'appel des ordonnances ou sentences interlocutoires, ne pourra empêcher l'instruction & le jugement; défendons à nos cours de donner aucune surséance ou défense de procéder; déclarons nulles, toutes celles qui pourroient être ordonnées: voulons, sans y avoir égard, qu'il soit passé outre par les premiers juges, jusqu'au jugement définitif, inclusivement, & que les procureurs qui auront signé la requête, soient condamnés en cent livres d'amende, qui ne pourra être remise ni modérée.

Ces dispositions sont confirmées par arrêt & lettres-patentes des 30 novembre & 8 décembre 1723. Par autres arrêt & lettres-patentes du 14 avril suivant, le roi déclare n'avoir entendu déroger par lesdits arrêt & lettres-patentes de 1723, à l'article 19, du titre commun de l'ordonnance de 1681, qui porte que tous les procès-verbaux seront crus jusqu'à inscription de faux; ni à la déclaration du 7 octobre 1721, qui fait défenses aux juges des fermes de passer outre à l'instruction des inscriptions de faux, contre les procès-verbaux, lorsqu'il y aura appel de la sentence qui aura jugé les moyens de faux pertinens & admissibles, jusqu'à ce que l'appel ait été jugé. *Voyez*, au surplus, le mot INSCRIPTION DE FAUX.

X I.

Défendons à tous juges de nos droits, même à nos cours, de donner main-levée des effets confisqués, sinon en consignant entre les mains du fermier leur juste valeur, au dire d'experts.

X I I.

Les sentences qui ordonneront le paiement de nos droits, seront exécutées par provision, & nonobstant l'appel aux cautions baillées par le fermier.

X I I I.

Défendons à nos cours de donner aucune surséance ou défense de les exécuter, & dès à présent les déclarons nulles.

Ces deux articles sont relatifs à l'article XLIII. du titre commun de l'ordonnance de 1681, qui ordonne que l'appel ne suspendra pas l'exécution pour le paiement de l'amende, pourvu qu'elle soit seulement de cinquante livres & au-dessous; & l'article XLIV. restreint l'effet de l'appel à suspendre l'exécution, quant aux dépens seulement.

X I V.

Les jugemens portant condamnation de droit, seront exécutés par corps.

X V.

Le tems prescrit par notre ordonnance du mois de juillet 1681, au titre commun, pour relever l'appel des sentences qui condamnent au paiement de nos droits, sera aussi observé pour l'appel des jugemens portant confiscation ou amende.

Les articles rappellés ici, sont XLVII & XLVIII. du titre commun. Le premier porte, que les condamnés au paiement des droits, pour fait purement civil, seront tenus de relever leur appel dans trois mois du jour de la signification de la sentence, à leur personne ou à domicile; sinon, le tems passé l'appel ne sera plus recevable, & la sentence passera pour chose jugée en dernier ressort.

L'article XLVIII. ordonne, que lorsqu'ils auront relevé leur appel dans trois mois, ils seront tenus de le mettre en état d'être jugé dans les neuf mois suivans; sinon, le tems passé, la sentence demeurera confirmée de plein droit, avec amende & dépens.

Quoique ces dispositions soient déclarées, par cet article XV, communes pour les appellations des jugemens portant confiscation ou amende, plusieurs cours & jurisdictions avoient fait difficulté de juger en conformité, dans les affaires où il ne s'agissoit purement que de confiscation ou amende, sous prétexte que cet article XLVII. du titre commun, ne parle que des condamnés au paiement des droits. Mais un arrêt du conseil du 20 juin 1724, accompagné de lettres-patentes, ordonna que le tems prescrit par l'ordonnance de 1681, au titre commun, tant pour relever l'appel des sentences qui condamnent au paiement des droits, que pour mettre les appels en état d'être jugés, seroit observé pour l'appel des jugemens portant confiscation ou amende, en toutes matières dépendantes des fermes générales & particulières des droits du roi.

Un arrêt du conseil du 24 juin 1743, porte, que les officiers des *jurisdictions* des traites, ne peuvent avoir aucune inspection, ni sur cette régie, ni sur les commis qu'elle emploie.

Celui du 24 août 1706, défend à tous officiers de justice, de prendre aucun intérêt direct ni indirect dans les fermes & dans les affaires qui en dépendent.

Enfin, l'arrêt du 29 juillet 1749, porte, que les seuls juges des fermes pourront apposer les scellés chez un receveur, & que tous autres juges ne pourront y procéder, qu'autant qu'ils en seront requis par le fermier, à défaut d'autres juges.

JUSTICE. (chambre de) *Voyez* CHAMBRE, tome I. pag. 226.

LAINE, f. f. Cette matière eſt trop connue par ſon utilité, & par les différens uſages auxquels on l'emploie, pour qu'il ſoit beſoin de la définir; mais auſſi cette grande utilité, en faiſant une branche de commerce très-étendue, il n'eſt pas inutile d'indiquer quel eſt le régime fiſcal auquel elle eſt ſoumiſe, tant dans l'intérieur du royaume, que dans les cas d'importation ou d'exportation.

On a vu dans le Diſcours préliminaire, qui eſt à la tête du premier volume, que, de tout tems, les *laines* étoient prohibées à la ſortie du royaume, ou que l'on n'obtenoit la permiſſion d'en exporter, que moyennant une finance : c'eſt ce que porte l'ordonnance de Philippe-le-Bel, du premier février 1304.

Dans la ſuite, la prohibition des *laines* fut tantôt rendue abſolue, & tantôt révoquée ou mitigée, par les ordonnances du 13 décembre 1324, & les réglemens du 5 avril 1342, de 1358 & 1361. Cette variation ſubſiſta long-tems, &, ſans doute, dépendoit de l'abondance ou de la diſette des *laines*. Mais ſous le miniſtère de Sully & de Colbert, les vrais principes de l'adminiſtration ayant été mieux connus, on ſentit qu'il valoit mieux envoyer aux étrangers des étoffes fabriquées avec nos *laines*, que de recevoir d'eux les mêmes *laines*, après qu'ils les avoient ouvrées ; mais peut-être auſſi le régime prohibitif fût-il porté trop loin à cet égard, par l'arrêt du 9 mai 1699.

» Le commerce des *laines*, dit l'auteur eſtimable des *Recherches & conſidérations ſur les Finances*, étoit anéanti par les gênes auxquelles il étoit aſſujetti. Il étoit défendu par cet arrêt, à toutes perſonnes qui n'étoient, ni marchands de *laines*, ni fabricans d'étoffes, d'acheter des *laines*, pour les revendre & en faire trafic, à peine de mille livres d'amende & de punition corporelle.

» Pareille prohibition empêchoit l'achat des *laines*, avant que les moutons euſſent été tondus. De cette ordonnance, décernée par un bon motif, mais peu éclairé, il réſultoit que les laboureurs & les fermiers ne trouvant plus la même concurrence d'acheteurs, ne vendoient plus leur *laine* au même prix. Le déſavantage d'une partie ſi précieuſe de l'agriculture, en avoit dégoûté le cultivateur ; mais tandis que celui-ci vendoit ſa *laine* à bas prix, le public la payoit plus cher, parce que la quantité de la denrée étoit diminuée, ainſi que le nombre des vendeurs.

» De la défenſe d'arrher les *laines* avant qu'elles fuſſent tondues, naiſſoit un abus deſtructif des manufactures & de la qualité des ouvrages ; car le cultivateur preſſé d'argent, tondoit ſes moutons avant que les chaleurs euſſent donné à leur toiſon le nerf & la longueur convenables. Un fabricant intelligent, qui auroit arrhé & payé cette *laine*, à condition que la tonte en ſeroit différée juſqu'à la mi-juin, terme preſcrit par les ordonnances de M. Colbert, auroit encouru des peines graves, en faiſant une action très-utile à l'Etat.

» La liberté de l'achat & des ventes des *laines* fut rendue en 1716, parce que, dit l'arrêt, ſi les réglemens de 1699 étoient exécutés, ils mettroient une grande contrainte dans le commerce des *laines*, dont il eſt important pour le bien public, que les ventes & les achats ſoient libres.

» Il défendit cependant d'arrher les *laines* ſur les moutons avant le mois de mai ; peut-être eût-il été deſirable que ce terme eût été reculé. «

Toutes les *laines* non filées, apportées du pays étranger dans le royaume, ne doivent aucuns droits d'entrée, depuis les arrêts des 12 novembre & 9 décembre 1749 ; mais comme il en vient auſſi du Levant, & que toute eſpèce de marchandiſe originaire de ces contrées, ne peut être introduite en France que par le commerce de Marſeille, à peine de payer un droit de vingt pour cent de la valeur, il eſt néceſſaire que les *laines* ſoient accompagnées de certificats des magiſtrats des lieux d'où elles proviennent, qui conſtatent, qu'en effet elles n'ont pas été priſes en Aſie ou en Afrique : c'eſt ce qui eſt ordonné par l'arrêt du conſeil du 11 janvier 1746. *Voyez* LEVANT. (commerce du)

Cependant, comme pluſieurs *laines* des Etats de l'Europe peuvent, par leur nature & leur conſiſtance, ſe diſtinguer facilement de celles du Levant, elles ont été diſpenſées du certificat en queſtion. Telles ſont les *laines* d'Eſpagne & d'Angleterre.

Le conſeil a décidé auſſi le 3 juillet 1762, que les laines friſées apportées du Nord étoient dans le même cas. Il en eſt de même des *laines* qui viennent directement de Liſbonne & des autres ports de Portugal, ſans toucher en aucun pays étranger, d'après les déciſions du conſeil des 25 novembre 1757 & 23 juillet 1761.

Les *laines* de Vigogne, qui ne ſont pas apportées immédiatement d'Eſpagne, celles qui ſont introduites par Dunkerque, doivent trente sols du quintal, suivant l'arrêt du 22 décembre 1750.

Cette disposition a été confirmée le 23 juillet 1761, par une décision ministérielle.

Les *laines* filées ne participent point à l'exemption absolue accordée à l'entrée aux *laines* en masses ou brutes; elles doivent les droits des tarifs établis dans les provinces par lesquelles se fait leur importation.

Ainsi les *laines* filées, soit fines, soit grosses de toutes couleurs, doivent à leur introduction dans les provinces des cinq grosses fermes, cinq livres du cent pesant, suivant le tarif de 1664.

Il est pourtant une exception à faire en faveur des *laines* filées d'Angleterre, pourvu qu'elles soient dans leur couleur naturelle, & elle est fondée sur la supériorité de qualité, qui les rend d'un grand prix pour les fabriques de draps & de camelots. Ces *laines* ne doivent que trois livres par quintal dans tout le royaume, d'après l'arrêt du 31 mai 1743. Si ces mêmes *laines* filées d'Angleterre étoient teintes, elles seroient prohibées, ainsi que le conseil l'a décidé le 15 aout 1750.

A la circulation, c'est-à-dire, au passage d'une province dans une autre, les *laines* filées, non filées, ou teintes, ne doivent aucuns droits; mais cette franchise, nécessaire pour la facilité de l'approvisionnement des fabriques nationales, auroit les plus grands inconvéniens, si elle s'étendoit aux *laines* exportées du royaume. Ainsi, pour y conserver cette matière précieuse, les arrêts des 12 novembre 1749 & 15 août 1758, imposent, en ce cas, un droit qui équivaut à la prohibition.

Les *laines* non filées doivent vingt-cinq livres par quintal, & les *laines* filées, trente livres.

En même tems, pour attirer l'abondance des *laines* brutes dans le royaume, l'arrêt du 17 décembre 1754 a ordonné, que toutes celles qui auroient été importées du pays étranger, pourroient librement être réexportées par différens bureaux désignés dans un autre arrêt du 15 août 1758.

Comme au mot CUIRS, on a proposé d'appliquer la législation fiscale qui a lieu pour les *laines*, il convient de rapporter le dernier arrêt qui l'établit.

Le roi s'étant fait représenter en son conseil l'arrêt rendu en icelui le 17 décembre 1754, par lequel sa majesté auroit permis la sortie libre, & en exemption de tous droits, par tous les ports du Ponant, des *laines* non filées venues de l'étranger dans le royaume; & sa majesté considérant qu'il seroit également utile de permettre la sortie libre par terre, & en exemption de tous droits, desdites *laines* étrangères. A quoi voulant pourvoir; ouï le rapport du sieur de Boullongne, conseiller ordinaire, &c. le roi étant en son conseil, a ordonné & ordonne, que la liberté & sortie par les ports du Ponant, en exemption de tous droits, des *laines* non filées venues de l'étranger dans le royaume, accordée par l'arrêt du 17 décembre 1754, aura lieu pareillement pour toutes les sorties du royaume, par terre, ci-après désignés.

Savoir;

Du côté de la Flandre & pays conquis, les bureaux de la basse-ville de Dunkerque, ceux de Lille, Valenciennes, Maubeuge, Givet & Rocroy.

Du côté du Luxembourg & pays de Liège, les bureaux de Torcy & Sedan.

Par la Lorraine, ceux de Saint-Dizier & Sainte-Mennehould.

Par les Trois-Evêchés, celui de Sierck.

Par l'Alsace, pour l'Allemagne, celui de Strasbourg.

Par la même voie pour la Suisse, celui de Bourgfelden.

Par la Franche-Comté, celui de Jougne.

Et pour la destination de Genève & de la Suisse, les bureaux de Seissel & Collonges, auquel Longeray a été substitué par arrêt du 28 février 1776, à cause de l'affranchissement du pays de Gex, dans lequel Collonges est situé.

Du côté de la Savoye, les bureaux du Pont de Beauvoisin & de Chaparillan; du côté de la Catalogne, ceux de Perpignan & de Boulou.

Pour Marseille, le bureau de Septêmes.

Pour Bayonne, le bureau de la Coutume; mais depuis l'affranchissement absolu de cette ville, c'est le bureau du Saint-Esprit qui doit remplacer le premier.

Enfin, pour l'Espagne, les bureaux de Behobie, Ascaing & Ainhoa.

Dérogeant à cet effet sa majesté aux dispositions de l'article V, de l'arrêt du conseil du 12 novembre 1749, qui sera au surplus exécuté, tant pour l'exemption des droits d'entrée des *laines* venues de l'étranger, que pour la perception des droits de sortie des *laines* du côté du royaume. Fait au conseil d'état du roi, tenu à Versailles le 15 août 1758.

Il convient d'observer, qu'à l'égard de l'arrêt de 1754, qui permet la sortie & franchise des *laines* étrangères par tout les ports du Ponant, le conseil a expliqué le 16 août 1755, qu'il falloit entendre par ces expressions, tous les ports situés sur l'Océan, depuis Dunkerque jusqu'à Bayonne.

Les

Les *laines* peignées seulement, sont au même rang que les *laines* non-filées à la sortie du royaume; c'est-à-dire, qu'elles ne doivent que vingt-cinq livres du quintal. Mais les *laines* en matelas, tant neuves que vieilles, doivent le même droit depuis l'arrêt du conseil du 28 février 1773.

Les *laines* filées, teintes ou blanches, qui servent à faire de la tapisserie à l'éguille, forment une classe particulière, & ne doivent point le droit prohibitif de trente livres du quintal, à leur exportation du royaume.

L'arrêt du conseil du 29 mars 1729, auquel il n'a rien été changé, a réglé qu'elles n'acquitteroient que les droits de sortie qui ont lieu dans les différens bureaux, par lesquels s'effectueroit leur exportation. Mais en même tems, pour prévenir les abus que pouvoit occasionner cette facilité, & pour éclairer les préposés des fermes sur la nature & l'état de ces *laines* filées; le conseil, après s'être fait donner des éclaircissemens à cet égard par les chambres de commerce, a adressé le 30 mai 1729, aux fermiers-généraux, une instruction sur les moyens de distinguer les *laines* filées propres à tapisserie, des autres *laines*.

Il résulte de cette instruction, que les *laines* blanches destinées à faire de la tapisserie à l'éguille, sur canevas, se reconnoissent, en ce qu'elles sont dégraissées & souffrées, & qu'avec cet apprêt, elles ne sont propres à aucun autre usage. Les mêmes *laines* se plient dans des papiers bruns, & il ne s'en fait jamais d'envoi de plus de cinquante livres, quelque assortiment qu'il y ait en couleurs.

Au contraire, les *laines* propres aux manufactures & aux métiers, ne peuvent se tirer qu'en écru, filées, simples ou torses; elles s'envoient communément par ballots de cinquante, cent, & cent-cinquante livres, mais sans être enveloppées par paquets & dans du papier.

Il est encore plusieurs autres précautions, dont le conseil a prescrit l'observation en diverses provinces, pour concilier les facilités dues aux fabriques, avec la nécessité d'empêcher l'abus d'une liberté indéfinie.

Ainsi, toutes sortes de *laines*, filées ou non-filées, ne peuvent être conduites dans les quatre lieues du Dauphiné, frontières de l'étranger, sans payer les droits de sortie, ou représenter un certificat de l'entrepreneur des fabriques pour lesquelles on les destine. C'est ce qui est ordonné par l'arrêt du conseil du 28 septembre 1745.

Un autre arrêt du conseil du 6 juillet 1749, porte que les manufacturiers ou fabriquans, établis à Maubeuge & dans les villages des quatre lieues de l'extrême frontière du Hainaut, ne pourront avoir chez eux que la quantité de *laines* qui leur est nécessaire pour la consommation de leur fabrique pendant deux mois.

En Flandre, l'arrêt du conseil du 28 juin 1723, confirmé depuis par la décision du conseil du 30 septembre 1749, a permis que toute partie de *laine*, du poids de cent livres & au-dessous, pût être envoyée de Lille, dans les paroisses des environs, quoique situées dans la lieue frontière du pays étranger, sans être assujettie à aucune déclaration, acquits à caution ou passavant, pour y être filée, employée à la fabrication, ou apprêtée; mais tout ce qui est au-dessus de cent livres, est sujet à déclaration, & doit être accompagné d'une expédition du bureau, dans laquelle doit être fixé le tems nécessaire pour que la marchandise puisse arriver à sa destination par la route ordinaire, à peine de confiscation, & de trois cens livres d'amende.

LANGUEDOC, province considérable de France, qui jouit de différends privilèges, relativement aux impositions & aux droits. Elle est pays d'Etats, province réputée étrangère à l'égard des cinq grosses fermes, exempte des droits d'aides, & seulement sujette aux petites gabelles.

La collection des mémoires imprimés au Louvre, va nous fournir tout ce qui regarde le *Languedoc*, envisagé comme pays d'Etat, & nous mettre à portée de remplir la promesse que nous avons faite au mot ÉTATS. (pays d')

Lorsque peu de tems après le règne de Saint-Louis, nos rois commencèrent à faire lever les tailles, le *Languedoc* n'en fut point excepté. On voit par le concordat ou transaction passé au mois de février 1306, entre Philippe-le-Bel & l'évêque de Mende, pour régler les droits respectifs dans tout le pays de Gévaudan, que le roi s'engage à ne lever aucune taille, dans les domaines communs dont les revenus doivent se partager également entre lui & l'évêque, excepté pour la défense du Royaume.

Il paroît même, par un réglement fait par saint Louis, pour le *Languedoc*, en 1250, qu'on y levoit, dès ce tems, des tributs sous le nom de *tailles*; ce réglement porte, que les tailles resteront au même état qu'elles étoient du tems de Simon de Monfort. *Talliis à comite Montisfortis impositis & postmodum quandiu terram tenuimus in pace levatis volumus quod in eo statu in quo fuerint impositæ perseverent.*

M. de Basville observe, dans ses mémoires sur cette province, que toutes les commissions pour la levée de la portion que le *Languedoc* devoit supporter dans l'imposition générale, depuis saint Louis jusqu'à François I, existent à la chambre des comptes de Montpellier, & que les autres n'ont été perdues que par les désordres des guerres de religion.

Que les Etats auxquels ces commissions étoient présentées, y déféroient avec une soumission entière, & octroyant les sommes contenues dans ces commissions, se bornoient à faire des représentations, lorsqu'elles excédoient la portion pour laquelle la province devoit contribuer; ce qui se passa en 1490, sous Charles VIII, en fournit un exemple.

Ce prince, sur les remontrances que les députés de Normandie aux Etats généraux de Tours lui avoient faites, que cette province étoit surchargée de subsides, eu égard au reste de la France, avoit résolu de faire travailler à une recherche générale du royaume, alors partagé en quatre généralites; savoir, de Languedoil, de *Languedoc*, d'Outre-Seine, & de Normandie, afin de mettre une égalité dans les impositions.

Les Etats de *Languedoc* se plaignoient aussi que leur pays étoit surchargé par rapport aux autres; Charles VIII adressa le 26 juin 1491, des lettres au duc de Bourbon, gouverneur du *Languedoc*, ou à son lieutenant; aux sénéchaux de Carcassonne, de Beaucaire & de Toulouse, & au gouverneur de Montpellier. Il marque par ces lettres, qu'ayant résolu de faire procéder à la recherche générale par trente-six personnages, y compris quatre greffiers, qui seront pris, élus & choisis; savoir, en chaque généralité, huit personnages & un greffier, lesquels seront partagés en quatre bandes en chaque généralité; il leur ordonne de convoquer à Montpellier le 4 août suivant, les Etats de *Languedoc* pour faire cette élection, afin que les députés pussent commencer leur travail dès la fin de septembre.

Cette élection fut faite au tems marqué; le roi, qui leur fit dresser des instructions à Tours le 16 novembre 1491, leur ordonna de vaquer à la recherche le premier mars suivant. Il déclare dans ces instructions, que voulant régler un compoix général de tout le royaume, les commissaires choisis devoient s'instruire au vrai des limites & de l'étendue des Elections, des villes, lieux & paroisses, & travailler uniformément: il leur joignit un procureur général dans chaque généralité.

Les commissaires de Languedoil devoient commencer leur travail au Mans;

Ceux de *Languedoc*, à Mende;

Ceux d'Outre-Seine, à Paris;

Et enfin ceux de Normandie, à Avranches.

Mais cette opération ne fut pas conduite à sa fin: c'est ce qui se voit par les lettres de Charles VIII, donnéees à Tours le 7 février 1494.

Il y expose, qu'ayant ordonné la recherche générale dans tout le royaume, les commissaires nommés y avoient vaqué pendant un an entier; mais que cette recherche ne pouvant se continuer sans grands frais, il l'avoit suspendue, & avoit ordonné aux commissaires de rapporter leur travail devers lui; que l'ayant fait examiner, il avoit conclu qu'on ne procéderoit pas davantage à la recherche, & qu'il avoit avisé de pourvoir, d'une autre façon, au soulagement de ceux de ses sujets qui étoient trop chargés.

En conséquence, voulant subvenir à ceux du *Languedoc*, & ayant été trouvé qu'ils étoient plus chargés que ceux des trois autres parties, il ordonna que, pour l'année suivante & les subséquentes, ses sujets de la généralité de *Languedoc* seroient diminués de vingt mille livres sur l'aide ordinaire qui se levoit audit pays de *Languedoc*, & qui montoit à cent onze mille sept cens quatre-vingt-quinze livres, & ce, par manière de provision, jusqu'à ce qu'il en eût été autrement ordonné; laquelle provision en rabais il n'avoit pu leur donner plus ample, à causes des affaires qu'il avoit à supporter.

Les sommes qui sont imposées à titre d'aide, font partie de celles qui sont contenues dans la grande commission, qui, par rapport au *Languedoc*, remplit les mêmes objets que le brevet de la taille dans les pays d'Election: il paroît à propos de faire ici le détail de cette commission.

Ce sont des lettres-patentes adressées au gouverneur de la province, &, en son absence, à celui qui doit le remplacer aux Etats, & aux officiers du bureau des finances établis à Toulouse & à Montpellier; le roi expose par ces lettres, qu'ayant jugé à propos, pour le bien de son service & le soulagement de ses sujets de la province de *Languedoc*, de faire tenir les Etats ordinaires de la province, pour la présente année, à *un tel jour de tel mois*, il les a mandés & convoqués en la ville de Montpellier pour l'assemblée desdits Etats, résoudre les sommes qui doivent être imposées pour l'année suivante, sur tous les contribuables aux tailles de ladite province, tant pour les charges ordinaires & autres dépenses qu'il convient y faire pour sa conservation, que pour le service que sa majesté desire en tirer pour les affaires & manutention de son Etat; qu'elle se promet que ses sujets de ladite province de *Languedoc* lui donneront d'autant plus volontiers des marques de leur affection, que la chose regarde leur conservation à son obeissance. Et comme il est nécessaire pour la levée desdites sommes, & pour faire en ladite assemblée les remontrances & propositions convenables au profit de sa majesté & au repos de la province, de commettre, ainsi qu'il s'est toujours pratiqué, des personnes d'autorité, & en qui elle ait une entière confiance.... à ces causes.... elle les commet, ordonne & députe, pour se transporter en la ville de Montpellier au jour de l'assemblée ; & après y avoir fait lire les présentes lettres, & fait les remontrances & propositions aux gens desdits Etats, les *requérir* & *demander* de la part du roi, que pour lui donner moyen de satisfaire aux dépenses, ils lui veuillent libéralement octroyer & accorder la somme de huit cens soixante & douze mille six cens quatre-vingt-sept livres quatre sols quatre deniers, à laquelle reviennent, tant les deniers de l'ancienne taille, que ceux des autres dépenses ordinaires contenues dans la présente commission.

Voici les articles qui sont rappellés sous la dénomination de l'ancienne taille, & en même tems quelle est leur origine :

1°. Cent vingt mille livres pour l'aide ;

2°. Soixante & neuf mille huit cens cinquante livres pour préciput de l'équivalent.

Ces deux sommes représentent & remplacent ce que le roi auroit tiré des aides, si elles eussent été établies dans le *Languedoc* ; & par l'édit de 1649, la province a été confirmée dans la jouissance & possession de l'équivalent, qui consiste dans des droits que Charles VII l'autorisa à établir en 1444, sur la chair fraîche & salée, sur le poisson de mer, & sur le vin vendu en détail ;

3°. Deux cens soixante & quatre mille sept cens livres, pour l'octroi ordinaire, au lieu de deux cens soixante & dix neuf mille sept cens livres, les quinze mille livres de différence devant être distraites de cet article, & portées dans le département des dettes & affaires du pays pour servir de fonds à une augmentation de gages acquise par la province, en conséquence de l'édit du mois de décembre 1713.

Cet octroi de deux cens soixante & dix-neuf mille sept cens livres, est la portion à laquelle le *Languedoc* fut fixé dans les quatre millions auxquelles les tailles furent portées sous François I.

4°. Trente-neuf mille neuf cens sept livres quatre sols quatre deniers pour la crue ; c'est pareillement la contribution qui fut demandée à la province dans les six cens mille livres qui furent imposées par François I, sous la dénomination de *crue*.

Ces différens articles, au moyen de la distraction dont on a parlé des quinze mille livres, font la somme de cinq cens quatorze mille cinq cens dix-sept livres quatre sols quatre deniers, & sans cette distraction, feroient celle de cinq cens vingt-neuf mille cinq cens dix-sept livres quatre sols quatre deniers, montant des deniers de l'ancienne taille.

La grande commission comprend encore les articles suivans :

1°. Douze mille livres, pour les réparations des places frontières ;

2°. Quatre-vingt-dix-neuf mille livres, pour les appointemens du gouverneur & des lieutenans généraux de la province ;

3°. Vingt-cinq mille cent soixante & dix livres, pour l'entretènement des gardes du gouverneur, frais des commissaires & contrôleurs des guerres étant dans lesdits pays ;

4°. Deux cens vingt-deux mille livres, pour les frais des états, appointemens & gages de leurs officiers.

Toutes ces sommes reviennent à celle de huit cens soixante & douze mille six cens quatre-vingt-sept livres quatre sols quatre deniers.

Il est dit dans la commission, que ladite somme ainsi accordée & octroyée, les commissaires la feront mettre sus, imposer & asseoir ès généralités de Toulouse & Montpellier, par ceux & ainsi qu'il conviendra, sur tous les contribuables, le plus justement & également que faire se pourra, pour les deniers cotisés & levés, être reçus par les receveurs particuliers des tailles de chaque diocèse, ainsi qu'il se faisoit avant l'édit du mois d'octobre 1632, & par eux portés ; savoir, ceux des aides, préciput, octroi & crûe, par quarts & égales portions, aux bureaux des recettes générales des finances de Toulouse & Montpellier ; les appointemens des gouverneurs & lieutenans généraux & entretènement des gardes du gouverneur, au trésorier de la bourse de la province, pour être par lui payés à ceux dénommés dans l'état arrêté par le roi ; & les douze mille livres de réparation des places frontiéres, ensemble les les deux cens vingt-deux mille livres destinées pour les frais des états, appointemens & gages de leurs officiers, remises pareillement audit trésorier.

Il est dit dans la commission que les commissaires contraindront & feront contraindre au paiement desdits deniers, tous ceux qui seront assis & cotisés, exempts & non exempts, privilégiés & non privilégiés, par toutes voies & manières accoutumées, pour les propres deniers & affaires du roi, nonobstant oppositions ou appellations quelconques, pour lesquelles, & sans préjudice d'icelles, il ne sera différé.

Le roi leur défend, & aux gens desdits Etats, secrétaires, & tous autres, de quelqu'état & condition qu'ils soient, de faire asseoir, lever & octroyer, ni permettre & souffrir être levé & exigé d'autres sommes que celles contenues dans ladite commission, les autorisant, au surplus, à entendre, après toutefois, ledit octroi fait & accordé, les doléances, requêtes, remontrances & demandes que ceux desdits Etats leur voudront & pourront faire durant ladite assemblée, touchant les affaires particulières & communes dudit pays de *Languedoc*, pour leur être pourvu de tel remède qui sera jugé convenable; de ce faire le roi leur donnant pouvoir, autorité, commission & mandement spécial.

Indépendamment de cette commission, le roi en fait expédier deux autres adressées aux mêmes commissaires, l'une, pour le taillon, l'autre, pour les garnisons.

Dans celle pour le taillon, on rappelle que le roi Louis XIV, par son édit du mois d'octobre 1649, avoit ordonné qu'il seroit imposé annuellement sur ses sujets contribuables de la province de *Languedoc*, la somme de cent soixante-cinq mille livres pour les dépenses de la gendarmerie, assignées sur le taillon & augmentation d'icelui, suivant l'avis de la dernière assemblée des notables du royaume, tenue à Paris; & comme il est nécessaire de pourvoir à la levée & imposition de ladite somme pour l'année prochaine, comme à chose dont les sujets peuvent recevoir un grand soulagement par l'ordre établi sur la manière de vivre de la gendarmerie, tant en garnison qu'allant par le pays: à cette cause, le roi leur mande, & commet par ces présentes, signées de sa main, qu'étant en l'assemblée desdits Etats, après y avoir fait les remontrances sur ce nécessaires, ils les requièrent de lui accorder & payer en ladite année, ladite somme de cent soixante & cinq mille livres pour le taillon & augmentation d'icelui, & que la somme ainsi accordée, ils fassent mettre sus, asseoir, imposer & lever ès généralités de Toulouse & de Montpellier, sur tous les contribuables dudit pays, le plus justement & également que faire se pourra, selon l'état & département qui en sera fait par les gens desdits Etats; laquelle somme de cent soixante & cinq mille livres, imposée, départie & réglée, le roi veut être levée & payée par quarts & égales portions, ainsi qu'il est accoutumé, à ses recettes générales du taillon de Toulouse & de Montpellier, pour être, par les receveurs dudit taillon, établis auxdits lieux, respectivement distribués aux trésoriers ordinaires des guerres, pour l'employer au paiement de la gendarmerie, & non à autre effet, les charges qui sont sur ledit taillon, suivant les états qui seront arrêtés au conseil; déduites.

La commission pour les garnisons porte, qu'étant nécessaire de pourvoir, durant l'année prochaine, au paiement des garnisons ordinaires que le roi a jugé nécessaire d'entretenir en sadite province, & des mortes-payes qui sont dans les places frontières pour la sûreté & conservation d'icelles, montant, suivant l'état que sa majesté en a fait expédier en son conseil, à la somme de.... à laquelle ne pouvant fournir de ses deniers ordinaires, par les grandes dépenses qu'il a à supporter d'ailleurs, il a arrêté de faire imposer & lever entièrement ladite somme sur les sujets dudit pays.

A ces causes, il leur mande & commet par ces présentes, signées de sa main, qu'étant en ladite assemblée des gens des Trois-états dudit pays de *Languedoc*, ils aient à requérir & demander à ceux desdits Etats, outre les sommes qui sont portées par ses commissions ordinaires, de lui accorder ladite somme .... pour icelle employer au paiement desdites garnisons & morte-payes, laquelle étant accordée, ils feront asseoir, imposer, & lever avec les autres deniers qui se lèveront en ladite province, sur tous & chacun les habitans contribuables d'icelles, exempts & non exempts, privilégiés & non privilégiés, en la forme & manière accoutumée, le fort portant le foible, le plus justement & également que faire se pourra, & sans aucune non-valeur, pour être lesdits deniers mis, savoir, la somme de.... ès mains du trésorier de l'extraordinaire des guerres, sur ses simples quittances, ainsi qu'il est accoutumé, & employée aux effets à quoi elle est destinée, & la somme de ..... ès mains du trésorier desdites mortes-payes, pour la délivrer suivant l'état de distribution qui en a été fait.

La délibération que les Etats prennent pour accorder les sommes comprises dans ces trois commissions, porte le nom d'*octroi*, & il y est dit expressément, que lesdits Etats ont *libéralement octroyé & accordé, octroyent & accordent au roi, leur souverain prince & seigneur, & sans conséquence, lesdites sommes.*

M. de Basville observe, que la forme de venir offrir cet octroi aux commissaires du roi, marque en même tems la souveraineté de sa majesté, & cette espèce d'ancienne liberté que la province a cherché à se conserver, comme si elle donnoit volontairement la portion des impositions qui se font dans tout le royaume, & qu'elle n'a jamais manqué de supporter.

On distingue deux sortes d'impositions en *Languedoc*, les unes fixes, les autres variables.

Les premières sont celles qui sont comprises dans les trois commissions, dont on vient de rappeller les détails.

Les impositions variables se divisent en deux espèces: les unes sont faites pour payer au roi le montant des abonnemens; la demande s'en fait par les commissaires du roi, en conformité de l'instruction qu'on leur donne pour la tenue des Etats.

Les autres ont pour objet de pourvoir aux besoins de la province; elles sont ordonnées par les Etats, & autorisées par le roi ou par les commissaires de sa majesté : l'intendant de la province a une commission particulière pour se rendre & assister, de la part du roi, en l'assemblée des Etats, & avec les autres commissaires de sa majesté, y proposer ce qu'il jugera être nécessaire pour l'exécution desdites commissions, afin que, sans retardement quelconque, il soit procédé au département, levée & imposition des sommes contenues en icelles, suivant l'ordre prescrit & ordonné; & au reste voir & entendre les délibérations qui se feront en ladite assemblée concernant le service du roi, le bien, repos & soulagement de ses sujets dudit pays, tout ainsi, & en la même forme & manière que s'il avoit été compris & nommé dans la commission pour la tenue des Etats.

M. de Basville remarque, que si nos rois s'étoient bornés à la contribution du *Languedoc* dans les impositions que les Etats accordent sous le titre d'*octroi*, ils se seroient toujours maintenus dans la possession de remplir les commissions des sommes dont ils ordonnoient la levée, & auxquelles les Etats n'avoient, pour-ainsi-dire, d'autre fonction que celle de se conformer; mais les circonstances ont exigé des secours extraordinaires; de-là les dons gratuits, ainsi appellés, comme s'ils étoient payés gratuitement, les peuples se sont le plus souvent empressés de les accorder, ils les ont quelquefois refusés : de-là aussi se sont multipliées les occasions de faire usage de la forme de demander, de la part des commissaires du roi, de délibérer, consentir, octroyer & accorder de la part des Etats.

Le don gratuit de la province de *Languedoc* remonte à l'année 1501; la première somme donnée à ce titre aux Etats tenus à Montpellier, ne fut que de seize mille cinq cens quatre-vingt-trois livres.

En 1599, M. le duc de Ventadour, lieutenant général du *Languedoc*, sous le connétable de Montmorenci, demanda un million cinq cens mille livres; les Etats accordèrent six cens mille livres, payables en deux années : ce fut le premier don gratuit considérable.

Il fut fixé par l'édit de Béziers de 1632, à un million cinquante mille livres : cet édit ayant été révoqué par celui de 1649, le montant du don gratuit a souvent varié jusqu'en 1690, & depuis cette époque, il a été annuellement de trois millions : c'est ainsi que le roi a été indemnisé de ce qu'il perdoit sur l'équivalent & sur les tailles.

La délibération qui est prise chaque année pour accorder le don gratuit, porte que *les Etats délibérans sur la demande qui leur a été faite de la part du roi, d'un don gratuit de trois millions de livres, ont accordé libéralement & gratuitement à sa majesté, & sans conséquence, ladite somme de trois millions, aux conditions* qui sont exprimées dans la délibération, & dont la principale est, que *nulle imposition & levée de deniers ne pourront être faites sur le général de la province, ni sur les villes & communautés en particulier, ni sur les habitans, en vertu d'aucuns édits bursaux, déclarations, jussions, & autres provisions contraires à ses droits & libertés, quand mêmes elles seroient faites sur le général du royaume.*

Les commissaires du roi mettent à côté de chaque article, *accordé*, & rendent une ordonnance en ces termes : *Vu la délibération ci-dessus, & les articles y contenus; nous, au nom du roi, avons accepté le don gratuit de trois millions de livres, dont nous avons fait la demande au nom de sa majesté, pour être payé aux termes des impositions; permettons de faire exécuter au nom du roi le contenu en ladite délibération, conformément aux apostilles par nous mises à la marge desdits articles.*

Il n'y a point de sièges d'Election en *Languedoc*; François I, en 1509, & Henri IV, par édit du 8 mars 1597, en avoient crée dans cette province; mais les Etats s'étoient toujours opposés à cet établissement, qu'ils avoient envisagé comme les privant de toutes fonctions, & comme rendant inutiles leurs assemblées.

Au mois de juillet 1629, Louis XIII, pendant son séjour à Nîmes, donna un édit, par lequel il créoit un siège d'Election, dans chacun des vingt-deux diocèses de la province de *Languedoc*, comme le seul moyen de faire une répartition juste & exacte des taxes imposées sur chaque diocèse, & de faire cesser les abus qui s'y commettoient, avec ordre aux trésoriers de France, de faire le département des tailles & des autres impositions dans ces deux généralités, & aux officiers des nouvelles Elections, de faire celui des villes, communauté & consulat, à proportion de ce qu'ils jugeroient que chaque communauté devoit supporter.

Le cardinal de Richelieu voulant faire passer cet édit, & affermir l'autorité des Elus, en fit donner un autre en même tems, pour unir ensemble les cours des aides & des comptes de Montpellier, qui avoient été séparées depuis leur institution, nonobstant les efforts réitérés qui avoient été faits pour les réunir depuis le règne d'Henri IV; mais les Etats & les autres cours de la province s'y étoient toujours opposés : cette union fut depuis révoquée, & ces deux cours n'ont été définitivement réunies qu'en 1648.

Le duc de Montmorenci, gouverneur de la province, n'oublia rien alors pour engager les Etats, qui étoient assemblés à Pézénas, à consentir à l'établissement des Elus; mais comme ils s'obstinoient à le rejetter, Louis XIII leur envoya un ordre de se séparer, qui leur fut signifié par le sieur Viguier, conseiller d'Etat, assisté de deux trésoriers de France.

Le parlement de Toulouse n'ayant point enregistré l'édit, on refusa, dans la plupart des diocèses, de reconnoître l'autorité des nouveaux Elus, & d'imposer les tailles sur les mandemens qu'ils envoyèrent.

Les Etats eurent défense de s'assembler en 1630; ils furent convoqués à Pézénas, & se tinrent au mois de décembre 1631. Il y fut question d'un arrangement, par lequel, à la place des Elus, le roi créoit six commissaires au département des tailles dans chaque diocèse, pour procéder au département, conjointement avec ceux qui avoient coutume d'assister aux assiettes, à la charge que la province paieroit trois millions huit cens quatre-vingt-cinq mille livres à celui qui avoit traité de la finance des offices d'Elus, & deux cens mille livres pour l'indemniser de ses frais; mais comme c'étoit laisser subsister sous une autre dénomination les officiers qu'on supprimoit, cette proposition excita les plus grands mouvemens, & les Etats s'unirent avec le duc de Montmorenci, qui leva le masque, & attira Monsieur en Languedoc; le roi y marcha, & après avoir soumis les rébelles, le duc de Montmorenci ayant été fait prisonnier au combat de Castelnaudari, il se rendit à Béziers, pour tenir, en personne, les Etats au mois d'octobre 1632.

Ce fut dans cette assemblée que, voulant donner une nouvelle forme au département & à la levée des impositions, il fit publier un édit, par lequel il régloit, que les Etats se tiendroient tous les ans, & qu'ils seroient maintenus dans les libertés & privilèges dont ils jouissoient avant les troubles; que les vingt-deux sièges d'Elections créés par l'édit du mois de juillet 1629, demeureroient supprimés, à condition que le traitant des nouveaux offices seroit remboursé. On spécifioit ensuite les différentes sommes qui devoient être levées chaque année dans la province; » & » d'autant, ajoutoit le roi dans cet édit, que des » sommes ci-dessus il ne revient aucune chose en » notre épargne, nous avons cru que ladite pro- » vince étant l'une des plus grandes & des plus » puissantes de notre royaume, nous n'en pou- » vions tirer un moindre secours, qu'un million » cinquante mille livres par chaque année, qui » sera levé & imposé sur le général du pays, & » porté en notre épargne. «

Enfin il étoit dit, que toutes les sommes contenues dans l'édit, seroient imposées, à l'avenir, annuellement sur le général du pays de *Languedoc*, suivant les lettres-patentes enregistrées en l'assemblée générale des Etats, pour y être pourvu, consenti & délibéré par forme d'octroi ordinaire.

Les Etats obtinrent la révocation de cet édit, par celui qui fut rendu à Paris au mois d'octobre 1649. *Voulons & nous plaît*, dit Louis XIV dans ce dernier édit, *qu'aucune somme ne puisse être imposée sur icelle province, qu'elle n'ait été délibérée & consentie en l'assemblée desdits Etats, suivant les anciennes formes, privilèges & libertés de ladite province, soit à l'égard des impositions en général, soit par les assiettes des vingt diocèses.*

C'est sur les dispositions de ce dernier édit, que l'assemblée des Etats est réglée dans le *Languedoc*, & que les impositions y sont levées & réparties.

On a vu que le paiement des subsides par *feu* avoit été aboli dans les trois sénéchaussées du *Languedoc*, depuis le règne de Charles VII, & qu'on avoit introduit à la place un cadastre ou compoix, qui contient une évaluation de tous les biens de chaque communauté, suivant laquelle on répartit proportionnément la quotité des subsides qu'elle est obligée de payer.

C'est un principe certain, que les tailles sont réelles en *Languedoc*, & se payent à raison des héritages, & dans les lieux où ces héritages sont situés, conformément à la loi IV. du digeste *de Censibus : is qui agrum in alia civitate habet, in ea civitate profiteri debet in qua ager est. Agri enim tributum in ea civitate debet levari in cujus territorio possidetur.* Telle est la disposition précise des ordonnances de Charles VII, de 1446, & de Charles VIII, de 1483 : *Les tenanciers & possesseurs des terres & possessions rurales & d'ancienne contribution, seront contribuables aux tailles & aides, au prorata & à raison de ce qu'ils tiennent ou tiendront chacun ès lieux & jurisdictions où lesdites terres & possessions sont situées & assises, nonobstant quelconques privilèges, transactions, exemptions, pactes, conventions, usages & coutumes.*

Dans l'empire Romain, tous les fonds & héritages contribuoient indistinctement aux charges qui s'imposoient sur les fonds. On a conservé dans le *Languedoc*, qui faisoit anciennement partie de cet empire, l'esprit, l'usage & les dispositions du droit écrit. On les a imités, en réglant la forme des impositions; mais le droit des fiefs, postérieur aux loix Romaines, a introduit une distinction entre les terres, en rendant les unes nobles, & les autres rurales & roturières : cette différence dans la qualité des terres, semblable à celle qui a été établie dans la qualité des personnes, a produit aussi le même effet par rapport à l'imposition des tailles; car, comme dans le pays de taille personnelle les nobles en sont exempts, & qu'il n'y a que les roturiers qui soient cotisés, de même dans le *Languedoc*, où les tailles sont réelles, les fiefs & terres nobles en sont exempts, & les héritages ruraux & roturiers sont les seuls qui y contribuent.

C'est d'après ces principes, que, par la déclaration du 18 juin 1535, François I. déclara, sur la demande des Etats de *Languedoc*, que *tous les héritages ruraux de la province devoient contribuer aux tailles, à l'octroi & aux impositions, en quelques lieux & quelques mains qu'ils fussent, soit gens d'église, nobles, présidens & conseillers des cours de parlement, soit généraux des aides & gens des comptes, soit docteurs, régens des universités de Toulouse & de Montpellier, soit écoliers des mêmes villes & autres, qui se prétendoient privilégiés.*

En 1551, Henri II. ordonna que les deux tiers des tailles s'imposeroient dans la ville de Toulouse & son gardiage, sur les biens-immeubles, roturiers & ruraux, & l'autre tiers sur les habitans de cette ville, eu égard à leurs facultés mobiliaires, marchandises, industries, gains & profits; ce qui s'est observé depuis, ainsi que dans plusieurs autres villes du *Languedoc*.

Par des arrêts du conseil des 2 mars 1694 & 16 mai 1713, il a été ordonné qu'il seroit procédé au département des impositions de la ville de Toulouse, ainsi qu'il étoit ci-devant pratiqué, les deux tiers sur les biens-fonds & maisons, & le tiers restant, sur les habitans de la ville, à l'exception seulement des officiers & greffiers en chef du parlement, des officiers & greffiers en chef du bureau des finances, des officiers du présidial, du sénéchal, des nobles, des professeurs & régens de l'université, des directeurs, receveurs & contrôleurs des fermes & gabelles, sans qu'aucun autre pût être exempt de ladite contribution; à l'effet de quoi, les rôles des impositions seroient dressés dans un seul & même rôle divisés par capitoulats, sans qu'il pût être fait aucune modération ni décharge par les capitouls, qu'elle n'eût été préalablement délibérée par écrit par les seize anciens & les commissaires nommés, à peine d'en répondre en leur propre & privé nom, & sans que, sous prétexte desdites décharges & modérations, ils pussent se dispenser de payer à la province le montant des impositions suivant les mandes, ou états de répartition, ni d'acquitter toutes les autres charges, dont le paiement devoit être fait des deniers desdites impositions, comme aussi sans que lesdites décharges & modérations pussent être en aucune manière rejettée sur les biens-fonds & maisons qui ne pourroient être taxées au-delà des deux tiers desdites impositions.

Les impositions qui sont résolues aux Etats, sont réparties sur les vingt-trois diocèses qui composent la province, sur un ancien tarif, dans lequel, supposant la somme totale de trois cens mille livres, on fixe ce que chacun des diocèses doit supporter de cette somme; ainsi la règle de la répartition est faite d'avance, & celle-ci n'est plus qu'une opération d'arithmétique.

Le département étant fait sur tous les diocèses en général avec cette proportion, est porté le jour de la clôture des Etats, pour être autorisé; & afin qu'ils expédient & signent les commissions & mandement, en vertu desquels chaque diocèse doit faire, dans les assemblées particulières, l'imposition de la portion qui le concerne sur toutes les communautés qui le composent, & cette circonstance leur a fait donner la dénomination d'*assiette*.

Un réglement fait par l'assemblée des Etats le 23 janvier 1650, & auquel plusieurs articles furent ajoutés le 3 mars de l'année suivante, le tout autorisé par un arrêt du conseil du 3 avril 1659, & un autre arrêt du conseil du 30 janvier 1725, ont fixé le tems de la convocation de ces assemblées, immédiatement après la séparation des Etats, & leur tenue un mois après au plus tard, aux villes & lieux accoutumés.

Elles sont composées de l'évêque, du baron, du commissaire principal, qui a commission du gouverneur, pour autoriser l'assemblée de la part du roi; de l'officier de justice, des consuls de la ville capitale & des députés des villes, qui ont droit d'y assister.

Les assemblées ou assiettes particulières du Vivarais, du Gévaudan, du Puy & d'Alby, sont composées différemment, & plus nombreuses.

Le procès-verbal de l'assiette doit être lu en pleine assemblée; il en est fait trois originaux, ainsi que des départemens des impositions, & le tout doit être signé par l'évêque, le commissaire principal, les commissaires ordinaires & les députés.

Le tarif sur lequel se fait la répartition entre les communautés, se nomme *recherche* ou *allivrement des communautés*; c'est un tableau qui est dressé & réformé, quand il est besoin, par un officier de la cour des aides, qui se fait accompagner par des arpenteurs & estimateurs; il contient une estimation générale des biens de chaque communauté, eu égard à la qualité du terroir, à la commodité ou incommodité de la situation, & à la nature & abondance du commerce qui s'y fait.

On répartit sur cette espèce de tableau ou tarif, à livres, sols & deniers, ce que doit supporter chaque communauté; cet état de répartition s'appelle *mande*, & s'envoie aux consuls de chaque communauté, qui distribue elle-même, sur les fonds sujets à la taille, la portion que chacun doit supporter; elle est réglée par un troisième tarif, qui se nomme *compoix*, & qui se fait, comme l'allivrement, de l'autorité de la cour des aides; il contient l'estimation de chaque héritage particulier, & sur cette estimation la taille se distribue au marc la livre.

L'avantage de cette forme de répartition est, qu'il n'y a point de particulier qui ne sache exactement ce qu'il doit payer, & qui ne puisse lui-même s'assurer de la justice de sa taxe. Ce compoix s'appelle aussi *terrien*, pour le distinguer du cabaliste, qui est pour l'industrie; il n'y a que quelques communautés qui font usage de ce dernier.

Il y a deux sortes de collectes, la volontaire & la forcée: la volontaire a lieu lorsqu'un particulier offre, moyennant une certaine remise qui est acceptée par la communauté, de se charger du recouvrement, en présentant une caution suffisante; & en ce cas, il lui est passé bail. La collecte forcée, est lorsque l'habitant qui est en tour de supporter cette charge, est, à défaut de collecteur volontaire, nommé par délibération de la communauté.

Les consuls, greffier consulaire, & départeurs, sont tenus, quinze jours après avoir reçu la mande, de remettre au collecteur le livre ou département; il ne doit y en avoir qu'un seul pour toutes les impositions de la communauauté.

Il subsiste en *Languedoc* une commission, pour l'examen & la vérification des rôles des impositions; elle a été originairement établie par un arrêt du conseil du 17 décembre 1675; elle est composée, aux termes de cet arrêt, des commissaires du roi à la tenue des Etats, & de ceux que les Etats sont autorisés à nommer dans chaque assemblée, & qui doivent être un évêque, un baron, ou deux députés du tiers-état. L'arrêt de 1675 porte, que les états des impositions faites en chacune des villes & communautés de la province, leur seront rapportés, à commencer de l'année suivante, en la forme & manière qui sera par eux réglée; leur enjoint de tenir la main à ce qu'il ne soit imposé, dans chaque lieu, que les impositions ordinaires ou permises par les réglemens, & les dettes qui auront été bien & dûement vérifiées. L'arrêt porte, que ce qui sera par eux, pour raison de ce, ordonné au nombre de trois au moins, sera exécuté nonobstant oppositions ou appellations quelconques.

Les commissaires du roi & ceux des Etats, qui composent conjointement cette commission, usant du pouvoir qui leur est attribué par cet arrêt, ont rendu successivement les ordonnances de réglement que les circonstances & l'objet de leur commission pouvoient exiger: ils adressèrent aux différentes communautés, des préambules de rôle des impositions divisées par chapitre, avec des inscriptions relatives à chaque objet & à chaque nature d'imposition, & c'est de-là que tire sa source la dénomination donnée à cette commission, de *commission des préambules*.

Aux termes de l'article II. de l'ordonnance des commissaires, du 29 décembre 1752, les maire, consuls & greffiers des villes & communautés de la province, sont tenus, à peine de vingt-cinq livres d'amende solidaire envers la communauté, de remettre chaque année, dans le courant du mois de juin, aux receveurs des tailles de chaque diocèse, les préambules des rôles.

Les receveurs des tailles doivent, suivant l'article III. les remettre, à peine de radiation de leurs gages, aux syndics des diocèses, & ces derniers au syndic général du département, dans le courant du mois de juillet.

Les syndics font leur rapport à la commission de ces préambules; & sur la vérification des différens articles dont ils sont formés, elle ordonne la restitution des sommes qui n'ont point été valablement imposées, & dont le montant tourne en *moins-imposé*, au profit des communautés qui en avoient supporté l'imposition.

Les receveurs sont chargés de poursuivre le recouvrement des restitutions, ou le paiement des amendes décernées, faute d'avoir remis les préambules dans le tems & la forme prescrites.

La déclaration du 20 janvier 1736, contenant réglement sur la jurisdiction du parlement de Toulouse, & sur celle de la chambre des comptes & cour des aides de Montpellier, & autres tribunaux & sièges du *Languedoc*, indique les juges qui, dans cette province, connoissent de la matière des impositions.

L'article I. de cette déclaration, porte qu'il ne sera fait aucune levée de deniers, soit au profit du roi, ou à celui des villes & communautés, si elle n'a été préalablement ordonnée par le roi, permise ou autorisée. Fait défenses à la cour des aides, & à toutes autres cours & juges, d'en ordonner ou autoriser aucune, sous quelque prétexte que ce soit, quand même il ne s'agiroit que de réparer l'omission d'une imposition, ordonnée ou autorisée dans les règles ordinaires.

L'article II. attribue à la cour des aides la connoissance de ce qui concerne le fait de la levée & recouvrement des impositions, sans néanmoins que sous ce prétexte, elle puisse prendre connoissance du fonds de la matière au sujet de laquelle les impositions auront été ordonnées ou permises, si ce n'est dans le cas où la connoissance desdites matières lui est spécialement attribuée.

Aux termes de l'article VI, les contestations qui peuvent naître à l'occasion de la levée & perception des tailles, doivent être portées devant les juges des lieux, & par appel, en la cour des aides; & lorsqu'il y aura dans le même lieu un juge royal & d'autres juges, la connoissance des contestations appartiendra au juge royal, à l'exclusion de tous autres juges.

Suivant

Suivant l'article VII, c'eſt à la cour des aides à connoître en première inſtance, & à l'excluſion de tous autres juges, des procès & différends au ſujet des cadaſtres ou compoix-terriers des villes & communautés, ſoit ſur la confection ou le renouvellement deſdits cadaſtres, ſoit par rapport aux ſurcharges prétendues par les particuliers dans les allivremens qui y auront été faits de leurs fonds, ſoit que les demandes en ſurcharge ſe trouvent fondées ſur des erreurs, dans la contінance ou dans l'eſtimation des fonds encadaſtrés, ou qu'on allègue la nobilité deſdits fonds.

Quant aux conteſtations qui ſurviendront au ſujet des erreurs dans le livre de taille, ſoit par rapport à la proportion de la cotiſation, eu égard à l'allivrement du cotiſé dans le cadaſtre ou compoix-terrier, ſoit par rapport aux impoſitions dont quelques contribuables ſe prétendroient exempts, l'article VIII veut qu'elles ſoient portées en première inſtance devant les juges mentionnés en l'article VI, & par appel en la cour des aides, pourvu néanmoins que l'allivrement même ne ſoit pas conteſté pour les cauſes marquées en l'article VII; auquel cas, conformément audit article, la cour des aides en pourra ſeule connoître.

A l'égard des lieux où il aura été fait un cadaſtre ou compoix cabaliſte, les demandes en ſurcharges au ſujet des allivremens qui y ſeront contenus, & les autres conteſtations formées à l'occaſion deſdits cadaſtres ou compoix, ſeront, ſuivant l'article IX, portées devant les juges mentionnés dans l'article VI, & par appel ſeulement en la cour des aides.

Aux termes de l'article X, les procès qui ſurviennent ſur la nobleſſe des perſonnes, à l'occaſion de la levée des tailles ou autres impoſitions, doivent être portées directement à la cour des aides, à l'excluſion de tous autres juges, ainſi que ceux ſur la nobilité des fonds à l'occaſion de ladite levée.

Suivant l'article XII, les appels interjettés des adjudications des baux des tailles, ou de la nomination des collecteurs forcés, & les demandes formées en conſéquence ſur la validité ou nullité deſdits baux ou deſdites nominations, doivent continuer d'être portés en la cour des aides, pour y être ſtatué ſur ce qui concerne ladite nomination, ou la confection deſdits baux ſeulement. Quant aux conteſtations qui naîtront dans l'exécution deſdits baux ou collectes forcées, on ſuivra la diſpoſition de l'article VI.

Cet article doit être pareillement ſuivi, aux termes de l'article XIX, pour les conteſtations qui concernent les pourſuites des collecteurs contre les redevables, pour le recouvrement des deniers de leur collecte.

Quant à celles qui naîtront au ſujet des pourſuites des receveurs des tailles des diocèſes, contre les collecteurs, pour le recouvrement des ſommes impoſées au profit du roi, ou en faveur des diocèſes, l'article XX. ordonne qu'elles ſeront portées, en première inſtance, devant le juge du lieu où le bureau de la recette eſt établi, ſi c'eſt un juge royal, ou s'il a la connoiſſance des cas royaux; ſinon, pardevant le plus prochain, & par appel, en la cour des aides.

Quant aux conteſtations qui ſurviendront au ſujet des pourſuites que le tréſorier de la bourſe des Etats ſera obligé de faire contre les receveurs des tailles des diocèſes, pour le recouvrement des ſommes impoſées dans la province, l'article XXI. preſcrit qu'elles ſeront portées directement en la cour des aides, qui en connoîtra ſeule, à l'excluſion de tous autres juges.

Par l'article LXXI, le roi déclare qu'il n'entend rien innover à la juriſdiction que les capitouls de la ville de Toulouſe & le parlement ſont en poſſeſſion d'exercer dans toutes les matières qui concernent la taille, les octrois, ſubventions, & autres impoſitions qui ſe lèvent dans la ville & gardiage de Toulouſe; veut que toutes les conteſtations qui pourront naître à ce ſujet, continuent d'être portées en première inſtance devant les capitouls, & par appel au parlement.

L'analyſe que l'on va faire de la déclaration du 7 décembre 1758, qui a terminé les difficultés qui ſubſiſtoient entre les Etats & la chambre des comptes & cour des aides de Montpellier, conſidérée principalement comme chambre des comptes, achèvera de faire connoître l'ordre établi dans l'adminiſtration des affaires de la province de *Languedoc*.

Le tréſorier de la bourſe des Etats, continuera de recevoir toutes les ſommes provenant des recettes particulières des diocèſes, qui ſeront impoſées ſur le général de la province, par la permiſſion du roi, & après le conſentement des Etats, pour les frais deſdits Etats, acquittement des dettes en capital & en intérêts, travaux publics, gratifications, étapes, don gratuit, & généralement toutes autres ſommes accordées par leſdits Etats, pour quelque cauſe & ſous quelque dénomination que ce puiſſe être.

Il recevra pareillement des mains des fermiers, le produit des droits d'équivalent & pied-fourché, affermé par les Etats, & deſtinés à diminuer les impoſitions faites ſur le général de la province.

Les comptes en ſeront examinés, clos & arrêtés pardevant les députés de l'aſſemblée des Etats; & la chambre des comptes n'en pourra, en aucun cas, ni ſous quelque prétexte que ce ſoit, prendre connoiſſance.

Il en sera de même des comptes du trésorier pour les deniers de la capitation, dixième, & toutes autres impositions extraordinaires, sous quelque dénomination qu'elles puissent être établies à l'avenir, qui entreront dans la recette dudit trésorier en ladite qualité.

Les receveurs généraux des finances de Toulouse & de Montpellier, continueront de faire la recette des deniers accordés pour l'aide, octrois, crûe & préciput, & d'en compter à la chambre des comptes.

Les deniers imposés pour les réparations & fortifications des places, ou pour les mortes-payes, seront remis par le trésorier de la bourse, entre les mains du trésorier desdites réparations & de celui des mortes-payes, qui en compteront en la chambre des comptes, sans qu'elle puisse rendre les Etats redevables envers lesdits trésoriers, par la fin & clôture de leurs comptes.

Les receveurs des tailles des diocèses ne seront pas tenus de compter en la chambre, des dépenses ordinaires des diocèses, ou déja approuvées, ou qui le seront à l'avenir par le roi, & qui forment le département des frais d'assiette, ni même de les employer dans la dépense de leurs comptes en un seul article.

Quant à toutes les autres impositions, tant ordinaires qu'extraordinaires, capitation, dixième, & autres généralement quelconques, sous quelque dénomination qu'elles puissent être, & dont ils feront le recouvrement, ils en compteront annuellement en la chambre, sans préjudice néanmoins du compte qui doit être rendu desdites dépenses & impositions, pardevant les députés des assiettes des diocèses, suivant l'usage observé dans la province.

Sans néanmoins que, sous prétexte de l'examen & clôture des comptes des receveurs, la chambre puisse prendre connoissance des frais de la confection des rôles desdites impositions, ni de l'emploi du gros ou excédent d'imposition destiné à acquitter les non-valeurs, doubles emplois, décharges ou modérations, ni se faire représenter les ordonnances, portant lesdites décharges ou modérations, & les états des non-valeurs ou doubles emplois, lesdits frais, gros ou excédent d'imposition, seront employés en un seul article dans la dépense des comptes, & alloué sur le certificat des syndics des diocèses, portant qu'il a été employé à sa destination.

La chambre ne pourra, par la clôture desdits comptes, rendre les diocèses redevables envers les receveurs; & si ces derniers se trouvent débiteurs envers les diocèses, les deniers leur appartiendront, pour servir à diminuer les impositions de l'année suivante.

Il ne sera remis aux syndics des diocèses de *Languedoc*, d'autres fonds que ceux qui ont été réglés par l'état arrêté au conseil en 1624, ou par des arrêts postérieurs; les syndics continueront d'en compter devant l'assemblée des assiettes des diocèses, sans que la chambre en puisse prendre connoissance.

La chambre continuera de connoître, par appel, la clôture des comptes des collecteurs, trésoriers, clavaires, & autres administrateurs des communautés, tant à raison des sommes imposées pour leurs dépenses ordinaires, que de toutes autres sommes, même des emprunts par elle faits, & du produit des biens patrimoniaux, quand même ils ne seroient pas employés à diminuer les impositions; les révisions des comptes sont abrogées.

Quant aux octrois & subventions, dont la levée a été ou pourroit être permise sur le consentement des Etats, les comptes en seront rendus en la chambre par les fermiers desdits droits, quand même le produit seroit employé à diminuer les impositions, sans néanmoins que la chambre puisse prendre connoissance de l'emploi qui aura été fait du produit, suivant la destination indiquée par les lettres-patentes qui en auront permis la levée, & qui seront enregistrées en ladite chambre.

Les comptes du trésorier de la bourse, les baux à ferme de l'équivalent & du pied-fourché, de l'étape, de la fourniture des voitures pour le transport des équipages des troupes, des ouvrages publics, & tous autres baux généralement quelconques, qui seront passés par l'assemblée des Etats ou par leurs députés, conjointement avec les commissaires du roi ou séparément, continueront de n'être remis qu'au dépôt des archives des Etats, ainsi que les cahiers présentés au roi toutes les années par les députés, & les réponses faites par sa majesté sur les demandes qui y sont contenues, les procès-verbaux des assemblées des Etats, & généralement tous actes & papiers ayant rapport à leur administration, sans que la chambre en puisse prétendre le dépôt d'extraits en ses archives, ni l'enregistrement des cahiers & des réponses: seront seulement enregistrés les baux de l'équivalent & les articles convenus par les Etats pour la perception, pour être exécutés selon leur forme & teneur.

Le roi maintient les Etats dans le droit & possession de prendre connoissance de la régie & administration des diocèses, villes & communautés; veut en conséquence, que les syndics généraux puissent prendre, au nom des Etats, le fait & cause desdits diocèses, villes & communautés, dans leurs affaires particulières, intervenir dans les instances où ils sont parties, & faire généralement, au nom des Etats, toutes les demandes qu'ils jugeront nécessaires pour l'intérêt commun des diocèses, villes & communautés.

Les réglemens faits pour la vérification des dettes des diocèses, villes & communautés, seront exécutés, sans préjudice toutefois de statuer sur l'opposition formée auxdits réglemens par ladite cour & chambre, ainsi qu'il appartiendra, & des changemens qui pourront être faits par sa majesté auxdits réglemens, sur les représentations de lad. cour.

Elle ne pourra prendre connoissance, par appel ni autrement, des délibérations des assiettes des diocèses; du droit d'entrée & préséance auxdites assiettes; de leur convocation, de l'adresse des mandes, nominations & destitutions des officiers des diocèses; des délibérations des assiettes concernant les impositions ou emprunts faits en conséquence, du consentement des Etats, & par permission du roi, & généralement de tout ce qui aura été résolu par les assiettes, circonstances & dépendances; le tout conformément à la déclaration du dernier septembre 1651, & aux lettres-patentes des mois de mars 1652 & octobre 1667, en conséquence desquels il sera procédé par les gens des trois-états, à l'exclusion de toutes cours & juges au jugement de tous les différends, tant dans l'assemblée générale des Etats, que dans les assiettes de chaque diocèse, sur tous lesdits faits, circonstances & dépendances, le roi leur en attribuant de nouveau, en tant que de besoin, toute jurisdiction & connoissance, qu'il interdit à toutes ses cours & juges.

Lorsqu'une partie d'une communauté voudra être divisée en taillable, d'avec le reste de la même communauté, les délibérations qui seront prises à ce sujet, seront préalablement portées à l'assemblée de l'assiette du diocèse, à l'effet d'obtenir son consentement, il sera ensuite procédé à ladite séparation dans les formes requises, de l'autorité de la cour des aides, qui connoîtra, en première & dernière instance, de toutes les contestations qui pourront naître dans le cours de ladite procédure.

Cette déclaration a été enregistrée en la cour des aides & chambre des comptes de Montpellier, purement & simplement, le 9 janvier 1752.

On a vu au mot GÉNÉRALITÉ, que celle de Montpellier, qui comprend tout le *Languedoc*, paye une contribution annuelle de trente-sept millions cinq cens mille livres.

Comme province réputée étrangère; le *Languedoc* a un sort commun avec toutes celles de même qualité, & on l'a fait connoître au mot ETRANGÈRES. On y a dit aussi qu'à l'entrée du *Languedoc* se percevoit la douane de Lion, & le denier Saint André, sans parler des droits particuliers aux denrées & marchandises qui sont de la classe des drogueries & épiceries. *Voyez* ce dernier mot, & à la sortie la foraine, sur ce qui n'étoit pas assujetti à des droits généraux & uniformes.

On trouve également, sous le mot BEAUCAIRE, tous les détails propres à faire connoître la foire établie en cette ville qui fait partie du *Languedoc*.

Au lieu des droits d'aides, on y perçoit ceux d'équivalent, qui font un objet d'environ neuf cens mille livres par an. Mais les autres droits qui composent la régie générale y ont lieu comme dans le reste du royaume. Tels sont les droits sur les cuirs, sur les cartes, sur l'amidon, sur les papiers & cartons.

On n'a rien obmis de ce qui concernoit le *Languedoc* dans la description qui a été donnée des petites gabelles, & de ce qui constitue la ferme de cette partie.

Il ne reste plus qu'à considérer cette province dans sa condition, par rapport aux droits domaniaux.

Choppin, dans son traité du domaine, dit, que le pays de *Languedoc* s'appelloit anciennement *Septimania*, à cause de la septième légion romaine, qui demeura long-tems dans cette province; qu'ensuite ce pays fut appellé *Land-Goth*, qui veut dire terre des Goths, pour avoir été soumis à leur domination.

Dupuis, dans son traité des droits du roi, est d'un autre avis. Mais il établit que le comté de Toulouse a été de tout tems un fief de la couronne de France, & que les comtes en ont toujours fait la foi aux rois de France; que le comté vint au roi en 1270, après la mort d'Alphonse comte de Poitiers, & de Jeanne sa femme, unique héritière du comte de Toulouse, en conséquence du traité fait au mois d'avril 1228, avec Saint Louis, & que le roi Jean réunit nommément à la couronne le comté de Toulouse avec les duchés de Normandie & de Bourgogne, & le comté de Champagne par lettres-patentes du mois de décembre 1361.

Le domaine de la couronne en *Languedoc*, avoit été aliéné par édit du 14 juin 1537. Il fut réuni ensuite, puis aliéné de nouveau en 1639, & encore réuni en 1668, 1670 & 1681.

Les droits d'échange avoient été aliénés en *Languedoc*, par les déclarations de 1673 & 1674. Elles furent révoquées par l'édit de décembre 1683, & les droits abolis, au moyen d'une somme de cent vingt mille livres, que la province paya au roi; indépendamment de celle de soixante-trois mille livres, qui fut donnée à titre d'indemnité au traitant qui avoit eu l'aliénation des droits dont il s'agit.

Il est d'usage dans cette province, d'admettre le franc-alleu roturier sans titre, au moyen des finances qui ont été payées à cet effet. Ce franc-alleu est un héritage libre, où il n'y a ni justice, ni fief, ni censives qui en dépendent, & pour lequel le détenteur ne doit ni cens, ni lods & ventes, ni redevances.

Le roi a fait don aux états de *Languedoc*, par lettres-patentes du 8 novembre 1756, de la propriété de tous les étangs, pâture, marais, lais & relais de la mer, rivières & étangs, depuis Beaucaire jusqu'à Aigues-Mortes & à l'étang de Pérots; avec exemption de tous droits de lods & ventes, amortissement, nouveaux acquêts, franc-fiefs & centième denier sur ces marais quand ils seront desséchés.

La déclaration du roi du 19 juillet 1757, a attribué aux bureaux des finances du *Languedoc*, la jurisdiction contentieuse du domaine, en première instance, sauf l'appel au parlement de Toulouse.

Les droits de contrôle des actes & autres y joint, avoient été aliénés à la provinces du *Languedoc* pour dix années, par l'édit du mois de mars 1710. Cette aliénation n'eut lieu que quatre ans & quelques mois. Elle fut révoquée par l'édit du mois de mars 1714; & la régie qu'en faisoit la province, fut remise entre les mains du fermier général de cette partie. Depuis cette époque, elle a toujours fait partie du bail général des domaines & droits domaniaux.

LANZAS, (droit de) redevance en argent, qui se paie en Espagne, par toutes les personnes constituées en dignité, tels que les grands, les ducs, les comtes, les marquis, vicomtes, &c. Ce droit qui est un reste du systême féodal, représente ou plutôt remplace l'obligation où étoient anciennement tous les seigneurs de servir en personne, avec un certain nombre de lances, fixé suivant le titre.

Les ecclésiastiques en sont exempts, quoiqu'il soit cependant acquitté par les commandeurs des trois ordres militaires qui sont établis en Espagne. *Voyez* ESPAGNE, page 73 de ce volume.

LAST-GELT, droit qui se perçoit en Hollande, sur chaque bâtiment de mer, qui entre ou qui sort, en raison de sa contenance. Il est de cinq sols par *last* en sortant, & de dix sols en entrant. Le *last*, est le poids de deux tonneaux. Ce droit ne se paie qu'une fois par année.

LAST-GELD, nom d'un droit qui se perçoit à Hambourg, sur les marchandises & sur les vaisseaux étrangers, ou à leur arrivée, ou à leur départ. Par l'article XLI du traité de commerce conclu à Paris le 28 décembre 1716, entre la France & les villes anséatiques, les vaisseaux françois, qui vont trafiquer à Hambourg, sont affranchis de ce droit. *Voyez* LUBECK, une des villes anséatiques, dont les impositions & les droits sont les mêmes qu'à Hambourg.

LATITER, verbe actif, qui se trouve employé dans les anciennes ordonnances, & vient de *latitare*, signifiant, se tenir caché, ne pas comparoître.

Ces ordonnances prononcent la confiscation de corps & de biens contre les comptables qui *latitent*, c'est-à-dire, qui se tiennent cachés après avoir diverti les deniers de leur recette.

LETTRES, s. f., ce terme qui est très-usité dans la jurisprudence, appartient naturellement au dictionnaire de cette science, dans presque toutes ses acceptions. Ainsi, nous renvoyons à ce dictionnaire pour savoir ce que c'est que des *lettres* d'abolition, d'affranchissement, d'amnistie, d'anticipation, d'appel, d'attribution, de bénéfice-d'âge, de bénéfice-d'inventaire, & toute espèce de *lettres* royaux. On se bornera à dire ici, en considérant ces *lettres* dans leur rapport avec le fisc, qu'on ne peut en faire usage qu'après qu'elles ont été insinuées, ainsi que le prescrit le réglement du conseil du 30 septembre 1721.

Le *Dictionnaire du Commerce* doit également donner la définition & le modèle des *lettres*-de-change, à une, deux, ou trois usances, des *lettres*-de-change à vue & des *lettres*-de-voiture.

A l'égard des *lettres*-de-change, l'article XCVII, du tarif des droits de contrôle du 29 septembre 1722, porte qu'elles sont dispensées de la formalité du contrôle, pourvu qu'elles soient tirées de place en place, & qu'elles contiennent la désignation de trois personnes; celle qui tire la *lettre*, celle au profit de qui elle est tirée, & celle qui doit l'acquitter. Sans ces conditions, une *lettre*-de-change n'est considérée que comme une promesse ou un simple billet, & devient sujette au contrôle, dans tous les cas où les autres billets y sont assujettis.

Une décision du conseil du 31 décembre 1722, a jugé qu'une prétendue *lettre*-de-change, qui n'étoit pas tirée d'une place de commerce, sur une autre ville de même genre, & dont le tireur n'étoit pas marchand, ne tenoit lieu que d'un billet sujet au contrôle.

Les billets portant promesse de fournir *lettres*-de-change, sont de même sujets aux contrôle, & il est défendu d'en faire usage avant qu'ils soient contrôlés, à peine d'amende; c'est ce qui résulte de la décision du conseil du 22 mai 1734, qui a, dans un cas semblable, condamné un huissier à verge au châtelet de Paris.

Une autre décision du conseil du 18 septembre 1754, réforme une ordonnance de l'intendant de Languedoc, & juge que des mandemens ou rescriptions tirés par le fermier des équivalens, sur le receveur de ces mêmes droits à Toulouse, sont sujets au contrôle. L'intendant avoit jugé le contraire, sur le prétendu fondement que ces mandemens avoient la forme & le caractère de *lettres*-de-change, puisqu'ils présentoient un tireur négociant & homme d'affaire, un terme de payement, une valeur reçue, une différence de place & des endossemens. Mais la décision du conseil, semble avoir eu pour motif, qu'il ne s'agissoit que de mandemens purs & simples qui n'emportoient pas la contrainte par corps, inhérente aux *lettres*-de-change.

Les *lettres*-de-voiture sont également sujettes au contrôle, ainsi que tous actes sous signature privée, dans les différens cas où l'on veut en faire usage en justice, & le tarif de 1722, en fixe le droit à cinq sols pour chaque personne à qui elle désigne un envoi.

Les *lettres*, épitres, missives, qui servent à entretenir une correspondance entre deux personnes séparées, soit pour affaires, soit pour s'exprimer, & nourrir leurs sentimens mutuels, font un objet de revenu pour l'Etat qui s'est chargé de les faire rendre à leur destination. Et comme les frais du port des *lettres* dans toutes les parties du royaume, & même en pays étrangers, exigeoient des établissemens qui pussent remplir ce service; il a bien fallu imposer sur chaque *lettre*, une taxe proportionnée à la distance qu'elle parcouroit, & au poids qu'elle formoit.

Mais, cette proportion n'a pas été exactement mesurée sur ces deux circonstances. Le fisc qui étoit fondé à répéter le prix du service attaché au transport & à la remise des *lettres* à leur destination, a profité de cette occasion, pour en faire une branche de revenu, qui pût recevoir des accroissemens successifs. Afin de prévenir toute difficulté sur la perception de cette taxe, le gouvernement a eu soin de publier, en différens tems, le tarif qui devoit être suivi, & de régler aussi ce qui devoit se pratiquer pour les *lettres* envoyées en pays étrangers, outre mer, dans nos colonies ou dans les possessions étrangères.

C'est ainsi qu'en 1703, tems malheureux où l'Etat cherchoit des ressources dans la création d'une multitude de charges, aussi onéreuses qu'inutiles au public, il fut formé un tarif des ports de *lettres* avec une augmentation d'un quart. Aussi la ferme des postes fut portée cette même année à trois millions deux cens mille livres, tandis que celle du tabac n'étoit à lors que de quinze cens mille livres. *Recherches & Considérations sur les Finances*, tome IV, *in*-12, page 219.

Ce tarif de 1703, subsista jusqu'en 1759, que les besoins nés d'une guerre qui subsistoit depuis trois ans, tournèrent les regards du fisc vers les ports de *lettres*, & en dictèrent l'augmentation.

La déclaration qui l'ordonne, est du 8 juillet & fut enregistrée au parlement le 17 du même mois 1759.

On va en connoître les motifs & les dispositions qui, non-seulement, augmentent les ports de *lettres*, mais établissent une poste dans l'intérieur de Paris, dans la vue d'accroître le revenu de la ferme des postes.

Louis par la grace de Dieu, roi de France & de Navarre: A tous ceux qui ces présentes lettres verront; salut. La nécessité où nous sommes de pourvoir aux besoins de l'Etat, nous a fait rechercher pour y parvenir les moyens qui nous ont paru être les moins onéreux à nos peuples; dans cette vue nous nous sommes fait rendre compte de ceux de nos droits, qui, en affectant le moins la fortune de nos sujets, seroient susceptibles d'une augmentation modérée. Nous avons reconnu que les ports de *lettres* ont continué d'être taxés sur le pied du tarif de l'année 1703, malgré l'augmentation du prix des denrées & des dépenses de l'exploitation de cette ferme, & malgré l'augmentation numéraire des espèces; nous nous sommes portés à augmenter le tarif dans une proportion générale, qui sera encore au-dessous de cette augmentation numéraire, de manière que les ports de *lettres* continueront de coûter moins intrinséquement qu'en 1703. Cette disposition nous a paru d'autant plus convenable, que les tarifs des ports de *lettres* sont encore plus forts dans la plûpart des Etats voisins. Ayant également reconnu qu'il seroit utile & commode aux habitans de notre capitale, d'établir dans l'enceinte des barrières, une communication plus facile & moins coûteuse que celle qui se fait par les voies ordinaires, des *lettres* qu'ils ont à s'écrire, par l'établissement d'une poste intérieure dont chacun seroit libre d'user ou de ne pas user à son gré, & que cet établissement pourroit en même tems accroître le revenu de notre ferme des postes; Nous nous sommes déterminés à former ledit établissement, dont l'administration sera faite pour notre compte par le fermier de nos postes. A ces causes, & autres à ce nous mouvant de l'avis de notre conseil, & de notre certaine science, pleine puissance & autorité royale, nous avons dit, déclaré & ordonné; & par ces présentes signées de notre main, disons, déclarons & ordonnons, voulons & nous plaît ce qui suit:

ARTICLE PREMIER.

Les droits pour les ports de *lettres* & paquets

de *lettres*, seront payés & perçus conformément au tarif ci-attaché sous le contrescel de la présente déclaration, à commencer du premier août prochain.

I I.

Toutes les *lettres* & paquets de *lettres* seront taxés & payés suivant le poids des villes où sont établis les bureaux des postes; & seront les distances des lieues comptées suivant le nombre des postes & les routes que tiennent les courriers.

I I I.

Défendons aux fermier, directeurs & commis des bureaux des postes, de prendre ni exiger aucune chose, outre & pardessus les droits portés audit tarif.

I V.

Défendons pareillement à tous commis & distributeurs, de faire aucune sur-taxe des *lettres* & paquets qui leur seront remis par lesdits fermier, directeurs ou commis, encore que lesdites *lettres* & paquets ne soient pas taxés suivant ledit tarif. Voulons que le procès leur soit fait par les juges des lieux, sur la plainte & dénonciation desdits fermier, directeurs & commis, ou des particuliers auxquels lesdites *lettres* seront adressées.

V.

Défendons à toutes personnes de mettre dans leurs paquets aucun or & argent que de gré à gré, avec les fermier, directeurs & commis des postes, lesquels ne pourront s'en charger sous une remise au-dessous de celle portée au tarif.

V I.

Voulons que ceux qui jugeront à propos de faire charger des *lettres* & paquets de *lettres* & papiers, les consignent auxdits fermier, directeurs & commis, qui en chargeront leurs *lettres* d'avis, dont ils demeureront déchargés en cas de vol, en rapportant procès-verbal des juges & des officiers des lieux proche desquels les courriers auront été volés: auquel fermier nous avons attribué & attribuons le double de port & affranchissement ordonné par ledit tarif, tant pour les paquets chargés dans l'intérieur du royaume, que pour ceux qu'il enverra chargés dans le pays étranger, ou qu'il en recevra.

V I I.

Il sera établi dans notre ville de Paris, différens bureaux pour porter d'un quartier dans un autre, dans l'enceinte des barrières, des *lettres* & paquets, sur le pied de deux sols pour une *lettre* simple, billet ou carte au-dessous d'une once, soit qu'il y ait enveloppe ou qu'il n'y en ait pas, & de trois sols l'once pour les paquets; & à l'effet de prévenir les abus, le port sera payé d'avance. Les *lettres* & paquets seront timbrés du timbre particulier à chaque bureau dont ils seront partis: toutes les lettres & paquets seront apportés à un bureau général, pour être de-là distribués dans la ville, & ne pourra aucun distributeur se charger en chemin d'aucune *lettre* ou paquet, ni rendre aucune *lettre* non timbrée, sous peine de punition corporelle: n'entendons néanmoins, en aucuns cas, empêcher les particuliers de faire porter leurs *lettres* paquets dans la ville & les fauxbourgs de Paris, par telles personnes qu'ils jugeront à propos.

V I I I.

Voulons, au surplus, que les officiers de notre châtelet, chacun à leur égard, connoissent en première instance, sauf l'appel en notre cour de parlement, de toutes les affaires tant civiles que criminelles & de police, qui pourront survenir à l'occasion de l'exécution de l'établissement porté en l'article précédent. Si donnons en mandement à nos amés & féaux conseillers, les gens tenans notre cour de parlement, chambre des comptes & cour des aides à Paris, que ces présentes ils ayent à faire registrer, ensemble ledit tarif, & le contenu en iceux, exécuter selon leur forme & teneur, cessant & faisant cesser tous troubles & empêchemens au contraire; & d'autant que des présentes & dudit tarif, on pourroit avoir affaire en plusieurs lieux, voulons qu'aux copies d'iceux, collationnées par l'un de nos amés & féaux conseillers-secrétaires, foi soit ajoutée comme aux originaux, &c. Donné à Versailles, le huitième jour de juillet, l'an de grace mil sept cent cinquante-neuf.

TARIF GÉNÉRAL des droits que le roi veut & ordonne être payés à l'avenir, à commencer du premier août 1759, pour le port des lettres *& paquets de* lettres, *qui seront portés par la voie des postes & courriers ordinaires, dans les villes & lieux du royaume, tant en droiture que traverse, & pays étrangers.*

Routes de Picardie, Flandre & Haynault.

ARTICLE PREMIER.

De Paris à Arnouville, Beaumont-sur-Oise, Beauvais, Breteuil, Chambly, Chantilly, Clermont en Beauvoisis, Compiegne, Creil, Crépy, Dammartin, Enghien, Ecouen, Gonesse, le Bourget, l'Isle-Adam, Louvres, Luzarche, Meru, Nanteuil-Audouin, Saint-Just, Senlis, Verberie, Pont-Sainte-Maixence, sera payé quatre sols pour la lettre simple, ci sols 4

Cinq sols pour la lettre avec enveloppe, sept sols pour la lettre double, & seize sols pour l'once des paquets.

II.

De Paris à Albert, Amiens, Abbeville, Chauny, Corbie, Doulens, Guise, Ham, la Fère, Péronne, Magny-Guiscard, Mondidier, Noyon, Roye, Saint-Quentin & Saint-Vallery, sera payé six sols pour la lettre simple, ci.. sols 6.

Sept sols pour la lettre avec enveloppe, dix sols pour la lettre double, & vingt-quatre sols pour l'once des paquets.

III.

De Paris à Arras, Bapaume, Hesdin, Landrecy, le Castelet, Lens & Saint-Pol, sera payé sept sols pour la lettre simple, ci...... 7

Huit sols pour la lettre avec enveloppe, douze sols pour la lettre double, & vingt-huit sols pour l'once des paquets.

IV.

De Paris à Armentières, Bailleul, Bavay, Bouchain, Cassel, Cambray, Condé, Douay, Lille, la Bassée, Maubeuge, Orcnies, Saint-Amand, Turcoin & Valenciennes, sera payé six patars pour la lettre simple, ci........ patars 6

Sept patars pour la lettre avec enveloppe, dix patars pour la lettre double, & vingt-quatre patars pour l'once des paquets.

V.

De Paris à Aire, Ardres, Avesnes, Boulogne, Béthune, Bergues, Calais, Charlemont, Dunkerque, Gravelines, Philippeville, le Quesnoy, Montreuil-sur-mer, Saint-Omer, Saint Venant, sera payé huit sols pour la lettre simple, ci.. sols 8

Neuf sols pour la lettre avec enveloppe, quatorze sols pour la lettre double, & trente-deux sols pour l'once des paquets.

VI.

Et pour le retour de toutes lesdites villes & lieux à Paris, sera payé les mêmes droits que dessus, à la réserve des lettres qui reviendront des villes d'Armentières, Bailleul, Bavay, Bouchain, Cassel, Cambray, Condé, Douay, Lille, la Bassée, Maubeuge, Orchies, Popetingues, Saint-Amant, Saint-Venant, Turcoin & Valenciennes, dont il sera payé à Paris huit sols pour la lettre simple, neuf sols pour la lettre avec enveloppe, seize sols pour la lettre double, & trente-deux sols pour l'once des paquets.

Route de Champagne & Brie.

VII.

De Paris à Bondy, Brie-Comte-Robert, Charenton, Charly, Château-Thierry, Chaumes, Chelles, Chezy, Coincy, Coulomiers, Claye, Crecy, Donnemarie, Farmoutiers, Fère, Fontenay, Gandelu, Guignes, la Ferté-Gaucher, la Ferté-Milon, la Ferté-sous-Jouarre, Lagny, Lizy, Meaux, Marigny, Montmirel, Mormans, Nangis, Nanteuil, Neuilly-Saint-Front, Pinon, Rebets, Rozoy, Tournans, Villers-Cotterets & Vincennes, sera payé quatre sols pour la lettre simple, ci........ sols 4

Cinq sols pour la lettre avec enveloppe, sept sols pour la lettre double, & seize sols pour l'once des paquets.

VIII.

De Paris à Arcis, Bray-sur-Seine, Dormans, Châlons, Epernay, Fismes, Laon, les Trois-Maisons, Launoy, Marles, Méry-sur-Seine, Nogent-sur-Seine, Provins, Reims, Sezanne, Sillery, Soissons, Troies, Vervins, Villenaux, sera payé six sols pour la lettre simple, ci.... 6

Sept sols pour la lettre avec enveloppe, dix sols pour la lettre double, & vingt-quatre sols pour l'once des paquets.

IX.

De Paris à Bar-sur-Aube, Bar-sur-Seine, Châteauvilain, Chaumont en Bassigny, Donchery, Joinville, Mezières, Mousson, Palisseux, Rhétel, Rocroy, Sedan, Sainte-Ménehould, Saint-Dizier, Stenay, Vandeuvres, Vitry-le-François & Vassy, sera payé sept sols pour la lettre simple, ci.............. 7

Huit sols pour la lettre avec enveloppe, douze sols pour la lettre double, & vingt-huit sols pour l'once des paquets.

X.

De Paris à Bourbonne & Langres, sera payé huit sols pour la lettre simple, ci...... 8

Neuf sols pour la lettre avec enveloppe, quatorze sols pour la lettre double, & trente-deux sols pour l'once des paquets.

XI.

Et pour le retour desdites villes & lieux à Paris, sera payé les mêmes droits que dessus.

Lorraine, Alsace, & les Trois-Évêchés.

XII.

De Paris à Bar-le-Duc, Clermont en Argonne, Ligny en Barrois, Verdun & Void, sera payé sept sols pour la lettre simple, ci... 7

Huit sols pour la lettre avec enveloppe, douze sols pour la lettre double, & vingt-huit sols pour l'once des paquets.

XIII.

De Paris à Dieuze, Épinal, Longwy, Lunéville, Marsal, Metz, Mirecourt, Nancy, Neufchâteau, Phalsbourg, Pont-à-Mousson, Raon, Remirémont, Saint-Dié, Saint Mihel, Saint-Nicolas, Sarlouis, Sarrebourg, Thionville, Toul, Sainte-Marie-aux-Mines & Vic, sera payé huit sols pour la lettre simple, ci... sols 8

Neuf sols pour la lettre avec enveloppe, quatorze sols pour la lettre double, & trente-deux sols pour l'once des paquets.

XIV.

De Paris à Alkirck, Benfelds, Bowelair, Brisack, Colmar, Ensishem, Fort-Louis du Rhin, Haguenau, Huningue, Landau, Lauterbourg, Molsheim, Neuf-Brisack, Rouffac, Strasbourg, Saverne, Scheleftat, Vissembourg, sera payé dix sols pour la lettre simple, ci... 10

Onze sols pour la lettre avec enveloppe, dix-huit sols pour la lettre double, & quarante sols pour l'once des paquets.

XV.

Et pour le retour desdites villes & lieux à Paris, sera payé les mêmes droits que dessus.

Duché & Comté de Bourgogne.

XVI.

De Paris au Châtelet, Melun, Montereau, Moret & Villeneuve-Saint-George, sera payé quatre sols pour la lettre simple, ci........ 4

Cinq sols pour la lettre avec enveloppe, sept sols pour la lettre double, & seize sols pour l'once des paquets.

XVII.

De Paris à Auxerre, Brinon, Joigny, Pont-sur-Yonne, Vermanton, Villeneuve-la-Guyard, Villeneuve-le-Roi, Saint-Florentin & Sens, il sera payé six sols pour la lettre simple, ci... 6

Sept sols pour la lettre avec enveloppe, dix sols pour la lettre double, & vingt-quatre sols pour l'once des paquets.

XVIII.

De Paris à Avallon, Ancy-le-Franc, Chably, Chanceaux, Châtillon-sur-Seine, Clamecy, Corbigny, Coulanges, Laigne, la Maison-Neuve, Mussy-l'Évêque, Montbard, Noyers, Pacy, Sainte-Reine, Saint-Seine, Saulieu, Semur, Tonnerre, Vézelay & Viteaux, sera payé sept sols pour la lettre simple, ci 7

Huit sols pour la lettre avec enveloppe, douze sols pour la lettre double, & vingt-huit sols pour l'once des paquets.

XIX.

De Paris à Autun, Auxonne, Arnay-le-Duc, Baume-les-Dames, Beaune, Belleville, Besançon, Bourg-en-Bresse, Chagny, Châlons-sur-Saône, Clerval, Dijon, Dôle en Comté, Gray, Is-sur-Til, Lons-le-Sauniers, Loüans, Lure, Mâcon, Nuits, Salins, Sennecey, Selongé, Seurre, Saint-Claude, Tournus, Vezoul & Villefranche en Beaujolois, sera payé huit sols pour la lettre simple, ci... sols 8

Neuf sols pour la lettre avec enveloppe, quatorze sols pour la lettre double, & trente-deux sols pour l'once des paquets.

XX.

De Paris à Beffort, Cernay, Montbeliard & Pontarlier, sera payé dix sols pour la lettre simple, ci.............................. 10

Onze sols pour la lettre avec enveloppe, dix-huit sols pour la lettre double, & quarante sols pour l'once des paquets.

XXI.

De Paris à Bâle, Berne, Neufchâtel & la Suisse, sera payé seize sols pour la lettre simple, ci.............................. 16

Dix-sept sols pour la lettre avec enveloppe, trente sols pour la lettre double, & trois liv. quatre sols pour l'once des paquets.

XXII.

Et pour le retour de toutes lesdites villes & lieux à Paris, sera payé les mêmes droits que dessus.

Route de Lyon.

XXIII.

De Paris à Château-Landon, Corbeil, Essonne, Fontainebleau, Ponthierry, Ris & Villejuif, sera payé quatre sols pour la lettre simple, ci.............................. 4

Cinq sols pour la lettre avec enveloppe, sept sols pour la lettre double, & seize sols pour l'once des paquets.

XXIV.

De Paris à Bonny, Briare, Châtillon-sur-Loing, Gien, la Bussière, Montargis, Nemours, Neuvy, Nogent-sur-Vernisson, Ousson, Saint-Fargeau, sera payé six sols pour la lettre simple, ci.............................. 6

Sept sols pour la lettre avec enveloppe, dix

sols pour la lettre double, & vingt-quatre sols pour l'once des paquets.

XXV.

De Paris à Aubigny, Bourges, Cône, la Charité, Nevers, Issoudun, Lignères, la Châtre, Pouilly, Saint-Pierre-le-Moûtier, Saint-Amand-Mourond, Sancerre & Vierzon, sera payé sept sols pour la lettre simple, ci .... sols 7

Huit sols pour la lettre avec enveloppe, douze sols pour la lettre double, & vingt-huit sols pour l'once des paquets.

XXVI.

De Paris à Aigueperse, Aubusson, Brioude, Bourbon-Lancy, Bourbon-l'Archambault, Chambon, Chenerailles, Clermont en Auvergne, Decize, Feuilletin, Gannat, Gueret, Ahun, Issoire, la Bresle, la Pacaudière, la Palisse, Lyon, Montluçon, Moulins, Riom, Roanne, Saint-Flour, Saint-Gérand, Saint-Pourçain, Saint-Symphorien, Souvigny, Tarare, Thiers, Varennes & Vichy, sera payé huit sols pour la lettre simple, ci..... 8

Neuf sols pour la lettre avec enveloppe, quatorze sols pour la lettre double, & trente-deux sols pour l'once des paquets.

XXVII.

Et pour le retour de toutes lesdites villes & lieux à Paris, sera payé les mêmes droits que dessus.

Dauphiné, Forès, Provence & Languedoc.

XXVIII.

De Paris à Annonay, Amberieux, Bellay, Bourgoin, Cerdon, Chazelle, Châtillon, Collonge, Cormos, Fort-l'Ecluse, Gex, la Côte-Saint-André, la Tour-du-Pin, le Puy, Moirans, Montbrison, Montluel, Monistrol, Meximieux, Nantua, Péage de Roussillon, Pont-de-Beauvoisin, Saint-Chamont, Saint-Etienne, Saint-Jean-le-Vieux, Saint-Marcellin, Saint-Rambert, Saint-Vallier, Romans, Tain, Seissel & Vienne, sera payé neuf sols pour la lettre simple, ci.................. 9

Dix sols pour la lettre avec enveloppe, seize sols pour la lettre double, & trente-six sols pour l'once des paquets.

XXIX.

De Paris à Agde, Aix, Alais, Anduze, Aubagne, Aubenas, Avignon, Aiguemortes, Antibes, Apt, Arles, Bagnols, Barjols, Beaucaire, Béziers, Boucairan, Briançon, Brignols, Cannes, Castellanne, Calvisson, Cette, Crest, Clermont-de-Lodève, Die, Dignes, Draguignan, Embrun, Forcalquier, Frontignan, Fréjus, Florac, Ganges, Gap, Genouillac, Gignac, Grasse, Grenoble, Hières, le Buis, Lambesc, la Ciotat, le Martigues, le Luc, Langogne, le Vigan, la Voûte, les Vans, Lodève, Loriol, Loupian, Lunel, Manosque, Mende, Marseille, Marvejols, Monaco, Montfrin, Montelimart, Montpellier, Mont-Dauphin, Narbonne, Nyons, Nîmes, Orange, Orgon, Ollioulle, Pezenas, Pertuis, Pierre-latte, Pompidou, Privas, Riez, Remoulin, Roquevaire, Saint-Ambroix, Saint-Esprit, Saint-Gilles, Saint-Hippolite, Saint-Jean-de-Gardoningue, Saint-Peray, Saint-Maximien, Salon, Sarragnac, Sauve, Sisteron, Sommières, Sumesne, Tarascon, Toulon, Valence, Vaureas, Vernoux, Villeneuve-d'Avignon, Villeneuve-de-Bergue, Villefort, Viviers, Uzès & Joyeuse, sera payé dix sols pour la lettre simple, ci........................ sols 10

Onze sols pour la lettre avec enveloppe, dixhuit sols pour la lettre double, & quarante sols pour l'once des paquets.

XXX.

De Paris à Genève, sera payé neuf sols pour la lettre simple, ci................. 9

Dix sols pour la lettre avec enveloppe, seize sols pour la lettre double, & trente-six sols pour l'once des paquets.

XXXI.

De Paris à Collioure, Montlouis, Perpignan & Villefranche-de-Conflans, sera payé douze sols pour la lettre simple, ci........ 12

Treize sols pour la lettre avec enveloppe, vingt-deux sols pour la lettre double, & quarante-huit sols pour l'once des paquets.

XXXII.

Et pour le retour desdites villes & lieux à Paris, sera payé les mêmes droits que dessus; à l'exception des lettres de Genève à Paris, pour lesquelles il sera payé quinze sols pour la lettre simple, seize sols pour la lettre avec enveloppe, vingt-huit sols pour la lettre double, & trois livres pour l'once des paquets.

Route de Toulouse & Haut-Languedoc.

XXXIII.

De Paris à Argenton, Arnac, Châteauroux, Levroux, Morterolle, Razes, Romorantin, Saint-Benoît-du-Sault, Salbris & Vastan, sera payé sept sols pour la lettre simple, ci...... 7

Huit sols pour la lettre avec enveloppe, douze sols pour la lettre double, & vingt-huit sols pour l'once des paquets.

X X X I V.

De Paris à Aurillac, Bellac, Bourganeuf, Brives, Castelnau-de-Monratier, Chabannois, Chalus, Confolans, le Blanc, le Dorat, Limoges, Montmorillon, Peyrac, Pierre-Buffière, Rochechouart, Saint-Junien, Saint-Léonard, Saint-Savin, Tulle, Souillac, Cressensac & Uzerches, sera payé huit sols pour la lettre simple, ci.................. sols 8

Neuf sols pour la lettre avec enveloppe, quatorze sols pour la lettre double, & trente-deux sols pour l'once des paquets.

X X X V.

De Paris à Alby, Auch, Auterives, Bagnères, Beaumont-de-Loumagne, Castelnau-de-Magnoac, Castelnaudary, Castel-Sarrasin, Castres, Cahors, Carcassonne, Espalion, Figeac, Foix, Fronton, Gaillac, Gimont, Grenade, Grizolles, Lavaur, Limoux, l'Isle-d'Alby, l'Isle-Jourdain, Lombès, Mazère, Mirande, Mirepoix, Milhaud, Montauban, Montignac, Montrejeau, Moissac, Pamiers, Puydarieux, Rabasteins, Saverdun, Rodès, Sainte-Affrique, Saint-Clar, Saint-Gaudens, Saint-Lis, Saint-Nicolas-de-la-Grave, Samatan, Sarlat, Terrasson, Tarascon en Foix, Tarbes, Toulouse, Villefranche-de-Lauraguais, Villefranche-de-Rouergue & Vabres, sera payé dix sols pour la lettre simple, ci.............. 10

Onze sols pour la lettre avec enveloppe, dix-huit sols pour la lettre double, & quarante sols pour l'once des paquets.

X X X V I.

Et pour le retour de toutes lesdites villes & lieux à Paris, sera payé les mêmess droits que ci-dessus

Route d'Orléans & Poitou.

X X X V I I.

De Paris à Arpajon, Bourg-la-Reine, Dourdan, Etampes, Etrechy, Linas & Lonjumeau, sera payé quatre sols pour la lettre simple, ci 4

Cinq sols pour la lettre avec enveloppe, sept sols pour la lettre double, & seize sols pour l'once des paquets.

X X X V I I I.

De Paris à Angerville, Artenay, Beaugency, Boyne, Boiscommun, Cléry, Ecure, Lailly, La Ferté-Lowendal, Langennerie, Meun, Monnerville, Orléans, Pithiviers, Saint-George & Thoury, sera payé six sols pour la lettre simple, ci.............................. 6

Sept sols pour la lettre avec enveloppe, dix sols pour la lettre double, & vingt-quatre sols pour l'once des paquets.

X X X I X.

De Paris à Amboise, Blois, Saint-Dié, Saint-Laurent-des-eaux & Saint-Aignan, sera payé sept sols pour la lettre simple, ci..... sols 7

Huit sols pour la lettre avec enveloppe, douze sols pour la lettre double, & vingt-huit sols pour l'once des paquets.

X L.

De Paris à Airvault, Argenton-le-Château, Bressuire, Chollet, Chinon, Champigny, la Châtaigneraye, la Flocellière, les Essarts, les Herbiers, les Ormes-Saint-Martin, les Roziers, l'Isle-Bouchard, Langeais, les Trois-Volets, Loudun, Mauleon, Mirebeau, Montaigu, Mortagne, Partenay, Poussauge, Rocheservière, Richelieu, Tiffauges, Tours, Touars, Vouzailles & Saumur, sera payé huit sols pour la lettre simple, ci.......... 8

Neuf sols pour la lettre avec enveloppe, quatorze sols pour la lettre double, & trente-deux sols pour l'once des paquets.

X L I.

De Paris à Beaulieu, Beauvoir, Chalans, la Motte-Achard, Legé, les Sables-d'Olonne, Palluau, Roche-sur-Yon, Saint-Gilles & Talmon, sera payé neuf sols pour la lettre simple, ci 9

Dix sols pour la lettre avec enveloppe, seize sols pour la lettre donble, & trente-six sols pour l'once de paquets.

X L I I.

Et pour le retour de toutes lesdites villet & lieux à Paris, sera payé les même droits que dessus.

Route de Bordeaux.

X L I I I.

De Paris à Châtellerault, Châtillon-sur-Indre, Chauvigny, Ligueil, la Haye, Loches, Montrichard & Preuilly, sera payé sept sols pour la lettre simple, ci......... 7

Huit sols pour la lettre avec enveloppe, douze sols pour la lettre double, & vingt-huit sols pour l'once des paquets.

X L I V.

De Paris à Aigre, Chaunay, Couhé, Courson, Fontenay-le-Comte, la Motte-Saint-Héraye, la Rochefoucault, Lusignan, Mauzé, Montbazon, Niort, Poitiers, Saint-

Maixant, Sainte-Maure, Sauzé, Vivonne & Villefaignan, fera payé huit fols pour la lettre fimple, ci...................... fols 8

Neuf fols pour la lettre avec enveloppe, quatorze fols pour la lettre double, & trente deux fols pour l'once des paquets

XLV.

De Paris à Angoulême, Aiguillon, Agen, Barbezieux, Blaye, Bordeaux, Bazas, Bergerac, Brouage, Bourdeilles, Château-neuf, Caftelnau-de-Médoc, Caftres-en-Guienne, Coignac, Cozés, Caftillac, Cafteljaloux, Caftillon, Cercles, Charente, Clérac, Coutras, Jonfac, la Grolle, Lefpar, la Rochelle, la Réolle, le Chalard, le Chalor, le Guécharoux, le Temple, Libourne, l'Ifle de Ré, l'ifle d'Oleron, la Flotte, la Linde, Lafpeyre, le Bugue, Montendre, Montlieu, Murence, Mirambeau, Montpont, Muffidan, Marennes, Marmande, Nérac, Pons, Pouillac, Preignac, Périgueux, Peyro-le-Nègre, Pontarnau, Port-Sainte-Marie, Riberac, Rochefort, Saint-Cybardeaux, Saint-Jean-d'Angely, Saint-Laurent-de-Médoc, Saint-Savinien, Saint-Yriex, Sainte-Foi, Sainte-Livrade, Saint-Macaire, Saint-Pardoux, Saint-Privaft, Soubife, Taillebourg, Tonnay-Boutonne, Thivier, Tonneins, Xaintes, fera payé dix fols pour la lettre fimple, ci........................ 10

Onze fols pour la lettre avec enveloppe, dix-huit fols pour la lettre double, & quarante fols pour l'once des paquets.

XLVI.

De Paris à Bayonne, Condom, Dax, Lectoure, Mont-de-Marfan, Oleron, Orthez, Pau, Saint-Sever; Saint-Jean-de-Luz, Tartas, Valence-d'Agenois & Villeneuve-d'Agenois, fera payé dix fols pour la lettre fimple, ci............................ 10

Onze fols pour la lettre avec enveloppe, dix-huit fols pour la lettre double, & quarante fols pour l'once des paquets.

XLVII.

Et pour le retour de toutes lefdites villes & lieux à Paris, fera payé les mêmes droits que deffus.

Routes de Chartes & Nantes.

XLVIII.

De Paris à Chartres, Chevreufe, Epernon, Maintenon, Rambouillet, Saint-Cloud, Sèves, Trapes & Verfailles, fera payé quatre fols pour la lettre fimple, ci......... 4

Cinq fols pour la lettre avec enveloppe, fept fols pour la lettre double, & feize fols pour l'once des paquets.

XLIX.

De Paris à Bonneftable, Bonneval, Courville, Champrond, Châteaudun, Conneré, la Ferté-Bernard, Illiers, Mondoubleau, la Ville-aux-Clercs, Nogent-le-Rotrou, Querhoent, Regmalard & Vendôme, fera payé fix fols pour la lettre fimple, ci......... fols 6

Sept fols pour la lettre avec enveloppe, dix fols pour la lettre double, & vingt-quatre fols pour l'once des paquets.

L.

De Paris à Beaufort, Beaugé, Château-du-Loir, Durtal, Foulletourte, la Flèche, le Lude, le Mans, Malicorne & Sablé, fera payé fept fols pour la lettre fimple, ci.. 7

Huit fols pour la lettre avec enveloppe, douze fols pour la lettre double, & vingt-huit fols pour l'once des paquets.

LI.

De Paris à Ancenis, Angers, Chantonnay, Derval, Ingrande, Luçon, Muzillac, Nantes, Nozay, Oudon, Paimbeuf, Pont-Château, Saint-Fulgent, Saint-Florent, Savenay, Thiré & Varades, fera payé huit fols pour la lettre fimple, ci................. 8

Neuf fols pour la lettre avec enveloppe, quatorze fols pour la lettre double, & trente-deux fols pour l'once des paquets.

LII.

De Paris à Bourgneuf-en-Retz, Cliffon, Machecoul, Pornic, Port Saint-Père & Saint-Pere-en-Retz, fera payé neuf fols pour la lettre fimple, ci......................... 9

Dix fols pour la lettre avec enveloppe, feize fols pour la lettre double, & trente-fix fols pour l'once des paquets.

LIII.

Et pour le retour defdites villes & lieux à Paris, fera payé les mêmes droits que deffus.

Haute & Baffe-Bretagne.

LIV.

De Paris à Brezolles, Châteauneuf-en-Thimeraye, Dreux, Houdan, la Queue, Montfort, Neaufle, Nonancourt, Tilliers & Vilpreux, fera payé quatre fols pour la lettre fimple, ci. 4

Cinq fols pour la lettre avec enveloppe,

sept sols pour la lettre double, & seize sols pour l'once des paquets.

L V.

De Paris à Alençon, Bellesme, l'Aigle, le Mesle, Logny, Mortagne, Mortrée, Séez, Saint-Maurice & Verneuil, sera payé six sols pour la lettre simple, ci.......... sols 6

Sept sols pour la lettre avec enveloppe, dix sols pour la lettre double, & vingt-quatre sols pour l'once des paquets.

L V I.

De Paris à Argentan, Domfront, Falaise, Frenay, le Ribay, Mayenne & Prés-en-Pail, sera payé sept sols pour la lettre simple, ci.. 7

Huit sols pour la lettre avec enveloppe, douze sols pour la lettre double, & vingt-huit sols pour l'once des paquets.

L V I I.

De Paris à Bain, Bescherel, Broon, Château-Briant, Château-Gontier, Château-Landrin, Combourg, Dinan, Dol, Evran, Fougères, Guerande, Hedé, Lamballe, Laval, la Roche-Bernard, Montauban, Plelan, Ploermel, Rennes, Redon, Saint-Malo & Vitré, sera payé huit sols pour la lettre simple, ci.............................. 8

Neuf sols pour la lettre avec enveloppe, quatorze sols pour la lettre double, & trente-deux sols pour l'once des paquets.

L V I I I.

De Paris à Auray, Brest, Carhaix, Guingamp, Hennebond, Landernau, l'Orient, Morlaix, Pontivy, port-Louis, Quimperlé, Quimper, Rosporden, Saint-Brieuc & Vannes, sera payé dix sols pour la lettre simple, ci................................. 10

Onze sols pour la lettre avec enveloppe, dix-huit sols pour la lettre double, & quarante sols pour l'once des paquets.

L I X.

Et pour le retour de toutes lesdites villes & lieux à Paris, sera payé les mêmes droits que dessus.

Haute & Basse-Normandie.

L X.

De Paris à Argenteuil, Bonnières, Bordeau-de-Vigny, Chatou, Chaumont en Vexin, Franconville, Gisors, le Tillé, Magny, Mantes, Meulan, Nanterre, Poissy, Pont de Neuilly, Pontoise, Saint-Denys, Saint-Germain-en-Laye, Triel & Vernon, sera payé quatre sols pour la lettre simple, ci... sols 4

Cinq sols pour la lettre avec enveloppe, sols pour la lettre double, & seize sols pour l'once des paquets.

L X I.

De Paris à Aumale, Beaumont-le-Roger, Bellemarre, Bernay, Bourg-Achart, Brionne, Broglie, Cany, Caudebec, Cizé, Elbeuf, Ecoüy, Evreux, Fauville, Gaillon, Harfleur, Honfleur, la Chaussée, la Rouge-maison, le Bolhard, le Boultroude, le Meillerault, le Neufbourg, le Sap, le Vaudreuil, Lillebonne, Lisieux, Montivilliers, Montreuil-Largile, Louviers, Neufchâtel, Noyers-Menars, Orbec, Pont-de-Larche, Ponteau-de-Mer, Rouen, Saint-Pierre-sur-Dives, Saint-Romain, Saint-Saen, Vallemont, Yerville, Yvetot, sera payé six sols pour la lettre simple, ci...... 6

Sept sols pour la lettre avec enveloppe, dix sols pour la lettre double, & vingt-quatre sols pour l'once des paquets.

L X I I.

De Paris à Caen, Dieppe, Dozulé, Eu, Fécamp, le Havre-de-Grace, Pont-Levêque, Saint-Valery en Caux & Trouard, sera payé sept sols pour la lettre simple, ci.......... 7

Huit sols pour la lettre avec enveloppe, douze sols pour la lettre double, & vingt-huit sols pour l'once des paquets.

L X I I I.

De Paris à Aunay, Avranches, Bayeux, Carentan, Condé-sur-Noireau, Coutances, Granville, Isigny, Mortain, Pontorson, Saint-Hilaire, Saint-James, Saint-Lo, Vallognes, Ville-Dieu & Vire, sera payé huit sols pour la lettre simple ci................ 8

Neuf sols pour la lettre avec enveloppe, quatorze sols pour la lettre double, & trente-deux sols pour l'once des paquets.

L X I V.

Et pour le retour de toutes lesdites villes & lieux à Paris, sera payé les mêmes droits que dessus.

Les armées.

L X V.

De Paris aux armées de Flandre, lorsqu'elles sont campées dans la Flandre françoise, sera payé huit sols pour la lettre simple, ci.. 8

Neuf sols pour la lettre avec enveloppe,

quatorze sols pour la lettre double, & trente-deux sols pour l'once des paquets

Et lorsqu'elles sont campées dans les Pays-Bas Autrichiens & au-delà, sera payé douze sols pour la lettre simple, ci............ sols 12

Treize sols pour la lettre avec enveloppe, vingt-deux sols pour la lettre double, & quarante-huit sols pour l'once des paquets.

LXVI.

De Paris aux armées d'Allemagne, lorsqu'elles seront en deçà du Rhin, sur les terres de la domination du Roi, sera payé dix sols pour la lettre simple, ci............ 10

Onze sols pour la lettre avec enveloppe, dix-huit sols pour la lettre double, & quarante sols pour l'once des paquets.

Et lorsqu'elles seront campées au-delà du Rhin ou en deça du Rhin, hors des terres de la domination du Roi, ou dans des pays nouvellement conquis, sera payé douze sols pour la lettre simple, ci............ 12

Treize sols pour la lettre avec enveloppe, vingt-deux sols pour la lettre double, & quarante-huit sols pour l'once des paquets.

LXVII.

De Paris aux armées de Piémont & d'Italie, au-delà du Var, sera payé douze sols pour la lettre simple, ci............ 12

Treize sols pour la lettre avec enveloppe, vingt-deux sols pour la lettre double, & quarante-huit sols pour l'once des paquets.

Et de Paris aux armées de Sevoie & d'Italie, en deçà du Var, sera payé dix sols pour la lettre simple, ci............ 10

Onze sols pour la lettre avec enveloppe, dix huit sols pour la lettre double, & quarante sols pour l'once des paquets.

LXVIII.

De Paris aux armées & garnisons françoises qui pourront être à Minorque & autres lieux de la domination d'Espagne, sera payé douze sols pour la lettre simple, ci......... 12

Treize sols pour la lettre avec enveloppe, vingt deux sols pour la lettre double, & quarante-huit sols pour l'once des paquets.

LXIX.

De Paris aux armées d'Angleterre, d'Ecosse, d'Irlande, ou de tout autre pays où sa majesté auroit des corps de troupes servis par des courriers ordinaires, sera payé douze sols pour la lettre simple, ci............ 12

Treize sols pour la lettre avec enveloppe, vingt-deux sols pour la lettre double, & quarante-huit sols pour l'once des paquets.

Et les lettres qui viendront par la voie des postes étrangères, seront taxées du port dû des pays d'où elles viendront.

LXX.

Et pour le retour desdites armées à Paris, sera payé les mêmes droits que dessus.

Communication des provinces les unes aux autres.

LXXI.

Pour la communication des villes & lieux des provinces les unes aux autres, la taxe en sera faite & payée suivant les distances ci-après, lesquelles distances seront comptés par le nombre des postes, & les routes que tiennent les courriers.

Savoir;

LXXII.

De vingt lieues & au-dessous, sera payé quatre sols pour la lettre simple, ci........ sols 4

Cinq sols pour la lettre avec enveloppe, sept sols pour la lettre double, & seize sols pour l'once des paquets.

LXXIII.

De vingt lieues jusqu'à quarante, sera payé six sols pour la lettre simple, ci........... 6

Sept sols pour la lettre avec enveloppe, dix sols pour la lettre double, & vingt-quatre sols pour l'once des paquets.

LXXIV.

De quarante lieues jusqu'à soixante, sera payé sept sols pour la lettre simple, ci..... 7

Huit sols pour la lettre avec enveloppe, douze sols pour la lettre double, & vingt-huit sols pour l'once des paquets.

LXXV.

De soixante lieues jusqu'à quatre-vingt, sera paye huit sols pour la lettre simple, ci.. 8

Neuf sols pour la lettre avec enveloppe, quatorze sols pour la lettre double, & trente-deux sols pour l'once des paquets.

LXXVI.

De quatre-vingt lieues jusqu'à cent, sera payé neuf sols pour la lettre simple, ci..... 9

Dix sols pour la lettre avec enveloppe,

feize fols pour la lettre double, & trente-fix fols pour l'once des paquets.

LXXVII.

De cent lieues jufqu'à cent vingt, fera payé dix fols pour la lettre fimple, ci..... fols 10

Onze fols pour la lettre avec enveloppe, dix-huit fols pour la lettre double, & quarante fols pour l'once des paquets.

LXXVIII.

De cent vingt lieues jufqu'à cent-cinquante, fera payé douze fols pour la lettre fimple, ci. 12

Treize fols pour la lettre avec enveloppe, ving-deux fols pour la lettre double, & quarante-huit fols pour l'once des paquets.

LXXIX.

De cent cinquante lieues jufqu'à deux cens & au-delà, fera payé quatorze fols pour la lettre fimple, ci...................... 14

Quinze fols pour la lettre avec enveloppe, vingt-fix fols pour la lettre double, & cinquante-fix fols pour l'once des paquets.

LXXX.

Les lettres & paquets de lettres des provinces, qui tomberont à Paris, pour être renvoyées en d'autres villes & lieux par delà Paris, feront taxées, tant du port jufqu'à Paris, que de celui de Paris au lieu de leur adreffe, fur le pied fixé par le préfent tarif; ce qui fera auffi exécuté pour les lettres & paquets de lettres qui pafferont par les villes de Nantes, Rennes, la Rochelle, Bordeaux, Toulouse, Narbonne, Montpellier, Nîmes, Bagnols, Valence, Avignon, Aix, Grenoble, Lyon, Dijon, Befançon, Rouen, Moulins, Limoges & Poitiers: lefquelles payeront auffi les deux ports, au lieu d'être affujetties au droit d'affranchiffement, qui aura lieu feulement pour les pays étrangers, conformément à l'arrêt du confeil du 25 octobre 1710.

LXXXI.

Et à l'égard des villes & lieux qui ne font pas dénommés au préfent tarif, le port en fera payé fur le pied des villes les plus prochaines.

Pays Etrangers.

LXXXII.

De Lyon à Rome, & de Rome à Lyon, fera payé quatorze fols pour la lettre fimple, ci.................................... 14

Quinze fols pour la lettre avec enveloppe, vingt-fix fols pour la lettre double, & cinquante-fix fols pour l'once des paquets.

LXXXIII.

De Gènes, Florence, Milan & autres villes d'Italie, à Lyon, fera payé quatorze fols pour la lettre fimple, ci............. fols 14

Quinze fols pour la lettre avec enveloppe, ving-fix fols pour la lettre double, & cinquante-fix fols pour l'once des paquets.

LXXXIV.

De Turin & autres villes de Piémont, à Lyon, fera payé douze fols pour la lettre fimple, ci.................................. 12

Treize fols pour la lettre avec enveloppe, vingt-deux fols pour la lettre double, & quarante-huit fols pour l'once des paquets.

LXXXV.

De Chambéry & autres villes de Savoie, à Lyon, fera payé fix fols pour la lettre fimple, ci.................................. 6

Sept fols pour la lettre avec enveloppe, dix fols pour la lettre double, & vingt-quatre fols pour l'once des paquets.

LXXXVI.

De Catalogne à Lyon & retour, fera payé feize fols pour la lettre fimple, ci......... 16

Dix-fept fols pour la lettre avec enveloppe, trente fols pour la lettre double, & trois livres quatre fols pour l'once des paquets.

LXXXVII.

De Lyon à Genève, fera payé quatre fols pour la lettre fimple, ci................ 4

Cinq fols pour la lettre avec enveloppe, fept fols pour la lettre double, & feize fols pour l'once des paquets

De Genève à Lyon, fera payé fept fols pour la lettre fimple, ci................ 7

Huit fols pour la lettre avec enveloppe, douze fols pour la lettre double, & vingt-huit fols pour l'once des paquets.

LXXXVIII.

De Rome, Gènes, Florence & autres villes d'Italie, à Aix, fera payé quatorze fols pour la lettre fimple, ci................ 14

Quinze fols pour la lettre avec enveloppe, vingt-fix fols pour la lettre double, & cinquan-fix fols pour l'once des paquets.

LXXXIX.

D'Angleterre à Paris, fera payé vingt fols pour la lettre fimple, ci................ 20

Vingt-un sols pour la lettre avec enveloppe, trente-huit sols pour la lettre double, & quatre livres pour l'once des paquets.

XC.

D'Angleterre à Rouen & Dieppe, sera payé vingt sols pour la lettre simple, ci. . . . . sols 20

Vingt-un sols pour la lettre avec enveloppe, trente huit sols pour la lettre double, & quatre livres pour l'once des paquets.

XCI.

D'Angleterre à Calais, sera payé dix sols pour la lettre simple, ci. 10

Onze sols pour la lettre avec enveloppe, dix-huit sols pour la lettre double, & quarante sols pour l'once des paquets.

XCII.

D'Anvers, Bruxelles, Gand, & de toutes les autres villes de la Flandre Autrichienne & du Brabant, à Paris, sera payé douze sols pour la lettre simple, ci. 12

Treize sols pour la lettre avec enveloppe, vingt-deux sols pour la lettre double, & quarante-huit sols pour l'once des paquets.

XCIII.

De Rureimonde & de la Gueldre Espagnole, à Paris, sera payé seize sols pour la lettre simple, ci. 16

Dix-sept sols pour la lettre avec enveloppe, trente sols pour la lettre double, & trois liv. quatre sols pour l'once des paquets.

XCIV.

De Maestricht, Aix-la-Chapelle, & Limbourg, à Paris, sera payé seize sols pour la lettre simple, ci. 16

Dix-sept sols pour la lettre avec enveloppe, trente sols pour la lettre double, & trois liv. quatre sols pour l'once des paquets.

XCV.

De Cologne, Julliers, Bonn & Coblentz, à Paris, sera payé vingt sols pour la lettre simple, ci. 20

Vingt-un sols pour la lettre avec enveloppe, trente-huit sols pour la lettre double, & quatre livres pour l'once des paquets.

XCVI.

De Liège, Huy & Dinant, à Paris, sera payé douze sols pour la lettre simple, ci. . . . 12

Treize sols pour la lettre avec enveloppe, vingt-deux sols pour la lettre double, & quarante-huit sols pour l'once des paquets.

XCVII.

Du duché de Luxembourg & du comté de Namur, à Paris, sera payé douze sols pour la lettre simple, ci. . . . . sols 12

Treize sols pour la lettre avec enveloppe, vingt-deux sols pour la lettre double, & quarante-huit sols pour l'once des paquets.

XCVIII.

De Hollande & Zélande à Paris, sera payé vingt sols pour la lettre simple, ci. 20

Vingt-un sols pour la lettre avec enveloppe, trente-huit sols pour la lettre double, & quatre livres pour l'once des paquets.

XCIX.

De Hollande & Zélande à Rouen, sera payé vingt sols pour la lettre simple, ci. 20

Vingt-un sols pour la lettre avec enveloppe, trente-huit sols pour la lettre double, & quatre livres pour l'once des paquets.

C.

De Hambourg, Lubeck, & de toutes les autres villes d'Allemagne, à Paris, sera payé vingt-quatre sols pour la lettre simple, ci. . . . 24

Vingt cinq sols pour la lettre avec enveloppe, quarante-six sols pour la lettre double, & quatre liv. seize sols pour l'once des paquets.

CI.

De Madrid à Paris, & de Cadix, Séville, Malaga, & autres villes d'Espagne, à Paris, sera payé vingt sols pour la lettre simple, ci. . 20

Vingt-un sols pour la lettre avec enveloppe, trente-huit sols pour la lettre double, & quatre livres pour l'once des paquets.

CII.

De Madrid, Cadix, Séville, Malaga, & autres villes d'Espagne, à Rouen, sera payé vingt-six sols pour la lettre simple, ci. 26

Vingt-sept sols pour la lettre avec enveloppe, cinquante sols pour la lettre double, & cinq livres quatre sols pour l'once des paquets.

CIII.

De Madrid, Cadix, Séville, Malaga, & autres villes d'Espagne, à Lyon, la Provence, Languedoc & Dauphiné, sera payé vingt sols pour la lettre simple, ci. 20

Vingt-un sols pour la lettre avec enveloppe,

trente-huit sols pour la lettre double, & quatre livres pour l'once des paquets.

C I V.

De Madrid, Cadix, Séville, Malaga, & autres villes d'Espagne, à Bordeaux, sera payé seize sols pour la lettre simple, ci........ sols 16

Dix-sept sols pour la lettre avec enveloppe, trente sols pour la lettre double, & trois liv. quatre sols pour l'once des paquets.

C V.

De Madrid à Bayonne, sera payé douze sols pour la lettre simple, ci.................. 12

Treize sols pour la lettre avec enveloppe, vingt-deux sols pour la lettre double, & quarante-huit sols pour l'once des paquets.

C V I.

De Bilbao, Saint-Sébastien, Pampelune, & autres villes de Navarre & de Biscaye, à Bayonne, sera payé dix sols pour la lettre simple, ci,............................ 10

Onze sols pour la lettre avec enveloppe, dix-huit sols pour la lettre double, & quarante sols pour l'once des paquets.

C V I I.

De Catalogne à Bordeaux, sera payé seize sols pour la lettre simple, ci.............. 16

Dix-sept sols pour la lettre avec enveloppe, trente sols pour la lettre double, & trois liv. quatre sols pour l'once des paquets.

C V I I I.

De Barcelone à Perpignan, sera payé huit sols pour la lettre simple, ci.............. 8

Neuf sols pour la lettre avec enveloppe, quatorze sols pour la lettre double, & trente-deux sols pour l'once des paquets.

C I X.

De Catalogne en Languedoc & Provence, sera payé seize sols pour la lettre simple, ci.. 16

Dix-sept sols pour la lettre avec enveloppe, trente sols pour la lettre double, & trois liv. quatre sols pour l'once des paquets.

C X.

De Madrid, Séville, Cadix, Malaga, & autres villes d'Espagne, à Nantes, sera payé vingt sols pour la lettre simple, ci......... 20

Vingt-un sols pour la lettre avec enveloppe, trente-huit sols pour la lettre double, & quatre livres pour l'once des paquets.

C X I.

De Madrid, Séville, Cadix, Malaga, & autres villes d'Espagne, à Genève, sera payé vingt-quatre sols pour la lettre simple, ci.... sols 24

Vingt-cinq sols pour la lettre avec enveloppe, quarante-six sols pour la lettre double, & quatre livres seize sols pour l'once des paquets.

C X I I.

De Madrid, Cadix, Séville, Malaga, & autres villes d'Espagne, à Rennes & toute la Bretagne, sera payé vingt-quatre sols pour la lettre simple, ci........................ 24

Vingt-cinq sols pour la lettre avec enveloppe, quarante-six sols pour la lettre double, & quatre livres seize sols pour l'once des paquets.

C X I I I.

De Madrid, Cadix, Séville, Malaga, & autres villes d'Espagne, à Lille en Flandre, sera payé vingt patards pour la lettre simple, ci patars 20

Vingt-un patars pour la lettre avec enveloppe, trente-huit patars pour la lettre double, & quatre-vingt patars pour l'once des paquets.

C X I V.

De Ruremonde & la Gueldre Espagnole, à Lille, sera payé huit patars pour la lettre simple, ci........................... 8

Neuf patars pour la lettre avec enveloppe, quatorze patars pour la lettre double, & trente-deux patars pour l'once des paquets.

C X V.

De Hambourg, Lubeck, & villes de la basse-Allemagne, à Lille, sera payé douze patars pour la lettre simple, ci............ 12

Treize patars pour la lettre avec enveloppe, vingt-deux patars pour la lettre double, & quarante-huit patars pour l'once des paquets.

C X V I.

D'Italie à Lille, par la voie d'Anvers, sera payé vingt-quatre patars pour la lettre simple, ci.................................... 24

Vingt-cinq patars pour la lettre avec enveloppe, quarante-six patars pour la lettre double, & quatre-vingt-seize patars pour l'once des paquets.

C X V I I.

De Cologne à Lille, sera payé dix patars pour la lettre simple, ci................. 10

Onze patars pour la lettre avec enveloppe, dix-huit patars pour la lettre double, & quarante patars pour l'once des paquets.

CXVIII.

CXVIII.

De Hollande & Zélande, à Lille, sera payé dix patars pour la lettre simple, ci......... patars 10

Onze patars pour la lettre avec enveloppe, dix-huit patars pour la lettre double, & quarante patars pour l'once des paquets.

CXIX.

D'Anvers & Gand, à Lille, sera payé quatre patars pour la lettre simple, ci......... 4

Cinq patars pour la lettre avec enveloppe, sept patars pour la lettre double, & seize patars pour l'once des paquets.

CXX.

D'Angleterre à Lille, sera payé dix patars pour la lettre simple, ci.................. 10

Onze patars pour la lettre avec enveloppe, dix huit patars pour la lettre double, & quarante patars pour l'once des paquets.

CXXI.

De Menin, Ypres, Tournay, à Lille, sera payé trois patars pour la lettre simple, ci... 3

Quatre patars pour la lettre avec enveloppe, cinq patars pour la lettre double, & douze patars pour l'once des paquets.

CXXII.

De Perpignan à Lyon, & de Lyon à Perpignan, sera payé dix sols pour la lettre simple, ci.................................. sols 10

Onze sols pour la lettre avec enveloppe, dix-huit sols pour la lettre double, & quarante sols pour l'once des paquets.

CXXIII.

D'Ostende & Nieuport, à Dunkerque, sera payé cinq sols pour la lettre simple, ci... 5

Six sols pour la lettre avec enveloppe, huit sols pour la lettre double, & vingt sols pour l'once des paquets.

CXXIV.

De Bruxelles, Mons, & autres villes des Pays-Bas Autrichiens, à Valenciennes, sera payé quatre patars pour la lettre simple, ci.... patars 4

Cinq patars pour la lettre avec enveloppe, sept patars pour la lettre double, & seize patars pour l'once des paquets.

CXXV.

De Liège à Sedan, sera payé six sols pour la lettre simple, ci......................... sols 6

Sept sols pour la lettre avec enveloppe, dix sols pour la lettre double, & vingt-quatre sols pour l'once des paquets.

CXXVI.

De Maestricht, Aix-la-Chapelle & Limbourg, à Sedan, sera payé huit sols pour la lettre simple, ci........................... sols 8

Neuf sols pour la lettre avec enveloppe, quatorze sols pour la lettre double, & trente-deux sols pour l'once des paquets.

CXXVII.

De Cologne, Mazeick, & autres villes de la basse Allemagne, à Sedan, sera payé douze sols pour la lettre simple, ci.............. 12

Treize sols pour la lettre avec enveloppe, vingt-deux sols pour la lettre double, & quarante-huit sols pour l'once des paquets.

CXXVIII.

Les lettres de Philisbourg, & autres villes du Palatinat, comme aussi de Stugard, Canstat, & autres villes & lieux en-deça de Canstat, pour les villes de Landau, Fort-Louis, Strasbourg, & autres villes d'Alsace, sera payé dix sols pour la lettre simple, ci...... 10

Onze sols pour la lettre avec enveloppe, dix-huit sols pour la lettre double, & quarante sols pour l'once des paquets.

CXXIX.

Les lettres de Francfort, Ausbourg, Nuremberg, Vienne, Prague, à Strasbourg, paieront douze sols pour la lettre simple, ci 12

Treize sols pour la lettre avec enveloppe, vingt-deux sols pour la lettre double, & quarante-huit sols pour l'once des paquets.

CXXX.

Les lettres de Dresde, Berlin, Hambourg, & autres villes de la basse Allemagne, à Strasbourg, paieront quatorze sols pour la lettre simple, ci.............................. 14

Quinze sols pour la lettre avec enveloppe, vingt-six sols pour la lettre double, & cinquante-six sols pour l'once des paquets.

Affranchissemens.

CXXXI.

Les lettres de Paris, & de toutes les autres villes du royaume, pour la Catalogne, seront affranchies jusqu'à Perpignan, sur le pied de douze sols pour la lettre simple, ci........ 12

Treize sols pour la lettre avec enveloppe,

vingt-deux sols pour la lettre double, & quarante-huit sols pour l'once des paquets.

Et celles de toutes les autres villes du royaume, à proportion de la distance des lieux, suivant la taxe établie par le présent tarif.

CXXXII.

Les lettres de Paris, & de toutes les autres villes du royaume, pour Berne, Fribourg, Neufchâtel & le Pays de Vaux, seront affranchies jusqu'à Pontarlier, sur le pied de dix sols pour la lettre simple, ci.......... sols 10

Onze sols pour la lettre avec enveloppe, dix-huit sols pour la lettre double, & quarante sols pour l'once des paquets.

Et celles de toutes les autres villes du royaume, à proportion de la distance, comme dessus.

CXXXIII.

Les lettres de Strasbourg, & autres villes d'Alsace, pour Francfort, Mayence, Heidelberg, Nuremberg, Ausbourg, l'Autriche, & autres villes & lieux de la haute Allemagne, seront affranchies jusqu'à Rheinhausen, sur le pied de huit sols pour la lettre simple, ci... 8

Neuf sols pour la lettre avec enveloppe, quatorze sols pour la lettre double, & trente-deux sols pour l'once des paquets.

CXXXIV.

Les lettres de Paris, & de toutes les autres villes du royaume, pour Francfort, Mayence, Heidelberg, Nuremberg, Ausbourg, l'Autriche, & autres villes & lieux de la haute Allemagne, seront affranchies dans les villes d'où elles partiront, jusqu'à Rheinhausen, sur le pied de seize sols pour la lettre simple, ci... 16

Dix-sept sols pour la lettre avec enveloppe, trente sols pour la lettre double, & trois liv. quatre sols pour l'once des paquets.

Et celles de toutes les autres villes du royaume, à proportion de la distance des lieux, suivant la taxe établie par le présent tarif.

CXXXV.

Les lettres de Paris, & de toutes les autres villes du royaume, pour la Savoie, seront affranchies jusqu'au Pont-de-Beauvoisin; savoir, celles de Paris, sur le pied de neuf sols pour la lettre simple, ci............... 9

Dix sols pour la lettre avec enveloppe, seize sols pour la lettre double, & trente-six sols pour l'once des paquets.

Celles de Lyon, pour la Savoie, quatre sols pour la lettre simple, ci................ 4

Cinq sols pour la lettre avec enveloppe, sept sols pour la lettre double, & seize sols pour l'once des paquets.

Et celles de toutes les autres villes du royaume, à proportion de la distance, comme dessus.

CXXXVI.

Les lettres de Paris, & de toutes les autres villes du royaume, pour Turin, Milan, Venise & route, seront payées sur le pied de seize sols pour la lettre simple, ci......... sol 16

Dix-sept sols pour la lettre avec enveloppe, trente sols pour la lettre double, & trois liv. quatre sols pour l'once des paquets.

De Paris à Gènes, Florence & route, vingt sols pour la lettre simple, ci............. 20

Vingt-un sols pour la lettre avec enveloppe, trente-huit sols pour la lettre double, & quatre livres pour l'once des paquets.

De Paris à Rome, sera payé vingt-deux sols pour la lettre simple, ci................. 22

Vingt-trois sols pour la lettre avec enveloppe, quarante-deux sols pour la lettre double, & quatre livres huit sols pour l'once des paquets.

De Lyon à Turin, Milan & Venise, sera payé douze sols pour la lettre simple, ci... 12

Treize sols pour la lettre avec enveloppe, vingt-deux sols pour la lettre double, & quarante-huit sols pour l'once des paquets.

De Lyon à Gènes, Florence, Rome & route, sera payé quatorze sols pour la lettre simple, ci.................................. 14

Quinze sols pour la lettre avec enveloppe, vingt-six sols pour la lettre double, & cinquante-six sols pour l'once des paquets.

Et celles de toutes les autres villes du royaume, à proportion de la distance, comme dessus.

CXXXVII.

Les lettres pour les troupes Françoises, servant en Italie, Savoie & Piémont, seront exemptes de l'affranchissement, & auront le passage libre, pour être payé sur les lieux suivant le présent tarif.

CXXXVIII.

Et à l'égard des villes & lieux des pays étrangers qui ne sont pas dénommés au présent tarif, le port en sera pareillement payé sur le pied des villes les plus prochaines.

CXXXIX.

Il sera payé cinq pour cent de la valeur des

espèces & matières d'or & d'argent, qui seront envoyées, de gré à gré, par la voie des postes.

CXL.

Lettres pour les colonies & possessions de la France au-delà des mers, & lettres venues par la voie de la mer.

Les lettres pour les colonies & possessions de la France au delà des mers, pourront être adressées aux administrateurs des postes, en affranchissant la lettre du port du lieu du départ jusqu'à Paris, & en payant dix sols en sus pour la lettre simple, pour tenir lieu d'affranchissement de Paris jusqu'au port d'où partira la lettre.

Les lettres revenues par mer, des Indes orientales, des isles Françoises, du Canada, & autres terres & lieux de la domination du roi hors de l'Europe, adressées aux ports & villes du débarquement, y seront distribuées par les commis du bureau des postes, & taxées,

Savoir;

Quatre sols la lettre simple; cinq sols la lettre double, ou avec enveloppe; six sols la demi-once; sept sols les trois quarts d'once, & huit sols l'once, & quatre sols seulement pour chaque once au-delà de la première.

Et celles qui auront une destination plus éloignée, seront en outre taxées du port dû depuis l'endroit du débarquement jusqu'au lieu de leur adresse.

Les lettres venues par mer des pays étrangers, ou des colonies appartenantes à des puissances étrangères, seront taxées du port dû desdits pays étrangers au lieu de leur adresse.

Poste intérieure de Paris.

	sols
Les lettres simples, billets & cartes, paieront deux sols, ci	2
L'once pour les paquets paiera trois sols, ci	3

Le port sera payé d'avance, sinon les lettres seront mises au rebut.

Fait & arrêté au conseil d'Etat du roi, tenu à Versailles le huitième jour de juillet mil sept cent cinquante-neuf.

Regiſtré en parlement, toutes les chambres assemblées, le 17 juillet 1759.

Ce tarif n'a éprouvé aucun changement depuis sa publication; & quoique tous les droits ayent subi un accroissement, par l'addition des six sols pour livre ajoutés, depuis 1759, aux quatre sols qui existoient alors, cet heureux & facile moyen n'a pas été appliqué à la taxe des lettres, quoiqu'on l'ait employé à l'égard de plusieurs autres droits portans sur des denrées de première nécessité, & d'une consommation journalière pour pour le peuple, comme le vin & les autres boissons.

Mais pour empêcher que l'abus de la franchise & du contre-seing des lettres ne nuisît au produit de la taxe des *lettres*, différens arrêts du conseil ont plusieurs fois réglé le droit & l'usage du contre-seing.

Le dernier, qui est du 30 décembre 1777, doit trouver place ici, comme établissant sur ce point la législation qui s'observe actuellement.

Le roi s'étant fait représenter les arrêts rendus en son conseil, au mois d'avril 1721, novembre 1727 & 1739, & en dernier lieu, au mois de janvier 1771, tous tendans à empêcher les abus que peuvent occasionner les franchises & le droit de contre-seing, que sa majesté est dans la nécessité d'accorder pour le bien de son service; & voulant y pourvoir d'une manière plus précise: oui, le rapport du sieur Moreau de Beaumont, conseiller d'état ordinarre, & au conseil royal des finances: Le roi étant en son conseil, a ordonné & ordonne ce qui suit:

Article premier.

Personne ne jouira de la franchise du port des *lettres* qui lui seront adressées par la poste, tant à Paris, que dans les provinces du royaume, s'il n'est compris dans l'état des franchises arrêtés par sa majesté, ou sur les ordrres qu'elle pourroit en donner, & seulement pour les *lettres* & paquets de papiers le concernant personnellement, ou le service dont il se trouvera chargé par la place qu'il remplit, à laquelle la franchise se trouvera attachée; à la charge par lui, de n'aider de son couvert aucune correspondance, autre que celles ci-dessus spécifiées, à peine de la privation de cette même franchise, suivant le compte qui en seroit rendu à sa majesté.

II.

Sa majesté autorise l'administration des postes, ses directeurs & préposés, à faire taxer, conformément à la déclaration du 8 juillet 1759, les *lettres* & paquets de papiers adressés aux personnes auxquelles elle aura bien voulu accorder la franchise de leurs correspondances, dans le cas où ils croiroient reconnoître quelques abus dans l'envoi desdites *lettres* & paquets de papiers; sauf auxdites personnes à faire ou faire faire l'ouverture desdites *lettres* & paquets, en présence des administrateurs des postes, leurs directeurs ou préposés, lesquels leur feront restituer le prix de la taxe, dans le cas où lesdites *lettres* ou paquets les concerneroient personnellement, ou le service dont elles se trouvent chargées.

III.

Dans le cas où il seroit adressé aux personnes jouissantes de la franchise de leurs *lettres* (sans leur aveu), sous leur adresse, des dépêches qui auroient donné lieu à la taxe ci-dessus, elles pourront se faire décharger du prix de la taxe qui y auroit été mise, en renvoyant lesdites *lettres*, avec les enveloppes sur lesquelles la taxe auroit été apposée, aux administrateurs des postes, leurs directeurs ou préposés, qui demeurent autorisés à en restituer le montant, & à faire taxer lesdites *lettres* & dépêches du même port, conformément au tarif de 1759.

IV.

Nul de ceux auxquels la franchise est accordée, ne jouira de la franchise des *lettres* & paquets venant des pays étrangers, ni même de Rome, Gènes & lieux où il pourroit y avoir bureau de postes françois, sa majesté n'exceptant de la taxe du port de ces sortes de *lettres*, que celles qui seront adressées aux personnes dénommées ci-après; savoir à M. le chancelier, ou garde des sceaux, aux secrétaires d'état, au chef du conseil royal, au contrôleur général ou directeur général des finances, au premier président, & au procureur général du parlement de Paris, au premier président & au procureur général de la chambre des comptes de Paris, & au lieutenant général de police, ainsi que celles adressées aux intendans & commissaires départis dans quelques-unes des généralités du royaume, qui, avoisinant les pays étrangers, exigent qu'ils jouissent de cette franchise, suivant l'état qui en sera aussi arrêté par sa majesté.

V.

Continueront les commandans généraux des provinces, de jouir, ou ceux qui commanderont en leur absence, de la franchise des *lettres* qui leur seront adressées, dans l'étendue de leur commandement seulement, ainsi qu'ils en ont joui jusqu'à présent, sur les états qui en seront arrêtés chaque année, par le secrétaire d'état, ayant le département de la guerre, & envoyés à l'administration des postes; à l'effet de quoi, les directeurs des postes tiendront, comme par le passé, des états particuliers qui seront certifiés tous les trois mois par les commandans généraux des provinces, lesquels états contiendront le détail, ordinaire par ordinaire, du montant de la taxe des *lettres* à eux remises franches de port pendant ledit tems; du montant total de laquelle taxe, l'administration générale des postes continuera d'être remboursée chaque année par les ordres du secrétaire d'état de la guerre.

Jouiront aussi, les commandans des ports & les intendans de la marine, à Brest, à Toulon & Rochefort, de la franchise des *lettres* qui leur seront adressées, ainsi qu'ils en jouissent actuellement, sur les états qui en seront arrêtés chaque année par le secrétaire d'État, ayant le département de la marine, & envoyés à l'administration générale des postes; à l'effet de quoi, les directeurs des bureaux des postes, tiendront pour cet objet, des états détaillés de la taxe desdites *lettres*, comme pour les commandans généraux des provinces, qui seront certifiés par lesdits commandans & intendans des ports, également tous les trois mois, & du montant desquels le remboursement sera fait aussi chaque année à l'administration des postes, par les ordres du secrétaire d'État de la marine.

VI.

Continueront les premiers présidens & procureurs généraux des parlemens des provinces, de jouir de la franchise du port des *lettres* & paquets qui leur seront adressés, de l'intérieur de leur ressort seulement, sans que cette franchise puisse s'étendre plus loin, & qu'ils puissent être dispensés d'acquitter les ports dûs pour les *lettres* & paquets qui leur viendront de l'extérieur de leurs ressorts respectifs.

VII.

Les intendans & commissaires départis dans les généralités, jouiront comme par le passé, de la franchise des *lettres* & paquets qui leur viendront de l'étendue du royaume : sa majesté leur permettant de continuer à aider de leur couvert la correspondance des officiers des maréchaussées; celle des trésoriers des troupes; des ingénieurs des ponts & chaussées; des directeurs, contrôleurs & employés aux vingtièmes; des commissaires inspecteurs ou sous-inspecteurs des haras, pour les objets relatifs à chacune de ces parties d'administration seulement.

Le principal commis ou secrétaire de chaque intendant jouira seulement de la franchise des *lettres* qui lui viendront de l'étendue de la généralité, & non d'ailleurs.

VIII.

Aucune personne ne pourra également jouir du droit de contre-signer & de rendre franches les *lettres* qu'elle écrira, que ceux auxquels sa majesté en aura accordé le droit, suivant l'état qu'elle en aura arrêté, ou sur des ordres qu'elle pourroit en donner, pour en user dans le lieu seulement où ils habiteront, & uniquement pour les *lettres* & paquets de papiers les concernant, ou le service de la place à laquelle le droit de contre-seing est attaché; bien entendu que les *lettres* & paquets seront contre-signés de la main même des personnes auxquelles le droit en est accordé, à l'exception néanmoins de celles qui sont forcées de confier leurs cachets à d'autres; lesquelles seront tenues d'envoyer à l'administration des postes, le nom de ceux auxquels ils auront cru devoir les remettre, & de lui en faire connoître l'écriture; en, par les dépositaires de cachet, adressant leurs dépêches réunies en un ou plusieurs paquets, aux préposés par l'administration des postes; sa majesté défendant à ladite administration d'exempter de la taxe aucunes *lettres* contre-signées, sans que lesdites dispositions aient été remplies; & qu'au moins le nom de la personne, ou le titre auquel le contre-seing est accordé, ne soit rempli de la main de ceux dont on aura fait connoître l'écriture.

IX.

Aucune des personnes auxquelles sa majesté accorde le droit de contre-seing, se trouvant hors du royaume, ne pourra par son contre-seing affranchir les *lettres* qu'elle écrira.

X.

Continueront les commandans généraux des provinces, ou leurs représentans en leur absence, dont l'état aura été envoyé à l'administration des postes, par le secrétaire d'État, ayant le département de la guerre, à affranchir, dans l'étendue de leur commandement seulement, leur correspondance, en la faisant contre-signer *Affaires du roi*, & cacheter de leurs armes, en, par eux se conformant aux conditions portées dans l'article VIII ci-dessus; lesquelles *lettres* & paquets continueront à être taxés suivant le tarif, au revers de leurs suscriptions; & les directeurs des bureaux des postes, tiendront des états du montant de ces taxes jour par jour, lesquels états seront visés ou certifiés tous les trois mois par les commandans généraux, pour le montant total en être ensuite remboursé à l'administration des postes chaque année, sur les ordres du secrétaire d'État de la guerre.

XI.

Les procureurs généraux des cours des parlemens des provinces, auront la faculté de pouvoir envoyer, par la voie des bureaux des postes, à leurs substituts seulement, dans l'étendue du ressort de chaque cour, les arrêts, édits & déclarations; lesquels paquets étant contre-signés de leurs noms, parviendront à leurs destinations sans aucune taxe.

XII.

Continueront les intendans des provinces, à contre-signer ou faire contre signer dans l'étendue de leurs généralités, les *lettres* & paquets qu'ils y adresseront à leurs subdélégués & aux commissaires des guerres; & pendant leur séjour à Paris, à leurs secrétaires, subdélégués & commissaires des guerres; dans lesquels paquets pourront être insérés les *lettres* & papiers qu'ils auroient à faire passer aux officiers des maréchaussées; aux trésoriers des troupes; aux ingénieurs des ponts & chaussées; aux directeurs, contrôleurs & employés aux vingtièmes, & aux commissaires inspecteurs & sous-inspecteurs des haras, pour les objets seulement relatifs à ces différentes parties d'administration.

XIII.

Personne n'étant admis à faire choix de ses *lettres*, & tout particulier devant être forcé à les prendre toutes, lorsqu'elles sont bien adressées, ou à n'en recevoir aucunes de subséquentes, jusqu'à ce que l'on ait acquitté le port de celles que l'on auroit précédemment refusées; le port des *lettres* qui, quoique contre-signées se trouveront avoir été taxées, sera acquitté par les personnes à qui elles seront adressées, sous les mêmes peines que celles ci-dessus; à moins qu'elles n'en demandent ou fassent demander l'ouverture en présence des administrateurs des postes, leurs directeurs ou préposés, pour que dans le cas où elles se trouveroient avoir été taxées mal-à-propos, la taxe puisse en être restituée. Veut sa majesté, que la retenue qui pourroit être en conséquence faite desdites *lettres* & paquets, soit aux risques de ceux qui auroient refusé d'en payer le port, & n'en auroient pas demandé l'ouverture, lesquels seront eux-mêmes responsables de la non-exécution des ordres du roi, si ces *lettres* ou paquets en contenoient.

XIV.

En cas de décès de quelqu'un de ceux compris dans l'état arrêté, il ne pourra lui être substitué qu'une seule & même personne; & dans le cas où le changement surviendroit par la cessation des fonctions comprises audit état, autres, toutefois que M. le chancelier, les ministres, secrétaires d'état, le chef du conseil royal, contrôleur général ou directeur général des finances, ne jouiront de la franchise que trois mois, & du contre-seing, qu'un mois après leur retraite. Fait au conseil d'État du roi, sa majesté y étant, tenu à Versailles, le 30 décembre 1777.

Voyez le mot POSTE, pour connoître la consistance de cette ferme & ses produits.

LEVAGE, s. m., par lequel on désigne un droit appellé aussi de petite coutume, & qui est une redevance féodale, fixée par l'usage, sur certaines denrées qui ont séjourné huit jours dans un fief. *Voyez* le *Dictionnaire de Jurisprudence*.

LEVANT. (commerce du) La méthode que

nous avons suivie en traitant du commerce de l'Inde & des isles & colonies Françoises, est encore celle qui s'applique naturellement au commerce du *Levant*. Mais avant d'entrer dans les détail du régime fiscal auquel il est soumis, tant pour les envois que pour les retours, il convient de donner un précis historique de ses commencemens, des sacrifices faits par le fisc pour le soutenir & l'encourager, de ses progrès, & de son état actuel.

Il y a lieu de présumer que l'origine du commerce au *Levant*, remonte à un tems très voisin de la fondation de Marseille, puisque l'histoire apprend, que cette ville célèbre étendit d'abord sa navigation sur toutes les côtes de la Méditerranée.

L'histoire des vicissitudes que ce commerce a éprouvées dans ces tems reculés, étant enveloppée de ténèbres, nous ne chercherons pas à les éclaircir. Cette tâche est trop étrangère à notre plan. Il suffit de nous arrêter à l'époque où il a commencé à se faire avec régularité.

On peut la placer au tems des croisades. Cette pieuse extravagance, qui saisit tous les esprits dans les onzième, douzième & treizième siècles, contribua, sans doute, beaucoup a étendre les relations de l'Europe dans l'Asie, & le commerce de la France ne put manquer d'en recevoir des accroissemens.

Ce qui est certain, c'est que, Jacques Cœur (*), négociant aussi fameux par ses richesses, que malheureux par les atrocités dont il fut la victime, avoit, en 1440, trois cens facteurs répandus en différens pays, & sur-tout en Italie, en Perse & en Turquie; contrées par lesquelles se faisoit alors tout le commerce des Indes orientales, dont Venise étoit l'entrepôt.

Les capitulations qui furent faites en 1535, entre François Premier & Soliman le canoniste, démontrent qu'il y avoit un commerce établi entre les deux empires; elles furent renouvellées en 1604 par Henri IV, augmentées en 1673, sous Louis XIV, & reçurent des additions considérables en 1740. *Voyez* ci-après, en quoi consistent ces capitulations ou traités, qui ne sont que des *Lettres* de privilèges, appellées en langue Turques, Diplome impérial.

On a dit à l'article du commerce de l'Inde, que dans la même année, une compagnie obtint le privilége exclusif du commerce du *Levant* & des Indes; mais la preuve qu'elle n'en fit pas usage, c'est que vingt deux ans apres, se forma la compagnie de Morbihan, dont le plan semble annoncer que le commerce du *Levant* étoit alors libre.

Cependant, il s'en falloit beaucoup qu'il fût florissant. Les consulats établis dans les échelles, étoient devenus des charges héréditaires, dont les titulaires avides vexoient les négocians par des contributions ou le monopole des commis qui les représentoient dans l'exercice de leurs places. Les guerres intestines qui désolèrent la France pendant quarante ans, & les désordres qui en furent la suite, l'énormité des impôts qui se levoient dans le port de Marseille; toutes ces causes s'opposoient au progrès de ce commerce, & l'avoient même fait passer entre les mains des étrangers, qui venoient prendre nos marchandises pour les porter en Asie.

Tel étoit l'état languissant du commerce du *Levant*, lorsque Colbert parvint au ministère, & ce grand homme en fut le restaurateur. Il appella d'abord les étrangers à Marseille, par un grand nombre de priviléges en faveur de ceux qui s'y fixeroient, & par la suppression d'une multitude de droits imposés par la jalousie nationale, pour écarter les étrangers de ce port, où cependant les capitaux & l'activité manquoient absolument.

Le port de Marseille fut affranchi de tous droits, par l'édit du mois de mars 1669; & pour mettre le commerce du *Levant*, dont le ministre vouloit rendre ce port le centre, à l'abri de la concurrence étrangère, & même de celle des autres ports du Royaume, un droit de vingt pour cent, fut imposé sur toutes les marchandises du *Levant* qui seroient apportées en France par des bâtimens étrangers & par des bâtimens françois qui n'arriveroient pas directement du *Levant* à Marseille.

Nous allons rapporter une partie de cet édit, pour faire juger des moyens qui furent employés dans la vue de ranimer le commerce du *Levant*, & de l'opinion que ce grand ministre s'étoit formée du commerce en général.

Louis par la grace de Dieu, roi de France & de Navarre, comte de Provence, Forcalquier & terres adjacentes: à tous présens & à venir, salut. Comme le commerce est le moyen le plus propre pour concilier les différentes nations, & entretenir les

(*) Ce respectable citoyen, après avoir fourni à Charles VII. des secours qui le mirent en état de chasser les Anglois de son royaume, fut faussement accusé d'avoir empoisonné Agnès Sorel, morte en 1449, & le roi eut l'ingratitude de le laisser bannir & priver de tous ses biens: il en accorda même une partie à Antoine de Chabannes & à d'autres courtisans, qui avoient été ses accusateurs & ses juges. Ce monument d'iniquité, de bassesse & d'avarice, est du 29 mai 1453. Mais il faut ajouter, pour la satisfaction des ames vertueuses, que l'innocence de ce généreux négociant fut reconnue; que ses biens furent rendus à ses enfans, dont un devint archevêque de Bourges, & qu'enfin Chabannes, son plus ardent calomniateur, fut déclaré coupable de lèze majesté & emprisonné, sous le règne suivant.

esprits posés dans une bonne & mutuelle correspondance; qu'il apporte & rapporte l'abondance par les voies les plus innocentes, rend les sujets heureux & les états plus florissans; aussi n'avons-nous rien omis de ce qui a dépendu de notre autorité & de nos soins, pour obliger not sujets, de s'y appliqur, & le porter jusqu'aux nations les plus éloignées, pour en recueillir le fruit, & en retirer les avantages qu'il amène avec soi, & y établir par-tout en même tems, aussi-bien en paix comme en guerre, la réputation du nom François. C'est encore pour l'exécution du même dessein, que nous avons donné beaucoup d'application à la construction de quantité de vaisseaux & de bâtimens propres pour le commerce; que nous avons fait visiter & rétablir les ports, excité nos sujets de se perfectionner à la navigation, convié les étrangers les plus expérimentés d'y concourir, par les graces que nous leur avons faites, & que même nous avons formé diverses compagnies puissantes, pour soutenir la dépense des entreprises nécessaires à cet effet. Et comme les rois nos prédécesseurs ont bien connu les avantages qui peuvent arriver à leurs Etats par la voie du commerce, & que l'un des principaux moyens pour l'attirer, est de rendre quelqu'un des premiers ports de notre royaume, libre & exempt de tous droits d'entrées & autres impositions, la ville de Marseille leur ayant semblé la plus propre pour y établir cette franchise, ils lui auroient accordé un affranchissement général de tous droits. Mais comme, par succession de tems, les meilleurs établissemens, & les plus profitables au public, dégénèrent & s'affoiblissent, aussi nous avons trouvé ladite ville autant surchargée de droits d'entrée & de sortie, qu'aucune autre de notre royaume, bien que les nôtres n'y fussent pas établis. Et l'application que nous avons donné au commerce, depuis que nous prenons nous-même le soin de nos affaires, nous ayant clairement fait connoître les avantages que notre royaume recevoit de la franchise de ladite ville, lorsqu'elle étoit observée, combien les étrangers ont profité de cette surcharge de droits établis de tems en tems, en attirant chez eux le commerce qui s'y faisoit; nous avons bien voulu, pour ajouter encore cette marque à tant d'autres que nous avons données à nos peuples, non-seulement en les soulageant sur toutes sortes d'impositions, mais encore en donnant nos soins, & employant même de notables sommes de deniers de notre trésor royal, pour le rétablissement des anciennes manufactures, l'établissement de nouvelles, & pour l'augmentation du commerce par mer & par terre, nous priver d'un revenu considérable que nous apportent lesdits droits, & même pourvoir au remboursement de ceux qui étoient aliénés, ou donnés depuis long-tems pour causes très-favorables, pour rétablir entièrement la franchise du port, & convier, par de si extraordinaires avantages, tant nos sujets que les étrangers, d'y continuer & d'en augmenter le commerce, & le porter dans son plus grand éclat. Nous aurions à cet effet, après de grandes & mûres délibérations de notre conseil sur cette affaire, & fait examiner les mémoires qui nous ont été présentés par les députés du commerce, résolu l'affranchissement général de tous vaisseaux & marchandises, en entrant & en sortant de ladite ville de Marseille, aux clauses & conditions portées par ces présentes. A ces causes, &c. nous avons déclaré & déclarons, le port & havre de notre ville de Marseille, franc & libre à tous marchands & négocians, & pour toutes sortes de marchandises, de quelque qualité & nature qu'elles puissent être.

Ce faisant, voulons & nous plaît, que les étrangers & autres personnes de toutes nations & qualités puissent y aborder, & entrer avec leurs vaisseaux, bâtimens & marchandises, les charger & décharger, y séjourner, magasiner, entreposer & en sortir par mer librement, quand bon leur semblera, sans qu'ils soient tenus de payer aucun droit d'entrée ni sortie par mer. Et, à cet effet, nous avons supprimé & supprimons les droits de demi pour cent, ci-devant levés pour la pension de notre ambassadeur à Constantinople, & pour les autres affaires du commerce. Autre droit de demi pour cent, aussi ci-devant levé pour le curage du port. Et avons pareillement supprimé & supprimons les droits appellés *la table de la mer*; ceux sur les drogueries & épiceries; celui de soixante sols pour quintal sur les aluns; les droits sur la millerolle de miel & huile; ceux appellés *le vingtain de carene*, & autres droits domaniaux, de quelque nature & qualité qu'ils puissent être. Avons pareillement supprimé le droit de cinquante sols pour tonneau établi sur les vaisseaux & bâtimens étrangers, & ce, à l'égard des marchandises du Ponant, & du crû du pays des marchands qui y aborderont seulement, la levée dudit droit de cinquante sols par tonneau de fret subsistant, au surplus sur les marchandises de *Levant*, Perse, Barbarie, Afrique & Italie.

Comme aussi nous avons supprimé les droits qui se lèvent au profit de ladite ville, appellés d'*encrage*, de *radoub*, & de *contre-carene*, & ceux qui se lèvent sur le poisson salé; auquel effet nous avons fait très-expresses inhibitions & défenses aux échevins de ladite ville, engagistes des droits, leurs fermiers, & tous autres, d'en continuer la levée & les percevoir, à peine de concussion, & d'être procédé extraordinairement contre les contrevenans; même au gouverneur du château d'If & isles de Marseille, de prendre ni percevoir aucuns droits d'ancrage, ni d'apporter aucun trouble ou empêchement aux quarantaines des bâtimens de mer, en gardant toutefois les sûretés & précautions nécessaires pour la santé desdites places, dont les ordres seront donnés par les officiers municipaux & intendans de la Santé de ladite ville de Marseille, jusqu'à ce qu'il ait été pourvu d'un réglement, si besoin est, à cet effet.

Comme aussi, en faveur du commerce, nous avons révoqué & révoquons le privilège des huilles & fanons de baleines, sardes, chiens, loups de mer & autres poissons; & avons levé & levons les défenses ci-devant faites, pour le transport & commerce de la poix noire, résine blanche & de Legarde. Faisons inhibitions & défenses à nos sujets & négocians, de payer aucune chose, soit en mer, soit en terre, pour raison des droits prétendus par les seigneurs des ports de Mourgues & de Villefranche, & à toutes personnes de les exiger ès ports de notre royaume: enjoignons aux lieutenans de l'amirauté d'informer des contraventions qui seront commises, & de punir les prévenus selon l'exigence du cas.

Et voulant d'autant plus favoriser le commerce, & le faciliter, voulons & nous plaît que, ci-après, le plomb, le fer, l'artillerie, les arquebuses, mousquets, & toutes sortes d'armes, tant à feu qu'autres, les harnois, la poudre, boulets à feux, & rouages de canon, le salpêtre, la mèche, les cotonines à faire des voiles, l'herbage, les ancres, farties, voiles, arbres, ou mâts & antennes, toutes sortes de planches & bois servant aux bâtimens de mer, les rames, la poix, toute sorte de cloux, le brai ou goudron, la poix-résine & le suif, soient censés & réputés pour les seules marchandises de contrebande, & dont le transport est défendu. Ordonnons qu'il en soit fait un nouveau tarif, dans lequel les marchandises ci-dessus spécifiées seulement, seront comprises comme de contrebande, à la différence de toutes les autres, dont le commerce & transport seront licites & permis, sans aucune autre distinction.

Et de la même grace & autorité que dessus, voulons & nous plaît, que les marchandises qui seront ci-après transportées par mer, de la ville de Marseille hors de notre royaume, soient & demeurent exemptes de tous droits, sans que les vaisseaux & bâtimens qui en sortiront, soient tenus de raisonner aux bureaux des foraines & douanes établis dans les ports. Et en cas que par violence du tems, par la crainte des corsaires ou autre nécessité, même en cas de naufrage, & pour réparer les vaisseaux, il y eût nécessité de mettre les marchandises à terre pour les changer de vaisseaux, lesdites marchandises seront exemptes de toutes sortes de droits; à condition toutefois que les commis de nos fermiers en seront avertis, pour tenir compte desdites marchandises mises à terre, lesquelles seront mises & déposées dans les magasins auxquels il y aura deux clefs. Et en cas qu'elles y demeurent plus de vingt-quatre heures, lesdits commis desdits fermiers auront une desdites clefs, & le maître du navire, l'autre; & seront tenus lesdits commis d'être présens aux chargemens qui se feront dans d'autres navires, le tout sans aucuns frais; lesquels chargemens lesdits marchands seront obligés de faire dans deux mois, pour toutes préfixions & délais.

Et pour convier les étrangers de fréquenter ledit port de Marseille, même de s'y venir établir, en les distinguant par des graces particulières, voulons & nous plaît, que lesdits marchands étrangers y puissent entrer par mer, charger & décharger & sortir leurs marchandises, sans payer aucuns droits, quelque séjour qu'ils ayent fait, & sans qu'ils soient sujets au droit d'aubaine, ni qu'ils puissent être traités comme étrangers en cas de décès, lequel arrivant, leurs enfans, héritiers ou ayans-cause, pourront recueillir leurs biens & successions, comme s'ils étoient vrais & naturels François; & même qu'en cas de rupture & de déclaration de guerre avec les couronnes & Etats dont ils seront sujets, ils soient & demeurent exempts du droit de représailles, & qu'ils puissent faire transporter leurs effets, biens & facultés en toute liberté hors notre royaume, pendant trois mois.

Voulons aussi que les étrangers qui prendront parti à Marseille, & épouseront une fille du lieu, ou qui acquerreront une maison dans l'enceinte du nouvel aggrandissement, du prix de dix mille livres & au-dessus, qu'ils auront habitée pendant trois années, ou qui en auront acquis une du prix de cinq jusqu'à dix mille livres, & qui l'auront habitée pendant cinq années, même ceux qui auront établi leur domicile, & fait un commerce assidu pendant le tems de douze années consécutives dans ladite ville de Marseille, quoiqu'ils n'y ayent acquis aucuns biens ni maisons, soient censés naturels François, réputés bourgeois d'icelle, & rendus participans de tous leurs droits, privilèges & exemptions, en rapportant par eux les certificats & attestations de ce que dessus, du lieutenant général de l'amirauté & des échevins de ladite ville; fors & excepté seulement pour raison des charges des échevins & autres municipales, à l'égard desquelles il en sera usé suivant les réglemens sur ce intervenus.

Voulons en outre, que, conformément aux anciens édits, toutes soies apportées par mer du crû d'Italie, du *Levant*, & pays de la domination du grand seigneur, roi de Perse & de l'Afrique, pour notre royaume, y soient apportées en droiture, & entrent par nos villes de Marseille & de Rouen. Et quant à celles voiturées par terre, du crû du Piémont, du duché de Milan, & autres villes & lieux d'Italie, qu'elles puissent être portées en droiture en notre ville de Lyon. Faisons très-expresses inhibitions & défenses, tant à nos sujets, qu'à tous étrangers négocians en France, de faire entrer dans notre royaume, soit par mer ou ou par terre, par autres villes & lieux que celles de Rouen, Marseille & Lyon, aucunes desdites marchandises, à peine de confiscation.

Et quant aux soies & autres marchandises venant du *Levant* & lieux ci-dessus, qui auront été entreposées à Gènes, Livourne, & autres villes & pays étrangers, soit en la mer Méditerranée, soit en la mer Océane, voulons & nous plaît qu'elles paient à l'entrée de notre royaume, vingt pour cent de leur valeur, suivant l'évaluation qui en sera faite, soit qu'elles appartiennent à nos sujets ou aux étrangers; &, à cet effet, les commis aux bureaux établis dans tous les lieux & entrées de notre royaume, par mer & par terre, seront chargés de la recette dudit droit, en sorte qu'il n'y ait que les seules marchandises portées à droiture du *Levant*, aux ports de Marseille & Rouen, qui soient exemptes de ladite imposition de vingt pour cent.

Et néanmoins pourront nos sujets porter leurs marchandises de *Levant*, en Italie & autres endroits, pourvu qu'ils y terminent & finissent leur voyage. Et seront tous les capitaines, patrons, écrivains des vaisseaux & bâtimens venant du *Levant*, soit qu'ils soient chargés pour le compte de nos sujets, ou pour celui des étrangers, tenus de faire enregistrer avant que de partir, en la chancellerie de la nation établie ès Echelles, d'où ils viendront, leur chargement, sans rien obmettre, même d'en rapporter les certificats en bonne & dûe forme, signés par les consuls françois établis esdites Echelles, lesquels contiendront la quantité des marchandises, les noms & surnoms des marchands à qui elles seront adressées; de la vérité desquelles attestations & déclarations, les consuls qui les auront signées demeureront responsables.

Et où il arriveroit qu'avant que d'aborder à notre royaume, les vaisseaux auroient touché à Livourne, Gènes & autres ports étrangers, par la violence du tems ou par la crainte des corsaires, les capitaines, patrons & écrivains desdits vaisseaux, seront pareillement tenus de rapporter des certificats en bonne & dûe forme, des consuls françois établis esdits lieux, portant qu'ils n'y auront déchargé aucunes marchandises; lesquels certificats ils seront tenus de délivrer à leur arrivée, avant que de décharger leurs vaisseaux, ensemble la portée & chargement de leurs bâtimens, sans aucune obmission ni déguisement, à peine de mille livres d'amende en leurs propres & privés noms.

Et où il se trouveroit qu'aucunes marchandises eussent été déchargées esdits pays étrangers, dans les ports desquels lesdits vaisseaux auroient relâché, & que la déclaration n'en auroit été faite par lesdits capitaines, patrons & écrivains, lesdits vaisseaux seront & demeureront confisqués à notre profit, & eux condamnés en trois mille livres d'amende. Et où ils déclareront avoir déchargé des marchandises ès lieux où ils auront abordé, ils seront tenus de payer le droit de vingt pour cent. N'entendons néanmoins exclure nos sujets du trafic qu'il leur est permis de faire en Italie & autres lieux, des marchandises du pays de la domination du grand-seigneur & du roi de Perse, lequel ils pourront continuer, suivant & conformément aux réglemens qui interviendront en exécution des présentes, ou qui seront faits par les échevins de la ville de Marseille & députés du commerce, en mettant en considération l'avantage qu'il rendra au commerce général, & à nos sujets en particulier, par la construction des navires & autres bâtimens de mer, & celui de les obliger de s'y appliquer.

Voulons & nous plaît, que toutes les marchandises du *Levant* appartenant à nos sujets, qui seront chargées & apportées sur des navires étrangers & autres que françois, soient tenus de payer le droit de vingt pour cent, & en tous autres cas ci-dessus non spécifiés & exprimés, pour lesquels l'exemption & affranchissement ont été par nous accordés.

Faisons, en outre, très-expresses inhibitions & défenses à tous gouverneurs, nos fermiers, échevins de ladite ville, & députés du commerce, de rien exiger des vaisseaux & barques dans le port de Marseille, sous quelque cause & prétexte que ce puisse être, à l'exception toutefois des deniers destinés pour la dépense des infirmeries, lorsqu'il échera de faire quarantaine, & de ce qui sera imposé pour l'acquittement des dettes contractées par les Echelles du *Levant*, sur toutes sortes de voiles, tant de nos sujets que des étrangers, qui apporteront dans notre royaume des marchandises du *Levant*, Perse, Barbarie & Afrique seulement.

Si donnons en mandement à nos amés & féaux conseillers, les gens tenans notre cour de parlement à Aix, &c. Donné à Paris, au mois de mars mil six cent soixante & neuf.

En exécution de cet édit, il fut expédié le même mois des lettres-patentes, pour faire des dispositions conformes à l'affranchissement de Marseille, & transférer à Toulon & ailleurs, les bureaux établis pour la perception des droits qui venoient d'être abolis.

Mais comme en accordant cette décharge, *portent ces lettres-patentes*, notre intention n'a pas été de faire préjudice à ceux des particuliers, dont la finance d'engagement de quelques droits, se trouve considérable: & voulant pourvoir à leur remboursement, & au paiement des dettes des Échelles établies dans les États du grand seigneur, pour le commerce de *Levant*, & soulager les négocians des droits qu'ils sont obligés de payer;

pour en acquitter les intérêts usuraires sur les lieux, & rendre en toute façon l'entière liberté au commerce. A ces causes, &c.; voulons & nous plaît, que le bureau ci-devant établi en ladite ville de Marseille, pour l'entrée des aluns en notre Royaume, soit transféré en nos villes d'Arles & de Toulon. Ordonnons que le droit de cinquante sols pour chacun tonneau de mer, qui se lève sur les vaisseaux étrangers, soit continué ès autres ports en la manière accoutumée, même en ladite ville de Marseille, suivant & conformément aux modifications & restrictions portées par le susdit édit du présent mois : & pour nous indemniser en quelque façon de l'entière suppression des droits qui se levoient à notre profit dans ladite ville de Marseille; nous avons ordonné & ordonnons, que les droits seigneuriaux des poids & casses de ladite ville, seront doublés sans distinction des personnes, à proportion de ce qui en étoit ci-devant payé.

Et d'autant que les intérêts usuraires qui se paiènt dans diverses Échelles du *Levant*, pour raison des dettes du commerce, montent à des sommes excessives, & que la réduction en pourroit être faite aux taux de nos ordonnances, si les échevins & députés du commerce de la ville de de Marseille, avoient la faculté d'emprunter les deniers nécessaires pour le remboursement du principal : & d'ailleurs, étant raisonnable de pourvoir à celui des engagistes du droit de la table de la mer, dont le commerce est tenu, & au paiement de la pension ordinaire de seize mille livres de notre ambassadeur à Constantinople, suivant la liquidation qui sera faite desdites dettes, par les commissaires qui seront par nous députés. Nous avons de la même autorité que dessus, permis & permettons aux échevins & députés du commerce de la ville de Marseille, d'emprunter sur le pied & taux ordinaire de la province, les sommes nécessaires pour acquitter lesdites dettes, & les intérêts; payer aux engagistes du droit de la table de la mer, la moitié du remboursement qui leur appartiendra, dont seulement ils demeureront chargés : nous réservant de pourvoir au remboursement de l'autre moitié, ainsi qu'il sera par nous avisé; ensemble les frais qu'il conviendra faire, pour les sûretés & envois desdits deniers, & pour le remboursement du principal & intérêts des sommes qui seront empruntées en vertu du pouvoir ci-dessus, jusqu'à ce qu'elles soient entièrement acquittées. Nous avons permis & permettons auxdits échevins & députés du commerce, de lever & prendre sur chacun vaisseau, barque, polacre & autres bâtimens, allant en chacune Échelle du *Levant*, soit que les vaisseaux ou marchandises dont ils seront chargés, appartiennent à nos sujets ou aux étrangers, négocians du *Levant* en France, & de France en *Levant*.

Savoir, deux mille piastres pour vaisseau,

Treize cens pour polacre,

Et mille pour barque, allant aux Échelles d'Alexandrie & Smyrne;

Et sur chacun des bâtimens allant aux Échelles de Seyde & Tripoli, seize cens piastres pour vaisseau,

Mille pour polacre,

Et huit cens pour chacune barque;

Et pour les bâtimens allant aux Échelles d'Alep, Chipre, Constantinople, Satalie, Escaleneufve & la Morée, huit cens piastres pour chacun vaisseau,

Cinq cens pour polacre,

Et quatre cens pour barque;

Et pour les bâtimens allant aux Échelles de Barbarie, comme Alger, Tunis, Tripoli, Bonne, la Calle, le Bastion, & autres Échelles des côtes, de la domination du grand seigneur en Afrique, quatre cens piastres pour vaisseau,

Deux cens cinquante piastres pour polacre,

Et deux cens pour barque;

L'imposition de toutes lesquelles sommes sera faite par le commissaire, qui à ce faire, sera par nous député, & icelles reçues par le trésorier du commerce, lors du départ ou à l'arrivée de chaque vaisseau, suivant & ainsi qu'il sera réglé par lesdits sieurs commissaires : & où les vaisseaux qui chargeront en *Levant*, ne viendront pas en droiture à Marseille, ils seront tenus de payer le cotimo aux Échelles où ils feront leurs chargemens, entre les mains des consuls & députés de la nation, résidens esdites Échelles, qui demeureront solidairement responsables du défaut de recouvrement dudit cotimo, & seront tous les susdits deniers payés & délivrés aux créanciers qui auront prêté lesdites sommes pour faire les susdits remboursemens, au jour & à mesure que la recette en sera faite, suivant & aux termes qui auront été stipulés par leurs contrats; de laquelle recette, paiement du principal & intérêts, sera compté pardevant le commissaire, qui sera par nous à ce député.

Et à l'égard de la pension de seize mille livres qui se paie à notre Ambassadeur à Constantinople, il y sera pourvu après le remboursement desdites dettes. Donné à Paris, au mois de mars 1669.

Les soins de M. Colbert, ne se bornerent pas encore à ces dispositions. Pour mieux assurer la prospérité du commerce du *Levant*, cet infatigable ministre engagea de riches particuliers à armer des vaisseaux de force, dans lesquels le gouvernement prit intérêt. En 1670, il forma une compagnie, à laquelle le roi avança, pendant deux ans, deux cent mille livres, sans intérêt, se chargeant même des pertes qu'elle pourroit essuyer pendant le même tems.

Les arrêts des 18 juillet 1670, & 10 septembre 1678, lui accordèrent ensuite une gratification de dix livres, par chaque pièce de drap transportée en Asie. Le droit exclusif de la vente du séné, pendant les vingt ans quelle devoit durer, sous la condition d'établir une rafinerie de sucre à Marseille, fut encore réuni à cette compagnie; & enfin, on y ajouta l'exemption de tous droits sur les marchandises nationales & étrangères qu'elle exporteroit, & sur celles de retour qu'elle tiendroit en magasin, pour être vendues dans l'intérieur du royaume, ou envoyer au-dehors; cette faveur fut la source du transit.

Il ne devoit s'étendre qu'aux marchandises du *Levant;* on l'appliqua à d'autres. Cet abus fut réformé par l'arrêt du 26 octobre 1680, qui restreignit le transit à quelques espèces, en imposant sur les autres, un droit de quarante-cinq sols par quintal.

Colbert étoit mort en 1683; les grandes vues qu'il avoit manifestées pour le commerce du *Levant*, n'animoient plus ses successeurs. L'esprit fiscal se mêloit à toutes les opérations, parce que les agens du fisc, uniquement occupés de leur intérêt & du tems de leur jouissance, s'inquiétoient peu de la prospérité de l'état, & si des sacrifices présens, étoient nécessaires pour préparer des succès à venir.

Le 9 mars 1688, un arrêt du conseil supprima tous les transits établis en 1664, & confirmés en 1687, par l'ordonnance des cinq grosses fermes, qui avoit été rédigée par les ordres de Colbert. Le transit dont jouissoit le commerce du *Levant*, subit le sort général, & on lui accorda seulement, par arrêt du 12 octobre 1688, l'exemption des droits de péage qui se levoient sur le Rhône, & le 2 décembre 1692, un autre arrêt, du conseil, rétablit en faveur du même commerce, le transit comme il avoit été réglé en 1680, en y ajoutant de nouvelles modifications & la condition pour les intéressés, de porter chaque année au *Levant*, deux mille pièces de drap de Languedoc.

Il paroît par le préambule de l'arrêt du 10 juillet 1703, que malgré l'affranchissement du port de Marseille, l'adjudicataire des fermes s'étoit prévalu de différens réglemens généraux, pour y porter atteinte. La requête présentée au conseil, par les maire, échevins & habitans de Marseille, rappellée dans cet arrêt, expose, que les dettes & les charges du commerce du *Levant* étant beaucoup diminuées depuis 1669, les échevins & députés avoient d'eux-mêmes réduit à moitié, les les droits qu'ils étoient autorisés à lever sur tous les bâtimens allant au *Levant*, & dans les Etats du grand seigneur; ce qui avoit contribué à rendre la ville de Marseille très-florissante; mais que le premier réglement qui avoit diminué sa franchise, étoit l'arrêt du conseil du 15 janvier 1671, imposant des droits sur le tabac à l'entrée de Marseille, avec l'établissement d'un entrepôt pour le tabac, dont il seroit fait commerce dans les pays étrangers.

Qu'ensuite, par un arrêt du conseil du 25 avril 1690, les sucres & cassonades du Brésil, & autres pays étrangers, entrant dans le royaume par mer & par terre, avoient été imposés à des droits considérables, perceptibles même dans le port de Marseille, avec l'établissement d'un entrepôt pour les sucres & cassonades destinés au commerce étranger; entrepôt fermé à deux clefs, dont l'une étoit remise entre les mains du commis du fermier; & l'autre, dans celles du préposé des marchands.

Qu'en 1691, l'arrêt du conseil du 10 février, défendant de faire entrer dans le royaume aucunes toiles de coton blanches, bleues, & mousselines des Indes, à peine de confiscation & de trois mille livres d'amende; on avoit voulu étendre cette prohibition jusqu'aux toiles de coton venant du *Levant*, & qu'on avoit sur cela fait beaucoup de peine aux négocians de Marseille.

Que par un arrêt du conseil du 4 octobre 1691, les droits d'entrée des morues sèches de pêche étrangère, avoient été augmentés jusqu'à quatre livres du cent pésant, & qu'il avoit eu son exécution à Marseille, comme aux autres entrées du royaume.

Que la même année un autre arrêt du conseil, du 11 décembre, avoit imposé un droit de vingt livres sur chaque cent pésant de coton filé, & qu'on avoit fait lever ce droit aux bureaux des environs de Marseille; ce qui avoit causé une diminution de plus de la moitié du commerce que cette ville faisoit de cette marchandise.

Que par autre arrêt du conseil, du 12 mai 1693, qui supprime la ferme du café, du chocolat & autres denrées; il avoit été ordonné que le café ne pourroit entrer dans le port de Marseille, qu'en payant dix sols par chaque livre pesant, avec l'établissement d'un entrepôt pour les cafés destinés à passer à l'étranger, comme pour les sucres & cassonades; ensorte que tous ces réglemens qui sembloient n'avoir été faits que pour favoriser le commerce du royaume, avoient produit à Marseille un effet tout contraire;

Que depuis les difficultés auxquelles l'exécution de ces réglemens avoit donné lieu dans Marseille, les étrangers qui y avoient pris des habitudes, & qui y abordoient en plus grand nombre, pour prendre avec les marchandises du *Levant*, dont ils avoient besoin, des quantités très-considérables de marchandises du crû & des fabriques du royaume, alloient faire commerce à Gènes & à Livourne, qui étoient devenues les places les plus fréquentées & les plus considérables de l'Europe, pour le commerce du *Levant.*

Que le transit général qui avoit été accordé aux marchandises de retour du *Levant*, avoit reçu des restrictions & des réductions;

Que les fermiers de sa majesté avoient prétendu être en droit de faire exécuter à Marseille, le tarif de 1667, & celui de 1699, qui est particulier aux Hollandois, & tous les arrêts postérieurement rendus, dont on n'avoit jamais eu connoissance à Marseille, & qui n'y avoient jamais été exécutés.

Que cette nouveauté avoit achevé de détourner le peu de commerce que les étrangers faisoient à Marseille.

Thomas Templier, alors adjudicataire général des fermes, à qui la requête des maire, échevins & habitans de Marseille fut communiquée, y répondit, en concluant à ce qu'il plût à sa majesté ordonner que les réglemens ci-devant rappellés & jugés nécessaires pour le commerce, seroient exécutés à Marseille, comme dans les autres ports du royaume, & que la régie des fermes établie dans cette ville pour l'exécution de ces réglemens, y seroit continuée.

Mais ces conclusions ne furent pas suivies; le roi en son conseil, ordonna que les exemptions, priviléges & franchises accordés en faveur du commerce du *Levant*, & portés par l'édit de 1669, auroient leur pleine & entière exécution; ce faisant, que toutes sortes de marchandises venant du *Levant*, pays de la domination du grand-seigneur, du roi de Perse, de Barbarie, & autres pays étrangers, (excepté celles ci-après marquées), pourroient entrer librement dans le port & dans la ville de Marseille par mer, & en sortir de même, sans payer aucuns droits: à la charge par les capitaines, maîtres de navires, & patrons de barques & autres bâtimens de mer, de fournir dans les vingt-quatre heures de leur arrivée, & avant le déchargement, au bureau du poids & casse, un manifeste exact de toutes les marchandises, arrivant par mer dans ladite ville & port de Marseille; & de donner pareillement par lesdits capitaines, maîtres de navires, & patrons de barques & autres bâtimens de mer, audit bureau du poids & casse, avant le départ desdits vaisseaux & bâtimens, une déclaration par manifeste, des marchandises qu'ils chargeroient pour sortir par mer de ladite ville & port de Marseille; lesdits manifestes contenant la quantité, le poids & la qualité des marchandises, la marque & le numéro des balles, & le nom du marchand de Marseille, à qui les marchandises y arrivant seroient adressées; lesdites déclarations données à la sortie, contenant pareillement la quantité, le poids & la qualité des marchandises, la marque & le numéro des balles; le nom du marchand pour le compte de qui les marchandises seroient chargées, & le lieu & la destination, en payant seulement audit bureau du poids & casse, cinq sols pour l'enregistrement de chaque manifeste ou déclaration des vaisseaux & gros bâtimens de mer, entrant ou sortant du port de Marseille; & sans payer aucuns droits pour les barques & autres petits bâtimens. Ordonna sa majesté, que les draps, étoffes & bas de laine de manufacture étrangère, les étoffes des Indes de toutes sortes, même celles d'écorces d'arbre, les toiles peintes des Indes, les morues sèches de la pêche des étrangers, & les cuirs tanés venant de *Levant* ou d'ailleurs, ne pourroient entrer dans ladite ville & port de Marseille, ni en être fait commerce par les marchands & négocians de ladite ville, à peine de confiscation des marchandises, & de trois mille livres d'amende. Permit néanmoins sa majesté, l'entrée, le commerce & l'usage dans ladite ville, port & territoire de Marseille, des toiles blanches, peintes, teintes, ou à carreaux, venant à droiture de *Levant.* Ordonna que les droits portés par le tarif de la douane de Lyon pour l'entrée, par le tarif de la foraine, pour la sortie, & par les autres tarifs, arrêts & réglemens, seroient levés & perçus, seulement au bureau de Septeme, & aux autres bureaux des environs du territoire de Marseille, ainsi qu'aux autres bureaux des fermes, établis dans les autres villes & lieux de la Provence; & qu'à cet effet, les bureaux des fermes de sa majesté seroient levés & ôtés de ladite ville, port & territoire de Marseille, & transportés aux extrémités & hors ledit territoire, pour la régie des fermes y être faite, suivant & conformément aux ordonnances & réglemens; à l'exception néanmoins du bureau des chairs & poissons salés, dépendant de la ferme des gabelles; du bureau du poids & casse; de celui de la ferme du domaine d'occident; & de celui de la ferme du tabac, dont la régie continueroit d'être faite dans ladite ville, port & territoire de Marseille, suivant les usages, ordonnances & réglemens. Ordonna, pareillement, sa majesté, que les réglemens faits pour la fixation d'entrée de diverses marchandises par certains ports, ou pour la prohibition d'entrée d'autres marchandises, seroient exécutés seulement aux bureaux des confins du territoire de Marseille. Que les commis des fermes ne pourroient faire des visites dans les maisons de la ville, port & territoire de Marseille, qu'en présence & assistés d'un officier de l'hôtel-de-ville ou de police, par lequel les procès-verbaux de visite & de saisie, s'il en étoit fait quelqu'une, seroient signés, & que l'entrepôt établi dans la ville de Marseille pour la ferme du tabac, seroit continué suivant l'usage, jusqu'à ce qu'autrement il en fût ordonné.

A l'égard des marchandises venant du *Levant*, comprises & spécifiées dans l'état arrêté en son conseil, & étant ensuite du présent arrêt, qui arriveroient & seroient déchargées dans les autres ports du royaume, sans être accompagnées d'un certificat des échevins & députés du commerce à Marseille, pour assurer que lesdites marchandises auroient été prises à Marseille, il fut dit qu'elles paieroient vingt pour cent de la valeur, outre & pardessus les droits d'entrée ordinaires. Comme aussi, que les marchandises entrant par le Pont-de-Beauvoisin, ou venant à Marseille, après avoir été entreposées en Italie ou ailleurs, paieroient à l'entrée de ladite ville de Marseille, ou au bureau du Pont-de-Beauvoisin, ledit droit de vingt pour cent, & que la chambre de commerce de Marseille pourroit commettre, à ses frais, des receveurs pour la perception dudit droit de vingt pour cent, au profit de ladite chambre de commerce, dans le port de Marseille, & au bureau du Pont-de-Beauvoisin, & des contrôleurs dans les autres ports du royaume, pour tenir registre des marchandises de *Levant* qui y seroient apportées directement sans avoir été prises à Marseille, ou qui seroient amenées dans les ports, après avoir été entreposées dans les pays étrangers; pour lesquelles marchandises, dans lesdits cas, le droit de vingt pour cent de la valeur seroit payé outre les droits d'entrée ordinaires. Fait au conseil d'Etat du roi, tenu à Versailles le dix juillet mil sept cent trois.

L'année suivante il s'éleva des plaintes de la ville de Lyon, contre les effets du transit accordé aux marchandises du *Levant*. On reprochoit à la compagnie qui en jouissoit, d'en abuser, en l'appliquant à des marchandises originaires de Provence & de Languedoc, & de n'avoir porté en trois ans au *Levant*, que trois cens pièces de draps, quoiqu'elle fût obligée d'y en envoyer deux mille.

Au reste, sans se jetter dans le détail des griefs allégués par la ville de Lyon, sur le préjudice qu'elle recevoit du transit accordé aux marchandises du *Levant*, il suffit de dire que l'arrêt du 15 octobre 1704, concilia l'intérêt du commerce de cette ville, que sa situation rend l'entrepôt naturel des marchandises du *Levant* & du Sud, pour le Couchant & le Nord, en révoquant le privilège exclusif du transit, & faisant participer les négocians de Lyon à la faculté d'expédier les marchandises venues de Marseille dans cette dernière ville, avec la même modération de droits attachée à leur envoi direct de ce port; mais le même arrêt conserve à ce port seul, la liberté d'expédier en pays étranger les cafés & les tabacs du *Levant*, en payant seulement, pour tous droits, trois livres du quintal poids de marc, & les faisant accompagner d'acquits à caution.

Il ne s'écoula pas quinze mois, qu'un nouveau réglement parut nécessaire pour fixer la perception du droit de vingt pour cent sur les marchandises du *Levant* qui étoient dans le cas de la subir, & ce fut l'objet de l'arrêt du conseil du 16 janvier 1706. Les motifs de l'augmentation de valeur donnée à ces marchandises par cet arrêt, furent, que l'évaluation portée par le réglement de 1703, étoit trop foible, & que le droit ne s'élevoit qu'à dix ou douze pour cent; en conséquence, un nouveau tarif régla le prix des marchandises, & la quotité du droit qui en résultoit.

Cet état des choses éprouva quelque changement en 1720, tems où la peste qui désoloit Marseille, fit ouvrir les ports de Toulon & de Cette aux navires de retour du *Levant*; mais l'année suivante ce commerce reprit son cours ordinaire, & fut de nouveau concentré à Marseille.

On a dit ci-devant, que les capitulations passées entre divers rois de France & les empereurs Turcs, furent renouvellées & augmentées en 1740.

C'est ici le lieu de faire connoître en quoi elles consistent, relativement au commerce & aux privilèges de la nation Françoise, dont elles sont la base.

Par-tout c'est l'empereur sultan Mahmoud qui parle.

ARTICLE II.

Le privilège d'acheter des lins & des cuirs, dont la sortie étoit défendue du tems de nos magnifiques aïeux, est confirmé comme par le passé.

III.

Comme par ci-devant, les marchands & autres François n'ont point payé de droits sur les piastres qu'ils ont apportées, de leur pays dans nos Etats, on n'en exigera pas non plus présentement.

VIII.

Les marchandises qui, sous le bon plaisir de l'empereur de France, seront apportées de ses Etats dans les nôtres, par les marchands, de même que celles qu'ils emporteront, seront estimées au même prix qu'elles l'ont été anciennement pour l'exaction des droits de douane, lesquels se percevront de la même façon, sans qu'il soit fait aucune augmentation sur l'estime des marchandises.

IX.

On n'exigera la douane, que des marchandises débarquées pour être vendues, & non de celles qu'on voudra transporter dans d'autres Echelles, à quoi il ne sera mis aucun empêchement.

X.

On n'exigera d'eux, ni le nouvel impôt de

Kassabié, ni *Rest*, ni *Badj*, ni *Yassak*, *Kouly*, & pas plus de trois cens aspres pour le droit de bon voyage, dit *Selametlik resmy*.

XII.

Nos augustes aïeux, de glorieuse mémoire, ayant accordé aux François, des commandemens pour pêcher du corail & du poisson dans le golfe d'Usturgha dépendant d'Alger & de Tunis; nous leur permettons pareillement de pêcher du corail & du poisson dans lesdits endroits, suivant l'ancienne coutume, & on ne les laissera inquiéter par personne à ce sujet.

XIX.

Comme les François qui commercent en tout tems avec leurs biens, effets & navires, dans les Echelles & dans les ports de nos Etats, y vont & viennent sur la bonne-foi & sur l'assurance de la paix; lorsque leurs bâtimens seront exposés aux accidens de la mer, & qu'ils auront besoin de secours, nous ordonnons que nos vaisseaux de guerre & autres qui se trouveront à portée, aient à leur donner toute l'assistance nécessaire, & que les commandans, chefs, capitaines ou lieutenans, ne manquent pas envers eux aux moindres égards, donnant tous leurs soins & leur attention à leur faire fournir, pour leur argent, les provisions dont ils auront besoin. Et si, par la violence du vent, la mer jettoit à terre leurs bâtimens, les gouverneurs, juges & autres, les secourront, & tous les effets & marchandises sauvés du naufrage, leur seront restitués sans difficulté.

XXI.

On ne pourra forcer les marchands François à prendre, contre leur gré, certaines marchandises, & ils ne seront point inquiétés à cet égard.

XXII.

Si quelque François se trouve endetté, on attaquera le débiteur, & l'on ne pourra rechercher ni prendre à partie aucun autre, à moins qu'il ne soit sa caution.

Si un François vient à mourir, ses biens & effets, sans que personne puisse s'y ingérer, seront remis à ses exécuteurs testamentaires; & s'il meurt sans testament, ses biens seront donnés à ses compatriotes, par l'entremise de leur consul, sans que les officiers du fisc & du droit d'aubaine, comme *Beitulmaldgy* & *Cassam*, puissent les inquiéter.

XXVII.

Il étoit d'un usage ancien que les bâtimens françois qui partoient de Constantinople, après y avoir été visités, l'étoient encore aux châteaux des Dardanelles, après quoi on leur permettoit de partir: on a introduit depuis, contre l'ancienne coutume, une autre visite à Gallipoli; dorénavant, conformément à l'ancien usage, ils poursuivront leur route après qu'on les aura visités aux Dardanelles.

XXVIII.

Quand nos vaisseaux, nos galères & nos armées navales se rencontreront en mer avec les vaisseaux françois, ils ne feront aucun mal ni dommage; mais, au contraire, ils se donneront réciproquement toutes sortes de témoignages d'amitié: & si de leur plein gré ils ne font aucun présent, on ne les inquiétera point, & on ne leur prendra par force, ni agrêts, ni hardes, *ni jeunes garçons*, ni aucune autre chose qui leur appartienne.

XXXVII.

Quoique les marchands françois aient de tout tems payé cinq pour cent de douane sur les marchandises qu'ils apportoient dans nos Etats, & qu'ils en emportoient, comme ils ont prié de réduire ce droit à trois pour cent, en considération de l'ancienne amitié qu'ils ont avec notre sublime Porte, & de le faire insérer dans ces nouvelles capitulations, nous aurions agréé leur demande, & nous ordonnons qu'en conformité, on ne puisse exiger d'eux plus de trois pour cent; & lorsqu'ils paieront leur douane, on la recevra en monnoie courante dans nos Etats, pour la même valeur qu'elle est reçue au trésor inépuisable, sans pouvoir être inquiétés sur la plus ou la moins-value d'icelle.

XXXVIII.

Les Portugais, Siciliens, Catalans, Messinois, Anconois, & autres nations ennemies, qui n'ont ni ambassadeurs, ni consuls, ni agens à ma sublime Porte, & qui de leur plein gré, comme ils faisoient anciennement, viendront dans nos Etats sous la bannière de l'empereur de France, paieront la douane comme les François, sans que personne puisse les inquiéter, pourvu qu'ils se tiennent dans les bornes de leur état, & qu'ils ne commettent rien de contraire à la paix & à la bonne intelligence.

XXXIX.

Les François paieront le droit de *mézeterie* sur le pied que le paient les marchands anglois; & les receveurs de ce droit, qui seront à Constantinople & à Galata, ne pourront les molester pour en exiger davantage. Et si les receveurs de la douane, pour augmenter leurs droits, veulent estimer les marchandises à plus haut prix, ils ne pourront refuser de la même marchandise au lieu d'argent: & quand ils auront été payés de la douane sur les soies & les indiennes, ils ne pourront l'exiger une seconde fois; & lorsque les douaniers auront reçu leur douane, ils en donneront l'acquit, & n'empêcheront point les François de porter leurs marchandises dans une autre Echelle, où l'on ne pourra non plus les inquiéter pour la prétention d'une seconde douane.

L V.

La cour de France étant depuis un tems immémorial en amitié & en bonne intelligence avec ma sublime Porte, & le très-magnifique empereur de France, de même que sa cour, ayant particulièrement donné ses soins dans les traités de paix qui sont survenus depuis peu, il a paru que quelque faveur, dans certaines affaires de convenances, étoit un moyen de fortifier l'amitié, & un sujet d'en multiplier de plus en plus les témoignages, c'est pourquoi nous voulons que dorénavant les marchandises qui seront embarquées dans les ports de France, & qui viendront à notre capitale, chargées sur des bâtimens véritablement françois, avec manifeste & pavillon de France, de même que celles qui seront chargées dans notre capitale sur des bâtimens véritablement françois, pour être portées en France, après qu'elles auront payé le droit de douane & celui de bon voyage, dit *selametlik-resmy*, conformément aux capitulations antérieures, lorsque les François négocieront ces sortes de marchandises avec quelqu'un, l'on ne puisse exiger d'eux, sous quelque prétexte que ce soit, le droit de *mézeterie*, dont l'exemption leur est pleinement accordée, pour l'article de la *mézeterie* tant seulement.

L V I.

Comme il a été accordé aux marchands françois, & aux dépendans de la France, de ne payer que trois pour cent de douane, sur les marchandises qu'ils apporteront de leur propre pays, dans les Etats de notre domination, non plus que sur celles qu'il emportent d'ici dans leur pays; quoique dans les précédentes capitulations on n'ait compris que les cotons en laine, cotons filés, maroquins, cires, cuirs & soieries, nous voulons qu'indépendamment de ces marchandises, ils puissent, en payant la douane suivant les capitulations impériales, charger sans opposition, toutes celles qu'ils ont coutume de charger pour leur pays, & qui, pour cet effet, sont spécifiées dans le tarif bullé du douanier, à l'exception toutefois de celles qui sont prohibées.

L V I I.

Les marchands françois, après avoir payé la douane aux douaniers, à raison de trois pour cent, conformément aux capitulations; & après en avoir pris, suivant l'usage, l'acquit dit *édates-keressy*, lorsqu'ils le produiront, il y sera fait honneur, & l'on ne pourra leur demander une seconde douane. Et attendu qu'il nous auroit été représenté que certains douaniers, portés par leur esprit d'avidité, n'exigent en apparence que trois pour cent, tandis qu'ils en perçoivent réellement davantage, & que par la différence qui existe dans l'appréciation des marchandises, il se trouve que sur les diverses qualités de drap, insérées dans le tarif de la douane de Constantinople, de même que dans les tarifs de quelques Echelles, & notamment dans celle d'Alep, la douane excède les trois pour cent: pour faire cesser toute discussion à cet égard, il sera permis de redresser les tarifs, de façon que la douane des draps que l'on apportera à l'avenir, ne puisse excéder les trois pour cent, conformément aux capitulations impériales; & lorsqu'ils voudront vendre les marchandises qu'ils auront apportées, à tels de nos sujets & marchands de notre empire qu'ils jugeront à propos, personne autre ne pourra les inquiéter ni quereller, sous prétexte de vouloir les acheter de préférence.

L V I I I.

Lorsque les *fess* ou bonnets que les négocians françois apportent de France ou de Tunis, arrivent à Smirne, le douanier de la douane des fruits de Smirne, forme toujours des contestations à ce sujet, prétendant que c'est lui qui est l'exacteur de la douane des *fess*: étant donc nécessaire de mettre cet article dans une bonne forme, nous voulons qu'à l'avenir ledit douanier ne puisse exiger la douane des *fess* que les négocians françois apporteront, lorsqu'ils ne se vendront pas à Smirne; & en cas qu'ils s'y vendissent, le droit de douane sur ces bonnets sera, selon l'usage, exigé par ledit douanier: & s'ils viennent à Constantinople, le droit de douane en sera payé, selon l'usage, au grand douanier.

L I X.

Si les marchands françois veulent porter, en tems de paix, des marchandises non prohibées, des Etats de mon empire, par terre ou par mer, de même que par les rivières du Danube & du Tanaïs, dans les Etats de Moscovie, Russie, & autres pays, & en apporter dans mes Etats; dès qu'ils auront payé la douane & les autres droits, quels qu'ils soient, comme le paient les autres nations franques lorsqu'ils feront ce commerce, il ne leur sera fait sans raison, aucune opposition.

L X.

Ayant été représenté que certains envieux & vindicatifs, voulant molester les négocians françois, contre les capitulations, & ne pouvant pas exécuter leur dessein, ils attaquent de tems en tems, sans raison, & inquiètent leurs censaux, pour troubler le commerce desdits négocians, nous voulons qu'à l'avenir les censaux, qui vont & viennent parmi les marchands, pour les affaires desdits négocians, ne soient inquiétés en aucune façon, & de quelque nation que soient les censaux dont ils se servent, on ne puisse leur faire violence ni les empêcher de servir. Si certains de la nation juive & autres, prétendent d'hériter de l'emploi de censal, les marchands françois se serviront de telles personnes qu'ils voudront; & lorsque ceux qui se trouveront à leur service seront chassés, ou viendront à mourir, on ne pourra rien exiger ni prétendre de ceux qui leur succéderont, sous prétexte d'un droit de retenue, nommé *ghédik*, ou d'une portion dans les censeries, & l'on châtiera ceux qui agiront contre la teneur de cette disposition.

LXII.

Comme l'empire Ottoman abonde en fruits, il pourra venir de France, une fois l'année, dans les années d'abondance des fruits secs, deux ou trois bâtimens, pour acheter & charger de ces fruits, comme figues, raisins secs, noisettes, & autres fruits semblables quelconques; & après que la douane en aura été payée, conformément aux capitulations impériales, on ne mettra aucune opposition au chargement ni à l'exportation de cette marchandise.

Il sera aussi permis aux bâtimens françois d'acheter & de charger du sel dans l'isle de Chypre, & dans les autres Échelles de notre empire, de la même manière que les musulmans y en prennent, sans que nos commandans, gouverneurs, cadis & autres officiers, puissent les en empêcher, voulant qu'ils soient protégés, conformément à mes anciennes capitulations, à présent renouvellées.

LXIII.

Les marchands françois & autres, dépendans de la France, pourront voyager avec les passeports qu'ils auront pris, sur les attestations des ambassadeurs ou des consuls de France; & pour leur sûreté & commodité, ils pourront s'habiller suivant l'usage du pays, & faire leurs affaires dans mes Etats, sans que ces sortes de voyageurs, se tenant dans les bornes de leur devoir, puissent être inquiétés pour le tribut nommé *kharatch*, ni pour aucun autre impôt; & lorsque, conformément aux capitulations impériales, ils auront des effets sujets à la douane, après en avoir payé le droit, suivant l'usage, les pacha, cadi, & autres officiers, ne s'opposeront point à leur passage; & de la façon ci-dessus mentionnée, il leur sera fourni des passeports, en conformité des attestations dont ils seront munis, leur accordant toute l'assistance possible par rapport à leur sûreté.

LXIV.

Les négocians françois & les protégés de France, ne paieront ni droit ni douane sur les monnoies d'or & d'argent qu'ils apporteront dans nos Etats, de même que pour celles qu'ils emporteront; & on ne les forcera point de convertir leurs monnoies en monnoie de mon empire.

LXVII.

Les François qui sont établis dans mes Etats, soit mariés, soit non mariés, quels qu'ils soient, ne seront point inquiétés par la demande du tribu nommé *kharatch*.

LXXIV.

Dans toutes les échelles, ports & côtes de mon empire, lorsque les capitaines ou patrons des bâtimens françois, auront besoin de faire calfater, donner le suif & radouber leurs bâtimens; les commandans n'empêcheront point qu'il leur soit fourni pour leur argent, la quantité de suif, goudron, poix & ouvriers qui leur seront nécessaires; & s'il arrive que par quelque malheur un bâtiment françois vienne à manquer d'agrès, il sera permis, seulement pour ce bâtiment, d'acheter mâts, ancres, voiles & matériaux pour les mâts, sans que pour ces articles il soit exigé aucune donative; & lorsque les bâtimens françois se trouveront dans quelque échelle, les fermiers, *musselem* & autres officiers, de même que les *kharatchi*, ne pourront les retenir, sous prétexte de vouloir exiger le *kharatch* de leurs passagers, qu'il leur sera libre de conduire à leur destination; & s'il se trouve dans le bâtiment, des *rayas* sujets au *kharatch*, ils le paieront audit lieu, ainsi qu'il est de droit, afin qu'à cette occasion il ne soit point fait de tort au fisc.

LXXVII.

Si par un malheur, quelques bâtimens françois venoient à échouer sur les côtes de notre empire, il leur sera donné toutes sortes de secours pour le recouvrement de leurs effets; & si le bâtiment naufragé peut être réparé, ou que la marchandise sauvée soit chargée sur un autre bâtiment, pour être transportée au lieu de sa destination, pourvu que ces marchandises ne soient pas négociées sur les lieux, on ne pourra exiger sur lesdites marchandises ni douane, ni aucun autre droit.

LXXXIV.

L'ambassadeur, les consuls & les drogmans de France, ainsi que les négocians & artisans qui en dépendent; plus, les capitaines des bâtimens françois & leurs gens de mer, enfin leurs religieux & leurs évêques, tant qu'ils seront dans les bornes de leur état, & qu'ils s'abstiendront de toutes démarches qui pourroient porter atteinte aux devoirs de l'amitié & aux droits de la sincérité, jouiront dorénavant de ces anciens & nouveaux articles ci-présentement stipulés, lesquels seront exécutés en faveur des quatre états ci-dessus mentionnés; & si l'on venoit à produire même quelque commandement d'une date antérieure ou postérieure, contraire à la teneur de ces articles, il restera sans exécution, &

& sera supprimé & biffé, conformément aux capitulations impériales.

LXXXV.

Ma généreuse & sublime Porte ayant à présent renouvellé la paix ci-devant conclue avec les François, & pour donner de plus des témoignages d'une sincère amitié, y ayant à cet effet ajouté & fortifié certains articles convenables & nécessaires, il sera expédié des commandemens rigoureux à tous les commandans & officiers des principales échelles, & autres endroits où besoin sera, aux fins qu'à l'avenir il soit fait honneur aux articles de ma capitulation impériale, & qu'on ait à s'abstenir de toute démarche contraire à son contenu, & il sera permis d'en faire l'enregistrement dans les *mahkemé* ou tribunaux publics. Conséquemment, tant que de la part de sa majesté le très-magnifique empereur de France & de ses successeurs, il sera constamment donné des témoignages de sincérité & de bonne amitié envers notre glorieux empire le siége du califat: Pareillement de la part de notre majesté impériale, je m'engage sous notre auguste serment le plus sacré & le plus inviolable, soit pour notre sacrée personne impériale, soit pour nos augustes successeurs, de même que pour nos suprêmes visirs, nos honorés pachas, & généralement tous nos illustres serviteurs qui ont l'honneur & le bonheur d'être dans mon esclavage, que jamais il ne sera rien permis de contraire aux présens articles: Et afin que de part & d'autre on soit toujours attentif à fortifier & cimenter les fondemens de la sincère amitié & de la bonne correspondance réciproque, nous voulons que ces gracieuses capitulations impériales soient exécutées selon leur noble teneur. Ecrit le quatre de la lune de Rebiulewel, l'an. de l'égire onze cent cinquante-trois.

Dans la résidence impériale de Constantinople la bien gardée.

L'affranchissement absolu accordé aux laines, chanvres, cotons, & poils de chèvre & de chameau, en 1749, donna lieu à l'arrêt du 22 décembre 1750, pour expliquer que, quoique les matières dénommées ci-dessus fussent exemptes de tous droits à l'entrée du royaume, elles n'en demeuroient pas moins sujettes au droit de vingt pour cent, lorsqu'elles étoient originaires du Levant; & dans le cas où elles avoient été entreposées en pays étranger, ou apportées directement sans avoir passé à Marseille, au même arrêt fut joint un nouvel état d'évaluation des marchandises du Levant, pour servir de base à la perception du droit de vingt pour cent, & c'est cet état qui est encore d'usage.

Considérons maintenant ce commerce dans ses exportations & dans ses retours.

Les marchandises prises dans le royaume pour être portées dans *Levant*, ne jouissent d'aucune autre immunité que de celle qui est attachée à leur espèce en passant en pays étranger. Ainsi, tous les objets des fabriques nationales qui sont affranchis généralement des droits de sortie avec cette destination, n'en doivent point lorsqu'ils sont expédiés pour Marseille, qui, à cet égard, est assimilé à l'étranger.

Mais afin de maintenir, à ce que l'on prétend, la fabrication des draps envoyés au *Levant* dans le degré de perfection convenable, & vérifier s'ils ont les qualités requises à leur arrivée à Marseille, ils sont portés dans un bureau, composé de deux membres de la chambre de commerce & d'un inspecteur, qui examinent chaque pièce de drap. Ils condamnent au rebut & font renvoyer aux fabriques celles qu'ils jugent défectueuses & non propres à la consommation du *Levant*. Cette précaution, qui paroît au premier coup-d'œil utile, pour conserver aux draps françois la préférence sur les draps des autres nations, est une gêne, dont M. de Forbonnois a exposé tous les inconvéniens, dans un petit ouvrage, publié en 1755, sous le titre de *Questions sur le commerce des François au Levant*, in-12. Il a aussi examiné si ce commerce ainsi concentré à Marseille, pouvoit faire tous les progrès dont il seroit susceptible, en y associant quelques ports de l'Océan; & son opinion est pour la négative. Il observe que des vaisseaux sortis de nos ports en Bretagne ou en Normandie, y rapporteroient les matières propres aux manufactures, & les ingrédiens nécessaires pour les teintures; en sorte qu'on pourroit y fabriquer & y teindre à meilleur marché; que la marine de Marseille étant trop foible pour suffire aux diverses navigations qu'elle a entreprises, comme de faire le commerce exclusif du *Levant*, celui de l'Amérique, le cabotage de l'Italie, de l'Espagne, de Portugal, & de nos côtes du Ponant, pour y porter les productions du midi; il en résulte que tout ce qu'elle ne remplit pas de ces objets est abandonné aux Italiens, aux Catalans & aux Hollandois, dont le fret est à beaucoup meilleur marché. Au reste, on peut consulter cet ouvrage, qui d'ailleurs appartient bien plus au dictionnaire du commerce qu'à celui des finances.

Nous ajouterons seulement que, comme le bon marché est, dans tous les cas & dans tous les pays, le maître du commerce, peut-être cette inspection des draps pour le *Levant*, ne sert-elle qu'à écarter ceux qui, par leur infériorité de prix & de qualités, pourroient convenir à un plus grand nombre d'acheteurs. On a la preuve que Marseille envoie dans les Echelles du *Levant* trois fois plus de café de l'Amérique, qu'elle n'en reçoit de l'Arabie, par la raison que ce dernier est plus cher de trois cinquièmes dans ces Echelles, & que le peuple aime le bon marché, sans égard pour les qualités. Ce fait est tiré de l'*Histoire du Commerce de l'Amérique par Marseille*, tom. I, pag. 286, *in-4°*.

A l'égard des marchandises rapportées du *Levant*, on peut en voir l'énumération dans l'arrêt du conseil du 22 décembre 1750, qui, comme nous l'avons dit précédemment, en fixe la valeur, pour asseoir la quotité du droit de vingt pour cent sur chaque espèce de marchandise.

Le produit de ce droit, perçu à Marseille & au Pont-de-Beauvoisin seulement, appartient à la chambre du commerce de Marseille; & dans ces deux cas, la perception s'en fait au poids de table net, poids qui est d'usage à Marseille, & plus foible de deux onces par livre que le poids de marc. Il lui a été concédé, à la charge de subvenir à l'entretien des consuls dans les Echelles du *Levant* & de Barbarie, & de payer les appointemens de l'embassadeur de France à Constantinople.

Mais si des marchandises du *Levant*, ou de la même espèce que celles qui en proviennent, sont importées dans le royaume par d'autres endroits que le Pont-de-Beauvoisin, sans être accompagnées de certificats en bonne forme, des échevins & députés de la chambre de commerce de Marseille, portant qu'elles y ont été chargées, elles deviennent sujettes au droit de vingt pour cent, sur une estimation faite au poids de marc brut, y compris l'emballage; & dans ce cas, le produit de ce droit est au profit de la ferme générale.

Il n'est qu'une seule exception à cette règle, c'est que des marchandises du *Levant*, qui de Dunkerque passent à l'étranger, en empruntant les terres de France, ne doivent pas le droit de vingt pour cent, mais seulement celui de transit, qui est de cinq pour cent de leur valeur, suivant la décision du conseil du 9 juillet 1731.

Mais les marchandises du *Levant* expédiées à Marseille pour le pays étranger, jouissent, comme on l'a dit, d'un transit à travers le royaume, sinon franc, du moins exempt de plusieurs droits; tels que ceux de table de mer, de deux pour cent d'Arles, & de tous les droits de péages qui se lèvent sur le Rhône.

Quoique l'arrêt de 1704, qui est le titre de cette faveur, ne fasse pas expressément mention de l'affranchissement des droits de sortie du tarif de 1664, qui sont dans le cas d'être perçus, lorsque les marchandises du *Levant* sont portées à Genève, puisqu'elles empruntent le passage sur le territoire des cinq grosses fermes en Bugey; il est évident, par l'examen des motifs qu'il énonce, & des vues qui ont dicté ses dispositions, qu'il n'est dû d'autres droits que ceux de douane de Valence & de douane de Lyon. Aussi les droits de sortie des cinq grosses fermes ne sont pas exigés; & ce transit, dans cet état, a été approuvé par le conseil le 20 juin 1761, & étendu à différens bureaux du Dauphiné & de Franche-Comté.

Cette décision du conseil permit même que toutes les marchandises provenant du commerce du *Levant*, pussent passer en transit en Alsace, comme dans le pays étranger; à l'exception seulement des cafés & des cuirs tanés ou apprêtés. Ces deux dernières peuvent cependant emprunter le passage par l'Alsace pour passer en pays étranger, en les faisant accompagner d'acquits à caution, qui doivent être visés à Strasbourg par le directeur des fermes chargé d'indiquer le bureau de la province par lequel les marchandises doivent sortir, & où il en est délivré certificat dans la forme ordinaire.

Le commerce du *Levant* reçut encore de nouvelles faveurs du gouvernement en 1767 & 1769.

Un arrêt du conseil du 25 mai, en confirmant la permission accordée aux capitaines, maîtres & patrons des navires, aux subrécargues ou passagers sur ces bâtimens, de porter des pacotilles dans tous les lieux du *Levant*, ordonna que la vente des marchandises dont elles seroient composées, ne pourroit être faite que par un négociant de l'Echelle où ils aborderoient, & que ces pacotilles, tant d'envoi que de retour, acquitteroient, à Marseille, comme dans les Echelles, toutes les charges ordinaires du commerce du *Levant*.

L'arrêt du conseil du 15 mai 1769, déclara affranchis de tous droits généralement quelconques, les cotons en laine, les poils de chèvre & les poils de chameau, provenant du commerce direct du *Levant* à Marseille, sous la condition de sortir du royaume par les bureaux désignés dans cet arrêt, au nombre de dix: en Dauphiné, Bugey, Franche Comté, Champagne & Alsace; & en remplissant les formalités attachées aux acquits à caution, dont les marchandises devront être accompagnées. En même tems les dispositions de l'arrêt du conseil du 15 octobre 1704, furent confirmées à l'égard des autres espèces de marchandises.

Plus récemment encore, le ministère s'est occupé de tout ce qui concernoit le commerce du *Levant*, & de le soumettre à une police nouvelle. Une ordonnance du 9 décembre 1776, fixa d'abord le nombre des consuls généraux & particuliers, qui devoient surveiller ce commerce dans toutes les Échelles.

Il fut établi quatre consulats généraux.

Savoir :

Un à Smyrne, réunissant à son département les isles de l'Archipel,

Un en Morée,

Un dans la Syrie & la Palestine,

Et un en Egypte,

Et quatre consulats particuliers ;

Savoir :

Un à Salonique,

Un à la Canée,

Un à Chypre,

Et un à Alep.

Tous les chanceliers de chaque consulat, furent supprimés par la même ordonnance, & elle statua, que leurs fonctions seroient à l'avenir exercées par les drogmans ou interprêtes, à la nomination des consuls.

Lors qu'un négociant françois, résidant en *Levant*, avoit souffert quelque dommage particulier, ou des avanies préjudiciables à son commerce, il étoit d'usage d'imposer sur tous les négocians, habitans la même Échelle, & sur les marchandises qui y étoient apportées, ou qui en étoient exportées, une taxe, dont le produit servoit à indemniser de ce dommage ou de ces avanies. L'arrêt du conseil du 9 décembre 1776, abolit cet usage, & statua que tous les évènemens de quelque espèce que ce puisse être, comme avanies, emprunts, demandes à la nation, sacs, incendies, révolutions, invasions, & généralement tous autres cas & accidens imprévus, seroient supportés par les particuliers ; il fût défendu aux consuls & vice-consuls de souffrir qu'il fût mis aucune imposition sur le commerce, ni fait aucun emprunt par les négocians, en corps de nation.

Le même jour, un autre arrêt du conseil, réduisit toutes les impositions établies sur le commerce du *Levant* & de Barbarie, au droit unique de cinq pour cent, sous la dénomination de droit de consulat.

Les motifs de cet arrêt sont trop intéressans à connoître, de même que les principaux objets de ses dispositions, pour obmettre de le rapporter.

Sa majesté s'étant fait rendre compte de l'administration du commerce du *Levant* & de Barbarie ; elle reconnu que l'établissement d'une caisse nationale dans chaque Échelle étoit vicieux, en ce qu'il facilitoit les moyens de faire des dépenses immodérées & de contracter des dettes : que le droit d'avarie de l'Échelle étoit abusif, parce qu'il étoit imposé de manière à n'être supportable que lorsque le commerce étoit heureux, & qu'il devenoit ruineux & accablant dans les tems de calamité, & dans les circonstances où le commerce avoit besoin de soulagemens & de secours : que le droit de consulat exigé dans toutes les Échelles sur les bâtimens françois qui vont à l'étranger, n'étoit propre qu'à ralentir les progrès de la navigation dans la Méditerranée. A quoi voulant pourvoir : oui le rapport ; le roi étant en son conseil, à ordonné & ordonne ce qui suit :

ARTICLE PREMIER.

A commencer du premier janvier 1777, les caisses nationales de toutes les Echelles du *Levant* & de Barbarie, seront & demeureront supprimées.

I I.

A la même époque, le droit d'avarie de l'Echelle, demeurera également supprimé ; de même que le droit de consulat qui se perçoit dans les Echelles sur les marchandises & denrées des bâtimens françois qui y chargent pour l'Italie, & autres pays étrangers de chrétienté.

I I I.

Il n'y aura plus à l'avenir qu'une seule caisse, pour payer les appointemens des officiers du roi dans les Echelles, & pour fournir à toutes les dépenses qu'entraîne leur administration ; cette caisse sera celle de la chambre du commerce de Marseille ; cet établissement unique aura lieu au premier janvier 1777.

I V.

La chambre du commerce, nommera un préposé dans chaque Échelle, pour y faire la dépense & la recette dont elle sera chargée ; & cette nomination, pour être valable, devra être autorisée par le commissaire du roi, inspecteur du commerce du *Levant* & de Barbarie.

V.

Pour mettre la caisse de la chambre en état de fournir aux différens objets de dépenses dont elle est chargée ; sa majesté l'autorise à percevoir cinq pour cent sur le commerce des Echelles du *Levant* & de Barbarie ; cette imposition portera le nom de *droit de consulat*, & commencera à être perçue le premier janvier 1777. Sa majesté se propose de réduire ce droit après l'entier remboursement des dettes de la chambre.

V I.

Pour faciliter le payement de ce droit, la perception sera divisée de la manière suivante.

V I I.

Il sera perçu par les préposés de la chambre, deux pour cent sur toutes les marchandises de France, à leur arrivée dans les Echelles du *Levant* & de Barbarie, conformément au tarif qui aura été arrêté par la chambre, & autorisé par l'inspecteur du commerce.

V I I I.

Il sera perçu trois pour cent sur toutes les marchandises qui arriveront directement à Marseille des ports de Turquie & de Barbarie ; cette partie du droit de consulat sera exigée à Marseille par la chambre, de la même manière & dans la même forme qu'elle a perçu jusqu'ici le droit de consulat de deux pour cent.

I X.

Personne ne sera exempt de payer le droit de consulat ; toutes les pacotilles, même celles des capitaines, y seront soumises.

X.

Pour assurer la perception du droit de consulat, les capitaines, à leur arrivée en *Levant* & en Barbarie, déposeront dans les chancelleries un manifeste de leur chargement, dans lequel seront spécifiés la qualité des marchandises, le nombre des balles, ballots, caisses & futailles, le poids, la mesure & la consignation ; ils en remettront en même-tems un double aux préposés de la chambre, & ils ne délivreront les marchandises de leurs chargemens, que sur les permis des préposés, qui ne le donneront qu'après avoir vérifié l'exactitude du manifeste. Ordonne sa majesté à tous capitaines & patrons, de se conformer aux dispositions du présent article, sous peine de punition.

X I.

Sa majesté enjoint aux négocians & autres, d'acquitter exactement le droit imposé, & de ne s'y soustraire, sous quelque prétexte que ce soit, à peine, contre les François établis en *Levant* & en Barbarie, de payer le quadruple pour la première fois ; & en cas de récidive, d'être renvoyés en France ; & s'ils sont gens de mer, d'être déclarés incapables de commander.

Mande sa majesté, au sieur de la Tour, premier président du parlement de Provence, intendant de Provence, ayant l'inspection du commerce du *Levant* & de Barbarie, de tenir la main à l'exécution du présent arrêt. Fait au conseil d'état du roi, sa majesté y étant, à Versailles le 9 décembre 1776.

Le même jour, un arrêt particulier ordonna à la chambre du commerce de Marseille, d'emprunter onze cens mille livres au denier vingt-cinq, & d'employer cette somme au payement des dettes des Echelles du *Levant*.

Cette chambre de commerce reçut en suite par les lettres-patentes du 27 novembre 1779, de nouvelles règles pour sa composition, à commencer au premier janvier 1780

Pour ne rien omettre de ce qui concerne le commerce du *Levant*, nous terminerons cet article, en faisant mention de l'ordonnance du roi du 3 mars 1781, qui réunit dans quatre titres, à tout ce qui étoit compris dans les anciennes loix sur cette matière, les nouvelles dispositions que sa majesté a jugé à propos d'y ajouter.

Il suffira d'indiquer ici les objets dont il est traité dans cette nouvelle ordonnance, suivant l'ordre de leur division.

TITRE PREMIER.

Des consuls & autres officiers de sa majesté dans les Échelles du Levant *& de Barbarie.*

Des consuls.

Des vice-consuls.

Des élèves vice-consuls.

Uniforme des consuls, vice-consuls & élèves vice-consuls.

Appointemens des consuls, vice-consuls & élève vice-consuls,

Retraites des consuls & vice-consuls.

Des agens des consuls.

Des secrétaires-interprètes de sa majesté pour les langues orientales.

Des drogmans employés en *Levant*.

Des drogmans employés en Barbarie.

Des élèves destinés à remplir les places de drogmans.

Des chanceliers.

Des dépôts en chancellerie.

Des curés, chapelains, missionnaires & religieux, sous la protection de France.

De la protection accordée aux étrangers.

Des cérémonies publiques.

TITRE II.

De la résidence & du commerce des François dans les Échelles du Levant *& de Barbarie.*

Des passeports, certificats ou permissions.

De la résidence dans les Échelles où il n'y a ni consul ni vice-consul.

Des mariages.

Des immeubles.

Des fermes du pays.

Des bâtimens du pays.

De la police dans les Échelles.

De assemblées nationales.

Des députés de la nation.

De la recette & des dépenses dans les Échelles du *Levant* & de Barbarie.

Du commerce.

Du décès des François.

TITRE III.

De la navigation des sujets du roi dans les Échelles du Levant *& de Barbarie.*

Arrivée des capitaines dans les Echelles.

Départ des capitaines des Echelles.

Adresse & chargement des bâtimens françois.

De la police sur les bâtimens marchands.

Des naufrages.

Des salaires des équipages.

De la retenue en faveur des invalides de la marine.

TITRE IV.

De la relâche des bâtimens du roi dans les Échelles du Levant *& de Barbarie.*

Des saluts.

Précautions en cas de peste.

Des visites.

Des audiences.

Du service.

De la police sur les bâtimens marchands pendant la relâche des vaisseaux, frégates & autres bâtimens de sa majesté.

De la relâche des bâtimens du roi à Constantinople.

Un arrêt du conseil du 29 avril de cette année 1785, vient d'apporter un changement avantageux dans les droits auxquels est soumis le commerce du *Levant*.

Il supprime le droit de deux pour cent, percevable à l'expédition de Marseille, sur les marchandises du royaume pour le *Levant* & la Barbarie, & réduit à trois pour cent, la totalité du droit qui étoit de cinq pour cent, & établi sous la dénomination de *Droit de consulat*.

LIAGE. s. m., Nom d'un droit qui porte sur les lies des vins vendus dans l'étendue de certaines seigneuries.

On prétend que le grand bouteiller de France, prenoit la moitié des lies de tous les vins qui étoient vendus à la broche, dans les celliers ouverts à Paris. Ce droit n'y est plus connu depuis la suppression de la charge de grand bouteiller. *Voyez* au surplus le *Dictionnaire de Jurisprudence.*

LIARD DU BARON. (droit de) Ce droit qui fait partie des droits de traites, a été établi en 1601. Il avoit été attribué à un officier qui devoit contrôler toutes les marchandises qui passoient sur le Rhône & par terre, devant ou dans la ville d'Arles : cet office ayant eu le sort de tous ceux qui devoient leur origine à des besoins, & non pas à leur utilité, le droit a été réuni au domaine. Il est de trois deniers par quintal de marchandises, & se perçoit toujours avec celui de deux pour cent, dont il est un accessoire ; il est de même sujet aux dix sols pour livre depuis l'édit du mois d'août 1781.

Le droit de *liard du baron* & celui de deux pour cent d'Arles, ont cela de particulier, qu'ils sont dus au poids brut de toutes les espèces de marchandises, sans distinction de leurs qualités. En conséquence, les marchandises qui, par leur nature, acquittent les autres droits, au poids net, doivent ceux de deux pour cent & de *liard du baron*, avec un douzième en sus du principal, conformément à l'arrêt du conseil du 21 novembre 1724.

Le produit du droit du *liard du baron*, est d'environ mille à onze cens livres par an.

LICENTES, (droits de) espèce de péages qui se perçoivent dans la province de Lunebourg, électorat d'Hanovre, sur les marchandises qui montent & descendent l'Elbe. *Voyez* HANOVRE.

LIÈGE. (finances de l'Etat de) C'est dans la collection des mémoires imprimés au Louvre, sous les ordres de M. de Beaumont, intendant des finances, que nous avons puisé tout ce qui suit.

La principauté de *Liège* est régie comme pays d'Etat.

Les Etats sont composés, pour le clergé, du chapitre cathédral, qui, seul, forme l'Etat ecclésiastique ; pour la noblesse, des nobles qui font preuve de seize quartiers ; & pour le tiers-état, des bourguemestres des vingt-deux villes que renferme le pays de *Liège*.

Lorsque les circonstances exigent qu'il soit fourni des subsides, le prince-évêque de *Liège* convoque les Etats. Chaque ordre délibère séparément, soit sur le montant de la somme qui doit être accordée, soit sur les moyens à établir pour la procurer. Le résultat des délibérations d'un ordre, est communiqué aux deux autres ; & lorsqu'à la pluralité des suffrages, on est convenu de l'objet du subside, & des moyens de le percevoir, les trois ordres se réunissent pour ne former qu'une seule & même résolution, qu'on nomme *recès*.

Quand il s'agit d'un impôt extraordinaire, on communique le *recès* des Etats au clergé, pour avoir son accession. La résolution ou délibération des Etats est présentée ensuite au prince-évêque de *Liège*, qui la confirme par un mandement, dans lequel il en ordonne l'exécution.

Les impositions & droits qui sont en usage dans le pays de *Liège*, pour fournir les subsides ordinaires & extraordinaires, se divisent en deux classes, & sont connues sous les dénominations de *moyens ordinaires* & *moyens extraordinaires*.

Les moyens ordinaires consistent :

1°. Dans le soixantième denier qui se perçoit sur la frontière, à l'entrée des marchandises de toute espèce, soit qu'elles viennent pour la consommation du pays, soit qu'elles ne fassent qu'y emprunter le passage ; mais dans ce dernier cas, elles ne payent aucun droit à la sortie.

2°. Dans un pareil droit de soixantième, qui se perçoit ordinairement à la sortie & exportation des productions du pays, comme les grains, le bois, la houille, le charbon, le fer, la pierre, la chaux, l'ardoise, les vins, & généralement sur toutes les matières qui peuvent servir à l'aliment des manufactures étrangères.

Ces droits d'entrée & de sortie ne sont pas fixes & permanens ; on les augmente, on les diminue, & quelquefois même on les supprime, selon que les occurrences rendent l'importation & l'exportation avantageuses ou préjudiciables au pays.

Tous les ouvrages qui proviennent des manufactures du pays de *Liège*, & qui ont reçu leur entière perfection, sont, en général, exempts de tous droits à la sortie.

Indépendamment de ces droits d'entrée & de sortie, il y a différentes marchandises & denrées, soit étrangères, soit du pays, qui payent à la caisse ordinaire des droits particuliers.

Le vin & les eaux-de-vie qui viennent de l'étranger, & qui sont destinés pour la consommation du pays, payent six florins par *emmer*, mesure qui contient deux cens pintes.

Le vin & les eaux-de-vie qui ne font qu'emprunter le passage, n'acquittent que le soixantième, en justifiant de la sortie par des acquits à caution.

Le tabac, le sel, & le grain dont on se sert pour faire la bierre, connue sous la dénomination de *drêche*, sont aussi sujets à des droits qui reviennent, savoir, à six deniers par livre de tabac, à quatre sols par septier de sel du poids de soixante livres, & à vingt sols par mesure de drêche, contenant cent livres pesant.

Ces droits sont perçus sur la frontière, par des receveurs, des contrôleurs & des gardes, qui sont nommés & établis par les députés des Etats. Ce sont pareillement ces députés qui nomment les receveurs généraux & les receveurs provinciaux.

Les receveurs subalternes remettent chaque mois le montant de la recette de leurs bureaux aux receveurs principaux de leur département, & ces derniers au caissier général.

Ce caissier général en fait le dépouillement, pour former un compte qu'il vérifie avec les directeurs préposés à la régie ; & lorsque ce compte est arrêté, il verse les fonds dans les caisses des receveurs généraux, qui acquittent les dépenses, sur les ordres des Etats ou de leurs députés.

Ce sont ces députés qui connoissent en première instance de toutes les contraventions commises à la perception des droits ; mais ce sont les Etats en corps qui prononcent en dernier ressort.

Tous les impôts & droits que l'on vient de rappeller, si l'on en excepte ceux qui portent sur le vin & la drêche, sont payés indistinctement par tous les habitans du pays, ecclésiastiques, nobles & magistrats. Les membres des trois-Etats, ceux du conseil privé, les membres du haut-clergé & les couvens, sont exempts de l'impôt de six florins par emmer de vin ; les mêmes personnes, & tous les ecclésiastiques, jouissent de l'exemption de l'impôt ordinaire de vingt sols par cent livres pesant de drêche.

Le droit sur la drêche est affermé, à la chaleur des enchères, par les Etats, dans chacune des sept provinces du pays de *Liège*, en détail, & par des adjudications particulières qui comprennent quatre à cinq communautés d'habitans seulement. Chaque adjudicataire est tenu de payer, de trois mois en trois mois, au receveur de la province, le prix de sa ferme, & ces receveurs versent directement leurs fonds dans les mains des receveurs généraux.

Le produit des impôts & droits qui forment la caisse ordinaire, est employé aux *donatifs* que les Etats font au prince, à l'acquittement de la solde & entretien des troupes, aux honoraires & dépenses des ministres dans les cours étrangères, à l'entretien des ponts & chaussées hors des villes, & au paiement des arrérages des rentes qui sont dûes par les Etats, & autres dépenses de ce genre.

Les impôts connus sous la dénomination de moyens extraordinaires, consistent :

1°. Dans une augmentation de droit sur la drêche & sur le vin.

2°. Dans le vingtième du prix perçu sur la viande qui se débite dans les boucheries.

Les moyens, soit ordinaires, soit extraordinaires, sont accordés par les Etats, tantôt pour un ou pour deux ans, mais plus ordinairement pour trois années.

Les impôts extraordinaires n'ont lieu que pour des évènemens imprévus ou forcés, qui obligent d'y avoir recours ; telles sont les dettes contractées pour la guerre, & autres cas semblables. Les motifs qui portent à les établir, font en même tems que personne, de quelqu'état qu'il soit, & en quelque grade qu'il se trouve constitué, n'en est exempt.

Le clergé connoît, par le moyen d'une commission qu'il établit à cet effet, & qui est composée d'ecclésiastiques, des contraventions qui peuvent être commises par ses membres, à la perception de ce dernier genre d'impôt; & les Etats ou leurs députés doivent lui justifier de l'emploi qui a été fait du produit de ces impôts.

Lorsque le montant des impositions & droits connus sous la dénomination de moyens ordinaires & extraordinaires, n'est pas suffisant pour remplir l'objet des dépenses, & que les circonstances exigent de nouveaux secours, on a quelquefois recours à une taille ou taxe qui porte sur les biens-fonds, & qui est répartie par province ou département, d'après un ancien cadastre qui a été approuvé par les Etats, & qui règle & détermine ce que chaque communauté doit supporter.

Les maisons des villes, quoique formant des fonds, sont rarement assujettis à cette taille ou taxe; mais lorsqu'elle a lieu, le montant de ce que chaque maison doit supporter, est réglé par la quantité des fenêtres ou des cheminées qui s'y trouvent.

Chaque communauté a le droit de faire par elle-même la répartition, soit de la somme pour laquelle elle doit contribuer aux besoins de l'Etat, soit de celle qui est nécessaire pour subvenir à ses dépenses & charges locales; mais cette répartition doit être faite de manière que les deux tiers de la somme qu'il s'agit de lever, portent sur les fonds, & l'autre tiers sur les personnes, à raison de leurs facultés.

On suppose que les terres doivent payer à raison du centième denier, plus ou moins, suivant les circonstances.

Elles sont divisées en trois classes; les bonnes, les médiocres & les mauvaises.

Les bonnes acquittent la taxe entière; les médiocres, la moitié, & les mauvaises, le quart.

Les maisons & métairies sont imposées en proportion du centième denier de leur valeur.

Lorsqu'il s'agit de former un cadastre pour une communauté, les propriétaires des terres, maisons & métairies, sont tenus de déclarer aux bourguemestres & députés de la communauté, la quantité & la valeur de ces fonds.

Si ces déclarations sont suspectes, ces bourguemestres & députés sont autorisés à faire procéder à un mesurage & à une estimation.

Quant aux taxes personnelles, chaque communauté a ses usages; les unes les font porter sur les boissons; d'autres les lèvent à raison de l'habitation; &, en ce cas, chaque propriétaire ou locataire est assujetti à une taxe qui revient, à dix, douze ou quinze sols par maison.

LIEUTENANT PRINCIPAL, nom usité dans la milice fiscale, pour désigner un employé qui commande plusieurs brigades dans une certaine étendue de terrein qu'on appelle *lieutenance principale*. Le grade de *lieutenant principal* suit immédiatement celui de capitaine général des fermes, auquel il est subordonné.

LIGNE, f. f., que la géométrie définit une quantité qui n'est étendue qu'en longueur, c'est-à-dire, qui n'est que la prolongation d'un point.

Le terme de *ligne* ne se trouve employé dans ce Dictionnaire, que parce que dans la langue fiscale on le joint souvent ou au mot BUREAU, ou à ceux des CINQ GROSSES FERMES. On dit une *ligne* de bureaux, la *ligne* des cinq grosses fermes. Un bureau de première, de seconde *ligne*.

Les bureaux de première *ligne* sont ceux qui sont situés sur la *ligne* frontière du pays étranger, & par lesquels toutes les marchandises qui en viennent doivent entrer dans le royaume.

Les bureaux de seconde *ligne* sont ceux qui existent à quelques lieues de la frontière, dans l'intérieur du royaume, où les marchandises qui ont passé par les bureaux de première *ligne*, sont vérifiées, pour s'assurer si les droits en ont été acquittés.

Ce qu'on appelle la *ligne* des cinq grosses fermes, est la chaîne circulaire de bureaux qui enveloppe cette partie du royaume, & la défend également du pays étranger & des provinces réputées étrangères: cette défense consiste à ne laisser de communication entre l'espace enfermé & le dehors, qu'en payant des droits sur tous les objets de commerce, & même sur toute espèce de denrées qui franchissent cette *ligne*.

On désigne aussi les brigades postées sur les frontières du royaume ou dans l'intérieur, pour réprimer la contrebande, par les noms de brigades de première *ligne*, brigades de seconde *ligne*, pour indiquer leur position. En général, elle est la même que celle des bureaux auxquels les brigades servent de secours & de protection pour veiller à la sûreté de la recette, & repousser les introductions de vive force qui pourroient être tentées.

LIN, f. m., qui est le nom d'une plante doublement précieuse, par les filamens que donne son écorce, & par sa graine qui sert à faire une huile très-nécessaire en peinture. On ne trouve ici le *lin*, que parce qu'il est mis au rang des marchandises de contrebande à la sortie du royaume, & qu'il est d'ailleurs une matière première très-importante pour les fabriques en toiles & en lingerie.

Les *lins* en masse, & qui n'ont reçu d'autre

main-d'œuvre que d'être extraits de la plante, sont exempts de tous droits d'entrée du royaume, ainsi que les chanvres en bottes ou masses, d'après les arrêts du conseil des 23 mars 1734, & 12 novembre 1749.

Mais si ces *lins* sont peignés & façonnés, ils sont sujets au droit de trois livres quinze sols par quintal à toutes les entrées du royaume, excepté en Flandre & en Haynault, où ils ne doivent que trente sols par quintal.

D'un autre côté, ces mêmes *lins* peignés, façonnés, & même filés, soit blancs, soit teints, sont exempts de tous droits de traite à la circulation, par l'arrêt du 12 août 1764, & cette exemption leur est commune avec les chanvres dans le même état. *Voyez* le mot CHANVRE, tom. I. pag. 242. Tout ce qu'on y dit de la prohibition des chanvres s'applique naturellement aux *lins*, & il sembleroit très-raisonnable d'encourager le commerce de cette matière, par la même législation qui a lieu pour les laines étrangères importées dans le royaume.

A la sortie du royaume, le *lin*, en quelqu'état qu'il soit, est prohibé, par le titre 8. de l'ordonnance des fermes du mois de février 1687, & par les arrêts du conseil des 3 juin 1722 & 10 juin 1749.

Cependant il a été dérogé à cette loi générale, en faveur des maîtres mulquiniers de Valenciennes, par l'arrêt du 25 octobre 1723. Il leur est permis d'envoyer leurs *lins* non préparés dans les villages des environs, même d'une domination étrangère, pour y être filés, jusqu'à la concurrence de cinq à six livres pesant pour chaque envoi, & d'en retirer le fil qui en sera provenu, le tout sans payer aucun droit de sortie ni d'entrée, à la charge par lesdits maîtres mulquiniers, d'en faire préalablement la déclaration, signée d'eux, au bureau de Valenciennes, avec soumission d'en rapporter, en dedans deux mois, au même bureau, le fil simple, écru & en bobine, & non autrement, à raison d'une livre de fil pour trois livres de *lin*, sous peine de confiscation de la valeur du *lin*, dont le fil ne seroit point rapporté; & aussi à la charge que lesdits *lins* ne pourront sortir, & les fils en provenans, rentrer que par les bureaux du Palais-saint-Amand, Condé, Blammisseron, Marchipont & Brie. Ordonne sa majesté, que pour la sortie desdits *lins*, il sera délivré au bureau de Valenciennes, des permis gratis, qui seront, à peine de nullité, représentés & visés, tant à la sortie de ladite ville, que dans les bureaux de sortie & de rentrée, & rapportés avec le fil à celui de Valenciennes, pour y être reconnus & vérifiés; & qu'en cas qu'il soit rapporté du fil en plus forte quantité qu'une livre pesant pour trois livres de *lin*, les droits d'entrée ordinaires seront payés sur l'excédent, pourvu qu'il se trouve au-delà du quart de la proportion ci-dessus établie. Ordonne aussi sa majesté, qu'il sera tenu au bureau de Valenciennes, un registre par charge & décharge desdits *lins* & des fils qui en proviendront. Fait sa majesté très-expresses défenses auxdits maîtres mulquiniers, d'abuser de la faculté qui leur est accordée par le présent arrêt, à peine de révocation d'icelle, & sous les peines portées par les ordonnances & réglemens qui défendent la sortie des *lins* hors du royaume.

LIQUIDATION, s. f., qui signifie une opération arithmétique, par laquelle on fixe la situation d'un particulier, d'un corps, d'un Etat, en établissant le montant de ses dettes actives & passives; c'est mettre au clair des affaires qui ne sont pas bien connues.

Lorsqu'en 1764 l'édit du mois de décembre ordonna la *liquidation* des dettes de l'Etat, c'étoit annoncer qu'on étoit disposé à les acquitter, après avoir connu avec précision en quoi elles consistoient.

LIQUIDER, v. a. C'est procéder à une liquidation.

LISTE CIVILE, Terme des finances d'Angleterre.

La *liste civile* remplace & représente l'ancien revenu des rois d'Angleterre; mais il y a aujourd'hui cette différence, qu'autrefois ce revenu étoit héréditaire, au lieu qu'il faut, à présent, que la *liste civile* soit octroyée à chaque nouveau roi, par le parlement.

Lorsque les rois d'Angleterre avoient un revenu fixe, son paiement étoit hypothéqué sur diverses taxes, sur certaines branches de l'accise & des douanes, sur les postes, sur les permissions de vendre du vin, sur les droits des actes de justice & les saisies, sur une annuité de cent vingt mille livres sterlings, à quoi on avoit ajouté le droit sur les offices & pensions.

Georges III, à son avènement au trône, a consenti à recevoir pour ce revenu, une somme fixe de huit cens mille livres sterlings; au moyen de cet arrangement, les droits affectés au paiement de la *liste civile*, ont été réunis à ceux qui forment le *fonds aggrégé;* c'est ce fonds qui est chargé du paiement, par quartier, de la *liste civile*, par préférence à toutes les dettes de l'Etat, auxquelles il est d'ailleurs hypothéqué.

LIVRE, s. m. C'est un ouvrage sur quelque point de science, ou un recueil de pensées, qui sont le fruit de la méditation d'un homme adonné à la culture des lettres. Mais à considérer un *livre* matériellement, c'est la réunion de de plusieurs feuilles de papier imprimé, & plié de façon à composer & varier la forme du volume qui en résulte.

On ne parle ici des *livres* que pour observer, en passant, qu'on les a vus quelque tems soumis, à l'entrée du royaume, à un droit considérable, dont voici l'origine.

Les libraires & imprimeurs avoient représenté qu'il s'imprimoit chez l'étranger, où le papier & la main-d'œuvre sont à plus bas prix qu'en France, quantité de *livres* françois, qui s'introduisoient & se débitoient ensuite dans le royaume, au préjudice de l'imprimerie françoise : l'arrêt du conseil du 11 septembre 1771, fit droit sur ces représentations. Il ordonna qu'à l'avenir tous les *livres* imprimés ou gravés, soit en françois, soit en latin, reliés ou non reliés, vieux ou neufs, qui seroient apportés de l'étranger, paieroient à l'entrée du royaume soixante livres par quintal. Il fut en même tems ordonné que les manuscrits & les *livres* imprimés ou gravés en langue étrangère, qui viendroient de l'étranger, continueroient à jouir de l'exemption générale de toute espèce de droits.

Il s'éleva de nombreuses plaintes sur la quotité énorme de ce nouveau droit; on le présentoit comme prohibitif, & propre à interrompre la communication des lumières entre la France & les autres États de l'Europe, avec lesquels le commerce de librairie se fait le plus communément par voie d'échanges de *livres* contre d'autres *livres* françois. Un second arrêt du 24 novembre modéra à vingt liv. par quintal le premier droit, qui étoit de soixante livres; & il fut ordonné que les *livres* qui viendroient des provinces de Lorraine, Alsace & Trois-Evêchés, ainsi que des Villes de Marseille, Bayone & Dunkerque, seroient traités comme étrangers, & assujettis au droit, à moins qu'ils ne fussent accompagnés de certificats des chambres syndicales de ces provinces & villes, & à défaut de chambres syndicales, des principaux magistrats du lieu de l'imprimerie, justificatifs que les *livres* y auroient été imprimés, & que la permission en original pour cette impression leur auroit été présentée; & à la charge que copie de cette permission seroit jointe au certificat prescrit; au moyen de ces formalités, les *livres* étoient traités comme originaires du royaume, & en conséquence exempts de droit.

Le commerce de *livres* souffroit encore de ce droit. Les libraires & imprimeurs adressèrent de nouvelles représentations contre sa perception. Un arrêt du conseil du 17 octobre 1773 le réduisit à sept livres dix sols par quintal, non compris les huit sols pour livre, en ordonnant que les arrêts antérieurs seroient exécutés pour les autres dispositions qu'ils contenoient.

L'année suivante, un nouveau règne amena de grands changemens dans l'administration des finances. Les principes d'une liberté illimitée succédèrent aux vues de fiscalité qui s'étoient fait remarquer : l'impôt sur les livres fut entièrement supprimé, par arrêt du conseil du 23 avril 1775.

Il semble pourtant qu'en considérant l'état de la littérature en France, & la quantité énorme de *livres* qui s'imprime chaque année, cette branche de commerce ne mériteroit pas moins que toute autre, d'être défendue de la concurrence étrangère, par un droit modéré, qui fût combiné de façon, du moins, à recouvrer une bonne partie de l'impôt dont les papiers de nos fabriques jouissent à l'exportation. Il paroît contraire à l'intérêt de l'imprimerie, que des papiers sortis en blanc du royaume avec la franchise de tous droits, puissent ensuite y rentrer avec la même immunité, après qu'ils sont imprimés & mis en œuvre, pour composer des ouvrages françois dont nos presses auroient pu être occupées.

En vain objecteroit-on que l'usage des échanges de *livres* par lesquels se fait ce commerce, seroit d'abord onéreux aux libraires françois, parce que l'impôt retomberoit sur eux, & qu'ils seroient obligés d'en faire l'avance. Mais, à cet égard, le commerce de *livres* rentreroit dans la classe de tout autre genre de commerce; & subiroit la même condition. Il est même à présumer qu'avec le tems, ou le libraire étranger renonceroit au commerce des *livres* françois en France, ou il se détermineroit à faire, en faveur de l'impôt, le sacrifice d'une partie de ses bénéfices, puisque, dans le fait, il faudroit toujours qu'il assurât son débit par le meilleur marché. On croit donc qu'un impôt d'une pistole par quintal, mis seulement sur les *livres* françois imprimés en pays étranger, à leur introduction en France, deviendroit une sorte d'encouragement pour l'imprimerie françoise; & loin de nuire au commerce de librairie, serviroit à l'étendre dans le royaume, où se fait la plus grande consommation des *livres* écrits en langue françoise.

Pour arriver à cette induction, posons ici un petit nombre de questions.

En France, s'y imprime-t-il beaucoup de *livres* en langues étrangères & vivantes? pas un seul. Est-il donc raisonnable que des étrangers nous fournissent des *livres* dans notre propre langue, quand nous ne pouvons pas leur en fournir un seul dans la leur, & quand on a la preuve que le bon marché de leurs *livres* a fait tomber plusieurs de nos imprimeries, & en réduit d'autres à l'inaction? Est-il bien conséquent, que l'exportation de nos papiers à l'étranger soit favorisée par une franchise absolue des droits, & qu'ensuite, les mêmes papiers, imprimés dans notre langue, soient attirés dans le royaume par un affranchissement absolu? N'est-ce pas nous priver gratuitement d'une main-d'œuvre, qui, dans ce genre plus que dans tout autre, doit nous appartenir exclusivement? Que diroit-on, si nos draperies & nos étoffes, qui ne paient aucun droit à leur sortie du royaume, pouvoient également y rentrer en franchise absolue, après avoir été coupées & façonnées en habits, en robes & en habillemens de notre costume? Remarquons bien que l'impôt proposé ne regarde que les *livres* imprimés en françois; que ceux qui sont en toute autre langue doivent continuer de jouir d'une immunité entière; que le droit de dix livres par quintal reviendroit à peine à un sol par volume *in-12* relié, à deux sols *in-8°*. aussi relié, & à six deniers & un sol, si ces volumes étoient seulement en feuilles ou brochés.

LOCAUX. (droits) Dans la langue fiscale, on appelle *droit local* & *droits locaux*, celui ou ceux qui ne se lèvent que dans une certaine étendue de pays, fixée par leur établissement. Ces droits sont l'opposé de ceux qu'on appelle uniformes, & qui se perçoivent dans tous les bureaux d'entrée ou de sortie du royaume. *Voyez* le mot DROIT, CINQ GROSSES FERMES, ÉTRANGÈRES.

LODS ET VENTES (droits de), f. m. Ce droit se paie au seigneur féodal censier, pour la vente d'un héritage situé dans sa mouvance. Comme tout ce qui concerne les *lods & ventes* appartient au Dictionnaire de Jurisprudence, nous nous abstenons d'en traiter: on peut consulter cet ouvrage.

LOGEMENT DE GENS DE GUERRE: Sorte d'imposition, qui n'affecte en général que les habitans des villes & bourgs, & qui consiste de leur part, à fournir aux troupes un *logement*, un lit, des ustensiles de cuisine, du feu, de la lumière, & du sel. Il convient de donner quelques détails sur ce genre d'impôt.

Il paroît, par une ordonnance de Louis XII, du 20 janvier 1514, que l'établissement des *logemens* & ustensiles des gens de guerre est dû à ce Prince. Ses successeurs ont ensuite porté différentes loix, pour étendre, restreindre & modifier cet assujettissement, suivant les circonstances.

Les dernières qui aient fixé l'état des choses à cet égard, sont l'ordonnance du roi du 5 juillet 1765; celle du premier mars 1768, & l'arrêt du conseil d'Etat du roi du 19 avril 1777.

La première permet de convertir le *logement* des officiers généraux employés dans les provinces, & des officiers supérieurs des régimens, en une contribution en argent fixe, ainsi qu'il suit.

Aux officiers généraux qui ont des lettres de service, cent cinquante livres par mois.

A un lieutenant général des armées, cent livres par mois.

A un maréchal de camp & à un brigadier, soixante-quinze livres.

Aux colonels & mestres-de-camp, cinquante livres.

Aux lieutenans colonels, quarante livres.

Et aux majors, trente livres, le tout par mois.

A un lieutenant général commandant dans une province, en l'absence du commandant en chef, une augmentation jusqu'à trois cens livres par mois, pendant qu'il exercera ledit commandement.

Ces sommes, porte cette ordonnance, seront payées par les villes où ils résideront, lorsqu'elles pourront supporter cette dépense; sinon, il y sera pourvu, en tout ou en partie, par imposition, au marc la livre, sur tous les contribuables de la province, & la répartition en sera faite par l'intendant.

Dans les lieux où il y aura des *logemens* convenables pour lesdits officiers, ils les occuperont, & s'ils ne sont pas meublés, ils recevront la moitié du prix ci-dessus; mais s'ils sont meublés, ils ne pourront rien prétendre au-delà dudit *logement* effectif.

En cas d'absence, lesdits officiers généraux ne pourront rien prétendre pour leur *logement*, tant qu'elle durera; mais, s'ils étoient chargés d'un loyer, il sera payé jusqu'au tems de leur service, sur la somme qu'ils auroient dû recevoir étant présens.

Le revenant bon provenant du fonds de l'imposition faite pour lesdits *logemens*, sera employé au paiement des *logemens* de l'année suivante.

Au reste, sa majesté n'entend pas déroger aux réglemens particuliers, faits ou approuvés antérieurement, pour certaines villes & provinces dans lesquelles les officiers généraux & autres se trouveroient employés sur un pied plus haut qu'il n'est porté par la présente ordonnance.

L'ordonnance de 1768 pourvoit à tout ce qui regarde le *logement* en général des troupes, d'infanterie, cavalerie, dragons, ou autres, soit qu'elles ne fassent que passer dans les villes, bourgs ou villages, soit qu'elles doivent y rester en garnison. Elle règle que les troupes seront logées dans les pavillons ou casernes, s'il y en a, & à défaut, chez les habitans; & l'article II. révoque tous privilèges à cet égard.

Les articles suivans, jusques & compris le dixième, prescrivent la police & les formalités qui doivent être suivies pour départir ces *logemens*.

Les XI, XII. & jusqu'au XXVIe, détaillent en quoi doivent consister les *logemens* de chaque officier général & autres, suivant son grade, ceux des bas officiers & soldats, ainsi que les fournitures auxquels sont tenus ceux qui les logent.

L'article XXVII. porte expressément, qu'en aucun cas, les hôtes ne pourront être délogés de la chambre & du lit où ils auront coutume de coucher, sans néanmoins qu'ils puissent, sous ce prétexte, se soustraire à la charge du *logement*, suivant leurs facultés.

L'objet des articles suivans, jusqu'au LVIIe, est de prévenir toute difficulté sur la distribution des billets de *logemens*, sur l'irrégularité de leur répartition par les officiers municipaux, & d'autoriser les commissaires des guerres à remédier aux abus sur ce point.

L'article LVII. comprend tous les privilégiés, & s'énonce dans les termes suivans:

Seront exempts de *logement de gens de guerre*, & de toutes les contributions propres à le remplacer,

1°. Les ecclésiastiques étant actuellement dans les ordres, & pourvus de bénéfices ou charges de fonctions qui exigent la résidence dans le lieu.

2°. Les officiers étant actuellement au service, ou qui s'en sont retirés après avoir obtenu la croix de l'ordre royal & militaire de saint-Louis, ou une pension de sa majesté.

3°. La noblesse du royaume qui n'est point dans le service.

4°. Les veuves des officiers des troupes tués à la guerre, retirés avec la croix de saint-Louis, ou une pension du roi; les veuves des gentilhommes ou autres, morts dans des charges qui leur procuroient pendant leur vie, exemption de *logement*, lesquelles continueront d'en jouir pendant leur viduité.

5°. Les officiers commensaux des maisons royales, chargés d'un service annuel dans lesdites maisons, sans que ceux qui n'auront aucun titre de charge & ne rempliront aucun service, puissent prétendre à ladite exemption.

6°. Les conseillers-secrétaires de sa majesté, maison, couronne de France & de ses finances, les audienciers, contrôleurs, & autres officiers de la grande chancellerie.

7°. Les présidens-conseillers, gens de sa majesté, & autres officiers des parlemens, chambres des comptes, cours des aides, & autres cours & conseils supérieurs.

8°. Les présidens, lieutenans particuliers, civils & criminels du siège principal de chaque lieu, ensemble les gens de sa majesté auxdits sièges, sans que les chefs & officiers des autres justices établies dans le même lieu, puissent participer à la même exemption.

9°. Les grands-maîtres & maîtres particuliers des eaux & forêts, tous les officiers desdites maîtrises, à la seule exception des huissiers audienciers.

10°. Les officiers des Elections.

11°. Les commissaires aux saisies réelles, & les receveurs des consignations, dont la finance excédera quatre mille livres.

12°. Les officiers & ouvriers des monnoies, excepté ceux, qui, étant logés hors des hôtels, tiendroient cabaret ou boutique ouverte.

13°. Le principal officier, le procureur du roi, & le receveur de chaque siège de l'amirauté.

14°. Les officiers de chancellerie près les cours supérieures.

15°. Les recteurs, régens & principaux des universités, exerçant actuellement.

16°. Les gardes-étalons.

17°. Tous les officiers & cavaliers des compagnies de maréchaussées.

18°. Les maires, mayeurs, bourguemestres, échevins, consuls, jurats ou syndics des villes & communautés, pour le tems de leur administration seulement; ces exemptions ne pouvant être prétendues au-delà, sous quelque prétexte que ce soit.

19°. Les trésoriers & receveurs généraux & particuliers, ayant le maniement actuel des deniers de sa majesté.

20°. Les commis des fermiers des domaines, gabelles, aides, traites foraines, douanes domaniales, & autres fermes de sa majesté, ainsi que les débitans de sel.

21°. Les receveurs des décimes.

22°. Les employés dans la régie des poudres & salpêtres.

23°. Les monnoyeurs & les changeurs en titre ou par commission, qui ont été établis dans les départemens; mais les changeurs seulement jouiront de cette exemption, quand même ils tiendroient boutique ouverte.

24°. Les étapiers, non seulement pour les maisons où ils demeureront, mais encore pour celles où seront leurs magasins servans à la fourniture des étapes.

25°. Les commis chargés de la fourniture des lits dans les garnisons, les gardes-magasins des habillemens & armes de la milice, les commis des vivres & des fourrages, médecins, chirurgiens, directeurs & contrôleurs des hôpitaux militaires, gardes-magasins des effets du roi, & tous les employés pour le service du roi.

26°. Les directeurs des lettres, les maîtres de poste établis par brevets de sa majesté, les commis des postes, ainsi que les courtiers ordinaires employés par les fermiers des postes, quoique faisant commerce & tenant cabaret.

27°. Les lieutenans & les greffiers du premier chirurgien du roi.

28°. Les commanderies, & les fermes de l'ordre de Malthe.

29°. Les chefs & inspecteurs des manufactures établies par lettres-patentes du roi.

30°. Les messageries seront exemptes de *logement* effectif, en observant cependant, que quand, par la raison du commerce, que les maîtres desdites messageries feront, ou du cabaret qu'ils tiendront, on marquera des *logemens* dans leurs maisons & écuries, on devra leur laisser de quoi remplir le service dont ils sont chargés.

Les articles LVIII, LIX, LX & LXI, expliquent comment les privilégiés ne peuvent jouir de l'exemption de *logement de gens de guerre*, que pour les maisons qu'ils occupent personnellement;

Que ceux qui étant exempts par leur état, cesseront de l'être, s'ils font commerce à boutique ouverte, ou s'ils tiennent cabaret; deux cas dans lesquels ils seront assujettis tant qu'ils exerceront l'une ou l'autre de ces professions, sur les exceptions portées dans les nombres XXIV, XXVII, XXXI;

Qu'en cas de foule, les *logemens* seront faits indifféremment chez les exempts & non exempts, suivant néanmoins l'ordre de leur privilége; de manière que les ecclésiastiques soient les derniers à loger.

Que tous autres, non compris dans l'article XXVII, & qui prétendroient être exempts en vertu de quelque titre particulier, se pourvoiront pardevant l'intendant de la province.

Les articles LXII & LXIII, prononcent des peines contre les soldats & officiers des troupes du roi, qui auront frappé ou insulté les officiers municipaux & magistrats des lieux où ils se trouveront en garnison.

L'article LXIV ordonne, que toutes exemptions & priviléges seront suspendus lorsqu'il s'agira des troupes de la maison du roi, & qu'elles seront distribuées dans les maisons les plus convenables, sans nulle exception, pour quelque raison que ce puisse être.

Les six derniers articles de cette ordonnance, concernent les règles qui doivent être suivies pour le *logement* des gardes du-corps, & elles sont applicables à toutes les troupes de la maison du roi.

L'arrêt du conseil du 19 avril 1777, est un règlement général qui ne regarde que le *logement* des gardes-françoises & des gardes-suisses, à Paris.

Il ordonne, que les quartiers de la ville & fauxbourgs de Paris, qui ont jusqu'à présent été affectés au *logement* du régiment des gardes-françoises & gardes-suisses, continueront d'y être assujettis; qu'il sera fait chaque année, un rôle des maisons qui y sont situées; que les anciennes taxes continueront de subsister dans ces rôles, mais que les maisons nouvellement construites, ou qui le seront par la suite, seront imposées à trente livres par mille livres, soit du prix du loyer de celles qui seront louées, soit de l'évaluation faite pour l'imposition aux vingtièmes de celles qui seront occupées par les propriétaires.

Les seuls exempts de la contribution affectée au logement des gardes-françoises, sont le prévôt des marchands de la ville de Paris, actuellement en charge, & ceux qui en seront sortis, pour toutes les maisons qui pourront leur appartenir; les échevins, le procureur du roi & le greffier de la ville, les conseillers de ville, pendant le tems qu'il seront en charge, seulement pour les maisons à eux appartenans, & dans lesquelles ils feront leur demeure actuelle;

De même, les colonels, capitaines, lieutenans, enseigne de milice bourgeoise, quarteniers, cinquanteniers & dizeniers de la ville; mais pour les maisons dont ils sont propriétaires, qu'ils habiteront & qui seront situées dans l'étendue du quartier où ils exercent les fonctions de leurs charges.

Les ecclésiastiques, les gentilshommes, faisant annuellement profession des armes, les officiers des cours de parlement, grand-conseil, chambre des comptes, cour des aides & cour des monnoies; les chefs avocats, & procureurs de sa majesté des autres compagnie & jurisdiction royales de la ville de Paris, les secrétaires du roi de la grande chancellerie; les officiers & commensaux de la maison de sa majesté & des princes de la famille royale, jouissent de l'exemption du *logement* & de la contribution qui la remplace, pour les maisons à eux appartenantes, & dans lesquelles ils feront leur demeure actuelle.

Les survivanciers des charges, n'obtiendront cette exemption, qu'autant qu'ils auront en même-tems l'exercice; les veuves des exempts, les gentilshommes n'étant plus au service, ne jouiront plus de l'exemption, excepté les veuves des officiers des cours souveraines de Paris, & celles des secrétaires du roi de la grande chancellerie; mais les enfans de ces officiers ne pourront jouir de ce privilége, que s'ils sont continués dans les charges de leurs peres.

Le montant de la contribution pour le *logement* des gardes-françoises & gardes-suisses à Paris, est un objet de trois cens mille livres, qui se remet aux chefs de ces corps. Il sert à payer le loyer des casernes, & l'entretien des meubles & ustensiles qui y sont nécessaires.

LOI, s. f., dont la définition générale appartient au *Dictionnaire de Jurisprudence*. Parmi les diverses espèces de *loix*, la seule qui doive trouver une place ici, c'est la *loi* bursale.

On appelle *loi* bursale, celle dont le principal objet est de procurer au souverain quelque finance pour fournir aux besoins de l'État. Ainsi, toutes les *loix* qui ordonnent quelque imposition, sont des *loix* bursales. On comprend même dans cette classe, celles qui établissent quelques formalités pour les actes, lorsque la finance qui en revient au prince, est le motif de son établissement. Tels sont les édits & déclarations qui ont prescrit la formalité du papier & du parchemin timbré, & celle de l'insinuation laïque.

Il y a quelques-unes de ces *loix* qui ne sont pas purement bursales; savoir, celles qui en procurant au roi une finance, établissent une formalité qui est réellement utile; tels sont les édits du contrôle, tant pour les actes des notaires, que pour les billets & promesses sous signatures privées. *

LOMBARD, s. m., par lequel on désigne, à Amsterdam l'établissement qu'on appelle à Paris Mont-de-piété. C'est un bureau, ou ceux qui sont pressés d'argent, trouvent à en emprunter sur les gages qu'ils y déposent. Il y a dans les bureaux des receveurs & des estimateurs. Les fonctions de ces derniers, sont d'estimer les gages que l'on apporte, & ensuite, on ne prête que les deux tiers de la valeur donnée. On délivre en même-tems une reconnoissance de l'effet déposé, & de son évaluation, de la somme délivrée & de l'intérêt qu'on s'oblige d'en payer, jusqu'au terme où l'on promet de la rembourser en retirant le gage. Quand ce terme est expiré, pourvu qu'il soit d'un an & six semaines, le gage est vendu au plus offrant & dernier enchérisseur: le montant du prêt est prélevé avec l'intérêt sur le prix, & le surplus est rendu au propriétaire.

L'intérêt de la somme prêtée, est au *lonbard* d'Amsterdam fixé à un pennin par semaine, pour chaque florin, lorsque cette somme est au-dessous de cent florins; ce qui revient à seize un quart pour cent par an.

Depuis cent florins jusqu'à cinq cent, on paye l'intérêt à six pour cent par an depuis cinq cens florins jusqu'à trois mille, cinq pour cent; & depuis trois mille jusqu'à dix mille florins; l'intérêt n'est que de quatre pour cent.

C'est la banque d'Amsterdam qui fournit les fonds nécessaires pour le service du *lonbard*; & les profits qui en proviennent, sont destinés à l'entretien des hôpitaux de cette ville. *Voyez* MONT-DE-PIETÉ.

L'ORIENT, ville maritime de Bretagne, qui a été affranchie de tous les droits qui se lèvent dans les autres ports du royaume. Cette nouvelle constitution qui lui avoit d'abord été accordée par l'arrêt du conseil du 14 mai 1784; ensuite modifiée par celui du 26 juin suivant, a été définitivement réglée par l'arrêt du conseil du 3 octobre de la même année. Avant de rapporter le règlement, il convient d'observer que cet affranchissement de la ville de l'*Orient*, a été, comme celui de Bayonne, la suite de la promesse faite aux Anglo-Américains, de leur accorder dans le royaume deux ports francs pour favoriser leur commerce. *Voyez* ce qui a été dit à ce sujet, au mot BAYONNE.

Le roi ayant ordonné par arrêt de son conseil du 14 mai dernier, que la ville de l'*Orient* jouiroit d'une franchise semblable à celle de Dunkerque; sa majesté a jugé qu'il seroit également utile au commerce national & au commerce étranger, d'y établir la distinction qui existe à Dunkerque d'une ville franche & d'une ville non franche, pour la rendre susceptible du commerce des colonies Françoises, dans la partie qui demeureroit nationale. Mais sa majesté a considéré qu'avant de fixer définitivement les limites de la franchise, il étoit nécessaire de déterminer le dégré de liberté, que l'intérêt de ses finances lui permettroit d'y accorder au commerce du tabac, & que cet objet important, ainsi que le règlement à faire, concernant le commerce des colonies, exigeoit l'examen le plus approfondi. Ce motif avoit déterminé sa majesté à restreindre provisoirement par l'arrêt de son conseil du 26 juin dernier, le territoire de la franchise à la partie de la ville appellée *le Four*, naturellement disposée pour un grand commerce, par ses magasins & ses emplacemens considérables, sauf à l'étendre par la suite, à mesure que les besoins du commerce l'exigeroient; mais bientôt les versemens considérables de tabac fabriqué & en poudre, qui se sont faits du port dans la ville, ont prouvé la nécessité de prescrire une forme, qui, en assurant toute liberté pour le commerce extérieur du tabac, même fabriqué, maintiendroit la ferme générale dans le droit exclusif de le fournir pour la consommation intérieure, & préviendroit les introductions frauduleuses: c'est dans cette vue qu'a été rendu l'arrêt du conseil du 20 juillet dernier. Sa majesté a été également informée, que si la franchise demeuroit restreinte au territoire du port, les besoins du commerce demanderoient qu'on permît d'y construire des maisons, & qu'on y laissât établir des débits de boissons, ce qui seroit également contraire au bon ordre, à la police du port, à la commodité du service de la marine royale, & à la sûreté de ses magasins & atteliers; ces considérations importantes ne laissant aucun doute sur la nécessité d'étendre la franchise à la ville, & cette extension n'ayant plus, au moyen de l'arrêt du conseil du 28 juillet dernier, les inconvéniens qui s'y étoient opposés; sa majesté s'est portée d'autant plus volontiers à n'en excepter désormais que le seul territoire qui s'étend depuis les limites du port, jusqu'au bac de saint-Christophe, qu'elle a reconnu que c'étoit la situation la plus avantageuse qu'il fût possible de réserver pour l'établissement de la partie non franche, destinée au commerce des colonies, & aux différentes branches du commerce national. A quoi voulant pourvoir, &c. Le roi en son conseil, a ordonné & ordonne ce qui suit:

ARTICLE PREMIER.

A compter du 30 octobre prochain, le port & la ville de l'*Orient* jouiront de la franchise qui leur est accordée par l'arrêt du conseil du 14 mai dernier, & cette franchise aura lieu dans toute l'étendue de la ville, telle qu'elle est circonscrite par ses remparts, comme aussi dans le port, sauf & excepté la partie dudit port réservée au commerce national de l'Inde, & ladite franchise s'étendra sur la rade de Peumané, jusqu'à l'isle Saint-Michel, sans qu'il soit permis de rien débarquer sur l'une ni sur l'autre côte qui borde ladite rade, ni sur la côte en face du port, depuis la pointe de Cosquer, jusqu'à la batterie de Caudan, la ferme générale demeurant autorisée à continuer de garder lesdites côtes avec des pataches & des canots, ainsi que toutes les parties de la rivière de Blavet, non comprises dans les limites ci-dessus fixées, de ladite franchise.

I I.

N'entend sa majesté que, sous prétexte de ladite franchise du port & de la ville, il soit porté aucune atteinte aux droits de la ferme des devoirs de Bretagne, sauf à la ville de l'*Orient* à se pourvoir, ainsi qu'elle avisera, aux États prochains, soit pour obtenir l'abonnement desdits droits, soit pour proposer des moyens qui, en simplifiant leur perception, puissent concilier les intérêts de la province avec ceux du commerce.

I I I.

Le commerce des Colonies aura lieu sur la rivière de Scorff, depuis la douve revêtue de pierre, faisant la dernière limite au nord de la franchise, jusqu'au passage de Saint-Christophe, & s'y fera conformément aux dispositions des lettres-patentes du mois d'avril 1717, & autres règlemens subséquens, applicables à la province de Bretagne; & il jouira de toutes les faveurs & priviléges d'entrepôt accordés par lesdits règlemens, aussi-tôt qu'on y aura construit des magasins propres à l'exercice de la police desdits entrepôts; à l'effet de quoi, il sera dressé incessamment, à la diligence des officiers municipaux de la ville de l'*Orient*, un plan d'alignement des rues qu'il sera nécessaire d'ouvrir dans cette partie, pour ledit plan être autorisé par sa majesté.

I V.

Les capitaines ou patrons de tout navire arrivant à la hauteur de Groix, & destiné pour la ville où la franchise est établie, ne pourront refuser de prendre à bord deux ou trois employés des fermes, qui les accompagneront jusqu'aux limites de ladite franchise; ceux qui viendront des isles & des colonies françoises de l'Amérique ou de l'Afrique, seront pareillement accompagnés desdits employés pendant tout le tems qu'ils traverseront l'étendue de la franchise, & jusqu'à la partie du port non franche, située dans la rivière de Scorff, entre les vases du port & le passage de Saint-Christophe.

Les capitaines qui partiront pour les colonies dudit port non franc, seront aussi tenus de recevoir à bord deux ou trois employés des fermes, en traversant la franchise jusqu'à la hauteur de Groix.

V.

Les courtiers ou consignataires des bâtimens chargés de tabac fabriqué, seront tenus d'en faire la déclaration exacte aux employés des fermes, sous peine d'en répondre en leur propre & privé nom; & dans tous les cas, les capitaines ou patrons des bâtimens arrivant dans la franchise, seront tenus de souffrir à bord, la visite desdits employés, lorsqu'ils viendront pour reconnoître s'il ne s'y trouve pas de tabac fabriqué.

V I.

Les marchandises de l'Inde, débarquées dans la partie du port réservée à ce commerce national, pourront traverser la ville & toute l'étendue du territoire franc, moyennant des acquits à caution, & en se conformant aux règlemens rendus en cette matière.

V I I.

Il sera permis aux habitans de la ville de l'*Orient*, de tirer de l'intérieur du royaume, des bois de charpente & de chauffage, du charbon, des grains, farines & autres comestibles, même quand l'exportation hors du royaume en seroit défendue, sauf qu'en ce dernier cas, ils ne le pourront qu'à concurrence seulement des besoins de leur consommation; à l'effet de quoi, il sera dressé par les officiers municipaux, un état estimatif de ladite consommation; sur lequel après qu'il aura été vu & arrêté par le sieur Intendant & commissaire départi pour l'exécution des ordres du roi, dans la généralité de Bretagne, seront expédiées les permissions nécessaires pour la sortie desdites denrées & marchandises, à la charge dans tous les cas d'acquitter les droits s'il en est dû.

VIII.

Les articles VI, VII & X de l'arrêt du conseil du 26 juin dernier, & l'arrêt du conseil du 28 juillet suivant, seront exécutés selon leur forme & teneur. Fait au conseil d'État du roi, sa majesté y étant, tenu à Versailles le 3 octobre 1784.

LORRAINE, province de France, composée des duchés de Lorraine & de Bar, qui formoient un État souverain. Cette province, cédée par le traité du 3 octobre 1735, en échange du duché de Toscane, fut définitivement réunie à la couronne, par la convention passée entre le roi & l'empereur le 31 décembre 1736.

La condition de cette province, considérée dans ses rapports avec les finances de l'État, consiste à jouir de plusieurs priviléges qui la distinguent du reste du royaume, mais ne semblent certainement pas opérer sa prospérité.

Le privilége exclusif de la vente du tabac y a lieu, de même que celui du sel. Mais comme elle renferme des salines, cette province est sujette à une gabelle particulière, qui lui procure le sel à plus de moitié meilleur marché que dans les pays de grandes gabelles.

A l'égard des droits de traites, la *Lorraine* est aussi étrangère que l'Allemagne; & tout ce qui sort du royaume pour y être transporté, acquitte les mêmes droits que pour aller en pays étrangers.

Comme cette province, par ce privilége, mettoit obstacle à l'exécution du tarif uniforme qu'on projettoit d'établir en 1761 dans toute la circonférence du royaume, on examina les intérêts particuliers de ses productions, de son commerce & de ses ressources. Il en résulta, que la *Lorraine* ne pouvoit manquer de trouver beaucoup plus d'avantages à recevoir le tarif uniforme, en s'incorporant au royaume, qu'à conserver sa qualité de pays étranger, & la liberté de commercer avec la Suisse & l'Allemagne, d'où elle tiroit seulement douze millions; tandis que, les effets de cette incorporation étoient inappréciables pour l'agriculture, pour la population & pour l'aisance de la province.

Cependant un écrivain, animé, en apparence, par le zèle de la patrie, mais dans le fait excité par l'intérêt particulier de sa famille, adonnée au commerce avec l'étranger, qui fournissoit des marchandises que l'on versoit clandestinement de *Lorraine* en France, avec de grands profits, sonna l'allarme dans cette province, par un volume publié en 1762, sous le titre de *Lettres d'un citoyen à un Magistrat*.

Ce bon patriote sans mission, se livrant à une abondance dans laquelle il faut péniblement chercher ce qu'il veut dire, prétendoit prouver que la *Lorraine* alloit être ruinée par son incorporation au royaume, parce que les fabriques de France fournissant à la consommation de la *Lorraine*, le commerce de cette province seroit toujours passif, tandis que le commerce des marchandises étrangères pouvoit seul opérer l'aisance de la province. Enfin il présentoit le tarif projetté, si vivement desiré par tous les esprits sensés & par les commerçans éclairés, comme l'ouvrage de financiers avides, & fait pour entraîner la ruine des deux duchés.

Un écrivain aussi familier avec les matières d'administration, qu'exercé dans la culture des belles-lettres (M. l'abbé Morellet), réfuta victorieusement ces propositions, dans un mémoire des fabricans de *Lorraine* & de Bar, présenté à l'intendant de la province.

L'analyse de ce mémoire sera d'autant mieux placée ici, qu'il est aussi essentiel de faire voir, combien les principes du patriote Lorrain sont éloignés des vrais principes de la félicité publique, que de persuader aux habitans de la *Lorraine*, soit propriétaires de terres, soit manufacturiers, soit ouvriers, qu'ils trouveroient dans leur incorporation aux cinq grosses fermes, beaucoup plus de moyens d'aisance & de prospérité, que dans leur condition de pays étranger, qui n'est avantageuse qu'aux négocians adonnés au commerce de contrebande.

» Nous avons toujours regardé le projet du nouveau tarif, comme devant être de la plus grande utilité à la Lorraine; & nous sommes encore plus convaincu de cette vérité, depuis que nous avons examiné les raisons que l'auteur des *Lettres* a employées pour la combattre.

Pour mettre quelqu'ordre dans les réflexions que nous avons l'honneur de vous présenter, nous ferons voir d'abord directement les avantages qui seront la suite de l'établissement du tarif, relativement à la *Lorraine*.

2°. Nous détruirons les objections que l'auteur des lettres forme contre ce projet.

Nous éviterons la diffusion à laquelle il s'est livré, pour faire un volume de quatre cens pages sur la question dont il s'agit; l'emphase qu'il a employée pour en imposer à des lecteurs peu instruits, ses exagérations, ses sophismes, ses contradictions continuelles, & les déclamations dont il a rempli son ouvrage. Nous serons courts, simples, vrais, & plus citoyens que lui.

Il seroit superflu, Monseigneur, que nous nous arrêtassions à prouver, contre l'auteur des lettres, la nécessité & l'utilité des tarifs en général. C'est un principe d'administration reçu aujourd'hui chez toutes les nations commerçantes, & établi dans tous les ouvrages écrits sur cette matière, que les impôts sur les marchandises étrangères sont nécessaires pour favoriser le commerce national. Un peuple commerçant ne peut se défendre contre une prohibition ou une imposition sur les productions de son sol ou de son industrie, établies chez le peuple voisin, qu'en interdisant ou en imposant aussi les denrées & les marchandises que ce peuple, son rival, verseroit chez lui.

Si lorsque les Anglois défendent chez eux l'usage des productions des fabriques françoises, nous nous habillons des étoffes angloises, la France devient tributaire de l'Angleterre; les produits de nos terres, & même ceux de notre industrie dans d'autres genres, seront continuellement transportés, ou en nature, ou en valeur, en Angleterre, pour augmenter chez ces rivaux dangereux, la population & l'aisance, tandis que l'une & l'autre diminueront chez nous. De-là la nécessité & l'utilité des prohibitions ou des droits, c'est-à-dire, des tarifs en général.

Les avantages que procure à une nation le travail des matières premières mises en œuvre, & portées par l'industrie à une plus grande valeur, sont trop connus, pour qu'il soit nécessaire de les développer ici. Par les travaux des manufactures, les productions du sol, les laines, les chanvres, les soies, deviennent & plus utiles & plus agréables. Les ouvrages d'un peuple industrieux, franchissent les bornes de l'Etat; ils vont jusques chez les étrangers, obtenir la préférence sur ceux qu'ils fabriquent eux-mêmes, & ils en attirent des denrées que la nature avoit refusées à celui-là, ou ne lui avoit pas données en assez grande abondance, ou de l'argent, avec lequel il peut satisfaire à ses besoins & à ses plaisirs.

L'agriculture, qui fournit les matières que les manufactures emploient, est payée, avec usure, des fonds qu'elle a fournis à l'industrie; l'aisance des cultivateurs augmente en même raison que les succès des hommes industrieux, & la population, & les forces de l'Etat, viennent à la suite de l'aisance des uns & des autres; car les progrès de l'agriculture & des arts industrieux, marchent d'un pas égal. Encouragez l'agriculture, les travaux des arts s'animeront; encouragez l'industrie, l'agriculture sera florissante.

Si donc l'établissement du tarif en *Lorraine*, tend à animer les travaux de l'industrie dans la province, son utilité ne peut être révoquée en doute; or c'est l'effet qu'on en doit attendre.

L'état de langueur de nos manufactures est l'effet de deux causes; d'un côté, le versement des productions des manufactures étrangères dans la province; de l'autre, le débouché des provinces de France fermé à nos marchandises, par les droits exigés à l'entrée de ce royaume. Le transport des bureaux sur la frontière de la *Lorraine*, entre l'étranger & nous, changera cet état des choses à notre avantage.

La principale cause de la langueur & de la décadence de plusieurs fabriques dans la province, est le versement des productions des manufactures étrangères; c'est ce qu'il nous est très-facile de démontrer en partie, d'après les aveux de l'auteur des lettres, & en partie, d'après l'évidence des faits.

L'auteur des lettres fait mention de quatre manufactures d'étoffes de laine établies à Nancy; d'un nombre considérable de métiers à bas dans la même ville; d'un corps de drapiers, distingué & protégé à St-Nicolas; de deux manufactures de toiles élevées à Neuf-château, qui faisoient passer des quintins & des linons jusqu'en Italie; d'une fabrique de chapeaux à Gerbeviller, & de quantité d'établissemens utiles, protégés & encouragés par nos souverains: tout ce détail est de l'auteur même des lettres.

Tous ces établissemens, depuis environ vingt ans, sont déchus, affoiblis ou anéantis: c'est encore une vérité que l'auteur des lettres reconnoît en plusieurs endroits de son ouvrage.

Maintenant, si le versement des productions des manufactures étrangères en *Lorraine*, est augmenté dans la même proportion que nos manufactures sont diminuées, & cela depuis la même époque, pourra-t-on méconnoître la cause véritable de la décadence dont nous nous plaignons? Pourra-t-on se dissimuler que cette cause est précisément l'introduction libre des productions des manufactures étrangères, & ne sera-t-il pas prouvé que le meilleur remède qu'on puisse apporter à ce mal, est précisément l'établissement du tarif?

Or, nous prouvons invinciblement que depuis vingt-cinq ou trente ans, le versement des productions des manufactures étrangères en *Lorraine*, est augmenté au moins du double.

Selon une balance dressée par les marchands eux-mêmes,

eux-mêmes, & jointe à un mémoire qu'ils ont présenté au roi de Pologne à son arrivée en *Lorraine*; balance faite sur des états détaillés, & d'après leurs propres livres, l'exportation des denrées de la province, en 1737, se montoit à .... 5,260,000 *l.*

Et l'importation des marchandises étrangères, à la somme de........ 5,300,000

Voilà un fait que l'auteur des lettres ne peut révoquer en doute, puisqu'il est fondé sur un témoignage qu'il ne sauroit récuser.

Or, de 1737 à 1759, l'importation des marchandises étrangères est allé jusqu'à dix & douze millions: nous appuyons cette estimation sur plusieurs preuves.

Le droit d'entrée dans la ville de Nancy, se perçoit au quatre-vingt seizième denier du prix coûtant des marchandises qui y entrent. Cette ferme paye aujourd'hui quarante-six mille livres de canon; en y ajoutant les frais de régie, nous aurons au moins cinquante mille livres, qui supposent la valeur de cinq millions, ou à-peu-près, pour le prix des marchandises étrangères qu'on fait entrer à Nancy; ainsi, voilà pour cinq millions de marchandises étrangères qu'on fait entrer dans la seule ville de Nancy. L'auteur des lettres ne contestera pas la justesse de cette estimation, au moins pour les années antérieures à 1759.

Or, le commerce qui se fait à Nancy, n'est guère que le tiers de celui qui se fait dans la province; mais supposons qu'il n'en fasse que la moitié, on conviendra que nous sommes très-modérés, si on se rappelle le nombre des marchands en gros, établis depuis environ trente ans dans toutes les villes de la *Lorraine*. Neuf-château, Bar, Ligny, nous présentoient, en 1759, de ces marchands qui faisoient un commerce de trois à quatre cens mille livres. Saint-Diez, Lunéville, Mirecourt, Epinal, Pont-à-Mousson, renferment également quantité de marchands, qui, comme ceux de Bar, Ligny, Neuf-château, tirent directement de l'étranger les marchandises qu'ils débitent.

De-là nous devons conclure, que la totalité des marchandises qui entroient dans la province vers 1759, montoit à la valeur de dix millions six cens mille livres; c'est-à-dire, au moins au double de ce qu'elle étoit en 1737.

Un autre calcul nous conduit encore au même résultat de dix millions & plus, de marchandises étrangères importées en *Lorraine*, vers 1759.

1°. L'auteur des lettres nous apprend, que de mille marchands qui sont répandus dans la *Lorraine*, cent, au moins, font le commerce en gros, & tiennent magasin de marchandises étrangères; que ces marchands tirent de Francfort, Basle, ou Zursack, des marchandises de cinquante façons différentes. Qu'entre ces cent marchands, il y en a qui portent à trois cens mille livres les achats des marchandises étrangères. Lui même étoit autrefois de ce nombre, & il nous fait entendre qu'il y en avoit encore beaucoup d'autres: les plus foibles achats qu'il nous indique, sont de cent mille livres.

Nous avons donc en *Lorraine*, suivant cet écrivain, cent marchands qui faisoient, en Allemagne & en Suisse, un commerce, les uns de trois cens mille livres, les autres de cent mille livres. Mais pour ne rien outrer, nous supposerons que la moitié de ces cent marchands ne faisoient des emplettes que pour cinquante mille livres chacun, ce qui nous donnera en premier lieu, 2,500,000 *l.*

Qu'un quart & demi, ou trente-sept, achetoit chacun pour cent mille livres; ce qui produira en second lieu, ... 3,700,000

Et enfin, que les treize qui nous restent, le demi-quart par conséquent, achetoient chacun pour trois cens mille livres, ce qui fera 3,200,000

Dont la somme totale sera de.... 10,100,000

2°. L'aveu des marchands eux-mêmes, vient à l'appui de notre estimation. Allarmés sur les effets du tarif, ils ont publié constamment & hautement, que le tarif les ruineroit, en fermant l'entrée de la province à douze millions de marchandises étrangères, qui leur passoient par les mains.

D'après ces preuves, ne sommes-nous pas autorisés à soutenir, que les importations étrangères sont augmentées de plus du double, depuis 1737 jusqu'en 1759? N'avons-nous pas raison de conclure contre l'auteur, que cette liberté de commerce avec l'étranger, a détruit nos manufactures & nos fabriques en laines, en lins & en chanvres, puisque leur destruction est venue par degrés, à proportion de l'augmentation successive du commerce de la *Lorraine* avec l'étranger, tandis qu'avant le progrès de ce commerce meurtrier, nous avons vu nos manufactures & nos fabriques florissantes? Et enfin, ne sommes-nous pas en droit d'espérer que le rétablissement de ces mêmes manufactures sera l'effet heureux du tarif, qui détruira cette première cause de leur dépérissement?

Nous avons dit que l'autre cause du fâcheux état de nos manufactures, est l'entrée des provinces de France, fermée aux productions de notre industrie; & l'influence funeste de cette cause, cessera encore par l'établissement du tarif.

On exige aujourd'hui un droit de vingt à vingt-cinq pour cent à l'entrée des provinces de France, pour la plus grande partie des marchandises de *Lorraine*. Ces marchandises se trouvent par-là fort augmentées de prix dans les provinces de France. N'est-il pas évident que, si l'établissement du tarif lève cette barrière, notre commerce actif avec la France gagnera infiniment? Alors nos verres, nos fers, nos bois, nos planches, nos papiers, &c. passeront en France avec bien plus d'abondance qu'aujourd'hui. Les étoffes de laine, & les toiles qui sortiroient de nos fabriques, pourront pénétrer dans la Champagne, du côté de Rheims, dans la Picardie, & même à Paris, où des essais ont été envoyés & goûtés. Elles pourront soutenir la concurrence des manufactures françoises, affranchies qu'elles seront des droits d'entrée, qui en ont jusqu'à présent arrêté le transport.

Il est vrai que l'auteur des lettres dit, qu'en donnant des exemptions *aux marchandises patrimoniales* de la *Lorraine*, à leur entrée en France, on ne nous accorde *qu'une légère faveur*, p. 37. Mais lui-même, à la page 29, appelle ces exemptions, *des avantages très-précieux*. Nous les avons toujours regardés comme absolument nécessaires, & comme étant de la plus grande importance pour la province. C'est la substance des justes demandes que nous avons faites au ministère françois, depuis près de trente ans. Comment l'auteur des lettres dément-il aujourd'hui sur cela des principes qu'il adopte ailleurs, & qui sont aussi généralement reçus qu'ils sont incontestables?

Mais, dit l'auteur des lettres, quels biens nous rapportera le tarif, relativement aux exemptions des droits, dont nous ne jouissions déjà? Nous achetons, dit-il, dans les villes françoises toutes les marchandises de leurs fabriques; elles nous arrivent sans payer des droits. Nous recevons à meilleur prix qu'aucune province de France, les marchandises des isles françoises: nos bois, nos grains, nos bestiaux y sont affranchis de tout droit; nos verres, nos fers-blancs, & beaucoup de productions de nos manufactures, obtiennent journellement des décharges & des remises sur les droits d'entrée fixés par les tarifs, &c. Nous avons donc peu de chose à gagner à la suppression de la barrière entre la France & nous; ainsi nous ne devons pas être assujettis au tarif.

Nous répondrons, 1°. que les exemptions qu'on nous a accordées, ne suffisent pas pour ranimer notre commerce avec la France, qui sera toujours languissant, tant que les productions de nos manufactures auront à supporter des droits à l'entrée de ce royaume, & qu'il y aura une barrière entre la France & nous. L'*auteur dit lui-même*, en plus d'un endroit, que notre commerce avec la France est ruineux pour nous. Sans adopter les calculs exagérés qu'il présente des marchandises de France, qui s'importent en *Lorraine*, il est certain que nous n'y faisons presque point de commerce actif; & il est encore certain que le grand obstacle à ce que nous en fassions, est l'impossibilité où sont les productions de nos manufactures, de soutenir la concurrence de celles de France, après avoir payé des droits à l'entrée du royaume.

2o. Nous ne pouvons pas raisonnablement opposer au projet de tarif, des avantages dont nous ne sommes redevables qu'aux principes même sur lesquels on fonde la nécessité du tarif. Si on nous accorde des exemptions & des modérations des droits établis, c'est que la *Lorraine* faisant essentiellement partie de la France, nous ne devons pas être regardés comme étrangers par rapport à ce royaume; que nous sommes compatriotes & concitoyens des François; que contribuant aux charges de l'Etat, il est juste que nous en partagions les avantages. Mais toutes ces considérations, si équitables & si justes, tendent aussi à justifier la suppression des bureaux entre la France & nous, & l'établissement du tarif. Si nous sommes les citoyens d'un même Etat avec les François, les faveurs doivent être égales entr'eux & nous; mais si nous voulons nous-même être regardés comme étrangers, ne pouvons-nous pas craindre que le gouvernement françois ne nous traite comme tels, & ne nous retire, ou ne nous refuse désormais des exemptions qui nous sont si nécessaires?

Nous laissons échapper ces réflexions, quoiqu'elles paroissent fournir des armes contre nous-mêmes; 1°. parce qu'elles n'ont pas pu échapper au ministère françois, & qu'en les faisant, nous ne disons rien d'inconnu. 2°. Parce que nous sommes véritablement alarmés des inconvéniens qui résulteroient pour nos fabriques, du refus des faveurs qui nous sont nécessaires pour notre commerce de France, que nous aurions désormais à craindre, si le tarif n'a pas lieu.

L'auteur des lettres, pour nous faire révoquer en doute les avantages du tarif pour la *Lorraine*, relativement à notre commerce avec la France, entreprend de prouver que la suppression des bureaux établis entre la France & nous, fera verser en *Lorraine* toutes les marchandises de France, tandis que nous n'en avons presque point à lui donner en échange, & que ce commerce, devenu absolument passif pour la province, causera bientôt sa ruine entière. Il s'efforce ensuite de justifier ses craintes, en nous représentant toute la *Lorraine* comme inondée actuellement des marchandises de France; les villes des deux duchés comme remplies de marchandises françoises de luxe, & les gens de la campagne, comme habillés des étoffes de France.

Nous ferons d'abord remarquer *le défaut de justesse de ce raisonnement.* Si les marchandises de France inondent à présent la *Lorraine*, si, selon le calcul même de cet auteur, les quatre cinquièmes des consommations des deux duchés sont fournis par la France, que reste-t-il donc à perdre à la province par l'établissement du tarif? Comment peut-il présenter un inconvénient qui existe actuellement, comme devant être la suite d'un établissement qui n'existe pas encore?

L'auteur fournit aussi des armes contre lui-même, par ce calcul exagéré de ce que la France fournit à la *Lorraine*; car on pourra lui dire que, si la France verse chez nous tant de marchandises, c'est parce que le tarif qui est établi dans les provinces de France qui avoisinent la *Lorraine*, en empêchant l'entrée des productions de l'industrie des *Lorrains*, a favorisé l'établissement des manufactures dans ces provinces françoises; ce qui justifieroit le tarif.

Mais les assertions de l'auteur des lettres sur cet article, *sont manifestement fausses, & démenties par lui-même en d'autres endroits de son ouvrage.*

Ces assertions sont fausses; car tout le monde sait que la *Lorraine* tire de l'étranger la plus grande partie des marchandises qui s'y consomment: des draps du Nord, des droguets & des camelots d'Angleterre, des étoffes brochées & unies en soie, des siamoises & des mousselines de Suisse; une quantité immense de toiles peintes du même pays, & beaucoup d'étoffes de différentes espèces, fabriquées dans les villes d'Allemagne. Il n'est pas possible de contester ce fait, qui est sous les yeux de tout le monde, sans se rendre coupable de mauvaise foi.

Dans la ville de Nancy, des deux cens vingt-trois marchands qui y sont établis, un seul entre les magasiniers tire toutes ses marchandises de France, trois ou quatre en tiennent à peine un cinquième; & dans le reste des deux duchés, nous avançons qu'à peine trouvera-t-on douze marchands qui fassent un commerce direct avec la France; tous, ou presque tous, tirent des magasins de Nancy le peu de marchandises françoises qu'ils vendent.

L'auteur des lettres dément lui-même ailleurs ses propres assertions sur cela, en portant à des sommes considérables le commerce passif de la *Lorraine* avec l'étranger; ce qui suppose que la plus grande partie des consommations de la province, est fournie par les étrangers, & non par la France; & cet écrivain peut d'autant moins se refuser à cette conséquence, qu'il va jusqu'à assigner la raison de la préférence des étoffes étrangères, sur les étoffes de France, dans leur meilleur marché. Il n'est donc pas vrai, selon lui-même, que les étoffes de France inondent la province; mais on a déjà dû remarquer *que les contradictions ne lui coûtent rien.*

Nous voyons donc dans la suppression des bureaux entre la France & nous, & par conséquent dans l'établissement du tarif, un vaste champ ouvert aux productions de notre industrie, une circulation libre de nos marchandises & de nos denrées dans tout l'intérieur d'un grand royaume, un avenir heureux pour nos manufactures; &, par une conséquence nécessaire, l'encouragement de l'agriculture, & l'augmentation de l'aisance & de la population.

Tout ce que nous venons d'avancer est fondé, comme on le voit, sur cet unique principe, que pour rendre en *Lorraine* les manufactures florissantes, & y relever le commerce abattu, il faut fermer l'entrée de notre province aux productions des fabriques étrangères, & ouvrir la France aux productions des nôtres. C'est précisément ce qu'on a dit il y a vingt-cinq ans, au moment de la cession de la *Lorraine* à la France, *dans un mémoire avoué par toute la province, qu'on attribue au père même de l'auteur des Lettres*, & dans une circonstance où l'on s'exprimoit avec liberté & vérité. Voici ce qu'on lit dans ce mémoire:

« La disposition présente des affaires publiques, » prépare un moyen qui pourra tout-à-la-fois » animer, & le manufacturier, & le marchand » de laine. Ce moyen sera un plus grand débit, » qui mettant ce premier plus au large du côté » du profit, pourra en même tems le mettre » en état d'exciter mieux par l'intérêt, la curiosité du marchand sur la préparation de ses » laines.

» Ce plus grand débit pourra dériver de deux » causes: la première, sera la cessation du versement des draperies de Vervier, & autres » manufactures du Nord, qui se répandent si » abondamment dans la *Lorraine* par la voie de » Francfort, & le commerce de Hollande. Alors » le régnicole n'ayant plus sous les yeux ces » draperies étrangères, sera contraint à se borner » à celles de son pays, dont le débit deviendra » plus abondant, sans que l'argent sorte de la » province.

» La seconde voie consistera à lever les bornes » imposées jusqu'à présent au commerce de » *Lorraine*, limité en ce qui regarde la France, » à une liberté réciproque de communication de » vivres, denrées & marchandises entre ce duché » & les trois évêchés. Ces bornes pourront être » levées; & la *Lorraine*, devenue une partie de » la France, participera à une liberté générale de » commerce dans tout le royaume.

» A la vérité, le premier moyen que l'on a » proposé, semble former quelques difficultés : » elles regardent le commerce de Hollande, qui » jusqu'à présent a si fort enrichi les marchands » *Lorrains*. L'interruption de ce commerce ne » deviendra-t-elle pas préjudiciable au pays ?

» La réponse à cela a déjà été prévenue par » ce qui a été dit ci-devant. L'argent conservé » dans le pays, le plus grand débit de draperies » dans la *Lorraine* même, & son commerce ouvert » & étendu dans tout le royaume, bien au-delà » des trois évêchés, formeront pour elle une » avantageuse indemnité.

» En effet, il faudra raisonner de la *Lorraine* » unie & incorporée dans le royaume de France, » différemment de la *Lorraine* prise dans sa situa-» tion présente. Jusqu'à présent il falloit que, » pour le soutien & l'embellissement de son » commerce, elle eût des ressources hors d'elle-» même ; mais les grands événemens auxquels on » s'attend, lui en procureront avec son union » avec le grand tout dont elle sera partie ».

Voilà les principes qui étoient universellement adoptés dans la province, au moment de sa réunion à la France ; & on voit que ce sont précisément les nôtres. Cette conformité nous justifie.

Après avoir prouvé directement l'utilité du nouveau tarif relativement à la *Lorraine*, nous allons résoudre les objections de l'auteur des *Lettres*.

Vous pourrez être étonné, Monseigneur, que nous nous flattions de réfuter un ouvrage aussi volumineux que celui de l'auteur des lettres, dans un mémoire aussi court que celui que nous avons l'honneur de vous présenter. Mais en laissant de côté *les déclamations de cet écrivain, les injures qu'il dit aux fermiers, & les raisons futiles qui ne méritent pas d'être discutées*, nous pouvons n'être pas longs, & remplir notre objet.

On peut réduire aux articles suivans toutes les objections que fait l'auteur des lettres contre le tarif.

1°. L'établissement des bureaux entre les deux duchés & les pays étrangers, fera perdre à la *Lorraine* tout le commerce actif qu'elle fait avec ces pays.

2°. Cet établissement entraînera l'avilissement du produit des terres, que les étrangers ne viendront plus acheter concurremment avec les François & les nationaux.

3°. Le tarif fera perdre au *Lorrains* l'avantage qu'ils trouvent dans la liberté de leur communication avec les étrangers, de recevoir des matières premières, des denrées & des marchandises de toutes espèce, à un prix plus modique & plus proportionné à leurs facultés, que ne les reçoivent les François soumis aux droits imposés par le tarif.

4°. La *Lorraine* perdra tout le commerce d'économie & d'entrepôt qui l'enrichissoit.

5°. Le nouveau tarif n'est pas une loi d'administration, mais seulement une loi bursale, inventée par les traitans & les travailleurs en finances.

Une remarque générale suffira pour répondre à la première de ces objections. Le tarif ne peut être funeste au commerte actif de la *Lorraine*, que parce qu'il augmenteroit pour l'étranger, ou le prix des denrées, ou celui des matières premières, ou celui de nos ouvrages manufacturés, en leur faisant supporter un droit de sortie qu'elles ne paient point aujourd'hui.

Quant aux matières premières, si les droits qu'elles seront obligés de payer à la sortie, en diminuant le prix pour les Lorrains, favorisent le progrès de leur industrie & l'établissement des manufactures, la province ne peut que gagner beaucoup à l'établissement du tarif, puisque c'est un principe de commerce, qu'il est plus avantageux à une nation de mettre elle-même en œuvre ses matières premières, que de les vendre brutes.

Des droits de sortie payés par les marchandises manufacturées, ne peuvent pas détruire cette partie de notre commerce actif. Ces droits, qui ne sont pas fixés, ne le seront sans doute que d'une manière qui permettra encore aux productions de notre industrie, de soutenir la concurrence des productions des manufactures étrangères dans le pays que nous approvisionnons aujourd'hui ; nous devons en être d'autant plus persuadés, que c'est sur la fixation même de ces droits que nous sommes consultés. Le ministère, qui a pour objet de rendre plus florissant le commerce du royaume, & par conséquent celui de la *Lorraine*, qui en fait éventuellement partie, manqueroit son but, si des droits excessifs nuisoient à nos exportations : il n'est pas raisonnable de lui supposer le projet insensé & contraire à ses propres intérêts, d'anéantir le commerce de la *Lorraine*, sans aucun fruit pour les anciens sujets de la couronne. A la vérité, l'auteur des *Lettres* part, dans tout son ouvrage, d'après cette supposition ; mais elle n'en est, ni plus équitable, ni plus vraisemblable. Si donc on impose des droits sur nos marchandises, on les déterminera sans doute à une quotité telle, qu'en fournissant à l'Etat le secours dont il a besoin, elle ne nuira pas à notre commerce au-dehors, sans lequel l'Etat entier perdroit de sa richesse & de sa force. L'intérêt de la France même, se trouvant indivisiblement lié avec le nôtre à cet égard, c'en est assez pour rassurer sur les suites du tarif, relativement aux exportations de nos ouvrages manufacturés.

Enfin, le commerce des denrées de la province ne souffrira pas davantage de l'établissement du tarif, par la raison générale que ces denrées, étant presque toutes soumises à des droits modiques, se trouveront également convenir aux étrangers qui les achetoient. L'auteur des lettres n'apporte aucune raison du contraire, qui mérite la peine d'être réfutée.

Un seul article de nos denrées peut faire ici quelque difficulté; les droits imposés sur les vins à leur sortie, pourront en diminuer l'exportation. Mais n'avons-nous pas lieu d'espérer que ces droits, qui ne sont pas encore fixés, ne seront pas portés à une quotité trop considérable, pour nuire à cette partie intéressante du commerce de notre province? L'auteur des lettres, au lieu de se livrer à des déclamations, n'auroit-il pas mieux fait d'examiner soigneusement quels droits peut supporter cette denrée, qui n'étant pas, après tout, de première nécessité, comme les grains, ni d'une aussi grande importance pour l'Etat, & relativement à d'autres circonstances, peut être soumise à certaines impositions plutôt que d'autres denrées?

N'auroit-il pas mieux fait de proposer les raisons qui nous font desirer que le droit proposé dans le projet de tarif, soit diminué, & de déterminer jusqu'à quel point il doit l'être? mais il étoit incapable de cette discussion modérée. Quoi qu'il en soit, nous avouons que cet article doit être examiné avec soin, & nous espérons que le ministère aura égard sur cela aux représentations de la province, soit en diminuant généralement les droits sur les vins, soit en mettant à couvert, à ce égard, par quelqu'autre moyen, les intérêts de la *Lorraine*, qui sont indivisiblement liés avec ceux du royaume entier.

Mais quel est donc, après tout, ce commerce étranger, *pour lequel l'auteur des lettres paroît si allarmé?* A l'entendre, il est considérable; il enfle prodigieusement notre commerce actif avec les étrangers, avec Francfort, & avec les Suisses en particulier, & réduit presque à rien les marchandises que nous en recevons. Sur l'un & sur l'autre de ces objets, *il en impose à ses lecteurs.*

Nous achetons à Francfort des indiennes & des toiles blanches, des draps d'Angleterre, appellés vulgairement draps du Nord, & une infinité d'étoffes, à l'instar de celles qui se fabriquent dans les manufactures de France, & qu'on pourroit imiter facilement en *Lorraine*. D'un autre côté, si nous en croyons des marchands mêmes, nous n'envoyons rien, ou presque rien, à Francfort, si l'on en excepte les dentelles de Mirecourt, & quelques autres objets d'une très-petite importance. L'auteur des lettres fait mention d'huile de navette & d'eau-de-vie. Ces huiles de navette reviennent souvent dans son ouvrage; à l'en croire, nous en faisons des envois en Suisse, dans le pays de Luxembourg, dans le comté de Chiny, & dans toutes les autres principautés qui nous avoisinent. Pour fournir à tant d'exportations, il faudroit qu'une grande partie du territoire de la province fût occupée par cette culture, & le fait est, qu'elle n'est pas aussi considérable qu'il veut le faire entendre.

L'auteur des lettres nous trace un tableau tout aussi infidèle du commerce de la *Lorraine* avec la Suisse; si nous l'en croyons, les emplettes que nous faisons chez les Suisses se bornent à bien peu de choses, à des toiles peintes & blanches, à quelques rubans & quelques merceries, & nous leur donnons en échange des sels, des bleds, des eaux-de-vie, des huiles de navette, des vins, des chandelles, des laines, des drogues, des teintures, &c.

Tout ceci n'est pas exact.

Parmi les objets de notre commerce actif avec les Suisses, l'auteur des lettres parle de vins, & il ne s'en exporte presque point en Suisse, ni de bleds; & il est prouvé, par le relevé des bureaux de l'intendance, que les Suisses n'en tirent que fort peu & fort rarement, & cela seulement lorsque cette denrée est rare ou chère chez leurs autres voisins. On doit dire la même chose de nos eaux-de-vie & de nos huiles. Pour les huiles en particulier, depuis deux ans ils les ont fort négligées, & généralement ils n'en prennent que lorsqu'elles sont à très-bas prix. Les chandelles dont parle l'auteur des lettres, sont aussi un très-petit objet, & ce commerce se réduit à quelques caisses de peu de valeur.

Le seul commerce actif de notre province avec les Suisses, qui mérite quelque considération, est celui de nos laines & celui de nos sels; mais il y a quelques observations à faire, qui réduisent à leur juste valeur les exagérations de l'auteur des lettres sur cette matière, & qui détruisent les conséquences qu'il veut en tirer.

La première, est que la vente de nos laines aux Suisses, n'est pas un bien pour la province, puisque c'est une matière première qu'il nous seroit plus avantageux de fabriquer, que de vendre brute pour la racheter ensuite manufacturée.

La seconde, que nos sels sont pour les Suisses une denrée de nécessité, qu'ils acheteront toujours chez nous, parce que nous sommes leurs plus proches voisins, & qu'ils les acheteroient plus chers chez les autres. Ajoutons que ce sel étant entre les mains des fermiers du roi, ne peut être regardé comme un objet de commerce de la province, qu'on puisse faire valoir comme une partie de son commerce actif, lorsqu'il est question d'estimer les effets du tarif. Que le tarif s'établisse en *Lorraine*, ou non, cette partie du commerce actif ne peut être sujette à aucun changement; on ne voit donc pas à quel propos l'auteur des lettres fait ici mention de notre commerce de sel avec la Suisse, ni quelle conséquence il prétend tirer de ses observations sur cela, contre le projet du tarif.

Quant aux marchandises que nous recevons des Suisses, on a vu que l'auteur des lettres dit, comme en passant, que nous tirons d'eux des toiles peintes & blanches, quelques rubans & quelques merceries. Voilà un exposé bien modeste; mais il faut savoir que ces toiles, ces rubans & ces merceries, sont des objets de la plus grande importance, dont l'importation est infiniment funeste à la *Lorraine*, & qui sont bien plus considérables que l'auteur des lettres ne le prétend.

Ces objets de commerce sont la rubannerie en soie, fleuret & fil; des mouchoirs de soie de toutes qualités; des siamoises trois quarts, cinq quarts; toiles à carreaux, toiles de coton, de coton & fil, de coton brodé, de coton & soie brochées; des étoffes de soie unies, façon de gros Tours; étoffes damassées, étoffes de coton & soie; filoselle & soie, &c. des quincailleries de toutes espèces; des bonneteries de toutes qualités, en soie, laines peignées & cardées. Voilà l'objet du commerce de nos marchands avec la Suisse, qui s'augmente tous les jours, & qui favorise chez nos rivaux, l'établissement d'une infinité de fabriques, tandis qu'il est un obstacle continuel à la prospérité & à la multiplication des nôtres.

Il est bien à souhaiter, pour les intérêts de la province, que le tarif proposé vienne retrancher les trois quarts & demi de ce ruineux commerce; on conserveroit dans le pays des millions que nous allons porter aux Suisses pour des marchandises que tout nous invite à fabriquer chez nous, dont la fabrication nourriroit & entretiendroit des milliers de familles.

Tous les détails qu'on vient de voir, sont très-directement relatifs à la question que nous traitons, & nous fournissent contre l'auteur des lettres, l'argument suivant, qui suffit pour nous rassurer sur les suites du tarif par rapport à notre commerce avec l'étranger. Le commerce qu'il est le plus important de conserver à la province, est sans doute son commerce actif, & non un commerce interlope.

Si le commerce légitime avoit prospéré, on seroit peut-être autorisé à craindre que le changement qu'on veut introduire, ne fût funeste à la Province; mais il est manifeste que la *Lorraine* n'a que fort peu de commerce actif, & que son commerce passif est au contraire infiniment considérable. Que craint-on donc du tarif? Ne doit-on pas espérer au contraire, qu'il procurera à la Province la diminution du commerce passif, & l'augmentation du commerce actif, la vraie source de la richesse & de la force d'un pays.

Nous ne pouvons pas nous dispenser à ce sujet de relever *les contradictions de l'auteur des lettres avec lui-même*, lorsqu'il parle de l'état du commerce de la *Lorraine*; il en fait deux tableaux absolument différens l'un de l'autre.

Lorsqu'il veut rendre le tarif odieux, & prouver que la *Lorraine* ne peut pas se passer de marchandises étrangères, il dit, qu'à l'*aspect du tarif, on verra disparoître des familles chassées par le besoin, & qui iront chercher chez l'étranger une subsistance qu'elles ne trouveront plus dans leur patrie*, lettre IV. Que la pauvreté de la *Lorraine* ne permet pas à ses habitans de se vêtir d'autres étoffes que de toiles peintes & d'étoffes étrangères, &c. dont l'usage s'accorde mieux, dit-il, avec leur médiocrité & l'état de leur bourse.

D'un autre côté, lorsqu'on lui oppose que le tarif est nécessaire en *Lorraine* pour y favoriser les progrès de l'industrie, qui y est languissante, pour y élever des manufactures, &c. le même écrivain prétend que le commerce de la *Lorraine* n'a pas besoin de ces ressources; que notre industrie *a réalisé le fameux projet de Lucius Verus, de joindre les deux mers par un canal, entre la Saone & la Moselle*; que depuis quarante ans *il s'est établi dans les deux duchés, un nombre considérable de négocians habiles, qui connoissent avec précision les lieux où croissent & où se fabriquent les denrées & marchandises nécessaires à tout genre de consommation, & qui ont des correspondances directes avec toutes les places de l'Europe*; que nos compatriotes font passer en Allemagne & en Hollande des marchandises de toute espèce: en un mot, que la *Lorraine* a un commerce florissant & plus florissant que celui des provinces de France assujetties au tarif; *cette contradiction si marquée règne dans tout son ouvrage*. Il s'en est sans doute apperçu; mais il a cru que ses lecteurs ne s'en appercevroient pas, & il s'est trompé: de ces deux tableaux si différens, le premier est le seul vrai. Le commerce actif de la *Lorraine* est dans un état languissant, & a besoin d'être ranimé par toutes sortes de moyens; mais supposons qu'il est aussi considérable que le prétend l'auteur des lettres, & examinons les raisons sur lesquelles cet écrivain s'appuie, pour avancer que sa destruction entière sera l'effet de l'établissement du tarif.

Les étrangers, dit il, ne recevront plus rien de nous, si leurs marchandises manufacturées sont taxées à l'entrée de la province; ils se vengeront de ce que nous aurons imposé les leurs, en imposant les nôtres, ou même en les prohibant absolument.

1°. Les différens peuples qui reçoivent les productions de notre sol, ou de notre industrie, les reçoivent, ou parce qu'elles sont nécessaires à leur consommation, ou parce qu'elles leur sont utiles pour un commerce qu'ils font avec un pays plus éloigné de nous qu'ils ne le sont eux-mêmes; ou parce que, sans être ni nécessaires, ni simplement utiles, elles leur sont agréables. Dans tous ces cas, la mauvaise humeur, quelque forte qu'on la suppose, ne sera jamais capable de les déterminer à se passer de nos denrées & de nos marchandises: un motif aussi puérile ne les engagera pas à se passer de ce qui leur est nécessaire, ou à se priver de ce qui leur fournit la matière d'un commerce lucratif, ou de ce qui leur est simplement agréable. Penser différemment, ce seroit mal connoître les hommes.

Nous remarquerons à ce sujet, qu'il ne tient pas à cet écrivain, que les princes voisins ne s'arment en effet contre le tarif, & ne se vengent du ministère françois, en interdisant à leurs sujets tout commerce avec nous; c'est pour cela qu'il exagère le tort que fera le tarif aux pays étrangers qui nous avoisinent. Il va, sonnant le tocsin, dans le cabinet de ces princes; il les rappelle aux traités faits entr'eux & les ducs de *Lorraine* & de Bar; il les fait souvenir qu'ils ont aussi le droit de proscrire les marchandises de France; il regrette que leurs oppositions ne se fassent pas sentir: en un mot, *tout son ouvrage respire par-tout la passion, & un projet formé de rendre odieuse une des démarches du ministère les plus sages, les plus conformes au bien du commerce, & les plus ardemment souhaitées par tous les bons citoyens.*

Mais il suffit encore ici, comme sur beaucoup d'autres assertions de l'*auteur des lettres, de l'opposer lui-même à lui-même.* On vient de voir que, selon cet écrivain, l'établissement du tarif est tout-à-fait injuste, par rapport aux nations étrangères; que les Allemands, les Suisses, les Hollandois, ne manqueront pas de réclamer & de fermer pour représailles, l'entrée de leurs pays à toutes les marchandises de France & de *Lorraine.* Toutes ces déclamations se trouvent dans la septième lettre, pag. 175, 176 & 184. Or, dans la même lettre le même auteur prétend que les princes voisins *ne seront pas fâchés* de l'établissement du tarif. Que *depuis l'édit des cuirs, qui a assimilé la prévôté de Sarlouis à la France, quant à cette partie, les Allemands, nos voisins, sont devenus les tanneurs & les cordonniers de toute la prévôté; que les marchands de Deux-Ponts & des villes étrangères qui bordent la Sarre, se félicitent d'avance de l'établissement du tarif, & se flattent que leur commerce va devenir infiniment plus florissant*, &c. Comment l'auteur des lettres a-t-il pû se permettre des contradictions si grossières?

Si les princes Allemands ont tant d'avantage à espérer de l'établissement du tarif en *Lorraine*, ils ne chercheront donc pas à se venger de la France, en fermant l'entrée de leurs états aux denrées & aux marchandises des deux duchés; ou, s'ils ont à se venger, l'établissement du tarif ne leur aura donc pas été avantageux, au préjudice de la France & de la *Lorraine.*

Ajoutons une réflexion, qui fera sentir la foiblesse de cette objection de l'auteur des lettres. A l'entendre, les habitans de Francfort ne voudront plus prendre nos denrées, si on impose un droit à l'entrée en France sur les marchandises que nous achetons aux foires de Francfort. Pour détruire ce raisonnement, il suffit de remarquer que les foires de Francfort sont formées principalement par le concours des marchands Suisses, qui y portent leurs mousselines, leurs indiennes, leurs toiles blanches; des Saxons, des Brandebourgeois, des Bohémiens, qui y conduisent des étoffes de différentes espèces & de quantité d'autres peuples d'Allemagne encore plus éloignés de nous.

Dire donc, avec l'auteur des lettres, que les habitans de Francfort ne tireront plus nos marchandises & nos denrées, parce que les marchandises achetées à leurs foires, seront sujettes à des droits d'entrée en *Lorraine*, c'est prétendre qu'ils prendront parti pour les Suisses, les Saxons, les Bohémiens, les Prussiens, ce qui est absurde.

Enfin, comme les habitans de Francfort achètent nos denrées, non pas pour nous obliger, mais bien pour les revendre aux peuples de l'Allemagne, & que ce tarif n'empêchera pas que ce commerce ne continue de leur être avantageux, ils le continueront.

Mais ce n'est qu'à la faveur des contre-voitures, dit l'auteur des lettres, que les habitans de Francfort nous enlèvent nos denrées; ainsi, s'ils cessent d'apporter leurs marchandises en *Lorraine*, ils cesseront d'en enlever les productions. Cet auteur fait beaucoup valoir cet argument, qu'il applique aussi à notre commerce avec la Suisse.

Nous répondrons; 1°. la plus grande partie du commerce actif que nous avons avec Francfort, se fait dans les tems des foires: or, pour les exportations que nous faisons aux deux foires de Francfort, nous ne nous servons pas de contre-voitures. Tel est en particulier notre commerce de dentelles de Mirecourt, (qui, selon le calcul même de l'auteur, forme l'article le plus considérable de notre exportation); nos marchands les portent eux-mêmes à la foire, pour les vendre aux commerçans de différentes nations qui y abordent, & ce commerce eſt abſolument indépendant des contre-voitures. Ajoutons qu'il eſt abſurde de ſuppoſer que les voitures ſoient un objet de quelque importance dans un commerce de dentelles.

2°. Pour qu'on puiſſe craindre raiſonnablement la diminution de notre commerce actif avec Francfort, à raiſon du défaut de contre-voitures, il faudroit que le nouveau tarif diminuât les importations des marchandiſes qui nous viennent de Francfort aſſez conſidérablement, pour que la quantité des voitures employées à cette importation chez nous, ne pût pas ſuffire à exporter ce que nous envoyons nous-mêmes actuellement à Francfort. Or, en accordant à l'auteur des lettres, que l'établiſſement du tarif diminuera les importations étrangères, s'il eſt de bonne foi, il doit convenir que ces importations demeureront toujours aſſez conſidérables pour nous procurer le peu de contre-voitures dont nous avons beſoin pour nos propres exportations, puiſqu'après tout, l'importation des étrangers ſurpaſſe de beaucop notre exportation actuelle, & qu'à peine la dixième partie des voitures de Francfort ſert elle de contre-voitures pour nos denrées dans l'état actuel des choſes; que ſi, comme cela doit arriver, nos exportations augmentent, cette augmentation même nous mettra en état de ſupporter les frais de voitures, même ſans avoir des retours.

3°. Quoique en matière de commerce, il faille caculer les plus petites économies, il eſt cependant déraiſonnable de ſuppoſer qu'un commerce fondé ſur des beſoins, tel que celui que les habitans de Francfort, ou plutôt les marchands de diverſes nations qui ſe raſſemblent à ces foires, ont avec nous, qu'un commerce, dis-je, de cette nature ſoit anéanti, parce qu'il ſe fera ſur les frais de tranſport une augmentation preſqu'inſenſible. Or l'augmentation réſultante du défaut de contre-voitures ne ſauroit être conſidérable; un voiturier qui retourne, ne donne pas ſa voiture pour rien au négociant qui veut lui faire un chargement.

4°. L'auteur des lettres, qui fait valoir ſi fort l'avantage des contre-voitures, n'a pas fait attention que cet avantage tourne entièrement au profit de nos rivaux; car, au moyen de ce que nous ne commerçons avec eux que par des contre-voitures, ce ſont eux qui retirent tout le bénéfice de la voiture. Ce ſont les Liégeois qui viennent en *Lorraine*, & qui y font d'abord ſur leurs cuirs, & enſuite ſur nos vins, le bénéfice du tranſport. Croira-t-on que la petite diminution de prix que peut nous faire un voiturier Liégeois, dédommage la province de ce qu'elle ne tranſporte pas elle-même ſes denrées avec ſes hommes & ſes chevaux?

Nous ne nous étendrons pas davantage ſur cette réflexion, qui doit ſe préſenter à toutes les perſonnes un peu inſtruites en matière de commerce, & qui eſt échappée à l'auteur des lettres.

5°. Cet écrivain a-t-il calculé avec préciſion ce qu'il en coûtera de plus? Eſt-il sûr que les denrées & les marchandiſes que nous envoyons à Francfort, ne peuvent ſupporter aucune augmentation de prix chez l'étranger, ſans être entièrement abandonnées? Que ce commerce tient abſolument à tel & tel prix des voitures? Que nos négocians même, en les ſuppoſant obligés d'envoyer à droiture, ne trouvent pas des reſſources d'économie qui les dédommageront du défaut de contre-voitures? *&c.*

On voit par ces détails, que nous pourrions pouſſer plus loin, avec quelle affectation l'auteur des lettres groſſit de petits objets, pour en faire des monſtres, & *avec quelle légéreté il décide par des aſſertions vagues*, une queſtion de commerce qui demanderoit une grande connoiſſance des détails.

Pour terminer ce que nous avons à dire du commerce actif des deux duchés avec les pays étrangers, nous remarquerons qu'outre Francfort & les Suiſſes, dont nous avons parlé dans ce qu'on vient de lire, le peu de commerce actif que nous avons, ſe fait avec le pays de Luxembourg & le comté de Chiny, la principauté de Salm, le duché des Deux-Ponts, le comté de la Leyne & de la Hollande.

Les pays de Luxembourg & le comté de Chiny reçoivent de nous, des bleds, des vins, des papiers & des huiles. La principauté de Salm, les Deux-Ponts, les comtés de la Leyne, des étoffes, des cuirs tannés, des peaux apprêtées, des bleds, des vins, des eaux-de-vie, des huiles, des fers, des chandelles, des crins, *&c.* la Hollande, des aciers & des bois. Ces objets de commerce ſont, ou des matières qui ont reçu une nouvelle valeur dans nos manufactures, qui ne payeront que des droits de ſortie modérés, avec leſquels elles pourront encore le diſputer aux productions des manufactures étrangères, ou des denrées de néceſſité, comme des bleds, des grains, des huiles, dont les droits de ſortie ſont ou nuls, ou modiques Pour la Hollande en particulier, le droit de ſortie ſur les matières qu'elle prend de nous, ne peut être & ne ſera que modique; & un droit modique ne rebutera pas des conſommateurs, ſur-tout pour des marchandiſes qui ſont pour eux d'une grande néceſſité. Les Hollandois peuvent difficilement ſe paſſer de nos fers, de nos aciers & de nos bois; ces mêmes marchandiſes ont été conſtamment plus chères dans la guerre préſente, de plus de trente pour cent, ſans que les exportations en ſoient diminuées. On voit par-là combien les

les craintes qu'il veut inspirer, seroient frivoles & mal fondées.

Enfin, une dernière réflexion de l'auteur des lettres, contre le projet de fermer l'entrée de la *Lorraine* aux productions des manufactures étrangères, est que les habitans des deux duchés s'expatrieront; *parce qu'ils ne pourront plus user de telles & telles étoffes, dont leur goût & leur économie leur faisoient desirer l'usage, & parce qu'ils les envieront à leurs voisins étrangers, qui, à quatre pas d'eux, ignorent cette espèce d'entraves: & quelles considérations pourroient les retenir?*

Nous pouvons dire d'abord que le desir de se vêtir d'une certaine espèce d'étoffe plutôt que d'une autre, ne peut jamais être une raison suffisante de s'expatrier, & qu'il ne faut pas de grandes considérations, pour retenir des gens qui n'auroient pas de plus puissans motifs. Nous n'avons point vu d'émigrations des habitans de la Champagne en *Lorraine*, quoiqu'on ait pu se vêtir en *Lorraine* de toiles étrangères & de draps anglois; ce que ne pouvoient pas les Champenois. Les émigrations passées, dont l'auteur des lettres parle, n'ont rien de commun avec le tarif, qui n'étoit pas encore établi lorsque la province en a souffert. On doit en conclure, au contraire, que, puisque ces émigrations ont eu lieu dans un tems où la province jouissoit des priviléges pour lesquels l'auteur des lettres combat avec tant de chaleur; ces priviléges, cette liberté, qu'il vante tant, ne suffisent donc pas pour maintenir la *Lorraine* dans un état heureux. Il n'eût pas été difficile, dit l'auteur des lettres, de retenir les familles fugitives, elles ne demandoienr que du pain. Ces familles manquoient donc de pain, quoique la province ne fût pas accablée sous le joug du tarif; elles manquoient de pain, quoique le commerce d'entrepôt, source féconde de richesses & d'aisance pour la *Lorraine*, si l'on en croit l'auteur, quoique ce commerce fût absolument libre: elles manquoient de pain; mais c'est précisément pour leur en procurer, qu'il faut travailler à ranimer l'industrie nationale, sans laquelle il n'y a jamais d'aisance pour le peuple.

Ainsi *l'auteur des Lettres est bien mal-adroit de citer ces émigrations & cet état fâcheux de la* Lorraine, *en combattant l'établissement du nouveau tarif; car il fortifie par-là notre grand argument.* Si la province est malheureuse, lui dirons-nous, c'est que le commerce d'entrepôt, à plus forte raison le commerce de contrebande, auxquels la *Lorraine* est réduite, ne suffisent pas pour y répandre l'aisance; enrichissent quelques particuliers, sans fournir au peuple des moyens suffisans de subsistance, & que le commerce fondé sur les productions du sol & sur les travaux des manufactures, est le seul qui puisse entretenir l'abondance & la population qui en est la suite.

Ainsi, le transport des bureaux entre l'étranger & la *Lorraine*, est le seul moyen de favoriser l'établissement des manufactures, &, par contre-coup, l'agriculture même, en répandant l'aisance chez les habitans de la campagne. L'auteur des lettres devoit donc toujours dire que la *Lorraine* étoit dans un état très-florissant, comme il le dit en quelques endroits; mais la vérité est, que la *Lorraine* souffre infiniment de cette liberté que l'auteur des lettres préconise, & la vérité est plus forte que la mauvaise foi.

Passons à la seconde objection de l'auteur des lettres. L'établissement des bureaux entre l'étranger & nous, entraînera l'avilissement du produit des terres, que les étrangers ne viendront plus acheter concurremment avec les François. Cette objection fait la matière de la douzième lettre; & c'est sans difficulté celle qui est la plus plausible. Nous allons cependant faire voir qu'elle a plus d'apparence que de solidité.

Nous convenons d'abord, avec l'auteur des lettres, *que ce n'est pas toujours une mal-adresse de vendre ses matières premières, au risque de les racheter manufacturées.* Mais cette conduite ne peut être bonne en économie politique que dans certains cas, avec certaines conditions; & nous avançons que la *Lorraine* n'est point dans ce cas, & que l'exportation des matières premières est, pour cette province, dans les circonstances où elle se trouve, un vice destructif de tout commerce.

Si l'on suppose un pays où les besoins des habitans soient remplis à-peu-près aussi abondamment que dans les autres sociétés policées & voisines, où la richesse & la population soient, relativement à l'étendue & à la fécondité du sol, aussi grandes que dans les pays voisins; que ces avantages soient, dans une pareille nation, ou l'effet de l'agriculture & du commerce des denrées que la terre produit, vendues brutes aux étrangers, ou celui des travaux des manufactures; c'est une chose indifférente à ce pays & à cette nation.

La société y est nombreuse, forte & riche; par quelque route qu'elle soit arrivée à ce but, l'objet de la législation est rempli.

Mais si un pays est pauvre & mal peuplé, moins riche, moins heureux & moins florissant que les pays qui l'environnent, & qu'on recherche les causes du mal, on ne pourra les trouver que dans le *négligement* des travaux de l'agriculture & de ceux de l'industrie. Tel est l'état de la *Lorraine;* elle n'est ni aussi riche, ni aussi peuplée qu'elle pourroit & qu'elle devroit l'être.

L'auteur des lettres *le dit lui-même en plus d'un endroit;* & quand il n'en conviendroit pas, le fait est sous les yeux de tout le monde. C'est donc en partie dans le défaut de manufactures que le mal prend sa source : la défense d'exporter les matières premières peut donc être un bien relativement à la *Lorraine*, quoiqu'absolument, & dans des circonstances différentes, *ce ne soit pas toujours une mal-adresse de vendre ses matières premières, pour les racheter ensuite manufacturées.*

Ce n'est pas toujours une mal-adresse pour une nation, de vendre une partie de ses matières premières brutes, lorsqu'une autre partie de ces matières premières mises en valeur par les travaux de l'industrie, fournit à cette nation des profits plus grands, que ceux qu'elle auroit fait en travaillant toutes ses matières premières.

Si les Lyonnois recueillent des chanvres, il peut être de leur intérêt de les vendre bruts, & d'acheter des toiles toutes faites, pour appliquer tous les bras de la province à fabriquer des étoffes de soie, dont la vente fournira à la province des profits plus grands que la fabrication de quelques toiles. Mais si après avoir appliqué aux manufactures de soie autant d'hommes que l'état du commerce en demande, il reste des bras oisifs, il sera plus avantageux aux Lyonnois de fabriquer des toiles, que de vendre leurs chanvres aux étrangers : les Lorrains sont assurément dans ce dernier cas.

Descendons dans quelques détails.

1°. La concurrence des étrangers est bien une des causes qui soutiennent le prix des matières ; mais ce n'est pas la seule. Dans un pays fermé aux étrangers, mais riche en manufactures de toile, la culture du chanvre peut être plus encouragée par la concurrence des seuls nationaux entr'eux, que par celle des étrangers avec les nationaux. Que sera-ce, si les nationaux ne les disputent pas aux étrangers ? croit-on que les cultivateurs y gagneroient ? c'est-là cependant ce qui arrive en *Lorraine*. L'auteur des lettres dit que les laines s'aviliront, si les étrangers n'entrent pas en concurrence avec les nationaux ; & nous disons qu'elles s'aviliront davantage, si les nationaux n'entrent pas en concurrence avec les étrangers.

2°. Indépendamment de la concurrence des nationaux, l'établissement des manufactures, favorisé par la prohibition de la sortie des matières premières, dédommagera avec usure le cultivateur de ce défaut de concurrence des étrangers. Quand ces laines se vendroient un peu moins chèrement, si la population & l'aisance, suite nécessaire de l'établissement des manufactures, lui font vendre ses autres denrées à meilleur prix, il gagnera encore à la prohibition de la sortie des laines.

3°. Si, aujourd'hui que le tarif n'a pas lieu, & que la sortie des laines de *Lorraine* est entiérement libre, la culture de cette matière première étoit dans un état florissant, on pourroit attribuer à bon effet la concurrence des étrangers, & craindre que le tarif ne fût funeste à la *Lorraine*, en détruisant cette concurrence ; mais dans le fait, & par l'aveu même de l'auteur, cette concurrence n'a ni encouragé la multiplication des bestiaux, ni perfectionné les laines. Car, dans la même lettre, il dit, que nos laines sont fort médiocres, qu'elles ne conviennent aux étrangers que quand la récolte est abondante, c'est-à-dire, quand elles sont à bas prix ; que l'émulation des cultivateurs sur cet objet de commerce, a besoin d'être aiguillonné ; que nous avons des villages entiers dépourvus aujourd'hui de troupeaux, &c. Où sont donc les beaux effets de cette concurrence des étrangers ? Qu'avons-nous donc à craindre de la prohibition de la sortie des laines, puisque la liberté n'a produit aucun bien ? Voilà encore un exemple des contradictions familières à l'auteur des lettres.

Mais, dit cet écrivain, *si on livre les bergeries de* Lorraine *à nos fabricans, exclusivement aux étrangers, on rendra l'Etat fabriquant d'étoffes de laine, tandis que, par sa constitution, il doit être laboureur & pasteur. C'est méconnoître les droits du plus grand nombre, contre une poignée d'hommes qui sont les apôtres de la liberté du commerce, quand elle les sert, mais qui en deviendroient les destructeurs & les tyrans, quand elle contrarie leurs intérêts personnels.*

Voilà des idées fausses, des contradictions & des injures.

En nous livrant les laines de la province, en encourageant nos fabriques, les manufactures de laine pourront prospérer ; mais l'Etat n'en deviendra pas pour cela fabriquant d'étoffes de laine. L'aggrandissement des manufactures a des bornes nécessaires, déterminées par l'étendue de la consommation, tant intérieure qu'extérieure, par la nécessité des autres genres d'industrie & de travaux, pour satisfaire aux autres besoins, & par une infinité d'autres circonstances.

D'ailleurs, quel inconvénient l'auteur trouveroit-il à ce qu'un pays entier fût principalement appliqué à la fabrique des étoffes de laine ? N'y a-t-il pas des provinces de France & des autres Etats de l'Europe, dont les habitans sont principalement appliqués à un seul genre d'industrie, pourvu que ce genre d'industrie leur fournisse par le commerce toutes les choses dont ils ont besoin ? Quel mal y a-t-il, que ce pays ne soit ni agriculteur, ni pasteur ? Mais il sera l'un & l'autre à la fois.

Il eſt telle province dont les productions du ſol ſont au moins auſſi variées que celles de la *Lorraine*, & très-riches en fabriques de laine : ces deux choſes ne s'excluent pas l'une l'autre, & peuvent ſe réunir.

Pour les injures que l'auteur des lettres nous adreſſe, elles ne valent pas la peine d'être relevées. Nous n'avons ni le pouvoir, ni le deſir de tyranniſer la liberté de commerce, ſans laquelle aucun genre d'induſtrie ne peut proſpérer. Nous ne recueillons ce que dit l'auteur des lettres, que pour faire remarquer le peu d'équité & de modération de cet écrivain.

La troiſième objection de l'auteur des lettres contre le tarif, eſt que l'établiſſement des bureaux entre la *Lorraine* & les pays étrangers, nous fera perdre l'avantage d'acheter des étrangers des denrées, & toutes ſortes de marchandiſes, à un prix beaucoup plus modique que les habitans du royaume ſoumis au tarif.

Pour appuyer ſon raiſonnement, l'auteur donne pour exemple, dans ſa quatrième lettre, les ſucres de Hollande, dont le tonneau paiera, dit-il, cinq cens livres d'entrée en *Lorraine*, ſelon le tarif, tandis qu'il ne paie aujourd'hui aux fermiers de la foraine, tout au plus que vingt ſols ; les toiles, dont la pièce de trente-ſix aunes ſupportera, ſelon lui, un droit équivalent à la valeur de deux chemiſes, c'eſt-à-dire, d'un ſeptième de la valeur, & pluſieurs autres marchandiſes ſur leſquelles on paiera au fermier, ſelon le nouveau tarif, le ſixième ou le cinquième de ce qu'elles coûteront.

1°. L'auteur des lettres préſente ici l'état de *la queſtion avec une mauvaiſe foi inexcuſable.* Les droits exprimés dans la lettre qui nous a été communiquée par le miniſtre, ne ſont propoſés que comme des exemples, & non comme une quotité déterminée ſans retour, puiſque c'eſt ſur cette même quotité qu'on nous conſulte. D'ailleurs, ces mêmes droits ſont plus conſidérables ſur les marchandiſes étrangères qui peuvent nuire aux manufactures de la province, que ſur celles qui ſont d'un uſage néceſſaire, & qu'on eſt obligé de tirer de l'étranger.

On ne ſauroit voir ſans étonnement *cet écrivain en impoſer à ſes lecteurs* ſur ces circonſtances, dont il étoit cependant très-bien inſtruit. Il repréſente le droit de vingt pour cent, comme fixé ſans retour, & même comme ſuſceptible d'augmentation, ſans l'être de diminution ; & il donne ce même droit de vingt pour cent, comme univerſel, & affectant toutes les marchandiſes étrangères, ſans aucune diſtinction de celles dont la province ou le royaume auroient des équivalens, d'avec celles dont on ne peut ſe pourvoir que chez les étrangers.

Rien ne peut excuſer *cette infidélité de l'auteur des lettres* dans la manière de préſenter les objets, & de traiter une queſtion qui intéreſſe auſſi fortement le bien de la province.

2°. *L'exagération, & la fauſſeté des calculs de l'auteur ſont manifeſtes.*

Les droits ſur les épiceries, par exemple, ne ſont que de ſept & demi, & non pas de vingt pour cent. Comme ils ne ſont préſentés que ſur ce pied, on n'a sûrement pas envie de les augmenter. Si les rédacteurs du nouveau tarif ſe ſont réſervés quelques changemens à faire par le miniſtère, ce ſera plutôt pour accorder des graces, que pour augmenter les charges.

3°. Les droits impoſés par le nouveau tarif peuvent être plus conſidérables, ſans être plus à charge à la province. En effet,

Pour eſtimer ſi ces droits ſont plus ou moins à charge, il ne ſuffit pas d'en faire le calcul abſolu, il faut le comparer aux facultés de ceux qui les paient. Il y a tel pays & telle province qui ne paient que des droits modiques à leur ſouverain, & qui ſouffrent plus de ces droits modiques, que tel autre qui paie des impôts beaucoup plus conſidérables. Ce principe ne peut pas être conteſté ; & il nous ſemble qu'on peut en faire à la *Lorraine* une application très-juſte. La culture y eſt négligée, les manufactures y ſont languiſſantes ; cette province eſt miſe à contribution par tous les pays voiſins, qui lui fourniſſent des marchandiſes de toutes eſpèces, qu'elle pourroit elle-même ſe procurer. La nature de ſon commerce, beaucoup plus paſſif qu'actif, lui fait perdre continuellement des ſommes conſidérables ; la population y diminue. Voilà des faits qui ſont ſous nos yeux ; voilà la ſubſtance des plaintes que font, depuis plus de vingt ans, la province & la cour ſouveraine.

Dans cet état, le fardeau le plus léger peut être encore trop peſant : mais détruiſons les cauſes de cette foibleſſe ; rendons aux manufactures & à l'agriculture leur activité ; changeons la nature de ce commerce ruineux ; élevons entre les étrangers & la province, une barrière, qui, en empêchant le verſement de leurs productions chez nous, encourage notre induſtrie. En retenant ainſi l'argent dans la province, & en augmentant ſa circulation, nous pourront payer des droits plus conſidérables ; & les payer plus aiſément que ceux auxquels nous ſommes ſoumis aujourd'hui.

4°. Nous pouvons dire à l'auteur des lettres, que l'exemption de tous droits ſur les marchandiſes de France, dédommagera la *Lorraine* de ceux qu'elle paiera ſur les marchandiſes étrangères : la circulation intérieure de toutes les denrées & marchandiſes du royaume, qui ſera la ſuite du tarif, fera, que telle denrée & telle marchandise de France nous coûtera moins cher, parce qu'elle ne paiera plus de droits de sortie du royaume. L'auteur des lettres peut d'autant moins se refuser à cet argument, qu'il prétend que la *Lorraine* est actuellement inondée de marchandises de France : sa prétention sur cela est fausse. Mais si, dans l'état actuel, la province ne gagnoit pas beaucoup à recevoir libre de tous droits le peu de marchandises qu'elle tire de France, il n'en sera pas de même, quand la barrière qui nous sépare des François sera tout-à-fait renversée, & l'exemption de tous droits sur ce que nous tirerons de France, sera un dédommagement, sinon entier, au moins considérable, pour ce que nous paierons de droits à la frontière entre l'étranger & nous. L'auteur des *Lettres* n'a pas pu se dissimuler cette considération ; mais il n'en a fait mention dans aucun endroit, *parce qu'il n'est pas de bonne foi*.

5°. Dans la question que l'auteur traite ici, il ne s'agit pas de comparer simplement la quotité du droit imposé par le nouveau tarif, avec la quotité actuelle de ceux qu'impose la foraine, mais avec ces droits de foraine & les inconvéniens, les abus, les embarras de régie de cette même foraine. En effet, le commerce peut gagner à payer un droit considérable, si ce droit est payé en une seule fois, & si, ce droit une fois acquitté, la marchandise est exempte de toute autre formalité. Or, pour faire juger combien la foraine est à charge au commerce de la province, il nous suffit de renvoyer au tableau que l'auteur des lettres trace lui-même, des abus & des embarras de sa régie. Selon cet écrivain, p. 81, *elle n'est point administrée dans des principes de modération & de sagesse : elle présente l'arbitraire, le minutieux, l'aggravant : elle est contentieuse ; on y porte toute la rigueur du droit, jusques dans les détails les plus vils : les bureaux sont multipliés inutilement : une multitude de loix & de réglemens sollicités, après les méditations les plus profondes, sur les moyens d'augmenter les revenus de la ferme, jette dans la perception, des incertitudes & des difficultés, qui tournent toujours contre le peuple, qui ne sait pas se défendre. Les peuples chargés d'impositions, de vingtièmes, de corvées, regardent la foraine comme la plus grande de leurs charges ; sept cens vingt bureaux, pour la perception de la seule foraine, alimentent un nombre infini de commis, qui se donnent la main pour nous envelopper, & qui trouvent, dans l'abus qui les a rassemblés, les moyens d'insulter à notre misère, en l'augmentant : elle fait perdre chaque jour à la province, & fait transmigrer un nombre effrayant de citoyens*, &c.

On n'imagineroit jamais la conséquence que tire l'auteur des lettres de ce tableau. A la vue de ces abus, *dit-il*, il n'est pas raisonnable d'en conclure l'abolition d'un *établissement précieux d'ailleurs*. Nous concluons, au contraire, & tous les bons esprits concluront avec nous, qu'il ne faut pas balancer à abolir un établissement qui entraîne tant d'abus. Mais, dit l'auteur des lettres, c'est l'abolition des abus qu'il faut travailler, sans toucher à la foraine : *on sait bien qu'on abuse de tout*. C'est vraiment une chose risible, de voir la foraine devenir, *aux yeux de l'auteur & de ses partisans, une loi infiniment respectable, précisément parce qu'il est question d'y substituer le nouveau tarif*.

On n'abuse de la foraine, selon eux, que parce qu'on abuse de tout ; mais la vérité est que les abus sont ici presque inséparables de la chose, parce que les abus ne sont que les précautions mêmes qu'on prend pour la conservation de la chose. Selon l'auteur, il n'y a rien de plus aisé que de réformer les abus ; & il n'y a, dit-il, qu'à *donner sur la foraine un édit applicable à tous les cas possibles*. Si l'auteur étoit en état de donner, en matière d'administration, des principes applicables à tous les cas possibles, il seroit sans doute un grand homme d'Etat ; car la difficulté de perfectionner la législation dans tous les genres, vient principalement de la difficulté de prévoir & d'embrasser tous les cas possibles. Mais de ce que l'auteur des lettres juge qu'il n'y a rien de plus aisé que d'atteindre à ce but, on est en droit d'en conclure qu'il est très-mal instruit sur les matières dont il décide si légèrement.

Il prétend qu'au moyen de quatre ou cinq dispositions, on pourra administrer la foraine avec deux cens bureaux, & en retrancher par conséquent cinq cens vingt. Ce n'est pas à nous à justifier cette multitude de bureaux répandus dans la province, qui y sont à charge au peuple, & si nuisibles au commerce ; mais il nous semble que le premier intérêt des fermiers étant de diminuer leurs frais de régie, ils n'ont guère pu établir des bureaux, que pour assurer la perception des droits.

Au reste, cette réduction des bureaux est précisément un des avantages qu'on attend de l'établissement du nouveau tarif : il est vrai que nous ne pouvons pas nous flatter que le retranchement sera tout de suite de cinq septièmes ; mais nous soupçonnons que les réductions considérables que propose l'auteur, ne sont pas plus praticables que ce qu'il propose de donner sur la foraine, un édit applicable à tous les cas possibles. D'ailleurs, quand on entreprendroit aujourd'hui cette réduction, elle rencontreroit trop d'obstacles, sans doute, ou de la part des fermiers, ou de la part de la chose même, pour que nous puissions espérer une réforme prochaine & suffisante, tandis que le projet du tarif nous apporte tout-à-coup l'avantage le plus précieux de cette réforme, la liberté des communications & du commerce dans l'intérieur.

Nous voici parvenus à la discussion de ce que dit l'auteur des lettres, sur le commerce interlope de la *Lorraine*, & sur le tort que fera l'établissement du nouveau tarif à ce même commerce.

L'auteur cherche à obscurcir la question, en présentant ensemble à ses lecteurs, & comme devant également souffrir de l'établissement du tarif, & le commerce d'entrepôt que fait, ou que peut faire la *Lorraine*, des denrées & des marchandises de France avec l'étranger, & le commerce d'entrepôt que fait, ou que peut faire la *Lorraine* des marchandises des pays étrangers avec la France. Cependant il est évident que le premier de ces commerces ne sauroit souffrir du tarif; que les marchandises de France paient les droits de sortie à des bureaux placés entre la France & la *Lorraine*, ou à la frontière de la *Lorraine*, en entrant dans le pays étranger; c'est exactement la même chose pour l'étranger qui les achette, pourvu que le total des droits supportés ne soit pas plus considérable; ce qui est l'esprit du nouveau tarif.

En ne parlant donc que des marchandises étrangères, dont les deux duchés faisoient le commerce d'entrepôt avec la France, il en faut faire deux classes; l'une, de celles qui sont prohibées en France; & la deuxième, de celles qui ne le sont pas.

Quant aux marchandises étrangères non-prohibées en France, & qui y entrent en acquittant de certains droits, si l'on demande à l'auteur des lettres en quoi & comment le versement que la *Lorraine* en fait & en peut faire en France, souffrira de l'établissement du nouveau tarif, il lui sera impossible de donner sur cela une explication satisfaisante. Si le tarif n'augmente pas la quotité totale des droits que supportent les marchandises étrangères à leur entrée en France; que ces droits soient acquittés à leur entrée dans les provinces de France, ou à leur entrée en *Lorraine*, pour circuler ensuite librement dans toute l'étendue de la France, si l'on suppose que, dans l'un & l'autre cas, les droits sont payés; c'est une chose au moins indifférente aux habitans des deux duchés.

Mais si le tarif diminuoit la quotité totale du droit que paie la marchandise, il sera manifestement avantageux. Prenons pour exemple les épiceries que nous tirons des Hollandois, pour les porter dans les provinces de France qui nous avoisinent; les François paient les droits établis dans l'intérieur de notre province, & des droits d'entrée considérables à leur introduction en France. Cette surcharge fait que l'habitant de la Champagne paie ces denrées plus cher, en les recevant des Hollandois par nos mains, qu'en les tirant des extrémités de la France, malgré les frais énormes de transport. Le tarif supprimeroit absolument les droits de foraine perçus dans les deux duchés, & changeroit le droit de vingt à vingt-cinq pour cent d'entrée, dans les provinces de France, en un droit de sept & demi pour cent à l'entrée de la *Lorraine*. Nous aurions donc beaucoup plus de facilité à vendre ces denrées dans les provinces de France, que nous n'en avons aujourd'hui; nous pourrions soutenir la concurrence des marchands de Nantes & de Bordeaux, &c.

En prenant pour exemple les marchandises qui paieront un droit assez considérable, nous raisonnons dans le cas qui nous est le moins favorable: mais combien d'autres marchandises sur lesquelles notre avantage sera infiniment plus grand; toutes les matières premières, toutes les drogueries nécessaires aux teintures; en un mot, toutes les marchandises sur lesquelles les droits seront réduits par le nouveau tarif, nous fourniront l'objet d'un commerce avantageux avec les provinces de France, parce qu'en les tirant de Hollande & de l'étranger, nous pourrons les vendre aux provinces qui nous avoisinent, avec un grand avantage, & en concurrence avec les négocians des ports de mer du royaume.

Le nouveau tarif seroit donc favorable à notre commerce d'entrepôt avec les provinces de France.

Il ne reste donc plus de commerce d'entrepôt en *Lorraine*, auquel l'établissement du nouveau tarif puisse donner atteinte, que celui des marchandises non prohibées, mais qui payent des droits en entrant en France, que les habitans des deux duchés pourroient verser dans le royaume, en fraudant ces mêmes droits, & celui des marchandises prohibées que ces mêmes habitans peuvent verser en France en contrebande: voilà le véritable commerce interlope, pour lequel l'auteur des lettres est sérieusement allarmé. C'est-là le seul objet de ses craintes, & de celles des marchands dont il est l'avocat. Pour s'expliquer nettement, il auroit dû dire: *Nous ne voulons point de tarif, parce qu'il nous fera perdre le commerce lucratif que nous faisons, en versant en France les marchandises prohibées, en contrebande, & les marchandises étrangères non prohibées, en fraude des droits.*

La question réduite ainsi à ses termes les plus simples, nous combattons les prétentions de l'auteur des lettres, 1°. En lui faisant voir que la province a déja perdu une partie de ce commerce, & cela par des causes absolument différentes de l'établissement du tarif.

2°. Que quand cette perte seroit un effet de

l'établissement du tarif, les plaintes & les déclamations de l'auteur seroient encore injustes.

3°. Enfin, que ce commerce, perdu pour la *Lorraine*, peut être remplacé par d'autres commerces plus avantageux pour la province.

1°. La *Lorraine* a déja perdu une partie du commerce interlope, auquel l'*auteur des* Lettres *est si attaché, & cela par des causes absolument distinguées de l'établissement du tarif.* L'objet principal de ce commerce étoit, comme on sait, le versement des toiles peintes en France. L'usage de ces marchandises étant défendu dans le royaume & libre en *Lorraine*, cette province servoit d'entrepôt à toutes celles qu'on introduisoit en France en contrebande.

Nous convenons avec l'auteur, que ce commerce a été fort lucratif pour plusieurs de nos marchands. En 1759, le ministère de France déterminé par plusieurs motifs très-sages, comme le desir d'établir des manufactures de toiles peintes, l'impossibilité d'empêcher la contrebande qui se faisoit des toiles étrangères, &c. a permis la fabrication des toiles peintes, & même l'entrée des toiles étrangères, sous un certain droit. Depuis cette époque, il s'est élevé dans le royaume plusieurs manufactures de toiles; d'autres, qui étoient établies depuis peu, comme celle d'Orange, en Provence, sont devenues beaucoup plus florissantes, & la partie des toiles peintes étrangères qui se consomment encore en France, s'achète en droiture des étrangers, par les marchands François. La diminution de ce commerce en *Lorraine* a été une suite nécessaire du changement arrivé en France à cet égard. L'auteur des lettres fera-t-il aussi un crime au gouvernement François, d'avoir fait perdre à nos marchands, le commerce des toiles peintes en France, en levant la prohibition? La perte de ce commerce est absolument indépendante du tarif projetté: que ce tarif ait lieu ou non, la *Lorraine* se trouvera toujours dans la même situation où elle est aujourd'hui, par rapport à cette contrebande.

2°. Quand même l'établissement du tarif feroit perdre à la *Lorraine* le commerce d'entrepôt des marchandises de contrebande pour la France, les plaintes que l'auteur des lettres fait à ce sujet, seroient injustes: c'est la deuxième proposition que nous avons à prouver.

La *Lorraine* fait éventuellement partie du royaume de France: cette province ne peut pas être regardée aujourd'hui de la même manière qu'avant le traité de Vienne. Antérieurement à cette époque, elle étoit, par rapport à la France, province véritablement étrangère; les intérêts des deux Etats étoient absolument séparés, & quelquefois opposés. Que les habitans des deux duchés fissent alors un commerce de contrebande en France, qu'ils attaquassent les manufactures françoises par des importations défendues par les loix de ce royaume, qu'ils cherchassent à y verser des marchandises prohibées, rien de plus simple: c'est là un état de guerre innocente entre toutes les nations concurrentes & rivales.

Aujourd'hui, nous ne formons plus avec les François qu'un même peuple & une même nation; cet état de guerre ne peut plus subsister; nos intérêts deviennent communs, & les principes d'administration doivent être les mêmes.

3°. Enfin, on a vu dans tout le cours de ce mémoire, les preuves de ce que nous avançons, qu'un commerce avantageux réparera, pour la *Lorraine*, la perte de ce commerce, que l'*auteur des lettres regrette si fort;* nous ne nous arrêterons pas davantage sur ce sujet.

Il ne nous reste plus qu'à répondre, à ce que dit l'auteur des lettres, que *des vues d'intérêt personnel ont guidé les personnes qui ont proposé l'établissement du tarif; que le tarif est une loi bursale*, inventée par les financiers, qu'il appelle *travailleurs en finances;* cet auteur juge que ce sont les travailleurs en finances qui ont enfanté ce projet, parce que *le ministère*, dit-il, *propose l'établissement du tarif avec ménagement, & avec de sages précautions*, comme si la sagesse même du ministère, qu'il préconise, n'étoit pas un argument de plus en faveur du tarif, & comme si le ministère ne pouvoit proposer avec ménagement que des projets pernicieux.

D'ailleurs, on n'entend pas ce qu'il veut dire par ce ménagement & ces précautions du ministère; s'il veut faire croire que le ministère se défie encore de l'utilité du projet, on peut assurer qu'il se trompe grossièrement; l'utilité de la libre circulation des denrées & marchandises; & de la suppression des droits dans l'intérieur du royaume, ne peut pas être encore un problême dans l'esprit des ministres, appuyée qu'elle est par le vœu général de tous les négocians, & par les souhaits de la nation entière.

Les précautions & le ménagement, qui sont toujours raisonnables & dignes de la sagesse du gouvernement, ne tombent que sur les moyens de concilier l'avantage du commerce, qui sera la suite nécessaire de l'établissement du tarif, avec la conservation des revenus du roi; nous disons la conservation, & non pas l'augmentation; & en tout état de cause, il est absurde de faire valoir contre le projet, la sagesse & la précaution de ceux qui le proposent.

L'auteur des lettres avance aussi, que le ministre des finances par le nouveau tarif, en paroissant diminuer les revenus des fermes, les augmente autant par la quotité du droit, que par la diminution des frais de régie.

Il n'eſt pas vrai que le miniſtre augmente la quotité du droit;

1°. Parce que ſi certains droits ſont augmentés, d'autres ſeront diminués, & qu'avec cette compenſation, il eſt faux de dire que la quotité des droits ſoit augmentée.

2°. Parce que loin que la quotité des droits ſoit augmentée, les perſonnes qui travaillent à la confection du tarif, ſont convaincues que tout ce qu'on pourra faire, ſera de ſauver les droits du roi, & penſent même qu'au moins dans les premières années, ſa majeſté fera à la liberté du commerce, & au bonheur de ſes ſujets, un ſacrifice conſidérable.

3°. Enfin, parce que la quotité des droits n'étant pas encore déterminée, & le miniſtre conſultant les commerçans ſur cette détermination même, il eſt faux de dire que cette quotité ſoit augmentée.

Nous ne nous arrêtons pas à réfuter une autre prétention de l'auteur des lettres; ſelon lui, les travailleurs en finances, qui étoient dans la confidence du projet du nouveau tarif dès 1750, ont multiplié les abus & les embarras de la régie de la foraine pour la décréditer, & ſe ſont attachés à gêner les communications entre les Evêchois & nous, pour faire déſirer le tarif.

Ces aſſertions ne méritent pas une réfutation ſérieuſe; les travailleurs en finances ne ſongeoient certainement pas au tarif en 1750. Des financiers avides, tels que ceux que nous peint l'auteur, n'ont nul intérêt de déſirer une régie ſimple; & ceux qui ſont aſſez éclairés pour voir que leur intérêt ſe trouvera réuni avec celui du commerce, dans l'exécution du nouveau tarif, ne reſſemblent pas à ceux dont parle l'auteur. Enfin, il eſt toujours abſurde de ſuppoſer, qu'un projet imaginé & préparé de loin par les travailleurs en finances, ait été adopté enſuite aveuglément par toutes les perſonnes qui ſont à la tête de l'adminiſtration, à qui les intérêts du peuple doivent être & ſont plus chers que ceux des financiers, & applaudi par les commerçans même, & par tous les écrivains politiques.

Nous ne citerons parmi ces derniers, que l'auteur des *Recherches & conſidérations ſur les Finances*; cette autorité ne peut pas être récuſée par l'auteur des lettres, qui cite ſouvent cet ouvrage utile, & qui n'ignore pas que les principes n'en ſont pas favorables aux *travailleurs en finances*.

Sous les années 1614 & 1615, après avoir fait l'hiſtoire de ce qui ſe paſſa dans l'aſſemblée des Etats généraux, tenus la première année de la majorité de Louis XIII, il rapporte la demande faite par les Etats, de la ſuppreſſion de la traite foraine, & du tranſport des droits aux extrémités du royaume, & il ajoute: *Rien de plus judicieux que cette demande, c'eſt la nation entière qui l'a formée; les repréſentations particulières & mal-entendues des provinces réputées étrangères, doivent-elles l'emporter? Seroit-ce donc entreprendre ſur leurs privilèges, que de répondre à ce vœu général, qui ſubſiſte encore parmi tous les citoyens éclairés & zélés pour la patrie? Ou plutôt, eſt-il quelque privilège plus ſacré que la proſpérité du royaume, le travail national, & la liberté du commerce? On a aſſez attendu que ces provinces reconnuſſent leurs vrais intérêts.*

On voit que l'auteur des *Recherches ſur les Finances*, décide la queſtion que nous traitons d'une manière abſolument oppoſée aux prétentions de l'auteur des lettres. Celui-ci trouve que le projet de ſupprimer les droits dans l'intérieur, & de les tranſporter à la frontière, *eſt inſenſé*; celui-là avance & prouve que rien *n'eſt plus judicieux*. L'auteur des lettres prétend que l'extenſion de ce projet à la *Lorraine*, eſt injuſte; l'auteur des *Recherches* ſoutient, que les *prétentions particulières & les priviléges des provinces étrangères, ne doivent pas l'emporter ſur le bien général de la nation*. L'un repréſente ce même projet, comme devant entraîner *la ruine de la province*; l'autre aſſure que les provinces réputées étrangères, qui oppoſent une pareille réſiſtance, *méconnoiſſent leurs véritables intérêts*, &c.

On peut voir auſſi ſous l'année 1664, ce que dit du tarif le même auteur. On y trouvera l'apologie la plus complette de l'opération qu'entreprend aujourd'hui le miniſtère, & des principes diamétralement oppoſés à ceux de l'auteur des lettres, ſi cependant on peut donner le nom de principes, aux aſſertions vagues, découſues & inconſéquentes de ce dernier.

Nous ne pouvons pas nous diſpenſer de remarquer ſur cela, que l'auteur des lettres, qui n'a pas pu ignorer l'oppoſition de ſes principes à ceux de l'auteur des *Recherches ſur les Finances*, & qui a oſé le citer en ſa faveur, & en appeller à ſon témoignage, *eſt néceſſairement coupable, ou d'étourderie, ou de mauvaiſe foi*. La force de la vérité nous arrache ce reproche, & nous ſommes perſuadés qu'il ſera trouvé juſte par tous nos lecteurs. Mais ajoutons encore une réflexion déciſive en faveur du tarif, contre la dernière obſervation de l'auteur des lettres, & que lui-même nous fournit.

Cet écrivain emploie une partie de ſa première lettre à faire l'éloge *du génie vivifiant de M. Colbert*, & il convient qu'une des opérations de ce ſage miniſtre, les plus utiles au commerce, a été ſon tarif de 1664.

Deux obſtacles principaux s'oppoſoient au rétabliſſement du commerce en France; l'un étoit la concurrence des marchandiſes étrangères, & l'autre, les entraves miſes à la circulation des marchandiſes nationales dans l'intérieur, par la multiplicité des péages, droits & impôts. M. Colbert résolut de fermer l'entrée de la France, aux productions des manufactures étrangères, & de supprimer les droits & impôts perçus dans l'intérieur, pour les convertir tous en un droit uniforme d'entrée & de sortie, percevables aux frontières du royaume. C'est dans cet esprit que fut dressé le tarif de 1664 : le projet de M. Colbert étoit général, & s'étendoit à toutes les provinces du royaume; mais celles qui sont encore aujourd'hui réputées étrangères, y opposèrent une résistance peu éclairée & injuste, sans doute, mais que le ministre ne voulut pas surmonter : l'ouvrage demeura donc imparfait.

On voit par cet exposé simple & vrai, que M. le contrôleur général, en travaillant à l'exécution du tarif, ne fait que suivre & achever l'ouvrage commencé par M. Colbert.

Que penser donc de la contradiction dans laquelle tombe l'auteur des lettres, qui réclame l'autorité de M. Colbert, qui *convient que l'exécution, quoiqu'incomplette, du plan de ce ministre, fit éclore en peu d'années une multitude de manufactures, créa le commerce*, & qui, d'un autre côté, représente dans tout son ouvrage l'achèvement de l'exécution du projet de M. Colbert, *comme une invention de traitans & de travailleurs en finances, comme une opération destructive de tout commerce, ruineuse, meurtrière, &c.?* On ne sait quel nom donner à cette manière de présenter les objets.

Les lettres d'un citoyen avoient été répandues avec profusion dans la *Lorraine*. Tous ceux qui craignoient la décadence du commerce de contrebande, qui formoient les plus riches marchands, prônoient cet ouvrage comme le rempart de la liberté de la province, tandis qu'il n'étoit, dans le fait, que le soutien d'un trafic destructif de toute industrie. La réfutation qu'on vient de rapporter, & qui montre si évidemment les faussetés & les contradictions, les inconséquences & les absurdités dont ces lettres fourmillent, ne fut presque lue que dans la capitale; & l'auteur des lettres continua de se targuer dans sa province, de l'orgueilleuse prétention d'avoir fait échouer les vues bienfaisantes du gouvernement, à l'égard de la *Lorraine*.

Le projet de la suppression de toutes les barrières intérieures, resta, en effet, sans exécution alors. (En 1762.)

Le ministre des finances, qui montroit en 1779 tant de zèle & d'ardeur pour tout ce qui pouvoit contribuer au bonheur de l'Etat, & opérer la prospérité du commerce, fut frappé, comme tous ses prédécesseurs, des avantages de l'abolition des douanes intérieures, & en particulier de la réunion de la *Lorraine* aux cinq grosses fermes. Mais pensant, comme Colbert, que la voie de la persuasion devoit être préférée, dans cette circonstance, à toutes celles qui s'éloignoient de la modération, il communiqua ses vues aux principaux magistrats de la *Lorraine* dans les termes suivans.

» Je viens, M., d'examiner la situation de la *Lorraine*, par rapport à ses productions & son commerce. Son sol, assez fertile en général, présente dans ses récoltes, outre les comestibles de toute espèce, des lins, du chanvre & des laines; ainsi, elle a les matières premières propres à la fabrication. On trouve encore dans quelques-unes de ses parties, des mines de fer abondantes; les bois y sont communs; enfin, les lacs, les rivières & les ruisseaux, si utiles pour les communications & pour alimenter les usines, y sont aussi en grand nombre.

Ces avantages réunis appellent spécialement les habitans de cette province à l'état de manufacturiers, & je vois que cette destination n'a été suivie qu'en partie. Il s'est élevé des fabriques de draps & de toiles, des forges, des verreries & faïanceries, des papeteries & des tanneries. Chacune de ces branches d'industrie est, sans doute, essentielle à entretenir; mais elles ne sont pas aussi multipliées qu'elles pourroient l'être, soit pour faire valoir les propriétés, soit pour accroître la population, en occupant un plus grand nombre de bras. Au reste, les fabriques, dans leur état actuel, forment un des objets de votre commerce: le second comprend les marchandises importées de l'étranger & du royaume.

Lorsque votre réunion à la couronne s'est opérée, vous avez demandé à n'être point sous le régime des droits de traite, & vous êtes restés étrangers à la France pour cette partie d'administration; de-là sont résultés plusieurs arrangemens.

1°. Vos anciens souverains avoient établi des droits, connus sous la dénomination générique de *foraine*. Ces droits perceptibles sur toutes les marchandises quelconques à l'entrée & à la sortie, ont été conservés. Ils sont modiques en eux-mêmes; mais leur quotité varie suivant les districts. Près de sept cens bureaux sont employés à les lever, & le commerce s'est plaint souvent de ce qu'à chaque pas ses transports étoient suspendus; de ce que la différence dans les quotités étoit gênante, de ce qu'en un mot, il naissoit de l'un & de l'autre des entraves qui déconcertoient ses spéculations.

2°. La barrière qui, jusqu'alors, vous avoit séparé de la France, a continué de subsister. Toujours réputés étrangers, vous avez partagé la condition de l'étranger effectif, &, comme lui, vous n'avez rien pu y envoyer, ni rien en tirer, qu'à la charge de payer les droits de foraine à l'entrée & à la sortie.

3°. Comme toutes les loix prohibitives du royaume n'ont point d'exécution en *Lorraine*, l'étranger vous a fourni librement, & sans distinction,

tinction ; des marchandises permises & des marchandises prohibées.

Il est résulté de-là, que votre commerce de manufacture a langui, & que toute espèce d'industrie n'a pris ni énergie, ni activité.

Sans parler de l'influence de la foraine sur cette position, il est certain que le défaut de communication libre avec la France, est l'effet le plus capital.

La plupart des ouvrages de fabrique étrangère sont imposés à des droits considérables d'entrée. Il en est même quelques-uns qui ne peuvent entrer que par certains ports ou bureaux. Le principe de cette législation tient à la préférence qu'on a voulu assurer aux fabriques de France. Les vôtres étant censées étrangères, se trouvent soumises à ces divers assujettissemens, & comme ils leur seroient trop onéreux, elles sont forcées de renoncer à une exportation, que la convenance du local & les autres relations leur rendroient si intéressante.

Dès-lors, la consommation de la province & les envois à l'étranger, sont les seuls débouchés qu'elles aient ; mais vous savez mieux que moi, M., qu'ils ne suffisent qu'imparfaitement à leur débit, & qu'il vaudroit bien mieux pour la *Lorraine* avoir à trafiquer de ses manufactures avec la France, qui est un pays riche, qu'avec l'Allemagne & la Suisse.

Si les matières premières manquent aux besoins de ces fabriques, la même raison de convenance les porteroit à s'en procurer de l'intérieur, & cette ressource leur est également enlevée, parce qu'elle ne leur seroit pas moins dispendieuse.

Il est vrai que votre commerce de marchandises étrangères doit prospérer, au moins pour celles qui sont ou prohibées en France, ou chargées de gros droits. Votre province est un entrepôt toujours subsistant pour les fraudeurs qui vont y faire leurs achats ; c'est un magasin où les habitans se fournissent eux-mêmes : de-là le double moyen de vivifier ce commerce.

Ici j'examinerai si cet avantage compense le préjudice que ressentent vos manufactures.

1°. On m'atteste que les négocians qui font ce commerce, ne composent que quatre ou cinq maisons, & la classe la plus nombreuse des fabricans doit-elle leur être sacrifiée ? D'ailleurs, est-ce un commerce de fraude & de contrebande entre les sujets du même monarque, qui doit être favorisé ? N'est-ce pas manquer aux devoirs les plus respectables, en même tems qu'on entretient la dépravation des principes, & qu'on expose à des punitions avilissantes, des citoyens excités par l'appât d'un lucre illicite ?

2°. La cause des fabricans, comme je l'ai déja observé, est liée avec celle des propriétaires. Les productions deviendroient plus précieuses, si les fabriques prospéroient.

3°. Combien d'ouvriers, portion de sujets si intéressante dans un Etat, tirent leur subsistance du travail de ces fabriques ?

Enfin, il ne faut pas oublier que la *Lorraine* est un pays de manufactures.

Ces considérations, que j'aurois pu développer davantage, sont dignes d'être pesées par un magistrat-citoyen, tel que vous, M. ; vos connoissances personnelles leur donneront un nouveau degré de force, & les vues du bien public, qui vous dirigent, vous fixeront de plus en plus sur le parti qui doit être pris.

On l'a dit depuis long-tems, le seul moyen de rétablir vos fabriques, est de rompre les barrières qui sont entre la France & la *Lorraine*, & de les transférer sur les limites de cette province, du côté du pays étranger.

En 1761, le ministère s'occupa de la confection d'un tarif uniforme. Ce grand projet, qui embrassoit la *Lorraine*, éprouva de la part de vos négocians de vives oppositions, contre lesquelles les fabricans réclamèrent. J'ai lu ce que les parties ont respectivement écrit, & je suis étonné que les fabricans n'ayent pas alors entraîné tous les suffrages.

Quoi qu'il en soit, pour faire d'autant plus appercevoir ce que la *Lorraine* gagneroit à n'être plus assimilée à l'étranger effectif, le conseil a accordé à quelques usines des modérations de droits à l'entrée. Cette expérience, en rendant sensibles les réflexions des fabricans, lors de la discussion de 1761, doit enfin avoir éclairé les esprits. S'il en étoit autrement, ces modérations de droits n'ayant pas rempli le but qu'on s'étoit proposé, ce seroit le cas de les supprimer.

Il n'est pas question, dans ce moment, du tarif uniforme ; mais en attendant que les circonstances permettent d'y revenir, la *Lorraine* ne doit-elle pas accepter les droits de traite, tels qu'ils existent actuellement ?

Rien ne paroît lui convenir davantage, que de consentir à sa réunion aux cinq grosses fermes. Une circulation libre & absolue dans toutes les provinces qui les composent, seroit le prix de ce nouvel arrangement. Ainsi, tout ce qu'elle y enverroit, tout ce qu'elle en tireroit, seroit exempt de droits. Les bureaux seroient placés sur l'extrême frontière qui touche à l'étranger ; c'est-là qu'on exigeroit les droits qui sont perçus aujourd'hui sur tout ce qui passe des cinq grosses fermes en *Lorraine*, & réciproquement, & les droits de foraine seroient supprimés.

Je crois inutile de vous prévenir, que ce changement d'état à l'égard des droits de traite, n'en apportera aucun à votre gabelle, ni aux autres privilèges dont vous jouissez.

Je vous prie, M., de conférer avec votre compagnie sur l'objet de cette lettre, & de me faire part des observations qui vous auront été faites. Le roi desire, pour l'intérêt de la province même, que ce projet ait son exécution, & je serai très-empressé de faire valoir auprès de sa majesté, les soins que vous vous donnerez pour y parvenir. «

J'ai l'honneur d'être, &c.

La connoissance de cette lettre excita diverses sensations en *Lorraine.* Les propriétaires de fonds, les entrepreneurs de forges, d'usines, & les fabricans, ne voyoient que de l'avantage dans la réunion proposée ; mais les négocians avoient une autre manière de voir, & le même intérêt qu'en 1761.

On rapporte qu'ils consultèrent leur ancien confrère, l'auteur des *Lettres d'un Citoyen*, qui, alors, étoit parvenu à une place honnête dans les affaires, & à qui le ministre, occupé de la prospérité de la *Lorraine*, en accorda bientôt une autre plus distinguée encore, dans l'administration des finances.

Ce fut cet écrivain, qui, suivant le bruit général, remit au jour, dans le mémoire qu'il fit pour les négocians, tous les argumens spécieux, toutes les objections insidieuses, même les contradictions évidentes qu'on a vues ci-devant relevées, quoique depuis 1761, il eût cependant eu le tems de s'éclairer sur les véritables effets de la réunion proposée, & quoiqu'il fut à portée, plus que personne, d'être convaincu de la rectitude des intentions du ministre qui la proposoit.

Au reste, ce mémoire contenoit six chefs, qu'on ne présentera pas en détail, parce qu'ils rentrent dans les objections déja réfutées ; il suffira de donner un précis de la réponse qui y fut faite, & dans laquelle on considère l'intérêt particulier de la province, & l'intérêt général du royaume.

Ce qui est singulier, c'est que tandis qu'un petit nombre d'habitans de la *Lorraine* combattoit par des motifs personnels, le plan proposé par le ministère, le plus grand nombre des véritables citoyens, des propriétaires & entrepreneurs de fabriques, lui adressoit déja des remercîmens pour les vues qu'il manifestoit.

« On n'apperçoit pas les motifs de la distinction établie dans le mémoire des négocians, entre les consommateurs & les propriétaires, entre les fabricans & le commerce. Une nation semble ne pouvoir être composée que de deux classes d'hommes ; celle des propriétaires, & celle des gens vivans de leur industrie. Si l'incorporation de la *Lorraine* aux cinq grosses fermes, est avantageuse à la première classe ; si, comme on en convient, il en résulte une augmentation de valeur dans les propriétés, c'est l'avantage réel de la province : car la véritable richesse d'un pays est dans le sol. L'agriculture n'est florissante qu'avec l'industrie, & l'industrie, à son tour, anime l'agriculture, parce qu'elle emploie toutes ses productions. Les forces & la population sont ensuite les effets nécessaires de l'aisance, répandue généralement par les progrès des cultivateurs, & par les succès des hommes industrieux.

Supposer que l'agriculture est portée, en *Lorraine*, à sa perfection, & qu'elle n'a pas besoin des arts, c'est avancer un fait contredit par la vérité, puisque peu de lignes après, on dit que la cause la plus vraisemblable de la langueur actuelle des fabriques, vient de la concurrence ouverte aux marchandises étrangères ; n'est-ce pas convenir que la population n'est ni aussi nombreuse, ni aussi aisée qu'elle pourroit l'être, & que conséquemment l'agriculture n'a pas toute l'étendue dont elle est susceptible ?

Ajouter qu'en interdisant cette concurrence, on fera prospérer, à la vérité, les fabriques, mais qu'on préparera en même tems la ruine de celles qui consomment des bois, & qu'on opérera la disette générale de cette denrée, c'est adopter une chimère déja présentée en 1761, & détruite par les raisonnemens de M. l'abbé Morellet.

Peut-on supposer que le nombre des usines, des forges, faïanceries & verreries, se multipliera, lorsqu'une plus grande consommation de bois en causera la cherté, & lorsque la main-d'œuvre sera renchérie ? N'est-il pas naturel de croire, qu'il s'établira un niveau entre le nombre de ces fabriques & la masse des fournitures qu'elles auront à faire, & que l'intérêt de leur conservation réglera les besoins de leur consommation ?

Tout ce qui est dit sur les manufactures d'étoffes, paroît aussi difficile à concilier. On les représente comme hors d'état de suffire à ce qui leur est commandé, & néanmoins on souhaite que, pour les faire fleurir, le gouvernement les charge de fabriquer les habillemens des troupes.

On rapporte que les fabriquans se plaignent d'un préjugé populaire, qui leur ôte les moyens de faire filer & préparer les matières premières ; & cependant on assure qu'elles sont toutes façonnées & ouvrées dans la province, & que les progrès des manufactures sont assez satisfaisans pour qu'elles n'aient pas besoin d'être garanties des manufactures étrangères.

En voyant le commerce des marchandises étrangères anéanti, par la réunion projettée, on donne à craindre que les négocians qui le font ne s'expatrient; comme si la perte de quelques habitans, dont la fortune opère la misère de leurs compatriotes, & se fonde sur la ruine de la patrie, pouvoit être à regretter, & se comparer à des milliers de citoyens qui deviendront plus heureux, par la certitude de n'être jamais oisifs!

Une autre objection déduite encore de l'anéantissement du commerce des marchandises étrangères; c'est qu'on prétend, que l'exportation des productions du sol, sur-tout celle des vins, pourra souffrir lorsqu'elle sera encore restreinte par des droits. Il se présente une réponse bien simple à cet article.

Les étrangers qui enlèvent ces productions naturelles, viennent-ils les chercher pour obliger les *Lorrains*, ou parce qu'elles sont nécessaires à leurs propres besoins, ou, même au commerce qu'ils font avec des pays plus reculés? Dans ce dernier cas que confirme l'expérience, la *Lorraine* se trouvera au pair des autres provinces du Royaume, dont les vins seront enlevés malgré les droits qu'ils acquittent. Ces droits ne sont que de dix livres par tonneau, faisant trois muids, ce qui revient, compris les huit sols pour livre, à quatre livres treize sols huit deniers par muid, ou près de quatre deniers par bouteille.

D'ailleurs, si l'agriculture est plus florissante, si les fabriques prospèrent, comme personne n'en doute, les consommations intérieures augmenteront avec la population. De-là, moins de denrées du sol à exporter à l'étranger; ou celles qu'on lui fournira, seront successivement remplacées par les mêmes espèces, tirées de la Champagne, sans gêne & sans droits.

Si ce commerce étranger, au lieu de se faire uniquement avec les productions du sol, porte en partie sur les produits des arts; c'est alors le plus grand bonheur de la province, puis qu'indépendamment des débouchés étrangers, liés à sa position, elle en auraencore, en grand nombre, & affranchis de tous droits, dans l'intérieur des cinq grosses fermes, qui font, quoiqu'on en dise, plus de la moitié du royaume, & dont la libre communication ne peut rien laisser à regretter à la *Lorraine* de tout autre côté. Les propriétaires & entrepreneurs des manufactures, fabriques & usines de la *Lorraine* & des trois évêchés, sentent déjà si vivement les avantages de cette réunion, qu'ils viennent d'avance, d'en adresser leurs remercimens au roi, par une requête; & ces fabriques, en effet, défendues par le tarif de 1664, de la concurrence étrangère, vivifieroient la province, en répandant dans toutes les classes une activité & une aisance qui accroîtroient la population & les forces de la province.

En ajoutant à ce tableau que l'intérêt général de l'Etat réside dans la prospérité de toutes les parties qui le composent, & que cet objet n'est rempli qu'autant que chaque province est aussi riche & aussi peuplée qu'elle peut l'être, on aura répondu à toutes les observations qui méritoient quelque attention. On passe sous silence celle qui a rapport à la nécessité de séparer le royaume du pays étranger, & qui tend à persuader qu'il est indifférent, que la barrière soit en *Lorraine* ou en Champagne. Un argument aussi captieux n'a besoin que d'être remarqué pour cesser d'être dangereux. Autant vaudroit dire, à quoi servent les barrières qui ferment le royaume, elles sont souvent franchies par la fraude & la contrebande; leur inutilité est prouvée par ce fait; il faut les abattre. De pareils raisonnemens ne peuvent empêcher de conclure, que l'incorporation de la *Lorraine* aux cinq grosses fermes, est également dans l'intérêt particulier de cette province, & dans l'intérêt général de l'Etat.»

La *Lorraine* à l'égard des droits de domaine, est sujette à tous ceux qui sont du ressort de cette partie, & se lèvent dans les autres provinces; sauf qu'il n'y a point de droits réservés sur les sentences & arrêts, & qu'on y donne le nom de droit de scel, aux droits d'insinuation & de centième denier.

Le produit des droits de contrôle & autres domaniaux, ne s'élève qu'à environ cinq cens mille livres.

Mais les domaines réels, consistans en fonds, seigneuries, cens & rentes, & les bois donnent une recette de plus de deux millions.

On a vu au mot GÉNÉRALITÉ, que tout ce qui est compris dans celle de Nancy, n'est pas sujet à la capitation, ni aux droits d'aides, ni à ceux de la marque d'or & d'argent, & des octrois municipaux.

D'après les anciennes ordonnances des ducs de *Lorraine*, notamment celles de 1696, 1703, 1709 & 1710, tout étranger catholique & de bonnes mœurs, pouvoit s'établir librement dans cet Etat, & y exercer toute profession licite, sans être obligé de prendre des lettres d'apprentissage ou de maîtrise.

Mais les choses ont changé en 1779; la réforme qui a été faite dans les corporations, ou communautés d'arts & métiers; la nouvelle constitution qui leur a été donnée, ne permet plus cette liberté.

Comme l'arrangement qui a été fait à cet égard dans cette province, présente des ressources au fisc par la création & réunion de différentes maîtrises d'arts & métiers, dans lesquelles on ne peut être admis qu'en payant des droits au trésor des parties casuelles; il n'est pas inutile de rapporter un précis de la loi, qui a établi ce nouvel ordre de choses.

Il suffira de donner avec le préambule de l'édit d'établissement de ces communautés, quelques-unes de ses dispositions principales, & le tarif des droits qui sont dûs, suivant la classe assignée aux différentes villes de la province, en raison de leur étendue respective.

Louis, par la grace de Dieu, &c. Lorsque nous nous sommes déterminés à supprimer & à rétablir dans nos villes de Paris & de Lyon, & dans les autres villes du ressort de notre parlement de Paris, les communautés d'arts & métiers, nous avons eu principalement pour objet, d'affranchir les manufactures & les arts, de la masse considérable de dettes dont ils étoient surchargés; d'exciter parmi ceux qui s'y adonneroient à l'avenir une plus grande émulation, d'étouffer cette multitude infinie de procès, que faisoit naître sans cesse, entre les différentes professions, l'incertitude de leurs limites; de contenir dans l'ordre & la subordination une portion nombreuse de nos sujets, en leur donnant des règles constantes & uniformes; d'assurer enfin entre le vendeur & l'acheteur, la bonne foi, qui est la base & le soutien de tout commerce. Nous avons déjà eu la satisfaction de voir le succès répondre à notre attente. Une police exacte entre les maîtres & leurs ouvriers, a succédé à l'esprit d'indépendance qui avoit commencé à s'introduire; les règlemens donnés par le feu roi notre auguste aïeul, & par les rois ses prédécesseurs, pour bannir la fraude, sont observés avec plus d'attention. Plusieurs villes, qui ne nous avoient pas paru assez considérables pour y former des corporations, ont été tellement persuadées des avantages qui devoient en résulter pour la prospérité des manufactures & pour la perfection des arts, qu'elles ont demandé qu'il nous plût créer de pareils établissemens dans leur enceinte; des artisans même & des ouvriers, à qui nous avions cru devoir laisser la faculté d'exercer librement leurs professions, nous ont fait supplier de les ériger en communauté. C'est par ces considérations, qu'après avoir réglé tout ce qui concernoit l'établissement des maîtrises d'arts & métiers dans les villes du ressort de notre parlement de Paris, nous avons bien voulu procurer les mêmes avantages aux habitans de notre duché de *Lorraine*. A ces causes, & autres, à ce nous mouvant, de l'avis de notre conseil, & de notre certaine science, pleine puissance & autorité royale, nous avons, par notre présent édit, perpétuel & irrévocable, dit, statué & ordonné; disons, statuons & ordonnons, voulons & nous plaît ce qui suit:

ARTICLE PREMIER.

Les fabricans, marchands & artisans des différentes villes de notre duché de *Lorraine*, comprises dans l'état arrêté en notre conseil, & annexé sous le contre-scel du présent édit, seront classés & réunis, suivant le genre de leurs commerce, profession ou métier. A cet effet, avons éteint & supprimé, éteignons & supprimons toutes les communautés d'arts & métiers ci-devant établies dans les villes de notredit duché. Et, de la même autorité, avons créé & établi de nouvelles communautés d'arts & métiers dans celles desdites villes qui, par la nature ou l'étendue de leur commerce, nous en ont paru susceptibles. A l'égard des autres villes & bourgs, il sera libre à toutes personnes d'y exercer tout commerce & métier, sous l'autorité des officiers qui ont la direction de police des arts métiers; nous réservant d'étendre les dispositions du présent édit à celles desdites villes & bourgs, dont les fabricans, marchands & artisans desireront être mis en communauté.

II.

Les communautés établies par l'article précédent, jouiront exclusivement du droit & faculté d'exercer dans les villes de leur établissement, les commerce, métiers ou professions qui sont attribués à chacune d'elles, par ledit état arrêté en notre conseil. Permettons aux fabricans de vendre, en gros & en détail, les draps ou étoffes qu'ils auront fabriqué, concurremment avec les marchands merciers ou drapiers.

IX.

Ceux qui avoient été reçus maîtres dans les communautés supprimées par l'article premier & leurs veuves, continueront d'exercer leur commerce ou métier, sans payer aucun nouveau droit, & ils seront seulement agrégés aux nouvelles communautés Dans le cas où ils voudroient y être admis en qualité de maîtres, ils y seront reçus en payant le quart des droits fixés par le tarif, pourvu qu'ils se présentent dans les trois mois qui suivront la publication du présent édit. Après l'expiration de ce délai, ils ne pourront plus être admis dans les nouvelles communautés qu'en payant moitié des droits.

VILLES DU PREMIER ORDRE.

Saint-Diez.	Mirecourt.
Épinal.	Nancy.
Lunéville.	Neufchâteau.
Saint-Mihiel.	Pont-à-Mousson.

VILLES DU SECOND ORDRE.

Bitche.	Lixheim.
Blamont.	Marsal.
Boulay.	Nomeny.
Bourmont.	Raon-l'Étape.
Bouzonville.	Remberviller.
Briey.	Rosières-aux-Salines.
Bruyères.	Sarguemines.
Bouquenom.	Saint-Avold.
Charmes.	Saralbe.
Château-Salins.	Sainte-Marie-aux-Mines.
Châtel-sur-Moselle.	Saint-Nicolas.
Commercy.	Schambourg.
Darney.	Saint-Hypolite.
Dieuze.	Thiaucourt.
Dompaire.	Vézelize.
Estaing.	Villers-la-Montagne.
Fénestrange.	Tholey.

ÉTAT des Communautés d'Arts & Métiers des différentes villes du ressort du parlement de Nancy.

Nos.	NOMS DES COMMUNAUTÉS.		TARIF DES DROITS de Réception pour les Villes du Ier. ORDRE.	du II. ORDRE.
1	Fabricans de toutes sortes de draps & étoffes de laine, soie, fil, coton, poil-de-chèvre, & autres matières pures & mélangées.	Avec faculté de teindre & de donner tous les apprêts aux ouvrages de leurs manufactures, & de vendre lesdits ouvrages. Sous la dénomination de fabricans, ne sont point compris les tisserands des campagnes, ni les ouvriers travaillans pour leur compte particulier dans les villes.	200 *l.*	100 *l.*
2	Teinturiers du grand teint...	Avec faculté de réunir les deux professions.	150	75
3	Teinturiers du petit teint...	....	100	50
4	Merciers, quincaillers. . . .	Avec faculté de vendre toutes sortes d'étoffes & marchandises, sans pouvoir fabriquer ni apprêter.	300	150
5	Épiciers, confiseurs, ciriers & chandeliers.		200	150
6	Orfévres, jouailliers, bijoutiers & horlogers.		200	100
7	Chapeliers, pelletiers, fourreurs		150	75
8	Tailleurs, frippiers d'habits en neuf & en vieux, brodeurs & chasubliers.		150	75
9	Cordonniers en neuf & envieux.		100	50
10	Boulangers.	Avec faculté d'employer du beurre, du lait & des œufs, concurremment avec les pâtissiers.	150	75
11	Bouchers, chaircutiers.		200	100
12	Cuisiniers, traiteurs, rôtisseurs, pâtissiers, cabaretiers, aubergistes		200	100
13	Cafetiers, limonadiers, vinaigriers, débitans de cidre & de bière.		200	100

Nos.	NOMS DES COMMUNAUTÉS.		TARIF DES DROITS de Réception pour les villes du Ier. ORDRE.	du II. ORDRE.
14	Maçons, couvreurs, plombiers, paveurs, tailleurs de pierres, & tous constructeurs en pierres, plâtre & ciment.		200 *l.*	100 *l.*
15	Charpentiers, & autres constructeurs en bois.		200	100
16	Menuisiers, ébénistes, tourneurs, layetiers, tonneliers, boisseliers, coffretiers, peigneurs, & autres ouvriers en bois. . .		200	100
17	Couteliers, armuriers, arquebusiers, fourbisseurs, & autres ouvriers en acier. . , ...		150	75
18	Serruriers, maréchaux ferrans & grossiers, taillandiers, ferrailleurs, cloutiers, éperonniers, ferblantiers, & autres ouvriers en fer.	Ne pourront néanmoins, lesdits ouvriers en fer, fabriquer & vendre des clefs & ferrures, sans qu'ils aient été autorisés par les officiers de police.	150	75
19	Potiers d'étain, fondeurs, épingliers, chaudronniers, & autres ouvriers en cuivre, étain & autres métaux, excepté l'or & l'argent.		100	50
20	Tapissiers, frippiers, faiseurs & vendeurs de meubles en neuf & en vieux, miroitiers.		200	100
21	Selliers, bourreliers, bahutiers, carrossiers, charrons, & autres ouvriers en voitures.	Avec faculté de ferrer les roues, en concurrence avec les maréchaux.	200	100
22	Tanneurs, corroyeurs, hongroyeurs, peaussiers, mégissiers, & autres fabricans en cuirs & en peaux		200	100

Fait & arrêté au conseil d'état du roi, tenu à Marly le dix-huitième jour de mai, mil sept cent soixante-dix-neuf.

LOTERIE, s. f., qui signifie en général, un jeu de hasard, dans lequel différents lots de marchandises, ou différentes sommes d'argent, sont déposées pour en former des prix & des bénéfices à ceux qui sont favorisés par le sort; c'est-à-dire, à qui il échoit des lots gagnans.

Mais pour ne nous arrêter qu'aux *loteries* adoptées par l'Etat, & dans lesquelles il cherche des ressources de finance, nous en distinguerons trois sortes, qui, en variant par les formes, se ressemblent néanmoins par le fond, puisque par tout, c'est le hasard qui décide du gain ou de la perte.

1°. Celle qui consiste dans un jeu public d'argent sur un nombre déterminé de numéros, comme la *loterie* royale de France.

2°. Les *loteries*, comme celles de Piété & des Enfans trouvés, qui sont composées d'un nombre indéterminé de numéros ou billets d'un prix modique. Au jour fixé pour le tirage, on prend un billet dans une grande roue de fortune, en même-tems que d'autres numéros également tirés d'une seconde roue, indiquent les lots qui s'appliquent aux nombres sortis de la première. Ces lots sont plus ou moins nombreux, & forts en raison de la mise des sommes; on prélève cinq vingt-quatrièmes pour les frais & les bénéfices, & les dix-neuf autres servent à composer des lots gradués, depuis cent livres jusqu'à mille, six mille, dix mille & vingt mille livres.

3°. Les *loteries* qui sont un véritable emprunt, vers lequel on est attiré par l'appât d'un lot considérable, sans exposer son capital, qui est remboursé dans un tems limité, & dont on touche les intérêts, un peu au-dessous du taux légal; ces emprunts n'ont même qu'un rapport éloigné avec les autres *loteries*, où l'on risque le capital en entier; le gouvernement répartit en chances le superflu d'intérêt, & répand ainsi les plaisirs de l'espérance.

Les deux premières sortes de *loteries*, peuvent être regardées comme la ruine du peuple, ou un piège tendu à la cupidité. C'est comme nous l'avons dit dans notre discours préliminaire, p. 57, un impôt de séduction, qui nous paroît aussi funeste aux mœurs, que nuisible aux finances.

L'origine des *loteries* en général, est très ancienne, puisqu'on en voit chez les Romains; mais l'histoire ne nous apprend pas s'ils les reçurent d'une autre nation, où si l'invention leur en est dûe. On est sûr que les Grecs ne connoissoient pas les *loteries*, & qu'elles ne commencerent à être en usage à Rome, que l'orsqu'on voulut remplacer les suffrages du peuple, par les coups du sort, & tirer par la voie du hasard, le département des provinces.

Les Romains imaginèrent ensuite, pendant les saturnales, des espèces de *loteries*, dont tous les billets qui étoient distribués gratis aux convives, gagnoient quelque prix. Ce qui étoit écrit sur les billets, se nommoit *apophoreta*. Cetre invention étoit une adresse galante de marquer sa libéralité & de rendre la fête plus intéressante, en mettant d'abord tout le monde de bonne humeur.

Auguste goûta beaucoup l'idée des *loteries*, & quoiqu'elles ne fussent composées que de bagatelles, elles procuroient beaucoup d'amusement.

Néron, dans les jeux que l'on célébroit pour l'éternité de l'Empire, étala la plus grande magnificence en ce genre. Il fit jetter au peuple jusqu'à mille billets par jour; quelques-uns suffisoient pour faire la fortune de ceux entre les mains de qui le hasard les faisoit tomber; les uns donnoient des esclaves, des navires, les autres des terres, des maisons.

Suivant Lampride, Héliogabale trouva plaisant de composer des *loteries*, moitié de billets utiles, & moitié de billets de choses risibles & de nulle valeur. Il y avoit, par exemple, un billet de six esclaves, un autre de six mouches; un billet d'un vase de grand prix, un autre d'un vase de terre, ainsi du reste.

On trouve une grande lacune dans l'histoire des *loteries*, puisque depuis l'année 222 de notre ère, dans laquelle mourut Héliogabale, jusqu'au quinzième siècle, on ne sait pas si l'usage en fut perdu; il n'en est plus fait mention qu'à cette dernière époque, comme d'un établissemet trèscheri à Venise & à Gènes. Gregorio Léti, qui a donné un traité critique, historique & moral des *loteries*, rapporte que les Vénitiens furent tellement épris de ces nouveaux jeux, qu'ils s'en remirent au sort des *loteries*, pour trafiquer de leurs terres, de leurs meubles & de leurs bijoux.

La république s'appropria bientôt le droit exclusif de former une *loterie* d'argent, pour y chercher des ressources; elle eut des imitateurs dans plusieurs princes d'Europe. Christophe de Longueil, écrivain Flamand, qui avoit beaucoup voyagé en Italie, & qui mourut en 1522, dit que la blanque étoit connue de son tems sous le nom de *loterie*. *Voyez* le *Dictionnaire du Commerce*, au mot BLANQUE.

Sous François I, le goût de la *loterie* passa d'Italie en France. Ce souverain donna en 1539, des lettres-patentes à un particulier, pour l'autoriser à établir une *loterie* ou blanque; mais elles n'eurent point d'exécution, faute d'enregistrement. Le peuple, observe M. Dusaulx, n'étoit pas encore assez joueur pour se laisser prendre à cet appât.

C'est

C'est de cet estimable écrivain, que nous allons emprunter une partie des détails qui vont suivre; ils sont tirés de son ouvrage, intitulé, *De la passion du Jeu;* ouvrage plein d'érudition, & dicté par l'amour du bien.

Le souvenir de la *loterie* échouée en 1539, resta dans la mémoire de ceux qui ne vivoient alors que des malheurs publics. Des partisans échauffèrent les esprits par le récit de ce qui se passoit à Gènes & à Venise. Sous les règnes suivans, on fit différentes tentatives. Un particulier obtint, pendant la minorité de Charles IX, des lettres-patentes, portant permission d'ouvrir une blanque ou *loterie*, dont l'objet n'étoit pas de conséquence; car il ne s'agissoit que d'une montre d'or. Cependant, ce particulier fut traduit au Châtelet, & ensuite au parlement. L'avocat-général Dumesnil s'y couvrit de gloire, tant par la force de ses raisons, que par l'arrêt de proscription qu'il obtint contre la *loterie*, le 23 mars 1563.

Le parlement de Paris, tandis que la fureur de la *loterie* s'autorisoit de l'exemple de la cour, rendit sous Henri IV, un nouvel arrêt le 5 décembre 1598, contre ceux qui tenoient des blanques ou *loteries*; il annulla tous les privilèges qui subsistoient, comme ayant été surpris ou extorqués.

Six ans après, le procureur-général fut chargé de faire saisir une blanque permise & ouverte dans la ville de Soissons, à la ruine des habitans d'icelle, ce sont les termes du réquisitoire.

L'année suivante, il y eut plusieurs blanques ou *loteries* dans la ville d'Amiens; elles furent traitées comme à Soissons.

Toutes ces *loteries* privées en préparèrent d'autres qui ne tardèrent pas à s'établir en France, dès quelles eurent été adoptées en Angleterre & en Hollande.

Ces jeux d'Etat si redoutables, & que l'on regarde maintenant avec tant de complaisance, ne passèrent chez nos voisins, que vers la fin du dix-septième siècle. Ils furent proposés au parlement d'Angleterre, dans les sessions du mois de janvier 1694. On fut long-tems à s'accorder, & même il y eut de grands débats; mais enfin, l'établissement des *loteries* fut permis. L'état avoit besoin d'argent pour faire la guerre: on vota une *loterie* de douze cens mille livres sterlings, qui fut remplie en moins de six mois; amis, ennemis, tout y porta; les vrais patriotes murmurèrent: taisez-vous, leur disoit-on, cette *loterie* est la reine des *loteries;* c'est-elle qui vient de prendre Namur.

A commencer de cette époque, tout fut soumis au calcul en Angleterre; chacun n'étudioit plus que sur des tables de probabilités, les moyens de faire rapidement fortune. Bien-tôt on ne vit plus que des *chances* dans les choses positives, dans celles qui tiennent à la prudence & à l'honneur.

La politique marchande des Hollandois, ne devoit pas dédaigner cette nouvelle source de bénéfices; aussi la ville d'Amersfort, à l'exemple de celle de Londres, vit former la première *loterie* qui ait été tirée en Hollande. Quelques uns des lots promettoient des fermes & des terres seigneuriales que l'on pouvoit se faire payer en argent comptant. La folie des Hollandois ne le céda point à celle des Vénitiens; on établit des *loteries* dans la plûpart des villes; on s'étouffa pour avoir des billets. On en prit pour les revendre & gagner. Les trois quarts de ceux que l'on rencontroit dans les rues & sur les chemins, ne couroient, si l'on en croit Leti, qu'après ce fantôme qui les détournoit de leurs professions: c'en étoit fait de la Hollande, si cette ardeur ne s'étoit pas un peu calmée.

Les *loteries* furent adoptées de proche en proche par la plupart des nations Européenes, & par celles même qui d'abord les avoient rejettées.

On persuada aux princes, que les *loteries* pourroient suppléer les impôts, les emprunts, & servir pour éteindre les dettes nationales. On ne les avertit pas qu'il s'établiroit entre les gouvernemens, une concurrence dont l'effet leur seroit à tous également préjudiciable; comme celle qui présentoit le plus d'appâts, faisoit les plus grands gains, les *loteries* se multiplièrent en peu de tems. On s'embarrassa fort peu des conséquences qu'elles entraînoient, pourvu qu'il en résultât de l'argent.

Plusieurs causes retardèrent chez nous l'établissement des *loteries* projettées sous François I. Après les guerres civiles & les troubles intestins, il falloit rétablir l'ordre, réprimer les nobles & affermir l'autorité souveraine; ce fut l'ouvrage du cardinal de Richelieu. Les instigateurs des *loteries & des blanques*, déjà multipliés en France, depuis que Catherine de Médicis étoit venu partager le trône de Henri II, firent peu de tentatives sous Richelieu; mais ils s'enhardirent sous son successeur.

En 1656, on accorda des lettres-patentes pour l'établissement d'une *loterie* proposée par l'Italien Tonti, à qui est dûe l'origine des tontines. Son produit devoit être appliqué à la construction d'un pont de pierres, entre les galeries du louvre & le fauxbourg Saint-Germain; mais cette *loterie* n'eut pas lieu.

Deux années après, fut expédié le privilège d'une *loterie* de marchandises, qui, de même, resta sans exécution, en conséquence d'un arrêt du parlement du 16 janvier 1658, rendu sur la requête des six corps des marchands de Paris, qui s'étoient opposés à l'enregistrement du privilège.

C'est en 1660, que l'on tira en France la première *loterie* royale, dans un moment d'ivresse occasionné par le mariage de Louis XIV, & pour la publication des fêtes de la paix. Le goût pour ces sortes de jeux prit si bien dans la nation, que l'on en forma de particuliers de tous les côtés; les maîtres & les valets eurent des *loteries*, proportionnées à leur moyens: on en fit de bijoux, de meubles, &c.; il y en eut à cinq sols le billet.

Le parlement & la police s'élevèrent souvent contre ces petites *loteries* & les supprimèrent à diverses reprises, en remontrant toujours que celle de 1660 n'avoit été permise qu'en vertu d'une réjouissance extraordinaire, & pour célébrer l'heureux mariage du roi. C'est ce qu'on voit dans l'arrêt du parlement du 11 mai 1661, rendu sur les conclusions du procureur-général Talon, dans des sentences de police de 1670 & 1681, & dans l'ordonnance du roi du 14 mars 1687.

En 1685, on avoit vu renouveller à la cour, les anciennes *loteries* Romaines. Louis XIV, pour célébrer les noces de mademoiselle de Nantes, sa fille légitime, qui épousoit M. le Duc, fit établir dans le sallon de Marly, quatre boutiques remplies de ce que l'industrie avoit produit de plus recherché & de plus curieux; ces bijoux furent tirés au sort par les personnes qui étoient de cette fête.

En 1700, un arrêt du conseil ouvrit à l'hôtel de-ville une *loterie* royale de dix millions de livres. Voici les motifs que présente le préambule de cet arrêt; « Sa majesté ayant remarqué l'inclination naturelle de la plûpart de ses sujets, » à mettre de l'argent aux *loteries* particulières, » à celles que des communautés ont eu la permission de faire pour l'entretien & le soulagement des pauvres, même à celles qui se font » dans les pays étrangers, & desirant leur procurer un moyen agréable & commode de se » faire un revenu sûr & considérable pour le reste » de leur vie, même d'enrichir leurs familles, » en donnant au hasard des sommes si légères, » qu'elles ne puissent leur causer aucune incommodité, à jugé à propos, &c. »

Cette *loterie* étoit composée de quatre cent mille billets de deux louis chacun; le fond consistoit en cinq cens mille livres de rentes viagères, avec une distribution de quatre cent quatre-vingt-cinq lots en argent.

En 1704, autre *loterie* de deux millions, dont les actions étoient de deux cent livres, & avec des lots en rentes perpétuelles, & en rentes viagères, de cent mille livres pour chaque espèce.

L'année suivante, on fit usage de la même ressource; mais sa médiocrité peut faire juger de la détresse dans laquelle se trouvoit l'Etat, & justifioit la défiance publique. On établit une *loterie* de deux cens quarante mille billets à vingt-sols, & elle ne fut titrée qu'en 1707.

On en forma une autre encore, à vingt francs le billet; mais elle ne fut ni remplie ni tirée. En 1714, il fut ordonné que les billets de cette *loterie* seroient portés au garde du trésor royal, après avoir été visés du receveur, pour être convertis en rentes au denier vingt-cinq.

Ce seroit une longue & peu utile énumération, que de rappeller ici toutes les *loteries* qui ont eu lieu depuis le commencement de ce siècle; nous nous bornerons à parler de celles qui existent actuellement, 1785, après avoir toutefois rapporté l'opinion de quelques philosophes du siècle, sur les inconvéniens de ces jeux de hasard.

M. de Buffon, dans son traité d'*Arithmétique morale*, observe avec raison, « que l'indifférence » apparente, que la fortune a pour le bien ou » pour le mal, produit avec le tems, la nécessité du mal. Qu'une longue suite de hasards, » est une chaîne fatale, dont le prolongement » amène le malheur. »

L'instituteur du prince de Parme, M. l'abbé de Condillac, espère que les souverains renonceront aux *loteries*, comme ils ont renoncé à la ruineuse ressource d'altérer les monnoies; il se trouvera, peut-être, dit ce penseur profond, quelque calculateur habile, qui leur démontrera que cette ressource momentanée, n'est pas moins préjudiciable que l'autre; ... si cette fraude moderne duroit autant que la première, je suis persuadé quelle causeroit bien d'autres ravages.

On peut voir aussi tout ce que la raison & le zèle du bien public ont inspiré à M. Dusaulx, contre l'établissement des *loteries* politiques. En France, il n'en existe plus que trois, depuis l'arrêt du conseil du 30 juin 1776, qui en a supprimé trois. Celle de l'Hôtel de-Ville de Paris, qui donnoit soixante lots sur mille billets; la *loterie* générale, où l'on comptoit douze lots sur mille; & enfin, celles des communautés religieuses, calculée à raison de six lots par mille billets.

La *loterie* royale de France, qui a remplacé la *loterie* de l'école royale militaire, & adopté ses combinaisons, tire à ce qu'on prétend, son origine de ce qui se pratiquoit anciennement à Gènes, pour l'élection tous les six mois, de cinq sénateurs par la voie du sort. Les candidats se trouvoient quelquefois au nombre de cent; mais ne pouvoient jamais être moins de quatre-vingt dix: leurs noms étoient mêlés avec soin dans une roue, & l'on remarque comme une singularité, que celui de *Benedetto Gentile*, resta près d'un siècle sans sortir. Le peuple qui pensoit déjà que ce nom étoit devenu invisible, exigea la preuve du contraire; on le satisfit d'autant plus volontiers à cet égard, que l'invention de la *loterie* de Gènes, établie sous le titre de *Seminario*, étoit dûe à un *Gentile*.

Au reste, comme la *loterie royale* est devenue une affaire de finance par la forme d'administration qu'elle a reçue en 1776, & par les nouvelles combinaisons qui furent à cette epoque ajoutées aux anciennes; il est à propos de donner ici l'arrêt du conseil du 30 juin, qui a ordonné son établissement, avec le plan qui y est annexé, & la table de comparaison des conditions de la *loterie* de France, avec celles des *loteries* étrangeres.

Sur ce qui a été représenté au roi, étant en son conseil, que les différentes *loteries* établies jusqu'à présent dans le royaume, n'auroient pu empêcher ses sujets de porter leurs fonds dans les pays étrangers, pour y courir les hasards & tenter fortune dans le jeu des *loteries* qui y existent: Que la *loterie* que sa majesté avoit concédée à l'école royale militaire, quoique présentant au public un jeu semblable à celle de Rome, Gênes, Vénise, Milan, Naples & Vienne en Autriche, n'avoit pas arrêté ce versement de l'argent du royaume dans d'autres *loteries* étrangères, duquel il résulte un préjudice sensible pour l'Etat, & qui mérite d'autant plus l'attention de sa majesté, que le montant, d'après des informations certaines, forme un objet considérable, & qu'il ne pourroit qu'augmenter à l'avenir par les différentes chances que les États voisins cherchent à mettre dans ces sortes de jeux; elle auroit jugé que la prohibition ne pouvant être employée contre les inconvéniens de cette nature, il ne pouvoit y avoir d'autre remède, que de procurer à ses sujets une nouvelle *loterie* dont les différens jeux, en leur présentant les hasards qu'ils veulent chercher, soient capables de satisfaire & de fixer leur goût. En conséquence, sa majesté auroit fait examiner par les personnes les plus versées en ce genre, le projet d'une *loterie* dans laquelle plusieurs chances ont été ajoutées à celle de l'école militaire & à toutes celles qui existent dans les pays étrangers, dont les tirages seront plus fréquens pour la ville de Paris, & pourront être exécutés dans les principales villes & frontières du royaume, à l'effet d'empêcher plus sûrement l'exportation, si préjudiciable à l'État, de l'argent dans les pays étrangers; & ce projet ayant été jugé le plus propre à remplir les vues de sa majesté, elle se seroit portée à l'adopter & à supprimer en conséquence la *loterie* de l'école royale militaire, en hypothéquant le produit de la nouvelle *loterie* à cette école, jusqu'à concurrence de la somme annuelle à laquelle il a été reconnu que pouvoit monter celui de la concession qui lui avoit été faite, & pour le tems seulement qui reste à courir de ladite concession: sa majesté ayant considéré que la multiplicité des autres *loteries* existantes à Paris, porte un préjudice notable aux unes & aux autres, & occasionne en pure perte, des frais considérables pour leur régie; elle auroit déterminé de supprimer trois de ces cinq *loteries* particulières qui se tirent dans ladite ville, & de réunir les deux autres sous la même administration à laquelle sera confiée la régie de la nouvelle *loterie*; mais sa majesté a voulu en même tems conserver à l'hôtel-de-ville de sa bonne ville de Paris, & aux autres communautés & établissemens publics & utiles, auxquels lesdites *loteries* ont été concédées, les secours qu'ils en retirent. A cet effet, l'intention de sa majesté, est d'assurer à chacun d'eux, pour le tems de leur concession, le montant du produit net qu'ils en ont retiré, tel qu'il se trouvera constaté sur le relevé des dix dernières années. Sa majesté ne bornant point ses soins paternels aux établissemens de charité & de piété qui existent & qui sont dignes de sa protection; elle auroit résolu d'appliquer une partie du produit de la nouvelle *loterie*, à former un fonds qui sera employé à des objets de soulagemens & de secours, conformément aux intentions que sa majesté se réserve de faire connoître. La sûreté nécessaire des fonds qui seront versés dans la nouvelle *loterie*, & l'exécution la plus exacte des engagemens de sa régie envers le public, exigeant des fonds d'avance & des cautionnemens considérables, les détails de la régie & administration de cette nouvelle *loterie*, plus compliquée & étendue qu'aucune de celles qui ont existé jusqu'à présent, ne pouvant d'ailleurs être que très-multipliés; sa majesté a jugé nécessaire de commettre un nombre de personnes choisies & dignes de la confiance publique, par leur fortune & leur bonne réputation, pour, avec un intendant qui sera nommé par sa majesté, régir & administrer lesdites *loteries* en qualité d'administrateurs généraux, sous les ordres du contrôleur général des finances. A quoi voulant pourvoir: oui le rapport, &c.

ARTICLE PREMIER.

La *loterie* établie par arrêt du conseil du 15 octobre 1757, sous le nom de *loterie* de l'école royale militaire, sera éteinte & supprimée, à compter du 6 août prochain, & sera remplacée à la même époque pour le tems de trente années, par la *loterie* que sa majesté a créée & crée sous le nom de *Loterie royale de France*, conformément au plan qui sera annexé au présent arrêt.

II.

L'indemnité dûe à l'école militaire pour raison de la suppression de sa *loterie*, sera fixée par sa majesté, & versée, suivant ce qui sera réglé, dans la caisse du receveur de ladite école militaire, jusqu'au premier novembre 1787; époque à laquelle doit expirer son privilège.

III.

La *loterie* royale sera régie & administrée, sous les ordres du sieur contrôleur général des finances, par un intendant qui sera nommé par sa majesté, & par douze administrateurs sous le nom d'*Antoine Blanquet.*

IV.

La *loterie* de l'hôtel-de-ville de Paris, la *loterie* générale d'association & celle des communautés religieuses, seront & dmeureront éteintes & supprimées, à compter du premier août, & les tirages desdites *loteries*, cesseront dans le courant du mois de juillet prochain.

V.

Les *loteries* des Enfans-trouvés & de Piété, que sa majesté confirme & maintient jusqu'à ce qu'il en soit par elle autrement ordonné, seront réunies à la régie de la *loterie* royale, à compter du premier août prochain; à cet effet, les administrateurs généraux prendront possession desdites *loteries* audit jour, sous le nom d'*Antoine Blanquet.*

VI.

Ordonne sa majesté, que par le caissier général de la *loterie* royale, il sera payé annuellement, pour le tems de leur concession seulement, à l'hôtel-de-ville de Paris, & aux corps, communautés & établissemens, auxquels lesdites *loteries* supprimées ou réunies avoient été accordées, la somme à laquelle se trouvera monter, pour chacun, l'année commune formée sur les dix dernières du produit net desdites *loteries*, déduction faite de tous frais de régie; à l'effet de quoi, seront tenus les régisseurs, receveurs ou autres préposés d'icelles, de remettre entre les mains du sieur contrôleur général des finances, les registres, états & comptes de recettes & dépenses des dix dernières années de leur jouissance.

VIII.

Il sera établi des tirages de la *loterie* royale de France, dans celles des principales villes & frontières du royaume qui seront jugées convenables. Le nombre des tirages à Paris, sera porté à vingt-quatre par an, lesquels seront fixés aux premier & 16 de chaque mois; les tirages de ladite *loterie* royale à Paris, seront faits publiquement dans une des salles de l'hôtel de la compagnie des Indes, en présence du sieur lieutenant général de police, ainsi que de l'intendant & des administrateurs généraux de ladite *loterie*; & dans les principales villes & frontières, les tirages seront faits publiquement dans les Hôtels-de-ville, en présence, tant de l'intendant & commissaire départi, que des maire & échevins, & du directeur de la *loterie.*

IX.

Les administrateurs déposeront entre les mains du caissier général de ladite *loterie* & sur son récépissé, par forme de cautionnement, une somme de trois millions six cens mille livres, à raison de cent mille écus pour chacun d'eux; & l'intérêt leur en sera payé à raison de cinq pour cent, à compter du premier du mois dans lequel la remise en aura été faite.

X.

Tous les receveurs, tant dans la ville de Paris que dans les provinces, déposeront également un cautionnement en espèces, dont le montant sera déterminé par le sieur contrôleur général, en proportion de celui de leur recette, duquel cautionnement, l'intérêt leur sera payé à raison de cinq pour cent.

XI.

Il restera en tout tems, entre les mains du caissier général de l'administration, un million en espèces pour faire face aux évènemens; & dans le cas où ladite somme ne suffiroit pas, les administrateurs seront tenus d'y pourvoir sur le champ & de manière qu'il n'y ait aucun retard dans l'acquittement des lots.

XII.

Il sera prélevé sur le bénéfice net de la régie & administration, & après l'acquittement des sommes qui seront fixées pour des indemnités dûes pour raison de la suppression des autres *loteries*, deux sols pour livre, pour en former un fonds, dont sa majesté s'est réservé la disposition particulière; à l'effet de quoi, lesdits deux sols pour livre du bénéfice, toutes charges généralement quelconques prélevées, seront versés par le caissier général de la régie, entre les mains du trésorier qui sera nommé par sa majesté.

XIII.

Les arrêts & règlemens rendus concernant la régie & administration, tant de la *loterie* de l'Ecole royale militaire, que de celle des Enfans-trouvés & de Piété, continueront d'être exécutés pour la *loterie* royale de France, ainsi que pour lesdites *loteries* réunies, suivant leur forme & teneur, en ce qui n'est pas contraire au présent arrêt.

XIV.

Les sieurs intendans & commissaires départis dans les provinces & généralités du royaume, & le sieur lieutenant général de police pour la ville & fauxbourgs de Paris, connoîtront de toutes les contestations relatives auxdites *loteries* & à l'administration d'icelles; sa majesté leur attribuant toute cour & jurisdiction nécessaire à cet effet, sauf l'appel au conseil.

*Plan de la Loterie, composée dans les principes de celles établies à Gênes, Rome, Venise, Milan, Naples, Vienne, Bruxelles, Berlin, &c. avec l'addition des chances d'*extrait déterminé, *d'*ambe déterminé, *de* quaterne, *de* quine, *& de plusieurs* primes gratuites, *accordées en proportion de la valeur des mises.*

ARTICLE PREMIER.

On suivra dans le tirage de cette *loterie*, la méthode qui s'observoit ci-devant dans les tirages de la *loterie* de l'école royale militaire.

Le jour du tirage, on enfermera dans la roue de fortune, *quatre-vingt-dix étuis* d'égale grandeur, forme & poids. Chacun de ces étuis contiendra un quarré de vélin, sur lequel sera inscrit chaque numéro, depuis le numéro 1 jusques & compris le numéro 90.

Tous les numéros, avant d'être placés dans leurs étuis, seront exposés aux yeux de tous les assistans. Après cette formalité, on mêlera les quatre-ving-dix étuis dans la roue de fortune, & on tirera *cinq numéros* seulement. Le tirage de ces numéros, sera nommé *tirage des lots*, & déterminera le montant des lots de tous ceux qui auront pris intérêt à la *loterie*.

II.

Immédiatement après ce tirage des lots, il sera fait successivement quatre autres tirages, qui seront appellés *tirages des primes gratuites;* & seront désignés par les noms de *première, seconde, troisième & quatrième classe.* Pour y procéder avec célérité, on exposera de nouveau aux yeux du public les *cinq* numéros qui seront sortis de la roue de fortune; & chacun d'eux, suivant l'ordre de sa sortie, sera jeté une seconde fois dans la roue de fortune, pour y être mélangé avec les quatre-vingt-cinq numéros restans. La même opération se repétera jusqu'à quatre fois consécutives.

III.

Tous les lots & primes gratuites seront payés au bureau général de l'administration, trois jours après le tirage, & l'on continuera de les payer sans interruption jusqu'à leur entier acquittement, sans autre formalité que celle de rapporter le billet original.

IV.

Tous porteurs de billets gagnans, jouiront, à dater de l'époque du jour du tirage, d'un terme de six mois, pour recevoir le payement des lots & primes qui leur seront échus; passé lequel délai, lesdits billets seront & demeureront nuls.

V.

L'on délivrera à l'actionnaire une reconnoissance provisionnelle, pour être échangée contre le billet original. La reconnoissance & le billet original émaneront d'une même souche, & se rapprocheront par une légende, contenant ces mots; *loterie royale de France.* En échange de la reconnoissance, il sera fourni à l'actionnaire, sous le plus bref délai, le billet original pour constater son titre, & ce ne sera que sur la représentation de ce titre qu'il pourra prétendre au payement du lot ou des primes qui lui seront échus.

VI.

Chacun des actionnaires sera libre de placer sa mise sur tel numéro & telle quantité de numéros qu'il lui plaira choisir, depuis le numéro 1 jusques & compris le numéro 90. A l'égard des différentes chances à courir, on peut s'intéresser à cette *loterie* de sept manières différentes:

SAVOIR:

1°. Sur *un seul numéro*, qui s'appelle communément.................... *extrait simple.*

2°. Sur *un seul numéro*, dont l'ordre de la sortie doit être désigné, & qu'on appellera.. *extrait déterminé.*

3°. Sur *deux numéros* liés ensemble, qui s'appellent communément.......... *ambe simple.*

4°. Sur *deux numéros* liés ensemble, dont l'ordre de sortie pour chacun d'eux doit être désigné, & qu'on appellera.. *ambe déterminé.*

5°. Sur *trois numéros* liés ensemble, qui s'appellent communément......... *terne.*
6°. Sur *quatre numéros* liés ensemble, qui s'appelleront..................... *quaterne.*
7°. Sur *cinq numéros* liés ensemble, qui s'appelleront..................... *quine.*

VII.

A l'égard du montant total des billets qui pourront être pris sur chaque chance, il en sera délivré;

SAVOIR:

Sur chaque *extrait simple*, depuis *un sol* jusqu'à la somme de *dix mille livres.*
Sur chaque *extrait déterminé*, depuis *douze sols* jusqu'à la somme de *mille livres.*
Sur chaque *ambe simple*, depuis *six deniers* jusqu'à la somme de *quatre cents livres.*
Sur chaque *ambe déterminé*, depuis *six deniers*, jusqu'à la somme de *cent quatre-vingts livres.*
Sur chaque *terne*, depuis *six deniers* jusqu'à la somme de *cent cinquante livres.*
Sur chaque *quaterne*, depuis *six deniers* jusqu'à la somme de *douze livres.*
Et sur chaque *quine*, depuis *six deniers*, jusqu'à la somme de *trois livres.*

On ne délivrera néanmoins aucun billet au-dessous de la valeur de *douze sols* pour le total de la mise.

VIII.

L'actionnaire gagnera, pour chaque lot qui lui sera échu au tirage des lots:

SAVOIR:

Par *extrait simple*........	15	*fois la mise.*
Par *extrait déterminé*........	70	
Par *ambe simple*........	270	
Par *ambe déterminé*........	49000	
Par *terne*........	5200	
Par *quaterne*........	70000	
Par *quine*........	1000000	

IX.

Indépendamment de tous les lots qui résultent des différentes chances ci-dessus, les actionnaires porteurs de billets composés, soit d'*ambes déterminés*, soit de *ternes*, soit de *quaternes*, soit de *quines*, participeront aux tirages des *primes gratuites*, accordées en raison de leurs mises, ainsi qu'il est expliqué dans l'article X ci-après, & sous les conditions y énoncées.

X.

1°. Chaque billet d'*ambe déterminé*, qui sera composé d'une colonne de six numéros & au-dessus, jusqu'à vingt numéros inclusivement; chaque billet de *terne*, ou de *quaterne*, ou de *quine*, qui sera composé d'une colonne de dix numéros & au-dessus, jusqu'à vingt numéros inclusivement, pourra se prendre, à raison de chaque combinaison qui résultera de la quantité des numéros choisis, sur le pied de *trois deniers.*

2°. Chaque billet d'*ambe déterminé*, de *terne*, de *quaterne*, ou de *quine*, qui sera composé d'une colonne de vingt-un numéros & au-dessus, jusqu'à quarante numéros inclusivement, pourra se prendre à raison de chaque combinaison qui résultera de la quantité des numéros choisis, sur le pied d'*un denier.*

3°. Chaque billet d'*ambe déterminé*, de *terne*, de *quaterne* ou de *quine*, qui sera composé d'une colonne de trente-un numéros & au-dessus, jusqu'à volonté, pourra se prendre à raison de chaque combinaison qui résultera de la quantité des numéros choisis, sur le pied d'*un douzième de denier.* Dans tous les cas, le fort denier restera au profit de la *loterie.*

Tout porteur de billet, soit d'*ambe déterminé*, soit de *terne*, soit de *quaterne*, soit de *quine*, composé dans les formes prescrites au present article, participera, sans être soumis à aucun nouveau déboursé, aux *primes gratuites*, énoncées à l'article II; & quant au montant desdites primes, il sera payé, pour la rencontre d'une ou de plusieurs chances déterminées:

SAVOIR:

Pour chaque *ambe déterminé.*	au tirage de la 1re. classe des primes, à raison de.	500	fois la mise.
Pour chaque *terne*.........	au tirage de la 1re. classe des primes, à raison de.	500	
	au tirage de la 2e. classe des primes, à raison de.	300	
Pour chaque *quaterne*.......	au tirage de la 1re. classe des primes, à raison de.	15000	
	au tirage de la 2e. classe des primes, à raison de.	9000	
	au tirage de la 3e. classe des primes, à raison de.	6000	
Pour chaque *quine*.........	au tirage de la 1re classe des primes, à raison de.	80000	
	au tirage de la 2e. classe des primes, à raison de.	60000	
	au tirage de la 3e. classe des primes, à raison de.	40000	
	au tirage de la 4e. classe des primes, à raison de.	20000	

De cette manière, l'actionnaire pourra gagner,

SUR LA CHANCE DE L'*AMBE DÉTERMINÉ*,

Deux fois de suite.

Pour la totalité des *dix ambes* qui peuvent résulter des cinq numéros sortis :

1°. Au tirage des lots, ainsi qu'il est mentionné à l'article VIII............	49000	mises.
2°. Au tirage de la 1er. classe des primes gratuites.......................	5000	

SUR LA CHANCE DU *TERNE*,

Trois fois de suite.

Pour la totalité des *dix ternes* qui peuvent résulter des cinq numéros sortis :

1°. Au tirage des lots, ainsi qu'il est mentionné à l'article VIII, ...	52000	mises.
2°. Au tirage de la 1re. classe des primes gratuites.......................	5000	
3°. Au tirage de la 2e. classe des primes gratuites.......................	3000	

SUR LA CHANCE DU *QUATERNE*,

Quatre fois de suite.

Pour la totalité des *cinq quaternes* qui peuvent résulter des cinq numéros sortis :

1°. Au tirage des lots, ainsi qu'il est mentionné à l'article VIII............	350000	mises.
2°. Au tirage de la 1re. classe des primes gratuites.......................	75000	
3°. Au tirage de la 2e. classe des primes gratuites.......................	45000	
4°. Au tirage de la 3e. classe des primes gratuites.......................	30000	

SUR LA CHANCE DU *QUINE*,

Cinq fois de suite.

Pour le *quine* qui peut résulter des cinq numéros sortis :

1°. Au tirage des lots, ainsi qu'il est mentionné à l'article VIII...........	1000000	mises.
2°. Au tirage de la 1re classe des primes gratuites.......................	80000	
3°. Au tirage de la 2e. classe des primes gratuites.......................	60000	
4°. Au tirage de la 3e. classe des primes gratuites.......................	40000	
5°. Au tirage de la 4e. classe des primes gratuites.......................	20000	

TABLE DE *COMPARAISON des Conditions des Loteries Etrangères & de celles de la* LOTERIE ROYALE DE FRANCE.

On accorde	Pour un Extrait simple.	Pour un Extrait déterminé.	Pour un Ambe simple.	Pour un Ambe déterminé. Lots.	Pour un Ambe déterminé. Primes.	Pour un Terne. Lots	Pour un Terne. Primes.	Pour un Quaterne. Lots.	Pour un Quaterne. Primes.	Pour un Quine. Lots.	Pour un Quine.
	fois.	fois.	fois.	fois.	fois.	fois.	fois.	fois.	fois.	fois.	fois.
En Allemagne	13 ¾	67	266 ½	//	//	5142 7/8	//	//	//	//	//
En Italie....	14	67	240	//	//	4800	//	60000	//	//	//
En France....	15	70	270	4900	500	5200	1re. cl. 500 2e. cl. 300	70000	1re. cl. 15000 2e. cl. 9000 3e. cl. 6000	1000000	1 . cl. 80000 2e. cl. 60000 3e. cl. 40000 4e. cl. 20000

Pour expédition du plan de la *Loterie* approuvé par le Roi, & qui doit être annexé à la minute de l'arrêt du conseil de ce jour 30 juin 1776.

On observera sur l'article VIII, que, jusqu'à présent, en 1785, il n'a été fait aucun tirage dans les principales villes des frontières du royaume; sans doute par la crainte des abus, ou pour éviter une complication de calculs & d'opérations, qui deviendroient nécessaires pour concilier ces tirages particuliers, avec le tirage général qui s'exécute à Paris.

Cette forme nouvelle reçut dès l'année suivante des modifications par l'arrêt du conseil du 20 juillet 1777; en attendant, y est-il dit, *que les circonstances permettent d'examiner jusqu'à quel point l'établissement en lui-même doit être maintenu ou circonscrit.*

La place d'intendant fut supprimée. On réduisit le nombre des administrateurs à six; on supprima toutes les croupes & participations qui avoient été accordées, & il fut ordonné qu'au lieu d'un million, qui devoit rester dans la caisse de la *loterie*, pour la sûreté du payement des lots, il y en auroit deux, dont un seroit fourni par le trésor royal.

Nous avons dit au mot frais de recouvrement, pag. 278, d'après un ancien administrateur des finances, très-éclairé sur tout ce qui s'y rapporte, que la recette de la *loterie* royale & des petites *loteries*, s'élève à la somme de onze millions cinq cent mille livres, parce qu'on estime à cette somme la mise des joueurs, qui coûte deux millions quatre cens mille livres; ensorte que le produit net, n'est que de neuf millions cent mille livres.

Le même homme d'état nous apprend, qu'il se distribue chaque année, pour trente-sept à quarante millions de billets; que les appointemens des employés, tant à Paris qu'à Lyon, les pertes accidentelles, les frais d'impression & autres de toute espèce, se montent à six cens mille livres.

Les six administrateurs auxquels il en a été ajouté un septième en 1784, ont fourni chacun cinq cens mille livres de fonds d'avance; leurs émolumens dépendent en partie de la mesure des produits de la *loterie*, & l'on estime l'ensemble des attributions fixes & casuelles, à plus de deux cens cinquante mille livres.

Les retenues faites par les buralistes sur le montant des recettes, sont évaluées à seize cens mille livres; elles sont d'ailleurs relatives à l'étendue de leur recette, mais forment un objet considérable, quand on les rapproche de la contribution représentée par la perte des joueurs. Sous ce rapport, le seul juste, on voit combien la levée d'un pareil impôt est dispendieuse, puisqu'elle coûte plus de vingt pour cent.

De pareils frais, observe cet homme d'Etat, tiennent à la nature de l'impôt; ainsi, c'est en renonçant à cette branche de revenu, & en la remplaçant, s'il en est besoin, de quelque autre manière, qu'on peut désigner cet article parmi les objets de recouvrement susceptibles d'une grande économie.

Ce genre d'impôt est extrêmement séduisant pour le fisc, parce qu'on s'y soumet volontairement, & comme ce sont principalement les habitans de la capitale qui le payent; ils ne prendroient guères à gré son remplacement par une capitation ou des droits d'entrée. Mais tant d'idés morales s'élèvent contre un jeu de cette nature, sur-tout, entre les mains du souverain, qu'en arrêtant ses regards, sur les différens biens auxquels on peut espérer, au moyen d'une administration économe & sage au milieu de la paix, l'abolition de la *loterie* royale, seroit certainement un objet digne des vœux du gouvernement. En adoptant un pareil parti, il faudroit en même-tems prendre toutes les précautions nécessaires pour s'opposer au débit des *loteries* étrangères.

Ces précautions sont consignées dans les arrêts du conseil des 2 avril 1752, & 20 septembre 1776, qui défendent de vendre ni distribuer dans le royaume des billets de *loteries* étrangères ou autres qui n'auroient pas été autorisées par sa majesté, à peine de restitution des sommes reçues pour les billets distribués, de trois mille livres d'amende & de plus grande peine, si le cas y échoit.

On a dit au mot COMMIS, pag. 334, du premier volume, que les commis de la *loterie* royale, participent, ainsi que tous ceux qui sont employés dans son administration, aux privilèges des commis des fermes. Ainsi l'ont ordonné les arrêts du conseil des 4 août 1776 & & 12 mars 1783.

Un homme d'esprit qui s'est fort occupé de calculs relatifs aux *loteries*, après avoir démontré par les résultats de ses combinaisons, le peu d'espoir d'obtenir des chances heureuses dans la *loterie* royale, a pensé aux moyens de la rendre moins désavantageuse, sans rien retrancher de son produit. En conséquence, il propose des additions à cette *loterie* & la suppression des autres, en les remplaçant par une nouvelle *loterie* qui ne seroit point à la portée du peuple.

Pour seconder des vues aussi louables, nous allons donner ici ses observations, & le projet d'arrêt qui renferme son plan, avec un autre projet d'emprunt, en forme de loterie. C'est l'auteur lui-même M. Caminade de Castres, qui va parler.

Cinq numéros de la *loterie* royale peuvent se combiner de *dix* manières différentes, par *ambes simples*; & *deux* numéros quelconques, liés ensemble sur toutes les sorties, peuvent se combiner de *vingt* manières différentes par *ambes déterminés*. Voyez COMBINAISON. (*Dictionnaire de Mathématiques.*)

Soit, par exemple, les *cinq* numéros suivans: *8*, *14*, *22*, *78*, *85*.

Ambes simples qui résultent de ces *cinq* numéros.

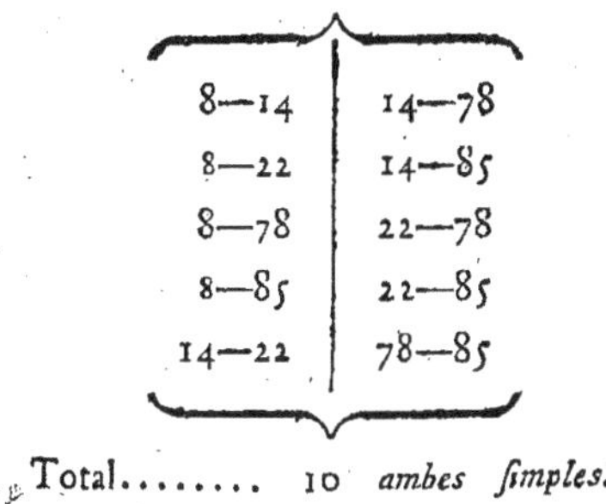

8—14	14—78
8—22	14—85
8—78	22—78
8—85	22—85
14—22	78—85

Total........ 10 *ambes simples.*

Ambes déterminés qui résultent du premier de ces *dix ambes simples.*

	Première sortie.	Seconde sortie.	Troisième sortie.	Quatrième sortie.	Cinquième sortie.
ORDRE NUMÉRIQUE.	8	14			
	8		14		
	8			14	
	8				14
		8	14		
		8		14	
		8			14
			8	14	
			8		14
				8	14
ORDRE NUMÉRIQUE RENVERSÉ.	14	8			
	14		8		
	14			8	
	14				8
		14	8		
		14		8	
		14			8
			14	8	
			14		8
				14	8

Total........... 20 *ambes déterminés.*

Il est aisé de sentir que c'est à l'aide des diverses combinaisons que présentent les 90 numéros, considérés d'abord séparément, sur *une* ou sur *cinq* sorties, & décomposés ensuite de deux en deux, de trois en trois, de quatre en quatre, & de cinq en cinq, qu'on est parvenu à découvrir que ces mêmes 90 numéros donnent :

90 *extraits* } *simples.*
4 mille 5 *ambes* }
117 mille 480 *ternes.*
2 millions 555 mille 190 *quaternes.*
43 millions 949 mille 268 *quines.*

450 *extraits* } *déterminés.*
80 mille 100 *ambes* }

Voilà ce qui devroit déconcerter la plupart des actionnaires ; mais leur folie, par malheur, est portée à l'excès : tout en répétant ce refrain ordinaire de la cupidité, « *que sait-on ? le hasard !* » ils débutent par risquer une légère somme, & finissent par se ruiner.

Ces calculs n'en sont pas moins les seuls auxquels on doive ajouter foi ; il faudroit se refuser à l'évidence pour douter de leur infaillibilité. Qu'on ne s'y trompe donc point : le hasard n'a jamais été & ne sera jamais soumis à de vaines spéculations. Si ces vérités sont capables de dérober un jour quelques victimes au danger qui les menace, quelle plus douce récompense d'avoir entrepris de traiter un sujet qui intéresse aussi essentiellement le public !

On a quelquefois prétendu que la *loterie royale* perdoit plus qu'elle ne gagnoit sur la chance des *extraits :* à cette erreur, on n'opposera qu'un fait ; c'est que les bénéfices s'élevant de 11 à 12 millions par an, il n'est guère à présumer qu'ils proviennent uniquement des autres chances dont les mises sont les moins fortes : chacun sait d'ailleurs qu'on se ruine bien plutôt à suivre certains numéros par *extraits* qu'autrement ; & la raison en est sensible ; il y a, proportion gardée, entre les profits beaucoup plus à dépenser pour la rencontre d'un lot, d'*extrait simple*, que pour celle d'un *lot d'ambe*, de *terne*, de *quaterne*, ou de *quine :* d'où il s'ensuit qu'avant d'asseoir son jugement sur une chose, il paroîtroit juste qu'on y eût un peu mûrement réfléchi.

On vient de dire que les 90 numéros, combinés de *sept* manières différentes, offrent 90 *extraits simples*, 4 mille 5 *ambes simples*, 117 mille 480 *ternes*, &c. ; or il arrive communément qu'on s'en tient à 1 ou à 5 numéros pour une mise d'*extraits simples & déterminés ;* à 2 ou à 5 numéros pour une mise d'*ambes simples & déterminés*, à 3 ou à 5 numéros pour une mise de *ternes*, à 4 ou à 5 numéros pour une mise de *quaternes*, & à 5 numéros pour une mise de *quine :* analysons maintenant chacune de ces chances, & considérons quelles sont les *probabilités* pour ou contre l'actionnaire.

S'il ne choisit qu'un *extrait*, il y a 89 à parier contre 1 qu'il doit perdre ; mais s'il en adopte *cinq*, alors son avantage est d'un sur 18, parce que cinq fois 18 font 90 : cependant plus il rapproche ses espérances, & plus ses bénéfices diminuent ; car en supposant qu'il gagne un *lot*, il lui reste net 14 fois sa mise dans le premier cas, & seulement 10 dans le second

En vain a-t-il au moyen des cinq extraits dont il s'agit, *cinq* dégrés de *probabilité* au lieu d'*un*, en sa faveur ; ces probabilités sont encore si éloignées, qu'il est prudent de les regarder à-peu-près comme imaginaires. En effet, la rencontre de plusieurs numéros, pris séparément, ou liés ensemble, est une espèce de phénomène ; il est aisé de s'en convaincre.

Si l'actionnaire ne choisit que *deux* numéros, liés ensemble, ce qui forme un *ambe simple*, il y a 4 mille 4 à parier contre 1 qu'il ne rencontrera point ces *deux* numéros ; & s'il en adopte *cinq*, qui forment 10 *ambes*, il a, par chaque *ambe*, un dégré de *probabilité* pour gagner, & 404 dégrés de *probabilité* pour perdre.

S'il ne choisit que *trois* numéros, liés ensemble, ce qui forme un *terne*, il y a 117 mille 479 à parier contre 1 qu'il ne rencontrera point ces 3 numéros, & s'il en adopte *cinq*, qui forment 10 *ternes*, il a, par chaque *terne*, un dégré de *probabilité* pour gagner, & 11 mille 747 dégrés de *probabilité* pour perdre.

S'il ne choisit que *quatre* numéros, liés ensemble, ce qui forme un *quaterne*, il y a deux millions 555 mille 189 à parier contre 1, qu'il ne rencontrera point ces quatre numéros ; & s'il en adopte *cinq*, qui forment 5 *quaternes*, il a, par chaque *quaterne*, un dégré de *probabilité* pour gagner, & 511 mille 37 dégrés de *probabilités* pour perdre.

S'il adopte *cinq* numéros, liés ensemble, ce qui forme un *quine*, il n'a qu'un dégré de *probabilité* pour gagner, & 43 millions 949 mille 267 dégrés de *probabilité* pour perdre.

De même, si l'actionnaire désigne *un seul extrait*, sur les *cinq* sorties, chacun des 90 *extraits* pouvant se multiplier par 5, il y a 449 à parier contre 1, qu'il doit être trompé dans son attente; & s'il adopte *cinq extraits*, sur autant de sorties, il a, par chaque *extrait*, un dégré de *probabilité* pour gagner, & 89 dégrés de *probabilité* pour perdre.

Enfin, s'il désigne *deux* numéros quelconques, liés ensemble sur 5 sorties, les 4 mille 5 *ambes simples*, pouvant se multiplier par 20, il y a 80 mille 99 à parier contre 1, qu'il doit être également trompé dans son attente; & s'il adopte *cinq* numéros, liés ensemble, sur autant de sorties, ce qui forme *deux cens ambes*, il a, par chaque *ambe*, un dégré de *probabilité* pour gagner, & 399 dégrés & *demi* de *probabilité* pour perdre. Voyez *probabilité* .... (*Dictionnaire de Mathématiques.*)

La manière la plus sûre de s'intéresser à la *loterie royale*, est d'adopter 45 *extraits*, *sur une seule sortie* : ce n'est pas que l'on conseille pour cela d'en faire l'essai; mais on remarque simplement qu'il règneroit de la sorte une égalité parfaite entre les avantages & les risques de l'actionnaire, s'il étoit possible que la *loterie* accordât 90 au lieu de 70 fois la valeur de la mise.

On conseille bien moins encore d'avoir recours à la *martingale*, c'est-à-dire, de combiner son jeu avec assez d'art pour ratraper à la longue tout ce qu'on a perdu; dès qu'un numéro a resté 50 à 60 tirages en retard, il se ferme, parce que, sans ce soin, il excéderoit le taux de la fixation prescrite par l'arrêt du conseil : que de regrets n'a-t-on pas alors d'avoir mis au hasard toute sa fortune!

Essai sur les moyens de réformer ce que les *loteries* ont de plus nuisible, *sans rien diminuer de leur produit actuel.*

Qu'on tolère, puisqu'il le faut, les *loteries* en faveur des riches; mais que ces jeux d'Etat soient en quelque sorte interdits aux pauvres. Voilà sans doute le meilleur plan de réforme qui reste à proposer.

Projet d'arrêt du conseil portant *attribution* de nouvelles *primes gratuites* à chacune des chances de la *loterie royale de France*.

Suppression des *loteries des enfans trouvés & de piété*,

Et *création* d'une nouvelle *loterie*, sous la dénomination de *loterie nationale*.

Sur ce qui a été représenté au roi; que parmi ceux de ses sujets qui courent les hasards de la fortune aux différentes *loteries* établies dans le royaume, il n'y en avoit jamais qu'un très-petit nombre favorisé du sort; que la *loterie royale de France*, telle qu'elle existe aujourd'hui, offre dans le jeu des *extraits*, appellés « *numéros secs*, » un appât capable de faire naître mille spéculations chimériques & ruineuses; que sa majesté, par des vues d'ordre & de sagesse, ne pouvant dès-à-présent remédier au mal qui en résulte, selon la plénitude de sa justice & le vœu de son cœur, il étoit du moins à propos de fournir aux actionnaires les moyens de s'intéresser à cette *loterie*, avec l'avantage de nouvelles *primes* attribuées à chacune des chances en proportion de la valeur des lots : qu'enfin, les *loteries des Enfans-trouvés & de Piété*, étant une des causes qui perpétuent la mendicité, il convenoit de supprimer ces *petites loteries*, & de les remplacer par un autre qui cessât d'être à la portée de la classe indigente du peuple : à quoi voulant pourvoir; oui le rapport : sa majesté étant en son conseil, a ordonné & ordonne ce qui suit.

Article premier.

Les tirages de la *loterie royale de France*, seront exécutés dans la forme prescrite par les arrêts des 30 juin & 3 décembre 1776, jusqu'au 16... inclusivement : à compter de cette époque, chacune des mises qui sera faite à ladite *loterie*, participera sans autres déboursés, que ceux accoutumés, aux bénéfices des primes établies par le présent arrêt, conformément au plan y annexé.

II.

Les tirages de cette *loterie*, avec l'addition de *primes gratuites*, auront lieu dès le premier .... & continueront d'être exécutés, aux mêmes époques que par le passé, à raison de 24 tirages par an.

III.

Les *loteries des Enfans-trouvés & de Piété*, demeureront éteintes & supprimées, à compter des tirages qui seront exécutés les 8 & 24..... de cette année; elles seront remplacées, à compter du premier dudit mois de .....; par une nouvelle *loterie*, *en forme d'abonnement*, que sa majesté crée & à créée sous la domination de *loterie nationale*, conformément au plan ci-annexé.

IV.

Les tirages de la *loterie nationale* seront exécutés les 8 & 24 de chaque mois, & le premier tirage d'icelle aura lieu à compter du 8.....

V.

Il sera prélevé annuellement sur le bénéfice net de ladite *loterie*, telle somme qui sera jugée nécessaire en faveur des hôpitaux, corps, communautés & autres établiſſemens qui avoient droit aux *loteries* ſupprimées.

VI.

La *loterie nationale* ſera régie & adminiſtrée ſous les ordres du ſieur contrôleur général des finances, par les adminiſtrateurs de la *loterie royale de France.*

VII.

Les arrêts & règlemens rendus concernant la régie & adminiſtration de la *loterie royale de France* & autres *loteries y réunies*, continueront d'être exécutés, tant pour la *loterie royale* que pour celle *nationale*, ſelon leur forme & teneur, en ce qui ne déroge point au préſent arrêt.

Fait au Conſeil d'Etat du roi, &c.

PLAN de la *loterie* royale de France, avec attribution de *primes gratuites*, établies en proportion de la valeur des *lots*.

ARTICLE PREMIER.

Les 90 numéros, qui compoſent cette *loterie*, ſeront extraits de la roue de fortune à chaque époque de tirages, & ſeront expoſés aux yeux du public, dans l'ordre ci-après, avec des titres propres à deſigner les *lots* provenant des *chances ſimples ou déterminées*, ainſi que la nature des *primes*.

FIGURE DES TIRAGES.

Chances ſimples…
- Tirage des *lots*……………………… 1 2 3 4 5
- Tirages des *primes*..
  - D'*extraits*. …… 6 —— 7 —— 8 —— 9 —— 10.
  - D'*ambes*. …… 11 12 —— 13 14 —— 15 16 —— 17 18 —— 19 20.
  - De *ternes*. …… 21 22 23 —— 24 25 26 —— 27 28 29 —— 30 31 32 —— 33 34 35.
  - De *quaternes*. … 36 37 38 39 —— 40 41 42 43 —— 44 45 46 47 —— 48 49 50 51 —— 52 53 54 55.
  - De *quines*. … 56 57 58 59 60 —— 61 62 63 64 65 —— 65 67 68 69 70 —— 71 72 73 74 75 —— 76 77 78 79 80.

Chances déterminées…
- Tirage des *lots*……………………… 81 82 83 84 85.
- Tirage des *primes*……………………… 86 87 88 89 90.

EXPLICATION DE LA FIGURE.

Au tirage des *chances* ſimples, appellé « *tirage des lots* », on extraira de la roue de fortune (à l'ordinaire)……………… 5 *numéros*.
qui produiront 5 *lots d'extraits ſimples*, 10 *lots d'ambes ſimples*, 10 *lots de ternes*, 5 *lots de quaternes*, & 1 *lot de quine*, c'eſt-à-dire,……………………………… 31 *lots*.

Aux autres tirages des *chances ſimples*, appellés « *tirages des primes* », on extraira ſucceſſivement de la roue de fortune……………… 75
qui ſeront rangés ſur *cinq* lignes différentes;

SAVOIR:

5 ſur la première ligne, ſéparés d'*un* en *un*, formant 5 *primes d'extraits ſimples*.
10 ſur la ſeconde ligne, liés enſemble de 2 en 2, formant 5 *primes d'ambes ſimples*.
15 ſur la troiſième ligne, liés enſemble de 3 en 3, formant 5 *primes de ternes*.
20 ſur la quatrième ligne, liés enſemble de 4 en 4, formant 5 *primes de quaternes*.
Et 25 ſur la cinquième ligne, liés enſemble de 5 en 5, formant 5 *primes de quines*.

En tout……………………………… 25 *primes*.

---

80 *numéros*, & 56 *lots ou primes*.

Suite de l'Explication de la Figure.

D'autre part	80 *numéros*, & 56 *lots* ou *primes*.	
Au tirage des *chances déterminées*, appellé « *tirage des lots* », on extraira de la roue de fortune..........................	5	
qui produiront 5 *lots d'extraits déterminés*, & 10 *lots d'ambes déterminés*, c'est-à-dire.........................	....	15 *lots*.
Au second & dernier tirage des *chances déterminées*, appellé « *tirage des primes* », on extraira de la roue de fortune................	5	
qui produiront 5 *primes d'extraits déterminés*, & 10 *primes d'ambes déterminés*, c'est-à-dire.........................	....	15 *primes*.
Total....................	90 *numéros*, & 86 *lots* ou *primes*.	

II.

Une heure après les tirages précédemment décrits, il paroîtra une liste imprimée des 90 numéros de la *loterie royale de France*, dans l'ordre qu'ils auront été extraits de la roue de fortune aux tirages des *chances déterminées* seulement : à l'égard des *chances simples*, les numéros seront imprimés dans l'ordre numérique de chacun d'eux.

III.

Chacun des actionnaires s'assurera par lui-même de l'uniformité entre sa reconnoissance & le registre, sinon, en cas d'erreur, ou de quelque changement provenant du fait de l'administration, il ne pourra prétendre autre chose que la restitution de sa mise.

IV.

A l'avenir, les cinq premiers numéros, extraits de la roue de fortune parmi les 90, ne comprendront que les *lots de chances simples* : quant aux *lots de chances déterminées*, ils seront formés par les cinq numéros qui suivront immédiatement les 80 numéros destinés à former les *lots & primes de chances simples*.

V.

L'actionnaire gagnera, pour chaque *lot* ou *prime* qui lui sera échu;

SAVOIR :

Aux tirages des *lots*, pour un *lot*....	d'*extrait simple*..................	15	fois la valeur de la mise.
	d'*ambe simple*..................	270	
	de *terne*..................	5 mille 500	
	de *quaterne*..................	75 mille	
	de *quine*.....	1 million de	
	d'*extrait déterminé*..................	70	
	d'*ambe déterminé*.....	5 mille 100	
Aux tirages des *primes*, pour une *prime*	d'*extrait simple*..................	1	
	d'*ambe simple*..................	60	
	de *terne*..................	1000	
	de *quaterne*........	15 mille	
	de *quine*..........	200 mille	
	d'*extrait déterminé*..................	5	
	d'*ambe déterminé*..................	800	

VI.

Les sommes totales auxquelles pourront monter les différentes mises faites sur chaque chance, *dans toute l'étendue du royaume*, demeureront fixées, comme il a été ci-devant ordonné par les arrêts du conseil, des 30 juin & 5 décembre 1776.

Il ne sera néanmoins délivré aucun billet au-dessous de *quarante sols*, ni au-dessus de 500 *livres*, pour la totalité de la mise.

VII & dernier.

Les articles III, IV & VI du plan, rapporté à la suite de l'arrêt dudit jour 30 juin 1776, continueront d'être exécutés selon leur forme & teneur.

Plan de la *Loterie nationale, en forme d'abonnement.*

Article premier.

Cette *loterie* s'exécutera avec 60 numéros, depuis 1 jusqu'à 60 : les 30 premiers numéros seront renfermés dans une *roue de fortune*, pour le tirage des *lots*, & les 30 derniers numéros dans une autre *roue de fortune*, pour le tirage des *primes*.

A chaque époque de tirages, on extraira successivement des deux *roues de fortune* les soixante numéros, qu'on rangera dans l'ordre qui suit, sur *sept* lignes différentes.

Figure des tirages.

Premier tirage des *lots*.................... 1 2 3 4 5.
Second tirage des *lots*,.................... 6 7 8 9 10.
Troisième tirage des *lots*.................... 11 12 13 14 15.
Quatrième tirage des *lots*.................... 16 17 18 19 20 21 22.
Cinquième tirage des *lots*.................... 23 24 25 26 27 28 29 30.

Premier tirage des *primes*.................... 31 32 33 34 35 36 37 38 39 40.
2e. & dernier tirag, des *primes*. 41 42 43 44 45 46 47 48 49 50 51 52 53 54 55 56 57 58 59 60.

Explication de la Figure.

Tirage des *lots*. {
Au 1er. tirage, on extraira de la 1e. *roue de fortune*.. 5 *numéros*, qui produiront par leur assemblage.......... 1
Au 2d. tirage, on extraira de la même *roue de fortune*. 5, qui produiront par leur assemblage.......... 1
Au 3e. tirage, on extraira de la même *roue de fortune*. 5, qui produiront par leur assemblage.......... 1
Au 4e. tirage, on extraira de la même *roue de fortune*. 7, qui produiront par leur décomposition en *quines*, c'est-à-dire, de 5 en 5,.......... 21
Au 5e. & dernier tirage, on extraira de ladite *roue de fortune*.......... 8, qui produiront par leur décomposition en *quines*, c'est-à-dire, de 5 en 5.......... 56
} *lots*.

Immédiatement après ces cinq tirages de *lots*, on extraira de la seconde roue de fortune, les 30 numéros restans, en deux tirages, *appellés* « tirages des *primes* ».

Tirages des *primes*. {
Au 1er. tirage, on extraira de cette *roue de fortune*, 10 *numéros*, qui produiront par leur décomposition en *quines*, c'est-à-dire, de 5 en 5.......... 252
Au 2d. & dernier tirage, on extraira de la *roue de fortune*.......... 20, qui produiront par leur décomposition en *quines*, c'est-à-dire, de 5 en 5.......... 15,504
} *primes*.

Total.......... 60 *num.* & 15,836 *lots* ou *primes*.

II.

Chaque billet sera composé de 10 numéros quelconques, dont 5 seront choisis dans les 30 premiers numéros de ladite *loterie*, pour participer aux tirages des *lots*, & 5 dans les 30 derniers numéros, pour participer aux tirages des *primes*.

La rencontre de ces 5 numéros liés ensemble sur une seule & même ligne, déterminera le bénéfice des actionnaires.

III.

Une heure après les *sept* tirages consécutifs, qui viennent d'être décrits, il paroîtra une liste imprimée des 60 numéros de ladite *loterie*, dans l'ordre numérique de chacun d'eux.

IV.

La *loterie nationale*, *en forme d'abonnement*, sera composée de 142 mille 506 *billets* de cinquante livres; & chacun des *billets* sera partagé en 25 coupons du prix de *quarante sols*.

V.

Les 24 premiers coupons participeront, chacun alternativement, aux 24 tirages qui seront exécutés les 8 & 24 de chaque mois: le 25e. coupon participera au 25e. tirage, appellé « *tirage de faveur* », qui sera exécuté la surveille du jour de l'an.

VI.

A chaque époque de tirages, il sortira de la roue de fortune 15 mille 836 *lots* ou *primes*; les 25 coupons produiront par conséquent 395 mille 900 *lots* ou *primes*, qui, répartis entre 142 mille 506 *billets*, formeront près de 3 *lots* ou *primes* pour un seul *billet*.

VII.

Comme un pareil abonnement exigeroit une somme un peu forte d'avance, les actionnaires auront la faculté de ne lever leurs *billets* que de 3 en 3 mois: de cette manière, ils paieront 12 livres en décembre, pour concourir aux tirages de janvier, février & mars; 12 livres en mars, pour concourir aux tirages d'avril, mai & juin; 12 livres en juin, pour concourir aux tirages de juillet, août & septembre; & 14 livres en septembre, pour concourir aux tirages d'octobre, novembre & décembre.

VIII.

Les actionnaires qui n'auront point renouvellé le prix de leur abonnement à l'une des époques susindiquées, ne seront plus admis à concourir au bénéfice du *tirage de faveur*: pour prévenir toute surprise à cet égard, chaque abonné sera tenu de faire faire, dans les délais fixés par le présent arrêt, la mention de son renouvellement, à la suite de l'article où le numéro de son billet sera enregistré.

IX.

L'actionnaire gagnera, selon la chance qui lui sera échue, pour le prix de son abonnement, à raison de 50 livres par an;

SAVOIR:

A chacun des 24 premiers tirages.

Lots.	1 de	20000 *livres.*
	1 de	6000
	1 de	2000
	21 de	400
	56 de	200
Primes.	252 de	50
	15,504 de	3

Au

Au 25e. & dernier tirage, appellé « *tirage de faveur* ».

Lots.	....1 de	200,000 *livres.*
	....1 de	100,000
	....1 de	50,000
	....21 de	2,000
	....56 de	1,000
Primes.	...152 de	200
	15,504 de	100

X & dernier.

Les articles III & IV du plan de la *loterie royale de France*, rapporté à la suite de l'arrêt du 30 juin 1776, seront exécutés, à l'égard de la *loterie nationale*, selon leur forme & teneur.

On prévoit d'avance quelques objections, & l'on s'empresse d'y répondre.

Peut-être dira-t-on que ce seroit trop risquer, que d'accorder une fois la mise pour chaque *prime d'extrait simple ?*

Il y auroit si peu de risques, que l'actionnaire qui prendroit les 90 numéros, auroit seulement un avantage de 80 sur 90 : sa perte seroit donc évidente. Si l'on veut même y faire attention, il sera aisé de voir qu'un seul numéro ne sauroit à la fois produire un *lot* & une *prime ;* d'où il résulte que les *lots* & *primes* seroient presque aussi divisés que les *billets :* ceci doit s'appliquer à chacune des autres chances.

Ne diroit-on point encore que ce seroit diminuer un peu trop les bénéfices de la *loterie royale*, que de borner le prix des mises à *quarante sols* pour les plus modiques, & à *cinq cents livres* pour les plus considérables ?

Comme les *primes* en elles-mêmes deviendroient un surcroît d'appât, il paroîtroit indispensable de contenir ainsi la cupidité. Au reste, il dépendroit, en tout tems, d'une administration sage & vigilante, d'apporter à cet égard telle modification qu'il lui plairoit, selon les circonstances. Mais, supposons que le sacrifice des plus fortes recettes de la *loterie royale* fût de 4 à 5 millions, ce qui équivaut à-peu-près à 12 cents mille livres de bénéfice net, on conviendra que les produits de la *loterie nationale* indemniseroient, & au-delà, de ce déficit. Le tableau qui suit peut servir de preuve. Il y a plus ; c'est que dans un besoin urgent, l'Etat pourroit ouvrir un second abonnement de 150 livres, lequel, joint à celui de 50 livres, assureroit un revenu de 8 *millions* 800 *mille livres*, sans que les actionnaires fussent aussi exposés qu'à la *loterie royale de France*, attendu que la perte seroit répartie à l'infini, & n'influeroit conséquemment qu'à peine sur la fortune de chaque individu.

PRODUIT

De l'abonnement, à raison de 50 liv. par an.

Les 142 mille 506 billets de 50 livres, divisés chacun en 25 coupons de 40 sols, produiroient ..... Liv. 7,125,300.

Sur quoi déduit,

pour le montant des *lots* & *primes*,

SAVOIR:

A chacun des 24 premiers tirages.

	Liv.
1 *lot* de	20,000
1 de	6,000
1 de	2,000
21 de 400 *l.*	8,400
26 de 200 *l.*	11,200
252 *primes* de 50 *l.*	12,600
15,504 de 3 *l.*	46,512
15,836 *lots* ou *primes*	106,712

laquelle somme payée 24 fois, formeroit 2,561,088

Au 25e. & dernier tirage, appellé « *tirage de faveur* »,

	Liv.
1 *lot*. de	200,000
1 de	100,000
1 de	50,000
21 de 2000 *l.*	42,000
56 de 1000	56,000
252 *primes* de 200 *l.*	50,400
15,504 de 100 *l.*	1,550,400
15,836 *lots* ou *primes*	2,048,800

} 2,048,800

Pour la remise des receveurs, à 4 p. $\frac{0}{0}$ 285,012

Pour les frais d'administration 30,400

4,925,300 } 4,925,300.

Bénéfice net par an 2,200,000

De l'abonnement, à raison de 150 liv. par an.

Les 142 mille 506 billets de 150 livres, divisés chacun en 25 coupons de 6 livres, produiroient ..... Liv. 21,375,900

Sur quoi déduit,

pour le montant des *lots* & *primes*,

SAVOIR:

A chacun des 24 premiers tirages.

	Liv.
1 *lot* de	60000
1 de	18000
1 de	6000
21 de 1200 *l.*	25,200
56 de 600 *l*	35,600
252 *primes* de 150 *l.*	37,800
15,504 de 9 *l.*	139,536
15,836 *lots* ou *primes*	320,136.

laquelle somme payée 24 fois, formeroit 7,683,264

Au 25e. & dernier tirage, appellé « *tirage de faveur* »,

	Liv.
1 *lot* de	600,000
1 de	300,000
1 de	150,000
21 de 6000 *l.*	126,000
56 de 3000	168,000
252 *primes* de 600 *l.*	151,200
15,504 de 300 *l.*	4,651,200
15,836 *lots* ou *primes*	6,146,400

} 6,146,400

Pour la remise des receveurs, à 4 p. $\frac{0}{0}$ 855,036

Pour les frais d'administration 91,200

14,775,900 } 14,775,900.

Bénéfice net par an 6,600,000

On ne doit pas omettre d'offrir aux lecteurs une Table de comparaison des avantages accordés, tant aux *loteries étrangères*, qu'à la *loterie royale de France.*

On donne pour un *lot*,

	D'extrait simple.	D'ambe simple.	De terne.	De quaterne.	De quine.	D'extrait déterminé.	d'Ambe déterminé
A Genes	13 $\frac{3}{19}$	230 $\frac{10}{11}$	2,857 $\frac{1}{7}$	"	"	"	"
A Rome	14	266 $\frac{2}{3}$	5,142 $\frac{7}{8}$	"	"	67	"
A Cologne	15	272	5,350	60,000	"	70	"
A Paris, {non compris les *primes*.}	15	270	5,500	75,000	1,000,000	70	5,100

Les opérations d'algèbre, dont on s'est servi dans la *première édition de l'Encyclopédie*, au mot *Loterie*, ayant paru déplacées dans un *Dictionnaire de Finances*, on invite les personnes, à qui de pareils calculs sont familiers, à consulter cette *première édition*.

La *loterie*, en forme d'emprunt, créée sous le ministère de M. Necker, directeur général des finances, au mois d'octobre 1780, a été comme un modèle en ce genre. Mais, quelques avantages que présente un emprunt de cette nature, en voici un autre, qui, par sa composition, ne seroit guère moins attrayante.

Plan d'une *loterie* en rentes perpétuelles, calculée sur le pied de 5 pour 100 d'intérêt, *compris tous les frais y relatifs.*

Article premier.

Cette *loterie*, composée de 20 mille *billets* de 1200 livres, formeroit un capital de 24 millions, dont l'intérêt, à *cinq pour cent*, seroit de *douze cents mille livres.*

II.

Chaque *billet* seroit partagé en deux coupons de 600 livres : l'un desdits coupons seroit admis à concourir au tirage du *premier sémestre*, & l'autre coupon seroit admis à concourrir au tirage du *second sémestre.*

III.

Au lieu de constituer 20 mille parties de rentes perpétuelles, selon la chance échue à chacun des actionnaires par l'évènement du premier tirage, chaque *billet* rentreroit, *de six mois en six mois*, dans la *roue de fortune*; de sorte que les 20 mille actionnaires conserveroient, en tous tems, l'espoir de gagner un *lot* plus ou moins considérable.

IV.

Chacun des dix premiers *lots* éteindroit un coupon de *billet*; ce qui procureroit annuellement un bénéfice de 12 mille livres.

V & dernier.

Les 20 mille actionnaires seroient libres chacun, pendant la première année qui suivroit immédiatement celle du prêt, de convertir leur *billet* en une reconnoissance, portant promesse de passer contrat de rente perpétuelle à 5 pour 100; au moyen de quoi, sa majesté deviendroit propriétaire des *billets* ainsi convertis, & en encourroit elle-même la chance.

Distribution des 20 mille *lots*, en forme de rentes perpétuelles, *à chaque sémestre.*

Lots.		Liv.
1 de		50,000
1 de		10,000
1 de		6,000
1 de		3,000
1 de		1,500
5 de	1200 *liv.*	6,000
10 de	300	3,000
20 de	150	3,000
60 de	120	7,200
300 de	36 (à 6 p. $\frac{0}{0}$.)	10,800
3,600 de	30 (à 5 p. $\frac{0}{0}$.)	108,000
16,000 de	24 (à 4 p. $\frac{0}{0}$.)	384,000
20,000 *lots* du premier sémestre		592,500
20,000 *lots* du second sémestre		592,500
Frais relatifs à l'emprunt		15,000
Somme égale		1,200,000

Par M. Caminade de Castres.

LUBECK. L'une des villes anséatiques, dans laquelle le systême des finances est le même à-peu-près qu'à Hambourg, Bremen & Dantzig, suivant les mémoires recueillis à ce sujet & imprimés dans la collection de M. de Beaumont, intendant des finances, de laquelle nous avons déja tant tiré de secours.

« Les impositions qui se lèvent, & les droits qui se perçoivent dans les villes anséatiques, sont presque semblables & sont dirigés par les mêmes principes. Le peuple y est peu nombreux, son zèle pour la patrie, est celui d'un père pour sa famille; chacun consent & s'empresse d'acquitter les impositions & les taxes dont la nécessité & l'utilité sont reconnues. L'esprit patriotique si vif par-tout, où règnent la confiance & une sorte d'égalité, fait qu'on attache même une espèce de honte à se trouver en retard.

Ces circonstances pourroient faire présumer que le peuple a quelque part à l'administration, ou qu'au moins il en connoît les ressorts; cependant cette administration n'est connue que du petit nombre de citoyens, auxquels elle est confiée. Personne n'est instruit de leurs vues ni de leurs opérations, & par ce moyen ils parviennent à leurs fins, sans obstacle, & sans éprouver ni haine, ni jalousie de la part de leurs concitoyens.

On va rendre compte de ce qui concerne les droits; on rappellera ensuite ce qui a rapport aux impositions.

Les droits qui se perçoivent à *Lubeck* comme à Hambourg, sont de deux espèces. Les droits généraux ou de commerce, & les droits particuliers.

Les droits généraux, sont ceux qui se perçoivent dans les douanes sur les marchandises, soit à l'entrée, soit à la sortie, tant par terre que par mer, à l'exception de celles qui sont privilégiées, tels que les grains & les métaux.

Ces droits sont perçus dans plusieurs douanes, désignées pour différentes espèces de marchandises suivant leur nature.

Les marchandises sont taxées, les unes selon leur valeur, les autres par ballots, par barriques ou barils. Les droits sont énoncés dans un tarif général qu'on tient secret, & ils sont plus ou moins forts, suivant que les marchandises viennent de telle ou telle nation.

Les droits sur les marchandises de France, reviennent à un demi pour cent; sur celles qui arrivent d'Hollande ou d'Angleterre, à trois quarts pour cent; & sur celles d'Espagne & de Portugal, à deux pour cent.

Les vins & eaux-de-vie, payent des droits beaucoup plus considérables. La tonne d'eau-de-vie est taxée à dix livres quatre sols; la barrique de vin à trente quatre sols.

L'Etat a des moulins où l'on paye un droit, suivant la quantité de grain qu'on y fait moudre.

Les droits particuliers sont de plusieurs espèces.

Les premiers consistent dans les droits des charges & offices. Il y a une commission établie pour les vendre & en recevoir le prix, qu'elle remet à la chambre des finances. Ce prix varie suivant les circonstances.

Les droits sur les places, les échoppes & étaux des bouchers, forment encore un produit assez considérable. Il est telle place, qui est louée jusqu'à deux cent trente-sept livres par an.

Les droits qui se perçoivent sur les Juifs, sous le nom de droits de protection, forment encore un objet de revenu d'environ trente-trois mille livres. Les anciens de la synagogue, règlent la somme que chaque famille Juive doit supporter; ils remettent cette taxe à deux d'entr'eux qui sont préposés pour la percevoir, & lorsque la somme est complette, ils la portent à la chambre au terme prescrit.

On perçoit aussi des droits de maîtrise, des droits de port & de corderies.

Les droits de maîtrise consistent dans une somme que chaque corps & communauté donne annuellement à la chambre des finances, & au sénateur patron, pour le maintien de ses privilèges.

Les droits de port & d'ancrage, se paient à l'amirauté, au bureau établi à cet effet. Le propriétaire, capitaine ou commissionnaire de chaque navire, fait sa déclaration au bureau du port, du montant de sa cargaison & du lieu d'où il arrive, & il est taxé en conséquence.

Les droits de corderies consistent dans le produit de la vente des places destinées pour les corderies. Chaque place est vendue trois mille quatre cens livres; & les cordiers sont obligés de goudronner les cordes au magasin de l'amirauté, en payant un droit fixé par quintal de cordes.

Le produit des confiscations & amendes, forme encore une branche de revenu; il est perçu par un officier préposé à cet effet, & qui verse ses fonds dans la caisse de la chambre des finances; elle en dispose comme bon lui semble.

Tout bourgeois ou habitant qui quitte la ville pour aller s'établir ailleurs, est tenu de payer le dixième de ce qu'il possède; ceux qui sont compris dans le contrat, c'est-à-dire, qui paient annuellement une somme convenue, ne sont pas obligés d'acquitter ce dixième, mais seulement le montant de quatre années de ce qu'ils paient annuellement.

La fabrication des monnoies est confiée à un entrepreneur, qui rend une certaine somme par marc, des matieres qu'il emploie.

La bourgeoisie à Hambourg & *Lubeck*, est personnelle; le fils d'un bourgeois n'est point bourgeois de droit; il est obligé d'acheter la bourgeoisie, & l'on appelle droits de bourgeoisie, le prix qu'on paie pour acquérir cette qualité.

L'étranger ou l'habitant qui ne veut pas acheter la bourgeoisie, est obligé d'entrer dans le contrat étranger; c'est-à-dire, de payer annuellement à la ville une somme convenune pour obtenir la faculté de faire le commerce, indépendamment des autres impositions.

Les villes de *Lubeck* & d'Hambourg, ont un lombard ou un mont-de-piété, dans lequel on prête sur gages à six pour cent d'intérêt par an.

Cet établissement procure aux habitans des ressources faciles sans être onéreuses, & ménage à l'Etat un gain considérable qui passoit aux usuriers, auxquels on payoit précédemment soixante & quatre-vingt pour cent.

Lorsque le terme pour lequel on a prêté est expiré, si les effets ne sont pas retirés, la vente en est faite, de manière qu'ils sont portés à leur valeur; l'excédent de la somme prêtée, est remis fidèlement à celui qui a emprunté. On prétend que ce lombard donne un bénéfice annuel d'environ quatre-vingt-trois mille liv. de notre monnoie.

La cave de ville & l'apothicairerie, forment encore un objet de revenu très-considérable.

La cave de ville est principalement fournie de vin du Rhin. Cette cave qui est immense, en contient, qui a depuis cent feuilles ou cent années, jusqu'à celui de la dernière récolte; on y a pratiqué des salles & des chambres très-vastes, où l'on donne des repas. Un préposé reçoit le prix des vins qu'il livre & en rend compte à la chambre des finances.

L'apothicairerie renferme également tout ce qu'il est possible de rassembler en drogues de la première qualité; ce qui en rend le débit très-étendu, & le bénéfice considérable.

La douane pour la farine, est affermée à des boulangers, qui en rendent annuellement dix-huit mille marcs, qui a trente-quatre sols, font une somme de trente mille six cens livres. Chaque sac de grain qui contient quatre mesures, pésant chacune quarante-trois livres ou cent soixante-douze livres les quatre, paye pour droit de mouture, un marc ou trente-quatre sols de France.

Voici maintenant ce qui concerne les impositions.

On les divise en impositions ordinaires & impositions extraordinaires.

Les impositions ordinaires, sont la taille, la garde, les boues & lanternes.

La taille consiste dans le quart pour cent, que tout habitant, sans exception, est obligé de payer de tout ce qu'il possède en meubles & immeubles.

Il ne se fait aucune répartition de cette taille; chaque bourgeois se cottise lui-même & porte son imposition à la maison de ville; on n'exige autre chose du contribuable, que le serment par lequel il est tenu d'affirmer que ce qu'il paye, forme véritablement ce qu'il doit acquitter.

Tout habitant est tenu de monter la garde ou de la faire faire par d'autres, & l'usage s'est établi, d'avoir des gens entièrement destinés à ce service. C'est le capitaine du quartier qui se charge de les fournir, moyennant une rétribution qui est payée par chaque bourgeois. Les nobles, les personnes titrées, & les ecclésiastiques, sont exempts de la contribution, parce qu'ils ne sont pas sujets à la garde.

Chaque habitant paye aussi une somme annuelle pour les boues & lanternes, & un sol par marc du montant du loyer de chaque maison; c'est-à-dire, le trente-quatrième. Toutes les maisons sont inscrites, à cet effet, dans un registre, avec le nom du propriétaire, la valeur de la maison, & le prix de location qu'elle doit valoir: au tems marqué, le propriétaire porte lui-même à la maison de ville l'impôt qu'il sait devoir.

Les impositions extraordinaires consistent, 1°. dans une espèce de capitation qui se paye par tête par tous les habitans, à l'exception des nobles, des ecclésiastiques & des personnes titrées.

Tous les contribuables sont distingués en neuf classes.

Ceux de la première, payent jusqu'à six cens marcs ou mille vingt livres de notre monnoie: la femme est imposée pour moitié de la taxe de son mari; les enfans pour moitié de la taxe de la mère.

La dernière classe, dans laquelle sont compris le petit peuple, les domestiques, les nourrices & ouvriers, paient un marc & douze sols, pour les hommes, ou quarante-six sols; les femmes, douze sols. Ce sont les capitaines de chaque quartier qui sont tenus de faire la collecte de cette taxe, d'après l'état qu'ils ont fourni de toutes les personnes qui résident dans leur district.

2°. Il faut mettre au rang des impositions extraordinaires, un droit connu sous la dénomination *de droit des fossés*; le produit de cette imposition est destiné à subvenir aux dépenses d'entretien qui sont à la charge de la ville. La répartition & la levée de cet impôt, se font de la même manière que pour la capitation dont on vient de parler: la quotité *du droit des fossés* varie, suivant celle des dépenses auxquelles son produit doit être appliqué. » *Mémoire concernant les impositione & droits en Europe*, *de l'imprimerie royale*, *tom. premier*, *pag.* 68..

LUCERNE, ville capitale d'un canton suisse, du même nom, qui est catholique, & qui fait partie du corps helvétique.

Le gouvernement de ce canton, est purement aristocratique, & entre les mains d'un sénat, dont les membres choisis parmi les bourgeois, acquièrent le patriciat pour leur postérité.

Au reste, comme nous n'avons à considérer

Lucerne que du côté de ses finances, bornons-nous à emprunter ici de la collection de feu M. de Beaumont, l'article qui regarde le canton de *Lucerne*.

On n'y lève, est-il dit, tom. premier, p. 156, aucune imposition pour les dépenses & les besoins de l'Etat, tant qu'il reste dans le trésor public des fonds provenans des rentes foncières, des dîmes, des péages, des lods & ventes & autres droits seigneuriaux ou domaniaux; mais lorsque le trésor public est épuisé, chaque habitant, sans exception, est taxé à une somme proportionnée à ses facultés, & dès que le besoin cesse, cette contribution cesse pareillement.

On lève cependant dans la ville de *Lucerne* une légère taxe sur les bourgeois, pour subvenir à la dépense de la garde de la ville.

Dans chaque bailliage, les gens de la campagne payent aussi aux baillis, chacun dans leur district, une somme qui revient à environ trente sols par tête, mais dont il rentre une très-petite partie dans la caisse publique.

On a voulu établir sur le clergé de ce canton, qui est très-riche, une contribution sous le nom de *don gratuit;* mais le pape a refusé jusqu'ici son consentement pour la levée de cette taxe.

Les droits de lods & ventes, ceux qui sont imposés sur les successions, ne sont payés dans le canton de *Lucerne*, que dans les districts où le souverain est seigneur direct; mais lorsqu'un particulier vient abdiquer son droit d'habitant & emporter sa fortune en pays étranger, il paye dix pour cent de la vente de son bien.

Les actes publics ne sont sujets à aucuns autres droits, qu'à l'honoraire du greffier qui les rédige.

Les droits de péages, dans le canton de *Lucerne*, sont à-peu-près les mêmes que dans celui de Berne.

Les commerçans étrangers jouissent dans le canton de *Lucerne* des mêmes privilèges que les négocians nationaux. Ils vont de foire en foire, & payent outre les droits de péages, deux sols par florin du montant de la vente qu'ils font, & l'on s'en rapporte pour percevoir cette taxe, à la déclaration qu'ils donnent de la valeur de leurs marchandises.

Les revenus qui proviennent des domaines & des dîmes, sont perçus par les baillis, qui en rendent compte au conseil; quant aux autres droits, revenus ou impositions, ils sont levés par des préposés ou des receveurs qui versent leurs fonds entre les mains du trésorier de l'Etat. On s'en rapporte entièrement & sans aucun examen à leur bonne-foi.

Le penchant que les habitans du canton de *Lucerne* montrent pour leur liberté, & une entière indépendance, est si marqué, que les magistrats qui composent le sénat ou le conseil des cent, dans lesquels résident le pouvoir souverain, sont forcés de ne faire qu'un usage très-modéré des avantages que leur donne sur le peuple, cette forme de gouvernement, dans la crainte de voir au premier moment leur autorité s'évanouir.

Les sels & les pensions que la France fait délivrer & payer aux habitans du canton de *Lucerne*, fournissent aux besoins courant de l'Etat, & aux paiemens des appointemens de ses conseillers.

En général, les habitans du canton de *Lucerne*, ont de modiques revenus, & vivent dans une grande sobriété.

Les plus grandes ressources même des maisons patriciennes, consistent dans les charges publiques, dans le service militaire chez les puissances de l'Europe, & dans l'état ecclésiastique, pour les cadets de famille.

LUXE, s. m., par lequel on entend ordinairement l'usage que l'on fait des richesses & de l'industrie, pour se procurer des jouissances agréables, & non d'une nécessité absolue.

Dans tous les états policés, le *luxe* est un des principaux alimens de la finance; c'est-à-dire, qu'il forme pour le fisc, une branche de revenu d'autant plus précieuse, que la classe indigente de la société, loin de contribuer aux impôts qu'il supporte, trouve au contraire dans ce qu'il commande, des moyens très-multipliés de subsistance.

Pour faire connoître les effets du *luxe* en France, ainsi que ses rapports avec l'administration des finances, & pour indiquer en même-tems les moyens de tempérer ses progrès, nous n'avons qu'à donner ici les *considérations qu'un ancien ministre des finances a publiées sur le* luxe, dans son ouvrage sur les finances. Ce chapitre sera suivi de celui qui traite des fortunes de finance, que l'on peut regarder comme une des causes de l'accroissement du *luxe*; ce dernier article servira d'ailleurs de supplément à ce que nous avons dit ci-devant, au mot FINANCIER, *pag. 206*.

On s'égare en vains discours & en raisonnemens vagues, lorsqu'on attribue uniquement les progrès du *luxe* au changement des mœurs, à la nature des gouvernemens, & à l'acquisition des trésors du nouveau-monde. On ne fait aussi qu'un premier pas vers la connoissance de la vérité, lorsqu'on dit, en général, que le *luxe* est l'effet de l'inégalité des fortunes. Cette idée est juste; mais comment cette inégalité s'est-elle accrue, & comment a-t-elle dû nécessairement s'accroître? voilà la première considération importante qui doit fixer l'attention, quand on cherche à découvrir la source & l'origine des progrès du *luxe*.

Ces progrès n'eussent point existé, si chaque jour la disproportion entre les propriétés ne fût pas devenue plus considérable. Les erreurs de l'administration ont contribué, sans doute, à l'accroissement de l'inégalité des partages; mais il faut en chercher la première cause, ainsi que la plus puissante, dans la nature même des choses.

Je vois une des classes de la société, dont la fortune doit toujours être à-peu-près la même; j'en apperçois une autre, dont la richesse augmente nécessairement: ainsi, le *luxe* qui naît d'un rapport & d'une comparaison, a dû suivre le cours de ces disproportions, & devenir plus apparent avec la succession des années.

La classe de la société, dont le sort se trouve comme fixé par l'effet des loix sociales, est composée de tous ceux qui, vivant du travail de leurs mains, reçoivent impérieusement la loi des propriétaires, & sont forcés de se contenter d'un salaire proportionné aux simples nécessités de la vie: leur concurrence & l'urgence de leurs besoins, constituent leur état de dépendance; & ces circonstances ne peuvent point changer. Tous les tems, tous les pays, présentent le même spectacle, & il n'y a d'exception, il n'y a d'adoucissement à cette espèce d'esclavage, que dans le petit nombre d'Etats où la forme du gouvernement laisse, entre les mains du peuple, quelque droit politique, dont la jouissance influe sur sa considération, & lui procure quelque moyen de résistance.

La classe de la société dont la richesse s'est accrue par le tems, est composée de tous les propriétaires; & c'est en indiquant, d'une manière distincte, les causes de cet accroissement, qu'on pourra donner une juste idée de la véritable source des progrès du *luxe*.

La richesse d'un pays, vue d'une manière générale, & abstraction faite de l'or & de l'argent dont nous parlerons ensuite, consiste dans l'étendue des revenus territoriaux, & dans l'échange qu'on en fait, contre les divers services & les différens ouvrages des hommes. Ainsi, la richesse a dû s'accroître à mesure que l'art de la culture s'est perfectionné; & l'usage extérieur de cette richesse a dû pareillement se diversifier & s'étendre à mesure qu'on a obtenu, pour une même quantité de productions de la terre, un plus grand nombre d'objets de faste ou de commodités recherchées.

L'invention successive des instrumens qui ont simplifié tous les arts méchaniques, a donc augmenté les richesses & le lot fortuné des propriétaires; une partie de ces instrumens, en diminuant les frais d'exploitation des fonds de terre, a rendu plus considérable le revenu dont les possesseurs de ces biens peuvent disposer; & une autre partie des découvertes du génie, a tellement facilité tous les travaux de l'industrie, que les hommes, au service des dispensateurs des subsistances, ont pu, dans un espace de tems égal, & pour la même rétribution, fabriquer une plus grande quantité d'ouvrages de toute espèce.

Supposons que dans le siècle dernier, il fallût cent mille ouvriers pour exécuter ce qui se fait aujourd'hui avec quatre-vingt mille; les autres vingt mille se trouveroient dans la nécessité de s'adonner à des occupations différentes, pour obtenir des salaires; & les nouveaux ouvrages de main-d'œuvre qui en résulteroient, accroîtroient les jouissances & le *luxe* des riches: car il ne faut point perdre de vue que les rétributions assignées à tous les métiers qui n'exigent point un talent distingué, sont toujours proportionnées au prix de la subsistance nécessaire à chaque ouvrier; ainsi la rapidité de l'exécution, quand la science en est devenue commune, ne tourne point à l'avantage des hommes de travail, & il n'en résulte qu'une augmentation de moyens, pour satisfaire les goûts & les vanités de ceux qui disposent des productions de la terre.

C'est donc, par une confusion d'idées, qu'on fait honneur au *luxe* de l'origine des arts: c'est plutôt à l'avancement de la science dans tous les genres, qu'il faut imputer l'accroissement du *luxe*. Il y a eu de tout tems, des richesses abondantes entre les mains d'une classe de la société; mais lorsque l'industrie n'avoit fait encore que peu de progrès; les objets de simple commodité exigeoient un long travail, & les hommes qui dévouoient tout leur tems au service des propriétaires, ne pouvoient cependant cumuler entre leurs mains, qu'une quantité très-circonscrite d'ouvrages de main d'œuvre: mais les moyens de *luxe* se sont accrus à mesure qu'on est parvenu à faire en un mois, ce qui exigeoit auparavant le travail d'une année.

Je vais maintenant indiquer une autre cause des progrès du *luxe*, & qui tient également au cours naturel des choses.

Entre les différens biens de la nature que l'industrie des hommes façonne & modifie, il en est un grand nombre, dont la durée excède de beaucoup le terme commun de la vie: chaque génération a hérité d'une partie des travaux de la génération qui l'a précédée; & il s'est accumulé successivement, dans tous les pays, une plus grande quantité de productions des arts; & comme

comme cette quantité est toujours répartie entre les mains des propriétaires, la disproportion entre leurs jouissances & celle de la classe nombreuse des citoyens, a dû nécessairement être plus considérable & plus remarquée.

Celui qui par droit de succession, devient possesseur d'une maison magnifique, enrichie de dorures, de glaces, de tableaux & de meubles précieux, n'a plus besoin de se procurer cette espèce de *luxe* : il destine son superflu à orner ses jardins, à agrandir ses parcs, à multiplier ses diamans & son argenterie : son fils, héritier de tous ces biens, dirige de quelque autre mamanière l'emploi de son revenu, & il cherche de nouveaux objets de faste & de supériorité. C'est ainsi que les richesses réelles se sont accumulées, & c'est ainsi que les dons d'une génération viennent accroître le *luxe* de celle qui la suit.

Il eût fallu, pour arrêter ce progrès, ordonner aux dispensateurs des productions annuelles de la terre, de n'employer leur superflu qu'à des somptuosités, dont la durée n'auroit jamais excédé le cours ordinaire de la vie; mais une telle loi seroit absurde, & cette manière de contenir l'augmentation du *luxe*, ressembleroit aux effets d'un déluge, ou d'un tremblement de terre.

Il est un obstacle moins terrible à l'accroissement excessif des progrès du *luxe ;* c'est l'inconstance des goûts & l'empire de la mode. Il y auroit un bien plus grand nombre d'ouvriers occupés à multiplier les objets de magnificence, si une partie considérable des hommes stipendiés par les riches, n'étoit pas sans cesse employée à changer aujourd'hui ce qu'on a fait hier.

On est dans l'habitude de censurer gravement cet esprit de légèreté; mais l'homme d'état ne partagera point cette sévérité peu réfléchie. Il appercevra que le tems, accumulant sans cesse une multitude d'ouvrages d'industrie de tous les genres, si le désir de la variété n'engageoit point à les renouveller, les propriétaires des richesses seroient bientôt entraînés à disposer de leurs revenus d'une manière absolument opposée au bien de la société : ils soudoyeroient alors un plus grand nombre de valets, préparés à la corruption des mœurs par l'oisiveté : ils diminueroient la subsistance des hommes, pour entretenir un plus grand nombre de chevaux : une partie considérable de leurs domaines, seroit changée en des parcs ou des jardins stériles : ils ajouteroient quelque nouveau rafinement destructeur aux recherches de la table; & toutes les dépenses les plus contraires à la population & à la force publique, acquerroient un nouveau dégré d'étendue : au lieu qu'entre tous les emplois de la fortune, dont la vanité des particuliers est l'unique objet, les plus raisonnables, sans doute, sont les dépenses qui fournissent de l'occupation à un plus grand nombre d'hommes, & qui entretiennent le goût paisible des arts, & le mouvement journalier d'une intelligente industrie.

Jusques ici, je n'ai point encore examiné, si selon l'opinion commune, l'augmentation du numéraire & l'introduction des trésors du nouveau-monde, étoient une des principales causes de l'accroissement du *luxe*. Je ne le pense point : car l'accélération des travaux de l'industrie, qui a multiplié sur la terre les objets de faste & de somptuosité, le tems qui en a grossi l'accumulation, & les loix de la propriété, qui ont rassemblé ces biens dans une seule classe de la société; toutes ces grandes sources du *luxe* eussent également existé, quelle qu'eût été la somme du numéraire : un palais auroit été représenté par cent mille francs, au lieu de l'être par un million; mais ce palais n'eût pas moins été construit. On peut observer seulement que la découverte des trésors de l'Amérique, ayant rendu l'or & l'argent plus communs en Europe, il s'est fabriqué une plus grande quantité d'ouvrages, composés de ces métaux précieux : mais si les productions de ce genre avoient été plus rares, la quantité des autres objets de main-d'œuvre se seroit accrue en proportion, puisque le tems, le travail & l'industrie de tous les hommes dénués de propriété, auroient toujours été consacrés aux vanités, à l'orgueil & aux plaisirs de tous les dispensateurs des salaires.

Enfin, je dois ajouter que la multiplication des routes, la confection des ponts & des canaux, & les ouvrages d'art qui ont rendu les rivières plus navigables, sont autant de travaux qui ont contribué à l'accroissement du *luxe ;* puisque les facilités apportées à toutes les communications, ont concentré dans les villes, une plus grande partie du revenu des propriétaires.

Il résulte cependant, de ces diverses réflexions, que dans le cours naturel des choses, le *luxe* a dû s'étendre par-tout avec la succession des années; & lorsque l'histoire présente quelques exceptions à cette vérité, il est rare que des circonstances singulières n'en aient été la cause : c'est ainsi que les progrès du *luxe* ont pu être retardés, tantôt par ces loix républicaines qui ordonnoient un nouveau partage des terres, tantôt par ces vexations tyranniques, qui obligeoient à cacher sa fortune, ou à en dissimuler l'usage; mais le *luxe* sur-tout, a été reculé, & par ces destructions qui ont accompagné les invasions des nations barbares, & par ces désastres de la nature, qui ont reporté quelquefois les habitans d'un pays, au même point où ils étoient à une époque fort éloignée.

Cependant, si le *luxe* a une marche inévitable

que la science de l'administration ne sauroit arrêter ; il a aussi des excès que les loix, la sagesse du gouvernement, les mœurs & l'opinion publique, peuvent au moins tempérer.

En effet, quelle que soit la somme des biens divers qui s'accumulent dans la société, ou par la perfection de l'esprit d'industrie, ou par toutes les inventions qui facilitent les travaux de la main-d'œuvre ; si la disproportion entre les propriétés étoit moins considérable, le nombre des particuliers qui peuvent atteindre à de simples commodités, s'accroîtroit ; & le nombre de ceux qui se trouvent en état d'employer une grande partie de leurs revenus, dans des superfluités éclatantes, diminueroit en proportion. Sans doute la plupart de ces inégalités ne peuvent être ni changées ni prévenues : l'ordre commun des héritages, la fortune du commerce, les relations d'intérêt que tous les hommes ont entr'eux, le mouvement continuel d'une grande société, les fautes des uns, l'intelligence des autres, toutes ces circonstances introduisent inévitablement de grandes disparités dans le partage des biens : & plus un pays est riche par sa nature, plus ces disparités peuvent s'étendre & frapper les regards.

Le gouvernement ne sauroit intervenir habituellement, au milieu de cette immense circulation, sans risquer de produire de plus grands maux que ceux auxquels il voudroit remédier ; mais, au moins, il doit s'abstenir d'augmenter lui-même ces disproportions, par une administration inconsidérée : or, rien n'est plus contraire à l'égalité des parts, qu'un prélèvement d'argent fait sur la généralité d'un Royaume, au profit d'un petit nombre de personnes déjà favorisées par leur situation. Cependant, c'est précisément ce qu'exécute un mauvais gouvernement, lorsqu'une partie des impôts est consumée, ou par des dons excessifs, ou par des émolumens considérables attachés à des places inutiles, ou par la trop grande fortune qu'on laisse faire aux gens de finance. On peut encore observer, à cette occasion, que c'est du *luxe*, introduit par les largesses ou par la nonchalance de l'administration, que le public est sur-tout blessé ; il supporte avec patience, les avantages & la supériorité que les droits de la propriété distribuent ; mais ces fortunes composées des tributs de chaque citoyen, deviennent une source continuelle de réclamation & d'envie.

Le défaut d'ordre dans l'administration des finances, & la défiance qui en résulte, sont encore une cause indirecte de l'accroissement des disproportions, dans la distribution des biens : car dans tous les besoins extraordinaires, le discrédit oblige de recourir à des emprunts à un très-haut intérêt ; & de cette manière, les revenus du souverain, qui sont composés des contributions de tous les habitans du Royaume, se répartissent au profit de la classe circonscrite des capitalistes rentiers, qui sont presque tous réunis dans les grandes villes.

Ainsi, l'accroissement de l'inégalité des fortunes & les progrès du *luxe*, sont un reproche de plus à faire à l'administration publique, toutes les fois qu'elle s'écarte des principes d'ordre & de justice qui doivent servir de règle à sa conduite.

Que si, au contraire, & par un systême soutenu d'économie, les chefs du gouvernement viennent à bout de diminuer les impôts, en réduisant le prix de l'intérêt, & en restreignant l'étendue des graces & des prodigalités, ils restituent alors à la masse générale, tout ce qu'ils soustraient à l'envahissement des particuliers ; & en diminuant de cette manière l'inégalité des fortunes, ils s'opposent selon leurs forces, & par des moyens justes, à l'accélération des progrès du *luxe*.

On en rendra toujours l'effet extérieur un peu moins sensible, toutes les fois qu'on s'efforcera de rapprocher d'un état plus aisé, cette classe nombreuse d'hommes que les loix sociales, & l'empire de la propiété, réduisent à des jouissances si circonscrites. Le vœu du bon roi Henri est malheureusement impossible à satisfaire ; mais, ainsi que j'ai déjà eu occasion de le dire, la nature des impôts, les principes de répartition, les formes de recouvrement, l'établissement des travaux publics qui soutiennent le prix des journées, la distribution des secours dans les saisons malheureuses, la surveillance sur l'abus de la liberté dans le commerce des grains, la destruction successive des corvées, les soins, en général, qu'on pourroit attendre de l'établissement d'une administration paternelle dans chaque province, & tant d'autres dispositions qui émanent de la puissance du souverain, sont des moyens offerts au gouvernement, pour diminuer un peu l'immense intervalle qui existe entre le sort d'une des classes de la société, & celui de toutes les autres.

Enfin, il est encore une manière de tempérer les effets du *luxe ;* c'est d'animer dans une nation, l'esprit de bienfaisance ; car toutes les dépenses qui tiennent à ce précieux sentiment, ont le double avantage, & d'adoucir le sort du pauvre, & de prendre sur la part que les riches peuvent appliquer à des objets de magnificence.

Ainsi les citoyens, généreux avec discernement, réparent dans la proportion de leurs facultés, les fautes des gouvernemens inconsidérés ; ceux-ci, par la trop grande étendue des impôts, enlèvent au peuple une petite part de son nécessaire, pour ajouter à l'aisance de ceux qui sont déjà favorisés par la fortune : le riche bienfaisant, au contraire, diminue l'inégalité des premières répartitions, en destinant une partie de son superflu au soulagement de la classe la plus indigente de la société. Mais, demandera-t-on peut-être, quelle influence un souverain peut-il avoir sur cet esprit de bienfaisance? Celle qui naîtra constamment de son approbation, de ses encouragemens & de l'ascendant d'un grand exemple.

Un seigneur riche & vertueux fait le bonheur de ses vassaux, il emploie une partie de sa fortune à encourager des travaux utiles, & il se fait un devoir de passer quelque tems dans ses terres, pour y connoître l'infortune & pour la soulager: que cet homme estimable, lorsqu'il vient à la cour, y soit distingué de ceux dont la conduite est si différente; que dans une classe plus éloignée des regards du trône, les ministres, au nom du prince, donnent des marques de considération aux citoyens qui acquièrent des droits à l'estime publique; qu'enfin, les Etats, les administrations provinciales, excités par le gouvernement, secondent ce mouvement salutaire, & l'esprit public changera.

Que cherche-t-on dans les dépenses éclatantes, si ce n'est cette considération attachée à l'idée de la richesse? mais un mot, mais un regard du prince, dans une monarchie, exaltent plus l'imagination que toutes les autres vanités. Enfin, près de tant de chimères, qu'on poursuit avec ardeur, les qualités morales aussi, peuvent devenir un objet d'émulation, & la révolution seroit facile, si ces qualités pouvoient servir jusques dans la carrière de l'ambition.

J'ai vu manifestement, pendant le cours de mon administration, que les diverses dispositions bienfaisantes dont sa majesté étoit occupée, avoient entraîné beaucoup d'actions généreuses de la part des particuliers: il n'est aucune nation plus susceptible de ce mouvement d'imitation, que la nation Françoise, & cette considération rend d'autant plus précieuses les vertus de son souverain.

Enfin, le monarque en France peut encore restreindre le *luxe*, en obligeant à la résidence, tous ceux qui exercent en province de grandes fonctions civiles, ecclésiastiques ou militaires. C'est dans les lieux où l'on est contenu par les devoirs d'un État; c'est dans les villes d'une médiocre étendue, que la sagesse de la conduite est plus observée: les grands théatres excitent les talens; mais les petits sont plus favorables aux vertus morales.

Ce n'est guères que dans la capitale, où l'on voit ce genre de *luxe* qui naît du relâchement absolu des principes; l'éducation abrégée qu'on y reçoit; l'indépendance que les grands seigneurs y acquièrent, de trop bonne heure, en se mariant avant l'âge de raison; le peu de tems qu'ils donnent à la connoissance de leurs affaires; enfin, l'espoir de réparer sa fortune, les uns par les graces du souverain, les autres par des intérêts dans les affaires: toutes ces causes d'insouciance & de désordre, grossissent souvent les dépenses des particuliers, en proportion des sommes qu'ils trouvent à emprunter; & le déréglement des mœurs & de la conduite, introduit ainsi une sorte de *luxe* qu'on peut considérer comme étrangère à la disparité naturelle des richesses.

On supposeroit un obstacle à l'accroissement journalier de cet abus, en accélérant les effets de l'action civile envers les débiteurs qui manquent à leurs engagemens: la concession trop facile des lettres de surséance, est sur-tout contraire au but moral qu'on doit se proposer; puisque c'est un moyen de diminuer les dangers attachés au désordre: mais en se refusant généralement à cette faveur, il faudroit aussi s'occuper de la diminution des frais auxquels toutes les grandes liquidations judiciaires sont assujetties.

Les loix qui, dans quelques pays, & dans certaines coutumes de France, assurent tous les biens d'un père aux aînés, & celles qui étendent trop loin les substitutions, sont favorables au *luxe*, puisque ces loix entretiennent l'inégalité des richesses.

La répartition d'une grande partie des impôts sur les objets de faste & de superfluité, est une disposition très-sage, puisque c'est un moyen propre à diminuer l'effet de la supériorité des fortunes. Quelques écrivains ont eu tort d'avancer qu'on n'avoit pas cette politique en France. Je ne déciderai point si les impôts sur le *luxe* doivent leur origine à de grandes vues d'administration; mais on ne peut contester que cette sorte de ressource ne soit depuis long-tems employée: les valets sont taxés par la capitation; les chevaux d'équipage, par des droits établis sur les denrées destinées à leur nourriture; la table des riches, par des impôts sur toutes les consommations recherchées; les ouvrages d'or & d'argent, par des droits de contrôle; diverses superfluités, telles que les cartes, le tabac, l'amidon, la poudre de chasse, & beaucoup d'autres objets semblables, supportent des impôts considérables; & le sucre & le café sont renchéris par les mêmes moyens.

Enfin, en n'oubliant rien pour étendre les revenus publics, la dépense des riches n'a point échappé à l'intelligence fiscale; mais les impôts sur le *luxe* ont un terme que les fermiers eux-mêmes conseillent pour leur propre intérêt, afin que l'activité de la contre-bande puisse être dans une sorte de balance avec les précautions qu'on peut prendre contr'elle. Cependant, lors même que ces considérations n'existeroient point, il y auroit encore une mesure à observer dans l'étendue des impôts sur les objets de *luxe*: on manqueroit de politique si l'on portoit une atteinte trop sensible à l'usage des richesses, sur-tout dans les pays où une partie immense des fortunes est devenue mobiliaire par l'accroissement de la dette publique ; circonstance qui permet à un plus grand nombre de particuliers de se transporter ailleurs, & de s'éloigner des lieux où les loix fiscales seroient trop sévères. Aussi c'est uniquement par des moyens doux, sages, & surtout praticables, que je propose aux gouvernemens de tempérer les effets du *luxe*.

Sans doute on peut aller plus loin dans les républiques ; & l'on a raison de le faire dans ces petites communautés politiques, où tout grande supériorité blesse, où la simplicité des mœurs affermit l'ordre social, où les magistrats, rapprochés communément des autres citoyens, auroient peine à conserver la considération qui leur est dûe, près du *luxe* éclatant de leurs égaux.

En général, les États dont la force & l'étendue sont étroitement circonscrites, doivent être bien plus occupés des moyens propres à entretenir la tranquillité, la confiance & la subordination, que d'aucune de ces idées politiques, dont la fin principale est l'accroissement des richesses. Mais les réformes, les censures, les règlemens somptuaires, ne sont pas applicables aux grandes monarchies : ces austérités sociales ne pourroient y être maintenues sans des inquisitions infiniment plus dangereuses que, les abus auxquels on voudroit s'opposer.

Un pays, sur-tout comme la France, où le crédit est si nécessaire, l'esprit de thésaurisation si nuisible ; un pays qui, pour sa force extérieure, a besoin d'entretenir & d'augmenter ses richesses ; un pays enfin qui tire, par son commerce, de si grands avantages du *luxe* général de l'Europe ; un tel pays ne pourroit, avec politique, adopter des loix somptuaires. Il faut nécessairement, dans les grands États, abandonner un peu les hommes au cours naturel des choses ; la perfection est malheureusement une idée chimérique, & ceux qui gouvernent, comme ceux qui sont gouvernés, ne sauroient y atteindre : d'ailleurs, il est raisonnable de ne voir dans le *luxe*, que les inconvéniens dont il est véritablement la cause ; & les administrateurs ne doivent pas règler leur opinion d'après les déclamations exagérées auxquelles on se livre quelquefois sur cette matière ; on y présente le *luxe* comme la source de la pauvreté, & cette idée n'est pas juste ; la pauvreté est l'effet de l'inégale distribution des biens & de l'insuffisance des ressources, auxquelles les hommes sans propriété peuvent aspirer ; mais le *luxe* est pareillement la conséquence de ces disparités de fortune : ainsi le *luxe* & la pauvreté se trouvent souvent ensemble, non comme l'effet l'un de l'autre, mais comme le résultat commun de l'inégalité des partages.

En étendant trop loin le rigorisme politique, on s'inquiéteroit inutilement d'une quantité de résultats inséparables du mouvement de la société ; & l'on arriveroit peut-être jusqu'à regretter l'invention de la charrue qui, en accélérant les travaux des campagnes, a rendu la part des propriétaires plus considérable. Mais les arts, les sciences & les lettres, ces compagnes de la fortune, ont consolé la terre de l'atteinte qui a été portée à la simplicité des mœurs, par l'accroissement des richesses : ces différens efforts de l'esprit ont fait connoître à l'homme ses forces, ont agrandi l'opinion qu'il en avoit conçu lui-même ; & lorsque l'amour de la guerre, & le despotisme qui marche à sa suite, tendent insensiblement à le rendre esclave, c'est par les lumières qu'il se défend, au moins, de l'asservissement de sa pensée.

Enfin, & ceci est une réflexion que je communique aux ames trop sensibles, ce contraste entre le *luxe* des uns & la modique fortune des autres, ne représeute point les proportions du bonheur. Hélas ! qui le croiroit ? ce sont ceux que les loix de la propriété réduisent, en tout tems, au simple nécessaire, qui supportent avec plus de tranquillité le spectacle, du faste & de la richesse : cette pompe est à une si grande distance de leurs idées d'habitude, qu'ils s'accoutument à la contempler comme l'attribut de quelques êtres d'une nature différente de la leur : & tandis qu'ils regagnent lentement leurs chaumières, chargés d'un fardeau qu'ils supportent avec peine, ils voient passer près d'eux ces coursiers pleins d'ardeur, qui traînent rapidement le char magnifique du riche ou du grand seigneur, comme ils voient errer au-dessus de leurs têtes les astres étincelans dont ils peuvent distinguer les mouvemens.

C'est plutôt lorsqu'on est instruit par une sorte d'aisance, c'est lorsqu'on jouit déjà des commodités de la vie, qu'on devient jaloux du *luxe* des autres ; c'est qu'alors la vanité s'éveille, & que cette passion est une source d'envie ; il faut, pour s'en défendre, éviter avec soin de s'écarter de l'état où la fortune vous a placé ; il faut se tenir éloigné d'un spectacle qu'on a la foiblesse de ne pouvoir supporter. Ah ! qu'ils sont peu raisonnables ceux qui se laissent aller à ces sortes d'angoisses ! Qu'ils apprennent donc, que cet éclat qui les blesse, est bien loin d'être le bonheur ; qu'ils s'en fient à l'imagination inquiète de ceux qui étalent tant de richesses ; habitués bientôt à ces vaines jouissances, ils en voudroient d'autres pour s'en dégoûter encore ; & tandis qu'ils excitent l'envie, ils sont en proie à l'ennui qui accompagne la mollesse & l'oisiveté.

Il faut sans doute, à tous les hommes un peu d'ambition, parce qu'il leur faut à tous un peu d'espérance ; mais cette convoitise continuelle, mais ces idées chimériques sur la douceur des vanités auxquelles on ne peut atteindre, sont la plus malheureuse des folies. Je ne sais si c'est par l'effet d'une méditation éclairée, je ne sais si c'est parce que tout ramène, dans l'univers, à l'idée d'une grande unité de plan; mais je suis disposé à croire, & sur tout j'aime à me le persuader, qu'il y a, dans le sort des humains, moins d'inégalités qu'on ne pense, & l'on ne doit point décourager les souverains en leur présentant une tâche au-dessus de leur puissance : ce n'est ni l'ordre de la nature, ni celui des sociétés qu'ils ont à bouleverser; il leur suffit de modifier les institutions contraires au bien public, de tempérer les excès, d'arrêter les abus; il leur suffit d'avancer la prospérité générale, selon l'étendue de leurs forces, & d'ajouter au bonheur de ceux qu'ils gouvernent, comme chaque homme en particulier peut ajouter au sien propre; ainsi ils ne doivent être ni indifférens sur le *luxe* & sur ses excès; ni ambitieux de l'anéantir entièrement; & peut-être que dans toutes les branches de l'administration, le bien qu'on peut faire, celui qu'on doit se proposer, dépendent constamment, & d'une juste mesure dans ses desseins, & d'une connoissance exacte des limites de toutes les vérités.

Des fortunes de finance.

Ce sujet se présente naturellement à la suite des considérations sur le *luxe;* & quoique dans le cours de cet ouvrage, j'aie indiqué déjà un petit nombre d'idées premières sur la question que je vais traiter, je crois devoir les rassembler ici, en y joignant quelques réflexions nouvelles.

On donne le nom de financiers, en France, aux différentes personnes qui sont chargées du recouvrement des revènus publics, soit comme receveurs, soit comme fermiers, soit comme régisseurs; & l'on comprend encore sous la même dénomination, les trésoriers qui payent les dépenses de l'État, les banquiers de la cour qui remplissent le service des affaires étrangères, & les diverses personnes qui, moyennant un droit de commission, font des avances sur la rentrée plus ou moins éloignée des impositions.

L'on a vu dans le cours de mon ministère, que j'avois mis une grande suite à restreindre, & le nombre & les profits de ces divers agents; & malgré toutes les réclamations que j'ai essuyées, je dois avouer qu'il n'a pas tenu à moi d'être bien plus coupable encore; mais il étoit impossible, au milieu de la guerre, d'atteindre à la plus parfaite simplicité dans toutes les parties; parce que les besoins extraordinaires, consumant les ressources du crédit, on ne pouvoit se servir de ces mêmes ressources pour rembourser la plus grande partie des fonds dûs aux compagnies de finance; & cependant, c'est la seule manière d'être absolument libre dans le choix des dispositions les plus favorables à l'intérêt public. Sans doute, il est peu de difficultés de ce genre, que l'autorité ne puisse franchir; mais on ne doit jamais faire usage de cette autorité pour des injustices; & l'on se formeroit une fausse idée du bien de l'État, si l'on imaginoit qu'en se proposant un but salutaire, tous les moyens d'y parvenir devinssent excusables. Le premier bien social, c'est que les droits de propriété soient respectés. Les abus, les gains inutiles, sont une invasion sans doute, qu'il faut repousser; mais on doit le faire d'une manière légitime; & il vaut mieux aller plus lentement à la perfection, que d'ébranler les principes de fidélité, qui sont la sauve-garde de tous les citoyens.

Il suffisoit, au reste, que tout fût préparé pour achever, à la paix, ce qui pouvoit manquer encore à l'ouvrage que j'avois fort avancé. Je n'ai donc pu voir qu'avec une véritable peine, l'ancien systême financier commencer à se relever; & je veux déposer encore ici, à quel point je crois ce systême impolitique & pernicieux.

Tantôt, c'est sous le prétexte de rendre la comptabilité plus facile, qu'on augmente le nombre des agens destinés à recevoir les revenus, ou à payer les dépenses; & tantôt, c'est uniquement dans la vue d'obtenir, par leur médiation, de nouveaux moyens de crédit.

Le premier de ces motifs est absolument frivole: la comptabilité est aussi distincte par la séparation des objets, que par la multiplication des personnes.

Le second prétexte est mis en avant avec plus d'assurance; & tous ceux qui veulent multiplier & enrichir les financiers, ne manquent pas de les présenter comme les intermédiaires indispensables du crédit public : comme si ce crédit n'avoit pas une force qui lui fût propre, & comme s'il avoit besoin de l'appui d'une diversité d'agens, qui n'ont part eux-mêmes à la confiance publique, qu'en raison de leur place & des connexions qu'on leur connoît avec le gouvernement. J'ai trouvé toutes ces idées établies, en entrant dans l'administration; & je crois avoir montré, par une conduite absolument opposée, combien une pareille doctrine étoit illusoire. J'ai multiplié les réformes dans la finance; & cependant le crédit, de quelque manière qu'on y ait eu recours, s'est accru successivement; preuve certaine que ce crédit peut être uniquement fondé sur sa base naturelle, qui est l'état des affaires, la connoissance qu'on en donne, & la conduite soutenue d'une administration circonspecte. Il est heureux d'avoir un exemple à présenter au soutien des bons principes; car c'est en les dénonçant comme abstraits & spéculatifs, & en y opposant, avec dédain, des préceptes tirés d'une simple routine, que les ennemis des vérités utiles ont eu souvent de grands avantages.

On a dit quelquefois d'un ministre : les banquiers & les financiers l'aiment, il en tirera de grands secours. Quelle chimère ! croira-t-on facilement que ce soit un goût, un penchant, un je ne sais quoi, qui détermine leur confiance ? Un vrai sentiment d'estime, mêlé même à quelques mécontentemens personnels, voilà ce qui vaut mieux de la part de tous les prêteurs. Je sais bien, que moins les financiers auront de fortune, & moins ils auront de capitaux à placer ; mais si les profits qu'on fait avec le roi, sont l'origine de cette fortune, est-ce à l'étendue de pareils secours qu'il faut aspirer ? Non, sans doute ; & quand je vois le gouvernement enrichir & multiplier les financiers, dans l'espoir de se servir de leur argent & de leur crédit, je me rappelle le trait de ce marchand de Bagdad, qui ayant fait présent à ses esclaves de turbans parsemés d'or, & de robes magnifiques, fut tellement saisi de respect, lorsqu'il les en vit revêtus, que par un mouvement involontaire, il se prosterna devant eux & implora leur protection.

Ce qui souvent induit en erreur l'administration des finances, c'est qu'il n'est point de particuliers ni de compagnies, qui, en se proposant comme nouveaux receveurs, fermiers ou trésoriers, n'aient l'art de proposer une avance, ou de s'offrir pour emprunter quelques millions au nom du gouvernement. Mais alors l'administration, en la supposant étrangère à tout esprit de faveur ou de protection, doit examiner si ces prétendus secours ne prendront pas la place des fonds qu'on lui prête déjà d'une autre manière. Cette considération échappe sans cesse aux ministres des finances ; & cependant le raisonnement & l'expérience m'ont prouvé, de la manière la plus distincte, que la plupart des propositions de ce genre étoient un véritable leurre ; mais quand on n'est point averti, il est pardonnable de s'y laisser prendre : car l'observation que je viens d'indiquer, quoique très-simple quand elle est faite, ne se présente point naturellement à l'esprit.

Il faut d'ailleurs qu'un gouvernement sage s'applique en tout tems, à lier le crédit dont il veut faire usage, non point à la signature des personnes qu'il a choisies pour intermédiaires, mais à la chose publique en géneral. L'administration donne même à penser qu'elle ne compte plus également sur la confiance, lorsqu'elle paroît attendre bien moins de cette précieuse disposition des esprits, que du crédit des agens dont elle se sert. Ceux-ci, néanmoins, n'en peuvent avoir un considérable, que par une illusion : car si le gouvernement n'étoit pas exact envers eux, ils ne le seroient point non plus dans les engagemens qu'ils prennent personnellement ; cependant, & les banquiers de la cour, & les trésoriers ; & les fermiers, & les receveurs généraux, s'efforcent de faire envisager leurs emprunts, comme un crédit qui leur est propre ; tandis que tous ces moyens ne sont véritablement qu'autant de modifications diverses du crédit public, & c'est en contenant les financiers dans cette juste idée, qu'ils ne sont jamais dans le cas de dicter des loix, & d'exiger des sacrifices déraisonnables.

Le crédit est un des plus beaux attributs d'un gouvernement, quand cette confiance est dûe à sa conduite & à sa bonne foi ; & c'est dégrader une noble idée, que de remettre la force d'un empire dans les mains de quelques particuliers enrichis de ses négligences. C'est ainsi qu'on rend petit ce qui est grand, & composé ce qui doit être simple ; c'est ainsi qu'on substitue des combinaisons d'un jour, à ces principes qui appartiennent à tous les tems.

Cependant, tel a été souvent le joug imposé par les agents des emprunts du gouvernement, qu'on les a vu refuser tout-à-coup leur assistance, au milieu d'une circulation rapide dont ils dirigeoient le mouvement ; & quelquefois encore, dictant impérieusement des loix, on les a vu demander l'éloignement d'un ministre, pour prix de la continuation de leurs services. Sans doute, ils mettoient en avant l'opinion publique ; mais en combien d'occasions, se mêlant à quelque intrigue, n'ont-ils pas été les faux interprêtes de cette opinion ? Les banquiers de la cour, sont pour les ministres des finances inattentifs & sans prévoyance, ce qu'étoient les prétoriens pour les Césars renfermés mollement dans le fond de leurs palais : ils les servoient quelque tems, & les détrônoient ensuite. Quel renversement de tout ordre, que de laisser prendre à des particuliers une si grande puissance !

Je voudrois encore mettre les ministres en défense contre ces calculs, à l'aide desquels on fait voir de l'économie dans la multiplication des agens du fisc : ce sont des tours de force : mais ces secrets aussi, on ne les divulgue point.

Il n'est pas toujours aisé, j'en conviens, de suivre, en ses replis, l'arithmétique financière ; & comme les chiffres paroissent, je ne sais comment, des espèces de figures magiques à ceux qui ne s'y sont pas familiarisés de bonne heure, je conseillerois aux administrateurs des finances, de mettre leur principale force dans le raisonnement : alars quand on voudra leur prouver, je suppose, que vingt receveurs coûteront moins que dix, ils diront à ces patrons de la finance : puisque vous avez l'art d'aller à l'économie en multipliant ainsi les agens, que ne ferez-vous pas, si vous appliquez tant de talens à diminuer simplement la dépense du petit nombre ? On ne sauroit trop que répondre à cette observation ; & c'est ainsi que le bon sens tient souvent lieu de science.

Cependant les vues générales de morale & d'administration, instruiroient bien davantage encore, si on les appliquoit aux rapports que ce même sujet présente. Et d'abord, c'est sûrement un mal politique, que d'attirer inutilement un grand nombre de citoyens vers une profession stérile, & singulière encore en ceci, qu'elle est presque la seule où les progrès de la fortune se trouvent indépendans du soin que l'on prend de l'opinion publique. En effet, si l'on parcourt toutes les classes de citoyens, depuis le guerrier & le magistrat, jusques aux plus petits fabricans ou aux simples ouvriers, on verra que cette opinion sert d'encouragement aux talens, & devient la source de ses récompenses; & dès lors, au grand avantage de l'ordre social, l'amour & l'ambition de la réputation s'unissent à l'intérêt personnel & guident ses démarches : mais dans l'exercice des fonctions attachées aux agens du fisc, le mérite est obscur, & l'honneur qui résulte de l'habileté, devient, pour ainsi dire, une gloire de confrairie, & qui ne passe guères l'enceinte des assemblées d'associés.

Je ne veux point dire que l'honnêteté ne soit infiniment nécessaire, infiniment précieuse dans les hommes qui se destinent à de pareils occupations : je fais remarquer seulement que cette honnêteté n'est pas, comme dans les autres professions, signalée en quelque manière, par l'opinion publique; ensorte que les combinaisons de l'intérêt personnel n'en font pas l'appui journalier.

On peut encore envisager, comme un inconvénient moral, l'ascendant que prennent les financiers dans les affaires, à mesure qu'ils s'enrichissent ou se multiplient. Ils ne doivent pas aimer ce qui tend à simplier l'organisation des impôts, puisque c'est par la multiplicité des ressorts, que leur science paroît grande; ils ne doivent pas même avoir des dispositions à seconder le chef des finances, dans aucun plan vaste ni général; il leur est aisé d'appercevoir que plus le ministre considérera son administration partiellement, & plus ils acquerront de puissance; puisque ce sont les besoins pressés ou imprévus qui rendent leurs secours nécessaires. Il arrive encore, qu'au moment où la mal-adresse & l'imprévoyance de l'administration la forcent de recourir à de pareils moyens, elle exagère elle-même les services des financiers, afin de persuader que c'est à de grands avantages qu'elle a fait le sacrifice des principes auxquels la nation paroît attachée : aussi, comme on voit les plantes inutiles ou dangereuses ne croître jamais avec tant de vigueur que dans les climats mal-sains, ou pendant le cours des saisons intempérées, c'est au milieu de la guerre, ou parmi les désordres de l'État, que l'empire des hommes de finance s'étend & se fortifie.

Enfin, comme ami de la douceur dans l'exercice de l'autorité, moyen toujours suffisant lorsqu'on gouverne avec sagesse, je reproche à l'esprit de la finance, de s'allier trop aisément aux idées de despotisme & de sévérité; c'est que le désir de recouvrer les impôts, sans aucun obstacle, s'accommode quelquefois de la crainte & de la terreur qu'on inspire aux contribuables.

Dans ces réflexions générales, les personnes ont été loin de ma pensée; j'ajouterai même qu'aujourd'hui, ce sont les qualités des principaux membres de la finance, qui tempèrent les inconvéniens attachés au nouveau culte que j'ai vu rendre à leur état; & j'en connois parmi eux, qui sont tellement distingués, & par leurs sentimens, & par leur caractère, que peut-être ils signeroient eux-mêmes tout ce que je viens de dire.

Chaque homme, dans toutes les professions, est séparément ce qu'une heureuse nature ou l'éducation en ont fait; mais dans les matières d'administration, c'est toujours à l'esprit de corps qu'il faut arrêter son attention; & cet esprit n'est point un composé des qualités diverses de toutes les personnes attachées à un même état; c'est un résultat de l'intérêt commun qui les réunit.

Ainsi, quel que fût le mérite personnel des principaux financiers, l'accroissement de leur nombre & de leur consistance ne seroit pas moins contraire à l'esprit d'administration, qui doit vouloir constamment la simplicité dans les moyens, l'étendue dans les plans, l'économie dans les dépenses, l'indépendance des ressources, & pardessus tout, le bonheur & l'avantage des peuples.

LYON, ville très-considérable, sous le nom de laquelle nous avons promis au mot FOIRES, de parler des foires qui s'y tiennent, & des immunités qu'elles procurent.

Entre les différens privilèges qui ont ont été accordés à la ville de *Lyon* pour favoriser son commerce, celui des foires, est avec raison, regardé comme l'un des plus importans. Le premier établissement en est dû à Charles, dauphin de France, régent du Royaume, sous Charles VI. Ce prince ordonna par des lettres-patentes du 9 février 1419; qu'à l'avenir, il y auroit deux foires dans la ville de *Lyon*.

L'une commençant le lundi après le quatrième dimanche de carême, & l'autre au 15 de novembre.

Toutes deux continuées pendant six jours, & *chacune d'icelle franche, quitte & libre pour tous marchands, denrées & marchandises quelconques; en sorte que lesdites marchandises & denrées qui y seroient amenées, vendues ou échangées, s'en puissent aller pleinement & purement, sans fraude de toutes aides, impôts, tailles, coutumes, maltôtes ou autres impositions mises ou à mettre.*

Ces lettres-patentes donnoient aussi cours, dans la même ville, à toutes sortes de marchandises étrangères, & accordoient à ces foires, ainsi qu'aux marchands qui s'y rendoient, les mêmes priviléges dont jouissoient les foires de Champagne, de Brie & du Landy, & les marchands qui les fréquentoient.

Les guerres que la France eût à soutenir contre l'Angleterre, & qui suivirent de près cette première concession, en empêchèrent l'effet. Mais Charles, étant monté sur le trône, il rendit au mois de février 1443, de nouvelles lettres patentes, par lesquelles il établit en ladite ville de *Lyon* à perpétuité trois foires par année, chacune de vingt jours, avec exemption de tous droits d'aides, foraines & autres.

Ces trois foires devoient commencer;

L'une, le premier lundi d'après Pâques;

La seconde, le 26 juillet,

Et la troisième, le premier décembre.

Louis XI, dans l'intention de punir les Génevois, qui s'étoient révoltés contre le duc de Savoie, leur souverain, & pour faire tomber les foires de Genève, qu'il avoit supprimées par un édit de l'année 1462, rendit au mois de mars de la même année, des lettres-patentes, depuis confirmées par un édit du 14 novembre 1467, par lesquelles il change le nombre, l'ordre & le tems de la tenue des foires de *Lyon*. Il en étendit encore les privilèges & franchises, & leur donna la forme qui s'observe encore aujourd'hui. Il en établit quatre de quinze jours chacune.

La première, commençant le premier lundi d'après la quasimodo.

La seconde, le 4 août;

La troisième, le 3 novembre,

Et la quatrième, le premier lundi d'après les Rois.

Les privilèges accordés à la ville de *Lyon*, par les lettres-patentes de 1462, étant pour la plûpart observés, nous croyons devoir rapporter la substance de ce règlement, qui contient XI articles.

Le premier, fixe l'époque & la durée de chacune des quatre foires, & la seule différence qui soit survenue à cet égard, c'est que celle de ces foires, qui étoit alors la quatrième, est devenue la premiere, d'après le changement arrivé dans la façon de compter l'année.

Suivant le II article, toutes monnoies étrangères doivent avoir cours à *Lyon* pour leur juste valeur; pendant la durée de ces foires il étoit même permis dans le même-tems, de faire sortir du Royaume ces monnoies, ainsi que tout or, argent monnoyé ou non monnoyé, en quelque forme & espèce que ce fût.

L'art. III désigne quels sont les privilèges accordés à ces foires, après la suppression de celles de Genève, & les déclare, ainsi que les marchands & marchandises, francs à toujours, de toutes impositions, charges & tributs ordinaires, & extraordinaires, même de ceux mis sur le vin & la viande.

L'article IV nomme le bailli de Mâcon, conservateur & gardien de ces foires; cette conservation a depuis été donnée aux prévôt des marchands & échevins de la ville de *Lyon*.

Par l'article V, les marchands & marchandises sont déchargés de tous droits de marque, & represailles.

Le VIe permet à toutes personnes de quelque nation & condition qu'elles soient, de tenir banc de change public auxdites foires.

Le VII & VIIIe prescrivent ce qui doit être observé pour les changes & échanges & intérêts dans le tems des foires, ainsi que pour le payement des lettres de change faites en foire, pour y être payées.

L'article IX permet aux marchands étrangers, fréquentant lesdites foires, ou s'établissant à *Lyon*, d'y faire testament & disposer de leurs biens comme s'ils étoient regnicoles, ou dans leurs propres pays; & veut qu'en cas de décès, sans ordonnance particulière, leurs héritiers naturels recueillent leurs successions suivant les loix & coutumes de leur pays : le roi renonçant à tous droits d'aubaine & deshérence.

L'article X accorde aux foires de *Lyon*, les franchises des foires de Champagne, de Brie & du Landy; en conséquence, ordonne que toutes les dettes qui y seront faites, seront privilégiées, & que contr'elles ne pourront valoir aucunes lettres, répits, délais ou impétration qui pourroient en reculer ou en empêcher le payement.

Enfin, par le XIe article, le roi prend sous sa protection & sauve-garde spéciale, les marchands venans en foires, ainsi que leurs effets & marchandises.

La ville de *Lyon* a joui paisiblement de ces quatre foires & de toutes leurs franchises, pendant le règne de Louis XI. Elle en obtint même la confirmation de Charles VIII, par les lettres-patentes, données à Blois, au mois d'octobre 1483; mais elle s'en vit dépouillée six mois après cette confirmation, & ses foires furent transférées à Bourges, où elle restèrent jusqu'en 1494, quelles furent remises en leur premier état, par des lettres-patentes, données à Auxonne, au mois de juin de la même année.

C'est

C'est donc à cette année 1494, qu'on peut réellement fixer l'époque de l'établissement des quatre foires de Lyon; car, quoique dès le mois de mai 1487, on eût restitué à cette ville celle du lundi après Quasimodo & du mois de novembre; ce ne fut qu'en 1494, que toutes les quatre furent véritablement rétablies, & que les anciennes franchises, dont elles ont toujours joui depuis, sans interruption, furent entièrement confirmées, ainsi qu'elles l'ont été par les rois, successeurs de Charles VIII.

Les principales confirmations des quatre foires de *Lyon*, que les habitans de cette ville ont obtenues, sont de Louis XII en 1498; de François I en 1554 & 1555; de François II, en 1559; de Charles IX en 1560, 1569 & 1573; de Henri III en 1581, 1582 & 1583; de Henri IV en 1594 & 1595; de Louis XIII en 1615, 1625 & 1634, & de Louis XIV, au mois de décembre 1643.

Les édits qui ont réduit les intérêts de l'argent en 1601, 1634 & 1665, ont toujours réservé les promesses ou billets faits en foires de *Lyon*; ce qui est une nouvelle confirmation de leurs privilèges.

Les lettres-patentes du mois de juin 1494, en confirmant celles du mois de mars 1462, établissent quelles sont les immunités dont jouissent les habitans & négocians de la ville de *Lyon* pendant ces quatre foires. Nous croyons devoir nous borner dans cet article, à ce qui regarde les droits des fermes, sans parler des privilèges particuliers de la ville de *Lyon*, sur lesquelles on peut consulter *le recueil imprimé à Lyon en* 1649, *chez Guillaume Barbier.*

Les franchises des foires de *Lyon*, relativement aux droits des fermes, consistent suivant la déclaration du 7 avril 1553; les arrêts du 28 décembre 1700, 3 octobre 1702, 17 août 1715 & 21 février 1736, & les articles CCXXIX, CCXXX, & CCXXXI du bail de Forceville, en ce que toutes les marchandises qui sortent de ladite ville pendant les foires, pour être transportées, soit dans les pays étrangers, soit dans les provinces réputées étrangères, sont exemptes des droits de sortie du tarif de 1664, dans l'étendue des provinces des cinq grosses-fermes; mais suivant l'article XII, de l'arrêt du 3 octobre 1702, elles doivent acquitter les droits de la traite domaniale lorsquelles y sont sujettes par leur nature.

Les marchandises sortant par les provinces de Languedoc, Provence & autres lieux, où la foraine est établie, jouissent de l'exemption des quatre cinquièmes de ce droit; elles en payent seulement le cinquième denier, ainsi que les droits de la réappréciation faite en 1632, avec les augmentations, conformément aux articles CCXCI du bail de Domergue, CCXCIII du bail de Carlier, & à l'article X de l'arrêt du 3 octobre 1702.

Celui du 21 février 1736, dont ces dispositions sont tirées, ordonne en outre, que les marchandises sortant des foires de *Lyon*, seront assujetties à tous les droits locaux des provinces où il y en a d'établis; soit dans l'intérieur, soit aux limites du Royaume; ce qui est confirmé par l'article CCXXIX du bail de Forceville.

Il est néanmoins quelques marchandises & denrées qui ne jouissent point de la franchise des foires de *Lyon*: savoir les bleds & les grains, les meules de moulins, le fer, les verres à vitres, dont on fait payer les droits de foraine en entier, quoique sortis pendant les foires.

Suivant l'arrêt du conseil du 17 août 1715, les marchands, tant François qu'étrangers, qui achetent des marchandises destinées pour les pays étrangers ou pour les provinces réputées étrangères, ne jouissent de l'exemption des droits de sortie, qu'en faisant sortir lesdites marchandises de l'étendue des cinq grosses-fermes, dans les quinze jours de la durée de la foire où elles auront été achetées, & en représentant les acquits ou certificats de franchise, signés des commis préposés par les prévôt des marchands & échevins de la ville de *Lyon*, dûement contrôlés par les receveurs & contrôleurs de la douane, & certifiés par ceux des portes, ainsi qu'il a été prescrit par les arrêts de 1624 & 1627.

Si néanmoins les marchandises étoient retenues par le mauvais tems, ou par quelqu'autre empêchement légitime, elles ne laisseroient pas de jouir de la franchise, pourvu qu'elles eussent été chargées dans le tems de la foire, ainsi qu'il a été jugé, par arrêt du conseil du 18 octobre 1645.

Les lettres-patentes du 22 décembre 1553, ordonnent même que si les acquits & passeports des marchandises négociées aux foires, n'ont pu être expédiés dans le tems des foires, ils pourront l'être dans les jours suivans, pourvu que les marchandises ayent été présentées aux maîtres des ports, ou autres officiers au bureau de la foraine, dans les tems des foires & laissées à leur garde; & c'est vraisemblablement d'après les dispositions de ces lettres-patentes, que l'arrêt du 17 août 1715, veut qu'en cas de légitime empêchement, bien & duement justifié, il soit accordé aux marchands un plus long délai par les officiers des traites, suivant la circonstance du tems & la différence des lieux.

Ce délai ne doit néanmoins s'entendre que des marchandises sorties de *Lyon* pour passer dans quelque province du Royaume. Les lettres-patentes du 22 septembre 1553, & les arrêts de 1624 & 1627, ont accordé pour les marchandises qui sortent du Royaume, le tems d'une foire à l'autre ; à condition qu'elles ne changeront pas de main dans cet intervale : permettant même en cas de légitime empêchement, aux maîtres des ports de prolonger ce délai, selon la qualité du tems & la distance des lieux. Mais régulièrement, les marchandises sorties de *Lyon* dans le cours d'une foire, seroient sujettes aux droits de sortie du royaume, & à ceux de foraine en entier, si elles étoient portées aux derniers bureaux après le commencement de la foire suivante ; ce qui s'observe également à l'égard des Suisses & des Allemands.

Les balles & ballots de marchandises qui sortent de *Lyon* pendant les foires, doivent être marqués de l'écusson des armes de *Lyon*, avec le nom de la foire & la date de l'année ; lesdites marques appliquées le long des coutures & non en travers.

Suivant l'article CCXXX du bail de Forceville, l'ajudicataire peut, si bon lui semble, faire plomber aux armes du roi, les ballots & caisses à ses frais, & sans que les commis puissent rien exiger pour raison de ce.

Dans tous les cas, les marchandises doivent non-seulement être accompagnées des certificats de sortie de la ville de *Lyon* ; mais encore visitées & plombées, pour jouir de l'affranchissement des droits de sortie des cinq grosses-fermes ; c'est ce que le conseil a décidé deux fois, les 29 mars & 5 avril 1749.

L'article CCXXXI du même bail, porte que les conducteurs des marchandises qui sortiront de la ville de *Lyon*, après le tems des foires, pour les transporter pareillement hors de l'étendue des provinces, sujettes au tarif de 1664, ne payeront que la moitié des droits de sortie, même les Suisses & les marchands des villes Impériales, dans la quinzaine après le tems des foires ; le tout en justifiant de l'acquit des droits forains engagés à la ville de *Lyon*.

Les marchands des villes Impériales & les Suisses, jouissent de quinze jours de délai au-delà du terme ordinaire, pour faire sortir leurs marchandises & les expédier en exemptions des droits de sortie du tarif de 1664, soit qu'elles soient destinées pour l'étranger, soit qu'elles aillent dans les provinces réputées étrangères, à la charge, par eux, de marquer leurs marchandises & ballots, de les faire accompagner des certificats de franchise qui se délivrent à cet effet, & de justifier de l'acquit des droits forains engagés à la ville de *Lyon*.

On ne connoît pas le titre à la faveur duquel les Allemands jouissent de ce privilège ; mais on voit par les lettres-patentes de Henri II du 8 mars 1551, que les Suisses avoient dix jours, après les foires, & qu'ils demandèrent que ces dix jours fussent prolongés jusqu'à quinze, à l'exemple de ce qui se pratiquoit pour les Allemands ; ce qui leur fut accordé par lesdites lettres, confirmées par celles du mois de mai 1594, & généralement par les arrêts postérieurs.

Les privilèges des foires de *Lyon*, ne donnent que l'exemption des droits de sortie, & ne s'étendent pas aux droits d'entrée & de passage. Les marchandises qui entrent en cette ville, doivent conséquemment ceux de la douane de *Lyon*, à laquelle les marchandises portées en cette ville, sont sujettes même dans le tems des foires, & ceux de la douane de Valence, qui se payent sur les marchandises sortant de *Lyon*, en quelque tems que ce soit, quand elles passent dans l'étendue de ce tarif.

Les contestations qui s'élèvent au sujet des foires & du commerce de la ville de *Lyon*, sont portées dans une jurisdiction établie exprès dans cette ville, sous le nom de *Conservation de Lyon*.

De toutes les jurisdictions établies dans le Royaume pour le fait du commerce, celle de la conservation de *Lyon* est la première & la plus remarquable, par l'étendue de sa compétence & des privilèges dont elle jouit depuis plusieurs siècles.

Au reste, cette compétence a été réglée à l'occasion de quelques difficultés survenues entre la sénéchaussée & la jurisdiction dont il s'agit, par des lettres-patentes du 15 septembre 1763, qui rappellent l'édit du mois de juillet 1669, comme statuant sur cette compétence.

L'arrêt d'enregistrement de ces lettres-patentes du 2 août 1764, porte, à la charge, que les officiers de la conservation ne pourront connoître, en ladite qualité, des lettres de change entre toute sorte de personnes, qu'autant que lesdites lettres de change seront payables *en foires*, ou payement, & qu'elles auront été tirées de place en place, conformément à l'article II, du titre XII de l'ordonnance du commerce de 1673 ; comme aussi, que l'engagement pour prêt d'argent, ne pourra être de la compétence de la conservation, que dans les cas où le prêt aura été fait pour faits de foires, qu'il aura été stipulé payable en foires ; & que le créancier & le débiteur originaire seront marchands, négocians ou manufacturiers. *Voyez le Dictionnaire de Jurisprudence.*

La ville de *Lyon* est au surplus sujette à tous les droits qui ont lieu dans les cinq grosses-fermes ; comme droit d'aides, droits des cuirs, des cartes, papiers & cartons, & à tous ceux qui composent la régie générale.

Cette ville fait partie de la ferme des petites gabelles, ainsi qu'on l'a dit à ce mot ; elle est sujette au privilège exclusif du tabac, & à tous les droits dépendans de l'administration des droits de domaine.

Sur ce dernier article, on voit que le droit de contrôle y avoit été supprimé en 1695, au moyen d'un abonnement de dix-huit mille livres, qui fut annullé en 1706; que ce droit avec celui d'insinuation, fut aliéné en 1710, jusqu'en 1714, que toutes les aliénations qui avoient eu lieu dans presque toutes les provinces, furent révoquées, & les droits qui en étoient l'objet, réunis au domaine.

Malgré cette réunion, les arrêts du conseil des 10 mai & 18 juin 1720, avoient abonné les droits de contrôle, insinuation, petit-scel & centième denier dans la ville & généralité, moyennant cent mille livres à imposer annuellement sur les habitans, à commencer du premier juillet suivant : mais cet arrangement ne subsista que deux années. La déclaration du 29 septembre 1722, révoqua tous abonnemens, notamment à Lyon, & y ordonna le rétablissement de la perception de ces droits, comme dans tout le reste du Royaume.

L'année suivante, l'arrêt du conseil du 8 novembre, proscrivit la demande des officiers de la milice bourgeoise de *Lyon*, sous le titre d'officiers penons, en ordonnant qu'ils payeroient le droit de franc-fief, dont ils se prétendoient exempts, dans tous les cas où il est dû. *Voyez* FRANC-FIEF.

Fin du Tome second.

De l'Imprimerie de CL. SIMON, Imprimeur de Monseigneur L'ARCHEVÊQUE de Paris, rue S. Jacques, près S. Yves. 1785.

www.ingramcontent.com/pod-product-compliance
Lightning Source LLC
Chambersburg PA
CBHW030008220326
41599CB00014B/1742

* 9 7 8 2 0 1 2 5 4 2 2 1 1 *